文库

丛书主编

郑毅

珲春副都统衙门档案选编（上卷）

衣兴国 张志强 魏显洲 周克让 整理

李澍田 潘景隆 主编

吉林文史出版社

图书在版编目（CIP）数据

珲春副都统衙门档案选编：上中下 / 李澍田，潘景隆主编；衣兴国等整理. -- 长春：吉林文史出版社，2022.9

（长白文库）

ISBN 978-7-5472-8960-0

Ⅰ.①珲… Ⅱ.①李… ②潘… ③衣… Ⅲ.①国家行政机关—历史档案—档案资料—选编—珲春 Ⅳ.①D691.2

中国版本图书馆CIP数据核字(2022)第178799号

珲春副都统衙门档案选编：上中下

HUNCHUN FU DUTONG YAMEN DANGAN XUANBIAN: SHANG ZHONG XIA

出 品 人：张　强

主　　编：李澍田　潘景隆

整　　理：衣兴国　张志强　魏显洲　周克让

丛书主编：郑　毅

副 主 编：李少鹏

责任编辑：高丹丹　吕　莹

装帧设计：尤　蕾

封面设计：王　哲

出版发行：吉林文史出版社有限责任公司

电　　话：0431-81629369

地　　址：长春市福祉大路出版集团A座

邮　　编：130117

网　　址：www.jlws.com.cn

印　　刷：吉林省优视印务有限公司

开　　本：170mm×240mm　1/16

印　　张：91.375

字　　数：1600千字

版　　次：2022年9月第1版　2022年9月第1次印刷

书　　号：ISBN 978-7-5472-8960-0

定　　价：688.00元

"长白文库"编委会

（排名不分先后）

主　编：郑　毅　北华大学东亚历史与文献研究中心
副主编：李少鹏　北华大学历史文化学院
顾　问：刁书仁　东北师范大学历史文化学院
　　　　马大正　中国社会科学院中国边疆研究所
　　　　王禹浪　大连大学中国东北史研究中心
　　　　汤重南　中国社会科学院世界历史研究所
　　　　宋成有　北京大学历史学系
　　　　陈谦平　南京大学历史系
　　　　杨栋梁　南开大学历史学院
　　　　林　沄　吉林大学考古学院
　　　　徐　潜　吉林出版集团
　　　　张福有　吉林省文史研究馆
　　　　蒋力华　吉林省文史研究馆

编　委：王中忱　清华大学中国语言文学系
　　　　任玉珊　北华大学
　　　　刘信君　吉林大学马克思主义学院
　　　　刘　钊　复旦大学出土文献与古文字研究中心
　　　　刘岳兵　南开大学日本研究院
　　　　刘建辉　（日）国际日本文化研究中心
　　　　李大龙　中国历史研究院中国边疆研究所
　　　　李无未　厦门大学文学院
　　　　李德山　东北师范大学古籍研究所
　　　　李宗勋　延边大学历史系
　　　　杨共乐　北京师范大学历史学院
　　　　张福贵　吉林大学文学院
　　　　张　强　吉林文史出版社
　　　　韩东育　东北师范大学
　　　　佟铁材　北华大学
　　　　黑　龙　大连民族大学东北少数民族研究院

"长白文库"总序

中华优秀传统文化是中华民族的"根"和"魂",习近平总书记高度重视中华优秀传统文化,并将其作为治国理政的重要思想文化资源。"不忘本来才能开辟未来,善于继承才能更好创新。""优秀传统文化是一个国家、一个民族传承和发展的根本,如果丢掉了,就割断了精神命脉。"中华优秀传统文化具有多样性和地域性等特征,东北地域文化是多元一体的中华文化中的重要组成部分。吉林省地处东北地区中部,是中华民族世代生存融合的重要地区,素有"白山松水"之美誉,肃慎、扶余、东胡、高句丽、契丹、女真、汉族、满族、蒙古族等诸多族群自古繁衍生息于此,创造出多种极具地域特征的绚烂多姿的地方文化。为了"弘扬地方文化,开发乡邦文献",自20世纪80年代起,原吉林师范学院李澍田先生积极响应陈云同志倡导古籍整理的号召,应东北地区方志编修之急,服务于东北地方史研究的热潮,遍访国内百余家图书馆寻书求籍,审慎筛选具有代表性的著述文典300余种,编撰校订出版以"长白丛书"(以下简称"丛书")为名的大型东北地方文献丛书,迄今已近40载。历经李澍田先生、刁书仁和郑毅两位教授三任丛书主编,数十位古籍所前辈和同人青灯黄卷、兀兀穷年,诸多省内外专家学者的鼎力支持,"丛书"迄今已共计整理出版了110部5000余万字。"丛书"以"长白"为名,"在清代中叶以来,吉林省疆域迭有变迁,而长白山钟灵毓秀,巍然耸立,为吉林名山,从历史上看,不咸山于《山海经·大荒北经》中也有明确记录,把长白山当作吉林的象征,这是合情合理的。"("长白丛书"初版陈连庆先生序)

1983年吉林师范学院古籍研究所(室)成立,作为吉林省古籍整理与研究协作组常设机构和丛书的编务机构,李澍田先生出任所长。全国高校古籍整理工作委员会、吉林省教委和省财政厅都给予了该项目一定的支持。李澍田先生是"丛书"的创始人,他的学术生涯就是"丛书"的创业史。"丛书"能够在国内外学界有如此大的影响力,与李澍田先生的敬业精神和艰辛努力是分不开的。"丛书"创办之始,李澍田先生"邀集吉、长各地的中青年同志,乃至吉林的一些老同志,群策群力,分工合作"(初版陈序),寻访底本,凤兴夜寐逐字校勘、联络印刷单位、寻找合作方，因经常有生僻古字，先生不得不亲自到车间与排版工人拼字铸模；吉林文史出版社于永玉先生作为"丛书"的第一任责编，殚精竭虑地付出了很多努力，为"丛书"的完成出版作出了突出贡献；原古籍所衣兴国等诸位前辈同人在辅助李澍田先生编印"丛书"的过程中，一道解决了遇到的诸多问题、排除了诸多困难，是"丛书"草创时期的重要参与者。"丛书"自20世纪80年代出版发行以来，经历了铅字排版印刷、激光照排印刷、数字化出版等多个时期，"丛书"本身也称得上是改革开放以来中国印刷史的见证。由于"丛书"不同卷册在出版发行的不同历史时期，投入的人力、财力受当时的条件所限，每一种图书的质量都不同程度留有遗憾，且印数多则千册、少则数百册，历经数十年的流布与交换，有些图书可谓一册难求。

1994年，李澍田先生年逾花甲，功成身退，由刁书仁教授继任"丛书"主编。刁书仁教授"萧规曹随"，延续了"丛书"的出版生命，在经费拮据、古籍整理热潮消退、社会关注度降低的情况下，多方呼吁，破解困局，使得"丛书"得以继续出版，文化品牌得以保存，其功不可没。1999年原吉林师范学院、吉林医学院、吉林林学院和吉林电气化高等专科学校合并组建为北华大学，首任校长于庚蒲教授力主保留古籍所作为北华大学处级建制科研单位，使得"丛书"的学术研究成果得以延续保存。依托北华大学古籍所发展形成的专门史学科被学校确定为四个重点建设学科之一，在东北边疆史地研究、东北民族史研究方面形成了北华大学的特色与优势。

2002年，刁书仁教授调至扬州大学工作，笔者当时正担任北华大学图书馆馆长，在北华大学的委托和古籍所同人的希冀下，本人兼任古籍所所长、"丛书"主编。在北华大学的鼎力支持下，为了适应新时期形势的发展，出于拓展古籍研究所研究领域、繁荣学术文化、有利于学术交流以及人才培养工作的实际需要，原古籍研究所改建为东亚历史与文献研究中心，在保持原古籍整理与研究的学术专长的同时，中心将学术研究的视野和交流渠道拓展至东亚地域范围。同时，为努力保持"丛书"的出版规模，我们以出文献精品、重学术研究成果为工作方针，确保"丛书"学术研究成果的传承与延续。

在全方位、深层次挖掘和研究的基础上，整套"丛书"整理与研究成果斐然。"丛书"分为文献整理与东亚文化研究两大系列，内容包括史料、方志、档案、人物、诗词、满学、农学、边疆、民俗、金石、地理、专题论集12个子系列。"丛书"问世后得到学术界和出版界的好评，"丛书"初集中的《吉林通志》于1987年荣获全国古籍出版奖，三集中的《东三省政略》于1992

年获国家新闻出版总署全国古籍整理图书奖，是当年全国地方文献中唯一获奖的图书。同年，在吉林省第二届社会科学成果评奖中，全套丛书获优秀成果二等奖，并被国家新闻出版总署列为"八五"计划重点图书。1995年《中国东北通史》获吉林省第三届社会科学优秀成果二等奖。2005年，《同文汇考中朝史料》获北方十五省（市、区）哲学社会科学优秀图书奖。

"丛书"的出版在社会各界引起很大反响，与当时广东出现的以岭南文献为主的《岭南丛书》并称国内两大地方文献丛书，有"北有长白，南有岭南"之誉。吉林大学金景芳教授认为"编辑'长白丛书'的贡献很大，从'辽海丛书'到'长白丛书'都证明东北并非没有文化"。著名明史学者、东北师范大学李洵教授认为："《长白丛书》把现在已经很难得的东西整理出来，说明东北文化有很高的水准，所以丛书的意义不只在于出了几本书，更在于开发了东北的文化，这是很有意义的，现在不能再说东北没有文化了。"美国学者杜赞奇认为"以往有关东北方面的材料，利用日文资料很多。而现在中文的'长白丛书'则很有利于提高中国东北史的研究"（在"长白丛书"出版十周年纪念会上的发言）。中国社会科学院边疆史地研究中心主任厉声研究员认为："'长白丛书'已经成为一个品牌，与西北研究同列全国之首。"（1999年12月在"长白丛书"工作规划会议上的发言）目前，"长白丛书"已被收藏于日本、俄罗斯、美国、德国、英国、加拿大、澳大利亚、韩国及东南亚各国多所学府和研究机构，并深受海内外史学研究者的关注。

为了更好地传承和弘扬优秀地域文化，再现"丛书"在"面向吉林，服务桑梓"方面的传统与特色，2010年前后，我与时任吉林文史出版社社长的徐潜先生就曾多次动议启动出版《长白丛书精品集》，并做了相应的前期准备工作，后因出版资助经费落实有困难而一再拖延。2020年，以十年前的动议与前期工作为基础，在吉林省省级文化发展专项资金的资助下，北华大学东亚历史与文献研究中心与吉林文史出版社共同议定以《长白丛书》为文献基础，从"丛书"已出版的图书中优选数十种具有代表性的文献图书和研究著述合编为"长白文库"加以出版。

"长白文库"是在新的历史发展时期对"长白丛书"的一种文化传承和创新，"长白丛书"仍将以推出地方文化精华和学术研究精品为目标，延续东北地域文化的文脉。

"长白文库"以"长白丛书"刊印40年来广受社会各界关注的地方文化图书为入选标准，第一期选择约30部反映吉林地域传统文化精华的图书，充分展现白山松水孕育的地域传统文化之风貌，为当代传统文化传承提供丰厚的文化滋养，是一件功在当代、利在千秋的文化盛举。

盛世兴文，文以载道。保存和延续优秀传统文化的文脉，是人文社会科学研究者的社会责任和学术使命，"长白丛书"在创立之时，就得到省内外多所高校诸多学界前辈的关注和提携，"开发乡邦文献，弘扬地方文化"成为20世纪80年代一批志同道合的老一辈学者的共同奋斗目标，没有他们当初的默默耕耘和艰辛努力，就没有今天"长白丛书"这样一个存续40年的地方文化品牌的荣耀。"独行快，众行远"，这次在组建"长白文库"编委会的过程中，受邀的各位学者都表达了对这项工作的肯定和支持，慨然应允出任编委会委员，并对"长白文库"的编辑工作提出了诸多真知灼见，这是学界同道对"丛书"多年情感的流露，也是对即将问世的"长白文库"的期许。

感谢原吉林师范学院、现北华大学40年来对"丛书"的投入与支持，感谢吉林文史出版社历届领导的精诚合作，感谢学界同人对"丛书"的关心与帮助！

郑　毅

谨序于北华大学东亚历史与文献研究中心

2020年7月1日

"长白丛书"序

　　吉林师范学院李澍田同志，悉心钻研历史，关心乡邦文献，于教学之余，搜罗有关吉林的书刊，上自古代，下迄辛亥，编为"长白丛书"，征序于予，辞不获命。爰缀予所知者书于简端曰：

　　昔孔子有言："夏礼吾能言之，杞不足征也。殷礼，吾能言之，宋不足征也。文献不足故也，足，则吾能征之矣。"说者以为："文，典籍也。献，贤也。"这是因为文献对于历史研究相辅相成，缺乏必要的文献，历史研究便无从措手。古代文献，如十三经、二十四史之属，久已风行海内外，家传户诵，不虞其失坠，而近代文献往往不易保存。清代学者章学诚对此曾大声疾呼，唤起人们的注意，于其名著《文史通义》中曾详言之。然而，保存文献并不如想象那么容易。贵远贱近，习俗移人，不以为意，随手散弃者有之。保管不善，毁于水火，遭老鼠批判者有之。而最大损失仍与政治原因有关。自清朝末叶以来，吉林困厄极矣，强邻环伺，国土日蹙，先有日、俄帝国主义战争，继有军阀割据，九一八事变后，又有敌伪十四年统治，国土沦陷，生民憔悴。在政权更迭之际，人民或不免于屠刀，图书文物更随时有遭毁弃和掠夺的命运。时至今日，清代文书档案几如凤毛麟角，九一八事变以前书刊也极为罕见。大抵有关抨击时政者最先毁弃，有关时事者则几无孑遗。欲求民国以来一份完整无缺的地方报纸已不可能，遑论其他。

　　中华人民共和国成立以来，百废俱兴，文教事业空前发展。而中经十年内乱，公私图书蒙受极大损失，断简残篇难以拾缀。吉林市旧家藏书，"文革"期间遭到洗劫，损失尤重。粉碎"四人帮"后，祖国复兴，文运欣欣向荣，在拨乱反正的号召下，由陈云同志倡导，大张旗鼓，整理古籍，一反民族虚无主义积习，尊重祖国悠久文化传统，为振兴中华，提供历史借鉴。值此大好时机，李澍田同志以一片爱国爱乡的赤子之心，广泛搜求有关吉林文史图书，不辞劳苦，历访东北各图书馆，并远走京沪各地，仆仆风尘，调查访问，即书而求人，因人而求书，在短短几年内，得书逾千，经过仔细筛选，择其有代表性者三百种，编为"长白丛书"。盖清代中叶以来，吉林省疆域迭有变迁，而长白山钟灵毓秀，巍然耸立，为吉林名山，从历史上看，不咸山于《山海经·大荒北经》中也有明确记录，把长白山当作吉林的象征，这是合情合理的。

"丛书"中所收著作，以清人作品为最多，范围极其广泛，自史书、方志、游记、档案、家谱以下，又有各家别集、总集之属。为网罗散佚，在宋、辽、金以迄明代的著作之外，又以文献征存、史志辑佚、金石碑传补其不足，取精用宏，包罗万象，可以说是吉林文献的总汇，对于保存文献，具有重大贡献。

回忆酝酿编余之际，李澍田同志奔走呼号，独力支撑，在无人、无钱的条件下，邀集吉长各地的中青年同志，乃至吉林的一些老同志，群策群力，分工合作，众志成城，大业克举。在整理文献的过程中，摸索出一套先进经验，培养出一支坚强队伍。这也是有志者事竟成的一个范例。

我与李澍田同志相处有年，编订此书之际，澍田同志虚怀若谷，对于书刊的搜求，目录的选定等方面多次征求意见。今当是书即将问世之际，深喜乡邦文献可以不再失坠，故敢借此机会聊述所怀。殷切希望读此书者，要从祖国的悲惨往事中，体会爱国家、爱乡土的心情，激发斗志，为"四化"多作贡献。也殷切希望读此书者，能够体会到保存文献之不易，使焚琴煮鹤的蠢事不要重演。

当然，有关吉林的文献并不以汉文书刊为限，在清代一朝就有大量的满文、蒙文的档案和图书，此外又有俄、日、英、美各国的档案和专著，如能组织人力，有计划、有步骤地进行整理，提要钩玄勒成专著，先整理一部分，然后逐渐扩大，这也是不朽的盛业，李君其有意乎？

吉林　陈连庆　谨序

一九八六年五月一日

前　言

　　珲春地区毗连俄、朝，为东北边陲重镇。有清一代，原隶属于宁古塔副都统衙门。康熙五十三年（1714），设珲春协领衙门统辖军民。雍正五年（1727）设副协领，乾隆元年（1736）裁副协领。同治元年（1862）因外事殷繁，奏加副都统衔。同治至光绪初年，额员屡增。光绪七年（1881）置珲春副都统衙门，设副都统一员，直属吉林将军。光绪十年（1884）珲春副都统奏加帮办边务衔。光绪三十三年（1907）设发审专员，司理民刑案件，改承办处为边务司，专理边务。是年吉林改建行省，珲春副都统衙门仍暂保留，宣统元年（1909）裁撤。

　　副都统衙门是清代驻防八旗的地方军事组织，兼管地方行政事务。珲春副都统衙门（包括珲春协领衙门）档案，是研究有清一代珲春地区军事及地方行政事务，乃至清政府对东北边陲和对外政策的极为珍贵的第一手资料。该档起自乾隆三年（1738），迄于宣统元年，卷宗浩繁，满文档约占十分之一，其中光绪年间为最多，内涵丰富，包容广泛。

　　为发挥珲春副都统衙门档案的作用和研究东疆历史的需要，吉林省档案馆和吉林师范学院古籍研究所合作，对该档慎行筛选，收录1700多件，条分缕析，汇编成上、中、下三卷，名曰《珲春副都统衙门档摘编》。具体内容包括以下几个方面：一曰政权，含军政建置、职官调补、封赠承袭、奖赏抚恤、保甲乡团、文牍庶务；二曰军事，含筹布边防、募兵练兵、兵力拨移、军政事务、清剿盗匪、军火军马、官兵俸饷；三曰交涉，含中俄关系、中朝关系；四曰司法，含谕令章程、查拿通缉、案件审理、查办犯官、查禁鸦片；五曰财税，含财政金融、房租地租、杂土税收、厘捐征收；六曰农业，含开垦荒务、赈济灾民、义仓动存；七曰工矿，含开办金矿、开挖煤窑、建筑衙署；八曰驿路，含驿站管理、卡台管理；九曰教育；十曰其他。

　　内容编排，以类相从、以时为序。所选档案，原文照录，残缺处注明"缺文"，尽量保持原貌。文字处理依"长白丛书"校勘通例。逢繁化简，遇异归正。

笔误错别，加（ ）标识，勘以正字加［ ］标识。慎加标点，以利诵读。

限于水平，恐有舛误，尚祈方家读者教正。

编者

1991 年 8 月

目　录

珲春副都统衙门档案选编

珲春副都统衙门档案选编

珲春副都统衙门档案选编

珲春副都统衙门档案选编

珲春副都统衙门档案选编

珲春副都统衙门档案选编

珲春副都统衙门档案选编

珲春副都统衙门档案选编

目
录

目
录

珲春副都统衙门档案选编

珲春副都统衙门档案选编

珲春副都统衙门档案选编

珲春副都统衙门档案选编

珲春副都统衙门档案选编

珲春副都统衙门档案选编

珲春副都统衙门档案选编

珲春副都统衙门档案选编

九、教育 ……………………………………………………868

十、其他 ……………………………………………………872

珲春副都统衙门档案选编

珲春副都统衙门档案选编

珲春副都统衙门档案选编

珲春副都统衙门档案选编

珲春副都统衙门档案选编

珲春副都统衙门档案选编

珲春副都统衙门档案选编

珲春副都统衙门档案选编

珲春副都统衙门档案选编

珲春副都统衙门档案选编

文

珲春副都统衙门档案选编

珲春副都统衙门档案选编

一、政　权

（一）军政建置

康熙五十三年至同治四年珲春建置及兵员

（上略）珲春地方于康熙五十三年将库雅拉人等编为三佐领，设立佐领三员、骁骑校三员、兵一百五十名，本年由宁古塔移驻兵四十名，共兵一百九十名、协领一员、防御二员、笔帖式二员。雍正五年添设无品级教习官一员。乾隆十七年从三姓地方移驻兵六十名，乾隆二十五年裁减吉林打牲乌拉两处兵丁缺额添设之兵一百五十名，二十六年裁减吉林打牲乌拉两处兵丁缺额添设之兵五十名，共兵四百五十名，内领催二十七名。内于乾隆二十七年选放废官九名。道光六年移驻阿勒楚喀、拉林两处之兵，缺二十名开除，现有共兵四百三十名，内领催二十七名。以上三佐领俱系满洲旗分，并无蒙古、汉军旗分。

吉林将军衙门为珲春协领加副都统衔的呈文

为呈报事。准副都统衙门札开，左司案呈：本年八月二十（缺文）将军衙门咨开，兵司案呈，于本年八月初五日准兵部咨（缺文）奏宁古塔所属之珲春远处极边，额兵较少，拟请裁撤副甲，酌（缺文）明珲春原设协领系属三品武职。现有边外交涉会商事件，请赏加副都统衔，俾品秩较崇。现任珲春协领讷办理边外一切事件均臻妥善，拟请赏加副都统衔。嗣准兵部咨照，该将军所请珲春地处边防紧要，酌添官兵，改为八旗保防边疆各等因，应准所请办理。至现任协领讷及珲春协领一缺，于补放时请赏加副都统衔之处，惟系二品职衔应准其戴用，恭候钦定。等因具奏，奉旨："依议，钦此。"等因，第查珲春协领系属三品职衔，每与边外交涉通商，一切率以官秩微末，无所观瞻，仍恳天恩，珲春协领讷赏加副都统衔，嗣后珲春协领一缺作为副都统衔协领，永为定制，谨奏。（缺文）谕富等奏珲春边务事烦，请将该处协领赏加副都统（缺文）副都统衔，嗣后珲春协领一缺即作为副都统衔协领，（缺文）遵照可也。

珲春地方同治八年大小官员清册

协领一员，原品休致协领一员；

佐领三员，原品休致佐领一员；

防御二员；

云骑尉八员；

骁骑〔校〕三员；

八品荫监二员。此内未袭佐领一员、恩骑尉一员，未放骁骑校一员。

现在：

协领一员，原品休致协领一员；

佐领二员，原品休致佐领一员；

防御二员；

云骑尉八员；

骁骑校二员；

恩骑尉四员；

八品荫监二员。

以上武职官二十三员。

吉林将军为珲春协领讷穆锦赏加副都统衔的片奏
同治九年六月十六日

再，奴才等片奏，窃前以宁古塔所属之珲春，远处极边，额兵较少，拟请裁撤副甲，酌添官兵，改为八旗，以重防守。并声明珲春原设协领，系属三品武职，现与外夷交涉，互有会商事件，请赏加副都统衔，俾与外夷会商事件品秩较崇。现任珲春协领讷穆锦，办理外夷交涉事件，一切均臻妥善，拟请赏加副都统衔。嗣后珲春协领一缺，永为定章，俾资镇摄，等因具奏。奉旨："该部妥议，具奏。"嗣准兵部咨照，该将军所请珲春地方边防紧要，酌添官兵，改为八旗，保防边疆各等因，应准如奏办理。至所称珲春现任协领讷穆锦，及嗣后珲春协领一缺，于补放时，请赏加副都统衔之处，惟系二品职衔，应否准其戴用，恭候钦定，等因具奏。第准部咨，谨以裁撤副甲，拟添官兵各节，曾经奉旨："依议。钦此。"等因，咨照前来。至珲春协领一缺，请赏加副都统衔之处，是否奉旨允准，奴才等未便含混遵办。第查珲春地处边隅，孤悬东南，现在添改八旗，且与外夷时有会办交涉事件，在在均关綦重。现在珲春原设协领，系属三品职衔，每与外夷交涉通商，一切率以官秩微末，无所观瞻。是以奴才等，仍恳天恩，照前请将珲春协领讷穆锦赏加副都统衔，庶酌边防重务有裨。如蒙俞允，嗣后珲春协领一缺，作为副都统衔协领，永为定制之处。奴才等系因慎重边防起见，是否有当，理合附片具奏。伏乞两宫皇太后、皇上圣鉴，训示遵行。谨奏。请旨。

宁古塔副都统查明宁古塔、珲春设立佐领等官及官兵裁减移拨沿革的册报

同治十二年十二月初一日

查得康熙十五年原任将军巴海，从宁古塔移驻吉林时将宁古塔档册俱各带去。查得十五年以后档册内开，宁古塔原有副都统一员，协领二员，佐领八员。康熙三十八年，遵照部议，将原任副都统喀特胡一户人丁，编为一佐领，将喀特胡之子七哩布授为佐领。康熙五十二年，又添设一佐领。乾隆二十五年，自打牲乌拉移驻佐领二员，今现有佐领十二员。原有防御五员，康熙五十二年添设防御三员，乾隆三十年自打牲乌拉移驻防御四员，道光六年由宁古塔移驻拉林防御四员，今现有防御八员。原有骁骑校六员，康熙五十二年添设骁骑校四员，乾隆二十五年自打牲乌拉移驻骁骑校二员，今现有骁骑校十二员。原有衙门笔帖式四员，仓笔帖式二员，康熙三十五年添设仓官一员，雍正五年添设无品级教习二员，同治九年又从笔帖式内添放教习一员。原有兵五百三十一名，康熙二十九年因添兵移驻莫尔根、黑龙江城，将宁古塔兵派往一百四十五名，本年补设兵一百四十五名。康熙三十八年将七哩布授为佐领，伊户中人合为一处，在正黄旗编为一佐领，添设兵十一名。康熙五十二年又添设兵四百五十八名，乾隆五十二年裁减吉林打牲乌拉两处兵丁缺额，添设之兵三百五十名。二十六年裁减吉林打牲乌拉兵丁缺额，又添设之兵五十名，共兵一千四百名。内道光五、六、七年裁减兵丁缺额，内拨移阿勒楚喀、拉林兵八十名，今现有共兵一千三百二十名。内又于同治九年间陆续移拨双城堡前锋缺五分，现有领催七十二名，前锋三十五名，领催前锋一百七名。内于乾〔隆〕二十七年选放委官二十二名，选放委前锋校四名，披甲一千二百十三名，内选放委笔帖式四名外，每月食饷银一两。铁匠十六名、弓匠八名，共一千三百二十名，兵内选十人为箭匠。

以上十二佐领俱系满洲旗分，并无蒙古、汉军旗分。

珲春地方于康熙五十三年，将库雅拉人等编为三佐领，设立佐领三员、骁骑校三员、兵一百五十名，本年从宁古塔移驻兵四十名，共一百九十名。协领一员，防御二员，笔帖式二员。雍正五年添设无品级教习一员。乾隆十七年，从三姓地方移驻兵六名。乾隆二十五年，裁减吉林打牲乌拉两处兵丁缺额，添设之兵一百五十名。二十六年裁减吉林打牲乌拉两处兵丁缺额，又添设之兵五十名，共兵四百五十名。道光六年裁减兵丁缺额内，移拨阿勒楚喀、拉林缺额二十名。于同治九年改为八旗，由吉林裁撤防御五员，添设佐领三员，防御委佐领二员，骁骑校五员，无品级笔帖式一员，领催十三名，披甲一百五十七名，现今共有兵六百名，内领催四十名，内于乾隆二十七年选放委官九名。

以上八佐领俱系满洲旗分，并无蒙古、汉军旗分。

宁古塔副都统衙门为颁发委统领关防日期的札文
光绪六年七月二十日

副都统衙门　为饬知事。左司案呈：于本年七月十一日准钦命办理边防事务宁古塔副都统花翎强都巴图鲁德　咨开，行辕处案呈，于二月十六日据统领吉林卫字练军马步全军郭　咨呈，案照本统领前蒙钦命^{吉林等处将军铭}^{帮办吉林边务吴}札委统领卫字练军马步三营，本月二十三日并蒙颁发到统领木质关防日期。拟合备文咨呈，为此咨呈贵副都统，请烦查照执行，等因，咨呈前来，据此合先片咨，为此咨会宁古塔副都统衙门查核可也。等因前来，相应呈请札饬珲〔春〕协领遵照文内事理可也。须至札者。

右札珲春协领遵此

吉林将军为珲春协领呼兰副都统启用关防日期的札文
光绪六年十一月十四日

钦命镇守吉林等处地方将军、兼理打牲乌拉拣选官员等事铭　为饬知事。案准统吉军靖边中路各营、呼兰副都统依　咨开：案准会办吉林防守事宜参赞大臣喜，刊发统带吉军靖边中路各营、呼兰副都统木质关防一颗，以昭信守。谨择于十一月十三日开用等情，到本将军，准此。除分行外，合行饬知。为此札仰该协领即便知照。特札。

右札珲春协领遵此

宁古塔副都统为启用副都统关防日期的札文
光绪六年十一月二十三日

钦命统带吉军靖边左路各营宁古塔副都统强都巴图鲁德　为札饬事。营务处案呈：案查本副都统前遵奉调晋省筹商督军防边事宜，所有各营统带暨各营营官，自应由省刊发木质关防以昭信守。兹已刊讫吉军靖边左路各营宁古塔副都统关防一颗及管带左路前营营官关防一颗，即交本副都统携回择吉开用。遵将前营营官关防派委记名简放副都统、记名协领、花翎佐领永海祗领，于十一月二十日巳刻开用。呈报前来，本副都统除未经接到管带靖边左、右两营营官关防二颗声明，以俟由省颁到，再行派员分饬祗领开用外，当因现拟挑选兵丹刻即成军之际，未便稍涉迁就，是以谨将统带吉军靖边左路各营宁古塔副都统关防一颗，择于十一月二十二日辰时开用之处，合亟札饬署珲春协领遵照可也。须至札者。

右札署珲春协［领］遵此可也

宁古塔副都统衙门为吉林省城、宁古塔、珲春、三姓等处添设承办处的札文
光绪六年十二月初四日

副都统衙门　为札饬遵照事。右司案呈：准将军衙门咨开，户司案呈，于本年九月十九日本衙门附片具奏，为拟请吉林省城、宁古塔、珲春、三姓等处添设承办处，酌给应差人役月需膏伙，以咨办公等因一片，当经照抄原片咨报在案。兹于十月二十四日奉到回片，军机大臣奉旨："户部知道，钦此。"钦遵前来，相应恭录谕旨，呈请咨报等情。据此，拟合咨报，为此合咨。再吉省筹办边防事关紧要，臣等前请在省城设立边务局专办筹防事件，于委员、旗员中拣派妥实可靠之员，认真经理一切关领支给报销各项专案，造册咨部。其拣派各员已有薪水者，毋庸再给，俾免虚糜等因，均经奏明，仰蒙圣鉴在案。遵即在省添设总理边务、文案、粮饷处、营务承办四处。所派翼长、委员、书手人等，除已有薪水者毋庸另给外，其未有薪水者自当一律支给以资办公。其心红、纸张以及委员车价等项，均请援照本省行营章程摅节办理，核实支销。现在防务吃紧，各处派员密探洵属目前切要之图，已咨札宁古塔、三姓、珲春各该副都统、协领等，每处拣朴实耐劳者，派官二员专司其事。饬其改装易服，深入彼界循环侦探，随时奏报，以便（等）［筹］防。第委员等朝夕奔走，未便令其枵腹从公，况该三处地处极边，物价昂贵，往返车价以及租寓日用之需，自应从优酌给。拟请每员每月支给薪水银三十两以资需费，以上各项均由边务饷内支给，其动用数目仍照本省旧章按六个月提销一次，以昭划一而免冒滥，理合附片陈明，伏乞圣鉴，谨奏。

礼部为珲春添设副都统暨建造衙署应由兵部主稿本部会同办理的咨文
光绪七年五月初九日

礼部　为知照事。仪制司案呈：光绪七年四月二十八日内阁奉上谕："铭安等奏请添设副都统暨建造衙署各折片，吉林珲春地方辽阔，向归宁古塔副都统管辖，相距遥远。该将军等请添设大员以资统率，系为因地制宜起见，着照所请，添设珲春副都统一员。其应铸关防并支给俸廉等项，改设官缺建造衙署各节，均着照所议办理，其余未尽事宜，着该将军等体察情形，详议具奏该部知道。钦此。"钦遵到部，查此案应由兵部主稿，会同本部办理。相应知照吉林将军可也。须至咨者。

右咨吉林将军

兵部为奉上谕添设珲春副都统暨建造衙署各节均著照所议办理的咨文
光绪七年五月二十九日

兵部　为咨行事。武选司案呈：光绪七年五月初七日内阁抄出，铭安等奏，窃谓设官分职本系因地制宜，而事异势殊尤在因时通变，以今日之珲春而论，实在吉林全省最要之区，体制不遵不足以资镇守，事权不重不足以专责成，拟请添设珲春副都统一员，请旨简放。如蒙特旨允准，应请敕部另铸珲春副都统关防一颗，颁发应用，以昭信守。查各城副都统所管均设协领二员，惟阿勒楚喀协领一员、佐领委协领一员，珲春原设协领一员，毋庸更改。应请援照阿拉楚喀之例，于佐领六员内，改设佐领委协领一员，先换顶戴，其余防、骁、笔帖式均可毋庸更易。该处原有额兵六百名，至珲春与宁古塔地段本有分界，自应仍照原辖地方划归珲春副都统专管，如宁古塔所辖有与珲春相近之地，应否酌量拨珲春，当由臣等咨商宁古塔副都统德平阿体察情形，再行详细核议具奏。所有添设珲春副都统每年俸廉津贴等项，应仿照吉林各城副都统一律支给，俾资办公。其余官弁兵丁无所增减，应请仍照原领俸饷支给，毋庸另添，以节糜费，合并陈明谨奏。光绪七年四月二十八日内阁奉上谕："铭安等奏请添设副都统暨建造衙署各折片，吉林珲春地方辽阔，向归宁古塔副都统管辖，相距遥远。该将军等请添设大员以资统率，系为因地制宜起见，著照所请添设珲春副都统一员，其应铸关防并支给俸廉等项，改设官缺建造衙署各节，均著照所议办理，其余未尽事宜，著该将军等体察情形，详议具奏该部知道。钦此。"抄出到部，相应行文吉林将军可也。须至咨者。

右咨吉林将军

吉林将军衙门为珲春添设副都统后原设协领改为左右两翼的咨文
光绪七年七月初一日

将军衙门咨开，兵司案呈：于六月二十一日奉宪谕，查珲春地方前因事务殷繁，地邻俄界，曾经奏请添设珲春副都统一员，其原设协领改为左右两翼，以资分理。除未尽事宜另行拟办外，所有左翼协领一缺，即着留塔当差之珲春协领讷穆锦回任接办。右翼委协领一缺，查有（署）署珲春协领、拉林协领德玉现在珲春带队颇称得力，着即署珲春右翼委协领事务带原队，俾各遵守而专责成等谕。奉此，除咨行宁古塔都统衙门查照，即饬留塔当差之珲春协领讷穆锦遵照前赴珲春接办外，相应呈请咨行宁古塔副都统衙门查照可也。等因前来，当即札调现在下伊河修筑营垒靖边左路左营官，遵文改放珲春左翼协领讷穆锦赶紧旋城，以备束装驰赴本任接办事务外，相应咨行珲春副都统依　查照可也。须至咨者。

右咨珲春副都统依

吉林将军衙门为请添设珲春副都统一员的咨文
光绪七年七月初八日

将军衙门　为咨行事。兵司案呈：案准行营文案处移开，于光绪七年六月十九日，准兵部咨开武选司案呈，光绪七年五月初七日，内阁抄出铭　等奏，窃谓设官分职本系因地制宜，而事异势殊尤在因时通变。以今日之珲春而论，实在吉林全省最要之区。体制不尊不足以资镇守，事权不重不足以专责成。拟请添设珲春副都统一员，请旨简放。如蒙特旨允准，应请敕部另铸珲春副都统关防一颗，颁发应用，以昭信守。查各城副都统所管，均设协领二员，惟阿勒楚喀协领一员、佐领委协领一员。珲春原设协领一员，毋庸更改。应请援照阿勒楚喀之例，于佐领六员内改设佐领委协领一员，先换顶戴。其余防、骁、笔帖式，均可毋庸更易。该处原有额兵六百名，至珲春与宁古塔地段本有分界，自应仍照原辖地方划归珲春副都统专管，如宁古塔所辖有与珲春相近之地，应否酌量拨归珲春，当由臣等咨商宁古塔副都统德平阿，体察情形再行详细核议具奏。所有添设珲春副都统每年俸廉津贴等项，应仿照吉林各城副都统一律支给，俾咨办公。其余官弁兵丁无所增减，应请仍照原领俸饷支给，毋庸另添，以节糜费，合并陈明谨奏。光绪七年四月二十八日，内阁奉上谕："铭　等奏请添设副都统暨建造衙署各折片，吉林珲春地方辽阔，向归宁古塔副都统管辖，相距遥远。该将军等请添设大员以资统率，系为因地制宜起见，著照所请添设珲春副都统一员，其应铸关防并支给俸廉等项，改设官缺、建造衙署各节，均著照所议办理。其余未尽事宜，著该将军等体察情形（议）[详]议具奏。该部知道。钦此。"抄出到部，相应 [遵] 行。等因准此，拟合备文移付。为此，合移兵司，请烦查照施行。等因前来，相应呈请咨行珲春副都统衙门遵照可也。须至咨者。

右咨珲春副都统衙门

吉林将军为添设民官事的咨文
光绪七年七月十一日

钦命镇守吉林等处地方将军兼理打牲乌拉拣选官员等事铭
钦命督办宁古塔等处事宜二品顶戴三品衔吴

　　为咨行事。案据奏派招垦珲春边荒事务三品衔委用知府李守金镛禀称：窃照珲春民少旗多，建衙分治，官司词讼，责有专归。及该处民人一闻卑府到珲，金谓添设民官，可以为民作主，具呈控诉前来，当即斥令前赴地方衙门控告。（缺文）卑府职司招垦，原未便越俎代庖。然一任其受屈不伸，置之膜外，怨内地人民及各沟民户闻风裹足，殊

非保卫招徕之道。（下缺）

吉林将军为吉林阿勒楚喀等处添设厅县教佐等官抄粘的咨文

光绪七年七月十一日

　　钦命镇守吉林等处地方将军兼理打牲乌拉拣选官员等事铭　为咨行事。光绪七年七月初九日准吏部咨开，文选司案呈：所有吉林、阿勒楚喀等处添设厅县教佐等官，遵旨会议一折，于光绪七年六月二十日具奏，奉旨："依议，钦此。"相应粘原奏知照可也。等因准此，除分别咨札外，相应粘抄备文咨行。为此，合咨贵副都统，请烦查照施行。须至咨者。

　　计粘抄

　　右咨珲春副都统衙门

　　吏部等部谨奏，为遵旨会议具奏等事。内阁抄出，署吉林将军铭安等奏称，吉林地方积弊甚深，亟应力（阁）[图]整顿，量为变通，请添设民官以资治理而裨地方一折等因。光绪六年十二月二十六日军机大臣奉旨："该部议，奏单一件、片二件并发，钦此。"钦遵抄出到部，查原奏内称吉林省马贼肆扰，皆由地阔官稀，无有地方亲民之官兵足以讲求吏治而清盗源。业于光绪四年九月间，将变通官制、增设州县大概章程另缮清单，恭折沥陈，声明创葺城垣，建修衙署、仓库、监狱等项需费浩繁，拟以斗税、荒价二款作为添官一切用度，须俟款项筹有端倪，方能陆续添设，一、二年内，恐难设齐，均经奏明，仰邀圣鉴在案。嗣经部议复奏，吉林添设各缺，自系因时制宜，整顿吏治起见，应请旨饬令该将军体察情形，通筹全局，详细分别奏明办理等因。奉旨："依议，钦此。"钦遵恭录，咨照前来。奴才闻命之下，钦感难铭，伏思德贵因时，庶足补偏而救敝，事由创始，尤宜虑远而思深，除遴委员分赴各城查办荒地，抽收斗税以筹设官建（罢）[署]经费外，查吉林属界东西二千余里，南北亦二千余里，惟省城西北一隅设有三所办理地方之事，至宁古塔、三姓、阿勒楚喀等处，命盗户婚则就理于协领衙门，而协、佐等官但习骑射，不谙吏治，是以民怨沸腾，铤而走险。奴才详察情形通盘筹划，吉林应设民官之处甚多，第筹款维艰，势难一齐举办，惟先择有紧要之区，如阿勒楚喀、五常堡、阿克敦城三处，放荒已著成效，生聚日繁，商贾辐辏，亟应添设民官委员试办。奴才前奏原单，拟添设各官，均系略举大概，并未派员履勘。今当创立之初，必须相度形势，体察舆情，斟酌不厌其详，历久可期无弊。

　　查阿勒楚喀地方距省五百里，距三姓六百余里，为东北最要咽喉。奴才札派知府衔升同知、候选通判王绍元前往查勘，何处可以修城建署，饬令绘图呈复去后，旋据该通判王绍元呈称，遵查阿勒楚喀副都统衙门城地在全境西南一隅，而西南管界仅四十余里，东南北管界则三四百里不等。缘早年安设旗屯，俱在蜚克图站迤西，距城皆不出六十里，向其蜚克图、海东原系围场禁山，其间旷边荒南北二百余里，东西三百余里，渺无人烟，无须治理。咸丰十一年奏准开放蜚克图、海东等处荒地，远近民人领种谋生日聚，二十年来生齿蕃盛，商贾渐繁，命盗词讼，愈增愈多，俨有既庶且富景象。

查有苇子沟地方，西距与拉林接界之古城店一百七十里，东距与三姓接界之玛珽河二百四十里，南距与五常堡接界之帽儿山二百里，北距与黑龙江属呼兰河接界之松花江六十里，实为合境适中之地，且系东北赴三姓，东南赴苇子沟、玛珽河三路通衢。蜚克图与色勒佛特库两站中正腰站，原设东西大街一道，计长三里，街南北有开设大中铺户二十余座，小铺户七十余座，土著居民三百余家，人烟稠密，商贩殷繁，于此设立同知衙署、监狱及巡检捕衙，实足以资治理。周围土冈可以建造城垣，形势壮阔，城中多留隙地，以备分祠庙、学署、仓廒、武廨等用。至玛珽河地方，既已就地安官，亦应统归此缺同知管辖。第该处东西二百余里，东北长一百五十六里，界面辽阔，诚恐同知兼顾难周，应请仿照奉天昌图前设同知时，于八家镇添设分防经历一员，今拟在玛珽河适中之烧锅甸子，可否添设经历一员，抑或添设照磨一员以辅其治，均祈查核等语，并绘具地图呈复前来。

奴才前请阿勒楚喀属界设抚民同知一员，巡检兼司狱事一员，今核该通判王绍元查勘情形，既称苇子沟系阿境适中之所，拟仿照伯都讷同知驻孤榆树屯例，即请在苇子沟仍照原奏设立抚民同知一员，名曰宾州厅，另设巡检兼司狱事一员管理监狱，教谕一员振兴学校。玛珽河之烧锅甸子分设巡检一员，即归宾州厅统属。此苇子沟、玛珽河拟设正印教佐各官之情形（之）[也]。

又查五常堡地方，距省五百里，为东南冲要之地，奴才札派四品衔委用通判陈治、同知衔委用知县毓斌前往查勘。该处可以修城建署，饬绘图呈复去后，旋据该通判陈治等呈称，遵札驰赴五常堡勘明，该处原筑四方土垣，中立井字街，协领衙署居中，规模狭隘，人烟稀少，户不（福）[敷]百，铺店十余家，生意萧索。缘该城地处北隅，不当冲要，[非]皮木山料、油靛烟麻诸货外贩运必经之途，故开荒垂二十年尚无（色）起色。勘验毕，即赴堡城迤南三十里之欢喜岭地方，勘得该处有东西大街一道，长七里、宽三里，商贾萃集，人烟较密。东南门各一，贸易四季繁盛，为五常堡、山（海）[河]屯适中区，今欲建立郡县、城池。该西北地势高阔，可以设立衙署、仓库、监狱，外建城垣，东西长可八里，南北宽可四里，祠宇、学署均可择地修举。相度毕，遂至欢喜岭迤南六十里之山（海）[河]屯地方，勘得该处商贾富厚，有东西大街一道，长四里、宽四里，围环以长沟，东、西、北门各一，贸易冬季为最盛，余三季平平。人烟尚多，诚丰盈之地，以建立城，东西长须五里，南北宽须四里，官廨、祠宇、仓库、监狱、考棚、公所均可择地建立。该处西方偏北地颇旷朗，可以建造有司衙署。勘验毕，综核堡界东西宽百余里，南北长二百余里，唯东南一隅长及四五百里，地方窎远。现在莠民虽震于兵威，不敢公然出犯，而深山密林，潜踪扰匪，间阎劫掠仍所不免。地方官吏诚有鞭长莫及之势。目下拟在欢喜岭、山（海）[河]屯二处设立正佐各官，兰彩桥、小山子二处亦当冲要，宜分设巡官。长年巡缉演练各队仍须驻扎，以资镇抚等语，并绘具地图呈复前来。

奴才前请在五常堡设立州治，仿照热河章程以同知管知州事一员，巡检管吏目事一员。详核该通判陈治等查勘情形，既称欢喜岭系堡界适中之所，该堡原有协领一员，自毋庸再在该处设立民官，亦毋庸改作州治，即请在欢喜岭设立抚民同知一员，名曰五常厅，另添巡检兼司狱事一员管理（兼）[监]狱，教谕一员振兴学校，山（海）[河]屯分设经历一员，即归五常厅统属。至称兰彩桥、小山子二处地当冲要，宜分设巡官一节。查兰彩桥在小山子西南相距二十里，由兰彩桥至五常堡九十余里，（词）[确]系扼要之区，自应添官驻守以资镇抚。惟吉省向无巡官，碍难设立，兹拟在兰彩桥地方设立巡检一员，亦归五常厅统属。小山子既距兰彩桥二十里，即毋庸添设分防。此欢喜岭、山（海）[河]屯、兰彩桥拟设正印教佐各官之情形（屯）[也]。

又查阿（查）克敦城地方距省五百里，为南山门户，奴才札派四品衔委用通判陈治、同知衔委用知县毓斌，前往查勘。该处可以修城建署，饬令绘图呈复去后，嗣据该通判除治等呈称，遵勘阿克敦城地方，[地]势平坦宽阔高爽，东南系珲春大道，东北系宁古塔大道，西系吉林大道，实为扼要之区。周围山环水抱而四面去山皆远，可以设城建署。查阿克敦城地方本系生荒，现经查地委员分省补用知县赵敦诚招集地户开垦，开诚布公，许以立城设官保卫地方，百姓恃以无恐，源[源]而来，城内街市地基俱写殆遍，已有成效。因时制宜，正印自应设于阿克敦城以副民望。南冈地方东西三百余里，南北二百余里，沃壤十数万垧，天气和暖，地土肥润，东通珲春、海参崴，东北通宁古塔，西南可通奉天，亦系冲要之区，但现在居民只有四百余户，新就委员赵敦诚招抚，初放荒地尚无成效，只宜设一巡检或一县丞分司其事，仍隶阿克敦城管辖。俟数年后荒地齐放，商贾云集，居民辐辏，再为体察情形改设正印，以哈勒巴岭分界，以资治理。

再查张广才岭之东额穆赫索罗地方，系属旗地，向隶吉林厅管辖，去吉林厅窎远，且隔大岭，声教不通。该地去阿克敦城甚近，现在该处有争讼

之事多赴阿克敦城向委员赵敦诚告诉，赵敦诚代为剖析，民皆悦服。（每）
［是］否将额穆赫索罗地方，划归阿克敦城管辖，将来设立知县请加理事通
判衔，知县可以就近料理。以张广才岭一带连山分水为界，岭西属吉林厅管
辖，岭东属阿克敦城管辖，似为妥便。其阿克敦城所辖四至界址，东至马鹿
沟一百一十里，马鹿沟应归阿克敦城管辖。迤东系宁古塔界，东北至都林河
一百二十里，应以河为界，河东北归宁古塔管辖，河西南归阿克敦管辖。北
至大洋白山一百七十里，应以山之分水为界，分水之北归五常堡管辖，分水
之南归阿克敦城管辖。西北至张广才岭一百八十里，应以岭之分水为界，分
水西北归吉林厅管辖，分水东南归阿克敦城管辖。西至威呼岭一百里，应以
岭之分水为界，分水之西归吉林厅管辖，分水之东归阿克敦城管辖。西南至
帽儿山一百三十里，应以山为界，山东北［归］阿克敦城管辖，山西南系南
荒大山，直接长白山一千余里，南至古洞河二百三十里，应以河为界，河北
归阿克敦城管辖，河南系南荒大山，八百里直接高丽江界，东至高丽江五百
里，江内属阿克敦城管辖，江东系朝鲜国界。又东南至高丽岭四百里，应以
岭之分水为界，分水迤东归珲春管辖，分水迤西归阿克敦城管辖。

如此划明疆界，各专责成，以免互相推诿等语，并绘具地图呈复前来。

奴才前请在阿克敦城设立县治，以通判管知县事一员，巡检管典史事一
员，详核该通判陈治等查勘情形，既称阿克敦城可以设立民官，即请在阿克
敦城设立知县一员，名曰敦化县。奴才此次于清单内请加理事通判衔，自可
毋庸以通判管知县事，另添设巡检管典史事一员管理监狱，训导一员振兴学
校。南冈分设县丞一员，即归敦化县统属。至额穆赫索罗地方，既距吉林厅
窎远，自准如所呈，将来划归敦化县管辖。其余分界各处应令试办之员，详
细复勘再行定界，此阿克敦城、南冈拟设正印教佐各官之情形。又现在吉省
收取荒价、劝办斗税已历年余，积有成效。

以上请设各官亟应委员试办，但草昧经营之始，事务艰巨，头绪纷繁，
况各处流民甫经向化，良莠不齐，必须上下交孚，始能纲目毕举、纤悉不
遗。若试办一人署一人，事权既分，民情亦隔，势必散而无纪，不足以一政令
而系人心。今拟某处派某员试办，即以其员试署，将该处应办一切要件责成经
理，则情形熟悉，办理自能裕如。如此划疆分治，责有攸归，但使慎选得人，
从容就理，庶几大德小廉，民安物阜，则盗风可靖，元气可培，以仰副圣主
惠保黎元、绥靖边陲之至意。此次拟设正印教佐各官，如蒙俞允，应请旨饬
部铸造关防印信、钤记，迅即颁发，以昭信守。其定缺分、筹俸廉、修城垣、
建衙署、兴学校、设弁兵，应行详议章程，谨另缮清单恭呈御览。合无仰恳

天恩饬下部臣核议施行，实于地方大有裨益。俟奉到部文，再由奴才遴选委员奏请分别试办，除绘具各该处地图贴说，咨呈军机处备查外，至该将军应否加兼文衔，省城应否添设巡道及吉林厅改为府治，长春厅改为同知，一切未尽事宜，奴才当再随时体察情形，（恐）［悉］心筹划，妥议具奏等语。

史部查前据该将军奏称："吉林近年以来，民愈穷而愈悍，贼愈剿而愈滋。若不亟设民官，划疆分治，不足以资治理。请将吉林厅理事同知升府治，改设知府管辖；阿克敦城、五常堡、伊通，新改设二州一县；原设吉林厅巡检改为府经历兼管司狱事务；五常堡设立（县）［州］治，归吉林府管辖，仿照热河州县章程，以同知管知州事、巡检管吏目事；阿克敦城设立县治，归吉林府管辖，以通判管知县事、巡检管典史事；伊通设立州治，仍归吉林府管辖，以同知管知州事，原设巡检管吏目事；阿勒楚喀设立抚民同知一员，巡检兼司狱事一员；三姓设立抚民通判一员，巡检兼司狱事一员；伯都讷原设理事同知，改为抚民同知；原设孤榆树巡检兼管司狱事；长春厅原设理事通判改为抚民同知，原设巡检兼管司狱事；农安地方拟请添设分防照磨一员，靠山屯添设分防经历一员。并据奏称吉林三厅，因专管旗人户婚各事皆用理事人员，今民户众多，政务殷繁，与从前情形不同，请与新设之同、通、州、县，均加理事衔，满汉兼用"等语。当经臣部查该将军等所奏添设各缺及请加理事衔满汉兼用之处，自系因地制宜、整顿吏治起见。惟添设、改设各缺，总期官民相安方臻妥善，应请旨饬令该将军体察情形，通筹全局，详细分别奏明办理等因，光绪四年十二月十八日具奏，奉旨："依议，钦此。"钦遵在案。今据该将军奏称："吉林属界东西二（十）［千］余里，南北二千余里，惟省城西北一隅，设有三厅办理地方之事。至宁古塔、三姓、阿勒楚喀等处，命盗户婚则就理于协领衙门，而协、佐等官但习骑射，不谙吏治，是以民怨沸腾，铤而走险。奴才详查情形，通盘筹划，吉林应设民官之处甚多，第筹款维艰，势难一齐举办，惟先择有紧要之区，如阿勒楚喀、五常堡、阿克敦城三处，放荒已著成效，生聚日繁，商贾辐辏，亟应添设民官，委员试办，当派选通判王绍元前往查勘，旋据呈复前来。奴才前请在阿勒楚喀属界添设抚民同知一员、巡检兼司狱事一员，今核该通判查勘情形，既称苇子沟系阿境适中之所，拟仿照伯都讷同知驻榆树屯例，即请在苇子沟仍照原奏设立抚民同知一员，名曰宾州厅，另设巡检兼司狱事一员管理监狱，教谕一员振兴学校；玛埏河之烧锅甸子分设巡检一员，即归宾州厅统属。又查五常堡地方，奴才前请设立州治，仿照热河章程以同知管知州事一员、巡检管吏目事一员。详核通判陈治等勘查情形，既称欢喜岭系堡界适中之所，该堡原有协领一员，自毋庸在该处设立民官，亦毋庸改作州治，即请在欢喜岭设立抚民同知一员，名曰五常厅。另添巡检兼司狱事一员管理监狱，教谕一员振兴学校，山河屯分设经历一员，即归五常厅统属。至称蓝彩桥、小山子二处，地当冲要，宜分设巡官一节，查蓝彩桥在小山子西南相距二十里，由蓝彩桥至五常堡九十余里，洵系扼要之区，自应添官驻守，以资镇抚。惟吉省向无巡官，碍难设立，兹拟在蓝彩桥地方设立巡检一员，亦归五常厅统属，小山子既距兰彩桥二十里，即毋庸添设分防。又查阿克敦城地方距省五百里，为南山门户。奴才前请设立县治，以通判管知县事一员、巡检管典史事一员，详核该通判等查勘情形，既称阿克敦城可以设立民官，即请在阿克敦城设立知县一员，名敦化县。奴才此次于清单内请加理事通判衔，自可毋庸以通判管知县事，另添设巡检管典史事一员管理监狱，训导一员振兴学校。南冈分设县丞一员，即归敦化县统属。至额穆赫索罗地方，既距吉林厅窎远，自准如所呈，将来划归阿克敦城管辖。如此划疆分治，责有攸归，但使慎选得人，不难从容就理，庶几大德小廉，民安物阜，则盗风可靖，元气可培"等语。查该将军系为慎重地方，因时制宜之起见，自应准如所请，于阿勒楚喀苇子沟地方添设宾州厅抚民同知一员、巡检管司狱事一缺、教谕一缺；玛珽河之烧锅甸子分防巡检一缺，五常堡欢喜岭添设五常厅抚民同知一缺、巡检管司狱事一缺、教谕一缺，山（海）[河]屯分防经历一缺，蓝彩桥巡检一缺；阿克敦城添设敦化县知县一缺、巡检管典史事一缺、训导一缺，南冈分防县丞一缺。至添设宾州厅教谕、五常厅教谕、敦化县训导三缺，该将军折内并未声叙，应作为系项缺分，自应仿照奉天新设教职各缺成案，均准作为经制之缺，俟命下之日，臣部照例归于月份铨选。其添设厅、县佐杂各缺，系委每员试署，应令该将军等奏明办理所有添设各官，经管缉捕勘验命盗一切（训）[词]讼案件，应各责成该管官照例办理，遇有应行议叙、议处之案，即由该将军开具应议各职名，咨送吏部核议，刑部查官员经管缉捕及验此命盗并承审（训）[词]讼定例，已载有明文，令该将军请于阿勒楚喀苇子沟地方添设宾州厅抚民同知一缺、巡检管司狱事一缺、玛珽河之烧锅甸子分防巡检一缺，五常堡欢喜岭添设五常厅抚民同知一缺、巡检管司狱事一缺、山（海）[河]屯分防经历一缺，蓝彩桥巡检一缺，阿克敦城添设敦化县知县一缺、巡检管典史事一缺管理监狱，南冈分防县丞一缺，系为划清界址分防治理起见，所有经管缉捕、勘验命盗一切（讯）[词]讼案件，应令新设之官各专责成，查照定例办[理]，添设各缺，划清界址及地方户婚田土。

户部查该将军原奏内称，请在阿勒楚喀苇子沟地方添设宾州厅抚民同知一员，欢喜岭地方添设五常厅抚民同知一员，阿克敦城地方添设敦化县知县一员，并添设县丞、经历、巡检、教谕、训导等官，既经吏部议准添设，所有地方户婚田土细故，应以该将军所请，准其各报疆界审理。至称现在吉省收取荒价、劝办斗税已历年余，积有成效一节，查本年三月间据该将军等奏，委员清丈荒地收取押租，并抽收斗税试征数目各折片，当经臣部行令该将军遵照，将清丈荒地收过押租钱数并起征租钱年分款造具总数细册，加结送部核办。其所收斗税钱文，先将起钱数日期，分款造册加结送部，至酌提一成经费，免其造册送部。经臣部查与向章不符，欲令核实删减工食钱文，照章造册送部核销。等因行知，遵照在案。应仍令该将军遵照臣部前咨办理，以重溧款而昭核实。

工部查吉林将军奏称添设厅县等官，应建城垣、衙署等工，既据该将军奏明，自应准如所请，行令该将军转饬承办之员，即将该处修筑城垣、衙署等工划清界址，绘其图说，并将应修丈尺，做（德）[得]专案报部查核。所需工料银两，照例题估题销。添设正印教佐各官，请铸造关防印记、钤记，迅即颁发，以昭信守。

礼部查定例文职官员印记，由吏部议准，撰拟字样送部铸造等语。今该将军等请添设宾州厅抚民同知一缺、巡检管司狱事一缺、教谕一缺，玛珽河之烧锅甸子分防巡检一缺，五常厅抚民同知一缺、巡检管司狱事一缺、教谕一缺，山（海）[河]屯分防经历一缺，蓝彩桥巡检一缺，敦化县知县一缺、巡检管典史事一缺、训导一缺，南冈分防县丞一缺，既经吏部议准，自应铸给宾州厅抚民同知关防、宾州厅巡检管司狱事印、宾州厅儒学条记、宾州厅烧锅甸子巡检司印、五常厅抚民同知关防、五常厅巡检管司狱事印、五常厅儒学条记、五常厅山（海）[河]屯经历司印、蓝彩桥巡检司印、敦化县[知事]印、敦化县巡检管典史事印（印）、敦化县儒学条记、敦化县南岗县丞条记各一颗，俾昭信守。恭俟命下，由吏部撰拟字样，送部铸造颁发。所有定缺分、筹俸廉、修城垣、建衙署、兴学校、设弁兵及所设各官廉俸、役食、兵乾各事宜，另缮夹单，恭呈御览。其余一切未尽事宜，应令该将军详细妥议章程，奏明办理。谨将臣等遵旨会议缘由，缮折具奏，伏乞皇上圣鉴训示遵行。再此折系吏部主稿，会同各部办理。查该将军原议系在吏部，光绪六年十二月香明截止。新办成案入例，以前之案俟命下之日，仍应纂入则例，合并声明谨奏。谨将臣等遵旨依议，吉林将军铭等奏请添设厅县教佐等官缺分廉俸，并建立城垣、衙署以及酌设学额、增添弁兵各事宜，敬缮清单，恭呈御览。

一、分别简繁，以定缺也。查苇子沟新设之宾州厅抚民同知一缺，地方辽阔，东南、东北属界均系通衢，政务殷繁，责任尤重，请定为冲繁难升补要缺。欢喜岭新设之五常厅抚民同知一缺，兼辖分防两处，地广民疲，治理不易，请定为烦疲难题调奏补要缺。阿克敦城新设之敦化县一缺，有自理地方之责，任重(请烦事)[事繁请]定为疲难升补中缺。此三处均系要区，蒙民兼理，两厅抚民同知兼理事同知衔，敦化县知县请加理事通判衔，以上各缺即由候补委用人员内，无论满汉拣员试署一年，期满如果办理裕如，再请实授。照例定为三年俸满，著有成效，由将军等出具考语保荐以应升之缺升用。至新设分防山(海)[河]屯经历一缺，玛珽河、蓝彩桥巡检二缺，南岗县丞一缺，亦均分司巡缉兼理词讼，其管狱巡典等官，虽抚地方之责，而监狱尤关紧要，均请于通省候补人员酌量补用。三年俸满应准保题升用，如不称职随时分别撤(添)参，以示劝惩等因。吏部查定例内载各省知县以(之)[上]官员，如遇例应题调缺出，俱准升调兼行，听该督抚酌量具题入各省道府同知、直隶州通判、知州，各系奉旨命往，或督抚题明留于该省候补。此并试用人员因军营出力保奏尽先补用，及同知以下各官拿获盗匪等项引见发往原省以系顶补用并著有劳绩，经该督抚保奏奉旨尽先补用，遇缺即补，此均毋论应题、应调、应选之缺，令该督抚酌量才具(捧)[择]其人地相宜此(患)[者]准尽先补用。又奉天昌图厅通判照磨一缺，定为三年俸满，如果著有成效，令该府尹等详加察看，出具切实考语咨部，以应升之缺，归入即升班内，令其在印候升，其才不务任此，即随时撤回，另行拣员升补等语。又臣部奏定章程内开，奉天治中、同知两项，均定为五年俸满，果能缉盗安民著有成效，令该将军等出切实考语，保题到部，准入于即升班内升用。又臣部议核，原任署盛京将军崇实等奏定变通吏治章程内开，知府同通州县等官，自应比照奉天治中、同知官之例，量加推广，均定为三年俸满，如果著有成效，即令该兼管府尹等详加察看，出具切实考语具题到部，入于即升班内升用，仍在任候升等因各在案。今据该将军等奏称新设之宾州厅抚民同知一缺，请定为冲烦难升补要缺；五常厅抚民同知一缺，请定为烦疲难题调奏补要缺；敦化县一缺，请定为烦疲难升补中缺。此三处均系要缺区，蒙民兼理。两厅抚民同知兼理事同知衔，敦化请加理事通判衔，以上各缺即由候补委用人员内，无论满汉拣员试署一年，期满如果办理裕如，再请实授。照例定为三年俸满，著有成效，由将军等出具考语保荐以应升之缺升用。至新设分防山(海)[河]屯经历一缺，玛珽河、蓝彩桥巡检二缺，南冈县丞一缺，亦均分司巡缉、兼理(讯)[词]讼，其管狱、巡、典、吏等官，虽无地方之责，而监狱尤关紧要，均请于通省候补人员内酌量补用，三年俸满，应准保题升用，各不称职(陋)时，分别撤参等因。查该将军等系为慎重边缺，因时制宜起见，自应准如所请。惟据该将军等奏请将宾州厅同知作为冲烦难升补要缺，五常厅同知作为烦疲难题调奏补要缺，敦化县知县作为疲难升补中缺等语。查各省同知，并无升补奏补要缺，知县亦无升补中缺，拟请将宾州厅抚民同知作为冲烦难题调要缺，五常厅抚［民］同知作为烦疲难题调要缺，遇有缺出，俱准升调兼行，（厅）［听］该将军等酌量具题。如无合例堪以升补之员，准于候补并拣发委用人员内拣员题补，均准兼理事同知衔，以便蒙民兼管。其敦化县知县一缺，应作为疲难中缺，遇有缺出，按照奉天中间州县各缺定例归部拣补。如该省有应补人员，亦准其扣留，由可以候补、委用两项人员相间论补，并准加理事通判衔。该厅县俟三年俸满，准照奉天变通吏治章程办理。如果著有成效，令该将军等详加察看，出具切实考语具题到部，入于即升班内升用，仍在任候升。至添设之宾州厅巡检管司狱事一缺，玛琏河烧锅甸子分防巡检一缺，五常厅巡检兼司狱事一缺，山（海）［河］屯分防经历一缺，蓝彩桥巡检一缺，敦化县巡检管典史事一缺，南冈分防县丞一缺，以上各缺系作为每项缺分，该将军等并未声明，臣部碍难核议，应令该署将军等详细酌度情形，奏明到部，再行办理。

一、详定廉俸，以资办公也。查新设厅县教佐等官，地处冲要，事务殷繁，所有各官廉俸以及兵役人等工食等款，自应照章酌给，除廉俸及办公银两按年支领毋庸计闰外，其工食银两照例按月给发，遇闰照加。今拟宾州厅、五常抚民同知，均酌定养廉银一千两、俸银八十两、办公银四百两。除祭祀银两及囚粮柴薪照例报销，并书吏六名例不给工食，每年应发工食银：门子二名十二两，遇闰加一两；皂隶十二名七十二两，遇闰加六两；马快八名一百三十四两四分，遇闰加十一两二钱；轿伞扇夫七名四十二两，遇闰加三两五钱；更夫五名三十两，遇闰加二两五钱；民壮二十名一百二十两，遇闰加十两；禁卒四名二十四两，遇闰加二两；仵作二名十二两，遇闰加一两。两厅同知各应银一千九百六十三两六钱，无闰各除银三十七两二钱。又新设敦化县拟酌定养廉银八百两，俸银四十五两，办公银二百两。除祭祀银两及囚粮柴薪照例报销并书吏不给工食外，其余每年应给工食银：门子二名十二两，遇闰加一两；皂隶十二名七十二两，遇闰加六两；马快八名一百三十四两四钱，遇闰加十一两二钱；禁卒四名二十四两，遇闰加二两；轿伞扇夫七名四十二两，遇闰加三两五钱；仵作二名十二两，遇闰加一两；更夫五名三十两，遇闰加二两五钱；民壮二十名一百二十两，遇闰加十两。一县应银一千五百三十八两六钱，无闰除银三十七两二钱。又宾州厅、五常厅各设巡检管司狱事一员，敦化县新设巡检管典史事一员，并玛琏河、蓝［彩］桥二处各设分防巡检一员，每员应岁支养廉银七十一两五钱二分，俸银三十一两五钱二分；各应门子一名六两，遇闰加五钱；皂隶四名二十四两，遇闰加二两；民壮四名二十四两，遇闰加二两；马夫一名六两，遇闰加五钱。每巡检一员各应银一百六十八两零四分，无闰各除银五两。又山（海）〔河〕屯设分防经历一员，南岗设分防县丞一员，每员应岁支养廉银一百二十两、俸银四十两；门子一名六两，遇闰加五钱；皂隶四名二十四两，遇闰加二两；马夫一名六两，遇闰加五钱；民壮十六名九十六两，遇闰加八两；马快二名三十三两六钱，遇闰加二两八钱；经历、县丞各一员，每处各应银三百九十两四钱，无闰各除银十三两八钱。又宾州厅、五常厅各设教习一员，敦化县设训导一员，每员俸银四十两，（齐）〔轿〕夫六名三十六两，遇闰加三两；门子二名十二两，遇闰加一两；马夫一名六两，遇闰加五钱；膳夫一名六两六钱六分七厘，遇闰加五钱五分。每学教谕、训导各应银一百五两七钱一分七厘，无闰各除银五两五分。以上厅县教佐等官，无闰之年共应支养廉办公役食实银七千一百十二两六钱零一厘，遇闰支实银七千二百九十一两九钱五分一厘。户部查该将军原单内称，新设宾州厅、五常厅抚民同知二员，均拟定养廉银一千两、俸银八十两、办公银四百两。又新设敦化县一员，拟定养廉银八百两、俸银四十五两、办公银二百两。又宾州厅、五常厅、敦化县、玛珽河、蓝彩桥五处各设巡检一员，岁支养廉银七十一两五钱二分、俸银三十一两五钱二分。又山（海）〔河〕屯设分防经历一员、南岗设县丞一员，岁支养廉银一百二十两、俸银四十两，并应发门皂、马快、夫役人等每年工食银两，援照东边及昌图各官廉俸等项照数发给实银，其各衙署祭祀银及囚（粉）〔粮〕柴薪照例报销等语。查前据盛京将军宗室岐元等奏昌图府属康家屯添设康平县等官，应支廉俸役食，请援照昌图府属各官支食数目，概给实银。当经臣部查康家屯地方虽系昌图府所属，惟新设康平县知县一缺，原奏内称系烦难中缺，与昌图府属之怀、奉两县沿边繁难紧要之缺不同，缺分既有繁简，养〔廉办〕公银两，自未便援照沿边紧要之缺支食。复查光绪四年三月间，据署盛京将军崇厚等奏请将昌图府各官廉俸役食，照原奏数目，给发实银一折，钦奉谕旨："崇厚等奏请将昌图各官廉俸等项照数发给实银各折片，昌图地方与东边事同一律，该处各官廉俸役食等，着一并发给实银，免其减扣，他处均不得援以为例，钦此。"钦遵，经臣部恭录行知，遵照办理。所有新设康平县各官养廉办公等银，行令该将军等核实删减以示区别。仍将减扣各项银数详细开单送部查核，等因各在案。

今据吉林将军铭　等奏，阿勒楚喀属苇子沟新设宾州厅抚民同知，五常堡属欢喜岭新设五常厅抚民同知，阿克敦城新设敦化县知县等官廉俸、役食、办公等银，请援照昌图府等处各官廉俸、役食等项，概给实银，免其减扣，由地租项下支销。臣部查阿勒楚喀属苇子沟新设宾州厅同知，五常堡属欢喜岭新设五常厅同知，阿克敦城新设敦化县三缺，原单既称冲繁难升补之缺及疲难升补中缺，核与奉天昌图及东边每所设各厅县原定繁疲难沿边紧要有缺不同，缺分繁简既有区别，其应支养廉办公等银，自应量加减扣，以杜虚糜。所有新设阿勒楚喀宾州厅同知，五常堡五常厅同知，阿克敦城敦化县各官养廉、办公等银，应令该将军等核实删减，俾有区别。仍将减扣各项银数，详细开单专案报部，以凭核给。至称廉俸、役食、饷乾等项银两，请在地租项下支销一节，查该省征收地租钱文节，臣部行令将丈清地亩应收押租、地租各若干及实在生、熟地亩各若干，分析造册加结，送部核办。迄今未据造送到部，应仍令该将军查照节次部咨，赶紧分年分款（送）[造]册加结，专案送部，以凭稽核，勿再宕延。所有各衙署祭祀及囚粮柴薪银两并令照例分季造册送部，仍按年造送核销，以清款项。

一、修筑城垣，以昭巩固也。查新设各厅县均系村镇，向无城围以资保卫。宾州厅、五常厅、敦化县，现拟每处修筑土城，分开城门，用砖垒砌，上盖楼各一座，城根用石块填砌，城墙现用土垒筑，顶盖灰土，垛口用砖砌成。每城周围约以三里为度，从减核估每处城垣约需工料实银一万四千余两，每城可挑挖城河一道，约需工价银三千余两，统计新筑城垣及挑挖城河三处，共需工料实银五万数千两。现因款项不敷，是以先筑土城，俟押荒、斗税两项收有盈余，再行续估，将城墙用砖块包砌，以期坚固。户部查吉林省修建各项工程，应需工料银两，向系每两减扣四成，以六成实银放给，仍扣六分减半，在于粜粮价银内动支，历经照办在案。今该将军奏请新设厅县教佐等官，修建城垣、挑挖城河等工，需用工料银两，另片奏称请发实银，免其减扣等语。除于附片内另行核议外，应令该将军前项各工应需工料银两，查照该省放款章程折减给发。仍将动用款项折放数目，随时专案报部，以凭查核。

工部查新设各厅县，每处修筑土城，用砖垒砌，城根用石块填砌，并挑挖（海）[河]道等工，既据该将军奏明，应如所请，准其修筑。应令该将军转饬将修筑城垣（海）[河]道等工丈尺做得（缺文）。

[我]朝发祥重地，二百余年涵濡教育，士气人文渐盛，向来吉林厅原定文学额六名、伯都讷四名、长春厅三名，武学额三厅共八名。今新设二厅一县，地处偏隅，民间垦种结庐历有年所，必须教养兼施，方能顽梗渐化。拟请宾州厅、五常厅两学，每学各定文学额三名、武学额二名，敦化县一学定为文学额二名、武学额一名。惟一时均未能修建考棚，应由该管同知知县考试后，送至省垣，由学政录取。将来文风日盛，再于各厅县建学增额，以广圣世同文之化。

礼部查各省边远地方，土旷人稀，未经建官设学，处所因生齿日繁，开垦愈广，经将军督抚奏准设官分治，并请建学定额者，历经臣部议准有案。今该将军以吉林二百余年涵濡教育，士气人文渐盛，新设二厅一县，地处偏隅，民间垦种结庐，历有年所，拟各定文学额，自系为因时制宜、化民成俗起见。惟所请宾州厅、五常厅两学各定文学额三名，敦化县一学定为文学额二名之处，查奉天昌图厅于同治六年初设专学，怀德县于光绪三年初设专学，经臣部先后核议，准其额进二名各在案。宾州、五常二厅及敦化一县均系初设学校，拟请比照昌图、怀德各厅县初设学额二名之数，定为宾州厅、五常厅、敦化县各额进文童二名，由学政考试文艺，酌量取进，各文理并无可观，任缺毋滥，以昭慎重。至所称新设厅县，均未能修建考棚，由该管同知知县考试后送至省垣，由学政录取等因，应如所奏办理。

兵部查吉林新设宾州等厅、县文学额既经礼部酌议添设，其武学定额自应一律增添，该将军所请宾州、五常厅，各定武学额二名，敦化县定为武学额一名，拟请准其添设。至未建考棚，由该管同知知县考试后送至省垣，由学政录取，亦应如所（重）[奏]办理。

一、增设弁勇，以缉盗贼也。查新设各县地旷民顽，盗风未息，且外来流民耕种，良莠不齐，难免无械斗命盗等事，若专恃该县皂役人等搜捕梭巡，踩防未周，难期得力。必须每厅县设立弁兵，能恃可以认真缉捕，并可以镇押地方。第奉天前设捕盗营，马兵分拨调遣为数太多，吉省经费不敷，碍难照办。拟在新设宾州厅、五常厅、敦化县每处拣派委一员，募练步勇五十名，均由该厅官、知县自行管带。应发饷乾即仿照哨官饷乾，每员每月发给实银十二两，步勇每名每月发给饷乾银四两。计布□委三员，每月应发饷乾实银三十六两，步勇一百五十名，每月应发饷乾实银六百两，每年共应发饷乾实银七千六百三十二两，遇闰加实银六百三十六两。所有刀矛枪械等项，即由各该处买办，均在押荒、斗税项下动支。应用火药，仍照吉林省军营向章，由工司请领发给，核实报销。兵部查同治十三年会议，原任盛京将军都兴阿等奏请将军奉天昌图府州县添设捕盗千把、外委等弁，分驻各厅州县，专司缉捕。当经臣部核议，奏准在案。今原奏内称，吉林新设宾州厅、五常厅、敦化县，地广民顽，盗风未息，且外来流民耕种，良莠不齐，难免无械斗命盗等事，必须设立弁兵，以资弹押。该将军等所请于宾州厅、五常厅、敦化县，每处拣派布委一员，系为严缉盗匪、绥靖地方起见，核与奉天成案尚属相符，应请准其添设，分隶各厅县归同知知县管辖，专司缉捕。至此次新设捕盗布委三员，应令该将军于新募兵丁内拣选拔补，出具考语，造具履历，咨部注册，以备查核。其募练兵勇五十名，亦应如所请，准其于吉林新设宾州厅、五常厅、敦化县，每处募练步勇五十名，以资缉捕弹压。应令该将军即将新募步勇造具花名清册，送部查核。至应用刀矛枪械等项，俟制办时造具名目件数及需用工料银两数目清册送部，以凭查核。其应用火药亦应令将制造用过各数目分析造册，送部查核。

又附片内称，查奉天改设昌图府以及添设东边州县时，经署盛京将军崇厚专折奏明，创办伊始，必须因时制宜，以该处之所出，供该处之所需，请将新设各官廉俸、役食、马拨，并修建城池、兵房、衙署各［工］程按照原奏数目，免其减扣，概给实银，等因具奏。钦奉上谕："崇厚等奏请将东边及昌图各官廉俸等项，照数发给实银各折片等因，钦此。"奴才复查吉省现设宾州厅、五常厅、敦化县及分防各处兼置事宜均属创始，必须量为变通，方能历久无弊。所有酌定正印、教佐等官廉俸津贴并出役工食，援照奉天新改民官章程定拟，弁兵饷乾，援照吉省骁勇营步勇章程定拟，将来均请由各该处交地租项下，作正开销。修建城池、衙署等项工程，亦援照奉天章程定拟，将来均请由荒价、斗税项下，作正支销。以上各款，委系核实定拟，必须发给实银。廉、官、役、布、资、办公工章，不致草率。虽训诰煌煌，他处不（等）［得］援以为例。第思吉省僻处边疆，缺分之瘠，若物价之腾贵，不惟与内省大相径庭，校之奉省尤为疲敝。若不援照办理，诚恐不敷应用，借口赔累，流弊滋多，于地方大有关系。惟有吁恳天恩，俯念吉省边地紧要，所设各官廉俸并役食兵乾，以及修建城池、衙署各工程，特恩准予按奴才原奏数目，免其减扣，概给实银，出自圣主逾格鸿慈等因。光绪六年十二月二十六日军机大臣奉旨："览，钦此。"

户部查附片内称请将新设各官廉俸、役食、弁兵饷乾由地租项下支销，并修建城垣、衙署各工程，由荒价、斗税项下支销，各款均请免减扣，概给实银等语。查吉林省文武官员俸银，系按银票各半开放，每两按五成现银八折开放，仍扣六分减半，其余五成要银，每两以市平银二钱五分折放，马步兵饷等银系按银钱各半开放，每两按五成现银八折开放，仍扣六分减半，其余五成钱文每两按市钱三千文折放。通省养廉银两除照章停扣一成，其余九成银票各半，兼之内五成，现每两减扣二成，仍扣六分减半，五成银要每两折市平银二钱五分。文职衙署役食银两及该省修建各项工程应需工程银两，向系每两减扣四成，以六成实银放给，仍扣六分减半等因，历经办理在案。

今据该将军铭　等奏称，新设宾州厅、五常厅、敦化县官廉俸、役食等银，均由各处地租项下支销。修建城池、衙署等工程，由荒价、斗税项下支销，各款请照原奏数目免其减扣，概给实银。查该省历年征收押租、地租、斗秤货税、油税、煤税、田房税契等项下银两，节经臣部行令，将各项征收确数分年分款造册，加结送部稽核，迄今均未造送到部。该省现在筹备边防，添兵加饷用项日增，兹按照原单核算，又须增添十万余两之多。该省进款有常额，设官兵俸饷等银减扣折发，每年尚万不敷，必资布拨，岂可将所添巨款概请发给实银，且查与前奉谕旨"（依）［他］处不得援以为例"之语未符。该将军所请将以上各款发给实银之处，臣部碍难照准，并令该将军查照臣部指询各节，迅即分别造册加结，专案送部，以备稽核，勿再迟延含混。

工部查吉林将军原奏内称，现设厅、县、分防各处，修建城池、衙署等项工程银两，由荒价、斗税项下作正支销等语，应如所请，准其办理，行令该将军转饬承办之员，撙节估计，核实报部，照例专案题估、题销，谨将臣等核议缘由，附片具奏。

珲春副都统为接到刊发珲春副都统行营木质关防及开用日期的咨文
光绪七年七月十七日

珲春副都统法什尚阿巴图鲁依　为咨报事。兹以本副都统转授珲春新添副都统之缺，所有珲春任内咨报一切事宜，暂用行营统带呼兰副都统关防，现接到刊发珲春副都统行营木质关防一颗，择于本月十七日开用，合将开用日期备文咨报将军衙门查核可也。须至咨者。

右咨将军衙门

吉林将军衙门为请发珲春副都统印信及左右两翼协领关防的咨文
光绪七年八月

将军衙门　为咨行事。兵司案呈：于本年七月二十日，本衙门附片具奏。再查前因珲春地方紧要，中俄交涉事繁，曾经会衔具奏，拟请添设副都统一员。酌将原设协领一员，并由该处六佐领内拣委协领一员，分为左右两翼，以资镇慑防守等因。钦奉谕旨俞准并荷恩命，将前呼兰副都统依克唐阿调转珲春，现已钦遵任事。所有该副都统应行事件，亟应钤用印信，以昭信守。该处既改为左右两翼，应设左右两司分理其事，亦需请颁关防。通计应请颁铸管理珲春副都统印信一颗，珲春左翼协领关防一颗，右翼委协领关防一颗，左右司关防各一颗。合无仰恳天恩，勒部篆拟铸造。一俟颁发到日，再将原设珲春协领关防由奴才衙门照例咨部缴销，以符定制。除将请颁珲春副都统印信及两翼、两司协领关防字样另行造册报部核办外，合将奴才等请颁印信关防缘由，谨附片具奏，伏乞圣鉴。谨奏。等因。于本年闰七月初九日奉到回片，军机大臣奉旨："礼部知道。钦此。"钦遵前来，相应照抄原片，恭录谕旨，请咨报礼部查核外，相应咨行珲春副都统衙门查照可也。须至咨者。

右咨珲春副都统衙门

吉林将军衙门为前拟划归珲春府之敦化县请仍归吉林府统属的片奏

光绪八年八月初六日

再，前设之敦化县拟划归珲春府统属，是以请改吉林厅为吉林府，折内只云，府界东至敦化县，迨请设宁姓珲道、珲春府时，以该县距珲六百余里，若隶该府，不惟递送一切公牍殊觉纡折，且审办重案路远山多，难免疏虞，仍请将敦化县归吉林府统属，附片陈明在案。现在请设宁、姓、珲三城道府等官全案奉部议驳，故部文于此事亦未议及，所有前拟划归珲春府之敦化县，请仍归吉林府统属之处，自应再行附片陈明，以符体制，伏乞圣鉴敕部核覆，谨奏。

珲春地方光绪八年大小官员履历册

光绪八年

副都统一员；

副都统衔协领一员；

佐领六员；

防御委佐领二员；

骑都尉一员；

防御二员；

云骑尉十二员；

骁骑校八员；

恩骑尉五员；

八品荫监二员。此内除尚未简放佐领一员、防御一员、承袭云骑尉三员、恩骑尉一员、骁骑校兼恩骑尉二员、未到任佐领二员外，现在：

副都统一员；

副都统衔协领一员；

佐领五员；

拉林协领署右翼委协领兼世管佐领一员；

防御委佐领一员；

骑都尉一员；

防御一员；

云骑尉九员；

骁骑校八员；

恩骑尉二员；

八品荫监二员。

以上武职官三十二员。

珲春副都统奖赏花翎、法什尚阿巴图鲁依　由驻防处补放，系吉林所属伊通镶黄旗恩福佐领下人，佛满洲，年五十岁。原于咸丰二年间由马甲缴往江宁、扬州、安徽、河南、山东、吉林所属等处兵差一次，七年十月间攻破王家溜子集贼圩，拿获贼首李越案内，蒙钦差大臣庆邸等保奏，奉旨："赏戴蓝翎，钦此。"是年十二月间攻破亳州赵家七屯贼圩出力，蒙钦差大臣庆邸等保奏，奉旨："以骁骑校尽先即补，钦此。"九年二月间，在河南上水县老胡坡等处打仗奋勇，蒙钦差大臣胜傅等保奏，奉旨："赏换花翎，钦此。"十年十二月间在安徽凤阳府临淮关等处委为防御，十一年八月间在山东营州、忻州府等处打仗奋勇，蒙钦差大臣亲王僧　保奏，奉旨："著以防御尽先即补，钦此。"是年十月间，补放防御员缺。同治元年二月间，在河南归德府龙冈集、蔚始县等处打仗出力，左肋受头等枪伤一处，是年五月间蒙钦差大臣亲王僧　补放三姓镶白旗佐领员缺。三年七月初二日，恭逢恩诏加一级。四年十一月间，调转吉林满洲镶黄旗佐领员缺。五年三月间，在吉林所属二道哈溏、刘家店、长春厅、乌拉、双阳等处屡次剿贼，奋勇出力，用能以少克众，转危为安，全省大局借以保固，蒙署吉林将军德　保奏，奉旨："赏加副都统衔，并以协领即补，钦此。"是年六月间，蒙钦命吉林将军富　保奏，因在吉林关家大桥、缸窑等处节次打仗尤为出力之副都统衔、即补协领、花翎佐领依□胆识□往，奋不顾身，打仗实属超众，拟请赏给勇号，于是月奉旨："依　赏给法什尚阿巴图鲁勇号。钦此。"六年八月间，蒙钦命吉林将军富　保奏，因吉林军务肃清，大兵撤扎扼要，巡防剿洗马贼出力之副都统衔、花翎即补协领、佐领法什尚阿巴图鲁依　晓畅军械，有勇有为，积年以来劳绩最著，请照二等军功交部议叙，等因，于是月奉旨："依议，钦此。"是年九月，蒙钦命吉林将军富　署副都统富　等因考验军政，荐举保题八力官弓骑射娴熟，操守有为，管辖严肃，当差勤慎，出具考语，荐举保题卓异，等因，是年十二月间，奉旨："依议，钦此。"七年三月间，蒙钦命吉林将军富　保奏，因带兵节次剿捕各路余匪及拿获逆首白凌阿案内出力之副都统衔、花翎即补协领、佐领法什尚阿巴图鲁依　有勇有谋，管兵严肃，经年剿贼异常出力，拟请交军机处记名以副都统简用等因，于是月奉旨："依　著以副都统记名简用，钦此。"前后在军营共打仗二百余次，杀贼五十三名，捉生贼二十六名，受头等伤一处，共得赏银一百三十两、布一匹。是年七月十一日，恭逢恩诏加一级。于八年由佐领奉旨："简放莫尔根城副都统。"因升副都统，所有向加二级，照例改为纪录二次，后复由该处调转黑龙江城副都统。十二年正月二十六日，恭逢恩诏加一级。光绪元年正月二十日，恭逢恩诏加一级。于五年间因办理夷务事件出力，蒙黑龙江将军丰　保题奉旨："随带赏加二级，钦此。"于是年七月初三日，奉旨调转新设呼兰城副都统员缺。于七年五月十九日，奉旨调转新设珲春城副都统员缺。现今任内，实有寻常加级二次、随带加级二次、纪录二次。

左翼副都统衔协领　讷穆锦由驻防处拣放，系宁古塔正黄旗三福佐领下人库雅
奖　赏　花　翎　拉。年五十岁，原系披甲，于咸丰三年出征河南、山西、直隶兵差一次，跟随钦差大臣恩　队内追贼抵山东，调归钦差大臣亲王僧　在连镇、高唐州、冯官屯等处打仗二十次，杀贼十名、捉生五名。八年正月间，因克复句容打仗奋勇出力，经钦差大臣和　保奏，奉旨："赏戴蓝翎，钦此。"九年三月间，在江宁补放满洲镶白旗常升佐领下前锋。于十一年十月间，在邳州钦差大臣亲王僧　保奏，奉旨："著以骁骑校尽先即补，钦此。"同治元年二月间，由前锋奏放吉林满洲镶白旗富伦佐领下骁骑校之员缺。六月二十二日奏放宁古塔镶蓝旗防御讷苏肯之升缺。二年十一月十七日奏放吉林鸟枪营正红旗佐领乌凌阿革职遗缺。二十二日奉旨："钦此。"四年闰五月二十四日，蒙宗室国　保奏，奉旨："著以协领即补，钦此。"五年十一月间，由军营遣撤回旗之便，赴兵部带领引见，奉旨："著以协领记名，钦此。"共得赏银四十两、银锞一锭、布一匹。同治三年七月初二日，恭逢恩诏加一级。七年二月初八日，春玉革退出缺，调转吉林满洲正白旗佐领。是年七月十一日，恭逢恩诏加一级。是年，因剿捕俄界贼匪出力，经钦差将军富　保奏，奉旨："赏换花翎。"是年十一月初三日，台飞英阿告休之缺，升补珲春协领，所有向加二级照例改为纪录二次，于九年七月初四日奉旨："赏加副都统衔，钦此。"十二年正月二十六日，恭逢恩诏加一级。光绪元年正月二十日，恭逢恩诏加一级。现今任内实有寻常加级二次，纪录二次，并无降革留任罚俸案件。

拉林协领□□□□□二品顶戴博奇巴图鲁　德玉，由驻防处补放，系珲春镶黄旗满洲库雅拉人。
□□□□世管佐领奖赏花翎　年三十九岁，原系闲散。咸丰元年九月初三日，凌志出缺，由闲散承袭佐领。十年正月初一日，恭逢恩诏加一级。十一年十月初九日，恭逢恩诏加一级。同治三年七月初二日，恭逢恩诏加一级。五年，因在围场搜捕贼匪奋勇出力，经钦命督帅办理吉林军务将军富　保奏，奉旨："赏戴花翎。"六年，因在枯木河地方带队剿灭金匪，于是年八月二十八日奉旨："以协领尽先升用，先换顶戴。"七年七月十一日，恭逢恩诏加一级。于是年十二月二十二日，因剿灭俄界贼匪出力，经钦命督帅办理吉林军务将军富　保奏，奉旨："赏给二等功牌一个，加级四等、功牌一个。"将德玉于九年三月初一日，经兵部咨送内阁，经钦派王大臣验收，拟请将德玉照例用。初二日，复奏奉旨："依议，钦此。"同治十二年正月二十六日，恭逢恩诏加一级。光绪元年正月二十日，恭逢恩诏加一

级。于四年七月间，因在臌舭河等处带兵打仗，先后剿灭贼匪，屡著战功，经钦命办理吉林军务将军铭　保奏，请赏加二品顶戴，嗣经议改为"俟补协领后，赏加二品顶戴。钦此。"五年十一月十四日，因在三道沟、罗全沟、大红岭、四方台、托监沟等处带队攻烧贼巢，屡次获胜，驭兵严肃，打仗勇敢，经钦命办理吉林军务将军铭　保奏，奉旨："赏给博奇巴图鲁勇号。"于六年六月初五日，拉林协领德平阿升任出缺，补授拉林协领并赏加二品顶戴，奏请奉旨："钦此。"于光绪七年，蒙钦命办理吉林军务将军铭　等保奏，前自光绪五年七月至六年七月，一年之内将各路将弁剿办贼匪，迭次获胜，均属实在战功，非寻常缉捕可比，各给与加一级，从优再加纪录二次，等因。于七年七月二十六日具奏，本日奉旨："依议，钦此。"共打仗十五次、杀贼二十名、捉生十名，共得功牌二面、得赏银十两。查任内所有向加六级，照例改为纪录六次。现今任内实有纪录六次、随带加级一次、纪录二次，亦无降革留任罚俸案件。

云骑尉吉勒洪阿，由驻防处承袭，系珲春镶黄旗德玉佐领下人佛满洲。年四十四岁，原系披甲，于同治六年十二月十六日，依勒图出缺，由披甲承袭云骑尉。七年七月十一日，恭逢恩诏加一级。十二年正月二十六日，恭逢恩诏加一级。光绪元年正月二十日，恭逢恩诏加一级。现今实有寻常加级三次，并无纪录，亦无降革留任罚俸案件。

云骑尉永庆，由驻防处承袭，系珲春镶黄旗德玉佐领下人佛蒙古。年四十九岁，原系披甲，于同治八年十二月十八日额尔锦出缺，由披甲承袭云骑尉。十二年正月二十六日，恭逢恩诏加一级。光绪元年正月二十日，恭逢恩诏加一级。因卡兵英林达兴阿，不知因何被人砍伤身死，无名凶犯逃逸，该云骑尉永庆承缉盗贼未获，经部查议自光绪五年闰三月十六失事之日起，至九月十六日已届初参六个月限满，应照例议以住俸勒限一年等因。于光绪六年八月二十四日题，本月二十六日奉旨："依议，钦此。"于七年二月二十日，来札在案。现今实有寻常加级二次。

云骑尉穆克德科，由驻防处承袭，系珲春镶黄旗德玉佐领下人库雅拉。年三十七岁，原系披甲。于同治十一年十二月十六日，永保出缺，由披甲承袭云骑尉。十二年正月二十六日，恭逢恩诏加一级。光绪元年正月二十日，恭逢恩诏加一级。现今实有寻常加级二次，并无纪录，亦无降革留任罚俸案件。

云骑尉舒林，由驻防处承袭，系珲春镶黄旗德玉佐领下人库雅拉。年二十七岁，原系闲散，于同治四年十二月十八日，年昌阿阵亡出缺，由闲散承袭云骑尉。七年七月十一日，恭逢恩诏加一级。十二年正月二十六日，恭逢恩诏加一级。光绪元年正月二十一日，恭逢恩诏加一级。现今实有寻常加级三次，并无纪录，亦无降革留任罚俸案件。

云骑尉恒泰，由驻防处承袭，系珲春镶黄旗德玉佐领下人库雅拉。年四十一岁，原系闲散，于光绪元年正月二十五日英升出缺，由闲散承袭云骑尉。现今并无加级记录，亦无降革留任罚俸案件。

镶黄旗德玉佐领下
骁骑校兼恩骑尉 金奎，由驻防处拣放，系珲春镶黄旗德玉佐领下人库雅拉。年四十五岁，原系披甲，于同治六年十二月十六日恩骑尉格图肯出缺，由披甲承袭恩骑尉。七年七月十一日，恭逢恩诏加一级。十二年正月二十六日，恭逢恩诏加一级。光绪元年正月二十日，恭逢恩诏加一级。三年七月二十六日，富泰病故出缺，拣放本处镶黄旗德玉佐领下骁骑校，所有向加三级，照例改为纪录三次。现今任内实有寻常纪录三次，并无加级，亦无降革留任罚俸案件。

恩骑尉额尔苏勒，由驻防处承袭，系珲春镶黄旗德玉佐领下人库雅拉。年五十一岁，原系闲散，于道光三十年十二月十六日云骑尉依凌阿革退出缺，由闲散承袭恩骑尉。咸丰三年，由恩骑尉委为参领，带兵出征在途误限，经部查议照例应降四级调用，因系世职，每一级折罚世职半俸三年，抵免调用等因。于是年七月二十一日，来文在案。因承缉凶犯孙洛五，初参未获，经部查议照例住俸一年等因。于九年十二月二十七日，来文在案。十年正月初一日，恭逢恩诏加一级。因承缉凶犯孙洛五二参、三参未获，经部查议照例罚俸处分，应遵照恩诏准其开复，仍限一年缉获，限满有无弋获，报部再行核办等因。于同治元年八月十五日，来文在案。十一年十月初九日，恭逢恩诏加一级。因承缉凶犯孙洛五四参未获，经部查议系降留处分，应遵照恩诏准其开复等因。于同治元年十月十四日，来文在案。三年七月初二日，恭逢恩诏加一级。七年七月十五日，恭逢恩诏加一级。十二年正月二十六日，恭逢恩诏加一级。光绪元年正月二十日，恭逢恩诏加一级。现今实有寻常加级四次，并无纪录，亦无降革留任罚俸案件。

八品荫监达哈布，由驻防处承袭，系珲春镶黄旗德玉佐领下人佛满洲。年二十六岁，原系闲散，前因四等侍卫嘎尔秉阿在军营打仗效力立功后病故，经部查议照例赏给八品荫监。同治三年十二月十八日，由闲散承袭八品荫监。七年七月十一日，恭逢恩诏加一级。十二年正月二十六日，恭逢恩诏加一级。光绪元年正月二十日，恭逢恩诏加一级。现今实有寻常加级三级，并无纪录，亦无降革留任罚俸案件。

正白旗世管佐领巴图凌阿，由驻防处承袭，系珲春正白旗满洲库雅拉。年二十七岁，原系闲散，于同治十三年三月二十九日台飞英阿告休出缺，由闲散承袭佐领。光绪元［年］正月二十日，恭逢恩诏加一级。现今任内实有寻常加级一次，并无纪录，亦无降革留任罚俸案件。

骑都尉恩禄，由驻防处承袭，系珲春正白旗巴图凌阿佐领下人佛满洲。年三十一岁，原系闲散，于同治八年十二月十六日京都骑都尉恩福出缺，由闲散承袭京都正白旗骑都尉后，奉旨饬令恩禄回籍守墓、当差等因。于同治九年十一月二十一日，来札在案。十二年正月二十六日，恭逢恩诏加一级。光绪元年正月二十日，恭逢恩诏加一级。现今实有寻常加级二次，并无纪录，亦无降革留任罚俸案件。

云骑尉富珠伦，由驻防处承袭，系珲春正白旗巴图凌阿佐领下人库雅拉。年三十九岁，原系披甲，同治六年十二月十六日云骑尉丁柱告休出缺，由披甲承袭云骑尉。七年七月十一日，恭逢恩诏加一级。十二年正月二十六日，恭逢恩诏加一级。光绪元〔年〕正月二十日，恭逢恩诏加一级。现今实有寻常加级三次，并无纪录，亦无降革留任罚俸案件。

云骑尉喜昌，由驻防处承袭，系珲春正白旗巴图凌阿佐领下人佛满洲。年三十九岁，原系披甲，于同治六年十二月十六日穆克登额出缺，由披甲承袭云骑尉。七年七月十一日，恭逢恩诏加一级。十二年正月二十六日，恭逢恩诏加一级。光绪元年正月二十日，恭逢恩诏加一级。现今实有寻常加级三次，并无纪录，亦无降革留任罚俸案件。

云骑尉依萨绷额，由驻防处承袭，系珲春正白旗巴图凌阿佐领下人佛满洲。年四十九岁，原系披甲，于同治六年十二月十六日多隆武出缺，由披甲承袭云骑尉。七年七月十一日，恭逢恩诏加一级。十二年正月二十六日，恭逢恩诏加一级。光绪元年正月二十日，恭逢恩诏加一级。现今实有寻常加级三次，并无纪录，亦无降革留任罚俸案件。

云骑尉玉凌，由驻防处承袭，系珲春正白旗巴图凌阿佐领下人库雅拉。年三十二岁，原系披甲，于同治七年十二月十六日巴青阿出缺，〔由〕披甲承袭云骑尉。十二年正月二十六日，恭逢恩诏加一级。光绪元年正月二十日，恭逢恩诏加一级。因承缉凶犯双成，初参未获，经部查议照例罚俸一年公罪，仍勒限严缉等因。于光绪六年五月二十二日，来札在案。现今实有寻常加级二次。

正白旗巴图凌阿佐领下
骁骑校兼恩骑尉 恩特恒额，由驻防处补放，系珲春正白旗巴图凌阿佐领下人库雅拉。年四十六岁，原系披甲，于咸丰九年十二月十六日云骑尉托精阿出缺，由披甲承袭恩骑尉。十二年正月初一日，恭逢恩诏加一级。十一年十月初九日，恭逢恩诏加一级。同治三年七月初二日，恭逢恩诏加一级。七年七月十一日，恭逢恩诏加一级。于九年间由恩骑尉委为参领，带兵赴往乌哩雅苏台、甘肃等处出征一次，与贼接仗十次，杀贼八名、捉生四名，共得赏银二十两。十二年正月二十六日，恭逢恩诏加一级。光绪元年正月二十日，恭逢恩诏加一级。是年十一月二十一日拟陪骁骑校常泰引见"记名，钦此"等因。于二年二月十五日，来文在案。于三年四月初七日，常泰革职出缺，补放本处正白旗巴图凌阿佐领下骁骑校，所有向加六级，照例改为纪录六次，现今任内实有寻常纪录六次，并无加级，亦无降革留任罚俸案件。

八品荫监萨凌阿，由驻防处承袭，系珲春正白旗巴图凌阿佐领下人佛满洲。三十六岁，原系闲散，前因委营总富兴在军营打仗效力，后病故，经部查议照例赏给八品荫监。同治四年闰五月二十五日，由闲散承袭八品荫监。七年七月十一日，恭逢恩诏加一级。十二年正月二十六日，恭逢恩诏加一级。光绪元年正月二十日，恭逢恩诏加一级。现今实有寻常加级三次，并无纪录，亦无降革留任罚俸案件。

镶白旗协领衔佐领奖赏花翎全有，由驻防处补放，系吉林满洲镶白旗忠诚佐领下人库雅拉。年五十二岁，原系披甲，于咸丰三年间出征直隶、山东、河南、湖北、安徽、陕西等处兵差一次，共打仗四十次，杀贼三十名、捉生二十名，共得赏银三十两。七年间，因踏平小池口沿江贼垒，并黄梅叠获胜仗在事出力，蒙钦差大臣官　保奏，奉旨："著赏戴蓝翎，钦此。"于十一年间，截剿安庆援贼，迭次获胜在事出力，蒙钦差大臣官　保奏，奉旨："著赏换花翎，钦此。"于同治元年间，因楚军回援屡获全捷，襄河迤北边境肃清，在事出力，蒙钦差大臣官　保奏，奉旨："著以骁骑校尽先即补，钦此。"于二年间，因攻克王闾村羌白镇回匪巢穴，在事出力，蒙钦差大臣多　保奏，奉旨："着免补骁骑校，以防御尽先即补，并赏加佐领衔，钦此。"于三年间，因收复高陵，迭破贼巢，泾河迤北一律肃清，在事出力，蒙钦差大臣多　保奏，奉旨："著免补防御，以佐领尽先即补，并赏加协领衔，钦此。"于光绪二年间，骁骑校保善调转，遗缺拣放满洲镶白旗安楚拉佐领下骁骑校拟正。四月初十日，经部旗带领引见，十一日奉旨："依拟升补，钦此。"于三年间，佐领富全病故出缺，拣放珲春镶白旗佐领拟正。十二月初十日，经部旗带领引见，十一日奉旨："依拟，升补放，钦此。"现今任内并无加级，亦无降革留任罚俸案件。

全有佐领下骁骑校奖赏蓝翎吉勒图塔，由驻防处补放，系珲春镶黄旗德玉佐领下人库雅拉。年四十一岁，原系披甲帖书，于同治六年出征河南吴长一次，随领队大人春　队内，于七年在山东等处因剿灭贼匪，打仗出力，经钦差大臣左　保奏，奉旨："赏戴蓝翎。"于是年撤留神机营，后于十一月二十日委为防御，由神机营调归领队大人乌　队内，在陕西哈穆尔和硕、永河江等处打仗奋勇出力，经绥远将军定　保奏，奉旨："以骁骑校尽先补用。"共打仗三十次，杀贼十名、捉生五名，得赏银三十九两。七月二十八日由军营撤回，就近经兵部带领引见，奉旨："著照例用，钦此。"于同治十年珲春镶白旗全有佐领下骁骑校多斯浑转任出缺，于是年四月初一日补放珲春镶白旗骁骑校。十二年正月二十六日，恭逢恩诏加一级。光绪元年正月二十日，恭逢恩诏加一级。现今任内实有寻常加级二次，并无纪录，亦无降革留任罚俸案件。

正蓝旗春升佐领下告休骁骑校
奖　赏　蓝　翎法福哩，由驻防处补放，系珲春镶黄旗德玉佐领下人佛满洲。年六十四岁，原系披甲，于道光二十一年出征防堵山海关兵差一次，咸丰年间出征江南、江浦、阳州等处兵差一次，随队大臣巴　队内，在江浦地方打仗奋勇出力，经钦差大臣德　保奏，奉旨："赏戴六品军功。"同治四年委为防御，由神机营跟随领队大臣富　队内，在盛京朝阳坡等处与贼接仗奋勇出力，经钦差大臣文　保奏，奉旨："赏戴蓝翎。"共打仗三十次，杀贼十名、捉生六名，得赏银四十八两、银锞一锭、布一对。同治八年九月二十五日，拟陪骁骑校富泰引见记名。于九年四月初二日，补授本处新设正蓝旗骁骑校。同治十二年正月二十六日，恭逢恩诏加一级。光绪元年正月二十日，恭逢恩诏加一级。现今任内实有寻常加级二次，并无纪录、亦无降革留任罚俸案件。

正黄旗佐领
奖赏花翎温崇阿，由驻防处补放，系珲春正黄旗温崇阿佐领下人佛噜特。年六十五岁，原系披甲，于道光二十一年防堵山海关等处兵差一次，得赏银四两。于咸丰三年由披甲、委笔帖式、委骁骑校出征河南、山西、直隶、山东临青州、丰县、湖北、江南等处兵差一次，因剿贼匪奋勇出力，经钦差大臣胜　保奏，奉旨："赏戴蓝翎。"共打仗八十次，杀贼二十名、捉生十五名，得赏银十两。于七年三月十八日常安升任出缺，由领催委骁骑校补放吉林镶白旗常寿佐领下骁骑校。于八年二月初二日在巢县、舒城等处，打仗奋勇出〔力〕，经钦差大臣富　保奏，奉旨："赏换花翎。"于九年八月二十五日，在江浦、浦口等处打仗奋勇出力，经钦差大臣胜　保奏，奉旨："以防御尽先即补。"十年正月初一日，恭逢恩诏加一级。本年三月二十七日富明阿升补出缺，由骁骑校补放伊通镶黄旗佐领，所有向加一级照例改为纪录一次。十一年九月二十五日泰敏图转任之缺，调转珲春正黄旗公中佐领。是年十月初九日，恭逢恩诏加一级。同治三年七月初三日，恭逢恩诏加一级。七年七月十一日，恭逢恩诏加一级。十二年正月二十六日，恭逢恩诏加一级。光绪元年正月二十日，恭逢恩诏加一级。现今任内实有寻常加级五次，纪录一次，并无降革留任罚俸案件。

防　御
奖赏花翎贵山，由驻防处补放，系吉林乌拉正黄旗春满佐领下陈汉军。年四十三岁，原系披甲，于咸丰八年出征湖北兵差一次。前山、台胡、通城等处打仗奋勇出力，蒙钦差将军多　保奏，奉旨："赏戴蓝翎。"后于十年间，在湖北完城、黄凌党等处打仗奋勇出力，蒙钦差将军多　保奏，奉旨："赏换花翎。"于同治九年间，由军营委为参领，赴往古北口兵差。十年九月间，在三个达来等处拱破贼巢奋勇出力，蒙钦差伊犁将军荣　保奏，奉旨："著以骁骑校尽先升补。"于光绪二年二月间伊犁新疆（达）[塔]尔巴哈台、玛那寺前后两城打仗，因案内出力等情，蒙钦差大臣金左　等保奏，奉旨："著以骁骑校免补，以防御尽先即补。"于八月间，由军营撤回，就近经兵部带领引见，奉旨："以防御记名。"共打仗六十次，杀贼五十名、捉生二十名，共得赏银三十两，兵差二次。于光绪七年四月三十日珲春正黄旗防御讷谟音出缺，将贵山补放。现今任内并无加级，亦无降革留任罚俸案件。

云骑尉成贵，由驻防处承袭，系珲春正黄旗温崇阿佐领下人佛蒙古。年四十二岁，原系闲散，于咸丰八年十二月十六日巴杨阿出缺，由闲散承袭云骑尉。十年正月初一日，恭逢恩诏加一级。十一年十月初九日，恭逢恩诏加一级。同治三年七月初二日，恭逢恩诏加一级。七年七月十一日，恭逢恩诏加一级。十二年正月二十六日，恭逢恩诏加一级。光绪元年正月二十日，恭逢恩诏加一级。现今实有寻常加级六次，并无纪录，亦无降革留任罚俸案件。

温崇阿佐领下骁骑校　奖赏蓝翎　祥泰，由驻防处拣放，系珲春正黄旗温崇阿佐领下人库雅拉。年五十三岁，原系披甲，于咸丰十一年在珲春黄沟地方剿灭贼匪史玉良等打仗一次，于同治六年因在枯水河地方剿灭贼匪奋勇出力，蒙将军富　保奏，奉旨："赏戴蓝翎。"是年九月二十一日，委为防御。在山东、直隶跟随领队大人春　队内打仗十次，杀贼十名、捉生五名，得赏银十五两。光绪元年十一月十一日富禄堪革退出缺，由领催蓝翎拣放珲春正黄旗温崇阿佐领下骁骑校。现今任内，并无加级纪录，亦无降革留任罚俸案件。

恩骑尉台喜，由驻防处承袭，系珲春正黄旗温崇阿佐领下人库雅拉。年四十八岁，原系闲散，于咸丰八年十二月十六日云骑尉乌勒德科病故出缺，由闲散承袭恩骑尉。十年正月初一日，恭逢恩诏加一级。十一年十月初九日，恭逢恩诏加一级。同治三年七月初二日，恭逢恩诏加一级。七年七月十一日，恭逢恩诏加一级。十二年正月二十六日，恭逢恩诏加一级。光绪元年正月二十日，恭逢恩诏加一级。现今实有寻常加级六次，并无纪录，亦无降革留任罚俸案件。

永德佐领下　骁骑校　富勒浑，由驻防处补放，系珲春正红旗保成佐领下骁骑校人佛满洲。年四十三岁，原系披甲，于同治十二年九月十六日由领催委官，拟陪骁骑校富禄堪引见记名。于十三年四月十六日扎蓝泰病故出缺，补授珲春镶红旗永德佐领下骁骑校。光绪元年正月二十日，恭逢恩诏加一级。现今任内，实有寻常加级一次，并无纪录，亦无降革留任罚俸案件。

保成佐领下骁骑校　奖赏花翎　永魁，由驻防处补放，系宁古塔正黄旗常兴佐领下人依撒满洲。年五十九岁，原系披甲，于咸丰二年出征江宁，跟随领催大臣巴　队内，在扬州、瓜州地方剿贼出力，经钦差大臣关　雷　等保奏，奉旨："赏戴蓝翎。"同治元年六月间，追剿江宁大股贼匪，肃清奋勇出力，经钦差将军都　保奏，奉旨："赏换花翎。"三年间，在扬州、秦蓝等处剿贼出力，经钦差将军都　保奏，奉旨："以骁骑校尽先即补，钦此。"于是年三月间，由江宁调归甘肃省就近赴京，经兵部带领引见，奉旨："依议，著照例用，钦此。"四年，因克复宁夏县地方打仗追匪出力，经钦差将军都　保奏，奉旨："以防御尽先即补，钦此。"共打仗六十次，杀贼三十名、捉生二十名，共得赏银四十两、布二匹、荷包一对。于同治七年，由军营撤回。九年四月初二日，以尽先骁骑校补放珲春新设正红旗保成佐领下骁骑校。同治十二年正月二十六日，恭逢恩诏加一级。光绪元年正月二十日，恭逢恩诏加一级。现今任内，实有寻常加级二次，并无纪录，亦无降革留任罚俸案件。

镶蓝旗防御兼云骑尉奖赏花翎记名佐领委佐领　玉庆，由驻防处补放，系乌拉满洲正红旗奎亮佐领下陈汉军。年四十五岁，原系披甲，于同治三年十二月十七日领催委防御苏青阿阵亡出缺，由披甲承袭云骑尉。于六月间由云骑尉委为参领。钦奉调出征直隶、山东、河南等省兵差一次，跟随统领德平阿队内在直隶江城北闾驿、山东高唐州、夏津县等处打仗二十次，杀贼二十名、捉生五名。于七年在山东直省砖河、仓州乌乔县、东昌府、无山等处剿贼奋勇出力，经钦差大臣官　保奏，于是年十月初七日奉旨："赏戴花翎，并以防御遇缺尽先即补。"于八年间，由军营撤回，就近于是年三月初五日经兵部　领引见，于初六日奉旨："依议，钦此。"又九年七月十一日，经钦命督剿办理吉林军务将军富　保奏："补授珲春新设镶蓝旗防御委佐领，并以四品顶戴，钦此。"共得赏银五十两、银锞二个、荷包二对。同治七年七月十一日，恭逢恩诏加一级。十二年正月二十六日，恭逢恩诏加一级。光绪元年正月二十日，恭逢恩诏加一级。于光绪六年六月十五日经钦派王大臣验放与公中佐领金德拟陪。十六日复奏，奉旨："著玉庆以佐领记名，钦此。"现今任内，实有寻常加级三次，并无纪录，亦无降革留任罚俸案件。

镶蓝旗玉庆佐领下骁骑校奖赏蓝翎　多托哩，由驻防处拣放，系珲春正白旗巴图凌阿佐领下人佛满洲。年四十六岁，原系披甲，于咸丰十一年在珲春荒沟地方与贼匪石玉良等打仗一次。同治四年由领催额委官委为骁骑校，调往神机营拣放。于是年十一月内，调回盛京，在统领博　队内委为防御。因在朝阳坡、苇子塔等处与贼接仗奋勇出力，经钦命将军都　保奏，奉旨："赏戴蓝翎。"于六年在统领德　队内又委为参领。共打仗二十次，杀贼六名、捉生四名，得赏银十两、布一对。于光绪五年十二月十六日塔克兴阿病故出缺，由领催蓝翎拣放珲春镶蓝旗玉庆佐领下骁骑校。现今任内并无加级纪录，亦无降革留任罚俸案件。

以上并无遗漏舛错情弊，所保是实。

副都统法什尚阿巴图鲁依

副都统衔协领讷穆锦

拉林协领博奇巴图鲁兼世管佐领德玉

佐领巴图凌阿　全有　温崇阿

防御委佐领记名佐领玉庆

骑都尉恩禄

防御贵山

云骑尉吉勒洪阿　永庆　成贵　富珠伦　喜昌　依萨绷额　玉凌　穆克德科　舒林　恒泰

骁骑校兼恩骑尉金奎　恩特恒额

骁骑校吉勒图堪　法福哩　祥泰　富勒浑　永奎　多托哩

恩骑尉额尔苏勒　台喜

八品荫监萨凌阿　达哈布

造册保结珲春副都统法什尚阿巴图鲁依

吉林将军衙门为珲春副都统依克唐阿奏请颁铸印信的咨文
光绪九年十月三十日

将军衙门　为咨行事。户司案呈：于本年十月初七日据珲春副都统依　咨开，窃珲春自光绪七年改升副都统衙门，分设左右司翼以资办公，所有各缺印信、关防，自应开单咨请颁领，以昭信守。今派赴京引见云骑尉之披甲六品军功恩玉、披甲富升等前往承领，请发咨文及经过关津路票，赴部请领。等因前来，详查前于光绪七年七月二十日本衙门附片具奏，拟请添设珲春副都统一员，酌将原设协领一员，并由该处六佐领内拣委协领一员，分为左右翼，以资镇慑防守等因，钦奉谕旨俞准，并荷恩命将前呼兰副都统依克唐阿转调珲春，现已钦遵任事。所有该副都统应行事件，亟应钤用印信以昭信守。该处即改为左右两翼，应设左右两司分理其事，亦需请颁关防。通计应请颁铸管理珲春副都统印信一颗、珲春左翼协领关防一颗、右翼委协领关防一颗、左右司关防各一颗，合无仰恳天恩敕部篆拟铸造，一俟颁发到日，再将原设协领关防，由奴才衙门照例咨部缴销，以符定制。除将请颁珲春副都统印信及两翼两司协领关防字样另行造册报部核办外，合将奴才等请颁印信、关防缘由，谨附片具奏，伏乞圣鉴，谨奏。等因，于本年闰七月初九日奉到回片，军机大臣奉旨："礼部知道，钦此。"钦遵前来，合并照抄原片，恭录谕旨咨报外，所有奏请颁铸新添副都统印信一颗、左翼协领关防一颗、右翼委协领关防一颗、左右两司关防二颗，当即□式绘画印信、关防模式，造册咨送铸造，望速颁发等因，于七年闰七月二十六日造具印信、关防模式清册，咨报在案。嗣于八年十二月十六日奉准部咨仪制司案呈，查定例东三省官员印信应令派员请领等语。今添铸吉林珲春左司关防、珲春右司关防、珲春左翼协领关防、珲春右翼委协领关防，又改铸双城堡协领关防各一颗，本部均已铸妥，相应行文吉林将军派员持文赴部请领可也。等因，咨饬各该处遵照去后，现据珲春副都统咨称，所有该处前报颁铸副都统印一颗，并奉部咨铸妥。该处左右司、左右翼协领关防四颗，一并饬派引见云骑尉之披甲六品军功恩玉、披甲富升等赴部颁领等因，理合出给咨文印领饬交派来恩玉、富升等执持赴部颁领等情。为此合咨礼部，请烦查照文颁发交该处弁［带］回外，暨咨珲春副都统衙门查照可也。须至咨者。

右咨珲春副都统衙门

吉林将军衙门为珲春添设前锋校等缺事的咨文

光绪十年闰五月十四日

为咨行事。兵司案呈：于本年闰五月初二日，准兵部咨开，武选司案呈，近经本部议复，吉林将军侯希　奏珲春添设前锋校等缺议驳一折，于光绪十年五月十一日复奏。奉旨："依议。钦此。"相应抄录原奏，附驿行文吉林将军可也。计抄录原奏，兵部谨奏，为遵旨议奏事。内阁抄出，吉林将军侯希　奏吉林厅属伯都讷城，兵饷照通省章程，加给钱文发放等因一折。又片奏，珲春现经改设副都统，应行添设前锋校、前锋等缺，以资差遣等因一片。于光绪十年三月十三日，军机大臣奉旨："该部议奏。片并发。钦此。"抄出到部。除吉林厅属伯都讷城兵饷加给钱文，应由户部核议复奏外。查片奏内称，珲春现经改设副都统，应行添设前锋校、前锋等缺，以资差遣，而符体制。查各城副都统，均设有前锋等缺。今珲春地方既改设专阃大员，自应仿照各县城，一体办理。拟请添设前锋校二名，前锋旗录二名，前锋十六名，共二十名。每名每年应食饷银三十六两，共需饷银七百二十两，遇闰加增，仍由吉省官兵俸饷按季发放，俾符体制等语。臣等悉心详查吉林将军造送吉林省各城副都统属下官员额设官缺数目册内，并无设有前锋校之缺。今该将军奏请添设前锋校二名，核与吉林各城副都统属下额设官缺不符，应毋庸议。至请添设前锋旗录二名，前锋十六名，亦毋庸议。所有臣等遵议缘由是否有当，伏候训示遵行，为此谨奏请旨。等因前来，相应呈请咨行珲春副都统衙门查照可也。须至咨者。

右咨珲春副都统衙门

珲春副都统为奉上谕帮办吉林一切事宜谢恩的咨文及奏折
光绪十年六月初五日

钦命帮办吉林事宜珲春副都统法什尚阿巴图鲁依　为咨照事。窃照本帮办于光绪十年六月初一日，由珲拜发叩谢天恩一折，除俟奉到回折再行恭录咨知外，相应抄稿咨行。为此合咨钦命督办侯将军麾下，请烦查照施行。须至咨者。

计抄稿一纸。

右咨钦命督办宁古塔等处事宜镇守吉林将军一等继勇侯希

奏为恭谢天恩仰祈圣鉴事。窃光绪十年闰五月二十三日，奉到兵部咨行，五月二十七日钦奉上谕："珲春副都统依　著随同希　帮办吉林一切事宜。钦此。"奴才当即恭设香案，望阙叩头谢恩。伏念奴才满洲世仆，韬略未娴，从事边陲，愧涓埃之无补，渥承简命，实兢惕之弥增。查吉林筹办边防，操练屯垦，均宜讲求。奴才识闇材轻，深虑弗能胜任，惟有倍加勤慎，殚竭驽骀，随时咨商将军希和衷共济，以冀仰酬高厚鸿慈于万一。所有奴才感悚下忱，理合专折叩谢天恩，伏乞皇太后、皇上圣鉴。谨奏。

珲春副都统为文案、营务两处差委及薪饷事的咨文
光绪十年六月十三日

钦命帮办吉林事宜珲春副都统法什尚阿巴图鲁依　为咨复事。六月初一日接准贵督办爵将军咨称：边务文案处准，边务粮饷处移开，遵议各公费薪水数目已蒙批定，并奉谕移由文案处，呈请粘抄原稿咨达前来。查本帮办另设行营、事务繁重，添设文案、营务二处，应照来咨办理。文案处现派举人马旭总理，五品顶戴靳成坦帮办，随同办事一员，差委办事笔帖式各二名；营务处现派花翎五品衔候选知县凌钧焘总理，候选同知李沛恩帮办，随同办事一员，差委笔帖式各二名，办事官三名。但行营文案、营务不可不循名核实，当此边防紧要，亟宜认真训练，将来查阅各军，每年似不必拘定一次。除就近靖卫两军外，远者十余里，近亦数百里，该员等或随行辕或随时派委，均有出外差使，况屯垦炮台暨粮饷、文报来之关津，以后尤当酌宜添办，派人督理，即不能不派人稽查。军营委员向无车价，不得不酌给长夫以供服役，再三酌核文案、营

务两处，月支薪水悉照粮饷处原议，惟该两处总理各酌加夫价十名，帮办各酌加夫价四名，均以六月初一日为始。除分别札委，俟将各该员等职名汇册咨报外，合行咨复贵督办爵将军，请烦查照转饬粮饷处备案施行。须至咨者。

右　咨吉林将军希

珲春副都统为委派珲春招垦局总办的咨文
光绪十年六月十三日

钦命帮办吉林事宜镇守珲春副都统法什尚阿巴图鲁依　为咨报事。珲春前总办招垦局事务秦令瑛，于去岁请假回籍后即派分局委员经历衔贾元桂代理，现在秦令已经到省，别奉差委。珲春招垦重责，不便久行代理，查贾元桂自代理以来措置裕如，即可派为总办，其代理分局事务委员强惠源，办事勤勉，即可授以分局事务，以资实效而专责成。至该委员贾元桂等薪水、办公经费银两，应自其代理之日起，准照正差支销。除饬该员等遵照外，再西路地方如由敦化县划归旧界，其招抚开垦可否另行添派委员之处，临时酌议，为此合咨钦命督办爵将军麾下鉴核施行。须至咨者。

右　咨钦命督办爵将军

珲春副都统为珲春招垦分总两局均照旧章办理的咨文
光绪十年八月初五日

钦命帮办边务事宜珲春副都统法什尚阿巴图鲁依　为咨明事。窃照珲春招垦分总两局事繁责重，前以总理局务秦令瑛假满未回，闻已留省当差，故即札委代理之经历贾元桂办理总局事宜，县丞强惠源办理分局事宜，并一面咨明贵督办爵将军查照在案。嗣准贵督办爵将军函复，以奏派招垦，责之佐杂办理，似与体制不符，俱应改为护理等因。查该二员办理垦务尚属妥叶，不便遽易生手，自应改为护理，与奏派二字稍示区别。所有总局委员薪水现已函商贵督办爵将军酌定，应俟函复到日再行札饬遵领，其余公费一切，该二局均照旧日章程办理。除札饬该员等遵照外，相应咨明。为此合咨贵督办爵将军，请烦查照施行。须至咨者。

右咨钦命督办宁古塔等处事宜镇守吉林将军一等继勇侯希

珲春副都统为拟于珲春设立医药局并以凌钧焘办理的咨文
光绪十年十一月二十八日

钦命帮办吉林边务事宜镇守珲春副都统法什尚阿巴图鲁依　为咨商事。

窃照珲春驻扎防兵，半多五方杂处。自成军以来，各营兵勇或因水土不服，或因时令不正，每致染受奇疾，沉疴难起，实以边僻之区，人情素安简陋，医家本少，而犹罕觏名流，药价固昂，抑且难求真品。所以部曲三军，莫不迫于医药两难，不病则已，病则惟有任其呻吟，坐视残喘而已。所以然者，非忍心也。付之庸医，不若听之天命之为愈也。往事历历，殊为可悯。至于差操工作伤创尤多，故本帮办上月晋省曾与爵督办面商，拟于珲春设立医局，以资补救。当蒙爵督办允可，自应比拟妥商，以期经久。查宁古塔防军向有医药一局，其药料之资先系经吴督办筹款垫办，派通晓医道者一员，筹给薪水，管理该局事宜。凡军中官兵偶有疾病，由该医员诊视授剂，而该员于薪水之外，各军亦稍有津贴，现在珲春拟派医局一员，亦月给薪水银二十三两。而初次举办，药料一切自难筹此余款，今拟将各军津贴裁减。据珲防两路统领，皆愿先行筹垫银各一百两，借为该局置办药材之用，将来病者自可按剂取值，从廉算价，以便接续添买，源源相继，日后或别有更置，则存药可以售脱变本归还。该两军先垫之款，其余炮制应需器具等项，则听该员自行斟酌，即以垫置买，以期合宜。至于派员办理，自非医术精通、脉理明透者，不能责任其事。现在候选知县凌钧焘，已竟辞卸营务，该员向在南省名擅十全，理究三指，拟将医药局一员即委该令理，足能胜任，是否可行，相应咨商。为此合咨贵爵督办将军，请烦查核，见复施行。须至咨者。

吉林将军衙门为珲春请设医局、医官事的咨文
光绪十年十二月

为咨复事。案准贵帮办咨开：窃照珲春驻扎防兵，半多五方杂处。自成军以来，各营兵勇，或因水土不服，或因时令不正，每致染受奇疾，沉疴复难起，实以边僻之区，人情素安简陋，医家本少，而犹罕觏名流，药价固昂，抑且难求真品，所以部曲三军莫不迫于医药两难。不病则已，病则惟有任其呻吟，坐视残喘而已。所以然者，非忍心也。付之庸医，不若听之天命之为愈也。往事历历，殊为可悯。至于差操工作，伤创尤多，故本帮办上月晋省，曾与爵督办面商，拟于珲春设立医局，以资补救。当蒙爵督办允可，自应比拟妥商，以期经久。查宁古塔防军，向有医药一局，其药料之资先系经吴督办筹款垫办，派通晓医道者一员，筹给薪水，管理该局事宜。凡军中官兵，偶有疾病，由该医员诊视授剂，而该员于薪水之外，各军亦稍有津贴。现在珲春拟派医局一员，亦月给薪水银二十三两，而初次举办，药料一切自难筹此余款。今拟将各军津贴裁减，据珲防两路统领，皆愿先行筹垫银各一百两，借为该局置办药材之

用。将来病者自可按剂取值，从廉算价，以便接续添买，源源相继。日后或别有更置，则存药可以售脱变本归还。该两军先垫之款，其余炮制应需器具等项，则听该员自行斟酌，即以垫款置买，以期合宜。至于派员办理，自非医术精通、脉理明透者不能责任其事。现在候选知县凌钧焘已竟辞卸营务，该员向在南省名擅十全，理究三指，拟将医药局一员即委该令办理，足能胜任。是否可行，相应咨商，请烦查核见复施行。等因，到本爵督办。准此，应即照依所拟办理。该令薪水银两，著即由边务粮饷处按二十三两之数，于十二月起支。除札边务粮饷处遵悉外，相应备文咨复。为此合咨贵帮办，请烦查照施行。须至咨者。

右咨钦命帮办吉林边务事宜珲春副都统依

（二）职　官　调　补

宁古塔副都统衙门为派台斐英阿赴珲春署理事的札文
咸丰九年十一月初十日

副都统衙门　为飞札事。左司案呈：本年十一月初八日准将军衙门咨开，承办处案呈，案协领巴林保前曾派往珲春办理筹防事宜，兹奉宪派协领台斐英阿前往珲春署理关防兼办筹防事务，其协领巴林保即应调回膺差。呈请札饬协领巴林保遵照，刻即起程来省外，相应咨行宁古塔副都统衙门查照可也。等因前来，相应抄录原文，呈请飞札珲春署协领遵照办理可也。须至札者。

右札珲春署协领

宁古塔副都统衙门为宁古塔副都统等接任时日的札文
光绪二年四月初一日

副都统衙门　为饬知事。左司案呈：于本月初四日准将军衙门咨开，兵司案呈，于光绪二年正月二十日本衙门恭折具奏。为据报所属各城副都统接任日期，恭折奏闻，仰祈圣鉴事。窃奴才等查询向章，凡有新授外城副都统、总管等，于到任时应由将军衙门将接任日期随时具奏。兹据咨报，新转宁古塔副都统双福于年前十一月初二日接任、伯都讷副都统乌勒兴阿于是年十二月初九日接任、新授三姓副都统长麟于是年十二月十五日接任。（下缺）

宁古塔副都统衙门为奉旨允准革员富和留营为翼长事的札文
光绪三年八月二十五日

副都统衙门　为饬知事。左司案呈：于本年八月十六日准奏派办理吉林军务全营翼长^{德富}咨开，兹于本月十二日遵奉军宪饬发，案照本^{署将军}前因吉省营务将领不得其人，曾经奏请将该革员副都统富和留营作为翼长，会同该副都统德昌认真整顿，奉旨允准。当经钦遵恭录行知在案。兹刊刻奏派办理吉林军务全营翼长木质关防并行营关防各一颗，以昭信守。除将行营关防存府，遇用时再行请领外，合行饬发。为此札仰该翼长即便遵照收领，仍将开用日期具报毋违，特札。等因蒙此，遵于本月十三日辰刻开用，除分行外，理合备文咨行。为此合咨贵副都统衙门，请烦查照转饬所属各队一体遵照可也。等因前来，相应呈请札饬珲春协领遵照可也。须至札者。

右札珲春协领遵此

珲春协领为饬催佐领保成等各归本任的呈文
光绪六年三月十六日

署理珲春副都统衔协领事务宁古塔左翼花翎协领瑚图哩　为呈请饬催归任事。案查本处现有制任俸员内，除紧要差占外，所剩无几，虽有袭职十余员，多半不谙公务，兹经夷务边防殷繁吃紧之际，在在乏员。现任防御委佐领毓庆，蒙拣放，拟陪佐领已经赴部引见去讫。镶红旗佐领穆克登额于本月初四日病故等情，另文呈报外，又有右翼防御讷谟音年逾六旬呈请告休，及将留省佐领保成，留塔委佐领托伦托呼等一并呈请饬催各归本任。职实因边防事繁，差遣乏员起见，拟合备文呈请将军衙门查核示复可也。须至呈者。

右呈将军衙门

吉林会办为委任中哨官事的札文
光绪六年十二月十九日

钦命会办吉林防守事宜、头品顶戴乌里苏台参赞大臣喜　为札饬事。照得本大臣派委三等侍卫胡松阿等所解兵饷军火，谅不日到春。惟查胡松阿老成谙练、枪法有准，堪以委充该营中哨，乌勒兴额、倭什珲带兵勇往，均委用哨官。所有拣选珲春兵丹成军起饷日期，就近报明依副都统，转报本大臣查核，该协领毋得径行自报以一事权。合就札行，为此札仰该协领即便遵照毋违。特札。

右札仰珲春协领德玉遵此

吉林将军衙门为调记名佐领托伦托呼补授佐领事的咨文
光绪七年六月二十一日

将军衙门　为咨调事。兵司案呈：案照现在出有拉林正蓝旗公中佐领忠寿告休一缺，查照定章轮应记名人员内拣补。当于六月十七日开单呈奉宪谕，著由珲春正蓝旗记名佐领委佐领防御托伦托呼、阿勒楚喀正白旗记名佐领委佐领防御金成等二员内拣补等因。奉此，相应呈请咨行珲春副都统衙门查照，一俟记名佐领、委佐领、委防御托伦托呼所有经手一切事件办理完竣，再行饬令来省，仍将该员起程日期先行咨报，以便咨调。阿城防御金成依期来省，一同验补而免久候可也。须至咨者。

右咨珲春副都统衙门

吉林将军衙门为珲春出有佐领一缺按新章拣补事的咨文
光绪七年七月十六日

将军衙门　为咨行事。兵司案呈：窃照本衙门前由吉省旗营武弁补缺，向无一定轮次，每遇各旗协、佐、防、骁缺出，俱拣在省人员补用。凡有调赴各省从军之员，概以出省目之，即有时轮补到班，又往往因人未在省，缺难久悬，且恐咨送军营拣补往返需时，率皆就近仍用在省员弁顶补，以致从军员弁在外省年久，因功历保已至一二品升阶者，迨至奉撤回旗，仍当披甲、马兵差使。当经酌拟，嗣后遇有协领员缺，如出有三缺者，以一缺由军功最著之员补用，一缺于应验人员内挑选箭射有准、公事熟悉者拣用，一缺咨送外省军营统兵大臣酌量劳绩补用。其佐领、防御、骁骑校各员缺出，有四缺者，以二缺由军功人员补用，一缺仍照前章拣用，一缺咨送外省军营补用。等因附片奏明。奉旨："着照所请，兵部知道，钦此。"钦遵在案。兹查现在出有珲春镶红旗公中佐领双胜升补协领，递遗佐领一缺，按照奏定新章，相应咨送盛京军营拣补。除咨行盛京军督部堂查照拣补奏报外，相应呈请咨行珲春副都统衙门查照可也。须至咨者。

右咨珲春副都统衙门

吉林将军衙门为遴员补协领札拉丰阿休致一缺事的咨文
光绪七年七月十六日

将军衙门　为咨行事。兵司案呈：于本年六月十九日本衙门恭折具奏，为拟请照例坐补协领员缺恭折仰祈圣鉴事。窃查现出有吉林满洲正白旗协领札拉丰阿休致一缺，应即拣员请补。奴才等于通省记名尽先协领内逐加遴选，查有珲春镶红旗佐领拟陪协领爱兴阿巴图鲁，俟补协领后赏加二品顶戴双胜，前于光绪元年间经署将军穆图善拣与协领札拉丰阿拟陪援案请旨记名，并声请续有协领缺出，照例坐补，补行送部引见，等因具奏，奉旨（下缺）。

宁古塔副都统为遴员补协领札拉丰阿休致一缺等事的咨文

光绪七年七月二十三日

宁古塔副都统奖赏花翎强都巴图鲁军功加二级纪录十次德　为咨行事。左司案呈：于本年闰七月初六日准将军衙门咨开，兵司案呈，于本年六月十九日本衙门恭折具奏，为拟请照例坐补协领员缺，恭折仰祈圣鉴事。窃查现有吉林满洲正白旗协领札拉丰阿休致一缺，应即拣员请补。奴才等于通省记名尽先协领内逐加遴选，查有珲春镶红旗佐领拟陪协领爱兴阿巴图鲁，俟补协领后赏加二品顶戴双胜，前于光绪元年间经署将军穆　拣与协领札拉丰阿拟陪援案，请赏加随带三级。二品顶戴，署珲春协领、拉林协领博奇巴图鲁德玉拟请旨交部从优议叙。

领催委官珲春练队委防御成玉

领催委官珲春练队委骁骑校金成

以上二员均请以骁骑校升补。

宁古塔副都统为催令讷穆锦接办珲春左翼协领事务的咨文

光绪七年八月初一日

宁古塔副都统将赏花翎强都巴鲁军功加二级纪录十次德平阿　为咨报事。左司案呈，案准将军衙门咨开，兵司案呈，于六月二十一日奉宪谕：查珲春地方前因事务殷繁，地邻俄界，曾经奏请添设珲春副都统一员，其原设协领改为左右两翼，以资分理。除未尽事宜另行拟办外，所有左翼协领一缺，即着留塔当差之珲春协领讷穆锦回任接办。右翼委协领一缺，查有署珲春协领、拉林协领德玉，现在珲春带队颇称得力，着即署理珲春右翼委协领事务，仍带原队，俾各遵守，而专责成等谕。奉此，除咨行宁古塔副都统衙门查照，即饬留塔当差之珲春协领讷穆锦遵照，前赴珲春接办外，相应呈请咨行宁古塔副都统衙门查照可也。等因前来，查留塔充差珲春副都统衔花翎协领讷穆锦，前委靖边左路左营营官员缺，现在乜河带队筑营，兹奉咨调归任，理应檄饬，即时启程，方合限制。惟该营营官一缺，未便一日虚悬，亟应遴派久历戎行之前撤靖边左路前营营官记名副都统花翎佐领永海，前往接管左营营官事务，并饬该协领讷穆锦，速将营中一切军械、粮饷，并经手事件妥为交代清楚再行来城，以便饬令归任供职各等因。分札去后，旋据该协领将所有经管一切事宜，均已由营面交清楚，来署禀辞，当即催令该员于闰七月二十二日由塔束装启程，驰赴珲春本任供职之处。除咨行珲春副都统查照外，据此理合备文呈请咨报。为此咨报将军衙门查核可也。须至咨者。

右咨将军衙门

吉林将军衙门为将委佐领春升留营差遣的咨文

光绪七年八月

为咨行事。于本年八月十二日，据吉林全营翼长记名副都统德昌等移开，于本年八月初五日，遵奉将军衙门札开，兵司案呈，珲春正蓝旗防御委佐领托伦托呼，现已升授佐领，遗出珲春正蓝旗防御委佐领一缺。查有伊通镶黄旗花翎尽先佐领防御春升，原系珲春满洲镶黄旗人，按本衙门办过章程，将该员调转托伦托呼升遗一缺，又于闰七月二十九日委为珲春正蓝旗委佐领之缺等因。奉此，详查在营充差之伊通镶黄旗防御春升，现既委为珲春佐领，理应饬令回旗，无如现当军务纷繁，所有边练各防在在需员，是以仍将该员留营差遣，理合备文移付。为此合移兵司查照，希即转咨珲春可也。等因前来，相应呈请咨行珲春副都统衙门查照可也。须至咨者。

右咨珲春副都统衙门

珲春副都统衙门为请借调塔城佐领春升来珲帮办衙署公务事的咨文

光绪八年

左司案呈：为咨请借调职官事。　窃照本处两翼八旗现任职员，除挑占靖边卫字各营外，衙署公务办理乏员。查新授宁古塔佐领珲春正蓝旗防御委佐领春升系属本处旗籍，借调来珲，洵属人地相宜，又恐塔城额官较少，拟将本处正红旗骁骑校永奎遣往塔城原籍，以备差遣。各得就近充差，公私两有裨益之处。拟合备文呈请咨行，除咨会宁古塔副都统并巩字营双统领查核外，暨咨请将军衙门鉴核施行。

吉林将军衙门为珲春右翼委协领一缺由该处应委人员内调省拣补的咨文

光绪八年十月初三日

为咨行事。于十月初二日奉宪谕：署珲春右翼委协领事务、拉林二品顶戴博奇巴图鲁花翎协领德玉现已饬赴拉林本任，所有珲春右翼委协领一缺，应即拣员委补，着由珲春副都统于该处应委协领、佐领人员内，拣其公事历练堪以胜任者，拣选送省，以凭拣委等因。奉此，相应呈请咨行珲春副都统衙门查照，即行拣选送省，立待拣委，毋得迟延可也。须至咨者。

右咨珲春副都统衙门

吉林将军衙门为协领一缺请以佐领全有委用的咨文

光绪九年四月八日

为咨行事。案据珲春副都统咨报委协领一缺，遵由该处应委协领、佐领人员内拣得镶白旗佐领全有，现在署理右翼，已经三个月有余，旧有协领职衔，考其人老成稳重堪以委用等因。咨请前来，是否可行，未敢擅便，理合开单，呈请宪鉴核夺施行等因。于本年四月初六日开单呈奉宪允，咨行珲春副都统衙门查照可也。须至咨者。

右咨珲春副都统衙门

吉林将军衙门为珲春镶蓝旗委佐领玉庆升任一缺应由防御恒勋等拣委的咨文

光绪九年五月初九日

为咨行事。案照珲春镶蓝旗委佐领玉庆升任一缺，照章由该处防御内拣委，兹五月初八日开单呈奉宪批，着由该处镶黄旗防御恒勋、正黄旗防御贵山等二员内拣委等因。奉此，除防御恒勋由省就近饬传听候拣委外，相应呈请咨行珲春副都统衙门查照，即将指调防御贵山务于六月初五日以前催令依限来省，以备拣委，并将该员出身履历随文呈报可也。须至咨者。

右咨珲春副都统衙门

珲春副都统为查领催骁骑校祥贵业已赴部引见的咨文

光绪九年八月初五日

珲春副都统法什尚阿巴图鲁依克唐阿　为查明造册咨送事。左司案呈：案查同治十二年五月初八日接准副都统衙门札开，左司案呈，案查前准将军咨令，窃照吉林通省尽先协、佐、防、校人员内，有由军营遣撤就便蒙钦差大臣保送赴部引见者，亦有由本省拣选给咨赴部引见者。第查该员等均系记名候补人员，究系何项人氏，本衙门无凭稽核，遇事检查，不免舛错，自应统饬查明。嗣后每岁务按春秋两季分析册报，以凭遇缺查补，免致舛谬。等因前来。相应札饬珲春协领遵照，即将该处春秋应报记名协、佐、防、校各员弁，务须按名迅速查明分析造册呈报前来，立待转报可也。等因来咨在案。兹届本年秋季应报之期，查本处镶红旗领催六品军功记名骁骑校祥贵一员，以前业已赴部引见，合将该员旗佐、衔名、姓氏造册备文附封，咨送将军衙门查核可也。须至咨者。

右咨将军衙门

珲春副都统为贾元桂代理珲春招垦局事务、强惠源代理分局事务的咨文

光绪九年十一月二十九日

钦命统带吉军靖边中路马步各营珲春副都统法什尚阿巴图鲁依克唐阿　为咨行事。窃于本年十一月二十六日据珲春招垦总局五品衔分发补用知县秦瑛呈报：窃卑职前蒙顾道宪札开，光绪九年九月二十五日蒙爵军宪批，本道转禀该员乞假省亲缘由蒙批：据禀已悉。秦令俟李守差旋饬令前往接替，再行给假回籍省亲。等因。蒙此，祗遵静候交替，旋知李守已赴长春新任，即明年来珲，需日尚远，而思亲情切，故于十一月初二日函商李守就近禀请分局委员贾元桂接办总局。所遗分局地广事繁未便虚悬，拟以总局司事五品顶戴县丞衔强惠源暂为代理，但未接复，未知已否具禀。至垦局经费向用李守衔名由其造册报销，卑职已将委员司事、俄语通事等薪水、车价各项付至年底，亦于初二日函请造报截止存数，以便交代。本月十八日蒙宪台传谕云，蒙爵军宪面谕，秦令乞假省亲，准其给假三五个月，所有垦务交分局委员贾元桂代理，所遗分局即以总局司事强惠源暂为照料等因。蒙此，卑职遵即于二十五日已将垦务木质关防一颗、小票票根底簿、丈地底册、新旧文卷，并垦局经费报销截至年底，应存现银一百六十二两三钱一分六厘，以及分局于八年分蒙督办宪吴　借给各垦户耕牛七十二头，计价银一千一百六两三钱，除倒毙牛三十七头，计价银五百五十两八钱，禀请免缴奉示批准外，应存牛价银五百五十五两五钱，现在散欠各垦户处。此项本系贾委员经手，由其分期催缴。九年分蒙督办宪吴　借给牛价银一千四百三十两，除卑职经手借给垦户牛三十五头，计价银四百七十五两五钱，又小米八石，计价银五十六两。贾元桂经手借给垦户牛十头，计价银一百四十一两，又小米十石五斗，计价银七十三两五钱，共借出银七百四十六两外，应存现银六百八十四两，统即备文逐一交代贾委员元桂接收清楚。所有借出牛、米两款另开清折移交，嘱其分期催缴，已经该委员与垦户查对相符。至分局事务需人经理，暂派该县丞衔强惠源前往协同分局司事权为照料，除另呈顾道宪详报爵军宪、督办宪查考外，所有奉到传谕准假，现将垦务交代清楚缘由理合呈复，伏乞宪台鉴核，转咨施行等情前来。查本副都统于上月进省，经该令面恳请假等情，当蒙将军念人子恋亲情切，业经允准。今据该令呈报，遵谕回籍省亲，所有垦务交委员贾元桂接收办理，分局事务暂派县丞衔强惠源前往照料，尚属妥协。至文内所称经手各款，应俟该令交代贾元桂委员接收，呈报到日再行转咨备核。为此合将该令所报情形分咨分巡道查照外，相应备文咨报钦命爵帅将军麾下，请烦鉴核施行。须至咨者。

右咨吉林将军希

珲春副都统为拣委佐领员缺的咨文

光绪九年十二月初十日

珲春副都统法什尚阿巴图鲁依克唐阿 为咨报事。左司案呈：于本年十一月二十三日接准将军衙门咨开，兵司案呈，案照珲春正蓝旗委佐领春升升任一缺，于十一月十二日开单呈奉宪批：著由该处正黄旗防御贵山、镶蓝旗防御荣升等二员内拣委等因。奉此，相应呈请咨行珲春副都统衙门查照，即将指调防御贵山、荣升等二员，于十二月十二日以前催令依限来省，听候拣委，并将该员等出身履历随文咨报可也。等因前来。遵将指调正黄旗防御贵山、镶蓝旗防御荣升等二员拣委佐领员缺，理宜依限送省。窃查本处佐、防等官，除留各军营病假外已属乏员，现该防御等均署旗佐钤记护掌司务，又值本副都统奉咨赴三姓阅操，署内乏员，碍难分身送验。查贵山当差勤慎，荣升熟习清汉，均堪委放，咨请钧裁，由该二员内指委一名实为公便，合将该员等出身履历备文咨送之处，呈请咨报。为此咨请将军衙门查核，示复施行。须至咨者。

右咨吉林将军衙门

吉林将军衙门为珲春协领讷穆锦病故一缺以佐领恩祥坐补的咨文

光绪九年十二月十五日

为咨行事。兵司案呈：本年十二月初九日准兵部咨开，武选司案呈，光绪九年十一月十一日内阁抄出希　奏，查现出有珲春左翼协领讷穆锦病故一缺，于通省记名尽先协领内逐加遴选。查有宁古塔正白旗记名协领铿僧额巴图鲁补协领后赏加副都统衔花翎佐领恩祥久历戎行，当差勤奋，前任吉林将军铭等拣与协领果兴阿，拟陪援案请旨记名，并声请续有协领缺出照例坐补，再行补送引见，等因具奏。于光绪八年十一月十三日奉旨："著照所请，兵部知道。钦此。"钦遵在案。兹珲春左翼协领讷穆锦病故一缺，拟提请以记名协领铿僧额巴图鲁补协领后赏加副都统衔花翎佐领恩祥照例坐补，如蒙恩准，该员现在派充边防营官，未便遽易生手，可否俟边务稍松再行送部引见。出自逾格鸿慈，奴才为边务需员起见，是否有当，谨奏。光绪九年十一月初五日军机大臣奉旨："著照所请。兵部知道。钦此。"抄出到部，相应行文吉林将军可也。等因前来，相应呈请咨行宁古塔、珲春副都统衙门查照，并由兵司移付户司查照可也。须至咨者。

右咨珲春副都统衙门

珲春副都统为宁古塔佐领与本地骁骑校互调各就本地当差的咨文

光绪十年三月初十日

珲春副都统法什尚阿巴图鲁依　为咨报事。左司案呈：窃照前调宁古塔正白旗佐领春升与本处正红旗骁骑校永奎相转，各就本地当差等情，咨蒙复准，当饬永奎赴塔膺差去讫。兹于二月二十四日该佐领春升到珲，于三月初八日派掌本衙门左司关防，并署左翼协领事务，饬即任事之处。除咨会宁古塔副都统衙门查照外，并咨行靖边左路各营统领双　知照外，暨备文呈请咨报。为此咨报将军衙门鉴核施行。须至咨者。

右咨将军衙门

吉林将军衙门为拉林协领德玉、珲春右翼协领恩祥互调事的咨文
光绪十年五月二十六日

为咨行事。兵司案呈，本年五月二十六日奉宪谕：珲春协领恩祥，现在边防军内充当营官要差，未能赴任。所有珲春协领职守，亦关重要，恩祥著转为拉林协领。其拉林协领德玉，著转为珲春协领，即赴珲春接任。恩祥未便离营，所有拉林协领事务，另行派员署理。特谕。等因奉此，除本衙门另折奏报外，相应呈请札饬拉林二品顶戴花翎协领德玉、靖边营营官副都统衔花翎协领恩祥遵照，并咨行珲春、阿勒楚喀副都统等衙门查照可也。须至咨者。

右咨珲春副都统衙门

吉林将军衙门为记名协领双成借补佐领一缺的片奏
光绪十年闰五月初三日

再，珲春正黄旗佐领温崇阿休致，所遗之缺，自应拣员请补。查有二品顶戴记名协领花翎骁骑校双成，前在军营打仗出力，迭经统兵大臣历保今职。嗣由军营撤回，适值吉省地方不靖，委为营总，带兵剿贼，历著勤劳。奴才到任后，查看该员，久历戎行，熟悉营务。现在珲春所出正黄旗佐领一缺，核与双成旗翼相当，以之借补斯缺，实于营务有裨，且与办过成案相符。拟请将珲春正黄旗佐领温崇阿休致一缺，即以双成借补，仍留该员原保升阶升衔，俟续遇应补之协领缺出，再当随时酌量请补。如蒙俞允，双成系记名人员，毋庸送部引见。奴才为整饬营务起见，是否有当，谨附片具奏，伏乞圣鉴。谨奏。请旨。

珲春副都统为奉谕帮办吉林事宜的咨文
光绪十年闰五月二十五日

钦命帮办吉林事宜珲春副都统法什尚阿巴图鲁依　为恭录咨行事。窃于光绪十年闰五月二十三日准兵部火票递到武选司案呈，光绪十年闰五月初四日内阁抄出，五月二十七日奉上谕："珲春副都统依　著随同希　帮办吉林一切事

宜。钦此。"抄出到部，相应行文珲春副都统可也。等因咨行前来。除分别咨札外，相应恭录咨行，为此合咨钦命督办侯将军麾下，请烦查照施行。须至咨者。

右咨钦命督办宁古塔等处事宜镇守吉林将军一等继勇侯希

珲春副都统为补委营务处差使的咨文
光绪十年六月二十六日

钦命帮办吉林事宜珲春副都统法什尚阿巴图鲁依　为咨明事。查卫字练军总理营务处补用守备胡世贵，自上年请假离营，当经该统领请以右营营官记名提督杨正彪暂行兼理，业已批准咨明在案。现在修筑炮台工作吃紧，该营官难以兼顾，应即另行委员，以专责成。查有记名拣放提督向文燕，老成谙练，熟悉军情，堪以委办该军营务处差使。除札饬该统领遵照外，相应咨明。为此合咨贵督办爵将军，请烦查照施行。须至咨者。

右咨钦命督办宁古塔等处事宜镇守吉林将军一等继勇侯希

珲春副都统为派佐领永德接统靖边中路的咨文
光绪十年八月初六日

钦命帮办边务事宜珲春副都统法什尚阿巴图鲁依　为咨明事。窃照本帮办所带靖边中路步队两营、马队一哨，业派佐领永德接统，所有本军事宜自应逐交该统领接手经办，以专责成。查本军官兵薪水、饷乾、夫价各项，业经由省领至六月底，刻已如数放讫，七月初一以后应领饷项，即由该统领派员分报请领，以免缪辋。其余军火器械、旗鼓、文卷、官兵册籍暨一切应交各件，均一律分析造册，札交清楚。除接收各项应由该统领分报备查外，相应咨明。为此合咨贵督办爵将军，请烦查照施行。须至咨者。

右咨钦命督办宁古塔等处事宜镇守吉林将军一等继勇侯希

珲春副都统为借调驿站笔帖式办理中路文案的咨文
光绪十年八月初八日

钦命帮办边务事宜珲春副都统法什尚阿巴图鲁依　为咨明事。本年八月初五日据靖边中路统领佐领永德面禀：该军文案事繁，乏员办理，所有由营挑选者，谙习未深，难期得力，亟须拣择熟悉公事之员，以充委任。查有驿站笔帖式晋康，向在左路双统领军中随营当差，久资历练，现在该军办理文案熟手尚多，若能借调来珲，该军亦不致乏人，而卑军公事有济，仰恳饬调该员来珲办理中路文案事宜等情。据此，查该统领所禀为慎重公事起见，自应准如所请。除札饬双统领转饬该员启程来珲听候委用外，相应咨明。为此合咨贵督办爵将军，请烦查照施行。须至咨者。

右咨钦命督办宁古塔等处事宜镇守吉林将军一等继勇侯希

珲春副都统为帮办吉林边务奉到回折的咨文
光绪十年八月二十八日

钦命帮办吉林边务事宜珲春副都统法什尚阿巴图鲁依　为咨知事。本副都统前奉恩命帮办吉林边务，由兵部咨行前来，当即敬缮专折叩谢天恩等情，已经咨行在案。兹于本月二十五日奉到回折，军机大臣奉旨："知道了。钦此。"钦遵理合咨知，为此合咨钦命督办爵将军麾下鉴核施行。须至咨者。

右咨钦命督办吉林边务事宜将军世袭一等继勇侯希

珲春副都统为将奉军副将哈广和调取来营具奏会稿事的咨文
光绪十年九月二十六日

钦命帮办吉林边务事宜镇守珲春副都统法什尚阿巴图鲁依　为咨送事。窃照本帮办于光绪十年九月二十一日，行至色勒佛特库站途次，准贵督办爵将军咨开，边务文案处案呈：照得本督办爵将军会同贵帮办附片具奏，为查有奉军帮带马队总兵衔、直隶尽先补用副将哈广和，调取来营，俾收指臂之效等因一片。于本年九月十七日，一面由驿拜发，兹将会稿二份书奏用印，附入封筒，备文咨会贵帮办书奏盖印，留存一份备查，其一分即请咨回存案。等因准此，当即敬谨书奏用印，除留存一分备案外，理合将原稿一份备文咨回，为此合咨贵督办爵将军，请烦查照施行。须至咨者。计咨原稿一份。

右咨钦命督办吉林边务事宜镇守吉林将军一等继勇侯希

珲春副都统为奉上谕随同希元帮办吉林事宜的咨文
光绪十年十月二十一日

镇守珲春副都统法什尚阿巴图鲁依　为咨行事。左司案呈：窃于光绪十年闰五月二十三日接准兵部咨行，五月二十七日钦奉上谕："珲春副都统依　著随同希　帮办吉林一切事宜。钦此。"钦遵咨行前来，当即本帮办专折叩谢天恩，兹于本月初六日递回原折内，军机大臣奉旨："知道了。钦此。"相应呈请抄粘原折，除分行咨会各外城厅一体知照外，理合备文咨报，为此合咨将军衙门鉴核施行。须至咨者。

右咨将军衙门

珲春副都统为将哈广和委为亲军统领会稿事的咨文

光绪十年十一月初二日

钦命帮办吉林边务事宜镇守珲春副都统法什尚阿巴图鲁依　为咨送事。本年十月二十九日准贵督办爵将军咨开，照得前准盛京军督部堂来咨，恭奉上谕："副将哈广和著庆　转饬赴吉，交希　等差遣委用。钦此。"咨行钦遵等因，曾已随时恭录咨行在案。该副将现已到吉，合即委为亲军统领，兹备具双衔札稿一分，除一面用印分行，并另案咨复奉省外，相应将原稿附入封筒，备文咨会，请由贵帮办书行盖印，仍望咨还存案。为此合咨贵帮办，请烦查照施行。等因准此，当将原稿书行盖印，相应备文咨回，为此合咨贵督办爵将军，请烦查照施行。须至咨者。

计咨还双衔札稿一分。

右咨钦命督办吉林边务事宜镇守吉林将军一等继勇侯希

珲春副都统为行营营务处总理由佐领春升充任的咨文

光绪十年十一月二十七日

钦命帮办吉林边务事宜镇守珲春副都统法什尚阿巴图鲁依　为咨照事。兹据行营营务处总理凌钧焘禀辞总理差使，业经批准。惟该处事繁，应即拣员接理，以重责成。查珲春左司掌关防花翎佐领春升，心地明白，熟悉营务，堪胜总理之任。除札委该员遵即接理任事外，相应咨照。为此合咨贵督办爵将军，请烦查照施行。须至咨者。

右咨钦命督办吉林边务事宜镇守吉林将军一等继勇侯希

（三）封 赠 承 袭

宁古塔副都统衙门为投捐各项职衔官所需实银变通折钱事的札文

咸丰元年七月十六日

副都统衙门　为遵照事。右司案呈：准将军衙门咨开，据理事同知安荣案呈，本年六月十八日同知以前经禀明出示劝谕，阖属旗民人等减价捐监并减成指捐文武各项职衔，自出示以来，乃投捐者甚属寥寥。推原其故，非旗民之不愿报捐，皆由银价之过于昂贵。盖报捐必须实银，而买银又须加成，层累而计，其捐项反觉多于常例，是以虽有愿捐之心，咸怀观望之意。今同知拟再出示，请将前次劝谕捐监及指捐各项职衔应交捐银，均每两准交市钱四吊，如此稍为变通，庶捐生易于为力而输将或期踊跃等情禀请查核，蒙批照议，行知各城付户、兵司在案。除移知户〔司〕照办，兵司转札，咨旗营、台站暨乌拉、伊通协领一体遵照外，理合抄录拟捐银数、给予官阶职衔原单，呈请移咨各副都统衙门暨双城堡总管衙门，前札饬伯都讷、长春两厅以便一体遵照办理等情。据此，除札饬伯都讷理事同知、长春理事通判一体遵照，剀切再行晓谕劝捐外，相应移咨，为此合咨贵副都统烦为查照转饬一体遵照，再行出示剀切晓谕劝捐，勿致延缓可［也］。须至咨者。等因前来，相应抄录原文，呈请札饬珲春协领一体遵照办理等情。据此，拟合札知可也。须至札者。

右札珲春协领

计粘单一纸

酌拟由俊秀捐银数目给予官阶职衔开列于后。

计开

一、捐银四千三百两给予道员职衔。

一、捐银三千五百两给予知府职衔。

一、捐银三千二百两给予京官郎中衔、外官运同衔。

一、捐银二千六百两给予员外郎衔。

一、捐银一千七百两给予文职同知衔、武职游击衔。

一、捐银一千五百两给予京官主事衔、外官通判衔。

一、捐银八百一十两给予京文职署正衔、武职都司衔。

一、捐银六百一十两给予京文职中书衔、武职营卫守备衔。

一、捐银四百一十两给予武职守御所千总衔。

一、捐银三百八十两给予京文职待诏、孔目衔。

一、捐银三百三十两给予理问、州同衔。

一、捐银二百九十两给予文职按察司经历、布政司都事、盐运司经历、州判衔，武职卫千总衔。

一、捐银二百六十两给予文职府经历布政司照磨、盐大使县丞衔，武职营千总衔。

一、捐银二百两给予文职按照磨府知事衔，武职把总衔。

一、由俊秀捐银八十两，由未满吏捐银六十五两，由已满吏捐银五十两，均给予从九品职衔。

一、由俊秀捐银二百零六两，由附生捐银一百一十两，由增生［捐银］一百两，由廪生捐银九十两，均准作为贡生。

一、由俊秀捐银八十九两六钱七分，准作监生。

以上各条，该捐生等有愿按款捐输、指请何项官衔者，准其于呈内声明。其由举贡生监及有职人员捐输者，亦准将举贡生监并原捐职衔银数扣抵其现捐之项，每银一两均准交市钱四吊，以示体恤而广输将。

七月十六日

宁古塔副都统衙门为应领封典文武官员名册事的札文

咸丰十年八月十五日

副都统衙门 为饬知事。左司案呈：本年七月二十三日，准将军衙门咨开，兵司案呈，案查咸丰九年十月二十日恭逢恩诏，应领封典文武各员于（七）[本]年九月二十二日造册咨送。嗣准部咨，业已办妥，咨催请领前来，当经兹吉林协领庆林赴京引见之便，由部颁到协领□□、常明等二员封诰各一轴、佐领春升一轴、七十□二轴，四品官张秉纤、徐谨二轴，六品官张铎一轴，防御三隆、助教官和升额、总站官全□等三员各一轴。（下缺）

捐官章程

咸丰十一年

一、京外各官捐戴翎枝，量为酌减银数一条。查前定捐戴翎枝章程，外官花翎七千两、蓝翎三千五百两，京官花翎四千两、蓝翎二千两。虚衔及封典顶戴捐翎银数照外任官核算，均以实银上兑。惟原定银数过多，从无赴铜局报捐翎枝者。此次推广新章，拟将京外各官报捐翎枝者，准其以实银减半赴铜局报捐。其仍在外省报捐者，应照原定实银数目报捐，以示区别。

一、现任补候选人员报捐升衔，量为推广一条。查筹饷例报捐升衔人员，九品准捐至七品衔、八品准捐至六品衔、六七品准捐至五品衔、五品准捐至四品，六品顶戴，均不准捐本管上司之衔，原所以限制。此次推广新章，拟请九品准捐至六品顶戴，八品准捐至五品顶戴，六、七品准捐至四品，五品准捐至三品顶戴。其银数仍按各本职例定捐升。双月数减二成，再照新章减四成报捐。惟四、五品人员捐三品衔，筹饷例内并未载有捐升本职双月银数明条，今拟五品人员比照各本职捐升道员双月银数，均以五成报捐。道员比照直隶州捐升道员双月银数，知府比照同知捐升道员双月银数，连同比照知州捐升道员双月银数，仍减二成，再减四成，照铜局收捐章程以半银半票交纳。

一、在京文职五品人员，准捐至三品虚衔一条。查筹饷例载，五品人员准捐至四品衔，而京职郎中、员外郎并无定有报捐四品升衔银数明条，未免向隅。此次推广新章拟请郎中、员外郎比照捐升道员双月银数仍减二成，再减四成，准其捐品衔。其有原捐三品衔者，均按各本职捐升道员银数，双月加倍报捐，仍准减二成，再减四成，照铜局收捐章程以半银半票交纳。

一、推广封典一条。查三品人员加级请封，准至二品为止，不得捐请一品。是以近来各省捐输案内，有报捐此项者，臣部以格于成例，未便核准。惟查各该员捐请一品，封典无非为显亲起见，自应量为推广以遂孝思。查常例内载，一品封典捐银一千两。此次推广新章，拟令三品人员按例定一品人员捐银一千两之数加倍报捐，即准给予从一品封典。其三品虚衔人员，有报捐从一品封典者，应按照实职人员报捐银数再加五成。又二品虚衔人员，例无捐请从一品封典明条，今三品既准捐从一品封典，二品虚衔人员亦应［准］其捐请，其银数仍照二品人员捐请之数加倍报捐。其有为外□捐请一品封典者，应照二三品实职虚衔，此次酌定银数再加二成另行捐请。所有捐封银两，仍照铜局章程，以一半实银、一半银票交纳。

一、旗营各员捐输，拟分成搭收一条。查咸丰四年五月初二日奉上谕："载垣等奏，圆明园八旗兵丁续捐军饷一折，著户部核议具奏。钦此。"当经臣部兵丁捐输应如何奖叙，并例案可援。奏请嗣后八旗满洲、蒙古、汉军及内务府三旗，无论官兵捐输，其足敷奖叙者，俱由该衙门酌拟奏请恩施，以归划一等因。奉旨："允准。"以后八旗官兵，在部具呈指项报捐者，原定副护军校捐钱五百吊委护军校领，由闲散捐钱二千〔□□〕吊，由护军校捐钱一千吊。骁骑校由马甲、领催各捐钱一千□百吊。印务章京由骁骑校捐钱七百吊，由马甲捐钱二千吊，由领催各捐钱一千七百吊，由印务章京捐钱六百吊，前锋校由前锋捐钱一千吊，委前锋侍卫由前锋校捐钱一千吊。以上各项，均系按每银一两折交京钱四吊，以官号钱票、官银票各半上兑，历经遵照办理。此次酌拟变通，凡报捐前项，统照从前奏案应捐之数，按照火器营奏定章程，凡银票、钱票各半上兑者，钱票改收实钞五成，其余官票三成，以京钱四吊合银一两，改收现银二成、官银票八成上兑。其报捐后选补一切章程，仍由该旗查照从前奏案办理。

一、捐复人员，量为推广一条。查京外文武官员革职离任，有事因公而情节较重，限于例制不准捐复者，此次推广新章，如此项人员年力富强，不甘废弃，情愿报捐，踊跃急公，应由户部行查吏、兵部摘叙缘事案由，声明请旨，候奉旨准捐后，再由户部兑收银两，其银数均由吏、兵部随时酌其案情之轻重，以定银数之多寡。

一、京外各官捐免保举一项，宜酌量推广一条。查常例内载，生监吏员出身人员报捐京外正印各官，应令先捐免保举，四品人至八品以下，均定有应捐银两，向办中书、大理寺评事、太常寺博士八项，外官只有道员、知府、直隶州、知州、知县五项。此次量为推广，请嗣后报（报）［捐］京外各官人员，除向例捐免人员照常办理，京官之治中、都察院事经历、（广）［光］禄寺署正、部寺司务，外官之运同、提举、盐库各大使，均令一律捐保举后，再行报捐前项各官。其从前业经到署、到省者，毋庸追补。自此次奏准之日为始，查照新章。

一、捐免赴部引见人员，应令赴铜局报捐一条。查前据吏部会议江西巡抚张芾、湖南巡抚骆秉章奏请将开复、捐复疼人员加成捐复，赴部（张）〔引〕见之员，如有别项降调处分，准其照常例捐复，降革银数减半呈缴银两，由该督抚奏请，并报明户部候补。其另案开复人员，如无别项降革处分，准其照常例捐复，降革银数减三成呈缴银两，免其送部引见等因。查前项人员，在各省报捐者不少。此次推广章程，应令此后凡因公降革，本案开复后及另案开复并无别项降调处分，经吏部核准捐免赴部引见人员，均令赴京铜局不减成，以五成实银、五成钱票、五成实钞交纳，不准在外省报捐。以上各（调）〔条〕，均为筹备京饷，应归铜局报捐，外省不得兑收。

吉林将军衙门为珲春云骑尉托精阿所得世职准令分袭的咨文
同治八年九月

为咨复事。于本年八月十三日，据宁古塔副都统衙门咨报，案查前据珲春协领呈，准将军衙门移开，同治六年正月二十六日准兵部咨开，议功所案呈，所有前事等因，相应抄单行文该将军可也。计单开，议得据军营钦差大臣、将军、都统、副都统及各路督抚，将各军营出师、剿匪、阵伤亡故各员并兵勇查明各缘由，造册咨部，议恤前来。应请将打仗阵亡之吉林双城堡左翼中屯阿洪阿佐领下委骁骑校富昌，又吉林正黄旗满洲雅青阿佐领下骁骑校委参领花翎果勒明阿，又珲春镶黄旗德玉佐领下奏明六品军功那斯洪阿，又正白旗台斐英阿佐领下奏明六品军功巴青阿，均各给恤银二百五十两。又珲春正白旗台斐英阿佐领下云骑尉委参领托精阿，给恤银二百五十两。各给予云骑尉世职袭次完时，均各给予恩骑尉世袭罔替。托精阿系属伤亡，毋庸恩骑尉罔替，应得敕书及祭葬银两，移咨吏、礼、工三部办理。托精阿原系云骑尉，今又议给云骑尉如何分并之处，由吏部办理。又军营立功后病故之吉林珲春镶黄旗德玉佐领下领催委官霍伦布，议给恤银四十两，给予伊子八品荫监一员，由该旗查明应袭，子嗣如年已及岁，即行拣选奏请带领引见，请旨承袭，如年未及岁，缮写绿头牌，其奏请旨承荫，俟年已及岁补行引见，随旗行走照品食俸，遇有各营之委前锋校、护军校、蓝翎长拣选改用。如未仕而故者，准其补给一次。咸丰十一年十二月十八日，其奏本日奉旨："依议。钦此。"等因前来。除移付户司，相应移付宁古塔副都统衙门左司查照可也。等因前来。查云骑尉委参领托精阿袭次已完，议给恩骑尉，已令该员长子恩特恒额承袭，今又议给云骑尉袭职，如何分并之处，由吏部办理等情。

于同治六年八月三十日来札在案，迄今未奉吏部咨文。惟现有托精阿长子恩特恒额已承袭恩骑尉，所有此次议给云骑尉如何分并承袭等情，呈请指示。遵办前来。查文内既称托精阿长子恩特恒额承袭恩骑尉，有无次子亦未叙及，第查本衙门前于咸丰七年咨请本处，恩骑尉庆常等阵亡，经部议给云骑尉，可否分袭，兹准咨示。吉林正白旗佐领兼骑都尉托克通阿阵亡，部议给云骑尉世职，可否令伊次子承袭，咨请部示。续准吏部咨复，例载承袭祖父世爵人员，又因军功赏给世爵者，准其合并一爵，亦准其应袭之子侄兄弟分袭等因。当将托克通阿阵亡所得云骑尉世职，拟令伊次子幼丁英全分袭在案。今思云骑尉庆常等阵亡，部议云骑尉亦应与托克通阿事同一律，令该员子弟分袭亦在案。今珲春托精阿所得云骑尉可否如此办理，即行拣选伊子弟分袭之处，未敢擅便，相应呈请咨报。为此咨报将军衙门查核示遵可也。等因前来。查该副都统衙门咨请珲春云骑尉托精阿袭次已完，所得恩骑尉世职已令该员长子承袭，惟该员现在阵亡，又蒙议给云骑尉世职，可否令其子弟分袭等情，本衙门核与办过成案相符，自应准令该员子嗣分袭之处，合亟呈请咨复宁古塔副都统衙门遵办可也。须至咨者。

右咨宁古塔副都统衙门

吉林将军衙门为挑选满蒙汉三旗大员兄弟子孙补缺授职事的咨文
光绪七年七月十六日

将军衙门　为咨行事。兵司案呈：于本年七月初九日准总管内务府咨开，都虞司案呈，内阁片交内务府三旗、满洲蒙古汉军各旗，现届挑选大员子弟之期，所有在京文职三品以上、武职二品以上，在外文职臬司以上、武职总兵以上，驻扎新疆办事大臣以及织造、关税文职三品以上、武职二品以上之现任职官兄弟子孙内，年已及岁之文职六品以下已未补缺、五品尚未补缺及捐纳道府在京候选者，除上次已经奉旨圈出未蒙赏给差使及奉旨京外大员子弟内，有身体较弱、不谙骑射准其呈明免其挑选者毋庸开送外，其有情愿备挑之大员兄弟子孙，迅即查明造具满汉清册，于本人名下注明年岁及祖父兄弟现任何省、何官，本人现系何职、何官，或系闲散、或系候补，曾否分部学习行走，务须详细注明，由内务府汇齐，咨送隆宗门满军机处以便缮单进呈。其不愿送挑及不谙骑射者，即毋庸造送。至随任在外之文武大员兄弟子孙，有情愿送挑者，亦迅即咨行各直省，赶紧查明造册汇送本处毋误等因，相应咨行贵将军查照可也。等因前来，相应呈请咨行珲春副都统衙门查照文内事理，查明咨报，以备汇总报部可也。须至咨者。

右咨珲春副都统衙门

珲春副都统为查明本处并无文武大员兄弟子孙送挑京差的咨文
光绪七年闰七月二十五日

珲春副都统法什尚阿巴图鲁依克唐阿　为查明咨报事。左司案呈：于本年闰七月十六日接准将军衙门咨开，兵司案呈，于本年七月初九日准总管内务府咨开，都虞司案呈，内阁片交内务府三旗、满洲蒙古汉军各旗，现届挑选大员子弟之期，所有在京文职三品以上，武职二品以上、在外文职臬司以上、武职总兵以上，驻扎新疆办事大臣以及织造、关税文职三品以上、武职二品以上之现任职官兄弟子孙内，年已及岁之文职六品以下已未补缺、五品尚未补缺及捐纳道府在京候选者，除上次已经奉旨圈出，未蒙赏给差使及奉旨京外大员子弟内，有身体软弱、不谙骑射准其呈明，免其挑选者毋庸开送外，其有情愿备挑之大员兄弟子孙，迅即查明造具满汉清册，于本人名下注明年岁及祖父兄弟现任何省、何官，本人现系何职、何官，或系闲散、或系候补，曾否分部学习行走，务须详细注明，由内务府汇齐咨送隆宗门满军机处，以便缮单进呈。其不愿送挑及不谙骑射者，即毋庸造送。至随任在外之文武大员兄弟子孙，有情愿送挑者，亦迅即咨行各直省赶紧查明造册汇送本处，毋误等因。相应咨行贵将军查照可也。等因前来。相应呈请咨行珲春副都统衙门查照文内事理，查明咨报，以备汇总报部可也。等因前来。遵即详查本处并无文武大员兄弟子孙之处，逐一查明等情，据此理合备文咨报，为此合咨将军衙门查核可也。须至咨者。

右咨将军衙门

珲春副都统为将应请封典各员查明造册加结的咨文
光绪八年六月初十日

珲春副都统法什尚阿巴图鲁依克唐阿　为查明造册咨报事。左司案呈：于本年五月初七日接准将军衙门咨开，兵司案呈，于本年三月十五日准吏部咨开，验封司案呈，所有本部具题前事等因，相应刷单知照该将军查照可也。计单开，吏部谨题为钦奉事。光绪七年九月二十三日恭逢恩诏内开："内外大小各官除现在品级从前已得封赠外，其升级改任者，着照新衔封赠。钦此。"查定例覃恩应得封典五品以上，授诰命六品以下，授敕命一品封赠三代，二三品封赠二代，四品至七品封赠一代，八九品只封本身不封父母。其二三品官愿将本身妻室封典貤封曾祖父母，四品至七品官愿将本身妻室封典貤封祖父母，八九品官愿将本身封典貤封父母者，准其赠封。又一品至三品官不得貤封高祖父母，四品至七品官不得貤封曾祖父母，八品官以下不得貤封祖父母。又京官照加级请封其级多者，仍限以制，八品以下不得逾七品，七品不得逾五品，五六品不得逾四品，三四品不得逾二品，捐纳之纳不准计算。外官有加级者，不论新旧不准照加级请封。在外之未入流人员，不准请封。又京外大小各官貤封曾祖父母、伯叔祖父母、伯叔父母、庶伯兄嫂、外祖父母，由各该衙门移咨臣部查核录题。其余外姻一概不准貤封，至官员为人后者，除封赠祖父母、父母外，请以本身妻室貤封典封本生祖父母、父母者，亦准貤封。又额外郎中、员外郎、主事并额外主事上学习行走、进士，均奉特旨，分发各部办事及荫生奉旨分部学习行走与科甲出身、捐纳分部候补人员，俱准给封。又各官业已授封后改任者，照改任封。升任者，照升任封以升衔。留任者以升衔封，其在本任实授复借管别任者，以本任封。余补授实缺及题咨升署试署者，照各现任封。其升授各官无论已未到任，均已奉旨在恩诏以前者，准照京官之例给予新衔封赠。至题升、调补、推升各官，例应引见，以奉旨在恩诏以前咨署；佐杂微员，以部覆准在恩诏以前者，方准照新衔给封。又军营差遣升任人员，奉旨在前未经引见者，亦准给封。其分发试用借补人员，俱照原衔封赠。又丁忧终养官员，准予给封。又省亲、修墓葬亲尚在告假限内者，悉照原官给封、或回避开缺，候补未经得缺者，亦一体给予前任封典。又官员职衔以诏下之日为定，其各官请封二年为限令行办给，过期呈请即毋庸议各等语。今光绪七年九月二十三日恭逢恩诏，臣部遵照定例，除现在告假与外官候补、候选、试用各员及例不应封之捐纳、分部学习候补等京官不准给封外，其京外各官升任、改任、升衔均以诏下之日按其品级给予封典，京官照加级请封，外官照本任请封，由臣部核覆，题请颁发，恭候命下。通行各部院寺衙门、八旗、直隶各省有应行请封各官，俱限于二年内开明出身履历，及从前有无受封，现在是否调任，由各该衙门取具册结咨送臣部，或取具同乡京官印结在部呈请，均令于册结内注明三代存殁、已仕未仕，其已仕者注明现任何职，并将现任官不受封，及子孙官大、己身官小，情愿弃职就封等情，分别声叙，俱由臣部查核，照例题请揭送内阁撰给诰命，如过限外毋庸给发。所有钦奉恩诏缘由，臣等未敢擅便，谨题请旨，于光绪七年十二月初四日题，本月初六日奉旨："依议。钦此。"钦遵前来，相应呈请咨行珲春副都统衙门查照文内事理造册咨报，毋得逾限可也。等因前来，遵查珲春地方光绪七年九月二十三日恭逢恩诏，应请封典各员本副都统依克唐阿继室伊尔根觉罗氏尚未请有封典，再镶红旗佐领永德现在春省军营并未到任，不知该员父母妻室名姓，本处无凭可查，碍难入册，其有未经请封官员逐一查明，造具满汉清册一本，取具该翼协领关防结一纸，加具印结一纸，一并附封咨报将军衙门查核施行。须至咨者。

右咨将军衙门

吉林将军衙门为封赠及貤封事的咨文

光绪八年七月初八日

将军衙门　为咨行事。兵司案呈：于本年六月初二日，准兵部咨开，武选兵司案呈，所有前事一案，相应刷单行文该处转饬遵照可也。计单开：兵部谨题，为钦奉恩诏事。光绪七年九月二十三日恭逢恩诏："内外大小官员除现在品级从前已得封赠外，其升级改任者，著照新衔封赠。等因。钦此。"臣等查定例请封各官职衔加级，俱以诏下之日为定，给予封典。官员遇覃恩，每任中止封一次。除前诏未经受封者照现任品级具题封赠外，如遇前诏已经封过，后改任封赠升职者照升职封赠，调任者照调任封赠。其未经调任者，只准补请本身妻室封典，不准再请他封。旗员京官加级者，俱照新加之级给予封典。满洲、蒙古、汉军并绿营升授各官，无论已未到任，均以奉旨在恩诏前者给予新衔封赠。至题补推升人员，例应引见。以引见奉旨在恩诏前者，准照新衔给封。授补千把外委微员，以题准及部复之日在恩诏前者，亦照新衔封赠。凡患病、候补等官，不在现任者不封。休致官员食全俸、半俸者，俱准封；不食俸者，不封。若在任遇恩诏后，经病故或致仕，虽不食俸者，俱照原官封赠。又定例丁忧终养人员，照伊等原官品级一并给予封典。又定例公侯伯子男及轻车都尉以下、恩骑尉以上各职，如年未及岁在家食半俸者，毋庸给予封典。其年已及岁奉旨赏给差使并发标学习者，恭逢恩诏准给封典。又定例一二品官不得貤封高祖父母，四品以下不得貤封曾祖父母，外姻止许貤封祖父母。京官照加级请封，级多者仍限以制，三四品不得逾二品，五六品不得逾四品，七品不得逾五品，八品以下不得逾七品。又定例武职一二品封为都尉，五六七品封为骑校尉。又定例凡遇覃恩应定以二年为限，过期不呈请者即毋庸颁给各等语。又嘉庆元年二月十九日奉上谕："刑部衙门因司员等恳请貤封，据情代奏一折。向来遇有覃恩，大小官员原准封。但所请貤封之人如系伯叔、兄长、外祖等尊属，身受抚育恩慈，例得推恩者，自应准给封典。若系疏远戚属姻亲，亦报转恳请貤封，与例不合者，岂可漫无限制。其应准、应驳，部中自可循照定例分别核办，又何必由各衙门纷纷自行渎奏耶。嗣后内外大小官员恳请貤封者，俱著汇报吏部查核所请情节，分别准驳汇题，以省繁渎而昭限制。其有情节委曲不同者，该部声明另奏。钦此。"钦遵。又道光二十五年，臣部会同户部议核，给事中雷以诚议奏，京外各官升任在覃恩以后者，令其照常例补足升级，银两准照所升之衔给封等因。奏准在案。今此次恭遇恩诏应封各官，应照题定条例限二年内在京满洲、蒙古、汉军八旗官员由各该都统，在外驻防官员由各该将军、都统、副都统、城守尉等官造具应封姓氏清册并佐领图记，绿营官由各该省督抚、提镇将所属应封各官职名查明，取具印文及同乡京官印结，造册送部。臣部查明，照例题封。如有情愿贻封者，应遵照嘉庆元年二月十九日所奉谕旨，行文各处咨明，臣部查核汇题。再，武职八九品请封各员，应仍请照乾隆五十五年恭逢恩诏，比照吏部八九品之例，揭送内阁撰给敕命，毋庸具题。合并声明，恭候命下，臣部通行八旗各直省驻防绿营一体遵照。臣等未敢擅便，谨题请旨。于光绪八年四月初五日题，本月初七日奉旨："依议。钦此。"钦遵前来。相应呈请咨行珲春副都统衙门查照文内事理，造册咨报，毋得逾限可也。须至咨者。

右咨珲春副都统衙门

珲春副都统为查本处八旗所有承袭云骑尉内并无俊仓等人的咨文
光绪八年十二月二十五日

珲春副都统法什尚阿巴图鲁依克唐阿　为咨报事。左司案呈：于本年十二月二十日接准将军衙门咨开，兵司案呈，于本年十一月二十五日准吏部咨开，内阁用宝发出吉林镶黄满云骑尉俊仓、三喜、奎恒、荣禄、成禄，镶黄蒙云骑尉万祥，镶黄汉云骑尉双寿、成山，正白满云骑尉舒林、德英玉、西京、文布、瑞林、贵喜、贵升、文升、永昌，正白汉云骑尉成印，镶白满云骑尉伊林、英林、双成、丰山、常升、景昌、双根、全海、德升阿、德精额、海庆、凌春，镶白蒙云骑尉常福，正蓝满云骑尉乌凌额、惠祥、常德、德昌、春海、永俊，正黄满骑都尉西郎阿，云骑尉富山、恩奎、郭仁、桂林、胜林、贵成、德升、巴哈布、德明阿，恩荫恩骑尉全福，正黄汉云骑尉全喜，正红满云骑尉常林、凌生、成熙、海林，正红汉云骑尉德凌阿，镶红满骑都尉双福，云骑尉德克吉科、常有、胜连、全升、英林、安庆，恩骑尉祥林，镶蓝满云骑尉全禄、令祥、吉成、存福等六十七员，相应咨行该将军，即行出具印领，并抄录各该世职承袭底案，各造具满汉清册送部，以凭核对存案备查可也。等因前来。相应咨行珲春副都统衙门查照文内事理，迅即查明，即将各该员承袭底案造具满汉清册，赶紧呈报，以凭汇总报部，或该处查明并无其人，亦即随时呈报可也。等因前来。遵查本处八旗所有承袭云骑尉内，并无俊仓等名目之人。合将查明之处拟合备文咨报。为此咨报将军衙门查核施行。须至咨者。

右咨将军衙门

（四）奖 惩 抚 恤

宁古塔副统衙门为奖恤剿匪乡勇事的札文
咸丰四年七月十九日

南司传付内称，内阁抄出咸丰四年三月二十一日奉上谕："自逆匪窜扰以来，所过州县村庄无不惨遭蹂躏，会经迭降谕旨，令各省绅民办理团练，既可保卫自家，又可随同官兵剿贼。近日以来，屡览军营奏报各该处绅民人等或杀贼被害，或殉节捐躯，实属深明大义，均堪悯恻。著各路统兵大臣暨各该督抚等迅速查明逆匪经过地方乡团绅民人等，会能奋勇剿贼者，随时分别保奏，朕必立加优奖。其阵亡乡勇除随同官兵打仗例请恤外，其有激于义（惯）〔愤〕杀贼殒身者，无论防剿逆贼土匪，悉准令绅民于各该地方建立总坊一并题明，并从祀各州县忠义祠以昭激劝。将此通谕知之，钦此。"传付前来，相应恭录上谕，行文吉林将军钦遵可也。等因饬交到厅。蒙此，除卑厅钦遵办理，并移付户司、打牲乌拉、双城堡各总管暨关知伯都讷理事同知、长春理事通判一体钦遵外，理合呈请移咨各副都统衙门遵照办理。等情据此，本衙门复核无异，相应分咨，为此合咨贵副都统衙门一体钦遵办理可也。须至咨者。等因前来。相应抄录原文，呈请札饬珲春协领知照可也。须至札者。

右饬珲春协领

吉林将军衙门为军营阵亡伤亡未蒙议恤各员查明请恤的札文
同治八年七月

为飞行札查报事。案查，恤前自军兴以来，所有吉林通省官兵，节年征调为数甚巨。内有实任俸官及委衔并在营历保顶翎升阶人员，在营打伏阵亡，或因伤殒命，或任官立功后病故者甚多。有经本大臣随时奏请议恤，或经部汇总奏请议恤，分别给予袭次者，于奉到部咨，业已陆续承袭外，惟其间仍有未蒙议恤人员，前经通行各处一体查报汇总，奏请议恤。等因在案。迄今已逾数载，而续行阵亡、伤亡人员仍复不少。兹奉宪谕：所有未蒙议恤阵亡、伤亡人员，无论在先、在后，其家道殷实者，奉到部咨，业已随时承袭。而家计艰窘者，无论何项官阶，实系战阵捐躯者，倘力有未逮，则部议无期。至今未奉议恤者，谅复不少。本将军莅任以来，目击情况，殊堪悯恻。应令通行所属各处一体查明，核实呈报，以凭汇总奏请议恤。庶期均沾恩恤而慰忠魂等谕。遵此，合亟通饬所属各处，即于咸丰三四年起，所有节年奉文在营打仗阵亡、伤亡未蒙议恤各官，及奏明赏戴顶翎升阶，并委衔各项人员，系于某年月日在某处军营打仗阵亡或因伤身亡，以及该员等生前蒙保顶翎升衔，是否奏明，务将各原案，逐一详细查明。统于八月十五日以前造册报省，立待汇总请恤，毋得稍涉含混，致干驳诘之处。除札饬吉林十旗，乌拉、伊通、额穆赫索罗协参佐领，双城堡总管，珲春、拉林协领等遵照外，相应呈请咨行宁古塔、伯都讷、三姓、阿勒楚喀副都统等衙门，一体遵照文内事理，详细查明，依限造册报省，以凭核办可也。须至札者。

右札珲春协领准此

珲春协领为本处并无降革留任及住俸罚俸各项人员的呈文
光绪元年五月二十二日

珲春副都统衔协领讷穆锦　为查明呈报事。本年五月二十一日蒙将军衙门札开，兵司案呈，于本年四月二十八日准兵部咨开，职方司案呈，准礼部咨，光绪元年正月皇帝登极恩诏条款内开，内外武职自三品以下降革留任及住俸罚俸处分，准其开复等因到部，除应行开复各员本部遵照外，查京外武职三品以下各官承缉命盗及征收钱粮等项，无关实降实革实罚案，核其限满在光绪元年正月二十日恭奉恩诏以前，与此次诏条相符者均准宽免，其展参之限应自恭逢恩诏之日起另行起限，俟限满开参到部，仍照例议处。至因案交部议处，如应议降革留任及住俸罚俸无关实降实革实罚之案，核其事犯在恩诏以前者，亦予宽免。在恩诏以后者，概不援免，相应行文该将军可也。等因前来，相应呈请札饬珲春协领遵照文内事理，即将光绪元年正月二十日恩诏以前降革留任及住俸罚俸各项人员有无，一并作速查明呈报，以凭核办，毋得贻误可也。等因蒙此，遵查本处光绪元年正月二十日恩诏以前，并无降革留任及住俸罚俸各项人员之处，呈报将军衙门查核可也。须至呈者。

右呈将军衙门

吉林将军衙门为拟赏功惩过章程事的札文

将军衙门札开，兵司案呈：照得予夺为用人之大柄，劝惩亦驭众之微力，有功必赏，有过必惩，显示以立法之严，即隐予以自新之路，凡路所明黜陟而昭功令也。然但为纸上空谈，徒有功而不见赏，有过而不见罚，则目前既无所率从，日后将何由奋勉。现拟明章程，嗣后凡遇有记过之案，三厅同通四司及各城现任协领等官，每记大过一次，准以大功一次抵销。如其无功可抵，即仿照内省章程捐银百两，亦准抵过一次。如记过已至五次，无功可抵，又不捐赎，实缺人员即予撤参。各路统领、营总及佐领以下各官，每记大过一次，停升半年，二次，停升一年。如记过已至五次，无功可抵，亦即参处。若记功至三次而从前查无记过，不论文武员弁一并从优保奖。所有记功、记过，均由兵司注册，于每人名下明功若干次、过若干次，据实填写，毋得遗漏，于每月终务将功过册呈堂查阅一次，以凭核办。似此办理，庶几记功者并知勉励，记过者亦得更新，不致视为具文矣。相应呈请札饬总统德　帮统哈　查照札文内事理，立即转饬各队一体遵照毋违，特札。等因遵此，除分行外，理合备文咨行，为此合咨贵副都统衙门查照转饬各队一体遵照可也。等因前来，相应呈请札饬珲春协领遵照可也。须至札者。

右札珲春协领遵此

吉林将军衙门为赏还骁骑校祥泰顶戴事的札文
光绪六年十二月二十日

为札饬遵照事。于本年十二月二十日接准印务处移文内开，于本年十二月十七日奉副宪堂谕，查有密占卡官骁骑校祥泰，前因迟报外夷官弁进城时刻，着将该员摘去顶戴以儆效尤〔而观后〕效。兹查该员遇有文报事件尚知谨慎，着将该员顶戴赏还，以期鼓舞。等因奉此，相应移付大司遵照可也。等因移付前来，相应札饬正黄旗骁骑校祥泰遵照可也。

珲春协领为本月内无摘顶记过各项人员的移文
光绪七年七月十五日

署理珲春协领德玉　为移复事。于本年四月二十四日接准将军衙门兵司移文内开：案照吉林通省大小文武员弁，内有缘事摘顶暨因案记过者，均经本司随时注册，按月查办。其有届限期满者，随时开录案由，呈请开除，用示劝惩严明等因，历办在案。惟查现在记过摘顶各项员弁为数甚巨，其原办各衙门有行知本司注册者，亦有未经行知本司以致无凭稽查者，似此挂一漏百转非惩劝之道，拟将嗣后各该衙门遇有摘顶记过各项人员，务须开明案由，按月造册声报本司，以凭查核而免遗漏。相应备文移交珲春协领等一体遵照文内事理，按月查明呈报，望勿遗漏稍延可也。等因移复前来，遵查本处除协领德玉记过一次前已呈报外，合将此月内并无摘顶记过各项人员之处，拟合备文移复大司查核可也。须至移复者。

右移将军衙门兵司

珲春副都统为给协领德玉等加级升衔事的咨文
光绪七年九月初一日

珲春副都统法什尚阿巴图鲁依克唐阿　为造册咨报事。右司案呈：本年八月十四日准将军衙门咨开，兵司案呈，于本年闰七月十四日准兵部咨开，职方司案呈所有本部具奏前事一纸，相应抄录连单，行文该将军可也。计单开，兵部谨奏，为遵旨议叙并查明具奏事。内阁抄出吉林将军铭　等奏，前于光绪六年九月将各路将弁剿办贼匪迭次获胜情形，汇案奏恳恩施，请将出力员弁择尤保奖等因。奉旨："着准其择尤酌保，毋许冒滥。钦此。"伏查吉省林密山深，向为贼匪逋逃渊薮，乘机劫抢，所在骚然。自设立军务以来，迭有斩擒，计自光绪五年七月至六年七月一年之内，各路将弁，各属兵役，歼毙生擒盗匪先后共一千一百余名之多，均属实在战功，非寻常缉捕可比。至办理营务、转运粮饷、审鞫盗贼、在营差遣各员，均能夙夜辛勤，始终罔懈，亦属著有微劳。谨择其尤为出力文武共七十三员，另缮清单，恭呈御览，伏乞逾格鸿慈，准予照单奖叙。出力稍次员弁由臣酌给五六七品功牌，汇总咨部，及应将千把等官，照例咨部办理，并历次伤亡弁兵，俟查明另请恩恤等因。光绪七年六月初一军机大臣奉旨："永海等均着照所请奖励，该部知道，单并发。钦此。"钦遵到部，除文职各员应由吏部办理，其武职所请加级升阶，翎枝加衔顶戴，及请归部选，核与定章相符，各员遵旨照准，仍令该将军饬取该员弁等详细出身履历咨报臣部查核注册外。此案单开之吉林二品顶戴满洲正黄旗满洲协领巴图哩、二品衔花翎协领富兴、花翎头品顶戴记名副都统正蓝旗满洲协领德昌、花翎二品顶戴镶蓝旗满洲协领金福、副都统衔花翎佐领广成、蓝翎云骑尉三福、记名副都统花翎佐领喜常阿、副都统衔花翎骁骑校双成、花翎副都统衔镶红旗满洲协领文全、二品顶戴拉林协领德玉、黑龙江记名副都统花翎副管全福、记名副都统花翎佐领德栋阿、副都统衔花翎骁骑校穆克德恩布等，均请交部从优议叙，应请比照八旗武职官员，于一月以外拿获邻境首盗加一级例，各给予加一级，从优再加纪录二次。即补佐领防御乌而滚布请加协领衔，佐领衔尽先防御骁骑校西昌阿，请俟补防御后以佐领尽先即补并加协领衔。除西昌阿所请升阶照准外，其乌尔滚布、西昌阿均请加协领衔之处，系属超越加衔，核与定章不符，应请均改为俟补佐领后加协领衔。五常堡协领双寿请仍以副都统记名简放，亦与臣部定章不符，应请改为议叙，给予加一级，以符定章。二品顶戴花翎协领穆隆阿请给三代一品封典，查该员系三品官，今请一品封典有逾限制，应请改给二品封典以昭核实等因，光绪七年七月二十六日具奏，本日奉旨："依议。钦此。"等因前来，相应呈请咨行珲春副都统衙门查照文内事理，即将此次所保各员出身履历查明造册呈报，以凭核办可也。等因前来，遵查本处署右翼委协领现任拉林协领二品顶戴博奇巴图鲁花翎德玉，此次蒙保加给一级从优，再加纪录二次，合将该员出身履历查明造册呈请咨送等情，据此拟合备文附封咨报将军衙门查核施行。须至咨者。

　　右咨将军衙门

吉林将军衙门为珲春委佐领毓庆前亏库款现已依限交足可否免议的咨文
光绪八年十二月二十三日

　　为咨行事。案准珲春副都统衙门咨，查明该处委佐领毓庆亏欠旗务饷银六百九十余两，系因历年屡次出差及两次引见，因家道寒微，指俸由库请借未能随时抵补，以致亏短库款四百两，其余所亏系陆续借用该旗公费，应给铺户银二百九十八两，均有库稿公账可稽。珲春历任协领等以地方寒苦，遇有差遣均量借俸银，随带和抵已非一日。委佐领毓庆亏欠较多，现经给限如数交足，尚非侵蚀兵饷移挪等弊，协领德玉到任无几，尚非漫不经心，均请毋庸置议等情，咨请示复前来。查委佐领毓庆前亏库款，现已依限交足，且有库稿公账可稽，并非侵蚀兵饷，协领德玉亦非漫不经心，可否照咨均请免议，未敢擅便，理合开单呈请宪鉴核夺批示施行等情。于十二月二十一日开单呈奉宪批，准照所咨，从宽免议等因。奉此，相应呈请咨行珲春副都统衙门查照，札饬拉林二品顶戴花翎协领德玉遵照可也。须至咨者。

右咨珲春副都统衙门

吉林将军衙门为已退领催福禄等曾立功准每月各给银一两以养余年的咨文

光绪九年十二月二十四日

为咨行事。兵司案呈：本年十二月十三日，准户部咨开，山东司案呈，准兵部咨称，本部汇题内开，吉林镶黄旗已退领催福禄等，均曾在军前行走打仗立功，均无食饷子孙。应照例准其每月各给银一两，以养余年等因。光绪九年七月初三日题，本月初五日奉旨："依议。钦此。"知照前来，相应抄录兵部原题，咨行吉林将军转饬遵照办理可也。计单开，为钦奉事，职方司案呈，兵科抄出本部汇题内开，准吉林将军咨，曾经出兵打仗杀贼，现已成残不能当差，已革领催福禄等，均无食饷子孙，亦无倚靠房产，请于每月给银一两，与例相符。是以造册送部，俟部复到后，再行遵办。等因前来，应将册年在五十以上之吉林镶黄旗已退领催福禄，正黄旗已退披甲庆昌、忠康，镶红旗已退披甲金石，正蓝旗已退披甲永亮，镶蓝旗已退披甲六十一、韩文忠，已退披甲领催盛禄、奎祥，已退披甲富升，镶黄旗已退披甲春升，正红旗已退披甲英福、明盛，镶黄旗已退披甲齐布绅，鸟枪营镶红旗已退披甲喜德，正蓝旗已退披甲常升、顺祥，正黄旗已退披甲连贵、万善，镶红旗已退披甲庆云，乌拉打牲正白旗已退披甲倭尔吉善，珲春镶黄旗已退披甲珠隆阿，年未五十之正白旗已退披甲岱凌，正蓝旗已退披甲喜升、龄寿，镶蓝旗已退披甲德成，鸟枪营镶黄旗已退披甲双喜，镶红旗已退披甲连喜，镶蓝旗已退披甲德海，正白旗已退披甲彦荣、富林，乌拉打牲正白旗已退披甲喜善、魁亨，正红旗已退披甲荣安、永给布、保成，正蓝旗已退披甲富长阿、喜禄、全明，镶蓝旗已退披甲富连、八十，伊通镶黄旗已退披甲吉奎、岱山、富明德、长升，珲春镶黄旗已退披甲双吉、德峰，双城堡镶黄旗已退披甲常胜等，均曾在军前行走打仗立功，既据咨称均无食饷子孙，亦无依靠家产，应照例准其每月各给银一两以养余年。等因前来，相应呈请咨行珲春副都统衙门查照，札饬镶黄、正黄、正白、正红、镶红、正蓝、镶蓝旗，鸟枪营，乌拉，伊通，双城堡协参佐领等遵照。并由兵司移付户司查照可也。须至咨者。

右咨珲春副都统衙门

吉林行营文案处为查珲春已故参领永升生前战功事迹究以履历相符的移文
光绪十年八月二十七日

为移查事。案奉爵副宪发交一件，为准钦命帮办吉林边务事宜，珲春副都统依　咨开：练防抬枪步队委参领乌拉正蓝旗花翎佐领永升，于七月初五日在珲防病故。据该队委防御记名骁骑校张致和禀称，该故员早年出征受伤，积劳病故，不无可悯，开具该故员履历，伏乞转咨请恤等情。惟是否例得请恤之处，抄粘所呈履历，相应咨明，请烦查核施行。等因前来。详查抄粘履历内开，该故员于咸丰三年，由披甲出湖南、湖北、山东、山西、直隶等处兵三次，打仗一百二十次，杀贼八十五名，捉生二十名，在山东曹州府受头二等刀矛伤五处，二次得赏银二百五十两。同治二三年间，在山西、湖北等处打仗奋勉，蒙钦差大臣官多　迭次保奏，奉旨多赏换花翎以防御尽先升用，并赏加佐领衔各等语。所有出征省分打仗次数，杀贼捉生各名数，受伤处数，得赏银数，究与该故员生前报部之履历册内是否相符，敝处无凭查悉，案关战功事迹奏请赐恤之件，自应移查明确方昭核实。为此移付贵司查照，希将该故员永升生前全分履历，于现年报部册内查明照抄见履，以凭核办可也。须至移付者。

右移兵司

珲春副都统为奖赏差操得力官兵事的咨文
光绪十年十一月十五日

钦命帮办吉林边务事宜镇守珲春副都统法什尚阿巴图鲁依　为咨明事。窃照本帮办校阅边防已竟次第完竣，所开各路其操演阵法与马步枪准头，以及技艺拳勇一切，均属可观，颇有纪律，核诸兵家之演练，自非平时有所讲求，难期一时之成效。现在各路防军举凡尚稍娴熟，其余凤昔之教演认真，士卒用命已可概见。故当阅各军将枪法有准、技艺优长者，按照向来章程，分别等次奖赏，以资奋勉。再有本帮办辕经过各城镇，凡沿途驻扎之练防各队，均有迎送。本帮办随时查验士卒马匹，俱各精壮，亦即聊示体恤，犒以猎酒之资。惟所赏各军统领营哨等官之袍褂料，皆未当时发给，因前已派员在省购买，现在未到，尚难作价，一俟采买到来补发去讫，提款时再行补叙。所有需用款项，以及本帮办往返雇觅车辆价费，除分析开单札知边务粮饷处查照备案，俟提归款外，相应咨明。为此合咨贵督办爵将军，请烦查核施行。须至咨者。

右咨钦命督办吉林边务事宜镇守吉林将军一等继勇侯希

（五）保甲乡团

吉林将军衙门为实行保甲以杜盗匪的咨文
咸丰元年

将军衙门　为咨行遵照事。印务处案呈：于咸丰元年二月二十七日准户部咨文内开，山东司案呈，道光三十年二月初九日准陕西司付称，道光三十年十一月二十六日内阁奉上谕："近来各省盗贼横行，劫案累甚。至湖南会匪滋扰，两粤贼势蔓延，推原其故，皆由保甲之法不行，以致莠民无所忌惮。本年春间曾经降旨通谕各直省督抚，严饬该管州县，力复旧章，实心办理。迄今已逾半年，各省大吏并未将现办情形据实复奏。是直以通谕为虚文，视保甲为故事，无怪各省抢劫之案，层见迭出，毫无儆畏也。盗匪一日不除，闾阎一日不靖，安良锄暴，时厪朕怀，各督抚府尹身任疆圻，宜如何勤思绥辑，着即遵照前奉谕旨，各将地方现办章程，据实具奏。州县中认真奉行，著有成效，众所共知者，即应加以鼓励。其奉行不力，或虚词欺饰及借端扰累者，亦即指名严参惩办，以肃吏治而清盗源。毋得以空言复奏，致良法美意徒成具文。将此通谕知之，钦此。"钦遵前来，除札饬各厅遵办详报外，再查吉林各旗屯界原设有屯达、嘎山达、界官等，原为稽察我旗户，但历年久远，不无废弛，应饬十旗协、参等官，将各旗屯界官并众居户等，着令公同保举屯中旗人内，有守有为，素为人所共知之旗人一名，着令充当嘎山达，每一名统管屯达十名，其屯达亦应拣举可靠者充当，每屯达管旗人十户，专查各该屯隐匿盗匪、聚赌非为、地棍土豪以及各处流来只身无业浮民，并来历不明形迹可疑之人，不时稽查。即将各屯屯达、嘎山达是何人、何名并现当何差及旗分佐领，详报总查官存案备[查]。如各屯内有此等匪徒，查明确实，准屯达呈报嘎山达转报专派总查旗屯之员禀送究治。设旗屯内有民人杂居村堡，其民人事件，仍饬同知督责乡地专管，但有隐匿、容留、故纵各情，亦准该嘎山达等互相稽查揭报。并各每一户专立门牌一纸，填写户口家人实数，每户俱系十户互相出保，如十户内一户填写不实或别有情弊，准其九户举发禀报。如扶同隐匿，一经查出，十户连坐。此门牌由户司饬交稽查之员分交各屯嘎山达，转发各户填写明白，实贴门首，以凭清查。仍将稽有无盗匪等事，出具十家连环保结，着各屯嘎山达按四季具结呈报总查官，加具印结呈报备查。如稽查之员并屯达实

64

力奉行，真能查出形迹可疑及来历不明之人，并有拿盗匪者，必随时奖励以昭激劝。倘有疏懈，查出示惩。嗣后凡有盗贼等事，如问出发自何屯，曾在何屯逗留浮居之处，必将该屯屯达、嘎山达、界官、总查官等严参不贷。凛之勿违，特谕。遵此，除札饬本省十旗协、参领转饬各旗屯一体遵照外，相应呈请咨行贵副都统衙门，一体遵照文内事理，转饬奉行可也。

珲春协领为呈报编查保甲情状的呈文
咸丰六年十一月二十日

署理珲春协领事务宁古塔佐领那斯浑　为迅速呈报事。接准副都统衙门札开，右司案呈：于十月二十三日准将军衙门咨开，户司案呈，案查咸丰元年三月内本衙门具奏，遵旨编查保甲散放门牌事竣缘由，年终汇总恭折具奏，仰祈圣鉴事。窃奴才接准户部咨开，道光三十年十一月二十六日内阁奉上谕："近来各省盗贼横行，劫案累累，甚至湖南会匪滋扰，两粤（缺文）甲之法不行，以至莠民无所忌惮。本年春间，曾经奉旨通谕各直省督抚严饬该（缺文）旧章，实心办理，迄今已逾半年，各省大吏并未将现办情形据实奏复。是直以通谕为虚文，视保甲为故事，无怪乎各省抢劫之案层见迭出，毫无儆畏也。盗匪一日不除，闾阎一日不靖。安良锄暴，时厪朕怀，各省督抚府尹身任疆圻，宜如何勤思绥辑，着即遵照前奉谕旨，各将地方现办章程据实具奏。州县中认真奉行著有成效众所共知者，即应加以鼓励。其奉行不力或虚词欺饰及借端扰累者，亦即指名严参惩办，以肃吏治而清盗源。毋得以空言复奏，致良法美意徒成具文。将此通谕知之，钦此。"钦遵前来，奴才敬聆之下仰见我皇上时厪安良锄暴之至意，当即恭录谕旨，咨札所属各处遵照，并定拟章程，督饬管理旗民各官按户清查，拣选嘎山达、法尔哈达发给执照，各户散给门牌，填写户口实数悬挂，以备互相稽查之处，专折具奏在案。兹届年终汇奏临迩，本衙门除派协领贵昌遵查外，各该处有无查竣并未加结（缺文），相应呈请咨行各副都统照会双城堡、打牲乌拉总管等衙门转饬所属查照，原拟（缺文），速将所属旗民地界，按户清查有无窝藏贼匪棍徒、来历不明之人扰害地方情弊，务（缺文）月以内，迅速稽查完竣加结咨报，立待汇奏等情。据此，拟合咨行宁古塔副都统衙门遵（缺文）可也。须至咨者。等因前来，相应遵即呈请札饬署理珲春协领事务备（缺文）遵照文内事理，迅速出派诚实可靠之员，前往所属城市各屯［，按户清查有无窝藏贼匪棍徒、］来历不明之人扰害地方情弊，务于十一月二十日以前刻即稽查完竣，出具切实甘结，呈送本（缺文）待咨送。仍将所属地方再行出示晓谕，一体严查可也。须至札者。等因前来，遵查以前派委（缺文）佐领及查街、查界各官等，务将所属街市旗屯，挨户搜查有无窝藏匪棍、来历不明之人扰害地方情弊，查明呈递等因。饬交去后，旋据署镶黄旗佐领事务骁骑校永祥、正黄旗佐领嘎尔刚阿、署正白旗佐领事务骁骑校讷穆锦、查街官云骑尉丁柱、查界官恩骑尉格图肯等呈称，职遵饬各赴所属街市旗屯，查照上年悬挂门牌，按户清查，并无窝藏贼匪棍徒、来历不明之人扰害地方情弊属实，等因呈递前来。据此，复派骁骑校伯兴，前往街市旗屯，查照上年悬挂门牌，按户搜查，实无窝藏贼匪棍徒、来历不明之人扰害地方情弊，核与三旗查街、查界等官所查无异。仍行出示晓谕一体严查外，当即取具伯兴画押甘结一张，并加具关防切结一纸，附入封筒，迅速呈报可也。须至呈者。计粘单一纸。

署理珲春协领事务宁古塔佐领那斯浑　为加具关防切结事。现据骁骑校伯兴结称，遵饬亲赴街市旗屯，查照上年悬挂门牌，挨户清查，并无窝藏〔贼〕匪棍徒、来历不明之人扰害地方情弊（缺文），等因呈递前来。据此，核与三旗查街、查界等官所查无异，是以加具关防切结是实。（缺文）

骁骑校伯兴　为出具切结事。遵饬亲赴街市旗屯，查照上年悬挂门牌，挨户清查窝藏贼匪棍徒、来历不明之人扰害地方情〔弊，等因呈递前来。据此，核与三旗查街、查界等官所查无异，是以加具关防切结是实。〕

宁古塔副都统衙门为强化保甲之法的札文
光绪六年十月二十日

副都统衙门　为札饬遵照事。右司案呈：准将军衙门咨开，户司案呈，查咸丰元年三月内接准户部咨开，道光三十年十一月二十六日内阁奉上谕："近来各省盗贼横行，劫案累累，甚至湖南会匪滋扰，两粤贼势蔓延，推原其故，皆由保甲之法不行，以致莠民无所忌惮。本年春间，曾经降旨通谕各直省督抚，严饬该管州县力复旧章，实心办理。迄今已逾半年，各省大吏并未将现办情形据实复奏，是直以通谕为虚文，视保甲为故事，无怪乎各省抢劫之案，层见迭出，毫无儆畏也。盗匪一日不除，闾阎一日不靖，安良锄暴，时厪朕怀，各省督抚、府尹身任疆圻，宜如何勤思绥辑，着即遵照前谕旨，各将地方现办章程，据实具奏。州县中认真奉行著有成效众所共知者，即应加以鼓励。其奉行不力或虚词欺饰及借端扰累者，亦即指名严参惩办，以肃吏治而清盗源，毋得以空言复奏，致良法美意徒成具文。将此通谕知之，钦此。"钦遵前来，当即恭录谕旨，咨札所属各处遵照，并定拟章程，督饬管理旗民各官，按户清查，拣选嘎山达、法尔哈达发给执照，各户散给门牌，填写户口实数悬挂，以备互相稽查之处，专折具奏在案。兹届年终汇奏之期，本衙门应即札饬管理十路总界协领遵照，转饬十路界官据实查明，出具切结再行禀复外，相应呈请咨札各处一体查照原拟章程，速将所属旗民地界，按户清查有无窝藏贼匪棍徒、来历不明之人扰害地方情弊，务于十一月十五日以前迅速稽查完竣，加结报省，以便汇奏等情。据此，拟合飞咨宁古塔副都统衙门认真〔呈〕报，毋得虚应故事可也。等因咨催前来，相应呈请札饬珲春协领遵照文内事理，务于十一月十五日以前稽查明确，出具切实甘结，速即依限呈送本衙，立待咨送等情。据此，拟合札饬可也。须至札者。

（六）文牍庶务

吉林将军衙门为造报军政各项册籍事的咨文
同治十一年八月

为咨行事。案照军政各官所有事实履历清册，亟应赶紧报省，以凭汇报等因，咨札各处一体遵照在案。兹续据伯都讷、三姓、阿勒楚喀副都统，乌拉、伊通、额穆赫索罗等处先后报册前来。当查三姓仅报职任世职各项印册一份、白册一份，尚欠职任世职各项白册二份。其伯都讷、阿勒楚喀均报职任世职印册一份、白册二份，尚欠职任世职各项白册一份。所报数目均不相符。又乌拉、伊通、额穆赫索罗等处呈报职任世职清册，均欠白册一份，及册式均不相符，字迹多有草率，当经本衙门随时逐层驳回，饬令赶限补造在案。再，宁古塔副统衙门、双城堡总管、珲春协领等处应报军政各项册籍，迄今月余未能造报到省，事关屡经部催，未便稍涉延缓，自应赶紧催令，免致部催。除由五百里飞咨宁古塔副都统衙门，札饬珲春协领等遵照，即将军政之各员事实履历清册，仍照前文指示，职任及世职各项统用印册一本、白册三本，均于前定八月二十五日以前赶紧造报外，所有前经本司驳回各项册籍，迄今亦未报到，亦应赶紧查催，事关大典紧要，未便任令迟误。合亟飞行呈请咨行伯都讷、阿勒楚喀副都统等衙门遵照，即将前文饬令添造各项册籍赶紧造报，暨札饬乌拉协领，伊通、额穆赫索罗佐领等遵照。即将前经驳回，式样不合之各项册籍赶紧查照成案，迅即造报。仍照前文指定数目，务于八月二十五日以前报省。事关部催汇题之件，未便稍涉迟延，致干查究可也。须至咨者。

札珲春协领遵此

宁古塔副都统衙门为折件用清字汉字事宜的札文
同治十二年二月十五日

副都统衙门　为札饬遵照事。右司案呈：准将军衙门咨开，户司案呈，于同治十一年十二月二十九日准吏部咨开，文选司案呈，同治十一年十二月十六日承准军机处交片，本日军机大臣面奉谕旨："明年正月二十六日亲政后，京外各衙门凡有照例应用清字奏事折件，均着仍用清字，至遇有请旨办理事宜及奏报军务折件均用汉字。钦此。"相应传知吏部迅即转传京外各衙门，并各旗营及各路统兵大臣、办事大臣等一体钦遵办理。等因交出到部，相应知照各直省督抚、府尹、学政钦遵办理，并由各督抚、府尹等转行各路统兵大臣一体遵照可也。等因前来，相应呈请咨札遵照等情。据此，拟合咨行宁古塔副都统衙门遵照可也。等因前来，相应呈请札饬珲春协领遵照等情。据此，拟合札饬可也。须至札者。

右札珲春协领遵此

珲春协领为以期举行团练张贴告示将贴过地方抄报的呈文
光绪三年十月初一日

珲春副都统衔协领讷穆锦　为呈报事。于本年九月二十四日蒙军宪副统札开，照得弭盗之法，莫善于团练，历经办理，成效可稽。现在吉省盗贼肆行，到处掳掠，间阎不堪其苦，兹本署将军议立章程刊刻告示，晓谕民间举行团练，俾得守望相助，敌忾同仇，除一面派员分赴各属劝谕外，合行饬发，为此札仰该协领即便遵照，将发去告示在于集镇村屯遍行粘贴，仍将贴过地方具文呈报毋违。等因蒙此，遵将发到告示二十五张，分饬所属村屯该嘎山达等遍行粘贴晓谕，以期举行团练，俾得守望相助，合将贴过地方粘连文尾呈报宪鉴查核可也。须至呈者。

右呈副军宪麾下

珲春前后两街东西巷口计贴告示四张。

河北斐由霍托屯、雍安莽喀屯、崴子屯、东岗子屯、三家子屯、英安河屯、密占屯、四间房屯、洛特河屯、桦树底屯、牌楼底屯、哈达门屯，计贴告示十二张。

河南泡子沿屯、博河屯、马圈子屯、五家子屯、彰斐屯、外郎屯、鸦绿屯、秦孟屯、阿拉屯，计贴告示九张。

以上城内及二十一屯，共计贴过告示二十五张。

珲春协领为队伍尖宿给钱张贴告示地方粘单的呈文
光绪三年十月初五日

珲春副都统衔协领讷穆锦　为呈报事。本年九月二十九日蒙副军宪札开：照得本署将军副都统因吉省兵丁业经奏准加给饷银，所有各处驻扎以及过往队伍，凡遇尖宿处所应给草料店钱，诚恐仍前克扣，是以通行晓谕，合行饬发。为此札仰该协领即便遵照，将发去告示在于村镇集分布粘贴，毋稍遗漏，仍将贴过地名具文呈报毋违。等因蒙此，遵将发到告示五十张，分饬所属沿途村镇遍行粘贴晓谕，合将贴过地方粘连文尾，呈报宪鉴查核可也。须至呈者。

右呈^{副军}宪麾下

粘单

珲春前后两街东西巷口，计贴告示十张。

河北斐由霍托屯、雍安莽喀屯、崴子屯、东岗子屯、三家子屯、英安河屯、二道沟屯、四间房屯、洛特河屯、八达屯、桦树底屯、黑达屯、牌楼底屯、哈达门屯、黄沟屯、头道沟屯，计贴告示十六张。

河南红溪河屯、泡子沿屯、湾沟屯、杨木林屯、博河屯、马圈子屯、依兰哈达屯、小城子屯、五家子屯、彰斐屯、秃勒屯、外郎屯、鸦禄屯、秦孟屯、阿拉屯，计贴告示十五张。沿途密占、穆克德赫、哈顺等卡各贴三张。

以上城内及三十一屯并三卡，共计贴过告示五十张。

珲春副都统为携篆会垣面陈机宜事的咨文

光绪八年

左司案呈，为咨报事。窃照珲春地方，滨海孤城，比邻两国，通商、交涉在在均关紧要。本副都统忝膺斯任，惧弗克胜。况当俄人分界狡展之后，朝鲜通商议创之初，本处边务诸未就绪，正值爵帅将军临莅，自当亲赴会垣面陈切要，请示机宜。本副都统拟于本月十九日携篆启程，地方寻常事务饬交两司会办，重要事件专差驰递，营中事务俟临时交派卫字军统领郭副将代拆代行，并督率营哨各官慎为护理等因。相应呈请咨报，为此咨报将军衙门鉴核施行。

吉林将军衙门为国史馆纂臣工列传催各地速报情况的咨文

光绪八年十月初四日

将军衙门 为咨行事。兵司案呈：于八月二十六日，准兵部咨开，武选司案呈，准国史馆咨称，本馆纂辑臣工列传，均援照宋臣司马光、李焘修史之例，先办长编，后纂列传，历次办理，俱以十年编纂一次，节经遵循办理在案。除自咸丰六年至同治四年，业经本馆行文内务府、值年旗、吏、礼、兵部查取已故大臣事迹办理外，其自同治五年至光绪元年亦应接续查办。本馆于本年六月二十日照例具奏。本日奉旨："知道了。钦此。"今自同治五年［至］光绪元年已故大臣应遵照旧例，旗员自副都统以上，京官自副都御史以上，外官自督、抚、提、镇等官例应入传，所有姓氏、籍贯、出身、官阶升迁、病故月日期及祖、父、孙支派有无官职科名，曾否出兵立功，获降革开复、恩恤谥号、世职敕书、袭替衔名次数，详细查明，造具清册送馆，以凭纂辑。相应移会兵部转行各直省，迅即逐一详查造册，径送本馆。此系奏明赶纂之件，幸勿迟延。等因前来，相应行文该［部］可也。等因前来，相应呈请咨行珲春副都统衙门查照文内事理，务将各该处自同治五年至光绪元年已故大臣副都统以上等官，例应入传各大员生前姓氏、籍贯、出身、官阶升迁、病故年月期各原案详细查明，造具清册［呈］送，以备报部。望勿迟延可也。须至咨者。

右咨珲春副都统衙门

吉林将军衙门为各省举贡就教职人员有无事故务须按年册报的咨文

光绪九年八月二十五日

为咨行事。于本年八月十二日准吏部咨开，文选司案呈，查定例在籍候选教职等官，如有事故，应令地方官于三个月内随时查察申报，由该督抚、府尹专咨报部，如有逾限，将该地方官照例议处。又，在籍官员病故，州县官不行申报，经部选给凭，将州县官罚俸一年公罪，如州县已经申报而上司漏未转详，将上司罚俸一年公罪，州县免议各等语。又，御史谭钧培奏请查各项教职有无事故，将各省举贡就教人员，由本部统行开单行文，各省督抚于接到部文后，即行严饬各属迅速认真确查，将有事故及无事故各员分析造册详报，毋得遗漏一名，统限于接到部文后六个月内咨复报部，以凭照册销除开选。自此次开单行查咨复以后，如再有于选缺发凭后，始据该地方官详报，业已先经病故请开缺另选者，即将该地方官加等照例议处。至各省候选就教就职，随时呈报事故，各着仍令各地方官随时专详，由督抚专咨报部，毋得迟延遗漏，仍按每年年终汇咨报部一次，以昭慎重。等因奏准，并由本部开单通行饬查在案。兹查各省咨报，仍属寥寥，并于选缺发凭后，始据咨报病故，似此迁延辗转，必致员缺久悬。前开单行查各省，于光绪八年十二月十四日通行各在案。除将各省已咨报事故各员按名扣除外，相应再行开单咨催各省督抚、府尹等，迅即饬属详查有无事故，按单详报咨部，以备铨选。倘嗣后再有迟至选缺发凭后，始据详报事故开缺另选者，即将拖延之地方官遵照定章加等议处，相应通行咨催，勿再迟延可也。计单开吉林教职，道光十九年岁贡庆麟吉林镶黄旗汉军。等因前来。除将岁贡庆麟已据查报由本衙门另文咨报吏部查核外，相应呈请咨行宁古塔、伯都讷、三姓、阿勒楚喀、珲春副都统，照会乌拉总管等衙门查照，札饬十旗、乌拉、五常堡、双城堡、拉林、伊通、额木赫索罗协参佐领，西北两路驿站监督，四边门章京，水手营四品官等一体遵照文内事理，嗣后各该处有无在籍候选教职等官，现在有无别项事故，务须按年，年终造册咨报，以凭汇总报部，勿得遗漏迟延，暨由兵司移付吉林分巡道衙门查照办理可也。须至咨者。

右咨珲春副都统衙门

珲春副都统为招垦局贾元桂接收交代文卷垦册绳丈票根清楚的咨文
光绪九年十二月初三日

钦命统带吉军靖边中路马步各营珲春副都统法什尚阿巴图鲁依克唐阿　为咨行事。本年十二月初三日，据代理招垦珲春边荒事务府经历衔贾元桂呈称：窃卑职于十一月二十九日，业将接收关防日期呈报，伏祈宪台转为分咨在案。其经费、文卷等项，当未接收清楚，嗣于本月初二日，秦令瑛将垦局应存经费银一百六十二两三钱一分六厘，应存牛价银六百八十四两，并文卷、垦册、绳丈、票根一一开载交代清折移交前来。卑职逐件照对，凡折中所载俱各收清。再局中散欠垦户牛米，分局系卑职经手，本所自知。总局系秦令经手，据强司事云，曾向催价皆无舛错，卑职以秦令急欲就道，未及眼同与垦户核对，嗣后自当一律催缴以重公款。又局中先存督办宪另款银一千两，秦令亦开载折末，云无存无欠，自行清结，除当复秦令移文外，所有接收交代缘由，理合再行备文并抄粘原移交代清折呈报宪台鉴核，统祈转咨各宪存案备查施行。等因前来，查交代清折皆系该局历奉批示札文卷牍及绳丈，一切琐屑之件，只宜存留该局备查，不烦呈渎，自可勿用转咨，为此除分咨分巡道查照外，相应备文咨报钦命爵将军麾下，请烦鉴核施行。须至咨者。

右咨钦命镇守吉林等处地方将军一等继勇侯希

珲春副都统为借留庆利在珲酌给薪水的咨文
光绪十年正月十三日

钦命统带吉军靖边中路马步各营珲春副都统法什尚阿巴图鲁依　为咨请事。案查九年十月二十日奉准爵将军复文，除咨请前因省繁不叙外，尾开：查珲春与俄接壤，辩论交涉事件，应须通事传话。兹借留江省领催庆利在珲，酌给薪水，俾资得力，自属可行，等因示复前来。遵查该领催庆利于光绪九年七月二十六日借调到珲，遇事传话甚觉得力，故请留珲充当通事之责，业蒙核准，自应筹拨薪水以资饱腹。查珲春招垦局向用通事一名，洋语虽不见深奥，而朝鲜语颇称熟悉，该通事每月薪水银一十六两，兹准借留该领催庆利亦请仿照垦局通事，每月筹给薪水一十六两，如蒙核准，即于奉到前复之日，由十月二十日起，每届防军领饷一并备文请领，以咨需用，可否望乞赐复，以便遵办。再，该领催庆利系黑龙江城汉军正白旗博通额佐领下咨部额委官，前报镶白旗系属错误，应请更正，合并咨明。为此合咨钦命爵将军麾下，请烦鉴核施行。须至咨者。

右咨钦命镇守吉林等处地方将军一等继勇侯希

珲春副都统为册报文案、营务二处员弁衔名的咨文
光绪十年九月初八日

钦命帮办边务事宜珲春副都统法什尚阿巴图鲁依　为咨送事。窃照本帮办所设行营文案、营务二处应用总理帮办以及各项员弁，当经札委咨明在案。兹将该员等衔名分析缮造清册，理合备文咨送，为此合咨贵督办爵将军，请烦查照备案施行。须至咨者。计咨清册一本。

右咨督办吉林边务事宜镇守吉林等处将军一等继勇侯希

今将行营文案、营务二处各员弁衔名造册咨送，以备查核，须至册者。

计开

文案处

总理五品顶戴举人	马　　旭
帮办五品顶戴候选从九品	靳　成坦
随同办事委员贡生	德　　恒
差委委员六品顶戴驿站笔帖式	德克登额
差委委员附生	顾　　庆
办事官六品顶戴披甲	永　　全
办事官六品顶戴披甲	铭　　恩
委笔帖式	恩　　麟
委笔帖式附生	魁　　海

营务处

总理花翎五品衔候选知县	凌钧焘
帮办候选同知	李沛恩
随同办事委员蓝翎云骑尉	依吉斯珲
差委委员前四等侍卫	倭兴额
差委委员已革佐领	佛　明
办事官云骑尉	恩　玉
办事官云骑尉	阿勒虎山
办事官已革尽先骁骑校	哲　山
委笔帖式六品顶戴披甲	周国增
委笔帖式	佛　衷

珲春副都统为商请刊印功牌奖赏得力弁兵事的咨文

光绪十年十二月初七日

钦命帮办吉林边务事宜镇守珲春副都统法什尚阿巴图鲁依　为咨商事。窃照本帮办前次简校各路操演，举凡阵式齐整、枪法娴熟者，业经仿照办章程分别赏犒咨明在案。惟当时据各路统领，皆将平日于差操一切尤其为得力弁兵，开单请赏功牌、顶戴，以示优异。本帮办以鼓励士卒起见，故按每路分别酌准十余名、二十余名不等，阅伍毕业。将原单发交文案处注册，先行分路饬知，一俟刊就会衔功牌，再行补发。惟功牌一项，自不能不预筹刷印，以奖有功。相应商请贵督办，就近由省饬办，刊刷会衔功牌若干张，会印后酌核分存，以备随时赏给各军之用。仍请由贵督办照章咨部，实为至便。为此咨商贵督办爵将军，请烦查照核夺施行。须至咨者。

右咨钦命督办吉林边务事宜镇守吉林将军一等继勇侯希

一、政权

73

二、军　事

（一）筹　布　边　防

宁古塔副都统衙门为挑练兵丁筹备军火以防俄夷的札文

咸丰九年八月二十四日

　　副都统衙门　为飞札事。　　左司案呈：本年八月十三日准将军衙门咨开，承办处案呈，本年七月二十四日本衙门恭折具奏，为遵旨商办挑练兵丁，筹备军火，以防不虞，恭折附驿驰奏，仰祈圣鉴事。窃奴才等前奉谕旨："夷情渐形桀骜，虽未可自我开衅，而该夷或竟恃强用武，将何以御之。特　等所防堵及多备余丁，勤加操练等事，普著景　等悉心商办，以备不虞等因，钦此。"查夷情叵测鸱张，连岁以来下驶人船有增无已，既在乌苏里察看地［势］添建房间，复由小路分赴珲春边岸，支搭帐房，竖立旗帜，忽去忽来，行踪鬼蜮。而前抵该夷人，又称续来者欲夺吉林、阿勒楚喀等处贸易，第虽虚实莫测，究难任其蔓延。业经奴才特　密饬各属不动声色一体严防，并行宁古塔署副都统督饬珲春协领多备余［丁］，勤加操练，暨［奏］明派员前往帮办。于途次接准行，复令认真核实演练在案。惟查吉林通省额兵一万一百五名，自军兴以来，各处征调不下七千余名，现在存营连陆续抽撤者仅止三千余名。各城所剩无几，差役本不敷充兹复选拨演练，特备缓急。奴才等悉心筹商，不得不拟派余丁并与正兵同位。现由内外城尽数挑选，只得兵丁一千五百名，已令各该处派员操练，加意防维。至各属咨请抬枪、鸟枪、药铅、盐粮等项，均关急需，查无正款可拨，即由奴才通融筹办以济适用。抑奴才等更有请者，前因盛京海防，遵旨挑备精兵二百名，听候调遣。兹吉林本省筹防尚需兼备余丁，所有前挑官兵二百名，拟请可否饬免备调。再查吉林官员每遇缺出，按照部咨［相］间补用，节经奴才等奏请分送南省军营练补在案。今值边防吃（缺文）缺出，仍送军营，不惟因前乏员差遣，而于操防实有窒碍，［合］无仰恳天恩俯念边务需员，可否暂停分送官缺以资得力。俟夷务稍松，再请相间补用之处，出自鸿慈。所有奴才等［商］办酌拟缘由是否有当，现合恭折具奏，伏祈皇上圣鉴训示。谨奏。等因具奏，于八月初八日奉到朱批："另有旨，钦此。"同日承准军机大臣字寄，咸丰九年八月初二日奉上谕："本日据奕　等奏遵旨会商分路派员守候夷酋并丁各一折，吉林（下缺）。

吉林将军衙门为台斐英阿帮办夷务预筹防俄的札文
咸丰九年八月二十四日

将军衙门　为飞行札饬事。　承办处案呈：案据兵司移开，署珲春协领事务防御松恒报称，前于七月二十二日接准札，本月初八日奉堂谕，兵司札饬署珲春协领查验告病协领台斐英阿现在是否痊愈，立即声复等谕，转饬查报等因。遵即亲诣告病开缺协领台斐英阿家查验，该员病症现已痊愈，步履如常，属实。合将查明情由据实呈报，等因前来。当即据情回堂奉宪谕，查台斐英阿病已痊愈，该员原系珲春人，又曾任该处协佐领多年，熟习地方情形，兹当边防乏员之际，即着台斐英阿帮办夷务以资熟手，等因移付前来。溯查咸丰五年八月，库（备）[伦]、黑龙江、吉林三处委员在阔吞会晤木哩斐岳幅时，伊具文狡辩，请分黑龙江左岸，经委员等以理斥驳，迨后亦经吉大人具文开导，是数年间复未提及乌苏里、绥芬，不意上年奕将军吉大人因念两国和好，权将左岸空旷地方借允该夷，致字约内含混叙及，奏报奉旨吉林查明再定，并（缺文）而后反复也。嗣图富大人履勘均开禁地，亦无与该夷接壤，实难作为两国之地，等因绘图进呈圣鉴在案。乃该夷不仰体奕吉二帅虚采和好之情，任令夷众潜入，致触天怒，罪归二帅，是为和好反受木哩斐岳幅之害。今吉都护现在乌苏里枷示夷众，除已札饬协领禄昌等，令其严行拒绝，毋得（缺字）容窜入，致干查究外，查珲春地方前因俄夷牵拉驮马行至罕奇地方支搭帐房，并据报称，续插立标杆，栓系草把，声言明春垦地盖房等情，当经饬派吉林协领巴林保、佐领永谦，前往沿海一带督饬办理边防在案。第查珲春地临海滨，该夷等今虽旋返，难保明春不来，设欲任其盖房垦地，则咎将胡属，亟应预为筹划以杜侵占之渐。相应札饬护理珲春协领事务防御松恒，即转移台斐英阿遵照，除珲春协领应办各事自有专员署理，毋庸令其经理外，所有操防夷务事宜，即着该员和众商同巴林保妥为筹办。再省垣现因保护（下缺）。

珲春巡防委员巴林保等为添设卡台事的移文
咸丰九年九月二十一日

委员副都统衔协领巴
帮办夷务前任协领台

为移付事。案据署珲春协[领]事务防御松　移开：为呈请事，准副都统衔门札开，左司案呈，本年八月初一日准将军衙门咨开，承办处案呈，本年七月二十七日据署宁古塔印务副都统衔佐领富　报称，七月十七日据巡查绥芬防御图勒斌报称：窃职于六月初一日跟踪探至绥芬河以西半拉碹子地方，见其以先停泊夷船三支，仍在原处停泊未动，而从陆该夷等将其车轮、器械、马匹，俱以分载各船，该夷等均行上船。职亦遂至，即带同兵役上船，向其以理查询："尔等现令水陆会合一处，从此又欲何往？"据通事答称："我们系奉木哩斐岳幅之命，查勘绥芬地势，以备明春来此占居垦地。现已差完，迎接我们的船只会合一处，刻即旋回禀复。"等语。职仍以理拒绝，告以绥芬系我国产参地面也，不能许给，汝国岂可任意蓦越，如明春强来占据，必致有伤合好，再三拒绝。而该夷等总以奉命为词，坚不听从。职再四思维该夷等势再返回，亦只可任其旋返，随即下船。该夷即持杆矛开船，由绥芬返回，下驶去讫。等情呈报前来，除咨三姓副都统衙门暨移咨珲春巡防员查照外，呈报查核可也。等因前来，当奉宪批：图勒斌报明春夷人欲在绥芬垦地一节最关紧要，着即咨令富新督饬巴林保、永谦、富昆、松恒，赶紧预筹办法，分布拒阻，勿任该夷垦地，致干罪戾，凛之慎之等语饬交到处。遵此，相应呈请飞行咨复宁古塔副都统衙门务须遵奉宪批，督饬巴林保、永谦、富昆、松恒，赶紧妥为筹划办理复备。等因飞咨前来，遵即详查，绥芬一带地方界属辽阔，必须预于析其捷要，以期该夷行入必由之区二三处，或安设台〔防〕堵御，或派官兵戍守，以待其来易为劝阻，羁縻之地，倘能以此梗要以理阻止，庶免蔓延，虽不能期其必果，亦为应筹之一举。随查绥芬河口相应距珲春四百余里，相应飞札珲春暂署协领事务防御松恒，暨海防佐领富昆，并移咨巡防委员副都统衔协领巴林保等，务须遵照本衙门筹议刻即妥拟，着派干员前往绥芬河口，据实查勘其水路该夷于何处河口入船之所，及于何处可以安设台防，即作速查明呈报，立待会议。暨札知巡查绥芬、拉林佐领永谦，宁古塔防御图勒斌等一体遵照。务将由兴凯湖上驶之夷于某道河口弃舟登岸，及何处系扼要处所，可以安设台〔防〕，据实查勘详报，以备会议转报，万勿稍延。等因分别咨札该员遵办去讫，容俟各该员等查明声复到日，再行会议另行呈报外，合将拟办大概情形，理合先行呈报，等情据此，相应呈报将军衙门查核外，札饬珲春协领事务防御松恒遵照办理，限于本月二十日以前查明〔声〕复可也。须至札者。等因前来，遵即派委恩骑尉讷勒和、委官穆腾额、委笔帖式富尔丹等，带兵作速前往绥芬一带地方勘查去后，旋据恩骑尉讷勒和等报称，奉饬带兵往查，珲春迤东六百二十里之遥，直至霍勒吞洪阔地方并无见夷人踪影外，查绥芬河东北半拉碹子地方，以勘得河三尺明碹巨石，水势猛急，由半拉碹子向下深至四五丈数丈，〔深〕浅不一，宽半里有余，水势稍稳，漫向西南，下流去八十余里，分为东西两汊，各宽一里有余，自两汊起至河口，约有五十余里，各归入海。惟海潮不时涨撤，流沙壅淤二里许，概为浅水平沙，均不过一二尺之深，如遇海潮涨发，（三）[舢]板小船可以乘势骤入，仅可至半拉碰子地方，仍难上驶，其人船（聊）[料]难入口。其余各小河俱归绥芬河入流，惟有昂邦必拉、蒙武两河虽系入海，不过一尺之深，宽有三四丈不等，俱非行船之河。所有职等周查绥芬河上下一带，惟有霍勒吞洪阔地方山水相连，河宽十丈有余，深一丈有余，视其山河地势，最为扼要。至河口西南海滨距河口三十余里，其地名为大马鞍子山，该处了望觉易，其余并无扼要有握之地。及沿途扼要处所如何安设台防，职等未敢悬定，是以仅将所查入海各河及沿途扼要处所逐一绘图呈递。等因呈递前来，据此合将恩骑尉讷勒和等勘查缘由及所绘贴说地图移呈外，并将应在何处设立台防之处，呈请委员筹防夷务处，希为核夺示复以备呈报。等因移付前来，据此当即会同该署协领事务松　等公同悉心商酌，拟以蒙武卡伦以西于土门子及和图蒙武二处，添设卡台各一道，又以蒙武卡伦以东，于昂邦必拉及二道沟等二处，拟添设卡台各一道，并于绥芬河沿霍勒吞洪阔地方最为扼要处所，亦应添设卡台一道，以资成兵防守。再查绥芬河口西南大马鞍子山地方，询系停船处所，又与河口较近，拟请以大马鞍子山地方添设卡台一道，派员防守侦探，如有夷船至彼，即责成该卡员等火速呈报，并知照各卡台一体严防。惟本委员等会议，拟请添设卡台六道，时下正值天寒，泥水结冰，碍难饬往添量，容俟明春融化之际，仍请由该衙门专派妥员前往各该处，相度地势妥为设备，仍将添设妥协之处随时呈报备查。相应将本委员等会议添设卡台数目、处所，备文移付贵协领衙门查核办理可也。须至移付者。

吉林将军衙门为保护参山严防俄人侵越的札文
咸丰九年九月二十三日

将军衙门　为札饬事。　承办处案呈：本年九月初七日本衙门恭折具奏，为会筹保护参山，藉杜夷人侵越，先将拟办大概情形恭折由驿陈奏，仰祈圣鉴事。窃奴才等承准军机大臣字寄，咸丰九年八月十七日奉上谕："景、特　奏俄夷人船闯赴三姓，派员阻回，其强进乌苏里口夷人不遵开导等情形一折。俄夷船欲赴三姓贸易，于行抵窝坑口等处，虽经委员拦阻折回，难保不复行窥伺，其闯入乌苏里人船则恣意行走，未肯折回，并搭盖窝棚为久居之计，兼于绥芬地方开修道路，以明春占据地步，实属异常横恣。惟该夷如肆行无忌，恐三姓、乌苏里、绥芬等处旗民或有与该夷暗中勾结之处，着景　等派委妥员查明该夷搭盖窝棚始自何年，并各该处旗民有无与潜通声息、互相煽诱，均即确切访查具奏，不得稍涉含混。至该夷到处恃强既难理阻，亦断不能听其蔓延，以至无所底止。景　等身膺重寄，责无旁贷，应如何体察舆情、妥筹办法，使该夷不得逞志横行，而又不致开衅，着该将军等会同熟商，妥议具奏。将此由五百里谕令知之，钦此。"遵旨寄信前来，奴才等跪读之下，仰见圣虑周详，无微不至，钦佩靡已，感悚难名。伏查俄夷肆逞，逐渐鸱张，比年以来日甚一日，节经奉旨筹划办法，奴才等忝膺重寄，敢不竭力图维，亟思挽救。第夷情狡抗，久在圣明洞鉴之中，现在各路委员守候木哩斐岳幅另立条约，该酋变诈多端，尤属叵测，其果否肯与暗回暨能否降心相从，实无把握。奴才景　自秋初回任，早夜殚心熟筹审计，拟惟保护参山藉杜侵越，或可缓图办理，与奴才特　反复筹商，正拟缮折陈奏。兹复钦奉谕旨："俄酋伊格那提业幅在京迭次投递照会，欲定分界，请派员履勘。经军机大臣开诚晓谕，而该酋尚复哓哓，并称木哩斐岳幅、阿穆尔斯启于九月二十日前后，必到黑龙江之尼适拉耶幅斯克、布拉郭微是城斯克二城以候商等语。夷情诡谲异常，特　于行抵黑龙江后，即先行派委妥员守候，以免该夷再以不见中国官员借口，如与木酋会晤，即照京中晓谕各节委曲开导，折服其心，断不因该酋意气嚣张遽为挫折，再蹈奕　覆辙。至该夷人船蔓延乌苏里等处，其未来者应如何严行堵截，已至者应如何设法驱逐，着景、特　妥速会商伺机办理，使该夷不致再有滋蔓，亦不致自我开衅，方为妥善等因，钦此。"奴才等窃念该夷横恣异常，肆行无忌，开导则漫不听从，蔓延则无所底止，理谕不遵，势须力阻，而力阻之法除振旅兴师而外，惟有厚集人民，壮我声势，夺其凶焰，慑彼贪心，默转潜移，是缓图之一道也。查乌苏里、绥芬地面均关参山，为揽头、刨夫生计要地，向禁居民潜往。兹因歇空山旷，征兵过多，该夷得以乘隙觊觎阑入。为今之计，若令揽头、刨夫复其旧业，则旷地既有人居占，展或可少杜。惟骤议开采，不惟参票需项浩繁，无款可筹，即吉林承领之人半多回籍，遽难传集。奴才等悉心详筹，以国家采参捕珠之地，财丰物阜之区，而强为该夷占据。与其积久蔓延莫可收拾，弗若以我人民实我旷土，除吉林、罗拉蜜、英额岭等处参山依旧封禁外，拟将宁古塔之绥芬、三姓之乌苏里一带山场，饬令揽头招募人夫，前往保护，听其自谋生计，不准勾结交易，余无所禁。倘能齐心同往，该处地广山深，物产饶裕，伐木、打牲、采菜、捕鱼，在在均可获利。瞬届明春，其平畴沃壤并可布种口粮以资接济。小民惟利是趋，如已去者试开其端，续来者自闻风而至，约在两年内外，足可厚集人力，渐壮声威。况该夷之所来，兼有男妇子女，今我之所往，无非精壮丁夫，俾见伊等纷纷返业，不甘轻弃本图，谅必收其贪心徐思退步。不特未来者不待堵截可冀潜消，即已来者亦毋庸驱逐而自敛戢。其间设起争端，并非官兵所能遥制，任彼如何狡执，在我推卸有词，如此（童）〔量〕为区划，或该夷不得逞志横行，而亦不致开衅。俟渐就安戢，再议开采，办理升科，两无窒碍，当经传谕揽头等竭力图维，以全后计。无如在省仅有十家，初皆畏难不前，迨经剀切谕知利弊，始愿觅资雇人操办前往，惟计数无多，恐难济事。而宁古塔、三姓之揽头又远在外城，均难一时传集，事属创始，谋成匪易。复经示谕，预限赴官领照，一面飞调该两城揽头去讫，一俟到齐即当率属赶紧劝办，务期一律奉行。至绥芬、乌苏里等处，原系空旷山场，向无屯户居住，该夷搭盖窝棚，均系闯入人船草创布置。节次查报，随时奏闻其有无早经搭盖、始自何年，并有无勾结潜通煽诱之处。现已分饬各属严密确切防查，据实结呈，另行奏报外，所有奴才等体察舆情，会筹保护参山藉杜侵越缘由，理合先行恭折，由五百里驰奏，伏乞皇上圣鉴训示。再此折系奴才景　主稿，奴才特　尚未到任，于途次会衔合并［禀］明谨奏。等因具奏之处，相应照抄原折，呈请札饬协领遵照可也。须至札者。

右札珲春协领遵此

巡防委员巴林保为马鞍子山等处增加兵力以震俄夷的移文
咸丰九年十月十八日

委员副都统衔协领巴　为移付事。　卷查本委员前将应行查办各事宜，均已移讫。查明春应防沿海一带各卡，相距珲春不过百余［里］之遥，其所设防兵尚可查照旧章办理，视其夷情缓急，防兵多寡，能否足用，该衙门再行随时制宜，务期严密固防，仍不得有名无实为善。惟马鞍子山及霍勒吞洪阔地方距珲春五六百余［里］，地方较远，该二处必须倍加兵力，以期振我之声威而惊俄夷之胆。否则视不介意，不啻阻止愈难，临期檄调往返非易，并守卡设台员弁务各择妥干，分别程途远近、需兵多寡，早为指派，俾该官兵等各有专备等情。除禀请查核外，相应移付贵署协领衙门查照办理可也。须至移付者。

右移珲春协领衙门

宁古塔副都统衙门为派员带兵易服会同揽头等保护参山杜阻俄夷的札文
咸丰九年十月二十四日

副都统衙门　为飞札事。左司案呈：本年十月初十日准将军衙门咨开，承办处案呈，据拟正宁古塔佐领隆富禀称，仅就管见预拟入山，协同揽头联络沟长，次第举行各事，未敢擅专，呈请裁处以凭遵办事。谨拟者，职于到塔时，在大冻未结之先，无论旗民人等，急行拣派熟习山路妥切三五人，赶紧分路入山，通知各沟营头，谕以明年杜阻俄夷，勿容夺我生计各情，使其深悉明春必有官（缺文）山聚会，原为保护参山之事，以免临事迟疑不到。在于明春冰雪未消之前，拣派妥［干官三员］各带变服兵丁四十名，会同揽头等分赴岭前岭后，携以牛酒米面各一分入山酌中［约于各沟均相较］近，择其宽大窝棚驻扎，以为聚集之所，定期聚集各沟头、椎牛、晓以大义，固我疆［域，再将如何］皇上不准用兵及奉宪命着令保护参山，联络尔等杜阻俄夷，勿容侵占，夺我人民生计各情，一一明白示之。以［激其忿，并］将恰哈拉事亦使伊等均系其情，务使互相连为一体，然后再定。倘该夷来时，如何联络、传信、聚集各情，祈俟临时核（俄）［计］，或以铳声为号，或以信牌是从，务使捷于影响，始称妥善。首先务必着令伊等将绥芬平川处所，预行插立木杆，或钉以桩橛，以为占据盖房之势，此拒绝该夷之大概也。是否可行，未敢擅便，恳祈裁处，以便候行等因。禀奉宪批：阻夷之法，原无一定，只宜临事相机，愈便愈妙。并奉宪派拟正拉林佐领富青阿、拟正阿勒楚喀防御讷苏肯、宁古塔骁骑校成德，各带兵丁四十名，变装易服，届时分赴山场，随机调度密为妥办，勿使该夷窥破有所提防是要。等谕饬交到处，除移付兵司催令各该员迅速回塔任事外，相应呈请密咨宁古塔副都统衙门，俟该员等到日，即照佐领隆福禀内应需各项，预为筹备可也。等因前来，相应抄录原文，札饬署珲春协领遵照可也。须至札者。

右札署珲春协领遵此

宁古塔副都统衙门为筹防俄人入侵派员带兵入山事的札文

咸丰九年十一月初十日

副都统衙门　为飞札事。左司案呈：本年十一月初八日准将军衙门咨开，承办处案呈，本年十一月初二日本衙门承准军机大臣字寄吉林将军景、署黑龙江将军特，咸丰九年十月二十五日奉上谕："前据特　奏，俄酋绕越黑龙江城行走，未得会晤，拟回任另加侦探。当经谕令特　必须与该酋会面，以免其有所借口生衅。兹据奏，拜折后得信，木酋复到黑龙江城，即令署副都统爱伸泰阻截木酋，木酋不答，驱车而去。复饬爱伸泰至海兰泡与之会晤，并详加开导，该酋虽未见听从，而绥芬、乌苏里等地方，中国不肯借给居住之意已明白宣示。特　尚未接到前次寄谕，所办尚相符合。惟该夷虚言恫喝是惯技，该将军等须坚持定见，勿坠其奸诡术中，方为妥善。现届江水凝结，爱伸泰船几覆坠，该夷船只亦难行走，惟明春必有续来船只，且有于黑龙江城对岸建房、安炮，并拆毁卡房之说，不可不严密防维。现距冰泮之时尚有三月，特　等正当趁此暇日予筹布置，为未雨绸缪之计，庶免临时张皇。应如何布置之处，迅速奏明。至该酋既称并无在黑龙江商办之事，其意专在吉林，所有三姓地方夷踪屡往，明春恐别有举动，必须加意防范，勿令该夷占踞之后得有挟制，著景、富尼扬阿等仍遵前旨，密令城乡团练并赶紧招集揽头人等，于明春先行开垦，作（缺文）特　不可先行开衅，俟其肆扰方与相拒，但须诱之登陆，勿于沿江及舟中（缺文）必吃亏，然后官为调处，使该夷知众怒难犯，天朝仁义兼备，衅非我开，免致得步进步，要求无已。此中操纵机宜，全在该将军等预为筹划，斟酌办理。至此次木酉经过黑龙江并未与特　会晤商准，恐该夷复往吉林（吉）等处，或与景　见面，抑系派员前往开导，其如何情形及现在办理团练、招集揽头等事，着景　详细具奏，将此由五百里谕令知之，钦此。"遵旨寄信前来，除分咨外，查该处界连三姓、珲春，附近海边均为防夷吃紧之区，现议保护参山，分布猎户，原假民力而御外侮，不露官处以留转（团）圌地步之法也，所有卡伦官兵只为梭巡稽察，并非专以用武。前拟派定佐领富清阿、防御讷苏肯于明春带兵，变装入山，并据隆福禀明，另选西丹随刨夫前往，其塔属界亦派人易服巡守等因议准。兹奉旨令将筹办团练、招募揽头等事详细具奏，除张登瀛到省另议外，所有宁古塔、珲春如何筹防及拟派入山西丹共若干名，迅即详细声明造册咨报，以便复奏之处，相应呈请飞咨宁古塔副都统衙门遵照办理可也。等因前来，相应抄录原文，呈请飞札珲春署协领遵照，将该处如何筹防及拟派入山西丹兵若干名，迅即详细声明造册呈报前来，以备咨可也。须至札者。

右札署珲春协领遵此

珲春协领为将乌拉撤回协防牲丁送至嘎雅河地方各归本处的呈文
咸丰十年

为飞行呈报事。　本年十月十四日接准副都统衙门札开，承办处案呈，本年十月初八日准将军衙门咨开，承办处案呈，适奉上谕："现在嘆哯两国业已陆续退兵，我国使臣复呈出条约十五款，即日定期画押盖印。所有单开之款，着抄给景　等阅看照办，以敦和好，永靖边疆等因。钦此。"查该夷所恳款目纷纭，除照单另行咨札办理外，其条内有云：自乌苏里河口而南上至兴开湖，以乌苏里及松阿察二河作为交界，其二河东之地属俄罗斯国，二河西属中国。自松阿察河之源两国交界，逾兴开湖直至白棱河，自白棱河口顺山岭至湖布图河口，再由湖布图河口顺珲春河及海中间之岭至土门江口，其东皆属俄罗斯国，其西皆属中国。两国交界与土门江之会处及该江口相［距］不过二十里，俱遵天津和约第九条办理等语。复核以上各处，既经王大臣议定奏准，自应权宜将事次第核办。所有珲春、绥芬、黑河口等处巡防，均应先行酌撤，仍各留官兵等，以免疏虞。除札珲春署协领台　转饬该协防官丁迅速折回。较所有摩阔崴居夷，仍由该协领密嘱巡防官弁兵丁，仅予察探，不可与较，激启边衅。并咨三姓副都统衙门转饬老岭总巡佐领富尼雅罕，严饬卡巡官兵只在乌苏里河西岸防守，切不可逾河酿事，致启衅端。暨札黑河口总巡协领辑顺等遵照，即将吉林乌拉、伊通、额穆赫索罗、伯都讷、双城堡等处官弁兵丁合行带回，仍由三姓、阿拉楚喀北路各站应付车辆，令其各归本处。仅将三姓官兵副甲留于黑河口，交（交）协领庆恩、防御台敏图管带驻守，以防不虞。仍不可越界滋事，亦不得泄露撤兵实情，是为至要。暨咨伯都讷、阿勒楚喀副都统，照会双城堡、乌拉总管衙门遵照外，相应由六百里飞咨宁古塔副都统衙门，即将委员已革协领常升，佐领吉勒图堪、富清阿，防御依兴阿、讷苏肯等及其所带弁兵全行撤回归伍。其坐守卡伦人等及其所带弁兵全行撤回归伍。其坐守卡伦人等依旧巡探，毋得稍懈。至续派佐领倭和、八品荫监随带省垣披甲盛春，以及猎户四名，亦皆毋庸入山。该衙门即令盛春带同猎户由驿旋省，并备车辆供需乌拉牲丁乘用可也。等因前来，除飞札巡防绥芬等处委员已革协领常升，佐领吉勒图堪、富清阿、防御依兴阿、讷苏肯，领催蓝翎富升等遵照，即将所带弁兵全行撤回归伍外，相应呈请札饬珲春协领遵照，迅备车辆，供应乌拉牲丁乘坐来塔，并将塔城去之协防官兵作速折回，令其弹压各起牲丁，毋得滋事可也。等因前来，相应遵将宁古塔、乌拉协防官丁等俱（以）〔已〕撤回。复查春季该协防牲丁等携带资费、器械、行囊等物，俱经塔城送至嘎雅河地方交卸。等因来札，遵办在案。现将撤回牲丁等，自应仍照春季办理。合将乌拉官丁等携带器械、行囊等物，备办大车十五辆，饬令云骑尉景武德、恩骑尉玉庆等弹压。于本月十九日起，各间一日，陆续启程送至嘎雅河地方。由彼至塔，仍请副都统衙门查核办理可也。

吉林将军衙门为抽撤防兵酌留巡守的札文
咸丰十年十一月初十日

将军衙门　为飞行札饬事。　承办处案呈：本年十月十九日，本衙门恭折具奏，为俄夷恳求分界，遵旨照办，并抽撤防兵，酌留巡守等因一折，当经照抄原折分别咨照在案。兹于十一月初七日奉到朱批："知道了。钦此。"相应恭录朱批，呈请飞札珲春署协领台斐英阿遵照可也。须至札者。

珲春协领为撤回沿海塔城、乌拉协防官丁并仍留官兵严防的呈文
咸丰十年

为迅速呈报事。　按准副都统衙门札开：承办处案呈，本年十月初八

日，准将军衙门咨开，承办处案呈，适奉上谕："现在嘆哷两国业已陆续退兵，我国使臣复呈出条约十五款，即日定期画押盖印。所有单开之款着抄给景　等阅看照办，以敦和好永靖边疆等因。钦此。"查该夷所恳款目纷纭，除照单另行咨札办理外，其条内有云：自乌苏里河口而南上至兴凯湖，以乌苏里及松阿察二河作为交界。其二河东之地属俄罗斯国，二河西属中国。自松阿察河之源两国交界，逾兴凯湖直至白棱河。自白棱河口顺山岭至瑚布图河口，再由瑚布图河口顺珲春河及海中间之岭至土门江口，其东皆属俄罗斯国，其西皆属中国。两国交界与土门江之会处及该江口相［距］不过二十里，俱遵天津和约第九条办理等语。复核以上各处，既经王大臣议定奏准，自应权宜将事次第核办。所有珲春、绥芬、黑河口等处巡防均应先行酌撤，仍各留官兵等以免疏虞。除札珲春署协领台　转饬该协防官丁迅速折回，所有摩阔崴居夷仍由该协领密嘱巡防官弁兵丁仅予察探，不可与较，激启边衅。并咨三姓副都统衙门转饬老岭总巡佐领富尼雅罕严饬卡巡官兵只在乌苏里河西岸防守，切不可逾河酿事，致启衅端。暨札黑河口总巡协领辑顺等遵照，即将吉林乌拉、伊通、额穆赫索罗、伯都讷、双城堡等处官弁兵丁全行带回，仍由三姓、阿勒楚喀北路各站应付车辆，令其各归本处，仅将三姓副甲留于黑河口（交）交协领庆恩、防御台敏图管带驻守，以防不虞。仍不可越界泄露撤兵实情，是为至要。暨咨伯都讷、阿勒楚喀副都统，照会双城堡、乌拉总管衙门遵照外，相应由六百里飞咨宁古塔副都统衙门，即将委员已革协领常升，佐领吉勒图堪、富清阿，防御依兴阿、讷苏肯等及其所带弁兵全行撤回归伍，其坐守卡伦人等依旧巡探，毋得稍懈。至续派佐领倭和、八品荫监随带省垣披甲盛春以及猎户四名，亦皆毋庸入山。该衙门即令盛春带同猎户由驿旋省，并备车辆供需乌拉兵丁乘用可也。等因前来，除飞札巡防绥芬等处委员已革协领常升，佐领吉勒图堪、富清阿，防御依兴阿、讷苏肯，领催蓝翎富升等遵照，即将所带弁兵全行撤回归伍外，相应呈请札饬珲春协领遵照，迅备车辆供应乌拉牲丁乘坐来塔，并将塔城去之协防官兵作速折回，令其弹压各起牲丁，毋得滋事可也。等因前来，遵即将沿海一带巡防、乌拉协防官丁并塔城官兵等均应先行撤回归伍，仍各留官兵等防守，以免疏虞外，将摩阔崴居夷仍行密饬巡防官弁兵丁仅予察探，不可与较，激启边衅及泄露撤兵实情，是为至要。其霍勒吞洪阔等处交委官祥太、穆腾额等轮替驻守，以防不虞。其坐守沿海及东路各卡官兵等，依旧巡探，勿得稍懈。并将仍留派往各处官兵西丹等各按十五日更换，并严饬加意侦探防守等情，理合飞行呈报将军衙门查核外，暨飞报副都统衙门可也。

宁古塔副都统衙门为遵章派员巡边的札文
同治元年七月初五日

　　副都统衙门　为饬知事。　　左司案呈：查前准将军衙门咨开，案查道光二十八年二月二十三日奉上谕："前据吉林将军经　具奏，吉林地方与盛京山界毗连，与朝鲜隔江为界，均应一体清理，毋任奸民窜入。自此奏定章程，每年春秋两季派员分赴辉法、土门江二处上下调查。春〔季〕自二月初起至四月底止，秋季自七月初起至十月底止。选派佐御校等官，着带兵役督统边卡各官，不分畛域认真梭查严缉。事竣由该将军等专折具奏，如有获犯及失察之处，照例将该员等分别劝惩等因。钦此。"到部知道，咨行该将军查照办理，等因前来。咨行宁古塔副都统衙门查照转饬珲春协领遵照定章，照数分派官兵前往调查。春季自二月初起至四月底止，秋季自七月初起至十月底止，前往土门江一带严行巡缉。于差竣时取具该员等有无窜来及越界匪犯甘结，该副都统加具印结咨报以凭具奏外，仍将所派官兵衔名先行咨报备核可也。等因在案。兹届本年秋季应查之期，遵照定制拣派骁骑校依查布带同兵役六名，饬令于七月初一日启程前往珲春，会同该处特派及边卡各官分赴土门江一带，不分畛域认真周查。如有匪徒越界窜入垦田构舍，即行拿送以备解省惩治外，于差竣时取具该员等切实甘结，该协领加具关防切结一并呈送，以备加具印结咨送等因。呈请札饬珲春署协领温崇阿遵照可也。须至札者。

宁古塔副都统为遵章巡查土门江一带的咨文
同治七年八月初一日

　　宁古塔副都统头品顶戴阿尔嘎泰巴国鲁军功加二级寻常加一级纪录二次乌勒兴阿　为咨报事。左司案呈：案查前准将军衙门来文内开，兵司案呈，道光二十八年二月二十三日奉上谕："前据吉林将军经　具奏，吉林地方与盛京山界毗连，与朝鲜隔江为界，均宜一体清理，毋任奸民窜入。自此奏定章程，每年春秋二季派员分赴辉法、土门江二处上下周查。春季自二月初起至四月底止，秋季自七月初起至十月底止，选派佐御校等官，着带兵役督统边卡各官，不分畛域，认真梭查严缉。事竣由该将军等专折具奏，如有获犯及失察之处，照例将各该员分别劝惩等因。钦此。"到部知道。咨行该将军查照办理。等因前来，咨行宁古塔副都统衙门查照，转饬珲春协领遵照定章照数分派官兵，自七月初起至十月底止，前往土门江一带严行巡缉，于差竣时取具该员等有无窜来越界匪犯甘结，该副都统加具印结咨报，以凭具奏外，仍将所派官兵衔名先行咨报备核可也。等因前来，遵即札饬珲春协领在案。兹据署珲春协领事吉林正白旗记名协领蓝翎佐领讷穆锦呈称，遵即拣派云骑尉成贵带兵四名，饬令于七月初一日启程，会同宁古塔特派防御庆春及边卡各官，分赴土门江一带，不分畛域认真周查，如有匪徒越界窜入垦田构舍，即行拿送以备解省惩治外，于差竣时取具该员切结，以备加具关防切结呈送外，将现派官兵等衔名造册呈送。等因前来，据此，合将珲春呈报前往土门江一带巡查官兵衔名造册，呈请先行附封咨送等情。据此复核无异，拟合咨报。为此咨报将军衙门查核可也。须至咨者。

右咨将军衙门

吉林将军为派员巡缉辉发、土门江事的奏折

同治十二年十一月

跪奏：为派员巡缉辉发一带并无窜匪，土门江亦无偷渡人犯，年终循例具奏仰祈圣鉴事。窃查，道光二十七年，盛京查办东边外朝鲜接界垦田伐木人犯，经柏俊等议定章程，奏奉谕旨：着吉林与盛京每年统巡官出边巡查时，一体派员认真清理等因。经前任将军经　奏请，吉林照盛京章程按春秋两季派员稽查。奉上谕："着于每年统巡钦派大臣巡查之年，选择协领、防御各员，会同各卡弁兵认真巡缉，倘有垦田构舍匪徒，迅即查拿，并将田舍平毁，设或此拿彼窜，迅即知照邻封协同追捕，无令远扬等因。钦此。"嗣后复准盛京将军以东边外仅按春秋两季巡查，恐夏乘水涨排运，冬乘冰雪拉运，反致疏脱，仍改四季巡查，吉林亦照盛京办理。自二十九年正月初一日起，每年按四季派员前赴盛京连界之辉发一带协同巡缉，至宁古塔之土门江一带，仅与朝鲜隔江为界，不与盛京毗连，仍照原章按春秋两季派员稽查。奏准咨行各在案。再查，前准盛京将军咨照，向与吉林会哨之辉发、霍吞、那尔浑、毕拉昂阿官兵暂行撤赴边内，保卫陵寝。所有缉拿山匪之处，应令那丹伯、大沙河二台堵截偷运之弊。等因咨照前来，当将吉林按季出派委员与奉省暂停会哨缘由，均经咨报兵部，并俟年终循例具奏时，再行声明各在案。惟查盛京虽将会哨官兵撤赴边内，而吉林系仍照原章按季派员查办。兹查本年春季派二品衔记名参领花翎佐领永海，夏季派花翎佐领安楚拉，秋季派花翎佐领春山，冬季派佐领安永，各带兵役，拨给经费驰赴西南，会同本境卡官在于所属毗连奉省辉发、法必拉、二道沟一带认真巡缉，据该员等按季结报在案。又据宁古塔副都统乌勒兴阿咨报，土门江一带春季派云骑尉诺穆浑、珲春派云骑尉依萨绷额，秋季宁古塔派恩骑尉贵连、珲春派云骑尉喜昌，拨给经费分驻沿边一带周查，皆无潜渡匪犯，各递切结，并由该副都统加具印结转报前来。奴才复密派吉林蓝翎防御爱隆阿往查属实，理合将巡缉辉发、土门江二处无窜匪，亦无偷渡人犯，并声明

奉省业将辉发、霍吞、那尔浑、毕拉昂阿各卡官兵撤赴界内缘由，谨循例恭折具奏，伏乞皇上圣鉴。谨奏。

宁古塔副都统衙门为吉林将军奏为以固三姓江防一折奉旨事照抄原折知照的札文
光绪六年八月二十日

副都统衙门 为饬知事。 承办处案呈：于本年八月钦命吉林将军铭 咨开，案照本将军会同帮办吉林边务事宜吴 于光绪六年七月初十日，由驿具奏，因三姓地方紧要，拟前往布置等因一折，兹于七月二十四日递回原折后开，军机大臣奉旨："览。奏已悉，即着铭、吴 将练军筹防事宜妥速办理，以期有备无患，不得稍涉疏虞。钦此。" 除恭录分行外，相应照抄原折备文咨会。为此合咨贵副都统，请烦查照施行可也。等因前来，相应呈请札饬珲春协领遵照可也。须至札者。

右札珲春协领遵此

计开：原奏粘单一纸

跪奏：为三姓地方紧要，拟由臣吴 前往布置，赶先起练马步各队，以固江防而免迟误，恭折驰陈，仰祈圣鉴事。窃臣等前案五月二十九日谕旨："着吴 率同各该员弁，轻骑简从，周历险隘，再行会商铭 择要布置等因。钦此。"当即檄令奉调郭长云赶备军装器械前赴珲春，起练马队一营、步二营，已于六月二十日出省。臣吴 本拟于七月初先赴宁古塔、珲春一带相度形势，督饬训练。近闻各路探报，俄人于逼近珲春之摩阔崴、岩杵河两处并未添兵。由海口调来之（仪）[俄]兵、洋炮，均用轮船拖带，分布红土崖及伯力地方。揣度情形，其意重在窥伺松花江，而于珲春一路略为松动。故驻防岩杵之廓米萨尔现已调赴他处。近日珲春尚无动静，副将郭长云不日可到，马步三营足资扼守，暂可毋庸顾虑矣。查俄界与吉林毗连之所设夷兵约分三路。摩阔崴一路为进逼珲之计，红土崖一路为牵制宁古塔防兵之计，伯力一路为混同江固守门户即为窥探松花江之计，红土崖与伯力虽分两路，其用心专在水路而不在陆路，亦可概见。盖珲春距宁古塔六七百里，山深路僻别无径道可通，其势不能深入腹地。红土崖距宁古塔八百里，中多山涧，跋涉维艰，（仪）[俄]兵不能远离水次，未必肯舍舟而陆离。由伯力至松花江一水可通，至为迅速。即由红土崖东边之兴凯湖直达乌苏里江口转入松花江，往来轮船不过三四日可抵三姓北。（仪）[俄]人径营三路，实以松花江一路最为吃紧也。前檄道员顾肇伦、协领德昌前往三姓设立水关、锻制铁炼[练]，计七月内当可竣工。臣等权其缓急，珲春一带已饬郭长云起练新军，略有准备。宁古塔东由新调副都统德 往塔城接印后督饬防守。先行募练马队一营、步队三营，扼要驻扎，可与珲春一路联络声势。惟三姓尚空虚，臣等拟练马步五营，亦须赶为筹备及早设防。昨奉六月二十四日密谕，以俄国纷纷调派兵船，意图挟制，饬令随时约束营伍弹压地方。值此时孔艰，臣等亦何敢稍涉大意，致有疏[虞]。再筹商拟臣吴　赴三姓，酌带营员就地挑选兵丹，择要扎营，妥为布置。定于七月初七日由省启程，计二十左右可抵三姓。俟奉调之直隶州戴宗骞到吉以后，即速催令兼程前往三姓防营，俾资臂助。天津所拨枪炮火药、铜帽等件，沿途需用车辆过多，又值雨时行泥途艰阻，尚难克日领回。一俟前项军火解到，即由臣铭　拨三姓、宁古塔、珲春各营，以应急需。部中所拨防饷，即一时未能接济，臣铭　当设法筹垫，移缓就急，以免贻误。再臣吴　往三姓，须设江防，布置周妥再赴宁古塔、珲春各处会并陈明。所有吴　赴三姓起练马步各营缘由，缮折由驿驰陈，乞皇太后、皇上圣鉴。谨奏。

宁古塔副都统为增派马步练队驰赴珲春驻守一折奉上谕事并照录原折知照的札文

光绪六年十月初四日

副都统衙门　为飞札遵照事。　左司案呈：于本年十月初二日准钦命镇守吉林将军铭　咨开，案照本将军前奉谕旨饬拨原有剿捕土匪马步练队移缓就急，前赴珲春驻守等因。当于光绪六年九月十四日由驿复奏，并附陈珲春地方僻小情形等因各折片，兹于九月二十八日准兵部火票递回原折后兼军机大臣奉旨："另有旨，钦此。"同日承准军机大臣字寄光绪六年九月二十一日奉上谕："铭　奏，遵拨马步队驰赴珲春，并请饬喜　迅速抵吉折片。吉林珲春地方防务紧要，铭　现于分巡各城之马步丹勇官兵抽拨练队一千名，派协领金福、双寿，统驰赴珲春就扎防守。拟俟喜　新添之五千兵一律成军，分扎防所。即将此项抽拨练一千名仍令金福、双寿带领回省，分归原拨各处，以俟兼顾地方。自是移缓就急，即照所议办理。喜　未到以前，铭　务当饬令金福等认真防范，毋稍疏虞。一面咨照依　赶将伊通丹勇招募成军，即赴防所，并咨会德　拣派妥员，迅将苏城、翠峰各沟猎夫尽所数招募，编立成军，驻扎珲春，以厚兵力。喜　现在已计出关，即着驰赴吉林，所有该处一切事宜，着喜　与铭　详慎筹商，妥为办理。将此由五百里谕令铭、喜　知之。钦此"。遵旨寄信前来，除钦遵分行外，相应恭录谕旨，照抄原折片备文咨会，为此合咨贵副都统，烦请查照钦遵施行。等因前来，合将原折片抄录文尾，札饬珲春协领一体遵照可也。须至札者。

右札珲春协领遵此

粘单

奏为遵旨酌拨本省马步练队驰赴珲春，并恳陈地方现办情形，恭折驰奏，仰祈圣鉴事。窃于光绪六年九月初六日承准军机大臣字寄："八月二十八日奉：吉林旧有剿捕土匪马步各队，着铭 移缓就急，饬令协领双寿、金福，此项马步洋枪各队分带一千五六百名赶赴珲春，择要驻守。并着德 择派妥员，速将塔城东南苏城、翠峰各沟猎夫尽数招致营中，以五百人编立成军，均扎珲春。所招猎［夫］口粮，每名月给银四两，由铭 先行垫发，俟喜 到后，照数拨归以清款目。副都统依，前有旨：'令铭 察看现在防务须人，着即速饬该副都统，就近在伊通招募满汉猎夫暨苏拉、西丹，前赴珲春。并双寿、金福、副将郭长云马步各队均归该副都统带，会商德 择要驻守，仍归铭、喜 节制，以一事权。务此谕知喜，并由四百里谕令铭 知之。钦此。'"钦遵寄信前来，仰见圣主慎重边疆，特（廑）震虑。奴才跪请之下，钦悚莫名。伏查本省马步丹勇暨客队官兵共计仅四千五百余名员，溯自奴才抵任之初，马贼肆扰，民不聊生，目击情形发发不可终日。经奴才选将练兵，整饬武备，增饷乾以恤兵艰，明赏罚以励士气。从前兵队向系分驻各城，而村镇并无巡兵，故贼匪淫掳杀烧，肆行无忌。即官军踩进，亦属缓不济急。奴才督饬全营翼长等酌量兵数之多寡、地方远近，将省城各城驻防兵队分布各村镇，不时梭巡，互相策应。如此认真剿办，直至四年春间大股始就肃清，地方渐有起色。而山深地阔伏莽尚多，近据各路探报，每于夜间实有步贼结伙，人数十数人不等，陡入乡僻掳掠或遇旅客跋行乘间截抢，闻兵至则散伙潜逃，探兵去则旋踵复返。往往官兵搜查甫过，而该处即报抢案。以是知贼之不能哨聚者，皆由兵之未尝远离故也。吉省属界弯远，只此中余兵各路搜缉本属不敷分布，今若撤队赴防，则贼匪闻之，势必乘机窃发，大肆鸱张，故辙复萌，前功尽弃，为患实非浅鲜，此本省练队万难分拨之实情形也。然目下边防吃紧，钦此谕旨饬令移缓就急，拨兵驻守，筹备边防，绥靖地方，皆奴才职分之事，自当恪遵办理，于无可减撤之中，作暂为抽拨之举。查省城马步丹勇官兵共二千五百三十员名，除留省二百名外，其余均派分巡各城堡村镇。兹拟于各处调回马队四百五十名；宁古塔驻防官兵四百一十二员名，拟抽拨马步队各一百名；（一）［三］姓驻防官兵四百一十二员名，拟抽拨马步队各一百名；乌拉驻防官兵一百二十员名，拟抽拨马步队五十名。连珲春旧有驻防官兵五十名，统计抽拨马步队一千名。下余五六百名，奴才通办查核，再四筹维，非分扎要地即兵数无多，（时）［实］系无处分拨。其马步队统领、五常堡协领双寿，现在因公进省，奏派全营翼长、二品顶戴协领金福，前派出省校阅队伍搜捕贼匪，现已赶紧檄调，尚未回省，除宁古塔、三姓分拨练军各二百名，就近饬令赴防，并珲春旧有官［兵］五十名均无须调省。其余兵队因各省协饷积欠甚多，且防饷一时未能领到，不得不先其所急垫款拨发，以致各队练饷均不能按月发给。今既调赴防所，一俟调其将欠饷筹款补发，即饬协领金福、双寿各带五百名兼程驰赴珲春，以资驻守。惟是外防固难稍懈，内患亦均隐忧。边防增此数队，不敷分布，难期奋武扬威，地方少此千兵，顿觉空虚，实恐养痈成患。今为权宜之计，原属可暂而不可常，假令久撤不归，而各城地阔兵单，难免顾此失彼。至全营翼长协领金福，夙称勇敢，每闻某处有贼窜匿，派其督队出者，必可搜擒数十名。马步队统领双寿，现补五常堡协领兼委统领，遇有贼匪滋扰，亲督队兵，分巡缉捕，所向有功，营务颇资整顿。该二员剿办贼匪，熟悉情形，实为地方必不可少之员。统俟乌拉雅苏台参赞大臣喜　到吉后，奴才与之妥慎筹商，于本省协佐防校内，逐加遴选，可派为统领、营总者，尚不乏人。如奴才前于筹备边防选将折内保奏数员，皆属久历戎行，诚实可靠，使之督练队兵必可胜任愉快。惟有仰恳天恩，俯念吉省地方紧要，准俟喜　新添之五千兵一律成军，分驻守所。将抽拨本省练队一千名，仍令金福、双寿带领回省，分归原拨各处。庶军威复振，丑类潜除，边圉渐就荡平，商民务安生业。而查地设官诸大端，亦可次第举行，无虞掣肘矣。至丁忧呼兰副都统依，前遵谕旨察看，业经由驿复奏在案。兹以防务须人，饬令就近在伊通招募丹勇前赴珲春。奴才赶即咨照遵办，一俟募齐，即令带赴防所。并飞咨宁古塔副都统德，拣派妥员将苏城、翠峰各沟猎夫尽数招致，编立成军，驻扎珲春。所属口粮先由奴才垫发，俟喜　到后，拨还归款以免纠葛。奴才受恩深重，疆寄忝膺，时值事之多艰，愧补苴之乏术。惟有竭尽血忱，力求实济，不敢存偏废之心，乃筹兼全之策。诚以边陲有事，大局攸关，固属可虑，倘腹地兵单，贼气再炽，无论地方应办各事不克举行，而内患外忧相因而至，其害不可胜言，其事更难（遇）[预]料。奴才愚憨性成，罔识忌讳，管见所及，用敢不必觇缕上陈，所有遵旨酌拨本省马步练队驰赴珲春，并地方现办情形各缘由，谨恭折驰奏。伏乞皇太后、皇上圣鉴。谨奏。

再，正缮折间，统带珲春马步队、现补拉林协领德玉，因公进省，奴才详询珲春情形。据称：该处偏僻一隅，旧无城郭，民居稀少，商贾萧条。且边地苦寒，连年歉收，以本处米粮尚不足供本处之食用，物少价昂，莫此为甚。街市向无现钱，均系以银易货，较之各城尤为疾苦。今若增以千兵，饷食、草料陆续转运倘可无虞缺乏，惟兵队一到，即须有处栖止，而该处住户寥寥，既无旅店居[住]，又无民房可借；况地处极边，严寒特甚，断非帐棚无以御寒。伏思珲春添此练队一千名，驻扎一方尚且不敷布置，若间数十里寻一村路分扎队兵十数名，兵力全分，不通声气，于防务仍属无裨。副将郭长云在珲募练马步队四营，虽已成军，亦因营房尚未筑成，未能一律起练。昨据该副将禀称，现将营盘扎定，挖基筑墙，计于九月初旬可告竣。惟修盖房屋用木甚多，入山采办至近一百三四里，高山峻岭挽运维艰。现经出示，购买房料，每间营房需用银十二三两之数等语。以是知该处兵房非住营房别无他计。目下调拨各队，若现筑营垒，无论天寒地冻奋捐难施，抑且整队逦行，缓不济急，再四筹维实深焦灼。全营翼长协领金福，于九月十二日奏调回省，与协领双寿亦均以此为虑，所有应拨马步练队业经分起橇调，一俟到齐，补发饷乾，即令赴赶防所。但该队无处栖止，零星散处，何以资防守而壮声威，相应请旨饬下乌里雅苏台参赞大臣喜，迅速抵吉与奴才详慎会商妥筹办法，以为一〔带〔劳〕永逸之谋。奴才愚昧之见〔是〕否有当，谨附片具，伏乞圣鉴，谨奏。

宁古塔副都统为三姓挑往珲春兵员至珲择要驻守的札文
光绪六年十月二十日

副都统衙门　为饬知事。于本年十月十四日准三姓副都统衙门咨开，左司案呈：于九月二十一日准钦命镇守吉林等处地方将军铭　实品顶戴副都统玉　由五百里飞咨内开，案准贵副都统以调珲春驻守之马步队各百名，应否进省抑或径行前往等因，咨商前来。查三姓练队挑往珲春，如果进省再饬前往，未免往返需时，徒劳跋涉，应即由姓取道前进较为捷便。至于各该队远调戍守，自宜发给盐乾，以资腾饱。惟进省请领亦多周折，应由贵副都统酌量垫发，再行由省领还归款。相应备文咨复，为此合咨贵副都统，请烦查照施行，咨复前来。准此。副都统当饬右司由库存备用银项下提拨垫发三个月盐乾银两，当堂按名发给一个月银两，交该委参领等携带两个月。即饬马步队统领等遵照每札兰均匀酌拨洋枪二十五杆、鸟枪二十五杆，配齐军火糇粮，雇觅驮只，刻即催令马队委〔参〕领常山、祥林，步队委参领西德山、全安等带领所部全札兰兵丹作速启程，由山路驰往宁古塔、珲春听候遣用等因。札交去后，旋据马队统领承顺、步队统领依英阿等报称，遵即刻将前派马步队兵丹二百零四员名，均匀令携洋枪一百杆、鸟枪一百杆，配齐军火，催觅驮马，驼载军火糇〔粮〕，催令于九月二十六日启程，由山路捷径驰赴宁古塔、珲春去讫。合将该官兵、西丹、旗佐花名及所携枪械分析注明造册呈报等情，呈报前来。据此，除将原册存查外，理合造具印册附封，并将启程日期除备文飞行咨报将军衙门查核外，暨备文册交该委参领等往宁古塔副都统德　查照可也。等因前来，查现由姓城派往珲春驻守马队委参领常山、祥林，步队委参领西德山、全安等带领队伍于十月十四日全数抵塔，所由姓至塔沿途并无寓店，皆系露宿星眠，当该委参领等稍养锐气，务须催令刻其备办驮马、糇粮，由塔启程驰赴，择要驻守。除札饬珲春协领遵照相度机宜外，据此理合备文，除咨报将军衙门查核外，相应呈请札饬珲春协领遵照择地驻守。并将该队官旗佐花名，一俟抵防由该参领径行呈递，以备稽核可也。须至札者。

右札珲春协领遵此

宁古塔副都统为靖边中路右营进札珲春的札文

光绪六年十二月十九日

钦命统带吉军靖边左路各营、宁古塔副都统强都巴图鲁德　为饬知事。营务处案呈：于本月初十日准钦差大臣喜　咨开，为照本大臣饬令靖边中路右营营官恩吉管带所部兵丹，于本月初六日起，分五起行走，进扎珲春，归副都统依　统带。除饬该营官遵照外，相应备文咨行，为此合咨贵副都统，请烦查照施行，等因前来，相应札饬珲春副都统衔协领遵照可也。须至札者。

右札署珲春协领德玉遵此

宁古塔副都统衙门为拣留马队、抬枪队在珲驻防的札文及吉林将军奏片

光绪六年十二月二十八日

副都统衙门　为饬知事。左司案呈：于本年十二月二十日准钦命镇守吉林将军铭　咨开行事。案照本将军于光绪六年十一月二十八日由驿附奏，在于协领金福、双寿所统练队内，拣留马队四百名、抬枪队一百名，均归双寿统带，仍留珲春驻防。其余练队五百名，即令协领金福带回省垣，以备缉捕一片。兹于十二月十五日递回原片，后开军机大臣奉旨："知道了，钦此。"相应恭录抄片咨行，为此合咨贵副都统，请烦查照施行可也。等因前来。相应呈请札饬珲春协领遵照可也。须至札者。

右札珲春协领遵此

粘单

再，前于九月间钦奉寄谕："因珲春地方防务紧要，饬令移缓救急，将旧有剿捕土匪马步各队派委协领双寿、金福分带一千五六百名，赴珲春择要驻守等因。钦此。"奴才以吉省地方辽阔，虽大股贼匪扑灭，伏莽尚多，各处防兵本属不敷分布，不得先其所急，于各城分防队内抽拨马步兵一千名，札饬协领双寿、金福分带赴防，并陈明俟喜　之军练齐，分札防所，即将抽拨本省练队一千名，仍令金福、双寿带领回省，分归原拨各处，以资剿捕，均经奏明，仰蒙谕允在案。第自抽撤各队后，巡缉难周。僻壤荒陬，匪徒闻风已渐蠢动，兹复调回奉省客兵二百余名，防地更觉空虚。正当江河封冻之时，宵小乘机窃发。地阔兵单，难免顾此失彼。倘贼氛复炽，包结蔓延（缺文）实非浅鲜。奴才与会办吉林防守事［务］乌里雅苏台参赞大臣喜　再四筹商，现在副都统

依 募练猎夫五百名，已于十一月二十日由省起程赴防，并前札派署珲春协领德玉，将该处挑备西丹就近赴练五百名，交其管带，刻下已可练齐。拟俟依 一营到珲驻扎，德玉一营起练成军，于协领金福、双寿所统练队内拣留马队四百名、抬枪队一百名均归双寿统带，仍留珲春驻防。其余练队五百，即令协领金福带回省垣，以备缉捕。如此一转移间，实于边务地方均有裨益。奴才（筹）〔等〕反复咨商，意见相同，谨附片陈明。伏乞圣鉴。谨奏。

珲春副都统为遵章派员巡查土门江一带的咨文
光绪七年七月十五日

珲春副都统法什尚阿巴图鲁依 为造册咨报事。案查前准副都统衙门札开：左司案呈，准将军衙门咨开，兵司案呈，道光二十八年二月二十三日奉上谕："前据吉林将军经 具奏吉林地方与盛京山界毗连，与朝鲜隔江为界，均宜一体清理，毋任奸民窜入。自此奏定章程，每年春秋二季派员分赴辉法、土门江二处上下周查，春季自二月初起至四月底止，秋季自七月初起至十月底止，选派佐防校等官，着带兵役督统边卡各官，不分畛域认真梭巡严缉，事竣由该将军等专折具奏，如有获犯及失查之处，照例将各该员等分别劝惩等因。钦此。"到部知道，咨行该将军查照办理。等因前来，咨行宁古塔副都统衙门查照，转饬珲春协领遵照定章，照数分派官兵前往周查，春季自二月初起至四月底止，秋季自七月初起至十月底止，前往土门江一带严行巡缉，于差竣时取具该员等有无窜来越界匪犯甘结，该副都统加具印结咨报，以凭具奏。仍将所派官兵衔名先行咨报备核可也等因。于道光二十八年七月十七日来札在案，现届七月初一日，理合派员往查等情。当即出派恩骑尉台喜，自七月初起至十月底止，前往土门江一带严巡去讫。俟该员差旋时，再行取具有无窜来越界匪犯甘结呈递外，现将官兵衔名造册咨报将军衙门查核可也。须至咨者。

右咨将军衙门

珲春副都统为节制卫军事的咨文
光绪九年十二月初三日

钦命统带吉军靖边中路马步各营珲春副都统法什尚阿巴图鲁依克唐阿 为补咨事。光绪九年九月初九日承准钦差督办吴 咨开，除有案省繁不叙外，尾开，现在酌带各营马队由山海关陆路，步队由营口航海分起赴津。查吉林防务惟珲春逼近俄疆，最为紧要。靖边中路马步两营、卫军马步四营未便抽拨，应（缺文）常填扎。所需饷银军火随时移知后路粮饷处军械转运局、行营军械局照章接济。炮台工程未竣，尤须认真经理。料足工坚早日竣事，不得草率偷减。卫军统领应归贵副都统节制，以一事权。相应备文咨行。为此合咨贵副都统查照办理。嗣后卫军一切事务，应请破除情面，严加整饬，务期士马精强，缓急有恃。弗任粉饰因循，讲求酬应，以致营务日就废弛，望切施行等因前来。查卫字练军原归本副都统节制，初以饷项军火皆系自行请领，其文报案牍先前犹分报备查，但事无巨细，皆请命于军督两帅，已觉事权分歧，而又加以总统旁参，政既出于多门，势必同于赘瘤。所以渐有由来节制二字，竟成有名无实。及督办吴将军天津始准来咨云云。接经爵帅荣临视事，本副都统在省筹商防务，一切请示机宜，复蒙将军面嘱，并十一月二十日来咨知照批示。内云，现在副都统依 业已回城，仰将一切事宜，随时禀请办理。并督饬防军认真训练，毋稍疏懈。如有续探边情，仍随时禀明依副都统转行咨报等因。惟本副都统荷蒙重任，分守一城，本应任劳任怨，整顿边防。第以统兵之道，贵在气谊交孚，无分畛域，有平时之恩信所在，则临事之呼应自灵。以及驱策将弁抚驭士卒，必使隐然一家，方能敌忾同仇，有裨防务。现已遵照饬知该军统领郭副将，嗣后凡饷项军火文报，一切俱由本副都统核转咨请，不惟事权［划一］，并且稽查有据。嗣后本副都统自应随时随事力求整顿，并［饬］该统领凡事率真，务归实际，断不敢稍涉瞻徇，废弛军务，有负爵将军慎重边陲之至意。相应补咨声明，为此合咨钦命爵将军麾下，请烦查照鉴核施行。须至咨者。

右咨钦命镇守吉林等处地方将军一等继勇侯希

珲春副都统为调兵赴珲驻扎事的咨文

光绪十年二月初八日

钦命统带吉军靖边中路马步各营珲春副都统法什尚阿巴图鲁依 为咨调事。窃照本年与俄国会勘分界，由去岁屡探彼国于沿边各处添兵设守，布置极严。窥其情形，大抵因黑顶子地方计图狡赖。故特张其兵威，示我以不甘轻还之势。在我自不得不稍添兵力，除戢其萌。为此备文，请将省城练军永升所带之抬枪队五十名，魁英所带洋枪队一百名，拟调珲春驻扎，以助防守，而倍声势。伏乞爵将军鉴核俯准，饬即就道启行，俾早抵珲，以便安插，所有军火一切，并请酌量核发，饬令随运前来，实为公便。相应咨调，为此合咨钦命爵将军麾下鉴核允准施行。须至咨者。

右咨将军衙门

珲春副都统为修筑炮台两座事的咨文

光绪十年六月二十六日

钦命统带吉军靖边中路马步各营珲春副都统法什尚阿巴图鲁依 为咨送事。

本年闰五月十二日准贵督办爵将军来咨尾开：凡有承造营房炮台各营，如工程未竣，仍俟工竣报验。先将承造营房炮台之地方离城池要隘远近、若干间数、坐数、如何做法、方位丈尺，每炮台若干间，造册绘图另文送核等因。准此，查靖卫两军分筑炮台二座，自八年七月间拨队兴修，坐落珲城东南一座，地名南阿鲁，城之西南一座，地名外郎屯，距城皆八里余，两台相接约十余里。西台在卫字营之东南，相距八里，遇有缓急，城营皆可联络，以备应援。所有做法悉照前督办吴咨送清折，如法筑修，尚在工程未竣，合将现时情形并录原折绘图咨送，除所盖营房另册声明外，为此合咨贵督办爵将军，请烦查核施行。须至咨者。

计咨靖边中路城营炮台图一分，清折一扣，卫字军营房炮台图各一分，清折一扣。

右咨钦命督办宁古塔等处事宜镇守吉林将军一等继勇侯希

珲春副都统为查勘三姓炮台事的咨文

光绪十年十一月二十四日

钦命帮办吉林边务事宜镇守珲春副统领法什尚阿巴图鲁依 为咨明事。窃照本帮办校阅防军，于九月二十七日抵至姓城营次，原拟就便查勘该处炮台工程，故将马步营校竣，遂讯后路统领葛胜林，据称，大工业已藏事。本帮办亲赴炮台处所，系在巴彦通东面，临江南岸，东北向，创建暗修炮台一座，外护围墙，台身，一切纯以三合土为之。台上横排炮洞五个，皆系暗修。炮洞后首有门，遇事则开门推炮，正与大江相对，足可以暗击。明台之上面，悉以土木覆盖，故连药库一切均属内藏不露，外间不得窥其底蕴，工料亦极坚实，扼吭江面，可保水路无虞。当饬该统领按照内藏形势，绘图二张，除存留外，应将原图一张备文咨送贵督办爵将军，请烦查照施行。须至咨者。

计咨送炮台原图一张。

右咨钦命督办吉林边务事宜镇守吉林将军一等继勇侯希

（二）募 兵 练 兵

吉林将军为挑练兵丹以防俄夷的札文

光绪六年四月初三日

钦命镇守吉林等处地方将军兼理打牲乌拉拣选官员等事铭
头品顶戴吉林副都统裴凌阿巴图鲁玉 为飞札饬复事。案据该协领以据探报，俄夷因搜缴枪械，被苏城沟人民抗拒殴逐。现欲将海参崴商民全行羁禁，并不时至二道河、长岭子迆南等处窥探。珲春相离切近，暂先挑备兵丹二百五十名、添练马队五十名，交德玉等管带，以资备防等情飞报前来。查珲春与俄接壤，瞬息可通，自应妥为防范以固吾圉。前拟由省添拨马步队百名，借壮声势。现在该夷即有如此举动，该协领先行挑练兵丹，所办尚合机宜。惟兵不在多而在精，务当转饬德玉等认真演练，毋得虚应故事，徒糜饷需。所有马步盐乾，准照练队章程发给，即将起练日期报明，由省垫发。一俟请领防边专饷复准领解到日，再行归还。其军火器械，亦照章请领，除具奏外，合行札饬，札到该协领，即便遵照妥慎办理，毋稍张皇偾事，是为至要。切切。特札。

右札署珲春协领瑚图哩准此

宁古塔副都统衙门为珲春再添练马队二百名以资巡防的札文

光绪六年四月初九日

副都统衙门　为飞札赶紧遵办事。　左司案呈：于本月初八日准钦命吉林将军铭　咨开，案照前奉寄谕，饬将边防情形妥为布置。当将选将练兵事宜、呈请添拨专饷各等因详细复奏，奉旨交议。有应练兵勇自应先期挑备，一俟接准部复即可起练，免致临时仓猝贻误事机。现拟省城、宁古塔、三姓等三处各添练马队二百名、步队三百名。珲春一处，前据署该协领禀报，因边事孔急，已先挑练兵丹，步队二百五十名、马队五十名，业经照准令其赶紧起练。应再挑备马队二百名，以资巡防。除饬全营翼长遵照外，相应备文咨行。为此合咨贵副都统，请烦查照。先将应练兵数以八成兵丹二成民勇，年在二十岁以外三十五岁以内者，分别挑募预备。一俟部复到日，再行由省派员前往，会同简阅起练，开支饷需。所有挑备兵勇花名，先行造册送省，并须严密，幸勿稍涉张皇是为至要。等因前来，相应呈请飞札珲春协领遵照文内指示，赶紧妥为办理，不准违误可也。须至札者。

右札珲春协领遵此

全营翼长为阅队旋返后各处军务照常报省的照会

光绪六年四月十一日

<small>奏派办理吉林军务全营翼长头品顶戴记名副督统博奇巴图鲁德</small>
<small>奏派吉林营务翼长兼理全营三品衔东河尽先补用府正堂刘</small>　为照会事。照得全营翼长德，前于本年正月初二日由省起程，驰往塔、姓、珲春等处校阅队伍，业将各该处练军队伍点毕，于四月初三日旋省销差。所有各处军务，一切自应照常报省，除分行外，理合备文照会贵协领衙门知照转饬所属练队一体遵照可也。须至照会者。

右照会珲春协领衙门

吉林将军衙门为珲春新添马步各军拨发银两及枪械事的札文

光绪六年四月二十四日

将军衙门　为咨复遵办事。户、工、兵司会案呈：本年四月二十三日据署珲春协领事务花翎协领瑚图哩呈报，本年四月十二日蒙钦命镇守吉林等处地方将军兼理打牲乌拉拣选官员等事铭吉林副都统头品顶戴裹凌阿巴图鲁玉札开，案据该协领以据探报，俄夷因搜缴枪械，被苏城沟人民抗拒殴逐，现欲将海参崴商民全行羁禁，并不时至二道河、长岭子迤南等处窥探。珲春相离切近，暂先挑备兵丹二百五十名、添练马队五十名，交德玉管带，以咨备防，等情飞报前来。查珲春与俄接壤，瞬息可通，自应妥为防范以固吾圉。前拟由省添拨马步队五百名，借壮声势，现在该夷既有如此举动，该协领先行挑练兵丹，所办尚合机宜。惟兵不在多而在精，务当转饬德玉等认真演练，毋得虚应故事，徒糜饷需。所有马步盐乾准照练队章程发给，即将起练日期报明，由省垫发。一俟请领防边专饷复准领解到日，再行归还。其军火器械，亦照章请领。除具奏外，合行札饬到该协领，即便遵照妥慎办理，毋稍张皇偾事，是为至要。切切，特札。等因前来，遵将挑马队五十名及陈练马队五十名，共一百名，委参领德玉委为马队营总。其所遗委参领一缺，以骁骑校金奎委为参领，即由队内挑委笔帖式二名。挑妥步队二百五十名，以佐领全有委为步队营总，由队内挑委笔帖式二名。其余马步队委参领、防御、骁骑校俱照练队章程委用。合将新挑马步队三百名，以及委衔官兵旗佐花名造具清册。请将该官兵等自三月二十日起练。合将应需盐粮、军火、旗纛、号衣、心红、纸札及以先呈请发给洋枪一百杆、鸟枪五十杆，呈请就近饬交赴省关领俸饷之防御春全承领，催赶紧旋城。现在挑选马队五十名，兵丁筹备马匹，请如何作价，未敢擅拟。倘蒙允准，一并饬交防御春全承领外，再另备兵丹民勇五百名，限以年在二十以上三十五以内，如此挑选，恐搁于年岁。除赶紧招募，如何再行造报。合将现练官兵三百名及陈练马队五十员名一并先行造册，飞行呈报将军衙门查核可也。等因呈报前来，当奉宪谕查核署协领所请各节，系为边防急务，亟应克期拨解，以供要需。惟所请战马五十匹，经本副都统将军奏请，由锦州、察哈尔等处牧群内各拨解战马五百匹，不日即可解到。一俟此项马匹解到时，即行如数拨发，毋庸兵丁筹备，以免苦累。至应需盐粮、军火、旗纛、号衣、（新）[心]红、纸札等项银两，目下防边专饷尚未由京解到，拟由省库先行垫发。所请洋枪一百杆、鸟枪五十杆，已饬工司由库查拨，统俟防御春全抵省时饬交承领。第募勇一节，并着该署协领认真挑选，督饬营总逐日演练，务使一兵之用，不得以老弱充数，虚糜饷项等谕。奉此，相应札付署珲春协领瑚图哩遵照可也。须至札者。

右札珲春协领遵此

全营翼长为行知各处重造兵丁花名册的照会

光绪六年四月十九日

奏派办理吉林军务全营翼长头品顶戴记名副督统博奇巴图鲁德
奏派吉林营务翼长兼理全营三品衔东河尽先补用府正堂刘　　为照会事。照得本省内外练军队

伍，前曾调省挑阅，汰弱留强，随时更换。所有各队兵勇花名册籍，与本营
底册不相符合，日后稽察恐致互有歧异，应即行知各处，务将所属练军弁兵
丁勇花名重新造具清册二本，限于五月初五日以前一体造报送省，以便稽核
而昭划一。除分行造送外，理合备文照会贵协领衙门查照转饬所属练队，依
限造报，毋稍延缓可也。须至照会者。

右照会珲春协领衙门

宁古塔副都统为就近招抚猎户的札文及钦差大臣喜的奏片

光绪六年八月二十四日

副都统衙门　为恭录飞札遵照事。　左司案呈：于本年八月二十二日准
钦命镇守吉林将军铭　咨开，光绪六年八月十九日承准军机大臣字寄，光绪
六年八月十三日奉上谕："喜　奏请在吉林各旗挑选精壮暨宁古塔等处招抚猎
户各等语。喜　在京筹办军需，到吉尚需时日，其所请由该省副都统、协领、
佐领先在各属旗人内择其年力精壮、娴熟枪法之甲兵、苏拉、西丹共有若干
名，造册点验，令其归家听调，俟喜　到后斟酌去留，立营训练一节，尚属
可行。著铭　等咨照各城堡，并札饬省城各旗豫筹办理。吉林猎户人数颇多，
喜　请饬德　就近将各头目招致防所，妥为安抚，并将猎户姓名造册备案，
系为豫防勾结起见。著铭、德设法招致，俟喜　到吉林时，再行会商妥办。
原片均着抄□给阅看，将此由五百里谕知铭、德并传知吴　知之。钦此。"
遵旨寄信前来，除分行外，相应恭录并照抄原片，备文咨会。为此合咨贵副
都统，请烦查照，钦遵施行可也。等因咨行前来，遵即札饬两翼佐领转饬所
属各佐领遵照，在于各属旗丁内择其二十以上四十以内，年力精壮、熟悉枪
法甲兵、苏拉、西丹等，赶赴紧传备，先行挑妥若干名，造册点验，饬令各
归各家，听候调拨。一俟钦派喜参赞到吉时，再行会商筹办，斟酌去留，立
营训练之处，合亟呈请札饬珲春协领遵照，即将就近各山场猎户头目招到防
所，妥为安抚册报，并照录原片饬知，余俱遵文办理可也。须至札者。

右札珲春协领瑚图哩遵此

计粘抄片二纸

再，奴才在京赶办军需等饷一切，到吉尚需时日。若待奴才到吉后，始
由各城集兵，不第耽延多日，诚恐有误防守。合无仰恳天恩饬下吉林将军铭，

先行咨照各城副都统、双城堡总管，并札饬省城各旗暨乌拉、拉林、五常堡、伊通、额穆赫索罗协领等，先在各属旗人内，该副都统、协佐领就近择其二十岁以上四十岁以内年力精壮、无有嗜好、娴熟枪法、堪备边防甲兵、苏拉、西丹共有若干名，造册点验后，令其各归各家，听候传调，免致集聚城中，无口食发给。该丁等均系贫苦，不能自备口粮。俟奴才到吉再造册传集，会同铭　斟酌去留，便可随时立着训练赶赴防所。理合附片具奏，伏乞圣鉴。谨奏。光绪六年八月十三日军机大臣奉旨："钦此。"

再，吉林地方猎户人数颇众，其枪法之准，优于俄人，若不赶紧招致，恐被外人勾结。此猎户多系聚于宁古塔，珲春副都统德　谙练有习，熟悉戎机，现该副都统驻扎珲春，令其就近将该头目招致防所，妥为安抚，给以功牌顶戴，以示激劝。并将各猎夫姓名造册备案，谕令该头目严加管束，安静打猎，不准滋事，如有功战，文到吉后会商铭、吴、德　斟酌办理，相应请示铭，飞咨该副都统迅即设法抚实于边防。有片具奏。伏乞。光绪六年八月十三日，军机大臣奉旨："钦此。"

宁古塔副都统衙门为挑备兵员的札文

光绪六年九月十七日

副都统衙门　为飞札饬传事。　左司案呈：于本年九月初十日准将军衙门咨开，兵司案呈，案准边务文案处移开，案蒙军宪饬发，光绪六年八月十九日承准军机大臣字寄光绪六年八月十三日奉上谕："喜　奏请在吉林各旗挑选精壮暨宁古塔等处招抚猎户各等语。喜　在京筹办军需，到吉尚需时日，其所请由该省副都统、协领、佐领先在各属旗人内，（在）[选] 其年力精壮、娴熟枪法之甲兵、苏拉、西丹共若干名，造册点验，令其归家听调。俟喜　到后斟酌去留，立营训练一节，尚属可行。着铭　等咨照各城堡，并札省城各旗豫筹办理。吉林猎户人数颇多，请饬德　就近将头目招致防所，妥为安抚，并将猎户姓名造册备案，系为豫防勾结起见。着铭、德　设法招致，俟喜　到吉林时，再行会商妥办。将此由五百里谕知铭、德　并传谕吴　知之。钦此。"等因，除呈稿分行外，相应备文移付前来。查此咨遵奉谕旨，挑备精壮兵丹一万名，自应拟由内外城均匀分拨预为挑选。兹拟由吉林十旗挑备兵丹三千名、乌拉挑备兵丹七百名、伊通挑备兵丹二百名、额穆赫索罗挑备兵丹一百名、宁古塔挑备兵丹一千五百名、珲春挑备兵丹六百名、伯都讷挑备兵丹一千名、三姓挑备兵丹一千五百名、阿勒楚喀挑备兵丹五百名、拉林挑备兵丹五百名、双城堡挑备兵丹三百名、五常堡挑备兵丹一百名。以上共挑备兵丹一万名，所有应委虚衔员弁，仍俟大臣喜　抵吉时再行拣委。合亟呈请先期飞行咨札各处，一体遵照指定数目，刻即挑选年力精壮、枪法娴熟之兵，苏拉、西丹，照数挑备，毋得以老弱充数。（下缺）

宁古塔副都统为珲春防务紧要招抚猎夫编立成军事的札文
光绪六年九月二十四日

军机大臣字寄光绪六年八月二十八日奉上谕："现在吉林珲春地方防务紧要，亟须添兵布置以备不虞。吉林旧有剿捕土匪马步各队著铭　移缓就急，饬令协领双寿、全福将此项为马步洋枪各队分带一千五六百名，赶赴珲春择要驻守。并着德　拣派妥员，速将塔城东南苏城、绥芬各沟猎夫尽数招至营中，以五百人编立成军，均扎珲春。所招猎夫口粮，每名月给银四两，由铭　先行垫发，俟喜　到后，照数拨归以清款目。副都统依　前有旨令铭　察看，现在防务须人，着即速饬该副都统就近在伊通招募满汉猎夫暨苏拉、西丹前赴珲春，并双寿、副将郭长云马步各队均归该副都统带，会商德　择要驻守，仍归铭　喜　节制，以一事权。将此谕知喜，并由四百里谕令铭　知之。钦此。"遵旨寄信前来，分别咨行，相应恭录咨行，为此合咨贵副都统请烦查照钦遵办理施行可也。等因前来，遵此详查宁古塔东南苏城、绥芬各沟均系界属俄疆。今若招致猎夫编立成军，非拣派熟悉地势、办事勤谨认真之员前往抚慰招集方期妥。是以查留塔遣委之珲春副都统衔协领讷穆锦、宁古塔左翼协领署珲春协领瑚图哩二员，历在珲春协领任内，办理夷务诸臻妥善，又兼均系塔城旗籍，素悉该处地势，并晓苏城、绥芬各沟猎夫头目姓名、住址。若以此二员派往招致，诚足摄服猎夫之心，实属有裨于事，堪胜委任。协领瑚图哩现在珲春尚未抵城，当即严札协领讷穆锦迅速束裹起程，往赴珲春会同协领瑚图哩和众计议，一同前往苏城、绥芬各沟，不动声色，密传该沟头目刘贵，妥为令其安抚，极力招致，总期多多益善。如俟招有成效，即将该头目并猎夫等记名数目册报，听候点验等情，除严饬各该员遵照外，本副都统（系）因边务紧要，遴员招抚苏城各沟猎夫起见缘由，理合呈请由五百里，除咨报钦命将军麾前谨请查核外，相应呈请札饬署珲春协领瑚图哩遵照文内指示事理可也。须至札者。

右札珲春协领遵此

练军统领为将所欠之兵传送到营的移文
光绪六年九月二十七日

统领吉林卫字练军马步全军湖广督标补用协镇郭　为移付再行饬传事。窃本月二十一日案准贵协领移开，案查前曾屡次札饬八旗每旗再行传备兵丹二十五名，八旗共合二百名，以敷三营之数等情。兹已札饬在案，后据八旗陆续传齐若干名外，仍缺欠若干名，望即查照，希为复面，以凭饬催八旗迅速传齐。等因准此。兹查前项马步兵丹，仅据该旗等移解交一百四十七名，业经点验，分别更补。下欠五十三名至今未经送到，相应备文移请贵协领再为饬传该旗，仍将所欠之兵丹五十三名，迅即如数传齐，移送到营，俾得及时验补，实为公便。须至移者。

右移副都统珲春协领瑚

宁古塔副都统衙门为改派珲春防御托伦托呼招抚猎户事的札文
光绪六年十月十五日

为饬知事。左司案呈：案查前准钦命镇守吉林将军铭　咨开，光绪六年九月初六日承准军机大臣字寄：光绪六年八月二十八日奉上谕："现在吉林珲春地方防务紧要，亟须添兵布置以备不虞。吉林旧有剿捕土匪马步各队着铭　移缓就急，饬令协领双寿、全福将此项马步各队洋枪分带一千五六百名，赶赴珲春择要驻守。并着德　拣派妥员，速将塔城东南苏城、翠峰各沟猎夫尽数招至营中，以五百人编立成军，均扎珲春。所招猎夫口粮每名月给银四两，由铭　先行垫发，俟喜　到后，照数拨归以清款目。副都统依，前有旨令铭　察看。现有防务须人，着即速饬该副都统就近在伊通招募满汉猎夫暨苏拉、西丹前赴珲春，并双寿、金福、副将郭长云马步队归该副都统带，会商德　择要驻守，仍归铭　喜　节制，以一事权。将此谕知喜，并由四百里谕令铭　知之。钦此。"遵旨寄信前来，分别咨行外，相应恭录咨行，为此合咨贵副都统请烦查照，钦遵办理施行可也。等因前来，遵即拣派留塔互相充差之珲春副都统衔协领讷穆锦、署珲春协领瑚图哩二员密赴苏城、翠峰各沟招募猎夫等因。札去之间，讵该协领瑚图哩右脖颈偶染疮症，甚至床第呻吟，曾经具情请催派该处协领德玉即行旋春接理等情。详查时在严寒，该员所患疮症感染，难期速痊，请俟稍愈能支再行前往。一面饬催协领德玉赴往接署各等情，业于本月初二日咨报在案。惟招抚猎户，关系奉旨饬交机密要件，若待该协领瑚图哩病愈，更恐致误军机，诚非浅鲜。本副都统反复思维，非另易信任明白晓事之员，不足以资慎密。当查请假回籍持服之珲春防御、委佐领、记名佐领托伦托呼，现已服阕假满，正值放任充差。（缺文）该员前于光绪二年春间，曾派密探海参崴俄夷动作，诸臻妥善，诚为熟悉边务、临机有办之员，堪以拣派。即交该员易换往招，免致临期有误。当即催令该二员即于本月十二日裹携糇粮，带领弁兵五名，变装由塔启程，分路驰赴珲春苏城、翠峰等处，速将熟悉枪法猎夫尽数安慰招抚，编立名册，俟办有端倪呈报到日再行咨报外，合将该改派缘由及催令启程日期理合先行备文，除咨报将军衙门查核外，相应呈请札饬珲春协领遵照可也。须至札者。

右札珲春协领遵此

吉林将军衙门为挑选精壮丁丹以备操防的札文
光绪六年十月二十四日

为札饬事。兵司案呈：准钦差参赞大臣喜　移开，兹察各城暨拉林地方旗丁，朴实耐劳，人亦精壮，堪备操练。其乌拉总管协领两属丁壮，亦甚精强。着于各该处再行尽数挑选精悍，一面拣验，一面散归本家，以备将来抽换操防。期于娴熟技艺之中，借寓培养旗人之意，等因。准此，查此项兵丹，前遵谕旨，行令所属一体挑选，以备调练。嗣据各处呈报，有照数挑备者，亦有未能足数者。除前次挑备册报外，再行挑选，不论前次咨札数目，尽挑速报，以备抽练。其内如有实系不能复挑者，亦可随时声报。相应呈请札饬珲春协领遵照，于文到日即将所属丁丹拣其年至十七八至三十五岁以内精壮魁梧者，尽数饬传，随到随挑。仍遣归家，造册呈报，听候指调抽拣，不得以病弱充数，致干驳诘可也。须至札者。

右札珲春协领遵此

宁古塔副都统行辕为速将招募西丹册报的札文
光绪六年十一月初三日

副都统行辕　为飞札事。左司案呈：案宪谕本副都统与钦差大臣将军面商，珲春地方尤为最要之区，所有前令处多备兵勇以备不虞，着飞饬珲春副都统衔协领德，速将前指募练西丹五百之数，赶紧招募齐楚，造册呈报，以凭发给口分，勿得以老弱充数，致碍军行等谕。遵此相应呈请札饬署珲春协领德　遵照，刻将募练年力精壮西丹五百名招募妥协，火速册报，以凭核办，勿稍违误。切切。特札。

右札署珲春协领遵此

珲春协领为挑备西丹的呈文
光绪六年十一月十一日

署理珲春副都统衔协领事务、二品顶戴拉林协领、奖赏花翎博奇巴图鲁德玉为迅速呈报事。本年十一月初八日，蒙将军衙门札开：兵司案呈，案准钦差参赞大臣喜　移开，兹察各城暨拉林地方旗丁朴实耐劳，人亦精壮，堪备操练，其乌拉总管协领两属丁壮亦甚精强，着于各该处再行尽数挑选精悍，一面拣验，一面散归本家，以备将来抽换操防，期于娴熟技艺之中，藉寓培养旗人之意等因。准此，查此项兵丹前遵谕旨，行令所属一体挑选，以备调练。嗣据各处呈报有照数挑备者，亦有未能足数者，除前次挑备册报外，再行挑选不论，前次咨札数目尽挑速报，以备抽练，其内如有实系不能复挑者，亦可随时声报，相应呈请选札饬珲春协领遵照，于文到日即将所属丁丹拣其年至十七八至三十五岁以内精壮魁梧者，尽数饬传，随到随挑，仍遣归家，造册呈报，听候指调抽练，不得以病弱充数，致干驳诘可也。等因蒙此，遵即详查珲春八旗所属苏拉西丹内，屡次传交郭统领营者七百余名，续因病弱传挑顶换有百余名，后奉将军衙门来札饬令再传备苏拉西丹六百名，已经前署协领瑚图哩报有旗佐花名在案。今蒙钦差参赞札文内指示，职即将前备西丹六百名内斟酌点阅，仅得年力方强四百来名，其年岁虽然相当，或劳病伤残身体弱小者，未便滥竽充数。然仍饬八旗佐领等广行传唤，或有渔采方面耕猎在远者，总以大义开导，以尔等系国之世仆，不可苟安，且仍令在家守候，以备选拨，何待传催，理宜自行投效，如此渴渴，札饬该佐领等遵照办理去讫。是以职不揣冒昧，将此切情据实先行声明，拟合备文飞报将军衙门查核可也。须至呈者。

右呈将军衙门

宁古塔副都统为挑备兵丹五百编立成营的札文
光绪六年十一月十九日

钦命统带吉军靖边左路各营、宁古塔副都统强都巴图鲁德　为札饬遵照事。营务［处］案呈：于本年十一月十七日准钦命会办吉林防守事宜乌哩苏台暨参［赞］大臣喜　咨照，本大臣前据兵司单呈，珲春各旗业已挑备兵丹五百余人，听候拣选等因。查本营军火不日到齐，所有珲春兵丹自应就近挑选以资防守。兹查署珲春协领德玉带五百口往，堪以委任吉军靖边中路左营营官之事，仍管理珲春旗务。除札饬该协领一俟军火到防，即在珲春挑足五百人编立成营，归该协领管带，一切操防事宜均归副都统依　统带咨行外，相应咨行贵副都统，请烦查照转饬施行，等因前来。相应札饬署珲春协领德玉，遵照文内事理，即在珲春挑足兵丹五百名编立成营，归该协领管带，认真操防，仍归副都统依　节制，勿违可也。须至札者。

右札署珲春协领德遵此

珲春协领为册报西丹数目的呈文
光绪六年十一月二十日

署理珲春副都统衔协领事务、二品顶戴拉林协领、奖赏花翎博奇巴图鲁德玉为飞行造册呈报事。于本年十一月十二日，接准副都统行辖札开：左司案呈，案宪谕本副都现与钦差^{将军}^{大臣}面商，珲春地方尤为最要之区，所有前令该处，多备兵勇以备不虞，着飞饬珲春副都统衔协领德玉，速将前指募练西丹五百之数，赶紧招募齐楚，造册呈报，以凭发给口分，勿得以老弱充数，致碍军行等谕。遵此相应呈请札饬署珲春协领德玉遵照，刻将募练年力精壮西丹五百名，招募妥协，火速册报，以凭核办，勿稍违误。切切。特札。等因前来。遵即札饬八旗，务将各该旗前备兵丹遵照文内指定数目，刻即传挑妥协，火速造册呈递等情。札饬去后，兹据八旗佐领等拣择年力方强兵丹五百名，造具旗佐花名清册呈递前来，据此合行造具关防清册，飞行呈报将军衙门查核可也。须至呈者。

右呈将军衙门

宁古塔副都统衙门为奉宪批所募兵丹统归呼兰副都统节制的札文
光绪六年十二月初一日

为札复事。左司案呈：于本［年］十一月二十七日据署理珲春副统衔协领事务、二品顶戴拉林协领、奖赏花翎博启巴图鲁德玉呈称，于本年十一月十二日案准副都统行辕札开，左司案呈，案奉宪，本副都统现与钦差^{大臣}^{将军}面商，珲春地方尤为最要之区，所有前令该处多备兵勇以备不虞，着飞［札］珲春副都统衔协领德玉，速将前指募练西丹五百之数赶紧招募齐楚，造册呈报，以凭发给口分，勿得以老弱充数［致］碍军行等谕。遵此相应呈请札饬署珲春协领德玉［遵］照，刻将募练年力精壮西丹五百名招募妥协，火速册报，以凭核办，勿稍违误。切切。特札。等因前来。遵即札饬八旗，务将各该旗前备兵丹遵照文内指定数目，刻即传挑妥协，火速造册呈递，等情札饬去后。兹据八旗佐领等拣择年力方强兵丹五百名，造具旗佐花名清册呈递前来。据此合行造具关防清册，飞行呈报将军衙门查核外，暨呈报副都统衙门查核可也，等因呈报前来。当奉宪批：着将此次挑选兵丹五百名，均饬该署协领管带编立成军，统归呼兰城副都统依　节制。所有应需一切饷糈等项亦向该都护请领散放，以免繁复等谕。批交到司，合亟呈请札饬署珲春协领遵照宪批事理，妥为照办可也。须至札者。

右札珲春协领遵此

珲春协领为挑备兵丹候领军火编立成营事的咨文
光绪六年十二月初五日

署理珲春副都统衔协领事务二品顶戴拉林协领奖赏花翎博奇巴图鲁德玉为呈请事。本年十一月二十三日，蒙钦命会办吉林防守事宜头品顶戴乌哩雅苏台参赞大臣喜　札开：照本大臣前据兵司单呈，珲春各旗业已挑备兵丹五百余人，听候拣送等因。查本营军火不日到齐，所有珲春兵丹自应就近挑选以资防守。兹查署珲春协领德玉带兵勇往，堪以委任吉军靖边中路左营营官之事，仍管理珲春旗务，所有营军操防一切事宜，均归副都统依 统带。除咨行将军铭 查照外，合副都统依就札饬。为此札仰该协领即便遵照，一俟副都统依 军火到防，即在珲春挑足五百人编立成营，归该协领管带，务要昕夕勤加训练，讲求战事，使各兵均能知其行军纪律，以期一律精锐。切切毋违。特札。等因，蒙此，遵即由前备兵丹内复加挑选五百名，拣委哨官队长编立队伍，仍令各归各家听候等情。除造册另文呈报外，惟查应需军火及口分等项，或由本处派员赴省候领，抑或就便拨发，呈请指示遵行之处，备文呈报将军衙门查核可也。须至呈者。

右呈将军衙门

珲春副都统为奉面谕赴乜河点阅军队的咨文

光绪九年十一月初七日

为咨报事。窃案照本副都统晋省面请地方及边务一切机宜，当蒙爵帅面示，以各处防军俱暂归本将军节制，所有校阅军操势难分身亲往，因此面嘱本副都统旋途至塔，就便将靖边左路各营分劳点阅等语。本副都统于上月二十六日返辕出省，现于本月初五日至塔，遂据靖边军双统领寿派员前来请赴防所阅操。本副都统窃思校防大政不便草率从事，虽有爵帅面示而未奉明，似难辄行点阅。正在迟回之间，又据双统领寿由防营星夜前来，声称面奉将军面谕最为严切，若不遵照办理，恐致违误干咎，难于禀复。本副都统自思爵帅所嘱，原取假道之便，若必拘泥专候明示办理，虽不惮途次之劳，亦未免多次往返，尤恐耽延政务，非所以仰副委任之重。是以即遵面示，一面咨报于初七日亲赴乜河点阅各军。其各营官兵操演技艺如何点阅之处，以俟校毕再行据实咨报。至珲春靖卫两军均宜随时校阅，或由本副都统就便点阅，抑或另行派员之处，望祈钧裁，速赐来复，以便遵办。为此合将遵奉面谕，赴乜河点军之处，咨报爵帅将军查核，示复施行。须至咨者。

右咨吉林将军希

珲春副都统为代宪赴三姓点阅军队日期的咨文

光绪九年十一月二十九日

为复报事。本年十一月二十五日接准爵将军复咨内开：案准贵副都统咨开，现照本爵将军面嘱赴乜河点军，以未准明文，其珲春靖卫两军或赴近点阅，或另行派员等因咨商前来。查本爵将军于准督办大臣吴 咨知，奏奉谕旨，边防各军暂归本爵将军节制后，正拟疏请由贵副都统代本爵将军巡阅珲春、宁古塔、三姓防营各军，以免懈怠而致觊觎。尚未具奏适准前因，除折拜发后，另行咨达。即分饬边防各军遵照外，相应咨复贵副都统，请烦查照可也。等因知照前来，查巡阅防军为冬夏举行之典，当此临年较近，应即赶紧遵办，未便稍缓，以致入奏愆期。现在塔防靖边左路并亲军各营，暨珲春靖边卫字马步各营，业经由本副都统鳞次校毕，兹拟于十二月初三日启程，减叙，前赴三姓点阅绥字两营，应俟一律完竣再行汇总咨报。除先行分知外，理应咨报，为此合咨钦命爵帅将军麾下，请烦查核施行。须至咨者。

右咨将军衙门

珲春副都统为代阅各防军事竣并将各军奖赏士卒所费银两册报的咨文
光绪十年正月十三日

为咨报事。光绪九年十月二十日奉爵将军面谕：代阅边境各城防军等因。当于归途路经宁古塔，遵即于十一月初七日，就近先赴乜河靖边左路马步三营、亲军步队一营驻防处所，逐一点名阅操。于初八日阅讫后，即起程回珲，十七日抵营。随即于二十四日调集本部靖边中路步队两营、卫字马步四营校阅点验，于二十六日事竣。嗣于十二月初一日接奉来咨内开，于十一月二十一日本爵将军恭折具奏，吉林防情安谧，拟请暂由统兵大员代阅防军等因。抄录原折咨行前来。遵即于初三日减从兼程前往三姓，于十四日行抵巴彦通绥字马步两营驻扎处所，并期举办点名演操各事，于十五日事竣。即于十六日由该处启程，于二十六日抵珲。查此次点阅各军兵马，皆属足额，旗帜器械，亦皆一律齐整，所演华洋各阵，各军不同，尚皆一律娴熟，各有可观之处。枪法准头，协领双寿所带靖边左路三营、亲军一营，中靶者约有七八成；敝副都统所带靖边中路两营中靶者约有六七成；副将郭长云所带卫字四营，中靶者约有七八成；副将葛胜林分统绥字两营，中靶者约有八九成。仍用督办吴　所发铁牌，树于一百二十弓外以为准的。其刀矛杂技，则珲防两军较为优长。综阅各军教演，尚属认真，士卒亦皆用命，故于每阅一军毕，仍仿督办吴　办过旧章，酌加奖赏，以示爵将军鼓励激劝之意。除饬将敝军演练阵式绘图咨送鉴照外，合将点名打靶、刀矛、杂技各册，并各军奖赏所费银两分析开单，备文咨报。为此合咨钦命爵将军麾下，请烦查核施行。须至咨者。

计送图册三十二件清单一纸

右咨钦命镇守吉林等处地方将军一等继勇侯希

计开

靖边中路中营勇丁打靶中全红十名，每名赏银一两，共赏银十两；中四枪三名，每名赏钱一吊，共赏钱三吊；演练杂技，赏银七两三钱三分四厘，赏猪二口，合银九两四钱七分二厘。

左营勇丁打靶中全红十名，每名赏银一两，共赏银十两；中四枪三名，每名赏钱一吊，共赏钱三吊；演练难技，赏银六两六钱七分；赏猪二口，合银九两四钱七分二厘。

马队打靶中全红四名，每名赏银一两，共赏银四两；中四枪二名，每名赏钱一吊，共赏钱二吊，赏猪一口，合银四两七钱三分六厘。

卫军中营差官打靶中全红五名，每名赏银一两，共赏银五两；中四枪一名，赏钱一吊。

中营勇丁打靶中全红九名，每名赏银一两，共赏银九两；中四枪四名，每名赏钱一吊，共赏钱四吊；演练杂技赏银七两三钱三分，赏猪二口，合银九两四钱七分二厘。

前营勇丁打靶中全红五名，每名赏银一两，共赏银五两；中四枪四名，每名赏钱一吊，共赏钱四吊；演练杂技赏银六两六钱六分三厘，赏猪二口，合银九两四钱七分二厘。左右两营赏猪四口，合银十八两九钱四分四厘。

靖边左路中营勇丁打靶中全红九名，每名赏银一两，共赏银九两；中四枪四名，每名赏钱一吊，共赏钱四吊，赏猪二口，合钱二十二吊，马队赏猪一口，合钱十一吊，营务处赏猪一口，合钱十一吊。

左营勇丁打靶中全红七名，每名赏银一两，共赏银七两；中四枪三名，每名赏钱一吊，共赏钱三吊，赏猪二口，合钱二十二吊。

右营勇丁打靶中全红六名，每名赏银一两，共赏银六两；中四枪四名，每名赏钱一吊，共赏钱四吊，赏猪二口，合钱二十二吊。

亲军左营勇丁打靶中全红九名，每名赏银一两，共赏银九两；中四枪六名，每名赏钱一吊，共赏钱六吊，赏猪二口，合钱二十二吊。

绥军左营勇丁打靶中全红十九名，每名赏银一两，共赏银十九两；中四枪九名，每名赏钱一吊，共赏钱九吊，赏猪二口，合钱二十吊。

前营赏猪二口，合钱二十吊。

以上共银一百八十二两五钱六分五厘，共钱一百九十三吊。

珲春副都统为请添额兵四百名的咨文

光绪十年二月二十七日

珲春副都统法什尚阿巴图鲁依　为咨请事。左司案呈：窃照珲春自光绪七年添设副都统员缺，所有八旗额兵当时以节省饷粮，故未一时并议增添，仍系从前协领衙门旧设领催甲兵六百名。缘改设之初，公事尚简，所有差遣各项，原指以防军充用仅可支，吾为暂时迁就之计。现在局面日开，百务兴举，不惟地方之政事日见其多，且与朝鲜通商，俄夷交涉，节节俱滋繁剧。凡杂派差务及轮值应设一切防兵与额兵主客迥殊，有时万难替代，就至今诸多滞碍。查初议大员之设，原以珲春逼近俄疆，势居边要，必须声威不壮，方足以资镇摄而重岩城。现在虽名目更新，而体统仍旧，虚声既难资控制，实用且不敷分遣。即令免强通融，而养兵之区敷衍非计，屡经体察，自未便撙节饷项之事。因循查本省各城兵不等，约皆在一千以上，今珲春地处极边，紧连俄境，较之各城尤为重要，若再增设甲兵四百，合旧设之六百共为一千名之数，似于慎重边疆之中，仍不失撙节虚糜之意。合无仰恳爵将军，顾念极边重镇宜计久远，准予据情奏请，于珲春地方添设额兵四百名，即由八旗内均挑，仍归各佐领管下，以资约束。相应呈请各报。为此咨请将军衙门鉴核，示复施行。须至咨者。

右咨将军衙门

珲春副都统为遵谕查明西丹丁壮人数事的咨文
光绪十年九月十七日

镇守珲春副都统法什尚阿巴图鲁依 为迅速咨报事。左司案呈：本年九月十三日准将军衙门咨开，兵司案呈，九月初三日奉钦差督办爵将军面谕：吉林所属各处管下西丹丁壮共有若干着统行查明，以备调练。其年在二十五岁以上至三十五岁者，共有若干，着各该处据实查明，并将年在十五岁以上至五十岁以下之老幼西丹丁壮，共有若干人，亦着一并查明，分为三等，每项计有若干人，据实分析呈报，听候挑练等谕。奉此，相应呈请咨行珲春副都统衙门查照文内事理，统限文到五日内，按照户册据实查明，迅速呈报，毋得贻误可也。等因前来，遵即札。据左右两翼协领称据，八旗佐领等官呈称，奉饬各将所属西丹，按照户册逐一查明，分列三等，共计年在二十岁以上至三十五岁者一千七百八十三名，内除挑在本处靖边卫字两营充差者七百一十五名外，现存一千零六十八名。再，年在十五岁以上之幼丁六百名，五十岁以下之年老西丹九百一十三名，当即呈由该翼协领等复查相符，具稿转递前来。据此，合将八旗西丹据实查明之处，呈请咨报。为此备文迅速咨报将军衙门查核施行。须至咨者。

右咨将军衙门

吉林将军为遵旨添练精壮丁丹补足防兵原额分路驻扎的奏折

光绪十年十月二十一日

跪奏：为遵旨添练精壮丁丹，补足防兵原额，业已成军分路驻扎，恭折驰陈仰祈圣鉴事。窃奴才等前因吉林边疆辽阔，防御难周，恳恩准照防军原额添练足数，以资镇摄等因，具奏奉旨："该部议奏单二件并发。钦此。"嗣于八月十九日奉到，奴才希　复奏吉林地方碍难举办团练回折，军机大臣奉旨："团练既难举行，着毋庸议，添练防军三千人，即速训练成军，以固边防。钦此。"奴才等跪读之下，钦佩莫名，仰见朝廷思患豫防、慎固封守之至意，当即豫饬省城各旗营，并行令宁古塔、三姓、珲春、阿勒楚喀、双城堡、拉林、乌拉、伊通等处，各就所属拣选精壮丁丹挑补足额，以期作速成军，仰慰宸廑（定），旋于九月二十日接准户部咨开，会同兵部遵议，以东三省为根本重地，吉林逼处俄疆，边防尤关紧要，不得不先具所急，以固边围。拟即准如所请，由旗营内挑选精壮西丹三千人，补足吉林防军原额，统改为靖边营，其应领防饷，亦准每年由部库添拨银三十二万两，以足原定八十二万两之数，自奏报成军之日起，分季派员赴部支领，以济要需。并令将改定营务章程及防勇花名成军起支饷项日期，先行造册送部，以凭稽核，惟此次准令添兵增饷，系由边防吃紧，部库勉筹巨款，未可恃为久常，俟防务稍松即令裁撤归旗，以昭撙节，于本年九月初九日复奏本日奉旨："依议。钦此。"恭录飞咨前来，当此帑项支出之时，在部臣设法图维实属不遗余力，奴才等尤当遵照部议，一俟防务稍松，即行酌量裁撤，以节饷糈。遵将内外各城所选精壮丁丹三千零五十人挑齐，内有猎户炮手一百五十人，分隶添练之马步七营一哨，以补足吴　带赴津防各营之数，连原有留防之马步十三营二哨归并编入，统计马队七营三哨、步队十三营，共为马步二十营三哨，仍合防军原练之额，一律改为靖边名目，分作五路一军，当由奴才等慎选得力将领，拣派二品衔尽先协领花翎佐领永德为中路统领，湖广补用副将郭长云为前路统领，都统衔记名副都统五常堡协领铿僧额巴图鲁双寿为左路统领，副都统衔尽先协领花翎佐领保成为右路统领，总兵衔直隶推补副将葛胜林为后路统领，奏调总兵衔直隶尽先补用副将哈广和现已到营，委为亲军统领。其余营哨各官，饬令各该统领自行挑选，并照改定靖边名目，刊发统领、营官木关防六颗，钤记十四颗，俾昭信守，旧有关防、钤记悉数缴销。应需军械即由省库所存并宁古塔行营军械局现存件数，以枪炮刀矛间用，尚敷分拨。应需战马五百五十匹，查从前马价每匹价银十四五两至十七两不等，此次奴才等酌中定拟每匹价银十五两，仍照办过成案官为采买，由该兵名下所支饷银内每月带扣银一两五钱，陆续还款，俟扣齐后即作为该兵底马，并发给制造旗帜、号衣、鞍辔、器具及修建营房价值等项钱文，统令新添各营自行置办。业据各该统领等呈报，于十月初一日起添练成军。当即饬令各带所部驰赴防所，认真训练，务使技艺精强，悉成劲旅，庶几缓急足恃。至从前边防靖边两军营制分歧，月领饷项未能划一，现经奴才等悉心核定，自统领以至马步各队营哨、官弁、勇夫暨各局处办事委员、书手，月需薪水、公费、口粮、马乾一切数目，比照先前支销各案，酌量增减定为营制新章，俾归一律。凡新章内所无，如前之亲兵勇领旗及柴草银两各名目，尽行裁汰，以省冗费。即遵部臣奏定，于十月初一成军之日起，照依新章支发饷项。除由奴才等派员赴部请领添拨冬季防饷银八万两，并将支领新章及挑补各营丁丹造具花名营制各项清册，咨送户、兵、工部查核外，谨将拟定防军驻扎处所缮具清单恭呈御览，其余一切未尽事宜，容奴才等妥筹熟商，续行奏明办理，所有添练丁丹业已成军及分路驻扎各缘由，谨专折驰奏，伏乞皇太后、皇上圣鉴训示遵行。谨奏。

清单

谨将拟定边防各军驻扎处所缮具清单恭呈御览

计开

一、靖边中路步队三营亲军马队三哨仍驻扎珲春。

一、靖边前路马队二营步队二营仍驻扎珲春。

一、靖边左路马队二营步队二营仍驻扎宁古塔。

一、靖边右路马队一营步队二营拟于宁古塔、珲春两城相距适中之烟集冈地方驻扎，以期声势联络，俾资策应。

一、靖边后路马队一营步队二营仍驻扎三姓。

一、靖边亲军马队一营步队二营内拨驻宁古塔步队二营，留驻省城马队一营。

以上统计马队七营三哨，步队十三营，共合马步二十营三哨。

（三）兵 力 拨 移

珲春协领为挑派壮兵配齐鞍马赴省归伍呈文
同治七年三月二十九日

署理珲春协领事务记名协领吉林正白旗佐领蓝翎讷穆锦 为迅速造册飞报事。本年三月二十三日蒙将军衙门札开，兵司案呈，同治七年三月十二日准署直隶总督官 咨开，窃照同治七年二月十四日附奏，副都统春寿请调全福等赴营差委一片。兹于十七日奉到批回，军机大臣奉旨："依议，差。咨行富，饬令全福等带兵丁驰赴直隶军营，归春寿统带，毋稍稽延。钦此。"等因，除分别咨行外，相应恭录抄片咨会。为此合（次）[咨]贵将军，请烦查施行。计单开，准统带吉林黑龙江官兵副都统春寿咨令所部吉林各起营官内，有伤病年衰者，于操防征剿难期得力，现拟亲加挑选，另文造撤。惟值军（缺文）务之际，自应调员拣补以资差遣。兹查有吉林记名协领花翎佐领全福，拉林副统衔即补协领骁骑校胜全，宁古塔记名协领花翎骁骑校永海，三姓花翎佐领常明，吉林花翎防御文福，乌拉花翎防御倭什珲，伯都讷花翎防御德和勒，吉林鸟枪营记名佐领蓝翎骁骑校苏尔通阿，吉林骁骑校恩龄，已革协领三隆，已革骑都尉兼佐领春毓等十二员，均属年富力强，精明勇敢，调营差遣必能得力，并饬不准一员藉差托故推诿，稽咨请奏调前来。并声明现撤宁古塔、珲春兵二十七名，三姓兵二十四名，阿勒楚喀、双城堡兵二十名，请由现调之员令其拣选强壮之兵，照现撤之数随带来营。吉林本城现无抽撤之兵，协领全福等来营并请准其各带兵数十名，藉资驱策。其各兵鞍马器械均由各该处自行备带等情。奴才复查无异，理合据情附片陈请，伏乞（缺文）遵行。谨奏。等因前来。当经本衙门按照文内抽撤兵数，照数挑派，并令指调各员挑选管带。其宁古塔应挑兵二十五名，珲春应挑兵十二名，令其宁古塔记名协领花翎骁骑校永海，由该处强壮之兵照数拣派管带。其三姓应挑兵二十四名，令该处花翎佐领常明，由该处强壮之兵照数拣挑管带。其阿勒楚喀应挑兵八名，拉林应挑兵八名，双城堡应挑兵四名，令阿勒楚喀蓝翎骁骑校苏尔通阿由各该处强壮之兵照数拣挑管带。其各该处即将挑派官兵，饬交各该员等管带，务于四月初十日以准来省，以备启程，不准片刻迟延。其该官兵等所需鞍[鞴]马匹、器械等项，均由各该处自行筹办，马匹均要肥壮，不准由演练官兵马匹内动用乘骑。其伯都讷花翎防御德和勒，于定期四月初十日以准来省，以（缺文）启程，至该官兵应需军装、银两，统俟抵省关领，各该处不得滥行开支。相应札饬珲春协领遵照文内办理可也。等因，蒙此，即由三旗存营兵内，拣选年力强壮兵十二名，配齐鞍马器械，拟于本月二十九日巳刻启程，仍由赫西河路径行赴省，以便赶限归队，并派领催委官常安带兵护送，以资弹压。除开具花名札饬该员遵照外，合将挑派征兵旗佐花名逐一造册，一并呈报将军衙门查核可也。须至呈者。

右呈将军衙门

珲春协领为册报同治七年四月存营副甲名数的呈文
同治七年四月二十日

署理珲春协领事务记名协领吉林正白旗佐领蓝（领）[翎]讷穆锦　为迅速造册呈送事。前奉札文，即由三旗余丁内，拣其身材魁梧，年在二十以上四十以内之余丁共二百名，充当副甲以备边防，逐经呈报在案。兹查同治七年四月份递出副甲空缺一分，随现将存营副甲二百名查明，分析造具印白册三本，各加夹板。又将夹板以上注明，投递户司印册一本，投递兵司印白册二本。饬卡飞递副都统衙门，以备饬驿径行飞递将军衙门，分投户、兵司查核可也。须至呈者。

右呈将军衙门

珲春协领为册报同治七年五月出征存营官兵名数的呈文
同治七年五月二十日

署理珲春协领事务记名协领吉林正白旗佐领蓝翎讷穆锦　为造册呈送事。准将军衙门札开，准户部查取各处额设官兵若干，自军兴以来，奉调出征官兵、西丹及存营官兵各若干名，按月造报一次，如有升降、病故、阵亡及由军营撤回者，均详细更正查明造册，务于初十日以前送省以凭奏报。等因前来。查珲春现任俸官二十员，额兵四百三十名，前月造报出征兵一百二十三名，存营官二十员，兵三百七名，逐经呈报在案。兹查五月份，由军营拨回甲缺一分，又由本处递出甲缺六分，俱已随时补放。现在出征兵一百二十二名，存营官二十员，兵三百八名。理合查明分析造具印白册六本，各加夹板。又将夹板以上注明投递户司印册二本，兵司印白册四本，饬卡飞递副都统衙门，以备饬驿径行飞递将军衙门，分投户、兵司查核可也。须至呈者。

右呈将军衙门

珲春协领为册报同治八年正月存营副甲名数的呈文
同治八年正月二十日

署理珲春协领事务佐领花翎温崇阿　为迅速造册呈送事。前奉札文，即由三旗余丁内，拣其身材魁梧，年在二十以上四十以内之余丁共二百名，充当副甲以备边防，逐经呈报在案。兹查同治八年正月份并无递出副甲空缺。现将存营副甲二百名，查明分析造具印白册四本，各加夹板，又将夹板以上注明投递户司印白册二本，投递兵司印白册二本，饬卡飞递副都统衙门，以备饬驿径行飞递将军衙门，分投户、兵司查核可也。须至呈者。

右呈将军衙门

珲春协领为查明所属三旗无着空缺事的呈文
同治八年四月十六日

珲春协领讷穆锦　为飞行呈报事。本年四月十五日蒙将军衙门札开：兵司案呈，案查，前因吉林通省出征官兵现在各路军营名数较多，曾经札咨所属。溯自咸丰二年起至同治八年正月底止，所有各路军营节年无着，待查空缺名目共有若干，并缘何事故，于某年月日行查某处军营，迄未奉文者，务要注明。再各处官兵在营如有别项事故，已将原缺开放，尚未奉文，各本旗已有风闻者，亦令该管各官破除情面，认真查出分析造册，统限于文到一月内呈报，以凭核办等情。当于本年二月二十五、三月十一等日，分别咨札各处一体遵办在案。及今月余，仅据镶黄、正白、镶红旗、鸟枪营、伊通、额穆赫索罗协、参、佐领，及阿勒楚喀、拉林、双城堡等处册报到省，其余各处尚未依限查报，殊属不合。事关按月奏报之件，未便任令宕延。合亟再行札催吉林正黄、正红、镶白、正蓝、镶蓝、蒙古旗协领等，遵照前札事理，赶紧查明呈报，不准再事稽延外，相应呈请飞行咨催宁古塔、伯都讷、三姓副都统等衙门，札饬乌拉、珲春协领一体遵照前文事理，即将各处现无着据空悬各缺，务须破除情面，认真查明，按名析注清楚，赶紧造报。倘再仍前延误，定将承办各官指名参办，决不宽宥可也。等因。蒙此，遵将三旗查明无着空缺，分析造册注明事故，已于本月初二日呈报之处，除备文飞报副都统衙门查核外，暨飞报将军衙门查核可也。须至呈者。

右呈将军衙门

珲春协领为册报同治八年六月出征存营官兵名数的呈文
同治八年六月二十日

珲春协领讷穆锦　为造送清册事。准将军衙门札开，准户部查取各处额设官兵若干，自军兴以来，奉调出征官兵、西丹及存营官兵各若干名，按月造报一次。如有升降、病故、阵亡及由军营撤回者，均详细更正查明造册，务于初十日以前送省以凭奏报。等因前来。查珲春现任奉官二十员，额兵四百三十名，前月造报出征兵八十五名，存营官二十员，兵三百四十五名，逐经呈报在案。兹查六月份并无由军营撤回官兵、驳回甲缺。今奉札文，防御富全升授乌拉佐领，所遗之缺将吉林防御全福转回本处。现在出征兵一百十名，存营官二十员，兵三百二十名。合将查明之处，分析造具印白册八本，各加夹板，又将夹板以上注明投递户司印白册四本，兵司印白册四本，饬卡飞递副都统衙门，以备饬驿径行飞递将军衙门，分投户、兵司查核可也。须至呈者。

右呈将军衙门

吉林将军为将出征存营官兵招募西丹民勇等数目造报的奏折
同治八年九月

跪奏：为将出征存营官兵副甲，台站官庄壮丁，及选募西丹壮丁，招募民勇数目，按月造报，恭折具奏仰祈圣鉴事。窃查前准户部咨称，请旨饬下各路统兵大臣及各省督抚，将现在留营留防员弁兵勇实数，造具花名清册，分析注明口分钱粮总散各数，勒限一个月即行奏报核办。嗣后有无裁减，仍按月奏报一次，以凭核办等因具奏，奉旨："依议办理。各路统帅及各省督抚，均应破除情面，认真查办。倘有不实，即奏请正法。若总帅、督抚等扶同徇隐，一并以军法从事，（缺文）其无悔。钦此。"钦遵行令，遵照办理在案。除将吉林出征存营官兵副甲，西丹数目，按月造具清册送部，并声明军营官兵、西丹、壮丁口分钱粮总散各数，应由各该统兵大臣核办外。兹据宁古塔、伯都讷、三姓、阿勒楚喀副都统、双城堡、乌拉总管吉林十旗、乌拉、伊通、额穆赫索罗、路驿站官庄等处协参佐领，四边门章京，五常堡委员，水手营四品官，吉林、伯都讷同知，长春厅通判，伊通、孤榆树巡检等，将同治八年八月份所有出征存营官弁兵丁民勇造册，咨送前来。奴才等督饬司员，详加核对。吉林省自咸丰二年起至同治八年七月底止，军营官五十四员，兵三千四百七十六名，西丹六百七十七名，领催二名，壮丁四百名，余丁五名，民勇一千七百名，存营官八百十八员，兵六千六百二十九名。珲春边防副甲二百名，三姓边防西丹三百名。截至同治八年八月底止，新添食半俸之半云骑尉一员，又由军营撤回领催一名，兵三十六名，西丹九名，壮丁二名，补甲西丹一名，壮丁二名，咨回甲缺十四分，均已拣补造入存营册内。再查各路军营来文保举人员及阵伤、亡故甲兵内有城池旗佐不符，并名册互异，间有未叙曾否顶补之处，均各行查去讫。溯自咸丰二年军兴以来，至今十数余载，所有行查各路军营，诸多迄未奉准咨复，尤恐各城旗官兵额缺，经久无着，殊非久远之道。除由奴才已另文行查各路统兵大臣何路，现在实有吉林官兵若干，转饬查明，造具花名清册，迅速见复。以凭存营官兵内彼此对查，以得实数。再由三姓、拉林、双城堡军营官兵册内稽核，有历年行查未奉顶补空悬甲缺二百一分，均已拣补入于存营册内。其余各外城究有若干尚未报到，容俟册报到日，再行分析叙入奏报外，现在军营官五十四员，兵三千二百二十五名，西丹六百六十七名，壮丁三百九十六名，余丁五名，民勇一千七百名。存营官八百十九员内，升迁、病故及世职出缺未袭四十四缺，实有存营官七百七十五员，兵六千八百八十名。珲春边防副甲二百名，三姓边防西丹三百名，分析汇造城池旗佐民勇花名数目清册，咨送兵户部备核外，所有奴才等应行奏报同治八年八月份，军营存营官兵副甲西丹，台站官庄壮丁民勇数目，谨恭折具奏，伏乞两宫皇太后、皇上圣鉴。谨奏。

珲春协领为册报同治九年三月份出征存营官兵名数的呈文

同治九年三月二十日

珲春协领讷穆锦　为造送清册事。准将军衙门札开，准兵部查取各处额设官兵若干，自军兴以来，奉调出征官兵、西丹及存营官兵各若干名，按月造报一次，如有升降、病故、阵亡及由军营撤回者，均详细更正查明造册，务于初十以前送省以凭奏报。等因前来。查珲春现任俸官二十二员，额兵四百三十名。前月造报出征兵八十三名，存营官二十二员，兵三百四十七名，逐经呈报在案。兹查三月份并无由军营撤回之兵，现在出征兵八十三名，存营官二十二员，兵三百四十七名，合将查明之处分析造具印白册八本，各加夹板，又将夹板以上注明投递户司印白册四本，兵司印白册四本，饬卡飞递副都统衙门，以备饬驿径行飞递将军衙门，分投户、兵司查核可也。须至呈者。

右呈将军衙门

吉林将军衙门为奉旨挑派赴古北口驻扎官兵来省听候调遣的咨文

同治九年七月

为飞札事。案照此次奉旨："挑派吉林官兵二千名，驰赴古北口驻扎，听候调遣"等因。当经本衙门行令各处，按照指定兵数赶紧挑妥，先行飞报等因，咨札各在案。此次挑兵二千余员名，分为八起，先后前进。头起吉林副都统衔花翎佐领委营总富凌阿，管带吉林官兵二百五十余员名，定于八月初六日由省启程。二起副都统衔穆特奔巴图鲁防御委营总保升，管带吉林官兵二百五十余员名。三起吉林副都统衔花翎佐领委营总广成，管带吉林双城堡官兵二百五十余员名。四起乌拉三品顶戴花翎佐领委营总奎，管带乌拉、伊通、额穆赫索罗官兵二十余员名。五起伯都讷副都统协领花翎佐领委营总西常阿，管带伯都讷官兵二百五十余员名。六起拉林副都统衔花翎佐领委营总凌祥，带阿勒楚喀、拉林官兵各一百名，三姓官兵五十名，共二百五十余员名。七起三姓蓝翎佐领委营总双福，管带三姓官兵二百五十余员名。八起宁古塔副都统衔花翎佐领委营总讷苏肯，管带宁古塔、珲春官兵二百五十余员名。以上八起官兵各间二日行走，由省相继起程，其统领副都统衔依拉固勒巴图鲁协领桂廉等，各令随队弹压，分起前进。所有各处挑派官兵，统应于启程定限以前连浮备官兵，一并派员弹压送省，以便关领整装，依期启程。除头二三起吉林官兵外，其余双城堡官兵归入三起，限定于八月十二日由省启程。乌拉、伊通、额穆赫索罗官兵归入（缺文），定于八月十五日由省启程。五起伯都讷官兵，定于八月十八日由省启程。六起拉林、阿勒楚喀、三姓官兵，限定于八月二十一日由省启程。七起三姓官兵，定于八月二十四日由省启程。八起宁古塔、珲春官兵定于八月二十七日由省启程。以上各起官兵务于定准由省启程，由期前二日到省，以备听候补派。到省万不准稍涉贻误，倘将来或有以弱兵疲马充数者，定办决不宽贷。其三姓归入阿勒楚喀六起官兵五十名，应令该委参领管带，先行启程，归阿成官兵一同来省。幸勿延缓致误可也。须至札者。

札珲春协领准此

吉林将军衙门为查明各处无着空缺依限报省的札文
同治九年七月

为飞行札事。案照，自军兴以来，至今十数余载。所有节年征调吉林官兵，在营陆续遗出各项缺分，或系由营以应升人内拣补，或无顶补之人，将缺咨送原省挑放。事关额缺，固不可稍涉含混。惟查各路军营所保员弁以及阵伤亡故甲兵各项缺分，迄今有未奉准明文者。亦有城池旗佐不符，并名册互异，间有未叙曾否顶补者。虽经本衙门随时行查，多有未奉各该军营咨复者，以致官兵额缺经久空悬。现当军务告蒇之际，而吉林在营官兵究有若干，急须彻底清查，以凭与按月循例奏报军营存营官兵花名数目彼此核对，俾得确数。等因行查去后，兹据各路军营，将吉林在营官兵实有花名数目造册，陆续咨送前来。查现在军营现在实有吉林兵二千五百一十七名，核与通省现在军营兵三千二百四十六名之数，计无着兵七百二十七名。既系军营存营两无着落，自应将此缺奏请由各本处按数挑放，以实原额。第此项无着缺分。而该兵等原由某年月日派往何路军营，系属某起札兰内各该原带兵统领、营总、参领等，究系何员，应令各该处查明，于各无着甲兵名下分析注明，统限于七月初一日以前以准造册报送到省，以凭核办等因。当经本司抄单移行各副都统衙门左司，转饬各该旗查报。伊通、乌拉、额穆赫索罗、三姓、阿勒楚喀、拉林、双城堡等处，依限查明报省。其宁古塔、珲春、伯都讷等处，计今逾限数日，仍未遵文查报，实属疲玩，不知紧要。事关奏报之件，碍难任令日久悬延，合亟由五百里飞咨宁古塔、伯都讷副都统衙门，转饬珲春协领等遵即查照前文事理，将花名作速查明，飞速报省以凭核对。倘再仍前迟延，定将承办司员调省参办不贷可也。须至札者。

右札珲春协领遵此

珲春协领为册报同治十年二月份出征存营官兵名数的呈文
同治十年二月二十日

为造送清册事。准将军衙门札开，准兵部查取各处额设官兵若干，自军兴以来，奉调出征官兵、西丹及存营官兵各若干名，按月造报一次。如有升降、病故、阵亡及由军营撤回者，详细更正，查明造册。务于初十日以前送省，以凭奏报。等因前来。查珲春现任俸官三十五员，额兵六百名。前月造报出征官二员，兵九十六名，存营官三十三员，兵五百四名，逐经呈报在案。兹查二月份并无由军营撤回官兵。现在出征官二员，兵九十六名，存营官三十三员，兵五百四名。合将查明之处，分析造具印白册十本，各加夹板，以上注明投递户司印白册四本，兵司印白册六本。饬卡飞递副都统衙门，以备饬驿径行飞递将军衙门，分投户、兵司查核可也。须至呈者。

右呈将军衙门

吉林将军衙门为珲春披甲富伸布业已随队出关事的咨文
同治十一年二月

为咨行事。本年正月二十六日准山海关副都统衙门咨开，左兵司案呈，同治十一年正月初五日准贵将军衙门咨开，准宁古塔副都统衙门咨，据珲春协领讷穆锦报称：遵查，上年十一月间由甘肃军营撤回领催委防御台升、胡图凌阿、富伸布等三名，除台升、胡图凌阿二名现已到籍，惟披甲富伸布一名，迄今数月之久并未撤回到旗。随询据领催台升声称，披甲富伸布前在途次染病落后，至今并未到旗，复查属实。等情呈报。据此相应咨行山海关副都统衙门，烦为饬属查明因病落后披甲富伸布，望速催令回籍，毋任在途逗留。等因前来。案查，同治十年二月二十三日，据关门值班防御锡林等报称，本日由署甘肃总督穆军营遣撤回省吉林佐领委营总杜隆阿等到关声称，现由甘肃军营撤回执持兵部札票出关等语。当即逐一点查，委营总杜隆阿一员，委防御台统一员，委官永和一员，披甲十三名，遵照部票即于二月二十三日验放出关讫，当已咨报兵部在案。兹准行查前因，随即调到验放出关营总杜隆阿所呈官兵原册，内实有珲春正黄旗温崇阿佐领下披甲富伸布其名，业经随队出关之处，相应录案咨复吉林将军衙门查照可也。等因前来。相应呈请咨行宁古塔副都统衙门遵照可也。须至咨者。

右咨宁古塔副都统衙门

珲春协领为册报同治十一年四月份出征存营官兵名数的呈文
同治十一年四月二十日

署珲春协领事务宁古塔左翼协领莫尔根　为造送清册事。准将军衙门札开：准兵部查取各处额设官兵若干，自军兴以来，奉调出征官兵、西丹及存营官兵各若干名，按月造报一次，如有升降、病故、阵亡及由军营撤回者，详细更正查明造册，务于初十日以前送省以凭奏报。等因前来。查珲春现任俸官三十五员，额兵六百名。前月造报出征官二员，兵五十九名，存营官三十三员，兵五百四十一名，逐经呈报在案。兹查同治十一年四月份并无由军营撤回官兵、驳回甲缺，现由存营递出及转遗甲缺六分，随时补放。现在出征官二员，兵五十九名，存营官三十三员，兵五百四十一名，逐级呈报在案。兹查同治十一年四月份并无由军营撤回官兵、驳回甲缺，现由存营递出及转遗甲缺六分，随时补放。现在出征官二员，兵五十九名，存营官三十三员，兵五百四十一名。合将查明之处分析造具印白册十本，各加夹板，又将夹板以上注明投递户司印白册四本，兵司印白册六本，饬卡飞递副都统衙门，以备饬驿径行飞递将军衙门，分投户、兵司查核可也。须至呈者。

右呈将军衙门

珲春协领为挑派赴甘官兵启程去省的呈文
同治十一年四月

为飞行呈报事。本年四月二十日巳刻，接准将军衙门札开：兵司案呈，案照前奉谕旨，征调马队官兵一千名，前赴甘省穆军营，以资剿贼，等因。钦此。当以奉调官兵为数甚巨，所需马匹一时难以购办（缺文）因具奏仍拟由通省演练官兵内，先行减半挑派精壮兵五百名，选拨膘壮马五百匹，各令配齐鞍鞯、军械，遴委营总，饬调赶紧启程。其余五百名仍须勤加演练，马匹经心喂养，听候调拨等因，咨札各处遵照在案。兹拟将赴甘官兵分为两起，头起定于五月初七日由省启程，二起定于初九日启程。所有各处应委参领等官，务各按照前拟数目先期拣委妥协，并将官兵跟役委衔名数赶紧造册呈报。其应需马匹由该处演练马内拣其膘壮者照数挑拨，配齐鞍鞯、军械等项，统限于五月初六日以前务必到省。并应各有浮备之兵，一并派员弹压送省，以便关领整装，依期启程。万不准稍涉贻误及以弱兵疲马充数。致干重谴。其余官兵五百名仍须勤加演练，马五百匹经心喂养，听候调遣之处，除札饬吉林十旗、乌拉、伊通、额木赫索罗协、参、佐领等遵照办理外，合亟呈请由五百里飞札珲春协领遵照文内事理，赶紧饬令该官兵依限来省以备启程，幸无致误可也。等因遵此，即将挑备官兵二十五员名，各令[配]齐鞍马器械，拟于四月二十四日巳刻启程。即由赫西河道路径行赴省，以便赶紧归伍。本处并派骁骑校额尔德穆带兵护送弹压，以资慎重之处，除札饬该员遵照外，合将奉调官兵等旗佐花名复行造册一本，相应呈请，飞行呈报副都统衙门查核之处，暨飞报将军衙门查核可也。

珲春协领为遵饬选拔精兵壮马听候札调的呈文

同治十一年四月

为造册飞行呈报事。本年四月十二日未刻蒙将军衙门札开：兵司案呈，同治八年四月初五日辰刻，承准军机大臣字寄，吉林将军富、署黑龙江将军德，同治八年二月二十九日奉上谕："穆图善奏甘省军务吃紧，请调吉林、黑龙江马队赴甘助剿等语。现在甘省河州巨寇未平，陕西回匪窜入秦州等处，〔缺文〕见鸱张。该省各营马队无多，难资征剿。穆图善请由吉林、黑龙江各调马队一千名，拟令副都统温德勒克西、总管双福，分起管带赴甘，以资剿贼。着德　酌度情形，如能各挑选精壮马队一千名，即配齐军械马匹，并传谕温德勒克西、双福二员，兼程管带赴甘，听候穆图善调遣。此项马队二千名，每月饷银约需二万两，应由何省协拨供支，着户部速议具奏。将此由五百里各谕令知之。钦此。"遵旨寄信前来。遵查此次奉调官兵一千名，为数甚巨，近因由营现撤之兵伤残疲衰过多，又兼吉林非产马之区，一时难以办买，实难照数挑派。是以按照通省存营兵数多寡，先行均匀挑派精壮兵五百名，各令配齐鞍辔军械，拟由通省演练马队内先行抽拨马五百匹，乘骑赴甘。再行由演练兵内挑备精锐兵五百名、膘壮马五百匹，听候调拨。除将吉林副都统衔记名协领、花翎佐领常德，伯都讷尽先协领、花翎佐领杜隆阿二员委为营总，并由吉林、乌拉、伊通、额穆赫索罗应委参领五员、应委防校委官各五员、笔帖式二员，由省拣委，其各外城应委参领各官，照依兵数分析粘单，即由各副都统、总管等就近拣委外，现将拟挑官兵声明不敷照数挑派情形，专折具奏。俟奉（缺文）照五百征调，其余仍留演练，再行咨札遵办之处，兹拟由吉林十旗挑兵二百名、乌拉挑（缺文）名、额穆赫索罗挑兵五名，宁古塔、伯都讷、三姓每处各挑兵五十名。派委参领各一员。阿勒（缺文）挑兵二十名、双城堡挑兵二十名、珲春挑兵二十五名，共挑兵五百名，乘骑演练。队马五百匹，仍由（缺文）之外，由演练队内再挑备备兵五百名、马五百匹，听候谕旨另文指调。所有各处应挑官兵务须拣选年力精壮，所挑马匹务要口轻膘壮，一体先行挑妥，造册呈报，听候咨调。仍不准以老弱伤残以及疲乏马匹充数之处，相应呈请札饬珲春协领一体遵照，以俟文到，各将挑派官兵花名以及马匹毛片口齿迅即造册呈报，毋得违误可也。等因遵此，即由三旗存营兵内选拔年力精壮、技艺娴熟之兵二十五名，奉饬遵将领催委官台升委为防御，据七品军功荐委为委官。又由演练队内挑拨口轻膘壮马二十五匹，配齐鞍辔军械，听候札调外，合将现挑官兵等旗佐花名委衔及马匹毛片口齿逐一造册，除先行飞报副都统衙门查核外，暨飞报将军衙门查核可也。

吉林将军衙门为派官兵接替护送俸饷事的札文
同治十二年五月

为咨札事。窃照宁古塔、珲春等处派员来省关领本年春季官兵俸饷，除各处应领饷银业由户司发给外，今据称珲春饷车定于本月十二日由省启程，塔城饷车定于本月十六日由省启程旋回。惟查此项饷车最关重要，其宁古塔、珲春等处距省均属遥远，兼之盗匪出没靡定，若不派兵帮同护送，诚恐沿途致有疏虞，是以胪列名单呈奉宪谕：宁古塔俸饷着派五品蓝翎委防御庆云、珲春俸饷着派披甲花翎委防御胜安，均各送至额穆赫索罗即行旋回，由彼出派官兵接替护送，俟有宁古塔接解官兵再行旋回。其珲春俸饷由塔接替护送，俟有珲春官兵接解再行旋回，以昭慎重等谕。遵此，除札饬五品蓝翎委防御庆云、披甲花翎委防御胜安等，各带演练兵十九名，速即随同各该处解饷差员启程前往护解，毋得稍有疏虞致干查究为要。及札饬额穆赫索罗佐领遵照，即行拣派妥干兵役接解，沿途慎重护送。仍俟塔城接护官兵到时，再行旋回外，相应呈请咨行宁古塔副都统衙门及札饬珲春协领等遵照，速即出派演练官兵，即刻启程前往接界等所，迎接各该处饷车回城，毋得贻误可也。须至札者。

右札珲春协领遵此

珲春协领为册报同治十二年闰六月出征存营官兵名数的呈文
同治十二年闰六月二十日

珲春副都统衔协领讷穆锦　为造送清册事。准将军衙门札开，准兵部查取各处额设官兵若干，自军兴以来，奉调出征官兵、西丹及存营官兵各若干名，按月造报一次。若有升降、病故、阵亡及由军营撤回者，详细更正查明造册，务于初十日以前送省，以凭奏报。等因前来。查珲春现任俸官三十六员，额兵六百名。前月造报出征官一员，兵四十九名，存营官三十五员，兵五百五十一名，逐经呈报在案。兹查同治十二年闰六月份，由军营撤回甲兵四名，即由军营册内删除，入于存营册内，并本处出递甲缺二分，随时拣放。现在出征官一员，兵四十五名，存营官三十五员，兵五百五十五名。合将查明之处，分析造具印白册十本，各加夹板。又夹板以上注明投递户司印白册四本，兵司印白册六本，饬卡飞递副都统衙门，以备饬驿径行飞递将军衙门，分投户、兵司查核可也。须至呈者。

右呈将军衙门

珲春协领为册报同治十三年五月出征存营官兵名数的呈文
同治十三年五月二十日

珲春副都统衔协领讷穆锦，为造送清册事。准将军衙门札开，准兵部查取各处额设官兵若干，自军兴以来，奉调出征官兵、西丹及存营官兵各若干名，按月造报一次。若有升降、病故、阵亡及由军营撤回者，详细更正，查明造册，务于初十日以前送省以凭奏报。等因前来。查珲春现任俸官三十八员，额兵六百名。前月造报出征官一员，兵四十五名，存营官三十七员，兵五百五十五名，逐经呈报在案。兹查同治十三年五月份，由本处递出甲缺二分，随时拣放。并无由军营撤回官兵，亦无驳回甲缺。现在出征官一员，兵四十五名，存营官三十七员，兵五百五十五名。合将查明之处，分析造具印白册十本，各加夹板。又将夹板以上注明投户司印白册四本、兵司印白册六本。饬卡飞递副都统衙门，以备饬驿径行飞将军衙门，分投户、兵司查核可也。须至呈者。

右呈将军衙门

珲春协领为册报光绪元年九月出征存营官兵名数的呈文
光绪元年九月二十日

署理珲春协领事务记名协领、佐领德玉　为造送清册事。准将军衙门札开，准兵部查取各处额设官兵若干，自军兴以来，奉调出征官兵、西丹及存营官兵各若干名，按月造报一次。若有升降、病故、阵亡及由军营撤回者，详细更正，查明造册。务于初十日以前送省，以凭奏报，等因前来。查珲春现任俸官三十九员，额兵六百名。前月造报出征官一员，兵三十四名，存营官三十八员，兵五百六十六名，逐经呈报在案。兹查光绪元年九月份，由军营撤回佐领一员，甲兵一名，即由军营册内删除，入于存营册内，并无驳回甲缺。由本处递出甲缺一分，随时拣放。现在出征兵三十三名，存营官三十九员，兵五百六十七名。合将查明之处，分析造具印白册十本，各加夹板。又将夹板以上注明投递户司印白册四本、兵司印白册六本，饬卡飞递副都统衙门，以备驿饬径行飞递将军衙门，分投户、兵司查核可也。须至呈者。

右呈将军衙门

珲春协领为册报光绪二年十二月出征存营官兵名数的呈文
光绪二年十二月十九日

珲春副都统衔协领讷穆锦　为造送清册事。准将军衙门札开，准兵部查取各处额设官兵若干，自军兴以来，奉调出征官兵、西丹及存营官兵各若干名，按月造报一次。若有升降、病故、阵亡及由军营撤回者，详细更正查明造册，务于初十日以前送省，以凭奏报，等因前来。查珲春现任俸官三十九员，额兵六百名，前月造报出征兵二十四名，存营官三十九员，兵五百七十六名，逐经呈报在案。兹查光绪二年十二月份，防御委佐领四德休致，遗缺现已奉文拣补，除此本处并无递出甲缺，亦无由军营撤回官兵、驳回甲缺。现在出征兵二十四名，存营官三十九员，兵五百七十六名。合将查明之处，分析造具印白册十本，各加夹板，又将夹板以上注明投递户司印白册四本、兵司印白册六本，饬卡飞递副都统衙门，以备饬驿径行飞递将军衙门，分投户、兵司查核可也。须至呈者。

右呈将军衙门

宁古塔副都统为遵章造报出征存亡官兵名册事的咨文
光绪三年正月初十日

宁古塔副都统衔奖赏花翎德楞额巴图鲁加二级纪录四次双福　为造册咨送事。左司案呈：案查咸丰七年六月初八日，准将军衙门咨开，兵司案呈，本年六月初四日准兵部咨开，车驾司案呈，咸丰七年闰五月二十二日本部奏查各省奉调官兵、马匹及撤回各数目一折，本日奉旨："依议。钦此。"相应抄录原奏，由驿行文吉林将军遵照可也。计单开，兵部谨奏，为奏明请旨事。窃查军兴以来，奉调京朴讷三省及各省官兵前往军营为数甚巨。有明奉谕旨调拨，亦有由廷寄以及各省督抚带兵大臣径行飞调至该处时，又或移拨他省，或因不服水土瘦弱患病遣撤归伍。各该督抚大臣等，多有未经报部者，将来凯撤报销时，其各该营实有官兵数目与原调数目或至先后不符，臣部碍难办理。应请旨饬下各直省督抚、将军、都统并钦差带兵各大臣详细查明，自军兴以来，于何年月日奉调何处官兵若干，改拨何处征剿防堵者若干，撤回归伍若干，阵亡、伤亡、逃亡于跟役内顶补若干，现在军营存留若干，造具细册报部立案。并自奉旨之日起，将该营官兵实存数目并有无改拨、撤回及阵亡、伤亡、逃亡于跟役内顶补之处，按月造报一次，仍于年终时详细分析造册送部，以备稽核而免混淆。再，各省军营奉调各处马匹应一并由各该军营查明，自军兴以来，于何年月日奉调若干，倒毙若干，买补若干，造册报部，仍自奉旨之日起按月造报一次，并于年终汇总造报送部查核。其奉调兵马，各本省调拨及撤回时，应一并报部立案，仍于年终汇报一次，以便互相核对。臣等系为清理官兵马匹起见，是否有当，伏乞皇上圣鉴训示遵行。谨奏。请旨。等因前来。查吉林自咸丰二年起，至本年六月初五日遵奉部文之日止，前后共调官兵七千名，余丁六百名，自应遵照部咨事理，逐一查明造册送部。惟此内改拨何处征剿防堵若干，现在某营存留若干，本衙门均未接准带兵大臣等知照明文，无凭查送外，查奉调官兵内撤回归伍、阵亡、伤亡、逃亡顶补若干，以闰五月二十二日奉旨之日起，至六月二十二日止一月限内，实系查办不及。除行令各处迅速查报，到时再行造送外，相应呈请先行咨报兵部查核缓限，并咨行宁古塔副都统衙门遵照，各将各该处官兵若干名，于何年月日奉调官兵、余丁若干，于某年月日由某处军营撤回归伍及阵亡、伤亡、逃亡于跟役内顶补若干名，逐一详细查明造册，务于七月二十以前送省，以便汇报送部毋得延宕外。此后即以二十日起，如有陆续撤回归伍、阵亡、伤亡、逃亡于跟役内顶补，随即按月造册，务于二十日以前送省，仍于年终汇总造册咨报，以备核办报部，勿得遗漏可也。等因前来，当即札饬珲春协领按月造报历办在案。兹据珲春副都统衔协领讷穆锦呈称，遵饬查得所属八旗自光绪元年十二月初一日起，光绪二年十二月底止，除按月造报外，合将一年内出征官兵由军营撤回，逐一查明造册呈报前来。据此复核无异，理合另行造具清册二本，呈请附封咨送。据此拟合咨送将军衙门查核可也。须至咨者。

右咨将军衙门

珲春协领为册报光绪三年七月出征存营官兵名数的呈文
光绪三年七月二十日

珲春副都统衔协领讷穆锦　为造送清册事。准将军衙门札开：准兵部查取各处额设官兵若干，自军兴以来，奉调出征官兵、西丹及存营官兵各若干名，按月造报一次，若有升降、病故、阵亡及由军营撤回者，详细更正，查明造册，务于初十日以前送省，以凭奏报。等因前来。查珲春现任俸官三十九员，额兵六百名，前月造报出征兵二十三名，存营官三十九员，兵五百七十七名，逐经呈报在案。兹据光绪三年七月份，现在出征兵二十三名，存营官三十九员，兵五百七十七名。合将查明之处分析造具印白册十本，各加夹板，又将夹板以上注明分递户司印白册四本，兵司印白册六本，饬驿卡飞递副都统衙门，以备饬驿径行飞递将军衙门，分投户、兵司查核可也。须至呈者。

右呈将军衙门

珲春协领为册报光绪四年十二月出征存营官兵名数的呈文
光绪四年十二月十八日

奉调署理珲春协领事务、宁古塔左翼花翎瑚图哩　为造送清册事。准将军衙门札开：准兵部查取各处额设官兵若干，自军兴以来，奉调出征官兵、西丹及存营官兵各若干名，按月造报一次，若有升降、病故、阵亡及由军营撤回者，详细更正查明造册，务于初十日以前送省，以凭奏报，等因前来。查珲春现任俸官三十九员，额兵六百名，前月造报出征兵十五名，存营官三十九员，兵五百八十五名，逐经呈报在案。兹查光绪四年十二月份，并无由本处递出甲缺，亦无由军营撤回之兵及驳回甲缺，现在出征兵十五名，存营官三十九员，兵五百八十五名。合将查明之处分析造具印白册十本，各加夹板，又将夹板以上注明投户司印白册四本，兵司印白册六本，饬驿卡飞递副都统衙门，以备饬驿径行飞递将军衙门，分投户、兵司查核可也。须至呈者。

右呈将军衙门

珲春协领为册报光绪六年五月出征存营官兵名数的呈文
光绪六年五月二十日

署理珲春副都统衔协领事务、宁古塔左翼花翎协领瑚图哩，为造送清册事。准将军衙门札开：准兵部查取各处额设官兵若干，自军兴以来，奉调出征官兵、西丹及存营官兵各若干名，按月造报一次，若有升降、病故、阵亡及由军营撤回者，详细更正查明造册，务于初十日以前送省，以凭奏报，等因前来。查珲春现任俸官三十九员，额兵六百名，前月造册出征兵十五名，存营官三十九员，兵五百八十五名，逐经呈报在案。兹查光绪六年五月份，由本处递出骁骑校缺一分，领催缺二分，额委官缺一分，甲缺二十五分，随时拣放。除此并无由军营撤回之兵，亦无驳回甲缺。现在出征兵十五名，存营官三十九员，兵五百八十五名。合将查明之处，分析造具印白册十本，各加夹板，又将夹板以上注明投户司印白册四本、兵司印白册六本，饬卡飞递副都统衙门，以备饬驿径行飞递将军衙门，分投户、兵司查核可也。须至呈者。

右呈将军衙门

珲春协领为郭统领到防并移交官兵事的呈文
光绪六年八月初十日

署理珲春副都统衔协领事务宁古塔左翼花翎协领瑚图哩　为迅速呈报事。本年六月初十日蒙准将军衙门札开，除原文省繁不叙外，惟将本处挑备兵丹作为马步三营，克日成军演练等因，遵即遴委营总、参领等官管带等情，于六月二十三日呈报在案。兹于七月二十五日，郭统领带领营官二十余员，民勇三百余名抵春，于二十八日职等会同赴教军场，点阅两起官兵西丹等，及派赴东山驻扎二扎兰马队一军，并派出接饷去之步队五扎兰，全队兵丹又将南路二道河、湾沟两处要隘路口探防练兵差占，俱以札调陆续回城。于八月初一日职等会同将两起官兵，并将解到官马及鞍等项，并兵丹五百五十名，遵即如数交付郭统领点阅收管。其有疾病应须更换者，除再遴选精壮移送到营，现由参领等官内拣留骁骑校二员，领催、甲兵委官二名，其余参领等官商同暂行弹压，于八月初一日职起会同带领满、汉官兵西丹等，择于城西三里许修挖营围，仍回原店住宿。所有郭统领到防日期并移交官兵西丹，理合造具旗佐花名清册附文呈送外，乃时值事繁赶办不及，随后再行补送等情呈报后，随即传集精壮之人，将马步队委笔帖式及疾病之兵丹，均已商同于本月初六日按名挑拨更换齐整之处，合将该官弁兵丹五百五十余员名，补造旗佐花名清册，备文附封迅速呈送将军衙门查核可也。须至呈者。

右呈将军衙门

练军统领郭长云为珲春协领移交马步兵及枪械不足数的移文
光绪六年九月十二日

统领吉林卫字练军马步全军湖广督标补用协领郭　为移会事。案照敝军前准贵协领移交马步兵丹五百五十名并洋枪火枪等件，即饬骁骑校玉祥、披甲委官德顺二员暂行接管在案。敝统领昨经点验各札兰所到之兵力，均不过二三十名，枪火亦俱形短少，核与文移不符。询究其由，据该玉祥、德顺禀称，所有人数枪火，实未据该原派之委官札兰等如数交齐等因。据此，相应开单，备文移会。为此合移贵协领，请烦查照。希即饬传该委官札兰等，务将欠交之兵丹人数、枪火迅即如数传集送营确交玉祥、德顺点交，以凭察验，幸勿迟滞，实为公便。须至移会者。

练军统领郭长云为催将兵丁车辆送营的移文
光绪六年十月初二日

统领吉林卫字练军马步全军湖广督标补用协领郭　为移付事。　案查前准贵协领移送到各起马步西丹勇丁五百五十名，旋经敝统领移请续挑西丹三百名，当据点验未齐，业经备文移催贵协领转饬查在案。迄今日又未准照送，现当冬令严防之际，三道沟、二道河、湾沟等处，亟须派拨弁兵更替巡防，拟合备文移催，为此合移贵协领，烦请查照前移未到名数，转饬各札兰迅将一律传齐移送来营，以便分拨各处卡防，幸勿再任迟延。再查敝统领案会贵协领购买房料，移请传雇车辆装运到营。迄今成军已逾两月之久，车辆未承发到，以致各队窝棚不能支搭。合并移催贵协领迅速饬传车辆若干，汇齐送营，以便差员领赴各山装运木料，俾可及时兴工。转瞬冰霜满地，防兵无处栖身，边外严寒，情殊堪悯，希祈贵协领俯念兵艰，万勿再延，望即施行。须至移付者。

五常堡协领为奉宪调所带练队回省事的移文

光绪七年五月十三日

统领吉林头二起马队官兵都统衔记名副都统五常堡协领铿僧额巴图鲁双　为移付事。于本年五月十二日遵奉钦差督办宁古塔等处事宜二品顶戴三品卿衔吴　札开：光绪七年五月初七日接准吉林将军咨开，案照上年因边防紧要，奉旨由本省练队内抽调一千名，交协领金福、双寿统带，前赴珲春防守。当经钦遵调拨并奏明俟新练防军练齐分扎，即将抽拨各队调回，以资巡缉。嗣因会办大臣喜　所练新军，均已开扎珲春，省城缉捕需兵，曾于前调练队内酌留马队四百名、抬枪步［队］一百名，归双寿统带，仍行在彼驻防。其余练队五百名由协领金福于本年正月间管带回省，均经奏明在案。兹据全营翼长德，转据统领穆隆阿呈称，讷属土桥子地方现有贼匪四五十名，意图出窜，商民警惧，请兵会剿等情。虽据该翼长分饬各军会合兜拿，惟时值夏令，木叶丛茂，正匪蠢动之时。各处练队本属不敷分布，如再出有巨案，诚恐兼顾为难。况该统领本任五常堡地方尤属紧要，目下珲城等处防军云集，双寿所统练队自应撤遣回省以资缉捕。除三姓马队一百名业经先饬拨回，其珲春练队五十名应仍留本处外，相应备文咨商。为此合咨，请烦查照，可否将双寿所带马队二百五十名、抬枪队一百名均行撤回之处，希即见复施行等因。查现在靖边左路各营，尚有遣撤猎夫一营未及另行挑换，应改为本督办亲兵步队。拟即派委该协领为统领，以资臂助。惟省城练队不敷分布，亦属实在情形，应饬该协领将马队二百五十名、抬枪队一百名遣回省城。至本督办应挑亲兵步队，俟该协领旋省后，再行札委接统，就近挑补。所有原带练军马队及抬枪队，已经本督办面商吉林将军，另行派员统带，以专责成。除咨复外，合行札饬，札到该协领，即便遵照带队回省，听候另委可也。等因前来，相应移付贵协领衙门查照。希即转饬该队仍留本处巡缉可也。须至移付者。

吉林将军衙门为将伊通甲缺一份送由珲春副都统拣放的咨文

光绪七年五月

为咨送事。于本年五月十九日，准珲春副都统依　咨开：窃照本副都统去岁招募新军，诸属创始，而兵勇严寒从戎，登山卧雪备极艰苦，及到防后，日无闲暇，一切演练以其乍就范围步伍取势，尚虑一时难收娴熟之效。每经本副都统亲督操场，讵知各兵勇渐推渐广，已就扩充之妙，继而筑修城垒取土艰难，士卒倍费工力，勤劳可悯。乃兵勇奋赌争强，踊跃用命，不惟不觉其苦，且能速竣其工，具见营员弁用意督催，众兵勇血诚报效，盖洵为将军德化远敷所致也。然士卒不辞苦戾，实属著有微劳，而处此艰窘之地，论饷又本不宽敷，论恩又难筹体恤，本副都统再四思维，非所以培养士气之道，似须稍示奖励，乃可鼓其猛进之心。查所部省垣及伊通兵丹，拟将择尤拔补额缺，以示激劝而知奋勉。于是拟请领催、前锋、缺额数名，披甲缺额四五十名，庶几在军者俾以均沾雨露，更邀鸿施之普被矣。除分文咨请督办查照鉴核赐复外，相应咨请钦命将军麾下恳为鉴核，赐复施行。等因前来，当奉宪批：仰兵司查照。开单候示。等因奉此，遵查省城十旗前出各缺，已送大臣喜　军营拣放，现在十旗并无另出领催、前锋、披甲各缺，应俟续有缺出，再行查送外，惟伊通二旗，现在出有披甲常林、克兴额斥革二缺，可否先行咨送副都统依　军营拣放之处，理合开单呈请宪鉴核示施行等因。当奉宪批：先行咨送一缺可也。等因，奉此，除札饬伊通佐领等遵照，即将该处正黄旗披甲克兴额革缺，由旗拣放以实兵额，其镶黄旗披甲常林斥革一缺扣留，咨送珲春副都统依　军营，由出力之西丹内拣放之处，相应呈请咨行珲春副都统依　查照，希将送到甲缺一份随时拣放，仍希见复可也。须至咨者。

右咨珲春副都统依

珲春副都统为册报光绪七年六月出征存营官兵名数的咨文
光绪七年六月二十日

珲春副都统法什尚阿巴图鲁依　为造送清册事。准将军衙门札开：准兵部查取各处额设官兵若干，自军兴以来，奉调出征官兵、西丹及存营官兵各若干名，按月造报一次，若有升降、病故、阵亡及由军营撤回者，详细更正查明造册，务于初十日以前送省，以凭奏报。等因前来。查珲春现任俸官三十九员，额兵六百名，前月造报出征兵十五名，存营官三十九员，兵五百八十五名，逐经呈报在案。兹查光绪七年六月份，由本处递出领催缺二分，甲缺一分，俱以随时拣放，并无由军营撤回之兵、驳回甲缺。现在出征兵十五名，存营官三十九员，兵五百八十五名，合将查明之处分析造具印白册十本，各加夹板。又将夹板以上注明投递户司印白册四本，兵司印白册六本，饬卡飞递将军衙门，分投户、兵司查核可也。须至咨者。

右咨将军衙门

珲春副都统为会商将靖边军两营改为帮办亲军事的咨文
光绪十年六月十三日

钦命帮办吉林事宜珲春副都统法什尚阿巴图鲁依　为咨商事。窃查靖边三军，原系前会办大臣喜　专设前敌之军，中路三营驻扎珲春，左右两路俱扎宁古塔，亲军一营随驻省城。嗣因大臣喜　调任库伦，带去中路右营并亲军一营，其余各营均归大臣吴督办。自七年冬裁撤右路，改为督办亲军。九年赴津又留亲军一营归于左路统领双　协领管辖，故左路又有督办亲军一营同在一军，而名目各异。今本帮办在边襄理军务，自不能不有亲军以为中权，而备策应。惟此时饷项未定，尚不能添募新军，势须就现在各军稍为变动以符体制。现靖边中路两营既派员统领，拟即将此军改为亲军中、左两营，其统领之员即作为亲军统领。左路一军既无中、右两军名目，拟即改去左路二字，作为靖边军中、前、左、右四营。将前督办吴　所留亲军一营，更易原名一体编入，与安、卫、绥等军一律，以免名目纷歧。至应须划一各军营制，请由贵督办爵将军饷局核议。其余未尽事宜，俟随时酌度情形咨商办理，所有拟改亲军靖边军各名目是否可行，理合咨商贵督办爵将军，请烦查核见复施行，须至咨者。

右咨钦命督办宁古塔等处事宜镇守吉林将军一等继勇侯希

珲春副都统为本处前挑备调官兵已令各归本旗应差的咨文

光绪十年九月十五日

镇守珲春副都统法什尚阿巴图鲁依　为咨报事。左司案呈：于本年九月十一日准将军衙门咨开，兵司案呈，于本年八月二十五日准神机营咨开，光绪十年八月十四日具奏筹拨防军分扎要隘，筹备饷需一折，本日钦奉慈禧端佑康颐昭豫庄诚皇太后懿旨："着神机营会同户部妥议具奏。钦此。"钦遵到营，除抄录原奏分行外，查吉林官兵前曾拟调一千名，嗣以帮办北洋大臣吴，前赴北洋已将所部三千人带赴防所。该省兵力不厚，恐难分拨，现经奏明请调马队五百名。惟该省边防亦关紧要，应由该将军酌度情形，此项官兵如不能如数抽拨，毋稍拘泥，据实咨复本营，以便另调别项队伍，相应咨行吉林将军遵照办理可也。等因前来，正在核办咨请间，复于九月初二日续准神机营咨开，光绪十年八月二十日醇亲王会同军机大臣恭请懿旨，关外防务改派提督雷正统率各营，与将军庆裕妥筹扼要布置，并与提督宋庆等互相策应，务期联络声势，都统长顺暂毋庸出关办理防务，吉林马队停止调防，黑龙江马队改归都统善庆防营调遣。钦奉懿旨："依议。钦此。"钦遵到营，相应恭录咨行吉林将军遵照办理可也。等因前来。遵查前调吉林马队一千名，现经奉文既已停止，应即饬属一体停调，除饬遵外，相应呈请咨行珲春副都统衙门查照可也。等因前来，遵即饬令本处前挑备调官兵等各归本旗应差之处，呈请咨报，为此合咨将军衙门鉴核可也。须至咨者。

右咨将军衙门

珲春副都统为无由军营撤回官兵亦无阵伤逃亡驳回甲缺的咨文

光绪十年十二月十五日

镇守珲春副都统法什尚阿巴图鲁依　为查明咨报事。左司案呈：案查咸丰七年六月初八日接准将军衙门咨开，兵司案呈，准兵部咨开，查取自军兴以来，奉调出征官兵若干，阵伤、逃亡于跟役内顶补若干，造册报部，并嗣后有无撤回归伍及阵伤逃亡于跟役内顶补之处，按月造报一次，仍于年终时详细分析汇总造报一次可也。等因前来，遵查十二月内并无由军营撤回归伍，亦无阵伤逃亡驳回甲缺，合将查明之处呈请咨报。为此拟合咨报将军衙门查核可也。须至咨者。

右咨将军衙门

（四）军 政 事 务

宁古塔副都统为协领保廉病故事的札文

咸丰九年七月十六日

副都统衙门　为饬知事。左司案呈：六月三十日准将军衙门咨开，兵司案呈，案据署理金珠鄂佛罗等站监督佐领永寿呈称，据陶赖昭站笔帖式乌凌拨办喀尔喀各疆界去，协领保廉由该处旋回，于六月初十日初申刻行抵职站，因病身故。当同保协领随带跟役人等照料，买备棺木盛殓妥切。拟于十日由站起程，谨此先行呈报。等情前来，据此理合备文移付大司查核可也。等因前来，相应呈请咨行宁古塔副都统衙门遵照可也。等因前来，相应抄录原文，呈请札饬暂署协领事务防御松恒遵照可也。须至札者。

右札暂署珲春协领遵此

兵司为责册报错谬承办草率事的移文

咸丰十一年十月十四日

将军衙门　兵司为飞行移付事。案查每月咨报户部月册嗣后已成历久。而各该处既有专司承办人员，尤宜先事绸缪详加核对方免错谬。兹各处呈报八月份存营军营官兵册内，本司复加详核，其额木赫索罗西丹关清德既已抽撤抵借字样，其承办人等殊属草率已极。其宁古塔正白旗佐领依常阿调转遗缺早已咨送湖北军营。该衙门应造入军营册内注明调转，遗缺咨送军营。（下缺）

128

吉林将军衙门为珲春委佐领玉庆病未痊愈再行赏假的札文

光绪元年七月五日

为札行事。于本年六月二十三日据署乌拉协领事务佐领常林呈请，窃于本年六月十六日，据升任珲春镶蓝旗委佐领玉庆恳称，窃职于四月十五日由珲春因病请假五十日回籍调理，俟病痊愈即行赴任供职。无如到籍觅医，调治无效，并未痊愈，实难赴任，恳祈由假满之日起再行展假一个月，俾得赶紧调治，等情呈请前来。据此详查该员所称病症未愈展假调养之处，理合备文呈报军宪衙门鉴核，转知施行可也。等因前来，除札饬珲春协领遵照，一俟该员假满即行催令赴任供职，并将启程日期随时呈报。须至札者。

右札珲春协领

珲春协领为本处并无应验助教等官人员的呈文

光绪元年九月二十日

署理珲春协领事务记名协领佐领德玉　为查明呈报事。本年九月十五日蒙将军衙门札开：兵司案呈，案查吉林左翼助教官永升、宁古塔仓官德春、阿勒楚喀仓官德亮等三员，现在均系四年期满，所遗各缺拟由通省有无品级笔帖式人员内拣放之处，相应呈请札饬珲春协领遵照。即将应验助教、仓官等缺之笔帖式等，务于十月初一日以前送省，以备至期验放，仍将该员等出身履历随文具报备核可也。等因蒙此，遵查珲春地方应验助教、仓官等缺之无品级笔帖式恩特和布，已验骁骑校缺去讫，无品级笔帖式景和现染伤寒时症，无品级笔帖式常寿染患腿疾，除此并无应验人员。据此呈报将军衙门查核可也。须至呈者。

右呈将军衙门

珲春协领为奉谕推荐统领营总各员的呈文

光绪二年十月初十日

珲春副都统衔协领讷穆锦　为查明迅速呈报事。于本年九月二十九蒙将军衙门札开：兵司案呈，九月二十一日奉堂谕，现值地面贼匪肆起，带队缉捕亟须干才，本署将军、副都统到任未久，所有某员堪膺统领、营总之责，未能深悉，着饬知十旗协、参领并咨札各外城副都统、总管、协领等，于曾历戎行现任俸官以及因公降调革职人员内，各就所知某员带队勤能，谋勇兼优，堪充统领、营总之员，据实荐保数员报省，以备任使。等因奉此，除札饬十旗协、参领等遵照据实荐保外，相应札饬珲春协领遵照文内事理，务于文到十日内查明咨呈，毋稍贻误可也。等因蒙此，遵查本处并无因公降调人员，查得曾历戎行俸官内有镶黄旗世管佐领奖赏花翎记名协领德玉，素得兵心；镶白旗公中佐领奖赏花翎富全，谨慎公事；正黄旗公中佐领奖赏花翎温崇阿，老诚练达；镶红旗公中佐领奖赏花翎尽先协领穆克登额，带队勇敢；正红旗公中佐领奖赏花翎尽先协领阿察贡，管兵严肃；镶蓝旗防御委佐领奖赏花翎毓庆，素晓官方。今将各该员查明呈报，可否委用之处，呈请将军衙门核夺施行可也。须至呈者。

右呈将军衙门

珲春协领为本处现无赴验佐领人员的呈文
光绪四年正月初六日

珲春副都统衔协领讷穆锦 为呈报事。光绪三年十二月二十一日蒙将军衙门札开：兵司案呈，案照现在出有乌拉镶黄旗公中佐领乌勒德山革职一缺，查照奏定章程回奉堂谕，着由应验人员内拣放。等因奉此，相应呈请札饬珲春协领遵照，即拣选应验并尽先人员，饬令于明年正月二十五日以前均行到省，以备拣选，并将该员等出身履历随文咨报，毋得逾限迟延。如无应选人员，亦即随时声复可也。等因蒙此，遵查本处应验左翼公中佐领之镶黄旗防御春全赴省呈送贡物鹿尾差使；正白旗骑都尉恩禄膀腿疼痛；正蓝旗防御委佐领托伦托呼现回本旗治病。查明并无赴验人员之处，呈报将军衙门查核可也。须至呈者。

右呈将军衙门

珲春协领为本处现在并无赴验协领人员的呈文
光绪四年三月二十一日

珲春副都统衔协领讷穆锦 为迅速呈报事。本年三月十八日蒙将军衙门札开：兵司案呈，案查现在出有五常堡协领德昌调转一缺，按照奏定章程轮应通省满、蒙、汉应验人员内拣放，当即回奉宪谕，着即饬调所属各处应验协领以及尽先协领人员，依限来省，以备拣选。其内如有领催、前锋、甲兵前在军营蒙保尽先协领人员，即毋庸送选，惟协领一缺，乃系三品职任。攸关旗务之表率，必须拣选通晓清、汉文者，方准送省选验，均限于四月初五日以前，务将拣送各员，催令依限到省，以备拣放，毋得贻误等谕。遵此，相应札饬珲春协领遵照，以俟文到之日，迅将拣选应验及尽先各员，迅速催令依限来省，并将该员等出身履历一并随文咨送，以凭查核。如无应验人员，亦即作速声复，其应验协领尽先人员，务将该员等保案查明，有无奉到兵部议准咨文，再行分别送省，毋延可也。等因前来，遵查本处应验协领人员，除镶黄旗世管佐领记名协领德玉不计外，所有正黄旗佐领温崇阿往赴俄界摩阔崴追究国凶犯去讫。正白旗世管佐领巴图凌阿、镶红旗佐领尽先协领穆克登额等二员，现拟送塔军政考验，现在并无赴验人员，为此呈报将军衙门查核可也。须至呈者。

右呈将军衙门

珲春协领为本处并无赴验仓官人员的呈文
光绪四年十一月初六日

奉调署理珲春协领事务宁古塔左翼花翎协领瑚图哩 为呈报事。本年十一月初五日蒙将军衙门札开：兵司案呈，案查伯都讷仓官喜成，现在调转吉林仓官，遗出伯都讷遗缺，应由通省有无品级笔帖式内拣选，自应咨调来省，以备拣放。相应呈请咨行各副都统，照会双城堡总管及札饬乌拉、五常堡、珲春、拉林协领，西北两路驿站监督，伊通、赫尔苏、布尔图库边门章京等遵照，即将应验仓官之笔帖式等，务于十一月十五日以前送省，以备考验，仍将该员等出身履历随文具报备核可也。等因，蒙此，遵查本处应验伯都讷仓官之无品级笔帖式常寿现今染患腿疾，无品级笔帖式恩特和布劝办厘捐事宜，除此并无应验人员，据此拟合备文，除呈报副都统衙门查核外，径行呈报将军衙门查核可也。须至呈者。

右呈将军衙门

宁古塔副都统衙门为委佐领玉庆请假回籍事的札文
光绪六年九月初四日

副都统衙门 为饬知事。 左司案呈：于本年八月二十一日准将军衙门咨开，兵司案呈，于本年八月初五日据珲春记名佐领防御委佐领玉庆呈称，窃职原系乌拉人，前蒙宪恩拣放，拟陪佐领随即赴部引见，现已旋回，理宜回任。惟思乌拉距珲窎远，现届秋令临迩，职家道寒微，衣履不齐，是以具情恳恩赏假一个月，就近回籍俾得赶紧置办衣履，俟假满迅速赴任供职，万不敢借词偷安，合无仰恳宪鉴恩准施行等因。呈奉宪允给假一个月，假满即行赴任供职等谕。遵此，除札饬乌拉协领遵照，一俟该员假满迅速催令赴任供职，仍将启程日期呈报备核外，相应呈请咨行宁古塔副都统衙门查照可也。等因前来。相应呈请札饬珲春协领遵照可也。须至札者。

珲春副都统为将所有甲兵遗缺顶补查明造册的咨文
光绪七年七月初一日

珲春副都统法什尚阿巴图鲁依 为造册咨报事。于同治九年五月二日，准将军衙门兵司移文内开：案查吉林通省旗营额设官兵以及台站官庄壮丁、领催等升转、革退、病故各缺，系某佐领下某官兵丁于何年月日因何遗缺，拣以某旗佐领下某西丹顶补之处，造具旗佐花名清册，各按名下分析注明某兵遗缺，拣补某人，各按四季造具呈报，以备汇总送部等因，曾经咨札所属各处一体按季遵照造报在案。兹据各处册报，多系参差歧异，样式不一，本衙门实系碍难汇总送部，若不明定格式，而各处仍前含混造报，不但驳查需时，总属难归划一。是以本司出具格式一纸，附封由五百里移交珲春协领遵照。发去格式花样，即将本年正月初一日起至三月底止，所有领催、前锋、甲兵、台站壮丁缺遇有遗出拣补者，仍将遗缺之人注在正格，其名下注明于何年月日因何遗缺，于某年月日以某人顶补，详细查明，造具满文白册二本、印册二本，务于五月十五日以前以准造报到省，立待汇总送部，万勿迟延。嗣后各处临季应报之时，务于定限以前先期报省，其下次应报夏季之册，务于七月初一日以前报省，本司以凭核对妥协，再行送部。若各处届季内并无遗缺升缺之人，亦即随时报明，以合体制而免贻误可也。等因前来。即将本处自本年四月初一日起至六月底止，所有甲兵等因何遗缺，于某年月日以某人顶补之处，逐一查明，造具满文白册二本、印册二本，咨报将军衙门查核可也。须至咨者。

右咨将军衙门

吉林将军衙门为允准珲春防御贵山请假回籍葬亲的咨文
光绪八年二月十三日

为咨行事。本年二月初六日，据珲春正黄旗防御贵山呈称：窃职前因遵文赴省验缺，现已事毕，理应回任供职，曷敢冒渎。奈职籍历乌拉，故父灵柩尚未安葬，实觉于心未安，恳请赏假一个月，俾得就近回籍归葬，一俟假满，即行回任供职，不敢稍偷安逸，是以具情仰恳兵司案下转呈将军大人恩准施行等因。当奉宪批：准大人给假一月回籍葬亲，假满即行回任等因。奉此，相应呈请咨行珲春副都统衙门查照，并札饬乌拉协领遵照，俟该员假满，即令赴任，仍将该员启程日期随时呈报可也。须至咨者。

右咨珲春副都统衙门

珲春副都统为将各项军器数目造册的咨文
光绪八年五月初十日

珲春副都统法什尚阿巴图鲁依克唐阿　为查明造册咨报事。左司案呈：于本年五月初七日准将军衙门咨开，兵司案呈，于本年三月二十六日准兵部咨开，武库司案呈，所有前事一案，相应咨行该将军查照办理可也。计单开，为咨催事。前经本部具奏《军器则例》一书，自嘉庆六年修辑以来，迄今六十余载，并未兴修。其中所载各省水陆营例、河海兵船及一切配造军械，均应载入例内。又长江水师、外海轮船、机器、军械，皆原例所未有，亦应附载。请旨饬下京外旗绿各营都统、大臣、将军、督抚，将所属水陆营制、额设军械名目、内河外海内洋各船支分析造册，统限文到三月内送部，以凭纂修则例等因。光绪六年八月二十日奉旨："依议。钦此。"钦遵飞咨通行在案。现在除江宁驻防等处，均系造册送部前来，可凭办理外，至察哈尔等处，或咨复并无制造又新制军械，或仅将某年制造军械咨报数营，碍难办理，其余各等处迄今一载有余，并未造报，本部立等查办未便久延，相应按照《军器则例》抄录造册，再行飞咨各督抚、将军、都统、大臣，即将陆路各营现在额设军器数目，于各营下分析注明，以及水师营制、额设船支、官兵军器数目详细核对，其有营制更改并新改内河外海外洋各营，暨各项军器添裁改制之处，一并于原册内分别注明。至长江水师营制各船支，额配官兵军械，皆原例所未有。应即造册填（驻）［注］营制军械各数目，统限到三月内送部，并咨行京旗各营，即将现在额设军械等项详细造册，速即送部，以凭办理，毋得再延可也。等因前来。相应照抄册式，咨行珲春副都统衙门查照文内事理，即将各处有无添裁制各项军器并现在额设数目查明，照依册式造妥，务于五月十五日以前报省，以凭查核汇总报部，事关定限，望勿迟延可也。等因前来，遵将本处额设各项军器数目查明分析，依式造册附封咨报外，除此并无添裁改制各项军械之处。据此合备文飞行咨报将军衙门查核施行。须至咨者。

右咨将军衙门

吉林将军衙门为协领瑚图哩等考验完毕各回本任的咨文
光绪八年七月十六日

将军衙门　为咨行事。兵司案呈：案查奉调来军政之宁古塔右翼协领瑚图哩，伯都讷年至六十之骁骑校阿勒精阿，三姓右翼协领承顺，阿勒楚喀右翼协领富兴、年至六十之骁骑校常永，拉林协领德玉、年至六十之佐领海禄，双城堡署协领明升、佐领托锦、全德、骑都尉智青、骁骑校委防御安恒、云骑都尉塔精阿、志升、富成、庆贺、英俊、富铢哩、连贵、永谦、恩祥、锡德、全喜、骁骑校庆禄、高升、文奎、乌拉年至六十之佐领隆贵、骑都尉富克锦、云骑尉永顺、德克、德恩、祥禄、全奎、双庆、贵恒尔、和春、依克吞，留乌拉充差之伯都讷防御庆成，五常堡署协领吉升阿、防御依升阿、云骑尉吉禄、骁骑校保群、伊通防御庆禄、云骑尉英奎、奎恒、全山、庆桂、七十二、永林、西拉杭阿、连贵、常顺、贵英阿，额穆赫索罗佐领多明阿、云骑尉喜昌阿、智恒、春奎、全升、顺德，赫尔苏边门防御全有，布尔图库边门防御德积等六十员。当经本将军副都统于七月十六日亲赴教场，按名考验完毕，檄饬各回本任，以重职守。相应呈请咨行珲春副都统衙门查照可也。须至咨者。

右咨珲春副都统衙门

吉林将军衙门为准新放珲春佐领祥云请假回籍置办衣履川资的咨文

光绪八年十月初三日

为咨行事。于本年九月二十八日，据新放珲春正红旗佐领祥云呈称：窃职蒙恩拣放珲春佐领，赴部引见旋回，即应赴任供职。惟因程途遥远，衣履川资未备，合无恳请赏假两个月，俾得回乌拉原籍整备齐楚，即行赴珲春归任当差。可否之处，理合呈请兵司案下转呈恩准施行等情，呈奉宪允。除札饬乌拉协领遵照，一俟该员假满，即行催令赴任供职，并将起程日期随时呈报外，相应呈请咨行珲春副都统衙门查照可也。须至咨者。

右咨珲春副都统衙门

亲军统带为钦差督办吴大澂由塔启程赴珲校阅队伍事的咨呈

光绪八年十一月初四日

钦差督办行营总理营务处统带亲军、吉军靖边左路各营都统衔记名副都统、协领铿僧额巴图鲁双　为咨呈事。照得钦差督办吴　现定于本月初七日由塔启程前往珲春校阅队伍，由东京城取径南上所有沿途驻扎官兵必须迎接护送方合体制。除札在东京城驻扎之靖边左路左营右哨督队官常祥、萨奇库驻扎哨富寿等遵照，即将队伍先期整齐探听，远接远送，以俟宪节旋回，亦须妥为迎送，仍将抵境日期先行呈报来营外，理合备文咨行。为此，合咨贵副都统衙门查照可也。须至咨者。

右咨珲春副都统衙门

吉林将军衙门为统带捷胜营即补协领永德请假回籍祭扫的咨文

光绪八年十二月十七日

为咨行事。于本年十二月初十日，准盛京军督部堂咨开：光绪八年十一月二十八日，据统带捷胜营新练步队二品衔即补协领永德禀称，窃职系吉林伊通河满洲正黄旗下披甲，于咸丰九年奉调出征河南、安徽、山东等省征剿发逆，嗣于同治五年三月间，蒙钦差大学士文　由河南军营奏调来奉，助剿股匪。于是年三月间，奉前盛京将军督办奉天军务都　派充管带吉林马队营总，当赴各处追兴京等处驻扎。又于光绪七年二月间，奉前军都部堂歧　札派捷胜营新练步队统带。于本年二月间，遵奉宪札，新练步队移在小东边门外驻守专营，遵即督同营总各官，训练略有规模。现在奉省地方安谧，军务现已稍松，惟职计自咸丰年间出师外省，迄今廿有余年，并未回籍祭扫，合无仰恳宪恩赏给假限两月，俾职得以回籍祭扫茔墓，以尽乌私，可否之处，恩典出自逾格鸿慈。如蒙允准，其统带事务查有营总佐领文楷，人甚持重，尚堪护理。职届期假满，即行回营销假充差，断不敢稍耽安逸，致负委任。等情到本爵军督部堂，据此除批准给予假限两个月回籍祭扫，事竣即行回营当差，其统带事务即准以营总文楷护理并分行外，相应咨行。为此合咨贵将军，请烦查照施行。等因前来，除札饬伊通佐领遵照，一俟该员假满即行催令回营充差，并将起程日期随时呈报外，相应呈请咨行珲春副都衙门查照可也。须至咨者。

右咨珲春副都统衙门

吉林将军衙门为珲春佐领祥云现续假已满催令赴任的咨文
光绪九年二月初八日

为咨行事。于二月初一日据乌拉协领凌祥呈称：于光绪八年十二月十六日准将军衙门札开，兵司案呈，案据乌拉协领凌祥呈，据新升珲春佐领祥云呈称，引见旋回，由省请假两个月整装赴任，现已假满，正拟赴任，偶染风寒喘嗽之症，动履维艰，请以假满之日起再行请假一个月，觅医调治。等情呈据，该协领　呈请前来。当于十二月初八日开单呈奉宪批准：再给假一个月等因，奉此。相应札饬乌拉协领遵照，一俟该员假满速即催令赴任，仍将该员起程日期随时呈报可也。等因札饬前来。遵查本处新升珲春佐领祥云前蒙续假一个月，现在假限已满，催令该员已于本月二十四日赴任去讫之处，理合备文呈报军宪衙门鉴核可也。等因前来，相应呈请咨行珲春副都统衙门查照可也。须至咨者。

右咨珲春副都统衙门

吉林将军衙门为新补防御荣升请假回乌拉原籍置办衣履的咨文
光绪九年三月二十九日

为咨行事。于本年三月二十二日，据新补珲春防御荣升移称：为恳恩赏假事。窃职原系乌拉旗籍，兹蒙恩补授珲春右翼镶蓝旗防御员缺，理应赴任供职。伏思珲春距乌拉相隔一千余里，又兼职家道寒微，衣履不齐，恳恩赏假两个月，俾资回籍置办衣履，以俟假满即行赴任供职，断不敢稍耽安逸。是以具情呈恳兵司，代为转呈将军大人钧座前恩准施行等情。呈奉宪允，除札饬乌拉协领遵照，一俟该员假满，催令赴任供职，仍将该员假满起程日期随时呈报外，相应呈请咨行珲春副都统衙门查照可也。须至咨者。

右咨珲春副都统衙门

吉林将军衙门为嗣后所属遇有协佐领等官因公差出将委员署理日期册报的咨文
光绪九年九月

为咨行事。于本年八月三十日准刑司移开：光绪九年八月二十三日准兵部咨开，职方司案呈，准吉林将军咨，准兵部咨，吉林将军铭　奏，阿勒楚喀云骑尉石海带兵一名，往省押解覆供斩犯韩泳银，绞犯韩泳财、韩泳金、张添城四名，行抵金珠站投宿，竟至全数脱逃。查明签差不慎之员，系署左司关防六品顶戴仓官额尔德蒙额，该员已因病身故。查签差官六品顶戴仓官额尔德蒙额系何品级，是否文职，抑或武职，其所署左司关防系属何项职官之关防，并于何年月日署理，原咨内均未声叙，行文该将军查明报部再行核办等因。查阿勒楚喀原设左司协领关防一颗，因掌左司关防右翼协领庆云升转调省，遂派借存今故之六品顶戴文职七品仓官额尔德蒙额署理，该员于二十五日签差云骑尉石海押解斩绞各犯韩泳银等，中途潜逃等情相应咨部查照核复。等因前来。除签差官署协领七品仓官额尔德蒙额业经病故毋庸议外，相应行文该将军，嗣后吉林所属各处遇有协佐领、防御、骁骑校等官出差等项事故，将委员署理日期随时造册报部查核可也。等因，准此。除移咨阿勒楚喀副都统衙门查照外，相应备文移付。为此合移兵司知照可也。等因前来，相应呈请咨行宁古塔、伯都讷、三姓、阿勒楚喀、珲春副都统等衙门查照，札饬乌拉、伊通、额穆赫索罗、五常堡、拉林、双城堡协佐领等遵照，嗣后各该处遇有协佐领等官因公差出及各项事故，务须将委员署理日期，自本年十月初一日起，按三个月一次造册报省，以凭报部，事关部查之件，未便迟延可也。须至咨者。

右咨珲春副都统衙门

珲春副都统为革补差员甲缺的咨文

光绪十年正月十三日

钦命统带吉军靖边中路马步各营珲春副都统法什尚阿巴图鲁依　为咨报事。案查敝军马兵富山，系吉林满洲正蓝旗恩祥佐领下披甲，自去岁遣派跟同差员晋省关领饷糈，及至解饷回营，据该差员禀称，披甲富山于起身之际偶染时疾，不能同走，已就近送交伊家调理，嘱其病愈之后急速回营等情。当核该披甲既因病不能同走，留家调养，病愈自应急早回营，现时已阅数月之久，未便任其逗留。且敝路马队一哨，原不足以资分派，尤难虚悬久待，除将富山革去披甲，另选充补马队以供差遣外，其甲缺亦应由营择尤补放，以实兵额。查有马队西丹德山，系伊通满洲正黄旗佛尔卿额佐领下人，留心骑射，堪以造就，即着该西丹德山充补之处，相应咨报。为此合咨钦命爵将军麾下鉴核，请烦转饬施行。须至咨者。

右咨钦命镇守吉林等处地方将军一等继勇侯希

珲春副都统为西丹胡图哩等因病不愈赏假回旗遗额另挑事的咨文

光绪十年正月二十日

钦命统带吉军靖边中路马步各营珲春副都统法什尚阿巴图鲁依 为咨报事。本年正月十三日，据敝部中营左哨哨官连科呈称：该哨西丹胡图哩系乌拉汉军正红旗连春佐领下人，奉派在灰窑伐敲石块，至去冬偶因失力致得吐血之症，连次服药不见轻减，为此恳请赏假回旗调养，等情呈请前来。查该西丹所受之症，今既医药罔效，自应俯念因劳所致，准假咨送回旗，俾得安心调养。再据前报，马队披甲倭恒额系伊通镶黄旗恩福佐领下人，素患劳伤；左营披甲全禄、西丹台禄、金禄、廉祥系乌拉镶黄旗双玉佐领下人，染受时症；西丹福禄系乌拉正白旗魁福佐领下人，常犯眼疾；西丹常全、来祥、玉山系乌拉正黄旗春满佐领下人，腰腿疼痛，先后呈报在案。兹查该披甲等病久不愈，工作难以得力，理合就便一并赏假回旗，所有遗额另挑充补。除移知乌拉、伊通衙门查照外，相应咨报。为此合咨钦命爵将军麾下，请烦查核转饬施行。须至咨者。

右咨钦命镇守吉林等处地方将军一等继勇侯希

珲春副都统为将本处春季记名人员册报的咨文

光绪十年二月二十日

珲春副都统法什尚阿巴图鲁依克唐阿 为查明造册咨送事。左司案呈：案查同治十二年五月初八日，接准副都统衙门札开，左司案呈，案查前准将军咨令，窃照吉林通省尽先协佐防校人员内，有由军营遣撤，就便蒙钦差大臣保送赴部引见者，亦有由本省拣选给咨赴部引见者。第查该员等均系记名候补人员，究系何项人氏，本衙门无凭稽核，遇事检查不免舛错，自应统饬查明。嗣后每岁务按春秋两季分析册报，以凭遇缺查补，免致舛缪。等因前来。相应札饬珲春协领遵照，即将该处春秋应报记名协佐防校各员弁，务须按名迅速查明分析造册，呈报前来，立待转报可也，等因来咨在案。兹届本年春季应报之期，查本处镶红旗领催六品军功记名骁骑校祥贵一员，以前业已赴部引见，合将该员旗佐衔名姓氏造册，备文附封咨送将军衙门查核可也。须至咨者。

右咨将军衙门

珲春副都统为岁贡生德恒情愿在营就武事的咨文

光绪十年二月二十七日

统带吉军靖边中路马步各营珲春副都统法什尚阿巴图鲁依 为据情转咨事。兹据敝军营务处委员德恒呈称：具诉呈人吉林蒙古正蓝旗恩吉佐领管下岁贡生德恒，为恳恩行文咨报（缺文）八旗事。窃生例应归部选铨点教职，奈生为旗仆，情愿就教职者。兹准部文咨，查各省应有岁贡生人员，现在有无事故（缺文）呈报，按年统归年终咨报一次。去岁催令本旗呈报。生已（缺文）营蒙恩遇赏给营务处办理文案事宜差使，不得脱身。（缺文）呈报，伏乞恩宪行文咨报吉林将军衙门，转饬到本旗，以便按年终咨报，为此禀恳统宪大人麾下鉴核恩准施行，须至（缺文）等情呈请前来。查向来岁贡生，有愿就教职者，例得赴部（缺文）请注册以训导候选，既据该生奉准部文查催以投效在营，不得脱身前往，相应据情转咨。为此合咨将军衙门鉴核，请烦查照施行。须至咨者。

右咨将军衙门

珲春副都统为册报靖边两军各事宜的咨文
光绪十年六月二十六日

钦命统带吉军靖边中路马步各营珲春副都统法什尚阿巴图鲁依　为咨送事。本年闰五月十二日，准贵督办爵将军来咨，除原文省繁不叙外，内开，据兼理边务文案处彭郎中、富协领等呈请，窃查边防自归大臣吴　督办后，所有随时更定事宜，省中未经备案，恐接办之时尤易两歧，必须咨札留防各营，将存营官兵饷需如何请领分总实数，各营各项军械实存确数，旗帜号衣等件系何颜色字样、按何期限更换，各就现办章程造具细册，并将大小将领兵丁姓名、籍贯造册咨送备查。等因转行前来，当即札饬速为办理。现两军细册一律造竣，所有各项章程数目皆于册内详细注明。惟敝部靖边两营，因成军之初并未颁发营制，凡一切各事皆按喜　大臣原编章程逐一缮造，相应咨送。为此合咨贵督办爵将军，请烦查核施行。须至咨者。

右咨钦命督办宁古塔等处事宜镇守吉林将军一等继勇侯希

吉林将军衙门为由营遣撤官兵内有无私带征所幼丁事项限期查报的咨文
光绪十年七月初十日

为咨催事。案查光绪三年十一月二十一日本衙门承准军机大臣字寄，光绪三年十一月十四日奉上谕："御史张观准奏，近闻东三省遣撤官兵往往私带征所幼丁回旗，百般凌虐，威逼毙命情事。着即查明，各该旗如有前项情事，即责令酌给川资，呈明带回年月、地方，由该将军出给路照，遣令回籍。每年资遣若干名，着各该将军于年终开明具奏等因。钦此。"当经本衙门通行所属一体查明，带回幼丁分别安插遣回，具奏在案。兹查此案系属每届年终具奏之件，所有各处应行届期一律报到，以凭汇奏之处，相应呈请札饬吉林十旗、乌拉、伊通、额穆赫索罗、五常堡、拉林协参佐领、水手营四品官、官庄总理、西北两路驿站监督，伊通、赫尔苏、布尔图库、巴彦鄂佛罗边门章京，并咨行宁古塔、伯都讷、三姓、阿勒楚喀、珲春副都统，照会乌拉总管衙门一体查照前文事理，即将各该城旗遣撤官兵内有无私带征所幼丁回旗者，查明愿否回籍，并将年岁、籍贯、姓名暨带回年月、地方、各该处共有若干名，造具清册，统限于十月十五日以前一律加结造报到省，以凭查核奏报。其某丁系经某旗官兵带回，务在册内分析注明，毋得含混遗漏，致干查究可也。须至咨者。

右咨珲春副都统衙门

珲春副都统为帮办亲军编入中路及各军驻扎处所等事宜开复的咨文
光绪十年九月初十日

钦命帮办边务事宜珲春副都统法什尚阿巴图鲁依　为咨复事。光绪十年六月二十六日准贵督办爵将军咨开：边务文案处案呈，据边务文案处、边防营务处、粮饷处、军械转运局等呈称，遵谕会议呈请核示。等情呈复前来，详阅会议章程各条暨更定营制名目，缕析条分，洵属周备，其卫、绥、安各营，原有亲兵、护勇、领旗等名目，着全行裁去以归划一。至应添贵帮办亲军一营，或用炮队，或用抬枪队，或添步队，不必拟定，应候一并咨商贵帮办核复到日再行核夺奏明办理。除呈批示外，合亟抄呈咨商，为此合咨贵帮办请烦查照粘抄呈内事理，逐一核定，并将应添亲军，酌核珲春各营所存洋炮能否添练成队，或用抬枪，或习技勇，即行拟定，并将如何分定营官勇夫等员名，一并开单咨复等因。当即按照粘抄呈内各项章程，逐一详核，所议各条精详周密，其更定营制名目，裁撤卫、绥、安各军，原设亲兵、护勇、领旗等项加饷俾归划一等议，既节饷需且免歧异，极为可行。除原议各章业经批定准行无须另议外，所有拟稍为变通暨各军驻扎处所，并本帮办亲军一营编入中路，添募何项队伍各事宜，业经面商已定，理合逐条开单，粘连文尾咨复贵督办爵将军，请烦查核施行。须至咨者。计粘单一纸

右咨吉林将军希

一、各军禀请事件批示一节，文案处另片呈递，所议章程业经核定，应即照办。

一、奏销一节，原议因册稿繁多，毋庸两份分存，只具一份就近呈用督办印信钤盖存案，以昭捷便。但既会稿，似宜于会稿时将册稿并咨敝处，咨复时仍将原稿咨回，归省营存案，既免脱漏，亦无窒碍。

一、右路一军原议未经指明驻扎处所，现与贵督办爵将军议定，即扎珲春、宁古塔后路适中之烟集岗地方，该处林木畅茂，便于取材，距珲、塔两

城皆三四百里，两城皆可应援，将来成军即饬屯扎该处，以为接应之师。

一、原议本帮办亲军一营，应仍归入中路。现蒙贵督办爵将军拟拨马队二哨作为亲军，应用官弁勇夫名数应照原议办理。

一、亲军步队两营，既经贵督办爵将军拟定驻扎宁古塔甚为扼要，应即遵照办理。

一、中路所添一营，拟即仍挑步队一营，枪炮刀矛间用，应用官弁勇夫名数，宜照各营步队章程添设。

珲春副都统为本处撤回官兵并无私带征所幼丁的咨文
光绪十年十月初十日

镇守珲春副都统法什尚阿巴图鲁依　为加结咨报事。左司案呈：准将军衙门咨开，兵司案呈，案查光绪三年十一月二十一日本衙门承准军机大臣字寄，光绪三年十一月十四日奉上谕："御史张观准奏，近闻东三省遣撤官兵，往往私带征所幼丁回旗，百般凌虐，威逼毙命情事。着即查明各该旗如有前项情事，即责令酌给川资，呈明带回年月、地方，由该将军出给路照，遣令回籍。每年资遣若干名，着各该将军于年终开明具奏等因。钦此。"当经本衙门通行所属一体查明，带回幼丁分别安插遣回，具奏在案。兹查此案系属每届年终具奏之件，所有各处应行届期一律报到，以凭汇奏之处。相应呈请咨行珲春副都统衙门，一体查照前文事理，即将各该城旗遣撤官兵内有无私带征所幼丁回旗者，查明愿否回籍，并将年岁、籍贯、姓名暨带回年月、地方，各该处共有若干名，造具清册，统限于十月十五日以前，一律加结造报到省，以凭查核奏报。其某丁系经某旗官兵带回，务在册内分析注明，毋得含混遗漏，致干查究可也，等因来咨在案。相应分饬两翼协领遵照，确切查报去后，旋据两翼协领等呈称：遵饬督同八旗佐领等，查得各该旗以前撤回之兵并无私带征所幼丁之人等情，结递前来，据此复查无异，合行加具印结咨报。为此咨报将军衙门查核可也。须至咨者。

右咨将军衙门

珲春副都统为报并无在军营阵殁殉难官弁的咨文
光绪十年十月十五日

镇守珲春副都统法什尚阿巴图鲁依　为查明咨报事。左司案呈：准将军衙门咨开，兵司案呈，案查前准国史馆移，查本省自咸丰元年起至同治十一年止，所有出师殉难阵殁文武员弁，旗籍、姓氏、出身、履历及历任升迁各年月日与出征年月、省分、阵殁地方并殉难后所奉恩旨典，暨以后有无续奉恩旨追赠官职、世职，或建立专祠入祀昭忠等祠，赐祭赐谥各恤典，并追夺赠恤各事故，及各员弁子孙几人，现系何官，所得世职系何人承袭，其无子嗣者系何人承继，逐款开明分析年月造册声覆，俾本馆得凭纂辑忠义传。其同治十二年以后之死事各员，亦即按照原文查明体例，详细分析造册，逐年各于年终续行咨送到馆，以凭陆续纂辑可也。等因前来。当经本衙门将前项事迹查据各属逐款声明汇册咨报外，惟自光绪六年各处查报以后，奉文死事各员弁，自应行令各该处遵照部文事理，逐年各按年终造册呈报，以凭汇报之处。相应呈请咨行珲春副都统衙门，一体遵照文内事理，即将各该处自光绪六年查报以后，出师奉文阵殁各员弁兵殉难事迹，照依来咨逐款检查分析注明，造具印白册二本，逐年统限于十月十五日为止，一体查明具报到省，以凭汇总造报，万勿逾限迟延，致干查究可也。等因前来，遵查本处自光绪九年十月十五日查报以后，至本年十月十五日止，此一年内并无在军营阵殁官弁殉难事迹之处，拟合呈请报，为此合咨将军衙门查核可也。须至咨者。

右咨将军衙门

吉林将军衙门为统带永德请假回旗发给一个月川资事的咨文
光绪十年十二月

为咨行事。兵司案呈：光绪十年十二月初二日准盛京将军咨开，捷胜营案呈，本年十一月初一日准户部咨开，为咨行事。山东司案呈，准盛京将军咨称，据统带捷胜营新练马队即补协领佐领永德禀称，窃职前由吉林于咸丰九年三月，奉调出师安徽等省，征剿发逆。嗣同治五年二月间，奉钦差大学士文自河南军营奏调来奉助剿，计今二十有六年，拟禀请回旗充差，无如奉省防务紧要，未敢陈情。旋于去岁十一月间又举办海防。经前军督爵宪崇奏将原练捷胜营苏拉步队一营撤改马队二百名，仍令职统带演练，尤难遽请交卸回旗。现在海防军务稍松，恳将统带事务交卸，赏咨回旗当差，藉得稍尽乌私等情。禀请前来。查该统带到奉以来，剿匪捕盗、襄办海防均称得力，本难遽令回旗。惟从戎二十有六年，久役思归自系实情。现在海防稍松，应准给咨回旗就近当差，以示体恤。除将该员回旗应需川资银两，查照该统带月领薪水京五十两，备马四匹，月领京平银十二两、马夫四名，月领库平银十二两，照章如建。于光绪十年闰五月初一日由奉起程，计放该员一个月川资银七十三两六钱，如数支领回旗。其所遗马队统带，拣派正黄旗满洲协领明信即日接管。相应咨部查核，等因前来。查各省官兵凡遇调防遣撤，始准给予川资银两，其请假回籍、辞差离营者，向不准支领。今据盛京将军咨称：统带捷胜营马队佐领永德禀请回旗当差，照该员月领薪水，发给一月口分银七十三两六钱，作为川资。查该统带系自行禀请给咨回旗，与奉文遣撤调防者有别，给予川资银两核与定章不符，相应咨复盛京将军，即饬该员照数回缴归款，专案报部查核，毋稍迟延可也。须至咨者。等因准此，查吉林即补协领佐领永德，于同治五年间由安徽奏调来奉，计今十有九年之久，或督兵缉贼，或堵御防剿，实属得力。前因防务稍松，虽系自请回旗，却仍在旗当差，非同辞差或请假回旗再行来奉带队者可比。核与奉文遣撤调防者，事属一律，是以发给一个月川资以示体恤。除咨复户部请免回缴外，相应咨行贵将军，请烦转饬该员遵照可也，等因前来。相应呈请咨行珲春副都统衙门查照，转饬靖边中路统领永德遵照可也。须至咨者。

（五）清 剿 盗 匪

为清剿匪徒驱逐金夫事的移文

同治六年

为移付事。本年三月二十七日接准副都统衙门札开，左司案呈：本月十七日据珲春署协领温崇阿报称，遵奉副都统衙门札派骁骑校额尔德穆前往王八脖子地方驱逐金夫。因其尚未回城具报，是以复派领催委官色勒锦布相继侦探间，又奉札文不动声色密备熟习山径兵三十名，并册报演练兵五十名，即令佐领德玉、骁骑校伯兴等管带听候调遣外，兹据领催委官贵兴报称，奉饬带兵抵至东山蒙武街地方。即据该处刨夫人等传述，前有匪首邓卓、王保山等率同匪类四十余人，由小绥芬金场窜至秦孟河地方，逐出该处刨夫王文集，将其窝棚霸住盘踞滋扰。又要侵犯附近海参崴占居俄人，预被俄人知觉，登时发作，携带枪炮前往该处缉捕。该匪等未敢拒敌，刻即潜散不知去向等语。贵兴亲诣秦孟河地方，详细询探。年前曾经俄人缉捕匪徒，不意匪首邓卓、王保山闻事先逃，不知去向。其余匪类因无为首之人，俱各远往岭后深山逃遁，并无一定踪迹。据此，复行搜查秦孟河一带地方，现无窝留匪徒之家，亦无形迹可疑之人，属实等情，呈递前来。据此一并飞报副都统衙门查核等因。呈报间，兹于三月十一日据骁骑校额尔德穆回称，职奉饬带兵前诣王八脖子金场，驱逐金夫人等。即于三月初一日抵至该处，将其淘金人等按家传集，逐一开导遣散。乃据该金夫等声称，现今山雪积深，应行折变铺垫，什物难以运出。容俟山雪消化可以运出之时，不逐自散另找生计等情，恳切至再。职查有刀矛等械，问其何用。伊等告称防护匪徒抢夺等语。是否虚实，未知其切。惟该金夫等约有二千余人，如若逼之太急，尤恐恃众滋事。职等委因兵单未敢擅便，是以急速回报。据此正拟将如何驱逐之处呈请指示间，本日又据西路乌郎阿哈达卡官领催蓝翎讷苏肯报称，本月初七日探得由西金场窜来匪徒二百余人，内有骑马持械者五六十人。现在和西赫路五个顶子地方掳掠肆扰，声言欲赴王八脖子地方等情。惟查和西赫路原与珲春相通，自应相机堵御，是以即令前派演练官兵刻即启程驰赴，密占扼要之处，分布屯扎防范。以径窜扰即便迎头截击堵御缘由一并声明飞报，呈请指示，飞报前来。据此详查委官贵兴原报内称，前在秦孟河盘踞滋扰之匪首邓卓、王保山等，虽被俄人击散不知去向，其余匪众因无为首之人，俱各逃遁深山。若不究其所往，尽数歼除，难免不复聚而为匪。至王八脖子金夫约有二千余人，曾派骁骑校额尔德穆驱逐遣散。乃据该金夫等恳称，容俟山雪消化，将铺垫什物运出，不驱自散，另找生计等情，是该夫等推诿狡猾之词，殊难凭信。亟应复饬该协领转饬骁骑校额尔德穆、委官贵兴等带兵，分路即将逃遁之匪首邓卓、王保山，并遣散之匪党等逐一究其所往，务期歼除，勿致余烬复燃。及王八脖子现有金夫亦即驱逐净尽，毋任再令混行推诿。并飞饬协领瑞徵带兵赶紧驰赴该处相机剿办外，并据乌郎阿哈达卡官讷苏肯探报，由西金场窜来匪徒二百余人，内有骑马持械者五六十名。现在和西赫路五个顶子地方掳掠肆扰，声言欲赴王八脖子地方。该协领据报，已令前派演练官兵刻即驰赴，密占扼要处屯扎，以便迎头截击等情，飞报前来。查此项匪众即系前据本城探报，并必尔罕站所报窜至通沟欲奔王八脖子之匪，虽前后所报数目不符，实非另有一股。所有和西赫路五个顶子地方系珲春、额穆赫索罗相通之捷径，现由伊通军营撤回助剿之佐领委营总瑚图哩不久抵塔。一俟该营总到日，即饬带领全队即由松音沟就近驰赴和西赫路，探贼所向实力剿洗外，仍饬珲春署协领温崇阿转饬佐领德玉作速督兵，探贼所向，迎头截击。务期不分畛域一鼓歼除，毋留余孽，实力剿洗可也。等因前来，除札饬前派领催委官贵兴带兵即将逃遁之匪首邓卓、王保山并潜散之匪党等逐一究其所往，跟踪探明，具报歼除，并飞咨骁骑校额尔德穆，务在王八脖子金场驱逐该处金夫，毋得混行推诿外，所有西金场窜来匪徒亦被本处佐领德玉带兵击败退回等情，一并移付贵协领查照酌核办理可也。须至移付者。

宁古塔副都统为驱逐王八脖子金场金夫事的札文
同治六年

档册房案呈　为飞行札饬事。本年八月二十六日接准副都统衙门札开，左司案呈，案查前据珲春协领转据六品顶戴海明德报称：遵饬随同骁骑校额尔德穆抵至王巴脖子金场，金夫概皆潜避，所有看守口粮金夫二百余名，大小窝棚八十余所，经额尔德穆与塔城委员瑞协领晤面后，不知如何商酌，瑞协领仅带塔兵将窝棚焚烧十余所，瑞协领即奔小绥芬金场去讫，职亦旋回。除此并未令职在彼设卡严防情事。据此，详查海明德声报缘由，核与额尔德穆所报大相悬殊，显系该员等以前未能驱逐净尽。除派五品花翎永太前往该处复查去讫。等情前来，据此，本衙门曾经复饬瑞徵刻即前往，再行驱逐。仍饬额尔德穆先期驰赴该处守候，一同认真驱逐净尽，设卡严防。嗣据协领瑞徵结报王巴脖子等四处复又一律肃清案内，将以上情形随案声明，并记名佐领、防御巴哈布前往王巴脖子等处复查各情，曾于七月二十六日咨报在案。旋据珲春转据永太报称，抵至王巴脖子地方，查其住人窝棚六十八所，摒弃空房三十八所，现有淘金人夫四百余名属实。并遵札仍饬额尔德穆、海明德等先期驰赴该处守候委员一同认真驱逐。兹据额尔德穆旋称：王巴脖子挖金人夫已被塔城官兵驱逐净尽，窝棚概行烧毁，职并未赶到，现在该处委系肃清属实。现今职偶染伤寒，时症难支，因而回城祈假调治。又据海明德回称，六月二十五日抵至王巴脖子，见有五十余人将其烧毁窝棚搭盖盘居。查问情形，告以前被塔城官兵复又焚烧窝棚之际，仍在山林内躲藏，等候有驮马到来，将挖金家具运出自散，曷敢再劳驱逐等语，再三央求。惟因额尔德穆旋回，职带兵甚少，实难驱逐。又因断绝口费，回城备办等情，各递前来。据此，检查额尔德穆片称业已肃清，海明德又禀称尚有五十余人盘居。揆其来由，额尔德穆未在该处戍守，以致该金夫散而复聚。额尔德穆现患时症，势难再行差委，是以另派六品军功领催依勒杭阿多带弁兵再行严逐净尽，设卡严防。并请将海明德如何惩办之处，报请示遵前来。正拟咨报札复间，于八月初八日据额尔德穆病痊到塔，军政除另行考验外，本副都统当即面讯以初次与协领瑞徵驱逐王巴脖子金场，缘何并不驱逐净尽，以致该金夫复行偷挖。嗣据海明德揭报，旋复饬令该员会同协领瑞徵二次驱逐，该员又缘何未到旋回，又因病旋回各情形逐一讯据。额尔德穆供称，初次与瑞徵商酌，仅烧窝棚十余所，其余窝棚饬令该金夫等自行烧毁等供，据此，详核该骁骑校额尔德穆既供称与瑞徵商酌，仅止烧毁十余所，其余饬其自烧等语，现有别项情弊，除饬珲春协领刻将揭报之六品顶戴海明德及同查之记名骁骑校永安、领催蓝翎富太、明山等四名火速派官送塔以备质讯外，再协领莫尔根报称搜获驮马锹镢米面酒油等物，除米面酒油散放兵等食用，驮马锹镢仍饬原主领回等语。详核锹镢乃金场必用之物，竟连马匹饬主领回，其原主究系某人，并米面油酒散放某兵食用，并缘何擅自饬交原主领回各情形，饬其详细声明，另行查办之处，曾于八月初五日先行咨报在案。兹逾十日之久，未据莫尔根一字登复，除严行催报外，所有瑞徵案内札调海明德等尚未送塔及莫尔根案内应讯之驮主等未据文出客。俟海明德等到日质讯明确，及复查之防御巴哈布、玉庆等查报到日，再行一并咨报之处，理合先行咨报，为此咨报将军衙门查核外，再行由五百里飞催珲春协领遵照。刻将原揭

珲春副都统衙门档案选编

之六品顶戴海明德及同往驱逐之记名骁骑校永安、领催蓝翎富太、明山等四名火速派官送塔，以便质讯，断不准刻迟，致千万变可也。等因前来，遵查前奉札文刻将六品顶戴海明德，记名骁骑校永安，领催蓝翎富太、明山等传齐，出派领催讷苏肯已于八月二十二日启程，火速送赴副都统衙门备质去讫。据此，拟合飞报副都统衙门查核外，暨飞札领催委官色勒锦布知照可也。

宁古塔副都统衙门为会同肃匪的札文
同治六年十一月初九日

副都统衙门　为札知事。左司案呈：于本月十八日准钦命署吉林将军铭　副都统玉　咨开，案照吉省俗敝民刁，素称难治，金场为藏奸之薮，赌博实酿盗之源，历年以来，勾结蔓延，到处抢扰，几于不可收拾。去岁本署将军到任后，目击情形，亟思整理，当经奏准作为军务省分，一面会同本副都统练军奋武，实力讲求，今夏派兵入山搜剿，而各城副都统协领共体时艰，亦均力图［整］顿，派队会同兜拿，迭有斩获。目下各处盗匪虽未能一律肃清，而数月以来已不敢勾结大股公然抗拒。讵夹［皮］沟、桦树林子、太平沟等处金场亦已驱逐无遗。（下缺）

吉林将军衙门为追剿由姓城逃窜马贼事的札文
同治十三年四月

为飞行札事。于本年四月二十三日据宁古塔副都统衙门咨报：左司案呈，案查前由姓城窜来马贼五十余名焚烧城屯，随奔向松音沟逃窜。当派骁骑校莫尔赓额等带兵前往追剿等情，业于本月十六日咨报在案。兹于二十日酉刻，据骁骑校莫尔赓额等报称，职等带兵追剿盗匪，于十九日抵至松音沟迤南榆树川地方，探得盗匪奔向四方台围场一带逃窜。职刻即带兵跟踪追剿，等因探报前来。除飞札前派南路堵剿去之骁骑校色噜肯戍守萨奇库大卡，防御常山等刻即就近带领兵勇迅速驰赴四方台一带跟踪进剿，勿稍松懈，倘该员等畏缩不前，任令该匪远遁，务必查参外，相应札饬珲春协领讷穆锦，刻即出派妥干官兵探贼所向，实力截击，移会省派缉匪委员记名佐领花翎委营总桂全、额穆赫索罗佐领恩常等一体侦探等情。据此，理合呈请飞行咨报将军衙门查核可也。等因前来。除飞札省派捕盗记名佐领花翎防御委营总桂全、乌拉捕盗花翎防御委参领泰平阿、署额穆赫索罗佐领事务花翎骑都尉恩常等，遵即带领所部官兵驰往四方台一带，会合塔城官兵扑贼所向实力追捕，务期悉数剿除，毋令逃逸，并札珲春协领讷穆锦遵照，严饬派出官兵驰往会合追击外，相应呈请飞咨宁古塔副都统衙门遵照。仍即飞速严饬先后派出官兵跟踪追剿，务将此项贼匪扫数擒斩净绝，不准任令逸脱。须至札者。

札珲春协领

吉林将军衙门为塔城咨报先后派员赴雷风河侦探贼势等事的札文
同治十三年十月二十六日

为飞行咨复事。于十月二十四日据统领官兵宁古塔副都统乌、署宁古塔副都统协领双寿等咨报：除原文省繁减叙外，遵饬珲春协领讷穆锦遵照文内事理据实探报外，并查前于本月十四日，据珲春协领讷穆锦，转据俄国廓米萨尔照会内称：雷风河岭后，有蛮子马步贼军二千余名，欲入俄界等情虚实未辨。一面檄令省兵全数折回听遣，一面飞饬所属各要隘一体备防各等情。咨报后尤恐不实不尽，当即商同统领副都统乌勒兴阿，刻即拣派差素勤慎之蓝翎骁骑校委参领吉拉敏，带领练兵八名，携带二十日糇粮，并发俄官勿得拦阻照会，饬令赶紧启程前往俄界雷风河、秦孟河一带，据实侦探去讫等情。正拟备文详报间，兹准咨示：刻令明白晓事大员，前往查探有无盗匪盘踞，或系闲居杂类，据实查报等因。遵奉之下，曷敢稍迟，是以复行拣派明白晓事之花翎佐领委总营爱兴阿巴图鲁双福，带领练兵十二名，亦令裹带二十日糇粮，发给过卡照会，刻即催令启程，赶同前派骁骑校委参领吉拉敏，驰赴塔俄接壤之雷风河、秦孟河一带，会同俄国边卡各官，据实查探。究由何处窜来，何时集聚，是否虚实，如何动作。果系盗匪，立即回报，以备添兵往剿。如系渔采良民，务令悉数遣散，各觅生计，勿令妄生猜疑，流而为匪各等情，照会俄官一体合办。并饬该员等，俟将该处查办肃清后，就近藉便折回塔姓接界之蜂蜜山子地方，约于十一月初九日，与三姓官兵会哨，各清边圈等情。除咨会三姓副都统衙门派员守候会面外，一俟该员等侦探回报到日，再行咨报之处。并将前后发给佐领双福、骁骑校吉拉敏等照会三纸，抄录粘单，拟合呈请，由五百里先行飞报。为此咨报将军衙门查核可也。等因前来。查该副都统等咨称，既经遵咨先后出派明白晓事之花翎佐领双福，并委参领吉拉敏等，带兵前赴华俄接壤雷风河一带，会同俄国边界各官查探。前报啸聚徒匪如何动作，相机妥办。并拟该员等查明折回之便，即在塔姓接界之蜂蜜山子地方，定期与三姓官兵会哨，各清边圈等情。所办尚属合宜，自应严饬派出各员实力奉行，相机查办，毋得视为泛常，致滋遗患。除咨行三姓副都统衙门遵照，刻即饬派妥干官兵前往搜查，务于十一月初九日以前，驰抵塔姓接界之蜂蜜山子地方，与塔城派赴俄界侦探贼匪差员晤面会哨，各清边界。仍将巡查属界有无贼匪潜踪之处，据实详报，以备稽核外，相应呈请飞行咨复统领官兵宁古塔副都统乌　署宁古塔副都统双寿等遵照。即行严饬派出各员，务须会同俄国边界官，查明前报雷风河聚匪，究有若干，并由何处窜来，马贼步匪若许之多，现在如何动作。如果查系盗匪，立即呈报，以凭拨兵剿捕。并就便于指定处所，与姓城官兵互相会哨，据实呈报，毋得视为具文。并札饬珲春协领讷穆锦，一体遵照文内事理，严饬派出委员会合妥查。据实呈报，毋得延误可也。须至咨者。

札珲春协领

吉林将军衙门为即刻派兵严缉败逃余匪的札文
同治十三年十一月

为飞行札事。于本月二十五日，据额穆赫索罗佐领忠寿呈报，窃查前准札文，珲春雷风河岭后现有马步贼匪二千余名，饬令严加堵缉。又屡屡风闻外山南岗一带，今夏盘踞多匪，结盟声言打围冬令，实有乘隙窜扰之意等语。本属村人等闻知惊惶无比，甚至老幼抛离失所，四散藏避，殊堪怜恻。职等无奈，即于十一月初二日亲带官兵巡查境界，以振声威而安黎庶。于初七日抵至额穆赫索罗迤南九十余里许之甩湾子屯，据牌头李永金等报称，外山打围结盟之人，直扑边里抢掠而来等语。据此，职不胜惊异，刻即饬派官兵督同牌头等邀会屯民迎头截缉，至小荒沟地方遇见贼匪林玉琢等十数余人，辄敢排列与官兵对敌，施放枪炮格斗一时。不久，枪毙贼一名，生擒贼人王素祥、王福、刘和三名，余匪败逃入山。因天黑未得穷追，夺获鸟枪两杆，夹把刀两把。当时阵亡居民李凤发一名等情。职随即研讯，据伙匪王素祥供，年二十岁，系山东济南府济阳县人氏。王福供，年四十八岁，系山东莱州府业县人氏。刘和供，年六十五岁，系山东沂州府聚州县人氏。同供于今年五月间，跟随屡次在大岭抢掠行商之匪首林玉琢等十余人，在外山打围为由，因未打得牲畜，林玉琢起意商说结拜义盟，若能邀会四五十人，好上珲春攻扑街市。因未会得多人，仅有林玉琢、于长枪、刘和、王素祥、玉福、郝发、陈自起、翟老屋、孙老屋、贾福等。我们十一名人结拜，不敢上珲春，又想去抢南岗聂荣行装及来往驮子，探听均无财帛，故此无奈大众商议舍命连夜进边，乘其不预，去抢额穆索沙河沿铺家财物，就便入山逃脱。不知怎么被边里知道，至小荒沟遇见持械多人，就知是官兵前来捉拿我们，齐力拒敌，致被官兵将于长枪打死，我们三人被获也是命该如此。所供是实等供。据此，查该匪等胆敢在外山结拜聚伙起意，虽未抢掠，辄敢与官兵拒敌，实与强盗无异。若不按名拿获，贻留后患，扰害非浅。除仍行札饬所属捕盗各员一体上紧寻踪搜拿外，合将该匪等暂行羁压勘守，录取招供，备文呈请鉴核，可否就地正法，抑或解省之处，望祈速为示复等情，呈报前来。当奉宪谕，除获犯由刑司另文饬复外，惟查此股盗匪不惟佐领预督官兵截击溃散以遏其志，而该佐领所办甚属可嘉，其败逃余匪难免不思图复逞勾结为患，着即严饬额穆赫索罗佐领、珲春协领等实力[梭]缉，以杜滋蔓等谕。遵此，除札复额穆赫索罗佐领忠寿遵照上紧缉败逃余匪，毋任幸脱，并飞札珲春协领讷穆锦遵照，一体严饬探访，实力堵缉，不准仍前玩误致干查究外，相应呈请咨行宁古塔副都统衙门遵照饬缉可也。须至札者。

札珲春协领遵此

吉林将军衙门为获犯供出伙匪派兵严缉的札文

同治十三年十一月

为通行札严缉事。于本年十一月二十七日，据宁古塔副都统衙门咨开，左司案呈：窃于歼除扑城盗匪，即饬要隘各处严缉逋逆，勿任一名逃逸等因去后，续据各处报获扑城盗匪贾湘等送案究办，当于讯明后，即行就地正法，以免疏虞等情，于十月二十五日飞行呈报在案。嗣于十月二十四日，据铁岭河嘎山达全福报称，拿获盗匪高方一犯。续于是月三十日，据东京城屯七品顶戴练总姜公善报称，拿获盗匪姜市碟一犯，先后送案究办前来。据此，署副都统督饬司员等提犯严讯，据高方供认：年三十六岁，是莲花街民，在靰鞡草甸子居住。于咸丰十年由籍到至吉林界辉法三道沟等处，伐木为生。后于同治元年间来塔各处佣工，于今年二月间奔到万鹿沟偷挖金砂，不甚获利，因闻三姓金场获利甚厚，于六月初间奔往三姓金场。走至桦树通地方遇见匪众五十余名，各持火枪刀械。内有小的素识民人王成，现为匪首，就将小的裹胁入伙，分持夹把刀一把，随路劫财至穆楞河沿刘姓地营，大众结义杀牛二条，食住五日。于是月十一日我们启身至穆楞河东地方，遇见由姓来之民人，问系荒姓、洪姓二人，小的们将他二人绑拴杀害，搜得金砂，大众分劈，小的分得七分。复遇驮子一，窜吓令驮夫牵拉跟随，行至河沿船房子，天有一更时，小的即同伙内张姓、常姓、李姓及不知姓氏，我们九人逃出，不知他们逃往何处。于六月二十间，至凉水泉子偷挖金沙，仍不获利。小的只身奔向边里乌和林长虫蜡子一带佣工。全十月十三日复到在半拉蜡子胡家店佣工，希图遮身。不意于十七日有铁岭河屯勇到去，将小的拿获，转送到案的。今蒙审讯，除此别无不法情事，所供是实。姜市碟供认：小的年三十一岁，系山东登州府海阳县民，于早年由籍来之吉林，住锡器铺学习手艺，后于同治十一年间到万鹿沟金场偷挖金砂。因不获利，后回松音沟一带闲荡，并无正业。于今年三月间，欲赴万鹿沟金场，路经东京城，见该处练勇无多，小的怀意至东山转角楼地方，遇见素识民人郭洛七伙党三十余人，在彼盘踞劫掠。小的投伙，各持火枪等械到穆棱河，撞遇打围官兵七八名，猝不提防，被我们大众闯进屋内打死二名，得火枪六杆，火药十余斤。后众议奔东京城抢掠，随即启身，沿途抢马，裹人引导，于四月十五日晚间扑进东京城街，被勇打回三四次，正欲要走间，听勇嚷说缺药，我们复又齐队用枪扑打，将勇击退，焚烧街坊，抢掠财物。至半夜时，启身向西南逃窜，在途裹胁吴姓、郭姓及不知姓名一人，将抢得抬枪吓令伊等扛抬，齐到松音沟霍家，始将三人放走。后复在松音沟岭上分赃，小的分得银匾方一只，银耳挖两只。又到大岭上分得尖刀。衣服等物。奔至蛤蟆塘庙二沟口子，大众议分两股逃窜，小的乘空只身逃出，不知他们奔往何处，小的仍回蛤蟆塘一带藏匿。于八月二十二日赴省将赃银卖钱化费，于十月初一日，由厂回到松音沟，于二十四日至长发祥求借盘费，不意被练勇拿去，将小的拿送东京城转送到案。今蒙审讯，小的实由东山投入匪首郭洛七伙，随同劫杀官人，抢烧东京城街坊是有的，所供是实等供。再四研鞫该犯等供情不讳。详查高方、姜市磔等二犯已经供认结伙拦路劫财，杀害官兵，抢烧财物，抗拒官军等情，实属罪不容诛，自愿依律于讯明后，将口供人犯一并解省正法。奈因塔城距省路途弯远，恐有疏防情事，现值山内据报贼风地方防务紧要之际，监狱前被贼焚，虽经修整，囚禁重犯恐生他虞。是以即于讯明后，先行就地正法讫，仍传首于犯事地方县竿，分别示众，以昭炯戒。所有未获之各盗犯，严饬所属上紧严缉，务获解究。诚恐该匪等远扬邻境，理合抄录粘单，粘连文尾，呈请饬属通缉获日另结外，合将盗匪高方、姜市磔二犯，即于讯明后先行就地正法，传首犯事地方分别悬竿示众缘由，合并呈请飞行报明等情。据此，相应呈报，为此合呈将军衙门查核，希请饬属通缉可也。等因前来。当奉宪谕：查据报获犯供称，既有伙匪数千名潜踪纷窜，难免不复图勾结滋蔓为患，着即饬属一体严缉，务将在逃余匪按照单开悉数弋获，尽法惩办，总期净绝根株，毋使再结党羽，是为切要等谕。遵此，除咨复宁古塔副都统衙门遵照，严饬缉捕官兵仍即上紧搜缉逃匪外，相应将获犯供出逃匪姓氏名目抄粘文尾，呈请札饬乌拉、五常堡、珲春、拉林、伊通、额穆赫索罗协、佐领、吉林、伯都讷同知，长春厅通判，照会乌拉、双城堡总管衙门，并咨行伯都讷、三姓、阿勒楚喀副都统等衙门遵照，一体檄令派出缉匪弁兵丁勇，即将在逃各匪悉数搜获，以除后患，毋令逃逸外，及由兵司核付户司查照可也。须至札者。

札珲春协领遵此

吉林将军衙门为珲春协领复行派员侦探雷风河岭后贼匪事的札文
同治十三年十二月

为飞行咨札事。于本月初五日，据珲春协领讷穆锦呈报：遵奉札文，饬将前据俄国照会，雷风河岭后二千余名贼匪，奔赴黑龙江左边，是否虚实，并曾否有无贼匪，及俄国凭何照会，务须侦探明确，飞速驰报。不准稍有含混迟延，致干未便等因。遵查，前经佐领温崇阿查探，贼匪深入俄界，抵至绥芬河边，不能前进。即向该处捕采之人，询悉雷风河远在岭后，该处并无贼匪消息。据此，于十一月二十一日，已经备文飞报在案。今蒙札催，合将俄酋廓米萨尔以前凭何照会之处，复令骁骑校富勒珲，前往海沿岩杵河睹面，查问俄酋廓米萨尔无可搪塞。本月二十七日，带领微通汉语俄人一名，亲到珲春与职会晤。职令素晓［俄］语之人，向其澈底究问。该酋即以手指就桌画形告说，盖雷风河相连兴凯湖一带，山场已有俄国卡所，经中国塔城官兵搜查金匪之际，偶有蛮子一名，即以二千贼匪要奔雷风河之语，报与兴凯湖俄卡。俄人惊恐，未辨虚实，驰报东悉必尔总督，由彼转报北京驻京公使，并札知俄门海参崴各处海口一体防范。又调取俄兵三百，在于兴凯湖、雷风河、红土崖，凡属俄界俄卡，俱以添兵巡防。后经查实，并无此项贼匪，然本廓米萨尔前赍照会所言二千余贼，虽无实迹，原凭我们上司据报札令防守所致。嗣因贵衙门差官追问太紧，本廓米萨尔不细述，即称，此党贼匪远奔黑龙江左边，录给照会，迄今殊觉有失，祈勿见疑，说毕告辞。职复查佐领温崇阿探询情由，又据俄酋廓米萨尔所告一切，均无此项贼匪，反复思维原因，官兵搜山之时，有无知蛮子一名，妄告俄卡所致。除此，并无疑义。合将始末缘由，飞报将军衙门查核可也。等情飞报前来。当奉宪谕：查阅该协领两次所报探询各情，均属详细，尚可功过相抵。着给还该协领顶戴，以昭激劝等谕。遵此，除饬复珲春协领，咨行宁古塔副都统衙门遵照外。相应呈请咨行黑龙江将军衙门查照可也。须至札者。

右札珲春协领遵此

珲春协领为派骁骑校富勒珲等驰往赫西赫路探贼搜剿的呈文

光绪三年七月二十八日

珲春副都统衔协领讷穆锦 为飞行呈报事。于本年七月二十四日蒙将军衙门札开：兵司案呈，七月初九日据宁古塔副都统双 咨报，行辕左司案查，于本月初五日在行营铁岭河接据左司掌关防协领瑚图哩、佐领花良阿等禀称，转报珲春副都统衔协领讷穆锦移称，本年六月二十九日丑刻，据嘎哈哩卡官达哈布探报，由庙尔沟等处窜出马贼一百余名，二十四日窜扰赫西赫路关道口、王固鲁窝铺抢掠财物，杀伤人命，该匪势甚猖獗，尤恐东窜等情飞报前来。查前由三岔口窜越贼匪八十余名，已奔鱼亮子，将来此两股贼匪不免复扰春城之虞。惟珲春官兵除差占之外，所剩无多，实觉寡不敌众，只可获守城垣，听候接应，希冀大司核夺等情飞报前来。据此，除由左司飞行移会吉林统领双寿核夺操勘，及本处马队统领春凌先由南路拨兵二十名迎护委员外，惟珲春所报此两股贼匪愈聚愈众，势甚猖狂，难免不无扑犯春城之虞。所称该处兵单，仅可护城等情，或拨兵往援，抑或如何拨办之处，且闻行旌临近，职等不敢指拟，将原复一并包封，禀请核夺。等因由六百里禀请前来。查管带马队统领春凌，现因患病调理，除拣妥员接管另行咨报外，先其所急，当即飞札现在南路剿贼马队防御委参领德音、骁骑校委参领吉拉敏等，火速就近迎头截击，不准稍延，并咨会省派委统领双寿查照，一体迎剿等情。除咨札该统领等遵照外，理合由五百里飞行咨报将军衙门查核可也。等因前来。查据报，由庙尔沟等处窜出马贼一百余名，至赫西赫路关道口抢掠窝铺财物、杀伤人命，又转前由三岔口窜出贼匪八十余名，已奔鱼亮子，此两股贼匪不免复扰春城等情。急应由该副都统衙门拨派马步队，严饬珲春协领讷穆锦，督饬该处官兵会同塔城驻扎统领双寿，探贼踪迹，合力剿捕，务将各股贼匪悉数歼灭，毋令蔓延滋扰，除札饬珲春协领讷穆锦遵照剿捕可也。等因蒙此，遵即转饬佐领委参领德玉遵照文内事理，带领所部练队刻即启程，迎会塔城官兵，务将各股贼匪悉数歼灭，毋令蔓延滋〔扰〕等情。札饬去后，兹于本月二十六日，据副都统衙门派出剿匪之防御委参领德音、骁骑校委参领吉拉敏等带兵五十余名抵至本处，声称职等带队火速就近迎头截击，一面奔赴珲春探贼所向，于初八日由南路启队，沿途侦探，奔往前途。于十一日行抵骆驼砬子地方，由官道迤东入山，奔往鱼亮子、三岔口，搜巡至嘎雅河一带，现时并无贼匪窜越之信，是以合将搜探三岔口等处，现无贼匪窜越等情，呈递前来。查该员所称既鱼亮子、三岔口等处并无贼匪窜越之信，是本处现无北顾之忧。惟赫西赫路、庙尔沟等处盘踞贼匪尚未搜剿，自应督饬该参领等前往剿捕，委因该队由塔搜贼至春一千余里，马匹大半疲乏，尤恐行驰不能迅速，是以暂令在此将养马匹，一同护守城乡。复由八旗防堵兵内择其马力强壮兵弁三十名，饬交骁骑校富勒珲管带，同委领德玉合队星夜驰往赫西赫路探贼踪迹，实力搜捕之处，拟合备文飞行呈报将军衙门查核可也。须至呈者。

右呈将军衙门

宁古塔副都统衙门为将练防各队官兵驻所查复的札文

光绪三年八月二十一日

副都统衙门　为饬知事。左司案呈：于七月二十五日准^{总统帮办}吉林全省马军德哈咨呈内开，兹准将军衙门札开，兵司案呈，照得吉林幅员虽广，而各处驻扎兵丁犄角相连，势颇不弱，该统领等果能认真巡缉，何致盗案迭出。乃近年以来，有被盗之家已报到官，该管将弁畏吏议而讳匿不报者；有未及报案，贼在咫尺故作不知者；甚或有探之贼不敢往拿反先逃避者。种种玩法，实堪痛恨，因此盗匪愈积愈多，肆行抢劫。若不严定章程，何以清盗源而整捕务。合亟札饬，札到该统领等查照札内事理立即遵照。嗣后凡有被盗之家，一经报案或尚未报案，该统带等探听得实，无论是否本队该管界内，必须不分畛域星夜驰往剿捕，一面飞速呈报，倘各该队所管界内实系有贼，（朕）[胆]敢扶同讳饰及化大为小、掩败为胜，或以山深林密不能究追捏词禀复，一经本将军副都统查出，或被告发事在三月以后者，定将该统带等及队官兵弁分别严参治罪。如果各队管界内半年之内并无抢劫之案，即将该营将弁各记大功一次，一年之久安堵如常，将官分别保折，兵丁一律奖赏，以示惩劝。所有各该营驻扎所管界址四至，并屯社里数，仰即先行分析开写，据实呈报，以凭查核，免至临时推诿。等因准此，除分行一体遵办外，理合备文咨呈，为此合呈贵衙门，请烦查照，希将该城练防及各队官兵，指在何所驻扎、分为几处、距城远近里数、集镇地名，逐一分析查明，迅速见复，以备转详查核施行。等因前来，相应呈请札饬珲春协领遵照文内事理，即行查明呈报前来，以备转详可也。须至札者。

右札珲春协领遵此

宁古塔副都统衙门为查明剿匪情况的札文
光绪三年八月二十一日

副都统衙门　为饬知事。　左司案呈：本年八月初一日准钦命署理吉林等处地方将军盛京刑部大堂铭吉林副都统头品顶戴裴凌阿巴图鲁玉咨开，照得前因各处贼匪肆[虐]，经本将军副都统派兵剿捕，虽据各队带兵员弁迭获胜仗，而生擒匪犯解省审办者甚属寥[寥]，仅以临时击毙若干名空文呈报，其中虚冒邀功恐所不免，亟应通饬查明，以昭核实。相应备文咨会，为此合咨（下缺）。

全营翼长为分发队伍驻防各处以防盗匪的照会
光绪三年十二月十四日

奏派办理吉林军务全营翼长头品顶戴记名副都统博奇巴图鲁德[为]照会事。于十一月二十三日据宁古塔副都统衙门咨开，左司案呈：窃维官军自春徂夏剿办，贼氛虽较敛迹，且现届江河封固，道途四通，宵小最易窃发。自就将队伍分发集镇村乡及通衢路径，常川驻守，严加防范，使盗匪知所儆畏方昭核实。兹查前在南北两路巡捕驻扎马步各队均因秋令（下缺）。

吉林将军衙门为令统领双寿带队前往宁古塔、珲春等处巡缉盗匪的札文
光绪四年九月

为札饬事。照得吉省盗匪肆扰为害闾阎已非一日，现经本署将军饬派各统领带队进山搜剿，渐就肃清，虽有零星余孽，均有官兵扼要驻扎，不难悉数就擒。惟查宁古塔与珲春地方离省较远，该处山林丛杂，道路纷歧，盗贼恃为逋逃渊薮，时复结伙窜逃。且地近俄疆，一经截击，即行窜逸彼处，致滋口实。各该城练队不敷分布，时有顾此失彼之虞，自应添队援剿，合行札饬，札到该统领即便遵照，酌带所部官兵星驰前往宁古塔、珲春一带，实力巡缉。如有匪徒窜出，即行截击，毋任蔓延为患。切切，特札。

一札头二起马队统领双寿准此

吉林将军衙门为将蛤马塘突出贼匪扼要堵击毋任窜越俄界的札文
光绪五年五月

为饬知事。案据署珲春协领瑚图哩以据练队领催永和报称，四月十日，嘎雅河地方有由蛤马塘突出马贼二十余人，到彼抢去马三匹，往大荒驮道沟等处窜扰等情，当即飞饬委参领德玉探明堵击，勿任窜越俄界。因查珲春地面辽阔，仅有马队五十一员名，倘有紧急，恐有寡不敌众之虞。可否仍拨队助防，抑或发给盐粮，便再传集兵丹操防等情呈报前来。查省城及各处练队均行派赴搜山，所剩无多，固属无可分拨，而库款支绌，更难再行发饷添练。好在太平、桦皮等沟业已饬派专队搜剿，该处仅止堵截兵力，可以节省。除饬知全营翼长外，合行札饬，札到该协领即便遵照，转饬德玉扼要堵御勿任窜越。至此件公文系于四月三十日由珲春发递，于五月十一日始行到省，似此要件何以迟延多日，应即挨站查明。嗣后如有关军务重情，须于封面注写明白，到即递送，勿得延搁，致干查究。切切，特札。

札全营翼长德署珲春协领瑚图哩准此

宁古塔副都统衙门为暂停会哨以重防剿的札文
光绪六年四月十六日

副都统衙门　为饬知事。左司案呈：于本年三月二十九日准将军衙门咨开，兵司案呈，于本年三月二十一日本衙门附片具奏，再查吉林宁古塔、三姓各该副都统每届夏季，循例带兵进山会哨巡查一次。前因防剿吃紧，奏明饬派马步各队进山搜捕余匪，并咨札各副都统、协领等一体派兵会合兜拿，暂停会哨各等因，奉旨允准，钦遵办理在案。兹届夏令，查各城山场辽阔，恐有败逃余匪复入潜藏。是以奴才等分拨

骁勇统领吉升阿、委营总祥魁等督带马步兵勇入山认真搜捕，并咨札各副都统、协领等，一体派兵会合兜拿，务期净绝根株，毋留余孽，以清边圉。现当剿捕吃紧之际，所有吉林、宁古塔、三姓该副都统夏季循例入山会哨巡查之差，若仍分带将前往，诚恐队伍不敷分拨。地方即觉（缺文）饷糈难支，应相应援案请旨，仍令该副都统等暂停会哨，以节虚糜而资巡缉，是否有当，谨附片具陈，伏乞圣鉴。谨奏。除俟奉到谕旨另行恭录咨报外，合先照抄原片，呈请咨报户、兵部查核外，相应呈请咨行宁古塔副都统衙门查照可也。等因前来，相应呈请札饬珲春协领遵照可也。须至札者。

右札珲春协领遵此

吉林将军为侦拿匪徒林什长的咨文
光绪八年四月二十五日

钦命镇守吉林等处地方将军兼理打牲乌拉拣选官员等事铭
钦命头品顶戴督办吉林边务宜思特赫恩巴图鲁长 为咨行事。窃照本督办将军风闻匪徒林什长一名，从前在营当差，随后出营盘踞塔城一带，往来珲春等处，勾结党羽肆行劫掠，为害已历多年，居民畏之如虎。其各将领之声威，殆不若该匪之赫赫也。若不赶紧诛灭，何以安良善而靖边陲。除密札全营翼长、（翼）各路统领遵照，探访明确，暗派精壮妥弁，不动声色设法锁拿，解省严行审办以儆奸邪，倘办理不密致该匪潜逃，即（为）［惟］该统领是问，幸勿疏忽外，相应备文咨行贵帮办，请烦查照施行。须至移者。

右咨珲春大人

练军统领为移交匪犯事的移文
光绪八年四月二十五日

珲春副都统左司统领吉林卫字练军马步全军湖广督标补用协镇郭　为移交匪犯事。照得本月十九日，商民贾明銮在盘岭遇劫一案。据报，胡匪三人，带有刀二把，于戮伤贾明銮抢劫财物后，即行逃。二十日奉副宪面谕，派弁严缉。本统领当即密派四营官弁，分路四搜。（下缺）

珲春副都统为营务处倭兴额、恩玉拒匪护折酌给保奖的咨文
光绪十年九月初十日

为咨请事。据营务处差委委员已革四等侍卫倭兴额、办事官云骑尉恩玉等禀称：窃倭兴额等奉派赴京赍送谢恩折件。于六月初一日由营起程，于七月初六日巳刻时分，行至玉田县界两甲店东南里许，由路北芝麻地内突出步贼三名，各持洋枪等械迎面施放。恩玉在车外不及躲闪，中左额角、嗓右、

左目下、左腮边、鼻孔、嘴唇、胸前共受枪砂伤七处，血出不止。急放手枪抵御，贼复放枪拒敌，彼此连放数枪，贼始逃散。追击半里许，贼各分窜，折件幸未被劫。恩玉受伤甚重，不能前进，随即报知该处乡保转报知县。该县官于是日亥刻赶至两甲店验看恩玉之伤痕，次日清早亲临打仗地方验看，芝麻地内有贼匪遗下药条两枚，铜帽两个，枪砂数粒，道上有恩玉血迹，并枪砂、铜帽等物。验毕将恩玉抬至该县城外寓所，延医调治枪伤，倭兴额独自赴京赍送折件。于七月十二日该县将贼匪三名全数缉获，问明确供报省。七月十六日倭兴额由京旋回该县，恩玉伤痕医治稍愈，当即裹疮一同旋回。行至锦州城里伤口复发，又将养半月有余，始痊愈，就道旋回销差。除被劫受伤耽误限期大概情形随时报明外，理合详细禀明，伏乞鉴核施行等情。据此，查该二员奉委赍折，于中途遇匪三人持枪攒击，该云骑尉恩玉身受重伤，犹复执持手枪拚死力拒，卒能击散匪党，保护折件，幸未损失，其慎重公务，奋不顾身，虽非从事疆场，实与战阵受伤力敌退贼者无异，其应如何酌给保奖以昭激劝而鼓众心之处，理合咨明贵督办爵将军，请烦查核施行。须至咨者。

右咨吉林将军

（六）军 火 军 马

珲春协领为如数接到省拨火药等项事的呈文
咸丰十年

为呈报事。接准副都统衙门札开，右司案呈：准将军衙门咨开，工司案呈，准承办处移开，准宁古塔副〔统〕衙门咨，据珲春协领台报称，现据乌拉头起头扎兰委官书成阿、三起头扎兰委官霍松武等禀称，各扎兰原领烘药十两零、火药三十斤、条铅五十余斤、枪绳四十余盘。自闰三月初旬抵至珲春，除将二起牲丁调赴东路佛多石地方屯扎外，将头起、三起牲丁调赴珠伦吞扎以来，各将管带牲丁每月操演五次。兹届夷船出没，海防吃紧之际，所有各路隘口分防之委官领催、丁壮等俱各满携烘药、火药、铅丸、枪绳去讫。现查各扎兰实存铅丸、火药十来斤不等，所存枪绳、烘药亦属无几。若不报明请领，诚恐接续不及临期有误。谨将管带头起、三起牲丁应需火药等项，禀请发给等情。据此复核该丁等所持鸟枪一百四十四杆，拟照每杆拨给火药一斤、烘药一钱六分，共计火药一百四十四斤、烘药二十三两，暂由备存项下动给外，惟本处前后领到铅丸、火药现存无几，相应呈请副都统衙门查核转咨前来。该署协领台所称协防牲丁应需火药一百四十四斤、烘药二十三两，既由该处备存项下动给，而珲春现存为数无几，实不敷备防之需，相应呈请咨报将军衙门酌拨。如蒙允准，即请饬发领饷佐领常伸等管解前来，以便转发等因。当奉宪批赶紧酌拨等谕。遵查乌拉协防牲丁应需火药一百四十四斤、烘药二十三两，业由珲春备存项下垫发不计外，其沿海现有夷人占据，得便即须歼除，利器允宜宽备，以期临事应手。而本衙门前经拨置鸟枪四百杆、抬枪三十杆。兹据添请窍料，每杆再按百出拨给火药等项，并饬宁古塔佐领常伸等领解投交该副都统衙门，另行派官转运之处，合亟备文移付工司查核办理，仍希见复可也。等因移付前来，当由捐制项下动给火药九百三十七斤八两、烘药九斤六两、火绳四百九十丈、铅一千二百七十五斤，如数饬交宁古塔佐领常伸解投该副都统衙门，另派官兵运交珲春协领妥为收存，以备折冲所需，万不可任其操演浮费，转或临事措手，致误机宜。除札珲春署协领台遵照外，相应呈请咨行宁古塔副都统衙门遵照办理可也。等因前来，当即札署珲春协领在案。今将佐领常伸由省领到该处沿海设防乌拉牲丁拨给应需火药九百三十七斤八两、烘药九斤六两、火绳四百九十丈、铅一千二百七十五斤，饬派委官寿林等，迅速转解往运。俟该员弁运解到日，署协领刻即照数接收呈报。立待咨报之处，呈请札饬遵照等情。据此拟令札饬可也。等因前来，兹于九月二十九日据塔城委官寿林送到由省拨给应需火药、烘药、火绳、条铅，俱以如数接收之处，理合备文呈报可也。

珲春协领为将购买火药借支银呈还的呈文
咸丰十一年

为呈送银两事。案查前准副都统衙门札开，右司案呈：据左司移开，本年六月初十日据署珲春协领台报呈，兹经夷船临境，正是海防吃紧之际，而兵丹等所用火药，最为要需。惟查历年由省领来火药，除团练需用外，现今库存无几，实系不敷应用。若不预先备用，现今夷人在海岛造作小船，必有登岸之意，倘或该夷船支多来，拥众登岸，尤恐致误事机。是以呈请衙门就近带买铺户火药五百斤、开源烘药二十斤，速为发给，以为防守之需，望速，不致有误为要。现将买药银两若干，由本处领饷银内如数扣晋之处，理合备文飞报副都统衙门查核急发可也。等因呈请前来。查该协领请为就近购买铺市火药，自系因以急需起见，合亟饬役于三街铺户购得火药四百六十七斤，每斤计钱五百文，合钱二百三十三吊五百文；烘药十六斤，每斤计钱三吊，共合钱四十八吊；大小篓五个，用钱五吊九百文；车脚用钱二十五吊，共计用钱三百一十二吊四百文。除移付右司遵照此项需用钱文暂由库存项下垫办借支，一俟珲春关领饷银到日如数扣晋归款外，将火药等物点交赴珲春协防去之云骑尉景武德等一并就便妥慎携往之处，相应移付右司查照可也。等因移付前来。据此合将珲春地方呈请就近购买火药、烘药等物共计需用钱三百一十二吊四百文，理合照数支给。详查库存钱项无几，是以按照街市银行时价，每两依二吊七百五十文核计，折银一百一十三两六钱。暂由库存减平项下发交左司，以抵药价之需。此项动支银一百一十三两六钱，呈请札署珲春协领，俟有差便，备齐呈送前来，立待归还原款之处，相应札知遵照等情。据此拟合札署珲春协领遵照可也。等因来札在案。现将珲春备办火药动支银一百一十三两六钱，饬交关领俸饷去之云骑尉丁柱等呈送之处，拟合备文呈报可也。

吉林将军衙门为咨札各处听候领马及分拨马匹数目的札文
同治元年七月初九日

将军衙门　为预行札饬事。兵司案呈：案查前经本衙门奏添设官马千匹，分拨内外城各处，专备官兵西丹演练枪箭、巡边捕盗，并请由黑龙江代办购买，就驿拨发等情，当经通咨在案。兹准黑龙江将军衙门咨开，遵奉部咨饬，据呼伦贝尔署总管声请遵札备买吉林官马千匹，虽已购买足额，奈因去冬雪大，今春融化过迟，现届青草萌生，马匹尚未得膘，可否缓俟秋令得膘，再行派员分解等因，据情咨商前来。查来咨既称冬令雪大，融化较迟，草萌未久，马匹膘分不足，自应缓至秋成方昭慎重。除已咨复外，查马至千匹，为数甚巨，若拟一同行走，断难照料。因拟分为五起，每起二百匹，各间二日由驿行走。并按照各处兵之多寡、差之繁简，均匀分派。录单仍拟由宁古塔、珲春、三姓、阿勒楚喀、拉林、双城堡各派俸官一员，酌带兵丁，听候省文领马日期，即至讷城守候，俟马群到时，照依定数就近拨发。其头起解马官即在讷城守候，四五起马到时，每起分为两起，间一日行走各情及应派各员胪列名单，合并声明。递奉宪允准饬派协领三隆带虚衔官二员、领催一名、兵五名，总理解马事务。尽衔参领也要阿、佐领魁忠、常魁、骁骑校满仓等各带虚衔官二员、领催各一名、披甲各四名，伯都讷防御寿保由该处挑选通晓蒙语虚衔官二员、领催一名、披甲四名，以备沿途护解马匹等谕，遵此。除将分拨各城马匹数目照抄粘单，咨札宁古塔、珲春、三姓、阿拉楚喀、拉林、双城堡、乌拉、伊通、额穆赫索罗等处遵照，即由各该处照数先行拨派俸官，酌带兵丁听候，毋得临迩迟误。并札总理协领三隆，一俟江省知会买马准期，即携带马印督饬各员前往守候。迨领兑时，务须报明龙江委员及本省解马官，按匹验明口齿、毛片，择其口轻壮实烙补印记，造册饬交各官，按起前进。仍严饬解马官兵要沿途小心护解，不准借端滋扰需索。倘该官兵等漫不经心或有丢失病乏倒毙情事，即令该解员赔补，仍行严参不贷。暨札北路驿站监督，转饬各站每拨丁役十名，帮同更替护送。所有应需草料，遵照奏定章程由驿供应，万勿缺乏。各站除草料外，断不准滥行支应。所有解马官兵应支俸饷及马到省分发以前应需草料，移付户司酌核办理。相应呈请咨行伯都讷副都统衙门遵照，即由该处挑派通晓蒙语虚衔官二员、领催一名、兵四名，并防御寿保一并饬令束装，守候秋令省员到时，同往领马。并咨行黑龙江将军衙门查照，俟领马有期，希为转饬所属各台一体照办可也。等因前来，相应札饬珲春协领遵照可也。须至札者。

谨将各处应拨马匹数目开列于后。

计开

镶黄旗应拨马三十五匹

正黄旗

正白旗　　应拨马三十五匹

正红旗　　应拨马三十五匹

镶白旗　　应拨马三十五匹

镶红旗　　应拨马三十五匹

正蓝旗　　应拨马三十五匹

镶蓝旗　　应拨马三十五匹

蒙古旗　　应拨马五十六匹

鸟枪营　　应拨马六十六匹

乌拉　　　应拨马六十四匹

伊通　　　应拨马二十二匹

额穆赫索罗　应拨马十二匹

宁古塔　　应拨马一百十匹

珲春　　　应拨马六十匹

伯都讷　　应拨马七十匹

三姓　　　应拨马一百三十匹

阿拉楚喀　应拨马六十匹

拉林　　　应拨马四十匹

双城堡　　应拨马三十匹

吉林将军衙门为精心喂养各存官马以资备用事的札文
同治六年十二月

为札遵照事。案查前调征兵一千五百名业已启程，所有本省各处存营兵数及留练马匹，均各不敷前操定拨之数，兼因西界屡有审逆到处劫掠，仍恐致起萌患，自应仍照前奏一体照数备防，以期缓急调拨应用等因。随照通省现存官兵多寡，均匀分拨数目，挑选齐备，如有紧急以期调拨。所有挑练官兵仍饬令各在各界常川巡防搜剿，所有马乾仍照前定数目按月给发，至该备练官兵如有调用，亟宜一呼而至，马匹务须精心喂养等因。前已行令各处一体遵办在案。兹查各处现存马匹，照依现挑拨演练千名兵数，均已足敷千匹乘用。惟各该处现捐马匹及征兵乘骑底马，余出官马统盘合计尚有余存之马，均应查出确数以资抵备。第该征兵需乘底马，本将军亦格外体恤，发给马价。除通省演练官兵乘骑官马一千匹，仍照发给马乾外，所有各处余存官马，各该处即应精心喂养，以资备用。惟查从前发拨各旗营喂养官马，竟致疲倒不敷原额，本应查明着赔，本将军姑念各处苦累，是以宽其既往。故将现在捐得马匹补足其数，经此次补足清理之后，各该处务当深体本将军宽往之恩，激发天良，各将存养马匹亟宜精心喂养，不得再令疲倒。倘再仍前漫不经心，定行责赔，决不姑宽。查宁古塔应练官兵一百名，现存官马一百三十四匹，尚存余马三十四匹。珲春应练官兵五十名，现存官马六十匹，尚存余马十匹。伯都讷应练官兵一百名，现存官马连征兵乘骑底马、余出官马共一百三十匹，内又除拨伯德讷等三站马十五匹外，尚存余马十五匹。阿勒楚喀应练官兵七十名，现存官马七十匹，并无余马。拉林应练官兵四十名，现存官马连征兵乘骑底马、余出官马共六十七匹。三姓现存官马一百匹，尚存余马二十七匹。双城堡应练官兵四十名，现存官马及价买马二十匹，尚存余马二十匹。乌拉应练官兵五十名，现存官马五十匹，并无存马。伊通应练官兵四十名，现存官马四十匹，并无余马。额穆赫索罗应挑侦探官兵十名，现存官马十匹，又剿贼夺获马四匹，尚存余马四匹。以上各外城除演练官兵应乘官马六百匹外，尚存余马共一百一十匹。再本城十旗所欠额马现亦已经补足，除应练官兵乘骑马四百匹外，现在十旗外存官马五十六匹，又交暂行喂养马四十匹。第此项余马捐非易易，虽无发给马乾，是从前之额缺马匹未令赔补，各该处咸宜深知本将军清净地面，用筹防侮之苦心。所有此项余马喂养草料，各该处仍必须自行酌筹，精心喂养以资抵备，万不得以无支领项任令疲瘦，是良法美意竟作无益之论也。各宜懔遵毋违。相应呈请咨行宁古塔、伯都讷、三姓、阿勒楚喀副都统等衙门，暨札饬双城堡总管、十旗、珲春、乌拉、拉林、伊通、额穆赫索罗协参、佐领等一体遵照办理可也。须至咨札者。

札珲春协领遵此

吉林将军衙门为查明珲春新添卡台名目及添用马匹数目事的咨文
同治七年十二月

为咨查事。本年十一月十五日，准兵部咨开，车驾司案呈：准户部咨称，内阁抄出，吉林将军富　等奏，宁古塔所属珲春添立台卡，拨给官兵马匹一折，奉旨："该部知道。钦此。"查原奏内称，宁古塔所属珲春地方添设台卡，需用添设马六十三匹，仿照十旗官马倒毙章程十分倒一之例办理，知照兵部。等因前来。相应行文吉林将军，即将新添台卡名目及相距程途里数，并马匹毛片口齿先行分析造报本部查核。至买补倒毙马匹，亦应按年造册送部核销可也。等因前来。相应呈请咨行宁古塔副都统衙门，遵照部咨文内事理，即将宁古塔、珲春新添台卡名目以及相距程途里数，并马匹毛片口齿，速即查明造册咨报，以凭报部。并将添设台卡需用添设马六十三匹，仿照添设官马一千匹十分倒一章程，入于按年年终倒毙官马册内声明咨报，以凭报部可也。须至咨者。

右咨宁古塔副都统衙门

吉林将军衙门为通省额设官马派人分别查明的札文
同治十一年九月

为咨行事。案查遵照定章，驿站旗营额马有无缺额情弊，按年由省派员分往确查加结呈报，以凭年终汇奏等因，历办在案。兹查吉林通省前经奏添官马一千匹，分拨内外各城旗营喂养，以备演练。当拟拨吉林十旗官马四百匹，乌拉五十匹，伊通四十匹，额穆赫索罗十匹，伯都讷一百匹，宁古塔、三姓二处，除新拨五常堡外，各八十匹，阿勒楚喀七十匹，拉林、双城堡等二处，每处各四十匹，珲春五十匹，五常堡新添拨四十匹，共一千匹。并前拨五常堡演练所存余马六十四匹。当经行令各处，一体精心喂养，不准任令疲瘦等因亦在案。现届年终，照例派员前往分查各边门、驿站等处仓粮及烙补牛马印记，并往查珲春、土门江。自应将各处额设官马，饬令该员等就便查明。有无缺额烙补印记，一并结报。仍仿照驿马章程，由该管官加结册报，以凭核办之处。除札饬尽先佐领花翎防御连春遵照，就便前往三姓、伯都讷、阿勒楚喀、拉林、双城堡、五常堡、乌拉等处，并札饬防御常春遵照，即行前往宁古塔、珲春、额穆赫索罗、伊通河等处，即将各该处额设官马，逐一认真查明。有无疲瘦缺额，按匹烙补印记，确实结报，勿稍含混瞻徇外，相应呈请咨行宁古塔、伯都讷、三姓、阿勒楚喀副都统衙门，札饬双城堡总管，乌拉、五常堡、拉林协领，伊通、额穆赫索罗佐领等遵照。俟该委员等到日，将额设官马烙补印记，即行随时加结册报。倘有疲瘦缺额，定干查究可也。须至咨者。

札珲春协领遵此

吉林将军衙门为将额设官马查明烙补印记事的札文

同治十二年十月

为咨行事。案查遵照定章，驿站、旗营额马有无缺额情弊，按年由省派员分往确查加结呈报，以凭年终汇奏等因。历办在案。兹查吉林通省前经奏添官马一千匹，分拨内外各城旗营喂养，以备演练。当拟拨吉林十旗官马四百匹，乌拉五十匹，伊通四十匹，额穆赫索罗十匹，伯都讷一百匹，宁古塔、三姓等二处除新拨归五常堡马各二十匹外，每处各八十匹，阿勒楚喀七十匹，拉林、双城堡等二处每处各四十匹，珲春五十匹，五常堡四十匹，共一千匹。并前拨五常堡演练所存余马六十四匹，当经行令各处一体精心喂养，不准任令疲瘦等因，亦在案。现届年终，照例派员前往分查各边门、驿站等处仓粮及烙补牛马印记，并往查珲春、图们江。自应将各处额设官马饬令该员等就便查明，有无缺额烙补印记一并结报。仍仿照驿马章程由该管官加结册报，以凭核办之处，除札饬花翎佐领连春遵照，就便前往三姓、伯都讷、阿勒楚喀、拉林、双城堡、五常堡、乌拉等处，并札饬蓝翎防御艾隆阿遵照，即行前往宁古塔、珲春、额穆赫索罗、伊通河等处，即将各该处额设官马逐一认真查明，有无疲瘦缺额，按匹烙补印记，勿稍含混瞻徇外，相应呈请咨行宁古塔、伯都讷、三姓、阿勒楚喀副都统衙门，札饬双城堡总管、乌拉、五常堡、拉林协领，伊通、额穆赫索罗佐领等遵照。俟该委员等到日，将额设官马烙补印记，即行随时加结册报，倘有疲瘦缺额，定干查究可也。须至咨者。

札珲春协领遵此

珲春协领为领到洋枪火药等项事的呈文

光绪四年二月

为迅速呈报事　于本年二月初七日蒙将军衙门札开，工司案呈：兹据珲春协领讷　报称，遵奉将军衙门札文内开，拟给珲春洋枪三十五杆以及洋药等项，饬令派员关领。等因。遵将此项洋药等项，呈请饬交因公赴省关领盐乾去之领催委骁骑校英海，就便承领之处，理合呈报将军衙门查核发给可也。等因前来。随即按照拟拨数目发给带刀洋枪十杆、带刺洋枪二十五杆、撒袋三十五副、炮台三十个、母子二个、刀套十个、钥匙六个。应需洋药拟自本年正月初一日起至十月底止核计十个月内，扣除小建外，按照搏节章程，每兵每日一出，每出洋药三钱、铜帽一粒，间九日加添铅丸打靶一次，每出洋铅丸四钱八分。共应发给洋药一百九十三斤九两五钱、洋枪丸三十一斤八两、洋铜帽一万零三百二十五粒，如数饬交领催委骁骑校英海承领去讫。相应呈请札饬珲春协领遵照，一俟差员解到时查收见复可也。等因蒙此，遵查领催委骁骑校英海领到带刀洋枪十杆、带刺洋枪二十五杆、撒袋三十五副、炮台三十个、母子二个、刀套十个、钥匙六个、洋药一百九十三斤九两五钱、洋铅丸三十一斤八两、洋铜帽一万零三百二十五粒。于本年二月十七日如数查收，拨给练队承领照章演练之处，除呈报副都统衙门查核外，暨呈报将军衙门查核可也。

吉林将军衙门为拨给珲春战马五十匹事的札文
光绪六年六月初三日

将军衙门　为札饬事。兵司案呈：案照本衙门现由调到战马内挑拨膘壮马五十匹，配齐骑鞍五十盘，发交珲春差官防御春全、委防御成玉等，于六月初二日具呈承领，饬其赶紧解回以备演练。相应呈请札饬珲春协领遵照派兵接解收领，随时造具马匹毛片、口齿清册呈复。并札饬全营翼长德　遵照转饬经过沿途带队各官一体照料护送，以昭慎重。暨相应呈请札饬珲春协领遵照可也。须至札者。

右札珲春协领遵此

珲春副都统衙门为拨发枪械火药等项事的札文
光绪六年六月二十五日

副都统衙门　为札饬遵照事。右司案呈：准将军衙门咨开，工司案呈，案准兵部移称，本年四月二十三日据署珲春协领瑚图哩呈称报，防范俄夷挑备兵丹二百五十名，添练马队五十名，共计新陈马步队兵丹三百五十员名。呈请洋枪一百杆、鸟枪五十杆以及军火，饬交赴省关领俸饷之防御春全承领各情。呈请将军衙门查核前来。当奉宪谕，查该署协领所请各节系为边防急务，亟应克期拨解供要需。惟应需军火枪械已饬工司，由库查拨。俟防御春全抵省时饬交承领等谕，遵此相应移付工司查照可也。等因前来，又准宁古塔副都统衙门咨开，据署珲春协领瑚图哩呈称，窃查本处练兵五十名、鸟枪五十杆，请自本年正月初一日起，至十二月底止，请领十二个月演练药铅。又据另文声请添练护城兵丁五十名防守街面，按日照章演练。并佐领委参领德玉带队，在托沟等处搜山三次，共计动用备防火药五百二十斤零四两、烘药十二斤三两四钱五分、铅丸五百三十四斤三两八钱、火绳六百四十九盘二丈一尺。又据声称，洋枪三十五杆，请自去岁七月初一起，至十二月底止，（计）［共］计请七个月演练药铅等项，饬派赴省领饷去之防御春全、委笔贴式庆贵承领之处，理合呈请副都统衙门查核转咨各等因咨请前来。详查珲春地面挑练兵丹防范俄夷，请领鸟（领）枪五十杆、洋枪一百杆。惟查库存洋枪不敷发放，拟拨洋枪五十杆、鸟枪一百杆。当即陈明，蒙军宪允准，随按枪一百杆，拟自六月初一日起，明年五月底止，扣除小建六日，发给十二个月火药六百六十三斤十二两、烘药六斤十两二钱、铅丸九十四斤八两、火绳一千零一十九盘一丈二尺。发给带刺洋枪五十杆、火药五十分、撒袋三十分、背皮二十分、钥匙五把、模子五把。缘大铜帽库存无多，拟自六月初一日起，至八月底止，扣除小建一日，拨给三个月洋药八十三斤七两、洋（钱）[铅]丸四百五十粒、洋铜帽四千四百五十粒。其动用备防火药等项，系添练兵丁五十名，保卫街面及搜山所需，自应准如所请，如数拨给。至陈练官兵五十名内，除洋枪三十五杆外，按照鸟枪十五杆，拟自本年正月初一日起，至十二月底止，扣除小建五日，拨给十二个月火药九十九斤十三两五钱、烘药十五两九钱七分五厘、铅丸十四斤二两四钱、火绳一百五十三盘零九尺、洋枪三十五杆。拟自去岁七月初一日起，至十二月底止，扣除小建一日，拟给二个月洋药三十八斤十一两五（铅）[钱]、铜帽二千零六十（厘）[粒]、洋铅丸二百一十（厘）[粒]。以上军火，均按练[兵]章程拨给及补发备防，共计火药一千二百三十八斤十三两五钱、烘药十九斤十三两六钱二分五厘、铅丸六百四十二斤十四两二钱、火绳一千八百二十二盘零一丈七尺、洋药一百二十二斤二两五钱、洋铅丸六百六十六（厘）[粒]、洋铜帽六千五百（五百）一十五粒，如数饬交防御春全、委笔贴式庆贵承领去。相应呈请咨行贵副都统衙门查照，希即转饬珲春协领遵照。俟该员到时，务将洋药妥为撙节以济急需。俟由天津领到，咨明请领再行畅练。此项药铅解到接收，声复可也。等因前来，相应呈请札饬珲春协领遵照，俟将此项铅丸、火药等项接收到日，速即见复可也。须至札者。

右札珲春协领遵此

珲春防御为领到马匹鞍鞴事的结呈文
光绪六年六月

珲春 左翼防御奖赏蓝翎春全 等　为出具就便呈领马匹鞍鞴事。今蒙贵将军衙门发给春城新队官马五十匹，新全鞍子五十盘，饬职照数领讫，并无亏短之处，为此出具画押切结是实。

吉林将军衙门为奏拨战马解到一折奉旨事的札文
光绪六年七月初五日

将军衙门咨开，司案呈：本年五月二十二日本将军附片具奏。再奴才前因添练马队奏请调察哈尔、锦州牧群内战马各五百匹，以咨应用等因，钦[奉]谕旨饬拨在案。兹锦州、大凌河委员翼领乌林春等，将应解战马五百匹解送前来，行抵开原地方，病毙一匹，其余四百九十九匹即于五月初五、初六等日陆续解到。又据察哈尔委员护军校桑都克、多尔济等解送商都、太仆等两翼牧群战马五百匹，于五月十五、十六等日陆续解到。随经奴才亲加验收，均堪乘。惟丹勇尚未起练，调到战马未便缺食，应即先发马乾，分饬各旗站暂行喂养，拟请仿照同治五年前任吉林将军富□准演练停操章程，每马一匹日支乾银五分，先行按日发给，容俟丹勇起练之日发有盐粮马乾时，再喂养乾银停支。至此项喂养马乾银两，先由库存银饷下垫给，一俟饷银解到，再行拨还归入备防练饷案内核销。除将收到战马九百九十九匹造具马匹毛片、口齿数目清册咨送户、兵二部备核外，合将验收战马、发给马乾、暂行喂养各缘由谨附片陈明，伏乞圣鉴，谨奏等因。兹于六月初七日奉到回片，军机大臣奏旨："该部知道。钦此。"钦遵前来。除照抄原片恭录谕旨，并造具收到战马九百九十九匹毛色、口齿细册二本，呈请分行咨报户、兵部查核外，相应呈请咨行宁古塔副都统衙门查照可也。等因前来，相应呈请札饬珲春协领遵照可也，须至札者。

右札珲春协领遵此

宁古塔副都统衙门为拨给珲春战马一百五十匹事的札文

光绪六年七月二十日

副都统衙门　为饬知事。左司案呈：于本年七月初七日准边务文案处移开，案照前往军宪奏准由察哈尔、大凌河牧群内，各拨战马五百匹，业准各该处派员先后解送到吉，分饬旗站牧养在案。现在各城兵员均已挑备，所有此项马匹，除先已拨给珲春并郭副将各五十匹外，现奉宪谕拨往宁古塔二百五十匹、三姓四百匹，添拨珲春一百五十匹，饬司派员解送等因。当经敝处呈稿咨札各该处，将解去马匹设法喂养，令其熟悉水草，免致临时贻误。仍照省章每日每匹支给马乾银五分，先行筹垫汇□请领，一俟督练之员到日，即行交营以资乘骑。相应备文移付，为此合咨移兵司，请烦查照。希即派员分别解往施行，等因移付前来。查此项拨解战马八百匹，着由贵城另行派员分解各城，未免多需时日，拟即饬派牧马委员就近分往解送。除将派解三姓战马四百匹札派云骑尉连春、春寿二员，就近在各牧群内照数拨齐，分为两起由站径行解三姓，毋得瘦瘸。其余应拨宁古塔战马二百五十匹，札派云骑尉穆克登额作为一起前往解送。拨给珲春战马一百匹，札派骁骑校德桂作为一起，即行解送。所有应拨塔、春二处战马，即由穆克登额等将拨给三姓战马四百匹外，余即押解来省，再由十旗喂养马内照数挑齐，分往解送。除札饬云骑尉连春、春寿、穆克登额，骁骑（尉）[校]德桂等遵照，于文到日，刻即照数拨给，由站前进分赴解送。仍须沿途小心护解，毋致瘦瘸，并札饬西北两路驿站监督遵照转饬过各站查照喂养马匹章程，每马日支银五分，先期备办草料，毋得临时贻误致干查究，仍出派妥干丁役，按站帮同护送，毋得疏虞，暨札饬全营翼长德刘等，一体拨派兵役按段护送外，相应呈请咨行宁古塔副都统照行查照，一俟此项马匹解到，照数验收见付可也。等因前来，相应呈请札饬珲春协领遵照可也。须至札者。

右札珲春协领遵此

练军统领郭长云为俟省拨枪械到后即还原借军械的移文
光绪六年十一月初八日

统领吉林卫字练军马步全军、湖广督标、补用协镇郭　为移复事。月初七日准贵协领移开：兹经贵处军火枪炮等械俱已到齐，是以祈将以前由本处挑选兵丹等带去军火枪械及由衙门借调洋械等项，逐一点交各该旗掌档官员等收领，以备本处防范地面等情。移付查核，如数发交，祈将军火器械等件数目粘连附尾，移送前来，以凭核收。等因，准此，敝军前由贵衙门借来军火枪械暨由省领到军枪等件，当以时届冬防，俱经尽数给发各营弁勇领讫，以资操练而备仓猝。查省中应发之洋械等件，前解尚未到齐，一俟运解来军，所有原借军械数目定即移交贵协领衙门核收，决无致误。兹准前因，拟合移复，为此合移贵协领，请烦查照施行。再查敝军前因移付西丹、勇丁内有老弱疾病、游手无能不堪操遣应行更补者，迭经移催贵协领衙门更传饬补各在案，迄今未准照送，拟合再行移催。希转饬各扎兰迅将应行更补西丹名数一律传齐，仍须挑选年力精壮、能耐劳苦者移送来军，俾得汰弱补强以咨操练。事关军政，望速施行。须至移者。

右移珲春协领二品顶戴博奇巴图鲁德

宁古塔副都统为抄录练军酌改马步营制、筹拨军火价银一折知照的札文及奏折
光绪六年十一月二十日

副都统衙门　为饬知事。左司案呈：于本年十一月初七日准钦命镇守吉林地方将军铭帮办吉林边务事宜吴咨开，案照本将军帮办于光绪六年十月二十日由驿驰奏，为吉省添练马步各军，檄委统领分扎各防，已于八、九两月一律成军。并酌改马步营制，筹拨军火价银（缺文）一折，除俟奉到谕旨，再行恭录咨行外，相应抄折咨行。为此合咨贵副都〔统〕，请烦查照施行。等因前来，相应呈请札饬珲春协领遵照可也。特札。

右札珲春协领遵此

粘单

奏为吉省添练马步各军，檄委统领分扎各防，已于八、九两月一律成军。并拟酌改马步营制，筹拨军火价银各事宜，恭折驰陈，仰祈圣鉴事。窃臣等先后奏请添练马步队五千人，每年增拨防饷银五十万，仰蒙饬部核议，准如所请。自应钦遵迭次谕旨，赶紧起练成军，以期有备无患。臣等悉心筹议，博访周咨，窃维用兵之道，第一遴选将才，其次求营制、筹备军火，三

者废一不可。连年吉省起练各营，搜捕贼匪专以打仗奋勇为能，与湘淮各军扎营训练之方本不一律。所购洋枪以因饷项不充，未能广求利器。现在边防添练新军拨有专饷，自应集思广益，因时变通，以南勇之规模开北军之风气，庶使兵归实用，饷不虚糜，为边疆久远之图，即以备国家缓急之用。前议珲春起练卫字军马步一营、步队二营，檄委调之副将郭长云为统领，已于七月中到防，八月初募练成军。该副将才大心细，不辞艰苦，措置裕如。旋以宁古塔与珲春相距六百余里，中多山路，转饷运粮极形艰滞，声势未能联络，拟于珲、塔适中之地添扎马队一营以归郭长云统制，以资策应。又因三姓江防紧要，经臣吴　亲赴松花江下游相度形势，在三姓城东三十里之巴彦哈达择要驻扎，先行招练步队一营，已于八月初成军。其续募之步队二营、马队二营，由奏调之直隶候补直隶州知州戴宗骞在津挑选营哨各官，并带淮军中熟习洋操之教习兵勇三百余名，于八月中旬到吉添募西丹、民勇，以于九月初一律成军，前往三姓扎营驻守。以上绥字军马步五营，即委戴宗骞为统领。该牧久历戎行，熟谙营务，志趣才略，卓尔不群，必能尽心搜讨，精益求精。戴宗骞所带营官内有总兵衔副将刘超佩，久在淮军，转战有功，人亦朴诚干练。臣等再四筹商，即委刘超佩为宁古塔三营统领，檄令于九月内到防。该处起练马队一营、步队二营，先经宁古塔副都统德　就地挑选披甲、西丹，暂为演练。俟刘超佩行抵塔城，即交该副将接统。以上巩字军马步三营，亦于十月中成军。省城添练安字军马队一营，委前伯都讷协领富贵招募勇丹，督率训练，已于九月初成军。所有各军马队添购战马，尚未办齐，暂照现存马匹按日给发马乾，以昭核实。此巩、卫、绥、安四军马步十三营起练成军，分檄统领之实在情形也。从前湘军创立勇营，均经曾国藩、胡林翼切实讲求，随时增损，良法美意皆从历练中来。后来直隶练军章程亦经曾国藩详慎妥筹，参用湘淮旧章，酌中定制。曾国藩原奏谓文法宜简、事权（意）[宜]专、情意宜洽，实为军事中一定不易之理。如勇丁听什长之约束，什长听哨官之指麾，哨官听营官之调度，营官听统领之节制，平时思视相洽，临阵指臂相联，如子弟之卫父兄，手足之捍头目。而其要在统领得人，则各军就范，事事皆有条理。至挖壕兴垒、埋锅造饭不致散漫无稽，又能服习劳苦。是以各省绿营兵制，近多奏请仿照直隶练军，不为无见。吉省防军甫经创设，未便因循苟且，臣等力求实际，不厌周详，数月以来博采众论，略仿直隶练军章程，斟酌损益，与直隶督臣李　往复函商，折衷定议，谨拟马队、步队营制各八条，缮具清单，恭呈御览，并请饬部核议准行，俾无掣肘，此添练各军变通营制之实在情形也。至军火枪炮，以购自外洋者最为精利，然非仓猝可图。前经臣铭　奏请饬令天津机器局拨给军火，旋准直隶督臣李　筹拨十二磅来福开花铜炮六尊、恩费尔来福马枪六百杆、恩费尔来福兵枪一千杆、炮药三万磅、枪药二万七千磅。旋经臣吴　函属戴宗骞续购呍啫士得十三响马枪五百杆，又经李　续拨两磅后膛过山炮八尊、恩费尔兵栓八百杆、改造士力得兵枪二百杆、洋枪药一万八千磅。业经先后派员领解回吉，分拨各营。惟各项军火统共需用价值等银五万余两，均由李　饬领长芦运司于应解吉林俸饷项下分拨归款。查吉林本省俸饷积欠累累，艰绌万分，划此项巨款不能远筹归补，部中所拨本年防饷，尽敷各营薪水、口粮及旗帜、鞍辔、器械之用，并不宽裕。前由天津购（执）［置］军火价银实系无款拨还，相应开具清单，呈恳天恩饬部令行筹拨归款，以免顾此失彼之处，此筹购军火价银亟须弥补之实在情形也。至本省造办军械并三姓添设水关，以及各处建置炮台、营房、帐（栅）［蓬］、铁锄锣鼓、鞍辔一切制造之款，吉林边地商稀，诸物昂贵，非内省可比。若再拘定例价徒冀轻减，势必工料不坚，难期适用，恐致误事。（下缺）

练军统领为交还原借军械事的移文
光绪六年十二月初三日

统领吉林卫字练军马步全军、湖广督标、补用协镇郭　为移还军火事。案查敝统领自七月内开抵珲防，八月朔日起练成军。当因防务吃紧，应需军械等项未经解到，由贵协领衙门借拨枪炮药铅等件，分给马步勇丁执持佩带，以资防探在案。兹查敝军应领各项器械现已陆续由省运解到营，理合备文照数移还，为此合移，烦请贵协领照单查收，仍希见复施行。须至移交者。计粘单一纸。

右移珲春协领二品顶戴博奇巴图鲁德

谨将前后收到借拨军械数目开列于后

计开

八月初七日收洋炮二十五杆、洋撒袋二十五副、抱炮二十五杆、撒袋二十五副、烘药葫芦二十五个、子母一个、钥匙二把、火药二十五斤、烘药五两、铅丸三十二斤、洋药二十五斤、铜帽一千粒。九月初八日收到火药一百一十六斤、铅丸八十五斤、烘药一斤、火绳二百盘、抬枪十二杆、撒袋十二副。十二月初三日

吉林会办为派珲春协领德玉接收省拨军械事的札文
光绪六年十二月十五日

钦命会办吉林防守事宜、头品顶戴乌里雅苏台参赞大臣喜　为札饬事。照得本

大臣不日督运赴防，所有本营暨珲春防营应需军火各项，自应先期拨解以备急需。现饬军装局发交三等侍卫胡松阿、蓝翎长乌勒兴额、拜唐阿依利通阿号衣五百件、旗帜四十一面、带刺洋枪三百杆、九龙衣三百分、带鞘步刀二百把、矛头一百个、铁斧头镢头各四十个、大小锯各五条、铁锹四十把、铁锅四十六口、洋铅丸三十箱计九万九千粒、洋药三十箱计一千八百磅、铜帽一箱计四万五千颗、铜锣铜号陈鼓各一对、快枪八杆随带背袋药兜各八分子母四千七百七十个、大叶一千七百三十四斤、烘药二十斤。以上各项系发给珲春中路左营操防之需，又发洋药二十箱计一千二百磅、铜帽十箱计四十五万颗、洋铅丸九十箱计二十九万粒。以上各项，俟该侍卫等解到珲春，应饬左营［营官署协］领德玉照数点收。务觅宽敞地方妥为存储，听候（缺文）分拨，毋得任意动用。仍将各项军火查收，存（缺文）查照。惟洋枪军火采购匪易，解运甚难，该署协领（缺文）熟悉之中。铜帽、洋药仍须撙节使用，以备急需。除咨行依总统查照外，合就札行，为此札仰该营官德协领玉遵照毋违。特札。

右札仰营官德协领玉准此

全营翼长为转饬练队拨兵护送火药的照会

光绪七年正月初十日

奏派办理吉林军务全营翼长头品顶戴记名副都统博奇巴图鲁德　　为照会事。兹据贵处关领火药来
奏派办理吉林军务全营翼长二品顶戴花翎协领达春巴图鲁金

之云骑尉舒林、委笔贴式春英等呈称：窃职奉派赴省关领洋药等项，现已由库领出，定于本月二十六日由省启程旋回，沿途恐有疏虞，呈请拨兵护送等情，呈请前来。除分行外，理合备文照会贵协领衙门查照转饬练队，以俟军火车辆入境，饬派弁兵妥为迎接护解可也。须至照会者。

右照会珲春协领衙门

宁古塔副都统衙门为护解格林炮及一应什物的札文

光绪七年三月十三日

副都统衙门　为饬知事。左司案呈：于本年二月三十日准将军衙门咨开，兵司案呈，于本年二月十七日准神机营咨开，本营于光绪七年正月十二日准奏遵拨大臣喜　请调格林炮，并拟派官兵管带前往等因一折。本日奉旨："依议，钦此。"业经抄录原奏知照在案。兹查此项炮位什物等项，均已备齐，饬令委员博英、带队章京玉昌率领兵丁，于二月十二日由京启程前赴通州，会同通永练军官兵妥为护解，相应将一切炮位什物及该员等衔名、兵丁数目、携带行装等项斤重，开具清单咨行兵部。将该员等应需二套轿车二辆、四五套大车十八辆，行知顺天府照数预备。务于本月十一日送至本营署中交收，转发应用。并

饬知沿途经过地方一体应付车辆，并加派兵役帮同护解，用昭慎重。该员等应用勘合火牌，亦由兵部办妥。除分行外，相应咨行吉林将军查照办理可也。等因前来。查奏调此项炮位，前准神机营奏拨咨照，当经本衙门咨饬，并令预备车辆一体应付在案。兹准来咨，相应呈请再行抄单，札饬吉林全营翼长德金等遵转饬附驿驻扎各队，一俟此项炮位车辆抵境，即行出派官兵按段接替护送，毋稍疏虞。并札饬西路驿站监督等转饬各站派丁帮同护送，暨札饬吉林理事同知，准照转饬各牌，一俟此项炮位车辆抵境，一体照票应付车辆毋误外，相应呈请咨行宁古塔副都统衙门查照转饬练队前往接界处所守候，按段接替护解，毋稍疏虞可也。等因前来。相应呈请札饬珲春协领遵照可也。须至札者。

右札珲春协领遵此

粘单

格林炮四尊

铁里炮箱四支

铅箭铁筒箱四支

铅箭八千出随小箱八支

车轮十六个

四轮前车铁轴、锁练等项

四辆后车铁轴、铁朝天镫、拨棍等项

随炮机簧匣四个

备带各项家具大小拿子箱一双

珲春副都统为查明所属八旗额设现存各项军器册报的咨文
光绪七年

为查明造册咨报事。兹以本副都统转授珲春新设副都统之缺，所有任内咨报一切事宜，暂用统带行营木质关防等情，于七月十七日咨报在案。自本副都统接任视事后，即将所有仓粮银款、八旗员弁、军器枪炮等项逐一查点清楚，合将查明军器造具清册备文咨报。为此，咨报将军衙门查核施行。

珲春地方谨将所属八旗额设现存各项军装器械名目件数逐一查明列后。

计开

八旗现未到任佐领二员、未袭云骑尉一员、恩骑尉一员、骁骑校兼恩骑尉二员。开除出征领催一名，披甲十四名，带赴军营弓十五张、撒袋十五副、腰刀十五把、梅针箭七百七十根、帐房架、铜锅四口不计外，现任协领一员、佐领五员、防御委佐领二员、骑都尉一员、防御二员、云骑尉十一员、骁骑校八员、恩骑尉二员、八品荫监二员，盔甲三十四副，领催三十九名、披甲五百四十六名。开除备用盔甲一百七十副，内被水冲去盔甲九副，开除现存官兵盔甲一百九十五副。弓六百五十三张、撒袋六百十九副、腰刀六百十九把、梅针箭三万四千九百三十根、大纛十六杆、旗帜四十杆、长矛三百根、帐房一百四十六架、铜锅一百四十六口，俱以存放，并无亏短缺。

右司为查明所存练防洋药洋枪等项移交军火局存放的移文

右司案呈：为移付事。兹奉宪谕，着将本处所存练防洋药、洋枪等项如数查明，移交军火局查收存放等谕批交到司。遵将本处所存洋药六百七十三斤，计十箱十六盒；洋铅丸二千九百粒，计二箱；洋铜帽二万九千八百粒，计二十七盒零二千八百粒；洋枪五十三杆，内不堪用一杆；药兜四十五副、背皮十一条、洋刀九把、洋枪刺四十四个、钥匙三把、子母四个，俱以如数查明移交军火局查收见付可也。

珲春副都统衙门为呈报珲春地方额设各项军器数目的咨文

光绪八年

左司案呈：为查明造册咨报事。于本年五月初七日准将军衙门咨开，兵司案呈，于本年三月二十六日准兵部咨开，武库司案呈，所有前事一案，相应咨行该将军查照办理可也。计单开，为咨催事，前经本部具奏《军器则例》一书，自嘉庆十六年修辑以来，迄今六年余载，并未兴修。其中所载各省水陆营制、河海兵船及一切配造军械均应载入例内。又长江水师、外海轮船机器军械皆原例所未有，亦应附载。请旨饬下京外旗、绿各营都统、大臣、将军、督抚将所属水陆营制、额设军械名目，内河、外海、内洋各船支分析造册，统限文到三月内送部，以凭纂修则例等因。光绪六年八月二十日奉旨："依议，钦此。"钦遵飞咨通行在案。现在除江宁驻防（缺文）均（缺文）送部前来可凭办理外，至察哈尔等处，或咨复并无制造又新制军械，或仅将某年制造军械咨报数营，碍难办理。其余各等处迄今一载有余，并未造报。本部立等查办，未便久延，相应按照《军器则例》抄录造册，再行飞咨各督抚、将军、都统、大臣即将陆路各营现在额设军器数目于各营下分析注明，以及水师营制额设船支、官兵、军器数目，详细核对。其有营制更改，并新改内河、外海、外洋各营暨各项军器添裁改制之处，一并于原册内分别注明。至长江水师营制各船支额配官兵、军械，皆原例所未有，应即造册填注营制、军械各数目，统限到三月内送部。并咨行京旗各营，即将现在额设军械等项详细造册，速即送部以凭办理，毋得再延可也。等因前来，相应照抄册式咨行珲春副都统衙门查照文内事理，即将各处有无添裁改制，各项军器并现在额设数目查明，照依册式造妥，务于五月十五日以前报省，以凭查核汇总报部，事关定限，望勿迟延可也。等因前来，遵将本处额设各项军器数目查明分析依式造册，附封咨报外，除此并无添裁改制各项军械之处。据此拟合备文飞行咨报将军衙门查核施行。

谨将珲春地方额设各项军器数目查明，造具清册事。

计开

原设腰刀六百三十四把，内带赴军营十五把，长枪三百杆，夹帐房一百五十架，内带赴军营四架，纛十六杆，旗帜四十杆，海螺两个，铜锅一百五十口，内带赴军营四口。以上军械等项，例系如有损坏，按照年限动项修制。弓六百六十八张，内带赴军营十五张，梅针箭三万五千七百根，内带赴军营七百七十根，撒袋六百三十四副，内带赴军营十五副，靶箭六百三十四副，内带赴军营十五副，头箭二百根，箭靶八个，马箭十六根，帽子八个，号令旗八个。以上例系兵丁自备。铁盔一百九十五顶，铁甲一百九十五副。以上例系停修存储。

吉林将军衙门为催册报演练官马倒毙买补详情的咨文
光绪八年八月二十七日

将军衙门　为咨行事。兵司案呈：于本年七月十五日准户部咨开，山东司案呈，准吉林将军咨称，前于同治元年经前任将军景　奏设官马一千匹，分拨内外各城旗营喂养，以备演练官兵乘骑，遇有倒毙责令兵丁赔补。嗣于四年间经署吉林将军阜　因兵丁苦累，无资赔补，请援照驿马章程每年十分倒毙三分之例酌量从减，每岁倒毙准其报销十分之一。旋奉部议，按照驿站马价核减章程，于库存项下先为垫支，统俟领到积欠即筹归款。又经前任将军奕　等因地方不靖，伊通、额穆赫索罗等处原拨防缉马队为数较少，遇急不敷遣用，奏准续添操防缉捕马队二百名，捐办战马二百匹，分别各该处操练防缉。又于光绪元年十二月间，经署将军穆　奏明添练马步各队三千八百名内，先在塔、姓两城添练马队二百名。又于光绪二年间经署将军古　因贼势鸱张，防剿吃紧，复在内外城挑练马队一千二百名，嗣经署将军铭　奏明，将军穆　由甘省带来马队二百名，改归本省练队，每年均由带兵翼长统领等呈报，等因在案。兹届光绪七年终，自应援案办理。查七年八月间经将军铭　奏裁吉林练防马步官军五百七十五员名内，除裁驻吉林、江省马队及省城所撤防兵乘骑马匹，均系自买底马不计外，惟宁古塔撤练防军二百名、官马二百匹，珲春撤练防军五十名、官马五十匹，当已饬令各该处照章程呈缴马价存公备用外，查吉林通省现在共设练演兵丁官马二千五百五十匹。当据内外城副都统、各带兵统领等陆续咨呈，查得本年共计倒毙马匹并称（倒毙马匹）均经随时如数买补，并无空旷日期缺额情弊。造具倒毙马匹数目清册，分送户、兵部查核，并声明此项马匹随毙随买，并无缺旷。买补马数日期未便造册送部，相应咨部查照准销。等因前来，查据吉林将军咨称，光绪七年分通省共设演练官马二千五百五十匹，据各城副都统、统带等陆续咨称，本年共计倒毙马匹并称均经随时如数买补，并无空旷日期缺额情弊，其买补马数日期未便造册送部，将倒毙马匹数目造册咨部核销。查该将军册开，谨造倒毙马匹数目，其买补马数、日期及用过价银并扣过空旷草豆银两均未详细声叙，本部无凭核销，应仍咨行吉林将军转饬承买马匹各员，迅速分析造册送部核销，勿稍迟延可也。等因前来，相应呈请咨行珲春副都统衙门查照，迅将各该处演练官马倒毙数目、买补日期及用过价银并扣过空旷草豆银两各数目转饬承买马匹各员，迅速分析造册声报，以凭报部，毋延可也。须至咨者。

右咨珲春副都统衙门

珲春副都统为请拉炮车马匹的咨文
光绪十年正月二十五日

为咨请事。窃照敝路由去岁经督办发交敝靖边军格林炮二尊，开花炮二尊，卫字军钢铜开花炮各二尊，饬即加意演练，俾资娴熟，所有炮车马匹并皮套家具等项，当时均未请领。现在演练渐有成效，惟行炮之车马亦须随同，并演驱策驯熟，临事方能应手。为此拟请爵帅鉴核，饬发两军炮车八辆马匹，每辆用套马四匹，并带皮套驮鞍等项，抑或请款各由本军自行添制，均乞核夺赐复，以便遵办，相应咨请。为此合咨钦命爵将军麾下，请烦鉴核，赐复施行。须至咨者。

右咨钦命镇守吉林等处地方将军一等继勇侯希

珲春副都统为请领炮车马匹马夫用银的咨文
光绪十年七月初七日

为咨明事。本年六月二十六日，据统领卫字练军湖广补用副将郭长云禀称：窃卑军原领后膛开花钢炮二尊，前膛开花铜炮二尊，十响格林炮二尊，共计炮位六尊。前蒙督办吴　拟定每月给发演炮擦油银六两，遵照请领在案。但卑军操练炮队俱由各营勇内抽拨专演，不复另募炮兵以节饷需，惟拉车马匹自应亟行筹办俾资应用。拟将后膛开花钢炮二尊，前膛开花铜炮二尊，每尊用马三匹，马夫一名，计炮四尊，共用马十二匹，马夫四名。至所需马乾及马夫口粮，仍仿照马队章程每匹每月请领银三两，马夫每名每月请领银三两，均皆扣建。蒙宪恩俯准，恳乞批示，饬遵办理。至格林铜炮二尊，平日亦照常演练，可否仿照开花炮给领马匹马夫，出自宪裁等情。据此，查前次咨请两军炮车马匹等项，系按每军四尊，每尊拉车马三匹，驮子药马一匹。现据该统领禀请，有另炮二尊，自应一律照办。除批据禀炮车需用马匹等项，前已咨明爵将军，按每车买马四匹，并应添皮套等物已经复准，饬由各本军自行制买，以期合宜；其用款多寡务须核实报销，已于五月十二日札饬在案，仰即仍遵前檄办理；其格林炮二尊并准一律备齐，以便演练。所请马乾马夫应俟制买妥协照章报领，以核凭给缴发外，相应咨明。为此合咨贵督办爵将军，请烦查核施行。须至咨者。

右咨吉林将军希

珲春副都统为卫军所领十响格林炮误写十三响格林炮的咨文
光绪十年八月初六日

为据情转咨事。本年七月二十一日准贵督办爵将军咨开：边务文案处案呈，光绪十年七月十六日准贵帮办咨开，据卫军统领郭长云禀称，卑军原领有十响格林炮二尊，拟请仿照开花炮每尊拉运炮车马三匹，马夫一名，马乾马夫口粮及皮套等项，可否均归一律等情。禀经贵帮办批：据禀炮车需用马匹等项，前已咨明爵将军，按每车买马四匹并应添皮套等物，已经复准饬由各本军自行制买，以期合宜。其用款多寡务须核实报销，已于五月十二日札饬在案，仰即仍遵前檄办理。其格林炮二尊并准一律备齐，以便演练，所请马乾马夫应俟制买妥协照章报领，以凭核给。缴发外，相应咨明，请烦查核施行等因。到本督办爵将军。准此，查该军请添格林炮、马匹、马夫等项，应如所咨办理。惟此后该军禀请一切事宜，应令分报听候批示，俾免脱漏。该将军所称十响格林炮，是否即前次报册之十三响格林炮书写错误，应饬查明声复等因。准此，查本帮办现在襄筹边防，所有该军事宜理宜两处分报，与从前层层节制必须咨转者不同。现在新定章程尚未颁发，该军拘于前章仍就近禀请转咨，故致脱漏。当即札饬遵照，并将格林炮是否错误，据实声复去后。现据禀称，遵查卑军所领格林炮实系十响，前次报册之十三响格林炮乃是书写错误，仰恳宪恩转咨督办爵军宪，从宽免究实为恩便。嗣后禀请一切事宜自当分报，听候批示，饬遵办理等情。据此，相应咨明，为此合咨贵督办爵将军，请烦查照施行。须至咨者。

右咨钦命督办宁古塔等处事宜镇守吉林将军一等继勇侯希

吉林将军衙门为吉林挑备官兵所需战马由大凌河牧群调取的咨文
光绪十年八月初九日

为飞行咨事。兵司案呈：案查前准神机营咨奏，调拨吉林马队官兵一千名，当经咨札所属一体照数挑妥，配齐军械，静候调遣。惟应需马匹一项，本地产马太稀，立难购备，事关军需重务，应如何调拨战马以利军行等因，曾于七月十一日呈请神机营鉴核示复，一面行令各处遵照在案。兹于八月初九日准神机营咨复内开，查吉林现由存营兵内所选正兵一千名，并配齐军械静候调遣，筹办甚为妥速。其战马一项事属必需，既难从缓，应由该将军迅即奏明，由大凌河牧群调取，并一面先由本营咨行盛京将军、锦州副都统转饬该群总管作速如数备齐，务须选择口轻膘壮，不得以老弱充数，致碍军实。相应咨行吉林将军查照办理可也。等因前来。除由本衙门另折奏请调取马匹外，相应呈请飞咨珲春副都统衙门查照。须至咨者。

右咨珲春副都统衙门

珲春副都统为核销演炮用各款及支给马乾与马夫口粮的咨文
光绪十年九月十一日

为转咨事。本年八月二十九日据统领卫字马步练军湖广补用副将郭长云禀称：迭奉札批，遵将所演开花铜炮二尊，开花钢炮二尊，格林铜炮二尊，所用马匹皮套家具等项，业经陆续买妥，均于七月以前一律备齐。共炮六尊，每尊配用马四匹，共马二十四匹，每尊募用马夫一名，共马夫六名。所需各项价银共计六百六十二两四钱二分，皆由标下挪款垫给。谨分析缮造细册，禀请转咨核销。并将马乾共二十四匹，每匹月需银三两，及马夫口粮共六名，每名月支银三两，一律照章扣建。应请由七月初一日起支，等因前来。除批：据禀已悉。所购马匹家具等项核与靖边中路小有异同，大致尚属一律。其垫付各款应俟将原册咨送督办爵将军核销有案，再由该军备文自请归款。至于所请马乾及马夫口粮，应按一律由七月初一日起支，仰候札知边务粮饷处，以便遵照给领可也。缴发并札知边务粮饷处遵照外，相应备文将报销原册咨送贵督办爵将军麾下，查照核销施行。须至咨者。

右咨钦命督办宁古塔等处事宜镇守吉林将军一等继勇侯希

珲春副都统为靖边军购买马匹皮套等物核销的咨文
光绪十年九月十一日

为咨报事。窃照前因靖卫两军所演开花格林等炮需用马匹皮套等项，曾经备文请领，奉咨复准由各军自行置买，将用过款项核实报销等因，当即分札饬令遵办去后。嗣据卫字军统领禀称，有另炮二尊声明一律添买，亦经批准转咨各在案。现在靖边军炮车四辆，已就地陆续购买开花炮车马驼马八匹，格林炮车马八匹，所需皮套等项俱由海参崴照式买妥，正在装饰齐整，甫经试演间。据接统靖边中路统领永德到珲，当即随同全军一并交代。惟先后购买马匹，采办皮套驮鞍家什等物，皆系禀由本帮办挪款垫发存考。若由该统领报销，反觉多一转折，不如始终一手由本帮办核明咨销，以归简易。查此项马匹系经数次陆续买足，除随时牧放之外，尚有该炮队垫喂草料之费。现拟马乾夫价每炮车一辆，用马夫一名，共夫四名，每名月支银三两，马乾共十六匹，每匹月需银三两，均照夫马旧章分别扣建，应请由七月初一日起支，按月由该军随同饷项一并关领以便查核。惟炮车全项告成在七月初旬之后，今将马乾夫价由七月初一日起领，业经赶前数日，应将加喂草料等费，不必开销，俟补领到日，即以过支之饷由该队扣抵核之亦不差往来。除札知靖边统领暨边务粮饷处遵照外，合将所需各项饬造清册报销，以便提领归款。为此合咨贵督办爵将军，请烦查核施行。须至咨者。

右咨钦命督办宁古塔等处事宜镇守吉林将军一等继勇侯希

（七）官 兵 俸 饷

道光二十四年春秋二季各官应减银两及官兵乙巳年应得俸饷数目清册
道光二十四年五月二十二日

（上缺）计粘单一纸

珲春地方现任官员，道光二十四年春、秋二季应得俸饷银内，均按二两平支放，各官应减银两数目清册：佐领一员，应得俸饷银一百五两，遵照部咨应减去银六两三钱。云骑尉四员，每员应得俸饷银八十五两，遵照部咨各应减去银五两一钱。骁骑校三员，每员应得俸饷银六十两，遵照部咨各应减去银三两六钱。原品休职食全俸骁骑校一员，应得俸饷银六十两，遵照部咨应减去银三两六钱。恩骑尉一员，应得俸饷银四十五两，遵照部咨应减去银二两七钱。八品荫监生一员，应得俸饷银四十两，遵照部咨应减去银二两四钱。以上食俸官十一员，按名共应领俸饷银七百七十两，均按二两平支放，照市平每两减银六分，共应去银四十六两二钱。

珲春镶黄旗凌志佐领下协领台飞英阿，佐领凌志，防御庆成，云骑尉依凌阿，骁骑校富兴，原品休职食全俸骁骑校乌郎阿，恩骑尉法丰阿、葛图恩，八品荫监生乌尔公额，披甲挑补无品级笔贴式图桑阿，披甲挑补无品级教习官乌勒习冲阿，每月食饷银三两。领催九名，每月食饷银二两。披甲一百三十四名，每月食饷银一两。闲散苏当阿、德明、德克吉布、七兴德、庄福、多精阿、喀尔莽阿、倭克吉布。此佐领下协领一员、佐领一员、防御一员、云骑尉一员、骁骑校一员、原品休职食全俸骁骑校一员、恩骑尉二员、八品荫监生一员、披甲挑补无品级笔贴式一员、披甲挑补无品级教习官一员、领催九名、披甲一百三十四名，每月食饷银一两。闲散八名。春秋二季应得俸饷银四千三百三十四两。

正黄旗噶尔杭阿佐领下，佐领噶尔杭阿、防御德昌、云骑尉乌勒德科、骁骑校明顺，每月食饷银三两。领催九名，每月食饷银二两。披甲一百三十四名，每月食饷银一两。闲散珠尔杭阿、孙精额、卓凌阿、音德本、西吉尔浑、依升额、那马善、丰深。此佐领下佐领一员、防御一员、云骑尉一员、骁骑校一员、领催九名、披甲一百三十四名、每月食饷银一两。闲散八名。春秋二季应得俸饷银三千九百六十六两。

正白旗台斐英阿佐领下，云骑尉丁柱、托景阿，骁骑校色勒锦，领催挑补无品级笔贴式松凌，每月食饷银三两。领催九名，每月食饷银二两。披甲一百三十四名，每月食饷银一两。闲散色明额、达卜兴阿、依凌阿、舒明德、依清德、富勒成额。此佐领下云骑尉二员、骁骑校一员、领催挑补无品级笔贴式一员、领催九名、披甲一百三十四名，每月食饷银一两。闲散六名。春秋二季应得俸饷银三千八百七十八两。每月食饷银一两仵作徐昆玉，春、秋二季应得饷银十二两。以上珲春官兵拜唐阿、仵作等乙巳年应得俸饷银一万二千一百九十两。

宁古塔副都统衙门为商议官兵俸饷银两可否由省承领钱文均匀搭放事的咨文
道光二十六年

（上缺）饷向由将军衙门领银［发］放，嗣于道光十二年由新城局征收租钱，每钱一两按市钱两吊五百文搭放。彼时银价每两易钱两吊三四百文，虽属便宜，原为恤兵起见。迨后银价虽涨，且有檞蓘菜场租项津贴，而众兵分润，尚足敷衍当差。于二十二年檞蓘场地亩奏请归并新城局一律收租，自此众兵毫无津贴，所有修理器械、养赡家口以及衣履、马匹均赖钱粮。不期近年以来，银价日渐昂贵，每两易钱至四吊上下，布棉等物皆随银价增长，而众兵饷银，仍照旧定钱数支领，以致不敷用度，倍形拮据。且吉林通省官兵应支俸饷，均系发银，得以随行易换钱文，惟伯都讷一城兵饷，竟拘于前定章程不能随行多换。再职等支领钱文尚可当差，兵丁实形拮据，职等不得不据情呈递等情。查伯都讷俸饷，系于道光十一年经前署吉林将军大学士富　奏准，以新城局征收大租钱文，每银一两合市钱两吊五百文搭放在案。兹若仍复拘执旧章，并前任副都统巴雅尔声报，曾经部驳之案，不为声明调剂，则众兵拮据日甚一日，将来恐于操演武备大有关碍。且吉林通省俱饷银，惟伯都讷一城独领钱文，未免向隅，请将嗣后兵饷，仿照八里荒租钱按市行钱价买银抵充。

吉林各城俸饷之例，在于新城局租钱项下，照市行买银散放。如此调剂，倘或碍于国家撙节经费之际，可将新城局每征收按两吊五百文充饷，租钱七万六千余吊分拨通省均摊散放。伯都讷俸饷不敷之数，仍以本处同知征收地丁银内找放，则虽不尽得银两，尚支大半。是银乃于四八季循还扣借，接济差务补置牛条，并扣存出巢仓贮陈谷等项，原设银款，均得归银存贮，庶兵丁稍得余资喂养马匹、整理衣履，当差一切不致拮据，而于操演武备大有裨益。据此相应呈请据情具奏调剂办理，为此合咨将军衙门查核可也。等因前来，查此项大租钱七万六千余吊，系属道光十一年奏准，按两吊五百文搭放该处官兵俸饷在案。兹该副都统以现时各处银价均系四吊有零，惟该处仅以两吊五百文合银一两搭放俸饷，兵力实形拮据。请将充饷租钱七万六千余吊，分拨通省均摊散放，核与原奏 [相] 符。若以所咨奏请易银搭放，必致帑项有亏。复查来咨前后文内概行叙述兵丁一切拮据情形，并声明官员支钱文尚可当差等语，文尾又称分拨通省均摊散放伯都讷俸饷不敷之数，以该处同知征收地丁银内找放，实以前奉当谕已饬领本省十旗协参领会议禀复等语。除札谕十旗协参领会议外，兹伯都讷副都统衙门咨请通省均匀搭放，自应咨知通省各副都统衙门会议，到日再行核办等情。据此拟合咨行宁古塔副都统衙门商办外，暨咨伯都讷副都统知照可也。须至咨者。等因前来，相应呈请札饬珲春协领遵照文内事宜，速将该处官兵俸饷银内，可否由省承领钱文均匀搭放缘由，迅速妥议，务于本月二十二日以前咨报本衙门，立待咨报将军衙门可也。须至札者。

宁古塔副都统衙门为将发商生息银津贴官兵各项差务等情造报的咨文
咸丰元年

（上缺）奏，道光十七年十二月初二日接奉朱批："培养根本，又不另动经费，事属可行。另有旨。"同日接准道光十七年十一月十四日内阁奉上谕："祥康等奏，筹款生息津贴官兵差务一折，宁古塔官兵近年差务繁多，所有帮贴银两，向由俸饷内摊扣，每形苦累，且恐办理不善致启滥扣之弊。兹据该将军等查明该处现存公仓巢谷闲款银一万 [零] 六百两，着准其借拨银一万两，发交该处殷实铺商按月一分生息，每年所得利银着以五百两归还原款，以七百两赏给官兵作为差费，计二十年原款归足。其本银照旧生息，永远作为差费津贴。并着自道光十八年为始，嗣后不准丝毫摊扣俸饷，并饬该副都统于每年所用差务撙节动支，年终造册报查核以杜浮冒，而期经久，钦此。"钦遵前来，遵此相应将宁古塔筹拨闲款发商生息，以资津贴官兵差务原奏，并奏到上谕一并照抄咨报大部查核外，暨咨行宁古塔副都统遵照办理可也。须至咨者。等因前来，遵奉来咨上谕，即由库存公仓巢谷银内借拨银一万两，发交本年殷实铺商承领，并示知自道光十八年正月初一日为始，按月一分生息等因遵办在案。查上年存剩发商生息银五百零七两六［钱］八分，又加以本年收得各铺商呈交加闰月十二个月利银一千二百两，又加以捕打贡物、搜查禁山、搜巡海路去之官员等支领帮银内，遵文节扣减平银一两二钱八分，共计银一千八百零八两九钱六分内，遵照原奏事宜以五百两归还原款，以七百两津贴官兵各项差务，并现存银两数目一一分析造具细［册］，呈请咨送等情，据此拟合咨送。为此咨送将军衙门以凭查核可也。

珲春协领为请领巡边饷银的咨呈
咸丰五年

副都统衙门札开，左司案呈：准将军衙门来文内开，兵司案呈，道光二十八年二月二十三日奉上谕："前据吉林将军经 具奏，吉林地方与盛京山界毗连，与朝鲜隔江为界，均宜一体清理，毋任奸民窜入，自此奏定章程，每年春秋二季派员分赴辉法、土门江二处上下周查。春季自二月初起至四月底止，秋季自七月初起至十月底止。选派佐御校等官，着带兵役、督统边卡各官，不分畛域认真梭巡严缉，事竣，由该将军等专折具奏。如有获犯及失察之处，照例将各该员等分别劝惩等因。钦此。"到部知照咨行该将军查照办理。等因前来，咨行宁古塔副都统衙门查照，珲春协领遵照定章，照数分派官兵前往周查。春季自二月初起至四月底止，秋季自七月初起至十月底止，前往土门江一带严行巡缉。于差竣时取具该员等有无窜来越界匪犯甘结，该副都统加具印结咨报，以凭具奏外，仍将所派官兵衔名，先行咨报备核可也，等因在案。兹届本年秋季应查之期，遵照定制拣派恩骑尉兴林带同兵役六名，饬领于七月初一日起程前赴珲春，会同该处特派及边卡各官分赴土门江一带，不分畛域认真周查。如有匪徒越界窜入垦田构舍，即行拿送，以备解省惩治外，于差竣时取具该员等切实甘结，协领加具关防切结，一并呈送，以备加具印结咨送。等因札饬珲春协领知照可也。须至札者。等因前来，相应遵文合行派员往查等情，当即出派防御寿恩带兵会同衙门委员恩骑尉兴林及边卡各官，自七月初起至十月底止，分赴土门江一带不分畛域认真周查去讫。俟该员差旋时，再行取具有无窜来越界匪犯甘结呈送外，所有现派官兵等应领秋季四个月饭食银共计三十六两，查珲春地方向无备用银两可以筹垫，暂由库存银两内动支接济去讫。合将现派官兵衔名造册一并呈报之处，于七月十五日呈报在案。兹查此项银两系属由库抵充俸饷内动支，难以久悬，祈衙门查核，将此项银两饬交送花名册差去之委笔贴式宜录侃承领可也。须至呈者。

同日

珲春协领博恒额　为承领银两事。蒙副都统衙门札开，左司案呈：准将军衙门咨开，兵司案呈，道光二十八年三月二十三日奉上谕，（参见前档，从略）。等因在案。兹届本年春季应查之期，遵照定制拣派恩骑尉七十四带同兵役六名，饬领于二月初一日起程前赴珲春，会同该处特派及边卡各官分赴土门江一带，不分畛域认真周查，如有匪徒越界窜入垦田构舍，即行拿送以备解省惩治外，于差竣时取具该员等切实甘结，该协领加具关防切结，一并呈送以备加具印结咨送，等因札饬珲春协领知照可也。须至札者。等因前来，相应遵文合行派员往查等情，当即出派八品荫监生乌尔公额带兵会同衙门委员七十四及边卡各官，自二月初起，至四月底止，分赴土门江一带，不分畛域认真周查去讫，俟该员差旋时，再行取具有无窜来越界匪犯甘结呈送外，所有现派官兵等应领春三个月饭食银共计二十七两。查珲春地方向无备用银两可以筹垫，暂由库贮抵充俸饷银内如数动支接济去讫，合将出派官兵衔名造册，一并于二月初五日呈报在案。惟查此项银两向由副都统衙门承领到日以抵原款在案，合将该官兵等已支春季三个月饭食银，共计二十七两，祈衙门查核饬交，因公差去之委笔贴式佛尔清额承领之处，于四月二十日呈报在案。兹查此项银两系属由库抵充之项，请在于一万两发商生息项下，拟由咸丰五年春季所收日利银内动拨之处，本部查核相符，应如所咨准其照数支给，遵照新定核减章程撙节办理。仍将前项动支银两造入该年各报销案内，报部查核，相应咨复吉林将军查照可也。等因前来，相应呈请咨札各处遵照。等情据此，拟合咨行宁古塔副都统衙门遵照可也。须至咨者。

珲春协领为将秋季饷银以钱合银承领的呈文
咸丰五年

（上缺）相应抄录原文，呈请札饬珲春协领速将该处应领俸饷银钱迅速核明派员关领可也。须至札者。等因前来，相应遵照文内事理，合将珲春应领俸饷银钱，当即派员赴省请领。惟查珲春地方距省一千余里，兼无站道，并且设立珲春以来，未经使钱，因其不谙钱数，用钱放饷之处委系难以遵行，此系的实确情，并非借词推诿。是以请将珲春应领秋季饷银，仍照春季以钱合银，饬交骁骑校伯兴承领，实为恩便等情。合并声明，呈请衙门，希为转核可也。须至呈者。

珲春协领为请将春季饷银以钱合银承领的呈文
咸丰五年

（上缺）钱二千四百三吊七百六十文，相应呈请咨行各副都统衙门遵照等情。据此，拟合咨行宁古塔副都统衙门赶紧派员赴省关领可也。须至咨者。

等因前来，相应呈请札饬珲春协领遵照文内事理，赶紧派员赴省关领等情，据此拟合札知可也。须至札者。等因前来，相应遵照文内事理，合将珲春应领钱八百十吊七百二十文，当即派员赴省请领。惟查珲春地方距省一千余里，兼无站道，运解维艰。并且设立珲春以来，未经使钱，是以不谙钱数，用钱放饷之处，委系难以遵行。此系的实确情，并非借词推诿。现在遵文迅即出派云骑尉丁柱等赶紧赴省请领春季俸饷去讫。该员到日，珲春应领官兵春季俸饷，可否以钱合银饬交承领以便发放，实为恩便之处，合并声明，呈请衙门，希为转核可也。须至呈者。

同日

珲春协领博恒额　为呈领事。接准副都统衙门札开，右司案呈，准将军衙门咨开，户司案呈：案查吉林通省应领乙卯年官兵俸饷内，奉部以各烧商呈交津贴参票钱除动给外，实剩存钱十五万九千一百七十四吊一百六十文及剩存三年分八里荒小租钱四百六十四吊八百五十八文。征收四年分八里荒大小租钱一万七千三百三十五吊一百六十六文，剩存三年分三万垧小租钱九百六十五吊五百八十八文。征收四年分三万垧大小租钱一万八千二百四十七吊三百八十八文，征收三年分凉水泉地大小租钱四千二百〔零〕一吊三百〔零〕八文。追缴已故防御艾新保交玛延官庄地小租钱九十六吊。征收四年分八千余垧地租钱四千三百七十六吊五百五十文。共钱二十万四千八百六十一吊十八文，均令照依新城局地租折银章程，以二吊五百文作银一两搭放俸饷等因，当即通行遵照各在案。详核奉部准抵搭放俸饷钱文，按照应放俸饷核计宁古塔应领钱二万九千八百二十四吊二百〔零〕四文，珲春应领钱九千一百四十吊六百八十文，三姓应领钱三万一千〔零〕六十九吊二百六十二文，阿勒楚喀、拉林应领钱二万七千一百〔零〕一吊八百十二文。其伯都讷剩存三年分八里荒小租及征收四年分大小租钱一万七千八百吊〔零〕二十四文，应令就近解交阿勒楚喀副都统衙门存库，连该处剩存之三年分三万垧小租并征收四年分大小租钱一万九千二百十二吊九百七十六文搭放该二处俸饷外，其余钱九千九百十一吊一百八十八文就近拨给三姓，由彼找领。至双城堡征存四年分八千余垧租钱四千三百七十六吊五百五十文，即在该堡存留搭放俸饷，如有不敷之数，由省找领，以归简易之处，相应呈请咨行各处遵照办理等情，据此拟合咨行宁古塔副都统衙门派员赶紧赴省将春季俸饷及抵充钱文一并关领可也。须至咨者。等因前来，相应抄录原文，呈请札饬珲春协领遵照文内事理，赶紧派员赴省关领等情。据此拟合札知可也。须至札者。等因前来，相应遵照文内事理，合将珲春应领钱九千一百四十吊六百八十文当即派员赴省请领。惟查珲春地方距省一千余里，兼无站道，运解维艰，并且设立珲春以来未经使钱，是以不谙钱数，用钱放饷之处，委系难以遵行，此系的实确情，并非借词推诿。现在遵文迅即出派云骑尉丁柱等赶紧赴省，请领春季俸饷去讫。该员到日，珲春应领官兵春季俸饷可否以钱合银，饬交承领，以便发放，实为恩便之处，合并声明呈请衙门，希为转核可也。须至呈者。

吉林将军衙门为派员赴省关领俸饷的咨文
咸丰五年□月初八日

将军衙门　为咨行事。户司案呈：案查吉林通省应领乙卯年官兵俸饷内有通省官员及旗民等汇捐市钱一万八千一百七十一吊二百五十文，以市钱四吊作银一两搭放俸饷，等因报部列抵在案。兹按应放俸饷核计宁古塔应领钱二千六百四十五吊二百二十文，珲春应领钱八百［零］十吊七百二十文，三姓应领钱二千七百五十五吊六百四十八文，阿勒楚喀应领钱二千四百［零］三吊七百六十文，相应呈请咨行各副都统衙门遵照等情。据此拟合咨行宁古塔副都统衙门赶紧派员赴省关领可也。须至咨者。

珲春协领为派员赴省关领俸饷的呈文
咸丰六年

（上缺）本年十一月底止，应收铺捐钱一万五千吊，并拉林咸丰七年九月四次奏报捐输钱一万一千六百四十四吊，二共钱二万六千六百四十四吊。内除该二处应领秋饷钱一万九千七百三十八吊七百五十文，亦即就近抵放外，尚剩钱六千九百［零］五吊二百五十文，尽数拨抵三姓秋季俸饷。俟该处委员到日，速即发交该员领回备放。又伯都讷自本年正月初一日起至十一月底止，应收铺捐钱一万二千三百七十五吊，应（领）［由］该衙门刻即派员如数送省，立待搭放秋饷之处，相应呈请咨行遵照等情，据此拟合咨行宁古塔副都统衙门遵照，派员持文赴省关领可也。须至咨者。

等因前来，相应抄录原文，呈请札饬署理［珲］春协领事务、宁古塔佐领永谦遵照文内事理，迅速派员持文关领秋季俸饷银两等情，据此拟合札饬可也。须至咨者。等因前来，即将珲春应领官兵俸饷出派骁骑校伯兴、笔贴式委章京依克垣布等赴省请领外，查珲春地方距省一千余里，因无站道，运解维艰，并且设立珲春以来未经使钱，是以本地不谙钱数，其用钱放饷之处，实系难以遵行。自应复祈宪恩，将珲春应领钱数，仍照以前合银，饬交该员承领，以便解运而易发放等情，合并声明，呈请衙门核转可也。须至咨者。

珲春地方兵丁借用牛具银两并扣回数目清册
咸丰六年

珲春地方　为报销事。兵丁不能自立牛具，借给银并扣回银两数目清册。

旧管：咸丰四年秋季珲春地方库内存银二百二十四两。

新收：咸丰元年春季借给银三百四十八两，分为八季。咸丰五年春末八季扣银四十三两五钱。咸丰元年秋季借给银三百一十二两，分为八季。咸丰五年春七季扣银三十九两。咸丰二年春季借给银三百四十八两，分为八季。咸丰五年春六季扣银四十三两五钱。咸丰二年秋季借给银三百一十二两，分为八季。咸丰五年春五季扣银三十九两。咸丰三年春季借给银三百四十八两，分为八季。咸丰五年春四季扣银四十三两五钱。咸丰三年秋季借给银三百一十二两，分为八季。咸丰五年春三季扣银三十九两。咸丰四年春季借给银三百四十八两，分为八季。咸丰五年春二季扣银四十三两五钱。咸丰四年秋季借给银三百一十二两，分为八季。咸丰五年春初季扣银三十九两。共银五百五十四两，内开除咸丰五年春季兵丁不能自立牛具，借给银三百四十八两，实在银二百六两。

咸丰五年秋季旧管：银二百六两。

新收：咸丰元年秋季借给银三百一十二两，分为八季。咸丰五年秋末，八季扣银三十九两。咸丰二年春季借给银三百四十八两，分为八季。咸丰五年秋七季扣银四十三两五钱。

署理珲春协领为巡查土门江等处官兵请领饭食银的呈文
咸丰八年

署理珲春协领事务宁古塔佐领永谦　为呈领银事。接准副都统衙门札开，左司案呈，准将军衙门咨开，兵司案呈，道光二十八年三月二十三日奉上谕："前据吉林将军经　具奏，吉林地方与盛京山界毗连，与朝鲜隔江为界，均宜一体清理，毋任奸民窜入，自此奏定章程，每年春秋二季派员分赴辉法、土门江二处上下周查，春季自二月初起至四月底止，秋季自七月初起至十月底止。选派佐御校等官，着带兵役督统边卡各官，不分畛域认真梭巡严缉，事竣由该将军等专折具奏。如有获犯及失察之处，照例将各该员等分别劝惩等因。钦此。"到部知照咨行该将军查照办理。等因前来。咨行宁古塔副都统衙门查照，转饬珲春协领遵照定章，照数分派官兵，自七月初起至十月底止，前往土门江一带严行巡缉。于差竣时取具该员等有无窜来越界匪犯甘结，该副都统加具印结咨报，以凭具奏外，仍将所派官兵衔名，先行咨报备核可也，等因。于道光二十八年七月十七日来札在案，现届七月初一日，理合派员往查等情，当即出派防御松恒带兵自七月初起至十月底止，前往土门一带严行去讫。俟该员差旋时，再行取具有无窜来越界匪犯甘结呈送外，将现派官兵等应领秋季四个月饭食银，共计三十六两。查珲春地方向无备用银两可以筹垫，暂由库贮抵充俸饷银内动支接济去讫。合将现派官兵衔名造册，一并于七月初一日呈报在案。惟查此项银两向副都统衙门承领到日，以抵原款在案，合将该官兵等已支秋季四个月饭食银共计三十六两祈衙门查核，将此项银两饬交关领秋季俸饷去之骁骑校永祥承领之处，已于去岁十二月初十日呈报在案。当将去岁秋季查土门江应领饭食银共计三十六两，呈请衙门查核，饬交因公赴塔之领催委笔贴式讷谟珲承领，以便抵充原款可也。须至呈者。

同日

署理珲春协领事务宁古塔佐领永谦　为呈领银两事。接准副都统衙门札开，左司案呈，准将军衙门来文内开，兵司案呈，道光二十八年二月二十三日奉上谕："前据吉林将军经　具奏，吉林地方与盛京山界毗连，与朝鲜隔江为界，均宜一体清理，毋任奸民窜入，自此奏定章程，每年春秋二季派员分赴辉法、土门江二处上下周查。春季自二月初起至四月底止，秋季自七月初起至十月底止。选派佐御校等官，着带兵役督统边卡各官，不分畛域认真梭巡严缉，事竣由该将军等专折具奏。如有获犯及失察之处，照例将各该员等分别劝惩等因。钦此。"到部知照咨行该将军查照办理。等因前来。咨行宁古塔副都统衙门查照，转饬珲春协领遵照定章，照数分派官兵前往周［查］，春季自二月初起至四月底止，秋季自七月初起至十月底止，前［往］土门江一带严行巡缉。于差竣时取具该员等有无窜来及越界匪犯甘结，该副都统加具印结咨报，以凭具奏外，仍将所派官兵衔名，先行咨报备核可也，等因在案。兹届本年春季应查之期，遵照定制拣派骁骑校讷苏带同兵役六名，饬领于二月初一日起程前往珲春，会同该处特派及边卡各官分赴土门江一带，不分畛域认真周查，如有匪徒越界窜入垦田构舍，即行拿送以备解省惩治外，于差竣时取具该员等切实甘结，该协领加具关防切结，一并呈送以备加具印结咨送。等情札饬珲春协领遵照可也。须至札者。等因前来，相应遵文合行派员往查等情，当即出派骁骑校博兴带兵会同衙门委员讷苏及边卡各官，自二月初起，至四月底止，分赴土门江一带，不分畛域认真周查去讫，俟该员差旋时，再行取具有无窜来越界匪犯甘结呈送外，所有现派官兵等应领春季三个月饭食银共计二十七两。查珲春地方向无备用银两可以筹垫，暂由库贮抵充俸饷银内如数动支接济，拟合事俟有便员再行请领归款。合将现派官兵衔名先行造册，一并于二月十五日呈报在案。惟查此项银两，向由副都统衙门承领到日，以抵原款在案。合将该官兵等已支春季三个月饭食银共计二十七两，祈衙门查核，将此项银两饬交关领秋季去之骁骑校永祥承领之处，已于去岁十二月初十日呈报在案。当将去岁春季查土门江应领取饭食银共计二十七两，呈请衙门查核，饬交因公赴塔之领催委笔贴式讷谟浑承领，以便抵充原款可也。须至呈者。

同日

署理珲春协领事务宁古塔佐领永谦　为呈领银两事。接准副都统衙门札开，左司案呈，准将军衙门咨开，兵司案呈，道光二十八年二月二十三日奉上谕："前据吉林将军经　具奏，吉林地方与盛京山界毗连，与朝鲜隔江为界，均宜一体清理，毋任奸民窜入，自此奏定章程，每年春秋二季派员分赴辉法、土门江二处上下周查。春季自二月初起到四月底止，秋季自七月初起至十月底止。选派佐御校等官，着带兵役督统边卡各官，不分畛域认真棱巡严缉，事竣由该将军等专折具奏。如有获犯及失察之处，照例将各该员等分别劝惩等因。钦此。"到部知照咨行该将军查照办理。等因前来，咨行宁古塔副都统衙门查照，转饬珲春协领遵照定章，照数分派官兵前往周查。春季自二月初起至四月底止，秋季自七月初起至十月底止，前往土门江一带严行巡缉。于差竣时取具该员等有无窜来及越界匪犯甘结，该副都统加具印结咨报，以凭具奏外，仍将所派官兵衔名，先行咨报备核可也，等因在案。兹届本年春季应查之期，遵照定制拣派防御依克坦带同兵役六名，饬令于二月初一日起程前往珲春会同该处特派及边卡各官分赴图们江一带，不分畛域认真周查，如有匪徒越界窜入垦田构舍，即行拿送以备解省惩治外，于差竣时取具该员等切实甘结，该协领加具关防切结，一并呈送以备加具印结咨送等因，札饬署理珲春协领事务宁古塔佐领那斯浑遵照可也。须至札者。等因前来，相应遵文合行派员往查等情，当即出派骁骑校诺谟锦带兵会同衙门委员依克坦及边卡各官，自二月初起至四月底止，分赴土门江一带，不分畛域认真周查去讫，俟该员差旋时，再行取具有无窜来越界匪犯甘结呈送外，所有现派官兵等应领春季三个月饭食银共计二十七两。查珲春地方向无备用银两可以筹垫，暂由库贮抵充俸饷银内如数动支接济，拟合俟有便员再行请领归款。合将现派官兵衔名先行造册，一并于二月初十日呈报在案。惟查此项银两向由副都统衙门承领到日以抵原款在案。合将该官兵等已支春季三个月饭食银共计二十七两，祈衙门查核，将此项银两饬交因公赴塔之领催委笔贴式讷谟浑承领，以便抵充原款可也。须至呈者。

吉林将军衙门为拨给巡防官兵盐粮银的札文
咸丰九年七月二十三日

　　将军衙门　为飞行札饬事。承办处案呈，案查前据珲春署协领台斐英阿报称，催令官兵驰往各路驻扎，除巡防海口委官八名、兵三十三名、西丹二百二十四名应需盐粮已由该协〔领〕自行筹拨外，惟东路绥芬河口霍勒吞洪阔地方驻扎官一员、跟役二名，每日拟给盐粮银九分八厘二毫，委官二名、兵八名、西丹四十名，大马鞍子山驻扎委官三名、兵七名、西丹四十名，哈达马等处卡台七道，共派委官七名、兵二十一名、西丹十名，每日各需盐粮银二分六厘五毫，自闰三月十五日起至八月十五日止暂拟五个月盐粮，并应需器皿驮脚，计银六百九十四两八钱八分。查有该处官商渔采人等捐输银五百五十九两五钱，内除置办炮车等项支销外，其余银四百一十二两八钱，应请尽数动拨。而捐款因未措齐，暂由铺商垫办，届秋归还。惟西丹苦无饷糈，衣履弗克自备。可否拟给津贴以及不敷盐粮银二百八十二两八钱，呈请核示遵行。又据报称，骁骑校博兴等招得恰哈拉三十七户，计男妇子女二百二十七名口，应需赏项以及官兵盐粮脚费计用银四百八十六两二钱九分，内除由省领银二百一十两尽数动支，尚不敷银二百七十六两二钱九分，呈请拨给各等情，呈报前来。当经本衙门准如所请，俟筹有款，再为札行该协领派员赴省关领等因，咨札在案。兹查巡防官弁兵丹原拟五个月盐粮，至八月十五日届期满，恐致枵腹之患，拟指烧锅会捐项下提银八百两，饬交宁古塔关饷差员佐领常伸解报该副都统衙门，另派官兵送赴珲春署协领台斐英阿查收。除抵前欠盐粮等银五百五十九两零九分外，其余银二百四十两零九钱一分，悉由该协〔领〕与巡防兵丹至备过冬口分，万勿任其告匮。除取具常伸领结存卷，除飞札宁古塔副都统衙门遵照，一俟佐领常伸解到时，即行遴派官兵作速运交珲春署协领查收飞报勿延外，相应呈请札饬珲春署协领台斐英阿遵照可也。须至札者。

　　右札珲春署协领台斐英阿遵此

宁古塔副都统衙门为由塔赴珲协防官兵盐粮米面暂由珲春接济的札文
咸丰九年八月初一日

　　副都统衙门　为札复事。承办处案呈：本年七月初四日，据珲春署协领报称，兹蒙副都统衙门出派花翎防御苏冲阿、云骑尉景武德、恩骑尉玉庆等带兵三十名，以资管带乌拉协防牲丁等因，于六月二十二、三等日经该官兵等陆续到齐。职当将乌拉头起牲丁责令云骑尉景武德管带，二起牲丁责令防御苏冲阿管带，三起牲丁责令恩骑尉玉庆管带。即将该牲丁等逐一开册，饬附该员等赴防管带，并将原带兵三十名令其随同防堵之处，理合备文呈报外，据该员等禀称，官三员、兵三十名，每月各需口米一斗、菜油三斤、盘酱二斤、咸盐二斤、白面十五斤及应用锅帐等物，前由塔城启程之时，未暇请领，暂由此处就近支领，以资接济等情，呈递前来。第查本处米面价值甚属昂贵，所有防堵兵丹数百名，每人月支口米捌升尚且无项筹备，其塔城协防官兵等应需盐粮锅帐，实无可筹之项。然则防守夷务为要，该官兵等不可一日无省，是以再四筹办，每人暂行接济口米八升、菜油一斤半、盘酱一斤、咸盐一斤。至于应用之锅六口，暂由三旗借给，一并接济去讫。惟查本处现今白面缺少，并将嗣后该官兵等应需盐粮如何接济之处，呈请副都统衙门查核示复，以便遵办可也。等因，据此，查该协领呈报，宁古塔派赴珲春协防官兵所需盐粮米面，业已由该处暂行接济口米八升、菜油一斤半、盘酱一斤、粒盐一斤，并由三旗借锅六口，一并发交领讫等情。惟查口米等项均系〔脚〕〔较〕重之物，必须脚费运往。而宁古塔相距珲春五百余里，再加以脚价，更觉费繁。自可随时制宜，仍须就近以归妥善。而塔城官兵应用口分，仍应塔城供给。但运往维艰，暂行如数接济发领，一俟该官兵等撤回时，即将需用若干分析造册呈报，再行来塔关领以备归款。至其所领锅六口系属暂行借用，如有损坏，着落该赴防官兵包补之处，相应呈请札复珲春署协领遵照办理可也。须至札者。

右札珲春协领遵此

宁古塔副都统衙门为拨给访查恰哈尔人之官兵接济盐粮银的札文

咸丰九年十月初八日

副都统衙门　为飞饬事。左司案呈，本年九月三十日准将军衙门咨开，承办处案呈，据珲春骁骑校永祥、讷穆锦、委〔笔〕贴式阔普通武等禀称：职等奉派关领俸饷来省，荷蒙承办处盘问该处现有巡查海滨一带，有无外来俄夷入境等情。承问之下，窃维职等于奉派之先，曾有本处搜查海岛各道去之员弁旋回报称，并无俄夷入境。现在左近绥芬二三里不等，有由他处迁来打牲之恰哈尔人五六百名口在彼游牧，询其因何来此，俱称原在苏城以东（缺文）猎为生，因本年河口涨泛无以为生，是以欲奔珲春左近谋生等语。惟查此项人等，原属赫哲一类（缺文），原无一定居住。今缘本年雨水连绵河水涨发，捕牲维难，无计为生，欲赴珲春左近谋生（缺文）。珲春地方偏小，诚恐难以（缺文），职等不敢不据实声明等情。复准承办处即着（缺文）确情，理合据实禀明军宪，可否派员前往抚恤，以资接济，禀请核夺施行等因。奉宪批："承办处议复。"等谕饬交到处。查此项恰哈尔人等近乎赫哲，向以捕打貂皮采猎为生，今因河口涨发，捕牲为艰。无计为生，欲赴珲春左近谋食，约计人数五六百名不等。既据该员等禀报，亟应派员往查确切。职等公同核议，拟请派委珲春骁骑校伯兴、委笔贴式阔普通武、委官成安等带领官兵前往绥芬左近一带，访查恰哈尔人等共计若干名，应如何略为接济安置，查明呈报。惟绥芬一带，原系空旷之地，向无村屯，（其）

以往官兵等所需盐粮等项，珲春地方无项开销，自应由省发给。今拟［由］土税项下暂行垫办，先拨给接济盐粮等项银二百十两，火药五十斤，铅五十斤，烘药八两，以资应用。倘若访查人众所携米粮不敷接济，续报到时再行拨给。职等所拟，是否有当，理合禀请宪鉴核夺，伏候批示遵行等因。禀奉宪批："照拟。"等谕饬交到处，除移付户、工司迅速照办，并札饬珲春协领查照文内事理，务期督饬出派各员认真操办外，相应呈请飞咨宁古塔副都统衙门查照可也。等因前来，相应抄录呈请飞札署珲春协领遵照文内事理，务期督饬出派各员认真操办可也。须至札者。

右札署珲春协领遵此

珲春协领为新放番役动拨银两的呈文

咸丰十年

为呈领银两事。案查前准副都统衙门札开，左司案呈：本年三月初八日，准将军衙门咨开，刑司案呈，兹据署珲春协领永谦，议请添设番役一节。查珲春属界辽阔，毗连海滨山谷，近年匪犯前往藏匿势所不免。今该员请添番役，系为整饬捕务、肃清地方起见，似属可行。第添额设番役必需粮饷，当此经费支绌之际，碍难请添，应即变通办理。除阿勒楚喀兼管拉林、三姓预备操防毋庸议拨外，惟有宁古塔词讼较少，伯都讷事虽繁多，尚有同知分办，现在仍有额番役各八名，应请变通。由此二城各裁番役一名，拨归珲春膺差，以资捕务等因，禀准在案。理合呈请移咨各该衙门遵照等情，据此相应咨行贵副都统衙门查照，速即各拨番役一名，饬赴珲春应差，仍报明备核可也。等因前来。当即由额设番役八名内拣放番役蒋守荣一名，令其持票投赴珲春膺委之处，正在具文呈报间，旋于四月初一日复准将军衙门咨称，转据伯都讷副都统衙门拨送珲春番役一缺，饬即挑补充差。等因。详查珲春地方并无设有民籍，碍难令其拣放，即由本衙门散役内选放李永祥一名充补，并发给该役票照，令其自赴珲春膺差可也。等因。于咸丰九年六月初五日来札在案。嗣将新放番役蒋守荣、李永祥等应领本年秋季饷银，理合备文请领。惟查前准副都统衙门札开，嗣后升转各员及半俸半饷银两，即由该处备用项下动拨。等因。遵此。当时蒋守荣、李永祥二名，每名应领秋季饷银六两，共计十二两，每两照以八钱拨给，计给九两六钱。即由本处备用银内如数动拨之处，已经造册呈报在案。现将此项银两呈请副都统衙门查核，即饬云骑尉丁桂等承领，以便归（疑）［款］可也。

宁古塔副都统衙门为派员赴省关领春秋二季俸饷银两的札文

咸丰十一年七月十七日

副都统衙门　为札饬关领俸饷事。右司案呈：于本年七月初十日准将军衙门咨开，户司案呈，案查前春应领本年春秋两季俸饷，前因库存实银不敷发放，当经咨令俟各厅地丁等项解到，再行咨照派员关领等因在案。兹查所解银两，已敷该处俸饷之需，相应呈请咨照派员领取等情。据此，拟合咨行宁古塔副都统衙门，转饬珲春协领遵照，迅速派员领取备放可也。等因前来，相应抄录原文，呈请札署珲春协领遵照文内事理，即将该处应领本年春秋二季官兵俸饷银两，刻即派员赶紧赴省关领等情。据此，拟合札饬可也。须至札者。

右札珲春协领

珲春地方扣回供给兵丁牛具银两数目清册

珲春地方　为报销事。兵丁不能自立牛具，借给银并扣回银两数目清册。

旧管：同治四年秋季珲春地方库内存银二百二十四两。

新收：同治元年春季借银三百四十八两，分为八季。

同治五年春末八季扣银四十三两五钱。

同治元年秋季借给银三百一十二两，分为八季。

同治五年春七季扣银三十九两。

同治二年春季借给银三百四十八两，分为八季。

同治五年春六季扣银四十三两五钱。

同治二年秋季借给银三百一十二两，分为八季。

同治五年春五季扣银三十九两。

同治三年春季借给银三百四十八两，分为八季。

同治五年春四季扣银四十三两五钱

同治三年秋季借给银三百一十二两，分为八季。

同治五年春三季扣银三十九两。

同治四年春季借给银三百四十八两，分为八季。

同治五年春二季扣银四十三两五钱。

同治四年秋季借给银三百一十二两，分为八季。

同治五年春初季扣银三十九两。

共银五百五十四两，内开除：同治五年春季兵丁不能自立牛具借给银三百四十八两（下缺）。

珲春协领为查本处空缺均由副甲拣补空饷归库事的呈文
同治八年九月初九日

珲春协领讷穆锦　为查明迅速造册呈送事。蒙将军衙门札开：兵司案呈，案照前奉谕旨，查明通省出征存营官兵数目，按月奏报等因。历经遵办在案。惟自近年以来，陆续接奉军营来咨，在营官兵或升迁、阵伤、亡故以及潜逃失迷遗出各缺，除由营随时拣补者不计外，尚有仅奉遗缺咨文，并未叙明曾否留营拣补，或顶补某人，或咨送原省挑补，当经随时饬遵乃据纷纷呈递，频频转请行查。奈迄今多有未奉查明见复者，以致经久待查悬空缺分截旷饷糈，第关兵额未便久为悬旷。现当军务松通告藏在即，［理］宜彻底清查，俾得缺实数确以符兵额，而免悬旷混淆之处。除已另文行查各路统兵大臣转饬带兵统领营总等查明，现在军营实有官兵数目若干造册咨复，仍一面分饬旗属查明，自军兴以来节年行查，奉文无从顶补空悬各缺共计若干，兼有风闻出缺永未奉文者，如得确悉，务须一并造册分析呈报，以凭核办等因。分别咨札各处一体查报去后。兹据吉林十旗查报，计有空悬甲缺二百七十九分，乌拉查报有空悬甲缺七分，伊通查报空悬甲缺三分，额穆赫索罗查报空悬甲缺十五分，伯都讷咨报查出空悬甲缺一百五十九分，三姓咨报查有空悬甲缺二百八十三分，阿勒楚喀咨报查有空悬甲缺五十六分，珲春查报空悬甲缺二十四分，拉林查报有空悬甲缺八十一分，双城堡查报有空悬甲缺三十八分等因。各据陆续查明造册呈报前来。除宁古塔一处尚未报到，合亟备文咨催该副都统衙门赶紧查报，幸勿任延外，当将各处查报空悬无着各缺数目汇总详核，开单呈堂。奉宪谕：各处查报空悬无着甲缺不下千数分，均应行令各该处即时拣补，以便按月奏报，而免经久空悬。其各缺饷银，应自奉文之日截止，核计每缺共存几季，每季应数若干，务须分析注明，逐一册报，其饷银仍着令各该衙门存库，听候核办。现补此项缺分者，应以挑补日期起领钱粮，不准找领截存空饷。而拣补日期亦令随时呈报，嗣后如有撤回未奉明顶补之兵等，指称某人曾补某缺托言找饷，未便擅行发给，如果有确据查明属实者，即予另行查缺拣补，再给应得之饷。其各该旗佐执事领催等，如将截存之饷朦胧侵蚀，托言发各家属领讫等语蒙混舞弊，倘被查出或别经发觉，定必从重惩治，将该管官以扶同徇隐指名查参办不贷，其毋悔等谕。遵此，相应呈请札饬珲春协领一体遵照，务须查照文内事理，即将空悬各缺赶紧造数拣放，随时呈报。并将截存空悬按季查明分析册报，以凭核办可也。等因，遵此，即速札饬所属三旗佐领查办去后。兹据镶黄旗佐领德玉、正黄旗佐领温崇阿、署正白旗佐领事防御讷谟音等呈称，奉饬各将各旗空悬各缺逐一彻底查明缺分等因。遵此，由副甲内挑补，除将该兵等曾经家属领去空饷银两，并应行截存空饷按季清查明确，合并旗稿据实声明呈递前来。据此，当将各该佐领下递到空悬各缺，均由副甲内按缺拣选挑补，并无空悬缺分。复查家属领去空饷，合照旗递无异，即于册内理应截存，当经追出查明银两数目同堂归库之处。据此等情相应造册径行呈报将军衙门查核外，暨呈报副都统衙门查核可也。须至呈者。

右呈将军衙门

额穆赫索罗佐领忠寿为护送宁古塔珲春等处官兵俸饷事的呈文
同治十二年五月十八日

额穆赫索罗佐领即补协领奖赏花翎忠寿　为接替护送呈报事。兹于本月十六日，准将军衙门札开，兵司案呈：窃照宁古塔、珲春等处派员来省关领今年春季官兵俸饷，除各处应领饷银业由户司发给外，今据称珲春饷车定于本月十二日由省启程，塔城饷车定于本月十六日由省启程旋回。惟查此项饷车最关紧要，其宁古塔、珲春等处距省均属遥远，兼之盗匪出没靡定，若不派兵帮同护送，诚恐沿途致有疏虞，是以胪列名单呈奉宪派。宁古塔俸饷着派五品蓝翎委防御庆云、珲春俸饷着派披甲花翎委防御胜安，均各送至额木赫索罗即行旋回。由彼出派官兵接替护送，俟有宁古塔接解官兵再行旋回。其珲春俸饷由塔接替护送，俟有珲春官兵接解，再行旋回，以昭慎重等谕。遵此，除札饬五品蓝翎委防御庆云，披甲花翎委防御胜安等各带演练兵二十名，速即随同各该处解饷差员启程前往护解，毋得稍有疏虞，致干查究为要外。相应呈请札饬额木赫索罗佐领遵照，即行拣派妥干兵役接解，沿途慎重护送，仍俟塔城接护官兵到时，再行旋回可也。等因前来。当即拣派云骑尉智恒带兵前往接护珲春大饷，于本月十八日将珲春大饷护至职处，该差员带兵由驿前往塔属护送去讫，俟塔城差员抵面时再行旋回，以昭慎重等情，据此，理合备文呈报兵司查核可也。须至呈报者。

右呈将军衙门兵司

吉林将军衙门为珲春新添马队先行垫给盐粮银两事的札文
光绪六年五月十八日

将军衙门　为札饬先行垫给盐粮银两事。户司案呈：兹据兵司移开，据署珲春协领事务花翎协领瑚图哩呈报，本年四月十二日蒙钦命镇守吉林等处地方将军兼理打牲乌拉拣选官员等事铭头品顶戴吉林副都统斐凌阿巴图鲁玉札开，案据该协领以据探报俄夷因搜缴枪械，被苏城沟人民抗拒驱逐，现欲将海参崴商民全行羁禁，并不时至二道河、长岭子迤南等处窥探。珲春相离切近，暂先挑备兵丹二百五十名、添练马队五十名，交德玉管带，以资备防等情，飞报前来。查珲春与俄接壤，瞬息可通，自应妥为防范以固吾圉。前拟由省添拨马步队一百名，藉壮声势。现在该夷既有如此举动，该协领先行挑练兵丹，所办尚合机宜。惟兵不在多而在精，务当转饬德玉等认真演练，毋得虚应故事，徒糜饷需。所有马步盐乾准照练队章程发给，即将起练日期报明，由省垫发。一俟请领防边专饷复准解到日，再行归还。其军火器械，亦照章请领。除具奏外，合行札饬，札到该协领，即便遵照，妥慎办理，毋稍张皇偾事，是为至要。切切。特札。等因前来，遵将挑马队五十名及陈练马队五十名，共一百名，委参领德玉委为马队营总。其所遗委参领一缺，以骁骑校金奎委为参领，即由队内挑委笔帖式二名。挑妥步队二百五十名，以佐领全有委为步队营总，由队内挑委笔帖式二名。其余马步队委参领防御、骁骑校俱照练队章程委用。合将新挑马步队三百名，以及委衔官兵旗佐花名造具清册。请将该官兵等自三月二十日起练。合将应需盐粮、军火、旗纛、号衣、心红、纸札及以先呈请发给洋枪一百杆、鸟枪五十杆，呈请就近饬交赴省关领俸饷之防御春全承领，饬催赶紧旋城。现在挑选马队五十名兵丁筹备马匹，请如何作价未敢擅拟。倘蒙允准，一并饬交防御春全承领外，再饬备兵丹民勇五百名，限以年在二十以上三十五以内，如此挑选，恐搁于年岁，除赶紧招募，如何再行造报，合将现练官兵三百名及陈练马队五十员名一并先行造册，飞行呈报将军衙门查核可也。等因呈报前来。当奉宪谕查核署协领所请各节，系为边防急务，亟应克期拨解，以供要需。惟所请战马五十四匹，已经本将军副都统奏请，由锦州、察哈尔等处牧群内各拨解战马五百匹，不日即可解到。一俟此项马匹解到时，即行如数拨发，毋庸兵丁筹备，以免苦累。至应需盐粮、军火、旗纛、号衣、心红、纸札等项银两，目下防边专饷尚未由京解到，拟由省库先行垫发。所请洋枪一百杆、鸟枪五十杆，已饬工司由库查拨，统俟防御春全抵省时饬交承领。第募勇一节，并差该署协领认真挑选，督饬营总逐日演练，务使一兵得一兵之用，不得以老弱充数，虚縻饷项等谕。奉此，相应移付户司查照办理可也。等因前来。查珲春新添马队五十名、步队二百五十名，照依陈演练马步队官兵每月支领盐粮章程，由省库存俸饷银项下先行垫给两个月盐粮、心红等项银三千零三十二两，如数由库提发交防御春全领解回城，以资应用。一俟防边专饷领解到日，再行归还垫款。至制做旗纛、号衣等项银两，应俟防边兵勇一律挑齐，如何定拟再行发给，以免互异之处，相应呈请札饬遵照等情。据此，合亟札仰珲春协领瑚图哩遵照，俟将垫给银两接收到日，速即声复备查可也。特札。

右札珲春协领遵此

吉林将军衙门为承领光绪五年秋季饷银事的札文

光绪六年六月初七日

将军衙门　为札饬发给银两事。户司案呈：兹据宁古塔副都统衙门咨开，据署珲春协领瑚图哩呈报，除原文省繁不叙外，案查所属官兵等，应得五年秋一季俸饷，共银九千三百二十五两七钱五分。饬派防御春全、委笔帖式庆贵等赴省关领可也。等因前来，核查珲春地方应领光绪五年秋一季俸饷银九千三百二十五两七钱五分内，除官员俸银照章搭给一半钞票，计扣银六百三十六两八钱七分五厘外，应领八千八百八十八两八钱七分五厘。遵照部咨，每两减扣二钱，计减扣银一千七百三十七两七钱七分五厘外，应给实银六千九百五十一两一钱。又官员俸票六百三十六两八钱七分五厘，遵照部定章程，每两按二钱五分折核，计折实钱一百五十九两二钱一分八厘七毫五丝，二共银给实银七千一百十两零三钱一分八厘七毫五丝。内除扣去岁十一月间接济该处五年秋季饷银二千两，又引见骁骑校去之多托哩、祥　等在支借盘费银三十（银）［两］，以上共扣实银二千零三十两外，实应给银五千零八十两零三钱一分八厘七毫五丝。即由本衙门库存俸饷银两项下如数提出，饬交防御春全等承领之处，相应呈请咨札遵照等情。据此合亟札仰珲春协领遵照，俟将斯项银两接收到日，速即呈复备核可也。特札。

右札珲春协领遵此

宁古塔粮饷总办为发给密探俄夷人员之口粮银事的咨呈

光绪六年七月初八日

总办宁古塔等处后路粮饷事宜副都统衔花翎协领文全　为咨行发给口粮银事。案查前据宁古塔副都统咨，据署珲春协领德玉呈称，前经奉文拣派密探俄夷云骑尉成贵、蓝翎骁骑校多托哩等二员，每员月支口粮银三十两，自本年正月初一日起至四月底止，计四个月口粮银二百四十两，先由备用项下垫发。现派骁骑校永奎等承领归款，等情前来。查珲春垫发密探俄夷官二员应领本年正、二、三、四四个月口粮银二百四十两，即由边务饷银项下照数提出，发交骁骑校永奎等承领解回归款，俾免悬垫。除呈报外，暨咨呈贵珲春副都统衙门查照，俟将此项银两接收到日，咨复备核可也。

须至咨呈者

吉林将军为驳回协领呈请各项以免糜费军饷事的札文

光绪六年八月初六日

钦命镇守吉林等处地方将军兼理打牲乌拉拣选官员等事铭　头品顶戴吉林副都统裴凌阿巴图鲁玉　为饬遵事。案据该协领呈称：以本处挑备边务马步练队，统归一千名。惟查先挑头起步队二百五十六员名，自三月二十日起练。该官兵等应需盐粮无项筹办，随即由本处铺商拟照前演练队章程，先行借垫一月盐粮银发放。兹经由省关领两个月盐乾银三千零三十二两，到日除还补借垫即行发放外，惟遵文六月十五日起练之二起步队官兵二百五十六员名，为日已久，若不照前队接济，实难枵腹充差。是以职等公同酌议，亦照前章按半月仍由铺商借垫发放，以济燃眉，伏候指拨。再应需器械军火，已于六月二十三日报请在案。惟腰刀乃系军中之要，所练马步队多无其械，若不置备，亟难以壮军威。是以请将先由二起步队应领盐乾银两在省置造，抑或由省军器内拨给，等情呈请前来。查珲春练队除德玉原带之五十名外，其余新挑兵丹，无论起练与否，应均交郭副将统带，练成卫字马步三营，久经饬遵在案，所有军械、旗帜，郭副将业已制备，无须该协领过问，乃该协领并不遵照前札，辄复具文请领，是欲于卫字三营外又添练一千也。奉拨专饷无多，何堪如此糜费，所呈实属昏愦糊涂。除饬郭副将知照外，合行札饬。札到该协领即便遵照。此项兵丹，如果郭副将未经挽留，应即裁撤。该协领万不可误。令尚犹在，彼演练致糜饷需。切切。特札。

右札珲春协领瑚图哩遵此

宁古塔副都统衙门为各练队盐粮按市平发给追缴库平银事的札文
光绪六年十月二十六日

（上缺）练队参领、防御、骁骑校各一员，马兵四十八名，均请发四个月盐粮银两，饬派委笔帖式常德承领。等情前来，据此除所带省垣各队应需盐粮另案核发外，其珲春练队参领一员，月支盐粮银十二两，防御一员，月支盐粮银九两，骁骑校一员，月支盐粮银八两，马队兵四十八名，每名月支盐粮银七两，计给光绪六年八、九、十、冬、腊五个月盐粮市平银一千八百二十五两。现由练饷项下如数提出，饬交委笔帖式常德承领。惟查九月间经四司会议禀准新章，凡各队应得八月初一日以后盐粮，统按市平放给，其有早按库平领出者，如数追缴等因札饬遵照在案。其珲春练队应得八月份盐粮银三百六十五两，业于九月初五日未定新章以前，经该处协领德玉按照库平如数关领去讫。此次应即如数缴回归款，以符前章而免纠葛。即领委笔帖式常德在于此次所领该城盐粮银内，代为如数缴回库平银三百六十五两，以期捷便，相应呈请札饬遵照。等情，据此。合亟札仰全营翼长金福遵照，俟将银两接收到日，速即呈覆备核外，暨札珲春协领遵照可也。特札。

右札珲春协领遵此

营制及官兵俸饷额

光绪六年

营制　五百兵立为一营。

每营营官一员，月支盐乾、公费等银一百五十两。旗帜、号衣一切公用均在其内。又给夫四名，各月支银二两七钱。扣建。

哨官五员，各月支银十八两。不扣建。每员给夫二名，各支银二两七钱。扣建。立为中前左右后五哨，中哨帮带一营之事，由营官每月贴帮银十二两。

每哨督队传事各兵十名。

每哨队长二名，各月支银五两。扣建。又队长二名给夫一名，月支银二两七钱。扣建。

每哨立为头二三四五六七八队，每队十长一名，月支银四两五钱。扣建。兵丹十名，各月支银四两。扣建。又每队给夫一名，月支银二两七钱。扣建。

以上一哨哨官一员、队长二名、十长八名、兵丹九十名，督队传事名在内，火夫十一名。

统共一营营官一员、五哨哨官五员、队长十名、什长四十名、兵丹四百五十名、伙夫五十九名。

宁古塔副都统为仰民户知悉兵弁公差往来尖宿一律按价责偿事的晓谕

光绪六年

左司案呈　为出示晓谕一体遵照事。照得本副都统自应简命莅任，珲春本境防军统归节制。惟地处于边僻，事同于初创，每制一法必求时事兼宜，或定一章亦要兵民两益，此固本副都统一视同仁之本意也。查晋省后路向来本非冲要通衢，旅店苦少，所有往返差徭，沿途尖宿，必须就歇于民户之家。近来过往频仍，若不明定章程，则兵民之贤与不肖，本难概论。兵或仗以威势索甘肥以适口，民或恐其吝偿藏粟米而不献，窒碍诸多，不一而足。因之滋端酿事，势有必然。本副都统体察情势，防患未萌，妥拟定章，平允作价。在民户既非客店之比，不过半行方便、半索饭值。在兵勇何惜一馔之费自干骚扰，致败身名。合亟晓谕遵行，除将定价章程逐条列后，分饬各营遵照外，相应出示仰属境军民南冈、嘎雅河一带居户知悉。自示之后，凡珲防各军并衙署差派弁兵公干往来者，该民户自当照常供应，按照定价一律责偿，不准亏短。倘遇不肖兵勇，有仗势欺勒等情，准尔等赴营控告，定必查究法办，决无袒护，各宜凛遵勿违。特示。

一、步行尖饭钱八十文。

一、步行住宿饭钱一百二十文。

一、骑马尖饭钱、喂草钱一百文。

一、骑马宿饭代喂草钱二百文外，给料一升作价六十五文。

吉林将军为委员薪水仍照旧章奏销的札文
光绪六年十一月初一日

钦命^{镇守吉林等处地方将军兼理打牲乌拉拣选官员等事铭}_{办吉林边务事宜二品顶戴三品卿衔吴} 为饬知事。案照本^{将军}_{帮办}于光绪六年十月二十日由驿附奏，为吉省筹办边防事关紧要，所有委员薪水银两数目，仍照本省旧章奏销等因一片。除俟奉到谕旨再行恭录饬知外，合行抄片饬知。为此，札仰该协领即便知照，特札。

右札珲春协领遵此

宁古塔副都统衙门为吉林添练防军运费未能划一事的札文
光绪六年十一月二十五日

副都统衙门 为札饬遵照事。右司案呈：准钦命^{镇守吉林等处地方将军铭}_{帮办吉林边务事宜吴}咨开，案照本^{将军}_{帮办}于光绪六年十月二十日由驿附奏，奏为吉林添练防军运费未能划一等因一片。除俟奉到谕旨再行恭录咨会外，相应抄片咨会。为此合咨副都统，请烦查照施行。等因前来。相应呈请札饬珲春协领遵照。等情，据此。拟合札饬可也。须至札者。

右札珲春协领遵此

吉林将军衙门为发给光绪七年接济银的咨文
光绪七年六月三十日

将军衙门 为咨行发给银两事。户司案呈：兹据宁古塔副都统衙门咨称，右司案呈，据珲春协领呈称，于同治十三年六月十五日蒙将军衙门札开，户司案呈，据珲〔春〕协领讷穆锦呈称：查珲〔春〕地方迤西接壤朝鲜，仅隔一江，东南地近海滨只有七十里许，前于俄夷分界之时，沿海一带紧要隘口曾经添设卡台及旧有各卡，按年均轮派官兵坐卡防范，曷敢稍有疏懈。且近年以来，各处迭经游匪窜扰，虽有演练官兵随时御侮，仍须多集官兵一体操防，因分布两翼添设八旗以来，旗分既多，差徭颇繁，诸应接济方可驱遣。查本处向三旗之时，库存备用银一千两，尚敷接济。现列八旗，仍存一千两，实系不敷周转。故照向办旧制，凡一切差费均于官兵应领俸饷内分摊。（性）

［惟］该官兵等除却分摊之外，所剩无几，又遇连年歉收，诸难顾瞻，甚至称贷生息，除此并无别计。恐其日久债深，将有枵腹之苦，若不早为声请，诚于边防大有关碍。是以仅将困苦情形（一）［不］揣冒昧据实渎陈，恳祈再行酌拨备用银二千两，共存银三千两，援照大省接济八旗月银之例接济该官兵等，随时归款，以纾兵力。可否之处，呈请示遵。等情呈请前来，当奉宪批，"着户司核拟回堂，候夺"。等谕饬交（列）［到］司，遵此详查该协领呈称，现列八旗，库仍存备用银一千两，官兵一切差徭实属不敷周转，恳祈再行酌拨备用银二千两，接济官兵等，随时（时）归款等情，自系为防范边疆以纾兵力起见。第核珲春地方远处边隅，孤悬海角，差繁费重，亦系实在情形，理宜酌拟（等）［筹］款拨给。无如本衙门库存备用银两之项，前已因（分）［公］动用，尚未归款，虽有剩存亦属无几，殊难兼顾。其宁古塔地方虽有库存备用银两，该处紧要隘口，一切差徭需费，亦系同关紧［要］，尤难挹彼（汪）［注］兹。是以职等公同合衷计议，于处无可如何之中反求移缓济急之道。查该处文内称，以援如大省接济八旗月银之例办理等语，虽属可行，但无备用之款，自应仿照乌拉、伊通由省支领月银章程办理，着由本衙门库存俸饷项下，（接）［按］年提拨银二千两饬交该处关领，俾资周转接济。拟将借出之项，仍于该处关领俸饷银内一面照数扣还归款，一面仍照原拟章程拨借新款，而昭核实之处。现经如此计议，殊于该处官兵捕务一切差徭大有裨益。所有职等酌拟（线）［缘］由是否可行，未敢擅便，理合禀请宪鉴核夺施行。等因，禀奉宪谕，着照所拟办理等谕，奉此，案查光绪六年间，珲春地方借领接济差徭银二千两，仍由此次发给俸饷银内如数扣回，除另饬库查收归款外，著查原议定章，扣回前借之项，再行接济新款等因。即将应借给七年份接济银二千两，仍由本衙门库存俸饷项下提出，如数饬交该处关领俸饷之骁骑校永魁等承领讫。相应呈请咨行遵照。等情据此，拟合咨行珲春副都统衙门遵照，俟将此项银两接收到日，速即咨复备核可也。须至咨者。

　　右咨珲春副都统衙门

吉林将军衙门为省城等处添设承办处由土税钱内支给办公经费事的咨文
光绪七年七月初八日

　　将军衙门　为咨行事。户司案呈，兹准户部咨开，山东司案呈，内阁抄出吉林将军铭　等片奏：吉林省城及宁古塔、珲春、三姓等处均经添设承办处，办理交涉事件，拟请按月各给津贴、膏伙、心红等项钱四十吊，由土税钱内支给，即归土税案内造报核销等因，附片一件。光绪六年十月初五日军机大臣奉旨："部知道，钦此。"钦遵抄出到部，相应呈录。

珲春副都统为将所部演练马队均以裁撤归伍的札文
光绪七年八月

左司案呈，为札饬遵照事。于本年八月初五日接准钦命^{镇守吉林等处地方将军兼理打牲乌拉拣选官员等事铭}咨开，案照现因部库垫饷两年之期已满，本省练饷全恃各省协解，缓不济急，周转为难。经本将军通盘筹划，并饷裁兵，以期事归实济。奉旨："交户部妥议具奏。钦此。"嗣准户部议准裁撤练队，每年拨银二十八万两，由部请领等因复奏。奉旨："依议，钦此。"钦遵咨行到吉，当经饬交全营翼长等酌量地方情形，妥议裁撤去后。兹据该翼长等禀称，窃职等奉谕以现在奏明归并饷需，经部议准应如何撤遣官兵，饬为妥议禀复，等因奉此。职等遵即详查前留江省客队在吉驻防，现有一百五十三员名，至今多年，拟请尽数撤回归伍。宁古塔原设练军马队二百六员名、步队二百六员名，珲春练军马队五十一员名。该二处现有边军驻防，颇能兼顾地面。拟将塔城马队全数裁撤，并撤步队统领一员。所有步队事务，均归营总管带常川梭巡。珲春练队亦拟全数裁撤，并由省中拟撤各项差占：一扎兰官兵五十一员名、抬枪步队营总一员、官兵西丹五十一员名。其三姓原设练军马队二百六员名，步队二百六员名，各有统领节制。拟请裁撤统领一员，马步二军均归一统领节制，亦可兼顾。本城各起练军每起裁撤参领一员，（该撤参领一员）该撤参领原管之队归该起营总兼理。职等亦各兼理一起事务，其余各起照旧分归各统领统辖，仍均归职等调遣，以归划一而资整肃。惟查拟撤塔、珲二城练军二百五十名所乘鞍马，均系由官发价购买，器械亦由官发给。今既拟撤，该队鞍马应令照章呈缴价银以备存公。至裁撤各队原领器械，拟请一并交官。职等所拟撤留队伍各缘由，是否有当，理合具禀肃复等情，据此，查各所议各情，尚属周妥，惟部拨饷需每年不敷尚巨。阿勒楚喀地方原有练军并五六起马队，现俱在彼驻扎，足资镇摄。所有添募之步勇五十名，应即一并裁撤以昭节省。其议裁之官兵应领盐乾，统以闰七月底止，除禀批示并分行外，相应备文咨行。为此合咨贵副都统，请烦查照撤遣可也。等因前来，相应呈请抄录原文，札饬陈练马队委参领金奎遵照文内事理，照章呈交价银，以便存公，勿违可也。

全营翼长为裁撤马队归并官兵的咨文
光绪七年九月十八日

^{奏派办理吉林军务全营翼长头品顶戴记名副都统博奇巴图鲁德}_{办理吉林军务全营翼长二品顶戴花翎协领达春巴图鲁金}为咨行事。兹查前奉宪谕，以现在奏明归并饷需，[经]部议准应如何遣撤兵，饬为妥议禀复等谕。奉此，职等

遵即拟撤江省客队一百十二员名，宁古塔撤去马队二百六员名、步队统领一员，珲春撤去马队五十一员名，本省撤去一扎兰官兵五十一员名，抬枪步队撤去营总一员，官兵、西丹五十一员名，阿勒楚喀撤去步勇五十名，三姓撤去步队统领一员，本城各起每一起内五个札兰内撤去参领官一员等情，禀蒙批准分行遵办去后。兹据三姓咨称，撤去步队统领依〔依〕英阿一员，该城步队事务均归马队统领承顺管带。阿勒楚喀咨报，撤去步勇五十名。本省头起撤去委参领海权一员、二起撤去委参领富德一员，此两起官兵令归统领吉　管带。三起官兵拟归翼长德　兼理，四起官兵拟归翼长金　兼理，此二起仍照旧制未撤参领。五起撤去委参领富祥一员，七起撤去委参领德桂一员，五、七两起官兵抬枪步队五十一员名，乌拉马队两扎兰均归统领全　管带。六起撤去委参领石春一员，此起练军仍归阿勒楚喀副都统就近节制。再有洋枪步队仍归翼长等兼摄。除呈报宪并分行外，理合备文咨行，为此合咨贵副都统衙门查照可也。须至咨者。

右咨珲春副都统衙门

吉林将军衙门为发给光绪九年份接济银的咨文
光绪九年

将军衙门　为咨行发给银两事。户司案呈：兹据珲春副都统衙门咨开，右司案呈，于同治十年六月十五日蒙将军衙门札开，户司案呈，据珲春协领讷穆锦呈称，查珲春地方迤西接壤朝鲜，仅隔一江，东南地近海滨只有七十里许。前与俄夷分界之时，沿海一带紧要隘口曾经添设卡台及旧有各卡，按年均轮派官兵坐卡防范，曷敢稍有疏懈。且近年以来各处迭经游匪窜扰，虽有演练官兵随时御侮，仍须多集官兵一体操防，因分布两翼添设八旗以来，旗分既多，差徭频繁，诸应接济方可驱遣。查本处向三旗之时，库存备用银一千两尚敷接济，现列八旗，仍存一千两实系不敷周转。故照向办旧制，凡一切差费均于官兵应领俸饷内分摊。惟该官兵等除却分摊之外，所剩无几，又遇连年歉收，诸难顾瞻，甚至称贷生息，除此并无别计。恐其日久债深，将有枵腹之苦，若不早为声请，诚于边防大有关碍。是以谨将困苦情形不揣冒昧据实渎陈，恳祈再行酌拨备用银二千两，共存三千两。援照大省接济八旗月银之例，接济该官兵等，随时归款，以纾兵力。可否之处，呈请示遵。等情呈请前来，当奉宪批，"着户司核拟回堂，候夺"。等谕饬交到司，遵此详查该协领呈称，现列八旗，库仍存备用银一千两，官兵一切差徭实属不敷周转，恳祈再行酌拨备用银二千两，援济官兵等，随时归款等情，自系为防范边疆以纾兵力起见。第核珲春地方远处边隅，孤悬海角，差徭繁重，亦系实在情形，理宜酌拟筹款拟给。无如本衙门库存备用银两之项，前已因（分）〔公〕动用，尚未归款，虽有剩存亦属无几，殊难兼顾。其宁古塔地方另有库存备用银两，该处紧要隘口，一切差徭需费，亦同关紧要，尤难以彼注兹。是以职等（分）[公]同合衷计议，于处无可如何之中反求移缓[济]急之道。查该处文内称，以援如大省接济八旗月银之例办理等语，虽属可行，且无备用之款，自应仿照乌拉、伊通由省支领月银章程办理，着由本衙门库存俸饷项下按年提拨银二千两饬交该处关领，俾资周转接济。拟将借出之银，仍于该处关领次年俸饷银内一面照数扣还陈欠，一面仍照原拟章程拨借新款，而昭核实之处。现经如此计议，殊与该处官兵捕务一切差徭大有裨益。所有职等酌拟缘由是否[可]行，未敢擅便，理合禀请宪览核夺施行等因。禀蒙宪谕，"着照所拟办理"等语。奉此，即由本衙门库存俸饷项下提拨珲春接济差徭银二千两，如数饬交该处关领俸饷来员等承领之处，相应呈请札饬遵照等情。据此拟合札仰珲春协领讷穆锦遵照可也。等因来札在案，遵查本处去岁蒙将军衙门接济差徭银两，祈由今年应领俸饷银内照数扣留以归陈欠，恳将拨借新款银二千两饬交领饷去之骁骑校恩特恒额等承领之处，拟合备文呈请咨报将军衙门查核发给可也。等因前来，核查珲春地方于去岁四月间借领接济差徭银二千两，仍由此次发给俸饷银内如数扣回，除另饬库查收归款外，第查原拟定章扣回前借之项，再行接济新款等因，即将应借给九年份接济银两千两，仍由本衙门（下缺）。

吉林将军为裁撤宁古塔珲春马队鞍马价银充公事的咨文

光绪九年

钦命镇守吉林等处地方将军兼理打牲乌拉拣选官员等事铭　头品顶戴吉林副都统斐凌阿巴图鲁玉　为咨行事。总理粮饷处案呈：案准贵督办咨，据宁古塔副都统咨称，以奉将军衙门文开奏准酌裁练兵，节省饷需。现在宁古塔、珲春二处俱有边军驻防，颇能兼顾地面，拟将塔城马队二百名、珲春马队五十名，俱各全数裁撤。惟该兵丁所乘鞍马，均系由官发价购买，器械亦系由官发给，今即裁撤，应将鞍马照章呈缴价银以备存公，器械一并交官等因。遵将裁撤演练马队二百名添入靖边路左营队内严加操练。所有此项队兵原领官马每匹照章坐扣银八两，自应由现在乘骑之人名下按月扣留，现经陆续扣银六百两，先行另款存库，一俟扣齐再行报解等因。本督办查吉林练队原领官马事隔多年，按照每年例毙一成之例，咨部报销，该兵等应领倒毙马价，自可抵缴官马价银，现既扣存银六百两，应先缴还官马鞍六百盘之价，其马价如何抵缴，应请将军饬司查案核办。等因前来，案查现据兵司付开准户部来咨，吉林将军咨报光绪七年分通省演练官马，除宁古塔、珲春裁撤马兵二百五十名、官马二百五十匹，饬令各该处照章呈缴马价存公备用外，现在演练兵丁官马应倒毙马匹，均经随时买补，并无空旷日期缺额情弊，造册咨部核销。查该将军册开，仅造倒毙马匹数目，其买补马数、日期及用过价银并扣过空旷草豆银两均未详细声叙，本部无凭核销。应咨行该将军转饬承买马匹各员，迅速分析造册送部核销，勿稍迟延，等因咨驳在案。溯查吉省各项官马倒毙报销，向章均系按年先将倒毙马数报部核销，俟奉复准即行照章发价，乃近年所报倒毙马匹节次奉部驳饬，以致应发买补马价银两，均未能随时发放。所有宁古塔、珲春二处撤队遣出官马二百五十匹，以前按年应领倒毙价银均系应发之项，惟须由该各副都统将按年倒〔毙〕马兵丁旗佐花名，马匹毛片口齿、因患何病倒毙各名目，逐一造具细册，径行送省，以便报部而凭发价。至此项官马二百五十匹应缴原买官价银各八两，现既奉部咨查，自应饬令各兵照数呈缴，鞍辔价银亦应按照原领数目交官，以备公用。（下缺）

珲春副都统为请领军饷就便将通事庆利薪水银核发的咨文
光绪十年正月二十五日

钦命统带吉军靖边中路马步各营珲春副都统法什尚阿巴图鲁依　为请领事。兹派笔贴式德克登进省请领军饷，拟即就便请将通事庆利薪水银，自光绪九年十月二十日起至本年四月底，共六个月零十天，每月按十六两，共薪水银一百零一两三钱三分三厘。望乞爵帅核夺发给，饬交该员携带来营，以资发放，实为公便，相应备文咨请。为此合咨钦命爵将军麾下，请烦鉴核饬发施行。须至咨者。

右咨钦命镇守吉林等处地方将军一等继勇侯希

珲春副都统为派员请领阅军赏银的咨文
光绪十年二月初八日

钦命统带吉军靖边中路马步各营珲春副都统法什尚阿巴图鲁依　为咨复事。本年二月初六日奉准爵将军来咨内开：光绪十年正月二十二日准贵副都统咨报，接奉来咨，暂由统兵大员代阅防军等因。抄录原折咨行前来。遵即亲赴各军驻扎防所，逐一点明，兵马足额，旗帜器械亦皆一律齐整，所演华洋各阵，各军间有不同，尚皆一律娴熟，士卒用命，故于每阅一军毕，仍仿照督办吴　办过旧章，酌加奖赏，并将演练阵式绘图咨送，及各军奖赏所费银两分析开单咨报查核等因。准此，查此次阅操所需奖赏银一百八十二两五厘，钱六分五钱一百九十三吊，自应由边务粮饷处平余项下如数拨还。除札饬边务粮饷处遵照拨还外，相应咨复贵副都统查照，具文派员请领可也。等因前来。详核此项奖赏银钱，既蒙饬由边务粮饷处拨还，是爵帅体恤之意，自应遵照办理。除派员另文径赴该局请领外，相应咨复。为此合咨钦命爵将军麾下，请烦鉴核施行。须至咨者。

右咨钦命镇守吉林等处地方将军一等继勇侯希

珲春副都统为卫字营请领薪饷的咨文
光绪十年二月二十四日

钦命统带吉军靖边中路马步各营珲春副都统法什尚阿巴图鲁依　为咨请饷银事。本年二月二十三日，据统领卫字练军湖广补用副将郭长云呈称：窃照卑军马步四营，应领本年二、三、四三个月薪公饷乾银两。查二月份小建，银一万零二百三十二两二钱，三月份小建，银一万零二百三十二两二钱，四月份大建，银一万零五百三十一两，并二、三、四三个月演炮擦油银十八两，总共应领银三万一千零十三两四钱。现派尽选千总桑枝桂赴省请领，仰恳宪台转咨爵军宪，饬由粮饷处如数发交该千总承领押解回营，以资发放，实为公便。理合具文呈请宪台俯赐，察核施行等情呈请前来。查文内所请擦炮油一项，上次敝军派笔帖式德克登额赴省请饷已就便另文咨领，应请饬局此次毋庸发给，以免重复可也。相应备文咨请，为此合咨钦命爵将军麾下鉴核，饬局照发施行。须至咨者。

右咨钦命镇守吉林等处地方将军一等继勇侯希

珲春副都统为添派文武巡捕管带亲军发给薪水银两事的咨文
光绪十年六月十三日

钦命帮办吉林事宜珲春副都统法什尚阿巴图鲁依　为咨明备案事。查本帮办原带靖边中路一军，现既派员接统，应即另立行营，添派文武巡捕管带亲军及差委员弁，以符体制而供驱使。现派文巡捕一员，月给薪水银十五两；武巡捕二员，每员月给薪水银十三两；差官八员，每员月给薪水银十二两；管带亲军小队官一员，月给薪水银十八两，均以六月初一日为始。除分别札委，俟将该员等职名汇册咨报外，理合先行咨明贵督办爵将军，请烦查照转饬粮饷处备案施行。须至咨者。

右咨钦命督办宁古塔等处事宜镇守吉林将军一等继勇侯希

珲春副都统为发给制造各项旗纛工料用银的咨文
光绪十年九月初十日

钦命帮办边务事宜珲春副都统法什尚阿巴图鲁依　为咨复事。窃照本帮办应用各项旗纛，前经贵督办爵将军咨示图式，并粘抄所估各项工料价值银两，至为合宜，应即遵照办理。除札饬边务粮饷处查照原估银两照数核发，由本帮办派员承领以供制造外，理合咨复，为此合咨贵督办爵将军，请烦查核饬发施行。须至咨者。

右咨钦命督办吉林边务事宜镇守吉林等处地方将军一等继勇侯希

三、交　涉

（一）中 俄 关 系

吉林将军行辕为俄夷于珲春黑河口乌苏里江察看地势应加紧防备的札文

咸丰九年六月二十八日

吉林将军行辕　为飞行札饬事。案照六月二十七日途次赫尔苏站，准吉林将军衙门［飞咨内开］（缺文）日，本衙门会同黑龙江奏报：夷官夷众不遵理阻，强行察看地势，并在乌苏里江东岸建房垦地，（缺文）珲春沿海地界派员前往督兵防范等［因］各一折，均奉到朱批，"另有旨。钦此"。并随折接奉上谕："特等奏：俄夷由水路分赴珲春，并夷众强赴黑河口查看地势，及在乌苏里江建房垦地情形［此时定已行］抵吉林，着会同奕　等将俄夷如再有人船下驶应如何妥为开导拒阻，其建房垦地之人，如［何驱逐筹划办法，］奏明为要。夷情渐行桀骜，或竟恃强用武，所称相机防堵及多备余［勇］操练等事［悉心商办等因。钦此。"钦遵前］来，遵查该夷近来蔓延日甚，桀骜愈彰，即应先行筹划，以备不虞。除饬属三姓副都统衙门遵照文内事理设法拒绝，速将存营兵丁［及］挑备余丁，招募团练乡勇［共］得若干，将来能否得力之处造具［切实年岁清册，先行咨］送备核可也。须至札者。

宁古塔副都统衙门为夷官强行入口察看地势的札文

咸丰九年七月初五日

副都统衙门　为饬知事。左司案呈：本年六月三十日准将军衙门咨开，承办处案呈，本年六月十二日，吉林、黑龙江会衔恭折具奏，为据报夷官夷众不遵理阻，强行入口察看［地］势并在乌苏里江东岸接连建房垦地，所奏之处，当即飞行咨照在案。兹于六月二十八日奉到朱批："另有旨。钦此。"钦遵前来，相应恭录朱批呈请飞咨。等情，据此。拟合咨行宁古塔副都统衙门转饬珲春署协领一体遵照可也。等因前来。相应抄录原文，札饬暂署珲春协领事务防御松恒遵照可也。须至札者。

吉林将军衙门为俄商强渡松花江应极力阻回的札文

咸丰九年七月初十日

将军衙门　为飞行密札事。承办处案呈：准三姓副都统衙门咨据黑河口防夷委员协领倭克锦等报呈，查前此声报欲进松江之夷商瓦尔佛罗米幅[等，曾经职等抚慰，该夷]已言暂候火轮船不日由爱珲折回再入松江，当在岸下停泊，派兵看守等情，业经飞报在案。续于六月二十六日申刻据戍守毛力上口六品蓝翎[塔明阿报称：有夷商玛]克西木斐耻等五名，乘坐小舟一只由[黑]龙江潜入松花江北岸停泊，欲向上（由）[游]等情，飞报前来。职等随即乘船往阻，该夷遣人前来相[阻，夷商等会面，职等]赶至相问，该夷并不答言，亦即开船悬帆向上而往，随即督同弁兵各乘小舟赶趋追[至，遂前登船，即向拒绝，开]导其黑龙江入松花江（上）[下]往，虽有尔国船只经过，概不准入松花江上游等语，百般抚[慰，该夷怒称：我们系奉命前来，定入上游。江上游（缺文）□饬令兵丁夺其撑船杆篙，该夷立时怒目横眉，]肩腰带洋枪等械，言说："我们拚死定入松花江上往，万难回。"[俱露启衅凶形，持械再不容前进，]欲向拼阻，尤恐激烈衅端，意欲跟踪往阻，兼值夷船糜常往过，尤恐贻误，随即一面[派甲兵德安尾随]，一面具文飞报。伏思职等既受重委，敢不竭（立）[力]拒阻，无如该夷（缺文）意不遵理阻，拼死上游，职[等万不得已，罪不可]赎，现当夷船纷驶之际，虑恐嗣后再有夷人接踪潜入，则向深阻攸关，滋启衅端。又当何（缺文）[夷商]，不遵理阻，抗入松花江上驶情形合并飞报等因，声复前来，本署副都统参领巴彦布再四[思维，嗣]（缺文）下驶，夷人会同前报夷商瓦尔佛罗米幅乘船拚命闯入松花江西上肆行。既见应即以兵堵御，方免分[窜之]虞，惟时势攸关，惧恐因而启衅，总有筹计抚之尤难。虽正言理阻，万不足恃为[羁]縻。况该夷抵姓人数愈多，更必滋意窜扰，将来不知何所底止。是以据情飞报将军衙门，呈请查核指示。如该夷来城安分循理，自应[相机]合应。倘有桀骜妄为不驯，究应何以制遏，乞速见复，遵照办理可也。等因前来，查夷商既敢恃[强闯入，尤]虑拥众分窜，尔时再议筹防，岂非事后无济，相应呈请飞饬署副都统协领富尼扬阿[作速驰抵黑河口，]相机拒绝，并咨三姓副都统衙门刻即分布严防，极力阻回，断不准任其分窜各处自取[罪戾。倘该夷设敢咨]意扰害，即行绑赴黑河口以待夷酋迩来理论，是为至要。惟该夷辄称拼死[定入松花江上往，即]应[以]拼死不准擅赴之言驳斥阻回，何得借恐肇衅为词，听其上游无忌，若[仅纵容了事]（缺文），本应从严参办。姑念该员等初莅防务，嗣后如有续来夷人无[论如何拼命，断不准任其闯入，（缺文）]定行从重究办。既密咨宁古塔、伯都讷、阿勒楚喀副都[统衙门，并札珲春协领遵照严防，并]（缺文）飞咨宁古塔副都统衙门遵照办理可也。等因

前来，相应抄录原文，呈请［遵照严防，勿任该夷分窜可也。须至札者。］

　　右札暂署珲春协［领］遵此

吉林将军衙门为俄夷于各处伐木建房应设法拆毁的札文
咸丰九年七月十四日

　　将军衙门　为飞行札饬事。承办处案呈：案据三姓副都统衙门咨［开］，据巡守呢嘴佐领讷尔吉报称：六月初六、初九日，共俄夷大船一只、吉拉船八只、夷官一名、夷人七十名，装载口粮、器械等项上往。至十三、十四等日空船返回下驰。十五日又有吉拉船一只、夷人六名，装载铁条上往。至十八日（据）空船返回下驶去讫。查其前后人数或与原去相符等因。同日，（同日）又据前派变装驰往莫力、兴凯湖等处密探去之前锋蓝翎德楞额报称，于四月十二日行抵莫力河地方，查无夷人占居，随到兴凯湖，见有夷人火轮一只，夷人三十余名，停泊龙王庙建房。职又奔往南雷峰河转至绥芬、大甸子、双城等处，遇塔城张票头带领刨夫五十余名在彼建房垦地。职等由彼又往黄泥河密探，遇珲春领催委官富老爷带兵二十名在彼巡守。于五月十五日又到绥芬，同遇塔城防御依禄会面，该员带兵十名在彼驻巡密探，到鲇鱼河又遇塔城常营总带兵四十余名在彼驻巡密探，职等由［彼］返回至毛尔毕拉口子，亦未见俄夷占踞。又到西洋口，见俄夷五名。转湖又到快达毕拉口湖边，有夷九名在彼伐木建房。所查各处俄夷占居之地，（地）均无设伏屯兵之状，是以将此各情先行呈报。等情各声复前来，本衙门详核佐领讷尔吉报，有大小船只行驶旋返，卸粮地处未据声明，殊属含混。合亟再行飞饬该员，务将该夷船载口粮、铁条均卸于何地，确实跟踪侦探，星速飞报，勿得仍前草率，致干重咎外，相应将德楞额密探俄夷各处伐木建房缘由，除咨照宁古塔副都统衙［门］外，理合呈请飞报将军衙门查核可也。等因前来，当奉宪批，"兴凯湖若任其盖房，则宁古塔官兵何用，着飞饬常升、明禄、讷苏肯设法拆毁，勿再玩误"等谕。遵查兴凯湖一带前有夷人盖房堆草，当经巡防恩骑尉明禄乘隙焚毁，曾予记功示劝。嗣该夷故志复萌，欲在旧基构舍，经本衙门行令作速平毁等因，咨札各在案。兹据报现有三十余夷在兴凯湖附近龙王庙地方建房，而宁古塔官兵竟至（亮）［毫］无见闻，实属形同聋聩。除飞咨宁古塔副都统衙门速饬委员常升、明禄、讷苏肯等即将该夷所建之房全行拆毁及将夷人悉数歼除无遗余孽，并咨三姓副都统衙门转饬巡员讷尔吉等并力截击，相应呈请饬珲春署协领台飞英阿一体遵照可也。须至札者。

　　右札珲春协领遵此

宁古塔副都统衙门为夷人入境察看地势准备盖房应正言拒绝的札文
咸丰九年七月十六日

副都统衙门　为密饬事。左司案呈，本年七月初九日准将军衙门咨开，承办处案呈，准宁古塔副都统衙门咨报，（缺文）[绥]芬防御图勒斌报称：奉饬前往绥芬等处梭查俄夷入境形迹，职遵即带同官兵于五月初十日启程，于十五日[抵绥]芬北界向南一带梭查，至二十二日查抵绥芬南界双城子以南绥芬河东西往返口段，查至二十四日并无夷人船只踪迹。职即将委官乌尔恭厄、甲兵四名留彼看守。职复带兵向东北查至绥芬，亦未见有夷人。于二十九日据委官乌尔恭厄使人报称，二十六日有夷船三[只向]河口上驶，伊向其拦阻不理，直至半拉碇子地方停泊等。职随由苏城赶紧旋回，于二（缺文）双城子以南三十里之遥半[拉]碇子地方，见绥芬河东岸有绿油三板船三只，在一（缺文）同至各船上，窥见共有夷人九名，视其形状其属捕笨，当向其以理查询，系由（缺文）及。该夷等皆言番语并其指画实不能辨。惟内有一年老夷人微通（缺文）官差令由海至此，迎接前由兴凯湖登岸陆路前来开道夷众，并（缺文）回等语。职仍以理阻，并告以此系我[国]禁山，原未许给汝国，不可在此久停。而该夷不惟不答，并有强（缺文）谦和，向其各船查看。俱系装载食粮及刀矛等物，欲向其再（缺文）船，该夷即各持杆矛开船，移赶对岸停泊。是日，职等在彼住宿至（缺文）思及该夷等既告由陆路前来开道之夷众，其必由此[迤]南一带开来，即留（缺文）彼看守。职于初七日分带兵役返回迎阻，于十三日巡至刀劈河地方，因河水涨发，住宿五日，方得过，（缺文）清晨见对岸由陆路来有夷人赶拉车马，亦因水大未得过渡，在彼岸支搭帐房三架（缺文）放马。职当时因河水未消，未得过去。至二十二日河水微消，职即带兵渡过河去，即至其帐，近前以理相向，内有通事一名出见，答称现有夷酋一名在此，并不通知名，仅仅告说伊今年二十七岁，带有车二辆、夷人十五名、驮马二匹、骑马四匹，装载口粮、器械等物，系奉伊大将军木哩斐岳幅之命，由乌苏里河口乘船入兴凯湖至莫必拉河上岸，起首往绥芬一直开（缺文）道路，查勘地势，以备（名）[明]春来此建房、垦地占居等语。职随向其以理拦阻，并善告说绥芬山一[带，是我]国出参珠之区，汝等不可妄占，再四劝阻，讵该夷不但不（缺文），反饬令夷众俱各持（缺文）枪雁翅排立，既而就命各该夷等赶驾车马启程渡[江]向南绥芬去讫。职（缺文）亦只尾随探看形景，见由陆路夷众向南已至平川（缺文）并无（缺文）把以为标记之状。惟查刀劈河南北所开道路，系以此向南取直（缺文）由莫必拉河上岸起旱一直开到绥芬界内，向（缺文）今属宁（缺文）[建房垦地，并竖立木杆、拴系草把]及桦[皮]等物以为标记，尚无垦地盖房情事。理合据情先行专人呈报（缺文）动作何往，容俟查明再行呈报等情。呈报前来，本衙门当即（缺文）倭克锦、蓝翎委官春福带兵八名，刻即催令星夜驰赴绥芬河，帮同（防），（缺文）并将前已跟探之夷人现在动作如何，务须据实查明呈报外，合将该（缺文）入绥芬河上驶等候迎接由陆路往赴绥芬开修道路查勘地势夷众，以备（缺文）建房垦地，并竖立木杆，拴系草把及桦皮等处以为标记各缘由，除咨行三姓副都统衙门暨移咨珲春巡防委员副都统[衔协]领巴林保等一体查照严防外，理合呈请飞报将军衙门查核可也。等因，飞报前来。查绥芬、乌苏里本系我国采参捕珠之地，并未许给该夷，而防御图勒斌亟应如是斥阻，然无羁縻成效，动辄以恐激[衅]为（嗣）[词]，究不足为拒绝之计。相应呈请飞饬派赴珲春办理夷务之委员佐领永谦，星速驰赴绥芬，[会]同防御图勒斌等，即将该夷所立[木]杆以及拴系草把、桦皮一律焚毁，勿任置留标记。仍将（缺文）攒扼要，以备燃而有资，使彼无遁迹之法。如遇夷人肆逞，仍以正言拒绝。（拒）且该处林木（缺文）已久，与其任彼肆占，莫若即裕旗民生计。该委员亟应相度机宜，能否设法厚集人（缺文）之处，着即悉心妥办，先行禀复并咨行宁古塔副都统衙门札委员（缺文）宁古塔副都统衙门遵照密饬绥芬巡防委员防（中缺）飞札暂署珲春协领事务防（下缺）。

吉林将军衙门为俄夷人船屡屡越界生事的奏折

咸丰九年七月

（缺文）商瓦尔佛罗米幅带领通事人等七名，乘船二只，出黑龙江口旁岸，声称奉（缺文）三姓等处贸易，向其拦阻不听，随系船只搭帐房，等候卜勒色依火轮船驶入松花江上行等语。经该署副都统恐火轮船恃强，遂派骁骑校裴凌阿乘船带兵迎阻，一面备兵一百名，密饬佐领富祥在三姓附近窝坑口要隘屯扎，防其滋扰。经奴才等指派佐领永祥督饬迎阻去后，复据倭克锦报称，二十六日有夷商玛克西[木]斐耻等五名，乘船一只，潜至松花江北岸，晤会瓦尔佛罗米幅等，开船同入松花江西上，虽经百般开导，该夷拼死不从。又据骁骑校斐凌阿禀报，七月初四日赶至喀尔库玛屯地方，适遇瓦尔佛罗米幅等七名，[乘]船只前来，令其拢岸，再三开导，（缺文）理，挥众开船，并据卡兵探报，玛克西木斐耻等五名落后，绘画两岸图式，佐领永祥（缺文）瓦尔佛罗米幅船只抵窝坑口停泊，专待落后人船一同西上各等情。奴才等飞饬该署副都统[巴彦布]，督饬各员极力阻回，断不准其分窜。兹据报称，七月十七日瓦尔佛罗米幅等七名开船西上，经[佐]领富祥横阻，晓谕三姓地属苦寒，无商可通。该夷见其急迫，始行回帆，于二十一日已出黑河口入黑龙江上往去讫。又据督办夷务之署副都统协领富尼扬阿报称，玛克西木斐耻等五名亦由中途折回，于十三日出黑河口下往各等因。咨报前来，奴才等查夷情叵测，出没靡常，瓦夷则见横阻回帆，玛夷则仅绘图折旋，是其行踪诡秘，亦难保不复来，应饬各属照旧严防。据署副都统巴彦布转，据巡防各员详报，五月二十三、六月初二等日，由呢满河经过夷船官三员、男妇子女四百九十六名，入乌苏里江上往，在桦皮林子、山嘴子屯拨尔库处搭盖窝棚，分留夷众数十名至百余名不等。六月初（缺文）日二十一只，官五员、男妇子女五十一名；初十日由下江驶入乌苏里夷船十五只，官员男六十一名；六月十八、十九等日，夷船五十二只，男妇子女二百十六名；二十八、二十九等日，夷船二十一只，子女一百余名。七月初一日，夷船十六只，男妇子女一百六十余名；初八日，夷船九只，夷官一员，（缺文）十余名；十七日，夷船四只，夷人三十余名；十八日，夷船二只，奇萨罗幅，夷人十余名，均各带有（缺文）火药，由图勒密等处入乌苏里，经守卡各员拦阻开导，或称奉木酋之命，或恃强恣意抗行，势难徒言理阻等语。又据宁古塔署副都统富　咨，据巡查绥芬防御图勒斌报称，有夷人由乌苏里河口乘船入兴凯湖至英必拉河上岸起旱向绥开修道路，查看地势，以备明春建房垦地，并于平川处所插立木杆，拴系草把、桦皮标记各等语。奴才等查该夷既入乌苏里搭盖窝棚（缺文）留，又向绥芬开修道路，插立标记，以为明春占据地步，实属滋蔓，现已饬协领禄昌于乌苏里口守候木哩斐岳幅，晤议条约，并拒阻人船，密察办法。一面飞饬署副都统佐领富、委员佐领永谦，刻即派员前往绥芬一带，将其所立标记概行焚毁，仍随时侦探，设法拒阻，断不可以开衅借口任其肆行去后。兹据富　呈报转据巡查绥芬等处委官富山等报称，前由陆路窥探地势之夷人二十七名，俱各拔帐，于七月十六日（缺文）向东北旋回。复查摩阔崴、伊兰哈达地方，所立木杆亦经该夷撤倒无存等情。所有奴才等先后据报情形，理合恭折驰奏，伏乞［圣鉴］。

宁古塔副都统衙门为夷船载口粮铁条应跟踪侦察星速飞报的札文
咸丰九年七月十六日

副都统衙门　咨飞札事。承办处案呈：本年七月十四日准三姓副都统衙门咨开，承办处案呈，七月初四日据巡守呢嘴佐领讷尔吉报称：六月初六、初九等日，共俄夷大船一只、吉拉船八只、夷官一名、夷人十七名，装载口粮器械等项上往，至十三、十四等日空船返回下驰。十五日又有吉拉船一只、夷人六名，装载铁条上往，至十八日俱空船返回下驰去讫。查其后夷人，核与原去相符等因。同日，又据前派变装驰往莫力、兴凯湖等处密探去之前锋蓝翎德楞额报称，于四月十二日行抵莫力河地方，查无夷人占居，随[后]到兴凯湖，见有火轮船一只、夷人三十余名停泊龙王庙建房。职又奔往兴凯湖南雷峰河转至绥芬、大甸子、双城子等处，遇塔城张票头会面，带领刨夫五十余名在彼建房垦地。职等由彼巡又往黄泥河密探，遇珲春领催委官富老爷带兵二十名在彼巡守。于五月十五日又到绥芬，同遇塔城防御依禄会面，该员带兵十名在彼巡探，至鲇鱼河又遇塔城常营总带兵四十余名在彼巡防密探。职等由彼返回至毛尔毕拉口子，亦未见俄夷占踞。又到西洋口，见俄夷五名。转湖又到快达毕拉河湖边，有夷人九名在彼伐木建房。所查各处俄夷占踞之地，均无设伏屯兵之状，是以将此各情先行呈报。等情各声复前来，本衙门详核佐领讷尔吉报有大小船只行[驶]旋返，卸粮地处未据声明，殊属含混。合亟再行飞饬该员，务将该夷船载口粮、铁条卸于何地，确实跟踪侦探，星速飞[报]，勿得仍前[草]率，致干重咎外，应将德楞额密探俄夷各处伐木建房缘由，除飞报将军衙门外，相应飞咨副都统衙门知照可也。等因前来，相应呈请札饬珲春协领遵照，加意严防办[理]可也。须至札者。

右札珲春协领遵此

宁古塔副都统衙门为俄夷乘吉拉船赴乌苏里江的札文

咸丰九年七月十七日

副都统衙门　为飞札事。左司案[呈]：本年七月十四日准三姓副都统衙门咨开，承办处案呈，本年七月十六日戌刻，据防乌苏里口委员佐领乌勒吉守（缺文）报称：于六月十八日、十九日见有俄夷男妇子女二百十六名口由图勒密分驾吉拉船（缺文）等物欲赴乌苏里而去。职等当即带同赫哲库尔卜亲往，向其以理开导，拒阻尔等（缺文）信意，以前曾告知乌苏里不在允许之列，若往返行驶，无非暂为借行，以入东海。（缺文）文书前来，即死不肯放进。该夷闻言勃然大怒，声称俄国大臣木哩斐岳幅已在（缺文）建房，事非一日，尔坐守各员，岂有不知之理，如此屡次强阻反伤和好[缺文]久惯撑船（缺文）勇猛太甚，凶悍异常，欲再深阻尤恐激烈，是以仅派弁兵尾随送（缺文）。等因飞报前来，本衙门据此合将乌苏里口防抚守卡各员等（缺文）硬进乌苏[里]上驶缘由，相应呈请飞咨贵副都统衙门知照可也。等因前来。（缺文）署珲春协领事务防御松恒一体知照可也。须至札者。

右札暂署珲春协领

吉林将军衙门为俄人于摩阔崴搭架板房应一齐歼除的札文
咸丰九年七月十八日

将军衙门　为飞行札饬事。承办处案呈：案据珲春协领台飞英阿报称：职亲诣海沿复查，当据海防官弁报称，摩阔崴切近停泊夷人火轮船一只，不时又外洋往返搬运木植卸在该处，现将运来木料搭架板房六所尚未盖完，复有垒窑烧砖，测其意抑或必来多人，并查以前装煤开行之船迄今并未旋回等语。据此，合将据报夷情，先行飞报将军（军）衙门查核可也。等因前来，当奉宪批："摩阔崴地处海内，刻下难以施为。然盖房、烧砖意在久居，殊与珲春有碍。如俟冻结，能否驱逐之处，着该协〔领〕体察地势，竭力布置，设法办理，呈报可也。"等谕。遵查前据该协〔领〕差员探报，绥芬河口迤东夹道子地方有夷人在彼伐木，而摩阔崴又时有火轮船一只来往，是其藏头露尾试步而行，不问可知耶。然珲春地处沿海，又无城垣，万难任其久居，以防变生不测，奈以岛屿之间措施不易，除咨行宁古塔副都统衙门，即饬委员常〔升〕等届时协剿，勿任玩延，致干重咎，凛遵之外，相应呈请飞行札复珲春协领台飞英阿遵照，期于冻结以前勘明地势布置妥协，一俟届冬冰固，步（复）〔履〕处处可通，即行断其归路，使彼首尾不达，连夹道子地方占据夷人一齐歼除，毋遗余孽可也。须至札者。

右札珲春协领遵此

宁古塔副都统衙门为俄夷察勘绥芬地势的札文
咸丰九年七月二十日

副都统衙门　为飞札事。左司案呈：本年七月十七日据接巡查绥芬防御图勒斌报称：窃职于六月禀报各情之后，职即于第二日带兵尾随，于七月初十跟踪探至绥芬河以西半拉碴子地方，见（缺文）夷船三只仍在原处停泊未动，而从陆〔路〕该夷等将其车轮器械、马匹，俱以分各船，该夷等均行上船，职亦随至，即带同兵役上船，向其以理查询，尔等现今水路会合一处，从此又欲何往，（缺文）答称，"我们系奉木哩斐岳幅之命，查勘绥芬地势，以备明春来此建房垦地，现已差（缺文）们的船只会合一处，刻即旋回禀复"等语。职仍以理拒绝，告以绥芬系我国产参地面，再也不能许给汝国，岂可任其蓦越。如明春强来占居，必致有伤和好。再三拒(缺文)为词，坚不敢从。职再四思及该夷等势在返回，亦只可任其旋返，随即上船，该夷即（缺文）返回下驶去讫。等情呈报前来，合将该员查明俄夷会合一处，乘〔船〕由绥芬河返回下〔驶〕（缺文）札暂署珲春协领事务防御松恒遵照可也。须至札者。

右札珲春协领遵此

吉林将军衙门为俄夷侵入绥芬河口东岸海参崴一带应悉数殄灭的札文
咸丰九年七月二十六日

将军衙门　为飞行札饬事。承办处案呈，案据珲春署协领台斐英阿报称：查前据绥芬河口霍勒吞洪阔驻扎之佐领松恒报称，夷人二十九名于六月十七日来至绥芬哈蚂塘地方即向东南去讫等语。兹又迭经副都统衙门札开，于六月十四日绥芬闹枝子沟地方，有由北路窜来俄夷三十九人，即由石头河子下驰，当经塔城防御讷苏肯等跟踪尾随，探到霍勒吞洪阔地方，知该夷未敢稍停，业向东南去讫。等因札饬前来，惟查东南者，即系绥芬河口东岸海参崴一带地方。前探该处已有夷人搭盖窝棚，砍伐木料，迩际又经摩阔崴停泊夷船，由此运煤至彼，由彼运木至此，飘洋开行，朝发暮到。此次陆路所来夷人自必归入海参崴。若容该处聚集多夷，联络接应摩阔崴之夷，将来实系更难除治。据此，飞报将军衙门查核指示，遵行可也。等因，当奉宪批，速议等谕。遵查前据该协〔领〕报称：海参崴地方有夷人三十余名在彼伐木造船，并携有枪炮等械，其心实属叵测等情。当经本衙门行令转饬大马鞍子山巡员尽先防御富勒杭阿，即将此项夷人设法歼除，毋留余孽，等因飞饬在案。兹据报，现由哈蚂塘、石头河子等处奔向东南，夷众谅必遁归海参崴屯居。而该处与摩阔崴水路相通，运木剥煤，朝发暮到，视其联络堪虞等语。复核该夷既踞珲春海岸，又于僻壤藏奸，将与兴凯湖、摩阔崴声势相援，以为跋前疐后之计，然该处我亦置有兵丹，岂可纵容为患。除飞咨宁古塔副都统衙门转饬委员常升等一体遵办，毋误机宜致失众望，凛〔遵〕之外，相应呈请飞行札复珲春署协领台斐音阿遵照，迅即密饬富勒杭阿、松恒纠合宁古塔委员常升、吉勒图堪、讷苏肯等相机图维，悉数殄灭以尽根株，是为至要可也。须至札者。

右札珲春署协领台斐英阿遵此

吉林将军衙门为俄夷赴兴凯湖等处并将佐领松恒换回的札文
咸丰九年八月初二日

将军衙门　为飞行札饬事。承办处案呈，案据珲春署协领台斐英阿报称：据绥芬河霍勒吞洪阔驻扎之佐领松恒报称，于七月初八日戌时，据查探绥芬河东之委官祥太报称，前由陆路赴往海参崴去之夷人旋回，现在东山坡地方歇息等语。据此，职即督饬兵丹将绥芬河各紧要渡口严防，守至天明，随率领官兵西丹等亲诣该处探查。该夷等已经起身，彼时追至十余里东山林内地方赶上，将该夷拦阻去路，查其人数，该夷官二名，夷人二十四名，各持大板斧一把，马八匹、车六辆，上载干粮等物、火枪六杆，当向该夷询问，由何来何往等情。该夷见我等人众，俱各畏惧，混行支吾，语不可（变）[辩]。职欲将该夷拦阻，不容前进，惟思该夷并未占据地界，恐致滋事未敢拦阻。该夷仍由山顶窝棘树林内向东去讫，大约仍赴兴凯湖等处去讫。等情呈递前来。为此，暨先行飞报将[军]衙门查核可也。等因前来。当奉宪批，"松恒报称：恐致滋事未敢拦阻等情，殊堪痛恨。更恐另有勾结潜通诸弊，应即彻究"等谕。遵查佐领松恒，前以纵任群夷肆審，拟以先行摘去顶戴，并饬设法追剿，勿再玩视，等因咨札在案。兹据报，前審夷人旋返，该佐领追至近前，以其并未占界，恐致滋事未敢拦阻等语。复核该夷北踞兴凯湖，南占摩阔崴，中于绥芬迤东各处分布豕突，而该员偏称夷人并未占界，复以滋事借口，其为故纵显然，是其中难免不无勾结之患。除飞咨宁古塔副都统衙门遵照外，相应呈请札复珲春署协领台飞英阿遵照，迅派妥员即将摘顶佐领松恒换回，研究有无勾结潜通诸弊，据实声明呈报，以凭核办可也。须至札者。

右札珲春署协领台飞英阿遵此

宁古塔副都统衙门为俄夷沿乌苏里江上驶应严防的札文
咸丰九年八月初十日

副都统衙门　为飞札事。左司案呈，本年八月初七日，准三姓副都统衙门咨开，承办处案呈：七月二十九日亥刻，据防抚乌苏[里]江委员佐领富□□吉、守卡佐领索昌等报称，于七月初八日见俄夷由图勒密分驾吉拉船九只，夷官一员、夷人三十余，船内载运吃粮、器械，驶赴乌苏里江等情。职等即带兵乘小舟亲往追询，夷船旁近，夷众各持器械不容查询，喝令夷众齐拥闯行，立欲抗拒，恐激衅端，即饬委金□英尾随至抓吉，会同蓝翎[巴彦]布等□□拦阻，该夷船并不停泊，亦不答话，硬行入江上驶等情。飞报前来，本衙门据此合（缺文）委员等具报，由图勒密进口夷船，不遵开导，已入乌苏里江上驶缘由，相应呈请咨行副都统衙门查核可也。等因前来，相应抄录原文，呈请札饬暂署珲春协领事遵照严防可也。须至札者。

宁古塔副都统衙门为俄夷均已旋返命佐领倭和回任的札文
咸丰九年八月初十日

副都统衙门　为札调事。左司案呈：本年八月初六日奉宪谕，"查前派佐领倭和驰抵珲春查办夷务，惟近据报称：夷人均已旋返，又兼有副都统[协]领巴等在彼督办，应将佐领倭和先行调回应差"等谕。遵此，理合呈请札饬暂署珲春协领事防御松恒遵照，迅将前防夷去之佐领倭和催令回任，毋误可也。须至札者。

宁古塔副都统衙门为俄夷奇萨罗幅侵入乌苏里江的咨文

咸丰九年八月十四日

（上缺）图勒密居夷奇萨罗幅带领夷人十余名，驾吉拉船一只，载吃粮、器械等物驶（缺文）乌苏里等情。职等即以带兵乘舟前往追询四十余里，将及就近，并将夷船邀住，向其以理答复：现在两国和好多口，应守各约所许，龙江左岸各事但可从权，无不曲准，不意尔国人船尚自贪心不足，累洛入口占居，且乌苏里山场河口并不与尔国连界，亦不通海，中国断难再让夷答以从前（缺文）人船占居数处，尔国官员并未阻住，现有字约可凭。但此事系奉木哩斐岳幅（缺文）令，我等不能专主，必须往求（缺文）验兵就与何处建房垦地，成数有几，往返必得月余。刻下正遇风送船便之际，无暇久论，随喝夷众（缺文）驶去。职等熟思该夷自恃人强船多闯行江面，所称言语籍（缺文）诱，劝阻不听。彼时未敢抗拒，（缺文）下。严密巡防。续于二十日由上下驶俄夷连二木筏一串，臌舡船一只，夷人十名、载马五匹、羊十四只。当即（缺文）[图]勒密岸下停止，等情呈报前来。据此理合备文呈报，等因具报前来。本衙门据此合将该委员等具（缺文）船，不遵理谕，强入乌苏里上驶及在图勒密停占人船木筏等情，相应呈请驰咨贵副都统衙门鉴核可也。等因前来。相应抄录原文，呈请札饬署珲春协领并巡防委员，副都统衔协领巴　等一体遵照可也。须至咨者。

宁古塔副都统衙门为严禁俄夷船入乌苏里江的札文

咸丰九年八月十四日

副都统衙门　为飞札事。左司案呈：本年七月二十八日准将军衙门咨开，承办处案呈，本年七月二十四日本衙门恭折具奏，为遵旨会商拟议分路派员守候夷酋另立条约，明示限制各缘由，先行恭折驰奏，仰祈圣鉴事。窃奴才等于本年七月初七日，承准[军]机大臣字寄，咸丰九年六月三十日奉皇上圣鉴，谨奏。等因具奏。查俄夷船支屡经强进乌苏里江，并无严行阻回，仅以启衅借口、不遵开导等词搪塞。兹瓦尔佛罗米幅等七名欲赴三姓，经佐领富祥兵横阻回帆。玛克西木斐耻等五名在后，会（缺文）图式亦中途折回。前由陆路赴绥芬窥探地势之夷人二十七名，出境旋回。所立木杆业经该夷撒倒无存。除札饬乌苏里江委员禄昌等遵照前奉谕旨督同吉都护将身护[获]重罪缘委宣示夷酋，设法拒阻，俟夷目奇萨罗幅回时同吉都护详细明白开导，晓谕为要。嗣后再有入乌苏里夷人船只，务须实力严行拒绝。如该夷称奉木酋命等，即以两省将军钦遵大皇帝谕旨，不敢放进答之。若持以字约为词，应以吉都护枷示剖辩。总期相机应对，务使该夷折服，渐回帆方为妥善，断不准任其肆行。倘该夷仍进此口，定将委卡员等一并惩处不贷。一俟文到，即将前入乌苏里江俄夷人船有无返回，出巡——查明呈报勿得延误外，相应呈请飞咨宁古塔副都统衙门一体遵照可也。等因，飞咨前来。相应抄录原文呈请，飞札珲春署协领事防御松恒一体遵照可也。须至札者。

宁古塔副都统衙门为迅速前往海参崴等处剿办所居俄夷的札文
咸丰九年八月十四日

副都统衙门 为札复事。承办处案呈，本年八月十一日据署珲春协领台飞英阿报称：兹据绥芬河口霍勒吞洪阔地方驻扎佐领松恒禀称，前奉札文内开绥芬河东、夹道子迤北海参崴地方，虽系塔城属界，仍与霍勒吞洪阔毗连，自应一体筹办，相应札饬佐领松恒刻即会同宁古塔委员等带领兵丹联络刨、揽各夫，趁此侵入该夷人数无多，遵照前后札文，不露官面声色，伺便歼除，将其所建之房，概行焚毁。以免蔓延等情，飞札派员遵办可也。等因奉饬，职松恒刻即率领兵丹前往双城子地方，会同宁古塔驻扎之已革协领常升及揽头张登瀛等，查常协领已于七月初六日业经回城去讫，张登瀛联络至今未回，职自应遵文办理。惟职一人兵数无多，又兼路途窎远，委系马力不足，实难前往，等情呈报前来。惟查现值蒙将军衙门札饬剿海参崴地方占据夷人之际，据此合将该佐领松恒声明缘由飞报副都统衙门查核可也。等因呈报前来，除一面饬令该旗迅查该委员常升有无回家之处，据实查明禀复外，札派领蓝翎春德带兵驰往绥芬、鲇鱼河子等处严查该委员、已革协领常升、佐领吉勒图堪等有无在彼驻扎，据实结报。倘该员等胆敢趁空私离处所，尔春德不以实情呈报，若被查出，务必将尔春德严加责革，决不宽贷。如该员等往赴他处梭巡，即领该员等迅速会同珲春委员等前往海参崴等处剿办所居俄夷，勿稍迟误。务必尽除[根]株，勿以遗余患外，相应呈请札饬珲春协领遵照可也。须至札者。

宁古塔副都统衙门为俄夷人船由呢嘴挠力上行并中途返回的札文
咸丰九年八月二十日

副都统衙门 为飞札事。承办处案呈：本年八月十四日准三姓副统衙门咨开，承办处案呈，本年八月初四日，据巡防挠力骁骑校图桑阿报称，于六月二十四日由乌苏里口上往火轮船一只，夷官一员，夷人二十一名，鸟枪十一杆，其船行驶甚速。职当派官富升变作渔猎，乘船尾随，密探该夷官名叫德什克里扬台克尼雅，系奉伊国之命查勘乌苏里一带居夷人数，并无别有动作。同日，又据巡探呢嘴口佐领讷尔吉报称，于七月初七日由下上驶小火轮船一只，中途由旧房处加添吉拉船一只、夷官共二员、夷人二十名，装载口粮器械，并由江东旱路徒步夷人八名、赶马七十余匹、牛一百余条，上往去讫。职当派委官西胜变装跟踪密探去后，嗣据该官旋称，奉派密探此火轮船到处，查点夷人口粮数目，其所赶牛马俱分留旧居桦木林子至山嘴子、吞拨尔户、金银泡、孤榆树等五处，即行折回。于十二日由呢嘴口经过下往，视其人数核与原去相符。等因各飞报前来，本衙门合将该员等具报俄夷人船由呢嘴挠力上行，并中途返回缘由，除呈请飞报将军衙门查核外，拟合备文咨会贵副都统衙门查照可也。等因飞咨前来，相应呈请飞札珲春协领遵照严防可也。须至札者。

右札珲春协领遵此

宁古塔副都统衙门为俄夷窃居绥芬情状的札文
咸丰九年八月二十二日

副都统衙门　为饬知事。左司案呈：案查前据珲春署协领报称，据派往尾随由陆路返回夷人之（缺文）富山等呈报，该夷等于六月十五日行抵绥芬河，造筏渡河向东北去讫等情，当于八月初一日呈报在案，并飞札往查绥芬之防御图勒斌遵照严密防查。嗣于八月十九日据防御图勒斌等报称，七月初二日由绥芬河东半拉砬子地方禀报，俄夷旋回之后，仍在绥芬一带［不］时梭查，于二十日查至刀劈河西岸地方，见有夷人支搭帐房二架，当即奔前查看，内有夷酋一名、通事一名、夷人二十五名，驮马八匹、骑马四匹，装载口粮器械等物。向其查询，据通事答称，伊系由珲春地方查看地势返回至此，不意马匹疲乏，沿途河水涨发，因将养马匹耽延多日。现今河水渐消，即于启程旋返乌苏里等语。职等思及该夷势在返回，仅向辩阻此系禁山，勿准再来，免伤和好。随在彼处住候四日，视其动作，至八月初一日即见该夷等将帐房拆撤装驮马牵来启程，往北（相）［向］兴凯湖旋返去讫。职等仍回绥芬一带不时梭查，守候委员佐领永谦到时再行会晤商报。等情呈报前来，合将该员查明前在珲春由陆路牵驮马旋返俄夷，现已由绥芬界内经过，仍回兴凯湖去讫缘由（缺文）春巡防委员查照外，相应呈请札饬珲春暂署协领事务防御松恒遵照可也。须至札者。

右札珲春署协领事务防御松恒遵此

宁古塔副都统衙门为分路派员守候夷酋另立条约、富尼扬阿调赴黑河专司夷务的札文
咸丰九年八月二十二日

副都统衙门　为飞札事。左司案呈：本年八月十三日准将军衙门咨开，承

办处案呈，本年七月二十四日，本衙恭折具奏，为遵旨会商定议分路派员守候夷酋，另立条约，明示限制，再将协领富尼扬阿调赴黑河口等候，专司夷务，其乌苏里筹防体查事件，即交协领禄昌就近经办等（缺文）恭折附片具奏。于八月初八日奉到原折　批："另有旨。"附片朱批："知道了。钦此。"同日承准军机大臣字寄，咸丰九年八月初二日奉上谕："本日据奕山等奏，遵旨会商分路派员守候夷酋一折，业经明降谕旨，将奕山革去御前大臣，令其来京当差，特普钦暂署黑龙江将军，前往办理矣。俄夷人船分赴乌苏里口及珲春等处，皆称奉木哩斐岳幅之命，而木酋至今尚未驶抵北塘，据探复有欲由海路赴上海之说，传（缺文）实为诡秘。景淳等接奉前旨，已派富尼扬阿在黑河口守候，专司查办，并派协领禄昌等驰往乌苏里口宣示开导，宁古塔、珲春等处派令佐领富新等巡察，所筹均尚妥协。黑龙江系该夷必经之路，特普钦接奉此旨，即着前往该处，责成派出之署副都统爱伸泰勤加侦探，一面会商景淳妥筹办理，总须明白晓谕，使其勿至肆意游行，不可含糊了事，再蹈奕山复辙。等因，钦此。"遵旨寄信前来，相应恭录^{缮论}呈请飞咨宁古塔副都统衙门遵照可也。等因前来。相应抄录原文，呈请札饬暂署珲春协领遵照可也。须至札者。

吉林将军衙门为查明各处旗民有无与俄夷勾结潜通声息的札文
咸丰九年八月二十八日

　　将军衙门　为飞行札饬事。承办处案呈：本年八月初九日本衙门恭折具奏，为据报俄夷人船闯赴三姓贸易，派员阻回，并历次强进乌苏里口夷人不遵开导，现饬查办等因一折，前已照抄咨札各处在案。兹于本年八月二十三日奉到朱批："另有旨。钦此。"同日承准军机大臣字寄，咸丰九年八月十七日奉上谕："景　等奏，俄夷人船闯赴三姓，派员阻回，其强进乌苏里口夷人不遵开导等情。（缺文）夷如此肆行无忌，恐三姓、乌苏里、绥芬等处旗民，或有与该夷暗中勾结（缺文）（该夷如此肆行无忌，恐三姓、乌苏里、绥芬等处旗民或有与暗中勾结）之处，着景　等派委妥员查明该夷搭盖窝棚始自何年，并各该处旗民有无与潜通声息、互相煽诱，均即确切访查，不得稍涉含混。等因，钦此。"钦遵前来，相应恭录^{缮论}呈请飞行宁古塔副都统衙门一体钦遵谕旨，迅即查明闯入乌苏里人船搭盖窝棚始自何年，并将各该处旗民有无与该夷暗中勾结、潜通声息、互相煽诱各情，速为确切查明，加结呈报，勿得稍涉含混，致干罪戾可也。等因前来。除添派佐领常伸驰赴绥芬一带会同防御图勒斌详细查明据实结报外，相应呈请飞饬珲春署协领事防御松恒遵照文内事理，逐层详细查明，据实加结呈报，望勿延缓可也。须至札者。

　　右札暂署珲春协领遵此

宁古塔副都统衙门为俄奇萨罗幅恃强闯入乌苏里江应严加防范的札文
咸丰九年九月二十五日

副都统衙门　为札知事。　左司案呈，本年九月十八日准三姓副都统衙门咨开，承办处案呈：本年九月初十日戌刻，据乌苏里口防抚委员佐［领］乌勒吉、守卡佐领索昌等报称：职等于八月十四日探见续来夷人二十有余名，由图（缺文）驾吉拉船四只，装载吃粮等物奔入乌苏里上往。职等带兵乘舟前往拦阻（缺文）夷船俱被只回，不容上前，硬行上驶讫。于十六日又探见夷人二十余（缺文）驾吉拉船四只，装载吃粮等物，驰奔乌苏里上往，职等当即（缺文）至，正在开导拦阻间，突有居夷五十余名跑来，群将职等所（缺文）住，不容近前阻止。挣扎逾时，终未得过，看其船已走远，该夷始不遮拦，职等无奈，(缺文)夷处会晤奇萨罗幅，向其至再理论。该夷答称：以前言过不准拦阻，今见你们才唤（缺文）省得我驶上船只误迟。职等随以尔等如此无理，有失和好等语，再四开导。乃该夷发作嚷称，非木哩裴岳幅之命不能阻止他的船只，实系凶横无理，奈因迫不得已，只得旋回。次日会同（缺文）委员等复至居夷处所，欲见夷目，再向据理拒绝，无如夷众在外堵阻，齐称奇萨罗幅不在屋内，不容进屋相见，直向拥挤半日，未得会晤而回。十八日，又同委员等到彼，始得会晤奇萨罗幅，即将伊等上项实在不通情理各言，反复以理拒绝，该夷一味发颠不听劝阻，多时仍（实）［是］恃强横言，毫不服理，是以辞回。伏思该夷自恃人众船多，强行进口，不容拦阻，大非寻常之状。倘或续来人船如多，究应如何拦阻之处，理合备文呈报等情。前来本衙门，据此，合将该委员等，据报夷目奇萨罗幅不遵理谕，督饬人船硬行恃强闯入乌苏里上驶缘由，相应呈请飞咨贵副都统衙门查核可也。等因前来，相应抄录原文，札饬暂署珲春协领遵照严防可也。须至札者。

右札暂署珲春协领遵此

宁古塔副都统衙门为俄酋借词会商履勘实欲非法侵越的札文
咸丰九年九月二十五日

副都统衙门　为飞札事。左司案呈，本年九月十八日准将军衙门咨开，承办处案呈：本年九月初十日本衙门恭折具奏，为俄夷勘界先已派员守候，并声明筹办地方情形，恭折由驿奏祈圣鉴事。窃奴才于九月初五日承准军机大臣字寄，咸丰九年八月二十八日奉上谕："昨因俄酋照会内称：木哩裴岳幅等约于九月二十日前后到黑龙江以会商履勘为词，（缺文）办理机宜，详谕景、特悉心经理，并先派委员守候，免致该夷以不见中国官员借口，谅该（缺文）等接奉后，必钦遵办理矣。中国与俄国地界，自康熙年间议定，本极明晰。上年将黑龙江左岸地方及该夷已经占据之阔吞屯、奇咭等处允其借住事，该夷得步进（缺文）步，吉林绥芬、乌苏里等处，屡请派员会勘，其贪求无厌之心，若不严行拒绝，尚复何所底止。此次木哩斐岳幅等前至吉林、黑龙江与景、特会晤时，务当详细开导，告明其与吉拉明阿办理不善，大皇帝业经分别惩办。此事断难准行，如欲会勘地界，该将军等即将奇咭、阔吞屯现在借给该夷居住之处定立四至、地亩交界。此外，不可任意侵占。此处有不可多（缺文）以免蔓延。该夷所请在三姓贸易之处，亦断不准行。至黑龙江右岸空旷地方，待（缺文）当向其言明，现在俄夷占据之处划清界限，立定四至，不得将左岸空旷地方全许给该夷，如不允从，该署将军务当竭力尽心设法开导，如能挽回几分左岸，得有几分免其骚扰，方不至蹈奕　故辙。所有在京给与该夷照会五件，并续给照会一件，均着抄给阅看，将此由五百里各谕令知之。钦此。"遵旨寄信前来，奴才跪读之下，仰见皇训周详，无微不至。惟查九月初三日奴才接准署黑龙江副都统爱伸泰呈报，八月二十四日海兰泡（缺文）官布色依亲诣衙门会晤还称，现接木哩斐岳［幅］咨文，半月可到江城。等因知［会］前来，奴才飞饬前派黑（缺文）等候督办夷务之署副都统富尼扬阿、乌苏里口协［领］禄昌，不时侦探，一俟会（乐）［夷］酋，务当（缺文）遵先后恭谕旨，明白宣示，详细开导，不得稍有含混。一面咨复爱伸泰酌饬知照布色依在案。兹奉谕旨。此次木哩斐岳幅前至吉林与奴才会晤等因。查吉林省垣距乌苏里口三千余里，断非该夷所应到，且（机）［据］该酋照会内称，木哩斐岳幅等约于九月二十日前后到黑龙江等语。现在黑河口、乌苏里各有委员等候，奴才无从与其会晤，当即恭录谕旨暨照会六件，密饬富尼扬阿、禄昌钦办并知照署黑龙江将军特　查照在案。伏查俄夷在京（京）投词，假会勘为名，语多狂悖，贬钦差大臣等以（缺文）词严义正，直爽刚明，或该夷从知敛迹，亦未可定。惟现据乌苏里委员协领禄昌等报称：夷目奇萨罗幅带人折回，经禄昌等督同已革副都统吉拉明阿往见，宣示枷号原委（缺文）开导，令其收回人船以邀和好。讵该夷毫不介意，辄称汝等在此多日，休云收回人船，以后还有许多欲入，语言肆逞，骄横异常。并将该处居住赫哲不准听管驱使，亦不准递送公文各等情。查夷目奇萨罗幅前经署副都统富尼扬阿委曲开导，至再至三，该夷坚以木酋之言是遵。兹禄昌以吉拉明阿获罪缘由宣示，竟敢恃强不理拒阻赫哲，并于乌苏里迤东百里之外伯力地方聚集千余人，备用枪炮器械、食粮，视其种种行迹，则在京所远难免扰乱侵之言，谅非无因。恭查谕旨，该夷如果恃强用武，将何以御之，令奴才等悉心商办，当将挑练西丹，加意防维，奏奉谕旨："现在俄夷虽未开衅，固当存

有备无患之心，但须不动声色严密防范，不可（缺文）该夷窥破等因。钦此。"奴才伏思该夷自康熙年间平定以来，（缺文）势难并顾。因而阳请分界，阴图侵疆。近年益肆横（缺文）开导，亦未必即能俯首无词，实非以理所能驯制。奴才反复思维，因不（缺文）束手偾事，任其蔓延，亟应密筹全局，设法有置，方期有备，除绥芬、乌苏里（缺文）[揽]头、刨夫前往保护，恭折陈奏外，奴才前于七月间曾密札三姓副都统严饬军民，不准勾结交易，违者访实解省，照军法从事。原所以（缺文）贪心，净绝根株，而免露痕迹也。查三姓地本苦寒，无货可易，又非码头，乃俄夷必欲在彼通商，希（缺文）入门户，则顺上游全省可达，无所顾忌。该夷豺狼成性，包藏祸心，不止侵占吉林，亦难免别图进取。惟头年以来，吉省军民闻其凶焰横恣，无不志切同仇，委因限于时势，隐忍而待。设该夷胆敢恃强拥众，自三姓顺江上游，则接界即属阿勒楚喀、伯都讷二城，彼处居民早自准备，誓不相容，亦非官兵所能约束。第珲春孤悬东南，附近海滨军民无多。奴才现拟于打牲乌拉拣派丁壮数百名备齐器械，资其口粮，令于明春麦壮，前赴绥芬一带，以巡海捕牲为名，猎装声势，协同捍卫。该丁夫等到山星罗棋布，足使俄夷无所施其伎俩。且现在各该处城乡按牌团练，精壮丁夫自固闾阎，兼之所挑旗丁勤加训练，以为策应。无事则寓兵于农，不露声色；有事则众（吉）[志]成城，足资御侮。诚如圣谕，该夷得步进步亦未必遽敢生事。奴才身任地方，亟应思患预防。再查图勒密居夷奇萨罗幅此处诡诈，现届冬令，所有前派守口官兵暨委员协领禄昌、倭克锦等，碍难遽令撤回，除已备此处盐粮赶紧拨发接济外，合将遵旨飞饬委员守候木酋，竭力开导及体察舆情，密防筹办各缘由，据声明仰（缺文）宸廑，伏乞皇上圣览，谨奏。等因具奏之处，相应照抄原折，呈请咨札各处即将筹防应办一切事宜，赶紧妥为经理，毋得临时贻误致干重咎。等情，据此。拟合咨行宁古塔副都统衙门遵照可也。等因前来，相应抄录原文，呈请札饬暂署珲春协领，即将筹防应办一切事宜，赶紧妥为经理，毋得临[时]贻误，致干重咎可也。须至札者。

右咨署理珲春协领遵此

吉林将军衙门为严禁军民人等与俄夷勾结交易的札文
咸丰九年十月初一日

将军衙门　为密札事。承办处案呈，本月二十日奉宪谕：查宁古塔、珲春地方不惟地近海滨，且乌苏里、绥芬陆路相通，其前来夷众，今虽旋返，尤应防其潜入私与军民人等勾结交易，着严行密饬宁古塔、珲春二处各官，务须严行晓谕各该处军民人等，不准与该夷勾结交易，如敢违犯，（何）[或]

被查出，或别经发觉，除照前奏按军法办理外，仍将该管各员并参不贷（不）等语。饬交到［处］，除密咨宁古塔副都统衙门遵照外，于文到时，即转饬巡守坐卡各员一体认真实力奉行外，相应呈请密札珲春协［领］富昆遵照［文］内事理，严禁军民人等与该夷勾结交易可也。须至札者。

珲春界属分设中俄界牌

谨将珲春界属分设中俄界线牌博开列于后。

一、土字界牌

第一段交界，系照一千八百八十四年，俄国派员测绘图样，自图们江起至长岭之天文台止，此岭介乎俄国、珲春卡伦及中国二道。河卡伦之间，为珲春岩杵河往来大道，计新立土字界牌之地，至天文台俄里六十五里半，约中国里一百三十一里。图上红线俱顺分水岭为界，水向西流入图们江者属中国，水向东流入海者属俄国。自土字界牌以南，顺图们江至海口，计俄里十五里，约中国里三十里。陆路直量，至沙滩末处，计俄里十三里四百五十五萨仁，约中国里二十七里有奇。所立土字石界牌，高一萨仁，约中国尺七尺有奇。宽俄寸十寸，约中国十五寸。厚俄寸四寸，约中国六寸。一面刻俄文"土"字，一面刻汉文"土字牌"三字，旁列年月，牌下入土深一俄尺，约中国二尺三寸。四周地基用坚石筑成，外掘深沟，填以碎石，均灌灰浆，以期经久。自土字牌西北越岭经哈桑湖之西，至沙冈子北立第一记号，计八里一百萨仁。又北一里六十五萨仁，折而西北四里一百三十五萨仁，顺沙土冈至依冈嘴立第二记号。又东南绕水洼折而北至巴啦诺伏山，自山迤北，再折而东至巴尔巴什山，又东北至罕奇英安河往来之道立第三记号，计十三里四百六十五萨仁。又西北顺平冈二里四百萨仁立第四记号。又西北逾数小山至马邱宁山二里一百五十萨仁，即于山下平坡立第五记号。又西北里二百八十五萨仁，顺平阜而下逾小沟数处至黑顶子往岩杵河之道立第六记号。又西北至虎山即小黑顶子山，又西南至魔山即大黑顶子山，折而西北越大岭，路窄而陡，至克拉多山，由此山绕珠伦河上游折而东，再折而北，在岭上立第七记号。此岭不高而山径至穿，距第六记号二十里四百七十五萨仁，由此东北三里二百八十萨仁，又北一里六十五萨仁，又折而东三百三十萨仁，即一千八百八十四年所立之天文台作为第八记号。以上里数皆俄里，俄国一里约中国二里，俄国一萨仁，约中国七尺有奇，惟天文台用［砖］垒高，以坚石为基址，其余记号皆用土砌成圆墩，周围掘沟。垫以石块，上立小石牌刻一二三四等字样，此记缮写满文、汉文、俄文各二分，以满文为主。

一、萨字啦字界牌。

第二段交界，自长岭天文台第八记号起，至蒙古街岭之啦字界牌止，计俄国一百二十一里四百九十七萨仁。此段界道，自长岭四里顺小岭而行至陡岭，又二里至岭下，此岭上下俱陡，即至俄国横道河卡伦往来之小路界道，向东北四里，顺最窄之岭折而东南，至梯格罗威山即虎山。其山中起尖峰颇陡，四面多大石树木，自此向东北三里半，顺大岭历层坡而下至佛多石岭上，于珲春往佛多石屯之路立第九记号。此处有小石庙，又有卡房，计天文台第八记号至此十四里三百零七萨仁。自此处界道登山，路益险峻，顺山而行，下至佛多石地方可以行车之路立第十记号。此岭上亦有小石庙，系行人所立者，计第九记号至第十记号四里三百一十萨仁。又东行峻坂层累而上，折而南至绰勒乃山即黑山，左右林木深蔚，上多石峰。又东折而北至立第十一记号之岭，为珲春至岩杵河往来路口。第十记号至此，计十四里四百五十七萨仁。自此处界道顺童山而东，绕过岩杵河源几处，于岩杵河上游往珲春之路侧立第十二记号，计七里二百七十七萨仁。自第十二记号仍顺分水岭行至棘心河源，渐下至低处，岭树绵亘，有由棘心河往头道沟之路，自此处界道东南行折而东至立第十三记号之处，计距第十二记号十七里一百零二萨仁。此十二至十三记号中间，以岭为界，岭阴系中国地，林木繁茂。岭阳系俄国地，杂树扶疏而已。自第十三记号向西北顺分水岭三里，至阿勒亚咱诺伏河第一岭上，有道可通骡驮。又三里折而东北至立第十四记号之处，距第十三记号八里七萨仁。阿勒亚咱诺伏河源出此山麓，界道自此向东南，折而东至阿勒亚咱诺伏河第二岭，有骡驮道。又东南行一里，折而东北至阿吉密岭上，亦有骡驮往来之处，立第十五记号。计第十四记号至此十里三百三十五萨仁。自第十三记号至第十五记号十八里，林木相间。又东半里折而北四里半，又折而西二里半，又北一里半至立萨字石界牌处，即珲春与阿吉密往来路口，界牌之东有阿吉密边卡。计第十五记号至萨字界牌九里七十五萨仁。自此处北行，顺岭脊折而东四里，绕阿吉密河上游折而北一里半，至西吉密往珲春行走之路立第十六记号。计萨字界牌至此十六里四百六十五萨仁。又东北顺岭而上，道经密林，其东山势壁立，自此直北至蒙古街之岭，立啦字石界牌，与第十六记号相距十八里一百六十二萨仁。

一、帕字界牌

第三段交界，自啦字界牌起至乌纱沟口即瑚布图河口止，顺分水岭及瑚布图河下游，共计俄里一百二十八里三百四十五萨仁。界道自啦字界牌五里半向东北树少之岭，此岭介乎蒙古街河之两源及珲春河两河之间。自此折而北二里半，顺高石岭而行，又自啦字界牌九里，界道仍向北至老松岭，上有小冈，左右皆峻，岭东最险。自啦字界牌十一里，所经山岭俱有林木及泥淖难行之处。自啦字界牌十八里，有中国珲春河一带小路，此路先顺界道之岭向北行八里，东入俄国辖境后，又绕至帕字界牌处，帕字界牌立于珲春河、昂邦毕拉河、瑚布图河三源之分水岭上即老松岭。帕字界牌之处有小路二条，其一向中国珲春之路，其一往瑚布图河之道。自啦字界牌至帕字界牌三十二里二百七十五萨仁，自帕字界牌向西二里一百三十萨仁，界道由小河下行至瑚布图河。又由瑚布图河西北行九里，有中国界内所出两小河之口，界道又由瑚布图河下游向北直至河口。自帕字界牌至瑚布图河六十五里，河之左右两岸有险峻之处，亦有悬崖林木，折而北行，林木渐稀，境界渐宽。又三十一里地土平衍，有垦种之田，河之两旁山根峻险，树木扶疏，此间有河通河叉，河涌（之）之岸林木相间。自帕字界牌至瑚布图河口九十六里七十萨仁（下缺）。

宁古塔副都统衙门为相机措置阻退俄夷上驶的札文

咸丰九年十月二十五日

副都统衙门　为飞札事。左司案呈：本年十月二十三日，准将军衙门咨开，承办处案呈：本年十月初六日本衙门恭折具奏，为据报委员会晤木哩裴岳幅不遵开导各情一折，当经照抄原折咨札在案。兹于十月二十日奉到朱批，"另有旨，钦此"。同日承准军机大臣字寄，吉林将军景、署黑龙江将军特、署船厂副都统禄、署黑龙江副都统爱，咸丰九年十月十四日奉上谕："景禄奏委员会晤俄酋不遵开导一折。此次署副都统富尼扬阿会晤（缺文）详细开导，乌苏里、绥芬不与俄国连界，无所用其查勘，令其收人船。乃该酋（缺文）声言到瑷珲另有剖辩，并催该署副都统下船，即溯游上驶。该酋在黑河口不遵从开导，骄恣已极，特并（缺文）钦现在守候该夷。爱伸泰亦系专办之员，如与该酋会晤，仍应实力开导，告以黑龙江岸空旷地方既借与尔国，已属中国和好之意。吉林地方本非俄国连界，断难久准，速将人船收回，无可再议。倘该酋桀骜不驯，先开衅端，该将军等惟有密令城乡团练及赶紧招募揽头人等，作为居民不依，欲与该夷相抗，然后官为调处，使该夷知众怒难犯，不至得步进步，无所底止。此中操纵机宜，全在该将军等斟酌办理，以折其骄横之气。至在京之伊格那提业幅日久不归，并无应办之事，吉〔林〕、黑龙江争论地界一节早经告知，该夷酋应由外办理，不使从中生事，该将军等仍与木酋辩论，相机措置可也，将此由五百里各谕令知之，钦此。"遵旨寄信前来，相应恭录译论呈请密咨宁古塔副都统衙门遵照可也。等因前来。相应抄录原文，呈请札饬署珲春协领遵照可也。须至札者。

宁古塔副都统衙门为俄夷愈形桀骜饬珲春协领等加意严防的札文

咸丰九年十一月初三日

副都统衙门　为飞札事。左司案呈：本年十一月初一日准将军衙门咨开，承办处案呈，本年十一月十八日准署黑龙江将军特　咨开，行报处案呈，于咸丰九年十月十四日恭折具奏，为据报夷酋由黑河口经过有期，奴才复回黑龙江城，督饬署副都统节次开导情形，恭折由驿驰奏，仰祈圣鉴事。窃奴才前因在黑龙江城守候日久，江水日盛，迭经探询，夷酋木哩斐岳幅并无确信，并闻其舍舟登陆绕越行走，恐或有心避匿，会晤无期，当经奏明携印回省，仍责成署副都统爱伸泰另行确探，遵旨开导。奴才于初七日亥刻在途次拜折后，适于初八日子刻接准黑河口督办夷务之署三姓副都统协领富尼扬阿等详称，夷酋木哩斐岳幅于九月二十五日黑河口经过，该署副都统迎阻登舟开导，该酋仍欲到瑷珲城剖辩。等因详报前来，奴才以该酋既称有所剖辩，且核计日期亦不甚远，奴才出城亦仅一站，未便遥行，飞饬署副都统爱伸泰再行派员加意侦探，奴才在途次听候确信，再定行止。（缺文）于是晚间据报，该酋已有信由江岸经过，连夜行走，该署副都统一面遣差驰报，一面带人渡江前往迎阻。奴才得信随即回行，于初九日午刻复到黑龙江城。是日酉刻据爱伸泰回称，先经遣人迎见，木酋乘车行走，该酋令通事告称，并无与黑龙江应商事件，因行走甚急，不能等候见面，嗣经该署副都统令人阻截，该酋始下车至道旁屋内暂歇。令其来城会晤，该酋执意不允，并声言途次非办公之处，且亦无商办之事，如有会商事件，可到海兰泡再说。复欲与语，该酋不答，驱车而去。该署副都统阻之不听，回城与奴才面商筹办，并据声称，江水凝结益甚，勉强撑拒过渡，屡被冰（牌）〔排〕撞（紧）〔击〕，几于复坠等语。奴才伏查该夷往来船只，自交霜降节后均已停泊不行，其火轮船亦皆择地守冻，该夷前曾来文知照保护（缺文）只，该署副都统所报难于涉渡，悉属实在情形。惟木酋业经回抵海兰泡，前奉谕旨开导各节，均未及与之商办，若俟封江后再行前往，尤恐该酋不肯停待。奴才（缺文）稍缓，是以复饬爱伸泰于初十日携带酌定款，冒险渡江至海兰泡与该（缺文）其详细开导，并传述奴才遵旨晓谕各情去后，十二日申刻爱伸泰回城面述，于初十日驰抵海兰泡对岸之黑河屯，次日（缺文）江与木酋见面。初尚谦和，有喇嘛阿瓦库玛业金幅微通华语，爱伸泰向之宣述，俄国与中国自康熙年间分定界限，黑龙江左岸原非（我）〔俄〕国应占之地，现在准其将空旷地面并阔吞屯、奇咭等处借给（我）〔俄〕国流民栖止，且许在江面行船，已属大皇帝格外加恩，尔等不应背约，又蓦越黑河口强进乌苏里、绥芬地方盖房垦地，屡次恃强不听拦阻，殊非和好之道，亟应及早撤回，嗣后人船不得任意游驶、占居，即江左地方亦应就现在占居之处划清界限，立定四至，不得再有展占，并将阔吞屯、奇喀等处与吉林委员定立四至，庶彼此清楚免伤和好。三姓地方并非码头，无可通商，不宜再往。讵该酋闻之辄即忿忿喧嚷，令喇嘛传述，胆敢妄言该处原系俄国地界，不但已去者不能迁移，此后尚有续来人船，并在兴凯湖、土门山等处建房安炮等语。该署副都统复向开导，该酋气忿转加，怒目拍案，愈形桀骜，令喇嘛述称，非用枪炮断不迁移，并将黑龙江左岸之乌鲁苏卡房拆去，该署副都统答以断难允准。该酋复称如不拆去，我必令人拆毁，又言明年必在黑龙江城对岸建盖房间，修立炮台。言毕即令将其随从夷官唤进一名，神色凶猛，指称此系俄国管炮将军，可与识面且宜防备。该署副都统见其势益虚骄，随亦反颜相向，怒言既称两国和好，何当议事之时，出此无理情状，动以枪炮相胁，中国岂无利器，只以大皇帝宽仁慈惠，不准残害生灵，是以善言开导，若必欲恃强，中国岂无办法。该署副都统亦将随带之佐领诺门德勒和尔唤进，向该夷告之，此即我之所属管炮之员，尔等亦可认识。该夷等见其身材雄伟，共相起立环视，该酋亦转颜作笑点头不已，并亲身给酒，令与其人各饮一杯，互相认识，且以前言为戏。该署副都统又令喇嘛传述，仍将前事订明，并约与奴才会晤，该酋告称江省并无可议事件，如尔将军有权能将绥芬、乌苏里地面分给，即与会晤，否则无须见面。该署副都统复传述奴才之言，向其再三开导，谓绥芬、乌苏里地属吉林，并不与俄国连界，前任将军、副都统因办理不善，已经大皇帝将伊等惩办，皆为尔国恣意妄行，尔心当亦不安。且自尔办事以来，江路已准行走，阔吞屯、奇喀地方，并江左空闲地面已准借居，尔之功劳亦不为小，如必欲强占乌苏里、绥芬地方，该处人民亦不相让，若再恣意横行，因此有伤和好岂不可惜。康熙年间两国订约，鸣炮誓天，神明鉴察，尔宜三思，毋负当年旧约，方为永敦和好之道。乃该酋俱置而不听，并喇嘛亦不为传述。再欲言，该酋即转入别屋不复出见。延至戌刻，该署副都统始趁［月］色渡江，十二日申刻到城，面述前后情形，并具文呈报前来。奴才伏查该酋前在黑河口（缺文）称，到瑷珲再有剖辩，迨与爱伸泰见面又称无可商办之事，必须将乌苏（缺文）定界址，方与会晤，无论如何开导，不惟不肯听从，并于绥芬界外又有要求，且有黑龙江城对岸建房、安炮并拆毁卡房之说，实属愈加狂悖。揆其景象，实非口舌所能争，亦非情理所（不）能感化，不惟明年必有续来人船，更恐别有横恣举动。奴才反复思维，实深愤懑，除面饬署副都统协领爱伸泰严密防维，暨咨商吉林将军景□通长筹计，并回任与副都统那□悉心商办外，所有奴才督饬爱伸泰节次开导情形，理合恭折由驿驰奏，伏乞皇上圣鉴。再奴才于即日起程回省，合并陈明谨奏。等因于十月十四日具奏，除俟奉到谕旨再行知照外，相应咨行贵将军衙门知照可也。等因前来，查此次木酋行抵黑龙江，署副都统爱伸泰诸般开导不听，动作愈形桀骜，是其蔓延之举已可概见，所有巡守弁兵尤应加意严防，勿稍疏懈。除札饬黑河口督办夷务委员协领倭克锦、乌苏里口委员协领禄昌、署三姓副都统协领富尼扬阿等遵照，并咨行三姓副都统、乌拉总管衙门外，相应呈请咨行宁古塔副都统衙门，迅速转饬珲春协领等一体遵照，并查图门山是何地面，详报备核可也。等因前来。相应呈请飞饬珲春署协领事防御松恒遵照文内事理，并详查图门山是何地面，详报以备咨报可也。须至札者。

右札珲春署协领遵此

珲春协领为届冬冰固即断俄夷归路歼除夹道子等地俄夷的呈文
咸丰九年

为飞行呈报事。蒙将军衙门札开，承办处案呈：奉宪批："摩阔崴地处海内，刻下难以施为，然盖房烧砖意在久居，殊与珲春有碍。如俟冻结，能否驱逐之处，着该协〔领〕体察地势竭力布置，设法办理呈报可也。"等谕。遵查前据该协〔领〕差员探报，绥芬河口迤东夹道子地方有夷人在彼伐木，而摩阔崴又时有轮船来往，是其藏头露尾，试步而行，不问可知耶。然珲春地处沿海，又无城垣，万难任其久居，以防变生不测。奈以岛屿之间目前措施不易，除咨行宁古塔副都统衙门即饬委员常升等届时协剿，勿任玩延，致干重咎，凛遵之外，相应呈请飞行札复珲春署协领台　遵照，其于冻结以前勘明地势，布置妥协，一俟届冬冰固，步履处处可通，即行断其归路，使彼首尾不达，连夹道子地方占据夷人一齐歼除，毋遗余孽可也。等因遵此，除将夹道子地方飞饬绥芬河口霍勒吞洪阔地方驻扎官弁等勘明地势妥为布置，务使该夷等首尾不达，一齐歼除等因札饬遵办外，查所有摩阔崴地势已经勘明呈报在案，现今饬令不时查探，若经该夷大船不来，而洋面游驶之船不行之时，不待冻结即行设法殄灭。其船如若往返不绝，仍俟海冰冻结之时再行督饬兵丹努力齐进，四面攻之悉数扫除。可否之处先行飞报将军衙门查核外，暨飞报副都统衙门可也。

吉林将军衙门为俄人在长岭子砍伐建房应相机抚驭的札文
咸丰九年十一月二十二日

将军衙门　为飞行札饬事。承办处案呈：案据珲春协领台飞英阿报称，前奉将军衙门札开，即将旧设卡台照依划定线制撤归交界处所，并详译历定规条，恪遵将事毋稍激等因。遵将沿海一带旧设绰阔哈达向阳处，西赫奇达图们江口、西图胡拉穆、图拉穆各处卡台，遵文撤归交界处所驻守在案。其珠伦、佛多石两卡，距海二十里，旧有旗屯居，且系渔猎必经之路。委系珲春出入门户，况与原约毫无违碍。兹据探差六品军功海明德报称，现有俄人数名，赶驾马爬犁（缺文），于珲春切近之长岭子地方砍伐树木，形欲建房。询据俄人声称，凡归海之河，俱是(缺文)。当派蓝翎领催永安等，往见俄酋查询。据称俄人进街因无住处，是以在彼盖[房]住宿。永安等复以盖房离街切近，殊与和约相悖各情，向其辩论。据该[酋]答谓：此系遵奉俄[酋木哩斐岳幅]指示，准其盖房。将此情形，你们地方官只管呈报等语。据情呈报前来。伏思珲春迤南（缺文）外，所有乌尔古山、巴延山以及捕贡围场等处，若统为俄国所有，则珲春盖无驻防之地。况本年九月间，俄人运来洋枪、火药、炮丸等械，（维）[为]数甚巨。又自摩阔崴直至海参崴，建房数处，以为站道。复藏许多奸民，就彼酿患。渐至招引朝鲜国人纷纷越界，前赴该处售卖牛条，似此招集奸民，勾结朝鲜，内外交杂，实属无凭查禁，理合呈报将军衙门[鉴]查，核复遵办可也。等因前来。查俄国续增和约第一条内载，图们江口相距不过二十里，且遵天津和约第九条，议定绘画地图，以红色为交界之地。上所言者，乃空旷之地。遇有中国人住之处及中国所占渔猎之地，俄国均不得占，仍准中国人照常渔猎。从立界牌之后永无更改，并不侵占附近之地等语。兹俄人擅越珠伦、佛多石二卡属界，又在长岭子地方砍伐树木，欲将盖房，均与和约相悖，殊非取和之道。所有俄酋招集华民煽诱并勾结朝鲜国人私相贸易各情，关系良[非]浅鲜。除声明呈报总理各国事务衙门，谨请[鉴]查核复遵办，并请移咨礼部，转行朝鲜国王查禁，以杜隐患，实为公便外，相应呈请札饬珲春协领台飞英阿遵照，相机抚驭可也。须至札者。

札珲春协领台飞英阿遵此

珲春协领命佐领松恒等务将海参崴占据之夷人歼除的呈文
咸丰十年

于七月二十日恰喀拉保玉等恳称，伊等暂往绥芬、岔沟等处山场挖参，如能获利以为过冬之需。此际倘经俄罗斯夷人侵入，保玉急将所来恰喀拉俱各带回大营等语。伯兴等一时糊涂，即令伊等旋回。复因时值秋凉，且又断绝口费，职等是以暂行回城收拾衣履，备办口食。属实等情呈递前来。惟查前据佐领松恒报称，曾经夷人由陆路窜越绥芬，且绥芬河口东岸海参崴地方，已被夷人占据。迩际屡奉将军衙门札饬剿办之际，该员等既将恰喀拉人等抚恤招来，理宜在绥芬一带就近捕猎刨采，协同该处巡防官兵、西丹等一体堵御，而该员等因何任其各去入山复又自行回城，饰词实系玩懈之至。除一面札饬该员等星夜赶赴岔沟等处，收集恰喀拉人等，并会同佐领松恒、尽先防御富勒杭阿等，务将海参崴占据夷人设法歼除外，查委笔帖式阔普通武一人带领有枪恰喀拉二十名先到霍勒吞洪阔，次经骁骑校伯兴、委官城安二人带领有枪恰喀拉二十名后到霍勒吞洪阔，而该员等实属玩延之至。职不敢擅专，呈请将军［衙］门查核，分别示惩以观后效之处，暨飞报副都统衙门可也。

珲春协领为松恒并无勾结俄夷之嫌给宁古塔副都统的呈文
咸丰十年

为飞行呈报事。本年八月十三日，蒙准将军衙门札开，承办处案呈，案据珲春署协领台　报称：据绥芬河霍勒吞洪阔驻扎之佐领松恒报称，于七月初八日戌时，据查探绥芬河东之委官祥泰报称，前由陆路赴往海参崴去之夷人旋回，现在东山坡地方歇息等语。据此，职即督饬兵丹将绥芬河各紧要渡口严防，守至天明，（随）［遂］率领官兵、西丹等亲诣该处探查。该夷等已经起身。彼时追至十余里东山林内地方赶上，将该夷拦阻去路，查其人数，该夷官二名，夷人二十四名，各持大板斧一把，马八匹、车六辆，上载干粮等物，火枪六杆。当向该夷询问由何来何往等情。该夷见我等人众，俱各畏惧，支吾混行，语不可（变）［辩］。职欲将该夷拦阻，不容前进。惟思该夷并未占据地界，恐致滋事未敢拦阻。该夷仍由山顶窝棘树林内向东去讫，大约仍赴兴凯湖等处去讫。等情呈递前来，为此暨先行飞报将军衙门查核可也。等因前来，当奉宪批，"松恒报称，恐致滋事，未敢拦阻等情，殊堪痛恨，更恐另有勾结潜通诸弊，应即彻究"等谕。遵查佐领松恒前以纵任群夷肆审，拟以先行摘去顶戴并饬设法追剿勿再玩视，等因咨札在案。兹据报前审夷人旋返，该佐领追至近前，以其并未占界；恐致滋事未敢拦阻等语。复核该夷北踞兴凯湖，南占摩阔崴，中于绥芬迤东各处分布爪突，而该员偏称夷人并未占界，复以滋事借口，其为故纵显然，是其中难免不无勾结之患。除飞咨宁古塔副都统衙门遵照外，相应呈请札复珲春署协领台　遵照，迅派妥员即将摘顶佐领松恒换回，研究有无勾结潜通诸弊，据实声明呈报，以凭核办可也。等因前来，遵即飞饬霍勒吞洪阔驻扎佐领松恒刻即回城外，查本处俸员不敷用，即将该处巡防事宜当即改派大马鞍子山驻扎之尽先防御富勒杭阿前往接办，所有大马鞍子山暂令蒙武卡官兼理之处已于八月十四日札饬。去后，继经该佐领松恒回城，刻即遵照文内事理逐一研究。据松恒禀称：窃查前审夷人，系七月初八日旋返。职即将绥芬河各紧要渡口，着委官穆腾额督饬兵丹二十四名严守。职即率领兵丹二十五名渡河约十余里追至近前。当查夷人车马枪械数目，而该夷各持大板斧一把。询其何来、何往，所说言词一概不能（变）［辩］悉。职欲行拒阻不容前进，惟思兴凯湖、海参崴、摩阔崴等处占据夷人数百，俱系首尾相联，复思该夷既系旋返，亦必有备，又恐节迹迭至腹背受敌。职所带兵丹无多，再以前未奉剿灭明文，是以未敢擅自歼除。后至二十八、二十九等日，连接摘去顶戴并饬歼除剿灭札文在卷。如在彼事以前，职敢不舍身遵命。今蒙严究，职与俄夷生于两国，素不识面，又兼语言不通，且职历蒙军宪提拔身受国恩，思未报效，曷敢有勾结潜通诸弊。现有职所带兵丹按名究讯，果有勾结潜通诸弊，职甘领重咎。等情呈禀前来，据此，职当即将随带之兵役等一并根究，有无勾结之弊，均与该员所禀无异。又查该员禀内于七月初八日窜来夷人旋返，刻即呈报在卷，又于是月二十八、九等日始行接得摘去顶戴并饬歼除剿灭札文，本衙门于七月十二日接得将军衙门札文，即于是日飞行札饬亦在案，据此详查此件札文必系中途各卡台被大雨连绵河水涨发阻隔，以致迟延。除此，该员并无另有勾结潜通诸弊属实，合将该员呈递各情，飞行呈报将军衙门查核外，呈报副都统衙门可也。

吉林将军衙门为巡探夷酋木哩斐岳幅行踪以便商谈夷人越境问题的札文
咸丰十年

（上缺）上谕："禀奏夷情狡诈，办理办明地界实无把握。并特 等奏，前到珲春夷船现已开行各等语。俄夷于黑龙江至珲春等处肆意游行，欲图占据，总由奕（缺文）会晤该酋时，不能据理剖析，含混定议所致。此时若将前约更张，该夷必不肯从。然岂能任其蔓延无所（缺文），此事从前系奕 一人办理。今即侵至吉林地界，自应由吉林、黑龙江两将军会同查办，另立条约以（缺文）事端。除黑龙江左岸空旷处所及阔吞屯、奇咭人已盖有房屋，系奕 许以借给居住，毋庸（缺文），此外均该夷应到之处，着奕、景会同定议明白晓谕，以免该夷到处侵占。所有乌苏里、绥芬等处系属吉林地方，并非与俄夷接壤，断不容该夷人船游驶。三姓地方并非码头，亦断不准该夷到渡。札饬会派妥员实力开导，其前与借之黑龙江左岸空旷处所及阔吞屯等处，实属借与栖身之地，不得再来人口，亦不得再行添盖房屋，至该夷船之由（缺文）松花江往东入海，前曾许其行走，自可毋庸阻止。如此明示限制，另立一条［约］或可［挽］回。奕 等于会商后，即将如何办理之处详细驰奏，再与该夷定议。将军等［肩膺］重任，务须协力同心以御外侮，不得以开衅借口搪塞，毫无办法致干重咎。（缺文）百里各谕令知之。钦此。"遵旨寄信前来，奴才等跪读圣训，指示周详，亟应筹商妥办，以冀挽回。遵查前此互立条约，系与夷酋木哩斐岳幅面议，嗣据各属详报分窜夷人亦称系奉木哩斐岳幅之命，此次［遵］旨另［立］一条，自应会派妥员仍与该酋定议，方免夷众借口。惟前据乌苏里口巡员探报，夷酋木哩斐岳幅已由海路赴上海等处，秋后始能旋回。嗣该夷驶抵珲春少停即行，又言欲赴天津。该酋行踪诡秘，究于何日折回，或由水路抑由陆路均难悬定。若非会饬委员分路等候，恐难与该酋会面。奴才等往返咨商，意[见相]同，拟派署三姓副都统协领富尼扬阿在黑河口守候，专司查办。其乌苏里口[拟]派吉林协领禄昌，防御书林与已革副都统吉，驰抵该处先行遵旨宣示夷众，并守候夷酋木哩斐岳幅，到时即率同巡防佐领乌勒吉等钦遵谕旨，明白晓谕，实力开导。无论该酋肯从与否，仍随时报明署副都统协领富尼扬阿逐层妥议另立一条。设该夷绕越径至黑河口，即由富尼扬阿照前办理。倘该酋折回，行踪诡诈，或乘船隐混或驾驶如飞，不容见面，黑龙江城是必由之路，应专派妥干官兵赴海兰泡侦探，自能得其确信，不难会晤，即责成署副都统、协领爱伸泰就[地]严查，遵旨办理，以免贻误。其宁古塔、珲春等处，仍札令署副都统佐领富新、委员协领巴林保、佐领永　督同珲春协领富坤等一体巡察照办。设遇该酋，亦即遵旨晓谕开导，勿任夷船肆意游行再图占据。如此分饬守候，俟报会晤情形即行具奏。惟木哩斐岳幅居心叵测狡猾异常，若始终不肯见面，任其夷众蔓延（缺文）奴才奕　奴才景　（缺文）副都统行文海兰泡央桑佑幅传谕木哩斐岳幅遵照（缺文）复（缺文）奏明办理。所有奴才等会商拟办缘由，是否有当，谨合（饲）[饬]恭折由五百里驰奏。伏候命下，钦遵施行。再吉林、黑龙江会办夷务仍归奴才景　主稿，一并陈明谨奏。又片奏，再奴才景　等片奏，恭查前奉上谕，"夷[船驶]赴乌苏里江日复蔓延，势将无所底止。景　行抵吉林，着会同奕　等应如何设法拒绝驱逐筹划办法等因。钦此"。奴才景　遵即密饬乌苏里江筹防之署副都统协领富尼扬阿就近体察办法，已于七月初一日附片奏闻。兹将富尼扬阿调赴黑河口守候夷酋，专司议立条约，其乌苏里筹防事宜及体（缺文）禄昌等就近悉心经办，理合附片陈明。谨奏。查时届中秋，恐木哩斐岳幅折回，若俟奉旨后再行照办，未免拘执迟误，即应照抄原折片先行咨札各处，设遇木酋即可遵（缺文）妥为办理。除札各处遵照外，应相应呈请咨行宁古塔副都统衙门（缺文）应抄录原文，呈请飞札暂署珲春协领事务防御松恒遵[照办理，此札。]

珲春协领为俄夷船在摩阔崴动向的呈文
咸丰十年

为飞行呈报事。现据佛多石驻扎防御桂全等报称：前来夷船于九月初十日自摩阔崴开行已向东南去讫。兹于本月二十一日戌刻又来夷人火轮船一只，仍依摩阔崴停泊。又据骁骑校博兴等报称：夷人大船三只载来牛马等物，现依海参崴停泊。等情，陆续呈报前来，据此详查摩阔崴至海参崴仍有夷船往返不绝，除飞饬尽先防御富勒杭阿等刻即查明呈报外，迅速飞报将军衙门查核之外，暨飞报副都统衙门可也。

珲春协领为俄夷在岩杵河恃强进城的呈文
咸丰十年

为飞行呈报事。兹据海防官弁报称：十月二十日（戌）［戌］时，来至夷人火轮船一只，仍依摩阔崴停泊等语。续于本月二十五日午时，据佛多石地方暗防夷人之恩骑尉讷勒和报称：转据密巡之领催蓝翎奇布松武报称，本月二十四日由摩阔崴窜出夷人五个，牵着驮马一匹，携带小洋枪两杆，火枪一杆，来至北岸岩杵河地方。当经奇布松武等拦阻，不意该夷等恃强硬闯，坚要进城。极力拦阻，乃有肇衅之状，实系阻之不住等语。据此，讷勒和刻即带兵迎阻，而该夷等仍逞强横欲施洋枪，讷勒和麾兵向前，该夷等见我势众，俱各住手。讷勒和复以好言抚慰，带回沙棋子地方询其何往，究有何事。该夷指画告称：该国来了钦差官，令其递送公文，且带银两、哈拉等物以备购买牛羊，现今务得进城见官等语。讷勒和告以城市距此甚远亦无牛羊，乃该夷一味不信仍要进城，讷勒和婉言抚慰哄出夷文一角，该夷等（缺文）。

珲春协领为赶紧剿办海参崴之俄夷的呈文
咸丰十年

为呈请札复事。案查前据霍勒吞洪阔驻扎尽先防御富勒杭阿报称，带领兵丁前往双城子地方，纠合宁古塔委员等并未寻着坐落。后于九月初十日经塔城委官色布珍前来告称，常协领等在（于）八道河子防守，询其剿灭海参崴之事，答以并不知情，等因呈报前来。惟查海参崴之夷，屡蒙将军衙门饬令该员等设法剿灭，使其首尾不达。等因来札在案，现经海参崴已与摩阔崴互相联络，其间尤有该夷大船往返不绝，虽经本处剿办摩阔崴，而海参崴之夷仍宜赶紧剿办，使其首尾不达，方合机宜。事关奉将军衙门饬交剿办之件，职不敢违误，或可之处，合当备文呈请副都统衙门查核指示可也。

宁古塔副都统衙门为俄夷投文封送理藩院佐领隆福暂缓晋省的札文
咸丰十年十一月初五日

副都统衙门　为飞札事。承办处案呈，本年十一月初一日，准将军衙门咨开，承办处案呈：据珲春署协领台斐音阿报称：兹据海防官弁报称，十月十二日巳时来了夷船一只，仍依摩阔崴停泊，次日申时开行，并未卸下物件等语。续于本月十七日丑时，据佛多石地方密防夷人之骁骑校讷木音报称，本月十六日酉时，由摩阔崴窜来夷人四个，携带火枪一杆，来至北岸严杆河地方，当被密巡之蓝翎披甲常柱等阻住，询其何往，而该夷微通汉语并指画告以进城见官等语。当经讷木音带兵往视，复经该夷献出夷文一角，讷木音仍阻该夷不容前进，乃该夷复行指画，声称既不容进城，将夷文留下速给接收回字，以便返回。又指画告说，嗣后仍有续来多夷等语。据此，即将夷文飞送等情，呈报前来，据此详查夷文外封所注汉字，乃系径送京都之件，如何办理，职不敢擅行，除将夷文封送将军衙门查核外，暨饬骁骑校讷木音等给其接收回字，务须阻回。复思嗣后倘有续来多夷，又将如何办理之处，呈报将军衙门查核示复，以便遵办可也。等因前来，除将夷文封送理藩院查核转致外，溯查前奉谕旨，准与俄国分界，所有明年应办事宜，均须从长妥拟。因饬三姓署副都统富尼扬阿、珲春署协领台斐音阿、宁古塔办事佐领隆福等各按条约所指山河，详细绘图亲携来省等因，飞饬在案。兹该夷既有续来多夷一语，则其借约占界，即欲通商一切均关綦重，所有前调署副都统富尼扬阿、协领台斐音阿、佐领隆福均可毋庸来省。如刻下俄夷骤至要求，该员等即可与之会晤，务须遵照条约妥为商办。至乌苏里卡伦，前因该夷恃强掳掠，又兼边界未清，曾将官兵撤回。兹查续约第十一条内载东海滨省固毕尔那托尔与吉林将军彼此行文，俱托乌苏里、珲春卡伦官员转送等语。是乌苏里卡伦应由三姓副都统衙门拣委妥干俸官二员，带兵二十名，迅即前往坐守。其条款内载界址分明，所有宁古塔、珲春迤东旧设卡伦应由各该衙门查照款目，按界挪移。再查第一条内开中国人居住之处及中国人所占渔猎之地，俄国均不得占等语。复核乌苏里江以下之赫哲、库（业）[叶] 费雅哈及山内刨揽各夫，珲春迤东住户并海岸谋生人等，均应遵守定约，令其照旧安业。除将部颁俄国原约、续约二本另文分发外，相应呈请飞咨宁古塔副都统衙门转饬佐领隆福暂缓晋省，即将绘图饬驿飞送前来，以凭核办，万勿延缓可也。等因前来，除转饬该佐领隆福遵照暂缓晋省外，相应呈请飞札珲春协领遵照，暂缓晋省。即将所绘地图呈送一份本衙门，以便查照详细绘测，庶免歧误可也。须至札者。

吉林将军衙门为宁古塔境内俄夷逃窜务加防范的札文
咸丰十年十一月二十一日

将军衙门　为飞行札饬事。承办处案呈：案据宁古塔副都统衙门咨开，本年九月二十八日据揽头张登瀛禀称，窃身前因往探夷情，在昂邦毕拉时，接奉总司巡防绥芬等处常委员文开，前窜之夷业已旋返，会令身迅速前往追击，等因遵此。当于七月十二日奔至双城子，据佃户等告称，该夷来于本月初八日，由南统向正东去讫属实。追踪不及，身尤恐续有来夷，即在双城子驻守。迄今该夷并未复来，因口粮又已接济不及，正欲回城搬运，不意于八月二十七、八、九等日连降大雪，山中时积有三尺多深。除此天降大雪又极骤寒，口粮又兼断绝，不得已先行率领刨夫人众于九月初一日回山，至十五日进城。伏思绥芬地属辽阔，今夏该夷并未占据，此时即先降有雪片，计之冬令严寒必至大雪，谅该夷必不敢冒险趋死，恳祈转报（缺文）。

吉林将军衙门为俄人于边境盖房运洋枪火药应相应抚驭的札文
咸丰十年十一月二十二日

（上缺）住宿，永安等复以盖房离街切近，殊与和［约相］悖各情，向其辩论。据该酋答谓，此系遵奉俄［酋木哩斐岳幅］指示，准其盖房。将此情形，你们地方官只管呈报等语。据情呈报前来。伏思珲春迤南（缺文）外所有乌尔古山、巴延山以及捕贡围场等处，若统为俄国所有，则珲春盖无驻防之地。况本年九月间，俄人运来洋枪、火药、炮丸等械,（维）［为］数甚巨。又自摩阔崴直至海参崴建房数处以为站道。复藏许多奸民就彼酿患，渐至招引朝鲜国人纷纷越界，前赴该处售卖牛条。似此招集奸民，勾结朝鲜，内外交杂，实属无凭查禁。理合呈报将军衙门查核［示］复遵办可也。等因前来，查俄国续增和约第一条内载，图们江口相距不过二十里，且遵天津和约第九条议定绘画地图，以红色为交界之地。上所言者乃空旷之地，遇有中国人住之处及中国所占渔猎之地，俄国均不得占，仍准中国人照常渔猎。从立界牌之后永无更改，并不侵占附近之地等语。兹俄人擅越珠伦、佛多石二卡属界，又在长岭子地方砍伐树木欲将盖房，均与和约相悖，殊非取和之道。所有俄酋招集华民煽诱并勾结朝鲜国人私相贸易各情，关系良［非］浅鲜。除声明呈报总理各国事务衙门谨请查核［示］复遵办，并请移咨礼部转行朝鲜国王查禁，以杜隐混，实为公便外，相应呈请札饬珲春协领台飞英阿遵照相机抚驭可也。须至札者。

札珲春协领台飞英阿遵此

珲春协领为如何歼除海参崴屯居俄人的呈文
咸丰十年

为迅速飞报事。本年九月初十日酉刻，据霍勒吞洪阔驻扎尽先防御富勒杭阿报称：八月二十六日接奉札文，着富勒杭阿等纠合宁古塔委员常升、吉勒图堪、讷苏肯等，将海参崴地方屯居夷人相机图维，悉数殄灭，以净根株。等情札饬前来。遵即富勒杭阿于八月二十九日带领兵丹，前往双城子地方，纠合宁古塔委员等于九月初一日抵至双城子地方，并未寻着该员等坐落，即于初二日旋回。惟思海参崴盘踞夷人事关非轻，富勒杭阿等兵寡，碍难歼除。是以呈报衙门查核指示，以便遵行可也。据此者，事关将军衙门饬交剿办海参崴夷人之件，合将尽先防御富勒杭阿呈报缘由飞报副都统衙门查核示复外，暨飞饬霍勒吞洪阔驻扎尽先防御富勒杭阿等知照可也。

吉林将军衙门为详绘边界地图的札文
咸丰十一年二月二十三日

将军衙门　为飞行札饬事。承办处案呈：案准钦差总督仓场部堂咨开，照得本部堂奉命会勘俄国分界事宜，查照和约内载所有会勘分界专以地图为凭。现奉敕谕由军机处抄发贵省所绘呈览地图前后二份，本部堂详加核对，图内所载山川，不但部位不符，抑且详略互异，并有著名山川未经揭出者，不免有遗漏舛错之处。若俟本部堂到时［再行查］明更正，未免稽延时日。相应咨行贵将军速派办事精细、诚实可靠之员，务令亲［身周历］履勘，确凿可据，另绘一图。并令载明应查分界四至各里数若干，分［析］粘签即交贵衙门收存。俟本部堂到时以凭会勘办理。此次所绘地图，倘再查有舛误，定将原勘之员严参示惩，并祈将委员职名先行知照以凭查核等因。查自俄国争界以来占据内地，奉旨饬查与有关系地面，均经随时就势绘图呈览，以期仰荷圣聪。惟乌苏里、绥芬地广山深，关系封禁，官兵阑入犯科，无由知其确。如九、十两年议集刨夫入山，用以联营保卫。两经绘进图说，前后不无或异。至上年十月初五日接奉谕旨，准与俄国分界。计自乌苏里口迤南至图们江口，约有数千余里尽为该国所占，而奉旨后，正值山雪积深，人马殊难周历，无由派官履查。仅就珲春协领面禀地方情形，存图绘览。旋又复奏珠河率皆就时论事，二国亦恐未符。兹准前因，由军机处抄发地图二份，部位不符，详略互异等语。其系何年、月、日进呈之件，文内未经叙及，本衙门无由而知。除三姓属之乌苏里口上至兴凯湖一段界限分明，毋庸派官先查外，其兴凯湖迤南至图们江口系宁古塔、珲春所辖，已饬该署副都统协领等就近派官先期履勘。一俟呈复到日，再将委勘职名咨送钦差总督部堂备核。现当会同前往，非但由省垣至兴凯湖道途险阻，且由兴凯湖入山，复人迹罕通，地名各异，尤不便行走。况该处地面辽阔，履堪未免需时，而本衙门旧存各图，皆无白棱河之名，则四至里数更复茫无依据。兹因军机处抄发地图二份形势不同，只宜由本衙门旧存各图仿照办理。除先行咨复钦差总督部堂，望速遄临以便核兑俄国地图，俾知白棱河究隶何处再行饬查外，相应呈请札饬珲春协领等一体遵照，迅即派官按照条约悉心履查，勿稍含混，致干参办，仍将派官衔名先期飞报，是为至要可也。须至札者。

右札珲春协领遵此

宁古塔副都统衙门为查明图们江至珲春河向上至绥芬河情况的札文
咸丰十一年五月二十五日

副都统衙门　为饬知事。承办处案呈，本年五月二十三日准钦命将军行辕咨开，承办处案呈，案查前据宁古塔副都统衙门准钦^{差部堂}_{命将军}咨令，速饬原勘之员，将由兴凯湖至图们江之地，查明何处为宁古塔所属，何处为珲春所属，相间道里程途，详细声明呈报后，即赴行辕，以便随同查勘。等因遵此，除饬珲春协领将图们江口至珲春河向上至绥芬河掌一带查明详报外，并饬原勘佐领富昆自绥芬河［向北］逾岭查至白棱河、兴凯湖，暨札委修理营场防御依兴阿自兴凯湖、白棱河向南逾岭查至绥［芬河掌之间］道里若干，据实声明呈报。该员等如于途次相逢，即行就近赶赴行辕呈报等情。当查兴凯湖迤南至绥芬河掌，先经择委防御苏冲阿驰往查勘。兹本将军已与钦差部堂会晤俄使，南路台卡亟须预为安置。除饬防御径行禀复暨札珲春协领台斐音阿刻将由图们江口至绥芬河掌道里若干，应设几台，如何置兵、屯粮之处［仍遵前札］按数声复立待核办外，其佐领富昆现历何处行辕无由查知，相应呈请飞催宁古塔副都统衙门转饬该员迅速呈报，勿再延玩可也。等因前来，飞札珲春协领刻即转饬查勘之员，将图们江口至珲春河向上至绥芬河掌一带查明道里若干，应设几台，如何置兵、屯粮之处，仍遵前札按数声复可也。须至札者。

宁古塔副都统衙门为设立兴凯湖界牌的札文
咸丰十一年六月初一日

宁古塔副都统衙门　为飞札事。承办处案呈，于本年五月二十六日，准将军行辕咨开，承办处案呈：案查兴凯湖界址现已分清，本（本）将军与钦差部堂已于五月二十一日，会同俄国使臣，画押钤印，互换图约，并将白棱河口、河源界牌设立旋讫。复据该国公使催促派员分赴划定交界各处，会同设立界牌等情。据此，除派佐领吉勒图堪、骁骑校永安带兵八名，携带新绘界图一张，前往白棱河口，候同夷酋土尔滨，由白棱河源顺山岭至横山会处，及瑚布图河口、河源、图们江等处，按照图载处所，如式伐木做牌，即将发去汉字牌文实贴西面，上罩桐油。其图们江口应立界牌，仍会同珲春协领妥速办竣，联衔禀报毋误。佐领吉勒图堪等原领界图应俟差员呈缴副都统衙门备查，暨派防御瑞林带兵驰赴松阿查河口，遵照发去牌文，会同俄官在西岸建立。将汉字牌文西面实贴、罩油，勿稍舛误外，相应照会界图一张，附封呈请飞咨宁古塔衙门一体恪遵，将事禀之可也。等因前来，相应呈请札饬珲春协领一体恪遵，将事禀之可也。须至札者。

右札珲春协领遵此

吉林将军行辕为会勘分界设卡防俄的札文
咸丰十一年六月初七日

将军行辕　为飞行札饬事。承办处案呈，照得奉旨会勘分界事宜，兹已与俄使订明换图作记，由钦差部堂会衔奏报在案。惟图载乌苏里口而南，上至松阿查逾兴凯湖至白棱河口，及是河之源，顺漫冈迤西南至横山会处暨瑚布图河口、河源、图们江口等八处立碑，均于图内注明地址，字头绘有红线，以资稽考。曾发碑式图样，行令接界城池及委员弁一体恪遵将事。一面将宁古塔佐领倭和委为委协领，令其总司松阿察至横山会处设卡伦等事，期于莫楞河右岸接壤处所，不至被其侵占。此咨会衔折内声明，现定交界之区，至应设卡联络，俾资声气相通，以防俄人肆（缺文）。

宁古塔副都统衙门为俄夷至霍勒吞洪阔业向东南海口的札文
咸丰十一年六月二十九日

副都统衙门　为札饬事。承办处案呈：六月二十八日据总司巡防绥芬等处委员、已革协领常升，佐领吉勒图堪，防御讷苏肯等报称前来。前于六月十八日，曾有窜来俄夷三十余人，各带枪械、骑马二十余匹、车七辆，装载口粮、炮械等物，向南奔驰，经讷苏肯尾随跟踪，即添兵合队驰往探询去后。嗣于本月二十日酉刻，据防御讷苏肯等旋称，带兵尾随该夷，踪跟探到珲春属界霍勒吞洪阔地方，探听该夷众因早已知觉绥芬一带多有官巡守以防，未敢稍停，业向东南海口去讫。讷苏肯当即与珲春佐领松恒晤议，倘该夷窜回停踞，务必设法歼除。随在彼霍勒吞洪阔地方住宿一日，带兵旋回等情转报前来，除据情呈报将军衙门查核外，相应呈请札饬珲春协领遵照可也。须至札者。

右札珲春署协领遵此

吉林将军衙门为夷人在绥芬迤东海岛夹道子伐木造船应设法歼除的札文
咸丰十一年七月初一日

将军衙门　为札饬飞行事。承办处案呈，案据署珲春协领台飞英阿报称：前闻绥芬迤东海岛夹道子地方，有夷人在彼砍伐木枝，预备板片等语。是以飞饬大马鞍子山等处驻扎官弁等，作速查明具报。等因，札饬去后，兹于六月二十日，据大马鞍子山驻之尽先防御富勒杭阿报称，奉饬密派甲兵和崩额、西丹六十七等乘船往查，此项夷人即在绥芬河口东夹道子迤北海参崴地方，搭盖草窝棚四所，支帐四架，放有口袋五十条，内装米面等物。又有牛二条、马一匹、猪四口、鸡五只、鸟枪二十三杆、铜炮一尊、夷人三十余名，造得小脚船二只，砍伐房木一堆，除［外］并无别物。等因，转据该员呈报，据此除饬该员带同兵丹，加意严防，万勿令其［登］岸外，相应飞报将军衙门查核可也。等因当奉宪批，"一俟登岸，即令富勒杭阿照前办理"等谕。遵查防御富勒杭阿，前在撒马河地方，突有红发夷人，就便死弃尸无遗，其为胆识兼优，办理洵称妥善。当经本衙门行令该协领，密饬各路巡防官弁兵丁，不时搜逻，如有夷人登陆，阻之不返，即可照此便宜行事，等因咨札在案。兹据报绥芬河东夹道子迤北海参崴地方，现有夷人三十余名，在彼伐木、造船，并扔有枪炮等械，其心实属叵测，亟应设法歼除，以尽根株。除飞咨宁古塔副都统衙门，转饬绥芬巡员不时侦探备援勿误外，相应呈请飞行札付珲春署协领台飞英阿遵照，密饬富勒杭阿妥为提备，设该夷胆敢恃强登岸，即行扫荡无遗，是为至要可也。须至札者。

吉林将军衙门为俄夷窜入双城子西南闹枝子沟应悉数歼灭的札文
咸丰十一年七月初九日

将军衙门　为飞行札饬事。承办处案呈，案据宁古塔副都统衙门咨开：本年六月二十六日据总司巡防绥芬等处委员、已革协领常升，佐领吉勒图堪等报称，六月十四日巳刻，据派出输探夷情六品蓝翎前锋同来报称，探得双城子西南相距八里许闹枝子沟地方，有由东北窜来俄夷三十九人，各带枪械、骑马二十余匹、马车七辆，装载口粮、铁炮、锯斧等物。职等即于十四日未刻，由鲇鱼河子防所带领兵弁驰往查询堵御。讵该夷接连奔窜石头河子一带地方，下驶去讫。常升因追及，即在双城子驻防，探听该夷动息。于十六日辰时，有防御讷苏肯带兵亦由东北尾随跟踪该夷前来。常升即添派弁兵，与讷苏肯合队驰赴霍勒吞洪阔，与珲春委员松恒会合堵御，及查其形势作何，再行飞报。常升伏思后路鲇鱼河子地方紧要，隘口业已添派弁兵，同防御讷苏肯南驰跟踪。职复带弁兵撤防旗守御，有该夷窜入并未占据情形，理合先行呈报，并请指示遵行。等因飞报前来，据此当查该夷既已窜入绥芬地界，该委员等并未设法歼除，乃竟任其向南奔窜，除一面飞札该委员等刻即督率弁兵会同跟踪之防御讷苏肯等，务须［相］机设法截戮，无留余孽。

并札知珲春协领及北路富清阿等，迅查该夷究由何处上窜，并咨会三姓副都统衙门知照外，理合呈请，据情飞报。等情，据此，拟合飞报。为此，飞报将军衙门查核可也。前来当奉将军衙门查核外，相应呈请札饬珲春协领遵照（缺文）宪批，"双城子一带既经夷人窜越，而疏防之咎难辞，姑俟讷苏肯报到追拒情形再议"等谕，遵［查］绥芬界内官兵，素称往返梭巡，今则窜来夷人三十九名之多，各携鸟枪器械，恣意横行，而巡防员弁竟复任其免脱，实属不成事体。除飞咨宁古塔副都统衙门，即饬委员常升、富清阿等遵照，务将窜来夷人三十九名，悉数逮捕歼除，毋使一名漏网致泄机宜外，相应呈请札饬署珲春协领台飞英阿转饬巡员佐领松恒等一体照办，勿失机宜可也。须至札者。

右札珲春协领

吉林将军衙门为俄夷官兵硬闯摩阔崴须处处严防的札文

咸丰十一年七月初十日

将军衙门　为飞行札复事。承办处案呈，案据珲春协领呈称：本年自春徂夏，摩阔崴海洋之中，常有夷船或二三只，或四五只，往来靡定。内有一只极大夷船，所有夷人俱戴白帽，自三月初旬停泊该处，迄今未动。其摩阔崴夷人开垦许多地亩，是以仅派官沿海密防。本月初二日，复据棘心河卡伦密防夷人六品顶戴莫尔钦保等报称，适由摩阔崴窜出骑马夷官一名，骑马通事一名，跟随夷人二名，牵拉驮马一匹，来至北岸。莫尔钦保带兵迎阻，而该夷不容拦阻，向前硬闯，并称进街遍观街市、村乡等语。莫尔钦保等阻之不（阻）［住］，跟踪尾随抵至佛多石后又遇该处卡官等一同阻住看守，等情呈报前来。据此刻（缺文）骁骑校（缺文）祥带兵前去询其来由。而该夷一味支吾不知何意，即将该夷拥逐四去。惟该夷（缺文）直要借端进城，揆其情形，实要窥探珲春形势，其意实系不测。嗣后，确经该夷不遵和约，拥众进街阻之不住，任意滋扰，又将如何办理。为此，拟合呈报将军行辕查核可也。等因前来，查钦差部堂将军已将俄国界址分清，而珲春地方，两国派员会勘，驰抵该处。兹据呈报前因，如系俄人闯入街坊，殊非和好之道，应即极力拒［之］。第佐领吉勒图堪、骁骑校永安会同俄夷土尔滨，并赴珲春立牌，计期可以到彼矣。嗣后如有俄人闯入，务向该酋据约阻拒，仍不可激启衅端。此外，另国夷人擅入内地，亟宜遵照总理衙门来文实力拒阻，不准任其肆窜，更须处处严防，万勿稍事疏忽，方为妥善。相应呈请飞行札复珲春协领遵照办理可也。须至札者。

吉林将军衙门为俄夷在绥芬河活动摘去佐领松恒顶戴的札文

咸丰十一年七月十二日

将军衙门　为飞行札饬事。承办处案呈，案据珲春署协领台斐英阿报称：据绥芬河口霍勒吞洪阔驻扎之佐领松恒报称，本月十七日未时，转据巡防委官穆腾额等报称，查抵绥芬河东东山坡地方，见有夷人蜂拥而来等语。据此，职急将预备小船，俱以抬至岸上掩藏，并将沿河一带分兵堵御，复饬穆腾额务须向前查探明确。续经穆腾额旋回报称，该夷二十九人、马十一匹、车六辆，装载大小炮六尊，其余口粮、鸟枪等械，来至哈蟆塘地方，当向河西了望一会，瞥见西岸树林各处俱有烟火，并见我等人众，急向东南去讫等语。据此，职刻即渡河追赶二十余里，犹恐复有夷人乘虚入境，是以先行回营，仅派穆腾额带兵尾探。俟该员查明该夷归于某处盘踞，再行飞报。等情呈报前来，当查该员等呈报，所来夷人是否由北地而来，抑或由船而来之处，并未指明。据此，合行飞饬佐领松恒，务须确实声明。现将该员呈报夷情，先行飞报将军衙门查核可也。等因前来，当奉宪批，"该夷任意分窜，官兵毫无拒阻，殊属无能之至。松恒着摘去顶戴，责令赶紧设法剿除，勿任占居，如敢玩误，定照军法办理"等语。遵查霍勒吞洪阔为珲春扼要之区，而〔佐〕领松恒有奉派堵御之责，适遇夷人自投罗网，该员竟至束手观望，既不能迎拒于前，复不追剿于后，实属〔怯〕懦，坐失机宜。除将佐领松恒先行摘去顶戴之处，移付兵司查照外，除飞咨宁古塔副都统衙门转饬委员常升等，一体协剿毋违外，相应呈请飞札付珲春署协领台飞音阿遵此，速饬佐领松恒，即将窜逃夷人赶紧设法剿除净尽，勿再玩视，致干重咎可也。须至札者。

札署珲春协领台飞音阿遵此

吉林将军衙门为会勘和约后中俄边界贸易情形的札文

咸丰十一年十月初十日

将军衙门　为飞行札饬事。承办处案呈，案据宁古塔总理交界边卡台务委协领倭和报称：职等带兵查探北路交界，前于五月二十二日奉钦差^{部堂}会勘和约后，来往商民陆续兑换买卖，迄今月余，并未接奉札文。职等不敢拦阻，惟恐日后兑换不均，两国争论不和。职等不敢隐匿，是以据实周围梭查各情形，查明呈报将军衙门鉴阅核夺施行。等因前来，查俄国界址现虽分清而通商一事尚未议及，兹来往商民陆续货换，虽按和约不得拦阻，而亦不得任其越界深入内地，今后如有华商愿与该国交易，只准在界牌处开换，不准互相争论，除照录原约条款，札复委协领倭和详细和约事理照办，并将陆续出卡华商若干、均系何处人氏、兑换何物及有无越界之处，据实查明呈报，以凭核［夺］外，相应呈请札饬珲春协领，严饬各属城乡旗民凡有与俄国货换者，务须报明给票，不准私行交通。并严饬各卡官弁认真盘查，勿稍疏懈可也。须至札者。

右札珲春协领遵此

吉林将军衙门为与俄国通商领票的札文
同治元年四月初七日

将军衙门　为飞行札复事。承办处案呈，本年三月二十二日据珲春协领台斐英阿呈报，前据札开：查俄国界址现虽分清，而通商一事尚未议及，兹来往商民陆续货换，虽按和约不得拦阻，而亦不得任其越界深入内地。今后如有华商愿与该国交易，只准在界牌处开换，不得互相争论，并将陆续出卡华商若干、均系何处人氏、兑换何物及有无越界之处，据实察明呈报以凭核办外，相应札饬珲春协领，严饬各属城乡旗民人等凡有与俄国货者，务须报明给票，不准私行（报）［交］通，并严饬各卡官弁认真盘查，勿稍疏懈等因，蒙此。查本处与俄夷占据之摩阔崴相距咫尺，是以严饬珠伦、佛多石、岩杵河、棘心河各卡官弁，不时盘察。不意本处流民不领票照，私往摩阔崴交易，尤有偷窃牛条潜往货换，现经民人尹发、额噜特人常奇尔伦窃牛条已经被获，其未拿获者尚复不少。又经潘姓民人控告民人李贵并邢姓二人负欠不偿，将伊打伤，逃避摩阔崴潜藏等情，当经本处将李贵追获审断之间，本年二月初十日经该夷等数人乘坐马爬犁来至佛多石，将该处卡官强行邀去理论，当即出派领催蓝翎奇布松武星夜带兵前往该处会见。夷酋指画问说："现今既为和好，所有民人与俄国前来通商，因何拿回，不容买卖。至于珠伦、佛多石、罕奇绰阔、哈达等处，俱为俄国所有，现经满洲老爷各处坐守，是何情理。"奇布松武笑答说："现今拿回之民，被控之人，又因他们不领执照，不得不行察办，非断绝买卖。至于守卡满洲官乃系接递汝国文报而设，并无窒碍。"该夷酋又指画：你们俱各同去，今年四、五月间俄国大船到此，再行拥众进街买卖等语。奇布松武等一同依力绷额同衔具报。

吉林将军衙门为俄船三只自上江下驶停泊夷地的札文
同治元年五月二十一日

将军衙门　为飞札饬事。承办处案呈，案准黑龙江将军衙门咨开，兵司案呈：于本年四月二十七日据黑龙江副都统关保咨称，据黑河屯坐卡骁骑校塔奇布报称，本月十九日晚间，见有自上江下驶火轮船三只，行至夷城地方停泊，问据通事声称，系该国新任吉那喇勒右毕托尔嘎尔萨苦幅，由原处带领官八十余员乘船前来，定于二十一日早晨，顺船下往等语。续于二十一日晌午见有火轮船三只，由江下驶至对城江岸停泊。该夷酋差人前来，与副都统请安并请至其船会晤。稍谈即行起程，询问夷酋，答以带领官员前往呢库列瓦斯奇地方查看夷人居住地方，言讫告别。夷酋等乘坐火轮船二只，开船下驶。其火轮船一只，萨斐起等乘坐回海兰泡去讫。等因咨报前来，相应据报咨行贵将军衙门知照可也。等因前［来］，（下缺）。

吉林将军衙门为转递俄驻京大臣信件的札文
同治元年五月二十二日

将军衙门　为飞行札复事。承办处案呈，案据珲春协领报称：奉将军衙门札准总理各国事务衙门咨开，现准俄国驻京大臣送来信一件，恳为送至珲春卡官转递。等因前来，相应将俄国原信一封，咨送贵将军验收，转递可也。等因前来，相应将俄国驻京大臣来信一件，原封附入封筒，由五百里札交珲春协领台斐英阿，即饬卡官转致俄国管海口事务大臣查收，仍于何日收到之处，取具回投，呈报备查可也。等因蒙此，刻即递交佛多石卡员防御讷穆音，令其转致去后。兹于本月二十六日，据讷穆音报称，遵将俄国驻京大臣来信一件，原封送至摩阔崴，面交俄官查收，又取得回投俄字一纸，一并呈递前来。据此，合将所取回投俄字附入封筒，拟合飞报将军衙门查核可也。等因前［来］（下缺）。

吉林将军衙门为俄人进街购买货物按新章办理的札文
同治元年七月二十一日

将军衙门　为飞行札饬事。承办处案呈，案准总理各国事务衙门咨开，兹据咨称：珲春地方突有俄官通事人等乘马持械，驰抵界卡，称欲进街见官购买牛马，并称欲由珲春陆路赴塔进省买办牲畜，当经该处协领告以道路崎岖，殊不易行，晓谕至再，俄人始回。窥其形状，并非购买零物，总欲赴塔进省，窥探边地情形，应否仿照黑龙江来咨内开，俄官欲借驿马进省，亲递公文之事，与之辩别拦阻。等因前来，查本年三月间，经本衙门咨行贵将军，珲春地方上年既与俄国划清界址，自应照约而行，未便作其越界。况现经本衙门将俄国陆路通商章程，议定刊刻通行各处，尤应照章办理。嗣后俄人在珲春地方，如欲购买日用零星物件，准其进街购买，如贩运米粮、牲畜成千累万，希图获利，即应按照新定章程，据理拦阻，以符定约而杜弊端，并粘连俄国陆路通商章程知照在案。此次俄人欲进街购买牛马，自当按照新章与之辩论。如购买日用零星物件，准其进街，倘贩运米粮、牲畜成千累万，希图获利，即当据理拦阻。至进省一节，尤（未）［为］条约所未载，自应援据条约阻止。至来咨内称，仿照黑龙江拦阻俄官借驿马进省亲递公文一节，查与此事情形不同，不必拘泥，应由贵将军随时设法阻止，以符条约。相应咨复贵将军查照妥办可也。等因前来，相应呈请飞札珲春协领遵照。嗣后俄人进街购买牛马，自当按照新章与之辩论，如再有赴塔进省之请，应由该协领按照条约善导羁縻，据理拦阻，不可激烈肇衅可也。须至札者。

吉林将军衙门为北京条约后中俄边界通商情形的札文
同治元年十月初四日

将军衙门　为飞行札复事。承办处案呈，案据珲春协领台飞英阿呈报：九月初三日申时，有流民苏梦景带领俄人六七名，俱各骑马，各持小洋枪，引越卡伦，进街游荡。查俄人等并无携有货物，亦无购买零星货物之件，随即以理拦阻，无如言语不通，而苏梦景亦混行支吾，殊难剖辩。测其俄人指画之语，有找房屋居住之意，并称两国既是和好通商，理宜任从进街游荡。并言现凭定有陆路条约，如若拦阻，不容我等行走，即给回投照会等语。据此，缮给照会，言尔国多人并无执照，亦不（缺文）私行越界骑马，直入街市游荡，并要设立下处居住，实系于理不合。本处均未奉有明文，倘有是（缺文）两国和好之义。再，本处系属极边之地，并无大商买卖，即有零星物件，自应来一二名人报明。我卡官如悉有无此货，再行进街为是等情字样，并以理开导，一面出派领催委官常安等，带兵尾送出界。惟本处西与朝鲜搭界，仅止一江之隔，复经流民苏梦景勾结俄人，屡次绕越卡伦，昂［然入卡伦骑］马游荡，仍以买卖为由，窥探地势，如若拦阻，又因话语不通，如此任意来往，互相交杂，难免是非（缺文）等情，合并飞报将军衙门查核可也。等情据此，查前奉总理各国事务衙门现定陆路通商新章内载，嗣后俄人在珲春地方设欲购买零星物件，准其进街购买。如贩运米粮牲畜，成千累万，希图获利，即应按照新定章程据理拦阻，以符定约，而杜弊混等因，当经行照办在案。兹准前因除呈报总理各国事务衙门查照外，相应抄粘陆路条款，呈请札饬珲春协领遵照成章办理可也。须至札者。

吉林将军为俄界匪人肇衅会同俄官和议助剿事的咨文
同治七年闰四月十日

为飞行呈报事。本年闰四月初十日，本衙门恭折由驿具奏，为报俄界匪人肇衅聚众攻杀俄兵，沿海居户人心惶恐，檄令宁古塔副都统乌勒兴阿亲赴珲春，会同俄官相机和议剿办，并由省拣演练官兵驰往以助剿各缘由，恭折由驿驰奏仰祈圣鉴事。窃奴才于闰四月初四日戌刻，据珲春署协领讷穆锦飞报，风闻俄界海中青岛地方盘踞多匪，均系多年潜入深山猎渔之人，向在俄界沿海谋食野居，意欲淘金。当经俄界海参崴俄人向该匪等搜索金砂，互相肇衅，讵匪众逞凶杀死俄兵四名，俄官受伤逃回。不知虚实，当即密委官特克希布等前往查探。旋声，有该处渔人等述知，海参崴俄人调取兵船进取青岛，昼则围攻，夜则退伏，该匪乘夜逃出数十名，勾结距珲春八百余里之俄界苏城大莱营人等，复闯青岛，意存乘时出巢攻袭等情。奴才接阅之下，当即飞咨宁古塔副都统乌勒兴阿，及札饬该署协领讷穆锦，一同速派妥靠捧员明查暗访侦探情，不可先事张皇，并令珲春委官兵严防要隘以备截击，倘有警报，一面飞报到省，即将省城常川演练之官兵，刻令赴援。一面飞报宁古塔副都统，速将演练官兵刻即令驰往助剿，不可稍涉疏懈，致误事机。等情去后，嗣于初六日，宁古塔副都统乌勒兴阿飞报，转据署珲春协领讷穆锦报称，派员探至俄界距珲春一百余里之摩阔崴，俄人不容登岸，在罕奇地方经渔人等纷纷述说，匪首于江等勾结二六六人，将黄岛、石庙子、蛤蟆塘一带设施焚毁，将守卡俄人以及居户等尽行杀害。现聚有二三千人，扬言攻破海参崴，即进取摩阔崴地方。俄人防范甚严，将渔采之人误指为匪，拿获七十余人拘入水牢。加以该匪不时裹胁沿海居户，相率逃散等情，飞请核办前来。奴才当即查俄国分界图志内载，界红线内十四岛屿并无海参崴、青岛名目，谅系昆连岛屿偏小不甚著名之处。惟查条约内载，俄国沿海地方准其中国人渔猎，向不禁止，因而愈聚愈多甚至滋生事端。第该匪仍系顽梗不化之徒，俄人又系贪得无厌之辈，今既互相肇衅攻杀，虽未便越界剿缉，倘该匪被击情急窜入境内，不但滋蔓难图，转生俄人凯觎要挟之念，关系良非浅鲜。况该匪众将守卡俄人居户杀害甚多，而俄人岂肯甘休。既误指渔人为匪拘入水牢，而要挟情形毕露，若不先事预筹万全，不惟临时审堪虞，难免俄人有所借口。奴才熟思至再，令宁古塔副都统乌勒兴阿、署珲春协领讷穆锦一体派委官兵，各要隘妥为防范，严加盘诘堵缉，倘有窜来匪人，务期囚禁，以备与俄人对质抵命，并不准一名漏网贻患将来。惟查该副都统乌勒兴阿现在查参山，即檄行就近带领演练官兵一百名，连随带查山官兵共一百六十余名，亲赴珲春会同俄官和衷共议，由俄界追出者，我兵迎头相机剿办。奴才仍恐该匪或被逃窜，或俄人追入境内，该副都统乌勒兴阿所带官兵及珲春不能兼顾，即由省城拣演练官兵一百五十员名，配齐铅丸火药，拨给出省盐粮，交统领副都统衔花翎记名协领佐领全福管带，于初十日启程，由山路直径前往珲春一带，以相机应援，务将此股匪人歼除净尽，以绝根株，毋致散为流毒，庶边界可期肃清，而俄人藉免猜疑矣。续报剿办如何情形再行驰奏外，所有报俄界匪人肇衅，聚众攻杀俄兵，沿海居户人心惶恐，檄令宁古塔副都统乌勒兴阿亲赴珲，会同俄官相机和议剿办，并由省拣演练官兵驰往，以备助剿，并呈报总理各国事务衙门，希转行知会各缘由，理合先行驿马驰奏，伏乞两宫皇太后、皇上圣鉴。再署副都统奴才毓　现在往查参山，未及列衔谨奏等因。具奏之处，相应照抄原奏呈报总理各国事务衙门查核外，暨咨宁古塔副都统衙门并札饬珲春协领一体遵照可也。须至札者。

　　札珲春协领遵此

吉林将军衙门为据俄国照会有贼匪欲入俄界命珲春协领派员侦探的札文
同治十三年十一月

　　为飞行札事。案查前于本年十月十七日，统领官兵宁古塔副都统乌、署宁古塔副都统双寿等咨呈，珲春副都统衔协领讷穆锦呈报，于十月初四日，俄国摩阔崴廓米萨尔照会内称，雷风河岭后地方有马贼一千余名、步贼一千余名，欲入俄界，知会剿办等因，据情飞报前来。本衙门当以边圉重地，递报贼匪纠众是否属实，切查办理。随由六百里咨覆该统领乌勒兴阿等，刻即遴派妥员前往查探实在情形，据实咨覆。仍一面督饬官兵严防堵缉，毋稍疏懈去后。旋于十一月十三日珲春协领讷穆锦呈报，据派往俄界查探贼情之骁骑校富勒珲旋回报称，奉派持照抵至摩阔崴，面见俄官廓米萨尔，递给照会，斟询贼匪情形。俄国通事传告，派兵探至雷风河岭后，二千余名贼匪奔赴黑龙江左边等情，给照会持回等情飞报前来。查俄官所递照会并差员面询情形，俱称前报贼匪二千余名，奔赴黑龙江左边等语究竟是否虚实，应即侦探确实，以凭核办。再查前俄国照会内称，在雷风河岭后有马步贼匪二千余名。姑无论俄国照会所称是否虚实，即查该处系在宁古塔、珲春两城边界，果若有如此贼势，谅亦不能毫无知觉，尤不应不飞探实情报省。况又有本将军衙门并总理事务衙门专文查询，何以仅凭俄国照会登覆该两城并未另有一字探准实情备文答报，殊不可解。案关与外国交涉重大军情，该两城视为寻常泛泛，实属不知轻重缓急，其平日因循疲玩已可概见。除再咨宁古塔、三姓副都统衙门并札覆珲春协领讷穆锦等遵照，务各遴派妥干员弁，按照俄国照会内称，二千余名贼匪奔赴黑龙江左边是否虚实，并曾否有无此项贼匪及俄国凭何照会，务须侦探明确飞速驰报，不准稍有含混迟延、致干未便外，相应呈请飞咨贵将军衙门查照。迅即饬属妥为侦探，是否果有贼匪窜越信息，希即见复，以凭相机办理可也。须至札者。

宁古塔副都统为严密缉查俄人在兴凯湖一带活动的移文
光绪二年

　　为移饬事。本年二月十一日申刻，接准副都统衙门札开，承办处案呈：本年二月初五日准将军衙门承办处案呈，查前于光绪二年正月三十、二月初二等日接奉总理各国事务衙门密函，业已飞咨札函知宁古塔、三姓副都统衙门及饬珲春协领，务须认真查探确情各在案。惟来函所云，风闻东山一带，自分界后，近年俄往里占据已进一二百里，尤不可不严密稽查，设法阻止一切，不知究由何地占越，并俄建盖铁房，堆存系何物件，海岛相距珲春若〔干〕里系何名目，并其某处人村共有若干人，有无俄国官兵若干人驻守。拟合呈请再行札〔饬〕珲春协领遵照，密派妥员，不露声色，变装前往侦探，详细具报，以凭核办。并查三姓属境乌苏里江东岸已归俄疆，西岸系归中国华界。自分界后，俄人有无潜越江之西岸，节年未据查报，并乌苏里口图拉密地方，俄人旧有大炮四尊，及现江之东岸一带，有无添盖铁房堆存火药，（波）〔伯〕力地方现有俄人若干，作何动静，务须拣派妥干之员，变装详细探报。倘机事不密，转恐生其疑惑，为边界隐忧。应由该副都统酌量时势，设法办理是为至要。至宁古塔东与俄人接壤，自兴凯湖而南，多系陆路疆域，尤关紧要。俄人有无侵占分界红线，要应一体密查详确，随时由六百里飞报查核，勿得稍有迟延泄漏。相应密咨宁古塔副都统衙门查照前次咨函派员查探，万勿稍涉大意可也。等因密寄前来，遵即除奉前咨拣派五品蓝翎、骁骑校托伦托等前往珲春，会同该处出派妥员，不动声色，赶紧变作商人（缺文）海参崴等处查探，业经即时催令起程。等因飞行咨报外，兹复遵咨示不知究因何地占起，是以拣派诚实可靠之骁骑校多斯浑带兵四名，会同瑚布图卡官云骑尉春庆，变装前往俄界双城子一带查探，并派熟悉山路、办公认真之骁骑校吉拉敏带兵四名，会同乌扎库大卡佐领委协领讷木浑变装前往俄界兴凯湖一带，均令不动声色，赶紧变作商人，顺向华俄交界，详细查明该俄人究由何处占越，并将该处所盖铁房内存铅药约有若干，有何动作，勿令生疑，致兹重患为要，均详细查明，飞行务于三五日，由六百里密报一次。勿得延误泄漏，再面授机宜等因，拣派去讫。俟该员等查报到日，再行赶紧咨报，所有函咨着派妥员前往朝鲜密探究何动作，更系尤关綦重，若待由城出派，诚恐赶紧不及，是以密札前该国（缺文）视货换去之佐领关太，就近勿论旋行何处，即行折回，妥为探其该国是否有无奇异之状，迅速飞报前来以凭转咨等因。札饬等情，理合呈请先飞报，为此咨报将军衙门查核外，相应札饬珲春协领遵照文内事理，赶紧限变装密探明确，务于三五日内，由六百里先将探系实在情形飞行呈报一次，以凭转咨可也。等因前来，遵将俄人究由何处占越，其所盖铁房内存铅药约有若干，有何动作，至朝鲜有无奇异之状，务于三五日由六百里密报一次之处，除飞札前往密探之委佐领玉庆、佐领温崇阿等恪遵，将事勿得宣泄外，飞行移会副都统衙门委员查照可也。

吉林将军衙门为俄夷于柳树河卡伦以东砍伐建房的札文

光绪二年四月初一日

　　将军衙门　为札饬事。承办处案呈：三月二十日据珲春副都统衔协领讷穆锦呈报，俄人数名，现在柳树河卡伦以东，距卡伦十余里之遥左近山场砍伐木植，搭盖板房。饬派卡官云骑尉吉云设法探询，只以不通俄语，情甚倨傲，俱不回答。又据二道河卡官防御讷穆音报称，俄人带同高丽人数名，在于珲春迤南之长岭高阳坡靠西三十余里地方伐木盖房，不知其意何居。等因具报前来，查俄人所占地界，或在柳树河我卡以东十里，或在珲春街以南长岭子阳坡，伐木建房，并招高丽［人］为其驱役。此际已似难越境往阻，惟其预伏贪展蚕食，居心叵测，已可概见。倘另有我未设卡伦，地面弯曲，占碍华界，势所难（下缺）。

吉林将军衙门为俄夷于瑚布图河迤东三岔口地方伐木盖房的札文

光绪二年四月初二日

　　将军衙门　为札饬事。承办处案呈。案查前据宁古塔副都统咨报，以瑚布图河迤东三岔口地方，俄人伐木修房、立站等情。本衙门当以所叙分界红线，碍难举为确凭呈报，致招诘问。是以指令以原立倭字界牌为断，三岔口如在瑚布图河迤东俄界，固难越界往阻，如系界牌我卡迤西，亦必须处理剖辩，并密探该夷建房设站，究欲何为等因。先于三月初六日据咨饬派骁骑校多斯浑等查明，瑚布图河东岸三岔口地方，俄人堆积木料约有五六百根，锯板欲修站房，距河甚远，原系以河为界，委无展占河西华界等情，已经据情随案呈报总理各国事务衙门查核在案。兹于三月二十三日复准咨报，据前派委员等报称，密询附近营夫，据称该酋意在练兵防边。核与私询通事之言无异，并声明原立界牌早被野火焚没，其瑚布图河迤东三岔口地方，虽有俄人在彼锯板，其修驿站处所，风闻尚未批准。等因飞报前来，查界牌所关边疆綦重，暨经早被野火焚没，亦应随时声报，或由珲春协领照会俄官，于原立处所，会同重立，以期界限分明，永远遵守，何以久延不报。若率将此节转呈总理各国事务衙门，倘有诘问又如何声复，是以暂未呈报，相应呈请札饬珲春协领［知］照，统将前立界牌，至今（下缺）。

吉林将军衙门为俄人越界招引高丽人在柳树河长岭子等处伐木盖房的札文

光绪二年四月二十日

　　将军衙门　为飞行札复事。承办处案呈：前据珲春协领讷　呈报，俄人招引高丽人在珲春柳树河、长岭子等处伐木盖房等情，当经饬复该协领督饬各卡关，严密周查，如或不遵原定界限，即查照和约，向伊廓米萨尔以理剖辩去后。兹于本年四月初八日，据珲春协领报，据饬派骁骑校法福哩报称，会同柳树河卡官云骑尉吉云查勘得该处东西山场之北坡浮堆木房一所，上用板片压盖。其中俄国工人五名，放有斧锯等，聚向伊等取和查问，俄人混行比划，语言难通。度其大概，仍要砍伐木植。该员等遂将续增和约第一条所载，从立界牌之后，永无更改，并不侵占附近及他处之地。今查此处，是为中国地界，既称两国和好，不宜越界盖房，违背条约等情，逐一写入字内。该俄人接字旋回，候至次日，即经俄国多人齐来拆房，将其木料移至山南棘心河源地方堆〔积〕等情呈报前来。详查棘心河水流入海，系属俄界，今俄人既遵条约，将其浮堆木房拆移棘心河源，所办尚属遵守和约。除呈报总理各国事务衙门谨请查核外，相应饬复珲春协领，仍饬沿边各卡轮查，遇有侵占之事，总须执以和约，善为理论可也。须至札者。

右札珲春协领遵此

吉林将军衙门为严禁将耕牛卖予俄夷的札文

光绪二年五月初四日

将军衙门　为札饬事。承办处案呈：本年四月十二日据额穆赫索罗佐领庆魁呈报，窃查厄木和罗系属四通八达之路，近日由西赶来牛条络绎不绝，或三十、五十数条不等，甚至有百十余条一群者，日胜一日，东行滔滔不断，盘诘其往，均称赶赴海参崴卖给俄夷宰食等语。职查近年以来，瘟疫频生，本不敷农使之用，百般生活，莫不以牛为先，其瘸老病瞎，中国尚且禁止宰杀，何况均系口轻堪作使用之牛卖给外夷充饥。若不严行禁阻，将来农无所使，恐于省属大有关碍。职系管旗之责，不敢擅自禁阻，又不敢扶同隐匿，理合据情呈报将军衙门鉴核，可否严禁之处，望祈指示遵行。等因前来，查该佐领所请严禁贩运牛条货换外夷，所见甚属深远，自应准照所请。第贩运者，未必尽赴界外，倘有贩与中国农民耕作者，似难概行杜绝。惟据所请，亟应分别禁止。兹拟嗣后遇有牛群由该处经过，务须询其确据，如系驱赴海参崴等处贩运予夷人者，务即晓以大义，告其耕作之牛不可使就死地。倘敢强顽即行拘拿，依故违例从重惩办等语，儆其贪玩，禁止前往，若所驱者实系贩予华民耕作，自应准其前往，不得借资勒索，致累商贩之处，相应呈请札饬珲春协领一体遵照可也。须至札者。

右札珲春协领遵此

吉林将军衙门为俄夷要求通商、越界剿贼应力阻的札文

光绪二年十一月初九日

将军衙门　为飞行札复事。承办处案呈：案查前据宁古塔咨报，俄国廓米萨尔在宁古塔地方商办货换缘由，当令该副都统照约理阻，并抄录俄官递到照会，于九月二十四日呈报总理各国事务衙门查核在案。兹于十月十三日据署珲春协领瑚图哩禀报，以俄官廓米萨尔由塔旋回，于九月二十六日未刻抵至珲春，与该协领面晤。令通事告以此次赴塔面晤副都统，商议通商之事，各报各将军定夺。又此后如地面不靖，我亦带兵越界剿贼，将此情已报我们将军固毕那托尔。经该协领以各情各界向其开导，该俄官有不允之意，告辞而去。于次日辰刻起程，旋往该管岩杵河去讫。等情禀报前来，查条约内并无载有准在宁古塔地方通商字样。兹该俄官声称，已转该国将军定夺，自应另行照会查约办理。至俄国官兵越界剿贼一节，亦未载有条约，尤应正词理阻。除一面照会东海滨省固毕那托尔，仍查照条约其宁古塔非系通商之区，无可货换，转知廓米萨尔毋再前往。此后地面如有不靖时，各于本境内巡缉，毋庸越界剿办，可免远劳兵力。并一面札饬珲春协领，严饬练队严慎巡防，勿启边衅，并将附入封筒之照会一纸，转递赴塔城购买牲畜等情，当经本衙门检查同治元年三月间总理各国事务衙门咨令之案，详细咨复。嗣后，俄人在珲春地方[购买]米粮、牲畜，应照新定陆路通商章程据理拦阻。至日用零星物件，准进街购[买]。[如贩运]米粮、牲畜成千累万，希图[谋]利，亦即按照新定章程拦问，情属总理衙门于本国所示之语，并非于俄官议定条约，间经本衙门详行，即塔城援照陆路通商章程，误将总理衙门来文（之）[所]示之语叙作条约，错行照会，致启俄人借口查问，殊属不合，相应照抄总署来文二件，呈请咨复宁古塔副都[统]衙门查照，务须详叙陆路通商章程，叙文并非另有新章安为照复，勿再事草，俾致借口。仍将如何照复，并无商人携带牲畜，前赴俄界售卖各情，一并查明咨报备[查]可也。等因前来，遵查前经照会俄官廓米萨尔文内，并未声叙陆路通商章程，误将总署来文指示之语，错行照会一节，奈缘木衙门左司承办处所有案卷，均于同治十三年，枝匪闯城，尽行焚烧无存，以后虽经派员赴省抄录，不过先其所急抄写，二年来往二件，并未一次誊抄，以此遇事无案检查。且兼本衙门近年诸般冗繁捕务增加，虽后有颁致各国条约，一时未加详细，漏叙陆路通商章程，仅将咨示总理衙门指示之语，误为新定条约，随即声叙照复各情，诚如咨示乃系本衙门一时疏忽之过，曷敢透卸。再查近年均因盗匪阻路，所有前赴俄界运贩牲畜商贾，俱各畏惧，裹足不前。此外，有由黑石假道珲春往运者，本衙门无由可知，理合声明外，兹准咨示，遵即复行声叙。

前照以为陆路通商（下缺）。

珲春协领为严饬练队暨守卡各官实力巡查不准内地民人偷越并照会俄官的呈文
光绪五年闰三月二十五日

奉调署理珲春协领事务宁古塔左翼花翎协领瑚图哩 为飞行呈报事。于本年闰三月十一日蒙将军衙门札开：兵司案呈，于本年三月二十五日据全营翼长德昌等呈报，于本月二十四日据珲春协领报称，于本年三月初八日据东路柳树河卡官云骑尉吉云报称，于职二月二十八日探得分水岭迤东，俄界马架子地方，突出盗匪十余名，将赴往海参崴之人民戕害九名，内有旗人一名，抢去马匹货物，该匪仍奔窜俄界等情，飞报前来。据此，查探报该匪杀伤抢掠后往俄界潜匿，实属狡猾已极，但因外国界址，不便越界往剿，恐滋俄人借口，除当即知照俄酋一体搜捕外，并札调委防御英海带领练军马队二十名，星夜驰奔东路分水岭一带，沿边接界处所实力堵缉，以遏窜越，务须尽数歼除，以清边隅等情，拟合备文，由四百里飞行呈报副都统衙门查核外，暨飞咨查照可也。等因飞报前来。理合具文呈报，为此合呈军副宪麾下电鉴施行，等因前来，当奉堂批。此股盗匪是否由中国窜至俄界，抑或本在俄界居住，肆行抢掠，务须转饬查明，并严饬练队暨守卡各官，当实力巡查，不准内地人民偷越一名，以免口实。等因奉此，相应呈请飞札珲春协领遵照批饬事理，妥速照办。仍一面详细查明各情火速具覆可也。等因蒙此，案查前据剿匪之委防御英海具报，询据东山地营人等告说，在马架子地方抢去杀伤人命贼匪，当时逃入俄营海参崴地方，因各有俄国票照，仍充渔采良人，是以俄人不能查拿等情，转经该员飞报前来。惟该匪向在海参崴匿迹，而俄人不辨良莠，率给票照，乘隙突出，图财害命，归为渔采良民。我兵限以界址，碍难穷追，俄人拘以票照，不肯严缉。又，因持票之说系属传闻，不便直叙，仅以俄国海参崴地方各国交杂，不免贼匪窜入溷迹肆扰，务须设法查拿，以清盗源，庶于两国边界不遗祸患等情，照会俄官廓米萨尔办理之处，已于三月二十二日飞报副都统衙门，查核在案。今蒙札文刻即转饬练队暨守卡各官实力巡查，不准内地人民偷越一名，合将遵办等情飞报将军衙门查核可也。须至呈者。

右呈将军衙门

吉林将军衙门为在中俄交界分水大岭转弯处设石牌开通道路的札文
光绪六年十二月十九日

钦命会办吉林防务事宜头品顶戴乌里雅苏台参赞喜镇守吉林等处地方将军总理打牲乌拉拣选官员等事铭吉林副都统头品顶戴斐凌阿巴图鲁玉 为札饬事。边务承办处案呈：案照前驻总理衙门咨准俄国凯署使照会，以自绥芬卡伦至白凌阿乡村四百四十五里，又自瑚布图界牌至图们江界牌四百里两国交界，均系顺大岭而下者，未经设有一处界牌，欲于交界上各转弯处设立石牌，并将有树林处开通道路为极要等因一案，当经咨饬宁古塔、珲春查办。嗣准各处复称，瑚布图河源等处所立界牌，条约载明，不难分晓。但未设有界牌中间之地，俱系深涧陡壁，人马难行，何能处处复立牌，至有树林处开通道路一节，山路崎岖，均非平地，砍伐树木兴办尤难，且树木交界容易混淆等情，随即咨经总理衙门照复俄国凯署使去后。兹于十二月十四日总署以查两国交界，曾于咸丰十年勘定，复设立界牌，交界之地上写俄国字头，不难详考而知。惟界牌中间之地各项若干里，深涧陡壁究竟能否择地设立界牌，其所指地名各转弯处，向来以何为界，有无侵占挪移之处，极宜详细查勘，俾清疆圉。至有树林处开通道路，究竟〔是〕否兴办，开通后有无防闲之法，即希遴委熟悉边界明干之员，前往俄国所指自绥芬卡伦至白凌河乡村四百四十里，又自瑚布图河界牌至土们江界四百里交界各转弯处，亲诣地所详细勘明，并将有树林处开通道路一层，查明实在情形，一一绘图贴说，迅速函寄，幸勿畏难迁就。总期事事确凿，将来本处与俄国立论俾有依据，仍希将委员衔名办理情形，先行复知为要。等因密行函寄前来，当奉宪派尽先协领花翎佐领胜魁前往各该处，会同宁古塔、珲春派出之员详细查勘，理合呈请咨行宁古塔副都统衙门暨札署珲春协领查照。一俟省委之员到日，即行拣派熟悉边情人员，会同前往指定处所，详细履勘，绘图贴说，据实声明，并先将派出委员衔名具报，以凭咨报总理衙门查核。等情，据此，相应札饬署珲春协领德玉遵照可也。须至札者。

札珲春署协领德玉遵此

吉林将军衙门为中俄交涉事宜照常办理毋庸派员往来密探事的咨文

光绪七年八月

为咨行事。前因防务紧要，咨请贵副都统饬派密探俄情之委员二员轮流探报，每员每月给予薪水银三十两，迭据咨报转咨总理衙门查照在案。现在事机已定，业由总理衙门颁发新换约章，所有中俄交涉事宜自应照常办理，毋庸派员往来密探。应请贵副都统将前派二员撤回，自本年八月底止以后薪水即行停给，仍饬边界各卡伦遇有紧要事件随时呈报，至寻常琐屑事宜，无须列入探报，以省公牍。除咨呈总理衙门外，相应备文咨明，为此合咨贵副都统，请烦查照施行。须至咨者。

右咨珲春副都统

吉林将军衙门为准发总理各国事务衙门关于会勘中俄边境事务照会的咨文
光绪十年闰五月

为咨行事。光绪十年闰五月十八日，奉到总理各国事务衙门吉字八十号公函一件，当即拆读。内开：于闰五月初六日，据博使照会内称，伊国所派勘界大臣不能与依副都统商办等语。现在该公使以此节饶舌，特此寄抄来往照会，务希照会东海滨省总督，但告以穆、双两统领会勘，庶黑顶子一处究竟属中属俄，得以早日勘定等因，函寄前来。除照会东海滨省总督，并札饬协领穆隆阿、双寿遵照外，相应照抄原函并各照会，咨行贵副都统查照可也。须至咨者。

右咨珲春副都统依

[照录总署来函] 密启者。黑顶子地方派员会勘一节，前因俄博使照称不愿与依副都统会商，应由尊处另行派员前往，业于上年十一月十五日咨行查照办理，并录俄使照会附览。旋于四月十九日接准咨开，已札派协领穆隆阿、双寿会同依副都统到彼妥为办理。五月二十六日又接准来咨，穆隆阿等到珲，照会俄官定期会勘，该俄官竟愆期不到等语。正拟核复间，即于闰五月初六日据博使照会内称，伊国所派勘界大臣不能与依副都统商办等语。中国派员本非外人所能干预，因派依副都统会勘，俄人借口迁延，博使前请另派妥员，本处以会勘一事迄未举办，不值为派员小节徒费辩论，是以许其不再派依副都统前往，系为肃清边界起见。现在该公使仍以此节饶舌，特将来往照会照录寄览。窃思尊处既已派有穆、双两统领前往会勘，即不须派依副都统亦可办事。况依副都统本有管理珲春地面之责，即不必明言会同，而仍可暗中指示。务希阁下照会东海滨省总督，但告以穆、双两统领会勘，庶黑顶子一处究竟属中属俄，得以早日勘定，一切办理情形并希详细见复可也。专此顺颂勋祺。总署照录俄国博使照会。为照会事。查中俄派员勘定萨威勒夫哈交界一事，曾于光绪九年十一月十五日准贵署照会，允准不派珲春依副都统作为勘定交界大臣等因在案。兹据本国外部电称，贵国有拂前言，仍副都统作为勘界大臣等语，因此本大臣应行达知贵署者萨威勒夫哈一等本国所派勘界大臣，不能与珲春依副都统商办，贵署如何措置，即希赐覆可也，为此照会。须至照会者。总署照录覆博使照会，为照覆事。光绪十年闰五月初六日，准贵大臣照称：中俄派员勘定萨威勒夫哈交界一事，曾允准不派珲春依副都统作为勘定交界大臣。兹据外部电称，仍派依副都统为勘界大臣。本国所派勘界大臣，不能与依副都统商办，如何措置，即希赐覆。等因前来。查上年十一月，本衙门业经行文吉林将军，另行派员前往，定期会勘。兹准贵大臣照称，前因应再咨行吉林将军另行派员，会同贵国派出之大臣，从速勘定可也。须至照覆者。

照录现行照会。

珲春副都统为派员会勘中俄边界的咨文

光绪十年七月初二日

为迅速咨报事。承办处案呈：窃照前将会晤俄官相议员先勘旧设界牌处所等情，随时咨报在案。于六月三十日戌刻，派据廓米萨尔来照内云，彼国分勘大臣现已赴交界地方去讫，本廓米萨尔于明日赴珲相会等因。于次日午刻，该俄官带领通事来到，在公署邀同翼长穆隆阿、统领双寿，设馔优礼相待。该俄官言请大臣穆隆阿、双寿赴交界处，与彼之大臣相会分勘，语毕即日旋去。穆隆阿、双寿于七月初二日早三点钟，随带官兵各雇驼马，携带糇粮起程，前往会勘去讫。俟其如何办理之处，再行咨报外，理合呈请先行咨报。为此合咨将军衙门鉴核施行。须至咨者。

右咨将军衙门

珲春副都统为侦探俄界有无外夷逆犯事的咨文

光绪十年八月十二日

为咨覆事。本年八月初八日准贵督办爵将军咨开：边务文案处案呈，光绪十年七月二十四日承准军机大臣字寄，盛京将军兼管奉天府府尹庆 吉林将军希 黑龙江将军文 光绪十年七月十八日奉上谕："右庶子陈学棻，奏请思患预防以固根本一折，据称，近日法人无大动作，有传其欲由海道犯我东三省乘虚而入者，请饬整顿营伍，严防各口，实力举行团练，以杜其骚扰、焚掠等语。东三省为根本重地，所奏办理团练是否可行，着庆、希、文体察情形，妥筹具奏。原折均着抄给、阅看，将此由五百里各谕令知之。钦此。"遵旨寄信前来。相应照抄原折咨札各处钦遵。除札饬各统领外，相应咨行贵帮办，请烦查照转饬沿边驻防各军，并力加操演，毋得疏懈，并请拣派老诚可靠之员，不露声色，前往海参崴一带妥为侦探，有无法人在此溷迹随时呈报。等因，准此，查近日密探未据报有法人之说，惟夷情叵测，或假作商船伪称他国，希图溷迹东来，此不可不预防之事。除饬密探前赴海参崴、摩阔崴一带加意访察，有无法逆溷迹情形，并俄情如何动作，探明随时飞报外，相应咨覆。为此合咨贵督办爵将军，请烦查照施行。须至咨者。

右咨钦命督办宁古塔等处事宜镇守吉林将军一等继勇侯希

（二）中 朝 关 系

宁古塔副都统为查办朝鲜国近江种地伐木之奸民的札文

道光二十六年十月二十九日

副都统衙门　为遵行事。左司案呈：准将军衙门咨开，兵司案呈，本年九月二十一日本衙门附片具奏。再奴才等接准盛京将军、奉天府尹会咨，以奉旨查办朝鲜国近江种地伐木之奸民，恐有惊窜邻境，咨会协拿等因。查吉林西界威远堡边门，距汪清门较远，南界大山，崇岩峻岭数百里，人难越度。惟西南辉法一带与（缺文）额尔敏、哈尔敏大山毗连，虽距汪清门外尚远，恐或有崎岖可通之径，自应不分畛域，派员侦捕。又吉林东南珲春之土门江一带与朝鲜隔江为界。前有该处旗人在彼种地，已于道光二十二年查出惩办，立界禁止。以后每年春秋二季派员严查，本由省派协领亮德，会同珲春协领博恒额往查，均经结报，并无复有偷垦，并据宁古塔副都统乌尔德善加结咨报无异。此处既与朝鲜江水相连，宜防奸民窜入。奴才等已选派员弁，酌带兵丁驰赴辉法一带与盛京交界各处，分为三路侦缉，并咨副都统乌尔德善派员速往珲春，会同该协领前赴土门江一带查拿。分饬各卡伦及边门并查山各官，一体严行巡缉，如有弋获逃窜各犯，即解送盛京归案审办。合将准咨查缉缘由附片奏闻，谨奏。等因。于十月十二日接准军机大臣字寄，吉林将军经　副都统盛　道光二十六年十〔月〕初五日奉上谕："经额布等奏派员查缉越界奸民等语。朝鲜边界现有盛京奸民私越种地伐木，吉林西南辉法一带与盛京地方毗连，又东南珲春之土门（缺文）江为界，均恐有被拿奸民窜入，该将军等现已派委员弁（缺文）兵分路侦缉，并咨会乌尔德善派员查拿，着即严札该员弁等不分畛域，实力严查，认真防缉，勿使一名窜入。倘敢视查勘为具文，并不实力侦缉，致有奸民阑入该境，或再经朝鲜咨请查拿，惟该将军等是问，恐不能当重咎也。将此谕令知之。钦此。"遵旨寄信前来，查本衙门前于九月十二日接准盛京将军、府尹等衙门咨照，当即札派佐领富升、防御开奇里、骁骑校扎克当阿等带领兵丁前往辉法河一带之山场，严行巡查，分路侦缉，倘遇由奉省逃赴边界之山犯人等，立即按名拿获绑缚，一面径行解送盛京将军、府尹衙门归案审办，一面作速咨报本省。仍严行札饬与盛京接壤之辉法，并防范围场之伊通、二道沟等卡伦各官，逐日带领兵丁于各该卡界内严行巡缉潜来各犯，自此饬传后，各卡官员如敢不以为事，怠于搜查，倘被由省城出派官员在卡封堆界内缉获人犯时，务将该卡伦官从重参办，决不宽贷等情。并咨行宁古塔副都统衙门迅即派员驰赴珲春，会同该处协领分赴土门江一带各处严行巡缉等情。附片奏准。案兹钦奉上谕，严饬侦缉。相应呈请再行咨行宁古塔副都统衙门，转饬出派各员暨珲春协领，并札饬本衙门派往辉法河山场一带查拿人犯去之佐领富升、防御开奇里、骁骑校扎克当阿等一体钦遵谕旨，实力严查。倘敢视查勘为具文，不实力侦缉，致有奸民阑入本省所属境界，即将该防缉各官从严参办。除吉林出派之佐领富升等将该员等奉委如何侦缉，行至何处，有无由奉省窜入奸民之处，于每十日具报一次，并请添派佐领吉勒通阿、全永，防御常奎等，会同前派佐领富升等前往本省与奉省接邻之山场界边，不分畛域，往缉有无由奉省窜入吉林界内之处，按每十日亦据报一次具结呈报外，仍札饬吉林同知、四边门防御、十界协领一体钦遵谕旨查拿外，并咨行宁古塔副都统衙门，再行添派员弁会同珲春署协领、吉林委员、佐领吉勒通阿将上门江一带各处认真巡查。倘有奸民、旗丁在江边附近种地及由盛京逃窜江北山犯，立即拿获解省审办。署协领嘎尔杭阿及委员吉勒通阿、富兴、丁柱等倘敢巡查不实，必定从严参办。如无前项情弊，随时出具甘结，呈报副都统衙门。由副都统衙门加具印结，咨报本衙门备核等情，据此，拟合咨行。为此，合咨贵副都统衙门查照可也。须至咨者。等因遵此，除一面飞札珲春署协领外，当即添派佐领常伸带领兵弁星速驰赴珲春，会同署协领嘎尔杭阿及委员佐领吉勒通阿（兵）[并] 前派佐领隆柱，防御富兴，云骑尉丁柱、托精阿等一体钦遵谕旨，前往土门江一带各处，不分畛域，认真巡查，倘有奸民、旗丁在江边附近种地及由奉省逃窜江北山犯，立即拿获解送。该员等倘敢视查勘为具文，不实力侦缉，致有奸民阑入所属境界，即将该防缉各员一并从严咨参，如实无前项 [情] 弊，该员等于每十日据实具报。该署协领加具关防切结，呈送前来，以备加具印结咨报外，仍严饬宁古塔所属及珲春通衢大路坐防之德林松音、玛尔呼哩、萨奇库卡伦兵、查界各官一体钦遵谕旨，严行侦缉。有无弋获，随时结报备核等情，呈请先行咨报将军衙门外，相应拟合飞札珲春协领一体遵照办理可也。须至札者。

右札珲春协领

宁古塔副都统为查禁朝鲜人越界的札文
同治六年

档册房案呈：为札饬先行查禁事。　　照得珲春地方与朝鲜隔江为界，每经俄人进街购买零星货物，而朝鲜人等亦不免借端越界。若不先行查禁，诚恐酿成巨患。相应札饬查界官等，刻即带兵，务在所属界内实力严查。遇有朝鲜人等私行越界在于各屯游历，即行拿获解交该国查办外，设有所属不肖之辈，希图工做招引容留，不论旗民人等，一律拿送本衙门加等惩戒。倘若不实不尽，定将尔该界官等一并严参不贷。慎之毋违，为此特札。

宁古塔副都统为派员前往土门江巡查奸民越界垦田事的咨文
同治十二年七月五日

宁古塔副都统头品顶戴阿尔嘎泰巴图鲁军功加二级寻常加二级纪录二次乌勒兴阿　为咨送事。左司案呈：案查前准将军衙门咨开，兵司案呈，道光二十八年二月二十三日，奉上谕："据吉林将军经　具奏，吉林地方与盛京山界毗连，与朝鲜隔江为界，均宜一体清理，毋任奸民窜入。自此奏定章程，每年春秋二季，派员分赴辉法、土门江二处，上下周查。春季自二月初起，至四月底止；秋季自七月初起，至十月底止。选派佐御校等官，着带兵役督统边卡各官，不分畛域，认真梭［巡］严缉。事竣，由该将军等专折具奏。如有获犯及失查之处，照例将各该员等分别劝惩等因。钦此。"到部知道。咨行该将军衙门，查照办理，等因前来。咨行宁古塔副都统衙门查照，转饬珲春协领遵照定章，照数分派官兵前往周查。春季自二月初起，至四月底止，秋季自七月初起，至十月底止，前往土门江一带［梭］行巡缉。于差竣时，取具该员等，有无窜来及越界匪犯甘结，该副都统加具印结咨报，以凭具奏外，仍将所派官兵衔名，先行咨报备核可也。等因在案。兹届本年秋季应查之期，遵照定制，拣派恩骑尉贵连带兵六名。饬令于七月初一日启程前往珲春，会同该处特派及边卡各官，分赴土门江一带，不分畛域，认真周查。如有匪徒越界窜入垦田构舍，即行拿获，以备解省惩办外，于差竣时，取具该员等切实甘结，该协领加具关防切结，一并呈送，以备加具印结咨送等情。除札饬珲春协领遵照外，合将现派官兵衔名造册，附封呈请，先行咨报等情。据此覆核无异，拟合咨报。为此咨报将军衙门查核可也。须至咨者。

右咨将军衙门

吉林将军衙门为官兵前往朝鲜贸易不准携带洋货的札文
同治十二年十一月

为札严行饬禁事。案照本衙门遵照奏定章程，按年由吉林、宁古塔、珲春等处派员带领兵丁与部派通官前往朝鲜贸易，不准携带私货等因，历办在案。兹届应行派员监视贸易之期，本衙门当派蓝翎防御青山、笔贴式巴哈布等由吉前往，另文咨札遵照外，惟查洋货一项应不在朝鲜贸易之内，自应来饬各员弁不准私带前往，以免滋生事端之处。除札饬蓝翎防御青山、笔帖式巴哈布等将禁荒垦田者不少。兹据额穆赫索罗所报，三五数十群伙及该处居民携眷搬移络绎不绝，其流民在各沟偷挖，似属实情。事关邻界，岂能望视拥塞耳目。倘因一时失于觉查，致令盗匪潜迹，希图啸聚肇起衅端，咎将［自取］，若不预先派员驱逐，将来愈众，恐有养痈贻患之虞，攸关匪轻，合亟飞札（缺文）领讷 遵照，迅速遴派妥干员弁，前赴南冈等处，实力驱逐认真查禁，勿任流民杂类垦田、寻采偷挖，以便分饬该属界各卡，不时一体查禁，并着所派之员细心密访其中有无劫抢呼兰厅等处狱犯之匪，妥为严查，不得漏网为要。仍将派员稽查有无流民及携眷搬移，拥落该处开垦、偷挖各情，随时结报，勿得视为具文搪塞了事，致干咎戾可也。等因前来，惟以前据西路边卡报称，珲春土门江左南冈一带地方，有西来流民潜居私垦等情。据此，已派佐领穆克登额带领所部演练官兵，前往该处会同边卡官兵查禁去讫。兹奉札文，复饬该员等遵照，刻将该处一带山场严行周查，如有流民杂类，务须实力驱逐，事竣出具切结，以备加结呈报，并细心密访其中有无劫抢呼兰厅等处狱犯之匪，有则拿获送案，不任漏网等情，先行飞报副都统衙门，查核可也。

珲春副都统为严禁携带洋货前往朝鲜贸易的札文
光绪六年十二月十五日

将军衙门 为札严行饬禁事。兵司案呈：案查本衙门遵照奏定章程，按年由吉林、宁古塔、珲春等处派员带领兵丁与部派通［事］前往朝鲜贸易，不准携带私货，等因历注在案。兹届应行派员监视之期，本衙门当派花翎佐领恩龄等前往，另文咨札遵照外，惟查洋货一项，应不在朝鲜贸易之内，自应严饬各员弁不准私带前往，以免滋生事端。除札饬花翎佐领恩龄［遵］照严禁，如有随带人等（不准禁止）带洋货者，即行查出呈送，从重惩办，不准稍涉徇隐外，相应札饬珲春协领衙门遵照可也。须至札者。

札珲春协领准此

吴大澂为朝鲜国王派员会勘边界的咨文
光绪八年十二月二十五日

钦差督办宁古塔等处事宜二品顶戴太仆寺大堂吴 为咨行事。光绪八年十二月十九日，准北洋通商大臣李 咨开：为照本署大臣，于光绪八年十二月初八日，在天津行馆，由驿具奏朝鲜国王，咨请派员会勘边界事宜，恭折具陈，请旨饬遵缘由一折。又附奏：接准朝鲜国王咨文二件，照抄恭呈御览一片，相应抄录，咨会查照等因，准此，相应照抄备文咨行。为此合咨贵副都统，请烦查照施行。须至咨者。计粘抄。

右咨珲春副都统依

奏为朝鲜国王咨请派员会勘边界事宜，恭折具陈请旨饬遵事。窃臣前钦遵谕旨：督同津海关道周馥等與朝鲜陪臣鱼允中等，会议朝鲜水陆通商章程。内第五条声明：鸭绿江对岸栅门与义州二处，又图们江对岸珲春与会宁二处，听边民随时往来交易，仍于开市处设立关卡稽察匪类，征收税课。从前馆宇、饩廪、刍粮、迎送等费，悉予罢除。至边民钱财、罪犯等案，由地方官按照定律办理。一切详细章程，应此北洋大臣与朝鲜国王派员至该处踏勘会商，禀请奏定等因，经臣奏交总理各国事务衙门，会同礼部议覆具奏，奉旨："依议。钦此。"转行知照在案。旋据鱼允中面禀，拟告于本邦，明春往鸭绿、图们二江一带察看情形，会同该地方官勘商酌行，再到津禀定等语，即经臣分咨盛京、吉林将军、奉天府尹暨太仆寺卿吴 等，各先行就近派员，会同朝鲜官体察情形，勘商妥议，再订详细章程原因。边民互市，虽经奏准变通，而历来法制、禁令有须互相参酌之处，非其本省派员勘商，恐难操纵合宜。昨奉十一月十四日寄谕："崇绮松林奏朝鲜贸易宜严定限制，嗣后有关奉省事宜与该国王如何会商，应咨照将军、府尹，公同斟酌，再行定议，饬即妥议会奏等因。钦此。"正与臣处所筹办法大略相同，其折片内条陈各节，业经臣钦遵分别妥议。准驳咨请总理衙门、礼部会核覆奏矣。现据朝鲜国王咨称，拟派副护军鱼允中，于明年二月初旬前往义州，四月下旬转往会宁、庆源等处，踏勘商定。望烦饬派官员届期会勘，以便酌行等语。谨照抄该国王来咨一件恭呈御览。窃维奉、吉地方交涉情形及列朝法制禁令，隔省人员人地生疏，恐其未能洞悉。此次与朝鲜定章变通互市，实为体恤属藩，禁革积弊起见，而严杜侵越、预防后患之处亦当熟虑深筹，自应由该将军、府尹、大臣等，拣派廉正明练大员，届期会同朝鲜陪臣鱼允中踏勘妥商，各就地方情形，拟议详细章程，禀由该将军、府尹、大臣公同斟酌咨商。臣处详慎覆核定议，再行具奏请旨遵办。合无仰恳饬下盛京、吉林将军、奉天府尹、督办宁古塔等处事宜太仆寺卿吴 查照妥办。除由臣分咨知照，并咨覆朝鲜国王外，理合缮折由驿具陈。伏乞皇太后、皇上圣鉴训示。谨奏。

照抄朝鲜国王来咨一件，恭呈御览。

朝鲜国王 为咨会事。照得敝邦义州、会宁、庆源等处与上国边界人民互市，向来统由官员主持，诸多窒碍。幸赖贵大臣曲轸流来之弊，妥筹经久之图，因时制宜酌予变通。定于两国边界栅门、珲春与义州、会宁、庆源等处，听民随时往来交易。将从前惯例概行豁除，列入水陆贸易章程第五款内，声明请旨定议遵照办理在案。此莫非贵大臣仰体皇仁永绥藩服至意，谨与一国臣庶攒手感颂，不任衔结。其详细章程须派员至该处会商酌行。兹拟派副护军鱼允中，于明年二月初旬前往义州，四月下旬转往会宁、庆源等处，踏勘商定。望烦贵大臣饬派官员届期会勘，以便酌行。除定期派员外，相应备文咨明，请贵大臣查照酌覆。须至咨者。光绪八年十月十七日发，十二月初六日到。

再，臣同日接准朝鲜国王咨文二件，一申谢所订商民水陆贸易章程八条，悉属公允。拟俟前头使行另行奉表，叩谢，恭伸感激之私。一验收处拨给来福枪、开花炮及药弹、铜帽、门火各项，现交该国新勇丁领用，由吴长庆指授练习，次第整顿，期有成效等因。谨照抄该国王来咨，恭呈御览。除分咨总理衙门、礼部外，附片具陈。伏乞圣鉴。谨奏。

照抄朝鲜国王咨文二件，恭呈御览。

朝鲜国王　为咨覆事。照得本邦于本年春间，咨请于已开口岸互相交易一折，时值贵大臣奉讳回籍，未及核办。旋由礼部据分咨奏蒙俞允，应详定章程之处，着贵衙门妥议。至秋间，贵大臣勉膺谕旨，复起视务，督海关道台与问议官鱼允中等酌商，拟定两国商民水陆贸易章程八条。覆奏经总理各国事务衙门会议。奉旨："依议。"仍于九月二十六日鱼允中回承准贵大臣咨行，并抄录总理各国事务衙门复奏折及两国商民水陆贸易章程，钦遵查照等因，准此。窃本邦久列藩封，一切典礼均有定制，向赖贵大臣代筹，已与各国立约通商，而独上国与本邦商民尚拘例禁，不能共沾利益，殊非中外一视之义。所有前此渎请乃蒙皇上广推洪慈，亦惟贵大臣亟恢远图，因时变通，务存体恤。所定章程八条，悉属公允，喜出望外，并于章程之首声明中国优待属邦，不在各与国均沾之列等语。俾小邦感奋自强，用答我大朝怀柔之至意，此诚数百年来创有之特典，当职谨与一国臣庶北望攒颂，俟前头使行奉表叩谢，恭伸感激之私。除先通称谢外，合行咨覆，请贵大臣查照办理。须至咨者。光绪八年十月十七日发，十二月初六日到。

朝鲜国王　为咨覆事。照得贵大臣为念敝邦军变以来，器械散失，练选时急，饬拨天津军械所十二磅铜开花炮十尊、英来福兵枪一千杆，配齐炸弹、木信、门火、铜帽、洋药各项，运由提督吴军门派员交付，兹遵计开验收。仰惟贵大臣克体皇上覆帱之仁，而轸属邦急难之谊，攒手感颂，曷任衔结。现今新团勇丁率循吴军门指授练习，次第整顿，俾此无兵而有兵，无械而有械，用为保邦制治之本。思自奋发，俟有成效。嗣后情形随当无隐，冀纡远筹，以惠终始。为此合行咨覆，请照验施行。须至咨者。

吉林将军衙门为中朝官员在珲春勘议通商章程的咨文
光绪九年三月

为咨行事。案照奏派留幕办事前刑部郎中彭光誉前往珲春会同朝鲜鱼问议官允中勘议庆源、会宁通商章程，定于四月初三日由吉启程赴珲，所有沿途应需驿车四辆，除由本衙门给发车票一纸，填注驿车四辆，饬交该员执持前往外，相应呈请札饬西路驿站监督遵照转饬东路各站一体照票应付，不准迟误。札饬吉林全营翼长遵照按段拨兵护送，并呈请咨行珲春副都统衙门钦差督办宁古塔等处事宜二品顶戴太常寺大堂吴查照可也。须至咨者。

右咨珲春副都统衙门

朝鲜钟城府使为请派人会勘中朝边界的照会
光绪九年六月

抄录钟城府使照会朝鲜国咸境道钟城都护府使李 为照会事。据钟城、稳城、会宁、茂山民人等呈状，内称小人等虽耕凿为生，岂全昧国家经法。小人等所垦之土，即土门以南也。粤昔在东方立国最久者，惟本国耳。不务拓地，以土门为界，而退守豆满江，土门、豆满两江之间作为荒地，禁民入居者，虑有边患矣。自上国龙兴东土，东北无事。而至康熙壬辰，乌拉总管穆克登大人奉旨查边，亦以土门江为界，西为鸭绿，东为土门，勒石为记，于白头山分水岭矣。土门南岸或有上国逃民之潜处者，自上国每行刷还，亦不敢显居于本国相望之地。近来边禁渐弛，入居者相续。列邑官宪瓜期甚近，不以边事存心。居民以过江为禁，虽有见闻而不敢告官，至近年因荐歉，民失本业。闻中国之开边垦荒，小人等亦过江垦种矣。无入居之朝令，故春结农幕秋辄掇归，且划地为界，不敢深入矣。近年冬，始闻自吉林将军大人行文，本国遵旨，令刷还土门江以北以西占垦之朝鲜贫民，小人等以为本国流民之冒禁流入吉林界内者甚多，往年虽刷还而未尽，恐必此类也。本年四月，自敦化贴告示，于钟、会两邑越边使民归田净尽。始知敦化县之误认豆满江为土门也。小人等相顾愕眙，尝往诉于上国派员彭正郎大人及敦化县知县大人，而未承题示，欲先审查土门、豆满之别。乃派人往审白头山立碑处，碑东连置土堆、木栅为限。下有土门两岸，对立如门，而非石而土。其下有水发源，另作别派。此水之合流处，则江岸路绝，不能沿流。又于钟城越边九十里甘土山有分界江，江名之为分界，则以此分界明矣。有卡铺亦在分界江北岸，则上国边界之止于此亦审矣。东西宜无异同。凤凰城栅外，虽为荒地，亦于沿鸭绿一带，皆设卡铺。若以豆满为土门，则上国何不置卡铺于豆满北岸乎？且于开市，上国人商货在本国界内，则民出牛马输送，而每送至分界江矣。若欲中路替输，则责以仍你国界限也云矣。此亦一据也。窃念敦化县今乃新设，界限之从某至某，未及明审，乃有指豆满以北为土门以北矣。考诸上国咨文，与吉林将军大人札饬有曰，以土门为界。又曰占垦之地在土门以北以西矣。未尝言及于豆满以北矣。土门则在分水岭查审定界处，豆满则源出本国界内，非上国之所知也。且或以豆满、土门之译音相近为疑，亦可有辨者。上国之或称土门或称图们，皆有所由。土门者，分界处土门也。图们者，庆源以下入海处也。本国通称由本国界内发源至入海处谓豆满，改称图们者，乃本国豆满之译音相殊者也。今指豆满以北谓土门以

257

北者，乃入居土门以南之上国流民，见本国民之春耕秋归以过江为禁，因认为占耕而诬告敦化县，至有告示而使之归田净尽也。请以此意照会于敦化县，俾即查界归净，使民安于耕作之地为辞。查中外界限，向以土门为界。本国只知豆满之外，更有土门之别派。按有故地图为据，实未尝往溯源流。今此列邑民人私往穷源，归以为告，不可遽以民人私言为凭，乃派弁往审白头山分水岭，拓得康熙时穆总管碑记，踏勘土门源流，果与民所告相符，另为别派。滨江皆悬崖陡壁，乃至黄口岭而还。绘有新图，与旧地图校阅，则土门与分界江为界，间有不相属处，曾以为疑。今此遣人踏勘，又如此。是否土门江归合分界江乎？本职于疆域图志，未曾详悉。且贵县则辟荒建署未久。宜查审勘定，一遵康熙时所划疆界，请烦贵县派人约同先审白头山定界碑。知土门发源之处，继而查明界限，辨别疆土为妥。兹据民人所呈，并将土门江分界江以南旧图，移模一本，新图一本，白头山分水岭定界碑墨拓二本，赍送查照商办可也。为此照会。须至照会者。

右照会敦化知县赵

吉林将军衙门为赴朝鲜茂山府查办边务的呈文

光绪十年十一月初三日

为呈报事。窃卑职等奉宪台差派，赴朝鲜茂山府查办边务，已将启程出境日期呈报在案。前月二十四日行抵庆源，即照会该府，请其传知前路经过地方，公买公卖，以资两便。及与咸镜道委员彭翰周会晤，据云承办处前发照会，系照会咸镜道观察使，约二十余日，始能往返。咸镜北道按抚使暂时不能知晓。询其详细，方知咸镜道有二，一为观察使，统辖全省，驻咸兴府，距庆源八百余里。一为按抚使，分辖半省，驻镜城府，距庆源三百余里。卑职等恐其路远迟误，乃连夜备文照会咸镜北道按抚使，于二十五日寅刻由庆源驿递，嘱其日夜兼程驰发。是日卯刻，又备文移知德哨官凌阿，带队先行，前往六道沟等处，分别拘传案内人证。卑职等亦随后启行，于前月二十九、本月初一两日，俱到茂山府差次。现在传案者因路远未齐，会办者回镜城请示，亦尚未到。除俟两造具备、续行逐节另报外，合将卑职等到差日期，并沿途所办公文，一并抄稿，备文呈报。为此呈请宪台俯赐鉴核施行。须至呈者。

右呈钦命帮办吉林边务镇守珲春地方副都统法什尚阿巴图鲁依

敦化县知县赵敦诚为朝鲜咸镜北道巡按使要求查勘白头山定界旧处的申文

光绪十年十一月十四日

试署敦化县知县赵敦诚为申报事。窃照卑职前因朝鲜越垦流民延不迁回，反借词狡展肆意侵占，恳请速派大员相机妥办等情。禀蒙宪批，据禀朝鲜流民越垦边地，该国官吏并不依限收回，反纵民滋扰，煽惑众心，请统兵大员相机妥办等情，仰候咨行帮办依　遴派妥员前往查办。缴。等因蒙此，卑职现复接准朝鲜国二品嘉善大夫咸镜北道按抚使兼兵马水军节度使赵　照会。内称：案准本年二月十七日贵知县致本国咸镜道观察使林　照会，节该光绪九年十二月二十三日蒙军宪札开，朝鲜贫民占吉林边地，准于一年内悉数收回一事，现经该国鱼使臣转行该国地方官，限以中秋刷回。令已逾限期，不但并不收回，现在土门江北岸朝鲜旧占之地，该国流民理坟垦地，愈聚愈多。该知县即行照会朝鲜咸镜道转饬各该地方官，速将流民悉数迁回、勿再迟延等因，相应照会贵道查照，速将该流民悉数迁回等因，伊时本使尚未任开篆，由前观察使林　照覆在案。窃查刷还流民一案，敝邦已于光绪八年奉到礼部咨会转饬沿边地方官，将越垦流民务行招谕回国。嗣于光绪九年六月鱼使臣饬庆源、稳城两处地方官，就近派弁驰往流民所在珲城等地，审其情形。流民入耕者名载招垦总局，即令按名追刷不难迁回，惟求文内土门江北岸朝鲜旧占之地者，似未察从前敝处地方官辨明疆界之言也。吉林、朝鲜分界自有圣祖仁皇帝康熙年间定界立碑之处，一经查勘，了然可辨。本国疆域原以豆满以北土门以南划定，现在土门北岸原无可议，今此所谓流民入垦之土，即系本国界内土门南也，向未垦辟作为荒地，实由严边禁绝奸萌，而后来稍稍入垦，不知者见之疑为越垦。然按图辨方原不出划定之界，不应以冒占论也。土门、豆满名称之别，吉林、朝鲜界限之分，业经光绪九年钟城府使李正来照会贵知县在案，实为确据，毋庸赘陈，相应备文照会贵知县，请烦查照。仍即覆禀吉林军宪，查勘白头山定界旧处，迅行了结，俾使认定两界，各遵旧章，宪为公允，仍希期速见覆，须至照会者。等因准此，伏查该国节度使文内所称各情仍属执词狡展，理合具文申报宪台查核，转咨办理，实为公便。为此具申，伏乞照验施行。须至申者。

吉林将军为敦化县报朝鲜流民越垦请派人妥办的咨文

光绪十年十一月十四日

钦命督办吉林边务事宜镇守吉林等处地方将军希　为咨行事。案查前据敦化县知县赵令敦诚禀报：朝鲜流民越垦边地，该国官吏并不依限收回，反纵民滋扰，煽惑众心。请派统兵大员，相机妥办等情，当将附呈文图碑记等件，一并抄单，咨请贵帮办查照。就近派明干之员，前往该处妥为查办，以安民生。慎勿激生事端，使该国有所借口等因，咨行在案。兹于十一月初十日，复据该令申报，现复接准该国咸镜北道节度使赵　照会，查文内所称各情，仍属执词狡展。理合具文申报宪台查核，转咨办理，实为公便等情，申报前来。据此查所报,现接该节度使照会,察其称述情节,仍坚以碑记为凭。并以土门、豆满两江强为区别,饰词狡辩。当兹派员查办之际,自应转行咨明,以便归案,一并查办。除饬覆该令遵悉外,相应照抄申文,备文咨行贵帮办,请烦查照。转饬前派人员,妥为查办。望切。见复施行。须至咨者。

　　右咨帮办依

珲春招垦局总办委员为奉宪谕会勘中朝边界等的呈文
光绪十年十一月二十三日

　　督理吉林朝鲜商务补用知县秦煐　二品顶戴珲春左翼协领德玉　招垦局总办委员从九品贾元桂　禀,为勘明图们江源绘呈绘印图说一样三纸,伏乞批示,祗遵由。吉林将军希　副都统恩　于光绪十一年十二月十六日批:据禀,按图悉会勘时,于边界山川形势考察详明。其界碑内,"西为鸭绿,东为图们"二语,自是当年定界实据。乃此碑今竟在松花江之源,距图们江尚远,显与碑文不符。该委员仰体朝廷字小之意,谓立碑应在三汲泡一段之分水岭,似是持平之论。仰候咨请总署,具奏请旨定夺,并咨行北洋大臣查照,缴图说分别存送。护理招垦珲春边荒事务五品顶戴府经历衔贾元桂为呈报事。窃卑职奉宪台面谕,现准爵军督宪来咨,暨咸镜道照会互称"茂山一带边界不清,并边民滋事,请派妥员前往查办"各等因。饬令卑职与左司掌案笔帖式萨炳阿随同总理承办处二品衔花翎左翼协领德携带关防,赴该处妥慎办理。即于本月二十三日启程前往。卑职素性迂直,本无应对专长,肆应奇智。既蒙恩差派,不得不矢勤矢慎,勉竭驽庸备员前驱。所有卑职启程出境日期,理合备文呈报。为此呈请宪台鉴核,转咨备案施行。须至呈者。

　　右呈钦命帮办吉林边务事宜副都统依

朝鲜国咸镜北道节度使为会勘两国边界的照复
光绪十年十二月初一日

　　朝鲜国二品嘉善大夫咸镜北道按抚使兼兵马水军节度使赵　为照覆事。即准贵照会节,该奉贵帮办谕,接贵督办咨开,敦化县禀称:朝鲜流民占垦吉林边地一案,已经照会咸镜道,转饬所属地方官,速迁流民回国在案。旋准钟、会、茂各城照会,金称康熙五十一年,乌拉总管穆克登奉旨查边。在县西南境外,相距千里之白头山立碑定界,因拓摹碑文绘具界图。即指县界骏浪河为土门江,其间数百里,乃小国荒地等词。迄今早逾一年之限,该国官民,坚以(下)[辨]别疆界为词等因,贵督办咨请贵帮办,遴派委员前往查办。贵承办现奉贵帮办饬谕,备文照会等因。窃查刷还流民一案,敝邦已于光绪八年奉到礼部咨会，转饬沿边地方官，将越垦流民，务行招谕回国。嗣于光绪九年六月，鱼使臣饬庆、稳两处地方官，就近派弁驰往流民所在珲城等地，审其情形。流民入耕者名载招垦总局，即令按名追刷，不难迁回。惟朝鲜流民垦占吉林边地云者，似未察从前敝处地方官（卞）［辨］明疆界之言也。吉林、朝鲜界限之分，土门、豆满名称之殊，业经光绪九年钟城前府使李正来照会敦化县，嗣于本年九月，本使照会该知县在案，前后文凭实为确据，毋庸赘陈。惟贵照会称：无论碑之真伪，碑之设在土门江上源无江为限之长白山，不应在土门江下流有江为限之敦化县。况碑可改动，江难迁移。以江则确有可凭，以碑则真伪难（卞）［辨］。查土门之发源，在于白头山下大角峰之北，故碑之设在于大角峰之西，此是土门发源之上，非在于土门下流之敦化县也。且碑文称："东为土门，西为鸭绿。"石面字画，班班可考。西之鸭绿既为定界，则东之土门自可（卞）［辨］名，非敝邦民人所可私意移易者也。贵照会又称："既有数百里荒地，何二百年来并未建筑一城，设立一官？"查敝邦之设官于豆满江以内而土门以南者，犹上国之置凤城于栅内也。职由于严边禁绝奸萌，而后来吉林敦化等地民越界冒占者多，敝邦民亦稍稍入垦。不知者见之，疑为敝邦民越垦。然按图（卞）［辨］方，要不出定界之内也。若属吉林地方，则上国亦何不筑城设官，而废弃土地耶？此不待（卞）［辨］明，而可知也。贵照会又称，敝邦流民无地可耕，饥寒交迫。钟、会、茂三城又无地可置，莫可如何，遂误听民言，出此设法之下策。又称，来守斯土一尺一寸，不敢轻以假人。查敝邦壤地虽小，有土可耕，有地可居。假使无知小民犯禁冒垦三城，地方官理宜饬谕刷还。何可误听民言，出此设法之下策，冒占上国尺寸之土乎？以江名悬殊，碑文有据，不可弃已定之界，而受冒占之名也。贵承办遵奉宪谕：今此前来敝营，理宜派员会议。兹饬二品衔会宁都护府使洪，前往茂山府。窃念两国定界，非言语所可究竟。须看审白头山立碑处，辨明定界，各遵旧章，实为公允。但山高岭峻，冰雪凌兢，迨此天寒，人不敢入仁。俟冰雪消融，天气畅和，订期派员齐会查勘，认定两界，永行了结。幸甚。为此照覆贵承办，请烦查照。仍即覆禀贵督帮办将军副都师查照施行。须至照覆者。

右照覆珲春副都统衙门边务交涉承办处总理钦加二品顶戴博奇巴图鲁奖赏花翎现任协领德

珲春副都统为报协领德玉等赴朝鲜茂山府查办边务事的咨文

光绪十年十二月十二日

镇守珲春副都统法什尚阿巴图鲁依　为咨报事。承办处案呈：于本年十二

月初八日，据派赴茂山府 二品顶戴花翎协领博奇巴图鲁德玉 呈称，窃卑职等奉宪台差派，
左司笔帖式六品顶戴委章京萨炳阿
护理招事务府经历荀贾元桂
赴朝鲜茂山府查办边务，已将启程出境日期呈报在案。前月二十四日行抵庆
源，当即照会该府请其传知前路经过地方，公买公卖，以资两便。嗣与咸镜道
委员彭翰周会晤，据云，承办处前发照会系照会咸镜道观察使，往返需二十余
日，咸镜北道按抚使暂时不能知晓。询其详细，方知咸镜道有二，一为观察使，
统辖全省驻咸兴府，距庆源八百里有奇；一为按抚使，分辖半省驻镜城府，距
庆源三百里有奇。卑职等恐其路远迟误，乃连夜备文照会咸镜北道按抚使，于
二十五日寅刻由庆源驿递，嘱其日夜兼程驰发。是日卯刻，又备文移知德哨官
凌阿，带队先行前往外六道沟等处，分别拘传案内人证。卑职等亦随后启行，
于前月二十九、本月初一两日俱到茂山府差次。现在传案者因路远未齐，会办
者回镜城请示，亦尚未到。除俟两造具备，续行逐节另报外，合将卑职等到差
日期并沿途所办公文，一并抄稿备文呈报。等情呈报前来。据此，合将所禀文
稿粘连文尾，呈请咨报。为此咨报将军衙门鉴核施行。须至咨者。

右咨将军衙门

为照会事。本承办处奉钦命帮办吉林边务、镇守珲春副都统依 差派，赴贵
招垦局
国茂山府查办事件，由庆源府一路假道前往，所带弁兵人役俱系自备粮饷，
于地方毫不骚扰。仰贵府使传知前路所过地方官绅商民，所有一切饭食草料，
俱按照贵国当时市价公买公卖，以资两便，相应备文照会。为此照会贵府使
请烦查照，即行传知施行。须至照会者。

右照会朝鲜国庆源都府使金

光绪十年十二月二十四日

为照会事。本承办处奉钦命帮办吉林边务、镇守珲春副都统依 堂谕，接准钦
命督办边务、镇守吉林等处爵将军来咨，除省繁不叙外，内开：试署敦化县赵敦诚
禀称，朝鲜流民占垦吉林边地一案，曾奉上谕，准其于一年内悉数收回，以示体
恤。钦此。当经札县遵照，先后照会咸镜道转饬所属地方官，速将流民收回本国在
案。旋准钟、会、茂各城照覆，佥称康熙五十一年，乌拉总管穆克登奉旨查边，在
县西南境外相距千里之白头山，立碑定界，因拓摹碑文，绘具界图，即指县界骏浪
河为土门江，小国又名嘎雅河。合流以下土江即豆江，合流以上两江之间数百里乃
小国荒地等语，任意狡执。迄今早逾一年之限，并未将流民收回本国，更有纵民滋
扰情事。经督办宪咨请帮办宪，速派妥员前往查办。奉帮办宪谕，饬令承办处详细
备文照会各等因。奉此遵查吉林全省地图，东南一隅与朝鲜接壤之处，俱以土门江
为两国交界。土门江发源在长白山东岭之阴，自西南而东北曲折数千里至贵国庆源
府属之金华县，南折入海。今既坚以界碑为词，姑无论其碑之真伪，即使当年真有

人立碑定界，其碑之设亦应在土门江上源无江为限之长白山，不应在土门江下流有江为限之敦化县。况碑可改动，江难迁移，是吉林与朝鲜之交界，以江则确有可凭，以碑则真伪难辨也。至指骇浪河为土门江，此流民之讹传，想贵道衙门必不执以确据。查骇浪河发源在南岗地方内二道沟掌之秫秸垛岭，自西东流仅百数十里即北入博尔哈通，合流东行数十里入嘎雅河，南折十余里入土门江。计骇浪河发源至入江处远不满三百里，考江河旧典几见有穷源；竟委不满三百里之水而名为江者，其为讹传一勘便知。再骇浪河小国又名嘎雅河一语更属谬妄，查嘎雅河发源在珲春正北偏东距城二百里之分水岭北面，地名十三道嘎雅河，自东西流二百余里至宁古塔界之西三岔口，折而南行又二百余里至近土门江处，方与骇浪河所入之博尔哈通河合流入江，其骇浪河不得又名嘎雅河，尤显然易见。又云，合流以下土江即豆江，是华语呼土门江，朝语呼豆满江，土门与豆满系属转音，不足为怪。又云，合流以上两江之间数百里乃小国荒地等语，尤属荒诞。查此处之土门江北岸越岭而北为骇浪河，又北为博尔哈通，初无两江名目，何有贵国数百里荒地，况贵国臣服天朝已二百余年，其边地建城设官，府与府相距不过百，县与县相距各数十里不等，可谓周且密。既江北有数百里荒地，何二百年来并未建筑一城、设立一官，且贵国沿江一带民稠地狭，以故山颠水涯皆无旷土，何此数百里之地独荒废如是之久也。总之，贵国流民越垦吉林边地，实因无地可耕，饥寒交迫所致。现在奉旨刷还，彼钟、会、茂三城府使不收回，而不敢收回又无地安置，莫可如何，遂误听民言，出此设法狡赖之下策，就事论心实亦为国为民，万不得已之苦衷。殊不知，我督办将军帮办副帅受天子命，来守斯土，一尺一寸不敢轻以假人，严清边界非故驱贵国之民于饥寒，诚以有国法在，虽欲代为谋而无可如何也。近奉宪谕，已经详细照会贵国咸镜道观察使去讫。现又接贵按抚使来照内亦有华民侵占荒地等语，理合备具前因一并照会。为此照会贵按抚使，请烦查照文内事理，速派妥员并边民滋事案件，一时会同勘办。即望见覆施行。须至照会者。

右照会朝鲜国二品衔嘉善大夫咸镜北道按抚使赵

光绪十年十一月二十五日

　　为移知事。窃敝局处奉副帅差派，前赴朝鲜茂山府查办边民滋事案件，未到之先，宜令两造具备，静候审办而免迟误。除朝鲜滋边民俟照会茂山府查拿归案外，所有中国之案人证，仰祈带领马队勇兵星夜前往外六道等处，将后开滋事之吴仁安等十五名分别拘传，一一解送茂山城内归案审办。再，事系副帅特派，到处务宜严密，不得使该民等闻风远扬，亦不得令该队等借端索扰，理合备文移知。为此移请贵哨官查照文内事理，妥慎办理施行。须移付者。计拘六名　吴仁安、宋虚安、范惠林、吴仁升、张瑞有、缪谏。

计传九名：韩驮户、安花、孙炳乾、沙永奎、李明新、永太德、尹鹏、韩广武、郭贵。

右移靖边中路左营右哨哨官赏换四品顶戴德

光绪十年十一月二十五日

四、司 法

（一）谕 令 章 程

宁古塔副都统衙门为禁山之外仍准旗丁打牲出示晓谕事的札文

道光二十二年六月二十一日

（前缺）嗣于道光二十年盛京将军耆英奏请饬禁吉林捕打鹿茸一折，奉上谕，"着会同吉林将军妥议具奏"等因。于道光二十二年三月二十七日军宪会同盛京将军遵旨札商议，以吉林屯丁系屯居，每年春秋二季会集省城操练技艺，归屯则以务农打牲为业，向不禁止其捕打牲畜。查旗人兵丁务农打牲有补生计，且可熟习技艺，于武备亦属有裨，若一并禁止，恐武备渐至生疏，而旗人生计日竭矣。拟请仍照道光十一年前任将军富　奏定章程，准令旗人在禁山以外打牲、习练纪律，以收武备之效。惟奸民偷挖鹿窖，捕打鹿茸，有伤山场风水，且恐将来野牲短少与围场大有关碍，应仍严禁奸民偷挖鹿窖，捕打鹿茸。严饬守卡官兵认真巡缉，严拿匪犯重惩，使奸徒无从遁迹，山场自可渐就肃清等因，分别议拟具奏。于四月二十二日接奉上谕："禧、恩等奏，遵议分别禁止捕打鹿茸章程一折，奸民偷挖鹿窖，捕打鹿茸，于围场大有关系，前据耆英奏请吉林与奉天一体饬禁，当交该将军等会议具奏。兹据奏称，吉林旗人兵丁归屯后，向以务农打牲为业，且可熟习技艺，未便一并禁止，着照所议。所有吉林禁山以外，仍照道光十一年奏定章程准令旗人打牲习练技艺，惟奸宄渔利之徒借名影射，不可不严行查禁，着经额布即饬守卡官兵实力巡查，如有偷挖鹿窖、捕打鹿茸匪犯，立即饬拿惩办。至奉天边外围场自应一体饬禁，着禧、恩严饬边卡各官与吉林接壤地方会哨梭巡，勿容奸匪一人偷入禁山捕打牲畜以收实效。如该官弁等查缉疏懈，或有得（规）[贿]纵庇情事，着即据实严参，毋稍回护。将此各谕令知之，钦此。"钦遵前来，本衙门当即咨札各处一体遵行在案，乃该商民等竟未有呈领路票持赴内省售卖者，兹查十旗兵丁、闲散等，因该商贩等购买鹿茸者甚少，本地不能多销，渐有不务打牲，不惟旗人生计渐行拮据，而技艺亦恐渐至生疏。职等议拟仍钦遵谕旨，准令旗人打牲习练技艺，再行出示晓谕，合属旗人在于禁山以外原定准其捕打牲畜处所仍

265

前捕打，俾得熟习技艺，所得鹿角筋皮，听其售卖，任买商民等采买得时，即行呈报兵司查验明确，按副烙印本年干支字样火戳记，发给本衙门票照，交付该商等执持前往内省售卖，并商民姓氏、鹿角数目随案将给票咨照盛京将军、府尹、山海关副都统等衙门查照。本衙门发给票张内注写数目、戳记字样，相符者放行，如有浮多者及并无戳记者，即行拿获究办。该商民将鹿茸售卖后，仍将原票呈送查销，如此办理而旗人等专务打牲，习练鸟枪，技艺精熟，是否（不）可行，禀请核夺施行。等因奉此，查道光二十二年本将军到任时，即经查明吉林旗丁多以打牲为业，即裕生计，借习技艺，与奉天府情形不同，是以会奏折内声明吉林未便一律禁止，奉旨允准在案。该旗丁等尽可遵照道光十一年奏定章程，于禁山之外闲山仍行打牲，乃近年绝无贩买鹿茸之商，请照据禀，系由旗人不务打牲，商贩亦未敢收买之，故此或商贩、旗人皆误会二十二年之奏，系禁止打牲也。兹据请出示晓谕，事属可行，稿呈核等谕。遵此，除出示晓谕吉林合属旗丁、商贩等一体遵照外，相应呈请咨行宁古塔副都统衙门一体出示晓谕各该处旗丁、商贩等遵照。等情据此，拟合咨行，为此合咨贵副都统衙门查照可也，须至咨者。等因前来，相应抄录原文，呈请札饬珲春协领一体出示晓谕该处旗丁、商贩等遵照。等情据此，拟合札饬，为此札饬珲春协领遵行可也。须至札者。

右札珲春协领

为清刑罚平税敛、整饬风俗事上谕
光绪二年

上谕："御史陈彝奏，缕陈管见请清刑罚、平税敛，并整饬风俗各折，不为无见。各省京控案件，理应秉公讯断，不能调停回护。嗣后各省督抚务当严饬所属认真办理。果系健讼之徒自应严惩，倘实有冤抑，即予平反。各省办理案件，尤宜严禁非刑稽查株连，其实应羁禁待讯者，即仿照因粮之例酌拨公款，以资养赡。仍派员稽查按月造册，解交该管上司查核。所有擅用各种非刑，并着一律禁止，以示矜恤。省会发审局宜慎择贤员经理，嗣后各省应将每年派入局员，并各员履历、断结何案，逐一声明报部查核，如有冤滥，即照承审例处分。至各省元气未复，尤应体恤民艰。朝廷蠲租旷典，务期实惠均沾，岂容不肖州县以完为欠。着该督抚随时稽查，痛除（稽）[积]习。各省厘局迭经谕令各该督抚，分别裁并。所有江北漕损、江宁米谷损刻下应否裁减，着该督抚等揣酌情形奏明办理，钱漕正供向不准（厄）[额]外浮收，屡经（下缺）。

吉林将军为拿获盗匪暂勿就地正法事的咨文

光绪八年六月十七日

钦命镇守吉林等处地方将军兼理打牲乌拉拣选官员等事铭 头品顶戴吉林副都统裳凌阿巴图鲁玉 为咨行事。案照前准盛京刑部转，准刑部咨，奉上谕："御史胡隆洵奏请，盗案仍照旧分别首从办理一折，着刑部议奏，钦此。"部议以各省办理未能一律，必欲复情有可原旧例。莫若将就地正法章程先行停止，请旨饬下各省疆臣体察情形，将伙众持械抢劫案件，仍照例解由该管上同复勘，分别题奏请旨，不得先行正法，迅速妥议具奏。奉旨："依议，钦此。"咨行到吉，当由本将军副都统体察情（刑）［形］。现在伏莽尚多，一时实难规复，等因专折复奏，奉旨照准，曾经咨行在案。第就地正法章程，虽尚未能停止，而人命至重，不可不详慎推求，期无冤滥。相应备文咨行，为此合咨贵副都统请烦查照，嗣后拿获盗匪录供后，务希先行咨报，听候核复到日，再行法办。幸勿先事就地正法，以昭慎重可也。须至咨者。

右咨珲春副都统衙门

（二）查 拿 通 缉

珲春协领为清查隐匿盗贼窝藏聚赌来历不明人等事的呈文

咸丰元年十一月十一日

珲春协领博恒额 为迅速呈报事。接准副都统衙门札开右司案呈：兹据该协领将前次遵文查照门牌按户清查有无隐匿盗贼窝藏聚赌来历不明为匪棍徒之处，确切查明，取具三佐领钤记甘结，该协领加具关防切结，呈送前来。本衙门详查以前来咨，即有查照奉定章程，派员赴乡查照门牌，按户清查咨报等语，而该协领何不遵即派员复查，仅据三佐领查报加具关防切结呈报，实属办理两歧，本衙门碍难据详咨报。据此，合将札饬该协领，刻即拣派佐领一员，并前次遵文所派总查悬挂门牌之员复行清查，明确取具钤记画押甘结各三纸，务于本月二十五日以前呈送本衙门，以备赶限咨报等情。据此合行札饬，为此札饬珲春协领可也。须至札者。等因前来，遵即札饬前次拣派悬挂门牌去之云骑尉丁柱，将散放所属各旗丁悬挂门牌有无遗漏及各村有无隐匿贼匪之处，刻即查明呈递，以凭查报。等因札饬去后，旋据该员结称，遵饬将所散放门牌逐加详查，并无遗漏，亦无隐匿贼匪属实，等因呈递前来。复派正黄旗佐领奏札饬吉林伯都讷同知、长春厅通判，申明［保］甲着每十户令其互出保结，公举牌头一名，十牌立一甲长，十甲设一乡约，刊刻门牌，由各地方官承办。着落乡约、牌头，按户清查，报明填写，散给悬挂至各旗户。并令该管官于旗屯十户内亦互相结报，公举平素端方者一名，充当屯达。凡百户拣选嘎山达一名，专查窝藏盗匪、来历不明之人，按户发给门牌，按册填写实数，悬挂门首，随时稽查。每季派委该管地方同知、巡检及旗界官等，赴乡按户清查外，每届秋成农闲时，派诚实可靠之协、佐领等，前赴各乡屯复查明确，取具各该管官切实甘结，于年终汇奏，等因奏准。于四月二十三日奉到朱批，抄录原奏，于五月初二日咨札各处遵办在案。兹届秋成农闲，应行派员稽查之际，相应呈请咨行各副都统、打牲乌拉总管等衙门，查照奏定章程，即行派员赴乡查照门牌，按户清查有无隐匿盗贼，窝藏聚赌来历不明之匪棍徒之处。确切查明，加具切实甘结，务于十月底咨报本衙门，以凭汇奏。等情据此，拟合咨行宁古塔副都统衙门查照办理可也。须至咨者。

宁古塔副都统衙门为珲春清查隐匿盗贼聚赌为匪等不明之徒事具结呈报的咨文
咸丰元年十一月十五日

右司案呈：为具结咨送事。于十一月十一日准珲春协领博亨额呈称，准副都统衙门札开，右司案呈，于闰八月二十四日准将军衙门咨开，户司案呈，本年三月二十七日本衙门恭折具奏，为遵旨编查保甲、整顿捕务、力复旧章妥议缘由，恭折具奏。札饬吉林伯都讷同知、长春厅通判，申明保甲着每十户令其互出保结，公举牌头一名，十牌立一甲长，十甲设一乡约，刊刻门牌，由各地方官承办，着落乡约、牌头按户清查，报明填写，散给悬挂至各旗户。并令该管官于旗屯十户内，亦互相结报，公举平素端[方]者一名，充当屯达，凡百户拣选嘎山达一名，专查窝藏盗匪、来历不明之人。按户发给门牌，按册填写实数，悬挂门首，随时稽查。每季派委该管地方同知、巡检及旗界官等赴乡按户清查外，每届秋成农闲时，派诚实可靠之协领、佐领等，前赴各乡屯复查明确，取具各该管官切实甘结，于年终汇奏，等因奏准。于四月二十三日奉到朱批，抄录原奏，于五月初二日咨札各处，遵办在案。兹届秋成农闲应行派员稽查之际，相应呈请咨行各副都统、打牲乌拉总管等衙门查照奏定章程，即行派员赴乡查照门牌，按户清查有无隐匿盗贼窝藏聚赌来历不明为匪棍徒之处，确实查明，加具切实甘结，务于十月底咨报本衙门，以凭汇奏。等情据此，拟合咨行宁古塔副都统衙门查照办理可也。等因前来，遵即札饬珲春协领刻即拣派佐领一员，赴乡查照门牌，按户清查有无隐匿盗贼窝藏聚赌来历不明为匪棍徒之处，确切查明，加具切实甘结迅速呈报。等因札饬去后，兹据珲春协领博亨额呈称，遵即派委佐领嘎尔杭阿赴乡查照门牌，按户清查，有无隐匿盗贼窝藏聚赌来历不明为匪棍徒之处，确切查明，加具切实甘结呈递。等因去后，兹据佐领嘎尔杭阿呈称，奉派亲诣城市各屯，查照云骑尉丁柱散放门牌，挨户清查并无隐匿盗贼聚赌为匪来历不明之徒属实。加具钤记甘结二纸，并取具总办悬挂门牌云骑尉丁柱切实甘结二纸，一并呈送本衙门，复核无异。据此，拟合将珲春协领呈送佐领嘎尔杭阿、云骑尉丁柱等钤记画押甘结四纸一并附入封筒，呈请咨送等情，据此，拟合咨送，为此迅速咨送将军衙门查核可也。

珲春协领博恒额　为加具关防切结事。据正黄旗佐领嘎尔杭阿结称，遵饬亲赴城市各屯按查照云骑尉丁柱散放门牌，挨户详查，并无隐匿盗贼聚赌为匪来历不明之人，等情呈递前来。据此复查无异，合行加具关防切结是实。

珲春正黄旗佐领嘎尔杭阿　为出具切结事。依奉结得奉饬亲赴城市各屯按查照云骑尉丁柱散放门牌，挨户详查，［并］无隐匿盗贼聚赌为匪来历不明之人，为此出具钤记结呈是实。

咸丰元年十一月初一日

珲春总办悬挂门牌云骑尉丁柱　为出具切实甘结事。奉派亲诣城市乡村，查照所属旗丁按户散给门牌，各家悬挂，并无遗漏、隐匿盗贼窝藏聚赌来历不明为匪棍徒之处，为此出具结呈是实。云骑尉丁柱。

咸丰元年十一月初一日

宁古塔副都统衙门为查禁民间私铸私藏鸟枪事的札文
咸丰十一年四月二十一日

副都统衙门　为饬知事。左司案呈：本年四月初七日准将军衙门咨开，理事（通）［同］知案呈，咸丰十一年三月二十日蒙将军衙门饬交准吏部咨开，为循例具题事。考功司案呈，吏科抄出，本部汇题前事等因，相应抄单知照可也。须至咨者。计连单一纸，内开，议得各省查禁民间私铸鸟枪，今咸丰九年分据各督抚、都统咨报到部，查吉林应令该将军查明有无失察私藏私造鸟枪之案，咨报臣部，再行核办，恭候命下。咸丰十年十二月十三日题，本月十五日奉（下缺）。

宁古塔副都统衙门为严缉李大朋等商贩的札文
咸丰十一年十月初四日

副都统衙门　为严缉事。左司案呈：本年九月二十四日准将军衙门咨开，刑司案呈，兹准山海关副都统衙门咨称，据解差搜获充配人犯陈发详携带私参一案，奏明解审前来。当提讯陈发详供称，伊于咸丰三年上在阿勒楚喀地方，因用朴刀枪戳死杨玉山，犯案获罪监禁十年上，奉文减流。本年三月二十一日由阿勒楚喀起解时，有在三姓街上做小买卖乡亲山东民李大朋、张姓、刘姓三人，至阿勒楚喀贩卖皮张，送与伊碎参八两，藏带身边，预备配药使用，不意解至山海关被解差官搜出解回等语。自应将李大朋等缉获审办，理合呈请通缉等情。据此，相应咨行贵副都统衙门一体拣差查缉严究。今据供，李大朋等既常至三姓、阿勒楚喀贩卖皮张，则该两处尤当严密查拘。如果确官民实属目无法纪，亟应设法严查勿容一名漏网。除票（缺文）[传李大]朋远往缉，并札吉林同知速赴该处，会同勘验明确，先行禀复，仍上紧严缉赃盗，（缺文）后，抄单呈请通行严缉，等情据此，相应咨札所属各衙门一体拣差，认真访缉，务将此案□□全获解省，立待审办，万勿玩视可也。等因前来，相应抄单，札饬珲春协领一体拣差，认真访拿，务获解究，万勿玩视可也。须至札者。

右札珲春[协领]遵此

靖边中路统领为严缉潜逃之西丹保喜的移文
咸丰二年二月二十一日

统领靖边中路马步全军二品衔记名协领花翎佐领永　为移付事。于本月十九日据敝部署中营帮办带春海呈称：中哨五棚正勇、珲春镶蓝[旗]桂山佐领下西丹保喜，于月二十六日定更后乘隙潜逃杳无踪影等情，呈报前来。敝统领复查，该西丹系属本城咨送旗丁，未便任意潜逃了事，理合备文移付贵司查照，转饬该旗严缉归伍可也。须至移付[者]。

右移珲春协领衙门左司

吉林将军衙门为将署境有无私造鸟枪案件查明报省的咨文
光绪六年十二月初九日

（上缺）兵司　为[咨]催事。案查本年应行查报所属各处有无私造鸟枪案件，年（缺文）因，历办在案。兹届应报之际，仅查有三姓副都统衙门等陆续查报前来，惟宁古塔、珲春、乌拉、额穆赫索罗、拉林、五常堡等处迄未造报到省，实属玩延。事关依限汇总报部之件，岂容稍涉迁[延]，相应再行备文移催珲春协领遵照，迅即查照前文事理，速将本年应行查报各该处有无私造鸟枪案件，务须详细查明，务于十二月以前一准呈报到省，待汇总核办，毋得再延，致干未便可也。须至移者。

札珲春协领遵此

270

宁古塔副都统衙门为令二道河卡官永庆限期拿获杀人凶犯的札文
光绪七年正月十九日

副都统衙门　为饬知事。左司案呈：于本年二月初九准将军衙门咨开，刑司案呈，光绪六年十二月十九日准兵部咨开，职方司案呈，兵科抄出，本部汇题内开，吉林将军铭□疏称，据宁古塔副都统双□报，据云骑尉永庆呈称，奉派坐守二道河卡伦，于光绪五年闰三月十六日暮时，因骑马脱缰跑出，伊尾随追捕，及至旋回，见卡兵英林、达兴阿不知因何被人砍伤头颅等处身死，无名凶犯逃逸等情一案。查此案系仇盗不明，应自光绪五年闰三月十六日失事之日起，扣至是年七月十六日止，初参四个月，限满凶犯无获，相提参等因，于光绪六年正月二十五奉旨，"该部议奏，钦此"。并据该将军咨部前来，此案既经该将军咨明系仇盗未明，所有承缉官云骑尉永庆，自应照命案缉凶例核议。自光绪五年闰三月十六失事之日起至九月十六已届初参六个月限满，应照例议以住俸勒限一年缉拿，如日后查系盗案，仍照盗案例补参等因。光绪六年八月二十四日题，本月二十六日奉旨："依议，钦此。"等因准此，除移付□司知照外，理合呈请移咨等情，据此，相应咨行贵副都统衙门知照可也。等因前来，相应呈请札饬珲春署协领遵照可也。须至札者。

右札珲春协领遵此

珲春副都统衙门为将来历不明者查拿送署的札文
光绪八年

为札饬遵照事。窃查本处届期派弁往赴各屯散放门牌，缘以固保甲而清地面也。近来各屯迭举抢案，实由隐匿流民所致，被害亦非浅鲜，将此回奉宪谕，着防御贵山等挨户清查，驱逐散民，并晓谕各嘎山达转知牌下，如某家蓄积财帛米粮者，须在街市殷实铺商内存贮，可免疏虞，倘遇警报，可以就食城内。贼无所望，亦渐就肃清矣。及闻四乡竟有冒充营勇者固属不少，一旦纠聚乌合，乘空暮则抢强，昼则散而公行。此等藐法之徒，诚堪痛恨，若不严行查拿，将何以安闾阎而清盗源也等谕。遵此，相应札饬该员遵照文内事理，倘有行迹可疑来历不明者，扭送来署定行惩治不贷可也。为此特札。

吉林将军衙门为通缉逃犯刘万僖、姜馍馍事的咨文
光绪八年五月二十九日

将军衙门□为通缉事。刑司案呈：光绪八年五月二十九日准刑部咨开，奉天司案呈所有前事等因。相应抄单行文该将军查照可也。计单开，据陕西巡抚冯咨称，白水县军犯刘万僖、流犯姜馍馍在配同逃一案。缘刘万僖系吉林五常堡民，因知情代盗匪购买食物犯案，审依知情受托寄顿〔囤〕及代销售者，发新疆给官兵为奴，照例改发极边足四千里充军。姜馍馍系直隶冀州衡水县人，

因听从逸贼杜进喜持械伙窃事主耿昭十家衣物被追，用木棍拒，伤邻居耿五等。平复案内，审依寻常窃盗，纠伙三人以上，但有一人持械者，不计赃数、次数，为从杖九十，从二年半倒上加拒捕罪二等。拟杖一百，流二千里，先后次解来陕，奉发该县安置。刘万僖于光绪六年十月十五日到配，主守高万吉管束。姜馍馍于七年七月二十六日到配，交主守惠建德管束。该犯等于光绪七年八月初七日乘间同逃报缉，限满无获。主守高万吉等虽讯无贿纵情弊，究属疏忽。自应按例问拟高万吉、惠建德均合依军流在配。脱逃看守之保甲，逾限不获一名，杖八十，例拟杖八十折（青）[轻]革役。仍饬缉逃军刘万僖等，务获究办。所有疏脱军流犯职名，除分咨外，相应咨明，等因前来。据此，主守高万吉等均应如所咨办理。逃军刘万僖、姜馍馍，应令该抚并犯籍吉林将军一体饬缉，务获究办可也。等因准此，理合呈请通缉等情，据此相应咨札所属各衙门一体严缉，务获解究可也。须至咨者。宪台一并饬令，按名缉获严办，以儆效尤，实为[德]便，伏乞鉴核施行。须至呈者。

右呈领命总统吉军靖边中路各营珲春副都统法什尚阿巴图鲁依

吉林将军衙门为胡松额自行投回一体停缉的咨文
光绪八年七月二十九日

将军衙门　为停缉事。刑司案呈：光绪八年六月二十六日据乌拉总管衙门报，据右翼委翼领新德呈报，采珠正黄旗苏拉胡松额于光绪六年十一月间逃走，当经报请通缉在案。于八年二月间胡松额自行投回等情。转请停缉前来，理合呈请等情，据此相应咨札所属各衙门一体停缉可也。须至咨者。

右咨珲春副都统衙门

吉林将军衙门为通缉犯官觉罗崇广事的咨文
光绪八年十一月十二日

将军衙门　为通缉事。刑司案呈：光绪八年十月初七日，准黑龙江将军衙门咨，据墨尔根副都统报，据满洲正白旗协领富顺呈称，发遣当差官犯觉罗崇广，原系都京正白旗已革候补员外郎。因与妇女王焕儿通奸，后聚众抢去情由，发往江省当差。于本年九月初七日潜逃，饬缉未获等因，抄单咨请通缉前来，理合抄单呈请通缉等情，据此，相应咨札所属各衙门一体严缉，务获解究可也。须至咨者。

右咨珲春副都统衙门

珲春副都统并无奸民私藏私造鸟枪军械的咨文及印结

光绪十年十月初十日

镇守珲春副都统法什尚阿巴图鲁依　为加结查明咨报事。左司案呈：准将军衙门咨开，兵司案呈，案查前准吏部咨开，考功司案呈，吏科抄出本部具奏，议得乾隆四十七年正月二十九日，经臣部议奏，各省查禁民间私铸鸟枪，今该督抚于年终汇奏时，即将该地方失察次数查参照甄别教职之例，于年内汇折具奏等因，奏准在案。至吉林将军未据咨报，应移咨该将军查明各属有无失察私藏、私造鸟枪之案，咨报臣部再行办理，恭候命下。光绪三年十二月十五日题，本月十七日奉旨："依议。钦此。"相应知照可也，等因前来。相应呈请咨行珲春副都统衙门，一体查照文内事理，各将所属界内有无失察私藏、私造鸟枪之案，务于本年十月二十日以前，据实查明，加结报省，以凭年终汇总报部可也。等因来咨在案。兹值年终应行查报之期，是以札饬查街、查界各官搜查结报等情。札饬去后，旋据查街总理花翎佐领祥云、查界官骁骑校恩特恒额等结称，奉饬带兵分赴所属街市村屯严加搜查，并无奸民私藏、私造火枪军械情弊，结递前来。据此复查无异，合行加具印结附封咨报，为此咨报将军衙门查核施行。须至咨者。

右咨将军衙门

镇守珲春副都统法什尚阿巴图鲁依　为加具印结事。现据查街总理花翎佐领祥云、查界官骁骑校恩特恒额等结称，窃职等奉饬带兵分赴街市村屯严加搜查，并无奸民私藏私造火枪军械等情，结递前来。据此覆查无异，合行加具印结是实。

（三）案 件 审 理

仵作孙辉为复验民人王天义尸首事的甘结

咸丰十年

具甘结仵作孙辉　为呈具复验甘结事。今奉差前诣街东十二里之遥八达屯，居民孙成祥，住得正房一间，四无邻右。房西北相距二里之遥，已死民人王天义埋尸坟之地方，眼同嘎山达增寿、乡约梁永发等将棺刨出，揭去棺盖，将尸从棺舁出，移放平明地面。看得已死民人王天义仰面，头北脚南，头光，尸身盖有蓝布棉袄一件，蓝布夹袄一件，蓝布小棉袄一件，蓝布小夹袄一件，旁放蓝布单裤一条，白布夹袜一双，青布靸鞋一双，除此另无别物。看毕，掀衣如法相验，得已死男子王天义，问生年四十二岁，身躯量长四尺五寸，沿身俱已溃烂，面貌无形，须发脱落，两胳膊直，十指微握，指甲色微黄，两腿直合，而脊背近左，从前经件作乔济德所验得刀戳伤疤，皮肉俱亦溃烂无形，除此沿身并无别故。详细看得已死民人王天义，脊背近左，刀戳伤疤已经溃烂，验系生前因病身死属实，并无捏饰增减遗漏伤痕情弊，所具是实。

左司为将伪造钱票犯音德贲枷号责惩的呈稿

左司案呈：为拟结呈稿备查事。前据总帅营务处查获行使假贴旗犯音德贲一名，当即移提到司，随提该犯严审。据音德贲供认，于前七月二十八日偶遇素好民勇刘万才、穆连仲，言及刘万才赌输无项可偿，欲造假票还债，商令小的同造。当即我未允从，后因他二人屡次央求，小的一时糊涂应允后，穆连仲买了银朱一包、双抄纸五张、钱票子一个，他又给小的套布一匹，买了黄烛十二两，一同走到河南无人之处土坑内，拣些干草燃火，用瓦盆块把黄烛熔化，刘万才教令穆连仲摊成烛板，铺上钱票，用小刀照式雕刻。恐被人撞获，叫小的在上瞭望，至晚各自散归。于次日他们二人又去刻造，小的因事未去。一连几日，他们雕刻成了，又会小的同到伊素识旗丁郎依德家，正值伊同母在外割地，仅有七岁幼女兹在外玩耍，乘空蒙哄该童，赶紧刷印钱票二十五张，每张注写钱三吊。他们二人各分九张，给小的七张。散后，小的与刘货郎还账四张，穆连仲借去三张，后因刘货郎持票到营务处使钱，当被查究拿获到案，所供是实。郎依德供，小的现年十一岁，在河南五家子屯居住，于今年七月内不记日期，小的同母出外割地，留我七岁妹妹看家。至晌午时分，我们回家，见有穆连仲、音德贲并不认识民人在屋里坐着写字，穆连仲又拿着黄烛纸在火盆上烤。我母问他们干什么呢，穆连仲答说我们写几个字，说着就将字纸黄烛收拾揣在怀里，俱各出屋走了，从此并未到过我们家，亦不知他们所干的何事，实不知情，所供是实。屡审供悉，前情不讳。查此案缘该犯与奸徒刘万才、穆连仲等素好无嫌，遇事相商，惟刘万才本不安分，专务赌博，及至输钱无资抵偿，被讨势迫束手难措，起意伪造钱帖，以图还债。先谋诸穆连仲，后商同该犯，共至幽僻处所，刘万才教诱穆连仲雕刻、刷票、分使。详核案情，事由刘万才起意，穆连仲雕刻，厥罪维均。而音德贲乃系听从所使，罪应从轻。案无遁饰，除在逃首犯刘万才、穆连仲等获日另结外，惟音德贲虽事犯为从，然其比于匪类固非善良，且伪造营务钱票已经分使，较与假冒铺商者有间，自应从重审拟，以惩奸恶而儆效尤。查例载伪造关防印记诓骗财物，若为数无多，为首者仍照律徒三年，为从及知情行用者各减一等，应请将该犯音德贲比照伪造关防诓骗钱财为数无多者为从之例，拟杖九十、徒二年半。该犯系属旗丁，且系初犯，照例折枷三十五日，满日重责三十五鞭，革役饬交该旗严加管束。所有该犯等行使之钱，均已查出，俱由该犯名下追赔，饬交各主收领。再查房主郎依德当时在外，讯不知情，仅有年甫七岁幼女，应请免议。其逃犯刘万才等，仍饬勒限严缉，务获究办可也。

珲春协领为被控休致协领台飞英阿不能赴省听质的呈文及台飞英阿诉文
光绪元年九月初五日

署理珲春协领事务记名协领、佐领德玉 为迅速呈报事。本年八月二十六日，蒙将军衙门札开，兵司案呈，于八月十二日，据都京护军蓝翎长吉祥呈称：窃吉祥原系珲春正蓝旗四德佐领下人。于去岁蒙恩拣挑三音哈哈住京，于是年十二月间，在京乞假回籍搬接眷属。当蒙兵部发给接眷盘川银两，始此由京前来。于本年二月十八日到籍，吉祥随向妻室郎氏商酌，拟于六月十三日启程回京。不意于十一日，有吉祥妻之娘舅，休职协领台飞英阿，遣使家丁等，将吉祥之妻接去，至期并未送回。吉祥亲至伊家，向伊斟讯，因何久留不送归里，至期耽延。伊诈言吉祥接眷并未奉文，系属假冒。兵部文票，亦属不真。伊硬将吉祥之妻留在伊家，不容接回。不但不容接回，返向吉祥逼勒押结字约，狡展至今，仍俟不容接回。不知台飞英阿是何情由，霸人妻女，不准接眷，情恶已极。吉祥伏思被欺无奈只身来省，不揣冒昧，理合据情诉明，伏祈将军大人麾下电鉴核夺，恩准究办施行等情，呈恳前来。当奉宪谕：查蓝翎长吉祥呈控，珲春休致协领台飞英阿竟敢拦阻伊妻不容搬移，实属不合。着速即咨行宁古塔副都统衙门，转饬珲春协领，一面饬催休致协领台飞英阿赶紧来省听候质讯，毋得贻误，一面即将护军蓝翎长吉祥眷属驰速送省，以便启程。仍将启程来省日期，先行呈报，毋得借词推延，致滋贻误等谕。遵此，相应札饬珲春协领，迅速呈报，毋稍玩误可也。等因蒙此，遵即转饬该旗。札催去后，续据告休协领台飞英阿片称：窃职年已七旬有余，腿疾日甚，不能动履，实难遵文赴省。今将护军蓝翎长吉祥呈控之处彻底声复，祈为转报等情，呈递前来。详查休职协领台飞英阿，原因腿疾告休数年。现今业已七十余岁，不能动履，第派骁骑校法福哩往验，该员年老抱病属实。据此合将该员所递一切缘由，粘连文尾，除迅速呈报外。又据正蓝旗四德佐领下披甲丁祥诉呈，遵将胞兄都京护军蓝翎长吉祥眷属郎氏，理宜驰速护送。祗以胞兄吉祥与丁祥分居度日，我兄由京回来，将丁祥唤回。言其不能携眷，令我复回同居，照应三年之后，必来接眷，如此嘱咐，胞兄于七月初六日起程去讫。今蒙饬催丁祥，实因家道贫寒，无力送去。且兼道路遥远，尤恐不虞。丁祥不敢承当等情，转据该旗呈递前来。

据此理合备文呈报将军衙门查核办理可也。须至呈者。

右呈将军衙门

告休协领台飞英阿　为呈祈衙门转详分诉诬枉事。吉祥素不安分，无赖性成，竟以捏词冒渎上宪。职理合遵文赴省面质。窃已年过七旬，腿疾日甚，行动甚难，谨具情呈诉。吉祥之妻郎氏，系职次甥，父母俱故，并无兄弟，嫁与吉祥为继室，业已三年有余。于本年六月中旬，郎氏自行来至职家，言说吉祥自娶亲之后，以绝户之女必有私财，任意吓取。虽有些须妆奁，业已挥霍净尽。伊自京中回来，搬眷银两，言被跟役拐去，实指妻财回京当差。威吓逼勒，实系不堪。无奈寻找娘家族中为我作主，暂住舅家，如此诉说。吉祥素行鄙恶，人所共知。且甥女投宿，亦无逐出之理。郎氏族兄全升等不忿，因向吉祥之亲叔，领催蓝翎常泰理论。往返几次，郎氏均随同面对，吉祥俯首无词，凡事常泰一面承揽。全升等于六月二十八日送郎氏归家，同常泰交与吉祥，当面说开无事。至七月初六日，吉祥始起程去讫。且郎氏在职家仅住三日，便往全升家居住，随同面对，何得告称职霸占妻女。吉祥起身之日，郎氏已归家八九日，何得告称彼自身接取，不令回归。郎氏之来，因寻找娘家，因无倚依，自身投奔职家，何得告称遣家丁前去接来，种种捏词，俱属脱漏。吉祥之叔常泰现今在省验缺，乞就近传讯，则其捏造情形，纤悉难逃宪鉴矣。如果所控是实，则其异常愤恨，何不于本处衙门先行呈告。即不然，何不于塔城副宪衙门就近呈告，此又其情之不合者。职年过七旬，忝居三品复叨二品职衔，岂能作此称职霸人妻女丑恶之事，亦岂有娘舅霸占甥女之不近人情者乎。吉祥虽系职甥婿，因其刁野无赖，素相慢待，彼或挟小怨而妄控，实属借端而诬陷，伏维宪鉴高悬则泾渭立分矣，据情实诉。

珲春协领为休致协领台飞英阿拦阻眷属一案赴省守质因病难往的呈文
光绪元年九月二十七日

署理珲春协领事务记名协领、佐领德玉　为飞行呈报事。于本年九月二十六日，蒙将军衙门札开，兵司案呈：案查前据护军蓝翎长吉祥呈控，休致协领台飞英阿拦阻眷属等情一案，当经本衙门于八月十四日咨行宁古塔副都统衙门转饬珲春协领，一面饬催休致协领台飞英阿来省守质，一面将护军蓝翎长吉祥眷属驰速送省，以便启程，并札饬珲春协领迅速呈报在案。迄今一月之久未据呈报，实属迟延，合亟呈请札饬珲春协领遵照文内事迅速催令来省，毋得仍前迟延致干查究。仍将启程来省日期先行具报备核可也。等因蒙此，遵查休致协领台飞英阿因年老抱病，实难遵文赴省，将该员所递缘由及护军蓝翎长吉祥之胞弟丁祥呈诉，切因家道贫寒无力，又兼道路遥远不敢承当等情，已于九月初五日呈报去讫之处，拟合备文由四百里飞行呈报将军衙门查核可也。须至呈者。

右呈将军衙门

营务处为监禁噪变勇丁事的传单
光绪七年二月初三日

统带吉军靖边中路各营、呼兰副都统总理营务处　为传知事。适奉总统宪谕，今日本营勇丁闹饷罗操，纠众噪变，实属大干军令，仅予重责不足儆辜，着交协领衙门立上三大件，全行严加监禁，听候本总统发落。等因奉此，相应传知贵协领，烦为查照办理施行。须至传单者。

右传珲春协领衙门

吉林将军衙门为速将军流徒罪人犯备录案由题咨到部事的咨文
光绪八年五月初五日

将军衙门　为咨行事。兵司案呈：案准刑司移开，光绪八年二月二十一日，准盛京刑部咨开，肃纪前司案呈，光绪七年十二月二十九日，准刑部通行奉天司案呈，谨奏为各省军流徒人犯，遇有恩旨，散漫无稽，易滋迟延，拟仍复年终汇报旧例，以凭核办，恭折奏祈圣鉴事。光绪七年五月十四日，钦奉恩诏，查办在京军流以下人犯，分别减等。当经臣部酌议章程，奏准通行各省，令于接到部文之日，飞饬所属，迅将军流徒罪人犯备录案由，分别准减、不准减，汇造清册。除去往返程途，一月内题咨到部。等因去后，数月之久未据报部。复经咨催，据浙江、安徽抚，顺天府尹，荆州、杭〔州〕、西安、吉林、黑龙江将军，凉州、青州副都统，陕甘总督汇册报部，其余直隶等省仍未据造报。推原其故，年终汇报之例既经停止，所有军流徒罪人犯，不特臣部因散在十七司，并无一定年月，无从查考，即配所督抚因各犯分在各州县，散漫无稽骤难造册。将来到齐，难保不在二、三年之后。在不准援减各犯尚无出入，其准减各犯，毋论徒罪已届限满，旷典致成虚设，即军流各犯，其先经造册到部者，递籍充徒又将届满（下缺）。

（四）查办犯官

吉林将军衙门为将骁骑校伯兴等失职记过责惩的咨文
咸丰十年十一月十五日

将军衙门　为飞〔行〕札饬事。承办处案呈：案据珲春署协领台斐英阿报称，前以巡防佐领松恒途遇夷官，伊等旋回。复因时值秋凉，且又断绝口费，职等是以暂行回城，收拾衣履，备办口食属实等情，呈递前来。惟查前据佐领松恒报称，曾经夷人由陆路窜越绥芬，且绥芬河口东岸海参崴地方已被夷人占据，迩际屡奉将军衙门札饬剿办之际，该员等既将恰喀拉人等抚恤招来，理在绥芬一带就近捕猎刨采，协同该处巡防官兵西丹等一体堵御，而该员等因何任其各去入山，复又自行回城饰词，实系玩懈之至。除一面札饬该员等星夜赶赴岔沟等处收集恰喀拉人等，会同佐领松恒、尽先防御富勒杭阿等务将海参崴占据夷人设法歼除外，查委笔帖式阔普通武一人带领有枪恰喀拉二十九名，先到霍勒吞洪阔，次经骁骑校伯兴、委官诚安二人带领有枪恰喀拉二十名，后到霍勒吞洪阔，而该员等实属玩延之至。职不敢擅专，呈请将军衙门查核，分别示惩，以观后效可也。等情，当奉宪批"承办处核议"等谕。遵查招抚恰喀拉，原期助我兵力，保卫山场，所有赏项一切，无不官为筹备，乃差员骁骑校伯兴、委笔帖式阔普通武、委官诚安等往返数月之久，竟复毫无成效，实属任意颟顸。本应从严究办，奈以时事变幻，自不得不暂予姑容。拟将骁骑校伯兴、委笔帖式阔普通武、委官诚安等各记大过一年，以示薄惩。除移付兵司注册备查外，其恰喀拉一项，嗣后毋庸招安之处暨札复珲春署协领台斐音阿遵照外，相应呈请飞咨宁古塔副都统衙门查照可也。等因前来，相应呈请珲春协领遵照可也。须至札者。

右札珲春协领遵此

宁古塔副都统衙门为云骑尉依萨绷额积压公文来署讯究事的札文

光绪六年

为飞行札调事。左司案呈：兹于本月二十九日据往查□□去之随营委员瑚称，窃职奉派查得坐守哈顺卡官云骑尉依萨绷额虽然在卡，并不晓官事，竟敢积压公文二十八角、要信五封。再前饬各卡打草一节，德通、密占二卡俱遵照办理，惟依萨绷额声称无项雇人割草。再德通卡官玉凌声称，哈芬七什尔借公出卡半月未回等情转禀前来。据此，当奉宪谕：据禀已悉。惟查各卡废弛以致如此，若不认真究惩，何以整顿，交司严议，回堂核办等谕。奉此，查哈顺卡官依萨绷额，竟压公文多角，诚谓不晓政体，且复故违札谕，是其任意自由，更属不合，自应札调该员携带号簿迅速来署，究系有无前项情事，再行核议禀究。至该卡事务，暂交同差领催法福凌阿护守。再德通卡伦哈芬七什尔因公离卡日久未归，亦属不合，请饬该旗将该弁严传送署，以凭核办等情，拟合呈请分行札调该员弁等遵照火速前来，以便查讯核办，断不准稍涉违误可也。

宁古塔副都统衙门为将领催常祥侵占营饷枷号发落立稿备查事

光绪六年

左司案呈：为立稿备查事。适奉总统宪谕，兹据左营营官德玉呈称，转据后哨什长穆全等控诉，该哨队长领催六品顶戴常祥，任意侵蚀冒销粮饷种种情弊，殊为可恶。本副都统姑念初犯，将常祥先行棍责，革除领催队长，交司拟枷号一个月发落，以儆将来。并由该犯名下将前苛之项如数追出，赔补兵勇等谕。奉此，相应呈请，合将拟枷发落等情，立稿备查可也。

宁古塔副都统衙门为将罪犯脱逃看守官员罚俸事的札文

光绪六年九月初十日

副都统衙门　为饬知事。左司案呈：于本年九月初五日准将军衙门咨开，兵司案呈，于本年八月初八日准户部咨开，山东司案呈，准兵部咨称，本部汇题吉林宁古塔看守未经拟定罪名人犯脱逃，限满不获之云骑尉玉凌照例议以罚俸一年公罪，仍勒限严缉等因。光绪五年十二月初六日题，本月初八日奉旨"依议，钦此"。知照前来，应咨吉林将军转饬遵照办理可也。等因前来，相应咨行宁古塔副都统衙门查照可也。等因前来，相应呈请札饬珲春协领遵照可也。须至札者。

右札珲春协领遵此

营务处为将玩误要工界官传究事

光绪七年三月十三日

统带吉军靖边中路各营、呼兰副都统总理营务处　为传知事。适奉总统宪谕，前经协署所派界官云骑尉喜昌，督催四屯旗户拉运房木，由春至今始不及半。该界官实属玩误要工，着营务处传知，立将该员调营以凭讯究。等因奉此，相应传知，即希贵衙门即调该员喜昌送营传讯可也。特传。

右传协领衙门

营务处为查办舞弊领催事

光绪八年四月二十日

总理吉军靖边中路全军营务处　为传知遵照事。适奉统宪堂谕，查八旗领催等影射舞弊，侵使四五六年厘捐银一千一百余两，实属胆大恶极，法不容恕。传知左司，将该领催等侵使之项，勒限半月，作三次如数追出，以归正款。若该领催等能于初限交齐者，从宽免其置议，若于二限呈缴，亦可稍有分别。若竟逾至三限者，即以照例论罪，决无宽贷。等因奉此，特传。

计开

每旗应追出银一千四百四十四两。

右传南门左所遵钞

右咨珲春副都统衙门

营务处为核办侵亏库银之珲署官吏事的移文
光绪八年五月初九日

总理吉军靖边中路全军营务处马　为移请查复事。光绪八年四月二十八日奉总宪堂谕：窃查珲春署八旗官吏侵亏库兵之款，为数四千之多，迨月余尚未呈交分文，实堪痛恨。今营务处总理到营，是以着总理帮办，勒限严催。事关兵饷，未便久悬，限十日内回堂核办。等因奉此，当经传集各员，定限本月初八日，尽力弥补。乃昨日限期已满，本营务处遍传三发，至今并无一人见面，亦无分厘呈交，殊属不成事体。为此合移大司，烦将逾限抗交各官，合无每名应亏若干赐复，以便回奏核办。须至咨者。

右移珲春左司

吉林将军衙门为究办毓庆亏欠旗务饷银事的咨文
光绪八年五月十三日

将军衙门　为咨复事。兵司案呈：于本年四月十四日，准珲春副都统衙门咨开，左司案呈，查右翼镶蓝旗务委佐领毓庆，亏欠旗务饷银六百九十余两。详查每旗额兵七十五名之数，而该旗佐领如此亏欠，究未知兵饷如何散放，若不及早查明究办，何以培养额兵整顿旗务。查该员系属佐二兼委在营，理合先行撤去哨官归旗，摘去顶戴离任，交司看押听候。查有确实是否如何动支之处，另行咨请参办。该右翼协领德玉，以累年积欠之弊，意自漫不觉察，可见其素日不以公事为重，现在营务工作吃紧，合将该营官暂行撤去，以候斟查明析，是否别有情形之处，再行咨明核办等情，拟合咨报将军衙门查核复可也。等因前来，相应呈请咨复珲春副[都]统衙门查照，一俟斟查明确，定拟咨报再行核办可也。须至咨者。

右咨珲春副都统衙门

营务处为究办苛扣兵饷官员事的移文
光绪八年五月二十六日

总理吉军靖边中路全军营务处马　为移知事。本月二十三日奉统宪谕，衙署员弁众亏库饷四千余两，今官员呈交千金之数，下亏无着。现时整顿旗务，未便稍缓。着派营务处彻底根究，勿得含混，致干不贷。即将亏饷官员、苛扣兵饷领催，分别轻重一并议稿送省科罪，以警贪鄙。等因奉此，亟移知大司，烦将亏饷官员职名并未经交出之三千余两，究系何人名下，因何致亏，查明赐复。其苛扣兵饷之领催若干名，希为开单送交敝处，以便提讯，实为公便。须至移者。

右移左司

吉林将军衙门为将卡官永庆借端诈财即行革职事的咨文
光绪八年七月二十五日

将军衙门　为咨行事。兵司案呈：于本年六月初一日本衙门附片具奏。再据珲春副都统依克唐阿咨称，二道河卡官云骑尉永庆，因现在查禁贩宰耕牛，见有民人辛长凌购运杂货，驾车皆系牛支，起意吓诈。得赃后，旋即放行。嗣因追索余赃，经辛长凌呈控，批司传讯供认不讳，已照例追赃给还原主。查该云骑尉永庆，身系世职，不知自爱，辄敢借端诈财，实属贪鄙不职，咨请参办前来。相应据咨奏参，请旨将云骑尉永庆即行革职以惩贪诈而儆官邪。除所遗云骑尉一缺另行拣员承袭外，理合附片具陈，伏乞圣鉴，谨奏请旨。兹于七月初三日奉到回片，军机大臣奉旨："着照所请，该部知道。钦此。"钦遵前来，相应照抄原片，恭录谕旨，呈请咨报兵部查核外，咨行珲春副都统衙门查照可也。须至咨者。

右咨珲春副都统衙门

（五）查 禁 鸦 片

珲春协领为查禁吸贩鸦片净尽并出具图记切结的呈文
道光二十四年六月二十日

珲春协领台飞英阿　为呈报事。于道光二十年十月十九日蒙副都统衙门来文内开，左司案呈：准将军衙门咨开，刑司案呈，现奉堂谕严饬各应禁事宜，并因鸦片烟流毒海内，钦奉谕旨严禁，必须实力查拿以净根株。应咨行各城副都统，并札饬各处文武地方官随时设法查禁，勿稍弛懈。等因奉此，除照录多张粘贴五门巷口晓谕外，相应呈请移咨副都统衙门，将查禁鸦片烟现在是否净尽，其加印甘结各咨送本衙门备查。嗣后每年将有无贩卖吸食鸦片烟之处，均按四季三个月一报，本衙门以凭查核可也。须至咨者。等因前来，相应抄录原文粘单，饬珲春协领将查禁鸦片烟现在是否净尽，加具关防图记切结呈送备查。嗣后每年将有无贩卖吸食鸦片烟之处，均按四季三个月呈报本衙门转报将军衙门查核可也。须至札者。等因前来，相应遵札即饬三旗佐领并查街官，务将珲春地方查禁鸦片烟现在是否净尽之处查明，遵文均按四季三个月一次呈递，图记画押切结，以备呈递副都统衙门。等因札饬去后，现旋据三旗佐领并查街官等呈称，遵饬查得珲春地方所属旗民人等，并无兴贩吸食鸦片烟，查禁净尽之处出具图记，画押切结呈递。等因呈递前来，复查无异。是以即将三旗佐领并查街官出具图记画押切结各一纸呈送外，合行加具关防切结一张，一并附入封筒迅速呈报可也。

计粘单一纸。

珲春协领台　为加具关防切结事。遵奉来札，即饬三旗佐领并查街官，务将查禁鸦片烟净尽之处查明，均按三个月一次呈递，以备呈送衙门。等因严饬去后，旋据三旗佐领并查街官等呈称，遵饬查得珲春地方所属旗民人等，并无贩卖吸食鸦片烟。查禁尽净之处，出具图记画押切结呈递。等因呈递前来，复查无异，是以加具关防切结是实。

镶黄旗佐领凌志　为出具图记切结事。今遵饬查得所属兵丁，以及闲散人等，并无贩卖吸食鸦片烟，查禁净尽之处，出具图记切结是实。

正黄旗佐领嘎尔杭阿　为出具图记切[结]事。今遵饬查得所属兵丁以及闲散人等，并无贩卖吸食鸦片烟，查禁净尽之处，出具图记切结是实。

署理正白旗佐领事务骁骑校色勒锦　为出具图记切结事。今遵饬查得所属兵丁以及闲散人等，并无贩卖吸食鸦片烟，查禁净尽之处，出具图记切结是实。

管理街处云骑尉丁柱　为出具画押切结事。今遵饬查得所属浮民以及商贾人等，并无兴贩吸食鸦片烟，查禁净尽之处，出具画押切结是实。

珲春协领那斯浑为禁烟出具切结事
道光二十六年

署理珲春协领事务宁古塔佐领那斯浑　为加具关防切结事。遵奉来札，即饬三旗佐领并[查]街官务将查禁鸦片烟净尽之处查明，均按四季三个月一次呈递等因。严饬去后，旋据三旗并查街官等呈称：遵饬查得珲春地方所属旗民人等并无兴贩吸食鸦片烟，查禁净尽之处，出具图记画押切结呈递。等因呈递前来，复查无异，是以加具关防切结是实。

署珲春协领富勒栋阿为珲署无贩卖吸食鸦片烟者出具切结
咸丰六年

署理珲春协领事务宁古塔佐领富勒栋阿　为加具关防切结事。遵奉来札，即饬三旗佐领并查街官，务将查（尽）[禁]鸦片烟净尽之处查明，均按四季三个月一次呈递等因。严饬去后，（旗）[旋]据三旗佐领并查街官等呈称，遵饬查得珲春地方所属旗民人等并无贩卖吸食鸦片烟。查禁净尽之处，出具图记、画押切结呈递。等因呈递前来，复查无异，是以加[具]关防切结是实。

珲春协领为遵查官兵并无吸食鸦片者具结事的呈文
同治三年

为加结呈报事。同治三年三月初六日，接准副都统衙门札开，左司案呈，本年二月十八日准将军衙门咨开，刑司案呈，前因鸦片烟流毒为害甚巨，虽经更章收课，裕国便民，而于官兵士子究干例禁，当[开]自新之路，勒限六个月，力戒烟瘾，挽[回]颓风，违者一并治罪。曾于元年七月出示晓谕，并行各属遵照在案。昨因查禁日久，恐属有阴奉阳违之弊，正拟复申禁令间，适阅邸抄，同治三年十二月十二日奉上谕："巴扬阿奏，请旨严禁驻防官兵吸食洋药及现办大概情形一折。洋药一项，前于咸丰九年间经惠亲王等奏定饬禁章程内，官员、兵丁吸食洋药，仍照定章办理。上年，因王庆云奏请严定限制，复明降谕旨，谆谆告诫。原以兵丁奋力戎行，不宜以有用之精神日形消耗也。乃本日据巴扬阿奏，现在整顿荆州驻防营伍，查系有瘾之人，悉予弃置，并加惩儆，以冀令行禁止。又称本籍黑龙江地，近闻开设烟馆逐渐增加，请旨严禁等谕，是以兵丁吸食洋药之禁，各该省仍未能实心奉行，此风不止，则精壮者必成孱弱，孱弱者悉成无用，于整文经武之道大有关系。着黑龙江将军及各该省将军、都统、副都统恪遵前旨，一体设法严禁，不得虚应故事，有名无实。其绿营兵丁恐亦不能扫出积弊，并着各省督抚、提镇严行查拿，倘有仍行吸食不能自新者，即当斥革惩办。至内外文武官员，均各应尽职守，一经吸食洋药，则百事废弛，关系尤重。着各该管上司留心访查，遇有此等人员即行奏请（缺文）不准姑容（缺文）隐，此旨并着该部行知各该省将军、督抚、提镇等，晓谕旗、绿各营，俾各凛遵，痛加涤洗，以起（缺文）戎行，钦此。"仰见圣朝惠爱旗仆，教育人材之至意。吉林为国家根本重地，此等锢疾，尤宜痛加革除营伍。第恐军营撤回官兵内，或偶有染恶习者，势不能复由（缺文）行各属，于文到之日再勒限六个月，务将各属官兵士子有无吸食鸦片者，认真严查。如果实无藐法之人，[即由该管]协领、佐领、监督章京等官出具属下并无容隐切结，由各上司加具印结报省。此后，每三个月汇报一次，以[备稽考]。[若]各该处胆敢狃于积习，以身试法，或被查出，或别经发觉，定必分别严参治罪，决不姑宽，其勿视为具文[可也]。

等因]前来，相应呈请札饬珲春协领遵照，务于文到之日，再勒限六个月，务将属官兵士子有无吸食鸦片者，认真严［查，如果］实无藐法之人，即由该管协、佐、章京等出具属下并无容隐切结呈报，以备加具印结报省。此后每三个月汇报一次，以备稽考，其毋视［为］具文可也。等因前来，遵即出示申明禁令，并饬八旗自奉文之日再勒限六个月，务将各属官兵士子有无吸食鸦片者，认真严禁。如果实无藐法之人，即由该管各官出具属下并无容隐切结呈递，以备加结呈报。此后，每三个月汇报一次，以备稽考。其毋视为具文等因，严饬去后，（嗣）［俟］六个月限满，经八旗佐领等官结称，属下官兵士子内并无吸食鸦片者属实等因，结报在案。现据八旗佐领等官结称，自本年七月初一日起至九月底止，此三个月内，各将所属官兵士子内有无吸食鸦片者，复留心访查，并无藐法之人，亦无姑容隐之弊，查禁净尽属实。等因呈递前来，据此复查无异，合行加具关防切结一纸附封，呈送副都统衙门查核可也。

计粘单一纸

暂属珲春协领事务、记名协领、佐领德　为加具关防切结事。现据八旗佐领等官结称，［自本年七月初一日起至九月］底止，此三个月内，各将所属官兵士子有无吸食鸦片者，复留心访查，并无藐法之人，亦无姑容隐之弊，［查禁净尽］属实等情。呈递前来，据此，复查无异，合行加具关防切结是实。

五、财　　税

（一）财 政 金 融

吉林将军衙门为准两江总督怡良等奏请推广官局银票事的咨文
咸丰四年

（上缺）准官票所传付内称，所有本部议复两江总督怡良等会奏官局银票筹有票本，请饬粮台一体收放一折。咸丰四年九月十五日具奏，本日奉朱批："依议，其余行票各省，着饬催迅速复奏，钦此。"相应抄录原奏恭录朱批传付江南等司速行赴所抄录，自行行文各该督抚、将军、府尹一体遵照。等因前来，相应抄录原奏，恭录朱批，行文吉林将军遵照可也。等因，计粘单内开，户部谨奏，为遵旨推广变通速议具奏事。两江总督怡良等会奏官局银票筹有票本，请饬粮台一体收放一折，咸丰四年九月初九日奉朱批："着照所奏行，并着户部推广变通速议具奏，钦此。"钦遵于本月十二日由内阁抄出到部，据原奏内称：窃准户部咨，以钦差大臣琦善咨，兵丁盐粮皆系逐日零星给发，未便核计搭成。至购买物料及官员应领之项，现遵部议按成搭放，无如军营以兵丁盐粮为大宗，可以搭放之处为数无多。且两淮盐课暨附近关税钱漕等款，准本大臣提用，原文不足咨部核复。准该大臣酌核军营所用之款，酌提现银以济军用等因。咨行前来，查兵丁盐粮计口授食，必须逐日零星给发。若以无本之票搭解大营散给兵丁，各兵无处取钱，势必借端滋事。现在臣等会议推行官票一折，已奉旨允行，凡搭解军营之票，均已筹有票本提存官局，无论兵民有以官局售去之票赴局取钱者随到随放，与现银、现钱无异。本月初间，钦差大臣托明阿赴营时，臣等面告一切，已知有本之票，营中可用。议明照章搭解，所有此次部咨，系在会议推行官票之先，请饬专管粮台大员查照新章，将兵丁盐粮等项，一律搭放有本官票，以归划一，而冀流通。且推行官票章程，现饬藩司督同局员妥议另奏等语。臣等查户部上年颁发粮台官票章程，原议随营兵丁盐菜口粮，皆系逐日零星给发，未便合计成。惟各营带兵办差文武员弁，应得俸薪、马乾、行装、盐粮筹款为数较多，尽可分成搭放。本年五月准钦差大臣琦善咨，以江南藩关盐库征收课饷，均应随时解充军需，在司库搭收钞票，必须可以搭解方可饬商投纳。而军营得此官票，积压日多，岂能借资口食。经臣部查系实在情形，咨准该大臣酌核军营所用之款，酌提现银以济军用。至运库所收官票，均准报部候拨，并令该大臣于军营应行搭放官票，各项分成发给，俾银款不致支绌，等因咨复在案。今据该督等奏称，现在奏准推行官票，凡搭解军营之票，均已筹有票本提存官局，无论兵民，有以官局售去之票赴局取钱者，随到随放，与现银、现钱无异。似此有本之票，军营自易行用，既可照章搭解，凡兵丁盐粮等项，亦自可一律搭放，诚如圣谕应照所奏行。是以原定搭解、搭放章程稍为变通，而该省官局票法既可借资周转，其一切收放章程，俟该督等奏报到日再行核议。至各路粮台行用官票，应否一律搭放之处，前经臣部声明由该督抚及各路粮台大员酌核情形，随时奏明办理。现在各省设局行票章程，亦多未据奏报，如有应行推广之处，亦拟俟各省复奏到日，随时酌办。所有臣等遵旨速议缘由，是否有当，伏乞皇上圣鉴，谨奏。等因前来，相应呈请咨行。等情，据此，拟合咨行宁古塔副都统衙门遵照可也。须至咨者。

右咨宁古塔副都统衙门

吉林将军衙门为官票改换宝钞事的咨文
咸丰五年

（上缺）[奉]旨："依议，钦此。"相应传付自行赴所抄录，行文各该督抚、将军、府尹一体遵照。等因前来，相应抄录原奏恭录谕旨，行文吉林将军遵照办理可也。计粘单内开，谨奏为遵旨会议事，直隶总督桂良奏查明直隶省行用票钞情形拟请循旧办理恭折复奏一折，咸丰五年四月二十七日奉朱批："军机大臣会同户部妥议具奏，钦此。"钦遵抄录前来，据原奏内称，承军机大臣字寄，咸丰五年二月十一日奉上谕："本日据军机大臣会同户部详议钞法章程一折，已照拟依议行矣。民间完纳钱粮自咸丰六年上忙起，凡应搭官票改换宝钞，议令直隶、山东、河南三省先行遵办，内如部颁宝钞，令省藩司编立号簿，盖用印信再行解部，所用骑缝印信篆文大略相同。恐小民难以辨认，应否添设简明标识之处，着该督抚斟酌奏办。其各省收到宝钞并准由官银钱号兑卖，事属官民交涉，防范稍有未周，易启勒掯把持之弊。至酌给羡余一层，应体察所属情形，通盘核计，酌立定额，着悉心斟酌妥议详细章程，迅速具奏等因，钦此。"臣当即督同藩司，悉心核议。查官票、宝钞，均为利用便民而设，直隶省自行用以来，先后奉部颁发票钞共一百六十万两，上年颇形壅滞，嗣经设法疏通，州县皆有票钞可购，票钞之可交官项，业已远近周知，官吏虽欲从中阻格势有不能。惟各处尚未能如银钱之一律传用者，只因商贾人等，常恐钞法别有更易，是以互相观望，果能行之日久，有以坚其相信之心，自无不交易往来，争相营运。今因给事中蒋达等条奏，经部议准，咸丰六年上忙起，凡应搭官票者改换宝钞，并拟定收银卖钞之法，将宝钞发交官银钱号，准各省商民兑换，随处设立钞庄，自系因宝钞便于搭用。且花户自向铺户兑换较为便易起见，但直隶各营票钞，现经分别疏导，到处可卖，已与随地设立钞庄无异。且通省粮租、杂税随收随放、随领随售，约计五六十万足资周转。今票钞散于民间者，已有八十余万两，随后尚须陆续支放。兵民人等领回票钞，贫者随时出售，有力者收存待价，并有收买营运之人，是以未见十分雍滞。今若遽议更章，凡以前散出官票，须由民间搭交赋税陆续收回。而积有官票之家，一闻改票之议，势必急于求售，一（待）[旦]雍滞，易生事端。且恐商贾愚民，易怀疑虑，于推行宝钞亦有窒碍。再上年原定章程，票钞骑缝背面，官民用印盖戳画押层层稽考，似可毋庸再加标识。至票钞酌给羡余一层，查各属征收钱粮情形不一，各有旧章。官吏既不能浮收，士民亦不肯多交。上年业经出示晓谕，照原收之数折收三成票钞。将及一年，拟请仍饬各属照旧征收。惟杂税一项，上年奏定章程，系随同粮租一概银七、票三征收。今奉部议，均令交官票二成。虽二成与三成相去有限，但商民计及锱铢，诚恐借词争执，并请仍随粮租成数完纳，以免纷更。据藩司具详请奏前来，合无仰恳循旧办理，用票用钞，各听其便。俾兵役人等领回官票，得以逐渐行销，既恤兵艰，且示民信等语。伏查臣等上次会议，给事中蒋达等条陈钞法折内，拟请改票行钞、收银卖钞，皆系就现行钞法设法疏通，本与旧定章程并[无]抵牾。现在京城兵饷搭放宝钞，系由五宇官号备有钞本源源发给，若非有外省商民购买营运，则出路不卖钞本难继。是以拟为收银卖钞之法，欲商民买钞而征收成数不能如额，则商民可买可不买，是以申明必须五成，非钞不收之法。商民买钞无一定处所，则居奇勒揸其弊百出，必至欲买钞者无从寻觅，欲卖钞者无从销售。是以又拟为发交官银钱号及随处设立钞庄之法。但前发官票散布较多，若遽行改钞迹涉更章，是以又拟自咸丰六年上忙为始，并令各省自定年五分之法，是臣等所行谓改票行钞者，以停发官票为改，非以停收官票为改也。所谓收银卖钞者，通民间买钞之路，非夺民间卖钞之利也。至于从前所发之官票、宝钞，在咸丰六年以前，原准仍循旧章分别兼收，俟收尽之后方改宝钞。于外省征收本无妨碍，而于京城搭放，益见流通。兹据该督复奏该省行用钞票，自经分别疏导，已有收买营运之人，若一闻改票，恐启民疑等语。揆其大意，系恐骤行停改致滋流弊，与臣等原议至咸丰六年上忙始照新章办理者，所虑略同。该省前发票钞，为数既多，自应酌量推展。所有咸丰六年上忙钱粮应如所奏，仍准票钞兼收。所收钱钞备抵支放，所收官票解部查销。俟官票逐渐收回，则不期其停而自停，亦不至有变通之迹。其户部现已制成之直隶、河南、山东三省新钞，仍各发交该省加用藩司印信，赍回京局搭放兵饷，此项新钞商民购得后即与旧颁票钞一体准交钱粮，不得区分轻重。其另加标识之处，既该督声明业已用印画押层层稽考，应如所奏，毋庸另议标识。杂税一项，据称该省现收三成，若改二成恐致争执，亦应如所奏，仍照三成之数征收。至酌给羡余一层，臣等原恐各省情形不一，是以拟令各就地方通盘核计。今该督既称，各属皆有旧章，官吏不至浮收，亦应照所请仍按原收章程折收。此外各省赋额较重者，仍令体察情形酌奏报，以昭核实。至原奏所称兵饷搭放钞票五成，钱粮搭收放票钞三成，自系该省通融办理，但放数多而收数少，本省所入不足供本省所出，势必恃部库之续发以供放项，而民间之钞日积日多，渐形壅滞。应令遵照定章，统以五成收放，庶出入相当，不至再仰给于部库。臣等悉心酌核改票行钞、收银卖钞之法，行之近省于京饷大有裨益，行之远省于民力实可宽纾。该督既以骤行为难，自不妨宽以时日，逐渐转移。若官票一项，则户部概停颁发，而民间暂准兼收。盖停发则度支可无漏卮之虑，不停收则闾阎自无疑畏之生，既与该督现奏情形并无窒碍，而与臣等前议章程亦可并行不悖矣。所有会同妥议缘由，理合恭折具奏，伏乞皇上圣鉴训示。再此折系户部主稿，合并声明。谨奏。等因前来，相应呈咨札各处遵照等情，据此拟合咨行宁古塔副都统衙门遵照可也。须至咨者。

珲署咸丰八年库银动支清单

咸丰九年

珲春地方

旧管　无项

新收

由副都统衙门领来银三十三两六钱，内开除：咸丰八年苫修粘补义仓十五间，计给过银十两。义仓种地牛内倒毙牛二条，每条价银七两，计应给银十四两。内除每牛皮变价银三钱、变价银六钱外，实给银十三两四钱。义仓种地需用铧子三条，每条价银四钱，计给过银一两二钱。荡头三个，每个价银四钱，计给过银一两二钱。犁碗子三个，每个价银五钱，计给过银一两五钱。千斤三副，每副价银五钱，计给过银一两五钱。锄头六张，每张价银五钱，计给过银三两。镰刀六张，每张价银三钱，计给过银一两八钱。

以上共给过银三十三两六钱。

实在　无项。理合登明。

　　　珲春地方征收义仓粮石数目清册

旧管

咸丰七年年底珲春地方剩存粮八百六十四石。

新收

咸丰八年珲春额设牛具三具，每具应交粮四十八石，共计收谷一百四十四石。

宁古塔副都统衙门为捐铜局改收捐项并火器营停捐事的札文及户部原奏
咸丰十一年四月二十日

　　副都统衙门　为札饬事。于四月初十日右司案呈，准将军衙门咨开，据理事同知福谦案呈，咸丰十一年三月初一日蒙将军衙门饬交，准户部咨开，据捐铜局案呈，准捐纳房案呈，准捐本部具奏捐铜局捐广新章一折。又，火器营改归捐铜局酌改权章呈附片一件，于咸丰十一年十一月二十四日具奏，二十九日由内阁领出，奉旨："依议。钦此。"行知前来，除出示晓谕各捐生遵照外，相应抄录原奏行文各直省督抚、将军、府尹转饬所属捐局及各路粮官一体遵[照]可也。等因，饬交到厅，蒙此除移知户司、兵司暨打牲乌拉总管衙门并关知伯都讷理事同知、长春厅理事同判一体遵照外，理合抄录原奏，呈请移咨各副都统衙门遵照。等情据此，相应移咨，为此合咨贵副都统一体遵照可也。等因前来，相应抄录原奏粘连文尾，呈请札署理珲春协领遵照等情，据此拟合札饬可也。须至札者。

　　右札珲春协领

　　粘单

　　　　　　铜局改收捐项附片

　　再，臣部捐铜局收捐章程：大捐杂项，每两原收京钱五吊五百文，以二吊五百文合收实银二钱，其余三吊，文内收官钱票五百文，实钞一吊八百文，空钞二百文，省钞一百文，银票一钱合钱四百文。监生、从九衔两项以二吊五百文合收实银二钱，其余三吊，文内收实钞二吊，官钱票六百文，银票一钱，合钱四百文。奏准遵行在案。兹查部库支绌筹饷维艰，必须将捐项搭收票钞成收实数量为酌改，多收实银以资周转。现在市价每银一两换京钱二十吊，上下实钞用款甚巨，似应变通。其省钞、空钞、银票等项，抵价甚微，均应分别酌改。拟将大捐杂项搭收票钞三吊，内以实钞三吊三百文，空钞二百文，省钞一百文，银票一钱，合钱四百文，共钱二吊，文改收实银一钱，其余一吊，文收官钱票五百文，实钞五百文。监生、从九衔两项原收钞票三吊，内银票合钱四百文抵价甚微，并未搭收省钞、空钞，应核实章算以实钞一吊四百文、银票合钱四百文，共一吊八百文，改收实银一钱，其余一吊，文［收］官钱票六百文，实钞六百文。以上各捐项原收实银二两，仍从其旧。至免远省入近省等项银捐九条，原五成实银，七成、五成系钱票、宝钞、官票等项均匀搭收，拟将均匀搭五成内改为实钞，官钱票各二成五搭，以归间易。嗣后银钱长落无定，随时体察情形奏明办理，请谨附片具奏。

火器营停捐附片

再，查火器营奏定捐输条款，历经该营王大臣具奏请奖，奉旨："交部核复。"遵办在案。惟自八月以来，该营报捐甚属寥寥，臣部并未一次奏交捐册核办管理，查火器营王大臣皆随扈行营，定难兼顾。臣部现拟推广捐输条款，可否将火器营收捐各项，核归捐铜局办理之处，伏候圣裁。如蒙允准，火器营暂停收捐，由臣部出示晓谕，凡有报捐者，均赴捐铜局上兑，循照火器营前定条例及本年二月奏改酌收实银、钞票成数章程奏请叙内，有铨补及赎罪等项，应由宗人府、刑部核办者，应仍声明奏交各该衙门照例办理。至火器营打造鸟枪需用银两之处，奏明行文臣部，由捐铜局收捐项下发给，是否有当（缺文）具奏，伏乞皇上圣鉴训示遵行，谨奏。

户部谨奏　为筹拟铜局推广捐输章程请旨遵行事。窃查臣部捐铜局收捐原为筹备京饷之不足，前经王大臣会议加四成实银，各班次，并免远省入近省等项，搭收一半实一半钞票九条，只准赴铜局报捐，外省不得兑收，殊于京饷有裨。近年每月两次签数，所收实银及支票钞等项，核计京钱总在三百万吊内外，捐项尚属畅旺。本年自江浙一带告（惊）［警］，水陆道阻，捐项顿形减少，未能如前踊跃。臣等再四筹维，亟求变通之法，以广招徕。惟有将限于成例、格于成案者，斟酌拟可也。量为推广，庶奖叙之途稍宽，而报效之忱益奋，于捐务似有裨益。谨酌拟推广八条缮具清单，恭呈御览。如蒙俞允，现拟新章援照四成实银等项成案，统归［捐］铜局收捐，外省不得兑收。臣部即行出示晓谕遵照办理，并行文京外各衙门，俾各捐生一体周知，赴京报捐以资鼓舞而裕经费。臣等为变通捐项起见，恭折具奏。是否有当，伏乞皇上圣鉴训示遵行。谨奏。

珲春库存各项银款数目清单

光绪二年

谨将珲春库存各项银款数目开列于后。

计开

一项原设四季银一千四百两内，除按季借给八旗银两外，现存银九百四十一两四钱七分。

一项原设八季银一千七百两内，除按季借给八旗银两外，现在存银六百十八两五钱。

一项原设备用银一千两，按照月银例借给八旗，放饷之时扣回归款。

一项由省领到接济差徭银二千两，均经八旗借出垫办差使，放饷之时扣回归款。

一项自咸丰四年起至光绪三年秋季止，扣存官员六分平银七百一两五钱七分九厘三毫四丝六微。

以上库内应存银五款，除此并无另有应存之项，理合登明。

（二）房 租 地 租

宁古塔副都统衙门地丁耗羡银清单
咸丰元年

为征收咸丰元年分地丁耗羡两项下：

旧管　无项

新收

一、收咸丰元年份应征地丁银七百三十一两四钱五分五厘，加一收耗羡银七十三两一钱四分五厘五毫。

一、咸丰元年份应征新增流民垦地银一百零五两六钱八分，加一收耗应征耗羡银十两零五钱六分八厘。

开除

一、除咸丰元年应征地丁耗羡银八十三两七钱一分三厘五毫，由宁古塔副都统衙门径解将军衙门户司库查收讫。

实在　无项　理合登明。

吉林将军衙门催报咸丰四年地丁钱粮等动存数目的咨文
咸丰五年

镇守吉林等处将军衙门　为咨催事。据理事同知安荣案呈，案查宁古塔、伯都讷、三姓、阿勒楚喀经征地丁钱粮动存各数目，每岁均由同知衙门汇总报销，所有各该处经征咸丰四年份地丁钱粮数目，除三姓造册咨送外，其宁古塔、伯都讷二处应征地丁米折及各项杂税银两动存各数目清册，并前因阿勒楚喀册造应征钞票并未声明补平，核与定章不符，呈请驳回，另造在案。

迄今均各未准造送前来。现届汇办之期，碍难再延，理合呈请咨催宁古塔副都统衙门转饬将征收咸丰四年份地丁钱粮、仓存谷石并杂税等银动存各数目迅速分析，按照核减新章造具汉字妥册，赶紧咨送来省，饬发汇办，以免逾违例限，实为公便。等情，据此，相应咨催，为此合咨贵副都统烦为查照，希即转饬迅将应造前项奏销各［情］（下缺）。

吉林将军衙门为更正咸丰四年地丁银数目的咨文
咸丰五年

镇守吉林等处将军衙门　为由驿飞咨驳回更正事。据理事同知安荣案呈，本月初四日蒙将军衙门饬交准宁古塔副都统衙门咨开，该处咸丰四年份应征地丁原银二千零四十三两六钱七分二厘，除报过逃亡丁民三百十一户，抛荒地八千四百十八亩，除空丁例应抵补外，计空地亩粮银三百二十八两二钱七分四厘，实收银一千七百十五两（下缺）。

（三）杂土税收

吉林将军衙门为将全省出产各货一律征税事的咨文及告示
咸丰五年

将军衙门　为咨行事。户司案呈：案查本衙门前准部咨，因军务未竣，需饷浩繁，行令捐输抽厘备助军饷等因，当将吉省出产各货，除烟、酒、牛、马等税照常征收外，其余新添各税，另设总税局派员监征在案。其外城每年应征烟、酒、牛、马各税，亦应照旧征收。惟新添各物，除商贩转运销售等项，均应赴省局纳税领票外，所有各处互相买卖者，即令就近在该处税务司交纳。各该衙门慎选廉明妥靠之人，在旧有税务处专司其事，毋庸另立官所，以节糜费。仍将某人何物，纳税若干，按日逐件登记循环，号（薄）［簿］每月汇总报省备核。至应用心红、纸张、柴炭、蜡烛、人役、工食等项，悉照省局章程办理。惟添税一事，原为国计而设，各处官弁既奉委专司此事，亟宜洁己奉公认真襄办，方不负世业之忧。倘有侵蚀肥己，以多报少，或同巡役任其隐漏渔利，若被查出，定将该员严参，从重治罪，决不姑宽。本将军仍不时派人密访各员，万勿视为具文耶。兹省城总局已定于七月初三日起开征，相应通行各处，告示缮录多张，实贴要路，晓谕各商一体遵照。仍将如何办理收课之处，暨各该处土产货物尚有可以添税者，随案声明咨报本衙门核复。等情据此，拟合咨行宁古塔副都统衙门遵照办理可也。须至咨者。

附告示底一纸

为晓谕事。照得本将军因军需浩繁，经费短绌，拟将吉林通省出产山海各物一律征课，以济时艰。除理事同知应征牛马牲畜、烟酒、木植例税照常办理外，其余单开一切货物，特派委员、协领等官在本城大草市路西，另设税务官厅一所，专司收课。今定于七月初三日开征，合亟遍行出示晓谕内外城来往各行店、经纪、铺商人等知悉。尔等食毛践土，天良俱在，尤宜共体时艰，恪遵将事。凡有单开各物，应即尽数报明纳课，万勿隐漏，致干重惩不贷。凛之。特谕。

吉林将军衙门为拟定各种货物税额及分设局处就近征收事的咨文及附单
咸丰五年六月初七日

将军衙门　为咨行事。户司案呈，案据堂主事恭和等禀：窃查现因军务未竣，需饷浩繁，屡奉部咨行令捐输抽厘各事宜备助军饷等因。除各该委员等已遵谕查照办理外，因思各省土产货物，均有征收税课，为国家理财之大宗。独吉林税课除烟、酒、牛、马之外，其余土产各项货物，向不纳税。当此军务未停，需饷孔亟之时，诚如宪谕，应即仿照内地，将未经收税各物一体查明办理。职等自遵谕后，悉心商酌，所有吉省出产各货，凡可以辏集兴贩之物，皆开单登记，按其物价之多寡，仿照关税成例酌中定拟课数。现已拣择可以添纳课税货物三十五色，除将各货物应纳课银数目折钱另拟清单呈请核夺外，第查现拟添立税务，比旧有烟、酒税事较繁冗，自应另设税局督办。除吉林厅旧设烟、酒、牛、马税应由该厅自行照旧办理外，兹职等会议拟于城内冲要街面赁房一所，另立杂货总税局一处，专办所添货税及一切稽查事件，除该局督办监管各官及委笔帖式等应请军宪酌派外，所有在局膺差贴书人役，职等窃拟由署内印房四司贴写、贴书内择其诚实勤慎者各二三名，挑局充差，令其每月更替值班，登对帐簿。再由各处挑拨委领催、兵丁二十名、番役二名、散役六名，亦令分班以供差传、查访之役。所有人役工食、柴炭、蜡烛、心红、纸张以及官员跟役盐菜等项，自应仍照定章，即由所收税钱项下酌量拨给，报明开销。每年所得收项若干，尽收尽解，不准丝毫隐匿。应请先试办三年后，再拟定额永远遵办，以杜收多报少之弊。然城内总局虽立，而城外通衢大路，每逢冬令兴贩累累，若不设立分局，尤恐稽查难周。兹职等会议，并请于城西大路在伊通河左近分立税局一处，北大路在伯都讷、长春厅接壤扼要处所分立税局一处，每届冬令货车畅行之时，即由城内总税局添拨人役前往征收，所得收项亦解归总税局稽核汇报。其各外城副都统属界，除旧有牛、马、烟、酒税务仍由各该衙门照旧办理外，所有出产油麻、皮张等货，如在各本地销售者，即由各该处查照本衙门单开课数添收坐税，尽收尽报，另册登记，不准浮冒开销，按月专案呈报省局，以便汇总具奏。其有往各处兴贩货物，均由省城税局征收。如此分设办理，则内外城所有出产兴贩货物，皆可就近征收税课，即无虞疏漏，即或各边门内外有紧要道路，应添立税局稽查之处，应俟冬令查办时，再随时禀请增添，以期周备。职等所拟缘由，是否有当，理合禀请宪鉴裁夺。如蒙准行，即请指派督办监收各员，以便责成操办，并出示晓谕旗民人等一体遵照。伏候核示遵行。谨禀。当奉宪批，"即派协领常明、堂主事恭和、委主事明禄总司其事，佐领德昌、多恒监办"等谕，饬交到司，遵此合将现拟添纳税课物色，抄单粘连文尾，呈请咨札各处遵照，出示晓谕各属旗民人等一体遵照等情。据此，拟合咨行宁古塔副都统衙门遵照办理可也。须至咨者。

粘单

豹皮一张钱四百二十四文。獾皮十张钱一百五十文。虎皮一张钱三百五十文。水獭皮一张钱三百二十四文。狐皮一张钱一百三十二文。灰鼠皮百张钱四百文。狼皮一张钱一百零六文。骚鼠皮百张钱八百七十二文。貉皮一张钱八十四文。貂皮一张钱五十四文。鹿骨一架、鹿茸一副，查此二项贵贱不同，难以悬拟，自应随行就价，于二十成内抽税一成。虎胫一副钱四百文。海菜百斤钱二百二十四文。鹿角一斤钱一千文。海茄十斤钱一百一十文。海参十斤钱五百文。蟹肉十斤钱一百文。鲟鳇鱼十斤钱六十文。鹿筋十斤钱四百文。细鳞鱼十斤钱三十文。鱼骨一斤钱一百文。杂色鱼十斤钱三十四文。（鱼）〔榆〕蘑十斤钱三百文。花蘑十斤钱一百五十文。冻蘑百斤钱五百文。靛百斤钱二百文。木耳十斤钱一百八十四文。线麻百斤钱六百五十文。苘麻百斤钱二百文。菜油百斤钱二百九十文。豆油百斤钱二百七十文。牛油百斤钱四百五十文。麻油百斤钱二百五十文。大盐百斤钱五十文。

吉林将军衙门户司为各处经征税钱应尽数解省事的移文
光绪六年四月十六日

将军衙门户司　为移付事。案查洋药一项，前奉部咨，行令各省按包收税。嗣因拟收课税较重，窒碍难行，曾经户司总税局印官等禀请仿照本省洋税则，按价值市钱每吊抽收二十文纳课，另款存储，备济缓急之需，并行令省属各衙门一体照办，实力抽收，所收税钱尽征尽解等因，曾于同治七年间通行在案，计今已经八年之久。各该处所征税钱应必积存甚多，现当库款支绌待用孔殷，凡系征存未解之项，自当悉提充公，以资补苴。所有各处征存洋土税钱，仅据双城堡报过数目，然为数有限，难保不无征多报少情事。其余各城，迄今从未造报，事关税课，未便久置不察，亟应备文移付。为此，合移［珲春］（下缺）。

吉林将军衙门为奏准征收草药税课的札文

光绪六年十一月十四日

将军衙门　为札饬事。官参局案呈：于本年十月初三日本衙门附片具奏。再查吉林地方向称产参之区，早年出票招商入山采挖以充贡品。自咸丰三年奏准停采，以后刨挖人夫茫无所归，曾经招住东山一带渔猎，准令就地采樵，自食其力。而该刨夫等，早年收存参种，在山陬僻壤不产五谷处所栽种，藉以营生。迨咸丰九年俄夷闯入吉界，搭盖窝棚，开修道路，为久居之计，迭奉谕旨，饬令设法驱逐会商办理。经前吉林将军景纶、前黑龙江将军特普钦会筹保护参山，藉杜夷人侵越，请饬招募挖夫在各处山场伐木打牲，厚集人力渐壮声威等因，奏明遵办在案。查此等挖夫愈集愈众，惟利是趋，亦多以栽种秧参为业。缘秧参俗名子儿参，未歇山以前种者恒有，既封禁以后种者益多，甚至开营论坰制作，成包累万盈千，商人贩运各省，诚为草药大宗。近更有奸黠之徒，私收此项参捐，互相觊觎，屡起讼端。即官役人等，不免借封山为词，私向贩客讹索，此犹弊之小者也。近年各处贼匪余孽，往往经官军追剿，势蹙力穷，潜入参营，或索其供给，或据其资财。而参营之人，以为事属违禁，不敢首告，隐忍庇留，转为贼逃捕逃渊薮。伏思此等秧参，原系草药并非珍品，且其性最燥，服之不惟无益，而且有损。核其价值每两贱者仅值中钱数十文，贵者不过二百文。若老山参枝每两至少亦须按银五六十两，贵者每两至银一二百两不等。价值悬殊，性质迥异，有目皆知，断难假冒。惟因禁老山参而秧参亦在例禁之中，其实有禁之名无禁之实，不过供奸商之私贩，饱差役之诈索而已。第私种已有历年，既难理论。而势禁而私收，显定例自应化私而为官。奴才前奉寄谕："经费一层，该省如有可筹之处，亦应实力筹办等因，钦此。"即以弛禁秧参抽收税课，曾经附奏仰蒙圣鉴在案。现值筹办边防，饷需支绌，亟应及早举办。拟请派员管理酌量收捐，如此办理既可安商贩之生业，复可清盗贼之源流，并可济饷需之经费，实一举而三善备焉。抑奴才更有请者，吉省物产除秧参而外，又有黄芪、党参、［细］（纳）辛诸药，连年贩运南省，获利不赀，均可分别按价抽收厘税。该商等食毛践土，牟利有年，断无不乐从之理，合无仰恳天恩，准将秧参诸草药酌抽税课，以裕饷源之处，出自皇上鸿慈。如蒙俞允，再由奴才遴派专员体察情形，妥议章程奏明试办。仍须出示晓谕，榜诸通衢，除严禁偷挖老山参枝外，所有拟请抽收秧参草药厘税各缘由，是否有当，不揣冒昧，谨附片具陈，伏乞圣鉴等因。十月初三日附片具奏，于十一月初四日奉到原折，奉旨："另有旨。"当于十月二十五日承准军机大臣字寄，光绪六年十月十七日奉上谕："前据铭　奏安插流民诸事，拟将秧参弛禁，当经谕令悉心经画，妥慎筹办。兹据奏称，请准将秧参诸草药酌抽税课等谕，吉省所产秧参既与老山参迥异，且匪徒因之（诤）[争]讼，原不妨变通办理，以除积弊而裕饷源。着铭　遴派廉干之员，将秧参及诸草药税课，体察情形妥议章程，奏明试办。务须详细筹划勿滋流弊，仍出示严禁偷挖老山参枝，不得因秧参弛禁，稍涉含混。将此谕令知之，钦此。"遵旨寄信前来，理合抄录原片恭录谕旨，呈请札饬珲春协领遵照可也。须至札者。

右札珲春协领遵此

吉林将军衙门为晓谕秧参药材酌抽课税的札文
光绪六年十二月初九日

将军衙门　为札饬事。征收参税局案呈：案照本衙门前以吉林地方所产秧参与山参异，民间栽种甚多，查明奏请化私为官，与黄芪诸草药一律酌抽税课，以裕饷源等因，奉旨"允准"在案。现经妥议章程，委员设局征收试办。除将议拟定章另行复奏，并拟告示分行张贴，晓谕各山营暨合省旗民商贩人等一体遵照，无论内外城镇地界，凡有栽种秧参之家，必须随时赴省报明，参税局给领执照以凭稽查外，合将拟妥告示刷印分行。相应呈请札饬珲春协领遵照张贴晓谕可也。须至札者。

右札珲春协领

（四）厘 捐 征 收

吉林将军衙门为劝谕商贩抽厘助饷的咨文及附件
咸丰四年

为咨行事。户司案呈：咸丰四年十二月二十六日准户部咨开，山东司案呈，咸丰四年十二月初九日准派办处传付内称：本部议复大臣胜　奏劝谕商贩抽厘助饷一折，咸丰四年十二月初九日奏，奉旨："依议，钦此。"相应传付江南等司处自行抄录原奏，恭录谕旨及雷以诚抽厘章程转行遵照办理。等因前来，相应恭录谕旨抄录原奏章程，飞咨吉林将军遵照可也。等因前来，相应抄录粘单粘连文尾，呈请咨札遵照等情。据此，拟合备文咨行宁古塔副都统衙门遵照可也。须至咨者。

右咨宁古塔副都[统]衙门

附原奏章程

谨将泰州公局劝谕捐厘助饷章程，照录恭呈御览。

泰州捐厘公局　为晓谕遵办事。案奉钦宪雷　札饬会同在于城乡各处谕各行铺一律照章抽厘，以济军饷等因，当即督同绅董先从城厢劝谕各行铺，查照仙女庙斟酌定议一律［施］行，除手艺、吃食店外，业经家喻户晓。兹定于五月初一日起捐，合亟示谕。为此，示仰各行户务须互［相］稽查，踊跃输将。合众志而切同仇，聚余利以充军饷，行见逆氛扫荡，江宇肃清，斯比户安恬，共享升平之乐焉。所有抽厘各章程开列于后。

一、查仙女庙米豆麦每担抽厘五十文，稻谷减半。惟因泰城团练局已有每担抽厘十八文，酌改米每担抽厘二十文，稻谷、豆麦、杂粮减半。无论下河上栈店一律办理。其有出江者，米仍每担抽厘三十文，稻谷各项抽厘十五文，以符实章。

一、银钱业每银一两出入抽厘四十，每洋钱一元出入抽厘三文。查核上三月账簿，牵扯合计每日酌定抽厘数目，其银号每户每日定议抽厘。

一、城乡并无油坊，各铺均系出外采买，议照油杠头脚帐，每担抽厘四十文。

一、酒行照收数取捐，每担抽厘二十四文。其糟坊仍照生意多寡，每百文抽厘一文。

一、各杂行买卖，每百文抽捐一文，查照上三月帐簿，牵扯合计酌定每日抽厘数目各发折登明。

一、过坝粮食照出江定章，如查已有抽厘发票者［，毋庸］重捐，此外如有该坝定例应过物件，查照仙女庙定数，其未成担者免捐，均由过坝行经理收钱，逐日缴存董事夏东乔韩淳处，按五日汇解公所，并另派董事稽查隐漏。

一、米稻麦豆各项抽厘，南关由康万盛乔乾源郭临泰收缴归总，北关由董德泰、武旺同、朱大顺、吴公茂、蒋大成、孙于天、夏广照、王悦商戈永茂收缴归总，各按五日带同票根送缴公所。

一、各杂行抽厘钱文，由各行生意较大之铺，逐日收齐登折，按五日赍折赴公所缴钱，仍派董稽查，所有收［缴］各大铺开后：

银钱业由俞恒昌、孙洪兴登德明、王隆吉归总。布业由汪德茂、汪恒太汪元丰萧增盛归总。农业由蒋旭兴、鲁恒茂增盛、汤恒兴归总。烟业由赵公盛、桂万春樊同茂、马林昌归总。油行由乔天顺王复泰、邹万顺康万盛归总。绸缎业由胡裕丰汪德太万元兴归总。南货由金万和顾金盛杨元顺归总。烛炭油麻由曹赫盛朱元昌归总。酒行由翁大有颜德兴归总。铁竹业由李天泰归总。酱园由张日成强协和隆兴斋归总。炭行由陈启兴尤寨太归总。漆铺由谌元亨湛公盛归总。锅碗铺由韦广兴归总。席铺由石大成张公茂归总。鞋袜铺由赵恒杰三元斋归总。帽铺由右威仪张森茂归总。药材业由谭育德阁长春归总。茶叶业由洪永裕洪怡盛归总。京货业由丁公泰程豫大归总。

一、米石为捐款大宗，其过境舟车如有乡镇捐厘号票者，亦照办理以杜影射。

一、捐款系为筹饷起见，钱系解营发给口粮，各捐务缴足数制钱，如有徇情缺数并换搭小钱，惟经出人赔补。以上各条，均就城厢体查各行情形酌核定数，各厢镇俱宜仿照遵办，如有隐漏欺吞，一经查出，重则严究，轻则加十倍示罚。毋违，特示。

粮食油酒过霸行于四月二十五日起捐，咸丰四年十一月十九日奉朱批："览。钦此。"

附原奏

户部谨奏，为遵旨核议速奏事。咸丰四年十一月十九日胜保片奏劝谕商贩抽厘助饷，并录呈雷以诚泰州、仙女庙等处抽厘章程，奉朱批："户部核议速奏，钦此。单二件并发。钦此。"钦遵于二十三日由内阁抄出到部，据原奏内称：伏查雷以诚前在泰州、仙女庙等处劝谕商贩抽厘助饷，颇有成效。每月所入捐资，数万串不等。查阅开载章程□多益寡，既非苛敛，经权达变，无病商民，行于用兵之省可助军糈，推行于各省更多利益。况商捐商办弊混难生，利中收厘，无妨于本。虽江南水陆交冲，商贾辐辏，自镇江为贼所踞，道途梗阻，商船绕道而行，泰州、仙女庙等处，遂成积聚之区，办理较易。北路坐商多而行商少，然粮米、油炭、布绵、杂货等物，往来商贩随处皆有，因地制宜，未尝不可仿照而行，由少聚多，其利甚薄。但各省水陆码头往来货物，非地方官及各绅庶熟习情形认真办理，断难仿效。若专委之地方各官，又恐畏难苟安，存多一事不如少一事之心，非徒托空言，即巧为推卸，可否请旨饬下各路统兵大臣会同本省、邻省各督抚，督同地方官并公正绅董，仿照雷以诚及泰州公局劝谕章程，悉心筹办。官为督劝，商为经理，不经吏胥之手，自无侵漏之虞。用兵省分就近随收随解，他省亦暂存藩库，专为拨济各路军饷之需。如此权宜筹度，在遭贼蹂躏之地同仇共志，咸有输忱乐助之心，即安居完善之区，计利取盈，更可得挹彼注兹之力。总期有益于军饷而无病于商民，事在必行，无虞窒碍，实于军务有裨。俟军务完竣，再行体查情形，所有雷以诚泰州公局劝谕章程另单（银）[恭]呈御览等语。臣等伏查本年闰七月两江总督怡良奏筹拨军饷案内，有百货抽厘之语，当经臣部奏请饬查，迄今尚未复奏。兹据胜保奏：雷以诚前在泰州、仙女庙等处劝谕商贩抽厘助饷颇有成效，请令各路统兵大臣会同本省、邻省各督抚，同地方官并公正绅董仿照雷以诚章程悉心筹办等因。臣等公同商酌将雷以诚抽厘条款逐加核算，不过百分取一。当此军需支绌之时，积少成多，未始非补助之一法。惟雷以诚在泰州、仙女庙二处劝谕抽厘，系属水陆交冲，商贾辐辖，办理或易为力。北路坐商多而行商少，市镇有大小之别，货物有多寡之殊。如果办理得宜，原属众擎易举，设或措施不当，即为众怨所归。胜保但虑地方官畏难苟安，巧为推卸，臣等转虑借端滋扰，从而取盈，应请旨饬下各省督抚专委道府大员，督同州县拣派公正绅董，各就地方情形妥为筹度，既须有裨于国用，尤当体察舆情。如蒙俞允，即由臣部将雷以諴抽厘章程缮发各该督抚查照办理。至各路统兵大臣，于地方绅董本非联属，且身在行间，志图灭贼，自有当务之急，又非雷以諴实任藩司帮办理务可比，所有用兵省分酌量抽厘之处，应由各该督抚筹议具奏，毋庸同统兵大臣所收钱文悉数解充兵饷，亦不准地方官擅自挪移，致启影射侵渔之弊。所有遵旨核议缘由，理合缮折具奏，是否有当，伏乞皇上圣鉴训示遵行，谨奏。

谨将雷以諴劝谕捐厘助饷章程，恭呈御览。

附章程

为晓谕事。照得本卡口往来客载货物，久经出示捐厘，并派员查收在案。惟货物之高下不等，价值之贵贱悬殊，若不逐细开明办理，殊难划一。今将酌定过卡客载货物抽厘助饷章程，开列于后。

计开

一、米麦、黄豆、黑豆、菜子，每担五十文。红豆、豌豆、蚕豆等，每担三十文。稻谷、高粱、荞麦、大麦、杂粮等，每担二十五文。芝麻，每担八十文。

一、靛，每石五十文。

一、煤木炭，每石二十文。

一、鸭鸡蛋，每石八十文。

一、烟叶，每石八十文。烟筋，四十文。水烟，每大箱三百六十文，小箱二百四十文。

一、本地豆饼，每石十二文，外来大豆饼，各照禀定捐数交纳。

一、桐油，每篓一百六十文，小篓八十文。

一、香油、每篓一百六十文，小篓八十文。

一、豆油、菜子油，每篓一百二十文，小篓六十文。

一、上烧酒，每坛三十文。绍兴酒，每坛六十文。高粱酒，每篓一百二十文。百花酒，每坛四十文。小篓、小坛，均酌减。

一、钱镖，二百千以上者，每千五文；二百千以下者，免捐。

一、银镖，千两以上者，每两十文；千两以下者，免捐。

一、壮猪，每口五十文，小猪酌减。

一、棉花，碑亭大布包二百文，桂花条布包一百文，和合蒲包五十文。

一、大布，每（定）［匹］六文，小布每（定）［匹］三文。

一、夏布，照行票每千文捐厘十二文。

一、估衣，大包一千六百文，中包一千二百文，小包八百文。

一、枣，每包一百文。

一、水牌、药材、茶叶、杂货、苏货、洋货、京货、绸缎、毡皮货、锅、碗、漆、糖、碱、纸、海味及未载一切等货，均照行票核算，每本千文捐厘十二文。如由本营已捐一次执有联票者，各卡坝查验放行，不准再捐。隐瞒偷漏者，加倍议罚。

咸丰四年十一月十九日奉朱批："览，钦此。"

珲春协领为征收珲春地方行商日厘捐税的呈文
咸丰八年

（上缺）军机大臣字寄，盛京将军庆　副都统承　兼管奉天府府尹富　奉天府府尹景　吉林将军景　咸丰六年十二月十七日奉上谕："庆祺等奏会筹商户日厘捐试办情形，并请饬吉林筹办一折，盛京兵饷待用孔亟，库款支绌，该将军等现拟厘捐、铺税二条，权行试办，酌立章程。令店商于买货之家照所买价值，每东钱百吊抽捐东钱一吊，每粮十石捐东钱一吊，不及者依次递减。商贾铺户则量其生意大小，分析等第，按户逐日捐东钱数十文至一吊余文不等。两月以来办理已有成效。此项捐输本属一时权宜之计，既据该将军等奏称，该商等无不乐从，自应照议办理，俾盛京兵饷稍资接济。惟不可稍有勒抑，致拂舆情，总其贾商乐输，庶可行之久远。至所称奉天与吉林接壤，商贩货物两省流通，请饬吉林一体办理等语。吉林地方是否能行厘捐、铺税，着景淳体察该处情形，酌量妥办。并着庆祺等将奉天现办章程咨交景淳查照，俟办有端绪，再行酌拟章程具奏。将此各谕令知之，钦此。"遵旨寄信前来，查前准部咨，令照南省筹办捐厘等因，当即咨札所属各处一体遵照办理去后，嗣因本省地处边陲，坐商无几，厘捐之法一时难以举行，遂议普律捐输，藉免抽厘之累。迨以饷糈不支，急需无款可筹，拟将土产山海各物酌中定赋，行令通行照办，仅省垣与三姓、双城堡已有成效。此外宁古塔、伯都讷、阿勒楚喀、拉林、长春厅等处，全不思共体时艰，同心筹办，辄以部咨为具文，视立税为多事，率皆畏难苟安，推延故抗，咎已难辞。兹蒙圣谕煌煌，首当分别饬办，除省垣及三姓、双城堡前已立税，办有成效，各商俱有天良，急公乐从，亟应另行奏请暂缓厘捐、铺税，以纾商力外，所有宁古塔、伯都讷、阿勒楚喀、拉林、长春厅均宜禀遵谕旨，仿照奉天现办厘捐、铺税二条，作速妥办，务于开印前造具细册，先行报省，以凭复奏。此系钦奉特旨，试办二条，万勿借词抗［辩］，致干重谴等情，据此，拟合咨行宁古塔副都统衙门，钦遵办理可也。须至咨者。等因前来，相应抄录原文，呈请札饬珲春协领德昌，务须遵照文内事理，仿照奉天现办厘捐、铺税二条，作速妥办，此乃遵奉谕旨之件，万勿视为具文，致干未便等情。据此，拟合札饬可也。须至札者。等因前来，相应遵办在案。兹查咸丰八年珲春地方所有各行商贾人等，应照去岁令其量力捐输等因，特派云骑尉丁柱、骁骑校伯兴等，务须遵照前札，比较去岁有增无减，作速妥办等情。札饬去后，现据丁柱等呈称：职等详查珲春地方行商多而坐商无几，其行商自去岁十一月底赴往他城，于今年二月初始回珲春。今将该商等集街道厅，按户劝谕，极言开导。据伊等声称，小民等既在此地求食，无不愿从。惟因此地不谙使钱，自去岁十一月底即将所获海货运往他城售卖，至今年二月初始回珲春，是以请将小民等自二月初一日为始，分析等第，按照货物折银抽捐，仍祈转恳宪恩体查情形，容至秋后将小民等所获海货运卖之时，再将抽捐银两如数捐纳等语。职等复查珲春地方去岁所报应捐铺户共计三十一家，内除生意疲荒已经关闭之二等铺户德发成、天盛店，三等铺户大东店等三家不计外，现查二等铺户内所有富有成、大德利、广福成、福成号等四家生意稍觉兴旺，因将伊等归入头等铺户。其所悬三家，合将初设生理之敦化堂、德昌合、路元昌等三家归入三等铺户，按户抽捐。惟查该商等俱指货物经营，若不缓其限期，一时遽难收齐，是以先将乐从抽捐商贾人等分析等第，照依货物折银，自二月初一日起，至十二月初一日止，共计十个月，按户应捐数目开单呈递等因，呈递前来。职再四详查，委系实在情形，合将该员等呈递乐从抽捐商贾人等分析等第，照货折银，自今年二月初一日起，至十二月初一日止，仅照十个月按户应捐银两数目逐一造册，于本年二月二十五日呈报在案。兹于十二月初一日据云骑尉丁柱等呈称：珲春地方所有册报大小铺户三十一家，分析等第，自本年二月初一日起至十二月初一日止，其应日捐银共计二百一十一两五钱，如数收齐，呈递前来。据此，平准入库之处，合行备文呈报可也。须至呈者。

同治四年七月初一日起至九月底止应抽日捐银两

谨将珲春地方所有大小铺户分析等第，自同治四年七月初一日起至九月底止，应抽日捐银两开列于后。

计开

头等

恒盛号，每日捐银三分，计每月九钱。永懋生，每日捐银三分，计每月九钱。公成永，每日捐银三分，计每月九钱。纯发德，每日捐银三分，计每月九钱。福有成，每日捐钱三分，计每月九钱。福成当，每日捐银三分，计每月九钱。

二等

成记号，每日捐银二分二厘，计每月六钱六分。恒源德，每日捐银二分二厘，计每月六钱六分。福盛合，每日捐银二分二厘，计每月六钱六分。元发义，每日捐银二分二厘，计每月六钱六分。隆茂成，每日捐银二分二厘，计每月六钱六分。万发栈，每日捐银二分二厘，计每月六钱六分。公盛炉，每日捐银二分二厘，计每月六钱六分。天德店，每日捐银二分二厘，计每月六钱六分。

三等

庆丰泰，每日捐银一分三厘，计每月三钱九分。敦化堂，每日捐银一分三厘，计每月三钱九分。泰昌炉，每日捐银一分三厘，计每月三钱九分。双合成，每日捐银一分三厘，计每月三钱九分。万升店，每日捐银一分三厘，计每月三钱九分。通聚店，每日捐银一分三厘，计每月三钱九分。三益公，每日捐银一分三厘，计每月三钱九分。

以上二十一家，计三个月共抽日捐银四十两二钱三分。

珲春协领为报光绪四年正月至三月大小铺户日捐银两的呈文
光绪四年

为造册呈报事。案查前准副都统衙门札开，现奉部咨事理，将各该处应征之项，自咸丰十一年正月起，拟定三个月呈报一次，勿迟可也。等因来札在案，据此合将珲春地方所有大小铺户分析等第，应抽日捐银两，自光绪四年正月初一日起至三月底止逐一造册呈报副都统衙门查核可也。

谨将珲春地方所有大小铺户分析等第，自光绪四年正月初一日起至三月底止应抽日捐银两，开列于后。

计开

头等

永懋生，每日捐银三分，计每月九钱。公成永，每日捐银三分，计每月九钱。大盛福，每日捐银三分，计每月九钱。福源当，每日捐银三分，计每月九钱。合记，每日捐银三分，计每月九钱。集祥当，每日捐银三分，计每月九钱。福盛合，每日捐银三分，计每月九钱。元发义，每日捐银三分，计每月九钱。富泰号，每日捐银三分，计每月九钱。恒源德，每日捐银三分，计每月九钱。成记号，每日捐银三分，计每月九钱。三义公，每日捐银三分，计每月九钱。隆盛合，每日捐银三分，计每月九钱。祥泰常，每日捐银三分，计每月九钱。富记，每日捐银三分，计每月九钱。台发号，每日捐银三分，计每月九钱。泰昌炉，每日捐银三分，计每月九钱。

二等

天吉福，每日捐银二分二厘，计每月六钱六分。集义成，每日捐银二分二厘，计每月六钱六分。天盛永，每日捐银二分二厘，计每月六钱六分。元昌号，每日捐银二分二厘，计每月六钱六分。春来巨，每日捐银二分二厘，计每月六钱六分。福合炉，每日捐银二分二厘，计每月六钱六分。三盛彩，每日捐银二分二厘，计每月六钱六分。

三等

同顺成，每日捐银一分三厘八毫五丝二微，计每月四钱一分五厘五毫六丝。魁盛店，每日捐银一分三厘八毫五丝二微，计每月四钱一分五厘五毫六丝。公盛炉，每日捐银一分三厘八毫五丝二微，计每月四钱一分五厘五毫六丝。

以上二十七家，计三个月共抽日捐银六十三两五钱零零四丝。

光绪六年正月至三月大小铺户纳厘捐银数目

珲春地方 为造送清册事。所有大小铺户自光绪六年正月初一日起至三月底止，应抽及加减半厘捐银两数目，开列于后。

计开

永懋生 公成永 大盛福 福源当 合 记 富泰号 恒源德 成记号 三义公 同顺成 富 记 台发号 泰昌炉 隆盛和 富全恒 信发隆 纯祥正等十七家，每家按月应纳厘捐银一两三钱五分，计三个月共捐银二十二两九钱五分。

天吉福 集义成 天盛永 元昌号 福合炉 盛 记 元发义等七家，每家按月应纳厘捐银九钱九分，计三个月共捐银六两九钱三分。

魁盛店 公盛炉 东盛隆等三家，每家按月应纳厘捐银六钱二分三厘三毫四丝（缺文）。八钱七分零零二丝。以上二十七家黄（缺文）月共捐银九十五两二钱五分零零六丝。

吉林将军衙门为速报日捐、货厘捐征收数的札文
光绪六年十一月二十六日

将军衙门 为再行飞催事。户司案呈：案查吉林通省原有日捐，征不敷额，逐年亏短，屡经部驳行令按年照额赔缴。因于光绪四年秋开始将原有日捐概行停止，改为抽收货厘，由各铺卖钱按成抽收，不准稍亏额数，倘于额外收有盈余，即行尽征尽解，以期涓滴归公，不得丝毫隐匿，亦不准摊捐包纳。曾将通省每年约征钱数，先行奏明，行令所属一体遵办各案。旋奉部咨，令将捐钱各数，逐一造册咨报等因。本衙门案经派员赶紧汇办，立待报部，现已办

理完竣。惟查珲春册报，自光绪四年八月十六日起截至五年十二月底止，共收捐银五百五十余两，迄今未发解交，银价长落靡常，凭何易钱入册，若独将该处以银造报，又与各处收钱之案两歧，应饬该协领刻将征存银两，如数解交，以便易钱入册。再查伯都纳所属之孤榆树各商，原纳月捐，系于光绪四年十月底即行停止，其改捐货厘，应自十一月初一日起算，照章抽收报解。及该处所交捐钱，竟自五年正月初一日起按季呈交，其四年冬、腊两月所收厘捐，既未解交纳钱文，又未报有钱数，实难截□造册报部，应饬该同知即将光绪四年冬、腊两月所捐钱文刻即解交，以凭照数入册。溯查厘捐造册报部（缺文）。

珲春副都统衙门右司为催报光绪六年征收日捐银数的移文
光绪七年

右司案呈：为造册移复事。于本年八月初三日接准将军衙门户司移开，案查各外城现已报到各该处经征光绪六年分库款，各项银钱数目清册，本司按其报到各款册籍，逐一详加核算等因。兹查宁古塔、珲春、阿勒楚喀、拉林、双城堡等处，现已报到各项库款册内，造列管收除在各项数目均有舛错不符，并截止年分不合，亦漏未造报各项库册者。本司实系无凭查算，亟应将各该各处报到各款内舛错之项，并漏未造报各册，一并抄粘文尾，飞移各处。希即查照单开各项，务于文到三日内，立将舛错之项并漏未造报之册，速饬（缺文），赶紧查照本司前移文内指示，起算截止年限补造妥册，勿得仍前草率行事。并令经办人员携带底案火速来省，以凭核算，庶可知识底细，免致往返驳诘，多延时日之处，相应备文移驳。为此合移贵珲春副都统衙门右司查照办理，毋稍违误可也。等因移催前来，案查本处库存备用接济差徭并六年分平银两，均自光绪五年年底起算至六年止，合将动存数目，按年分款，造具四柱清册及六年经征日捐银两底案分析等第，按照上年造报款式，业于本年七月初一日备文移付大司查核去讫。今准移催，合将自光绪五年年底起算至六年止，经征日捐银两底案分析等第，按照上年造报款式造具印册附封备文移送（缺文）。

吉林将军衙门为上缴光绪六年厘捐银的咨文
光绪七年七月二十五日

将军衙门　为咨行查照事。户司案呈：兹据珲春领饷委员花翎骁骑校永奎等呈称，窃职等遵将本处自光绪六年正月起至十二月底止，一年内由大、小铺户抽收厘捐银三百八十一两，仍照上年旧章，每两按三吊作钱，共计合钱一千一百四十三吊。内除办理厘捐差役公食一成外，净应交正款厘捐钱一千零二十八吊七百文，是以呈请户司案下查收施行。等因前来，详查珲春领饷来之委员骁骑校永奎等，交到光绪六年分抽收货厘捐银折钱一千一百四十三吊，内照章划扣一成工食钱一百十四吊三百文，原拟照数发给该处，作为经理收捐人役工食，就近发交该委员等承领，以资公用外，其余应交省城捐正款钱一千零二十八吊七百文。现据该委员等如数呈交前来，当经随时照数饬库兑收之处，相应呈请咨行查照。等情据此，拟合咨行，为此咨行珲春副都统衙门查照可也。须至咨者。

右咨珲春副都统衙门

珲春副都统为册报光绪七年七月至九月大小铺户日捐银征收数的咨文
光绪七年

右司案呈 为造册咨报事。案查前准副都统衙门札开：现奉部咨事理，将各该处应征之项，自咸丰十一年正月起拟定三年（缺文）上报一次勿迟可也。等因来札在案，据此合将珲春地方所有大小铺户分析等第，自四月初一日起至六月底止及加闰月应抽日捐及加捐半分银两，逐一造册咨报将军衙门查核可也。

册式

珲春地方 为造送清册事。所有大小铺户自光绪七年七月初一日起，至九月底止及加闰月应抽及加减半厘捐银两数目开列于后：

计开

永懋生 公成永 大盛福 福源当 合 记 富泰号 恒源德 成记号 三义公 同顺成 富 记 台发号 泰昌炉 隆盛和 富全恒 信发隆 纯祥正等十七家，每家按月应纳厘捐银（缺文），四个月共捐银二十二两九钱五分。

天吉福 集义成 天盛永 元昌号 福合炉 盛 记 元发义等七家，每家按月应纳厘捐银九钱九分，计四个月共捐银六两九钱三分。

魁盛店 公盛炉 东盛隆等三家，每家按月应纳厘捐银六钱二分三厘三毫四丝，计四个月共捐银一两八钱七分零零二丝。

以上二十七家及加闰月计四个月，共捐银一百二十七两零零八丝。

吉林将军衙门为征收盐斤厘捐的咨文
光绪十年二月二十五日

将军衙门 为咨行遵照事。户司案呈：兹准户部咨开，山东司案呈，光绪十年八月十八日准吉林将军希 咨称，据司道各员详称，准部咨，吉省各城地方辽阔，旗民户口繁多。盐斤一项，载运回省，既称按斤抽收税钱，即可按照销数另款抽厘。抽收厘捐册内，亦未列有盐厘名目，令将盐厘核明确数按年报部，及作何支用，一并开报等语。查吉省由奉载运盐斤到吉入店，归并土税物色以内，按每百斤抽收税钱三十文，按年均于征收土税册内分析开报。所收税钱除照案折钱，发给刑司京员薪水等项外，余者悉数按年抵充俸饷报部在案。其抽收厘捐册内未列盐厘名目一节，查抽收厘捐，原系不论何项物色，均以各店商卖钱之数为算，每吊抽收七厘捐钱，按月由值年之家开具各家所卖钱数、捐数清单，送局注账，年终汇总造册送部查核。所抽货厘捐钱，俱系报部抵充俸饷。抽收捐册以内并不分析出售何项货物，故未列有盐厘名目，应请毋庸另再开报。至部咨令将吉省盐斤，按照销数另款抽厘，查厘捐土税俱有额数，旗民所食盐斤，若遵部咨另款抽厘，自必此盈彼绌，实难遵办，呈请咨复等情。为此合咨，等因前来。查前经本部以吉林民食盐斤能否照奉省抽收盐厘，行令详查声复。旋据该将军复称，吉省素不产盐，实难照奉省抽收盐厘章程办理，当以该省盐斤既由奉省滩场载运回省，入店出售，即按照销数另款抽厘，其造送厘捐册内未有盐厘名目，令其按年将盐厘收支数目开报，等因行知在案。兹据复称，由奉载运盐斤到吉入店，归并土税物色以内抽收，按年于土税册内开报。又货厘捐钱原系无论物色，均以各店商卖钱之数抽收，年终汇总报部，并不分析出售何项货物，故未列有盐厘名目，请免另报等语。查该省盐斤税厘兼收，惟厘捐一项该省以各店商卖钱数内抽收，不分何项货物，故未列盐厘名目。查照来咨，尚系实情。其光绪十年以前各年盐斤收数，即毋庸剔出另报，至以后各年收数，若仍于土税厘捐各案内并造，并不分款开报，易滋弊混。应咨吉林将军转饬，即自光绪十一年起，按年将盐斤税、厘两项收数另造清册送部，以凭查核。至所收厘捐，先行由局出示晓谕，凡店商出售盐斤钱数，即另行开单送局，以便造报，免致套搭借词推延。至所称土税、厘捐均有定额，不能再行捐厘之处，仍咨该将军转饬各属，随时体察情形，如能加收盐厘不致有碍商民，即行报部核办借裕饷需，勿得稍存透卸。相应咨复可也。等因前来，准此。亟应通饬各处遵照部咨事理，即自光绪十一年起，按年各将经征货捐、土税两项内盐斤税、厘各数目查明，分析造报，以凭汇核咨报之处，相应呈请咨札遵照。等情据此，拟合咨行珲春副都统衙门遵照办理可也。须至咨者。

右咨珲春副都统衙门

六、农　业

（一）开　垦　荒　务

珲春协领为查勘地方私垦地亩事的呈文

嘉庆二十三年

（一）

（上缺）等因蒙此，遵查职等查勘珲春城西界内密扎卡伦地方所垦地亩，俱在密扎卡伦界内。妥起地方所垦地亩，虽在阿弥达卡伦界外，仍在珲春管界末尾之蒙古卡伦界内。职等立即勘明绘图一纸，贴签注明，由驿呈报钦差御前大臣行辕查核办理（下缺）。

（二）

宁古塔副都统达^{协领巴善}_{参领灵山保}等　为呈报事。九月初六日蒙钦差大臣札内开，照得本副都统奉旨饬审扎关保呈控扎呼贷一案，现据该协领等将应讯人证批解到吉。其密扎、妥起垦地一节，讯据垦地旗人凌德等金供实系各该旗人雇觅民人帮工，自行开垦，并非扎呼贷及伊兄扎克通阿招引民人开垦渔利等情，与该协领等勘查情形相符。惟查乾隆二十六年间经户部议奏，宁古塔地方设立旗民屯堡开垦地亩，若不分立界址，难以巡查，保守出参（缺文）。将卡伦作为界址，卡伦以外禁止（，不许）盖房垦地，三姓、珲春亦照此办理（缺文）。

（三）

署理珲春协领事务参领灵山保　为遵札呈报事。（缺文）遵查珲春城西英阿河与高丽搭界，乾隆十四年定制不准建盖房屋、开垦地亩，奏明奉旨封禁在案。又查乾隆二十六年议立卡伦，界外不准建盖房屋，开垦地亩，久经奉[旨]遵办在案。又查珲春南海有岛屿十四座，久经奉旨封禁，不准私放民人浮居过冬。每年派委定弁二员，带领旗兵六十名，沿海寻查，由协领出具并无逃出民人偷越垦地甘结，转呈宁古塔副都统存案，以后并无另行裁汰复立界址。至密扎及妥起地系在珲春管界内，每岁打牲围场预备御膳，惟此件历年打牲供应，并无奏定章程，亦无档案可稽，实属无凭检送。除将查明边界等款绘具图说，照抄清文卷宗并散放参票奏案，经行呈送吉林将军衙门查核转咨外，所有查明案卷缘由，理合具文呈报都宪查核办理可也。再珠伦、佛多喜卡伦二处，亦系珲春管界，间有渔猎浮民在彼行走，合并声明。须至呈者。

计呈送 珲春地方界图说一纸，议立卡伦抄案一件，高丽国搭界地亩抄案一件，寻查岛屿抄案一件，抄结一件，参票十三张，抄案一宗。

右呈副都统衙门

宁古塔副都统为珲界英安河等处无复行偷种地亩事的咨文
同治六年十一月初五日

宁古塔副都统头品顶戴阿尔嘎泰巴图鲁军功加二级寻常加一级纪录二次乌勒兴阿　为咨送事。左司案呈：案查前准将军衙门咨开，兵司案呈，道光二十二年十二月二十日奉上谕："宁古塔所属珲春地界英安河、密占等处，查有该处旗人结屋垦地，经该委员等将房屋数十所全行拆毁，地亩一千余垧俱已平弃净尽，并派员复查，此外，实无隐匿遗漏等语。着该将军等即咨明该处副都统，嗣后每年春秋二季饬令该协领亲往周查，由该副都统加结呈报。该将军等仍不时严查，永远谕禁，毋得日久生懈，视为具文。该部知道。钦此。"等因前来。当经咨行副都统衙门查照办理，等因前来。遵即札饬珲春协领按季清查结报在案。兹于十月十五日，据珲春署协领佐领讷穆锦详称，今届秋节，惟恐犹有不肖旗人仍行偷种，当即饬令三旗佐领等，佥称蒙饬勘查英安河、斐由霍[托]屯、雍安莽喀、崴子迤西、密占等处，并无复行偷种之处属实。等因呈递前来。职复加亲诣周查无异，理合加具关防切实甘结呈送。等因前来，据此，复查无异，理合加具印结咨送外，将珲春呈送原结一纸，一并附封咨送将军衙门查核可也。须至咨者。

右咨将军衙门

宁古塔副都统为珲春协领查本处无奸民窜入构舍垦田加结的呈文
同治十三年十一月二十五日

为呈送事。左司案呈：案查前准将军衙门咨开，兵司案呈，道光二十八年二月二十三日奉谕："前据吉林将军经 具奏，吉林地方与盛京山界毗连，与朝鲜隔江为界，均宜一体清理，毋任奸民窜入，自此奏定章程。每年春秋二季，派员分赴辉法、土门江二处上下周查，春季自二月初起至四月底止，秋季自七月初起至十月底止，选派佐御校等官，着带兵役督统边卡各官，不分畛域，认真梭查严缉。事竣，由该将军等专折具奏，如有获犯及失察之处，照例将该员等分别劝惩等因。钦此。"到部知道，咨行该将军查照办理。等因前来。咨行宁古塔副都统衙门查照，转饬珲春协领遵照定章，照数分派官兵，届期前往土门江一带严行巡缉外，于差竣时取具该员等有无窜往及越界匪犯甘结，该副都统加具印结咨报，以凭具奏可也。等因前来，遵即出派云骑尉荣寿外，并札饬珲春协领遵照定章，照数拣派官兵，会同本衙门出派云骑尉荣寿及边卡各官等前往土门江一带，不分畛域，认真周查。如有匪徒越界窜入，垦田构舍，即行拿送，以凭解省惩治外，于差竣时，取具该员等切实甘结，该协领加具关防切结，一并呈送前来，以备加具印结咨送等情，一并札饬在案。嗣于十一月十六日，据珲春副都统协领讷穆锦呈称，遵饬拣派云骑尉富珠伦带兵，会同宁古塔特派云骑尉荣寿等，前往土门江一带周查去后。嗣于十月初一日，据云骑尉富珠伦等禀称：蒙饬当即会同宁古塔委员荣寿，带同兵役及边卡各官等，前往土门江一带，不分畛域，认真严密周查。自七月初起至十月底止，并无奸民越界窜入，亦无构舍垦田情弊。等因，出具切结呈递前来。据此复核无异，相应加具关防切结呈递，等因前来。据此复核无异，理合加具印结一纸，附封呈送等情。据此相应呈送将军衙门查核办理可也。须至呈者。

右呈将军衙门

呈结珲春副都统衔协领讷穆锦，为出具关防切结事。案查今届秋节，惟恐犹有不肖旗人，仍行偷种之处，饬交该八旗佐领等，前往该处勘查去后。旋据该八旗佐领等呈称：遵饬查得所属土门江一带地方，英安河、斐由霍托屯、雍安莽喀、崴子迤西、密占等处，临江切近，道光二十三年已立界沟。以外抛弃地亩，现今并无复行偷种之处，查明呈稿。等因呈递前来。据此，职当即亲往周查，与该佐领等官所查无异，是以加具关防切结是实。

吉林将军为奏请招垦新荒免收押荒钱文的咨文及奏片
光绪七年六月初一日

钦命镇守吉林等处地方将军兼理打牲乌拉拣选官员等事铭 钦命督办宁古塔等处事宜二品顶戴三品卿衔吴 为咨行事。案照本将军督办于光绪七年五月二十二日由驿附奏，请将塔、珲境内招垦新荒，本年领地之户一概不取押荒钱文等因一片，兹于六月初十日准兵部火票递回原片后开，军机大臣奉旨："着照所请，户部知道，钦此。"除恭录分别行知外，相应照抄原奏，备文咨行。为此，合咨贵副都统，请烦查照施行，须至咨者。

右咨珲春副都统依

附奏片

再宁古塔、珲春所辖境内旗户均属寥寥，招垦新荒难求速效，即如蜂密山一带木楞河南北两岸多系平原沃壤，约可垦地二十余万垧，如无距城太远，四无人居，虎狼麋鹿出入之乡，素为人迹所（所）不到，须节节搭盖窝棚招民居住，庶人马往来有投宿之地，路径渐通，行旅不致裹足，方可设法招徕渐推渐广。查吉林向章，领地一垧，须缴押荒钱二千一百文。现在宁古塔、珲春创办伊始，民情未必踊跃。如苏城各沟民户陆续来归，不但押荒钱未能一律收取，尚须筹款酌给马、粮、种，以示体恤。若再拘以［钱］文，办理必多掣肘，拟请示以限制本年领地之户，一概不取押荒钱文，并酌量给以工本，俾风响慕，近悦远来，亦变通招垦之法。为蒙特旨允准，他处不得援以为例，当由臣等札饬知府李金镛、已革协领春龄等出示晓谕，暂免押荒，（下缺）。

吉林将军衙门为山东移民入境事的咨文

光绪八年四月二十四日

　　将军衙门　为咨行事。兵司案呈，于本年四月二十三日据管理西路驿站监督二品顶戴花翎协领金福等呈称：（缺文）兹有钦差大臣吴　差委员尽先补用副将吴永毅等押带由山东登、莱、青各属招募来吉之务农乡民二百名，于本月二十一日出边抵境，所需大车二辆，已由民牌应付。该委差自行发价，即在站街早尖毕，于是日起程前进去讫。合将该员等出边入境，即由站经过日期，备文飞报等情，呈据该监督据情转报前来。除札饬西路驿站监督转饬东西沿途各站一体遵照，并饬吉林理事同知遵照外，相应呈请咨行珲春副都统衙门查照可也。须至咨者。

珲春招垦局为清丈旗界土地的移文

光绪九年□月初九日

　　接办珲春招垦局奏　为移请事。所有划定旗界除俟另行会同绘图详请立案外，前奉钦差督办宪吴　谕将珲春副都统衙门册开旗户花名册下坎地亩数目，共计六百一十一垧，按户如数丈清，划入旗界，此项地亩将来毋庸升科。等因，奉此，相应移请贵司，转请副宪派员同去清丈，并请将各旗户先行传集于西下［坎］地方，以便会同按户照数丈给。据合备文移请查照，见复施行，望切盼盼。须至移者。

　　计移送照缮册开旗户地亩数目清单一纸。

　　右移珲春副都统衙门右司

　　照缮册开旗户地亩数目清单

　　计开

英禄八垧，富春五垧，图青额五垧，关喜十垧，英胜五垧，吉尔洪阿五垧，（下缺）。

吉林将军衙门为详细查明招垦佃户及可垦成熟升科地亩等数目事的咨文
光绪十年二月二十七日

为咨行事。查招垦宁、姓、珲等处边荒，原冀人烟辐辏，边疆可恃以自强，输税充盈，饷需可资其渐益。现查各处垦局已招垦经年，未据声明某处共招佃户若干名，共垦生荒若干垧，约计可望陆续成熟升科地若干垧，展限开垦之荒于某年可升科地若干垧，亟应详细查明，以备核夺。除札饬三岔口垦务委员遵照禀复外，相应咨行贵副都统衙门查照，转饬右司招垦局核明呈报，望速见复可也。须至咨者。

右咨珲春副都统衙门

珲春副都统为造送招垦经费报销清册事的咨文
光绪十年八月初九日

钦命帮办边务事宜珲春副都统法什尚阿巴图鲁依　为转咨事。本年八月初七日，据护理招垦珲春边荒事务五品顶戴府经历衔贾元桂呈报：窃查卑职面奉宪谕，饬令卑局本年上届报销清册暂由卑职造报，以便转咨。并谕将卑局牛米价存款拨归招垦经费项下动用。等因，遵此，伏查卑局旧存招垦经费银一百六十二两三钱一分六厘，牛米价款计旧管新收两项存银一千零五十九两二钱，此款拨归招垦经费项下，计共银一千二百二十一两五钱一分六厘。除卑局本年上届开销自正月初一日起至六月底止，连闰七个月共支银八百九十二两五钱外，下存银三百二十九两零一分六厘。再，总局因无委员薪水，正月间禀蒙宪批：总局委员仍食分局委员薪水，分局委员仍食总局一名书识薪水，其余皆按旧章，业各遵照办理在案。现奉札谕：所有总局薪水已函商督办爵将军酌定，应俟函复到日，再行札饬遵领。等因，除俟札到卑职与护理分局强惠源另行分别补领外，所有饬令报销之处，理合按照旧报销章程造册呈报。为此缮造垦费报销四柱清册二分，呈报宪案，仰祈俯赐鉴核，分别存留转咨施行。等因，据此，除分别存案备查外，相应备文转咨贵督办爵将军，请烦查照施行。须至咨者。

右咨钦命督办宁古塔等处事宜镇守吉林将军一等继勇侯希

珲春副都统为招垦局接济贫民各款造册备案的咨文
光绪十年八月初九日

帮办边务事宜珲春副都统法什尚阿巴图鲁依　为转咨事。本年八月初七日据护理招垦珲春边荒事务五品顶戴府经历衔贾元桂呈称：窃查卑局卷宗内有前督办宪吴　拨给银两，曾于光绪八、九两年接济垦民牛米、房资等项，除津贴房资、倒毙牛只并八年分散放小米已奏准豁免者不计外，其余尚有原拨未经动支厂平银六百八十四两，收回民欠牛米价珲平银三百七十五两二钱，垦民下欠牛米价珲平银九百二十八两三钱。近奉宪谕，此项存款暂拨归招垦经费项下动用。等因。遵即拨讫无存，除垦民下欠银两俟陆续收回逐节另报外，所有卑局接济贫民存欠各款，理合缮造四柱清册，备文呈报。为此造报清册二分，仰祈宪台鉴核，分别存留，转咨备案施行。等因，据此，除分别存案备查外，相应备文转咨贵督办爵将军，请烦查照施行。须至咨者。

右咨钦命督办宁古塔等处事宜镇守吉林将军一等继勇侯希

珲春副都统为派员请领招垦局经费的咨文
光绪十年九月初十日

钦命帮办边务事宜珲春副都统法什尚阿巴图鲁依　为咨会事。窃照珲春招垦总、分各局所需经费，自九年十二月底止，余存银一百六十二两三钱一分六厘，由局呈交前来。自十年正月开支，早已悉数发讫。以后该局按月所领薪公各项，皆系由前督办吴　所存牛米价内暂行垫给。现在牛米价银所存无多，难资辗转，理合备文咨领珲春招垦经费银二千两，派委行营营务处委笔帖式周国增承领解回珲春，以补欠款而资支放。为此合咨贵督办爵将军，请烦查照饬发施行。须至咨者。

右咨钦命督办吉林边务事宜镇守吉林等处地方将军一等继勇侯希

（二）赈 济 灾 民

宁古塔副都统衙门为呈报水灾情形的札文及赈灾清单
道光二十六年八月二十九日

副都统衙门　为飞札珲春协领即日查明飞行造册呈报事。右司案呈：于本月二十三日，接准将军衙门咨开，户司案呈，于本月十九日，据宁古塔副都统衙门咨开，户司案呈，查七月初九日据珲春协领博恒额报称，珲春地方于六月十九日（已）[巳]时起，至二十一日午时止，昼夜降雨如注，珲春各河水涨，漫入街巷，旗民房间及协领办事房俱已入水二尺余深。义仓房被水浸淹，看守衙署仓库、堆拨房被水泡倒。耕种麦田虽然成熟，未容收割。

（至）[自]二十二日丑时起，至二十七日午时止，天气连阴仍未开晴时，迨至水撤，协领即带领三佐领等官，被淹地数、冲倒房间若干，有无淹毙旗丁之处，查明再行速报。等因呈报前来。详核事关大灾，副都统衙门即派佐领永谦、笔帖式岳克清阿等，并饬珲春协领将珲春地方被水淹浸地亩是否成灾，据实查明，当即咨报将军衙门在案。兹据协领博恒额派委查灾佐领永谦等报称，珲春被淹各处复行亲往查勘。街巷、旗丁住房、协领办事房俱已入水，义仓底均被水浸谷湿。彼时开仓丈勘，共湿变包谷一百十四石四斗。看守仓库、堆拨房被水泡倒三间。该丁耕种麦田已被水冲，再耕大田地八千一百七十六垧内，洼处被水浸淹六千七百七垧，其余高阜之处一千三百九十七垧，仍是水边。合将该被灾人等自七八月起，接济口粮，并被水浸倒官房、冲淹旗丁房间及淹毙人口，再接济被灾旗丁大小口数分析造册，呈报前来。查珲春协领递送应行接济旗丁大小口，共八千四百九十一口。本年七八月起，至明年七月底止，核计应需接济口粮一万七千三百九十一石九斗。由该处义仓已接济谷二千三百八十五石六斗，仍不敷谷一万五千零六石三斗。详核该处仓贮之谷，仅敷八月底之需。尚不敷谷石，若待咨请将军衙门再饬该处遵办，前后又得二十余日。该穷丁口粮拮据，遵照前次将军衙门咨文事理，札饬该协领速即派员，由宁古塔义仓存贮之谷动用七千三百零四石先行接济外，仍不敷谷七千七百零二石三斗，再由宁古塔公仓谷内出借接济。是否可行之处，咨请将军衙门指示遵办外，再次借给谷石，应分限几年交纳之处，迨至该处大田收成分数报到时，再行核定年限办理。据此合将珲春被灾旗丁应需接济口粮，并冲倒官房、冲淹旗丁住房、淹毙人名数目，分析造册，飞报将军衙门查核可也。等因前来。详核该处剧灾，并未报明分数，即派委佐领永谦查验，亦未出具勘结，副都统亦未加具印结。至被水淹倒房间，仅报有全冲者，尚有木料者。查例载被水冲倒房间，分有三等。有全冲、有剩木（粮）[料]、有剩上盖者。兹该副都统并未声叙内有上盖者若干。至咨请自七八月起，至明年七月底止，借给灾户口粮共计一年一个月。查定例，只准接济口粮四个月。即照道光十四年乌拉被水冲淹颗粒未收成案，亦借给七个月口粮。今借一年一个月，核与定例并向办成案不符。其借给口粮还仓年限，即应入奏。至兵丁应交义仓粮石如何蠲缓之处，亦未议及，难以核办，相应呈请咨复查明被灾分数，另行核议，备文声明咨报，以便同三姓被灾之案，依限具奏。等情，据此，拟合飞咨宁古塔副都统衙门，查照转饬迅速查议，务于本月二十七日结报到省，立待具奏，切勿迟缓可也。须至咨者。等因前来，相应飞札珲春协领，速将该处被水浸倒省仓、堆拨房间及冲淹旗丁居住房间，遵照文内事理，分别三等，刻即造具细册三本飞行呈送外，并将秋禾至灾分数及旗丁本年应交义仓粮石，及遵示复应接济灾户七个月口粮是否敷用，并如何请缓之处，一一分别声叙，该协领加具切实甘结，务于本月二十六日飞行呈报，本衙门立待核报转，幸勿延缓可也。须至札者。

　　〔附清单〕

　　谨将三姓、珲春地方旗民、官庄壮丁、驿站站丁等被水成灾，分别蠲缓银谷并请赈恤口粮、赏给房间修费数目，谨缮清单，恭呈御览。

　　计开

　　一、珲春被灾八分，兵丁大口五千三百六十三口，小口三千一百二十八口。大口每月二斗五升，小口减半，计赈给四个月口米六千九百二十七石。　此项共米六千九百二十七石，折给谷一万三千八百五十四石。由该处义仓拨给谷二千三百八十五石六斗外，其不敷谷一万一千四百六十八石四斗，请由宁古塔公仓谷内，就近动拨发给。

　　一、被水冲淹房三百四十八间内，全冲者一百零二间，每间赏给修费银三两。尚有木料者二百四十六间，每间修费银二两。计应赏给银七百九十八两。此项银两请由省库杂税银两项下动给。

　　一、被水淹毙旗兵景升，闲散雅隆阿、铁兴、德喜，常役双亮、德全、福德等六名。请将淹毙甲兵、闲散等六名，每名照例赏米五仓石，共米三十石。请由宁古塔公仓谷内折给谷六十石。

　　一、三旗兵丁，本年应交义仓牛犋谷一百四十四石。　此项谷石请照道光十四年打牲乌拉被灾成案，恳恩全行豁免。

　　一、珲春义仓，被水浸淹堆拨房三间。此项谷石请免赔补，此项工程另行议报修理。

宁古塔副都统衙门为呈报三姓珲春灾情的札文
道光二十六年十月初八日

　　副都统衙门　为札饬珲春协领遵办事。右司案呈：于本月十九日接准将军衙门咨开，户司案呈，道光二十六年九月初九日，本衙门恭折具奏，为遵旨速饬委员详细查明三姓、珲春水灾分数及官署、旗民田庐，照例分别议请赈恤蠲免，并给修房价银，恭折据实奏祈圣鉴事。窃照本年夏雨过多，三姓地方江河水涨。六月十七、八等日漫淹该处城署、仓库并旗民田庐。沿江妙噶山等站，亦均被淹，经该副都统依勒东阿急用船筏救援，并因仓贮水围，价买商米济给灾户口粮，迨咨报到省。奴才等一面由省仓拨米运往接济，一面派员饬查勘。当经恭折奏闻，并将宁古塔及珲春各报被水，亦经附片陈明。嗣承准军机大臣字寄：道光二十六年七月二十九日内阁奉上谕："经厄布等奏，查勘三姓被水情形，并运米接济一折。三姓地方被水淹及城署、田庐，旗民乏食。仓贮周围水浸，现经该将军等筹款购买商米赈给，并于省城公仓动拨应放俸米三百二十石，克期运往接济。俟水消退后，即动该处仓贮之谷，照历次办过成案，发给灾户自行碾食，省中即行停运，均着照所议办理。惟旗民等骤被水灾，情形殊堪悯恻。着即速饬委员详细查明灾分、户口、房粮各数，分别情形，一面妥为办理，一面据实具奏。另片奏宁古塔、珲春各地方河水漫溢，淹及田庐、义仓等处，现派员分路往查等语。着即切实查勘，是否成灾，迅速分别办理，将此谕令知之，钦此。"遵旨寄信前来，奴才等钦遵咨行各该处及委员，切实详细勘办去后，旋准宁古塔副都统乌尔德善，各由省派往协领宪德，各报勘明宁古塔被水数目，即已消落，幸未成灾。该处麦收尚有四分，秋禾皆无伤损，毋须办理调剂。又据派往三姓协领贵 等呈报，勘得三姓南北九十余里，东西七八十里，一望汪洋，城内水深八九尺。现在灾户山居，仓贮水围难动，藉买商米暨由省运到仓米，放给口粮，诚恐水淹日久未消，不敷支放。请先借给该处两个月官兵俸饷，俾资官兵买米。该副都统亦以前情咨商，奴才等复准，即于奏报收折内，亦经附片奏明在案，兹据该委员协领桂林、佐领八十等查报勘得三姓合境被水，衙署、仓库、旗民田庐淹浸，两月始渐消落。不但本年夏秋二季颗粒无收，且该旗民人等素有资蓄，亦皆冲（未）失，委属十分重灾，无分级次。查得淹毙闲散一名，查明旗民、壮丁、站丁、大小户口、田庐及本年应交银谷，并被淹衙署，冲失军械等项各数，分析造册，呈送核办，并准该副都统造册结报相同声明，前买仓石米一千二百石不敷后，又节次续买仓石米三千零二十六石零五升，同由省均恤给山居灾户七八两个月口粮。至公义二仓，现在水落，盘量霉变若干，另行咨等因。又准宁古塔副都统转，据该委员佐领永谦等呈报，勘得珲春因六月间河水涨溢，冲淹协领衙署、仓库、旗民田庐。其麦地未割者，全被水冲。秋禾地八千一百余垧，内水冲无收者六千余垧，仅存高阜地一千三百九十七垧可望收成。核计地亩被灾八分，查明淹毙甲兵一名、闲散五名。该处向无民户，水冲旗房三百四十八间。义仓谷现已盘竣，被水霉烂谷一百十四石四斗。造具被灾大小户口、房间确数各册，呈由副都统复查无异议，拟结报前来。续准三姓副都统咨称，盘量公义二仓原贮正耗谷四万二千三百五十六石七斗四合六勺，内被水霉烂谷九千三百四十九石四斗一升二合五勺，现存谷三万三千七石二斗九升二合一勺。现有查得合境种地牛具被水淹毙冲失者十分之九等因。奴才等查吉林历次灾案，均照盛京定例办理。旗地、官庄地被灾十分者，加赈五个月，站丁加赈九个月。八分灾旗地，加赈四个月。

大口均每月给米二斗五升，小口减半。十分灾之贫民，加赈四个月，大口月给五合，小口减半，扣除小建，折赈每米一石折银六钱。又被水全冲房屋，每间给修费银三两，尚有木料者给银二两，尚有上盖者每间给银八钱。又旗民禾稼颗粒无收，应纳银谷，令全行蠲免。又查道光十八年三姓被灾，预借俸饷银，分为四季扣还。兹三姓此次水灾较重，所有水未消退以前，该副都统放给山居灾户七八两个月口粮。节次买仓石米四千二百二十六石零五升，动支备公银二千五百三十五两六钱三分，并有省城运往接济仓米三百二十石。仰恳天恩俯准，作为抚恤，免其归款还仓米。将十分灾之旗丁，大口六千八百七十口，小口二千六百八十七口，官庄壮丁大口三千七百九十五口，[小口]一千九十四口，自九月份起，均照例给赈五个月。站丁大口六百二十六口，小口三百六十八口，给赈九个月。各大口每月均应米二斗五升，小口减半，共需赈米一万七千五百十六石。合查三姓公义二仓，现报被水霉烂谷石外，仅存谷三万三千余石。不敷放赈，请按七成放米，三成放银，计七成米一万二千二百六十八石一升二合五勺，折谷二万四千五百二十三石六斗二升五合。由三姓仓谷放给其三成米五千二百五十五石六升二合五勺，按每石折银六钱，共折银三千一百五十三两三分七厘五毫，由吉林库贮正项内拨给。该处淹毙旗丁、站丁各一名，每名给米五（谷）石，亦由三姓仓贮内共折给谷二十石。其十分灾之亟贫丁民大口二千四百七口，小口三百八十二口，照例给赈四个月。每大口月给米五（谷）[斗]，小口减半，扣除小建，共需米一千五百三十二石八斗二升，每石折银九百十九两六钱九分二厘。所有旗丁、壮丁、站丁、民人被水全冲房六百七十七间，每间给银三两。尚[存]木料者七百四十四间，每间给银二两。有上盖者一千九百八十一间，每间给银八[钱]，共需修费银五千一百三两八钱。至珲春八分灾之旗丁，大口五千三百六十三口，小口三千一百二十八口。亦请照例给赈四个月，大口每月米二斗五升，小口减半。亦照一米二谷，共折谷一万三千八百五十四石。同淹毙甲兵一名、闲散五名，应折给六十石，由宁古塔仓谷内散。珲春未定灾分以前，有出放仓谷即于应赈月内扣除。该处被水全冲房一百二间，亦每间给银三两。尚[存]木料者二百四十六间，每间给银二两。计应修费银七百九十八两。同三姓丁民折赈及修房费银，均由库正项银内给领。珲春兵丁本年应交义仓谷一百四十四石，并三姓壮丁应交公仓谷四千五百石，兵丁应交义仓谷七百二十石，丁民应纳地丁银七十两四钱六分二厘五丝、耗羡银六两七钱五分三厘，一体请旨全行蠲免。三姓借给两个月官兵俸饷六千六百二十八两一钱九分七厘，请自二十七年春季起，分四季扣还归款。三姓被水霉烂仓谷九千三百四十九石四斗一升二合五勺，并珲春被水霉烂仓谷一百十四石四斗，请免赔补。该二处淹坍衙署房间，另行酌议修理。三姓冲失军械等项，择要修置。再该二处被灾旗民等，现虽无虞乏食，第距来年收成尚远，且三姓牛具淹毙冲失者十分之九，明春应否借助口粮及牛具、籽种，咨行各副都统届时查看情形，再行办理。有奴才等拟御览，乞皇上圣鉴训示。谨奏请旨外，并将分别赈恤银谷造具细册一本，呈请咨报等情。据此复核无异，拟合备文咨报，为此合咨户部查核外，暨咨行宁古塔副都统衙门查照转饬遵办可也。须至咨者。等因前来，相应恭录原奏，并奉到分别赏给修理房间银两及蠲免义仓谷石数目二，照抄粘连文尾，札饬珲春协领遵办可也。须至札者。

吉林将军衙门为奏请宁古塔等处歉收请缓征银谷事的咨文
光绪九年正月十三日

将军衙门　为咨行事。户司案呈：于光绪八年十一月二十日本衙门附片具奏。为宁古塔、珲春、三姓等处禾稼歉收，应征带征各项银谷分别展缓，以纾丁力等因一片。当经照抄原片，并缮清单，凭折咨报查核在案。兹于光绪八年十二月十八日奉到军机大臣奉旨："着照所请，户部知道。单并发，钦此。"钦遵前来，相应恭录谕旨，咨报查核等情，据此拟合咨报，为此合咨户部，请烦查核外，暨咨行珲春副都统衙门遵照可也。须至咨者。

右咨珲春副都统衙门

（三）义　仓　动　存

宁古塔副都统衙门饬令珲春赶紧购买粮石还仓的札文
同治十二年三月初三日

副都统衙门　为迅速饬驳札饬遵办事。右司案呈：准将军衙门咨开，户司案呈，除原文省繁不叙外，案查珲春于同治八年兵丁旗户禾稼被水成灾，颗粒无收，十分甚重，由宁古塔公仓接济谷九千零六石，遵文缓至十一年秋收后交纳，初限谷三千零二石等因，遵办在案。惟查珲春协领呈报金派关领俸饷员弁，由省借银四千两，文内并未声明如何买办还仓等因。回堂当奉宪批："查珲春应交初限谷石，该处自应早为设法还仓，方合限制。何以由该处饷银到塔时再行买办还仓，其情实属不以仓储为重，而又视以兵饷为轻，擅自指动，所请殊欠斟酌，实属含混。除饬令委笔贴式霍凌阿赴省会同委佐领玉庆领饷去讫外，并着该协领另行火速出派素能办公之佐领等官，迅速来塔购买粮石，分别还仓，以昭慎重等谕，饬交司遵此详核。该处十一年应纳初限谷三千零二石数此札催在案。该处理宜即早派员赴塔照数还仓，而于仓储正款不致久悬。若待饷项到塔再行购买还仓，不但该处不应指由饷下买办，且又事关省示，限期造报，迳本衙门致有逾限之咎，岂容该处任意玩懈。是以飞速饬驳该协领遵照文内事理，刻将十一年应交初限谷石，务须另文出派佐领等官，迅速来塔，先行赶紧购买粮石，以备还仓，勿稍迟缓，致干查究。"等情，据此，拟合札饬可也。须至札者。

右札珲春协领遵此

宁古塔副都统衙门为因灾歉收请缓征义仓粮谷事的札文

光绪二年十二月初五日

副都统衙门　为札饬遵照事。右司案呈，准将军衙门咨开，户司案呈，于本年十一月二十三日本衙门附片具奏在现查宁古塔副都统双福咨报，据两翼协领并珲春协领讷穆锦等报称，本年所种大田，夏遭虫灾，秋（风）[逢]阴雨，籽粒未能充实，以致收成仅止四分，委系歉薄等情。经该副都统亲履查勘，所获粮石仅敷该民旗明年糊口，若将应交各项银谷全数交纳，实属力有未逮。援照成案，请将宁古塔地方八旗兵丁承种义仓地亩以及官庄壮丁应交本年分公仓谷石，民户应交本年分地丁等银，珲春兵丁应交本年分义仓额谷并春借秋还及光绪元二两年分带征各项谷石，均请缓至明年秋收后照数交纳等因。加具印结，援案咨请缓征前来。奴才等伏查宁古塔、珲春等处，地极边陲，气候寒冷，当夏已受虫灾，入秋又逢阴雨，以致收成歉薄。若将应征各项银谷，饬令全数纳清，民力实多未逮。奴才等查照历办案，合无恳天恩[俯]准，将宁古塔、珲春旗民丁壮应征各项银谷，分别展缓，递以纾旗民累，出自逾格鸿慈。除将缓征带各项银谷数目另缮清单，恭呈御览外，所有援案请缓由，谨附片具陈，伏乞圣鉴训示遵行，谨奏等因具奏之，除俟奉到谕旨再行恭录咨报外，相应呈请咨报等情，据此，拟合咨报户部查核外，咨行宁古塔副都统衙门遵照可也。等因前来，相应札饬珲春协领遵照，据此，拟合札饬可也。须至札者。

右札珲春协领遵此

粘单

一、珲春八旗兵丁应交本年分义仓谷一百四十四石。

一、珲春八旗兵丁应交本年春借秋还义仓谷二百五十五石。均拟请缓至明秋收后照数交纳。

一、珲春八旗兵丁应交[带]征二年分义仓谷一百四十四石。

一、珲春八旗兵丁应交带征二年分春借秋还义仓谷二百五十五石。

一、珲春八旗兵丁应交带征元年分义仓谷一百四十四石。（下缺）

吉林将军衙门为册报所属各城义仓粮石数目的咨文

光绪九年五月初六日

　　将军衙门　为咨行遵照事。户司案呈，于本年三月十四日准户部咨开，山东司案呈，户科抄出吉林将军铭安等题光绪五年分吉林所属各城义仓粮石动存数目造册核销一案，光绪六年十一月二十日题，十二月十九日奉旨："该部察核具奏，钦此。"钦遵于本日抄出到部，续据该将军将各城兵丁应交义仓谷石，并因被灾展缓各项数目四柱总册送部查核前来，该臣等查得吉林将军铭　等疏称：查光绪四年年底，吉林旧管剩存义仓谷六万五千五百五十二石六斗，新收光绪五年分吉林等处额设牛具计交谷四千九百九十二石，乌拉等处兵丁等还春季借支接济口粮谷五千二百石，共谷七万七千七百四十四石六斗。内开，除光绪五年春季借给乌拉等处兵丁接济口粮五千二百[石]，粜给吉林十旗乌拉等站四边门等处兵丁等变色陈谷五千三百三十五石二斗，给过乌拉挑补无品级笔贴式达禄等饷米折合六十石八斗，共给过谷一万五百九十六石外，实现在存义仓谷六万五千一百四十八石六斗。宁古塔光绪四年年底旧管剩存义仓谷一万二千六百七十二石，新收光[绪]五年分额[设]牛具计应交谷五百七十六石。因是年收成歉薄，请展缓一年，至六年秋收后照数交纳，共谷（谷）一万二千六百七十二石。内开，除谷无实，现在存义仓谷一万二千六百七十二石。又光绪四年年底珲春旧管剩存义仓[谷]一千二百九十六石，新收光绪五年分额设牛具计交谷一百四十四石，共谷一千四百四十石。内开，除谷无实在义仓谷一千四百四十石。（缺文）等因前来，查吉林等处设立义仓粜卖粮石价银，系于乾隆七年经原任将军鄂密达奏请，以备建修仓廒并买补牛只之用，年底造册报部核销。又嘉庆十七年前任将军赛冲阿奏请，嗣后各处义仓逾额粮石粜卖价银，令各该副都统及时咨报将军衙门查核，至请销粮价之时，造册汇案具题等因，经臣部议准行知各在案。今据吉林将军铭　具题册开吉林、宁古塔、珲春、伯都讷、三姓、阿勒楚喀、拉林等处旧管存共谷十万四千二百五十石六斗六升一合，核与该将军上年奏销册报实存各数符合，应毋庸议。新收光绪五年分吉林、珲春、伯都讷、阿拉楚喀、拉林等处兵丁应交牛具仓谷六千三百八十八石，又收吉林、伯都讷等处兵丁应还借支接济口粮谷七千二百石。臣部按照册造核算，应交各项粮石以及借支仓谷数目均属符合。（缺文）并令该将军遵照奏明原案，仍于下年秋收后，照数催令还仓，毋任延欠等因，光绪八年十一月二十七日题，本月二十九日奉旨"依议，钦此"。相应行文吉林将军遵照可也，等因前来。相应呈请咨行遵照等情，据此，拟合咨行珲春副都统衙门遵照可也。须至咨者。

　　右咨珲春副都统衙门

七、工　矿

（一）开　办　金　矿

吉林将军衙门为拟订试办金矿章程的咨文

光绪七年四月二十六日

钦命督办吉林边务事宜、镇守吉林等处地方将军兼理打牲乌拉拣选官员等事一等继勇侯希　为咨行事。案查前据翰林院编修朱一新奏请开办吉林金矿，以裕饷源等因。当以吉林虽有产金处所，向系禁止偷挖，一旦倡议开采，则利之所在，弊亦因之，苟不预杜弊端，终未可遽言兴利也。是以本爵督办于议复该编修折内，将金矿利弊情形，奏明在案。嗣与帮办往复商榷，派员分往宁、姓、珲三城属界查明产金之区，即以靖边各军就近试办，俟一年后果有成效，再行奏明办理。兹已拟定章程十三条，除会同帮办札饬防军各统领遵照章程选派妥实员弁分途前往，认真举办，实力稽查，本爵督办与帮办亦不时密派亲信人员暗访密查，务在兴利杜弊，暨分咨并饬边防营务等处遵照外，相应抄粘章程，备文咨明贵副都统，请烦查照可也。须至咨者。计粘抄试办开采金矿章程十三条。

右咨珲春副都统

今将拟订试办金矿章程分条开列于后。

计开

一、各处开采五金，皆须动用工本，雇募民夫，获利少而贻害多，确有成效者实不概见。吉林试办金矿，原为就地筹饷起见，不开工本，不用民夫，惟以边防各军兵力开采。其经理之官，亦皆用本营带兵官弁，不另开支薪水，总期出于地者归诸公，得多得少皆可补益饷源，别无耗费，亦不致有亏赔本银、易聚难散诸弊。

一、珲春、宁古塔、三姓各界内所有产金之区，已经本帮办派员查明。珲春则有汪清之沙金沟，宁古塔则有万鹿沟，三姓则有桦皮沟、黑瞎背等处。三姓山内各沟产金之处尚多，不止此二处，然此二处所产最旺，故先就此试办，嗣后再逐渐推广。试办之初，应先由三城所驻各军内各拨丹勇五十名，各就附近挖拣，每军派妥实明干哨官一员、哨长一员，经理监收，约束兵勇。

一、兵勇只能掘挖，其上溜淘拣及认识矿线者，恐非军中所有，未便责以所难，应准令各军雇觅妥实把头二名，按月优给工食，以十两为度。_{如营中有能之者亦核给津贴。}先由各该统领垫发，俟由所得金砂内易银抵还。

一、开矿应用器具，除棚帐、锹镐及各项军中所有者不须另置外，其金溜、铁筛及军中所无者，应归各该统领垫款制办，俟由所得金矿内易银抵还。

一、各军所派哨官、哨长两员，应令每日一员在场督工，一员监视上溜，每日收工时，将官兵齐集一处，眼同众兵称准数目，当面订册登记。从前金有以两为钱，以钱为分之说，不可为训。此系官办，只许照实数称量登记，不许以多为少，致涉侵匿。归哨官收存，距营近者半月，远者一月，哨官、哨长将半月、一月内每日净得若干，计共若干，分析报明该统领，即将其金送交该统领验收注册收存，一面照所报细数总数分析报明。督办、帮办每三月将所存金若干送督办处，发交粮饷处注册收存。

一、各军官兵派出后，由某日挖见金砂，先须报明统领，嗣后由该管统领、营官不时派员考查。如官兵有隐匿情弊，不分多寡，悉照侵蚀军饷例军法惩治，该管官失察或扶同徇隐，亦照此例分别议处。

一、各军统领所垫把头工食及添制器具银两，每三月报明粮饷处，即由粮饷处以所收金内提出易银拨还，知照各统领于饷差便备文请领，以归垫款。

一、各处所踩产金之区，其某处是否畅旺，原无一定把握。故此次本属试办，俟办理三月后，某处如何情形，自然显然可见，尔时再将各军所派人数分别增减，其畅旺者酌加增添，其平常者照旧采办，其大微或渐停，均俟督办、帮办商订示遵，以尽地利而节兵力。

一、各军派出官兵，虽系专为开矿，然深山旷野亦须携带枪械，以备不虞，兼可防范私挖，镇慑匪匪。

一、凡产金之区一经挖见苗线，最是招流民匪党之觊觎，其畅旺者尤甚。盖小民惟利是趋，加以匪党倡率，虽有重法亦不知畏。所派弁勇五十名，以工作为事，巡私缉匪不能兼顾，兼由各该统领另派队伍，不时在场外附近处巡查。其畅旺之处尤宜多派，或择山径扼要之区，派兵堵守，如有偷挖或匪党聚私开，即行严拿，解交地方衙门照例惩办，如敢恃众抗拒，并准格杀勿论。惟不准无故惊扰附近居民。

一、各军出派官兵，皆由步队拣派，一切运用军食，应由马队轮派驮送，以省脚费。

一、各军所派开矿官弁，有认真经理克著勤劳及弁勇有出力较多者，年终准各该统领查明声请，给予奖赏，以示鼓励。其办理不善及丹勇之滑惰者，该统领随时查明，撤回归伍，另行更换。非犯侵蚀重罪及借端扰民滋生别事者，不必遽加撤革，以示体恤。

一、三城界面甚宽，其产金之处督办既难尽知，委员查勘亦难遍识，各军官弁丹勇并所雇把头，有能于现在试办各场外，另行踩出矿地者，即时报明该统领，派员复查。查系实有苗线者，禀请拨兵试办。所产畅旺，原报者系官弁丹勇，从优给奖。系把头给予重赏。其或有苗线浮露，挖采时及无实产者亦不罪责。

查拿洛特河沟里挖金人札文
光绪八年

为札饬遵照事。查前据报称，洛特河沟里现有挖金之人，而近城之地尚敢偷挖，其远在山僻更所不免，自应搜捕以杜后患。呈奉宪派云骑尉喜昌带兵前诣所属村屯、山谷幽僻各处，实力查拿，遇犯即获送究，倘敢阳奉阴违，亦必并惩不贷可也。

（二）开挖煤窑

宁古塔副都统衙门为遵部议不准私行采挖煤窑的札文
光绪四年十二月十四日

副都统衙门　为札饬迅速加结呈报事。右司案呈：准将军衙门咨开，工司案呈，光绪四年五月二十八日准工部咨开，屯田司案呈，查例载各省开采煤窑，向由地方查明，如无关碍情弊，详请该督抚等咨部办理。除已经题明处所，定有额饷，准其随时咨部核办。其未经题明山场，如有商人承报开采，经地方官查明委无关碍等情，仍照例先行题明，由本部议准题复后，方准开采。倘遇铅矿等项，即行题请封闭，如该商等影射越界私挖，以致遏碍风水庐墓，私采铅矿等弊，照例题封治罪等语，历经遵照在案。乃近有产煤处所，并不报部先行试采，径由各该处自行开挖，既难免滋生事端，亦与向章不符。相应声明定例行查，吉林将军转饬所属各州县，除曾经本部核准煤窑照例纳课外，其经报部者概不准率行私挖。并仍令援照山西巡抚咨报所属地方煤窑并无私挖滋事，出具各甘结，每年由各该将军等汇总送部备查，毋得迟延遗漏。至此次按准部文后，倘该地方官阳奉阴违，纵令私挖滋事，或失于查察，别经发觉，由该将军等指名严参咨部办理可也。等因前来。当即咨札所属各处遵照文内事理，务于十月初十日以前加结报省，以凭年终汇总报部等因，已于本年六月初八日咨札在案。嗣据赫尔苏、伊通边门各将，并无偷挖越界煤窑加结报省，其余各该衙门尚未报到，相应呈请，除咨札所属一体遵照外，应呕咨行贵副都统衙门遵照前文事理，赶紧呈报可也。等因前来。据此，查省文内开，着令取据甘结报省等语。今该衙自应以文报，并未加结。

宁古塔副都统为严行巡查私挖煤窑事的札文
光绪六年十一月二十日

副都统衙门　为札饬遵照事。右司案呈：准将军衙门咨开，工司案呈，查光绪四年五月二十八日准工部咨开，屯田司案呈，查例载各省开采煤窑向由地方查明，如无关碍情弊，详请各该督抚等咨部办理。已经题明处所，定有额饷，准其随时咨部核办。其未经题明山场，如有商人承报开采，经地方官查明委无关碍等情，仍照例先行题明，由本部议准题复后，方准开采。倘遇铅矿等项，即行题请封闭。如该商等影射越界私挖，以致违碍风水庐墓，私采铅矿等弊，照例题封治罪等语，历经遵照在案。乃近有产煤处所，并不报部先行试采，径由各该处自行开挖，既难免滋生事端，亦与向章不符，相应声明定例行查。吉林将军转饬所属各州县，除曾经本部核准煤窑照例纳课外，其未经报部者概不准率行私挖。并仍令援照山西巡抚咨报所属地方煤窑并无私挖滋事，出具各甘结，每年由各该将军等汇总送部备查，毋得迟延遗漏。至此咨按准部文后，倘该地方官阳奉阴违，纵令私挖滋事，或失于查察，别经发觉，由该将军等指名严参咨部办理可也。等因前来。当奉宪批，本省现在共有煤窑若干座，即行查明等谕，批交到司。案查前经奏准荒山子、西南山坡、台子沟等煤窑共三所，按年均纳课税外，其火石岭子等处煤窑八座，前于同治八年三月间遵照部文随时封禁。当即责令各该地方官务于秋、冬两季严密稽查，并于年终由省派员分往江东、江西巡查，一有私挖，即行拿获解省究治等因。当即咨札所属各该衙门务于十月初一日以前加结呈报，以凭年终汇总报部等因，已于光绪四年六月初八日咨札所属各处遵照在案。兹值年终之际，未据各该衙门报到，应呕呈请咨行副都统衙门遵照，赶紧加结呈报，以凭汇总报部可也。同日，又准将军衙门咨开，工司案呈，案查前准户部咨驳，吉林奏请添设煤窑四座，查咸丰年间将军固　奏开二座，尚未核准，复经前任将军景　查明边外地矿一旦开采，煤窑易于聚匪，致滋流弊，奏请封禁在案。今若增设，开窑之始必多聚集丁夫，其间良莠不齐，稽查既虑难周。今吉林地方，伏莽尚未净绝，思患预防，较之昔年尤当加意。所请增设窑产，应饬该将军一律封闭，随时饬属严密稽查。如有私挖，一经发觉即行惩办等因，奏驳咨行前来。当经拟定稽查章程，责令各该管地方官务于秋、冬两［季］实力稽查。一有私挖，即获解省究治。如该管官扶同徇隐，即照定章惩办。嗣于同治十年春间，查前封闭各窑，以及所属境内有无偷挖情弊，未据该管官呈报。因委员巡查，果获煤犯多名，解案惩治。当恐仍有不法之徒，罔知禁令，复敢私挖，随于是年七月初五日出示严禁，如敢故违，遵照定章治罪，其失察员弁一并参处等因各在案。嗣复按年派员遵查，会同各地方官巡查封闭各窑并旧有煤窑，实无偷挖越界等情禀明亦在案。现届冬初，正值煤窑兴工之际，诚恐奸商乘隙偷挖，应即派员巡查等因，呈堂奉宪派云骑尉海明阿带领兵役前往江东，云骑尉庆连带领兵役前往江西，会同各该管地方官实力巡查，一有私挖，务将挖出煤斤及家俱等物封禁，交该地方官妥为看守，即将奸商卖煤帐目及山主嘎山达乡地一并拘获解案。其煤窑关系风水庐墓，故定有不准越界之条。其旧有煤窑三座，如有越界私挖，即将商人解省究办，并取看煤窑之人，不准短少甘结，一并禀明，毋得扶同徇隐，得贿疏纵，致干究戾等谕。遵此，除札饬云骑尉海明阿、应连等遵文务须认真巡查外，呈请咨行副都统衙门遵照随时稽查详报。倘敢仍前疏懈，定行照章究参，决不姑宽可也。等因前来，相应札饬珲春协领遵照文内事理，务将所属各界内有无奸民私挖煤窑确实情弊，务于省限以前查明，加结呈报，以凭转送可也。须至札者。

右札珲春协领遵此

珲春副都统为境内无私挖煤窑情弊的咨文
光绪八年二月十六日

（上缺）现届冬初，正值煤窑兴工之际，诚恐奸商乘隙偷挖，应亟派员巡查等因，呈堂奉宪委派佐领成林、云骑尉吉庆前往巡查等谕。遵此，拟令佐领成林带领兵役前往江东，云骑尉吉庆带领兵役前往江西，会同各该管地方官实力巡查，一有偷挖，务将挖出煤斤及家俱等物封禁，交该地方人妥为看守，即将奸商卖煤账目及山主嘎山达乡地一并拘获解案。其煤窑关系风水庐墓，故定有不准越界之条。今旧有煤窑三座，如有越界私挖，即将商人解省究办，并取看煤之人，不准短少甘结，一并禀明，毋得扶同徇隐贿纵，致干究戾。除札饬委员佐领成林、云骑尉吉庆等遵照办理外，暨咨行伯都讷、三姓、阿勒楚喀副都统衙门遵照，札饬乌拉总管协领、十路界总理、吉林同知、长春厅通判、四边门章京、伊通佐领、巡检等遵照札文，会同委员认真巡查禀复。至委员去后，各该管官随时稽查呈报，倘敢仍前疏懈，定行照章究参，决不姑宽外，相应呈请咨行副都统衙门遵照可也。等因前来，相应抄录原文，呈请札饬珲春协领遵照等情。据此，拟合札饬可也，等因来咨在案。兹届冬季应查之期，将所属境内有无奸民私挖煤窑之处，即饬查界官骑都尉恩禄带兵往查去后，旋据该员呈称：职奉饬巡查，所属境内并无奸民私挖煤窑情弊，等情呈递前来，据此，合将该员查明缘由，备文咨报将军衙门查核可也。

（三）建 筑 衙 署

吉林将军衙门为报果子楼拆修工料银的咨文
咸丰元年

将军衙门　为咨行事。工司案呈：准工部咨开，营缮司案呈，准吉林将军咨称，据宁古塔副都统衙［门］咨报，本处果子楼房三间，于乾隆四十八年修过，年［久］糟朽，急须拆修。特派骁骑校年昌阿估需工料银一百四十六两［零］三分三厘，请由本处公仓粜谷银两动用，造具册结呈递，复查无异，相应将送到册结咨报工部，候部复到日再行遵办。等因前来，宁古塔果子楼房三间，据吉林将军咨称，于乾隆四十八年修过，年久糟朽，亟须拆修，估需工料银一百四十六两［零］三分三厘，请在于本处公仓粜谷银内动用，造册咨部请修，本部查前项工程已逾限，应准估办。除将送到册结存查外，相应移咨吉林将军饬妥协修理。俟工竣之日，将修过丈尺、做法、用过工料银两，据实造具册结送部核销。至动支银款事隶户部，应咨户部核办可也。等因前来，相应抄录原文，呈请咨行宁古塔副都统衙门遵照外，移付户司查照办理等情。据此，拟合移咨。为此合咨贵副都统衙门遵办可也。须至咨者。

珲春协领为修昭忠祠应需备料银两加具关防切结
同治九年

珲春副都统衙协领讷　为加具关防切结事。适据防御衔委佐领四德呈称，职遵饬将本处应修昭忠祠宇工料价（艮）［银］，即向本处所有泥木瓦工等匠估计之时，据该工匠等面诉，本处并无恒久开设砖瓦窑座，亦无烧做石灰生理之人，奈兼去岁以及本年连遭歉收，因此吃食及各项木料等物价（置）［值］较比往年加倍昂贵等语。职详核本处，凡物不使钱文，皆用银两购办，亦属实情。是以核算，即照时价，与该员所递数目并合。照工匠等估计单张无异。当时所估应需各项［银］两花单，除此并无捏饬妄报情弊，属实等情，加结呈递等因，呈递前［来］。为此，加具关防切结是实。

一、［应需］瓦一万二千块，每块价银四厘，计银四十八两。

一、应需筒瓦一千二百块，每块价银六分，计银七十二两。

一、应需毛头滴水五百个，每个价银六分，计银三十两。

一、应需稳兽一堂，计银五十两。

一、应需土坯二万九千块，每块价银三厘五毫，计银一百零一两五钱。

一、应需木工三百二十个，每个价银五钱，计银一百六十两。

一、应需泥瓦工银二百七十八两。

一、应需颜料等项银二十三两七钱五分。

一、应需钉铁六十斤，每斤价银四钱，计银二十四两。

一、应需桐油六十斤，每斤价银二钱，计银十二两。

一、应需石灰十五石，每石价银十一两，计银一百六十五两。

一、应需麻刀六十斤，每斤价银三分二厘五毫，计银一两九钱五分。

一、应需黄土三百车，每车价银一钱五分，计银四十五两。

一、［应需］石头二百车，每车价银二钱，计银四十两。

一、［应需］（缺文）块，每块价银五两，计银六十［两］。（下缺）

珲春协领为呈报修昭忠祠用料、人工及经费清册

光绪四年

珲春副都统衙协领讷　为呈报修竣册籍事。兹将本处建修昭忠祠三间计一所，进深二尺，前接廊五尺，每间面宽一丈三尺，檐柱高一丈三尺，系六檩，前檐出飞，后檐合缝，明柱硬山，瓦瓦成造。东西廊房各三间计二所，进深二丈一尺，中间面宽一丈三尺。两稍间面宽一丈二尺，檐柱高一丈，系五檩五柱，前檐出飞，后檐合缝，明柱硬山，瓦瓦成造。大门一间，面宽一丈，进深九尺，柱高九尺，系三檩三柱成造。周围群墙除门分奏，长四十二丈，高七尺五寸，均宽二尺四寸，条砖成砌，所用工料运价俱遵部颁工程则例，合依本处时价估计银两数目，逐款分析开列于后。

计开

正祠檐金柱八根，各长一丈三尺，径一尺，计用长一丈三尺五寸、径一尺一寸松木八根，木匠九工七分五厘。廊柱四根，各长一丈五尺，径一尺，计用长一丈一尺、径一尺一寸松木四根，木匠三工九分二厘。五架梁四根，各长二丈二尺，高一尺一寸，厚一尺二寸，计用长二丈二尺五寸、径一尺五寸松木四根，木匠十七工六分。三架梁四根，各长一丈一尺六寸，高一尺二

寸，厚一尺，计用长一丈二尺一寸、径一尺三寸松木四根，木匠六工八分。檐头梁四根，各长五尺九寸，高一尺二寸，厚一尺，计用长六尺四寸、径一尺三寸松木四根，木匠六工八分。穿插枋四根，各长五尺九寸，高九寸，厚七寸，计用长六尺四寸、径一尺松木四根，木匠一工二分八厘。五架随梁枋二根，各长二丈、高九寸、厚七寸，计用长二丈五寸、径一尺松木二根，木匠三工二分四厘。金脊瓜柱十二根，内长二尺八寸八根，长三尺五寸四根，俱径九寸，计用长三尺二寸、径一尺松木八根，长四尺、径一尺松木四根，木匠四工。金脊檐檩十八根，各长一丈三尺、径九寸，计用长一丈三尺五寸、径一尺松木十八根，木匠十九工一分八厘。金脊檐柱十八根，各长一丈二尺六寸，径七寸，计用长一丈三尺一寸、径八寸松木十八根，木匠十四工四厘。脑檐花架椽二百四十根，内前檐椽四十八根，各长八尺六寸，后檐椽四十八根，各长七尺四寸。花架椽四十八根，各长六尺八寸。脑椽三十六根，各长七尺，俱见方三寸。折用长一丈、宽一尺二寸、厚三寸板四十四块一分六厘，计用长一丈五寸、见方一尺二寸松墩十一料（缺文）厘，长一丈，用银三百六十两。木匠十四工七分一厘，锯匠七工五分七厘，锭铰匠三工六分。飞檐椽四十八根，各长三尺五寸。内飞头明长一尺见方，三寸。折用长七尺五寸，宽一尺五寸。内飞头明长一尺见方，三寸。折用长七尺五寸、宽一尺五寸、厚三寸板四块四分七厘，计用长七尺五寸、见方一尺五寸松墩九分，长四寸钉四十八个，长六寸钉四十八个，长三寸钉四十八个。木匠四工三分六厘，锯匠四分八厘，锭铰匠一工四分四厘。连檐二道凑长七丈八尺，见方三寸。瓦口长同宽三寸、厚一寸，小连檐长三丈九尺，宽三寸，厚二寸。椽凑长二丈五尺，宽三寸，厚七分，折用长一丈、宽一尺、厚三寸板三块一分二厘，厚一寸板二块三分四厘，厚七分板七分五厘。计用长一丈五寸、见方一尺松墩一料一分七厘，长六寸钉九十六个，长四寸钉四十八个，大点钉九十六个，木匠三工九分，锯匠八分八厘，锭铰匠一工四分四厘（中缺）。

总计

长一丈三尺五寸、径一尺一寸松木八根，每根重三百六十八斤，银四钱七分八厘，计银三两八钱二分四厘，重二千九百四十四斤。长一丈一尺、径一尺一寸桦木六根，每根重三百斤，银三钱九分，计银二两三钱四分，重一千八百斤。长二丈二尺五寸、径一尺五寸松木四根，每根重一千一百三十九斤，银一两四钱八分，计银五两九钱二分，重四千五百五十六斤。长一丈二尺一寸、径一尺三寸松木四根，每根重四百六十斤，银五钱九分八厘，计银二两三钱九分二厘，重一千八百四十斤。长六尺四寸、径一尺三寸松木四根，每根重二百四十三斤，银三钱一分六厘，计银一两二钱六分四厘，重九百七十二斤。长六尺四寸、径一尺松木四根，每根重一百四十二斤，银一钱八分四厘，计银七钱三分六厘，重五百六十八斤。长三尺二寸、径一尺松木八根，每根重七十一斤，银九分二厘，计银七钱三分六厘，重五百六十八斤。长四尺、径一尺松木四根，每根重八十九斤，银一钱一分五厘，计银四钱六分，重三百五十六斤。长一丈二尺五寸、径一尺松木二十六根，每根重二百七十八斤，银三钱六分一厘，计银九两三钱八分六厘，重七千二百二十八斤。长一丈三尺五寸、径一尺松木二十八根，每根重三百斤，银三钱九分，计银十两零九钱二分，重八千四百斤。长一丈五寸、径一尺一寸松木十六根，每根重二百八十六斤，银三钱七分二厘，计银五两九钱五分二厘，重四千五百七十六斤。长二丈五寸、径一尺松木六根，每根重四百五十六斤，银五钱九分三厘，计银三两五钱五分八厘，重二千七百三十六斤。长二丈三尺一寸、径一尺松木六根，每根重四百五十六斤，银五钱九分三厘，计银三两五钱五分八厘，重二千七百三十六斤。长二丈三尺一寸、径一尺五寸松木八根，每根重一千一百六十九斤，银一两五钱二分，计银十二两一钱六分，重九千三百五十二斤。长一丈二尺六寸、径一尺二寸松木八根，每根重四百零六斤，银五钱二分八厘，计银四两二钱二分四厘，重三千二百四十八斤。长九尺一寸、径一尺松木八根，每根重二百二斤，银二（千）［钱］六分二厘，计银二两零九分六厘，重一千六百十六斤。长一丈三尺一寸、径八寸松木二十八根，每根重一百八十八斤，银二钱四分四厘，计银六两八钱三分二厘，重五千二百六十四斤。长一丈二尺一寸、径八寸松木二十根，每根重一百七十四斤，银二钱二分六厘，计银四两五钱二分，重三千四百八十斤。长九尺五寸、径三寸松橡二十根，每根重十九斤，银四分七厘，计银九钱四分，重三百八十斤。长一丈五尺、见方一尺二寸松墩三十料四分一厘，每料四百五十三斤，银五钱八分九厘，计银十七两九钱一分一厘，重一万三千七百七十五斤。长六尺五寸、径九寸松木一根，重一百十八斤，银一钱五分三厘（中缺）。

长九寸、宽四寸五分、厚一寸七分、重七斤砖二十四万六千六百十四块，每块银二厘，计银四百九十三两二钱二分八厘，重一百七十二万六千二百九十八斤。长宽各五分、厚五分、重一斤六两板瓦五万七千五百八十九片，每片银一厘，计银五十七两五钱八分九厘，重七万九千一百八十四斤。长一尺五寸、宽七寸五分、厚四寸、重四十斤城砖二十九块，每块银一钱，计银二两九钱，重一千一百六十斤。见方一尺七寸、厚二寸五分砖十八块，每块重七十七斤，银一钱，计银一两八钱，重一千三百八十六斤。见方一尺（缺文）寸、厚二寸砖三十五块，每块重三十二斤，银五分，计银一两七钱五分，重一千一百二十斤。尺方砖二千四百十三块，每块重二十七斤，银三分五厘，计银八十四两四钱五分五厘，重六万五千一百五十一斤。长八寸、宽四寸、厚五分、重二斤八两大筒瓦猫头三千四百七十九件，每件银一分三厘，计银四十五两二钱二分七厘，重八千六百九十七斤半。长宽各五寸五分、厚五分、重二斤匀头滴水七百六十六件，每件银一分三厘，计银九两九钱五分八厘，重一千五百三十二斤。

高二尺五寸兽二只，每只重六十斤，银二两六钱，计银五两二钱，重一百二十斤。高二尺兽四只，每只重四十斤，银一两五钱，计银六两，重一百六十斤。长五寸、宽二寸五分、高三寸狮马二十件，每件重六斤，银一钱三分，计银二两六钱，重一百二十斤。白灰共重十三万七千三百八十一斤半，每斤银二厘六毫，计银三百五十七两一钱九分一厘。青灰共重一千二百六十八斤，每斤银三厘，计银三两八钱零四厘。长五尺、见方一尺红豆渣石三百三十车，每车脚银一钱六分，计脚银五十二两八钱。见方一尺柱顶石二十八块，每块重一百五十斤，银四钱五分，计银十二两六钱，重四千二百斤。宽九寸、厚六寸青豆条石五十一丈二尺六寸，每丈重八百十斤，银二两四钱三分，计银一百二十四两五钱六分一厘，重四万一千五百二十斤。

见方一尺实黄土一万一千九百二十七尺，每尺脚银六厘，计脚银七十一两五钱六分二厘。麻刀六百六十五斤半，每斤银三分五厘，计银二十三两二钱九分二厘。麦余七百五十四斤，每斤银五毫，计银三钱七分七厘。挂麻十一斤二两，每斤银四分五厘，计银五钱。高三尺、围圆八寸、重三斤茅草十九束，每束银二厘，计银三分八厘。黄丹一百二十二斤八两九钱六分，每斤银三钱五分，计银四十二两八钱九分六厘。银朱四十斤十三两六钱四分，每斤银二两一钱，计银八十五两七钱九分。水胶四十斤十三两六钱四分，每斤银一钱四分，计银五两七钱一分九厘。桐油一百三十六斤二两九钱二分，每斤银一钱二分，计银十六两三钱四分一厘。扎绳二千一百三十三条，每条重八两，计重一千六十六斤半，每斤银六分，计银六十三两九钱九分。长六寸钉一千三百四十个，长四寸钉六百六十个，长三寸钉一百六十个，三项钉共计重二百十二斤二两，每斤银一钱三分，计银二十七两五钱七分六厘。大兽顶四千七百五十二个，每百个银一钱三分，计银六两一钱七分七厘。雕刻木匠六百九十八工五分五厘，锯匠一百三十二工三分三厘，锭铰匠二十一工八分二厘，搭材匠一百十六工一分八厘，砍磨雕刻瓦匠八百九十工，石匠五十工三分二厘，油匠一百三十六工一分八厘，共匠二千零四十五工三分八厘，每工银一钱七分，计工银三百四十七两七钱一分四厘。夯壮夫七千三百六十五名六分五厘，每名银一钱三分，计工银九百五十七两五钱三分四厘。砖瓦共重一百八十八万四千九百二十八斤，每六百斤装一车，计车三千一百四十一辆五分四厘，运至工所，计程十四里，每车每里脚银一分，计脚银四百三十九两八钱一分五厘。青条石柱、顶石、白灰共重十八万三千一百一斤，每六百斤装一车，计车三百零五辆一分六厘，运至工所计程三十五里，每车每里脚银一分，计脚银一百零六两八钱零六厘。木料共重十万零七千七百七十六斤，每六百斤装一车，计车一百七十九辆零二厘，运至工所五十里，每车每里脚银一分，计脚银八十九两八钱一分。

以上共估计工料运价银三千一百八十八两一钱七分一厘。

珲春副都统为请拨改设衙署银的咨文

光绪七年

左司案呈　为咨请事。案照珲春奏添副都统改设衙署，分立两翼三司，所有创始一切事宜，亟应体查地方情形，因地治事，因事治宜，务期诸臻妥善，庶可历久奉行。查珲春原设协领管辖地面，城处边疆，孤悬海隅。通衢俄国，士卒膺无限之差徭；接壤外夷，兵丁防不时之叵测。以至衙署公用各项差繁，无不借资兵饷，素无津贴、租税垫办，非与宁、伯、三、阿外城可比，是以兵丁倍形苦累。况诸物皆由远地移运，价昂悬殊，种种物色，碍难枚举。至所恳者，仰邀新添各项薪红、膏伙，赏拨如能敷用，遇事免致拮据，办公捷便，即珲春兵民无不感仰。兹有协领衙门原有档册房、仓库、街道厅、看押处、八旗满学等处纸张、盐菜，至于各路边卡、牢犯棉衣、口粮、春秋大祭等项一切需费殷繁，毫无专款，悉皆出自兵力摊派。现值扩充局面，初展规模，自应将前派兵项即行停止，以示体恤之意。及至一切事宜，理合请拨专款，嗣有照章加添之处，以俟明春军民如能集聚，再行设立土税，就地试收，另为陈请。现在应需各款及从前需费数目，按件分析，粘连文尾，咨请定章添设等情，咨请将军衙门核夺外，暨咨报钦命督办宁古塔等处事宜二品顶戴三品卿衔　吴核夺施行。

粘单

谨将所拟请添各条款，分析开列于后：

计开

一、将旧有协领衙署正房三间，暂行作为左司办事之处。西档房五间，作为右司办事之处，印房亦在此屋，暂行借办。将原设笔贴式三员，按左右印房三司，每司一员分办案件。查后设承办处笔贴式一员，以上四处笔贴式四员，似觉势孤无替，即由委笔帖内拣派委章京六名，分为三司，每司二名，帮同办理。除承办处业已定章不计外，其左右印房三司及银库每司委挑轮流值班委笔帖式六名、贴书达六名、贴写十名、领催委官二名、委领催四名，以资传办事件。向无旧章可循，理合请添三司银库薪红、膏伙银两若干，现在档册房每年需过纸张、盐菜、柴炭、口米等银共四百余两。

一、两翼关防处办事人员，应请添设盐菜银两，或薪红膏伙。

一、八旗军器官房向未修立，均系赁房寓存，现拟建修官房，可否拨项修立，应请添设盐菜银两。

一、新添前锋营、果子楼两处，应请公费银两，祈照各外城设立章程若干。

一、旧有街道厅毋庸更易，应请添设盐菜银两。溯查向来需过盐菜、柴炭等银，每年一百余两。

一、旧有番役票两张，暂借街道厅居住。应请添设番役处一所，票若干，役若干名，以资看管缉捕之处。

一、旧有堆拨房，现为囚禁人犯之处，兹因牢狱一时难成，应请照看狱员弁成章，添设盐菜银两，作为永远看狱之需。查以前历办，每年需过银一百余两。

一、和西赫路、嘎哈哩等四卡，其地现已划归敦（城）（化）县（荒）[境]，可否裁汰，合并声明。以上所请添设各条可否应有之处，伏祈圣鉴指示遵行。

吉林将军衙门为添设珲春副都统应建衙署监狱附片具奏
光绪七年四月

再，珲春协领原有衙署正房、厢房不过十余间，并无见客之所，俄官廓米萨尔往来珲春会商公事，即在该协领所住公寓，墙卑室浅，湫隘不堪。该处本非巨镇，亦无城郭，但相安于简陋，殊不足以壮观瞻，现经依克唐阿修筑营垒，即就珲春街市，四围垒土为城，并于城内盖造营房，为驻扎防军之地。臣等奏请添设副都统一缺，如蒙俞允，自应建造副都统衙署，以资办公。前经臣铭奏明增设州县章程内应建宾州厅、五常厅、敦化县衙署三座，每座估需实银五千五百余两，监狱三座，每座估需实银一千五百两。珲春副都统应建衙署、监狱自应援照前案一律办理，所需经费，应请于吉林本省所收大租项下易银动用，统俟工竣后报部核销，是否有当，伏乞圣鉴训示，谨奏。

吉林将军衙门为派员赴省关领建造衙署款项的咨文

光绪七年十一月初七日

将军衙门　为咨行事。工司案呈：准工部咨开，营缮司案呈，本部具奏，内开，窃臣等于三月十六日内阁抄出吉林将军希等奏请修理八旗军器官房等工一折，奉旨："工部议奏，册并发。钦此。"臣等查原奏内称，查光绪七年四月二十八日内阁奉上谕："铭安等奏请添设副都统及建造衙署各折片，吉林珲春地方辽阔，向归宁古塔副都统管辖，相距辽远。该将军等请添设大员以资统率，系为因地制宜起见。着照所请添设珲春副都统一员。其建造衙署各节，均着照所议办理。其余未尽事宜，着该将军等体察情形详议具奏，该部知道，钦此。"钦遵当将珲春建修衙署、监狱及副都统居住官房等工，奏明兴修在案。嗣据副都统依克唐阿咨称：查珲春添官设署，分立两翼，管辖八旗军器官房，自应一律建修，以资办（分）[公]。当即咨令查估去后，旋据副都统咨称，每旗应添官房三间，军器房三间，左、右翼协领关防处正房各三间，厢房各三间，前锋营五间，果子楼办事房五间，楼房三间，番役处五间，共房七十八间。各修大门一所，周围土坯院墙三十四丈，遵照工程则例，合依本处时价估需工料、运脚等项实银七千七百四十二两一钱四分一厘，由本省大租项下以钱易给实银等语。工部查珲春添设副都统建修衙署，前据该将军奏明奉旨允准，当经臣部行令遵照在案。今据该将军奏明请修八旗军器、官房等工，事同一律，自应准其办理。惟原奏声明工料银两按照时价估计，臣部查各直省修理工程所需一切料件，均按各该处例价开报，例有专条，若按时价办理，低昂无定，任何稽查，碍难议准，应由该将军仍照定例办理。至动用款项，户部查吉林各项工程工料银两，向按减四给六开放，仍扣六分减平。兹据吉林将军奏称：修理珲春八旗军器、官房等工，估需工料、运脚等项实七千七百四十二两一钱四分一厘，由本省大租项下以钱易给实银等语。查前项估需工料等银，并未按折减章程支给，核与定章不符，应令该将军查照定章折发。至所称由大租项下以钱易给，究系由何项大租项下易给，是否每两折钱三吊，原奏亦未声叙，并令转饬详细查明，专案声覆报部，以凭稽核。仍令该将军转饬，俟工竣后将修过丈尺做法、用过工料银两，造册题销，恭候命下，由臣等行文吉林将军等遵照等因（缺文）。

吉林将军衙门为报珲春副都统衙署建筑费用的咨文

光绪八年十二月初一日

将军衙门　为咨行事。工司案呈：准工部咨开，营缮司案呈，内阁抄出署吉林将军富奏添建吉林珲春副都统宅房等工，估需工料价银数目造册等因一折，光绪九年八月二十一日军机大臣奉旨："工部知道，册并发。钦此。"钦遵抄出到部，相应恭录谕旨，移咨吉林将军等遵照，即将前项各工，转饬造具丈尺做法、用过工料银两册结，照例题估题销可也。等因前来。查珲春副都统建盖宅房等工，共估计实银五千五百七十三两九钱四分零八毫，相应呈请咨行贵副都统衙门查照，派员赴省关领。一俟修竣，将需过工料价银数目丈尺做法，按款分造白册三本、印册一本，并承修、查验各官加具切结，一并报省转销可也。须至咨者。

右咨珲春副都统衙门

吉林将军衙门为拨给修建衙署银两兑换官帖之不足分额的咨文

光绪九年正月初五日

将军衙门　为咨行拨给银文事。户司案呈：兹据户司禀称，窃查前于十一月二十八日呈稿，发给珲春库存公备修建衙署工程银七千四百六十六两零九分五厘。原奏指由大租钱内易给实银，当经查报部核销。查钱内照依十一月二十七日街市官行，每两三吊三百二十文，核提现钱二万四千七百八十〔七吊四百三十六〕文，发给差员自行买银。除交还前垫实银四千两，余者领回。嗣因库存大租现钱不敷应发之数，□时发给，迨至本月初三日，始经吉林府交库大租现钱一万吊，又于十一日交库现钱二万吊，核计将敷发放。惟其间银行屡次增长，本月初十日官行每两三吊五百文，核计照前每两增加一百八十文。以前稿所提之现钱二万四千七百八十七吊四百三十六文，照行买银，共仅买得现银七千零八十二两一钱二分四厘四毫，较比该处应领七千四百六十六两零九分五厘之数，尚亏银三百八十三两九钱七分零六毫。每两按三吊五百文核计，共亏现钱一千三百四十三吊八百九十八文。该差员屡次赴司声称无项买补，恳请如数添发现钱，以资买领等语。职等详查此项亏短钱文，委因定行在先，发钱在后，以致未能随时购买，并非该差员迟延之故，自应准如所请添发现钱，以资买补而敷应领银数。拟请将前画堂稿库札一并查销，另照初十日官行买银核给，仍由库存大租钱内提出发〔给〕，俾免赔累等情。当奉宪批，"准照所请，提款买补足数，前稿即销"。等谕饬交到司，遵查前画行稿已将咨文钤印发出矣，应请毋庸查销。所有珲春应领工价实银七千四百六十六两零九分五厘，前照十一月二十七日官行三吊三百二十文，共核市钱二万四千七百八十七吊四百三十六文，因现不敷发放，等候交收现钱之间，银行迭长，不敷买用，现经禀明改照十二月初十日街市官行，每两三吊五百文，共计折核市钱二万六千一百三十一吊三百三十二文，除前发市钱二万四千七百八十七吊四百三十六文外，实应找领市钱一千三百四十三吊八百九十八文，亟应另行札付银库，由库存公备俸饷大租钱内照数提出，发给该差员云骑尉穆克德科等承领，如数买足以免赔累（缺文）。

呈请办学建庙祭祀银两

一、满汉官学原设有满教习官一员，教育人才，再请添设汉教习一员，均请仿照省城（缺）师徒膏伙。

一、春秋致祭除昭忠祠有专项外，惟先师孔圣、关帝、龙神、先农坛并无致祭银两，应请添设。查向来每年春、秋两季，需过银六十余两。

一、四季银原设一千四百两、八季银一千七百两、备用银一千两，应请再添设四季银二千四百两、八季银二千八百两、备用银二千两。

一、各路边卡十八处，每处官一员、兵八名，应请添设盐菜银两若干。查向来每卡每年需过银二十余两。

一、狱犯口米及所需棉衣应请添设。

一、珲春应建立城隍、文昌、圣庙，可否修立，应请需项若干。

一、现与俄国和立条约仍敦旧好，其有往来珲城应用尖宿饮馔，应请备需银两若干。

八、驿　路

（一）驿 站 管 理

奏请珲春南冈、省城间改设驿站增添马匹

（上缺）臣于［光绪六年十一月］二十四日由宁古塔启程，十二月初二日始抵珲春。该处二道沟、柳树河一带与俄界接壤之处，彼此相安毫无动静。查阅副将郭长云所练卫字军马队一营、步队二营，均已挖沟筑垒，如法操演，约束勇丁亦尚整饬。所盖营房因采购木料道远运艰，工多未竣。其续练之马队一营，分扎后路珲、塔适中之地，亦足以资策应。臣查珲春到省有两道：一由老松岭北至宁古塔，为各卡伦递送公文之路，须十六七日方进省垣。一由高丽岭至嘎雅河，山径迂折，更越数岭，可由南冈径达穆赫索罗站，俗称黑石岭道，十二三日即可抵省，较为便捷。臣即由此道跋涉而归，借以相度山川形势，往来要隘，于十二月二十日旋省。所过地方，民情均尚安谧。惟烟户稀少，多无旅店可宿。卡房窄小，相隔甚远，久未修理，各卡伦例该马匹不敷周转。现当各军云集之时，自宜酌量改设驿站、添给官马，传递公文方无贻误。当与将军铭安妥筹布置，再行奏明办理。所有微臣查阅宁古塔、珲春各处防军，并由珲回省日期，理合缮折具奏。伏乞皇太后（下缺）。

宁古塔副都统为珲春至宁古塔间各台改设驿站的札文
光绪七年四月二十六日

副都统衙门　为饬知事。左司案呈：于本年四月十五日准将军衙门咨开，兵司案呈，案准边务文案处称，案照<ruby>将<rt>副</rt></ruby><ruby>军<rt>都</rt></ruby><ruby>参<rt>统</rt></ruby><ruby>赞<rt>玉</rt></ruby><ruby>大<rt>铭</rt></ruby><ruby>臣<rt>喜</rt></ruby><ruby>帮<rt></rt></ruby><ruby>办<rt></rt></ruby><ruby>吴<rt></rt></ruby>　于光绪七年三月初三日会衔具奏，为边防紧要，文报日繁，拟请改设驿站，添拨额丁，以重邮递而免迟误，恭折驿陈，仰祈圣鉴事。窃臣等奉命筹备边防，遇有要件公文咨札各城副都统、协领及各营统领，或宁古塔、珲春、三姓各处探报，事关边务，历经严饬各驿站、台卡□飞递送，不得稍有迟延。惟自珲春至宁古塔往来文报未能迅速。（性）［推］原其故，因该处向无驿站，旧设台卡五处，由宁古塔、珲春拨派官兵流轮驻守。自

同治七年前将军富　奏明添设台卡五处，并宁古塔台合计十台，共派俸官一员、虚衔官九员，每台派兵五、六、三名。官兵每员名每日仅给盐菜银五分，官兵盐菜银由宁古塔副都统自行筹办。马乾每年需银一千一百三十四两，遇闰加增，由吉林库存俸饷项下动给，历年报部有案。在平时递送公文无甚紧要，各官兵勤慎当差尚无贻误。自上年珲春添设防兵员弁，往来文书给驿，各台卡人疲马乏苦累不堪。臣喜　吴　先后巡阅防军，由宁古塔前赴珲春，目击该官兵竭蹶情形，无从体恤。而各卡房湫隘失修，并无官员止宿之所，即借住民居亦寥寥无几。山高林密，路僻人稀，虽匹马单身亦必裹粮带草，无怪文报之不能迅达也。臣等伏验珲春为东南边要，以后防军势难裁撤，粮饷军火转运较繁，商旅渐通，荆榛日辟，非复从前荒僻情形。而改设驿站，修建官房，尤为目前要务。臣等往复函商，拟就旧时台卡改设正站、分站。查哈顺卡伦至穆克德赫卡伦一站，名为七十里，实有八九十里，中隔高丽岭，路途甚远，自应添立分站以均劳逸。除宁古塔原有台站毋庸另设外，拟请添设正站五处，应添笔帖式五员，领催委官五员，添拨额丁一百三十三名，应给牛一百三十三头、马一百三十匹。核给每年饷银及牛马草豆银四千二百九十两，遇闰加增。仍照各站向章，应领买补倒毙牛马价银按年核给，造册报销。各站应建官房及（缺文）买给牛马价银，核实筹给。至原设各卡伦，给领官马六十三匹，系由旗民捐输马内拨给各台喂养（缺文）老，不堪使用，上年支差较累，倒毙尤多。应由宁古塔副都统查明实在可用之马究有若干匹，（缺文）驿站官马，其余因公疲倒马匹，可否恳恩免其赔补，以示体恤。再省城东路至宁古塔原设九站，北路至三姓原设十四站，向往差事较简，小站旧设额丁十名至十五名不等，原因地非冲要，筹费维艰，率由旧章因陋就简。现在东北防军转粮运械，动多紧要公文，丁少差繁不敷周转。北路之色勒佛特库站西至斐克图站一百三十里，东北至佛斯亨站一百余里，中隔松花江，夏秋水涨，绕越山岗约有一百四五十里。原设额丁十四名本极偏苛，拟请于斐克图、色勒佛特库两站中间之苇子沟添设一站，以昭平允。东路之鄂摩和站南至阿克敦城，向非冲道，本无驿站。近因南冈一带放荒渐广，烟户日稠。经臣铭　等奏请添设敦化县知县一员，丞一员，公事亦（额）[颇] 繁要。拟请于阿克敦城之北，鄂摩和站之南添设一站，以联络南路其余各站。尚有应设之官、应添之丁，臣等通盘核计，体察情形，邮政与边防相系，不敢不慎重周详。添丁则增费较多，不能不核实撙节。谨缮清单三分，恭呈御览。如蒙俞允，所添笔帖式、领催委官，按年应支俸饷银五百四十两，归并通省官兵俸饷案内，照章一律发给。至初次添买牛马价银约需三千余两，并置买器具盖房价银二千四百两，以及按年应需牛马草豆银六千九百九十两，均拟由吉林本省所征地租钱文项下动款，按照报部吉市银价折银拨给，免其减扣。

用过款项随案折销。新添笔帖式、领催委官循例由应升人员拣放。向无站丁之处，自当设法招徕变通办理。站官、站丁应领随缺地亩，拟照各站定章就近拨给，仍责成各路驿站监督，严加稽查，不任克（拉）［扣］饷乾，短少马匹，以期无误办公。所有臣等会商改设驿站、添拨站丁各缘由，谨缮折驰奏皇太后、皇上圣鉴，训示遵行。谨奏。兹于三月十九日奉到回折，军机大臣奉旨："该部议奏单三件并发，钦此。"钦遵移付前来，相应照抄原折，恭录谕旨，并抄原单，呈请咨行宁古塔副都统衙门查照可也。等因前来。相应呈请札饬珲春协领遵照可也。须至札者。

右札珲春协领遵此

计粘单一纸

谨将宁古塔至珲春各台拟请改设驿站、官丁食饷、牛马草豆银两缮具清单，恭呈御览。

计开

一、宁古塔城原有驿站笔帖式、领催委官各一员，毋庸另设。

一、原设新官地台距宁古塔城七十余里，今拟改为新官地分站，归宁古［塔］台站笔帖式、领催委官兼管。添设额兵十三名，拨给牛十三头、马十三匹。

一、原设玛勒瑚哩卡伦距官地六十余里，今拟改为玛勒瑚哩正站，添设笔帖式一员、委官一员、额丁十五名，拨给牛十五头、马十五匹。

一、原设老松岭台距玛勒瑚哩六十余里，今拟改为老松岭分站，归玛勒瑚哩笔帖式、领催委官兼管。添设额丁十三名，拨给牛十三头、马十三匹。

一、原设萨奇库大卡距老松岭六十余里，今拟改为萨奇库正站，添设笔帖式一员、领催委官一员、额丁十五名，拨给牛十五头、马十五匹。

一、原设胡珠岭台距萨奇库六十余里，今拟改为胡珠岭分站，归萨奇库笔帖式、领催委官兼管。添设额丁十三名，拨给牛十三头、马十三匹。

一、原设哈顺卡伦距胡珠岭六十余里，今拟改为哈顺正站，添设笔帖式一员、领催委官一员、额丁十五名，拨给牛十三头、马十三匹。

一、哈顺卡伦至穆克德赫卡伦约有八十余里，中隔高丽岭，甚为辽阔，今拟在哈顺之南三十八里大坎子地方设立分站，归哈顺站笔帖式、领催委官兼管。添设额丁十名，拨给牛十头、马十匹。

一、原设穆克德赫卡伦距大坎子四十五里，今拟改为穆克德赫正站，添设笔帖式一员，领催委官一员、额丁十三名，拨给牛十三头、马十三匹。

一、原设密占卡伦距穆克［德］赫六十余里，今拟改为密占分站，归穆克德赫站笔帖式、领催委官兼管。添设额丁十三名，拨给牛十三头、马十三匹。

一、原设珲春城台距密占六十里，今拟改为珲春城站，添设笔帖式一员、领催委官一员、额丁（十）五名，拨给牛十五头、马十五匹。

以上添设正站五处、分站五处。共设笔帖式五员，由领催补放者，饷银三十六两，由披甲补放者，饷银二十四两，五员每年约需饷银一百八十两。共设领催委官五员，每年食饷银二十四两，五员每年食饷银一百二十两。原设额丁一百三十三名，应领牛一百三十三头、马一百三十三匹，每年一牛支领草豆银十二两、一马支领草豆银十八两，统共每年共需草豆银三千九百九十两，遇闰加增。仍照各站向章，应领买补倒毙牛马价银，牛每条价银七两，马每匹价银九两，牛按三成，马按四成支领。买补倒毙价值除扣皮张变价外，余三成减扣，发给七成实银。各站应建官房除原有卡房不计外，拟饬每站各盖房五间，十站共盖五十间，每间酌给银三十两，各站应置器具马槽等用，每酌给银五十两，共计十站应需房屋器具银二千两。应请一并由地租项下易银拨给，合并陈明。谨将吉林省城至宁古塔九站拟请添设驿站额丁缮具清单，恭呈御览。

计开

一、额赫穆站原设额丁十三名，牛十三头、马十三匹。今拟添拨额丁五名，牛五头、马五匹。

一、拉法站原设额丁十三名，牛十三头、马十三匹。今拟添拨额丁五名，牛五头、马五匹。

一、退抟站原设额丁十三名，牛十三头、马十三匹。今拟添拨额丁五名，牛五头、马五匹。

一、意气松站原设额丁十名，牛十头、马十匹。仅设委领催官一员，并无专任笔帖式，改委领催为领催委官一员。添拨额丁五名，牛五头、马五匹。

一、鄂摩和站原设额丁十三名，牛十三头、马十三匹。今拟添拨额丁五名，牛五头、马五匹。

一、自鄂摩和站南至［阿克］敦城一百四十余里，向无马站。今拟至南北适中之通沟镇添设一站，专设笔帖式一员，领催委官一员，额丁十三名。拨给牛十三头、马十三匹。

一、塔拉站原设额丁十名，牛十头、马十匹，仅设委领催为领催委［官］一员，添拨额丁五名，牛五头、马五匹。

一、必尔罕站原设额丁十三名，牛十三头、马十三匹。今拟添拨额丁五名，牛五头、马五匹。

一、沙兰站原设额丁十三名，牛十三头、马十三匹。今拟添拨额丁五名，牛五头、马五匹。

一、宁古塔台站原设额丁十名，牛十头、马十匹。该处又为珲春南之首站，递送公文尤为繁要。今拟添拨额丁十名，牛十头、马十匹。

以上添设通沟一站，笔帖式一员、领催委官一员。添给盖房银一百五十两、置买器银五十两。改设意气松、塔拉两站笔帖式二员，领催委官二员。各站共添额丁六十三名，牛六十三头、马六十三匹。每年应添官员食饷银一百八十两、牛马草豆银一千八百九十两。应领买补倒毙牛马价银，仍照各站向章核给，合并陈明。谨将吉林省城至三姓十四站，拟请添设驿站额丁缮具清单，恭呈御览。

计开

一、金珠鄂佛罗站原设额丁二十七名，牛二十七头、马二十七匹。毋庸添拨站丁牛马。

一、舒兰河站原设额丁二十七名，牛二十七头、马二十七匹。毋庸添拨站丁牛马。

一、法特哈站原设额丁二十七名，牛二十七头、马二十七匹。毋庸添拨站丁牛马。

一、登伊勒哲库站原设额丁二十七名，牛二十七头、马二十七匹。毋庸添拨站丁牛马。

一、蒙古喀伦站原设额丁十五名，牛［十］五头、马十五匹。今拟添拨额丁三名，牛三头、马三匹。

一、拉林多欢站原设额丁二十五名，牛二十五头、马二十五匹。毋庸添拨站［丁］牛马。

一、萨库哩站原设额丁十五名，牛十五头、马十五匹。今拟添拨额丁三名，牛三头、马三匹。

一、蜚克图站原设额丁十四名，牛十四头、马十四匹。今拟于蜚克图之东北添设额丁，牛马毋庸再添。

一、蜚克图站至色勒佛特库站一百三十里，路远差繁，实形疲累。今拟于苇子沟添设一站，距蜚克图站七十里，距色勒佛特库站六十里，正当两站适中之地，应请添设笔帖式一员、领催委官一员、额丁十三名，拨给牛十三头、马十三匹。

一、色勒佛特库站原设额丁十四名，牛十四头、马十四匹。查该处西南虽设分站，东北至佛斯亨站一百余里，中隔松花江一道，夏秋水涨，尚须绕越数十里，自应量为调剂。今拟酌添额丁二名，牛二头、马二匹。

一、佛斯亨站原设额丁十四名，牛十四头、马十四匹。今拟添拨额丁三名，牛三头、马三匹。

一、富拉浑站原设额丁十四名，牛十四头、马十四匹。今拟添拨额丁三名，牛三头、马三匹。

一、崇固尔库站原设额丁十四名，牛十四头、马十四匹。今拟添拨额丁三名，牛三头、马三匹。

一、鄂勒国木索站原设额丁十四名，牛十四头、马十四匹。今拟添拨额丁三名，牛三头、马三匹。

一、妙尔嘎山站原设额丁十名，牛十头、马十〔四〕匹。今拟添拨额丁三名，牛三头、马三匹。

以上拟请添设苇子沟一站，笔帖式一员、领催委官一员。添给盖房银一百五十两、置买器具银五十两。各站应添额丁三十七名，牛三十七头、马三十七匹。每年应添官员食饷银六十两、牛马草豆银一千一百一十两。应领买补牛马倒毙价银，仍照向章一律核给。合并陈明。

钦差大臣为珲春架设电报线路饬令各地认真保护的咨文
光绪七年六月二十八日

钦差大臣督办北洋海防事宜办理通商事务太子太傅文华殿大学士直隶总督部堂一等肃毅伯李　为咨明事。据北洋电报官局详称，窃据总查关外电线徐令庆璋会同奉天电报分局委员马县丞籀图详称，窃卑局于光绪十二年五月二十一、二十七、二十九等日，迭据北路巡丁张廷甲等四局禀称，铁岭县南界内之辽海屯南三里奉字八百五十九号杆上磁碗被人击破一个，又铁岭城北（缺文）杆上磁碗被人击破，当时由该处乡约头项拿获击破磁碗宋兴元一名解送铁岭县衙门讯办。又（缺文）杆上磁碗均被人击破等情到局，查北路电线添设甫经月余，被击碎磁碗十四个之多，若不从严惩办，恐纷纷效尤，伊于胡底。然不立法明示，恐乡愚无知，有所借口，现据铁岭县知县移称有据守堡等禀称，设立电杆离屯稍远之处，早晚难以照料等语。查守堡屯达、乡保数十里之中，不知凡几，且系土著之人，不难家喻户晓，何致路远难照。该县据禀转移，未免稍涉轻信。卑职等现酌议稽查之法，以免彼此推诿之虞。各处电杆均有字号，即令就近守堡屯达或乡约、保正每人分段、分杆报护，将何人管何字号电杆若干根，取具屯达、守堡乡约、保正姓名移送卑局存查。卑职庆璋，可以按段不时亲查。卑职籀图，仍专派各巡丁分段严查，不准因有乡、保等保护稍事疏懈。似此办理，各有专责不致互相推诿，庶足以昭慎重，除具详军督宪外，是否有当，理合详请查核示遵，并请饬下北路电线经过旗民地方官一体遵照，实为公便。等情据此，伏查奉天至吉林珲春奏设电线，原为军报灵捷起见，关系极为重要，沿途地方文武，宜如何加意防护，随时晓谕乡约、地保人等一体认真保护，岂容稍涉漠视。乃此路电线甫经置设，即有无知之徒，敢将电杆上磁碗击破十四个之多，实属胆玩已极，诚恐闻及效尤，难免功败垂成，拟请宪台飞咨奉省转饬铁岭、开原两县将此次击破磁碗之犯，速即拣差干役严拿务获。其已获之宋兴元一犯，一并尽法惩办，以儆效尤，并请咨明京军督部盛奉天府尹堂吉林宁古塔珲春副都统分别严饬奉天、吉林、珲春等处线路所经旗民地方文武一体遵照，出示晓谕，一面责成乡约、地保分段分杆妥为保护，不得再有疏失，致干严谴。除分行吉、宁、珲各分局遵照并批饬徐令等照办外，理合详请鉴核，分咨行严饬遵办，实为公便等情（缺文）并咨吉林将军暨珲春宁古塔副都统一体严饬沿途旗民地方文武出示晓谕，责成乡约、地保人等，分段分杆认真梭巡保护，不得再有疏失干咎，仰仍通饬各局员遵照缴挂发外，相应咨明贵都统请烦查照转饬遵办施行。须至咨者。

宁古塔副都统为请拨驿车运解饷银的札文

光绪七年七月十四日

副都统衙门　为饬知事。左司案呈：于本月初六准将军衙门咨开，兵司案呈，于本月二十九日据珲春吉军靖边中路中营委员蓝翎云骑尉依吉斯浑呈称，窃职奉派赴省具文承领吉军中左两营边饷银两，职业由边粮饷处领出两个月银一万三千余两。是以请拨驿车，以备运解之处，为此呈请兵司查核施行，等因前来。查例载各省运送饷银，每六千两给车一辆，一千两给驼马一匹，倘不及一千两单行者，亦给驼马一匹等语。今该差员解运饷银一万三千余两，核计应给驿车二辆以利遄行。除由本衙门发给车票一纸，填注驿车数目，饬交该差官执持前徂，并札饬西路驿站监督遵照转饬各站照票应付外，相应呈请咨行宁古塔副都统衙门查照可也，等因前来。相应呈请札饬珲春协领遵照可也。须至札者。

右札珲春协领遵此

珲春副都统为请领核准驿站站丁津贴银额的咨文

光绪七年

右司案呈　为咨领事。于九月初三日准钦命镇守吉林等处地方将军兼理打牲乌拉拣选官员等事铭督办宁古塔等处事宜二品顶戴三品卿衔吴咨开：案准贵副都统，以准咨津贴台卡银两，查明珲属传递文报之城台及密占、穆克德赫、哈顺等站，共计四所，由库存备用项下，提出银四十两，每处暂行发给一个月津贴。惟南路二道河卡伦系为紧要冲途，加以中外交涉事件往返照会、接递人犯，必须该卡传递，自应多派官兵戍守，以昭慎重。该卡向未设有薪水，可否援照各卡新章一律发给津贴等因，咨商前来。查二道河卡伦密迩俄疆，为中外交涉紧要处所，应与密占等卡暂准一体加给津贴，俾免向隅。仍由边防项下给领，一俟各处驿站添设齐楚，再行（缺文）经费，酌裁津贴。除饬边务粮饷处知照外，相应备文咨复。为此合咨贵副都统衙门遵照施行。等因前来，遵将所属传递文报之台卡四处及中外交涉之二道河卡伦，共五处，按照奉文之闰七月初一日起至十二月底止，共应领六个月新添台卡津贴银三百两，咨请发交本处赴省关领俸饷去之佐领温崇阿等就近承领之处，相应呈请备文咨报将军衙门核发施行。

吉林将军衙门为复准珲春至宁古塔间改设驿站的咨文

光绪八年二月初八日

将军衙门　为咨行事。兵司案呈：于光绪七年十二月二十六日准兵部咨开，车驾司案呈，光绪七年九月十九日本部会议复奏，兵部等部谨奏，为遵旨议奏事，内阁抄出吉林将军铭　等奏文报日烦，拟请改设驿站，添拨额丁以重邮递一折，光绪七年三月十一日军机大臣奉旨："该部议奏单三件并发，钦此。"钦遵到部，查原奏单内称，珲春至宁古塔往来文报未能迅速，因向无驿站，旧设台卡五处，由宁、珲派兵轮驻，同治七年添设五处，合共十台。计俸官一员、虚衔官九员、兵五十三名，每员名日给盐菜银二分、马日给乾银五分。平时向无贻误，上年设防以来，文书络绎，人疲马乏，苦累不堪。拟就台卡改设正站、分站各五处，应派笔帖式、领催委官各五员，额丁一百三十三名，牛马各一百三十三匹头。北路至三姓原设十四站，向来差简站小，额丁十名至十五名不等。现因差烦，于蒙古喀伦等八站，每站添设额丁自二名至四名不等，牛马自二匹头至四匹头不等。另添设苇子沟一站，添设笔帖式、领催委官各一员，额丁十三名，牛马各十三匹头。东路至宁古塔原设九站，今拟于额穆赫等八站每站添拨额丁五名，牛马各五匹头。宁古塔台站为首站，拟添拨额丁十名、牛马各十匹头。另添设通沟镇一站，专设笔帖式、领催委官各一员，额丁十三名，牛马各十三匹头。共添笔帖式、领催委官各九员，额丁二百三十三名，牛马各二百三十三匹头。按年应支俸饷银五百四十两，添买马牛约需银三千余两、器具房价钱二千四百两、牛马草豆银六千九百九十两，站丁应领随缺地亩照章拨给各等因。兵部查吉林省额设台站三十八处，站丁八百五十名、马牛各八百五十匹头，例定额数甚为详审。前于同治七年经前将军富　奏添台卡五处，又于光绪四年经该将军铭　等奏添多欢站一处，合之原额足敷分拨。兹据该将军等奏称，鄂摩和站南至阿克敦城一百四十余里，向无驿站，今拟在南北适中之通沟镇添设驿站，额丁十三名，拨给牛十三头、马十三匹。又蛮克图站至色勒佛特库站一百三十里，路远差烦，实形疲累，今拟于苇子沟添设一站，距蛮克图七十里，距色勒佛特库站六十里，正当两站适中之地，应请添设额丁十三名，拨给牛十三头、马十三匹等语。查该处道路既据该将军等奏称，相距或一百三十里，或一百四十里，拟于适中之地添设驿站，自系因地制宜，应如所请，准其添设拨给以示体恤。至所请玛勒瑚哩卡伦、萨奇库大卡、哈顺、穆克德赫卡伦、珲春城等五处改为正站，计添设额丁共七十一名、马牛各七十一匹头。又新官地台、老松岭台、瑚珠岭台、密站卡伦、哈顺之南大坎子等五处改为分站，计添设额丁六十二名、马牛各六十二匹头。又蒙古喀伦站、萨库哩站、色勒佛特库站、佛斯亨站、富勒珲站、妙噶山站、崇固尔库站、鄂勒国木索站、额赫穆站、拉法站、退抟站、意气松站、鄂摩和站、塔拉站、必尔罕站、沙兰站、宁古塔台站等十七站，共加添额丁七十四名、马牛各七十四匹头。自系因边防紧要，文报络绎，不能不随时变通。然若增添不已，未免纷更，旧制殊于邮政，大有关碍，应请准其暂时增添以期无误办公，一俟边务稍松，即由该将军等奏明裁撤以符定制，他处不得援以为例。所有此次添用马牛价银，按照该省例价核实买补，以及程途里数，增添日期，应令该将军等报部核销。至原奏内称，所设各卡伦给领官马六十三匹，系由旗民捐输马内拨给，各台喂养年久，疲老不堪使用，上年支差较累，倒毙尤多。应由宁古塔副都统查明，实在可用之马究有若干匹，拨充驿站官马，其余因公疲倒马匹，可否恳恩免其赔补，以示体恤等因。查此项捐输马匹共有若干、系何年捐输、何年拨给卡伦应差、共倒毙若干，原奏均未详细声叙，兵部无从核办，应请令该将军等详查明确，咨报到日再行核议。又原奏内称，应添领催委官，臣等查定例，吉林委署官缺出，该将军等于前锋领催内拣选差使勤慎、弓马娴熟者，出具考语咨部委署等语。今吉林通沟镇、苇子沟地方增设驿站，请添领催委官一员，该将军系因慎重文报起见，应请准其添设，即由该将军照例拣选咨部委补。至玛勒瑚哩等五处改为正站，请于每站添设领催委官各一员。又意气松、塔拉（西）［两］站，原由委领催各一名，今请改为领催委官各一名。既据奏称，现因边防紧要，文报络绎，自应量为变通，应请暂时增添照例委补，一俟边务稍松即行（春）［奏］明裁撤以归旧制。又原奏内称，应添笔帖式、领催委官，又笔帖式、领催委官循例由应升人员内拣放。吏部查定例，吉林、黑龙江、打牲乌拉等处笔帖式原缺，由将军、副都统挑取本处应用人员坐名补授，咨明吏部注册。其由领催等项兵丁挑补者，仍食原钱粮。由闲散等项人内挑取者，给与无品级笔帖式钱粮。由监生出身者，照院衙门笔帖式之例，给与品级、食俸，不准与在京笔帖式一体升转。仍由该将军等以本处应升之缺，照例择选升用等语。今吉林将军铭　等奏称，通沟镇、苇子沟地方增设驿站，拟请添设笔帖式二员，玛勒瑚哩卡伦、萨奇库大卡、哈顺、穆克德赫卡伦、珲春城等五处改为正站，拟请添设笔帖式五员，意气松、塔拉两站，拟请添设笔帖式二员，共添笔帖式九员。臣等查该将军等奏请通沟镇、苇子沟地方增设驿站，添设领催委官，既据兵部议准所有通沟镇、苇子沟两站添设笔帖式各一员，应如所请添设，以资办公。至所请玛勒瑚哩等五处改为正站，添设领催委官，意气松、塔拉两站原有委领催，今请改为领催委官。既据兵部议称，现因边防紧要，文报络绎，量为变通，应请暂时增添照例委补，一俟边务稍松，即行奏明裁撤以归旧制等语。其玛勒瑚哩等七站添设笔帖式七员，自应准其暂时增添，仍应援照兵部所议，俟边务稍松一并奏请裁汰。以上添设笔帖式各缺，均应由该将军等查照定例咨部补放。又原奏内称所添笔帖式、领催委官按年应支俸饷等银及牛马草豆，并站官、站丁拨给随缺地亩等项。户部查该将军原奏内称阿克敦城属通沟镇，请添设一站，额丁十三名，牛十三头、马十三匹；苇子沟添设一站，额丁十三名，牛十三头、马十三匹，据兵部议准添设。又玛勒瑚哩等五卡改为正站，添设额丁共七十一名，马牛各七十一匹头。又新官地台等五台卡改为分站，添设额丁六十二名，马牛各六十二匹头。又蒙古喀伦站等十七站，共加添设额丁七十四名，马牛各七十四匹头，据兵部议，因文报络绎，拟准暂时增添，一俟边务稍松，即由该将军等奏明裁撤，以符定制，他处不得援以为例。又通沟镇、苇子沟二站，请添笔帖式二员、领催委官各一员，据吏部、兵部议准添设。其玛勒瑚哩等五处改为正站，请添设笔帖式五员，每站添设领催委官各一员。又意气松、塔拉二站，添设笔帖式二员，原有委领催各一名，请改为领催委官各一员，据吏部、兵部核议，准其暂行增添，一俟边务稍松，即行奏明裁撤。所有添设笔帖式、领催委官按年应支俸饷等银及牛马草豆并站官、站丁、拨给随缺地亩等项，查吉林省七品笔帖式岁支俸银三十三两、俸米十六石五斗。八品笔帖式岁支俸银二十八两、俸米十四石。九品笔帖式岁支俸银二十一两一钱一分四厘、俸米十石零五斗五升。额设无品级笔帖式由领催、披甲等项挑补者，仍食原饷，岁支俸米十五石二斗。又驿站领催每名岁支俸银三十六两，委员仍食底饷。官俸放款章程每银一两以五成八折放给，应扣六分减平，其余五成银票每两折银二钱五分，饷银章程每银一两以五成八折放给，仍扣六分减平，其余五成按每两折钱三吊。又驿站喂养牛马草豆银两，马每匹支乾银五分、牛每头日支草料银四分，草豆银两并买补牛马价两项，每两按照例价减扣三成，其余七成放给实银，仍扣六分减平，历经遵办在案。今通沟镇、苇子沟二站添设笔帖式二员，领催委官各一员。据吏部、兵部议准，添设所有笔帖式、领催委官等俸饷银两及喂养牛马草豆银两，并买补牛马价银，应准在于俸饷下作正开销，仍准照该署放缺章程分别折减给发。至玛勒瑚哩等五正站添设笔帖式五员，每站添设领催委官各一员。意〔气〕松、塔拉两站添设笔帖式二员，原有委领催各一名，改为领催委官各一员。既据吏部、兵部核议，准其暂时增添玛勒瑚哩等站，加添牛马亦据兵部议准暂时增添，均俟边务稍松，即行奏明裁撤。所有笔帖式、领催委官等应支俸饷银及牛马喂养草豆，并买补牛马价等银，应准其暂时添支，遵照该省放款章程分别折减给发，年终造册送部核销。仍令该将军遵照吏部、兵部原议，一俟边务稍松，即将添支各项银两奏明裁撤，报部停支，以符定章而昭撙节。并将各站添设笔帖式等官无挑补起支俸饷及加添牛马买齐，起支草豆银两各日期及用过买补牛马价银分别造具官兵衔名、旗佐壮丁姓名、牛马口齿毛片细册，先行专案送部，以凭查核，切勿迟延遗漏。至站官、站丁等请拨给随缺地亩一节，查光绪四年七月间，户部会同兵部议复，将军铭等奏拉林、多欢站等二站添设委官、壮丁、牛马等。每年应支喂养买补等项银两，曾经会议准照该省驿站放款章程作正开销。其应给随缺地亩，系该站丁情甘自行筹备，亦经户部核准复奏行知遵照在案。〔奉〕旨"依议，钦此"。相〔应〕抄录原奏，行文吉林将军遵照可也。等因前来，查此次添改驿站，增设笔帖式共九缺，亟应分析各归各署拣选，所有应归省城、外城拣放各缺数目开录粘单，相应呈请咨行珲春副都统衙门查照可也。须至咨者。

右咨珲春副都统衙门

计粘单一纸　添设笔帖式、领催委官缺分开列于后：

计开

通沟镇添设笔帖式一缺　此缺应由省城拣放，领催委官一缺。

苇子沟添设笔帖式一缺　此缺应由阿勒楚喀拣放，领催委官一缺。

玛勒瑚哩卡伦添设笔帖式一缺　此缺应由宁古塔拣放，距该城一百十五里，领催委官一缺。

萨奇库大卡添设笔帖式一缺　此缺应由宁古塔拣放，距城二百三十里，领催委官一缺。

哈顺卡伦添设笔帖式一缺　此缺应由珲春拣放，距该城一百七十里，领催委官一缺。

穆克德赫卡伦添设笔帖式一缺　此缺应由珲春拣放，距该城一百二十里，领催委官一缺。

珲春城添设笔帖式一缺　此缺应由珲春拣放，领催委官一缺。

意气松改添笔帖式一缺　此缺应由省城拣放，领催委官一缺。

塔拉站改添笔帖式一缺　此缺应由省城拣放，领催委官一缺。

乌拉、额赫穆等站为带牌拣放添驿站笔帖式领催委官的呈文

光绪八年三月二十九日

管理乌拉、额赫穆等站_{监督二品顶戴花翎协领达春巴图鲁金福}_{署总站官五品顶戴记名主事喜成}　为咨呈事。案准堂札内开，兵司案呈：案准兵部咨开，议复吉林将军铭　等奏称，添设驿站由宁古塔至珲春原设台卡改为正站五处、分站五处，共计十站。其玛勒瑚哩等五正站添设笔帖式五员、领催委官五员，饬由两路驿站监督，由应验人员内带牌拣放。等因札饬前来，遵即于本年三月十一日带牌呈堂拣放，当将玛［勒］瑚哩站领催委官一缺以关防档册达周国经补放、萨奇库站领催委官一缺以关防达刘文仲补放、哈顺站领催委官一缺以关防外郎杨任开补放、穆克德赫站领催委官一缺以关防外郎周俊补放、珲春城站领催委官一缺以关防外郎银如峙补放之处，谨将新放领催委官衔名，理合备文声明。为此合呈都护大人麾下鉴核可也。须至呈者。

右呈珲春副都统依

珲春副都统为穆克德赫站呈报被水冲失公文件数抄单的咨文

光绪八年七月初一日

珲春副都统法什尚阿巴图鲁依克唐阿　为迅速咨报事。左司案呈：本年六月二十八日，据穆克德赫站兼密占分站笔帖式乌勒希布呈称，窃因两站兼顾难周，曾将前派戍守穆克德赫卡伦领催七十尔声请，准留该站经理文报，以资熟手。职因密占分站径通和西赫路，来往札文亦所不免，是以亲自戍守，乘空前往穆克德赫站照料。兹据领催七十尔携带号簿前来告称，于二十四日接得哈顺站送到公文三十三角，书信三封，因连日降雨，河溪涨泛，于二十五日水势稍消，即令甲兵巴而佳阿伴同卫字军队官杨德山等乘马递送，行至德通河渡口，水流浑紧，看不透彻，下去即被水冲有一里许，幸亏杨德山等捞救得活，惟腰系文包被水冲去，七十尔闻信领兵寻捞两日未得等语。据该笔帖式将某衙门咨行某署文件查明转报前来，据查，该站于接得公文，虽值河水涨泛，亦未敢迟压，尚知谨慎。其冒险涉渡，以致冲失文件，是出意料之外，除严饬该站详加寻找外，合将所失来文件数抄粘文尾，呈请咨报。为此，咨报将军衙门，祈为查核补发施行。须至咨者。

右咨将军衙门

谨将被水冲失来文数目开列于后

计开

钦差督办吴　咨行珲春副都统衙门公文二角，郭统领公文二角，具系四百里。李太守公文一角

三姓副都统衙门咨行珲春副都统衙门公文一角

吉林将军衙门咨行珲春副都统衙门公文四角，郭统领公文五角，李太守

公文一角

　　伊通河佐领衙门咨行珲春副都统衙门公文一角

　　丰润县咨行珲春副都统衙门公文一角

　　宁古塔副都统衙门右司付文移珲春右司移文一角

　　天津咨行郭统领公文八角

　　奉天咨行郭统领公文一角

　　奉天前营咨行郭统领公文一角

　　宣化府咨行郭统领公文二角

　　总理边防营务处翼长德　咨行珲春副都统衙门公文一角

　　支应局咨行靖边营公文一角

　　总统大人书信一封，讷大人书信一封，靖边营文案处书信一封

　　以上公文共三十三角。宁古塔副都统衙门发行十六日火票一张，十八日火票一张，十九日火票一张。书信三封。

吉林将军衙门兵司为请拨珲塔驿站差丁的移文
光绪八年十一月十五日

将军衙门兵司　为移付事。于本月十九日准户司移开，兹据珲春副都统衙门咨开，右司案呈，除原文省繁简叙外，兹查所设驿站站丁，本处实无可招之人，迄今数月诸无端倪，及应办站马、牛条、房间、器具等项银两，合行派委新放笔帖式德克登额前赴省垣，会同各该领催承领妥办及将应招站丁仰请或准由内城各站余丁内抽拨迁充。即可饬令赴省站笔帖式德克登额同各站领催等督带前来，以便差遣。可否之处，理合咨请核办，为此咨报将军衙门鉴核施行。等因，准此，除各站应领房间牛马价值银钱已经由司照案核发外，所有新添各站应拨站丁事务移付兵司查照办理之处，相应备文移付，为此合移兵司查照办理可也。等因前来，查此案前据兵、户司西路驿站监督会议禀称：窃照新设东路通沟镇、玛勒瑚哩、萨奇库、哈顺、穆克德赫、珲春城等六正站以及新官地、老松岭、胡珠岭、大坎子、密占等五分站，共应拨当差壮丁一百四十六名。职等查得旧有塔拉站与新设通沟镇站相近，该站应差额丁外，尚有浮多余丁，可以分拨通沟镇站十三名，就近应差，甚属简易。又查得宁古塔所属官庄除纳粮额丁外，尚有余丁一千余名，相距新添各站均不甚远，若由此项余丁内择挑一百三十三名，分拨玛勒瑚哩、萨奇库、哈顺、穆克德赫、珲春城、新官地、老松岭、胡珠岭、大坎子、密占正分等站应差，可期相益。如蒙宪允，请即行知塔城副都统衙门，迅速挑拨各站应差，以重邮务。第职等所拟是否有当，未敢专擅，谨具情禀请，伏乞钧鉴

核夺施行。等因，禀奉宪批："所拟尚属妥协，仰即行知塔城副都统，迅速挑拨各站应差，以重邮政。"等因，当经咨行宁古塔副都统衙门查照办理，并札饬西路驿站监督，转饬遵照在案。兹准户司移称，相应再行移付宁古塔副都统衙门左司，查照前文事理，即将此项余丁赶紧挑拨各该站应差，以重邮政，毋得迟延外，相应移付珲春副都统衙门左司查照可也。须至移付者。

右移珲春副都统衙门左司

珲春副都统为拨壮丁充新设珲春城等站的札文

光绪九年

左司案呈：为饬知事。于本年正月二十七日准将军衙门咨开，兵司案呈，于光绪八年十二月二十七日准宁古塔副都统衙门咨开，左司案呈，案准将军衙门咨开，兵司案呈，于本年七月十四日据兵、户司西路驿站监督会议禀称：窃照新设东路通沟镇、玛勒瑚哩、萨奇库、哈顺、穆克德赫、珲春城等六正站，以及新官地、老松岭、瑚珠岭、大坎子、密占等五分站，共应拨当差壮丁一百四十六名。职等查得旧有塔拉站与新设通沟镇站相近，该站膺差额丁外，尚有浮多余丁，可以分拨通沟镇站十三名就近膺差，甚属简易。又查得宁古塔所属官庄，除纳粮额丁外，尚有余丁一千余名，相距新添各站均不甚远，若由此项余丁内择挑一百三十三名，分拨玛勒瑚哩、萨奇库、哈顺、穆克德和、珲春城、新官地，老松岭、瑚珠岭、大坎子、密占正分等站膺差，可期相益。如蒙宪允，请即行知塔城副都统衙门迅速挑拨各站膺差，以重邮务。第职等所拟是否有当，未敢专擅，谨具情禀请，伏乞钧鉴核夺施行等因。禀奉宪批，所拟尚属妥协，仰即行知塔城副都统迅速挑拨各站膺差，以重邮政。等因奉此，相应呈请咨行宁古塔副都统衙门查照文内事理，赶紧挑拨，望勿迟延可也。等因准此，当即分饬该管各官，严传挑拨去后。兹据管理公仓监督花翎协领瑚图哩等移据拣派督催仓粮值年官云骑尉春和、多罗伦等呈称，遵奉札谕督催官庄领催陈永纯、张明礼传集该管各庄头等诚如大省指示，全由纳粮额丁之外，分拨玛勒瑚哩等处新添改设驿站当差，仍将应拨余丁造具花名，迅速呈递。等因。现经陈永纯等带领该管下丁户，来署听候挑择，由该值年官造册呈请拨充前来。当即造册查点间，据官庄壮丁人等跪集声称，丁民等原系内省民户，前于顺治年间遵奉谕旨迁移至塔，拨归太宁社开垦交纳钱粮，后经由此项民内分拨十三官地指派壮丁，按年交公仓额谷内，除蒙恩拨入旗籍当差之外，尚有纳子民丁者一千余分，虽不敢言苦，亦属丁之难事。今蒙着令由余丁以内拨充站役，理宜遵文分拨膺差，用副宪命，无如丁等按年应纳官粮数在四千有奇，加以近年粮价觉昂。幸赖官庄所有丁户均有帮纳之分，倘额丁无力交纳，非帮丁按户设法完权办理必致掣肘。若将余丁抽纳站役，而额丁愈形单弱，交纳更觉拮据。其间乘势潜逃流离失所者，诚难禁约。若不早为声明，其归充站役者，苟图避重就轻，希有裨益，惟所留纳粮者，甚至额增户减。再四详思，若无权（便）[变]实与丁银仓粮大有关碍。惟丁等世受国恩，虽不能如命皆缘贫苦，又不敢借口，犹冀垂怜，倘蒙恩允，丁等叩恩无极。是以不避冒渎等情，齐声哀恳，匍匐恳求由该监督等核转前来。据此详查该官庄丁户等声称原编为民籍征纳银谷嗣有蒙挑附旗当差者，现在虽有余丁名目，并非征外之闲，其声请难以拨充，自系情出实在，总以附著版图，仍请由沙兰、必尔罕、塔拉至额木赫索罗四站酌拨，犹为驿站之丁拨充驿站似属合当。可否之处，据此拟合咨报，为此咨报将军衙门，谨请查核施行。等因前来，当即开单于二十九日呈奉宪批准，照所拟咨复该副都统，由四站丁内酌拨充差。等因奉此，相应呈请咨行珲春副都统衙门查照可也。等因前来，相应呈请抄录原文，札饬城台、穆克德赫、哈顺等站笔帖式德克登额等遵照可也。

吉林将军衙门为宁古塔至珲春添改创设十站请颁图记的咨文

光绪九年□月十八日

将军衙门　为咨行查明声复事。户司案呈：案准礼部咨开，仪制司案呈，据吉林将军咨称，准兵部咨本部会议复奏吉林将军铭　等奏称，文[报]日繁，拟请宁古塔至珲春地方旧有台卡改设正分站各五处，并添设通沟镇、苇子沟两站，原有意气松、塔拉两腰站改为正站，添设笔帖式、领催委官，吉林城至宁古塔地方又至三姓等处计二十三站。加添丁额，又附片奏添五常站一站，均经会议准如所请添设办理等因。奉旨允准咨行前来，当经咨札各处一体遵办。现据管理乌拉、额赫穆、金珠鄂佛罗等站监督等呈，据新放东路玛勒瑚哩、萨奇库、哈顺、穆克德赫、珲春城、通沟镇、意气松、塔拉、五常站、苇子沟等十站笔帖式等禀称，职等各站属系新经添改创设，每遇呈报应行公事，必须钤用图记方昭信守，由该监督等转请前来，查新设各站已经拣放管站笔帖式等官，所有各站应需图记十颗，应咨礼部铸造颁发，等因到部。查吉林添设各站笔帖式系于何时议准，本部无案可稽，亦无铸给各站笔帖式图记成案，相应咨行吉林将军即将议准原案抄录送部，并查明宁古塔至珲春地方旧有台卡并意气松、塔拉两腰站从前曾否铸过图记详细声复，以凭核办可也。等因前来，相应呈请咨行查照等情，据此拟合咨行珲春副都统衙门，遵照文内咨查事理，详细声复，并将议准原案抄录送省，以凭核转报部，幸勿延缓可也。须至咨者。

右咨珲春副都统衙门

珲春招垦局为丈拨旗站地亩的移文

光绪九年□月二十七日

接办珲春招垦局奏 为移知请复事。所有站地之事，经副宪委派云骑尉玉凌、委笔帖式特恩特科二员，所有旗地委派骁骑校多托哩一员，均会同敝局委员贾元桂于本月十五日先赴高丽城后西下坎，将珲城首站应拨站地三百四十垧，并应拨旗地六百一十一垧，均按三千六百步为一垧，如数丈给。二十二日将密占应拨站地二百五十八垧，坐落附站西首坎上，按照三六丈量。查东至黄泥沟，西至板石沟，南至坎，北至山足，计东阔八百二十步，中一千步，西一百六十步，南北各一千五百六十步，核地二百八十六垧，除沟淀道路二十八垧，净地二百五十八垧。二十四日将德通应拨站地二百五十八垧，其他坐落附站德通沟内，按照三六丈量。查东至官道，西至民荒，南至山足，北至水沟，计东阔七百六十步，西一千一百二十步，南北各一千零五十步，核地二百七十四垧一亩六分六厘六毫，除沟淀道路十六垧一亩六分六厘六毫，净地二百五十八垧。以上各地均眼同委员玉凌等及站官德麟、乌勒希布、周俊三员，分别如数丈清。二十五日回局。惟首站站地已蒙副宪俯准，由其自行划给，未知划有四至步数否，相应移请贵司，请将首站划定四至步数并密占、德通两站站地以及西下坎旗地亩数，收见各数目希即分别丈复。再旗地虽已议定，可否趁此天日融和，将各界分立封堆，亦希贵司转请副宪察夺，如可行，请派员订期同去办理，一并丈复。为此，合移贵司查照文内各事见复施行。须至移者。

右移珲春副都统衙门右司

（二）卡 台 管 理

宁古塔副都统衙门为添设卡台加强防务的札文

咸丰九年十月二十七日

副都统衙门 为飞札事 左司案呈：本年十月十七日准将军衙门咨开，承办处案呈，案据协领巴林保、帮办夷务告病协领台斐英阿等禀称，窃职等前准宁古塔副都统衙门转准来咨，饬令职等着派干员前往绥芬河口，据实查勘其水路，该夷于何处河口入船及应于何处可以安设台防，作速派员往查声复，以凭核办。等因前来，职遵即会同署珲春事务防御松恒等，拣派恩骑尉讷勒和等带兵往查去讫。职于八月十二日禀 在卷。兹据松恒移开，转据讷勒和等旋称奉派往查，自珲春迤东直至绥（缺文）洪阔地方，相距珲春共计六百二十里之遥，以该处东北半拉砬子地方以上，勘得（缺文）三尺，两岸明砬，河下杂露巨石，水流曲绕，势甚猛急。由半拉砬子向下，水（缺文）浅不一，宽半里有余，水流稍稳，漫向西南流去八十余里，分为东西两汊，各宽一里（缺文）有五十余里，各归入海。惟海潮、河流南北往来流沙壅淤二里许，概为浅水平沙，水深均不过尺余。如海涨潮，（三）[舢] 板小船可以乘势骤入，仅可至半拉砬子地方，仍难上驶，其大船（聊）[料] 难入口。其余各小河俱入绥芬，惟有昂帮必拉及蒙武两河虽流入海，其水深不过一尺，宽三四丈不等，均非行船之河。所有职等周查绥芬上下一带，惟有霍勒吞洪阔地方山水相连，河宽十丈余，深一丈余，视其山河地势最为扼要之区。查绥芬河口西南海滨有大马鞍子山地方，相距河口三十里，其山高大易于瞭望，其余无扼要有握之地。等情绘图贴说，声报转移前来，据此详核，自珲春东至绥河沿，共计六百余里，其间仅有原设卡伦三道，相距珲春有四百余 [里] 者及九十里一道者，甚至有二百六十里者，远近不接，遇有紧要文报，诚难望速。是以职等会商防御松恒，拟以蒙武卡伦以西土门子及和图蒙武等二处，请添设卡台各一道。自蒙武卡伦以东，于昂帮必拉并二道沟等二处，拟请添设台卡各一道。并于绥芬河沿霍勒吞洪阔地方，请添设卡台一道，以资戍兵防守，并询悉海沿大马鞍子山地方向系停船之地，且距绥芬河口较近，山势高卓，瞭望可期穷目。再查图载，此山居于海内，与岸毗连，兼与各卡不甚相遥，拟请在彼添设卡台，派员防守，如有夷船至彼，该卡员等即火速呈报，并知照各卡台一体严防，俾免临时仓卒之虞。职等拟请添立卡台六道，如蒙允准，惟时近隆（缺文），泥水不调，碍难往设，仍请密俟明春融化之际，责成该衙门专派委员前往各（缺文）建房，仍将添置妥协之处，随时呈报备查。除将职等遵饬派员查明绥芬河（缺文）设台防及沿途请添卡台，以期联络各情，谨绘图贴说先行声复宁古塔副都统（缺文）外，所有职等会拟请添各缘由是否有当，理合缮禀陈明宪鉴，附乞指示遵行。等因前来，查该协领等所请设防添立台卡六道，系为声气联络，应如所请办理，惟巴林保奉派往办理防务，迄今一筹莫展，仅随同该处委员查报添卡搪塞了事，殊属有负委任。除札调病痊协领台斐英阿进听候面询防务外，应札协领巴林保体查绥芬一带宜如何预为布置，以免俄夷侵占之处，详细禀复，并呈请咨行宁古塔副都统衙门查照可也。等因前来，相应抄录原文，呈请札饬暂署珲春协领遵照可也。须至札者。

右札暂署珲春协领遵此

珲春协领为令各卡台加速递送公文的呈文
咸丰十年

为呈送事。接准副都统衙门札开，承办处案呈，案查去岁因防办夷务吃紧，曾于各卡之外报请安设台防，派委官兵坐守，以备传递文报。后续准将军衙门咨开，凡设防事件均宜相机设措，妥为布置，毋庸拘执，等因咨复各在案。今值春融复届防夷之际，仍应妥为布置方昭慎重。惟查去岁卡台弁兵，凡接递公文均系徒步递送，仍将紧要事件每致迟误五六日者。复议与其添兵设台，备递文报仍致稽迟，莫若严饬卡兵栓备马匹，资给盐菜，庶可不误。拟合将筹议各情札饬珲春协领及坐守玛勒瑚哩、萨奇库卡伦官兵，值此防夷吃紧之际，均令各卡务须妥为栓备马匹，如遇紧要事件，恪守衙门拨给火票跟单，按卡注明接文时刻，即行交递飞送。仍将宁古塔、珲春二处原发跟单按月于初一日送回各衙门，以备稽查。倘有某卡迟误限期之处，务将该卡官兵呈堂斥革究治，决不姑容等情。呈请札饬珲春协领查照，严饬所属各卡遵行可也。等因前来，遵查自八月初一日起至八月底止，一月内所有接收札文、跟单十二纸，理合备文附封，呈送副都统衙门稽查可也。

吉林将军衙门为分定界线设立卡伦催拟章程的札文

咸丰十一年十月初一日

将军衙门　为飞行札催事。承办处案呈：案查前奉谕旨分定界限，当将乌苏里口而南，上至松阿察逾兴凯湖至白口河口及是河之源，顺漫冈迤逦西南至横山会处暨瑚布图河口、河源、图们江口等八处立牌，均于图内注明地址，字头绘有红线以资稽考。曾发牌式图样行令接界城池一体恪遵将事。一面将宁古塔佐领倭和委为委协领，令其总司松阿察至横山会处界牌、卡伦等事，当于会衔折内声明。现定交界之区，亟应设卡联络，俾资声气相通以防俄人肆窜等因。查乌苏里口至莫楞河北岸系三姓管界，自莫楞河南岸至横山会处为宁古塔所辖，自瑚布图河口至图们江口地属珲春，自应分段设卡以杜蔓延之渐。第其远近不同，水陆互异，殊非悬揣所能周至也。事关创始大局，亟应熟筹审计。随即飞咨宁古塔、三姓副都统暨札珲春协领一体遵照，遴委干员周历详勘，各将管界应设卡伦几道、每卡应置官兵若干、如何联为一气，俾得守望相持之处，逐一从长区划，据实详细声复，以凭酌核奏办，万勿含混稽迟。再查和约内载东海滨省固毕尔那托尔衙门与本省往来文移俱交乌苏里、珲春卡伦官转送等语，应饬三姓、珲春各派妥干官兵守卡董司其事，勿致临时舛误。以上新设员弁，拟于几月更换之处，一并速议可也。等因，于五月二十七日分别咨札在案，兹逾四月之久，除三姓虽有拟派卡伦置兵驻守，尚未派往情形外，其宁古塔、珲春二处，迄未据复，殊属迟缓。事关奏案，未便再延，相应呈请飞催珲春协领一体遵照，各将交界处所应设卡伦几道、每卡应置官兵若干、作为几月更换一次、按月拟拨盐粮马乾若干、如何筹款动拨之处，迅速妥拟章程，飞报本衙门立待核办，勿再延缓，致干未便可也。须至札催者。

右札催珲春协领台遵此

宁古塔副都统衙门为拨发银两移建卡房的札文

光绪三年□月二十四日

档册房案呈：为札饬恩骑尉金奎、六品军功巴顺等一体遵行事。现奉堂谕，着派该员坐守王巴脖子卡伦。惟查该卡以前设在王巴脖迤里，相距本处甚属遥远且兼窝棘，路途崎岖，倘有紧急，探报不迭，尤失机宜。是以合将该卡房移至杨木桥子地方，择其隘要路口设盖卡房一所，添兵戍守以防不虞。所有应需工价等项，拟给银二十两，饬令该员等速为建盖毋误等谕。饬交到司，合亟札饬恩骑尉金奎等遵照办理，毋违可也。

珲春协领为报各卡伦官兵名册的呈文

光绪四年

为造册呈送事。今将光绪四年珲春地方派守各路卡伦官兵以及各项差使花名数目，分别造册呈送副都统衙门查核可也。

册式

珲春地方谨将派守各路卡伦官兵花名开列于后。

计开

分水岭底卡伦领催委官穆腾额兵二十名　湾沟卡伦领催六品军功兴山兵十二名　黑山背卡伦披甲蓝翎庆顺兵十二名　土门子河口卡伦八品荫监达哈布、领催委官穆腾厄兵十二名　梨树沟卡伦披甲六品军功精乌德兵十二名　西北沟卡伦披甲蓝翎祥柱兵十二名　黑滴塔卡伦披甲蓝翎海兴阿兵十二名　丰托吉卡伦披甲委官春福兵十二名　柳树河卡伦云骑尉富珠伦、披甲六品军功巴顺兵十二名　呼兰哈达卡伦披甲六品军功关　阿兵十二名　佛多石大岭底卡伦披甲六品军功富升兵十二名　二道河卡伦云骑尉依萨岬厄、领催明柱兵十二名　玛尔佳河卡伦披甲六品军功永安兵十二名　霍兰沟卡伦披甲七品军功九凌阿兵十二名　哈达玛卡伦披甲蓝翎珠隆阿兵十名　奇克特恩斐依达库卡伦披甲委官庆德兵六名　密占卡伦骁骑校恩特恒厄、领催委官依力〔岬〕厄兵十名　木克德赫卡伦云骑尉舒林、披甲委官和〔岬〕厄兵十名　哈顺卡伦骁骑校塔克兴阿、领催厄、委官明安兵十名　嘎哈哩卡伦恩骑尉台喜、领催委官都隆阿兵十名　磨盘山卡伦云骑尉吉勒洪阿兵十名　四道沟卡伦云骑尉成贵兵十名　乌郎哈达卡伦云骑尉吉云兵十名　查江八品荫监萨凌阿兵十名　查界云骑尉恒泰兵十名　统查各卡骑都尉恩禄兵十名（下缺）

宁古塔副都统为五卡官弁轮戍的札文

光绪六年

左司案呈　为札饬一体遵照事。适奉宪谕，兹查本处所属密占、穆克德赫、哈顺、城台，以至南路二道河卡伦共五处，系属通衢扼要，文报殷繁。坐守员弁俱系一年期限，人情熟睹易惯瞻徇，殊恐日久生懈致滋舛误之虞。以前往往迟误公文，谅皆由此所致。嗣后改拟三个月轮班一次，拣派俸官一员，并由司委笔帖式暨委官内拣其公务熟娴、诚实妥干者，派往更换戍守，帮同卡官办理事件，以免生懈而昭慎重。惟此五道要卡皆有津贴马乾，将其原有口米一并裁去，不准仍前支领，以节旷糜等谕。奉此拟于明年正月初一日为始，三个月期满，即照拟定新章办理之处，相应呈请札饬城台、密占、穆克德赫、哈顺、二道河等卡遵照可也。

宁古塔副都统为密占等卡月发津贴事的札文

光绪六年

左司案呈　为札饬遵照事。于本年闰七月十六日接准

钦命镇守吉林等处地方将军兼理打牲乌拉拣选官员等事铭督办宁古塔等处事宜二品顶戴三品卿衔吴

咨开，案照前因，访闻宁古塔、珲春等处所设台卡守卡官兵，有勒索经过商民情事，当经本将军咨行严禁在案。惟是各该官兵奉派坐卡所得口粮本属无几，不足赡其身家，种种弊端半由于此，自应稍资津贴养其廉隅，以免再向商民需索。当经会商明确，议由边防项下筹拨银两，每卡每月津贴银十两，俾资办公。俟将来设定驿站，即行停支。除咨宁古塔副都统查照外，相应备文咨行。为此合咨贵副都统，请烦查照。希即查明所属台卡共计若干，造册咨送。应给津贴银两即先垫发，汇总具领。并希严禁各卡官兵自此次添给津贴后，倘敢仍前勒索，一经查出定行从严惩办决不宽贷，望速施行。等因前来，相应抄录原文，呈请札饬密占、穆克德赫、哈顺等三卡遵照文内事理勿违可也。切切。特札。

宁古塔副都统为塔珲间台卡情况的移文

光绪七年二月十四日

副都统衙门　为移付事。于本月初七日准将军衙门边务承办处移开：案查宁古塔至珲春递送文报，向系台卡转递。惟此项台卡究有几处、系何名目、每处相距道里若干、守卡官兵若干名、应领饷糈若干、系由何项承领，应即详细查明，以凭奏办。相应备文，由四百里移付宁古塔副都统衙门左司查照。希即赶紧查明，务于文到之日飞速见复，以凭核可也，等因移付前来。详查

自宁古塔起至珲春止，共设传递文报台卡十处，共派官兵六十三员名。每员名发给官马，共马六十三匹。内塔、春城台及萨奇库等三处，各拨马七匹，其余七处，拨给马六匹。每月仅支乾银一两五钱，一月计领马乾银九十四两五钱，遇小建扣除。惟此项乾银按年随饷由省关领，作正开销，除此，守卡官兵并无另项应领饷糈银两，按月仅得乾银之数，以资传递文报。理合声明外，合将宁古塔至珲春沿途台卡地名、每处相距里数、戍守官兵传递文报马匹各数目，抄单粘连文尾。拟合备文，由四百里飞移呈复将军衙门边［务］承办处外，移付珲春协领查核可也。须至移付者。

右移珲春协领衙门

粘单

一、由宁古塔城台至新官地台相距七十余里，派守台虚衔官一员、兵六名、马七匹。

一、由新官地台至玛勒瑚哩卡伦相距六十里，派守卡倅官一员、兵五名、马六匹。

一、由玛勒瑚哩卡伦至老松岭台相距六十余［里］，派守台虚衔官一员、兵五名、马六匹。

一、由老松岭台至萨奇库大卡相距六十余［里］，派守总卡台倅官一员、兵六名、马七匹。

一、由萨奇库卡伦至瑚珠岭台相［距］六十余里，派守台虚衔官一员、兵［五］名、马六匹。（下缺）

吉林将军衙门为南路二道河卡伦与密占等卡加给津贴的咨文
光绪七年八月

为咨复事。案准贵副都统，以准咨津贴台卡银两，查明珲属传递文报之城台及密占、穆克德赫、哈顺等卡，共计四所，由库存备用项下提出银四十两，每处暂行发给一个月津贴。惟南路二道河卡伦系为紧要冲途，加以中外交涉事件，往返照会接递人犯必须该卡传递，自应多派官兵戍守，以昭慎重。该卡向未设有薪水，可否援照各卡新章一律发给津贴。等因，咨商前来。查二道河卡伦密迩俄疆，为中外交涉紧要处所，应与密占等卡暂准一体加给津贴，俾免向隅，仍由边防项下给领。一俟各处驿站添设齐楚，再行筹拨经费，酌裁津贴。除饬边务粮饷处知照外，相应备文咨覆，为此合咨贵副都统，请烦查照施行。须至咨者。

右咨珲春副都统

吉林将军衙门为台卡支款事宜的咨文

光绪八年二月二十二日

将军衙门　为咨行查照事。户司案呈：兹据宁古塔副都统衙门咨开，左司案呈，案查塔郡西南向往珲春沿途，距塔一百十五里旧设有玛勒瑚哩大卡一处，又距塔二百三十里设有萨奇库大卡一处，按年各派俸官一员带兵戍守，又接连珲春属哈顺、木克德和、德通等三卡，亦与事同一律，派官兵戍守。所有各卡不独原为递送文报并防护逃匪偷越、盘诘私贩，严禁形迹可疑外夷人入境，且兼稽查无票采挖参枝，最关重要。每年春秋各派员横查各卡一次，历年已久。嗣于同治七年间，因塔、春边陲与俄夷接壤，不惟匪徒中外往来窃窜，加之俄夷事件，文报倍繁。当经前任副都统乌　咨请前任吉林将军富，奏准宁古塔加添城台、新官地、老松岭、胡珠岭等四台，珲春加添城台一处，塔城以玛勒瑚哩、萨奇库二道作为大卡，总司兼理分拨官马草豆银两、递送文报，各专其事，等因在案。迨至光绪七年闰七月初十日，奉准钦命将军铭 钦差督办吴 会议，以宁古塔、珲春等处守卡官兵，有勒索过往商民情事，以此严禁在案。惟该官兵所得口粮本属无几，不足赡其身家，种种弊端半由于此，自应稍资津贴养其廉隅，以免再向需索。当经会商明确，议由边防项下筹拨银两，每卡每月津贴银十两，俾资办公，俟将来设定驿站即行停支。应给银两即先垫发，汇总具领。除咨珲春副都统查照外，并令造具各台卡数目清册送省。等因遵此，当将塔属赴珲春之城台、新官地、玛勒瑚哩、老松岭、萨奇库、瑚珠岭等六台卡，又将以塔通者沿途要隘，向无口粮之德林、松音二卡合并声明。以上两路卡台共八处，可否一并加给津贴等因册报。旋准来咨，均自七年闰七月初十日奉文之日起，一律令由本衙门垫发，汇总承领归款，等因照办亦在案。兹查于光绪八年二月十九日接奉省咨，转奉兵部会同吏、户、工各部遵旨议复吉林将军等奏，宁古塔、珲春等处设防以来，文书络驿，人疲马乏，苦累不堪。拟就台卡改设正站，派笔贴式、领催委官，添拨额丁、牛马，自系因边防紧要，文报络绎，不能随时变通，应请准其暂时改添，以期无误办公。一俟边务稍松，即由该将军等奏明裁撤以符定制，他处不得援以为例等因。遵将指拟玛勒瑚哩、萨奇库等站笔贴式缺分，日前遵文拣放，已奉部复照准在案。除台站笔贴式现经报到，于二月初二日将新官地分站接办外，其余玛勒瑚哩各该站笔贴式等，本衙门业已催令前往经理，俟与卡官交代接收具报到日另行备文咨报外，所有前设玛勒瑚哩、萨奇库大卡二道原为盘诘奸宄而设，今业改为驿站，专员接管似乎无所事事。并通省路之德林、松音二卡，专为搜盘查验城中之耳目而立。该四处大卡俟后如何撤留，发给其由边防项下每月拨给各台卡津贴银两，统由本衙门垫发至正月底，所有二月份者抑或如何办理，可否之处，本衙门未敢擅便，理合一并呈请咨报。等情，据此，拟合除就近咨明钦差督办吴　麾下鉴核示复外，相应咨请将军衙门查核示遵可也。等因前来，据此核查该处原设台卡马乾银两系由本省库款支领，作正开销，至官兵津贴系由边防项下加给。该二城台卡上年已经会奏改设正分站务，奉部复准曾于年前发给应买牛马价值喂养草豆银两、建盖站务公所房价、置买器皿款项，时下均已领到，各站约可接理任事。所有台卡支款，宜应按照各站呈报接事之日停支，即将已领者计日扣缴，差便解省，以免重支难以核销。除由本衙门札饬两路监督转饬改设正分驿站笔帖式等，速将各站赴任接事日期分报监督及该管副都统衙门查照，以凭计日扣缴支款外，至松音、德林二卡月需津贴原由边防饷下支销，既经就近咨请，应亟听候钦差督办吴　咨示办理之处，相应呈请咨复查照。等情，据此，合咨珲春副都统衙门查照，俟各站呈报到日，迅即核明扣缴，差便解省可也。须至咨者。

右咨珲春副都统衙门

吉林兵司为查公文于何处迟延的移文
光绪八年四月

兵司　为移付事。于二月三十日准花翎三品衔候补府正堂李　片开：正月初六日十二时在珲春发公文二角递省，交办理围场荒务事宜即选府左堂姚开拆。此文何以至今未到，务即查明回复，切切。等因。准此，相应移付西路驿站监督查照，希即转饬东路各站，按站务将此二角公文究在何处迟延，何以至今并未递到各情，望速查明见复，以凭核办外，并移付宁古塔、珲春副都统衙门左司查照，转饬各该台卡务将此项公文究系何处迟延，查明呈报见覆可也。须至移付者。

移付西路驿站监督
移付宁古塔副都统衙门左司
移付珲春副都统衙门左司

吉林兵司为查办理荒务事宜公文二角迟延的移文
光绪八年四月

兵司　为移付事。于本年四月十一日，据管理乌拉额赫穆等站监督金福移称，案查前准兵司移文内开，除原文省繁减叙外，希将花翎三品衔候补府正堂李于正月初六、十二等日由珲春递至办理围场荒务事宜、即补府左堂姚公文二角，何以至今未到，希即转饬各站详细查明，究在何处积压、迟误，见复,以凭核办。等因前来,当经饬查,旋据乌拉至伊勒们、额赫穆至宁古塔等站呈报,遵查,此二角公文均各随接随递,并无积压迟误。惟据苏瓦延站呈报,于正月二十四日寅时正刻,接得伊勒们站壮丁王玉发送到候补府正堂李咨 放荒委员姚公文一角,系正月初六日发,随即差派头目周诰送至大锅盔放荒总局,于二十六日给回收付内注接到。于二月初四日亥时初初刻,接得伊勒们站壮丁李文仲送到公文一角,系正月十二日发订,即差派壮丁刘廷全亦送至大锅盔放荒总局,于初七日给回收付,内注前后接到文件随接随递,亦无迟误各等情,呈报前来。合将该各站呈报均无积压迟误各缘由,备文移付,为此合移兵司,请烦查核可也。等因前来。珲春副都统衙门左司咨开,于本年三月十四日准将军衙门兵司移文内开,于二月三十日准花翎三品衔候补府正堂李 片开,正月初六日在珲春发公文二角递省,交办理围场荒务事宜、即选府正堂姚开拆此文,何以至今未到,务即查明回复,切切。等因准此,相应移付珲春副都统衙门左司查照,转饬各该台卡,务将此项公文究系何处迟延,查明呈报见复可也。等因前来。相应札饬密占、穆克德赫、哈顺等三卡,务将此项公文究系某卡迟延,札饬去讫。据密占卡官报呈,于正月初七日接收城台递到办理荒务事宜即选府正堂姚公文二角。又据穆克德赫卡官于正月初九日接收该正堂姚公文二角,又据哈顺卡官于正月初十日接收该正堂姚公文二角等情,呈报前来。据此详查该卡官等所称,核与号簿相符,尚无迟滞遗失之处。据此理合备文,移复将军衙门兵司查核可也。等因前来。相应移付花翎三品衔候补府正堂李 查照可也。须至移付者。

珲春副都统关于保留二道河等处卡伦的咨文

光绪八年五月初一日

珲春副都统法什尚阿巴图鲁依克唐阿 为咨报裁留边卡事。左司案呈:窃查珲春沿边各卡原为防范俄夷传递文报而设。除西北密占、穆克德赫、哈顺等卡奉改设驿站,现已拣放笔贴式、领催,饬令赴站任事创立一切,俟有端倪后再行裁撤外,惟东南分水岭底、湾沟、黑山背、土门子河口、梨树沟、西北沟、黑滴塔、丰托吉、柳树河、呼兰哈达、佛多石、大岭底、二道河子、玛尔佳河、霍兰沟、哈达玛、奇克特恩斐依达库等卡地界,俱经候补知府李守招放民荒,人烟将来凑集,有事声气自通。且边防各军业经成营,其边界既已渐实,则各卡似属无用,请将前派坐卡官兵等撤回归旗充差,以省兵力而节饷糈,然边务亦不容稍涉疏懈,拟为春秋两季拣派诚实可靠之员,带兵巡查边界,侦探夷情而昭慎重,以免不虞。再北路王巴脖子卡伦金场既然肃清已久，亦请一并撤销。惟南路二道河卡伦径通俄营，系属隘要，且传递来往照会，东路柳树河卡伦更为珲春东路门户，此二卡仍应照旧戍守，一并请发津贴银两，是为公便。合将沿边各卡分别裁留，可否之处，相应呈请咨报等情。据此，拟合备文咨报将军衙门鉴核，示复遵行。须至咨者。

右咨将军衙门

吉林将军衙门为珲春拟裁撤无事各卡保留二道河等两卡的咨文

光绪八年五月二十四日

为咨行事。案准珲春副都统咨请：所属沿边东南分水岭等卡地界，俱已招民领垦。并北路王巴脖子卡伦，均属无用，请即一并撤销。惟南路二道河卡伦，径通俄营，系属隘要，且传递来往照会。东路柳树河卡伦，更为珲春东路门户。此二卡仍应照旧戍守，请发津贴银两等情，咨报前来。长□司会同详查，该副都统咨请裁撤各道卡伦，酌留二道河、柳树河两卡，仍旧戍守等情，系为因事制宜，尚属详慎。请发二道河、柳树河两卡津贴银两一事，查前据咨请调剂文内声称：该属各卡应需盐菜等项，向藉兵饷摊办，当经酌拟仿照宁古塔发商生息章程，咨由该副都统查其铺商能否认领，声报到日，再行汇总。奏请发给本银一万两，奉部复准，即便拨领。按月一分生息作为津贴用款，等因，禀奉批准，咨行在案。时下尚未汇奏，所有此项应需津贴银两，前既议有章程，未便再事纷更。应请咨复该副都统，仍照前咨，听候汇奏部议准复，拨领本银生出利息，即可节俭支用。时下应仍照旧办理，俾昭妥慎之处。是否有当，未敢擅便，理合呈请宪鉴核夺施行等因。当于五月二十三日呈奉宪审批：仰即照拟咨复。等因奉此，相应呈请咨复珲春副都统衙门查照，暨由兵司移付户司查照可也。须至咨者。

右咨珲春副都统衙门

吉林兵司为裁撤和西赫路嘎哈哩等四卡的移文

光绪八年八月

兵司　为移付事。兹据户司移：准珲春副都统咨，该处添改副都统，另设衙署，设立两翼三司，所有创办一切事宜，亟应详加调剂。查该处原有笔贴式四员，分司其事，似觉势孤无替，请由委笔贴式内拣派委章京六名，分为三司，帮同办理，并拟添三司银库，每处值班委笔贴式六名，贴书达六名，贴写十名，领催委官二名，委领催四名，以资传办事件。至和西赫路、嘎哈哩等四卡，其地现已划归敦城县荒，可否裁汰各等因，准此，详查该副都统所请添委章京、委笔贴式各缺，委属虚衔，员弁并非加增，饷米可比尚无窒碍，应如所请。所请依次添设至和西赫路、嘎哈哩等四卡，其地既已划归敦城县，该四卡无所事事，拟请一并裁撤，以省兵力，而节饷需。所有议拟缘由是否有当，理合开单呈请宪鉴核示，遵行。等因。当奉宪批，即照所议咨复珲春副都统查照办理。等因奉此，相应备文移付贵司查照办理可也。须至移付者。

珲春副都统为汪清、嘎雅二渡口有船户勒索事的咨文
光绪十年八月初八日

镇守珲春副都统法什尚阿巴图鲁依 为咨请事。右司案呈：于七月初九日，据哈顺站笔贴式托伦阔禀称，窃职查汪清、嘎雅二河渡口，向系珲春官办船资，立给地亩，以便应公。自敦化县招佃以来，每遇河涨水发往返文递，该船户渐渐抗拒，拖事推诿故意留难，近来更行索要酒面船钱，诚于限紧文件关系非轻等情。呈请前来。当查该笔贴式托伦阔所禀，渡口勒索留难，实为慎重文报因公起见，尚属实在情形。切查汪清、嘎雅二河渡口，在通塔属要隘，由来亦久，今因敦属腰隔节断，现未定界址，未便遽然遥置。相应咨请将军衙门查核，示遵施行。须至咨者。

右咨将军衙门

吉林将军衙门为将汪清、嘎雅二渡口仍归珲春经理的咨文
光绪十年八月

为咨行事。兵司案呈：案准珲春副都统依 咨，据哈顺站笔贴式托伦阔禀称，汪清、嘎雅二河渡口，向系珲春官办船资，设给地亩以便应公。自敦化县招佃以来，渐至抗拒，并有勒索酒面船钱，诚于紧急文件关系非轻。惟于敦属现未定界，未便遽然遥置等情。咨请示复前来。查汪清、嘎雅二河系珲、敦适中之地，又系文报往来之要渡，该水手等何得任意留难，审属不成事体。且边疆多事之秋，文报最关紧要，可否将此二渡口仍归珲春官为经理，庶文报不致有延，而与公务实有裨益。如蒙允准，请饬分巡道转饬该县遵照。所拟是否可行，未敢擅便，理合开单呈请宪鉴核夺，施行等情。当奉宪批：仰该司具稿，札行吉林道转饬遵照办理。等因。奉此，除札饬吉林分巡道遵照外，相应呈请咨行珲春副都统衙门查照可也。须至咨者。

右咨珲春副都统衙门

九、教　育

吉林将军衙门为饬生童届期赴试的札文
光绪六年十月二十日

　　将军衙门　为札饬事。户司案呈，于本年九月二十七日准奉天学政咨开，案查定例，三年内生童合行岁科两考，所有文〔童〕例应府厅州县先行考取。今吉林添立考棚，各项士子即照直隶州径送学政之例，由吉林同知录送。又同治十三年前任学政张　片奏，吉林三厅考试，拟照顺天府府院连考之例，先期行文，于院考一月前举行，以便士子就近赴省院试等因，奏准各在案。兹届光绪七年科考之期，相应将开考日期先行咨会，为此合咨贵将军衙门烦〔为〕查照，希将后开试期转饬吉林、伯都讷、长春各厅依限考校，照例复试。至于册卷规式，俱遵照《学政全书》条例备办，俟本学政按临时申送，并〔将〕考过题目先行报查施行。计开吉林三厅童生考期，限于光绪七年五月十三日考试竣。等因前来，相应呈请咨札遵照。等情据此，拟合咨行各副都统并照会双城堡总管等衙门遵照外，暨札珲春协领遵照可也。特札。

宁古塔副都统衙门右司为生童例行岁科两考的移文
光绪六年十二月初九日

　　副都统衙门右司　为移付事。于本月二十三日准吉林理事同知善庆移开，于本年十月二十一日奉将军衙门札开，户司案呈，于本年九月二十七日准奉天学政咨开：案查定例，三年内生童合行岁科两考，所有文童例应府厅州先行考取。今吉林添立考棚各项，士子照直隶州径送学政之例，由吉林同知录送。又，同治十三年前任学政张　片奏，吉林三厅考试，拟照顺天府府院连考之例，先期行文，于院考一月前举行，以便士子就近赴省院试等因，奏准各在案。兹届光绪七年科考之期，相应将开考日期先行咨会，为〔此〕合咨贵将军衙门烦为查照，希将后开试期转饬吉林、伯都讷、长春各厅，依限考校，照例复试。至于册卷规式，俱遵照《学政全书》条例备办，俟本学政按临时申送，并将考过题目先行报查施行。计开吉林三厅童生考期，限于光绪七年五月十五日考试竣。等因前来，相应呈请咨札遵照，等情据此，（缺文）。

十、其　　他

珲春地方所放张印照字号并刨夫花名数目清册
道光二十四年

王成领亨字一号票一张，刨夫盛占魁、杨东井、嘎士祥、邹照宏前往大山刨采。

王成领亨字二号票一张，刨夫王平理、沈自福、刘万千、柴自发前往大山刨采。

赵斌领亨字三号印照四张，刨夫许长山、蓝焕、王越、魏凤云前往大山刨采。

周延龄领亨字四号印照四张，刨夫王俊德、黄升、孟德仁、徐成福前往大山刨采。

徐西岳领亨字五号印照四张，刨夫李照凤、高德福、罗永茂、曾禄前往大山刨采。

隋东阳领亨字六号印照四张，刨夫赵明山、羿荣、辛成资、郭从信前往大〔山〕刨采。

宋士信领亨字七号印照四张，刨夫宋信、孟玉、张福、李国显前往大山刨采。

以上共票二张，印照二十张，腰牌二十八个。

吉林将军衙门为清查子孙代赔祖父因公亏挪应追银两事的咨文
咸丰元年四月二十八日

将军衙门　为咨行事。户司案呈：咸丰元年四月十一日准户部咨开，山东司案呈，道光三十年十二月二十九日准查豁免处付称，本部具奏各直省清查案内，子孙代赔祖父应完银两限满无完，革职监追，各省办理参差，拟请酌定划一章程一折，于道光三十年十二月二十七日具奏，奉旨："依议。钦此。"相应传付江南等司处抄录原奏，行文该省督抚、府尹等一体遵照。等因前来，相应抄录原奏，行文吉林将军遵照办理可也。等因前来，准此相应抄录原奏粘连文尾，呈请咨行等情。据此，拟合备文咨行宁古塔副都统衙门遵照可也。

粘单

宗人府大学士军机大臣户部谨奏：为各省清查案内，子孙代赔祖父应完银两限满无完，革职监追，各省办理参差，现奉恩诏核办豁免事宜，拟请酌定划一章程，恭折奏祈圣鉴事。窃照清查案内各直省州县因公亏挪应追银两，内有本员已故，著落子孙代赔之款，其子孙限满无完或完不足数，有议革职者、有议革职监追者、有议展限著追免其降革者。该督抚等各省情形核定办法未免差参，现在恭逢恩诏核办豁免事宜。若照道光元年准免成案及本年奏准豁免条款，凡系子孙兄弟代赔，本应援案一体请豁。只因此次清查欠项，甫经核实，著追其故员子孙，既有官职必应按数催追，断不能与从前赔项概行援免。是以臣等前经会议奏明清查案内，亏挪各员，凡在恩诏以前本员业已病故，应追子孙名下著追，而其子孙又无官职，查明实系家产尽绝无可著追，准予豁免。其子孙现有官职及无官而尚有家产者，均未议列豁免之内。惟查此项子孙代赔祖父应完银两人员，其挪由于祖父与本身亏欠不同，若恭遇覃恩，既不免其银两，仍将该故员等代赔未完之子孙即予革职监追，未完与本身亏挪者漫无区别。臣等公同酌议，拟请将清查案内子孙代赔之项，如统限届满无完、不及完、不及半，有官者无论现任及候选、候补，俱先摘去顶戴，与无官之人未经结报家产，各照原限酌展一半，仍按未完各银数赶紧完缴，均免监追。完至八分以上，并准开复下短银两坐扣廉俸。其展限期内候选、候补人员，亦免扣选停补，俾得宽期赔缴。倘展限再满，原欠仍复无完，即奏请革职，仍饬查明家产结报。如实在无可著追，再行请豁。其业经查抄在前者，即行请豁，毋庸再为结报。如此酌中核定，则故员等子孙皆得仰沐鸿慈宽期设措，而各该省办理子孙代赔章程，亦不致有歧异矣。谨将臣等会议缘由，缮折具奏。是否有当，伏乞皇上训示遵行。再此折系户部主稿，合并声明。谨奏，请旨。

吉林将军衙门为关圣帝君请封号的咨文

咸丰八年三月初三日

将军衙门　为通行事。据署理事同知阿昌阿案呈，咸丰八年二月初八日，蒙将军衙门饬交，准礼部咨开，祠祭司案呈，所有前事等因，相应刷单，知照可也。等因蒙此。除分别关移外，理合呈请通行各城副都统等衙门一体遵照。等情据此，相应分咨。为此，合咨贵副都统一体遵照可也。须致咨者。

计粘单一纸

礼部谨奏，为遵旨议奏事。内阁抄出咸丰七年九月十六日奉上谕："英桂奏神灵显应，请加封号一折。上年春间，捻匪攻扑河南永城县城，每于危急之时，关圣帝君及（请）［诸］神灵随时显应，官军迭胜，城池赖以保全。仰荷神麻，实深所感。所有应加封号，着礼部议奏，钦此。"钦遵到部，查原奏内称，皖匪张乐行等围攻永城县城，西门内忽现大炮四尊，城隍庙内现出火药一篓，击毙匪数千名。东关外有关帝庙，该匪每至庙前辄呆立不动，被炮击毙，其住宿庙内之贼，达旦尽死。又兵勇防守疲乏欲散，蒙吕纯阳神灵赐梦助威，众心益固。其所筑炮台云梯，经该县缒人下城焚烧，黑夜辄见火神旗帜前导，该匪火药自焚。并据擒获匪徒供称，攻城时，但见城墙愈高，河水日长，每夜城上有观音大士、土地神立于城楼，驰马往来。又薛家湖等处联庄会与匪接仗，忽发大风，扬沙拔树，立解贼围。仰蒙诸神随时显应，吁恳奏请敕加关圣帝君、吕纯阳帝君、龙神、火神、风神、城隍、土地、观音大士各封号等因，钦奉谕旨，交臣部议奏。臣等查例载各直省庙祀正神实能御灾捍患有功德于民者，由各督抚题请敕封封号，交内阁撰拟等语。谨查关圣帝君封号，迭经奉旨，加封忠义神武灵佑仁勇威显字样，又于咸丰二年、三年、六年奉旨加封护国保民精诚字样各在案。又查例载，加封神号，由工部敬依新号制造神牌，诹吉安设，由太常寺奏请遣官读文告祭。文由翰林院撰拟，祭品由太常寺备办。其官建祠宇神牌座数由工部查明，敬谨改造，并通行各直省督抚遵照办理等语。至城县所祀之吕纯阳帝君、龙神、火神、风神、城隍、土地、观音大士诸神，该县从前均未请加封号。兹据该抚奏称，捻匪攻扑县城时，仰赖关圣帝君及诸灵随时显应，克保城池，核与御灾捍患之例相符。臣等公同酌议，应如该抚所请，敕加封号，以昭灵贶而顺舆情。如蒙俞允，臣部移交内阁，撰拟各封号字样进呈钦定后，臣部移咨河南巡抚敬谨遵办。并请将关圣帝君新加封号移咨在京各衙门照例办理，并通行各直省督抚一体遵照。为此，谨奏请旨。咸丰七年十月初一日奏，本日奉旨："依议。钦此。"当经抄录原奏，移会内阁典籍厅撰拟封号字样去后，今准内阁交出关圣帝君封号字样，奉朱笔圈出："绥靖。钦此。"

宁古塔副都统为打牲之恰哈尔人五六百人赴珲谋生的札文

咸丰九年十一月二十六日

副都统衙门　为复行札催事。左司案呈，案查本年九月三十日接准将军衙门来文内开，现据珲春骁骑校永祥等禀称：近有由他处迁来打牲之恰哈尔人五六百，时常均在沿海一带河口居住打猎，声称欲奔赴珲春佐近谋生等情呈禀。当蒙饬派骁骑校〔博兴〕、委笔帖式阔普通武、委官成安等，着带领官兵，并拨给盐粮、铅丸、火药等物，饬赴（缺文）等所禀一带地方访查，该恰哈尔人等共计若干名，应如何略为安置，务期督饬（缺文）办查明呈报。等因，遵即札饬署协领照办在案。迄今两月，未知该员（缺文）并未报到，殊属迟玩。拟合呈请札饬珲春署协领，务将前奉（缺文）军帅饬派访查恰哈尔人等各员现已如何照章安置之处（缺文）毋稍延误可也。须至札者。

右札珲春署协领遵此

宁古塔副都统为在边境抚恤恰喀拉人的札文
咸丰十年十一月二十三日

副都统衙门　为飞札事。承办处案呈，本年十一月初一日，准将军衙门咨开，承办处案呈，案据珲春署协领台斐英阿呈称，据霍勒吞洪阔驻扎佐领松恒报称，六月二十日，经骁骑校伯兴、委官成安、委笔帖式阔普通武等前后带来有枪之恰喀拉保玉等共四十名，内有携眷者大半，碍难合营驻扎，是以仍叫该员等在乱木桥子地方驻扎。后于七月二十日据该员等呈报转据保玉等声称，我等原系捕猎刨采为生，若久在此处堵御，必致耽误生计，俱要赴往河东一带山场刨采等语。职等详查，委系实在情形，若不容伊等前去，必致逃散，又兼生计攸关，实系碍难阻止。是以将恰喀拉眷口等令由水路旋回，仍饬令保玉等赴往东山岔沟一带地方刨采，在路途倘遇夷人，务须拦阻。等因，责令去讫。等因呈递前来，据此，令将伯兴等所报情由，缮禀申闻。等因呈报前来，续于八月初九日，又据佐领松恒报称，前经骁骑校伯兴等已令有枪恰喀拉保玉等四十名各入东山岔沟地方挖参之处，已经呈报。后经伯兴等亦回城去讫之处，理合呈报。等因前来，兹经骁骑校伯兴、委官成安、委笔帖式阔普通武等回城禀称，职等奉饬抚恤恰喀拉人等，携带恩赏伊等口米、酒面、靰鞡、布匹等物，即于本年三月二十九日由罕奇乘船启程，运至苏城等处，传集恰喀拉人等，计其户口，按名如数散给。先令阔普通武带领有枪恰喀拉保玉等二十人，于六月十八日进丁绥芬河口，于二十日到在霍勒吞洪阔地方，会见该处驻扎佐领松恒，即令职等带领恰喀拉人等各一营，每日自该处起至半拉碰子地方以捕猎为名，上下梭巡。于七月二十日，恰喀拉保玉等恳称，伊等暂住绥芬岔沟等处山场挖参，如能获利，以为过冬之需。此际倘经俄罗斯夷人侵入，保玉急将所来恰喀拉俱各带回大营等语。伯兴等一时糊涂，即令（下缺）。

恰喀拉六户畏惧本处天花不敢进街的呈文
同治八年

（上缺）珲春协领呈报，骁骑校伯兴由东山来恰喀拉一项（缺文）剩若干，并嗣后有无续由东山复行投来之处，著该协领据实逐（缺文），以备稽核等谕，遵（缺文）付珲春协领，务遵宪谕，迅即查明呈报，以备核办可也。

等因前来，遵查去岁骁骑校伯兴由东山招集恰喀拉男妇子女内，有平保二歪长，有滚歆郎五八尔子等六户，因畏惧本处境里出痘，俱各遗落在图拉穆地方散居，听息天花出毕，再行携眷前来。迄今花出未息，未敢进街。除此再无续由东山投进恰喀拉人等属实。仅将边里村屯居住男妇子女确切查明，除德福全有五尔金锁三尔等俱因出痘亡故，并将其余痘疹灾亡人数按户查明，逐一造册附封，移复大司查核可也。

（缺文）　大小十三名口，内出痘亡故二名。

常明尔　大小四名口，内出痘亡故二名。

福　成　大小三名口，内出痘亡故一名。

干　成　大小二名口。

二　小　大小五名口，内出痘亡故三名。

全　盛　大小九名口，内出痘亡故一名。

春　财　大小六名口。

双　虎　大小六名口，内出痘亡故二名。

吴宝玉　大小五名口，内出痘亡故二名。

四　九　大小二名口。

□　禄　大小五名口，内出痘亡故一名。

□　□　［大小］八名口。

□　□　［大小］□［名口］［内出］痘亡故一名。

宁古塔副都统为严禁各山场纵火烧山的札文

光绪六年

左司案呈：为再行札饬晓谕一体遵照事。适奉宪谕谆谆告诫，兹查珲春地僻民疾，颓风任性。照得田园为农家之本，山场为生机之要，此地旗民人等，每于春秋草木枯干，纵火焚烧山野，习为常事，殊堪痛恨。本副都统初临斯土，甫经周岁，目睹时艰，深轸民瘼。推原其故，委因官军漫不经心之所致也，以及不肖徒任性妄为。前曾晓谕旗民人等，尚知警戒，顿改前非。兹值秋令草木凋零，近有无知之辈，复蹈前辙，纵烧山林。是以五申三令，剀切晓谕四屯嘎山达等遵照，务使各管牌下家家知晓，实力奉行，保卫生机之至意。再有故违，即行查拿送究。若经密派官弁查出或别经发觉，定行重惩不贷。奉此，相应严饬查界官云骑尉喜昌遵照，速即传谕各屯嘎山达等务须严行查禁，不准仍前疏懈，致干重咎。为此，特札。

文库

丛书主编 郑毅

珲春副都统衙门

档案选编（中卷）

衣兴国 张志强 魏显洲 周克让 整理

李澍田 潘景隆 主编

吉林文史出版社

一、政 权

（一）军 政 建 置

吉林将军衙门为珲防设立医局委凌钧焘办理的咨文

光绪十一年正月十一日

为咨还事。本年正月初四日准贵帮办咨会内开：以前商珲防设立医局，已札委候选知县凌钧焘办理。备具双衔札稿一份，咨会书行盖印前来，准此，当将咨来原稿书行盖印，理合备文咨还。为此合咨贵帮办，请繁查照施行。须至咨者。

计咨还双衔札稿一份

右咨钦命帮办吉林边务事宜珲春副都统依

珲春副都统为划定属界事的咨文

光绪十一年七月

镇守珲春副都统法什尚阿巴图鲁依　为咨请事。右司案呈：窃查前因珲春属地西界，向以哈尔巴岭为界。现因南冈设县招垦，遂改至高丽岭。后路过于逼窄，滞碍殊多，拟仍照旧界分划，以复旧制。曾于光绪十年五月二十一日，备文咨请核示在案，至今未准示复。是月三十二日，曾准将军衙门咨文，并叠次准敦化县移付右司各文，皆系因拨新设各站站地、牧场，故将上嘎呀河等处，珲春、敦化县交界，从新分划。始则该县指以牡丹岭以北，西崴子以东，及大红崴、哈蚂塘荒片，大汪沟东、汪清大坎一带，继又指由西崴子迤西十数里之长嘴子民户王开金所领荒地，均系为拨分站地，取其清晰，与敝衙门所请划还旧界之案无关。本年四月十八日，复准将军衙门咨令，派员会同该县，由该县所指之王开金荒地划清立界，绘图咨明立案等因。详查敝衙门前请照依旧界之案，原因珲春属境东南系逼俄国，西南密迩朝鲜，惟东北、西北两路地界尚宽。自西北哈尔巴岭至高丽岭，纵横四百余里之地割入敦化县，则仅东北一路地界二百余里，绝长补短不及该县十之七八，而沃壤尽属境外，权轻重之势，酌广狭之宜，不得不声明陈请，以期裨益于边事。本求酌复旧制，未敢另议重分，今若仅由西崴子等处分划，乃系高丽岭西北之隅，只足拨分站地、牧场，即有余地而间阻站地之外，治理既等于疣赘，催科亦嫌于畸零，于珲春属境之阔狭毫无关于增减，且向来分划属界多于山岭水次，盖取其永无更易。今仅据一民户荒地为界，则姓名既可数易，地段亦常分折，纵有封堆，究非经久之计。若以哈尔巴岭旧界分划珲春后路，既不至过于逼窄，而地势连贯，抚驭人民，征解租赋，始足以为专任之事。且峻岭横亘，一经指定则以上、以下皆有自然之界限，无可迁移，较之民户荒地尤为清截。尝见敦化县赵令禀牍内，往往以该县属境东路过于弯远，征租、缉匪、保护编氓恒寄责于乡约，是该县亦以辖境辽阔，鞭长莫及。为兢兢合计通筹，似以仍照旧界为两有裨益之道。如蒙核准，则各站应拨之地俱在珲春界内，应由敝衙门派员查勘议拨，无须与该县会同分划。敝衙门为公起见，是否可行，理合备文咨请。为此，合咨将军衙门核夺，赐复施行。须至咨者。

右咨将军衙门

吉林将军衙门为珲春添设前锋各缺事的咨文

光绪十一年九月二十日

为咨报事。兵司案呈：本年八月十六日，本衙门恭折具奏，为珲春应设前锋各缺，恳恩仍准添设，恭折仰祈圣鉴事。窃奴才等，前因珲春既经改设专阃大员，所有该副都统属下协、佐、防、校各缺，均经仿照各外城体制，一律办理。惟应设前锋各缺，漏未议及。是以前经援案添设前锋校二名，前锋旗录二名，前锋十六名，以符体制。其所需饷银，均归入俸饷案内造报，当于上年三月附片奏明在案。旋奉部复内称：吉林各城副都统属下额设官员册内，并无设有前锋校之缺。所请添设前锋校、前锋旗录等缺之处，应毋庸议。等因咨行前来。奴才详查珲春，原系协领管辖。嗣于光绪七年，前任将军铭因珲春地方边防紧要，奏请添设副都统大员，以资镇摄。其应设各官，均照各城体制一律添设。奏奉谕旨允准在案。其前锋一项，漏未议及。前经声明添设，经部核与官册不符。伏查吉林各属本无前锋校名目，而各城额有之前锋，均属委缺，皆与领催相等，统系月支饷银三两，较京旗之实缺，前锋校食饷数目已属从减。况吉省各城均有额设前锋三、四十名不等，今珲春仅拟添设前锋二十名，实为各城额设之数有减无增，于规复体制之中，仍寓节省之意。合无仰恳天恩，俯念珲春地方紧要，所有前请添设之前锋二十名，系照各城额数核减，仍准添设，庶与各城体制一律相同。如蒙俞允，实于该城操防均有裨益。奴才等为整顿地方起见，是否有当，理合恭折具奏。伏乞皇太后、皇上圣鉴。谨奏。兹于九月十七日，奉到回折。军机大臣奉旨：兵部议奏。钦此。钦遵前来。相应恭录谕旨，咨报户、兵部查核外，暨咨行珲春副都统衙门查照可也。须至咨者。

右咨珲春副都统衙门

吉林将军衙门为请将珲春管界仍复旧制的咨文
光绪十一年十月十三日

为咨行事。案照本爵将军于光绪十一年十月十五日，附片具奏，请将珲春管界仍复旧制，裁撤县丞，酌拨站地，以归简易等因一片。除俟奉到谕旨再行恭录咨行外，相应抄片咨行。为此合咨贵副都统查照施行。须至咨者。

计抄片

右咨珲春副都统

吉林将军为请将珲春管界仍复旧制等事的奏片
光绪十一年十月十三日

再，查吉林未改府治之先，与珲春向以哈尔巴岭为界。迨光绪七年，前将军铭奏请添设民官，于阿克敦城地方设立敦化县，并在哈尔巴岭迤东南冈地方设立县丞。以高丽岭为界，东属珲春，西归敦化。并声明俟数年后，南冈烟火稠密，再请改设正印县治，归珲春府管辖，今宁、姓、珲既不设官，则南冈县丞一缺应请裁撤。所管界址，自应仍复旧制。其哈尔巴岭迤东已放荒地，升科纳租等事，拨归珲春招垦局经理。新设站地牧场，亦由珲春副都统督饬该局就近酌拨，以归简易。其县丞衙署即作为珲春公所。谨附片具陈，伏乞圣鉴。谨奏。

吉林将军衙门为宁姓珲等处不宜添设道府厅县等官的奏折
光绪十一年十月十三日

跪奏，为体察宁、姓、珲等处情形，不宜添设道府厅县等官，恭折据实复奏，仰祈圣鉴事。窃奴才卷查前任将军铭、前督办宁古塔事宜吴，于光绪八年二月，会衔奏请：拟于宁、姓、珲三处添设道府厅县等官，当奉部驳，谓：因民多事繁而设官，未有先设官而待民居渐密者，所请添设各缺之处，应毋庸议。旋于是年八月复经吴　单衔奏请，为通筹全局抚辑边氓，并深以招垦委员等实心任事，虽有牧民之责，仍居委员之名，究属可暂而不可常，恐蚩蚩之众，转徙未定，易涣难聚，于边事不无窒碍等语。是道府厅县等官，势在必设。又经部议，以将军统辖全省，将来地方一切事宜均系职分内事。建置伊始，不厌求详，应如何妥为经理务期久远无弊之处，合词详细奏陈，以昭详慎而凭核议。等因具奏。奉旨："依议。钦此。"行令钦遵前来。乃铭于次年夏间开缺回旗，而吴亦调赴津防，未及复行会奏。奴才希到任已逾二年之久，平心体察，深维铭、吴必欲添设民官之意，或以风会所趋，势有不能不出于此。因之博访周咨审时度势，乃知民官之不宜添设者，其故有三，请为我皇太后、皇上敬陈之。查吉林边地，本多宽旷，自中俄划线为界，该夷犹存觊觎之心。所以吴建议：开垦为实边久远之计。然核其所放荒田，虽有千垧万垧之多，究之由俄归回华民为数无几，大都外来游手之徒，不尽挈眷而至者，试种无利，便趑足他徙。以故，奴才去岁奏请以兵屯田，屡经商同依克唐阿就近履勘量拨旗丁。其外来客民实心务农者，间亦附之。但就目前而论，招垦尚无成效，人民亦未稠密。诚如部议所谓民多事繁而设官，未有先设官而待民居渐密者，此不宜添设者一也。吉林前设道府厅县等官，所有修建城垣、衙署、监狱及廉俸办公役食等款，均由荒价斗税项下动支。现在停放荒地，既无荒价可收，而核计每年斗税已不敷出。即本省官兵俸饷，除将各款列抵外，尚须由部指拨。若再添道府等官，则此项经费尤难筹措，此不宜添设者二也。宁、姓、珲等处与俄接壤，故皆设有专阃大员，经理地方词讼钱粮兼办交涉事件。至沿边卡伦，则以佐防校等官，分司缉盗禁私各事，一切布置已周且密。近又设立靖边防军驻扎要隘，无非慎固封守之意。原奏谓成邑成聚，其效已可立睹，又称万鹿沟设立县城，即俨然岩疆锁钥，措词未免过当。奴才实不敢附和其说，况设官之后，人民未聚，仍不能裁撤防军，于边事既无补苴，且势同赘疣，徒滋纷扰，此不宜添设者三也。窃思国家财赋岁有常经，即本省添练防军，实出于万不得已。刻因部库筹饷维艰，犹且力图裁汰归并。若夫添官之举，较之筹边设备，孰重孰轻，缓急判然，不言可喻。又况吉林系满洲丰镐，其风气浑厚，迥与内省情形不同。今欲添官建治，是犹以江浙繁盛之区，强易为边徼简朴之俗，势必有所不能。此则通筹时局，为尤不宜添设者也。奴才体察地方实在情形，所有吴、铭前请拟设道府厅县等官，仍应遵照部驳事理，无庸添设，以重旧制而免纷更。是否有当，谨恭折据实复奏。伏乞皇太后、皇上圣鉴训示。谨奏。

吉林将军衙门为将前锋缺拨送珲春拣放事的咨文

光绪十一年十一月二十五日

为咨报事。兵司案呈：案查前准兵部咨开，武库司案呈，所有前事一折相应抄录原奏，恭录谕旨，咨行该将军遵照可也。计单开，谨奏。为遵旨议奏事。内阁抄出吉林将军希 等奏称，前因珲春地方紧要，奏请添设副都统，其应设各官，均照各城体制一律添设，其前锋一项漏未议及。查吉林各属本无前锋校名目，而各城均有额设前锋三、四十名不等，今珲春前请添设之前锋二十名，系照各城额数核减，请仍准添设等因。光绪十一年九月初二日，军机大臣奉旨：兵部议奏。钦此。钦遵。抄出到部。查上年三月间经该将军片奏，珲春地方拟请添设前锋校二名，前锋旗录二名，前锋十六名。经臣部核议，吉林各城副都统属下官员，并无设有前锋校之缺，所请添设前锋校、前锋旗录、前锋等缺，应毋庸议。等因。奏准。奉旨：依议。钦此。行知在案。今复据该将军奏，以吉林各城均有额设前锋，今珲春拟请仿照各城添设前锋二十名。臣等公同商酌，现当裁兵节饷之时，未便再议增加兵额。查咸丰五年吉林将军奏，双城堡并未设有前锋，拟由宁古塔、伯都讷、三姓额设一百二十名前锋内，每处各拨五名，共十五名拨归双城堡当差，经臣部会议奏准在案。今珲春事同一律，且珲春与双城堡额设兵数亦属相同，应请饬下该将军仿照双城堡移拨前锋成案，仍由宁古塔、伯都讷、三姓并吉林城各城额设前锋内，体察情形，共酌拨十五名归入珲春，以资差遣，不必另行添设。至由何处移拨若干名，应令造册报部备案。所有遵旨议奏缘由是否有当，伏乞圣鉴训示。谨奏。请旨。光绪十一年十月初一日具奏，本日奉旨：依议。钦此。等因前来。当经本衙门遵照部议章程，按照吉林所属额设前锋内，体察情形酌拨前锋十五名归入珲春，以资差遣等因。于光绪十一年十月二十日造册咨报在案。兹据吉林正蓝旗协领全福呈报，该旗现出有前锋缺一份，呈请咨送前来。据此合将现出吉林正蓝旗前锋缺一份，遵章拨送珲春副都统衙门拣放，以资差遣之处，相应呈请咨报。为此合咨大部查核，并咨行珲春副都统衙门查照拣放，暨札饬正蓝旗协领，前锋营总理遵照，并由兵司移付户司查照可也。须至咨者。

右咨珲春副都统衙门

吏部为珲春管界裁撤县丞仍复旧制事的咨文
光绪十一年十二月十六日

吏部为知照事。文选司案呈，准军机处交出吉林将军希 奏称：吉林未改府治之先，与珲春向以哈尔巴岭为界。迨光绪七年，前将军铭安奏请添设民官，于阿克敦城地方设立敦化县，并在哈尔巴领迤东南冈地方设立县丞。以高丽岭为界，东属珲春，西归敦化。并声明俟数年后，南冈烟户稠密，再请改设正印县治，归珲春府管辖。今宁、姓、珲既不设官，则南冈县丞一缺，应请裁撤，所管界址自应仍复旧制。其哈尔巴岭迤东已放荒地升科纳租等事，拟归珲春招垦局经理。新设站地牧场，亦由珲春副都统督饬该局就近酌拟，以归简易。其县丞衙署即作为珲春公所等因。光绪十一年十月二十九日，军机大臣奉旨：着照所请。该部知道。钦此。既经钦奉谕旨允准，自应钦遵办理。相应知照可也。须至咨者。

右咨吉林将军

吉林将军衙门为珲春管界裁撤县丞仍复旧制的咨文
光绪十二年二月十九日

钦命督办宁古塔等处事宜镇守吉林等处地方将军兼理打牲乌拉拣选官员等事一等继勇侯希，为咨复事。于本月初八日准贵副都统衙门咨开，右司案呈：于光绪十一年十一月二十六日接准钦命吉林将军一等继勇侯希咨开，案照本衙门前于光绪十一年十月十五日附片具奏，请将珲春管界仍复旧制，裁撤县丞，酌拨站地，以归简易等因。当经抄片咨报在案。兹于十一月十五日递回原片后开，军机大臣奉旨："着照所请，该部知道，钦此。"相应恭录谕旨，备文咨报。为此，合咨贵副都统查照，钦遵施行，等因前来。窃查本处前设招垦总局，经理近城各处荒务。于五道沟设分局一处，经理东路荒务。现珲界复旧，西北之地面较宽，招抚之事宜当慎。若将总局移置南冈，则东路及近城之处，遇事须报由总局而后到城。往返多劳，翻延时日，道远而势不顺，尤恐照料难周，事虑应废堕。东路靠边之民既不可无人管辖，西路新拨之地尤须待人而理，斟酌再三，万难从简。请添设西路分局一所，即在前撤南冈县丞衙门居住，仿照东路分局章程，开支薪公各款，使总局居中而理东西之照顾，适均三路之专有属。此后酌查事务繁简，可否增派到役之处，再为随时咨请。今当西路初创，札派总局委员贾元桂，带同本衙门试用差委、贡生凌喜前赴该处，妥为招抚。事竣，即以凌喜留办分局委员事务。除知会敦化县俟该委员等到日会同划清界址，交代地亩卷宗毕，另文咨报外，再查五道沟分局委员强惠源，现调别差。拣有候补巡检郭之荣，堪以委理，拟合一并呈请具咨。为此咨请将军衙门鉴核，转饬敦化县遵照，并请示复施行等因。准此，除札饬该道转饬敦化县知照外，相应备文咨复，为此合咨贵副都统查照可也。须至咨者。

右咨珲春副都统

吉林将军衙门为派江辉专办珲春电报分局事的咨文
光绪十二年七月

为咨会事。案据总办电报事宜存记海关道详称：窃照职局奉饬设立东三省电线，吉林宁古塔等处应设分局，业经详委姚　倅岳松、候选从九廖嘉绶分别办理在案。所有珲春地方应设分局，查有五品衔中书科中书江辉熟悉地势，堪以专办珲春分局。除由职道先行札委并循案刊发珲春电报分局钤记备用外，理合具文详明，伏乞鉴核，恳即饬属照料，以期妥协等情到本爵督办。据此除批示外，相应备文咨会，为此合咨贵副都统衙门，请繁查照，饬属妥为照料施行。须至咨者。

右咨珲春副都统衙门

吉林将军衙门为珲春副都统请增协领等额的咨文
光绪十二年九月初一日

为咨行事。兵司案呈：本年八月十四日，准兵部咨开，武选司案呈，光绪十二年六月初九日内阁抄出，吉林将军侯希　等片奏，据珲春副都统依咨称：该处于光绪七年添设副都统，维时仅由佐领内添设委协领一缺，余皆照旧，未议增置。自分设印务处左右两司，体制即异，事务倍繁，在在需员，实难迁就。拟请将右翼委协领一缺及旧设防御委佐领二缺，均改为实缺。其旧设笔帖式四缺内，除分隶边务承办处一缺、左司二缺外，右司仅只一缺。今旗民烟户日增，事已纷繁，应再添设一缺，借资办公。并另增额委笔帖式三缺，分置各司。又旧设仵作一名、番役二名，不敷遣用。请设仵作一名、番役十名等情，咨请前来。奴才等伏查珲春为边地要冲，旗民错处，事务之繁剧较前悬殊，则员役增添，势难仍旧。而协佐等官均有管理旗务之责，非实缺人员不足以资铃束。该副都统所请，系为整顿旗务，因时制宜起见，合无仰恳天恩，准将珲春右翼委协领一缺改为实缺协领，正蓝、镶蓝二旗委佐领二缺改为实缺佐领，右司添设笔帖式一缺，并添额委笔帖式三缺，分隶各司遣用。暨添设仵作一名，番役十名。如蒙谕允，除额委笔帖式例不食俸外，计改设协领、佐领、笔帖式共四员，仵作、番役十一名应领俸饷、工食银两，照通省章程发放，每年共需实银三百零四两七钱四分，遇闰加增。并笔帖式一缺如用贡监生员拣用者，照品支食俸银、俸米。其由领催、披甲拣用者，仍照原饷数目支食银米。统归通省官兵按年应支俸饷项下开支核销，理合附片谨奏。光绪十二年五月二十五月，军机大臣奉旨，"着照所请，该部知道。钦此"。相应行文吉林将军可也，等因前来。相应呈请咨行珲春副都统衙门查照可也。须至咨者。

吉林将军衙门为皇帝亲政后再行训政事的咨文
光绪十二年十月初五日

为咨行事。兵司案呈，本年九月二十八日准理藩院咨开，旗籍司案呈，准吏部知照，内阁抄出，光绪十二年六月十四日钦奉慈禧端佑康颐昭豫庄诚皇太后懿旨，醇亲王奕譞奏，吁请体念时艰俯允训政，礼亲王世铎等奏，合词吁恳训政数年，伯彦讷谟祜等奏，吁请从缓归政，以懋圣学各一折。皇上亲政典礼于明年正月十五日举行。又于六月十八日钦奉慈禧端佑康颐昭豫庄诚皇太后懿旨，醇亲王奕譞奏，重申愚悃吁请勉允训政，礼亲王世铎等奏，再行沥诚吁恳训政数年，锡珍等奏拨时度势，亲政尚宜稍缓，贵贤奏举行亲政关系綦重各一折，勉允所请，于皇帝亲政后再行训政数年各等因。钦此。另单知照办理前来。相应恭录懿旨二道，通行各该将军都统大臣等一体钦遵办理可也。等因前来。相应照抄粘单呈请咨行宁古塔、伯都讷、三姓、阿勒楚喀、珲春副都统，照会乌拉总管等衙门，暨札饬吉林分巡道、乌拉、五常堡、拉林、双城堡、伊通、额木赫索罗协、佐领、西北两路驿站监督、四边门章京等遵照外，由兵事移付印务处户、刑、工司、官参局总理、文案处、边防营务处查照可也。须至咨者。

右咨珲春等副都统

粘单

一件内阁抄出，光绪十二年六月十四日钦奉慈禧端佑康颐昭豫庄诚皇太后懿旨，醇亲王奕譞奏，吁请体念时艰，俯允训政，礼亲王世铎等奏合词吁恳训政数年，伯彦讷漠祜等奏，吁请从缓归政，以懋圣学各一折。览奏均悉。垂帘之举，出于万不得已，十余年来，深宫训导，欣觅皇帝典学有成，特命于明年正月内举行亲政典礼，审慎宣纶，权衡至当，不容再有游移。天下之事，至繁至赜，皇帝亲政之始容有未及周知，全在各大臣共矢公忠，尽心辅助，内而枢臣，外而疆吏，均系股肱心膂之臣。弼此丕基，责无旁贷。其各殚竭血诚，力图振作，于应办事宜，任劳任怨，毋得稍涉因循推诿，致负委任。皇帝几于念典，本无止境，一切经史之功，翻译之事，尤在毓庆宫行走诸臣，朝夕请求，不惮繁劳，俾臻至善。总之，帝德王道，互相表里，皇帝亲政后，正可以平日所学见诸措施，用慰天下臣民之望，当亦尔诸臣所至愿也。该王大臣等所请训政数年及暂缓归政之处，均毋庸议。至醇亲王折内所称，宫廷政治，内外并重，归政后当永照现在规制，凡宫内一切事宜，先请懿旨，再于皇帝前奏闻，俾皇帝专心大政等语。念自皇帝冲龄嗣统，抚育教诲深衷十余年如一日，即亲政后亦必随时调护，遇事提撕，此责不容卸，此念亦不容释。即着照所请行。本日钦天监奏遵旨选择吉期一折，皇帝亲政典礼于明年正月十五日举行，所有应行事宜，着各该衙门敬谨预备。钦此。又于六月十八日钦奉慈禧端佑康颐昭豫庄诚皇太后懿旨：醇亲王奕譞　奏，重申愚悃吁请勉允训政。礼亲王世铎等奏，再行沥诚吁恳训政数年。锡珍等奏揆时度势，亲政尚宜稍缓。贵贤奏举行亲政关系綦重各一折。览。奏均悉。垂帘听政，历稽往代皆出权宜之举。行之不慎，流弊滋多，史册昭垂可为殷鉴。前因皇帝典学有成，特降懿旨，及时归政。此深宫十余年来，殷殷盼望之苦衷，天下臣民自应共谅。故于十四日王、大臣等合词吁陈，均未允准。数日以来，皇帝宫中定省，时时以多聆慈训，俾有禀承，再四吁求，情词肫挚。兹复披览该王、大臣等章奏，沥陈时事艰难，军国重要，醇亲王折内兼以念及宗社，仰慰先灵等词，谆谆吁请，回环遍览，悚惕实深，国家值此时艰，饬纪整纲，百废待举，皇帝初亲大政，决疑定策，实不能不遇事提撕，期臻周妥。既据该王、大臣等再三沥恳，何敢固持一己守经之义，致违天下众论之公也。勉允所请，于皇帝亲政后，再行训政数年。尔中外大小臣工，务当各纾忠赤，尽力励勤，以期力振委靡，共臻郅治，于诸臣有厚望焉。至锡珍等及贵贤折内请饬廷臣会议等语。皇帝亲政系国家及时应举之盛典，业经特降懿旨，通谕遵行，岂如臣下条陈，事涉疑似者，尚须集议。况王公、大学士、六部、九卿两次陈奏，众议佥同，岂必待添入翰詹、科道，乃为定论耶。所奏殊属非是，着毋庸议。醇亲王前经片奏，内有亲政前期交卸神机营印钥等语。现既允准训政，醇亲王亦当以国事为重，略小节而顾大局，所管事宜仍着照常经理。俟数年后斟酌情形，再行降旨。钦此。钦遵抄出到部，除各营知照兵部转传外，相应知照各部院衙门，并各旗及各直省督抚府尹学政一体钦遵，并由各督抚府尹等转行各路统兵大臣可也。

吉林将军衙门为珲春改设协领佐领添设笔帖式等缺的咨文
光绪十三年正月三十日

　　为咨行事。兵司案呈：本年正月二十一日准吏部咨开，文选司案呈，内阁抄出吉林将军希元等，片奏珲春事务纷繁，拟请改设协领佐领，添设笔帖式等缺一片。于光绪二十年五月二十五日军机大臣奉旨："着照所请，该部知道，钦此。"钦遵，抄出到部。查原奏内称，据珲春副都统依克唐阿咨称：该处于光绪七年添设副都统，维时仅由佐领内添设委协领一缺，余皆照旧，未议增置。自分设印务处左、右两司，体制即异，事务倍繁，在在需员，实难迁就。

拟请将左翼委协领一缺及旧设防御佐领二缺，均改为实缺。其旧设笔帖式四缺内，除分隶边务承办处一缺、左司二缺外，右司仅只一缺。今旗民烟户日增，事务纷繁，应再添设一缺借资办公，并另增额委笔帖式三缺，分置各司。又旧设仵作一名、番役二名，不敷遣用，请添仵作一名、番役十名，等情咨请前来。奴才等伏查珲春为边地要冲，旗民杂处，事务之繁剧较前悬殊，则员役增，势难仍旧。而协领等官，均有管理旗务之责，非实缺人员不足以资钤束。该副都统所请，系为整顿旗务，因时制宜起见，合无仰恳天恩，准珲春右翼委协领一缺改为实缺协领，正蓝旗二旗委佐领二缺改为实缺佐领，右司添设笔帖式一缺并添额委笔帖式三，分隶各司遣用。暨添设仵作一名，番役十名，除原委笔帖式例不食俸外，计改设协、佐、笔帖式共四员，仵作、番役十一名，应领俸饷工食银两，照通省章程发放，每年共需实银三百零四两七钱四分，遇闰加增。并笔帖式一缺，如由贡、监生员拣用者，照品支食饷银俸米。其由领催、披甲拣用者，仍照原饷数目支食银米，统归通省官兵按年应支俸饷项下，开支核销等语。又准兵部咨称，该将军奏珲春事物纷繁，拟请将右翼委协领一缺改为实缺协领，正蓝旗、镶蓝旗委佐领二缺改为实缺佐领，本部遵时照准，业经知照户部在案。其添设笔帖式是否议准，事隶吏部，等因前来。查吉林将军希元等片，奏珲春事务纷繁，拟请改设协佐领，添设笔帖式等缺。等因。钦奉谕旨允准。查该将军等奏请珲春右翼委协领一缺改为实缺协领，正蓝旗、镶蓝旗委佐领二缺改为实缺佐领。既经兵部遵旨照准，所有珲春右司添设笔帖式一缺，并添额委笔帖式三缺，分隶各司遣用之处，亦应钦遵谕旨，均准其添设，应由该将军等查照定例，拣选咨部补放，相应知照可也。等因前来。相应呈请咨行珲春副都统衙门查照可也。须至咨者。

右咨珲春副都统衙门

珲春副都统为珲防拟设差官请拨专款的咨文
光绪十五年七月十九日

钦命头品顶戴帮办吉林一切事宜镇守珲春地方副都统恩　为咨明事。案查吉林边防行营向少差官一项，每逢侦探边情，乏人可遣，殊与行军之道未备。当经本帮办商准贵督办将军，由黑顶子屯垦局费节省项下常年筹拨专款银四千两，充作省珲两处差官薪水之需。所有珲防拟设差官十六名，现已选择如额，有事则侦探差遣，无事则请求操练，果有材武出众勤慎耐劳者，遇有营哨等官缺出，犹可一律拨委，以示劝勉而兴感奋。除札遵照并札粮饷处外，相应抄单咨明。为此合咨贵督办将军，请繁查照文内事理，希即饬知粮饷处，迅将此项银两按季如数拨解来营，以资散放施行。须至咨者。

右咨钦命头品顶戴督办吉林边务事宜镇守吉林将军恩特赫恩巴图鲁长

珲春副都统为添设发审委员等事的申文
光绪十五年十月初十日

为申请示遵事。窃卑职等于光绪十五年九月二十九日奉宪台札开：案查前因珲属地面辽阔，凡命盗案件倍觉殷繁，拟设发审委员四员。所有委员津贴办公等项，因无闲款可筹，应由粮饷处核议饬发，当经咨明札饬遵照在案。兹准督办将军长　咨复饬，据粮饷处呈复，遵查珲春添设发审委员四员，由文案、营务两处委员内选派兼充。自系清厘盗案，遵应议给津贴俾资办公。谨拟自本年九月初一日起，加给兼充发审委员文案处会办候选知县王昌炽、随同办事委员候选从九郑以桢、前路随同办事委员补用知县程国钧、营务处办事官候选知县吴贺桂等四员，每一员各月加给津贴银十二两、每一月油炭笔墨心红纸张银十二两，每一月计需银六十两，拟由平余项下按委支发。所有遵札议给珲春添设发审局兼差委员津贴以及油炭纸张银两数目缘由，是否有当等情，到本督办将军。据此，查所议发审委员津贴以及油炭等项，应照所议办理。等因到本帮办。准此，除分札饬遵照外，合亟札饬，札到该员即便遵照毋违，特札。等因蒙此，查卑职等仰蒙委兼发审差使，并未另立局所。缮写供招自系仍借该司抄录，而文案书识亦时有该司公事代为誊稿。所有此项公费银十二两，似应酌量分给以资津贴。查两司各派有笔帖式、贴写二人常川伺应堂事，卑职等拟请将公费银十二两，左右两司每月各给五两，以二两五钱给笔帖式，一两五钱给贴写，下余一两作为茶炭之需，其余二两拨给文案处书识借资津贴。至笔墨纸张供招所需，皆该应办之事，常年原有经费似可，毋庸再筹。倘蒙允如所请，即由卑职等按月领发以资办公。是否有当，理合申请宪台查核，俯赐批示，祗遵。为此备文具申，伏乞照验施行。须至申者。

发审委员王昌炽等为将发审银两分别作为津贴的移文
光绪十五年十月初十日

发审委员文案处会办同知用即选县正堂王、前路随同办事委员补用县正堂程、营务处办事官补用县正堂吴、文案处随同办事委员候选从九郑　为移会事。案照敝委员等申请，将发审公费银两分别津贴以资办公，应请查核缘由，蒙帮办宪恩批：如禀办理。等因。奉此，除分移知照外，拟令粘抄原文移会，为此合移贵司，请繁查照文内抄粘宪批事理，希将笔帖式贴写衔名查明见复，以便按月领发津贴银两施行。须至移者。

右移副都统衙门左司

珲春副都统为查明所属山川屯堡及俄韩各界牌的咨文

光绪十九年三月二十日

钦命头品顶戴帮办吉林一切事宜镇守珲春地方副都统恩　为咨复事。右司案呈：准将军衙门咨开，案据志书局总办候补同知杨同桂、提调候选同知廉瑞联衔呈称，窃卑局前奉宪札内开，凡应纂辑入志而一时无从考证者，或呈请咨查，或由局径行采访，事属创始，幅员又广，总须博采访搜，以免挂一漏万。等因。蒙此，卑局查吉林通省之山川考据，原属非易，而方向里数，尤未可稍有阙略。前于光绪十七年十一月，业经备文行查各处，惟珲春尚未查复。至于山川屯堡，三姓来册最详。十八年四月，卑局复将应查之村镇屯堡，开式行查，其珲春、宁古塔二城，现亦未经复到。拟请咨行珲春衙门，将属境山川、俄韩各界牌处所，及所有屯堡距城方向里数，逐一查明分析造册咨复。并咨宁古塔衙门，将立有界牌处所，及所有村镇屯堡距城方向里数，详细查明，咨复发局，以便入志。所有卑局拟请咨查珲春山川界牌屯堡，并宁古塔界牌村镇屯堡各方向里数缘由，理合呈请查核咨行等情。据此，除分咨外，相应备文咨会。为此合咨贵衙门，请繁查照。希即将属境各方向里数，逐一查明，分析造册，径送该局，以便汇纂，望速施行等因。准此，查珲春境属山川屯堡，距城方向里数，当经饬司按照会典馆颁到图式，绘就造册贴说，已于十六年五月初十日咨送在案。嗣据志书局呈催，复行饬司分析绘图注载明确。又于十八年闰六月初五日，照送亦在案。今准来咨内称：惟珲春尚未查复等因，是前两次所绘地图咨省者，究为何处接收，不甚诧异之至。查测绘吉林全省地图，本系陈树勋、林衡二员专责，记该二委员前岁在珲住有月余，面禀附近各山屯均能计算绘画，并奉有将军函示接济银两。此项地图，应向该二员查取。兹准前因，合亟再将属境山川屯堡方向里数，仍按前报照抄清册一本，并查前经漏报珲春属境俄韩各界限，所立牌博远近处所，逐一查明分析中俄里数造具印册一本，呈请咨复前来。相应备文咨复。为此合咨将军衙门查核施行。须至咨者。

右咨将军衙门

珲春副都统为会奏添设水师营等事的咨文

光绪二十年八月初三日

钦命头品顶戴帮办吉林一切事宜镇守珲春地方副都统恩　为咨还事。案准贵督办将军咨开：窃照本督办将军会同贵帮办，于本年七月十八日恭折具奏，为添设水师营营官，以后路左营营官周宝麟调充等因一折。又边务紧要，拟将防饷提前一季给领，俾济急需等因一片。除一面拜发并咨报外，备具双衔奏稿四份、行稿二份，相应备文咨送贵帮办，请繁查照，书奏书行盖印。希将奏稿存留二份，其四份仍望发还备案施行等因。准此，当将咨来双衔奏稿四份，行稿二份，书奏书行盖印讫。除将奏稿存留二份外，其四份相应备文咨还。为此合咨贵督办将军，请繁查照备案施行。须至咨者。

计咨还奏稿二份、行稿二份

右咨钦命头品顶戴督办吉林边务事宜镇守吉林等处地方将军兼理打牲乌拉拣选官员等事恩特赫恩巴图鲁长

珲春副都统为添募靖边前路前营刊发钤记事的咨文
光绪二十年九月初八日

钦命头品顶戴帮办吉林一切事宜镇守珲春地方副都统恩　为咨明事。案查前经电准贵督办将军添募一营，作为靖边前路前营，应即刊发钤记，以昭信守。兹饬文案处刊就钤记一颗，其文曰"管带靖边前路前营步队钤记"，呈请札发前来。除将钤记一颗，札交该统领转发开用外，相应备文咨明。为此合咨贵督办将军，请繁查照施一行。须至咨者。

右咨钦命头品顶戴督办吉林边务事宜镇守吉林等处地方将军兼理打牲乌拉拣选官员等事恩特赫恩巴图鲁长

（二）职　官　调　补

珲春副都统为穆克德赫站笔帖式以廉和等补授的咨文
光绪十一年八月初二日

镇守珲春地方副都统法什尚阿巴图鲁依　为咨报事。左司案呈：窃照本处穆克德赫、哈顺等站笔帖式乌勒希布、托伦阔等，于初设驿站，应如何谨慎奋勉，方期着有成效。乃该笔帖式懒惰性成，屡诚不改，难期得力，不便任其废弛，即当革职，另行拣放，以重站务。所遗之缺，即由应验人内，拣得左司帮行走领催委笔帖式廉和，披甲委笔帖式喜春等，当差谨慎，公事勤劳，堪胜斯缺。穆克德赫站笔帖式，以喜春补授。哈顺站笔帖式，以廉和补授。除饬该站官等，遵照赴站任事外，合将出身履历抄粘文尾，呈请咨报等情。据此，理合备文咨报将军衙门鉴核施行。须至咨者。

右咨将军衙门

吉林将军衙门为防御荣升应验珲春佐领事的咨文
光绪十一年十二月初五日

为咨调事。兵司案呈，案照现出有珲春左翼正蓝旗委佐领恒勋升任一缺，当于十二月初四日开单呈奉宪谕：着由该处右翼镶蓝旗花翎防御荣升拣委等谕。奉此，相应呈请咨行珲春副都统衙门查照，即将指调花翎防御荣升，务于十二年正月二十日以前，催令依限来省，以备拣委，并将该员出身履历，随文咨报，毋得逾限可也。须至咨者。

右咨珲春副都统衙门

吉林将军衙门为李宗宾委充总理营务处事的咨文
光绪十二年二月

为咨行事。于本年二月二十日，准钦差大臣穆　咨开：照得本大臣于光绪十二年正月二十二日附片具奏：东三省练兵所有营务文案事务殷繁，请调盐运使衔遇缺尽先题奏道、前任甘肃宁夏府知府李宗宾，委充总理营务处，兼管文案一片。本日奉旨："依议。钦此。饮遵。"恭录分别咨行，并刊发木质关防一颗，以昭信守外，相应抄录原片咨会。为此合咨贵将军，请烦钦遵查照施行。等因。准此，除知照外，相应抄录原片，备文咨行。为此合咨贵副都统查照可也。须至咨者。

右咨珲春副都统

珲春副都统为调佐领额勒德科来珲的咨文
光绪十二年五月十四日

钦命帮办吉林边务事宜镇守珲春副都统法什尚阿巴图鲁依为咨调事。窃照本帮办行营所用委员，原属无多。每遇更动补换，往往有乏人之虑。边务诸关紧要，亟宜预为储备，以资差委。查有吉林鸟枪营正黄旗花翎佐领额勒德科，久历戎行，于营务素所熟悉，且向在工司行走，于一切工务尤多谙练，如调归珲防当差，可期得力。本帮办为边务得人起见，可否念边地乏员，准将该佐领所拨归珲春行营听候差委，于边务营伍均有裨益。是否可行，相应咨调。为此合咨贵督将军副都统，请繁查照俯准施行。须至咨者。

右咨钦命督办吉林边务事宜镇守吉林将军一等继勇侯希头品顶戴吉林副都统恩

珲春副都统为骁骑校丰升额、常永留珲当差事的咨文

光绪十二年八月初七日

钦命帮办吉林边务事宜镇守珲春副都统法什尚阿巴图鲁依 为咨明事。窃查五常堡骁骑校丰升额、伯都讷骁骑校常永等，向在大臣吴 行营当差已久，本年春间，跟随来珲。现在分界事毕，将该二员留珲充差。本帮办查该员等年富力强，均堪录用。当将丰升额委为边务文案处差遣委员，常永札由中路统领委为该路左营前哨哨官。除分别札委外，相应咨明。为此台咨贵爵督将军，请繁查照转行各该衙门知照施行。须至咨者。

右咨钦命督办吉林边务事宜镇守吉林将军一等继勇侯希

吉林将军衙门为珲春骁骑校缺出由省拣补的咨文

光绪十二年十一月

为咨行事。兵司案呈，于本年十一月二十二日，准珲春副都统衙门咨开，左司案呈：窃照本处右翼镶蓝旗骁骑校多托哩病故，遗出之缺理宜将应验之人咨送验放。惟查左翼镶黄旗德王佐领下领催额委官五品顶戴记名骁骑校成玉，当差勤慎，颇称得力。且于今夏，随辕进山，往返跋涉，不无微劳。拟将斯缺借补成玉，俾资鼓励。续俟该翼缺出，即时调转，以符定制。除将成玉随文送省考验外，理合呈请咨行等情。据此，合亟备文咨行将军衙门鉴照，谨请俯准施行等因前来。当即回奉宪谕：查珲春右翼所出骁骑校一缺，前已咨调应升人员依限送省拣放，今准咨请，以该处左翼记名骁骑校成玉送省，待补斯缺。惟前调应验人员均已到省，此缺仍由前调应升人员内拣放，一俟该处两翼续有骁骑校缺出，再以记名骁骑校成玉借补等谕。奉此，除饬记名骁骑校成玉旋回外，相应呈请咨行珲春副都统衙门查照可也。须至咨者。

右咨珲春副都统衙门

吉林将军衙门为佐领双成恳请留省当差的咨文

光绪十三年四月初一日

为咨行事。兵司案呈，本年三月二十七日，据副都统衔记名协领花翎佐领双成呈称：窃职于同治元年，奉调出征，于十三年，由军营遣撤回旗。于光绪十年春，蒙恩补授珲春正黄旗佐领员缺。复蒙拣委本省练军营总差使。本年二月间，因病撤委营总差使，现在痊愈，理宜刻即赴珲归旗应差，无如职原系乌拉人，又兼因家道寒微，不惟珲乌相距窎远，而且充差往返奔驰，

实系无力，是以具情仰恳兵司案下代为转呈^{候命将军
副宪大人}麾下，恩准留省充差，实为德便。等因呈奉宪批：准其留省当差。等因奉此，相应呈请咨行珲春副都统衙门查照，札饬乌拉协领遵照可也。须至咨者。

右咨珲春副都统衙门

珲春副都统为请调中书庆全赴珲作为翻译教习的咨文
光绪十三年四月二十八日

钦命帮办吉林边务事宜镇守珲春副都统法什尚阿巴图鲁依　为咨商事。窃照珲春、宁古塔、三姓等三城与俄接界，交涉事件日遽繁多，全赖通事翻译，于两国语言文字贯通无疑，方免有情谊阻隔文词误会之处。惟各城当差人等，于俄语俄文未经专习，故每遇彼此晤面，传话尚可有人。至于往来照会，则全用清文翻译，事经重译往往有支离难解之词，总以不能径识俄文之故也。事关邻邦辞令，亟宜认真讲求。查去岁钦差勘界大臣吴　由总理各国事务衙门奏带翻译宫中书庆全，自幼入同文馆，专习俄语俄文二十余年。又经随差在俄京久驻，不惟于俄国语言文字最为熟练，即人情风俗亦且周知。故勘界一役与俄官共事数月，晤言浃洽，文牍畅通，深赖该翻译官之力，实为办理交涉必需之才。现拟请将该员调赴珲春，作为翻译教习官，有事则传话译文，寻常则挑选八旗聪敏子弟设立学堂，俾从学习。按月由边饷内筹给薪水银六十两，以资膏火。俟教有成效，再保送回京当差。此后学习成熟，不惟遇事不能掣肘，亦免致错谬之虞，实于边疆诸事大有裨益。本帮办为讲求边务起见，是否可行，理合备文咨商。为此合咨贵爵督办将军，请烦核夺施行。须至咨者。

右咨钦命督办边务事宜镇守吉林将军一等继勇侯希

吉林将军衙门为副都统因病咨请开缺回旗调理的咨文
光绪十三年六月

为咨报事。兵司案呈，本年六月二十四日，本衙门恭折具奏：为副都统因病咨请开缺回旗调理，据情代奏，仰祈圣鉴事。窃据宁古塔副都统容山咨称：窃副都统前于五月初旬，染患腹泻之症，力疾办事，望速就痊。无如至今月余，腹泻末愈，元气大亏，以致素疾肝郁上冲，两臂疼痛，动转维艰，夜不成寐，医药无功。伏思宁古塔系边疆重地，曷敢以病躯恋栈，有误大局。惟有咨请代奏仰恳天恩，准其开缺，俾得回旗调理。倘病势稍痊，即当泥首宫门，求赏差使，万不敢稍耽安逸，有负生成，咨请代奏等情。奴才等当派靖边亲军统领花翎协领恩祥就近前往该城，查验该副都统病症去后，旋据呈报查明副都统容山，因患腹泻之症，元气大亏，以致素疾肝郁上冲，两臂疼痛，动转维艰，不能办公属实，加结呈报前来。奴才等伏查宁古塔副都统容山，既系患病属实，自应据情代奏，仰恳天恩，俯准开缺回旗调理。所遗宁古塔副都统一缺，系边疆重地，未便久悬，相应请旨迅赐简放，以重职守。其副都统印务，自应先行派员接署。查有靖边亲军统领满洲正黄旗花翎协领恩祥，管辖严肃，办事认真，堪以委令署理。除檄饬该员遵照外，谨恭折具奏，伏乞皇太后、皇上圣鉴。谨奏。请旨。等因具奏。除俟奉到朱批，另行恭录外，合先照抄原折，呈请咨报兵、户部正黄旗满洲都统衙门，暨咨行宁古塔副都统衙门查照，由兵司移付户司查照可也。须至咨者。

右咨珲春副都统衙门

吉林将军衙门为穆克登额补珲春协领事的咨文
光绪十三年六月初十日

为咨行事。兵司案呈：本年六月初五日，准兵部咨开，武选司案呈，近经本部议复，吉林将军侯希 奏，穆克登额补协领一折，于光绪十三年五月二十日具奏，奉旨："依议。钦此。"相应附驿行文该将军可也。计单开，兵部谨奏，为遵旨议奏事。内阁抄出，吉林将军侯希 等奏，珲春右翼委协领一缺，前经奏请改为实缺，当奉复准，自应拣员请补，以专责成。查有副都统衔记名协领花翎佐领穆克登额，久历戎行，熟悉营务，前在军营打仗奋勇，叠保副都统衔花翎，以协领即补。嗣子同治八年十二月初十日，送部引见。奉旨："着照例用。钦此。"今珲春右翼新改实缺协领一缺，请以副都统衔记名协领花翎佐领穆克登额照例坐补。如蒙俞允，该员系已经引见人员，毋庸再行送部，以符定制等因一折。于光绪十三年三月初六日，奉朱批："兵部议奏。钦此。"钦遵到部。查定例，奉旨记名后令回原处，以协领记名之员，遇有应补缺出专折奏补等语。今珲春右翼新改实缺协领一缺，该将军请以副都统衔记名协领花翎佐领穆克登额坐补，核与定例相符，应请准其坐补。该员已经引见，毋庸再行送部。所有臣等遵议缘由，是否有当，伏乞圣鉴，训示遵行，为此谨奏。请旨。等因前来。相应呈请咨行阿勒楚喀、珲春副都统等衙门查照，暨札饬双城堡协领遵照，并由兵司移付边防营务处查照可也。须至咨者。

右咨珲春副都统衙门

珲春副都统为吴永敖委署靖边前路统领事的咨文
光绪十三年八月初七日

钦命帮办吉林边务事宜镇守珲春副都统法什尚阿巴图鲁依 为咨还事。

案准贵爵督将军咨开：照得靖边前路统领哈广和，禀准开去差使送部归标。所遗统领差使，查有屯兵营副将吴永敖，堪以派委署理。兹备双衔札稿一份，除分札外，相应咨会书行盖印，仍望咨还。等因准此，当将咨来札稿书行盖印讫，相应备文咨还。为此合咨贵爵督将军，请繁查照施行。须至咨者。

右咨钦命督办吉林边务事宜镇守吉林将军一等继勇侯希

吉林将军衙门为委参领双魁仍留练队充差的咨文
光绪十三年十二月

为咨行事。兵司案呈：本年十二月十八日兵司接据全营翼长花翎协领吉升阿等移称，兹查三起二扎兰蓝翎骁骑校委参领双魁，现已升授珲春防御之缺，本应送归该署充差，惟该员前在练军带队多年，实系熟悉捕务，未便遽易生手。当即回奉宪谕：准将防御委参领双魁仍留练队充差，以资缉捕。等谕。奉此，除札营总荣升遵照外，理合备文移付。为此合移兵司查照可也。等因前来。相应呈请咨行珲春副都统衙门查照，札饬镶白旗协领遵照可也。须至咨者。

右咨珲春副都统衙门

吉林将军衙门为前黑龙江将军会同东三省将军办理练兵事宜的咨文
光绪十三年十二月

为咨行事。于本年十二月初三日，准兵部咨开，武选司案呈，光绪十三年十一月初五日，内阁抄出，光绪十三年十一月初二日，内阁奉上谕："前黑龙江将军定安，着授为钦差大臣，会同东三省将军办理练兵事宜，各城副都统以下均归节制。钦此。"抄出到部，相应知照吉林将军可也。等因。准此，除分行外，相应备文咨行。为此合咨贵副都统，请繁查照。钦遵施行。须至咨者。

右咨珲春副都统

吉林边防营务处为穆克登额仍留补修炮台事的移文
光绪十五年三月初六日

帮办吉林边务营务处_{总理补用协领花翎佐领珲春}_{帮办花翎佐领额}为移知事。照得本月初三日接奉帮办将军札开，照得靖边中路左营官乌勒兴额，前因派修炮台工程未竣，暂留该营官署理该营事务，以便催督工作。其营官穆克登额经本帮办将军札委行营边防营务处总理，业已分别咨札在案。兹据营官穆克登额呈称，窃职前蒙调转管带中路左营。及到防，渥奉札委行营边防营务处总理，惟职一介武夫，满汉文不识，而且营务事纷繁，恐有负委任贻误公事，是以恳请将总理营务处差使开去，仍恳另饬接管左营事务，催令兵勇修筑炮台，等情，到本帮办将军。据此，查该员所称满汉文不识，惟恐贻误公事，恳辞营务而接营官同修炮台，固属实情。应将前委总理差使撤销，饬其接管中路左营队伍所有，营官乌俟交代明白，仍留珲春会同营官富保补修炮台，将来工竣再行赴省接管马队，以符原案。(下缺)

吉林将军衙门为佐领富勒吉扬阿恳请留省充差事的咨文
光绪十五年四月

为咨行事。兵司案呈，本年四月十三日，准帮办边务事宜新授黑龙江将军依　咨开，案据珲春正红旗佐领富勒吉扬阿呈称：窃职系本城旗籍，蒙补珲春员缺，当经驰赴本任供职，惟职亲祖母年逾八旬，时常患病，虽有父叔，早年去世，形影相顾，仅职一人，且珲春距省千有余里，既不能搬移任所，尤不能常侍膝下，扶衰循省惶愧殊深。兹因公晋省，是以不揣冒昧，叩恳钧前格外垂恩，转咨将职留省充差，就便侍亲。倘荷俯允，则感戴鸿慈无极。等情到本帮办将军。据此，查该员所请，固属为养亲起见，应即照准相应咨请。为此合咨贵督办将军、副都统请繁查照。希将该员留省充差，俾得遂其孝思，实为德便。等因前来。奉宪允准，相应咨行珲春副都统衙门查照，札饬镶红旗协领遵照可也。须至咨者。

右咨珲春副都统衙门

吉林将军衙门为协领德玉护理珲春副都统事务的咨文
光绪十五年四月

为咨行事。兵司案呈，本年四月二十二日，准钦命帮办吉林边务事宜新授黑龙江将军依　咨开，案照本帮办将军前经携印由珲起程，校阅各路军操并赴省交代边务，当将珲春副都统衙门事务交协领德玉护理，业经咨明在案。兹将防军阅毕，边务事宜亦将交代完竣，经贵督办将军副都统会向本帮办将军奏明，由吉省就近驰赴新任，珲春副都统印务即委该协领暂行护理。除仓库、钱粮、军器、火药、监狱、文卷一切前已逐项交明接管外，所有携来印信应由本帮办将军委员赍送。兹将钦颁光字第十九号"镇守珲春副都统"银印一颗，并随带印钥装匣加封，派五品顶戴恩骑尉定禄、印务处委笔帖式富全等赍回珲春，交该协领验明接收护理。除礼交该协领即将护理日期，并接收前交仓库等项一并报明，暨札委该员等遵照前往外，相应咨明。为此合咨贵督办将军副都统请繁查照施行。等因前来。相应咨行珲春副都统衙门查照可也。须至咨者。

右咨珲春副都统衙门

吉林将军衙门为笔帖式景阳恳请留省的咨文

光绪十五年四月

为咨行事。兵司案呈，本年四月十三日，准帮办边务事宜新授黑龙江将军依 咨开，据六品顶戴珲春右司笔帖式委章京景阳呈称：窃职原在户司充当委笔帖式委章京差使，于光绪十二年五月间，檄调赴珲派充朝鲜通商税务分局司事。嗣于十三年正月间，因右司办事乏人，蒙恩借补新添无品级笔帖式。以职庸材，仰荷培植，自应竭尽血诚，勤慎膺差，奈职家道寒微，丁单亲老，省珲相距一千余里。当差实属不易。故于十三年冬间，曾经具情呈蒙转咨，请以省城相当之缺调转。旋奉咨复，俟北路关防笔帖式缺出，再行酌核办理等因。嗣后北路关防及仓站各笔帖式缺出，均各调转有人，职自应静候。惟职系属省城旗籍，虽固乏人借补，终未便久占珲春之缺。更兼职母六旬余岁，身体素弱，近复多病，职在珲膺差，侍养无人。职日夜思维，惟有抑马宪恩俯赐，咨送回省当差，借以侍亲。嗣后遇有仓站各笔帖式出缺，再行就近呈请调转。如蒙允准，得遂乌私，永感鸿慈等情到本帮办将军。据此，查该员所称亲老丁单，侍养无人，恳请回省充差，以便得尽乌私，委系实在情形，应即照准。惟该员前在珲春历充局署各差，办事勤奋，颇称得力。今经回省充差，未便没其微劳，可否请在各局处派一差使，以示鼓励而昭激劝，一俟遇有相当缺出，再行调转，相应咨请。为此合咨贵 督办将军 副 都 统，请繁查照施行。等因前来。奉宪允准，相应咨行珲春副都统衙门查照。札饬镶黄旗协领遵照，由兵司移付户司查照也。须至咨者。

右咨珲春副都统

珲春新调副都统恩泽为报到任时日的咨文

光绪十五年五月

跪奏：为恳谢天恩，并报交卸先赴珲春日期，恳请陛见恭聆训诲，专折具奏外，合行照抄原折，呈请咨行珲春副都统衙门查照备案可也。须至咨者。

右咨珲春副都统衙门

粘单

跪奏：为叩谢天恩，并报交卸先赴珲春日期，恳请陛见恭聆训诲，专折仰祈圣鉴事。窃奴才于光绪十五年五月初九日，承准兵部火票递到内阁抄出：光绪十五年四月十三日奉上谕，卓 着补吉林副都统，珲春副都统 [着] 恩 调补，并着随同长 帮办吉林一切事宜。钦此。自天开命，伏地增惭，当经恭设香案，望阙叩头谢恩讫。适值卓 行抵吉林，即将副都统交卸与督办将军长，筹商边防，刻下应办各件。惟查沈阳饥黎，近多流徙于珲春一带地方，亟待安插。而马贼又时作不靖，抚绥巡缉势不容缓。依　已赴黑龙江将军之任，将军长　遂同奴才酌拟先行赴任，恭候圣训。现已定于五月十五日由省起程，除俟行抵珲春到任接任及接管帮办事宜再行专折恭报外，伏念奴才猥以菲材驻防荆楚，西征十载，乌孙复而领篆迭权，东向五年，素食久而襄猷乏策。兹又渥承宠命，移镇边城，且令帮办军事，益恐难胜巨任。惟有随时与督办将军长　和衷共济，实力维持。断不敢稍存己见，自外生成，以冀仰答高原鸿慈于万一。所有奴才感激下悦，并交卸起程先赴珲春日期，理合恭折叩谢天恩，伏乞皇上圣鉴。谨奏。

吉林将军衙门为委任吉林副都统珲春副都统的咨文

光绪十五年六月初六日

将军衙门为咨行事。兵司案呈：本年五月十三日准兵部咨开，武选司案呈，内阁抄出，光绪十五年四月十三日奉上谕，卓　着调补吉林副都统，珲春副都统着恩　调补，并随同长　帮办吉林一切事宜，抄出到部，相应行文吉林将军可也。等因前来。相应呈请咨行珲春副都统衙门查照可也。须至咨者。

右咨珲春副都统衙门

依克唐阿为补授黑龙江将军的札文

光绪十六年二月二十五日

钦命头品顶戴帮办吉林边务事宜，新授黑龙江将军，法什尚阿巴图鲁依　为恭录札行事。光绪十五年二月二十三日准兵部火票递到咨开，光绪十五年正月十八内阁抄出，十七日奉上谕："杭州将军着恭镗调转，所遗黑龙江将军员缺，着依克唐阿补授。钦此。"钦遵前奉，相应恭录咨行新授黑龙江将军依　查照可也。等因。钦此。除专折谢恩并分行外，合就恭录札行，札到该左司即便钦遵。特札。

札珲春副都统衙门左司遵此

珲春副都统为统领文元与营官兴福互相对调的咨文

光绪十六年四月二十九日

钦命头品顶戴帮办吉林一切事宜镇守珲春地方副都统恩　为咨还事。案准贵督办将军咨开：照得靖边后路统领文元，应与亲军左营营官兴福互相对调。除备稿分札札委外，相应将双衔会稿一份，备文咨送贵帮办，请繁查照，书行盖印咨还备案施行。等因准此，当将咨来会稿一份，书行盖印讫。相应备文咨还。为此合咨贵督办将军，请繁查照施行。须至咨者。

右咨钦命头品顶戴督办吉林边务事宜镇守吉林等处地方将军恩特赫恩巴图鲁长

吉林将军衙门为令前留籍之珲春佐领双成等归任充差的咨文
光绪十六年五月

为咨行事。兵司案呈，适奉宪谕：兹准贵帮办来函内云，珲春佐领春升现在赴都引见，其所管右司关防旗翼事务乏员管理，请将珲城职官前留原籍充差者酌夺，饬催一、二员赴任供职，以资办公而专责成。等因。当即饬由兵司，将留籍之珲春人员开具衔名，所留案由清单呈堂。查正黄旗佐领双成，前委营总现已撤委。正红旗佐领富勒吉扬阿，于光绪十五年四月十三日，准前珲春副都统依　咨，因该员亲祖母年逾八旬留省奉养。镶蓝旗佐领贵山，委吉字营哨官差使。正黄旗防御讷苏肯，在兵司充当报差差使，现有生母年逾七旬等情。于五月二十八日奉宪批：佐领双成、富勒吉扬阿二员，着饬归任。等谕奉此，除札饬镶红旗、乌拉协领等遵照，即将前留籍充差之珲春佐领富勒吉扬阿、双成二员，速即催令归任毋延。仍将该员等启程日期，随时呈报备核外，相应呈请咨行。为此合咨珲春副都统衙门查照可也。须至咨者。

右咨珲春副都统衙门

珲春副都统为前路统领王宽调委亲军统领事的咨文
光绪十六年七月十三日

钦命头品顶戴帮办吉林一切事宜镇守珲春地方副都统恩　为咨明事。案照靖边前路统领记名副都统王佐领宽，经本帮办会同贵督办将军奏明调委亲军统领，当经札饬遵照在案。所有前路事务亟应委员暂署，以便王统领宽交卸起程。兹查中路统领永佐领德，久在珲防，堪以兼署。除分札遵照外，相应咨明贵督办将军，请繁查照施行。须至咨者。

右咨钦命头品顶戴督办吉林边务事宜镇守吉林等处地方将军恩特赫恩巴图鲁长

珲春副都统为佐领巴图凌阿病故遗差由其族叔充补的咨文
光绪十六年七月十六日

钦命头品顶戴帮办吉林一切事宜镇守珲春地方副都统恩　为咨报事。左司案呈，窃照前于五月初六日，据左翼正白旗世管佐领巴图凌阿禀称：职染患时病，日渐沉重，动履维艰，碍难供职等因。当即给假调养，并拣派该员之族叔，同翼镶黄旗骁骑校兼恩骑尉金奎，暂署该旗钤记事务。续据该翼协领德王报称：职翼正白旗世管佐领巴图凌阿前患时病，日益增剧，医药罔效，至七月初二日病故等情。据此，派员复查属实。查该故员所遗钤记一切事宜系属世管，应由其族内拣员代署。惟其族内除骁骑校金奎之外，别无现任职官，故仍派该骁骑校金奎署理，以符体制。除饬令遵照外，合亟呈请备文咨报。为此合咨将军衙门，查核施行。须至咨者。

右咨将军衙门

珲春副都统为王昌炽接管商务局会办事的咨文
光绪十六年十一月二十九日

钦命头品顶戴帮办吉林一切事宜镇守珲春地方副都统恩　为咨明事。案查前准贵督办将军电开：据叶守函称病势垂危，力求交卸。等因。当经电准，札派王令寿麟前往暂管在案。嗣据该员禀辞商局差使，复准贵督办将军两次来电，改委边务文案处会办同知衔同知用即选知县王令昌炽，速急前往接管。遗出会办一差，查有随同办事委员五品蓝翎补用笔帖式培源，堪以提充。除分札饬遵照外，相应咨明。为此合咨贵督办将军，请繁查照。加札饬遵王令昌炽接管见复施行。须至咨者。

右咨钦命头品顶戴督办吉林边务事宜镇守吉林地方将军恩特赫恩巴图鲁长

珲春副都统为鄂龄暂委营务处会办的咨文
光绪十七年五月二十二日

钦命头品顶戴帮办吉林一切事宜镇守珲春地方副都统恩　为咨明事。案查工部候补员外郎鄂龄，前经咨留委力三岔口屯垦事宜。后经史部咨驳，当即另行派员接办。嗣查该员精明强干，勇于任事，时值边地需材，复经贵督办将军会同本帮办奏准，留于防营差遣在案。惟现无相当之差，着暂委为营务处会办。其薪水银两，即照部员留营章程开支。除札委该员并札行营营务处遵照外，相应咨明。为此合咨贵督办将军，请繁查照施行。须至咨者。

右咨吉林将军长

吉林将军衙门为佐领永德委补五常堡协领事的咨文
光绪十七年五月二十七日

为咨调事。兵司案呈，案照五常堡协领双全病故一缺，当于五月二十日开单，呈奉宪批，着珲春镶红旗记名协领二品顶戴花翎佐领永德补放。等因。奉此，相应呈请咨行珲春副都统衙门查照，即将指调记名协领花翎佐领永德，饬令于六月二十五日以前，依限到省，以备拣补。并将该员出身履历，随文咨送，勿得逾限可也。须至咨者。

右咨珲春副都统衙门

吉林将军衙门为后路统领调转事的咨文
光绪十七年六月初六日

为咨会事。照得靖边后路统领兴福病故，遗缺以前路统领恩祥调转。其遗前路统领一缺，以营官哈广和调升。哈广和递遗营官一缺，以张柏茂接充。张柏茂未到以前，仍令哈广和暂署。兹备双衔札稿一份，除一面分饬外，相应备文咨会。为此合咨贵帮办，请繁查照。书行盖印，仍望发还备案施行。须至咨者。

右咨钦命头品顶戴帮办吉林边务事宜珲春副都统恩

珲春副都统为调笔帖式景阳来珲任事的咨文
光绪十七年九月初一日

钦命头品顶戴帮办吉林边务事宜镇守珲春地方副都统恩　咨调事。右司案呈：案查本衙门右司笔帖式景阳，曾留省垣户司充差，以便就近候转，迄今三年之久，并未转回。迩届本处勘丈南冈一带地亩之际，且兼公务繁冗于昔，以应事件待人办理。而笔帖式一缺本有经理案件之责，应将该笔帖式景阳，仍调来珲，以便办理清丈地亩，并衙门一切案件，以重职守而归原差。俟有应转缺出，再行随时送省酌补等情。据此，理合备文咨调。为此合咨将军衙门查照，请烦饬令该员迅速来珲任事施行。须至咨者。

右咨将军衙门

吉林将军衙门为委补珲春亲军马队哨官事的咨文
光绪十七年十二月

为咨行事。照得靖边中路中营中哨哨官骁骑校索成告请长假，所遗哨官一缺以提督记名总兵王有胜委补。又珲春亲军马队左哨哨官披甲依力布因公晋省，于十一月二十九日病故，所遗哨官一缺以宁古塔镶红旗喜寿佐领下协领衔记名佐领花翎披甲明林委补。除咨行外，相应备文咨行贵帮办，请繁查照施行。须至咨者。

右咨钦命头品顶戴帮办吉林边务事宜珲春副都统恩

吉林将军衙门为佐领春升充补珲春协领事的咨文
光绪十八年二月二十一日

为咨调事。兵司案呈：案照珲春左翼协领德玉病故一缺，当于本年二月十八日开单呈奉宪批：着珲春正蓝旗记名协领花翎佐领春升拣补等因。奉此，相应呈请咨行珲春副都统衙门查照，即将指调记名协领花翎佐领春升，务于三月二十五日以前，催令依限来省，以备拣补。并将该员满汉出身履历，随文咨送，以备查核，勿得逾限可也。须至咨者。

右咨珲春副都统衙门

珲春副都统为哨官孙承统等升补前路营官事的咨文
光绪十八年三月十三日

钦命头品顶戴帮办吉林一切事宜镇守珲春地方副都统恩　为咨还事。于本年三月初十日，准贵督办将军咨开：案照前路右营营官魁保病故，遗差着水师营总哨官孙承统等升补，各专责成。除一面分饬遵照外，相应将双衔会稿一份，备文咨会。为此合咨贵帮办，请繁查照，书行盖印，仍望咨还备案施行等因。准此，当将咨来双衔会稿一份，书行盖印讫，理合备文咨还。为此合咨贵督办将军，请繁查照施行。须至咨者。

计咨还双衔会稿一份

右咨钦命头品顶戴督办吉林边务事宜镇守吉林等处地方将军兼理打牲乌拉拣选官员等事恩特赫恩巴图鲁长

吉林将军衙门为珲春记名协领春升拣补事的咨文
光绪十八年四月初一日

为咨复事。兵司案呈，本年三月二十日，准贵帮办珲春副都统咨开，左司案呈，于本月初四日接准将军衙门咨开，兵司案呈：案照珲春左翼协领德玉病故一缺，当于本年二月十八日开单，呈奉宪批：着珲春正蓝旗记名协领花翎佐领春升拣补。等因。奉此，相应呈请咨行珲春副都统衙门查照，即将指调记名协领花翎佐领春升，务于三月二十五日以前，催令依限来省，以备拣补。并将该员满汉出身履历，随文咨送，以备查核，勿得逾限可也。等因前来。理应饬令该员赴省，奈其所署左、右两翼协领事务，并掌理两司关防一切政务，均属重要，现在无人接代，故请俟二班军政时，再行送省。等因。电奉督办军宪复准在案，合亟备文咨报。为此合咨将军衙门，查照施行。等因前来。查该员既因其经理政务，乏员接代，自应准其二限军政赴省，再行拣补协领之处，相应呈请咨复。为此合咨珲春副都统衙门查照可也。须至咨者。

右咨珲春副都统衙门

吉林将军衙门为珲春佐领双成仍留乌拉充差事的咨文
光绪十八年六月十五日

为咨行事。兵司案呈，本年六月初五日，据署乌拉协领事务花翎佐领魁常呈称，于本月二十二日据镶红旗佐领裕庆呈称，兹据本佐下升授珲春正黄旗佐领双成恳称：窃职前于去岁十二月间在珲春染受时疾，请假回籍调养，当未见愈，曾经续行请假三个月。蒙恩允准，赶紧调治。现在假限已满，病势稍痊，理宜回任供差，以重职守。无如职母年逾七旬，身体衰弱，时患头晕，别无亲丁可倚，不忍遽然弃母归任，是以踌躇至再。合无仰恳鸿慈，将职留乌拉充差，借便得以侍亲，稍尽人子之道等情，恳呈前来。复查该员所称，亲老在堂，年逾七旬，别无亲丁侍养委系实在情形，并无虚捏情弊。理合呈请转为恳留施行等情，呈递前来。据此，复核无异，可否准留本处应差，未敢擅便，理合备文呈请军宪衙门鉴核，批示遵行。等因。当奉宪批：珲春佐领双成，准其仍留乌拉当差，仰兵司知照等谕。奉此，除札饬乌拉协领遵照外，相应呈请咨行珲春副都统衙门查照可也。须至咨者。

右咨珲春副都统衙门

吉林将军衙门为营官全荣与胜泰对调事的咨文
光绪十八年闰六月二十一日

为咨明事。照得前路左营营官胡殿甲，与后路右营营官胜泰，曾经分饬调转在案。兹准贵帮办电留，自应改员对调。查有中路左营营官全荣，堪与胜泰互相对转。全荣现在补修道路。一俟工竣后，再赴后路右营接管。除分札遵照外，相应备文咨明。为此合咨贵帮办，请繁查照施行。须至咨者。

右咨钦命头品顶戴帮办吉林边务事宜珲春副都统恩

珲春副都统为前路办事官遗缺请拣员接充的咨文
光绪十八年七月初三日

钦命头品顶戴帮办吉林一切事宜镇守珲春地方副都统恩　为咨会事。本年闰六月二十八日，据靖边前路哈统领广和呈称：窃于本月二十六日，据卑路左营营官胡殿甲呈称，窃本营帮带官姚宏印，前于四月间，奉派赴省请领夏饷，不意积劳病发，医药罔效，至六月间，将饷领出，而病势愈重，不能回程，即交代随同请饷差官马永庆、接饷哨官陈道祥等，将夏季饷项护解回防，并一面请假就省延医调理等情。讵意于本月二十四日，接到该帮带戈什电称，帮带于本月二十二日寅刻因病出缺。逖聆之下悼惜莫名，当将该帮带营中公私事件，代为料理外，其所遗帮带官一缺，自应由本营拣员拔补，以资襄助，借资鼓励。查吉林靖边马队始创定章，原设帮带官文武二员，各有责成，自不容混。各路步队，尚有办事官之名目，而马队仅区区一字识之差，遇有事件未免向隅。兹查有本营字识五品顶戴主簿张汉源，先在内地当充文差有年，后到吉林投效。蒙前任铭军帅，以该员文兼武才，派充吉胜营马队哨官。嗣以缉捕勤能，调升骁勇右营营官，驻扎嵩岭十年之久，江东一带颇着官声，迨至十四年冬，以官职微末，与新奏定章不符，始行撤委。此后来珲投效补充前路左营字识之差。数年以来，公事稳妥，而历练亦深，以之拔补帮带之差，诚于营制定章相符，并于营中诸事均有裨益，洵可谓营官指臂之助。复查有花翎千总马永庆，以马粮充当差官，现派领饷。前在奉天八面城实任外委多年，差事可靠，公事熟悉，以之拔补，堪期得力。卑营营官为遴选人材有益营务起见，为此呈请照转施行等情。据此，查该营官所请主簿张汉源、花翎千总马永庆二员，虽属文武殊途，于差操一切俱称熟悉，以之拔补帮带差使，均堪胜任等情到本帮办。据此，查张汉源请补该军马队帮带官，仍与奏定章程不符，碍难照准。而马永庆素未在该军带队，一旦驾于各哨之上，恐无以服人，亦未便稍涉迁就。而珲防一时无相宜人员堪以委补，自应由省遴委，以重操防。除批示外，相应咨会。为此合咨贵督办将军，请繁查照。希即遴派妥员前往该军接充帮带差使，仍望见复施行。须至咨者。

右咨吉林将军长

吉林将军衙门为在珲充差之江省荫生墨尔赓额履历抄单的咨文

光绪十八年七月十二日

为咨行事。兵司案呈，本年七月初二日准珲春副都统衙门咨开，左司案呈，前准将军衙门咨开，兵司案呈，本年五月二十一日，据委办珲春招垦事宜蓝翎四品衔即补员外郎鄂龄等呈称，窃司员等于本月初四日，接准清丈绳弓委员二品荫生墨尔赓额呈称：窃生于今年正月二十六日，奉到呼兰正红旗本管头佐佐领托克托布来文，传知军政之期，理合依限赴省军政。第缘充当珲春清丈差使，相距江省两千余里，路途迂远，往返不便。反复筹思，惟有据情恳乞清丈总局，转请督帅将军，咨复黑龙江将军衙门，应如何可邀免赴江省军政之处。出自军宪鸿慈，格外栽培，不胜悚惶，切恳之至，肃此具呈乞代转详等情前来。司员等查，荫生墨尔赓额为本年届军政之期，现有差占碍难前往，乞代转详冀免赴省之意，殊属实在情形，合极备文转请军台鉴核俯赐咨复，实为德便。为此备由具呈，伏乞照验施行等因呈请前来。呈奉宪批，仰兵司核办等谕。奉此，当查委员黑龙江二品荫生墨尔赓额，现在本省珲春差委，而该员军政，自应就近由珲春副都统考验，以归简易。其该员出身履历，应注弓力考语，仍由该管官照章办理外，呈请咨行珲春副都统衙门查照。即将该员调署，认真考验可也。等因前来。遵将该员墨尔赓额札调来城，于闰六月十六日，本副都统亲临教场，详加考验其马步骑射，均属可观，差使亦尚勤慎。合将该员出身履历，抄粘文尾，呈请备文咨复。为此合咨将军衙门查核，转咨施行。等因前来。相应抄单呈请，咨行黑龙江将军衙门查照可也。须至咨者。

右咨黑龙江将军衙门

粘单

二品荫生墨尔赓额，系黑龙江呼兰正红旗头佐托克托布佐领下人。于光绪二年，恭逢恩诏，赏给二品荫生之职，留本城充差，堂司司官十三年。于光绪十七年三月二十八日，蒙吉林将军委派珲春清丈地亩差使，共计食俸十七年。年四十三岁，汉军周姓。

吉林将军衙门为委补前路左营帮带官的咨文
光绪十八年七月二十三日

为咨复事。案准贵帮办咨开，据靖边前路统领哈广和呈称：卑路左营帮带姚宏印病故，遗差请以字识张汉源、差官马永庆二员内拔补，均堪胜任。经贵帮办批：饬以张汉源请补该军马队帮带官，仍与原奏定章不符，碍难照准。马永庆素未在该军带队，一旦驾于各哨之上，恐无以服人，亦未便稍涉迁就。而珲防一时无相宜人员堪以委补，自应由省遴委，以重操防。咨会遴派妥员，前往该军接充帮带差使等情，自应如咨办理。除将后路左营帮带孙义恒调补前路左营帮带，所遗后路左营帮带，拣以二等侍卫奇成阿委充并分饬外，相应咨复贵帮办，请繁查照施行。须至咨者。

右咨钦命头品顶戴帮办吉林边务事宜珲春副都统恩

珲春副都统为委补前路统领遗缺事的咨文
光绪十八年八月十七日

钦命头品顶戴帮办吉林一切事宜镇守珲春地方副都统恩　为咨还事。本年八月十四日，准贵督办将军咨开：照得靖边前路统领哈广和着即撤委，遗差以后路统领恩祥调转。其遗后路统领一差，以副将吴永敖派委。除一面分札遵照外，兹备双衔札稿一份，相应备文咨会。为此合咨贵帮办，请繁查照，书行盖印，仍望发还备案施行。等因到本帮办。准此，当将咨来双衔会稿一份，书行盖印讫，相应备文咨还。为此合咨贵督办将军，请繁查照，备案施行。须至咨者。

右咨钦命头品顶戴督办吉林边务事宜镇守吉林等处地方将军兼理打牲乌拉拣选官员等事恩特赫恩巴图鲁长

吉林将军衙门为奏准春升坐补珲春左翼协领缺的咨文
光绪十九年二月初五日

为咨行事。兵司案呈：本年正月十九日，准兵部咨开，武选司案呈，近经本部议复，内阁抄出，吉林将军长　等奏，珲春左翼满洲协领德玉病故一缺，应即拣员请补。查有记名协领珲春正蓝旗花翎佐领春升，诚实可靠，管辖严肃，拟请照例坐补，实于营务地方有裨。如蒙宪允，该员系已经引见之员，应请毋庸再行送部等因一折。于光绪十八年八月十三日，奉朱批："到部议奏。钦此。"钦遵到部。查定例"奉旨记名后，令回原处以协领记名之员，遇有应补缺出专折奏补"等语。今珲春左翼满洲协领一缺，该将军请以记名协领花翎佐领春升坐补，核与定例相符。应请准其坐补。该员保奖案内已经引见，毋庸再行送部等因。于光绪十八年十二月二十三日，具奏。奉旨：依议。钦此。相应恭录谕旨暨原奏，附驿行文吉林将军查照可也。等因前来。相应呈请咨行珲春副都统衙门查照，并由兵司移付户司边防营务处查照可也。须至咨者。

右咨珲春副都统衙门

吉林将军衙门为留佐领春霖在承办处兼差的咨文
光绪十九年二月二十五日

为咨行事。兵司案呈，本年二月十八日，兵司接准印务处移开：于二月初十日，奉堂谕：珲春佐领瑞霖防御德春二员，着仍留承办处兼差。鸟枪营正白旗蓝翎佐领舒冲阿，着挑刑司兼走。特谕。遵此，相应移付兵司查照可也。等因前来。相应呈请咨行珲春副都统衙门查照。札饬正黄旗、鸟枪营协参领等遵照可也。须至咨者。

右咨珲春副都统衙门

吉林将军衙门为协领伊萨布署理左路统领事的咨文

光绪十九年三月初二日

为咨行事。窃照靖边左路统领恩龄，饬回乌拉协领本任。其所遗统领之缺，以阿勒楚喀协领伊萨布署理。俟恩龄到任后，伊萨布再行赴防。未到以前，着讷荫暂行护理。除分别饬遵外，相应备文咨行。为此合咨贵帮办，请繁查照施行。须至咨者。

右咨钦命头品顶戴帮办吉林边务事宜珲春副都统恩

吉林将军衙门为接护吉林将军印务事的咨文

光绪十九年三月二十九日

为咨报事。兵司案呈，本年三月　日，本衙门恭折具奏，为接护将军印务日期，恭折具奏，仰祈圣鉴事。窃吉林将军长，拟欲出省校阅水师，择要布置江防，请假就近回籍祭扫。所有将军印信请交奴才护理之处，曾于本年二月初三日具奏。奉朱批："长　着赏假两个月。吉林将军着沙　暂行护理。钦此。"钦遵前来。兹奴才长拟于　月　日起程，于是月　日将印务及王命旗牌事件，派员移交前来。奴才当即恭设香案，望阙叩头谢恩，祗领任事讫。伏念奴才猥以庸愚世仆，毫无知识，莅任吉林副都统以来，寸长未效。兹蒙圣恩，护理将军印务，闻命之下，益切悚惶。惟矢慎矢勤，将营务地面一切事宜尽心护理，断不敢以暂行摄篆，稍涉因循，以期仰答高原鸿慈于万一。所有奴才接护将军印务日期，理合恭折叩谢天恩，伏乞皇上圣鉴。谨奏。等因。具奏。除俟奉到朱批恭录另咨外，合将照抄原折咨报军机处兵户部查核，暨咨行盛京、黑龙江将军、山海关、宁古塔、伯都讷、三姓、阿勒楚喀、珲春副都统、乌拉总管等衙门查照，札饬十旗、双城堡、乌拉、五常堡协、参领、全营翼长、水师营总管、吉林分巡道、西北两路站监督、伊通、额穆赫索罗、四边门章京等遵照，并由兵司移付户司、边防总统、营务处查照可也。须至咨者。

右咨珲春副都统

吉林将军衙门为防御庆连借补珲春正蓝旗佐领事的咨文

光绪十九年四月

奏，再，珲春正蓝旗佐领春升升任，所遗之缺，自应援案拣员请补。查有吉林镶黄旗头品顶戴记名简放副都统记名协领花翎防御喀尔莽阿巴图鲁庆连，系吉林正蓝旗人。前在军营打仗出力，叠经统兵大臣历保今职，该员久历戎行，熟悉旗务。现在珲春正蓝旗所出佐领一缺，核与庆连旗翼相当，以之借补斯缺，实于旗务有裨，且与迭次奏定章程及办过成案均属相符。拟请将珲春正蓝旗佐领春升升任遗缺，即以庆连借补，仍留该员原保升阶升衔，俟遇有应补之协领缺出，再当随时酌量请补。如蒙俞允，庆连系业经引见人员，勿庸再行送部。奴才等为整饬旗务起见，是否有当，谨附片具陈，伏乞圣鉴。谨奏。请旨等因。兹于四月初四日，奉到朱批：兵部议奏。钦此。钦遵前来。相应照抄原片，恭录朱批，呈请咨报兵部正蓝旗满洲都统衙门查核，咨行珲春副都统衙门查照。札饬镶黄正蓝旗协领遵照，并由兵司移付户司查照可也。须至咨者。

右咨珲春副都统衙门

吉林将军衙门为将新补珲春佐领永贵留户司充差的咨文

光绪十九年四月初五日

为咨行事。兵司案呈，本年三月二十八日，兵司接准户司移开，经司单称：在司兼走记名佐领骑都尉兼云骑尉永贵，每遇差遣，均能勤慎奉事，司中颇资得力。兹于本年二月，该员蒙恩拣补珲春佐领之缺，理宜饬赴本任以重职守。惟现值司中用人之际，可否仍将该员留省挑司充差，以资派委得人之处。恩典出自钧裁，非职等所敢擅拟。理合缮单呈请宪鉴核夺，伏候批示遵行等因。呈奉宪批：永贵仍留司充差。等谕。奉此，相应备文移付。为此合移兵司，请繁查照可也。等因前来。相应呈请咨行珲春副都统衙门查照。札饬正黄旗协领遵照可也。须至咨者。

右咨珲春副都统衙门

吉林将军衙门为桂昌借补珲春城站笔帖式的咨文

光绪十九年六月二十五日

为咨行事。兵司案呈，案据珲春城站笔帖式峻昌禀称：窃职由候补笔帖式赴江省镇边军效力，拣充江省机器局司事。当蒙黑龙江将军依奏补珲春城站笔帖式，业经奉准部复在案。现蒙保以主事归部，遇缺选用，拟请开去笔帖式之缺，俟奉到部，复恳以主事在省当差候选等情。禀悉。准如所请。俟奉到部复，再行咨部开缺，以主事在省当差候选，仰兵司知照。续据边务文案委员候补笔帖式桂昌禀称：窃职系拉林旗籍，前因补缺无着，曾经禀请，遇有相当缺出，在省扣补，当蒙允准在案。只有叩恳恩施，于通省无论何项缺出，暂行借补，或于军营笔帖式人员出缺，请照军营例留营扣补等情。禀悉。俟珲春站笔帖式峻昌咨部开缺后，所遗之缺，即以该员借补，仰兵司知照在案。查珲春城站笔帖式峻昌，在江省机器局案内保以主事选用。现奉部复核准，自应遵照前批，将该员笔帖式之缺咨部开除，以主事在省当差候选。其所遗珲春城站笔帖式一缺，即遵前批，准以候补笔帖式桂昌借补，以专责成。除另文咨部外，相应呈请咨行。为此合咨黑龙江将军，珲春、阿勒楚喀副都统衙门查照，札饬镶黄旗、拉林协领、西路驿站监督遵照。由兵司移付户司查照可也。须至咨者。

右咨珲春副都统衙门

吉林将军衙门为准珲春、双城堡互调缺出的咨文
光绪十九年十月初十日

为咨行事。兵司案呈，本年九月二十四日，据署双城堡协领事务副都统衔记名协领花翎佐领喜胜报称，左司案呈，于五月初九日准将军衙门兵司移开，本年四月二十一日准珲春副都统咨开，左司案呈：案查前由双城堡所拨前锋之缺，尚有七分，今逾九载之久，屡经咨催竟置若罔闻。事关额缺，岂可如此任其虚悬，合再呈请备文咨请转催。为此合咨将军衙门查照，请烦催令该城，于文到日，即将应送前锋八缺克期送珲，以便拣补而符体制。望速施行，毋任推延可也。等因前来。相应移交双城堡协领遵照，即将所拨珲春前锋之缺，勿论何旗缺出，随时赶紧呈报，以便送珲挑放而资差遣。勿得仍前延缓可也。等因前来。准此，随即礼饬八旗佐校等遵照，俟后无论何旗出有前锋之缺，速即呈报，以凭立待送珲拣放去后。旋据镶红旗佐校等报称：旗属五品蓝翎前锋委前锋校永禄，因在营染受潮湿之症，复发医治未愈，恳将底缺告退等情呈送前来。据此捡查堡属前经奏明添设领催缺八份，拟由乌拉、伯都讷、三姓、珲春、拉林等处分别拨堡，以资差遣等因各在案。现届仅乌拉、伯都讷、三姓送到领催缺五份，其珲春未拨领催缺一份，拉林未送缺二份。屡经具文呈请移催，该二城并未咨送前来等情。除将镶红旗前锋永禄遗出一缺，咨送珲春拣放。其珲春欠拨堡属领催一缺，由堡拣放。似此前锋领催互相转易，则两城缺额饷项各得其便。惟拉林欠拨领催缺二份，值此差繁需人孔殷之际，仰恳代为移催，作速拨送。再，堡属应送前锋七缺，以俟出有缺额务须随时咨送外，理合将堡属遗出前锋一缺，抵补应拨领催缺额之情形，备文呈请报明等情。据此，拟合呈报将军衙门查核，示遵施行等情前来。当奉宪批："准如所请。仰兵司知照。"等谕奉此，除札饬拉林协领遵照前文事理，无论何旗出有领催之缺，即行拨送双城堡拣放，暨札饬双城堡协领遵照。嗣后遇有前锋缺出，迅速呈报，以凭转送外，相应呈请咨行阿勒楚喀、珲春副都统等衙门查照可也。须至咨者。

右咨珲春副都统衙门

吉林将军衙门为贵昌等补放珲春笔帖式遗缺的咨文

光绪十九年十一月二十五日

为咨行事。兵司案呈，本年十一月十八日，准吏部咨开，文选司案呈，准吉林将军咨称：珲春城驿站笔帖式俊昌开缺。以主事候补拣选。正红旗富永佐领下五品顶戴候补主事先补笔帖式贵昌，由文生员遵新海防例，捐笔帖式，应将该员补放等因。又准打牲乌拉总管衙门咨称：本衙门八品笔帖式富森保补授骁骑校，遗缺将捐纳监生年满仓委笔帖式锡林补放。等因各前来。查吉林将军咨珲春城驿站笔帖式俊昌遗缺，拣选得正红旗富永佐领下五品顶戴候补主事先补笔帖式文生员贵昌补放。又打牲乌拉总管衙门咨，本衙门八品笔帖式富森保遗缺，将捐纳监生年满仓委笔帖式锡林补放之处。应照咨均准其补放，相应咨行可也。等因。于光绪十九年十月十一日，由部出咨前来。相应呈请咨行阿勒楚喀珲春副都统，照会乌拉总管等衙门查照。札饬拉林协领遵照，由兵司移付边防文案处户司查照可也。须至咨者。

右咨珲春副都统衙门

吉林将军衙门为新添水师营营官以周宝麟调补的咨文

光绪二十年三月二十三日

为咨行事。照得靖边后路水师营新添营官，着以后路左营马队营官周宝麟调补。所遗马队营官一差，以前记名佐领讷勒岱充补。除咨行外，相应备文咨行。为此合咨贵帮办，请繁查照施行。须至咨者。

右咨钦命头品顶戴帮办吉林边务事宜珲春副都统恩

珲春边防军火局委员宋家顺为恳请调差的禀文

光绪二十年三月

珲春边防军火局委员提督衔记名简放总兵策勇巴图鲁宋家顺谨禀：督宪将军座前，敬禀者，窃沐恩自惭樗散，幸隶桴晖，叨大德之包容，切私衷之感篆。去岁曾将起身行伍由千把以至提镇各缘由，胪陈座右。蒙批：候有相当差使，再行酌派。等因奉此，沐恩抚躬自问，所办军火局务倏经五载，幸无陨越之贻。今春，蒙署帮办宪筹添官药局津贴银二十三金，而中、前、右三路之银俱已裁撤，名虽添补，究无实惠。当此边防吃紧，正人臣效命之时，岂有身为武夫徒知坐食清俸，非特愧对同僚而且辜负前此懋赏之德。现闻新募太冲三营所有拣选员弁，在督帅自有权衡，非沐恩所敢妄求者也。乃因两次批示，又奉面谕：许以亲兵营管带谆谆垂训，一似遇有机会，未必不邀拔擢之中。况知遇隆恩，涓埃末报，人非草木岂能忘情。台无仰恳鸿慈，垂青格外，或调太冲营内差使，纵执鞭随镫，亦所甘心。他日凯奏澄清，定不忘栽培之至意耳。可否之处，恭候训示祗遵，肃修寸禀，恭候钧安。伏乞慈鉴。沐恩家顺谨禀。

批：据禀已悉，该总兵报称之心殊堪嘉尚。惟新募太冲三营已委员管带矣，省中现无相当差使可派。着仍在珲勤慎当差可也。此缴。十九日。

珲春副都统为水师炮船领哨郭长胜归前路统领节制的咨文
光绪二十年九月初六日

钦命头品顶戴帮办吉林一切事宜镇守珲春地方副都统恩　为咨明事。案照现闻倭兵北犯土门沿江一带，戎备亟严，管带水师炮船领哨郭长胜，着归前路统领节制。至应如何布置，由该统领酌度情形，妥为办理。除分札外，相应咨明贵督办将军，请繁查照施行。须至咨者。

右咨钦命头品顶戴督办吉林边务事宜镇守吉林等处地方将军兼理打牲乌拉拣选官员等事恩特赫恩巴图鲁长

珲春副都统为前路前营哨官在行辕官内拣选的咨文
光绪二十年九月初八日

钦命头品顶戴帮办吉林一切事宜镇守珲春地方副都统恩　为咨明事。案照倭寇北犯，珲防戒严，兵力觉单。当经电准贵督办将军添募一营，作为靖边前路前营，业已咨明并札该统领遵照在案。查兵勇易募，惟哨官、哨长一时实难应选，另行咨调缓不济急。兹就本帮办行辕历年投效，拣有军功差官内，稍谙营务者，交该统领拣选，并就前路素称差操勤慎之员，以之提委补充哨官等差，以期得力。除札前路统领分行委用外，相应抄粘咨明。为此合咨贵督办将军，请繁查照施行。须至咨者。

右咨钦命头品顶戴督办吉林边务事宜镇守吉林等处地方将军兼理打牲乌拉拣选官员等事恩特赫恩巴图鲁长

吉林将军衙门为孙义恒等委充珲春新募两营营官的咨文
光绪二十年九月初九日

为咨会事。照得珲春新募步队两营营官，着孙义恒、凌维琪等委充。除分札札委外，兹备具双衔会稿一份，相应备文咨会。为此合咨贵帮办，请繁查照，书行盖印，仍望咨还备案施行。须至咨者。

右咨钦命头品顶戴帮办边务事宜珲春副都统恩

珲春副都统为赴吉暂署声林将军篆务的咨文
光绪二十年十月初一日

钦命头品顶戴帮办吉林一切事宜镇守珲春地方副都统恩 为咨行事。本年九月三十日，准贵督办将军电开：本督办将军钦奉电旨，率师赴奉助剿。吉林将军篆务，奉旨着贵帮办副都统署理，等因，钦遵电咨前来。所有帮办边务事宜并珲春副都统印信，当经电准贵督办将军，以靖边前路统领副都统衔花翎协领恩祥，暂为护理。等因。兹本帮办定于十月初二日交卸，初三日启程赴吉。除咨行暂设帮办副都统事恩并分札外，相应咨明。为此合咨贵督办将军，请繁查照施行。须至咨者。

右咨钦命头品顶戴督办吉林边务事宜镇守吉林等处地方将军兼理打牲乌拉拣选官员等事恩特赫恩巴图鲁长

珲春副都统为暂交军务及启程日期的咨文
光绪二十年十月初二日

钦命头品顶戴帮办吉林一切事宜镇守珲春地方副都统恩 为迅速咨报事。左司案呈：窃照本帮办副都统，于九月三十日，准督办将军长 电开：本督办将军钦奉电旨，率师赴奉助剿，吉林将军篆务奉旨着帮办副都统恩署理。等因。钦遵电咨前来。所有帮办边务事宜并珲春副都统印信，当经电准督办将军，以靖边前路统领副都统衔花翎协领恩祥暂为护理等因。本副都统即将珲春边务交涉一切事务印信，于十月初二日暂交该统领署理，定于初三日启程。除将暂行交代并启程日期各缘由，备文咨报。为此合咨将军衙门鉴照施行。须至咨者。

右咨将军衙门

护理珲春副都统恩祥为接印任事的咨文
光绪二十年十月初十日

护理帮办吉林边务事宜珲春副都统军机处存记副都统衔花翎协领恩 为咨复事。案于本年十月初一日，准钦命帮办吉林边务珲春副都统恩 咨开，本年九月三十日准督办将军长 电开：本督办将军钦奉电旨，率师赴奉助剿。吉林将军篆务，奉旨着贵帮办副都统署理等因。钦遵电咨前来。所有帮办边务事宜并珲春副都统印信，当经电准督办将军，以靖边前路统领副都统衔花翎协领恩祥暂为护理等因。兹本帮办定于十月初二日交卸，初三日启程赴吉。除咨行督办将军并分札外，相应咨明。为此合咨贵署暂护理帮办副都统，请繁查照，即将边务副都统各事宜接收施行等因。准此，旋于本月初二日，准贵署督办将军帮办副都统委印务章京骑都尉恩禄，将镇守珲春副都统银印一颗，并边务文案宗及存司库银两枪械各册赍送前来。本护理帮办副都统即于是日午刻接印任事，并将移交存库银两枪械各册点收。除咨行督办将军长　查照并分札外，相应备文咨复。为此合咨贵署督办将军，请繁查照施行。须至咨者。

右咨钦命头品顶戴署理督办吉林边务事宜吉林等处地方将军珲春副都统恩

吉林将军衙门为协领恩祥委署珲春副都统的咨文
光绪二十年十二月

为咨行事。兵司案呈，本年十一月二十五日，准兵部咨开，武选司案呈，内阁抄出：吉林将军长　奏，帮办恩　署理吉林将军所遗珲春副都统一缺，查有统领靖边前路马步全军记名副都统协领恩祥，堪以暂行委署。附片谨奏。光绪二十年十月十三日，奉朱批："知道了。钦此。"抄出到部。相应行文吉林将军可也等因前来。相应呈请咨行珲春副都统衙门查照，由兵司移付边防营务处查照可也。须至咨者。

右咨珲春副都统衙门

吉林将军衙门为署珲春副都统恩祥兼署帮办等事的咨文
光绪二十年十二月二十日

为咨行事。案准兵部咨开，武选司案呈，内阁抄出：署吉林将军恩　片奏，再，奴才恭承恩命，署理吉林将军所遗珲春副都统印务，经长　奏委副都统衔军机处存记靖边前路统领花翎协领恩祥暂署在案。惟帮办边务一差，未经陈明责成兼署。查珲春相去千余里，必须帮办得人就近调度，俾各军将有所禀承，方不至稍有贻误。查恩祥统军多年，晓畅戎机，可否即以该员兼署之处，理合附片谨奏。光绪二十年十一月十七日，奉朱批；"着照所请。钦此。"抄出到部。相应行文吉林将军可也。等因准此，除札饬外，相应备文咨行。为此合咨贵署帮办，请繁查照施行。须至咨者。

右咨署帮办珲春副都统恩

吉林将军衙门为将随辕来省各员遗缺另行拣补的咨文

光绪二十年十二月二十一日

为咨复事。案准贵署帮办咨开，本年十一月二十九日，准贵署督办将军咨开，本月十二日准督办将军长　来咨，奉上谕：军兴以来，呈请军营投效者，几于无日无之，诚恐到营各员，并无一长可考，只图哺啜，妄希保举。着将投效人员逐一查看，倘才具平庸无裨军务，即行遣回，以节虚糜而杜冒滥。将此各谕令知之。钦此。钦遵行知等因。遵查吉林一省，现在筹备边防剿捕盗匪，自系军需省分，亟宜钦遵办理。除分饬外，相应备文咨行。为此合咨贵帮办查照，转饬各局处恪遵谕旨，将在局膺差人员，认真稽核，出具切实考语，开单送核，以凭察看，勿得代人任咎，是为至要。等因到本署帮办副都统。准此，当即转行各局处，查取委员衔名，以凭核办去后。兹据珲防行营文案处、行营营务处、招垦总局、矿务总局，先后呈报开送各员，呈请加考前来。查各局处总理会办及各委员，均系在珲充差有年，并无新来投效，皆隶贵署督办将军，前帮办任内委用旧属，本署帮办副都统到任未及三月，例不加考。应由贵署督办将军，出具切实考语核送。除将各局处呈递衔名抄粘外，相应备文咨复等因。准此，查行营文案委员郑维周、张毓芳、炳宣、何树汉，行营营务委员程国钧、双顺、存良、忠和、陈炳蒸、祥奎等十员，前已随辕来省听候差委。所遗行营文案营务各差，应请贵署帮办另行拣员委补，以资办公。其在珲春当差人员考语，本署督办将军业经离珲，碍难出考核送。相应备文咨复。为此合咨贵署帮办查照办理可也。须至咨者。

右咨署帮办珲春副都统恩

珲春副都统为兼署帮办边务一差附奏叩谢的咨文

光绪二十年十二月二十八日

署理帮办吉林边务事宜珲春副都统军机处存记副都统衔花翎协领恩　为咨报事。左司案呈：于本年十二月十九日，接准贵署督办将军咨开，于光绪二十年十月二十七日附片具奏：为帮办边务一差，未经陈明，可否兼署之处等因一片。兹于十二月初六日，原片遵回。奉到朱批："着照所请。钦此。"钦遵咨行前来。准此，遵即专折叩谢天恩。谨于十二月二十八日拜发。合将折稿抄粘咨报。为此合咨将军衙门查照施行。须至咨者。

右咨将军衙门

计粘折稿

奴才恩祥跪奏，为叩谢天恩恭折仰祈圣鉴事。窃奴才于光绪二十年十二月十九日，准署吉林将军恩　咨开，光绪二十年十月二十七日片奏：为吉林帮办边务一差，着奴才兼署等因。于十二月初六日，奉到朱批："着照所请。钦此。"钦遵行知前来。奴才跪读之下，感悚难名，当即恭设香案，望阙叩头谢恩。伏思奴才满洲世仆，一介庸愚，自委边防统领以来，涓埃未报，兹蒙署理珲春副都统印务，自维任重才轻，深恐弗胜。今复蒙恩纶，以边务帮办重寄，自天闻命，伏地怀惭。查珲春地处边陲，接壤外夷，举凡练兵防边整顿地方一切均关紧要。惟有随时随事咨商督办将军，妥慎办理，殚竭愚诚，勉策驽骀，以期仰答高厚鸿慈于万一。所有奴才感激下忱，谨恭折叩谢天恩。伏乞皇上圣鉴。谨奏。

（三）封　赠　承　袭

吉林将军衙门为武职不准复姓归宗请酌量变通的咨文
光绪十一年四月初五日

为咨行事。兵司案呈，本年三月十三日，准兵部咨开，职方司案呈：所有本部奏前事等因，相应抄录粘单，行文该将军可也。计单开，兵部谨奏，为遵旨议奏事。光绪十年十一月二十九日，奉上谕："御史汪鉴奏，各部例案疏舛，请饬厘定并条例各案，开单呈览一折。各部办理案件，必应厘定划一，用资遵守。倘彼此两歧，前后互异，办理未能允协，必至流弊滋多。该御史条例疏舛各例案，着该部详细查核妥议具奏。此外，如有未能划一之案，并着悉心厘定。嗣后各部院纂修则例，该堂司各官务当详加考订，折衷至当，乘为宪典，用副朝廷整饬庶务。至单并发。"钦此。"钦遵到部。查该御史原奏内称：兵部有武职，不准复姓归宗之例，以杜假冒。宜仿吏礼二部，稽查防范。如初保官阶即限年月，令原保大臣造具该员年貌三代籍贯履历册送到部，注册给照。其册照费，即仿吏户成案酌筹。以资办公赴选，分发责同乡官切结识认。其不准复姓归宗之例，酌量变通。如有现任及在营之武职，呈请归宗者，须本籍切结，并令报捐本宗封典，方准改注官册等语。臣等查光绪二年，前任湖南巡抚王文韶，奏请厘定武职人员复姓归宗章京，当经臣部核议凡由勇丹武童监生军功出身者，无论在部候补候选，及已收标已补缺未补缺，概不准其更名复姓，出继归宗，以杜假冒。至[行]伍武生科甲出身各员弁，如有更名者，仍照例章办理，亦不准其复姓出继归宗。于光绪二年八月二十九日具奏。奉旨：依议在案。伏查军兴以来，武职保案繁多，流品混杂。其顶替售买之弊，在所不免，不得不严立限制，以杜弊混。惟查此等情弊，大都出于遣撤回籍毫无依赖之人，至官职较宗及得有实缺者，尚易稽察。如查前项情弊，自可执法严惩。若一概不准复姓归宗，则该员弁等，如果实有出继在先，而本宗族又绝嗣者，必使之不得归奉宗祧，似于继绝之义有所未允。自应量为变通，以期尽善。拟请嗣后武职人员，除从前捐纳各员弁，及由军功保举遣撤回籍未经收标人员，仍不 [准] 其复姓更名 [出] 继归宗外，其他提镇大员及副参等官，或已补实缺，或现在军营效力，及业归标候补者，如有更名复姓等项，均取具印甘各结，由统兵大臣暨各督抚奏明办理。游击以下，非得有实缺人员，无论候补候选，在营在籍，已收标未收标，概不准更名复姓出继归宗，以示限制。至由行伍武生科甲出身各员弁，有籍可稽弊窦较少，凡实缺候补，均令其取具印甘各结，由各该管大臣督抚奏明办理。以上各项如有顶替售买等弊，别经发觉，除将该员惩办外，并将出结各员及具奏之大臣督抚，分别议处。至该御史所称武职出保官阶，饬令造具履历册送到部，由部注册给照，并酌筹册照各费，以资办公一节，查臣部复核武职各项保奖，均饬令造具出身履历，送部查核，久经办在案。嗣后，应令于履历册中，添写三代父母在殁年岁，以便稽考。所请给照及酌筹册照各费之处，应毋庸议。又所称现任及在营之武职，呈请归宗者，令报捐本宗封典，方准改注官册一节。臣等查复姓归宗，总以统兵大臣及各该督抚认真考核为凭，若因捐请封典，准其归宗实属无此政体，所奏亦毋庸议。所有议奏缘由，是否有当，伏乞圣鉴训示，谨交等因。光绪十一年二月初九日具奏。本日奉旨："依议。钦此。"等因前来。相应呈请咨行宁古塔、伯都讷、三姓、阿勒楚喀、珲春副都统、乌拉总管等衙门查照，札饬十旗、乌拉、双城堡、五常堡、伊通、额穆赫索罗协、参、佐领等遵照可也。须至咨者。

右咨珲春副都统衙门

吉林将军衙门为已革云骑尉永庆、吉云所遗世职不准承袭的咨文
光绪十七年五月二十日

为咨行事。兵司案呈，本年五月十一日，准兵部咨开，武选司案呈，准吉林将军长　咨称，据珲春副都统依克唐阿咨称：二道河卡官云骑尉永庆，因现在查禁贩宰耕牛，见有民人辛长凌购运杂货，驾车皆系牛只，起意吓诈，得赃后，旋即放行。嗣因追索余赃，经辛长凌呈控，批司传讯，供认不讳。查该云骑尉永庆，身系世职，不知自爱，辄敢借端诈财，实属贪鄙不职。据咨奏参请旨：将云骑尉永庆，即行革职，以惩贪诈而儆官邪。所遗云骑尉

一缺，另行拣员承袭。光绪八年六月十六日，奉旨："着照所请。该部知道。钦此。"咨行在案。兹准珲春副都统咨，永庆缘案革职，遗缺可否准由兄弟子内拣选，请袭等因。查已革云骑尉永庆，所遗世职，应否准由伊胞兄弟子内拣选承袭。咨部示复遵办等因前来。查道光五年，奉旨："前因世管佐领保升犯贪婪私罪，革职出缺，该旗以其子阿林拟正请袭世职，当交兵部详查，有无似此成案。兹据查明该部定例，凡世职犯私罪，革职有余罪者，子孙不准承袭。革职无余罪者，俱准承袭。并将准袭不准袭成案，开单复奏。朕思世职人员，缘事革职，其所犯情罪，自有不同兵部定例，仅以有无余罪为断，不足以示区别。现阅单开成案，与定例固无歧异，若以罪犯赃私者亦准照例承袭，其何以儆贪墨。嗣后凡世职人员，有因犯赃之案，革职并无余罪者，其子孙俱不准承袭。着为令。此次已革佐领保升所出世职之缺，不准以其子阿林承袭。着该旗另行拣员带领引见。钦此。"今吉林云骑尉永庆，缘案革职出缺。查云骑尉永庆，系犯赃之案革职，子孙不准承袭其所遗云骑尉世职，相应咨复该将军，照例办理可也。同日又准兵部咨开，武选司案呈，准吉林将军长　咨称，准珲春副都统依克唐阿咨称：正黄旗云骑尉吉云与讷敏，合谋霸占苏凌德地亩，并捏造炭窑基址图，据苏凌德屡控未结。该副都统到任后，严饬承审，协领始将讷敏强占地亩，因成讼后，将地亩转给并吉云捏造图据等情，讯据确供。吉云于研讯讷敏之际，攘臂闯入，任意咆哮。迨经讷敏供明后，吉云始俯首无辞。除地亩断令苏凌德领回，讷敏照例另结外，查云骑尉吉云，身系世职，辄敢结交匪类，图诈良民，捏造图据，挺身插讼，以致案悬数年，无辜受累。相应请旨：将云骑尉吉云，即行革职，以儆刁健而安善良。应袭世职，另拣请补。光绪七年闰七月二十六日，奉旨："着照所请。兵部知道。钦此。"咨行在案。兹准珲春副都统咨，已革云骑尉吉云所遗世职，可否准令伊子承袭，或由兄弟子内拣选承袭等因。查云骑尉吉云缘事革职，遗缺应否准其亲子承袭，抑或由伊亲兄弟子内拣选请袭咨部，示复遵办等因前来。查道光五年奉旨：前因世管佐领保升，犯贪婪私罪，革职出缺。该旗以其子阿林，拟正请袭世职，当交兵部，详查有无似此成案。兹据查明该部定例，凡世职犯私罪，革职有余罪者，子孙不准承袭。革职无余罪者，子孙俱准承袭。并将准袭不准袭成案，开单复奏。朕思世职人员，缘事革职，其所犯情罪，自有不同兵部定例，仅以有无余罪为断不足以示区别。现阅单开成案与定例固无歧异，若以罪犯赃私者，亦准照例承袭，其何以儆贪墨。嗣后凡世职人员，有因犯赃之案革职，并无余罪者，其子孙俱不准承袭，着为令。此次已革佐领保升所出世职之缺，不准以其子阿林承袭。着该旗另行拣员带领引见。"钦此。"今吉林云骑尉吉云，因结交匪类，图诈良民，捏造图据，挺身插讼，奏参革职在案。该员缘案革职，系属犯赃，所遗世职，自应遵道光五年钦奉谕旨："另行拣选承袭，不准伊子孙入选。"相应咨复该将军可也。各等因前来。相应呈请咨行珲[春]副都统衙门查照可也。须至咨者。

右咨珲春副都统衙门

吉林将军衙门为吉省世职人员立功承袭事迹汇报的咨文
光绪十八年闰六月十五日

为咨行事。兵司案呈，本年六月二十八日，兵司接准志书局提调候选同知廉　移开：案照敝局纂修通志，所有吉省各处八旗世职，均宜编辑。前将应查之勋爵后裔世管佐领等项，详请军宪通行各处，查报在案。惟迄今，仅有伯都讷、乌拉、五常堡三处，将各旗世职造册送局。如双城堡、额穆赫索罗等处，仅以并无世管佐领勋臣后裔等语移复。其余各处，皆尚未经复到。查吉林自国初，以至道光咸丰以来，军士从征各省，战功既着世职尤多，省城八旗中，勋爵后裔承袭轻车都尉、骑都尉、云骑尉、恩骑尉等项世职者，固属甚众。其外城各旗亦何至并无世职人员，且袭职者不论何处，向由军宪具奏，历准部复，兹固无须问诸该旗省中，亦皆有案可据，何难一加稽核，便可悉知。相应备文移查。为此合移兵司，烦即查照，速将省城及外城各旗所有世职人员，立功承袭事迹年份，一并查复，以凭汇办，望勿久延等因前来。相应呈请咨行宁古塔、三姓、阿勒楚喀、珲春副都统等衙门查照。札饬十旗、拉林、双城堡、伊通、额穆赫索罗协、参、佐领等遵照文内事理，速将各该旗佐，所有世职人员于某年、月、日立功承袭各事迹，一并详细查明，分析造册，径送志书局汇办，勿得仍前久延致干未便。并将造送日期，随时呈报，以凭备查可也。须至咨者。

右咨珲春副都统衙门

吉林将军衙门为云骑尉德英阿不准列选世职的咨文
光绪十九年二月十五日

为咨行事。兵司案呈：本年二月初十日，兵司禀称，窃奉宪交以据伊通镶黄旗云骑尉德英阿呈称，"窃职在户司充差，每次左翼出有应验防御之缺，职就近递牌列选，业已四次。今左翼出有应验防御一缺，就近入牌列选"等情。呈奉宪批："该员应否入牌列选，司中自能照章办理，自行呈渎殊属不合，仰兵司饬知"等谕。奉此，查例载承袭各员，甫经当差之年幼世职及不能办事之员，不准拣选等语。况近来袭职日繁，若不明定章程，一遇防御缺出，纷纷呈牌列选，不惟漫无限制，且恐充差年久之员，徒滋向隅。拟请嗣后世职各员，如由西丹承袭者，计奉旨之日起，俟逾六年，准其随班列选。其间借以学习公事，将来得缺，亦不致偾事。如由领催、甲兵承袭者，照任官例食俸三年，准其列选。兹云骑尉德英阿，系于光绪十五年承袭世职不第，未满六年，且其年尚冲幼，似应不准列选。职司责任诠选，必须照章，方昭公允。惟是管窥所及，是否有当，未敢擅便，理合缮禀复陈，伏乞宪鉴裁夺，祗候批示施行等因。禀奉宪批：嗣后世职列选年份准如所拟办理。德英阿既未满六年，仍着不准列选等谕。奉此相应呈请咨行宁古塔、伯都讷、三姓、阿勒楚喀、珲春副都统等衙门查照，暨札饬十旗、乌拉、五常堡、拉林、双城堡、伊通、额穆赫索罗协、参、佐领全营翼长等遵照，并由兵司移付总统营务处、边防营务处查照可也。须至咨者。

右咨珲春副都统衙门

吉林将军衙门为本年所有各处承袭官员送省日期的咨文
光绪二十年七月初十日

为咨行遵办事。兵司案呈，案查吉林所属内外城旗出师官兵，在营打仗阵亡立功后，奉准部咨议给世职人员。本衙门前经通饬所属，将应行承袭人员，均限于九月内送省，以备考验给咨送部引见。第各该处屡有逾限，始将应袭各员，送省考验给咨送部。因而经部驳回者，尚复不少。兹届应行办理承袭之际，其各处凡有应行承袭官员，均限于九月二十日以前送省验看。并将原立官人员打仗阵亡褒奖各原案，捡齐抄录粘单，随文咨送，毋得含混。如案卷不齐者，勿庸送省，免致往返徒劳。除札饬十旗、乌拉、伊通、额穆赫索罗、双城堡、五常堡协、参、佐领遵照办理外，相应呈请咨行宁古塔、伯都讷、三姓、阿勒楚喀、珲春副都统等衙门，一体查照文内事理，即将应行承袭人员，务于定期以前送到，幸勿逾限干驳可也。须至咨者。

右咨珲春副都统衙门

吉林将军衙门为恩诏内开凡升级及改任者均照新衔封赠等事的咨文
光绪二十年十二月

为咨行事。兵司案呈：本年十一月二十五日准兵部咨开，武选司案呈，所有本部题前事一案，相应刷单行文该处遵照可也。计单开，兵部谨题：为钦奉恩诏事。光绪二十年八月十六日，恭逢恩诏内开，内外大小各官，除各以现在品级已得封赠外，凡升级及改任者，着照新衔封赠。又在籍休致告假官员，来京庆祝万寿，除从前已经得过封典，毋庸另给外，其现在京师者，着加恩，一体准其照原衔请封。等因。钦此。臣等查定例，请封各官职行加级，俱以诏下之日为定，给子封典官员，遇覃恩每任中止封赠一次。除前诏未经受封者，照现任品级具题封赠外，如遇前诏已经封过后改任者，照改任封赠；升职者，照升职封赠；调任者照调任封赠。其未经调任者，只准请补本身，妻室封典不准再请赇封。旗员京官加级者俱照新加之级给予封典。满洲蒙古汉军并绿营升授各官，无论已未到任，均以奉旨在恩诏前者给予新衔封赠。至题补推升人员，例应引见，以引见奉旨在恩诏前者，准照新衔给封。授补千把外委微员，以题准及部复之日在恩诏前者，亦照新衔封赠。凡患病候补等官，不在现任者，不封。休致官员食全俸半俸者，俱准封。不食俸者不封。若在任遇恩诏后，经病故或致仕，虽不食俸者，俱照原官封赠。又定例丁忧终养人员，照伊等原官品级，一并给予封典。又定例，公、侯、伯、子、男及轻车都尉以下，恩骑尉以上各世职，如年未及岁，在家食半俸者，毋庸给予封典。其年已及岁，奉旨赏给差使，并发标学习者，恭逢恩诏，准给封典。又定例，一二品官不得赇封高祖父母，四品以下不得赇封曾祖父母，外姻只许赇封外祖父母。京官照加级。请封级多者，仍限以制三四品不得逾二品，五六品不得逾四品，七品不得逾五品，八品以下不得逾七品。又定例，武职一二品封为将军，三四品封为都尉，五六七品封为骑尉，八九品封为校尉。又定例，凡遇覃恩，应定以二年为限。过期不呈请者，即毋庸颁给各等语。又嘉庆元年二月十九日，奉上谕，刑部衙门因司员等恳请赇封据情代奏一折，向来遇有覃恩，大小官员原准赇封。但所请赇封之人如系伯叔兄长外祖等尊属，身受抚育恩慈，例得推恩者，自应准给封典。若系疏远戚属姻亲，亦辗转恳请赇封，与例不合者，岂可漫无限制。其应准应驳部中，自可循照定例，分别核办。又何必由各衙门纷纷自行渎奏耶。嗣后内外大小官员恳请赇封者，俱着汇报吏部查核。所请情节，分别准驳汇题以省繁渎，而照限制。其有情节委曲不同者，该部声明另奏。钦此。又道光二十五年，臣部会同户部议复，给事中雷以諴条奏，京外各官升任在覃恩以后者，令其照常例补足，升级银两准照所升之衔给封等因，奏准在案。今此次恭遇恩诏，应封各官应照题定条例限二年内，在京满洲、蒙古、汉军八旗官员由各该都统，在外驻防官员由各该将军都统、副都统、城守尉等官，造具应封姓氏清册，并佐领图记。绿营官员由各该省督抚、提镇，将所属应封各官职名查明，取具印文及同乡京官印结造册送部，臣部查明照例题封。如有情原赇封者，应遵照嘉庆元年二月十九日所奉谕旨，行文各处，咨明臣部查核汇题。再武职八、九品请封各员，应仍请照乾隆五十五年恭逢恩诏，比照吏部九品之例，揭送内阁撰给敕命，毋庸具题，合并声明恭候命下，臣部通行八旗各直省驻防绿营一体遵照。臣等未敢擅便，谨题请旨。等因。于光绪二十年十一月初二日题，初四日奉旨："依议。钦此。"等因前来。相应呈请咨行宁古塔、伯都讷、三姓、阿勒楚喀、珲春副都统，照会乌拉总管等衙门查照，札饬十旗、乌拉、拉林、双城堡、五常堡、伊通、额穆赫索罗协、参、佐领，水师营总管等一体遵照可也。须至咨者。

右咨珲春副都统衙门

（四）奖　惩　抚　恤

吉林将军衙门为给防御张致和记大功一次的咨文
光绪十一年二月

为咨复事。本年二月初三日，准贵副都统咨开：窃照抬枪步队现在业经奉文调省，惟该队前后两次拨驻珲春，举凡操防一切可称一旅劲卒，始终得力。兹查该队带领之员，惟委防御记名骁骑校张致和在防最久，颇着劳绩。上年委参领永升因病身故，新委参领常喜未及到防，该员奉札暂护料理一切，用能各尽其宜，均无贻误，洵属始终勤慎，不无微劳。今经调回，可否稍予奖励，以昭奋勉之处，相应咨请核夺施行。等因前来。准此，查该委防御记名骁骑校张致和，既称系始终勤慎，不无微劳，应即准予奖励张致和，着给予记大功一次，以昭激劝。除饬由文案处存记并札饬兵司照章注册外，相应咨复贵副都统，请繁查照施行。须至咨者。

右咨珲春副都统

吉林将军衙门兵司为奉上谕皇太后五旬万寿降革罚俸案件加恩宽免的移文
光绪十一年二月

将军衙门兵司　为移催事。案查前准吏部咨开，考功司案呈，光绪十年十月十二日内阁抄出。十一日奉上谕："本年恭逢慈禧端佑康颐昭豫庄诚皇太后五旬万寿，普天同庆。所有王公及京外文武官员，现在议降议罚及以前有革职留任及降级罚俸之案，着加恩悉予宽免。钦此。"钦遵到部。相应恭录谕旨通行该将军，钦遵办理等因。当经咨札所属，一体遵文查报，以凭汇总报部核办。计今逾月余，除伯都讷一处查明咨报外，其宁古塔等处，迄未查报前来。事关奉旨汇报之件，未便任意悬延，台亟再行备文移付宁古塔、伯都讷、三姓、阿勒楚喀、珲春副都统衙门左司、乌拉总管衙门、十旗协参领查照，移交乌拉、五常堡、双城堡、拉林协领遵照。札饬伊通、额穆赫索罗佐领等一体遵照前文事理详细查明，务于三月二十日以前，以准造报到省，以凭汇报可也。须至移付者。

右移珲春副都统衙门左司

吉林将军衙门为阵亡之披甲成顺议恤事的咨文
光绪十一年十一月三十日

为咨行事。兵司案呈：本年十一月二十六日，准兵部咨开，议功所案呈，所有前事等因，相应抄单行文该将军可也。计单开议得，据军营钦差大臣、将军、都统及各省督抚，将历年出师剿匪，阵伤亡故文武员弁，生监兵勇人等，并查复军功顶戴各缘由，咨部议恤前来。应请将打仗阵亡，照例议恤之吉林珲春正白旗台斐英阿佐领下奏明六品顶戴披甲成顺，议给恤银二百五十两，并议给云骑尉世职，袭次完时给予恩骑尉世袭罔替，应得敕书及祭葬银两，移咨吏礼工三部办理等因。光绪十年十二月二十五日具奏，本日奉旨："依议。钦此。"相应行文吉林将军可也。等因前来。相应呈请咨行珲春副都统衙门查照。即将成顺生前所得军功，系经某钦差大臣保举，于何年月日在某处阵亡各原案，逐一查明咨报，以凭备核可也。须至咨者。

右咨珲春副都统衙门

吉林将军衙门为宽免降调罚俸各员事的咨文
光绪十二年三月

为咨行事。兵司案呈，本年三月二十四日准兵部咨开，职方司案呈，准吉林将军咨，准兵部咨，光绪十年十月十一日内阁奉上谕：本年恭逢慈禧端佑康颐昭豫庄诚皇太后五旬万寿，普天同庆。所有王公及京外文武官员，现在议罚及以前有革职留任及降及罚俸之案，着加恩悉予宽免。"钦此"。合将因公获咎骑都尉春福等并犯事案由，逐一分析抄录清单，相应咨部查核，示复遵办。等因前来。除吉林镶白旗降调折罚半俸蓝翎云骑尉祥德、云骑尉明魁、穆克登额、降调前任宁古塔副都统德平阿、伯都讷蓝翎佐领连升、三姓降调折罚半俸云骑尉连成、宁古塔议革云骑尉凌春，均不在宽免之例。阿勒楚喀协领富兴、云骑尉全亮，所得罚俸降留各处分业经宽免，均毋庸议外。其单开之吉林镶黄

413

旗骑都尉春福、正红旗世管佐领隆海、鸟枪营云骑尉祥顺、祥德，均因旷误值班，经本部照例各议以降一级留任，罚俸一年。于光绪元年八月初七日奉旨："依议。钦此。"镶白旗云骑尉奇克唐阿，因旷误值班，经本部照例议以降一级留任，罚俸一年。于光绪二年六月初四日奉旨："依议。钦此。"镶红旗云骑尉富贵，因解犯脱逃，经本部照例议以降一级留任。于光绪四年十一月十七日，奉旨："依议。钦此。"云骑尉隆桢，因承缉逃凶四参不获，经本部照例议以降一级留任。于光绪六年十二月十二日，奉旨："依议。钦此。"三姓八品荫监景林，因失防盗匪越狱，经该将军奏请革职留任。于光绪七年七月二十五日，奉旨："依议。钦此。"双城堡云骑尉富珠哩，因接缉凶犯未获，经本部照例议以罚俸一年。于光绪八年十二月十一日奉旨："依议。钦此。"镶蓝旗世管佐领庆禄，因疏脱遣犯玉罩二参限外，犯被步军统领衙门拿获，经本部照例议以罚俸二年完结。于光绪九年七月初五日，奉旨："依议。钦此。"伯都讷骁骑校永顺，因解犯脱逃二参未获，经本部照例议以降一级留任。于光绪九年七月二十五日，奉旨："依议。钦此。"正红旗云骑尉俊林，因解犯脱逃，经本部照例议以罚俸一年。于光绪十年五月十八日，奉旨："依议。钦此。"世管佐领赓新保，因承缉逃凶二参不获，经本部照例议以罚俸一年。于光绪十年九月二十二日，奉旨："依议。钦此。"宁古塔云骑尉乌朗阿，因承缉逃凶初参不获，经本部照例议以住俸。于光绪十年八月十五日，奉旨："依议。钦此。"二品衔花翎尽先即补协领防御委营总吴俊，在军营失察逃兵，经本部照例议以罚俸六个月，俟事竣回旗之日补行罚俸。于光绪十年九月初六日，奉旨："依议。钦此。"伯都讷佐领乌成，因承办逃凶限满迟延，经本部照例议以降一级留任。于光绪十年八月十六日，奉旨："依议。钦此。"防御德和勒、骁骑校喜寿，均因接缉承缉逃凶限满不获，经本部照例各议以罚俸一年。于光绪十年八月十六日，奉旨："依议。钦此。"云骑尉成全，因解犯脱逃，经本部照例议以罚俸一年。云骑尉永喜，因签差不慎，经本部照例议以罚俸六个月。均于光绪十年八月十六日，奉旨："依议。钦此。"云骑尉德胜，因签差不慎，经本部照例议以罚俸六个月。于光绪十年九月二十二日，奉旨："依议。钦此。"珲春骑都尉恩禄，承缉逃凶初参不获，经本部照例议以住俸。于光绪十年五月十八日，奉旨："依议。钦此。"骁骑校兼恩骑尉金魁，因看管凶犯脱逃二参限满未获，经本部照例议以降一级留任。于光绪十年八月十六日，奉旨："依议。钦此。"三姓云骑尉倭什布，因承缉逃凶三参限满不获，本部照例议以罚俸二年。于光绪二年十二月十二日，奉旨："依议。钦此。"查该员等所得住俸、罚俸、降留、革留各处分，均在光绪十年十月十一日恭逢恩旨以前，应行宽免。至云骑尉倭什布、承缉逃凶四参业经限满，例应降一级留任。事在恭逢恩旨以前，亦应宽免。相应咨复该将军可也。等因前来。相应呈请咨行宁古塔、伯都讷、三姓、阿勒楚喀、珲春副统都衙门查照，札饬镶黄、正红、镶白、镶红、镶蓝、蒙古旗、鸟枪营、双城堡协、参领等遵照，即由兵司移付户司查照可也。须至咨者。

右咨珲春副都统衙门

吉林将军衙门为明年春操仍无起色即将官员参办的咨文
光绪十二年九月

为咨行事。兵司案呈，本年九月二十五日，兵司接准印务处移开，九月二十二日奉堂谕：吉省驻防官兵凤称劲旅，从前凡有征伐无役不与，而技艺之精则以马步枪箭为最。此固二百余年所恃以捍灾御患，即籍以立功成名者也。咸同年间，发捻肆扰，征调频仍，伤亡者众，武备遂渐废弛。迨军防肃清，遣撤回旗，生齿之繁，日见精壮，亟宜返本寻源；各操长技，使缓急足恃，无忝古风。本^{爵将军}莅任以来，即以此为首务。每于春秋阅操之祭，奖勤罚惰以示劝惩。并从优加赏，以励其鼓舞之心。乃本年校阅秋操，官兵马步枪箭，仍前生疏，或弓力太软射不到靶，或枪多虚发未能命中，玩懈因循，一至于是。抑知朝廷豢养旗仆，原备折冲御侮之用。今以此等技艺掩饰平时，设一旦有警，将何以御寇贼？又何以保身家？言念及此，可为痛心。此皆各该管官平日不能认真训练所致，除已从宽摘顶记过以示薄惩外，嗣后两门前锋营十旗兵丁马步枪箭，不必另派教演官虚应故事，即责成该管协、佐、防、骁及领催等督饬，认真训练，步射俱用五六力弓，务使挽强命中。本^{爵将军}明年校阅春操，如一佐之兵丁马步枪箭，仍无起色，或弓力太软，即将该佐防骁等官，指名参办，领催责革。若一旗之兵丁马步枪箭，统系疲弱，将该管协领一并奏参。至以后挑放领催、前锋、旗录、披甲等员，限至明年三月俱用五六力官弓。届时如仍不能挽强，即将该佐防骁及领催等，治以玩视功令之咎。

本^{爵将军}言出法随，决不姑宽。其各凛遵，毋贻后悔。并由兵司分别咨札各处，一体遵办。切切。特谕。遵此，相应移付兵司查照可也等因前来。相应呈请咨行宁古塔、伯都讷、三姓、阿勒楚喀、珲春副都统等衙门查照，札饬东西门章京、前锋营总理、十旗、乌拉、五常堡、拉林、双城堡、伊通、额穆赫索罗协、参、佐领等，一体遵照可也。须至咨者。

右咨珲春副都统衙门

吉林将军衙门为将依勒通阿革去拜唐阿交旗管束的咨文

光绪十二年十月

为咨报事。兵司案呈：本年九月十三日，本衙门附片具奏：再查粘杆处拜唐阿依勒通阿，前于光绪六年，经钦差大臣喜　奏带来吉，派委珲春靖边营哨官差使。嗣因该员性情乖张，不服约束，撤委留营，以观后效。讵该员怙恶不悛，毫无愧愤，据珲春副都统依　咨请参办前来。相应请旨，将依勒通阿革去拜唐阿，交旗严加管束，以肃功令而儆效尤。谨附片具陈，伏乞圣鉴。谨奏。请旨。等因。于十月十六日，奉到回片，军机大臣奉旨：着照所请。该衙门知道。"钦此"。钦遵前来。相应照抄原片，恭录谕旨，呈请咨报户、兵部查核，暨咨行珲春副都统衙门查照可也。须至咨者。

右咨珲春副都统衙门

吉林将军衙门为珲春创修城垣出力员弁请奖的咨文

光绪十三年正月十三日

为咨行事。兵司案呈，十二年十二月二十五日，准兵部咨开，职方司案呈：所有本部具奏前事等因，相应抄录，连单行文该将军可也。计单开，兵部谨奏，为遵旨议奏，内阁抄出，吉林将军侯希　奏：据珲春副都统依克唐阿咨称，珲春地方向无城垣，形势散漫，亟宜修城浚壕，以资守御。平地创具工程浩大，值帑项支绌，未便遽请巨款，惟有借资兵力。遂于光绪七年春，饬派靖边中路两营，一面操练，一面工作，分段兴修。并拣委熟悉工务文武各员，监视督催，副都统不时亲察，凡一切土木工程及入山运采木料等事，皆系兵勇操作，派员经理。每年解冻后开工，入秋停止，现已一律工竣。查珲春地处极边，现当防务戒严，又值帑项支绌，筹措匪易，遂督饬边界士卒递年工操间作。现在城垣壕堑一律建筑完竣，在事出力各员，允宜邀请奖叙。除出力兵勇分别给奖外，谨择其尤为出力之文武各员，缮具衔名。拟保官升清单，恭呈御览。至副都统依　系现任二品大员，虽据声称不敢仰邀议叙，然数年来备边缮守，亦着辛劳，应如何奖励之处，恭候圣裁等因。光绪十二年九月二十九日，军机大臣奉旨："依议"。着交部议叙。余着该部议奏。单图并发。"钦此"。钦遵到部。今珲春创修城垣，虽非军务省份，而地处极边，界连中外。其出力武职各员弁，所请奖叙，自应按照军务寻常劳绩核议，谨照章分别准驳，敬缮清单，恭呈御览等因。光绪十二年十一月十七日具奏。本日奉旨："依议。钦此。"等因前来。相应抄单，呈请咨行侍卫处、正白镶红旗满洲都统、黑龙江将军、珲春副都统等衙门查照，暨札饬鸟枪营参领、北路驿站监督、伊通佐领等遵照，由兵司移付工司查照可也。须至咨者。

右咨珲春副都统

计开

珲春副都统依，钦奉谕旨，交部议叙，比照文职办赈修城重大事务出力，给予加一级花翎二品顶戴。珲春左翼协领兼世管佐领德玉，请交部从优议叙，应照章给予加一级。京城正白旗满洲三等侍卫瑚松额，请加四品顶戴。吉林伊通正黄旗满洲五品花翎尽先骁骑校领催富保，请换四品项戴。查该员等所请顶戴，均核与定章相符，应请照准。

京城镶红旗六品顶戴蓝翎长乌勒兴额，请遇有本营护军校缺出尽先补用。黑龙江呼兰正白旗满洲蓝翎云骑尉依吉斯浑、吉林伊通正黄旗满洲云骑尉连科等二员，均请以防御尽先补用。五品顶戴驿站笔帖式德克登额、六品顶戴笔帖式托伦布、吉林鸟枪营五品顶戴附生委笔帖式书麟等三员，均请以骁骑校尽先补用。查该员等所请尽先班次，核与定章不符，应请将乌勒兴额改为遇有本营护军校缺出补用。依吉斯浑、连科均改为以防御补用。德克登额、托伦布、书麟，均改为以骁骑校补用。

吉林将军衙门为办事官祥宽等赏换功牌的咨文
光绪十三年正月二十日

为咨行事。兵司案呈，正月十二日兵司按据边防营务总理花翎协领庆云移开，兹准靖边右路统领保成呈称，前准营防处咨，奉督宪札开，以据靖边右路统领禀称，请将所部营哨之官弁兵勇，有在营工作差操尤为出力者，恳赏五、六、七品功牌。等情到本爵督办。据此，除批示外，合将文案处填注五、六、七品功牌三十张，附封札发札到该处，遵即转发该军，只领核实给奖，仍将旗佐衔名呈报备案等谕。奉此，合将札发功牌三十张，抄单附封备文，咨行查收给奖，仍将得奖官兵旗佐花名，开单见复可也等因，由驿转发前来。敝统领遵即照数查点五品空白功牌八张，六品功牌十张，七品功牌十二张，共计三十张，均与原数相符，并无亏损，自应秉公核实分赏。除办事官祥宽，公事细心，诸勿贻误，给以五品功牌以咨奖励外，其余应奖各官弁兵勇等，按劳绩之轻重，视枪法之娴熟，照数依次填注明晰，分别考赏。除已分发各官勇等承领收执，并抄单咨报帮办营务处查核外，理合将考奖各官兵旗佐衔名，并功牌品级数目，分析注明，抄粘文尾咨报查核等因前来。除抄单呈报督宪鉴核外，理合照抄粘单，备文移付。为此合移兵司查照，转饬各该旗知照可也等因前来。相应照抄粘单，呈请札饬镶黄、正黄、正红、镶白、镶红、正蓝、镶蓝旗、鸟枪营、双城堡协、参领等遵照，暨咨行阿勒楚喀、珲春副都统衙门查照可也。须至咨者。

右咨珲春副都统衙门

粘单

谨将右路给奖功牌官弁花名列后

计开

中营办事官吉林镶黄旗博庆额佐领下六品顶戴披甲祥宽、中哨哨长吉林镶红旗恩祥佐领下六品顶戴披甲明春、右哨哨长吉林镶黄旗多伦佐领下六品顶戴披甲承顺、后哨哨长吉林正红旗魁升佐领下六品顶戴披甲福禄、前哨七棚委什长吉林镶白旗忠诚佐领下六品顶戴西丹春林、右哨头棚委什长珲春正白旗巴图凌阿佐领下六品顶戴披甲顺喜、左营前哨督队鸟枪营正红旗松年佐领下六品顶戴披甲承林、正勇吉林正红旗富顺佐领下六品顶戴披甲连福，以上共八员名均赏给五品功牌。

中营中哨六棚委什长拉林镶蓝旗凌全佐领下七品顶戴西丹占复、中营前哨哨长吉林镶白旗全福佐领下披甲博西勒、右哨六棚委什长阿勒楚喀镶红旗全荣佐领下七品顶戴西丹双山、左营右哨哨官吉林正蓝旗石柱佐领下七品顶戴披甲英喜、前哨头棚委什长鸟枪营镶白旗文焕佐领下披甲祥禄、二棚委什长吉林镶蓝旗庆禄佐领下七品顶戴披甲庆顺、头棚正勇吉林正黄旗文福佐领下七品顶戴披甲凌春、前哨四棚委什长正红旗魁升佐领下七品顶戴披甲隆升、正勇鸟枪营镶白旗文焕佐领下七品顶戴旗录富平阿、右营字识吉林镶黄旗永海佐领下印务处委笔帖式年满教习明庆，以上共十员名均赏给六品功牌。

中营前哨八棚正勇双城堡正红旗赵升佐领下西丹全福、左哨头棚正勇阿勒楚喀镶黄旗春喜佐领下西丹保喜、右哨四棚委什长阿勒楚喀镶红旗全荣佐领下西丹庆复、左营字识鸟枪营镶黄旗台斐英阿佐领下西丹德春、中哨三棚委什长吉林镶红旗花里雅逊佐领下西丹穆升阿、二棚委什长吉林镶蓝旗富青阿佐领下西丹常泰、前哨二棚正勇正红旗隆海佐领下匠役常林、左哨三棚正勇鸟枪营镶黄旗台斐英阿佐领下西丹德升阿、西丹富德、四棚正勇鸟枪营正白旗富恒佐领下西丹恩林、右哨二棚正勇吉林正红旗魁升佐领下西丹法凌阿、四棚正勇阿勒楚喀镶黄旗春喜佐领下西丹八十六，以上共十二名均赏给七品功牌

吉林将军衙门为阵亡之披甲高升等议恤的咨文

光绪十三年正月二十五日

为咨行事。兵司案呈，本年正月十四日，准兵部咨开，议功所案呈，所

有前事等因，相应抄单，行文该将军可也。计单开议得，据军营钦差大臣将军都统，及各省督抚，将历年出师剿匪阵伤亡故文武员弁、生监兵勇人等，并查复蓝翎军功顶戴各缘由，咨部议恤前来。应请将打仗阵亡，照例请恤之吉林珲春正黄旗嘎尔杭阿佐领下奏明六品顶戴披甲高升、舒林，奏明六品军功披甲阿林，镶黄旗德玉佐领下奏明六品军功披甲庆喜、德成、博林，奏明六品蓝翎披甲忠林，正白旗台斐英阿佐领下奏明六品蓝翎披甲常柱，均照六品官不管例，应给恤银二百二十两，俱议给云骑尉世职。袭次完时，均给予恩骑尉世袭罔替。应得敕书及祭葬银两，移咨吏礼工三部办理等因。光绪十一年十二月十六日具奏，本日奉旨："依议。钦此"。相应行文吉林将军可也等因。当奉宪批查明核办等因。奉此，相应呈请咨行珲春副都统衙门查照，即将高升等生前所得军功顶翎，经某钦差大臣保举于何年月日，在某处打仗阵亡，逐一查明咨报，以凭核办可也。须至咨者。

右咨珲春副都统衙门

吉林将军衙门为拜唐阿伊勒通阿交旗严加管束的咨文
光绪十三年闰四月初五日

为咨行事。兵司案呈，本年四月二十九日，准兵部咨开，职方司案呈，准正黄旗满洲都统咨，准值年旗咨，希　片：再查粘杆拜唐阿伊勒通阿，前于光绪六年，经钦差大臣喜　奏，带来吉派委珲春靖边营哨官差使。嗣因该员性情乖张，不服约束，撤委留营，以观后效。讵该员怙恶不悛，毫无愧愤。据珲春副都统依　咨请参办，相应请旨，将伊勒通阿交旗严加管束，以肃功令。奉旨："着照所请。该衙门知道。钦此。"等因。查粘杆拜唐阿伊勒通阿，于同治十三年住京，眷属俱在吉林原籍，本旗碍难管束，相应咨行兵部，转行吉林将军查照办理等因前来。相应转行该将军可也等因前来。相应呈请咨行珲春副都统衙门查照可也。须至咨者。

右咨珲春副都统衙门

吉林将军衙门为左右两翼连中三靶之官弁均着记名的咨文
光绪十三年闰四月十五日

为咨行事。兵司案呈，本年闰四月十一日，兵司接据文案翼长富尔丹移开：案奉爵宪发交一件，准钦派总统倭帮统富咨开，据左右两翼统领穆隆阿富尔丹等呈报：窃查职名所部马步五营官弁兵丹，蒙钦宪校阅枪枝连中三靶之弁兵，当奉钦宪批：左翼正蓝旗步队哨官讷荫等二十四员名，右翼正红旗右哨哨官常升等三十员名，均着记名一次，俟有应升缺出，依次升补。其哨官讷荫，以骁骑校升用，以示鼓励。等谕。奉此，理合具文呈报。等因前来。敝总、帮统查该统领等，所报枪枝中靶官弁兵丹，既奉批奖，理合咨呈鉴核施行等因，发交到敝处。相应照抄原单，备文移付。为此合移兵司查照施行等因前来。除将哨官兵丹等记名，由兵司注册存查外，相应照抄粘单，呈请札饬十旗、双城堡、五常堡、拉林协参领，西路驿站监督官庄总理、水手营四品官等遵照，咨行宁古塔、三姓、阿勒楚喀、珲春副都统，照会乌拉总管等衙门查照可也。须至咨者。

右咨珲春副都统衙门

粘单一纸

谨将左翼马步各营打靶记名弁兵旗佐花名开列于后。

计开

正蓝旗步队中哨哨官上虞备处拜唐阿讷荫、（此员请以本处骁骑校升用）、正白旗步队前哨哨官蒙古正白旗富泰佐领下已革花翎佐领萨凌、正蓝旗步队前哨哨官满洲正红旗富顺佐领下披甲花翎（俟补骁骑校后以防御记名）双亮、镶白旗步队中哨哨长正黄旗文福佐领下领催六品顶戴德魁。

正蓝旗步队中哨哨长宁古塔正蓝旗讷穆珲佐领下六品顶戴披甲祥贵、正白旗步队前哨什长乌拉总管正黄旗西丹银斗、镶白旗步队中哨什长乌拉站站丁六品顶戴毓清。

正蓝旗步队中哨什长宁古塔镶白旗英禄佐领下西丹乌尔兴阿、宁古塔镶黄旗永海佐领下西丹成连。

前哨什长宁古塔正蓝旗讷穆珲佐领下西丹凤祥。

镶黄旗步队左哨队兵镶白旗顺喜佐领下西丹来桂、右哨队兵镶黄旗博庆额佐领下西丹全海、后哨队兵乌拉总管镶红旗打牲丁庆海。

正白旗步队左哨队兵乌拉总管正黄旗西丹玉祥。

镶白旗步队右哨队兵满洲镶黄旗永海佐领下西丹吉升、伊巴丹站站丁张玉廷、后哨队兵阿勒楚喀镶黄旗亮山佐领下西丹成顺、满洲正白旗魁庆佐领下西丹双全。

正蓝旗步队队兵五常堡镶黄旗和俊佐领下七品顶戴西丹梁俊山、宁古塔镶黄旗马亮佐领下西丹恩宽、富连、后哨队兵三姓正黄旗德山佐领下西丹德喜、中哨队兵宁古塔镶白旗英禄佐领下披甲富来。

头起马队后哨队兵满洲镶黄旗博庆额佐领下七品顶戴披甲忠惠。

以上左翼官兵二十四员名，均请记名一次，俟有应升缺出依次升补。

兹将右翼马步各营打靶记名弁兵旗佐花名开列于后。

计开

正红旗右哨哨官鸟枪营正蓝旗荣升佐领下蓝翎旗录常升。

正黄旗中哨什长鸟枪营镶白旗文焕佐领下西丹永兴、后哨什长拉林镶红旗海禄佐领下西丹文喜。

正红旗前哨什长阿勒楚喀正白旗魁昌佐领下西丹德禄、右哨什长正蓝旗常青佐领下披甲金锁。

镶蓝旗前哨什长双城堡正蓝旗达春佐领下西丹恩德。

头起马队中哨什长正蓝旗恩祥佐领下六品顶戴西丹凤兆、前哨什长镶红旗广升佐领下五品顶戴披甲贵福、正蓝旗恩祥佐领下披甲多恒、蒙古正红旗海权佐领下披甲春魁。

正黄旗前哨队兵鸟枪营镶红旗凤祥佐领下西丹永会、镶蓝旗广成佐领下西丹富祥。

镶红旗中哨队兵镶蓝旗庆禄佐领下西丹阿克达春。

前哨队兵阿勒楚喀镶白旗恒勋佐领下西丹保存、鸟枪营正黄旗额勒德科佐领下六品顶戴西丹富安。

右哨队兵阿勒楚喀镶蓝旗永辉佐领下西丹赵永、乌拉总管镶黄旗打牲丁金祥。

后哨队兵水手营壮丁孙庆长。

镶蓝旗左哨队兵双城堡正蓝旗达春佐领下西丹富隆阿、满洪。

后哨队兵正红旗明志佐领下西丹德顺。

头起马队中哨队兵正白旗广成佐领下披甲毓廉、德升阿佐领下匠役春祥。

珲春正蓝旗恒勋佐领下西丹恩特布。

水手营壮丁魏永胜。

前哨队兵镶红旗广升佐领下西丹贵顺、正蓝旗恩祥佐领下西丹德连、镶黄旗博庆额佐领下西丹庆升阿、永海佐领下西丹常顺、官庄壮丁凤祥。

以上右翼官兵三十员名均请记名一次，俟有应升缺出依次升补。

吉林将军衙门为准骁骑校永奎原品休致的咨文

光绪十三年闰四月十五日

为咨行事。兵司案呈：本年闰四月初九日，准兵部咨开，职方司案呈，所有本部具题前事等因，相应抄录连单，行文该将军可也。计单开，兵部谨题，为官员休致议给俸禄事。该臣等议得准吉林将军咨，珲春正红旗花翎骁骑校永奎呈称：现年六十二岁，食俸饷四十五年。现因年老，曾在军营染受地湿，腰腿疼痛成残，不能当差，呈请休致等因。复查属实，相应照例将该员履历造册送部前来。今据册开，珲春正红旗花翎骁骑校永奎，食俸饷四十五年，年六十二岁。因前在军营染受地湿，腰腿成残，不能当差，呈请休致。应照例准其原品休致。至该员曾出江南等处兵一次，打仗六十次，杀贼三十名，捉生二十名。年在六十以上，可否赏给全俸，以养余年之处，恭候钦定等因。光绪十二年二月十九日题。本月二十一日，奉旨："永奎曾经出兵打仗，杀贼捉生，着以原品休致，给与全俸，以养余年。钦此。"等因前来。相应呈请咨行珲春副都统衙门查照，由兵司移付户司查照可也。须至咨者。

右咨珲春副都统衙门

吉林将军衙门为督修珲春城出力之笔帖式晋康保举升用的咨文
光绪十三年十月初三日

为咨行事。兵司案呈，本年九月十七日，准吏部咨开，文选司案呈，内阁抄出，吉林将军希　片：珲春创修城垣，保奖出力各员内，五品顶戴七品驿站笔帖式晋康由贡生补授额赫穆站笔帖式，系属现任等因。光绪十三年五月十八日，奉朱批："吏部知道。钦此。"抄出到部。查前据吉林将军希　奏：创修珲春城垣工竣出力案内，五品顶戴七品驿站笔帖式晋康，请以本省堂库主事升用。原保单内未据声叙，该员是否现任，抑系候补，应令查复到日，再行核办。于光绪十三年三月初九日具题，奉旨："依议。钦此。"今据该将军奏称：该员系五品顶戴现任七品驿站笔帖式，其所请以本省堂库主事升用，核与章程相符，应行照准等因。查定例，吉林将军衙门管档主事一缺，银库主事一缺，均各积各缺，不分满洲蒙古汉军，劳绩保举，以本省主事升用补用。业经赴部引见之员，按保举先后指拟一人，奏请升补，毋庸再行送部引见。如保举后尚未赴部引见之员，遇有缺出不准升补。次由该将军将本处应升京缺主事之年满助教总站官仓官，并现任助教总站官仓官及有品级笔帖式，一体酌量拣选，拟定正陪，咨送吏部带领引见补授。其无品级笔帖式，不准列入拣选等语。查吉林七品驿站笔帖式晋康，保奏以本省堂库主事升用，应由该将军给咨该员赴部引见。俟回省后，归于劳绩班内，遇有本省堂库主事缺出，按班补用，相应知照可也。等因前来。相应呈请咨行珲春副都统衙门查照，札饬正白旗协领西路驿站监督遵照可也。须至咨者。

右咨珲春副都统衙门

吉林将军衙门为阵亡之练军防御国祥等议恤的咨文

光绪十三年十月二十日

为咨行事。兵司案呈：本年十月初六日，准兵部咨开，议功所案呈，所有前事等因，相应抄单行文该将军可也。计单开，内阁抄出，吉林将军希等奏：兹据查明伯都讷云骑尉委防御国祥，吉林七品顶戴披甲委官保庆，伯都讷披甲委官连喜，阿勒楚喀七品顶戴披甲常寿，五常堡副甲永和，吉林西丹三群，阿勒楚喀练勇张永有，番役宋泰、王才，靖边右路左营正勇陈亮、董治，同哨正勇陈刚，长春厅壮役张振邦，练总韩效忠部下勇役王德，骁勇营正勇马有力，同营正勇方得胜，靖边亲军中营哨长吉林六品顶戴前锋和升，队兵宁古塔西丹城顺、庆喜、永顺、春海、成和、靖边中路左营哨官伊通河四品顶戴披甲恩祥，同营哨官伊通河五品顶戴披甲德凌阿，队兵珲春七品顶戴披甲德贵，七品顶戴西丹郎城、西丹春升、富春、春山、双林，打牲乌拉西丹满亮，伊通河西丹富凌阿，正勇任万有，吉林西丹富升，该官弁勇役等，或打仗力竭阵亡，或因公被贼遇害，及奉差渡河被溺殒命，均属情堪悯恻，恳将云骑尉国祥等三十四员名，一并照阵亡例，从优分别议恤等因。光绪十三年八月十四日，奉朱批："国祥等均着照阵亡例，从优分别议恤。该部知道。钦此。"钦遵到部。除云骑尉国祥等议恤之处，本部另行办理外，相应恭录谕旨，行文该将军钦遵查照可也等因前来。相应呈请咨行宁古塔、伯都讷、阿勒楚喀、珲春副都统，照会乌拉总管等衙门查照，暨札饬镶黄、正白、镶蓝旗五常堡、伊通协佐领、吉林分巡道等遵照可也。须至咨者。

右咨珲春副都统衙门

珲春副都统为随侍阅军委员所带书识等请奖的咨文

光绪十三年十一月二十二日

钦命帮办吉林边务事宜镇守珲春副都统法什尚阿巴图鲁依为转咨事。窃照本帮办接阅防军，当由贵爵督将军遣派营务委员春海等三员由塔来珲，赍送册案赏物，随侍奉帮办简校各军事竣。将所带书识、听差、拨什库及工匠等五名，开单拟恳转请奖励。查此次阅军正值严寒之际，履冰蹚险，劳瘁异常。该书识等随效驰驱，同尝苦况，分任之事亦皆毫无贻误，似应准如所请，俾资驾驭。可否稍予鼓励，以酬微劳而昭劝勉之处。合将原单抄粘，拟请核奖。为此合咨贵爵督将军，请烦核夺施行。须至咨者。

右咨钦命督办吉林边务事宜镇守吉林将军一等继勇侯希

计抄粘

边防营务处书识吉林鸟枪营镶白旗文焕佐领下六品顶戴监生富常阿，拟请奖五品顶戴。

边防营务处书识吉林满洲正白旗德恒佐领下七品顶戴披甲魁顺、机器局工匠七品顶戴钟玉堂，以上二名拟请奖六品顶戴。

亲军左营前哨队官五品顶戴滕国福、边防营务处听差亲军左营正勇吉林府民五品顶戴孙万海，以上二名拟请以哨官哨长缺记名。

吉林将军衙门为赴天津领火药之佐领魁升等二员记功的咨文
光绪十四年三月初一日

为咨行事。兵司案呈，本年二月二十六日，兵司接准印务处移开：于二月二十二日，奉堂谕："赴天津领火药旋回之佐领魁升，记名防御蓝翎骁骑校兼云骑尉吉勒图堪，沿途护解毫无舛错，实属可靠。着各予记功一次，以示鼓励。特谕。"遵此，相应移付兵司查照可也等因前来。除将佐领魁升等二员记功，由兵司注册存查外，相应呈请咨行珲春副都统衙门查照，并札饬正红旗协领遵照可也。须至咨者。

右咨珲春副都统衙门

吉林将军衙门为吏部奏降调革职人员捐复罪事的咨文
光绪十五年四月

为咨行事。兵司案呈：本年四月十二日，奉军宪札开，光绪十五年四月初八日准吏部咨开，考功司案呈，本部奏前事等因，相应抄单知照可也。等因。准此，合行抄单札饬。札到该司，即便知照。特札。等因。奉此，相应抄单呈请咨行宁古塔、伯都讷、三姓、阿勒楚喀、珲春副都统，乌拉总管等衙门查照，札饬十旗、乌拉、五常堡、拉林、双城堡、伊通、额穆赫索罗协、参、佐领，吉林分巡道遵照，暨由兵司移付户司、练军文案处、边防文案处查照可也。须至咨者。

右咨珲春副都统衙门

粘单

吏部谨奏：查臣部例载，降调革职人员，公罪准其捐复，私罪不准捐复。其有常例不准捐复，而情节尚有可原者，具呈到部，由臣部详核案情，分别加五加倍捐复奏明请旨。至获咎过重人员，臣部例有加倍半不准捐复，绩不准保奏开复定例极严。自光绪十二年，海军衙门具奏，已革知府马永修报效银两，钦奉懿旨开复原官。嗣复由河南巡抚倪具奏，休致道员恭宣报效工赈银两，奉旨以道员选用。以后各省援恭宣成案奏请者，皆得开复原官。原以库款支绌为一时权宜之计，非成例也。近准海军衙门咨称：海军衙门于光绪十四年十一月十五日，钦遵懿旨复奏一折内称：嗣后臣衙门于曾经咎获人员报捐，概不接收。其余报捐人员，亦不准声称"不敢仰邀议叙"字样等因。当日奉懿旨："依议。钦此。"仰见朝廷慎重名器澄叙官方之至意，各省工赈虽关紧要，较之海军衙门，轻重自殊。海军衙门既不接收，各省亟应一律停止，以昭划一。臣等公同酌议，拟请饬下各直省督抚，嗣后曾经获咎人员，请捐复原官，均令赴部具呈。由三部分别准驳请旨，不准在外直兑收为之援案，奏请开复。其实系情殷报效，在外省交银者，奏令户部核奖，给予虚衔。封典不准称该员不敢仰邀议叙，仍复曲为奏请以杜徇私而肃官常。如蒙俞允，臣部即通行各直省督抚一体遵照。谨声明定例恭候钦定。光绪十五年正月十四日具奏。奉旨："依议。钦此。"

珲春副都统为屯垦营副将吴永敖放饷不清撤委事的咨文
光绪十五年九月二十四日

钦命头品顶戴帮办吉林一切事宜镇守珲春地方副都统恩　为咨明事。案照办理黑顶子屯垦局兼带屯垦营副将吴永敖，因放饷不清，以致全营勇丁于本年九月二十一日初更后，悉数逸出来珲吁诉。当经本帮办遴派差官，持令押解回营。惟查该副将甫经放饷，即致全队逸出，其办事乖方，不为众心所服，已可概见。而该哨官哨长等事前尚可诿为不知，而临时何以亦一无措施，畏葸溺职，莫此为甚，更难保无知情纵容等弊。该勇等于该副将放饷不清之际，并不据情禀请声诉，辄敢纠结离营，尤属胆大藐法。除饬营务总理春、协领升、文案总理王令国桢，前往监放夏饷，彻底根究，严切查办外，所有吴永敖管理屯垦局兼管屯垦营事务，亟应撤委，听候查办。遗差查有管带靖边前路左营马队花翎副都统衔记名副都统魁保，久历军事，能得士心，堪以调补。递遗前路左营营官一差，查有靖边亲军左营帮带岳林，堪以升委接管。岳林未到以前，着靖边前路中营帮带官补用副将程振云署理。除分檄遵照外，相应咨明。为此合咨贵督办将军，请繁查照施行。须至咨者。

右咨吉林将军长

珲春副都统为帮带张元勋遇有哨官缺另行降补的咨文
光绪十六年六月二十九日

钦命头品顶戴帮办吉林一切事宜镇守珲春地方副都统恩　为咨复事。案查前准贵督办将军咨开，据靖边前路统领王宽禀称：遵奉提讯卑路左营营官帮带，及已革什勇并同捕队兵各情，业经录供分报宪鉴在案。兹奉帮办宪批：据呈已悉。已革什长杨荫等，不服管束。该帮带送交营官后，应即重责示众，以儆效尤。乃始则轻予薄惩，继则将多年什长遽尔斥革，办理似觉失宜。至帮带张元勋，于杨荫等行走落后之际，即应惩责，当时既已含容回营，后送交营官，复经责革。事已完结，何得张大其词，争执不休，并借此禀揭营官？迨该管统领亲提质讯，犹复尚气强辩。且据禀称，有咆哮之事，何堪分任表率考语，是该帮带执拗取悔，致统营不直，其事应如该统领所请，撤去差使，以为轻率尚气者戒。再，嗣后兵勇犯事，相其事由，从重惩办，不得动辄斥革，转致流而为匪。仍候督办将军批示。缴。等因。奉此，仰见帮办宪持法严明，烛照无私，下怀莫名感悚。伏查帮带张元勋，此次差旋，咨革什勇，既准各哨邀恩，又经营官照办，乃竟揭禀不休，讯办不服，其轻率尚气执拗取悔，良由自造。已蒙帮办宪批示，撤差大足以儆效尤。惟帮带有分司表率协同练兵，其责任关重，刻下卑路实乏应升人员。惟有先行就近禀恳帮办宪，俯念要缺需员，赏准遴委接管，俾重操防而昭妥慎。再营官乌勒兴额，此次于帮带送革什勇，因文咨尚气，即不加细查，辄如所请，致将多年什长革出。其办理本有不合，虽系到防未久，失宜咎有难原，拟请记大过一次，以为疏忽失细者戒。什长杨荫、正勇袁士祥，此次出差误公，已经营官责革。既据合营官兵具保，似不得不俯顺舆情。拟请再加惩责，以免斥革，饬令留营效力，以资熟手。惟职忝任将领，训练失宜，致帮带借端揭禀营官，失查开革，上烦宪廑，亦有不合，用特自行检举，冒昧恳请帮办宪，严饬议处，以肃功令。至嗣后兵勇犯事，遵传各营哨，先行报由核饬照办，不准擅行开革。既资熟练，且免流离抑籍，以仰副宪台及帮办宪筹防恤兵之至意也。所有遵拟情形，并请委任帮带遗缺，及自议处各缘由，是否允协，理合具禀宪台鉴核，伏乞训示祗遵。等情到本督办将军。据此，除批查昨据该统领禀陈此案情形，当批咨请帮办提讯在案。兹报禀前情，候再咨商帮办就近核办。至帮办批示，嗣后兵勇犯事，不得动辄斥革一层，系恐流而为匪。该统领竟敢借此将已革之勇丁留营，殊属不合，应毋庸议，仍候帮办批示。缴。等因咨会到本帮办。准此，查此案先据该统领分报前来，当经批饬提讯，秉公惩办。旋据呈同前由，且称张元勋于该统领质审之际，强词争辩，尚气咆哮，曷堪分任表率等语。本帮办以该统领既有咆哮字样，则张元勋之藐视统将，已可概见，揆势酌理，不得不批示撤去差使，而营官办理不善，未据叙及一字，诚如大咨所云，未免见好，属员复又批。据该统领禀经本帮办批饬，将营官乌勒兴额记过一次，什长杨荫插耳游营重责斥革，完结在案。兹准前因，查张元勋性情虽属执拗，而缉捕尚能得力。除饬遇有哨官缺另行降补，以示薄惩外，相应咨复。为此合咨贵督办将军，请繁查照施行。须至咨者。

右咨吉林将军长

吉林将军衙门哨官舒麟挪用饷银先行革职的咨文
光绪十六年十月二十日

为咨行事。兵司案呈，本年十月初十日，准兵部咨开，职方司案呈，内阁抄出，吉林将军长　片奏：查靖边中路左营哨官云骑尉舒麟，前因将所领饷银一万二十两存寄瑞盛钱铺，被该铺动用谎闭，经奴才随案将该员奏参，先行革职发交吉林府归案，讯办在案。兹据讯明该革员，于领饷后，正值江河开冻，道路难行，无车顾运，恐银存寓所疏失，是以暂寄该铺收管，为慎重饷银起见，委无通同作弊情事。复讯该铺执事人屈庆长供称，实因各户提取存项甚急，无法周转，私自挪用。所存银饷，拟再设法弥补，并非有意侵蚀，亦未与委员言明等语。核与舒麟亲供，大略相同。业将此次饷银于限内如数追缴完结，并声明可否将该革员开复原职等情，查寄存饷银致被挪用，旋即追缴，与押解饷鞘在途被劫者不同，即据查明该革员别无情弊，相应请旨，俯准将靖边中路左营哨官云骑尉原参革职处分开复，以昭平允等因。光绪十六年三月二十五日，奉朱批："着照所请。兵部知道。钦此。"钦遵到部。除云骑尉舒麟开复原参革职处分之处注册外，相应恭录谕旨，行文该将军可也。等因前来，相应呈请咨行珲春副都统衙门查照。札饬吉林分巡道遵照，并由兵部移付户司边防营务处查照可也。须至咨者。

右咨珲春副都统

吉林将军衙门为中途疏失饷鞘之员弁等分别惩处的咨文
光绪十七年一月十九日

为咨报事，兵司案呈，光绪十六年十二月二十九日，本衙门恭折由驿驰奏，为特参中途疏失饷鞘之委解护解员弁及地方旗民各官，请旨分别革职摘顶一折。当经照抄原折，咨报在案，兹于光绪十七年正月十六日，奉到朱批："瑞祥等着分别革职摘顶，并通饬严拿赃贼，务获惩办。余依议。该部知道。钦此。"钦遵前来。相应恭录朱批，呈请咨报户兵部查核，暨咨行盛京、黑龙江将军、宁古塔、伯都讷、三姓、阿勒楚喀、珲春副都统，照会乌拉总管等衙门查照。札饬乌拉、五常堡、拉林、双城堡、伊通、额穆赫索罗协、佐领、四边门章京、西北两路驿站监督、吉林分巡道番役处、街道厅总理、长春厅驻扎营官周宝麟、全营翼长等遵照。并由兵司移付户司、发审局查照可也。须至咨者。

右咨珲春副都统等衙门

吉林将军衙门为防军届期保奖先期立案的咨文
光绪十七年二月二十三日

为咨行事。案照光绪十三年八月间，经前吉林督办将军希　附片奏陈：以吉林防军，自光绪六年俄夷猖狂，招募备战，已届八载。在事文武各员，劳绩昭着，仰恳天恩，准将边防文武各员，从优保奖奏。奉朱批：该部议奏。嗣准吏兵二部先后遵议复奏内称，查总理海军事务衙门奏定，水陆操防保奖年限应以光绪十二年七月十四日，钦奉懿旨之日起，扣限五年，方准保奖。今吉林设防在事各员奖叙，应查照奏定章程，俟扣满年限后，再行列保。仍照章将在防文武各员，先行咨部立案等因。奉旨："依议。钦此。"咨行钦遵在案。兹查防军奖章，扣至本年七月十四日，限满五年，自应遵照部议，将在防文武各员，先行查取分咨立案。除分伤外相应咨行。为此合咨贵帮办，请繁查照，转饬行营文案、营务二处，将先后当差人员分别文武，饬造旗籍衔姓花名清册各一本，咨送来省以凭核办，望速施行。须至咨者。

右咨钦命头品顶戴帮办吉林边务事宜珲春副都统恩

吉林将军衙门为通饬各军开革兵勇务须随时具报的咨文
光绪十七年三月十二日

为咨行事。案查光绪十四年秋间，各路军营开革兵勇，每月一营报至二三十名之多，如斯办理，不待一年阖营精兵尽行变为乌合，且恐纷纷出营，势将流为匪类，大为地方之害。是以通饬各军，嗣后遇有告假及不法勇丁，必先呈送各该统领，查验明确方准给假斥革。不准营哨各官，私自开补。月报额数，亦不准过十名以外。本督办将军，系为整军弭盗起见。近闻有等不肖官弁，贪图截旷，籍此营私。未满十名，既以少而久候，已逾十名，又以多而截留哨弁，悬缺日久，始报营官。营官积压多时，始报统领。统领俟各营报到，又复斟酌多少，少则仍候足数具报，多则留待下月再报。上下辗转，迁延几于无营无哨无月无日无有空额。更闻有一种积习，本系潜逃，捏报开革，无非以逃勇口粮例应缴公，革勇饷银无妨请领。又病故勇目，本无亲属在营，捏无为有，冒领故勇饷银，及每月摊扣各勇老人会银两，以肥私橐。且以勇额作人情，名曰：调济在本营。或拨一二名、二三名不等，为文案各员加号。而各局处委员跟役多半顶补勇名，甚至一名跟役兼食二三勇粮。仆妇幼童间或充数，大抵仆人口粮之厚薄，即视其主人势力之大小，以为增减。此等弊窦，尤堪痛恨，果能一一扫除净尽，庶勇悉归营额，数既无不足，人尽当差，兵心亦无不平。本督办将军，不时派员明查暗访，凡官之贤否，兵之甘苦，各营之利病，早已洞悉无遗。现虽宽其既往，决不宥其将来。除分札各军统领一体遵照外，相应咨行贵帮办，请繁查照，就近不时派员严查施行。须至咨者。

右咨钦命头品顶戴帮办吉林边务事宜珲春副都统恩

珲春副都统为前路营官张柏茂亏欠饷银撤差的咨文
光绪十八年正月二十四日

钦命头品顶戴帮办吉林一切事宜镇守珲春地方副都统恩 为咨行事。窃于正月二十一日据前路统领哈广和禀称：窃以军中饷糈向称首重，故卑路所请冬季饷项，当蒙军督宪以京郑之未到，念道路之云遥，饬由别项垫发先行给领，期免迟误。及至解运到珲，又蒙宪台再三面谕，催令散放，盖两帅之心恤士如一，为属下者应如何谨慎将事，宣上德而体下情力求壹是，犹不足以仰副于万一也。按卑路饷项于年前二十七日到营，当据营哨各官面请，以年终时日太促，诸事纷繁，凡平弹排烧一切，势必赶办不及。拟即分哨先为接济，俾众兵各清年事，俟开岁后再行按数分发给领，可期从容集事，此固因时所迫，核于众兵饷项尚无关乎出入。故一面回明宪台，一面将接济银两分给各营哨领讫，至新正初八日遂将存饷弹兑核明，即于初十、十一两日按数一律找发。讵左营马队营官参将张柏茂领去之后并不赶紧发放，标下催经数次，据称：伊自己尚有欠亏，必须凑足再发等语支吾延误，至十八日竟赴宪辕，亦且直认不讳。又复出言冒撞，似有所恃而不恐者。夫兵饷至重，孰得以己身私亏揩而不发。该营官从军有年，何其昏愦无知，不分轻重，至于若是耶？犹有可议者，该营官自去岁十月任事，举凡朔望之仪、元旦之贺以及封印开操之典，并未躬亲一到，标下犹怜其体弱未忍吹求。惟宪台镇兼中外，端式文武礼有常度，自不容群下忽慢自由，而每届典礼之期，或应列班，或应参谒，独该营官不过于十次，中二、三见之，仪节既废，体制何存？宜乎宪台之怒责，即诸僚亦无从置缓颊之词，而标下亦不敢作宽解之请也。按其上无尊崇下无体恤，实属咎无可辞。除将该营官亏欠饷银暂由标下筹借垫发，以恤众兵而全大局，庶期稍转宪霁外，所有卑路左营马队营官参将张柏茂应请撤去营官差使，并请派员接管以重营务。至标下身为统将，驾驭失宽，亦属罪有应得，恳请宪台一并从重处分，以昭功过而示劝惩。等情到本帮办。据此，除批：参将张柏茂为督办将军拣选特委，自系老于军事、稔知营规之人，前日贸然请见，直认亏饷散放不出，意在暂为恳借。彼原恃西路之旧识湖北之乡人耳，殊知珲春地接外夷，饷银为军中首重，故当面大加惩饬。今据该统领禀揭，彼以己身私亏揩饷不发，并挨至半月之久尚无头绪，其罪何可胜诛，且于开操诸大典亦常忽慢不到，犹怜其体弱未忍吹求云云。是其种种不合，彼心究有何所恃，而故为慢上欺下之行，殊不可解。应照所请撤去营官差使，以昭炯戒。遗缺仰即拣派妥员暂行护理，应候据情咨请督办将军派员接充。至该统领以前驾驭失宽，今既能整饬禀揭尚可贷恕，统候咨请办理。缴发外，相应咨行。为此合咨贵督办将军，请繁查照拣员接充，希即见复施行。须至咨者。

右咨钦命头品顶戴督办吉林边务事宜镇守吉林等处地方将军兼理打牲乌拉拣选官员等事恩特赫恩巴图鲁长

珲春副都统为将行营文案二处文职各员拟保官阶衔名造册的咨文

光绪十八年二月二十九日

钦命头品顶戴帮办吉林一切事宜镇守珲春地方副都统恩　为咨送事。于本年二月十一日，准贵督办将军咨开：案照吉林边防保奖年限，应以光绪十七年七月扣满，已遵照部定章程，将各营以及各局处先后在事人员造册，咨送吏兵二部立案在案。所有营局应保人员，自应由各该统领营官总理等，于当差年久，尤为出力者，详细拣选一半之数，开具拟保官阶花样，并出身履历三代清册，务于二月内一并呈报到省，以凭核办。除分行饬取外，相应咨行。为此合咨贵帮办，请繁查照，就近转饬行营文案营务二处，遵照办理，望速见复施行。等因准此，当即饬据行营文案两处总理，于额设委员书识五十员名内，择尤为出力者开具二十七员名，拟具保升官阶，呈请汇核请奖。其额外委员暨当差武弁共三十六名，劳绩亦未便湮没，应即一律开单，择尤拟保十三名，以免向隅。等情前来。本帮办查与大咨减半列保之数，尚属相符。除增生忠和履历由省自行造呈外，相应将送到履历清册，拟保官阶清单，一并汇造咨送。为此合咨贵督办将军，请繁查照，汇案具奏施行。须至咨者。

右咨吉林将军长

兹将行营文案营务文职各员拟保官阶开列于后

计开

边务行营文案会办补缺后以知县选用五品蓝翎补用笔帖式培源，拟请免补笔帖式以知县归部选用。

边务行营文案随同办事委员五品顶戴县丞衔郑维周，拟请以县丞不论双单月归部选用。

边务行营文案随同办事委员五品顶戴候选县丞孙福畴，拟请俟补缺后以知县尽先选用。

边务行营文案差遣委员五品顶戴佾生张毓芳，拟请以从九不论双单月归部选用。

边务行营文案差遣委员五品顶戴补用笔帖式炳宣，拟请俟补缺后以知县不论双单月归部尽先选用。

边务行营文案办事官六品顶戴府经历衔叶启丹，拟请以府经历不论双单月归部遇缺尽先选用。

边务行营文案委笔帖式五品顶戴补用笔帖式连炳，拟请俟补缺后以知县归部选用。

边务行营文案委笔帖式五品顶戴文童永升，拟请以笔帖式尽先即补。

边务行营文案书识六品顶戴文童崔魁一，拟请以从九归部不论双单月尽先选用。

边务行营文案书识六品顶戴文童李文蕴，拟请以从九归部不论双单月尽先选用。

边务行营文案书识六品顶戴文童荣贵，拟请以笔帖式尽先即补。

边务行营文案书识文童王秉乾，拟请以从九归部不论双单月尽先选用。

边务行营营务处会办五品衔不论双单月尽先选用知县曲泳胜，拟请俟补缺后以同知尽先补用。

边防行营营务处差遣委员五品蓝翎补用笔帖式存良，拟请俟补缺后以知县不论双单月归部尽先选用。

边防行营营务处差遣委员五品蓝翎分省候补班前遇缺尽先前补用知县吴贺桂，拟请俟补缺后以同知直隶州知州补用。

边防行营营务处办事官五品顶戴候选县丞马泽受，拟请俟选缺后以知县尽先补用。

边防行营营务处办事官五品顶戴增生忠和。

边防行营营务处委笔帖式五品顶戴监生胡保清，拟请以巡检不论双单月遇缺尽先选用。

边防行营营务处书识六品顶戴文童曲振蕃，拟请以从九不论双单月归部选用。

边防行营营务处书识六品顶戴范玉璞，拟请以从九不论双单月归部选用。

兹将行营文案营务武职各员拟保官阶开列于后：

计开

边防行营营务处总理记名协领花翎珲春正蓝旗佐领春升，拟请赏加二品衔。

边防行营营务处随同办事委员五品蓝翎骁骑校双顺，拟请以防御尽先并赏加佐领衔。

边防行营营务处办事官五品顶戴即补骁骑校领催祥奎，拟请补缺后以防御尽先补用。

边务行营文案书识六品顶戴披甲宝山，拟请以骁骑校尽先补用。

边防行营营务处书识六品顶戴领催景凌阿，拟请以骁骑校尽先补用。

边防行营营务处书识六品顶戴披甲英廉，拟请以骁骑校尽先补用。

兹将额外委员文职各员拟保官阶开列于后：

计开

七品小京官举人联瑛拟请以知县归部选用。

蓝翎尽先选用通判海寿，拟请改保以防御尽先补用。

理问衔在任归候补班前补用知县议叙分缺先前即选县丞王延祥，拟请以知县仍归候补班前补用。

兹将行辕当差武职官弁拟保官阶开列于后：

计开

五品顶戴尽先骁骑校领催中路左营前哨哨官巡捕保全，拟请补缺后以佐领尽先即补先换顶戴。

五品顶戴门班委章京骁骑校兼恩骑尉记名防御定禄，拟请补缺后以佐领尽先即补先换顶戴。

门班委章京云骑尉双祥，拟请以防御尽先即补。

珲春承办处总理左司笔帖式五品顶戴补用骁骑校萨炳阿，拟请免补骁骑校以防御补用。

珲春边防火药局委员五品顶戴领催常喜，拟请以骁骑校尽先即补。

五品军功师玉林，拟请以外委留于湖北郧阳镇标尽先拔补。

委哈芬五品军记名队长前锋春明，拟请以骁骑校尽先补用。

委哈芬六品军功前锋金禄，拟请以骁骑校尽先补用。

委哈芬六品军功领催额委官乌勒兴阿，拟请以骁骑校尽先补用。

六品军功记名前锋披甲札尔丰阿，拟请以骁骑校尽先补用。

以上文案营务文职共二十名，武职七名，额外委员三名，行辕当差武职十名，通共四十员名，理合登明。

吉林将军衙门为靖边马步各营核定保举一半之数不准保举两层的咨文
光绪十八年五月初八日

为咨行事。照得靖边各路统领兼带一营，每营共官弁十四员名，减半应保七员名；各步队每营共官弁十三员名，减半应保六员名。各马队每营共官弁十三员名，减半应保六员名；又帮办亲军马队二哨共四员，减半应保二员；又中路马队一哨二员，减半应保一员；又后路水师营共官弁十四员名，减半应保七员名。今据各营报到单开，均属浮多，且所保官阶亦属不合，应令裁减。查照此次核定一半之数，另拟所保官阶，呈候核办。复查海军衙门定章，凡五年一保者，均属寻常，劳绩与战功异常出力者有间，所有翎枝免补免选，留省开复原官及免缴捐复银两等项，俱不得保举，只准保举一层，不准保举两层，各该营自当遵照办理，何得故违定章，滥行开报？再单中未立案者，亦毋得再行开列，免致有干部驳，至咨奖员弁并准其按照现定应保之数保举一半，一并开列单内。除饬营务处转行各官遵办外，相应咨行，为此合咨贵帮办，请繁查照施行。须至咨者。

右咨钦命头品顶戴帮办吉林边务事宜珲春副都统恩

珲春副都统为前营官魁保积劳病故请恤的咨文
光绪十八年七月二十三日

钦命头品顶戴帮办吉林一切事宜镇守珲春地方副都统恩　为咨会事。本年七月十八日，据靖边前路哈统领广和禀称：窃照已故管带卑路右营营官花翎副都统衔记名副都统魁保，于本年二月十三日，因病出缺。标下闻耗之日，当即报明。一面派署，一面禀请拣员，接管所有该营军械粮饷，及先后任交代一切，节经呈报有案，无须再渎。至其身后事宜，其幼子并眷属，业于五月间扶榇回旗，亦已无庸繁赘。惟该故员与标下一方用事，两载同舟，窃见其品节之贞，贤劳之迹，与夫作忠作孝之忱，诚有不可以掩抑者，故特陈于宪台之前。夫该故员才擅文武，壮志从戎，其转战伊犁新疆各处，猥以殊勋之叠建，仰邀懋赏之频加，至若军中所遭饥疲穷困之危，入死出生之险，是皆我两宪同尝之苦，已早在洞见之中，尤不待局外者，饰词溢美。兹仅就标下深知确见者言之，盖黑顶子孤悬一角，以珲春形势，东俄西韩而论，该处则正当其地。故议边防者视吉省之门户，莫要于珲春，而珲春之咽喉，尤首重于该处也。是以前任两帅有设局驻兵，举兴屯垦之役，乃该营既拨隶屯垦，隐然独树一帜。而带其军者又偏重于垦字，未免专于耕耘，遂至于疏于演练。

而古人寓兵于农之义，盖已失矣。至十六年，我两宪鉴透斯弊，遂又将该营改归卑路，编为右营。惟时该故员尚带马队左营，正资治理，第以紧要之区，人才难得，故将该员迁调前往。接事之后，见营伍之废驰，躬亲率属，况瘁不辞，殚虑竭思，力图整顿，不数月而旌旗生色，士气聿新，盖其拊循士卒开诚布公，犒赏每出之己囊，驾驭不拘于常格，所以收效之速，良有以也。兼之内抚韩民，以字小之仁，外处俄族，以睦邻之义。由是部曲向化，而彼韩与俄者，亦皆钦钦焉而交感之矣。标下每与该员接见，谈及往年战事，毫无矜夸之意，犹以屡荷褒荣国恩深重为念，图报之殷，寓于眉宇。标下闲尝窃思，自边防举事数载相安，凡从事于行间者，孰不予圣自雄而缓急之恃，果能折冲御侮者，其惟魁某乎，此标下心许之而未发之于口者也。标下有此襄助，殊切欣然，正期指臂之常依，讵料良材之中折，乃于正月间遽遭母丧，当经标下禀请在营守制，荷蒙允准。何期该员之纯孝性成，一痛致疾，加以昔日积劳过甚，心血已亏，因之伤疾并发，医药无灵，竟至弥留不起，而赍志已没矣。故后阖营弁勇，无不酸鼻流涕，及遐迩之韩民俄酋亦皆相率来吊，慕者拜而感者哭，于斯有以见仁声入人之深，自无间于中外也。标下追念该营官与人同称，究不因人成事，似未便没其前劳等情，禀请到本帮办。据此，查已故营官魁保生前在珲防带队，颇得兵心。嗣调驻黑顶子，密迩韩俄，交抚匪易，该故员遇事掺纵刚柔得宜，故身殁之后，远人来吊，不绝于途。是其勤劳之绩，有未可湮没者。除禀批示外，相应抄单故员履历咨会。为此合咨贵督办将军，请繁查照，奏请恩恤施行。须至咨者。

右咨吉林将军长

珲春副都统为赏还中营营哨各官顶戴的咨文

光绪十八年十月十八日

钦命头品顶戴帮办吉林一切事宜镇守珲春地方副都统恩　为咨明事。案查前因驻札黑顶子前路右营各哨什勇等找领夫价，意欲同赴中营闹事等情一案。当将各哨哨官哨长等摘去顶戴，营官孙承统记大过一次在案。兹本帮办赴该营校阅军操，阵势尚属联络，步伐亦觉整齐，技艺娴熟，打靶亦能命中，足见该营哨各官训练有方。所有哨官哨长等，均应赏还顶戴，营官记过处分，亦应销除，俾使各知奋勉。除札营务处转行该统领遵照外，相应备文咨明。为此合咨贵督办将军，请繁查照施行。须至咨者。

右咨吉林将军长

吉林将军衙门为奏保废员未便再行奏请起用的咨文

光绪十九年二月初五日

为咨行事。兵司案呈：本年正月二十一日，准兵部咨开，职方司案呈，准吏部咨称，会议各省废员援引恩诏录用，未便竟无限制。拟请此后不得再行奏请。等因一折。光绪十八年十一月二十六日奏。奉旨："依议。钦此。"抄单知照前来。相应抄录原奏，咨行该将军可也。计单开，吏部等部谨奏：为奏明请旨事。恭查光绪十五年三月十六日，钦奉恩诏内开：自同治元年以来，曾经任用现已革职官员，除大计贪赃及居官不职以致失守城池各员外，若有事系冤枉被革，果有才力堪用者，在京听该衙门，在外听该督抚查明，详开缘由奏明请旨。等因。"钦此"。圣恩高厚，薄海同钦。嗣据各督抚大臣等援引奏请，仰蒙逾格恩施，量如甄录，诚属一时旷典。惟自钦奉恩诏之日起，迄今已逾三年，废员起用者，已属不少，近来尚复有援引奏请之案。窃维朝廷殊恩，特沛湔雪幽淹。其实系冤枉被革才力甚用者，该督抚大臣等果有灼见真知，自应及时查奏，何待迟之又久，始行陆续上陈。且查奏保各员内，有由该员自行呈恳者，有由属员禀报者，似此辗转稽延奏请，又无定限。凡属被革人员不无希冀之心，恐滋流弊。况此次恭逢庆典，事系特恩，本与随时循例保荐不同，该督抚大臣不及时查奏，迨历时既久，犹复屡渎宸聪。是逾格之殊恩，竟视为通行之常例，殊非朝廷慎重名器之意。恭查历届覃恩，承荫以三年为限，封典以二年为限。今此次恩诏已逾三年，各督抚大臣奏保废员似亦为便，竟无限制。除前奉朱批交部带领引见各员，俟请咨到部，即行带领外，可否饬下各督抚大臣，此后不得再行奏请之处。理合奏明请旨，恭候圣裁。如蒙谕允，俟命下之日，即通行各督抚、将军、府尹一体遵照办理。伏乞皇上圣鉴，训示遵行。再此折系吏部主稿，会同兵部办理，合并陈明。谨奏。光绪十八年十一月二十六日，奉旨："依议。钦此。"等因前来。相应呈请咨行宁古塔、伯都讷、三姓、阿勒楚喀、珲春副都统，照会乌拉总管等衙门查照，札饬十旗、乌拉、五常堡、拉林、双城堡、伊通、额穆赫索罗协、参、佐领，吉林分巡道、水师营总管等遵照，并由兵司移付练军、边防文案处查照可也。须至咨者。

右咨珲春副都统衙门

珲春副都统为程光第前保官阶请另奖事的咨文

光绪十九年九月初四日

钦命头品顶戴帮办吉林一切事宜镇守珲春地方副都统恩　为咨请事。本年九月初一日，据委办珲春天宝山矿务委员候选通判程倅光第禀称：案于光绪十九年六月二十八日，接奉宪台会札内开，案照督办将军长，会同本帮办，于光绪十八年九月二十一日具奏，为吉林边防文武各员，劳绩昭着，已届五年，限满照章择尤保奖一折。奉朱批："该衙门议奏。单二件并发。钦此。"兹于本年五月十六日，承准钦命总理海军事务衙门咨开，于本年五月初七日，会同吏兵部核议复奏。本日奉旨："依议。钦此。"恭录抄粘原奏，咨行前来等因。准此，除分行知照外，合亟抄粘札饬，札到该员，即便钦遵特札。计抄粘。候选县丞程光第，拟请俟选缺后，以知县不论双单月遇缺尽先前即选。经吏部查该员选缺后，系有省份人员，不准保归部选。应将程光第改为俟选本班后，以知县遇缺尽先前即补等因。蒙此，当将感激下忱肃丹禀谢在案。惟查卑职前于十八年六月，在直隶天津府遵山东海防捐例第十四次案内，已由县丞加捐通判，双月选用。开保之时，实因驿路迢遥，未及申送履历，以致此次奖案仍由县丞列保。伏念卑职效力边防十有三载，承命奔走，幸免愆尤，可否仰恳宪恩俯念，报捐在前，开保在后，准予咨请督办宪，会同片奏，将卑职奖案，拟改四品升衔，以昭信赏而免向隅之处，出自鸿施逾格等情到本帮办。据此，除批示外，相应将该员履历清册一份，咨请贵督办将军，请繁查照，汇核附奏，另行改奖施行。须至咨者。

计咨送履历册一份

右咨吉林将军长

试办吉林珲春矿务委员候选通判程光第为呈造履历事。谨将卑职年貌籍贯出身履历并三代脚色，以及先后投效奉派差委各缘由理合详细造具履历清册，呈请宪鉴查核施行。须至册者。

计开

候选通判程光第，现年四十六岁，系湖北汉阳府汉阳县人。由监生于同治八年四月，在甘肃后路粮台遵筹饷例报捐从九职衔，投效甘肃。蒙钦差大臣陕甘总督部堂左，派赴秦州粮台勚办核销事件。十一年，差竣回籍。光绪六年，投效吉林蒙统领卫宇练军郭副将长云，委派招募马队右营成军，赴珲驻防。旋蒙调委卫字中营文案委员。十二年二月，蒙前任帮办吉林边防珲春副都统依，调委行营营务处差遣委员。十三年九月，改委靖边前路随同办事委员。十四年七月，蒙调委珲春五道沟招垦分局。十五年三月，蒙前任帮办吉林边务升任黑龙江将军依，委署珲春招垦总局。于七月初五日交卸，仍回分局原差。十六年，奉宪台札委勘采天宝山银苗有成，禀蒙交卸分局，招商集股开办。于十七年二月，在直隶赈捐局第七卯案内，遵新海防例报捐县丞，双月选用，曾领执照在案。是年三月，蒙宪台会同奏明试办矿务，钦遵在案。于十八年六月，在直隶天津府遵山东海防捐例第十四次案内，由双月县丞加捐通判双月选用。须至履历者。

曾祖德云_{未仕故}、祖正棠_{未仕故}、父大贵_{未仕故}、本生父大荣_{未仕故}。

吉林将军衙门为程光第加捐通判领到部照再行核奖的咨文

光绪十九年九月二十日

为咨复事。本年九月十三日，准贵帮办咨开，本年九月初一日，据委办珲春天宝山矿务委员候选通判程倅光第禀称，案于光绪十九年六月二十八日，接奉宪台会札内开：案照督办将军长　会同本帮办，于光绪十八年九月二十一日，具奏，为吉林边防文武各员，劳绩昭着，已届五年限满，照章择尤保奖一折。奉朱批："该衙门议奏。单二件并发。钦此"。兹于本年五月十六日，承准钦命总理海军事务衙门咨开，于本年五月初七日，会同吏兵部核议复奏。本日，奉旨："依议。钦此。"恭录抄粘原奏，咨行前来等因。准此，除分行知照外，合亟抄粘札，饬札到该员，即便钦遵。特札。计抄粘。候选县丞程光第拟请俟选缺后，以知县不论双单月遇缺尽先前即选。经吏部查该员选缺后，系有省份人员，不准保归部选。应将程光第改为俟选本班后，以知县遇缺尽先前即补等因。蒙此，当将感激下忱肃丹禀谢在案。惟查卑职前于十八年六月，在直隶天津府遵山东海防捐例第十四次案内，已由县丞加捐通判双月选用开保之时，实因驿路迢遥未及申送履历，以致此次奖案仍由县丞列保。伏念卑职效力边防十有三载，承命奔走，幸免愆尤。可否仰恳宪恩，俯念报捐在前，开保在后，准予咨请督办宪会同片奏，将卑职奖案拟改四品升衔，以昭信赏而免向隅之处，出自鸿施逾格等情到本帮办。据此，除批示外，相应将该员履历清册一份，咨请贵督办将军，请繁查照汇核附奏，另行改奖施有。等因准此，查程光第加捐通判于何年月日领到部照，履历内并未声叙。除咨帮办查照外，合亟札饬札到该员，将奉到部照呈验咨复贵帮办，请繁查照施行。须至咨者。

右咨钦命头品顶戴帮办吉林边防事宜珲春副都统恩

珲春副都统为靖边统领恩祥将刘绍文等归入保案的咨文

光绪十九年十月二十一日

钦命头品顶戴帮办吉林一切事宜镇守珲春地方副都统恩　为咨行事。案查前据靖边中前右三路统领呈请，历年缉捕盗匪出力官弁附入练防汇案核本年十月初七日，准珲防营务处咨，准珲春副都统衙门左司移付，职路各营官弁陆续缉捕拿获盗匪送案，由司会委，复审明确，照例拟请法办。咨奉军署复准，已将各犯斩枭讫，摘叙各犯案由抄单，咨行查照前来。准此，计单开，职路右营右哨哨官孔继升带兵，于光绪十五年十一月二十三日，拿获抢害杨义之盗犯王俊、王银二名，解司审明咨奉复准正法。右营办事官顾炎庆随同该营左哨哨官张元勋带兵，于光绪十八年九月十四日，拿获强抢事主王青山之盗匪赵金奎、王田祥二名，解司审明，咨奉复准正法。左营驻札嘎呀河督队官王世荣随同中营办事官刘绍文，奉派查道协同带兵，于光绪十九年七月十二日，拿获强抢事主王福山、盛永铎之盗匪李振清、李得鱼、李得先等三名，解司审明，咨奉复准正法。查以上三案，该员弁等奉派缉捕，风餐露宿，不避辛苦，且所获各犯均属要案，该各员弁实系捕务得力，不无微劳可录，亟应请奖，以示鼓励。合无仰恳宪恩，请将在事出力中营办事官五品顶戴不论双单月尽先前即选府经历刘绍文、右营办事官五品顶戴从九衔顾炎庆、右营左哨哨官蓝翎游击衔升用游击尽先都司世袭云骑尉张元勋、右营右哨哨官蓝翎尽先把总孔继升、左营后哨督队官蓝翎都司衔尽先守备世袭云骑尉王世荣等五员，咨请分饬练军文案汇案核奖，以昭激劝，用重捕务，出自鸿慈。职实为捕务得人起见，是否有当，理合具文呈请鉴核，转咨核奖施行。等情据此，本帮办复核无异，相应备文咨行。为此合咨贵督办将军，请繁查照，可否转饬练军文案处立案，俟三年期满汇案核奖施行。须至咨者。

　　右咨钦命头品顶戴督办吉林边务事宜镇守吉林等处地方将军兼理打牲乌拉拣选官员等事恩特赫恩巴图鲁长

珲春副都统为边军马步各营队兵请奖的咨文

光绪十九年十二月

　　钦命头品顶戴帮办吉林一切事宜镇守珲春地方副都统恩　为咨请事。本年十一月二十七日，据靖边中路永统领德，靖边前路恩统领祥呈称：窃查自设边防成军以来，凡有各军文武员弁差操得力，经前督办吉林将军希　奏奉谕旨："准其五年汇案请奖。钦此"。钦遵在案。光绪十三年起，至十七年止，为边防五年限满之期，所有各军案内出力文武员弁，仰蒙督办宪暨宪台汇案具奏请奖。本年五月初七日，奉旨钦遵在案。是边防各军文武员弁案内出力者，已邀宪恩奏请奖励。惟查边军马步各营队兵，自成军迄至于今，已十有余载，其积年出力者从未具请加奖。兹届边防五年限满大保之际，其该各营马步队兵，历年差操搜捕，不无微劳可录。自应量予请奖，以昭激劝。职永德会商职恩祥，酌拟各营马步队兵，择其尤为得力者，拟请以二成核计。每步队一营，请发功牌九十张。每马队一营，请发功牌四十五张。合无仰恳宪恩，俯允所请，从优奖励，俾该马步队兵等勇于用命借资观感，出自逾格鸿慈。如蒙恩施照准，抑俟奉到宪批，再将所请马步队兵花名，以及五六七品顶戴，年貌旗籍缮单呈请填发功牌，以昭慎重。职等实为鼓励兵心起见，是否有当，谨合词具文呈请。伏乞鉴核，恭候批示祗遵，实为公便。等情到本帮办。据此，除批：据称五年限满文武员弁，均经奏咨奖励。其该各营，历年差操出力马步兵勇，不无微劳可录，自应照请，以示鼓励。缴。挂发外，相应咨请。为此合咨贵督办将军，请繁查照核发施行。须至咨者。

右咨钦命头品顶戴督办吉林边防事宜镇守吉林等处地方将军兼理打牲乌拉拣选官员等事恩特赫恩巴图鲁长

吉林将军衙门为协领恩祥军政荐举卓异送部引见事的咨文
光绪十九年十二月初十日

为咨行事。兵司案呈，光绪十九年十二月初二日，准兵部咨开，武选司案呈，准吉林将军长　咨称：靖边前路统领副都统衔花翎协领恩祥，于光绪十三年升授协领，计至十九年六年俸满。惟该员曾于光绪十七年七月二十六日，赴都由部带领补行引见。奉旨："以协领补放。钦此。"嗣于十八年军政卓异，十九年正月初十日，奉准兵部来咨；以吉林荐举官员，核与军政荐举定例相符，将各官官衔考语，敬缮清单具题，恭候命下之日，兵部调取引见。再此次卓异各员内，如有引见未满三年者，应照例毋庸送部引见。光绪十八年十二月初九日题，本月十一日奉旨："依议。钦此。"等因各在案。今该协领恩祥，六年俸满，并军政卓异，应否并案送部引见之处，并无办过。似此成案，自应咨部查核示复，以凭遵办。等因前来。查定例，各省协领若于军政案内卓异引见，其年满时，毋庸送部。即以卓异引见之日起，扣满六年，再行送部引见。又例载外省驻防官，如有引见未满三年之员，荐举卓异者，兵部于题本内声明，不必送部引见，即以卓异加一级注册各等语。今据吉林将军咨称，吉林正黄旗满洲协领恩祥，六年俸满，并军政卓异，应否并案送部引见之处。查吉林协领恩祥，前于光绪十八年，军政荐举卓异，因补缺补行引见，未满三年，本部题本声明，毋庸送部引见，照例注册在案。今该员六年俸满，自应于荐举卓异题复奉旨之日起扣满六年，再行送部引见以符定制，相应咨复该将军查照可也等因前来。相应呈请咨行珲春副都统衙门查照，札饬正黄旗协领遵照，由兵司移付边防营务处查照可也。须至咨者。

右咨珲春副都统衙门

吉林将军衙门为中前两路请奖功牌等事的咨文
光绪二十年正月十八日

为咨复事。案准帮办恩　贵帮办咨开，十九年十一月据靖边中路永统领德、靖边前路恩统领祥呈称：窃查自设边防成军以来，凡有各军文武员弁差操得力，经前督办吉林将军希　奏奉谕旨："准其五年汇案请奖。钦此。"钦遵在案。光绪十三年起，至十七年止，为边防五年限满之期。所有各军案内出力文武员弁，仰蒙督办宪暨宪台汇案具奏请奖。本年五月初七日，奉旨钦遵在案。是边防各军文武员弁案内出力者，已邀宪恩奏请奖励。惟查边军马步各营队兵，自成军迄至于今，已十有余载。其积年出力者，从未具请加奖，兹届边防五年限满大保之际，其该各营马步队兵，历年差操搜捕不无微劳可录，自应量予请奖，以昭激劝。职永德会商职恩祥，酌拟各营马步队兵，择其尤为得力者，拟请以二成核计。每步队一营，请发功牌九十张。每马队一营，请发功牌四十五张。合无仰恳宪恩俯允所请，从优奖励，俾该马步队兵等勇于用命，借资观感，出自逾格鸿慈。如蒙恩施照准，抑俟奉到宪批，再将所请马步队兵花名，以及五六七品顶戴年貌旗籍，缮单呈请填发功牌，以昭慎重。职等实为鼓励兵心起见，是否有当，谨合词具文呈请，伏乞鉴，核恭候批示祗遵，实为公便等情到本帮办。据此，除批：据称五年限满文武员弁，均经奏咨奖励，其该各营历年差操出力马步兵勇，不无微劳可录，自应照请，以示鼓励。缴。挂发外，相应咨请查照施行等因。准此，查边军虽设十有余年，而各营兵勇，或差操勤能，或缉捕得力，历经各该统领营官禀赏功牌随请随发各在案。其文武各员，在营十有余年，择其实在得力者，仅保一次。今该统领等所禀以内奖照准，外奖未加酌拟，赏发马步各队功牌数目较多，未例率准。着将步队每营改为五十张，马队每营改为二十五张，以免冒滥而示鼓励。至各营曾经随内奖附请外奖功牌已发者，此次应毋庸议。除札营务处转行遵照外，相应咨复。为此合咨贵帮办，请繁查照施行。须至咨者。

右咨钦命头品顶戴帮办吉林边务事宜珲春副都统恩

吉林将军衙门为珲春招垦局呈请奖励员司等事的札文
光绪二十年正月二十七日

为札发事。据该局呈称：窃职局奉檄办理清丈以来，两载于兹，总分三局员司书识弁勇，夙夜趋公，无间寒暑。光绪十七年十二月，呈蒙宪台赏给功牌十一纸，奖励在案。兹又两年，择其始终勤奋者，计委员司事书识弁勇共十八员名，应请一体给予功牌，以示激劝。谨拟具品级名单，理合呈请宪台查核，俯赐饬知文案处照填给发，俾昭观感。为此备由具呈，伏乞照验施行等情到本督办将军。据此，除批："呈单均悉。准如所请奖励。候饬边务文案处知照。缴。"挂发。兹已饬据文案处，将所请五、六、七品功牌十八张，按品填注，呈请钤印讫。合亟札发札到该局，即便遵照接收，转饬执领。特札。

计札发五品功牌六张、六品功牌九张、七品功牌三张。

札珲春招垦局遵此

珲春副都统为将骁骑校喜廉等履历造册的咨文
光绪二十年正月二十九日

钦命头品顶戴帮办吉林一切事宜镇守珲春地方副都统恩　为咨送事。左司案呈：兹据署右翼协领花翎防御荣升呈，据镶蓝旗贵山佐领下领催五品顶戴补用骁骑校喜廉、领催五品顶戴补用骁骑校乌勒兴额等呈称：窃喜廉等，因在靖边中路防御充差，已届五年限满，仰蒙钦命吉林将军长、帮办副都统恩　遵章汇案保奏。奉旨："以骁骑校补用。钦此。"是以由营告假回旗，呈请给咨送部引见，冀资阶进等因，据情转呈前来。据此，查该弁等既蒙保授斯缺，自应准如所请。理合将其保案及出身满汉履历抄粘文尾，呈请具文咨送。为此合咨将军衙门查核，请烦转详施行。须至咨者。

右咨将军衙门

计粘保案一纸

将军衙门为咨行事。兵司案呈，本年六月初三日，准督、帮宪札开，本年五月十六日承，准钦命总理海军事务衙门咨开，本衙门于光绪十九年五月初七日，会同吏、兵部具奏，议复吉林将军长　等，酌保边防文武各员请奖遵旨议奏等因一折。本日奉旨："依议。钦此。"相应恭录并抄原奏，咨行吉林将军钦遵查照办理可也等因。准此，除将札分行饬知外，合亟摘抄原单札饬，札到该司即便转饬各该旗钦遵。特札等因。奉此，相应抄单呈请咨行珲春副都统衙门查照可也。须至咨者等因。于光绪十九年七月初二日来咨在案。

右咨珲春副都统衙门

谨奏。为遵旨会议具奏事。光绪十八年十月十七日，准军机处抄交吉林将军长　等，奏吉林边防文武各员，劳绩昭着，已届五年，限满照章择尤保奖等因一折。本日，奉朱批："该衙门议奏。单二件并发。钦此。"钦遵抄交前来。查原奏内称，海军衙门奏定水陆操防保奖年限，应以光绪十二年七月十四日钦奉懿旨之日起扣限五年，方准保奖。吉林防军在事出力人员，应查照奏定章程，俟扣满年限后，再行列保。仍照章将在防各员弁，先行咨部立案等因，于光绪十三年十一月初一、十六等日具奏。奉旨："依议。钦此。"先后行知在案。查吉林设立防军十余年矣，其间将士弁兵来自内地，不无远征之苦。即近隶旗籍亦有久戍之劳，加以边土荒凉，盗匪出没靡常，巡防缉捕始终曾不少懈。在事文武员弁，亦未便没其微劳。前以格于部议，致积久之功，未得保奖。此次遵照定章，扣至光绪十七年七月十四日五年限满，前已在事人员先期造册咨部立案。兹谨择其尤为出力者，按照寻常劳绩分别奖叙。其出力较次弁兵，分别以千把外委拨补，暨酌给功牌，另行咨部核办等语。总理海军事务衙门查该将军请将吉省边防文武各员奖励，于本衙门光绪十二年奏定章程，年限相符，自应准照寻常劳绩给奖。所有开单之文武各员，拟请奖叙，是否合例，事隶吏部、兵部。其折内开。

珲春正红旗富勒吉扬阿佐领下附生委笔帖式永全请以笔帖式缺出尽先即补，吏部查庆和、喜成、锡纯、松毓、保麟、常吉、瑞庆、春霖、庆祥、富春、桂昌、松寿、钟仑、钟岳、德麟、海昶、荣光、德胜、魁喜、永全、佛衷、景林、富海、锡龄、胜全、锡龄、全英、祥宽、永升、刘嘉玉、志和等三十一员，所请奖叙均与奏定寻常劳绩章程相符，应请照准。晋康改为补主事后再加四品衔。衡钧、全忠、文哲珲等三员，查履历册内，并未声叙该员等捐案，系由何年月日在何省何局报捐。应俟复奏到日，再行核办。寿禄、全量查咨部立案册内并无其名，所请奖叙，应毋庸议。

珲春副都统衔花翎协领穆克登额，拟请副都统记名。珲春花翎协领春升，拟请赏加副都统衔。珲春镶黄旗记名防御骁骑校兼恩骑尉定禄，拟以俟补缺后以佐领尽先即补先换顶戴。珲春镶黄旗云骑尉双祥、珲春镶红旗骁骑尉富勒浑，以上二员均拟请以防御尽先即补。珲春正黄旗补用骁骑校萨炳阿，拟请俟补缺后以防御尽先即补。珲春镶红旗佐领瑞林，拟请以协领尽先即补先换顶戴。珲春正蓝旗春升佐领下六品顶戴披甲宝山、珲春镶黄旗庆云佐领下六品顶戴领催景凌阿、珲春镶黄旗庆云佐领下五品顶戴前锋春明、珲春镶蓝旗桂山佐领下六品顶戴领催委官乌勒兴额、珲春正白旗巴图凌阿佐领下六品顶戴前锋金禄、珲春正蓝旗春升佐领下六品顶戴前锋札尔丰阿、珲春镶蓝旗桂山佐领下五品顶戴领催喜廉、珲春正蓝旗春升佐领下领催额委官永和，以上八名拟请以骁骑校尽先即补。

兵部查奏定章程，寻常劳绩不准保请副都统及尽先免补超越加衔等项。

其协领恩龄、春升，佐领海权、春海、岳林、恩庆、云骑尉萨斌图等，所请奖励核与奏定章程相符，均应请照准。佐领王宽照寻常议叙给予加一级从优，再加纪录二次。惟与章不符之协领庆云、富顺、穆克登额、恩祥、永德、全荣、广成、保寿、达泰、海顺，均改给议叙，各给予加一级。佐领瑞霖、凌顺、英顺均改为以协领补用，先换顶戴。梦龄改为俟补四品官后，以总官补用。永和改为俟补佐领后，以协领补用，补佐领后，再换协领顶戴。定禄改为俟补防御后，以佐领补用，先换顶戴。塔尔千克蒙额金贵，改为以佐领补用先换顶戴。富荫改为俟补骁骑校递补佐领后，以协领补用。丰升额改为以佐领补用，先换顶戴。魁明改为俟补防御后，以佐领补用。富隆阿改为俟补骁骑校后，递补防御后，以佐领补用，并俟过骁骑校班后，再换佐领顶戴。安魁改为以防御补用。春升、连科均改为俟补防御后，以佐领补用。永安改为俟补骁骑校后，以佐领补用，并俟过骁骑校班后，再换佐领顶戴。色尔固楞、永全均改为以佐领补用。恩海、全祥、沈德科、保全均改为俟补骁骑校后，以佐领补用，并俟过骁骑校班后，再换佐领顶戴。希拉杭阿、魁升、松龄、倭勇武均改为以防御补用。常恺改为以防御补用，并加四品衔。瑞龄、双祥、桂龄、海顺、常升保、富勒浑、吉尔嘎布、双清、德霖、文琳、成魁、金禄、金珠勒、双顺，均改为以防御补用。瑞麟、钟寿、英辅、讷钦、图萨炳阿、贵禄、色普珍额，均改为俟补骁骑校后，以防御补用。徐克深、沈克传、戴鹍龄，均改为俟补六品官后，以五品官补用。何常改为以六品官补用。明祥、忠祥、德楞额、庆海、庆瑞、景文、依林保、富有、玉春、全顺、阿尔斌泰、德崇阿、巴图隆阿、荣升、常庆、承喜、平和、永珍、贵喜、魁光、金升、文焕、春和、常贵、锡禄、文寿、连升、全祥、忠和、宝山、景凌阿、英廉、常喜、春明、乌勒兴额、金禄、扎尔丰阿、铭禄、喜廉、永和、永魁、魁德、富昌保、保林、喜升、春庆、恩纶、讷穆音、英林、宝祥、承顺、成林、法克通阿、英喜、魁升、庆顺、祥禄、全魁、德英阿、庆喜、祥福、果拉丰阿、风文、富庆、海福、荣常、荣霖、嘎尔萨、喜全，均改为以骁骑校补用。永常、德丰阿均改为俟过骁骑校班后，再加四品衔。阿勒金布尚未缴捐复银两，亦未送部引见。此次劳绩，应俟捐项缴清，送部引见后，再行核办。六品顶戴披甲三庆、七品顶戴披甲舒通阿，均请以骁骑校尽先即补。查该二员前经报部立案册内，并无其名所请奖励，应毋庸[议]。所有遵议吉林边防文武各员请奖缘由，谨合词复陈，伏乞皇上圣鉴。再此折系总理海军事务衙门主稿，会同吏部、兵部办理合并声明。谨奏。请旨。

计粘满汉履历

镶蓝旗桂山佐领下领催五品顶戴补用骁骑校喜廉，原系披甲。于光绪元年间，挑入本处练防马队充差。于二三四等年跟随委参领德玉，在珲春所属骆驼河、杨木桥子、荒沟等处，与贼接仗三次。因剿贼奋勇出力，蒙钦命吉林将军铭　赏给七品功牌。于五年间，跟随德玉在珲春属境托盘沟、四方台、大红崴、青沟子等处，与贼接仗四次。因平毁贼巢案内出力，蒙钦命吉林将军铭　赏给六品功牌。于六年十二月间，委为靖边中路左营后哨哨长差使。于七年五月间，拣放本处领催之缺。于十三年五月间，因差操勤慎，管兵严肃，蒙钦差帮办珲春副都统依，赏给五品顶戴。十四年三月间，随同中路右营营官富保，在珲春所辖石头河、七十二顶子、埋苔沟等处，与贼接仗三次。于十六年八月间，蒙钦差帮办珲春副都统恩　委为中路中营左哨哨官差使。因在边防出力，蒙钦命督办将军长、帮办副部统恩　于十九年五月初七日汇案保奏。奉旨："以骁骑校补用。钦此。"共打仗十次，杀贼十名，捉生五名，得功牌二张。共食饷当差二十四年。

年四十四岁，何奢哩氏，佛满洲。

吉林将军衙门为吉林炮屋失火副将吴永敖议处的咨文
光绪二十年二月初八日

为咨行事。案准兵部咨开，职方司案呈：所有本部议复吉林炮屋失火，副将吴永敖议处一折，于光绪十九年十二月二十五日具奏。本日奉旨："依议。钦此。"相应抄录原奏，行文该将军遵照可也。等因。到本督办将军。准此，相应抄粘，备文咨行。为此合咨贵帮办，请繁查照施行。须至咨者。

右咨钦命头品顶戴帮办吉林边务事宜珲春副都统恩

吉林将军衙门为不容越级请奖的咨文
光绪二十年四月初十日

为咨行事。兵司案呈，本年三月十九日，准兵部咨开，职方司案呈，内阁抄出，光绪十八年十二月二十三日，内阁奉上谕："国家论功行赏，本有一定章程，不容越级请保，至涉冒滥。近来各项劳绩保举，往往不按定章，率行请奖，殊不足以昭核实。嗣后各部院衙门，遇有保案，务须谨守成例，所请不准过优。各直省督抚，亦当循名责实，严核保举，毋得虚张功绩，滥保多人，用副朝廷慎重名器至意。钦此。"钦遵到部。相应通行吉林将军遵照可也等因前来。相应呈请咨行宁古塔、伯都讷、三姓、阿勒楚喀、珲春副都统等衙门查照。札饬全营翼长、吉林分巡道，并由兵司移付边务文案处、练军文案处查照可也。须至咨者。

右咨珲春副都统衙门

吉林将军衙门为解饷出力兵丹请奖的咨文

光绪二十年五月

为咨行事。兵司案呈，本年五月十二日准军宪札开，据蓝翎直隶州用分省补用知县王寿麟等禀称：窃卑职等奉派赴都关领二十年春季防饷银两，业已差竣，所有随带贴写兵等，沿途照料均能尽心竭力，昼夜兼程毫无舛错。卑职等苦无鼓励，合无仰恳宪恩俯准将随差之贴写等，择其尤为出力者，给予功牌顶戴，以示鼓励。可否之处，卑职等未敢擅拟恩典，出自鸿慈，合将随差出力之贴写等旗籍花名，缮粘文尾，禀请宪鉴核夺，伏乞批示施行。等情到本督办将军。据此，准如所请。兹已饬据边务文案处，将所请功牌按品填注，呈请钤印讫。除札发外，合亟抄粘札饬。札到该司即便遵照，转行该旗。特札。等因。奉此，相应抄单呈请咨行珲春副都统衙门查照可也。须至咨者。

右咨珲春副都统衙门

吉林将军衙门为逢皇太后加上徽号降革人员开复的咨文

光绪二十年十一月十五日

为咨行事。兵司案呈，本年十一月初一日，准兵部咨开，职方司案呈：准礼部知照，光绪二十年八月十六日，加上皇太后徽号，恩诏条款内开，内外文职自四品以下，武职自三品以下，降革留任及住俸罚俸处分，准其开复，知照前来。除实降实革人员不准开复外，其余因公获咎，核与此次恩诏条款相符者，应合各该省造具妥册报部，查核办理开复。并将条款开列，通行京外武职各衙门，一体遵照办理可也。等因前来，相应抄单呈请咨行宁古塔、伯都讷、三姓、阿勒楚喀、珲春副都统，照会乌拉总管等衙门查照，札饬十旗、乌拉、拉林、双城堡、五常堡、伊通、额穆赫索罗协、参、佐领等遵照。务将各该处文武官员内，现在有无革留降留罚俸住俸，及现议降革留任罚俸住俸各案之员，查明各该员原犯案由，详细造具细册咨报，以凭汇报，暨札饬吉林分巡道遵照可也。须至咨者。

右咨珲春副都统等衙门

粘单

计开

一、京外武职官员，钦奉特旨交议，尚未议结之案，虽在恩诏以前，仍照旧例办理。

一、现任武职官员，例应实降实革并革职人员，有另案注册处分，以及世职官员应议实降折罚半俸抵免者，均仍照旧例办理。

一、京外武职官员，自三品以下，从前部议降革留任及部议降革，奉旨从宽改为留任，限年开复，并引见复用原官，其降革带于新任之案，以及降职降俸住俸罚俸停升停饷革去顶戴，并外委领催委官，议以责惩例无展参事，在恩诏以前，已经议结之案，均予开复。其有已到未结者，即予免议，或未到部而事在恩诏以前者，将来到部亦予免议。

一、丁忧终养告病候补候选试用效力人员，所有从前正署任内降革留任罚俸住俸处分并降调人员，俟补官日应带于新任处分，均照现任人员之例，一体准其开复。

一、例有展参之案，无论初二三四参，均准其自内阁颁诏之日，另行起限，限满查参照例议处。如参限已完，在恩诏以前者，报部查核免议。

一、武职兼文职人员，如有文职任内处分及内务府、宗人府自行议处之案，应由吏部及各衙门自行查办。

（五）保　甲　乡　团

珲春招垦总局为请发乡团枪械火药的移文
光绪十三年十一月初四日

为移诸事。窃敝局前报胡匪刘老窠、姜老窠等，在五道沟地方滋事，迄今未获。近又风闻大盗张海龄带领多人同刘老窠等，均在五道沟等处上下窜扰。本月初三日，又据塔子沟牌头柴凤报称，贼匪多人各沟扰害，民不聊生，派兵往拿，贼之耳目众多，兵尚未到，贼已闻风遁藏，兵去复出骚扰如故。现在纠集炮手二十五人拟办乡团，驻在沟中，协同五道沟分局马队常川搜捕，庶几民得安生。但枪械火药一时措办不及，如迫时日又恐众贼远扬，或在沟中酿成大患。为此恳恩转求副宪衙门赏发枪械火药各十件，以救民生等情。据此，查牌头柴凤所请办团缉贼与汪清乡约张发等所办事同一律，似应准如所请。惟副宪公出阅军，若得禀请批示，往返数百里之遥，稽迟多日，诚恐地方事缓不济急，不得不移请贵司权宜作主，赏发牌头柴凤等枪械火药等件，俾得星夜前往缉拿贼匪以安良民。除报副帅外，相应备文移请，为此合移贵司，请繁查照赐准施行，须至咨者。

右咨珲春副都统衙门

边防营务处办事官为五道沟请借乡团火药枪械捕匪事的移文
光绪十三年十一月初五日

帮办边防营务处办事官管理军火事宜五品顶戴候补巡检梁　为移付事。

准贵司移文内开，为移付事。今准招垦总局总办贾 分局委员书称，据五道沟垦户牌头柴凤呈称：窃小民等居处，逼邻深山密林盗贼出没之区。因致时被劫扰，虽经官兵巡捕，奈兵至则贼即遁匿林内，兵撤则贼即复出抢掠，日盗恣肆，民不聊生。实迫不得已，公同酌议，拟援照汪清等处设立乡团，请赐军械，不时搜捕，常川巡逻，庶贼不敢犯，民待安业等情。经该总办、委员等会议得，贼势今既猖狂，民有倒悬之忧，若请由大宪定夺，诚恐缓不济急，是不得不权宜照准。拟借给该民等抬枪两杆、鸟枪二十杆、洋药二十斤、火药二十斤、烘药一斤、铅丸一千粒、火绳五十盘。暂借与七响洋枪三杆、七响子母二百颗。此俟彼等立团事竣，除击匪需用子母外，其余剩及洋枪数一并缴还。除一面禀陈宪鉴外，所有拟借军火请烦贵司移由军火局照拟提发。等因准此，相应备文移付，为此合移贵军械局委员毓查照。希将垦局拟借之军火等项，如数提交该局承领，望速施行，须至移者。等因准此，除七响洋枪并子母两项系属营中要件，碍难递发，敝局具文呈请营务处查核示遵再行给领外，其贵司移提抬枪两杆、鸟枪二十杆、洋药二十斤，火药二十斤、烘药一斤、铅丸一千粒、火绳五十盘，均由贵衙门寄存项下如数提出，发交该垦局承领讫。相应备文移付，为此合移贵司，请繁查照可也。须至付者。

右移付副都统衙门左司掌关防佐领富

吉林将军为准于五道沟土门子汪清白草沟举办乡团的咨文
光绪十四年正月二十二日

钦命督办宁古塔等处事宜镇守吉林等处地方将军兼理打牲乌拉拣选官员等事一等继勇侯希 为咨复事。案准贵副都统咨开，窃惟珲春地处边隅，孤悬海角，南接俄夷，西临朝鲜，东北两面辖境辽阔。惟所属五道沟、土门子、汪清白草各沟居民散处，山深林密，径通邻疆，距城窎远，致被盗匪窜扰靡常，虽曾分拨防军时出搜捕，间有弋获，奈该匪狡黠异常，兵至即遁匿林内，一加穷搜即逃伏夷界，兵撤时旋出复扰益甚，东击西窜，实有顾彼失此之虞，鞭长莫及之势。若不设法保卫，将恐幽僻村户，日事防患，奔避不遑，未免废时失业，殊属深为可虑。正在饬下会议之间，适据各该乡约地方垦民等先后来城，禀请举办乡团，择荐齿德者总司其事，遇急时按户出丁，自携器械糇粮，相机守御，无事时各归本业，力田务农。等因禀请前来。据查该垦民等所称系为守望相助之计，颇合机宜，于民既无所费而得以安居乐业，于贼自无所劫则势必日就消灭。加以官兵随时剿除，则地方可期安谧矣。似应照准。然守御必需火器，奈本衙门素无造卖之户，无从采买，如赐俯准，

447

自宜权由本衙门暂予酌核借垫，续该民等执票赴省，自应购买悉数补还归款。是否可行，未敢擅便，理合呈请咨报核复施行，等因前来。查五道沟等处各该乡约地民户等所请举办乡团，系为防范盗贼用以自卫，事固可行。惟总司其事之练长必须慎选得人，方可有益无害。倘容武断乡曲者滥厕其间，势必鱼肉小民，甚或借端苛敛，姑无论能否捍御盗贼而闾阎已先受其害，是不能不慎之于始。应请贵副都统传谕该各乡民户等，公举素所深信、品行方正之人，开报籍贯、姓名，保充练长，办理乡团。倘日后访有借公苛派等情，不待告发，先将原保从重究惩，然后治该练长以应得之罪，以安农氓。所需军火一切准其执持票照来省购买，相应咨复，为此合咨贵副都统查照办理，仍望见复施行。须至咨者。

右咨珲春副都统

珲春副都统为月朗霁霞两社拟由右路设防以靖地方的咨文
光绪十九年四月二十九日

钦命头品顶戴帮办吉林一切事宜镇守珲春地方副都统恩　为咨明事。案据通商局田令正镛呈称：窃查上年六月间，据月朗社乡约李光贤呈报，近来游手之华民往来该社者颇多。于六月初间黑夜，有持刀三人抢劫韩民二家，盗去麻布银手圈等物，估值银五两有余等情前来。当经派拨护局后哨步队一棚前往驻扎，业经分呈宪鉴在案。嗣于闰六月十二日接奉督办宪札开，除原文有案邀免重叙外尾开，等情到本督办将军。据此，查该处既有盗匪肆扰，应由穆统领就近派队前往助剿，俟地面安靖，再行撤回。除札饬营务处转行外，合亟札复，札到该局遵照，等因。奉此，彼时卑局所派一棚已经前往驻扎，而右路正值烟市之际，各处报案者颇多，分防不暇。穆统领专差来商，先行随时巡防，许俟今春再将卑局步队一棚撤回，由右路设防等因。查从前在外驻扎一棚，匪踪尚能稍有畏避。自去冬至今，恒闻有欲向驻扎官兵夺取枪械之谣。稽查处月朗社均当往来冲要，而稽查处更在东南交界尽处，距会宁府八九里，尤为胡匪出没之区，自三月右路吉哨官巡防之后，匪踪接踵兹扰。韩民到稽查处报有胡匪至其家者，每夜四五至三四不等。该驻扎官兵等一面整备枪械防范，一面拨三四名随民至其家暗观动静，守防出外，共仅九人，实系单弱可忧，时常终夜不寐，枕戈待旦。月之初间，稽查处隔江对岸树林中，胡匪聚集三十余，不时过江三五名，赴乡约甲长家中搜索大租银钱，幸约甲未敢收集。卑职于月之初八日，派马队五名什长带领前往该处沿江各社巡防侦探，昨据回局声称，隔江树林中所聚贼匪于三日前散去，而零星往来者尚复不少。惟未兹事端，均嘱令远去，毋在各社滋扰，近来较旬日前尚称安静等语。卑职查稽查处，正值会宁大路通衢最关紧要，距右路甚远，不能兼顾，并月朗社每处驻兵一棚，实有单弱不支之势，而卑局又无兵可添，且有夺械之谣，倘有疏失，关系匪轻。水师炮船领出枪械又在途被抢，思及两处所驻一棚，刻刻堪虞。拟将月朗社一棚调回，添派稽查处，兵力稍厚，声威亦可稍振。所遗月朗霁霞两社地面，拟请遵照上年督办宪札，饬由右路设防。如此一转移间，庶两处得保无虞。除呈报督办宪并移右路并护局后哨外，理合具文呈请札饬右路遵照，实为公便。等情到本帮办。

　　据此，查右路地广兵单，实有顾此失彼之虞。现当夏令，山林邃密，匪徒最易潜踪，正饬该军入山搜捕，分途巡拿，护送行旅饷械，尚属不敷差遣。该局已有中路步队一百八十名，右路马队二十名，果能分段驻扎，往来梭巡自足以靖地方。况月霁两社相距不远，兼顾尤易，倘再疏虞，准将分巡之哨官禀请惩戒，以安良善而儆诿卸，所有请饬右路设防，应勿庸议。除饬该局并右路统领遵照外，相应咨明贵护理将军，请繁查照施行。须至咨者。

　　右咨赏穿黄马褂头品顶戴护理吉林将军督办边务事宜吉林副都统世袭骑都尉兼云骑尉库楚特依巴图鲁沙

珲春副都统为营官胡殿甲呈报团练章程的咨文
光绪二十年九月初十日

　　钦命头品顶戴帮办吉林一切事宜镇守珲春地方副都统恩　为咨会事。案据驻扎黑顶子前路右营营官胡殿甲，呈复团练章程十条，本帮办详加披阅。如第一条，归化等四社，敦仁、尚义二社，怀德、敬信二社，各派教习一名，仍责成哨长就近监理，准如所拟办理。第哨长教习不得以私事（缺文）了，更不准假名派钱借公肥私。遇有所需应集丁公议，令其自办。（缺文）分作正副，必须通华语者，准如所拟办理。但须就地取材，外人（缺文）干预。第三条，颁发器械子药，流弊滋多，即刀矛等件亦足以自卫，不必再给火器，且亦并无余存。其刀矛如何置造，由该营酌核办理，准其作正开支，他处不得以为例，以示体恤。第四条，旗帜以红洋布白边制造。教习每月教操三次，每次酌给津贴几何，应由该营官酌中办理，其款候咨明督办将军。第五条，约束禁条万不可少，盘查窝匪尤应申明，应由该营官妥拟办理。第六条，划一服制所筹亟是，准照所拟办理。第七条，合操次数已于第四条指示，余如议照办。第八条，沙草峰一屯暂免练团，所见甚是应（缺文）办理。第九条，筑围居住，刻下缓不济急，应先建草房数间，作为公所，（缺文）春举办。第十条，酌加犒赏，以示激励。嗣后本帮办阅操，或派员往（缺文）赏，以鼓其气。凡兹团练概为民间自保身家，决不征调御敌，候咨明（缺文）将军，出示晓谕他处，能否仿办或略加更改，各就地方情形，因势利导，实力举办。除抄粘分札外，相应咨会，为此合咨贵督办将军，请繁查照核复施行。须至咨者。

右咨吉林将军长

一、镇远堡共属八社，若分八处练团，不但难期一律，则教习亦不敷分拨。兹（缺文）营中共派教习三名，作为三处训练。查西边归化、兴兼、输诚、崇让四社，相离不远，即可归一教习教练，仍责成驻扎大㕑川哨长金成监理保护。其东边四社相离较远，须派教习二名，敦仁、尚义二社归一教习，怀恩、敬信二社归一教习，仍责成驻扎圈尔河哨长成祥监理保护，以资弹压而昭慎重。

一、每社须派正、副练长各一名。查练长一差，尚非营中可以派往者，应由各该社公举忠正廉明、有胆有识并能会华语通事者，方可充当。何者，际此创办伊始，不但口令不懂，即如何向左、如何向右、如何为进、如何为退尚且不知，犹待通事告及。故练长之中必须能通华语者，方能易于学习而见成效。

一、八社共能挑练若干名，刻下尚难悬揣。倘能挑选八百名，一一训练娴熟，即可壮两营声威，然亦必须颁发器械、子药方可，查器械一项，亦无须费款购买。拟请咨商督宪，将历年缉匪所获枪械，并防营呈缴来福坏枪，先行饬局修理（缺文）发若干杆，外而虚张声势，内而足壮民心，以公济公受益（缺文）药不多，防营尚须樽节，何能发给民间，然平时仅令操练手法脚步，不准打响。少给药丸，专资保家御侮，其余器具尽用。腰刀矛杆两项，除木杆已传谕八社采伐外，铁器可就珲街定打。

一、各社拟添制鼓锣、旗帜、刀矛各项，并教习津贴。需款虽属不多，而民间实难凑集。除铜锣一项尚可将就不制外，其余各项均须从新添制。如蒙允制，则此项款项拟请咨商督宪，即由八社地租项下动用，就地之所出，以保卫地方。庶可不支他款，以免迟延。至于教习津贴，可否加给之处，伏乞宪台酌核后遵办。

一、八社练丁不少，焉能一一尽善，若不以规矩制之，恐不能以归一律。倘有酗酒滋事，及一切不遵教训，不顺情理之事，准该练长就近法办。如各练长以后有苟且不自重者，或借公报私者，一经练丁喊禀查实，立即革换以肃练规。

一、八社韩民虽经早隶中国，而衣冠色样多半未改朝鲜。今既创办团练，似应一律改为中国服制以壮观瞻。查穿戴一项，一样需钱。并非中国衣服多费银两。拟请晓谕八社，将在练之垦丁皆穿中国衣服。如营中之棉袄、棉裤、

珲春副都统衙门档案选编

薄底靴一样，庶归一律稍壮军威。

一、操练日期不比营中，营中专事操演，而练丁尚分身农业。兹拟分为闲忙二时，闲时每月操练九次，忙时每月操练三次。以现在而论，正当收割禾稼之时，即当先知稼穑之艰难，令其每月练习三次，一俟场谷完华，再行按九次操演。此因时制宜，两不偏废，未始非保民而不累民之一道也。至于归操时候，自现在起至明年三月底止，均令午时下操。四月初一日起至八月底止，统令辰时下操，庶乎寒暑让开，而练丁不大吃苦。以上三次、九次，均令一字阵站队，进作鸳鸯阵，退而变为方城，仍（缺文）因此之时，倭奴久不肃清，操练一阵即熟习得一阵之用。故不能多贪，以致难于学习。果能操演，日久练丁稍懂口令，不妨变幻多演阵式，以期熟中生巧。

一、东南敬信社所属之沙草峰一屯，人民既属无多，地势亦形太险。西连江岸，东靠俄邦，无事之时尚受俄人凌虐，一经有事万难相安。近来虽中日有事不与俄人相涉，然一经练团，难免俄人不生疑忌，恐引虎出穴，更形多出事端。兹拟请将此一屯暂不练团。若实倭匪窜扰，统令其归敬信社圈尔河以守，以免现在俄人生疑。

一、每社村庄相距或三里或五里不等，设有缓急不能呼唤相应。若每庄筑墙亦觉有累民生，拟就人烟稠密地方公同修筑围墙一座，留两门，留四门均可，无事之时各守各家耕种，一经有事均移住围内，殊觉易守。仍于每围中修盖中国房数间，预备收存器械，交该练长居住看守，以免损坏。俟得倭匪肃清，地方安静，再行平围缴械，散练归农。现在渐交冬令，土工恐不能兴，当待来年举办。

一、练团一事，边地不如内地。内地乡绅富户皆系祖传根基，一经有事无不拼命应敌。边地开垦年浅，尚未家裕户饶，一有虚惊即生逃反之意，是边地较内地为难，而韩民之较华民为尤难。当此创办之初。华民尚有经过者，韩民未能一一洞悉，虽经恺切开导，终属疑信参半，若不略加赏号，恐无以使其乐从而收民心。拟请出示晓谕，于每年春、秋二季酌发赏号。或布匹，或面米，不论多少均可。一俟操练就绪，即行停止。而百姓亦知（缺文）之为国救民，不是抽丁对敌。嗣后再有举动，有不期然而然者矣。此项赏号拟请咨商督宪，亦即于垦民地租银两项下动用。此系因时之急务，并非常以为例也。以上十条均就管见所及，冒昧上陈，合并声明。

珲春副都统为招垦局各社举办保甲乡团酌拟办法的咨文及章程

光绪二十年九月十七日

钦命头品顶戴帮办吉林一切事宜镇守珲春地方副都统恩　为咨明事。案据珲春招垦总局呈称：窃卑局于上月二十五日接，奉宪台札开，照得日本谋吞朝鲜，兵困汉京，珲春地与毗连，界隔一江，道路分歧，防不胜防。前据该国咸镜北道报，有倭奴劫收军械之信，江沿终虑蔓延，事非正本清源，恐无以安内攘外，所有珲春城乡各社，及江沿四堡、南冈、五道沟等处均拟举行保甲团练。昨已函商督办将军，业准电复，饬属赶即开办。等因。除先后札饬，并抄粘程令议陈各条，分别札行各局、营遵照并咨报外，惟查招垦局属各社，虽经清丈给有地照，尚未发有门牌。商局各社虽经发有门牌，尚未随时清理。刻当举行保甲团练之际，应饬该各局先将各社户口，挨查造册具报，一律缮发门牌。至保甲团练，各大既有应因时地酌办者，本帮办未便遥揣遥制，应责成该承办各局，于文到三日，先将各保甲团练办法妥拟章程具复，总以保民而不累民为正，以便咨省立案，用昭慎重。除咨明督办将军并分行外，合亟札饬，札到该局即便遵照办理。至各社民户，倘有家藏防身军械，务须先行出示，传知各自送局刻注枪主姓名，加烙本帮办颁去火印，并于户册注明，以便稽查。该各局员务当共体时艰，极力筹办，以期保卫地方，奠安民居，是为至要。本帮办有厚望焉。切切毋违。特札。等因。奉此，卑职遵将招垦总、分各局所属十七社举行团练保甲，酌拟章程，理合备文附单，呈复宪台鉴核。为此备由呈复，伏乞批示祗遵。等情到本帮办。据此除批：据议各条果能认真办理，自可共济时艰。惟经费支绌，筹款不易，准其暂添书识二名，以资办公。候办理就绪，防务稍松，即行停止。缴。挂发外，相应抄粘咨明。为合咨贵督办将军，请繁查照施行。须至咨者。

计抄粘

右咨钦命头品顶戴督办吉林边务事宜镇守吉林等处地方将军兼理打牲乌拉拣选官员等事恩特赫恩巴图鲁长

一、查珲春招垦总局所属地面，系赴省站道左右，回环数百余里，分设春和、春芳、春华、春明、春融、春阳六社。南岗分局所属地面，与朝鲜接界，周围一千余里，分设志仁、尚义、崇礼、勇智、守信、明新六社。五道沟分局所属地面，与俄接壤，周围数百余里，分设春仁、春义、春礼、春智、春信五社，共计十七社。每社设乡约一名，设牌头三、四、五名不等。自清丈之后，各社户口虽造册簿，究未编联保甲，以便稽查。此次举办团练，自应先行编查户口，以清眉目而弭盗源。

一、举办团练，每社公举土着大户明白事理之人，充当练总一名。该社团练之事，统归练总禀请局员核办，按乡勇十名内派练长一名带领。遇有佃户较稀之社，按乡勇五名内派练长一名带领，亦可大社户多选择乡勇四五十名，小社户少选择乡勇二三十名。每社由官发给奉谕团练大红布尖旗二杆，小红布方旗六杆，以壮观瞻。于本社择一适中之地，每逢朔望日，鸣锣齐集，练总照册点名一次。各社乡约虽有专差，可帮同练总和衷共事，不得独出己见，以致事多纷歧。各社牌头专管鸣锣齐集，传唤佃户，以供指使。团练之后，遇有地方紧要事件，大众齐集商办。遇有盗匪滋扰之处，务使齐集严拿送办。如盗匪众多，即行报官，振兵严拿惩办。倘行之有效，即可同保身家，亦边防之一助也。

一、各社团练需用旗帜各件，昨承宪谕：着由官中发给。祗聆之下，当即按社拟定旗帜数目，估计工料价值，呈请示遵，拟每社大红旗二杆、小红旗六杆。大旗尖面七尺见长二杆，共需红洋布二十一尺，腰需白洋布七尺半，字需白洋布八尺。小旗方面四尺见方，六杆共需红洋布四十八尺，腰需白洋布六尺六寸，字需白洋布六尺，大小旗共需红洋布六十九尺，白洋布二十八尺一寸，外加工线，计一社大约需银六七两之数，按十七社，通共需银一百一十余两。各社所需铜锣，拟已有者，毋庸另给，未有者，再行给发。俟查明共需几面，核定价值，再请给领，合并声明。

一、招垦总局额设书识四名。自清丈后，兼征租赋，代收尾欠荒价，以及缮写日行文件，事务甚繁，刻无暇晷。南岗、五道沟两分局额设书识各只一名。南岗分局户多事繁，一切缮写各事专靠书识一人。五道沟分局兼收租赋，一切缮写各事专靠书识一人。所有总分各局书识，均有专差，碍难分身外出。现在创办团练，拟请暂添书识三名，交总局，以便饬派帮同各局，赴各社查点户口，编联保甲，举办团练。其薪水拟请照旧章给领，所需车马之费，拟请每名每月津贴银五两，又缮造保甲册簿，应用纸笔等费，容候将来实用实报。

一、编联保甲，每社公举老成稳练之人充当保长一名。该社保甲事宜，统归保长禀请局员核办。每社按户查点某户某人，年貌籍贯，男几名女几口，雇工几人，按社挨牌编甲注册。如春和社，即以和字编号：和字一甲、和字一牌二甲。每甲十户设甲长一名，各给门牌一张。每牌无论若干甲，只设牌头一名。每社无论若干牌，只设乡约一名。如甲内户有迁移，由甲长告知保长，保长告知乡约，报局迁移何处，随时更注册簿，以备稽查。编定之后，一甲之内如有一户窝藏匪类，或自行劫盗，九户公同禀报。倘知情不举，或经查出，或被旁人告发，即照容留盗匪罪送官究办。

一、民间私藏枪械，本干例禁。边外民户，或防盗贼，或事围猎，几于家藏户有。若一律收禁，又恐于民不便。现拟于编查户口之日，查明某社某牌某甲某户存枪几杆，即饬送局刻注枪主姓名，加烙火印，注之册簿，以备查考。其入山猎户枪械，谕令乡牌查报某社某户住猎户几人，即饬携枪至局刻注姓名，加烙火印，并饬取具切实保结，或系自有，或假他人，一并注明以便稽查，而杜假冒。倘有假猎为名，入山多行不法，或经官兵查获，或被事主告发，即将保人一（缺文）究，以为滥保匪人者戒。如有枪无刻注姓名加烙火印者，即将私枪入官（缺文）论罪。

一、举行团练保甲，章程虽由总局酌拟以归划一，然期妥为筹办，必须因地因时，各局员均应亲临创办，以求速成，万不可稍涉因循，致误事机。在总局尤须随时周查示以保卫之道，贵于持久也。

珲春副都统为和龙峪黑顶子两处创办团练事的咨文及章程
光绪二十年九月十七日

钦命头品顶戴帮办吉林一切事宜镇守珲春地方副都统恩　为咨明事。案据通商总局呈称：本年八月二十四日，接奉宁台札开，案查前据（缺文）务处会办程令国钧，拟据珲春和龙峪、黑顶子两处，沿江新抚堡社团练四条，本帮办查所拟各条，均属可行，当即函商（缺文）将军长　适准电复，请饬举办，等因。准此，查五道沟、南冈等处，（缺文）一体举办。除札驻扎黑顶子前路右营，并右路统领，暨五道沟招垦分局外，合亟抄粘札饬，札到该局即便查照。札内抄粘事理，督饬各堡一体举办。切切。特札。计抄粘团练四条。等因。奉此，遵即缮办告示，粘抄团练四条，拟先行晓谕各社垦民。嗣奉到钧函，新收越垦四堡垦民。据程令议陈，举行团练，保卫身家，商准。督办将军电复赶办，此时办法，宪意总须相地之宜，故不颁发章程，听各处自议。如何便民而不累民，便是至善。文到作速操办为要。等谕奉此，（缺文）见宪台于安边保民之中，仍寓体恤之意。各处因地制宜，以免窒碍难行。卑职伏思朝鲜素无武备，民亦不识，而疲玩懦弱，生于性成，若使之操兵御侮，（缺文）万难。际此时艰，兵单地广，不得不籍民团而张声势。更兼吉林地方村（缺文）聚，民居散蔓，三五里一家，七八里十数里不等，不独此时难于固守。虽平（缺文）遇有零星胡匪之扰，彼此不能相顾。愚民定居只图于自己地亩相近，不思有（缺文）相顾，任性蔓延遍野。若如内地聚居，渐成大村，筑堡守卫，坚壁清野，民免受害，官亦易于保护。此间保卫民生实无良法，越垦办团每社均须有官督饬（缺文）理。不然约甲呼应不遵，且处处均须指教，演习不独卑局无员可派，珲春（缺文）无许多。且道路遥远，山岭崇峻，跋涉甚难。又兼地方生疏颇不易也。拟于护局两哨中，拣派老练什长，每堡二名作为教习，指饬演练。宁远堡由右路派（缺文）员督责其事。安远堡即派哨长常德，惟绥远堡由护局哨长喜常往（缺文）督责。惟语言不通，教导之言而民不知，必须添募通事，每堡一名，随同教（缺文）言传语，什长自系支食月饷之人，一经操办团练，离营甚远，饮食不得（缺文），不能不另备食用。若使之自赔，何以堪之。倘经社民备食，官人止二三名，而（缺文）甲社民等凑集群食，杀猪沽酒，日费韩钱数十千文，摊差于民户，此大不（缺文）者也。拟什长每名月给饭食银二两，雇募通事不食月饷者，月给银四两，两三个月熟练成军后，即行裁撤。如此则可禁止扰累矣。旗帜为团练之要物，十（缺文）年秋，曾经制造，由各社自备尺寸，过小不足以壮观瞻。已隔数年，旧破不堪，亟须另制新旗，仍令各社自制，抑或由官制做，伏候示遵。如果由官制做，再行开（缺文）呈请办理。现在已饬各约甲查明本社丁口数目，共有若干名，各项枪械现有（缺文）若干，无枪械者尚有若干，造册作速呈报。其有枪械者，令其自用。无枪械者，（缺文）令入山选择七尺长杆，应否上安铁矛头，俟成军后共有若干再行议办。其余（缺文）地制宜各情形，仅拟办法八条，另缮清折，敬呈宪览。是否可行，听候钧裁（缺文）行，以便通示各社，并各哨长遵照。所有越垦举办团练拟议缘由，理合具文呈（缺文）台鉴核俯赐批示祗遵，实为公便。等情到本帮办。据此，除批：

"呈折均悉。"（缺文）思周虑远，体帖入微，殊甚嘉尚。惟枪不论多寡，各局无从筹拨。而黑顶子（缺文）社已饬防营就近办理，旗帜以及津贴添募通事均准如议办理。该令（缺文）置造募补共银若干估计，呈报备核。缴。挂发外，相应抄粘备文，咨明合咨贵督办将军，请繁查照施行。须至咨者。

计抄粘

右咨钦命头品顶戴督办吉林边务事宜镇守吉林等处地方将军兼理打牲乌拉拣选官员等事恩特赫恩巴图鲁长

珲春副都统为和龙峪黑顶子两处沿江新抚堡社团练所拟。

计开

一、和龙峪越垦宁远、绥远、安远等三堡三十一社在图们江北岸，地方绵远，东西计长五百余里。创办团练固为防边要图，但韩民素不识武备，户皆贫寒，鲜有英勇之气，虽不习技艺而齐集排列走队跑山，均须有人教导。且性皆疲玩懒惰，约甲传唤，置若罔闻，必须有官吓派，甚至薄责方能集事。计每社一官则须三十余员，不独卑局无官可派，及珲春亦无之。拟由两哨中拣派老练什长，每堡二名，督饬各社约甲传齐垦民，指教演练一字阵并跑山方城等式，一日止教练一社，次日再至他社。其教习至他社之日，该社自行照式练习，将该堡几社教演完日，再从头每日按社教习。宁远、安远两堡，由该处驻札之哨长督催总司其事，责其成效。绥远堡无官，即派护局哨长喜常往来督责。如此教习通事总司官员，具有可以速见成效也。

一、越垦韩民创办团练也。与韩民不通语言，不通俗性，不同华人教习，甚觉隔膜。所教言语彼皆不知，必用通事译言告知方能通晓深悉，通事必不可少之用。局中通事仅止一人，已觉内外兼顾不周，何能派出办团。拟每堡招募通事一人，随同什长二名，译言传语并帮同照料一切。

一、设立团防，守望相助也。各社每户派出一人，如该户有三丁、五丁者，则出二名、三名不等。其未剃发南岸韩民在华境佃种地亩，身家俱在，亦应出人入团。所执器械，有鸟枪、洋枪者，执持鸟枪、洋枪。无枪者，刀矛、长杆皆可用。如无长杆，入山砍伐七尺长杆应用。惟不准空手而来。应由各社约甲查明本社丁口，共有若干名，现有枪械若干，无枪械者尚有若干，赶紧造册呈报，以凭核办。

一、旗帜所以壮威武，为各队之领袖也。团勇随旗所向，最为紧要。十七年秋曾经饬令各社制造旗帜，尺寸过小，实不足以昭观瞻而作士气。今已数年破烂不堪，自应另制新旗，以便演练。

一、团练教演熟习之后，贫民谋食之工夫人力，未可久旷。拟该各社由约甲传集民户，在本社五日演习一次，每一月一堡之中共有几社合演一次。如此团练之法不致生疏，而农工民力亦不旷误。

一、团练演习日久，既已成队也。随时访问南岸各城信息，有无倭寇北扰警报。倘闻有警，该匪已到南岸何处，一面各社整顿团练，鸣锣为号，齐集垦民，以备御侮，一面差人来局禀报，以凭转报两大宪。如倭匪胆敢窜入华境，即齐心努力，奋击砍杀，不得畏缩不前，所以保身家也。其平日如有倭匪假扮韩民服色，窥探消息，即行盘获送局，转解惩办。

一、创办越垦团练也。韩民比户贫穷，鲜有殷实之家。虽办团防保卫身家，仍寓体恤之意，既不摊派民财，而教习通事饭食均令自备，由官津贴伙食，不准丝毫取之于民。倘有不肖奸猾之民，于官人未到之前倡议备食，既见好于官人，又可约甲垦民，随同群聚饮食，杀猪宰鸡沽酒买面，日费韩钱数十千文，难免从中浮冒推派民间，事后则以支应官差为名。其实二三官人能食几何，众人借以肥腹，承办者再入私囊，贫民不堪其苦。倘有此等弊端，准民众控告，或什长通事禀报惩办。如敢希图饮食，扶同徇隐，一律治罪不贷。

一、办理团练也，实系不得已之举，今值倭寇肇衅华韩，虽有图们江为界，江水浅小，冬令结冻，冰桥头头是道，处处可通，地大兵单，实有防不胜防之势。且相距皆远，遇有警传，缓不济急，不得不习练民团，以救临事之急，以待援兵之来，并非专指尔等民兵御侮折冲也。该韩民等毋得疲顽抗违，倘敢传唤不到，教练不习，惟知退后隐藏者，定即从重惩办，决不宽贷，此系为尔等保卫身家，非官事也。稍明大义者，自必踊跃向前，决不能退后也。尔等当深思之，是为至要。

吉林将军衙门为胡殿甲举办团练事的咨文
光绪二十年九月二十二日

为咨复事。案准贵帮办咨：以驻扎黑顶子营官胡殿甲，呈复举办团练章程十条，准如大咨所拟办理。相应备文咨复。为此合咨贵帮办，请繁查照施行。须至咨者。

右咨钦命头品顶戴帮办吉林边务事宜珲春副都统恩

珲春副都统为黑顶子练总李增先等举办团练情形的咨文
光绪二十年十月二十四日

署理帮办吉林边务事宜珲春副都统军机处存记副都统衔花翎协领恩　为咨明事。本月十七日据前路右营胡营官殿甲呈称：案查前奉札饬举办团练，当即拟具章程十条呈奉批准，转饬各该社约甲并教习哨长各在案。兹查黑顶子八社共挑精壮练丁六百名，其归化、兴廉、输诚、崇让西四社派练总李增先一名，教习正勇蓝翎把总熊振海一名，乡约兼正练长四名，副练长四名，归驻扎大度川前哨哨长金成兼理保护。其怀恩、敬信、敦仁、尚义东四社派练总张文明一名，教习正勇尽先外委范金玉一名，乡约兼正练长四名，归驻扎圈尔河后哨哨长成祥兼理保护。其练总二名，每名大尖旗二杆，长六尺，上订镇远堡西四社练总李，东四社练总张，以五色旗招上订八卦全图，以作区别。其正练长八名，每名中尖旗二杆，长五尺五寸，上订镇远堡某社正练长。副练长八名，每名中尖旗二杆，长五尺五寸，上订镇远堡某社副练长。每社旗招订一八卦，如规化社用乾卦，兴廉社即用坤卦，挨次排下。其甲长每名小尖旗一杆，长五尺，上订某社几屯甲长。查西四社共二十一屯，东四社共十九屯，共甲长四十名，小尖旗四十杆，以上各项旗帜共七十六面，均系红旗白边订白字，惟于大小八卦，以资分别。其器具除该各户家有防身枪械之外，其余尽用矛杆，查八社共有来福、沙枪两项共六十八杆，共制矛杆六百杆，全带矛头。前拟有腰刀一项，刻难赶办，容俟来春定打，兹已于十月十二日按每月三次，以鼓锣为号，一律起练，俟场谷完毕，再按九次操演，除饬哨长教习练总认真操演共体时限外，理合将举办情形并起练日期备文呈报，伏乞鉴核转咨。等情据此，相应咨明贵署督办将军，请繁查照施行。须至咨者。

右咨钦命头品顶戴署理督办吉林边务事宜镇守吉林等处地方将军兼理打牲乌拉拣选官员等事珲春副都统恩

（六）文 牍 庶 务

吉林将军衙门为新刻招垦局关防二颗的咨文
光绪十一年七月

为咨行事。照得宁古塔、珲春招垦各局，现经本爵督办会同贵帮办更定新章。所有该二局应即另行刊发关防，以符新定章程，当饬边务文案处分别篆文刊刻。兹据刊就 珲春 宁古塔招垦局木质关防务一颗，其文曰："委办珲春宁古塔招垦局之关防"，呈验前来。除将新刻木质关防札发各该局收领开用，并将旧有木质关防呈送缴销外，相应咨行。为此合咨贵帮办，请繁查照施行。须至咨者。

右咨钦命帮办吉林边务事宜珲春副都统依

吉林将军衙门为请示事件变通呈报的咨文
光绪十一年七月十八日

为咨行事。案查去岁核定各军奉行事宜章程第五条内开：各军遇有紧急军情事件，应由该统领营官径行呈报核夺。其余寻常照章事件，自应咨照营务处核转，不必一一琐渎，以崇体制，札饬遵办在案。乃近来各军凡有请示呈报事件，未免展转迟延。若不量为变通，不但遇事濡滞，且恐弊窦丛生。嗣后各军惟请领饷糈、军火，仍照旧章办理。其余一切事宜，无论请示呈报，均着一面咨照营务处，一面呈报候夺，或准或驳，本爵督办自有权衡。如此变通，除札饬边防营务处转行各军一体遵照办理外，相应咨行。为此合咨贵帮办。请繁查照施行。须至咨者。

右咨钦命帮办吉林边务事宜珲春副都统依

敦化县知县为送县境全图及划归珲春地亩图说的申文

光绪十二年三月三十日

署敦化县知县刘调元，为申送事。光绪十二年三月初七日，奉府道转蒙宪台札开：于二月初八日，准珲春副都统衙门咨开，右司案呈，于光绪十一年十一月二十六日，接准钦命吉林将军一等继勇侯希　咨开，案照本衙门前于光绪十一年十月十五日附片具奏：请将珲春管界仍复旧制，裁撤县丞，酌拨站地，以归简易等因，当经抄片咨报在案。兹于十一月十五日，递回原片。后开，军机大臣奉旨："着照所请。该部知道。钦此。"相应恭录谕旨，备文咨报。为此合咨贵副都统查照，钦遵施行等因前来。窃查本处前设招垦总局，经理近城各处荒务，于五道沟设分局一处，经理东路荒务。现珲界复旧，西北之地面较宽，招抚之事宜当慎。若将总局移置南冈，则东路及近城之处，遇事须报由总局，而后到城，往返多劳，烦延时日，道远而势不顺，尤恐照料难周，事虑废堕。东路靠边之民，既不可无人管辖，西路新拨之地，尤须待人而理，斟酌再三，万难从简。请添设西路分局一所，即在前撤南冈县丞衙门居住，仿照东路分局章程开支薪公各款，使总局居中而理，东西之照顾适均，三路之专责有属。此后酌查事务繁简，可否增派员役之处，再为随时咨请。今当西路初创，札饬总局委员贾元桂带同本衙门试用差委贡生凌喜前赴该处妥为招抚。事竣，即以凌喜留办分局委员事务。除知会敦化县，俟该委员等到日，会同划清界址交代地亩卷宗毕，另文咨报外，再查五道沟分局委员强惠源，现调别差。拣有候补巡检郭之荣，堪以委理。拟合一并呈请具咨。为此咨请将军衙门鉴核，转饬敦化县遵照，并请示复施行等因。准此，除咨复珲春副都统查照外，合行札饬，札到该道，即便遵照，转饬该县可也，特札。等因。蒙此，合亟札饬，札到该府，即转饬敦化县遵照，特札等因到府。蒙此，合亟札饬，札到该县，立即遵照办理，毋违。切切。特札。等因蒙此，卑职遵即会同珲春委员贾元桂等，驰赴哈尔巴岭，划清界址，埋立界桩，随将划分缘由会衔禀报。一面饬书绘具县境全图，并分划珲春地亩图说，现在一并绘就，自应备文申送。除分送分巡道暨吉林府外，理合备文申送宪台查核立案。为此备由具申，伏乞照验施行。须至申者。

计申送图说一纸

右申钦命督办宁古塔等处事宜镇守吉林等处地方将军兼理打牲乌拉拣选官员等事世袭一等继勇侯希

钦差勘界大臣与珲春副都统为会勘宁、姓、珲边界经费事的咨文

光绪十二年九月初九日

为咨明事。窃照此次会勘边界、补立石牌，本大臣等一切用度资费，由前存招垦牛价银内支动，并不另作开销，前已咨行在案。惟沿界俱系山林幽僻之地，行走极其艰难，脚运更非容易，用度资费难以常例相绳。其宁、姓、珲三城勘界、立牌、差派人员、兵役、工食、脚价等经费，应由大臣依核实开销以归划一之处，合咨贵爵督将军，请繁查照施行。须至咨者。

右咨将军衙门

珲春副都统为防御喜昌请假措办进京资斧的咨文

光绪十二年十二月十九日

镇守珲春地方副都统法什尚阿巴图鲁依　为咨报事。左司案呈：接准将军衙门咨开，兵司案呈，本年十一月初二日据新放拟陪防御云骑尉喜昌呈称，窃职原系珲春旗籍，蒙恩拣放三姓镶黄旗防御毓廉拟陪，理宜随时请咨赴部引见，奈职所带川资不敷路用，合无仰恳宪恩赏假一个月，俾得回籍措办资斧，一俟假满赶紧回省，请咨赴部，断不敢借此安逸。是以呈恳兵司案下代为转呈侯爷将军副宪大人钧前，恩准施行。等情。呈奉宪批：准假一个月。等因。奉此，相应呈请咨行珲春副都统衙门查照，一俟该员假满迅即催命旋省，听候给咨引见可也。等因前来。遵查新授拟陪防御喜昌之假限将满，正拟催令间，据该员禀称：家道寒微，即时无可措办，恳请再行展假一个月，俾资赶紧凑办资斧，依限赴省请咨赴部，断不敢再事耽延。等情。据查该员所称家贫无力即难措备，系属实情，应如所禀。转行咨请俯准展假一个月，俾其奏办届限，催令该员赴省之处，相应呈请具文咨行。为此合咨将军衙门查照，请烦俯准施行。须至咨者。

右咨将军衙门

吉林将军衙门为奉上谕各省疏奏名称均应全写的咨文

光绪十三年六月二十五日

为咨行事。兵司案呈：本年六月十三日，准兵部咨开，武选司案呈，光绪十三年五月初四日，内阁抄出，闰四月二十九日，奉上谕：内外臣工，章疏声叙，各省地名及臣下衔名等类，均应全写。溯查乾隆、嘉庆、道光元年间，叠次钦奉谕旨："训饬不准率行减省，允宜永远恪遵。乃近来奏疏往往任意减写，如科布多为科，塔尔巴哈台仅称为塔，吉林黑龙江热河仅称为吉江热之类，不胜枚举。至乌鲁木齐、乌里雅苏台均称为乌，更属漫无区别。又如司道，但称某司某

道，府县但称某守某令，殊失君前臣名之义。本朝年号尤应敬谨全书，如乾嘉道咸字样。私家着述，偶有省文，岂可登诸奏牍。嗣后内外各衙门陈奏事件，于年号地名人名等项，务当全行书写，不准减文，致乖体制。特此通谕知之。钦此。"抄出到部，相应由驿通行该将军查照可也。等因前来。除呈请咨行宁古塔、伯都讷、三姓、阿勒楚喀、珲春副都统，暨照会乌拉总管等衙门查照外，相应呈请札饬吉林分巡道遵照，并由兵司移付印务处、户、刑、工、司查照，一体钦遵可也。须至咨者。

右咨珲春副都统衙门

吉林将军衙门为已故将军穆战功卓著请宣付史馆并建立专祠的咨文
光绪十三年十二月初六日

为恭录咨行事。案准盛京军督部堂庆　咨开，于光绪十三年十一月初三日具奏，为已故将军穆　战功卓着，请宣付史馆，并于立功省份建立专祠等因一折，当经抄奏咨行在案。兹于十一月二十四日，奉朱批："另有旨。钦此。"除钦遵分行外，相应抄奏恭录，咨行查照钦遵。等因准此，除分行外，相应恭录抄折咨行。为此合咨贵副都统，请繁查照，钦遵施行。须至咨者。

右咨珲春副都统衙门

珲春副都统为创修《吉林通志》珲春可考文献太少的咨文
光绪十四年五月二十五日

镇守珲春地方副都统法什尚阿巴图鲁依　为咨复事。右司案呈，兹准将军衙门来咨内开，案据吉林分巡道丰伸泰详称：窃照前奉宪谕，以吉林一省掌故阙然，饬令各属同襄采访创修《吉林通志》，业经职道延友遵办在案。惟查宪辕所辖各司并各旗署，以及阿勒楚喀、宁古塔、珲春、乌拉总管等处掌故事迹，未经移查，自应一并查明，以凭汇办。拟合开具应行采访志书目录，详请宪台查核，俯赐分别咨札各旗署，将应查各节赶紧采访速复，饬知下道，以便纂修等情。据此，除分别咨札外，相应抄单咨会。为此合咨贵副都统，烦即查照单开志目，饬属逐项确查，务须博访周咨，毋俾遗漏，缮册见复，以便转饬纂修，望速施行等因前来。查珲春僻居东隅，文献无考，即如早年显达人物之堪举，节孝之可风者，实为不少。但以年久沦没，事实未确，摘入不无遗漏，亦本于宁阙毋滥之义。仅就闻见所及者，将疆域形胜及户口之多寡，职官之沿设，风俗之顽淳，由来之古迹，查访确凿，分类标注。至于兵防关邮，省中谅有汇案，敝处未便附录。谨将采访大略十三条，分析造具清册，绘图一纸，附封咨送。是否有当，以凭采择之处，理合呈请咨报。为此咨报将军衙门鉴核施行。须至咨者。

右咨将军衙门

黑龙江将军为交接珲春副都统印信等事宜的札文
光绪十五年

钦命帮办吉林边务事宜新授黑龙江将军法什尚阿巴图鲁依　为札交事。案照本帮办将军前因校阅各路防军，并赴省交卸帮办边务事宜，所有珲春副都统衙门一切事务委该协领护理，截交在案。兹本帮办将军校阅已竣，边务事宜亦将次交代清厘，经将军长　副都统恩　会同本帮办将军具折奏明，由省城就近驰赴黑龙江将军新任。珲春副都统印务处委该协领暂行护理，除奏稿委札由将军衙门核办给发，暨任内仓库钱粮、军器火药、监狱文卷，一切业于委护时逐项交明接官管外，所有珲春副都统印信应即委员赍交，以凭接收护理。兹将钦颁光字第十九号镇守珲春副都统银印一颗，随带钥装匣加封，委五品顶戴恩骑尉定禄、印务处委笔帖式富全赍回珲春衙门，交该协领接收。于本日由省启程，到日应即由该协领验明接收开用，并将接印日期及接收前交本衙门仓库钱粮、军器火药、监狱文卷，一切报明将军衙门，以清交待而备查核。除咨明将军衙门并札委该员遵往赍送外，合就札交该协领即便验收具报可也。

札珲春左翼协领德玉遵此

珲春副都统为发到告示所属地方张贴晓谕的咨呈
光绪十五年四月初一日

暂行护理珲春地方副都统任务左翼花翎博奇巴图鲁德玉，为咨呈事。左司案呈：兹奉钦命吉林将军 副都统 咨开，适准贵副都统咨开，以本将军 副都统前次会衔刷印告示二十张，用将查访情形酌定章程五条，胪列示尾，应即会同出示晓谕，咸使闻知。当将会稿并刷印会衔告示二十张，已经贵处一并书行盖印，仅留告示二张，以备张贴。并将会稿留存，其余告示十八张，复为咨还，查收施行。等因前来。查此案本将军 副都统系与各外城副都统均各会衔，各就其地，拟定每处刷印，每处会衔告示各二十张，以期散发张贴，使其周知。兹贵处仅留告示二张，恐该所属地方辽阔一同未必尽悉其情，转致立法不能收效矣。相应将前还告示十八张，备文附封，再为咨送贵副都统查收。希即散发张贴施行。等因前来。遵将随文发到告示十八张，遵奉指饬差弁分赴所属市镇村屯张贴晓谕讫。合将奉到告示分行张贴之处，呈请备文咨复。为此合呈将军衙门鉴照施行。须至咨呈者。

右咨呈将军衙门

珲春副都统为请取双衔空白功牌的咨文
光绪十五年十一月初三日

钦命头品顶戴帮办吉林一切事宜镇守珲春地方副都统恩　为咨会事。案照本帮办定于十一月十二日，校阅靖边中前两路并黑顶子屯垦马步台操，暨考验该两路炮台打靶命中。各军将弁兵丁如有训练不精，自应随时革惩。其有技艺娴熟、勤慎将事者，亦应立予奖赏，以资观感。查前帮办升任将军依咨取双衔空白功牌三百张，交卸之先，业经填发无存。兹本帮办校阅各军，自应爰照咨取双衔空白功牌一百五十张，以便随时填发。除候赏竣造具衔名旗籍清册咨送报部外，相应咨会。为此合咨贵督办将军，请繁查照，希即转饬文案处刷印双衔空白功牌一百五十张钤印，咨送行辕，以凭核发施行。须至咨者。

右咨吉林将军长

吉林将军衙门为将所有各局通行查核删减归并的咨文
光绪十五年十二月

为咨行事。本年十二月初十日准户部咨开，山东司案呈，准北档房传付，内阁抄出，光绪十五年十一月十六日奉谕：国家综核度支，必先严除冗滥。从前各省办理军务，创立支应采办专运等局，本属一时权宜，不能视为常例。迨军需数定，又以善后为名，凡事之应隶藩司者，分设各局，名目众多。于盐务则督销分销，局卡林立，大率以候补道员为总办，而会办随办各员其数不可胜计，所有专管之藩运两司，转以循例画诺为了事。又如清讼、保甲、捕盗等事，本系臬司专责，亦皆另设一局，授权委员。论公事则推诿转多，论库款则虚糜甚钜。至船政、机器各局，原为当务之急，而局用开支尤属弊窦丛生，漫无稽考，若不一律认真整顿，何以昭核实而塞漏卮？前于光绪十一年八月二十二日，钦奉懿旨：各省设立各局，种种名目，滥支滥应，无非瞻徇情面，为位置闲员地步，饬令大加裁汰，定议复奏。仰见圣慈诰诫严明，各该省虽经遵议，奏明量为裁减，总未能将繁费认真革除。近年以来，冗员愈多，浮费愈甚，着各直省将军督抚破除情面，将所有各局通行查核，或删减、或归并。其有必不能裁者，即将按月经费限定数目，不准任意增添。自接奉此旨后，勒限三个月，将议定现留各局开单奏报，并将各局经费每月若干咨报户部存案。该部于每年报销册内逐一查封，毋任稍有含混。理财与用人相辅而行，实为图治之大端。各将军督抚身膺重寄，务当振刷精神，切实经理，不得狃于积习，敷衍塞责。将此通谕知之。钦此。传付赴本档房恭录谕旨，行文各该省遵办。等因前来。相应恭录谕旨飞咨吉林将军遵照办理可也。等因准此，除分札外相应咨行，为此合咨贵帮办，请繁查照施行。须至咨者。

右咨钦命头品顶戴帮办吉林边务事宜珲春副都统恩

吉林将军衙门为已故副都统卓任内备用印花十颗未得的咨文
光绪十六年二月初十日

为咨行事。兵司案呈，本年二月初二日，据兵司禀称：窃查吉林副都统抵任例，应发给印花十颗，以备缓急之需。若有升转事故，即将原发印花照数交司，禀请照例查销，历办在案。兹查吉林副都统卓因病出缺，并未将此项印花送司。当经派员往取。据该家人声称，家主因病身故之时，未暇询及此项印花存储何处，迨殡殓后，在各箱筒细加查检，并无此项印花。今经索取，委系临丧忙迫，不知存放何处等语。职等遵查此项印花系例应查销之件，据称临丧遗失，亦属实在情形。惟系例应查销之件，未敢稍有含混。应否查销，抑或饬属知照以免日后借滋事端之处，理合缮禀陈明，伏乞宪鉴核示遵行等情。当奉宪批：禀悉，此项印花既称遗失，一时骤难查获。仰即具稿咨札旗民各署，一体知照，以防诈伪。一面仍由该司知会副都统家属，随时留心。一经检出，即行缴销可也等谕。奉此，除知会头等侍卫永　查照，随时留心查察，一经检出即行缴销外，相应呈请咨行宁古塔、伯都讷、三姓、阿勒楚喀、珲春副都统，照会乌拉总管等衙门查照，札饬吉林分巡道乌拉、五常堡、双城堡、伊通、额穆赫索罗协佐领四边门章京、全营翼长、西北两路驿站监督等遵照。倘有持此印花滋事者，即行拿获处等查照。移付总帮统边防营务处查照可也。须至咨者。

右咨珲春副都统衙门

吉林将军衙门为荆州兵盛霖等赴珲春副都统任所省视的咨文
光绪十六年五月二十日

为咨行事。兵司案呈，本年五月初九日，准荆州将军衙门咨开，左司案呈，于光绪十六年四月初四日奉发，据左翼蒙古协领桂林、右翼蒙古协领楚廉等呈，据各属翼兼佐领桂林、佐领联绥杨成等呈称：镶黄旗蒙古联绥佐领下甲兵盛霖告假，赴伊表叔升任珲春副都统恩　任所省视。正红旗蒙古桂林兼佐领下前锋海寿告假，赴伊姻伯现任珲春副都统恩　任所省视。镶蓝旗蒙古杨成佐领下前锋爱仁额告假，赴伊堂叔升任珲春副都统恩泽任所省视。该兵等除去往返程途各告假一月，前赴任所省视等情祈为转呈到旗。协领桂林等复核无异，应如各该佐领等所呈，祈交左司办理。等情发司。奉此职司查前锋海寿、爱仁额、甲兵盛霖等告假前赴任所省视，均与例相符。复查赴任凭限湖北至珲春七十日，均照例扣除往返程途，各给假一月前往省视，并请各发给护照外。今该兵等拟于光绪十六年四月初八日，自荆起程之处，理合呈请咨报兵部科，并请咨明吉林将军。等情据此，除分咨外，相应咨明。为此合咨吉林将军，请繁查照施行等因前来。相应呈请咨行珲春副都统衙门查照可也。须至咨者。

右咨珲春副都统衙门

户部为会典馆行令各省绘图送部等情的咨文
光绪十六年八月初六日

　　户部　为专案咨查事。山东司案呈，卷查光绪十三年九月，经本部以会典馆需绘舆图，行令该省，将各府厅州县所辖地面及山川形势、市井村屯、四至八到考查明确，绘图贴说送部，以凭载入会典等因在案。迄今日久，未据造送。查吉林省自近年与俄国划界后，所定界址与前又有不同，应令该将军查明向来舆图，凡中国与俄国分界之处，均用朱线详细画出。其中国与朝鲜分界之处，均用黄线详细画出，以清眉目。其该省新设府厅州县城池界址，及旧日各副都统旗员驻守城池地方，以及宁姓珲三处副都统所辖地面，自应绘具全省总分舆图。各处所属大山几座，大河几道，每年何月舟楫可以往来，大路几条，系通某处，小路几条，系通某处，驿站几处，镇集村屯若干处，垦局几处，逐一绘图帖说，注明道里远近。其俄图设官驻兵之地方，亦俱一一分别绘明开载，迅即按照本部指示各节，造具总分舆图二份。以一份由本部咨送会典馆，以一份存部备查。事关办理会典，立待具复，无再任意迟延。又该省防军所驻之烟集冈，屯兵开垦之黑顶子，距珲春各若干里，以及水师所驻之长春岭，距伯都讷若干里，均一并查明声复。再查吉林省驿站北路金珠鄂佛罗等驿，共二十三站。西路额赫穆等驿，共二十站。东路附归西路乌拉等九站，通计该省共五十二站。其每站距省，及每站距所属州县各若干里，每站相距又各若干里，系通某处大道。本部无从考证，应令该将军转饬两路驿站监督，自省城首站、腰站以至尾站，按站逐一开列，道里分析注明，迅速造具清册送部，以凭考核，毋稍遗漏。相应飞咨吉林将军查照来咨迅速办理可也。须至咨者。

右咨吉林将军

珲春副都统为报文案营务二处文武各员花名清册的咨文
光绪十七年三月二十一日

　　钦命头品顶戴帮办吉林一切事宜镇守珲春地方副都统恩　为咨送事。本年三月初四日，准贵督办将军咨开，案照光绪十三年八月间经前吉林督办将军希

　　附片奏陈：以吉林防军自光绪六年俄夷猖狂，招募备战，已届八载。在事文武各员，劳绩昭着，仰恳天恩，准将边防文武各员，从优保奖奏。奉朱批：该部议奏。嗣准吏、兵二部先后遵议复奏内称，查总理海军事务衙门奏定，水陆操防保奖年限，应以光绪十二年七月十四日，钦奉懿旨之日起，扣限五年方准保奖。今吉林设防在事各员奖叙，应查照奏定章程，俟扣满年限后，再行列保。仍照章将在防文武各员，先行咨部立案等因。奉旨："依议。钦此。"咨行钦遵在案。兹查防军奖章，扣至本年七月十四日，限满五年，自应遵照部议，将在防文武各员，先行查取，分咨立案。除分饬外，相应咨行。为此合咨贵帮办，请繁查照，转饬行营文案、营务二处，将先后当差人员，分别文武，饬造旗籍衔姓花名清册各一本，咨送来省，以凭核办，望速施行等因。准此，当经饬据行营文案、营务两处，将先后当差人员，缮造旗籍衔姓花名清册，呈送前来。相应咨送。为此合咨贵督办将军，请繁查照施行。须至咨者。

计咨送清册二本。

右咨吉林将军长

珲春副都统为送文武职各员花名清册的咨文
光绪十七年四月二十二日

　　钦命头品顶戴帮办吉林一切事宜镇守珲春地方副都统恩　为咨送事。本年四月十七日准贵督办将军咨开，案准贵帮办咨，据行营文案、营务两处将先后当差人员，并额外委员既差官果什等造具清册二本，转咨前来。查册内所开虽有衔姓花名，并未分析文武，笼统开报，碍难分咨立案。相应将原册附封备文咨送贵帮办，请繁查照，转发文案、营务二处，速将文武职各员旗籍衔姓花名先行分析造册各一本，咨送来省，以凭分咨吏、兵二部立案，望速施行。等因准此，当经饬据文案、营务两处，分别文武，另造清册各一本，呈请咨送前来。相应备文咨送。为此合咨贵督办将军，请繁查照施行。须至咨者。

右咨钦命头品顶戴督办吉林边务事宜镇守吉林等处地方将军恩特赫恩巴图鲁长

珲春副都统为营局当差人员入营离营各日期造册的咨文
光绪十七年六月二十八日

钦命头品顶戴帮办吉林一切事宜镇守珲春地方副都统恩　为咨送事。本年六月二十二日准贵督办将军咨开，照得边防现届奏奖之期，所有各军、各局处文武人员衔名，前经查取造报前来。兹核各册所报先后当差人员，于何年月日入营离营者注明不计外，其中前两路及珲春文案、营务二处，所造清册并未注明各员入营离营日期，无凭查考，自应再行查取以凭核办。除札中前两路遵照外，相应将原册咨行贵帮办，请繁查照转饬文案、营务二处，速将先后当差人员详查注明咨送来省，以凭核办施行。再垦务、矿务均须另案办理，合并咨明。等因。准此，当饬据文案营务二处，将先后当差各员入营离营日期，造具清册呈请咨送前来，相应咨送，为此合咨贵督办将军，请繁查照施行。须至咨者。

右咨钦命头品顶戴督办吉林边务事宜镇守吉林等处地方将军兼理打牲乌拉拣选官员等事恩特赫恩巴图鲁长

吉林将军衙门为满汉各旗将换过佐领造册的咨文
光绪十七年七月

为咨行事。兵司案呈，本年七月初三日，准兵部咨开，武选司案呈，准正黄满洲汉军，镶白满洲汉军、正白满洲、镶白满洲、正红汉军、镶蓝满洲、正蓝满洲汉军等旗分咨称，此一年各旗更换过佐领造册，咨部转行各该处。等因前来。相应将原册行文该处，查照可也，等因前来。相应抄单，呈请咨行宁古塔、伯都讷、三姓、阿勒楚喀、珲春副都统等衙门查照，札饬十旗乌拉、拉林、伊通、额穆赫索罗协、参、佐领等遵照可也。须至咨者。

右咨珲春副都统衙门

粘单

满洲正黄旗，佐领佛呢音泰更换图桑阿、春祥更换样存、中正更换巴彦布。

满洲正白旗，佐领额腾额更换延寿。

满洲镶白旗，公中佐领庆联更换倭凌阿、世管佐领佛佑更换瑞海、吉恒更换普昆、桂林更换恩寿。

满洲正蓝旗，佐领景谦更换徐忠。

满洲镶蓝旗，世管佐领隆康更换通林、魁凌更换全禄、喜林更换明德、公中佐领祥泰更换玉璋、纯林更换吉祥。

吉林将军衙门为《东三省图说》原板被焚无存的咨文
光绪十七年八月初三日

为咨行事。案准户部咨开，山东司案呈，准福州将军咨称，准部咨准黑龙江将军咨，前吉林将军希　所撰《东三省图说》本衙门原无图本，无从查送等因，应飞咨福州将军，即将所撰《东三省图说》刷印四五份，迅速送部备查，暨分送国史会典二馆等因。查本爵将军，前在吉林任内所撰《东三省图说》，系前边务文案处委员，现任山西和顺县曹令廷杰承办。该图原板仍存吉林边务文案处，本爵将军无从刷印等因前来。查福州将军希　前在吉林将军任内所撰《东三省图说》，据称原板仍存吉林边务文案处，相应咨行吉林将军，转饬即将前项图说赶紧刷印数份，送部存储，以备考证。并分送国史会典二馆，毋稍迟延可也等因。准此，查前撰《东三省图说》原刊之板在边务文案处存储，于去岁三月间，亦被火焚失，无凭刷印。惟关部查之件，应即查取，照式绘书，以凭咨送。相应咨行贵帮办，请繁查照转饬文案承办各处，查明有无此图，望速送省，以凭照绘施行。须至咨者。

右咨钦命头品顶戴帮办吉林边务事宜珲春副都统恩

吉林将军衙门为纂修志书各旗人物详查造册的咨文
光绪十八年三月十五日

为咨行事。兵司案呈，本年三月初八日准军宪札开，案据吉林分巡道讷钦呈，据志书局提调郭锡铭详称：窃照卑局纂修志书，所有各旗人物，均宜逐一详查。谨按《会典》及《八旗通志》，世管佐领，皆以勋臣之后，为之仰见圣世褒德录功垂示无极，亦所以励其子孙效法之心也。兹查兵司册内，十旗协领下，专由世管补佐领者，不下十之三四。则开国以来，勋臣之生于是方者，其数固应不少。鸿猷伟烈，岂可听其湮没不彰。虽国史书名原不籍传于方志，然其书尊藏史馆，非外人所得窥。今若登之志书艺林传播，岂惟为其子孙知所效法，而由是得窥圣世旌功之典，亦足以起人观感之思，于满洲风俗，或亦不无裨益。仰祈转详军宪，饬下省城旗属并咨行各城副都统，行查各旗世职，令其具录先世姓氏里居，官阶勋绩，详细册报，径送来局，以资编辑作传。夫人物有光于志乘，而子孙宜不朽其祖宗。想亦勋爵后裔，所乐于从事者也。其有事绩不详者，但具姓氏里居官阶袭次，亦足以资考查。理合详请核转等情到道。据此职道复查无异，理合详请查核，俯赐分别咨札查明。饬令径送志书局编辑汇纂等情。据此，除分咨札外，合亟札饬。札到该局查明文内事理，立即转行各旗属，并双城、拉林、五常务协领衙门查明，详造细册，径送该局，以凭汇纂，毋违，特札。等因奉此，相应呈请咨行宁古塔、伯都讷、三姓、阿勒楚喀、珲春副都统，照会乌拉总管等衙门查照。札饬十旗、乌拉、五常堡、双城堡、拉林、伊通、额穆赫索罗协、参、佐领、水师营总管、西北两路驿站监督、四边门章京、官庄总理，遵照文内事理速即详造细册，径送志书局汇纂。仍将报送日期见复可也。须至咨者。

右咨珲春副都统衙门

吉林将军衙门为开具知县王钟祥同乡印结并三代履历的咨文

光绪十八年五月初九日

为咨行事。案准吏部咨开，文选司案呈，内阁抄出，吉林将军长　片：再，吉林天宝山试办银矿购办洋炉并化学机器，均已解到。所有辨认砂质炼提银铅等事，仍赖讲求化学之人。查有同文馆副教习候选知县王钟祥，精于此事，当经咨商总理衙门复准，已饬该员速赴吉林听候差遣在案。惟查王钟祥系候选人员，一经赴调，势必扣选。既用其材，又塞其遇，未免向隅。相应请旨饬下吏部，免其停选，以收实效而励人材。等因。光绪十七年十二月二十八日，奉朱批："着照所请。吏部知道。钦此。"钦遵抄出到部。查定例，候选官员，俱令取具各本籍文结，开明年貌籍贯及三代履历有无假冒顶替违碍事故，其已经取过赴选文结注册呈结到部，续由劳绩保升别项者，亦仍俟本籍赴选文结或取具同乡京官印结，具呈注册，方准铨选。其仅由原保督抚详叙出身履历，及保奏原案咨部者，除据咨销除原册，仍俟赴选文结或注册呈结到部，始准铨选。又在部投供候选各官，如因公出差，遇轮选到班，照例拟选。俟差竣回京，附于月选官后补行，验看考试引见各等语。今王钟祥顺天附生，由难荫州判考取同文馆肄业生。光绪六年，保加五品衔。九年大考，保奏选缺，后在任以知县候升。十五年，大考保免选州判，以知县不论双单月，遇缺即选。十六年九月初十日，奉朱批："依议。钦此。"尚未赴部注册投供。兹据该将军奏称，该员调赴吉林天宝山试办银矿听候差遣，请饬部免其停选等因。查系因公出差，毋庸赴部投供。应仍令取具本籍赴选文结，或取具同乡京官印结具呈注册，开明年貌籍贯及三代姓氏存殁年岁，并详细履历到部，再行扣限按班铨选。相应知照可也。等因到本督办将军。准此，除札该员遵照外，相应备文咨行贵帮办，请繁查照施行。须至咨者。

右咨钦命头品顶戴帮办吉林边务事宜珲春副都统恩

吉林将军衙门为马甲荣俊请假赴珲探亲的咨文

光绪十八年七月二十五日

为咨行事。兵司案呈，本年七月初七日，准杭州将军咨开，左司案呈，光绪十八年六月二十三日奉发、据镶白旗协领柏梁呈称，据署三佐领安瑞等呈，据三佐下马甲荣俊禀称：窃兵之姑夫，系现任珲春副都统恩泽。自分别后已十有余载，近因祖母思念婿女綦切，嘱兵前往吉林省珲春副都统任所探视，恳请除去往返程途赏假一个月，以裨前往省亲。一俟事毕，即行依限回杭当差等情。职署佐领等理合据情呈请，转呈办理施行等情前来。据此，职协领复核无异，理合呈请查核，饬交左司办理，施行等情发司。奉此，职司查马甲荣俊告假赴吉省探亲，核与例章相符，照例扣除往返程途，给与假限一个月，令其前往省亲，不准逾限逗留，并请发给护照外。今荣俊于本年闰六月初六日，自杭起程之处，理合呈请查核咨报兵部、兵科，并请咨明吉林将军，查照施行等情前来。据此，除分咨外，相应咨明。为此合咨贵将军，请繁查照施行。等因前来，相应呈请咨行珲春副都统衙门查照可也。须至咨者。

右咨珲春副都统衙门

珲春副都统为矿务委员禄嵩销假的呈文

光绪十八年八月初二日

钦命头品顶戴帮办吉林一切事宜镇守珲春地方副都统恩　为咨明事。本年七月二十七日，据会办珲春天宝山矿务委员蓝翎江苏试用县丞禄嵩呈称：前因偶患腹疾，请假调理。旋奉宪台批示：禀悉。据称因病，以致元气亏损，着准假一个月，安心调养，各项紧要款目，应交程委员光第经理为是。除咨明督办将军备查外，仰即遵照。缴等因。蒙此，计自本年闰六月十七日奉批之日起，至七月十七日止，假期届满。卑职调养病体，幸已复元。现在程委员光第因公赴珲，局事乏人经理，自应销假当差，以免旷误。理合备文呈请宪台鉴核，批示祗遵，并请转咨等情到本帮办。据此，除批：已如呈咨明督办将军备查，准其销假。此缴。挂发外，相应咨明。为此合咨贵督办将军，请繁查照施行。须至咨者。

右咨钦命头品顶戴督办吉林边务事宜镇守吉林等处地方将军兼理打牲乌拉拣选官员等事恩特赫恩巴图鲁长

吉林将军衙门为各外城食饷匠役等查复入志的咨文

光绪十九年十一月初十日

为咨行事。兵司案呈，本年十一月初三日，兵司接准志书局提调花翎运同衔知府用吉林候补同知杨同桂等移开：案查所有匠役、官庄领催、庄头、壮丁、闲散人等，皆系食饷之人，并应入志。兵司来册，未经开载。应请即将匠役几名、官庄领催几名、庄头几名、壮丁几名、闲散几名，凡食饷者，逐一查复，以凭纂辑。再各外城，如有以上各名，均请一并查复，相应备文移查。为此合移兵司，请繁查照，请赐见复施行。等因前来。相应呈请咨行宁古塔、伯都讷、三姓、阿勒楚喀、珲春副都统，照会乌拉总管等衙门查照，札饬十旗、乌拉、双城堡、拉林、五常堡、伊通、额穆赫索罗协、参、佐领、水师营总管、官庄总理等，遵照文内事理，刻即查明，径送志书局查照汇纂。并将送过日期，随时呈报，以凭备查可也。须至咨者。

右咨珲春副都统衙门

吉林将军衙门为吉林副都统就近刊刻关防等事的咨文

光绪二十年十一月

为咨行事。兵司案呈，本年十一月十四日，准统带察哈尔马队官兵吉林副都统沙　咨开：本副都统于十月十二日，承准军机大臣字寄，光绪二十年十月初九日，奉上谕："昨谕李鸿章，饬令李光久五营，驻扎山海关。俟该营到齐后，桂祥即统率所部移札蓟州。所有前调察哈尔马队官兵一千五百名，即着归沙克都林札布统带，仍在山海关驻扎，以资守御。将此各谕令知之。钦此。"钦遵。并经都统公桂　转咨前来，自应刊刻关防，以昭信守。谨拟篆刻清汉文木质关防一颗，文曰"钦命统带察哈尔马队吉林副都统之关防"。兹于十月二十七日开用，业经附片奏明在案。相应咨行吉林将军查照可也等因前来。相应呈请咨行盛京黑龙江将军、钦命吉林将军长、前黑龙江将军依、钦差大臣定、山海关、宁古塔、伯都讷、三姓、阿勒楚喀、珲春副都统，照会乌拉总管等衙门查照，札饬十旗、乌拉、拉林、五常堡、双城堡、伊通、额穆赫索罗协、参、佐领、四边门章京、西北两路驿站监督、吉林分巡道等遵照，由兵司移付户司、练军、边务文案处、边防靖边新军营务处查照可也。须至咨者。

右咨珲春副都统衙门

吉林将军衙门为刷印空白功牌二百张的咨文

光绪二十年十二月十二日

为咨送事。案准贵署帮办咨开：案查珲防中、前、右三路并各局处，所有当差员弁兵勇，勤慎出力者，每于年终，择尤呈请奖励，迭经贵升署督办将军由省咨取功牌，赏发在案。现届年终，亟应援案咨取功牌二百张，以便随时核发，用资鼓励。除俟赏发完竣，再行造具各弁丁衔姓旗籍清册咨送外，相应备文咨请。为此合咨贵署督办将军，请繁查照，希即转饬文案处刷印双衔功牌二百张钤印，咨送施行等因。准此，当即饬令文案处刷印空白牌二百张，呈请钤印讫。相应备文咨送贵署帮办，请繁查收。仍祈将填发花名品级，汇总见复，以凭备案施行。须至咨者。

计咨送双衔空白牌二百张

右咨署帮办珲春副都统恩

472

二、军 事

（一）筹 布 边 防

吉林将军衙门为将炮台赶紧修完毋庸停工的咨文

光绪十一年三月初十日

为咨复事。本年三月初八日准贵帮办由五百里咨开，除全文省繁外，以炮台未竣之工，商拟奏请暂行停修。俾该两路兵勇专事操练，俟购齐炮位随时修筑，以权缓急而重操防。等因前来。详查去岁会办北洋大臣吴　于划拨吉林机厂经费案内业经奏明，以炮台工程将次完竣，所需经费分别转催造报，以凭复核咨部请销，咨照在案。本年二月初四日准贵帮办咨，现值春融应赶紧修筑，台工领用炮台经费银两，以便添补一切物料。当即饬局由机厂经费项下提银二千两，发交差弁领解去讫，咨复贵帮办列为收款，工竣径报大臣吴　处复核请销，并已咨明大臣吴　查照均在案。今准前因，自系贵帮办重念操防暂停工作，且以炮未购到，故为此权宜缓急之计，原可照办。第查守台炮位，业经天津行营制造局于去岁正月间向新载生洋行订明购定，立有合同，准大臣吴　行知吉林。兹本爵督办于本年三月初五日据营口转运局员禀报，接得沪局王令叔蕃来函，法船十余艘分布洋面拦截出进船只，吉省所购大炮十二尊，正月初由德国克鹿卜厂装载运至半途起停，现经新载生洋人往香港探听能否到港，再行设法装运别国地界，暗运来华。等语据此，察其具禀日期为二月十五日，尚在未定和议之先，刻当法人请和，已奉旨允如所请。撤兵罢战则洋面商船自可往来无阻，其炮位既已运至半途，而炮台台身业均筑起，是已修有多半工程，其尚未修者仅此炮房、兵房、药库等工，似易修建，倘竟停工，未免功亏一篑。况自光绪八年开工起于今数载，功在垂成。而大臣吴因奉部催取报销，以故径咨贵帮办及早竣工似未可以。本年应行告竣之工，遽行奏请停缓，不惟前后之报销分乎彼此，或至镠辖，即连年工作一旦偶停，显系力有未逮，且恐启外人轻觊之心。虽兵勇工作与操练不无相妨，然系将次完竣之工赶紧修完，亦可期一劳永逸。惟希贵帮办兼筹并顾毋庸停工，谕饬营弁督率兵勇将炮台应修各工及时修建完毕，以竣要工

473

而重销款，是为至要。除札饬营口转运局转催天津制造局，促令该洋行将炮位作速挽运，一俟到吉即速运珲外，相应飞速咨复。为此合咨贵帮办，请繁查照施行。须至咨者。

右咨钦命帮办吉林边务事宜珲春副都统依

珲春副都统为就近派员验收巴彦通炮台工程的咨文
光绪十一年十一月十七日

钦命帮办　吉林边务事宜镇守珲春副都统法什尚阿巴图鲁依　为咨明事。光绪十一年十一月十六日，在三姓巴彦通防所接据靖边后路统领葛副将申称：窃标下于光绪九年间先后接奉绥军统领戴照会内开，奉前督办吴札开，三姓巴彦通松花江南岸炮台未造兵房，责成葛副将、卫游击于明春开冻后督率弁勇接续兴工。等因奉此，合行照饬。等因奉此，遵于十年四月初间，协同卫游击督率兴工接造驻兵连房并门楼档墙及应行续修零星各工，统于六月十八日一律造竣，均经申报在案，现已相隔年余未蒙验收。兹奉宪台于阅操之暇，垂念下询，标下面陈原委并恳就近赏予验收，以重钜工。等情到本帮办。据此，查该路所修炮台竣工年余未经查验，兹值本帮办按阅该军，该副将呈请就近验收台工既昭慎重亦归简便，自属可行。查营务处帮办候选同知李丞沛恩办事认真，现随行辕，就近委令前往，按照原颁丈尺做法切实查明，取具该统领保固切结加结禀复，以凭转咨。除咨明会办北洋大臣吴查照并札委该丞前往外，理合先行咨明贵督办爵将军，请繁查照施行。须至咨者。

右咨钦命督办吉林边务事宜谨守吉林将军一等继勇侯希

珲春副都统为将各处弁兵调回以备不虞的咨文
光绪十四年六月十二日

钦命帮办吉林边务事宜镇守珲春副都统法什尚阿巴图鲁依　为咨行事。窃照去岁所修未完道路，前经饬今各军于四月初一日开工接续补修，计今两月有余，约可稍有眉目。现据探报，日本在朝鲜仁川有闹事之说，虽未据有如何实在确情，而我边军近在咫尺，不能不先事防范。又值此伏令苦热之际，应将各处修道弁兵统行调回，以备不虞，借资休息。至有未经修齐之处，俟秋季防务稍松再行接修。除札行营营务处分行外，相应备文咨明。为此合咨贵爵督将军，请繁查照施行。须至咨者。

右咨钦命督办吉林边务事宜镇守吉林将军一等继勇侯希

珲春副都统为炮座七个已运抵珲城的咨文
光绪十五年二月初十日

钦命帮办吉林边务事宜镇守珲春副都统法什尚阿巴图鲁依　为咨报事。光绪十四年十二月十五日准贵督办将军咨开：运解炮座委员瑞龄、双顺等所请脚价，既已照发该委员等，务当赶紧前往，趁冻起运，解到珲防，不准中途耽误。倘再解运不力，或仍停搁中途，定按军法从事，决不宽贷。再，五个顶子距珲防尚远，沿途绕道而行，或遇狭隘崎岖之路，仍须修整平坦方能前进。查该处距右路防营较近，应饬该路派拨弁勇随时照料，并着中前两路一体派勇探听迎护，毋稍疏虞。除分札外，相应咨行，请繁查照施行。等因到本帮办。准此，查该委员等所解炮座七个，已于本年二月初七日运抵珲城，中前两路炮台除俟调到熟悉外洋机器匠役前来，再行札饬该两路统领拨兵妥为安设外，相应咨报。为此合咨贵督办将军，请繁查照施行。须至咨者。

右咨钦命督办吉林边务事宜镇守吉林将军恩特赫恩巴图鲁长

珲春副都统为宁姓珲三城边防各军凡有应变通事宜随时会商的咨文
光绪十五年七月十六日

钦命头品顶戴帮办吉林一切事宜镇守珲春地方副都统恩　为咨明事。照得本帮办调镇珲春，自接任军事以来，凡于边防有益民事有济，靡不悉心考查，亟力讲求，随时咨商，次第举行，期收实效，用副贵督办将军筹边定远之至意。惟查靖边各军操练历十余年，防扎近数千里，宁、姓、珲三城地处极边，逼近强邻，关系最属紧要。朝廷垂念东鄙，不惜帑金厚养战士，原所以固藩篱而护根本，用意至深且远。该将领等受国厚恩，应如何激发天良，各思图报，用以慰幽独而答圣明。乃本帮办由吉赴珲，一路详加咨访，凡遇各路迎接队伍，亦已留心究察，行列半多参差，无严肃静穆气象，所谓整齐尚不可得，安望操练即能精强。比因炎夏时届停操，故特缓其点阅。然每遇各统将衔参进见时，开诚布公，谆谆告诫，冀各仰体此心，振刷精神，力洗积习。乃连日右路所辖地方劫抢叠出，各军分捕协缉，案据竟不一获。内地肆行若此，外侮凭何所恃？若不申明纪律，咨请通饬，恐无以补时艰而资镇慑。兹特与各（缺文）领约，总之，宽既往，禁将来，扩旧制，创新规，务期额求实数，饷求实效，队求实练，炮求实演，兵弁使如臂指，边军一气贯注，庶几军容整肃（缺文）有不可撼之势，方足成其为边防。此外，所最要者，犹在慎开补，免其穷滥为匪，信赏罚必各循分将事，泛地抢劫案出，即宜跟踪严缉，勿得如前悠忽。哨兵有不力者，即时惩革，以重军律。除宁、姓两城边防各军所驻较远，其有应行量为变通事宜，容俟确查妥议，随时咨商贵督办将军酌核外，相应咨明。为此，合咨贵督办将军，请繁查照施行。须至咨者。

右咨钦命头品顶戴督办吉林边务事宜镇守吉林将军恩特赫恩巴图鲁长

珲春副都统为前路加修炮台各情的咨文

光绪十六年六月十六日

钦命头品顶戴帮办吉林一切事宜镇守珲春地方副都统恩　为咨会事。案查前准贵督办将军咨，据靖边中路统领永德等禀称，遵饬加筑炮台工程一律完竣，请派员验收并送图式等情。禀蒙贵督办将军咨请，本帮办就近验收。等因准此，当经委派总理营务处佐领春升、会办营务处候选知县曲泳胜等，会同勘验在案。旋据靖边前路统领王宽以督修该路炮台工程亦经完竣，就近禀请委验前来。复经札委总理文案处安徽候补知县王国桢会同曲泳胜勘验，取具印结加结呈报去后。兹据春升、曲泳胜呈称：职等遵于十二月二十四日亲赴城东南阿拉坎上，中路补修炮台处所，会同该路统领永、佐领德、营官穆克登额、富保、乌勒兴额等，逐细履勘。查该路原修炮台三座，每座形势前圆后齐，高一丈三尺，后面宽六丈三尺，长四丈五尺，均三合土筑，台上炮楼每座高八尺，长宽各二丈，系奉前督办吴　颁发做法，饬照十二生的美搭后膛钢炮尺丈式样修筑。嗣因解到炮位系十五生的，台狭棚低，甚形拘紧，复经前帮办宪依奏请，因十二年工竣报销止款，无项可筹，自行备资加镶筑修。该路统领营官等遵奉颁式，另做活棚展修炮台，先由原修炮台围墙外，填筑素土护炮台墙一道，宽一丈五尺，高一丈三尺，挖开台心，用三合土夯打结实，将炮座埋入台心深五尺许，四旁隙处俱用三合土填满，上面铺平，重重夯打，炮桩、炮架、炮盘、炮道、炮轮等机均如法安设。每座台上改修活板炮棚，均高二丈一尺五寸，宽二丈六尺，长三丈七尺，四面俱装活板，演炮将板一概撤去，便于三面施放，棚之四面上顶，均罩桐油。原修围上素土女墙一道，高八尺，厚四尺，兹复于围墙之上旧女墙外，填修素土女墙一道，高七尺，厚五尺。原修三炮台后之马道三处，均宽二丈，斜下长五丈，今尺丈仍旧。原修兵房四所，东西炮台后马道下各一所，每所六间，靠营门东西各一所，每所三间，均高八尺，每间宽八尺，长一丈八尺，兹因东西马道下之兵房十二间，过形黑暗，奉拆用土填实夯打，以期马道坚固。另于围内东西分列修兵房十大间，每间高九尺二寸，宽一丈，长仍一丈八尺。间两旁六间亦增修，加高九尺二寸，加宽一丈，长仍一丈八尺。原修面北营门一座，高九尺，宽一丈三尺，南北深三丈及药弹房三所，中炮台后马道下二间，东西马道下各一间，均高七尺，每间宽八尺，长一丈六尺，兹悉仍其旧。原修围墙周环八十六丈，高一丈二尺，面宽二丈二尺，底宽三丈五尺，兹展修周围共一百二十三丈七尺，面宽八丈七尺，底宽九丈五尺，高仍一丈二尺。原修城外篱墙二丈，长濠一道，宽深各一丈，兹改作距墙四丈八尺，周围另挖长濠一道，宽三丈，深一丈五尺。原修工程业于光绪十二年工竣，后由该路承修人员绘图注说呈报，当经委员验收，取具承修保固切结，加具印结各在案。所有此次展修炮台，改修活棚，另修女墙、兵房、挖濠一切工程，核与前帮办宪依　札颁尺丈做法均属相符，委系工坚料实，并无偷减等弊。查此项修费系由前帮办宪依　自备之款，其所费若干，有原委经理款项之前营务处差遣委员周国增自行核实，呈报在案。再查原奏有准由吉林按年筹拨岁修银三百两，从此借以随时修补，益可期于经久不朽。职等履勘明确，于本年四月二十日取具中路统领永、佐领德补修切结五纸，除敝处存留一份备查外，理合将送到印结四纸加具印结，呈送前来。复据王国桢、曲泳胜呈称：职等遵即亲赴城西南外郎屯，前路补修炮台处所，会同承修营官魁保逐细履勘。查该路原修炮台三座，每座形势前圆后齐，高一丈三尺，后面宽六丈三尺，长四丈五尺，均三合土筑，台上炮楼每座高八尺，宽长各二丈，墙顶皆见方，大梁木密排，系奉前督办吴　颁发做法，饬照十二生的美搭后膛铜炮尺丈式样修筑。嗣因解到炮位系十五生的，台狭棚低其形拘紧，复经前帮办宪依　奏请，因十二年工竣报销止款，无项可筹，自行备资加镶筑修。该路统领营官等遵奉颁式，另做活棚展修炮台，台高尺丈仍旧，台座上宽九丈五尺，长九丈五尺，中炮台外围座子十九丈五尺，东炮台外围座子二十丈，西炮台外围座子二十一丈五尺。炮楼改为木架，木板活棚高一丈五尺三寸，檐高一丈，宽一丈七尺，长三丈二尺，上用钩环木框板牌，四面活立八柱，上安十柱七檩，周围活框立板，均罩桐油，外设顶钩两个，里外俱用粗细铁条，大小螺丝。演炮可将上下檩柱、木框、板牌一概撤去，三面施放。台顶三合土上面青砖平铺，原修围上台上素土女墙一道，高五尺五寸，厚四尺，兹因挖台心奉拆另筑新女墙一道，高六尺，上宽四尺，下宽八尺。原修中马道宽二丈五尺，长七丈五尺，东西二马道均宽一丈，长五丈五尺，今尺丈仍旧。原修兵房四所，东西炮台后马道下各一所，每所五间，靠营门东西各一所，每所三间，均高八尺二寸，每间宽一丈，长一丈八尺，兹因东西马道下之兵房十间，过形黑暗，奉拆用土填实夯打，以期马道坚固。另于围内东西分列修一坡水平房十间，均前高八尺，后高一丈一尺，每间宽一丈，长二丈，上盖二寸厚木板，沙灰扎实，门两旁六间仍旧，门窗檩柱均罩桐油。原修面北营门高一丈三尺，宽一丈三尺，深三丈二尺，兹增修作高一丈四尺，宽一丈五尺，深三丈五尺。原修药弹房三所，中马道下一所三间，东西马道下各一所一间，均高八尺，宽一丈八尺，长二丈，悉仍其旧。原修围墙周环计一百二十丈，高一丈二尺，面宽二丈二尺，底宽三丈五尺，兹增修周围一百二十三丈五尺，高宽尺丈照旧。原修围外距墙八丈，挖城濠一道，宽五丈，深三丈，已一律堆平，兹高墙五丈外另挖新濠一道，宽三丈，深一丈余。原修工程业于光绪十二年工竣，后由该路承修人员绘图注说呈报，当经委员验收，取具承修保固切结，加具印结各在案。所有此次展修炮台，改做后棚，另修女墙、兵房、挖濠一切工程，核与前帮办宪依　札颁尺丈做法，均属相符，委系工坚料实，并无偷减等弊。查此项修费系由前帮办宪依　自备之款，其所费若干，有原委经理款项之前营务处差遣委员周围增自行核实，呈报在案。再查原奏有准由吉林按年筹拨岁修银三百两，从此借以随时修补，益可期于经久不朽。职等履勘明确，于本年五月初九日取具前路统领王、佐领宽督修印结，营官记名副都统魁保承修切结各五纸，除营务处存留一纸备查外，理合将送到印礁各四纸加具印结，先后呈送到本帮办。据此，查该员等勘验两台工程，虽据结称工坚料实，而岁时粘修，仍宜加意保护。惟此项台工虽系前帮办升任将军依自行筹款加修，而案关奏报图式，断不可少。除中路已据随禀送存外，所有前路加修台图，兹始绘送前来，本帮办复查无异，相应同图结一并咨送。为此合咨贵督办将军，请繁查照，希即复核挈衔会同黑龙江将军依奏报施行。须至咨者。

右咨吉林将军长

吉林将军为珲春炮台改修完竣炮位安齐派员验实的奏折
光绪十六年七月二十八日

跪奏：为珲春炮台改修完竣，炮位安齐，派员验实缘由恭折仰祈圣鉴事。窃查珲春前修炮台安炮较为拘紧，运用不灵，奴才依　自备经费助修，责成靖边中前两路统领督饬营哨等官变更修造，曾于上年四月间奏明，俟修补完竣，炮位安齐，由奴才长　派员验实再行奏报，并由吉林每年筹款三百金，以作岁修之费，永为定章。奉旨："该部知道。钦此。"钦遵在案。兹查珲春改修炮台工程完竣，炮位安齐。据靖边中路统领二品衔记名协领花翎佐领永德、前路统领头品顶戴记名简放副都统云骑尉世职花翎佐领莽阿巴图鲁王宽，先后呈请派员验收，奴才长　咨由奴才恩　就近派委佐领春升、候选知县曲永胜、候补知县王国桢等会同勘验。该两炮台工程委系工坚料实，并取具承修各员印结加结呈报前来，奴才恩　亲加复验无异。奴才依　查此次改修炮台经费，系属自行捐廉助修，应请毋庸报销。奴才长　查岁修款项，拟自明年起每年由边饷项下筹银三百两作为岁修之费，以期久远而资坚固。所有炮台改修完竣，炮位安齐，及筹拨岁修款项各缘由，谨合词恭折具奏，伏乞皇上圣鉴训示。再此折系奴才长　主稿，合并陈明。谨奏。

吉林将军衙门为前路炮台土墙坍塌应及时修理的咨文
光绪十七年正月十二日

为咨会事。案据统领靖边前路马步全军协领恩祥禀称，前路炮台工程为此军第一要务，沐恩于接统后亲往查阅，炮位安置均极如法，擦洗亦极光亮，并无生锈，炮台地势正对二道江口，四顾空阔，左右咸宜。惟上年帮修土墙并另换女墙土垛，实因今年夏秋之间雨水连绵，江河水涨，土被水浸，全行坍塌，即另换女墙亦皆倒塌不堪，彼时倘能及时修理，自然省工而少费。迨沐恩接统之际，又值冬令水土不合，不能动作。沐恩再四筹思，如其贻误于事后，何若陈请于事前。即使明春水土开化，应如何修理之处，沐恩未便擅议，祇候宪台指示饬遵。惟求经久巩固，庶足以固边圉而重防务。等情。据此，查炮台墙垛既被水浸坍塌，自应及早修筑。惟此项工程本有岁修款项，每年由边饷项下筹银三百两作为岁修之费，奏明在案。所有该路炮台修筑之费，应即由岁修款项内撙节动用开报，不得额外另请款项，是为至要。除札复该统领遵照外，相应备文咨会。为此合咨贵帮办，请繁查照施行。须至咨者。

右咨钦命头品顶戴帮办吉林边务事宜珲春副都统恩

吉林将军衙门为图们江设炮船巡防派郭长胜管带的咨文
光绪十七年四月初十日

为咨行事。照得珲春之图们江经本将军奏设炮船，现据商务局禀请兴修，业经批准在案。查此项炮船修竣，凡巡防沿江上下极关紧要，自应按照本省水师章程派员管带，以专责成。兹有投效之花翎都司衔尽先守备郭长胜堪以派往。除札委外相应咨行贵帮办，请繁查照施行。须至咨者。

右咨钦命头品顶戴帮办吉林边务事宜珲春副都统恩

吉林将军为拟赴珲亲阅各军请旨饬催新授吉林副都统沙作速赴任的奏折
光绪十六年十一月十四日

再，吉林近来边务日形棘手，无论俄夷觊觎已久，尝试多端，即朝鲜列在属藩，遇事每多梗阻，不复昔时效顺，自非有煽惑之者何遽至此，边衅之起恐无定时，思患预防为计不可不早。奴才自前岁抵任后，拟即校阅边防。嗣因年景歉收地方多事，两年后迄未亲履边地。当此夷情叵测之际，亦惟讲求防守，固我边圉，乃可有备无患。奴才拟俟明春先赴珲春一带亲阅各军，察看陆路形势，然后至宁古塔、三姓挨次校阅，并测江道浅深，庶地理边情悉罗致于胸目间，布置可期周密。惟省垣重地亦须大员镇守，可否请旨饬催新授吉林副都统沙克都林札布，一俟接替有人，作速赴任，以资臂助。谨附片具陈。伏乞圣鉴。谨奏。

吉林将军衙门为派统领永德开办三岔口通珲道路的咨文

光绪十七年六月十三日

为咨行事。案据三岔口垦局委员禀开：该处之西南通珲山路，当经本督办将军函准贵帮办，饬据统领永德以探查此路，自土门子至五道洋石二百六十余里，非哈塘即丛林，又至三岔口一百二十余里，现有羊肠小路尚易为力。等情开单函复前来。查三岔口开通此路有关边疆大计，似宜力成其事。永统领熟悉形势，凡哈塘如何绕越，其有不能绕越者，如何疏通水道，至如何砍伐丛林，此事即责成永统领拣派可靠官兵，妥慎开办，绘图贴说报查。除饬营务处知照外，相应咨行。为此合咨贵帮办，请繁查照就近转饬施行。须至咨者。

右咨钦命头品顶戴帮办吉林边务事宜珲春副都统恩

吉林将军衙门为拨派一哨帮同修补黑石道沿途道路事的咨文

光绪十八年二月初十日

为咨行事。照得本督办将军于上年出省校阅防军，由黑石道赴珲春，经过沿途地方非山即岭，而哈塘险甸尤多，桥梁倾坏者亦复不少，此皆靖边军赴省请领饷糈、军火必由之路，自应趁此防务稍松之际，借资兵力赶紧补修，以便官商往来无虞中阻。着派中路左营营官全荣带兵督修，并由中前两路统领酌派官兵帮同修补。该官兵应即暂归全营官调遣，俾有责成，以期迅速蒇事，是为至要。前已分饬在案。兹查黑石道路径较长，诚恐该官兵等不敷分遣，着就近再由靖边右路拨派官兵一哨帮同修补，亦归全营官调遣，以期迅速。除分饬外相应咨行，为此合咨贵帮办，请繁查照施行。须至咨者。

右咨钦命头品顶戴帮办吉林边务事宜珲春副都统恩

珲春副都统为珲春水师炮船分段梭巡的咨文

光绪十八年五月初八日

钦命头品顶戴帮办吉林一切事宜镇守珲春地方副都统恩　为咨明事。本年四月二十六日，据边防行营营务处呈称：窃于本年四月二十四日，据管带水师炮船郭长胜呈称，窃于三月初七日接奉得行营营务处宪台传谕，顷奉帮办宪面谕，珲春水师炮船初经创立，应即妥定章程，以肃营制。现值开冰之际，正当巡江之时，上流能行抵何处，水程共计若干，或分段驻扎，或轮流更替，严饬梭巡会哨，禁止登岸闲游。至封河以后，船只炮位及兵弁应若何安置，仰即转饬妥拟章程呈报，以凭核夺，转咨备案。等谕奉此，合亟传知贵管带，请繁查照文内事理，分款呈复。等因奉此，于三月十一日，督同第四号炮船舱长德庆前往履查探试确实。查该江由海口上流直至茂山，水程千有余里，均可频行。惟至茂山以上水浅石多，不能驾驶。其会宁对岸稽查处，钟城之对岸光霁峪分局，虽能行驶，均有队兵驻巡。惟查水湾子、西步江、博力墩、沙草峰四处地当冲要，中外毗连。伏思督副宪奏设师船，原为稽查税务，备防边圉起见。该四处极关紧要，第一号船系标下自行带领，拟就水湾子地方驻扎。第二号船舱长江自典奉调省差，拟将该船驻扎西步江，由标下派弁代管。第三号船舱长王汉炳拟驻扎博力墩。第四号船舱长德庆拟驻扎沙草峰。以上四处水程不下五百里，查税防夷均关紧要，不惟巡江会哨，业饬刻即分防，以专责守。俟封江后，再行各就驻扎处所，修盖兵房，分段巡缉，俾得各有责承。标下愚昧之见，是否有当，理合遵传陈明。除将查明水路开单粘呈外，所有酌地驻扎、分段防守各缘由，备文呈请核夺备案，转详施行，实为公便。等情据此，理合具文呈请宪台鉴核施行。等情到本帮办。据此，除批：拟具分段梭巡章程，尚属妥当。惟须严饬桨勇等奉公守法，慎勿借查税之名，骚扰百姓，致干查究。缴。挂发外，相应抄粘咨明。为此合咨贵督办将军，请繁查照备案施行。须至咨者。计抄粘。

右咨吉林将军长

计开

自海口至沙草峰七十里，沙草峰至圈儿河五十里，相对朝鲜庆兴府。圈儿河至博力墩一百三十里，博力墩至大肚川九十五里，大肚川至红旗河五十里，红旗河至西步江四十里，相对朝鲜庆源府。西步江至水湾子五十里，相对朝鲜金花县。水湾子至凉水泉子一百三十里，相对朝鲜稳城府。凉水泉子至光霁峪分局一百三十里，相对朝鲜钟城府。光霁峪至稽查处一百三十里，相对朝鲜会宁府。稽查处至朝鲜三山府二百三十里。以上自海口至茂山止共计水程一千一百零五里。

珲春副都统为加强珲防将所挑精兵五百带赴珲春事的咨文
光绪二十年九月二十四日

钦命头品顶戴帮办吉林一切事宜镇守珲春地方副都统恩　为咨还事。案准贵督办将军咨开：案照珲防吃紧，设使倭寇犯我边境，各军务宜严加防范，立定赏罚。又前委新队二营营官凌维琪，现改委后路右营营官，将该署统领所挑精锐五百名带赴珲防，听候调遣。除分饬并札委外，兹备双衔会稿各一份，相应备文咨会。为此，合咨贵帮办，请繁查照书行盖印，仍望咨还备案施行等因。准此，当将咨来双衔会稿二份书行盖印讫，相应备文咨还贵督办将军，请繁查照备案施行。须至咨者。

右咨钦命头品顶戴督办吉林边务事宜镇守吉林等处地方将军兼理打牲乌拉拣选官员等事恩特赫恩巴图鲁长

珲春副都统为将左右两路弁兵一律调并归营备防的咨文
光绪二十年九月初五日

钦命头品顶戴帮办吉林一切事宜镇守珲春地方副都统恩　为咨明事。本年九月初四日准钦差大臣直隶阁爵督部堂李　电开：闻倭贼四五千北犯珲境，确否？等因准此，本帮办查本月初三日据庆兴府使金禹铉报称：前月倭船四艘，载兵四五千名，至元山上岸，称赴汉城。兹准前因，诚恐该贼声东击西特犯珲境，现时珲防兵单不敷分布，当经电复并电知贵督办将军暨宁古塔副都统富，就近饬令左路统领桂全，带领所部全队开赴珲属之凉水泉驻扎在案。旋准贵督办将军电复：各军不可轻易过江等因。本帮办复查和龙峪、光霁峪为会宁入珲要路，所有右路分驻各处弁兵并调归营，中营全数开赴和龙峪、光霁峪分扎，左营马队仍驻南岗以资策应，其左路分驻各处弁兵一律调并归营，迅速起程。除分札遵照外，相应咨明。为此合咨贵督办将军，请繁查照施行。须至咨者。

右咨钦命头品顶戴督办吉林边务事宜镇守吉林等处地方将军兼理打牲乌拉拣选官员等事恩特赫恩巴图鲁长

吉林将军衙门为珲春吃紧调亲军中右两营前往助防的咨文
光绪二十年九月

为咨行事。照得倭已北来，珲春吃紧，已电调宁古塔乜防左路步队一营填扎珲春后路凉水泉地方，着再将省城亲军中右两营饬赴珲春助防，听候贵帮办调遣以资缓急。除分饬外，相应备文咨行。为此合咨贵帮办，请繁查照施行。须至咨者。

右咨钦命头品顶戴帮办吉林边务事宜珲春副都统恩

（二）募 兵 练 兵

吉林将军衙门为挑出三音哈哈等员由教演官教练事的咨文
光绪十三年闰四月二十五日

为咨行事。兵司案呈：案照各城咨送备挑三音哈哈，业奉宪考验拣选，除挑留防御恒春等官兵四十二员名，饬交教演官记名协领佐领文福等教练外，其佐领和顺等四十二员名，即令启程同归本处充差。合将已挑、未挑官兵旗佐花名抄单，呈请咨行宁古塔、伯都讷、三姓、阿勒楚喀、珲春副都统等衙门查照，暨札饬满洲蒙古九旗、乌拉、伊通、额穆赫索罗、五常堡、拉林、双城堡协、佐领、教演官记名协领花翎佐领文福等遵照，由兵司移付户司查照可也。须至咨者。

右咨珲春副都统衙门

吉林将军衙门为校阅防军务营将中靶落靶官兵分别奖惩的咨文
光绪十三年十二月十五日

为咨行事。兵司案呈：本年十二月初八日，兵司接据边防营务处总理花翎协领庆云等移开，于本年十月十四及十一月初五等日，经钦差帮办依 在珲春烟集岗等处防营，校阅靖边中、前、右三路，并亲军马队三哨，及黑顶子屯垦一营，和龙峪商务局护勇二哨官弁兵勇等演打枪靶，内有中路中营右哨哨官贵常阿因五枪全行落空，降委前哨哨长。前哨哨长魁升中靶三枪，升委右哨哨官。右哨哨长全禄因五枪落空，当时以功过相抵。炮队官留奎、前路炮队官李富凌二虽均因失于教演，着记过各一次。右路中营左哨哨官常贵，因督操不力，着记大过一次。其余未中之中路中营前哨正勇郭全、庆奎，亲军二哨正勇丁山、贵庆，前路中营差官马瑞图，中哨正勇赵永盛、王得胜，右路中营左哨正勇隆太等八员名，均饬交各该营从重各责军棍二十，以示惩儆。其余中靶官兵应得犒赏、袍褂、功牌、银牌、银两各数目，以及降罚各官弁花名分析开单，除呈报并分行外，理合抄单备文移付。为此合移兵司查照，转饬各该旗知照可也。等因前来。除将队官留奎等记过，由兵司注册存查外，相应呈请咨行珲春副都统衙门查照，札饬正白、镶白、镶红、正蓝、镶蓝、鸟枪营、乌拉、伊通协、参、佐领等，吉林分巡道等遵照可也。须至咨者。

右咨珲春副都统衙门

帮办钦差依　校阅靖边中、前、右三路及屯垦商务各局官弁兵勇，升降记过并奖赏功牌品级旗籍花名列后。

计开

中路中营

前哨哨长吉林满洲正白旗安明佐领下云骑尉魁升。因演开斯枪，中靶三枪，升委右哨哨官。

右哨哨官吉林满洲镶蓝富兴佐领下副都统衔花翎尽先协领穆特奔巴图鲁贵成阿。因演开斯枪五枪全行落空，降委前哨哨长。

右哨七棚什长珲春镶红旗永德佐领下披甲春和。

后哨七棚正勇吉林鸟枪营镶蓝旗广成佐领下西丹喜成。

八棚正勇永福。以上三名每名演抬枪，中靶五枪，蒙赏六品功牌。

马队一哨头棚什长珲春镶黄旗德玉佐领下披甲海玉。因演开斯枪，中靶五枪，蒙赏五品功牌。

左营

前哨五棚正勇珲春正黄旗双成佐领下披甲根林。

后哨头棚正勇珲春正蓝旗春升佐领下西丹来春。

六棚正勇珲春正红旗富勒吉阳阿佐领下披甲德顺。以上三名每名演开斯枪，中靶五枪，蒙赏六品功牌。

右营

前哨五棚正勇珲春镶蓝旗贵山佐领下披甲常有。

左哨十棚正勇珲春乌拉正白旗魁福佐领下西丹禄升。

右哨头棚正勇珲春正蓝旗春升佐领下披甲七十七。以上三名演开斯枪，中靶五枪，蒙赏六品功牌。

炮队官伊通镶黄旗恩福佐领下六品顶戴披甲留奎。因演开花炮不中，记过一次。

前哨哨官山东福山县人六品军功尽先外委宁福堂。因演开斯枪，中靶五枪，蒙赏五品功牌。

差官直隶天津县人六品军功王吉祥。

差官直隶宣化县人六品军功冯亨月。

教习直隶青县人六品军功郑培元。以上三员每员演开斯枪，中靶五枪，蒙赏五品功牌。

教习湖南湘潭县人六品军功龚立祥。因教演习，蒙赏五品功牌。

后哨九棚正勇珲春镶红旗永德佐领下披甲贵（缺文）。

五棚正勇直隶（缺文）县民赵玉昆。

八棚正勇直隶天津县民邵成林。

二棚正勇湖北黄（缺文）县民（缺文）德元。

八棚正勇四川成都县民余廷英。以上五名演开斯枪，中靶五枪，蒙赏六品功牌。

前营

中哨正勇直隶丰润县民六品军功张兆鹏。因修道出力，蒙赏五品功牌。

二棚什长直隶乐亭县民许文焕。因演开斯枪，中靶五枪，蒙赏五品功牌。

三棚正勇吉林府民周永森。

左哨二棚正勇珲春镶白旗全有佐领下西丹奎元。

后哨三棚正勇直隶抚宁县民许银祥。以上三名每名演开斯枪，中靶五枪，蒙赏六品功牌。

（缺文）安县民李成功。

二棚什长山东掖县民姜平禄。

正勇湖南乾州厅民杨通兴。以上三名演开斯枪，中靶五枪，蒙赏七品功牌。

左营

右哨五棚什长直隶武强县杨昌荣。

三棚正勇直隶祁州民吕占魁。

五棚正勇吉林府民胡万保。以上三名演开斯枪，中靶五枪，蒙赏六品功牌。

中哨四棚正勇伊通镶黄旗恩福佐领下披甲连魁。因演开斯枪，中靶五枪，蒙赏七品功牌。

中营步队左哨哨长五品蓝翎尽先外委李富凌。因演开花炮不中，记过一次。

右路中营

左哨哨官吉林镶白旗恩佐领尽先防御云骑尉常贵。因失于教演，着记大过一次。

左营

中哨什长鸟枪营正红旗松年佐领下西丹文福。

左哨什长吉林正蓝旗常青佐领下西丹全升。以上二名每名演开斯枪，中靶五枪，各赏六品功牌。

黑顶子屯垦局步队

中哨五棚正勇珲春镶蓝旗贵山佐领下六品军功西丹明顺。因演开斯枪，中靶五枪，蒙赏五品功牌。

右哨三棚正勇吉林吉林府民徐得山。因演开斯枪，中靶五枪，蒙赏六品功牌。

前哨三棚正房山东汶上县民傅奂志。

左哨头棚正勇直隶临榆县民冯永升。

后哨七棚正勇珲春镶白旗全有佐领下西丹郎兴德。以上三名演开斯枪，中靶五枪，各赏七品功牌。

马队四棚什长河南祥符县民六品军功冯国忠。因演开斯枪，中靶五枪，蒙赏五品功牌。

二棚什长奉天朝阳县民李振东。

四棚正勇直隶昌黎县民贾永发。

五棚正勇吉林吉林府民姜志远。以上三名演开斯枪，中靶五枪，各赏六品功牌。

屯垦局差役吉林长春厅民韩殿升。因当差得力，蒙赏七品功牌。

和龙峪护局中右两路马步官弁。

中路右营中哨七棚正勇珲春镶黄旗德玉佐领下披甲双柱。因演开斯枪，中靶五枪，蒙赏六品功牌。

右营后哨二棚正勇吉林伊通州民贾忠武。因演开斯枪，中靶五枪，蒙赏六品功牌。

右路中营中哨九棚什长吉林镶红旗恩祥佐领下六品顶戴披甲富常。因演开斯枪，中靶五枪，蒙赏五品功牌。

吉林将军衙门为屯垦营将秋操改为春操的咨文

光绪十四年六月

为咨行事。本月十六日据委办黑顶子屯垦事宜花翎同知衔分发补用知县方令朗禀称，窃卑部屯垦营操演、耕种，本属并重，不可偏废。惟查该营兵现开荒地将及二百垧，计自四月至九月其间耕地、播种、芟草、分苗、收割、晒垅，诸务皆由该弁兵等分段课功，朝作暮息，殊少闲空之时。虽偶有暇日即令操练，然终耕作之日居多，演习之时过少，故夏秋二季农忙之际，纵使一暇即操，究属功夫大有间断，枪靶、阵式、杂技各项不能熟练，甚觉生疏。是非十月间俟农事一律完功后，专意操练数月，断难如式也。然查卑部农毕之际，即值帅节简阅之时，该弁兵等方释耒耜，初习干戈，步伐整齐，一时恐难娴熟，即邀宪恩高厚曲赐体谅。而此地又切近俄边，殊无以壮我声威，尊其瞻视俾民轻侮觑觎之心。卑职再四思维，拟求俟该弁兵于冬春两季农隙之时，认真操演数月，则枪法较有准头，阵式当能整齐，杂技亦得顺熟。应请将每年秋操改为春操，至二三月间，始求帅节临阅卑部，以便操毕即理农事，是否有当，恭候批示。祗遵。等情到本爵督将军。据此，除批：禀悉。该屯垦营夏秋农作不暇操演，系属实情。所请将秋操改为春操之处，自应照准。仰候咨行帮办依查照。缴。挂发外，相应咨行，为此合咨贵帮办，请繁查照施行。须至咨者。

右咨钦命帮办吉林边务事宜珲春副都统依

依克唐阿为各营阅竣分别奖赏的咨文

光绪十五年四月十三日

钦命帮办吉林边务事宜新授黑龙江将军法什尚阿巴图鲁依　为咨送事。窃照边防各路军操，前经本帮办将军会商贵督办将军，由本帮办将军校阅，当经奏明在案。嗣于回珲之后即将中、前、左、右、亲军次第点阅，其三姓所扎后路一军，派行营边防营务处总理春升前往代为查阅，现在一律阅竣。所有各军大操步队每营赏猪二口、马队一口，打靶一百弓之远统领、营哨等官，用宁绸、线䌷、宫绸、袍褂等料，中五枪赏袍褂一套，四枪袍料一件；哨长督队官中五枪，赏宫绸袍料一件，四枪褂料一件；兵勇中五枪赏一两银牌，四枪五钱银牌，其演格林开花等炮，并打自来火抬枪以及马枪各项刀矛技艺，分别给赏。查各路马步大操步伐整齐，所演阵式娴熟可观，各军打靶均有八成之数，马匹膘壮，兵勇亦皆足额，并无虚冒等弊。当经拣其演练熟悉者，当面奖赏，如见有枪法技艺生疏毫无成效者，立即责惩，交该管官严加教演，以期悉成劲旅而固边围。除将所需赏号抄单，札交边务粮饷处知照，以便另文提取归款外，相应抄单，并各军点名打靶清册六十五本，阵图五份，备文咨送。为此合咨贵督办将军，请繁查照，希即会衔具奏施行。须至咨者。

右咨吉林将军长

计开

亲军两营

一、赏宁绸袍褂料一套

一、赏宫绸袍褂料四套

一、赏宫绸袍料一件

一、赏宫绸马褂料一件

一、赏一两银牌五十一块

一、赏五钱银牌二十八块

一、赏钱二十三吊

一、赏两营大操猪四口

中路三营

一、赏宫绸袍褂料二套

一、赏宫绸袍褂料五套

一、赏宫绸袍料五件

一、赏宫绸马褂料三件

一、赏一两银牌七十一块

一、赏五钱银牌五十一块

一、赏钱七十一吊

一、赏三营大操猪六口

一、赏左右营扎杆猪二口

一、赏中前两路中营扎杆猪一口

前路两营

一、赏宫绸袍褂料三套

一、赏宫绸袍料八件

一、赏一两银牌二十块

一、赏五钱银牌二十二块

一、赏钱二十七吊

一、赏中营大操猪二口

一、赏左营扎杆猪一口

左路两营

一、赏宫绸袍褂料二套

一、赏宫绸袍料二件

一、赏宫绸马褂料一件

一、赏一两银牌三十二块

一、赏五钱银牌十九块

一、赏钱十八吊

一、赏两营大操猪三口

右路两营

一、赏宁绸袍料一件

一、赏宫绸袍褂料三套

一、赏宫绸马褂料三件

一、赏一两银牌二十五块

一、赏五钱银牌十八块

一、赏钱二十八吊五百文

一、赏猪三口

后路中营

一、赏宫绸袍褂料两套

一、赏宫绸袍料三件

一、赏一两银牌十二块

一、赏五钱银牌十九块

一、赏大操猪二口

一、赏教习一两银牌三块

后路左营

一、赏宫绸袍褂料二套

一、赏宫绸袍料二件

一、赏一两银牌八块

一、赏五钱银牌七块

后路右营

一、赏宫绸袍料四件

一、赏一两银牌十七块

一、赏五钱银牌十六块

一、赏大操猪四口

亲军马队两哨戈什步小队

一、赏宫绸袍料二件

一、赏宫绸褂料一件

一、赏一两银牌六块

一、赏五钱银牌二十三块

一、赏马靶钱一吊

黑顶子屯垦营

一、赏宫绸马褂料三件

一、赏一两银牌六块

一、赏五钱银牌九块

一、赏猪二口

和龙峪驻扎中路左右营中后哨

一、赏宫绸袍料二件

一、赏一两银牌九块

一、赏五钱银牌七块

一、赏钱四吊

以上所赏袍褂料，系由边务粮饷处提取。除赏发之外，尚余袍褂料票一百一十七件，应仍缴还该处。

原造一两银牌二百九十二块，五钱银牌二百七十六块，计用工本银四百四十两零七钱五分，共赏一两银牌二百六十块，五钱银牌二百一十九块，猪二十九口，每口五两，共银一百四十五两、钱一百八十吊零五百文。

计共银款五百八十五两七钱五分，钱款一百八十吊零五百文，按两吊九百作银六十二两二钱四分一厘，通共用银六百四十七两九钱九分一厘。

现存一两银牌三十二块，五钱银牌五十七块，一并发交边务粮饷处收存。

珲春副都统为校阅防军技艺枪靶等情的咨文
光绪十六年三月十五日

钦命头品顶戴帮办吉林一切事宜镇守珲春地方副都统恩　为咨会事。案查边防各军光绪十五年十二月初四准贵督办将军，会同本帮办于十一月二十二日奏明，由帮办先阅珲春各军，俟开印后再行携篆起程前往宁古塔、三姓各营次第阅操，其附省防军，由贵督办将军随时校阅等因，具奏。于十二月十一日奉到朱批："知道了。钦此。"恭录咨会到本帮办，钦遵在案。查珲春驻扎靖边中前两路马步五营，本帮办遵于去冬阅竣，所有技艺优劣，册籍亦经随时咨送在案。本年开印后，本帮办将署中日行事件部署清楚，于二月初六日由珲带印起程。十三日行抵宁古塔属之乜河，即靖边亲军左路驻扎处所，十四日校阅该四营马步兵勇合操，阵势圆紧，步伐整齐，艺皆精熟，刀矛杂技，纵跳自如。十五日测演克卜九生的口径车炮，俱能测远命中，简阅统领营哨各官以及兵丁枪靶，计亲军两营中在八成之上，左路两营亦有七成。点验器械鲜明，勇无缺额，阅竣择其技艺枪法尤为娴熟者，分别顶戴、衣料、银牌、酌加赏犒，并面谕该统领营官等督率教习，勤加训练，间有不堪造就者，随时汰弱留强，悉成劲旅。十六日由乜防起程，二十一日行抵三姓巴彦通地方，校阅靖边后路一军。查该军马步三营，左营马队调赴长春府三哨缉捕盗匪，存营只有步队中右两营马队二哨。二十二日调集各队，逐序阅校阵势，杂技大致与亲左两军不相上下，枪靶车炮除马队两哨未经打靶外，步队两营营哨各官，以及兵丁计中七成之普，逐加点名均无缺额，犒赏戒勉一如亲左两军。二十三日至江岸，履勘炮台，地扼江滨上游，足资守御。测放数炮，台身亦尚稳固。复经面饬该统领督率营哨各官，认真训练炮台，尤须加意，断不准以大操即过，即视若无事。阅毕折回，便道至省，与贵督办将军面商事毕，随于闰二月二十八日驰抵南岗靖边右路驻扎处所。该军马步仅止二营，二十九日调齐操演阵图，刀矛炮法尚属可观，统领营哨各官以及中营步队枪靶均在七成之上，车炮亦尚肯用心讲求。点验器械勇目，均如定额，惟马队枪靶仅止六成五分，当经面谕该统领严饬该管营官破除情面，极力整顿，如再不知振作，即行咨会撤参。其余技艺娴熟，枪炮较优者，亦经当场犒赏，分别给予顶戴，以示勤勉。随于三月初七日驰抵黑顶子，初八日如前校阅阵势，进退均尚整齐，刀矛杂技亦极娴熟，营哨官暨兵勇枪靶计中八成有余，点验军实，均无亏缺，犒赏一如各军，并严饬该营官随时认真训练，不准稍有懈怠。至初九日旋回珲春。除将用过犒赏银牌、衣料、猪价银两，饬令监操委员核明呈送另行咨送外，所有技艺枪靶清册，相应咨送，为此合咨贵督办将军，请繁查照，希即复核会稿具奏施行。须至咨者。

右咨钦命头品顶戴督办吉林边务事宜镇守吉林等处地方将军恩特赫恩巴图鲁长

吉林将军及珲春副都统为次第校阅防军完竣旋珲日期的奏片
光绪十六年四月

再，上年十一月奴才长　商由奴才恩　查阅边防，拟先阅珲春各军，俟开印后，再行携篆起程，前往宁古塔、三姓各营次第阅操。当经附片奏明在案。嗣经奴才长　就近将驻省靖边亲军马队一营校阅，奴才恩　将珲春各营校阅，本年二月初六日由珲春带印起程，前往宁古塔、三姓、烟集岗等处防军次第校阅完竣，三月初九日旋回珲春。所有奴才等校阅马步各营丹勇足额、马匹膘壮、演阵各法、打枪中靶、步伐整齐，施放车炮俱能致远命中，操演杂技亦皆纵跳灵捷。当择其技艺枪法尤为娴熟者，分别犒赏。间有生疏不堪造就者，立予责惩。总期各军，一律整齐悉成劲旅，以固边圉。除饬各军统领营官随时认真训练，以期精益求精，不准稍有懈怠外，谨合词附片具陈。伏乞圣鉴。谨奏。

吉林将军为次第校阅防军日期的奏折
光绪十七年七月

跪奏：为恭报奴才出省校阅珲春、宁古塔防军日期，并查勘越垦情形，恭折仰祈圣鉴事。窃维吉林今日当务之急首在边备，三姓、宁古塔、珲春处处与俄接壤，虽近来设有防军时加训练，借以树威销萌。而边境之布置以及军心之可恃与否，则又非亲临其地不能豫谋而先办。奴才抵任后，正值灾歉频仍，地方多事，未遑出省。故于上年春，由珲春副都统奴才恩泽前往各路驻扎处所次第阅操，拟俟今春再由奴才前往亲阅，均经先后奏明在案。嗣因新授吉林副都统沙克都林札布东来无期，是以不果，今者防秋又届，阅边之举，势难再缓。即朝鲜越垦贫民多已剃发易服，隶我版图，尤不可不亲往抚辑，第边地绵远，一蹴难几。且三姓为松江锁钥，江流直达伯都讷，上下千余里，最为险要，尤非仓猝所能周历，计惟有分路校阅，庶离省为日无多，可免顾此失彼。奴才拟于八月二十八日带印出省，取道烟集岗，先至珲春，再至宁古塔，次第校阅靖边亲军步队及靖边中前左右马步各营。察看炮台，审度边界形势，整顿防守事宜，并查勘图们江北岸韩民越垦情形，约十月中旬可以回省。一俟明岁，再由伯都讷赴三姓阅操兼筹江防要图。奴才出省后，凡署中四司及旗务日行公事封送奴才行营办理，至地方一切公事，札饬吉林道讷钦代折代行。其各城副都统并吉林道勘转各属招解斩绞重案，分别札委刑司发审局代审，仍由奴才复核。遇有紧要事件，随时封递行营，由奴才自行核办。除俟查阅珲防完竣再行详细具奏外，所有奴才出省校阅珲春、宁古塔防军日期缘由，理合恭折具陈。伏乞皇上圣鉴。谨奏。

吉林将军为出省校阅防军所有跟随人员毋得骚扰地方的晓谕
光绪十七年八月初七日

为出示晓谕事。照得本督办将军奏明于本年八月二十八日携篆出省，校阅烟集岗、珲春、宁古塔等处防军。所有随行之官弁兵役人等，均有发给川资。凡经过沿途集镇、村屯　地方，间有借民房居止者，其尖宿食物一切，均仍按照时价付给，不准稍有拖欠。各该处商民人等亦不得高抬物价，借资取巧，合先出示晓谕。为此谕仰经过沿途地方军民人等一体知悉，如有官弁兵役人等借端骚扰，许尔商民人等来辕控告，定必从重究办。本督办将军言出法随，决不宽贷，懔之慎之。毋违。特示。

右谕通知

吉林将军为校阅防军随行之员弁沿途不准骚扰驿站的传谕
光绪十七年九月初六日

本督办将军为传谕事。照得本督办将军此次赴珲春、宁古塔等处巡阅，所有随辕文武员弁、兵役、饭食、车马均系自备，不准滋扰驿站地方，业经出示在案。查随行员弁兵役既众，购买食物草料难免有不给价值及少给价值情弊。兹派随员卞调元专司其事，凡所到打尖、住宿处所，由卞委员与该驿站地方定明公平价值。所有各该随行员弁兵役向驿站地方官购买草料等物，务须先至卞委员处开给凭条，登明价值，准其持条领取。其价仍呈交卞委员核收，再由卞委员统算购物若干，需价若干，全数发交该驿站地方承领，出具印结备案。或随行员弁兵役食用驿站地方所备寻常店饭，凡随员跟役、车夫、马夫均从优，按照客商住店每人每日住宿发给市钱三百五十文。如打尖每人发给市钱二百文，其骡马所需草料另行照价发给。至队上戈什兵勇仍按向章，如打尖每名发给钱一百五十文，如住宿每名发给钱二百五十文，此系一人一马草料在内。此项打尖、住宿、饭食钱文亦由卞委员经收转发，取结汇报，俾昭核实。该驿站地方既无扰累，断不准借端任意摊扣，站丁致干严究。至各该员弁兵役自向商民购买物件，每不准扰累，并不准商民高抬时价。除出示晓谕并传知经过各驿站地方一体遵照外，为此传谕随员人等一体遵照。毋违。特谕。

兵司为所有在籍歇班兵丹来省以备操练的移文
光绪十七年十月

将军衙门兵司　为移付事，本年十月十八日准钦差大臣定　咨开：案照东三省练兵改定新章，匀分三班换练，吉字各营步队均按半年一换，业于本年六月照章办理在案。兹查本年十二月初一日轮应第三班兵丹调练入营之期，惟各省地方辽阔，其在籍歇班兵丹距省远近不一，自应预先传齐，以便按期换练。除分行外，相应咨行将军，请繁查照，饬司依期传调入营，望速施行等因。又准钦差大臣定　咨开：案照东三省练兵于光绪十六年九月奏改新章，各营步队均分三班换练，其每省每班仍练五百名，照旧一年一换，业经照章办理在案。兹查本年十二月初一日，轮应换练马队入营之期，自应预先传齐，以便按期换练。除分行外，相应咨行将军，请繁查照，饬司依期传调入营，望速施行。各等因前来。查吉字练军此次调练，本衙门前准总统富　等来咨，业竟行知在案。兹准前因，相应移付宁古塔、伯都讷、三姓、阿勒楚喀、珲春副都统等衙门左司，乌拉总管衙门，十旗协、参领，西北两路驿站监督，吉林水师营总管，黑龙江水师营四品官等查照，移交乌拉、五常堡、双城堡、拉林协领、札饬伊通、额穆赫索罗佐领，四边门章京等遵照前文事理，务于定限以前传齐送省，勿得延缓可也。须至移付者。

右移珲春副都统衙门左司

吉林将军衙门为东三省练兵酌拟变通办法的咨文
光绪十八年二月初十日

为咨行事。兵司案呈：本年二月初三日准军宪札开，于本年正月十七日准钦差大臣定　咨开，光绪十八年正月初十日准总理海军事务衙门咨开，本衙门于光绪十七年十二月二十七日会同户部、兵部具奏，议复东三省练兵酌拟变通办法一折，本日奉旨："依议。钦此。"除分行外，相应恭录谕旨暨抄原奏咨行，钦遵，查照。等因准此，除钦遵分行暨将应行改练事宜，查照原奏新章，照会各军总帮统妥为办理外，相应抄单备文咨行贵将军，请繁查照施行。等因准此，合亟抄粘札饬，札到该司即便转行各城旗遵照。特札。等因前来。相应抄单呈请咨行宁古塔、伯都讷、三姓、阿勒楚喀、珲春副都统，照会乌拉总管等衙门查照，札饬十旗、乌拉、拉林、双城堡、伊通、额穆赫索罗协、参、佐领，四边门章京，黑龙江水师营四品官，水师营总管，西北两路驿站监督，官庄总理等遵照可也。须至咨者。

粘单右咨珲春副都统衙门

奏为遵旨议奏事。准军机处抄交定　裕　长　依　会奏，东三省练兵改分三班轮换，不无窒碍，酌拟变通办法以期经久等因一折。于光绪十七年十一月十八日奉朱批："该衙门议奏。钦此。"钦遵。抄交到臣衙门。伏查，东三省原练步队各四千人，分隶八营，马队五百名，分为两起，每年撤半补半，每省三年可得九千人之数，岁需饷银一百万两，由臣衙门照数拨给。嗣经将军依奏请添练黑龙江防军案内，臣等会同议复折内陈明，将东三省练军改分三班。每年节出饷银二十万两，拨充黑龙江添练镇边军饷。至练军既改作三班，诚恐闲日较多，技艺渐生。如何撙其更换班次月份，拟令定　等酌度情形，妥为商办。旋据该大臣等复奏，每班马队仍练五百人，照旧一年一换，其各省步队匀分三班更替，六个月一换，三省兵数仍符原议二万七千之数。等因，先后奏蒙允准在案。今据定　等奏称，现在东三省练军三班换练既多窒碍，不如增添马队酌改步队。拟将每省步队八营改为八起，每起步队以二百五十人为率，每省各练步队二千人，原有马队两起再增马队两起，合成马队一千人，仍符九千人之数，但择得力，不分制兵、西丹。三年之后，查看情形撤练归旗，再调一班接练始准出营。制兵则令归伍、西丹则令归农，各听其自谋生计，不给津贴。倘遇征调，除实有事故者不计外，其余均按册挨传到营之日仍照章支饷。所有各该营夫银酌减核算，照现派官兵人数另款提存，约有十万余两，俟征调时再行奏明支销。核计三省所增马队银数，比较酌改步队饷数不过增银三万数千两，而以节省之津贴划抵，尚有盈余。盛、吉省随带饷干，仍循其旧等语。查该大臣等所陈，系为整顿军实因时制宜起见，自应准如所请办理。惟一兵必须得一兵之用，务求年力精壮者以充是选，尤贵随时随事加意讲求，稽其勤惰，遇有身体软弱不堪训练者，立加裁汰，庶几缓急可恃。尤不得在各该省原有练军内复行挑练，以杜牵混之弊。其所裁津贴划抵增添马队饷需尚余若干，应由该大臣豫为咨明臣衙门酌核办理，以收实效而重度支。所有遵议东三省练军变通办法缘由，谨恭折复陈，伏乞皇上圣鉴。再，此折系总理海军事务衙门主稿，会同户部、兵部办理，合并声明，谨奏请旨。

吉林将军衙门为派教习袁祖礼往三姓珲春等处教练枪炮的咨文
光绪十九年三月二十三日

为咨行事。照得靖边各军操演枪炮，总教习袁祖礼现经禀请分往三姓、珲春等处教练枪炮等情。查该教习系属初往各营教练，自应一体遵照，细心听候教练，以期精益求精，此后勿得疏懈。该教习亦应不时分往教练，俾昭核实。除札营务处转行，并札该总教习遵照外，相应咨行贵帮办，请繁查照施行。须至咨者。

右咨钦命头品顶戴帮办吉林边务事宜珲春副都统恩

吉林将军衙门为教习袁祖礼禀复教演靖边各军炮位情形的咨文
光绪十九年七月初四日

为咨行事。案据靖边各军总教习袁祖礼禀称：祖礼仰蒙恩委总理靖边各军教练枪炮事宜，自应竭力图报。四月初十日至三姓后路看演车炮，发八炮，一弹中靶，一弹过靶甚远，余弹落处皆在靶之前后左右不远。观其炮手演炮脚步虽然熟娴，而于测量各法似乎未谙，是以祖礼教其平时必要讲求测量各法，熟之又熟，临演时自无前后左右丝毫之差。十七日至宁古塔左路看演车炮，其时横风大作，首炮之弹落处偏靶数丈，次炮之弹落处亦偏数丈。祖礼即教以测量横风大小应加度数多少各法，而海哨官心细性敏，遂依加风之法连发六炮，其弹落处皆在靶前不远。二十六日至珲春前路看演车炮，发六炮，一弹中靶，余弹落处皆在靶前不远。又演马步合操、方城、八卦等阵，将炮布在两角，进退咸宜，奇正相生，是非该路统领平时布置得法，训练有方，临演不能有如此之整齐联络也。二十八日至中路看演车炮，发首炮，其弹过靶甚远，发次炮，其弹不及靶亦远。比查其故，因药子之紧松轻重不一，祖礼即教以装药必要紧松如一，平子必要轻重如一，彼遂依法连发数炮，虽不中亦不远矣。五月十二日至南岗右路看演车炮，发八炮，一弹中靶，余弹落处皆在靶之前后不远。又演马步合操、得胜连环、一字长蛇等阵，亦将车炮分布左右，随阵变化无不如法，其队伍之整齐声势之联络未有过此者也。后路炮台大炮向江演放二炮，首炮弹落江心约在八里之外，次炮弹落江心约在五里之内。前路炮台大炮演放一炮，其弹飞过靶后低山之外，高靶约有四五十丈。中路炮台大炮演放二炮，首炮之弹飞过靶后高山之外，高靶约有百数十丈，次炮之弹落在靶后高山巅上，高靶约有七八十丈。以此观之，想必各台教习炮手或因炮台设非要地，故不讲求度数远近炮力大小各法，抑或素来不谙测量用炮取准之理，不然何至如此。此祖礼之所以未即教练者，一则亦因炮台设非要地，一则因无章程一时难以教练，容俟立定章程再行教练，未为晚也。祖礼已于五月二十日回省，谨将各路演炮情形理合据实禀闻。等情据此，除批：据禀已悉。候咨会帮办查照。缴。挂发外，相应备文咨行。为此合咨贵帮办请繁查照施行。须至咨者。

右咨钦命头品顶戴帮办吉林边务事宜珲春副都统恩

珲春副都统为各路测放炮位不准请饬教习妥议章程的咨文
光绪十九年十月初二日

钦命头品顶戴帮办吉林一切事宜镇守珲春地方副都统恩　为咨复事。案查前准护理将军沙　咨，据靖边各军总教习袁祖礼禀称，看演各路车炮弹子落处皆在靶之前后左右不远，观其炮手脚步虽然熟娴，而于测量各法似乎未谙，是以教其平时必要讲求测量各法熟之又熟，临演时自无远近之差。至中、前、后三路炮台大炮，后路向江演放二炮，首弹落处约在八里之外，次弹落处约在五里之内；前路演放一炮，其弹飞过靶后低山之外，高约四五十丈，中路演放二炮，首弹飞过靶后高山之外，高约百数十丈，次弹落在靶后山巅，高约七八十丈。以此观之，想必各台教习炮手或因炮台设非要地，故不讲求度数远近炮力大小各法，抑或不谙测量取准之理，不然何至如此。此祖礼之所以未即教练者，一则因炮台设非要地，一则因无章程一时难以教练，俟立定章程再行教练未为晚也。等因到本帮办。准此，详查中、前、后三路炮台，于光绪十五年十二月十九日由北洋咨取十五生密克鹿卜二十五倍口径后膛钢炮表，札发各路照录多分，交炮勇勤加训练，以期精熟在案。嗣后炮台工竣，于十六年七月初八日，拟议操炮章程九条亦经咨明，并抄粘札各路挑选炮勇分班练习亦在案。迄今三载之久，何以测放炮位毫无把握，当经札饬营务处转行查复在案。兹据呈，准中路统领永德咨开，查炮台系前督办吴　与前帮办依　会勘建筑，炮位系费巨款购自外洋，敝统领断不敢因设非要地漫不经心。无如施放此炮需药过多，况炮弹制自外夷，不敢浪费。是以自设炮位以来，仅止督帮办宪来阅之际，曾经装弹施放二次，其余按月均系装药空演。此敝军教习于测量之法未能深谙之实在情形也。应请转饬该总教习速立章程，传授心法，不惟敝军教习得有遵式，即防边利器亦不致虚设矣。据呈准后路统领吴永敖咨开，详查敝路中营原有两磅开花炮四尊、六磅车炮两尊存放中哨，有炮教习一名、炮目六名，并有中哨哨官兼管，带领什勇按时操演。其两磅炮照靶远打八百二十五号，六磅炮照靶远打一千九百三十七弓半，本年四月初十日，经各军总教习袁祖礼到营看操，八炮中靶一弹，盖靶一弹，其余皆中靶挡，左右离靶不远。惟炮台一座，安设十五生密达大钢炮三尊，有教习一名，炮目三名，护守炮台什勇三十余名，有额外委员带领并由中营拣派哨官一员监理。自去岁九月间，敝统领接任是军，验看炮台木朽灰脱，群墙开裂，曾经呈报在案。十月中蒙督办宪亲临阅视，原拟补修，后因款项无措，复饬停止。前经袁祖礼至台演放二炮，只用实心炮弹，药未敢足，其弹约落十里内外。该教习亦恐震坏梁木或大倾颓，故未全令演放开花弹而装足药也。考察经理炮台教习炮目等，照依表尺测量比，大炮足药可装二十四磅，照远可打五千弓，操炮章程按条尚可照办，非不能致远取中，只因炮台坍塌，近来未敢演放，此亦实在情形也。敝统领向在海口深入炮林各操测度，虽未探领精妙，犹足言其大旨。接统此军之后，两磅六磅车炮时常教演，其拉风之法、测度之方屡经传授，中靶之次甚多，诚如该教习所云，平时教习既精自能无毫无差。去冬今夏督宪两次临阅，车炮士卒皆蒙重赏，大炮因台洞不坚之故，未着演看。并查前蒙督宪札发炮表，操炮章程一一在案，敢不实力讲求。今经查复合将操演各炮实在情节详细咨报。据呈准署前路统领永德咨开，查炮台系前督办吴　与前帮办依　会勘建筑，炮位系费巨款购自外洋，敝统领断不敢因设非要地漫不经心，无如施放此炮需药过多，况炮弹制自外夷，不敢浪费。是以自设炮位以来，每逢督帮办宪来阅之际，率皆装弹施放，其余虽经按月演放。奈自奉文八成核发以来，所领开花弹铜拉火等项无多，不敢多演，此敝军教习于测量之法未能深谙之实在情形也。想该教习鸿才夙裕罗胸，必有成规骏望，咸钦匠心，定多妙法，可否请饬该总教习妥议详细章程，传授心法，不惟敝军教习得有遵式，即防边利器亦不致虚设矣。等情先后到本帮办。据此相应备文咨复。为此合咨贵督办将军，请繁查核转饬该教习知照施行。须至咨者。

右咨吉林将军长

吉林将军衙门为总教习袁祖礼禀拟测量炮法章程的咨文
光绪十九年十一月二十六日

为咨复事。案准贵帮办咨：据中、前、后三路统领呈报，所管炮台经总教习袁祖礼前来验放，多不中靶，嗣以炮台设非要地，不谙测量取准之理，一时难以教练，俟立章程再行教练未为晚也等语。各统领以本军教习测量之法未能深谙，想该总教习定多妙法，请饬妥议章程，传授心法等情。准贵帮办咨行前来。当经札饬遵议章程去后，兹据总教习袁祖礼禀称：于九月十九日已拟传授测量炮法章程四条，禀呈钧裁在案。等情据此，查该总教习前拟章程四条，已札边防营务处转行各军一体遵照矣，兹准咨行，合将该总教习所拟章程四条抄粘备文咨复贵帮办，请繁查照施行。须至咨者。

右咨钦命头品顶戴帮办吉林边务事宜珲春副都统恩

珲春副都统为倭寇北犯拟请添募步勇四百五十名的咨文
光绪二十年九月初六日

钦命头品顶戴帮办吉林一切事宜镇守珲春地方副都统恩　为咨明事。案照倭寇北犯，珲防戒严，现在各营不敷分布，叠经电商贵督办将军筹拨重兵前来助防。旋于本月初六日子刻接准电开：队不敷拨，请添募一营，枪械即将抬枪分拨，各营匀拨别枪应用，饷另筹拨。大肚川营可不扎，黑顶子营即与胡营官商酌。等因准此，查靖边前路原有前路前营，后经裁撤，兹既添募一营仍名为靖边前路前营，归该路统领统辖。查前路左营帮带尽先副将锐勇巴图鲁孙义恒老于军事，素称奋勇，堪以委带。其遴选官弁，募补步勇四百五十名，概照靖边营制办理。未经募齐之前，不论什长勇夫，日给小口粮市钱二百文，成军之日再给应得口粮。枪械会同中路统领匀拨分配，其未尽事宜由该统领督率筹办，随时具报。除分札遵照外，相应咨明。为此合咨贵督办将军请繁查照，希即筹饷解济施行。须至咨者。

右咨钦命头品顶戴督办吉林边务事宜镇守吉林等处地方将军兼理打牲乌拉拣选官员等事恩特赫恩巴图鲁长

吉林将军衙门为黑龙江将军派员来吉招募步勇的咨文
光绪二十年九月初六日

为飞咨事。本年九月初三日准黑龙江将军依　咨开：案照本将军奉命集师进扎九连城，奏请拨款添募十四营，以厚兵力，业经接奉电旨，允准在案。自应派员开招，以便成营。查吉林省东南山以及烟集岗，并伊通河山里下站一带，素多打牲猎户，向称精壮，亦皆熟习山路，以之驰赴朝鲜剿除倭寇当必得力。即派统领二等侍卫荣和分带花翎佐领博多罗投效等员，克赴吉林东南山烟集岗等处，招募步队四营，以花翎佐领恩玉、前花翎记名协领春海等径往伊通河山里下站等处，招募步队四营。又骁骑校双寿、五品军功廖源前往长春府农安县等处，招募步队四营。每四营二千，共六千名。值此大敌当前，有一兵必期得一兵之用，各该员务须认真挑选，一秉至公，何日起募，何日募成一营，必须随时造册报由营务处核转，听候分别拣员接管。除分札外，相应备文咨行，请烦饬属施行。等因前来。准此，除分行咨札外，相应飞咨贵帮办查照，饬属施行。须至咨者。

右咨钦命帮办边务事宜珲春副都统

珲春副都统为新募亲军前营所有官员等拣以久历戎事者委充的咨文
光绪二十年九月十四日

钦命头品顶戴帮办吉林一切事宜镇守珲春地方副都统恩　为咨明事。案查倭寇北犯，珲防戒严，前经电准贵督办将军添募一营，作为靖边前路前营在案。现查防营仍觉兵单不敷分布，复经电准再添步队一营，作为靖边亲军前营，以资助防。查亲军马队右哨哨官补用佐领骁骑校保全，熟谙纪律，勇敢有为，堪以派委，其遴选官弁，募补勇丁四百五十名，概照靖边营制办理。未经募齐之先，不论什长、勇夫，日给小口粮市钱二百文，成军之日再给应得口粮。至办事官、字识并哨官，哨长另行咨调，缓不济急。兹就本帮办行辕历年投效，久历军营，稍谙戎事者，并右路暨亲军两哨素称勤苦耐劳者数员拣委，以期得力。除分札饬遵外，相应抄粘咨明。为此合咨贵督办将军，请繁查照，希即筹饷解济施行。须至咨者。

右咨钦命头品顶戴督办吉林边务事宜镇守吉林等处地方将军兼理打牲乌拉拣选官员等事恩特赫恩巴图鲁长

珲春副都统为招募步队两营札委营官事的咨文
光绪二十年九月二十日

钦命头品顶戴帮办吉林一切事宜镇守珲春地方副都统恩　为咨明事。本年九月十七日据靖边前路恩统领祥呈称：于本年九月十五日奉宪台会衔札开，照得珲防吃紧，现已新募两营步队，所有新队头营营官着前路左营帮带孙义恒委充，新队二营营官着后路中营右哨哨官凌维琪委充，其凌维琪未到以前着恩统领祥暂行兼管。除札委外，台亟札饬，札到该统领即便遵照。特札。等因奉此，遵查新募头营营官，已奉宪台拣委前路左营帮带孙义恒管带，作为靖边前路前营，隶归前路统辖，业将遵文招募步勇成军，具报在案，自应再行转饬孙营官义恒遵照。其新队二营营官未经奉文之先，为宪台拣委哨官保全管带，名其营为亲军前营，已饬保营官开招办理。然二队既拣委有人管带，似非凌维琪未到可比，则职自毋庸兼管其事。兹奉前因亟应申明，除呈复督办宪鉴核外，理合具文呈复。等情据此，查此案前经电商，再募一营遵办。营官除前开之人另函又陈外，乞选曾经战阵者补放，未到之先令恩统领照管在案。嗣准电复：初六日函披悉。孙承统调转后路右营未到防，即以该路哨官凌维琪派充右营营官，速带队赴珲。新募二营营官，仍请酌派等因。当经准电，拣委补用佐领骁骑校保全，因其操队甚有条理，名为亲军前营，即由本帮办亲自督练，亦经电复在案。现饬于九月十五日开招，至十九日已陆续招成三百六十人，再加原占中路小队六十人，炮队三十人，合集足四百五十人之数，一律报齐未便再易，致使纷歧。兹据前情相应咨明。为此合咨贵督办将军，请繁查照施行。须至咨者。

右咨钦命头品顶戴督办吉林边务事宜镇守吉林等处地方将军兼理打牲乌拉拣选官员等事恩特赫恩巴图鲁长

珲春副都统为将新兵募齐准许开饷事的咨文
光绪二十年九月二十六日

钦命头品顶戴帮办吉林一切事宜镇守珲春地方副都统恩　为咨明事。案据管带靖边亲军前营步队补用佐领骁骑校保全呈称：窃奉宪檄，招募一营作为靖边亲军前营，拣补勇丁四百五十名，概照靖边营制办理。未经募齐之先，不论什长、勇夫，日给小口粮市钱二百文，成军之日，再给应得口粮，等因。遵照办理，并将开招日期呈报在案。兹据各哨官长等单报，十五日开募起，至十九日止，业已一律募选如额，呈请点验前来。职当即按册点验，均各年富力强，并无老弱充数，除督饬各哨勤加训练，务成劲旅，以资防剿外，查职营原由中路拨补什勇九十名，本有正饷可支，毋庸给小口粮。其新招之三百六十名，应自何日起支正饷，俟奉示之后，即将小口粮截止。一面呈请中路将拨补职营什勇遗额如数另补，以实营伍。所有招募成军日期，并请支正饷，发补遗额各缘由，理合呈请宪台鉴核批示遵行等情。据此查该营勇丁一律募齐，准于九月二十五日开支正饷。现拟于珲城北山建筑墩台数座，以作疑兵，仰该营官务须督饬新募营勇刻即兴工，一俟蒇事，再由本帮办点验，以昭核实。余如议。除批示外，相应咨明。为此合咨贵督办将军，请繁查照施行。须至咨者。

右咨钦命头品顶戴督办吉林边务事宜镇守吉林等处地方将军兼理打牲乌拉拣选官员等事恩特赫恩巴图鲁长

（三）兵 力 移 拨

珲春副都统为将抬枪洋枪两队调回省城的咨文
光绪十一年一月十八日

钦命帮办吉林边务事宜镇守珲春副都统法什尚阿巴图鲁依　为咨复事。本年正月十六日准贵^{爵将军}咨开，照得本爵将军接准盛京军督部堂庆　公函内开，前调吉林马步队共四百名，即行留于奉省分扎边要，其所需月饷改由奉省筹发等语。查调赴奉省之骁勇营步队二百名，练军马队二百名。现既留驻奉省屯扎并筹发月饷，所有吉林练军及骁勇营，自应分别原调马步仍各按二百名之数，照数挑选精壮补足原额。现在本省练军不敷分布，其防军前已挑补足额，所有调赴珲春防守之抬枪、洋枪两队，合即调回省城，以资遣用。除札饬全营翼长等遵照办理外，相应咨行贵帮办请繁查照，望即转饬抬枪、洋枪两队，作速回省听候遣用。等因准此，除札饬该两队营总，刻即带领队伍起程回省勿得迟延外，相应咨复。为此合咨贵^{爵将军}，请繁查照施行。须至咨者。

右咨钦命^{督办吉林边务事宜镇守吉林将军一等继勇侯希}_{头品顶戴镇守吉林副都统恩}

吉林将军衙门为披甲福禄在宁夏阵亡遗缺事的咨文
光绪十一年三月十二日

为咨行事。兵司案呈：本年三月初九日准伊犁将军金　咨开，照本大臣将军准大咨内开，兵司案呈，查前准绥远将军定　咨开，窃准察哈尔副都统杜咨，据统领吉林、黑龙江马队参领乌尔那逊呈报，今将所部吉林、黑龙江马队官兵，于同治八年四月初八、二十四等日，在王六子河口及下永和姜等处地方，与贼打仗阵亡、受伤官兵旗佐衔名查明，咨送查办前来。查该阵亡官兵均系临敌奋勇直前，以致力竭阵亡，殊堪悯恻，自应拟请照例议恤，以慰忠魂而昭激劝。除造册咨送兵部照例议恤外，相应抄单咨行吉林将军，请繁查照可也。等因咨行在案。兹据珲春副都统衙门咨，据署左翼协领佐领春升呈，据镶黄旗佐领德玉呈称：遵查本佐下披甲福禄既已在营阵亡，其所遗甲缺究以何城某人顶补，迄未奉准明文。事关额兵饷糈，未便以悬，呈请转查等情。准该副都统据情转咨前来。据此相应备文呈请咨查。为此合咨贵将军请繁查照，望为转饬查明见复，以凭转咨可也。等因准此，查文内披甲福禄系归统领乌尔那逊统带，经绥远城将军定节制，驻扎宁夏后套防堵，并未归过本大臣将军节制，营内无案可查。兹准前因，相应咨复。为此合咨贵将军请繁查照施行。等因前来。相应呈请咨行珲春副都统衙门查照可也。须至咨者。

吉林将军衙门为准伊犁将军咨查披甲佟喜病故所遗甲缺由原籍拣放的咨文

光绪十一年八月初五日

为咨行事。兵司案呈：光绪十一年七月二十八日，准伊犁将军金　咨开，照得本大臣将军于本年四月初三日，准统领吉林二、四起马队官兵库尔喀喇乌苏领队大臣双　咨呈，案奉伊犁将军照会内开，准吉林将军希　咨开，兵司案呈，案查前准钦差帮办新疆军务大臣伊犁将军金　咨开，为照本大臣将军于光绪七年三月十六日库尔喀喇乌苏军营由驿附奏，所部吉江马队官兵从征有年，自出关以来，于克古牧地、乌鲁木齐、昌吉、呼头壁、玛纳斯等城，并屡次截剿窜匪，阵亡、伤亡及病故各项体骨到处摧残，目覩抛露，追念各员冲锋战阵殁于王事，殊堪悯恻。拟派官兵由北路蒙古军台解送回籍，交该家属收葬，以便归伊故土而慰忠魂。其派送体骨之官兵各到该家属省，即当就近回旗归伍当差，以示体恤一片。兹于七年五月十二日准兵部火票递回原片后开，四月二十一日军机大臣奉旨："知道了。钦此。"钦遵。分行在案。旋据吉江马队翼长、巴里坤领队大臣沙克都林札布，伊犁全营马队翼长、库尔喀喇乌苏领队大臣双全，统领吉江马队兵勇、乌鲁木齐领队大臣萨凌阿呈称：查有军营难期得力吉林官兵一百零六员名，黑龙江有难期得力官兵五十三员名，共计官兵一百五十九员名，饬派解送体骨回籍并就近遣撤归伍等情，造册呈送前来。本大臣将军复查无异，当将此项官兵应领饷银除核发外，饬派吉林记名副都统委参领春升、贵福，黑龙江记名副都统委营总安福、委参领富尔胡诺等于本年八月十六日由伊犁军营管带处起程。其沿路应需车辆除抄单分行外，相应将原册咨行。为此合咨贵将军，请繁查照施行。等因分行在案。兹准珲春副都统衙门咨开，左司案呈，遵查册开本处镶白旗富全佐领下披甲佟喜阵亡骨殖一份，随即饬令家属承领外，惟查该故兵佟喜所遗甲缺究以何人顶补，迄未奉准明文，事关兵额饷糈，未便含混，呈请转咨查明，以免久悬等情。转请咨查前来。据此，相应备文呈请咨查。为此合咨贵将军，请繁查照，希为转饬查明见复，以凭转咨可也。等因准此，除分行外，相应照会。为此照会贵大臣，请繁查照文内事理，将该兵佟喜所遗甲缺究竟拣放何人，明白见复前来，以凭核办施行。等因照会前来。随即转饬吉林二、四起营总倭什洪额等赶即查明，迅为呈报去后。嗣据该营总倭什洪额、成山等呈称，遵查吉林二起四札兰参领忠海管下，吉林珲春镶白旗富全佐领下披甲佟喜，前于四年八月十二日因病身故，其所遗甲缺一份，因无余丁顶补咨回原籍拣放，前经随时业已呈报在案。今蒙札饬复查，合将故兵佟喜病故日期，以及咨回甲缺各情，备文呈报。等因呈报前来。伏查无异，谨将该营总等呈报故兵佟喜病故日期，并将甲缺咨回原省各缘由，相应咨呈鉴核施行。等因遵此，相应咨复。为此合咨贵将军衙门，请繁查照施行。等因前来。相应呈请咨行珲春副都统衙门查照可也。须至咨者。

右咨珲春副都统衙门

吉林将军衙门为前调赴伊犁军营领催庆禄等七名查明现在吉林马队充差的咨文
光绪十一年八月

为咨行事。兵司案呈：光绪十一年七月二十八日，准伊犁将军金　咨开，照得本大臣将军于本年四月初三日，准统领吉江二、四起马队官兵库尔喀喇乌苏领队大臣双　咨呈，案奉伊犁将军照会内开，准吉林将军希　咨开，兵司案呈，案准珲春副都统衙门咨开，左司案呈，窃维本处前陆续奉文调赴西省各路军营兵内，除先后奉文撤回不计外，现在军营者尚有十一名，今已十载余，不惟从未奉到公牍，且该兵等亦无寄亲私函，其从征何路，升降存殁均未可知，理应呈请咨查，今将该兵等旗佐花名抄粘文尾，咨请前来。本衙门查披甲和禄等十一名，既系早年调赴军营，其现在何路，是否在营充当，抑或另有别项事故，自应转行查明，以凭饬遵。合将该兵等旗佐花名抄单，备文呈请咨查。为此合咨贵将军，请繁查照，希为转饬查明见复，以凭转咨可也。等因准此，除分查外，相应照会贵翼长，烦为查照文内事理，查明见复前来，以凭核办施行。等因照会前来。随即转饬吉林二、四起营委总倭什洪额等，赶即查明，迅为呈报去后。嗣据该营总倭什洪额、成山等呈称：遵查吉林二起册内载有领催庆禄、披甲七十七、春喜、阿哈小、富勒杭阿、和永福、隆和等七名，原系由古北口调赴伊犁军营，现下仍在吉林二起充差。其来文内所开出征山东之披甲和禄及出征甘肃之披甲霍隆阿、春德、常德等四名，查吉林二、四起由省出征原携底册，并无此四人名目，现在何营，何路，是否存殁，敝起实难确知。合将现在敝起充差之领催庆录等七名旗佐衔名一并备文呈报，希即转详。等因呈报前来。伏查无异，谨将该营总等呈报领催庆禄等七名现在吉林二起充差，并开具该领催等旗佐衔名，相应咨呈鉴核施行。计粘单一底。等因准此，相应抄单咨复。为此合咨贵将军衙门，请繁查照施行可也。等因前来。相应抄单呈请咨行珲春副都统衙门查照可也。须至咨者。

右咨珲春副都统衙门

珲春副都统为册报光绪十一年十月出征存营官兵名数的咨文

光绪十一年十月二十日

镇守珲春地方副都统法什尚阿巴图鲁依　为造送清册事。左司案呈：准将军衙门咨开，准兵部查取各处额设官兵若干，自军兴以来，奉调出征官兵西丹及存营官兵各若干名，按月造报一次。若有升降、病故、阵亡及由军营撤回者，详细更正查明造册，务于初十日以前送省，以凭奏报等因前来。查珲春现任俸官四十一员，额兵六百名，前月造报出征兵十二名，存营官四十一员，兵五百八十八名，逐经咨报在案。兹查十月份并无递出甲缺，亦无由军营撤回之兵及驳回甲缺，现在出征兵十二名，存营官四十一员，兵五百八十八名，合将查明之处分析造具印白册十本，各加夹板，又将夹板以上注明投递户司印白册四本，兵司印白册六本，饬驿飞递之处，呈请备文咨送。等情据此，拟合咨送将军衙门，分投户、兵司查核可也。须至咨者。

右咨将军衙门

珲春副都统为册报光绪十二年十二月出征存营官兵名数的咨文

光绪十二年十二月十九日

镇守珲春地方副都统法什尚阿巴图鲁依　为造送清册事。左司案呈：准将军衙门咨开，准兵部查取各处额设官兵若干，自军兴以来，奉调出征官兵、西丹及存营官兵各若干名，按月造报一次。若有升降、病故、阵亡及由军营撤回者，详细更正查明造册，务于初十日以前送省，以凭奏报。等因前来。查珲春现任俸官四十三员，额兵六百名，前月造报出征兵五名，存营官四十三员，兵五百九十五名，逐经咨报在案。兹查本处十二月份，并无递出甲缺，亦无由军营撤回之兵及驳回甲缺。现在出征兵五名，存营官四十三员，兵五百九十五名。合将查明之处，分析造具印白册十本，各加夹板，又将夹板以上注明投递户司印白册四本，兵司印白册六本，饬驿飞递之处，呈请备文咨送。等情据此，拟合咨送将军衙门，分投户兵司查核可也。须至咨者。

右咨将军衙门

兵司为将左翼余出兵丹移送右翼充差的移文

光绪十三年四月

将军衙门兵司　为移付事。于本月十九日准统领吉字右翼马步练军副都统衔两次记名副都统花翎协领富　移开：本年四月十八日准左翼统领穆　移开，案查吉字左右两翼步队八营成军伊始，左翼原拨正白、正蓝两营陈军兵丹，均足五百名，其余步队六营均系新挑之军，每营原挑兵丹四百九十五名，核计镶黄、镶白两营新军空缺队额十分，右翼步队四营空缺队额二十分。至年前汇造报部册籍，遵奉册式，两翼各添注教习十名，京戈什哈五名，以符每营队兵五百名之数。左翼仍多出兵额五分，当将余多兵数拨归右翼入册，以归划一，其时兵丹仍在左翼充差。惟现当修筑营垒之际，应即移送右翼各营归队充差。除将所拨兵丹数目移请支应局拨归口分，暨粘单呈报外，合将现拨兵丹旗佐花名年岁粘单，备文移送。等因准此，当将该兵等分拨各营，即日饬令归队充差。除呈报并照会各营官查照外，相应将分拨各营兵丁花名、旗佐、年岁抄粘文尾，移付兵司查照施行。等因前来。相应抄单移付正白旗协领查照，移交乌拉协领，札饬伊通佐领等遵照，并移付珲春副都统衙门左司查照可也。须至移付者。

右移珲春副都统衙门左司

粘单

伊通正黄旗永辉佐领下西丹桂春，年三十四岁；珲春正黄旗双城佐领下西丹双贵，年二十九岁，二名拨归正红旗营。乌拉正黄旗凌全佐领下西丹春海，年三十七岁，拨归镶红旗营。满洲正白旗广成佐领下西丹明德，年二十岁；乌拉镶蓝旗祥云佐领下西丹全福，年三十八岁，二名拨归镶蓝旗营。

吉林将军衙门为查明各处撤回西丹是否一律到籍事的咨文
光绪十三年十月十六日

为咨行事。案准吉字营总、帮统咨开，以已换新丹甫经入营操练，已撤兵丹花名册本当交兵司委员，即令各撤兵丹随同送挑新丹官弁各回本旗。所撤丹兵除马甲不计外，每名给九、十、冬三个月津贴银三两，以资盘费，而免四散。现值是否各归本旗尚无查核，请烦转饬一体查询，实为公便。为此抄单日咨呈转饬，见复施行。等因前来。查咨称已撤兵丹既经发给津贴撤令回旗，现在是否一律到籍，似应统查明确，即由各该处径报吉字营总、帮统备查，而昭核实，除抄单分行各城副都统查明，径行声复外，相应抄单备文咨复。为此合咨贵副都统请烦知照，望速饬查，希即径行咨复可也。须至咨者。

粘计摘抄单

右咨珲春副都统

谨将各城及本省撤练兵丹城池旗佐花名列后：

计开

十旗西丹四百一十二名、披甲一百七十名。宁古塔披甲二十四名、西丹八十名。伯都讷披甲二名、西丹三十七名。三姓披甲二十五名、阿勒楚喀西丹二百五十九名。珲春披甲十名、西丹四十五名。伊通西丹十七名。双城堡西丹一百九十八名。拉林西丹三百五十名。乌拉协领披甲十六名、西丹六十五名。乌拉总管西丹一百六十三名。西路驿站监督站丁一百三十一名。北路驿站监督站丁一百二十五名。吉林官庄壮丁十三名。吉林水手营余丁三十二名。伊通边门台丁十七名。赫尔苏边门台丁七名。希尔图库边门台丁十五名。巴彦鄂佛罗边门台丁二十名。五常堡西丹一名。黑龙江水师营余丁一名。以上两翼共撤领催旗录披甲二百四十七名、西丹壮丁一千九百八十八名。理合登明。

吉林将军衙门为将吉字营撤回兵丹尚未到旗数目抄单查报的咨文
光绪十三年十二月十八日

为咨行事。兵司案呈：于本年十二月初七日准军宪札开，案准吉字营总帮统咨开，窃查敝部今秋九月遵章撤练回旗兵丹，曾经呈请爵宪将军转饬各城，是否一律回旗，以资查考而备更调，均经通行在案。刻值各城所报回旗兵丹寥寥无几，查事关更调兵额又近发给津贴之期，再恳转咨各城速查具报，俾资查核，是为公便。谨将各城撤练兵丹数目，及现已回未到兵丹分析粘单，具文咨呈鉴核施行。等因前来。查咨称撤换兵丹，据各城所报，到旗者无几，合再转饬查报。除粘单开列内，有另文呈请饬查及所撤兵丹均已到旗者，皆暂毋庸议外，其余回旗兵丹尚未到齐及亦无文报者，逐一摘抄原单札饬，札到该司，即便遵照转饬内外城各旗，将撤回兵丹现在有无悉数列旗作速查明，径行知照吉字营，勿再延缓。切切，特札。等因准此，相应抄单呈请咨行宁古塔、伯都讷、三姓、阿勒楚喀，珲春副都统，照会乌拉总管等衙门查照，札饬十旗、双城堡、拉林、伊通协、参、佐领，西北两路驿站监督、官庄总理、水手营四品官，伊通、布尔图库、巴彦鄂佛罗边门章京等，一体遵照文内事理，各将撤回兵丹现时是否到旗，速为查明，径行咨报吉字营总帮统、营务处，勿得稍延可也。须至咨者。

右咨珲春副都统衙门

为吉字营撤练回旗兵丹尚未到旗数目列后：

计开

一、吉省十旗撤练甲兵一百六十八名、西丹四百十四名，均未见文回旗，应转饬查催。

一、宁古塔撤练甲兵二十四名、西丹八十名，均未见文回旗。应转饬查催。

一、伯都讷撤练甲兵二名、西丹三十七名，准文到旗甲兵一名、西丹三十五名，未到旗甲兵全海一名，西丹阿勒吉春、常林二名，应转饬查催。

一、三姓撤练甲兵二十五名，均未见文回旗，应转饬查催；阿勒楚喀撤练西丹二百五十九名，均未见文回旗，应转饬查催。

一、珲春撤练甲兵十名、西丹四十五名，均未见文回旗，应转饬查催。

一、伊通撤练西丹十六名，均未见文回旗，应转饬查催。

一、双城堡撤练西丹一百九十八名，均未见文回旗，应转饬查催。

一、拉林撤练西丹三百五十名，均未见文回旗，应转饬查催。

一、乌拉协领撤练甲兵十六名、西丹六十五名，均未见文回旗，应转饬查催。

一、西路驿站监督撤练西丹一百三十一名，准文报到乌拉站西丹二名，其余均未报到，应转饬查催。

一、乌拉总管撤练西丹一百六十三名，均未见文回旗，应转饬查催。

一、北路驿站监督撤练西丹一百二十五名，准文报到西丹李庆、许成华二名，其余均未报到，应转饬查催。

一、吉林水手营撤练余丁三十二名，准文报到西丹二十四名，内有和庆祥等八名未到，应转饬查催。

一、伊通边门撤练西丹十七名，准文报到旗西丹十六名，内有王有堂一名未到，应转饬查催。

一、布尔图库边门撤练西丹十五名，准文报到旗西丹十三名，内有田起、李景荣二名未到，应转饬查催。

一、巴彦鄂佛罗边门撤练西丹二十名，均未见文回旗，应转饬查催。

一、吉林官庄撤练西丹十三名，均未见文回旗，应转饬查催。

珲春副都统衙门挑拨送省兵丹旗佐花名册

光绪十三年

镇守珲春地方副都统衙门　为造送遵文查明本处中前两路挑拨送省兵丹旗佐花名、年岁切实清册事。

计开

中路　镶红旗永德佐领下西丹富春年二十岁、托斯浑年二十四岁，正黄旗双成佐领下西丹双贵年二十岁、富有年二十七岁，正红旗富勒吉扬柯佐领下西丹富春年二十四岁、德永年二十三岁、永安年二十八岁，正白旗巴图凌阿佐领下西丹景顺年二十二岁，镶白旗全有佐领下西丹全喜年二十三岁，正蓝旗春升佐领下西丹双和年二十二岁。以上十名，系由中路三营内挑选。

前路　镶蓝旗贵山佐领下西丹关福禄年二十四岁中营左哨四棚、成禄年三十一岁中营左哨八棚、关福年二十九岁中营右哨五棚、常胜年二十七岁右营左哨六棚，正蓝旗春升佐领下西丹吴永顺年二十三岁中营右哨八棚、丁凌年二十七岁中营左哨头棚、郎义禄年二十六岁中营右哨九棚、海贵年三十二岁右营中哨四棚、盛春年二十七岁右营中哨七棚、双有成年三十六岁右营后哨八棚，镶黄旗德宝佐领下西丹什长德贵年二十五岁中营前哨十棚、七十一年二十二岁中营前哨七棚、和喜年二十二岁右营中哨三棚、荣喜年二十二岁右营中哨六棚、贵兴年三十五岁右营中哨六棚，正白旗巴图凌阿佐领下西丹什长富升年三十三岁右营后哨五棚、邰顺年二十一岁右营左哨八棚、六十二年三十六岁中营前哨八棚、舒成年二十五岁中营前哨十棚，镶白旗全有佐领下西丹双凌年二十六岁中营左哨二棚、春柱年二十七岁中营左哨头棚、武林年三十一岁中营左哨三棚、德春年三十一岁中营左哨七棚、保林阿年三十岁右营后哨七棚、披甲富安年二十八岁右营后哨头棚，正红旗富勒吉扬阿佐领下西丹德春年二十一岁中营右哨六棚，镶红旗永德佐领下西丹拉柱年二十三岁右营左哨七棚、凌安年二十二岁中营右哨九棚，正黄旗双成佐领下西丹七十九年二十九岁中营前哨七棚、凌德年二十五岁右营左哨六棚、祥柱年二十四岁右营左哨六棚，右翼正蓝旗春升佐领下西丹马队恩特布年二十七岁左营后哨二棚，正黄旗双成佐领下披甲郎顺年二十六岁左营左哨六棚，镶红旗永德佐领下西丹德全年二十三岁前营中哨五棚，正红旗富勒吉扬阿佐领下披甲胜柱年三十岁前营前哨二棚，镶红旗永德佐领下西丹春喜年二十一岁前营前哨五棚、春喜年二十一岁前营前哨五棚、德喜年二十一岁前营中哨二棚，正蓝旗春升佐领下披甲英升阿年二十一岁左营后哨二棚，镶白旗全有佐领下西丹富魁年二十五岁前营左哨二棚、披甲祥有年二十四岁左营前哨三棚，正红旗富勒吉扬阿领佐下披甲保明年二十八岁左营前哨三棚，正红旗春升佐领下披甲保明年二十八岁左营后哨三棚，正蓝旗春升佐领下披甲双庆年二十六岁左营右哨五棚，正红旗富勒吉扬阿佐领下披甲双柱年三十岁左营后哨四棚，镶红旗永德佐领下西丹全胜年二十四岁左营前哨二棚，镶蓝旗贵山佐领下披甲春凌年二十四岁左营左哨三棚，正黄旗双成佐领下披甲来安年二十八岁左营中哨三棚，正红旗富勒吉扬阿佐领下西丹春喜年二十三岁左营后哨头棚、披甲祥林年二十六岁左营右哨五棚，正黄旗双成佐领下披甲永柱年三十二岁，正白旗巴图凌阿佐领下西丹德福年二十四岁左营右哨五棚，正红旗富勒吉杨阿佐领下西丹永连年二十四岁左营右哨五棚，镶蓝旗贵山佐领下披甲双喜年二十八岁左营左哨四棚。以上由前路挑送兵丹五十二名。

以上由中前两路挑拨送省之籍隶珲城兵丹共六十二名，谨按发下册注与该两路原送册载，按名校对详加稽查，其旗佐、花名、年岁均属相符，并无冒名顶替情弊。

　　镶蓝旗贵山佐领下西丹永奎年二十三岁，正蓝旗春升佐领下西丹春升年二十一岁，正黄旗双成佐领下西丹玉喜年二十五岁，镶黄旗德玉佐领下西丹德胜年二十二岁、永胜年二十五岁，镶红旗永德佐领下西丹全成年二十岁，正黄旗双成佐领下披甲马队永安年三十二岁。

　　以上七名，详查中前西路原挑拨送省之丁丹册内无其名，无凭稽考，合并陈明。以上统共兵丹六十九名。

　　正蓝旗春升佐领下西丹步队丁寿年二十六岁中营后哨八棚，镶红旗永德佐领下西丹全德年二十岁前营中哨四棚，镶白旗全有佐领下西丹步队春喜年二十八岁中营中哨三棚、春林年二十二岁中营左哨三棚，镶黄旗德玉佐领下西丹铁春年二十七岁中营前哨五棚、连春年二十七岁中营左哨八棚、常明年二十六岁中营左哨三棚，正蓝旗春升佐领下西丹春福年二十七岁中营后哨十棚，正红旗富勒吉扬阿佐领下西丹额什布年二十五岁右营中哨二棚。

　　以上十名，曾皆由本处前路四营内挑拨送省。除全德曾因染患疯迷之症咨送回旗外，其丁寿等九名，今查奉到册内并未载注其名，理合声明。

　　吉林苏兀楚站站丁马队周贷年二十五岁前营左哨二棚、全林年二十一岁左营右哨四棚，吉林驿站站丁德山年三十三岁左营后哨三棚，宁古塔正红旗常奎佐领下西丹马队恩济年三十五岁中营中哨六棚，乌拉镶蓝旗艾隆阿佐领下西丹十一尔年二十岁中营前哨八棚、富庆年二十三岁中营前哨十棚，鸟枪营正白旗富恒佐领下西丹玉奎年三十岁中营后哨八棚，吉林正黄旗文舒佐领下西丹庆浮年二十九岁中营右哨三棚，乌拉正蓝旗永胜佐领下披甲富凌年二十八岁右营左哨三棚，乌拉镶蓝旗艾隆阿佐领下西丹春连年三十九岁右营后哨九棚，乌拉正蓝旗永胜佐领下西丹明禄年二十九岁右营左哨八棚，乌拉镶蓝旗艾隆阿佐领下西丹庆和年二十七岁右营后哨八棚，乌拉正蓝旗永胜佐领下西丹丰升阿年三十一岁右营后哨三棚。

　　以上十三名，亦曾由本处前路四营内挑拨送省。今查发下册内并未列注其名。合并声明。

吉林将军衙门为嗣后差占务先禀明不准私行差派的咨文
光绪十四年二月

　　为咨行事。照得靖边各军原为防边而设，非借以供应杂差致妨操练也。前经本爵督将军会同贵帮办依　核定军令，通饬遵照，复经严行札饬在案。嗣闻各路差占仍多空名，饬令禀报核夺。现据营务处转查呈报前来，查单开各路兵勇差占过多，亟应核定数目分别撤留，抄单饬遵。其应撤者，即令赶紧各归本营，用资训练，以符定章。嗣后若有应用差遣，务先禀请核夺，不准私行差派。即本爵督将军除马队亲军外，各路统领除自带中营外，均不得以杂差占用部下兵丁，致启弊端。至各处差占兵勇花名数目，着各该统领及各营官按月开具清折，径行呈报一次，以凭查核。倘敢再行私派杂差，仍蹈前辙者，一经查出，定将各该管官一并严办，决不宽贷。除札营务处转行遵照外，相应咨行贵帮办请繁查照施行。须至咨者。

计抄粘

右咨钦命帮办吉林边务事宜珲春副都统依

中路中营差占应留官医局一名，火药局二名，撤去西步江分局四名。左营差占官兵九十五员名，应留和龙峪驻扎九十二员名，撤去西步江分局三名。右营差占官兵九十五员名，应留和龙峪驻扎九十二员名，查通商局驻扎二哨应俟本年局工庀竣仍遵前札撤回一哨，撤去西步江分局三名。

前路中营差占兵勇应留珲春招垦局九名，看守外郎屯炮台五名，外郎屯渡口船房二名，撤去军辕洋鼓洋号差勇三名。前营差占官兵应留黑顶子差占官兵六十七员名，嘎牙河驻防九员名，五人班驻防十一员名，五道沟护局勇三名。左营差占兵勇应留二道河驻防十二名西步江分局十名、凉水泉十四名、五道沟驻防七名。

左路中营差占官兵应留三岔口驻防二十八员名、隆哥库驻防二十八员名、塔城火药库四名，撤去塔城火药库五名。左营差占官兵应留看守塔城火药库帮带官一员、三岔口驻防二十一名、乜河至三岔口四处，每处设兵五名共二十名。

右路中营差占兵勇应留敦化县驻防二十名、百草沟驻防十一名，撤去和龙峪驻防三十名，珲春招垦局护勇十名，运解炮位十名。左营差占兵勇应留长春厅驻防四十五名、板桥子马卡八名、土门子马卡七名、老头沟马卡七名、嘎牙河马卡七名、和龙峪十八名。

后路中营差占兵勇应留大小罗拉密两处十名、大小胡同十名、石头河红石栏两处十名、汤湾河水聚屯十名，撤去桦皮十六名，左营差占兵勇应留太平庄站十名、乌斯珲站十名。右营差占兵勇应留小白彦苏站二十名、花泡站二十名，撤去桦皮沟十五名。

亲军中营差占官兵应留王宝盖子驻防九十二员名、东京城马莲河驻防二十八员名，右营差占官兵应留三姓路上四站共占三十七员名，松音沟驻防十六员名，塔城炮队八员名，撤去塔城炮队二十二名，左营差占官兵应留统领营占二十七员名、文案处四名、营务处五名，大水河、一拉溪二处驻扎四十七员名。

吉林将军衙门为将靖边马队奏改炮队的咨文
光绪十四年六月十二日

为咨会事。窃照本爵督将军会同贵帮办于本年五月十二日恭折具奏，为靖边防军增设炮队，拟就前路前营、后路左营马队原饷变通章程，俾专操练而壮声威。等因一折。兹于六月十一日奉到朱批："该部知道。钦此。"理合备具双衔会稿一份，除一面咨札钦遵外，相应将会稿附封备文咨会。为此合咨贵帮办，请繁查照，书行盖印，仍望咨还施行。须至咨者。

右咨钦命帮办吉林边务事宜珲春副都统依

珲春副都统为册报光绪十四年六月出征存营官兵名数的咨文
光绪十四年六月二十日

镇守珲春地方副都统法什尚阿巴图鲁依　为造送清册事。左司案呈：准将军衙门咨开，准兵部查取各处额设官兵各若干，自军兴以来，奉调出征官兵、西丹及存营官兵各若干名，按月造报一次。若有升降、病故、阵亡及由军营撤回者，详细更正查明造册，务于初十日以前送省，以凭奏报。等因前来。查珲春现任俸官五十四员、兵五百九十五名，逐经咨报在案。兹查本处六月份递出甲缺二分，除随时拣放外，现在出征兵五名，存营官五十四员，兵五百九十五名外，合将查明之处分析造具印白册十本，各加夹板，又将加板以上注明。投递户司印白册四本、兵司印白册六本，饬驿飞递之处，呈请备文咨报。等情据此，拟合咨报将军衙门分投户、兵司查核可也。须至咨者。

右咨将军衙门

珲春副都统为由伊犁撤回领催庆禄等均已到旗归伍事的咨文
光绪十四年七月初十日

镇守珲春地方副都统法什尚阿巴图鲁依　为咨报事。左司案呈：前准将军衙门咨开，兵司案呈，本年七月十六日准署伊犁将军锡　咨开，为照本署将军大臣前奉谕旨，会同新疆爵抚部院刘　整顿营规，清厘欠饷，业经钦遵办理在案。惟查吉林、黑龙江马队官兵出征有年，久役思归，又值帑项支绌之时，亟应悉数遣撤回旗，以节饷糈而示体恤。兹准伊犁全营翼长前库尔喀剌乌苏领队双咨呈，窃准管带吉林二、四起马队官兵伊犁额鲁特领队春满咨称，据吉林二起营总忠海、吉林四起营总祥庆，呈造遣撤清册，恳请核转分咨。等因准此，除传知沿途经过州县照例应付暨分别奏咨外，所有遣撤吉林马队官兵衔名旗佐清册一本，相应咨会。为此合咨贵将军，请繁查照备核施行。等因前来。相应照抄粘单，呈请咨行珲春副都统衙门查照可也。等因前来。兹据两翼协领等呈，据各该旗佐领等报称，前由伊犁军营遣撤之领催庆禄、披甲何永福、富勒杭阿、阿哈小、春喜、隆和等六名，现皆陆续到旗归伍。惟披甲七十七途次病故，遗缺拣放吉林镶黄旗依力布佐领下西丹富成尚未到旗。披甲何永福携带七十七之骨殖，已交其尸亲收领等情。具结呈递前来。据此，查现未到旗之披甲富成原籍隶吉林镶黄旗依力布佐领下之人，或因故落后，或已旋抵其家，均未可知。其领催庆禄等六名均已到旗归伍之处，理合呈请备文咨报。为此合咨将军衙门查核施行。须至咨者。

右咨将军衙门

吉林将军衙门为前路兵单不敷分布饬回马队一哨以资防剿的咨文
光绪十五年四月二十五日

为札饬事。案据边防营务处呈，准靖边前路统领王宽咨称，窃查敝路地当孔道，辖境冲繁，驻扎绵远，壤接塔俄。届此夏树枝发，山青林密，流民现多转徙，胡匪肆劫复萌，所有筹拟炮台工式，深虑兵单难以分布，兹又展接各处呈报抢劫等事，均已随时振兵严缉查拿。惟炮台开工在即，责任綦重，除各局处差占，并先后派令修道、筑台、护饷、加设巡卡、分途剿捕兵勇外，马队尚存数十名，步队尚存百数十名，实系不敷分布，惟有具实直陈。等因咨请转详前来。理合具文呈报鉴核。等情到本督办将军。据此，除批：据呈该营队兵差占太多，每遇巡缉等事不敷分布亦系实情。现将札调来省黑顶子屯垦局一哨马队，饬回珲春助修炮台，仰将前派筑台之队，抽提劲卒以备防剿，而免疏虞。此缴。挂发并分札外，合亟扎饬札到该翼长即便遵照，饬令该哨赶紧回珲，备资剿捕兼助台工。切切，特札。

札全营翼长遵此

珲春副都统为将炮队改回马队事的咨文
光绪十五年十月十一日

钦命头品顶戴帮办吉林一切事宜镇守珲春地方副都统恩　为咨还事。案准贵督办将军咨开，案照靖边前后两路炮队两营，前以奏准仍就原饷改回马队两营，所有截止起支饷项数目、日期分析造册。除一面咨送户兵部立案外，备具双衔会稿一份，相应咨会。请繁查照书行、盖印、咨还、存案施行。等因准此，当将咨来双衔会稿书行，盖印讫，相应咨还。为此合咨贵督办将军，请繁查照施行。须至咨者。

右咨钦命头品顶戴督办吉林边防事宜镇守吉林将军恩特赫恩巴图鲁长

珲春副都统为册报光绪十六年五月份出征存营官兵名数的咨文
光绪十六年五月二十日

钦命头品顶戴帮办吉林一切事宜镇守珲春地方副都统恩　为造送清册事。左司案呈：准将军衙门咨开，准兵部查取各处额设官兵若干，自军兴以来，奉调出征官兵西丹及存营官兵各若干名，按月造报一次，若有升降、病故、阵亡及由军营撤回者，详细更正，查明造册，务于初十日以前送省，以凭奏报。等因前来。查珲春现任俸官五十七员，额兵六百名，逐级上报在案。兹届五月份合将存营官兵造具印白册五本，各加夹板，饬驿飞递之处，呈请备文咨报等情。据此，拟合咨报将军衙门，分投户、兵司查核施行。须至咨者。

右咨将军衙门

珲春副都统为双城堡所拨前锋缺屡催未到的咨文
光绪十七年九月初一日

钦命头品顶戴帮办吉林一切事宜镇守珲春地方副都统恩　为咨请转催事。案查本处前蒙添设前锋缺十五份，除陆续发到七缺已于随时拣放外，惟由双城堡所拨之缺，尚有八份，已逾二载之久，屡请咨催，迄未送到。事关缺额，曷可久悬，合再呈请备文咨请饬催。为此合咨将军衙门查照，请烦催令该城速为拨送施行。须至咨者。

右咨吉林将军衙门

吉林将军衙门为调靖边马步四营进省听候差遣的咨文
光绪十七年十月二十三日

为咨行事。照得现本督办将军在塔城接到电信，知奉天清河门一带马贼甚多，飘忽无定，虽相距尚远而奉吉边界接连，且恐匪徒乘间蜂起，亟应调队进省，以备差遣，除札调靖边左路左营九成马队、后路左营马队一营、亲军中右步队两营，除留一成看营，其余九成限五日内一律拔队进省外，相应咨明。为此合咨贵帮办，请繁查照施行。须至咨者。

右咨钦命头品顶戴帮办吉林边务事宜珲春副都统恩

吉林将军为会奏吉林马步各营碍难裁减事的咨文
光绪十七年十二月

为咨会事。窃照本督办将军会同贵帮办于光绪十七年九月初三日具奏，为吉林防务、捕务均关重要，所有马步各营碍难遵照部议裁减等因一折。除一面拜发并咨札遵照外，相应将折稿二份、行稿一份，备文咨送贵帮办，请繁查照书奏、书行、盖印，将折稿存留一份，其余二份仍望咨还备案施行。须至咨者。

右咨钦命头品顶戴帮办吉林边务事宜珲春副都统恩

吉林将军衙门为后路中营右营一哨互调的咨文
光绪十八年二月二十二日

为咨行事。照得靖边后路中营么哨官一哨，着归右营营官调遣，仍扎原处地方。其中营所少一哨，着由右营内拣拨一哨饬赴中营，以符队额而资训练。除分札外，相应备文咨行，为此合咨贵帮办，请繁查照施行。须至咨者。

右咨钦命头品顶戴帮办吉林边防事宜珲春副都统恩

吉林将军为奏准边练两军马步各队仍归调遣的咨文
光绪十八年三月二十五日

为恭录咨行事。窃照本督办将军于本年二月十八日恭折具奏，为吉林地旷兵单，拟请将前拨吉字营练、防两军马步各队，遇事仍归调遣，并另调边防一营常川驻扎东山，以靖盗氛等因一折。当经抄折咨行在案。兹于本年三月二十二日奉到朱批："该衙门议奏。钦此，"相应抄录原折，恭录朱批备文咨行。为此合咨贵帮办，请繁查照钦遵施行。须至咨者。

右咨钦命头品顶戴帮办吉林边务事宜珲春副都统恩

吉林将军衙门为酌拨烟集冈右路一队前往意气松站等处分札的咨文
光绪十八年九月十九日

为咨行事。案据全营翼长富兴、文元等呈报，奉宪札开，案因意气松站西一带突出贼匪，劫掠行商，请队前赴该站并窝棘口两处分扎，请由亲军右营或乜防营内拨队往扎。等情据此，查所请之队已拨赴五常，未便再饬前往该处，主内全营翼长另行拨队前往。等因奉此，遵查该站附近虽有详止步兵一营，系分布嵩岭、退抟站二处驻扎，当觉地阔兵单兼雇难周。再再筹思，实无可拨之队，合无仰恳宪台俯念地面为重，可否由烟集岗营中抽拨一队，或由亲军右营拨派一队前往分扎之处，职实不改擅拟，理合具文呈报。为此合呈鉴核，指示，遵行。等情到本督办将军。据此，查该翼长所呈别无可拨之队，自应由烟集岗右路酌拨一队前往分扎。除札右路统领遵照外，相应咨行贵帮办，请繁查照施行。须至咨者。

右咨钦命头品顶戴帮办吉林边防事宜珲春副都统恩

吉林将军衙门为请将南岗步勇暂留敦化镇摄的咨文
光绪十九年六月十八日

为咨行事。案据署敦化县知县书瑞详称：案查卑属因匪扰兵单，详蒙调拨各队到县，后随商催南岗靖边右路统领穆，于五月十七、十九等日派到营总广成所带马队二十三名，改为步勇，及哨官赖桂祥所带步勇四十名，并由原驻哨官巴图隆阿勇内抽拨二十名，共八十名，于二十一日起队探击，详报在案。旋于六月初二日营总广成回防，接晤声称，于二十六、七等日分队追贼，唐经滨等至南山等处已窜深林，上则木叶阴蔽天日，下则蒿草齐人，实系无从追获。旋于六月初二日，据宁古塔派到步队哨官魁明声称，本营饬调即日起队回营，嗣又南冈及宁古塔派到之马步各勇队官均称贼既入山，拟即撤队。卑职窃思贼本乘此叶茂之时巢于山险，出没靡常，虽其兵集逃避，揆其意向第恐不得财势所不休，若拟搜山，林深地广必须多兵网缉，方免东拿西窜。即今两路兵数无多，事难措布，倘经全行撤队，虑其复出滋扰。拟请将南冈之步勇四十名暂留卑属镇摄，借应不虞之急。其营总广成原带马勇二十三名，哨官达泰原带马勇二十名，均于初四日起队回营，所有贼已避入深林，请暂留步队防护应急缘由，理合具文详请查核，照详施行。等情据此，除批：据详已悉。该县前次所报三股之贼究有若干，至今并未查出确数，现已窜匿深山，应否将南冈步勇暂留镇摄，候咨会帮办转饬该队就近体察情形，自行酌定去留，禀复核夺。仰吉林道转饬知照。缴。挂发外，相应备文咨行。为此台咨贵帮办，请繁查照办理施行。须至咨者。

右咨钦命头品顶戴帮办吉林边务事宜珲春副都统恩

珲春副都统为双城堡前拨前锋之缺尚欠七份速即送珲的咨文
光绪二十年三月二十五日

钦命头品顶戴帮办吉林一切事宜镇守珲春地方副都统恩　为咨送事。左司案呈：案照前由双城堡所拨前锋之缺，尚欠七份，现阅十载余，兹留经屡催罔应。复于上年四月内具文咨请催送，旋准将军衙门咨，据该署协领喜胜呈报，今永禄遗出前锋一分，拟与珲城应拨领催一缺互相调转、拣补等情。核准咨行前来。准此，除转到前锋一缺，即由应验人内拣放外，惟查本处右翼镶红旗领催富森布升遗一缺，应行遵文拨送该城补用，至其仍欠前锋六分，事关设定缺厄，未便任令久悬，合并咨请催令克期悉数送珲，以资差遣而符体制，幸毋容其仍前延滞，合亟呈请备文咨行。为此合咨将军衙门查照，请烦饬下该协领速即遵办，是为公便。须至咨者。

右咨将军衙门

吉林将军衙门为将后路右营仍调回巴彦通驻扎的咨文
光绪二十年六月二十七日

为咨行事。照得靖边后路右营原在三姓巴彦通驻扎，前因阿什河一带不靖调往巡缉在案。近因巴彦通仅剩一营驻扎，兵力实较单薄，着该营除蚂蜒河驻扎弁勇暂时勿庸归营外，其余各处驻扎之队赶紧调齐，作速回巴彦通驻扎，是为至要。仍将拨队启程日期具文报查。除分饬外相应咨行。为此合咨贵帮办请繁查照施行。须至咨者。

右咨钦命头品顶戴帮办吉林边务事宜珲春副都统恩

吉林将军衙门为亲军右营赴珲助防的咨文
光绪二十年九月初十日

为咨行事。照得珲防吃紧，曾经札饬亲军右营营官全荣克日拨队赴珲在案。续又饬将省城亲军中右两营同赴珲春助防，亦在案。今珲防业已新募两营步队，所有省城亦关紧要，亲军中营即着毋庸前往，其右营仍着全荣遵照前札迅速拨队赴珲，听候调遣。除札营务处转行遵照外，相应备文咨行。为此合咨贵帮办，请繁查照施行。须至咨者。

右咨钦命头品顶戴帮办吉林边务事宜珲春副都统恩

吉林将军衙门为珲防吃紧挑选精锐在营听候调遣的咨文
光绪二十年九月

为咨行事。照得珲防吃紧，业由五百里飞调后路吴统领亲带队伍前往在案。兹特改派营官周宝麟署理后路统领，仍遵前札，于两营步队中挑选精锐五百名，在营听候调遣，暂缓赴珲。所遗水师营官，即着叶元庆署理。孙承统亦将队伍整顿妥当，在营听候调遣可也。吴统领着即来省另候差委。除分别咨札外，相应备文咨行。为此合咨贵帮办，请繁查照施行。须至咨者。

右咨钦命头品顶戴帮办吉林边防事宜珲春副都统恩

吉林将军衙门为吉齐两军出征各营未足原额
已由盛字营歇班西丹内顶补的咨文
光绪二十年九月

为咨行事。兵司案呈：本年九月十三日准军宪札开，本年九月初六日准钦差大臣定　咨开，案照倭寇披猖，非厚集兵力不足以资防剿．本大臣现在奏奉谕旨，由盛字营歇班西丹内再调四营以备分拨。查盛字营先经奏准复额，业已挑齐，自应无须再拨。惟吉齐两军出征各营尚未补足原额，兵力殊嫌太单，该两省道路遥远，若由本省传调实属缓不济急。兹将现调盛字歇班西丹，分拨吉字营出征三营，每营各二百五十人，以敷原额五百人之数，所需旗帜、号衣仍照盛字营复额章程，由平余项下拨款购办。计拨归吉字营三营，齐字营四营，每营二百五十人，共一千七百五十人，尚余二百五十人，另行拨补，以符奏明添调四营之数。除分行外，相应咨行查照施行。等因准此，合亟札饬，札到该司即便知照。特札。等谕奉此，相应呈请咨行宁古塔、伯都讷、三姓、阿勒楚喀、珲春副都统，照会乌拉总管等衙门查照，札饬十旗、乌拉、五常堡、拉林、双城堡、伊通、额穆赫索罗协、参、佐领、西北两路驿站监督、水师营总管、官庄总理、四边门章京、黑龙江水师营四品官等遵照可也。须至咨者。

右咨珲春副都统衙门

吉林将军衙门为奏准将裁减防军归复原额的咨文
光绪二十年十月

为咨行事。案准海军衙门咨开：本衙门会同户部、兵部于光绪二十年九月三十日具奏，议复吉林将军长　等奏，吉林边防紧要，兵力殊单，拟请将裁减防军并拨归吉字营马步各军均复原额，以备缓急一折。本日奉旨："依议。钦此。"相应恭录谕旨暨抄原奏，咨行吉林将军钦遵办理可也。等因准此，相应抄粘备文咨行。为此，合咨副都统请繁查照施行。须至咨者。

右咨署理珲春副都统恩

（四）挑　补　裁　汰

吉林将军衙门为将差操不力正勇裁撤拣补丁丹的咨文

光绪十二年六月

为咨行事。兵司案呈：本年六月初九日，兵司接据边防总理花翎协领庆云等移开，窃准靖边右路统领保成咨称，兹据左右两营营官魁英、广成及中营各哨哨官胜春等报称，窃查职等所部哨内，现因差操疲懒，不能得力，并因寒暑不宜，染受时疾，以及因砍电杆致染潮湿，腰腿麻木，不能动履，谅难速痊之什长、正勇共计二十九名，可否一并裁退，准以来营投效西丹内拣其年力精强者，照数顶补足额之处，呈请拣验各等情，先后呈报前来。详查该营哨官等所报，该营哨现有疲病不能得力兵勇，呈请裁退，拣丁顶补各情，敝统领犹恐不实不尽，当即按名斟验，果与原报无异，自应准如所请，一并革除，而免徒糜饷糈。除即札复该营哨官等，速将该勇等应得饷银照数算清，给发护照，饬令回旗充差，并抄单分报查核外，理合将该营哨官等报请因差不力等故，开革什长、正勇并拣补各丁丹等旗佐花名日期抄粘文尾，备文咨报查核。等因前来。除呈报督宪鉴核外，理合抄单备文移付，为此合移兵司查照可也。等因前来。相应抄单札饬伊通、布尔图库、赫尔苏边门章京、水手营四品官、西路驿站监督、吉林分巡道、拉林、乌拉、双城堡协领、镶黄、正白、正红、镶红、正蓝旗、鸟枪营协、参领等遵照，暨咨行阿勒楚喀、珲春副都统，照会乌拉总管等衙门查照可也。须至咨者。

右咨珲春副都统衙门

粘单

谨将敝路马步三营因差不力，开革什长正勇并拣补各丁丹等旗佐花名、日期分析开列于后。

计开

中营步队

中哨二棚正勇拉林镶红旗海禄佐领下西丹万银于五月十七日因病裁退，遗额即以吉林正白旗广成佐领下西丹曹珍顶补。

四棚正勇正蓝旗托伦托埒佐领下西丹保来于五月十七日因病裁退，遗额即以赫尔苏站站丁徐殿臣顶补。

八棚正勇镶红旗海禄佐领下西丹祥林于五月十七日因事请假回籍，遗额即以拉林正蓝旗托伦托埒佐领下西丹三盛顶补。

十棚正勇吉林水手营余丁景发于五月十八日因差疲懒斥革，遗额即以赫尔苏站站丁徐金顶补。

前哨八棚委什长双城堡正红旗赵升佐领下西丹德俊于五月二十日因事革退，遗额即以鸟枪营正蓝旗荣升佐领下西丹富德委补。

七棚正勇镶白旗全德佐领下西丹恩福于五月二十日因差不力斥革，遗额即以水手营余丁景海顶补。

十棚白殿发于五月二十日因差滑懒责革，遗额即以双城堡正白旗托锦佐领下西丹常德顶补。

五棚正勇双成堡正白旗托锦佐领下西丹永才于五月二十日因受潮湿腰腿疼痛裁退，遗额即以乌拉协领正黄旗保成佐领下西丹永升顶补。

左哨头棚正勇吉林府民丁姚长胜于五月十七日因腿生疮症裁退，遗额即以乌拉总管正黄旗西丹玉春顶补。

七棚正勇阿勒楚喀镶白旗德恒佐领下西丹双有于五月十七日因染时疾日久不愈裁退，遗额即以双城堡镶蓝旗安恒佐领下西丹常山顶补。

珲春镶蓝旗恒勋佐领下西丹富贵于五月二十日因染伤寒日久不愈裁退，遗额即以伊通边门台丁万福顶补。

右哨头棚正勇阿勒楚喀正黄旗全恒佐领下西丹太发于五月二十一日因病裁退，遗额即以吉林镶红旗连城佐领下西丹三喜顶补。

二棚正勇吉林布尔图库边门台丁贵升阿于五月二十一日赴山砍杆染受潮湿腰腿疼痛裁退，遗额即以吉林正蓝旗石柱佐领下西丹春山顶补。

阿勒楚喀正黄旗全恒佐领下西丹连永于五月二十一日因病裁退，遗额即以吉林正红旗富顺佐领下西丹银贵顶补。

十棚正勇镶蓝旗永辉佐领下西丹双山于五月二十一日因差不力责革，遗额即以吉林镶黄旗永海佐领下西丹常德顶补。

全林于五月二十一日因病裁退，遗额即以乌拉总管镶黄旗西丹春丁顶补。

后哨六棚正勇拉林正白旗广成佐领下西丹全有于五月二十一日因病裁退，遗额即以鸟枪营正白旗富恒佐领下西丹文瑞顶补。

二棚银锁于五月二十一日因差不力责革，遗额即以伊通边门台丁永升顶补。

三棚正勇拉林镶黄旗吉祥佐领下西丹额凌额于五月十七日因滑差斥革，遗额即以双城堡正白旗托锦佐领下西丹永顺顶补。

四棚正勇镶白旗德音佐领下西丹双海于五月二十一日因病裁退，遗额即以珲春镶黄旗德玉佐领下西丹德喜顶补。

以上中营五哨，共撤革什长正勇二十名。

左营马队

左哨五棚正勇鸟枪营镶黄旗台斐英阿佐领下西丹富升阿于五月二十六日因病裁退，遗额即以吉林正蓝旗恩凌佐领下西丹开隆阿顶补。

右哨五棚正勇镶蓝旗广成佐领下西丹玉惠于五月二十六日因病裁退，遗额即以同旗西丹德奎顶补。

乌拉站站丁韩福清于五月二十六日因病裁退，遗额即以伊通边门台丁凤林顶补。

以上左营二哨，共撤革正勇三名。

右营步队

前哨十棚委什长吉林正蓝旗常青佐领下披甲全琳于五月二十一日因事请假裁退，遗额即以左哨十棚正勇双城堡镶蓝旗安桓佐领下西丹常金升委，常金遗额即以鸟枪营正黄旗额勒德科佐领下西丹宝安顶补。

左哨三棚正勇吉林府民丁唐振清于五月十六日因病裁退，遗额即以水手营余丁恒山顶补。

右哨十棚正勇拉林镶红旗海禄佐领下西丹凤春于五月二十日因病裁退，遗额即以乌拉总管正黄旗西丹永升顶补。

后哨二棚正勇吉林敦化县民丁贾得胜于五月十六日因差不力斥革，遗额即以乌拉经管正白旗西丹常寿顶补。

田万才于五月十六日因病裁退，遗额即以乌拉协领正白旗奎福佐领下西丹玉庆顶补。

六棚正勇邢起发于五月二十日因病裁退，遗额即以乌拉总管正黄旗西丹苏荣喜顶补

以上右营四哨，共撤革什长正勇六名。

以上马步三营，统共撤革什长正勇二十九名，拣补二十九名。

吉林将军衙门为未挑官丁仍令回旗事的咨文
光绪十二年七月

为咨行事。兵司案呈：案照此次演练西丹，现奉钦差大臣穆　业经挑选成数。除已挑丹丁归营演练外，其余未挑丹丁，仍饬原送官等严肃管带，各回旗籍。再各处送到备挑俸官内，现挑得塔城协领双胜、巴图哩、珲春委佐领贵山、乌拉云骑尉忠开、拉林云骑尉慎德、双城堡云骑尉萨斌图等六员分别差委，其余未挑各员已令自行赶紧回任供职。等情合亟呈请札饬乌拉、双城堡、拉林协领，四边门章京等遵照，暨咨行宁古塔、伯都讷、三姓、阿勒楚喀、珲春副都统照会乌拉总管等衙门查照可也。须至咨者。

右咨珲春副都统衙门

吉林将军衙门为练军队额由西丹内顶补的咨文

光绪十二年九月

为咨行事。兵司案呈：本年九月二日，兵司按据统领吉字营右翼马步练军副都统衔两次记名副都统花翎协领富尔丹移开，案奉总、帮统宪照会内开，所有马步各营遗出队额，曾经遵奉钦宪面谕，转饬各该统领汇总具报，以五名为率，传备西丹呈送总、帮统宪挑选充补等因。奉准在案。兹据马步各营陆续呈报，在营病故西丹九名，因病斥革马兵一名，共遗队额十份，当于八月二十九日传备西丹，经总、帮统宪逐名挑选，按营分拨顶补。除照会各营官等查照外，相应抄单，备文移付。为此合移兵司，请繁查照，呈请咨札各该旗查照可也。等因前来。相应呈请咨行盛京将军、伯都讷、阿勒楚喀、珲春副都统，照会乌拉总管等衙门查照，暨札饬正白旗鸟枪营、乌拉、拉林、双城堡协、参领、西北两路驿站监督，赫尔苏、巴彦鄂佛罗两边门章京等遵照可也。须至咨者。

右咨珲春副都统衙门

粘单计

正黄旗中营后哨拉林镶蓝旗凌全佐领下西丹连贵病故，遗缺以盛京镶蓝旗德恩佐领下西丹德山顶补。

正红旗步队练军右哨拉林正红旗英福佐领下西丹盛福病故，遗缺以乌拉总管镶白旗打牲丁国林顶补。

正红旗步队练军前哨阿勒楚喀正白旗奎昌佐领下西丹那旺病故，遗缺以鸟营镶白旗文焕佐领下西丹广泰顶补。

镶红旗步队练军右哨阿勒楚喀镶红旗全荣佐领下西丹双城病故，遗缺以鸟枪营镶蓝旗庆成佐领下西丹庆泰顶补。

后哨巴彦鄂佛罗边门台丁王胜病故，遗缺以乌拉镶红旗玉庆佐领下西丹春庆顶补。

左哨赫尔苏边门台丁李国信病故，遗缺以乌拉总管镶红旗打牲丁巴十顶补。

镶蓝旗步队练军右哨必尔罕站站丁陈万顺病故，遗缺以伯都讷正蓝旗喜常阿佐领下七品顶戴披甲巴塔顶补。

右哨双城堡镶白旗喜佐领下西丹王逢仁病故，遗缺以伯都讷站站丁六品顶戴连城顶补。

前哨双城堡镶红旗富祥佐领下西丹德常泰病故，遗缺以乌拉总管正白旗打牲丁七品顶戴英顺顶补。

头起马队练军珲春镶红旗永德佐领下披甲全德因病遗缺，以吉林正白旗德恒佐领下七品顶戴披甲祥庆顶补。

吉林将军衙门为披甲全德久病不愈即行斥革的咨文
光绪十二年九月

为咨行事。兵司案呈：本年八月二十八日准总、帮统吉林吉字营马步练军倭、富等咨开，顷据右翼统领富尔丹报称，本年八月二十三日据头起马队练军营官恩龄呈称，前哨哨官穆英额报称，该哨新收珲春拨来马兵，内有珲春镶红旗永德佐领下六品顶戴披甲全德一名，素患心迷之症，时常发作，难期得力，呈请更换等情。曾经报明在案。兹又据该哨官穆英额报称，复查该兵全德病症如常，乃系时发时愈，不定时刻，一经发即昏迷不省人事，既病去苏醒形似好人，究系气力软弱，重时一天或犯二三次，或一二次，轻时亦可接连一二日不犯，其情参差不等。等情呈报前来。职查该哨官所报情形属实，并无捏词情弊，该兵全德可否更换，抑或留营调治之处，理合备文呈请核夺。等情据此，查该营官所称披甲全德素患心迷之症，呈请更换，曾经据情呈报在案。兹又据该营官呈报，该披甲全德病症犹常，乃系时发时愈，仍请更换。查披甲全德病既难支，自应更换，但系甲兵即不能充当队差，所有披甲亦应一并斥革，以为借病滑差者戒等因。据此，查马兵全德既有痼疾，难期得力，除照会该统领转行准其更换外，其披甲一缺似亦未便听其因病旷误，应准如所请，一并斥革。可否之处，伏候宪裁，理合咨呈恳祈鉴核施行。等因咨请前来。当奉宪允，相应呈请咨行珲春副都统衙门查照，即将披甲全德斥革，遗缺另行拣放可也。须至咨者。

右咨珲春副都统衙门

吉林将军衙门为将各营冒名顶替丁丹查明的咨文
光绪十三年三月初三日

为咨行事。兵司案呈：本年二月二十八日准爵宪札开，案准钦派总、帮统倭、富咨开，前因左翼各营兵丹内有自行投营，声称该城送挑之时委因患病未能来省，经本城之官将同佐下，抑或亲戚弟侄顶充挑补，现今病愈情愿归队充差。嗣经营官质之，顶名西丹供与哨官据称相符，并取具同城联名甘结，屡经具报。敝总帮统均已照准，从宽免究。惟思此项兵丹当初挑送，既系患病不能前来，该城自必查验，另行挑送，岂能明知冒充遽行送挑，揆度其情难保不无捏词蒙混，亟宜彻底清查。当饬各该统领将外五城兵丹旗佐花名、年岁造报去后，兹据各该统领将外城兵丹旗佐花名、年岁，分城汇总造册具报前来，复查无异。除边门、台站、官庄各处未便请查外，理合将外五城兵丹备文咨呈俯赐鉴核，转饬查明，示复，以便遵照。等因准此，除咨复外，为此札饬，札到该司即便遵照造册，分行各该城，按照册注逐名详查，究竟有无冒名顶替丁丹，作速查明。俟造报到日，即行咨复总、帮统处，以便查核，勿延。特札。等因奉此，相应照抄原册，呈请咨行宁古塔、伯都讷、三姓、阿勒楚喀、珲春副都统，照会乌拉总管等衙门，并札饬乌拉、拉林、双城堡协领等一体查照文内事理，即将各该处在营西丹有无冒名顶替，按照册注逐名详细查明造报，以凭核办，毋得迟延遗漏可也。须至咨者。

右咨珲春副都统衙门

吉林将军衙门为披甲七十七等病故以闲散富成等顶补的咨文

光绪十三年十二月初三日

为咨行事。兵司案呈：本年十一月二十八日准兵部咨开，车驾司案呈，据统带吉林官兵记名副都统贵德呈称，据管带吉林二起马队官兵副都统衔花翎尽先协领委营总忠海呈称，窃据头扎兰委参领德安报称，查本扎兰下吉林三姓正白旗德青佐领下披甲蓝翎即补骁骑校永顺，于本年二月初十日染患不服水土之症，当即觅医调治罔效，于是月十八日因病身故。该故兵骨殖随经参领德安经理盛殓讫等情，随经查验属实。复据管带吉林四起马队官兵花翎尽先佐领委营总祥庆呈据，窃据三扎兰委参领托克通阿报称，查本扎兰下吉林满洲正蓝旗石柱佐领下披甲花翎尽先佐领业铿额，于本年正月二十日染患咽喉病痛，医治罔效，延至二月初十日行抵安西州地方因病身故，即将该故兵骨殖交伊亲属，甲兵常福经管盛殓讫。又据五扎兰委参领德海报称，查本扎兰下吉林蒙古正白旗永恰布佐领下披甲六品蓝翎成奎，偶患时症医治罔效，于本年三月初四日在兰州地方因病身故，当将该故兵骨殖随经伊同旗甲兵常奎收殓讫。各等情随经查验属实。各等因呈报前来。敝统带复查无异。所有已故披甲永顺、业铿额、成奎等三名遗出甲缺三份，本队并无余丁顶补，呈请咨回吉林原旗挑补。又据四扎兰委参领麻禄报称，查本扎兰下吉林珲春正白旗裴英阿佐领下披甲蓝翎即补骁骑校七十七，于本年正月十八日偶染伤寒病症，医治罔效，于是月二十八日行至肃州地方因病身故，当将故兵骨殖交伊亲属，甲兵何永福经理盛验讫。等情。所有已故甲兵七十七遗出披甲一缺，查有随营跟役吉林满洲镶黄旗依力布佐领下闲散富成堪以顶补，具文呈请。为此呈报兵部查照。等因前来。相应行文吉林将军查照可也。等因前来。除札饬镶黄、正蓝，蒙古旗协领遵照，即将由营咨回甲缺随时呈放外，相应呈请咨行三姓、珲春副都统等衙门查照可也。须至咨者。

右咨珲春副都统

吉林将军衙门为西丹富隆额顶补甲缺的咨文

光绪十三年十二月十八日

为咨复事。兵司案呈：案准钦命帮办吉林边务事宜珲春副都统依　咨开，窃查靖边中路马队哨官伊通镶黄旗披甲庆喜前经本帮办借补珲春镶黄旗领催之缺，业已咨明在案。所遗甲缺一份就即送省请由该旗西丹内拣放，以重兵额，相应咨送。为此合咨贵爵督将军、副都统请繁查照施行。等因前来。查咨送庆喜所遗甲缺一份，可否请以在营得力之伊通镶黄旗恩福佐领下西丹富隆额顶补，于十二月十五日开单呈奉宪准。等因奉此，除札饬伊通佐领遵照外，相应呈请咨行钦命帮办吉林边务事宜珲春副都统依　查照可也。须至咨者。

右咨钦命帮办吉林边务事宜珲春副都统依

珲春副都统为调赴山东披甲和禄等久无下落拟即一并开革的咨文

光绪十四年七月二十五日

镇守珲春地方副都统法什尚阿巴图鲁依　为咨行事。左司案呈：窃查曾前陆续奉文调赴山东征兵之披甲和禄，甘肃之披甲霍隆阿、春德、常德、福禄等五名，今已十载余兹，杳无下落，故曾具文咨行西省军营查复，旋奉复示均已无着。惟本处先后调出各路征兵，现皆撤回归伍，惟和禄等五名未悉何故，迄无归音，亦无下落，事关缺额，未便久悬，拟即一并开革，归为存营拣补之处，理合呈请备文咨报。为此合咨将军衙门查核施行。须至咨者。

右咨将军衙门

吉林将军衙门为查明调拣西丹内有冒名顶替事的咨文

光绪十五年九月

为咨行事。兵司案呈：本年八月三十日准钦派总、帮统溥、富等咨开，案准珲春副都统衙门咨开，查上年原由吉字营撤回兵丹二十八名，除西丹德春、富奎病故，及披甲英升阿、郎安、祥有、胜柱，西丹海贵、德喜等现患伤寒之症，势甚危险不能送省外，合将陆续到旗之兵丹德全等二十名均已传齐，造具旗佐花名清册，饬交骑都尉恩禄管带送省。等因准此，查恩禄于八月二十四日来营报到，按册点查，除准该衙门咨明业经病故及患病兵丹不能来省八名外，复据恩禄报称，镶黄旗西丹德贵在城逗遛，镶黄旗西丹和喜、正黄旗西丹双贵、正红旗西丹保明、春喜四名在途染病。又查正白旗西丹富升、镶红旗西丹富春、正红旗西丹德安原名永安，以及西丹富春四名，约系十三年撤回，十四年违调撤革队额。兹据左翼统领报称，查西丹富升等四名虽系上年违调，今既来营尚可顶补空额等情。除已照准外，又查镶蓝旗西丹富顺原名关福禄，应即更正本名。惟查有冒名顶替二名，据右翼兼摄统领帮统富咨呈，据营务处称奉宪谕，珲春送来马队兵丹内有双柱、永连二名冒名顶替，应由该翼照便仗责、发落等谕。惟此次换练各城旗送到兵丹，冒名顶替者甚多，深为诧异。查冒名顶替，惩办极严，何其憨不畏法以至如此？遂将珲春送兵官恩禄，并披甲双柱、西丹永连等传到，亲加斟讯。据恩禄声称，窃职遵奉副都统衙门札派，护送吉字营左右两翼调练兵弁，遵即照数带领起程，于八月二十二日到省，蒙总统营务处点名分拨两翼入营。复经马队查出披甲双柱、西丹永连等二名系顶名冒替，职实不知情。再讯西丹永祥，据称，伊胞弟永连染受病症不能赴营充差，本旗即将西丹传唤到旗，勒令顶替永连之名，西丹彼时不允，本旗领催即将西丹鞭责，仍令顶替来营。又据西丹成顺声称，伊胞兄披甲双柱染受病症，勒令顶替胞兄双柱之名来营充差等语。按：各供情形与私相顶替者有间，若照例惩办是由该旗鞭责而来，复被杖逐而归，其情实有可悯。细推其故，总因该旗巧为摆布，希图塞责，此风不遏，何以肃军令而符营规。拟将双柱、永连二名仍交送兵官恩禄携回，交该旗待质，并请转咨军宪饬查严办，以期戒一儆众，庶各城旗不敢轻于尝试，则于吉军调练大有裨益。所拟各节是否有当，理合备文并附取具各供咨呈查核。等情前来。敝总帮统查兵丹冒名顶替军纪最严，如果系该旗有勒令冒顶情弊，殊出理法之外，应准如该翼所拟，据情转呈。除计由珲春衙门送到调练西丹二十名内，现在实已入营者十三名，因事未到入营者七名单开外，所有讯供冒名顶替情由，理合备文抄粘一并咨呈。为此咨呈军宪鉴核，俯赐饬司迅速行旗查照办理，见复施行。等因前来。查吉军更翻换练事关奏定章程，岂容任意含混顶替。今珲春差员送到调操西丹内有双柱、永连等二名均系冒名顶替，实属不合事体，若不严行惩治，诚恐各处接踵效尤。除将顶替双柱等二名饬令该差员带回自行法办外，拟将不以军防为重之该管佐、校等官，各记过一次，其该旗执事领催拟即斥革，鞭责发落，以示惩儆。相应抄单呈请咨行珲春副都统衙门查照，即将该管佐、校各官衔名查明咨送，以凭注册备核可也。须至咨者。

右咨珲春副都统衙门

粘单

谨将珲春西丹在途患病未到及冒名顶替之花名列后

计开

镶黄旗德玉佐领下西丹德全，据恩禄报称，在途患病未到。德贵，据恩禄报称，在城逗遛未到。正黄旗双成佐领下西丹双贵，据恩禄报称，在途患病未到。正红旗富勒吉杨阿佐领下西丹双柱，系成顺顶替伊兄。保明，据恩禄报称，在途患病未到。春喜，据恩禄报称，在途患病未到。永连，系永祥顶替伊弟。镶蓝旗贵山佐领下西丹富顺，原名关福禄应即更正。

谨将珲春差官恩禄及西丹永祥等供情抄录于后。

珲春正白旗骑都尉恩禄，为出具切情事。窃遵奉副都统衙门札派，护送吉字营左右西翼调练兵丹，遵即照数带领起程，于八月二十二日到省，蒙总统营防处点名分拨两翼入营。复经马队查出披甲双柱、西丹永连等二名系顶名冒替，今蒙斟询，职实不知情，为此出具切情是实。

珲春正红旗祥云佐领下西丹永祥，为出具切实情形事。因西丹胞弟永连在吉字营充当马队差使，于去岁九月间撤回归旗，于今年八月间调练之时，乃因西丹胞弟永连染受病症不能赴营充差，本旗即将西丹传唤到旗，勒令顶替永连之名，西丹彼时不允，本旗领催即将西丹鞭责仍令顶替来营，今蒙斟询不敢隐匿，所具切情是实。

珲春正红旗祥云佐领下西丹成顺，为出具切实情形事。因胞兄披甲双柱在吉字营充当马队差使，于去岁九月间撤回归旗，于今年八月间调练之时，乃因胞兄双柱染受病症不能赴营充差，本旗即将西丹成顺传唤到旗，勒令顶替胞兄双柱之名，彼时不允，本旗领催仍领顶替来营，今蒙斟讯不敢隐匿，所具切情是实。

吉林将军衙门为靖边右营队兵来喜等不守营规撤革以民勇顶补的咨文
光绪十六年三月初十日

为咨行事。兵司案呈：本年三月初三日，兵司接准边防营务处总理花翎协领富顺移开，兹准和龙峪商务局移称，案照光绪十六年闰二月初六、初十等日，据靖边中路右营后哨驻护商局哨官和顺呈称，职哨六棚正勇珲春正蓝旗春升佐领下西丹来喜，差操懒惰，不守营规，拟于本月初六日开革，二棚正勇珲春正白旗巴图凌佐领下西丹全喜，腰胯久患寒疾，差操不能得力，五棚正勇珲春镶红旗永德佐领下西丹春喜，性好赌博，私自离营，均于本月初十日分别给假饬革。又有七棚正勇郝财，系伊通州民人，因生疮症屡医不愈，拟于初十日准给长假。查该勇前曾雇人代为充差，现在该雇工卢雨得操练已熟，请即补实，以足缺额。其来喜、全喜、春喜所遗勇缺三份，查有来营投效之民勇周清云、李永盛、崔福年力强壮，均有妥保，拟请一并顶补，以资差操，理合先将该勇等姓名、籍贯、年貌、箕斗抄粘，呈请鉴核前来。敝督理复核无异。除批准外，查该哨护局弁勇归局中点验开收，以资约束，业经禀奉军督宪批准在案。兹据前情，相应抄单咨报。为此合咨营务处请繁查照，希即转详。等因前来。除呈报督宪鉴核外，理合抄单备文移付。为此合移兵司查照可也。等因前来。相应呈请咨行珲副都统衙门查照，札饬吉林分巡道遵照可也。须至咨者。

右咨珲春副都统衙门

粘单

计开

珲春正蓝旗春升佐领下西丹来喜，于闰二月初六日革，以十二日顶补珲春民崔福，年十九岁。正白旗巴图凌阿佐领下西丹全喜，于闰二月初十日革，以十二日顶补湖南衡州府常宁民周清云，年三十四岁。镶红旗永德佐领下西丹春喜，于闰二月初十日革，以十二日顶补李永盛，奉天承德县民，年二十五岁。七棚正勇郝财，于闰二月初十日革，以是日顶补卢雨得，湖南黄州府广济县民，年二十一岁。

吉林将军衙门为将靖边中路开革募补兵勇旗籍花名抄单的咨文

光绪十六年五月

为咨行事。兵司案呈：本年五月十三日，兵司接据边防营务处总理副都统衔花翎协领富顺等移开，兹准靖边中路统领永德咨称，案照敝路中、左两营步队历次开革什勇，均经随时咨报在案。现查中、左两营陆续共革什勇二十一名，应即遵章募补，以足原额，业由敝统领挑选投效之精壮丹勇填补足额，并造册咨请帮办营务处查核转详外。合将开革募补日期、兵勇花名、年貌、旗籍、箕斗及截旷银两数目，分析造具清册二本，备文咨送。为此合咨营务处查核，转详施行。等因前来。所有该军赍到中、左两营三月份革补兵勇、截旷银数清册二份，除呈报督宪鉴核外，理合抄单备文移付。为此合移兵司查照，转饬该旗知照可也。等因前来。相应抄单呈请咨行盛京将军、珲春副都统，照会乌拉总管等衙门查照，札饬伊通佐领遵照可也。须至咨者。

右咨珲春副都统衙门

粘单

正勇刘连于三月二十二日斥革，遗额以乌拉总管衙门镶黄旗西丹庆和顶补。正勇永林拔补什长遗额，以伊通镶黄旗明德佐领下西丹富兴额顶补。正勇王德拔补什长遗额，以珲春正蓝旗春升佐领下披甲德喜顶补。正勇台英阿于三月二十二日斥革，遗额以奉天正红旗崇胜佐领下西丹张殿岐顶补。正勇富永于三月十九日斥革，遗额以伊通镶黄旗明德佐领下西丹德贵顶补。正勇顾恩福于三月二十二日斥革，遗额以伊通正黄旗德亮佐领下西丹奎和顶补。

正勇成安于二月十一日斥革，遗额以盛京正白旗喜文佐领下西丹德全顶补。

正勇泽春于三月初七日斥革，遗额以伊通镶黄旗明德佐领下西丹恩喜顶补。

正勇孙景全于三月十五日斥革，遗额以珲春镶红旗瑞林佐领下西丹德春顶补。

吉林将军衙门为前经派员查点各军兵额册有冒名顶替等弊的咨文及花名册

光绪十七年七月八日

为咨行事。案照洋枪应行盖用铁印，前经委派文元张振麟前往各路按营办理，分析造册报查，并令顺便查点兵额在案。兹据送册前来，除盖用铁印枪枝，各该营仍即遵照前札办理外，所有兵勇花名清册内开点验，有口音不对者，有顶名冒替者，自应按照各营月报详细查对。方昭核实，除上年三月以前月报无案查考外，竟核有并无其人以及顶补花名日期不符者，似此废弛实属不成营制，应即查明再行核办。除札营务处转查外，相应抄粘备文咨行贵帮办，请繁查照施行。须至咨者。

计抄粘

右咨钦命头品顶戴帮办吉林边务事宜珲春副都统恩

粘单

计开

中路中营魏树林册开十六年九月十六日补，鞠永册开十六年四月初二日补，姜永清册开十六年四月二十一日补，黄凤山册开十六年六月二十二日补，贾万荣册开十六年三月初五日补，徐祥册开十六年三月二十日补，王德册开本年四月二十五日补，邵学义册开十六年八月二十四日补，汪致祥册开十六年三月初一日补，张振升册开十六年七月二十一日补，尉连升册开十六年四月十五日补，任殿扬册开十六年十月十五日补，薛万福册开十六年五月初一日补，张兰荣册开本年正月初十日补，徐恩承册开十六年九月十五日补，饶士腾册开本年三月初十日补，王永和册开十六年五月初一日补，黄清和册开十六年七月二十一日补，吴玉册开十六年五月初一日补，于占魁册开十六年十月二十五日补，齐宽册开十六年六月初一日补，丁春福册开十六年五月二十五日补，徐富册开十六年七月初二日补，吕振标册开十六年九月十六日补，韩福册开十六年八月二十四日补，郝成典册开十六年七月十二日补，廖德山册开十六年八月二十五日补，张振发册开十六年七月二十一日补，张明山册开十六年五月二十一日补，杨凤林册开十六年十月二十五日补，刘连册开十六年八月二十五日补，张万福册开十六年四月初十日补，顾恩福册开十六年九月初一日补，王文永册开十六年十月二十五日补，袁升册开十六年三月初一日补，范永海册开十六年五月初一日补。以上月报内均无其人。以上中路中营月报内查无其人者三十六名。

中路左营右哨唐席珍册开本年正月十六日补，郑青云册开本年正月十九日补，许春和册开本年正月十八日补，王升册开本年正月十七日补，向云强册开本年正月十六日补，谌正发册开本年正月二十七日补，郭春华册开本年十月十九日补，金成举册开本年正月二十四日补，杨玉廷册开本年正月十九日补。以上九名月报内均无其人。

中路右营后哨董鸿兴册开本年正月十三日补，月报内查无其人，赵德财册开点验顶名，常万泰册开本年正月十四日补，月报内查无其人，郑永东册开本年正月十四日补，月报内查无其人，刘钧册开本年正月十四日补，月报内查无其人。以上月报内查无其人者四名，顶名冒替者一名。

前路中营赵玺武册开本年三月初一日补，月报内查无其人，赵永发册开十六年十二月十四日补，月报内查无其人，麻殿清册开十六年八月十五日补，月报内查无其人，任千祥册开十六年十二月二十五日补，月报内系十一月二十五日，查明不符，郭安邦册开本年三月二十五日补，月报内系四月二十日，查明不符，张子凤册开本年二月二十四日补，月报内系二十五日，查明不符，王魁义册开十六年十一月二十六日补，月报内查无其人，王贵册开十六年五月初四日补，月报内查无其人，朱万有册开十六年八月初五日补，月报内查无其人，韩吉芳册开本年二月二十九日补，月报内系二十五日，查明不符，全保册开十六年八月十六日补，月报内查无其人，韩祥册开十六年五月五日补，月报内查无其人，张殿魁册开本年二月二十四日补，月报内查无其人，乌凌阿册开十六年九月十七日补，月报内查无其人，范宝珠册开十六年六月初五日补，月报内查无其人，任殿扬册开十六年八月初五日补，月报内查无其人，周国发册开本年二月二十四日补，月报内系二十五日，查明不符，安珍田册开十六年四月初五日补，月报内查无其人，陈喜册开本年二月二十四日补，月报内系二十五日补，查明不符，李芳成册开本年正月二十五日补，月报内查无其人，崔万义册开十六年八月初一日补，月报内系初六日补，查明不符，谭子玉册开十六年五月初五日补，月报内查无其人，武镇海册开十六年五月初四日补，月报内查无其人，王清和册开十六年三月初五日补，月报内查无其人，王玉珍册开点验顶名冒替，程福册开十六年八月初五日补，月报内查无其人，崔得胜册开十六年三月初五日补，月报内查无其人，李世忠册开十六年六月二十四日补，月报内查无其人，连有册开十六年八月初五日补，月报内查无其人，李永信全锁册开本年二月十五日补，月报内查无其人，王德胜册开十六年六月二十三日补，月报内查无其人，李香圃册开十六年八月初五日补，月报内查无其人，李成册开本年三月初一日补，月报内查无其人，凤翔册开十六年九月初七日补，月报内系初十日，查明不符，张春胜册开十六年五月初五日补，月报内查无其人，赵长发册开十六年八月初五日补，月报内查无其人，刘汉喜册开十六年八月初五日补，月报内查无其人，芮德贵册开十六年五月初五日补，月报内查无其人，刘文国册开十六年五月二十五日补，月报内系二十日补，查明不符，沙锦荣册开十六年六月初一日补，月报内系初五日补，查明不符，郑维屏册开本年二月二十五日补，月报内查无其人，侯得胜册开十六年六月初四日补，月报内系初五日补，查明不符，宋立臣册开十六年八月十五日补，月报内系十一日补，查明不符，依兴额册开十六年十一月初五日补，月报内查无其人，杨茂林册开十六年十一月初五日补，月报内查无其人，王天成册开十六年八月十六日补，月报内查无其人，孙长田册开十六年五月初五日补，月报内查无其人，穆得胜册开十六年八月十六日补，月报内查无其人，刘铎册开十六年十月二十日补，月报内十一月初五日补，查明不符，马德山册开本年二月二十四日补，月报内系二十五日补，查明不符，李全胜册开十六年八月初五日补，月报内查无其人，褚殿魁册开本年二月二十四日补，月报内系二十五日补，查明不符，曹振海册开本年四月二十八日补，月报内系二十日补，查明不符，巩长胜册开十六年七月初五日补，月报内查无其人，萧庆胜册开十六年五月初四日补，月报内查无其人，王经文册开本年二月初一日补，月报内系二月二十五日补，查明不符，付源册开十六年三月初五日补，月报内查无其人，杨庆林册开本年正月二十五日补，月报内查无其人，程国全册开十六年五月初一日补，月报内查无其人，春林册开十六年八月十六日补，月报内查无其人，华永春册开十六年三月初三日补，月报内查无其人，王殿祥册开十六年五月初四日补，月报内查无其人，周万隆册开十六年八月初十日补，月报内系初八日补，查明不符，马春元册开十六年三月初五日补，月报内查无其人，梁升册开本年四月十九日补，月报内系二十日补，查明不符，焦殿元册开十六年八月初五日补，月报内查无其人，赵贵德册开十六年八月十六日补，月报内查无其人，张贵册开十六年四月初五日补，月报内查无其人，曾昭明册开十六年八月初五日补，月报内系初八日补，查明不符，尔春布册开十六年九月初七日补，月报内系初五日补，查明不符，冯泰册开十六年十一月初五日补，月报内查无其人，葛财册开十六年五月初一日补，月报内查无其人，阎成清册开本年三月初一日补，月报内查无其人，林润生册开十六年六月初五日补，月报内系七月初五日补，查明不符，汪连贵册开十六年八月二十二日补，月报内系八月初九日补，查明不符。以上月报内查无其人者五十二名，顶名冒替者一名，顶补日期不符者二十三名。

前路左营周万金册开十六年四月初五日补，月报内查无其人，段玉堂册开十六年三月初五日补，月报内查无其人，魏得胜册开十六年十一月初一日补，月报内查无其人，喜顺册开十六年五月初五日补，月报内查无其人，田春和册开本年五月初一日补，月报内查无其人，张云成册开十六年九月初五日补，月报内系初十日补，查明不符，哈玉廷册开本年三月初一日补，月报内查无其人，雍得山册开十六年八月初一日补，月报内系二十八日补，查明不符，韩德奎册开本年四月二十五日补，月报内系二十七日补，查明不符，高永富册开十六年六月十五日补，月报内系五月初十日补，查明不符，富和册开十六年八月十六日补，月报内查无其人，金永宽册开本年三月十七日补，月报内查无其人，刘连顺册开十六年八月十六日补，月报内查无其人，双喜册开十六年八月初七日补，月报内查无其人，张继武册开十六年六月初四日补，月报内系初五日补，查明不符，张庆升册开十六年十一月初一日补，月报内查无其人，吴全禧册开十六年十二月二十五日补，月报内查无其人，张玺册开十六年五月初一日补，月报内查无其人，明升册开十六年六月初五日补，月报内系初四日补，查明不符。以上月报内查无其人者十三名，顶补日期不符者六名。

前路右营李凤翔册开十六年八月初四日补，月报内查无其人，金得祥册开本年三月初一日补，月报内查无其人，张泰册开本年五月初九日补，月报内系六月初一日补，查明不符，赵永胜册开本年五月初一日补，月报内查无其人，艾成吉册开本年五月初四日补，月报内系初八日补，查明不符，彭魁册开十六年八月初四日补，月报内查无其人。以上月报内查无其人者四名，顶补日期不符者二名。

左路中营保昌册开十六年六月初一日补，月报内查无其人，王成册开点验口音不对，段魁册开点验口音不对，王有财册开点验口音不对，张秉德册开点验口音不对，凌世元册开点验口音不对，刘振海册开点验口音不对。左路左营马队三岔口驻扎德清阿册开十六年六月初一日补，月报内系六月初十日补，查明不符，陈万庆册开十六年六月初八日补，月报内系六月初一日补，查明不符，永顺册开十六年十二月十三日补，月报内查无其人。以上月报内查无其人者二名，顶补日期不符者二名，口音不对者六名。

右路中营李得胜册开本年二月十五日补，月报内系二十五日补，查明不符，刘志全册开点验顶名，蔡银册开点验顶名，关开喜册开点验顶名，刘福顺册开点验顶名，李廷魁册开点验顶名，永禄册开点验顶名，韩青山册开点验顶名，刘玉堂册开点验顶名，庆喜册开点验顶名，景林册开点验顶名，伊德顺册开点验顶名，黄魁册开点验顶名，韩振东册开点验顶名，洪得胜册开点验顶名，陈发册开点验顶名，永安册开本年二月初八日补，月报内查无其人，崔连升册开本年三月初九日补，月报内系初八日补，查明不符，增祥册开点验顶名，曹庆福册开点验顶名，李忠福册开点验顶名，双隆册开点验顶名，王振声册开点验顶名，富成册开点验顶名，王连升册开点验顶名，王从喜册开点验顶名，王发册开本年三月初一日补，月报内系初八日补，查明不符，高凤才册开本年三月初一日补，月报内查无其人，孙永盛册开本年三月十八日补，月报内系初八日补，查明不符，孙喜册开点验顶名，刘守清册开点验顶名，张永发册开点验顶名，葛喜庆册开点验顶名，刘勤册开点验顶名，刘同俭册开本年二月二十五日补，月报内查无其人，周和册开本年二月二十五日补，月报内查无其人，王庭桂册开本年二月初一日补，月报内查无其人。以上月报内查无其人者五名，顶补日期不符者四名，顶名冒替者二十八名。

右路左营杨顺册开本年二月二十日补，月报内系二十五日补，查明不符，喜胜册开点验顶名，春凌册开点验顶名，连昌册开点验顶名，喜升册开点验顶名，富春册开点验顶名，陈贵册开点验顶名，德魁册开点验顶名。以上月报内顶补日期不符者一名，顶名冒替者七名。

亲军中营阵永册开十六年八月十六日补，月报内查无其人，李升册开十六年十二月初七日补，月报内查无其人，于升册开十六年八月十六日补，月报内查无其人，程义山册开十六年八月十六日补，月报内查无其人，双惠册开十六年十二月二十七日补，月报内查无其人，王永德册开十六年八月十六日补，月报内查无其人，周凤舞册开十六年九月二十七日补，月报内系二十四日补，查明不符，刘福册开十六年八月十六日补，月报内查无其人，于万江册开十六年八月十六日补，月报内查无其人，桂林册开十六年六月二十四日补，月报内查无其人，姚金玉册开点验顶名，永昌册开十六年六月二十三日补，月报内查无其人，贵明册开十六年七月二十日补，月报内查无其人，马德顺册开十六年八月十九日补，月报内查无其人，林桂册开点验顶名，刘春生册开点验顶名，李永贵册开十六年六月二十一日补，月报内查无其人，刘连升册开十六年八月十六日补，月报内查无其人，孙泰册开点验顶名，丁守信册开十六年六月二十三日补，月报内系二十四日补，查明不符，刘怀册开十六年八月十六日补，月报内查无其人，赵永发册开十六年八月十六日补，月报内查无其人，春满册开十六年八月十六日补，月报内查无其人，艾广志册开十六年八月十六日补，月报内查无其人，王作霖册开十六年八月十六日补，月报内查无其人，双庆册开十六年十一月初三日补，月报内查无其人，傅克仲册开十六年八月十六日补，月报内查无其人，孙颜和册开十六年八月十六日补，月报内查无其人，高义贵册开十六年八月十六日补，月报内查无其人，富贵册开本年二月二十一日补，月报内查无其人，石琨册开十六年八月十六日补，月报内查无其人，李金册开点验顶替，口音舛错，王长德册开十六年八月十六日补，月报内查无其人，孙万年册开十六年八月十六日补，月报内查无其人，同有册开十六年十二月二十七日补，月报内查无其人，李长太册开十六年八月十六日补，月报内查无其人，道冠凤仪册开十六年七月二十日补，月报查无其人，东京城驻扎永祥册开十六年七月二十八日补，月报内查无其人，陶福山册开十六年十二月二十七日补，月报内查无其人。以上月报内查无其人者三十一名，顶补日期不符者二名，顶名冒替者四名，口音不对者一名。

亲军右营禅升册开十六年三月十二日补，月报内查无其人，田文惠册开本年二月二十五日补，月报内系二十六日补，查明不符，德盛册开本年二月二十五日补，月报内系二十六日补，查明不符，唐福兴册开点验口音舛错，李常胜册开十六年八月十六日补，月报内查无其人，颜庆忠册开十六年八月二十六日补，月报内查无其人，王玉喜册开本年四月二十二日补，月报内系二十一日补，查明不符，王有金册开本年正月二十八日补，月报内查无其人，龙德云册开十六年八月二十二日补，月报内查无其人，王贵册开十七年五月二十七日补，月报内系十七日补，查明不符，庞礼册开本年二月二十五日补，月报内系二十六日补，查明不符，曹吉顺册开本年二月二十五日补，月报内系二十六日补，查明不符，张德禄册开点验口音舛错，李万德册开本年二月二十五日补，月报内系二十六日，查明不符，五和林驻扎刘起金册开十六年五月初三日补，月报内系初九日补，查明不符。以上月报内查无其人者五名，顶补日期不符者八名，口音舛错者二名。

吉林将军衙门为将西丹春山顶补甲缺事的咨文
光绪十九年二月二十日

为咨行事。兵司案呈：兹奉帮办边务事宜珲春副都统恩　来函，亲军马队吉林满洲正白旗德恒佐领下西丹春山，在珲充差有年，始终勤慎，苦无鼓励，每遇本旗缺出未能回旗验补，如以在营充差致误前程，未免向隅，一俟该旗遇有披甲缺出，即将该西丹顶补。等谕奉此，遵查满洲正白旗德恒佐领下披甲金贵升任一缺，核与西丹春山同佐，惟此缺照章又系轮补之缺，可否准补，恩典出自钧裁，职司未敢擅便，理合开单呈请宪鉴核夺施行。等情。当于二月十六日呈奉宪批：准其坐补。等谕奉此，除札饬正白旗协领遵照外，相应呈请咨行钦差帮办边务事宜珲春副都统恩　查照可也。须至咨者。

右咨钦差帮办边务事宜珲春副都统恩

（五）清 剿 盗 匪

吉林将军衙门为贼匪砍伤屯户派队追剿的咨文
光绪十二年四月

为飞咨事。兹推宁古塔副都统咨开，左司案呈，据步队佐领委营总岳克精阿报称，于本月二十二日丑刻，据蓝旗沟北二洼屯居户，镶黄旗永海佐领下西丹杨文志声报，二十一日酉刻，由二洼屯西突出执持洋枪马贼，约有四十余名，进屯施放洋枪，将该屯杨姓三户并靖边营砍电杆队兵数名全行围住，势甚凶猛，文志乘便逃出，观见火光皆起，即赴城声报。继于寅刻，据元昌烧锅执事人王文富报称，二十一日申刻突有马贼三十七名，执持洋枪等械闯进小号院内，正掠马匹财物间，有靖边营赴和尚屯采砍电杆之靖边亲军营和哨长带兵一名进小号院内，被该匪等抓住，拉在屋内问　其姓名，拉出屋去，该匪用刀将该哨长并兵一同砍死，后又将小号雇工杨春景当作执事人用火烤逼财物间，文富乘逃出绕道赴街声报。各等情声报前来。据此，除飞饬双石碴子驻扎步队蓝翎防御委参领常祥带兵先为迎头截缉外，惟查在城备遣练防步队三十二名，除现派迎护勘路周委员，暨赴省关饷送公文之外，现在官兵二十一名，即派步队花翎佐领委营总岳克精阿、督带委防御廉常等，即赴距城五十余里之二洼地方一带追剿。查此项贼匪，若据原报四十名之多，该营总带兵诚恐觉单，暨飞行照会靖边左路各营统领双寿，迅速拣派精锐马队驰赴城西北二洼地方一带，会同步队营总岳克精阿等探贼所向，尽力兜击，毋使该匪等远扬外。惟有被贼砍伤和哨长及二洼屯杨户被贼砍伤人口，焚烧被扰形迹，出派防御苏崇阿带兵往查，究系何营弁兵，以俟该员查明到日再行咨报外，合将出派步队营总花翎佐领岳克精阿等带队追剿贼匪各缘由，理合呈请由四百里飞行咨报查核。等因前来。除被害之和哨长已报靖边亲军统领恩祥呈报，系亲军营内哨长和升，派员往验应另核办外，查此股贼匪四十余名，突出抢掠砍伤屯户，戕害官兵，实属凶恶已极。其二洼距塔城仅五十余里，塔城练军步队一百八十余员名，内有分布双石碰子等处驻扎防剿者，亦足见平日未能实边巡缉，以致贼势猖獗，该管队官弁有难辞咎。现在贼匪曾否追获，应即责成委营总岳克精阿等务将此案贼匪悉数弋获，不准以远扬逃遁等词支吾塞责，一报了事。并咨札邻城截剿，以遏逃窜，暨札全营翼长转饬各队严行剿捕，毋任幸逃。除分别咨札外，相应咨行贵副都统查照，转饬所属严行截剿施行。须至咨者。

右咨珲春副都统

珲春副都统为营官富保等搜山击贼获胜等情的咨文
光绪十三年四月初八日

镇守珲春地方副都统法什尚阿巴图鲁依　为迅速咨报事。左司案呈：窃照前因盗匪乘隙出劫行商财物，缚人勒赎退匿深山密林之中，故曾饬由防营拨队进山搜捕。旋据靖边中路右营营官富保督带兵勇，在于汪清沟里击毙盗匪，并探贼所向进剿缘山咨报在案。兹据该营务处呈，准中路永统领德咨，据营官富保禀称，窃职于二月十七日奉派带同哨官花翎尽先守备初天喜、哨长五品顶戴领催永和、左营哨官永春、哨长喜连等，带兵一百名，会同中营哨官春海赴北路入山搜捕贼匪。当奉帮办宪面谕，现在盗匪出没靡常，抢劫行商财物，隐匿深林之中绑人勒赎。此次剿捕必须穷其所往，凡深山大林幽僻之区加意搜逻，总期直捣贼巢，务使净绝根株，免贻后患，如畏难不前，定行治罪。等谕。遵于十八日丑刻，由营起程，先自派出密探三路去讫。三月初八日，在汪清沟里曹家碰房，枪毙贼匪二名，得获十四响快枪一杆，洋炮一杆，夹把刀一把，割取该犯首级二颗，着派什长宋祥等解送到城等情。业经呈报在案。嗣因山内吃食缺少，奉文每营各撤回兵二十名，初九日探闻突有东北山窜来首匪多名，纠合余匪三四十人，分伙绑人勒赎，现在碰子盘踞，正待过付银项等语。职听闻此信，即令多备干粮，以便捕贼所向，实力穷追。并酌拟哨官春海带兵走南路，哨官永春走北路，职居中三路进兵，俾期联络声势，倘遇大股贼匪庶可互相应援。部署已定，职于初十日督兵由石头河掌进山，该匪等闻有兵至，分为两伙，东去一伙，西去一伙，意图藏匿。探闻东窜之贼，皆系着名之首匪王洛四、张十洛二、李洛疙疸、洛郑等，西窜之贼，首匪无多，本欲分兵追剿，奈大山深林之中，地面太宽，所带八、九十兵势难分布，恐有此拿彼窜之虞，是以带兵东追。经过各处俱是崇山峻岭，林树连亘，并无居民，官兵皆在林树之内扎营。十一日探闻该匪等奔往七十二个顶子窜匿，职带兵由大小黑瞎子沟、十八颗顶子等处，爬山越岭，昼夜兼行，追至七十二个顶子交界住宿。该处地面宽阔，高山深林不见天日，职令四更造饭，十二日平明爬越十数山头，凡十余憩，抵至东南岔地方。天色已晚，始见贼踪向西逃窜，遂赶紧造饭，食毕方始初更。即行跟追三更时，约行二十余里，望见灯光潜行奔去，相距不远，听其犬吠，又值月色正明，被瞭哨之贼所见，均伏屋内。职督兵将房围住，该匪等向外放枪死拒，势极凶悍，鏖战至五更。月落天黑，贼由枪烟中逃跑数名，枪毙八名，生擒阎中利、李兑宝、宋星本、李学等四名。查点我兵，独正勇西丹景万福脖项受枪子串皮伤一处，打坏我兵来福枪五杆。讯据阎中利等供称，死者乃首匪李洛疙疸、洛郑、伙匪盛点、张瓜打、胡洛疙疸、刘洛五、吕广、郝汰等，逃者乃匪首王洛四、张十洛二、宋十洛三、伙匪邓洛屋共四人，宋十洛三已受重伤等语。委因黑夜难以跟踪追捕，仍割取死犯耳级，焚毁房屋。时已天明，刻即造饭，食毕一面派兵押解人犯在后随行，职督兵跟踪尾追，所经之处非山则林。至十四日巳刻追至忘八脖地方，该处距三岔口一百三十里，距宁古塔四百余里，距珲春五百余里，不见贼踪。登高瞭望，见山旁林中微有烟起，量必贼人造饭，随即下山带兵扑至。恰有该匪三人，瞥见官兵一齐爬上山坡，以大石障身向外迎敌，两贼持快枪，一持六响洋枪，拼命死拒，甚属猖獗。职见贼在暗处，诚恐兵勇受伤，令兵四散爬山防其逃窜，且使从旁诱敌。贼果惊慌，首尾不能兼顾，职即督兵一拥而上，立毙贼二名，一贼带伤逃命，追至山顶亦毙之。带同阎中利等验看死贼，果系绑人勒赎之匪首王洛四、张十洛二、伙匪郑洛屋等，枭取三犯首级。计两仗共获十四响快枪一杆、十三响快枪一杆、六响洋枪二杆、大洋炮一杆、小洋炮二杆、索伦洋炮一杆、鸟枪五杆、扎枪五杆、马刀四把、克力骟马一匹、驮鞍一盘、油布药兜二个、小铜锅一口、宝银三锭、碎银三包、扁方十一只、别簪一支、耳挖三支、女镯子一副、代鼻七五洋钱一元、代鼻小元宝一个、烟土四包。是役也惟以三路堵截，使贼不得南北分窜，故此一伙十余名虽未净绝根株，而仅逃宋十洛三一犯身带重伤，谅难保全活命。十五日又闻西南山里地名迷魂阵，距七十二颗顶子一百余里，入其地者，往往失迷所向，素系贼匪盘踞之所。职带兵到彼搜巡两日，并无贼踪，思欲全队复回七十二颗顶子再行搜剿，当因所携吃食无多，设有缺乏，山内无处买办；况有生擒四犯，若无房屋看押，恐有夜间守兵乏困，致有疏脱之虞，是以酌留哨官初天喜带兵四十五名，在彼遍加搜缉。职于十七日押犯旋营，二十三日抵城。除将枪毙各犯割取首耳级之名目，以及起获枪刀赃物分别抄单，粘连文尾备查外，合将奉派带兵搜山剿贼缘由，备文呈报统宪鉴核，施行。等因。据此，除咨报督办营务处查核外，为此具文合将该路右营营官富保等，带兵搜山与贼接仗，并生擒盗匪得获赃物银两等项，抄录原单粘连文尾，理合备文呈报帮办宪鉴核。等因转详前来。据此，除将解到枭取毙匪之首级并左耳验明，传于中途悬杆示儆，其阵擒逆匪阎中利等四犯饬司审拟，另文详请法办外，查该营官富保探贼所在，即就近督带官兵，裹携糇粮，深入老林，跋涉崎岖，分队并进，昼夜兼行，穷贼所向，跟踪追剿，不避艰险，倍极辛劳，身先士卒，躬冒锋敌，连获胜仗，往复搜捕，究将此股宵匪斩擒殆尽，得获军械赃物多件；复因山深林密易于藏奸，虑有另股盗匪窜匿其中，遂留队搜捕，足使逆寇敛戢不敢再事猖獗，庶地方赖以稍靖。该员不惟剿捕得手，并且布置合宜，殊属智勇兼备，诚堪嘉尚。除其所获之洋枪等械暂准留营捕盗使用，至得获赃物分别饬主认领外，合将此次击获胜仗歼灭分股逆匪缘由，呈请备文飞行咨报。为此合咨将军衙门查核施行。须至咨者。

右咨将军衙门

粘单

谨将得获器械赃物开列于后：

计开：十四响快枪一杆、十三响快枪一杆、大洋炮一杆、六响洋枪二杆、小洋炮二杆、索伦洋炮一杆、鸟枪五杆不佳、扎枪五杆、马刀四把，以上扎枪马刀二项不堪使用。油布药兜二个，赃物克力骟马一匹、驮鞍一盘、小铜锅一口、库宝银三锭重一百五十八两一钱九分、碎银一包一百零五件九十五两、镯子一分重七两八钱、扁方土支别簪一支、耳挖三支，共重二十五两五钱、代鼻七五洋钱一元、代鼻小元宝一锭重一两一钱、烟土四包重一百七十五两。

珲春副都统为靖边两路分别进剿两股贼匪事的咨文

光绪十四年三月二十八日

镇守珲春地方副都统法什尚阿巴图鲁依　为迅速咨报事。左司案呈：本年二月二十一日，据本城铺户恒源德执事民人苏玉志报称，伊由省买办货物，雇大车三辆，于本月十六日旋至塔界孤猪岭上，突由西岭窜来盗贼十六七名，各持枪械将车载小号白青水布四十四、二蓝串绸一匹、曲绸五匹、大线口袋五条、洋绉袋子五条均已抢去，分携向东山内去讫，客与车户均未受伤等因。据此，正拟拨兵往捕间，适据穆克德和站兼密占分站笔帖式喜春禀，据密占屯居住镶白旗闲散寿成报称，伊同居之侄西丹富有，于本月二十三日赶驾马爬犁赴东山拐磨子沟窝棘内砍运房木，讵被步匪十七八名绑缚入山勒赎。等情转禀前来。当即一并饬由边防营务处分扎靖边两路，出派队五分途进剿去后。兹据该营务处呈，据前路吴统领永敖咨，据帮带官管开元禀称，奉饬会同汪清参营会首高辉吉带队进山搜捕，于三月初七日二更时分行至小汪清大夹汛子，许廷福抛弃之碓房子有胡匪四名，一见我队即持枪出屋迎敌，遂督队攻击。当时枪毙逆匪一名，余皆受伤败入林内逃遁，因寅夜昏黑未能追获。除将所获快枪一杆、夹把刀一把，拟请留营使用外，合将割取毙匪首级呈送转解等因。又据营务处呈，据中路永统领德咨，据右营右官富保禀称，奉派带队进山搜剿，于本月初八日抵至汪清沟里曹家碓房子，正值步贼二名在彼抢掠，一见我队临近，即各持快枪、洋炮由屋门窗内向外拼命拒敌。职遂督带兵勇向里环攻，当将二匪击毙，枭取首级，着派什长宋祥等随禀解营。惟得获快枪一杆、洋炮一杆、夹把刀一把，拟请一并留营使用。至事主曹仁幸伏于屋内地窖，身未被伤，其财物亦未失损。惟探闻前缚西丹富有之股匪，现由东北七十二颗顶子带窜来，盘踞于老林内勒赎，职拟多备干粮入林进剿，能否追获再行呈报。等情转详前来。据此，除将先后解到毙匪首级三颗，传于冲途悬杆示儆外，其所获枪械应准暂行留营捕盗使用。至老林内盘踞之股匪，除饬该营务处务期尽数剿捕，续俟呈报到日再行咨报外，合将此次击毙贼匪进剿各缘由，呈请备文先行咨报。为此合咨将军衙门查核施行。须至咨者。

右咨将军衙门

珲春副都统为报汪清乡团击毙贼匪解验耳级的咨文
光绪十四年四月二十日

镇守珲春地方副都统法什尚阿巴图鲁依　为迅速咨报事。左司案呈：兹据大荒沟乡约王禄报称，于本月初一日探闻突由东山窜来贼匪二十余名，盘踞城子沟林内，遂带同汪清乡团民十五名，于初五日傍晚至彼，讵该匪等势甚凶悍，即各持枪械列阵拒敌。相战逾时枪毙逆犯一名，余贼始败退入林逃逸。当因日暮昏黑不便追击，遂割取毙匪左耳，并得单响洋炮一杆、大刀一把，撤队拟于次日备携干粮再行追剿。惟枪械不敷使用，请将所获洋炮借留捕盗使用，将耳级与大刀解验。等情呈报前来。据此，查前由七十二个顶子分股西窜之匪杳无踪影，今竟至此被击败逃，殊属狡滑。除分饬捕盗各队严加穷追，实力搜捕，务期悉获，不准逸脱贻患外，惟该乡团所得洋炮一杆，准其借用，其解到耳级验明示儆，至大刀已不堪用，饬存于库。除俟该乡团　等能追获呈报到日再行咨报外，合将击毙贼匪解验耳级缘由呈请咨报。据此，拟合备文迅速咨报将军衙门，请繁查照施行。须至咨者。

右咨将军衙门

珲春副都统为报七十二个顶子一带仍有逃匪饬队严拿的咨文
光绪十四年六月初一日

镇守珲春地方副都统法什尚阿巴图鲁依　为迅速咨报事。左司案呈：兹据边防营务处呈，准靖边中路永统领德咨，据右营营官富保禀，据前由七十二个顶子一带搜拿余匪之哨官初天喜报称，曾于获解盗匪邢帏幅后，即带队穷搜，仅于深山密林中搜见抛弃贼居空房三处，均于随时焚毁，俾其无所栖止。其西窜之王双、洛九等一伙股匪，迄未东归，未悉窜匪何处。又据右路保统领成报称，前遵札示，出派哨长明春带队进山截击东窜之匪，旋报禀称，在北大顶子地方遇有自东窜来贼匪十余名，一见我队当即督兵击败四散，入林遁匿。又据探报，榆树川一带突有零星贼匪出扰，遂出派哨官双喜、吉勒图堪等带兵分路进山搜捕，能否弋获再行呈报。各等因呈报前来。据此，查前由东路西窜之股匪，曾经大荒沟乡约王禄等击败逃逸，乃今被该哨长明春截击，又复入林遁匿，殊属狡猾已极。除分札各路转饬捕盗各队，速将此股窜匪严加搜缉，务期尽获，至出扰之零匪亦即随时捕灭，毋使蔓延为患外，相应呈请咨报。等情据此，拟合备文迅速咨报将军衙门查照施行。须至咨者。

右咨将军衙门

珲春副都统为惩治胡匪酌定章程出示晓谕事的咨文
光绪十五年三月二十九日

钦命帮办吉林边务事宜新授黑龙江将军法什尚阿巴图鲁依　为咨还事。本年二月二十七日准贵督办将军副都统咨会内开：照得本将军副都统以吉林地方边境辽阔，东界朝俄，西连蒙古，五方杂处，素称难治，其最为地方害者，莫如今之胡匪，屡经官兵惩创，终难绝其根株。嗣复严饬各队四外搜拿，擒斩虽伙，仍恐除恶未尽，贻害地方，又复派员四出巡查，尽悉其弊，用将查访情形酌定章程五条，应即会同贵副都统出示晓谕，咸使闻知。现已拟定会稿二份，刊刷会衔告示二十张，书行钤印。除分咨外，相应备文咨会查照，希将会稿并告示一并书行、会印，望将会稿留存，仍将回稿发还备案施行。等因准此，当将会稿二份、告示二十张，一并书行、盖印，除将告示留存二张以备张贴，并将会稿留存一份外，其余告示十八张、会稿一份，相应咨还。为此合咨贵^{督办将军}^{副都统}请繁查收施行。须至咨者。

右咨将军衙门

珲春副都统为报界官乌勒兴阿与贼接仗各情的咨呈

光绪十五年四月初九日

暂行护理珲春地方副都统印务左翼花翎协领博奇巴图鲁德玉为飞行咨呈事。左司案呈：窃前因所属东北两路山村各处，时有闲杂流民勒讨饭食米粮至各村中，亦有外来无业之民或乞食讨米，或乘隙行窃。故曾派云骑尉依萨绷额、领催五品顶戴德顺，携带马兵八名，配发洋枪、子药与前派界官云骑尉乌勒兴阿分赴所属村屯界内，认真实力稽查。遇有前项无业流民，如果系良懦穷黎，即谕令投垦局静候安插，或觅处佣作；如游惰梗顽者，即驱逐境外，或拿解核办。等因。严饬去后。惟属境辽阔，山深林密，宵小最易潜匿，且外来闲杂流民既众，其中良莠势必难齐，虽已分路巡查，然兵单地广，究恐难周，未免此逐彼窜，东拿西避，转致顾南失北之虞。故前移请靖边中、前两路统领，拨队分赴属界查拿。继准俄官廓米萨尔来照内称，忽有中国匪徒十名，各持枪械越入彼界砍船沟地方，劫掠彼处所居随俄之高力人家、财物，携赃逃入珲属珲春河东地方，此股抢匪似属该处伐木之营兵，祈为查缉究办。等因照会前来。据此，随即转行该两路统领，希即派队驰赴东山一带搜捕，其是股抢匪究由何窜，有无逃入我界之处，一并见复等情。亦备文移付讫，尚未见复。惟兹于本月初八日辰刻，据前派查界官云骑尉乌勒兴阿所带之随差披甲六品顶戴倭什浑、披甲七品顶戴凌德等旋称：窃倭什浑等八名奉派随同乌界官稽查界差，于初六日未刻查至东路瓦岗寨地方，当据该处居民等报称，初五日夜间突出步匪十二三名，各持枪炮闯进屋内，劫去衣服等物逃逸，维时事主幸皆避匿未被伤害等语。据此，乌界官量该匪等自必逃伏林内，虑及崎岖鸟道，马难行驰，遂督同兵等变装徒步踩踪进剿。由此北行十七八里，即被一大山阻隔，其悬崖陡壁，势甚危险，乌界官激劝兵等首先攀援木石，自南向北鱼贯相继登进。行有四五里许，至山之北坡半腰，树木稠密处，忽见该匪等十余名由林内突出，各持洋炮，内有一名持快枪，列阵抗敌。当时乌界官身先率兵，奋勇攻击。枪炮互施，相战逾时，奈该逆等以树障身，先得地利，势甚猖狂。我队进攻约相距二三十步许，乌界官连用洋枪击伤逆匪二名，彼始退入林内。我兵即随乌界官奋不顾身，乘胜向前闯攻。将至林边，复由林内暗施一枪，不意乌界官受伤，登时阵亡，兵等随即一拥闯入林内。彼此攻之际，我兵富小尔左手背受快枪子划伤一处，又巴图哩右大腿受洋炮子击伤一处，尚未致损筋骨。互相鏖战一时之久，该逆等大半受伤，始皆败逃四窜。追捕数里，奈日暮昏黑，不便进搜，遂撤队将阵亡之乌界官尸身连夜抬回，并受伤之兵至次晨始旋抵瓦岗寨，令同差兵等看守听候示夺。倭什浑、凌德将夺获逆匪之大刀三把、单响洋炮一杆、不堪用撒袋一副、铅丸一斤、铜帽六十粒、洋药四两、红号衣一件、上无字记绿洋毡一条、蓝布小袄二件、蓝布大衫一件、麻布小衫一件、白洋布裤子一条、花褥面一件、华皮紫面坎肩一件、铜碗二个、铜匙三把、白洋布被单一件、麻布口袋一条，一并呈送查核。等情旋报前来。据此，复加详询，据称，如前相符。查该匪等胆敢执持凶器聚伙，公然行劫，又复恣肆逞凶列阵拒捕抗敌，甚至戕官伤兵，殊属穷凶极恶，目无法纪，虽被我兵击伤败逃，仍应严加穷搜，务期尽获法办，方昭炯戒。除另添派甲兵二十四名及原差兵共三十名，出派骁骑校恩特恒额管带，刻即驰赴东山探贼所向，跟踪追捕，实力穷搜，务获解究。并饬就近查明此次接仗界官乌勒兴阿阵亡情形，据实呈复，暨缴饬前添派之界官云骑尉依萨绷额、德顺等带兵往剿，及行令靖边中、前两路统领，祈即拨队星弛追捕是股逃逸外，惟该界官云骑尉乌勒兴阿此次跋涉崎岖，不辞艰险，卒将此股逆匪追及复身先士卒，躬冒锋刃，奋勇力战，击伤二匪，被贼枪伤，登时殒命，诚堪悯恻。除派弁兵同其亲属接尸安葬，并将受伤之甲兵富小尔、巴图哩撤换回旗将养，续俟勘列等第另文咨明外，合将该官兵击贼阵亡受伤，并分饬发队进搜缘由，呈请备文由五百里飞行咨报。为此咨呈将军衙门查核施行。须至咨呈者。

右咨呈将军衙门

珲春副都统为派骁骑校恩特恒额带领马队进山剿匪事的咨呈文
光绪十五年五月十六日

护　理珲春地方副都统印务左翼花翎协领博奇巴图鲁德玉为迅速咨呈事。左司案呈：窃前因逆匪抗公拒捕，致伤查界官云骑尉乌勒兴阿阵亡。当即出派骁骑校恩特恒额，带领马兵三十名，裹携糇粮进山追剿，严加搜捕，并饬就近查明该界官打仗阵亡情形具报。等因。札派去后，旋于五月初一日据该员恩特恒额呈称：窃职奉饬遵即带兵随携盐粮，于四月初十日驰抵属界瓦岗寨地方，先将被贼拒伤阵亡之界官乌勒兴阿尸身去衣详加验得，仰面左胁被洋枪子击伤一处，入内斜由后面右腰眼透出，进枪子处伤口围圆八分，色焦黑，因相近所致，出处伤口围圆一寸，骨损，皮色紫黑，除此别无伤痕，委系生前与逆匪相战，被贼用洋枪击伤登时殒命属实。其　所穿之衣服相对伤口处，皆有透孔血污，验毕时尸交与尸亲人等收领讫。职即带兵抵至迤北大山深林内，复勘得该界官与贼打仗阵亡之处尚有血污，其山势险峻，树木丛密，悬崖陡壁，崎岖鸟道，马队难进，职等遂弃马徒步攀援登进，始至其处，诚与该随差之兵倭什浑等所报之地势，及打仗一切无异。当时勘竣，仍由进路旋至山前，乘马向东进剿，自四、五、六道各沟至土门子，复转向南顺　中俄接界之营城子、分水岭一带又折而向西，由高丽坟、梨树沟、西北沟、烟筒磊子等处逐加穷搜，实力严缉。讵此案逆匪前被中路防军在于黄博落沟击毙一名，其余数犯即俱各散远遁，杳无踪影。当询据各该处居民告称，曾于滋事后即经大兵进山搜捕，以致贼匪无所隐藏，均已逃越俄界伏匿。等语。职欲随时越境追捕，奈俄卡拦阻，始终不容过界，是以旋驻柳树河听候核示。等情。呈报前来。据查，此案逆匪原被击伤，一半逃窜，继经中路防军剿毙一名，其余数犯各散远扬。今复据该员带兵逐处严加搜缉，竟无踪影，其窜越俄界伏匿无疑，惟俄人不容过境亦不便强行越捕。除照请廓米萨尔饬下协缉外，其东路既有防军分段驻扎巡捕，又有乡团守御，足资保卫，拟将恩特恒额一队撤回，俾赴所属村屯及近山僻乡周履稽查，庶期安静。至随差查界之兵富小尔、巴图哩等前次与贼接仗所受枪伤，堪列四等，现皆将养稍愈，渐可平复。除仍分行严缉是案逃匪，并照会俄官外，理合呈请备文迅速咨呈。为此合呈将军衙门查核施行。须至咨呈者。

右咨呈将军衙门

吉林将军衙门为奉上谕整顿勇营以弥隐患的咨文
光绪十七年九月初三日

为咨行事。本年八月三十日准军机大臣字寄，光绪十七年八月二十二日奉上谕：有人奏请饬整顿勇营，以弥隐患一折，据称，各省匪徒借端滋事，皆游勇散练勾结煽诱兵役，限于汛地缉捕，动形掣肘必须责成勇营较为合宜。惟防营积习相沿，上下蒙蔽，贿赂公行，克扣缺额，竟成故事。甚至藏垢纳污，会匪以游勇为爪牙，游勇以防营为身庇，请饬认真整顿等语。所奏尚为切中情弊，近来各省防营日久生懈，营务渐多废弛，以致会匪游勇毫无忌惮，通同勾煽，群思蠢动，亟宜力加整顿以遏乱萌。着各直省将军、督抚严饬各营，痛除积习，实力操防，于勾通包庇各弊随时严加防察，认真惩办，毋得再涉懈弛，致干咎戾。原折均着抄给阅看，将此各谕令知之。钦此。遵旨寄信前来。等因准此，相应抄粘备文咨行。为此合咨贵帮办，请烦钦遵施行。须至咨者。

右咨钦命头品顶戴帮办吉林边务事宜珲春副都统恩

吉林将军衙门为舱长德庆呈报领出枪枝被匪劫持饬队缉拿的咨文
光绪十九年四月初四日

为咨行事。案据边防营务处呈报，四月初二日亥刻，接据图们江水师炮船舱长德庆、帮办亲军右哨队官贵庆由五百里呈称，窃奉副宪大人饬派修理请领枪炮等件，于三月二十六日领出，随时禀辞，于二十八日出城，住江密峰，二十九日住五道河子，三十日住苦拔河王家店。方夜至二更，忽有步贼三十余名，手使开斯呋啫洋炮等枪，由后房檐闯至东小门。巡更正勇苗得胜看见方想打话，贼将巡更勇苗得胜照脸砍伤一片，又两臂着枪伤二处。职等率兵把巡更勇抢回，两下对打至三更余天。不意贼由小门转至后房檐下，纵起火棒，将店房后檐烧起，又率兵对打，贼众兵寡，被步贼即将呋啫士得枪十杆，又开斯枪九杆，来福枪五杆，又洋药三坛子，又开斯子母三千，又铅丸一箱，又铜帽三盒，腰刀九把，一切俱被步贼抢去。又打坏马骡五匹，鞍辔俱被火烧坏，恳祈营务处转呈施行。等因前来。除由职处刻即移付练军翼长，赶紧派队严拿此股贼匪，悉数弋获外，理合备文呈报鉴核施行。等情据此，除全营翼长迅速派队严拿此股贼匪，务获究办，毋得一名漏网，是为至要外，相应咨行贵帮办，请繁查照施行。须至咨者。

右咨钦命头品顶戴帮办吉林边务事宜珲春副都统恩

珲春副都统为将边防历年缉捕出力人员开具花名并拿获盗匪案由请奖的咨文
光绪十九年八月二十七日

钦命头品顶戴帮办吉林一切事宜镇守珲春地方副都统恩　为咨行事。案查吉林练军拿获盗匪出力人员三年期满，择尤照异常劳绩汇案请奖一次，历经援案办理在案。珲春于同治初年，因地方不靖，八旗额兵各有差徭，曾设演练队五十名，俾资缉捕。自光绪六年添设边防之后，附城则有中前两路，南冈则有右路一军，遂将演练裁撤，所有搜山一切，均责成三路防营，迄今十有余年。该官弁兵勇等遇有指名要犯，或有抢劫之案，均能迅速剿捕，甚至见贼跟踪，风餐露宿经旬累月，不辞劳苦，必至破案而后已者。计自十七年起至十九年止，中、前、右三路缉获盗匪随时解司审办，共四十一起，缉捕出力实与各处练防无异，必俟边防五载，寻常劳绩请奖一次，似不足以资策励，可否将历年缉捕出力人员附入练军案内存记，俟后一并请奖，方昭公允。兹据该统领等开具出力官弁衔姓花名，并拿获盗匪案由呈送前来，本帮办复核无异。除兵勇另行奖励功牌外，相应抄粘咨行贵督办将军，请繁查核，可否转饬练军文案处立案，俟三年期满择其尤为出力者，汇案请奖施行。须至咨者。

计抄粘

右咨钦命头品顶戴督办吉林边务事宜镇守吉林等处地方将军兼理打牲乌拉拣选官员等事恩特赫恩巴图鲁长

计开

一、中路中营中哨哨长德春，于光绪十七年十一月十一日，奉派札开，近闻四乡各屯多有窝贼聚赌之家，饬令派弁搜捕案内，拿获盗犯孙殿海一名。又于十一月二十八日，拿获盗犯孙殿海同伙李吉良即长条子一名。又于十八年二月十五日，奉派据俄官廓米萨尔照称，赴海参崴货车被盗劫去马匹案内，拿获逸犯王兆龄、袁土喜二名。又于六月二十四日，奉派前往东沟搜捕盗匪案内，拿获盗犯王兰廷一名。又于六月二十九日，枪毙强抢红溪河旗人金山家首匪徐福禄一名，当经割取首级呈验。又于闰六月初九日，奉派前往六道沟指拿巨犯王占鳌一名。又于八月十一日，奉派搜山拿获盗犯董好一名。又于八月二十八日，奉派搜捕拿获盗犯霍得胜，又拿窃盗陈万春共二名。

一、中路左营后哨哨官喜廉，于十七年十一月初七日，奉派札开，近闻四乡各屯多有窝贼聚赌之家，饬令带队搜捕案内，拿获盗犯刘国祥绰号黑塔一名。又于本年七月初十日，奉派严缉保寿之子被绑案内逸犯，拿获盗匪赵玉堂一名。

一、中路左营前哨哨长李儒卿，于本年四月二十八日，奉派往捕枪伤韩民金钟会案内逸犯，拿获鞠廷禄一名。

一、中路左营中哨哨官瑚松阿，于本年六月初六日，奉派查屯拿获盗犯支兆海一名。

一、中路右营右哨哨长常贵，于十八年十一月初四日，奉派随同哨官喜廉前往三岔口探缉贼匪案内，拿获盗犯孙义一名。

一、前路中营后哨哨长富昌保，于十八年四月十七日，奉派拿获马圈子祖三保被抢一案盗犯高攀荃一名。又于十八年闰六月初三日，中营中哨哨长沙成珩、后哨哨长富昌保，奉派缉捕于小绥芬河于家窑房各处，拿获行抢各案匪犯李翰文、陈得才、李镇海、张殿发等四名。

一、前路右营哨官张元勋，于十八年九月二十一日，奉派缉捕于韩国庆源府大度川各地方，拿获民人王青山具报拦路抢劫一案盗贼赵金魁、王天祥、刘化银等三名。

一、前路左营后哨哨官陈道祥，于本年三月三十日，奉派缉捕于小国马排地方，拿获小国密雾岭抢财害命杀伤韩民金丙轩一案盗犯常起坤、张幅、甄红蒽、徐幅等四名。

一、前路中营署右哨哨官桂林，于本年四月二十六日，奉派查屯于东岗子屯，拿获私造假银一案匪犯吕景盛一名。

一、前路右营前哨哨长金成，于本年四月二十六日，奉派查屯于八道泡子地方，拿获强抢垦民一案洋人一名。

一、前路中营右哨哨长曹桂声，于本年六月十一日，奉派驻札南岗于溪鳞河，拿获强抢匪犯杨福海一名。

一、前路左营什长哈万隆，于本年四月十八日，奉派于岩杵河地方，拿获偷盗官马匪犯谷得胜、刘汶宝等二名，左营什长李平安于本年五月初四日，奉派拿获强抢匪犯陈喜子一名。

一、前路中营差官许福禄、伊里亨，于本年四月二十五日，奉派查屯于雅路屯夹信子地方，拿获盗马匪犯于兴明、赵文海等二名。

一、右路中营随同办事委员五品顶戴即补骁骑校领催英林，查此员于历年派队缉匪发纵草檄，甚合机宜，及呈送所获匪犯案情，均经该员办理，尤属详慎，合并呈请记功。

一、右路左营随营委员五品顶戴蓝翎补用骁骑校披甲全魁，查此员随营充差勤奋耐劳，于缉捕盗匪事务办理明敏，合并呈请记功。

一、右路中营左哨哨官五品顶戴即补骁骑校领催承顺，于光绪十八年八月二十四日，在三道湾东五道沟拿获强抢白草沟杨家大窝棚盗匪刘勘正一名，送珲审实法办讫。

一、右路中营后哨哨长五品军功披甲魁昌，于光绪十九年四月二十九日，在太平沟拿获强抢冈民钟姓匪首关亭玉一名。又于六月初三日，追缉绑掳甩湾子居民项才一案盗匪，搜至九道沟地方，与该匪等接仗，打毙贼首张姓一名，救回事主。又于六月二十四日，在朝阳河里拿获强抢四道沟杨姓等家之盗犯闫茂太一名，送珲审办讫。

一、右路中营左哨哨长五品军功旗录富平阿报，据小盘岭卡书李逢春等在嘎牙河北拿获抢劫高丽岭行商之盗犯何喜一名，送珲审办讫。

一、右路中营前哨哨长法克通阿，于五月二十日，在大河沿拿获拷毙刘逢春一家三命之凶盗陈湘、于发、魏永兴等三名，送珲办讫。又于五月二十八日，该哨长报，据什长四有在四道沟东南桦树川拿获强抢四道沟垦民杨姓盗犯卢和凌、卢永凌等二名，送珲审办讫。

一、右路中营中哨哨长五品军功即补骁骑校披甲成林报，据什长四有等于六月初九日，在头道沟口拿获绑掳甩湾子居民项才案内盗犯覃青发一名，送珲审办。又于六月十二日，该员在大河沿拿获拷毙刘逢春一家三命案内咨犯高真一名，送珲审办讫。

一、右路左营中哨督队官六品军功即补骁骑校披甲魁升，于光绪十七年八月二十八日，在老白山东北红旗河与强抢三道沟柴姓等家之伙匪接仗，打毙匪首崔永升一名。又于十八年闰六月初十日，在岭前驮子沟地方与强抢马鞍子山前六道沟居民马振青等家盗贼接仗，打毙贼匪二名。

一、右路左营帮带官头品顶戴记名简放副都统记名协领花翎佐领贵升，于光绪十八年闰六月二十四日，在官道口拿获强抢甩湾子居民宋连云之盗匪李海、律调和等二名，送珲审办讫。

一、右路左营前哨督队官六品军功即补骁骑校披甲，于光绪十八年六月二十九日，在柳树河子西沟内，搜获强抢倒木沟居民林姓等家之受伤殒命匪首修用山一名。又于十九年三月二十五日，该员在头道梁子拿获抢劫哈尔巴岭客商之盗匪黄巾幅、李才等二犯，送珲审办讫。又于六月二十六日，该员在庙儿沟与强抢随姓家贼匪接仗生擒曲太青一犯，打毙匪首李洛屋一名，送珲审办讫。

一、右路左营前哨哨官蓝翎防御兼云骑尉吉勤图堪，于光绪十八年七月初二日，在帽儿山南拿获强抢华夫子民张姓等家盗犯傅泳山一名，送珲审办。

一、右路左营右哨哨官五品军功即补骁骑校披甲英喜，于光绪十八年七月二十一日，在帽儿山西马鹿沟上掌，将抢掳刘家案内盗匪李逢有一名拿获，送珲审办讫。

一、右路左营左哨督队官五品军功即补骁骑校披甲祥禄，于光绪十九年六月二十六日，在朝阳川拿获强抢太平沟北山根张李王等家之盗匪毛水发一名，送珲审办讫。

吉林将军衙门为奉上谕清查各省盗匪事的咨文

光绪二十年五月二十六日

为咨行事。光绪二十年五月十七日承准军机大臣字寄，光绪二十年五月初七日，奉上谕：御史易俊奏，会匪勾结为害，请饬各直省先事筹办一折，会匪为害地方叠经降旨，令各该督抚查拿惩办。兹据该御史奏称，此等匪徒行踪诡秘，拘捕良难，筹办之法莫如清查保甲，使匪徒无托足之区，一面晓谕乡思凡误领飘布者，准令虽缴销毁，予以自新，并责成团长、甲长等设法稽查等语，着各直省将军、督抚督饬地方文武，体察情形妥筹办理，务令奸宄悉除，消患未萌，免致养痈贻害，是为至要。原折均着抄给阅看，将此各谕令知之。钦此。遵旨寄信前来。相应恭录谕旨并抄原奏备文咨行。为此合咨贵帮办查照钦遵施行。须至咨者。

右咨钦命头品顶戴帮办吉林边务事宜珲春副都统恩

兵司为哨官克蒙额带兵在泡子沿击贼阵亡等情的咨文
光绪二十年十月

将军衙门兵司　为移付事。本年十月初八日准边防营务处总理副都统衔记名副都统花翎协领富　等移开：兹准靖边中路统领永　咨称，兹于十四日马队哨官克蒙额，奉派带兵七名前往泡子沿一带查屯，忽于三更后队兵魁俊回营禀称，克哨官带兵于初更后行至泡子沿，见贼正在郎姓家抢掠、放火、拷人，逼取财物，克哨官带兵身先士卒迎面攻击，枪毙贼匪一名，拾获洋枪一杆，不意被贼枪伤小腹，尚且呼兵剿捕，立时殒命，�夜之间未知贼匪多寡等情。又据队兵回营禀称，哈达门驻扎步兵闻信前往与贼接仗，当时阵亡前哨十棚什长台福祥一名。各等情。除传知左右两营拣员派兵追捕外，敝统领随派马队督队官德祥，带兵二十六名，后哨哨官全禄、前哨哨官希拉杭阿、中哨哨长荣贵、右哨哨长常德等共带兵八十六名，刻即驰往该处实力缉捕，勿使一名漏网。旋据左营官胜泰呈称，遵派哨长春明刻即带兵十五名，前往接迎。又据右营营官凌顺呈称，遵派哨官永和带兵二十二名，驰往缉捕。各等情。除呈报督帮办宪鉴核外，合将哨官克蒙额、什长台福祥阵亡情形，先行备文咨报。为此合咨营务处查核施行。等因前来。由营务处转呈，当奉宪批：呈悉。缴。等谕奉此，理合备文移付。为此合移兵司查照施行。等因前来。相应移付珲春副都统衙门左司，正蓝旗协领查照可也。须至移付者。

右移珲春副都统衙门左司

（六）军　火　军　需

吉林将军衙门为拨给中前两路哈乞开斯枪四百杆的咨文
光绪十一年四月初六日

为咨行事。前据营口转运局呈报，三月初六日奉钦差会办北洋大臣吴　札开，照得本院前购哈乞开斯矛头兵枪一千杆，已于上年十月解到五百杆，并矛头矛套五百副、钩簧一千副，因已封冻在津寄存，兹将前项枪件附官轮运交该局解吉，余存沪局五百杆俟海道畅通再行续解。遵于三月十二日将由轮解到枪件，差派弁勇星速运解赴吉。旋据军械转运局呈报，已于四月初一日经营口转运局差员守备衔补用千总胡昌沛，解到开司枪五百杆，计四十二箱，矛头、矛套五百副，钩簧一千副，计七箱，共四十九箱，如数点验收库。移复该局知照外，具文呈报。各等因先后呈报前来。查此项兵枪现既解到五百杆，自应尽数酌拨，以济军中急需。现据营务处呈报，以右路统领保成因军械不敷应用，恳请筹拨，除将此项兵枪拨发右路军中一百杆外，其余四百杆即请贵帮办派员来省领运回珲，就近酌拨中前两路军中领用，以期应手有备。除札饬军械转运局遵悉外，相应咨行贵帮办，请繁查照派员领运施行。须至咨者。

右咨钦命帮办吉林边务事宜珲春副都统依

吉林将军衙门为新枪解到旧枪拨还的咨文
光绪十一年四月二十九日

为咨行事。案查前据营口转运局解到哈乞开斯兵枪五百杆，自应尽数酌拨军中，以济急需。除拨发右路军中一百杆外，其余四百杆已咨请贵帮办派员来省领运回珲，就近拨发中、前两路军中，以期应手有备。等因在案。惟去年添练防军七营，应需枪械系由工司库存尽数提拨，现在奏准添补练军四百名，省库并无存储军械，亟宜筹备以资应用。兹派员协同委员周国增将前项兵枪四百杆起运赴珲，到日请酌拨中、前两路分领，即将各该军旧用来福枪、鸟枪二项，酌量拨还四百杆，饬交去员解省。除札派委员运解外，相应先期咨行贵帮办，请繁查照，俟新枪解到换回旧枪应用，望切施行。须至咨者。

右咨钦命帮办吉林边务事宜珲春副都统依

珲春副都统为派员领取十五年亲军马队两哨操演军火的咨文
光绪十五年二月初三日

钦命帮办吉林边务事宜镇守珲春副都统法什尚阿巴图鲁依　为咨明事。兹据本帮办行辕亲军马队左、右两哨哨官德昌、恩海等呈称：该两哨自光绪十二年正月起，至十四年十二月底止，所需操演军火各项皆系由中路库存随时借用，现在需用甚巨，应速归还。其十五年一年内所需操演火药，一并遵照新旧章程分别核明请领，共计应领开斯枪子母六万六千六百颗，洋药二千二百七十八斤，铜帽十三万二千六百颗，铅丸八万三千二百五十粒，烘药十斤零六两五钱，火绳一千一百九十八丈四尺，开单呈请前来。本帮办复核均属相符，应即照抄原单，特派专演炮位委员花翎头品顶戴记名副都统德英阿赴省，由边务军械转运局提取解珲，俾得拨还前借中路各项，余则存储，以备该二哨按月操演之需。除札军械转运局核发外，相应咨明。为此合咨贵督办将军，请繁查照施行。须至咨者。

右咨钦命督办吉林边务事宜镇守吉林将军恩特赫恩巴图鲁长

珲春副都统为中路原领锣鼓帐棚等项不堪使用呈请核销的咨文
光绪十五年三月初四日

钦命帮办吉林边务事宜新授黑龙江将军法什尚阿巴图鲁依　为转咨事。本年三月初一日，据行营边防营务处呈，准中路统领永德咨开：该路三营自成军以来，原领锣、鼓、铜号、帐房、铁镐、斧、锯各项物件，现据左营营官乌勒兴额、右营营官富保，并中营五哨哨官等报称，自成军迄今，各营有逾八九年者，有逾六七年者，原领帐房等物，每逢修理炮台，搜山各差使用，均已朽烂不堪。至现在存营锣、鼓、铜号以及各营现需铁器家俱，均系职等自行添补。应将原领锣、鼓等项呈请报销。等情呈报前来。敝统领逐一点验，委系朽烂不堪使用，理合将三营请销帐房等物开单粘连备文咨报，请繁查核，转呈核销。等情到本帮办将军。据此，除札复该处转行该统领遵照外，相应照抄原单咨明。为此合咨贵督办将军请繁查照，希即转饬各局处备存施行。须至咨者。

右咨钦命督办吉林边务事宜镇守吉林将军恩特赫恩巴图鲁长

珲春副都统为由省解到军火交前路妥为收贮的咨文
光绪十六年三月十八日

钦命头品顶戴帮办吉林一切事宜镇守珲春地方副都统恩　为咨复事。前准贵督办将军咨开：据军械转运局呈称，奉宪札开，照得珲春、宁古塔所扎防军距省较远，操需军火均经由省请领，每值夏令雨水连绵，道途难行，运解非易。兹拟趁此冰雪未消、道路平坦之际，派员往送，易于运解。着营务处照军械局单开新章，一年边军应用军火数目，除后路不计外，其珲春、塔城两处防军，复照此单按七成核送珲春火药局存放，以三成运解宁古塔军械局验收，以资急需。旋据该处核明斤重各件数目缮单呈复，等情到本督办将军。据此，合亟抄粘札饬，札到该局，即便遵照单开军火各项数目，派员妥为分解，毋任迟延。仍将委员衔名并起解日期呈报，以凭分行各处接收。等因奉此，遵即开具各委员衔名清单，当蒙派出委员蓝翎云骑尉春山、兵马司吏目李应春、书识五品顶戴季佩兰赴珲交纳。委员五品顶戴委章京沈德科、候选县丞韩骑赴塔交纳。惟单开拨珲七成之十二磅开花弹二百五十二个，查卓局库存仅有二百二十二个，请照此数运解至宁古塔。亲、左两军并无两磅及十二磅开花炮，所拨三成之开花弹铜五件、木信子两磅、铜拉火，应请毋庸随运。惟解珲军火斤数较多，该委员等拟分三起运解，头起委员春山，二起委员李应春，三起书识季佩兰，定于初四、五、六三日陆续起程，由大江取道烟集岗至珲春交纳。赴塔委员沈德科、韩锜定于初四日一同在省起运，由大江绕道驿路至宁古塔交纳。除将斤重数目移付边务粮饷处核发脚价，并饬各该委员书识等妥速运解外，理合将军火数目开具清单呈报鉴核。等情到本督办将军。据此，除分行外，相应抄单咨行，请繁查照。俟此项军火解到，派员如数验收见复施行。等因到本帮办。准此，查此次解到军火三批，为数较多，珲防军火库地势窄小，难容多件。因查前路本有军火一所，自应分批收存。初批归军火局收贮，二批、三批交前路收贮，以期妥慎，当即札遵在案。兹据管理军火局花翎防御荣升呈报，二月二十一日，押解军火委员蓝翎云骑尉春山，将初批火药等项如数解到，遵即照单点收存库。靖边前路王统领宽呈报，二月二十二日、二十八日等日，委员李应春、季佩兰将二批、三批军火等项如数解到，遵即饬令驻库委员黄河清逐一点收存库，先后呈报前来。除饬该管委员等督率巡兵严密防范，毋任稍有疏虞外，相应咨复。为此，合咨贵督办将军，请繁查照施行。须至咨者。

右咨吉林将军长

珲春副都统为中前两路查明现存快枪数目并请补领的咨文
光绪十六年七月初二日

钦命头品顶戴帮办吉林一切事宜镇守珲春地方副都统恩　为咨复事。案准贵督办将军咨开：据全营翼长吉升阿等禀称，窃查职等所部练军自光绪三年添设以来，分布四外集镇村屯，择要驻扎，迄今十有余年。各军于初立时原领多系鸟枪、长矛等械，间有大小来福洋炮，亦属无多。此项枪械现届年久，均已残毁不堪，以致马步各队每遇贼匪接仗，该匪多有执持哈乞开斯、呫啫士得等枪恣意猖獗，我军每不得手。职等再四筹思，我军非有利器实难制贼死命，是以仰恳宪恩，请将由上海购来利器内发下哈乞开斯枪八百杆、呫啫士得枪七百杆，共计一千五百杆，各随子母二百颗，以备均匀发给各队承领，以资应手而壮军威，所有应需价值，请饬工司通融于练饷军火项下立案报销之处。职等系为整顿队伍临敌制胜起见，是否可行，未敢擅便，理合禀请鉴核，伏候批示遵行。等情据此，查近来枪械自以后膛为利用，所请亦属当务之急，惟此枪仅由防饷内筹购，可否匀拨之处，仍候咨商到本帮办。准此，当经饬据中路统领永德呈称：遵查哈乞开斯枪实为军中利器，职路三营现在仅存三百一十四杆，各营多寡不一，是以职拟再请四百八十六杆，共凑七百五十杆之数，每营均拨二百五十杆，不惟军械划一且可临敌制胜，再查吓啫士得快枪，职路并无存储，拟请承领五十杆拨归马队使用，庶期捷便，如蒙允准，每枪请随子母二百颗以备应用。前路统领王宽呈称：遵查卑路三营原领现存吓啫士得枪九十杆、哈乞开斯枪三百一十杆，核计中营分存士得枪二十九杆、开斯枪二百杆，左营分存士得枪五十杆、开斯枪三十杆，右营分存士得枪十一杆、开斯枪八十杆。缘马队利于士得，步队利于开斯，当此遵奉宪饬整顿边备，是利枪亟待请备。职再四酌拟步队一营定数二百五十杆，马队一营定数一百杆，核计各营原存不计外，中营步队补领开斯枪五十杆，右营步队补领开斯枪一百七十杆、士得枪十五杆，左营马队补领士得枪五十杆，总计三营共补领开斯枪二百二十杆、士得枪六十五杆，共计二百八十五杆，均请随带子母二百颗，以便分发各营承领，以资应用。先后呈复到本帮办。据此，查此项枪械既动边饷购买，量备边军之用。亲、左、后三军是否缺乏，应由贵督办将军，饬查具报。除右路两营饬查到日另文咨复外，兹据前情相应咨复。为此合咨贵督办将军请繁查照施行。须至咨者。

右咨钦命头品顶戴督办吉林边务事宜镇守吉林等处地方将军恩特赫恩巴图鲁长

珲春副都统为亲军请领吓啫士得枪械及子母的咨文

光绪十六年九月初五日

钦命头品顶戴帮办吉林一切事宜镇守珲春地方副都统恩　为咨明事。案据本帮办亲军左哨哨官依力布、右哨哨官常林禀称：窃职等前奉前亲军统领恩祥札开，饬将该哨枪械查明并有无缺乏、足用、应行补领。等因遵此，业经声明呈报在案。兹奉宪台面谕：饬将应领何项枪械再行禀明，以便派员承领。等谕遵奉之下，是以职等仍照前文，拟请吓啫士得枪每哨各二十杆，各带子母二百颗。如蒙允准，并将此项枪械恩请饬令领饷之委员铭禄，由省就近承领，携带来营是为公便。等情据此，相应咨明。为此合咨贵督办将军请繁查照，希即转饬机器转运局，将前项枪械就近交领饷委员铭禄领解来珲，以凭转发施行。须至咨者。

右咨钦命头品顶戴督办吉林边务事宜镇守吉林等处地方将军恩特赫恩巴图鲁长

吉林将军衙门为炮位所需密油由机器局购办的咨文
光绪十六年九月

为咨行事。据军械转运局禀称：窃卑局于七月十九日接奉宪札内开，案准贵帮办咨开，案查珲春、三姓奏筑炮台三处，安设十五生的克虏人钢炮九尊，现在台工业经告竣，亟宜及时操练，俾资御侮。当经本帮办饬据北洋委员补用同知茅延年抄递旅顺操炮章程一份，细加披阅，除密油一项应预为购备，以便更换，其炮衣既有木棚遮蔽，自可从俭，毋庸制备，惟擦洗炮费，则为必不少之需。若责令各该统领赔垫，必惜费生锈，转致临机误事，自应明定章程，选择炮目专司其事。查原递章程内开，十五生的钢炮每尊每月擦洗费银八两，计珲、姓炮位九尊，每月共需银七十二两，按季由各该营截旷项下扣留给领，各该统领务各督率炮目随时擦洗洁净，以光亮为主，不准稍有生锈，致误事机。除抄章分札遵照外，相应咨明。为此，合咨贵督办将军，请繁查照，希即转饬粮饷处知照，并饬转运局遇便购备密油分发各军更换施行。等因到本督办将军。准此，合亟抄粘札饬，札到该局即便遵照办理，特札。等因奉此，查密油一项，卑局从未办过，所需物料不知何名，此项机器局或可能以备办，且该局营口上洋俱有专司采办，转运委员所需之件，必能悉其大概。可否饬下机器局先行购办若干，以备发放之处，未敢擅便，伏候宪鉴，核示遵行等情，到本督办将军。据此，除批：查密油购自外洋，各路统领无从购办，若代以他油，反不能利用，应令机器局先行代购一百瓶，所需价值即由炮费项下拨还，仰即遵照。缴。挂发并分咨札外，相应咨行。为此，合咨贵帮办请繁查照施行。须至咨者。

右咨钦命头品顶戴帮办吉林边务事宜珲春副都统恩

吉林将军衙门为机器局派员解送中前右三路十七年份操需军火的咨文并军火清折
光绪十六年十二月初五日

为咨行事。案据机器制造局申称，窃查本年靖边各营操需军火，已由各该营派员前来承领清讫，所需运解脚价，自十月份起系由职局移付边务粮饷处核发承领转给，业经随时申报在案。目下边防军械库内所存各项军火，除铜钉开花弹未造齐全外，其余足敷靖边各营明年一年操需之用。兹查靖边前中右三路距省较远，每值夏令雨水连绵，道路难行，运解军火良非易易。职局拟照今春送往珲春、宁古塔两处备防军火章程，趁冰地平坦之时，将该三路明年一年所需各项军火，妥派司事往送。至备防军火拟仍按照向章，七成运珲，三成运塔，先将洋药一并运解，所有各该路应用铜钉、开花弹，一俟制造齐全，再行运解。惟查靖边前路操需军火，业已领至明年五月底止，此次运解应自明年七月起至冬月止，俾归一律。应请咨明帮办宪并饬该三路统领，一俟军火解到之时，即行查照验收，仍请转饬边防营务处照章拨兵护送。现职局已派司事尽先拨补笔帖式喜顺前往运解，拟于十二月初六日启程，除申报帮办宪并将斤重数目移付边务粮饷处核发脚价外，理合将运解前、中、右三路明年所需各项军火，以及运解明年备防洋药各数目开具清折，备文申请鉴核咨明，并分别转饬施行。等情到本督办将军。据此，除分饬外，相应抄粘咨行贵帮办请繁查照施行。须至咨者。

计抄粘

右咨钦命头品顶戴帮办吉林边务事宜珲春副都统恩

清折

谨将运解珲春明年备防洋药，以及运解中前右三路明年所需各项军火各数目，开具清折，恭呈宪核。

计开

珲春明年备防军火：七成洋药二万九千八百九十三磅零三两二钱。

靖边中路三营明年一年操需军火：枪用洋药六千四百四十四磅零二两。车炮用洋药一千五百磅。两磅炮用洋药一百七十二磅零六两。铜帽二十三万八千六百五十颗。来福铅丸十二万零一百五十粒。洋抬枪铅丸五万四千粒。哈乞开斯子母七万五千六百颗。吥啫士得子母五千四百颗。格林炮用开斯子母一千八百颗。两磅开花弹一百八十个，随带铜五件一百八十副，两磅铜拉火一百八十枝。车炮开花弹六百个，随带铜五件六百副，四磅铜拉火六百枝。

靖边前路三营明年下半年操需军火：枪用洋药二千七百零一磅。车炮用洋药二百五十磅。两磅炮用洋药八十六磅零三两。十二磅铜炮用洋药一百一十二磅零六两。铜帽十二万五千零六十颗。来福铅丸七万七千七百六十粒。洋抬枪铅丸一万三千五百粒。哈乞开斯子母四万一千八百五十颗。吥啫士得子母一万二千一百五十颗。格林炮用开斯子母九百颗。车炮开花弹一百个，随带铜五件一百副，四磅铜拉火一百枝。两磅开花弹九十个，随带铜五件九十副，两磅铜拉火九十枝。

靖边右路两营明年一年操需军火：枪用洋药二千七百六十二磅零八两。车炮用洋药五百磅。铜帽十四万七千二百六十颗。来福铅丸十万零零七百一十粒。哈乞开斯子母三万三千四百八十颗。呋喀士得子母一万零五百三十颗。洋抬枪铅丸六千七百五十粒。车炮开花弹二百个，随带铜五件二百副，四磅铜拉火二百枝。

吉林将军衙门为中路过期未领军火由珲春备防项下给领的咨文
光绪十七年三月初四日

为咨行事。据靖边中路统领永德呈称：于本年二月十二日准边防营务处咨，奉督宪札开，案据机器制造局申称，查向章过期军火不准找领，曾奉饬遵在案。今中路请领去岁秋季军火，亦已过期，事同一律，应否扣除抑即给领，未敢擅便等情。禀奉宪批，查中路请领军火过期不准找领，既有向章自应扣除。等谕转咨前来，查机器局援案声明，自系恪遵功令，在宪台俯允所请亦为公忠体国，力节经费，职虽愚鲁敢不遵奉。每查珲防距省窎远，每值夏令河涨水发道路难行，是以禀准按年关领军火，分作两季，均趁江河封冻之际，以免潮湿浸润之虞，并非需用不急故意迟延，以致衍期。再查职路军火向存珲城药库，由帮办宪处派员监守，按月打靶台操核实关领，毫无浪费。且珲境逼近俄疆，昔在成军之际军火充裕，遇有过期扣除数月，赖有陆续积存者，尚可有备无患。迨至搏节之后，按年所领军火仅敷操演之需，若再扣除数月不惟缓急难恃，且恐兵勇技艺日就生疏。况十五生的克鹿人台炮，向费巨款，购自外洋，若不按月施放，锈蚀亦系堪虞。职故不揣冒昧，仰恳宪恩俯念边防紧要，可否转咨帮办宪，由前解珲春备防军火项下照数给领，以资训练而免废弛之处，谨再备由具文呈请鉴核，批示，遵行。等情到本督办将军。据此，除批：呈悉。除咨帮办先饬由备防军火内给领外，候饬机器局俟下次运解珲春军火时，再行补解备用可也。缴。挂发。除饬遵外，相应备文咨行贵帮办，请繁查照施行。须至咨者。

右咨钦命头品顶戴帮办吉林边务事宜珲春副都统恩

珲春副都统为铜炮无益演练运交机器局库存事的咨文
光绪十七年三月二十六日

钦命头品顶戴帮办吉林一切事宜镇守珲春地方副都统恩　为咨明事。本年三月十五日准贵督办将军咨开，窃照宁古塔、三姓、珲春等处存有青铜炮位，所打不远，演之似较无益，所有炮位、炮子应即一并调存机器局，听候拨为他用。除分别咨行外，相应咨行贵副都统，请繁查照，希即转饬查明，如有前项青铜炮位、炮子即便委员一并运解来省，送存机器局可也。等因准此，查青铜炮位概用木心，与他项炮位不同，前经饬令屡次演准实难命中，且无知度数测量之法，纵使转发他处仍是虚糜经费，不若运解到省，饬交机器局暂行存库留备后用。当经饬令兼管炮位哨官如数将炮件检齐，委亲军右哨督队官贵庆差便解省。嗣据声称，遵谕当即雇觅脚力，乃恰值春末夏初，车辆不能畅行，随炮物位实多，驮运又觉不易，恳祈封冻再行起运。等情前来。本帮办复核属实，相应抄粘咨明。为此合咨贵督办将军请繁查照，俟封冻时再行派员运省施行。须至咨者。

右咨吉林将军长

吉林将军衙门为派员前往各营按枪盖用印记的咨文
光绪十七年四月十一日

为咨行事。照得洋枪为军中利器，所关者大，如该将领等防范稍疏，而不肖之兵丁未免滋弊，应即按路按营按枪盖用铁印，分别前后膛各名目，并尺寸长短、有无枪刺，详细造册，以便稽查而昭核实。自经此次盖印之后，该将领等务须时刻严饬各兵，逐日勤加擦洗，毋使锈涩。倘该兵等无故将枪遗失损坏，或图利私买以不堪利用之枪塞责者，一经败露，定即严惩，决不稍从宽宥。现饬据机器局制造铁印前来。查有花翎副都统衔参领文元、五品衔分省补用知县张振麟，堪以派同携带铁印前往各路，按营办理分析造册报查，并令顺便查点兵额。如有不实不尽情弊，许该委员据实禀办，如敢扶同徇隐，亦一并严参。除分饬外，相应咨行贵帮办请繁查照施行。须至咨者。

计发铁印六颗。

右咨钦命头品顶戴帮办吉林边务事宜珲春副都统恩

吉林将军衙门为查明各路步队现存来福枪数目的咨文
光绪十七年四月十二日

为咨行事。照得靖边各军所持枪械不能划一，现经分拨各步队哈乞开斯枪枝，每营凑足二百杆之数，已先后札饬机器局给领在案。所有各马队亦应接续办理。惟查神机营拨来之来福枪尺寸较长，非马队利用之器，应即先行查明各军步队现存大小来福枪数目，暨有刺无刺、尺寸长短，以便酌夺拨换应用。除札营务处转行各军遵照外，相应备文咨行贵帮办，请繁查照施行。须至咨者。

右咨钦命头品顶戴帮办吉林边务事宜珲春副都统恩

吉林将军衙门为靖边马队各营士得枪不足百杆者准以补领的咨文

光绪十七年八月初九日

为咨行事。照得靖边五路一军各营步队，每营凑足开斯枪二百杆，业已领齐并经饬查马队各营枪数，先后据报在案。所有各营马队亟应一律办理。查马队各营，每营应凑足士得枪一百杆，现士得枪所存无多，应以短开斯、立密得呼敦等枪，利于马队用者，一并作为后膛士得枪数计之，有不足百杆者，准其率请在机器局补领士得枪枝，用符其数，余仍用前膛来福枪，再以兵数计之，如有枪数多者，应仍缴回，俾免参差。除饬机器局分别给领，并札营务处转行各营遵照办理外，相应咨行。为此合咨贵帮办，请繁查照施行。须至咨者。

计抄粘

右咨钦命头品顶戴帮办吉林边务事宜珲春副都统恩

粘单

帮办辖下马队二哨正勇九十名，现存后膛枪四十一杆、前膛枪四十九杆，勇数枪数不多不少，应毋庸议。

中路马队一哨正勇四十五名，现存前膛枪四十五杆，应准补领后膛士得枪二十五杆，应缴回前门来福枪二十五杆，此项来福枪即着就近全数拨给前路马队使用。

前路马队一营正勇二百二十五名，现存后膛枪八十杆、前膛枪九十五杆，应准补领后膛士得枪二十杆、前膛来福枪三十杆。其士得枪准由机器局承领，其来福枪即就近由中路补领二十五杆，由右路补领五杆，用符补领三十杆之数。左路马队一营正勇二百二十五名，现存后膛枪五十杆、前膛枪一百五十杆，应准补领后膛士得枪五十杆，应缴回前膛来福枪二十五杆。

右路马队一营正勇二百二十五名，现存后膛枪五十七杆、前膛枪一百三十九杆，应准补领后膛士得枪四十三杆，应缴回前膛来福枪十四杆，内着就近拨给来福枪五杆，交前路马队使用。

后路马队一营正勇二百五十名，现存后膛枪一百七十二杆、前膛枪一百杆。查该营人数较多，且有三哨拨驻他处缉捕，是后膛枪多于前膛枪，正合其宜，应令缴回前膛来福枪二十二杆。

亲军马队一营正勇二百二十五名，现存后膛枪七十六杆、前膛枪一百四十四杆，应准补领后膛士得枪二十四杆，应缴回前膛来福枪十九杆。

吉林将军衙门为南洋大臣咨各省由沪采购军火先将名目件数委员衔名开明的咨文
光绪十七年十月初九日

为咨行事。案准钦差大臣办理通商事务两江总督部堂刘　咨开，据苏松太聂道禀称，窃查军火一项，照约不准洋商私自贩运，从前各省派员赴沪采购军火，先将名目件数并委员衔名备文知会，或奉转行遵办，俟委员到沪报明前项军火系向何洋行定购，由道函致新关司税给单办运验放。近来各省有派员驻沪采办者，亦有径饬洋行华店包运者，并不一律预先移行关道，而外洋军火到沪，立待过载转运不得不酌量变通，暂予致关验放，仍由职道移会该省局、所补备公牍来沪以资稽考。但此等办法原虑该省待用孔急，若必接有公文始能验放，恐有延误，是以偶予通融，如果恃有成案，日久相沿，流弊即不免可虑。现在又有英人梅生运械济匪一案，事出意外，防范更未可稍疏。拟请宪台咨会各省分行防营各局所。此后委员赴沪购办各种军火，先将名目、斤两、件数详细开单，禀请本省大宪咨明，宪台转行职道，当遵照单内件数致关，照章办理。其苏省营局如有办运军火之事，亦应一律禀明饬知，以昭慎重。倘未奉宪台转饬明文，及奉文后于单外添购之件，无论多少，即使委员已向洋行办定军火，抵沪均应令提存开栈，仍俟奉文，再准委员提取装运出口。是否有当，仰祈察核示遵，实为公便。再各省在沪购办铜铅铁器等件，亦在军火之列。每日赴道请单者不一而足，往往未准各省局所咨会，可否先求宪台分电各省，详细开明，随时移行知照，俾便给单验放，祇候钧裁。等情到本大臣。据此，除批：军火一项禁令甚严，近来变通办理本非所宜，况现在又有洋人私运济匪情事，自应查照定章切实办理，以昭慎重而杜流弊。缴。印发并先电达外，相应咨会查照，办理施行。等因。准此，相应备文咨行贵帮办，请繁查照施行。须至咨者。

右咨钦命头品顶戴帮办吉林边务事宜珲春副都统恩

吉林将军衙门为珲春宁古塔十九年操需军火由机器局分送的咨文
光绪十八年十一月初十日

为咨明事。照得本督办将军于光绪十六年正月二十三日，曾以珲春、宁古塔所扎防军距省较远，操需军火由省请领，每值夏令雨水连绵，道路难行运解。着营务处照军械局单开新章，一年边军应用军火数目，除后路不计外，着照此单按七成核送珲春火药局存放，三成运解宁古塔军械局验收，以应急需，饬遵在案。当据军械转运局遵照成数，分别运解一次。是年冬续据机器局运送珲春备防洋火药二万九千八百九十三磅零三两二钱。十七年冬，又据机器局运送珲春备防洋火药二万九千八百九十三磅零三两二钱，先后报明亦在案。所有边防各军操需军火早经机器局备齐一年，先期运送各该营应用，自不致再有缺乏之虞。此后珲春、宁古塔等处备用军火，可以毋庸再按三七成分别运送。惟查珲春、宁古塔备防军火，已存有三年之久，应即由各营按照八成，提为十九年操需军火，随时具报。至机器局年内应行运解来年珲春、宁古塔各营八成操需军火，即着分别径送珲春火药局及宁古塔军械局验收存放，不必运送各营。如此轮流更换，存新用旧，庶免日久浸潮，不堪使用。除札饬外，相应咨明贵帮办，请繁查照施行。须至咨者。

右咨钦命头品顶戴帮办吉林边务事宜珲春副都统恩

吉林将军衙门为中路请领军火抵补前借备防的咨文
光绪十八年十一月十六日

为咨复事。案准贵帮办咨开：本年十月二十四日据署靖边中路鄂统领龄呈称，于九月二十三日奉宪台札开，本年九月初十日据珲春军火局呈称，窃于本月初六日遵奉宪谕，饬将中路由备防款下借用军火数目查明，具报在案。等因奉此，遵查中路历年军火入不敷出，每届操演系由备防项下借用，历经造册具报在案。惟查备防军火现存无多，各营操演日需军火由局借领，为数甚巨，若不先行禀明，深恐日久难以接济，实是不资备防而昭慎重。其应如何转饬请领补远节用之处，职未敢擅便，合将三营借领军火数目分析缮单，具文呈请宪台鉴核施行。等情。据此，查该路原有机器局照章解送火药，何竟由备防项下动用若干，殊不可解。合亟抄粘札饬，札到该统领即便遵照，据实声复，仍将支借军火照数归还备防可也。等谕。奉此，遵查边防各营应需军火，自成军以来每枪按月发药九十五出，铜帽九十五颗，迨至核减之后，每枪按月仅发洋药三十七出，铜帽三十七颗，本应遵章操演，曷敢浪费。惟以珲防逼近俄疆，自设防军十有余年，每遇合操之际，枪炮之声震动山谷，不惟军威克壮，实足震慑强邻。若一旦顿减枪数，势必至寂静无声，诚恐启敌人窥伺之心，又虑起将士偷安之意。是以职部三营经永统领德，按月合操，每枪仍发五六十出洋药不等。计自去岁至今二年之久，陆续由珲春军火局库存备防军火项下，共借洋药四千四百二十九斤、铜帽六十三万四千七百二十颗、拉火七千八百四十根。若不据实声明，诚恐愈积愈多，不惟补领无期，而且有碍边防，职谬署斯路，曷敢遽然陈请，第关军火重务，亦未便稍事缄默。今蒙札询，故于无可如何之中，思一变通权宜之计。现查职路尚有剩存开斯子母八万六千一百五十三颗、吭啫士得子母一万六千七百九十颗、来福枪铅丸三十九万八百九十粒、抬枪铅丸三十四万六千八百八十五粒，拟请即以此项剩存子母、铅丸折领洋药四千四百二十九斤、铜帽六十三万四千七百二十颗、拉火七千八百四十根，抵远前借备防军火。如蒙恩准，恳请咨明督办将军转饬机器局，以俟今冬派员解送职路军火之时，即将此项折领洋药、铜帽、拉火等项，如数解珲，归还原款。所有职路应领明年子母、铅丸暂请扣除，勿庸解送，以重军火而清款目之处，是否可行，未敢擅便，理合备由具文呈请鉴核恩准施行。等情据此，除批：呈悉，以应领十九年子母、铅丸折领洋药、铜帽等项抵补前借备防，似尚可行。缴。挂发外，相应备文咨商。为此合咨贵督办将军，请繁查照核准，转饬机器局遵照施行。等因准此，查各路操需军火早有定章，岂容率行紊乱至于此极，殊堪痛恨。查该中路光绪十六年秋季军火，曾经咨明贵帮办，准由备防军火内动用，并饬机器局补解在案。光绪十七年十一月十七日据机器局报明，派总教习胡殿甲除将该路十八年一年应用操需军火照章解送外，仍将应补光绪十六年下半季军火一并运送珲春军火局验收，并申报贵帮办亦在案。所有永统领借用之军火是否在此数之内，抑系在此数之外，均须确切查明核办。如在此数之外仍有借用之处，自应责成永统领照数赔补，以为故违定章者戒。所有鄂署统领呈请折领之处，应毋庸议。至各路历年积存各项军火，均已报明前来，应即作为来年操需军火，多者仍由该营谨慎存储，少者即由机器局核明补送。除分饬外，相应备文咨复。为此合咨贵帮办，请繁查照，希即转饬珲春军火局委员查明库内各项军火究竟现存若干，并将永统领借用军火查明，该统领是否于光绪十七年机器局补解光绪十六年下半季军火之外，仍借用若干，一并赐复，以凭核办，望切施行。须至咨者。

右咨钦命头品顶戴帮办吉林边务事宜珲春副都统恩

吉林将军衙门为机器局派员运送中路备用军火的咨文
光绪十八年十一月二十七日

为咨行事。据机器制造局申称：窃查靖边中路前于光绪十七年春，以十五生的克鹿卜炮三尊，自十六年七月起演放，计秋季五个月，共需洋火药五百八十五斤，拉火四十五枝。呈奉宪批：除咨帮办先饬由备防军火内给领外，候饬机器局运解珲春军火时再行补解备用等因。行知在案。职局现届运送珲春各营军火之时，自应将该统领十六年秋季起至十八年秋季止，演放十五生的大炮，动用珲春备防军火，一并补解，并将十九年份演放此项炮位，应需洋火药、拉火，一律遵照新章八成核计，随带前往，俾资备用。应请宪台转饬该中路统领查照，并咨明帮办宪，俟此项洋火药、拉火解到之时，一并派员验收。除申报帮办宪并将斤重数目移付边务粮饷处核发脚价外，理合开具清折，备文申请，伏乞宪台鉴核，咨饬施行。等情到本督办将军。据此，除札饬外，相应抄粘备文咨行。为此合咨贵帮办，请繁查照，俟此项洋火药拉火解到时，接收见复施行。须至咨者。

右咨钦命头品顶戴帮办吉林边务事宜珲春副都统恩

吉林将军衙门为机器局派员运送中前右三路十九年军火的咨文
光绪十八年十一月二十七日

为咨行事。据机器局申称：窃职局先后接奉宪台札开，案照靖边各营所使枪枝未能划一，前按马队一营核计，以呫啫士得、立密得呼敦、哈乞开斯等枪，凑足百杆之数，步队一营核计以哈乞开斯枪凑足二百杆之数，均已分拨饬领在案。所有来福枪一项，马队一营应以一百二十五杆核计，步队一营应以二百五十杆核计，浮多者，即随差便解缴，少者亦即赶紧补领。至各营应需军火，据报均有浮多之数，来年自应按照八成发给，以资撙节。其抬枪一项，某营共有若干，能否适用，各营迅速查明，倘有不利于用者，一并解缴，俾免虚耗军火。惟查珲春、宁古塔备防军火已存有三年之久，应即由各营按照八成，提为十九年份操需军火，随时具报。年内机器局应行运解去年珲春、宁古塔各营八成操需军火，即着分别径送珲春火药局及宁古塔军械局验收存放，不必运送各营。如此轮流更换，存新用旧，庶免日久浸潮，不堪使用。所有各营积存军火，即作为来年操需军火，多者仍由该营谨慎存储，少者即由机器局核明补送。各等因。奉此，查靖边中前右三路各营暨帮办宪亲军两哨，十八年份所需各项军火，已于十七年十二月间运送验收，业经申报在案。所有十九年份应需各项军火，职局遵即按照所定枪数，以新章八成核计，派员运送珲春火药局。至抬枪所用洋药、铜帽、铅丸等项，容俟各营查明职局（缺文）后再行办理，应请宪台转饬该三路统领查照，并咨明帮办宪俟军火送到之时派员验收，仍请转饬边防营务处照章拨兵护送。现职局拟于十一月二十八日即派司事尽先拨补笔帖式喜顺前往运送，除申报帮办宪并将斤重数目移付边务粮饷处核发脚价外，理合将运送靖边中、前、右三路各营十九年份操需各项军火数目，开具清折、备文申请鉴核，分别咨饬施行。再，中、前、右三路各营积存军火，除右路文内声明除去本年操需军火外，实存若干，其余各营均未声明，应请转饬查明，截至本年年终，究竟积存各项军火若干，行知职局后，再行核计具报，此次仍请按照来年一年应用操需军火先行核送，免滋迟误。等情到本督办将军。据此，除分札外，相应抄粘咨行，为此合咨贵帮办，请繁查照，俟此项军火解到时派员验收，望乞见复施行。须至咨者。

右咨钦命头品顶戴帮办吉林边务事宜珲春副都统恩

珲春副都统为珲春军火局实存军火数目造册的咨文

光绪十八年十二月十四日

钦命头品顶戴帮办吉林一切事宜镇守珲春地方副都统恩　为咨复事。案查中路借用备防火药、铜帽、拉火等件，前准贵督办将军咨复：查各路操需军火早有定章，岂容率行紊乱至于此极，殊堪痛恨。查该中路光绪十六年秋季军火曾经咨明贵帮办，准由备防军火内动用，并饬机器局补解在案。光绪十七年十一月十七日，据机器局报明，派总教习胡殿甲，除将该路十八年一年应用操需军火照章解送外，仍将应补光绪十六年下半季军火一并运送珲春军火局验收，并申报贵帮办亦在案。所有永统领借用之军火是否在此数之内，抑系在此数之外，均须确切查明核办。如在此数之外仍有借用之处，自应责成永统领照数赔补，以为故违定章者戒。所有鄂署统领呈请折领之处，应毋庸议。至各路历年积存各项军火，均已报明前来，应即作为来年操需军火，多者仍由该营谨慎存储，少者即由机器局核明补送。除分饬外，相应备文咨复。为此合咨贵帮办请繁查照，希即转饬珲春军火局委员，查明库内各项军火究竟现存若干，并将永统领借用军火查明，该统领是否于光绪十七年机器局补解光绪十六年下半季军火之外，仍借用若干，一并赐复，以凭核办。等因，当经分札在案。兹据军火局委员宋家顺呈复，窃委员遵将常委员喜移交收发册簿细心核计，逐一检查，除将卑局现在备存各项军火细数另开清折具呈宪鉴，其有永统领先后所借卑局备存军火，历经取有该路各营营哨官印墨结领存案，收发数目亦由常委员随时登记册簿具报，底案可查，实在机器局补解之外。兹奉宪饬，用敢据实陈明，所有该路借用备防军火，委员均系按照收发底册核查，分别详开清折具文呈复鉴核转咨。等情据此，相应抄粘原单咨复。为此合咨贵督办将军，请繁查照施行。须至咨者。

计抄粘单。

右咨钦命头品顶戴督办吉林边务事宜镇守吉林等处地方将军兼理打牲乌拉拣选官员等事恩特赫恩巴图鲁长

计开

备防实存：铜帽六十万七千零十八颗、洋药七万四千八百六十九斤零七两、拉火二千一百六十三根、铜五件三千五百九十四副、吗喈士得子母十一万七千一百四十二颗、士乃得子母六千七百八十五颗、来福枪铅丸一百三十六万二千八百九十六颗、哈乞开斯子母二十八万二千九百一十五颗、开花炮弹一千九百三十七个、抬枪铅丸十一万五千二百三十五颗、两磅开花弹五百零四副、木心子三百五十二个、火绳一千五百七十六盘、来福炮弹四十个。

中路借备：防洋药五千五百三十四斤、铜帽六十九万八千七百二十颗、拉火七千八百二十二根。

中路实存：哈乞开斯枪子母三万一千五百三十颗、吗喈士得子母一万六千七百九十颗、来福枪铅丸三十一万九千九百九十颗、火药二千五百二十斤零十二两、火绳二十盘、开花炮弹一千六百八十五个。

珲春副都统为拟将中路现多洋抬枪分别留营收库的咨文
光绪十八年十二月十九日

钦命头品顶戴帮办吉林一切事宜镇守珲春地方副都统恩　为咨明事。案据营务处呈，准署中路统领鄂副郎龄咨，准省营务处咨奉督宪札开：案照靖边各营所使枪枝未能划一，前按马队一营核计，以吗喈士得、立密得呼敦、哈乞开斯等枪凑足百杆之数，步队一营核计哈乞开斯枪凑足二百杆之数，均已分拨饬领。所有各营枪枝能否敷用，未据声明补领，多者亦未解缴，每营所存枪枝何项共有若干杆，每月照章每枪应需军火等项各若干数，业经札饬该处转行查明呈报在案。兹据各营呈报前来，查所报开斯等枪数目相符，惟来福枪竟有多者未缴，少者亦未呈报补领，似此参差不齐，难归一律，自应再行计算以昭核实。其马队一营应以来福枪一百二十五杆，步队一营应以来福枪二百五十杆，后路耳队一营二百五十人，步队一营五百人，应以人数核计枪数。所有马、步各营来福枪均各足资敷用，不合再有两歧，其浮多者，即随差便解缴，少者亦即赶紧补领，不得含混了事。所有各营应需军火查明据报，均有浮多之数，来年自应按照八成发给，以资撙节。至各营所存抬枪一项，其营共有若干杆，能否适用，仰即迅速查明，倘有不利于用者，亦一并解缴，俾免虚耗军火。除咨帮办查照外，合亟札饬。札到该处，即便转行各营一体遵照办理。切切，特札。等谕奉此，除分行外，理合备文咨行。为此合咨贵统领查照，务于文到之日转饬各该营迅速查明造报，以凭转呈，勿稍延（岩）[宕]。等因准此，当即饬查去后，兹据左右两营营官呈报，遵查职营原领哈乞开斯来福等枪均不浮多，亦无短少等情。又据中营帮带呈报，原领开斯枪亦系二百杆，惟有原领来福枪三百八十九杆，按依现定二百五十杆之数尚多一百三十九杆，再有前领洋抬枪二百杆，现在营内收存等情。先后呈报前来。查中路现多来福枪一百三十九杆、洋抬枪二百杆，均应送省存库，以昭慎重，俟有差便再行解缴。除咨复省营务处查核转呈外，理合备文咨报，查核转详施行。等因前来。理合备文呈请鉴核施行。等情。据此，查此项抬枪最能击远，实为军中利器，后路既已拨归副都统衙门，本帮办拟仍留该营一百杆练演，其余一百杆亦请送交珲库存储，以备八旗兵丁操防。除批示外，相应备文咨明。为此合咨贵督办将军，请繁查照施行。须至咨者。

右咨钦命头品顶戴督办吉林边务事宜镇守吉林等处地方将军兼理打牲乌拉拣选官员等事恩特赫恩巴图鲁长

吉林将军衙门为机器局查明库存铜帽短少情形业将管库司事记过的咨文
光绪十九年正月二十七日

为咨行事。案据机器制造局申称，据运送珲春军火司事喜顺禀称，窃职奉委运送军火，遵即小心押解前往，于十二月二十日行抵珲春，当即呈请交纳。经帮办宪派员逐一拆箱点验，验得铜帽箱内有空箱一只，内装砖块谷草等件，计短少铜帽二万颗，其余各项军火验无短少情弊。已蒙帮办宪赐给批回，未予深究。兹谨将空箱带回呈验。等情前来。查该司事领运军火前往，未能查点清楚，致有空箱情事，不无疏略。然即诿之该司事途中失于检点，恐不足以昭公允，因先派员眼同该司事将职局库内所存铜帽一律开箱点验，计共七百余箱，居然查出有砖块谷草者一箱，亦短少铜帽二万颗。给验封条乃光绪十六年五月份，与该运军火司事呈验之箱封条年份、月份俱各相同。惟查其时军械转运局尚未归并职局，此弊自系出于军械局无疑。伏念军械局各委员等早经裁撤，无从追究，应请免其置议。所有职局经理军械库司事李应春于交代接收之际，未能逐箱拆验，实属咎无可辞，除将该司事记予大过一次，以示惩儆，并申报帮办宪外，理合备文申报鉴核施行。再，此项铜帽短少二万颗，拟请俟后遇有差便如数补解，以重操防。等情到本督办将军。据此，查此次姑准如所申办理，嗣后该局收发各项军火，均须一一详细点验交代清楚，仍取具承领之员并无短少切结存案备查，免致互相推诿，是为至要。除札复外，相应备文咨行。为此合咨贵帮办，请繁查照施行。须至咨者。

右咨钦命头品顶戴帮办吉林边务事宜珲春副都统恩

吉林将军衙门为查明前路哈统领任内损坏枪枝借用铜帽等事的咨文

光绪十九年正月二十八日

为咨行事。案据边防营务处呈称，窃准靖边前路统领恩祥咨称，于本年十二月十三日准营务处咨开，前准贵军咨报，接收前任统领送到军火各项清册等因。由营务处转呈，当奉宪批，呈册俱悉。册开枪械有损坏者，有借用者，其铜帽拉火并有由帮办军火局借用者。查枪械军火早有定章行知在案，何得如此滥行借用，是否报明有案，其损坏枪枝因何损坏，曾否送机器局修理，仰即转行查明，复候核夺。缴。册存。等谕奉此，理合备之咨复。为此合咨贵统领查照可也。等因准此，查敝统领接收前任统领哈广和移交军火清册内，有天宝山矿局借用抬枪八杆，开斯枪八杆，检查卷内系矿局禀奉帮办宪批，准由前路借用。经前任于本年四月十四日发交该局，派弁承领，具报有案。招垦局借用开斯枪二杆，系由前路派赴护局之兵领用，早经具报在案。查铜帽拉火，因前任所领不敷操需，呈由帮办宪批，准借用。曾经敝统领接任分报请领，以归借款亦有案。至枪械一项，有因操需损坏，有因缉捕损坏，均属因公，现已查明，派令敝路右营字识孙和锦，业经解送机器局修理各在案。兹准前因，自应逐款查复，用昭慎重，相应备文咨明。为此合咨营务处，请繁查照、转详、呈报、施行等情。到奉督办将军。据此，除批，据呈已悉。查天宝山矿务局所用各项枪械，业经备价由机器局请领，并据禀称，俟请领枪械后，即将前借前路抬枪八杆、开斯枪八杆，移还收存在案。今该局所借枪械曾否移还，未据该统领声明，仰即查明禀复。至招垦局借用开斯枪二杆，既系由前路派赴护局之兵领用，应毋庸议。惟铜帽拉火，该路前任统领既呈由帮办批准借用，何以本督办将军按准帮办来咨粘单内开，借用军火仅有中路并无前路之说，殊不可解，并候咨明帮办转饬珲春军火局，再行查明复夺可也。缴。挂发外，相应备文咨行。为此合咨贵帮办，请繁查照、饬查、见复、施行。须至咨者。

右咨钦命头品顶戴帮办吉林边务事宜珲春副都统恩

珲春副都统为靖边军操需火药由帮办军火局借用等情的咨文

光绪十九年二月二十五日

钦命头品顶戴帮办吉林一切事宜镇守珲春地方副都统恩　为咨复事。案准贵督办将军咨，据前路统领恩、协领祥，送到军火清册内开，有由帮办军火局借用者。查军火早有定章行知在案，何得如此滥行借用。当经饬据查复，因前任所领不敷操需，呈由帮办宪批准借用，曾经分报请领，以归借款等情。查铜帽、拉火，该路前任统领既呈由帮办批准借用，何以本督办将军接准帮办来咨粘单内开，借用军火仅有中路并无前路之说，殊不可解。相应备文咨行，请繁查照，饬查见复施行。等因准此，当经饬据军火局委员宋家顺呈称，遵查前路亏短铜帽三十一万七千二百三十七颗，拉火一百五十枝，本系暂借，声明该营，领到军火即为抵还。且奉帮办宪札，查清厘中路备防两项军火，并未饬查前路，粘单故未开列。等情到本帮办。据此，相应咨复。为此合咨贵督办将军，请繁查照施行。须至咨者。

右咨钦命头品顶戴督办吉林边务事宜镇守吉林等处地方将军兼理打牲乌拉拣选官员等事恩特赫恩巴图鲁长

珲春副都统为三岔口招垦局购办枪枝饬由机器局解领的咨文
光绪十九年五月十五日

钦命头品顶戴帮办吉林一切事宜镇守珲春地方副都统恩　为咨明事。本年五月十二日准贵护理将军咨开，案据机器制造局申称，光绪十九年四月初五日接奉宪台札开，准帮办恩　咨开，据三岔口垦务总局戴令鸿钧呈称，案据屯总贾玉法、陈玉堂、贾玉德、卜传真、朱景来等联名禀呈内开，为呈请采买快枪，以防胡匪，恳赐俄国照会事。窃标下等履沿途数年以来，每逢春暖之际，即胡匪窜扰之时，去岁秋间，胡匪五十五名均持快枪，在赶面石地方掳掠行商，肆横无忌，被捆者二百余人，三面内信音不通。时值总理在穆棱河清丈地亩，标下等当奉面谕，设法扑散，以除民患，跟踪进山立毙首匪数名，余贼遁匿。静思兔死狐悲，能不结怨于心。今至树叶封门，标下等能不操戈以待，但沿途四百余里一带林丛树茂，实险野之地。上下屯兵共四十名，不独随时进山搜捕，又兼护送行旅，所执皆来福枪，甚不堪用，该兵屯皆以兵单器弱为忧，屯兵等总以奋志为念，自备枪枝。奈月间饷糈仅可糊口，可否转恳督、帮帅颁发利器，抑或自行筹款购办，以御盗寇，而期销患未萌。试思兵乃将之威，器乃兵之胆，标下等时深惕厉，惴惴如薄。如蒙俞允，按猎户四十名应需快枪四十杆，理合具禀，实陈敬候批示，遵行。等情据此，窃查各屯所领来福枪，系光绪七年设立屯兵营原领枪枝，十余年来或经锈涩半难堪用。该屯总等所陈艰险情形亦系属实，是否颁发利器，抑或准如所请，饬承办处照会廓米萨尔，由该屯总等自行筹款，就近赴海参崴购办快枪利器，以资防患未然而实济保护商民。等情到本帮办。据此，除批，呈悉。该屯总等既欲自行筹款购买快枪以资保卫，似尚可行。应候咨请饬查机器局有无此项枪械，咨复到日再行核办。所请赴俄购买暂勿庸议。缴，挂发外，相应备文咨请贵督办将军，请烦饬查机器局有无此项枪械，见复施行等因。准此，台亟札饬，札到该局即便遵照，将所存快枪名目、价值、数目查明呈复，以凭转咨。等因奉此，查职局军械库内现存吭啫士得枪，仅有十五杆，所有前次饬存枪枝内，此项快枪亦已无存，惟存哈乞开斯枪四百一十杆。至枪枝价值，按照上海购办数目核计。吭啫士得枪每杆应需价值银拾四两五钱，子母每千颗应需价值银十六两，哈乞开斯枪每杆应需价值银十五两五钱，子母每千颗应需价值银贰十二两，所有由上海运至吉林应需各项运费均核计在内。今奉前因，理合备文申复，伏乞宪台鉴核施行等情。据此。相应备文咨复贵帮办，请繁查照施行。等因准此，查机器局既存有吭啫、开斯等枪，自勿庸赴俄购买，应即备价由招垦总局派员领解，以资保卫。除札三岔口招垦总局戴令鸿钧遵照外，相应咨明贵护理督办将军，请繁查照，转饬机器局遵照施行。须至咨者。

右咨赏穿黄马褂头品顶戴护理吉林将军督办边务事宜吉林副都统世袭骑都尉兼云骑尉库楚特依巴图鲁沙

吉林将军衙门为中路亏欠军火由前帮办积存军火项下照数抵补的咨文
光绪十九年八月十四日

为咨复事。准贵帮办咨开：案查中路永统领德历年亏欠洋药四千四百二十九斤、铜帽六十三万四千七百二十颗、拉火七千八百四十枝。前准督办将军长　咨行各路，操需军火早有定章，岂容率行紊乱，应责成该统领照数赔补，以为故违定章者戒等因。业经札饬追缴在案。现准黑龙江将军依　函开，前升任江省时火药局积存洋药一万五千余斤、铜帽五十七万余颗、拉火五千一百余枝，请给该统领洋药一千六百斤，铜帽拉火尽数赏给，以补亏空。盖此项军火系前统带中路工作停操，苦心收揽积蓄，及兼帮办永统领按统，遂留火药库存储，以备不及之用。兹该员系因公亏累，可否拨给尚望卓裁等因。查光绪十五年以前并无备防军火之案，本帮办到任经机器局两次解送备防洋药五万九千七百八十六磅，合五万零四百六十四斤八两，未送铜帽拉火等项。据火药局册报，现存洋药七万四千八百六十九斤七两，两相勾稽，实多二万余斤。又存铜帽、拉火等项若干，其为前帮办依　统带中路按年积存无疑。他路之所不亏者，未必非因成军工作停操　按年积蓄所致。兹准前因，相应咨商贵护理督办将军，请繁查照，可否以此项余多军火照数抵补，免其赔累，见复施行。等因准此，查火药局既有前帮办依　统带中路时积存洋药、铜帽、拉火等项，可以照数抵补，自应如咨办理。除分札营务处机器局外，相应咨复贵帮办，请繁查照施行。须至咨者。

右咨钦命帮办吉林边务事宜珲春副都统恩

吉林将军衙门为机器局派员运送中前两路及亲军二十年备防军火的咨文
光绪十九年十一月十七日

为咨行事。案据机器制造局申称：光绪十九年十一月初三日接奉宪台札开，兹准帮办恩　函开，各军操需各项军火子药，现有不足之虑。等因前来。查刻间正在核送明年各项军火之际，应即量予加增，俾敷足用。所有各项枪枝每月每杆按三、六、九日打靶九次者，每杆三出，今着改为五出。每月大操一次者，每杆十出，今着改为二十出，均仍按照八成核送，其余各项军火仍从其旧。除咨行外，合亟札饬，札到该局即便遵照办理。复奉传谕，发给中前两路备防军火，按照如增新章八成核计。嗣又奉到行知，吉朝通商局田正镛请拨火药一百斤，代解珲春右司归还前借外，仍行请领火药二百斤、洋药六匣，交右路暂为收存，由该局雇车往运。各等因奉此，职局遵将靖边中、前两路各营，并珲春、图们江水营炮船暨帮办宪亲军两哨二十年份所需各项军火，并中、前两路备防军火，均按照加增新章八成分别核明备齐，遣派靖边前路右营右哨哨官孔继升持批运送，于本月十五日起程前往珲春交纳。除申报帮办宪，并将各项军火斤重数目移知边务粮饷处核发脚价外，理合将运送珲防各项军火各数目分析开具清折，备文申报，伏乞宪台鉴核转咨帮办宪，俟军火解到之时派员验收，并请转饬各营统领查照，暨边防营务处照章拨兵护送施行。再，吉朝通商局请拨还珲春右司火药一百斤，已由此次运送军火之便带交该右司验收，其余该局请领暂存右路之火药二百斤、洋药六匣，容俟职局运送右路军火时再行遵照办理。合并声明。等情列本督办将军。据此，除分饬外相应抄粘备文咨行。为此合咨贵帮办请繁查照，俟此项军火解到时派员验收，见复施行，须至咨者。

右咨钦命头品顶戴帮办吉林边务事宜珲春副都统恩

吉林将军衙门为前路呈报实存各项军火并请核发二十一年军火的咨文
光绪二十年四月初七日

为咨行事。据边防营务处呈称：窃准靖边前路统领恩祥咨称，案于本年二月二十三日准帮办营务处咨开，案奉帮办宪札开，案准督办将军长　咨开，案照上年十二月二十七日据机器制造局申称，窃于十九年十一月二十一日接奉宪台札开，案照边防各营历年积存各项军火，曾于上年查明呈报前来，当经札饬该局，嗣以各营积存军火，应即作为来年操需之用，多者仍由该营谨慎存储，少者即由该局核明补送，亦饬遵照各在案。兹查江河封固，道路坦平，应送明年操需军火之际，着该局即将各营所有积存军火，按照八成新章，核明操需数目有无亏短敷用，详析开单呈报。昨据报送中、前两路军火并无照扣之说，殊为诧异，所有该两路积存军火只可作为二十一年之用，来年应送军火时，该局务必核明照扣，勿再疏忽，是为至要，并着查明开单呈报。再该局先后运送珲春备防军火已有三次，应即一并分别详细开单呈候核办，合亟札饬。札到该局，即便遵照作速呈报，以凭查核，毋延。等因奉此，遵即将边防各营积存军火一一核明，光绪二十年份应扣、应发，并将历次运送珲春备防军火数目一并开折呈报。除中、前两路并珲春亲军两哨、图们江水师炮船，光绪二十年份各项军火业已运送申报在案，所有后路中营并马队一哨军火，均由积存内核扣无庸补发，其余各营有自行请领及应行运送各项军火，俟发时再行另案申报外，理合开具清折备文申报。伏乞宪台鉴核施行。等情到本督办将军。据此，除札营务处转行各军遵照，将十九年份积存各项军火若干查明呈报，并着嗣后按年年终汇报一次，相应抄粘咨行，请繁查照施行。等因准此，除札军火局查明具报外，合亟抄粘札饬，札到该处，即便转行中、前、右三路，并水师炮船遵照查复，以凭核咨。切速，特札。等因奉此，除分咨外，合亟抄粘咨行，查照施行。又于本月三十日准贵营务处抄单，咨同前由。各等因准此，遵查单开，敝路所报各项军火截至十八年底止，积存各数目均有差操需用，随时核发。除十九年照章按月合操打靶动用正项军火不计外，计十九年四月袁教习祖礼到防看演枪炮，马步两营合大操一次，枪炮共需用洋药三百二十三斤零七两、钢帽一万六千八百七十五颗、铜拉火九十支，又车炮迎送各差十二次，需用洋药九十斤、拉火七十二支，袁教习演验十五生克虏卜大炮一次，需用洋药一百零九斤半，又十九年大炮开封操各一次，需用洋药九十六斤，统计共需洋药六百一十八斤零十五两、铜拉火一百六十二支、铜帽一万六千八百七十五颗。上年份派中、左马步队兵接护敝路防饷四次，需用各枪子母，奉派缉捕搜山，中左马步官兵共十二次，需用各枪子母除发领未用收回不计外，共需用开斯子母七百颗、士得子母七百颗。奉帮办宪面谕，天宝山矿务局两次借用铅丸九千斤，计来福铅丸七万八千五百四十五粒、抬枪铅丸九万六千粒，以上各项开除均系实数。其铜帽拉火差操送迎需用较多，不敷之数，先由十九年正项军火挪用，随于二十年正项军火补归，十九年之用仍不敷数应请补行发领，以补正数而免有亏，借重军需。计铜帽一千九百九十二粒、拉火一百六十二支，请于核发。二十一年军火照数补送，以应操需。除将十八年积存各项军火截至本年二月底止，开除实存各数目抄单分咨外，相应备文咨明。为此合咨营务处，请繁查照转详。再，敝路三营新章，十九年、二十年备防各项军火，均系在帮办宪军火局存储，其十九年操需军火无存，合并声明，等因前来。理合抄单具文呈报督宪鉴核施行。等情到本督办将军。据此，除批：呈单均悉。铜帽、拉火应即就近禀请帮办转饬珲春军火局，于存储军火内补行给领。所请于核发二十一年军火时照数补送之处，应毋庸议，候饬机器局知照。缴。挂发。除分行外，相应备文抄粘咨行贵帮办，请繁查照施行。须至咨者。

右咨钦命头品顶戴帮办吉林边务事宜珲春副都统恩

吉林将军衙门为各营操演铜壳应即报缴的咨文
光绪二十年七月十四日

为咨行事。照得靖边各营操演铜壳，向皆缴送机器局验收在案，今年军火业已加增，铜壳自必多于往年，乃未据报缴前来，殊堪诧异。除札营务处转行各营迅速查明师存铜壳若干，一面具报，一面随同差便照章缴送机器局验收，相应备文咨行贵帮办，请繁查照施行。须至咨者。

右咨钦命头品顶戴帮办吉林边务事宜珲春副都统恩

珲春副都统为转饬领饷委员就近代领备防军火的咨文
光绪二十年七月十九日

钦命头品顶戴帮办吉林一切事宜镇守珲春地方副都统恩　为咨明事。案照中倭构兵，边备预宜筹振，军火必为储足，以免临时缺乏之虞。现查备防军火子药尚能足用，惟拉火、铜帽已存无多。值此有事之日，珲防各军勤加操演，不时请领。亟应提取拉火五千枝、铜帽一百万颗，运解来珲，以资应用。查前路委员戴鹍龄赴省领饷，饬令就近代领以期迅速。除札机器局并前路统领，转饬该路领饷委员戴鹍龄遵照外，相应备文咨明。为此合咨贵督办将军，请繁查照施行。须至咨者。

右咨钦命头品顶戴督办吉林边务事宜镇守吉林等地方将军兼理打牲乌拉拣选官员等事恩特赫恩巴图鲁长

珲春副都统为中前两路请领军火帐房等项的咨文
光绪二十年七月二十五日

钦命头品顶戴帮办吉林一切事宜镇守珲春地方副都统恩　为咨明事。案照中倭有事，边备戒严，所有中前两路帐房并军火等项，应即提取备用，以免临时棘手，兹派前路左营锡营官成阿前往领取，该营事务饬令帮带官孙义恒代理。惟前饬领饷委员戴鹍龄代领拉火五千枝、铜帽一百万颗，应并交该员管解，就近由省派兵护解来珲，以备应用。除札机器局并札委前路左营营官暨该统领知照外，相应备文抄单咨明。为此合咨贵督办将军，请繁查照转饬机器局照发施行，须至咨者。计抄粘单一纸

右咨钦命头品顶戴督办吉林边务事宜镇守吉林等处地方将军兼理打牲乌拉拣选官员等事恩特赫恩巴图鲁长

计开

蓝夹帐房、蓝单帐房、白单帐房，以上尽现存之数，悉数发交锡营官解珲。五百磅地雷二十具、千磅上下水雷十具，制成之雷不便运解，应令该局制备胆壳、电表、机器套、度胶以及应用各件，派匠来珲，以便随时装钉而便运解。

吉林将军衙门为边练两军需用军火力求撙节的咨文

光绪二十年八月十二日

为咨行事。窃照倭氛不靖，边务地方均关紧要，不得不早为筹备。目下用兵全凭利器，若军火不济，即有利器亦无所施，其利器不将有若无耶。查本省机器局经费有限，现供边练两军操练缉捕，军火虽可无虞缺乏，一旦用兵尤须多为之备。无如机器局应用外洋料件，按照万国公法，有不应出售者，有不应运送者。此后购运料件殊形掣肘，恐难及时应用，设于应敌之时，军火稍有缺乏，难保不因此而或失机宜，似不可不早为之虑。惟有设法撙节，以备不虞。所有防、练两军操演缉捕应用军火自不可少，设有因出差而不能应操者，有于剿贼而未经用罄者，如此等余剩军火虽已领去，均勿得暗销化为乌有，仍当据实报请归公，不必格外节省而已节省多多。盖应敌以克敌为主，克敌以军火为先，与其临时缺乏贻误事机，何如早为撙节俾归实用。各宜共体时艰，于无可撙节之中力求撙节，是为至要。除分札外相应备文咨行。为此合咨贵帮办，请繁查照施行。须至咨者。

右咨钦命头品顶戴帮办吉林边务事宜珲春副都统恩

珲春副都统为各营需用军火报明数目并请解运事的咨文

光绪二十年九月二十日

钦命头品顶戴帮办吉林一切事宜镇守珲春地方副都统恩　为咨行事。案照倭寇北犯，珲防吃紧，需用军火，亟应预筹，方免临时措手不及。查珲防原扎中、前、右三路护卫队，并新募两营暨现调左路亲军，计马步十四营零三哨，

军火必足十次之用，方克有恃。珲春备防并各营现存各项军火，照该营局册报，统司勾稽，均不足十次之用，兹拟将应用军火数目开呈明白，除现存不计外，余缺之数，乃由机器局查核，迅速派员解足备用。如该局所存不敷，应尽珲防何项所少者，查照先行解珲，以后再赶紧制造，陆续运足，以资缓急而备战守。除札机器局遵照外，相应将珲防用存并出队日用军火数目抄粘咨明。为此，合咨贵督办将军，请繁查核，转饬该局派员运解施行。须至咨者。

计抄粘

右咨钦命头品顶戴督办吉林边务事宜镇守吉林等处地方将军兼理打牲乌拉拣选官员等事恩特赫恩巴图鲁长

兹将珲防驻扎并现调步队十一营、马队三营零三哨军械应用子药数目开列于后。

计开

一、步队每营开斯枪二百杆，共计二千二百杆。每日每杆出队百出，共需子母二十二万颗。

一、步队来福枪每营二百五十杆，共二千七百五十杆。每杆出队百出，每出洋药二钱，共需洋药三千四百三十七斤半、铅丸二十七万五千粒、铜帽二十七万五千颗。

一、马队每营快枪一百杆，计三百八十杆。每杆出队百出，共需子母三万八千颗。

一、马队每营来福枪百余杆，计四百杆不等。每杆出队百出，每出洋药二钱，共需洋药五百斤、铅丸二万粒、铜帽二万颗。

一、珲防各营后膛克鹿卜钢炮十二尊，每尊出队五十出，每出洋药二十四两，计用洋药九千斤、开花弹六百个、铜五件六百付、拉火六百枝、炮弹药二千二百五十斤。

一、抬枪每营三四十杆，计四百杆不等。每杆出队百出，每出洋药一两，共需洋药三千一百二十五斤、铅丸两万粒、铜帽两万颗。

兹将珲防应解军火数目开列于后

计开

一、哈乞开斯枪子母十次，应需二百二十万，除珲防现存八十余万，应补解一百四十万颗。

一、洋药十次，应需十八万三千一百斤，除珲防现存九万余斤，应补解十万斤。

一、快枪子母十次，应需三十八万，除珲防现存二十八万，应补解十万颗。

一、克鹿卜开花炮弹十次，应需六千个，除珲防现存四千余个，应补解二千个。

一、克鹿卜铜拉火，珲防现存足备十次之用，惟操演多费，应再解五千枝备存。

一、克鹿卜铜五件，十次需六千副，除珲防现存四千余副，应补解二十副。

一、来福枪并抬枪铜帽操演需用过多，应再解一百万备存。

兹将各处现存军火数目开于后

计开

哈乞开斯子母备防现存六十三万三千九百一十五颗，中路现存十三万九千五百三十颗，前路现存四万一千六百颗，共存八十一万四千零四十五颗。

呔啫士得子母备防现存十五万九千五百零六颗，中路现存一万六千七百七十六颗，前路现存十万零五千四百九十九颗，共存二十八万一千七百八十一颗。

洋药备防现存八万三千三百六十六斤八两，中路现存七千二百斤零九两，前路现存五千四百四十八斤十五两，共存九万六千零一十六斤。

铜帽备防现存三百三十五万零零二十六颗，中路现存二十八万颗，前路无存，共存二百六十三万零零二十六颗。

来福铅丸备防现存一百九十三万二千二百九十粒，中路现存六十九万七千九百九十粒，前路现存八十一万三千四百六十五粒，共存三百四十四万三千七百四十五粒。

抬枪铅丸备防现存十万零二千七百三十五粒，中路现存三十四万六千八百八十粒，前路现存五万九千九百粒，共存五十万零九千五百一十五粒。

呔啫士得子母士得子母中路现存一万六千七百七十六颗，前路现存十万零五千四百九十九颗，共存二十八万一千七百八十一颗。

洋药备防现存八万三千三百六十六斤八两，中路现存七千二百斤零九两，前路现存五千四百四十八斤十五两，共存九万六千零一十六斤。

铜帽备防现存二百三十五万零零二十六颗，中路现存二十八万颗，前路无存，共存二百六十三万零零二十六颗。

来福铅丸备防现存一百九十三万二千二百九十粒，中路现存六十九万七千九百九十粒，前路现存八十一万三千四百六十五粒，共存三百四十四万三千七百四十五粒。

抬枪铅丸备防现存十万零三千七百三十五粒，中路规存三十四万六千八百八十粒，前路现存五万九千九百粒，共存五十万零九千五百一十五粒。

铜拉火备防现存六千四百二十六枝，中路现存一百四十四枝，前路无存，共存六千五百七十枝。

士乃得子母备防现存六千七百八十颗，中路无存，前路无存，共存六千七百八十颗。

开花炮弹备防现存一千七百八十七个，中路现存一千七百六十五个，前路现存八百三十五个，共存四千三百八十七个。

十二磅开花炮弹备防现存一百五十个，中路现存九百六十个，前路无存，共存一千一百一十个。

两磅开花炮弹备防现存五百零四个，中路现存一百四十四个，前路无存，共存六百四十八个。

来福炮弹备防现存四十个，中路无存，前路无存，共存四十个。

铜五件备防现存三千五百九十四付，中路现存一百四十四付，前路现存七百九十付。共存四千五百二十八付。

十二磅铜五件，中路现存一千六百六十八付。

右路现未据报，故未开列。

珲春副都统为中前两路马队如数领到盘簧子簧等项军火的咨文
光绪二十年十月二十六日

署理帮办吉林边务事宜珲春副都统军机处存记副都统衔花翎协领恩　为咨明事。案查中前两路并马步小队开斯来福等枪，盘簧、炮台年远生锈堆缩，不甚合用，当经贵署督办将军由机器局札提盘簧、子簧各一千，抬抢、来福枪炮台各一千，饬交前路领饷委员戴鹍龄领解来珲，以便随时更换，并咨明督办将军长在案。嗣于本年十月十四日据机器局呈称：查职局所造子簧、盘簧等件存储无多，惟有将现在子簧一百个，盘簧二百个、来福枪炮台二百个先行发给，该员戴鹍龄承领去讫。所有短发各件容俟饬匠赶紧制造齐备，遇有赴珲差便再行给领，呈缴等情。旋于本月二十三日据前路统领呈，据领饷委员戴鹍龄已将此项盘簧、子簧以及各项小炮台，准机器局发交领解到珲，饬员验收，并无亏短，恳请宪台饬库存储。等情到本署理帮办。据此，当即饬照机器局，所发数目验收相符，其短发若干仍由该局造齐补发，以资应用。除札复机器局知照并军火局收库存储外，相应备文咨明。为此合咨贵署督办将军，请繁查照施行。须至咨者。

右咨钦命头品顶戴署理督办吉林边务事宜镇守吉林等处地方将军兼理打牲乌拉拣选官员等事珲春副都统恩

吉林将军衙门为机器局派员赴珲运送克鹿卜炮去讫的咨文
光绪二十年十月

为咨行事。据机器制造局申称，光绪二十年九月二十三日接奉宪台札开，照得珲春当此防务吃紧之际，现饬机器局派差官文贵运解克鹿卜炮四尊，前赴珲春交纳，着亲军统领迅速派队护送至敦化县，再着营官讷荫赶紧带队百名，前赴敦化县地方迎护，送至珲春听候帮办拨用，勿得迟误，致干查究。除咨帮办外，合亟札饬。札到该局即便遵照办理，切切。等因奉此，遵即由库提出九生的克鹿卜车炮四尊，随炮应用零件，并鞍套等项各俱全，点交差官文贵查明承领，运送去讫。除申报帮办宪并将斤重数目移付边务粮饷处核发脚价外，理合将随炮零件数目开具清折，申报鉴核施行等情。据此，相应抄粘，备文咨行贵副都统查照，俟此项车炮解到时，转饬军火局，如数验收见复可也。须至咨者。

右咨署珲春副都统恩

吉林将军衙门为将各军请领军火嗣后改由营务处照章核发的咨文
光绪二十年十一月

为咨行事。照得边防各军操需军火，向由各军派员径赴机器局请领核发在案。兹查机器局专为制造军火修理枪炮，未便仍令核发。嗣后各军请领军火着由营务处核发，该局将造成军火枪炮移交该处经理存储，用备核发，以昭慎重而专责成。除分饬外，相应备文咨行。为此合咨贵副都统，请繁查照施行。须至咨者。

右咨署珲春副都统恩

吉林将军衙门为改派委佐领海权经理军火的咨文
光绪二十年十二月初二日

为咨行事。照得边防务军操需军火，向由各军派员赴机器局请领核发，惟机器局专为制造军火、修理枪炮，未便仍令核发。嗣后请领军火着由营务处核发，机器局将造成军火枪炮移交营务处经理、存储核发在案。迄今多日未据营务处呈报接收，着改派佐领海权经理军火，其洋火药仍存原处，既派有兵丁看守，应毋庸议。子母等项着即移于江南营房，谨慎收检，过细点查为要。除分行外相应备文咨行。为此合咨帮办请繁查照施行，须至咨者。

右咨
署帮办副都统恩

珲春副都统衙门为验收解到军火事的札文
光绪二十年十二月初四日

为札饬事。本年十一月二十七日准督办将军长　咨开，据机器局申称，光绪十九年十一月初三日接奉宪台札开，兹准帮办恩　函开，各军操需各项军火子药，现有不足之虑，等因前来。查刻间正在核送明年各项军火之际，应即量予加增，俾敷足用。所有各项枪枝，每月每杆按三六九日打靶九次者，每杆三出，今着改为五出，每月大操一次者，每杆十出，今着改为二十出，均仍按照八成核送，其余各项军火仍从其旧。除咨行外，合亟札饬，札到该局，即便遵照办理。复春奉传谕发给中、前两路备防军火，按照加增新章八成核计。嗣又奉到行知，吉朝通商局田正铺请拨火药一百斤，代解珲春右司归还前借外，仍行请领火药二百斤、洋药六匣，交右路暂为收存，由该局雇车往运。各等因奉此，职局遵将靖边中、前两路各营，并珲春图们江水师营炮船暨帮办宪亲军两哨二十年份所需各项军火，并中、前两路军火均按照加增新章八成分别核明备齐，遣派靖边前路右营右哨哨官孔继升持批运送，于本月十五日起程前往珲春交纳。除申报帮办宪，并将各项军火斤重数目移知边务粮饷需核发脚外，理合将运送珲防各项军火各数目分析开具清折，备文申报。伏乞宪台鉴核，转咨帮办宪，俟军火解到时派员验收，并请转饬各营统领查照暨边防营务处照章拨兵护送施行。再吉朝通商局请拨还珲春右司火药一百斤，已由此次运送军火之便，带交该右司验收。其余该局请领暂存右路之火药二百斤、洋药六匣，容俟职局运送右路军火时，再行遵照办理。合并声明等情到本督办将军，据此除分饬外，相应抄粘。备文咨行，请繁查照。俟此项军火解到时，派员验收见复施行，等因准此。同日，又据机器局申称事同前由，除札边防行营营务处并珲春军火局暨通商局知照外，合亟札饬，札到该司即便遵照可也。特札。

右札本衙门右司遵此

珲春副都统为每路分发旱地雷两副以便择要设防的咨文
光绪二十年十二月初九日

署理帮办吉林边务事宜珲春副都统军机处存记副都统衔花翎协领恩　为咨行事。案据机器局饬派差官文贵解到旱地雷十副，当即饬令军火局收存在案。查旱地雷为军火利器，安设要隘足以御敌。本署帮办副都统亲为验看，机关灵活，大有可用。当此防务吃紧，边备戒严，亟应将此旱地雷分发各行营，以资守御。曾经分饬中、前、右三路派员领用去后，兹据中路永统领德，并前路统领转据该路右营胡营官殿甲、右路穆统领克登额，先后派员呈领前来。当饬军火局，每路分发旱地雷各两副，以便择要设防，其余四副仍存该局，俟有应用之处再行发领。相应备文咨行。为此合咨贵署督办将军，请繁查照施行。须至咨者。

右咨头品顶戴升授黑龙江将军署理督办吉林边务事宜镇守吉林等处地方将军兼理打牲乌拉拣选官员等事恩

珲春副都统为中路解领洋火抬枪核发脚价的咨文
光绪二十年十二月十二日

署理帮办吉林边务事宜珲春副都统军机处存记副都统衔花翎协领恩　为咨行事。案准贵署督办将军电开：珲衙中路洋抬枪共措百杆，交富昌保年内解到等因。准此，当即转饬中路及本衙门遵照分拨去后。旋据中路永统领德呈报，筹拨洋抬枪四十杆，本衙门左司呈报筹拨火抬枪六十杆，曾经电复，以富昌保接饷未到，先派哨官魁升领中路春饷便解，明日自行，可期年内到省。等因在案。兹据该统领转据该哨官请领运枪脚价前来，除饬该哨官核明斤重，由该统领咨明粮饷处照章请领外，相应备文咨行。为此合咨贵署督办将军请繁查照，俟该哨官解到洋火抬枪一百杆接收见复，并希转饬核发运脚施行。须至咨者。

右咨钦命头品顶戴署理督办吉林边务事宜镇守吉林等处地方将军兼理打牲乌拉拣选官员等事黑龙江将军恩

吉林将军衙门为边练两军损坏枪支送机器局修理的咨文
光绪二十年十二月十八日

为咨行事。案据机器制造局申称：光绪二十年十一月二十六日接奉宪台札开，据边防营务处禀称，窃准靖边中路统领永德咨称，案查敝路中营前存残缺来福枪八十九杆，俟有差便送局修理。等因。报经营务处呈奉宪批：呈悉。候饬机器局知照。缴。等谕。奉此，转咨前来。敝统领核查此项枪枝存贮营中不堪使用，概行送省为数尤多，运解不易，是以饬令敝军洋枪匠役逐一验看悉心拣挑，内有尚可收拾者四十四杆，其余四十五杆非用机器不能修理。敝统领复查属实，除饬该匠役即将挑出四十四杆赶紧修理外，其余来福枪四十五杆，并三营节年差操使坏哈乞开斯枪五杆、洋抬枪三杆，饬令领饷委员海寿就便解省送局修理。综计三项枪枝共重四百七十二斤，可否照章发给脚价，理合一并备文咨请。为此合咨营务处，请繁查核转呈施行。等因前来。理合肃禀呈请核夺，伏候批示，遵行。等情。据此，除批：禀悉。此项枪枝就便解省，应否发给脚价候饬粮饷处核议复夺，并候饬知机器局。缴。挂发外，合亟札饬。札到该局即便遵照。等因奉此，旋准该中路领饷委员海寿解送前来，职局当即如数验收，检查该路送修来福枪四十五杆，内有炸筒无机板零件者六杆、机板零件全无光筒者三十三杆；又洋抬枪三杆、开斯枪五杆，仅剩光筒，所有机板零件一概全无。复查职局修理各军损坏枪枝，如能修理者，即行修理，仍发各该营应用，如损坏太多，甚至零件全无，枪筒炸坏，实不堪修理者，随时申请报废。历经办理在案。兹该路送到各项枪枝，仅有来福枪六杆尚堪修理，其余各项枪枝均不堪修，应请宪台报废。惟查各营枪械之损坏，或因剿捕，或因操防，每枪之中损坏一二件，即不能应用。近来边、练各军送局修理之枪，大半有筒无机，有机无壳，察其不全之由，难免各该军兵勇无窃取盗换之弊，抑或任意抛弃，以致损坏各枪，仅剩光筒多有不全。应请宪台严饬边练各军，明定章程，嗣后损坏枪械务令各该军统领营官认真查验，损坏一二件堪以修理者，随时送局修理，不得以存营年久致令兵勇任意盗换、抛弃等弊。现当军务紧急之时，职局为慎重军械起见，是否有当，理合备文申报，伏乞宪台鉴核转饬施行。等情据此，除札营务处暨全营翼长遵照，相应备文咨行。为此合咨贵署帮办，请繁查照施行。须至咨者。

右咨署帮办珲春副都统恩

（七）军 费 俸 饷

吉林将军衙门为屯兵营领解饷银事的咨文
光绪十一年正月二十四日

为咨行事。光绪十一年正月二十三日据委办细鳞河屯垦副将吴永敔呈称：窃查细鳞河屯兵营官兵，按月应领薪水口分等项银两，所领无多，曾蒙饬令靖边左路统领双寿代为请领等因，办理二年之久。兹缘标下应领去岁十、冬、腊月三个月饷银，待至腊月十余日，曾准别营公函，各营饷银业已由省启程，不意延至二十六日始知该统领仅将三岔口招垦局银两代领，其余二处不知因何未予代领，亦未寄过止领公函。当因年终在迩，屯兵人等咸聚营前嗷嗷求饷，虽告明未经领到缘由，屯兵只知按时领饷，不晓代领之说，竟言任意积压，均欲另觅生计。无奈苦向开导，众口齐声，但能由铺商指饷挪借以济燃眉，民等不敢别滋事端。是以来塔向铺商央恳凭保始行挪借，如此安抚幸未酿成巨患。旋塔路经该营，向统领请问因何未领，仅言上次领饷均摊车价，恐招怨言，故末代领等语。查所摊车价统由标下薪水归补，并无另有摊派，若不自请定章，遇急恐再迟延，乘此新正事务稍松，自应亲赴大省，请领去岁十、冬、腊及本年正、二、三计六个月屯兵营官兵薪水口分银两，并陈屯垦一切要件。倘蒙允准示复到日，驰赴辕前躬聆训诲，并此后仍令靖边营代领，或令标下请领，以归简易。伏乞指示遵行。等情到本爵督办。据呈已悉。查该屯兵营月饷，向由靖边左路军营代为请领最为简易，去冬该统领未予代领，以致屯兵待饷不至，众口嗷嗷，该副将向商借垫，用济眉急，所办甚是。现当军械转运局有赴塔局运送军火差便，着将该屯兵营应领之六个月饷银，即由粮饷处核明，就近发交该差员一并领解，带交左路统领双寿接收，转发屯兵营领取，分别发放，归还借垫，俾免来省请领。嗣后屯兵月饷仍着由该统领军中差便代领，该副将于众屯兵惟应妥为管带，尽心招抚，顾全屯垦大局，毋庸辄请来省。除札饬边务粮饷处遵照提发，并札边防营务处转行靖边左路统领遵悉，暨饬军械转运局遵办外，相应咨行贵帮办，请繁查照施行。须至咨者。

右咨钦命帮办吉林边务事宜珲春副都统依

吉林将军衙门为查禁截旷空缺冒饷会稿事的咨文
光绪十一年三月

为咨会事。照得靖边各营前有潜逃兵勇，而统领营官等并不认真稽查，遂借此截旷空冒饷，并有一种兵勇倚势门第，托求人情充补者，名虽列册，人未到营，而饷亦按月支领，似此玩法徇情种种恶习，殊堪痛恨。是以备具双衔札稿一份，除一面用印札饬外，相应将原稿附入封筒，备文咨会。为此合咨贵帮办，请繁查照、书行、盖印、发还施行。须至咨者。

右咨钦命帮办吉林边务事宜珲春副都统依

吉林将军衙门为提发修筑炮台银两的咨文
光绪十一年四月

为咨行事。光绪十一年四月二十三日准贵帮办咨开：窃照珲春炮台两座，现已开工，前次请领经费银二千两，弥补以前各处垫款尚属不敷，所有现需石灰、木铁等料，用款尚多，应即再行续领经费银五千两，以资应用，免致停工待款，再有耽延。兹派营务处办事官六品顶戴披甲周国增赴辕请领，望即饬局照发，交该办事官领解来珲，以备随时核发，相应备文咨请查照饬发施行。等因准此，亟宜及时提发银两，以便购料修筑，迅期蒇事。着机器制造局，仍由经费项下再行提银五千两，发交办事官周国增领解回珲，俾资应用。惟现发修筑炮台银五千两，既系由于新领机器经费款内动用，自应仍照前次拨银二千两章程办理，而清款目。除分别咨复饬遵外，相应咨行贵帮办，请繁查收见复施行。须至咨者。

右咨钦命帮办吉林边务事宜珲春副都统依

吉林将军衙门为前路副将郭长云找领修筑炮台垫款银的咨文
光绪十一年七月二十八日

为咨复事。本年七月二十八日准会办北洋大臣吴　咨复内开：案准来咨，以帮办咨，据前路统领郭副将长云呈称，于光绪八年六月内，曾奉钦宪吴　派筑外郎屯炮台三座，遵即督队开工，业将东炮台一座以及营门墙濠等处，均已先后告成，其中西两台之座亦已筑就，现正安洞盖面。适奉调省察看并饬将一切事件赶紧交代清楚，所有标下历年经手购办炮台或用或存各物料器具，以及雇运爬犁、大车脚价等项，共已用银一万零九百八十九两三钱零八厘九毫，计陆续承领过银七千五百两，尚挪垫银三千四百八十九两三钱零八厘九毫。除分析造具领用各数目清册，连同奉颁炮台章程一并咨交新任统领哈副将广和接办外，理合造册具领，备文呈请，仰祈宪台鉴核，俯赐给领归垫，实力公便。为此具呈，伏乞照验施行。等因前来。查敝处现领炮台经费银五千两，尚未到珲，且两军现修工程尚有现用，要需难于抽拨，兹该副将亲身进省，应请就近饬由机器制造局给发承领，以省运解。等因咨行前来。正在核办间，旋据郭副将长云将经办炮台用存各物料、器具、雇运各脚价及领用挪垫银两各数目，造册呈报前来。详查修筑炮台支需经费径由贵大臣专案核明咨部请销，曾准咨照在案。因台工未竣，用款尚多，本年已由机器经费内两次发银七千两，先后咨明贵大臣查照咨部以重款目，亦在案。今台工尚未葳事，其续发经费已至七千两，而该副将复须找领垫款三千余两，查其册报共经手用过银万余西之数，均关报销，所请找领垫款银两，应否照数提发，俾归前垫，应行咨明贵大臣查复到日再行办理。除咨复札复外，相应照册抄单备文咨行，请繁查核见复施行。等因准此，查该副将垫用银三千四百八十九两三钱零八厘九毫，既与册报数目相符，应请如数给领归垫，分别饬知，相应备文咨复查照施行。等因准此，除札饬机器局遵照给领并札履郭副将承领外，相应备文咨复贵帮办请繁查照施行。须至咨者。

右咨钦命帮办吉林边务事宜珲春副都统依

吉林将军衙门为照数拨给筑修阿鲁上炮台经费的咨文
光绪十二年七月

为咨复事。案准贵帮办咨，据靖边中路筑修阿鲁上炮台业经竣工，所有用过物料暨所费银两数目造具清册咨送核销在案。惟所用银两除先后所领之外，尚缺银六千二百四十六两五钱三分，应即补领以归垫款。兹派亲军马队左哨哨官常德赴省领取，请即札饬机器局由所存炮台经费内照数拨出，发交该员运解来珲俾资归款，相应咨领。为此合咨，请繁查照转饬施行。等因到本爵督办。准此，除札饬机械局给领外，相应咨复。为此合咨贵帮办请繁查照可也。须至咨者。

右咨钦命帮办吉林边务事宜珲春副都统依

珲春副都统为拨发外郎屯修筑炮台经费的咨文
光绪十二年八月初一日

钦命帮办吉林边务事宜镇守珲春副都统法什尚阿巴图鲁依　为转咨事。案据前路统领哈副将广和呈称，窃查外郎屯炮台工程应需经费银两，自副将于年前五月间接修起，共蒙饬发银三千两，已于客冬停工时，如数用完。现值赶为修筑，凡应需之铁麻、石灰等项，价值脚银均系大宗，虽已力为撙节，无如卑军并无存款，碍难久垫，惟有仰恳俯念要工需款，再赏发银五千两，以济急需，俟工竣再行详细造报。等情据此，查该路所修炮台，工将垂成，应将所需物料备办足用，以期赶紧修筑，及早竣工，现在该路派随同办事委员俊瀋哲、帮带沙成珠等，赴省请领饷乾，应即就便由机器局所存炮台经费内领银三千两，运解来珲，以资要需。除札复该统领转饬该员等前往承领外，相应咨明。为此合咨贵爵督将军，请繁查照转饬该局照发施行。须至咨者。

右咨钦命督办吉林边务事宜镇守吉林将军一等继勇侯希

珲春应领戊子年春秋二季俸银名册
光绪十三年

镇守珲春副都统衙门　为造送珲春地方官兵、闲散等，应领戊子年春、秋二季俸饷花名清册事。

珲春副都统依　应领春、秋二季俸银一百五十五两。

镶黄旗德玉佐领下：协领德玉，云骑尉吉尔洪阿、舒林、恒泰、富升、讷奇新、双祥、恩祥，骁骑校金奎，恩骑尉额尔苏勒、定禄、八品荫监达哈布。由披甲挑补无品级站笔帖式喜春，每月食饷银三两。领催五名、前锋二名，每月食饷银二两。披甲七十名，每月食饷银一两。闲散乌勒兴额、吉拉敏、庆山、庆凌、达哈布、寿福、倭什洪武、珠隆阿、德丰阿、依奇布同福，此佐领下协领一员、云骑尉七员、骁骑校一员、恩骑尉二员、八品荫监一员、由披甲挑补无品级站笔帖式一员、领催五名，前锋二名、披甲七十名，每月食饷银一两。闲散十二名，春、秋二季应领俸饷银二千九百六十七两。

正黄旗双成佐领下：协领穆克登额，佐领双成，防御桂德，云骑尉成贵、石玉、托明阿、乌勒兴阿、骁骑校祥泰，恩骑尉台喜，由领催挑补无品级笔帖式萨炳阿、托伦布，每月食饷银三两。领催五名，每月食饷银二两。披甲七十名，每月食饷银一两。闲散吉东阿、富明、依吉期浑、安禄、科兴额、额特布、萨凌阿、长寿、青额明福，海明德、台升、德格尔食半饷。阵亡披甲永春遗妻孀妇色勒哩氏。此佐领下协领一员、佐领一员、防御一员、云骑尉四员、骁骑校一员、恩骑尉一员、由领催挑补无品级笔帖式二员、领催五名、披甲七十名，每月食饷银一两。闲散十三名、披甲之妻孀妇一口，食半饷。春、秋二季应领俸饷银二千八百六十两。

正白旗巴图凌阿佐领下：佐领巴图凌阿，骑都尉恩禄，云骑尉喜昌、依萨绷额、德安、常喜、萨尔嘎赉，骁骑校恩特恒额，八品荫监萨凌阿，八品站笔帖式德克登额，由领催挑补无品级笔帖式恩特和布，每月食饷银三两。领催五名、前锋二名，每月食饷银二两。披甲七十名，每月食饷银一两。闲散安札、保全、胜春、和贵、珠尔苏、丰升额、平安、永泰、德明、阿尔奇兰、常柱，食半饷。阵亡披甲德贵遗妻孀妇何叶哩氏。此佐领下佐领一员、骑都尉一员、云骑尉五员、骁骑校一员、八品荫监一员，八品站笔帖式一员、由领催挑补无品级笔帖式一员、领催五名、前锋二名，披甲七十名，每月食饷银一两。闲散十一名、披甲之妻孀妇一口，食半饷。春、秋二季应领俸饷银二千八百三十二两。

正红旗富勒吉杨阿佐领下：佐领富勒吉杨阿，骁骑校成玉，每月食饷银三两。领催五名，每月食饷银二两。披甲七十名，每月食饷银一两。闲散金成阿、九明德、乌什杭阿、苏精德英林，食半饷。阵亡领催全寿遗妻孀妇钮呼噜氏、此佐领下佐领一员、骁骑校一员、领催五名、披甲七十名、每月食饷银一两。闲散五名、领催之妻孀妇一口，食半饷。春、秋二季应领俸饷银二千一百零三两。

镶白旗全有佐领下：佐领全有，骁骑校吉勒图堪，八品笔帖式阿察本，每月食饷银三两。领催五名、前锋一名，每月食饷银二两。披甲七十名。此佐领下佐领一员、骁骑校一员、八品笔帖式一员、领催五名、前锋一名，披甲七十名。春、秋二季应领俸饷银二千零六十五两。

镶红旗永德佐领下：佐领永德，骁骑校富勒浑，每月食饷银三两。领催五名，每月食饷银二两。披甲七十名，每月食饷银一两。闲散六十六、富精德，此佐领下佐领一员、骁骑校一员、领催五名、披甲七十名，每月食饷银一两。闲散二名。春、秋二季应领俸饷银二千零四十九两。

正蓝旗春升佐领下：佐领春升，防御荣升，骁骑校庆恩，原品休致食全俸骁骑校法福哩，每月食饷银三两。领催五名，每月食饷银二两。披甲七十名，每月食饷银一两。闲散常德，阵亡披甲博林遗妻孀妇依尔根觉罗氏，食半饷。此佐领下佐领一员、防御一员、骁骑校一员、原品休致食全俸骁骑校一员、领催五名、披甲七十名、每月食饷银一两、闲散一名、披甲之妻孀妇一口，食半饷。春、秋二季应领俸饷银二千一百八十九两。

镶蓝旗桂山佐领下：防御委佐领桂山，骁骑校萨力绷阿，由领催挑补无品级站笔帖式连和，每月食饷银三两。领催五名，每月食饷银二两。披甲七十名、此佐领下防御委佐领一员、骁骑校一员、领催挑补无品级站笔帖式一员、领催五名、披甲七十名。春、秋二季应领俸饷银一千九百三十六两。

每月食饷银一两，仵作董占员、郭永清、番役姜元奎、李连升、陈德胜、蒋玉路、张成、董升、富保善、祖财、马常发、周青、杨金财、王有，仵作二名、番役十二名。春、秋二季应领饷银一百六十八两。

以上珲春地方官兵、闲散、仵作、番役等，戊子年春、秋二季共应领俸饷银一万九千四百二十四两。

吉林将军衙门为追缴换练未到营丁丹津贴银两事的咨文
光绪十四年十月

为咨行事。兵司案呈：本年十月初八日准军宪札开，本年十月初六日准大臣定　咨开，案据吉字营总帮统咨呈，案照吉军上年九月初一日换练，撤回归伍兵丹二千二百三十五名。本年九月初一日又值换练之期，例应调回入操，前后据各城旗查复，去岁撤回兵丹未到籍与名目不符及病故各项事故，共二百七十六名，核与两翼统领呈报未到营兵丹数目相符。其所空兵额亟应挑补，敝总帮统已选经备文咨请吉林将军，速饬兵司由省城各旗及附近官屯传调西丹三百五十名，以备挑补而免悬额在案。其未到营各兵原领津贴银两，应令各该旗分别按名缴还，以重饷糈。除咨呈吉林将军转饬分别追缴外，理合将未到营兵丹分析抄粘咨呈鉴核。等情到本大臣。据此，查吉军上年九月初一日撤回兵丹二千二百五十名内，除由京派来教习戈什哈及领催披甲二百六十三名不计外，实撤西丹一千九百八十七名，每名每月津贴银一两，当时给发九、十、冬三个月津贴银五千九百六十一两。嗣于本年四月又提发十三年腊月并本年正月、二月三个月津贴银五千九百六十一两，计共发过六个月津贴银一万一千九百二十二两，均经先后咨送贵将军衙门转交各该旗按名散放在案。

兹据吉军总帮统呈报，此项撤回兵丹内有未经到籍与名目不符及病故各项事故，共二百七十六名，另行挑补足数。其原领津贴银两自应缴回，内除去披甲二十六名不领津贴外，实共丁丹二百五十名，共应缴回二两平银一千五百两，惟查此项津贴先于撤回时发给三个月，计未到旗者二百五十名，共银七百五十两，应由各城旗如数追缴。其本年四月续发三个月之款，各该兵丹既仍未到旗自必由司扣留，计共银七百五十两，应先由司归还，以重饷项而昭核实。相应抄单咨请查照，希即饬司办理。见复施行。等因。准此，查咨称去岁所撤兵丹内既经报有各项事故者，自应分别追缴津贴而重饷项。除咨复外，合亟抄单札饬，札到该司即便遵照，按照单开花名迅速分行各该处，即将先于撤回时所发三个月之津贴，并本年续行由司核发之三个月津贴银两，统应一并赶紧如数追缴解省，径由该司移送吉字营收款，勿稍延缓。切切，特札。等因奉此，案查前准总帮统来咨，已抄单咨札各该处，务将此项津贴银两按名如数径缴收款在案。兹准札催，除粘单省繁不叙外，相应再行呈请咨行宁古塔、伯都讷、阿勒楚喀、珲春副都统，照会乌拉总管等衙门查照，札饬镶黄、正黄、正白、正红、镶白、正蓝、镶蓝、蒙古旗、鸟枪营、乌拉、拉林、双城堡、伊通协、参、佐领，官庄总理、水手营四品官，西北两路驿站监督，伊通、布尔图库、赫尔苏边门章京等一体遵照文内事理，务将此次调操未到营之丹之丁前后所领津贴银两，赶紧按名如数追缴解省，径送总帮统营务处查收，毋稍延缓。暨由兵司移付总帮统营务处查照可也。须至咨者。

右咨珲春副都统衙门

珲春副都统为派员赴省提取春夏两季擦炮油费等项银两的咨文

光绪十五年二月三日

钦命帮办吉林边务事宜镇守珲春副都统法什尚阿巴图鲁依　为咨明事。窃照靖边中、前两路旧有格林、开花等炮十尊，调拨本帮办行辕派员演练，并将马乾油费等项，由本年正月初一日统行呈缴，前已咨明并分札在案。所有此项马乾等银，亟应派员提取，以资操练需用。查拉炮车马共四十匹，每匹日支草乾银一钱，马夫十名，每名日支口粮银一钱。擦炮油费，每月支银十二两。由本年正月初一日起至六月底止，计六个月，除二月、五月两小建外，共应支马乾、夫价、油费等项银九百六十二两。兹派专演炮位委员花翎头品顶戴记名副都统德英阿赴省提取，除札边务粮饷处遵照核发外，相应咨明。为此合咨贵督办将军，请繁查照施行。须至咨者。

右咨钦命督办吉林边务事宜镇守吉林将军恩特赫恩巴图鲁长

依克唐阿为缴还亲军马队两哨马鞍价银的咨文

光绪十五年四月二十五日

钦命帮办吉林边务事宜新授黑龙江将军法什尚阿巴图鲁依　为咨明事。窃照本帮办将军行营亲军马队两哨，前于光绪十年成军之时，在省请领马鞍一百盘，每盘价钱十六吊九百八十文，共领钱一千六百九十八吊，当饬该哨官由该兵等应支月饷内陆续扣留。现据禀称，业经如数扣齐，共计合银四百二十四两五钱，呈请缴还前来，本帮办将军复核无异。兹派五品顶戴领催德昌，将此项银两送交边务粮饷处收存，以清款目。除札该处查收呈复外，相应咨明。为此合咨贵督办将军，请繁查照施行。须至咨者。

右咨钦命督办吉林边务事宜镇守吉林将军恩特赫恩巴图鲁长

珲春副都统为前路领到夏饷银如数收讫的咨文

光绪十五年七月十五日

钦命头品顶戴帮办吉林一切事宜镇守珲春地方副都统恩　为咨明事。案查本月十一日据靖边前路王统领宽呈称：于本年六月二十九日接准总理边务粮饷处文咨开，案照六月初九日奉军督宪谕：珲春防饷待用亦急，兹王令昌炽赴珲，应由该处将前路应领防饷若干，交其领解，前往应用。等谕奉此，遵奉札开提发边、练两军及各局处薪饷一个月，以赈饥黎。当兹放饷之时，应自六月初一日起提前推后按三十三天发一关，如头次六月初一日关饷，二次则推到初四，三次则推到初七，十次即匀出三十天，以后仍复旧章按月发给。等因在案。兹查贵统领应领步队一营，马队四哨官弁、兵夫本年四月大建、五月小建，此两个月薪公饷乾，共银八千五百二十七两九钱二分二厘三毫二丝。所有六月应自初一日起至七月初三日止，此月大建，应领薪公饷乾共银四千三百二十二两九钱九分四厘四毫，以上统共应领银一万二千八百五十两零九钱一分六厘七毫二丝，即由防饷项下如数提出，于六月二十日发交委员王令昌炽承领讫。除呈报分行外，相应备文咨行。为此合咨，请繁查照，一候王委员将前项饷银解到，仍乞将收到数目、日期见复施行。等因奉此，查委员王令昌炽奉解职路夏饷银一万二千八百五十两零九钱一分六厘七毫二丝，已于七月初七日到珲，如数交收清楚。等情。呈报前来。据此，相应咨明。为此合咨贵督办将军，请繁查照施行。须至咨者。

右咨吉林将军长

珲春副都统为屯垦局哨官亏欠饷银由其饷内扣存归款的咨文

光绪十五年七月二十六日

钦命头品顶戴帮办吉林一切事宜镇守珲春地方副都统恩　为咨会事。案据委办黑顶子屯垦事宜吴副将永敔据情呈称：据前局员方朝禀称，护卫屯局马小队一哨，上年冬奉调赴省时，据哨官吴达成面称，有请假开革勇丁共十一名，职随饬募补足额，于十月二十六日缮具开补清折在案。维时冬饷尚未请领，自十月初一日至二十五日，十一名共需饷乾银六十四两一钱四分，其已回籍者，业已由职垫发，其未远离仍在此间谋食者，而屡向索取。该假勇等明知哨官亏欠饷乾，今因在远驻扎，就近请发，职亦碍难置若罔闻。又，该马队原定营房十九间、马棚十间，共给价银二百零二两，具领在案。尚短营房六间，该哨官未曾修造，前奉督帅饬缴价银四十八两，业在职春季局费内如数划扣在案，职当饬其速缴亦在案。讵该哨官始以查办未清，继以交卸在迩，乘间貌抗，良可寒心。若不禀请究追，更滋流弊，是以不揣冒昧，据实沥陈，仰恳查案赏饬呈缴，抑或转详饬缴，均候裁夺施行。等情据此，副将复查接收卷内所称，该哨官吴达成缮具开补勇丁清折，盖有马队图记，又查具领房价，领字注明营房十九间，每间计价银八两，马棚十间，每间计价银五两，共领银二百零二两。副将接办局务，验收马队营房十三间、马棚十间，尚短未盖之营房六间，计价银四十八两，均属实在情节。窃思该哨官吴达成，前在屯局既亏假勇饷乾不发，又领未盖房价不缴，揆诸情理殊属不合。兹据前局员方朝禀恩详请追缴前来，不得不据情呈请赏饬究追，以清款目而免效尤。等情据此，除批示外，相应咨行。为此合咨贵督办将军，请繁查照，希即转于该哨官饷内扣存，饬领以归垫款，望祈见复施行。须至咨者。

右咨钦命头品顶戴督办吉林边务事宜镇守吉林将军恩特赫恩巴图鲁长

珲春副都统为中前右三路请领秋季薪饷事的咨文

光绪十五年八月十八日

钦命头品顶戴帮办吉林一切事宜镇守珲春地方副都统恩　为咨行事。案查本帮办前因珲防务营局自行领饷，弊窦滋多。当经咨准贵督办将军复准，珲防务该营局饷银，仍令自行派员按季来省请领解呈，由本帮办饬令营务处或户司如数收库，按月来库请领。复经本帮办饬令各军，每届领饷之期，先将委员衔名应领银数呈明，以凭汇咨饬发，亦经咨会分饬在案。兹据中路统领永德呈称，现届应领秋饷之期，遵查七、八、九三个月应领该路中、左、右步队三营，马队一哨，两小建、一大建官弁、勇夫薪饷等银一万九千八百一十五两零六分二厘九毫二丝，现派中营哨官魁升执持印领，赴省请领。又据前路统领王宽呈称，应领七、八、九三个月该路步队一营、马队四哨，两小建、一大建官弁勇夫薪饷等银一万二千七百三十二两八钱六分六厘三毫，现派中营右哨哨长孙万海执持印领，赴省请领。再据右路统领保成呈称，兹届应领该路马步两营七、八、九三个月两小建、一大建官弁勇夫薪饷等银一万二千七百六十八两零五分零二毫四丝，现派差遣委员宝祥赴省请领，先后呈请汇咨前来。据此，相应咨会。为此合咨贵督办将军，请繁查照，希即转饬粮饷处，俟该员等到时，照数发给，运解来珲，以凭派员验收存库，监视散放。仍将核发日期先行见复施行。须至咨者。

右咨吉林将军长

珲春副都统为炮位擦洗费用由截旷项下扣留给领的咨文
光绪十六年七月二日

钦命头品顶戴帮办吉林一切事宜镇守珲春地方副都统恩　为咨明事。案查珲春、三姓奏筑炮台三处，安设十五生的克虏卜钢炮九尊，现在台工业经告竣，亟宜及时操练，俾资御侮。当经本帮办饬据北洋委员补用同知茅延年抄递旅顺操炮章程一份，细加披阅，除密油一项应预为购备，以便更换，其炮衣既有木棚遮蔽，自可从俭，毋庸制备，惟擦洗炮费则为必不可少之需。若责令各该统领赔垫，势必惜费生锈，转至临机误事。自应明定章程，选择炮目，专司其事。查原递章程内开十五生的钢炮，每尊每月擦洗费银八两，计珲、姓炮位九尊，每月共需银七十二两，按季由各该营截旷项下扣留给领。各该统领务各督率炮目随时擦洗洁净，以光亮为主，不准稍有生锈致误事机。除抄章分札遵照外，相应咨明。为此合咨贵督办将军，请繁查照，希即转饬粮饷处知照，并饬转运局遇便购备密油，分发各军更换施行。须至咨者。

右咨吉林将军

珲春副都统为提取各局处秋冬两季经费薪水的咨文
光绪十七年六月二十八日

钦命头品顶戴帮办吉林一切事宜镇守珲春地方副都统恩　为咨明事。案查本帮办办公夫价，以及文案、营务总理、会办委员书手心红、夫价，并翻译、教习暨官药局员、朝俄通事薪水等项银两，均经提领核发在案。查自光绪十七年七月初一日起至十二月底止，计六个月，共应支银七千三百八十六两。除扣还骁骑校双顺在省预支银二千五百两外，计应领银四千八百八十六两整，兹派营务处委笔帖式五品顶戴领催铭禄赴省提取。除将各处应支数目粘单札饬边务粮饷处核发外，相应咨明。为此合咨贵督办将军，请繁查照施行。须至咨者。

右咨钦命头品顶戴督办吉林边务事宜镇守吉林等处地方将军兼理打牲乌拉拣选官员等事恩特赫恩巴图鲁长

珲春副都统为水师炮船经费不足暂由珲属垫发的咨文
光绪十七年八月初四日

钦命头品顶戴帮办吉林一切事宜镇守珲春地方副都统恩　为咨明事。本年七月二十九日，案据委带图们江水师炮船花翎都司衔尽先守备郭长胜呈称，窃标下前因经费不足，业已禀报在案。蒙宪台批开，仰即径呈督办将军示遵。缴。等因奉此，伏查图们江上下水道千有余里，均系珲属地段，而标下忝承委任建修炮船一切诸务，自应恳宪台为伸饬，或据愚情为转咨，终不敢于督办宪擅行专禀。至前领经费银四百两，盖以桐油、绳索、蓝白蓬布以及鼓号等件，于珲春购买不便者，因就省筹办随带赴珲，连脚价并木匠支用钱，共计银二百五十三两，俟事竣汇册呈报。下存银一百四十七两，于开工后又由锯匠支用，及石灰、钉铁、米面各等项酌拟开销。现今毫无存款，诸事窘迫，诚恐秋日深而晒船为难，时愈久而糜费过多，愚昧之私殊深惶悚，伏乞宪台筹发银两，赶紧速成，曷胜恳颂。所有声明前领款项，并恳筹发经费缘由，理合备文禀请宪台核夺。等情到本帮办。据此，除批示并札饬右司垫发珲平银一百两外，相应咨明。为此合咨贵督办将军，请繁查照，饬知粮饷处由炮船经费项下划还施行。须至咨者。

右咨吉林将军长

各司等处应需盐菜支借月银清册
光绪十七年八月二十九日

谨将各司等处应需盐菜支借月银等项分析列后。

计开

一、大人门郭什哈、委员郭什哈共三十一员名，共需盐菜银四十六两五份。

一、前锋营前锋校五员名，共需盐菜银七两五钱。

一、印务处值班委笔帖式等八员名，共需盐菜银十二两。

一、左司值班委笔帖式等十一名，共需盐菜银十六两五钱。

一、右司值班委笔帖式十一名，共需盐菜银十六两五钱。

一、承办处值班委笔帖式等八名，共需盐菜银十二两。

一、左、右两翼各办事处委官等，两翼共八名，共需盐菜银十二两。

一、八旗值班、领催等，每旗四名，共三十二名，共需盐菜银四十八两。

一、街道厅值班委官等五名，共需盐菜银七两五钱。

一、监狱官、委官兵十名，共十二名，共需盐菜银十八两。

一、看守衙门署内仓库值班、笔帖式等六名，共需盐菜银九两

一、左、右两翼协领二员，每员跟役四名，共需盐菜银十二两。

一、佐领八员，每员跟役二名，共需盐菜银二十四两。

一、防御二员、海员跟役一名，共需盐菜银三两。

一、骁骑校六员，每员跟役一名，共需盐菜银九两。

一、门章京跟役二名，每月给盐菜银三两。

一、银库笔帖式等共三名，共需盐菜银四两五钱。

一、火药库值班等四名共需盐菜银六两。

一、满学教习官一员，盐菜银四两。

一、汉义学教习二员，学资银十两。

一、巡守四门官兵九名，共需盐菜银十三两五钱。

一、八旗每旗支借月银三十两，共支借月银二百四十两。以上统共银五百三十四两五钱。

珲春副都统为垫发水师经费银三百两由炮船项下划还的咨文
光绪十七年十月十日

钦命头品顶戴帮办吉林一切事宜镇守珲春地方副都统恩　为咨明事。本年十月初二日，据委带图们江水师炮船花翎都司衔尽先守备郭长胜呈称：窃标下前奉宪台两次饬司垫发经费银三百两，前后结领在案，均经报明督办宪，亦在案。现今四号船俱已下水，工程亦经完竣，外欠一切应俟报销后于下欠款项再行请领。奈账务纷繁，猝难校对，诚恐万一有疏忽之处，致负咎累。而各工匠地多遥远，天近严寒，船事已毕，急求回家，若于银两不便，而标下未免有受逼迫矣。恳请宪台始终体恤，再饬垫发银三百两，以便开销而昭公允。俾标下得免累迫，而工作均沾实惠，实为德便。至新设师船系初成军，所有锣、鼓、帐房、锅伙器具、旗帜号衣，均系一律置齐，俟料理稍有头绪，赶清款目，速缮卷折，缕晰具报，断不敢稍涉含混，致干罪戾。所有恳请赏给经费缘由，理合备文呈请宪台鉴核，伏乞恩准施行。等情到本帮办。据此，除批示并札饬右司垫发珲平三百两外，相应咨明。为此，合咨贵督办将军，请繁查照，饬知粮饷处由炮船经费项下划还施行。须至咨者。

右咨吉林将军长

珲春副都统为提取各局处十八年春夏两季经费薪水的咨文
光绪十七年十一月初九日

钦命头品顶戴帮办吉林一切事宜镇守珲春地方副都统恩　为咨明事。案查本帮办办公夫价，以及文案营务总理会办委员书手心红、夫价，并翻译、教习暨官药局员、朝俄通事薪水等项银两，均经提领核发在案。查自光绪十八年正月初一日起至六月底止，计六个月，共应支银七千三百八十六两整。兹派委办支发处、营务处，随同办事委员五品蓝翎骁骑校双顺就近在省提取。除将各处应支数目粘单札饬边务粮饷处核发外，相应咨明。为此合咨贵督办将军，请繁查照施行，须至咨者。

右咨钦命头品顶戴督办吉林边务事宜镇守吉林等处地方将军兼理打牲乌拉拣选官员等事恩特赫恩巴图鲁长

珲春副都统为提取发审委员十八年春夏两季津贴银两的咨文
光绪十七年十一月初九日

钦命头品顶戴帮办吉林一切事宜镇守珲春地方副都统恩　为咨明事。案查前因珲属地面辽阔，词讼命盗案件倍觉殷繁，添设发审委员四员，每月应需委员津贴办公银六十两。当经咨准贵督办将军饬据粮饷处议复，由平余项下按季支发等因。照办在案。查自光绪十八年正月初一日起至六月底止，共应支银三百六十两。兹派委办支发处、营务处，随同办事委员五品蓝翎骁骑校双顺就近在省提领。除札粮饷处遵照外，相应咨明。为此合咨贵督办将军，请繁查照施行。须至咨者。

右咨钦命头品顶戴督办吉林边务事宜镇守吉林等处地方将军兼理打牲乌拉拣选官员等事恩特赫恩巴图鲁长

吉林将军衙门为新调后路统领未到防前薪公遵照成案办理的咨文
光绪十七年十一月

为咨行事。据署理靖边后路统领胜泰禀称：窃职十一月初五日接准新调后路统领恩祥由珲春来咨内开，六月十九日以前应领前路薪公，十九日以后支领后路薪公，以资办公。等因前来。查光绪十六年正月十一日准边防营务处来咨内开，奉督宪札开，照得近见前后任差人员，往往以支领薪公等项，缪辖不清，殊属不成事体。嗣后边防各局处、各营，凡有前后差人员，其薪公等项皆以接管交卸日期为起止，其奉札未任差之前，不得开支薪公，以昭平允。除分札外，合亟札饬，札到该处，即便转行各军一体遵照，毋违。切切，特札。等谕奉此，除分行外，理合备文咨行查照，转饬一体遵办通饬在案。伏思，职自去腊初十日奉札委署后路统顿，所有薪公一切奉文归职支领，以资办公。现恩统领来咨，由本年六月十九日以后虽未到防，仍须将薪公归伊支领，并开示词意严峻，俨然不准抗违。职筹思至再，若遵恩统领来咨，不但违督宪通饬定章，即职每月公费当亦亏金数百，无处告艰，况恩统领久任边军，谅督宪前此通饬定章，未必不早知其细。刻又准来咨，由前路兵勇额中带来马、步勇丁并长随人等共八十余名，着由后路勇丁额中依次开补，俟补竣后再将前路勇额归还。等因奉此，职想前路防营亦为防守要害所设，今乃以前路演熟之兵咨为后路备补之勇，实属不合。现查后路马、步勇丁除开差暨各处驻扎外，守营之兵仅足可供差操，纵有额出亦系照章随补，并无许多遗额，为后来者作预补之计。今者开具兵勇花单数十名，咨令全为开补，如不遵补则是违忤上宪，如若全补则又两营无缺。为此所有职愚鲁之衷，两难之状，不得不具禀沥陈，伏乞宪核鹄候批示遵行。等情到本督办将军。据此，除批：禀悉，薪公一项自应遵照成案支领，所有恩统领随带前路勇丁，前据营务处开单呈报，步队三十一名、马队十八名在案，并无八十余名之多。后准帮办咨，据哈统领禀请，由离营之日开除募补。等因前来。今复据前情，查此项勇丁应自恩统领交代前路清楚之日作为离营之日，准由哈统领开除募补，哈统领亦不得以接护之日即作为恩统领离营之日，俾昭公允。恩统领所请俟抵后路续补后，再将粮额咨回前路之处，应无庸议，该营官应俟恩统领接统后，自行酌度办理。仰候咨明帮办并札饬营务处，分别行知前后两路统领一体遵照可也。缴。挂发外，相应咨行。为此合咨贵帮办，请繁查照施行。须至咨者。

右咨钦命头品顶戴帮办吉林边务事宜珲春副都统恩

珲春副都统衙门核放光绪十七年秋季俸饷摊扣名单
光绪十七年十二月

副都统衙门　为将核放秋季俸饷摊扣名单事。右司卷一宗：

光绪十七年十二月

今将由八旗应领本年秋季俸饷银两内抵扣官兵等（缺文）两数目，开单呈请宪台鉴核施行。

计开

镶黄旗云骑尉恩祥支借银十六两八钱六分二厘，云骑尉准祥支借银十两，庆永借银十二两，已故闲散依奇布名下找回本年春季饷银四两八钱，披甲富有支借银三两，共计银四十六两六钱六分二厘。

正白旗已故闲散丰升额名下找回本年春季饷银四两八钱，常柱剩本年春季饷银四两八钱，安扎剩本年春季饷银四两八钱，披甲顺喜支借银三两，常有支借银三两，共计银二十两零四钱。

镶白旗披甲春顺支借银三两。

正蓝旗笔帖式春英支借银十一两二钱，披甲关升支借银三两，共计银十四两二钱。

正黄旗调转防御讷苏肯名下找回本年春季俸银二十两零四分，恩骑尉额尔苏勒支借银十二钱七分二厘八毫，已故闲散台升名下找回本年春季银四两八钱，披甲顺喜支借银三两，共计银三十九两一钱一分二厘八毫。

镶红旗披甲依力洪阿支借银八两，富勒杭阿支借银三两，共计银十一两。

正红旗披甲常有支借银三两，成山支借银三两，共计银六两。

镶蓝旗披甲同凌支借银三两，德凌阿支借银八两，共计银十一两。

以上统共扣银一百八十一两三钱七分四厘八毫。

光绪十七年十二月二十七日

今将由八旗应领本年秋季俸饷银内，抵扣官兵等（缺文）两数目，开列缮单，呈请宪台鉴核施行。

计开

一、垫发印务处置龙绫表纸银一百两。

一、垫给右司置买纸札银一百两。

一、垫发左司置买纸札银一百两。

一、垫发各处值班人役自本年三月起，至八月底止，共需盐菜银一千七百二十四两七钱七分。

一、垫发八旗本年三、四、五，计三个月共支月银七百二十两。

一、垫发两翼请领去岁年终所需各项差徭等项银四百一十七两七钱二分二厘。

一、发给本年春、秋二季奉文致祭各庙宇需用祭品等物银三百六十五两六钱八分一厘，内除由省领到致祭本年昭忠祠银三两二钱抵补外，尚剩银三百六十二两四钱七分一厘。

一、发给富佐领吉扬阿赴往南冈查勘旗民地亩界址，应需川资银四十九两五钱。

一、发给印务处抄办表章所需津贴银十六两，圣寿长至元旦慈禧四季表文，应需川资银八十两。

一、发给防御双德带兵前往南冈等处，调查私酿酒斤，应需川资银三十六两一钱。

一、发给汉义学找领学资银十三两三钱三分。

一、发给造报部拨南冈等处垦民尾欠租赋册籍需用纸笔墨银二十四两一钱。

一、发给赴省呈送三代册籍需用费等项银一百二十八两。

一、发给呈送俸饷花名清册，应需费等项银八十九两。

一、发给云骑尉富升等前往烟筒（磊）[碇]子地方验尸，应需资银四两四钱。

一、发给云骑尉舒林等前往分水岭验尸应需川资银七两三钱三分。

一、发给骑都尉恩禄前往土门子江一带查勘船支，应需川资银六两九钱九分三厘。

一、发给云骑尉讷奇新获送将军，应需川资银十三两三钱三分三厘。

一、发给云骑尉庆永前往烟筒（磊）[碇]子验尸，应需川资银二十两。

一、发给云骑尉庆永赴省解犯，应需川资银四十六两六钱六分。

一、发给狱犯口米折银二十九两零三钱七分五厘。

一、发给街道厅修补房屋，应需木工银四十五两八钱。

一、户司留办俸饷资费银三十七两。

一、留本年办公核销银十二两。

一、往返应需川资银二百二十两。

一、站丁尖宿银二十六两五钱。

一、运饷用钉铁、木箱、布袋、绳子银十九两九钱。

一、兵司车标费银六两。

一、拉运因公病故领催富林布灵柩脚价银二十五两。

一、左右司置买掉垫稿板等项银二十八两。

一、交通政使司费银八两四钱。

一、交工部则律应摊费银六十六两二钱四分。

以上共扣银四千五百六十二两九钱二分四厘。

吉林将军衙门为三省练兵奉改新章歇班兵丹长支津贴在找领银内扣留的咨文
光绪十八年三月十五日

为咨行事。兵司案呈：本年三月初三日准军宪札开，案准钦差大臣定咨开，案照三省练兵现在奏改新章，不再轮换，所有各营歇班西丹每月应领津贴银一两，亦已奏明停止。其旧章歇班西丹未经领去之津贴，应截至光绪十七年十二月底止，一律补发等因，业经于本年正月十三日分行知照在案。兹据盛字营总帮统咨呈，据该军统领等将步队八营，应找领十八年正月初一日以前歇班西丹津贴银两各数目，呈请发领。并据支应总局申报，查核数目相符，已将应找发津贴银两提交盛字营统领承领讫。各等情据此，随经本大臣咨请盛京军督部堂查照，转饬各旗协、佐等官照数承领，分别传知该应领津贴各西丹按名分放亦在案。其吉、齐两军歇班西丹应行找领十八年正月初一日以前津贴银两数目，应由各总帮统详细核明，迅速具报，俟本大臣查核照复，即由该总帮统就近咨请贵将军查照，转饬各旗协、佐等官照数承领，按名分放，以昭核实。至吉字营从前撤换出营西丹，曾有长支津贴应行回缴之件，迄今尚未缴清，应由此次找领银数内查核明确，照数扣留，庶奏改练兵新章不致缪辏，俾重款目。除分行外，相应咨行，请繁查照办理施行。等因准此，合亟札饬，札到该司即便遵照文内事理转行各城、各旗一体遵办。特札。等因奉此，相应呈请咨行宁古塔、伯都讷、三姓、阿勒楚喀、珲春副都统，照会乌拉总管等衙门查照，札饬十旗、乌拉、五常堡、拉林、双城堡、伊通、额穆赫索罗协、参、佐领，吉林水师营总管，黑龙江水师营四品官，官庄总理，西北两路驿站监督，四边门章京等一体遵照文内事理，即将前次长支津贴应由此次找领津贴银内照数扣留，径交总统营务处查收见复可也。须至咨者。

右咨珲春副都统衙门

珲春副都统为中前两路饷银解送兑收存库事的咨文
光绪十八年闰六月十九日

钦命头品顶戴帮办吉林一切事宜镇守珲春地方副都统恩　为咨明事。案查前准贵督办将军咨，以靖边各军每年扣两关、三关饷项存营不放，难免不无腾挪之弊，存商则不能无倒闭之虞。各军驻扎宁古塔、三姓、珲春三城，其饷项领去应就近送交副都统衙门收库，用时往领，以服兵心。等因。当经饬据中、前、右三路查复各该路情形，呈请咨明在案。兹据中、前两路统领将闰六月份饷银解送前来，除饬司兑收存库外，相应备文咨明。为此合咨贵督办将军，请繁查照施行。须至咨者。

右咨钦命头品顶戴督办吉林边务事宜镇守吉林等处地方将军兼理打牲乌拉拣选官员等事恩特赫恩巴图鲁长

吉林将军衙门为复中前右三路饷银发放事的咨文
光绪十八年闰六月

为咨复事。案准贵帮办咨开：除原文减叙外，以靖边中、前、右三路统领禀请饷银，免送珲库等情，咨行查照酌核见复。等因准此，查中路统领禀请前来，当经批饬该统领所请，此次夏季连闰应领饷银先行散放三月，其余一月即交珲库存储，尚属可行准予照办。至备办米面占用一月饷银，俟扣回后仍应备办米面，以资周转。又批前路统领准将闰六月饷银缴存珲库，其备买米面一月饷银仍准留营，以资周转。又批右路统领饷银准其免送珲春存库，如有挪移亏短等弊，惟该统领是问，均已先后批饬在案。今准前因，相应咨复贵帮办，请繁查照施行。须至咨者。

右咨钦命头品顶戴帮办吉林边务事宜珲春副都统恩

吉林将军衙门为珲春前领制钱五千吊搭放兵饷在春饷内扣还的咨文
光绪十九年二月

为咨会事。准贵帮办函开：差官桂林由机器局领钱五千吊，系庚寅年春初解到，委因珲城街面制钱不敷周转，借以疏通。领到时当交户司按三吊合钱搭放八旗兵饷，去秋业经如数扣竣，请由今年春饷项下划扣归款。等因前来。查前次由防饷项下筹借银两，交机器局由沪购换制钱运解来省搭放，以抒民困在案。兹准前因，自应由户司于珲春官兵春饷内，核明划扣归还边防饷项，以清款目。除札户司暨粮饷处遵照外，相应咨会。为此合咨贵帮办，请繁查照施行。须至咨者。

右咨钦命头品顶戴帮办吉林边务事宜珲春副都统恩

吉林将军衙门为图们江水师饷项仍归前路代领的咨文
光绪十九年三月初三日

为咨行事。据边防营务处禀称：窃准靖边前路统领恩祥咨称，案据管带图们江水师领哨官花翎都司衔尽先守备郭长胜呈称，窃查卑水师前因饷数微寡，未便专行请领，禀奉督办宪批示，准由前路领饷差员代为搭解等因。自应遵照，恳请饬令麾下领饷差员代为搭解，除将应领饷银数目呈报督宪及边务粮饷处外，理合具文呈请鉴核，俯允施行。等情前来。据此，查该领哨所称各情实系因公，自应转饬敝路饷员请领搭解，惟军饷事关重大，倘有疏忽，厥咎匪轻，敝路又未奉有明文，抑无成案可稽，碍难每季代领，亟应先行咨明转请申报，俟后该水师营饷项应归何处代领代解，抑或由帮办宪支发局关领，请宪通饬，以便名专责成，而重军饷。敝统领为慎重军饷起见，除分咨外，相应备文咨报。为此合咨营务处，请繁查照转详施行。等因前来。理合肃禀呈请核夺，伏候批示遵行。等情到本督办将军。据此，除批：禀悉。该水师营饷项着仍归前路代领代解，仰即转行知照，并候咨明帮办。缴。挂发外，相应备文咨行，为此合咨贵帮办，请繁查照施行。须至咨者。

右咨钦命头品顶戴帮办吉林边务事宜珲春副都统恩

吉林将军衙门为珲春歇班西丹找领津贴银两如数给领的咨文
光绪十九年四月二十日

为咨行事。兵司案呈：本年四月初八日准总统富　等咨开，案准珲春副都统恩　咨开，除原文有案请免赘录外，尾开，详查先后陆续由吉字营撤换归旗歇班备调西丹，共计七十一名，造具印册一本，备文附封咨送前来。当即饬查册内核与敝营兵册相符者二十名，应找领津贴银一百八十二两，内除调练未到西丹十名，应扣缴津贴银三十两，前已由川资内抵扣银十两，此次应扣缴银二十两，并扣指传到营西丹一名，津贴银四两，留营发放外，实应找发二两平银一百五十八两。兹据骁骑校庆恩、笔帖式景阳等持具印领来营承领，自应如数给发，惟查此项西丹系属练成之兵，曾经钦差大臣定，奏明歇班，以备缓急听调，并各营中遇有裁汰老弱，由歇班内指名传调以期迅速。此次所领津贴已饬粮饷处如数发给该骁骑校庆恩、笔帖式景阳如数领讫外，仍应照抄花名清单，请饬该城确切核实，按名散放，勿使虚悬无着。并将现在实有听调西丹若干名，发去津贴银若干两，分析注明造具印册移送敝营，以凭咨呈钦差大臣立案备调，以昭核实，理合具文。为此咨呈军宪鉴核，转饬办理，速复施行。等因前来。相应抄单呈请咨行珲春副都统衙门查照文内事理，分析造具印册，径行咨送总统营务处查核可也。须至咨者。

右咨珲春副都统衙门

珲春副都统为派员请领亲军两哨春季薪饷夫价银两的咨文
光绪十九年五月初八日

钦命头品顶戴帮办吉林一切事宜镇守珲春地方副都统恩　为咨明事。窃查本帮办行辕亲军左右两哨马队光绪十九年正、二、三三个月薪饷，业经派员领解来珲发放在案。现届应领本年四、五、六两小建、一大建薪饷夫价，计银二千贰百伍十三两八钱六分八厘。兹派营务处委笔帖式五品顶戴领催铭禄赴省提领，除抄粘札饬粮饷处核发并该员遵照外，相应咨明。为此合咨贵护理将军，请繁查照施行。须至咨者。

右咨赏穿黄马褂头品顶戴护理吉林将军督办边务事宜吉林副都统世袭骑都尉兼云骑尉库楚特依巴图鲁沙

珲春副都统为派员请领亲军两哨夏季薪饷夫价银两的咨文
光绪十九年五月初八日

钦命头品顶戴帮办吉林一切事宜镇守珲春地方副都统恩　为咨明事。窃查本帮办行辕亲军左右两哨马队光绪十九年四、五、六两小建、一大建三个月薪饷，业经派员领解来珲，发放在案。现届应领本年七、八、九两小建、一大建薪饷夫价，计银二千贰百伍十三两八钱六分八厘。兹派营务处委笔帖式五品顶戴领催铭禄赴省提领，除抄粘札饬粮饷处核发并该员遵照外，相应咨明。为此合咨贵护理督办将军，请繁查照施行。须至咨者。

右咨赏穿黄马褂头品顶戴护理吉林将军督办边务事宜吉林副都统世袭骑都尉兼云骑尉库楚特依巴图鲁沙

珲春副都统为派员请领亲军两哨冬季薪饷夫价银两的咨文
光绪十九年九月十六日

钦命头品顶戴帮办吉林一切事宜镇守珲春地方副都统恩　为咨明事。窃查本帮办行辕亲军左右两哨马队光绪十九年七、八、九三个月薪水，业经派员领解来珲发放在案。现届应领本年十、冬、腊三大建薪饷夫价，计银二千三百零一两。兹派营务处委笔帖式五品顶戴即补骁骑校领催铭禄赴省提领，除抄粘札饬粮饷处核发并该员遵照外，相应咨明。为此合咨贵督办将军，请繁查照施行。须至咨者。

右咨钦命头品顶戴督办吉林边务事宜镇守吉林等处地方将军兼理打牲乌拉拣选官员等事恩特赫恩巴图鲁长

珲春副都统为派员请领二十年春夏两季擦炮油费等项银两的咨文
光绪十九年九月十六日

钦命头品顶戴帮办吉林一切事宜镇守珲春地方副都统恩　为咨明事。案查本帮办调拨行辕格林开花等炮，除解送配用巡江后膛小钢炮二尊，解送机器局收拾后膛钢炮二尊，其余六尊马乾、夫价、油费等项银两，应即派员提取，以资操演。查拉炮车马二十四匹，每匹日支草乾银一钱，马夫六名，每名日支口粮银一钱，擦炮油费，月支银六两。自光绪二十年正月初一日起到六月底止，计六个月，除扣马夫炮夫正、三、五、六四小建外，共应支银五百六十四两。兹派营务处委笔帖式五品顶戴领催铭禄赴省提领，除札边务粮饷处遵照核发外，相应咨明。为此合咨贵督办将军，请繁查照施行。须至咨者。

右咨钦命头品顶戴督办吉林边务事宜镇守吉林等处地方将军兼理打牲乌拉拣选官员等事恩特赫恩巴图鲁长

珲春副都统为派员请领亲军两哨二十年春季薪饷夫价银两的咨文
光绪十九年十一月十六日

钦命头品顶戴帮办吉林一切事宜镇守珲春地方副都统恩　为咨明事。窃查本帮办行辕亲军左、右两哨马队，光绪十九年十、冬、腊三个月薪水，业经派员领解来珲发放在案。现届应领明年正、三两小建，二月一大建薪饷夫价，计银二千贰百伍十三两八钱六分八厘。兹派营务处委笔帖式五品顶戴即补骁骑校领催铭禄，在省就近提领。除抄粘札饬粮饷处核发并札该员遵照外，相应咨明。为此合咨贵督办将军，请繁查照施行。须至咨者。

右咨钦命头品顶戴督办吉林边务事宜镇守吉林等处地方将军兼理打牲乌拉拣选官员等事恩特赫恩巴图鲁长

吉林将军衙门为各营截旷银项作为办公经费等事的咨文
光绪十九年十一月二十五日

为咨行事。照得前饬靖边各营，务将马步勇丁开革日期报由各该统领分报备核，俟集足十名，即由该统领挑补一次，并将截旷按日扣算，于下月初五日以前造册分报，饬由粮饷处按季坐扣。等因在案。第此项截旷原为集有成数，以备抵补防营各项，不应作正开销之需，无如各营所报截旷无几，实在无济于事，徒有其名究无其实，且不免各营借端取巧转滋流弊，即自本年十二月底一律停止，嗣后无庸按月呈报。如有马步勇丁因事开革，务当随时报明，该统领即行挑补，以实营伍，如果一时募补无人，仍准该统领将截旷如数划扣，作为办公经费。各该统领务当激发天良，认真办理。倘各该营出有空额，影射不补，或被查出或别经发觉，定行严惩。至珲姓三处炮台擦炮油费，每尊每月擦洗费银八两，计十五生的钢炮九尊，每月共需银七十二两，向章按季由各该营截旷项下扣留。此次既将截旷作为办公，所有擦洗炮费即由各该统领自行筹办，不得任令炮位生锈，遇有紧急致误事机。除分饬相应备文咨行。为此合咨贵帮办，请繁查照施行。须至咨者。

右咨钦命头品顶戴帮办吉林边务事宜珲春副都统恩

右司为发给各处值班官兵盐菜银的呈文及清册

光绪十九年

右司案呈：为发给银两立案备查事。兹据左右两翼协领呈称，窃职查自十九年五月初一日起月底止，计小建二十九日发给各处值班官兵人役郭什哈等一百八十一员名，每员名日需盐菜银五分，共需银二百八十二两五钱，并三司、承办处、两翼八旗满汉学房教习、仓库、官厅、章京处，各需薪红、纸札、厨工银五十四两，以上共计银三百四十六两五钱。呈请如数提出以资需用，合将各该处值班人等及应需盐菜银两数目逐一分析抄粘稿尾。理合具稿，呈请宪台大人案下鉴核，饬司核发施行。等因据此，详查两翼所请盐菜等项银三百四十六两五钱，俱属相符，是以呈请由库存接济差徭项下如数提出发给外，合将各该处应领盐菜银两数目，逐一分析，抄粘稿尾。理合具稿呈堂备核施行。

粘单

谨将各司等处需用盐菜纸扎等项银两数目分析开列于后

计开

一、大人门委官、郭什哈，共三十一名，共需盐菜银四十六两五钱。

一、前锋营、前锋校、前锋五名，共需盐菜银七两五钱。

一、印务处、值班委笔帖式等八名，共需盐菜银十二两外，厨工银三两，又纸札银八两。

一、右司值班委笔帖式等十一名，需盐菜银十六两五钱外，厨工银三两，又纸札银九两。

一、左司值班委笔帖式等十一名，共需盐菜银十六两五钱外，厨工银三两，又纸札银九两。

一、承办处值班委笔帖式等八名，共需盐菜银十二两外，厨工银三两。

一、两翼各办事处委官、贴写等四名，共八名，共需盐菜银十二两外，每翼纸札银一两五钱。

一、八旗值班领催等每旗四名，共三十二名，共需盐菜银四十八两外，每旗纸札银一两。

一、街道厅值班委官等五名，共需盐菜银七两五钱外，纸札钱五银。

一、监狱官、委官，兵十卜名，共十二名，共需盐菜银十八两。

一、看守衙署内仓库值班笔帖式等六名，共需盐菜银九两。

一、协领二员，每员跟役四名，共需盐菜银十二两。

一、佐领八员，每员跟役二名，共需盐菜银二十四两。

一、防御二员，每员跟役一名，共需盐菜银三两。

一、骁骑校七员，每员跟役一名，共需盐菜银十两零五钱。

一、门章京跟役二名，拟给盐菜银三两。

一、银库笔帖式等三名，共需盐菜银四两五钱外，纸札银一两五钱。

一、火药库值班人役等四名，共需盐菜银六两。

一、满教习官一员，每月盐菜银四两外，厨工银三两。

一、汉义学教习一员，找领二月应领本月二共学资银二十两。以上共计银三百四十六两五钱。

一、扣回印务处前借盐菜银十两。

一、扣回左司前借盐菜银十两。

一、扣回右司前借盐菜银十两。

一、扣回承办处前借盐菜银十两。

一、扣回左翼前借盐菜银十两。

一、扣回右翼前借盐菜银十两。

共扣银六十两外，净剩银二百八十六两五钱。

珲春副都统为派员领取二十年秋冬两季擦炮油费等项银两的咨文

光绪二十年五月十七日

钦命头品顶戴帮办吉林一切事宜镇守珲春地方副都统恩 为咨明事。案查本帮办调拨行辕格林开花等炮，除解送配用巡江后膛小钢炮二尊，解送机器局收拾后膛钢炮二尊，其余六尊马乾、夫价、油费等项银两，应即派员提取，以资操演。查拉炮车马二十四匹，每匹日支草乾银一钱，马夫六名，每名日支口粮银一钱，擦炮油费月支银六两。自光绪二十年七月初一日起，至十二月底止，计六个月，除扣马夫、炮夫八、十两个月小建外，共应支银五百七十两，兹派营务处委笔帖式五品顶戴领催铭禄赴省提领。除札边务粮饷处遵照核发外，相应咨明。为此合咨贵督办将军，请繁查照施行。须至咨者。

右咨吉林将军长

珲春副都统为筹银万两作为新募两营饷糈事的咨文

光绪二十年十月二十二日

署理帮办吉林边务事宜珲春副都统军机处存记副都统衔花翎协领恩 为咨行事。案据边务粮饷处恩佐领庆呈称：兹奉军督宪谕，现在倭寇构兵，珲防戒严，新募步队两营应需饷糈着先筹银一万两解赴珲春，以备应用。等语奉此，即由防饷项下筹银一万两，于九月十五日如数发交前路领饷委员戴鹍龄承领讫。除呈报督办查核暨咨该统领查照外，理合具文呈报鉴核施行。等情到本署理帮办副都统。据此，旋于本年十月十八日据前路领饷委员戴鹍龄呈报，解到奉督宪谕饬粮饷处发交饷银一万两，呈请验收前来，当即饬令支发处委员照数核收，数目相符。随提银二千两归交珲库，以清前借垫发前路新募前营饷银。查此项饷银一万两为新募步队两营备用，既经本署理帮办副都统接收，随时核发该各营，领作分放各官兵勇薪饷，并制办旗帜、号衣、锣锅等项之用，应俟该各营将用过所领银两分缮细数呈报到日，再行咨明核销，以清款目而重军饷。除札复粮饷处遵照外，相应备文咨行。为此合咨贵署督办将军，请繁查照施行。须至咨者。

右咨吉林将军恩

珲春副都统为左路右营开赴黑顶子驻扎暂借饷银事的咨文
光绪二十年十一月初九日

署理帮办吉林边务事宜珲春副都统军机处存记副都统衔花翎协领恩　为咨明事。案于本年十一月初一日据左路右营张营官友云禀称：窃查职营募补成军，由十月十五日起支正饷，前经发给十五天官兵勇夫薪公饷银，其饷业已需费无存。兹奉开赴黑顶子分扎驻防，所用食物等项价值较城内稍昂，况系村镇之处亦无铺商给垫，采买米面皆由城中运办购买，诸物均非现项不可，若不呈请筹备恐难接济军食，是以仰恳鸿慈赏借一个月正饷先行垫办，一俟关领饷项照数扣缴，以清借款。如蒙允准，再行核明银数派员请领。职为垫办军粮起见，是否可行未敢擅便，理合肃禀，呈请宪台鉴核，伏乞批示祇遵。等情到本署理帮办副都统。据此，除批；禀悉。该营新募成军，需银采办军粮自是实情，冬季防饷尚未解到，前已电请督办将军先为筹发，而运解到珲尚需时日，兹当先其所急，应由别款挪用借给该营半个月之饷，以济军食。该营官务当撙节动用，一俟正饷领到即为归缴，以清借款。除咨明督办将军外，仰即赴支发处具领，分报备查。缴。挂发外，相应备文咨明。为此合咨贵署督办将军，请繁查照施行。须至咨者。

右咨吉林将军恩

珲春副都统为前路前营新募成军制办旗帜号衣等项请领银两事的咨文

光绪二十年十一月初九日

署理帮办吉林边务事宜珲春副都统军机处存记副都统衔花翎协领恩　为咨行事。案于本年十一月初八日据前路统领呈称：案据职路新募前营孙营官义恒呈称，窃查职营新募成军，制做旗帜、号衣、扎巾、锣锅、器具等项，曾经查照存案，禀请作正开销具呈转请奉宪台批开：准其核实造报，作正开支，仰即知照。仍候督办将军批示。缴。等因。又奉督办宪批开：呈悉。应需银两俟开报请款前来，再行核夺。饬遵。缴。各等因转行遵照。奉此，惟查边军营制新募成军，旗帜、号衣、扎巾、锣锅以及应用号、鼓、锹、镐、斧、镰器具等物，照章均由粮饷处发款自办，历经遵办有案。兹职营奉派招募，因倭贼败盟寇珲警报，事在仓猝之间，未便先行请款，往返有误事机。除号衣在省由中营领饷委员戴鹍龄就商采办外，其旗帜、扎巾、锣锅、号鼓并修筑营垒需用锹、镐、斧镰器具各物，均就珲城购买，其款由商借垫以应急用，禀明在案。现号衣由中营委员运解到营，声明在省做齐，呈请督办宪验看后打包寄运。兹已请宪台验看分发营哨领用，亟应将制办旗帜、号衣、扎巾、锣锅、号鼓、锹、镐、斧、镰器具，各将用过银两数目分析造册具报领款，统计各项共银一千三百三十二两二钱五分二厘三毫二丝，应恳转请照数发领，以归铺商垫款。且职核报各款，均系查照向章请领，先由商家酌定价目，并无浮冒分文，理合造册具文呈请转恳核发等情。据此，查该营官具报制办旗帜、号衣、扎巾、锣锅、号鼓、锹、镐、斧镰器具各物，曾经呈奉宪台批准，作正开销在案。兹据册报，统共银一千三百三十二两二钱五分二厘三毫二丝，逐款核查均属实在，照章请领。亟应照数转恳宪恩饬发，以归铺商借款，用重军务。除造册分呈并咨送粮饷处查照外，理合造册具文呈请鉴示，饬发施行。再，如蒙照准，即请由宪台就近发款，以归捷便，合并声明。等情到本署帮办副都统。据此，除批：呈悉。该路前营新募成军，制办旗帜、号衣、锣锅、器具等项，业经禀奉批准，作正开销在案。兹据造报请款，饬令逐一核对，均与存案相符，委系核实造报，计银一千三百三十二两二钱五分二厘三毫二丝，亟应就近先为发给银两，候咨督办将军转饬粮饷处照数核销，仰即赴支发处具领，并将所领银两分报备查。仍候督办将军批示。缴。册存。挂发外，相应将发给该营银两备文咨行。为此合咨贵署督办将军，请繁查照转饬粮饷处照数核销施行。须至咨者。

右咨钦命头品顶戴升授黑龙江将军署理督办吉林边务事宜镇守吉林等处地方将军兼理打牲乌拉拣选官员等事恩

珲春副都统为左路右营新募成军请领制办旗帜号衣等项银两的咨文

光绪二十年十一月初九日

署理帮办吉林边务事宜珲春副都统军机处存记副都统衔花翎协领恩　为咨行事。案于本年十一月初七日据左路右营张营官友云呈称：案查靖边营制定章，新募成军制办旗帜、号衣、扎巾、锣锅等项需用银两，作正开销一次，请领款项。等因在案。兹奉前帮办宪札添募新营，仍名为靖边左路右营，归该统领统辖，用备倭寇北犯珲防戒严，挑齐归伍训练等因。遵奉办理，现已招募成军，查新募右营按照边防营制招募什长四百五十名，应办旗帜、号衣、扎巾、锣锅，需用银两照章申明请款以符存案。现拟制做哨旗五十手，用蓝花旗布就珲购料发做，号衣用蓝褡连布心，青花旗布边。拟做夹号褂五十件，号坎四百件，用归左路一律，以壮军威。其战裙四百五十件，扎巾、锣锅等项由省赶办，缓不济急，均就珲购办。业已成军，即为分发该各勇等领用，以归整齐。查上项旗帜、号衣、扎巾、锣锅，业由商垫款分办，应需银两统俟核明开报，请款自应先行陈明，以便领款作正核销用重军需。所有制办旗帜、号衣、扎巾、锣锅，照章请款各缘由，除呈报统领外，理合先行具文呈请宪台鉴核，饬遵施行。等情。呈奉宪批，据呈已悉。该营新募成军制办旗帜、号衣、扎巾、锣锅等项，照章准其作正开销，仰即核明分款造报，呈由本署理帮办副都统转咨署督办将军核销，仍将需用款项分报备查。缴。等因奉此，遵将制做旗帜、号衣等项，总共需用银一千二百九十九两四钱五分八厘三毫三丝三忽，分款造册，恳请饬发以归商垫之款。除造册呈请统宪核转外，理合缮具钤记清册一本，附封具文，呈请鉴示饬发施行。等情到本署帮办副都统。据此，除批：呈悉。该营新募成军，前经禀请制办旗帜、号衣、锣锅器具等项，批准照章作正开销在案，兹据造报制办旗帜、号衣各项银两，逐款饬核均属实在，且与存案相符，总计需用银一千二百九十九两四钱五分八厘三毫三丝三忽，自应照准核销，就近发给银两。转咨督办将军，饬令粮饷处照销，仰即派员赴支发处如数请领，分归借垫商款，仍将所领银数分报备查。缴。册存。挂发外，相应将发给该营银两备文咨行。为此合咨贵署督办将军，请繁查照转饬粮饷处照数核销施行。须至咨者。

右咨钦命头品顶戴升授黑龙江将军署理督办吉林边务事宜镇守吉林等处地方将军兼理打牲乌拉拣选官员等事恩

珲春副都统为发给前左两营薪饷银两事的咨文及薪饷清册

光绪二十年十一月初九日

署理帮办吉林边务事宜珲春副都统军机处存记副都统衔花翎协领恩　为咨行事。案据前路统领转据该路前营孙营官义恒呈称：职营募齐成军，奉批自九月十五日起支正饷，遵照在案。现届关领之际，职营官弁勇夫应领九月大建十六天、十月小建一个月，共计薪饷银三千六百六十一两七钱九分四厘，理合缮具饷册二份呈报，转请帮办宪就近发给，以济军饷等情。由该统领呈请前来。旋又据左路右营张营官友云呈称：职营具报成军，奉批自十月十五日起支正饷，遵照在案。兹届请领冬饷之际，核计官弁勇夫应领十月小建自十五日起至二十九日止，计十五天，共饷银一千二百十六两九钱九分六厘。理合缮具饷册二份，恳请宪台就近发领。各等情到本署帮办副都统。据此，当即饬令核对所请饷银数目，均各相符，先后饬由支发处于前收万两项下，提银发给前路前营九、十一月零十六天饷银三千六百六十一两七钱九分四厘，左路右营十月十五天饷银一千二百一十六两九钱九分六厘，共计发放该两营之饷银四千八百七十八两七钱九分，均经该各营官派员承领去讫。是该两营之饷均截至十月底为止，以归一律。除将该两营呈到饷册各留一分备案外，相应将发放饷银并该各营饷册备文咨行。为此合咨贵署督办将军，请繁查照，转饬粮饷处遵照、存查、施行。须至咨者。

右咨吉林将军恩

统领靖边前路马步水师全军军机处存记吉林满洲正黄旗副都统衔花翎协领卓异加一级恩祥，谨将职路前营步队一营，应领九月大建十六天、十月小建一个月，官弁勇夫薪饷银两数目，缮具清册，呈请鉴核施行。须至册者。

呈开

前营步队

营官一员，月支薪公银一百五十两。

办事官一员，月支薪水银十五两。

字识一名，月支薪水银九两。

哨官五员，每员月支薪水银十八两。

哨长五员，每员月支薪水银十二两以上不扣建。

什长五十名，每名日给口粮银一钱五分。

正勇四百名，每名日给口粮银一钱三分三厘三毫三丝三忽。

长伙夫九十五名，每名日给口粮银一钱以上扣建。

此营^大建应领银<small>二千四百三十三两九钱九分六厘
二千三百六十三两六钱六分二厘八毫</small>。

以上前营步队官弁勇夫自九月十五日起至三十日止，应领十六天薪饷银壹千贰百九十八两一钱三分一厘二毫；十月份小建一个月，薪饷银二千三百六十三两六钱六分二厘八毫，统计九月十六天；十月份小建一个月，官弁勇夫应领薪公饷项共银三千六百六十一两七钱九分四厘。希即核发，合并声明。

管带靖边左路右营步队营官记名简放提督蟒阿巴图鲁张友云，为呈请事，今将职营步队官弁勇夫，自本年十月十五日起十五天，应领薪公饷银数目造具清册，呈请鉴核施行。须至册者。

呈开

左路右营

营官一员，月支薪公银一百五十两。

办事官一员，月支薪水银十五两。

字识一名，月支薪水银九两。

哨官五员，每员月支薪水银十八两。

哨长五员，每员月支薪水银十二两以上不扣建。

什长五十名，每名日给口粮银一钱五分。

正勇四百名，每名日给口粮银一钱三分三厘三毫三丝三忽。

长伙夫九十五名，每名日给口粮银一钱以上扣建。

此营^大建应领银<small>二千四百三十三两九钱九分六厘
二千三百六十三两六钱六分二厘八毫</small>。

以上右营步队应领本年十月十五日起十五天，官弁勇夫薪公饷等项库平银一千二百一十六两九钱九分八厘。呈请核发，合并声明。

珲春副都统为领发各营薪饷事的咨文
光绪二十年十一月初九日

为咨请核销事。案查倭寇北犯，珲防戒严，经正任督办将军长谕令：粮饷处先为筹银一万两，解运珲春，以备新募步队两营饷糈之用等因。旋据前路戴委员鹍龄解到饷银一万两，当即接收并咨明核发该各营薪饷，及制办旗帜、号衣、锣锅等项银两，再为核销在案。兹先后据前路统领转据该路前营孙营官义恒、左路右营张营官友云呈报，请领薪饷并制办旗帜、号衣、锣锅器具各物，及车炮、各炮马十匹马价银两前来。当饬支发处提银照数分发。核计（缺文）前发亲军前营、前路前营、左路右营各小口粮之银，总共八千四百一十两零三钱八分二厘五毫八丝三忽，计由一万两银内开除，实剩银一千五百八十九两六钱一分七厘四毫一丝七忽。查该各营请领各项银两，（缺文）咨行有案，自应汇总分款抄粘咨请核销，以清饷项。其剩（缺文）一千五百八十九两六钱一分七厘四毫一丝七忽，暂寄支发处存储，俟有动用，再为咨报。除取具该各营承领银两印领计十份咨送外，相应抄粘备文咨请。为此，合咨贵署（缺文）施行。须至咨者。

右咨吉林将军

（八）军 政 事 务

兵司为催报官兵军器册的移文
光绪十一年九月

将军衙门兵司 为飞行移催事。案查吉林通省官兵军器有无亏短，自应查明年终循例具题等情。历办在案。兹查各该处每按年终呈报此项文册，多有迟延参差不齐，迨经本司复核，以致迟误题限。虽屡次移催，而各该处造报文册多有草率从事，事关依限疏题，岂容稍逾限制。现届本年应行汇办之际，亟应预定限期，以免临期迟误。统限于十一月初一日以前详细造妥咨报，以凭复核而免迟延。相应备文移付宁古塔、伯都讷、三姓、阿勒楚喀、珲春副都统衙门左司查照，移交双城堡、五常堡、乌拉、拉林协领，札饬伊通、额穆赫索罗佐领，四边门章京等遵照前文事理详细查明，务于十一月初一日以前赶紧报省，毋误可也。须至移催者。

右移珲春副都统衙门左司

珲春副都统为抽减防练两军以节饷需事的咨文
光绪十一年十二月初五日

钦命帮办吉林边务事宜镇守珲春副都统法什尚阿巴图鲁依 为咨还事。本年十一月二十五日案准贵爵督办将军、副都统咨开：前于本年十一月初二日会同贵帮办恭折，合词复奏，抽减吉林防练两军兵勇，裁并局处，节省饷项，缮单恭呈御览。又同日附片合词奏陈，刻既整顿防操，深恐裁减后兵力见单，不敷调遣，所有拟减兵数是否合宜，恭候圣裁训示，遵办。等因。各折片当经抄稿报部，并咨送会稿在案。兹于本月十七日递回原折，除片奏一件奉旨留中外，计原折后开，军机大臣奉旨：览。奏已悉。所筹裁并兵勇各节尚属周妥，即着依议办理，以节饷需。该部知道。单并发。钦此。除恭录谕旨咨报户、兵部查照钦遵外，相应恭录并将咨部之行稿一份附入封简，备文咨会书行会印，仍望发还存案。等因准此，当即书行、会印，相应备文咨还。为此合咨贵爵督办将军、贵副都统，请繁查照施行。须至咨者。

　　计咨还三衔行稿一份

右咨 钦命督办吉林边务事宜镇守吉林将军一等继勇侯希

头品顶戴吉林副都统恩

右司为炮台官兵过河溺水事的移文

光绪十一年

　　为移付事。于七月初六日准钦差帮办行营营务处移文内开，于六月二十九日准靖边中路永统领咨开，窃于月之二十八日，据敝部左营营官乌勒兴额报称，于本月二十一日职带同中哨哨官侍卫瑚松阿、左哨哨官恩祥、右哨哨官德凌阿，随带丹勇十名，进城关领饷项，行抵河岸，并有右营右哨哨官全英带领丹勇搬取炮台物料一同上船渡河，不料摆至中流船忽沉没，仓卒之间势难挽救，所有官兵以及水手同时一并落水。以近日多雨，水势稍猛，遇难于急流之中，度无所施，幸两岸之人极力将职与瑚松阿并右营哨官全英捞救上岸，（缺文）时呕吐始苏人事，遂即支持查点遇救获免者职等三员，尚有哨长留魁并丹勇数名。其左哨哨官恩祥、右哨哨官德凌阿暨丹勇郎成等六名，于落水后沉伏被溺身死。伏思临流济渡原宜先防颠险，惟此次渡河本属往来常径，而仍将人马分作先后两次已觉慎之又慎，终遭奇变，诚为意想所不及。现在职虽幸免于死，惟官兵数员名同时被难，命殒于俄顷之间，回思惨状无任酸鼻等情。又据右营营官富保报称，六月二十一日，职饬派右哨哨官全英带兵十名赴城取用炮台需用江米、钉铁等物，行至渡口适遇左营官兵进城领饷，一齐乘船撑至中流浪急之处，其船忽沉，舟人不能为力，船上官兵同时被溺，幸两岸有人救援，该哨官顺流未远得以挽之登岸，并赶救丹勇七名，其余丹勇几名被溺身死。职在二次闻悉，刻即驰赴河干，派兵于下游各处将尸躯先后捞获，备棺收殓，现在遇救官兵等均已无恙等情。将被难官兵花名、旗籍开单呈报前来，据此核查左营溺毙哨官二员、什长二名、正勇四名，右营溺毙正勇三名，共计官兵十一员名，敝统领接准之下不胜惨悼。俯念该官兵等身遭水溺虽属事出意外，总因敝统领福薄灾生，以致部下官弁遇此奇凶，反复自思殊觉愧悚无地。现将该官兵尸身均捞获，其系本地者，饬令该家属承领殡殓；其系外城者，亦即备棺盛殓暂行浮厝，以等搬取。除俟各该官兵城池旗佐衔名抄原单粘连文尾备文咨报贵处，请繁查核呈请转饬各该旗知照。等因准此，除呈报帮办宪鉴核并移付将军衙门兵司转饬外，相应备文移付，为此合移贵司请繁查照，希即饬旗知照可也。等因移付前来，相应抄录原文，备文移付，为此合移左右两翼知照转饬可也。

谨将被溺官兵旗籍花名列后

计开

左营中哨头棚什长珲春镶黄旗德玉佐领下西丹七品顶戴郎成、前哨二棚正勇珲春正白旗巴图凌阿佐领下西丹富春、前哨七棚正勇珲春镶白旗全有佐领下西丹双林、二棚正勇珲春正黄旗双成佐领下西丹春升、十棚什长原籍乌拉珲春镶红旗永德、披甲七品顶戴德贵系乌拉镶红旗骑兵（缺文）一人、右哨六棚正勇珲春镶红旗永德佐领下西丹春山。

珲春副都统为前路兵勇不敷分拨暂缓采金的咨文

光绪十二年五月十九日

钦命帮办吉林边务事宜镇守珲春副都统法什尚阿巴图鲁依　为咨明事。光绪十二年五月十四日据前路统领哈副将广和禀称：窃于五月初四日接奉宪札，采金章程内开，先由各军拨丹勇五十名，派妥实明干哨官、哨长各一员，分途前往，认真举办。等因奉此，遵查卑军步队九百名内，除派赴和龙峪通商局，以及招垦并采办电杆、灰窑等项各处杂差，共占用已足五百余名之多，其余虽现尽归炮台做工，而兵力已属觉单，如再加以采金，未免愈难兼顾。左右筹思，惟有仰恳宪恩俯念炮台工做紧要，将采金事宜暂缓两月再行往办，俾得并力先将炮台未竣各工赶为修筑，以免偏废。可否之处，理合禀请示遵，所有因工做紧要，拟请暂缓采金各缘由，并未分禀，合并声明。等情据此，查该军炮台未竣工程，关系紧要，自应趁夏间工做易施，并力赶筑，以期及早竣事。该统领请将采金兵勇暂缓拨派，系为专力台工起见，可予准行。除批：据禀该军步队差多力单，虽系实情，然采金事关筹饷，六军一体遵行。况电杆业已竣事，此外零星占用各军皆有，岂得因寻常杂役而缓采金要差。惟所称炮台工程自属紧要，仰即添派兵勇并力修筑，严饬在工员弁赶紧督催，务于秋前报竣，其采金兵勇即俟台工竣后再行拨派，候咨明爵督办将军查照。缴。挂发外，相应咨明。为此台咨贵爵督办将军，请繁查照施行。须至咨者。

右咨吉林将军希

珲春副都统为前路统领禀请暂缓采金的咨文

光绪十二年十月二十一日

钦命帮办吉林边务事宜镇守珲春副都统法什尚阿巴图鲁依　为咨明事。案据靖边前路统领哈副将广和禀称：窃副将前缘赶修炮台要工，禀请暂缓采金之役，蒙批示内开，据禀该军步队差多力单，虽系实情，然采金事关筹饷，六军一体遵行。况电杆业已竣事，此外零星占用各军皆有，岂得因寻常杂役而缓采金要差。惟所称炮台工程，自属紧要，仰即添派兵勇并力修筑，严饬在工员弁赶紧督催，务于秋前报竣。其采金兵勇即俟台工竣后，再行拨派，候咨明督办爵将军查照。缴。等因遵照在案。兹查工程难已报竣，而节交霜降，天气渐寒，值此饬队前往开采，诚恐未及办有就绪，一逢降雪即须停工，似不如缓至春融再行往采，俾便挖淘以免或辍之虞。思维再四，惟有仰恳恩施逾格，俯赐指遵。是否有当，理合肃禀，敬候批示。等情。据此，查旅统领所禀各节洵属实情，应即准如所请。除批饬遵照外，相应咨明。为此合咨贵督办爵将军，请繁查照施行。须至咨者。

右咨钦命督办吉林边务事宜镇守吉林将军一等继勇侯希

珲春副都统为寻找患病走失兵丁英升的咨文
光绪十二年十一月初一日

镇守珲春地方副都统法什尚阿巴图鲁依　为咨报事。左司案呈：前据靖边亲军右哨哨官恩海报称，该哨七品顶戴正勇本处正蓝旗披甲英升，忽于今年正月二十七日染患疯迷之症，狂奔无定，当即医治，虽稍觉轻减，然仍复时发，正拟开革，饬其亲属接回调养间，讵于二月初九日夜，乘隙只身徒步走出，不知去向，遂派弁寻找多日未获。等情据此，当将英升勇缺披甲一并革退，另行拣补，并分饬防军卡站及该旗一体严行查寻去后。兹据各该员等陆续报称，奉饬寻缉英升，迄未弋获等因。查英升既患疯疾狂走，迄无下落，未免奔往邻城异乡，除仍分行饬缉外，合将英升年貌服色抄粘文尾，呈请咨报。为此合咨将军衙门查照，请烦饬下查拿施行。须至咨者。

右咨将军衙门

吉林将军衙门为将防军兵勇号衣圆光均注名姓事的咨文
光绪十三年九月

为咨送事。窃照本爵督将军校阅防军，见各营兵勇号衣、圆光内有未注姓名者，难免不无顶名冒充之弊。除一面札饬营务处转行各军，务将兵勇姓名一体添注，以便稽查外，相应备具会稿一份，备文咨送贵帮办，请繁查照、书行、盖印，仍望发还施行。须至咨者。

右咨钦命帮办吉林边务事宜珲春副都统依

吉林将军为阅竣防军回省的咨文及奏文

光绪十三年十月三十日

为咨行事。兵司案呈：本年十月二十四日准军宪札开，照得本爵督将军于本年十月二十一日，恭折具奏，为由宁古塔起程抵省日期等因一折，除俟奉到谕旨再行恭录饬知外，合亟抄折札饬。札到该司即便遵照。特札。等因奉此，相应抄单呈请咨行宁古塔、伯都讷、三姓、阿勒楚喀、珲春副都统，照会乌拉总管等衙门查照可也。须至咨者。

右咨珲春副都统衙门

粘单

奏为恭报奴才回省日期仰祈圣鉴事。窃奴才于本年十月初七日由宁古塔启程回省，业经附片奏明在案。兹于十月十五日驰抵省垣，除将地方旗民各属公事照常办理，并俟珲春副都统依　校阅各军完竣，再将操演情形汇奏外，奴才谨遵总理各国事务衙门电传谕旨，暂将吉字营练兵事宜督同总统倭、帮统富　认真办理。此次奴才出省月余，周历二千余里，经过地方，民情俱臻安帖，足以上慰宸廑。所有奴才回省日期缘由，谨恭折具奏，伏乞皇太后、皇上圣鉴。谨奏。

珲春副都统为创修城垣工竣奏请奖叙出力员弁折

光绪十三年

帮办吉林边务珲春副都统奴才依克唐阿跪奏：为钦奉恩旨，交部议叙，恭折叩谢天恩，仰祈圣鉴事。窃奴才于光绪十二年十月二十九日准将军衙门咨开，九月十三日本衙门恭折具奏，为珲春创修城垣工竣，请将在事尤为出力文武员弁援案开单，呈恳天恩，分别奖叙，以昭激劝等因具奏。兹于十月十六日奉到回折，军机大臣奉旨："依克唐阿着交部议叙，余着该部议奏。单图并发。钦此。"钦遵恭录咨行前来，奴才跪聆之下，当即恭设香案，望阙叩头谢恩讫，伏念奴才恭任边疆，寸功未效，修城缮守，皆职分所当为，兹复渥被殊恩，仰邀奖叙，抚衷循省，感愧交萦。惟有益励忠勤，勉供职守，以仰答高厚鸿慈于万一。所有奴才蒙恩议叙，感激下陈，理合恭折叩谢天恩，伏乞皇太后、皇上圣鉴。谨奏。于五月初十日奉到回折，军机大臣奉旨："知道了。钦此。"

于光绪十三年七月十九日饬交赴省呈送圣寿表文之委笔帖式文奎呈交。

珲春副都统衙门为请准武职官员归就近各城考验的咨文

光绪十三年

左司案呈：为咨请事。前准将军衙门咨开，兵司案呈，查驻防处武职大小官员现届五年一次举行军政之期，即应循例由各该副都统亲加考验，照例详细出具考语造册咨报。等因咨行前来。遵查应归本处军政考验之武职各官内，除现任及在靖边中路之委为统领帮带各员，均应其列班考验外，惟右翼协领穆克登额现调充姓城防军营官之差，正黄旗佐领双成曾留省城听遣，镶蓝旗佐领贵山亦调委吉字营帮带，正蓝旗防御庆春现留塔城防营膺差，正红旗骁骑校永奎前径调转塔城原籍充差。若将该员等调回归班考验殊觉不便，可否令其各归就近各城考验，未敢擅便，理合呈请备文先行咨请。为此合咨将军衙门鉴核，示复遵行。

珲春副都统为阅军事毕赴省面商事件的咨文

光绪十五年三月初七日

钦命帮办吉林边务事宜新授黑龙江将军法什尚阿巴图鲁依　为咨明事。窃照边防五路一军，前经本帮办将军会同贵督办将军出奏，由本帮办将军校阅，业经通饬各军在案。现将中、前、右三路以及黑顶子屯垦营、和龙峪通商局驻扎兵勇二哨，均已次第点阅完竣，其余亲、左、后三路亟应一律查阅，惟本帮办将军尚有紧要事件应与贵督办将军面商，克日由珲起程，就便驰赴宁古塔城，将亲、左两军巡阅事毕即行赴省。所有三姓驻扎后路一军，即派行营边防营务处总理补用协领花翎佐领春升前往代阅，俟事竣之后速将各项清册，并一切赏号呈报本帮办将军行辕，以便汇咨。除札行营、边防营务处转行该路统领并札该员遵照外，相应咨明。为此合咨贵督办将军，请繁查核办理施行。须至咨者。

右咨钦命督办吉林边务事宜镇守吉林将军恩特赫恩巴图鲁长

珲春副都统为山内捕牲窝棚各处仿照先年发给票照为凭事的咨文

光绪十七年四月初五日

钦命头品顶戴帮办吉林一切事宜镇守珲春地方副都统恩　为咨请事。左司案呈：接准奏派办理吉林军务全营翼长吉升阿、富兴咨开，案查前于二月初九日遵奉军宪札开，照得前据该翼长禀请派兵赴东山搜查贼巢，并称凡山内参营、木营、菜营、捕牲窝棚，择其为首之人，仿照先年，照章发给票照，以为凭据，而便官人往还稽查。其各窝棚执事人等，每人放给一份，书写年岁、姓氏及工人姓名数目，以别良莠。其雇工人等，均给腰牌，设有随时添撤，准其每按一年，自赴就近衙门报明更换一次，不必随时报换，以省纷繁等情。据此，当给批准在案。兹查该翼长等尚未照禀办理，现当草木萌生，转旬树叶茂盛，入山难以觅路，合亟查案札催，札到该翼长，立即查照前禀及批示，从速办理，并于发给票照腰牌之外，各家另给门牌一纸，以便稽查。仍饬奉派之员于查竣后造册具报。等因奉此，当将省南江东木齐河、二道江外山一带，责成七起营总胜泰，会同南山就近练总散放巡查册报，省东张广才岭、额木和索罗一带，责成洋枪右翼委营总依青阿，会同额木和索罗佐领惠福，散放巡查册报，省南江西辉发河、那尔轰、头道江外山一带，责成洋枪左翼委营总云海，会同就近练总散放巡查册报，至于省东北五常堡、东山蚂蜒河迤南于家营一带，责成骁勇营统领王有胜，会同五常堡衙门委员并委参领奎亮等散放巡查册报，其省北阿勒楚喀、拉林山里蚂蜒河迤北一带，责成统领庆禄，会同两城委员散放巡查册报。所有宁古塔、三姓、珲春山内窝棚，由该衙门就近散放巡查，统限两个月报完，不得延搁。惟填发腰牌、票照，均由职营造妥式样落印，再行发交，各该就近之队，随时填注姓名、住址，均用清字书写，以免假冒。现已造妥，应即分发各队承领散放，完竣造册呈报，以凭转详。除分行外，理合备文咨呈。为此合咨贵副都统衙门查照，派员来省领回散放可也。等因前来。查文内原既声明宁、姓、珲三城归各该衙门就近委员查明散放，依限造报，似应由本衙门如式颁刊票照查放册报，乃尾叙赴省请领票照者，似属帖写不知分别，以致误谬，未便率行照办，合亟呈请咨请。为此合咨将军衙门查照，请烦核夺，可否发下票照各式，刊刷钤印照办，俾资划一，抑或即遵领该翼长关防发领散放，伏候核复施行。须至咨者。

右咨将军衙门

吉林将军衙门为分发珲春等城门牌腰牌等事的咨文

光绪十七年五月初三日

为咨复事。案准贵副都统咨开：准全营翼长咨呈，为搜查山匪，凡参营、木营、菜营、捕牲窝棚，散给票照腰牌、门牌，以便稽查。所有宁古塔、三姓、珲春山内窝棚，由该衙门就近散放巡查，统限两个月报完，不得延搁。惟填发腰牌票照，均由职营造妥式样落印，再行发交各该就近之队，随时填注姓名、住址，均用清字书写，以免假冒，现已造妥，应即分发各队承领，散放完竣，造册呈报，以凭转详。除分行外，理合备文咨行。为此合咨贵副都统查照，派员来省领回散放可也。等因前来。查文内原既声明宁、姓、珲三城归该衙门就近委员查明散放，依限造报，似应由本衙门如式颁刊票照，查放册报，乃尾叙赴省请领票照者，似属帖写，不知分别，以致误谬，未便率行照办，合亟呈请咨请。为此合咨将军衙门查照，请烦核夺，可否发下票照各式刊刷钤印照办，俾资划一，抑或即遵领该翼长关防，发领散放，伏候核复施行。等因到本将军。准此，查此项票照腰牌式样，系由该翼长定拟造办，当据呈明，于造妥后即分发各该就近之队，于散放时随时填注，均用清字，以防假冒，此固专指散给各队而言。至宁、姓、珲三城，仅称由各衙门就近散放巡查，原未声明，是否亦一体发给票照，抑或仅发式样，由各衙门照式刊发，是该翼长前报呈文内已自含混，未能明晰，迨该翼长将附票照腰牌造成后，呈请钤用本将军印信并印用空白分别烙印，径行转发。今准前因，饬据该翼长陈明，前曾约计各城地面山场之大小，拟先发给宁古塔门牌二十五张、腰牌一百八十面，三姓门牌三十张、腰牌二百面，珲春门牌二十五张、腰牌一百八十面，各城如不敷用，再行补领。再，所有分发各城者，均系写成式样一份，余皆钤用空白，由各城照式缮写，于散放时，就近书写佣雇工人姓名、年貌、籍贯，原期简便且归一律。等情呈复到案。除分咨外，相应咨复贵副都统查照施行。须至咨者。

右咨珲春副都统

吉林将军衙门为查明挟嫌空饷事的咨文

光绪十八年三月初四日

为咨行事。据前营官张柏茂禀称：窃沐恩于卑统领挟嫌擅撤原由，前已据情禀明宪鉴在案。续于二月初二日经卑统领札委中营后哨哨官赵文魁来营接护沐恩，由正月十四日晚感冒风寒，于是月二十一日请卑统领来营照放兵饷之后，病日沉重，故于护营官接事之日，当将木质关防一颗并军火等件一并移交护营官接收清楚，所有沐恩经手并无未完事件。今病稍为小愈，犹不能起床，若能行动即便来省消差。但沐恩受恩宪之深培，不能崇大功以报万一，反招尤以贻恩宪羞，寅夜焦思，虽死何裨，前虽具禀词出一面，难必恩宪之足信，于是沐恩虚捏。现右营故营官魁保，于卑营本年发九、十、冬三月之饷，该营只发八、九、十三月之饷，尚短发一月之饷，彰明较着。且该营之发饷又在正月二十九日，论其缺空之多寡，发饷之迟速，该故营官不只倍过于沐恩矣。何卑统领不责其所重，而单究沐恩以轻，恩宪明镜万里，不遗隐微详细卑统领轻重异罚之理。将信卑统领以公办公乎？抑信卑统领以私报公乎？又况卑统领缺空兵饷，诚不知若许，每逢发饷，专恃各铺户汇兑，恩宪可于卑营领饷出城之日查验饷数即知，沐恩本无知武夫，蒙恩宪一自提挈，再为委曲亦不敢强情说理。无如此节曲直有关乎恩宪之大体，卑统领以私朦公擅自专主，使沐恩之不白，即使恩宪用人之不智，沐恩宁甘诛身以成仁，不忍蔽明而幸生，只得再禀吁恳恩宪悯情作主，查明讯究，孰是孰非，难逃洞鉴，赏善罚恶，厥有攸归，惶悚驰禀，综祈核夺。等情列本督办将军。据此，除批：所禀是否属实，候饬营务处行知前路统领查照禀内所指事理，一一据实明白禀复，以凭核办。毋得稍有回护，是为至要。缴。挂发外，相应备文咨行。为此合咨贵帮办，请繁查照施行。须至咨者。

右咨钦命头品顶戴帮办吉林边务事宜珲春副都统恩

吉林将军衙门为准黑龙江将军咨披甲成庆等来江探亲留营差委的咨文
光绪十八年七月二十五日

为咨行事。兵司案呈，本年七月十二日，准黑龙江将军依　咨开，案照据营务处呈，准镇边军右翼步队统领富保咨称，据吉林满洲正黄旗贵全佐领下披甲七品顶戴成庆、珲春镶蓝旗桂山佐领下披甲保全等二名呈称：由吉请假来江探亲，现已逾限，恐有斥革之虞。又乏川资，实难旋省，合无具情，恳乞投营，以图报效。等情据此，查该兵等虽欲投营报效，奈未奉有明文，未便率准。除饬该兵等听候外，相应咨行查照等因前来。理合备文呈报到本将军。据此，查吉林正黄旗披甲七品顶戴成庆、珲春镶蓝旗披甲保全等二名，恳乞投营报效，志属可嘉，应即录用。除将该兵等留营差委外，相应咨行。为此合咨贵将军衙门，请烦转饬该旗知照可也等因前来。相应呈请咨行珲春副都统衙门查照，札饬正黄旗协领遵照可也。须至咨者。

右咨珲春副都统衙门

珲春副都统为报校阅右路防军出城日期的咨文
光绪十八年九月二十一日

钦命头品顶戴帮办吉林一切事宜镇守珲春地方副都统恩　为咨报事。左司案呈：本帮办副都统拟于本月二十四日携篆，随带文武员弁，前往烟集冈校阅右路防军，就近赴天宝山察看矿务，事竣回城。所有地方仓库、监狱一切寻常政务，均交左翼花翎协领春升暂行护理，遇有紧要事件仍禀由本帮办核夺办理。至中、前两路营务严饬各该统领悉心经理，照常操防。除分行饬遵外，合将本帮办出城日期呈请备文咨报。为此合咨将军衙门查照施行。须至咨者。

右咨将军衙门

珲春副都统为校阅右路防军旋城日期的咨文

光绪十八年十月

钦命头品顶戴帮办吉林一切事宜镇守珲春地方副都统恩　为咨报事。左司案呈：本副都统前赴烟集冈校阅右路防军并察看天宝山矿务，已经咨报在案。今于十月初七日未刻旋城之处，理合咨报。为此合咨将军衙门查照施行。须至咨者。

右咨将军衙门

珲春副都统为报送骁骑校庆恩出身履历的咨文

光绪十九年正月二十六日

钦命头品顶戴帮办吉林一切事宜镇守珲春地方副都统恩　为咨送事。左司案呈：前准将军衙门咨开，兵司案呈，案照额穆赫索罗正白旗防御富文调转一缺，当于本年十二月初八日开单呈奉宪批：着由该翼应升人员内拣放。等因奉此，除省城应验人员就近饬传列验外，相应呈请咨行珲春副都统衙门查照。即将应验左翼防御缺之人员，饬令于明年二月初一日以前，依限到省，以备拣选。并将报送应验各员满汉出身履历，其内如有尽先升阶者，将保案一并随文咨送，以备查核，勿得逾限可也。等因前来。当即札据左翼协领春升呈称：遵查应验人内，除差占外，惟骁骑校庆恩往验等因，呈请具文送验前来。据此，合将该员出身履历抄粘文尾，随文送验。为此合咨将军衙门查照施行。须至咨者。

右咨将军衙门

计粘履历

珲春正蓝旗春升佐领下蓝翎骁骑校庆恩，共食俸饷当差三十八年。披甲贴书五年，贴写达五年，营务委笔帖式三年，领催委笔帖式十年，满教习六年，骁骑校九年。于同治六年出征山东，随领队大人春、吴在山东、直隶、河南、绥远、山西、甘肃等处，共打仗十五次，杀贼十名，捉生四名。因将山东贼匪剿灭，肃清地方，于七年调回京都神机营演练。后十一月二十日委营务笔帖式，随领队大人乌　队内调赴绥远、山西等处。八年在哈木尔、霍硕、永和江等处追贼打仗，奋勇出力，经领队大人乌保奏赏戴六品功牌。于是年三月内，因克复阿拉善旗、盐海子、红柳树等处，与贼打仗奋勇出力，蒙绥远将军定　保奏，奉旨赏戴蓝翎，共得赏银十两。年五十八岁，钮呼噜氏库雅拉。

吉林将军衙门为调换各弁兵务将截旷顶补日期随册注明的咨文

光绪二十年二月三十日

为咨行事。案准户部咨开：山东司案呈，准吉林将军咨称，光绪十九年正月初一日起至六月底止，所有靖边五路亲军马步水师等营哨驻扎处所，暨招垦局官弁兵夫及各局处委员书识等衔姓花名造册送部查核前来。相应咨复吉林将军查照向章，务于报销靖边各营饷乾时，将更调撤换各弁兵截扣空旷饷银并顶补日期随册注明，毋稍遗漏，以重饷需可也。等因到本督办将军。准此相应咨行，为此合咨贵帮办，请繁查照施行。须至咨者。

右咨钦命头品顶戴帮办吉林边务事宜珲春副都统恩

三、交 涉

（一）中 俄 关 系

吉林将军衙门为俄人诡计狡谋密札各路统领派员深入其境密探回报事的咨文
光绪十一年三月

为密咨事。照得宁古塔、三姓、珲春等处地方皆与俄夷接壤，强邻逼处，觊觎时形，其海参崴、伯利、双城子一带彼皆置有重兵，设有卡戍，悉力经营已非一日，在我之筹防戒备倍当加意防维。所有边防各营兵勇马步，技艺急宜乘时训练，务在精熟，以备缓急足恃。至于制敌胜算，端贵在知己知彼一语。俄人诡计狡谋，素称叵测，然其鬼蜮伎俩，徒秘之于境外而不秘之于国中。我但设法探察，则其举动虚实即可如在心目，设一旦有警，或出奇设伏，或避实击虚，不难运筹决胜，进取有功。目下吉林防务最为切重，如侦探夷情一事，更属首要，欲期尽探周知，必须深入其境。查海参崴与珲春相接，伯利与三姓相近，双城子与宁古塔相连，兹拟由各城防军内密派妥员，分往俄界侦探。其三姓、宁古塔两路防军内，由各该统领各于所部内拣派；珲春防军咨请责帮办于中、前两路内酌派。事关密探，必须慎选精细妥干之员，轻骑减从，改装易服，佯作商贾，不露声色。先由各该统领垫予川资，携备数月口费或量带易携货物，分头往赴近接俄界处，深入彼境，以商贩为名。借华商为之先容，就中与俄商交结情熟，即游行其境。凡彼兵卒之强弱多寡，与夫道路之险夷，某某处为伊之咽喉要害，均着在留意，默识于心，并随在探访动作，窥察虚实。如探得重大边情，即随时回营面禀，以便由营飞速分报。至往来探报，无须拘定时日，总宜探察明白，遇有特应回报者始可回报。其在俄境时，即行止语言，亦诸须精细慎密，切不可稍露马脚，致误事机。近据后路统领葛胜林禀陈，现该军内候选州判曹延杰颇能熟悉俄界情形，合即由该统领饬其改装密探。除密札左、后路亲军各统领遵办并将派出之员衔名启程日期先行呈报外，相应密咨贵帮办，请繁查照文内事理，于中前两军内酌派妥员，分往海参崴、岩杵河、东海滨一带，密探夷情，或由俄界之华商内择妥靠者密谕探报，优赏其功，望切施行。须至咨者。

右咨钦命帮办吉林边务事宜珲春副都统依

珲春副都统为探报海参崴英俄两国启衅饬队严密加防的咨文
光绪十一年三月十六日

钦命帮办吉林边务事宜镇守珲春副都统法什尚阿巴图鲁依　为咨报事。顷据探报，俄界海参崴忽然禁阻商民出入，据称，奉该国王电音，将与英国有事，和战尚在两可等语。并传该处海口已有英轮停泊，欲夺海参崴码头之事，摩阔崴存储军粮，现皆移至岩杵河。各处妇女皆送往双城子去讫，大有兴兵开仗之势。查英俄两国启衅，以前毫无所闻，今忽传闻此语，实难据信。惟其移运军粮、送还妇女形迹，显然必有紧急军情。夷情叵测，刻刻宜防，无论是否有事，于英我[俄] 军近在比邻，皆应速为严备，除分扎各路将领严密加防，并饬差不时侦探外，相应咨报，为此合咨贵爵督办将军，请繁查照施行。须至咨者。

右咨钦命督办吉林边务事宜镇守吉林将军一等继勇侯希

珲春副都统依克唐阿为勘立界博事竣的奏文
光绪十二年

帮办吉林边务珲春副都统，奴才依克唐阿跪奏　为勘界事竣，恭折复命，仰祈圣鉴事。窃奴才奉命与臣吴大澂会同俄官，查勘东界重立牌博，所有前后办理情形，业经与吴大澂随时会衔奏明在案。现于九月十八日将各段分图记文，悉皆画押钤印讫，界务一律告竣。除一切详细情形，并地图、记文各件，由臣吴大澂赴阙面陈复奏外，奴才职在边疆，未便擅离，所有勘界事竣，复命缘由，理合恭折由驿具奏，伏乞皇太后、皇上圣鉴。谨奏。

于十月三十日奉到回折，军机大臣奉旨："知道了，钦此。"于次年七月十九日饬交委笔帖式文奎呈交省。

光绪十二年十月初三日，拣派委笔帖式廉荣呈送去讫。

珲春副都统衙门为派员赴省领运分界石牌的照票
年代不详

镇守珲春副都统衙门　为发票应付事。照得本衙门今派云骑尉依萨绷额带兵二名，赴省领运分界石牌，因限急迫，故令其驰驿前进，以期迅速。所有应用骑马三匹、引马一匹，为票仰经过驿站于该差到日，照票所载，一体应付。该驰驿官兵倘有额外需索，致滋骚扰者，准该驿站即行详报该上司查究，而该驿站亦不得任意留难勒掯，致干未便可也。特票。

珲春副都统为派员勘察自乌字牌至帕字牌边界应发州资驮马的移文

光绪十七年□月二十九日

副都统衙门承办处　为移付事。兹届秋季应查中俄所设牌博之期，随线官单呈奉宪派云骑尉恩龄带兵八名，自沙草峰乌字牌起，查至珲春接壤之大岭帕字牌止，所有该员等应需往返五十日川资、驮马两匹，希照向章发给之处。为此，移付（下缺）。

珲春副都统为什长李全才跑至俄界被获去照要回的咨文

光绪十八年八月二十六日

钦命头品顶戴帮办吉林一切事宜镇守珲春地方副都统恩　为咨明事。本年八月二十三日据边防行营营务处呈称，于八月二十一日准前路统领哈副将广和咨开，于本年八月十九日据敝路右营孙营官承统呈称，窃于八月十七日据职营后哨哨官王学彩报称，头棚什长李全才因接家书，伊侄将其家信银两一路赌输干净，闻信之下气得疯魔之症，于八月十四日挂号求人做衣，至晚未回，次日即派人各处寻找无踪，风闻跑至岩杵河地方被洋人拿获，理合备文呈请饬派通事找回。等情据此，当即派通事周文前往岩杵河说明领回去讫。旋据该通事回营声称，行至该处据洋官云见中国公文方能放回等语，理合备文呈报鉴核，转请移提施行。等情据此，相应备文咨请转行承办处照会洋官，俾什长李全才始得旋营，实为公便。等因咨请前来，查该营呈称什长李全才系患疯魔之症，挂号做衣，跑至岩杵河被洋人拿获，即据通事周文声称洋官云见中国公文方能放回等语，尚无别情，自应移知承办处速办照会，径交前路统领派员携同通事，执持照会前赴岩杵河面见俄官，将什长李全才认领回营，具文呈报，除移知承办处查照外，理合具文呈报宪台鉴核施行。等情到本帮办。据此查什长李全才既得疯魔之症，准假革除均无不可，乃竟任其挂号外出，殊属非是，况至俄界被获又复贻笑邻国，该营之纪律已可概见。本管哨官王学彩本应立即撤委，以为管兵不严者戒，俟将该勇丁去照要回，讯明情形再为惩办。至营官失查，咎亦难辞，着即从宽记过，除批示该处转咨前路统领饬遵外，相应备文咨明，为此合咨贵督办将军，请繁查照施行。须至咨者。

右咨钦命头品顶戴督办吉林边务事宜镇守吉林等处地方将军兼理打牲乌拉拣选官员等事恩特赫恩巴图鲁长

吉林将军衙门为三岔口招垦局委员郑铎函请俄官入境助剿胡匪应予撤差的咨文

光绪十九年六月初九日

为咨行事。案据委办三岔口垦务戴鸿钧呈称：窃委员于六月初二日在省垣差次，奉军宪札开，案准帮办恩　咨开，案查前因三岔口招垦局委员会同瑚布图卡官永良即永亮，以羊拉子地方有贼盘踞，函请俄官借兵三十名前往助剿，经俄官译送原信到本帮办，当经遴派中路统领永德带兵前往剿捕，并电致宁古塔副都统知照查明，一面将该员等举措失宜隐弊方大情由严札申饬，仍俟各路禀复到日再行核办，亦经咨明在案。嗣于本月初十日准宁古塔副都统电开，初九日申时接营官讷荫报称，于初六日抵口，据委员郑铎、卡官永亮等面称：二十二日突据垦民崔福贵由宿回报羊拉子有胡匪七八十名等语。该处一面派探并知会俄官防范，正询间，统领永德亦到，由羊拉子经过，无贼信，合先电闻十一日复据花翎二品衔统领靖边中路全军五常堡协领永德禀称，窃于五月初一日奉到札开，准俄官廓米萨尔照会内开，以三岔口垦务局郑委员铎函告，三岔口羊拉子地方突有贼匪八十余名在中俄交界处所盘踞，饬令督带职部并前路队兵前往该处剿捕等因，遵即由职路拣派马步弁兵九十一员名，曾将于本月初二日卯刻携带关防带队起程前往，咨报转呈在案。起程后，初三日行至土门子地方，据前路搜山之哨长李德金带马队十五名前来面称，奉伊统领饬派就近随往缉贼，当即督饬并行。初四日行至羊拉子地方，亲往查看，并无贼匪盘踞，亦无人烟。于初六日午刻驰抵三岔口，适左路讷营官荫带队亦至，会同询据该局郑委员铎面称，缘于上月二十二日突有垦民崔福贵报称羊拉子地方见有贼匪七八十名想要出山等语，因所报含混，诚恐荒忽，故此未便枉报，随即一面派队，一面出探，而恐贼匪窜往附近俄界，是以知会俄官以资防范。嗣据探报旋称并无贼匪踪迹，叠加探报均无其事，惟知会俄官，因两国接壤，以敦和好，不意该俄官电寄廓米萨尔转报大宪，以致有烦派队前来，于心殊觉不安等情。职伏思该处即无贼匪，民情安堵，所有马步各军未便在外久留，是以赶紧回防，除饬前路马步各队先行回营外，至职经过东山一带就便巡查金厂，驱逐匪人，以清地面，禀复到本帮办。据此查中俄约章内载：杀人抢夺重案，查明系俄罗斯国人犯者，将该犯送交本国，按律治罪；系中国人犯者，俱听中国按律治罪，各办各国之人，不可彼此妄拿等语。是中俄交涉之案，人犯在中国者，尚不容俄人入境捕拿，岂有内地之盗贼反向邻国借兵剿捕者乎？况俄人居心叵测，时欲寻隙生衅，肆其侵蚀之谋，尤宜加意防范，以杜其渐。乃该员于无知之民人崔福贵口传羊拉子有贼盘踞之讹词，并不侦探贼踪虚实，辄以稍为耽误，贼即阗进三岔口，请俄官拨兵三十名助剿成功，同卡官永亮函恳俄卡，倘俄人率兵前来驱贼出境，依然占居该处不退，试问该员当得何咎？抑并贼匪未至者耶，似此举措矜张，实非寻常轻率可比，允宜撤委查办，以弭后患，而为边务人员矜张失宜者戒。至卡官永亮随同出名函请，亦有不合，未便再留边地，致滋愤事。其应如何惩处，除咨明宁古塔副都统外，相应咨明贵护理将军，查明先今文内事理，核办见复施行。等因准此。查瑚布图卡官领催记名骁骑校委参领永亮，因听垦民崔富贵谎词，枉报盗匪七八十名，并不侦探虚实，率行知会俄官防范接缉，致俄人电知各衙门派队剿捕，该卡官责成边防，不能克振军威，实属懦弱荒唐已极，即行撤去委参领差使，摘顶记大过三年，已准宁古塔副都统衙门咨明在案。其三岔口招垦局委员郑铎同卡官永亮函恳俄卡助剿事同一律，自应先行撤委，另派委员前往接替，除分咨查照外，合亟札饬，札到该局即便遵照，将郑委员即行撤委，并将实在情形查明禀候核办。等因奉此，窃委员于四月初八日因缴征租银两大册晋省，业经分别呈报在案，于五月初一日抵省，兹接卑局委员郑铎函称，前因垦民崔富贵报羊拉子地方有贼七八十名，诚恐该垦民见闻荒谬，一面派队出探，一面知会附近俄界，以资防范，而免四窜等语。该委员郑铎函称各节与中路永统领、左路讷营官所报情形无异，理合具文呈复宪鉴施行。等情据此，查郑铎会同永亮函请俄官借兵三十名，该俄官业将原信译送帮办在案。今该员犹复函称知会，希冀狡翻，亦愚甚矣，独不思原信尚在俄官手耶？该员与永亮事同一律，仅予撤委不足以昭公允，仍着摘去顶戴，并记大过三年，以为轻举妄动者戒。除札复外，相应备文咨行，为此合咨贵帮办，请繁查照施行。须至咨者。

右咨钦命头品顶戴帮办吉林边务事宜珲春副都统恩

（二）中 朝 关 系

吉林将军衙门为俟冰雪消融后与朝鲜府使订期会勘疆界的咨文
光绪十一年正月七日

钦命督办吉林边务事宜镇守吉林等处地方将军兼理打牲乌拉官员等事一等继勇侯希 为咨复事。光绪十年十二月三十日准贵副都统咨报，除原文省繁外，据差员协领德玉等呈到与咸镜北道往复照会，及该国差员洪南周问答笔谈各等情，所办尚属平稳。而咸镜北道照会内先自推延，其洪南周狡展更甚，虽辩驳明确，彼竟以俄人为词，所谓鹿屯岛即黑顶子，直指为先属彼界，殊属恣肆。彼既狡展推延，则难相强，其必与会勘，我处差员不便在外久留，除饬协领德玉将茂山城滋事一案同该国官吏录取两造供词、押带本界要犯旋城听候办理外，合将呈报往来照会问答笔谈，抄连文尾咨报，请咨礼部知会该国王查照，抑应如何办理之处，咨请示复等因前来。详阅该协领等向会宁府使洪南周辩论驳诘，一切词令正大严明，尚属允当，惟咸镜北道之照复及洪南周之答语同是饰词狡赖，如此饶舌，既非语言之所可与争，则非勘明定界不可。查咸镜北道照内有云，俟冰雪消融，天气畅和，订期派员齐会查勘，认定两界永行了结。其洪南周亦答云，稍待冰雪之消，各派官弁详审碑与源，然后可以明证各等语。是该道及该府使均尚无不行会勘之语，虽彼系借以推延，而在我不妨认为真语，该国适当多事之时，况已现届春融，转瞬冰雪消化，姑可少缓时日，即俟天暖雪消，与之会同履勘，以定彼此疆界，则该国彼时又有何词？倘至时仍不会勘，再行咨明礼部办理。现值冰雪未消，故彼尚自有词，至茂山城滋事一案，既已录供带犯旋城，正当拟办未结之际，希即由贵副都统拟办完结，以清案牍，瞬将冰雪消融，再行饬由承力处先期照会，仍饬该委员等订期会同该国府使偕行履勘，以重疆界，是为切要，相应咨复贵副都统，请繁查照办理施行。须至咨者。

右咨珲春副都统

吉林将军衙门为派兵沿江巡察以免朝民越界偷垦的咨文
光绪十一年三月初九日

为咨还事。本年三月初八日准贵帮办咨开，前准函复，以南岗沿江一带朝鲜民人偷种荒地，应即拨兵弹压，免其再种等因。现已就近饬令右路统领保成，转饬该路左营营官骁骑校魁英，带领所部队伍前往该处沿江一带，节节巡察，以免朝民越界仍旧偷垦。除一面双衔分行外，合将原稿咨会书行盖印发回存案，为此合咨，请繁查照施行。等因准此，合将会稿书行盖印附入封筒，备文咨还，为此合咨贵帮办，请繁查照施行。须至咨者。

右咨钦命帮办吉林边务事宜珲春副都统依

吉林将军衙门为珲春副都统密谕驻守之员劝谕朝鲜垦民迁回本国的咨文
光绪十一年四月十三日

将军衙门　为咨复事。边务承办处案呈，本年四月初七日准贵副都统咨报，以现接朝鲜咸镜北道按抚使赵照称，茂山知府丁忧去任，新府未到，待新府开篆即行知照，再会办边民讼案，并以庆源府距珲路近，会审讼案欲在该府办理。业经照复，念属邦边民寒苦，案证过多，拘传不易，庆源府距两界均不甚远，劳逸适匀，以后不得援以为例，仍催令新府赴任，以免讼民久羁。照复去讫，抄录咨报前来。查该道来照欲在庆源府会办讼案，该府距珲较近，姑尚可行，用示顾恤穷黎之意。惟谓待茂山新府开篆后再行会办边民讼案一节，似属非是。该茂山府使有牧民之专责，纵即前府卸职，新府未到，亦断不能无篆代理之员，岂该府应司地面公事，俱因新府未到即可概不办理耶？殊不近理。况其间地面倘遇有重大事件，亦俱逮之于未到之新府乎？或即责无所归尽置不理乎？尤属不解。是必有代办摄篆务者在焉，此特该道之借以推延耳。未便听其支吾，应由珲春承办处再行转催咸镜道或即转派摄理茂山篆务之官，或即转派邻府府使，即行订期同聚庆源府，会办边民交讼案件，早日完结，则两处案证皆省拖累，毋得再以新府未到为词，久悬讼案。正在咨复间，同日复准贵副都统咨报，现接咸镜北道按抚使来照，为该国流民越垦土门江边荒事，依然饰词狡辩，谓会勘边界业经禀报该国政府，待有回谕即行知照，派员会勘。又云所耕之地，非今春新垦，现经派兵驻守，则数年安业之民临农失业，望乞谕饬两界民人各安其业，静待分勘等语。已饬由承办处照复外，拟录咨报前来，详阅照复，答语措词甚为得体。查朝鲜流民占垦边地一案，前于光绪八年十一月间经前将军铭　同督办吴　奏奉上谕："准其于一年悉数收回，以示体恤。钦此。"嗣于九年秋，复经该国鱼使臣转行该国地方官，限以是年中秋将越垦流民一律刷回本国，乃至期并不收回，反肆侵占，复以豆满、土门两江强词狡赖，拓摹界碑，请为勘界。迨上年派员前往会勘，而该国官员以冰雪在地，请俟今岁春融雪消再行勘办，似尚近理，且念彼值该国中多事之时，故为稍假时日，兹当夏令已逾春融，乃犹以待候政府回谕为词，是何言欤？该国道府前既订以春融为期，何不先期预报政府，岂竟已届春融始知转报耶？夫边界即待会勘，则越垦之地即不能任其展垦，所称安业之民临农失业，试问所安之业为何业？私垦侵占，本难久安，废业失农端由自取，既知为民乞怜，即应早勘边界，无再推延，合再由该承办处备照催追，立待会同勘办，以明疆界。仍一面由贵副都统密谕带兵驻守之员，善言劝谕该民不如迁回本国为妥，否则静俟勘明界址之后，如系勘为彼界时再行垦种，庶于禁垦之中，仍寓劝谕化导之意，俾免激生事端，并约束本国人民，各宜安分，无相凌虐，是为至要。俟再接有该道回照，仍复拖延，再当咨明礼部办理，是为至要。相应一并咨复，为此咨行贵副都统查照办理可也。须至咨者。

右咨珲春副都统衙门

珲春副都统为将驻扎驱逐朝民之右路营官撤回归伍的咨文

光绪十一年六月初一日

钦命帮办吉林边务事宜镇守珲春副都统法什尚阿巴图鲁依　为咨复事。

光绪十一年五月十二日准贵爵督办将军咨复，本帮办前报将派赴南岗沿江一带驱逐越垦朝民之右路左营营官魁英撤回归伍，并饬承办处照催该国咸镜北道立待会勘等情，除原文省繁不叙外，尾开查前准咨会派兵弹压越垦朝民，因时制宜，深合鄙意，现据营官魁英禀称，朝民已迁回国等情，如果属实，正可驻兵，使其不能不从速会勘，以清界址。第该营官将数千户越垦朝民勒限三日迁回，未免操之过急，幸该民迁去未滋事端。而事机顺手，应乘时办理或可一劳永逸。惟大咨内云，若专以兵力守之，即一再驱逐，人数众多，虑其情急生变。然此虑之于未派兵之先则可，既已派兵则宜加慎将事。况前此派兵驻扎，该国官民不知我如何整顿，尚有畏心，现在尚未会勘，遽即撤兵，不独与初意两歧，诚如大咨所云，兵撤复来势所必至，应请贵帮办酌夺。如该营官尚未撤队甚善，请仍俟朝鲜会勘事毕，再行调回归伍。设该营官不能胜任，即请速派妥员接替，并谕知去员不可生事，亦不可畏事，且不可顾目前省事，累日后多事。倘朝民去而复来，万难驱逐，亦当紧靠朝民私垦之处，分兵驻守，以免侵占愈广，则于地方时局均有裨益，应由贵帮办就近体察情形，酌核办理可也。等因准此，应即遵照办理，惟查此项越垦沿江一带地方，延长数百里，历接朝鲜忠城、茂山、会宁三府属境，约计人民二万余，皆各该府土着之民，且并有在官人役与私垦之地，仅一江之隔，因素觊此地之膏沃，故越江垦辟，田功既毕，则入息故居，秋成则群来收获，以小船载回，在彼国登场，其往返仅一渡江之劳，与远来游民，携家而至结庐而居者情形不同。现虽历年已久，且经各该地方官收受荒价岁课盖房移家者固已不少。然皆本国仍有室庐，视此如别墅分居之例。其房亦不过就地挖深，架以细木数根，复以草苫，俗呼草抢子，并非结实房屋，可以久居。其家之所有牛犁农具之外，长物无他，迁移甚便，故一年农隙之时，该民等伏居本境，沿江人户并不见其甚多。及耕锄收获之际，则丁男子妇连陌盈阡，所谓二万余者，特就其每家所垦之田，与沿江一带道里之袤长广狭，而约略言之，恐或不止此数也。此中细微情形，前此未经履察，不能深悉。且当秋后春初之际，正农隙伏处之时，即察之，亦不见越垦者有如斯之众。本帮办前因有春融会勘之约，恐未勘之先，该民等不知官府之事，照常垦种，故拟派兵进扎，胁以威力，使其民睹我兵威，不敢越垦。且使其官知我必争之意，届期不敢推延，原期在种地之先示之以威，欲其自戢。嗣以文牍往返。该营官到五道沟地方，正布种方殷农民遍野之际，见兵并不畏惧，吓阻置若罔闻，拘至近前，以理晓谕，其黠者乃竟以不知何为越界等语，显肆抗拒。幸该营官稍有见识，谨遵不可生事、不可畏事之谕，以威力驱之，始犹徘徊，后乃迁去。由此节节前进，所有四道沟、泡子沿、石洞沟、高力崴子里、六道沟、江明隘、砂金沟、彭山、桑树卫、马道沟、杉松背、福和磊子沟口、明川等处，皆于兵到后随即迁移，似乎顺手。然其江北原无长物，江南各有故居，随去随来，本属易事。前报所称兵去复来者，盖恐官兵拔队向前，而后路之已经迁回者，仍复渡江，势难兼顾，不必待撤兵归伍而后复来。即该营官于明川地方勒限三日者，亦因其迁移甚易，各处之已去者皆未及三日，故该营官犹以为故予宽缓。而该民亦能依限迁回，此营官魁英各处办理之实在情形，有初议派兵时所虑之未尽者，时该营官履查，已遍驻兵嘎呀河，请示进止，当复反幂熟筹，该民人户太众，占地狭长，纳赋耕田久已视为已有，今虽迫于兵威，暂且迁避而已。当播种之后，良苗在地，舍之必有不甘，若必使之绝望，则非焚其屋舍，毁其田禾不可，情急生变，难谓必无，若令照前次到处行驱，无论沿江道路险狭断岸崩崖，兵力太劳，非可常行之计。且虐该民见惯，日渐疲顽，不能如前次之尚能暂避，拟欲节节分兵驻守，又以地段太长，该营不敷分布。若再添调别营，恐兵众太多。该管官耳目不及之处，易滋事端。且虑势太威严，迹同防寇，为该国官民所借口。筹思至再，窒碍殊多，盖地之已种未种情形既有不同，人之易去易来防范亦难遍及，寻源溯本，惟有行催该管咸镜道，以理剖辩，即或不济，犹可内达政府与该国王理论，究不至别酿事端。故未敢以有派兵原议在先，始终回护。好在该营官于所过之处，皆已预传严谕，言地虽已种，将来必作放马牧场，使该民有畏其重来之惧。故随即有越垦高民数十人，联名哀恳，当即将事之原委并派兵实非得已之故，剀切批示暂缓兵催，约以半月为期。如该国官仍置若罔闻，仍须严逐，并饬魁英将队伍仍驻嘎呀河，示以可进可退之意。前已将此节办理情形并拟派员守催会勘，先后具报。嗣于五月初四准咸镜道照会称，会勘一节已禀其政府，尚无回音等情，虽仍未免于支吾，而计期尚在数日，鄙意此事仍与其官办理，正好就此撤兵，以示信于该民。当于初九日传令回防修营，再听调遣。现在会审边民一案，该国已派员到庆源府，当即仍派协领德玉、府经历衔贾元桂前往会审，并饬就近守催勘界，毋任再延。如该咸镜道仍以政府未有回音为词，似宜据实奏咨，径饬该国王，仍遵前次谕旨，将该民自行迁回，较为稳妥。魁英队伍业已回防，正在修工之际，暂且不必派往。该营官此次办理，诸尚妥协，亦不必另行派员。嗣后如有兵威，可用无虑激变之机，仍当随时体察情形，咨商办理，相应备文咨复，为此合咨贵爵督办将军，请繁查照核夺施行。须至咨者。

右咨钦命督办吉林边务事宜镇守吉林将军一等继勇侯希

吉林将军衙门为咨请北洋大臣转行朝鲜国王派员定期会勘疆界的咨文

光绪十一年六月二十五日

将军衙门　为咨行事。边务承办处案呈，本年六月十七日准北洋大臣咨，据委办朝鲜商务分省补用道陈树棠禀称，窃职道昨晤朝鲜外部督办金允植，面称该国北境与吉林接壤，时有华人往来，驱逐人民，烧毁农房，沿江上下一带肃然空虚，民不聊生。叠接咸镜北道节度使赵秉稷函开，先后据钟城、茂山、会宁等府县禀报略同，请设法谕禁等语，据情禀请查禁，以杜后患等情到本大臣。据此查所禀吉林边界华人驱逐朝鲜人民并烧毁农幕，沿江一带皆不聊生，如果朝民越界垦种，自应彼此会查妥议遣撤，未便任意凌虐残害等因，咨行前来，正在查卷核办间，于六月二十四日准总理各国事务衙门咨开，准北洋大臣咨照，前事相应转行贵将军迅速查明，所称驱烧毁等情究因何事，如以朝民越垦亦应行知该国，商同办理，岂可遽使藩属之民流离失所，致有违言，望将办理情形咨复可也，各等因准此，详查光绪七年十一月十四日奉上谕：前据铭安、吴大澂奏朝鲜贫民占种吉林边地，恳准一体领照纳租，当谕令该部议奏。兹据恩承等奏，近边各国不得越界私辟田庐，例禁綦严，该国官员擅给执照，纵民渡江盗垦事阅多年，现在宜令该国王尽数招回，设法安置，重申科禁方为正办，或于领照纳租外，令其隶我版图，置官设兵如屯田例，仍请饬令该将军等再行筹画，求一有利无害之方等语，着铭安、吴大澂再行详细妥筹具奏。旋经议复，拟俟查明户籍，分归珲春、敦化县管辖，为中原之民，均照吉林民一律办理。八年八月二十六日奉上谕：礼部奏，据朝鲜国王咨称，习俗既殊，风土不一，若因该民人等占种，便隶版图，万一滋事，深为可虑，恳恩将流民刷还本国，交付本地方官弁，归籍办理等语。该国之民令其仍回本国，原属正办，着铭安、吴大澂体查情形，悉心筹画，该流民人数众多，应会商该国，妥为收回。又于十一月初一日奉上谕：铭安、吴大澂奏称，朝鲜贫民占垦吉林边地，现拟派员前赴该处查明户口，知照该国地方官，陆续收回，妥为抚辑。惟念该流民等人数众多，安土重迁，若即时驱逐出境，诚恐该国地方官无从安插，转致流离失所，恳恩宽予限期等语。所奏自系实在情形，着照所议办理，并着礼部传知该国王，转饬该处地方官豫筹，妥为安置，准其于一年内悉数收回，以示体恤各等因。钦此。当饬署敦化县赵敦诚，确查该贫民实有若干户口，知照该国地方官剀切晓谕，陆续收回，妥为抚辑在案。于九年秋间，复经该国使臣鱼允中转行该国地方官，限以是年中秋，将越垦流民一律收回本国，乃至期又不收回，反肆侵占，复指豆满、土门为两江，饰词强辩，拓摹界碑，请为勘界。当于十年十月咨行珲春副都统依　拣派协领德玉、招垦局委员府经历衔贾元桂前往会勘，而该国官员以冰雪在地，请俟今岁春融再行勘办，迨至今夏，乃犹以待候政府为词，屡经行令，由该委员备具照会，催其会勘，讵该国官吏一味狡赖，任意推延。又据敦化县禀称，该国流民日多，侵地愈广，且肆无忌惮，将该县属民户安花、孙炳乾两家房地强行占去，又将驮夫韩姓及居民沙泳奎、李明新等行装，并永泰德铺户马匹、布物一并窃回茂山城内。事主韩驮夫等追捕至江，乃被临江占垦流民恃众群殴，绑至其国，我民共愤不期，而集者数十人，齐赴茂山城见其官长理论，幸将被绑各事主放回，应许赔赃，该流民又复扬言南岗一带系伊国界址，不日即令我民蓄发归顺，以致该处居民强者欲与争衡，弱者咸思搬避，人心惶惑，不能安堵，若不派兵弹压，万一滋生事端，不堪设想。等情前来，当即咨商珲春副都统依，就近派兵弹压，禁其不许再行侵占，并照催该国，早为清理界务。嗣经珲春副都统派兵数十名前往弹压，惟该处流民日众，侵占日广，遣（之）不去，禁之不听，经营弁将新搭草棚焚毁数间，并将新越垦民鞭责示惩，始稍敛迹，旋即撤队回防。乃该国官吏将流民滋事一节置不理论，竟以我兵沿江来往焚毁农幕，驱逐人民，借词耸听，以小事大之道当如是乎？至道树棠所云藩属之民必当体恤抚字，不可使其流离失所，固属正论，无如我欲怀柔，彼反抚辩，若不严行禁止，则侵占伊于胡底？况此项流民众多，该国不肯令入我版图，遵我政教，又焉能置越垦流民于不问？坐使疆土日削乎？要无是理也。总之该国王于钦奉谕旨后并不将流民设法收回，迁延至今，而越垦者益肆侵占耳，复滋生事端，若不早为之所，势必滋蔓难图，自应咨请北洋大臣转行该国王，速派妥员定期会勘疆界，则地之属吉属朝不辨自明，然后或令将流民收回，或令隶我版图，俾边氓各安生业，永息争端，以示体恤属藩之意。除咨请北洋大臣转咨该国，并咨复总理各国事务衙门，暨咨报礼部查照外，相应抄粘咨行贵副都统查照可也。须至咨者。

右咨珲春副都统衙门

吉林将军衙门为珲春副都统遴派妥员认真会勘分明界址的咨文

光绪十一年七月二十八日

将军衙门　为咨行事。边务承办处案呈，本年七月十七日准北洋大臣咨开，光绪十一年七月初四日准朝鲜国王咨开，照得敝邦西北疆域原以图们江为界，于康熙五十一年乌喇总管穆克登奉旨查边，勒石立分水岭上，以图们江以南以北定为上国朝鲜界限，敝邦虑边民或争哄滋扰，以贻忧上国，空图们以南之地禁民不得入居，迄年以来，往往移就空地筑室耕田，边禁之渐久渐弛，固敝邦地方官责耳，乃若其地实系敝邦，以敝邦之民居敝邦之地，宜无不可，后人不知，反认豆满为界，至癸未年间，敦化知县照会敝邦该地方官，刷逐农民，恐境界不明，致日后两界民人争哄不息，据去年冬至，兼谢恩正使金晚植、副使南廷哲已将此事状呈文礼部，仍将地图、碑文等件请礼部替存，以资后考。查此事有关境界，亦系后弊，理宜一番查勘，申明旧疆。兹派副司直李应浚赍咨前往，望烦贵大臣将此事理转奏天陛，仍派员踏勘酌核办理，以明旧疆，以息边扰，幸甚。为此，相应备文咨请查照酌复等因，到本阁爵大臣准此，除咨礼部核办外，相应咨会贵将军，请繁查核酌办见复等因前来。案查光绪七年据李守金镛禀称，朝鲜贫民越界垦荒，已由该国咸镜道发给执照，分段注册，并据稳城府兵官赵秉稷面称，沿江之民半多仰给于北岸，彼民自知越界垦种，但求格外施仁等语，当经前将军铭、大臣吴据情入奏，恳照吉林向章，令朝民一体纳租，查明户籍，分隶珲春暨敦化县管辖，奉旨允准在案。该国王旋以习俗不一恐滋事端，有咨由礼部恳请刷还之奏，是知吉林、朝鲜接壤原以图们江为界，江之东南为朝鲜，西北为吉林界限堑然，毫无疑义，乃该国官吏日久变生，竟以图们江名为豆满江，以吉林海兰河指为图们江，直将旧有江河故意混淆。参考《钦定盛京通志》及《吉省舆地图》，图们江发源于长白山，自西南而东曲拆[折]至朝鲜界，南拆[折]入海；其海兰河又名骇浪河，发源于吉林南冈地方二道沟掌之秣秸垛岭，与图们江源远隔数百里，自西而东百数十里，汇入博尔哈通河，再东行数十里入噶哈里河，俗名嘎呀河，复南折十余里入图们江，江河之源流历历可考。今该国指海兰河为图们江，显系张冠李戴，不知图们、豆满定止一江，缘土人之转音稍别，而该国遂分为二，殊属有心狡赖，且称虑边民争哄，空图们江以南之地禁民不得入居。彼盖指海兰河为图们江，则所云空地在江以南者，实系在江以北。查乾隆、道光间，该国王以分界之地彼此仅隔一江，恐两国居民滋生事端，前后咨请礼部奏恳沿江一带稍留樵采余地。足见该处空地属中而不属朝，确有可征。至称康熙间查边勒石，固属可凭，然事远年湮，碑或可以迁移，则千古不易。与其就碑而论究，不若以江为据。总之朝民越垦之地，按李守清折所开共有八处，均在图们江北岸，彼国官民非不共知，其所以再三狡辩者，想因无力刷还，不得不作此违心之论耳。正在核办间，复于本月二十四日又准北洋大臣咨复，业经行该国王令其速派妥员定期会勘，并由本爵将军转饬地方官随时催办，等因抄稿咨行前来，除咨报总理各国事务衙门、礼部查照并咨复北洋大臣查照外，相应咨行贵副都统，届时遴派妥员认真会勘分明界址，勿令含混稽延可也。须至咨者。

右咨珲春副都统衙门

吉林将军衙门为遴派妥员与朝鲜官员定期勘界并查康熙年间档案的咨文
光绪十一年八月七日

将军衙门　为咨行事。边务承办处案呈，本年八月初二日接准总署咨开，光绪十一年七月二十日本衙门议奏图们江界址请饬吉林将军派员与朝鲜官员会勘一折，奉旨："依议。钦此。"恭录谕旨，抄录原奏咨行前来。查原奏内称朝鲜流民越界占垦，该国王始终未能洞察情形，严行勒禁，妥为收回，第据边吏一面之词，辄行陈请。而珲春将吏于派兵弹压之际，并不先移檄该国边吏责以纵民越垦之罪，遽行焚毁棚屋。办理既属操切，且亦非了事之法。原朝鲜世守藩服，恪供职贡，伊国边界自应亟予勘定，俾无业游民各安耕凿，以副圣朝字小之仁。惟该国所指图们、豆满为二江，实无依据，其所画地图亦不明晰。考之载籍，吉林、朝鲜以图们为界，别无豆满支流。又图们、鸭绿二江为东西两界，标画分明。别有小图们江在经流之北，亦不得蒙豆满之名。又咸镜道以铁岭之东北豆满江为界，设茂山等六镇营于江边。盖白头乃长白之异名，豆满即图们之转音，方言互殊，实为一水等语。考证洵为精确，自应遵照总理衙门原奏派员前往勘办。查有督理商务委员五品衔分发补用知县秦令煐前在该处办理招垦事务，地势情形颇为熟悉，堪以就近派委，兼由珲春副都统遴派妥员，会同该国官员指证明确，俾免怀疑争执。并令将流民收回安插，其难于迁徙者，再行奏明办理。至原奏内请敕查康熙五十一年乌喇总管穆克登定界碑文一节，遵查吉林将军署内远年档案，久已霉烂无存，应咨行珲春副都统衙门就近详查，除咨复总署并檄饬秦令煐遵照外，相应抄单咨行贵副都统，查照文内事理，遴派熟悉地势明干妥员，会同秦令，照会该国官员，定期勘办，并有无康熙年间定界旧案，查明见复施行。须至咨者。

右咨珲春副都统衙门

总理各国事务衙门为饬吉林将军派委妥员会同朝鲜官员查明界址的奏折
光绪十一年

谨奏为遵旨议奏事。光绪十一年七月初六日礼部奏，朝鲜国王请勘图们江旧界据咨转奏一折，军机大臣奉旨："该衙门议奏，钦此。"钦遵抄交到臣衙门。查原奏称，据朝鲜国王李熙来咨，因图们江旧界请派员踏勘，以息边扰等情，咨请代奏。事关疆界应请饬下吉林将军速派妥员，详细履勘奏明办理等语，并经臣衙门片行部。部将该国使臣本年二月间所递地图、界碑各一张、照会一件调取查核。正在核办间，复接据吉林将军希　咨称，光绪七、八年间朝鲜无业流民占垦吉林边地，历奉谕旨："饬铭安、吴大澂会商该国转饬该处地方官，豫筹安置，准宽予限期一年，悉数收回，以示体恤。"等因钦遵办理在案。乃该国至期并不收回，反肆侵占，复指豆满、图们为两江，饰词强辩，拓摹界碑请为勘界，当咨行珲春副都统派员前往会勘，该国官员屡次借词推延。又据敦化县禀称，该国流民日多，至有占踞房地、盗窃铺户及事主追捕又被恃众群殴各情事。经珲春副都统派兵弹压，新搭草棚焚毁数间，并将越垦之民鞭责示惩。旋即撤队回防，惟此项流民该国既不肯令入我版图，送我政教。该国王于钦奉谕旨后，并不设法收回，恐越垦者益肆侵占，且复滋生事端，自应咨请北洋大臣转行该国王，速派妥员定期会勘疆界，则地之属吉属朝不辨自明，并据李鸿章咨称，业已转行该国王派员会勘各等语。臣等详度以上各节，似朝鲜流民越界占垦，该国王始终未能洞察情形，严行勒禁，妥为收回，第据边吏一面之词，辄行陈请。而珲春将吏于派兵弹压之际，并不先移檄该国边吏责以纵民越垦之罪，递行焚毁棚屋，办理既属操切，且亦非了事之法，原朝鲜世守藩服，恪供职贡，伊国边界自应亟予勘定，俾无业游民各安耕凿，以副圣朝字小之仁。惟该国所指图们、豆满为二江者，实无依据，其所画地图亦不明晰。考之载籍厥证有三。恭查《钦定皇朝通典·边防门》《钦定皇朝四裔考》均载明吉林、朝鲜以图们为界，别无豆满支流，一证也；《会典地图》及《一统舆图》载在职方者图们、鸭绿二江为东西两界，标画分明，别有小图们江，在经流之北，亦不得蒙豆满之名，二证也；又朝鲜国人自着《地里小识》云，白头山在中国、朝鲜之界，有大泽，周回十里，西流为鸭绿江，北流为松花江，东流为豆满江，豆满、鸭绿之南则朝鲜也。又云，咸镜道以铁岭之东北豆满江为界，设茂山、会宁、钟城、稳城、庆源、庆兴六镇，营于江边，云云。盖白头乃长白之异名。豆满即图们之转音，方言互殊，实为一水，三证也。至该国咨称康熙五十一年乌喇总管穆克登定界碑文一节，查康熙十二年始建吉林乌拉城，十五年宁古塔将军移镇于此，雍正五年增置永吉州，乾隆十二年州罢。云总管者，沿顺治初旧名称之也。当日定界情形正在移镇之后，吉林将军署内当有档案可稽，应请饬下该将军查明界址，派委妥员，会同该国所派官员指证明确，免怀疑争执，并分别将流民收回安插，其难于迁徙者，奏明酌量隶入版图，俾各安生业，以恤藩部，而靖边氓，所有臣等遵议缘由，理合恭折复陈，伏乞圣鉴。谨奏。光绪十一年七月二十日军机大臣奉旨："依议。钦此。"

吉林将军衙门为由珲春副都统拣派妥员速赴交界地方详慎会勘划定界限的咨文
光绪十一年九月初三日

钦命督办吉林边务事宜镇守吉林等处地方将军兼理打牲乌拉拣选官员等事一等继勇侯希、头品顶戴吉林副都统恩　为咨行事。边务承办处案呈，本年九月初三日准北洋大臣直隶阁爵督部堂李　咨开，光绪十一年八月十八日准朝鲜国王咨开，照得光绪十一年八月十一日准本年七月二十七日准贵大臣照会内开，光绪十一年七月二十五日准总理各国事务衙门咨开，光绪十一年七月二十日本衙门议奏图们江界址请饬吉林将军派员与朝鲜官员会勘一折，本日奉旨："依议。钦此。"相应恭录谕旨，抄录原奏咨行贵大臣遵照可也等因，到本爵阁大臣准此。查本年七月间准吉林将军来咨，以朝鲜民越界占种，恐滋事端，业经本爵阁大臣转咨贵国王派员知会吉林地方官，定期认真会勘，分明疆界，妥商办理在案。兹准前因，相应抄录折稿咨会贵国请繁查照，派员会同办理施行，等因准此，查图们勘界一事，屡经边官请期，未奉贵大臣照知，未便派员，刻已饬派安边府使李重夏会同吉林地方官勘审疆界，妥为办理，相应备文照复，请繁查照施行，等因到本阁爵大臣准此，相应咨会贵将军请繁查照，迅派妥员，速赴交界地方详审会勘，划定界限，妥商办理，仍望见复施行。等因到本爵将军准此，除札饬督理吉林朝鲜商务委员秦令煐遵照外，相应咨行贵副郡统查照，就近由珲春拣派妥员，速赴交界地方详慎会勘，划定界限，妥为商办，仍希将所派官员衔名即行咨复，以凭转咨可也。须至咨者。

右咨珲春副都统依

吉林将军衙门为朝鲜垦民越界及复勘界碑情形静候总署指示的咨文
光绪十二年正月二十八日

将军衙门　为咨行事。边务承办处案呈，本年正月二十一日准北洋大臣咨，据驻扎朝鲜总理交涉通商事宜升用道补用知府袁世凯申称，窃照卑府于光绪十一年十一月初八日接奉宪台札开，据督理吉林朝鲜商务委员分发补用知县秦煐禀称：卑职于八月二十七日奉到希侯帅札饬，会同珲春委员守候朝官员勘办越垦界址，并读总署原奏委系洞悉情形，证据确凿，且仰体皇仁有难于迁徙者，奏明酌量隶入版图，俾安生业等因。伏查吉林、朝鲜以图们江为界，彰彰可考，盖以吉省东南沿江一带地广土肥，对江会宁、钟城、稳城各府人多地少，故其民越界私垦。惟钟城对江处最多，不下数百户，大都盖房造墓，已于其官升科。其他零星错落亦复不少，且于垦之外挖沟通水，若江之支流借以混界，今春依都护派兵驱逐，该垦民实以故国无田可耕，安肯舍土而绝生路。而输粮剃发，惟命是听，而其官吏则以民既越垦，转可增其疆宇，收其钱粮，迨经清理，恐获侵占之咎，遂生豆满碑文之辩，直欲混我边疆，不知江水滔滔，何可牵混，驱而逐之，固属正办。惟操持大促又恐该民铤而走险，总之其民可怜，其官不识大体，不肯认错，其国王又被官蒙蔽而不之觉。查得咸镜道按抚节度使赵秉稷前被各府使蒙混，听民越垦，此事虽已知错，然欲掩其前非，不得不袒其所属。闻该国此次会勘，仍派府使之官，现虽未与办理，必须预筹了事之策，可否仰乞宪恩，函致该国王，折之以是非，惕之以利害，嘱其拣派公正京员明查暗访，前来勘办，自然水落石出，果能收回流民固属甚善，倘实无安插之处，应由该国王陈情咨请，奏恳皇仁隶入版图。至前此官吏袒护越垦之咎，彼亦为民谋生，情有可原，可否概置弗论，或者天诱其衷然醒悟，并乞函饬陈道树棠就近晓谕其政府各官，免致从中阻梗，早晚或可了结，则感荷大德之成全者，岂独卑职一人也等情，到本阁爵大臣据此，除批九月初十日来禀，阅悉朝民越界私垦，由于会宁等府人多地少，愚民但得谋生，即成乐土，已于该管民升科，而朝官则以民即越垦，转可增其疆宇，收其钱粮，且恐获侵占之咎，遂欲以豆满碑文牵混，冀掩前非，实属不知大体。该民等既以驱回故国，无田可耕，不肯舍去，以绝生路，自应妥筹安插，酌隶版图，免其一律迁徙，以仰体朝廷字小恤民之义。但疆界必须划清，断难任其混淆，该朝官但能认错，商筹善策，自可宽其既往，候饬新派驻扎朝鲜总理交涉通商事务升用道袁守世凯就近查酌，与该政府妥议，属其拣派公正京员会勘筹办等因印发外，合行札饬，札到该守即便遵照，察酌妥办具报等因奉此，遵即将饬办各节并抄粘总署咨折，照会朝鲜政府查照迅复去后，兹于十二月十五日准该国议政府领议政沈舜泽照复内称，照得本月初四日准贵总理照会，并抄粘总理衙门来咨一件，为图们会勘一事，均已奉阅，前据敝邦咸镜北道按抚使赵秉稷所报，本年十月十九日勘界使李重夏同吉林派员督理商务委员秦、珲春派员边务承办处德、护理招垦珲春边荒事务贾会勘白山之分水岭、拂冰拓碑呵毫绘山，同月二十七日一行还到茂山等语，并将白山之分界为图赍来据此，按图辨方山脉水派，均有可据，石碑、土堆标识宛然，谨按康熙壬辰定界时，已有敝邦承文院汇载故实，参以今日画图碑堆，昭然相符，的无疑混。圣祖仁皇帝念边徼榛荒，疆域难分，易滋后人之惑，特派重臣查定疆界，碑以记之，堆以识之，延连九十余里，此可见当时辨疑息事之深长虑也、敝邦惟知感激遵守。虽定界以内犹不敢听民入居，恐致相逼滋事，伊来殆近二百年，一任空荒，或有流民之冒居，时请刷还而止。前在光绪八年因礼部咨开，朝鲜贫民占种吉林边界等情，国王骤闻兹事，不胜惊悚，即具回咨，恳恩将流民刷还。又该民等处在荒远，不能自明，九年夏间，敝邦经略使鱼允中派到北界，招来吉林珲春等处敝邦流民，为豆满北岸垦种民人不愿还土，陈请联吁。据云，我们所垦即土门以南，昔日圣祖皇帝所尝画界以界我也，有碑可据，有图可明。豆满以北再有分界江辞证明白，地方官派人勘看，知有确证，自是敝邦钟城府使与敦化知县往复论辩，迄未究竟。盖吉林、朝鲜之以土门为界，中外之所知也，苟审土门之在于何方，则界限自可辨别。据碑文所云，东为土门，以图考之，豆满一水本不出于分水岭，而其源委在于定界碑之西南，距碑辽远莫可为证，何得谓之土门乎？惟伏流一派在碑之东，直接分水岭，而天赐形名传为土门。碑文所载土门定在于是，又于伏流之处堆石聚土以标其界，树木生于土堆之上，皆成老大，非后人所为可知也。其下又有土门子一派，合于分界江，其上则土门为定界，其下则土门子为分界，此为真图们之公明证案。盖当初立碑时，定界于白山下分水岭以东西分流为据，东则土门，西则鸭绿，均发源于此。豆满则庆源以下江名，实非分界处发源，上国人所称图们江是也。上国人虽知土门之为定界，然不辨远近方向，混称豆满为土门，至以译音之偶尔相近，认为一江山川自有定形，非译音之所可移易，而从前空荒之地，人迹罕到，事属难辨，随称因循，今既穷源陟幽，会勘的确，源别委异，南北悬远。岭上片石屹立，作证岂可不问源头而离勘别派。舍此明证而别求考，恐失之愈远，而非立碑之本意也，从此界限之疑恍然可破。但念该处向非许民之地，近来流民潜入耕种，敝邦官吏不能随时觉查禁断，此固敝邦之责，现入居者众安土乐业，既在定界之内，有不认一朝驱还，似宜因以抚之，严禁滋事，使失所之民各复其业，庶不负天朝字小恤民之至仁。兹有国王咨文两道，分送礼部、北洋，并土门地图一纸及抄录可考文件，备文照会，请烦贵总理查照代达，妥为办理，不胜幸其。计土门勘界图一纸，抄录承文院故实一册，钟城府使照会一件各等语准此，理合将抄送各件并国王咨文两道一并申请核咨等情，到本阁爵大臣据此，除分咨外，相应咨会贵将军请繁查核办理施行，等因准此。查此案前据委员奉令等会同朝员履勘界碑，应立在分水岭上等情，曾经据情咨请总署转奏请旨定夺，现未接到示复，兹准前因，自应静候总署指示遵办，除将咨抄到故实册一本、照会一件抄单札饬勘界委员协领德等知照备核外，相应咨行，为此核咨贵副都统查照可也。须至咨者。

右咨珲春副都统衙门

吉林将军衙门为朝鲜国王来咨与勘界委员会勘情形不符碍难照办的咨文
光绪十二年二月十三日

　　将军衙门　为咨行事，边务承办处案呈，于本年二月初六日准礼部咨开，主客司案呈，准北洋大臣送到朝鲜国王咨文一件，系因土门江勘界一事，并附绘地图及抄录故实册、照会各一件，等因前来。查此案曾于上年七月间该国王特遣使臣来京恳部代奏，经本部据此转奏，奉旨："该衙门议奏。钦此。"复经本部咨行总理各国事务衙门核议去后，旋准复称，本衙门复奏，查勘图们江旧界一折抄录原奏，知照到部，查原奏内称请饬下吉林将军查明界址，派委妥员，会同该国所派官员，指证明确，俾免怀疑争执，并分别将流民收回安插，其难于迁徙者，奏明酌量，隶入版图，俾各安生业等因奉旨："依议。钦此。"由该衙门抄录原奏，知照吉林将军在案。今朝鲜国王来咨内称：敝邦咸宁北道按抚使赵秉稷所报勘界使李重夏，同吉林派员督理商务委员秦煐、珲春派员边务承办德玉、护理招垦珲春边荒事务贾元桂会勘白山分水岭，绘图拓碑等语，所有秦煐等三员是否系贵将军所派，此次该国王所咨各节是否与该委员等查勘情形相符，本部无从悬揣，未便谨据该国王一面之词，遽为代奏，且此案既经总理各国事务衙门奏准饬交吉林将军派员履勘，应由贵将军查勘明确，自行奏明办理，除由本部咨复北洋大臣外，相应抄录朝鲜国王原咨知照吉林将军，将此案迅速查明，并希于具奏后咨复本部存案可也。等因前来，溯查前于光绪十一年八月间准总署咨开，本衙门议奏，图们江界址以朝鲜流民越界占垦，该国王始终未能洞察情形，严行勒禁，妥为收回，惟该国所指图们、豆满为二江实无依据，其所画地图亦不明晰，应请饬下该将军查明界址，派员会同该国所派官员指证明确，俾免怀疑争执等情，奏奉谕旨："依议。钦此。"等因，恭录咨行钦遵前来，当经由本衙门拣派二品顶戴协领德玉、督理吉林朝鲜商务委员补用知县秦煐、招垦局委员府经历衔候选从九品贾元桂等前往该处，会同朝员妥为履勘去后，嗣据委员德玉等禀复会勘情形，并员会印地图一纸，曾于上年十二月二十日咨请总理各国事务衙门代奏，请旨定夺，并咨行北洋大臣查照在案。兹准照录该国王来咨，核与委员报会勘情形不符，碍难照办，除照录委员原禀咨复礼部查核外，相应抄单咨行贵副都统查照备案可也。须至咨者。

　　右咨珲春副都统

吉林将军衙门为照录朝鲜安边府使李重夏私函的咨文

光绪十二年二月二十六日

将军衙门　为咨行事。边务承办处案呈，案据前派分勘吉朝边界二品顶戴协领德玉、督理吉林朝鲜商务委员补用知县秦煐、招垦局委员府经历衔候选从九品贾元桂等禀称，窃卑职等接朝鲜安边府使李重夏由咸镜发函递到茂、会、镜、稳四府越垦贫民印册四本，该府使竟不用公牍移送，而函中仅叙别后怀思之语，并不论及界事。且册面书豆满江对岸贫民起垦字样，不肯公言认错，殊无情理，或恐认错后坐实越界拟我执法驱逐乎。然册载豆满江对岸，其亦明知豆满江即是图们江，经总署指证明确，乃肯造册送来，虽不能借此为分界凭据，而揣其衷情，意在安插其民。但卑职等前与该府使议及册事，未见造送，兹竟送来，或者天诱其衷，自知理曲，是以造册，为民请命。查其册载民户、田数、所耕之地仅资糊口，卑职等此次勘界，目击其农民之困苦，笔难曲绘，谨将印册四本并照录来函一并呈请核夺前来。查该委员等照抄来函内系越垦字样，而印册又书起垦字样，语出两歧，该国向通华文越字与起字书虽近，音义则殊，是否有心改写，抑系笔误均不可知，且递送印册不以公牍而用私函，尤不可解，除将印册四本存案外，特照录该府使来函咨行贵副都统查照可也。须至咨者。

右咨珲春副都统

照录朝鲜安边府使李重夏来函：

天涯相逢，数溯追随，城隅远别，两情依恋。伏惟日内金体均旺，治薄束装相又添挠，并系区顶颂。弟才到镜城，行将治发向京行李关心极荷远庇茂、会、钟、稳四邑越垦人民田土案件，今才详录各自地方官报来，故兹委送于会宁知府，转致于和龙峪矣，幸一一查收为幸。从此鳞鸿莫凭回首，招怅如何可弛。惟祝尊祺，日升不宣。附呈茂山、会宁、镜城、稳城越垦民人田土录册四件。

秦老爷、德大人阁下、贾老爷，弟李重夏拜手。十二月初二日

照录朝鲜国王来咨：

朝鲜国王为咨会事。照得本年四月二十七日为土门勘界一事咨请礼部在案，嗣于七月三十日准同月十一日礼部来咨，迅派妥员知会吉林地方官定期认真会勘，分明疆界，妥商办理，勿致含混稽延。等因准此，当即派安边府使李重夏为土门勘界使，统理衙门主事赵昌植为从事官，前往白山，会同吉林派员，穷源踏勘。续据十一月初一日咸镜北道按抚使赵秉稷壮称，本年十月初十日勘界使李重夏、从事官赵昌植，会同吉林派员督理商务委员秦煐、珲

春派员边务承办处德玉、护理招垦珲春边荒事务贾元桂自茂山府发行，十一日到长坡社，十六日开路入山，十九日到分水岭立碑处，二十七日还到茂山府，既入深山，又值严寒，三百里历险陟高，七八日风餐露宿，备陈跋涉之艰，查勘之实，并将白山分界图赍来。据此，按图辨方山脉水派，均有可据石碑、土堆，标识宛然，谨康熙壬辰定界时事已有敝邦承文院汇载故实，参以今日画图碑堆昭然相符，的无疑混。圣祖仁皇帝念边徼榛荒，疆域难分，易滋后人之惑，特派重臣查定疆界碑以记之，堆以识之，延连九十余里，此可见当时辨疑息事之深长虑也，敝邦惟知感激遵守。虽定界以内犹不敢听民入居，恐致相逼滋事，伊来殆近二百年，一任空荒或有流民之冒居时，请刷还而止。前在光绪八年因礼部咨开，朝鲜贫民占种吉林边界等情，当职骤闻兹事，不胜惊悚，即具回咨，恳恩将流民刷还。又该民等处在荒远，不能自明。自九年夏间，陪臣经略使鱼允中派到北界，招来吉林珲春等处敝邦流民，惟豆满北岸垦种民人不愿还土，陈请联吁。据云，我们所垦即土们以南，昔日圣祖皇帝所尝画界以界我也，有碑可据，有图可明。豆满以北再有分界江辞证明白，地方官派人勘看，知有确证，自是敝邦钟城府使与敦化知县往复论辨，迄未究竟。盖吉林、朝鲜之以土门为界，中外之所知也，苟审土门之在于何方，则界限自可辨别。据碑文所云，东为土门，以图考之，豆满一水本不出于分水岭，而其原委在于定界碑之西南，距碑辽远，莫可为证，何得谓之土门乎？惟伏流一派在碑之东，直接分水岭，而天赐形名传为土门。碑文所载土门，定在于是，又于伏流之处堆石聚土以标其界，树木生于土堆之上，皆成老大，非后人所为可知也。其下又有土门子一派，合于分界江，其上则土门为定界，其下则土门子为分界，此为真土门之公明证案。盖当初立碑时，定界于白山下分水岭，以东西分流为据，东则土门，西则鸭绿，均发源于此，豆满则庆源以下江名，实非分界处发源，上国人所称图们江是也。上国人虽知土们之为定界，然不辨远近方向，混称豆满为土门，至以译音之偶尔相近，认为一江山川自有定形，非译音之所可移易。而从前空荒之地，人迹罕到，事属难辨，随称因循，今既穷源陟幽，会勘的确，源别委异，南北悬远，岭上片石屹立，作证岂可不问源头而离勘别派，舍此明证而别求考据，恐失之愈远，而非立碑之本意也，从此界限之疑恍然可破。但念该处同非许民之地，近来流民潜入耕种，敝邦官吏不能随时觉察禁断，此故敝邦之责，现入居者众安土乐业，既在定界之内，有不忍一朝驱还，似宜因以抚之，严禁滋事，使失所之民各复其业，实为德便，敝邦世蒙天朝复焘之恩，尺土一民莫非天朝攸赐，封履之外分毫不敢妄干，封履之内尺寸亦宜谨守，庶不负圣朝字小恤民之至仁。兹将《土门勘界图》并抄录可考文件，备文照会请烦礼部查照酌核转奏天陛，俾德申明旧疆，安集流民，不胜幸甚。须至咨者。

总理各国事务衙门为图们江边界复勘未定请旨饬吉林将军派员查勘的奏折
光绪十二年

谨奏：为吉林图们江边界履勘未定，谨陈大概情形，请旨饬下吉林将军派员复勘以安边氓而庇藩属事。窃上年七月间，臣衙门因朝鲜北境流氓占垦，吉林图们江边地恐日久滋生事端，并据该国王咨请，遂有请饬吉林将军会勘安插之奏，奉旨允准恭录行知在案。本年正月初七日准吉林将[军]咨称，光绪十一年十二月十六日据派勘吉林边界委员德玉、秦煐等禀称，会同朝鲜安边府使李重夏将图们江两岸山水原委，并前钟城府使所执之石碑封堆一一勘验详具图说，会印画押，各执一纸。查图们江朝鲜呼为豆满江，由茂山而上，七十里至江口地方，江水分为二流，其南流为西豆水，上游至平甫坪，之上又分东西二源，其北流为红丹水，上游又分南北二源。又查长白山朝鲜呼为[白]头山，山顶有大池，方圆数十里，北面为松花江正源。山之南麓有小石碑，面汉文有"康熙年乌拉总管查边至此，西为鸭绿、东为土门"等字样。碑之西有沟，西南流入鸭绿江。碑之东有沟，绕长白山东麓，朝鲜呼为伊嘎力，盖译云黄花松沟子。沟之东南岸有石堆百余，尽处至长白山。正东为大角峰，碑之东南四十里为小白山，有沟，由大角峰东北流与斜乙水及黄花松沟子，水皆合流入娘娘库，折入松花江，此各水及碑堆之原委也。总之，由长白山南麓至朝鲜吉州界之鹤项岭，约四五百里，为天分水岭，岭西南之水入鸭绿江，岭东北之水小白山以南入图们江，小白山以北入松花江。至论图们江源，西豆水在朝鲜内地，两岸居民繁众，屋宇坟墓均已年久，此处断非图们江正源。惟小白山东南发源三汲泡，东面之红丹水，当年立界立碑应在三汲泡一段之分水岭上，方与碑文所云西为鸭绿、东为土门八字相合，而安边府使终执碑堆为据，且执碑文"东为土门"四字，以为黄花松沟子，两岸有土如门，并不以土门江为土，借词狡辨，职等以事宜妥商，未便相强，遂商定彼此各持图回报等情前来，详考图说所谓红丹水者即直省舆地全图之小图们江，其西豆水至平甫坪之上，有东西二流。东流发源于鹤项岭，西流发源于蒲潭山，则知西豆水实即与图之大图们江，蒲潭山即费德理山。援古证，今若合符节，乃该国上年既误指海兰河为图们江，今又执黄花松沟子两岸有土如门之说，明明有定之地，游移于无定之口，犹谓必以碑堆为据，岂知碑无定位，可因人为转移，而文有定凭，实以江为界限。安知非该国民人占据多年，潜移石碑至此乎？而况黄花松沟子固松花江源，并非图们江源乎？该委员等谓当年立碑应在三汲泡之分水岭上，虽不如蒲潭山之确合舆图，第因其居民繁众无事过激，似尚酌得其平，且不失朝廷字小之意。合将会勘情形并地图咨送贵衙门代奏请旨定夺，等因准此。又于正月十四日，据北洋大臣咨称，准替办朝鲜商务道员袁世凯转将该国议政府照复及抄送承文院故实一册、图一纸，申请咨送。又同日据北洋大臣咨接准朝鲜国王咨辨大略执碑堆土门为据，请查核转奏各等因前来，臣等恭查《钦定皇朝通典》《文献通考》均载明："吉林、朝鲜以土门江为界"，又《钦定会典图说》载有"大图们江出长白山东麓，二水合东流；小图们江出其北山，二水合东南流来会，又东经宁古塔城南境会噶哈里河，（报）[折] 东南流，北合二小水，经珲春城西南"等语。康熙五十年五月初五日钦奉谕旨："前特差能算善书之人，将东北一带山川地理，俱照天上度数推算，详加会图。鸭绿江之西北系中国地方，江之东南系朝鲜地方，以江为界。土门江，长白山东边流出向东南，流入于海；土门江西南系朝鲜地方，江之东北系中国地方，亦以江为界，此处俱已明白，但鸭绿、土门二江之间地方知之不明，派出打牲乌拉总管穆克登往查边界等因。钦此。"又是年八月初四日，钦奉谕旨："前差乌喇总管穆克登等查看边界，业将所查地方绘图呈览，因路远水大未能至所指之地，着于来春自义州乘舟溯流而上，由路向土门江查审去等因。钦此。"臣等反复绸缪，自康熙年间派员勘界，而《钦定会典》《三通》皆在乾隆以后，所绘《一统舆图》山川脉络自已考订明晰，确可依据。第山名水名方音不无歧异，且参校新旧各图，准望邪直亦互有参差，两界聚讼必有折衷，方能定勘。现在此案有应辨晰者三，应考证者五，请为皇太后、皇上陈之：去年朝鲜以图们、豆满为二水，经臣衙门指驳，此次复牵合碑文改为有土如门之说，词既屡变，理实难通。查穆克证碑文明明以东西二水对举，且图们之为土门，康熙谕旨已然，他处地志亦屡见，第为方音轻重之殊，不烦别为曲解，此应辨晰者一也。朝鲜立国，当康熙时地多人少，咸镜道西北空为瓯脱，该国王来咨云该处向非许民开垦之地，近来流民潜入耕种，官吏不能随时觉察，此固敝邦之责云云，是该处逼近吉省，素系封堆禁地，如从前中江呼兰等处封禁之山，不准私垦一例，该国素守藩封之义，不使游民阑入情分，显然近年地少人稠，日渐占垦，该朝官岂得显背封山之禁，阴为拓地之谋，此应辨晰者二也。至吉林将军来咨谓红丹水即小图们江，西豆水即大图们江，蒲潭山即费德里山，此则未能确鉴，尚待参究。盖《皇朝一统舆图》所列红丹水即红丹河，在茂山之西，其与茂山迆北之小图们江无涉。可知西豆水既在红丹之南，且发源于彼国吉州内地之鹤项岭，其非大图们江，可知费德里山在黑山之南，图们江之北，其非西豆水西源之蒲潭山可知。总之此事必须佐证确实，方能定断，此应辨晰者三也。自朝境茂山府以东会宁、钟城、稳城、庆源、庆兴五府，东至鹿屯岛海口，自有图们江天然界限为之划分，毫无可疑，彼此所断断未定者，茂山以西上距分水岭穆克登勒石之地。惟此二百八十余里间，仍即康熙谕旨所谓二江之间地方知之不明者，必应逐细考究。乃勘界之要领，该委员等所计道里，仅据土人之口未足征信，亦须以测量纬度为凭，方有把握，此应考证者一也。此二百八十里之间，迤西斗入吉境，迤南折入甑山，凡分界之说或顺山势或顺水形，总以确寻江源为主，不在东西绳直斩然齐整。至该将军所称界碑不过数尺，有无占垦之民潜移向北，亟应彻底根究，此应考证者二也。《会典》所载之小图们江在大图们江内地之北，自不必言，至云大图们江出长白山东麓，二水合流，所谓二水必有指名，按之方言，审其准望是否即系红丹上游之二源，抑或别有名字，此应考证者三也。详穆克碑文第言奉旨查边至此，审视西为鸭绿、东为土门，故于分水岭勒石为界。记碑中并无分界之字样，不过记二水之源委，是当日立碑之处，未必即当日分界之处，何以朝鲜人既执此为分界确据，此应考证者四也。且碑文所载审视云云，自系钦遵圣谕二江为界之指，浑括言之，若必分析言之，则鸭绿江上源不名鸭绿，名曰建川沟，与图们江之上源不必即有图们之名，事同一例。夫中国之济源曰沇，汉源曰漾，而沇与漾，仍得蒙济汉。大川之名者，以大川得统小川故也。然则红丹小水，独不可以图们江源统而目之乎，此应考证者五也。窃维该国世守藩封，恪供职贡，其流民占垦之地属吉者，自应酌量刷还，或编入版图，属朝者自应申明旧界，添立界牌永息纷纭。该将军所称碑无定位，文有定凭，实为确论，总应将图们江指证确凿，则界限自可分明。中国之于藩封，原无不在复帱之内，然我疆我理亦不容稍有越畔，相应请旨饬下该将军，即行派委熟悉边情舆地之员，按照以上各节逐细会勘酌定界址，妥筹安插，以折藩服之心，而靖边氓之业，所有吉林、朝鲜勘界缘由，理合恭折上陈，并将文卷、地图等件封送军机处备查，伏候圣鉴训示遵行。谨奏。光绪十二年三月二十五日军机大臣奉旨："依议。钦此。"

吉林将军衙门为将图们江边界复勘议奏事理辨晰考证详细查勘的咨文

光绪十二年四月初七日

钦命 督办宁古塔等处事宜镇守吉林等处地方将军 兼理打牲乌拉拣选官员等事一等继承侯希 头品顶戴吉林副都统恩 为咨行事。边务承办处案呈，本年四月初五日准总理各国事务衙门咨开，本年三月二十五日本衙门奏吉林图们江边界复勘未定，谨陈大概情形，请旨饬下吉林将军派员复勘一折，本日军机大臣奉旨："依议，钦此。"相应抄录原奏，恭录谕旨，行知钦遵办理，等因前来，准此，查阅原奏谓有应辨晰者三，应考证者五，自应遵照奏议各节，再行逐细会勘，惟熟悉边情舆地之员实难其选。前派协领德玉、知县秦煐等前往查勘。于考究辨别一切尚称详细，自未便遽易生手，仍应饬由该原勘委员等详译总署此次奏议事理，将应辨析考证者，悉心推求，摘其要领，转行照会朝鲜安边府使，以理辩论，即与订期约会，再往详细查勘，务将图们江界指证确凿，绘图禀复，以凭核办。除札饬该委员等遵办外，相应照抄粘单，咨行贵副都统查照可也。须至咨者。

右咨珲春副部统

吉林将军衙门为咨催朝鲜国王速饬勘界官订期复勘的咨文
光绪十二年九月二十二日

将军衙门为咨行事。边务承办处案呈，本年九月十九日准直隶爵阁督部堂李　咨开，九月初五日准总理各国事务衙门咨开，吉林图们江界址与朝鲜官员会勘一事，上年八月间接准咨开，接朝鲜国王咨称已派安边府府使李重夏，会同吉林地方官详勘妥办等因，本年正月间准吉林将军咨称，派员会同李重夏将图们江两岸山水原委并前钟城府使所执之石碑、封堆一一勘验，绘图画押，各执一纸，而安边府使终执碑堆为据，借词狡辩，因商定彼此各持图回报等情。同时并准咨称，接朝鲜国王咨辩大略，执碑堆土门为据，请查核转奏等因，本衙门以边界履勘未定，于三月二十五日具奏，请饬吉林将军派员会同逐细复勘。奉旨："依议。钦此。"遵即行知贵大臣及吉林将军钦遵办理在案。兹于八月二十七日又准吉林将军文称，据承办边务委员等禀称，奉札准总署此次奏议复勘事，理将应辨晰应考证者悉心推求，摘其要领，转行朝鲜原勘界官订期再行详勘，遵即照会朝鲜前安边府使，现任德源府使监理元山商务李重夏，即速前来会勘去后，嗣延久未至，又复照催，旋据李重夏照复内称，现绾海关重务，无以离此前往，须有敕朝廷酌夺派饬，然后可定行止会同之期，亦无以的指，姑俟敕朝廷关文再行知照等语。委员等静俟已久，以为彼必请命国王，即来会勘，不料延宕至今，殊深焦灼，惟有禀恳次请总署转咨朝鲜国王，饬令该府使早来会勘等情，应请照会该国王，速饬订期会勘，以重疆圉等因前来。查勘界一事未便久延，本衙门向无径咨朝鲜国王文件，应由贵大臣查照前咨，从速知会朝鲜国王，即饬该府使李重夏订期会同复勘，毋任迟延。并复知本衙门，以便转告吉林将军可也。等因到本阁爵大臣准此。查三月二十八日准总理各国事务衙门抄奏来咨，以边界复勘未定，应由吉林将军派员会同逐细复勘，当经本阁爵大臣咨会朝鲜国王，请即查照施行在案。今阅半载之久，吉林早经派员知会候勘，而朝鲜原派之员借词宕缓，殊属延误，应即咨催朝鲜国王速饬勘界官，该府使迅即订期会同复勘，早清界限，以绥边氓，切勿再任宕缓，除咨催朝鲜国王并咨复总理衙门外，相应咨会贵将军，烦请查照施行。等因前来，除札饬会勘委员协领德玉、秦令焕遵照外，相应咨行贵副都统查照可也。须至咨者。

右咨珲春副都统衙门

吉林将军衙门为朝鲜外署金允植于明春派员会勘边界的咨文

光绪十二年十月十九日

将军衙门为咨行事。边务承办处案呈，本年十月十七日准总理各国事务衙门咨开，九月二十七日接到北洋大臣电称，袁世凯二十六日来电，白头山勘界一案屡奉札谕，前与金允植据图细核，前拟由土门发源入松花江为界实大误，顷又按图细校，土门有暗流四十里，至红土山水入土门大池，与红河画界一说相去甚近。至流民或求借地安置，朝廷已知前事之误，允植云似不必派员会勘等语，凯嘱其具文照会转详候核，可否乞示云云，应否照拟办理，祈核示转电，等因准此。查吉林宁古塔与朝鲜之咸镜道以大图们江为界，载在《钦定会典图》《皇朝三通》及《一统舆图》证据确凿。近年朝鲜北镜流民越界，占垦地亩，吉林大吏屡议刷还安插，申明疆界实为正办。嗣因该国安边府使始误以豆满、图们为两江，继又误指内地海兰河为分界之江，终误以黄花松沟子乃松花江发源，有土堆如门之处，附会土门之义，而不以为江名，屡变其说，执词强辩，于是吉林将军不得已而有派员会勘绘图分界之举。本署于光绪十一年七月二十日、十二年三月二十五日两次据情具奏，恭录谕旨，并抄原折咨明贵将军钦遵办理在案。查此事本末，一在安插占垦流民，一在勘明图们江界，然必将界限勘明，彼此各有辖属，较然明白，而后可疑[议]分别刷还及安插入籍。朝镜自茂山府以东，会宁、钟城、稳城、庆源、庆兴五府自有图们江天然界限为之划分，毫无可疑，彼此所断未定者茂山以西，上距图们江发源之处。惟此二百八十余里间必应逐细考究，乃勘界要领。前据咨据勘界委员等履勘山川形势，以小白山东南发源三汲泡、东面之红丹水，为与穆克登牌文所云"西为鸭绿，东为图们"八字相合。现在专候朝鲜派员会勘，应俟查勘江源明确后，划定界址，逐段建立石牌，方可将占垦流民或属吉林或属朝鲜，各归地方官管束，编户入籍，以清疆界，而靖边氓。若如金允植所云是辖境终未划清，而流氓究归何处管束，仍未明晰，其土门画界及借地安置之说，尚属含糊，殊难凭此结案，仍应咨请北洋大臣查照，转行催该国仍派妥员，会同吉林委员，遵照本年三月二十五日本署奏案办理，如因目下天时交冷，难以履勘，即于开春定期会勘。旋据北洋大臣电复，据袁世凯电称，朝鲜外署金允植面告，遵于明春派员会勘，相应咨行贵将军查照可也。等因前来，除札饬会勘吉朝界址委员协领德玉、候选知县秦煐遵照外，相应咨行贵副都统查照可也。须至咨者。

右咨珲春副都统衙门

吉林将军为朝鲜于明春三月派李重夏会勘边界的咨文
光绪十二年十月二十二日

将军衙门　为咨行事。边防承办处案呈，本年十月二十日准北洋大臣李来电内开，据袁世凯来电，图们江勘界事已商定，明春三月派德源府李重夏往会勘，恺嘱外署照会立案，即另文申禀云云，除电复北洋大臣，并咨报总署查核暨札饬勘界委员等遵照外，相应咨行贵副都统查照可也。须至咨者。

右咨珲春副都统衙门

吉林将军为北洋大臣嘱令朝鲜外署具文照会以便催促勘界委员届时早往的咨文
光绪十二年十一月二十七日

将军衙门为咨行事。边务承办处案呈，本年十一月二十一日准北洋大臣阁爵督部堂李　咨开，据驻扎朝鲜总理交涉通商事宜升用道补用知府袁世凯禀称，窃照本年十月二十三日准朝鲜外署金允植照会内开，准本年九月二十三日准贵总理照会为吉林图们界址订期复勘一事，准此。查图们界址已经会勘，尚未明晰，一疑于图们之异名，一疑于碑堆之有证，一疑于水源之相背。敝邦之不能舍碑堆，犹上国之不能舍水源，必考究水源与碑堆相照应，然后方合古人定界之意，向因积雪深谷，未便细察源委，应遵北洋大臣咨请国王之文，派员复勘，早清界限。缘今年敝邦痧疾大作，北路尤甚，自夏至秋行旅几断，迨病势稍寝，时又迫冬，所以复勘一事未免延缓，业经奏明国王，拟于来年三月派送原勘界官德源府使监理元山商务李重夏，会同吉林派员再行勘验，应请贵总理转达总署、北洋，知会吉林将军，以便届期派员会勘，实合事宜等因准此，除照复外，理合禀请宪台查核，转咨总理各国事务衙门，并咨请吉林将军查照，实为公便。又据另单禀称，窃照长白山勘界一案，屡奉宪台礼饬各在案，今年夏间据元山坐探委员姚令文藻禀称，前会勘北界之李重夏方任元山监理，每晤谈时亦言松花江、海兰河指界之误，因韩廷有所授意，不敢不遵奉以行等语。迨卑府觅得草图，与韩臣指画商确，如照前议，以碑为据，则中国吉林熟地反入朝鲜界中，必无此理。韩臣亦知前事之误，兹又与金允植据图究诘，允植亦知土门、豆满、图们果系一江而转音者，但云江源有数处，其一为西豆水，若以此源为定界，则朝鲜之茂山一境半属中国。其一为红丹水，若以此源为定界，则茂山之长坡等村亦属中国，均非其旧，惟据图所载之红土山，距碑下土堆尽处地名杉浦计四十里，由长白山水伏流至此出见，流入豆满江，此即茂山边界之红丹水也。如以此为定界，水以南依旧属之茂山，水以北依旧属之中国，庶为两便。至越垦边民或为另求借地安置，以免播迁，倘以为可即照此商办，不必派员再勘等语。卑府复按图核计，反复衡论，觉允植所言此属近理，且与红丹水划界一议亦颇相近，当即择要电禀，旋奉电谕顷总署咨复，两次奏请派员勘界，应俟查勘江源，明确画定界址，逐段建立石碑，方可将占垦流民安插入籍，仍催朝鲜派妥员会同吉林委员办理，如因目下天时渐冷，难以履勘，即于明春定期会勘云云。除另咨行外，望转致外署等因奉此各在案。卑府遵即催韩廷派员会勘，兹据允植再三商议韩邦京员素不解边界等事，惟李重夏前在北边有年，尚称熟悉，再前据姚文藻禀亦称该员明白晓事，故商定仍派该员于明春三月前往会勘，并嘱令外署具文照会，另详宪台存案，以便临时催促，使其届时早往，免至拖延时日。等情到本阁爵大臣，据此，除批饬届时催令会同吉林委员确勘，勿任再延外，相应咨行查照。等因准此，除札饬委员协领德玉、候选知县秦煐等遵照外，相应咨行。为此合咨贵副都统查照可也。须至咨者。

右咨珲春副都统衙门

吉林将军衙门为边界会勘不可苟且就事贻误后人的咨文
光绪十三年正月初九日

将军衙门　为咨行事。边务承办处案呈，光绪十三年正月初六日准北洋大臣咨开，十二年十二月二十日准朝鲜国王咨称，前奉本年九月初八日贵大臣来咨为催复勘图们界址一事准此，嗣准十月初六日来咨内开，十月初四日准总理各国事务衙门咨开，九月二十七日接到贵大臣沁电称：袁世凯二十六日来电：白头山勘界一案。屡奉札谕，前与金允植据图细核，前拟由图们发源入松花江为界实大误，顷又按图细核土门有暗流四十里，至红土山水入土门大池，与红河画界一说相去甚近。至流民或求借地安置，韩廷已知前事之误，允植云似不必派员会勘等语，凯嘱其具文照会转详候核可否乞示云云，应否照拟办理祈核示转电等因准此。查吉林宁古塔与朝鲜之咸境道以大图们江为界，载在《钦定会典图》《皇朝三通》及《一统舆图》，证据确凿，近年朝鲜北境流民越界占垦地亩，吉林大吏屡议刷还、安插，申明疆界，实为正办。嗣因该国安边府使始误以豆满、图们为两江，继又误指内地海兰河为分界之江，终误以黄松沟子乃松花江发源，有土堆如门之处，附会土门之义，而不以为江名，屡变其说，执词强辩。于是吉林将军不得已而有派员会勘绘图分界之举。本署于光绪十一年七月二十日、十二年三月二十五日两次据情具奏，恭录谕旨并抄原折，咨明贵大臣及吉林将军钦遵办理在案。查此事本末，一在安插占垦流民，一在勘明图们江界，然必将界限勘明，彼此各有辖属较然明白，而后可议分别刷还及安插入籍。朝境自茂山府以东，会宁、钟城、稳城、庆源、庆兴五府，自有图们江天然界限为之划分，毫无可疑。彼此所断断未定者茂山以西，上距图们江发源之处，惟此二百八十余里间必应逐细考究，乃勘界之要领。前据吉林将军咨据勘界委员等履勘山川形势，以小白山东南发源三汲泡东面之红丹水，为与穆克登碑文所云"西为鸭绿、东为图们"八字相合，现在吉林将军专候朝鲜派员会勘，应俟查勘江源明确后，划定界址，逐段建立石碑，方可将占垦流民或属吉林或属朝鲜，各归地方官管束，编户入籍，以清疆而靖边氓。若如金允植所云是辖境终未画清，而流氓究归何处管束仍未明晰，其土门画界及借地安置之说尚属含糊，殊难凭此结案，应仍咨请贵大臣查照转行催该国仍派妥员会同吉林委员，遵照本年三月二十五日本署奏案办理，如因目下天时较冷难以履勘，即于开春定期会晤可也。等因到本阁爵大臣准此。查三月二十八、九月初五等日准总理各国事务衙门两次来咨，均经咨会贵国王请即查照速办在案。兹准前因，除咨行外相，应咨催贵国王请繁查照办理，仍望见复等因准此。查图们界址已经会勘，尚未明晰者一疑于图们之异名，一疑于碑堆之有据，一疑于水源之相背，今以豆满、图们为一江转音，则疆界略已大定，无烦复勘。惟考究水源与分水岭碑堆相照应后，方合古人定界之意。查该处水源有数处，红丹、西豆两水其源不出于分水岭，惟红土山水一派出于分水岭，伏流四十里，而为豆满江源，与碑堆相符，舍是而无可拟之处。金允植所云不必派员会勘者，盖为此等情形，已经前勘具在绘图，一见可定，不必更事跋涉，徒兹劳费也。惟疆圉大事在所慎重，安插流民须资审度，不可苟且就事，贻误后人，当经饬知政府诸臣一遵来咨办理，相应咨复查照等因，到本阁爵大臣准此，相应咨明贵将军查照可也，等因准此，除札饬办理商务委员补用知县秦令遵照外，相应咨行贵副都统查照，转饬分勘委员协领德玉遵照可也。须至咨者。

右咨珲春副都统衙门

吉林将军衙门为中朝边界勘查明确应查明流民人口及酌度安插办法的咨文

光绪十三年八月初七日

将军衙门为咨行事。边防承办处案呈，光绪十三年八月初三日准总署咨开，七月初二日接准咨开，据会勘吉朝界务委员德玉、秦煐等禀称，卑职等遵饬复勘图们江界址，与朝鲜勘界官李重夏督同测量委员按照山形水势、江源里数详细勘明，绘图贴说，会盖骑印，各执一张，并开明测量里数清析，据实禀呈转咨总署，奏明请旨定夺。再，界址定后，遵当饬立界牌，申明旧界，所有穆克登所立之牌既与界址不相关涉，即应毁去，免生枝节，自应摘要立牌，庶几界划分明，永垂久远。爰将应立界牌之处预为公同拟定，附开另折之后，以省周拆[折]，可否仰恳酌夺，一并咨明，实为公便等因准此。查该员等指称红旗河为小图们江，石乙水入红土山，水汇流处为大图们江，由小白山测量鸭绿江上源，相距四十二里，与西为鸭绿、东为土们二语尚能一一吻合，拟于此处酌定界址其说，亦与前咨当年定界立牌应在三汲泡一段之分水岭上之意相符。惟事关边地出入，该府使虽心以为然，而其词犹涉推委，未便遽以定界，相应将复勘情形及印图清折，一并咨请贵衙门查核具奏。请旨定夺施行。至旧立界牌未便遽行毁去，应于此次定界时，会同该国移立于该委员等所拟华字界碑处，以备稽考合并声明，并附清折一份，印图一张。等因前来。查吉林与朝鲜会勘图们江界一案，前经本署两次奏请，饬下贵将军派委妥员，逐细会勘，酌定界址，妥将前项朝鲜流民分别安插，钦奉谕旨允准，历经恭录行知在案。查朝鲜世列藩封，清社作贡，列朝字小之义，厚往薄来，本无所谓分界之说，即康熙中乌拉总管穆克登奉旨查边，其所立牌文不过记载图们、鸭绿二江之源，亦并无分界字样，不知边吏何故以讹，居然执为分界之据，诚所不解。再上溯崇德二年、四年大兵时，督外藩科尔沁等部出入朝鲜咸镜道，往征瓦尔喀、会宁、茂山一带，皆大兵往返必由之路，其时咸镜、平安二道北境，地旷人稀，绝无朝鲜民人阑入长白山部境内占垦居住可知。厥后承平日久，朝民生齿部繁，渐次开垦咸镜道北境，近年流氓竟至关入宁古塔、珲春等处，此系百余年来休养生息之故，情事显然，该朝官因无地可资收回安插，希图占越，遂烦会勘之举。兹据咨称，该委员等详勘西豆、红丹、红土三水之外，复勘出石乙一水，按图在三汲泡之东，大红丹水源之北，与前咨所勘稍有出入，长坡小红丹庙一带朝鲜民所有田庐、坟墓，绵历百年，即未便指为宁古塔界内之地，红土山碑堆之误，该府使李重夏亦已心知其非，该委员等指石乙水发源至茂山城约合二百八十余里，与《钦定会典图说》所载，大图们江出长白东麓，二水合流之方向约略推寻，尚为吻合。所拟于小白山、黄花松甸子、石乙一水、长坡浮桥等处设立界牌十处，编立字号之处亦属可行。查此次勘界经贵将军核明各节办法，极为持平，惟该处系吉林宁古塔所辖之地，该委员等会勘已有端绪，应如何与该府使订立界碑，并将前项越垦流民分别刷还，及入籍安插之处，均应由贵将军查核明确，专案奏明，酌度办理，方为妥叶。所请据咨转奏之处，本衙门碍难照办，相应咨复贵将军查照可也，等因前来，查图们江越垦流民既经该委员等会同朝员李重夏查勘明确，绘印地图，开具里数清折，报经本衙门咨请总署示复，自应札饬原勘委员等查明该处流民人口，究竟现有若干户，或系悉数刷还，抑即就地安插，务宜酌度情形，由该委员等照会朝员李重夏妥为办理，报请核夺，除札饬原勘委员等遵照办理外，相应咨行贵帮办请繁查照可也。须至咨者。

右咨钦命帮办吉林边务珲春副都统依

吉林将军衙门为朝鲜勘界使李重夏称勘界仍以长白山红土山水为界的咨文
光绪十四年五月二十九日

将军衙门　为咨行事。边务承办处案呈，光绪十四年五月二十五日准北洋大臣咨准总署咨开，前据吉林将军咨称，会勘朝鲜吉林图们江界一案，现查明，石乙水入红土山水汇流处为大图们江，由小白山测量鸭绿江上源，相距四十二里，与"西为鸭绿、东为土门"二语尚能一一吻合，拟于此处酌定界址，并设界牌等因，业已抄录前文，并界牌清折一件，图一张，于上年十月二十日咨行贵大臣查照在案。兹于十二月十四日准军机处抄交吉林将军希

奏遵旨派员复勘吉林图们江界址绘图贴说，请旨定夺以正疆界而安边氓一折，光绪十三年十二月十三日奉朱批："该衙门知道，图并发。钦此"。钦遵抄录原折，恭录谕旨并照绘地图一张，飞咨贵大臣查核，并转咨朝鲜国王查照，所奏各节遵派妥员前往该处会同办理，事竣仍乞据情咨复备案可也等因，当经咨会朝鲜国王迅派妥员，会同吉省委员妥速办理，勿稍稽延，事竣据实咨复请奏，暨咨贵将军查照办理在案。兹准朝鲜国王四月二十日来咨称，当饬原派勘界使李重夏前往妥办，旋据李重夏启称，臣于上年会同吉林派员秦煐、德玉等再勘图们江源，由茂山府沿江百余里入长白山，均经勘定至红土山水石乙水阅月论卡，终未了结，业将再勘情形详启在案。兹蒙内务府关奉教准北洋大臣咨着臣前往妥办，臣窃查来咨中吉林将军所奏以石乙水定界者，未敢知果有何据，而臣所主之红土山水稽之图典一一吻合，谨按《钦定会典》载明，大图们江出于长白山东麓，二水合东流，今此红土水出于长

白山东麓，与元池水合而东流，此外并无东麓之水。又按《一统舆图》大图门江头源与鸭绿江头源两间无水处有点画标识，界限分明。前所履勘之碑堆在红土水，以上无水处适与标识相符，则红土水之为大图门江头源，了然无疑。至石乙水，则其发源非长白，而乃小白也，非头源，而乃第二源也。于图典俱无据。臣愚以为申请立牌于长白山红土水之上，以符图典，而明疆界，实合事理。臣于奉命之日宜即登途，而既灼知实在情形不可泯点遽行惶恐待罪。等情据此，查上年八月间将图门江界址一事咨请贵大臣转奏在案，兹准来咨，据吉林将军所奏，施行至敝邦，前咨仍未蒙核夺回示，殊属纡菀，查前咨会勘吉林派员与李重夏将图门江一带沿溯百余里入长白山，均经勘定，至红土山水石乙水合流处各执一辞，未能了结，所以有吉林及敝邦互相奏咨请旨者也。恭查《钦定皇朝通典》《文献通考》，均载明吉林朝鲜以图门江为界，又《钦定会典图说》载明大图门江出于长白山东麓等语，今欲穷寻水源，申明旧界，宜由长白山东麓酌定界段，而吉林奏折有由小白山酌定界段，顺石乙水立牌，似尚持得其平等语，今其折内亦引《皇朝通典》《文献通考》《会典图说》为证，而乃舍长白山欲以小白山为界，其语已自相矛盾矣。今若复行核察，禀遵图典，必以出自长白山之图门江头源定界，则界牌之设当于红土山水，而不当于石乙水，不待多辩，而较然明甚。且红土山水、石乙水之间即不过数十里空山荒寒之地，窃谓普天之下莫非王土，岂其为此区区尺寸之土，使属邦不能保守其封履也。今该陪臣李重夏不敢遽行，再陈实在情形。若又强令前往，冒昧从事，何以服该陪臣之心哉？且上年咨内已将此事颠末详述无蕴，而今若以吉林奏请已经奉旨不敢复矣。实陈而怵迫，勉遵则亦非所以，至诚事大之义也。相应呈请咨会贵大臣，请烦将图门江源勘界情形详细转奏核夺可否，以昭公允，仍即见复，以便赶速遵办，实为德便。等因到本阁爵大臣，准此，除咨总理衙门查照核办外，相应咨会贵将军请繁查照施行，等因准此，相应咨行贵副都统查照可也。须至咨者。

右咨珲春副都统衙门

吉林将军衙门为韩俄陆路通商后交涉事务繁重速筹良策的咨文
光绪十五年九月

为咨商事。光绪十五年九月初四日准北洋大臣直隶阁爵部堂李　咨开，据驻扎朝鲜总理交涉通商事宜升用道补用知府袁世凯禀称，窃照本年八月初四日，韩廷派庆兴府使金禹铉监理庆兴府韩俄陆路通商事务，当即电禀宪鉴并奉电谕各在案。伏查朝鲜之庆兴、吉林省之珲春等处，密迩接壤，现在韩俄既订约，在该处通商，并已派员监理商务，则与珲春一带商民往来交易事务，渐增繁重，而随时探访该处情形，亦关紧要。理合禀请宪台鉴核，转咨吉林将军查照，就近遴员察勘经理，实为公便。等情到本阁爵大臣。据此，除分咨外，相应咨会，请繁查照察酌妥办见复，等因到本督办将军准此。查韩俄陆路通商，既经举行，该处与珲春接壤，一切交涉事务，势必渐臻繁重，防微杜渐，亟宜速筹良策。贵帮办副都统躬临其境，闻见确真，应如何筹办之处，相应备文密商，为此合咨贵帮办副都统，请繁查照察酌，望速见复施行。须至咨者。

右咨珲春副都统恩

吉林将军衙门为发给华韩各民垦地执照事的咨文及执照式样
光绪十七年四月

边务文案处　为咨还事。案准贵帮办咨开，案查珲春沿江一带华韩各民私垦有年，前经奏准派员清丈升科在案。现在将次告竣，应即按户发给执照，以资管业，除一面刷印札发清丈委员散放外，兹备具双衔会稿一份，相应咨送查照，书行盖印，仍望咨还存案施行。等因准此，当即抄稿存查外，相应将会稿书行盖印讫备文咨还贵帮办，请繁查照施行。须至咨者。

右咨钦命头品顶戴帮办吉林边务事宜珲春副部统恩

为存根事。今据　局委员　册报，　社　承垦坐落　处地　段，共弓，合地　垧　亩　分，应自光绪十　年　月起，每垧纳大租钱　文，小租钱　文，除留支外，净应解库银　两　钱　分　厘　毫　丝　忽　微。四至地邻除填载执照编户给发外，合行存根备查。须至存根者。

光绪十　年　月　日

珲字第　号为发给执照事。照得珲春沿江一带华韩各民私垦有年，最为混淆，现当亟正经界，此项韩民若遵前奉谕旨刷还，未免流离失所，故特奏准愿去者听其自便，愿留者剃发易服，与华人一律编籍为氓，所垦地亩责令按年纳租，当经本督办将军帮办副都统遴委妥员分途清丈。兹据局委员册报，　社　承垦坐落　处地　段，共计　垧　亩　分，造具弓丈数目，呈请填发执照，以便遵限输租。等情据此，除汇造册籍奏咨外，合行发给执照，为此仰　收执，永远为业，务当勤垦种植。自光绪十　年起每年　月每垧交大小租钱六百六十文，照章充应差徭，不得抗粮脱役，亦不准侵占邻地。致干咎戾。切切。须至执照者。

计开

一段坐落　东西　弓，南北　弓，计地　垧　亩　分。地邻　东　西

南　北，一段坐落　东西　弓，南北　弓，计地　垧　亩　分，地邻　东
西　南　北，一段坐落　东西　弓，南北　弓，计地　垧．亩　分，地邻
东　西　南　北，以上共地　段，计　垧　亩　分。

　　右照给　收执。光绪十年　月　日。

　　本督办将军帮办副都统光绪十七年四月　日。

四、司 法

（一）谕 令 章 程

吉林将军衙门为严拿在逃丁丹事的咨文

光绪十四年四月

为咨行事。兵司案呈：本年三月初六日奉军宪札开，案准钦差大臣定咨开，案查接管卷内，东三省练军挑取兵丹归伍演练，如遇有脱逃情弊，曾经前大臣申明纪律，分行东三省将军并三省总帮统，通饬遵照在案。现查吉林、黑龙江两省练军，自成军以来，逃脱频仍，吉林尤甚，将前定纪律不啻视为具文。若不再行严加整顿，将效尤日甚，尚复成何事体。兹为重申纪律，凡嗣后三省练军如有逃兵，经该本旗佐领自将原名送交本营惩办者，与该本旗佐领无涉。倘该旗佐并该营哨等官隐匿不报，一经察出，即将该旗佐领以及该营哨等官，与逃兵一体，从严分别参办。如逃兵逾限两个月不获者，将营哨等官以及什长，均从重惩办，再勒限一月，仍饬该本旗佐领并该营哨等官认真严拿。倘再不获，定行一体参办。本大臣言出法随，决不姑容。除照会东三省帮都统通饬遵照外，相应咨行，请繁查照，转饬施行。等因。遵此，合亟札饬。札到该司，即便转饬各该旗暨各城一体遵照。特札。等因奉此，相应呈请咨行宁古塔、伯都讷、三姓、阿勒楚喀、珲春副都统，照会乌拉总管等衙门查照，并札饬十旗、乌拉、五常堡、拉林、双城堡、伊通、额穆赫索罗协、参、佐领，西北两路驿站监督、官庄总理、水手营、黑龙江水师营四品官、四边门章京等，一体遵照文内事理，毋得视为具文可也。须至咨者。

右咨珲春副都统衙门。

吉林将军衙门为练兵脱逃均按新章惩办的咨文

光绪十四年六月

为咨行事。兵司案呈：本年四月初四日准爵宪札开，案准钦差大臣定咨开，案照东三省练军如有私逃情弊，业经本大臣重申纪律，咨行通饬在案。查吉、江两省现在报逃者，仍复不少。队兵逃走，总由该管营哨等官防范不严所致。前定章程似尚不足以示惩儆，自应从严定拟，庶足以肃军旅，而戒效尤。嗣后逃兵如有一月内拿获者，先责军棍五十，插双耳箭游营，三日后加枷号一个月，满日再责军棍一百，收营入伍。并将该管营官记过半年，哨官、哨长各记过一年。如逃兵不过三名，递加记过。如逾三名者，分别参处，决不姑容。至队兵演练最关紧要，碍难空额久悬。嗣后如逃兵逾限一月未经拿获，即赶紧派补。如一月外拿获解营者，照章惩办后，由将军衙门发交该旗严加管束。除照会三省总帮统一体遵照外，相应咨行，请繁查照施行。等因。准此，合亟札饬。札到该司，即便转行十旗暨各外城一体遵照。特札。等因奉此，除札饬十旗乌拉、五常堡、双城堡、拉林、伊通、额穆赫索罗协、参、佐领、西北两路驿站监督、官庄总理、水手营四品官、四边门章京等一体遵照外，相应咨行宁古塔、伯都讷、三姓、阿勒楚喀、珲春副都统，暨照会乌拉总管等衙门查照可也。须至咨者。

右咨珲春副都统衙门

吉林将军衙门为严禁设赌局的晓谕
光绪十四年八月二十八日

为出示严禁事。照得吉林所属地方盗匪充斥，大为民害。推原其故，大半起于赌场，匿于烟馆。而各处当铺遇有一切贵重衣物等件，又不详细诘问，只贪便宜，往往二更时分尚在收当，以致贼匪有隐藏之区，贼赃有销售之路，未易立时破获也。本将军、副都统访查明确，不但省城赌局极多，凡属城市集镇，纷纷皆是，赢则宿娼、吸烟，随手耗尽；输则结党抢夺，所得财物，恃当铺无盘诘之权，随时皆可典质。其烟馆卖烟，通宵灯火不灭，奸宄更多混迹其间，种种弊端，深干法纪，合亟出示严禁。为此示仰官商军民人等知悉，自示之后，倘再有开局聚赌及私自窝赌之家，官则从严参办，民则按律重惩。烟馆若复夜深开灯，致有匪类匿于其中，定照窝盗治罪。至于当铺见有形迹可疑之人，来历不明之物，务须细加斟察，密报于官，俾得经往缉拿。若仍贪图便宜，明知赃物而收当，则与窝家无异。倘后获盗起赃于铺，必问以知情分赃重罪，决不姑宽。其各凛遵毋违。切切。特示。

右谕通知

吉林将军衙门为刊刷严禁赌盗告示的咨文
光绪十四年九月四日

为咨送事。照得本将军、副都统访查吉林通省所属城市各集镇，赌局甚多，盗匪易聚，推原其故，由于开设烟馆，夜深尚复开灯卖烟，致有匪类潜匿。当铺往往二更时分尚在收当典质，俾使贼赃销隐，真贼未能立时破获也。合行出示严禁，一体张贴晓谕，咸使凛遵毋违。现已饬据文案处刻刷钤印七百张，以资分发。除分酌数目散发张贴外，相应将钤印告示四十张，附文封固咨送。为此合咨贵副都统查照，希即差派妥弁按照所属各集镇分酌数目张贴，仍严饬该弁不准勒索施行。须至咨者。

计咨送告示各四十张_{五处共二百张}。

札发告示_{吉林道二百四十张、兵司二百十张、街道厅五十张、机器局十张}。

右咨珲春副都统等衙门

宁古塔、三姓、阿勒楚喀、伯都讷、珲春，以上五处，每处四十张，共二百张，咨送各该城，再行匀数散发各镇张贴。

吉林府、长春厅、五常厅、宾州厅、双城厅、伯都讷厅、伊通州、敦化县，以上八处，各三十张，共二百四十张，札吉林道转饬再行匀数散发各镇张贴。

乌拉总管十张，四边门各十张，西路驿站九十张，北路驿站六十张。五常堡协领五张，张贴本街。额穆赫索罗佐领五张，张贴本街。以上九处，共二百十张。札兵司转发各处，再行匀数张贴。

街道厅五十张，散贴本城内，机器局十张，贴本局各厂。

以上拟发告示通共七百十张。

吉林将军衙门为变通强盗供获首伙章程事的咨文
光绪十四年十月初二日

将军衙门　为通行事。刑司案呈：光绪十四年九月二十日准盛京刑部咨开，肃纪右司案呈，光绪十四年八月十九日准刑部通行奉天司案呈，刑部谨奏：为强盗被获供首伙各盗章程易滋弊窦，拟酌量变通请旨遵行事。窃为强盗纠伙行劫最为民害，定例不分首从皆斩。其立法独严者，欲思不逞之徒知所畏而不敢犯也。然有悔罪之心即予自新之路，故强盗自首例有专条。而欲清盗源先惩盗首，故伙盗供获首盗亦有减罪明文。至同治年间严定盗章，供获首盗之例，遂在删并之列。嗣于光绪五年臣部修复旧例酌定新章，凡伙盗被获供获首盗，系伤人之犯减为斩候；未伤人之犯减为发遣新疆。其首盗供获伙盗及伙盗供获伙盗，均拟斩候。核与旧例止准伙盗供获首盗，又加推广。原其立法，本意无非以盗攻盗，务使案内无漏网之犯。庶根株可期尽绝而盗风可望日消，固非过事宽容，为若辈开趋避之门也。乃章程未定以前，供获首伙之案百无一见。章程通行而后，供获首伙之案纷至沓来，且有未曾到官，仅向捕役指获即以供获首盗援减者，供出同伙并非上盗之犯亦以供获伙盗定拟者。非曲意开脱即强为比附，（不分）首从之律几成虚设。查首伙各犯抱赃自首，必以悉投报为准，捕获同伴犹以五日内外为限。即寻常越狱投首之犯供出同伙，非半年限内尽行拿获，仍不准其减罪。至强盗被获到官，即与自行投首不同，供出首伙又与捕获同伴有异。乃不论获犯之多寡、为时之久暂，仅凭该犯一语虚供，定案时即照章议减，情法殊觉失平。设如一案之中，甲供获乙，而乙又供获甲，辗转纠葛，势不得不俱从末减，直至后获之犯，无可再供之人始得明正典刑。是别项死罪均无议减之条，而强盗之罪大恶极者转得借此为狡卸地步，非所以诘奸慝惩暴乱也。盖补偏救弊定（倒）[例]不厌其详，求而因时制宜，立法必衷诸至当。每年各省盗案题咨到部者，不下数百起之多，与其逐案驳诘而不能画一，不如严定科条而示以限制。查承审盗案向以一年为限，故伙盗供获首盗，旧例亦以年为期，现在审限已改为四个月，自未便仍照旧例定限，致涉两岐。臣等详加参酌，拟请嗣后伙盗被获供出首盗逃所，于四个月限内拿获，系旧例法无可贷之犯，减为斩监候，秋审入于缓决；系情有可原之犯，减发新疆给官兵为奴，其伙盗能将全案首伙供出，于限内尽行指获，系法无可贷者，减为杖一百，流千里；情有可原者，减为杖一百，徒三年。如获伙盗在一半以上，并首盗能将全案伙犯供出，于限内指获，均减为斩监候，秋审时核其情节分别实缓。若伙盗获伙盗不及一半及首盗供获伙盗虽在一半以上并拿获已逾四个月限外者，俱仍照律定拟不准轻减。以上各犯均须到案后当堂供出，按名指获方准以供获论。如私向捕役告知，指拿到官，不得以供获论。其余仍照例章办理。似此量为变通。庶可杜弊窦而慎刑章，即与强盗各例可以相辅而行，亦不至相背矣。再查各省办理供获伙盗之案，非以为寄居空庙即以为寄匿山林，未有究窝主一人拿获惩治者。故盗犯有藏身之地而恃以无恐，盗风之日炽未始不由于此。臣等以为欲戢盗风，宜清盗薮。应请嗣后审理此等案件，须严究窝主，按律惩办。毋得仍蹈前习，以绝萌蘖而清闾阎，如蒙俞允，臣部通行各省督抚、将军、都统一体遵照办理。所有臣等酌拟变通盗案供获首伙章程缘由，谨恭折具奏请旨，光绪十四年七月二十日奏。奉旨："依议，钦此。"

再，臣部此次奏定盗案章程，系就光绪五年定章酌量变通办理，并非另设科条。于强盗原定罪名有所增减，自无庸事犯在新章前后再为区别。应请以奉旨之日为始，凡外省未经拟结之案，俱一体遵照拟断。其已经拟结报部尚未议复者，即由臣部查核案情，按照新章分别改正。如实在情节不甚确凿，驳令悉心研究，照章定拟以昭详慎而免纷岐。是否有当，谨附片具奏请旨。

光绪十四年七月二十日奏。奉旨："依议，钦此。"钦遵等因前来，相应咨行吉林将军衙门遵照可也。等因准此，理合呈请通行。等情据此，相应咨札所属各衙门一体遵照可也。须至咨者。

右咨珲春副都统衙门

吉林将军衙门为查办军流以下人犯章程的咨文
光绪十五年六月十八日

为咨行事。兵司案呈：本年四月二十九日兵司按准刑司移开，光绪十五年四月二十一日准军宪札开，本年四月十五日准刑部咨开，为减等事，奉天司案呈，所有前事等因相应抄单行文该将军可也。计单，刑部谨奏。为钦奉恩诏，循照旧章查办军流以下人犯，酌拟章程奏祈圣鉴事。光绪十五年三月十六日，恭逢恩诏内开："一、官吏民人等有犯除谋反叛逆、子孙谋杀祖父母、父母、内乱、妻妾杀夫、奴婢杀家长一家非死罪三人、采生、拆害人、谋杀、故杀真正人命、蛊毒魇魅、毒药杀人、强盗、妖言十恶等真正死罪不能赦；又贪官赦前已发觉罪应至死者不赦外，其余自光绪十五年三月十六日以前已发觉、未觉已结，无论男妇咸赦。作之有以赦前来告讦者，以其罪罪之，钦此。"臣等遵将斩绞人犯查照旧章酌拟章程，另折具奏。至军流以下人犯，历次恭逢恩诏，均准一体核其情节轻重，分别查办在案，钦此。恩诏自应遵照旧章办理，除寻常窃问拟军流，窃匪盗官物及官钱粮罪在总徒以上等项，近年均系从严，不准宽免，暨各项各军流人犯内有情节较重者，随时酌量核办外，其余一应军流徒犯并非有关十恶情节，尚（轮）无论已、未到配，概行释放。逃军流应否免缉，分别核办，逃徒并免缉拿，枷杖以下悉予宽免，因窃拟徒以下人犯一律援免并免刺字。臣等谨将酌拟不准免罪条款开列清单，恭呈御览，伏候命下，臣部飞咨内外问刑衙门，于文到日扣除往返程途，统限一月内将一应军流徒犯已结、未结并已、未到配及外遣安置、安插编发为民。驻防人犯并军流徒罪官犯、事犯、在本年三月十六日以前无论到配已、未满三年，实系安静守法别无过犯及寻常人命案内，问拟军流之余犯，均抄录犯事全案，到配年月日期，造具清册，军流汇疏具题徒犯，咨部查核。臣部摘叙案由，开列清单，分别官常各犯，照例题奏核复。至臣部现审案内，已经番结尚未起解及监禁待盾遣军流徒各犯，由臣等另行汇总具奏。枷杖人犯，即行释放。所有应免各犯内，有例应追埋追赃者，仍行着追。应刺字者，免其刺字。已经刺字者，准其起除。如有在配年久，不愿回籍者，听从其便。倘释免后，仍由滋事不法，应照所犯之罪加一等治罪。军台效力官犯，仍咨

珲春副都统衙门档案选编

行兵部照例办理，所有臣等循照旧章查办军流以下人犯缘由，谨恭折具奏请旨。光绪十五年三月二十七日奏。奉旨"依议，钦此。"等因准此，除飞咨宁古塔等处，并移付户司查照办理外，相应备文移付。为此合移兵司查照可也。等因前来，相应照抄原文条款粘单，呈请咨行珲春副都统衙门查照，一体遵照文内事理，即将各该处安置旗犯逐一查明，已、未满三年各犯，在配是否守静守法，造具原犯案由清册，务于七月初一日以前造报到省，以凭汇册报部，毋得迟延可也。须至咨者。

右咨珲春副都统衙门

粘单

谨将酌拟军流以下不准免罪条款三十五条开列清单，恭呈御览。

计开

一、大[逆]（遂）缘坐及知情不首者。

一、真正邪教等案内实系甘心听从入教罪应发遣及缘坐者。

一、纠结（添第）[天地]等会名目案内随同入会者。

一、事关贻误军机及引惹边衅者。

一、内地民人交结外国（骗）骗财物者。

一、祖父母、父母呈首子孙发遣，查询犯亲不顾领回者。

一、子贫不能养赡，致父母自尽，并因奸、因盗致纵容之父母自尽及教令之父母被人谋故殴杀者。

一、妻妾殴父及妾殴伤正妻者。

一、祖父母、父母被杀，子孙受贿私和者。

一、殴伤期功尊长及逼迫功服尊长致死者。

一、奸本宗缌麻以上外姻舅母及同母异父姊妹者。

一、强奸小功以上亲并强奸子妇未成者。

一、借充人牙将领卖妇少逼勒卖奸图利月日经久者。

一、奴仆及雇工人诱卖家长期亲以下亲属者。

一、凡用药饼及一切邪术迷拐幼小子女为从，罪应发遣者。

一、恶徒图财放火故烧民房屋、公廨、仓库，并谋财挟仇放火当被救熄及经近烧尚未抢掠案内，罪应军流者。

一、有禄人实枉法，赃未至八十两者，此照定拟及无禄人准免。

一、官吏故出入人罪者。

一、卑幼诬告尊长，奴仆、雇工人诬告家长者。

一、刁徒直入衙门挟制官长并聚众辱官案内，情凶势恶者。

一、实系积惯讼棍，屡次主使教唆挟制官府者，止系教唆一人一事，此照积惯例办理者，准此免。

一、强娶、强抢孀妇室女致令自尽，罪应军流者。

一、军民吏役殴伤（制）[致]使本管官及夺犯殴官，罪应军流者。

一、官员家丁骚扰驿站，倚势行凶致酿人命者。

一、教诱人犯法致陷入死罪已决或致酿人命者。

一、偷窃蒙四项牲畜，罪应发遣者。

一、凶恶棍徒屡次滋事，怙恶不悛，实在为害闾阎及致酿人命者。

一、积匪猾贼，实在怙恶不悛，并肆窃多赃及有逞凶拒捕情事者。

一、豫省五府州及安徽三府所属凶逃结伙三人以上，执持凶器伤人，问拟军遣者。如仅止偶然之密，一时起衅，并无凶恶情状者准免。

一、窃匪盗官物及官钱粮，罪在总徒以上者。

一、强奸妇女未成者。

一、捉人勒赎案内，罪应遣军者。

一、抢、窃、盗罪在军流以上者。

一、强窃、盗窝，主罪在军流以上者。

一、发掘冢案内，罪在军流以上者。

以上不准援免遣军流徒各罪共三十五条，均照旧发配安置拘役；应刺字者，仍行刺字；应枷号者，仍行枷号。如有在配脱逃被获者，军流免其加等发仍原配，徒犯重新拘役。其余不再不准援免，条款单内各犯，无论遣军流，准予一律援免。其有情罪实在重大者，仍随案配核办理。

吉林将军衙门为各署张贴六条以清盗源告示的札文

光绪十七年五月

为札交事。照得吉林盗氛未靖，伏莽尚多，一经严加剿捕，辄即匿迹销声，是必有窝藏收留者，所以时出时没也。故穷搜严剿，莫如清源正本。本将军体察情形，申明例意，酌定六条，曰：相守助，禁娼赌，严管束，饬旗习，明赏罚，许自新。亟宜遍谕军民遵守毋犯。兹特刊刷告示，务使家喻户晓。除民署各地方官旗署各地方官均已发交遍行张贴，并抄稿札饬遵照外，所有通省旗署民署各该管地方官，合亟刊发告示二千一百一十张二千六百九十张，张贴并转饬张贴。札到该司道即便遵照，将发去告示转行分发通省内外各族民署，饬其多派干差，于所属旗民户居住村屯庄堡以及通衢集镇，遍为张贴，毋任风雨飘淋，以期永远遵守。此乃清盗保民之计，不准视同具文。倘有玩忽耽延，不即实力张贴或任听之差役敷衍了事，以及束置高阁，致被访闻，定予参处。并粘抄告示原稿，仰该_{司道}照抄转饬各_{该管地方}官一体遵照暨分发各该处告示数目，并开于后，特札。

计札交钤印告示_{二千一百一十张}内_{分发}_{二千六百九十张}_{分发}

省城满蒙汉十旗三百六十张、水师营三十张、官庄二十张、西北两路驿站一百张、珲春二百张、宁古塔二百张、阿勒楚喀二百张、三姓二百张、伯都讷二百张、乌拉总管一百张、乌拉协领八十张、五常堡协领八十张、双城堡协领八十张、拉林协领一百张、伊通佐领五十张、额穆赫索罗佐领五十张、四边门章京六十张。以上札兵司。

吉林府三百五十张、长春府二百五十张、伯都讷厅一百七十五张、五常厅一百张、双城厅一百张、宾州厅一百七十五张、伊通州二百张、农安县一百四十张、敦化县一百张、磨盘山一百张。以上札道。

粘抄告示原稿

札兵司吉林分巡道准此为出示晓谕事。照得吉林盗贼炽盛，历年捉拿正法者不为不多。而为盗者，卒不见少，非民之生而即为盗也。习俗移人，其所由来者渐矣。少年心性未定，始则父兄之教不先，子弟之来不谨，宿娼聚赌与匪为徒，久则亦流为匪。结党行抢，无所不为。迨为匪之后，父兄复不忍报官，邻里亦不敢过问，即官兵捉捕严急，该匪则匿迹销声。是必有贪利而为窝藏者，抑或畏惧而偶尔收留者。至外来无业流民，更易流入匪类。而荒地之炮手房屋、菜营、木营，亦久为盗匪之渊薮。此盗氛所以日炽也。故穷捉严缉，莫如正本清源。本将军察访情形，申明例意，酌定清盗源之法，详列于左：

一、相守助。边外屯村零落，编联保甲不易。宜于各牌中举其一二老年之人，令分查各相近之屯村户口。其牌内有真实为盗者，责令报官拿办，或自行捆送到官。如有外来无业之人，亦责令细心盘诘。倘系匪徒，准其将窝留之家，一并送官重办。即或佣工，须有保人方准收留。其各旗屯亦责令该屯长、屯达由旗户公举充当。倘该屯有窝藏贼匪，并收留来历不明之人，徇隐不报，一经发觉，一体严究重办。

一、禁娼赌。宿娼聚赌，不特最易败坏少年子弟，且最易勾结匪徒，亟宜认真严拿重办。凡地方官驻扎官兵乡地练长，以及各屯村之大户绅商，俱责令严密查禁。

一、严管束。凡少年子弟不务正业者，即责成其父兄自行严管。如怙恶不悛，即交乡地送官，或自行送官惩治，另入游民册，仍准其父兄、亲族、邻里取保。必保其或农、或商、或工、或小本生理，须有正业，方准开释。

开释之后，如再蹈前非，其父兄及保人，仍据实报官重办，不准隐匿。

一、饬旗习。凡旗户并台站官庄人等，有官员管辖，有册档稽查，立法本甚严密。乃近来或敢收留流民甚至流入为盗，即或破案，而置该管官员于不问，无怪该管官等漠不经心也。此后该管官等属下之人如为盗、为窝、以及私留无业来历不明之流民居住者，一经发觉，除本犯按律重办外，仍将该管官等照例参处。

一、明赏罚。凡乡地练长、绅商、居民、以及莱营、木营、炮手等，能拿获盗匪送官，除无主赃物充赏以外，还破格录功。拿送四五犯者，赏给五品功牌。二三犯以下者，赏给六七品功牌。六七犯以上者，定予奏咨奖励，并分别酌赏银两，以示鼓励。倘徇隐不报，定查明该犯之亲族、邻佑、乡地练长等住址，分别轻重治罪。而窝主贪赃窝盗者，以军法从事。或畏盗偶而收留，未得赃物，复能即时报官，或乡地练长拿获者，准免置议。至商民迫于盗犯亲族行求妄为呈保者，与盗匪同罪。

一、许自新。凡子弟流为盗匪，亦父兄之所不幸。一经拿获，父兄更不能置身事外。是莫若自行出首，不特为父兄者可以免累，且可宽减子弟为匪死罪，并可望其畏法自新。倘容隐焉，徒顾私恩，不明大义，破案之后，查抄家产，着赔所抱赃数。仍严究其有无主使，同谋分别治罪。

以上所示各条，皆清盗源保民生起见。各该军民人等，务当遵照办理。庶旧染污俗咸兴新。倘敢视为具文，有心违犯，定行从重治罪。本将军言出法随，决不稍从宽贷。各宜懔遵，毋违。特示。

吉林将军衙门为匪徒窃毁电杆给以地方武职处分的咨文

光绪十九年八月初八日

为咨行事。本年八月初一日准兵部咨开，职方司案呈，准吏部咨称，会议刑部具奏，军机处交出直隶总督李奏，匪徒窃毁电报杆线，请明定治罪专条一折，兵部查各省防护电杆电线，文职承缉失察处分，既经吏部查照刑部奏定窃毁各犯罪名分别议定地方文职处分，其地方武职官弁均有防护之责，如有疏虞，自应与文职一律议处。臣等公同酌议，拟请嗣后如有匪徒聚众拔毁杆线至数十里以外，逞凶拒捕致成巨案，将该管地方武职议以革职公罪。如能立时获犯赔修完案，减为革职，留任四年无过，准其开复；系行盗行窃致有拆毁，该管地方武职议以降二级留任公罪；倘匪犯在逃未获，所有武员承缉处分照城外大小文武衙署仓库被劫例案限开，参将专汛官初参停升，二参降一级留任，三参降一级调用。若经该督抚严参勒限缉拿，先行议以降一级留任，限满无获，议以降一级调用，俱公罪。如系一时误毁，失察之地保应行免议者，该管地方武职亦一律免其处分。如此分别议定处分专条，庶地方官自顾考成，防捕可期得力。如蒙俞允，即通行各直省督抚将军府尹，一体遵照办理。等因。光绪十八年十月初二日，奉旨："依议。钦此。"知照前来，相应通行吉林将军遵照可也。等因准此，除分行外，相应咨行，为此合咨贵副都统，请繁查照施行。须至咨者。

右咨珲春副都统

吉林将军衙门为奉上谕严明军纪的咨文
光绪二十年十二月

为咨行事。兵司案呈：本年十一月二十九日准军宪札开，于十月二十四日准兵部咨开，职方司案呈，内阁抄出，十月二十三日奉上谕：行军之要。纪律为先，现在大兵云集，所有各路统兵大员务当约束兵丁，严禁骚扰，遇有购买物件不准稍有抑勒，并随时查察。有沿途恃众逞强扰累居民者，立即正法。倘管带官纵容徇庇，一并严参惩办，勿稍宽贷。将此通谕知之。钦此。钦遵到部。 相应恭录谕旨由驿行文该将军，转饬遵照可也。等因准此，合亟札饬，札到该司，即便遵照。特札。等因准此，相应呈请咨行宁古塔、伯都纳、三姓、阿勒楚喀、珲春副都统衙门查照，札饬十旗、乌拉、拉林、双城堡、五常堡、伊通、额穆赫索罗协、参，佐领等遵照可也。须至咨者。

右咨珲春副都统衙门

（二）查　拿　通　缉

吉林将军衙门为现有花会赌局一体访拿究办的咨文
光绪十一年五月

为通行事。照得赌博为盗贼之源，未有赌风未息，而盗氛可期永靖者。乃现在访闻省城，自查拿各起赌犯，严加惩办之后，已见畏法改观。惟四外各城乡远近村屯，赌蜮风犹炽，甚有花会赌局者，镇日聚赌，彻夜开场。或恃在孤僻屯堡，为官府耳目所不及，因而招聚赌匪，窝留盗贼，为害地方，伊于胡底。亟宜通行地方文武各衙门暨通饬各队，一体廪访捕拿解究，按例从重治罪，以塞盗源。倘所辖境内聚有赌匪未能查拿，别经获案，定将该管官照失察赌匪，立予参办。除通行各该处一体遵办外，相应咨行贵副都统查照，饬属实力访缉可也。须至咨者。

右咨珲春副都统

珲春副都统为通缉潜逃之哨官冯秉衡的咨文
光绪十一年六月初一日

钦命帮办吉林边务事宜镇守珲春副都统法什尚阿巴图鲁依　为咨会严缉事。窃因去年八月间，据前路统领郭副将长云遣子回南，行抵俄界珠伦河店内被劫一案。当时该统领以贼匪逃扬，难保不窜匿东山一带，故派该路左营右哨哨官五品军功尽先外委冯秉衡带领马队十名，前赴五道沟地方巡访缉捕。讵该哨官冯秉衡带兵不严，以致勇丁借搜翻贼匪为名，挨户骚扰。适有该处垦户于新并伙伴刘树云二人赴地割田，家内无人看守，值该勇丁等赴搜伊家，将箱笼一切倾欹颠倒，狼籍不堪。及该二人回家，而屋内尚有勇丁二名，遂即检点各物，竟失去烟土二百五十两，当向该勇丁哭求，竟不承认。于是刘树云、于新二人跟同该两勇齐赴哨官冯秉衡处诉明情形，恳为追还。而该哨官并不细为根究，叱斥而出，于新等负屈莫伸，径赴招垦局呈诉有案。本帮办于公回之后，经招垦局委员贾元桂禀明原委，当以带兵骚扰村乡，固在法所不宥，而窃土一节，事近支离，或恐兵为民厌，往往有刁诈之徒借口反诬，计图挟制，似亦不可不察，必须彻底根究，方免枉纵。故本帮办于去冬今春连次派员明查暗访，其刘树云等丢失烟土则确有可凭，而为该勇等所窃取亦毫无疑义。查明后，于二月二十三日饬营务处将该哨官并原带勇丁等提传集讯，以便追赃给领，分别惩办。乃该哨官以为事过，当时窃非眼见，因起避就幸免之心，挺身抗忤，代勇呼冤，因之一倡众和，以致该勇等亦皆矢口不认，经营务处呈请将其哨官撤委摘顶讯办。屡审不承，遂据呈堂请加亲讯前来。本帮办以为此案业经访查凿凿，自不难求出真赃实犯，折服其心，故将哨官等分别看押。正在提传人证之际，忽据营务处报称，哨官冯秉衡于五月二十日在押潜逃，当即派兵各处访拿无获等情，呈报前来。查带队官纵兵骚扰已属罪有攸归，乃冯秉衡胆敢回护兵勇，致使案悬无结，反滋拖累，现以败露在即，畏惧潜逃，实属藐法至极。若不通行严缉，尽法惩治，殊不足以肃戎行而示炯戒。除将该逃弁年貌粘尾分扎各路一体访察严缉外，相应抄单咨明贵爵督将军，请繁查照，饬属通缉施行。须至咨者。

右咨钦命督办吉林边务事宜镇守吉林等处将军一等继勇侯希

吉林将军衙门为敦化县将乡约尹鹏解送珲春副都统衙门归审的札文

光绪十一年七月二十七日

为札复事。案据该令禀：以朝鲜流民越垦边地一案，当经批示。候咨行珲春副都统衙门查明查复，再行饬遵等情。咨行帮办去后，旋于本年七月二十六日咨复前来。等因准此，查所咨各情系为两国交涉，事关大局，未便含混，非将该乡约尹鹏送案，不足折服众心。合亟抄咨札复，札到该令，即便遵照。速将乡约尹鹏解送珲春副都统衙门归案审讯，毋再迟延，致干咎戾。切切。特札。

　　札敦化县知县

珲春副都统为凉水泉子乡约姜元良家突被步贼抢劫饬属严缉的咨文

光绪十二年四月初十日

镇守珲春地方副都统法什尚阿巴图鲁依　为飞行咨报事。左司案呈：于本月初四日戌刻，据穆克德赫站笔帖式喜春报，据凉水泉子乡约姜元良报称：于月之初二日二更时分，突出步贼十余名，各持枪刀踹门入屋。用刀背打伤姜元良右背，抢去衣物，并劫去牌下河东地方居住行商周姓、刘姓及杨姓小店，河西垦户刘发、程姓小炉各家衣服等物，绑去过路住店之车户魏明发、李姓并本处德春发铺户讨债去之外柜姚姓等三名勒赎，于鸡鸣时分，奔向石头河沟里逃去等语。据此，当即拣派靖边中路中营前哨哨官春海、右营前哨哨官初天喜、队长常海、金城等四员，拣带步队兵勇六十余名，兼程驰赴石头河沟里一带，踩踪追剿，务期拿获。旋据该员等禀称，奉饬于初六日卯刻行抵石头河岭后汪清沟里二合号窝棚，尖食毕即派队兵十五名先行前进踩探，旋报行有十余里，遥见隔河一人手持鸟枪，一见我队即仓皇奔向林内逃窜，似属贼探，量非良民。因中隔大河，即刻难渡追之，既已不及又恐其走露消息，无奈即用洋枪击毙。遂督队过河割取首级，得获鸟枪一杆，药兜一副、剥刀枪一把、当票五张。由此进搜半里许，忽见一人由林内跑出，随即擒问，据称是被贼绑去勒赎之德春发外柜姚姓，因贼等听有枪声，惊慌忙乱，乘空逃出，大约贼众亦必向深林内逃遁。当令该民辨认割取首级，据言系此股贼之探子杨姓者。是以随即带队进剿，并派游东明带兵十名解送首级、枪刀及领运盐粮，并令姚姓随队回柜等情。据此，除将解到击毙贼匪杨姓之首级悬杆示警外，即飞饬该哨官春海等跟踪追剿。实力搜捕，务期悉数歼除，毋使一名免脱，及分饬各路，一体严缉，并另饬查明该事主被劫之物件外，惟东北山场与塔属三岔口及俄界毗连，头头是路。为恐该匪窜伏邻境之虞，理合呈请先行咨报，等情据此，拟合备文飞行咨报将军衙门查照，请烦饬下严缉施行。须至咨者。

右咨将军衙门

吉林将军衙门为查明张英实系外出寻亲事的咨文
光绪十二年五月

为咨复查明事。于本年五月二十三日，据珲春副都统衙门咨开，左司案呈，兹准将军衙门咨开，兵司案呈，准盛京军督部堂庆咨，据海龙厅通判冯倅士懋详，准总管衙门照会，据定边右营马队营总文嶙禀：据探差队兵海钧在辉发城祁家店拿获张海令之伙匪张英一名，当经该营总讯。据该匪供认：是珲春正红旗人，年二十四岁。家有父母，别无亲人。于去岁五月间与祥顺、海成同上三道沟打围，遇见贼头张海令等十八人，当时祥顺二人跑出，伊被裹去，把风喂马，到处抢劫，不计次数，并与官兵对敌打仗。后于年底只身逃出到喇叭沟刘姓家过年，于正月初四日想找佣工地方，走到蛤蟆河祁家店被官人拿获。等供。备文连犯及赃物红号衣边一条、帖包一个、假帖一纸、三吊当票一纸、布衫一件、单裤二条、狍皮一张、袜子一双，一并转送到府。据此提犯再四研讯，据张英即荣盛坚称：系珲春正红旗人。于今年正月初二日始由家中启身至宽城子等处寻父。上年秋间尚在本旗充当马甲，冬间在家居住，实无被张海令裹去，随同至厅属并吉林地方肆行强抢，并与官兵接仗情事。核与原供大相悬殊，惟案关重大，难保非该犯恃无质证，有心狡展，自应详请咨行查明详办，以成信谳。除将该犯严押外，拟合具文详请宪台俯赐行查，咨复到日，饬下遵办。等情到本军督部堂。据此，除批示外，相应咨行。为此合咨贵爵将军，请繁查照转饬查明，见复施行。等因前来。相应呈请咨行珲春副都统衙门查照，即将该处正红旗有无张英即荣盛之人，有无当过马甲，是否系本年正月初二日始行出外寻父，逐一查明见复，以凭转咨可也。等因前来。相应札据右翼委协领佐领全有呈，据署正红旗佐领事恩骑尉定禄禀称，遵饬讯据张英即荣盛之族长双富德九福德等呈称：窃德等小功服弟西丹荣盛之父闲散明德，曾于壮年外出谋生，永未旋归，其母现已病故，其妻亦于月前因病身死，除此别无伯叔兄弟。惟荣盛于前岁蒙本旗传当差使月余，因其不能骑射，未得甲缺，即仍归家力田，续于今正初间，因其父明德有信在宽城子佣工，当即奉伊母命往寻，量其不久即归，故未报旗，不意迄未旋里，亦无音信。今蒙传讯，委因荣盛只身外出寻父属实，并无与祥顺等同行围猎情事。据此，复加访查与该族长等所称相同，等情转呈前来。据此，查该西丹荣盛既于今正始外出寻亲，其原供不法

珲春副都统衙门档案选编

各节，似属出于妄招，然虽无匪为，但属旗丁自应报明该旗请领执照，方合体制，乃竟私自擅行至数千里之远，殊属不合，应请将该西丹递解到旗究惩，以昭儆戒。理合呈请具文咨复，为此迅速咨复将军衙门查核，请烦转咨施行。等因到本爵将军、副都统。据此，该副都统所查张英即荣盛实系珲春旗人，于今正始行外出寻亲各节，复核无异，相应备文咨复。为此合咨贵军督部堂、尹抚部院，请繁查照，如将该西丹张英即荣盛核办完结时，仍祈递解到旗，严加究办可也。须至咨复者。

右咨盛京军督部堂庆、奉天尹抚部院裕

吉林将军衙门为查明获犯张英有无充当马甲出外事的咨文

光绪十二年五月

为咨催事。本年五月初四日准盛京军督部堂庆
奉天尹抚部院裕咨开，据海龙厅通判冯士懋详称，光绪十二年二月初五日准总管衙门照会，营务处案呈，本年二月初三日据管带定边右营马队练军营总候补防御骁骑校文嶙禀称，窃职前派队兵分路跟访张海令股匪去后，兹于正月二十九日据二札兰探差队兵海钧禀称，在辉发城祁家店同祁光福并正白旗闲散潘永等，拿获与张海令同伙贼犯张英一名等情，禀送前来。职讯据该犯，供认与贼头张海令强抢多次不讳，理合将盗犯张英一名，并录取粗供一纸暨赃一并禀送等情。据此，除抄录盗犯张英粗供粘单备文呈报军督、伏祈查核外，相应将盗犯张英粗供照抄粘单，并盗犯张英一名暨起获赃物一并照会分府，请繁查收，讯办施行。计开：起获赃物红号衣边一条、帖包一个、假帖一纸、三吊当票一纸、布衫一件、单裤二条、狍皮一张、袜子一双。又抄供内开据张英供，小的是珲春正红旗人，年二十四岁，家有父亲张仁好，母亲朱氏，别无亲人。情因小的于去岁五月间，合珲春素识的祥顺、海成咱们三人上三道沟打围，就遇见贼头张海令他们十八个人，祥顺、海成他们看事不好也就跑了，把小的裹去，叫给他们在外把风、喂马，到处抢掠也就不记得次数。张海令仅在吉林界帽山、四道沟两处，分给小的青骟马一匹、银镯子一支、烟土四两、靴鞡一双、银子十五两、马鞍子一盘、水烟袋一支，其余那些东西，谁分甚么小的记不清楚。因此熟识小的才知道内有名叫张海令、尤大辫子、孙洛屋、李洛屋、杨幅成、李进才、金福增、黄玉德、单学庆、金才、孙大辫子、于德海这些人们，其余谁叫甚么名字，小的记不清了。赶到冬月初几，孙洛屋商量张海令，往奉界海龙城一带强抢，张海令听说也就愿意随领。咱这些人们各持洋枪，于冬月十三日到在伊通河洼，抢了不知字号的一个小铺，交给小的套布两桶，使马驮着，又到孙姓家抢的甚么东西，也就记不清了，随就分驮到在野猪河王姓家中。约有三更来天，被官兵追上，张海令领着小的们向外放枪，与官兵对打多时，有杨洛疙瘩右手腕受枪伤一处，孙洛屋左大腿受枪伤一处，李进才左膀受枪子伤一处。张海令看势不好，就领小的们由东北木栅门向西北逃跑，到炮手沟住了一夜，就往吉林界强抢。到腊月二十一日在大坑地方王姓家被吉林官兵围住，张海令又领着小的们放枪向外对打多时，看难取胜，随由东北房山头闯出，向东北山林逃跑。走到半路查点人数，被官兵拿去了二个，小的也不记得姓名。小的恐被官兵拿住，把马匹东西都给张海令拿去了，小的自己跑的，就到在喇叭沟刘姓家过的年，张海令他们以后也不知往何处去了。正月初五日，小的想到围场给人佣工，不意走到蛤蟆河祁家店被官人看破，把小的拿获带到案下来的，今蒙讯问，不敢谎供是实等因。准此，当经卑职将该犯提至当堂，验无拷刺痕迹，讯据张英即荣盛供，小的原籍是珲春正红旗得英佐领下人，年二十四岁，父亲张保才，旗名富金得，母亲苏氏，只生小的一人。女人马氏，生有一子，年还幼小。小的在原籍城东五里远四间房屯居住。光绪八年十二月里，小的在本旗充当马甲，那年春间，父亲由家出外谋生，总没回归。到上年九月里，母亲叫小的寻找父亲，小的就到本旗告退。正要起身，因接到父亲来信，说在宽城子福成木匠铺做饭，年内就可回家，所以小的就住在家里。不想等到年底，父亲仍没回去，母亲着急又叫小的出外寻找。今年正月初二日，小的背负包裹由家起身，到十六日走到宽城子地方，向福成木铺查问，父亲那铺掌柜说，父亲已于正月初八日算账辞退，前往朝阳镇寻工。小的没法，又从宽城子起身，一路讨饭度日，要到朝阳镇打听。到二十八日走到案下蛤蟆河，在祁家店住宿，因没有钱文，当把破单裤一条给那店作押。那店不依，向小的嗔斥，争吵几句，不想有官兵走去，把小的拿住，查看小的布包内有红布带子一条，疑是贼人红号衣边，就说小的是张海令伙贼，写取供词，把小的送到旗署，转送到案下的。今蒙审问，小的实是今年正月由珲春起身出来寻找父亲，上年秋间还在本旗当差，冬间住在家里，委没被张海令裹去，随同他们强抢打仗的事。那条红布带子是正月十六日夜宽城子灯节，小的在那街上捡来的，其余破烂东西都是小的随身穿用并非赃物，只求恩典是实等供。据此，卑职因恐尚有不实不尽，再三严鞫，矢口不移。查逸盗张海令系在吉林昌图并卑厅一带地方肆行强抢，抗拒官兵，最为有名凶恶之犯。如果该犯系属同伙，自应据实禀办，以昭炯戒。惟研讯该犯，坚称伊系珲春旗人，于今年正月初二日始由家中起身至宽城子寻父，上年秋间尚在本旗充当马甲，冬间在家居住，实无被张海令裹去，随同至卑厅并吉林地方肆行强抢并与官兵接仗情事，核与移送原供，大相悬殊。惟案关重大，难保非该犯恃无质证，有心狡展，自应详请咨行查明，据实详办，以成信谳。除将该犯严押外，拟合具文详请查核，俯赐咨行吉林将军，饬令珲春正红旗查明该犯张英即荣盛有无充当过马甲，是否系本年正月初二日始行出外寻父之处，据实查复饬知下厅，俾可详办，实为公便。等情据此，相应咨查，为此台咨贵将军衙门，请繁查照，希即转饬该旗确查该犯张英即荣盛有无充当马甲，上年秋间在旗当差，冬间在家居住，是否于本年正月初二日由家出外至宽城子寻父之处，据实查报，迅即见复，以便饬讯核办施行。等因前来，准此，详查此案先于本年四月初七日曾准盛京军督部堂庆咨查，已由兵司呈请转咨珲春于四月十五日咨行在案，迄今二十余日，尚未查复，兹准前因，相应再行咨催。为此飞咨贵副都统查照先后文内所开事理，即饬该旗逐一据实查明，迅速咨报，以凭转咨，望毋再延可也。须至咨者。

右咨珲春副都统

珲春副都统为查明西丹荣盛为匪情事的咨文

光绪十二年五月十六日

镇守珲春地方副都统法什尚阿巴图鲁依　为查明迅速咨复事。左司案呈：兹准将军衙门咨开，兵司案呈，准盛京军督部堂庆咨，据海龙厅通判冯倅士懋详、准总管衙门照会，据定边右营马队营总文嶙禀，据探差队兵海钧在辉发城祁家店拿获张海令之伙匪张英一名，当经该营总讯据，该匪供认是珲春正红旗人，年二十四岁，家有父母，别无亲人。于去岁五月间与祥顺、海成同上三道沟打围，遇见贼头张海令等十八人，当时祥顺二人跑出，伊被裹去把风、喂马，到处抢劫，不记次数，并与官兵对敌打仗。后于年底只身逃出，到喇叭沟刘姓家过年，于正月初四日，想找佣工地方，走到蛤蟆河祁家店被官兵人拿获等供。备文连犯及赃物红号衣边一条、帖包一个、假帖一纸、三吊当票一纸、布衫一件、单裤二条、狍皮一张、袜子一双，一并转送到府。据此，提犯再四研讯，据张英即荣盛坚称，系珲春旗人，于今年正月初二日始由家中启身，至宽城子等处寻父，上年秋间尚在本旗充当马甲，冬间在家居住，实无被张海令裹去随同至厅属并吉林地方肆行强抢并与官兵接仗情事，核与原供大相悬殊，惟案关重大，难保非该犯恃无质证，有心狡展，自应详请咨行查明详办，以成信谳。除将该犯严押外，拟合具文详请宪台俯赐行查，咨复到日，饬下遵办，等情到本军督部堂。据此，除批示外，相应咨行，为此合咨贵爵将军，请繁查照转饬查明见复施行，等因前来。相应呈请咨行珲春副都统衙门查照，即将该处正红旗有无张英即荣盛之人，有无当过马甲，是否系本年正月初二日始行出外寻父，逐一查明见复，以凭转咨可也，等因前来。相应札据右翼委协领佐领全有呈，据署正红旗佐领事恩骑尉定禄禀称，遵饬讯据张英即荣盛之族长双富德九德福等呈称，窃德等小功服弟西丹荣盛之父闲散明德，曾于壮年外出谋生，永未旋归，其母现已病故，其妻亦于月前因病身死，除此别无伯叔兄弟。惟荣盛于前岁蒙本旗传当差使月余，因其不能骑射，未得甲缺，即仍归家力田。续于今年正月初间因其父明德有信在宽城子佣工，当即奉伊母命往寻，量其不久即归，故未报旗，不意迄未旋里，亦无音信。今蒙传询，委因荣盛只身外出寻父属实，并无与祥顺等同行围猎情事。据此，复加访查，与该族长等所称相同。等情转呈前来，据此，查该西丹荣盛既于今正始外出寻亲，其原供不法各节，似属出于妄招，然谁无匪为，但属旗丁，自应报明该旗，请领执照，方合体制，乃竟私自擅行至数千里之远，殊属不合。应请将该西丹递解到旗究惩，以昭儆戒。理合呈请具文咨复，为此迅速咨复将军衙门查核，请烦转咨施行。须至咨者。

右咨将军衙门

吉林将军衙门为将领催祥安拐胁妇女之事随时报省的咨文
光绪十二年十二月

为咨复事。兵司案呈：案准珲春副都统衙门清文内开，该处西丹富珠隆阿之妻钮胡鲁氏，被已革领催祥安于本年正月十九日拐逃，均未投回亦未拿获等因，年终造册咨报前来。查驻防甲兵苏拉西丹等如有逃走，应由该衙门随时报省，据情饬缉咨部查核，仍于年终循例汇题历办在案。查已革领催祥安拐去妇女一案，未据随时咨报，殊难归入年终汇题等情，相应呈请咨复珲春副都统衙门查照，即将已革领催祥安拐胁妇女之处，应即随时报省，以凭饬缉咨部可也。须至咨者。

右咨珲春副都统衙门

吉林将军衙门为通缉逃匪张显等情的咨文
光绪十三年三月二十四日

为通缉事。刑司案呈：光绪十三年三月初十日据阿勒楚喀副都统衙门咨，据委参领英福等拿获盗匪范汰、王糊、暴桂更名王桂、董长菁绰号打的欢等四犯送案审办，当经提讯，据该犯等均各供认结伙强抢各种居民铺商财物、奸淫妇女、拒敌官兵各等情不讳。将该犯均等审照响马强盗例各拟斩立决枭示，照章就地正法。供出逃匪张显等抄单通缉，等情咨请前来。除另文咨复该副都统衙门将该盗范汰等四犯即行就地正法外，理合将逃匪张显等抄单呈请通缉。等情，据此相应咨札所属各衙门一体严缉，务获究办可也。须至咨者。

吉林将军衙门为通缉逃匪王生等情的咨文
光绪十三年四月初六日

为通缉事。刑司案呈：光绪十三年三月十六日据署五常堡协领事务佐领春明呈，据委骁骑校庆吉拿获盗匪刘幅、徐泳舜即徐洛疙瘩、韩立苍等三犯送案审办，当经提讯，据该犯等均各供认屡次纠伙强抢民铺商（时）[财]物各等情不讳，将该犯等均审照响马强盗例，各伙强抢居民斩决枭示，照章就地正法外，理合将逃匪王生等抄单呈请通缉。等情据此，相应咨札所属各衙门一体严缉，务获解究可也。须至咨者。

右咨珲春副都统衙门

吉林将军衙门兵司为将私自离营兵丹关福禄拿获停缉的移文
光绪十三年四月

将军衙门兵司 为移付事。于本月二十日准统领吉字营左翼马步练军二品顶戴花翎协领霍隆武巴图鲁穆移开：兹据正蓝旗步队营官双胜报称，右哨队兵珲春镶蓝旗贵山佐领下西丹关福禄，于二月二十三日私自离营，遵即拣派什长常明，队兵成禄、福庆等三名，予限一月，于二月二十八日由营驰赴该城一带访拿，现于本月十七日将该队兵关福禄拿获到营，呈请法办。等情。除饬该哨小心看守听候提办外，理合具文呈报前来。除照复该营官转饬该哨小心看守，听候提办，暨具文呈报外，相应备文移付。为此合移兵司，请繁查照转行该城停缉可也。等因前来。相应备文移付珲春副都统衙门左司查照，即将私自离营西丹关福禄现已拿获到营惩办，一体停缉可也。须至移付者。

右移珲春副都统衙门左司

吉林将军衙门为额穆赫索罗披甲德禄初次潜逃的咨文
光绪十三年闰四月十五日

为咨报事。兵司案呈，本年闰四月初九日兵司接据额穆赫索罗佐领多明阿呈报，于本年三月二十二日据马队云骑尉委防御贵升禀称，窃职奉派带兵五名驰往山边一带巡辑查道，兹有练兵披甲德禄在旅店窃取零碎物件，实属不守本分，又且叠经滋事，屡责不改前非，是以送至本旗更换惩办，以肃营规而免效尤，等情呈送前来。据此，当查披甲德禄身充练差，曷能任其妄为，若不认真责办，恐日后仍蹈前辙。应亟准如所请，将披甲德禄撤换，着交值班领催德魁严勘候办间，复据该领催报称，披甲德禄于是月二十六日夜深时分，伊乘便潜逃，四外寻找无踪等语。查该兵家属别无亲丁之人，系属孤身应差。窃职随即严饬委防御贵升、领催德魁及该户长等勒限寻访，迄今月余，音信皆无，诚恐逃逸他省，滋生事端，呈请先将甲缺斥革，另行呈放，应即严饬该员户族等上紧勒限缉拿，一俟获日，再行禀明严加惩办，以示儆众而免效尤。理合具情声明，备文禀明，严加惩办，呈请鉴核施行，等因呈报前来。查披甲德禄初次脱逃，除由本衙门饬属一体严缉外，相应呈请咨报兵刑部查核，并咨行盛京黑龙江将军、山海关副都统衙门查照，饬属一体严缉，即咨行宁古塔、伯都讷、三姓、阿勒楚喀、珲春副都统衙门查照，严拿务获惩办可也。须至咨者。

右咨珲春副都统衙门

吉林将军衙门为潜犯多喜并未逃回旗籍饬属严缉的咨文

光绪十三年十二月二十五日

为咨行事。兵司案呈：案准山海关副都统衙门咨开，左司案呈，本年十一月二十二日准吉林将军咨开，兵司案呈，案准山海关副都统咨开，准吉林将军衙门咨开，为咨行事。兵司案呈，本年五月二十二日兵司接据总理边务粮饷副都统衔记名副都统花翎协领文全移开，兹据敝处禀，以关领本年夏季防饷旋回委员候补同知廉瑞、候补府经历刘集勋、六品顶戴委笔帖式锡凌等禀称，职等奉派赴京部库关领防饷银两，所有随带帖写、领催等沿途照料，均能不辞劳瘁，昼夜辛勤，尽心竭力，毫无舛错，似难没其微劳，恳请分别奖励以昭激劝等情。据此，查该委员等所称领饷旋回，委无舛错，尚属实情，合无仰恳恩施，将随差帖写、领催等，量予奖赏，以示鼓励等因，禀奉宪批，承恩等十二名，均如所请奖励，等因批交到处。除将该帖写、领催等应得六七品功牌六张，移付边务文案处查照，希为填注给领外，相应备文移付，为此合移兵司查照，转饬各该旗备案可也，等因前来。除将承恩等记功记名由兵司注册存查外，呈请咨行山海关副都统衙门查照粘单内开，山海关满洲镶蓝旗庆保佐领下七品顶戴多喜赏换六品顶戴功牌等因前来，当经饬司查明禀复。兹据左司协领增喜呈称，卷查山海关镶蓝旗满洲并无庆保所管佐领，惟查有镶红旗满洲福顺佐领下多喜充补镶蓝旗步甲，于光绪六年七月间因屡次旷误值班，复因酗酒进署辱骂官长，经该旗呈送究办，当将多喜开革步甲，咨送刑部讯明，照例发遣黑龙江当差。于光绪七年二月，准黑龙江将军咨称，遣犯多喜于光绪六年十二月到配，复于七年四月又准来咨，该犯于光绪七年正月二十六日由配脱逃，咨行查缉等因，随经严饬该翼旗缉拿解究，至今尚未弋获，遍查案卷，亦未奉到吉林将军咨留明文等因，呈复前来到本大臣。据此，查多喜因案经刑部拟发黑龙江当差之犯，复敢由配脱逃，咨缉未获。兹准前因，该犯现在吉林当差，例应解回原配查办，其从前得有七品顶戴，并于何年月日投营，有无报部免罪明文，及曾否咨照本衙门，将该犯留于吉林之处，均烦详查咨复，以凭报部备案。再查此案系由委员候补同知廉瑞等禀请。惟查廉瑞系山海关满洲旗籍，今多喜潜逃吉林当差，该员有无知情容留及蒙混列保情弊，自应由贵将军彻底查究明确，应否留营，速即见复，并祈经行咨报兵刑各部，听候部复，以便转咨黑龙江将军衙门查照等因。准此，由司移查。兹据吉林分巡道移复兵司据稿，以山海关案犯多喜是否从前得有七品顶戴，并于何年月日投营，有无报部等情到道，准此，当经札饬去后。兹据候选同知廉瑞禀称，蒙此伏思，卑职系山海关驻防，与多喜近在同城，早经认识，向无往来，亦非亲故。卑职来吉当差，业已有年，及至光绪十二年赴珲春投效，蒙帮办副宪派充文案处委员，始见多喜在哈营当差，询其如何来吉，据伊声称，自行投效，卑职信以为实。迨至十三年正月，卑职蒙赴京领饷，适值多喜告假旋籍，求为携带回关。卑职念系同乡，又见其在哈营当差出力，查向来领饷委员均准随带得力兵勇数名，是令多喜随同赴京，来往俱由山海关经过。本关旗署例派差官一员，护兵数十名，并无一人言及多喜曾为逃犯者。事竣后，因多喜沿途出力，照章禀恳军爵帅赏给功牌，奖其微劳，所有旗佐系据多喜口称声叙，卑职毫不知情。多喜于得奖后亦往三姓投营去讫。此卑职携带多喜进京领饷事竣，请奖功牌之实在情形也。今奉札饬查敬读之下，不胜惶悚。卑职离乡既久，实不知多喜有罪潜逃情事，亦实无含混容留情弊。既蒙饬查，理合据实禀复，请转请咨会三姓副都统饬营一体将该犯多喜严拿，将原发功牌追缴，解回原配，并请咨复山海关副都统衙门查照等情，禀复前来。除禀批示外，拟合据情移复核办，等因前来。查此案多喜既系在逃之遣犯，据称得奖后即赴三姓投营，自应赶紧严拿，追缴功牌，解回原配查办。除咨行三姓副都统查照即转饬靖边后路统领葛胜林，严密访拿投营潜犯多喜，务获送省，以便转解江省配所查办，一俟报据另文咨解外，相应呈请咨行山海关副都统衙门查照可也，等因前来，到本副都统。据此，查遣犯多喜既潜逃吉林地方，难免不闻风远扬，亟应严缉务获究办。除饬属一体严缉，并咨报兵、刑部查照外，相应咨行贵将军，请繁查照，饬属严拿解配查办，望即施行，等因前来。查此案现经咨准三姓副都统衙门转据靖边后路统领葛胜林报称，遵饬查得敝部各军并无逃犯多喜名目等因，据情曾已咨行在案，兹准来咨仍应饬属严拿解办。除咨行宁古塔、伯都讷、三姓、阿勒楚喀、珲春副都统等衙门暨札饬乌拉、五常堡、拉林、双城堡、伊通、额穆赫索罗协佐领、全营翼长等，一体遵照严拿解办外，相应呈请咨行副都统等衙门查照饬缉可也。须至咨者。

右咨珲春副都统衙门

吉林将军衙门为接解复供绞犯马广的咨文
光绪十四年十月初九日

为知会事。刑司案呈：案查珲春副都统衙门派员接解复供绞犯马广一犯前来，当于九月三十日点交来员骁骑校萨力绷阿接回去讫。理合呈请知会等情。据此，相应咨行贵副都统衙门查照可也。须至咨者。

右咨珲春副都统衙门

吉林将军衙门为通缉凶犯孙还等的咨文
光绪十六年四月初八日

钦命头品顶戴督办吉林边务事宜镇守吉林等处地方将军兼理打牲乌拉拣选官员等事恩特赫恩巴图鲁长　铭　为咨缉事。案据吉林分巡道瑞霖呈，据署长春厅通判善哑庆详报，客民罗场胜被孙还等殴打，挖割眼舌身死，凶逃无获一案；又详报民人许帮彦被贼用枪放伤身死，凶贼逃逸一案，均经勘验，差缉通详，奉批饬缉等因。遵复比捕勒缉，无如该凶犯等远扬，迄今均未弋获，诚恐潜匿邻境外省，自应循造具各册详情，分咨通缉。等情由道转详前来，除各详批示外，相应分咨通缉，为此合咨贵副都统，请繁查照，祈将发去后开各案清册照录转饬，一体严缉，各案逃凶务获究办，望速施行。须至咨缉者。

右咨珲春副都统

吉林将军衙门为旗人李松桥聚众游荡呈请拿办的咨文
光绪十六年九月二十七日

为咨行严密查拿事。案据赫尔苏边门花翎防御德顺、笔帖式连升等呈称，窃于本年十五日据鸟枪营正蓝旗法尔哈达李连等来门报称，因站北余庆号西桦树沟旗人李松桥绰号顺天，并胞弟等三人为首，又同伙赵发并胞弟，又陈永山、谢永富、谢永贵、刘殿荣、刘福、刘祯等，勾不知姓名人，于去岁强抢余庆号柜伙乐洛荣等处。至今年春间该匪窜由山里，至七月陆续旋回，勾来数人各处游荡，口呼领好，即密告村屯人一体领好，将来洋人反来，可投他国，方免受死，有愿领者入名，每一人化钱十五吊，先后入者若干。该匪有逐日演习把式枪刀者，现小桦树沟李松桥家，忽聚忽散，亦有数十余人，有言至九月二十前后，各处前来合伙造乱抢杀等情。至民乐与其相交者不举，畏惧者不报，官中何能知晓。今再四查访，一切较比从前更甚，万般无奈，理应具名详报，恐匪知何人告发，伊家性命难保，如若不报，难保无虞，是以情急呈报叩乞恩准作主，立即拿办，以靖地面而安民业。等情报称前来，职等当即就近报请赫尔苏站驻扎队兵各处搜捕，并饬台领催等一体查拿外。现在查询李松桥等已经闻风逃避，恐其远扬他处，理合具文呈报将军衙门查核饬缉。等情据此，查所呈各节情近大逆，亟应严密查拿以遏乱萌。除分札外，相应备文咨会，为此合咨贵副都统，请繁查照，立即转饬各署密侦李松桥等踪迹所在，悉数掩捕，务获解究，望速施行。须至咨者。

右咨珲春副都统

吉林将军衙门为正黄旗监生周喜考等之家奴潜逃饬属严缉的咨文
光绪十七年五月十五日

为咨行事。兵司案呈：本年五月初二日准黑龙江将军衙门咨开，刑司案呈，本年三月二十日据布特哈副都统衔总管廉忠等呈称，据正黄旗副管双喜呈称，该旗和色布佐领下八品监生周喜考之家生奴绰勒段，与领催凌庆名下家奴保儿，于去年十一月初一日，套驾青骟马车一辆，携枪由家外出游牧，竟未旋回，由彼初次潜逃等情，呈转前来。相应照录该逃犯等年貌、服色，咨行贵将军，请烦饬属协缉施行，等因前来。相应抄单呈请咨行宁古塔、伯都讷、三姓、阿勒楚喀、珲春副都统，照会乌拉总管等衙门查照，一体饬属协缉可也。须至咨者。

右咨珲春副都统衙门

计开

粘单

逃犯绰勒段，年四十六岁，身中，面黑，无麻，有须；头戴白毡耳帽，身穿狍皮袄，腰系皮带，中穿皮裤，腿穿皮套裤，足穿牛皮靰鞡。

保儿，年三十六岁，身矮，面黄，无麻须；头戴白毡耳帽，身穿狍皮袄，腰系绵线带，中穿皮裤，腿穿羊皮套裤，足穿牛皮靰鞡。

吉林将军衙门为吉朝商务局请将践踏田苗之护兵调局严办事的咨文
光绪十七年七月

为咨行事。据署理吉林朝鲜商务和龙峪总局同知衔候选知县王昌炽呈称：窃于本年五月二十二日，据光霁峪分局委员呈称，光绪十七年五月十五日，据光宗社乡约韩宗德、甲长杨芳彦，光昭社乡约皮昌律、甲长金枸舜会呈称，具诉呈，今本局马队放马吃谷事缘禀事。方今青苗渐长之节，肆马遍野，雨水浓地，纵其蹄，去其种，吃其谷，苟不可为矣。语云：不折方长柳，无损落来花，况生命之谷乎。已经岁来，地无所系，民无所掌，不必言也。今则不然，地纳税租，民载籍案，有何爱憎马重人轻乎。民食为天，古今常情，纵马受害如此，将无害于日后生活之道乎。大人俯监此状，别般严禁，更无肆马懈然之弊，千万幸甚等情。据此，查兵马作践田苗，大干例禁，如果一时照料未周，马匹误入青苗地内，尚有可原。而光霁峪马兵则不然，均系诚心拉入青苗地内，摘去笼头，任其所之。倘马出地外，复赶入地内，收回之时，赶令各地野跑，践踏之伤，牧放之苦，不可言状。韩民敢怒而不敢言，虑有报复之毒，实系牧苗踏践日久，难再隐忍。委员驻此分局，有管民之责，无制兵之权，目睹情形，力不能除害，实觉问心有愧。兵虽不多，仅止五名，能使一方受害，理合据情呈请总局转呈帮办宪，饬令该统带营官调回营内，严加管束。另换稍明义理之人来局递送公文，庶兵民得以相安，实为恩德两便。为此具呈，伏乞照验。等情前来。查该局原驻马、步各队已有年矣，马队五名，专递公文，步队十名，巡查江面，向由该管局员节制，以资钤束，历经遵办在案。去冬钟城官民借端滋事，曾经前委员叶守联甲禀蒙^{督办}宪批准加调右路马队一哨历局听遣，已分拨两棚防护该局。今春因恐踏践青苗，早将马队调扎总局，轮派搜山，仍留五名专递公文。遇有过失应由该局就近传讯详究。倘有不遵约束，准其呈由总局开革，另派分驻。兹准转据约甲公呈，大为地方之害，原可即时提惩，以禁其余。今阅来牍，一曰制兵无权，问心有愧，再则转呈帮办宪饬令该统领营官调回营内严束，另换稍明理义之人，庶兵民相安。想系该局无案可查，但总局相距数十里，遥制更难，嗣后无沦各局卡处、所分驻马、步各队既拨该各处充差，自应概归该各处就近节制，以一事权而免贻误。除照所请转呈帮办宪饬知该管统领营官查照，并严饬护局马队哨官玉恒另拣明白礼义之兵换防，迅将原派该局递送公文之马队五名调局，严加惩办，以儆将来而重田苗。除当已转呈帮办宪批复该分局查照在案，旋于六月十二日奉帮办宪批开：呈悉。兵勇故任马匹践踏田苗，实属可

珲春副都统衙门档案选编

恶，应即调回局，严加惩办。至马步各队既拨各该处充差，自应由该处就近节制，仰仍呈报督办将军示遵。缴。等因奉此。除录批知会分局外，所有分驻各局卡处队兵，拟请概归各处就近节制缘由，理合具文呈请宪台鉴示施行。等情到本督办将军。据此，除批：据呈已悉。该队兵故任马匹践踏田苗，大于军律，况边地新抚韩民，岂容此辈横行荼毒，所请调局严办不足示惩，候咨请帮办饬提严讯，以军法从事，庶肃军纪而安边氓。至马步各队既拨各该处充差，应准归各该处就近节制，仰即遵照。缴。挂发外，相应咨请贵帮办就近饬提讯办施行。须至咨者。

右咨钦命头品顶戴帮办吉林边务事宜珲春副都统恩

吉林将军衙门为派官兵解送珲春原告曹玉鹏一名的咨文
光绪十八年六月二十日

为咨行事。兵司案呈：本年六月十八日，兵司接准刑司移开，案查前据珲春民人曹玉鹏以杨洪得拖欠租粮暨赊买粮钱，伊弟曹玉贵向讨未给，杨洪得将伊弟诓去，令工人霍得旺等将门插住，与崔玉江等各持刀斧将曹玉贵砍死，割下头颅，并将其已死之妻陈氏头颅割下，诬为杀奸等情呈控一案。奉宪批，候咨会珲春副都统录案，咨复到日再夺等因。奉此，当经咨行珲春副都统衙门录案去后，兹准咨称，查此案于十六年三月十一日据乡约孙振声报称，头道沟居民杨洪得之妻陈氏被夫训斥，服毒身死，杨洪得将曹玉贵赚去杀死，将首级一并割下，（杨）[扬]言杀奸。又据曹玉鹏控，以杨洪得因欠租粮，诓杀伊弟，诬以获奸，意图销债等情，即派差将凶犯杨洪得获案。讯据供称，伊妻陈氏与曹玉贵通奸，被伊撞见训责，陈氏羞愤自尽，曹玉贵前去哭詈，并言与死者报仇，伊气忿莫遏，将曹玉贵砍死，一并割下头颅，控作杀奸报官，并无同谋帮助之人，屡加拷审，坚供如前。该原告曹玉鹏久未投案，正犯狡饰等情，录案咨请前来，当奉宪批，仰刑司传到该原告曹玉鹏送交兵司，解回珲春归案质讯可也等因。发交到司。除咨复珲春副都统衙门查照，俟原告曹玉鹏到日归案质讯外，相应将原告曹玉鹏备文移送。为此合移兵司查照，希即接收饬驿递解珲春副都统衙门归案备质可也，等因前来。除由本衙门差派云骑尉查禄带领领催一名，兵九名，并发给车票一纸，注明原告一名，需用驿车一辆，饬交该员执持，解至额穆赫索罗佐领衙门投交，不准稍有疏虞。札饬额穆赫索罗佐领遵照，一俟该员解到原告曹玉鹏时，速即派员接替转解，不准迟误外，相应呈请咨行珲春副都统衙门查照，俟解到原告曹玉鹏，希即见复，并由兵司移付户、工司查照可也，须至咨者，

右咨珲春副都统衙门

吉林将军衙门为改拟杖徒废员常升阿临解脱逃请旨查拿的咨文
光绪十八年六月二十五日

为咨行事。兵司案呈：本年六月十六日准御前侍卫总统阿尔泰军台都统德等咨开，军台印房案呈，本衙门于本年四月十八日具奏，改拟杖徒废员临解脱逃，请旨查拿，并请将疏防管站候补主事凯音布，交部察议等因一折，当经粘抄原折，一并咨行。兹于四月二十八日接到原折，奉朱批："另有旨。钦此。"钦遵。相应恭录谕旨，咨行兵、刑、吏部、理藩院，请繁查照，并咨行吉林将军请繁查照办理可也。等因前来。相应抄单呈请咨行宁古塔、伯都讷、三姓、阿勒楚喀、珲春副都统，照会乌拉总管等衙门查照，札饬十旗协、参领遵照可也。须至咨者。

右咨珲春副都统

谨奏，为改拟杖徒废员临解脱逃，请旨查拿，并请将疏防管站候补主事凯音布交部察议，恭折仰祈圣鉴事。窃奴才等前因在台效力期满，无力完缴台费，废员常升阿、宝山等照例请旨，改拟杖徒完结。本年三月二十三日接到原折，奉朱批："着照所请。该部知道。钦此，"奴才等遵即札饬张家口管站候补主事凯音布，迅将该废员等起解，旋据该管站凯音布详报，常升阿陡患疯病。当经饬提查验，如病势不重，一并递解。去后，复据报该废员因疯走失，不知去向。奴才等查常升阿临解报病，饬提即无其人，显系捏病潜逃，情节可疑。当传凯音布切实诘询，据称前凭常升阿家人呈报患病，是以据情转报，迨奉饬提查，传即无其人，遍找无踪，委无知情贿纵情弊等语。除将宝山先行解送刑部办理外，奴才等复查，常升阿系吉林镶黄旗海明佐领下人，前任防御，因案革职发往军台效力赎罪。今既期满改拟杖徒，自应听候解办，辄敢临解捏报患病，提验潜逃。相应请旨敕下吉林将军，严行查拿，一面由奴才等开具该废员常升阿年貌、旗籍，飞咨直隶总督、山西巡抚、热河都统，并饬奴才等所属旗厅，一体严拿，务获究办，暨咨报兵部、刑部备查。至该管站候补主事凯音布，于已奉谕旨改拟杖徒废员，并不加谨防范，始而任令捏报患病，继因饬提方知脱逃，虽据称并无贿纵情弊，究非寻常疏忽可比，并请旨将管站理藩院候补主事凯音布交部察议。理合恭折具陈，伏乞皇上圣鉴，训示遵行。谨奏。

十四台废员常升阿，年四十三岁，身中，面黄，无须。

兵司为宁古塔差员将原告曹玉鹏解交到珲的移文

光绪十八年七月

兵司　为移付事。本年七月初七日准珲春副都统衙门咨开，左司案呈，于六月三十日接准将军衙门咨开，兵司案呈，本年六月十八日兵司接准刑司移开，案查前据珲春民人曹玉鹏以杨洪得拖欠租粮暨赊买粮钱，伊弟曹玉贵向讨未给，杨洪得将伊弟诓去，令工人霍得旺等将门插住，与崔玉江等各持刀斧将曹玉贵砍死，割下头颅，并将其已死之妻陈氏头颅割下，诬为杀奸等情，呈控一案。奉宪批候，咨会珲春副都统录案咨复到日再夺等因。奉此，当经咨行珲春副都统衙门录案去后，兹准咨称，查此案于十六年三月十一日，据乡约孙振声报称，头道沟居民杨洪得之妻陈氏，被夫训斥服毒身死，杨洪得将曹玉贵赚去杀死，将首级一并割下，杨言杀奸。又据曹玉鹏控以杨洪得因欠租粮诓杀伊弟，诬以获奸，意图销债等情，即派差将凶犯杨洪得获案。讯据供称，伊妻陈氏与曹玉贵通奸，被伊撞见训责，陈氏羞愤自尽，曹玉贵前去哭詈，并言与死者报仇，伊气忿莫遏，将曹玉贵砍死，一并割下头颅，捏作杀奸报官，并无同谋帮助之人，屡加拷审，坚供如前，原告曹玉鹏久未投案，正犯狡饰等情，录案咨请前来。当奉宪批，仰刑司传到该原告曹玉鹏，送交兵司解回珲春归案质讯可也等因，发交到司。除咨复珲春副都统衙门查照，俟原告曹玉鹏到日归案质讯外，相应将原告曹玉鹏备文移送，为此合移兵司查照，希即接收饬驿递解珲春副都统衙门归案备质可也，等因前来。相应呈请咨行珲春副都统衙门查照，俟解到原告曹玉鹏，希即见复可也，等因前来。兹于闰六月二十三日，据宁古塔副都统差员云骑尉常山，将原告曹玉鹏一名由驿解交到珲，除俟集证研讯得实，核拟再行咨报外，合将接收之处并将解犯原票，呈请附封咨复，为此合咨将军衙门查照可也，等因前来。相应移付贵司查照可也。须至移付者。

右移刑司

吉林将军衙门为步勇刘福畏罪潜逃带去月饷等一体严拿的咨文

光绪二十年四月十一日

为咨行事。案据骁勇营统领丁春喜呈称，窃职于三月二十日带队出外查阅队伍并在山边一带搜巡贼匪，及至各驻扎之处点查均属整顿，地面亦均安谧。惟于二十三日晚间至鸡冠砬子驻扎右营查点队伍，至次日有该左哨哨官全禄面称，昨于二更后点名，查少步勇刘福一名，当即遍寻未有其人。该勇业经乘夜潜逃，拐去一月份饷银并亏欠伙食钱若干。查该刘福平素在队内遇

四、司法

673

事甚属狡展，今见统领到此点队，该勇恐其究询，是以畏罪潜逃等情，随派人分路追拿，未见踪迹。想该勇畏罪乘夜私行潜逃，容心拐去一月份饷银并亏欠伙食钱若干，实属目无法纪，若不请饬通行严缉究办，将何以儆效尤，而戒将来。查在逃犯勇刘福，年二十五岁，系直隶临榆县人，身中、面赤、无有麻须，现在潜逃。恳请饬行各地方以及各队一体严缉，或经某处拿获即将其解省究办，以肃营规，而严军律，庶免嗣后再有接踵效尤者。职已除饬所属各队一体严拿解省究办外，理合备文呈报查核，饬下通行严缉施行等情。据此，查所报步勇刘福畏罪潜逃且复带去月饷，实属有干军法，亟宜严拿究办，以肃营规。除通行咨札严缉外，相应备文咨行，为此合咨贵副都统，查照转饬所属一体严拿解省究办施行。须至咨者。

右咨珲春副都统

吉林将军衙门为札左路左营官讷荫酌带马队赴敦化县协缉贼匪的咨文
光绪二十年七月二十六日

为咨行事。案据敦化县知县宋材济详称，据县属四乡绅商农工张文泉等联名呈称，六月间顿起大帮，先由西北乡去农民魏姓、拒伤庄姓、搜至县城东北打抢郭明财物，拒伤事主一名、枪伤二名，临行绑去学生三名勒赎，迄无下落，城去陆姓、蔺姓、王福成、王才、张自才、王和顺、城西南岳道士郭姓、张禄等又被数伙小股贼匪行抢。总有驻扎客队捕盗营勇常川查拿，无奈伙匪太多，首尾不能兼顾，左右难以逢源。正在力剿难为之时，忽有着名盗首唐经荣纠合贼众百有余名，乘抢东京城得胜之威，到县城南十余里远之万姓家，尽将所有财物抢掠一空，临行绑去事主及柜伙等四名，盘距界内。勒赎，如虎负嵎莫之敢撄。人既标杆桀骜，械皆应手利器，而今又与盗首林什长、王甸臣、王歪脖子等合伙归并一处，约聚三百余名，声势大振。声言不日破城，先分小股数伙剺抢四乡，是以联名呈恳转详等情。据此，除谕饬该民户等回屯听候详请外，卑职查县属前因地阔兵单，详蒙批筹办民团，随传铺户，切实开导，均称经费无筹，亦无利器为辞，再三劝输，坚不允从。正拟遇惊悬赏招募炮手详请发给器械间，兹据所呈复查属实，且巨盗唐经荣动辄纠集三百余人在各属大案叠连，今又扰及县界抢绑为害，请兵帮捕缘由，由五百里详请前来。据此，当饬文翼长元带队三百名前往该处实力搜剿去后，惟此股贼匪声势甚张，恐兵力觉单，着靖边左路左营营官讷荫酌带马队百余名前往该县，听候文翼长调遣，俟将此股贼匪剿除即行就近赴烟集冈驻札，归右路统领节制。除分饬外，相应备文咨行，为此合咨贵帮办，请繁查照施行，须至咨者。

右咨钦命头品顶戴帮办吉林边务事宜珲春副都统恩

吉林将军衙门为招募披甲四名在寓乘隙潜逃请饬严拿惩办的咨文
光绪二十年九月二十四日

为咨行严缉事。兵司案呈，本年九月二十日准镇边军招募勇丁花翎佐领博多罗呈：为请严缉事。窃职于奉省营次奉军宪依札委，驰赴吉林一带招勇，随带黑龙江省镇边军六起马队兵丁，于九月初七日到吉林省城，（缺文）正在竖旗招勇，忽于本月十五日晚间乘间逃去六品顶戴披甲恩玉额勒、和春、瑞春、站丁金环等四名，查验无着。伏查兵丁潜逃有干法纪，除备文呈报军宪依飞饬严拿外，理合备文呈请。为此具文伏乞将军俯赐飞饬各站一体拿获，押解职营，按律惩办施行，等因前来。相应呈请咨行宁古塔、伯都讷、三姓、阿勒楚喀、珲春，照会乌拉总管等衙门查照，札饬十旗乌拉、五常堡、拉林、双城堡协、参领，西北两路驿站监督官庄总理，伊通、额穆赫索罗佐领、四边门章京等，一体遵照文内事理，严拿解营，按律惩办可也。须至咨者。

右咨珲春副都统衙门

吉林将军衙门为奉上谕三姓东沟金厂被贼窜扰严饬实力剿捕的咨文
光绪二十年十月十六日

为恭录咨行事。本年十月十五日承准军机大臣字寄署吉林将军延，光绪二十二年十月初六日奉上谕，延　奏三姓东沟金厂被贼窜扰，现筹剿办情形一折，胡匪窜回三姓前，恩　曾经奏及。兹览所奏，该匪分股在东沟金厂一带，胆敢抗拒官兵并堵截进山粮道。现在该匪四处分布，诚虞勾结矿丁，势成滋蔓，亟宜及早扑灭。即着该署将军严饬派出之统领全荣等督率官兵，实力剿捕，并分咨三姓副部统富、阿勒楚喀副都统噶、分拨练队，合力兜剿，务期歼除净尽，毋留萌蘖。将此谕令知之。"钦此"。遵旨寄信前来。本署督办将军承准此，除咨行外，相应备文咨行贵副都统，请繁查照，钦遵施行。烦至咨者。

右咨珲春副都统恩

吉林将军衙门为什长于书良经领饷银乘便潜逃请饬缉拿的咨文
光绪二十年十一月初一日

为通行严缉事。兵司案呈：本年十月十九日据骁勇营统领直隶尽先参将彰勇巴图鲁丁春喜呈称，于本月十七日据中营马队右哨哨官李秀山呈称，实因起队放饷之际，有什长于书良经领本棚饷银散放，当领去饷银换钱，一日未见回营，乘便私自潜逃并拐去饷银五十余两，当即派兵查拿无获等情，禀称前来。查该什长于书良正在开差之际，竟敢私自潜逃，拐去饷银若干，实属可恨已极，有关纪律，应即通行严拿惩办，以免效尤，而肃营章。为此呈请宪台，通饬一体严缉究办，俾严军法。理合备文呈报，伏乞查核通饬施行，等因前来。相应将于书良年貌、籍贯抄粘，呈请咨行盛京、黑龙江将军，宁古塔、伯都讷、三姓、阿勒楚喀、珲春副都统，照会乌拉总管等衙门查照，札饬乌拉、拉林、五常堡、双城堡、伊通、额穆赫索罗协、佐领，全营翼长，吉林分巡道等遵照，一体严拿务获惩办可也。须至咨者。

右咨珲春副都统衙门

（三）案　件　审　理

吉林将军衙门为营弁坑商一案请另派妥员讯办事的咨文

光绪十一年三月

为咨行事。案据湖北武昌府江夏县人六品顶戴左德灏投辕呈称：为徇情弃法，纵弁坑商，刑逼结案，倚势昧良，恳恩提究研讯，以整主章而安商贾事。窃军功于光绪九年九月间，在珲春城外卫字军中营照壁前，开设后兴杂货铺。该军官弁兵丁多至军功铺内，立折取货，言明放饷之时照账归还货银。十年六月该军放饷之际，军功至右营收理账目。有该营后哨哨官陈秋嘉欠军功货银，向伊讨要，支吾不还，因互为口角，伊即含忿将所欠如数归还。讵料伊挟仇在心，乃饬本哨兵丁暨邀约各哨官弁，凡有欠军功货账者，不容伊等归还。后军功与该营各哨兵丁讨要之时，而兵丁等倚借官势，欺压不还。又有该营右哨哨书王明昌，亦欠军功货银，屡讨屡支。是年八月间放饷之际，向伊讨要，伊仍然支吾，返出不逊之语，因又互相口角。该哨哨官吴大成喝令当差兵丁，口出不逊之语，立将军功推出，不容讨要。军功无奈，至该营陈帮带处申诉，该帮带置之不问。因又至该营杨营官处申诉，而亦复不管。不料吴大成挟军功申诉之仇，与陈哨官勾串，同为邀约各哨官弁兵等，凡有欠军功货账者，伊皆下令不容归还，声言任告不惧。似此倚势欺压孤弱，实令人难以生活，所欠外账无力归偿，无奈将小铺关歇，收理账目，以还外欠。而账目又皆被陈秋嘉、吴大成邀约不还，不得已至该军郭统领处据情禀恳。虽蒙将禀收录，令军功听候批示，久无发落。而中、前两营所欠之帐目亦皆借事支吾，声言饷银已被粮饷处扣归郭统领杂货铺货账下，余无多，不还外欠。更兼陈哨官与军功挟仇，自恃伊兄陈连升现当右营帮带，与郭统领原系旧交，有势可倚，凡事不足为惧，意欲将军功谋害。九月二十八日令伊哨兵丁张国忠至军功处辱骂，问军功还要命回家与否。彼时经郭统领杂货铺内管事人于占廷、差弁王泽富等劝止。军功看其情由，不但账目不能讨要，且有不测之祸。为此无奈于十月二十九日赴珲春副都统辕门，据情喊控，当即批交行营边防营务处凌讯问。孰意郭统领与凌现系同盟，见军功呈控，而凌即赴郭统领处与之面商，而郭统领议嘱将军功刑责出结，欠账令军功自行讨要。后于十一月初十日传令过堂，而营务处凌并不提被告人等，仅问讯军功一人，并将流水底账逐一查清。迨至二十二日，复又过堂，仍然不提被告官弁，仅断给军功银三十四两八钱一分，下欠银一百四十七两一钱九分八厘，令军功自行讨要。伏思事已呈案之后，复又自行讨要，何人给钱，实难结案。而营务处凌并不容分诉，倚仗官威，将军功无数重责手板，军功受刑不过，扪屈含冤，写伊具结。似此徇情弃法，纵弁坑商，刑逼结案，倚势昧良，真令万人增叹。军功离家数千里，异乡孤弱，兼亏外欠甚多，生活无路，只得据情具呈，匍匐奔辕，哀哀叩恳恩施，格外提究法断，以杜徇情而安商贾。等情到本爵督办。据此，所控是否属实，应请由贵帮办另派妥员秉公讯办。除批令该军功左德灏自行投质外，理合备文咨行。为此合咨贵帮办请繁查照，希将此案另行拣派妥员，于该原告投到日，提集人证卷宗，秉公讯办完结，咨报备核以清讼牍，望切施行。须至咨者。

右咨钦命帮办吉林边务事宜珲春副都统依

珲春副都统为将逆匪邵四标子首级示众的咨呈文
光绪十五年四月十九日

护理珲春地方副都统印务左翼花翎协领博奇巴图鲁德玉　为咨呈事。左司案呈：窃前因查界官云骑尉乌勒兴阿在属界瓦岗寨迤北林内击贼阵亡，当即出派官兵追捕，并分饬靖边两路统领拨队搜缉去后。兹据边防营务处咨开，于本月十五日，准护理中路统领事务左营营官花翎协领穆咨报，内开：兹据敝路中营中哨哨官索成呈报，于本月十四日据差官德春禀称，窃春奉派前往五道沟地方砍伐修理炮楼木料，并饬携带枪械备防盗匪，遵即前往。于四月初十日队兵于德才由木厂回防，突遇不知姓名步贼七名，各持枪械，内有一人手持快枪，其余均持洋炮，彼时于德才并不知伊是贼匪，彼此叙谈数语，随即分手。不意持快枪之人，转行背后用快枪打伤于德才右腿，仅止串皮，尚能动履，当被于德才即用恰乞枪连打数枪，贼匪均已四散潜逃，于德才始行旋回，言说遇贼受伤情形。春闻报刻即拣代丹勇六名，驰往追捕。赶有十数余里，至黄博落沟里，遥见贼匪均在林内造饭，瞥见我兵，遂即一齐开枪，自报邵四标子乌界官被我打死等语，声喊威吓。春即带兵向前猛击。立毙贼匪一名，先将耳级割下，余匪四散奔逃。当即追寻至晚，山深林密，查无踪迹。春即带队仍回接仗处，将毙匪首级割下，并得获大洋炮一杆、药兜子一个、铜锅一口、背筐一个、米口袋一条。回至窝棚，已有一更时分，遇赵乡约等，看见匪人首级，真是邵四标子等情，呈报来营。合将送到首级一颗、洋炮一杆、铜锅一口、药兜子一个、米口袋一条、背筐一个，当即饬派差官德春一并持送。相应备文咨送贵处，请繁查核。等因。准此，相应备文移送贵司，请繁查照核办施行。等因前来。查此案逆匪原据报称十余名，曾被阵亡之界官乌勒兴阿生前率兵击伤一半，或逃后因伤毙于山林之内，亦未可知。惟今仅存斯数犯，尚复胆敢抗公拒捕，殊属凶恶已极。除仍分饬各队追捕务期尽获解究外，当将解到割取击毙之逆匪邵四标子首级一颗，差役传于瓦岗寨地方悬杆示众讫。至得获洋枪一杆、撒袋一副均不堪用，并破铜锅一口，一并饬存，据此相应呈请备文咨呈。为此合呈将军衙门查核施行。须至咨呈者。

右咨呈将军衙门

珲春副都统为在省弋获之盗犯王长春已交局审讯的咨文

光绪十五年十月十一日

钦命头品顶戴帮办吉林一切事宜镇守珲春地方副都统恩　为咨查事。案查客民庞文昌家被贼劫抢，并将伊兄庞文志及伙种地之王发一同绑去逃逸等情一案，当经严札各路派兵追捕并咨明勒缉在案。兹据靖边前路统领王宽呈准省营务处咨，据靖边前路中营右哨哨长孙万海呈称，兹奉宪统领差派赴省请领秋季官弁饷乾等因，在省静候关饷。彼由营同来护饷之差官朱万胜，突于九月十八日晚间行至城里牛马行北头，遇见前奉帮办宪札饬各营官弁指名通缉抢劫庞文昌案内有在前路请假回籍在事抢劫盗匪王长春一犯。彼瞥见朱万胜即转身便跑，其朱万胜同哨长孙万海将盗犯王长春一名获缚，在店看守。理合具呈，恳请营务处鉴核指示施行。等因转详前来。除将该员拿获盗匪王长春一名，并起得赃物各件抄单移付发审局查收，并呈报督宪麾下鉴核，饬局审办外，理合抄单备文咨行查照。等因。并粘单一纸。各准此前因，理合呈报。等情据此，查此案贼犯王长春既经在省弋获，交局审讯，则在逃首从逸犯名姓自必讯明在案，亟应查明，以凭按名饬缉。兹据前情，相应咨查。为此合咨贵督办将军，请繁查照文内事理，希即饬查见复施行。须至咨者。

右咨钦命头品顶戴督办吉林边务事宜镇守吉林将军恩特赫恩巴图鲁长

吉林将军衙门为奸商串通荒闭拟请从严追究事的咨文及奏折
光绪十五年六月

为咨行事。兵司案呈，于本年五月十六日准军宪札开，案照光绪十五年四月十三日本将军会同副都统联衔具奏：为奸商串通荒闭，亏陷公款，拟请从严究追，以惩刁风。并将擅寄饷银之靖边中路右营哨官云骑尉舒麟，先行革职，归案讯办，等因一折。于本年五月十三日差弁赍回原折。奉朱批："照着所请。该部知道。钦此。"相应抄粘原奏，恭录札饬，札到该司，即便知照。特札。等因奉此，相应照抄原折，呈请咨行珲春副都统衙门查照，并由兵司、移付户司吉林分巡道、边防营务处查照可也。须至咨者。

右咨珲春副都统衙门

跪奏：为奸商串通荒闭骗公款，以图挟制，拟请从严究追，以惩刁风，而除积弊，恭折仰祈圣鉴事。窃奴才等前以吉林省城一隅，独使抹兑钱帖流弊已极，请即乘时重为申禁，曾将其病官病兵病民实在情形缕晰。奏奉朱批：交部议奏。嗣准部咨仍令实力严禁抹兑等因。于光绪十四年十二月十一日奏奉谕旨："依议。钦此"。钦遵。恭录知照前来。遵即转行道府及各旗协领，一体实力奉行，凡属军民，无不同声称快。并晓谕钱当等商，反复开导，谆谆告诫，示以损人利己之非义，悖入悖出之取灾，不啻三申五令。又以现钱暂形短少，掺之太急，恐其刻难周转，乃宽以限期，俾得从容措办。计自上年十月示禁直至本年四月初一日起，宽限六个月之久，始令现抹归一，复准二八付钱，无钱以银折付，免受逼迫，所以体恤该商者，可谓至矣。讵意若辈昧良罔利，若出天生坚鄙，狼贪立誓不悛，嗣又贿出劣绅，假写联名禀帖，巧为尝试，说理不圆，半带恫吓，均经奴才等观破奸伪，不为摇惑。并饬道府讯实，拟设严办，乃更串通，迟至今日，竟有本城瑞盛钱铺无故荒闭之事，夫生理无力报荒，亦各处所恒有奚足云怪。惟此钱铺于荒闭前四日，尚收存靖边中路饷银一万二千两，并边务粮饷处荒价钱一万吊，明系不遂私愿，朋作奸欺，显吞官款，以图挟制，是非弁髦国法不至此者。且查该商垄断多年不义之财，早已填满贪壑，乃始终肥己险人，且敢亏公累官，委系奸商之尤，实为法所难追。除饬吉林府当将该铺东伙一并收禁，予限监追，无论所吞银钱，即能全数赔偿，亦应从重议罪，庶惩一警百，以为贪利忘法之奸商戒。至擅寄饷银之靖边中路右营哨官云骑尉舒麟，应请旨先行革职归案审讯，统俟彻底根究有无通同作弊情事，再行分别惩办。今将奸商串通荒闭骗公款以图挟制，拟请从严究追缘由，理合恭折具陈，伏乞皇上圣鉴。谨奏。

吉林将军衙门为将解耀南擅受民词请就近讯办的咨文
光绪十九年七月初四日

为咨复事。案准贵帮办咨开，除原文省繁不叙外，查南冈居民聂明杀奸一案，又居民刘凤春家被抢烤毙事主一案各情。据南冈招恳分局委员解耀南擅行受理，实属背谬，妄为已极，当即电商去后。兹准电复，解耀南提珲讯供原卷，乞速递还，俾得核讯等因。准此，相应将原卷由四百里备文咨还贵帮办，请繁查照就近提讯，仍祈赐复，以凭参办施行。须至咨复者。

计咨还原卷二分。

右咨钦命头品顶戴帮办吉林边务事宜珲春副都统恩

宾州厅同知为分防巡检详报本年八九两月并未接理无关罪名案件的申文
光绪二十年十月二十三日

花翎候补知府宾州厅同知　为申报事。案查前蒙宪饬，嗣后各属分防佐职，毋许将有关罪名案件擅受、滥押，并饬将所理无关罪名各案，每月造具清册呈由该管官按月申送查核。等因历经遵办在案。兹据卑厅署烧锅甸分防巡检杨嵩山详称：窃查光绪二十年八、九两月份，卑职并未接理无关罪名案件，无凭造报。等情详请查核转报前来。卑职复查无异。除分报本道外，理合具文申报宪台查核。为此备文具申，伏乞照验施行。须至申者。

右申钦命头品顶戴署理吉林将军督办边防事宜珲春副都统恩

（四）查 办 犯 官

吉林将军衙门为将庇赌设赌官兵分别撤委责革示惩的咨文
光绪十一年正月

为咨行事。照得本爵督办顷接宁古塔副都统函称，以靖边亲军中营哨官花明阿纵庇什长胡占魁设立赌局，同兵聚耍，经本城查街队兵及街道厅兵丁先后往捕，复敢向捉赌之兵揪扭踢殴，抢去官锁，捏称失物各等情，言之历历。查赌博例禁綦严，该亲军甫经挑补，于差操技艺尚未娴熟，其带兵官宜如何认真教演，严行管束，期以无负委任，乃该哨官什长等竟敢庇赌设赌，夺锁殴差，似此目无法纪，肆意妄为，殊堪痛恨。其管辖未严之统领，亦难辞咎。统领哈广和着记过一次，哨官花明阿着即撤委，其什长胡占魁即胡振奎及耍赌之兵，均着立予责革示惩。房主崔文斗所抢官锁四条，如果属实，着即送交宁古塔副都统衙门接收办理。除札饬外，相应咨行贵帮办，请繁查照施行。须至咨者。

右咨钦命帮办吉林边务事宜珲春副都统依

笔帖式喜春等为呈报核办站丁殴打差人的咨文
光绪十五年五月初三日

穆克德和兼密占分站笔帖式喜春、署领催委官六品顶戴高明俊　为声明呈报事。兹委员德赍送印篆，于本月初二日抵站，因站房亦未熏烧，早无传信，内有兵伴佟姓等五六名吓监骂殴打差人，因为何情，除报监督衙门指示外，理合备文呈报印宪大人垂情核办指示遵行。须至呈者。

右呈印宪大人台前

吉林将军衙门为派吴牧瞻菁会同招垦局总理鄂龄查办委员凌善有何劣迹的咨文
光绪十七年十一月十六日

为咨复事。案准贵帮办咨开：据南冈招垦分局委员举人凌善禀称，窃卑委员前奉札派办理南冈招垦分局事务三年，自会试旋回，意欲静守青绸，实不敢与闻公事，素知宦途中之况味，往古一辙，殊非迂儒所能为也。岂意我宪台不弃菲材，仍派分局委员，彼时即思辞差，尤恐负知遇鸿慈，思及此真似不舞之鹤，为羊公辱。俟新派委员到局交代清楚，遂拟旋里。奈因隆冬严寒，卑委员亲母年近古稀，受此不肖子之累，情堪痛恨。其撤差不甚关怀，若云不能秉公办事，殊觉冤抑难伸。查前帮办依奏招垦案内，准旗佃不准民佃，仰见朝廷一视同仁，尚有公议不外私情之举。况卑委员一介末吏，诸事奉札办理，焉敢不秉公办事乎。是以驰驿三百里，具禀陈诉，是否有当，伏乞宪台鉴核批示施行。等情到本帮办。据此，除批：禀悉。仰候转咨督办将军饬令委员详查虚实可也。缴。挂发外，相应咨明贵督办将军，请繁查照，希即转饬委员详查施行。等因到本督办将军。准此，除札派吴牧瞻菁会同珲春招垦局总理鄂龄据实查办该员有何劣迹，详细禀办，毋稍徇隐外，相应备文咨复贵帮办，请繁查照施行。须至咨者。

右咨钦命头品顶戴帮办吉林边务事宜珲春副都统恩

吉林将军衙门为哈统领私占营勇坑陷属员等情的咨文

光绪十八年二月十三日

为咨明事。据营官张柏茂禀称：窃沐恩久荷培植，功无寸效，抚心自问，歉仄万状，乃蒙我恩宪量宏海岳，不没末弁百瑕一瑜之美，去岁复派边防营差，沐恩深感再造之生成。奉饬来营，凡于分内应为之事，未敢稍涉因循，以负我恩宪知遇之至意。然卑统领身为统率，不顾防守，除拨各差占外，又私用卑营正勇三十余名。每逢点名不到，未知有名，即有此人否，又于所发官勇米面，不照市价，格外克扣，并将卑营字识带去，至今占缺未开，令沐恩办公无人，遇事掣肘。沐恩略将此数端稍为认真，卑统领即以为事不从心，势若成仇。又因人谣，沐恩乃恩宪西路成人，如此整顿营规，指日必升统领，由是卑统领愈生忌妒，设法箝制。但沐恩谨守营规，毫不干分，卑统领又无隙可乘。惟于九、十冬三月饷项下，卑统领扣留各项等银四百余两（另单呈览），又扣夫价银三十六两，云有津贴，究不知津贴何人。沐恩由十月初三日接事至冬月三十日止，计五十八天，薪公银应领仅三百两之谱，核沐恩所领者少，卑统领所扣者多，以故亏空二百余两。沐恩初次来珲，人地生疏，周处筹补，一时难以为力，只冀商求卑统领扣项缓作两次扣清。殊卑统领意主谋人，且许且却，不得已转见副帅面告实情。不料副帅闻沐恩之言，一则责卑统领之扣留，一则责沐恩之亏空。沐恩虽愚，深知兵饷不能一日宽限，当即回营变卖衣物，以备发饷。讵卑统领于正月十六日夜，私自放饷并未传知，沐恩未奉晓谕，不敢私放，仰候分示，以致二十一日卑统领来营点名散放清楚，毫无蒂欠。卑统领借势捏以延饷违典，大题禀请副帅撤差，派员代理，奉文之下，不胜骇异。试思沐恩之亏空，实由卑统领扣项所致，沐恩业已散放清楚，乃卑统领故意捏禀。又令人传言沐恩与副帅实西路之旧识，湖北之乡人，使副帅不能从中拟议，只照所请批回，以便撤差，明是坑陷属员，其情不白，已可查证。至若节贺差操临期亲至，所有本月十五未到，只缘沐恩染病在身，预行差禀挂号，至今疾愈沉重，命在旦夕，沐恩不尽申诉。但蒙恩宪鸿慈，负此枉屈，只得据实呈明。等情到本督办将军。据此，除批：禀悉。所禀各情，是否属实，仰候咨明帮办并饬营务处转饬前路统领查照禀内所指事理，一一据实明白禀复，再行核办。缴。挂发外，相应抄粘备文咨明，为此合咨贵帮办，请繁查照施行。须至咨者。

右咨钦命头品顶戴帮办吉林边务事宜珲春副都统恩

珲春副都统为哨长王平海被该哨什勇等所控撤委的咨文

光绪十八年十月十一日

钦命头品顶戴帮办吉林一切事宜镇守珲春地方副都统恩　为咨明事。窃照本帮办至右路防营，该军中营后哨什勇等喊控哨长王平海苛扣兵饷各情，当交该统领查明查复在案。兹据禀称，职遵即传讯该哨什勇等，佥称勇等来营充差，按季领饷，蒙统领如数点名发给，毫无苛扣。无奈哨长王平海，于勇等日需米面价少开多，又由本哨公用房草土坯钱项暗中多扣，不但钱有虚冒，而且将土坯五千块、洋草三千捆，修盖伊自己房间，仅云俟日后将钱找给，至于公用各项，其中亦多有侵蚀。迨勇等向其核算，而哨长依仗官威，并不论理，吓说大帅不日来营阅军，任凭你们控告。勇等伏思，既已惹怒本管，恐阅完军，王哨长必定搜寻勇们错处，加重责打，因此一时情急无知，迎辕越控，只求追究，以抒兵艰。据此等情，当将哨长王平海暂行撤委，令其听候查办，并将什勇所控各节是否属实，札饬该员详细查复。去后，兹据该哨长呈诉什勇所控多开粮价一节，查本年粮价昂贵，该什勇诚恐多费，今春求职，预在统宪处支借饷银，先为采买，彼时立难买齐，随将借银交商存储，什勇需粮，陆续由商家取用，按时价尚省若干，有铺账可凭，实无多扣情事。至于哨中应用土坯、洋草、柴炭、布匹、麻绳等项，曾向什勇商办，其坯草价钱虽由什勇名下扣齐，而洋草尚未拉用，此钱现在职哨实存，其土坯经职向什勇说明借用五千块，言定交还。所买洋机布三匹，亦在哨中备存，及职所盖草房均经外雇人，不敢劳费兵力，其余柴炭、麻绳各项，均属以公济公，用款注明哨账，万不敢丝毫侵蚀。今蒙查讯，委因职赋性粗猛，于历年工操催迫较严，借此积怒成仇，以致该什勇砌词越诉，只求秉公查办即是宽典。各等情据此，查哨长王平海查复各节，虽系以公济公并无侵蚀情弊，究未能向该哨什勇详细开导，以致勇等借词控诉，不为无因，其办理未善咎有应得。惟该什勇等先不向职处声明，遽然哄众越诉，此风军中亦不可渐，其均应如何惩治，未敢擅拟，宜候饬下遵办。再，职于事先未能检点，亦有疏失，并请训示。理合将查明哨长王平海被该哨什勇所控各缘由，禀请宪台鉴核。等情据此，除批：禀悉。哨长王平海既据禀称办理未善，以致众勇借词控诉，应即撤委。该什勇等聚众越诉，亦大不合，着将为首之人讯明，从重责惩，斥革离营，以警效尤。至该统领疏失之咎，既经检举，应勿庸议。缴。挂发外，相应咨明，为此合咨贵督办将军，请繁查照施行。须至咨者。

右咨吉林将军长

吉林将军衙门为帮办电开解耀南不遵札谕撤委交右路押解赴珲讯办的咨文

光绪十九年七月初十日

为咨行事。兹准贵帮办恩电开，据代员杨禀，解耀南以未见省札不交卸，即乞专札撤委解珲讯办，或仍提省。等因准此，查解耀南办事乖谬，任性妄为，经贵帮办恩撤委派员代理，竟敢不遵札谕，实属胆大已极，着即撤委，交右路统领派员押解赴珲讯办，其局务一切事宜，仍着杨云辉暂行代理。除分札外，相应咨行，为此合咨贵帮办，请繁查照，严加讯办施行。须至咨者。

右咨钦命头品顶戴帮办边务事宜珲春副都统恩

吉林将军衙门为南冈垦务委员解耀南疏脱要犯结案情形的咨文

光绪十九年九月十七日

为咨复事。案准贵衙门咨开，除原文省繁减叙外，查南冈招垦分局委员解耀南擅受此等重案，拘押极恶要犯，本属僭越妄为，有违定制，乃竟仅令李廷奎一人看守数犯，以致兼顾不遑，范仲得以乘空潜逸，殊属异常疏懈，自应按例拟结。查律载，凡狱卒不觉失因者，减因罪二等，听给限百日追捕，能自捕得免罪。此案局勇李廷奎奉派看守人犯，并不谨慎小心，以致要犯范仲乘间逃逸，实属疏忽，惟讯无贿纵情弊，自应照逃犯本罪减等例问。拟查范仲系劫杀一家三命之始祸重犯，罪应凌迟，即按强盗亦当律以斩枭之条，李廷奎应于范仲斩罪上减二等，拟杖一百，徒三年。但系数犯而仅止该勇一人看守，势有顾此失彼之虞，详核案情，尚属可原。请将该勇所得徒罪量予从宽折枷，期满责革发落。其余什勇等既奉委员役使，并非无故规避，应请均免置议。解耀南故纵要犯情形，系出其头次禀复，迨杨委员查报暨解耀南二次来禀，乃系疏脱，自未便从重拟议。现在逃犯业经悬赏购拿，并札饬各军一体严缉，获日另结。解耀南以投效人员籍隶外省，应毋庸责其承缉，至其擅受拘押，疏脱要犯，并抗不交卸，一切不合之处，应令其自行赴省听候核办。等情到本督办将军。准此，应如所咨完结，至解耀南疏脱要犯并抗不交卸，自有应得处分，姑俟其到省后再行核办。相应备文咨复贵衙门查照可也。须至咨复者。

右咨珲春副都统衙门

五、财　税

（一）财　政　金　融

珲春副都统衙门造报各项财物清册
光绪十一年

右司案呈。为咨报事。案查本处乙酉年衙署公用、狱犯银谷及义仓银谷、各项差徭、动存备用、接济津贴银两数目，分析造具四柱满汉印白清册各一本，拟合备文咨报将军衙门查核题销可也。

镇守珲春副都统衙门　为造送珲春地方给过衙署公用银两数目清册事

旧管　银无。

新收　光绪十一年由将军衙门库存税银内领来银一百六十两内，开除光绪十二年份衙署一年缮写来行文件、火票、封筒、糊窗需用单西纸一百五十匹，每匹价银三钱二分，计给银四十八两。缮写咨札事件需用扛连纸一百六十四匹，每匹价银三钱，计给银四十九两二钱。笔一百二十支，每支价银一分五厘，计给银一两八钱。墨九十块，每块价银二分，计给银一两八钱。刷印火票、封筒，需用蓝靛四斤，每斤价银八钱，计给银三两二钱。包裹印色需用绢纱七寸，价银二钱二分。银朱三斤六两，每斤价银一两六钱，计给银五两四钱。配造印色需用油二斤，每斤价银一钱二分五厘，计给银二钱五分。缮写文件需用白蜡四斤，每斤价银一钱，计给银四钱。糊窗、粘连事件需用白面十一斤，每斤价银一分，计给银一钱一分。

镇守珲春副都统衙门　为造送珲春地方义仓谷石动存数目清册事

旧管　光绪十年年底剩存谷二千十六石，等因报销在案。

新收　带征十年、十一年每年应交牛具谷一百四十四石，计交谷二百八十八石。

开除　谷无。

实在　现存谷二千三百零四石。

镇守珲春副都统衙门　为造送珲春地方义仓谷银动存数目清册事

旧管　光绪十年年底剩存银无，等因报销在案。

新收　光绪十一年由将军衙门领来银二十四两八钱九分内，开除光绪十二年种义仓地牛内，倒毙牛一条。十年十一月二十日买犍牛一条，价银七两。内除倒毙牛皮变价银三钱扣抵外，剩银六两七钱。遵部照咨每两减扣三成，计减银二两一分外，剩银四两六钱九分。内搭给一半官票银二两三钱四分五厘，实银二两三钱四分五厘。种义仓地需用铧子三条，每条价银四钱，计给过银一两二钱。盈头三个，每个价银四钱，计给过银一两二钱。犁碗子三个，每个价银五钱，计给过银一两五钱。千斤三副，每副价银五钱，计给过银一两五钱。锄头六张，每张价银五钱，计给过银三两。镰刀六把，每把价银三钱，计给过银一两八钱。粘补苫抹义仓房间工价银十两。

以上共应给银二十四两八钱九分外，实在现存银无。查珲春地方应给买补倒毙牛条、犁铧等项银内，减扣二四成银两，已由省库减扣之处，理合声明。须至册者。

镇守珲春副都统衙门　为造送珲春地方接济无力兵丁设（力）[立]牛具，借给扣还银两动存数目清册事

旧管　光绪十年秋季，珲春库存银二百十九两五钱，等因报销在案。

新收　光绪九年加添牛具银二千八百两，光绪九年春季，借给银三百四十八两，作为八季。十一年春末季，扣还银四十三两五钱。七年秋季，借给银三百十二两，作为八季。十二年春七季，扣还银三十九两。九年春季，借给银三百十二两，作为八季。十一年春六季，扣还银三十九两。九年秋季，借给银三百四十八两，作为八季。十一年春五季，扣还银四十三两五钱。九年春季，借给银三百四十八两，作为八季。十一年春四季，扣还银四十三两五钱。九年秋季，借给银三百十二两，作为八季，十一年春三季，扣还银三十九两。十年春季，借给银三百四十八两，作为八季。十一年春二季，扣还银四十三两五钱。十年秋季，借给银三百十二两，作为八季。十一年春初季，扣还银三十九两。共银三千三百四十九两五钱。内开除光绪十一年春季借给无力兵丁设立牛具银三百四十八两外，实在现存银三千[零零]一两五钱。

光绪十一年春季

旧管　银三千[零零]一两五钱。

新收　光绪七年秋季，借给银三百十二两，作为八季。十一年秋末季，扣还银三十九两。八年春季，借给银三百十二两，作为八季。十一年秋七季，扣还银三十九两。八年秋季，借给银三百四十八两，作为八季。十一年

秋六季，扣还银四十三两五钱。九年春季，借给银三百四十八两，作为八季。十一年秋五季，扣还银四十三两五钱。九年秋季，借给银三百十二两，作为八季。十一年秋四季，扣还银三十九两。十年春季，借给银三百四十八两，作为八季。十一年秋三季，扣还银四十三两五钱。十年秋季，借给银三百十二两，作为八季。十一年秋二季，扣还银三十九两。十一年春季，借给银三百四十八两，作为八季。十一[年]秋初季，扣还银四十三两五钱。共银三千三百三十一两五钱。内开除光绪十一年秋季借给无力兵丁设立牛具银三百十二两外，实在现存银三千十九两五钱。理合声明，须至册者。

镇守珲春副都统衙门　为造送珲春地方官兵官差事件借给扣还银两动存数目清册事

旧管　光绪十年秋季，珲春库存银九十两，等因报销在案。

新收　光绪九年加添官兵官差事件银二千四百两。光绪九年春季，借给银三百两，分为四季。十一年春末季，扣还银七十五两。九年秋季，借给银七百两，分为四季。十一年春三季，扣还银一百七十五两。十年春季，借给银三百两，分为四季。十一年春二季，扣还银七十五两。十年秋季，借给银七百两，分为四季。十一年春初季，扣还银一百七十五两。共银二千九百九十两。内开除光绪十一年春季借给官兵官差事件银三百两外，实在现存银二千六百九十两。

光绪十一年春季

旧管　银二千六百九十两。

新收　光绪九年秋季，借给银七百两，分为四季。十一年秋末季，扣还银一百七十五两。十一年春季，借给银三百两，分为四季。十二年秋三季，扣还银七十五两。十一年秋季，借给银七百两，分为四季。十二年秋二季，扣还银一百七十五两。十二年春季，借给银三百两，分为四季。十二年秋初季，扣还银七十五两。共银三千一百九十两。内开除光绪十二年秋季借给官兵官差事件银七百两外，实在现存银二千四百九十两。理合声明，须至册者。

镇守珲春副都统衙门　为造送珲春地方给过监犯等口米折谷及折银钱数目清册事

光绪十一年正月初一日起，至三月初十日止，监犯关明成、苏果义，日给口米八合三勺，计折给谷二石二斗九升零八勺。

十年三月初一日起，至四月二十四日止，盗犯王元得，日给口米八合三勺，计折给谷八斗七升九合八勺。

十年六月二十九日起，至十二月三十日止，盗犯贾永全，日给口米八合三勺，计折给谷二石九斗七升一合四勺。

十年七月初七日起，至九月二十二日止，盗犯杨球子、赵同、张九幅、盛连恩，日给口米八合三勺，计折给谷四石九斗八升。

十年七月初十日起，至九月二十二日止，盗犯孔广太，日给口米八合三勺，计折给谷一石一斗九升五合二勺。

十年九月十九日起，至十月二十九日止，盗犯徐得一，日给口米八合三勺，计折给谷一石六斗七升六合六勺。

以上共给过谷一十三石九斗九升三合八勺，理合声明，须至册者。

镇守珲春副都统衙门　为造送珲春地方给过监犯等柴薪木炭等项银两数目清册事

光绪十一年正月初一日起，至三月初十日止，监犯关明成、苏果义，日给柴薪一厘车，计柴薪一钱三分八厘车，每车价银二钱，计给过银二钱七分六厘。又自正月初一日起，至二月二十九日止，日给木炭一斤，计木炭一百一十八斤，每斤价银二厘，计给过银二钱三分六厘。

十年三月初一日起，至四月二十四日止，盗犯王元得，日给柴薪一厘车，计柴薪五分三厘车，每车价银二钱，计给过银一钱零六厘。

十年六月二十九日起，至十二月三十日，盗犯贾永全，日给柴薪一厘车，计柴薪一钱七分九厘车，每车价银二钱，计给过银三钱五分八厘。又自十一月初一日起，至十二月三十日止，日给木炭一斤，计木炭六十斤，每斤价银二厘，计给过银一钱二分。

十年七月初七日起，至九月二十二日止，盗犯杨球子、赵同、张九幅、盛连恩，日给柴薪一厘车，计柴薪三钱车，每车价银二钱，计给过银六钱。

十年七月初十日起，至九月二十二日止，盗犯孔广太，日给柴薪一厘车，计柴薪七分二厘车，每车价银二钱，计给过银一钱四分四厘。

十年九月十九日起，至十月二十九日止，盗犯徐得一，日给柴薪一厘车，计柴薪四分一厘车，每车价银二钱，计给过银八分二厘。狱内禁卒兵等，自十一年正月初一日起，至十二月三十日止，扣除小建外，计三百五十四日，每日给灯油八两，计油一百七十七斤，每斤价二分，计给过银三两五钱四分。看守狱犯、巡更兵等，自十一年正月初一日起，至十二月三十日止，扣除小建外，计三百五十四日，每日给灯油一斤四两，计给油四百四十二斤八两，每斤价银二分，计给过银八两八钱五分。

以上共给银一十四两三钱一分二厘，理合声明，须至册者。

珲春副都统衙门为请领光绪十一年接济银咨文
光绪十一年

右司案呈：为咨领银两事。于同治十三年六月十五日蒙将军衙门札开，户司案呈，据珲春协领讷穆锦呈称：查珲春地方以西接壤朝鲜，仅隔一江；东南地近海滨只有七十里许。前于俄夷分界之时，沿海一带紧要隘口，曾经添设卡台，又旧有各卡按年均轮派官兵坐卡防范，曷敢稍有疏懈。且近年以来各处迭经游匪窜扰，虽有演练官兵随时御侮，仍须多集官兵一体操防。因分布两翼添派八旗以来，旗分即多差徭颇繁，诸应接济方可驱遣。查本处向三旗之时，库存备用银一千两尚敷接济。现列八旗，仍存一千两实系不敷周转。故照向办旧制，凡一切差费均于官兵应领俸饷内分摊，惟该官兵等除却分摊之外，所剩无几。又遇连年歉收，诸难顾赡，甚至称贷生息，除此并无别计。恐其日久债深，将有枵腹之苦，若不早为声请，诚于边防大有关碍。是以谨将困苦情形，不揣冒昧据实渎陈，恳祈再行酌拨备用银二千两共存三千两，援照大省接济八旗月银之例接济该官兵等随时归款以纾兵力，可否之处呈请示遵等情。呈请前来，当奉宪批："着户司拟，回堂候夺。"等谕饬交到司。遵此详查该协领呈称，现列八旗库仍存备用银一千两，官兵一切差徭实属不敷周转，恳祈再行酌拨备用银二千两，接济官兵等随时归款等情，自系为防范边疆，以纾兵力起见。第核珲春地方远处边隅，孤悬海角，差繁费重，亦系实在情形，理宜酌拟筹款拨给。无如本衙门库存备用银之项，前已因公动用，尚未归款，虽有剩存亦属无几，殊难兼顾。其宁古塔地方，虽有库存备用银两，该处紧要隘口一切差徭需费亦系同关紧要，尤难以彼注兹。是以职等公同合衷计议，于处无可如何之中反求移缓济急之道。查该处文内称，以援如大省按济八旗月银之例办理等语，虽属可行但无备用之款，自应仿照乌拉、伊通由省支领月银章程办理，着由本衙门库存俸饷项下，按年提拨银二千两，饬交该处关领，裨资周转接济。拟将借出之银仍于该处关领次年俸饷银内，一面照数扣还陈欠，一面仍照原拟章程拨借新款，而照核实之处，现经如此计议，殊与该处官兵捕务一切差徭大有裨益。所有职等酌拟缘由，是否可行，未敢擅便。理合禀请宪鉴核夺施行等因，禀请宪谕着照所拟办理。等谕奉此，即由本衙门库存俸饷项下提拨珲春接济差徭银二千两，如数饬交该处关领俸饷来员等承领之处，相应呈请札饬遵照等情。据此拟合札饬珲春协领讷穆锦遵照可也，等因来札在案。遵查本处去岁蒙将军衙门接济差徭银两，祈由今年应领俸饷银内照数扣留，以归陈欠，恳将拨借新款银二千两，饬交领饷去之防御荣升等承领之处，拟合备文呈请咨报将军衙门查核发给施行。

吉林将军衙门为严禁奸商化银提金的咨文
光绪十二年正月三十日

为咨行遵照事。户司案呈，兹据户部咨开，山东司案呈，准北档房传付本部议复御史汪鉴奏，奸商化银提金，请饬严禁附片一件。光绪十一年六月初十日具奏，奉旨："依议，钦此。"传付各司抄录原奏，行文各省及在京各衙门一体钦遵，等因前来。相应刷印附片恭录谕旨，咨行吉林将军遵照可也。计单开户部片，再据御史汪鉴奏称，银为上下通行之币，故申假银低银之禁。近年竟有奸商化银提金，其法取事实足色两定计重百两，以镪水熔化，计可提出黄金一两六钱，再以银补足其重，惟精神暗减，非工于验色者难辨。厚利所在，奸商竟为，势必天下市易纳赋之银，尽成减色之银，官民胥受其害，可否妥议严禁等语。钦奉谕旨："着户部议奏等因。钦此"。臣等伏查刑律内载：伪造金银者杖一百徒三年，为从及知情买使者各减一等。又，道光五年颁修律例内开一项：用药煮伪造假银为首者枷号两个月、杖一百、发云贵两广烟瘴少轻地方，为从及知情买使者枷号两个月、流三千里、至配所杖一百各等语。是奸徒伪作金银例禁已极严明，自可毋庸再议。至化银提金仍以银补足原重，借以谋利，其事固属取巧，实然与伪造假银者不同。假或以铜铁、或以铅锡、或以水银用药煮造骗人行使情最可恶，故定例严禁伪造。而银色低潮，律无治罪明文，查臣部典例开载：各省解司银两，无论元宝小锭均令锭面錾凿年月、州县及银匠姓名，以凭稽核。又例载：银库收捐及各省京饷，由银号交库者均收足色银两，锭面錾明年月，并某号字样，该库司员督饬验匠以样银比兑抽剪，无弊方准交收。倘验出低潮假银，均按所錾铺号，照本锭数目加十倍罚赔，立法亦颇用密。若照此办理，则银色不足者万难交官，是提金之银，固不足以害官。至于民间行使，北方市肆多用松江银，其成色不过九[成]有余，南方市肆多用洋钱，其成色尤难。一到市肆多通行既久，禁之必转不便，是提金之银，似亦不足以害民。臣等窃维宋以前本不用银，及今赋税仍有钱粮之目，若探本论治正置，宜以钱以粮为重，无如官民行用多年，其为利在予轻，赍为可轻议改革。然银日少而日贵，近年国家之出银常以数两而竭民间均之用，国家之入银直以一两而竭民间数两之力，若再悬一厉禁，曰银两有经提金者视同假银，则不特启人行用之疑，即一切交纳赋税不肖官吏，又将借以增取色耗，则为害兹甚。该御史所请严禁化银提金一事，自应分别办理，应请旨通饬在京各衙门及各省督抚一体转行所属，饬后于交收官项均宜遵守定例认[真]查验，务令银两足色，鏊明年月、匠名，倘查出低潮，即照例责令该匠加十倍赔补。如有伪造金银者，仍照例从严惩办。至所在地方，若实有奸商聚集，伙党广收库宝专以提金为业，甚至成色搀杂骗人行使者，自应一体严禁定惩，以杜取巧而重库藏。是否有当，理合附片具陈，伏乞圣鉴。谨奏。等因前来，相应呈请咨札遵照。等情据此，拟合咨行珲春副都统衙门遵照可也。须至咨者。

右咨珲春副都统衙门。

吉林将军衙门发给珲春备用发商生息银两事的咨文
光绪十二年七月二十日

为咨行发给银两事。户司案呈，适奉军宪札开，总理稽核荒务总局案呈，案据署军宪札开，户司案呈，兹据珲春副都统衙门咨开，右司案呈，除原文省繁简叙外，案准户部议复，吉林将军铭　等奏，珲春地方请拨备用银两发商生息本银，并酌给衙署公用等银折钱一折，奏奉谕旨，"依议，钦此。"行文该将军如数由押租项下拨给等情。遵查本处请拨备用四八季及发商生息本银等项银两，咨请饬交因公赴省之骁骑校恩特额等就便承领。等因前来，详查该处应领衙署狱犯等银并文官饷米、监犯口米，折给钱文，自应查照原奏，仍由本司另案核发外，其应领加添备用银二千两，加添接济官差四季银二千四百两，加添牛具银二千八百两，加添发商生息本银一万两，共计银一万七千二百两，仍准由押租项下动支。详查斯项钱文均在荒地局收存，呕应札令该局遵照文内事理，即由所收荒价钱款内提项照行，以易实银一万七千二百两，如数移送来司，以便发给而凭咨报之处，相应札饬稽核荒务总局查照办理。等因前来，查珲春请拨备用四八季发商生息等项共计银一万二百两，现由荒务局照依光绪九年五月初二日街市银行每两三吊六百七十五文，共计合市钱六万三千二百一吊，如数由收存押荒项下提出，买得实银一万七千二百两，送交户司接收，以便转发。相应呈请札饬户司遵照等情。据此，合呕札饬户司遵照（下缺）

珲春副都统为变通烟集冈军中饷项以银钱对搭发放的咨文
光绪十三年十二月初一日

钦命帮办吉林边务事宜镇守珲春副都统法什尚阿巴图鲁依　为咨明事。窃照右路防军初札烟集冈，因其地荒僻无人，商贩稀少，兵勇月领口分皆系现银，每以零星之需，苦于无术展转。后经该路晋省关领饷项，遂就近以银易换省帖到营，按照市价核发，庶期活动。然改以钱票抵放，固属通融较便，而银钱经过商家之手，一出一入，亏折在所不免。行之既久，兵勇中或偶有用银者，必须以钱票赊买，又是一层剥削，此不过指其直出直进者而论，其不肖从中以低昂取巧犹在言外，是前之不便于银者，今且不便于票。兵勇之月饷几何，而禁此折减乎？本帮办此次简校该路军操，访知兵勇因此啧有烦言，亟应设法变通，俾免解望。当核于地面，能以周转于军中可求便宜者，莫如银钱对搭参半发放，既不亏兵又可济用。该处行使省票向来通行，似可从其所便。当经本帮办曾以此节面询兵勇，无不欣然乐从，既系众情皆愿，应饬保统领遵照所拟办理。此乃军饷攸关，为该路因地制宜体恤士卒起见，该统领自应谨慎奉行，毋得轻议更张，致亏兵勇。除分札外，相应咨明。为此合咨贵爵督将军，请繁查照施行。须至咨者。

右咨钦命督办吉林边务事宜镇守吉林将军一等继勇侯希

珲春副都统衙门为将十一年发商生息利银津贴各项差务动存数目核销事的咨文
光绪十三年

右司案呈，为咨复事。于本年十一月初十日准将军衙门咨开，户司案呈：兹准户部咨开，山东司案呈，准吉林将军将光绪十一年份，珲春发商生息利银、津贴各项差务动存数目，造册送部核销前来。查光绪八年十二月，前任吉林将军铭　奏，珲春地方改设副都统后，官兵等差务较繁，请拨备用等项银七千二百两，津贴差务膏火等项，请拨发商生息本银一万两，共计添拨银一万七千二百两，由荒价项下拨给，以资应用。当经本部议准复奏，行知遵照。嗣于上年十一月，据吉林将军希　将珲春发商本银一万两自光绪九年八月十六日领到之日起至十年底止，所收利银动存数目，造册送部核销。当查册造给过各项官兵津贴银两，有四两至八两不等，何以同一差务支发银两多寡不一？其雇觅驮马价银，每匹给银三两至六两不等，因何未能划一？且查十年份捕打鹿尾、采砍桦木箭杆，派往官兵较九年册内数目浮多，难保无滥行浮销情弊，咨令即饬核实删减，另造细册送部，到日再行核销。其所提荒价钱文若干，按照何月日市价折核发给，文内均未声叙，并令详查声复报部，以凭稽核，等因各在案。今据吉林将军将光绪十一年份珲春发商生息利银津贴各项差务动存数目造报核销，并未将前次本部指查各节专案登复，此次文内亦未声叙，本部碍难隔案核销。应仍咨行吉林将军查照本部前咨，转饬迅即查明，专案声复报部，以凭核办。所有此次造送十一年份收支清册，暂行附卷存查，应俟声夏到日再行一并核销可也。等因前来，相应呈请咨行遵照。等情据此，拟合咨行珲春副都统衙门遵照部咨办理可也。等因准此，案查本衙门前于本年六月间接奉省咨，准部咨驳。查珲春发商生息一万两利银，自光绪九年八月十六领到之日起至十年年底止，给过各项官兵津贴银两、雇觅驮马价银，何以同一差务多寡不一？因何未能划一？咨令核实删减，咨报到日再行核销。等因咨查前来，当经本衙门详查，此项本银系于光绪九年秋间领到，发商生息，故九年份秋季各差量为津贴，十年份系按一年差务津贴，兵数自属多寡两歧，其官兵津贴银四两、八两；驮马三两、六两，未能划一，系按差务日期、道路远近，酌拟支给，均系核实，从俭支动，并无浮冒，当即具情于七月初一日具文咨复在案。兹准咨查前因，合将前已准咨查明声复各情，再行具情声复，祈仍查照，前咨转咨户部查核准销之处，相应呈请咨复。等情据此，拟合咨复将军衙门，请繁查核转咨准销施行。须至咨者。

右咨将军衙门

吉林将军衙门为发给珲春光绪十三年公用银两的咨文
光绪十四年十月十七日

为咨行发给银两事。户司案呈，兹珲春副都统衙门 [札] 开，右司案呈：除原文省繁减叙外，案查应领光绪十三年份衙署公用银一百六十两，饬派云骑尉双祥等持文赴关领之处，理合备文咨请将军衙门查核发给可也。等因前来，核查珲春地方应领光绪十三年份衙署公用银一百六十两，遵照部定章程，每两减扣二钱，计减银三十二两外，实剩应领一百二十八两，即由本衙门库存税银项下照数提出，饬交云骑尉双祥等承领讫。相应呈请咨行查照。等情据此，拟合咨行珲春副都统衙门查照，俟将此项银两接收到日，速即咨复备核可也。须至咨者。

珲春副都统为满蒙旗员捐摊赴京充差人员川资的移文
光绪十四年十一月十六日

珲春副都统衙门右司　为移付知照事。于本年十一月初六日准将军衙门咨开，户司案呈，兹据户司禀，据满蒙八旗协领堂库主事等禀称：窃查吉省每逢挑送赴京充当侍卫差使官兵等，应将三代户口拨入京旗，以使就近充差。惟吉省距京二千余里，无如该侍卫等均系寒苦，搬取眷属，诚非易易。虽有由官发给川资津贴银两，亦属无多，加以近来食物昂贵，店费车脚等项倍增于昔，实不敷沿途盘费之需，致有终身不得搬取眷属者，内顾之忧，势所难免。职等图维至再，别无闲款可筹，仅可就地设法，自行捐助，免动公款。是以公同商酌，嗣后侍卫搬取眷属，每员资助一次程仪银一百两，作为永远定例，俾济川资而免向隅。所需银两，拟由通省满蒙各旗员应得俸银内按两捐摊。除鸟枪水手二营人员向不列挑侍卫差使，勿庸随拟外，所有每次侍卫几员、需银若干，拟即先由库存俸饷项下借垫，随时具稿提发。一俟二八旗发放俸饷时，再行由司按俸摊扣，以归简易而资核实。如蒙付准，请即饬司立案，永为定章。等因禀奉宪批：据禀，该员等公仪捐助侍卫川资接取眷属等，洵为义举，自应准如所请。惟此项帮费每年虽属有限，既据禀称立案，即须妥筹办理，方能免滋流弊。现在既有侍卫二员接眷回京，所有摊咨川资，准先由库存俸饷银内垫发，俟明年发放官俸，按数扣留归款，仍将领咨侍卫衔名随时报查。等谕饬交到司，奉此，合将来吉搬取眷属蓝翎侍卫全禄、富祥等二员应领帮摊回京沿途需用川资银二百两，先由本衙门库存俸饷项下照数提出，发交该员承领外，相应呈请咨札遵照等情据此，拟合咨行珲春副都统衙门遵照可也。等因准此。

珲春副都统为将中前右三路兵饷及屯垦等局经费概归帮办支发处总领转发的咨文
光绪十五年六月二十九日

钦命头品顶戴帮办吉林一切事宜镇守珲春地方副都统恩　为咨商事。案查珲防各营局饷银，向系自行派员赴省请领，行之既久，其弊有不可胜言者。中、右两路之饷，前因寄存瑞盛号，以致闭歇亏空，业经奏参在案。此外隐而未发之弊，未有如银票之甚者。查珲春铺商大半系属省铺分支，各营局领饷到手就近交给省铺，既便商人货运，又免委员携带，到防之后只以省铺之银票散给兵丁。孰知行之既久，流弊滋多，商货未到，则银票不能给；商货途中失事，则票又不能给；即或商货到来而未售，则银票仍不能给，种种累赘，兵何以堪？设遇赔倒闭，更无论矣。所以银票之弊，较之抹兑钱票贻害尤烈。市无现银，百货昂贵，兵穷民亦因之不丰，若不急力挽救，珲防直同虚设矣。本帮办细心体察，欲求挽救之方，非附近珲防中、前、右三路兵饷及黑顶子屯垦局珲春各招垦局经费，概归本帮办设立行营支发处总领转发，不足以塞其弊。且省中粮饷处但发市平，珲局即因之转发，亦无虞扰乱成规，庶物价平而兵困可苏，相应咨商。为此合咨贵督办将军请繁查照，望速见复，以便饬遵施行。须至咨者。

右咨钦命头品顶戴督办吉林边务事宜镇守吉林将军恩特赫恩巴图鲁长

珲春副都统为中前右各路嗣后领饷到珲必须一齐交库验收的咨文
光绪十五年七月十八日

钦命头品顶戴帮办吉林一切事宜镇守珲春地方副都统恩　为咨复事。案查本帮办前因珲防各营局自行领饷，弊窦滋多，兵民交困，亟应挽救。拟将中、前、右三路及黑顶子招垦等局饷银，概归本帮办行营支发处总领，仍照原平转发以除宿弊，而苏兵困，当经咨商在案。兹准贵督办将军咨复内开，查珲春中、右两路饷银解员私寄号商，业经本督办将军奏参，兹准前因所有银票等弊，亟宜认真革除，而苏兵困。但目今饷项支绌，若添设支发处，多此经费恐干部诘，本督办将军量加审度，各该营局银票之弊，皆因素乏稽查所致。嗣后珲防各该营局饷银，仍令其自行派员按季来省请领，解至珲春，呈由贵帮办饬令营务处或户司，会同如数收存，如有短少即行咨会本督办将军奏参治罪。凡饷银点兑清楚收库后，按月仍由各该营局派员到贵帮办衙门请领，并请于营务文案处酌派妥员同该解员到营临查，散放清楚，取结加结销差，如此变通办理，饷项毋庸加增，而积弊亦一洗而尽。除分饬外，相应咨复等因到本帮办。准此，查此案本帮办在省时，贵督办将军曾议及此，比到珲后，体察情形，势难见好，僚属因循，仍旧悉心筹议，力求整顿，方将次第咨商办理，以副贵督办将军实事求是之意，遂本帮办向日报国之诚，乃商复之文未到而分饬之檄已行。在贵督办将军以添设支发处经费支出，恐干部诘，从权仍旧派员监放，体念时艰，自是正办，而不知支发处之名目由来已久。营务处委员兼充向无津贴，今三路饷银既经变通办理，已由贵督办将军分饬在案，则此后寄存珲库本帮办亦与有责焉。嗣后各路派员领饷时应请先呈明本帮办，以便汇总出咨，该委员等领饷到珲不准先前落后，必须一齐到库，以凭亲身监兑或派员验收寄库。其招垦各局、文案营务以及差官等项薪水，概系公款，仍应照升任帮办依

任旧章设立支发处，以便勾稽而慎出纳。除饬中前右三路统领及粮饷处遵照外，相应咨复。为此合咨贵督办将军，请繁查照施行。须至咨者。

右咨吉林将军长

珲春副都统为由库拨发银两动存数目抄折的咨文
光绪十五年七月二十四日

钦命头品顶戴帮办吉林一切事宜镇守珲春地方副都统恩　为咨明事。案查本帮办前由省起程，准贵督办将军饬据粮饷处，由户司库拨发银三万两，当经饬交行营支发处、营务处随同办事委员记名骁骑校五品顶戴领催双顺经管。去后，兹据该员将收发数目开具清折，呈请咨会前来。本帮办复查所发数目相符，除接济右路银二千六百七十七两三钱六分，业经饬令解珲归款在案，暨将各员借支薪水银一千二百六十九两三钱三分零一毫，由本帮办按月扣还并将清折存案外，相应抄粘咨明贵督办将军，请繁查照文内抄单事理，希即转饬粮饷处知照，分别扣划施行。须至咨者。

计粘抄单一纸

右咨钦命头品顶戴督办吉林边务事宜镇守吉林将军恩特赫恩巴图鲁长

兹将委办珲春支发处、营务处随同办事委员记名骁骑校五品顶戴领催双顺，开具经理省库奉发借领接济各军饷银收支数目清折粘抄，请繁查核，须至清折者。

计开

旧管

无项

新收

一、收五月十三日由省库奉发借领三路接济饷银三万两整。

开除

一、除接济右路统领保成借领饷银二千六百七十七两三钱六分。此项由本帮办饬提归款。

一、除接济前路统领王宽借领饷银二千两整。此项据呈请下次领发秋饷由粮饷处划扣具报。

一、除接济中路统领永德借领银四千两。查此项已由此次应发夏季饷银以内扣清，理合登明。

一、除补发中路应领四、五、六三个月三营兵饷夫价共银一万九千七百五十两零一钱七分九厘九毫。查中路应发夏季饷银连同接济数目原额相符。

一、除额穆赫索罗地方买粮赈济贫民银三百零三两一钱三分，惟此项粮价尚余一百余两。已属署站官富清阿查极贫之民尽数赈发。尚未接其禀报。查此项发赈银两前已咨报，应请由提扣防饷赈捐项下划拨，以清款目。

以上接济补发共计饷银二万八千七百三十两零六钱六分九厘九毫。

实存

一、存饷银一千二百六十九两三钱三分零一毫。查此项前在省垣遵奉借发来珲各员川资，现该员等已各委差事，应由秋饷项下陆续划扣具报，合并声明。

吉林将军衙门为裁撤防练两军经费前后各款应即查明核减造册的咨文
光绪十六年十月二十七日

为咨行札饬事。本年十月二十三日准户部咨开，山东司案呈，内阁抄出吉林将军长　等奏，遵旨裁并防、练两军各局经费，以节度支一折，光绪十六年八月十七日奉朱批："户部知道。单并发。钦此。"钦遵到部。相应恭录朱批，飞咨吉林将军遵照。查原奏内称，黑顶子屯垦一局，向归防饷项下开销，因糜费甚巨，成效难期，已于本年六月奏请裁撤等语。查此案前据该将军奏请前来，奉旨交议，除靖边步队一营、马队一哨调归旧伍操防，现经本部会商总理海军衙门，俟办理复奏后再行知照外，至所称练军营务处承办事件较少，边务转运局系收运军械并承发机器局所拨各军火，不外收发两项，去之无碍，自应归并机器局办理，均请裁撤等语。并据单开，裁并一处一局，统计每年节省银五千三百八十两，亦应准如所奏办理，应令即将裁撤练军营务处、防军转运局各员，停支薪水日期，迅即咨报本部备查。嗣后请领防练两军部饷，即将停支前项屯垦局、营务处、转运局各薪水银两数目，于文内详细声叙，分别扣除，毋再遗漏。至该省边务各局委员，上年该将军奏请以十四年核销案内七十四员之数作为定额，经本部议复奏准在案。此次裁撤转运一局，计裁去委员十三员，以后该防军奏销即应以六十一员作为定额，不得再有增添。其练军各局员薪水逐年递加，查光绪十一年份，开支局员薪水银一万零七百二十两；十二年份，开支薪水银一万一千六百六十二两；十三年份，开支薪水银一万二千零（零）八两；十四年份，开支薪水银一万二千四百七十四两。通计四年之中又已增至一千七百五十余两，未免漫无限制。嗣后该省练军各委员薪水银数，应令该将军核实议定员额，遵旨将按月薪水数目迅速奏报，并咨本部备查。又称此外所留各局处应否裁并，细加体察，再行分别开单，奏请圣裁等语。应令迅即体察具奏，毋再迟延。又称，上年随将机器局认真整顿，每年节省经费银二万两，俟该局欠款带还清楚，即尽数添造军火，并将练军军火归并机器局制造，每年可省二千余金，于查复参办局员折内陈明在案。查机器局每年节省银二万两，带还欠款一节，上年十月据该将军奏称，自去秋迄今一年期满，已节省二万金，该局前欠户司饷项六万余金，业经前任将军希　奏明，按季领到经费陆续归垫。此次节省银两，先应归还户司，其尚欠四万五千余金，拟自今秋起，每年以一半抵还户司，一半另造军火，一俟欠款还清，仍将按年节省之二万金尽数购办物料，多造军火等语。此项节省银两办理尚属认真，惟仍系归还前欠，于经费并未核减分毫。且查欠款数目，据称六万五千余金，检核前将军希　截期造销奏片内称，截至十四年六月底止，不敷银五万八千七百四十九两零，请俟按季领到经费陆续归垫等语。是此项欠款前后数目不符，多列银至七千余两，究系因何舛误，应令迅即查明查复。该省机器制造一切，每年部拨银两早有一定数目，该省自应按照部拨银数开办，何至尚有不敷？似此移前挪后至多镣辖，殊属非是。钦奉特旨：机器局用开支尤属弊窦丛生，漫无稽考，若不一律认真整顿，何以昭核实而塞漏卮，等因。钦此。该将军上年于查明机器局案内亦奏称，该省械经费十万金，局费薪工数已过半，而以所余年造军火等语。是该省机器经费每年开支，局用之数多，造办军火之数少。部库近来异常支绌，以每年设法拨解之巨款，岂可不工归实用，致涉虚糜，自应将吉林局用及营口转运局员，认真删减。应令该将军仍遵谕旨将机器局用如何切实裁汰之处，一并复奏。再查该省机器局造销经费，前据请销至十二年十二月底止，其十三年以后用过银两，迄今未据造报。查十四年六月底以前，前将军希截期造销奏片，自请与依克唐阿造报，七月初一以后，由长　会同依克唐阿造报等语。即经本部行令，迅即截期造报，以清用款，何以该前将军等仍复任意迟延，应令该将军等迅即造册请销，均无延宕可也。等因到本督办将军。准此，除分饬外相应咨行。为此合咨贵帮办，请繁查照施行。须至咨者。

右咨钦命头品顶戴帮办吉林边务事宜珲春副都统恩

吉林将军衙门为京饷时有不敷发放拟请就近先行支挪垫发的咨文
光绪十八年正月二十六日

为咨行事。案据全营翼长富兴等禀称，窃维用兵之道，首在饷糈充足，士饱马腾，方称精锐。伏查职等所部练军，所用饷糈按由京领到部饷，通盘核计，虽足一年之需，无非由京解运，不能即时到省，由来已久。因之每年压欠冬腊两月，必俟次年二三月间京饷到时，方能放出，此间仍有不敷，由经理人员禀借户司按放，总计至一年积压冬、腊两月，合算一年每兵即少得银五六两。其在省之队，日食一切尚有该管上司自相筹借，无非稍轻，尚可支持，惟在四外驻扎各队，其日需粮草吃食店钱，无不得认出重利，借贷商家。乃近年来市井萧条，借垫不易，又加以四外盗氛日炽，各路用兵正当紧急，故饷糈尤不得不亟为设措。其按年京饷不足之数，均系由省库拨给，向曾有动支数万两之多。若以通省局面而论，似应有内外之分，外城既有征收杂款一年，仍须提解省城存库。拟请此后于京饷不敷发放之时，外城之练饷即由各城征存款内就近先行垫发两三个月。由各衙门归总，交粮饷处移付户司，应归何项自行归结，练军又少领一次，路费一切也少用，各无妨碍。誊出应放外城之饷，请归省城七起马队与吉胜营骁勇、抬枪、洋枪步队。按月于初一日画稿，初四日发银，倘仍不敷，请即下户司，仍由库存俸饷内先行支挪垫放，京饷一到，如数归结。如此一转移间，则通省之兵饷皆能顶期发放，庶免借资商垫，致出重利之累。职等为体恤兵艰起见，是否可行，理合具情禀请宪鉴核夺，伏候批示施行。等情据此，除批准如所请办理，仰候咨行各城副都统并行道，通饬各属一体知照，仍由该翼长行知各队可也。缴。挂发并分札外，相应备文咨行。为此合咨贵副都统，请繁查照办理施行。须至咨者。

右咨珲春副都统

珲春副都统为发给中路修葺火药库用银的咨文
光绪十九年

右司案呈：为发给银两事。兹于八月初九日据边防营务处移开，前于七月十八日准中路咨开，案照前奉宪谕饬令中、前两路会同修葺火药库等报称，现已监修完竣，谨将购买木料、砖灰等项，以及木瓦匠工银共合一百十六两二钱三分，逐项开具简明清单，呈报前来。敝统领查所需各项物料价值均系实用，并无浮冒情弊，理合照抄原单，备文咨请查核转详发给施行。等因前来，当经详奉宪批呈悉。查此项数目，应由中前两路并旗营三处，均应仰即转咨该统领分别移领可也。缴。等谕。奉此，除分行中、前两路外，相应备文移知贵司，请繁查照施行。同日又准靖边中路统领永　移开，案照中、前两路会修火药库，共计需银一百一十六两二钱三分，曾经开单咨请在案。兹奉帮办宪谕，着令珲署与中、前两路均摊。等谕奉此，除移付前路统领查照外，理合备文移付贵副都统衙门右司，查照发给。等因前来，据此合将本衙门应摊银三十八两七钱五分，呈请由库存接济差徭项下如数提出，发给中路永统领德承领之处，理合具稿呈……（下略）

（二）房 租 地 租

吉林将军衙门为将应征地租等钱改征银款的咨文
光绪十二年二月十六日

为咨行遵照事。户司案呈，兹准户部咨开，山东司案呈，准吉林将军咨称，准部咨查上年十二月据吉林将军希　奏，吉林制钱短绌，拟将土税、杂税、地租改征银款解交，其烧锅票课、厘捐照旧征收。当查改征银款系为整顿库储起见，准如所请办理。议令该将军等实力查察，严杜弊端，务期于库储、民用两无窒碍。并将办理情形、改征银款数目、日期，专案报部，等因复奏行知遵办在案。兹据吉林将军咨称，遵查吉林地方现钱短绌，不敷周转，因于去年冬间，拟将通省应征地租税钱奏请改征银款，照上年十一月十四日吉省报部现钱银价，每两三吊三百八十文之数折算，酌定每地一垧原征大租钱六百文，改征银一钱八分，原征小租钱六十文，改征银一分八厘，每垧共改征大小租银一钱九分八厘。按照彼时报部现钱银价共合钱六百六十余文，较与原征钱数有盈无亏。兹奉部咨，吉省征收租税一切钱款，向系列抵官兵俸饷，每市钱三吊抵银一两搭放。荒地每垧征大租钱六百文，计可抵兵银二钱，今改征大、小租银一钱九[分]八厘，计少抵兵饷银一万余两。查吉省官兵俸饷章程，系按八折实银开放，每发兵饷二（钱）[两]仅用实银一钱六分，每垧荒地改征大租实银一钱八分，除抵兵饷二钱应折发实银一钱六分之外，尚余实银二分，计照通省原以租钱抵饷之数，每约能多抵银一万余两，与库款不致亏。若照部咨每垧大租抵放兵饷二钱之数办理，比照原租钱数觉重，难免佃民受累。再，应征杂税、土税正款钱共九万六千七百余吊，原系以八成抹兑搭交之项，故于奏改征收银款折内声明，请照街市抹兑钱价折银定额，迨本年二月奏到部复，即查照二月初一日抹兑银价每两三吊九百六十五文折算，每年计应折征银二万四千四百余两，请作定额。兹奉部咨按照向章，每市钱三吊核银一两，每年可抵饷银三万二千余两，计少抵银八千余两。应令将经征税钱按照随时市行银价折核，以昭公允等语。查杂税、土税钱文，均系应抵官兵俸饷，若以市钱三吊抵银一两之数计算，固似亏短。若许如以改征实银二万四千四百余两，按八折能抵发兵饷银三万零数百余两之数，计之多寡不致悬殊。查银价涨落靡常，课银应有额数，若令经征员弁随时易银解库，难保不于易银时有趋避轻重之事，借端影射漫无稽考，仍须定有一准银额，以便照数解交。若将每年应征税钱九万六千七百六十余吊，改照本年二月初一日报部现钱银价，每两三吊五百三十文折算，共应折银二万七千四百一十余两，比照上次抹兑银价折核之数，又多征银三千两有奇。惟是以八成抹兑搭交之税钱，统照现钱银价折算，将来买银亏赔，正如前次部议所谓恐于征收时，或借口银色补平火耗等项从中需索，是未便民反致扰流弊滋多，不可不预为防范。所有吉省地租、税钱二项，可否仍照原奏地租，每垧征收大小租银一钱九分八厘，税钱仍以抹兑银价折算定额，抑或地租改征大小租银二钱二分，税钱改按现钱银价折算定额之处，均请部示，以便自本年征款一体遵行等情，拟合咨部查核，望迎示复以凭遵办等因前来，查本年三月据吉林将军咨称，吉省荒地租钱一项，请照原奏酌定银数，每垧征大小租银一钱九分八厘。各城经征杂税、土税钱款，拟照抹兑行价每两三吊九百六十五文折算，核作银数永为定额。当经本部查吉林征收租税钱款向系列抵官兵俸饷，每市钱三吊抵银一两搭放。如地租一项，照该将军所定每垧征大小租银一钱九分八厘，每年计少抵兵饷一万余两，其杂税、土税钱款额数，若照抹兑行价折征银二万四千四百一十一两，亦少抵饷银八千余两，应令妥筹声复报部，以凭核办，等因在案。兹据吉林将军咨称，吉省官兵俸饷章程系按八折实银开放，每发兵饷二钱，仅用实银一钱六分。今每垧改征大租银一钱八分，除抵放兵饷一钱六分外，尚余银二分。照通省原以租钱抵饷之数，每年约能抵银一万余两，与库款不致有亏等语。即据该将军声称，每垧改征租银折放兵饷，核计于库款有盈无亏，自应如所咨准，照原奏酌定每地一垧改征大小租银一钱九分八厘办理。其各城杂税、土税钱文一款，据称此项钱文如改征实银二万四千余两，按八折能抵发银三万余两，计之多寡不至悬殊。查经征杂税、土税钱款，共征钱九万六千七百余吊。若照该省抹兑银价折算，核计抵饷有亏，亦应如该将军所咨，将杂税、土税钱款按照现钱银价折算银数定额，以归核实。应俟自奉到部文后，迅将改征银款日期专案报部备核，并令将各城杂税、土税等款认真整顿，一俟税务畅旺，应由该将军随时体查情形酌增课额，以裕饷需。相应咨复吉林将军转饬遵办可也。等因前来。查吉省应征租税钱款，拟自光绪十一年起改银征解，咨请部示，以便遵办去后。迨十月底各项征款已逾开征之期，尚未奉到部复，未敢率行更章，行饬所属仍旧办理等因，于十一年十一月初十日咨报在案。嗣于十一年十二月二十七日接奉部议准复，令于奉到部文后，迅将改征银款日期专案报部备核等语。查奉到部文之际，所有各处应[征]租税，业已征解大半，所剩未完已属无几，拟将改各款均自十二年份起遵照议定章程，一律改[银]征解，以免纷更而照核实。除分行所属各处遵照办理外，相应备文咨报。为此，合咨户部繁查核，暨咨珲春副都统衙门遵照办理可也。须至咨者。

右咨珲春副都统衙门

吉林将军衙门为报送应征税款折银数目事的咨文
光绪十二年二月二十六日

为咨行事。户司案呈，兹准户部咨开，山东司案呈，本部谨奏为遵旨议奏事。军机处交出吉林将军希　等奏，吉林制线短绌，拟将应征钱款改征银款以期整顿一折。光绪十年十二月初十日军机大臣奉旨："户部议奏，片并发。钦此。"钦遵到部，臣等副查吉林地租、杂课以钱数起征，历有年所，如果事无窒碍，自毋庸轻议更章。兹据希等以制钱不敷周转，拟将杂税、土税、地租改征银款，作为永远定额。其烧锅票课、厘捐、斗税仍照旧征收等情，具奏前来。臣等查征收课款，无论银钱均应实存在库，吉林省以现钱不敷，凭贴搭文不足以计久远，今奏称征银款永远定额。由经征各员以现银解库，系为革除抹兑、整顿库储起见。臣等公同商酌所有应征杂税、土税、荒地租赋俱改征银款，其烧锅票课、厘捐、斗税三项照旧征收钱款，均拟准如所请办理。至称省中所征烧锅等税钱贴，尚有四十余万千之多，今既改征银款，应令将此项钱贴于应放各款内赶紧尽数搭放，以免紊混。俟搭放后，即行报部备核，如蒙俞允，臣部即行文该将军等遵照。惟查吉林征收钱款，民间相安已久，今骤改为银款，恐制钱既未充裕，银两亦非果有盈余，倘征收租税等款时，差役人等或借口于银色补平，火耗等项，从中多方需索，是未能便民反致扰民，流弊滋多，尤不可不预为防范。应请旨饬下吉林将军等实力查察，严杜弊端，务期于库储、民用两无窒碍。再查原奏内称，荒地租赋向征大租银六百文者改为一钱八分，小租钱六十文者改为一分八厘。又称俟准部咨再将改征杂税、土税各款照征收之数，以彼特银偿分别折算改折银款等语，是否以前拟之数为定、抑俟奉部复后再行核定准数，应并令将办理情形及改征银款数目日期，专案报部备核。所有遵议缘由，理合恭折具陈，伏乞皇太后、皇上圣鉴，谨奏。光绪十年十二月二十四日具奏。本日奉旨："依议，钦此"。相应恭录谕旨，飞咨吉林将军遵照。等因咨行前来，准此详查吉省应征荒地租钱一项，原因荒地分处各城界址辽阔，佃民散居各荒，若将应征租钱按年于开征时照行定准，一面报部，一面出示经征，不惟价值高低无定，且催征实属不易。拟请即照原奏酌定银数，每垧经征大小租银一钱九分八厘，自本年秋季起改征，通饬所属各城、厅永远遵行。至所属各城、厅经征杂税、土税，除向以现银征交者，仍照原定额数征交毋庸改拟外，所有向征银款者拟即照依光绪十一年二月初一日吉林省市宝银抹兑行价，每两三吊九百六十五文折算。按照各该属原征钱款额数核作银数，即自光绪十一年征款为始，按年照数征交银款为定额。以上租税均自本年起各照定数改银款解交充饷，嗣后银价无论涨落仍照原奏事理永不增减。再查吉省土税钱内有按年支发刑司掌关防主稿京员郎中等官月需薪水及添设番役月饷、承办处月支膏伙等款。详查刑司京员等，原定每员月给薪水银五十两，添设番役二十名，每名月给饷银一两，均各按照每月初一日报部银价折核，由土税钱内发给。惟各承办处应支膏伙，原按每月拟给市钱各四十吊，历经核发按年造报核销在案。今将土税钱款改银征交，所有京官薪水、番役月饷请即照依原定银数按月发放实银。惟承办处膏伙原定支发钱数拟请改由征收厘捐钱内发放。又伯都讷同知等处应付征撤官兵车价钱文，历由该历经征杂税钱内动发，今既改银折交，应将兵车例价制钱，饬令改由将军衙门库存俸饷钱内发给，发免照行折银之烦，统归俸饷核销案内造报核销，俾昭核实。合将通省应征税款原额若干，除照章扣支工食外，应交若干，照行折交银两若干各数目，分析抄粘简明清单，咨报查核，并通行所属各城、厅一体遵照出示改征外，相应呈请咨报。为此，咨报户部请繁查核外，暨咨行珲春副都统衙门查核可也。须至咨者。

右咨珲春副都统衙门。

吉林将军衙门催征地租的咨文
光绪十四年十二月十七日

为咨行遵照事。户司案呈，适奉军宪札开，准户部咨开：除原文省繁简叙外，惟指查南冈招垦分局纳租地三千二百余垧，从前归敦化县经征，每年尚能实力督催，所欠无几。乃自拨归招垦局，所有十二、三年应征额租及八、九、十、十一等年民欠未完各租，是否悉数征齐，从无一字开报。该招垦局所司何事，该副都统何以亦漫不加意。应令该将军迅饬招垦局员，将民欠新、陈各租，并历年出放荒地已、未放及已、未届限升科各地亩，经征大、小租钱荒价解交何处，作何动用各数目，迅速先行开单，专案报部，毋稍迟延。等因准此，合亟札饬，札到该处，呈请咨明珲春副都统衙门遵照办理可也。等因奉此，遵查南冈分局自光绪七年起至十一年止，出放熟、荒地垧数并垦民未交新、陈、大　小租钱各数目，前经招垦总局委员贾元桂呈报，按照敦化县原移册簿挨户查清，分析造具清册，呈由副都统衙门派员征收在案。查此项地亩新陈租赋并垦民花名既归副都统派员征收，即属地方衙门之事。嗣后该分局一切事务，应由副都统衙门就近办理，不归边务，亦毋庸归于招垦局核转，以昭捷便而免纷歧，相应呈请咨札遵照。等情据此，拟合除咨行珲春副都统衙门遵照查报外，合亟札饬，札到该司知照可也。等因札饬交司。奉此，案查南冈地亩前于光绪十三年十月间，准该副都统衙门咨报该处招垦局，经征熟地四千零四十垧，该佃民欠交自光绪七年起截至十一年止，共欠大小租钱四千六百一十三吊三百四十八文，内已收大租银八百二十三吊八百零二文，小租钱八十二吊三百八十文，尚剩未收大、小租钱三千七百零七吊一百六十六文，等因在案。现已遵饬拟归副都统就近征收。所有此项民欠租赋，系属抵饷正款，岂容久任悬欠，亟应咨催该处务须赶紧派员催征齐楚，限于明年开印前迅速解交来省，以凭拨用，万不准稍有蒂欠。再查该衙门咨报，大田收成欠薄，请缓。文内开载南冈本年应征大、小租银七百八十两零三钱一分八厘，按大、小租一钱九分八厘核算，共计地三千九百四十一垧，核与前报四千零四十垧之数，计少地九十九垧。租赋攸关，亟应详细查明咨报，以凭查核之处，相应呈请咨行遵照等情。据此，拟合咨行珲春副都统衙门遵照可也。须至咨者。

右咨珲春副都统衙门

珲春副都统衙门报送租银数目的咨文
光绪十六年

右司案呈为咨报事。案查本衙门库内所存租赋银钱数目，报请蠲免以前征存十二、十三、十四、十五等年租赋银两。除备文咨报外，并札饬催租委员骁骑校成玉等，即将十四、十五等年份应征大租银两，务期如数催征清完，以便咨报等情，已于本年正月二十五日咨报在案。兹查本年秋季因水被灾，南冈一带佃户等应征本年大租银两，业已咨请蠲免在案。现据催租委员骁骑校成玉呈交今春带征十四、十五年份大租银两，以及存交若干之处，逐一分析开单粘连文尾咨报。为此，合咨将军衙门核夺施行。

粘单

谨将本处库内所存租赋银两数目逐一分析开列于后

计开

旧管

一、光绪十二、十三、十四、十五等四年赋租银一千一百八十九两五钱五分五厘，租赋钱一百九十九吊七百文。

新收

一、光绪十六年带征十四年份大租银三百二十一两四钱九分四厘五毫五丝。

一、带征十五年份大租银三百零二两一钱七分。

开除

一、光绪十六年春秋解交省库租赋钱一百九十九吊七百文。

一、十六年秋季解交省库租赋银五百一十五两八钱一分外，实在现存银一千二百九十七两四钱零九厘五毫五丝。

珲春副都统衙门造报黑顶子户口地籍清册的咨文及附册
光绪十六年

右司案呈　为咨送事。案查本帮办委员清丈黑顶子地亩完竣日期，前经咨明在案。所有报部户口、地亩册籍，饬据右司造齐呈请咨送前来，相应咨送，为此合咨贵督办将军，请繁查照，希即复核转咨施行。须至咨者。

右咨将军衙门

附清册二份

珲春副都统衙门　为将现放珲春所属黑顶子地方越垦地亩，现据委员一律勘办完竣，所有光绪十五年丈清新放升科熟地垧数、应征租赋各数目，并垦民花名分析造册，咨报查核事。

计开

敬仁社

一、垦户赵炳学，光绪十五年领熟地二垧三亩七分，每垧纳租银一钱八分，当年升科银四钱二分六厘六毫。

一、垦户崔宗良，光绪十五年领熟地二垧一亩一分，每垧纳租银一钱八分，当年升科银三钱七分九厘八毫。

一、垦户胡万宾，光绪十五年领熟地五亩四分，每垧纳租银一钱八分，当年升科银九分七厘二毫。

一、垦户孙锡志，光绪十五年领熟地四亩，每垧纳租银一钱八分，当年升科银七分二厘。

二、垦户王福宽，光绪十五年领熟地一垧一亩七分，每垧纳租银一钱八分，当年升科银二钱一分零六毫。

一、垦户臧士忠，光绪十五年领熟地六亩四分，每垧纳租银一钱八分，当年升科银一钱一分五厘二毫。

一、垦户鲁延清，光绪十五年领熟地六亩一分，每垧纳租银一钱八分，当年升科银一钱零九厘八毫。

一、垦户魏金恒，光绪十五年领熟地二亩八分，每垧纳租银一钱八分，当年升科银五分零四毫。

一、垦户徐振东，光绪十五年领熟地一垧二亩，每垧纳租银一钱八分，当年升科银二钱一分六厘。

一、垦户孙长岑，光绪十五年领熟地二垧，每垧纳租银一钱八分，当年升科银三钱六分。

一、垦户许秀儒，光绪十五年领熟地一垧七亩八分，每垧纳租银一钱八分，当年升科银三钱二分零四毫。

以上垦户三百七十八户，于光绪十五年只领当年升科熟地一千（下缺）。

珲春副都统衙门造报旗民应纳银谷租赋数目
光绪十七年

谨将珲旗、民应纳银谷租赋各数目逐一分析列后

计开

左翼　镶黄旗欠交光绪十六年份义仓牛具（谷）市石谷五石，外欠前任

依宪果什支借仓谷十石。又原欠接济灾户市石谷二十五石六斗四升五合，分限二年带征。又欠十五年份义仓牛具市石谷一石。又应交前由义仓借给监狱市石谷六石五斗五升。又应交十七年份义仓牛具谷五石。共计谷五十三石一斗九升五合。

正白旗欠交光绪十六年份义仓牛具市石谷五石。又原欠接济灾户市石谷十五石三斗一升七合，分限二年带征。又应交十七年份义仓牛具市石谷五石。又应交前由义仓借给监狱市石谷六石五斗五升。共计谷三十一石八斗六升七合。

镶白旗欠交光绪十六年份义仓牛具市石谷五石。又原接济灾户市石谷十二石二斗五升九合，分限二年带征。又应交前由义仓借给监狱市石谷六石五斗五升。又应交十七年份义仓牛具市石谷五百。共计谷二十八石八斗零九合。

正蓝旗欠交光绪十六年份义仓牛具市石谷五石。又原欠接济灾户市石谷十四石九斗六升，分限二年带征。又应交前由义仓借给监狱市石谷六石五斗五升。又应交十七年份义仓牛具市石谷五石。共计谷三十一石五斗一升。

以上四旗共计市石谷一百四十五石三斗八升一合五勺。

右翼，正黄旗欠交光绪十六年份义仓牛具市石谷五石。又原欠接济灾户市石谷二十三石八斗二升，分限二年带征。又应交前由义仓借给监狱市石谷六石五斗五升。又应交十七年份义仓牛具市石谷五石。共计谷四十石零三升七合。

镶红旗欠交光绪十六年份义仓牛具（谷）[市]石谷五石。又原欠接济灾户市石谷二十二石二斗五升五合，分限二年带征。又应交前由义仓借给监狱市石谷六石五斗五升。又应交十七年份义仓牛具市石谷五石。共计谷三十八石八斗零五合。

正红旗欠交光绪十六年份义仓牛具市石谷五石。又原欠接济灾户市石谷十四石三斗四升五合，分限二年带征。又尾欠十五年份义仓牛具市石谷五石。又应交前由义仓借给监狱市石谷六石五斗五升。又应交十七年份义仓牛具市石谷五石。共计谷三十五石八斗九升五合。

镶蓝旗欠交光绪十六年份义仓牛具市石谷五石。又原欠接济灾户市石谷二十八石零七升，分限二年带征。又应交前由义仓借给监狱市石谷六（谷）[石]五斗五升。又应交十七年份义仓牛具市石谷五石。共计谷四十四石六斗二升。

以上四旗共计市石谷一百五十九石六斗九升。

以上八旗统计市石谷三百零五石零七升一合五勺。

一、珲春所属南冈地方佃民承种纳租地三千九百四十一垧，每垧应交大、小租银一钱九分八厘，共纳十六年份大、小租银七百八十两零三钱一分八厘。

一、珲春所属南冈地方佃民十六年新升科地九千五百一十五垧七亩，每垧应交大、小租银一钱九分八厘，共应纳十六年份大、小租银一千八百八十四两一钱零八分六厘。拟请缓至十七年秋后起，分限两年带征。

一、南冈佃民应交承种纳租十七年份大、小租银二千六百六十四两四钱二分六厘六毫。

一、珲春所属南冈地方佃民十七年新升科地二千七百六十四垧八亩，每垧应交大、小租银一钱九分八厘，共应纳大、小租银五百四十七两四钱三分零四毫。

一、带征十四年份尚欠租银三百八十七两九钱五分三厘九毫九丝五忽。

一、带征十五年份尚欠租银三百七十三两九钱七分八厘。

（三）杂 土 税 收

吉林将军衙门为拟定洋药、土药捐输条款的咨文及章程
光绪十一年四月二十六日

为咨行遵办事。户司案呈，兹据户司禀称，现准部咨会议具奏筹饷一折，商拟开源节流二十四条，内有推广洋药捐输条款，内开广东省光绪初年筹备海防，由藩司招商黄近源包抽通省洋药捐银，每年认交洋银四十二万元，五年为满，每年递加二万元。嗣于光绪七年经两广督臣奏准，新商李玉衡自光绪六年接办，每年包抽洋银九十万元，仍五年为满。各省如能仿照广东办法招商包抽，每沿海各省以百万两，不沿海各省以数十万两为率，约可得银数百万两。惟各省水陆情形不同，或有不能仿办，自应另筹办法。查通商善后条内开，洋药止准在口销卖，一经离口，即属中国货物，只准华商运入内地，外国商人不得护送，其如何征税，听凭中国办理。今拟不分洋药、土药，发给华商行坐部票，按捐银以助军饷。其行票应填写商人姓名、籍贯，按年请领。每票定以十斤，每斤捐银二钱，经过关卡查验，另纳税厘，并由各关卡于部票内填注该商经过年月日，上盖印戳为凭，以杜重复影射。无票者将货充公，并行惩办。其店坐票填写铺户姓名、字号、住址，无论资本大小，按年令捐银二十四两。每年仍换票一次，如无票者不准开铺售卖，并行惩治。惟洋药一离口岸，散漫难稽，且私带、私贩如何防杜，应俟各省议复定章，一律兴办，等因行令照办前来。查吉林地方并无通商口岸，亦无夷商在此捐贩洋药。惟近年本省产有土药一项，较比洋药价值低微，各就本地销售，以致洋药来

路更稀，即偶有买卖洋药者，亦均系本处商贾由内省陆路运贩来此，实属零星，并无大宗。且本处所出之土药，皆系民户等于山崴地边零星栽种，不过因其收获较早，俾得稍济眉急，因而就地销售，亦有贩赴外省者。各行经纪商人，大半兴贩此货。惟通省地面辽阔，商贾众多，每年究竟由外贩来洋药若干，本地销售土药若干，一年能收捐银若干，均属散漫难稽，毫无把握。倘若仿照广东办法招商包抽，其每年认交捐输银数若干，实难悬揣定拟，定数多，则商人不堪赔累，势必格外苛求，多滋扰害；定数少，则饷源仍无实济，反将筹收捐项徒饱私囊，是招商包抽，现时碍难仿照办理。此正原奏所谓各省水陆情形不同，或有不能仿办，自应因地制宜另筹办法。昨已面奉宪谕，先归户司经理，俟试办三年后，再行随时酌夺等谕。遵此，职等伏思此项票捐，系属创始，一切办法毫无成规，现仅就地方情形酌拟试办章程六条，附禀呈请宪鉴裁夺。倘若可行，即请张贴晓谕通行各处，自五月初一日一体遵行。并请将免领部票、开支工食暨试办大（盖）[概] 情形先行奏明，其有未尽事宜，容俟随时酌量，再行禀请拟办。等因禀奉宪批，所拟各条尚属允协，着即拣派妥员认真办理，其试办情形俟复奏时随折声叙。仰该司具稿先行出示晓谕，俾使周知。等谕发交到司，奉此遵即由司缮拟告示及票照式样，依式刊刻，先行刷印告示五百张，分发各城一体张贴晓谕外，并预为刷印空白行坐票照钤印分订，以备各处具文咨领。合将所拟试收洋药、土药捐输银两应办章程六条抄粘文尾，一并通行所属各副都统衙门，均归右司，总管、协领、佐领等衙门，即由各该衙署派委妥员，照依行饬禀定章程，妥为经征办理，务期实力奉行，不准虚糜经费。有无实致招怨尤之处，相应呈请咨札遵照。等情据此，拟合咨行珲春副都统衙门遵照可也。须至咨者。

右咨珲春副都统衙门

粘单

谨将所拟试办洋药、土药票捐章程六条开列于后：

计开

一、拟由本衙门印发票照，以昭捷便。查部章发给华商行坐部票，推广洋药捐输。吉省距京二千余里，请领部票往返需时，边地铺商资本微少，开闭靡常，不待部票领到，其间倘有荒闭之家必受空票之累，且赴部领票往返数月，长途繁费亦属无可筹画。拟即毋庸请领部票，即由将军衙门户司分别拟定行坐票式，具稿立案，刊刻行、坐票板各一块，每板刊刻连环二票，印于一纸，二票相连，中间预留空白寸许，即如此处编列骑缝字号，钤盖堂印。每逢收捐放票时，即将相连二票一并添注铺户字号、商人姓名、货物捐银各数目。由骑缝处裁下一票发给商人领去为照，所剩票根一张存留备查。每月收捐放票各若干，查此票根即得确数。

一、应预备空白票照，以期爽手。查本城、外城所用票照甚多，若待现领现印，势必有等候耽延之累。拟即每次由司刷印空白票照数千张，分析行坐，各以每百张订作一本，汇总呈请钤用堂印，妥顺收存。随添其外城应办票捐，亦归该衙门司中专为经理，查照省章一律试办。应用行坐各票，具文派员赴将军衙门请由司存空白票内量为颁发，仍具稿咨札该处照数查收。其于票内应填铺号、银数，均照省式一体办理。每届三个月，各将所收银两发出票张、捐过货物各数目及行坐商人姓名、铺户字号，逐一分析造具细册，呈报一次，以凭随时查核，而便汇造报销。

一、按行坐票张抽收捐银，以助军饷。查部章行票，应填写商人姓名、籍贯，按年请领。每票定以十斤，每斤捐钱二钱，兹按部定斤数勾稽，每两应摊捐银一分二厘五毫。本省买卖洋药、土药，均系以两作数，若再按斤扣算，未免多费周折，请即定为每两捐银一分二厘五毫，仍与部章每斤银数相符，毫无增减。洋药、土药一律办理。嗣后凡有销售兴贩，无论数目多寡，除先行请领坐票外，仍须统领行票，照章纳捐，无票者即系私货，查出充公。惟每票定以十斤为率，其小本经纪零星销售，每有不及十斤竟不能敷此一票额数者，倘遇兴贩大宗货至盈千累万之数，若仍按每十斤发给一票，所发票数过多，转滋繁琐。似可不必拘定每票十斤额数，嗣后遇兴贩大宗之货，拟即照数给一总票或酌给数票，临时听凭领商人自便，俱随时给票，以免等候。仍照部章经过关卡查验，另纳税厘并由关卡填注经过日期，上盖印戳，以杜重复影射。无票者将货充公，并行惩办其行店。坐票即遵部章于票内填写铺户姓名、字号、住址。无论资本大小，按年令捐银二十四两。每年仍换票一次。每逢销售运贩，仍须随时另领行票照数纳捐。如无票者，不准开铺售卖，并行惩治。拟请遇有荒闭之家，准其随时缴票停捐，以免赔累而示体恤。

一、请分季汇交票捐银两，以便收纳。查此项捐银，系属零星集凑，碍难随时入库。现已仿时厘捐章程，无论本城、外城，俱按二、八月初一日汇总交库，凭专款存储，将来应抵何项饷需，一俟积有成数，再行奏请动用，随案报销。

一、宜派人严密稽察，以免偷漏。查省城商贾甚多，大半兴贩此货。应令经纪商人各将原存已经税过之货，赴司报明数目，饬令司员分投查验注册。先令各领坐票一张，此后新买之货随买随报，即照新章办理，俾免影射牵混。仍饬司员随时严密稽察，倘有故意偷漏以多报少、无票私贩各情，或经查出，或被告发，定照部章将货充公，仍行究惩。其城外集镇商人，亦多有兴贩此货运赴他处者。若概令其来省领票，实觉不便于商，若按处分设局卡，又恐多滋扰累。拟请由司拣派妥员数人，酌携空白票照，分赴土税局所设分局、分卡之处。每处一员带领随差三四人，即随该分局、分卡一同任寓，各自廉费，各办各事，俾杜影射挹注之弊。不再别立局卡，以节廉费。所派坐卡之员，专司查验经过洋药、土药，有票者验明放行，不准勒索；无票者即系私货，解省究办。倘贩货商人距省鸾远，并未由省经过，实难绕路赴省领票者，准其就便由验票委员处自行报明领票纳捐，并将税钱照章交纳。土税分局各收各款，以便远商，不在故意偷漏科罚之例。其验票委员处所收捐银，亦按二、八月初一日汇总解司交库，仍于每月初一日，各将上月所收银两所发票张及验过票照各数目，先行逐一报明，用资稽核。

一、仿厘捐章程扣留一成工食，以资廉费。查司中刷印通省所用票照，并办理报部核销细册需用纸墨（辛）[梓]工暨司中办事内外稽查司员、笔帖式、帖写、拨什库等需廉费一切，即由所扣一成银两随时动用。

珲春副都统衙门为照省章变通办理洋土药的咨文
光绪十一年

右司案呈　为咨请事。前于八月二十三日接准将军衙门咨示内开，推广洋药厘捐坐票、行票章程，刊发告示前来。当即饬右司将告示张贴，并传铺首等尽心查办。现据暂护右司关防五品衔八品笔帖式阿察本等呈称，遵查本处地僻一隅，生意无多，近年虽较以前稍觉盛旺，皆系小本经营，零贩零售，并无专行生理，均由省城一路来货，别无旁通四达之处。海口为俄界所阻，洋药并无来路，地土于罂粟不宜，本药所出甚稀。坐票、行票实无承领之人，呈请鉴核等情前来。查系实在情形，因地制宜以俟变通办理洋药。本药本处固所不出，然自他处至本处零售带卖者，正亦时有。应照省定变通章程于此（缺文）二两，外加收银一两二钱以抵票银，亦未便另派官役耗费工食，恐收项微少，空有劳费，仍由局承办理，另立专册分析造报。如此变通，庶能行久，理合呈请咨行。为此将变通药厘可否之处，咨请将军衙门鉴核示复施行。

珲春副都统衙门造送光绪七年征收烟酒杂税清册
光绪十一年

为造送清册事。于光绪七年份试收杂税银两数目开列于后。

计开

新正月初三日，行商李云买周克勤烟土膏二百两，价银一钱五分合钱一吊八百文。

初六日，行商孟福安买高琪线麻一百五十斤。

初十日，行商张保珍买赵廷义线麻二百五十斤。

十三日，行商罗文瑞买郝士海蟹肉一百二十斤。

十六日，行商秦自才买郦永苏油五百三十一斤。

二十四日，行商吴连魁买马标海参九十七斤。

二十六日，行商焦世昌买步云烟土膏五十两，价银一钱五分合钱四百五十文。

二十八日，行商姚顺买王文斌苏油五百七十斤。

正月收苏油一千一百零一斤，百斤税钱二百文，合钱二吊二百零二文；烟土膏二百五十两，合钱二吊二百五十文；线麻四百斤，百斤合税钱三百文，合钱一吊二百文；蟹肉一百二十斤，合税钱一吊二百文；海参九十七斤，十斤税钱五百文，合钱四吊八百五十文。共合钱十一吊七百零二文。

二月初一日，行商陈荣先买褚永和苏油二百四十六斤。

初二日，行商李克勤买申广福火盐八十八斤。

初七日，行商卜永福买李君兆蟹肉一百三十斤。

初十日，行商李成信买周维新海参五十五斤。

十三日，行商甘文忠买霍有才海参六十七斤。

十五日，行商耿太然买崔均安火盐一千二百斤。

十九日，行商刁秀童买史文仲木耳二十斤。

二十一日，行商席文盛买杜如海海参一百五十六斤。

二十四日，行商李彩买贾士福烟土膏四百两。

二十七日，行商高玉买鲍起昌苏油三百七十斤。

二月收苏油六百零六斤，百斤税钱二百文，合钱一吊二百一十二文；火盐一千二百八十八斤，百斤税钱三十文，合钱三百八十六文；蟹肉一百三十斤，合钱一吊三百文；海参二百七十八斤，十斤税钱五百文，合钱十三吊九百文；木耳二十斤，十斤税钱一百八十四文，合钱三百六十八文；烟土膏四百两，合钱三吊六百文。共合钱二十吊零七百六十六文。

三月初二日，行商于林买贾庆云火盐三百九十斤。

初五日，行商周凤章买李连元苏油三百七十斤。

初八日，行商柴凤九买韩庆云苏油一百二十斤。

十四日，行商邹云买常吉泰蟹肉一百斤。

十七日，行商傅仁买霍廷柏苏油六百三十斤。

二十日，行商宋起山买罗振邦苏油一百三十六斤。

二十三日，行商李景禄买赵广成木耳三十六斤。

二十七日，行商尹广瑞买郝智远火盐一百二十斤。

二十九日，行商顾廷义买山长庆苏油一百零八斤。

三月收苏油一千三百六十四斤，百斤税钱二百文，合钱二吊七百二十八文；火盐五百一十斤，百斤税钱三十文，合钱一百五十二文；蟹肉一百斤，合钱一吊；木耳三十六斤，十斤 [税钱] 一百八十四文，合钱六百六十二文。共合钱四吊五百四十二文。

十三日，行商吴永福买刘荣苏油八百斤。

十四日，行商赵廷义买常兆泰鹿角四十三斤。

十五日，行商吴喜买丁兆三苏油二百九十斤。

十六日，行商武成买贾永祥线麻六十斤。

十七日，行商王福祥买霍亮火盐五百斤。

十八日，行商李云买王化山苏油八百六十斤。

十九日，行商雷正明买史文才海菜五百斤。

二十日，行商王殿臣买李世恩苏油三百斤。

二十日，行商李云买朱广仁海参一百三十斤。

二十二日，行商陈凤买苏清盛火盐一百二十斤。

二十三日，行商吕振海买王才面碱一百斤。

二十四日，行商王宝昌买李秀苏油三百一十斤。

二十五日，行商范和买尹正玉海菜五十斤。

二十六日，行商李士海买孟福海菜六十斤。

二十七日，行商崔世文买李永火盐五百斤。

二十八日，行商张金川买王福占貂皮十张。

二十九日，行商王升买邢大成苏油三百八十斤。

三十日，行商李仲买王玉山火盐六百斤。

十二月收苏油三千四百六十斤，百斤税钱一百二十文，合钱四吊一百五十一文；海菜五千六百二十四斤，百斤税钱二百文，合钱十一吊二百四十八文；火盐三千四百九十斤，百斤税钱三十文，合钱一吊零四十八文；线麻七百三十斤，百斤税钱三百文，合钱二吊一百九十文；羊皮十张，合钱三百文。貂皮十张，每张税钱八十四文，合钱八百四十文；鹿角九十三斤，十斤税钱一百文，合钱九百三十文；海参一百九十斤，十斤税钱五百文，合钱九吊五百文；面碱一百斤，合钱一百文。共合钱三十吊零三百零八文。

以[上]十三月统共收苏油二万四千零五十八斤，合钱四十一吊六百一十八文；蟹肉一千九百五十斤，合钱十九吊五百文；烟土膏五千三百三十两，合钱四十七吊零一十二文；火盐三万七千四百一十六斤，合钱十一吊二百二十六文；鹿角八百一十九斤，合钱八吊一百九十文；线麻二千三百七十一斤，合钱七吊一百一十六文；杂鱼八百斤，合钱二吊四百文；海参二千零三十斤，合钱一百零一吊五百文；木耳二百五十三斤，合钱四吊六百五十六文；蓖麻三百八十斤，合钱五百七十二文；海茄子一千零二十斤，合钱十一吊二百二十文；海菜一万零六百零七斤，合钱二十一吊二百一十四文；瓜子二百零六斤，合钱六百一十八文；皮四十五张，合钱三吊七百八十文；貂皮二十张，合钱二吊。羊皮四十张，合钱一吊二百文；狗皮三十张，合钱六十文；面碱八百七十斤，合钱八百七十文；共合钱二百八十四吊七百六十二文；内除一成五公食钱四十二吊七百一十四文，除公食外，应归公钱二百四十二吊零四十八文。

行商史斌买王福才猪三口。

二十日，行商戴文超买李善片烟一百八十斤。

二十一日，行商孙成买宫化龙烧酒三百七十六斤。

二十二日，行商高志明买王吉平烧酒三百斤。

二十三日，行商于江买宋仁柳烟一百八十斤。

二十四日　行商张逢春　买王仁猪八口

二十五日，行商吴文允买宋振烧酒三百三十斤。

二十六日，行商赵永发买周泰片烟二百斤。

二十七日，行商夏成章买姚泰猪十口。

二十八日，行商李庆林买王馥猪三口。

二十九日，行商王好德买狄仁猪五口。

三十日，行商李太买王好义烧酒七百斤。

十二月收黄烟二千六百零八斤，百斤税银二钱，合银五两二钱一分六厘；烧酒四千三百二十二斤，百斤税银四分，合银一两七钱二分八厘；牛皮二十二张，每张税银三分，合银六钱六分；猪七十四口，每口税银五分，合银三两七钱；马二匹，价银二十八两，每两税银三分，合八钱四分。共合银十二两一钱四分厘。

以上十三个月统共收黄烟二万三千五百八十一斤，合银四十七两一钱六分二厘；烧酒六万五千（钱）二百四十七斤，合银二十六两零九分八厘；牛皮四百三十六张，合银十三两零八分；猪七百二十三口，合银三十六两一钱五分；马三十六匹，价银五百二十七两，合银十五两八钱一分；牛二十六条，价银三百二十六两，合银九两七钱八分。共合收银一百四十八两零八分，内除一成公食银十四两八钱零八厘，除公食外，应归公银一百三十三两六钱七分二厘。

珲春副都统衙门造送光绪十一年征收杂税清册

为造送清册事。于光绪十一年份征收烟、酒、木植杂税银两数目开列于后。

计开

新正月初一日，行商李世忠买王炳文柳烟三百六十斤。

初二日，行商张甲寅买雷荣猪三十三口。

初三日，行商夏成章，买姚泰猪十口。

二十九日，行商李庆林买王馥猪二十口。

三十日，行商王好德买狄仁烧酒七百八十斤。

正月收黄烟二千七百零八斤，百斤税银二钱，合银五两四钱一分六厘；烧酒四千八百零六斤，百斤税银四分，合银一两九钱二分二厘；牛皮三十三张，每张税银三分，合银九钱九分；猪一百口，每口税银五分，合银五两；马二匹，价银二十八两，每两税银三分，合税银八钱四分。共收银十四两一钱六分八厘。

二月初一日，行商王保昌买郝吉信片烟二百斤。

初二日，行商贺仁义买高治田猪六口。

初三日，行商赵秉芝买郭义牛皮十张。

二十八日，行商武殿甲买牛文猪五口。

二十九日，行商谭广买高成牛皮六张。

二月收黄烟一千五百三十五斤，百斤税银二钱，合银三两又七分；烧酒四千九百一十一斤，百斤税银四分，合银一两九钱六分四厘；猪三十八口，每口税银五分，合银一两九钱；牛皮三十五张，每张税银三分，合银一两零五分；马三匹，价银四十五两，每两税银三分，合银一两三钱五分。共收银九两三钱三分四厘。

三月初一日，行商石春买唐国安柳烟三百一十斤。

初二日，行商刘会元买李兆泰烧酒三百七十斤。

初三日，行商耿文奎买朱景义猪十三口。

初四日，行商曹文升买郭清泰烧酒二千五百三十斤。

二十九日，行商周理买孙尚勤片烟三百九十八斤。

三月收黄烟二千一百八十四斤，百斤税银二钱，合银四两三钱六分八厘；烧酒四千九百二十二斤，百斤税银四分，合银一两九钱六分八厘；牛皮六十五张，每张税银三分，合银一两九钱五分；猪三十八口，每口税银 [五分]，合银一两九钱；牛一条价银十二两，每两税银三分，合银三钱六分；马一匹价银十八两，每两税银三分，合银五钱四分；共收银十一两零八分六厘。

四月初一日，行商邹富买李玉牛皮十二张。

初二日，行商陈耀先买杜永和猪十二口。

初三日，行商褚永年买史振邦片烟六十三斤。

初四日，行商宋连升买王成猪七口。

行商刘凤春买祁殿元片烟二百六十斤。

二十九日，行商史洪文买朱英牛皮八张。

五月收黄烟一千七百八十八斤，百斤税银二钱，合银三两五钱七分六厘；烧酒三千七百二十八斤，百斤税银四分，合银一两四钱九分一厘；牛皮十九张，每张税银三分，合银五钱七分；猪一百一十四口，每口税银五分，合银五两七钱；牛一条，价银十三两，每两税银三分，合银三钱九分；马三匹，价银四十六两，每两税银三分，合银一两三钱八分。共收银十三两一钱零七厘。

六月初一日，行商张玉买郝文壁烧酒三百九十八斤。

初二日，行商谢武买贾之片烟三百三十六斤。

初三日，行商崔钧安买苏珍烧酒二百三十九斤。

初四日，行商李向春买杨庆先柳烟三百六十九斤。

二十九日，行商李清买张大有烧酒七百三十斤。

六月收黄烟一千六百九十二斤，百斤税银二钱，合银三两三钱八分四厘；烧酒五千一百零二斤，百斤税银四分，合银二两零四分；牛皮二十六张，每张税银三分，合银七钱八分；猪五十七口，每口税银五分，合银二两八钱五分；牛四条，价银五十二两，每两税银三分，合银一两五钱六分；马二匹，价银二十五两，每两税银三分，合银七钱五分。共收银十一两三钱六分四厘。

七月初一日，行商刁秀仁买李广烧酒四百八十六斤。

初二日，行商牛云买芳贵猪十口。

行商李步高买高义牛皮七张。

初三日，行商丁庆祥买马发山烧酒二百六十二斤。

初四日，（缺）

二十八日，行商张振川买卜喜猪五十口。

二十九日，行商高仁买郝志成牛皮八张。

三十日，行商张辅仁买王成猪三口。

七月收黄烟九百九十一斤，百斤税银二钱，合银一两九钱八分二厘；烧酒八千五百九十二斤，百斤税银四分，合银三两四钱三分六厘；牛皮六十三张，每张税银三分，合银一两八钱九分；猪一百一十五口，每口税银五分，合银五两七钱五分；马四匹，价银五十九两，每两税银三分，合银一两七钱七分；牛二条，价银三十两，每两税银三分，合银九钱。共收银十五两七钱二分八厘。

八月初一日，行商李泰买吴世奎烧酒六百三十斤。

初二日，行商张庆林买王吉昌牛皮三张。

二十八日，行商于德江买李义烧酒六百八十三斤。

二十九日，行商许安买史振升柳烟三百九十斤。

八月收黄烟一千九百一十六斤，百斤税银二钱，合银三两八钱三分二厘；烧酒三千二百六十一斤，百斤税银四分，合银一两一钱零四厘；牛皮二十三张，每张税银三分，合银六钱九分；猪五十八口，每口税银五分，合银二两九钱；马一匹，价银十六两，每两税银三分，合银四钱八分；牛二条，价银二十六两，每两税银三分，合银七钱八分。共收银十两零七钱八分六厘。

九月初一日，行商王金柱买刘珍牛皮十二张。

初二日，行商朱永和买王恒猪二十口。

初三日，行商王占春买马泰山黄犍牛一条，价银十二两。

二十七日，行商赵德山买毛永成烧酒三百六十斤。

二十八日，行商吕国珍买李良田牛皮五张。

二十九日，行商张治国买李秀烧酒四百二十斤。

三十日，行商程广买杨义猪六口。

九月收黄烟一千三百二十六斤，百斤税银二钱，合银二两六钱五分二厘；烧酒七千二百一十五斤，百斤税银四分，合银二两八钱八分六厘；牛皮五十六张，每张税银三分，合银一两六钱八分；猪六十一口，每口税银五分，合银三两零五分；马三匹，价银四十一两，每两税银三分，合银一两二钱三分；牛三条，价银四十二两，每两税银三分，合银一两二钱六分。共收银十二两七钱五分八厘。

十月初一日，行商陈永买邓占云片烟五百二十斤。

行商周殿英买黄青云烧酒三百一十斤。

二十六日，行商刘泰买毛永成烧酒三百斤。

二十七日，行商姜如珍买毛永成猪二十口。

二十八日，行商朱世忠买卜福烧酒二百二十斤。

二十九日，行商王炳仁买杨泰烧酒三百八十斤。

十月收黄烟一千五百六十五斤，百斤税银二钱，合银三两一钱三分；烧酒四千八百五十六斤，百斤税银四分，合银一两九钱四分二厘；牛皮十七张，每张税银三分，合银五钱一分；猪一百五十八口，每口税银五分，合银七两九钱；马四匹，价银四十七两，每两税银三分，合银一两零二分。共收银十五两九钱一分二厘。

十一月初一日，行商赵永盛买姚庚年烧酒二百三十斤。

行商郝信买于富猪三口。

二十六日，行商卞琪买佟万成柳烟三百二十斤。

行商魏兴买张福成烧酒三百六十斤。

二十七日，行商邓海买王文化烧酒三百零八斤。

二十八日，行商董振先买王富牛皮九张。

二十九日，行商吴永和买杨为修黄儿马一匹，价银二十两。

三十日，行商夏成章买崔富海烧酒二千三百五十斤。

十一月收黄烟一千六百九十三斤，百斤税银二钱，合银三两三钱八分六厘；烧酒四千七百七十七斤，百斤税银四分，合银一两九钱一分；牛皮五十八张，每张税银三分，合银一两七钱四分；猪三十口，每口税银五分，合银一两五钱；马三匹，价银四十八两，每两税银三分，合银一两四钱四分；牛四条，价银四十五两，每两税银三分，合银一两三钱五分。共收银十一两三钱二分六厘。

十二月初一日，行商李发买王富片烟六百七十二斤。

行商周和买赵珍牛皮十二张。

初二日，行商田成盛买杜林猪三十口。

初三日，行商赵富春买史廷柏烧酒三百一十一斤。

初四日，行商高起买赵青山红犍牛一条，价银十二两。

初五日，行商李景文买马凤片烟九十五斤。

行商吴广发买郝智牛皮一张。

初六日，行商朱成义买李万海牛皮二张。

三十日，行商于得江买张永增片烟二百一十斤。

十二月收黄烟三千七百一十四斤，百斤税银二钱，合银七两四钱二分八厘；烧酒六千三百二十六斤，百斤税银四分，合银二两五钱三分；牛皮二十六张，每张税银三分，合银七钱八分；猪七十六口，每口税银五分，合银三两八钱；马二匹，价银二十五两，每两税银三分，合银七钱五分，牛两条，价银三十五两，每两税银三分，合银一两零五分；共收银十六两三钱三分八厘。

以上十二个月，统共收黄烟二万三千零六十二斤，百斤税银二钱，合银四十六两一钱二分四厘；烧酒六万三千零三十九斤，百斤税银四分，合银二十五两二钱一分五厘；牛皮四百六十七张，每张税银三分，合银十四两零一分；猪八百八十七口，每口税银五分，合银四十四两三钱五分；马三十匹，价银四百三十三两，每两税银三分，合银十二两九钱九分；牛二十四条，价银三百一十五两，每两税银三分，合银九两四钱五分。共收银一百五十二两一钱三分九厘；内除一成公食银十五两二钱一分三厘九毫外，实应归公银一百三十六两九钱二分五厘一毫。

珲春副都统衙门造送光绪十一年征收山海土税清册

为造送清册事。于光绪十一年份征收山海土税银两数目开列于后。

计开

正月初三日，行商李云买李克勤烟土膏二百两，价银一钱五分，合钱一吊八百文。

初四日，行商赵成义买孔际先苏油四百五十斤。

初五日，行商程福兴买车荣苏油二百五十斤。

三十日，行商崔云山买刘奎火盐二百九十斤。

正月收烟土膏四百五十二两，合钱四吊零九十八文；线麻一千三百一十八斤，百斤税钱三百文，合钱三吊九百五十四文；蟹肉四百八十二斤，合钱四吊八百二十文。苏油三千二百八十三斤，百斤税钱一百二十文，合钱三吊九百三十八文；海参一百五十斤，百斤税钱五吊，合钱七吊五百文；火盐二千五百八十斤，百斤税钱三十文，合钱七百七十四文。共收钱二十五吊零八十四文。

二月初一日，行商陈荣先买褚永和苏油二百三十六斤。

初二日，行商李克勤买申广火盐八十八斤。

初三日，行商黄永成买辛利有烟土膏一百五十两，价银一钱。

初四日，行商张泰来买周长庚线麻九十七斤。

初五日，行商赵廷用买于洪升木耳三十五斤。

二月收苏油二千八百零八斤，百斤税钱一百二十文，合钱三吊三百七十文；火盐二千一百五十八斤，百斤税钱三十文，合钱六百四十六文；烟土膏七百六十五两，合税钱七吊七百一十文；线麻一千三百零九斤，百斤税钱三百文，合钱三吊九百二十八文；海参一百一十四斤，十斤税钱五百文，合钱五吊七百文；蟹肉二百九十二斤，合钱二吊九百二十文；木耳一百二十三斤，十斤税钱一百八十四文，合钱两吊二百六十文。共收钱二十六吊五百三十六文。

三月初一日，行商倪庆买伍凤苏油一百二十斤。

初二日，行商于林买贾庆云火盐三百九十斤。

初三日，行商周永福买李海线麻一百七十斤。

初四日，行商闻德胜买周元春海参五十二斤。

初五日，行商周致章买尹凤廷苏油三百七十斤。

初六日，[缺]

三月收苏油三千九百四十六斤，百斤税钱一百二十文，合钱四吊七百三十四文；火盐二千二百八十一斤，百斤税钱三十文，合钱六百八十四文；线麻一千一百一十五斤，百斤税钱三百文，合钱三吊三百四十四文；海参一百三十三斤，十斤税钱五百文，合钱六吊六百五十文；烟土膏五百零七两，合钱五吊七百六十文；蟹肉一百八十八斤，合钱一吊八百八十文；木耳二百二十九斤，十斤税钱一百八十四文，合钱四吊二百二十文。共收钱二十七吊二百七十二文。

四月初一日，行商万柱买李文成苏油一百一十斤。

初二日，行商盖永发买吴连元鹿角一百五十斤。

初三日，行商李文桐买史彬线麻五十一斤。

初四日，行商王永昌买于海烟土膏五十两，价银一钱七分，合钱五百一十文。

初五日，行商蔡玉堂买祖成会火盐六百七十六斤。

初六日，行商陈振都买赵永合木耳三十二斤。

行商邢发买王金合线麻三百五十二斤。

四月收苏油一千八百七十斤，百斤税钱一百二十文，合钱二吊二百四十四文；鹿角二百一十四斤，合税钱二吊一百四十文；线麻一千零九十三斤，百斤税钱三百文，合钱三吊一百七十八文；烟土膏五百一十两，合税钱四吊八百七十八文；火盐三千一百五十六斤，百斤税钱三十文，合钱九百四十六文；木耳五十四斤，十斤税钱一百八十四文，合钱九百九十二文；蟹肉五十五斤，合钱五百五十文；海参一百二十斤，十斤税钱五百文，合钱六吊。共收钱二十一吊零二十八文。

五月初一日，行商李广增买张振先苏油三百八十斤。

初二日，行商王德买胡凤岐蟹肉一百一十斤。

初三日，行商马凤买于文火盐一千三百斤。

初四日，行商周少春买高景堂鹿角五十六斤。

初五日，行商李常林买夏云龙杂鱼五百斤。

初六日，行商云秀芝买秦功苏油一百二十斤。

初七日，行商常照凤买孙士文苏油二百一十斤。

二十四日，行商洛洪杰买佟广合线麻一百一十斤。

二十五日，行商毕广仁买狄仁火盐三百五十斤。

二十六日，行商张广买贺永年苏油一百五十斤。

二十七日，行商袁福文买史广忠鹿角一百六十六斤。

二十八日，行商郁进忠买孙柏春海参六十二斤。

二十九日，行商白志远买张春线麻四百二十斤。

行商王连科买姜世林苏油一千三百斤。

五月收苏油二千七百七十斤，百斤税钱一百二十文，合钱三吊三百二十四文；蟹肉四百三十三斤，合税钱四吊三百三十文；火盐五千九百四十斤，百斤税钱三十文，合钱一吊七百八十二文；鹿角二百二十二斤，合税钱二吊二百二十文；杂鱼六百五十斤，百斤税钱三百文，合钱一吊九百五十文；线麻八百二十六斤，百斤税钱三百文，合钱二吊四百七十八文；烟土膏四百两，合税钱三吊八百四十文；木耳三十斤，十斤税钱一百八十四文，合钱五百五十二文；海参六十二斤，十斤税钱五百文，合钱三吊一百文。共收钱二十三吊五百七十六文。

六月初一日，行商赵成和买李巨兴苏油三百七十八斤。

初二日，行商罗运通买张兴和蟹肉一百五十斤。

初三日，行商吴文化买刘大成木耳三十六斤。

初四日，行商窦成买于太和线麻一百六十斤。

初五日，行商邹芳买赵永治苏油一百二十斤。

初六日，行商王福元买杨正玉海参五十一斤。

初七日，行商周志文买蒋轩火盐五百六十斤。

初八日，行商姜希圣买周勤烟土膏一百五十三两，价银一钱六分，合钱一吊四百六十八文。

二十五日，行商刘占奎买郎福安苏油三百七十斤。

二十六日，行商刘用买邢自芳蟹肉三百五十八斤。

二十七日，行商赵廷秀买樊福臣火盐二千六百五十斤。

二十八日，行商郑振川买王明安海参四十四斤。

二十九日，行商李海云买于庆成苏油五百斤。

行商李春买郭清太苏油一百零一斤。

六月收苏油二千八百六十九斤，百斤税钱一百二十文，合钱三吊四百四十二文；蟹肉七百五十三斤，合税钱七吊五百三十文；木耳八十九斤，十斤税钱一百八十四文，合钱一吊六百三十六文；线麻五百五十斤，百斤税钱三百文，合钱一吊六百五十文；海参九十五斤，十斤税钱五百文，合钱四吊七百五十文；火盐五千一百斤，百斤税钱三十文，合钱一吊五百三十文。烟土膏四百六十三两，合税钱四吊四百四十四文；鹿角一百四十斤，合税钱一吊四百文。共收线二十六吊三百八十二文。

七月份上缺

二十五日，行商罗忠智买耿在兴木耳二十五斤。

二十六日，行商尚阳春买崔杰线麻一百二十斤。

二十七日，行商刁有贵买杨顺山苏油三百九十斤。

二十八日，行商祖智文买李奎元鹿角五十四斤。

二十九日，行商武清风买周清苏油三百四十斤。

三十日，行商赵成文买于顺蟹肉一百五十斤。

七月收海参一百二十六斤，十斤税钱五百文，合钱六吊三百文；苏油二千三百二十斤，百斤税钱一百二十文，合钱二吊七百八十四文；火盐三千六百二十斤，百斤税钱三十文，合钱一吊零八十六文；烟土膏三百两，合税钱二吊八百八十文；线麻九百九十斤，百斤税钱三百文，合钱二吊九百七十文；蟹肉四百五十一斤，合钱四吊五百一十文；木耳一百一十一斤，十斤税钱一百八十四文，合钱二吊零四十二文；鹿角一百二十斤，合钱一吊二百文，共收钱二十三吊七百七十二文。

八月份上缺

二十五日，行商孙仲谋买柳君瑞苏油一百九十斤。

二十六日，行商陈福枝买高隆线麻一百二十斤。

二十七日，行商刘珍买吕照堂木耳五十六斤。

二十八日，行商梁万福买金顶合火盐三百九十二斤。

二十九日，行商罗柏春买杨庆海参三十八斤。

八月收苏油一千九百五十一斤，百斤税钱一百二十文，合钱二吊三百四十文；火盐三千四百七十斤，百斤税钱三十文，合钱一吊零四十二文；蟹肉六百三十斤，合钱六吊三百文；线麻七百斤，百斤税钱三百文，合钱二吊一百文；木耳一百六十八斤，十斤税钱一百八十四文，合钱三吊零九十文；海参七十五斤，十斤税钱五百文，合钱三吊七百五十文；鹿角二百零六斤，合钱二吊零六十文；烟土膏三百七十六两，合税钱四吊零六十文。共收钱二十四吊七百四十二文。

九月初一日，行商潘际盛买郭庆元海茄子一百斤。

二十五日，行商李文刚买相玉连蟹肉一百五十斤。

二十六日，行商马奎买陈文林烟土膏四十七两，价银一钱八分，合钱五百零六文。

二十七日，行商孙士文买于文化烟土膏五十四两，价银一钱八分，合钱五百二十八文。

行商郝克忠买白广苏油一千三百斤。

二十八日，行商尹凤林买张殿甲烟土膏四十九两，价银一钱八分，合钱五百二十八文。

行商潘景隆买徐仁蟹肉二百五十三斤。

二十九日，行商于文买张成烟土膏三十八两，价银一钱八分，合钱四百一十文。

行商吕金堂买邓保苏油五百六十斤。

三十日，行商葛胜买刘惠民烟土膏四十一两，价银一钱八分，合钱四百四十二文。

九月收海茄子一百斤，十斤税钱一百一十文，合钱一吊一百文；火盐一千四百二十斤，百斤税钱三十文，合钱四百二十六文；苏油二千三百六十斤，百斤税钱一百二十文，合钱二吊八百三十二文；烟土膏六百五十一两，合钱七吊零一十八文；海菜一千二百九十斤，百斤税钱二百文，合钱二吊五百八十文；海参八十八斤，十斤税钱五百文，合钱四吊四百文；瓜子一百四十一斤，百斤税钱三百文，合钱四百二十二文；线麻一百九十六斤，百斤税钱三百文，合钱五百八十八文；蟹肉五百一十三斤，合税钱五吊一百三十文。共收钱二十四吊四百九十六文。

十月初一日，行商王作芝买杨成章烟土膏三十两零六钱价银一钱九分合钱三百四十八文。

初二日，行商沈双庆买金福寿苏油三百五十斤。

初三日，行商杜如辉买裴永海海菜五百五十斤。

初四日，行商常兴利买牛文瑞烟土膏四十一两，价银一钱八分五厘，合钱四百五十四文。

行商沙金贵买赵成火盐六百九十五斤。

初五日，行商黄大升买柴国元蟹肉一百九十斤。

初六日，行商连文焕买冯福烟土膏三十八两，价银一钱八分五厘，合钱四百一十八文。

行商李长青，买黄贵烟土膏五十六两，价银一钱八分五厘，合钱六百三十二文。

二十八日，行商许忠凡买闻怀善苏油三百九十四斤。

二十九日，行商李凤鸣买尹殿高烟土膏五十六两，价银一钱八分五厘，合钱六百三十二文。

十月收烟土膏八百九十五两，合税钱九吊九百五十二文；苏油一千零零四斤，百斤税钱一百二十文，合钱一吊二百零四文；海菜九百四十斤，百斤税钱二百文，合钱一吊八百八十文；火盐二千七百五十五斤，百斤税钱三十文，合钱八百二十六文；蟹肉四百七十一斤，合钱四吊七百一十文；海参一百零七斤，十斤税钱五百文，合钱五吊三百五十文；线麻三百五十斤，百斤税钱三百文，合钱一吊零五十文；海茄子一百二十八斤，十斤税钱一百一十文，合钱一吊四百零八文。共收钱二十六吊三百八十文。

十一月初一日，行商马世龙买张文彩烟土膏二十一两，价银一钱九分，合钱二百三十八文。

行商赵芝先买孙国旺海菜三百九十斤。

初二日，行商杨成买周智礼海茄子八十九斤。

初三日，行商董文泰买张慎苏油五百六十斤。

行商周柏功买李福火盐二百九十斤。

行商吕财安买韩有福苏油一百斤。

三十日，行商路保安买察成文烟土膏四十二两，价银一钱九分，合钱四百七十八文。

行商黄永吉买邵连斗瓜子四十斤。

十一月收烟土膏五百五十九两三钱，合税钱六吊三百二十文；海菜二千九百五十八斤，百斤税钱二百文，合钱五吊九百一十六文；海茄子二百二十斤，十斤税钱一百一十文，合钱二吊四百二十文；苏油三千四百三十五斤，百斤一百二十文，合钱四吊一百二十二文；火盐二千三百二十三斤，百斤税钱三十文，合钱六百九十六文；木耳一百一十五斤，百斤税钱一百八十四文，合钱二吊一百一十六文；蟹肉九十八斤，合税钱九百八十文；瓜子二百四十五斤，百斤税钱三百文，合钱七百三十四文；海参九十八斤，十斤税钱五百文，合钱四吊九百文。共收钱二十八吊二百零四文。

十二月初一日，行商姜世全买何凤鸣烟土膏六十一两，价银二钱，合钱七百三十二文。

初二日，行商裴广成买孙国兴苏油三百九十斤。

行商谢景云，买于保安烟土膏二十七两，价银二钱，合钱三百零六文。

初三日，行商王在明买陈瑞线麻二百五十斤。

（上缺）十五斤，百斤税钱三十文，合钱五百九十二文；木耳六十三斤，十斤税钱一百八十四文，合钱一吊一百五十八文。共收钱二十一吊八百一十二文。

以上十二个月，共收苏油二万九千八百三十六斤，百斤税钱一百二十文，合钱三十五吊八百零四文；火盐三万六千七百七十八斤，百斤税钱三十文，合钱十一吊零三十四文；线麻九千四百七十三斤，百斤税钱三百文，合钱二十八吊四百一十八文；木耳九百八十二斤，十斤税钱一百八十四文，合钱十八吊零六十八文；烟土膏六千六百五十两，合税钱七十吊零二百文；海参一千一百六十八斤，十斤税钱五百文，[合钱]五十八吊四百文；海菜七千六百七十八斤，百斤税钱二百文，合钱十五吊三百五十六文；海茄子四百四十八斤，十斤税钱一百一十文，合钱四吊九百二十八文；蟹肉四千三百六十六斤，合税钱四十三吊六百六十文；鹿角一千零三十二斤，合税钱十吊零三百二十文；杂鱼六百五十斤，百斤税钱三百文，合钱一吊九百五十文；瓜子三百八十六斤，百斤税钱三百文，合钱一吊一百五十八文。共收钱二百九十九吊二百九十六文。内除一成五公食钱四十四吊八百九十四文外，实应归公钱二百五十四吊四百零二文。

珲春副都统衙门造送光绪十一年征收洋药捐输税清册

为造送清册事。于光绪十一年份征收洋药捐输税银银两数目开列于后。

计开

九月初十日，行商王印宾买李成烟土膏五十一两。

十一日，行商张大成买李朝相烟土膏三十八两。

十四日，行商尹凤林买张。殿甲烟土膏四十九两。

二十九日，行商于文张。成烟土膏三十八两。

三十日，行商葛胜买刘惠民烟土膏四十一两。

九月初十日起至三十日止计二十天，共收烟土膏六百零一两，每两捐银二分，计捐银十二两零二分。

十月初一日，行商王作芝买杨成章烟土膏三十两。零六钱。

初四日，行商常兴利买牛文瑞烟土膏十一两。

初六日，行商连文焕买冯福烟土膏三十八两。

初七日，行商关明顺买申琪烟土膏五十两。零四钱。

行商王殿甲买车富霖烟土膏二十八两。

二十四日，行商佟万发买于富烟土膏四十八两。

二十五日，行商王维贤买郝殿臣烟土膏六十一两。

二十六日，行商齐澄买李大义烟土膏四十七两。

二十七日，行商李长清买黄贵烟土膏五十六两。

二十九日，行商季凤鸣买尹殿高烟土膏五十六两。

十月一个月共收烟土膏八百九十五两，每两捐银二分，计捐银十七两九钱。

十一月初一日，行商马世龙买张文彩烟土膏二十一两。

初四日，行商吴殿文买李明烟土膏三十两。

二十三日，行商薛贵林买赵玉烟土膏三十一两五钱。

二十五日，行商李柏春买德安烟土膏五十一两六钱。

二十六日，行商富有安买程安烟土膏五十二两。

二十八日，行商程保安买何万良烟土膏四十一两。

二十九日，行商邢富买冯士清烟土膏五十两零二钱。

三十日，行商路保安买蔡成文烟土膏四十二两。

十一月一个月共收烟土膏五百五十九两三钱，每两捐银二分，计捐银十一两一钱八分六厘。

十二月初一日，行商姜士全买何凤鸣烟土膏六十一两。

二十七日，行商孟广买李春荣烟土膏四十五两。

二十九日，行商冯士安买周致和烟土膏三十二两。

三十日，行商李广财买程富烟土膏四十五两七钱。

十二月一个月共收烟土膏七百七十一两七钱，每两捐银二分，计捐银十五两四钱三分四厘。

以上统共三个月零二十天，共收烟土膏二千八百二十七两，每两捐银二分，共计捐银五十六两五钱四分。

珲春副都统衙门请设南冈税务分局的咨文

光绪十二年

右司案呈　为咨报事。窃查哈尔巴岭、南冈一带，前经敦化县征收土杂各税。该处现归珲属，其招垦事务已有分局管理，惟税课亦未便旷废，由本衙门派员前往设立税务分局，按照总局章程征收落地税课。即药捐一项，亦着税务分局经理以节糜费。药捐、药税不相牵混，分造册簿易于稽核。拟派俸官一员、委笔帖式一员、帖书二名、巡查兵役四名，照章开销工食。该分局系属初办，随时征解，按年册报。俟三年后酌量请定正额，归入珲春总税局一并册报。除俟该分局于何日起征，禀报到日再行咨报外，合将派设南冈税务分局情形呈请咨报，为此咨报将军衙门鉴核示复施行。

珲春副都统衙门为创立税课造册报省的咨文
光绪十二年

土税前据奏称改为设局征收，并令查验前咨，将各处自设局后每年可多征若干，以及五常、宾州、双城各属经征杂税，珲春创收税课，均于何年月日开征、所收何项货物、照何项章程抽收，迅即开单报部。再查前据该将军片奏，吉省土税内，苏油、豆油、麻油为大宗，原定每百斤收税市钱二百文，近因油价低落，拟改每百斤收税市钱一百二十文。当查土税本有定额，既称以苏、豆油、麻为大宗，若将此项税钱核减，是否于定额无亏，行令详查登复再行核办，迄今二年之久，未据登复。应飞咨吉林将军查照本部前咨，迅即详细查明，立案登复报部，以凭核办，毋再迟延可也。等因前来，相应呈请咨札遵照。等情据此，拟咨各城副都统衙门、省垣土税局光绪十年份总理等查照外，合亟咨行珲春副都统衙门遵照部咨办理可也。等因准此。遵查本处创立税课，系于光绪十年正月初一日起征烟、酒杂税，山海土产等项银两钱文，照章抽收等情，均于十一年十二月初十日、十二年四月十八日等日逐一分析造册，备文咨送在案之处，拟合备文咨报将军衙门查核施行。

吉林将军衙门为将各城经征课税展缓三年的咨文
光绪十四年六月初五日

为咨行遵照事。户司案呈，案准户部咨开，山东司案呈，内阁抄出吉林将军希　等奏吉林所属伯都讷等处及宾州等厅，试收杂土税课，再请展缓三年核实勾稽，分别酌定税额，以昭核实一折。又附奏珲春创收杂、土税课，已届三年期满，酌定税额，并将光绪十、十一年、十二等三年试收杂、土税课分年造册，加结咨部查核等因一片。光绪十三年十二月十九日奉朱批："户部知道，片并发"。并奉朱批："览，钦此。"钦遵到部，相应恭录朱批，咨行吉林将军遵照。惟查原奏内称，各城厅试收税课截至光绪十一年期满之日止，均已三年期满，理应酌定税额。无如该三厅创设未久，商户星稀，此三年税课虽系实解，若遽以定额，且恐年景丰歉靡常，倘收项盈亏大相悬殊，是定额未久又事更张，徒滋扰累。其各旗署征收山海土税，本处土产无多，全赖苏、豆、麻油为大宗，自将自发载油斤就地免税后，课款少收。议将各城厅经征杂、土税课，自光绪十二年起再行展缓三年，严饬该城厅实力征收。（下略）

吉林将军衙门为造报征收杂税款额的咨文
光绪十四年十月二十六日

为咨行遵照事。户司案呈，准户部咨开，山东司案呈，准吉林将军咨称：具奏吉林属伯都讷等处旗署及宾州等厅，试收杂、土税课，再请展缓三年复核实勾稽分别酌定税额。并将伯都讷、阿勒楚喀、拉林、双城堡、五常堡设局征收土税钱文各数册咨部查核。又据咨称，附奏珲春创收杂、土税课截至光绪十二年底至，已届三年期满，拟请酌定税额并将征收税钱分年造册加结咨部查核各等因前来。查光绪十年十月据吉林将军希奏，吉林旗民各署，分征税务局卡较多，酌量撤留折内声称，拟请新设宾州、五常、双城等三厅，由各旗署接征杂税，应扣收税人役工食，不得照前计日开支，亦毋庸酌提二成办公银两，嗣后均请改照各署杂税章程，按一成开支。伯都讷、阿勒楚喀、拉林、长春厅等处应征山海土税，原系包纳，并未开支人役工食，除长春厅仍旧由包纳毋庸开支工食外，其余三处现既设局经征，请照省城土税开支一成五收税工食章程办理。珲春创收杂、土税课，亦令照办。所有各城厅经征税课拟令先行尽征尽解，均俟试收三年后，再将按年征解之数核实报部，酌中定额等因。当查光绪六年本部筹备饷需折内议，令各省厘卡局用一，均务须于一成之数再行移减，以节经费。所有伯都讷等处经征土税，从前既系包纳，并未开支工食，今改为设局经征，自应较包纳税课必能多征。惟每年究可多征若干，行令查明，专案声复。至请照省城开支一成五工食之处，统俟声复到日再行核办，等因各在案。兹查吉林将军咨称，吉林所属伯都讷等处旗置及宾州等厅试收杂土税课，再请展缓三年核实定额，并珲春创收杂、土税课已届三年期满，拟请酌定税额各节，已由内各抄出，业经办理行文在案。兹据册开，伯都讷自光绪八年十一月初一设局之日起至九年十月底止，共征收土税钱一千三百二十六吊八百八十四文，内扣给一成五在税人役工食钱一百九十九吊零三十二文，实剩税钱一千一百二十七吊八百五十二文。又自光绪九年十一月初一起，至十年十月底止，共征收土税钱一千四百零六吊一百四十八文，内除一成五人役工食钱二百一十吊零九百二十二文，实剩税钱一千一百九十五吊二百 [零] 二文。又自光绪十年十一月初一日起至十一年十月底止，共征收土税钱一千四百一十八吊二百一十六文，内除一成五人役工食钱二百一十二吊七百三十二文，实剩税钱一千二百零五吊四百八十四文。阿勒楚喀自光绪八年十一月初一日起至十二月底止，计两个月共征收土税钱一千零七十九吊三百二十文，内除一成五人役工食钱一百六十吊八百九十八文，实剩税钱九百一十七吊四百二十二文。又自九年正月初一日起至十二月底止，征收土税钱七千一百零五吊零六十文，内除一成五人役工食钱一千零六十五吊七百五十八文，实剩税钱六千零三十九吊三百零二文。自光绪十年正月初一日起至十二月底止，共征收土税钱七千零十吊零八百八十四文，内除一成五人役工食钱一千零五十一吊六百三十二文，实剩税钱五千九百五十九吊二百五十二文。又自十一年正月初一日起至十二月底止，共征收土税钱六千九百三十九吊五百九十八文，内除一成五人役工食钱一千零四十吊九百四十文，实剩税钱五千八百九十八吊六百五十八文。拉林自光绪八年八月十六日起至九年八月十五日止，共征收土税钱一千六百九十五吊七百五十文，内除一成五人役工食钱二百五十四吊二百六十二文，实剩税钱一千四百四十一吊三百八十八文。又自九年八月十六日起至十年八月十五日止，连闰十三个月，共征土税钱一千六百七十八吊七百五十文，内除一成五人役工食钱二百五十一吊八百一十二文，实剩税钱一千四百二十六吊九百三十八文。又自十年八月十六日起至十一年八月十五日止，共征收土税一千五百五十四吊六百三十二文，内除一成五人役工食钱二百三十三吊一百九十四文，实剩税钱一千三百二十一吊四百三十八文。又双城堡自九年正月初一日起至十二月底止，共征收土税钱二千二百八十七吊四百五十六文，内除一成五人役工食钱三百四十三吊一百一十八文，实剩税钱一千九百四十四吊三百三十八文。又自十年正月初一日起至十二月底止，连闰十三个月，共征收土税钱二千四百一十六吊三百二十文，内除一成五人役工食钱三百六十二吊四百四十八文，实剩税钱二千零五十三吊八百七十二文。又自十一年正月初一日起至十二月底止，共征收土税钱二千五百一十六吊五百四十四文，内除一成五人役工食钱三百七十七吊四百八十二文，实剩税钱二千一百三十九吊零六十二文。五常堡自光绪九年正月初一日起至十二月底止，共征收土税钱一千零九十九吊九百五十文，内除一成五人役工食钱一百六十四吊九百九十二文，实剩税钱九百三十四吊九百五十八文。又自十年正月初一日起至十二月底止，连闰十三个月，共征收土税钱一千一百二十七吊二百六十六文，内除一成五人役工食钱一百六十九吊零八十九文，实剩税钱九百五十八吊一百七十七文。自十一年正月初一日起至十二月底止，共征收土税钱一千零六十四吊一百八十文，内除一成五人役工食钱一百五十九吊六百二十七文，实剩税钱九百零四吊五百五十三文。以上伯都讷等处，统共实剩正款税钱三万五千四百六十七吊九百二十文。又查珲春自光绪十年正月初一日起至十二月底止，连闰计十三个月，共征收土税钱二百八十四吊七百六十文，内除一成五人役工食钱四十二吊七百一十四文，实剩税钱二百四十二吊零四十六文。又征收烟、酒、牲畜杂税钱一百四十八两零八分，内除一成人役工食银十四两八钱零八厘，实剩税银一百三十三两二钱七分二厘。又自十一年正月初一日起至十二月底止，共征收土税钱二百九十九吊二百九十六文，内除一成五人役工食钱四十四吊八百九十四文，实剩税钱二百五十四吊四百零二文。又试收烟、酒、牲畜杂税银一百五十二两一钱二分八厘，内除一成人役工食银十五两二钱一分二厘八毫，实剩税银一百三十六两九钱一分五厘二毫。又自十二年正月初一日起至十二月底止共征收土税钱四百零一吊二百二十六文，内除一成五人役工食钱六十吊零一百八十四文，实剩税钱三百四十一吊零四十二文。又征收烟、酒、牲畜杂税银一百五十八两六钱八分八厘，内除一成人役工食银十五两八钱六分八厘八毫，实剩税银一百四十二两八钱一分九厘二毫。以上实剩土税钱八百三十七吊四百九十文、杂税银四百十三两零六厘二毫。

本部按册核算，数相符。惟前项开支一成五工食钱文，应令遵照光绪六年筹饷章程于一成之数再行核减，毋得仍照省城以一成五开支。至各该处税局委员人役若干名及开支工食钱文，一并分造具细册，迅即专案送部，再行核办。并令将各该处征收税课银两钱文抵充年俸饷，查明声复。再查原文内称宾州厅同知详报，该厅由阿勒楚喀旗署接征杂税原额银九百两，光绪九年份造报征收杂税银一千二百三十八两三钱五分三厘八毫，十年份征收杂税银一千二百五十八两四钱二分八厘，十一年份征收杂银一千零九十五两五钱零四厘，三年共收钱三千五百九十二两二钱八分五厘八毫，照额计多盈余银八百九十二两二钱八分五厘八毫。双城厅通判详报，该厅由拉林、双城堡旗署接征杂税原额银一千零八十二两六钱八分二厘，光绪九年份造报征收杂税银一千零八十九两一钱三分一厘，十年份征收杂税银一千零八十九两一钱三分一厘，十一年份征收杂税银一千零八十九两一钱三分一厘，三年共收银三千二百六十七两三钱九分三厘，照额计多盈余银十九两三钱四分七厘。五常厅同知详报，该厅由五常堡旗署接征杂税，原额钱折银五百七十两零二钱五分四厘九毫五丝，光绪九年份造报征收杂税钱折银五百九十五两零九分九厘七毫零五忽，十年份征收杂税钱折银五百九十六两六钱四分七厘九毫二丝八忽九微，十一年份征收杂税钱折银九十八两四钱六分七厘三毫，三年共收银一千七百九十两零二钱一分四厘九毫三丝三忽九微，照额计多盈余银七十九两四钱五分零八丝三忽九微。以上三厅此三年内，统共征收杂税银八千六百四十九两八钱九分三厘七毫三丝三忽九微，内开支一成收税人役工食银八百六十四两九钱八分九厘三毫七丝三忽三微九纤，实剩正款税银七千七百八十四两九钱零四厘三毫六丝零五微一纤，均已随入各该年通省地丁题报核销案内，造册报部，请免另再造报等谕。应于该年地丁奏销案内查核，并令自光绪十二年起，将各该厅所收杂税银两按年造具细册送部，以凭查核。相应咨复吉林将军查造可也。等因前来，相应呈请咨札遵照。等情据此，拟合咨行珲春副都统衙门遵照部咨事理，造具细册送省，以便报部，勿延可也。须至咨者。

右咨珲春副都统衙门

吉林将军衙门催解珲春参药税课的咨文
光绪十四年十二月二十六日

将军衙门为咨催事。户司案呈，兹据参税局总理移称，案查光绪十三年十二月初五日准将军衙门札开，户司案呈，兹据参税局总理协领吉升阿、会办协领富通山等禀称，案准户司移开，据珲春副都统衙门咨开，右司案呈，兹据总理经征税课佐领富勒吉杨阿禀称：窃查珲春经征税课，仅止山海土产三十六宗及牲畜、烟酒等项照则征收，此外秧参、草药并未奉准税则，概未征收，统归省局报纳，历办在案。伏查刨挖草药，栽种秧参运省城销售者，自应归于省局报纳。现在巡查秧参、草药，多有由珲径行运赴海参崴销售者，并不赴省报纳税课，可否由珲照章征收税课等情禀请前来，据此详查本衙门经征山海土产、烟酒各税仅止在珲贩卖者，照则收税。其运赴别处销售者及赴海参崴并不征收。今据禀秧参、草药等项贩运至省者，应归省局报纳外，如在本处销售及运赴海参崴售卖者，可就近照则收税，俾奸贩绕漏以重课款之处，本衙门未敢擅便，相应据情咨请示复。等情据此，拟合咨请将军衙门查核示复，如准就近征收并请将参药税则抄发，以凭照则征收可也。等因移付查照，酌议示复照办等因。据此，案查吉林地方所产秧参、草药，自光绪六年奏请设局，一并征收税课，原经定拟章程，按卖价参抽十分之一、药抽百分之二，当以开营之家远隶外山僻壤，不便周查，即按开营大小之家，各令造册报送税局，给执照注明地界、人夫姓名，至秋后制成入省，各将包数先行报明，不准隐匿。其在各外城境界者，曾经咨行各属，将所属产参之区均令一体查明，造册送省以凭稽核而归划一。盖以斯项课款，系备采买贡参之需，若令外城抽收，则各该参商等即于本地运往南省售卖，不赴省局报验，恐致上品参枝无处购求。故无分该局卡，亦无外城，详请历经办理在案。今珲春副都统征收参、药税课之请，实与官参、课额两有窒碍，本难照准。惟该城地近海隅，间属奸商贩运外洋之径，与他处不同。职等再四思维，拟令该城参药等项有船载运赴外洋者，准其就近抽收，俾免奸商绕漏，以重课款。其在本地销售者，仍饬赴省局纳税，以示限制。按年收数多寡，除令扣留一成工食外，尽数于年终汇总解交省局。职局于报解税课之内，扣留省局人役工食五厘，以符本准部议一成五章程。如此庶可以杜偷漏兼可免碍税额。所拟如蒙允准，伏祈饬司具稿咨行该副都统衙门，以便照则征收等因。禀奉宪批："如所议行，仰户司具咨复。"等谕饬交到司，奉此相应呈请咨行该副都统衙门遵照办理，并札饬参税局知照，等因在案。兹届年终立待汇总抵额之际，所有该衙门奉准征收斯项课款之后，未据解省归款报销，殊属拖延，相应备文移付。为此，合移户司请繁查照文内事理，希即呈请咨催珲春副都统衙门，迅将一年内征收参、药税款若干，遵照前议章程，务于封篆以前解交省局，以便并款归额可也。等因移请前来。相应呈请咨催遵照，赶紧解交省局。等情据此，拟合咨行珲春副都统衙门遵照，作速径行解交可也。须至咨者。

右咨珲春副都统衙门

珲春副都统衙门为查明罂粟地亩造册报送的咨文

光绪十六年

右司案呈，为造册咨报事。本年五月二十六日承准将军衙门咨文内开，户司案呈，光绪十六年四月二十三日准军机大臣字寄，盛京、吉林、黑龙江各将军、各直省督抚、热河都统、奉天府府尹，光绪十六年四月十五日奉上谕："总理各国事务衙门、户部奏整顿土药税厘，请饬详查妥办一折内，除原文省繁简述外，查土药税系归旗署征收，而地户有归民官统辖，兹先派员将所属地户栽种（罂）粟地亩垅数详细查明，给予牌照，造册呈核，以便筹办。该司即具稿分行外五城等处，并吉林道一体钦遵。"现由省派委员李庆霖、玉麟查办吉长两府属，张兆麒、庆春查办宁古塔，讷通阿、俞承广查办伯都讷，章鸿锡、恩惠查办阿勒楚喀，其三姓即令前统领文元查办，珲春即由从前省派赴该处丈地四员内匀派二员查办，仍由各副都统衙门派出妥员会同办理，并由民署饬知各处乡约听候查询，俾免遗漏。此次期在尽祛流弊，确实办理，倘该员等有徇隐等项情事，迨收成另派别人收时，查出弊窦，定行从重治罪，各予限一个半月报查等谕。奉此，相应呈请咨札遵照等情，据此，拟合咨行珲春副都统衙门查照，即由从前由省派赴该处丈地四员内匀派二员查办，仍由该副都统派出妥员会同办理可也。等因准此，本处遵即金派云骑尉讷奇新、委笔帖式委章京廉荣等带同兵役前往南冈一带地方，会同委员查办此项（罂）粟地亩，即将如何会办之处，务期赶限呈报前来等因。札饬去后，于八月十二日据候补防御后以佐领补用云骑尉毓升、云骑尉讷奇新、五品顶戴骁骑校塔尔干、六品顶戴领催委笔帖式委章京廉荣等呈称：窃职等遵奉札开，除原文简叙外，（中略）职等遵即于六月二十九日会同由和龙峪起程，驰往西冈，将古城子一川头二三四五道沟及马鞍山、帽尔山前、海浪河北一带，协同各该乡牌查毕。次赴北冈，周查细麟河、老头沟、榆树川、五个顶子、土门子地方，职等曾将周查珲属佃户等所种罂粟花地亩早已割完，所获之土为数寥寥，查询各户，皆称被灾欠收各情，业已禀报讫。惟职等旋查至关道口、烟集冈、抵塔嘴子、下嘎雅河、凉水泉子、密占一带地方，依次查竣，除将河边两岸地亩被水冲涝，查无形迹不计外，职等挨次按户照地协同各该乡牌会查栽种土药佃户姓名、地亩、土药数目分析，理合具禀。等因呈递前来，据此将该员等所递一切缘由及所查栽种土药佃户姓名、地亩、土药数目逐一分析造册，附封咨报。为此，咨报将军衙门核夺施行。

计开

海浪河守信社乡约孙振声牌下：

王福吉　烟地一垧七亩二，土四十两。

陈发林　烟地一垧，土三十五两。

丛发奎　烟地一垧八亩，土四十八两。

陈发林户金松延　烟地二亩二，土四两。

马春仆　烟地一垧四亩二，土四十两。

陈发林户太好孙　烟地二亩二，土五两。

李有财　烟地一垧三亩，土十两。

（中略）

以上统共佃户五百六十七户，烟地三百五十四垧一亩三分，烟土一万八千三百八十七两九钱。

珲春副都统衙门为整顿土药税厘的札文

光绪十六年

右司案呈　为札饬遵照事。于本年二月十六日准将军衙门咨开，户司案呈：窃查前于光绪十六年四月二十三日钦奉上谕："总理各国事务衙门户部奏，整顿土药税厘请饬详查妥办一折。洋药充斥久为中国漏卮。近年以来，民间栽种日多，获利甚重，骎骎有不可复遏之势。果能设法稽征，认真办理，既可裨益饷需，且亦收回利权之一助。着各省将军、督抚等详查情形，或于出产之处就地征收，或于贩运过境严查走漏。务当破除情面，实力稽核，各将出产、行销实数查复，按季开报。勒限三个月，各将原定、新定办法迅速复奏，不准空言塞责等因钦此。"钦遵咨照前来，当经通行所属，并由省拣派旗民官员分往各处，会同查明栽种罂粟地亩垧数，并行销实数，拟定办法。乃乡愚无知，一闻委员勘丈，群疑为按地收税，预先拔弃，致已获之地利，一旦化为乌有，未免可惜。现经奏明将罂粟一项，仍旧见物收税，按卖钱一吊抽收税钱三十文，以示体恤农民。现届春融，正当播种之际，恐乡民不知底细，不敢种植，并因有此一勘，恐乡甲差役借端撞骗，致滋扰累，不可不预为之防。遵即拟办告示，刊刻刷印一千二百张，分发所属各处，拣派妥实差役，逐处张贴晓谕，俾各周知，以免迟误栽种，而期多收税课之处，相应呈请咨行查照。等情据此，拟合咨行珲春副都统衙门查照可也。等因前来，相应抄录原文，札饬税课司遵照外，暨札招垦总局查照文内事理，即将所发告示转饬南冈、五道沟各分局及黑顶子屯垦局，拣派妥实差役逐处张贴，勿违。切切，特札。

右札饬税课司招垦总局准此

发给招垦总局告示六十五张

发给税课司告示五张

发给查界官告示十八张

本街告示十张

共九十八张

珲春副都统衙门光绪十六年造报征收烟土捐税的咨文及清册
光绪十六年

右司案呈　为咨报事。兹据经理征收税务总局呈称：窃查税局兼收洋药捐输自光绪十六年七月起至九月底止，共收洋药一千二百五十二两六钱。每两捐银二分，共收捐银二十五两零五分二厘，内扣除一成工食银二两五钱零五厘二毫外，实应归公银二十二两五钱四分六厘八毫。为此呈报，理合造具清册一本，呈请鉴核施行。等因据此，复查无异，除将所收捐输银两收库暂存，俟有差便解省呈交外，理合照造清册一本，备文咨报。为此，合咨将军衙门查核施行。须至咨者。

珲春副都统衙门　为造送珲春地方自光绪十六年七月起至九月底止，计三个月征收洋土药税银两，并开支一成工食各数目清册事。

计开

光绪十六年七月初一日，王庆买赵来烟土膏十九两六钱。

初四日，马义买陈有烟土膏二十一两。

卞升远买方保烟土膏四十两。

十二日，常有才买（阳）[杨]文有烟土膏三十七两。

十四日，柴治平买高月亭烟土膏五十两零七钱。

十七日，费得贵买张中才烟土膏十八两九钱。

十九日，蔡益德买陈喜烟土膏二十八两。

二十一日，姜发和买张。永臣烟土膏二十六两

二十五日，高殿有买系同善烟土膏五十四两。

二十九日，尹学思买丁广顺烟土膏三十二两。

七月份共收烟土膏三百二十七两二钱，每两捐银二分，共合捐银六两五钱四分四厘。

八月初三日，秋清买刘禄烟土膏六十二两。

初七日，郝得顺买姜祯烟土膏三十两零五钱。

十一日，杜双奎买刘振吉烟土膏三十一两。

十四日，宋文诰买骆宏成烟土膏五十两零九（两）[钱]。

十八日，梅保太买刘得恒烟土膏十二两。

二十一日，王盛荣买姜德安烟土膏四十九两。

二十四日，杨永贵买丁义荣烟土膏三十三两。

二十九日，张玉衡买孙庆烟土膏五十二两。

八月份共收烟土膏三百二十两零四钱，每两捐银二分，共合捐银六两四钱零八厘。

九月初一日，王有成买贾广烟土膏十九两。

初三日，范永年买王果烟土膏五十六两。

初五日，张吉胜买于元顺烟土膏六十八两。

初七日，冯宽买蔡发烟土膏十两零五钱。

初九日，赵春芳买戚永换烟土膏五十七两。

十一日，徐占祥买许秉信烟土膏九两。

陈克治买隋福烟土膏五十两。

十八日，林海买李茂烟土膏王十七两　钱。

二十一日，朱得财买富禄烟土膏三十九两六钱。

二十二日，任义德买杨福成烟土膏六十两零二钱。

二十五日，王志买张。信烟土膏五十四两。

二十七日，曲成久买戴文烟土膏四十七两三钱。

二十九日，马元明买陈有功烟土膏七十五两六钱。

九月份共收烟土膏六百零五两，每两捐银二分，共合捐银十二两一钱。

以上自七月起至九月底止，三个月共征收烟土膏一千二百五十二两六钱，每两捐银二分，共合捐银二十五两又五分二厘；内扣除一成工食银二两五钱零五厘二毫外，实应归公银二十二两五钱四分六厘八毫；俟有差便解省，理合

登明。须至册者。

珲春副都统衙门为调查偷漏土药税案的札文
光绪十七年

右司案呈。为札饬事。于本月十二日准宁古塔副都统衙门咨开，右司案呈，咨准珲春副都统衙门咨开，右司案呈，据税课司禀称：于本月初三日，有东京城铺商顺兴成赴局报明，由塔贩来烟土十九包，业经完税，各贴图书小票。当即细验，均各模糊不清，特恐奸商假造翼图偷漏。等情前来，相应附原禀附封至请咨查。等情据此，拟合备文咨查，为此合咨副都统衙门，请烦饬查此项小票，是否原发、已未完税，希即见复，并将小票咨还施行。等因前来，当即札饬承收税务协领衔花翎佐领庆春等，遵照速即查明呈报，以凭转行。去后，旋据呈称，遵饬查得税局土药税课账簿，本年八月初三日，有东京城铺商顺兴成执事人杨鸿蒲，报买烟土九百五十两，共十九包，当时发给图书小票、包头十九个，业令照章如数完税。今奉咨查尤恐该商别生枝节，当将杨鸿蒲传到税局，复加斟询。据称前报纳税土药九百五十两，实系如数发往珲春售卖，惟因烟土油大，贴票时用手抹擦以致模糊不清等语。恐有不实复将发来原票与税局现存小票核对比较，其图书、方寸、字迹、款式均属相符，实系完税，并无假造图书。等情呈报前来，据此理合呈请备文咨复，为此咨复贵珲春副都统衙门查核可也。等因前来，相应呈请札饬遵照。等情据此，合亟抄录原文札饬，札到该税课司，即便遵照可也。特札。

右札税课司准此

吉林省厘捐总局为防止皮货商隐税漏税发放告示的移文
光绪十九年

为移付事。于本月初八日接准钦命督帮办办将军长副都统沙咨行事。案据厘捐总局总理富、协领通山、会办谢守汝钦、帮办章令鸿锡禀称：窃职等前定捐章案内声明未尽事宜，容再随时禀夺等情在案。兹查山货、皮张及诸色皮货为本省出产之大宗，皮袄、帽店制做皮货，所需皮张颇多，买自山行庄店，应抽货厘均由该行店照章代扣，尚无隐漏。惟有制成皮货及外来皮货，按照禀定捐则，均应一律抽厘，而报捐者仍属寥寥。现经卑局查出外来皮袄铺家数甚多，迭经传令该商呈验置本发单，以便照置抽厘。该商等皆称货系自制并无置本发单，借词推诿。及令呈验货单、货号价值，均系随意捏造，甚有值十报一，预为隐捐地步。卑局总以整顿厘务事，为吉省创始。各行店虽颁有捐章，该商等恐未能条分缕晰，每遇报捐之户，到局无不曲意开导，以示优容而广招徕。是以近日筹办靴鞯、油纸、香房等捐，各该商均踊跃乐输，毫无滞碍。惟该皮货行，意存阻挠，势难中止。职等公同核议，此项皮货既无置本发单，即应按照本城市行估价抽厘，若任该行自行开报，其中不无期隐。况系自制发行，其价尤难悬拟。至本处皮铺、帽店所卖自制皮货，亦与该行货情相等，迄尚未据报捐，本应照章罚惩。第念捐章甫定或未周知，拟请姑宽已往，此后一律变通，均按卖价抽厘，以昭公允而免隐漏。如蒙允准，即由卑局出示晓谕，认真抽收。并请通饬各外城厅一律遵办，以归划一之处。职等系为整顿厘捐起见，是否可行，未敢擅便，理合禀请示遵。等情禀请前来，据此除批示通行遵办外，合亟缮办告示十张，钤印包封，相应由四百里飞行查照。为此，合咨贵副都统请繁查照张贴晓谕，认真抽收可也。等因准此，合亟抄录原文，发到告示十张，一并移付税课司张贴之处，相应备文移付。为此，合移贵税课司查照办理可也。须至移者。

右移税课司

吉林将军衙门册报光绪十八年所征杂土税的咨文
光绪二十年

将军衙门　为咨报事。户司案呈，案查珲春创收杂土税课，自光绪十年正月起至十二年年底止，三年期满，当于光绪十三年十二月间据报按照三年征收数目核实勾稽，分别酌中定额等因，附片奏奉朱批："览，钦此"。钦遵，嗣准部咨，查附片内称：珲春创收杂土税课，自光绪十年正月初一日设局之日起，截至光绪十二年年底止，已届三年期满，共收杂税银四百五十八两八钱九分六厘。按三年所收之数详加勾稽，杂税每年应该征银一百五十二两九钱六分五厘三毫，拟请每年以百五十两作为定额。土税三年共收钱九百八十五吊二百八十二文，每年应征钱三百二十八吊四百二十六文，拟请每年以三百二十吊为定额，均自光绪十三年起照额征解，抵充俸饷等语。既据该将军详加核定，应即准如所奏，杂税每年以一百五十两，土税每年以三百二十吊作为定额，均自光绪十三年起照额征解，抵充俸饷等语。既据该将军详加核定，应即准如所奏，杂税每年以一百五十两，土税每年以三百二十吊作为定额，按年照额按征足不准短少。如征不足数即着落经征之员赔补，以重税额。等因前来。查珲春副都统衙门经征光绪十七年份杂税、土税各数，业经造册报部查核在案。兹准该副都统衙门造报经征光绪十八年份杂税、土税各数，造册咨报来省。据此详查册开自光绪十八年正月初一日起，至十二月底止，连闰月共征收杂税银一百五十两，内除遵章开支一成工食银十五两外，实剩税银一百三十五两。又册开自光绪十八年正月初一日起，至十二月底止，连闰月（中缺）据此拟合咨报。为此，合咨大部请繁查核外，暨咨珲春副都统衙门查核可也。须至咨者。

右咨珲春副都统衙门

（四）厘 捐 征 收

珲春副都统衙门为册报加抽四厘捐的咨文
光绪十三年

右司案呈　为造册咨报事。案查前准将军衙门咨开，户司案呈：案查吉省开炉鼓铸制钱所有一切赔费，饬据众商呈恳，情愿于七厘货捐之外，加抽四厘以资贴补等因，通行所属抽收厘捐各城，一体遵照。即自本年六月初一日起一律加抽四厘，仍按二八月两季解省，不准推延。等因准此，当即札饬经征厘捐委员遵照办理，并将颁来告示张贴晓谕去后。兹据经收厘捐委员禀称，遵札饬将此项捐款由本城街面铺商分别等次，于七厘之外加抽四厘，自本年六月初一日起截至年终止，计七个月共抽收四厘捐银一百二十六两八钱五分，分析造具铺户清册一本，呈报前来。据此，本衙门复核无异，除将斯项捐款俟明春开饷之便就近解交外，理合照造清册一本，备文附封咨报，为此合咨将军衙门查核施行。须至咨者。

右咨将军衙门

珲春副都统衙门为册报光绪十三年抽收铺户日捐银两归库数的咨文
光绪十三年

右司案呈　为造册加具印结咨报事。案查前协领衙门准宁古塔副都统衙门札开：现为部咨事，将各该处应征之项，自咸丰十一年正月起拟定三个月呈报一次，勿迟。又将一年应征之项均于年底收竣归库之处，汇造总册、出具印结呈报等因，各奉来札在案。兹届年终，即将本年抽收铺户日捐银两如数归库，理合遵照定章造具总册，出具印结，一并咨报将军衙门查核可也。须至咨者。

右咨将军衙门

珲春副都统法什尚阿巴图鲁依　为出具印结事。兹届年终，即将本年应征铺户日捐银两如数归库，理合遵照定章，除造具总册咨报外，并将出具印结是实。

珲春副都统衙门为日厘捐改抽货捐的札文

光绪十七年

右司案呈 为 出示晓谕 事。照得吉林通省日厘，已于光绪五年间改抽货捐，
札饬遵照
按市价每两抽捐银七厘。惟本处彼时虽改货捐之名，而实收者日厘也。原因
地僻商稀，未便遽行改办。今复准将军衙门来咨所征日厘，必须一律改收货
捐，务期起色。等因自应遵文照办，拟自十月初一日起改征货捐，除咨复并
札税课总局遵照实力稽征外，合亟出示晓谕。为此，示仰合属商贾知悉，届
期务将汇交日厘改纳货捐，即按卖价银一两交纳七厘，并前有四厘，统计捐
银一分一厘。若经纪代售者，仍归经纪照章就近一并扣留，每至月底汇总，
悉数交局。若尔商贾由他处自行购买，无论何项货物必须先行报存，照章应
纳之七、四厘捐，以俟售卖悉数扣留，务要随时赴局交纳，不准毫厘巧取。
除饬不时稽核各家之账目，倘有影身挪移、隐匿不报希图获利者，若被查出
或别经发觉，定必从严惩罚，决不宽贷。各宜凛遵，毋贻伊戚外，合亟照抄
原章，备文札饬税课总局遵照可也。

珲春副都统为抽收厘捐事的移文

光绪十九年

为移复事。于本年七月初二日准署将军沙咨开，案据厘捐总局总理富、
协领通山、会办叶守联甲、帮办章令鸿锡禀称：窃据长春厘捐局总理等禀
称，窃职等奉派征收长春厘捐，事务实属纷歧，较比他城稍有不同，事关创
始未便含混。兹于捐章未尽者，当经集议酌办，于窒碍难行者不敢同执必行，
是以略为变通，实事求是，以期整顿。谨就长春捐务因地制宜，拟办条款，
商民业已适从，敬缮清折、禀请立案等情。禀奉宪批："禀、折均悉，该局现
行章程，尚属妥协，准予立案。候饬厘捐总局知照。"等谕奉此，职等正在核
办间，又据该局禀称，"窃职等奉派征收长春厘捐，谨遵捐则定章详慎办理。
收捐数月以来，体查现在情形，拟请稍加变通，谨就长春捐务因地制宜，拟
议条款，敬缮清折，禀请查核"等情。禀奉宪批："禀、折均悉，所议章程，
候饬厘捐总局逐条悉心核议，禀复核夺饬遵。"等谕奉此，职等详译该局前后
所拟条章，洵为整捐要务。然事由创始，必须详益加详，诸臻周妥，方期经
久而无弊。如原禀内称，"栈店客货至于年底未能卖出，将货兑给栈店者，名
曰下货，暂缓收厘。俟该栈店将此货卖出时，即照栈店章程扣留捐款"等语。
查栈店抽厘章程，货物在店无论几易售主，均应照章随时完厘。省城栈店遵

办已久，毫无异议。惟长春铺商鬼蜮伎俩，习惯成风，从前巧立下货名目，推原其故，无非希图省捐。今既认真整顿，必须力除积弊，否则奸商借此隐捐，影射偷漏转难稽查，此条碍难照准，应请仍饬照章抽厘，杜绝弊端。又称，"油房、纸房等行，本柜并伙计自用者，拟请免厘"等语。查自用之货固属无多，捐亦甚微，所请免厘，自系为体恤工商起见，货之微者固可宽免，此亦全在经征之员体查情形，酌度权办。然不可不杜渐防微，若遽特准免厘，倘日后奸商借以隐捐，恐难整饬。至柜伙用货，如准免厘，事亦极微。然而未设边卡，尚无窒碍。倘若边卡一设，柜伙旋里，一人所带自用之货，不致有阻，诚恐同帮之人携带过多，经过局卡一经查验，无从辨别，或被扣留，是非恤商反是累商。况查各省捐章，并无自用货物免厘明条，倘此端一开，商民受惠极稀，而各局卡借词放行，百弊丛生，恐难防杜，应请勿庸宽免，免滋流弊。又称，"本街油房，在街面门市柜上零星小卖者，拟请免厘"等语。查油房零星卖油，所请免厘，自系体恤商民起见。第查油斤为本地土产大宗，各城油房零星小卖，分而论之，非斤即两，数固甚微，合而计之累万盈千，捐亦不少。若一免厘，奸商从中舞弊，势必影射偷漏，无凭查考。似此小惠施之于民则受益无多，于捐乃有碍实深，应请勿庸宽免，以期捐归实济，而杜弊端。又称，"废铜铁锡铅，如各号收买者，按捐则与商拟议五日报捐一次，半月一交捐领票。若发给手艺铺做成器皿者，拟请免厘"等语。查铺号收买之本地零星废铜铁锡铅，多系民用旧物，似应免厘，其外来者，应即照章抽厘，余如所拟办理。又据禀称："商贾由内省自置各货，载运路过长春，即转运他城名曰过载，可否将此过载货车到城时，验看车票货单，实系过载，随时钤用过载戳记放行，概不抽厘刁难，亦不勒索分文。倘有不实冒充过载，即照容心偷漏章程惩罚。"又称，"遇有外城客商贩来货物，至长春入于栈店售卖不出，又运往他城再售卖者，可否拟照过载办理。"又称，"长春本街多有行庄商人，所来之货先已报存，未及完厘领票，乃因行价不合未经卖出，即将原货运往他城售卖者，虽稍延时日，仍与过载无异，应否照过载办理"等语。查该局所拟查验过载章程，及行庄客商贩货未市转运他处售卖者，拟照过载办法均尚妥协，应请即如所拟办理。又称，"大盐，凡由外处贩来售卖者，照章抽厘。若往本家拉运食用者，拟以重至二百斤者抽厘，不过二百斤者可否免厘"等语。查食盐为国家第一要课，吉省地方现无督销盐引，民运食盐均宜照数抽厘，以重厘课。况查自运食盐，皆系运脚车户由奉载来，原买价值本轻，而应抽税厘。除山海税外，仅按每价一吊抽收七、四厘钱十一文，核与内地盐课为最轻。自运食盐不过二百斤者，拟请免厘碍难照准，应请照数抽厘，俾资整顿而济饷源。又称，"长春本街铺号，有省城之分支数家名曰卖柜，诘其实情，所卖之货均由各老号取来售卖，并无二次置本。惟查定章内有各归各城照货抽厘一条，云系由省贩至各外城厅者，即谓自来货，理应照章收厘。据该商人云，此系各老号曾经在省纳捐零运长春，令再抽厘，似乎觉重等情。兹查奏案长春货自外至，并不来省贩货，绝无重捐之累。若令纳厘，必得查其老号原来置本抽收，未免事觉繁琐，应否宽免，未敢擅拟，理合禀请示遵"等语。查生意分支布散各城名曰卖柜，不独长春一处为然，各外城厅亦皆有之，连号生意运货互卖事同一律，断难免彼而捐此。且查各城大铺岂第分支卖柜，亦有外客行庄运货外卖，而其所卖货物无非本号所置，皆无二次置本。是以原定捐章各外城厅商贾贩货，皆照自来货章程，各归各城抽厘。倘此端一开，势必纷纷借词援请，窒碍捐务实非浅鲜。况厘捐整顿之由，重在杂货铺商，因其积年偷漏，以致捐数大减。此次整顿，亟宜力祛弊端，而该处铺商久惯狡猾，立名取巧。今于无可幸免之中，又设分支名目恳请免厘，显系预为省捐地步，殊难照准。应请仍饬认真稽征，严防偷漏，俾资整顿而杜流弊。又称，"纸作房用旧麻绳，由栈店置买者，已有捐矣。若自行收买零星旧绳，拟请免厘。造成纸张若成批发给本街铺商卖者，归于纸房代扣捐厘，限定五日报捐一次。若本作房零星散卖并自用者，拟请免厘"等语。查纸作房所用旧麻绳，由店置买者，既已由店扣厘，零星收买拟请免厘，尚无牵混，于捐亦无窒碍，姑准宽免。至造成纸张发给铺商，请归纸房照章扣厘，事亦可行。惟据称若本作房零星散卖并自用者，拟请免厘。详查此项货物核与油房等行零星自用之货无所区别，应请一律照章收厘，以昭划一而示公允。又称，"马尾、猪鬃，现据该商恳请免厘，可否是行，呈请示遵"等语。查马尾、猪鬃亦系本处土产大宗，本城山行于此货物遵纳有年，难遽更章免厘，转滋纷歧，应请勿庸宽免。又称，"长春城香房，皆由外来，照章应捐惟，据商人声称，省中香支已免厘矣，是否宽免，呈请示遵"等语。查此项香支，本城从未免厘，年前曾已定章，外来香支无论何香，到城报局查验，皆按每包七、四抽厘市钱六十六文。其各铺商自办之香，仍照置本抽厘，应请即照定章办理。又称，"查捐则内土产皮张，名色未及载全，其捐则未载应否抽收，未敢擅便，呈请示遵"等语。查本省土产皮货等物，名色繁多，则难尽载，所有则内未及载者，无论何项货物，除照后附捐则宽免外，余皆照章抽厘。又称，"解交捐款章程，现钱银价若在三吊五百内者，务照现行易银解交。如能汇解省钱之区，即须收钱解钱，不准借词援办等因。遵查卑局原收银款，仍行解银。惟原收钱款，若解现钱不但多费运价亏折捐款，

740

且据商人声称，四厘助捐业经数年，铸出新钱到宽无几，至七、四厘捐款现钱，每年约征数万吊之多。若以现钱源源解省，则长春城内愈捐愈绌，大小铺户生意自然萧条，捐款岂能畅旺，请变通办理等语。兹查长春现钱银价每两现在三吊二百余文，现闻省市三吊一百余文，较比省市银行每两价昂一百余文。若将原收钱款，尽数易银解交，核计买银每千两亏赔捐钱一百一十吊左右，应需运银脚价，拟请核实作正开销。若谓由商汇解，既省运价又省护送，似觉捷便妥慎。第以现时论之，银加赔数、钱加汇费，统盘勾稽银钱赔费似属相仿，宜如何解交之处，请示遵办"等语。查该处厘捐征收钱款为数甚巨，运解现钱固非易易，而该处银价现在三吊二百余文，省价三吊一百余文。捐钱折银虽有亏折，然核与定章尚属相符，自宜准其易银解交，以期官商两便。惟据称以运解捐银需费脚价，若由商汇尤需汇费，拟请核实作正开销等情。详查自来运解征款例无作正开支，运脚汇费款目，况所收厘捐划拨一五经费开支，各局薪、公等项，尚有不敷，现当创办伊始，经费支绌，在事员弁均宜共体时艰，力求撙节维持全局。况查经费款项，应支各款立有定章，额外需费丝毫难予准销，该局所请开支运费碍难照准，应请即由该局局费项下节俭支用，不准作正开销，以节经费而免拮据。至该局应解捐款或运或汇，应请即由该局酌度情形妥为筹解，严防疏虞。又称，"征解款项解省，自应遵照限制，按两月解交。惟思长春距省虽近，往返约在数日，未免多费车脚川资，又得移知就近队兵护送，以免疏虞，事觉稍繁。拟遵定章按月将所收厘捐数目造报备核，其解款请按四季解交一次，事属撙节经费起见，故以拟请稍为变通。惟派员解款所需车费，拟请作正据实开销"等语。查该局征解捐款，拟请改按四季解交，事尚简便，应请准如所请，分季解交，仍将所收捐数按月造册呈报，以凭稽核。惟据称"以派员解款所需车费，拟请作正开销"等情，查一五经费款项支绌，此项需费难准开销，应请仍饬该局自行筹办，不准作正开销。其余该所拟各条，均属深中窾要，洵为整捐要着，事尚可行，应请即照所拟办理。然贵慎始以图终，历久而不怠，勿蹈虚浮之习，则厘捐渐资整顿而收项可期畅旺，所谓本立道生正无事另筹新策也。合将该局原禀各条应行举办者，照缮清折附禀呈览。如蒙允准，请即通饬各外城厅及各分局一体遵照办理，以昭划一而咨整顿。所有职等遵批核议缘由，是否有当，理合禀请查核示遵等情。据此，除批示禀折均悉候通饬各外城厅及各分局一体照办外，相应咨行贵副都统衙门查照办理可也。等因前来，相应备文移付。为此，合移贵税课司遵照可也。须至移者。

右移税课司

六、农　业

（一）开　垦　荒　务

珲春副都统为驰赴各处查看垦务各情的咨文
光绪十一年正月二十四日

钦命帮办吉林边务事宜镇守珲春副都统法什尚阿巴图鲁依　为咨会事。窃照本帮办前与贵爵督将军函商，拟于本年开春查看各处垦务事宜。现定于正月二十五日携带印信，驰赴烟集岗相度右路扎营基址，并将队伍阅竣即行回署，雇觅驮脚。约在二月中旬，先由珲春东分水岭一带绕赴三岔口、细鳞河等处，次赴姓、塔两城。应将启程各日期并一切情形请由贵爵督将军附片奏明。所有各路统领暨各局处应即先行札知，兹特备双衔札稿一份。除一面分行外，理合将原稿咨会贵爵督将军盖印书行，发回存案，相应咨会。为此合咨贵爵督将军，请繁查照施行。须至咨者。

右咨钦命督办吉林边务事宜镇守吉林将军一等继勇侯希

珲春副都统为营官魁英驱逐越垦朝民费用奏销事的咨文
光绪十一年六月初七日

钦命帮办吉林边务事宜镇守珲春副都统法什尚阿巴图鲁依　为咨明事。窃照前因札派右路左营马队营官魁英，带队赴沿江一带驱逐越垦朝民。嗣据该营官禀称，山路崎岖，度越不易，军需糇粮一切，请给驮资，以济挽运。等因到本帮办。当以人马辟路而行，疲劳堪恤，故即准如所请，业已分别咨札在案。兹据营官魁英造报，禀由该路统领具文转请前来。查所销各款为数较多，未予全数核准，应饬粮饷处由闲款项下提钱二百吊，仍由该统领差便请领，以便发给该营官搏节开销，即可免其造报可也。除分别札饬外，相应咨明，为此合咨贵爵督办将军，请繁查照施行。须至咨者。

右咨钦命督办吉林边务事宜镇守吉林将军一等继勇侯希

珲春副都统为厘定招垦局各员薪公等费章程抄单的咨文

光绪十一年六月初八日

钦命帮办吉林边务事宜镇守珲春副都统法什尚阿巴图鲁依　为咨复事。本年四月十八日准贵爵督将军咨开，据粮饷处详议，本帮办厘定各处招垦局支销经费划一章程，并禀请确查各局历办章程，有无收存押荒并佃户花名丈量地亩，等情。除原文省繁减叙外，尾开，查招垦各局一切章程均未奏定。且自设局招佃以来，收取押荒共有若干，亦未经各局报明，实属无案可稽，难以核办。亟宜咨行转饬各局，务将丈量亩数佃户花名，以及收过荒价若干如何动用，并一切沿革章程有无窒碍，速即分析造报以凭核办。等因准此，查珲春、宁古塔原办招垦边荒事宜，本帮办向未经手，一切无可稽查。自九年冬奉文核转珲春招垦局事宜始预其事，嗣是该局支销经费及现办事宜并丈量地亩、佃户花名，已熟未熟册籍，或已据分报，或经转咨，皆已在案。自十年六月帮办边务以来，三岔口、穆棱河各局始有文报。十年十一月十六日奉咨核订各该局支销经费，划一章程，当即饬查各局原定现办一切旧章，先后据各局开单造册报齐。详细阅察各局设立之初，并无一切章程，所办事宜或随时奉札，或随时禀请奉批，先后经手已非一人，交代案卷难免遗漏，即现办委员亦不能尽知前事之原委，即如押荒升科各项，各该局并无奉到一定章程。珲局有李守金铺告示内称，免缴荒价五年后升科，而卷宗则免缴荒价，有奉到行知升科则无案。据三岔口局亦系潘令民表告示内称，免缴荒价三年升科，每亩收租钱六十六文等语。是各该局自招佃以来，并未经收荒价而求此事之原始，则查之各局反不如文案处奏咨旧案尚为可考。至各局接济牛米籽种各数目，并现在所办事宜，应销经费及前后放地若干、民户若干各节，检查各该局所报单册大致已明，各该局业经先后分报呈复在案。若再令造报，未免重复，应请饬由粮饷处移查文案处所存单册，汇集一处，详细检查如有未尽事宜，应须行查者，亦由该处随事随时径行指查各局酌核边地情形，按之定例通盘筹议，妥善章程，禀候批定，以凭奏咨立案，札饬通行，免致参差滞碍。至前订支销经费新章，粮饷处禀内，拟更长夫名目作为听差人役，系为便于报销起见，甚属妥叶，应即依议更正。其应由何月日照依起支一节，鄙意此项新章系专定各局委员书役人数及月支薪公款项，现既议定，应先行通札各局，示以期限，照章支销，以便遵循。合并将前议各条及照议更正之处，仍缮简明清单抄叙尾后，以便行知。相应备文咨复。为此合咨贵爵督将军，请繁查照施行。须至咨者。计粘单一纸。

右咨钦命督办吉林边务事宜镇守吉林将军一等继勇侯希

更定各处招垦局新章

计开

一、珲春招垦总局一处。

五道沟分局一处，归珲春总局管理。

一、三岔口招垦总局一处。

穆棱河分局一处，归三岔口总局管理。

凡分局无关防一应公文册报，应报由总局呈转。

一、每总局总办委员一员，月支薪水银二十三两。

每分局委员一员，月支薪水银十三两。

一、每总局书识三名，每名月支薪水银七两。三岔口加一名，以备通事之用。

每分局书识一名，月支银同。

一、每总局听差人役五名，每名月支银三两。

每分局听差人役二名，月支银同。

一、每总局公费，月支银八两。

每分局公费月支银四两。

此项公费作为添制绳弓心红纸张一切公用，如遇另项差务需用较重者，随时禀明，支款办理批准后，方准开支。

一、各局盖有局房者，常年岁修由公费内办理，遇有重修大土，在十年内者，着落承修之员赔修。在十年外者，准其禀明支款修理。珲春向系租住民房，每月租银仍照九两支给。

吉林将军衙门为粮饷处详核招垦局现定经费章程事的咨文
光绪十一年七月初六日

为咨复事。案查前准贵帮办咨复内开，查宁古塔、珲春招垦各局现办事宜，或已据分报或经转咨，皆已有案。欲求此事之原始，查之各局反不如文案处所存奏咨旧案，尚为可考。应饬粮饷处移查卷册，酌核边地情形按之定例通盘筹议，妥善章程，禀候批定，以凭奏咨立案。至新定各局经费章程，由何月日照依起支，应先通饬各局，示以期限，以便遵循。等因准此，查来咨单开，所定各员薪公等费，着粮饷处应先核定，以便通行。其余一切，另行悉心妥议。详复去后，旋据边务粮饷处禀复，遵即悉心详核宁、珲两处招垦事宜，以能否按照吉林向章收取押荒定限升科各节，为目前急务。前禀业已详叙，其于无所再议。至各局现办事宜，职处无案可稽。帮办咨文内称，各局业经先后分报有案，请饬文案处查案，呈候察夺情形，奏咨立案，通饬遵守。所有各局经费请即照依现定章程办理，应由何月起支，伏候钧裁。其各局文报，即如帮办所定，概由总局转呈，请即发给关防，以昭信守，统俟批下之日，即由职处具稿，呈请札饬各局照章开支。等因到本爵督办。据此，除批禀，所有宁、珲两处垦局经费，即照现定章程自本年正月初一日起支。其文报事件，概由各该总局转呈，候另刊发关防，以昭信守。至各垦局所放荒地，能否仿照吉林向章收取荒价，定限升科之处，应咨行帮办酌核地方情形，见复到日再行奏咨立案，饬遵。仰将核定经费新章先行具稿，札饬各局遵照，并将关防另行札发外，第升科之事，理宜详慎。若一经奏明开征，永为定额。而宁、珲地处极边，其田土瘠区居多，收成歉薄，势恐不免。至收取押荒钱文，前因民户招徕不易，奏免荒价，声明俟户口渐增，应否改复旧章，察度办理。不知目下垦务有无起色，能否定限升科收取押荒，应先咨询。为此合咨贵帮办，请繁查照文内事理，酌度见复施行。须至咨者。

右咨珲春副都统依

吉林将军衙门为委候选州判王瑞麟任事的咨文
光绪十一年十月初八日

为咨还事。案准贵帮办咨开：前据委办三岔口垦务候选直隶州州判曲作寅，请委穆棱河分局委员，现由敝处双衔札委蓝翎五品衔候选州判王瑞麟前往任事，并分别札饬各局遵照外，合将双衔札稿一份附封咨会书行盖印，仍望发还存案施行。等因准此，相应将双衔札稿一份书行盖印备文咨还，为此合咨贵帮办，请繁查照施行。须至咨者。

右咨钦命帮办吉林边务事宜珲春副都统依

珲春副都统衙门为免收荒价以利南冈招垦事的咨文
光绪十二年

右司案呈　为咨商事。窃查珲春招垦旧案，设局之初，一年内免收荒价。嗣因招徕不易，又复展限二年，领荒者至今尚未踊跃，以故该局从未收押荒钱文。其哈尔巴岭迤东一带地方，系归敦化县放荒，每垧收押荒钱三千六百六十文，迭经遵办各在案。现在哈尔巴岭迤东之地拨归珲春，查其间有已经领地四五年未交荒价者，亦有弃所领之地而逃亡者，此项荒价或仍派留办委员追收，抑或俯念民艰，并已逃之户无着，分别豁免，合行咨商，以便遵办。再南冈地方经敦化县放荒，至今已四五年，其膏腴之地大半已有人领去，现在所剩余荒虽到处不少，究其地不在山足，便是水眉，要皆人不甚羡慕之地，如仍照敦化放荒章程，必收押荒钱文，将来领荒者恐多望而生畏，裹足不前。观前之已领荒地，以无力交价而逃者，此其明验。况此地已经出荒，与其必收荒价以阻民之来，遂至弃其地于百年，何如免收荒价以速民之来，转可望其租于一旦。况此处招垦名为筹饷，意在实边，既望其民之众多，似不必急其利于些须。所有南冈余荒，可否按照珲春免收荒价章程办理之处，理合备文咨商。为此，咨请将军衙门核夺施行。

珲春副都统为委员贾元桂等会勘南冈界址的咨文
光绪十二年四月初五日

镇守珲春副都统法什尚阿巴图鲁依　为咨报事。右司案呈，兹于三月三十日据署敦化县知县刘调元、珲春招垦总局委员贾元桂、留办南冈分局委员凌喜等禀称，窃卑职等分奉爵军宪批示暨宪台札饬，会同分拨哈尔巴岭界址，并交割地亩卷宗。等因蒙此，卑职等公查珲春右司移交旧案，与前署敦化县赵令所绘县界图说，均以哈尔巴岭为界，大致相符。卑职调元遵于三月十六日会同卑职元桂等，前赴哈尔巴岭，分拨界址，设立界桩。查南冈分防地亩划归珲春，其界限全以哈尔巴岭为主。自哈尔巴岭曲折东北行约二百余里至四方台，为宁古塔西南界。又自哈尔巴岭曲折西南行约一百五十六里至秫秸垛东北之庙儿岭为敦化县。放荒原界计四方台至庙儿岭，约共三百五六十里，均与哈尔巴岭相连为一大分水岭。此岭东南一带有大红崴、蛤蟆塘、朝阳河、布尔哈通、朱倒木沟、头道沟并骇浪河掌之二道沟等水发源于此岭下，流入图们江，其地皆属珲春。此岭西北一带有马鹿沟、横道河、沙河、石头河等水发源于此岭下，流入牡丹江，并流入松花江之古洞河北岸，其地皆属敦化。再卑职元桂等查珲春旧案界址，有自哈尔巴岭西南至长白山之语，现与敦化划界仅止于秫秸垛东北之庙儿岭。查由庙儿岭曲折西南行此岭至长白山下，约尚有四五百里，其岭之东南有三道沟并外六道沟、红旗河、大箕沟、红土山等水均入图们江，其地应属珲春。其岭之西北有古洞河并娘娘库上流之大沙河、荒沟、里马鹿沟及长白山东之黄花松沟子等水均入松花江，其地应属吉林，但以其地非敦化辖境。此次划界，吉林又未派员前来，卑职等未敢擅行划拨，理合陈请宪台核定批示。现在哈尔巴岭界址划拨已定，卑职调元回署后，遵即将地亩册簿并词讼卷宗，一并备文专差送至珲春交割。除禀爵军宪外，所有此次卑职调元会同卑职元桂等分拨南冈分防地亩划归珲春，分清界址缘由，敬请宪台查核批准立案。等情禀请批示前来。查该员等勘分界址甚为明晰，其西界庙儿沟，再西即属省界，与珲属旧界毗连，呈请将原禀批令该县听候爵督办将军批示遵行外，拟合呈请咨报。为此咨报将军衙门鉴核施行。须至咨者。

右咨将军衙门

吉林将军与珲春副都统合奏为在珲春试办屯垦折

光绪十二年十一月十九日

跪奏：为收回黑顶子地方关系紧要，拟派员拨兵试办屯垦，恭折仰祈圣鉴事。窃惟戍边之要莫重于养兵，经久之规莫良于屯垦。国初收服东海诸部，自黑龙江东，外兴安岭以南，及海中库叶岛诸地，皆隶吉林版图。迨被俄人侵占划归彼属，独于图们江口一带界址展转推延，缪辖不清，渐至迁民移兵，阴逞狡谋，欲批朝鲜之亢而捣东三省之虚。本年吴、依 奉命会同俄使勘分界段，幸将黑顶子地方收回。其图们江口则俄人仍据为已有，仅许中国行船而已。伏查黑顶子一山，在珲春城南四十里。北为珲春屏蔽，南瞰岩杵河海口。俄人由旱道至图们江通朝鲜，必从山南十数里内取径。彼虽修有孔道，设有电线，然我苟妥为布置，勿任侵越，则无事时可以觇彼消息，有事时即可据为要害。是诚防守不容稍疏，所谓不得其上而思其次者也。况该处有朝鲜流民耕种，其间若不加意抚绥，使之输诚帖服，仍恐逸入俄境，终为彼用。现经奴才依 派员将该处接收，咨商奴才于山前玉泉洞地方添修卡伦，轮派官兵常川驻守。奴才拟再就近调拨珲春防军一营，试办屯垦。如果能获实效，即将来宁古塔东之蜂蜜山、三姓东北之拉哈苏苏、通江三处，均可踵行，俾得以兵养兵。既有备御之资，又省转输之费。庶几守边士卒不至以佚生骄，以骄生怠。第事经创始，必须得人。查有三品衔道员用吉林补用知府李金镛，勤朴耐劳，实心任事。前经吴 奏派办理珲春垦务，于边情极为熟悉，且曾游历海参崴、双城子各处，俄人朝人颇皆畏服，华民在俄界者亦莫不同声感戴。兹拟仍派该员前往督率屯垦，冀得由近及远，以固边圉，实于垦务、防务均有裨益。所有派员拨兵试办屯垦缘由，谨会同奴才依 合词恭折具奏，伏乞皇太后、皇上圣鉴，训示。谨奏。

黑顶子屯垦会办方朗为奉委赴任事的移文

光绪十三年三月二十六日

奏派办理屯垦事宜会办边防营务处花翎同知衔即补县正堂方 为移知事。光绪十三年三月二十一日接奉侯宪札开，案照珲春黑顶子地方业经收回，应即拣员督率屯垦以固边圉而专责成。查有花翎同知衔分省补用知县方令朗，堪以派委，已于本年三月十九日附片具奏，除俟奉到谕旨再行恭录饬知外，合亟抄片札委，札到该令，即便遵照。前赴黑顶子地方，督率屯垦，安辑流民，并颁发木质关防一颗以昭信守，即将开用关防日期具文报查。等因奉此，当即祗领。兹于本月二十四日开用关防，除分别申报外，相应备文移知。为此合移贵司，请繁查照施行。须至移者。

右移珲春左司

珲春副都统衙门为将垦民划入站地免去原租事的咨文
光绪十三年

右司案呈：为咨报事。案据招垦局委员府经历衔候选从九贾元桂移称：窃查敝局接收南冈地亩，内有垦民五百七十九户，共纳租熟地四千零四十垧，所有光绪十二年份应纳租赋，业造清册呈交经征在案。惟去年划拨站地，将此项纳租垦民拨入站地九户，计拨纳租熟地九十九垧，现届光绪十三年份征册，宜将划拨入站垦民苏洪等九名共纳租地九十九垧，一并删除，以免一地二租之累。（中略）相应呈请咨报查核等情。据此，拟合咨报将军衙门查核外，暨札云骑尉恩祥、委笔帖式明春等遵照设柜，依限征齐，勿得分毫滞欠，致干未便，并将招垦局移送册板一块，一并发交该委员等刷印、缮造征册可也。须至咨者。

右咨将军衙门

珲春副都统为由边务粮饷处提取招垦经费事的咨文
光绪十四年八月二十九日

钦命帮办吉林边务事宜镇守珲春副都统法什尚阿巴图鲁依　为咨明事。窃照珲春招垦总局所需经费，前由本帮办历经提取转发，由该局按季造册核销。现在前提之款陆续发放，兹派亲军马队左哨哨官德昌，由边务粮饷处提取招垦经费银二千两，运解赴珲，以备随时转发。除札该处照发并札该哨官遵照外，相应咨明。为此合咨贵将军，请繁查照施行。须至咨者。

右咨钦命镇守吉林等处地方将军长

珲春副都统为派佐领额勒德科等查勘屯商两局的咨文
光绪十五年正月三十日

钦命帮办吉林边务事宜镇守珲春副都统法什尚阿巴图鲁依　为咨明事。窃照屯、商两局，办理诸多不善，本帮办前在省城面与贵督办将军相商妥协，由本帮办代为详查，当经会奏在案。亟应派员前往该两局调取案卷，履勘地段，认真查实禀复，以凭核办。查有行营边防营务处帮办花翎佐领额勒德科、花翎前盐运使衔山西遇缺尽先题奏知府董梦兰二员，精明公正，办事认真，堪以派委前往查勘。除将商务局应查者十五条、屯垦局应查者十条，抄单札交该员等持往清查，并分给津贴银一百二十两，以资公用而免扰累，暨分札该两局遵照外，相应咨明。为此合咨贵督办将军，请繁查照施行。须至咨者。

右咨钦命督办吉林边务事宜镇守吉林将军恩特赫恩巴图鲁长

珲春招垦总局为报刘清书接办五道沟招垦分局事的呈文
光绪十五年三月二十四日

委办珲春招垦总局同知衔分省遇缺尽先补用知县王寿麟　为呈报事。窃照本年三月二十二日，准接办五道沟招垦分局六品顶戴刑部候补笔帖式刘清书牒开：窃卑局于本月十八日，奉帮办宪札开，案据办理五道沟分局委员候选从九程光第禀称：窃卑职禀奉批饬试办银矿，招集人夫，督率开采，已渐臻成效。惟五道沟招垦差使势难兼顾，禀请委员接办，俾得专办矿务。等情据此，查有在珲效力盛京刑部候补笔帖式刘清书，堪以补充。除咨明督办将军外，合亟札饬，札到该员，即便遵照前往接管，毋得稍涉大意，致负委任。仍将接收日期，具文分报备查。切切。勿违。特札。等因奉此，兹于十九日，准前办理五道沟招垦分局委员程从九光第，移交图记一颗，并文卷册籍等件，当即接收清楚，谨于是日申刻接管任事开用图记。理合将文卷册籍等件，缮具清折，备文牒报。伏乞鉴核俯赐，转详施行。等因准此，理合备文转报。为此呈请宪台俯赐鉴核备案施行。须至呈者。

右呈钦命头品顶戴督办吉林边务事宜镇守吉林等处地方将军兼理打牲乌拉拣选官员等事恩特赫恩巴图鲁长

珲春副都统为请将余多荒地拨给招佃开垦纳租事的咨文
光绪十五年九月十六日

钦命头品顶戴帮办吉林一切事宜镇守珲春地方副都统恩　为咨明事。案查前据珲春站呈称，前蒙赏拨站地三百三十垧，以各该处已有韩民越垦不少，呈蒙委员勘得水湾子西南崴有闲荒可拨，禀奉^军_副宪咨饬招垦局踩拨在案。详查西南崴子经本城旗户开垦多年，余荒已无。惟水湾子开垦未久，虽皆有户承领，尚未升科。如或另丈，必有盈余。倘该处指拨不足，即将丈余之地拨给。余亏若干，再由他处拨补。等情据此，当经本帮办饬据招垦局复称，时际青苗在地，碍难清丈，请俟禾稼登场再行拨补，亦经札饬该站在案。兹据该局呈称，遵查前奉饬拨珲春站随缺官地，于光绪十二年，经卑前局贾元桂会同该站笔帖式德克登额，由二道河、西上坎、嘎呀河三处拨给净地三百四十垧，造具地册绘图会报在案。今该站笔帖式祥玉以韩民越垦，不肯让还，请再另勘拨补。查韩民越界私垦，本非例所应为，自应驱逐，或责令充当佃户，按年纳租，似不宜因其私垦，另再勘拨。况会拨之初，断不能有韩民在彼私垦可知，如果有之，德克登额未有不声明者也。现据该站佃户来局，纷纷呈诉该站每垧令纳租粮三斗、草三十捆，未免过重。若再另拨，未免重复。所有该站呈请另行丈拨之处，应毋庸议。至佃户租粮，可否照大租例，饬令按年每垧交纳大粗钱六百六十文，卑府未敢悬断。所有遵饬查明缘由，理合呈请饬遵。等情据此，本帮办查该站呈请饬丈已放之荒，请由余多地内拨给该站，是欲图得他人熟地，未免取巧。自应如该局所议，仍照原拨地段，招佃开垦纳租。至该局请照大租例，饬令佃户交租，亦属误会，应毋庸议。除札珲春招垦局并该站遵照外，相应咨明。为此合咨贵督办将军，请繁查照，希即转饬遵照施行。须至咨者。

右咨钦命头品顶戴督办吉林边务事宜镇守吉林将军恩特赫恩巴图鲁长

珲春副都统为书麟和程光第勘丈地亩费用奏销的咨文

光绪十五年十月十一日

钦命头品顶戴帮办吉林一切事宜镇守珲春地方副都统恩　为咨行事。案据边务粮饷处呈报，九月十三日准珲春招垦总局移开，八月二十二日准粮饷处移，遵查前委办珲春招垦总局补用骁骑校书麟，去岁冬间勘丈地亩，往返需用车价银一百八十两，应将起止日期、程途里数、经过村屯地名，分析造具细册呈报，以凭汇案核销。兹将此项车价银一百八十两，先由防饷项下照数提出，于八月初九日归补前次赈捐银一百两，其余八十两如数发交该委员承领讫。除分报外，相应备文移付。为此合移贵总局查照，希将前项车价赶紧造册呈报，立待核销，毋延施行。等因前来。敝总局详查前书总理麟，去冬勘丈地亩，所带委员、书识、经过村屯、程途里数、应领车价、起止日期、移交局务时，并未声明。其案又无卷册可稽，该员出差不知前往何村、何屯，自移付到局，即传去冬带去局员书差等，饬其禀复，以凭查复。据本局员、书差等禀称：去冬随同书总理出差南冈地方丈地，所有报领众人应领车价银两，系书总理一人经理呈报，不知由何日期报领车价，碍难捏日呈报。所有出差车价，既仰蒙军宪饬发银一百八十两，自应出差人等分领之款事，难以倡捐之项作抵，以私作公，垦请找领，以清款项。再查敝局所有出入款项，系何员经手，皆由经理之员自行造册核销。如有交代款项，应由接局之员代报，以免镠辖而清款项。且书委员麟报领车价银两，深难含混，代为查复。为此合移粮饷处，请繁查照原文事理，就近移知前招垦局总理书委员麟，自行造册核销。并请将局员、书差等应领车价银两扣留存储，俾得饬差承领，以清款项。等因准此，除呈报帮办查核暨移前招垦局委员书麟查明办理外，理合呈报鉴核。旋据五道沟分局委员候选从九程光第禀称：卑职于去年蒙前帮办窃依谕令：上年冬季，分、总、分三局委员赴南岗丈地，车价银海员陆十两，听候由省粮饷处发给。等谕。嗣经边务粮处移知总局，饬领此项车价银两在案。且卑职系分局出差丈地，因赴省路远，未便往领。案查自十四年九月初七日出差起，截至十二月初七日回局止，计三个月，照章月支车价银二十两，共应领车价银陆十两整。现值总局委员董守因公赴省，业已备文，恳请就便查案代领。是以据情恳乞宪台俯准，先行借支车价银陆十两，俾资动用。俟董委员由省代领回局，即行如数缴还归款，实为恩便，先后呈禀前来。据此，查该员前经本帮办批饬，自备工本采探银矿，俟有确实苗线，再行拟定章程，咨明开办。现据该员面禀，已在头道沟、天宝山一带觅有线苗，招集工师竭力开采，请将前项车价银两先行借发，以资工作。自应准如所请。除批饬借支外，相应咨会。为此合咨贵督办将军，请繁查照转饬粮饷处，俟董守梦兰到省，此项车价就近给发，回珲呈交归款施行。须至咨者。

右咨吉林将军长

珲春副都统为清丈荒熟地亩安插户口事的咨文

光绪十五年十一月初六日

钦命头品顶戴帮办吉林一切事宜镇守珲春地方副都统恩　为咨明事。光绪十五年十月二十九日准直隶阁爵督部堂李　咨开，据东海关道盛宣怀详称，案查光绪十五年三月山东抚宪张　奏请将黄河被水村民择地迁移，以免与水争地，请旨饬下户、工二部筹议施行在案。查迁移必实有可耕之田，可居之地，山东无此隙地。据办赈绅士严作霖函称，沿河村民多有愿赴珲春一带开垦。查光绪七年经督办吉林屯垦事务大臣吴奏派知府李金镛办理珲春招垦事宜。李守所禀四十八处闲荒之地，已经派有放荒委员试办。东省农民已有自备资斧，附轮前往认垦者。该处荒地既多，其田可耕，其地可居。如果官为筹款，部勒安置穷民，既可耕地，自食其力，边界免致空旷，黄河亦可让地，一举而三善俱备。惟事关重要，自应先行派员前往，切实查勘，以便详请奏明办理。

除札委分省补用同知茅延年附搭轮船至摩口岛，经行赴珲谒见珲春副都统，禀求指示一切，即亲往查明李守金镛前禀四十八处荒地，何处田地最为膏腴，详析查明见复，以凭转禀核办。并先详报山东抚宪查考外，所有派员赴珲春查勘荒地缘由，理合详请察核，咨明^{吉林将军}^{珲春副都统}查照。等情到本阁爵部堂。据此，相应咨请查照，指饬遵办见复。等因准此，案先据该道咨呈详派茅丞来见，当因本帮办甫经会商贵督办将军，预派委员清丈荒熟地亩，拟俟委员查报到日，再行核办，即经咨复在案。旋据茅丞面禀，亲赴黑顶子、五道沟等处履勘。询据丈地委员等声称、黑顶子、五道沟等处，除开垦外，约可得荒地一万余垧，每户按五垧核给，计可安民三四千户。他处得能再有数万垧，足敷拨种，等语。本帮办查珲属荒地，惟蛤蚂塘、汪清、南冈等处为多。至西南，亦有荒土，厥为朝民越垦，且皆零星沙碛参半。事关民生，难计久远。统核珲属，除已开垦外，如再安插户口，不过数千足矣。若必移万户，则惟三岔口地方尚有闲荒可垦，以之分拨，当足敷种。第山僻小径路须开凿，其中备粮造屋经营一切，殊非易易。然果能具此巨款，得人而理，则避水徙民，治河有道，垦荒裕饷，实边有资，洵属一举而数善兼备，益莫大焉。兹准前因，除咨复北洋大臣并该道暨面饬茅丞知照外，相应咨明。为此合咨贵督办将军，请繁查照施行。须至咨者。

右咨吉林将军长

吉林将军衙门为派员查勘珲塔二处闲荒事的咨文

光绪十五年十一月十九日

为咨复事。案准北洋大臣咨开：据东海关道盛宣怀详称，案查光绪十五年三月山东抚宪张　奏请将黄河被水村民择地迁移，以免与水争地。请旨饬下户、工二部筹议施行在案。查迁移必实有可耕之田、可居之地，山东无此隙地。据办赈绅士严作霖函称，沿河村民多有愿赴珲春一带开垦。查光绪七年经^{吉林将军}^{督办吉林屯垦事务大臣吴}^铭奏派知府李金镛办理珲春招垦事宜，李守所禀：四十八处闲荒之地，已经派有放垦委员试办。东省农民已有自备资斧，附轮前往认垦者。该处荒地既多，其田可耕，其地可居。如果官为筹款，部勒安置穷民，既可耕地，自食其力，边界免致空旷，黄河亦可让地，一举而三善俱备。惟事关重要，自应先行派员前往，切实查勘，以便详请奏明办理。除札委分省补用同知茅延年附搭轮船至摩口岛，经行赴珲谒见珲春副都统，禀求指示一切，即亲往查明李守金镛前禀四十八处荒地，何处田地最为膏腴，详细查明见复，以凭转禀核办，并先详报山东抚宪查考外，所有派员赴珲春查勘荒地缘由，理合详请察核咨明^{吉林将军}查照。等情到本阁爵部堂。据此，相应咨明^{珲春副都统}指饬遵办，见复施行。等因。并准^{山东抚部院}咨同前因到本将军。准此，查移民实边，洵目今急务，惟李守金镛于光绪七年所禀珲境闲荒四十八处，嗣据敦化县赵令敦诚以李守所禀皆得自传闻，约略开载，无所考据。禀经^{前吉林将军铭}^{前督办吴}批饬会勘，复经李守查勘珲境闲荒二十五处，招垦各在案。迨李守卸办局务后，历年以来，曾据该招垦总分局禀报安插民户拨放荒地，已属不少。前因将届光绪十七年升科之期，曾商由珲春副都统分段派员勘丈，尚未清楚。现珲属境内约计只可安插数千户，断难移置万家，第以事关实边治河，自当设法筹办。所有宁古塔之三岔口等处闲荒，究竟尚可安插若干，现经本将军派委妥员分往查勘，一俟禀复到日，再行咨商办理。除咨行^{山东抚部院}^{北洋大臣}查照外，相应备文咨复。为此合咨贵副都统请繁查照转饬施行。须至咨者。

　　右咨

珲春副都统为前办垦务方朝请领交替截止薪水事的咨文
光绪十五年十二月初四日

　　钦命头品顶戴帮办吉林一切事宜镇守珲春地方副都统恩　为咨行事。案据前办理黑顶子屯垦局方朝禀称，窃方朝前因查办撤委，仰蒙格外鸿施，仅予薄惩。方朝有生之日，皆报德之年。方朝已于六月初十日交卸局事，当将局营应交各件，均经造册移交吴副将永敔接收清楚，并无经手未完事件，随于夏季饷银到局，具领请领应得薪水、局费、夫价及委员、司事、书识、通事各款，仅领获四月底止。其五月一个月，六月九天丝毫未得，斠问吴副将，当言均已归公，彼时未敢与较。又闻款项均由粮饷处照新章如数领获，并闻督宪业已批示，应由接事起支，方朝谨又具领请领，吴副将又言款已动用，俟秋饷到来再发，只得守候。今闻秋饷已到，吴副将又言原于五月奉委时督宪面允，伊由五月起支，虽有批示总不为凭，等语。伏思方朝交卸已经半载，全系折卖度用，久病床褥，实属贫病交加。并且局中委员、司事等员，系属告假者多，所有应领之项，方朝均经筹款发清。由五月初一日起至六月初九日止，照新章共应领银三百九十三两四钱，除缴回倒毙牛马价银并房价赈捐各款，共银一百五十八两零六分三厘，实应领银二百三十五两三钱三分七厘。谨具墨领一纸，合无仰恳逾格恩施，俯赐批示祗遵。等情到本帮办。据此，查该员夏季一个月九日办公薪水银两如何支发，未据粮饷处呈报有案。除批示外，相应咨会。为此合咨贵督办将军，请繁查照。希即饬知粮饷处查明新旧交替究竟以交替之日截止，抑如何办理之处，望速见复咨，以便饬遵施行。须至咨者。

右咨吉林将军长

珲春副都统为委派招垦总局分局委员的札文

光绪十五年

钦命帮办吉林边务事宜、新授黑龙江将军法什尚阿巴图鲁依　为札知事。本年三月初二日，据办理珲春招垦总局委员、五品顶戴补用骁骑校书麟禀请咨送引见，所有招垦总局事务恳请派员接理。等情据此，当经本帮办将军业已批准。除将该员另文咨送外，所遗招垦总局委员一缺，查有五道沟分局委员、从九品程光第熟悉垦务，堪以派委署理该总局事务。递遗五道沟分局委员一缺，查有珲春左司无品级笔帖式、五品顶戴补用骁骑校托伦布，当差谨慎，堪以派委署理该分局事务。又南冈招垦分局委员凌喜，前经准假赴京乡试，其所遗委员一缺，查有直隶补用县丞李灿漳，人尚精明，堪以派委署理该分局事务，除咨明督办将军并分札外，合就札知。札至该司，即便遵照。此札。

札珲（士）[春]左司遵此。

珲春招垦总局为李盛瑞接管南冈分局事务的呈文

光绪十六年三月十五日

委办珲春招垦总局同知衔分省遇缺尽先前补用知县王寿麟　为呈报事。窃照本年三月十三日，准接办南冈招垦分局委员李从九盛瑞牒开：窃于本年闰二月二十七日，奉帮办宪札开，案查南冈招垦分局委员李县丞灿漳请假省亲，所遗局务，自应遴员接办。查有分省补用从九兼袭恩骑尉李盛瑞，久在珲防，熟悉地方情形，堪以委令接办。除札珲春招垦总局外，合亟札委，札到该员，即便遵照接办该局事务，仍将接管日期具文呈报。等因奉此，遵即驰赴南冈分局，于三月初一日，准前委员李县丞灿漳，移交珲春南冈招垦分局木质图记一颗，弓一张，绳一架，账簿四十本，弓阔底册草册共十六本，租赋册柒本，票根四百张，放荒草册九本，荒价册六本，旗丁户口册一本，文卷五十件。又前署总局程委员移交铁砂十五斤，生铁十五斤，犁铧四个。又十五年春季，勘丈地亩花户册一本，丈放街基册一本，文卷五十三件，当经逐件点收，即于是日接管局事。惟查前项册簿内多破损，并无旗地册簿。此外有无短少，以及册内裁改过割之处，委实无从核对。其文卷共一百零三件，内有一事分为数卷者，亦有白纸抄稿存案者。其中有无抽换涂改，均无号簿可稽，事关公件，未便含混。除呈请帮办宪鉴核外，理合据实牒报。为此牒请烦为查核备案施行。等因奉此，除分呈外，理合备文呈报。为此呈请宪台，俯赐鉴核备案施行。须至呈者。

右呈钦命头品顶戴督办吉林边务事宜镇守吉林等处地方将军兼理打牲乌拉拣选官员等事恩特赫恩巴图鲁长

珲春副都统为招垦局委员刘清书等堪以清丈五道沟等处地亩的咨文
光绪十六年三月十六日

钦命头品顶戴帮办吉林一切事宜镇守珲春地方副都统恩　为咨明事。案查珲春所属地方招垦地亩，转瞬来年即届升科，限期核之垦局地册，不惟生熟无分，抑且数目寥寥。越垦地亩，业经奏奉谕旨，遴员清丈在案。招垦事同一律，亟应委员分段清丈，分别生熟造册具报，以凭汇核咨部。兹查二品顶戴珲春左翼协领德玉，堪以会同珲春招垦总局分省补用知县王令寿麟，清丈附城至密江一带地亩。会办营务处候选知县曲令泳胜，堪以清丈汪清上嘎呀河一带地亩。分省补用知县吴令贺桂，堪以清丈下嘎呀河至苇子沟一带地亩。总理文案处安徽即补知县王令国桢，堪以带同南冈招垦分局委员李从九盛瑞，清丈海兰河至南冈等处地亩。五道沟招垦分局委员盛京刑部候补笔帖式刘清书，堪以清丈五道沟等处地亩。附带司事书识勇役人等，以及绳弓清票，由本帮办另札派发。除分札遵照外，相应咨明。为此合咨贵督办将军，请繁查照施行。须至咨者。

右咨钦命头品顶戴督办吉林边务事宜镇守吉林等处地方将军恩特赫恩巴图鲁长

珲春副都统为招垦局禀请加添薪水事的咨文
光绪十六年三月二十七日

钦命头品顶戴帮办吉林一切事宜镇守珲春地方副都统恩　为咨会事。案据委办珲春招垦总局同知衔分省补用知县王令寿麟禀称：窃卑职案查光绪七年，经前任将军铭督办吴、奏派李守金镛开办珲春招垦事宜，原定局章总理每月薪水银八十两，车银二十两，心红、纸张、油烛等项随用随报。嗣于十年，贾从九元桂代理任内，经前任将军希　札饬改章，总理每月薪水减支银至二十三两，车价停支，须出差日期方准核领，心红、纸张每月定支银八两，各在案。卑职查此间米、麦、柴、炭日用各物并喂养马匹草料，无不昂贵。款少人多，食繁费巨。所领月薪二十三两，即属格外撙节，勉强能敷半月之用。卑职到局至今实已赔累不少，因思前贾委员系属代理，且所招垦民亦属无几，事务简少，日用或可从省。现值清丈之时，事务纷繁，诸凡费用须数倍月薪，势必不敷，即心红、纸张亦必多用，定银八两势亦不敷，较之前任代理时，尤属事异时殊。若不禀请酌加薪费，则不特前累无法弥补，后亏且将更巨。卑职心坚清白，具有天良，自矢上不负宪恩，下不敢民财，如所领月薪足敷日用，何敢多所要求。今幸近依宪辕局中赔累情形，早邀洞鉴。故敢不揣愚妄，拟求酌加薪水公费，并恳可否自卑职接差之日起支出，自仁施逾格，未敢擅请。再，卑局前蒙谕准添设文案委员一员，其应支薪水银两，可否照去冬宪台所拟变通垦局章程文案委员薪水支领，一并仰乞批示祇遵并请咨明，等情。据此，查该局事繁人少，薪费不敷办公，尚属实情。除批示外，相应咨会。为此合咨贵督办将军，请繁查照核夺见复，以便转饬遵照施行。须至咨者。

右咨钦命头品顶戴督办吉林边务一切事宜镇守吉林等处地方将军恩特赫恩巴图鲁长

珲春副都统为黑顶子屯垦营仍归前路的咨文
光绪十六年五月初七日

钦命头品顶戴帮办吉林一切事宜镇守珲春地方副都统恩　为咨明事。案查黑顶子屯垦营前经本帮办商准贵督办将军改复旧制仍名靖边前路右营，归前路统领统辖，以便专事操防。所有屯垦局更为珲春垦务分局，农具、车牛业经归哨发商变价，马匹分给各营驾演炮车之需。屯兵已开之地，饬令招领，呈交地价，先后分饬遵照在案。现在屯营并无事件，应亟规复旧制，而便统辖。除垦务分局另行委员前往接管，并札前路统领、珲春招垦总局暨该营营官魁保遵照外，相应咨明。为此合咨贵督办将军，请繁查照施行。须至咨者。

右咨钦命头品顶戴督办吉林边务事宜镇守吉林等处地方将军恩特赫恩巴图鲁长

珲春副都统为刘清书委补五道沟招垦差使的咨文
光绪十六年八月

钦命头品顶戴帮办吉林一切事宜镇守珲春地方副都统恩　为咨行事。案据办理五道沟分局委员盛京刑部候补笔帖式刘清书呈请，前于三月十六日奉宪札开：为札委事。案据办理五道沟分局委员候选从九程光第禀称：窃卑职禀奉批饬试办银矿，招集人夫，督率开采已渐臻成效。惟五道沟招垦差使势难兼顾，禀请委员接办，俾得专办矿务。等情据此，查有在珲效力盛京刑部候补笔帖式刘清书，堪以补充。除咨明督办将军外，合亟札饬。

札到该员，即便遵照，前往接管，毋得稍涉大意，致负委任。仍将接收日期，具文分报备查。切切勿违。特札。等因奉此，职遵即前往接管任事，已经呈报在案。伏查职由光绪四年六月遵筹饷例，报捐笔帖式签制盛京刑部。六年二月十八日入署充差。去岁七月来珲投效，当蒙俯赐收录。旋因清丈黑顶子越垦地亩，于今春三月蒙宪台赏给六品顶戴，在在鸿施，深同复载，敢不勉殚愚诚，以期无负于高厚。但职系刑部候补差使，未敢久旷。去岁曾恳宪台出咨当蒙恩准。俟委差后，再行出咨。今职奉委局差接事以来，涓埃未报，何敢以区己事上烦宪怀。惟思凤叨慈芘，讵敢自外生成，因不揣冒昧，叩恳宪台曲赐优容，俯矜下悃，咨明盛京将军衙门，转咨刑部递咨京吏部，并饬知汉军镶红旗应麟佐领知照。俾职得免差使之久旷，复得遂图报之私，实为德便。等情据此，除批示外，相应咨行。为此合咨贵督办将军，请繁查照，转咨施行。须至咨者。

右咨钦命头品顶戴督办吉林边务事宜镇守吉林等处地方将军恩特赫恩巴图鲁长

吉林将军衙门为珲春招垦局王寿麟请假就近派员接办的咨文
光绪十七年五月初八日

为咨行事。本月初三日，据珲春招垦总局补用知县王寿麟禀称：窃卑职赋质庸愚，叠承培植，恨涓埃之莫补，徒惭愧于中藏。伏思卑职自前年腊月蒙恩委司招垦，去夏又荷加添薪公，冬抄复有商局之派。凡此戴高履厚，罔不浃髓沦肌，以至愚至陋之姿，受极深极优之恩，即肝脑涂地亦不足仰酬仁施于万一，又何敢自甘暴弃退缩苟安。奈时命不由，缠绵疾病。去春复发咯血旧病，直至秋底，仰赖宪台遇事宽容，曲加体恤。今春自度精神尚可勉强支持，讵料交夏以来，咯血旧疾时发时止，且不时潮热，其为水土不合可知。以致奉饬查勘会议各公事，未能一一速复。旋请医士诊视，据云：非静心调养，难期复元。卑职辗转筹思，自司垦务已十六阅月，深恨尸位素餐，一无建白。时值清丈有事之时，应当格外奋力，借矢报称。继而思之，若以病躯恋栈，不能尽心尽力，颟顸从事，徒顾一己之私置大局于不理，将来必至偾事。其时即从重治罪，而贻误已属不小。今幸尚未开丈，犹可上渎聪听，凤仰宪台仁慈在抱，所有僚属兵民，无不痛痒相关，用敢沥陈下情。仰乞俯赐矜怜，垂念卑职水土不合，病难速愈，赏假回省就医调治，委员接办招垦差事，不胜感戴，惶悚之至。除禀帮办宪鉴核外，所有卑职因水土不合旧疾时发，求赏假回省就医调治并求委员接办缘由，具禀候示。等情到本督办将军。据此，除批仰：候咨商派员接办。缴。挂发外，相应咨行贵帮办请繁查照，就近先行派员接署。见复施行。须至咨者。

右咨钦命头品顶戴帮办吉林边务事宜珲春副都统恩

吉林将军衙门为黑顶子屯垦办无成效原拨马队仍归旧伍的咨文
光绪十七年三月十四日

为咨行事。本年三月初九日准海军事务衙门咨开：本衙门于光绪十七年二月二十六日会同户部议奏，吉林将军长　奏黑顶子屯垦办无成效，原拨马、步队仍归旧伍一折。本日奉旨："依议。钦此。"除分行外，相应恭录谕旨，并抄原奏咨行吉林将军，钦遵查照可也。等因。准此，相应抄粘咨行贵帮办，请繁查照，就近转饬招垦总局遵照文内事理，详析核办施行。须至咨者。

右咨钦命头品顶戴帮办吉林边务事宜珲春副都统恩

吉林将军衙门为裁撤黑顶子屯垦熟地分给旗民的咨文
光绪十七年七月

为咨催事。案照黑顶子屯垦办无成效，业于上年七月经本将军会同贵帮办将该屯垦局裁撤，其马、步队仍拨归防，以原垦熟地分给有业旗民及老弱兵丁执业，农具、牛只照估作价，饬缴。等因。奏奉朱批："该衙门议奏。钦此。"嗣准海军衙门以会同户部议奏，奉旨允准抄折咨行前来，复经咨请贵帮办转饬遵照办理在案。现已四个月有余，现办如何情形未准咨报，相应备文咨催。为此合咨贵帮办，请繁查照办理见复施行。须至咨者。

右咨钦命头品顶戴帮办吉林边务事宜珲春副都统恩

珲春承办处为查复黑顶子屯户名册的移文
光绪十七年九月初八日

承办处　为查明造册移付事。于本年八月二十五日准贵司移开，于本月二十一日帮办副都统恩　札开，本年八月十九日准督办将军长　咨开，边务承办处案呈，光绪十七年八月初一日，据民人刘景堂、张公等呈称：窃于光绪十六年喜　钦差驾至珲春，察办外山民情，彼时将小的等与刘贵谕传到珲讯悉夷难情形。遂即旋都奏请珲春地面出荒，招迁难民进界开垦，暨七年李知府奉文到珲春招垦，谕传外山居民进界占荒。塔城先行迁进二百余家，迄八年三月，珲春出谕招迁未行，被奸汉诈乱，俄人领兵进沟（于）[放]火抢掠，将小的获拿俄署囚禁。次后，李知府转升别城，迁延二年，民皆未归，幸蒙依宪照会俄官数次，十年六月将小的要回，后至中秋，依　宪饬派小的随同官兵外山迁民。未及起行，俄人又乱，仍旧放火，强抢财物不可胜数，将难民一概逐除，而难民齐集珲春，找见小的，恳请定业。依　宪谕以黑顶子作屯田，且候图们江沿分界之后，准占开垦，由民业无着凡有身资者，别往谋生。其余穷乏之家七千多户，浮栖回外，已经十有余年，及去岁和龙峪华民领地不准来辕求垦，蒙恩批准，随文赴局领地，叶督理言已岁暮，来年办理。小的等回家度岁，至今年开印之后，贴示验户。及二月十七日，众民齐集候验，复言地现无着，暂行归屯。彼归民归屯，旋要验户。当时民在督理处，仅剩四十余名，责以人数不足，容心朦胧等语。众民相距二百余里，往来数次，盘费若干，未赏准章。民等视此形迹，容心违文勒掯，伏思既不拨放，督理去岁接事之时，明言开导，理应饬禁言法随，民等甘心退首，何必含混应声，放地迟延？耕种之际巡无动作，小的等恐负军宪鸿恩，来辕申诉。蒙批充当代书有年，冒充委员，枷责有案等情。此系王督理一味仗官掯荒不放，反无中生有，捏禀小的多款，伏恳军宪查究，但有一件可实，甘领法刑，死无愧悔。小的充当代书，亦是奉公应差，关系领地，何情冒充委员？枷责有案，案存何署，系何人所控？又云借撞撞骗，而奉文承领，何言撞骗？假充苏城难民，现有珲春承办处户册可查，小的为众求垦，未图非分，年逾六旬，视死如归，岂肯自投法网。因在苏城执事多年，同林共首，情关难退。庄农子弟众多，久失耕业，恐归下流难保身，不得不然。似此督理不矜民情，自生民以来，王施疆土，韩民系属外国，尚且越垦皆得乐业，华民寸土未沾，明系轻华重夷，恐泄赃弊，掯地不放，瞒上残下，鬼蜮扬毒，作弄愚民，天理何在？只得叩恳军宪，明镜高悬，推原其故，提案对质，以洗民冤，使得赏安农，则公侯万代矣。为此，匍匐叩恳军宪大人案下恩[准]，提究施行，等情据此。查该民等既称珲春领地之户有册[可]查，应即咨行按册传齐各户查讯明确，是否属实。咨复到日再行核夺，并批饬该民，尔等屡来呈控，无非欲作揽头，将来查明后，无论如何安置，不准尔等干预，着先回去安分自守。除饬遵外，相应咨会。为此，合咨贵帮办，请烦[查]照，希将各户传齐，按册查讯明确，望即见复，以凭核办施行。等因准此，合亟札饬，札到该司，即便遵照移取承办处户册按名传齐，查讯明确呈复，以凭核咨。切切，特札。等因扎饬前来，相应抄录原文，理合备移付。为此，合移贵承办处请繁查照文内事理，望速见复施行。等因前来。案查于光绪十二年间，据民人刘景堂、刘茗山等，先后两次开具东山内迁并俄人拿解之民等姓名，呈请在于黑顶子地方安插种地等情，当即遵奉前任依　宪谕，饬移令招垦总局，以俟该处划分屯安插，等因移付在案。今准前因，合将该民等姓名录册，备文移复。为此，合(合)移贵文案处请繁查核转咨行。须至移复者。

右移右司

珲春招垦局为提取民人案卷的移文
光绪十七年十月十五日

委用州正堂吴
工部候补副郎总理招垦局鄂　为移提事。案奉督办宪饬，据民人谢万宝、吴全德、岳顺、周祥玉、孟同喜逼令退地等情，札交敝委员等前往勘断。应将该民人谢万宝、吴全德、岳顺、周祥玉、孟同喜等五案各原办卷宗提案查核，相应备文移提。为此，合移贵司请繁查照，讯将谢万宝等各原卷检齐送到敝委员处，以凭查核。一俟完案后，即将原卷移还存查可也。须至移者。

右移右司正堂花翎协领德

吉林将军衙门为禁止官兵勒索垦民的晓谕
光绪十七年

为出示晓谕事。照得我国家厚待官民，官有养廉，民完租赋。官于养廉之外，不准丝毫求取民间。民完租赋以外，亦不准奉承本管官长。律例具在，所以戒贪墨而恤穷黎，用意极为深远。非若尔朝鲜旧制，宫中食物可任意取给民间也。图们江岸北一带越垦韩民，蒙皇上天恩，准予编籍升科，剃发易服，是昔为天朝之藩属，今作天朝之边氓，其亦去韩官之剥削而仅完天朝之租赋。赋以外，无论官取毫厘，均应按赃科罪。今本将军巡阅边军，查勘越垦，访闻商务，总局、分局往往借端向各社、各屯勒取柴草、马料、鸡鸭等物。甚至往来官兵食用、车价，亦皆取资于各社、各屯总，愚氓可欺而王章难恕。除派员严密察访外，合行出示晓谕。为此示仰该越垦各社、各屯乡约人等，一体知悉。尔等既服天朝政教，应完租赋以外，无论商务局有何勒索差派，及往来官兵有何责令供给，皆许尔等据实到本督办将军辕门呈控，即当照例加等治罪，决不稍宽。尔等食毛践土亦当恭承政教，不得稍昧天良。本督办将军亦断不畛域视之也。各宜懔遵。毋违。特示。

右谕通知

珲春副都统衙门右司委派承租管地齐头所发执照
光绪十八年三月二十日

为复行发给执照事。案查白石碰子地方所有闲荒垦成熟地，前经归公作为官地，以资公费等情，办理在案。今经复派委员另行按处，分段清丈，业经该员丈得熟地四十一垧，所纳租价仍按前章，每垧纳租钱五百文，应由垦户内查有诚实者派为齐头，今于秋收后，挨户催征，限于每年十月内扫数征齐，汇总呈交本司，以资办公。今查垦户胡小等素行甚正，堪以派委齐头，以便催征而免拖累。令行发给执照，为此，照仰该齐头等务须实力奉公，妥为经理，勿致荒芜。每值征收期限，必须早为完纳，并将旗民各户花名及承种地亩垧数，坐落四至，分析抄粘票尾，遵照催收。至该齐头亦不得借端勒扰。致干查究不贷。切切，特照。

右照该齐头胡小等遵此。

镶蓝旗闲散胡小种官地一段，南至洋草沟，北至大河沿，西至土门江边，东至大道，净熟地二十垧，草房二间。

永利种官地一段，东至山坡，南至憨郎地头，西至憨郎地边，北至依凌阿地头，净熟地十四垧，高力房子五绰。

镶红旗闲散保山种官地一段，南至白石碴子，北至房子，东至山根，西至土门江，净熟地七垧。

以上共熟地四十一垧。

吉林将军衙门为南冈招垦分局派王焕彝接办的咨文
光绪十八年闰六月二十一日

为咨明事。照得南冈招垦分局委员恒谦，现派发审局差使。所遗一差，自应派员接管。查有府经历衔王焕彝，堪以派往接办。除札委并分札外，相应咨明。为此合咨贵帮办，请繁查照施行。须至咨者。

右咨钦命头品顶戴帮办吉林边务事宜珲春副都统恩

吉林将军衙门为南冈招垦分局派解耀南接办的咨文
光绪十八年八月二十二日

为咨明事。案照南冈招垦分局委员恒谦派委发审局差使，所遗一差，前派府经历衔王焕彝接充，分饬在案。兹查该府经历，在省另有差委，其南冈招垦分局一差，自应另行拣员接管。查有江西试用道库大使解耀南，堪以派往接办。除咨明并札饬外，相应咨明。为此合咨贵帮办，请繁查照施行。须至咨者。

右咨钦命头品顶戴帮办吉林边务事宜珲春副都统恩

珲春副都统为招垦分局委员刘清书遗差委补的咨文

光绪十八年十月十八日

钦命头品顶戴帮办吉林一切事宜镇守珲春地方副都统恩　为咨明事。案照五道沟招垦分局委员刘清书，因生母思子念切，呈请赏假回旗省亲。业经批准在案。遗差现经清丈招垦总局以五品顶戴候选府经历杨云辉举委前来。除批准并札委外，相应备文咨明。为此合咨贵督办将军，请繁查照施行。须至咨者。

右咨钦命头品顶戴督办吉林边务事宜镇守吉林等处地方将军兼理打牲乌拉拣选官员等事恩特赫恩巴图鲁长

珲春副都统衙门右司为将欠租名册咨报户部事的移文

光绪十八年

为移付事。于闰六月二十九日准将军衙门咨开，户司案呈，案准户部咨开，为遵旨事。豁免处案呈，本部具奏吉林将军请豁珲春属界南冈佃民欠交荒价地租银钱，核与例案未符，拟请分别办理一折，光绪十七年三月初四日具奏。本日奉旨："依议，钦此。"相应抄录原奏，飞咨吉林将军遵照可也。计单开，户部谨奏，为吉林将军请豁珲春属界南冈佃民欠交荒价地租银钱，核与例案未符，拟请分别办理恭折具陈，仰祈圣鉴事。内阁抄出吉林将军长　奏，查明珲春属界南冈佃民欠交荒价地租银钱，开单奏请豁免一折。光绪十六年十一月初三日奉朱批："着照所请，户部知道，单并发。钦此。"当经臣部恭录行知并令将应送清册，赶造送部。兹据该将军造具清册送部前来。臣等伏查臣部则例内开：地方积欠钱粮，恭奉恩旨，指蠲自某年至某年者，其扣蠲截数，仍以已入奏销之数为准。若未入奏销者，不得通入积欠蠲免等语。光绪十五年三月十五日恭奉慈禧端佑康颐昭豫庄诚寿恭钦献皇太后崇上徽号庆典，钦奉恩诏豁免各直省民久欠钱粮，当经臣部议复，光绪十三年以前各直省民欠概行豁免，由各该督抚详细查明，均以已入奏销，实欠在民者为准，仍造具清册送部查核。等因。奏准通行在案。今据吉林将军将珲春属界南冈佃民欠交荒价钱文并各年地租银钱，开单奏请豁免，并造具清册送部。臣等按册查核，计请豁光绪七年起至十一年止民欠大、小租钱二千八百二十七吊零二十八文，又请豁光绪十二、十三两年民欠大、小租银三百五十六两八钱三分三厘，核与应豁年份相符。惟臣部豁免民欠钱粮，向以已入奏销者为准。吉林省开垦荒地，其征收已未完之数，臣部屡催其造报考成，乃该省迟延至今，终未造报。其通省俸饷奏销案内，亦未列有此项未完名目，以致此次请豁之数，无从核对。本应照例议驳，第念造册迟延之咎，在官而不在民，若因此而将应豁钱粮概不准豁，致小民仍因追呼，似非推广皇仁之道。然若遽予豁免，则数目无可考核，既与臣部例案不符，且恐开各省捏饰蒙混之渐，自应先将该省应造各年考成清册，勒限造送。俟核对后，再行准豁，以符例章而防流弊。相应请旨饬下吉林将军，即将该省荒地奏销考成，分年造具清册，限于三个月内造齐送部，以凭考核。倘逾限不送，臣部定行奏参。所请豁免荒价钱三万七千四百七十吊七百四十八文一节，查此次恩诏系豁免民欠粮租，荒价乃应缴地价，本与粮租有别，民间置买田产，亦无未交清先行管业之理，该承办官吏，何以于放地之初并不责令将价值如数完清，以致欠交钱至三万七千余吊？殊属非是。且难保非大户包揽承领，复零星转售于小民，小民虽已缴价，大户从而隐匿之，或大户虽已缴价，官吏从而侵蚀之。一旦悉予蠲除，徒使国家浩荡之恩，转便于不肖之中饱。应请饬下该将军查明此项荒价，究系因何欠交，有无侵吞中饱情弊，据实声复，以凭核办。如蒙俞允，即由臣部飞咨该将军钦遵办理。所有吉林将军请豁荒价地租银钱各款，核与例案未符，拟请分别办理缘由，理合恭折具陈，伏乞皇上圣鉴，谨奏。等因前来。当经咨行珲春副都统衙门遵照部咨事理，详细查明此项荒价，究系因何欠交，有无侵吞中饱情弊，并将按年征租额地若干垧，应征租赋银钱若干，以及按年已收入官者、实欠在民者各若干，分年造具考成清册，赶紧送省以凭报部。等因去后，旋据该副都统衙门咨称：珲春所属南冈佃民，自光绪七年起至十一年止，民欠大、小租钱暨光绪十二、十三两年民欠大、小租银，又自光绪六年起至十一年止民欠荒价钱文，实因该处地气过寒，土脉冷浆，秋霜太早，每逢禾稼结实，辄被严霜打落，又被风灾，五谷不熟，连年歉收，糊口维难，无力输纳，如若立即催逼勒交，将有弃地潜逃之势。所有荒价、租赋，均系实欠在民，并无隐匿（乃）[及]官吏侵蚀等弊。今准咨驳，遵将佃民所欠前项荒价，并按年已收入官及实欠在民大、小租赋银钱花户、地亩各数，并经征官衔名，分年造具考成清册，附封咨报前来，本衙门正拟咨报间，复准咨催前因。查此案因该副都统衙门前造各册，数目诸多舛错，屡经往返驳查，以致咨报稍迟。除声明外，合将该副都统衙门造送考成清册七本、民欠荒价清册六本，一并呈请咨报。等情据此，复核无异，拟合咨报户部，请繁查核俯准豁免外，暨咨珲春副都统衙门查照可也。等因准此，遵即抄录原文，拟合备文移付，为此合移贵招垦总局遵照可也。须至移者。

右移珲春招垦总局遵照

珲春副都统为派员请领招垦局明年经费的咨文
光绪十九年九月十六日

钦命头品顶戴帮办吉林一切事宜镇守珲春地方副都统恩 为咨明事。窃照珲春招垦总分三局每年提存经费二千两，由本帮办转发该局自行造报核销，历经照办在案。查招垦总局前经王令寿麟因事务殷繁，禀准月加委员、书识、心红等项银五十两，计十二月共银六百两。现届应领光绪二十年经费，应即一并共提取银二千六百两，以便转发。兹派边防行营营务处委笔帖式五品顶戴即补骁骑校领催铭禄就近提取。除札边务粮饷处核发外，相应咨明。为此合咨贵督办将军，请繁查照施行。须至咨者。

右咨钦命头品顶戴督办吉林边务事宜镇守吉林等处地方将军兼理打牲乌拉拣选官员等事恩特赫恩巴图鲁长

珲春副都统衙门右司为将荒价银归交银库的移文
光绪十九年

为移付归交银两事。兹据清丈招垦局委员鄂 移呈内开：窃司员等清丈地亩，于去岁六月间业经丈竣报明在案。惟催收荒价、补发印照尚须时日。去岁九月十三日将收到荒价银六千四百三十四两八钱七分，作为第一批曾经送库收存在案。兹将收到银两封作八箱，共重八千五百两，外加矿务总局代交借款一千五百两，统共核银一万两整，作为第二批送交宪台衙门代收存库，实为公便。所有呈缴荒价分批禀存缘由，理合备文禀呈宪台，饬核收存，伏乞批示祗遵。等因呈交前来。当奉宪批："呈悉，候严饬司库如数弹兑收存。缴。"等因发文移司，奉此，相应备文移付。为此，合移贵银库查照兑收可也。须至移者。

右移银库

珲春副都统为代理五道沟分局委员杨云辉消去代理字样的咨文
光绪二十年三月初十日

钦命头品顶戴帮办吉林一切事宜镇守珲春地方副都统恩 为咨明事。案据委办珲春招垦事宜鄂副郎龄呈称：窃职局所属之南冈五道沟，原设有两分局，派员分驻，俾资就近弹压。查去秋南冈局员解耀南因案撤差，所遗该局事务，蒙宪台以五道沟分局委员杨云辉代理。递遗五道沟分局一差，旋经职局呈请以六品顶戴县丞职衔曲鸣銮代理，禀蒙批准在案。查该两分局委员授事半载于兹，于地方民情均各相宜。合无仰恳宪恩，将该员等销去"代理"字样，使尽心民事，不至存五日京兆之想，于地方公务，均有裨益。是否有当，理合呈请鉴核，俯赐批示祗遵。等情据此，查杨云辉等既据查明办理局务以来，于地方民情均各相宜。准如所请，销去"代理"字样。除批示外，相应备文咨明。为此合咨贵督办将军，请繁查照施行。须至咨者。

右咨钦命头品顶戴督办吉林边务事宜镇守吉林等处地方将军兼理打牲乌拉拣选官员等事恩特赫恩巴图鲁长

吉林将军衙门为曲作寅委充三岔口招垦局委员的札文
光绪二十年十二月十二日

为咨明事。案查委办三岔口招垦总局委员恩桂，人地不宜，应即调省另候差委。遗差查有珲春行营营务处会办留吉借补府经历曲作寅，前充该局委员，于地方情形颇称熟悉，堪以派委。遗出营务会办一差，应由贵署帮办另行拣委接充，俾专责成。除分咨并分札外，相应咨明。为此合咨贵署帮办，请繁查照，转饬该员遵照施行。须至咨者。

右咨署帮办珲春副都统恩

（二）赈 济 灾 民

吉林将军衙门为珲春开仓借粮事的咨文
光绪十一年三月二十九日

将军衙门 为咨复查照事。户司案呈，兹据珲春副都统衙门咨开，右司案呈，案查本处所属旗民等，去岁收成歉薄情形，曾经咨行在案。去岁在省会借银五千两，购买粮石接济，以顾眉急。现据两翼呈称，惟查珲春旗民等户缺欠口粮者，为数甚多，年前虽有接济之饷，仅敷两月之用，现至春融，时届青黄不接之际，请将义仓所存谷二千零十六石暂为借出与各旗户，以济时艰。俟秋收后，如数征缴等情。呈递前来。本副都统复查无异，自应准如所请。除派委妥员兼放外，合将开动仓谷之处，先行备文咨报将军衙门查核施行等因前来。案查省垣及各城公、义仓粮石系属按年题报核销正款，原为欠年及春耕青黄不接之时，报明照章出借，接济旗属兵丁食用，秋后还仓。或额外多存粮石，即将变色陈谷以三成出陈易新，由各该副都统出具秋收后如数还仓，不致亏短印结咨报，以凭报部查核等因，历办在案。今据该副都统衙门请将义仓所存谷石全数出借各旗兵丁食用，核与存七借三之案虽属不符，惟该城地处极边，上年收成欠薄，当经据情奏请，缓征在案。所有旗民所获粮石不敷糊口，报请全数出借，以济食用，自系为体念兵丁困累之见，自应准如所咨办理，秋后务须如数催收入仓，不准稍有亏欠。该副都统衙门即行出具秋后还仓不致悬欠印结送省，以凭报部。嗣后若非欠年，出陈易新，自应查照仓存粮数存七借三之数办理，不准率行多借，致有亏累。相应呈请咨复遵照。等情据此，拟合咨行珲春副都统衙门遵照可也。须至咨者。

右咨珲春副部统衙门

吉林将军衙门为珲春被灾请蠲缓租赋事的咨文

光绪十四年十二月二十六日

将军衙门为咨行遵照事。户司案呈，于本年十二月十四日本衙门恭折具奏：为三姓、珲春、伯都讷厅属北下坎等处禾稼被灾，收成歉薄，循例吁恳天恩，分别蠲缓，以纾民力而广皇仁，恭折仰祈圣鉴事。窃查本年夏间吉林地方雨水连绵，江河并涨，浸淹田禾被灾缘由，前于十月二十日先行附奏在案。兹据宁古塔副都统富尔丹咨报，该城属界塔拉站地方站丁所种大田，自夏徂秋雨水连绵，江河涨发，附近河边地亩均被冲淹，又兼秋霜早降，收成仅止三分。该站丁等有应交还本年春间由该站义仓谷内借支接济口粮谷二百仓石，请为缓限交还。又据珲春署副都统协领德玉（次）[报]呈，该处旗民佃户所种大田正值秀穗时，忽被狂风刮落禾穗，迨成熟之际，又遭大风严霜刮冻，刈获收成将有四分。三姓副都统文格咨报，该处旗民所种大田正当拔节秀穗成熟时，淫雨连绵，未得阳晒，又遭暴雨冰雹，洼地多被淹伤，以致穗小、籽粒泡秕，收成将及四分。当经该副都统等亲履查勘结报属实。所有本年旗民收获粮石，仅敷明春糊口，若将应征带征各项银谷全数交纳，旗民丁力实有未逮。恳请援案将旗民丁佃应交本年份，并带征各年公义仓额谷、地丁米折、地租等银均请缓至明年秋收后照数交纳。又省城管理官庄总理协领富通山禀报，该管正红、镶红二旗马场佃民，共四百三十一户，承种应纳公仓额粮上、中、下三则官地共五千零四垧四亩。因西靠伊勒门河，中间有新开河，东界近靠岔路河，本年六月以后雨水连绵，各河水势齐涨，致将官地漫淹，平地水深数尺，直至八月初间始行消撤。靠河洼下之地，积水未涸，实被淹没，颗粒无收。上则地二千二百十一垧八亩，中则地六百五十八垧一亩，下则地五百零三垧，共被淹地三千三百七十二垧九亩，实系灾至十分。又据署伯都讷厅同知孙逢源详报，该厅属界北下坎地方，佃民承种纳租地亩，地势低洼，周围大江，入夏以来雨水较多，八月间复降大雨，江水涨溢。洼下之地三千一百七十一垧四亩九分，田禾悉被淹没冲坏，颗粒无收，仅剩畸零沙冈之地八十九垧四亩，虽未淹没，亦因秋雨连绵，未得阳晒，籽粒诸多空瘪，收成不及四分。又据署宾州厅同知黎尹融详报，该属蚂蜒河新荒生、聚、教、养四牌佃民承种纳租地亩，因六七月间大雨滂沱，禾稼多被浸淹损伤，又遭严霜早降，成灾地七千一百三十垧零二亩六分，收成仅止一二分。又据敦化县知县书瑞详报，该属沙镇、城山、怀德、敖东各乡佃民承种纳租地亩，五六月间雨水连绵，禾苗屡被浸淹。时值扬花结实之际，八月初二日夜间天寒地冻，遽降寒霜，冻坏大半，籽粒成空。计被灾较重之地九千七百九十六垧八亩，收成仅有一二分。其被灾稍轻之地三千零四十六垧三亩二分，收成仅有三分等情。先后详请委勘前来，奴才等请核珲春、三姓地处极边，节气最晚；伯都讷厅属北下坎荒地，近靠大江，地势低洼；马场官地亦临各河，每遇江河涨溢即被冲淹；宾州厅属蚂蜒河及敦化县僻处山陬，而蚂蜒河连年灾歉，民力难支。当经遴派妥员，分往各该处所，会同地方官周履查勘，旋据加结禀报，查明灾歉分数属实。所有被灾至民佃应纳仓粮租赋及收成歉薄之旗民丁壮应纳本年及带征银谷租赋，若令照旧交纳，实属力有未逮。自应查照例案，分别请予蠲免展缓，以纾旗民丁佃之力。合无仰恳天恩俯准，将吉林省城官庄所属正红、镶红二旗马场被水冲淹颗粒无收，灾至十分，纳粮三则。地三千三百七十二垧九亩，应纳本年份公仓额粮市石一千八百五十七石三斗三升，合仓石粮四千六百四十三石三斗二升五合。伯都讷厅属北下坎，被水淹没，颗粒无收，纳租地三千一百七十一垧四亩九分，应纳本年份大、小租银六百二十七两九钱五分五厘零二丝，拟请全数蠲免。宾州厅属蚂蜒河生、聚、教、养四牌被灾八九分，纳租地七千一百三十垧零二亩六分，应纳本年份大、小租银一千四百一十一两七钱九分一厘四毫八丝。又敦化县属各乡佃民被灾八九分，纳租地九千七百九十六垧八亩，应纳本年份大、小租银一千九百三十九两七钱六分六厘四毫，拟请缓至明年秋收后起，分限三年带征。又敦化县属各乡被灾七分纳租地三千零四十六垧三亩二分，应纳本年份大、小租银六百零三两一钱七分一厘三毫六丝。又伯都讷厅属北下坎未被淹没收成不及四分之畸零，沙冈纳租地三百零三垧二亩一分，应纳大、小租银六十两零三分五厘五毫八丝，缓至十三年秋收后起，分限二年带征，除十三年秋初限租银已征外，尚剩本年带征二限大、小租银三十两零一分 [零] 七毫九丝，拟请展缓一年，至明年秋收后照数完纳。珲春、三姓二处大田收成将及四分，珲春八旗兵丁应交本年份义仓谷一百四十四石，南冈佃民承种纳租地三千九百四十一垧，应纳本年份大、小租银七百八十两零三钱一分八厘。宁古塔属界塔拉站丁等应还本年春间青黄不接之借支口粮仓谷二百石。三姓八旗兵丁应交本年份义仓谷七百二十石，官庄壮丁应交本年份地丁米折等银六十八两八钱一分二厘零五丝，并带征光绪四、五、七、九、十、十一、十三等七年份各项银谷，拟请均再递缓一年，至明年秋收后照数完纳，以纾旗民丁佃困累之处，出自圣主鸿慈，除将应请蠲缓银谷租赋各数目，另缮清单恭呈御览外，理合恭折具奏，伏乞皇太后、皇上圣鉴，训示遵行，谨奏。等因具奏之处，除俟奉到谕旨再行恭录咨报外，相应照抄原折，并将吉林所属官庄、镶红、正红二旗马场、伯都讷厅属北下坎丁壮佃民承种应纳粮石租银地亩、被灾花户、地数，造具细册二本，钤印附封，呈请先行咨报。等情据此，拟合咨报，为此合咨户部请繁查核外，暨咨行珲春副都统衙门遵照可也。须至咨者。

右咨珲春副都统衙门

珲春副都统衙门报告珲春附郭一带水灾情况的咨文
光绪十六年

右司案呈。为咨报事。案照珲春附郭一带，于本年七月十五日起，阴雨不时，尚有晴霁之日。洎至二十七、八、九等日，大雨滂沱，连宵达旦，河水暴涨，漫逼城下。而城垣本系土筑，沙性浮松，见水即圮，坍塌之处，所在皆是。城外低洼农田多被淹没，登高远眺，房舍亦有淹灌之处。但珲属河水，向极轻浅，不通舟船。急欲拯救灾民，苦无船筏可觅。当经本副都统洁诚虔祷，以猪羊活祭。当于二十九日戌刻雨止水停。然游云仍然四布，雨亦间作，星辰时出。至初一日大晴，水势渐渐消落。初二日开城，派员分投各乡屯，查勘被水农田、民居，以凭复查抚恤。咨请核报去后，兹据靖边前路左营营官、蓝翎长、补用护军校乌勒兴额，将查明各乡屯大概情形，开单呈报前来。除俟各路委员查复到日，酌量被灾轻重，妥为赈恤，并分别禾稼成灾分数，另行咨报外，所有珲属猝被水灾筹办大概情形，相应抄单咨会。为此合咨贵将军，请繁查照，希即速复施行。须至咨者。

右咨将军衙门

清单呈请宪鉴。

计开

一、东西三家子屯南小河一道，与珲河相连。凡沿溪禾稼俱被水淹。即与溪远之各处小沟，亦东西串通。现高阜之处禾稼犹存，而亦大半为潦水所伤。

一、东冈子屯地势较三家子屯稍高，虽房屋未被水冲，所种地亩大半俱在南下洼子一带。其地近河，禾稼均被水淹，所剩无几，依河人家，亦有被水冲倒者。

一、西崴子屯地形洼下，久为珲春沃壤，俱在巨浸之中。该处房屋有倒有存，其男妇老幼，均集高阜之处。存亡多寡，现尚未知。

一、高丽城西步港，其地紧依图们江，高处高粱仅露青稍，低处水与房齐。现虽江水稍撒，犹然一片汪洋，而老幼呼号尤不忍闻。

一、甩弯子地方，其地均依大江，与高丽城西步港相连。其水灾较他处倍甚，西有江水，北有山水，东北又有英安河水。三水合一，俨然湖海，禾稼一无所见，房屋有倒有存，其存者，水撒之后亦未必不倒。男妇老幼亦集高阜之处，其死亡多寡，尚无确据。

珲春南冈招垦局为南冈遭水虫霜灾的移文

光绪十七年九月初八日

办理南冈招垦分局事务委员举人凌　为移付事。本月初二、三等日，据南冈六社乡约呈称：今年春、夏雨季淫雨连绵，仅能播种而未能耘芟。六月间起虫，食伤五谷，又有降冰之处，挞坏田禾。至八月十四、五两日严霜迭降，迨收获之际，禾稼并未实成，年份殊属太减，是为歉岁，呈请转报等情。当即将原呈抄粘文尾外，相应备文移付。为此合移贵司查照，希为转呈帅宪鉴核，可否转咨施行。须至移者。

珲春副都统衙门因水灾请蠲免租银的咨文及印结

光绪十七年

右司案呈　为咨报事。案查珲春所属地方，本年七月下浣，淫雨为灾，江河涨发，淹没田禾，曾将大概情形咨请贵将军奏明在案，一面饬派委员分途勘查去后。兹据各该员先后禀称，查黑顶子地方附籍朝鲜民人共种地二千余垧，应征大租银四百五十七两四钱五分五厘六毫、小租银四十五两七钱四分五厘五毫六丝。现查怀恩等八社金丙天等二百六十七户水冲沙压地二百零九垧五亩六分，其高阜之地亦被山水冲刷，收获无几，房舍淹塌一百余间，幸未伤人，统计收成一分。南冈志仁等六社地方，本年应完陈升科地三千九百四十一垧，大租银七百零九两三钱八分、小租银七十二两零九钱三分八厘。本年新升科地九千五百六十八垧七亩，应征大租银一千七百二十二两三钱六分六厘、小租银一百七十二两二钱三分六厘六毫。田禾临于江河者悉被淹灌，冲塌房舍七十余间。志仁等社民人傅文学等十三户田地被水冲刷、为河侵占者共地五十三垧，距河较远之地收成亦大见减色，统计成灾实有六分余，收获不过三成余。至各处垦民未届升科之地多有淹浸。附城一带旗地，据各该旗佐呈报，收成亦止三分余，成灾六分余，加具印结，呈请核办前来。本副都统诚恐所报或有不实，又经委员复勘无异。查珲属图们江为众河入海口门，秋雨过久，江河暴涨，以致同时漫顶，淹伤农田。现据查明，成灾六分有余，亟宜加意赈抚，以文皇仁。查被灾较重之区，以黑顶子附籍韩民为最，所有应完本年大、小租银五百零三两二钱零一厘一毫六丝，应请旨一体蠲免。内有怀恩等八社金丙天等二百六十七户水冲沙压地二百零九垧五亩六分，应纳大租银三十七两七钱二分零八毫、小租银三两七钱七分二厘零八丝，应请旨永远蠲免。一面另查闲荒，照数拨给开垦，以免失业，届时升科，再行册报。仍饬查明户口，量予赈抚。其南冈、志仁等六社被灾稍轻，计在六分有余，应请旨将本年应完大租银二千四百三十一两七钱四分六厘、小租银二百四十三两一钱七分四厘六毫，照例展至光绪十七年、光绪十八年两年带征。又该六社光绪十四年灾缓大租银七百零九两三钱八分、小租银七十两零九钱三分八厘，奏奉恩旨，展至光绪十五年、光绪十六年带征，当经恭录谕旨，刊刻誊黄，晓谕在案。兹查此项租银光绪十五年征起大租银三百四十八两六钱五分、小租银三十六两零八分，尚实欠在炉大租银三百六十两零七钱三分，小租银三十四两八钱五分八厘，若仍前征收，民力实有未逮。应同、志仁等社民人傅文学等十三户水冲沙压地五十三垧，合大租银九两五钱四分、小租银九钱五分四厘，请旨概予蠲免。仍饬查明，如有闲荒，照数拨给傅文学等开垦，届时升科，另行册报。至八旗兵丹生计本属艰难，今复骤遭水灾，度日尤难。应由本城义仓积谷项下择贫济恤。其春间借出仓谷八百零六石五斗七升，以及本年应交之仓谷一百四十四石，照章奉应秋后还仓，以备灾患。现在因水成灾，筹抚方殷，安有余力买补还仓，应请一并展缓，以示矜恤。除饬将户口查明造册呈请咨拨赈款核实抚恤外，相应咨会。为此，合咨贵将军，请繁查照，希即复核具奏施行。须至咨者。

附印结四份

花翎二品顶戴、珲春左翼协领博奇巴图鲁德玉，今于与印结事。依奉结，据职翼四旗佐领等呈报，光绪十六年七月下浣，珲属（阴）[霪] 雨为灾，兵丹共种地四千六百三十垧。江河涨发，被水冲没，收成只有三分余，委系成灾六分余，并无捏饰等情，职复勘无异，理合出具印结是实。

署右翼协领事务、记名协领、花翎佐领春升，今于与印结事。依奉结，据职翼四旗佐领等呈报，光绪十六年七月下浣，珲属（阴）[霪] 雨为灾，兵丹共种地（缺文）十三垧，江河涨发，被水冲没，收成只有三分余，委系成灾六分余，并无捏饰等情，职复勘无异，理合出具印结是实。

同知衔分省补用知县，办理珲春垦务委员王寿麟，今于与印结事。依奉复勘得光绪十六年七月下浣，（阴）[霪] 雨经旬，江河涨溢，禾稼被灾，黑顶子怀恩等八社附籍韩民共各地二千余垧，应征大租银四百五十七两四钱五分五厘六毫、小租银四十五两七钱四分五厘五毫六丝。金丙天等二百六十七户田地现被水冲沙压二百零九垧五亩六分，应征大租银三十七两七钱二分八毫、小租银三两七钱七分二厘八丝。余稍高之地亦多被山水冲刷，计收成一分，成灾实有九分。南冈志仁等六社，本年应完陈升科地三千九百四十一垧，大租银七百零九两三钱（分）[八] 分、小租银七十两零九钱三分八厘；本年新升科地九千五百六十八垧七亩，应征大租银一千七百二十二两三钱六分六厘、小租银一百七十二两二钱三分六厘六毫。傅文学等十三户田地现被水冲河占五十三垧，大租银九两五钱四分、小租银九钱五分四厘。距河较远之地收成三分余。统计成灾实有六分余，并无捏饰，所具印结是实。

珲春掌右司关防、左翼协领、花翎二品顶戴兼世管佐领博奇巴图鲁德玉，今于与印结事。依奉结得，据南冈本处租赋局委员、骁骑校成玉呈称，南冈志仁等六社，光绪十四年份大租银七百零九两三钱八分、小租银七十两零九钱三分八厘，因灾奏奉恩旨，展至光绪十五年、光绪十六年带征，当经恭录谕旨，刊刻誊黄，晓谕在案。兹查此项租银，光绪十五年征起大租银三百四十八两六钱五分、小租银三十六两零八分，尚实欠在民大租银三百六十两零七钱三分、小租银三十四两八钱五分八厘，委系实欠在民，并无捏饰情弊。职复勘无异，所具印结是实。

七、工 矿

（一）矿 产 开 发

吉林将军衙门为直隶总督派员前往珲属查勘金矿的咨文
光绪十七年七月初十日

为咨行事。准北洋大臣李　咨开，光绪十七年六月初二日，据广东商董中书科中书职衔黎玉堂禀称：为拟招工备资援案试办东北边金矿，恳恩先给护照赴探情形事。窃维粤东地狭民稠，自阿墨利加招工，粤人趋之若鹜。其良者不忘根本，锱铢所积，辄运以东旋。此辈既习勤勉，亦耐寒苦。职商前客美国，领工采金几二十年。内渡而后，每欲率同若辈效力于父母之邦。侧闻中堂筹开漠河金矿，实边兴利，为国远图，海隅苍生，闻而兴起。查东北产金处所不只漠河，悉愿各受一廛，自备资斧，援案采办，按成报效，划界输租，约束稽查。以保甲饮食居处统于公司，利益既均，子来日众，即火车路亦可次第襄助举行，利国利民，窃谓两得。惟边庭万里，商等足迹未经。详细款条，未敢遽拟。兹谨带同熟谙金矿之粤人谭修捷、黎竹君、廖光燻、黎端典、谭社浓、黎敬才等，亲赴崇辕。伏乞恩给护照，并分咨吉林将军暨珲春副都统知照，俾得履采产金处所，回日详拟禀请核夺办理。总期积习尽除，主客无碍，以仰副中堂绥辑招徕之意，为此切叩恩准施行。等情到本阁爵大臣。据此，查吉林珲春等处金矿甚多，该商等在美国旧金山开采多年，熟悉金矿情形，资本颇饶，招股亦易。果能探得相宜之矿，设立公司，集资开采，分成报效军饷，于兴利实边不无裨益，一切详细可传该商询问。除缮给护照并咨珲春副都统查照外，相应咨会贵将军，请繁查照，派员指示履勘施行。等因到本督办将军。准此，除已电饬委员陈树勋在珲等候，会同该商董前赴珲春、三姓一带查勘外，相应咨行贵副都统，请繁查照施行。须至咨者。

右咨珲春副都统

珲春副都统为查禁老龙口等地私挖金沙的移文
光绪十七年

为移付事。于本月二十二日接准本帮办札开，案查：前据查界章京富升禀称，城东老龙口地方纵横数十里中，有二百余闲民偷挖金砂，势众不敢迫逐等情，当经札饬五道沟分局就近查复在案。兹据该局呈复，遵即前往，逐一详查。查六道沟河内有三人淘挖。据称俱系山东民人，在岸上小房内住，因觅佣工未妥，始行淘挖金砂。又五道沟牌下槟榔沟河内只有二人，未及近前，已逃入树林，未得根问。又塔子沟牌下上马底塔河东岸有二十七人挖金，问其住处，据云住刘万年家十人、赵二小家八人、计姓家九人，皆系闲民，当时按往各家质对，无异。又下马底塔河内有十一人淘挖，俱在韩民家借宿，每家一二人不等。又柳树河河内有六人淘挖，住孙富贵家三人、张金家三人。河北岸上有十人，全在王忠家住。又瓦岗寨移走韩民空房内住有九人，系把头张济舟领伙。又在垦户家散住者五人，内有韩民三人。又三道沟共十一人，在旗户郎姓空房住，皆系散作。行至老龙口，有十余人，俱在临近旗户家住，本处旗户亦时常淘挖。至二道沟处访有二十余人，多系附近旗户，无事下沟淘挖，现只有闲民赵得胜、崔永泰二人在河挖金，余皆种地。以上历查由六道沟至二道沟共八十余里，其间挖金有把头领作者，有自己淘挖者，亦有本处民农隙下河淘挖者。各处人数多少无定，惟就现下所查，总共核有百十余名，委系实在情形，等情到本帮办副都统。据此，查据称沿河上下计有百余人偷挖金砂，旗户亦时常为之。间有把头张济舟领伙挖作，诚恐有铺商冀图取利，暗中接济，使非预为设法禁止，将来愈聚愈众，实为地方后来之患，除札该分局遵照外，合亟札饬，札到该司，即便遵照饬旗查明有无旗人时常淘挖，据实呈复，以凭核夺，切切勿违，特札。等因札前来，相应备文移付。为此合移贵两翼查照转饬该旗遵照，立即查明，见复施行。

吉林将军衙门为准吴贺桂禀请开办铁矿的咨文
光绪十八年二月初三日

为咨复事。案准贵帮办咨开，据珲春矿务局监炉委员吴贺桂禀：以图们江沿江一带产有铁砂甚旺，稍加熔炼，俨如钢铁。拟请自备经费，招募匠丁，挖砂炼熔，拟请试办一年，得利若干，再行禀请酌提充饷。等情据此，查吉林向无铁矿，商民应用铁器尚觉阙然。现在机器、矿务各局所用钢铁，亦须购自他处。不惟解运非易，即脚价亦觉太昂。图门沿江一带产有铁砂甚旺，该员拟请自备经费，招匠试办，以资应用，似尚可行。除批示外，相应备文咨商贵督办将军，请繁查照酌核，可否开办见复，以便饬遵施行。等因到本督办将军。准此，查五金虽属天地自然之利，所办非易。图门江既产有铁砂，仍恐不旺。该令既愿自备经费试办，不请公款，自应准如所请。但毋得借此扰累地方百姓，致干未便，是为至要。所有如何办理情形，并查明此项铁砂究竟有无正脉，均应饬令禀明前来，以凭酌核。相应咨复。为此合咨贵帮办，请繁查照，转饬遵照施行。须至咨者。

右咨钦命头品顶戴帮办吉林边务事宜珲春副都统恩

珲春副都统为开采绥芬河金矿事的咨文

光绪十八年八月二十日

钦命头品顶戴帮办吉林一切事宜镇守珲春地方副都统恩　为咨商事。本年八月二十六日，据珲春天宝山矿务局稽查委员补用同知候选知县王令昌炽禀称：窃五金之利可以充国用而厚民生，然非其地不产，非其时不出，今吉林地方银线金苗次第出见，天宝山银矿业经宪台奏请试办，着有成效，并蒙督办宪恩，饬委卑职赴局稽查矿务等因。遵于闰六月二十六日到矿，旋珲后据三岔口百姓高成有、马玉来等来珲报称，珲东与宁古塔属境相接之绥芬河沟掌西有线金一枝，苗线极旺，凿取金质烧研，溜得金砂二厘，并将苗质三块一并呈请查办等情。当经卑职转陈钧鉴，旋奉批开，禀悉。五金本天地自然之利，开采原可富国利民，惟是办之大有成效者，从来恒不数觏。天宝山银矿至今稍有把握，然开创以来，已几竭心力而悉后之方，犹深悬虑。既据该令转请姑准勘荒，便道往查，仍俟禀复到日再行核夺。缴。同日又奉宪派往查珲东内山石头河一带荒场能否开垦各等因。奉此，卑职遵于七月二十八日启程，由五道沟新开三岔口大道往开荒场。除土肥地多垦能成熟另禀呈复外，随即带同把头等便道到三岔口之三十里万鹿沟，见淘金者有二百余人。又闻东沟有一百余人。后到绥芬河沟掌勘得线金一支，山峰如掌，形势巍然，向系坐北朝南，沟长约十数里，距珲春四百余里，距宁古塔三百余里，距三岔口有百余里，周围数十里，并无人烟，只见草屋一间，数人在此私挖。卑职风餐露宿，野处二天，查勘山形并勘得旧日所挖靠山凿硝七处，每处凿及尺余，有入山线金四道，有立山线金三道，宽约三四寸不等。惟头硝凿深五六尺，线有尺余宽，得夹砂铁石苗线。又有马牙线者，核与该把头在珲报验之砂铁相似，当饬将苗线浮砂上溜得金二厘，眼同考的，实系金线。询据把头声称，金得正线，来脉甚长，山势绵远绕环数十里，山骨耸秀，迥非他处线金可比，亦与河金不同，然做法与开银矿无异。苗与旧日夹皮沟金线相同，且较夹皮沟更旺。据说该处本年七月十五日夜，山放彩霞，光耀三四丈等语。卑职复至头硝亲取苗线二块，并详绘山矿草图一纸，由三岔口小道旋珲销差。伏思五金本天地自然之利，蓄久必发，有非人力所可幸成，刻下金苗既已发现，兴办必可得手，合无仰恳宪恩，俯念地不爱宝，赏准转咨督办将军立案，仿照天宝山银矿章程，先由卑职分招商股，俊明春开冻后前往试行创办。雇募锤钻限定百人，拟请由边军暂拨步队二十名，马队十名，弹压地面，递送公文，后日办理兴旺，由局招募，务使事权归一，断不致遗易聚难散之患。今先拟请宪核，咨请督办宪，来春委员会同试办三月，究竟有无把握，再行禀明定章，用昭慎重。卑职陶镕金矿，虽然素所未习，而凭此血忱，尽此心力，既不敢稍避劳怨，亦不敢稍有欺饰，总冀事求实效，有裨边务，以仰副宪台暨督办将军力求富强之至意也。所有试办章程，容俟奉到宪批再行会同戴令拟具条陈。愚昧之见是否有当，理合将线金苗二厘及山矿图说一纸，一并赍呈宪台鉴核。恭候训示遵办，实为公便。再，绥芬河金厂，地属宁古塔辖境，如蒙允准试办，拟请督办将军咨行宁古塔副都统衙门，并札饬三岔口招垦局知照。等情到本帮办。据此，查五金之矿曾经奉旨准其开采天宝山银矿，现在办有成效，奏明在案。今绥芬河沟掌该员既勘得金苗一支，并议办法足可保其不别生事端，日后果有成效，自于国计有益，应否仿照分招商股前往试办，以裕饷源之处。除批示外，相应将该员呈赍线金苗二厘、矿山图说一纸，备文咨商。为此合咨贵督办将军，请繁查照核夺见复，以凭饬遵施行。须至咨者。计咨送线金苗二厘、矿山图说一纸。

右咨吉林将军长

吉林将军衙门为绥芬河地方金矿暂不开采事的咨复
光绪十八年九月

为咨复事。照得本年九月初九日，准贵帮办　咨开，本年八月二十六日，据珲春天宝山矿务局稽查委员补用同知候选知县王令昌炽禀称：窃五金之利可以充国用而厚民生，然非其地不产，非其时不出。今吉林地方银线、金苗次第出见，天宝山银矿业经宪台奏请试办着有成效，并蒙督办宪恩饬委卑职赴局稽查矿务等因。遵于闰六月二十六日到矿。旋珲后，据三岔口百姓高成有、马玉来等来珲报称：珲东与宁古塔属境相接之绥芬河沟掌踩有线金一以，苗线极旺，凿取金质烧研，溜得金砂二厘，并将苗质三块，一并呈请查办等情，当经卑职转陈钧鉴。旋奉批开：禀悉。五金本天地自然之利，开采原可富国利民，惟是办之大有成效者，从来恒不数觏。天宝山银矿，至今稍有把握，然开创以来，已几竭心力而殚后之方，犹深悬虑。既据该令转请，姑准勘荒便道往查，仍俟禀复到日，再行核夺。缴。同日，又奉宪派往查珲东内山石头河一带，荒场能否开垦各等因。奉此，卑职遵于七月二十八日起程，由五道沟新开三岔口大道，往开荒场。除土肥地多垦能成熟另禀呈复外，随即带同把头等便道到三岔口之三十里万鹿沟，见淘金者有二百余人。又闻东沟有一百余人。后到绥芬河沟掌勘得线金一支，山峰如掌，形势巍然，向系坐北朝南。沟长约十数里，距珲春四百余里，距宁古塔三百余里，距三岔口百有余里，周围数十里并无人烟，只见草屋一间，数人在此私挖。卑职风餐露宿，野处二天，查勘山形并勘得旧日所挖靠山凿硐七处，每处凿及尺余，有入山线金四道，有立山线金三道，宽约三四寸不等。惟头硐凿深五六尺，线有尺余宽，得夹砂铁石苗线。又有马牙线者，核与该把头在珲报验之砂铁相似。当饬将苗金得正线，来脉甚长，山势绵远，绕环数十里，山骨耸秀，非他处线金可比，亦与河金不同，然做法与开银矿无异。苗与旧日夹皮沟金线相同，且较夹皮沟更旺。据说该处本年七月十五日夜，山放彩霞，光耀三四丈等语。卑职复至头硐亲取苗线二块，并详绘山矿草图一纸，由三岔口小道旋珲销差。伏思五金本天地自然之利，蓄久必发，有非人力所可幸成。刻下金苗既已发现，兴办必可得手，合无仰恳宪恩，俯念地不爱宝，赏准转咨督办将军立案，仿照天宝山银矿章程先由卑职分招商股，俟明春开冻后前往试行创办。雇募锤钻限定百人，拟请由边军暂拨步队二十名、马队十名，弹压地面，递送公文。后日办理兴旺由局招募，务使事权归一，断不致遗易聚难散之患。今先拟请宪核咨请督办宪，来春委员会同试办三月，究竟有无把握，再行禀明定章，用昭慎重。卑职陶镕金矿虽然素所未习，而凭此血忱尽此心力，既不敢稍避劳怨，亦不敢稍有欺饰，总冀事求实效，有裨边务，以仰副宪台暨督办将军力求富强之至意也。所有试办章程容俟奉到宪批，再行会同戴令拟具条陈，愚昧之见是否有当，理合将线金苗二厘，及山矿图说一纸，一并赍呈宪台鉴核，恭候训示遵办，实为公便。再，绥芬河金厂地属宁古塔辖境，如蒙允准试办，拟请督办将军咨行宁古塔副都统衙门，并札饬三岔口招垦局知照。等情到本帮办。据此，查五金之矿曾经奉旨准其开采。天宝山银矿现在办有成效，奏明在案。今绥芬河沟掌该员既勘得金苗一支并议办法，足可保其不别生事端，日后果有成效，自于国计有益，应否仿照分招商股前往试办，以裕饷源之处？除批示外，相应将该员呈赍线金苗二厘、矿山图说一纸，备文咨商。为此合咨督办将军，请繁查照、核夺、见复，以凭饬遵施行。等因。准此，查五金之矿虽经奉旨准其开采，然在各省皆先奏明而后试办，盖亦以金矿事关重大，未便遽然举办也。天宝山银矿试办至今既未确有把握，亦未明定章程，即请别开金矿又恐反干部诘，且三姓素系着名产金之区，前曾奏准试办，尚因毫无成效仍归封停，即如黑龙江漠河金厂开采数年，亦徒耗商本，未见利益，他处恐亦类此。王令昌炽所请，仿招商股试办绥芬河沟金矿，应即暂作罢论。至该令禀称三岔口之三十里万鹿沟，有淘金者二百余人，又东沟有一百余人等语，是否属实，此等奸徒有利则聚而偷挖，无利则散而为匪，且往往有逸贼等逃匿其中，最足酿地方之害，况聚至一二百人又属大干例禁。三岔口招垦局既距该处甚近，岂遂绝无见闻，何竟聸聸不早禁止驱逐，实属不成事体。除咨行宁古塔副都统衙门并札饬三岔口招垦局派员驱逐严加封禁，永绝根株外，相应咨复。为此合咨贵帮办请繁查照转饬施行。须至咨者。

右咨钦命头品顶戴帮办吉林边务事宜珲春副都统恩

（二）开 采 银 矿

吉林将军衙门为天宝山试办银矿现有成效请酌核速复以凭具奏的咨文
光绪十六年七月初四日

为咨行事。案照前准贵帮办咨开，本帮办访查珲春地方素有矿产，饬令委员程光第考查明确，禀明试办。旋据禀称，天宝山有银矿一处，拟自备资斧前往试开，如有成效再拟章程禀请开办等情。本帮办查五金山矿近年迭奉上谕：如有可开之区，一体弛禁，准其开采，官中酌收盈余，以尽地利而富民生。等因钦遵在案。该员所禀备资试采，似尚可行，即经批饬试办去后。兹据禀称，卑职奉批之后，遵即招致矿师丁夫十余名，购备器具衣粮前往该处寻觅旧穴凿山开采。在南山之麓觅得苗线一支，挖至三丈后果有色白如银之砂，宽有二三尺不等。矿穴接凿有九，入炉熔炼每千斤可出净铅三十余斤，提银十二两有奇。成效既见，应请兴办。遵拟章程清折一扣，绘具图说二纸等情。本帮办查该员于奉谕之后，历十月之久赔及二千金，卒能力求成效，考验银色甚好，即其所拟章程亦尚妥协，但官筹资本转恐生弊，自不若听其招集商股，候试办一年稽核出产多寡，二百人工作或以三四成报效能有几何，考验实在，再行咨请奏明办理。一面批如所请，准其试办。所请关防由珲刊发，护局兵勇就近饬拟咨请酌核速复。等因到本督办将军。准此，并准贵帮办将银锭十五两余函送前来，当经本督办将军以试办一年未免为期太远，仍令该员按月具报试办情形一次，俾资考核咨复在案。查开办矿务事关重大，该矿既试有成效，自应奏明办理，现又试开三四月之久，自不难详细稽核，禀请奏办，相应咨行。为此合咨贵帮办，请繁查照，望速办理见复施行。须至咨者。

右咨钦命头品顶戴帮办吉林边务事宜珲春副都统恩

珲春副都统为试办天宝山银矿情形的咨文
光绪十六年九月

钦命头品顶戴帮办吉林一切事宜镇守珲春地方副都统恩　为咨会事。案查本帮办前经咨准贵督办将军，饬委五品顶戴候选从九程光第招集商股，试办珲春银矿，以兴地利而裕饷源一案。旋准大咨内开，查开办矿务事关重大，该矿既试办成效，自应奏明办理。等因咨行到本帮办。准此，当经札饬遵照去后，兹据该从九禀称，自蒙委办矿务以来，遵将股本招齐，数月至今，头绪渐有，规模粗具。所采银苗共有两支，计已开矿穴十一处，苗砂虽皆凿见，而银水不甚畅旺，盖因未采及正脉故耳。惟南山第三穴，刻已凿至九丈余深，苗线宽处有三尺余，窄处尺余，可供三十余人凿取，每月可出矿砂将及十万斤，以现时每砂千斤提银三十二两，约共出银三千余两。拟于九月十五日起，加派夜班凿砂，计可多出五六万斤。将来各穴一律开及正脉，能供一百余人采取，月可出砂四十五六万斤。自后苗线愈采愈广，但期银水愈多，则裕饷固边，诚为经国之至计。特以开办伊始，力求节俭，采苗凿砂以及熔炼，纯用本地人夫。参考各家著述，既未聘用矿师，亦未购办机器，只愿众志成城，不患不渐入佳境。成效既着，应请宪台酌核前定章程，咨商督办将军奏明，暂行试办。日后果能大裨饷糈，在事出力员、司、矿丁，准其仿照漠河章程，分别保奖，以资鼓舞。等情前来。查该山银线亦已采有二支，共凿矿穴十一处。据禀虽皆见有苗砂，而银水欠旺，惟第三硐凿深九丈余，宽处有三尺余，窄处有尺余，可供三十余人凿取，每月出砂十万斤，约可提银三千余两。是局厂经费已有着落，其余各硐经费，既有来源，则嗣后渐次开及正线，利益充盈尤可想见，洵与饷源不无裨益。既据禀请奏明试办，应亟准如所请，但创办之初，诸硐尚待力开，炉舍更须赶造，应予限一年先行试办，俟期满体察情形，应如何提银归公，拟请奖励，再行奏明办理，用昭核实而期久远。除批认真督率开采外，相应咨会。为此合咨贵督办将军，请繁查照，会奏施行。须至咨者。

右咨吉林将军

珲春副都统为册报矿务局十六年八月需用经费及存银铅矿砂数目的咨文
光绪十六年九月二十八日

钦命头品顶戴帮办吉林一切事宜镇守珲春地方副都统恩　为咨送事。案查委办珲春矿务委员候选从九程光第申报，七月份用过经费银两并矿砂银质各数目清册，业经咨送在案，现据该员申称，自八月初一日起至三十日止，所有司事矿丁人等，月支工食钱文以及购买油铁等项，共计需用经费银七百七十三两九钱，由七月份实存项下经费银一千七百五十八两三钱七分八厘八毫内动用外，下存经费银九百八十四两四钱七分八厘八毫，其八月份共出矿砂九万斤，连前共存矿砂三十三万四千五百斤，用五月份矿砂炼出银质三百五十五斤，提银一百五十七两，连前共存银一千一百零七两三钱。惟查南山银线已凿至九丈余深，苗线宽处有三尺余，窄处尺余，现在雨水渐少，自应赶紧工作，合并声明。理合将需用经费银两暨现存银铅矿砂各数目，分析造具四柱清册，呈送到本帮办。据此，除批饬该员迅将现在情形详析禀陈以凭咨请具奏外，所有送到清册，相应咨送。为此合咨贵督办将军，请繁查照施行。须至咨者。

计咨送清册一本

右咨钦命头品顶戴督办吉林边务事宜镇守吉林将军恩特赫恩巴图鲁长

委办珲春矿务委员五品顶戴候选从九程光第，谨将卑局自光绪十六年八月初一日起至三十日止，所出矿砂以及银铅各数目，理合分析造具四柱清册，呈请宪鉴查核施行，须至册者。

计开

旧管：

一、存五月份矿砂十三万八千斤。

一、存六月份矿砂五万斤。

一、存七月份矿砂七万斤。

一、存五月份矿砂炼出银质四百二十七斤。

一、存银九百五十两零三钱。

新收：

一、收八月份矿砂九万斤。

一、收五月份矿砂炼出银质一千四百九十七斤。

一、收八月份提银一百五十七两。

开除：

一、除五月份矿砂一万三千五百斤。

一、除提银用五月份矿砂炼出银质三百五十五斤。

实在：

一、存五月份矿砂十二万四千五百斤。

一、存六月份矿砂五万斤。

一、存七月份矿砂七万斤。

一、存八月份矿砂九万斤。

一、存五月份矿砂炼出银质一千五百六十九。

一、存银一千一百零七两三钱。

以上共存银一千一百零七两三钱，共存矿砂三十三万四千五百斤，共存银质一千五百六十九斤，合并陈明。

珲春副都统为册报矿务局十六年九月需用经费及现存矿砂数目的咨文
光绪十六年十月十二日

钦命头品顶戴帮办吉林一切事宜镇守珲春地方副都统恩　为咨送事。案查珲春矿务局八月份所出矿砂并提银数目清册，业经咨送在案。兹据将九月初一日起至二十九日止，所有员司薪水、矿丁工食钱文，以及购买油铁等项，共计需用经费银九百五十五两九钱五分九厘六毫，由八月份实存项下经费银九百八十四两四钱七分八厘八毫内动用外，下存经费银二十八两五钱一分九厘二毫，其九月份共出矿砂十五万斤，连前共存矿砂四十五万四千五百斤，用五月份矿砂炼出银质叁千零八十一斤，提银一千二百二十六两一钱，共存银二千三百三十三两四钱，共存银质一千六百三十八斤，合并声明。理合将续出矿砂提银数目造具四柱清册，呈送到本帮办。据此，查该厂出砂较前渐增，而不能及时熔炼提银，究非善计。除批饬督率员司丁夫认真凿炼外，相应咨送。为此合咨贵督办将军，请繁查照施行。须至咨者。计咨送清册一本。

右咨钦命头品顶戴督办吉林边务事宜镇守吉林将军恩特赫恩巴图鲁长

珲春副都统为郑以桢赴津领运洋炉请转饬津海关道知照的咨文
光绪十六年十月二十七日

钦命头品顶戴帮办吉林一切事宜镇守珲春地方副都统恩　为咨会事。案照本帮办会同贵督办将军具奏，试办珲属天宝山银矿，凿采将及一年，屡以土法熔炼，未能迅速。兹查天津德威尼新盛厂承办炼砂炉座，当经本帮办电请直隶候补道佘定购洋炉五座，现时储砂待用，亟应委员前往运解。兹查文案处随同办事委员郑以桢，人地熟悉，堪以委派。除札该员迅速束装航海赴津迎运外，相应咨会。为此合咨贵督办将军，请繁查照，希即转咨北洋大臣转饬津海关道知照，并照会俄国领事官行知海参崴税务衙门验放施行。须至咨者。

右咨钦命头品顶戴督办吉林边务事宜镇守吉林等处地方将军恩特赫恩巴图鲁长

珲春副都统为矿务局清提银两暂交支发处验收的咨文

光绪十六年十一月初二日

钦命头品顶戴帮办吉林一切事宜镇守珲春地方副都统恩　为咨明事。案据委办珲春矿务委员候选从九程光第报称：窃查卑局自本年六月初一日起，截至十月十五日止，共炼银质七千五百二十斤，会同监炉委员吴令贺桂，设炉清提银二千五百零三两一钱。又五月份提存银四百九十六两九钱，共计清提银三千两，如数铸造宝式，装钉银箱，卑职于十月十六日由局押解起程。理合具文呈请宪台俯赐查验，饬令支发处兑收施行。等情前来。除饬支发处暂行验收，遇便解省以备购添洋炉之用外，相应咨明。为此合咨贵督办将军，请繁查照施行。须至咨者。

右咨钦命头品顶戴督办吉林边务事宜镇守吉林等处地方将军恩特赫恩巴图鲁长

珲春副都统为册报十六年十一月所需矿务经费及所存矿砂数目的咨文

光绪十六年十二月二十日

钦命头品顶戴帮办吉林一切事宜镇守珲春地方副都统恩　为咨送事。案查委办珲春矿务委员五品顶戴候选从九程光第申报：十月份用过经费银两数目清册，业经咨明在案。兹据申称，自十一月初一日起至二十九日止，所有员司薪水、矿丁工食钱文，以及购买油钱等项，共计需用经费银一千一百五十两零三钱一分七厘三毫，由十月份实在项下经费银九百一十五两四钱五分九厘二毫内动用外，下不敷经费银二百三十四两八钱五分八厘一毫，其十一月份共出矿砂十六万斤，连前共存矿砂六十三万三千斤，用六月份银质三千六百三十五斤，又七月份银质一千五百斤，共提银一千一百八十二两三钱二分，连前共存银二千一百九十二两五钱，合并声明。理合将需用经费银两暨现存银铅矿砂各数目分析造具四柱清册二分，具文呈请宪台俯赐察核，恳请转咨备查，实为公便。等情到本帮办。据此，除将清册存留一份并批示外，相应咨送。为此合咨贵督办将军，请繁查照施行。须至咨者。

计咨送清册四本

右咨钦命头品顶戴督办吉林边务事宜镇守吉林等处将军恩特赫恩巴图鲁长

委办珲春矿务委员五品顶戴候选从九程光第，谨将卑局员司人等支给本年十一月份薪水工食银两数目，理合分析造具衔姓花名清册，呈请宪鉴查核施行，须至册者。

计开

一、委员一员：五品顶戴候选从九程光第，月支薪水银三十二两。

一、提调工程委员一员：蓝翎尽先补用守备陈高华，月支薪水银十六两。

一、文案一员：五品顶戴增生吴廷桢，月支薪水银十两。

一、稽查一员：五品顶戴江苏试用典史蒋元骥，月支薪水银八两。

一、经管银质：五品顶戴蓝翎尽先把总余卜盛，月支工食银六两。

二、书识二名：彭坝、孙芝龄。以上书识二名，每名月支工食银五两，共支银十两。

一、账房司事二名：刘德润、李玉枢。以上账房司事二名，每名月支工食银五两，共支银十两。

一、采买油粮司事二名：逢玉琏、高殿元。以上采买司事二名，每名月支工食银五两，共支银十两。

一、收发油粮司事三名：陈荣炳、满帮建、陈连升。以上收发司事三名，每名月支工食银四两，共支银十二两。

一、监工司事五名：刘得元、丁景盛、单福堂、康松林、郭永顺。以上监工司事五名，每名月支工食银五两，共支银二十五两。

一、银炉工匠一名：苏慎忠。月支工食银四两。

以上共计二十员名，共支薪工银一百四十三两。合并陈明。

委办珲春矿务委员五品顶戴候选从九程光第，谨将卑局自光绪十六年十一月份所有员司薪水、矿丁工食，以及购买油铁各项需用经费银两数目，理合造具四柱总册，呈请宪鉴查核施行，须至册者。

计开

旧管：十月份存经费银九百一十五两四钱五分九厘二毫。

新收：无。

开除：

一、十一月份招募矿丁共计需用经费银七百四十五两七钱零三厘三毫。

一、十一月份购买油铁等项共计需用经费银二百六十一两六钱一分四厘。

一、十一月份局费司事人等支领薪工银一百四十三两。以上共计需用经费银一千一百五十两零三钱一分七厘三毫。

实在：无。

查十月份存经费银九百一十五两四钱五分九厘二毫，如数支销。十一月份需用经费银一千一百五十两零三钱一分七厘二毫外，下不敷经费银二百三十四两八钱五分八厘一毫，合并声明。

委办珲春矿务委员五品顶戴候选从九程光第，谨将卑局自光绪十六年十一月初一起至二十九日止，所出矿砂以及银铅各数目，理合分析造具四柱清册，呈请宪鉴查核施行，须至册者。

计开

旧管：

一、存五月份矿砂四万八千斤。

一、存六月份矿砂三万斤。

一、存七月份矿砂七万斤。

一、存八月份矿砂九万斤。

一、存九月份矿砂十五万斤。

一、存十月份矿砂十五万斤。

一、存六月份银质一千四百三十五斤。

一、存银一千三百三十八两三钱。

新收：

一、收十一月份矿砂十六万斤。

一、收六月份矿砂炼出银质二千二百斤。

一、收七月份矿砂炼出银质三千一百斤。

一、收十一月份提出毛银一千六百五十六两，七二折成，铸造宝银一千一百八十二两三钱二分。

开除：

一、除六月份矿砂三万斤。

一、除七月份矿砂三万五千斤。

一、除六月份银质三千六百三十五斤。

一、除七月份银质一千五百斤。

一、除十月十六日起至三十日止，提存毛银一千一百七十一两五钱，于十二月初四日会同监炉吴委员铸造宝纹，折耗银三百二十八两一钱二分。

实在：

一、存五月份矿砂四万八千斤。

一、存七月份矿砂三万五千斤。

一、存八月份矿砂九万斤。

一、存九月份矿砂十五万斤。

一、存十月份矿砂十五万斤。

一、存十一月份矿砂十六万斤。

一、存七月份矿砂炼出银质一千六百斤。

一、存实银二千一百九十二两五钱。

以上共存实银二千一百九十二两五钱，共存矿砂六十三万三千斤，共存银质一千六百斤，合并陈明。

委办矿务委员五品顶戴候选从九程光第，谨将卑局自光绪十六年十一月初一日起至二十九日止，所有招募矿丁需用工食钱文，以及购买油铁等项各价值数目，理合分析造具清册，呈请宪鉴查核施行，须至册者。

计开

一、招募矿丁项下：

一、把头十二名，每名月支工钱十二吊文，共计工钱一百三十九吊二百文，每名每天伙食钱一百八十文，共计伙食钱六十二吊六百四十文。

一、头等矿丁四十名，每名月支工钱十吊文，共计工钱三百八十六吊六百八十文，每名每天伙食钱一百八十文，共计伙食钱二百零八吊八百文。

一、二等矿丁五十五名，每名月支工钱八吊文，共计工钱四百二十五吊三百七十文，每名每天伙食钱一百八十文，共计伙食钱二百八十七吊一百文。

一、三等矿丁六十六名，每名月支工钱六吊文，共计工钱三百八十二吊八百文，每名每天伙食钱一百八十文，共计伙食钱三百四十四吊五百二十文。

以上共计矿丁一百七十三名，需用工钱一千叁三百三十四吊零五十文，需用伙食钱九百零三吊零六十文，统共需用工食计中钱二千二百三十七吊一百一拾文。按照市价每两银易中钱三吊文，合银七百四十五两七钱零三厘三毫。

一、动用杂费项下：

一、矿硐灯壶需用苏油一千零二十斤，每斤价钱一百八十文，共钱一百八十三吊六百文。

一、矿硐灯壶需用棉花二十斤，每斤价钱七百文，共钱四十吊文。

一、拉灰牛只三头，每头每月草料钱六吊文，共钱十八吊文。

一、购买白炭四万八千一百零六斤，每百斤价钱七百文，共钱三百三十六吊七百肆二十文。

一、购买熟铁一千二百五十斤，每斤价钱一百文，共钱一百二十五吊文。

一、购买本钢五十斤，每斤价钱九百文，共钱四十五吊文。

一、购买铜嘴锡灯壶二十个，每个价钱六百文，共钱二十吊文。

一、购买快马锯三条，每条价钱一吊八百文，共钱五吊四百文。

一、购买大钢锉三把，每把价钱二吊七百文，共钱八吊一百文。

一、购买粗饭碗二百个，每个价钱六十文，共钱十二吊文。

一、购买竹筷子五十把，每把价钱六十文，共钱三吊文。

一、由珲拉运各物共车价钱二十二吊文。

以上共计中钱七百八十四吊八百四十二文，按照市价每两银易中钱三吊文，合银二百六十一两六钱一分四厘。

以上两项共计需用银一千零零七两三钱一分七厘三毫，委系实报实销，并无浮冒情弊，合并陈明。

吉林将军衙门为珲境购买炼银洋炉俟郑委员到津再行核办的咨文
光绪十七年正月

为咨行事。案准北洋大臣李　咨开：案准贵将军咨开，准帮办恩咨开，案照本帮办会同贵督办将军具奏试办珲属天宝山银矿，凿采将及一年，屡以土法熔炼，未能迅速。兹查天津德威尼新盛厂承办炼砂炉座，当经本帮办电请直隶候补道佘定购洋炉五座，现时储砂待用，亟应委员前往运解。兹查文案处随同办事委员郑以桢，人地熟悉，堪以委派。除札该员迅速束装航海赴津迎运外，相应咨会请繁查照，希即转咨北洋大臣转饬津海关道知照，并照会俄国领事官行知海参崴税务衙门验放施行，等因到本督办将军。准此，相应咨请查照转饬施行，等因，当经分饬津海关道、天津电报局佘道遵照办理，具报去后。兹据津海关道刘汝翼申称，当经照准俄国领事官宝德林复称，此项炉座系运往何处安置，由何路行走，经由某卡出口，是否与上届事同一律，来文均未叙明，请即查复核办等因。职道复查以上各节，非询之迎运委员，无以知其底蕴，即经函致佘道转询。去后，兹准复称珲属银矿所需炼砂洋炉五座，曾经恩都护电托代询，并未代购，须郑委员带银来津自行购买。旱道太远，该委员尚未来津，亦未知其如何运去。大约开河后由水路取道海参崴，运至珲春安置，应俟郑委员来津询明再行详复。等因前来。除俟佘道询明函知到道再行核办，并先函复俄领事知照外，理合申复查核。等情到本阁爵大臣。据此，相应咨复贵将军，请繁查照，等因到本督办将军。准此，相应咨行贵帮办，请繁查照施行。须至咨者。

右咨钦命头品顶戴帮办吉林边务事宜珲春副都统恩

珲春副都统为册报十七年十二月需用经费银两及现存银铅矿砂数目的咨文

光绪十七年二月十七日

钦命头品顶戴帮办吉林一切事宜镇守珲春地方副都统恩　为咨送事。案查委办珲春矿务委员五品顶戴候选从九程光第申报：光绪十六年十一月份用过经费银两数目清册，业经咨明在案。兹据申称，自十二月初一日起至三十日止，所有员司薪水、矿丁工食钱文，以及购买油炭等项，共计需用经费银一千二百八十一两五钱七分七厘九毫，由矿银项下动用银一千两外，尚不敷银二百八十一两五钱七分七厘九毫，连前不敷银二百三十四两八钱五分八厘一毫，两共不敷银五百一十六两四钱三分六厘。其十二月份共出矿砂十四万斤，连前共存矿砂七十万零八千斤，用五月份银质一千八百四十斤，又七月份银质四千四百斤，共提银一千八百九十二两，连前共存银四千零八十四两五钱。除解交珲春支发处银三千两，又工厂支用银一千两外，应存银八十四两五钱，合并声明。理合将需用经费银两暨现存银铅矿砂各数目分析造具四柱清册二份，具文呈请宪台俯赐察核，恳请转咨借查，实为公便等情到本帮办。据此，除将清册存留一份并批示外，相应咨送。为此合咨贵督办将军，请繁查照施行。须至咨者。计咨送清册四本。

右咨钦命头品顶戴督办吉林边务事宜镇守吉林等处地方将军恩特赫恩巴图鲁长

委办珲春矿务委员五品顶戴候选从九程光第，谨将卑局自光绪十六年十二月初一日起到三十日止，所有招募矿丁需用工食钱文以及购买油铁等项各价值数目，理合分析造具清册呈请宪鉴查核施行。须至册者。

计开

一、招募矿丁项下：

一、把头十二名，每名月支工钱十二吊文，共计工钱一百四十四吊文，每名每天伙食钱一百八十文，共计伙食钱六十四吊八百文。

一、头等矿丁五十四名，每名月支工钱十吊文，共计工钱五百四十吊文，每名每天伙食钱一百八十文，共计伙食钱二百九十一吊六百文。

一、二等矿丁五十八名，每名月支工钱八吊文，共计工钱四百六十四吊文，每名每天伙食钱一百八十文，共计伙食钱三百一十三吊二百文。

一、三等矿丁八十八名，每名月支工钱六吊文，共计工钱五百二十八吊文，每名每天伙食钱一百八十文。共计伙食钱四百七十五吊二百文。

以上共计矿丁二百一十二名，需用工钱一千六百七十六吊，需用伙食钱一千一百四十四吊八百文，统共需用工食计中钱二千八百二十吊零八百文，按照市价每两银易中钱三吊文，合银九百四十两零二钱六分六厘六毫。

一、动用杂项项下：

一、矿硐灯壶用苏油一千零八十斤，每斤价钱二百文，共钱二百一十六吊文。

一、矿硐灯壶用棉花二十斤，每斤价钱，七百五十文，共钱十五吊文。

一、拉灰牛只三头，每头每月草料钱六吊文，共钱十八吊文。

一、购买白炭四万五千五百六十二斤，每百斤价钱七百文，共钱三百一十八吊九百三十四文。

一、购买大铁锅一口，价钱九吊文。

一、购买圆簸箩四十个，每个价钱四百五十文，共钱十八吊文。

以上共计中钱五百九十四吊九百三十四文，按照市价每两银易中钱三吊文，合银一百九十八两三钱一分一厘三毫。

以上两项共计需用银一千一百三十八两五钱七分七厘九毫，委系实报实销，并无浮冒情弊，合并陈明。

委办珲春矿务委员五品顶戴候选从九程光第谨将卑局自光绪十六年十二月初一日起至三十日止，所出矿砂以及银铅各数目，理合分析造具四柱清册，呈请宪鉴查核施行。须至册者。

计开

旧管：

一、存五月份矿砂四万八千斤。

一、存七月份矿砂三万五千斤。

一、存八月份矿砂九万斤。

一、存九月份矿砂十五万斤。

一、存十月份矿砂十五万斤。

一、存十一月份矿砂十六万斤。

一、存七月份矿砂炼出银质一千六百斤。

一、存提净足银二千一百九十二两五钱。

新收：

一、收十二月份矿砂十四万斤。

一、收五月份矿砂炼出银质一千八百四十斤。

一、收七月份矿砂炼出银质二千八百斤。

一、收十二月份提净足银一千八百九十二两。

开除：

一、除五月份矿砂三万斤。

一、除七月份矿砂三万五千斤。

一、除五月份矿砂炼出银质一千八百四十斤。

一、除七月份矿砂炼出银质四千四百斤。

一、除解交珲春支发处银三千两。

一、除工厂支用经费银一千两。

实在：

一、存五月份矿砂一万八千斤。

一、存八月份矿砂九万斤。

一、存九月份矿砂十五万斤。

一、存十月份矿砂十五万斤。

一、存十一月份矿砂十六万斤。

一、存十二月份矿砂十四万斤。

一、存提净足银八十四两五钱。

以上共存银八十四两五钱，共存矿砂七十万零八千斤，合并陈明。

珲春副都统为郑以桢赴津采买炉座各情的咨文
光绪十七年二月二十八日

钦命头品顶戴帮办吉林一切事宜镇守珲春地方副都统恩　为咨明事。本年二月二十四日案准钦差大臣直隶阁爵督部堂李　咨开，据天津机器局禀称，窃奉宪台札开，据帮办吉林边务文案委员候选主簿郑以桢，奉帮办吉林边务珲春副都统恩　札委来津采买烧炼银砂炉座，于去腊抵津，禀到蒙谕，朱道其诏熟悉矿务，令即代为筹办等谕。卑职叩聆之下，仰见我中堂肩任天下，统筹兼顾之至意，遵即电禀帮办恩　莫不同深感戴，一面谒见朱道筹办炉座。朱道细心考查珲矿，事属创始，局面未充，购办全副炉座，费繁运巨，殊非至计，祗宜择要采买，庶不虚糜，事归实济。但择买各件，必须绘有式样尺寸方期合用。现在热河矿厂大小炉座俱有，拟觅工匠前往较量尺寸，图绘式样，惟精明画手尚无其人。因思机器局制造一切，胥资画手，可否饬下机器局赏借一人，偕赴热河绘图。出自宪恩，如蒙允准，并请饬知热河矿务局，俟绘图人员同工匠到日，准其入厂量绘。等情据此，除批示并分行外，合行札饬该局查照办理具报。等因奉此。遵即拣派绘图学生五品顶戴朱建功前往。道途较远，应仿照派往河南郑工绘图学生章程，每月由奉调之处发给原支薪工银十两，另加给饭食津贴银八两、盘费等项，一并由奉调之处支付。旋据该委员郑以桢将前项银两交给学生朱建功收领。当饬该学生检齐绘图家具，随同该委员前赴热河矿务局量绘，理合禀报鉴核。等情到本阁爵大臣。据此，除批示外，相应咨行，请繁查照施行。等因准此，除札天宝山矿务局遵照外，相应咨明，为此合咨贵督办将军，请繁查照施行。须至咨者。

右咨钦命头品顶戴督办吉林边务事宜镇守吉林等处地方将军恩特赫恩巴图鲁长

吉林将军衙门为勘明天宝山银矿派员试办的咨文
光绪十七年四月十一日

为恭录咨行事。窃照本督办将军会同贵帮办于本年三月初九日恭折具奏，为勘明珲春天宝山银矿现已派员试办等因一折，曾经会稿咨明抄折咨呈在案。兹于四月初九日奉到朱批：该衙门议奏。钦此。相应恭录朱批备文咨行贵帮办，请繁查照，钦遵施行。须至咨者。

右咨钦命头品顶戴帮办吉林边务事宜珲春副都统恩

珲春副都统为珲春矿务监炉委员可否以吴贺桂派充的咨文
光绪十七年四月十三日

钦命头品顶戴帮办吉林一切事宜镇守珲春地方副都统恩　为咨复事。本年四月初九日准贵督办将军咨开：案据委办珲春矿务委员候选县丞程光第禀称，窃卑职前因凿存矿砂刻难提出，经费支绌，需款孔急，业已据情禀蒙俯准续股接济，仰见宪恩周渥，莫名钦感。卑职拟将股折事件料理清楚，即行回局，所有各项工程，自应会同禄委员嵩悉心筹划，务求工臻实效，款不虚糜，无负委任之至意。惟查创办之初，内而督率工役，外而招集股分，以及监炉提银，购备油粮，在在均关紧要，若不分任其事，诚恐力有未逮。再四思维，合无仰恳宪台俯念矿务繁剧，加派委员驻厂监炉，以专责成，而昭慎重，禀请训示祗遵。等情到本督办将军。据此，除批：据禀已悉。候咨商帮办复日再行酌定饬遵。缴。挂发外，相应备文咨商。为此合咨贵帮办，请繁查照，就近查核可否加派之处，望祈见复施行。等因准此，查矿务繁剧，自应加派委员驻厂监炉，以专责成。惟去岁曾派营务处差遣委员吴令贺桂驻厂监提，尚称勤谨，可否仍行派委抑或由省另派之处，相应咨复。为此合咨贵督办将军，请繁查照酌核办理施行。须至咨者。

右咨吉林将军长

吉林将军衙门为以吴贺桂仍驻珲春监督矿务的咨文
光绪十七年四月二十五日

为咨复事。案准贵帮办咨复，以珲春矿务繁剧，自应加派委员驻厂监炉，以专责成。惟去岁曾派营务处差遣委员吴令贺桂驻厂监提，尚称勤谨，可否仍行派委抑或由省另派之处，咨复查照酌核办理施行。等因准此。查吴令贺桂驻厂监提既称勤谨，自可毋庸另派，相应备文咨复贵帮办，请繁查照转饬施行。须至咨者。

右咨钦命头品顶戴帮办吉林边务事宜珲春副都统恩

珲春副都统为矿务局修盖工厂房所及器具需用钱文的咨文
光绪十七年四月三十日

钦命头品顶戴帮办吉林一切事宜镇守珲春地方副都统恩　为咨送事。案据试办珲春矿务委员候选县丞程光第禀称：窃卑职于上年春间，因厂内窝棚数间工役人等不敷居住，是以修盖房屋，共计三十五间，制造木器家具，共计二十五宗，平挖房场东西基址十四丈、南北基址三十二丈，所需一切物料工价，本拟随时禀报，只以杂项零星难以预定，前已声明在案。惟查卑局地逼山沟，形势偏陂，欲就沟口宽平地方修盖，又恐弯远难以照料，只得迁就矿厂山头，挖高填低，平基修盖，人工无不较费，此地势之艰于工作一也。去夏无草盖房，始则削树皮搭盖，继则割取秧草，不意雨水时行，半被水冲，半皆腐烂，复从沟外添买使用，故盖房之草又费人工不少，此天时之难以图功一也。查自十六年三月份起，截至十二月底止，所有造房经费暨工料价值，共计需用中钱七千三百四十八吊五百四十五文，按照市价叁吊合银二千四百四十九两五钱一分五厘，委系实用实销，不敢稍有浮冒，理合造具清册二份，禀请宪台俯赐察核，转咨备查施行，实为德便。等情到本帮办。据此，除存留一份备查并批示外，相应备文咨送，为此合咨贵督办将军，请繁查照核销施行。须至咨者。

计咨送清册一份

右咨吉林将军长

呈造珲春矿务局修盖厂房以及器具等项需用钱文清册

试办珲春矿务委员五品顶戴候选县丞程光第，谨将修盖局房间数以及制造木器家具等件需用钱文各数目，分析造具清册，呈请宪鉴查核施行。须至册者。

计开

修盖房屋项下：

一、正房五间。一、大门楼三间。一、矿丁房十二间。一、清银炉房五间。

一、木钱匠房四间。一、仓房一间。一、工器房二间。一、马棚三间。以上共计房屋三十五间。

制造木器项下：

一、大板仓二架。一、大油箱二个。一、大酒箱一口。一、大银柜一口。一、文案桌二张。一、账桌一张。一、大方桌一张。一、条桌一张。一、机凳十个。一、茶几二个。一、板凳八条。一、炕柜九个。一、炕桌二十二个。一、大条桌八个。一、大板凳十六条。一、大碗架四个。一、大小水槽十八个。一、灰木槽四个。一、抬柜一个。一、大小锅盖十七个。一、大水梢五付。一、大小木桶五个。一、火炉四个。一、望旗杆一根。一、挑挖水井一口。以上共计二十五宗。

动用工食钱文项下：

三月大建分，

一、木工计四名，每名月支工钱十三吊五百文共钱五十四吊文，每名每天伙食钱一百八十文，共钱二十一吊六百文。以上共计木工工食钱七十五吊六百文。

一、小工计三十二名，每名月支工钱六吊文，共钱一百九十二吊文，每名每天伙食钱一百八十文，共钱一百七十二吊八百文。以上共计小工工食钱三百六十四吊八百文。

四月小建分，

一、木工计七名半，每名月支工钱十三吊零五十文，共钱九十七吊八百七十五文，每名每天伙食钱一百八十文，共钱三十九吊一百五十文。以上共计木工工食钱一百三十七吊零二十五文。

一、小工计三十五名，每名月支工钱五吊八百文，共钱二百零三吊文，每名每天伙食钱一百八十文，共钱一百八十二吊七百文。以上共计小工工食钱三百八十五吊七百文。

五月大建分，

一、木工计十一名，每名月支工钱十三吊五百文，共钱一百四十八吊五百文，每名每天伙食钱一百八十文，共钱五十九吊四百文。以上共计木工工食钱二百零七吊九百文。

一、小工计三十八名，每名月支工钱六吊文，共钱二百二十八吊文，每名每天伙食钱一百八十文，共钱二百零五吊二百文。以上共计小工工食钱四百三十三吊二百文。

六月大建分，

一、木工计十一名，每名月支工钱十三吊五百文，共钱一百四十八吊五百文，每名每天伙食钱一百八十文，共钱五十九吊四百文。以上共计木工工食钱二百零七吊九百文。

一、小工计三十八名，每名月支工钱六吊文，共钱二百二十八吊文，每名每天伙食钱一百八十文，共钱二百零五吊二百文。以上共计小工工食钱四百三十三吊二百文

七月小建分，

一、木工计十一名，每名月支工钱十三吊零五十文，共钱一百四十三吊五百五十文，每名每天伙食钱一百八十文，共钱五十七吊四百二十文。以上共计木工工食钱二百吊零九百七十文。

一、小工计四十五，每名月支工钱五吊八百文，钱二百六十一吊文，每名每天伙食钱一百八十文，共钱二百三十四吊九百文。以上共计小工工食钱四百九十五吊九百文。

八月大建分，

一、木工计十二名，每名月支工钱十三吊五百文，共钱一百六十二吊文，每名每天伙食钱一百八十文，共钱六十四吊八百文。以上共计木工工食钱二百二十六吊八百文。

一、小工计五十名，每名月支工钱六吊文，共钱三百吊文，每名每天伙食钱一百八十文，共钱二百七十吊文。以上共计小工工食钱五百七十吊文。

九月小建分，

一、木工计十名，每名月支工钱十三吊零五十文，共钱一百三十吊零五百文，每名每天伙食钱一百八十文，共钱五十二吊二百文。以上共计木工工食钱一百八十二吊七百文。

一、小工计五十一名，每名月支工钱五吊八百文，共钱二百九十五吊八百文，每名每天伙食钱一百八十文，共钱二百六十六吊二百二十文。以上共计小工工食钱五百六十二吊零二十文。

十月大建分，

一、木工计九名，每名月支工钱十三吊五百文，共钱一百二十一吊五百文，每名每天伙食钱一百八十文，共钱四十八吊六百文。以上共计木工工食钱一百七十吊零一百文。

一、小工计四十六名，每名月支工钱六吊文，共钱二百七十六吊文，每名每天伙食钱一百八十文，共钱二百四十八吊四百文。以上共计小工工食钱五百二十四吊四百文。

十一月小建分，

一、木工计九名，每名月支工钱十三吊零五十文，共钱一百一十七吊

四百五十文，每名每天伙食钱一百八十文，共钱四十六吊九百八十文。以上共计木工工食钱一百六十四吊四百三十文。

一、小工计四十八名，每名月支工钱五吊八百文，共钱二百七十八吊四百文，每名每天伙食钱一百八十文，共钱二百五十吊五百六十文。以上共计小工工食钱五百二十八吊九百六十文。

十二月大建分，

一、木工计九名，每名月支工钱十三吊五百文，共钱一百二十一吊五百文，每名每天伙食钱一百八十文，共钱四十八吊六百文。以上共计木工工食钱一百七十吊零一百文。

一、小工计四十八名，每名月支工钱六吊文，共钱二百八十八吊文，每名每天伙食钱一百八十文，共钱二百五十九吊二百文。以上共计小工工食钱五百四十七吊二百文。

由三月初一日起至十二月底止，共计工钱三千七百九十五吊五百七十五文，共计伙食钱二千七百九十三吊三百三十文，共计需用工食计中钱六千五百八十八吊九百零五文。

动用杂项项下：

一、洋铁钉七十三斤，每斤价钱五百四十文，共钱三十九吊四百二十文。

一、铁钉子十五斤，每斤价钱六百文，共钱九吊文。

一、颜色共钱五十吊零零二十文。

一、秧草六千三百捆，每千捆价钱五吊五百文，共钱三十四吊六百五十文。

一、木板三千五百一十块，每块价钱一百五十文，共钱五百二十六吊五百文。

一、线麻三百零五斤，每斤价钱二百一十文，共钱六十四吊零五十文。

一、苏油一百五十斤，每斤价钱二百文，共钱三十吊文。

一、玻璃十块，每块价钱六百文，共钱六吊文。

以上共计需用中钱七百五十九吊六百四十文。

以上两项统共需用中钱七千三百四十八吊五百四十五文，以市价每两银易中钱三吊文，合银二千四百四十九两五钱一分五厘，合并声明。

珲春副都统为将十七年二月需用经费及现存银铅矿砂各数目册报的咨文
光绪十七年六月二十六日

钦命头品顶戴帮办吉林一切事宜镇守珲春地方副都统恩　为咨送事。案查委办珲春矿务委员五品顶戴候选县丞程光第申报：光绪十七年正月份，用过经费银两数目清册，业经咨明在案。兹据申称，自本年二月初一日起至三十日止，所有员司薪水、矿丁工食钱文以及购买油铁等项，共计需用经费银一千三百六十九两九钱九分九厘三毫，连前不敷银七百五十四两五钱九分三厘六毫，统计需银二千一百二十四两五钱九分二厘九毫。除由珲春支发处支领银一千两，又由矿银项下动用银九百零九两一钱二分外，不敷银二百一十五两四钱七分二厘九毫。其二月份出矿砂十一万斤，连前共存矿砂八十四万斤，用矿砂炼出银质三千一百三十六斤，清提银一千零四十六两四钱一分，连前存矿银二百一十一两八钱四分三厘，共计矿银一千二百五十八两二钱五分三厘。除工厂动用矿银九百零九两一钱二分外，应存矿银三百四十九两一钱三分三厘，合并声明。理合将需用经费银两暨现存银铅矿砂各数目，分析造具四柱清册二份，具文呈请宪台俯赐察核，恳请转咨备查，实为公便。等情到本帮办。据此，除将清册存留一份并批示外，相应咨送。为此合咨贵督办将军，请繁查照施行。须至咨者。

计咨送清册四本

右咨钦命头品顶戴督办吉林边务事宜镇守吉林等处地方将军兼理打牲乌拉拣选官员等事恩特赫恩巴图鲁长

呈造矿务局十七年二月动用经费银两各数目总册

试办珲春矿务委员五品顶戴候选县丞程光第，谨将卑局自光绪十七年二月份，所有员司薪水、矿丁工食以及购买油铁各项需用经费银两数目，理合造具四柱总册，呈请宪鉴查核施行。须至册者。

计开

旧管：

一、本年正月份共计不敷银七百五十四两五钱九分三厘六毫。

新收：

一、由珲春支发处支领经费银一千两。

一、由矿银项下动用银九百零九两一钱二分。

开除：

一、二月份招募矿丁共计需用经费银九百四十五两四钱。

一、二月份购买油铁等项共计需用经费银三百零二两五钱九分九厘三毫。

一、二月份局员司事人等支给薪工银一百二十二两。以上统共需用银一千三百六十九两九钱九分九厘三毫。

一、二月份统计不敷银二百一十五两四钱七分二厘九毫。

查二月份共计需用经费银一千三百六十九两九钱九分九厘三毫，连前不敷银七百五十四两五钱九分三厘六毫，统计需银二千一百二十四两五钱九分二厘九毫,除由珲春支发处领银一千两,又由矿银项下动用银九百零九两一钱二分外,不敷银二百一十五两四钱七分二厘九毫,合并声明。

呈造矿务局十七年二月支给员司人等薪工银两清册

试办珲春矿务委员五品顶戴候选县丞程光第,谨将卑局员司人等支给光绪十七年二月份薪水、工食银两数目,理合分析造具衔姓花名清册,呈请宪鉴查核施行。须至册者。

计开

一、试办委员一员,五品顶戴候选县丞程光第,月支薪水银三十二两。

一、提调工程委员一员,蓝翎尽先补用守备陈高华,月支薪水银十六两。

一、文案一员,五品顶戴增生吴廷桢,月支薪水银十两。

一、经管银质,五品顶戴蓝翎尽先把总余卜盛,月支薪水银六两。

一、书识二名、彭堋、孙芝龄,以上书识二名,每名月支工食银五两,共支银十两。

一、账房司事一名,刘德润,月支工食银五两。

一、采买油粮司事二名,逄玉莲、高殿元,以上采买司事二名,每名月支工食银五两,共支银十两。

一、收发油粮司事一名,满邦建,月支工食银四两。

一、监工司事五名,刘德元、丁景盛、单福堂、康松林、郭永顺,以上监工司事五名,每名月支工食银五两,共支银二十五两。

一、银炉工匠一名,苏慎忠,月支工食银四两。

以上共计十六员名,共支薪工银一百二十二两,合并陈明。

呈造矿务局十七年二月招募丁夫工食购买油铁价值清册

试办珲春矿务委员五品顶戴候选县丞程光第,谨将卑局自光绪十七年二月初一日起至三十日止,所有招募矿丁需用工食钱文以及购买油铁等项各价值数目,理合分析造具清册,呈请宪鉴查核施行。须至册者。

计开

一、招募矿丁项下:

一、把头十二名每名月支工钱十二吊文,共计工钱一百四十四吊文,每名每天伙食钱一百八十文,共计伙食钱六十四吊八百文。

一、头等矿丁五十五名,每名月支工钱十吊文,共计工钱五百五十吊文,每名每天伙食钱一百八十文,共计伙食钱二百九十七吊文。

一、二等矿丁五十八名，每名月支工钱八吊文，共计工钱四百六十四吊文，每名每天伙食钱一百八十文，共计伙食钱三百一十三吊二百文。

一、三等矿丁八十八名，每名月支工钱六吊文，共计工钱五百二十八吊文，每名每天伙食钱一百八十文，共计伙食钱四百七十五吊二百文。

以上共计矿丁二百一十三名，需用工钱一千六百八十六吊文，需用伙食钱一千一百五十吊零二百文，统共需用工食计中钱二千八百三十六吊二百文，按照市价，每两银易中钱三吊文，合银九百四十五两四钱。

一、动用杂项项下：

一、矿硐灯壶用苏油一千零五十斤，每斤价钱一百六十文，共钱一百六十八吊文。

一、矿硐灯壶用棉花二十斤，每斤价钱九百文，共钱十八吊文。

一、购买白炭二万九千八百五十一斤，每百斤价钱九百文，共钱二百六十八吊六百五十八文。

一、拉灰牛又三头，每头每月草料钱六吊，共钱十八吊文。

一、拉运工厂杂物车脚钱七十四吊六百六十文。

一、购买大宝罐八十六个，每个价钱三百九十文，共钱三十三吊五百四十文。

一、购买火硝五十五斤，每斤价钱二百一十文，共钱十一吊五百五十文。

一、购买硼砂十五斤，每斤价钱八百文，共钱十二吊文。

一、购买小银碗二百一十四个，每个价钱六十文，共钱十二吊八百四十文。

一、购买本钢八十四斤，每斤价钱九百文，共钱七十五吊六百文。

一、购买熟铁一千零五十斤，每斤价钱一百五十文，共钱一百五十七吊五百文。

一、购买簸箕七十一个，每个价钱四百五十文，共钱三十一吊九百五十文。

一、购买打水柳罐二十五个，每个价钱三百六十文，共钱九吊文。

一、购买马尾箕二十个，每个价钱六百文，共钱十二吊文。

一、购买竹筛子三个，每个价钱一吊五百文，共钱四吊五百文。

以上共用中钱九百零七吊七百九十八文，按照市价每两银易中钱三吊文，合银三百零二两五钱九分九厘三毫。

以上两项共计需用银一千二百四十七两九钱九分九厘三毫，委系实用实销，并无浮冒情弊，合并陈明。

呈造矿务局十七年二月所出银铅矿砂各数目清册

试办珲春矿务委员五品顶戴候选县丞程光第，谨将卑局自光绪十七年二月初一日起三十日止，所出矿砂以及银铅各数目，理合分析造具四柱清册，呈请宪鉴查核施行。须至册者。

计开

旧管：

一、存十六年八月份矿砂五万三千斤。

一、存十六年九月份矿砂十五万斤。

一、存十六年十月份矿砂十五万斤。

一、存十六年十一月份矿砂六十万斤。

一、存十六年十二月份矿砂十四万斤。

一、存本年正月份矿砂十三万斤。

一、存提净足银二百一十一两八钱四分三厘。

新收：

一、收本年二月份矿砂十一万斤。

一、收本年二月提净足银一千零四十六两四钱一分。

一、收十六年八月份矿砂炼出银质三千一百三十六斤。

开除：

一、除十六年八月份矿砂五万三千斤。

一、除十六年八月份矿砂炼银质三千一百三十六斤。

一、除工厂支用经费银九百零九两一钱二分。

实在：

一、存十六年九月份矿砂十五万斤。

一、存十六年十月份矿砂十五万斤。

一、存十六年十一月份矿砂十六万斤。

一、存十六年十二月份矿砂十四万斤。

一、存本年正月份矿砂十三万斤。

一、存本年二月份矿砂十一万斤。

一、存提净足银三百四十九两一钱三分三厘。

以上共存银三百四十九两一钱三分三厘，共存矿砂八十四万，合并陈明。

珲春副都统为郑以桢将炉座料物器具等件陆续运解到珲的咨文

光绪十七年十二月十七日

钦命头品顶戴帮办吉林一切事宜镇守珲春地方副都统恩 为咨复事。案查前准贵督办将军咨开，准北洋大臣李 咨开，据津海关道刘汝翼呈称，七月初三日据帮办吉林边务文案委员郑以桢禀称，窃卑职前奉札饬准驻津俄国领事官宝德林函称，珲春派员来津采买银矿所需之炉等件，接到南乌苏里界廓米萨尔玛秋宁电称，准由本国境内运赴珲春等语，转饬卑职遵照在案。所有卑职在津采买之化学器具，已派戈什赵德玉解赴珲春，禀请宪台给发护照，并请俄领事给照起程亦在案。至前项炉座物料器具以及犒军绍兴酒等物，天津无从购办，兹经卑职在上海分别定造购买，准于中历八月底率带工匠人等航海回珲。惟各件刻下尚未造齐，将来分装若干箱，共有若干件，碍难预定，已函请驻津俄国领事官知照上海总领事，俟卑职开单报到查照廓米萨尔来电填照给收，俾得行抵俄国验照放行。除俟俄领事函复到时另行禀报外，理合禀请转呈北洋大臣，查核分咨并饬江海关道，俟卑职开单禀报到日给予护照，并照会俄国驻沪总领事给发执照，以免阻隔等情。据此，除禀批示外，理合呈请查核转咨吉林将军、珲春副都统知照，并饬江海关道查照办理，实为公便。等情到本阁爵大臣。据此，除行江海关道查照办理外，相应咨明贵将军，请繁查照。等因到本督办将军。准此，相应咨行贵帮办，请繁查照施行。等因准此，查该委员郑以桢已于十月二十日带领工匠将炉座料物器具等件，陆续运解到珲，其犒军绍酒因船载不便，均未购带，除派员验收转运赴山外，兹准前因，相应咨复。为此合咨贵督办将军，请繁查照施行。须至咨者。

右咨钦命头品顶戴督办吉林边务事宜镇守吉林等处地方将军兼理打牲乌拉拣选官员等事恩特赫恩巴图鲁长

珲春副都统为郑委员将熔矿洋炉运抵到矿等事的咨文
光绪十八年正月十九日

钦命头品顶戴帮办吉林一切事宜镇守珲春地方副都统恩　为咨送事。案据边防文案处随同办事委员郑以桢禀称：窃于上年冬间，仰蒙宪台札委，赴津迎运佘道代购熔矿洋炉，并蒙咨明督办将军长　转咨北洋大臣李　檄饬津海关道放行，照会驻津俄国领事。等因奉此，卑职禀辞到津，所有筹访办理情形，先后电达驰禀在案。惟念卑职质本凡庸，于矿务机炉等事素未谙习。此次考证访办，悉赖前办热河银矿朱道其诏指示之力居多，而其间工匠之图利藏私，机厂之亏本偷减，尤属防不胜防，指难胜举。均经卑职随时察出申斥更造，以致前报八月杪起运未能如期，延至九月二十九日甫由沪附轮放洋。十月二十日换船运至磨口崴，会同禄县丞崧雇车陆续装载抵珲，谨开具机炉料物清单，禀请委员验收转运赴山。除将收支银两、招募工匠起支薪工数目日期另行造册呈送外，所有运到熔矿机炉料物数目，理合禀请大人察核，俯赐委员验收转运，实为德便等情。当经札饬矿务局验收在案。现据该员等呈复，自十一月十四日起，陆续接收运到机器等件，惟炉座太重，始于十二月十七日运抵工厂，遵即会同提调工程委员陈高华，并眼同洋炉司事李昌新、工匠孙双全等，按照原单名色数目，逐件点验清楚。其中稍有碰损之件，询据该匠人等金称，尚可自行修整使用，至化学器具不甚熟悉，碍难清查等语。卑职等拟俟化学委员王令钟祥到工时，再行会同查点呈报，以昭核实。昨据司事李昌新开单面称，尚有遗漏未买零件计二十四种，卑职等筹商再四，若禀请添购，往返耽搁时日，是以开具清单函商省城机器局，如能配造，自行备价，以期简便而省渎请。所有购办洋炉机器价值，以及招募工匠需用川资轮船运费等项银两，容俟郑委员到局分析造报，合并声明。遵将点收洋炉等件暨添配零物各数目，缮具清折二份，理合具文申请宪台俯赐察核，恳请转咨，实为公便。等情前来。除将郑委员并矿务局清折各留一份备案外，其余二份相应备文，一并咨送。为此合咨贵督办将军，请繁查照备案施行。须至咨者。计咨送清折二份。

右咨吉林将军长

试办珲春矿务委员五品顶戴候选县丞程光第
会办珲春矿务委员委员蓝翎江苏试用县丞禄崧谨将卑局查遗漏未买洋炉配用零件，已函请机器局配造名色数目，理合缮具清折，呈请宪鉴查核施行。须至折者。

计开

一、寸五对径白棕绳壹桶。

一、三湾地葫芦全套。

一、二分平头毛丁，长三分四分合六磅。

一、头号八角钢十条，径大一寸。

一、六角钢十条，径大六分。

一、八角钢三条，径大二寸，每根一丈五尺。

一、长柄方头煤锹十把。

一、二寸管子凡而三个。

一、二寸管子体六个。

一、六分大厚铁管子十条。

一、半寸六分、一寸寸半大小黄铜条四根。

一、柏油二百斤。

一、黑松煤一吨。

一、五分螺丝公母钢板一副。

一、紫钢丝布五尺一寸十六眼。

一、又三尺一寸八眼。

一、二寸管子钳二管。

一、研粉管子夹刀一把又柄子三个。

一、象皮纸叁块，一分厚一块，半分厚二块。

一、棉纱绳二十五磅。

一、一寸阔灯带二盘。

一、钉白铁瓦螺丝三寸长，计二千五百个。

一、白铁螺丝盖子二千五百个。

一、罗磨铁圆，一寸大四条，一寸半大二条，二寸大二条，共八条。以上配造零件共计二十四宗，合并声明。

珲春副都统为造报接运洋炉化学物料等费用的咨文
光绪十八年二月初五日

钦命头品顶戴帮办吉林一切事宜镇守珲春地方副都统恩　为咨送事。本年正月二十九日据珲春天宝山矿务局申称：窃卑局上年十月中旬在摩阔崴接运洋炉机器等件至天宝山工厂，计程四百九十余里，所雇车辆炮车爬犁挨次挽运，共需用银一千零七十两零八钱八分三厘，其员司伕人等以及卑局车马草料往返川资等项，共需用银三百零六两四钱三分三厘。两项共用运脚川资，计银一千三百七十七两三钱一分六厘。又由海参崴至摩阔崴载运洋炉机器等件轮船价银二百两。又南来机器司匠人等十八名，雇车至天宝山工厂车脚川资，需用银六十七两六钱七分一厘，并前由摩阔崴运化学器具至天宝山工厂车脚共用银六十两。又海参崴购买火砖四百五十块、洋石灰一桶，价值车船运费共用银一百零八两三钱二分四厘。以上统共用银一千八百十三两三钱一分一厘。理合分析造具细数清册二份，具文申请宪台查核俯赐转咨，为此具呈伏乞照验施行等情到本帮办。据此，除将清册存留一份备案外，其余一份相应备文咨送。为此合咨贵督办将军，请繁查照备案施行。须至咨者。

右咨钦命头品顶戴督办吉林边务事宜镇守吉林等处地方将军兼理打牲乌拉拣选官员等事恩特赫恩巴图鲁长

珲春副都统为矿务局呈送十七年九月需用经费及现存矿砂数目的咨文
光绪十八年二月初五日

钦命头品顶戴帮办吉林一切事宜镇守珲春地方副都统恩　为咨送事。案查委办珲春矿务委员五品顶戴候选县丞程光第等申报，光绪十七年八月份用过经费银两数目清册，业经咨明在案。兹据申称，自去岁九月初一日起至三十日止，所有员司薪水、矿丁工食钱文，以及购买油炭等项，共计需用经费银一千九百八十六两二钱三分零三毫，除由矿银项下动用银二千一百五十五两二钱一分六厘，又八月份存经费银三百四十七两五钱零八厘三毫统计支销外，下存经费银五百一十六两四钱九分四厘。其十七年九月份，共出矿砂十七万斤，连前共存矿砂一百零一万三千六百斤，共用矿砂炼出银质一万一千五百三十八斤，清提银二千三百一十八两五钱，连前共存矿银四千三百六十六两零二分。工厂动用银二千一百五十五两二钱一分六厘，下存矿银二千二百一十两零八钱零五厘，共存矿砂炼出银质一千四百零三斤，合并陈明。理合将需用经费银两，暨现存银铅矿砂各数目，分析造具四柱清册二份，具文呈请宪台俯赐察核，恳请转咨备查，实为公便。等情到本帮办。据此，除将清册存留一份并批示外，相应咨送。为此合咨贵都督办将军，请繁查照施行。须至咨者。

计咨送清册四本

右咨吉林将军长

试办珲春矿务委员五品顶戴候选县丞程光第
会办珲春矿务委员蓝翎江苏试用县丞禄嵩谨将卑局自光绪十七年九月份，所有员司薪水、矿丁工食以及购买油铁等项需用经费银两，理合造具四柱总册，呈请宪鉴查核施行。须至册者。

计开

旧管：

一、八月份统计净存银三百四十七两五钱零八厘三毫。

新收：

一、九月份动用矿银二千一百五十五两二钱一分六厘。

开除：

一、除九月份招募矿丁共计需用经费银一千二百九十三两九钱三分三厘三毫。

一、除九月份购买油铁等项共计需用经费银四百七十八两九钱六分四厘。

一、除九月份局员司事人等支用薪工银二百一十三两三钱三分三厘

以上三项共需经费银一千九百八十六两二钱三分零三毫。

实在：

一、九月份统计净存银五百一十六两四钱九分四厘。

查九月份共用经费银一千九百八十六两二钱三分零三毫，除由矿银项下动用银二千一百五十五两二钱一分六厘，又连八月份存经费银三百四十七两

五钱零八厘三毫，统计净存银五百一十六两四钱九分四厘，合并陈明。

试办珲春矿务委员五品顶戴候选县丞程光第
会办珲春矿务委员蓝翎江苏试用县丞祿嵩谨将卑局自光绪十七年九月初一日起至三十日止，所出矿砂以及银铅各数目，理合分析造具四柱清册，呈请宪鉴查核施行。须至册者。

计开

旧管：

一、存十六年十一月份矿砂二万二千四百斤。

一、存十六年十二月份矿砂十四万斤。

一、存十七年正月份矿砂十四万斤。

一、存十七年二月份矿砂十一万斤。

一、存十七年三月份矿砂九万斤。

一、存十七年四月份矿砂十万斤。

一、存十七年五月份矿砂七万斤。

一、存十七年六月份矿砂八万斤。

一、存十七年七月份矿砂十万斤。

一、存十七年八月份矿砂十二万五千二百斤。

一、存十六年十一月份矿砂炼出银质三千一百四十一斤。

一、存提净足银二千零四十七两五钱二分一厘。

新收：

一、收十六年九月份矿砂十七万斤。

一、收十六年十一、十二月份矿砂炼出银质九千八百斤。

一、收十七年九月份提净足银二千三百一十八两五钱。

开除：

一、除炼用十六年十一月份矿砂二万二千四百斤。

一、除炼用十六年十二月份矿砂十万零一千六百斤。

一、除提用十六年十一月份矿砂炼出银质三千一百四十一斤。

一、除提用十六年十二月份矿砂炼出银质八千三百九十七斤。

一、除工厂支用银二千一百五十五两二钱一分六厘。

实在：

一、存十六年十二月份矿砂三万八千四百斤。

一、存十七年正月份矿砂十三万斤。

一、存十七年二月份矿砂十一万斤。

一、存十七年三月份矿砂九万斤。

一、存十七年四月份矿砂十万斤。

一、存十七年五月份矿砂七万斤。

一、存十七年六月份矿砂八万斤。

一、存十七年七月份矿砂十万斤。

一、存十七年八月份矿砂十二万五千二百斤。

一、存十七年九月份矿砂十七万斤。

一、存十六年十二月份矿砂炼出银质一千四百零三斤。

一、存提净足银二千二百一十两零八钱零五厘。

以上共计存银二千二百一十两零八钱零五厘，共存矿砂一百零一万三千六百斤，共存矿砂炼出银质一千四百零三斤，合并陈明。

试办珲春矿务委员五品顶戴候选县丞程光第
会办珲春矿务委员蓝翎江苏试用县丞禄嵩 谨将卑局员司人等应支光绪十七年九月份薪水工食银两数目，理合分析造具衔姓花名清册，呈请宪鉴察核施行。须至册者。

计开

一、试办委员一员，五品顶戴候选县丞程光第，月支薪水银三十二两。

一、会办委员一员，蓝翎江苏试用县丞禄嵩，月支薪水银三十两。

一、提调工程委员一员，蓝翎尽先补用守备陈高华，月支薪水银二十两。

一、监炉委员一员，同知衔分省补用知县吴贺桂，月支薪水银二十两。

一、文案一员，五品顶戴增生吴廷桢，月支薪水银十两。

一、稽核账目监平一员，六品衔本班尽先选用巡检李绍和，月支薪水银十两。

一、稽查差弁一名，六品蓝翎尽先补用把总刘德元，月支薪水银八两。

一、文案书识一名，彭塍，月支薪水银六两。

一、账房司事三名：刘德润、杨嘉善、孙荣春。以上账房司事三名，每名月支工食银五两，共支银十五两。

一、采买油粮等项司事二名，高殿元、丁德胜。以上采买等项司事二名，每名月支工食银五两，共计银十两。

一、收发油粮等项司事二名，郭永顺、满邦建。以上收发等项司事二名，每名月支工食银五两，共计银十两。

一、监工司事四名，康松林、丁景盛、单福堂、江顺福。以上监工司事四名，每名月支工食银五两，共计银二十两。

一、帮同监工司事六名，陈国恩、杨凤来、徐先珍、王相章、侯德和、李德贵。以上帮同监工司事六名，每名月支工食钱，共计钱六十吊，按照市价每两银易中钱三吊，合银二十两。

一、铸宝银匠二名，苏慎忠、马清。以上铸宝匠二名，每名月支工食银五两，共计银十两。

以上共计员司二十五员名，共支薪工银二百二十两，合并陈明。

试办珲春矿务委员五品顶戴候选县丞程光第
会办珲春矿务委员蓝翎江苏试用县丞禄嵩 谨将卑局自光绪十七年九月初一日起至三十日止，所有招募矿丁需用工食钱文，以及购买油铁等项各价值数目，理合分析造具四柱清册，呈请宪鉴查核施行。须至册者。

计开

一、招募矿丁项下：

一、把头十二名，每名月支工钱十二吊文，共计工钱一百四十四吊文，每名每天伙食一百八十文，共计伙食钱六十四吊八百文。

一、头等矿丁六十五名，每名月支工钱十吊文，共计工钱六百五十吊文，每名每天伙食钱一百八十文，共计伙食钱三百五十一吊文。

一、二等矿丁八十二名，每名月支工钱八吊文，共计工钱六百五十六吊文，每名每天伙食钱一百八十文，共计伙食钱四百四十二吊八百文。

一、三等矿丁一百三十八名，每名月支钱六吊文，共计工钱八百二十八吊文，每名每天伙食钱一百八十文，共计伙食钱七百四十五吊二百文。

以上共计矿丁二百九十七名，需用工钱二千二百七十八吊文，需用伙食钱一千六百零三吊八百文，统共需用工食钱三千八百八十一吊八百文，按照市价每两银易中钱三吊文，合银一千二百九十三两九钱三分三厘三毫。

一、动用杂项项下：

一、购买矿硐灯壶用苏油一千五百三十四斤，每斤价钱一百三十五文，共计钱二百零七吊零九十文。

一、购买矿硐灯壶用棉花二十五斤，每斤价钱七百五十文，共计钱十八吊七百五十文。

一、购买白炭六万四千零八十六斤，每百斤价钱九百文，共计钱五百七十六吊七百七十四文。

一、购买白炭五万四千零三十八斤，每百斤价钱一吊文，共计钱五百四十吊零三百八十文。

一、做矿硐用锡灯壶手工钱四吊五百文。

一、拉运工厂工器等项车脚，共钱八十九吊四百文。

以上购买油炭等项，共计需用经费钱一千四百三十六吊八百九十四文，按照市价每两银易中钱三吊文，合银四百七十八两九钱六分四厘。以上二项共计需用经费银一千七百七十二两八钱九分七厘三毫，委系实用实销，并无浮冒情弊，合并陈明。

珲春副都统为矿务委员禀陈改造炉式熔砂各情的咨文
光绪十八年二月二十九日

钦命头品顶戴帮办吉林一切事宜镇守珲春地方副都统恩　为咨商事。本年二月二十三日据矿务委员程光第、禄嵩、郑以桢等禀称：窃维庶事之兴，慎始必先图终，经久之道善作尤赖善谋。珲矿开办伊始，质美苗旺，考之记载，名曰铜铅质。卑职以桢前蒙委赴津沪考访，购造洋炉，砂质之良，中外交称。比旋珲防，复蒙饬令来山督安洋炉，总散铁烟筒，业已拼钉完竣。现在催运砖料，赶砌炉底，招雇木匠，建修炉房楼舍，约计三月内可以一律毕事。至所需煤焦，亦经卑职等踩窑开凿，诚恐缓不济急，拟电购唐山焦应用，俟煤焦到厂，届时即可配料熔炼。而土法化砂，虽热河机器全备，亦不容偏废。查卑厂土法熔砂，露处设炉，逢雨辄辍，似应搭盖白铁瓦顶，以蔽风雨，免停工虚糜之耗。计加添化砂炉三十二座，应需白铁瓦一千二百张，计重约一万二千斤，合银六百余两，运厂安齐，所费不过千金，而停炉数日，则少入多费，即不止倍蓰矣。卑职以桢又考此砂证之记载，每砂百两，应用钠氯二两，即食盐也。因思在津与化学委员承直牧霖考访熔炼之法，该员曾有盐水提银之论，盖以铜银夹杂，银为铜裹，盐足克铜，银借以出，故也。于是令熔砂司事，每砂百斤配盐一斤，炼出之银铅质，即卑厂呼为大铁者。从前，每斤出银三钱或不及三钱，自配用食盐以来，加至五钱余，递加至六七钱不等，是此砂宜用食盐已有明效。而盐卤化出砂中各质气味冲人，嗽不可止，亦应变通炉式，俾便工作，而防疾病。查卑厂炉式，泰西谓之冲天炉，兹经卑职以桢绘具图样，令机匠制造加烟筒小铁炉一座，先行试用，如果合宜再绘图。请交机器局用二分厚之熟铁板分次制造炉板三十二副，烟筒六十四节，钻眼备钉，运厂装钉，再用火砖火泥垒砌炉心，以期经久。卑厂各机匠非不能制此炉，因矿厂无窝铁钻眼机器故也。共需工料价银几何，由卑局移交机器局归款，免致缪辀。现时此项土炉概用木风箱，全借人力，计日烧炉八座，需人三十二名，每月饭食，工资需钱四百八十吊，以年计之，需银一千九百余两。不特风力嫌微，亦觉糜费。又爆砂炉以木柴烘烧三次，需时二十一日，方能入炉熔成银铅质，未免迟缓。卑职以桢拟将各炉一体改用自来风，其法从地安设风管，用机器皮带拖带风车，庶熔砂炉既省小工之费，爆砂炉亦得吹风之力，视听其自然者，迟速之功大有悬殊，再俟煤焦炼成，足供应用。而后将爆砂炉一体改烧焦炭，以现时爆砂炉一炉二十一日之久，即须木柴二十车之多，设日久斫伐，道里既远，其费自巨，持筹握算，不可不为久长计也。各炉俱备之后，除火泥、水泥非由沪购买不行外，余以火砖为大宗，若按年赴沪置买，则砖质笨重，为数亦巨，水陆运费实亦不赀。查南冈地方产有乾子土，以之烧制火砖，甚属相宜。现在热河开平均系自行制造，天宝山似可招匠仿照办理，非止省费且免缺乏之虞，但卑厂购到汽锅之力足以兼带拟添之风车，而风箱机器为水衣、清银两炉占用外，再无余力兼雇他炉。窃闻机器局尚有闲置机器，若不急于待用，可否匀给卑局，措交原价运费之处，出自宪裁。除俟将熔砂炉制竣试用合宜再行绘图禀报外，所有卑职等筹办缘由，是否有当，理合禀请察核。俯赐咨商督办将军核饬祗遵。等情到本帮办。据此，详核陈请各节均与矿务大有裨益，该员等如果慎始图终，会同悉心筹谋，何患不大臻成效，利益边饷。除批示外，相应咨商。为此合咨贵督办将军，请繁查照酌核见复，以凭饬遵施行。须至咨者。

右咨吉林将军长

珲春副都统为额穆索地方银矿派人开采请出示晓谕的咨文
光绪十八年二月二十九日

钦命头品顶戴帮办吉林一切事宜镇守珲春地方副都统恩　为咨复事。案查前准贵将军衙门咨开，户司案呈，兹据额穆赫索罗佐领惠福等禀称：窃职等前因北路逆匪吃紧，遵奉翼长札饬，即将所管界内不时出派巡缉，以安地面为要等谕。奉此，刻饬练队员弁轮替严搜去后。兹据佐领衔即补防御云骑尉委参领全有禀称：窃以奉派搜山，遵即往赴所管汛内及山边等处遍搜，并无贼窜之信。仅有在额穆索偏东北距街二十五里之地，见有四人在彼偷挖银矿，即询该夫等，内有把头王刚，据伊声称，已由天宝山银局高委员派往采线开矿。等情禀请核夺前来。据此，查该处矿厂相距额街最近，倘后招众人夫甚众，未免奸徒混迹其所，假充工人，一时无营运，将来潜于村屯，势必良莠难分，恐其乘隙聚伙骚扰。派队往捕，必窜入北面深山大岭，逃奔兰陵一带藏匿，而贼匪且将山路日后亦必熟通出窜无时，职等防无穷之患，且兼本处系属孤悬一隅紧要之区，地面辽阔，加以差繁兵单，更难周顾。近因出放民荒以来，所有采捕贡物山猪、松塔子等项，全赖北山产出，如果开成矿务，必然砍伐山场，树木渐次稀少，亦与嗣后采捕山猪、松塔子为艰。窃职等再四思维，是以不敢隐讳，合并具禀陈明，仰恳宪鉴，垂念地方紧要，兵单及采捕艰难，可否禁止抑或准其开矿，等情奉批，天宝山银矿系属奏准开采，何得阻挠。惟王刚在该处采线有无假冒情事，仰户司移查明确付夺。等谕发交到司，奉此，查天宝山银矿系归边务经办，所禀情形亟应咨查方可呈复，相应呈请咨行。为此合咨帮办大人，请繁查照，饬查见复。等因准此，当经札饬该局在案。兹据呈复遵查，上年秋间，据把头王刚等来局报称，伊等在塔尔站、额穆赫索罗等处踩有银线数处，不敢私开，请派勘查，等情。当经卑职领令司事高殿元同该民人等前往查勘去后。嗣据高殿元回局禀称，遵往塔尔站查勘银线一处，凿取辨认，不堪开办。惟额穆赫索罗东北沟山中一处，砂苗充实，与天宝山初开之砂形势相同，将砂样呈验前来。卑职验视砂形，与该司事所禀相符。旋据民人高全德等来局报称，如准开办，情甘自备资斧，先行招集矿丁二十名，暂为试凿，俟得碚砂，再拟具章程禀请示遵，等语。伏查卑职踩苗开矿，业蒙奏奉谕旨，部议复准在案。卑职前禀分任局务，曾经声明访苗踩线，躬亲奔走，亦蒙允准。兹奉前因，卑职犹恐该处与贡山有碍，面加究诘，据称贡山在该处之西沟，相去有四十余里之远，矿山附近有居民杨姓在彼务农、实与贡山相距遥远。如蒙准开，烧炭造屋需用木植，请饬出示免税等语。证之高殿元语亦无异。当此广兴矿政，大开利源之际，既据呈请自备资本开办，自应准如所请，先行试开，仍派卑局司事五品顶戴高殿元前往，妥为弹压照料。应请宪台咨请督办将军札饬敦化县并该佐领一体出示晓谕，以免阻挠。除由卑局先行分别移知，并由卑局出示谕饬该民人等遵照外，理合具文申请宪台查核俯赐转咨。再，踩线勘苗禀奉归卑职分任，是以禄县丞未经列衔，合并陈明。为此备由具申，伏乞照验施行。等情据此，除批示外，相应咨复。为此合咨贵督办将军，请繁查照，希即分饬并出示晓谕。实为公便施行。须至咨者。

右咨钦命头品顶戴督办吉林边务事宜镇守吉林等处地方将军兼理打牲乌拉拣选官员等事恩特赫恩巴图鲁长

吉林将军衙门为矿务委员安设洋炉应用机器可否匀给的咨文
光绪十八年三月十二日

为咨复事。案准贵帮办咨开，除原文省繁不叙外，矿务委员程光第等所禀，安设洋炉、总散铁烟筒、运料、赶砌炉底、招匠建修炉房、化砂炉、自来风乾子、土火砖机器等因，咨商前来。查该局员等禀陈筹办各节，诚如来咨，如果该员等慎始图终，何患不大臻成效。除饬机器局查明有无闲置机器可否匀给外，相应咨复。为此合咨贵帮办，请繁查照施行。须至咨者。

右咨钦命头品顶戴帮办吉林边务事宜珲春副都统恩

吉林将军衙门为矿务局采勘额穆赫索罗东北沟产有银线甚旺的咨文
光绪十八年三月十二日

为咨复事。案准贵帮办咨复，以矿务局呈复，据把头王刚报称，塔尔站额穆赫索罗等处采有银线数处，当派司事高殿元采勘，额穆赫索罗东北沟山中，砂苗充实，与贡山相距遥远等因。查此案已据矿务委员程光第申称，事同前因。除批，据申已悉，候即分别饬知，此缴。挂发并分饬遵照办理外，相应咨复。为此合咨贵帮办，请繁查照施行。须至咨者。

右咨钦命头品顶戴帮办吉林边务事宜珲春副都统恩

珲春副都统为报送矿务局十八年二月需用经费及所存矿砂数目的咨文

光绪十八年闰六月十五日

钦命头品顶戴帮办吉林一切事宜镇守珲春地方副都统恩　为咨送事。本年闰六月十一日据试办珲春天宝山矿务委员五品顶戴候选县丞程光第、会办珲春矿务委员蓝翎江苏试用县丞禄嵩申称：窃查卑局光绪十八年正月份所有动用经费银两数目，业已造册报销在案。兹将自二月初一日起至二十九日止，所有员司人等薪水矿丁工食，以及购买油炭杂款等项，统计需用经费银二千零九十两零三钱四分五厘三毫。除由矿银项下拨收银六千三百九十三两三钱，又本年正月份实在项下，应存经费银四千五百四十四两四钱零九厘内如数支销外，下存经费银八千八百四十七两三钱六分三厘七毫。其洋炉各项工程物料动用银两各数目，容俟工竣一律造报，合并声明。理合将需用经费银两暨现存银铅矿砂数目，分析造具四柱清册四份，具文呈请宪台俯赐查核，恳请转咨备查，实为公便。等情到本帮办。据此，除将清册存留一份并批示外，相应咨送。为此合咨贵督办将军，请繁查照施行。须至咨者。

计咨送清册四本

右咨钦命头品顶戴督办吉林边务事宜镇守吉林等处地方将军兼理打牲乌拉拣选官员等事恩特赫恩巴图鲁长

试办吉林珲春天宝山矿务委员五品顶戴候选县丞程光第
会办吉林珲春天宝山矿务委员蓝翎江苏试用县丞禄嵩　谨将卑局自光绪十八年二月初一日起小建分所出矿砂，以及银铅各数目，理合分析造具四柱清册，呈请宪鉴查核施行。须至册者。

计开

旧管：

一、矿砂一百二十九万二千六百斤。

一、银质七十角。

新收：

一、共出矿砂三十一万二千斤。

一、共炼银质一万零五百六十四斤。

一、共提矿银六千三百九十三两三钱。

开除：

一、炼用矿砂十六万六千三百斤。

一、清银用银质一万零四百二十六斤。

一、提归工厂经费银六千三百九十三两三钱。

实在：

一、矿砂一百四十三万八千三百斤。

一、银质二百零八斤。

试办吉林珲春天宝山矿务委员五品顶戴候选县丞程光第
会办吉林珲春天宝山矿务委员蓝翎江苏试用县丞禄嵩谨将卑局自光绪十八年二月份所有员司薪水、矿丁工食以及购买油炭、牲畜、杂款等项需用经费银两各数目，理合造具简明四柱总册，呈请宪鉴查核施行，须至册者。

计开

旧管：

一、本年正月底计存经费银四千五百四十四两四钱零九厘。

新收：

一、由矿银项下拨收银六千三百九十三两三钱。

开除：

一、局员司事人等共计需用薪工银二百二十二两。

一、矿丁项下，共计需用工食银一千零二十七两五钱零二厘三毫。

一、油炭项下，共计需用银五百七十七两一钱一分五厘三毫。

一、杂款项下，共计需用银一百三十七两七钱二分七厘七毫。

一、牲畜项下，共计需用银一百二十六两。

以上五项共用经费银二千零九十两零三钱四分五厘三毫。

实在：

一、应存经费银八千八百四十七两三钱六分三厘七毫。

试办吉林珲春天宝山矿务委员五品顶戴候选县丞程光第
会办吉林珲春天宝山矿务委员蓝翎江苏试用县丞禄嵩谨将卑局自光绪十八年二月初一日起小建分所有矿丁需用工食钱文，以及购买油铁、工器、柴炭、杂款等项各价值数目，理合分析造具清册，呈请宪鉴查核施行。须至册者。

计开

矿丁项下：

一、把头十六名，每名月支工钱十二吊，共合工钱一百八十五吊六百文。每名每天伙食钱一百八十文，共计伙食钱八十三吊五百二十文。

一、头等矿丁七十五名，每名月支工钱十吊，共合工钱七百二十五吊文，每名每天伙食钱一百八十文。共计伙食钱三百九十一吊五百文。

一、二等矿丁七十四名，每名月支工钱八吊，共合工钱五百七十二吊二百六十七文，每名每天伙食钱一百八十文，共计伙食钱三百八十六吊二百八十文。

一、三等矿丁六十七名，每名月支工钱六吊，共合工钱三百八十八吊六百文，每名每天伙食钱一百八十文，共计伙食钱三百四十九吊七百四十文。

以上共计矿丁二百三十二名，需用工钱一千八百七十一吊四百六十七文，需用伙食钱一千二百十一吊零四十文，统共需用工食钱三千零八十二吊五百零七文，按照市价每两银易中钱三吊文，合银一千零二十七两五钱零二厘三毫。

油炭项下：

一、买白炭九万八千一百四十六斤，每百斤价钱一吊一百文，共钱一千零七十九吊六百零六文。

一、买烧砂劈柴五千块，每百块价钱四吊文，共钱二百吊文。

一、买苏油一千四百一十六斤，每百斤价钱十四吊文，共钱一百九十八吊二百四十文。

一、买柴灰二万八千斤，每百斤价钱二吊五百文，共钱七十吊文。

一、买棉花五十八斤，每斤价钱七百五十文，共钱四十三吊五百文。

一、买食盐二千斤，每百斤价钱七吊文，共钱一百四十吊文。

以上共计需用钱一千七百三十一吊三百四十六文，按照市价每两银易中钱三吊文，合银五百七十七两一钱一分五厘三毫。

杂款项下：

一、程委员因公赴珲川资钱三十吊文。

一、拉煤车脚钱共七十七吊零二十五文。

一、拉铅车脚钱共六十七吊零二十文。

一、拉食盐车脚钱共七十七吊九百八十一文。

一、拉货车脚钱共一百六十一吊一百五十七文。

以上共计需用钱四百一十三吊一百八十三文，按照市价每两银易中钱三吊文，合银一百三十七两七钱二分七厘七毫。

牲畜项下：

一、喂养牛十五头，每头每月草料钱六吊文，共钱九十吊文。

一、喂养马三十二匹，每匹每月草料钱九吊文，共钱二百八十八吊文。

以上共计需用钱三百七十八吊文，按照市价每两银易中钱三吊文，合银一百二十六两。以上统计需用经费银一千八百六十八两三钱四分五厘三毫，委系实用实销，并无浮冒情，合并陈明。

试办吉林珲春天宝山矿务委员五品顶戴候选县丞程光第 谨将卑局员司人等应支光绪十八年二月份薪
会办吉林珲春天宝山矿务委员蓝翎江苏试用县丞禄嵩
公银两数目，理合分析造具衔姓花名清册，呈请宪鉴查核施行。须至册者。

计开

一、试办委员一员，五品顶戴候选县丞程光第，月支薪水银三十二两。

一、会办委员一员，蓝翎五品衔江苏试用县丞禄嵩，月支薪水银三十两。

一、提调工程委员一员，蓝翎尽先补用守备陈高华，月支薪水银二十两。

一、文案一员，五品顶戴增生吴廷桢，月支薪水银十两。

一、稽核监平司事一名，六品衔候选巡检李绍和，月支薪水银十两。

一、管理总帐司事一名，张廷卿，月支薪水银十两。

一、稽查差弁一名，六品衔蓝翎尽先补用把总刘德元，月支薪水银八两。

一、文案书识二名，张蔚卿，月支工食银六两；陈建堂，月支工食银六两。

一、帐房司事二名，季荣棠，月支工食银六两；孙荣椿，月支工食银六两。

一、官医一名，陈楷书，月支工食银五两。

一、采办油粮司事二名，高殿元，月支工食银六两；丁得胜，月支工食银六两。

一、收发油粮工器司事四名，郭永顺，月支工食银六两；满邦建，月支工食银五两；陈国恩，月支工食银五两；曹光照，月支工食银四两。

一、监工司事六名，康松林，月支工食银六两；丁景盛，月支工食银五两；单福堂，月支工食银五两。杨凤来，月支工食银五两；侯德和，月支工食银五两；李德贵，月支工食银五两。

一、铸宝银匠二名，苏慎忠，月支工食银五两；马清，月支工食银五两。

以上共计员司二十五员名，共支薪工银二百二十二两，合并陈明。

珲春副都统为矿务局册报十八年七月需用经费及现存银铅矿砂的咨文
光绪十八年九月十二日

钦命头品顶戴帮办吉林一切事宜镇守珲春地方副都统恩　为咨送事。本年九月初七日，据试办珲春天宝山矿务委员五品顶戴候选县丞程光第、会办珲春天宝山矿务委员蓝翎江苏试用县丞禄嵩申称：窃查卑局光绪十八年闰六月份动用过经费银两数目，业已造册报销在案。兹将自七月初一日起至月底止，员司人等薪水、矿丁工食，以及购买油炭、工器、杂款等项，统计需用经费银四千五百八十两零七钱七分二厘三毫。除由本月份矿银项下拨收银七千七百零七两七钱，又本年闰六月份实在项下七千六百零八两六钱三分零八毫如数支销外，实在项下应存经费银一万零七百三十五两五钱五分八厘五毫外，解存珲库银六千两，合并声明。理合将需用经费银两暨现存银铅矿砂各数目分析造具四柱清册，备文呈请宪台俯赐查核批示，并恳转咨备案，实为公便。等因到本帮办。据此，除将清册存留一份并批示外，相应备文咨送。为此合咨贵督办将军，请繁查照备案施行。须至咨者。

右咨吉林将军长

试办吉林珲春矿务委员五品顶戴候选县丞程光第
会办吉林珲春矿务委员蓝翎江苏试用县丞禄嵩，谨将卑局自光绪十八年七月份所出矿砂以及银铅各数目，理合造具四柱清册，呈请宪鉴查核施行。须至册者。

计开

旧管：

一、矿砂一百二十六万九千七百八十斤。

一、银质五千二百六十二斤。

新收：

一、共出矿砂二十一万八千零七十斤。

一、共炼银质三万三千六百零一斤。

一、共提矿银七千七百零七两七钱。

开除：

一、炼用矿砂三十九万三千八百斤。

一、提银用银质三万七千八百五十斤。

一、提归工厂经费项下银七千七百零七两七钱。

实在：

一、矿砂一百零九万四千零五十斤。

一、银质一千零十三斤。

珲春副都统为吴贺桂禀请试办珲春七道沟银矿的咨文

光绪十八年九月二十四日

钦命头品顶戴帮办吉林一切事宜镇守珲春地方副都统恩　为咨明事。本年九月十八日，边防行营营务处差遣委员吴令贺桂禀称：窃卑职获依仁宇，素荷裁成，自维庸愚，材识简陋，惭无报效之能，时怀素餐之愧意。昔曾奉宪谕，以叠奉上谕：各省如有五金矿冶，妥为开办，以兴地利而益饷源。等因钦遵在案。查珲春一带金银铜铁铅锡各矿随处皆有，而识之甚难，是以禀请开办者甚属寥寥。仅有县丞程光第禀请创开天宝山银矿，卓有成效。其后虽欲推广其事，竟不闻有人请办。前经卑职禀请试办铁矿，未见成效，以致中辍，究竟短于学术而欠详慎，至今抱歉。卑职于开办铁矿时，无日不留心物色出矿之地，访求各矿线苗。草闻七道沟出有银矿线苗，俟铁矿停办之后，亲往该处周历履勘，四面数十里实有矿线多处。该处先有偷挖矿洞三处，嗣又访募明白矿师，夏往如前周历，由旧洞取出矿砂详看。据矿师云，矿砂虽好，旧洞未得正苗。复相山形地势，由西北挖开一洞，取出之砂，胜旧洞之砂数倍。虽不敢云胜过天宝山银砂，总可相等，且线苗宽长。地宝既已出献，弃之可惜。拟请试办三个月，修炉铸炼，用砂若干，出银若干，如果除工本之外有盈无绌，再行禀请开办。第卑职办铁未着成效，此次银矿虽实系可办之事，不独宪台未能深信，及卑职亦不敢自信，拟请札派妥员查勘。如果属实，务乞允准开办，上可以益课饷，下可以广民生，卑职亦得借伸报效之忱，更可以补办铁无效之愆。是否有当，伏候钧裁示遵，实为公便。等情到本帮办。据此，查开采五金原为助饷起见，天宝山试办将近三载，虽有成效，尚未丝毫归公，万难再及他处。况接督办来函，黎商采勘珲矿，周道求办姓矿，均经拒而未准。王令昌炽禀请试挖金矿，亦应驳斥，等因。该员另禀，虽称与田令会商意见相同，究与督办将军函开各节未合，所请试办三月，应勿庸议。除批示外，相应咨明。为此合咨贵督办将军，请繁查照施行。须至咨者。

右咨钦命头品顶戴帮办吉林边务事宜镇守吉林等处地方将军兼理打牲乌拉拣选官员等事恩特赫恩巴图鲁长

吉林将军衙门为矿务局试办期满散放股利的咨文

光绪十八年十一月二十九日

为咨还事。本年十一月二十七日准贵帮办咨开，案据珲春天宝山矿务局禀称，现届试办期满，截至年终，约可赢余银三万之谱，拟提一半充饷酬劳，一半散放股利，并请出示等情前来。除一面刊发晓谕暨批示外，兹备具双衔会稿二份，相应备文咨会。为此合咨贵督办将军，请繁查照书行盖印留存一份，其一份仍望咨还备案施行。等因到本督办将军。准此，当将咨来双衔会稿二份，书行盖印存留一份，其一份相应备文咨还。为此合咨贵帮办，请繁查照施行。须至咨者。

右咨钦命头品顶戴帮办吉林边务事宜珲春副都统恩

珲春副都统为请将天宝山矿散放股利盘费银两造销的咨文

光绪十九年三月初三日

钦命头品顶戴帮办吉林一切事宜镇守珲春地方副都统恩 为咨明事。案据天宝山矿务局试办委员程倅光第、会办委员禄县丞嵩呈称：案查卑局前因试办期满，矿务已有成效，曾经禀准于矿余项下提银一万五千两，由卑职嵩亲赴吉珲两处开放商股，俾沾利益。嗣于光绪十八年十一月间，将珲春股利散毕随即启程至省，禀蒙督办宪批准派员会同照章散放。迨至本年正月，始将应放股利按照先后银数一律报竣，卑职嵩即于二月十三日驰回矿局，会同卑职光第将此次所放股银悉心校对。计先在珲春收股折一百零四份，实发银八千九百一十两，后在吉省收股折九十六份，实发银六千零九十两，先后共发股利银一万五千两，均系凭折编号核实散发，并无讹错情弊。至卑职奉差奔走往返三月有余，所需夫马盘费等项，计用过银二百三十六两一钱六分八厘，相应缮具清册一并呈请宪台鉴核批示备案，实为公便。再，此项盘费银两，应请归入正月月报造销，以清款目，等情到本帮办。据此，除批示外，相应抄粘备文咨明，为此合咨贵督办将军，请繁查照施行。须至咨者。

计抄粘

右咨钦命头品顶戴督办吉林边务事宜镇守吉林等处地方将军兼理打牲乌拉拣选官员等事恩特赫恩巴图鲁长

计开

一、收珲春先招股份八十九份，每股银九十两，计合银八千零十两。收续招股份一十五份，每股银六十两。计合银九百两，共发红利银八千九百十两。

一、收吉林先招股份一十一份，每股银九十两，计合银九百九十两。收续招股份八十五份，每股银六十两。计合银五千一百两，共发红利银六千零九十两。

以上二项统共发放红利银一万五千两整。

川资项下：

一、由局赴珲共计需用车脚草料川资银二十一两零八分一厘。

一、在珲共计需用伙食、房租等费银十九两三钱五分。

一、由珲回局共计需用车脚草料川资银二十四两六钱七分七厘。

一、由局赴省共计需用车脚草料川资银三十五两零五分四厘。

一、在省共计需用伙食房租等费银九十一两八钱二分六厘。

一、由省回局共计需用车脚草料川资银四十四两一钱八分。

共计吉珲两处伙食、房租、车脚草料、川资等费银二百三十六两一钱六分八厘。

吉林将军衙门为复准矿务局禀恳七道沟银矿暂行试采事的咨文
光绪十九年三月

为咨复事。案准贵帮办咨开：案据天宝山矿务局试办委员程倅光第禀称，窃卑职前于上年腊月间，因吴令贺桂携来七道沟银砂暨炼出铅质，当交化学委员王令代为化验，并由卑局倾银炉提出净银三两九钱，是其所采之矿确系银苗，已无疑义，随肃禀附陈谅邀宪鉴。现据吴令面称，此项银样前已赴珲呈阅，并蒙札饬田令正铺查复在案。伏思开办矿务自以广采苗线，设立分厂，俾赢绌可以相济，实为经久之方，倘能日新月盛，益裕饷源，庶不负我宪台体国筹边之意。查该令自去秋采开七道沟银矿，迄今数月赔垫不少，所募夫役颇称静谧亦未滋生事端，现既有苗砂倘再从此深求，或有成效可睹。为此代恳宪恩俯准，仍令暂行试采，一俟凿获正脉，应即附于卑局作为分厂禀明办理，是否有当，相应禀请鉴核批示祗遵，实为公便。再，会办禄丞因公晋省，故未列衔。等情到本帮办。据此，查吴令贺桂试采七道沟矿务，迩时因该局创办尚未有丝毫获益，万难再及他处，故当经批驳。如今该局提赢归公红利已分，更为该令代恳暂行试采，一俟凿获正脉，即附该局作为分厂，所请似尚可行。惟事经创始，诸非易易，究竟有无把握，应由该局确切详查禀复，免滋后果。除批示外，相应备文咨商，请烦核夺，可否照准，见复施行。等因到本督办将军。准此，既经贵帮办批示，自应如咨办理，相应备文咨复。为此合咨贵帮办，请繁查照施行。须至咨者。

右咨钦命头品顶戴帮办吉林边务事宜珲春副都统恩

珲春副都统为天宝山矿务委员郑维周赴津采办洋炉借用川资准其报销的咨文
光绪十九年十月二十一日

钦命头品顶戴帮办吉林一切事宜镇守珲春地方副都统恩　为咨会事。案据天宝山矿务局禀称，窃查卑局各员支用银两数目，截至本年二月底止，业经造报在案。惟有文案委员郑县丞维周，前蒙委派赴津采办洋炉，虚心考访。洋炉到后，该员赴山监安炉座之暇，考炼土法加盐熔化，银汁为之倍增，曾经申报亦在案。思该员南北奔驰，无间寒暑，以致积劳成疾，嗣乃乞假回杭就医，卑局毫无资助。年余以来，所费医药不赀，前在卑局借用银三百二十余两，至今无力归还。卑职等因念该员购办洋炉往返一年之久，并未筹给津贴，到山数月亦未开支公项，所欠银两与他员之有薪水可扣者，情事不同，用特禀恳宪恩俯念因公致病，积债甚深，可否准将借用卑局银两入册支销之处，出自逾格鸿施，恭候批示祗遵。等情据此，查该员前委赴津沪采办洋炉，皆已从公，于应得回费载入合同，未取分毫；南北奔驰时阅一年，仅据开支川资银五百二十余两，嗣以在山监安炉座，积劳致病，日久未愈，给假回南就医，现在外症虽痊，而肝病已成痼疾。据禀，前在该局借支银三百二十余两无力归还，自系实在情形，应否准如所请由该局册销之处，除禀批示外，相应咨会。为此合咨贵督办将军，请繁查照，希即见复，饬遵施行。须至咨者。

右咨吉林将军长

吉林将军衙门为矿务局拟请撙节糜费购买炸药的咨文

光绪十九年十月二十八日

为咨行事。据委办矿务委员程光第禀称：窃以创始之规，可大必期可久，维持之道，治法尤赖治人，盖天下事，苟有治人即不患无治法。然事至挽回补救一切费用，如尚有开源节流之处，从未有不竭力撙节，复任虚糜者也。卑职自维庸陋，深恐不克负荷，故有督理之请，并将矿务减色情形，禀明宪鉴在案。即日前卑职禀见，当奉谕饬局费总须撙节，仰征宪台谆谆核实之至意，敢不谨遵。顷复恭奉批开：据禀已悉。所论办矿之难，自是实在情形，第该员不能审慎于几先，必待亏累已深，始悔办理不善，未免觉悟太迟。现在事已至此，惟有力求撙节。凡在局虚糜之人，俱应删去，处处收小，事事求实，所谓亡羊补牢，犹未为晚。若另派廉干大员，不特现无其人，且不免小题大做，当此赔累之余，重事铺张，岂非一误再误。既称矿苗涌现，未可遽停，仍当责成该员始终其事，应否招股，亦由该员察酌情形，自行筹办。所需炸药即赴机器局购买，毋庸舍近求远，以节糜费。缴。等因蒙此，卑职捧读之余，感深涕零，益见慈恩优渥，矜全既往，虽肝脑涂地，亦不足为涓埃之报，惟有凛遵宪示。凡在局虚糜之人，俱应删去，处处收小，事事求实之谕，再不敢因循缄默，自取咎戾。惟卑职检查卑局员司人等章程，自光绪十六年六月初一日作为开办起，彼时员司等共二十人，办事亦能敷用，而计薪水每月只共支银一百四十三两。嗣后陆续添员增薪，至本年九月份，局员司事等共有三十员名，每月薪水则已逐渐增至三百九十九两，较与开办时不啻两倍之多。每月多费二百五六十两，每年即多三千数百两，瞬及三年，即成万金，积少成巨。往事虽已，第当此经费支绌入不敷出之时，益属万难为继。兹谨将开办暨现在各员司等名目，以及月需薪水银两数目章程，缮具清折两份，抑或裁照前章，或仍就现章稍加并裁，均恳俯赐批示，俾有遵循，庶收撙节实效，而免再事虚糜。又查卑局招募护勇四十名，月需饷银一百八十九两，自十八年四月份起，拟截至本年十二月底止，约计需银四千两有奇。此项护勇现似可省，拟请悉数裁撤，以节糜费。仍恳恩准饬由靖边右路查照旧章，拨派队兵二十名赴局驻护，借资弹压。其余应役丁夫，请俟卑职回局查看工作缓急，随时裁留，俾收实效。卑职禀请续集商股，原为购办炸药周转经费起见，现蒙批由机器局购买，则所请招股一节尚可缓行。如炸法果见功效，再行筹备经费，禀请接续办理，并请札饬机器局先代配造炸药引线，并派熟习炸法工匠一二名同往试放。至需用工料价值暨匠人月需薪工银两，均由卑局日后照数交还，以资简便，而清公款。卑职自当随处慎谨，实事求是，惟有勉竭犬马之力，以尽报效之忱，断不敢稍忧安逸，复事因循，致负生成期望之厚意。所有遵奉批示筹拟各节缘由，是否有当，恭候宪批祇遵，并恳咨明帮办宪转饬一体遵照，实为公便。等情到本督办将军。据此，除批、禀折均悉。该局护勇原可裁撤，所有各员司等名目如能照开办时旧章办理，未始非实事求是之道，失之东隅，收之桑榆，实该局一大转机也。候咨商帮办核复到日，再行饬遵，并候饬知机器局配造炸药引线，暨拨熟习炸法工匠同往试用。此缴。挂发外，相应抄粘，备文咨行。为此合咨贵帮办，请繁查照核夺见复施行。须至咨者。

右咨钦命头品顶戴帮办吉林边务事宜珲春副都统恩

珲春副都统为矿务局册报十九年九月需用经费并现存矿砂数目的咨文
光绪二十年五月二十二日

钦命头品顶戴帮办吉林一切事宜镇守珲春地方副都统恩　为咨送事。本年五月十六日据天宝山矿务局申称：窃查卑局光绪十九年八月份所有收支银两各数目，业经造册报销在案。兹自十九年九月初一日起截至月底止，共计提收矿银二千四百六十九两一钱四分，又提收银珠银五十五两四钱六分，以上二共新收银二千五百二十四两六钱。除九月份统共开支薪工局用暨护勇等项银三千四百六十四两五钱八分九厘七毫，又连前不敷银五千五百九十七两五钱八分二厘二毫外，实不敷银六千五百三十七两五钱七分一厘九毫。理合将本月份需用经费银并现存矿砂银质各数目分析造具清册，呈请宪台俯赐鉴核示遵，并恳转咨督办宪备案，实为公便。等情据此，除将送到清册存留一份备查并批示外，相应备文咨送，为此合咨贵督办将军，请繁查照施行。须至咨者。

计咨送清册五本

右咨钦命头品顶戴督办吉林边务事宜镇守吉林等处地方将军兼理打牲乌

拉拣选官员等事恩特赫恩巴图鲁长

　　试办吉林珲春矿务委员五品顶戴候选通判程光第、会办吉林珲春矿务委员蓝翎五品衔候选知县禄嵩，谨将卑局光绪十九年九月小建分所出矿砂银铅以及炼用塘块各数目，理合分析造具四柱清册，呈请宪鉴查核施行。须至册者。
　　计开
　　旧管：
　　一、矿砂二十万零二千九百零六斤。
　　一、银质四百五十七斤。
　　新收：
　　一、共出矿砂十三万九千斤。
　　一、补收陆续积存塘块十六万九千八百斤。
　　一、共炼银质一万八千七百九十四斤。
　　一、共提矿银二千四百六十九两一钱四分。
　　一、补收陆续清提银珠银五十五两四钱六分。
　　开除：
　　一、炼用矿砂四万二千四百斤。
　　一、炼用塘块十六万九千八百斤。
　　一、提银用银质一万八千五百二十二斤。
　　一、提归工厂经费银二千五百二十四两六钱。
　　实在：
　　一、存矿砂二十九万九千五百零六斤。
　　一、存银质七百二十九斤。

　　试办吉林珲春矿务委员五品顶戴候选通判程光第
会办吉林珲春矿务委员蓝翎五品衔候选知县禄嵩，谨将卑局光绪十九年九月小建分所有矿丁工食并购买油炭杂费以及牲畜草料各银两数目，理合分析造具清册，呈请宪鉴查核施行。须至册者。
　　计开
　　矿丁项下：
　　一、把头十六名，每名月支工钱十二吊文，共合工钱一百八十五吊六百文，每名每天伙食钱一百八十文，共计伙食钱八十三吊五百二十文。
　　一、头等矿丁一百零二名，每名月支工钱十吊文，共合工钱九百八十六吊文，每名每天伙食钱一百八十文，共计伙食钱五百三十二吊四百四十文。

一、二等矿丁九十八名，每名月支工钱八吊文，共合工钱七百五十七吊八百六十六文，每名每天伙食钱一百八十文，共计伙食钱五百一十一吊五百六十文。

一、三等矿丁一百二十六名，每名月支工钱六吊文，共合工钱七百三十吊零八百文，每名每天伙食钱一百八十文，共计伙食钱六百五十七吊七百二十文。

以上矿丁三百四十二名，需用工钱二千六百六十吊零二百六十六文，需用伙食钱一千七百八十五吊二百四十文，二共需工食钱四千四百四十五吊五百零六文。按照市价每两银易中钱三吊文，共合银一千四百八十一两八钱三分五厘三毫。

油炭杂费项下：

一、清银白炭二十六万九千九百八十七斤，每百斤价钱一吊二百文，共合钱三千二百三十九吊八百四十四文。

一、矿硐用苏油三千六百一十斤，每斤价钱一百五十文，共合钱五百四十一吊五百文。

一、炼砂用食盐七百四十五斤，每斤价钱七十文，共合钱五十二吊一百五十文。

一、矿硐用棉花四十三斤，每斤价钱五百四十文，共合钱二十三吊二百二十文。

一、堆灰房租二处，共合钱二十吊文。

以上共计需用钱三千八百七十六吊七百一十四文，按照市价每两银易中钱三吊文，共合银一千二百九十二两二钱三分八厘。

牲畜项下：

一、喂养骡马三十一匹，每匹每月草料钱九吊文，共合钱二百七十九吊文。

一、喂养车牛二十头，驴一头，每头每月草料钱六吊文，共合钱一百二十六吊文。

以上共计需用钱四百零五吊文，按照市价每两银易中钱三吊文，共合银一百三十五两。

以上三项统共需用银二千九百零九两零七分三厘三毫，均系实用实销，并无浮冒情弊，合并声明。

试办吉林珲春矿务委员五品顶戴候选通判程光第
会办吉林珲春矿务委员蓝翎五品衔候选知县禄嵩　谨将卑局护勇营官弁、勇夫应支光绪十九年九月小建分薪饷银两数目，理合造具衔姓花名清册，呈请宪鉴查核施行。须至册者。

计开

一、练长一员：尽先把总杜承恩。

头队：什长，孙占虎。护勇，汪清瑞、张占魁、王长胜、刘光荣、李世恩、刘桂林二十九裁撤、李士文、李占魁、李东海。伙夫，刘振东。

二队：什长，孙吉泰。护勇，慕春林、向金宝、胡德卿、戴福、张凤起、高凤彩、王永仁、王文起、任永发。伙夫，魏长芳。

三队：什长，段成丰。护勇，崔广明、王海山、程礼、崔魁元、张凤彩、黄德山、矫月棠、郑魁、赵连升。伙夫，崔华堂。

四队：什长，李士容二十七裁撤。护勇，崔汉清、栾永昌、王旭泉。

以上练长、什长、勇夫三十八员名，共计发给薪饷银一百五十六两五钱一分六厘四毫。

试办吉林珲春矿务委员五品顶戴候选通判程光第
会办吉林珲春矿务委员蓝翎五品衔候选知县禄嵩，谨将卑局员司人等应支光绪十九年九月小建分薪工银两各数目，理合分析造具衔姓花名清册，呈请宪鉴查核施行。须至册者。

计开

一、试办委员一员，五品顶戴候选通判程光第，月支薪水银三十二两，

一、会办委员一员，蓝翎五品衔候选知县禄嵩，月支薪水银三十两。

一、提调工程委员一员，蓝翎尽先补用守备陈高华，月支薪水银二十两。

一、化学委员一员，同知衔候选知县王钟祥，月支薪水银五十两。

一、监炉委员一员，四品衔留陕补用同知李芹，月支薪水银四十两。

一、稽查委员一员，同知衔升用同知候选知县王昌炽，月支薪水银四十两。

一、文案一员，五品顶戴分省试用典史水宝煌，月支薪水银二十四两。

一、经理报销册籍司事一名，梁翰，月支薪水银十二两。

一、经理账项司事一名，张爵，月支薪水银十二两。

一、经、管油粮工器司事一名，黄河清，月支薪水银十二两。

一、官医一名，马玉林，月支薪水银十二两。

一、文案字识二名，王攀桂，月支薪水银七两。连恩，月支薪水银七两。

一、账项字识二名，季荣棠，月支薪水银七两。王珍，月支薪水银七两。

一、收发油粮工器字识一名，陈国恩，月支薪水银六两。

一、巡查差弁一名，邢聚魁，月支薪水银八两。

一、经管杂项账目字识一名，潘明廉，月支薪水银五两。

一、经管清银炉银质字识一名，余春廷，月支薪水银五两。

一、催收清银炉柴灰一名，袁长有，月支薪工银五两。

一、经管马号一名，张开太，月支薪工银六两。

一、收发木炭一名，邹义柱，月支薪工银六两。

一、矿硐监工二名，总监工刘得元，月支薪工银八两。副监工徐万林，月支薪工银五两。

一、大炉厂监工四名，总监工丁景盛，月支薪工银八两；东炉厂副监工胡廷善，月支薪工银六两；西炉厂副监工张永发，月支薪工银五两；王相章，月支薪工银四两。

一、杂项监工一名，李得贵，月支薪工银五两。

一、铸宝银匠一名，徐季高，月支薪工银五两。

以上员司三十员名，共支薪工银三百九十九两，合并声明。

试办吉林珲春矿务委员五品顶戴候选通判程光第
会办吉林珲春矿务委员蓝翎五品衔候选知县禄嵩，谨将卑局光绪十九年九月小建分所有员司薪水、矿丁工食、炮队薪饷，并购买油炭杂费以及牲畜草料各银两数目，理合分析造具简明四柱总册，呈请宪鉴查核施行。须至册者。

计开

旧管：

一、本年八月份不敷经费银五千五百九十七两五钱八分二厘二毫。

新收：

一、由矿银项下拨收银二千四百六十九两一钱四分。

一、由银珠项下拨收银五十五两四钱六分。

以上二共新收银二千五百二十四两六钱。

开除：

一、员司项下共计支用薪工银三百九十九两。

一、矿丁项下共计发给工食银一千四百八十一两八钱三分五厘三毫。

一、油炭杂费项下共计需用银一千二百九十二两二钱三分八厘。

一、牲畜项下共计需用银一百三十五两。

一、炮勇项下共计发给薪饷银一百五十六两五钱一分六厘四毫。

以上五项统共需用经费银三千四百六十四两五钱八分九厘七毫。

实在：

一、本年九月份不敷经费银六千五百三十七两五钱七分一厘九毫。

珲春副都统为矿务局册报十九年需用经费及矿砂数目的咨文

光绪二十年六月二十六日

钦命头品顶戴帮办吉林一切事宜镇守珲春地方副都统恩　为咨送事。六月二十二日，据天宝山矿务局申称：窃查卑局光绪十九年份所有需用经费暨矿砂银责任中数目，按月造册呈报，并声明每届年终再由卑局汇造总册呈请备案，以清款目，历年遵办在案。兹查自十九年正月初一日起截至年底止，共提收矿银三万五千四百零三两八钱二分，又十八年份实在项下存银二万两整，又初收由省粮饷处借领右路饷银三千两，又初收由珲春招垦局借领银二千五百两，以上四项共应收银六万零九百零三两八钱二分。十二个月统共开支员司矿丁薪工、护勇口饷，以及购买油炭、工器，并补报枪械、子母、洋炉铁件各项，共计需用经费银七万五千五百二十五两三钱二分五厘，实在不敷银一万四千六百二十一两五钱零五厘。谨将十九年份所有收支经费银两暨矿砂银质各数目，分析造具简明四柱总册，理合具文呈请宪台俯赐察核，并恳转咨督办宪备案，实为公便。等情据此，除将送到清册存留一份备查并批示外，相应备文咨送。为此合咨贵督办将军，请繁查照施行。须至咨者。

右咨钦命头品顶戴督办吉林边务事宜镇守吉林等处地方将军兼理打牲乌拉拣选官员等事恩特赫恩巴图鲁长

珲春副都统为据矿务局商令就近采买炸药的咨文
光绪二十年七月二十八日

钦命头品顶戴帮办吉林一切事宜镇守珲春地方副都统恩　为咨明事。案查前矿务局会办禄令嵩请假回旗措资，前由该局呈经本帮办咨准贵督办将军核准饬遵在案。又据程倅光第禀称：炸药为必不可少之物，商令该员就近采买，自系因公起见，似尚可行。除札该员并矿务局遵照外，相应咨明。为此，合咨贵督办将军，请繁查照施行。须至咨者。

右咨钦命头品顶戴督办吉林边务事宜镇守吉林等处地方将军兼理打牲乌拉拣选官员等事恩特赫恩巴图鲁长

吉林将军衙门为天宝山矿务局购买炸药事的咨文
光绪二十年八月初十日

为咨复事。案准贵帮办咨开：案查前矿务局会办禄令嵩请假回旗措资，前由该局呈经本帮办咨准，贵督办将军核准饬遵在案。又据程倅光第禀称，炸药为必不可少之物，商令该员就近采购，自系因公起见，似尚可行，除札该员并矿务局遵照外，相应咨明。为此合咨贵督办将军，请繁查照施行。等因准此，查军火最关紧要，不得擅往他省采买，必须先将采买何项军火及斤重若干，咨明该省抚督查照，方能派员往购转运前来。至经过地方关卡等处，亦须先行咨明转饬查验放行，以昭核实，而重军火。现海军衙门奏准新章，凡购办外洋军火，若系创用之件，尤须先行奏明，并开单咨明南北洋大臣，请出使大臣代购，并令先尽内省各机器局能制造者购办应用。今该矿务局应需何项炸药，作何用处，以及斤重若干，并在于何处就近地方采买，并此项炸药是否非本省机器局所能制造，实非由他省机器局采购不可者，抑非中国机器局所能制造，实非购自外洋不可者，均未准咨明，殊难核办。相应备文咨复贵帮办，请烦转饬查明，仍祈速复，以凭核办。如此项炸药本省机器局可以制造，自应仍由该局代为制造，即请转饬该员毋庸就近采买，俾归简易，望切施行。须至咨者。

右咨钦命头品顶戴帮办吉林边务事宜珲春副都统恩

（三）矿 务 管 理

吉林将军衙门为撤去鄂龄矿务委员差使的咨文
光绪十七年正月十八日

为咨会事。照得矿务委员兼营务处会办衔鄂龄有应行查办事件，自应将该员差使一并撤去。兹备双衔札稿一份，除札饬外，相应备文咨会贵帮办，请繁查照书行盖印发还备案施行。须至咨者。

右咨钦命头品顶戴帮办吉林边务事宜珲春副都统恩

珲春副都统为矿务委员禄崧月支薪水银两的咨文
光绪十七年七月初六日

钦命头品顶戴帮办吉林一切事宜镇守珲春地方副都统恩　为咨明事。本年七月初二日，据试办珲春矿务委员五品顶戴候选县丞程光第禀称：窃查本年二月间，卑职因公晋省面禀矿务情形，当蒙宪台饬委禄县丞崧代为管理，以资弹压。旋蒙督办宪委派禄委员会同试办矿务各等因。该员自到工以来，商办各项工程及整顿一切局规，颇称井井有条，俾卑职得收指臂之助。该员每于公暇时，并与提调委员陈守备高华请求凿砂提银，所有筹划一切均能和衷共济，借可仰副苟望。惟查会办委员禄县丞崧到工数月尚未开支薪水银两，卑职因公往返耽搁时日，未便擅专，是以据情禀请宪台俯赐察核。其会办委员月支薪水若干，应如何月开支之处，恭候批示饬遵，并恳咨请督宪将军备查，实为公便。等情据此，查委员程光第月支薪水三十二两，会办禄崧应准以三十两，俾示略有区别，即以奏派之日起支，除批示外，相应咨明。为此合咨贵督办将军，请繁查照施行。须至咨者。

右咨吉林将军长

珲春副都统为派员验收矿务局修盖房屋器具出具印结的咨文
光绪十七年七月初六日

钦命头品顶戴帮办吉林一切事宜镇守珲春地方副都统恩　为咨复事。本年五月二十六日准贵督办将军咨开，案准贵帮办咨，据试办珲春矿务委员候选县丞程光第禀称，窃卑职于上年春间，因厂内窝棚数间，工役人等不敷居住，是以修盖房屋，共计三十五间，制造木器家具二十五宗，平挖房场东西基址十四丈，南北基址三十二丈，所需一切物料工价，本拟随时禀报，只以杂项零星难以预定，前已声明在案。惟查卑局地逼山沟，形势偏陂，欲就沟口宽平地方修盖，又恐窎远难以照料，只得迁就矿厂山头，挖高填低，平基修盖，人工无不较费，此地势之艰于工作一也。去夏无草盖房，始则剥削树皮搭盖，继则割取秋草，不意雨水时行，半被水冲，半皆腐烂，复从沟外添买使用，故盖房之草又费人工不少，此天时之难以图功一也。查自十六年三月份起截至十二底止，所有造房经费暨工料价值，共计需用中钱七千三百四十八吊五百四十五文，按照市价三吊合银二千四百四十九两五钱一分五厘，委系实用实销，不敢稍有浮冒，理合造具清册二份，禀请宪台俯赐察核，转咨备查施行，定为德便。等情据此，当经转咨督办将军长核销在案。现准咨复查矿务局房屋器具，既据声称实用实销，自可照准。惟此项房屋应请贵帮办就近派员验收加结呈报，以昭核实。等因准此，当经饬据营务处办事官候选县丞马泽受禀复，遵即驰赴矿局点验，修盖房屋、制造木器并丈量平挖房场，委系工坚料实，均与所报相符。当取具切实印结，理合加结禀复呈请查核转咨等情前来。除各存留一份备查并批示外，其余各一份相应备文咨复。为此合咨贵督办将军，请繁查照备案施行。须至咨者。

计咨送验收加结各一份

右咨钦命头品顶戴督办吉林边务事宜镇守吉林等处地方将军兼理打牲乌拉拣选官员等事恩特赫恩巴图鲁长

试办珲春矿务委员五品顶戴候选县丞程光第，今于与出具切实印结事。今奉宪台饬派马委员泽受到工验收房屋工程，遵即会同查勘光绪十六年份修盖房屋，共计三十五间，制造木器家具共计二十五宗，丈量挖平东西基址十四丈、计三十二丈，委系工坚料实，并无浮报，理合出具切实印结。须至印结者。

行营营务处办事官候选县丞马泽受，今于与加具切结事。依奉实结得宪台案下，遵饬验收矿务局光绪十六年修盖房屋三十五间，制造木器家具二十五宗，丈量东西基址十四丈、南北基址三十二丈，均与所报相符，委系工坚料实，理合加具切结。须至结者。

吉林将军衙门为拟将同文馆化学教习王钟祥调吉教练矿砂的咨文
光绪十七年七月二十二日

为咨明事。窃照吉林天宝山试办银矿业经本将军奉咨在案，现会同贵帮办委员前赴上海天津一带购办洋炉化学机器，不日当可运到，所有辨认砂质炼提银铅等事，非明于化学之人不足以求精进。查有同文馆化学副教习五品衔候选知县王钟祥，精明此道，堪以调矿教练一切，惟可否准令该员来吉差遣，除咨商总理各国事务衙门，谨请察核见复。再，该员系候选人员，如准调吉致使停选，未免向隅，可否由总理各国事务衙门奏明免其停选，以示鼓励，并请见复外，相应备文咨明。为此合咨贵帮办，请繁查照施行。须至咨者。

右咨钦命头品顶戴帮办吉林边务事宜珲春副都统恩

吉林将军衙门为教习王钟祥赴吉听候差遣的咨文
光绪十七年十月

为咨行事。准总理各国事务衙门咨开，准贵将军咨称，吉林天宝山试办银矿委员购办洋炉并化学机器，所有辨认砂质炼提银铅等事，非明于化学之人不足以求精进。查有同文馆副教习候选知县王钟祥精明此道，可否准令该员来吉差遣，请察核见复。该员系候选人员，可否奏明免其停选。等因前来。查本年七月初间，接尊处来函商及此事，业经本衙门函复，尽可调往，兹准来文。除札饬王钟祥赶紧赴吉听候差遣外，相应咨复贵将军查照，俟该员到吉后，自何日起发给薪水若干，即行查复，至酌免该员停选一节，应由贵将军自行奏明办理可也。等因准此，相应备文咨行贵帮办，请繁查照施行。须至咨者。

右咨钦命头品顶戴帮办吉林边务事宜珲春副都统恩

珲春副都统为禄嵩前办漠河矿务出力咨行汇保事的咨文

光绪十七年十月初十日

钦命头品顶戴帮办吉林一切事宜镇守珲春地方副都统恩　为咨行事。本年十月初一日据会办珲春矿务委员蓝翎江苏试用县丞禄嵩禀称：窃卑职于光绪十二年投效来吉，十三年四月蒙前黑龙江军宪恭调赴江省听候差遣，复蒙委派巴彦苏厘捐分局，遵即到差。是年十二月奉总办呼兰等处厘税总局陈道调阅各局捐税册籍，查核卑职征收较旺，出具考语：查得该员办事认真，商民悦服，禀请加派会办总局，仍请经理分局，以专责成。十四年正月奉到饬知在案。十五年二月初九日奉到前督理黑龙江漠河金厂事宜李道饬知，查巴彦苏地方素为产粮之区，本厂粮为大宗，应派妥员即在该处广为采办。查有巴彦苏厘捐局坐差之江苏试用县丞禄嵩一员，通达事务，熟悉商情，堪以兼派会办购粮装运等事差使，禀请北洋大臣黑龙江将军会衔咨部立案备查。十六年二月，卑职因前捐执照名字错误，请假开去厘捐差使，俾得亲赴吏部递禀更正嵩字仍留矿务采运差使，当蒙黑龙江军宪依　批准着照所请，遵将经手事件交代清楚。各在案。是年四月到吉，蒙督办将军委派赴京请领边饷差使。十月初一日旋省销差，十二月二十日奉宪札派赴天宝山帮同查勘银矿事宜。十七年三月初九日蒙督宪将军会同奏明立案，派委卑职会办矿务事宜，祗遵任事。惟思卑职前在巴彦苏税局兼办漠河金厂粮运等差，均无贻误，并无经手未完事件，是以据情禀请宪台俯赐察核，恳乞咨请督办将军转咨黑龙江将军备查，并请行知督理漠河金厂事宜袁守查照，实为德便，是否有当，恭候训示祗遵。等情据此，查该员前在江省与漠河矿局采运食粮均无贻误，不无微劳足录，除批示外，相应咨行。为此合咨贵督办将军请繁查照咨行黑龙江将军加考转饬袁守遵照，俟届请奖之期即将该员汇案列保，以示鼓励施行。须至咨者。

右咨钦命头品顶戴督办吉林边务事宜镇守吉林等处地方将军兼理打牲乌拉拣选官员等事恩特赫恩巴图鲁长

吉林将军衙门为粮饷处呈请转饬矿务局归还借垫银两的咨文

光绪十七年十一月

为咨行事。据边务粮饷处呈称：窃查珲春矿务局程委员光第，前于本年三月间在省借垫购办洋炉银三千两，又八月间禄委员嵩在省因公借垫银一千二百两，又由秋季饷内由京汇拨上海购买洋炉银三千两，共计吉市平银七千二百两，均系借动防饷，未便久悬，现值正调防军需饷孔急之际，应请迅饬该局赶紧如数归还，以资应用。除呈报帮办查核暨移该局查照外，理合具文呈请宪台鉴核转饬该局遵照，速即清还施行。等情到本督办将军。据此，除札饬外，相应备文咨行贵帮办，请繁查照施行。须至咨者。

右咨钦命头品顶戴帮办吉林边务事宜珲春副都统恩

吉林将军为王钟祥赴天宝山矿教练熔银免其停选的奏片
光绪十七年十二月

再，吉林天宝山试办银矿，购办洋炉并化学机器均已解到，所有辨识砂质炼提银铅等事，仍赖讲求化学之人。查有同文馆副教习候选知县王钟祥精于此事，当经咨商总理衙门复准，已饬该员速赴吉林听候差遣在案。惟查王钟祥系候选人员，一经赴调势必扣选，既用其材，又塞其遇，未免向隅，相应请旨饬下吏部，免其停选，以收实效，而励人材。谨附片具陈，伏乞圣鉴训示。谨奏。

珲春副都统为筹商熔炼矿砂并请出示严禁滋事告示的咨文
光绪十八年二月初五日

钦命头品顶戴帮办吉林一切事宜镇守珲春地方副都统恩　为咨会事。本年正月二十三日据文案处随同办事委员郑以桢禀称，窃卑职到矿之后，曾将履勘山场大概情形驰禀在案。卒岁以来，体察局场布置情势，其要有数端，请为我宪台详陈之：查该局矿苗已得正脉，铜铅质重，谅难变易，而来脉甚旺，足供久凿。附近一带尚有苗薰不少，值此经费支绌，未便另作他图，人才难得，实亦兼顾不及。只就现开之苗，讲求熔炼之法，果使考炼精纯，殊足以裕饷源而利民生。惟现时安置洋炉，泥水坚冻不便垒砌，各机匠开炉拼凑铁烟筒，配制零件，房屋价值。程、禄两委员亦传匠估计洋炉所用焦炸。程委员等于三道沟觅得煤苗一处，入火试烧，油性尚好，刻令热河来之工匠试烧焦炸。倘能合用则开通道途，距矿止一百余里，天人凑合，益见神灵默佑，至土法炼砂仍不偏废。程、禄两委员拟加添炉座，广为熔炼。第露处设炉，遇有阴寸连朝，即不免多所窒碍，亦经卑职商请该员等搭盖木棚，以蔽风雨，将来土法熔炼不净，仍可入洋炉烧化。此外，应作之工程，刻以化学房为首务，余则阻水之桥梁，存储之库房，在在不宜，视为缓图。该局开办两年，规模粗具，而得力之人少，薪资亦太微，偶有片长可取，便多挟制，实因创始之初，程委员系属自备资斧，招工、勘苗、食用之外，不能多给工资，一切措施未免涉于迁就。现时稽查山硐炉厂差弁、司事、丁夫用至三百余名，若再仍前漫无惩惧，诚虑略有不合。动辄挟众滋事之虞。卑职谬妄之见，意为员司、书手办事刁难，固应及时撤换，不可稍涉姑容。如有要挟，借以加薪等弊，似应禀请惩办。其土匠、丁夫量事轻重，由局员惩办，有开例拟者，禀请解珲，以免效尤。如蒙俯允，即请宪台会出双衔告示，颁发张贴，严词儆戒，庶无知之徒有所顾忌，实于矿务有裨。是否有当，伏冀钧裁。至本年筹办事务，已由该局员等自行具禀。卑职如有见到，亦必略参末议，期归允当，断不敢阿私所好，致负宪恩。所有筹商熔炼矿砂，觅得煤苗炼焦，并请出示严禁在厂滋事缘由，理合禀请宪台查核俯赐批示祗遵。等情禀请到本帮办。据此，除批示禀悉，仰候咨请督办将军会出双衔告示颁发张贴，以示儆戒可也。缴发外，相应咨会。为此合咨贵督办将军，请繁查照，希即会衔出示施行。须至咨者。

右咨吉林将军长

珲春副都统为将程光第到防年限充差缘由报部立案的咨文
光绪十八年二月十二日

钦命头品顶戴帮办吉林一切事宜镇守珲春地方副都统恩　为咨行事。本年二月初七日据委办珲春天宝山矿务委员五品顶戴候选县丞程光第禀称：窃卑职一介庸愚，捐职从九，由湖北原籍于光绪六年来吉投效，蒙统领卫字练军郭副将长云派委招募马队右营成军，到珲驻防八年，调委卫字中营文案委员出力，蒙前督办宁古塔等处事宜太仆寺大堂吴　咨奖五品顶戴。十二年二月十一日蒙前帮办宪依　调委行营营务处差遣委员。十三年改委靖边前路随同办事委员。十四年七月调委五道沟招垦分局。十五年三月调署珲春招垦总局，七月初五日交卸，仍回分局原差。十六年三月奉宪台委勘天宝山银苗，交卸分局，招集商股试办。于十七年二月在直隶赈捐局报捐县丞，双月选用，三月初九日蒙督办将军会同奏明试办钦遵在案。伏思卑职珲防充差十有三载，仰荷各宪裁培，一切幸无贻误，谨将到防年限、充差缘由，据情禀恳宪台鉴核恩施转咨督办将军，恳请咨部立案，实为德便。等情据此，查矿务局前经贵督办将军咨明，另案核奖在案。惟该员现虽办理矿务，而在防十余年，不无微劳足录。兹据前情，除批示外，相应咨行。为此合咨贵督办将军，请繁查照补行咨送吏部立案施行。须至咨者。

右咨钦命头品顶戴督办吉林边务事宜镇守吉林等处地方将军兼理打牲乌拉拣选官员等事恩特赫恩巴图鲁长

吉林将军衙门为派充李芹矿务局监炉差使的咨文
光绪十八年二月二十四日

为咨复事。案准贵帮办咨：以珲春矿务局监炉委员吴令贺桂禀请开去监炉差使，得以专办铁矿等情，既经批准，开去差使，自应另行拣员接充，以专责成。兹查有四品衔留陕补用同知李芹，堪以派充前往监炉，除分饬札委外，相应咨复。为此合咨贵帮办，请繁查照施行。须至咨者。

右咨钦命头品顶戴帮办吉林边务事宜珲春副都统恩

吉林将军衙门为严禁司事工匠人等借端滋事的晓谕
光绪十八年二月二十四日

为出示晓谕事。照得珲春天宝山地方产有银矿，前经本督办将军、帮办副都统奏明试办，以裕饷源，奉旨允准，当派候选县丞程光第、禄嵩等前赴该处设局开办在案。兹查该局矿苗已得正脉，足供久凿，首在讲求熔炼之法，果使考炼精纯，不特于饷源有益，而可以利民生。惟现时安设洋炉，加添炉座，招集工匠、司事、丁夫人等，已有三百余名，分任其事。且事属创办，成效未臻，诚恐智愚不一，漫无惩惧，或因技艺所长，或因薪资较少，稍有不合，便多挟制，合先出示晓谕。为此，谕仰该局工匠、司事、丁夫人等知悉，务要各守本分，谨慎从公，毋得借生事端，有干法纪。倘敢故违，准该局员责革重惩，以免效尤，有干例拟者，即就近禀解珲春，按例惩办。该局员等务当秉公督办，亦不准稍有克扣情弊，致玷官箴，勿谓言之不预也。各宜凛遵。毋违。切切，特示。

  右谕通知

珲春副都统为郑以桢禀陈矿务章程事的咨文
光绪十八年二月二十五日

钦命头品顶戴帮办吉林一切事宜镇守珲春地方副都统恩　为咨明事。本年二月十七日据文案处委员郑以桢禀称：窃卑职前因矿局在事人等稍有片长可取，即多要挟，请颁发严示惩儆，以戒将来。旋于本年二月初十日奉批，禀悉，仰候咨请督办将军会出双衔告示颁发张贴，以示儆戒。等因奉此，仰见宪台思深虑远，杜渐防微之至意，祗聆之下，钦感莫名。卑职窃维矿局陋习约有数端，亦应及时挽救，以垂久远。然相沿已久，若由该局员等出示，诚恐积重难返，自不若仰乞宪台颁发示谕，较易遵守。其余应筹办各事，并不揣冒昧缮具清折一折，禀呈宪台查核俯赐分别批示饬遵，实为公便。等情到本帮办。据此，查该员条陈一切情形，均属矿务当务之急，除出示禁革并札该局会同该员悉心筹谋，力除陋习，暨批饬该员会同筹办外，相应将该员所陈章程抄粘咨明。为此合咨贵督办将军，请繁查照施行。须至咨者。

计抄粘一纸

右咨吉林将军

计开

一、工丁人等遇有天时寒冷，动辄告假停工，除扣工资外，仍照常食用，亟应禁革。嗣后除真验有疾病者，余概不准停工，如有怠玩歇工者，计日令出饭食钱三百文，以杜越避。

一、每逢冬令，俄界无可营谋，内地旅居亦不甚易，于是投局充当小工，日食三餐，尚得工资。迨至春融，东作海口开通，谋生较易，纷纷告假，舍此别图，一倡百应，视为当然。亟应明定限制，以示去留。嗣后无论矿丁小工，投充之日起扣足一年，方准告假，违者追缴工资。

一、小工懒惰之徒到局工作，不久即欲歇工，自知告假必干责惩，因之逃遁者比比皆是，在外或十数八日回局，告假仍可找领工资，名为厚以招徕，实则隐寓祸患。何也？凡此之徒大抵多非善类，劫抢藏身，事过即去，虽未见有实据，不可不严加防范。自后逃跑之人再投回局，除不准找给工资外，仍就近移送敦化县递籍管束，俾宵小无所施其伎俩，局规可期严肃矣。

一、逢诸神圣诞，除该局示有歇工定期应照常办理外，如有聚众挟制希图停工者，将首犯禀请正法，从犯照例惩办。

一、结党拜盟，本干例禁，违者分别首从，解珲惩办。

一、打降争斗，由局分别情形酌量枷责。

一、偷盗拐骗，分别赃物计数，解珲科罪刺字。

一、犯赌罚，扣薪工半年，仍枷责示众。

一、各匠丁应置粗洋布号目坎肩，俾易辨识。卑职到厂以来，遇有工作传呼小工，则称系闲游之人，良莠不分，局中局外实难辨别，故号衣为当务之急也。

一、矿山居空谷之中，四通八达，头头是路，各山口应设卡稽察，严为查搜，一则杜匪徒涸迹，一则免囊充逃脱。

一、矿务办理畅旺，日后提充军饷摊股利时，在工员司工匠人等分别勤惰、资格久暂，亦必量予提银奖励。

吉林将军衙门为张贴告示免滋事端的札文

光绪十八年二月二十七日

为札发事。照得该局试办珲春天宝山矿务，所有招集司事、工匠人等，诚恐漫无惩惧，挟众滋事，应即会衔出示晓谕严禁，合亟札发，札到该局即便遵照，妥为张贴，一体遵照毋违。特札。

计札发告示二十张

札珲春天宝山矿务局遵此

珲春副都统为矿务委员禄嵩因病请假一月的咨文

光绪十八年闰六月十三日

钦命头品顶戴帮办吉林一切事宜镇守珲春地方副都统恩　为咨明事。本年闰六月初九日据会办珲春天宝山矿务委员蓝翎江苏试用县丞禄嵩禀称：窃卑职自维谫陋，渥荷知遇之隆，委以会同之任，夙兴夜寐，惧弗克胜，嗣于上年夏间程委员复有分任之请，比经卑职在省面辞，未蒙俯允。责重材轻，弥增兢惕，所幸主持大局有程委员光第为之纲领，而制造一切，又有提调陈高华为之经营，卑职惟有倍加小心，和衷共济。其于出纳各项，力求核实，以期无负两帅生成之至意。讵于本年三月间，因公赴珲，往来道路积受寒热不正之气，加以近时疫疬流行，病者相继，遂致牵引伏邪，先患泄泻之疾，继而胸膈间日渐胀痛，呻吟床褥。投以克伐之剂，积块虽消，元气大损，据医生云，必须加意静养，方可奏功等语。为此，禀恳赏假一个月，俾得安心调理。所有银款各项，关系紧要，现已核算清楚，暂归程委员经理，以免贻误。一俟病势获痊，即当销假，冀答鸿慈于万一。所有卑职因病请假缘由，理合禀请察核，并恳转咨。等情到本帮办。据此，除批据称因病以致元气大损，着准假一个月，安心调养，各项紧要款目应交程委员光第经理为是，缴，挂发外，相应咨明。为此合咨贵督办将军，请繁查照施行。须至咨者。

右咨钦命头品顶戴督办吉林边务事宜镇守吉林等处地方将军兼理打牲乌拉拣选官员等事恩特赫恩巴图鲁长

吉林将军衙门为天宝山矿务局添设稽查委员差以候选知县王昌炽派充的咨文

光绪十八年闰六月十四日

为咨明事。照得珲春天宝山矿务局，现在局面扩充事务殷繁，自应添派委员前往稽查，以资整饬。查有同知衔候选知县王昌炽堪以派充稽查委员，其月支薪水银两由该局开支，除札委暨饬该局遵照外，相应咨明。为此合咨贵帮办，请繁查照施行。须至咨者。

右咨钦命头品顶戴帮办吉林边务事宜珲春副都统恩

珲春副都统为将矿务局解头二批宝银六千两如数弹兑收库的咨文
光绪十八年闰六月十五日

钦命头品顶戴帮办吉林一切事宜镇守珲春地方副都统恩　为咨明事。本年闰六月十二日，据试办珲春天宝山矿务委员五品顶戴候选县丞程光第、会办珲春天宝山矿务委员蓝翎江苏试用县丞禄嵩呈称，案查卑局现时矿务日有起色，熔炼之银除需用经费按月报销外，所有余存之款，自应解送宪库，以昭慎重，前已禀明，随时批解在案。兹特提备宝银六千两，装鞘封固，点交提调陈高华押解赴珲。除移知沿途驻扎队兵一体护送外，理合呈请宪台俯赐查收批示，实为公便。再，此项解银六千两，应请作为头、二两批，以后每批解银三千两，以归划一，合并声明。除报督办宪外，为此备由具呈，伏乞照详施行。等情到本帮办。据此，除将解到头、二批宝银六千两如数弹兑收库并批示外，相应咨明，为此合咨贵督办将军，请繁查照备案施行。须至咨者

右咨钦命头品顶戴督办吉林边务事宜镇守吉林等处地方将军兼理打牲乌拉拣选官员等事恩特赫恩巴图鲁长

珲春副都统为天宝山矿解运粮饷处拨借银两事的咨文
光绪十八年闰六月十五日

钦命头品顶戴帮办吉林一切事宜镇守珲春地方副都统恩　为咨明事。本年闰六月十一日据试办珲春天宝山矿务委员五品顶戴候选县丞程光第、会办珲春天宝山矿务委员蓝翎江苏试用县丞禄嵩呈称：案查卑局由沪购办洋炉，共借粮饷处吉平银七千二百两，曾经禀蒙宪台批准，俟洋炉开炼首先归还等因在案。现在矿务已有起色，自应解还归款。查此项除应扣公善堂股折二十份计本银一千两外，实借银六千二百两；又卑局监护委员李丞芹前因川资不敷，禀蒙督办宪批准，由粮饷处拨借银三百两；本年三月二十七日由卑职光第解还银三千两，赴省交收禀报有案，实应解还银三千五百两。兹特如数点交陈提调高华押解赴珲，除移知沿途驻扎队兵一体护送外，理合呈请宪台俯赐饬收批示。再，此项应请在于边饷项下划拨归款，以归简便，合并声明。除报督办宪外，为此备由具呈，伏乞照详施行。等情到本帮办。据此，查此次解还粮饷处余欠银两，业经照数弹兑收库，俟于珲防请领秋饷划扣归款，以归简便。除批示外，相应

832

咨明。为此合咨贵督办将军，请繁查照转饬粮饷处遵照施行。须至咨者。

右咨吉林将军

珲春副都统为查矿务局解还机器局工料银两的咨文
光绪十八年闰六月十五日

钦命头品顶戴帮办吉林一切事宜镇守珲春地方副都统恩　为咨明事。本年闰六月十一日据试办珲春天宝山矿务委员五品顶戴候选县丞程光第、会办珲春天宝山矿务委员蓝翎江苏试用县丞禄嵩呈称：案查卑局前因创办洋炉，需用钱板、风轮以及零星机件，禀蒙督办宪饬知机器局如法配造，随派把总刘得元领运到工，历经禀报在案。兹于本年六月二十八日，按奉督办宪札饬，令将此项工料银两解还归款等因。查粘单内开，所有卑局配造机件计需工料银八百零二两零零五厘，自应如数筹备，点交陈提调高华押解赴珲。除移知沿途驻扎队兵一体护送共保无虞外，理合呈请宪台俯赐察收批示，实为公便。再，此项现因道途不靖，未便解省，应请在于边饷项下划拨归款，以归简便，合并声明。除报督办宪外，为此备由具呈，伏乞照详施行。等情到本帮办。据此，查该局解还机器局工料银，业经如数弹兑收库，俟于珲防请领秋饷划拨归还，以归简便，除批示外，相应咨明。为此合咨贵督办将军，请繁查照转饬机器局知照施行。须至咨者。

右咨吉林将军长

珲春副都统为接充监炉委员李丞芹请加薪水银两的咨文
光绪十八年六月二十一日

钦命头品顶戴帮办吉林一切事宜镇守珲春地方副都统恩　为咨明事。本年六月初九日，据试办珲春矿务委员五品顶戴候选县丞程光第、会办珲春矿务委员蓝翎江苏试用县丞禄嵩禀称：窃照卑局监炉委员吴令贺桂，前因开办铁矿辞差，禀蒙宪台核准，转咨督办宪札委留陕补用同知李丞芹接充是差，业将该员到局日期呈报在案。伏思矿局之兴旺尤贵经理之得宜，现在洋炉渐就安竣，不日可以开炼，土工之作亦当精益求精，洋土两法必须相辅而行，以期矿务日臻起色。自该委员李丞到局以来，和衷共济，遇事细心，深资策划，监炼银质责任匪轻。查前监炉吴令向蒙派定月支薪水二十两系属兼差，今李丞接办其事，所有省垣营务，保甲原差之薪水，均已截至二月底止，查接充差使人员其薪水可否由奉札之日起支，抑或酌量加增以资办公之处，卑职等未敢擅便，理合禀请示遵。等情到本帮办。据此，查吴令贺桂原兼营务处差遣，月支薪水十八两，兹李丞芹自可仿照再加银二十两，以资办公，自奉札之日开支。除批示外，相应咨明。为此合咨贵督办将军，请繁查照备案施行。须至咨者。

右咨吉林将军长

珲春副都统为矿务局招募护勇并呈送花名册事的咨文
光绪十八年闰六月二十五日

钦命头品顶戴帮办吉林一切事宜镇守珲春地方副都统恩　为咨送事。本年闰六月十八日，据试办珲春矿务委员五品顶戴候选县丞程光第、会办珲春矿务委员蓝翎江苏试用县丞禄嵩禀称：窃卑职等前因提铸渐多，虚声远播，丁夫日众，良莠难齐，拟由卑局添募护勇，以资捍卫，禀蒙宪台批准在案。嗣于本年三月卑职嵩因公在珲，复以山菁林密虑有疏虞等情，禀奉钧谕，准其招募护局炮勇四十名，分途择要设卡巡查，并令添制号坎、腰牌分给穿执，俾易稽考。各等谕。奉此，遵即制备号坎等件，并呈请暂借前路抬枪八杆、开司枪八杆、火药八百斤、丸弹八百粒，一并领运回局。一面会同卑职光第出示招募，随时禀报亦在案。计自五月初一日起至六月初一日止，先后招募精壮勇丁四十名，取具的保结状，拨立练长一名管带操防，不准稍懈。并查明距局里正路之外，两山各有深沟一道，林径丛杂最易藏奸。现已择其要隘修造卡房三处，以为犄角之势，每处均匀派拨，日则分班巡缉，夜则轮替支更，务使宵小潜踪匪徒知儆、仰副宪台慎重矿务，思患预防之至意。惟前领枪械不敷布置，拟请恩准饬发开斯枪二十杆、来福枪二十杆，所需药弹等项并恳酌量给发，俾得按时演习以备不虞。如蒙俯允，再当备文请领，并将前借枪械移还该路收存，用符原数。除月支口分仿照边防饷章，另造花名清册呈送外，所有卑局招募护勇现已足数，并应领枪械各缘由，理合禀请察核，示遵。并咨督办宪备查，实为公便。再此次募勇投到先后不一，其口分银两均系按日扣算，并无截旷冒混之弊等情。禀到本帮办。据此，查该局招勇护局为久远之计，所需枪械从前由沪购买不少，现时机器局有无存储，应请贵督办将军饬查呈复。如果购存之枪尚敷匀拨，即由该局备价赴省请领以资应用。除将呈送募勇花名清册存留一份并批示外，其余一份相应咨送。为此合咨贵督办将军请繁查照备案，仍希见复施行。须至咨者。

计咨送清册一份

右咨钦命头品顶戴督办吉林边务事宜镇守吉林等处地方将军兼理打牲乌拉拣选官员等事恩特赫恩巴图鲁长

吉林珲春矿务局呈造光绪十八年五月起招募护勇花名年岁籍贯并月支口粮银两清册

_{试办吉林珲春天宝山矿务委员五品顶戴候选县丞程光第会}
_{办吉林珲春天宝山矿务委员五品蓝翎江苏试用知县禄嵩} 谨将卑局遵奉招募护勇花名、年岁、籍贯暨月支口粮银两，理合造具清册，呈请宪鉴查核施行。须至册者。

计开

管带炮勇练长一员，五品顶戴记名把总邢聚魁，现年三十八岁，系直隶顺天府通州人。

头棚

什长：朱万昌，年三十四岁，系吉林府人，于五月初一日补。

正勇：栾永昌，年三十八岁，系山东登州府莱阳县人，于五月初一日补。

邢贵，年二十八岁，吉林府人，于五月初一日补。

郝保财，年三十六岁，系吉林府人，于五月初一日补。

温玉祥，年三十三岁，系吉林府人，于五月初一日补。

张福升，年三十四岁，系奉天府广宁县人，于五月初一日补。

李富武，年三十二岁，系山东济南府长清县人，于五月初一日补。

田德林，年三十三岁，系河南归德府商丘县人，于五月初一日补。

李德忠，年二十九岁，系山东登州府黄县人，于五月初一日补。

李占魁，年三十一岁，系山东青州府益都县人，于五月初一日补。

伙夫：王致成，年三十六岁，系山东莱州府潍县人，于五月初三日补。

二棚

什长：孙吉泰，年三十岁，系直隶河涧府献县人，于五月初一日补。

正勇：

王海山，年二十八岁，系直隶河涧府献县人，于五月初一日补。

张致全，年三十岁，系山东泰安府泰安县人，于五月初一日补。

高凤彩，年二十五岁，系吉林府人，于五月初一日补。

赵瑞山，年三十三岁，系山东莱州府昌邑县人，于五月初一日补。

孙明芳，年二十八岁，系山东济南府长清县人，于五月初一日补。

黄金有，年二十三岁，系山东登州府莱阳县人，于五月初一日补。

张凤彩，年二十二岁，系直隶河涧府献县人，于五月初一日补。

尹宗科，年二十七岁，系山东济南府历城县人，于五月初一日补。

徐顺，年三十岁，系山东莱州府掖县人，于五月初一日补。

伙夫：王振清，年二十一岁，系山东莱州府平度州人，于六月初二日补。

三棚

什长殷成丰，年四十岁，系奉天府人，于五月初一日补。

正勇王永仁，年二十五岁，系山东登州府招远县人，于五月初一日补。

钟福成，年三十四岁，系山东济南府历城县入，于五月初一日补。

孙吉升，年二十八岁，系直隶河涧府献县人，于五月十六日补。

汪清瑞，年二十二岁，系安徽凤阳府凤台县人，于五月十七日补。

孙德山，年二十四岁，系直隶河涧府献县人，于五月十七日补。

李金财，年二十八岁，系奉天府人，于五月十九日补。

程礼，年二十九岁，系奉天昌图奉化县人，于六月初一日补，

任永发，年二十五岁，系直隶保定府武强县人，于六月初一日补。

刘金山，年二十七岁，系奉天府凤凰厅人，于六月初一日补。

伙夫：富贵，年二十八岁，系吉林府人，于六月初二日补。

四棚

什长：李士容，年三十五岁，系奉天府承德县人，于五月初一日补。

正勇：鲍景林，年二十一岁，系吉林长春府人，于六月初一日补。

芦殿财，年二十一岁，系吉林府人，于六月初一日补。

王旭泉，年二十六岁，系直隶河涧府献县人，于六月初一日补。

孙占虎，年三十一岁，系直隶河涧府献县人，于六月初五日补。

王德胜，年二十岁，系吉林府人，于六月初五日补。

郭殿魁，年三十九岁，系直隶永平府抚宁县人，于六月初五日补。

范振芳，年二十四岁，系山东登州府莱阳县人，于六月初十日补。

崔宝山，年二十四岁，系顺天府三河县人，于六月初六日补。

于金德，年二十八岁，系山东登州府宁海县人，于六月二十二日补。

伙夫：张福喜，年二十三岁，系吉林府人，于六月初十日补。

以上计练长一员，月支薪水银十二两；什长四名，每名月支口粮银四两五钱；正勇三十六名，每名月支口粮银四两；伙夫四名，每名月支口粮银三两。计练长一员、什长四名、正勇三十六名、伙夫四名，共计四十五员名。查大建分需用口粮银一百八十六两，小建分需用口粮银一百八十两零二钱。其练长应请勿庸扣建，合并声明。

珲春副都统为矿务局禀恳修通运粮路径的咨文

光绪十八年七月二十三日

钦命头品顶戴帮办吉林一切事宜镇守珲春地方副都统恩　为咨明事。本年七月十三日据试办珲春天宝山矿务委员五品顶戴候选县丞程光第、会办珲春天宝山矿务委员蓝翎江苏试用县丞禄嵩禀称：窃卑局地处深山之中，行旅

往来时虞艰阻，目下矿务渐旺，夫役日多，所需油粮等项，均系派人赴敦化县一带随时采办，以资接济。惟由卑局前往该处素无官道，须由老头沟绕行至土门子地方，计程一百十余里。所过五峰顶子等处，山峦高耸，度越维艰，兼以河流深广，病涉尤甚行，行人苦之。嗣经卑职等访知，迄南山内有小道一条，因其地近荒僻，车马日稀，荆棘丛生，遂形寥落。询之土人，知系当年旧径。倘将此道开通，则由此而达土门子，不过四十余里。较之循行官道，不特远近悬殊，并可少越两岭，少渡两河，似与官商均有裨益。上年督办宪临工，卑职等曾经禀请拨队遇便修治，当蒙允准。现闻右路奉派队兵所修哈尔巴岭各道，将次毕事。为此，禀恳宪台俯赐饬派该队就近修理，以通运道。等情到本帮办。据此，查该局赴敦化县采运油粮，既有便捷路径可通，自应及时修辟，以利遄行。除批示并饬右路统领转饬派出修道队兵将哈尔巴岭各道修竣即行接修外，相应咨明。为此合咨贵督办将军，请繁查照施行。须至咨者。

右咨钦命头品顶戴督办吉林边务事宜镇守吉林等处地方将军兼理打牲乌拉拣选官员等事恩特赫恩巴图鲁长

珲春副都统为报送矿务局核销册事的咨文

光绪十八年七月二十六日

钦命头品顶戴帮办吉林一切事宜镇守珲春地方副都统恩 为咨送事。本年七月十五日据试办珲春天宝山矿务委员五品顶戴候选县丞程光第、会办天宝山矿务委员蓝翎江苏试用县丞禄嵩申称：案查卑局自购办洋炉运致到工以后，所有修造房舍、添办物料以及运脚工食等项需用经费银两，曾经禀请俟工竣造报在案。现在各项工程均已陆续告竣，自应汇总造报。计自光绪十七年十月起截至本年六月底止，动用经费银两分为五项，共用银一万一千六百八十两零九钱三分一厘。再查上年郑委员以桢经手炉价各项用银一万零五百二十二两四钱八分七厘。又卑局接运炉座机器需用运费川资等项，共银一千八百十三两三钱一分。以上二项已经分别造报，尚未请销统计，需用经费银二万四千零十六两七钱二分八厘，理合备文缮册呈请宪台鉴核示遵，并请转咨督办宪备案，实为公便。再此项系已用未销之款，应请列入月报，照数请销，以免缪辖。等情到本帮办。据此，除将清册存留一份并批示外，相应咨送，为此合咨贵督办将军，请繁查照施行。须至咨者。

右咨吉林将军长

珲春副都统为矿务局禀恳重刻木质关防的咨文

光绪十八年八月三十日

钦命头品顶戴帮办吉林一切事宜镇守珲春地方副都统恩　为咨明事。本年八月二十五日据试办珲春天宝山矿务局委员五品顶戴候选县丞程光第、蓝翎江苏试用县丞禄嵩禀称：窃卑职等于光绪十六年五月初六日接奉宪札并刊发木质钤记一颗，遵即祗领，随将开用日期呈报在案。伏查卑局创办既久，事务日繁，所有申报公牍以及文移往来需关紧要，所颁钤记篆文太浅，渐已模糊，且于体制不甚合宜，不足以昭慎重。合无仰恳宪台俯念矿务重要，查照禀定章程刊发木质关防一颗，仍照原式篆文札发印用，俾资信守，并恳转咨督办宪查照备案，实为公便。再俟关防颁发到日，即将钤记申送缴销。等情到本帮办。据此，查该局事务日繁，局面渐开，自应另换关防，以昭慎重，除饬仍照原式篆刊札发并批示外，相应备文咨明。为此合咨贵督办将军，请繁查照备案施行。须至咨者。

右咨钦命头品顶戴督办吉林边务事宜镇守吉林等处地方将军兼理打牲乌拉拣选官员等事恩特赫恩巴图鲁长

珲春副都统为报矿务局木质关防刊就将前发钤记缴销的咨文

光绪十八年九月二十日

钦命头品顶戴帮办吉林一切事宜镇守珲春地方副都统恩　为咨明事。案查前据矿务局禀称：卑局创办既久，事务日繁，所有申报公牍以及文移往来，胥关紧要，所颁钤记篆文太浅，渐已模糊，且于体制不甚合宜，恳请另换关防，以昭慎重等情，当经批准咨明贵督办将军在案。兹据文案处业将木质关防刊就，其文曰："奏派试办吉林珲春矿务关防"，呈请札发前来。除札发该局祗领开用分报，并饬将前发钤记缴销外，相应咨明。为此合咨贵督办将军，请繁查照施行。须至咨者。

右咨钦命头品顶戴督办吉林边务事宜镇守吉林等处地方将军兼理打牲乌拉拣选官员等事恩特赫恩巴图鲁长

珲春副都统为矿务局裁减员司等情的咨文

光绪十九年十一月十三日

钦命头品顶戴帮办吉林一切事宜镇守珲春地方副都统恩　为咨复事。案准贵督办将军咨开：据委办矿务委员程光第禀称，窃以创始之规，可大必期可久，维持之道，治法尤赖治人，盖天下事，苟有治人即不患无治法。然事至挽回补救一切费用，如尚有开源节流之处，从未有不竭力撙节，复任虚糜者也。卑职自维庸陋，深恐不克负荷，故有督理之请，并将矿务减色情形，禀明宪鉴在案。即日前卑职禀见，当奉谕饬局费总须撙节，仰征宪台谆谆核实之至意，敢不谨遵。顷复恭奉批开：据禀已悉，所论办矿之难，自是实在情形，第该员不能审慎于几先，必待亏累已深，始悔办理不善，未免觉悟太迟。现在事已至此，惟有力求撙节。凡在局虚糜之人，俱应删去。处处收小，事事求实，所谓亡羊补牢，犹未为晚。若另派廉干大员，不特现无其人，且不免小题大做。当此赔累之余，重事铺张，岂非一误再误？既称矿苗涌现，未可遽停，仍当责成该员始终其事。应否招股，亦由该员察酌情形，自行筹办。所需炸药，即赴机器局购买，毋庸舍近求远，以节糜费。缴。等因蒙此，卑职捧读之余，感深涕零，益见慈恩优渥，矜全既往，虽肝脑涂地，亦不足为涓埃之报。惟有凛遵宪示，凡在局虚糜之人，俱应删去，处处收小，事事求实之谕，再不敢因循缄默，自取咎戾。惟卑职检查卑局员司人等章程，自光绪十六年六月初一日作为开办起，彼时员司等共二十人，办事亦能敷用，而计薪水每月只共支银一百四十三两。嗣后陆续添员增薪，至本年九月份，局员司事等共有三十员名，每月薪水则已逐渐增至银三百九十九两。较与开办时不啻两倍之多，每月多费二百五六十两，每年即多三千数百两。瞬及三年，即成万金，积少成巨。往事虽已，第当此经费支绌入不敷出之时，益属万难为继。兹谨将开办暨现在各员司等名目，以及月需薪水银两数目章程，缮具清折两份，抑或裁照前章，或仍就现章稍加并裁，均恳俯赐批示，俾有遵循，庶收撙节实效，而免再事虚糜。又查卑局招募护勇四十名，月需饷银一百八十九两，自十八年四月份起，拟截至本年十二月底止，约计需银四千两有奇。此项护勇现似可省，拟请悉数裁撤，以节糜费。仍恳恩准饬由靖边右路查照旧章，拟派队兵二十名赴局驻护，借资弹压。其余应役丁夫，请俟卑职回局查看工作缓急，随时裁留，俾收实效。卑职禀请续集商股，原为购办炸药周转经费起见，现蒙批由机器局购买，则所请招股一节尚可缓行。如炸法果见功效，再行筹备经费，禀请接续办理。并请札饬机器局先代配造炸药引线，并派熟习炸法工匠一二名同往试放，至需用工料价值暨匠人月需薪工银两，均由卑局日后照数交还，以资简便，而清公款。卑职自当随处慎谨，实事求是，惟有勉竭犬马之力，以尽报效之忱，断不敢稍忱安逸，复事因循，致负生成期望之厚意。所有遵奉批示筹拟各节缘由，是否有当，恭候宪批祗遵，并恳咨明帮办宪转饬一体遵照，实为公便。等情到本督办将军。据此，除批，禀、折均悉。该局护勇原可裁撤，所有各员司等名目，如能照开办时旧章办理，未始非实事求是之道，失之东隅，收之桑榆，实该局一大转机也。候咨商帮办核复到日再行饬遵，并候饬知机器局配造炸药引线，暨拟熟习炸法工匠同往试用，此缴。挂发外，抄粘咨行到本帮办。准此，查此案已据该员抄禀录批呈报前来。当此矿苗不旺经费支绌之际，亟应裁减员司，以节虚糜。化学、稽查、监炉三员，前经札饬该局裁撤具报在案。此外，员司孰可裁而杜虚糜，孰得力而资臂助，是在该员因时制宜，认真去取，本帮办碍难悬拟致误大局。除呈批示外，相应咨复。为此合咨贵督办将军，请繁查照，希即饬遵施行。须至咨者。

右咨钦命头品顶戴督办吉林边务事宜镇守吉林等处地方将军兼理打牲乌拉拣选官员等事恩特赫恩巴图鲁长

吉林将军衙门为天宝山矿务局前委员郑维周积劳成病所借银两册销的咨文
光绪十九年十一月十七日

为咨复事。案准贵帮办咨以天宝山矿务局禀称，前文案委员郑维周在山安炉，积劳致病，日久未愈，前在局借支银三百二十余两，无力归还，请由该局册销之处等情，准贵帮办咨行前来。查该员此项借款，准其入册报销，相应咨复贵帮办，请繁查照转饬施行。须至咨者。

右咨钦命头品顶戴帮办吉林边务事宜珲春副都统恩

吉林将军衙门为矿务局禀请裁减护勇员司并请拨队护局的咨文
光绪十九年十二月十四日

为咨行事。据委办珲春矿务委员程光第禀称：窃于本年十二月初三日奉宪台札开，案准帮办恩 咨开，当此矿苗不旺经费支绌之际，亟应裁减员司以节虚糜，是在该员因时制宜，认真去取。除原文有案邀免不叙外，合亟札饬，札到该局即便遵照。查如何因时制宜，认真裁减，仍将详细情形禀候核夺。等因。奉此，卑职窃查十月间业已遵将拟裁局费收小办理，各情形禀奉宪批。护勇原可裁撤，所有各员司等名目，如能照开办时设章办理，未始非实事求是之道，失之东隅，收之桑榆，实该局一大转机。等因在案。兹奉宪饬，前因卑职撤去护勇四十名，每月即可减银一百八十九两，如照光绪十六年份开局旧章办理，则每月更可减银二百五十六两。查此两项以一月而计，虽仅减省四百四十五两，以一年计之则可撙节银五千三百余两，于卑局不无小补。且当此出数不旺，经费极绌，借贷无门，万分为难之际，似应遵照宪台前批，照十六年初次原定旧章办理，方为核实撙节之道。卑职未敢擅便，恭候批示定遵。再护勇已撤，应再恳请恩准，札饬靖边右路就近查照旧章，派拟马步队二十名，前赴卑局驻护，并资弹压，尤为德便。等情到本督办将军。据此，除批，据禀已悉。该局既拟照十六年原定旧章办理，所有十六年以后新添员司人役概行裁撤。候咨明帮办查照，并候札饬靖边右路就近拨马步队二十名，赴局驻护。此缴。挂发外，相应备文咨行。为此合咨贵帮办，请繁查照施行。须至咨者。

右咨钦命头品顶戴帮办吉林边务事宜珲春副都统恩

珲春副都统为据矿务局会办禄嵩禀请因公亏项回南筹资弥补事的咨文
光绪二十年二月十一日

钦命头品顶戴帮办吉林一切事宜镇守珲春地方副都统恩　为咨商事。本年正月二十三日，据天宝山矿务局会办候选知县禄嵩禀称：窃维开矿之方必先厚集资本，而办矿之法尤赖人力筹谋，资本充裕，庶临事不至掣肘，人力协心斯功施得以就效。语云，千金之裘非一狐之腋，大厦之材非一丘之木，理势然也。卑职自维谫陋，渥荷宪台、军宪拔擢之恩，会同奉委襄办矿务受事以来，夙夜图维，以冀早臻成效，借抒报答微忱。岂知三载于兹，仅克草创规模，未能筹资军实，负累滋深，抚衷循省，愧惭无地。推其公私所以受累、矿务所以艰难之故，谨为我宪台质直陈之：伏查天宝山银矿自光绪十五年冬间采获苗线，至次年春季炼出银质，截至年底得银七千余两。卑职十七年春初抵局襄办其事，是年冶炼银两二万四千余金，十八年炼银九万数千两，十九年炼银三万五千余两，统计四年，共获银十六万两有奇，不可谓无地利也。此项银数虽未报效，而分散于工作贫民，周转于大租荒价，在边地不无小补。溯自开办之初，原无成本，仅十六、十七两年先后招股一万两，十八年冬即将股本归还，又分红利五千两，所有四年局用工资以及修造房屋、置备器具、购办洋炉，百凡均已就绪。卑职会同经理靡不巨细，劳怨兼任，每与程倅光第和衷商筹，事事力求搏节，从无私意龃龉于其间，举可共白于上下。此筹办矿务之大概情形也。至于矿产衰旺，时有变迁，山川之精华，须心志坚笃，方能感召。若谓毫无把握，则此四年所炼之银是其明验；若谓确有把握，而深山宝藏隐现无常，丰啬难以预定。闻诸西洋专以开矿为富强之计，倘能采获矿苗，原不限以资本，计以岁月。查热河银矿开办几数十年，既有赢余之候，亦有短绌之时，漠河金厂成本巨万，而上海、天津又源源接济。若卑局仅恃土中之所出，以为日用之所需，银砂稍形减成则束手无策，甚至局外旁观指摘交攻，动谓费用浩繁，筹画不善，即使实心任事，反蹈虚靡之名，不知多藏乃可以善贾，巧妇无米而难炊。自古开利源者，莫善于夷吾少伯管子之齐也，府海官山经营数十载。范蠡之谋越也，教养生聚筹维二十年。倘垫办无资，欲求矿务速观厥成，即有士安之智计，弘羊之运筹，亦难操其胜算。此办矿不易之实在情形也。至卑职亏用二千余金，皆系因公受累。十七年春甫经到局，即晋省招股，继而接运洋炉，十八年先后解银赴珲，旋又散放吉珲两处股利，往来于风雨泥泞之中，奔走于雪地冰天之际。辛苦备尝，本属分所当为，而旅邸办公，只川资可以造报，其余开销多系自行赔垫。至于人情酬应，在所难免，加以戚友移挪局中帮款，三年之久，日积月累，遂成巨亏。即如程倅支用四千余金，揆其情势大略相同。公用私填，皆有细账可稽，并无分毫肥私利己，显可以对天地，幽可以质神明。此卑职因公亏累之实在情形也。查上年矿砂虽不甚旺，尚能炼银三万余两，初因局面渐开人夫众多，原期大有起色，用伸报称。不料事与心违，冶提日绌，致形亏累，是卑职与程倅未能审慎于几先，措置失当，咎无可辞。现查各硐均有砂苗，早晚尚可望其转机，若以经费难筹，遽行停止，则数年创造营谋，弃之大为可惜。昨准程倅移知，接奉军宪批示，该局既拟照十六年原定旧章办理，所有十六年以后新添员司人役，概行裁撤等因。卑职应将经手事件，暨一切账目分析交代清楚，再行呈报。伏思卑职材本愚庸，赋性憨直，知识短浅，阅历未深，平时不及谨慎，以致重受其累，已堕之甑，追悔莫及。所有因公亏项，自当竭力措缴，天良具在，断不敢稍形延宕，有负我宪台培植深恩。但卑职从公塞外，九载奔驰，行李萧条，猝难措办，惟有禀恳逾格鸿施，轸念宦辙，宽限数月准予南旋，俾向亲戚友谊四处张罗，设法弥补以赎愆尤，是则私心感激屏营不置也。已并恳咨明督办将军察核，实为公便。理合据情肃具寸禀，仰候俯赐批示祗遵。等情到本帮办。据此，查该员禀称在局三载，因公积成巨亏，尚属实情，惟请给限回南措资，应否准如所请，相应咨商。为此合咨贵督办将军，请繁查照，希即见复施行。须至咨者。

右咨吉林将军长

吉林将军衙门为查试办天宝山矿务章程并提银数抵充俸饷等事的咨文

光绪二十年二月二十六日

为咨行事。案准户部咨开，山东司案呈，卷查光绪十七年三月间，据吉林将军奏，勘明珲春天宝山银矿派员试办，奉朱批："该衙门议奏。钦此。"当经本部会同海军衙门议准，试行开办，并令妥议章程，奏明办理等因。于是年六月十四日具奏，本日奉旨："依议。钦此。"抄录原奏飞咨行知遵照在案。迄今三年之久，并未将办理情形随时报部，亦未将试办章程奏明办理，相应飞咨吉林将军查照，限于文到日迅将试办矿务章程先行报部，并将提出归公银数及抵充何年俸饷，一并查明查复报部，以凭办理可也。等因到本督办将军。准此，除札矿务局查明呈报外，相应咨行。为此合咨贵帮办，请繁查照施行。须至咨者。

右咨钦命头品顶戴帮办吉林边务事宜珲春副都统恩

珲春副都统为矿务局前借招垦局兵饷等银由本年五月起按月缴还的咨文
光绪二十年三月初一日

钦命头品顶戴帮办吉林一切事宜镇守珲春地方副都统恩　为咨明事。本年二月二十八日，据试办矿务局委员补用知县候选县丞程光第禀称，窃查卑局上年春间禀蒙宪恩，赏借银三千两俾归拨还右路夏饷银两，嗣由招垦局荒价项下借用银二千五百两，计两次共借银五千五百两，均经禀明在案。卑职现因公到珲，会晤招垦局鄂司员，面谈卑局前借银两催即归还，以便报解等语。查卑局自开正以来，所有工丁人役业已大加裁汰，事事收小办理，南北两山砂苗渐见起色，日提之银近只能敷局用，不能弥补前亏。惟上年所借前项银两，暂时难以归还，再四思维，惟有据情仰恳宪台俯念矿务一时之艰，请由招垦局报解荒价项下暂挪银六千两，以俾归还前项借款五千五百两，所余五百两措发化学各员司归装，各费开销另册具报，如此转移之间，俾公私两有裨益。其此次借款银两，请以五月份起按月缴还银五百两，陆续归缴不至虚悬，是否有当，恭候批示，遵行。如蒙俯准，并恳咨请督办宪鉴核，备案施行。等情据此，查荒价兵饷同为造报正款，因公暂挪原不准久假虚悬。兹据禀请由库存荒价项下借银六千两，除拨还前借招垦局二千五百两，支发处由亲军马队兵饷内垫还右路三千两外，余银五百两，领作措发裁撤员司川资等需。际此矿务减色之时，不得不俯如所请，以资抵拨。惟据声请，本年五月起每月缴还五百两果能言行相符，自不至久假虚悬。倘届时不能依限解库，定必委员催提。除禀批示并饬右司遵照外，相应咨明。为此合咨贵督办将军，请繁查照施行。须至咨者。

右咨钦命头品顶戴督办吉林边务事宜镇守吉林等处地方将军兼理打牲乌拉拣选官员等事恩特赫恩巴图鲁长

吉林将军衙门为饬禄嵩归还亏短公款商欠再行给假的咨文
光绪二十年三月十一日

为咨复事。二月二十三日准贵帮办咨开，以天宝山矿务局会办禄嵩禀称，办理矿务一切情形因公亏用银二千余两，自当竭力措缴不敢延宕，但卑职从公塞外九载奔驰，行李萧条，猝难措办，惟有禀恳宽限数月，准予南旋张罗弥补等情，咨商前来。准此，查禄嵩于上年由存义公号商借给矿务局银二千两，至期未还，经该号商呈请催追，当经咨行贵帮办转饬催追在案。今该员所禀宽限回南措资未便准行，仍令将亏短公款商欠赶紧措办归还，再行给假。相应咨复贵帮办，请繁查照转饬该员遵照施行。须至咨者。

右咨钦命头品顶戴帮办吉林边务事宜珲春副都统恩

珲春副都统为天宝山矿务局借款难归请求展限一年的咨文
光绪二十年三月十八日

钦命头品顶戴帮办吉林一切事宜镇守珲春地方副都统恩　为咨复事。案查前准督办将军咨，据存义公执事人陈文轩呈称，情缘天宝山矿务局会办禄嵩，于十八年腊月来省散给股份红利，兼采运食物等件，嗣以用款不敷，至十九年正月十六日，向商人柜上挪用银二千两，言明按月一分行息一年，期满本利归清。当经禄嵩出具总、会办联名印结借，商人柜上即将银二千两交付清讫，现已逾期，曾经屡函催归绝无回复。伏念商号分设各省，凡有汇借款项等事，俱以信实通商。今该会办禄嵩因公挪用，任意拖延，商人乔司柜事势难交代，为此呈请军帅体恤商情，赏赐催追，以清款目等情到本督办将军。据此，查该号商因公借给矿务局银二千两，并出有印结，自应至期归还，以昭信实。相应备文咨行，请繁查照，转饬，催追归还施行。等因。准此，当经札饬该员等遵照去后，旋据禀称，此项商款银两系于十八年十二月散放红利之便，购办油粮需款甚急，卑职等因私事不敢挪用公款，当经卑职嵩在省将情禀蒙宪台电商，督办宪俯准饬由粮饷处明守转向该商息借交收。内卑职光第借用银六百两。卑职嵩借用银一千四百两，原议期满本利交还，不意矿务减色，筹措不及，以致稽迟。正拟函托明守向该商交息转期，适蒙宪札催缴，展诵之余同深惭悚。再四熟商，委因卑职光第遵改旧章，事事力求节减，卑职嵩睹此矿务艰窘，假归赶为筹措，均系力求补救一时难以周转。既蒙帅宪栽培于前，尤望生成于后，可否请咨军宪俯念下情，转饬明守传知该商展期一年，届时本利交还，用昭信实。卑职等具有天良，断不敢临期再误，辜负宪恩。所有禀请转咨，展限归还商款各缘由，合词具禀鉴核批示祗遵，实为德便。等情前来。除批示外，相应备文咨复。为此合咨贵督办将军，请繁查照转饬施行。须至咨者。

右咨钦命头品顶戴督办吉林边务事宜镇守吉林等处地方将军兼理打牲乌拉拣选官员等事恩特赫恩巴图鲁长

吉林将军衙门为天宝山矿试办三年将每月出银需费查照的咨文
光绪二十年五月二十二日

　　为咨行事。于本年五月十六日准总理海军事务衙门咨开：案查光绪十七年三月间，吉林将军长　等奏，珲春天宝山银矿现已派员试办一折，据称县丞程光第招集股本银一万两，前往该处开采，核计每月可出银万两，人夫月需工银及油铁等项连局用薪水，每月共需银二千数百两，尚可盈余银七千余两等语。经本衙门户部会议奏明，准如该将军等所奏试行开办，于是年六月间复奏行知在案。现在开办三年之久，月出银数谅较初年所采自应加增，乃未据该将军将筹办情形及每月所炼银数咨复，事关开办利源，以裕富强之计，岂能久延？相应咨催吉林将军即将每月所出银数，并开办之日起至现在止，共存若干及局用薪水、人夫口粮各提用若干，详细开单咨复本衙门核办，幸勿迟延可也。等因准此，除分札外，相应备文咨行，为此合咨贵帮办查照可也。须至咨者。

右咨钦命头品顶戴帮办吉林边务事宜珲春副都统恩

吉林将军衙门为准禄嵩请假回籍筹补公亏商欠的咨文
光绪二十年六月十七日

　　为咨复事。准帮办咨开，案据天宝山矿务总局程光第呈称：窃于本年五月初四日接准会办矿务禄令嵩移称，前以矿务竭厥，经费支绌各情形，旋经贵总理禀请，军宪批饬，仍照光绪十六年旧章收小办理等因。遵照在案。敝会办襄事三载，愧无成功，所有工厂应办事件无论巨细，均经贵总理和衷会商，随时具报有案，一切幸免贻误。当此矿事艰难，自应同力补救，以期仰副两宪生成。惟查矿务举兴，事当创始，因费用之繁多，致赔累而益甚。彼此公亏情形，早邀宁鉴之中，虽经两帅函商，恩准议加薪水，究未接奉饬支。其商股红利虽已散放，而报效尚未出手，酬劳何敢希冀。敝会办核计支销截至十九年，先后三年统计公亏二千四百零九两四钱四分九厘，早经据实截报在案。前蒙两宪成全，敝会办捐纳过班，由存议公商借二千两内，除贵总理挪用六百两，敝用一千四百两，又经禀明在案。伏思此项公亏商欠为数甚巨，既无薪资可补，又无红利可分，思维再四弥缝乏术，自应设法筹补，以期归款。而资补直，无如就地难以措办，是非回南辗转集腋成裘，恐不足以偿巨款而资迅速。两次将公亏商欠先后分别呈请转咨，未邀军宪核准。现将实在苦情缕呈，已蒙帮办宪恩准，再行函请展限给假矣。兹准前因，所有敝会办遵改旧章，请假回旗措资暂行离工各情，相应备文移知。为此移请贵总理查照，据情转呈帮办宪鉴准，俯念筹还公款起见，赏假四个月给咨回旗，张罗旋局补缴，并恳转咨督办将军立案，实为公便。等因准此，理合据情转详，为此呈请鉴核，俯赐转咨施行。等情据此，除批示外，相应咨明查照核夺，见复施行。等因到本督办将军。准此，禄嵩准给假四个月，相应备文咨复贵帮办，请繁查照施行。须至咨复者。

右咨钦命头品顶戴帮办吉林边务事宜珲春副都统恩

吉林将军衙门为准矿务局请提铜变价缴还借款的咨文
光绪二十年十一月二十四日

为咨复事。案准贵帮办咨，据珲春矿务局呈复，提铜变价缓限归还前借珲库寄存荒价银两，咨请查核见复等因。除原文省繁不叙外，查该局所借荒价银两，前已饬令分限归还，以清款目在案。今据该局呈请提铜变价缴还此项借款，暂应准如所请，应仍严饬该局务于明年四月扫数解清，以重库款，毋得仍前玩延，相应备文咨复。为此合咨贵帮办，请繁查照，饬遵施行。须至咨者。

右咨署帮办珲春副都统恩

（四）建　筑　衙　署

吉林将军衙门为由前路酌拨步勇前往和龙峪商务处所建筑土围的咨文
光绪十一年七月十六日

为咨会事。案查和龙峪商务处所地方辽阔，局势散漫，应由前路右营酌拨步勇二哨，赴该处建筑土围二座，以便设局招民。再由右路派拨步队数十名驻护该局，轮流更换，借滋弹压。至应如何修筑驻扎之处，奏令既兼营务处会办，应令指示遵办，不得任令兵勇滋生事端。除札饬该令并营务处遵照外，相应咨会。为此合咨贵帮办，请繁查照施行。须至咨者。

右咨钦命帮办吉林边务事宜珲春副都统依

吉林将军衙门为由中前两路统领派兵修补珲春城垣的咨文
光绪十八年二月初二日

为咨行事。照得本督办将军于上年出省校阅防军抵至珲春，查阅该处城垣，修理尚属周备，惟年久失于修补，北面城墙有损坏不堪者，城壕有淤塞不通者，自应趁此防务稍松之际，借资兵力赶紧修补，以期坚固，而壮观瞻。着就近由中前两路统领酌派兵勇，会同修补，是为至要。除分饬外，相应备文咨行。为此合咨贵帮办，请繁查照施行。须至咨者。

右咨钦命头品顶戴帮办吉林边务事宜珲春副都统恩

珲春副都统为左营所修营墙兵房被雨冲塌暂住珲城籍以守护等情的咨文
光绪二十年十月十二日

署理帮办吉林边务事宜珲春副都统军机处存记副都统衔花翎协领恩　为咨行事。案于本年十月十三日据珲防营务处呈称：窃于本年十月初七日准中路统领永、协领德咨开，案据敝路左营营官贵升呈称，窃本月初三日据职营左哨哨长李儒卿遵派督饬什勇等在石灰窑修筑营墙，并盖人字草房，四围撮土为墙，以资防守。不意将近工竣，于本月初一日大雨连绵，竟将草房冲坏，土墙尽行坍塌。若再兴修，天气渐寒，泥水不合，恐误限期，合先回明。等情前来，职即查看坍塌属实，忆度重修，时届泥水不合之际，甚属不易。现拟将左右两哨随职暂驻城里，俟明春另行重修营房，若遇紧急，再行听调。职未敢擅便，理合备文呈报核转施行。等情呈报前来。查该营官所报系属实情，自应准如所请，除照复外，相应备文咨招查核转详施行。等因前来，理合具文呈请鉴核施行，等情到本署理帮办副都统。据此，查该路左营经贵署督办将军饬派驻扎石灰窑，兹据转报所修营墙、兵房，悉为大雨冲塌，自是实情。现天气渐寒，泥水不合，再为修兴，其工不易，应亟照准该营左右两哨暂驻珲城，借以守护。仍饬该统领今冬赶为备料，来春择地筑营，再令该营官带队驻扎，以归整齐。除札该统领遵照外，相应备文咨行。为此合咨贵署督办将军，请繁查照施行。须至咨者。

右咨吉林将军恩

八、驿 路

（一）驿 站 管 理

吉林将军衙门为划分珲春、敦化界址的咨文

光绪十二年四月

钦命 督办宁古塔等处事宜镇守吉林等处地方将军兼理打牲乌拉拣选官员等事一等继勇侯希 头品顶戴吉林副都统恩 为咨行事。本年三月二十七日据珲春招垦总局总办委员五品顶戴府经历衔候选从九贾元桂、同知衔署敦化县知县委用知县刘调元、留办南冈招垦分局委员德喜等联衔禀称，窃职等分奉宪台批示，暨珲春副宪札饬，会同分拨哈尔巴岭界址，并交割地亩卷宗。等因蒙此，卑职等公查珲春右司移交旧案与前署敦化县赵令所绘县界图说，均以哈尔巴岭分水为界，大致相符。卑职调元遵于三月十六日会同卑职元桂等，前赴哈尔巴岭分拨界址，设立界桩。查南冈分防地亩划归珲春，其界限全以哈尔巴岭为主。自哈尔巴岭曲折东北行约二百余里，至四方台为宁古塔南界。又自哈尔巴岭曲折西南行约一百五六十里，至秫秸垛东北之庙儿岭为敦化县。放荒原界计四方台至庙儿岭，约共三百五六十里，均与哈尔巴岭相连为一大分水岭。此岭东南一带有大红崴、哈玛塘、朝阳河、博尔哈通、朱倒木沟、头道沟并骇浪河掌之二道沟等水发源于此岭，下流入图们江，其地皆属珲春。此岭西北一带有马鹿沟、横道河、沙河、石头河等水发源于此岭，下流入牡丹江并流入松花江之古洞河北岸，其地皆属敦化。再卑职元桂等查珲春旧案界址，有自哈尔巴岭西南至长白山之语。现与敦化划界仅止于秫秸垛东北之庙儿岭。查由庙儿岭曲折西南行，此岭至长白山下约尚有四五百里。其岭之东南有三道沟并外六道沟、红旗河外马鹿沟、大箕沟、红土山等水均入图们江，其地应属珲春。其岭之西北有古洞河并娘娘库上流之大沙河、荒沟、里马鹿沟及长白山东之黄花松沟子等水均入松花江，其地应属吉林。但以其地非敦化辖境，此次划界，吉林又未派员前来，卑职等未敢擅行划拨，理合陈请宪台核定批示。现在哈尔巴岭界址划拨已定，卑职调元回署后，遵即将地亩册簿并词讼卷宗一并备文，专差送至珲春交割。除禀珲春副宪外，所有此次卑职调元会同卑职元桂等，分拨南冈分防地亩，划归珲春分清界址缘由，敬请宪台查核，批准立案等情，到本爵将军。

据此珲春、敦化界址既经该令会同委员划分清楚，准如所禀立案。仰候分别咨札遵照。除批示缴发并分饬外，相应咨行贵副都统衙门，查照可也。须至咨者。

吉林将军衙门为站丁递送公文坠水文包无踪事的咨文
光绪十二年六月

为咨行事。兵司案呈：光绪十二年六月十五日，兵司接据乌拉额赫穆等站监督、都统衔记名副都统花翎参领富魁等移开，据鄂摩和站笔帖式荣春等呈称，窃职站于六月十一日卯时初二刻，接得塔拉站差丁高宾送到宁古塔咨吉林将军衙门限日行四百里公文一角、票一张，原文六月初九日发。又珲春咨吉林将军衙门速送公文二角、票一张，原文初五日发。又珲春副都统依咨将军希、穆、庆速送公文各一角，<small>营口转运局查长春厅李、文</small>付文各一件，珲春右司咨云骑尉双祥札文一件，均初五日发。又佐领春　咨伊通佐领恩、佛付文一件，初五日发。统领恩　咨电线局李、周付文各一件，初九日发。又咨<small>伊通州王 四百里委员姚速送</small>马封各一件，均初九日发。额穆赫索罗佐领呈翼长呈文一件，初十日发。哈顺兼大坎子站呈报二件，随职站呈报一件，禀帖一件，外信二件，以上统共计二十四件。职站于接到时登注号簿，当即饬派差丁徐常龄前往意气松站递送去讫。于午刻时分，适据职站迤西三十里店民程志荣到站，声称职站差送公文之丁行至珠尔多河地方，见河水连日降雨，洋溢涨发，该丁向伊声言现送公文，内有限行里数吃紧，恐其迟误，随绕浅处乘马至河中间，见人马坠落入水淹死，当即呼唤数人寻找多时，并连腰系文包，尚无踪影等情，声诉前来。询据程志荣所称，均属实情。职等伏思事关紧急公文要件，曷敢稍延迟误，职等遵即速差妥协头目王廷喜带领丁役数名，均各持械前往珠尔多河，查落尸首、文包，容俟寻着差丁文包有无失落之处，务当再为另文飞报。谨将差丁腰系公文坠入落水各情，除备文呈报宁古塔左司查核外，肃将一切缘由，理合星即按六百里备文飞行呈报，等因转移前来。查驿站差丁徐常龄递送公文乘马至河中间，人马坠落入水淹死，连腰系文包均无踪影，即应咨行原发文件各衙门查照补咨等情。合亟呈请咨行宁古塔珲春副都统等衙门查照补咨，并由兵司移付边防营务处查照，转饬一体补咨可也。须至咨者。

右咨珲春副都统

珲春副都统为珲春城站另拨地亩设立分站的咨文
光绪十四年五月初九日

镇守珲春地方副都统法什尚阿巴图鲁依　为咨请事。右司案呈：于本年四月十六日据珲春城站笔帖式德克登额禀称，前于光绪十二年冬间，蒙宪恩饬令招垦总局会拨城西北相距一百五十余里之嘎呀河口江湾地一段，并城南二道河东沟荒地一段，业经绘图呈报在案。其二道河之地均系沙石哈塘，可垦之地不过有三四十垧，将来丁户（缺文）难以耕种，至嘎呀河之地现在朝民占种，不肯让还，且此项田地逼近江岸，其中低洼之处连（缺文）水冲淹，仰恳在城西北水湾子或高丽城下坎并西南崴子等三处另行指拨，以便将来丁户垦种，距站觉近，不至传唤远有误要差矣。职等所管只珲春城正站一处，仅有额丁十五名，但其地居首要，差务繁多，值此整顿边防营署各项，每日有紧急军情，勒限五六百里公文络绎不绝。且南临俄国并黑顶子屯垦局，西距朝鲜国与朝鲜通商分局，北有烟集冈防营、和隆峪通商总局，均属山路崎岖，与职站相距远，逐日往来照会文件四处分送，不唯差役不敷需用，即额马亦殊觉甚少。每年所领款项，与他站皆同一律，而往来差徭无觉偏多，以致连年办公亏欠商铺甚巨，苦累难支。仰恳添丁之时，将职站多添十数名，俾职站所领之款略加增益，免得贻误要差，废弛站务。再自光绪七年，因军报络绎经宪奏请，由塔至珲添设正分各站，惟珲城首站一处，未设分站，盖维时往来文报总以后（缺文）省者为多。其前路则与俄国虽常递照会，然其势则不能专设一站，皆系送至二道河子卡伦驻扎马队转递。惟近来交涉益繁，照会益多，并且去岁设立电线，由珲城至长岭子一带巡查看护，责在职站。现在黑顶子又设屯垦局，军书政牍亦极殷繁，合此三者而应役，已不为不频，加诸一站之责成又不能不慎，奔波疲命劳绩固分所当为。但每送文件若日间所能往还者，尚少一虑，如遇紧急排递，雨夜不分，驰送到卡，不独栖宿为难，而且人之一餐，马之一饱，亦属可以偶然，而不可为常例之事。若必强其枵腹折回，不惟人情难忍，即马力亦恐不支。现在局面宏开诸求上理，而置邮传命尤宜绸缪，按珲春南路安局设线与从前之情形，已属不同，而巡查电杆，驰送文件，在职站诚有应接不暇之势。兹特绘图贴说，拟请宪恩据情转咨将军，援照上次添设各站章程，在珲春之南择合宜之地添设分站一处，仍归城中正站兼理。所有应拨站丁及马匹、牛条各项，均请援照前案各分站章程，一律办理。如蒙俯准，但于驰送巡查，责有专属，而更于垦电两局裨益诸多。职等因公起见，是否有当，谨具芜禀，伏乞钦宪大人鉴核恩准，转咨施行等因。声请前来。查该员所请各节，俱系实在情形，其该员请拨西水湾子地亩及高力城后西南崴子等处所有地亩内，除招佃开垦亦有归与原主者之外，所剩荒场俱系沟洼石塘，不堪拨给。惟查黑顶子大肚子川一带地方，所有生熟地五百余垧，与城站尚属切近，堪以分拨。珲春首站之设分站，亦不可不筹。在如哈顺、穆克德和各站，虽文报甚多，不过仅递吉省塔城顺路之公文，非如首站东赴西驰奔往之不暇。现在首站西通朝鲜，往来事件固为不少，南抵俄国，交涉之文更属甚多，而且加之通商、屯垦、招垦各局，文报日日络绎不绝，以一站之公务多于他站者数倍，而况又无分站以息肩，观其疲累实觉难堪，与其筹之晚，立睹竭蹶，孰若筹之先可观后效。兹将该员（缺文）请首站分站理宜声请添设，及将该员请设分站之处于长岭子佐近一带地方内，勘踏合宜之地指拨，于公大有裨益，其站丁、马匹、牛条各项，均照珲春新设各分站章程同归一律。可否之处，未便擅拟，理合备文咨请将军衙门核夺示复，遵办施行。须至咨者。

右咨将军衙门

吉林将军衙门为查勘东路新设各应设额丁及随缺地亩的咨文
光绪十四年七月十一日

为咨行遵照事。户司案呈：兹据户、兵、工司会议禀称，窃据总站官巴哈布、笔帖式连喜等禀称，窃职等奉札派往东路查勘新设各站应拨额丁，应由何处移拨并玛勒瑚哩等正分三站额丁随缺地亩，应由何处划拨、分清界址，暨各站应行添盖房间各节，务须按站逐细详查明确，据实禀复以凭核办。等因奉此，职等遵即前往新设各站，照依指示各节，逐一详细查得通沟镇一站应设额丁及官随缺地亩，均已拨移足数，惟有由宁古塔、新官地至珲春城正、分十站，应设额丁一百三十三名俱未迁移。职等仍遵前议，由沙兰、必尔罕两站余丁内挑选足额。其官丁随缺地亩，有原拨亏短亦有不可开垦者，职等按站详查，尚属实在，当即带同各该站笔帖式、委官等，俱另踩荒，照数拨补。另缮清单，附禀呈阅，如蒙俞允，请即咨行各该副都统衙门，以便划拨而清界址。至现在挑拨各站额丁，拟请先行发给房价，一俟房间修盖齐楚，生荒开垦成熟，再令迁移眷属。缘新设各站多在荒僻之区，若遽令迁移到彼，不惟无处截止，抑具毫无生计，转非体恤之意。再查新设通沟镇并新官地等十一站，修建官房五间，除笔帖式、办公档册、厨房外，供应差徭、储备粮料及人工住址实不敷用。所请原建正房五间作为公馆，另再添盖档册房、厨房五间，仓房五间，人工住房五间，马棚五间，草棚二间，大门一间，周围院墙六十丈，公馆小墙十八丈，共计棚房二十三间。诚如前经户工司会议所云，较与旧有驿站房数尚不为多，然应否准其照数添盖，事关开销公款，非职等所敢擅拟，伏候钧裁。等情禀请前来，职等检案详查，前于光绪七年间经前任将军铭、钦差大臣喜吴等会奏，请将宁古塔至珲春旧有台卡十处改正站十站，添设管站笔帖式五员，领催委官五缺，计添额丁一百三十三名，添给牛马各一百三十三头匹，并

东路添设通沟镇 [站]，意气松、塔拉二处改为正站，北路苇子沟站，又添设五常站，并北两路旧有各站酌加额丁，其官丁随缺地亩拟照各站定章就近拨给。至应建官房、置买器具及初次买给牛马价银核实拨给。等因奏奉部议，站官、站丁随缺地亩拟照各站定章，就近拨给，至应建官房、置买器具及初次买给牛马价银核实拨给。等因奏奉部议，站官、站丁随缺地亩，应照部议多欢站成案，由官丁自行筹备，置买器具并盖房价银，应照吉林建署等工章程，减四发六仍扣六分平分别给发，行令查明声复。其所添各站，自系因边防紧要而设，一俟边务稍松，即行奏明裁撤等语。当查多欢站前加丁额系由该站余丁内挑补，故随缺地亩不难令其自行筹备，现添蒙古卡伦等十七站额丁，与多欢站事同一律，尚可照办。其通沟镇、苇子沟两站，玛勒瑚哩等五正站，新官地等五分站，事属创设，原无丁户，丁由招募，地无可筹。其初次置买，若按例价照买，补章程折发，实不敷用。应建公所房间器具工料价银，前经再三核实估计，绝无锱铢浮冒。各该站地处边城，料艰工贵，兴造维难，若照工程减成折发万不敷用，惟有仍旧胪陈吁恳恩饬，念通沟镇等站初设官丁，无地可筹，准由各站附近闲荒内，按名核实划拨，俾资养赡（缺文）

哈顺兼大坎子二站为由吉拖回护饷车辆的呈文
光绪十四年十一月初十日

哈顺兼大坎子二站笔帖式廉和、领催委官王德纯　为呈报事。兹有本城关领俸饷委员云骑尉双、笔帖式富　等，由吉拖回携护饷车六辆，已于本月初六日抵至职站住宿，所需车辆随时应付并无贻误。该员于次日起程前进去讫，约于初十日可能晋城，谨将饷车出入境界日期理合备文申报可也。须至呈者。

右呈左司台前

吉林将军衙门为亲军分段修道饬令各站乡保挽运桥木事的札文
光绪十六年四月初一日

为札饬事。案据边防营务处禀称：窃准靖边亲军统领咨称，准营务处咨，奉督宪札开，案准帮办函称，查宁珲两路赴省桥路，前经希帅饬令靖边各军分段修治，惜乎道旁未开水沟引之于河，所以两年以来，桥则多形颓朽，路则坎陷尤甚，山埠低洼，跋涉颇难。拟欲查照前案令各军仍前修理，工竣验收后，责成乡牌各站随时补修，俾商旅运行无阻，驿递不至濡滞等因，函商前来。准此，查由省赴宁、姓、珲三处道路为边防紧要之区，现在防务敉静，应令各军按照旧章原修段落分段兴修，道旁就近如有引水入河之处，可以开沟引入，遇有桥梁处即就近伐木作桥，务使坚固，不得潦草塞责，亦不得借扰居民，致干查究。定于四月初一日一律开工，工竣后责成各站乡牌随时补修，以期经久。除咨复暨札吉林分巡道，西北两路驿站监督遵照转饬办理外，合亟札饬，札到该处，即便转行各军一体遵照，派员带领兵勇前往修理，务使坚固，不准草率了事，亦不准借端骚扰居民，致干查究不贷。仍将派出官兵衔名报查，切切，特札。等谕奉此，除移屯垦局并札亲军左营遵照外，理合备文咨行查照，转饬所部各营哨官等一体遵照。等因到营。准此，除另行饬派各营官长挑选精壮丹勇依限到工，按段修理外，惟查亲军左路所修段落中桥梁大半毁于野火，必须伐木重修，方能坚固经久。其邻近有木之区，兵勇自伐自运，毋须计议；其邻近无木之区，势必远处求材，各兵勇力能砍伐，无法搬运。相应备文咨请营务处请繁查照，可否转详督宪饬令各驿站及该地乡保、嘎山达等，将兵勇所伐桥木运送造桥处所，以便兵勇修造。抑或如何办理之处，均候宪示遵办。其各营应用斧、锯、锨、镢等项，如何置办，一并请示祇遵，是否可行，尚祈见复转详。等因前来，理合禀请批示遵行。等情到本督办将军。据此，除批：禀悉。所伐远处桥木自应由各驿站及各该处乡保、嘎山达等运送造桥处所，以便兵勇修造，仰候札饬吉林道暨驿站监督转饬遵照办理。至斧、锯、锨、镢，应仍由该营查照前案办理，毋得别开生面，并请示遵，即由该处转行知照可也。缴。挂发外，合亟札饬，札到该道即便转饬遵照办理。特札。

札吉林分巡道两路驿站监督遵此

珲春副都统为由珲至省黑石道冲坏由中前右三路赶紧派队按段重修的咨文
光绪十六年八月二十一日

钦命头品顶戴帮办吉林一切事宜镇守珲春地方副都统恩 为咨明事。窃照由珲至省之黑石道为边防必由之路，所有桥梁道路前经本帮办会同贵督办将军札饬各军按段修理，甫经工竣，讵意秋雨连绵，山水陡涨，致将各处桥梁、道路复行冲坏，较前尤甚，亟应按段重修，以便兵民遄行无阻，驿递不至濡滞。道旁就近如有引水入河之处，即开沟引导，遇有桥梁处所，即伐木补修，务于 月 日开工，责成中、前、右三路派队，赶紧仍照前次各修各段，务使坚固，不得草率从事，以期经久。除札营务处转行中、前、右三路遵照外，相应咨明。为此合咨贵督办将军，请繁查照施行。须至咨者。

右咨钦命头品顶戴督办吉林边务事宜镇守吉林将军恩特赫恩巴图鲁长

吉林将军衙门为意气松站因河水涨发迟误公文的咨文

光绪十六年八月二十五日

为咨行事。兵司案呈：本年八月十八日兵司接准乌拉额赫穆等站监督副都统衔蓝翎协领艾隆阿等移开，于本月十三日据意气松站笔帖式明祥、领催委官周萃呈称，于八月初七日卯时正刻，接得退抟站丁赵德财送到督办将军长　咨帮办珲春副都统恩　限行四百里公文一角、排单一张，原文八月初四日出，并有各官公文马封禀信，共计二十件，职站随即落号，当派差役王富荣往鄂摩和站递送去讫。行至职站东珠尔多河，因雨水连绵多日，河水涨发，不能骑马渡过，将马计放河西沿步行，由板木桥上渡过，将此项公文送至鄂摩和站。该站给回图记收付，内注是日巳时正三刻送到，核计除应送之外，迟误一个时辰一刻，实系因雨连绵半月有余，河水涨发十数余天，不能乘马渡过，因此迟误时刻。遇凡鄂摩和站差役往职站递送公文，行至珠尔多河，将马计放河东沿，大河至职站十里，步行将公文送至职站，该站尚且不能有误，职站差役遇往鄂摩和站递送公文，行至该河，将马计放河西沿店家，步行往鄂摩和站三十里递送公文有迟文件之究。查验此河宽大，河内分为两股，水河中间兼隔柳条通两站，送文至此，将马匹实难打过。此河原有哨口被水冲刷两边，岸深坡陡，马匹亦难渡过。兹因河水涨发，迟误文件各情，职等不敢隐匿，理合备文申报。又查往退抟站递送公文，间隔大岭，因雨道路泥泞，被水将道淘沟多处，原经边防修岭上下土木桥三十余道，俱被山水涌濛，将桥冲坏甚多。遇凡递紧慢公文，马匹蹄腿跋涉颠跑不开，恐有迟误文件。谨将道路河口因雨迟延文件各情，合亟备文按四百里飞报等情，呈报前来。合将该站呈报迟误公文时刻缘由，理合备文移付兵司，请繁查核可也，等因前来。相应呈请咨行珲春副都统衙门查照可也。须至咨者。

右咨珲春副都统衙门

吉林将军衙门为拉法站丁递送公文夜间迷路迟误的咨文

光绪十八年六月十五日

为咨行事。兵司案呈：本年六月初八日兵司接据管理西路驿站监督副都统衔记名副都统花翎协领全福等移称，于本月初二日据拉法站署笔帖式英喜、领催委官薛殿文呈称，窃职站于五月二十六日酉时正三刻，接得额赫穆站马头程万隆送到吉林将军衙门咨珲春副都统衙门四百里飞送公文一角，原文二十五日酉时发。又咨宁古塔公文二角，又札额穆赫索罗札文二角，翼长富、文札全泰札文二角，王统领咨帮办营务处程、春、鄂付文二件，均二十五日发。吉林府（呈恩钦差呈札教化县札）文二角，二十二、四日发曲、穆、鄂马封三件，胡马封二件，四月二十九日、五月初一日以山东威海发电报局传谕一张、外信五封，共计二十三件。职等随即登注号簿，当派差丁谢文有前往退抟站递送去讫。次日该丁旋回，执持该站图记收付内注二十七日寅时末刻揭到。核计途程迟误三时一刻。讯据该丁声称奉派递送公文，行抵站东长岭子地方，因是夜风雨交作，以致失迷路径。迨至天有微明，寻见道路，始行送到，是以迟误等情。职等恐有不实，复派妥役薛殿维往赴该处前后人家查询属实，理合将迟误公文缘由先行备文声明等情前来。合将该站呈报迟误公文时刻缘由，相应备文移付兵司，请繁查核可也，等因前来。相应呈请咨行宁古塔、珲春副都统筹衙门查照可也。须至咨者。

右咨珲春副都统等衙门

吉林将军衙门为伊勒们站递送公文被水阻隔迟误的咨文

光绪十八年闰六月初一日

为咨行事。兵司案呈：本年六月二十三日兵司按据西路驿站监督副都统衔花翎协领全福等移开，于本月十八日据伊勒们站笔帖式庆禄、领催委官杨仕普呈称，于本月十四日戌时正一刻，接得苏瓦延站壮丁龚献廷送到都京兵部票照得本、刑部行黑龙江将军公文二角，马上飞递，抹破排单票一张。五月二十七日发塔尔巴哈台大臣额咨墨尔根副都统博，抹破粘单公文一角。四月十二日，发直隶总督李咨黑龙江矿务袁，限日行四百里，抹破粘单公文一角。五月二十七日发，阿尔泰军台都统咨吉林将军公文一角、火票一张。五月初九日发，钦差大臣定咨（吉字齐营总统富倭）等无票公文二角。六月初六日发，绥远将军克咨（吉林黑龙江）将军公文二角。五月初四日发，（湖南巡抚张钦差大臣李）咨黑龙江将军公文二角。（四五初四二十五）日发，绥远将军咨瑗珲副都统公文一角。五月初一日发，（新疆巡抚陶陕西粮饷处湖广总督张）咨吉林将军抹破公文三角。（十五四月初九四三）日发，奉天支应局咨齐字总统倭公文一角。六月初五日发，内咨（黑龙江珲恩副都统文墨尔根增博副都统齐齐哈尔齐齐哈尔）、吉字总统富、粮饷处夏、镇边哨长春、统领富、靖边营官讷、吉林电报局程公文各一角。（五六月初十初四、六将军五四）日发，天津咨漠河委员袁，抹破开封公文一角。五月二十七日发，伊通州呈吉林（分巡道知府三三四）公文三角。六月初九日发，又转呈吉林府公文一包。同日发伊通佐领呈翼长公文一角。六月初十日发，委参领常呈营总庆无印记禀文一件。六月十三日发，委参领英呈翼长统领明、营总贵禀文各一件。六月（初十十一）日发，委参领（庆锡）呈营总贵禀文二件。六月十二日发，叶赫、赫尔苏二站呈报各一件。职站接收之际，即差壮丁徐振恒转递送去。该丁即刻旋称，抵至五里河子，该处小河水涨出槽，以致阻隔，因此旋回等语。据此，职等窃维淫雨连降，昼夜滂沱，河水涨发出槽难渡，事关部文，曷敢久延，待至黎明，即派头目李守荣、壮丁徐振恒复送去后。头目李守荣旋据回称，至五里河子视其河水甚属涌猛，候至卯刻，水势稍消，始行渡越。抵至岔路河，视此河水亦涨平槽，即会该处乡约，着令水手撑摆舦舮，巳刻渡越，前往搜登站递送去讫等情。据此，俟于次日壮丁徐振恒旋回，给回图记收付内注十五日午时初三刻接递，职等详核，除应送之外，竟误四时七刻。谨将各河涨发，以致阻隔迟误时刻一切缘由，备文飞报等情前来。合将该站呈报迟误公文时刻缘由，理合备文移付兵司，请繁查核可也，等因前来，相应呈请咨行黑龙江将军、墨尔根、齐齐哈尔、瑷珲、黑龙江、珲春副都统等衙门，吉齐字营总统富倭等查照，札饬吉林分巡道、漠河矿务委员袁遵照可也。须至咨者。

右咨珲春副都统衙门

吉林将军衙门为拉法站递送公文被水阻隔事的咨文

光绪十八年闰六月初一日

为咨行事。兵司案呈：本年六月二十三日兵司接据西路驿站监督副都统衔记名副都统花翎协领全福等移开，于本月二十日据拉法站署笔帖式英喜、领催委官薛殿文呈称，窃职站于本月十四日亥时正刻，接得额赫穆站马头程万隆送到吉林咨塔、珲公文二件，十二日出户司移塔、珲右司移文二件，兵司札额穆赫索罗札文一件。十三日发分巡道吉林府札敦化县札文二三件。十二三日发靖边军营官岳　咨金哨官付文一件、常哨官张委员马封二件。十二日发黑龙江咨塔珲公文二件、火票二张。初一日发伯都讷柏　咨宁古塔莫　马封一件，十一日出镇边军营官连　咨靖边军永哨官马封一件，五月二十八日出永统领珲营务处马封二件，初七八日出知会三札文二件、外信十封，共计三十五件。职站接收注号，随派差丁马文升前往退抟站递送去讫。旋据该丁回称，行至站东大河，时值连日大雨，河水涨发，水势出槽，不能驰过等情。职等亲诣河沿，目视河水洋溢两岸，漫及二三里宽，果系难过。当饬差丁挨河上下寻无绕路，且水势愈见涌猛，奈无船只实难渡过，将公文带回站中，谨慎收放，迨至十七日河水稍落，始行饬役设法渡过送讫。职等核计此项公文被水阻隔三日，曷胜惶悚，谨将因水阻滞公文缘由，理合具文呈请施行等情前来。合将该站呈报阻滞公文一切缘由，相应备文移付兵司，请繁查核可也，等因前来。相应呈请咨行宁古塔、珲春副都统等衙门查照，札饬吉林分巡道遵照可也。须至咨者。

右咨珲春副都统衙门

吉林将军衙门为伊勒们站递送公文被水阻隔迟误时刻的咨文

光绪十八年闰六月初十日

为咨行事。兵司案呈：本年闰六月初三日兵司接据西路驿站监督花翎协领全福等移开，于本月初一日据伊勒们站笔帖式庆禄、领催委官杨仕普呈称，于本月二十七日酉时正初刻，接得苏瓦延站壮丁周全送到都京兵部票照得部行吉林将军公文二角（四角），马上飞递，抹破排单票一张（二张）。六月初九日（十二）发，又票照得（户部 本 海军衙门 理藩院 本 刑 初七 十二 初九 初六）部行黑龙江将军公文二角，马上飞递，抹破排单票一张。六月日发，盛京兵部票照得盛京将军咨吉林将军公文一角，户部咨打牲乌拉公文一角，共公文二角、票一张。六月二十三日发，又票照得盛京将军咨黑龙江将军公文一角，马上飞递票一张。同日发直隶总督李　咨吉林将军限日行四百里，抹破粘单公文一角。六月初八日发，钦差大臣定　咨黑龙江将军、吉字总统富等无票公文各一角。六月二十日发，又咨齐字总统倭　等公文二角。六月二十二日发，山东巡抚福咨（吉林 黑龙江）将军公文二角。五月二十七日发，江宁将军丰咨黑龙江将军依、副都统文，抹破公文各一角。五月二十四日发，广东巡抚刚咨（吉林 黑龙江）将军，抹破公文二角。五月十五日发，定边左副将军永咨吉林将军总统富（钮）、黑龙江总统倭　、呼伦贝尔副都统双　公文各一角。四月二十五日发，（伊犁副都统富 承宣布政使方）咨吉林将军，抹破公文二角。四月初八（五月十七）日发，湖北巡抚谈　咨吉林将军，抹破公文一角。五月二十五日发，山西巡抚胡、咨吉林将军公文一角。五月十四日发，（驻藏大臣升 西安将军荣）咨（珲春 吉林）副都统恩（恩）公文二角。四月初六（五月二十三）日发，天津支应局咨绥化抚民府公文一角。六月初四日发，伊犁将军长　咨长春府文　，抹破公文一角。四月初十日发，袭封衍圣公府咨吉林府，抹破公文一角。五月二十九日发，奉天军械局咨吉字总统富等公文一角。六月十九日发，户部坐粮厅咨宁古塔副都统富　公文一角。六月十三日发，奉天咨黑龙江将军水湿公文一角。六月二十二日发，内咨吉林将军电报局程（程）、三岔口招垦杜、委笔帖式银、文巡厅郑　公文各一角。六月十八、二十三、二十四、二十五、二十六日发，伊通州呈吉林将军、分巡道、知府公文各二角。六月二十四、六、五日发，又咨吉林机械器局宋、幕府汪、保甲局怀公文各一角。六月二十五、二十四日发，又转呈吉林府公文二包。六月二十六日发，伊通佐领呈户司公文一角。六月二十四日发，蒙古和罗、叶赫、赫尔苏三站呈报各一件。职站接收注号，即差壮丁沙秉恩转递去后，旋据回称，至岔路河地方，河水陡然涨发，甚属难渡，即寻船只又兼夜间，无处寻觅水手，无法渡过，因此旋回等语。据此，待至黎明，职等即派头目王玉发、壮丁沙秉恩复送去讫。头目王玉发旋称，抵至岔路河，视此河水比前稍消，即令水手摆至东岸，壮丁沙秉恩递送去讫等情。据此，俟于次日壮丁沙秉恩由搜登站旋回，给回图记收付，内注二十八日辰时正三刻接递。职等核计除应送之外，净误四时四刻，合将河水涨发阻隔难渡迟误时刻一切缘由，备文飞报等情前来。合将该站呈报迟误公文时刻缘由，相应备文移付兵司，请繁查核可也，等因前来。相应呈请咨行黑龙江将军、呼伦贝尔、黑龙江、珲春副都统，照会乌拉总管等衙门，吉字营总统富倭等查照、札饬吉林分巡道、吉林府、三岔口招垦局等遵照，并由兵司移付电报局、械器局、文巡厅查照可也。须至咨者。

右咨珲春副都统等衙门

吉林将军衙门为奉宪谕以后递送各处限定里数排单公文不准迟误的咨文
光绪十八年闰六月初十日

为咨行事。兵司案呈：本年闰六月初五日奉军宪谕，照得驿站递送公文，本不准迟延沉匿，若封外粘有排单限定里数，尤不得片刻稽留。近来地方各官文报固多迟滞，即营中飞报贼情粘用排单，各站填写时刻，亦属迟速不等，甚有逾限至十个时辰者，又不将如何迟误禀报本将军。现已将逾限过迟之站笔帖式等分别惩处，特恐本将军发去排单亦如此稽延贻误匪浅，合行谕饬。谕到该司，立即分行外城并各属以及边练各军，一体知照。嗣后接有本将军所发紧要公文，务须细查排单内所填时刻，如有逾限过迟者，即将该站禀请参处，毋稍徇情含混，切切，特谕。奉此，除札饬西北两路驿站监督遵照，转饬各站，嗣后如有限行里数粘用排单文件，务须差派妥丁速递，倘有迟误时刻者，亦于排单内随时注明因何事故迟延，以免临查推诿外，相应呈请咨行宁古塔、伯都讷、三姓、阿勒楚喀、珲春副都统，照会乌拉总管等衙门查照，暨札饬乌拉、拉林、双城堡、五常堡、伊通、额穆赫索罗协、佐领，全营翼长、吉林分巡道、四边门章京等遵照，并由兵司移付练军文案处、边务文案处、边防营务处查照可也。须至咨者。

右咨珲春副都统

吉林将军衙门为鄂摩和站差丁递送公文在途患病迟误时刻的咨文
光绪十八年七月初十日

为咨行事。兵司案呈：本年七月初三日兵司接据管理乌拉、额赫穆等站监督花翎协领全福等移开，于本月初二日据鄂摩和站笔帖式荣春、领催委官杨景春呈称，窃职站于闰六月初八日午时正三刻，接得意气松站丁陈起荣送至吉林将军衙门咨^{宁古塔}^{珲春}速送公文二角，原文初六日发^{协领富}^{统领王}咨^统^{领恩}^{三岔口招垦局代}付文二件，初^六^三日发^{翼长营务处忠}^{阿勒楚喀左司}咨^{珲春帮办边防营务处委员程}^{宁古塔左司}速送付文二件，初^六^三日发黑龙江咨珲春^{员外郎鄂}^{佐领春}速送马封二件，六月二十九日发三岔口招垦局代 速送马封一件，初六日由省垣发统领恩 速送马封^{马封}^{信函}二件，初六日由省垣发员外郎鄂 三百里小夹板一副，初六日由省垣发监督全包封一件，初六日由关防处发外信二封，共计十五件。职站当于接到注写号簿，随派差丁刘有魁前往递送去讫。旋据塔拉站给回图记收付内注，初九日午时初刻递到，核计除应送之外，尚迟误七个时辰一刻。职等即随严讯，该丁声称，行至当石河子地方，偶染时令吐泻病症，不能动转，无奈思觉递送文件攸关系要，始行在店雇觅工人给往送去，因此迟误等语。虽属实情，职等恐有不实不尽，复派差役宋景全往查去后，旋据回称，该丁实因染病迟误时刻情形是实。是以职等谨将查明差丁在途染病迟误公文时刻缘由，理合备文声报等情前来。合将该站呈报迟误公文时刻缘由，相应备文移付兵司，请繁查核可也，等因前来。相应呈请咨行宁古塔、珲春副都统等衙门查照，札饬乜河左路统领协领恩、三岔口招垦局代、珲春帮办边防营务处委员程 、珲春员外郎鄂 等遵照可也。须至咨者。

右咨珲春副都统衙门

吉林将军衙门为赫尔苏站因递送公文被水阻隔迟误的咨文

光绪十八年七月初十日

为咨行事。兵司案呈：本年七月初三日兵司接据管理乌拉额赫穆等站监督协领全福移开，于本月二十九日据赫尔苏站笔帖式锡藩、领催委官钮廷显呈称，兹于闰六月二十三日亥时正初刻接得叶赫站壮丁李才送到^叶^赫站呈电报局^{蒙古和罗}呈文各一件，布尔图库边门呈户、兵司公文各一件，闰六月二十出，职等接收，随派壮丁王朋林送讫。复于二十四日丑时正一刻，接得叶赫站壮丁刘泮送到都京兵部票照得^{军机处交}^{总理各国衙门}发黑龙江将军，马上飞递夹板一副，^{本部}^{工部}^{国子监}行吉林将军，马上飞递公文^二角、排单票四张。闰六月十五、六日发，又票照得^{总理各国}^{理衙院、工部}^户行黑龙江将军马上飞递公文^三角、排单票三张。闰六月初十、十四日发，盛京兵部票照得奉天总督咨吉林、黑龙江将军公文各一角，马上飞递票各一张。闰六月十七日发，又票照得钦差大臣定 咨黑龙江公文三角，吏、户、礼、兵、刑、工部咨黑龙江公文一、二、一、一、一一角，共公文十角、票一张。闰六月十九日发，又票照得^{钦差大臣定}^{盛京户部}^{奉天府尹}咨吉林将军公文^四^七角，吏、户、兵、刑、工部咨吉林公文一、十一、一、一、二角，户部咨打牲乌拉公文一角，共公文二十九角、票一张。同日发奉天总督咨吉林^{将军长}公文二角，同日发钦差大臣定　咨^{珲春}_{墨尔根}_{瑷珲}副都统、总统富倭公文各一角。闰六月_{十四}日发奉天军械局咨总统富_倭公文二角，闰六月十七日发驻奉支应局咨总统富　公文一角，闰六月十九日发北洋大臣李咨_{黑龙江}^{吉林}将军，瑷珲副都统公文三角，闰六月十_三日发，又札黑龙江矿务委员袁　公文一角，闰六月十二日发并随行无票文件。职等接收亦即差派壮丁苏财飞送，行至站东小孤山，因天降大雨，该处河水涨泼，漫延一里有余，并前去王朋林均未渡过。视其水正在涌涨之际，无法绕过，随在该处等候微消，设法渡过。不意约至巳刻间，复降大雨，倾注半日有余，其水更属深阔无极，随将公文带回，迨至次日寅刻时分即行往送至该河，候至微消平稳，转祈该乡人等扎绑筏子，设法始行过讫。送至大孤山站给回图记，收付内注二十五日未时初三刻接递，职等核计前接呈文，除应送之外，迟误十七个时辰零七刻后，接夹板文件。除应送外，迟误十五个时辰零六刻，肃将河水涨发前后迟误公文一切缘由，理合按四百里备文飞报等情前来。合将该站呈报迟误公文时刻缘由，理合备文移付兵司，请繁查核可也，等因前来。相应呈请咨行黑龙江将军，珲春、墨尔根、瑷珲副都统，乌拉总管等衙门查照，暨咨行吉字营总统富、齐字营总统倭等查照，札饬黑龙江矿务委员袁　查照可也。须至咨者。

右咨黑龙江将军，珲春、墨尔根、瑷珲副都统衙门

吉林将军衙门为鄂摩和站递送公文骑马冲惊迟误时刻事的咨文
光绪十八年十二月初五日

为咨行事。兵司案呈：本年十一月二十八日，兵司接据管理乌拉额赫穆等站监督副都统衔记名副都统花翎协领全福等移称，于本月二十六日据鄂摩和站笔帖式荣春、领催委官杨景春呈称，窃职站于本月十二日子时初刻，接得意气松站丁陈起荣送至总督李咨_{宁古塔}_{珲春}限四百里公文二角、排单二张，原文十月三十日发。将军长咨_{宁古塔}_{珲春}速送公各一角，又分巡道代印，咨_{宁古塔}_{珲春}速送公文各一角，均于初八日发。翼长^{富兴}_元咨宁古塔速送公文一角，初七日发。统领乌咨边军营务处总理春　速送马封一件，初一日发。左路马队营官讷荫咨^{统领恩龄}_{帮带官双清}速送马封各一件，初九日发。靖边^{署珲春城站笔政海}_{后营粮饷处陈}_{边务文案处曲}速送马封三件，^{二十一日}_{初八日}俱由省垣发出外信八封，共计二十三件。职站即派差丁刘殿仁前往递送去后。又于是日丑时初刻接得意气松站差丁李悦明送至将军衙门咨_{宁古塔}_{珲春}限行五百里公文各一角，均初十日发。又边防营务处咨营官凌顺，速送马封一件，初十日发。中路左营办事官喜升，速送马封一件，初十日由省发_恩^莫大人信各一封，外信四封，共计

十件。职站注号毕，随即差役李祥前往递送去讫。嗣于卯时正刻，旋据前派差丁刘殿仁步行回站声称，伊骑白骟马递送公文，正行至凤凰店东岭下，忽有野猪三口眼前猛跑，将小的骑马冲惊，致把小的摔落在地，即将马匹惊跑无踪。小的正在追寻马匹，至庙岭地方得遇本站又递公文去之差丁李祥，即向伊告知前情，李祥同与小的前往追寻多时，马无踪影，恐误紧急公文，有干罪谴，无奈即将文包交给李祥一并前往递送讫。小的急跑回站诉知惊跑马匹情由等语。据此，职等当派头[役]时顺、时万银前往寻找马匹，并查询虚实情形。去后，至巳时正刻，职等听人传说本街世泰增门首拴有带鞍白马一匹，似站中之马，职即派头役宋景全前去认看，果是惊跑之马。当有正白旗甲兵满英阿家雇工之英海等言说，赶马爬犁赴街拉脚，于五更时，行至中途马架子地方，遇见此马在路旁嘶啃柴叶，伊等随即将马带来等语。听是站中惊跑之马，随即将马交给宋景全牵至职站收讫。旋据时顺等回称，差丁刘殿仁所称惊跑马匹情形属实。嗣据递送公文之丁李祥由塔拉站持回图记，收付内注巳时初刻递到，核计除应送之外，均尚误二个时辰一刻。职等伏思事关排单限里公文事件，曷敢迟延隐饰。理合将迟误公文时刻并惊跑马匹各缘由，备文声报等情前来。合将该站呈报迟误公文时刻一切缘由，理合备文移付兵司，请繁查核可也，等因前来。相应呈请咨行宁古塔、珲春副都统衙门查照可也。烦至咨者。

右咨珲春副都统衙门

珲属屯堡方向程途里数
光绪十九年

谨将珲属屯堡方向程途里数开列于后：

一、由城东门外附近四间房屯至城五里，再东骆驼河屯至城十里，至四间房屯五里。再东八大屯至城十三里，至骆驼河屯三里。再东黑大屯至城十八里，至八大屯五里。由骆驼河屯起，再东桦树屯至城十三里，至骆驼河屯三里。再东牌楼屯至城十八里，至桦树屯五里。再东东布江屯至城二十里，至牌楼屯二里。由牌楼屯起，再东哈达玛屯至城二十五里，至牌楼屯七里。再迤东头道沟屯至城三十里，至哈达玛屯五里。由哈达玛屯起，再东荒沟屯至城三十里，至哈达玛屯五里。再东沙金沟屯至城三十五里，至荒沟屯五里。再东干沟屯至城四十里，至沙金沟屯五里。再东二道沟屯至城四十五里，至沙金沟屯五里。再东老龙口至城五十五里，至二道沟屯十里。再东三道沟屯至城七十里，至老龙口十五里。再东瓦冈寨屯至城八十里，至三道沟屯十里。再东柳树河屯至城九十里，至瓦冈寨屯十里。再东芦葫毕拉屯至城九十五里，至柳树河屯五里。再东塔子沟至城一百一十里，至芦葫毕拉屯十五里。再东四道沟至城一百一十五里，至塔子沟五里。再东西北沟至城一百二十五里，至四道沟十里。再东五道沟至城一百五十里，至西北沟二十五里。再东闹枝沟至城一百六十里，至五道沟十里。再东梨树沟至城一百七十里，至闹枝沟十里。再东六道沟至城一百八十里，至梨树沟十里。再东黑瞎背至城一百八十五里，至六道沟五里。再东土门子至城一百九十里，至黑瞎背五里。再东台马沟至城一百九十五里，至土门子五里。再东湾沟至城二百里至台马沟五里。由湾沟再东至拉字界牌处，约计六十里。由湾沟口至珲春河源处，约计百里。由分水岭至海参崴，计二百四五十里许。又由东门外起，五家屯至城五里。再东马圈屯至城八里，至五家屯三里。再东博河屯至城十三里，至马圈屯五里。再东杨木林屯至城十八里，至博河屯五里。再东泡字沿至城二十二里，至杨木林屯四里。再东红溪河屯至城三十里，至泡字沿屯八里。再由五家子屯起，东南小城子屯至城十里，至五家屯五里。再东南依兰哈达屯至城十五里，至小城子屯五里。再由马圈子屯起，东南东阿拉屯至城十八里，至马圈屯十里。再东南湾沟屯至城三十里，至东阿拉屯十二里。

一、由城南门外起，迤南张富屯至城四里。再南南阿拉屯至城十里，至张富屯六里。再南二道河边卡至城二十里，至南阿拉屯十里。再南长岭山至城三十里，至二道河边卡十里。再南横道河俄卡至城四十五里，至长岭五里。再南珠伦河至城五十五里，至俄卡十里。再南罕奇海沿至城九十里，至珠伦河三十五里。再由珠伦河起，东南岩杵河海沿至城一百二十里，至珠伦河六十五里。又由南门起，图老屯至城五里。再西南外郎屯至城八里，至图老屯三里。再西南雅老屯至城十二里，至外郎屯四里。再西南汗道河屯至城十五里，至雅老屯三里。再西南火龙沟至城二十里，至汗道河屯五里。再西南西南崴屯至城三十里，至火龙沟屯十里。再由汗道河屯起，南向南山屯至城二十五里，至汗道河屯十里。大肚川至城五十里，至南山屯二十五里。黑顶子至城八十里，至大肚川三十里。沙草峰至城一百二十里，至黑顶子四十里。图们江口至城一百八十里，至沙草峰六十里。

一、由西城门起，二道营屯至城三里。再西三家屯至城五里，至二道营屯二里。再西西三家屯至城八里，至东三家屯三里。再西下洼屯至城十三里，至西三家屯五里。再西东岗屯至城十八里，至下洼屯五里，再西沙沱屯至城二十五里，至东岗屯七里。再西南西崴屯至城三十里，至沙沱屯五里。再西南珲春河口至城四十里，至西崴屯十里。再由东冈屯起，西去高丽城屯至城二十五里，至东冈屯五里。再西图们江边渡口处至城二十八里，至高丽城三里。再西北由二道营屯起，西北二道沟至城十二里，至二道营屯九里。再北去英安河屯至城十八里，至二道沟六里。再由二道沟屯起，西北水湾镇距城三十里，至二道沟屯十八里。再西北盘岭至城四十里，至水湾镇十里。再西北密（缺文）十里，至盘岭二十里。再西北凉水泉子至城九十里，至密占站三十里，再由凉水泉子（缺文）克德和站至城一百二十里，至凉水泉子三十里。再北和尚窝棚至城一百五十里，至（缺文）三十里，再北大坎子站至城一百七十五里，至（尚）[和]尚窝棚二十五里。再北哈顺站（缺文）大坎子站三十五里。再北至宁古塔界五台站，距城二百六十里，至哈顺站五（缺文）塔界至塔城二百七十里。再由凉水泉子起，向西空洞山至城一百零五里，至凉水泉子（缺文）再西嘎呀河至城一百五十里，至空洞山四十五里。再西依兰沟至城一百八十里，至嘎呀河三十里。再西苇字沟至城一百九十五里，至依兰沟十五里。再西烟集岗右路营盘处至城二百四十里，至苇子沟四十五里。由右路营盘起，南向和龙峪八十里。再由营盘起，西北向官道口至城二百九十里，至营盘处五十里。再北老头沟至城三百里，至官道口十里。再西北土们子至城三百五十里。至老头沟五十里，再西北庙儿沟至城三百七十里，至土们子二十里。再西北碌牛砬子至城三百九十里，至庙儿沟二十里。再西北粮米台至城四百一十里，至碌牛砬子二十里。再西北城厂沟至城四百三十里，至粮米台二十里。再西北哈尔巴岭至城五百里，至粮米台七十里。由哈尔巴岭至敦化县，属黄驼腰子地方六十里许。由黄驼腰子西北去敦化县三十余里。再由黄驼腰子起，正北向去鄂木和索罗地方九十里许。

珲春城站为呈请调换站官津贴地的申文
光绪二十年十一月初八日

珲春城站^{署笔帖式右司委章京海全}^{领催委官银如峙}为申明立案事。窃思欲善其事，必先制其宜，方免将来之累也。查站务应领草豆银两，除应摊办公外，所剩无几，殊属不敷办公。今当军务吃紧之时，公文络绎之繁，站务益觉亏累，职等更属枵腹。然则必须变通办理，以壮起色而敦驿务。前于光绪十六年、十八年，经招垦局两次分拨站地两段，距站一百八十里艾苇甸子地方，拨给站地一百垧有奇，距站五里半拉城地方，拨给站地二百八十余垧牧场一段。查照定章，笔帖式、领催各应有津贴地五十垧，站丁二十名各应有地十六垧。请将半拉城之站地作为办公津贴之地，暂行招佃食租，以补草豆之[不]足。将来站丁拨到之时，即在此处安插丁户，拨给丁地，以成村落。且距站甚近，一有差遣，立呼即至，俾资站务，方免始终之累也。查艾苇甸子之站地距站甚远，不能拨丁户，以至差传不便，请将此地作为站官津贴之地，以免将来枵腹之累也。职等实为整顿驿务起见，所拟是否之处，职等未敢擅便，理合申明呈请宪台大人鉴核批示，交司立案祗遵施行。

（二）卡　台　管　理

吉林将军为修建二道河卡房的咨文
光绪十一年三月十八日

钦命督办吉林边务事宜镇守吉林等处地方将军兼理打牲乌拉拣选官员等事一等继勇侯希　为咨复事。案准贵副都统咨开，右司案呈，查本处与俄国接壤，紧要隘口旧有二道河地方所设卡房，只因历年已久，风雨摧残，房间渗漏，坍塌不堪。虽此处系与俄国接壤，每遇华夷交涉事件，俱于该卡处所会面。若弗重新建修，不足以壮边镇。是以咨请建设正房五间、东西镶房各三间、厨房二间、大门一间，周围院墙五十丈，可否准与建修之处，未敢擅便。理合咨请示复遵办。等因前来，查珲春二道河南地方，旧设卡房年久坍塌，该处既与俄界接壤，时有交涉会面之事，自应准其重修，以重卡戌。其所需工作合即借资兵力，至应需一切物料价值，均应从减核实估明，即行垫款开工，俟工竣日再由撙节项下提用拨还，以归简便。除饬工司粮饷处遵悉外，相应备文咨复，为此合咨贵副都统，请繁查照办理，酌减核估，见复施行，须至咨者。

右咨钦命珲春副都统依

吉林将军衙门为保护电杆事的咨文
光绪十二年七月

为咨行事。本年七月初九日准北洋大臣李　咨开，据北洋电报官局详称，窃据总查内外电线徐令庆璋会同奉天电报分局委员马县丞籀图详称，窃卑局于光绪十二年五月二十一、二十七、二十九等日，叠据北路巡丁张廷甲等回局禀称，铁岭县南界内之辽海屯南三里奉字八百五十九号杆上，瓷碗被人击破一个；又铁岭城北之平顶堡地方奉字一千一百五十三号、一千一百五十四号击破瓷碗两个；又奉字一千一百五十六号、一千一百五十七号瓷碗两个均被人打破；又山头堡地方奉字一千一百六十五、一千一百六十八两号瓷碗击破；又中固镇东围门口奉字一千一百九十六号杆上瓷碗被人击破。当时由该处乡约头项拿获击破瓷碗宋兴元一名，解送铁岭县衙门讯办。又开原县界内之中固北奉字一千二百七十五号及一千二百九十六号瓷碗被人打破两个；又九社地方奉字一千六百二十八号及一千六百五十四号、一千六百八十一号；又四家子地方一千七百五十三号杆上，瓷碗均被人击破等情到局。查北路电线添设甫经月余，被击碎瓷碗十四个之多，若不从严惩办，恐纷纷效尤，伊于胡底，然不立法明示，恐乡愚无知，有所借口。现据铁岭县知县移称，有据守堡等禀称，设立电杆离屯稍远之处，早晚难以照料等语。查守堡屯达乡保数十里之中，不知凡几，且系土着之人，不难家谕户晓，何致路远难照。该县据禀转移，未免稍涉轻信，卑职等现酌议稽查之法，以免彼此推诿之虞。各处电杆均有字号，即令就近守堡屯达或乡约保正，每人分投分杆保护，将何人管何字号电杆若干根，取具屯达守堡乡约保正姓名，移送卑局存查。卑职庆璋可以按段不时亲查，卑职籀图，仍专派各巡丁分段严查，不准因有乡保等保护，稍事疏懈。似此办理，各有专责，不致互相推诿，庶足以昭慎重。除具详军督抚尹宪外，是否有当，理合详请查核示遵，并请饬下北路电线经过旗民地方官，一体遵照，实为公便等情。据此，伏查奉天至吉林、珲春奏设电线，原为军报灵捷起见，关系极为重要，沿途地方文武宜如何加意防护，随时晓谕乡约地保人等，一体认真保护，岂容稍涉漠视。乃此路电线甫经置设，即有无知之徒敢将电杆上瓷碗击破十四个之多，实属胆玩已极，诚恐闻风效尤，难免功败垂成。拟请宪台飞咨奉省转饬铁岭、开原两县，将此次击破瓷碗之犯，速即签差干役严拿务获，与已获之宋兴元一犯，一并尽法惩办，以儆效尤。并请咨明奉天军督部堂、抚尹堂、吉林将军暨宁古塔、珲春副都统，分别严饬奉天、吉林、珲春等处线路所经旗民地方文武，一体遵照，出示晓谕，一面责成乡约地保分段分杆妥为保护，不得再有疏失，致干严谴。除分行吉、宁、珲各分局遵照并批饬徐令等照办外，理合详请鉴核，分别咨行严饬遵办，实为公便。等情到本阁爵大臣。据此，除批查奉天等省奏设电线，传递军报，极关重要，迭经咨行转饬沿途地方官妥为照料保护，勿任稍有损坏在案。兹据称奉省铁岭、开原两县境内，电杆瓷碗竟被无知之徒击碎十四个，实属胆玩不法，何以该管地方官毫无防范。候咨奉天军督部堂、抚尹堂严饬铁岭、开原两县，迅将击破瓷碗之犯勒限拿获，与已获之宋兴元一犯，尽法惩治，毋稍宽纵。并咨吉林将军暨宁古塔、珲春副都统一体严饬沿途旗民地方文武，出示晓谕，责成乡约地保人等分段分杆，认真梭巡保护，不得再有疏失干咎，仰仍通饬各局员遵照。缴。挂发外，咨明查照，转饬遵办施行。等因到本爵督办。准此，除分别饬知遵照文内事理一体遵办外，相应备文咨行。为此合咨贵副都统，请繁查照转饬遵办施行。须至咨者。

右咨珲春副都统依

珲春副都统为筹办电报架设电线事的札文

光绪十二年

为札饬遵照事。接准帮办吉林边务文案处^{总理马帮办斳}移文内开，（缺文）前据总办电报事宜布政使衔存记海关道盛道详称：北洋大臣会奏，由奉天接展吉林陆路电线直达珲春，以通文报而重边防，应即专派熟悉电务之大员总办工程，以期妥速蒇事，查有盐运使衔直隶候补道余道昌宇历办各省及朝鲜电线工程事务，除详请北洋商宪札委，并由职局刊送关防外，理合详请（缺文）明干委员帮同照料弹压，并严饬地方官出示晓谕，兵民务须实力保护，弗任（缺文）折毁，等情前来。兹余道已于本月二十一日全工抵吉，定于日内起行，赴宁古塔、珲春一带开工，并经本爵将军添派副将衔尽先参将方朝帮同照料弹压。除札饬遵照外，相应咨明，为此合咨贵帮办，请繁查照转行所属，俟余道到境一体护送，所需车辆暨沿途止宿并着妥为照料。一面仍出示晓谕，满汉军民人等毋得伤损电杆，加意保护，望切施行。等因发交前来，除由敝处呈稿札饬中、前两路统领，俟该道抵境，派兵妥为接护外，相应移付，为此合移贵司请繁查照文内事理遵办可也。等因前来，相应札饬札到各该站官等遵照，俟总办余道抵境，所需车辆止宿馆寓均须操理，妥为照料，并将入界时日随时具报，幸毋疏慢，违误干咎。切切，特札。

珲春副都统为新设黑顶子卡伦呈请支给津贴银的咨文

光绪十三年

右司案呈　为咨复事。案准将军衙门咨开，户司案呈，除原文省繁简叙外，遵查来咨内开，查加添黑顶子卡伦及巡查俄界官兵口分，尚须报部立案方可照支造报核销。今据咨请报部立案，查文内并未按一年所收利银之数，现计加添口分若干，除此尚有余剩若干，各数目核明殊难据以报部，致招查问，亟应咨查详核明确咨报，以凭核转报部立案。等因准此，详核本衙门并无津贴款项，除按年捕打鹿尾、采砍箭杆等差，需用津贴银两，由一万两生息利银项下支发外，其余各项差徭需费，均系由兵饷筹摊办理，实属苦累不堪。去岁与俄国分清界址，拟于黑顶子地方添设卡伦派官驻守，并拟按四季派员巡查边界，俾免俄夷私相侵占，所需口分驮脚一切，殊难再由兵饷筹摊。因查生息利银按年除前已报销各款动支外尚有存剩，拟请将黑顶子卡伦及查界弁兵口分、驮价等项银两，即由利银项下支给，随案造报核销，咨请立案等情咨报在案。兹准咨查前来，核查本衙门原拟黑顶子驻守卡官一员，每月给津贴银四两；兵四名，每月各给津贴银二两；四季巡查边界，每季官一员，日支银二钱；兵四名，日各给银一钱、驮马二匹，每匹日给银一钱，每季按二十日支给，每年共加添银二百一十两，遇闰加银十二两。又捕打鹿尾官兵酌加津贴银四十三两，统计一年照依前销之数加添银二百六十五两，核计前已报销连现在加添一年共支发银一千二百三十八两，遇闰加银十二两。十二年份捕打鹿尾加添津贴银四十三两，系全数添给。其黑顶子卡伦及巡查边界各弁兵口分，系自八月初一日起支截至年底，共计给过银九十二两，所有动支细数已于十二年份生息核销案内造报，前于九月二十五日咨报核销在案。查本衙门生息每年得利银一千二百两，遇闰加增利银一百两。现届加添需项以间年加闰勾稽，虽无余剩尚无亏缺。兹准咨查合将加添黑顶子卡伦及巡界官兵口分，按年动支各数目逐一遵咨核明，相应呈请咨复等情。据此，拟合咨复。为此，咨复将军衙门请烦核转报部立案施行，须至咨者。

右咨将军衙门

吉林将军衙门为多事之时着派人看守电杆的咨文

光绪十七年十一月初八日

为咨行事。本月初七日准电报总局电称，密呈中堂、将军、督宪、抚宪、藩臬、道宪，南洋电谕，当此多事之时，电杆派人看守实为要着等因，乞速通行各营各州，皆认真妥慎保护，实深感祷等情，到本督办将军。据此，除通行保护外，相应咨行，为此合咨贵帮办，请繁查照，饬属妥慎保护施行。须至咨者。

右咨钦命头品顶戴帮办吉林边务事宜珲春副都统恩

九、教 育

吉林知府为珲春旗童赴省应试的咨呈文
光绪十二年正月三十日

特授吉林府正堂、加十一级、纪录二十次孙　为咨呈事。光绪十一年十二月三十日，蒙道宪札开，光绪十一年十二月二十六日蒙军宪希札开，光[绪]十一年十二月二十四日准奉天学政杨咨开：案查向例，三年内生员、童生合行岁科两考，所有文、武童生例应府厅州县先行考取。今吉林添立考棚并黑龙江旗民童生就近附考，各项士子即照直隶州径送学政之例，由该管同知、通判录送。又同治十三年前任学政张片奏，吉林各属考试，拟照顺天府府院连考之例，先期行文，于院考一月前举行，以便士子就近附院考试等因，奏准各在案。兹届光绪十二年岁考之期，相应将考日期先行咨会，为此合咨，烦为查照，希将后开日期转饬各属府厅州县，依限考校，照例复试。至于册卷规式，俱遵照学政全书条例备办，俟本学政按临时申送，并将考过题目先行报查。等因准此，合亟札饬。札到该道，查照札内事理，立即转饬各属遵照办理。毋违，特札。计开吉林府属童生府考期，限于光绪十二年二月二十五日考试竣。吉林、黑龙江各属童生厅州县考期，限于光绪十二年二月初一考试竣。等因蒙此，除分行遵照外，合亟札饬。札到该府，即转行所属州县，一体遵照办理。毋违，特札。等因蒙此，查贵处满合二号应试旗童，向附吉林府考试，敝府现择于光绪十二年二月初一日齐集投卷，初十日局门考试。除出示晓谕外，拟合咨呈贵副都宪，请繁查照文内事理，迅将应试旗童先期传送到省，俟军宪考验骑射、国语后，以便与民籍各童合棚录考。幸勿迟误，望速施行。须至咨呈者。

右咨呈珲春副都统

吉林将军衙门为珲春设立翻译书院拟由塔姓两城各挑学生四名赴珲学习的咨文
光绪十四年二月十三日

为咨行事。本月十二日准帮办依　咨开：窃照本帮办于去岁咨商，以宁、姓、珲三城与俄接界，交涉事件全赖通事翻译，业经奏准由总理衙门调内阁中书庆全赴珲作为翻译教习等因在案。现于本年正月该员抵珲，应即设立学堂以专教习，考取八旗子弟入院肆业，以十五名为额，必须二十岁以下十五岁以上，择其天资敏粹，粗通汉文者，庶几学习有成，方为济用。况该洋教习系经奏调之员，俟教有成效，须援同文馆例，奏请保奖。其学生三年大考，取前列者须予保奖。现由珲春八旗内聪明幼童挑选七名，拟于三月初十日开馆，其余八名应咨明宁、姓两城各挑四名赴珲学习。相应咨明，请烦核夺施行，等因到本爵督将军。准此，相应咨行贵副都统衙门，查照办理施行。须至咨者。

右咨宁古塔、三姓副都统衙门

吉林将军衙门为应乡试事宜的咨文
光绪十四年六月初五日

为咨行事。户司案呈，准礼部咨开：查例开应顺天乡试之满洲、蒙古、汉军各士子应文乡试并应翻译乡试，均由礼部先期行取等语。今本年八月举行戊子科文乡试并翻译乡试，相应行文吉林将军，即速查明所属应试士子人数，分别应文乡式并应[翻译]乡试，详细开注满、蒙、汉旗分、佐领、年貌、三代履历，造具满、汉清册分送在京各该旗核（旗）[实]，径送顺天府、顺天学政、国子监等处照例办理。其愿应文乡试者，务于册内注明官民号字样，切勿遗漏舛错可也。等因前来，相应呈请咨札遵照。等情据此，拟合咨珲春副都统遵照可也。须至咨者。

右咨珲春副都统衙门。

吉林将军衙门为文武学童按例应考的咨文
光绪十五年

为咨行事。兵司案呈：于本年十二月十六日准兵部咨开，武库司案呈，准正白旗蒙古都统咨，据参领章京等案呈，查乡、会试向由本旗考验骑射后咨报兵部，奏请钦派王大臣验看骑射，历经遵办在案。近来各处驻防来京迟延，纷纷呈请补送，殊属不成事体。咨部转传各驻防应试人等，由明年会试起，务须照章在兵部奏请钦派日期十日以前来京，赴旗投文，本旗考验骑射后，咨部入考。相应咨报兵部，由部转行各省驻防都统、将军、城守尉等衙门，等因前来。查八旗文会试骑射，向系七月二十五、六等日，本部题请钦派王大臣考试今准前因，相应通行各省将军、都统、副都统、城守尉，嗣后如有应试人员、务饬各于前期考之期，相应将开考日期先行咨会，为此合咨将军衙门，烦为查照。希将后开日期　现升　当差，新设厅县，依限考校，照例附试。至于册卷规式，俱遵照学政全书条例备办，俟本学政按临初拨送，关将考过题目先行报查施行，等因准此。除饬吉林道知照外，合行饬知。为此牌仰该府官吏，文到即便遵照。须牌计开，吉林各属童生厅县考期，定限光绪九年二月二十五日考试竣。等因蒙此，查宁古塔、三姓、珲春等处，满合号应试文武旗童，向附卑府考试，卑府现择于光绪九年二月初一日取齐投卷，初八日扃门考试。除出示晓谕，并咨呈宁古塔等处副都宪传考暨行知伊通州、敦化县，年内举行州、县试，以便临时送府考试外，所有宁古塔、三姓、珲春满合应试文武旗童，理合详请查核咨传，先期集者，考验骑射、国语，由司备旗佐清册，饬发下府，以便与民籍各童合棚录考。等情据此。合行饬知，为此札仰十日到京，毋得任意耽延可也。等因前来。相应呈请咨行珲春副都统衙门查照转饬可也。须至咨者。

右咨珲春副都统衙门

珲春副都统为借垫三姓披甲双禄学习俄文银两的咨文
光绪十六年

为咨会事。于本年十一月二十五日，准三姓副都统衙门咨开，右司案呈，兹据前调在珲春学俄文之三姓披甲双禄禀称：在中俄书院肄业，现届冬初天寒之际，禄缺乏衣履，告贷无门，又兼家道贫寒，无力捎带棉衣。于不得已中，恳赏借银两以资置办衣履之需等情，禀称前来。据此，查该学习俄文学生之披甲双禄请借置办冬衣银两，即仿照前章，本衙门即由库存八季款内借给八季银十二两，以资置办棉衣之需。现在并无顺便，难支捎往，理合备文咨会贵珲春副都统衙门查照，祈为就近垫给在中俄书院学习俄文之披甲双禄八季银十二两，俟明年本衙门关领春饷时，在省如数留还以归垫款之处可也。等因准此，合将斯项借垫银两，即由本衙门库存备用项下拨银十二两，该生双禄承领讫。俟贵处关领明年俸饷时，饬令差员在省就近发还，以清款目而免纠葛之处，理合备文，咨复贵三姓副都统衙门查核施行。

吉林将军衙门为发给和龙峪地方各种书籍事的札文
光绪十七年十二月

为札饬事。照得和龙峪地方华韩杂处，有三十二社居民设立书屋，诸生诵读，本督办将军颇知其能明礼让而厚风俗。今由省觅得《四书备旨》九十六部，《小题正鹄》三十一部，《七家诗》二十一部，《忠孝经》三十部，《太上宝筏》一箱，五十二部，《阴隲果报》四十余本，《劝孝歌》《息讼歌》两卷，所有各种书籍共四箱，饬右路饷差带去，交该总理给予各社诸生分看，以资培养，而育人才。合亟札饬，札到该总理，即便遵照并出示数张，俾资家喻户晓，乃将收发书籍具文报查。特札。

札和龙峪王总理昌炽遵此

珲春副都统为派员赴省请领明年春夏两季中俄书院教习津贴银两的咨文
光绪十九年九月十六日

钦命头品顶戴帮办吉林一切事宜镇守珲春地方副都统恩 为咨明事。窃照中俄书院翻译、教习庆丞全，委令兼办交涉承办处事务，前经咨准贵督办将军饬据粮饷处议复，月给津贴银十五两，前经提领在案。现届应领自光绪二十年正月初一日起，至六月底止，计六个月，共银九十两。兹派营务处委笔帖式五品顶戴即补骁骑校领催铭禄赴省提领，除札粮饷处遵照外，相应咨明。为此合咨贵督办将军，请繁查照施行。须至咨者。

右咨钦命头品顶戴督办吉林边务事宜镇守吉林等处地方将军兼理打牲乌拉拣选官员等事恩特赫恩巴图鲁长

珲春副都统为派员赴省请领赴俄习学各生津贴银两的咨文
光绪十九年九月十六日

钦命头品顶戴帮办吉林一切事宜镇守珲春地方副都统恩 为咨明事。案查中俄书院肄业各生，前经商准贵督办将军选拨十二名赴俄卡习学俄语，每名月给津贴银二两，前经提领在案。现届应领十九年七月初一日起至二十年十二月底止，计十八个月，每名二两，计十二名，共银四百三十二两。兹派营务处委笔帖式五品顶戴即补骁骑校领催铭禄在省请领。除札边务粮饷处核发外，相应备文咨明。为此合咨贵督办将军，请繁查照施行。须至咨者。

右咨钦命头品顶戴督办吉林边务事宜镇守吉林等处地方将军兼理打牲乌拉拣选官员等事恩特赫恩巴图鲁长

十、其 他

依克唐阿致慈禧太后元旦贺表

光绪十三年正月初一日

珲春地方副都统法什尚阿巴图鲁、臣依克唐阿诚欢诚忭，稽首顿首上贺。伏以淑则昭垂尊养，惬万方之愿，繁厘茂介炽昌，开百世之基。钦惟慈禧端佑康颐昭豫庄诚皇太后陛下，德协坤元，道隆豫顺。椒闱式礼，宏燕翼之贻谋；兰殿敷仁，衍鸿庞而启运。普天锡庆，薄海胪欢。臣幸际熙朝，欣逢元旦，伏愿慈晖普荫，四时和而玉烛长调；寿寓延洪，五福备而金瓯永固。臣无任瞻天仰圣，欢忭之至，谨奉表称贺以闻。

珲春地方副都统法什尚阿巴图鲁臣依克唐阿谨进

珲春副都统为将各神圣庙请御书匾额并请将军汇题的咨文

光绪十六年

为咨会事。案查珲春地方自升设副都统之后，经升任将军、前副都统修筑土城，创建城隍庙，北山之麓旧祀龙王神，西关敬祀关帝，每逢地方灾歉，官民诣祷辄应。而地处山谷，逼近海口，秋禾将熟，往往狂风怒号，吹损禾稼。本副都统到任之后，于城隍庙设位供祀风神，风赖以止。本年七月，霪雨为灾，江河漫溢，平地水深丈余，泛滥逼于城下，岌岌可危。经本副都统率同官绅分诣各神庙虔祷，二十九日夜，水即退消，城赖以安。查庙祀正神，凡遇地方灾歉，有能御灾捍患，例准请加封号，编入祀典，由地方官春秋祭祀。今珲春城隍、风神、龙王神、关圣帝君，灵贶既昭，自应题请将珲春城隍神、风神、龙神敕部议拟封号，同关圣帝君庙各颁御书匾额一方，敬谨摹勒悬挂，一体编入祀典，春秋致祭，以答神庥而昭灵贶。相应咨会。为此，合咨贵将军请繁查照，希即汇题施行。须至咨者。

右咨吉林将军长

文库

丛书主编

郑毅

珲春副都统衙门档案选编（下卷）

衣兴国　张志强　魏显洲　周克让　整理

李澍田　潘景隆　主编

吉林文史出版社

一、政　权

（一）军　政　建　置

吉林将军衙门为珲春原设防御按左右翼分布各旗兼办政务的咨文
光绪二十三年九月二十三日

为咨复事。兵司案呈：本年九月初六日准珲春副都统衙门咨开，左司案呈，窃查本处原设防御二缺，嗣增八旗分隶左、右两翼，迨至光绪十二年将正蓝、镶蓝二旗防御、委佐领改升实缺，遂复添设防御二缺，均隶于正蓝、镶蓝二旗。伏惟防御原有襄办旗务之责，似应分隶各旗，俾收臂助之效。是以拟将左翼现任防御成玉拨于镶黄旗，并襄办正白旗政务。防御吉勒图堪拨于镶白旗，兼助理正蓝旗政务。其右翼现任防御德春拨于正黄旗，俾襄办镶红旗政务。至防御胜春拨于正红旗，兼助理镶蓝旗政务。似此分隶，不惟各该佐领得资臂助，而与体制亦似相符。是否可行，理合呈请备文咨请。为此合咨将军衙门查照，请烦核复遵行。等因前来。查珲春左翼原设防御二缺，均隶于正蓝旗右翼，原设防御二缺均隶于镶蓝旗，今准该副都统衙门咨请：将左翼正蓝旗现任防御成玉，拨移镶黄旗兼办理正白旗政务；防御吉勒图堪，拨移镶白旗兼办理正蓝旗政务；右翼防御德春，拨移正黄旗兼办理镶红旗政务；防御胜春，拨移正红旗兼办理镶蓝旗政务。于各该佐得资臂助等因。该副都统系属整理旗务起见，洵属有裨，惟可否准其移拨，以资兼管旗务之处，本衙门未敢擅便，相应据情呈请咨报。为此合咨大部，请烦查核示复遵行，并咨复珲春副都统衙门查照可也。须至咨者。

右咨珲春副都统衙门

吉林将军衙门为珲春复添设防御二缺事的咨文
光绪二十三年

为咨复事。左司案呈：前准将军衙门咨开，兵司案呈，本年十一月二十二日准兵部咨开，武选司案呈，准署吉林将军延　咨称，准珲春副都统咨开，本处原设防御二缺，遂复添设防御二缺，均隶于正蓝、镶蓝二旗。拟请将左翼正蓝旗防御成玉，拨移镶黄旗兼办正白旗务。防御吉勒图堪移拨镶白旗，兼办正蓝旗务。右翼防御德春拨移正黄旗，兼办镶红旗务。防御胜春拨移正红旗，兼办镶蓝旗务。于各该佐得资臂助等因。该副都统系属整理旗务起见，洵属有裨，惟可否准其移拨，本衙门未敢擅便，相应咨部查核示复。等因前来。查吉林将军咨称，珲春原设防御二缺，核与光绪十二年本部办理续纂会典该省造送额缺册内开数目相符，惟续添防御二缺，本部并未收到添设原案，所请珲春防御四，分拨八旗帮办旗务，碍难核办，应由该将军将珲春续添防御原案，详细抄录，迅速送部，再行核办，相应咨复该将军查照可也。等因前来。相应呈请咨行珲春副都统衙门查照文内事理，即将该处续添防御二缺各原案，详细抄录迅速报省，以凭咨部可也。等因前来。伏查本处原系三旗，于同治九年间增为八旗，而正蓝、镶蓝二旗设为防御委佐领二缺，迨至光绪十二年间，因事务较昔倍加纷繁，故将委佐领二员改升实缺，俾资钤束。而递遗防御之缺，遂仍隶各旗。窃惟防御有襄办旗务之责，故于上年咨请分拨，以资臂助。今奉前因，理合呈请抄粘添设原文声复，为此合咨将军衙门查照，请烦核夺施行。

右咨珲春副都统衙门

粘单

将军衙门　为咨行事。兵司案呈：本年五月初十日本衙门附片具奏，再据珲春副都统依克唐阿咨称，该处于光绪七年添设副都统，惟时仅由佐领内添委协领一缺，余皆照旧，未议增置。自分设印务处左、右两司，体制既异，事务倍繁，在在需官，势难迁就，拟请将右翼委协领一缺及旧设防御委佐领二缺均改为实缺，其旧设笔帖式四缺内，除分隶边务承办处一缺左司二缺外，右司仅遗一缺，今旗民烟户日增，事已纷繁，应再添设一缺，借资办公，并令增额委笔帖式三缺，分置各司。又旧设仵作一名、番役二名，不敷遣用，再请添仵作一名、番役十名，等情咨请前来。奴才等伏查珲春为边地要冲，旗民错处，事务之繁剧较前悬殊，则员役之增添势难仍旧，而协领管官均有管理旗务之责，非实缺人员不足以资钤束。该副都统系为整顿旗务、因时制宜起见，合无仰恳天恩，准将珲春右翼委协领一缺改为实缺协领，正蓝、镶蓝二旗委佐领二缺改为实缺佐领，右司添设笔帖式一缺，并添额委笔帖式三缺，分隶各司遣用，暨添设仵作一名、番役十名。如蒙俞允，除额委笔帖式例不食饷外，计改设协领、佐领、笔帖式共四员，仵作、番役十一名，应领俸饷工食银两，均照通省章程发放，每年共需实银三百零四两七钱四分，遇闰加增。至笔帖式一缺，如由贡、监生员拣用者，照品支食俸银、俸米，其由领催、披甲者，仍照原饷数目支食饷米，统归通省官兵按年应支俸饷项下开支核销。是否有当，理合附片具奏，伏乞圣鉴谨奏。请旨。兹于六月十一日奉到回片，军机大臣奉旨："着照所请，该部知道，钦此。"钦遵前来，相应照抄原片，恭录谕旨，呈请咨报户、兵、吏部查核外，相应咨行珲春副都统衙门查照可也。等因。于光绪十二年六月二十七日来文在案。

吉林将军衙门为添设靖边新军营务处随同办事委员等经理文报的咨文
光绪二十五年七月二十八日

为咨行事。窃照本军督大臣于光绪二十五年七月二十六日附片具奏，为添设靖边新军营务处随同办事委员等经理文报，以专责成等因一片。除俟奉到朱批再行恭录咨行外，相应抄片备文咨行。为此咨行贵帮办，请烦查照施行。须至咨者。

右咨钦命帮办吉林边务事宜珲春副都统英

吉林将军衙门为裁撤全营翼长改设营务总理等事的咨文
光绪二十七年六月十五日

为咨行事。兵司案呈：本年六月初五日，准军副宪札开，照得本将军、副都统于光绪二十六年十二月二十一日附片具奏：为吉林练军全营翼长二员，改设营务处经理一员。查有奏请开复协领庆禄，堪以委充，又文案翼长裁撤，归并粮饷总理兼办。等因一片。当经照抄原片，札饬在案。兹于光绪二十七年五月三十日，奉到朱批："着照所请。该部知道。钦此。"钦遵前来。除分行外，合呕恭录朱批札饬。札到该司即便钦遵。特札。等因奉此，相应呈请咨行宁古塔、伯都讷、三姓、阿勒楚喀、珲春副都统，照会乌拉总管等衙门查照，札饬十旗、乌拉、五常堡、拉林、双城堡、伊通、额穆赫索罗协、参、佐领，吉林分巡道等遵照可也。须至咨者。

右咨珲春副都统衙门

珲春副都统为南冈招垦局总理程光第禀拟设筹饷捐局的咨文
光绪二十七年八月初五日

钦命镇守珲春地方副都统花翎春，为咨请示复事。右司案呈：兹据南冈招垦局程总理光第呈称，窃卑职于本年六月二十四日奉军督宪批开：据请将该处散队收抚，编为捕盗营勇、矿勇、团防各名目，固为绥靖地方起见。惟吉省各地方衙门捕盗营勇，前与俄员商定均有定数，该局不在其列，未便遽行添设。即矿务现亦改归中俄合办，应否需用矿勇，尚未定章。至归为团防，省库既无饷可拨。即就地筹饷，该处值兵燹之后，亦恐办理不宜。所有此项散队应由该员另筹良法，妥为安置。仰即知照。缴。

前奉宪台札饬，所有南冈招、越两垦各团练，务须妥为分布。应需粮饷，均由各该社就地筹划。各等因，奉此，卑职遵即通盘筹核，南冈团丁酌量分布，疏通道路，保护居民，其西路自榆树川、土门子、瓮声砬子、亮米台、碱场沟抵哈尔巴岭，交敦化县界。其东路自依兰沟、苇子沟、小磐岭，至大高丽岭。两路各派团丁二百名，沿途分札护送行旅。其南冈沿河左右，志仁、尚义、勇智、守信等四社，各驻团丁一百名。其光霁峪越垦局叶委员含芬，已与面商，拨团丁三百名分札沿江上下，保护韩民。其东、西各金矿、老厂，派驻团丁二百余名，其余团丁调归卑局暨团练局分札。如遇盗匪警报，随时调遣搜捕。共计南冈团丁一千三百余名，外有汪清、百草沟等处，尚不在内。并已禀请委派总巡一员，补用佐领花翎骁骑校富隆阿常川梭巡，以昭慎重。至于筹划粮饷，拟议权宜办法，先尽珲属东、西各沟金矿、老厂，派员设局开办。仍按旧章抽厘，并变通杨德胜等从前公议处收税章程，谕派在地妥干绅董，于往来通衢，分设筹饷捐局。其进出口行商货物，仿照前通商局值百抽五章程办理，以充饷糈。及其不足，再由地亩摊派。夫抽捐货物，固匪治民之善政。奈势逼处，此不得不通权达变，以济时艰。他如各队所需油粮一节，已令绅董于储粮各户均匀批购。按照时价，给与卑局矿务公司印帖，分期由抽收金厘项下开兑，俾资周转。并已饬知各练长，如遇逃亡假革出额，随即报裁，不准顶补余丁，亦属釜底抽薪之一法则。日久而筹捐各局可以渐请裁撤，仍归旧制。所有分布各队暨筹饷大略情形，是否妥协之处，除呈报军督宪鉴核外，理合具文呈请宪台，俯赐查核批示，实为公便。为此具呈伏乞，照验施行。等因，呈请前来。查所请分设筹饷捐局，以便团练会勇等情。核计团会共在千余名，自地所摊量难不足。倘不稍济，则于往来通衢之处，设局抽收出入行商货物一节，尚难照应，准行咨请。拟由本衙门派员，仍照旧制设局抽收，以归正款而济饷需之处。除批示缴发外，相应呈请咨报示复等情据此，拟合备文咨报。为此合咨将军衙门鉴核，示复施行。须至咨者。

右咨将军衙门

吉林将军衙门为商办筹饷捐局事务的咨文
光绪二十七年十月

为咨复事。练军文案处案呈：本年十月十七日奉军副宪发交一件，准珲春副都统咨请，南冈筹饷拟由该衙门派员，仍照旧制设局抽收，以归正款而济饷糈等因。除原文省繁减叙外，当奉宪批：文悉。查此案前据委办南冈招垦局总理禀筹团丁饷糈，拟就珲属东、西各沟金矿、老厂照旧设局抽厘。并于往来通衢分设筹饷局，按照通商章程值百抽五，以济急需，当经批准照办。至请所收厘捐两款，如仍不敷团丁饷项，再由地亩摊派一节。因冈境居民上年兵燹被扰最重，未便再令按地摊捐，业已批驳，着不准行。近复报程倅以前招降勇改为团丁，均恃自有枪械，动多挟制，酌定收买枪械价目，挑留精壮一营，余俱遣散，拟具条陈前来。现亦批准由省派员，携带银两前往收枪各在案。来文所称，通衢设局抽收出入商货，拟由贵衙门按照旧制派员抽收，核与程倅原禀派令在地绅董办理，未免事出两歧。惟此项抽捐，原为团丁饷项支绌，不过暂时权宜办法。究竟归官、归绅，如何得能节省，尚祈贵副都统就近转饬程倅暨练总杨得胜等，体察当地情形，斟酌商办，俾臻妥善而节糜费。仰练军文案处备文咨复，并分饬程倅知照。等因奉此，理合具稿呈请钤发。等情到本将军^{副都统}，除札饬程倅光第遵照外，相应咨复。为此合咨贵副都统，请烦查照施行。须至咨者。

右咨珲春副都统

珲春副都统为颁发承办处木质关防事宜的咨文
光绪二十七年十一月十四日

钦命镇守珲春地方副都统军功花翎春　为咨报事。承办处案呈：于本年十一月十七日，准钦命^{吉林将军长}_{副都统成}咨开，案准珲春副都统咨开，左司案呈，窃照敝处请设交涉一局，原为仿照各城办理交涉事务之举。无如敝处去岁兵燹之后，际此时局艰难，地面危困，局中通事、书识人等，应需膏伙经费，指由就地自行筹款等情，碍难筹办。似不如仍照旧制，举凡俄韩事件，总归承办处办理，以一事权而节需费。如蒙俯允，请刊发"办理珲春交涉承办处"木质关防一颗，以昭信守。等因到本将军。查来文既以珲春因遭兵燹之后，就地筹款维艰，遇有交涉事件，仍循旧制，统归承办处办理，系为即省糜费。应如所咨，候饬练军文案处刊刻木质关防一颗，另文咨送外，相应备文咨复。为此合咨贵副都统知照可也。等因准此，除饬该处遵办外，其应颁发该处木质关防一颗，理宜饬交由本衙门出派赴省公干去之委骁骑校凌春携带旋城，以昭慎重，而免迟误。相应呈请咨报。为此合咨将军衙门，请烦鉴核，饬下发交施行。须至咨者。

右咨将军衙门

珲春副都统为接到并开用交涉承办处关防事的咨文

光绪二十七年十二月十八日

钦命镇守珲春地方副都统奖赏花翎春　为咨报事。承办处案呈：于本年十二月十二日，接准钦命吉林将军长副都统成咨开，练军文案处案呈，前准珲春副都统咨请刊发"办理珲春交涉承办处"木质关防，以昭信守等因。当奉宪批，允准咨复在案。兹刊就木质关防一颗，理合呈请咨送接收。等情到本将军副都统，相应随文咨送。为此合咨贵副都统，请烦查照接收。仍将开用日期，咨报备查可也。等因准此，遵将接到木质关防一颗，饬交该处经理五品顶戴右司笔帖式玉成承领，即于是月十七日，敬谨开用讫。合将开用关防日期，呈请备文咨报。为此合咨将军衙门查照施行。须至咨者。

右咨将军衙门

吉林将军衙门为在珲春境内添设民官事的咨文

光绪二十八年十二月

为咨会事。光绪二十八年八月二十九日，本将军具奏：吉林地广事繁，从前添设民官，措施未竟，拟择要续行增改，以敷政教，而资控制。等因一折。旋经钦奉朱批："着政务处会同吏部速议。具奏。单并发。钦此。"钦遵。兹于十月二十六日，承准政务处咨开，本月初五日，本处会同吏部具奏吉林将军长　奏添设民官一折。奉旨：依议。钦此。相应抄录原奏咨行等因。承准此，当经抄录原奏部复札饬吉林道，将添设、改设正佐民官各缺，分别拣员请补委署，并由本将军刊发木质关防钤记，札道转发拟补各员承领、任事在案。兹查新设之延吉厅，即在珲春相近之烟集冈地方，其管辖界址，亦即系珲春全境。当初该处因未设有民官，以故地方词讼均就理于协、佐衙门。现在即经奏准添设延吉厅抚民同知一缺，兼理事衔，则事有专属。嗣后贵副都统衙门，自应援照阿什河、伯都讷各城副都统，专管旗队，及经征山、海洋药各税，此外地丁租税，以及地方词讼、人命盗案，均应归厅管理。协、佐、防校等官，悉遵定制，专司缉捕，不得干预地方词讼，以示限制而一事权。除延吉厅同知业经由道详明，札委现署吉林府知府陈作彦署理。并该厅管界四至八到里数，及应行建修正佐各衙门，与夫城垣、监狱、文庙、学署，札派候补府经历汪泽溥前往延吉，会同陈丞勘明绘图禀报外，所有添设民官缘由，相应抄录原奏部复，咨会贵副都统衙门，饬属一体遵照施行。须至咨者。

右咨珲春副都统衙门

珲春副都统为拟请将街道厅裁撤改设警务局并开设办法的咨文

光绪三十二年九月初五日

钦命头品顶戴镇守珲春地方副都统军功花翎恒　为咨请事。左司案呈：窃惟珲春城属鄙处东陲，逼临外夷，当此流民聚集，良莠不齐，自应遵照军署来咨，仿循原定章程，拟在珲城设立警务局所，以资巡查而安民生。惟是饷项奇绌，筹措为难，加一地方凋敝，凡事不易，如照警察规模条章一切制度办理，不惟需费浩繁，而详备亟深。若夫具体而微，仅设警察名目，则其有名无实，难收实效。查警察之设本系专门之学，凡充警察官长巡捕，无不由警务学堂而出，不但人人知书识字，且能略同律例，尚可怀刑守法，易于见功。试思敝处循照文内条章办理，诚所弗易，亦未便谬误警章，似可量为试办，逐渐推行，俾归划一。是以拟将街道厅裁撤，改设警务局□□有局中暂行减设总办一员，文案委员一员，巡官一员、巡弁一员、巡记一员、巡长一员、局役一名、巡兵四十名、伙夫二名。以俟警务设立妥成，再当遵章设员，以符定额。至于巡兵，着由八旗西丹内拣以年岁合格者选充，俾成劲旅。值此时势艰难，筹饷不易，所有警务应需经费，即将裁撤街道厅之盐米银，每月十六两五钱，按月实不足需用，是以再四筹维，别无良法，唯有出洋食物一项，或可权宜办理。于是拟请将由出洋油、酒、米、面、肥猪、豆饼各项内，按三十取一之法，酌量捐收，作为警务经费。必俟收有成数，再行定章办理，抑或由省专拨的款，统俟将来省垣警务定有着款，即将捐收出洋各项销免。所拟可否之处，伏候示复等情。正在具文拟报间，复接准来咨发到，警务章程内开，拟将本省捕盗队，一律改为巡警兵。等因奉此，核与珲城现拟办法以未合一，究应如何设办之处，统候指示，俾得遵循办理，以归划一，相应呈请备文咨请。为此合咨将军衙门，鉴核示复，望速施行。须至咨者。

右咨将军衙门

吉林将军衙门为吉林省城设立巡警总局的咨文

光绪三十二年九月

为咨行事。兵司案呈：光绪三十二年八月三十日奉宪札开，照得本署将军副都统于光绪三十二年八月初一恭折具奏，为吉林省城巡警改良并设立总局，以资督率而卫地方等因一折。当经抄粘原折札饬在案，兹于本年八月二十五日奉到朱批："巡警部知道。钦此。"钦遵。除分行外，合亟恭录札饬。札到该司即便转饬所属一体钦遵。特札。等因奉此，相应呈请咨行宁古塔、伯都讷、三姓、阿勒楚喀、珲春副都统，照会乌拉总管等衙门查照，札饬十旗、乌拉、五常堡、拉林、双城堡、伊通、额穆赫索罗协、参、佐领，四边门章京等遵照可也。须至咨者。

右咨珲春副都统衙门

吉林行省衙门为吉省林业派宋春鳌总理的咨文
光绪三十三年九月初八日

为咨行事。兵司案呈：光绪三十三年九月初三日，奉督抚宪札开，照得吉省应办林业，昨据交涉局总理宋春鳌拟定简明章程十二条，开折禀呈前来，本大臣、部院复核，大致周妥，业经批准在案。现当设局伊始，所有总理一差自应即委该道承充，月支薪水银二百两，仍照兼差向章减半发给。另再酌给车马费五十两，按月请领。除奏报并札委外，合行札饬。札到该司，即分行各旗属一体知照。此札。等因奉此，相应呈请咨行。等情据此，为此合札贵副都统衙门查照可也。须至咨者。

右咨珲春副都统衙门

吉林行省衙门为将珲春巡警局归延吉警局管辖的咨文
光绪三十三年十一月二十六日

为咨复事。巡警总局案呈：窃查珲春副都统衙门咨报，光绪三十三年四月初一日起至六月底止收支警费一案，前于光绪三十三年十月十一日奉示：此项警费即系就地铺商按户交纳，分当将应办警察切实整理。第珲春地处边远，风气本不开通，而各司翼当差人员，又恐囿于见闻，未必能于警察法学推阐详尽，虚糜巨款，未免可惜。不如由省城毕业学员内，拣择一深明警章、勤朴耐劳者，派往该处，承充局长，会同旗署原派各员，按照警章妥速改良，俾易达妨害保安之目的。饬由职局核议妥协，呈候咨复。等因批交下局。职局因查珲春地面不甚宽广，其所办警费出自商捐，原难宽裕。若派学员以充局长，未免糜费，拟于省城毕业学员内拣原明警章者，派往该处充当教员，俾其原设官弁兵目，得资练习，所派教员每月准由该局筹收商捐项下支给薪水银百两等情。具呈请示在案。兹于十一月十四日，复奉批示：珲春地方偏小，警费难筹，局长薪水较多，恐致浮费。酌派一毕业学员，往充教习，俾就原设弁兵，授以警学，自是简要办法。惟思该处月需警费，仅止商捐中钱一千二百吊，现在出入相权，已觉万分支绌。如果此项薪水再令月照百金支给，未免强人所难，更苦无力应付。本大臣、部院衡量再三，该处本隶延吉厅辖界，所有应办警察，自不妨即归延吉警局管辖，较专责成，而便稽察。其现有弁兵，是否合格，原定局章，应何改良，以及常年收支之款，如何妥筹，并由总局行知该局长就近查明，议一归并附隶之法，具文禀报，一面仍备文呈请咨复可也。此缴。等因奉此，除由局遵批，照会延吉厅知照，并札饬该厅巡警局长查议归并附隶之法，具文禀报外，理合呈请咨复。等情到本大臣、部院。据此，相应备文咨复。为此合咨贵衙门，请烦查照，希即转饬该警局遵照可也。须至咨者。

右咨珲春副都统衙门

珲春副都统为颁发珲春巡警局关防的咨文
光绪三十三年十二月初一日

钦命头品顶戴镇守珲春地方副都统军功花翎恒　为咨请事。兹据巡警局总办、镶红旗花翎佐领英福呈称：案查珲春地方遵文于光绪三十二年八月内添设巡警局一所，于三十三年正月初一日起饷，以裨公益而卫民命。前经本衙门咨请颁发关防一颗，当经咨奉军宪批准照办，候饬文案处刊刻札发。等因遵奉在案。续因吉林改设行省，以致关防未经刊发。今又奉宪札内开，案准抚部院、督部堂、副都统咨开，前因吉省所办巡警仅限于城市，未及推诸四乡，当经按照本地情形，参以现行警制，手订章程十条，录行各属筹办在案。等因遵此，伏查卑局自上年八月间，遵文添设，所有公文册档，并户籍证票，皆暂以镶红旗钤记借用，本非经久之道。今奉文筹办四乡巡警之际，如不颁请关防，则诸事碍难举办，动辄掣肘。是以拟请由吉省巡警总局刊颁木质关防一颗，以重信守，而资举办。等情据此，理合备文咨请。为此合咨贵抚部院、督部堂、副都统鉴照，请烦饬下刊发，赐复施行。须至咨者。

右咨钦命副都统衔吉林巡抚部院朱
　　钦命大臣陆军部尚书衔都察院都御使东三省总督兼管
　　三省将军事务徐
　　钦命吉林副都统赏戴花翎成

珲春副都统为巡警局添设司事一员暂照原饷支薪等事的咨文
光绪三十三年十二月初一日

钦命头品顶戴镇守珲春地方副都统军功花翎恒　为造册咨报事。巡警局案呈：案查珲春地方自遵文添设巡警局一所，原拟薪饷银每月四百两，经商家按等均摊在案。于光绪三十三年正月初一日起饷，当经本衙门逐时咨报后，经咨奉军宪批准照办。仍将收款支销各数目按季册报，以昭核实。等因。遵奉已将春夏两季由本衙门造册咨报。至查秋季薪饷，情因地面萧条，商情冷落，陆续荒闭者无月不有，以致薪饷按月亏乏，遂拟于本年九月初一日起，由局员薪水内按月暂行裁减银四十五两，以俟筹有的款，再行增添。各情由已经本衙门咨报在案。今届应报秋季核销清册之际，伏查局内办事乏人，援照警制各科应有司事一员，设局之际未经设立，前已禀请由书办之额拣委司事一员，以便帮同办事。查有书办六品顶戴贡生忠廉办事勤慎，稍通警务，堪以委任，应支薪水暂照原饷，俟筹有的款再行照章加增等情。已蒙副宪批准在案。为此一并造册呈请咨报。理合缮造花名册一本，核销清册二本，备文附封呈请咨报。为此合咨贵抚部院、督部堂、副都统鉴核施行。须至咨者。

右咨钦命副都统衔吉林巡抚部院朱

　　钦命大臣陆军部尚书衔都察院都御使东三省总督兼管

　　三省将军事务徐

钦命吉林副都统赏戴花翎成

珲春副都统衙门各署司处应差员弁清册

宣统元年正月二十三日

　　珲春副都统衙门　为造送本署各司处应差员弁旗佐衔名逐一查明分析造具清册事。

　　计开

　　署右翼协领事务镶白旗蓝翎佐领兼云骑尉左司司长喜昌，正白旗巴图凌阿佐领下人。

　　五品顶戴蓝翎骁骑校左司司副廉荣，镶红旗英福佐领下人。

　　六品顶戴边务司司副兼办学务委员左司笔帖式惠廉，镶白旗喜昌佐领下人。

　　六品顶戴左司笔帖式委章京春玉，正白旗巴图凌阿佐领下人。

　　六品顶戴领催巡警局司事左司额委笔帖式凌升，正黄旗春山佐领下人。

　　六品顶戴领催委章京隆寿，正黄旗春山佐领下人。

　　六品顶戴领催委笔帖式胜祥，镶蓝旗希尔明阿佐领下人。

　　披甲委笔帖式倭希洪阿，镶蓝旗希尔明阿佐领下人。

　　五品蓝翎披甲委笔帖式荣庆，正蓝旗钟寿佐领下人。

　　披甲委笔帖式成林，镶蓝旗希尔明阿佐领下人。

　　七品顶戴披甲贴写总达富祥，正红旗富常阿佐领下人。

　　七品顶戴披甲贴写达恩伦，正蓝旗钟寿佐领下人。

七品顶戴披甲贴写达恩光，正白旗巴图凌阿佐领下人。

七品顶戴披甲贴写达成凌，镶蓝旗希尔明阿佐领下人。

七品顶戴披甲贴写达金成，镶黄旗庆云佐领下人。

西丹贴写海玉，正蓝旗钟寿佐领下人。

七品顶戴西丹贴写永庆，正白旗巴图凌阿佐领下人。

披甲贴写魁玉，镶蓝旗希尔明阿佐领下人。

披甲贴写铁丁，正白旗巴图凌阿佐领下人。

西丹贴写呈样，正黄旗春山佐领下人。

披甲贴写魁保，镶白旗喜昌佐领下人。

六品顶戴披甲委伯什户成顺，镶蓝旗希尔明阿佐领下人。

披甲委伯什户德恩，正白旗巴图凌阿佐领下人。

以上左司共应差员弁二十三员。

蓝翎云骑尉右司司长舒麟，镶黄旗庆云佐领下人。

五品蓝翎州同职衔笔帖式委章京海全，正红旗富常阿佐领下人。

八品笔帖式委章京祥成，镶红旗英福佐领下人。

六品顶戴披甲额委笔帖式凌顺，镶红旗英福佐领下人。

附贡生委章京文全，正红旗富常阿佐领下人。

六品顶戴披甲委章京凤翔，镶红旗英福佐领下人。

六品顶戴披甲委笔帖式双奎，正白旗巴图凌阿佐领下人。

六品顶戴领催委笔帖式双胜，正白旗巴图凌阿佐领下人。

六品顶戴领催委笔帖式峻德，镶黄旗庆云佐领下人。

六品顶戴披甲委笔帖式德联，正红旗富常阿佐领下人。

披甲委笔帖式海顺，镶黄旗庆云佐领下人。

六品顶戴披甲贴写总达喜顺，正黄旗春山佐领下人。

七品顶戴披甲贴写达玉春，正红旗富常阿佐领下人。

七品顶戴披甲贴写达清全，正红旗富常阿佐领下人。

七品顶戴披甲贴写达荣德，镶红旗英福佐领下人。

七品顶戴披甲贴写达文胜，镶蓝旗希尔明阿佐领下人。

六品顶戴披甲贴写达庆德，镶红旗英福佐领下人。

七品顶戴西丹贴写诚善，镶黄旗庆云佐领下人。

西丹贴写喜云，镶白旗喜昌佐领下人。

西丹贴写景云，镶白旗喜昌佐领下人。

西丹贴写成安，镶红旗英福佐领下人。

西丹贴写德祥，正黄旗春山佐领下人。

披甲委哈芬富珠隆阿，镶蓝旗希尔明阿佐领下人。

领催海禄，正蓝旗钟寿佐领下人。

以上右司共应差员弁二十四员。

记名佐领蓝翎防御兼云骑尉边务司司长讷奇新，镶白旗喜昌佐领下人。

五品顶戴左司笔帖式边务司司副惠廉，镶白旗喜昌佐领下人。

五品顶戴笔帖式委章京全山，正黄旗春山佐领下人。

六品顶戴委章京兼满文翻译廉惠，镶红旗英福佐领下人。

六品顶戴差遣委员笔帖式贵庆，正蓝旗钟寿佐领下人。

七品顶戴披甲差遣委员富林，镶红旗英福佐领下人。

七品顶戴披甲差遣委员常瑞，镶红旗英福佐领下人。

五品军功差遣委员委笔帖式富英阿，镶白旗喜昌佐领下人。

六品顶戴差遣委员委笔帖式富绅，镶红旗英福佐领下人。

五品顶戴监生司书荣恩，镶黄旗庆云佐领下人。

披甲司书凤岐，镶红旗英福佐领下人。

七品顶戴披甲司事富凌阿，镶蓝旗希尔明阿佐领下人。

五品蓝翎司事委笔帖式荣庆，正蓝旗钟寿佐领下人。

西丹司事金祥，镶黄旗庆云佐领下人。

西丹司事海明，镶黄旗庆云佐领下人。

披甲司事富喜，镶黄旗庆云佐领下人。

披甲司事富通阿，镶白旗喜昌佐领下人。

以上边务司共应差员弁十七员。

六品顶戴收发满文翻译员领催额委笔帖式锡庆，镶黄旗庆云佐领下人。

六品顶戴收发用印司事前锋委笔帖式魁恩，正蓝旗钟寿佐领下人。

五品蓝翎收发用印司事披甲委笔帖式德安，正蓝旗钟寿佐领下人。

以上收发处共应差员弁三员。

吉林行省衙门为五城副都统等缺裁撤实任人员另予调用事的咨文
宣统元年七月十六日

为咨报事。旗务处案呈：案照本大臣于宣统元年六月二十日，附片具奏，为五城副都统暨富克锦协领等缺裁撤，请将实任人员另予调用，并又分别拟议裁缺等因一片，当经照抄原片咨行在案。兹于本年七月初九日差弁赍回原片，奉朱批："着照所请。钦此。"钦遵。相应恭录呈请咨行。等情据此，为此咨行贵副都统衙门，请烦查照可也。须至咨呈者。

右咨珲春副都统衙门

吉林行省衙门为裁撤五城副都统事的咨文
宣统元年九月二十日

为咨行事。旗务处案呈：案查本省奏请援案添改民官，酌裁旗缺等因，业经会议政务处核议复奏，奉旨允准。嗣以事涉更张，举凡旗署之执行，民官之职掌，自须详定章程，俾得措施。曾拟拣派提调分驻各原设副都统所在，总理该处以后一切旗务，遇事禀承旗务处长官办理，所有文件皆呈由旗务处核转公署。等因行知在案。现查三姓、珲春、伯都讷三城亟应先行拣委，以专责成。查有三姓左翼协领桂林、珲春左翼协领贵庆、伯都讷左翼协领忠祥等，堪以派充各该城提调差使。各城副都统既经裁撤，所有旗署一切事件自应查照前案，分别移交兵备道附近地方官及旗务提调接理，以专责成，俟交代后，即将副都统印信封送来辕，以便缴部。至新委各提调遇事暂行借用该翼协领关防，以昭信守，并应将任事日期呈报，以备查考，理合呈请咨行，等情据此，除分行外，为此合咨贵副都统衙门，请烦查照办理可也。须至咨者。

右咨珲春副都统衙门

（二）职 官 调 补

吉林将军衙门为珲局委员炳宣留省充差事的咨文
光绪二十一年二月二十二日

为咨复事。案准贵署帮办咨，以珲局总理委员等所出考语送核前来。查粘单内开：行营文案委员炳宣，业于去冬留省，派委边务文案随同办事委员在案。其所遗行营文案委员之差，应即开除，另行委补。珲城如不得人，省中尚不乏人，拟即由省酌派前往。相应咨复贵帮办查照施行。须至咨者。

右咨署帮办珲春副都统恩

珲春副都统衙门为沙克都林札布奉旨调署珲春副都统事的札文
光绪二十一年二月

左司案呈：为札饬事。本副都统钦奉谕旨，调署珲春副都统印务并帮办吉林边务一差，当以珲防紧要，遵照督办将军来电，即将塔署印务暂交协领双胜护理，先行启程缘由，曾经咨明在案。兹于二月初九日辰时驰抵珲城，即于是日巳刻经护理副都统印务花翎协领春升，派令印务处总理佐领喜昌，将镇守珲春副都统银印一颗及仓库钥匙九件，并地方政务一并赍送前来。本副都统随即祗领视事。除照知俄边界官廓米萨尔暨分咨外，理合备文札饬。为此札仰招垦、电报各局并营务处转饬各军，一体遵照可也。切切，特札。

右札仰招垦总局、电报局、营务处遵此。

吉林将军衙门为新调珲春副都统钮楞额由江赴吉日期的咨文

光绪二十一年八月初十日

为咨行事。兵司案呈：本年八月初三日，准新调珲春副都统钮　咨开，兹于七月初十日接准兵部咨开，闰五月二十七日内阁抄出，二十六日奉上谕：珲春副都统员缺，着钮楞额调补。钦此。钦遵。等因咨照前来。遵于本月十七日，缮折叩谢天恩，吁恳陛见奏请在案。敝副都统拟于是月二十一日，由黑龙江起程前赴吉省，恭候回折，奉到批旨另行咨照外，理合先行备文咨照。为此合行咨会贵将军鉴核施行。等因前来。相应呈请咨行宁古塔、伯都讷、三姓、阿勒楚喀、珲春副都统，照会乌拉总管等衙门查照，札饬十旗、乌拉、拉林、五常堡、双城堡、伊通、额穆赫索罗协、参、佐领，西北两路驿站监督等遵照可也。须至咨者。

右咨珲春副都统衙门

吉林将军衙门为亲军左营帮带官以双顺调充的咨文

光绪二十一年十一月十四日

为咨行事。照得靖边亲军左营马队帮带官爱仁额，着即撤委。所遗帮带一差，以珲春行营文案随同办事委员骁骑校双顺调充。双顺递遗一差，即以花翎守备衔天津镇标补用千总段祝元前往接充。除分饬外，相应咨明。为此合咨贵帮办，请烦查照施行。须至咨者。

右咨钦命帮办吉林边务事宜珲春副都统恩

恩祥为补授珲春副都统员缺吁恳陛见的札文

光绪二十一年十二月初九日

钦命帮办吉林边务一切事宜镇守珲春地方副都统恩　为札饬事。案照本署帮办副都统恭承简命补授珲春副都统员缺，当于九月十四日恭缮清文专折，叩谢天恩吁恳陛见。旋于十二月初四日，原折递回。钦奉朱批："着来见。钦此。"自应遵旨入觐，咨请派员接署，以便交代启程。除恭录朱批分行外，合行札饬。札到该处遵照。特札。

右札仰边务文案处遵此

珲春副都统恩祥右翼协领副都统衔奖赏花翎春升履历
光绪二十一年

帮办吉林边务一切事宜镇守珲春地方副都统恩　系吉林满洲正蓝旗常青佐领下人，陈满洲，年五十岁，食俸当差三十三年。于同治三年出师江南、甘肃等处兵差一次，打仗二十次，杀贼三十名，捉生十名。于五年间因克复灵州城池案内出力，蒙钦命督办甘肃军务宁夏将军、署陕甘总督部堂穆　保奏，奉旨："恩着赏戴蓝翎。钦此。"于六年间，蒙前安徽巡抚部院翁　补委防御。于八年间，因在黄河两岸剿捕贼匪案内打仗出力，蒙钦命统率沿边马步诸军署理宁夏将军金　保奏，奉旨："恩着以骁骑校尽先升用。钦此。"九年间，因克复宁夏城池案内奋勉出力，蒙钦命统率沿边马步诸军署理宁夏将军金　保奏，奉旨："恩着免补骁骑校，以防御尽先即补，并赏换花翎。钦此。"于是年十一月请假回吉，蒙钦命统率沿边马步诸军署理宁夏将军金　咨送回旗。十年正月，到省归旗当差。十一年间，蒙钦命镇守吉林等处地方将军宗室奕　给咨送部引见。是年十月十五日经钦派王大臣验放，次日复奏，奉旨："恩着例以防御补用。钦此。"十二年二月，蒙钦命镇守吉林等处地方将军宗室奕　补授伯都讷镶白旗防御，咨报部旗在案。是年，调转吉林满洲镶黄旗防御。光绪元年十二月，蒙钦命镇守吉林等处地方将军西林巴图鲁穆，拣选阿勒楚喀正蓝旗佐领，拟正于二年三月咨送部旗引见。四月初七日，经钦派王大臣验放，请以拟正之恩补授。次日复奏，奉旨："依议。钦此。"于光绪元年正月二十日，恭逢恩诏加一级，因升佐领，将加一级照例改为纪录一次。三年四月，调转吉林满洲正蓝旗公中佐领。五年六月，奉派查办瑚布图河俄夷交涉事件差使一次，蒙钦命镇守吉林等处地方将军铭　赏记大功一次，八月，奉委管带吉林头起练军马队官兵委营总。七年五月十四日，恭逢恩诏加一级。是年十一月，在伯都讷属花园山地方拿获盗匪三名，蒙钦命镇守吉林等处地方将军铭，赏给记名一次。八年八月，蒙钦差督办宁古塔等处事宜二品顶戴太仆寺大堂吴　札调署理亲军营官事务。九年二月，蒙钦差督办宁古塔等处事宜二品顶戴太常寺大堂吴　，札委管带亲军右营营官事务。是月内，经钦差督办宁古塔等处事宜二品顶戴太常寺大堂吴　，校阅军操，中靶五枪，蒙赏线绉袍褂料一套。十年五月，蒙钦差会办北洋大臣二品顶戴通政使司通政使吴，专折具奏保荐人才，以操守谨严、义不苟取、心精力果、才具开展，为吉省防军练军中第一将才，洵堪副国家心腹干城之寄等语奏保。闰五月十六日，奉上谕："吉林满洲正蓝旗公中佐领恩着俟经手事件完竣后，送部带领引见。钦此。"十年十一月，经钦命帮办吉林边务事宜镇守珲春地方副都统依，校阅军操，中靶五枪，蒙赏线绉袍褂料一套。十一年正月初四日，恭逢恩诏加一级。是月，蒙钦命（头品顶戴镇守吉林等地方将军一等侯希　头品顶戴镇守吉林等处地方副都统恩）咨送兵部带领引见，于四月初七日奉上谕："本日引见之佐领恩，着交军机处存记。钦此。"是年九月，蒙钦命（督办吉林边务事宜吉林将军一等侯希　帮办吉林边务事宜珲春副都统依）委署靖边亲军统领事务兼署左路统领事务。十月，经钦命帮办吉林边务事宜珲春副都统依，校阅军操，中靶五枪，蒙赏宁绸袍褂料一套。十二月，蒙钦命（督办吉林边务事宜吉林将军一等侯希　帮办吉林边务事宜珲春副都统依）札委统领靖边亲军马步全军。十二年十一月，经钦命帮办吉林边务事宜珲春副都统依，校阅军操，中靶五枪，蒙赏宁绸袍褂料一套。十三年三月，蒙钦命（头品顶戴镇守吉林等地方将军一等侯希头品顶戴镇守吉林等处地方副都统恩）拣放吉林满洲正黄旗协领。三月十九日具奏，因防务需员，暂缓引见。四月二十四奉朱批："着照所请，兵部知道。钦此。"正月十五日，恭逢恩诏加一级，因升授协领任内加三级，照例改为纪录三次。是年六月，蒙钦命（头品顶戴镇守吉林等处地方将军一等侯希头品顶戴镇守吉林等处地方副都统恩），奏派署理宁古塔副都统印务，于六月十四日接印任事，于十一月初一日交卸仓库，一切均经交待清楚，任内并无事故。于九月内，经钦命头品顶戴督办吉林边务事宜吉林将军一等侯希校阅军操，中靶三枪，蒙赏宁绸袍褂料一件。十四年七月间，因吉林勘办通省荒地完竣，在事出力案内，蒙钦命（头品顶戴镇守吉林等处地方将军一等侯希头品顶戴镇守吉林等处地方副都统恩）保奏，十五年六月初三日奉旨："恩着赏加副都统衔。钦此。"是年二月初三日，恭逢恩诏加一级。三月十六日恭逢恩诏加一级。三月内，经钦命帮办吉林边务事宜珲春副都统依，校阅军操，中靶五枪，蒙赏宁绸袍褂料一套。十六年二月十五日，经钦命帮办吉林边务事宜珲春副都统恩校阅军操，中靶五枪，蒙赏宁绸袍褂料一套。是年七月，蒙钦命（督办吉林边务事宜镇守吉林等处地方将军长　帮办吉林边务事宜镇守珲春地方副都统恩）会奏，以人地相宜，调转统领靖边前路马步全军。十七年二月，请咨部旗补行引见。四月，蒙钦命督办吉林边务事宜镇守吉林等处地方将军长咨送部旗，并附片保奏，以谋略优裕，持重不浮，充当统领有年，纪律严明，勤修武备，察其器量，实胜专阃之任等语，俱奏在案。于七月二十六日，经满洲正黄旗王大臣带领引见，即日奉旨："着仍回原处。钦此。"旋于八月回吉，接奉钦命（督办吉林边务事宜镇守吉林等处地方将军长帮办吉林边务事宜镇守珲春地方副都统恩）札调统领靖边后路马步水师全军。十八年八月，接奉钦命（督办吉林边务事宜镇守吉林等处地方将军长帮办吉林边务事宜珲春地方副都统恩）檄调统领靖边前路马步全军。以管辖严明，堪以调转会奏在案。十月初四日到防，接统前军事务。十八年，举行军政大典，蒙钦命督办吉林边务事宜镇守

珲春副都统衙门档案选编

吉林等处地方将军长　保荐卓异，以六力官弓骑射娴熟，行止端方，才具优长，操守廉明，管辖严肃等语，加考具题咨部。是年十二月初九日，经兵部议奏，准其卓异加一级，照例注册，遇有应升缺出，开列于前补放，缮单具题。本月十一日，奉旨："依议。钦此。"十八年九月，因吉林边防文武各员劳绩五年限满，照章择优褒奖案内，蒙钦命^{督办吉林边务事宜镇守吉林等处地方将军长}_{帮办吉林边务事宜镇守珲春地方副都统恩}保奏，计单开副都统衔花翎协领恩　，请以副都统记名，奉朱批："该衙门议奏，单二件并发。钦此。"经钦命总理海军事务衙门会同兵部核议，改为议叙军功加一级。于十九年五月初七日复奏，本日奉旨："依议。钦此。"二十年八月十六日，恭逢恩诏加一级。十月，蒙钦命^{督办吉林边务事宜镇守吉林等处地方将军长}_{帮办吉林边务事宜镇守珲春地方副都统恩}电商奏委署理珲春副都统印务，本月初二日接印任事。旋接将军衙门行知，十月十三日奉朱批："知道了。钦此。"复蒙钦命头品顶戴署理吉林督办边务事宜镇守吉林等处地方将军恩　保以统军有年，晓畅戎机，奏请兼署帮办吉林边务。于本年十二月初六日，奉朱批："着照所请，钦此。"当即接奉行知，于是月二十八日恭折叩谢天恩。二十一年三月初八日原折递回，奉朱批："知道了。钦此。"是年九月十二日承准部咨行，八月初二日内阁抄出，七月三十日奉旨："镶蓝旗汉军副都统着钮楞额调补，所遗珲春副都统员缺，着恩补授。钦此。"钦遵。旋于是月十四日，恭折叩谢天恩，吁恳陛见。十二月初四日原折递回，钦奉朱批："着来见。钦此。"二十二年正月十九日交卸印务启程晋京，三月初六日到京，即赴宫门请安，仰蒙召见一次。是月十九日陛辞请训，又蒙召见一次。是日奉上谕："恩现已补授珲春副都统，仍着随同长，帮办吉林边务一切事宜。钦此。"二十日，恭折（扣）[叩]谢天恩，随即出京，于四月二十七日回任接印视事，任内实有加四级，因升授副都统，照例改为纪录四次，共计军功加一级，纪录八次。

　　右翼协领副都统衔奖赏花翎春升，由驻防处补授，系珲春镶黄旗庆云佐领下人库雅拉，年五十一岁。原系披甲贴写，于同治四年五月间，奉调赴神机营操演，于是年十一月间，调拨奉天军营剿贼，在下章党等处与贼接仗十次，杀贼十名，捉生五名。于五年二月初四、五等日，在中杨堡、朝阳坡等处攻剿大股贼匪，连获胜仗，尤为出力。蒙钦差大臣文、福等保奏，于四月初二日奉旨："赏戴六品军功。钦此。"于六年七月间在栾家店地方，与贼接，获胜仗，尤为出力，蒙钦命将军都　保奏，于七年二月初六日奉[旨]（下缺）。

珲春副都统为派统领方春发接充前路统领的咨文

光绪二十二年二月二十九日

钦命头品顶戴赏穿黄马褂署理帮办吉林边务事宜珲春副都统镇守宁古塔副都统世袭骑都尉兼云骑尉库楚特依巴图鲁沙　，为咨复事。本年二月二十八日，准贵督办将军电开：方统领点队完竣，即请就近札委前路统领。等因准此，查方提督春发，昔年西徼从戎，深明军律，以之委充，洵堪胜任。兹该提督奉委点队来珲，业将队伍点验完竣。自应就近委派前往接统，以昭便捷。除分札遵照外，相应备文咨复。为此合咨贵督办将军，请烦查照施行。须至咨者。

右咨钦命头品顶戴督办吉林边务事宜镇守吉林等处地方将军兼理打牲乌拉拣选官员等事恩特赫恩巴图鲁长

吉林将军衙门为奉上谕着沙调署珲春副都统的咨文

光绪二十二年三月初一日

为咨行事。兵司案呈：本年二月十九日，准兵部咨开，武选司案呈，内阁抄出，光绪二十二年正月十七日，奉上谕：长　等奏，珲春副都统恩　晋京陛见，请调员署缺折。珲春副都统，着沙　调署；宁古塔副都统，着富署理。钦此。抄出到部。相应行文该将军可也。等因前来。相应呈请咨行宁古塔、珲春副都统等衙门查照，并由兵司移付户司查照可也。须至咨者。

右咨珲春副都统衙门

吉林将军衙门为新放珲春佐领富隆额着留省仍充机器局委员的咨文

光绪二十二年三月二十日

为咨行事。兵司案呈：本年三月十八日，奉宪谕知悉。查有新放珲春正红旗花翎佐领富隆额，前曾派在兵司行走，并兼机器局稽察各厂委员差使。现该员已补佐领，自应到任。惟机器局各厂事烦，稽查尤关紧要，未便遽易生手。着仍留省充差，暂缓赴本任。等谕奉此，相应呈请咨行珲春副都统衙门查照，札饬伊通佐领遵照，由兵司移付机器局查照可也。须至咨者。

右咨珲春副都统衙门

沙克都林札布为交卸珲春副都统印务启程回塔的咨文

光绪二十二年四月二十六日

钦命头品顶戴赏穿黄马褂署理帮办吉林边务一切事宜珲春副都统镇守宁

古塔副都统世袭骑都尉兼云骑尉库楚特依巴图鲁沙　为咨报事。左司案呈：案照珲春副都统恩　曾遵旨入觐。本副都统当奉谕旨，署理帮办吉林边务一切事宜，并副都统印务。等因业经咨明在案。兹于四月二十五日申刻，恩副都统经由俄界航海旋抵珲城。本署副都统即于二十七日辰刻，将镇守珲春副都统银印一颗，并仓库钥匙地方边防一切政务，饬派印务处经理佐领庆云，一并赍交该帮办副都统接领视事。本副都统拟于是日巳刻，由珲启程驰回塔城本任。合将交卸印务缘由、启程日期，呈请备文咨报。为此合咨将军衙门查照施行。须至咨者。

　　右咨将军衙门

珲春副都统恩祥为奉上谕回珲接任原职事的咨文及奏稿

光绪二十二年四月二十七日

　　钦命帮办吉林边务一切事宜镇守珲春地方副都统恩　为咨明事。左司案呈：窃照本帮办副都统，前遵旨入觐，当蒙圣恩，着回原任即时陛辞出京。于本年四月二十七日，旋抵珲春，接任视事。除恭折由驿奏报并分别咨行外，相应抄录折稿，呈请咨明。为此合咨将军衙门，请烦查照施行。须至咨者。

　　右咨将军衙门

　　计粘折稿

　　帮办吉林边务一切事宜镇守珲春地方副都统奴才恩祥，跪奏：为恭报奴才回任接印日期，叩谢天恩，仰祈圣鉴事。窃奴才遵旨入觐。本年三月到京，先后召见二次。瞻天颜之温霁，聆圣训之周详。尤蒙特旨：恩祥现已补授珲春副都统，仍着随同长顺，帮办吉林边务一切事宜。钦此。当即恭折叩谢天恩，荷九重之殊眷，愈五内而钦悚，陛辞出京。奴才面商总理各国事务衙门，由津附轮取道海参崴回任。四月二十七日抵至珲春，经署副都统沙克都林扎布派员将镇守珲春副都统银印一颗，及一切册档，并帮办边务文案卷宗，移交前来。奴才当于是日，望阙叩头谢恩，祗领任事。查珲春东滨于海，近接俄邻南界。于江毗连韩地，为吉林之门户，实边疆之关键，举凡交涉事件，整军选将，除暴安民，在在均系紧要。如奴才之庸愚，俱难胜任。唯有谨遵圣谕，认真练兵，遇事会商吉林督办将军和衷共济，实力办理，以冀仰答高厚鸿慈，于万一所有。奴才回任日期，理合恭折由驿驰报。伏乞皇上圣鉴。谨奏。

吉林将军衙门为协领依萨布委署全营翼长的咨文
光绪二十二年六月初一日

为咨行事。兵司案呈：本年五月二十三日，准军副宪札开，照得署全营翼长文元，现已派委靖边左路统领。遗出全营翼长一差，自应拣员接署，以专责成。查有协领依萨布，堪以派署。除札委并分札外，合亟札饬。札到该司即便遵照。特札。等因奉此，相应呈请咨行珲春副都统衙门查照可也。须至咨者。

右咨珲春副都统衙门

吉林将军衙门为珲春矿务委员禄嵩丁忧期满赴差的札文
光绪二十二年七月初一日

为札饬事。案准左翼副都统瑞、荆州将军祥、右翼副都统德咨开：右司案呈，据镶白旗满洲协领呢音聂里呈，据职属旗佐领长有等呈报，窃本佐领下，兹于光绪二十二年五月初四日，奉旗务传自右司抄回，准吏部咨开，稽勋司案呈，准蓝翎云骑尉选用知县禄嵩，蒙吉林将军珲春都统会委，奏派试办吉林珲春矿务，因公亏累甚重，请假回旗措资。于去岁七月初十日，始行抵荆。生母钮呼噜氏，于七月二十二日病故，系属亲子，并无次子过继，例应丁忧，俟百日孝满，再行请咨赴差，交代经手未完事件。等因前来。查蓝翎云骑尉选用知县禄嵩，丁生母忧，应准其守制。仍咨荆州将军饬令该员，俟百日孝满赴差交代时，即行请咨将经手事件交代清楚，回旗守制。将起程日期报部，并交代清楚回旗日期报部。等因奉此，传抄到职。职等遵查该员前丁母忧，今已百日孝满，呈请给咨清理交代。该员拟于光绪二十二年五月二十日，由旗起程，赴差交代经手事件之处，祈为转呈到旗。协领呢音聂里复核无异，理合呈请饬司办理。等情发司。职司应如该协领等所呈，理合呈请咨报吏部，并请咨明吉林将军、珲春副都统。等情据此，除分咨外，相应咨明。为此合咨贵将军，请烦查照施行。等因准此，合亟札饬。札到该局即便遵照。特札。

札珲春矿务局遵此。

吉林将军衙门为奉上谕珲春副都统恩祥撤去帮办吉林边务事宜的咨文
光绪二十二年九月二十四日

为恭录咨行事。本年九月二十四日，承准军机大臣字寄署吉林将军延　，光绪二十二年九月十四日，奉上谕：珲春副都统恩　着撤去帮办吉林边务事宜，将此谕令知之。钦此。遵旨寄信前来。本署督办将军承准。遵此，除分行外，相应备文咨行。为此合咨查照施行。须至咨者。

右咨珲春副都统

吉林将军衙门为瑚松阿开去三等侍卫差使以对品防御转补事的咨文
光绪二十二年十月初九日

为咨行事。兵司案呈：本年九月二十五日，准兵部咨开，武选司案呈，内阁抄出，署吉林将军延　片奏，据大门三等侍卫四品顶戴瑚松阿禀称，窃侍卫于同治十三年间，蒙挑选三音哈哈送京。奉旨，历赏三等侍卫在大门当差。嗣因吉林边疆紧要，添设防军，于光绪六年间，经参赞大臣喜昌奏调来吉差遣，委为靖边军哨官差使。嗣因边务稍松，开去哨官差使，理应回京当差，无如侍卫无力赴京，是以恳请援照前三等侍卫文禄，开去三等侍卫以本处对品防御调转，就近当差。呈恳代为转请，开去大门三等侍卫差使，以本处对品防御调转，俾得就近充差等情。查三等侍卫瑚松阿禀请援案，开去三等侍卫差使，以对品防御调转，核与成案相符。可否将三等侍卫瑚松阿开去三等侍卫差使，以该翼对品防御之缺转补，就近当差，附片谨奏。光绪二十二年八月初十日，奉朱批："着照所请。兵部知道。钦此。"抄出到部。相应行文吉林将军可也。等因前来。相应呈请咨行珲春副都统衙门查照可也。须至咨者。

右咨珲春副都统衙门

吉林将军衙门为珲春右翼协领伊萨布调转遗缺拣补的咨文
光绪二十二年十一月二十五日

为咨行事。兵司案呈：于本年十一月初五日，准兵部咨开，武选司案呈，内阁抄出，署吉林将军延　等奏，窃查吉林珲春右翼协领伊萨布调转遗缺，查有副都统衔记名协领吉林满洲正红旗花翎佐领全荣拟陪，当以该员在练军委充统领差使，援案请旨，拟陪协领之全荣，照例记名，暂缓引见，俟续有协领缺出，即行照例坐补。于光绪十三年四月二十四日，奉朱批："着照所请。兵部知道。钦此。"钦遵在案。今吉林珲春右翼协领伊萨布调转遗缺，拟请以副都统衔记名协领花翎佐领全荣照例坐补。惟该员甫委边防后路统领，正资整顿，未便再易生手。俟防务稍松，再行补送引见之处，恭折谨奏。光绪二十二年九月十五日，奉朱批："着照所请。兵部知道。钦此。"抄出到部。相应行文吉林将军可也。等因前来。相应呈请咨行珲春副都统衙门查照，札饬正黄、正红旗协领遵照，并由兵司移付户司查照可也。须至咨者。

右咨珲春副都统衙门

吉林将军衙门为奉上谕庆禄调补宁古塔副都统等事的咨文
光绪二十二年十二月初二日

为咨报事。兵司案呈：光绪二十二年十二月初一日，本衙门恭折具奏：为宁古塔副都统调补珲春，应即派员接署，以重职守，恭折仰祈圣鉴事。窃于光绪二十二年十一月二十九日，准兵部咨开，由内阁抄出，光绪二十二年十一月初六日，奉旨：珲春副都统着沙　调补。钦此。同日奉上谕：沙　现在调补珲春副都统，着随同延　帮办吉林边务事宜。钦此。钦遵咨行前来。伏查宁古塔地处东边，逼近俄界，时有交涉事件。本年查勘线路俄员，大半道出塔境。现在剿办滋扰金厂各匪，又以宁古塔为东山门户，地系要区，时尤吃紧，自应先行拣员接署，以便沙　交卸趋赴阙廷，跪聆圣训。查有吉林练军马步全营翼长副都统衔记名简放副都统花翎协领捷勇巴图鲁庆禄，遇事果断，操守不苟，堪以前往接署。除饬知该员遵照外，谨恭折具陈，伏乞皇上圣鉴。谨奏。等因。除俟奉到朱批，再行恭录咨报外，合先照抄原折，呈请咨报军械处、兵、户部查核，暨咨行宁古塔、珲春副都统等衙门查照，札饬全营翼长副都统衔记名简放副都统花翎协领捷勇巴图鲁庆禄、蒙古旗协领遵照，并由兵司移付边务文案处、户司查照可也。须至咨者。

右咨珲春副都统衙门

珲春副都统为行营文案处会办刘绍文请假回籍等事的咨文
光绪二十二年十二月二十三日

钦命镇守珲春地方副都统恩，为咨明事。左司案呈：案据边务行营文案处会办刘绍文禀报，窃于本年十二月十六日，卑处接奉署督办将军延　札开，照得珲春行营文案处会办刘绍文着即撤委，遗差以吏部主事鄂英接充。其应领薪水，自光绪二十三年正月起照章开支，以资办公。除札委外，合亟札饬，札到该处即便遵照。特札。等因奉此，职遵即交卸文案处会办差使，其兼差发审并请宪恩开除。历年在差，并无经手未完事件，恳祈批准，以便回籍省亲。并恳宪恩，赏发护照，以利遄行。所有遵文交卸会办差使，并请开除发审兼差，及请发护照各缘由，理合禀请宪台鉴核，恭候批示遵行。等情前来。据此，除批：据禀已悉。该员遵文交卸文案处会办，并请开除发审兼差，既据声明历年在差并无经手未完事件，自应照准给假回籍。仰候填发护照祇领，缴、挂发外，其遗出发审委员一差，查有五品顶戴候选府经历曲鸣銮，堪以派委接充。其应领津贴，自光绪二十三年正月初一日，照章起支。除分檄饬遵外，相应呈请咨明。为此合咨贵将军衙门，查照施行。须至咨者。

右咨将军衙门

吉林将军衙门为将云骑尉魁山等派作珲春行营文案处效力委员的咨文
光绪二十三年正月十二日

为咨行事。照得珲春行营文案处事务殷繁，需员差遣，查有蒙古正蓝旗恩吉佐领下云骑尉魁山、满洲镶黄旗五品顶戴骁骑校毓廉、二等侍卫倭克锦、云骑尉瑞亮、五品顶戴候选州吏目李际清等五员，均堪派作该处效力委员。除札委并兵司遵照外，相应备文咨行贵帮办，请烦查照施行。须至咨者。

右咨钦命头品顶戴帮办吉林边务事宜珲春副都统库楚特依巴图鲁沙

吉林将军衙门为右路统领金得凤撤委遗差依次委补的咨文
光绪二十三年三月十五日

为咨行事。照得靖边右路统领金得凤，并无面回要件，擅行来省禀事，殊属不合，着即撤委。所遗右路统领，查有记名协领花翎佐领岳林，操守可信，堪以委充。递遗边务粮饷处经理，查有水师营记名总管花翎四品官戴梦龄，堪以委充。除札委并分札外，相应备文咨行。为此合咨贵署帮办，请烦查照施行。须至咨者。

右咨署理珲春副都统帮办边务事宜花翎协领凤

吉林将军为调补副都统沙克都林札布驰赴珲春接任的奏片
光绪二十三年正月二十六日

再，调补珲春副都统沙克都林札布，于上年十二月二十四日，交卸宁古塔副都统印务，晋省与奴才会商整顿边务办法。当以不侵蚀空额为第一要着，次则习劳勤操，辅之以会哨缉盗，奴才等所见均属相同。该副都统即于正月二十二日，由吉林起程前赴珲春接任。除俟到任后再行奏报外，理合附片具奏。伏乞圣鉴。谨奏。

珲春副都统凤翔为报到珲接任日期的照会
光绪二十三年二月二十九日

署珲春副都统帮办边务事宜副都统衔花翎协领凤，为照会事。案奉督办将军延　札开本年二月初九日，附片具奏：再查珲春副都统沙，因病出缺，业经专折驰报在案。所遗员缺，有帮办边务经理交涉之责，自应循例拣员往署，以重职守。查有花翎副都统衔五常堡协领调转乌拉协领凤，堪以委署斯缺。并将边防事宜督饬各路统将，加意整顿，认真操防。等因奉此，遵于二月十五日由省起程，二十七日驰抵珲春。于二十八日午刻接署，并兼帮办边务事宜。除呈报督办将军鉴核并分行外，相应备文照会。为此照会贵处，请烦查照可也。须至照会者。

右照会边务文案处

珲春副都统英联为报到珲接任日期的札文
光绪二十三年六月二十七日

钦命帮办吉林边务事宜镇守珲春地方副都统军功花翎英　　，为札饬事。案准将军衙门咨开：兵司案呈，准兵部清文咨开，光绪二十三年二月二十九日，由内阁抄出，奉上谕：珲春副都统遗缺，以英　调转。钦此。抄出到部，咨行该处可也。各等因前来。本副都统当即束装东来，于六月二十四日驰抵珲春。即准前署帮办副都统花翎协领凤　，将副都统印信并帮办事宜及令箭等物移交前来。于二十六日接印任事。所有到任日期，除咨行署督办将军查照，并咨复分札外，合亟札饬。札到该处即便遵照。切切特札。

札边防文案处遵此

珲春副都统为鄂英委补行营文案总理差使的咨文
光绪二十三年九月二十一日

钦命帮办吉林边防事宜镇守珲春地方副都统军功花翎英　　，为咨呈事。窃于本年八月二十八日，准贵督办将军咨开：照得靖边前路前营管带谢友胜撤委遗差，着行营文案处总理海协领权暂行兼署。相应咨行查照。等因准此，当即札饬遵照前往兼署。惟查该协领既署管带差使，若令其兼理文案，不无顾此失彼。且该营防所距城稍远，尤劳奔驰。所有文案经理一差，自应另行派员署理。查有行营文案处会办鄂英，堪以署理。递遗之差，查有珲春左翼协领春升，堪以署理，以资各专责成。其应领薪水，均自九月初一日起支。除已分札接理外，相应备文咨呈贵督办将军，请烦查照施行。须至咨呈者。

右咨呈钦命署理吉林等处地方将军督办吉林边务事宜兼理打牲乌拉拣选官员等事副都统衔延

珲春副都统为校阅防军将珲署营务交春升等办理的咨文
光绪二十三年九月二十九日

钦命帮办吉林边务事宜镇守珲春地方副都统军功花翎英　为咨呈事。窃照敝帮办现定于十月初二日，先往中前两路，看操阅右路并便道赴和龙峪察看越垦情形，业经咨明署督办将军，并分札遵照在案。惟赴右路等处，必须携篆公出，往返自需时日。珲春五方杂处，难保无匪类乘间滋扰。所有本署一切公事，即责成文案会办协领春升，营中事务即责成中路庆统领祥、前路贵统领升，均须认真办理。至衙署务官弁亦当各照职守，格外严加防范，各专责成，监狱管　尤须慎重。倘有几处及别滋事端，定以各该管官是问。除分札外，理合备文咨呈督办将军鉴核施行。须至咨呈者。

右咨呈钦命署理吉林等处地方将军督办吉林边务事宜兼理打牲乌拉拣选官员等事副都统衔延

吉林将军衙门为中路办事官德征撤委遗差委充的咨文
光绪二十三年十月十一日

为咨复事。案准贵帮办咨开：窃照于本年九月二十二日，据中路庆统领祥文称，该路右营办事官德征，逐事多不如初，应即撤委。遗差呈请督帅派员充补。各等因。知照前来。如省中若有闲员，惟乞俯如所请。倘无相当之员，惟恳饬由珲春文案效力人员拟补，俾资帮助。可否之处，理合咨呈鉴核施行。等因到本署督办将军。准此，查中路右营办事官德征撤委，遗差业经札委尽先防御蓝翎骁骑校萨英额接充在案。兹准前因，相应咨复贵帮办查照施行。须至咨者。

右咨钦命帮办吉林边务事宜珲春副都统英

吉林将军衙门为派管带讷荫办理宁古塔垦务等事的咨文
光绪二十四年正月二十一日

为咨行事。据庆翼长禄、春前协领龄禀称：奉派办理宁古塔垦务及交涉事件。查有署靖边中路步队右营管带、三品衔花翎尽先协领补缺后赏加副都统衔、宁古塔镶黄旗佐领讷荫，办事认真，操守不苟，可否帮理宁古塔垦务、交涉一切事件。等语。查宁古塔垦务、交涉需才经理，既据该翼长等禀请该员帮理，即应准如所请，派管带讷荫帮办宁古塔垦务、交涉一切事件。惟该处尚未筹有薪水，应令管带讷荫仍支原差薪水，俟宁古塔垦局筹有经费，再行停止原支管带薪水。所遗中路右营管带一差，着派左路右营管带成喜调署。其左路右营管带，仍派该路随同办事委员董华珍署理，均各支本差薪水。除分别咨札外，相应咨行贵帮办、副都统查照施行。须至咨者。

右咨钦命帮办吉林边务事宜珲春副都统英

　　宁古塔副都统衙门

吉林将军衙门为办事官徐珍调赴珲春矿务公司遗差委充的咨文
光绪二十四年二月初三日

为咨行事。照得靖边亲军中营办事官徐珍，调赴珲春矿务公司。遗差着以烟酒木税总局委员郝植森调充。其所遗税局委员另行拣员派委。除札委分饬外，相应备文咨行贵帮办，查照施行。须至咨者。

右咨钦命帮办吉林边务事宜珲春副都统英

户司为珲春五道沟分局委员栾在丰现经部选实缺恳速派员接差的移文
光绪二十四年闰三月十六日

户司为移付事。适奉军宪发交一件，据珲春招垦局总理魁福呈称，窃据五道沟分局委员栾在丰称：窃委员于光绪二十四年三月十五日接到电报，现经部选湖南岳州府平江县长寿司巡检。伏恳速派员来局接差，以便收拾起程。所有辞差缘由，理合呈报鉴核。等情据此，伏查该委员既经部选实缺，自应准如所请。职因即饬派汉军文生马世萃前往接收，并另文将该发局禀请裁撤。如蒙俞允，即无庸再行派员。倘有窒碍难裁之处，伏愿速拣妥员前来接充，以免贻误。所有派员接办五道沟分局差使各缘由，理合呈报宪台鉴核施行。等因发司。奉此，相应备文移付。为此合移贵边防文案处查照可也。须至移者。

右移边防文案处

珲春副都统为俄文教习毛鸿遇三年任满销差事的咨呈
光绪二十四年闰三月十七日

钦命帮办吉林边务事宜镇守珲春地方副都统军功花翎英　　，为咨呈事。窃据俄文教习翻译官五品衔工部即补主事毛鸿遇禀称：窃司员于光绪二十年奏调来珲，充教习翻译官，兼理交涉承办处事务。次年六月二十四日到珲任差。计自任差之日起，连闰扣至本年五月二十四日，三年期满，理合禀请销差。并请照章发给归装路费银两，以便随时起身，仍回总署供差，合并声明。为此谨禀，伏乞鉴核转咨批示遵行。等情禀请来。溯查原设俄文翻译教习之初，委因宁、姓、珲三城与俄接界，交涉日繁。每遇往来，俄文照会必须翻译，通事于两国语言文字贯通，庶无错谬之虞。是以经前帮办副都统依　，咨商督办将军侯希　，于光绪十三间奏调内阁中书庆全，作为俄文翻译教习，于十四年间到珲任差。有事则传话译文，寻常则挑选八旗子弟从学，以俟三年期满，准照部章京升阶一层，咨送回京，给发归装路费，作正开销。所遗之差，再由总理衙门另行派员接充。比及十七年间，三年期满，因该教习庆全传话无误，裨益实多，复经奏留三年，迨至二十年间，六年期满。据该教习禀请回京销差，当经奏请由总理衙门派以工部即补主事毛鸿遇来珲任差。兹据该员先期禀明，自任差之日起，连闰扣至本年五月二十四日止，三年期满，仍回总署供差。等情。敝帮办查该员自到珲以来，所有传话译文、启迪各生，从无贻误。现届报满，所遗斯差，或仍援前案奏留，或即行调换，抑或另有核夺之处，理合备文咨呈督办将军鉴核，赐复施行。再，应试洋学生考卷，一俟期满，呈送转咨总理衙门酌拟奖叙，并汉教习举人凌善亦应照章请保。合并声明。须至咨呈者。

右咨呈钦命署理吉林等处地方将军督办吉林边务事宜兼理打牲乌拉拣选官员等事副都统衔延

吉林将军衙门为依克唐阿逝世奏陈战功事迹的咨文
光绪二十五年四月初六日

将军衙门　为咨行事。兵司案呈：本年三月十六准署盛京将军文　等咨开，右兵司案呈，照得前军督部堂依　因病出缺，其生平战功事迹，当经查明具奏一折。于光绪二十五年二月十八日来电，钦奉上谕：盛京将军依　，持躬清正，忠勇性成。咸丰年间，随征江南，转战安徽、江苏、湖北、河南、山东等省，屡歼巨寇，迭克各城，粤、捻平靖。前赴吉林剿办马贼。积功荐保协领，以副都统记名简放，历任墨尔根城、黑龙江、呼兰、珲春，升任黑龙江将军。光绪二十年，调赴奉天办理军务，筹划战守，卓著勤劳，旋授盛京将军。到任以来，经理善后，悉臻妥协。清查厘税等，剔除中饱，岁增饷银数十万。所部敌忾各军，训练有方，悉成劲旅。地方一切事宜，均能认真整顿，劳怨不辞。方冀克享遐龄，长资倚畀，遽闻溘逝，珍惜殊深。依着照将军军营病故例，赐恤加恩予谥，任内一切处分悉予开复，应得恤典该衙门查例具奏，赏银一千两治丧，由盛京户部发给。灵柩回旗时，沿途地方官妥为照料。其生平一切事迹，着宣付国史馆立传，并于立功省份建立专祠。伊嗣子副都统衔协领富隆额，着以副都统交军机处记名，请旨简放，用示笃念荩臣之意。钦此。钦遵前来，今将军依　灵柩回旗定于三月初十日，由省启程，经过沿途，地方官妥为照料过境，随时驰报。除通饬遵照外，相应粘抄原奏咨行。为此，合咨将军衙门，请烦查照转饬所属钦遵办理施行。等因前来，相应抄单咨行珲春副都统衙门查照可也。须至咨者。

右咨珲春副都统衙门

粘单

奏为将军因病出缺，历陈生平勋迹并代递遗折缘由，恭折仰祈圣鉴事。窃查盛京将军、奉天总督依　，体质素弱而志气甚雄，迩年来虽时有疾痛，遇事必躬必亲，不肯稍耽安逸。聆其言论，每以为时艰孔棘，似宫帝室，宵旰忧勤，凡为臣子，岂容片刻偷安。自旅大议租后，依　忧愤填膺，时时吁叹。因公会晤，见其面容消瘦，几同削瓜，惊诧久之。因劝其节劳调养，为国保身，而终觉其黾勉从人，以不遑寝处也。上年杪感冒风寒，卧病数日，旋闻其服药就痊，新晰见言谈如旧，步履稍形艰涩。正月二十六日，亲往机器局查看物料，意在筹备攻战之具。久坐冷屋，致为寒气所中，回署昏晕，半日始苏。腹痛作呕，饮食不进，服药转剧，并触发从前军营所受枪伤，疼痛欲裂。与良弼等急往看视，依　但口称当此时而死，实属辜负皇太后、皇上厚恩。伏枕呜咽，不能尽言。等俟其痛处既平，神气稍复，各散回署。讵料三十日丑时，痛忽复作，气逆壅至。辰时，溘然长逝。闻信之余，不胜悲愕。当经是将军、总督、府尹各印及养息牧勘荒大臣关防封固收存，一面电奏，旋由电奉旨："盛京将军著文兴护理，等因，钦此。"钦遵在案。伏念依　纯诚体国，忠勇性成，与之共[事]，事事以崇俭朴为心，时时以图富强为念。谨举其生平勋迹并就闻见所及者，谨为我皇太后、皇上视缕陈之。查依

自咸丰二年由披甲出征江南扬州，转战安徽、江苏、湖北、湖南、山东等省，屡占要隘，连踹贼营，迭复名城，再擒逆酋。征战十余年，粤、捻渐平，调回吉林剿办马贼，积功得保（缺文）、六合等处与粤逆接仗，迭获大胜，连夺九伏洲、宝塔山、柳树坝各要隘。复随副都统伊兴额赴皖□州，镇标营盘被围甚急，依　先以百余人冲入，立解其围，并克复石集桥等处。六年正月调河南办捻匪。行抵安徽宿州南平集地方与张洛行相遇，在大河材濉溪口打仗数次，大挫贼锋。嗣攻王家留子贼圩、张七楼贼营、时村寨、永固寨、阎家牌（房）[坊]、赵家七屯。八年三月间，在江苏萧县、宿迁县并山正[东]沂州一带剿匪获胜，旋复折回河南，占夺油炸子湖、平安集贼营数座，攻克灵环集、（智）[雉]河集多年贼巢，破贼垒五十余处，并在尚水县老虎坡连接胜仗，追杀三昼夜。十一年，归忠亲王僧格林沁调遣，在山东东平州、莒州，江苏邳州，河南温县、睢州、屡获[胜]仗。又攻破新集老巢，迭次进攻

西小套湖、北得安府等处，杀贼无[数]。粤、捻之乱，本同流寇，而捻尤甚。最悍之酋，动聚十数万人，到处剽掠一空，且专以裹胁为事。贼首李越、张洛行两股势甚鸱张，各相援助。依　既于陈家集设法擒获李越，复随同僧格林沁，于攻破新集时拿获张洛行，贼焰为之一熄。依　与博崇武皆以善战称，而宅心尤厚。每破贼垒，遇有俘获，不肯妄杀，故被胁良民全活甚众。而最脍灸人口者，以五百人攻破时村、永固两寨，救出黄茅顶山上被围难民数万人。又在萧县高皇山石子获胜，救出被围难民数至盈万。又在宿迁，以四十余骑救奶奶山周姓寨难民十余万。当玉石俱焚[之]际，卒能保全民命，论者多之。且其人弱不胜衣，一遇交绥，勇气百倍，受刀矛伤，无不裹创力战。即在江南浦[口]被困时，伏浅水内一昼夜，次日依然临阵。在河南尉氏县打仗，左肋受抬枪伤甚重，调治半月，扶伤上马，其如（缺文）剿办马贼也。时同治四年，吉林遍地皆贼，乌合之众，动以万计。伯都讷厅先陷，长春厅城被围，省垣危若累卵。依　以数百人冲突其间，所向披靡。平时每喜夜战，故往往以寡胜众。相传双阳通一战，杀贼数千，立解城围，实系全省安危。前署吉林将军德英实倚赖之。先是，依　由豫撤回，率所部百余人，行抵吉林之叶赫站，投店造饭。见门庭悬彩，诘之店伙，诡以迎官对，其实款贼也。食毕，贼首徐占义率众贼大至，号称半万，闻队在店不进，屯扎道左。依　神气自若，群劝绕道避其锋，不为动，仍循大路行。与贼遇，徐占义叱众贼纷纷下马立，依　策马前进曰：今日我出征回籍，非杀尔等也。尔等下马当道，欲步战乎。徐曰：否。然则欲降乎。徐亦曰：否。敬公、服公胆壮也。他日相见。遂挥众退。迨依　带兵剿办时，与他贼接仗，贼必指曰：此徐占义所敬服者也。望风先遁。由是威名大著。与各将领同心戮力，鏖战二年，全省军务为之肃清。此则依　随剿粤、捻出务并剿办本籍马贼之情形也。

当时俄乘中原扰乱，大肆蚕食黑龙江边境，占去大半墨尔根，尤与俄逼国门以外，击柝相闻。同治八年，奉旨简放墨尔根城副都统，整顿旗务，修缮甲兵，以防外侮。十一年，署黑龙江将军，旋调黑龙江副都统，驻爱珲，与俄一江隔。俄行纸币，爱珲市面收存银数甚巨。俄忽下令，限五日缴换，逾限作废纸。依　过江与俄大员力争，始获宽限，一时争回银票百数十万两，至今该处商民犹道之。光绪五年，调新设呼兰副都统，政令廉清，未及一年，境内大治。六年夏，丁母扰，回旗守制。九月奉旨，"着依　（缺文）亲赴三姓、宁古塔、吉林、烟集冈校阅防军一次，布置营防，修建炮台，士卒精锐，纪律严肃，三边重镇屹然，中外界限为之一清。十五年正月，奉旨简放黑龙江将军，到任以后，讲求垦民，安插流民，清理庶狱。并因兵力单薄，奏裁原有精锐营，另设镇边军十八营，以节省之饷购备枪炮，并制造大火轮两艘，游弋嫩江上下，以清盗氛。五年之外，军容严整，百废俱举，外人不敢轻视。未及而朝鲜乱作，中日衅起，依　电奉告奋，慷慨誓师。二十年秋间，遵旨驰赴奉天防剿，师抵蒲石河，与日人接仗，收复古楼子等处。十月，进薄凤凰城，以统领永山中炮阵亡因而收兵。是月接仗十余次，惟草海岭终日鏖战，毙最多。十一月，遵旨前往辽阳，会同前吉林将军长　严防。时海城已陷，进扎海城西北之耿庄子，与长　一军相为犄角。十二月二十二日，并力攻打获胜，城内敌人装驮欲遁，卒以统将受伤，兵无后继，功败垂成。二十一年二月初四日，敌从间道抄入，中军被围，各军仰卧放枪一日之久，始行击退。适间敌由吉东峪潜入，遂与长　遵旨回援辽阳，以致湘军败绩。论者谓甲午辽南一役，依所部虽屡经挫折，而愈斗愈奋，不愧敌忾之名，且攻海无功，而保辽之功实大，然其心力亦于瘁矣。是月，蒙赏头品顶戴，旋补镶黄旗汉军都统。九月，简放盛军将军，到任后，正值辽南初复，民气凋残，各属衙署监狱悉遭摧毁。先后奏请拨银二十万元赈济修□，一面就地劝捐以补不足。从来办善后者，动支经费百万，拖延十余年尚难就绪。依安之策，唯有清查厘税，剔除中饱，不取诸民而取诸贪吏奸商之手。于是遴派妥员，复分往各处设局会征。先从东边各税增出银数十万两，继于盐厘粮货斗秤各捐共增银亦如之。近来通盘核计，每年增出七八十万两，饷源充裕。从前闽、粤两关协饷悉行归部提用，凡有益于国无损于民，皆不辞劳怨，破除情面为之。自辽南各军遣撤以后，散勇无归，流为盗贼，地面不靖。依　为除暴安良，非整军经武不可。于是将从前各营名目悉行奏裁，化散为整，改为盛、奉两军，重定营制，勤加训练，故大股马贼一起[奸]灭[免]致蔓延。近又添设敌忾、仁育两军，新旧各军（各军）共五十营，饷项悉由本省筹拨。设非整顿税厘，其效何克臻此。平日隐忧时事，每欲毁家纾难，效法古人。故在前……（缺文）

吉林将军衙门为委充机器局总办等缺事的咨文

光绪二十五年九月初三日

为咨行事。照得吉林机器局制造军火兼铸银圆，事繁责重。现时会办一差，尚有悬缺未补者，亟宜添派人员，以专责成。查有花翎记名简放副都统富顺，老成稳练，操守清严，堪以委为该局总办。其原有总办花翎候补同知德荣，性情坚定，朴实耐劳，应留为该局会办。又原有会办刘嘉善现充永衡官钱局总理，最关紧要，难以兼顾，应即撤委。查有花翎分省补用直隶州方朗，综核精密，能识大体，堪以委为该局会办。除分札外，相应备文咨行贵帮办，请烦查照施行。须至咨者。

右咨钦命帮办吉林边务事宜镇守珲春等处地方副都统英

吉林将军衙门为和龙峪抚垦局总理曲作寅病故遗缺委补的咨文
光绪二十五年十一月初六日

为咨行事。照得和龙峪抚垦局经理曲作寅病故后，遗差由珲春就近委员代理，尚未派充有人。该处均系新附韩民，弹压抚绥俱关紧要，该局总理未便久悬。查有知县用候补府经历秋福豫，办事勤慎，堪以派往接办。除分札遵照外，相应备文咨行贵帮办查照施行。须至咨者。

右咨钦命帮办吉林边防事宜珲春副都统英

吉林将军衙门为委充武备学堂总理事的咨文
光绪二十六年二月二十五日

为咨行事。照得边防营务处会办松守毓，现已调派武备学堂总理。所遗会办一差，着以花翎同知衔升用知县吴江委补。其薪水由三月初一日起支，以资办公。除札委分札外，相应备文咨行。为此合咨贵帮办查照施行。须至咨者。

右咨边防营务处钦命帮办吉林边防事宜珲春副都统英

吉林将军衙门为左翼防御连春革职遗缺委充的咨文
光绪二十六年五月十五日

为咨调事。兵司案呈：案照吉林左翼满洲镶白旗防御连春革职一缺，当于本年五月初九日开单呈。奉宪批：着以珲春正白旗巴图凌阿佐领下四品顶戴开去三等侍卫以防御对转瑚松阿拣补。等因奉此，相应呈请咨行珲春副都统衙门查照，即将指调四品顶戴开去三等侍卫以防御对转瑚松阿，务于六月十五日以前，依限送省，以备拣补。并将该员出身履历随文咨报，以凭查核可也。须至咨者。

右咨珲春副都统衙门

珲春副都统英联为奏三年任满循例恳请陛见的咨呈及奏折
光绪二十六年五月二十一日

钦命帮办吉林边务事宜镇守珲春地方副都统军功花翎英　为恭录咨呈事。窃照敝帮办副都统，于本年三月初二日，恭折具奏：为三年任满，循例吁恳陛见等因一折。兹于五月十四日，经原差赍回原折。奉到朱批："着来见。钦此。"除分札外，理合抄粘原折，恭录朱批，备文咨呈督办将军，鉴核施行。须至咨呈者。

计抄折

右咨呈钦命头品顶戴总理各国事务大臣镇守吉林等处地方将军督办吉林边务事宜兼理打牲乌拉拣选官员等事恩特赫恩巴图鲁长　奏：为三年期满，循例愿恳陛见，恭折仰祈圣鉴事。窃奴才于光绪二十二年九月间，钦奉谕旨：吉林副都统，着英联补授。钦此。当即遵旨入都陛见。二十三年二月二十九日，旋承恩命调转珲春副都统，兼帮办吉林边务事宜。蒙召见三次，跪聆圣训，钦感莫名。陛辞后，束装就道，于六月二十六日，抵至珲春，接任视事。连闰扣至二十六年五月二十六日，三年任满，自应循例先期奏请陛见。伏思奴才满洲世仆，知识庸愚，叠邀恩简，未报涓埃。擢副筹边，弥深悚惕。查珲春僻处东隅，俄韩接壤，交涉事繁，要在睦邻得体，防边责重，尤宜戒备无虞。奴才梼昧时惧弗胜，今当述职之期，合无仰恳恩施俯准，趋诣阙廷叩觐天颜，亲聆训诲，俾得遵循之准，稍伸感恋之忱。谨恭折具奏。伏乞皇太后、皇上圣鉴。谨奏。请旨。

吉林将军为奏请珲春副都统英联暂缓进京陛见的咨文
光绪二十六年六月

为咨报事。兵司案呈：本年六月初五日，本将军附片具奏，再，准兵部咨开：珲春副都统英，三年俸满，奏请陛见。奉朱批："着来见。钦此。"钦遵。行知前来。长　查近来畿南团教启衅，各国兵舰环集津沽，京师戒严，边备愈急。珲春与俄逼处，英　帮办边务，在彼坐镇，声望素孚。此时正赖其妥为布置，未可遽离。合无仰恳天恩，俯念边境紧要，饬令英　暂缓起程，俟军事大定后，再行进京陛见，以重防务之处，出自逾格鸿慈，除咨兵部该副都统查照外，谨附片陈明，伏乞圣鉴训示，谨奏，等因。除俟奉到朱批再行恭录咨报外，合先照抄原片呈请咨报兵部查核暨咨行珲春副都统英　查照可也。须至咨者。

右咨珲春副都统

吉林将军衙门为珲春副都统三年俸满暂缓陛见的奏片
光绪二十六年六月初六日

再，准兵部咨开：珲春副都统英联三年俸满，奏请陛见，奉朱批："着来见。钦此。"钦遵。行知前来。奴才长　查，近来畿南团教启衅，各国兵舰环集津沽，京师戒严，边备愈急。珲春与俄逼处，英　帮办边务在彼坐镇，声望素孚，此时正赖其妥为布置，未可遽离。合无仰恳天恩，俯念边境紧要，饬令英　暂缓起程，俟军事大定后，再行进京陛见，以重防务之处，出自逾格鸿慈。除咨兵部该副都统查照外，谨附片陈明，伏乞圣鉴训示。谨奏。

吉林将军衙门为委派靖边新军帮办事的咨文
光绪二十六年七月初二日

为咨行事，照得前因津沽多事，军务方兴，吉省筹备边防、添练新军，必须有人总理，方足以资统率。业已奏派正任金州副都统明　为总统。所有靖边新陈各军，悉归节制，均听调遣在案。现在中俄已开衅端，军务愈形紧急，凡调兵遣将以及筹饷运械，头绪纷烦，在在均关紧要。亟应添派帮统，以资襄助。查贵大臣前锡伯领队果　久历戎行，战功卓著，堪以派为帮统，遇事得以和衷商办，俾得悉协机宜。除奏明另文刊发行营关防，并照会果大臣明总统暨分札边练各军知照外，相应备文咨行遵照，特札贵帮办烦请查照施行。须至咨者。

右咨钦命帮办吉林边务事宜珲春副都统英。

吉林将军衙门为派宋春鳌前往京师侦探军情的咨文
光绪二十六年八月二十八日

为咨行事。照得京师戒严日久，迄无确闻。着派机器局总办记名海关道宋春鳌，前往侦探，并着前派采办硝矿之张倅呈泰，随同前往。除分札外，相应备文咨行贵帮办查照施行。须至咨者。

右咨钦命帮办吉林边务事宜珲春副都统英

吉林将军衙门为佐领张致和借补珲春左翼协领的咨文
光绪二十七年二月初五日

为咨行事。兵司案呈：本年十一月十九日准行在兵部咨开，武选司案呈名，内阁抄出，吉林将军长　会奏：珲春左翼协领春升遗缺，拟请以记名协领蓝翎佐领张致和借补等因一折。于光绪二十七年九日二十九日，奉朱批："着照所请。兵部知道。钦此。"钦遵到部。除遵旨注册外，相应恭录行文该将军遵照可也。等因前来。相应呈请咨行珲春副都统衙门查照，札饬鸟枪营参领遵照，并由兵司移付户司查照可也。须至咨者。

右咨珲春副都统衙门

吉林将军衙门为珲春佐领德喜恳请留省当差的咨文

光绪二十七年三月十五日

为咨行事。兵司案呈：本年三月初二日，据新补珲春镶蓝旗佐领德喜呈称，窃职于去岁十二月间，蒙补珲春佐领之缺，理宜赴任供职，力图报效。委因珲春地方变乱初平，尚未归复旧制。且珲距省千有余里，职本家道寒微，往返奔驰实难为力。并职家有年老双亲，且可借差侍养，以尽孝忱。恳请暂留省垣充差，力效犬马之劳。一俟珲春稍有定局，遵即趋赴任所，不敢偷安，是以仰恳兵司案下代为转呈将军大人钧前，恩准留省充差，则感戴鸿慈无极矣。等情呈奉宪批：查珲春护理副都统即拟履任地方，经兵燹之后，一切善后事宜正在需员办理。该佐领自应随同赴任供职，呈请留省充差应毋庸议。等谕奉此，除札饬正红旗协领遵照，转饬该员随同赴任供职，并将起程日期随时呈报外，相应呈请咨行珲春副都统衙门查照可也。须至咨者。

右咨珲春副都统衙门

吉林将军衙门为珲春副都统因病出缺请旨迅赐简放的咨文

光绪二十七年三月二十五日

为咨报事。兵司案呈：本年三月十六日，本将军附片具奏：再，查珲春副都统英联，前因珲城失守，退扎南山。欲遵前旨，入都陛见。所有珲春副都统一缺，当派花翎副都统衔协领春升，前往护理，业于上年十月间，附片陈明在案。兹查英联自南山回省后，积劳患病甚剧，已于本年正月二十三日，因病出缺。虽该副都统在任时未能保守边城，然其始迫于力之不敌，终能以死勤事，良深惋惜。所遗珲春副都统，系属边疆要缺，相应请旨迅赐简放，以重职守。除咨部查照外，谨附片陈明。伏乞圣鉴。谨奏。等因。除俟奉到朱批，再行恭录咨报外，合先照抄原片，呈请咨报户、兵部查核，咨行镶白旗满洲都统、珲春副都统等衙门查照，并由兵司移付户司查照可也。须至咨者。

右咨珲春副都统衙门

吉林将军衙门为奉上谕珲春副都统等开缺派人委补的咨文

光绪二十七年六月初十日

为咨行事。兵司案呈：本年六月初八日接阅邸抄，于四月二十九日奉上谕：伯都讷副都统，着打牲乌拉总管云生补授。钦此。上谕：长　奏副都统因病吁请开缺一折，宁古塔副都统双龄、三姓副都统明顺，均着准其开缺。钦此。上谕：宁古塔副都统着协领全福补授，协领依英阿着补授三姓副都统，珲春副都统着协领春升补授。钦此。钦遵前来。相应呈请咨行宁古塔、伯都讷、三姓、珲春副都统，照会乌拉总管等衙门，暨咨行开缺副都统双　、开缺副都统明查照，札饬正白、正蓝旗协领遵照，并由兵司移付户司查照可也。须至咨者。

右咨珲春副都统衙门

吉林将军衙门为统领全荣因病开差遗缺派员委充的咨文
光绪二十七年七月初一日

为咨行事。兵司案呈：本年六月二十四，准军副宪札开，全省营务处案呈，据统领全荣呈称，在宾防病体难支，恳请派员接替，以便回省就医，而重捕务。等情。当经回奉宪：允准其开差回省就医。递遗统领一差，查有花翎协领德胜，熟悉戎务，堪以派往接充。等谕奉此，除由职处移付文案粮饷处查照外，相应呈请分行饬遵。等情到本将军副都统。据此，合亟札饬。札到该司即便遵照，毋违。特札。等因奉此，相应呈请咨行珲春副都统衙门查照，札饬镶红、镶蓝旗协领等遵照可也。须至咨者。

右咨珲春副都统衙门

兵司为珲春副都统英联交卸副都统印务及旋省日期的移文
光绪二十七年七月

兵司为移付事。本年七月十三日，准署珲春副都统帮办边务事宜副都统衔花翎协领凤　咨开，左司案呈：窃本任副都统英　于本月二十四日驰抵珲城。于二十六日辰刻，将镇守珲春副都统银印一颗，并仓库钥匙一切政务卷宗，出派印务处总理佐领喜昌，一并赍交该帮办本任副都统，接理视事。即于交卸后由珲启程旋省。合将交卸印务日期，呈请备文呈报。为此谨呈将军衙门查照施行。等因前来。相应移付鸟枪营参领、边防营务处督捕司查照，并移交乌拉协领遵照可也。须至移付者。

右移鸟枪营参领边防营务处督捕司监督

兵司为奉上谕珲春副都统着春升补授的移文
光绪二十七年十月

兵司为移付事。本年十月初一日，准珲春副都统衙门咨开，左司案呈：于本年七月三十日，接准将军衙门咨开，兵司案呈，本年六月初八日接阅邸抄，于四月二十九日奉上谕：伯都讷副都统着打牲乌拉总管云生补授。钦此。
上谕：长　奏副都统因病吁请开缺一折，宁古塔副都统双龄、三姓副都统明顺，均着准其开缺。钦此。上谕：宁古塔副都统，着协领全福补授。协领依英阿，着补授三姓副都统。珲春副都统着协领春升补授。钦此。钦遵前来。相应呈请咨行珲春副都统衙门查照可也。等因。钦遵前来。当即恭设香案，望阙叩头谢恩祗领任讫。除分行咨会各城外，相应呈请备文咨复。为此合咨将军衙门鉴照施行。等因前来。相应移付贵司查照可也。须至移付者。

右移户司

吉林将军衙门为珲春协领与三姓协领对调事的咨文
光绪二十八年二月初二日

为咨行事。兵司案呈：本年二月初一日，奉宪谕：查前准姓城来咨，以该城左翼花翎协领英贤留省当差。其协领事务，曾由该城派员接管在案。兹查有珲春右翼花翎协领德胜，着与三姓左翼花翎协领英贤互相调转，以便赴任充差。等谕，奉此，除另片具奏，合先呈请札饬新转三姓左翼花翎协领德胜遵照，赶紧束装起程赴任供职外，相应呈请咨行三姓、珲春副都统等衙门查照，札饬全省营务处正黄、镶蓝旗协领等遵照可也。须至咨者。

右咨珲春副都统等衙门

吉林将军衙门为珲春副都统因病出缺请旨简放的咨文
光绪三十年十二月二十六日

为咨报事。兵司案呈：光绪三十年十二月二十六日，本衙门恭折具奏，为珲春副都统因病出缺，拟先派员前往署理。相应请旨迅赐简放，以重职守。恭折具奏仰祈圣鉴事。窃于光绪三十年十二月十九日，据珲春镶白旗佐领喜昌电称：珲春副都统春升，于十二月十八日未时因病出缺。等情电报前来。第复查珲春地处极边，南接朝鲜，东连俄境，地方极关重要，该城早年本兼帮办边务之责，现虽无此名目，而两强交哄，地近海口，韩人又复蓄谋狡诈，交涉倍繁，员缺不可一日虚悬。相应请旨迅赐简放，以重职守。一面先由职等遴员前往接署印务，俾资震慑。兹查有吉林满洲正蓝旗副都统花翎协领恒春，管辖严肃，才具优长。前充练军全营翼长，剿办盗贼，曾著勋劳。昨经职等附片奏保，以副都统记名简放，并请加头品顶戴。本年十二月十六日差弁赍回原片。奉朱批："恒春等均着交军机处存记。钦此。"是该员才具已在圣明洞鉴之中，而其识见明敏，通权达变，于交涉一事尤复办理裕如。以之署理珲春副都统，洵堪胜任。除檄饬前往接署外，谨恭折具奏，伏乞皇太后、皇上圣鉴。谨奏。请旨。等因。除俟奉到朱批，再行恭录咨报外，合先照抄原折，呈请咨报外务部、军机处请烦查核，暨咨行盛京、黑龙江将军、宁古塔、伯都讷、三姓、阿勒楚喀、珲春副都统，照会乌拉总管等衙门查照，札饬正蓝旗协领遵照，由兵司移付户司、交涉局等查照可也。须至咨者。

右咨珲春副都统等衙门

兵司为果子楼总理恒现已升授珲春副都统遗缺应派员充补的咨文
光绪三十一年六月

兵司为移付事。案照本司单称：果子楼总理花翎协领恒，现已升授珲春副都统。其所遗果子楼总理，应另派员管理。合将应派衔名缮单，呈请宪台拣派施行。等因。当于本年六月初四日呈奉宪派：着副都统衔花翎协领英管理。等因奉此，相应移付镶蓝旗协领、果子楼总理等查照可也。须至移者。

右移镶蓝旗协领果子楼总理

吉林将军衙门为管带凤和调赴领饷遗差派员委充的咨文
光绪三十一年十一月初一日

为咨行事。兵司案呈：本年十月十九日，奉宪札开，照得精锐右翼右营管带凤和，现据粮饷处请调赴都关领三十年京饷。等情。查该管带驻扎伯都厅属黑林子等处，地方辽阔，盗匪出没靡常。况值隆冬，尤缉捕紧要之际。该管带此次赴都领饷，势必多需时日。若派员接署，难免不存五日京兆之见。着先行开除营差，俟旋回时另行差委。其遗管带一差，查有精锐右翼帮带乌拉正白旗补用防御花翎云骑尉双魁，久应戍行，熟悉营务，堪以委充。除札委外，合亟札饬。札到该司即便遵照可也。特札。等因准此，查凤和系珲春镶蓝旗防御，相应呈请咨行珲春副都统衙门查照，札饬镶蓝旗拉协领遵照可也。须至咨者。

右咨珲春副都统衙门

吉林行省衙门为报珲春协领永德赴任日期的咨文
光绪三十二年十一月初一日

为咨行事。兵司案呈：光绪三十二年十月二十七日，兵司接，据正黄旗副都统衔、军机处存记记名简放副都统花翎协领德精额呈称，兹据佐领锡恩等呈称，案据职佐下升授珲春右翼花翎协领永德呈称，窃职拟于本月二十七日，由籍起程，赴珲春协领之任，是以具情呈恳佐下转呈，是为公便。等情据此，合将珲春右翼协领永德起程赴任日期，备文呈报协宪案下鉴核，转移施行。等情据此，职复查属实，理合具文移呈兵司，请烦查核可也。等因准此，相应呈请咨行珲春副都统衙门查照可也。须至咨者。

右咨珲春副都统衙门

吉林行省衙门为珲春右翼协领德云革职遗缺以佐领永德委补的咨文
光绪三十二年十一月十五日

为咨行事。兵司案呈：光绪三十二年十一月初六日，准陆军部咨开，内阁抄出，吉林将军达　奏称，珲春右翼协领德云革职遗缺，查有吉林满洲正红旗记名协领佐领永德，通达时务，为守兼优，照例坐补。如蒙俞允，俟旗务整顿有成，再行补送引见以符定制，等因一折。于光绪三十二年九月二十三日，奉朱批："着照所请。陆军部知道。钦此。"钦遵。抄出到部。相应行知吉林将军，钦遵查照可也。等因。准此，相应呈请咨行珲春副都统衙门查照，札饬正黄、正红旗协领遵照，由兵司移付户司查照可也。须至咨者。

右咨珲春副都统衙门

吉林行省衙门为伯都讷与珲春协领对调事的咨文
光绪三十三年二月初五日

为咨行事。兵司案呈：光绪三十三年正月二十三日，准陆军部咨开，内阁抄出，吉林将军奏称，伯都讷右翼协领庆连，久历戎行，管辖严肃。惟该城风土稍异，措施间有未当。查有珲春左翼协领富兴，堪以互相调转，等因一片。于光绪三十二年十二月十五日，奉朱批："着照所请。陆军部知道。钦此。"钦遵到部。相应行知吉林将军遵照可也。等因前来。除调转人员应缴册费，由兵司移付户司查照办理外，相应呈请咨行伯都讷、珲春副都统衙门查照，札饬正蓝旗、双城堡、五常协领等遵照，并由兵司移付户司查照可也。须至咨者。

右咨伯都讷副都统衙门

吉林行省衙门为云骑尉双祥委补镶白旗防御缺的咨文
光绪三十三年七月初六日

为咨调事。兵司案呈：案照拉林镶白旗防御全林升遗一缺，照章输由军功保举记名防御人员内拣补，当于光绪三十三年七月初二日胪单呈。奉宪点："着珲春镶黄旗记名防御云骑尉双祥拣补。等谕。奉此，相应呈请咨行。等情据此，为此合咨贵副都统衙门查照，即将指调记名防御云骑尉双祥，务于八月初一日以前，依限送省，以备拣补。并将该员出身履历，随文粘送，以备查核，毋得逾限可也。须至咨者。

右咨珲春副都统衙门

吉林行省衙门为珲春商务分会总理马善平毋庸续任事的咨文
宣统元年二月初三日

为咨行事。劝业道案呈：珲春商务分会经理马善平，因军队久占店房，与刘统领互相龃龉，等情一案。经派员查明。该经理马善平，骄横成性，遇事生风，断难为众商领袖。旋即报情咨请农工商部查照，毋庸令该总理续任在案。兹准农工商部咨复，内开，接准咨称，珲春商务分会云云。须至咨者。等因准此，除分行外，相应咨行贵副都统衙门，请烦查照施行。须至咨者。

右咨珲春副都统衙门

民政司为珲春厅警务长王洁清因案撤差遗缺委充事的呈文
宣统元年六月初三日

民政司为呈报事。窃照珲春厅警务长王洁清，因案撤差。所遗珲春厅警务长一差，查有北洋警务毕业生、现充城巡四区巡官文翰，堪以派委接充。除分札饬遵外，理合具文呈请都督鉴核备案。须至呈者。

右呈东三省都督赵　吉林都督陈

（三）　封　赠　承　袭

珲春副都统为本处无大员子孙因袭事的咨文
光绪二十一年三月初一日

署理帮办吉林边务事宜珲春副都统军机处存记副都统衔花翎协领恩，为咨复事。左司案呈：前准将军衙门咨开，兵司案呈，光绪二十年十月二十三日，准兵部咨开，武选司案呈，所有本部题前事一案，相应刷单行文该处遵照可也。计单开：兵部谨题，为钦奉恩诏事。光绪二十年八月十六日，恭逢恩诏内开：文官在京四品以上，在外三品以上，武官在京、在外二品以上，照现在品级各荫一子入监读书。钦此。查定例，武官荫子必以嫡长子。如无嫡长子，或虽有而患病残废，及有别项职事，则荫嫡长孙。如无嫡长孙，则荫次子及次孙。如无次子次孙，则荫亲兄弟及亲兄弟子孙。如无亲兄弟及亲兄弟子孙，则荫叔伯所生兄弟及子孙，俱以次承荫。兵部题明，行文各旗并直省督抚提镇，取具承荫之人年齿、姓名文册、供结，送部查核，给与荫生执照。将年二十以上者，咨送吏部办理，年十五岁以上者，移咨国子监读书。又其有不能以次承荫者，将情由声明报部，亦准承荫。但不得将例载不应承荫之人请荫。又送荫之人有从前缘事，永不叙用者，不准荫监原品。解任食全俸官员准照原品荫监。又奏定章程，请荫以三年为限。凡有军务省份，准其展限一年。逾限者毋庸直议。又经臣部题，准年未及岁之公、侯、伯、子、男，停其给荫。各等语。今恭逢恩诏，所有例准给荫之一、二品武职京外各官，应将承荫之人年齿、姓名文册、供结送部查核办理，俟命下之日，臣部行文各旗并各直省一体遵照。臣等未敢擅便。谨题，请旨，等因。于光绪二十年十月初三日题。本月初五日，奉旨依议。钦此。等因前来。相应呈请咨行珲春副都统衙门，查照文内事理办理可也。等因前来。遵查本处八旗之内，现无一、二品大员。合亟呈请备文咨复。为此合咨将军衙门查核施行。须至咨者。

右咨将军衙门

吉林将军衙门为府经历刘绍文前捐职衔电传误绍为绚查核更正的咨文

光绪二十一年七月十四日

为咨行事。准署、贵署帮办副都统恩　咨开，案于本年六月十三日据会办边务行营文案处刘府经历绍文禀称：窃职边军充差已八年之久，而侍师节五载有余。曾蒙宪恩于边防劳绩五年限满案内，禀请督办将军长　帮办副都统恩　汇案，请保以府经历，不论双单月归部尽先。前即迭经海军衙门会同吏部复奏。于光绪十九年五月初七日，奉旨：依议。钦此。钦遵。接奉行知在案。伏查职光绪十七年正月，在珲电报局兼捐输局开具籍贯三代、年岁、衔名，面恳该局委员周寿祺，遵山东赈捐例，由俊秀报捐监生，加捐府经历衔。所需捐银即时如数交足，经周委员寿祺电达总局报捐，照办在案。是年二月奉宪檄派赴沪采办前路军衣，八月回防，九月蒙恩调转后路办事官差。十一月到防任差。十八年四月接得珲春电报局周委员寿祺寄来职报捐府经历衔部照，系由户部于光绪十七年十月初二日填发。当即查得部照填写职名误绍文为绚文，旋即函致周委员寿祺询悉电码传错。随又禀请总局更正。而总局无法可设，答以山东巡抚部院碍难，咨请改正由周委员寿祺函告矣。查职报捐系在十七年二月部照填发，为是年十月。而职接得部照又在十八年四月。职充差边军历年咨部有案，而边防请奖咨部立案。又在十七年六月，是咨部立案名为绍文，报捐职衔填发部照名为绚文，咨部立案在先，领收部照在后，则始知误绍为绚，实由该局电码传错，委无冒名顶替之弊。而此情早在洞鉴，本欲即时申明，禀请转恳附奏，乃值军务吃紧，未敢琐渎。兹闻和议行成，用不揣冒昧，据情陈明。且职历观各省捐保各案，往往衔名错讹，皆为原保大臣奏请更正，无不得邀天恩照准。职谬荷宪恩，禀请督办将军长、

署督办将军恩　汇案褒奖得进此阶。虽督办将军长奉命出师，而署督办军宪与我宪台同是原保大臣，今职禀请宪台转咨，署督办军宪附奏，实与存案相符。合无仰恳宪恩转请署督办军宪，格外成全，附奏将职误"绍"为"绚"改"绚"为"绍"，请旨饬下户部注册更正，庶与保案相符。出自鸿慈，所有职报捐电码误"绍"为"绚"禀请转咨附奏更正各缘由，理合具禀恳恩俯准，实为公德两便。并将职出身履历谨缮呈递，恭候批示，祗遵。等情到本署帮办副都统。据此，查该员所禀前捐职衔电码传错，领发部照致将名字误"绍"为"绚"，是与保案不符，系属实在情形。自应照准咨请附奏更正，以符保案。除批饬遵照外，相应照缮该员呈递履历清册一本，备文咨请。为此合咨贵署督办将军，请烦查照。希即附奏并分咨吏、户部存案，备查见复施行。等因准此，除分咨户、吏部更正外，相应咨复，为此合咨贵帮办查照施行。须至咨者。计咨送履历一本。

右咨署帮办珲春副都统恩

珲春副都统为报本处并无在籍候选教职人员的咨文

光绪二十一年十月初十日

钦命署理帮办吉林边务一切事宜镇守珲春地方副都统恩　　，为查明咨报事。左司案呈：前准将军衙门咨开，兵司案呈，案查前准吏部咨开，文选司案呈，查定例，在籍候选教职等官如有事故，应令地方官于三个月内，随时查察申报，由该督抚府尹专咨报部。如有逾限，将该地方官照例议处。又在籍官员病故，州县官不行申报，经部铨选给凭，将州县官罚俸一年公罪。如州县已经申报，而上司漏未转详，将上司罚俸一年公罪，州县免议。各等语。又御史谭均培奏请，查各项教职，有无事故。将各省举贡就教人员，由本部统行开单，行文各省督抚，于接到部文后，即行严饬各属迅速认真查明。将有事故及无事故各员，分析造册详报，毋得遗漏一名，统限于接到部文后六个月内咨复，以凭照册销除开选。自此次开单行查咨复，以后如再有于选缺发凭后，始据该地方官详报。业已先经病故，请开缺另选者，即将该地方官加等照例议处。至各省候选就教、就职随时呈报事故，各着仍令各地方官随时转详，由督抚专咨报部，毋得迟延遗漏。仍按每年年终汇咨报部一次，以昭慎重。等因奏准。并由本部开单通行宪饬查在案。兹查各省咨报仍属寥寥，并于选缺发凭后始据咨报病故，似此迁延辗转，必至员缺久悬。前开单行查各省，于光绪八年十二月十四日通行各在案。除将各省已咨报事故各员，按名扣除外，相应再行开单咨催各省督抚、府尹等，迅即饬属详查事故，按单详报咨部，以备铨选。倘嗣后再有迟至选缺，发凭后始据详报事故开缺另选者，即将迟延之地方官遵照定章，加等议处。相应通行咨催，勿再迟延可也。等因前来。相应呈请咨行珲春副都统衙门，查照文内事理，各将所属并无举贡在籍候选就教人员，并有无事故，务于十月二十日以前据实呈报，勿得遗漏，以凭年终汇总报部可也。等因前来。遵查本处并无举贡在籍候选就教人员，合将查明之处呈请咨报。为此合咨将军衙门，查核施行。须至咨者。

右咨将军衙门

珲春副都统为骑都尉恩禄病故世职能否承袭的咨文
光绪二十三年二月十三日

降三级调用珲春副都统恩，为咨报事。左司案呈：兹据左翼协领花翎副都统衔春升呈，据署正白旗佐领事务骁骑校兼恩骑尉金奎报称，职署佐下骑都尉恩禄，于本年正月十一日病故，随即由翼派弁前诣查验属实。等因转呈前来。据此，查该故员恩禄之世职，原经其父历升林由挑三音哈哈住京历升乾清门三等侍卫，将其眷属户口移入京都满洲正白旗。嗣经亲王增将该侍卫调赴山东军营，与贼打仗阵亡，经部议给骑都尉世职。经其长子恩福承袭病故出缺后，因无子，即令次子恩禄接袭。于同治九年间，恩禄递呈，请准回珲春旗籍守墓当差。今该员病故，其遗世职应否准令伊子承袭，本衙门并无案卷可稽，相应呈请备文，一并咨请遵办。为此合咨将军衙门查照，请烦核夺，赐复遵行。须至咨者。

右咨将军衙门

吉林将军衙门为承袭世职呈报的咨文
光绪二十四年四月初二日

将军衙门　为咨行事。兵司案呈：适奉宪谕，以吉林通省世职各官为数甚巨，而的来竟有阵伤亡故及褒奖各原案不齐送袭者尚多，若不严杜于前，难免冒滥于后。嗣后各处再有承袭世职者，务将原立官生前何奖及出征省份打仗阵伤、亡故地方各原案均各检齐，案据其该管各官，并其户长或同军出征者，各出具切结，一并呈报，相符者方准送袭，以杜冒滥而昭核实。仰即咨札各处一体知照，切切，特谕。等因奉此，相应呈请咨行珲春副都统衙门查照文内事理，一体照办可也。须至咨者。

右咨珲春副都统衙门

吉林将军衙门为令开复参将金得凤等仍缴捐银两的咨文
光绪二十四年十月十二日

为咨行事。本年十月初八日准兵部咨开，职方司案呈：内阁抄出，吉林将军延 片奏，署理靖边后路水师营管带已革花翎副将衔尽先参将实勇巴图鲁金得凤、署理靖边后路右营管带已革补协领后加副都统衔花翎乌拉正蓝旗佐领依升阿二员，前年到任后，查悉均尚熟悉营务，当派署理各差。该革员等自任事以来，凡于巡捕操防，无不悉心讲求实力整顿，并迭次捉获盗匪多名，洵属异常奋勉。兹届边防褒奖之期，该革员等均系案内尤为出力，自未便没其微劳。查金得凤前于光绪二十年间管带奉军右营，前奉天将军裕 奏参革职，仍责令戴罪立功；依升阿系于二十年间在吉字营管带，任内经前练兵大臣定 奏参革职。今该革员等既悔过自新，自应论功行赏，以昭激劝，恳准将金得凤、依升阿二员，均开复原官原衔翎枝，赏还勇号等因。光绪二十四年八月初十日，奉朱批："着照所请，该部知道。钦此。"钦遵到部。查已革花翎副将衔尽先参将实勇巴图鲁金得凤，已革补协领后加副都统衔花翎佐领依升阿，开复原官原衔翎枝勇号，本部遵旨照准。惟该二员并非本案开复，仍令照章补缴捐复银两，并俟赴部引见后，方准补用，以符定章。仍饬令该二员造具详细出身、履历，注明三代，送部查核注册，相应咨行该将军查照可也。等因准此，除分行外，相应备文咨行贵帮办查照施行。须至咨者。

右咨珲春副都统

珲春副都统为将曲鸣鉴原捐执照三纸呈交的咨呈文
光绪二十四年十一月二十九日

钦命帮办吉林边务事宜镇守珲春地方副都统军功花翎英 ，为咨呈事。窃于本年十一月二十八日，据边务行营文案处额外委员、五品顶戴府经历衔附生曲鸣鉴禀称：窃委员于十一月二十六日，奉军宪札开，于本年十月二十七日，准吏部咨开，文选司案呈，所有吉林将军延 奏，吉林边防五年期满，在事出力各员请奖，遵旨议奏一折。光绪二十四年十月初七日具奏。奉旨：依议。钦此。相应粘单知照可也。等因到本督办将军。准此，除分札外，合亟摘抄札饬。札到该员即便遵照，将原捐执照检齐，迅速报省，以咨部查核。切切，特札。等因遵此，伏思委员因投效边防，应岁不便。于二十一年间，曾托吉省存义公由部报捐府经历衔，当经领到户部发给二十二年四月十九日执照两张，国子监执照一张。今蒙军宪札饬，提取部照。遵即将原捐执照三张检齐，应即径呈军宪察核，诚恐沿途驿站遗失稽压，迟误时日，是以叩恳恩施代转督帅，以凭送部核办。等情据此，惟前奉查该员等执照呈交，以凭察验，等因。除李汝讷已经离营，无从查找应请注销外，其曲鸣鉴呈验部监照三张，理合附封备文咨呈督办将军，鉴核施行。须至咨呈者。

计咨呈部照三张

右咨呈吉林将军延

吉林将军衙门为皇上三旬万寿满汉文武各员俱加一级的咨文
光绪二十六年四月二十日

为咨行事。兵司案呈：本年四月初七日，准兵部咨开，职方司案呈，准礼部知照，本年皇上三旬万寿，三月十二日恩诏内开：内外满汉文武各官，俱加一级。等因。知照到部。相应恭录恩诏，并将应行给与加级各员，及毋庸加级各员开单，行文京外武职各衙门，一体遵照可也。等因前来。相应呈请咨行宁古塔、伯都讷、三姓、阿勒楚喀、珲春副都统，照会乌拉总管衙门查照，札饬十旗、乌拉、五常堡、拉林、双城堡、伊通、额穆赫索罗协、参、佐领、四边门章京、吉社分巡道、水师营总管等遵照可也。须至咨者。

右咨珲春副都统衙门

计开

八旗都统以下有顶戴食俸之员，并护军校、骁骑校、前锋校、亲军校等官，补放在恩诏以前，俱各准其加一级。行令各该旗，报部注册。至委署护军校、委署骁骑校、委署前锋校、委署亲军校等，并非职任之员，均毋庸加级。

一、巡捕营、各直省绿营，提督以下实任各员，俱准其加一级。其候补、候选及随营效力武举，均照文职试用。委署人员不准加级之例，毋庸加级。本部效力提塘差官，应照文职无俸人员不准加级之例，亦毋庸加级。

一、文职兼武职官员，吏部既于文职任内加级，其武职任内应行注册。

一、告病、终养、丁忧、休致、降调各员，在恩诏以后离任者，准其加一级注册。如离任在恩诏以前，俱不准加级。至革职之员，离任无论在恩诏前后，一概不准加级。京职出差各员，均照在京现任人员之例，一体给与加一级。

吉林将军衙门为防御金成捐蓝翎事的咨文
光绪二十六年五月二十五日

为咨行事。兵司案呈：本年五月十八日，兵司接准户司移开，准兵部咨开，职方司案呈，准户部咨，据吉林伯都讷防御金成呈称，在山东报捐蓝翎等情。查金成在直隶劝办山东赈捐第十二次请奖案内，报捐蓝翎。本部查核原案，银数相符，应即核准，开单知照兵部。等因前来。查单开：金成系吉林珲春镶白旗满洲人，由吉林伯都讷防御捐银四百五十两，请给蓝翎，即经户部核准。除注册外，相应行文该将军可也。等因前来。相应备文移付。为此合移兵司查照，转饬知照可也。等因前来。相应呈请咨行珲春副都统衙门查照可也。须至咨者。

右咨珲春副都统衙门

吉林将军衙门为恭逢恩诏应请封典各官开明履历送部的咨文
光绪二十七年五月二十日

为咨行事。兵司案呈：本年五月初一日，准吏部咨开，验封司案呈，所有本部具题前事一案，相应刷单知照可也。计单开，吏部谨题，为钦奉恩诏事。光绪二十六年三月十二日，恭逢恩诏内开，内外大小各官，除各以现在品级已得封赠外，凡升级及改任者，着照新衔封赠。钦此。查定例，覃恩得应封典五品以上，授诰命六品以下，授敕命一品，封赠三代；二、三品，封赠二代；四品至七品，封赠一代；八、九品，止封本身，不封父母。其二、三品官，愿将本身妻室封典赆封曾祖父母；四品至七品官，愿将本身妻室封典赆封祖父母；八、九品官愿将本身封典，赆封父母者，均准其赆封。又一品至三品官，不得赆封高祖父母；四品至七品官，不得赆封曾祖父母；八品以下，不得赆封祖父母。又京官照加级请封，其级多者，仍限以制。八品以下，不得逾七品；七品不得逾五品；五、六品不得逾四品；三、四品不得逾二品。捐纳之级，不准计算外，官有加级者，不论新旧，不准照加级请封。又京外大小各官，赆封曾祖父母、伯叔祖父母、伯叔父母、庶母兄嫂、外祖父母，由各该衙门移咨臣部，查核汇题。其余外姻，一概不准赆封。至官员为人后，除已封赠继祖父母、父母外，请以本身妻室封典，赆封本生祖父母、父母者，亦准赆封。又额外郎中、员外郎、主事、并额外主事上学习行走进士、及拔贡特用小京官举人、考取中书学正等项人员，系奉特旨录用，分发行走者，准其一体给予封典。又荫生奉旨分部学习行走，与科甲出身捐纳分部候补人员，俱准给封小京官，亦一律办理。又各官业已受封，后改任者，照改任封。升任者照升任封。以升衔留任者，以升衔封。其在本任实授，复借管别任者，以本任封。其余补授实缺，及题咨升署试署者，照各现任封。其升授各官，无论已未到任，均以奉旨在恩诏以前者，准照京官之例给与新衔封赠。至题升调补推升各官，例应引见，以奉旨在恩诏以前者咨署。佐杂微员，以部复准在恩诏以前者，方准照新衔给封。又军营差遣升任人员，奉旨在前。未经引见者，亦准给封。其分发试用借补人员，俱照原衔封赠。又丁忧终养官员，准与给封。又省亲修墓葬亲，尚在告假艰内者，悉照原官给封。或回避开缺，候补未经得缺者，亦一体给与前任封典。又官员职衔以诏下之日为定，其各官请封以二年为限，全行办给。若过期呈请，即毋庸议。各等语。今光绪二十六年三月十二日，恭逢恩诏，臣部遵照定例。除外官候补候选试用各员，及例不应封之捐纳分部学习，并各项小京官不准给封外，其京外各官升任、改任、升衔，均以诏下之日，按具品级核给。京官照加级请封，外官照本任请封。谨将臣部请封条款详细声明，恭候命下通行。在京各衙门、八旗各直省，有应行请封各官，俱限于二年内开明出身履应，及从前有无受封，现在是否调任，由各该衙门取具册结咨送臣部。或取具同乡京官印结。在部呈请，均令于册结内注明三代存殁、已仕、未仕，其已仕者，注明现在保职，并将现任官不受封，及子孙官大，己身官小，情愿弃职就封。等情分别声叙，俱由臣部查核，照例题请揭送内阁，抄给诏书。如逾例限，毋庸给付。所有钦奉恩诏缘由，臣等未敢擅便。谨题。请旨。于光绪二十六年六月初三日具题。初五日奉旨：依议。钦此。钦遵前来。相应呈请咨行宁古塔、伯都讷、三姓、阿勒楚喀、珲春副都统，照会乌拉总管等衙门查照可也。须至咨者。

右咨珲春副都统衙门

珲春副都统为承袭世职之员先行送往陆军学堂肄习事的咨文

光绪三十二年十一月二十八日

左司案呈：接准将军衙门咨开，兵司案呈，案查吉林所属内外城旗出师官兵，在营打仗阵亡立功后，奉准部咨议给世职人员，本衙门前经通饬所属，将应行承袭人员，均限于九月内送省，以备考验给咨送部引见。第各该处屡有逾限，始将应袭各员送省考验，给咨送部，因而经部驳回者尚复不少。并查光绪三十一年十二月二十七日，接准兵部咨开，变通武备章程条款内称，各项满汉世爵世职奏准承袭后，无论已否赴部带引，均应入陆军学堂肄习。凡未入学堂者，虽已袭职，只准减半给俸，不准补官，以示区别。如系世职佐领，应于出缺时，由本旗拣员暂署，仍将应袭之员送学堂肄习，年满回旗再行请袭等语。兹届办理承袭之际，其所属各处均应查照部咨条款事理遵办，如有与部咨条款相符者，方准送袭。将应行承袭世职人员，均于九月二十日以前送省验看，并将原立官人员打仗阵亡褒奖各原案捡齐，抄录随文咨送，毋得含混。如案卷不齐者，毋庸送袭，免致往返徒劳。相应呈请咨行珲春副都统衙门查照可也。等因准此，遵即札据署左翼协领事务骁骑校廉荣呈，据署镶黄旗佐领事务骁骑校博林呈，据已故镶黄旗世管佐领庆云嫡长子瑞林声称：窃西丹现已及岁，情愿赴往吉林陆军学堂肄学，年满回旗再行请袭。又据署正白旗佐领事务云骑尉定祥呈，据已故正白旗世管佐领巴图凌阿嫡长子承绪呈称：窃西丹承绪，理宜遵文赴往陆军学堂肄习，奈因家道寒微，资斧无措，恳请缓俟明年春间凑备川资，再行请咨赴入学堂肄学。各等情呈请前来。据此，核查已故世管佐领巴图凌阿嫡长子承绪呈恳，家道寒微，资斧未措，无力即时往学所称情形，尚属实在，自应准如所请，以俟明年春融，再为送学。惟已故世管佐领庆云嫡长子瑞林，现今年已及岁，凑齐资斧，于十月十五日由珲启程赴往吉林陆军学堂肄业，年满回旗再行送袭，相应呈请备文咨送。为此合咨将军衙门，请烦查照，希祈送堂肄业施行。

吉林行省衙门为春禄等报捐监生事的咨文
光绪三十三年八月初五日

为咨行事。兵司案呈：光绪三十三年八月初二日，兵司接，准户司移开，适奉督抚宪札开，案据劝办山东工赈捐务驻吉分局呈称，案查前于光绪三十年春间，蒙督办东三省山东工赈捐务现任甘肃兰州道彭，札委设立吉林分局，启办捐务。当恐有不法之徒，借捐撞骗，必致真伪难分，无所查考。故于捐生兑款后，将各捐生年籍三代履历暨发给照收字号，缮具清折，具文呈请，分别咨札各属备案，以杜假冒，应办在案。兹据捐生春禄，由俊秀报捐减生监生，忠廉由俊秀捐减成贡生。除将各捐生报捐银两，照章核收外，理合缮具捐生年籍三代履历清折，具文呈请查核，俯赐咨行备案。等情据此，除分札外，合行抄单札饬。札到该司即便转行备案。此札。等谕奉此，相应抄单移付查照，转饬该旗备案可也。等因准此，相应抄单呈请咨行。等情据此，为此合咨贵副都统衙门查照可也。须至咨者。

右咨珲春副都统衙门

劝办山东工赈捐务驻吉分局呈：今将捐生春禄等年籍旗佐三代履历，理合开具清折，呈送查核。须至折者。

计开

春禄，捐年四十岁。系珲春镶白旗喜昌佐领下。由俊秀报捐，减成监生。是日填给振字四万九千八百五十七号，实收一纸。曾祖玛勒洪满阿、祖色锦布、父札布图堪。

忠廉，捐年二十六岁。系珲春镶白旗喜昌佐领下，由俊秀报捐，减成贡生。于是日填给振字四万九千八百五十八号，实收一纸。曾祖玛勒洪阿、祖嘎尔刚阿、父托伦润。

吉林行省衙门为文清等八员报捐事的咨文

光绪三十三年十月十三日

为咨行事。兵司案呈：光绪三十三年十月初五日，准驻奉江南赈捐总局移开案照本年江苏徐海淮安等属，水灾极重，需款赈抚，经两江总督部堂端、江苏巡抚部院陈奏请展办江南赈捐，并准加办七项常捐，经度支部核议复准等因。于光绪三十二年十一月初四日具奏，奉旨："依议。钦此。"咨行遵照在案。兹据捐生文清等八名之姓名年岁籍隶三代，并报捐职衔翎枝，另粘一纸。除将捐款弹收填给部照并汇册详请奏咨外，查该捐生籍隶贵治，理合备文移知查照，转饬注册施行等因准此，相应抄粘呈请咨行等情据此，为此合咨贵副都统衙门查照转行饬遵可也。须至咨者。

右咨珲春副都统衙门

今将该各捐生姓名年岁三代籍隶并报捐职衔翎枝等项列左：

计开

一、文清，年四十四岁，系吉林鸟枪营镶白旗海兴佐领下人。于九月十二日由蓝翎五品衔补缺后在任，以同知遇缺尽先选用候选知县报捐换花翎。曾祖史继恒，祖玢，父恩。

一、傅贵和，年二十二岁，系吉林五常堡满洲镶黄旗忠和佐领下人。于九月十五日由俊秀报捐减成监生加捐州同职衔。曾祖永和，祖吉隆阿，父国财。

一、傅国成，年三十八岁，系吉林五常堡满洲镶黄旗忠和佐领下人。于九月十五日由俊秀报捐从九品职衔。曾祖乌云珠，祖永禄，父吉郎阿。

一、傅国士，年六十二岁，系吉林五常堡满洲镶黄旗忠和佐领下人。于九月十五日由俊秀报捐从九品职衔。曾祖乌云珠，祖永禄，父吉隆阿。

一、海凌，年二十六岁，系吉林珲春正黄旗春山佐领下人。于九月十五日由俊秀报捐减成监生加捐减成贡生。曾祖郎博隆，祖札平阿，父俊禄。

一、成禄，年三十岁，系吉林珲春正黄旗春山佐领下人。于九月二十五日由俊秀报捐减成监生。曾祖郎贵福，祖喜精额，父祥柱。

一、全林，年三十岁，系吉林珲春正黄旗春山佐领下人。于九月二十五日由俊秀报捐减成监生。曾祖郎景德，祖五八，父双喜，

一、凤春，年二十四岁，系吉林满洲正白旗乌拉总署捕鱼翼领乌音保管下人。于九月二十八日由俊秀报捐减成监生加捐府经历职衔。曾祖赵有祥，祖五十七，父富仓。

吉林行省衙门为各处承袭世职人员限期送省的咨文

宣统元年七月二十四日

为咨行事。旗务处案呈：案查吉林所属内外城旗出师官兵，在营打仗阵亡立功后，奉准部咨，议给世职人员。本衙门前经通饬所属，将应行承袭人员，均限于九月内送省，以备考验，给咨送部引见。第各该处屡有逾限，始将应袭各员送省考验给咨送部。因而经部驳回者尚复不少。并查光绪二十一年十二月二十七日接准兵部咨开，变通武备章程条款内称，各项满汉世爵世职奏准承袭后，无论已否赴部带引，均应入陆军学堂肄习。凡未入学堂者，难已袭职，只准减半给俸，不准补官，以示区别。如系世职佐领，就于出缺时，由本旗拣员暂署。仍将应袭之员，送学堂肄习，年满回旗，再待议袭等语。兹届办理承袭之际，其所属各处，均应查照部咨条款事理遵办。如有与部咨条款相符者，方准送袭。将应行承袭世职人员，均于九月二十日以前送省验看。并将原立官人员打仗阵亡、褒奖奏恤各原案，捡齐抄录，随文咨送，毋得含混。如案卷不齐者，毋庸送袭，免致往返徒劳。相应呈请咨行。等情。据此，为此合咨贵副都统衙门查照可也。须至咨者。

右咨珲春副都统衙门

（四）奖　惩　抚　恤

吉林将军衙门为靖边中路各营差操出力之兵丹请奖的咨文

光绪二十一年三月初五日

为咨行事。兵司案呈：本年二月二十五日，准军副宪札开，据靖边中路统领永德呈称，案查前奉督宪长　批示，请发功牌为数较多，未便率准。着将步队，每营改为五十张，马队每营改为二十五张。等因奉准在案。迄今数月，未蒙饬发，是以职于二十年十二月间复行，会同前路统领全荣联衔呈请去后。嗣于正月初九日，奉宪台批：呈悉。该统领等所请奖励，即经前奉将军长　批准之数，着即照请，并将应奖弁勇花名造册前来，再行填发。等谕奉此，遵将职部步队三营、马队一哨，积年差操勤能缉捕出力之官弁、什勇、旗籍花名、请赏功牌品级，汇具清册，备文呈请鉴核施行，等情据此，兹已饬据边务文案处按品填注呈请钤印讫。除札该统领转发外，合亟抄粘札饬。札到该司，即便转饬各该旗遵照。特札。等因奉此，相应抄单呈请咨行宁古塔、阿勒楚喀、珲春副都统，照会乌拉总管等衙门查照，札饬镶黄、正黄、正红、镶白、镶红、镶蓝旗、鸟枪营、乌拉、伊通协、参、佐领、西北两路驿站监督等遵照可也。须至咨者。

右咨珲春副都统衙门

计开

吉林满洲镶白旗承恩佐领下西丹荣魁，伊通镶黄旗明德佐领下西丹常魁、常全、德胜、乌拉协领衙门正黄旗凌全佐领下西丹德群，五名请赏六品功牌。

阿勒楚喀正红旗贵全佐领下西丹贵荣，请赏五品功牌。

伊通正黄旗富勒吉扬阿佐领下西丹德保，请赏五品功牌。

宁古塔正红旗吉立杭阿佐领下西丹常海，请赏六品功牌。

伊通正黄旗富勒吉杨阿佐领下西丹柏林，请赏五品功牌。德升请赏七品功牌；魁林、德山二名请赏五品功牌。

吉林拉法站站丁黄清和，请赏七品功牌。

吉林满洲镶红旗连成佐领下西丹常林，请赏六品功牌。

伊通正黄旗德亮佐领下西丹常索、镶黄旗明德佐领下西丹魁林，二名请赏六品功牌。

盟温站站丁董连升，请赏五品功牌。

后哨什长舒兰河站站丁江真、吉林鸟枪营正蓝旗荣升佐领下西丹海明阿，二名请赏五品功牌。

贵录、镶红旗凤翔佐领下西丹景文、吉林满洲正红旗魁升佐领下西丹春全、吉林镶黄旗斌俊佐领下西丹玉连，四名请赏六品功牌。

伊巴丹站站丁景义，请赏六品功牌。

珲春正蓝旗庆连佐领下披甲英升阿、伊通正黄旗富勒吉扬阿佐领下披甲连贵，二名请赏五品功牌。

伊通镶黄旗明德佐领下西丹和山，请赏六品功牌。

珲春镶白旗德寿佐领下六品军功披甲凌德、鸟枪营镶红旗凤翔佐领下六品军功德隆阿、珲春正黄旗海春佐领下六品军功披甲俊升、伊通镶黄旗明德佐领下六品军功恩忠阿、珲春镶白旗寿德佐领下六品军功披甲丁安、珲春正红旗永贵佐领下六品军功披甲祥春、珲春正黄旗海春佐领下六品军功披甲连喜、珲春正蓝旗春升佐领下六品军功西丹庆林，八名请赏五品功牌。

七品军功披甲富金布、吉林汉军镶黄旗王宽佐领下七品军功西丹忠有、珲春正黄旗海春佐领下七品军功西丹春喜、珲春正白旗巴图凌阿佐领下七品军功西丹东升、珲春正红旗永贵佐领下七品军功披甲富顺、珲春镶白旗德寿佐领下七品军功披甲祥凌、吉林汉军镶黄旗王宽佐领下西丹景堂、珲春镶白旗德寿佐领下七品军功披甲色伦布、伊巴丹站站丁刘福堂、大孤山站站丁祝永海、伊通镶黄旗明德佐领下西丹魁升、鸟枪营镶白旗文焕佐领下西丹德连、伊通正黄旗富勒吉扬阿佐领下西丹春喜、珲春镶蓝旗桂山佐领七品军功披甲成贵、珲春镶黄旗庆云佐领下披甲金有，以上十五名请赏六品功牌。

叶赫站站丁刘文柏，珲春正红旗永贵佐领下西丹春福，珲春镶红旗瑞林佐领下西丹德胜，珲春镶白旗德寿佐领下西丹祥安、丁安、永春、富成，正黄旗海春佐领下西丹七十八，正蓝旗春升佐领西丹春祥、庆云，伊通镶黄旗明德佐领下西丹魁明，以上十一名请赏七品功牌。

珲春正红旗富勒吉扬阿佐领下六品顶戴披甲赵福、伊通镶黄旗德精额佐领下六品顶戴西丹德喜、吉林满洲镶蓝旗庆安佐领下六品顶戴西丹常祥，三名请赏五品功牌。

乌拉镶蓝旗祥云佐领下西丹群山、伊通镶黄旗德精额佐领下西丹常海、连春、珲春镶白旗德寿佐领下西丹喜成、鸟枪营正白旗富恒佐领下西丹瑞祥、吉林满洲正黄旗锡恩佐领下西丹永全、珲春镶白旗德寿佐领下西丹全喜、正黄旗双城佐领下披甲定喜、荣升、伊通正黄旗德亮佐领下西丹恩庆、乌拉总管衙门正蓝旗西丹双林、珲春镶蓝旗桂山佐领下披甲春升、伊通镶黄旗德精额佐领下西丹德喜、德祥、海山、巴克唐阿，以上十六名请赏六品功牌。

乌拉镶红旗玉庆佐领下西丹德福、万山，珲春正白旗巴图凌阿佐领下披甲札隆阿，以上三名请赏七品功牌。

吉林将军衙门为靖边前路各营差操出力之兵丹请奖的咨文
光绪二十一年三月二十日

为咨行事。兵司案呈：本年三月初八日，准军宪札开，据边防营务处呈称，窃准署靖边前路统领全荣咨称，除原文省繁减叙外，窃于正月十一日奉署督办宪批呈悉。该统领等所请奖励，即经前奉将军长　批准之数，着即照请。并将应奖弁勇花名造册前来，再行填发。仍候帮办批示，缴。各等因奉此，遵即分饬择优开送，毋许冒滥去后。兹据敝路中、前、左、右马步四营及水师、炮船各营、哨等官，遵照所定之数，开具异常出力各弁勇旗籍、衔名及应请换各品级，先后造册呈送，请转前来。据此，查中、右步队两营，请奖者各五十名，左营马队一营，请奖者二十五名，自系遵奉应奖之数请奖。惟前营步队一营，虽系去岁甫经成军，而该营五哨什长，则系由中营中择其历年差操得力之正勇五十名拨充转补，曾经报明在案。该营虽属新成，而陈勇已居一半，前亦有微劳，又兼率领新勇演练，更为勤慎，拟照别营减半开送二十五名。其水师一哨虽无马队一营之多，奈成军有年，其中差操异常出力者正复不少。若不准其择优开送，未免独觉向隅，亦开送六名，一同添入清册。理合将敝路中、前、左、右马步四营水师、炮船一营各弁勇旗籍、衔名及应请换五、六、七等品级，共一百五十六名，汇总造具清册，备文咨送营务处转详施行。等因前来。理合将清册附封具文呈报，鉴核施行等情。据此，兹已饬据边务文案处按品填注呈请钤印讫。除札营务处转发外，合亟抄粘札饬。札到该司，即便转饬各该旗遵照。特札。等因。奉此，相应抄单呈请咨行珲春副都统，照会乌拉总管等衙门查照，札饬正黄、正蓝、镶蓝旗、鸟枪营、乌拉、双城堡协、参、领、西路驿站监督、水师营总管、巴彦鄂佛罗边门章京等遵照可也。须至咨者。

右咨珲春副都统衙门

计开

乌拉总管镶蓝旗六品顶戴记名披甲万升，赏五品顶戴。

鸟枪营正蓝旗贵升佐领下西丹全禄，赏七品顶戴。

满洲正蓝旗常青佐领下西丹常升、水师营正红旗右翼四品官兆福兴管下西丹戴尧安、赫尔苏站站丁张泮，以上三名赏七品顶戴。

珲春正白旗巴图凌阿佐领下披甲六品顶戴贵胜，赏五品顶戴。

满洲正黄旗贵全佐领下西丹七品顶戴倭希布，赏六品顶戴。

巴彦额佛罗边门台丁文海，赏七品顶戴。

珲春镶蓝旗贵山佐领下披甲六品顶戴乌凌阿，赏五品顶戴。

镶黄旗庆云佐领下披甲七品顶戴喜顺，赏六品顶戴。

镶蓝旗贵山佐领下披甲希成，赏七品顶戴。

乌拉镶黄旗胜安佐领下西丹七品顶戴富昌，赏六品顶戴。

总管镶蓝旗西丹万喜，赏七品顶戴。

搜登站站丁六品顶戴陈绍先，赏五品顶戴。

满洲镶蓝旗庆禄佐领下西丹七品顶戴贵福，赏六品顶戴。

双城堡正蓝旗达春佐领下西丹六品顶戴文海，赏五品顶戴。

珲春镶黄旗德玉佐领下西丹六品顶戴常利，赏五品顶戴，

镶白旗德寿佐领下西丹丁喜、正蓝旗春升佐领下西丹披甲喜升、乌拉协领镶红旗毓庆佐领下西丹吉升，以上三名赏七品顶戴。

吉林将军衙门为中路统领永德赏还顶戴仍着记过的咨文
光绪二十一年九月初二日

为咨复事。准署帮办恩　咨开：案查中路营官贵升，因营勇纠伙强劫，事后故纵案内，该路统领永德疏于觉察，摘去顶戴，着记大过一次，曾经贵署督办将军咨行转饬，遵照在案。查该统领自受过后，深知悔奋，凡该路营务，时加认真整顿。惟统领为一军表率，顶戴尚虚，殊不足以资观感。况该营官贵升业经回省，另候差遣，自应咨请贵署督办将军，请将中路永统领德之顶戴先行给还，仍着记大过一次，以观后效。除饬该统领督同接缉之马营官，严缉此案逸匪赵海川等，获日另结外，相应备文咨请贵署督办将军，请烦查照施行。等因准此，如咨办理。相应备文咨复。为此合咨贵署帮办，请烦查照施行。须至咨者。

右咨署帮办珲春副都统恩

吉林将军衙门为吏部奉上谕侍郎汪鸣銮长麟革职的咨文
光绪二十一年十二月二十七日

为咨行事。兵司案呈：本年十二月十三日，准吏部咨开，考工司案呈，内阁抄出，光绪二十一年十月十七日，奉上谕：朕敬奉皇太后宫闱侍养，夙夜无违，仰蒙慈训殷拳，大而军国机宜，细而起居服御。凡所以体恤朕躬者，无微不至，此天下臣民所共知者也。乃有不学无术之徒，妄事揣摩，辄于召对之时，语气抑扬、罔知轻重，即如侍郎汪鸣銮、长麟，上年屡次召对，信口妄言，迹近离间。当时本欲即行宣播，因值军务方棘，恐致有触圣怀，是以隐忍未发。今特明白晓谕，使诸臣知所儆惕。吏部右侍郎汪鸣銮、户部右侍郎长麟，均着革职，永不叙用。此系从轻办理，嗣后内外大小臣工，倘敢有以巧言尝试者，朕必加以重罪。尔诸臣当知忠孝一原，精白乃心弼余孝，治有厚望焉。钦此。钦遵到部。相应恭录谕旨，钦遵可也。等因前来。相应呈请咨行宁古塔、伯都讷、三姓、阿勒楚喀、珲春副都统、照会乌拉总管等衙门查照，并札饬十旗协、参、领等遵照可也。须至咨者。

右咨珲春副都统衙门

珲春副都统为撞坏轮船将水师管带撤差的咨文
光绪二十二年六月十八日

钦命帮办吉林边务一切事宜镇守珲春地方副都统恩　为咨还事。案于本年六月十六日准前督办将军长　咨开：窃照本督办将军会同贵帮办于本年六

月初三日，附片具奏，为开江撞坏轮船，将水师营管带宋家顺撤差，摘去顶翎并令赔修。等因一片。（下略）

吉林将军衙门为奉上谕参劾属员务须详陈劣迹的咨文
光绪二十二年八月初十日

为咨行事。兵司案呈：本年七月二十五日，准吏部咨开，考功司案呈，内阁抄出，光绪二十二年五月二十九日，奉上谕：左庶子济澄奏，督抚参劾属员，请饬详陈劣迹，以杜弊端等语。疆吏参劾属员，自应以核实为主。嗣后务须详陈劣迹，不得以空言参奏。钦此。钦遵。抄出到部。相应恭录谕旨，移咨该将军遵照可也。等因前来。相应呈请咨行宁古塔、伯都讷、三姓、阿勒楚喀、珲春副都统等衙门查照，札饬吉林分巡道遵照，并由兵同移付边防文案处、练军文案处等查照可也。须至咨者。

右咨珲春副都统衙门

吉林将军衙门为奉上谕珲春副都统恩祥降级议处等事的咨文
光绪二十三年正月十四日

为咨行事。兵司案呈：于光绪二十二年十二月二十七日，准兵部咨开，职方司案呈，所有本部具奏前事等因，相应抄录连单行文该将军可也。计单开：兵部谨奏，为遵旨议处具奏事。内阁抄出，署吉林将军延茂片奏查明珲春副都统恩祥提差占额一片。内称：查恩祥前充靖边左路统领时，于营规尚能守膺，迨调委靖边前路统领，所咨各军空额未免较多。至升任副都统，帮办边防，本有亲军两哨为数已觉太多，犹复于中、前两路七营中，每营提占十余名至二十余名不等。则原参所谓任意将营勇空额，诚非虚语。惟系二品大员，应如何惩儆之处，出自圣裁。等因。光绪二十二年十月十五日，奉上谕：前据给事中文郁奏参黑龙江将军恩泽，贪劣废公各款，当经谕令延茂确查具奏。兹据奏称：查明恩泽被参各款，均无确据，即着毋庸置议。候补笔帖式培源、试用县丞郑维周、试用知府程国钧，着交恩泽留心察看。主事凌云、候补知府王昌炽，现在吉林，着延茂随时察看。该部知道。另片奏，查明副都统所管各营，有提差占额情事。珲春副都统恩祥，着交部议处。钦此。钦遵。抄出到部。除候补笔帖式培源等，交恩泽留心察看。主事凌云等，着延茂随时察看之处，行文各该将军遵照外，此案该副都统所管各营，有差占额情事，钦奉谕旨：珲春副都统恩祥着交部议处。查臣部则例，并无恰合专条，自应比例核议。应请将副都统恩祥，比照官员犯，不应重律，杖八十，私罪降三级调用例，议以降三级调用，系属私罪，毋庸查级议抵。等因。光绪二十二年十一月初五日具奏，本日奉上谕：兵部奏遵议副都统处分一折。珲春副都统恩祥着照部议，降三级调用，不准抵销。钦此。等因前来。相应呈请咨行盛京、黑龙江将军，宁古塔、伯都讷、三姓、阿勒楚喀、珲春副都统，照会乌拉总管等衙门查照，札饬十旗协、参、领，全营翼长，吉林分巡道遵照，由兵司移付户司，边务文案营务处，练军文案处查照可也。须至咨者。

右咨珲春副都统衙门

吉林将军衙门为前珲春副都统恩祥交卸回旗事的咨文
光绪二十三年五月十六日

为咨报事。兵司案呈：本年四月十三日，本衙门附片具奏：为降三级调用前珲春副都统恩祥报称，于本年二月二十八日，将珲春副都统银印一颗及仓库钥匙并一切卷宗，遵即移交署副都统花翎副都统衔协领凤翔接收。即于是日，由珲起程回旗。等情前来。理合将该员交卸副都统印务，由珲起程回旗日期，附片具陈。伏乞圣鉴，谨奏。兹于五月十五日，奉到朱批："知道了。钦此。"钦遵前来。相应恭录朱批，呈请咨报军机处、户兵部、正蓝旗满洲都统衙门查核，暨咨行珲春副都统衙门查照，札饬正蓝旗协领遵照可也。须至咨者。

右咨珲春副都统衙门

吉林将军衙门为边练两军阵亡受伤官兵照新章发给恤银的咨文
光绪二十三年五月十八日

为咨行事。兵司案呈：本年五月十一日，准军副宪札开：照得练军各队每遇剿贼接仗，队兵阵亡者每名赏埋葬银六两，受伤者赏给养伤超等银八两，头、二、三各等递减，给予六、四、三两，皆由练军粮饷处核发，作正开销。嗣于光绪二十年冬间，经署将军恩　体念官兵剿贼打仗，冲锋冒险，阵亡、受伤者所得埋葬养伤银两为数过少，不足激劝将士以慰忠荩。酌拟加赏新章，由户司库存洋土、药捐盈余项下，提拨银三十两，专款存储，作为加赏阵亡、受伤官兵，恤赏养伤之用。等因。历办各在案。近年盗贼充斥，练军分布驻扎，搜剿巡缉兵力较单。始由靖边防军酌量抽调，分拨要隘，随在剿捕，以济练军兵力之不逮。惟该边军每遇剿贼打仗，其有阵亡、受伤之兵勇，历来应发埋葬、养伤银两，有请由边务粮饷处赏发者，又有批由练军粮饷处发给，亦有未经请发者，办法参差，殊不划一。揆其情节，练军、边军同一捕盗，而赏项多寡，有无不同，所办实非平允。本署督办将军即统辖通省全军，凡尔兵勇一视同仁，着嗣后无论边、练各军，剿贼打仗凡有阵亡、受伤之官弁兵勇，各由该管处所，一律呈明，候饬练军文案处查照先后所定章程，具稿呈堂。札饬练军粮饷处将照章应发埋葬养伤，并札户司将新章应发加赏、恤赏养伤银两一体核发，以归划一而昭公允，合亟抄粘新旧各章札饬。札到该司即便遵照，转饬知照。特札。等因奉此，相应抄单呈请咨行宁古塔、伯都讷、三姓、阿勒楚喀、珲春副都统，照会乌拉总管衙门查照，札饬吉林分巡道、十旗、乌拉、双城堡、五常堡、拉林、伊通、额穆赫索罗协、参、佐领，西北两路驿站监督，水师营总管，官庄总理，四边门章京等遵照可也。须至咨者。

右咨珲春副都统衙门

粘单

练军务队剿贼接仗阵亡、受伤官兵赏发埋葬、养伤银两定章，并加赏新章银两各数目分析列后。

计开

练军粮饷处定章核发之阵亡、受伤官兵，应得埋葬、养伤银两数目：

一、受超等伤者，赏养伤银八两。

一、受头等伤者，赏养伤银六两。

一、受二等伤者，赏养伤银四两。

一、受三等伤者，赏养伤银三两。

以上埋葬养伤银两，皆由练军粮饷处核发，由练饷项下作正开销。

户司新章核发之阵亡、受伤官兵，加给恤银两数目：

一、领催、前锋、披甲、西丹、余丁、壮丁、勇丁剿贼打仗，如阵亡者，每名恤赏银三十两。什长同。

一、委防御、委骁骑校、委笔帖式、委官，如阵亡者每员恤赏银四十五两。哨长同。

一、委参领，如阵亡者，每员恤赏银六十两。哨官同。

一、委营总，如阵亡者，每员恤赏银一百两。营官管带同。

一、受超等伤，每员名加给养伤银十两。

一、受头等伤，每名加给养伤银八两。

一、受二等伤，每员加给养伤银六两。

一、受三等伤，每员加给养伤银四两。

以上伤分四等，如七日内因伤亡故者，倍给。

以上加给恤赏养伤银两，系由户司库存洋土药捐盈余项下开销。

珲春副都统衙门左司为将领催德顺履历三代造册的咨文

光绪二十三年七月初二日

珲春副都统衙门左司掌关防、署左翼协领佐领兼云骑尉喜，移付事。于本月二十五日接准贵处移开，照得此次汇核褒奖积年剿办马贼在事出力之武职单内，奉军宪点奖珲春正红旗永贵佐领下领催德顺，亟应饬取履历三代，以凭汇案奏奖。相应备文移付。为此合移贵司查照，希即转饬查照，飞速开送以凭核办可也。等因前来。据此，合将该弁出身履历三代，抄粘文尾，备文移付。为此合移贵处查核施行。须至移者。

右移吉林练军文案处

计粘履历三代

正红旗永贵佐领下领催五品军功德顺，披甲二年，贴写四年，贴写达四年，委领催一年，由委领催在靖边前路中营前哨官二年，领催五品军功委哨官六年。于十三年，因挑送三音哈哈撤委归旗充差六年。共食饷当差二十五年。于光绪二年六月二十九日，在珲春洛驼河子地方与贼打仗一次。三年四月十六日，在杨木桥子地方与贼打仗一次。四年七月间，跟随委参领德玉队内，在宁古塔界四方台地方与贼打仗一次。是年十二月初九日，在珲春托盘沟地方与贼打仗一次。共与贼打仗四次。六年间，蒙统领郭　赏戴六品顶戴后，于七年间因差操出力，蒙钦命督办喜　赏给五品功牌。

领催德顺，年四十四岁，系穆勒察氏库雅拉。

曾祖依尔登额，原系闲散。

祖父博尔更额，原系闲散。

父钱谦德，原系闲散。

珲春副都统为哨官曲义贵管理废弛撤委的咨文

光绪二十三年八月二十一日

钦命帮办吉林边务事宜镇守珲春地方副都统军功花翎英　为咨呈事。窃于本年八月十二日，据行营文案处呈：准右路统领岳林咨开，兹于八月初五日，据敝路右营营官承顺呈称，窃职奉饬带队搜缉南北山边零星贼匪。迨经旋回，借便查验所属驻扎队伍勤惰情形。在途即行访闻瓮声碰子驻扎前哨什长吴永贵，在防设赌十数余日，传言啧啧，人所共知。而该前哨哨官曲义贵，不但不能整顿严禁，竟自置若罔闻。似此任竟废弛、漫无纪律之员，未便稍事迁就，除将该什长吴永贵当面讯明，从重责革外，其哨官曲义贵应即撤委。其遗之缺，现当军务吃紧需员整顿之际，拟请以鸟枪营镶黄旗胜安佐领下披甲、五品顶戴补用骁骑校中哨额外队官魁升，打仗勇敢，管兵严肃，堪以派委接充，以资整顿，可期臂助等情。呈请转详前来。查该营官所称前哨哨官曲义贵，管兵不严，任意废弛。撤委遗差，请以该营额外队官魁升升补各情，乃为整顿营务起见，自应如请转详。惟应否准予升补之处，敝统领未敢擅便，除已札复该营官听候示复外，理合据情备文，咨请查照转详。等情转呈前来。查哨官曲义贵，既系废弛队伍，应即撤委。其所遗哨官一缺，请以打仗勇敢之额外队官魁升委充，自应准如所请，除札复右路统领遵照外，理合备文咨呈贵督办将军鉴核施行。须至咨者。

右咨钦命署理吉林等处地方将军督办吉林边务事宜兼理打牲乌拉拣选官员等事副都统衔延

吉林将军衙门为往署珲春当差出力员弁褒奖的移文
光绪二十三年八月

兵司为移付事。本年八月初一日，据副都统衔花翎协领凤　禀称：窃职自维庸钝，仰荷隆遇。前以珲春副都统员缺，奏派职前往署理，当以该处中俄交涉，政务殷繁，所有一切事宜势必需人襄理，是以具情禀准，将兵司委章京隆魁等带赴珲春办事。该弁等均能始终奋勉，遇事辛勤，所有一切事宜毫无迟误，现已回省，业饬各归原差。但该弁等宪恩俯准，照单给奖，恩典出自鸿慈，职系为差使得人起见，是否有当，谨不揣冒昧缮单具禀。等因。于七月二十五日，当奉宪允，除将委笔帖式委章京隆魁等所得奖励之处，由本司注册备查外，惟案内所请五、六品功牌之英和等六名，抄单移付贵文案处查照，按品填注，暨抄单移付边防营务处总理、镶黄、正黄、正白、镶红、正蓝旗、鸟枪营协、参领等查照可也。须至移付者。

右移练军文案处，边防营务处，镶黄、正黄、正白、镶红、正蓝旗，鸟枪营协、参、领。

粘单

谨将带往署理珲春当差出力员弁等，分别拟请奖励，缮单呈请宪鉴。

呈开

吉林满洲正白旗讷通阿佐领下五品顶戴领催兵司委笔帖式委章京隆魁，请遇有应升缺出回堂即补。

满洲正黄旗贵连佐领下六品顶戴翻译生员披甲兵司贴写达胜春，请以该旗领催记名遇缺回堂即补。

鸟枪营镶白旗文焕佐领下五品顶戴披甲刑司委笔帖式边防营务处书职文锦，请拨委边防营务处额外委员，仍食书职薪水。

鸟枪营镶黄旗胜安佐领下五品顶戴披甲户司委笔帖式边防营务处书职全魁，满洲镶黄旗多伦佐领下五品顶戴披甲印务处委笔帖式尽先即补笔帖式景昌，满洲正白旗讷通阿佐领下七品顶戴披甲兵司贴写庆升，鸟枪营镶黄旗胜安佐领下练军文案处书职附生澍霖，以上四名均请遇有应升缺出，尽先拨补记名一次。

鸟枪营镶红旗庆祥佐领下六品顶戴披甲英和，满洲正蓝旗常清佐领下六品顶戴披甲拨什库多升，满洲正黄旗锡恩佐领下披甲恩禄，鸟枪营镶黄旗胜安佐领下西丹隆魁、常德、玉祥，以上六名，在珲时曾派出侦探贼匪，并拿获强抢春协领升家盗首张连喜、伙犯依云、温学广等三犯。英和等二名，请赏换五品顶戴。恩禄等四名请赏给六品顶戴。

珲春副都统为哨长海玉吸食洋烟撤委的咨文
光绪二十三年九月初六日

钦命帮办吉林边务事宜镇守珲春地方副都统军功花翎英，为咨呈事。窃于本年八月二十四日，据边务行营文案处呈：准右路岳统领林咨，据右营营官承顺呈称，窃查职营左哨哨长海玉，吸食洋烟，疏懒成性。若不呈请撤委，将何以肃营务而儆效尤，是以拟将该海玉哨长之差呈请撤委。其所遗哨长一缺，现在用人之际，未便久悬，兹查有职营前哨二棚什长吉林府民五品顶戴车广庆，在营充差十余年之久，又兼朴勇可靠，堪以升补左哨哨长之缺。是否可行，未敢擅便。理合具文，呈请鉴核转详施行。等情据此，复查该营官所称各情，系为整顿营务得人起见，敝统领未敢擅便。除札复营官听候转详示遵外，理合备文咨请查照，转详示复遵办施行。等情转呈前来。查哨长海玉既因吸食洋烟，疏懒成性，撤委遗差，请以朴勇可靠之什长车广庆升补，自应准如所请。除札饬右路统领遵照外，相应备文咨呈贵署督办将军，鉴核施行。须至咨者。

右咨呈钦命署理吉林等处地方将军督办吉林边务事宜兼理打牲乌拉拣选官员等事副都统衔延

吉林将军衙门为兵部奏武职获咎较重人员不准投效的咨文
光绪二十三年九月二十三日

为咨行事。准兵部咨开：职方司案呈，所有本部奏前事等因，相应刷印原奏，行文该将军遵照可也。计单开：兵部谨奏，为武职获咎较重人员，不准投效及奏调咨调，以杜钻营而防冒滥，恭折仰祈圣鉴事。窃查近日各直省及各路军营，平时请求操防，认真训练、洁己奉公，与士卒共甘苦者，固不乏人。而惬怯模棱，不知检束，滥竽充数之员，亦所恒有。一经征调，则张惶失措，漫无纪律，临阵势必观望不前，退缩溃逃，贻误事机，实非浅鲜。虽经各督抚及统兵大臣随时严参，治罪事平之后，辄复夤缘。请托投效各路军营及河工省份，并谋调出洋差使，以为将来开复地步。夫此等巧滑劣员畏葸性成，一旦侥幸复职，设遇有事之秋，安望其陷阵摧坚踊跃用命耶。是投效奏调咨调两途，专为若辈开冀幸之门，营伍安能改观军事，从何整顿。臣等公同商酌，凡于临阵退缩不前，救援不力，畏葸无能，巧滑溃逃，获咎武职人员，除已经投效各员，姑从宽免其撤回，以观后效，并由各督抚及统兵大臣随时考其是否得力，分别去留专案报部。其尚未投效各员，拟请嗣后除特奉谕旨录用者，臣部遵旨办理外，其余概不准投效军营及河工省份，并奏调咨调出洋希图开复，以重名器而严军律。经此次定章之后，各该督抚等如再将此项获咎人员，滥行录用，臣部分别奏参，请旨交部，照徇庇例议处。如蒙俞允，应俟奉旨后，由臣部咨行各直省督抚、提镇、各路统兵大臣，出使大臣一体祗遵。臣等为整饬戎行起见，是否有当，伏乞圣鉴训示。谨奏。光绪二十三年七月十七日具奏。本日奉旨：依议。钦此。等因到本署督办将军。准此，除札饬营务处遵照外，相应咨行贵帮办查照施行。须至咨者。

右咨钦命帮办吉林边务事宜珲春副都统英

吉林将军衙门为兵部议奏酌定请恤章程一折的咨文
光绪二十三年十月初八日

为咨行事。兵司案呈：本年九月二十二日，准兵部咨开，议功所案呈，所有前事等因，相应抄单行文该将军可也。计单开：兵部等部谨奏，为遵旨议奏事。内阁抄出，光绪二十三年五月十九日，奉上谕：御史宋伯鲁奏，袭职人员弊端百出，靖饬厘定章程一折，着该部议奏。钦此。钦遵。并将原奏抄录到部。据原奏内称，例载绿营人员阵亡者，提督给骑都尉兼一云骑尉，总兵给骑都尉，副将以下把总经制外委以上，俱给云骑尉，袭次完时，俱给与恩骑尉世袭罔替，候补人员阵亡照实任官阶议给世职。又未经就职之举人，恩拔副岁优贡生，及廪增附生，并报捐之贡监生，如随同官兵打仗阵亡，奉旨从优议恤者，均照外委阵亡例核办。又承袭次序先尽嫡长子孙，再及嫡次子孙，以至庶出子孙，如无庶出子孙，许令弟侄承继承袭，乃人之希图，爵禄者往往借阵亡同姓之名，冒认伯叔，以袭其世职，甚有假报阵亡者，因而投标效力钻营，差使流品混淆等语。查自军兴以来，议恤世职日多一日，均据该督抚等奏报办理。其中有无捏报阵亡冒认承袭，全在各省奏咨时切实考核，臣部势难周知。既经御史奏陈，自应酌立年限，严定章程，以杜冒滥。查原奏内称，有假报阵亡，由采访忠义局禀呈，顺天府奏请议恤，更有扶同捏饰贪贿出结一节。兵部查同治三年四月间，经顺天府奏准，设立忠义局，采访各省阵亡殉难官民人等，均据各该省官绅呈报，取具同乡京官印结，呈请顺天府代奏移咨，臣部议恤。诚以历年出师战殁人员，或因军务倥偬，当时漏报，果使访问较确，自当据实代陈，乃如该御史奏称，竟有假报阵亡，殊非所以重恤典，应请仍由该府尹等认真查考，如的扶同捏饰情事，即将呈报及出结官从严参办。近来该局奏报之案，已至一百五十次之多，有事在咸丰、同治年间至今尚未请恤者，殊不足以二限制。查吏部奏定章程，各项请恤之案以十年为限。如核其死事日期在十年以外，不准再行奏请等语。应请援照文职章程，嗣后各省奏报各项请恤之案，均以十年为限。自奏恤奉旨之日起，核其死事日期，在十年以外者，即毋庸议给恤典。吏部查顺天府于同治三年四月，奏准设立忠义袭荫之案，亦照此办理。吏部查臣部奏定章程内开，各省请恤之案，未经声叙出身履历各员，经臣部奏明，迭次咨催，未据一律咨复，日久案繁，办理渐多窒碍。当于光绪十八年九月，奏请自同治十三年以后，光绪十七年以前，各省请恤行查之案，作为旧案，按原报官阶先行核议，仍请自奉准之日起，除往返程限，予限二年。令各该督抚查明该故员官阶、履历，迅速报部。查核相符，再行分别准其承袭。其有咨报不符，应行更正，由臣部核明，分别具奏。如实系难裔无人，无从查访，应令该督抚切实声明，统于限内咨部立案，以杜将来冒名影射诸弊。倘限外始行查出补报者，应令该督抚将因何不依限咨报缘由，另行奏明办理。惟限外奏明准予请袭，仍属漫无限制。拟请将已逾二十年未经请袭之案，自此次奏定章程之日起，除各省往返凭限展限二年，具文请袭。其未经议准之案，自奉准之日起，予限二十年，具文请袭。如逾限始请承袭者，虽经该督抚将逾限由专折奏明，仍不准其承袭。至奉旨允准之件，仍照例办理。又原奏奏内称，袭职必原官之子孙方准承袭，过继者不准一节。兵部查定例，过继子孙准其承袭世职，如族中无可继之人，将世职注销。又袭次完时，过继子孙不准接袭恩骑尉。盖于优恤之中，示以限制，例意本极精详。然如该御史所奏，竟有不知谁何之人，希图袭职，不可不严防其弊。拟请凡过继子孙承袭，分别有服无服。其有服族属，继与原立官为嗣，均准请袭世职。如系无服族属，虽经过继，仍不准其请袭。至奉特旨赏给世职者，仍照旧例办理。吏部查定例，世袭各官亡故，所遗之缺与其亲生子孙承袭。若无亲生子孙，有应继之亲侄，愿过继为嗣者，准其承袭。如无可继之亲侄，方与其亲弟兄承袭。如均无其人，亦无原立官本支之人可继可袭，准其择族中之侄男侄孙为嗣承袭。其另户异姓之子，过继为嗣，不准承袭。又满汉世职各官，若无亲子孙，准其以胞侄过继为嗣，以次承袭，计其应袭次数。袭替袭次完时，即原立官虽系阵亡，亦毋庸议给恩骑尉各等语。今据该御史奏称，竟有以不知谁何之人袭职等情，自应严立定章以杜冒滥。臣等公同商酌，拟请凡各官阵亡无嗣，准其以有服族属过继为嗣承袭世职，计其应袭次数，袭替袭次完时，毋庸给予恩骑尉。如系无服族属，虽经过继，不准承袭。又原奏内称，如阵亡而无子孙者，许本家报明咨部，按照官阶加二三等赠衔，不议世职一节。兵部查奏定章程，阵亡从优议恤，武职官员均按恤银从优之阶，赠给升衔。又从优议恤者，即于所保升阶上加一等议恤。有升衔者，亦与有升阶人员一律办理等语。此次明定章程以后，如阵亡而无子孙，又无有服族属，虽议世职无人承袭，应如该御史所奏，许本家报明咨部议给赠衔。惟既不予世职，其赠衔自应量加优异。臣等公同商酌，从优议恤者，按照从优之阶再加一等。赠衔照例议恤者，按照所得官阶，加一等赠衔。有升衔者，即照原衔分别加等。其业经议恤之案，据咨改议，将世职注销。未经议恤之案，仍令奏明，即照此次定章办理。吏部查文武议恤赠衔，事同一律。臣等公同商酌，拟请照兵部此次所议定章办理。其未经就职举人，恩拔副岁优贡生及廪增附生，报捐贡监生，吏部查定例，未经就职之举人，恩拔副岁优贡生及廪增附文生员，并报捐之贡生监生，如随同官兵打仗阵亡，奉旨从优议恤者，均照外委阵亡例议给。云骑尉世职袭次完时，给予恩骑尉世袭罔替。如系奉旨照例议恤者，均照官员伤亡例议给，云骑尉世职袭次完时，毋庸给予恩骑尉。其由俊秀报捐贡生、监生者，移咨礼、兵、工等部，给予恤赏，毋庸议给世职等语。又臣部奏定章程，举贡生员中式考取年份，查明礼部有案，方准照例办理。今据该御史奏请厘定章程。等因。查臣部例章已极周密，毋庸另立新章，仍请按旧例办理。所有臣等遵旨会议酌定请恤章程限制缘由，如蒙俞允，臣部通行各省，一体钦遵办理。谨恭折具陈。伏乞圣鉴训示遵行。再此折系兵部注稿，会同吏部办理。因查核例案，往返片商，是以复奏稍迟，合并声明。谨奏。

（缺文）局采访各省阵亡殉难官民人等节，据各该省官绅呈报，顺天府代奏，移咨臣部分别议恤。嗣因收采过宽，窃恐不无冒滥，爰酌定请恤限制，严立章程。凡各项请恤之案，均以十年为限。如核其死事年月在十年以外者，概不得再行奏请。其按限请恤之案，仍令逐一严核，务将死事情形，出身履历，切实声明。倘声叙捐保官阶，部中无案可稽，又无官照可验者，不准核办。今如该部御史所奏，竟有假报阵亡，扶同捏饰情事，应如兵部所议，请仍由顺天府详慎考查。如有假报情弊，一经发觉，除本员斥革惩治外，并将出结官从严参办。至外省请恤之案，由地方官加结转详。倘有假冒情弊，即将该地方官从重议处。又原奏内称，各营阵亡报部者，只有官职姓名，并无籍贯三代，是以易于假冒。即以直隶而论，凡请袭者，捏报大宛两县人居多，缘部中书吏，先由部查某某阵亡，世职久未承袭，将此名卖与同姓之人，勾通县吏捏造宗图册结，详由顺天府咨部办理。谨拟更定章程，凡以前议给世职者，自阵亡之日起，限二十年内准袭。以后在营员弁阵亡报部，必将籍贯三代叙明，方议世职，亦限二十年内准袭，逾限者注销一节。兵部查从前议恤，并无限期，有随时奏请议恤者，亦有阵亡，经数十年始请议恤者，臣部既经议给世职，不得不准其请袭世职。若自阵亡之日起，限二十二年内请袭，现在未经请袭者，大半逾二十年，且核计议恤时，往往已在阵亡二十年之后议，故员等躬冒锋镝，效命疆场，业经奉旨给予世职，若不准其请袭，非所以体优恤忠荩之意。臣等公同商酌，应请自奉旨议给世职之日起，限二十年内请袭。其已逾二十年者，自此次接到部文之日为始，展限二年，报部请袭。逾限者，概行驳斥。嗣后议给世职，既定十年限期，应自阵亡之日起，统限二十年内请袭。至大宛两县请袭之案，假冒尤易。臣部于光绪十三年十一月十一日，奏请行查出结之同乡官，确切声复。并声明准袭后，查有重复或被人告发，将冒袭之人解交刑部治罪，出结官咨送吏部议处等语。定章以来，大宛请袭之案较前渐少，而顺天府各属请袭之案较前独多。查各属距京较近，声息易通，拟请援照大宛章程办理，以杜冒滥。如冒袭发觉，应严讯书史。查有勾通情弊，立予重惩，并咨行顺天府遵照办理。至议恤人员向办成案，凡履历劳绩有未声叙明晰者，行令查复到日议给恤典。嗣因各案每多咨复，迟延辗转，行查致稽时日，曾于同治七年十月间奏准，凡议恤各案，除军功顶戴，或尽先记名外委，或以委署官阶奏报，必须查明奏准原案，方议给恤典外，其余阵亡人员，即凭原折所叙官阶，先给世职，仍令查明保案，造具履历，报部查核相符，方准请袭。诚以阵亡各员力战捐躯，既经渥沛纶音，未便久悬盛典。今如该御史所奏，有假冒籍贯情弊，应仍查照旧案，酌量变通，拟请嗣后凡请恤之案，俱令造具三代籍贯、历保官阶、阵亡日期随案咨部，方准给恤。至军营效力员弁，或一时阵殁，其履历未及详查，先行请恤者，若即行议驳，亦无以励死事而昭激劝。臣等公同商酌，遇有未造履历先行奏恤之案，自奉旨之日起，予限二年，行令补咨报部查核相符，再行议给世职，倘逾二年之限。未经报部，未经报案撤销其在未按此次部文以前请恤，及已经议恤行查官阶，暨查明保案再行议恤各案，均令自接到部文之日起，限二年以内报部，逾限撤销，并在营病故，应议（缺文）奏。等因。光绪二十三年八月二十七日具奏。本日奉旨：依议。钦此。等因前来。相应呈请咨行宁古塔、伯都讷、三姓、阿勒楚喀、珲春副都统，照会乌拉总管等衙门查照，札饬十旗、乌拉、五常堡、双城堡、拉林、伊通、额穆赫索罗协、参、佐领，吉林分巡道，水师营总管，西北两路驿站监督等遵照，并由兵司移付边、练两军文案处查照可也。须至咨者。

右咨珲春副都统衙门

吉林将军衙门为将珲春行营文案出力各员出具考语褒奖的咨文
光绪二十三年十月初七日

为咨复事。照得边军褒奖章程前经部议，按照总理衙门奏定水陆操防褒奖年限，扣足五年，褒奖一次。计上届截期，自光绪十七年七月十四日起，扣至二十二年七月十四日止，已届五年之期。本署督办将军因到任未久，各军积弊已深，亟宜设法整顿，未便率行举办，当经奏准缓期一年在案。现在又已届满，所有各军出力员弁，自应酌量奖叙。惟查褒奖一途久成锢习，或毫无表现而懋赏幸邀，或卓著勤劳而向隔终慨，赏罚不明，何以励戎行而作士气。合亟严定章程，分别咨札。除各军统领随同办事委员、各营管带，应由本署督办将军亲加核定，其余文武员弁开单，责成该统领随同办事委员、管带等出具切实考语，密封呈送，听候核奖外，所有珲春行营文案出力各员，自应一律酌给奖叙。相应备文咨行贵帮办副都统，希将行营文案当差年久，及尤为出力之员查明，出具切实考语。并将履历三代及应升官阶造具清册，于文到二十日内，密封送省。如无应保之员，亦即据实声复，任缺匆滥，以昭核实。为此合咨贵帮办副都统，请烦查照，迅速施行。须至咨者。

右咨钦命帮办吉林边务事宜珲春副都统英

吉林将军衙门为奉上谕各省择优保荐人才裁减经费的咨文
光绪二十四年三月十一日

为咨行事。兵司案呈：本年三月初六日，准军宪札开，光绪二十四年二月十九日，准吏部咨开，文选司案呈，内阁抄出，光绪二十三年十二月二十五日，奉上谕：从来国运之兴，必由于人才之盛。我朝列祖列宗以来，无不下诏求贤，而诸臣亦必灼见真知，始登荐剡。所以名臣硕辅，代有其人。即至同治年间，如曾国藩、骆秉章等进举贤才，或采自幕府，或选从僚属。其时人才蔚起，卒能削平大难，宏济时艰。可知封疆大吏诚思以人事君之义，悉心采访，实力保荐，则一时之才自足，供一时之用。现值时局孔艰，需才尤亟，各省督抚朝廷寄以股肱耳目，其各澄心虚己一秉大公，于所属道府州县中，无论现任、候补，详加鉴别，择其居心正大，才识阔通，足以力任艰巨者，列为上选。他若尽心民事，通达时务，均着出具切实考语，并胪列其人之实际成效，详悉具陈，以备擢用。倘瞻徇情面，或谬采虚声，保非其人，必坐原保官以荐举不实之罪。至经武整军，必须宽筹的饷。各省绿营废弛已久，近来防勇亦多沾染习气，难备缓急，着各该督抚再行实力裁汰，腾出饷项以备添练新军之用。各省制造、洋务、厘捐、盐务等局，总办以外复有会办，以及司事、绅董名目烦多，每岁虚縻公费，不知凡几。当此库款支绌，该督抚等具有天良，岂竟置国事于不顾，尚欲为位置闲员地步耶。着即严加核减，将节省实数迅速奏闻，毋得胶持成见，仍以裁无可裁借词搪塞。将此通谕知之。钦此。钦遵。抄出到部。相应恭录谕旨，知照可也。等因准此。查吉林各局处每年费用款目甚巨，员司亦属较多。当此度支告匮，该总办等经理其事，自必确知何项可以归并，何项可以减裁。除分札外，合亟札饬。札到该司查照札内事理，务必酌核情形妥拟办法，并转行五城副都统，暨饬各旗一体遵照。特札。等因奉此，相应呈请咨行宁古塔、伯都讷、三姓、阿勒楚喀、珲春副都统，照会乌拉总管衙门查照，并札饬十旗、乌拉、五常堡、双城堡、拉林、伊通、额穆赫索罗协、参、佐领，水师营总管，官庄总理，西北两路驿站监督，四边门章京等遵照，由兵司移付户司查照可也。须至咨者。

右咨珲春衙门

珲春副都统为赏还前路左营正勇披甲常山顶戴的咨文
光绪二十四年六月二十八日

钦命帮办吉林边务事宜镇守珲春地方副都统军功花翎英　为咨呈事。窃于本年六月二十四日，据前路贵统领升呈称：窃据职路左营管带双清呈称，窃查职营前哨正勇珲春镶蓝旗贵山佐领下五品顶戴披甲常山，前蒙宪台委带中营中哨兼管看押所差使。本年正月初三日夜，时庆新年，该弁派兵看守犯人，一时失于防范，以致疏脱人犯二名，当奉宪台禀请，将该弁摘去五品顶戴并撤去差使。等因在案。查该弁摘顶撤差，而后深知愧奋。嗣因职奉派带队搜山，该弁熟悉山路，甘愿随往效力。自闰三月十七日由营起程，前后三次进山搜捕，该弁均劳瘁不辞，异常出力。日则引道当先，夜则出探守卡，星餐露宿者三十余日，似不无微劳足录。当此用人之际，自应劝惩兼施，庶可以资观感。可否将该弁五品顶戴禀请赏还之处，职未敢擅便。理合具文虽请统宪鉴核，恩准转详施行。等情据此，职复查该披甲常山当差尚属勤奋，颇知愧悔。此次随管带双清进山，又能异常出力，不辞劳瘁，自应转请赏还顶戴，以资观感。理合具文呈请鉴核，恩准赏还施行。等情据此，职复查该披甲常山，前因疏脱人犯，摘去顶戴。此次随管带双清进山搜捕，屡次不辞劳瘁，并颇知愧悔。可否准如所请赏还，以昭劝勉。除札复该统领遵照转饬外，理合备文咨呈督办将军鉴核，示复施行。须至咨呈者。

右咨呈吉林将军延

吉林将军衙门为将缉捕出力哨长秉英存记汇奖的咨文
光绪二十四年七月初六日

为咨复事。案准贵帮办咨：据中路庆统领祥　禀，据该路右营驻扎五道沟左哨哨长秉英，带队在防汛地方仗获盗首李洪详，绰号二道江一犯，阵毙伙匪，割取耳级一页，搜获赃马洋炮等物，送营讯办。不及半年，先后仗获首伙盗匪及阵毙不计外，并由营审实正法者四名。该哨长秉英不辞劳瘁，奋勇可嘉，可否将该哨长存记，俟练军汇案核奖，以示鼓励等情。未敢率准，据情咨呈鉴核施行。等因准此，查哨长秉英，既称缉捕出力，自应如咨办理。除札练军文案处存记汇奖外，相应咨复。为此合咨贵帮办，请烦查照，转饬施行。须至咨者。

右咨钦命帮办吉林边务事宜珲春副都统英

吉林将军衙门为前路统领贵升等补修珲城出力将记过开复的咨文
光绪二十四年八月十一日

为咨复事。案准贵帮办咨开：除原文减叙外，以前路统领贵升，随同办事委员赵维城等二员，因补修珲春城垣，逐日操持，倍见辛勤。可否将前记之过，恳请开复。等因到本督办将军。准此，如咨办理。除札饬外，相应备文咨复贵帮办，请烦查照，转饬施行。须至咨者。

右咨钦命帮办吉林边务事宜镇守珲春副都统英

吉林将军衙门为吉林边防及机器局出力员弁择优褒奖委补的咨文
光绪二十四年八月二十日

为咨会事。窃照本督办将军会同贵帮办副都统，于本年七月二十二日，恭折具奏，为吉林边防及机器局员司工匠已届五年限满，照章择优褒奖，至出力较次弁兵匠目，分别以千把外委补用。兹备双衔会稿二份。除一面咨报兵部核奖外，相应将会稿二份，备文咨会贵帮办查照，书行、盖印、发还、施行。须至咨者。

右咨钦命帮办吉林边务事宜珲春副都统英

吉林将军衙门为亲军统领文福拟请副都统简放的咨文
光绪二十四年八月二十七日

为咨行事。照得本督办将军会同贵帮办，于光绪二十四年七月二十二日附片具奏，为协理边防营务处事务靖边亲军统领、军机处存记三等子文举人文福，治军有法，颇得士心，拟请以副都统记名简放之处。等因一片，当经会稿在案。于本年八月二十五日奉旨：留中。钦此。相应备文咨行贵帮办查照施行。须至咨者。

右咨钦命帮办吉林边务事宜珲春副都统英

吉林将军衙门为各军请奖出力弁兵发给空白功牌的咨文
光绪二十四年九月

为咨行事。案据靖边各路统领、水师管带先后呈称：窃查边防各军现届五年限满，所有出力文武员弁已蒙汇案请奖。其次出力弁兵，谨按照一成核算，拟请奖赏五、六、七品功牌，以作士气而昭激劝。等情到本督办将军。据此，查各军统领等所请奖励弁兵功牌，均按一成之数核算，尚属可行。惟前送弁兵花名，现在已相隔数月，难保无告假离营撤革情事。着按各军所请之数，发给空白功牌，责成该统领管带拣其得力弁兵，按品填发，毋许冒滥。兹已饬据边务文案处填注五、六、七品空白功牌，呈请钤印讫。除分别札发外，相应备文咨行贵帮办查照，并将去岁咨送汇奖履历内，着给五、六品功牌十张，一并咨送查收，填注转发。祈将填注花名造册，咨送备核施行。须至咨者。

右咨钦命帮办吉林边务事宜珲春副都统军功花翎英

粘单

珲春行营文案处请赏五、六品功各五张。

亲军三营二哨请赏五、六、七品功牌二十八、七、九十三张。

又去岁请赏五、六品功牌四、五张。

中路二营请赏五、六、七品功牌二十二、三十六、三十七张。

前路四营水师一哨请赏五、六、七品功牌二十四、二十九、一百零九张。

左路三营请赏五、六、七品功牌四十、三十七、三十七张。

右路三营请赏五、六、七品功牌二十五、十六、七十一张。

后路三营请赏五、六、七品功牌二十六、十四、七十六张。

后路水师一营请赏五、六、七品功牌二、十三、八张。

以上五、六、七品功牌共七百六十九张。

吉林将军衙门为边防营务处出力人员记功事的咨文
光绪二十四年九月二十八日

为咨行事。兵司案呈：本年九月二十日，兵司接据边防营务处移开：窃照吉林边防五年限满，所有在事出力人员，业蒙督帮办军副宪照章择尤奏请奖励在案。惟各局、处总理及各路统领、管带等，劳绩卓著，以格于部章不能层递预保。兹经缮单呈奉宪阅：着均记大功一次。等谕奉此。除移营务处查照外，相应抄粘移付。为此合移兵司，请烦查照注册可也。等因前来。除将补用总管戴梦龄等所得记功，由兵司注册备查外，相应抄单，呈请咨行都京正白旗满洲都统、宁古塔、伯都讷、珲春副都统等衙门查照，札饬镶黄、正黄、镶红、蒙古旗、鸟枪营、五常堡协、参、领，水师营总管等遵照可也。须至咨者。

右咨珲春副都统衙门

计开

总管衔补用总管补缺后加副都统衔花翎四品官戴梦龄。

花翎副都统衔协领春升。

三品顶戴二等侍卫世袭骑都尉多伦泰。

副都统衔尽先即补协领花翎佐领庆祥。

尽先即补协领补缺后赏加副都统衔花翎佐领讷荫。

头品顶戴记名简放副都统花翎协领贵升。

副都统衔花翎协领海权。

头品顶戴赏穿黄马褂记名简放副都统花翎佐领云骑尉世职莽阿巴图鲁王宽。

记名协领补缺后赏加副都统衔花翎佐领岳林。

头品顶戴两次记名简放副都统花翎协领兼云骑尉额勒亨额巴图鲁西隆阿。

三等侍卫成寿。

吉林将军衙门为收拨各营勇丁捕盗分别奖赏的咨文

光绪二十五年正月初九日

为咨行事。据靖边亲军统领文福呈称：窃查练军缉捕向章，凡有获盗三名兵勇，准赏银牌，获盗五名兵勇，准赏功牌，是以人争自效，捕获颇多。此次冲河等处矿局金夫，既蒙宪台厚恩，收拨各营编伍。嗣后该勇丁等，如能捕盗三五名者，谨拟援例，分别赏给银牌、功牌，以示鼓励，似于捕务稍有裨益。职为鼓舞众心，迅清伏莽起见，是否可行，理合备文呈请鉴核施行。等情到本督办将军。据此，准如所请。除分扎外，相应备文咨行。为此合咨贵帮办，请烦查照施行。须至咨者。

右咨钦命帮办吉林边务事宜珲春副都统英

吉林将军衙门为在营病故佐领庆祥请恤的咨文

光绪二十六年二月二十五日

为咨复事。兵司案呈：本年二月十四日，准珲春副都统衙门咨开，窃照军营立功后，在营积劳病故人员恳请议恤，例有成案。兹据靖边中路办事官张乃武禀称，该路统领副都统衔即补协领花翎佐领庆祥，前在甘肃军营带兵剿贼，右胸曾受枪伤，因而成病，时发时愈。迨至去冬，旧症复作，加以前在军营身受潮湿，致添腿疾等症。同时举发，医药罔效，延至正月十四日寅时出缺。所有统领关防，请拣员接署。等因禀请前来。除饬派副都统衔协领春升暂署，电请拣员接统外。查统领庆祥，系吉林鸟枪营镶白旗人，由披甲在本省随队剿贼，在高杨树等处接仗获胜，给奖六品顶戴。是年派充委官，调往陕甘等省征剿，旋委充骁骑校。在凉州、平番、肃州等处，遇回匪，打仗二十余次，杀贼捉生，屡立战功。又在宝泉、永丰等处接仗出力，蒙保骁骑校并戴蓝翎委充防御。又克复太子寺，剿灭狄道州等处老贼出力，换戴花翎。是年十月间，因护饷在平番县遇贼接仗，胸受头等伤一处，蒙赏银五十两，旋委参领。复在甘肃，于全省肃清案内，蒙保佐领，先换顶戴。又奉调回吉林管带练军，在烟筒山与贼接仗，多有捉生杀贼。又于冲河接仗，擒贼邀记大功并记名候升。又在边外刘家炉地方与贼接仗，获胜记功。复经调充吉字营帮带马队，在事出力，邀交部议，叙加级一次。复奉调往朝鲜征剿，蒙奏补珲春佐领。又在奉天辽阳闫家堡等处打仗出力，蒙奏以协领补用加副都统衔，并调回鸟枪营佐领，委充靖边右路统领转中路统领。迄今三载，整饬全军，夙夜匪懈。当病势弥留之际，犹殷殷以未报涓埃为歉，忠奋之诚溢于言表。兹闻溘逝，悼惜殊深。现据该路官弁兵勇连名呈恳请恤，并将履历呈送前来，自未便泯其勋劳。唯有仰恳帅恩，伏念该故员庆祥，自壮从戎三十余年，身经百战，其果敢性成，任事不苟。此次统带边军在营病故，亦属殁于王事，核与请恤成案相符。可否将该故员照军营立功后在防军病故例，奏请赐恤。如蒙俯允，俾得慰幽魂而昭忠荩，出自逾格鸿慈。除缮原送履历清册附呈外，理合备文咨呈督办将军鉴核施行。等情。奉宪批：靖边中路统领副都统衔即补协领花翎佐领庆祥，既在本省及陕甘等省迭著战功，现因伤病交发，在防次病故，殊深悼惜。仰兵司查照成案，呈请奏请议恤，一面备文咨复可也。等谕奉此，除另附片奏外，相应呈请咨复珲春副统衙门查照可也。须至咨者。

右咨珲春副都统

吉林将军衙门为珲城失陷流离旗民人等妥为安抚的咨文
光绪二十六年八月初九日

为咨复事。准贵帮办咨开，左右司案呈：窃俄寇突犯珲境，城池失陷，退守烟集冈收集溃兵，并谕斯地逃避众民归业，整顿乡团，以冀克复等情，均已咨报在案。惟查珲城四屯旗丁商民男妇子女人等，突受寇惊，扶老挈幼束手徒步，陆续来冈者不下八九千名，间有脚力之家，所携财物牲畜途次亦被土匪截掳已空，聚集于此待哺维殷，若不即时安抚老弱，势所难保。拟将八旗众丁择以烟集冈、帽尔山各乡分析安置，俾其稍壮者为佣，自食其力。其妇女并老幼不能服苦作工者，谕令各乡地经理，由殷实各户暂与轮流接济食粮，究需若干，随时登注账簿，俟克复后，即按市价筹偿。除晓谕各社遵照及传知众丁各归各处就食外，其逃难无业之民，拣以年力精壮者，补充勇差，余悉分别安插。至于监禁斩绞军流一切罪犯，于失后亦皆脱逃，而库款仓粮军火等项，亦未悉存否，并阵亡受伤官兵殉难、被害男妇及焚毁官民房舍，统俟查明另文咨报。合将安插流离旗民人等各缘由，呈请先行备文迅速咨报查核施行。等因到本军督大臣。准此，查来咨所述民间男妇被害情形，深堪悯恻，希即妥为抚恤安置，俾免流离失所。在逃监犯设法严缉，勿任远扬，是为至要。相应备文咨复贵帮办查照办理施行。须至咨者。

右咨钦命帮办吉林边务事宜珲春副都统英

珲春副都统为将阵伤亡故官兵各日期造报的咨文
光绪二十七年六月初五日

署理珲春地方副都统印务副都统衔花翎协领春升，为查明呈报事。左司案呈：兹据署左右两翼协领呈，据署八旗佐领等报称，遵饬查得所属八旗官兵，除曾前调赴奉、吉、江省防营充差官兵，迄今尚未奉文旋旗，有无存亡殊难逆料外，仅将去岁七月初五日于失城时，在阵伤亡以及避难、病故官兵逐一查明，呈递转详前来。据此，复查无异，合将阵伤亡故以及避难病故官兵各日期详细分析，粘连文尾，呈请备文咨报。为此合呈将军衙门鉴核施行。须至咨呈者。

右咨呈将军衙门

谨将八旗官兵前于失城时，在阵前伤亡以及避难、病故之旗佐衔名开列于左：

计开

镶黄旗世管佐领庆云，于今年正月初四日在籍病故。

镶黄旗庆云佐领下蓝翎防御委带抬枪步队营总金成，于去岁七月初五日，领队与俄接仗阵亡。

云骑尉吉勒洪阿，于去岁十月初五日在籍病故。

恒泰，于去岁八月十四日在籍病故。

副榜景廉，于去岁七月初五日在家被俄兵打死。

披甲六品顶戴全喜，于去岁八月二十八日，在南冈王巴脖子地方随队与俄接仗阵亡。

正白旗巴图凌阿佐领下八品荫监萨凌阿，于去岁十二月十八日在籍病故。

镶白旗喜昌佐领下蓝翎防御兼云骑尉拟陪佐领吉勒图堪，于本年四月二十五日奉署副都统谕饬，前赴俄界岩杵河与俄官廓米萨尔商办公务，在彼染病身故。

前锋五品顶戴记名骁骑校金禄，于去岁十月初五日在敦化县病故。

正蓝旗胜福佐领下蓝翎骁骑校庆恩，于去岁七月初五日，被俄兵追至城西沙坨子地方打死。

披甲连永，于去岁七月初五日，在珲春城东门外与俄接仗登时阵亡。

正黄旗胜泰佐领下五品顶戴补用防御左司主稿无品级笔帖式萨炳阿，于去岁八月十八日，在南王巴脖子地方被俄兵打伤亡故。

云骑尉成贵，于本年四月二十日在籍病故；金祥，于本年五月十一日在籍病故。

五品顶戴骁骑校玉祥，于本年正月十五日在籍病故。

五品顶戴领催额委笔帖式富全，于去岁七月初九日在家被俄兵打死。

镶红旗瑞林佐领下五品顶戴承办处无品笔帖式荣安，于去岁九月初七日避难，行至珲属南病故。

五品顶戴左司七品笔帖式举人凌善，于本年五月十一日避难未归，在于珲春南冈病故。

七品顶戴领催连恩，于去岁七月初八日，在城东四间房地方被俄兵打死。

披甲六品顶戴右司委笔帖式明德，于去岁七月初七日被俄兵在家打死。

正红旗春喜佐领下看狱官骑校富森布，于去岁七月初五日，被俄兵在珲城西门外打死。

披甲六品顶戴右司委笔帖式玉升，于去岁七月初五日，在城东四间房被俄兵打死。

以上阵亡病故官兵二十二员名。

吉林将军批：咨单俱悉。所有阵亡病故二十二员名，希兵司存。俟汇案分别奏咨请恤，以慰忠魂，而示体恤。并备文咨复，粘单附。

吉林将军衙门为珲城失陷所有阵亡病故官兵查明分别奏咨请恤事的咨文
光绪二十七年七月二十五日

为咨复事。兵司案呈：本年七月初五日准署理珲春副都统印务副都统花翎协领春升咨开，左司案呈，兹据署左右两帮协领呈，据署八旗佐领等报呈，遵饬查得所属八旗官除曾前调赴奉吉江省防营充差官兵，迄今尚未奉文旋旗。有无存亡殊难逆料外。仅将去岁七月初五日初失城时在阵伤亡以及避难病故官兵逐一查明，呈递转详前来。据此，复查无异，合将阵伤亡故以及病故官兵各日详细分析粘连文尾，呈请备文咨报。为此合呈将军衙门鉴核施行。等因前来。当奉宪批：咨单俱悉。所有阵亡病故二十二员名，仰兵司存。俟汇案分别奏咨请恤，以慰忠魂而示体恤，并备文咨复。粘单附。等谕奉此，除将佐领庆云等由兵司注册存俟汇案奏恤外，应呈请咨复珲春副都统衙门查照，并由兵司粘单移付户司、练军文案处查照可也。须至咨者。

右咨珲春副都统衙门

珲春副都统衙门造报所属八旗殉难阵殁官兵清册
光绪二十七年十月十九日

珲春副都统衙门为造送所属八旗殉难阵殁官兵旗佐衔名清册事。

计开

镶黄旗庆云佐领下蓝翎防御委带抬枪步队营总金成，于去岁七月初五日，与俄人接仗，在东门外阵亡。

披甲六品顶戴全喜，于去岁八月二十八日，在南冈王巴脖子地方随队与俄接仗阵亡。

岳凌，于去岁七月初五日，在城殉难。

六品蓝翎食半饷闲散珠隆阿，于去岁七月初八日，在城北殉难。

正白旗巴图凌阿佐领下披甲胜春，于去岁七月初五日，在珲春城东门外，与俄接仗登时阵亡。

正蓝旗胜福佐领下披甲连永，于去岁七月初五日，在珲春城东门外，与俄接仗登时阵亡。

披甲七品顶戴春祥，于去岁七月初五日，在珲春城东门外，与俄接仗登时阵亡。

附生连庆，于去岁俄军袭取珲城之时，即同官兵持枪登城御敌登时阵亡。

正黄旗胜泰佐领下五品顶戴候补骁骑校，后以防御补用左司主稿六品级笔帖式萨炳阿，于去岁八月二十八日，在南冈王巴脖子地方，被俄兵打伤亡故。

镶蓝旗德喜佐领下披甲六品顶戴祥成，于去岁七月初五日，在珲春城东门外，与俄兵打仗阵亡。

以上殉难阵殁官弁等十员名。

吉林将军衙门为将云骑尉讷奇新等分别给奖的咨文
光绪二十七年十一月

为咨行事。兵司案呈：本年十月十七日，准俄巡抚池查郭甫单称，请奖之南冈会首等衔名缮单，恭呈宪鉴。等因。当奉宪批：查单开，云骑尉讷奇新业已拣放伯都讷镶白旗拟正防御之缺，毋庸再给奖叙。笔帖式玉成，由兵司注册存记。补用把总马善平、练总杨得胜，均由练军文案处存记汇奖。民人吴殿忠，赏给五品顶戴功牌。仰即分饬遵照。等谕奉此，除将笔帖式玉成，所得存记由兵司注册备查。其案内尽先补用把总马善平、练总民人杨得胜等，所得存记汇奖。民人吴殿忠，所得五品功牌，抄单，札饬练军文案处总理遵照注册，填发功牌外，相应抄单呈请咨行珲春副都统衙门查照，札饬吉林分巡道、交涉局总理等遵照可也。须至咨者。

右咨珲春副都统衙门

计开

珲春镶黄旗庆云佐领下右司行走云骑尉讷奇新。

镶黄旗庆云佐领下五品顶戴右司笔帖式委章京玉成。

直隶静海县民人蓝翎五品顶戴免补外委尽先补用把总马善平。

珲春民人六品顶戴吴殿忠。

保定府苏罗县民人南冈六社练总五品顶戴杨得胜。

吉林将军衙门为奖赏南冈练总杨德胜等功牌事的咨文

光绪二十七年十一月三十日

为咨复事。练军文案处案呈：奉军副宪发交一件，准珲春副都统咨，据招垦局总理程光第恳请，奖励南冈团练局练总杨德胜、帮练总杨永胜、文案委员贺勋翎札三份，并请再行赏给功牌六十张，俾资分赏等情。据情咨请前来。除原文省繁减叙外，当奉宪批：文悉。南冈团练局练总杨德胜、帮练总杨永胜、文案委员贺勋，既称设立团练，将近一载，护守地面，不无微劳。姑准如咨候饬练军文案处填发五品功牌三份，以示鼓励。至另请空白功牌六十张，查各属兵燹之后，创办团练，其有捕务出力者均批饬先行存记。俟将来大局平定，地方安谧，再行汇案酌奖。况南冈前已赏给功牌二十张，此次更未便续。请仰练军文案处备文咨复可也。等因奉此，兹填就练总杨德胜等五品功牌三张，相应呈请钤发。等情据此，理合附封备文咨复。为此合咨贵副都统，请烦查照接收，转发施行。须至咨者。

计咨送五品功牌三张

右咨珲春副都统

吉林将军衙门为委防御德顺等带队追贼遇俄误敌阵亡分别议恤的咨文

光绪二十八年五月初十日

为咨行事。兵司案呈：本年五月初三日，兵司准全省营务处总理头品顶戴记名副都统花翎协领庆禄移开，案据营总富德呈称，于本月初六日，委防御德顺、委骁骑校忠升等，带领队兵会勇追贼，至亮子河沿，遇俄误敌以到。委防御满洲正红旗永和佐领下五品蓝翎领催德顺、队兵满洲正白旗恩常佐领下西丹花明布、珲春镶黄旗庆祥佐领下西丹玉祥、满洲正黄旗全贵佐领下西丹德喜、什长李全胜，均皆阵亡。队兵赵辅臣，头顶心受伤甚重，堪列头等。可否分别赏发养伤、埋葬银两，并将该委防御存俟议恤之处。理合具文呈请转详。等情前来。查该官兵等，虽系遇俄误受伤亡，总因击贼所到，殊堪悯恻。可否照依接仗阵亡，分别赏发养伤、埋葬银两，并将该委防御存俟议恤，以示体恤而慰幽魂之处。等情呈奉宪批：该官兵委防御德顺等因公殒命，殊堪悯恻。准如所请。候饬练军粮饷处，照章分别赏发养伤、理葬银两，并将委防御德顺存俟汇案议恤，以示矜恤。仰即知照。等因奉此，除分行外，相应备文移付兵司，请烦查照办理可也。等因前来。除将委防御德顺阵亡，由兵司注册存俟汇案奏恤外，相应呈请咨行珲春副都统衙门查照，札饬正黄、正白、正红旗协领，吉林分巡道等遵照可也。须至咨者。

右咨珲春副都统

珲春副都统为南冈团练剿获贼匪富开山等出力员弁请奖的咨文

光绪二十八年五月二十日

钦命镇守珲春地方副都统奖赏花翎春　为咨请事。左司案呈：前准吉林全省营务处咨开，奉军宪发交贵副都统咨，据招垦局总理程光第呈称：匪首富开山聚党盘踞哈尔巴岭迤东，经职密令团勇，并商俄队帮助会剿，当将此股逆匪阵亡阵毙二十余名。得获枪支三十杆，生擒匪首富开山一名，余匪逃散，经俄马总管将富开山解赴伯力去讫。所有出力员弁，可否邀请从优议叙。等情转咨前来。当经奉批：文悉。查此案前据程倅禀请，已批饬。准将出力文武员弁酌褒四五名，以示鼓励。仰营务处备文咨复可也。等因发交到处。奉此，相应备文咨行贵副都统查照施行。等因准此，当即札据招垦局，遵文将此南冈团练局，在事尤为出力之程光第等七员，衔名三代履历册籍，并将稍次出力之练长张万明等十名，拟请赏予功牌。各等因呈送前来。据此，查南冈地方自以庚子秋间俄人犯境而后，盗贼蜂起，商民星散，幸得该员弁等联络各散队，驱诛强暴多名，接护难民归业。旋又收抚散勇，地方赖以安堵。且又不避艰险，奔驱于冰天雪地之中，生擒匪首富开山，阵毙马贼数十名，实属异常出力。可否准照异常寻常劳绩，各予褒奖，以示鼓励之处，出自逾格鸿慈，为将来执干戈以舍生效命者劝。所有褒奖在事尤为出力之文武员弁三代履历清册，随文附送外，合将该员等拟升官阶、切实考语、及将稍次出力练长等拟请功牌花名抄粘文尾，呈请咨送。等情据此，理合备文附封咨请。为此合咨将军衙门，请烦鉴核俯准，希望见复施行。须至咨者。

右咨将军衙门

粘单

候选通判程光第，筹备剿匪不遗余力，拟请免赴本班，以同知不论双单月遇缺尽先即选。

不论双单月遇缺尽先选用从九品刘离曜，营务熟悉才识出众，拟请免补本班，以主簿不论双单月遇缺尽先前即选。

五品顶戴文童贺勋，营务熟悉，谙练有为，拟请以巡检不论双单月遇缺尽先前即选。

五品蓝翎杨得胜，接待俄官最称得力，拟请以把总尽先拨补，并请赏加千总衔。

五品顶戴杨永胜，护守地面缉捕认真，拟请以把总尽先拔补，并请赏加千总衔。

五品顶戴江起顺，奋勇勤能，拟请以把总尽先拔补。

五品顶戴蒋光申，缉捕得力，拟请以把总尽先拔补。

张万明，年三十四岁，系吉林府人。

韩得胜，年三十五岁，系山东沂州府莒州人。

吴庆林，年三十岁，系山东武定府海峰县人。

周德胜，年三十一岁，系山东登州府蓬莱县人。

以上四名均系打仗出力拟请赏给五品功牌。

李树棠，年三十二岁，系直隶永平府昌黎县人。

苏撅铎，年三十九岁，系直隶永平府临榆县人。

以上二名均系打仗出力拟请赏给六品功牌。

武树勋，年二十八岁，系奉天府抚民厅怀仁县人。

李森，年二十四岁，系吉林府人。

高显忠，年二十一岁，系奉天府承德县人。

王文焕，年二十二岁，系山东莱州府掖县人。

以上七名均系打仗出力拟请赏给七品功牌。

吉林将军批：

文悉。上年南冈练队会同俄兵擒获匪首富开山，并阵毙匪党多名，在事文武员弁不无微劳。呈录所有单开，招垦局委员程光第等七员均如所咨，候归入练军案内存记汇奖。其张万明等十员亦如所请，赏给五、六、七品功牌十张，以示鼓励。仰练军文案处遵照填发备文咨送可也。履历册并发。

珲春副都统为将剿贼出力之佐领喜昌等请奖的咨文
光绪二十八年六月初一日

钦命镇守珲春地方副都统奖赏花翎春　为咨请奖事。左司案呈：窃惟珲春地处边隅，俄韩杂居，此土伏莽尚未净绝，举凡交涉、捕务各事较昔倍益繁盛。且以兵燹之后，百废待兴，疮痍既深。自敝副都统莅任以来，目击地面情形，事事万难措置。唯有殚精竭虑，率同衙署练军文武各员，从新设法整顿，力图补救，俾其振兴复元。时下虽未有大起色，然而边境土匪渐就肃清，人民赖以安堵，商贾借以兴业，际此地方颇有日趋于盛之机。所有中俄交涉并地方抚民缉盗事宜，全赖衙署练军各员襄办，遇事尚能各尽其心，至其勤奋可嘉之处，不无微劳足录。若不叙功懋赏，不足以鼓舞人心，勉其职守。是以择其在事尤为出力之佐领喜昌等十员，恳请赏给蓝翎奖札十份，以示鼓励而昭激劝。合无仰恳军宪恩施逾格俯赐，准将此次在事出力之文武员弁，从优奖叙，俾资鼓舞。所有邀请奖叙，原为鼓励人材起见，是以不揣冒昧，合将褒奖文武员弁旗佐衔名，抄粘文尾，呈请备文咨请。为此合咨将军衙门，请烦鉴核俯乞恩准，希为赏发赐复施行。须至咨者。

右咨将军衙门

粘单

谨将褒奖蓝翎奖札之文武官弁旗佐衔名开列于后。

计开

右司掌关防署理右翼协领事务镶白旗佐领兼云骑尉喜昌。

左司掌关防伯都讷镶白旗防御兼珲春镶黄旗庆云佐领下云骑尉讷奇新。

帮办右司关防署理左翼协领事务镶红旗瑞霖佐领下骁骑校廉荣。

帮办左司关防承办处总理左翼镶黄旗庆云佐领下右司笔帖式委章京玉成。

捕盗练军头扎兰马队委参领正白旗巴图凌阿佐领下云骑尉贵升。

捕盗练军二扎兰步队委参领正蓝旗胜福佐领下五品顶戴补用骁骑校前锋英升阿。

捕盗练军三扎兰步队委参领镶黄旗庆云佐领下五品顶戴记名骁骑校前锋春明。

捕盗练军四扎兰委参领正黄旗胜泰佐领下骁骑校乌勒兴额。

捕盗练军五扎兰委防御正白旗巴图凌阿佐领下五品顶戴前锋凌春。

捕盗练军三扎兰委骁骑校正黄旗胜泰佐领下五品顶戴领催文焕。

以上十员均请以赏戴蓝翎奖札。

吉林将军批：来文以珲春地处边隅，壤接俄韩。自经兵燹之后，交涉捕务倍烦。于前全赖文武员弁设法整顿，遇事勤奋，地方得以安堵，商贾渐次复业，尚属实在情形。所有出力之佐领喜昌、防御讷奇新、骁骑校廉荣、笔帖式委章京玉成、云骑尉贵升五员，应准如咨赏给蓝翎奖札。其补用骁骑校前锋英升阿、记名骁骑校前锋春明、骁骑校乌勒兴额、前锋凌春、领催文换五员，各予记名一次，以示鼓励。仰练军文案处遵照填发，备文咨复，并行兵司知照。

吉林将军衙门为庚子之变阵亡人员请恤的咨文

光绪二十八年十月初七日

为咨行事。窃查前准兵部咨取，奏请议恤吉林庚子之变与俄接仗，阵亡武职各员三代履历等因，当经咨行咨催在案。兹准吏部咨开：所有本部具奏前事等因，相应抄录原奏知照该将军，转饬该故员家属遵照办理可也。等因准此，除分行外，相应抄粘咨查。为此合咨贵副都统，请烦查照文内事理，赶紧查取阵亡各该员三代旗佐、出身履历，同前查取武职各员履历，迅速一并造册，径送来省，以便咨部。并希转饬各该故员家属，一体遵照可也。须至咨者。

右咨珲春副都统
计照抄粘吏部原单一纸。
计开
五品顶戴笔帖式贵恒。
五品顶戴笔帖式清瑞。
附生连庆。
监生依升阿。
该员等均因剿匪接仗阵亡，据吉林将军长　等奏，请从优议恤。光绪二十八年三月二十九日，奉朱批：着照所请，该部知道。钦此。查原奏内并未声叙该员等出身履历，应由臣部比照成案，先行核议恤典。除武职人员应由兵部办理外，应请将五品顶戴笔帖式贵恒、清瑞，均从优先行议赠道衔，并照四品以下阵亡例，议给云骑尉世职，袭次完时，给予恩骑尉世袭罔替。附生连庆、监生依升阿，均从优照外委阵亡例，先行议给云骑尉世职，袭次完时，给予恩骑尉世袭罔替。至该员等出身履历，仍令该将军查明送部。俟查核相符，再行准其承袭。于光绪二十八年七月初八日具奏。本日奉旨：依议。钦此。

吉林将军衙门为珲春副都统请奖之处仍无庸议的咨文
光绪二十九年闰五月初五日

为咨复事。全省行营文案处案呈：准珲春副都统咨，请将缉捕尤为出力之委参领英升阿等五员，仍恳奖赏蓝翎奖札五份，以昭激劝。等因。当奉宪批：查委参领英升阿等，前请赏给翎札，业予改奖记名一次，核计为时未久，又复为其请奖，固属冒滥。况该城练队于缉捕一事，亦实未能得力。即如上年七月间，朝阳河追剿匪首于振江之役，经前总理南冈招垦局程倅光第商定，抚镇绥三营管带并珲春练队营总德顺，订期夹攻，而德顺并未带兵到彼，致抚安营护理管带蒋光甲，兵无接应，被贼枪伤殒命，并阵亡兵丁及受伤哨官勇丁不少，尚有何功绩可叙。至擒斩草上飞，系属吉安营暨练会之力。

即使该队随同捕获零匪，亦系该员等分所应为，何得过事铺张。所请奖励之处，仍无庸议。惟当严饬该队带兵员弁，嗣后务当奋勉，当差倘续有劳绩，再为请叙可也。仰全省行营文案处备文咨复，并移营务处知照。等因奉此，遵即移行营务处知照外，呈请咨复前来。相应备文咨行。为此合咨贵副都统，请烦查照施行。须至咨者。

右咨珲春副都统

珲春副都统为查亲军校哈克萨哩于庚子变乱全家死难的咨文
光绪三十年十二月十五日

钦命镇守珲春地方副都统奖赏花翎春　为咨请补报事。左司案呈：兹据亲军校哈克萨哩呈称，窃亲军校三胞弟，系镶黄旗披甲六品顶戴岳凌，其妻季氏、其子祥全已故，四胞弟云骑尉恩凌之子富全，亲军校之女、长子英全共七名，均于庚子变乱之际同时殉难。惟以亲军校全家死难，自应随时报明，奈因本家无人，以致漏未呈报，现在亲军校由奉省回籍查悉，为此补行呈报，请即转咨，是为恩便。等情据此，理合呈请备文咨报。为此合咨将军衙门，请烦鉴照，希乞核转施行。须至咨者。

右咨将军衙门

吉林将军衙门为珲春请领三十三年春季阵亡官兵遗妻孀妇半饷米石的咨文
光绪三十三年四月初十日

为咨行发给饷米事。户司案呈：于本年三月二十七日，据珲春副都统衙门咨开，右司案呈，案查本处前报阵亡官兵遗妻孀妇等，应得三十三年春秋半饷米，祈为如数饬交云骑尉保玉等就便承领之处，理合备文咨请将军衙门查核，发给施行。等因前来。核查阵亡领催全寿之妻孀妇一口，应得三十三年春季半饷米九斛。披甲德贵、博林等之妻孀妇二口，每口应得三十三年春季半饷米六斛。共应得半饷米二十一斛，内除扣病故食半饷披甲永春之妻孀妇，应缴去岁秋一季饷米六斛，即由应领数内扣缴外，实剩应领饷米十五斛。即由本衙门公仓谷内如数提出，饬交云骑尉保玉等承领之处，相应呈请咨行查照。等情据此，拟合咨行珲春副都统衙门查照，俟将此项饷米接收到日，速即咨复备核可也。须至咨者。

右咨珲春副都统衙门

（五）　保甲乡团

珲春副都统为南冈练长姜成业等借枪械火药事的咨文
光绪二十三年八月初一日

钦命帮办吉林边务事宜镇守珲春地方副都统军功花翎英　为咨呈事。案据招垦局呈称：窃于本年七月初六日，据南冈志仁等六社练长姜成业、乔佳龄、林国全、荆显基、马育仁、王奎等联名禀称：为恳请枪械以备守御事。窃民等遵奉宪谕举办团练，以卫桑梓。现各社俱已催募会勇操练整齐，但乡间缺乏枪械，一旦有警，空手何以御敌，思欲制买。仓猝之间，又虑款项难筹，民等再四思维，非借用官械万难济此急需。是以不揣冒昧联社具禀，叩恳转详副帅，赏借各社洋炮十数杆、抬枪数杆。若有缉贼所获快枪，每社赏借数杆，或由就近营中先行借发，俟秋后民等筹款制买时，再行缴还，更祈赏发子药、铜帽各若干。如蒙恩准，使民等身家相保，守望相助，则生生世世永感大德矣。等情据此，职复查该练长等所请借用枪械，赏发火药，系为保护乡民，洵属实在情形，理合据情呈请宪台查核，俯赐批示。转饬祗遵，实为公便。等情转请前来。查该练长等恳借枪械系因贼匪滋扰，为守望相助起见，未便阻其义举，拟由本衙门备防枪械项下借给该练长等承领，先其所急，俾乡民有以自卫，免致贼匪鸱张，一俟该练长等秋后制买齐全，仍即缴还。除饬招垦局派员承领转发该练长等收用外，相应备文咨呈贵督办将军，请烦查照施行。须至咨呈者。

右咨呈钦命署理吉林等处地方将军督办吉林边务事宜兼理打牲乌拉拣选官员等事副都统衔延

珲春副都统为哨长秉英前后获盗异常出力请饬练军存记汇奖的咨呈文
光绪二十四年六月十九日

钦命帮办吉林边务事宜镇守珲春地方副都统军功花翎英　为咨呈事。窃于本年六月十七日，据中路庆统领祥禀称：窃据职路中营驻扎五道沟左哨哨长秉英，带队在防汛一带上房子地方仗获盗首李洪详，绰号二道江一犯，阵毙伙匪，割取耳级一页，搜获赃马七匹，洋炮五杆，夹靶刀四把，一并送营讯办，当经审实禀明宪台批示遵办在案。查该哨长秉英带队在防汛地方不及半年，先后共获首伙盗匪，除送宪台审办及阵毙不计外，由营审实正法者四名。其官兵昼冒风雨，夜宿星月，辛劳异常，不无足录。惟该哨长秉英不辞劳瘁，奋勇可嘉，可否将该哨长存记，俟练军汇案核奖，以示鼓励。并该哨勇丁择其尤为出力者二名，请赏六品功牌二张，俾赏当其功，以昭观感。职实为鼓励兵心起见，是否有当，理合肃禀粘单备由，仰恳宪恩俯准，恭候批示遵行。等情据此，查该统领禀，以哨长秉英带队前后获盗异常出力，内有随其尤为出力之勇丁等请赏功牌二张。等因前来。除功牌照准填发以资劝勉外，至请将该哨长恳饬练军存记之处，未敢率准，理合据情咨呈督办将军鉴核施行，实为德便。须至咨呈者。

右咨呈钦命镇守吉林等处地方将军督办吉林边务事宜兼理打牲乌拉拣选官员等事延

兵司为珲春副都统陈珲春未办团练缘由的移文
光绪二十四年十月

兵司　为移付事。本年十月十一日，准帮办吉林边防事宜、珲春副都统英　咨开：窃照于光绪二十四年九月十六日，案奉大咨内开，准军机大臣字寄，奉上谕：翰林院代奏编修叶大遒，请加意团练，并速筹生计，以固民心等因一折。着各直省将军督抚，各按地方情形，将折内所陈各节，悉心体查。如有可采之处，即行酌筹办理。将此各谕令知之。钦此。钦遵。各等因奉此，当即详阅折内事理，除通商珲春，地处山僻，向无巨贾，无可议办。其惠工、仓储、筹赈，各宜自应随时随事斟酌办理外。至团练一节，查珲春原系极边，山深林密之地，向不务农。自光绪六年始行招垦，所有垦民均系星散以居，不成屯堡。或三五家同处，或数里远又见人居，概无村庄联络、守望相助之义。若使之团练，不第居民稀少，而气不团聚，且无富绅为之倡率。审量至再，其举万难司理裕如。且垦户大半无业，游民不晓大体，一朝聚集多人，诚恐武断乡曲，致生他虞，亦不可不防也。谨将珲春地方村远民稀，未能办团情形各缘由，理合据实覆陈。仰乞督帅鉴核施行，实为公便。等因前来，相应移付贵司查照办理可也。须至移付者。

右移户司

吉林将军为准崇礼社由义社等设立乡团的咨文
光绪二十四年十二月二十一日

钦命镇守吉林等处地方将军督办吉林边防事宜兼理打牲乌拉拣选官员等事延　、吉林副都统赏戴花翎成　，为咨行事。十一月十九日据署理统领靖边亲军马步全军协理边防营务事宜三等子爵文福呈称，窃查除盗莫如去窝，清界尤在立团。前因沿山内外民户被盗逼迫，相率庇匿，当经拟定简明禁约，另文呈报在案。旋据五常厅崇礼社乡约高文炳、管洪胜，由义社乡约于景阳、马富暨佃户张殿臣等联名呈称，情因东山一带，自出荒招佃以来，有胡匪骚扰绑票，数十余年屡经官兵剿除未得，平民等受害情实难堪。幸于去年冬十月间，蒙李大人进山采取金矿，即将该匪潘日新等收为金夫，始得安谧。至今年余，民等所居之地直有路不拾遗、夜不闭户之风，以及富家之车马，出入商贾之买卖，往来无所不便。如此收服劝化，民等皆成善而感德。又蒙统领大人旋好生之德，开一面之网，准其改过自新，将潘日新等劝化投营效力，此固除暴安良之善策也。但思为匪首者，不止潘日新等，日后或有他方窜入之匪，或有后起之盗，亦宜预为防患。惟欲各牌设立乡团，出入相友，守望相助，民等又不敢擅专，为此出具联名恳呈叩乞统宪大人麾下恩准，移知本厅转饬札谕，准民等设立乡团。等因，并将该厅刊发团练保甲章程请核前来。查联庄会户各出人而不敛资，较之练会利多害少，自属小民所乐遵办。今该厅所拟章程十二条，简明切尽，易行易效，深合民间所办庄会之办法。前以伏莽未净，该民宕未举行，现既联名呈请办联庄会，自就由该厅谕饬该乡约等公举方正大户协力劝办，借以清界除盗。[除] 移厅转饬外，理合备文呈报鉴核备案施行。等情据此，除通行咨札各遵照外，相应备文咨行，为此合咨贵副都统查照可也。须至咨者。

右咨珲春副都统衙门

吉林将军衙门为整顿保甲团练事的咨文
光绪二十五年二月十七日

将军衙门　为咨行事。兵司案呈：于光绪二十四年十二月二十八日，准军宪札开，光绪二十四年十二月二十六日本将军具奏，为遵旨整顿保甲团练，谨将现在情形恭折复陈，仰祈圣鉴事。本年六月十七、七月二十三等日，电奉上谕："近因各省裁汰营勇，保卫地方全在严查保甲，以辅兵力之不足。办理团练即为举办民兵根本，实为目前切要之图，着各省督抚一律切实筹办。等因。钦此。"钦遵在案。查吉省辖界辽阔，山深林密，盗贼出没无常，自铁路兴工，土夫群集，良莠尤属杂糅。于去岁目睹情形，亟思弭患之方，莫如民自为守，可期事半而功倍，即拟立保编团兼绵兴办。惟查各属城市集镇相距窎远，四乡屯户更属零星，或数里内而一二家，或数十里内而一二屯。不独所谓团者无术可施，即立甲立牌亦不能编联。通饬各属举办联庄会，略得寓保以团之意，并随时饬令实力整顿，不准故事徒将忽举忽发，近来捕盗缉贼颇著成效。兹奉前因当即分饬各属如意讲求，并将办理情形妥筹速复，复饬吉林道督率吉林府，将各属送到章程汇核，划一办法。兹据详复亲加筹夺定章程十条，取便于民，不繁不扰。诚以俗好游田，夙习枪炮，器械不必另筹，壮丁亦易挑选。且按户发给门牌，盗之藏匿自少，闻警互相援救，人之胆气日坚。如果奉行日久，庶期众志成城。弭盗之源即实边之计，是整顿旧章而保甲团练兼寓其中矣。现已饬各属一体遵照，不准徒托空言毫无实际。仍不时派员稽查，以免日久懈生，务期盗辑民安，以仰副朝廷绥靖闾阎之至意。所有吉省兴办团练、保甲缘由，恭折复陈，并将拟定章程谨缮清单，恭呈御览。伏乞皇太后、皇上圣鉴训示。谨奏请旨。等因一折，除咨部立案并将章程另饬遵办外，合亟札饬，札到该司立即转饬各旗一体遵照。切切，特札。等因奉此，相应呈请咨行珲春副都统衙门查照可也。须至咨者。

右咨珲春副都统衙门

珲春招垦局为报送编查保甲举办乡团章程十条的呈文
光绪二十五年三月初八日

奏办珲春属境矿务公司事宜兼办招垦局事务四品衔尽先补用（通）[同]知留（知）[吉]补用知县魁福，为呈复事。窃于光绪二十五年二月初三日奉宪台衙门札开，左司案呈：窃奉督办将军咨开，光绪二十四年十二月十七日准军机大臣字寄各直省将军、督抚，光绪二十四年十二月初十日奉上谕："缉捕盗匪，保护善良，本地方有司之责。至派拨营勇分驻防堵，原属一时权宜之计，不特防士卒人地生疏难期得力，而且以大支之军四散分布，相距过远，统领营哨各员难于谋面，平时不能合队操演，一有征调，凑集需时，甚为非计。前因各省绿营防营，不免老弱充数，是以饬令裁汰，不但为节省饷需，亦并饷练兵，化弱为强在此一举。乃近来各处偶有饥民聚众，或土匪滋事，即归咎于兵勇裁汰过多不敷分布，甚至封[疆]大吏亦竟以此借口。殊不知州县壮役，本为捕盗而设，即使弹压地方稍资兵力，亦可由各州县自行招雇勇丁，按照地方情形酌定额数多寡，加之训练，足以与（保甲）保甲相辅而行。倘瘠苦州县经费不敷，（禀）可禀明该营上司筹给津贴。如此办法，州县既不患（患）虚，而且腾出有用之兵驻扎一处，该统带各员亦得以认真训练，互相策励，声势自然联络，不至有事时凑集为难，于地方营伍两有裨益。着各该将军、督抚通饬所属认真办理，毋得视为具文一奏塞责，致负朝廷慎重地方讲求武备之至意。仍将遵办情形随时具奏，将此由五百里各谕令知之，钦此。"遵旨寄信前来。等因准此，除咨札外，相应咨行。为此合咨贵副都统，请烦查照，并将办理情形，限文到十日内咨复，以凭奏施行。等因奉此，复查珲春所属地毗外夷，极边苦寒之区，山势险恶，林木深邃，向未设立民属，其荒壤四野人民稀少，去岁奉谕办团，曾将珲属地势民情禀陈在案。溯自光绪六年始立招垦而徕流民，以实其地。至今方有人居住山区开垦，立社为招垦所辖十有社，而烟户未能成屯，或三五里数家，邻山越港势未连络，声气难通，客岁经招垦局总理魁令福与敝署司员相率倡导旗民人等，凡居聚数家者，力劝成为乡团，虽不足搜捕盗匪，尚可为自守计。无如聚不常彼成此散，原大户者少，其经费一节甚属拮据，兼前数年欠收，复遭水患，弃地而去之民甚伙，未去之旗民又无力筹款，其散之速故耳。设一屯有十余户者，莫不请兵驻扎保护，其团练之不足恃者亦可见矣，此珲属立团拨队大概情形也。且珲处万山之中，东南界近海隅，西南界近沈阳，而无业荡民以淘金为名来珲者众，一朝失业则流入匪党，假山势恶阻，故胡匪易于滋蔓，居民行买受害者广，非借兵力不足以制。盖大屯堡之练会仅十余人，不敷所用，况无纪律又无勇敢，何能获盗。若无兵勇相辅，则团练之勇岂能守望相助、诛除盗匪者明矣。是以驻扎之队一时难以撤回，倘若队一归营，则盗匪张[炽]荼毒乡[里]，恐兵未能练熟而盗风愈起矣，此难于撤队之实在情形也。州县未设，无从募捕，若招募勇壮，必由招垦局设办。倘能筹款募勇成团，则营兵即可撤防归营，否则欲求兼全，其势难矣。且内地户富民稠，村屯连络，其办团练众志易举，若较之边地势相悬殊，多所未能也。今为之计，惟恪遵旨谕，整饬团防训练兵勇，以期地方安谧，兵成劲旅。本副都统惟督同司属竭力筹策，认真（办理）办理，倘著成效，则各处驻防之队撤回各营中，亦得训教操练，使将兵合成一气，庶不致负朝廷治兵养民之意。除另文咨复鉴核外，相应呈请备文札饬，为此札仰招垦局魁总办遵照文内事理，迅速举办呈复可也。特札。等因奉此，遵查卑局所属春和第十七社招徕佃户均系散居，向未设有屯堡。是以屡次奉谕劝办团练，皆因经费无出，忽成忽散，全依各处驻扎弹压，地方赖以安靖。倘一但撤回归营，必有骚然不安之势，诚如宪札所云，队一归营，则盗匪张炽，恐兵未能练熟而[盗]风愈起矣。至招募勇壮，必由卑局设法筹办一节，查卑局所属（开垦）开垦之初殷实户少，衣食尚虑难给，何由筹款招募勇壮耶。职传（据）[聚]各社乡耆从长计议，均称无力募勇，若按户抽丁以作自防之计，尚可敷衍。职随即拟就编联保甲、抽丁团练章程十条，饬令各社公举朴诚正直人充当团总，照意举办。如实力奉行，尚可自卫，至搜山缉贼、弹压地面等事，仍须仰赖队兵。今仅据卑局左近各社举出团总数人，业经令其实力举办，其余各社俟选举得人，将编查保甲抽丁乡团各事办理就绪，再将团总花名另文呈报。所有劝办乡团大概情形，并缮具所拟章程十条，理合先呈复宪台俯赐鉴核，实为公便。为此，具呈伏乞照验施行。须至呈复者。

计呈送编查保甲举办乡团章程十条。

右呈钦命帮办吉林边务事宜镇守珲春地方副都统军功花翎英

清单

奏办珲春属境矿务事宜兼办招垦局事务四品衔尽先补用同知留吉补用知县魁福，谨拟举办乡团章程十条，缮具清单，恭呈宪鉴施行。

呈开

一、编联保甲宜清查户口，以防窝留匪类也。查珲属户多散居，不成村落，其间良莠不齐，宜令乡约、团总将管界户口逐一查明，每户男几丁、女几口，雇工人几名，凡男丁均注明年貌乡贯、报领大租地若干垧，造册呈送本局。由局各发门牌一张，书姓名、丁口于其上，悬挂门外，以便查点。如户有迁移者，该乡团先登明存乡之册某处搬来，某人搬往某处，按季报局，以凭更注，每年二、八月两次由乡团造具花名清册送局存查，庶匪人绝迹而盗源可清也。

一、铺商、庙宇、韩民、山户，亦宜附近编联也。查本局所属各社，虽当(辟)[开]辟而商民日渐辐辏，到外均建有庙宇，募僧道住持。且放荒之初，佃户多招韩民开垦，而中营生者又有参菜营子房，若不逐一编查，恐匪迹仍旧难清。今拟铺商过五家以上者，则以殷实户为甲长，不及五家者，附佃户编之。庙宇及山户牌甲一例编查，至韩民各有佃主与之参错成甲，不得单编，韩民亦(得)[不]得派充甲长，恐言语不通，至滋流弊。

一、举办团练，宜设团总，以期有所统制也。各设户口查清之后，每十家编联一甲，择其公正者为之甲长，十甲举一保正，每社设团总一名，以乡约副之。一家为匪九家连坐，皆责成甲长，[甲长]不法惟保正是问，保正不法惟团总、乡约是问，团总、乡约不法唯原举会首等是问，如此互相钤制，庶人人皆知自爱而不敢为匪矣。

一、招募乡勇，宜按户抽丁，以省工价也。珲属一带旧有雇勇团练者，动因亏累忽成忽散。此次拟[按]户抽丁，每甲除贫苦小户为人佣工及孤寡之家成丁者少又无工人，从宽免抽外，其余或家有壮丁，或佣雇多人，均按户抽丁一名，所抽之丁要年力精壮者，不准以老弱充数，且造清册时，于每[丁]之下，尤须注明使用何项器械以便稽查。

一、抽丁结团，宜定期操演，以明纪律也。每月约定日期，各执枪械齐集团总处点名排演，务讲步伐略知编伍之法，又或一月或半月派保正分带团丁与邻社会哨一次，如遇有事，或鸣锣或放枪或击木梆，号令一响各甲飞递攒牌，齐集乡勇，由保正带领赴被事处所一齐兜击。如临时无故贻误或操演不到，准该乡团议罚，归公充赏或备买子药，唯有要事先期到甲长处挂号者，不在此例。

一、各社团丁，宜自备枪械，以便取携也。团防之设，原令乡民自相保卫，所需枪械皆由自备，凡各种枪炮须来局刻名烙印以昭识别。如无火器准持长枪短刀，与枪炮参伍用之，在家即可自防，归团亦不致束手。有被事者一闻号令登时即至，既便取携，仍免公会置买之累。

一、团丁上会，宜自备干粮，以省靡费也。查各社管界，或周围数十里或数百里不等，相距既远，每遇操演点名之日，均得在外食宿，若非设法撙节，一由分会供饭，所需不赀。凡各社团丁每遇本团演练与赴外社会哨，均须自[备]干粮以节滥费，惟本团有被事之家，仓皇赴救，迫不急待，则须事主供应。

一、拿获贼匪，宜随时局，以免拖累也。凡各团遇有面相可疑之人，立即带至会所究询来历，如有粮户或妥实人承保方可松放，日后倘有不法仍惟原保人是问。惟搜山与在被事人家拿获贼匪，则宜随时送审实录供转送，按律法办，勿庸原拿人当堂对质，以免拖累。

一、办团公费，宜按地均摊，以免亏累也。凡清查户口编联保甲，造册所有笔墨纸张以及因公来局应需川资与子药等项公费，先由乡团商同大户暂时借垫，俟汇总核算公议按地摊出，如有客寄韩民与零星小户，酌量摊派以资津贴。

一、各社团练，宜派员查点，以防懈弛也。查抽丁团练人心不齐，若不派员周巡点阅，恐难免乡团等瞻徇情面，以老幼充数与抗不归团，日久生懈之弊。今拟每季由本局派员赴各社点阅，务期人尽精强，器皆快利，方足以摄宵小而寒贼匪之心。如有虚应故事，准该委员将团丁当场责惩，并将乡团等记过，如情无可原，即行禀请斥革。

以上所拟举办乡团章程十条理合登明。

吉林将军为各社乡团所需枪械自行筹款事的咨文

光绪二十五年五月二十七日

钦命兼总理各国事务大臣镇守吉林等处地方将军督办吉林边务事宜兼理打牲乌拉拣选官员等事延　为咨复事。光绪二十五年五月初六日准贵副都统咨开，据招垦局魁总办福呈称：案查前奉宪台札饬，按社编联保甲，举办乡团等团。当经遵札转饬各社耆民、乡牌，公举团总、保正、甲长。按牌清查户口，抽丁成团，无事业农，有事归团，务使守望相助，以期地方安谧。随即拟定章程，令其赶紧举办去后。嗣据各社先后举荐团总数人回屯查办情形备文呈复，并声明俟各社举齐，再将团丁花名造册呈报，等因在案。现仍不齐，未能报出。据志仁各处乡约李金城、陈文治，团总佟福、谢仲林，垦户徐玉川、于国恩、吴全德、吕发等先后禀呈，奉谕查户口、编保甲、抽丁结团等事，乡民均各乐从。但各垦户皆无快利枪械，即间有自备看家火枪、洋炮，亦属无多。遇有贼匪扰害不能命中及远，难以御敌。又兼所需子药不但无钱备办，即或按家公同筹款又无处购买。是枪械子药诚为乡团必不可少之项，乡约、团总与垦户等再三集议，别无良法。是以不揣冒昧，拟请由官社赏发快利枪械数十杆、洋炮数十杆，倘有损坏定价包赔，并按季酌赏子药以期安静地方、保卫民生。若无枪械可发，抑或由各乡团措款，恳请转行机器局，准赴该局购买。如蒙允准，似不致敷衍了事。乡约、团总等为整顿乡团起见，是否可行，叩恳转请赏发。等情据此，查卑局属界十七社，除珲东五道沟、春仁等五社距局窎远，垦户稀少，曾经饬令举办暂时不易成团外，惟珲城以西及南冈等十二社，现在办理稍有头绪。职查点各社所抽团丁持器者甚少，余俱各执长枪、短刀，将来遇贼迎击，诚不能命中及远。该乡约、团总等所请自系实在情形，应如何办理之处，职未敢擅便。所有各社乡团恳发枪械子药各缘由，理合呈请宪台鉴核俯[赐]批示，转饬祗遵施行。等因前来，查所请由官发给军械火药一节，应仿照合省团练乡勇办法一律，方为妥善久远之计，除批示听候外，相应呈请备文咨请。为此合咨将军衙门鉴照赐复，遵办施行。等因准此，查团练、保甲应需枪械火药，由官发给，款实难筹。若能自行集款，由机械局代为购买，事尚可行。相应备文咨复，为此合咨贵副都统，请烦查照饬知施行。须至咨者。

珲春副都统为守信各社短少枪械火药请由机器局购买的咨文
光绪二十五年六月二十五日

钦命帮办吉林边务事宜镇守珲春地方副都统军功花翎英　为咨报事。右司案呈：案据珲春招垦总局四品衔留吉补用同知魁福呈称，窃据守信社三甲练长齐振良、会首张德天、黄守仁、张永本、曲国祥、周廷有、戴万山、赵化东等，为备价购买枪械，恳恩转详，以资保卫地方而防不虞事。窃小的奉谕设立团练，迄今二月余，团练虽有成效而枪械不齐，遇有紧急事故恐有贻误。小的等和衷共济，社下情愿凑办钱项，恳由省城机器局购买开斯枪二十杆，子母四千颗，每支价值多寡小的等照数交纳。可否之处，未敢擅便，是以具情呈请恩准转详，则小的等永感大德无极矣。等情据此，窃卑职自奉宪札劝办团练，各社练总会首屡经恳请备价购买枪械、子药，以应急需。卑职前次亲出点阅，见各社所抽团丁尚皆精壮，惟火器太少，率持长枪、短刀以备数。处此时势贼匪皆有快利枪械，若练会仅用刀枪，实难应敌，是该练总等所请均属实在情形，况各边军现奉宪札，克期操练，所有分防之队半经抽调，则请求团练尤为当务之急。是以不揣冒昧，伏恳宪台咨请督办，由机器局酌定官价，每社准其少买枪械子药若干，俟借右路领饷之便赴省运解，于地方当不无裨益。但此事须预防流弊。卑职窃拟枪械一项，饬各社殷实会首，自备价资每家购买一二支，无事自己收藏，有事持以归团，不许敛钱公买，以累众户。并由卑局烧烙火印造册存案，不时查点，以防接济匪人。至洋药、铅丸、铜帽各项，须由会筹款公买，庶团丁便于分用。所请是否可行，卑职未敢擅便，唯有仰恳钧裁。所有请买枪械、子药各缘由，除分呈督办外，理合呈请宪台鉴核，俯赐批示转行，实为公便。等情据此，查该垦局所称守信各社抽练团丁，尚皆精壮，惟火器太少，请由机器局酌定官价购买枪械、子药等项，是遇紧急必须应用之件，既称情属实在，自应咨请。如果准令备价购运，即饬该局遵照转行之处，相应呈请咨报。等情据此，除批示外，相应备文咨请。为此合咨贵督办将军，请烦查照核复施行。

右咨钦命兼总理各国事务大臣镇守吉林等处地方将军督办吉林边防事宜兼理打牲乌拉拣选官员等事延

校练民团核发子药章程

光绪二十五年

呈今将职道等遵饬会议校练民团，核发子药章程，理合开折呈送查核，须至折者。

计开

一、此次举办团练，拟旗屯归旗属、民屯归民属，由该管官出示给谕分饬乡地屯达一律操办，即仿照从前举行连庄会章程分大小牌办理。大牌举充团长一名，须平日人品端方，为众所推服者，庶足以资约束小牌。若能自立一团，仍听其便。如力有未逮，即附入就近大牌以内。其应出团丁，视牌户之大小，定出丁之多寡，每户至多出三人，至少出一人，不准一人不出。绅商富户，准其雇觅诚实之人，自带所需器械，或枪炮，或刀械，悉就各家现有之物自行备用，并不拘以一律，惟不准以农具搪塞。一俟成团以后，即将某社、某牌、某团共有团丁若干名、枪炮若干杆、刀械若干件，造具细册三份，一送本营管带、一送全营翼长、一送就近驻扎防营，以备查核。如现在已有办妥者，即行造册报查，其尚未办妥之处，亦赶紧举办，陆续册报。

一、团丁均悉农民，武备素未谙习，现拟由就近驻扎防营督饬各团团丁，每月校练操靶、杂技二次，分别优劣，存记功过。其校练之期，由驻防队官相宜酌定，或将团丁调营，或就查道之便，由驻队官分赴各团校阅，总期简便，使民易从。仍将每月校练各团次数、日期汇总报查。至团丁中有打靶、杂技未能如法者，均当于校练之期悉心指授，如愿赴营学习者，亦听其便。若平日演练枪架刀法，营中既不能逐日往教，团丁亦不能逐日来学；如令团长教习，则所充团长亦不过农民中公正者，未必人人尽知武艺，但既为一团之长，应令其赴营将枪架刀法学习精熟，再行责成分教各团丁，卑临时胸有把握，免致贻误。倘遇本管官因公下乡，所遇所到之处，随时谕饬团长传集团丁演放枪炮、操习技艺。如有放枪中靶操练熟悉者，应即给予银牌及别项赏号，以资鼓励。倘有操演已久，一无所能者，亦应随时责革更换，以示惩儆。

一、核发子药，除每逢操练之期打靶需用外，短枪仍另行预给子药五十出，以备遇有盗警追捕之需。平时须谨慎收藏不得滥用。仍由就近防营不时稽查，如有将子药接济盗匪、贩卖渔利各弊，即予照例惩办。至应发子药俟成团册报后，由防营查明，每团共有枪炮若干杆，应需演练、缉捕子药若干数，逐细核明，呈请给发。

一、各团请领子药，须由团长会同乡地粮户出具结领，呈送就近驻扎防营核明枪支及应需子药确数照章转领，仍由防营将领发过子药细数换次造册具报，一面移知地方官备查。

一、团会需用号衣，应由各丁自行制备青布坎肩一件，中缀白布月子，其上横书某某社三字，直书团勇二字，两旁左书某牌某屯，右书该团丁姓名。若有无力制备者，即在家常穿衣服上缀一白布月子，以资辨认。其旗帜一项应由团长自行制备，旗上大书某社、某牌、某屯团练字样。无力制造，听其自便，如团长有借制造旗帜、号衣为由，向粮户勒派钱文情事，一经查出立予革惩。至前章有按地摊派每坰中钱一百五十文公费，仍令各团自行取用，一面由官稽查，以免苛派而杜浮冒。

一、团会散处，各牌团长、团丁未必均系素识，自非会哨不足以联声气。现拟令各团团长与附近团会自行商定会哨地方、日期，按期由团长带领团丁认真会哨，以期联络而资认识。

一、近来盗匪往往假扮官兵希图蒙混，每致兵团遇贼中怀疑惑不敢击捕。现拟由各团就近防营制给团长信牌一面，并于操练之期密传口号一次。

该团长率众捕贼，务宜将信牌随身携带，俾此牌团勇与他牌团勇及官兵相遇，以信牌、口号为符验，庶免有误事机。惟口号只准密传团长及团会头目，令其默识于心，不得宣扬于众致有漏泄。至各团丁家，或备铜锣一面，或备木梆一具，遇有盗警，挨家击梆鸣锣，各丁闻声齐集，携带器械随同团长奋勇出捕，更宜四面兜拿，俾匪徒无所审逸。

一、各牌团会越界拿贼，须有限制，以免滋扰。如此牌团会访有盗匪在彼牌藏匿，应先报明防营，并知会彼牌团会，请其协同掩捕，方准越界会拿，不准擅自潜往致生衅隙。若遇此牌有警集众兜拿，而盗匪逃入彼牌，跟踪追捕者亦须飞遣一人报知彼牌团会帮同擒拿，如防营相距尚远，当时遣报不及，随后亦须报知，以便有所稽查。倘遇盗势猖獗，此牌难以抵御，报知彼牌请往协拿，应即随时集众前往帮捕，仍不得凭空自往。设彼牌团会自分轸域，不行协缉及此牌团会违章不报，擅往擒捕，一经有犯，立予究惩。

一、各团获有盗匪，即送就近防营代为转送该团本管地方官讯办后，应得奖励，亦归该团长承授。一面仍由团长自赴本管官处禀报，如防营有冒功邀赏受贿纵盗情弊，许团长赴本管地方官处喊告，仍不得捏情诬控，致干反坐。

一、此次兴办团练，因边、练两军分扎各处防盗，不能归伍，是以饬令举办民团自为防捕。若不明定限期，任令仍前玩忽，则年复一年。边、练各军非特难以撤防，设有征调，民间仍无以资守卫。现拟自光绪二十五年十月初一日起，至迟以二年为限，务须一律办齐练熟，俾驻防各军得以撤归队伍。若逾限尚未办妥，亦不能再为留队防守，旗民人等务宜各顾身家，赶紧举办毋贻后悔。

以上章程十条，系就目前情形会议，如将来或有窒碍难行及应行增减未尽事宜，仍当随时损益以期尽善，理合登明。

珲春副都统衙门为自行集款由机器局购团练枪械火药的札文

光绪二十五年

左司案呈：为札饬事。案照据呈遵文饬下各社按户抽丁，编联保甲、举办团练，现在稍有头绪，但无枪械子药，遇有贼匪难以御敌，拟请发下军火。等因陈请前来，查所请由官发给军械火药一节，应仿照合省团练乡勇办法一律而行，方为妥善。等情当经转咨在案。兹准将军衙门咨开，团练保甲应需枪械火药由官发给，款实难筹，若能自行集款由机器局代为购买，事尚可行。等因咨复前来，相应呈请备文札饬，为此札仰魁总办遵照文内指饬奉行可也。特札。

右札仰招垦局魁总办遵此

珲春副都统衙门为将乡团使用枪械造册声复的札文

光绪二十六年

左司案呈：为札饬遵照事。于六月十六日接准将军衙门咨开，工司案呈，案遵军宪谕饬，照得现奉六百里加紧廷寄，"着各督抚、将军分饬各营旗，将旧存枪炮刀械各种军械赶紧修理，并添造子药、配备等件以备民团领用等因。钦此"。合行谕饬，为此谕仰分司钦遵办理，等谕饬交到司。遵此，案查去岁八月间，据道府官等会议民团事宜内一条，各团请领子药须由团长会同乡地粮户出具结领，呈送就近驻扎防营，核明枪支及应需子药确数，照章转领，仍由防营将领发过子药细数按次造册具报，一面移知地方官备查等因，于八月二十五日咨札在案。除咨札各衙门遵照外，相应呈请咨行贵副都统衙门遵[将]所有举办乡团练技使用何样枪械花名数目，赶紧分析造册咨报，以便核稽子药，一面拣派员弁来省关领可也。等因前来，相应呈请备文札饬，札到该局，速将举办团练人数、应用何样枪械，赶紧造册声复，以便赴省关领，毋得视为寻常，致干未便可也。切切，特札。

右札仰招垦局总理赵敦诚，越垦局督理秋福豫遵此

吉林将军衙门为奉上谕共同筹办义和团练事的咨文

光绪二十六年六月

为咨行事。兵司案呈：本年六月二十二日，承准军机大臣字寄吉林将军长、署黑龙江将军寿、吉林副都统成、伯都讷副都统嵩，光绪二十六年六月十六日，奉上谕：吉林、黑龙江地方紧要，尤为俄人兵食来路，亟应扼守严防，以御要冲。该省营勇仅敷分布，势宜借团民以为之助，方足以厚兵力。着派吉林副都统成、伯都讷副都统嵩昆，充义和团练大臣，会同长　招集团民，认真操练，妥筹办理。黑龙江义和团民，应否钧派团练大臣统带，并着寿　就该省情形，一律筹办，以固边防，是为至要。将此由六百里加紧各谕令知之。钦此。遵旨寄信前来。相应呈请咨行黑龙江将军、宁古塔、伯都讷、三姓、阿勒楚喀、珲春副都统，照会乌拉总管等衙门查照，札饬十旗、乌拉、五常堡、拉林、双城堡、伊通、额穆赫索罗协、参、佐领，水师营总管，官庄总理，四边门章京，全营翼长，边防营务，练军，边务，文案，粮饷等处，厘捐、宝吉、机器、垦务、交涉等局遵照，由兵司移付印务处、户、刑、工司承办处银库查照可也。须至咨者。

右咨珲春副都统

吉林将军衙门为副都统筹办义和团练事宜的咨文
光绪二十六年七月

为咨报事。兵司案呈：本年七月初四日，本副都统附片具奏；再，前阅邸抄，恭读五月二十五日谕旨，仰见我皇上宸谟独断，大张挞伐。凡属食毛践土之伦，咸怀敌忾同仇之义，况受恩深重，敢不勉竭愚钝，冀纾东顾之忧。当即与将军长　延访拳师，在省城文昌宫、关帝庙等处，择地设坛，招人演艺。现将一月，渐有成效可观。兹既奉谕旨，专办吉林义和团练事宜，更属责无旁贷。自应统筹全局，俾通省一律举行。惟查刻下吉林仅有拳师二三人，实属不敷分布。现已电商奉天将军增祺等，拣送拳勇二十四名、法师一名，计不日当可到吉。拟俟此项拳师到后，先在吉林省城广招义民，设坛教演，以作始基。次再逐渐推广，派往各城及府厅州县，分投教授，以广传习之路。并由随时勖以忠义，示以劝惩，务使同怀义愤，众志成城，以期仰副朝廷慎重边防之至意。所有筹办义和团练大概情形，谨附片具奏。伏乞圣鉴谨奏。等因。除俟奉到朱批再行恭录咨报外，合先照抄原片，呈请咨报督办军务处，户、兵部查核，并咨行宁古塔、伯都讷、三姓、阿勒楚喀、珲春副都统、乌拉总管等衙门，暨咨行总统明　查照，札饬十旗、乌拉、五常堡、双城堡、伊通、额穆赫索罗协、参、佐领、全营翼长，吉林分巡道等遵照，并由兵司移付户司、边防营务处查照可也。须至咨者。

右咨珲春副都统衙门

吉林将军衙门为珲春副都统请拨义和拳助剿事的咨文
光绪二十六年七月

为咨复事。兵司案呈：本年七月二十日，准珲春副都统英　咨开，窃查珲春自初五日申刻失利后，敝帮办退驻南冈地方，连日重整各路队伍，备运粮草，布置一切，希图恢复珲城之计。惟队单势孤，又无击远快炮，诚恐难挫敌锋。兹准咨开，以义和拳颇著神勇，确有把握，务请督办将军，速拨练成之义和拳，来珲助剿，务以多为善，并恳迅赐派送前来，俾资会剿，是所盼祷。等因前来。当奉宪批：查近来义和拳民，多有假冒，不归官长约束，一经派出，即在沿途滋扰肆意妄为，不特无益战事，反为地方之害。故昨已电知奉省，业将前调拳民一律阻止，毋庸前来。仰兵司即行备文咨复。等谕奉此，除札饬全营翼长、边防营务处遵照外，相应呈请咨复珲春副都统英查照可也。须至咨者。

右咨珲春副都统英

吉林将军衙门为仿联庄会办法举办乡团的咨文

光绪二十六年十一月

为咨行事。兵司案呈：本年十一月初三日，准西北两路驿站监督副都统衔花翎协领恩庆、富荫等禀称，窃因中外开衅，猝起兵端，复因饷源不继，裁撤兵勇，以致地方不靖，民不聊生，早在我宪台意念之中。是以酌留练队，以备防剿而安闾阎。第恐兵力单薄，地方辽阔，仍有鞭长莫及之虞。近闻乡间设立团练，自相保卫甚有裨益。现在西北两路驿站马匹、粮草等物屡被俄兵抢掠，蹂躏不堪。今又盗匪肆起，若不设法保护，则各丁户纷纷逃避，无人膺差，亦属可虑。将来即派练队驻扎仍恐兵单，弗克济事。若仅令各站团练亦觉人力单微，拟仿照联庄会办法，饬各站笔帖式、委官等邀会站之佐近村屯举办乡团，不分旗民，互相联络，以壮声势设立传牌。如有贼匪，传牌一到，群集援应。无事各归本业，倘该贼匪胆敢拒敌，杀伤无论。如有捉获，即由该站具文送交临近文武衙门照例法办。应用枪械、火药仍令自行筹备，此亦自相保卫之意。凡各村屯团练即归该站笔帖式、委官等约束布置，俾得于事有所适从，不然，散漫无稽亦难齐楚，倘有观望反致误事。如各乡有公正绅董会同操办，尤为妥善，如其不愿归站团练，听其自便，不得相强。仍饬该笔帖式等凡事听从民便，不准倚恃官场习气抑勒逼派，强其所难，原为保民，倘若病民转非维持民生之道，如果办理妥善，则乡团与练兵相辅而行，亦可为弭盗之一助。如蒙俯准，请饬兵司分行咨札各处遵照办理，并请饬交涉总局照会俄官发给保护驿站乡团执照，俾免俄兵搜寻器械，以便团练而靖地方。是否有当，谨合词具禀，呈请宪台鉴核。伏乞批示施行等情。禀奉宪批：据禀，拟令各站联络附近旗民人等，举办联庄团练，互相保卫，事于驿站居民均有裨益，应准如所禀办理。惟须转饬各站官，务宜会同就地绅董和衷商办，不得稍有扰累，如获盗贼送交就近地方衙门讯办，一面候饬兵司分行咨札各处一体遵照。并饬交涉总局照会俄员按站给发团练护照一纸，以昭信守。仰即知照。等谕奉此，相应呈请咨行宁古塔、伯都讷、三姓、阿勒楚喀、珲春副都统，照会乌拉总管等衙门查照。札饬十旗、乌拉、五常堡、拉林、双城堡、伊通、额穆赫索罗协、参、佐领，西北两路驿站监督、水师营总管、吉林分巡道、交涉局总理、四边门章京等遵照可也。须至咨者。

右咨珲春副都统衙门

吉林将军衙门为南冈团练局裁撤毋庸再发功牌事的咨文

光绪二十八年十二月初三日

为咨复事。练军文案处案呈：光绪二十八年十一月二十日，准珲春副都统咨，据南冈招垦局总理程光第呈称，案查光绪二十七年八月十九日，据南冈粮户徐玉川面称，蒙吉林军宪长　发给功牌二十张，当经该粮户以张万福、赵化东，办理会事出力，已填发五品功牌二张，下余五品五张、六品六张、七品七张，共功牌十八张，送交前来。卑职当以南冈举办乡团之练长甚多，碍难分发，即于十月间，呈蒙宪台批准，咨请赏给功牌六十张，以便一同填发，而免向隅。等因在案。现在南冈团练局业已请裁撤，所有收抚各散勇，已编入捕盗抚安、绥靖、镇南三营，共计七百八十九员名。除汰去老弱外，下存百余名，均已编成矿勇，分布各金厂驻护。而前蒙允准之功牌，尚未蒙发下，所以徐玉川面交之功牌十八张，卑职未便填发。理合具文呈送宪台，鉴核验收施行。等因具文呈送前来。据此，除将该倅送到未经填发五、六、七品功牌共十八张，照数验收存卷，以俟本处捕盗练军，以及乡团练长，如有缉捕勤奋，差使出力者，随时给奖填发后，再行咨报外，相应备文咨报备查，等情。当奉宪批：文悉。南冈团练局既经裁撤，收抚散勇编入营队。前请功牌，自可毋庸发给。仰练军文案处遵照，并备文咨复可也。等因奉此，遵查此案前于光绪二十七年十一月初四日，准珲春副都统咨，据该总理呈请钤发空白功牌六十张，并请赏给该局练总杨德胜、帮总杨永胜、文案委员贺勋翎札各一份，以示鼓励。等情。曾奉宪批，该局练总委员等，既称设立团练，将近一载，护守地面不无微劳。姑准如咨候饬练军文案处，填发五品功牌三张，以示鼓励。至另请空白功牌六十张，查各属兵燹之后，创办团练，其有捕务出力者，均批饬先行存记，俟将来大局平定，地方安谧，再行汇案酌奖。况南冈前已赏给功牌二十张，此次更未便续请。等因。饬由文案处填发杨德胜等五品功牌三张，于是年十二月初三日，备文附封咨复在案。此次来文内，漏未声叙，不知前发功牌文件，曾否转行发给。理合呈请一并咨查。等情据此，相应备文，一并咨行。为此合咨贵副都统，请烦查照。希即转饬查明见复可也。须至咨者。

右咨珲春副都统

吉林将军衙门为拟定乡勇章程免致俄兵误会的咨文

光绪二十九年十二月二十六日

为咨行事。兵司案呈：本年十二月二十三日，奉宪札开，交涉总局案呈，案查前准驻吉武廓米萨尔米尔然诺福照称，俄兵过往中国屯乡，迭出误会，拟定乡勇章程四条，借免纷歧。等情。当经呈请分行在案。兹将乡勇告示缮办完竣，呈请钤印讫。理合呈请分行。等情到本将军、副都统。据此，除附封告示七百张，札饬吉林道转行外，合亟札饬。札到该司，即便遵照。分行特札。等因奉此，相应将分发各处告示数目，抄单呈请咨行宁古塔、伯都讷、三姓、阿勒楚喀、珲春副都统，照会乌拉总管等衙门查照，札饬十旗、乌拉、五常堡、双城堡、拉林、伊通、额穆赫索罗协、参、佐领、西北两路驿站监督，四边门章京等遵照，一体张贴。仍将张贴处所日期，随时径报交涉总局可也。须至咨者。

右咨珲春副都统衙门

为出示晓谕事。照得前因兵燹之后，盗匪充斥，兵队无多。各处僻远乡村，迭遭抢劫，有民不聊生之势。曾准设立乡勇，发给腰牌，自相保护，以辅兵力之不足。嗣因俄兵屡出疑误之事，请将乡勇腰牌作废，另拟办法以辨良莠。兹与驻吉武廓米萨尔商订章程，嗣后俄兵过往，遇有乡勇，免致疑误，以安百姓。除照会该廓米萨尔转饬各俄队官兵遵照外，合亟出示晓谕。为此谕仰旗民各乡人等，一体知悉。嗣后务须遵照，后开章程，妥慎办理。勿违。切切，特示。

一、各处乡长之家院，均各树旗一杆，用华、俄文字将屯名、人家数目，及乡勇若干，并乡长某名，一并注于旗上。仍须自有田产、及久居者，方可充当乡勇。

一、通省凡有乡勇之处，该乡长须备洁白木板一块，将本处各项食物，喂马草料之现价，按本地居民公用值价，分析注明。如价有涨落，仍准随时更换。

一、乡勇系为自保身家而设，与缉捕贼匪之兵队不同。应只须保护本乡，不得自行时常聚集成队，出缉贼匪。如有就近队官邀去帮助，或遇有要险之际，方可聚会成帮。剿贼之后，即应各归本家。

一、各处乡勇准持各项火枪，以及刀矛，遇有险要或帮队官剿贼，须执华俄文字旗帜一杆，以作凭据。务将从前领去腰牌，一概作废，不准仍前携带，俾免撞遇俄兵，疑误生事。

今将原发告示二百九十九张，分发各处张贴，数目列后。

宁古塔三十张、伯都讷三十张、三姓三十张、阿勒楚喀三十张、珲春三十张、乌拉总管二十张、十旗十张、乌拉十张、五常堡十张、双城堡十张、拉林十张、西路驿站监督十张、北路驿站监督十张、伊通十张、额穆赫索罗九张、伊通边门十张、赫尔苏边门十张、布尔图库边门十张、巴彦鄂佛罗边门十张。

（六）文牍庶务

吉林将军衙门为钦差大臣申凡盖有关防官电均作一等电传的咨文
光绪二十一年二月

为咨行事。案准钦差大臣节制关内外各军营务处_{冯曾}申称：案奉钦差大臣刘札开，照得兵事以神速为贵，现值军务倥偬之际，一切商办要件及调遣营伍等事，均须由电传达，以期迅速，免误戎机。查往来官电，电局向有定章，以后本大臣及各军统领，凡因公寄电，盖有钦差大臣及各营统领关防者，均应列作一等官报，照章办理。至私事电信，不在此例。应由行营营务处，速与总办电报局商明，即由电局传知各分局，仍由营务处分别移咨各军统领，一体知照办理，合亟札饬。札到该处，即便查照，迅速商定具复，毋违。此札。等因奉此，遵即咨商电报总局，即由电局传知各路分局，照章办理。理合具文申报宪台，查照办理。为此备由具申。伏乞照验施行。等因。准此，除分行札饬外，相应备文咨行。为此合咨贵帮办，请烦查照施行。须至咨者。

右咨署理帮办珲春副都统恩

吉林将军衙门为差遣人员分别开缺断资事的咨文
光绪二十一年二月

为飞咨事。案准吏部咨开：文选司案呈，本部具奏差遣人员分别开缺断资一折，于光绪二十年十二月初六日具奏。奉旨：依议。钦此。相应刷录原奏，知照可也。计单开：吏部谨奏，为酌议各路统兵大臣咨调京员办理团练事务，暨随营差委并自行投效人员，分别开缺断资，恭折奏闻仰祈圣鉴事。窃查臣部奏定章程内开，各项京员一经奏调办理军营团练事务，及奉特旨发往各省差委，如系实缺人员，离署之日即行开缺，候补人员亦以离署之日停止廉俸，俟回署后，再行接算俸次序补。惟现办军务之统兵大臣奏调赴营京员，不分满汉，如奉旨发往随营差委者，无论题选，均毋庸开其原缺。又查神机营奏定章程内开，凡遇征防派出随队文职各员，均免开缺、停升、停选、停俸各等语。是满汉京职人员奏调办理团练事务，以及奉旨命往各省差委者，即以离署之日开缺停俸，其办理军务统兵大臣奏调随营差委者，毋庸开缺。停俸定章，著有明文。至咨调差委办理团练，及自行投效人员，应如何办理，定章并未议及。现值办理军务之际，各衙门代奏属员呈请投效军营，如奉旨发往随营差委者，臣部分别核办，应否开缺，均经行文知照各在案。惟各路统兵大臣，近来复有遵行咨调京员赴营差委，或办理团练事务并未专折奏闻办理，殊未划一，自应分别奏咨厘定章程以凭遵守。臣等公同商酌，拟请嗣后除神机营奏咨随带出征人员，暨现办军务之各路统兵大臣奏调军营差委者，仍照旧章办理外。查东三省军务紧要，邻省边防差委需员，如有奏调满汉京员赴营办理团练事务，自与发往他省差委人员有间，若一经派往，即行开缺停俸，诚恐该员观望不前。应请仿照奏调军营差委人员，毋庸开缺断资。其仅行咨调办团并随营差委，以及自行呈请投营报效之员，凡未奏明请旨调往派往者，在京以起程之日，在外以咨文到部之日，实缺人员即行开缺，候补人员即行停其资俸，统俟回署后，再行接算俸次序补。所有现在咨调并投效各员，未经开缺断资者，应以此次奉旨作为开缺断资日期。如蒙俞允，俟命下之日，通行八旗在京各衙门。如有前项应行开缺断资人员，即行查明该员起程日期，知照臣部分别办理，并行文督办军务处查照。凡各路统兵大臣奏调咨调赴营差委人员，随时知照臣部核办。谨将臣等酌议缘由，理合恭折具奏。是否有当，伏乞皇上圣鉴训示遵行。谨奏。等因前来。准此，除分行外，相应飞咨贵帮办，请烦查照施行。须至咨者。

右咨署理帮办边务事宜珲春副都统恩

吉林将军衙门为奉上谕各直省督抚应对所属各员宜勤接见的咨文
光绪二十一年八月二十日

为咨行事。兵司案呈：本年八月初二日，准吏部咨开，文选司案呈，内阁抄出，光绪二十一年七月十三日，奉上谕：御史杨福臻奏，察核属员宜勤接见一折。各部院司员及各省候补人员，流品不一，必须详加考察，始能悉其底蕴。后各部员堂官务当常川入署，将各司员随时留心察看。各直省督抚等于所属各员，必应勤加接见，询以地方公事，借可分其优劣。如有不谙部务及未能讲求吏治者，即行严加甄劾，毋稍姑容。钦此。相应知照可也。等因前来。相应呈请咨行宁古塔、伯都讷、三姓、阿勒楚喀、珲春副都统，照会乌拉总管等衙门查照，暨札饬十旗、乌拉、五常堡、拉林、双城堡、伊通、额穆赫索罗协、参、佐领，水师营总管，吉林分巡道，四边门章京等遵照可也。须至咨者。

右咨珲春副都统衙门

吉林将军衙门为珲春副都统进京陛见请旨调员接署的咨文

光绪二十二年正月初八日

为咨报事。兵司案呈：光绪二十二年正月初八日，本衙门恭折，由驿驰奏：为珲春副都统进京陛见，请旨调员接署，以重职守，恭折仰祈圣鉴事。窃查光绪二十一年十二月初十日，准兵部咨开，内阁抄出，珲春副都统恩　奏请陛见一折。奉朱批：着来见。钦此。恭录咨行前来。正在转行间，即准珲春副都统恩　以开篆后拟遵旨入觐天颜，请先派员接署，以便起程。等因函商到省。奴才等伏念珲春副都统一缺，地处边要，逼近俄韩，时有交涉事件，且兼帮办一差，管辖防军体制较崇，非素有威望之员，不足以资镇慑，初不同他处副都统，可以协领权摄一时也。奴才长　与奴才富　再三商酌，唯有调任宁古塔副都统沙　克胜此任。查沙忠诚识略，迥异恒流。奴才长与之共事兵间，深服其折冲御侮，所向无前，在伊犁办理中外交涉，颇得窾要。自简授吉林副都统以后，奴才富　见其襄办旗务捕务，办事认真。前年护理吉林将军整饬吏治，讲求边备，亦复不遗余力，心窃慕之。现既珲春副都统一缺，并帮办一差乏员，接署奴才长　何敢引避姻亲之嫌，知而不举。奴才富　相与筹维，舍该副都统而外亦实别无替人，并非随声附和。倘蒙皇上俯念防务重要，特调沙　署理珲春副都统兼署帮办事务。所遗宁古塔副都统，系边陲要缺，查有副都统衔乾清门头等侍卫富林布，朴诚勤慎，任事实心，现已将吉字营帮统事务交代清楚，堪以前往接署。奴才等为边防得人起见，所拟调署委署各员，是否有当，伏候命下遵行。谨合词恭折，由驿驰奏，伏乞皇上圣鉴训示谨奏。等因。除俟奉到朱批，再行恭录咨报外，合先照抄原折，呈请咨报军机处、兵部侍卫处查核，暨咨行宁古塔、珲春副都统衙门查照，并由兵司移付边务文案处、户司查照可也。须至咨者。

右咨珲春副都统衙门

珲春副都统为奏报交卸印务等事的札文

光绪二十二年正月十九日

钦命帮办吉林边务一切事宜镇守珲春地方副都统恩　为札饬事。案查上年十二月初四日，原差赍回叩谢天恩吁恳陛见一折。钦奉朱批：着来见。钦此。曾经咨商督办将军派员接署，以便交代，遵旨入觐。旋接督办将军电开，请旨派员接署。等因。查请旨派员接署到珲，尚须时日。本帮办副都统兹于本月十九日，恭折奏报启程日期。其副都统印务，暂派本衙门花翎副都统衔左翼协领春升护理，一俟奉旨派员接署，再由该协领交接，以免迟延而重边防。除咨行督办将军查照，并分行外，合亟抄粘札饬。札到该处遵照。特札。

计抄粘。

右札仰边务文案处遵此。

跪奏：为遵旨入觐，谨将交代印务启程日期恭折驰陈，仰祈圣鉴事。窃奴才于光绪二十一年九月十二日，由署任副都统恭承简命补授珲春副都统员缺，当于是月十四日敬缮专折，叩谢天恩，吁恳陛见。旋于上年十二月初四日，原差赍到回折。钦奉朱批：着来见。钦此。奴才跪聆之下，喜觐天颜，莫名欢跃，自应咨报吉林督办将军派员接署，以便奴才将任内并边防经手各事件交代启程。查珲春地处极边，孤悬海隅，实为吉林之门户，南接韩疆，东连俄界，睦邻字小，整军抚民，在在均关紧要。已经咨商督办将军，具奏请旨派员接署印务，以重职守。虽边疆刻值安谧，而筹防设备不容稍懈。奴才一介武夫，未谙机宜，唯有严密通饬边军各路将领，照常守御，勤加操练，总期戎行整暇，边界刈安，用以仰慰圣怀东顾边陲之至意。现在奴才已将珲春副都统印务，于本年正月十九日移交副都统衔左翼协领春升暂护，即于是日束装启程。除接署之员，仍照例由将军衙门奏闻外，所有奴才暂行交代印务并启程日期各缘由，理合缮具恭折，由驿驰陈。伏乞皇上圣鉴。谨奏。

吉林将军衙门为云骑尉恩祥更名事的咨文
光绪二十二年正月二十二日

为咨行事。兵司案呈：于光绪二十二年十二月二十七日，准兵部咨开，武选司案呈，准前任吉林将军长　咨称，珲春镶黄旗云骑尉恩祥，因与珲春副都统同名，更名恩瑞。查明该员任内，并无事故咨部。等因前来。查定例，武职官员更名者，统令各该都统查明该员任内，有无奉旨不准保升，及曾经获咎不准捐复，并奉特旨，永不叙用事故，均于文内声明。如无前项事故，准其更改五品以上，据咨汇题等语。今珲春镶黄旗云骑尉恩祥，因与副都统同名，更名恩瑞。既据该将军声明该员任内并无前项事故，咨部更改之处与例相符，恩祥准其更名恩瑞。等因。光绪二十二年十二月初二日题，初四日奉旨：依议。钦此。相应行文该将军可也。等因前来，相应呈请咨行珲春副都统衙门查照，并由兵司移付户司查照可也。须至咨者。

右咨珲春副都统衙门

协领春升为交代暂护副都统印务处日期事的咨呈文
光绪二十二年二月初九日

暂护珲春副都统印务副都统衔花翎协领春升，为咨呈事。左司案呈：副都统恩　前遵旨入觐，因接署之员到珲尚须时日，遂电商督办军宪，即于本年正月十九日先行启程。当将印信、仓库钥匙，并地方政务，暂行交职护理。等因曾经咨呈在案。兹于二月初九日辰时，署理副都统沙　驰抵珲城，即于是日巳刻，将镇守珲春副都统银印一颗，并仓库钥匙一切政务，派经印务处总理佐领喜昌，均赍交署理副都统沙　接理矣。除分行外，合将交接缘由，呈请备文咨呈。为此合呈将军衙门查照施行。须至呈者。

右咨呈将军衙门

珲春副都统为接署印务日期的札文
光绪二十二年二月十二日

钦命头品顶戴赏穿黄马褂署理帮办吉林边务事宜珲春副都统镇守宁古塔副都统世袭骑都尉兼云骑尉库楚特依巴图鲁沙　为札饬事。案照本署帮办副都统，前在宁古塔任内，于本年正月二十九日准督办将军长　咨开，案查珲春副都统恩　奉旨赴京陛见，当经本督办将军奏奉上谕：着贵副都统署理。等因钦遵咨行前来。本署帮办副都统遵将宁古塔副都统印务，移交该衙门协领双胜暂行护理。于二月初二日，由塔起程，业经咨明在案。兹于本月初九日到珲，即准护理副都统印务花翎协领春升，委印务章京喜昌，将镇守珲春副都统银印一颗，并边务行营文案卷宗，既存司库银两枪械各册，赍送前来。本署帮办副都统择于是日巳刻接印任事。除咨明督办将军查照并咨复外，合亟札饬。札到该处即便遵照。切切，特札。

札边务文案处遵此

珲春副都统为撤去帮办吉林边务事宜的札文
光绪二十二年十月初七日

钦命帮办吉林边务一切事宜镇守珲春地方副都统恩　为恭录札饬事。本年十月初五日，准署督办将军延　咨开：本年九月二十四日承准军机大臣字寄，署吉林将军延　光绪二十二年九月十四日奉上谕：珲春副都统恩着撤去帮办吉林边务事宜，将此谕令知之。钦此。遵旨寄信前来，本署督办将军承准遵此。除分行外，相应备文咨行查照。等因准此，查本副都统钦奉谕旨，撤去帮办吉林边务事宜差使，自应钦遵，所有边防各路及各局处营务军情一切事件，自文到之后，径行呈报督办将军核夺，以清限制。除分咨分行外，合亟恭录札饬。札到该处遵照。特札。

右札边务文案处遵此

吉林将军衙门为调补珲春副都统沙叩谢天恩的咨文
光绪二十三年正月初十日

为咨报事。于光绪二十二年十二月初一日，调补珲春副都统沙恭折具奏：为叩谢天恩，仰祈圣鉴事。窃奴才于光绪二十二年十一月二十九日，准兵部咨开，由内阁抄出，光绪二十二年十一月初六日奉旨：珲春副都统着沙　调补。钦此。同日奉上谕：沙　现在调补珲春副都统，着随同延　帮办吉林边务事宜。钦此。钦遵。咨行前来。奴才闻命之下，感激莫名，当即恭设香案，望阙叩头谢恩。伏思奴才满洲世仆，知识庸愚，自蒙简授吉林副都统，调转宁古塔副都统数载以来，涓埃未报。兹复渥荷恩纶调补珲春副都统，又兼帮办吉林边务事宜，受恩愈重，图报益难。查珲春地当边陲，东俄南韩，举凡辑境睦邻，练兵弭盗，筹备边防一切事务，在在均关紧要。如奴才椿昧深惧弗胜，唯有竭尽愚诚，随事随时咨商署将军延和衷办理，以冀仰答高厚鸿慈于万一，并恳天恩俯准。奴才趋诣阙廷，跪聆圣训，俾遂依恋之忱。所有奴才感激下忱，谨恭折叩谢天恩，伏乞皇上圣鉴训示。谨奏。请旨。兹于光绪二十三年正月初八日，奉到朱批：毋庸来见。钦此。钦遵前来，相应照抄原折，恭录朱批，咨报军机处户、兵部查核，暨咨行盛京、黑龙江将军。正白旗满洲都统。山海关、宁古塔、伯都讷、三姓、阿勒楚喀、珲春副都统等衙门查照，并由兵司移付户司、边务文案处查照可也。须至咨者。

右咨珲春副都统衙门

吉林将军为珲春副都统沙克都林札布病故关防销毁的奏片
光绪二十三年二月二十八日

再，据珲春行营文案委员吏部主事鄂英禀称：窃查已故珲春副都统沙，于光绪二十年十月，因奉省前敌吃紧，奉命统带察哈尔马队驰往辽阳一带防剿，当经奏刊木质关防一颗，敬谨开用。嗣因和局已定，撤军回任，当以核销事件未竣，奏明仍将关防暂行存用在案。现于赴珲途次病笃，嘱令该委员封固呈交代销。等情据此。查该副都统沙　既经病故，所有前统带察哈尔马队木质关防，即应由代为奏明销毁。理合附片具陈，伏乞圣鉴，谨奏。

吉林将军衙门为珲春副都统留子帮办家务的奏片

光绪二十三年七月初六日

再，据珲春副都统英　咨称：窃副都统之子礼部候补笔帖式铁恩，系京都镶白旗满洲松凌佐领下人，前由京请假侍送副都统驰赴珲春本任，到任后，理应饬令回京当差。惟时值整顿边防之际，公事纷繁，所有家务无暇兼顾，恳将副都统之子候补笔帖式铁恩，留侍任所，帮办家务，俾副都统得以专心办公等情，咨请代奏前来。理合据情附片陈明，伏乞圣鉴，谨奏。

珲春副都统为造送行营各局处文武员弁出身履历册的咨文

光绪二十四年三月初二日

钦命帮办边务事宜镇守珲春地方副都统军功花翎英　为咨呈事。窃于本年三月初二日，奉督办将军咨开：案照边防拟保章程，于去岁十月间咨札各处，一体遵办去后，陆续呈报前来。惟查珲春局处及机器局后路左营报送各员弁衔名、拟保升阶，并未将三代出身履历随文呈送，亟应再行查取，以凭核办。除分行外，相应备文咨行贵帮办查照。于文到三日内，希将送保各员衔名，逐一造具简明履历，咨送候核，望速施行。等因奉此，查珲春各局处，并行辕亲军马队文武员弁等，当差出力者甚众，惟行营文案兼办营务事宜，益觉稍增微劳。兹饬据各该员弁等，造办三代出身履历，拟具保升官阶，呈请汇核请奖前来。敝帮办复核无异，并详查所拟官阶亦与定章相符。除文案海总理权于署前路前营管带时，由营呈送，并六品官沈德涵履历在省自行造呈外，理合将各员弁三代出身履历分析文武职衔，缮造清册，并抄粘拟保衔名，一并备文咨呈督办将军，鉴核汇案，具奏施行，实为恩便。须至咨呈者。

右咨呈吉林将军延

吉林将军衙门为刷印一百张空白功牌事的咨文

光绪二十四年闰三月二十七日

为咨送事。案准贵帮办咨开：窃查珲属行辕各局处，以及各路防营弁勇，或当差出力者，或缉捕勤能者，每于年终，经历任帮办由省咨取双衔空白功牌一百张，择优分别奖赏。等因办理在案。惟敝帮办自去岁抵珲任以来，凡遇实力捕获盗贼之弁勇，并当差出力者，均经随时量予银两，然不过稍酬其辛劳，实不足以昭劝勉。兹届边军五年限满之期，亟应援案汇请双衔空白功牌一百张，以便陆续酌赏，藉可激励士卒之心。除俟需竣，再行造呈填注衔名籍贯清册咨呈外，理合咨呈鉴核，转饬文案处刷印双衔空白功牌钤印，送珲而备应需实为公便。等因到本署督办将军。准此，当即饬令文案处刷印空白功牌一百张，呈请钤印讫。相应备文咨送贵帮办查收，仍祈将填发花名品级汇总见复，以凭备案施行。须至咨者。

计咨送双衔空白功牌一百张。

右咨钦命帮办吉林边务事宜珲春副都统英

吉林将军衙门为本署将军因病请求开缺的咨文
光绪二十四年四月初十日

为咨报事。兵司案呈：本年闰三月初七日，本署将军恭折具奏：为假期届满，病势增剧，吁恳天恩开去署缺，俾得回旗就医，恭折仰祈圣鉴事。窃奴才前因感受时疫，牵动肝疾，于本年三月初二日具折请假，差弁赍回原折。奉朱批：着赏假一个月。钦此。当于请假后，赶紧医治时疫，虽见清减，而肝木克脾，眠食日减，华医、洋医逐日诊视，药饵杂投，转致增剧。昼则精神疲惫，遇事健忘，夜则苦思焦虑，披衣待旦。亦知加意调摄，无如才短虑长不获自已。伏思吉林将军一缺，责大任重，非精神思虑始终贯注，不足以胜此任，碌碌如奴才者，即使无病之时，已岌岌乎有覆𫗧之惧，若再以病躯恋栈，则凡精神思虑所不能到者，正恐贻误良多。唯有仰恳天恩，开去奴才署缺，俾得回旗就医，倘蒙福庇，得以获痊，则此后报国之日正长，犬马余年万不敢自耽安逸，上负生成。所有奴才假期已满，病仍未痊，恳请开去署缺缘由，谨恭折具奏，伏乞皇上圣鉴。谨奏。请旨。等因。兹于四月初八日，奉到朱批：着再赏假一个月，毋庸开缺。病痊后速即视事，以副委任。钦此。钦遵前来。相应恭录朱批，呈请咨报军机处、户、兵部查核外，相应呈请咨行总管内务府、盛京、黑龙江、宁古塔、伯都讷、三姓、阿勒楚喀、珲春副都统，照会乌拉总管等衙门查照，札饬十旗、乌拉、五常堡、双城堡、拉林、伊通、额穆赫索罗协、参、佐领、全营翼长，吉林分巡道，西北两路驿站监督等遵照，并由兵司移付户司、边练两军文案处查照可也。须至咨者。

右咨珲春副都统衙门

吉林将军衙门为汇报各军及各局处官兵花名事的咨文
光绪二十四年八月二十四日

977

为咨会事。案照吉林靖边五路一军马步水师、添练赫哲共十九营五哨，驻扎处所暨招垦局官弁兵夫衔姓、花名、年岁、籍贯，以及各局处委员书识衔姓、花名，照章按个六月汇总造报一次等因。除一面分报外，兹备双衔行稿一份，相应备文咨会。为此合咨贵帮办，请烦查照，书行、盖印，仍望发还，备案施行。须至咨者。

右咨钦命帮办吉林边务事宜珲春副都统英

珲春副都统为造具其母年岁等清册事的咨文
光绪二十六年三月初九日

钦命帮办吉林边务事宜镇守珲春地方副都统军功花翎英　　，为咨报事。于本年三月初八日，准贵将军衙门咨开：兵司案呈，本年二月初十日，准兵部咨开，武选司案呈，准军机处交出，所有在京、在外满、汉文武大员老亲，有年逾八十者，希即详细查明，开单咨送隆宗门外方略馆汉军机处，以凭办理。等因前来。相应由马递行文该处查明，有无老亲年逾八十者，自行咨报隆宗门外方略馆汉军机处外，并知照本部备案可也。等因前来。相应呈请咨行珲春副都统衙门，一体查照查明造报，以凭咨部可也。等因准此，惟查敝帮办副都统之母穆尔察室觉罗氏，现年八十三岁，核与来文相符。理合将旗佐、年岁、姓氏，造具清册，咨报贵将军衙门查核，转为咨报施行，实为公便。须至咨者。

右咨吉林将军衙门

珲春副都统为限期造报领催等遣缺拣补清册事的咨文
光绪二十六年四月初一日

钦命帮办吉林边务事宜镇守珲春地方副都统军功花翎英，为查明咨报事。左司案呈：于同治九年五月十二日，准将军衙门兵司移文内开，案查吉林通省旗营额设官兵以及台站官庄壮丁、领催等，升转、革退、病故各缺，系某佐领下某官兵丁，于何年月日因何遗缺，拣以某旗佐领下某西丹顶补之处，造具旗佐花名清册，各按名下分析注明某兵遗缺拣补某旗，各按四季造具呈报，以备汇总送部。等因。当经咨札所属各处，一体按季遵照造报在案。兹据各处册报，多系参差歧异，样式不一，本衙门实系碍难汇总送部。若不明定格式，而各处仍前含混造报，不但驳查需时，总属难归划一。是以本司出具格式一纸，附封由五百里移交珲春协领遵照。发去格式花样，即将本年正月初一日起至三月底止，所有领催、前锋、甲兵、台站壮丁缺，遇有遗出拣补者，仍将遗缺之人注在正格其名下，注明于何年月日因何遗缺，以某年月日以某人顶补，详细查明造具满文白册二本、印册二本，务于五月十五日以前，以准造报到省，立待汇总送部，万勿迟延。嗣后各处临季应报之时，务于定限以前先期报省。其下次应报夏季之册，务于七月初一日以前报省。本司以凭核封妥协，再行送部。若各处届季内并无遗缺、升缺之人，亦即随时报明，以合体制而免遗误可也。等因前来。遵将本处自本年正月初一日起，至三月底止，所有领催、前锋因何遗缺，于某年月日，以某人顶补之处，逐一分析造具满文白册二本、印册二本呈请咨送。据此，理合备文附封咨送。为此合咨将军衙门查核施行。须至咨者。

右咨将军衙门

珲春副都统为恳请陛见事的咨文
光绪二十六年五月十九日

钦命帮办吉林边务事宜镇守珲春地方副都统军功花翎英联，为迅速咨报事。左司案呈：本副都统前因历任三年期满，循例恭折奏请陛见。兹于五月十四日，递回原折，内奉朱批：着来见。钦此。钦遵。恭录原折，呈请备文咨报。为此合咨将军衙门鉴照施行。须至咨者。

右咨将军衙门

计粘原折

奴才英联跪奏：为三年期满，循例吁恳陛见，恭折仰祈圣鉴事。窃奴才于光绪二十二年九月间，钦奉谕旨：吉林副都统，着英联补授。钦此。当即遵旨入都陛见。二十三年二月二十九日旋承恩命，调转珲春副都统兼帮办吉林边务事宜。渥蒙召见三次，跪聆圣训，钦感莫名。陛辞后，束装就道，于六月二十六日抵至珲春，接任视事。连闰扣至二十六年五月二十六日，三年任满，自应循例，先期奏请陛见。伏思奴才满洲世仆，知识庸愚，叠邀恩简，未报涓埃，擢副筹边，弥深悚惕。查珲春僻处东隅，俄韩接壤，交涉事繁，要在睦邻得体，防边责重，尤宜戒备无虞。如奴才梼昧，时惧弗胜，今当述职之期，合无吁恳恩施俯准，趋诣阙廷叩觐天颜，亲聆训诲，俾得遵循之准，稍伸感恋之忱。谨恭折具奏。伏乞皇太后、皇上圣鉴。谨奏。请旨。

吉林将军衙门为本年应进贡物暂缓采办的咨文
光绪二十七年三月

为咨报事。兵司案呈：本年三月十六日，本衙门附片具奏：再查本年应进桦皮、暖皮、蓳草、安楚香、箭杆、枪鞘、虎枪杆等项贡物，现届例应派员进山采取之际，第去岁贡物曾经奏请缓进。现在和局虽定，而土匪逃勇勾结为患，所产桦皮等项贡物，各处山场悉为逋逃渊薮，实属采取维艰。合无吁恳恩施，准将本年应进桦皮等项贡物，暂缓采办，容俟土匪逃勇剿平，山内肃清，道途安靖，再行循例采办。谨附片具陈，伏乞圣鉴训示。谨奏。等因。除俟奉到朱批再行恭录咨报外，合先照抄原片，呈请咨报户、兵部查核，咨行武备院、宁古塔、伯都讷、三姓、阿勒楚喀、珲春副都统等衙门查照，札饬十旗协参领、果子楼虎枪营总理等遵照，并由兵司移付户司查照可也。须至咨者。

右咨珲春副都统衙门

吉林将军衙门为派员恭迎皇太后皇上圣驾回銮的咨文
光绪二十七年七月初七日

为咨报事。兵司案呈：本年七月　日，本衙门恭折具奏：为派员恭迎皇太后、皇上圣驾，恭折仰祈圣鉴事。窃　等恭阅邸报，本年四月二十一日行在内阁抄奉上谕：上年七月以来，仓皇播迁，恭逢慈禧端佑康颐昭豫庄诚寿恭钦献崇熙皇太后，驻跸关中，瞬将经岁，眷怀宗社，时切疚心。今幸和局已定，昨经谕令内务府大臣扫除宫寝，本欲即日回銮，惟现在时令已交初夏，天气炎蒸，圣母高年，理宜卫摄起居，以昭敬养。势难于溽暑之际，跋涉长途，自应俟节候稍凉，再行起跸。兹择于七月十九日，朕恭奉慈舆由河南、直隶一带回京，着各衙门先期敬谨豫备。将此通谕一体咸知，俾慰天下臣民之望。钦此。跪诵之余，欢欣抃舞，不容自已。上年金汤不固，乘舆西巡，溥海臣民，同深忧愤。自匪乱既平，列帮悔祸，即在边境兆庶延颈举踵，以望圣驾还都，非一日矣。今既颁明诏，指日回銮，岂独内外大小臣工转忧为喜。其普天率土，应莫不额手相庆，信恢复之果真，幸升平之重睹也。尝按平王东迁，后世议周为失计。高宗南渡，识者知宋必偏安。我皇太后、皇上以往古为鉴，覆辙弗循，天步常清，旧物不失，上妥九朝之灵，下孚万方之望，从来拨乱反正以安天下计，孰有大于此者。仰见慈谟广远，睿断深明，固超越前代万万，而怀柔远人之效，于此乃益觉有征。第忝寄边疆，莫陪羽卫，谨遣花翎二品顶戴三品衔、两次军机处存记道谢汝钦，花翎副都统衔协领富荫，趋近跸路，恭逢銮舆。伏愿金根五辂，追中天巡洛之踪，图旧维新肇亿载皇基之固。所有等瞻依欣抃下忱，谨会同新授宁古塔副都统全、三姓副都统侬、珲春副都统春、伯都讷副都统　乌拉总管云、盛京副都统现署阿勒楚喀副都统达、本任阿勒楚喀副都统钮，合词恭折具陈。伏乞皇太后、皇上圣鉴。谨奏。等因。除俟奉到朱批再行恭录咨报外，合先照抄原折，呈请咨报军机处，户、兵部查核，咨行盛京、黑龙江将军，宁古塔、伯都讷、三姓、阿勒楚喀、珲春副都统，照会乌拉总管等衙门查照，札饬十旗、乌拉、五常堡、拉林、双城堡、伊通、额穆赫索罗协、参、佐领，吉林分巡道，水师营总管等遵照可也。须至咨者。

右咨珲春副都统衙门

吉林将军衙门为现任员外郎等官试俸已满销去试俸字样的咨文

光绪二十七年八月二十四日

为咨行事。兵司案呈：本年八月初五日，准吏部咨开，文选司案呈，查定例，满洲人员在内捐纳郎中等官以下，小京官以上，俱令其于现任内试俸三年，方准照常升转。无论已未满三年，又照例捐升者，仍令于升任内试俸三年。降革援例开复者，于补任内试俸三年，俱俟到任之日起，在内各部院堂官具题到日，准其实授销去试俸字样。至满洲官员，由各项劳绩并议叙升补者，照捐纳人员之例，试俸三年，题销后，方准照常升转。各项议叙，并初任劳绩升用人员，无论曾否奏留，均令于补缺后，扣满三年，俟题销试俸后，方准题升。如劳绩议叙奏留，未销试俸之员，遇有各项差使，无关升转者，准其一体保送。如系有关升转者，仍照题升之例，一律扣满三年，题销试俸后，方准保送。其吏、兵二部笔帖式，掌稿年满奏留补用者，得缺后，遇有应题缺出，准其一体拣选保题，毋庸照别项劳绩议叙人员，再扣试俸。如论俸推升，仍应扣满试俸三年，方准升用等语。查各部院衙门，现任员外郎主事、小京官各员内，有由劳绩捐纳议叙由部选授，并各项初任劳绩补缺者，照例于本任内试俸三年，题销后方准照常升转，近年以来，应销试俸各员，多未题销，实于升补铨选有碍。相应申明定例，通行各衙门查照。嗣后现任员外郎等官，如有捐纳劳绩议叙，由部选授，并各项初任劳绩补缺各员，应于现任内试俸三年，照例即行题请，销去试俸字样，准其照常升转。至从前如有前项人员，试俸已满，尚未题销者，应一律照例办理，补行题销试俸，庶免两歧。相应知照可也。等因前来。相应呈请咨行宁古塔、伯都讷、三姓、阿勒楚喀、珲春副都统，照会乌拉总管等衙门查照，札饬十旗、乌拉、五常堡、双城堡、伊通、额穆赫索罗协、参、佐领，吉林分巡道等遵照，并由兵司移付印务处银库查照可也。须至咨者。

右咨珲春副都统衙门

一、政权

吉林将军衙门为咨行公文另具底本等事的咨文

光绪二十七年八月初五日

为咨行事。兵司案呈：本年七月十八日，准吏部咨开，司务厅案呈，准行在本部电称，现已奉旨于七月十九日回銮，其各省达部公文，计在七月初一日以前可以到陕，仍送行在本部外，余应送京投递。等因前来。相应通行吉林将军查照，按行程核计，七月初一日以前不能到陕，务须一律径送京师，本部以免返复迟延，贻误非浅。再查各省咨送文件，惟安徽省每次发文时，向另备发行公文一件，其文内将是次公文角件数目，并各件事由填开明确。其余各省均无此件，时有舛错，无凭核对。今当整顿公务之际，应咨该省，务于每次发文时，亦必仿照安徽省另备公文一件，将是次共文几角，计若干件，并粘单将各件详细事由开载清楚，一并达部。并于每月底，将是月内何日发行若干件，详细开明事由，汇造总册送部，以凭查对核办。又查各省前送公文，每于封套面上，间有粘补之处，向系取具驻京塘塘甘结，声明实系原来粘补，始行核收。应并行知该省，嗣后封套面上如再粘补务，须钤盖印信，以免疏虞可也。等因前来。相应呈请咨行宁古塔、伯都讷、三姓、阿勒楚喀、珲春副都统，照会乌拉总管等衙门查照，札饬吉林分巡道、练军文案处、交涉总局府内户、刑房遵照，并由兵司移付户、刑、工司查照。嗣后各该处遇有咨行吏部事件，均须另备公文一件，将是次共文几角，抄录粘单，将各件详细事由，开载清楚，一并达部，以便稽查。至每月底，仍由各该处将一月内咨部交件若干，暨所发各件，均须详细摘录事由，抄粘移送兵司，以凭汇总经造册咨部可也。须至咨者。

右咨珲春副都统衙门

吉林将军衙门为照抄电报新章五条的咨文

光绪二十七年九月十四日

为咨行事。本年九月初八日，准钦差督办电报事务大臣盛　咨开：照得中国创设电报，原为递传机要瞬息可通，其有益于商家者尚小，有益于国家者甚大。是以一等官报，仿照泰西章程，提前先发。嗣因政务、防务、军务、洋务，无地不有关系重大，若执定紫花印各衙门之报始列一等，则现任提镇司道及印委各大员，遇有要公传电，概与四等商报同视，不能提前先发，未免耽误事机。不得已变通定章，于一等外另列一作四等，在各国电政本无此例，而行之中国其便利国家之处，尤彰彰在人耳目。乃通商大埠、内地要津衙署星罗，委员棋布，一官一爵，何事非公电报纷传，稽查难悉。自列一作四等以来，此项电报至今遂日见其繁。关于政务、防务、军务、洋务者固多，而无关政务、防务、军务、洋务者，恐亦不少。报纸既已纷繁，积压在所难免，始意求速，今反不达。而一等官报且因此受一作四等之挤，以致延搁时刻，转非慎重紧急一等官报之道理，本大臣再四筹商，若不将一作四等之报，及早厘订，量予艰制，则流弊日甚，益滋隐忧。兹据电报经局提调参赞等，公同会议新章五条，呈核前来。复经酌定，均属平允可行。除通饬电报各局遵照办理并分咨外，相应抄单咨会，请烦查核转行提镇司道各衙署局所，一体查照办理。等因准此，除分行咨札外，相应抄单，备文咨行。为此合咨贵副都统，请烦查照施行。须至咨者。

右咨珲春副都统

新定官报章程五条

计开

一、现任提镇司道各衙门，如遇政务、防务、军务、洋务须发电报，无论禀报督抚将军及自相往来，一概准列一作四等。惟报底必须盖用关防印信，否则仍列四等，挨号传递。

一、自钦差大臣暨督抚将军，派委提镇司道各大员，无论驻扎何处，遇有政务、防务、军务、洋务须发电报禀报各大宪者，应由该委各大员先事禀明钦差大臣暨督抚将军，电咨督办电政大臣转饬各该地方局员接洽后，始准列一作四等。其报底仍由各该大员盖用关防，否则仍列四等传递。

一、各国钦使及水师提督、总税务司所发电报，向章同列一等。惟本公司一作四等变通之章，素未周知。现在中外交谊和好如初，电报便益似应均沾。所有各埠领事官、税务司，暨水师带兵各官，似应援照印委各大员，专条办理。

一、向来局章一作四等，均系现收全费。今仍照旧办理，不论明码、密码，并无更改。

一、凡照新章，准列一作四等之报，即用密码，准其免收加倍之费。若不合一作四等新章，则无论何项电报，何人发递，凡属密码概须加倍收费。所有变通一作四等办法，但指由陆路本线传递而言。若经海线转递，则仍须按照密码新章加信收费，以归划一。

吉林将军衙门为珲春副都统略陈珲春变通政治的咨文

光绪二十七年九月十五日

为咨行事。兵司案呈：本年八月二十一日，准署理珲春副都统衔花翎协领春升咨称，左司案呈，于本年六月十七日接准将军衙门咨开，兵司案呈，光绪二十七年五月初一日，准行在吏部咨，内阁抄出，本年三月初三日，奉上谕：上年十二月初十日，因变通政治，力图自强，通饬京外各大臣，各抒所见，剀切敷陈，以待甄择。近来陆续条奏已复不少，惟各疆臣使臣多未奏到。此举事体重大，条件繁多，奏牍纷繁，务在体察时势，抉择精当，分别可行不可行，并考察其行之力不力，非有统汇之区，不足以专责成而挈纲领。着设立督办政务处，派庆亲王奕劻、大学士李鸿章、荣禄、昆刚、王文韶、户部尚书鹿敷霖为督办政务大臣，刘坤一、张之洞亦着遥为参预。各该王大臣等，于一切因革事宜，务当和衷商榷，悉心评议，次第奏闻。俟朕上禀慈谟，随时更定。俟回銮后，切实颁行示天下，以必信必果，无党无偏之意。其政务处提调各官、该王大臣等，务择心术纯正、通达时务之员，奏请简派，勿稍率忽。此事予限两个月，现已过期，其未经陈奏者，着迅速条议具奏，勿再延逾观望。将此通谕知之。钦此。相应恭录谕旨，通行知照可也。等因钦此，相应恭录咨行贵副都统衙门，请烦查照，钦遵办理。务将如何变通政治，力图自强，各抒所见。希于文到十日内，剀切咨复，以便汇奏，望切施行。等因前来，遵即依限酌拟变通政治、力图自强之计。惟职位卑言高，谬蒙护篆，学疏材浅，毫无智识，何敢冒陈寰宇重事。即将珲春安抚创办未尽事宜，谨就管见所及，略陈数条。所拟是否有当，合将条议各件粘连文尾，相应呈请备文咨复。为此咨呈将军衙门鉴照，请烦裁夺，删改施行。等因前来。当奉宪批：来文俱悉。候汇案核议具奏，现在东三省和约，京中尚未议定，遇有交涉边界事件，只可相机商办。至南冈设立团练，按地摊粮，究系权宜办法，尚祈随时查察，毋任稍有勒派，扰累商民。仰兵司备文咨复可也。等谕奉此，除抄单札饬全省营务处总理遵照外，相应呈请咨复珲春副都统衙门查照可也。须至咨者。

右咨珲春副都统衙门

粘单

一、凡为边疆吏员，保障一方，变通政治，力图自强，务在悉尽心力，随时变通可也。若果有益国计，有裨民生，不必拘泥常法，自当权宜行事。统观现今形势，俄势猖狂之后，民不聊生，非剔除积弊，从新整顿，不足以振兴民气，固结兵心。从前设立边防，国家养兵数十年，兵非不多，器非不利，饷非不足，乃一但敌兵猝至，而兵势尽成瓦解者，其故何也？是在为上者不能惠养兵心，枕戈待旦，以身先劳者也。如今讲求治术，重整纪纲，务期收揽英雄，以悦民心；屏除非教以去民害，任用贤才，以副民望；轻征税务，以缓民生，在庶乎民气稍苏，群黎向望，团防训练，克维地面，虽不谓克享升平之福，而民心固结邦本惟坚矣。

一、珲春土著满洲二百余年，鸡犬不惊。自遭兵燹之后，死亡沟壑、流落异方者大半，蹂躏苦况数十年，诚难复元。又加以土匪滋扰，产业火焚，疮痍既深，则仰不足事，俯不足畜。若不极力安抚，何以苏还民气。兹则请领赈恤，助给不足，归还原业，不失农时，设立练军，防守城池，招募会勇，维护村落，则庶乎避难已还者归业安常，流落未归者闻风而至，不难生齿繁衍，共庆生全已。

一、珲属南冈垦民归业，徂地辽阔，流匪滋扰难堪，即应将求整顿。遂与招垦局程总理光第商酌，暂且设立团练局，募练会勇，按地坰数捗节，摊纳口粮，自备枪械，以节饷糈而护民生。虽非永远之计，暂顾燃眉之急。容俟编成团练布置各社，再为呈报可也。

一、查珲属南冈曾有奏明，天宝山银矿试办多年，力不相继，因而中止。届经招垦总理程光第招商美国，以待试办，不果之际，另召他商。至三道沟金矿，现无头绪，俟有挖者，经由总理收纳官金，庶可有利无害，以济饷源之竭也。

一、查南冈和龙峪越垦沿江一带，越寓韩民，商同叶总理含芬，概令剃发附我，版图守限，据礼依约。商办边界事务，不准擅侵疆土，各守封域，此乃共守相安之道也。

一、查珲春极边之区，与俄毗连。前因拳匪肇衅，珲城失守，蹂躏难堪。现届和约已定，边界交涉事件仍依约章，据礼商办。惟该俄兵占踞官民房间，尚未退还，立时难为理论索讨，容待缓图可也。

珲春副都统为应进贺表期迫操办不及恳请奏免的咨文
光绪二十七年九月二十二日

钦命镇守珲春地方副都统奖赏花翎春　为咨请事。右司案呈：窃照敝副都统，自本年八月十二日接奉部文之日，随即查办应进恭贺长至表文，奈因地方并无龙绫表纸，当即派弁驰赴省城操办，无如期迫临迩，途遥往返刷印不易，赶办不及等情。据查，应进贺表实属期迫，操办不及，宜应恳请奏免进贺长至表文一道，庶免隙越。是否之处，理合相应呈请备文咨请。为此合咨将军衙门查照，请烦核夺，希为转奏施行。须至咨者。

右咨将军衙门

珲春副都统为招垦局总理请发翎札功牌事的咨文

光绪二十七年十月十一日

钦命镇守珲春地方副都统奖赏花翎春　为咨请事。左司案呈：兹据招垦局总理程光第呈称，窃照南冈招越垦地面，自去秋兵燹之后，盗贼蜂起，当经在地丁粮户徐玉川、杨永胜等举办乡团。旋经俄官设立南冈公议处，举杨德胜为首领。自宪台莅任，即改为团练局护守地面，将近一载，不无微劳。查本年五月间，徐玉川因事晋省，蒙军督大臣长　赏给该粮户徐玉川蓝翎五品顶戴，并蒙发给功牌二十张。内计五品七张、六品六张、七品七张，着该粮户带回，已于八月十九日交付卑职十八张，面称已经该粮户填发五品二张，开单呈请宪鉴。伏思南冈团练局共计员绅、练长五十九名，而团丁一千七百余名，其中不无捕务出力者，仅赏此功牌十八张，难昭公允。想宪恩至渥且周，同是举办乡团，断不致令有向隅。是以卑职不揣冒昧，据情仰恳宪台恩施逾格，俯准转咨军督大臣，拟请再行赏给功牌六十张，五、六、七品各二十张。夫国家名器固不可滥以予人，卑职亦自知谨慎，转请发下，即便核实，开具花名年籍清折呈报。如有余剩，即存卑局，以待缉捕盗匪有功者临时赏给，俾资鼓励。再者该团练局总练总杨德胜、帮练总杨永胜、文案委员贺勋，并恳格外从优奖励，赏给五品蓝翎奖札三份。是否可行之处，合无仰恳宪台查核，恩准咨请，实为德便。为此具呈，伏乞照验施行。等因转请前来。据此，查该员请发功牌翎札，以资赏给办理冈属团练，并捕务巡查出力之人，乃其所请蓝翎奖札功牌，原为保卫地面，激励人心起见，况当此在在需人求抚，自应准照所请，赏发功牌六十张，翎札三份，俾资分发奖赏，以昭激劝。相应呈请备文咨请。为此合咨将军衙门，请烦查核俯赐恩准，赏发施行。须至咨者。

右咨将军衙门

吉林将军衙门为准珲春副都统咨请转奏免进贺表的咨文

光绪二十七年十月二十九日

为咨复事。练军文案处案呈：案准珲春副都统咨开，右司案呈，窃照敝副都统自本年八月十二日接奉部文之日，随即查办应进恭贺长至表文，奈因地方并无龙绫表纸，当即派弁驰赴省城操办，无如期迫临迩，途遥往返，刷印不易，赶办不及。等情据查，应进贺表实属期迫操办不及，宜应恳请奏免进贺长至表文一道，庶免隔越。等因当奉宪批，来文已悉，候附片奏明。等因发交到文案处，相应呈请咨复。等情到本将军、副都统。理合备文咨复。

为此合咨贵副都统知照可也。须至咨者。

右咨珲春副都统

吉林将军衙门为珲春副都统等暂缓赴京陛见的咨文
光绪二十七年十月

为咨行事。兵司案呈：本年十月十一日，准行在兵部咨开，武选司案呈，内阁抄出，吉林将军长　奏，查总管协领升授副都统，例应入觐请训。惟侭英阿先已署理三姓副都统、春升署珲春副都统。兵燹之后，未便遽易生手，恳恩暂缓陛见。云生、全福，均先行赴任，俟和局大定，再行办理一片。于光绪二十七年八月初五日，奉朱批：着照所请。钦此。钦遵到部。相应恭录行文吉林将军遵照可也。等因前来。相应呈请咨行宁古塔、伯都讷、三姓、珲春副都统等衙门查照可也。须至咨者。

右咨珲春副都统衙门

吉林将军衙门兵司为珲春等处未报今年春季经制册籍的移文
光绪二十九年四月

将军衙门兵司，为移催事。案查吉林通省武职官员经制册籍，向按春、秋两季报部。春季不得过四月，秋季不得过十月，历经遵办已久。兹本年春季，应于三月初一日以前，定限造册送省。等因。当经移知在案。其伯都讷等处造报到省，惟宁古塔、珲春二城，迄今逾限多日，尚未造报。查官员经制册籍，事关汇案报部定限，岂容久延。合亟备文移催贵副都统衙门左司查照，务于文到之日，刻即造报，立待汇案报部，勿稍再延可也。须至移催者。

右移珲春副都统衙门左司

吉林将军衙门为什长戴锡铭仍更珲春旗名八十四的咨文
光绪二十九年十二月十五日

为咨行事。兵司案呈：本年十二月初八日，兵司接准全省营务处移开，兹据管带苑春华呈，据前哨哨官德山报称，查有该哨二棚什长六品顶戴戴锡铭，原系珲春镶白旗德寿佐领下披甲，旗名八十四，情因庚子珲春失守，该兵逃难在南山投营，即以戴锡铭之名报充。查该什长在营当差甚属得力，经该哨官查明恳请更正。并查中哨二棚马队吉林蒙古正黄旗连祥佐领下五品顶戴披甲贵龄，于今春二月间探亲来营，补入职营马队充当差官，业由二月清折呈报在案。祇因该旗迄未接见行知，应请俯赐饬旗知照。其戴锡铭既属珲春旗籍甲兵八十四，可否恩施转行该城饬旗查明，仍敷原名披甲，实为公便，理合具文呈报鉴核。等情据此，相应备文移付兵司查照，转饬施行。等因准此，相应呈请咨行珲春副都统衙门查照，札饬蒙古旗协领遵照可也。须至咨者。

右咨珲春副都统衙门

吉林将军衙门为云骑尉舒林等敕书焚失等情的移文
光绪三十年正月

兵司　为移复事。案查前准贵副都统衙门咨开：左司案呈，据报云骑尉舒林等十九员前领饬书，于俄人犯境均被焚失无存。兹将该员等立官原案、承袭次数造册，咨请转咨补请前来。查各该员等原袭官谱档，除讷奇新、金魁、喜昌、吉勒图堪、全福、春玉、庆喜、金祥等八员，原立官之人，阵亡省份尚属相符。其舒林原立官之人，阵亡处所系在江南界牌集，来咨误注河南。富升、瑚图哩、庆永、恒泰、吉勒洪阿等五员原立官之人，均在江南六合县阵亡，误注河南。保林原立官之人，系在宁古塔库水河阵亡，误注珲春。音德贲原立官之人，系在吉林钦蒙河，误注骆驼碴子。德安原立官之人，系在山西巢县阵亡，误注河南。贵升原立官之人，系在山西定照县阵亡，误注陕西。双祥原立官之人，系在江南江蒲地方阵亡，误注东葛蒲口。以上十一员似此事关袭职，错误省份未便含混咨部，除将误注阵亡地方由本衙门备存谱档核对、更正、另文咨部外，相应移复。为此合移贵副都统衙门左司查照，即将该城备案原册底稿即行更正，备查可也。须至移者。

右咨珲春副都统衙门左司

吉林将军衙门为裁撤山分局张贴告示的咨文
光绪三十年二月二十五日

为咨送事。窃照吉省自上年冬令创设山分局，抽收各项山分，原以时限孔亟，饷需奇绌，故作此不得已之举。现值地方不靖，民困未苏，已将山分一项限一月内一律裁撤。诚恐通省旗民诸色人等未及周知，除出示晓谕并分行咨札外，相应将刷就告示十八张，备文咨送。为此合咨贵副都统，请烦查照，迅速饬差于城乡、集镇，一律张贴俾众周知。须至咨者。

计送告示十八张

右咨珲春副都统

计开分发各旗署告示数目

宁古塔副都统十五张、伯都讷副都统十五张、三姓副都统十八张、阿勒楚喀副都统十五张、珲春副都统十八张、乌拉总管十张、街道厅十五张、乌拉协领五张、双城堡协领五张、五常堡协领五张、拉林协领五张、额穆赫索罗佐领五张、伊通佐领五张、巴彦鄂佛罗边门章京五张、伊通边门章京五张、赫尔苏边门章京五张、布尔图库边门章京五张。

以上发各旗署告示一百五十六张。

吉林将军衙门为俄兵入境敕书被焚无存查核补发的咨文
光绪三十年六月

为咨请补发事。兵司案呈：案准珲春副都统衙门咨开，左司案呈，兹据署左翼协领事务蓝翎骁骑校廉荣、署右翼协领事务蓝翎佐领喜昌等呈，据各旗署佐领等呈称，云骑尉舒林等十九员所失敕书，已于二十九年间咨请补发在案。嗣复据云骑尉恩福等先后陆续报称，前由部请领敕书，均于二十六年间，俄兵入境，城池被焚无存，并声明前报已故云骑尉吉勒洪阿敕书丢失，现经该员家属寻获，应请毋庸补发等情。由该副都统衙门造册，咨请前来。查云骑尉恩福等十九员袭职敕书十九份，据称均于二十六年七月初五日俄兵入境被焚无存，系属实情，自应据情呈请补发。合将云骑尉恩福等十九员之原立官衔名，出征打仗阵亡各地方及承袭世职次数各案由，分析年月日期造册，备文呈情咨报。为此合咨大部，请烦查核照案补发施行。须至咨者。

右咨吏部

吉林将军衙门为册报珲春云骑尉恩福等袭职敕书被焚抄录案由请部核补的咨文
光绪三十年六月二十日

镇守吉林等处将军衙门　为将珲春副都统衙门咨报，珲春镶黄旗云骑尉恩福等十九员之原立官衔名，出征打仗阵亡各地方及承袭世职次数各案由，分析造册，咨请大部请烦查核，照案发给袭职敕书施行。须至册者。

计开

珲春镶黄旗庆云佐领下：

六品军功披甲五十五，出征江南，在浦口地方打仗阵亡，蒙恩赏给云骑尉世职，拣以长子恩福于光绪十六年十二月十七日初次承袭，由部领到敕书，已于光绪二十六年七月初五日，俄人反境失守城池被焚无存。

六品军功披甲明全，出征直隶，在库尔喀喇乌苏地方打仗阵亡，蒙恩赏给云骑尉世职，拣以长子富有于光绪十八年十二月十六日初次承袭，由部领到敕书，已于光绪二十六年七月初五日，俄人反境失守城池被焚无存。

六品军功披甲永保，出征河南，在湖北地方打仗阵亡，蒙恩赏给云骑尉世职，拣以长子穆克德科，于同治十一年十二月十六日初次承袭，由部领到敕书，已于光绪二十六年七月初五日，俄人反境失守城池被焚无存。

空衔蓝翎雅秉阿，出征四川，在木果木地方打仗阵亡，蒙恩赏给云骑尉世职，拣以长子焉冲阿初次承袭，遗缺拣以长子依尔通阿二次承袭，遗缺袭次已完，给予恩骑尉，拣以依尔通阿之长子额尔苏勒于道光三十年十二月十六日初次承袭，由部领到敕书，已于光绪二十六年七月初五日，俄人反境失守城池被焚无存。

正白旗巴图凌阿佐领下：

六品军功披甲嘎凌阿，出征河南，在石梁子地方打仗阵亡，蒙恩赏给云骑尉世职，拣以长子常喜，于光绪十二年十二月十六日初次承袭，由部领到敕书，已于光绪二十六年七月初五日，俄人反境失守城池被焚无存。

六品顶戴披甲富凌阿，出征直隶，在庆云县地方打仗阵亡，蒙恩赏给云骑尉世职，拣以长子文庆，于光绪二十二年十二月十六日初次承袭，由部领到敕书，已于光绪二十六年七月初五日，俄人反境失守城池被焚无存。

六品顶戴披甲成顺，出征直隶，在陕西定边县地方打仗阵亡，蒙恩赏给云骑尉世职，拣以长子荣祥，于光绪十八年十二月十三日初次仅名承袭，由部并未请领敕书。

蓝翎披甲郎虎，出征直隶，在陕西定边县地方打仗阵亡，蒙赏给云骑尉世职，拣以胞弟恩凌于光绪十六年十二月十六日初次承袭，由部领到敕书，已于光绪二十六年七月初五日，俄人反境失守城池被焚无存。

六品军功披甲巴清阿，出征江南，在六合县地方打仗阵亡，蒙恩赏给云骑尉世职，拣以长子玉凌，于同治七年十二月十八日初次承袭，由部领到敕书，已于光绪二十六年七月初五日，俄人反境失守城池被焚无存。

六品军功披甲成顺，出征江南，在卢州郡县地方打仗阵亡，蒙恩赏给云骑尉世职，拣以长子萨尔嘎贲，于光绪十二年十二月十六日初次承袭，由部领到敕书，已于光绪二十六年七月初五日，俄人反境失守城池被焚无存。

骁骑校富凌德，出征河南，在该省地方打仗阵亡，蒙恩赏给云骑尉世职，拣以长子五十五初次承袭，遗缺拣以长子托精阿二次承袭，遗缺袭次已完，给予恩骑尉，拣以托精阿之长子恩特恒额，于咸丰九年十二月十六日初次承袭，由部领到敕书，已于光绪二十六年七月初五日，俄人反境失守城池被焚无存。

正蓝旗钟寿佐领下：

六品军功披甲富寿，出征直隶，在库尔喀喇乌苏地方打仗阵亡，蒙恩赏给云骑尉世职，拣以胞弟保玉，于光绪十七年十二月十六日初次承袭，由部领到敕书，已于光绪二十六年七月初五日，俄人反境失守城池被焚无存。

正黄旗春山佐领下：

六品军功披甲舒明额，出征江南，在丹阳县地方打仗阵亡，蒙恩赏给云骑尉世职，拣以长孙同喜，于光绪二十年十二月十六日初次承袭，由部领到敕书，已于光绪二十六年七月初五日，俄人反境失守城池被焚无存。

蓝翎披甲成顺，出征江南，在卢州桐城县地方打仗阵亡，蒙恩赏给云骑尉世职，拣以长孙凤德，于光绪二十一年十二月十七日初次承袭，由部领到敕书，已于光绪二十六年七月初五日，俄人反境失守城池被焚无存。

六品军功披甲六十九，出征江南，在土桥子地方打仗阵亡，蒙恩赏云骑尉世职，拣以长子凌春，于光绪十六年十二月十七日初次承袭，由部领到敕书，已于光绪二十六年七月初五日，俄人反境失守城池被焚无存。

尽先骁骑校克蒙额，出征在六合县北门外地方打仗阵亡，蒙恩赏给云骑尉世职，拣以长孙连玉仅名初次承袭，由部并未请领敕书。

六品蓝翎前锋永泰，出征江南，在六合县地方打仗阵亡，蒙恩赏给云骑尉世职，拣以长子吉云，于同治八年十二月十八日初次承袭，由部领到敕书，已于光绪二十六年七月初五日，俄人反境失守城池被焚无存。

六品军功披甲永庆，出征江南，在温州地方打仗阵亡，蒙恩赏给云骑尉世职，拣以长子托明阿，于光绪十二年二月十六日初次承袭，遗缺尚未承袭，由部领到敕书，已于光绪二十六年七月初五日，俄人反境失守城池被焚无存。

拜唐阿塔克达那出征甘肃，在华林地方打仗阵亡，蒙恩赏给云骑尉世职，拣以长子多明阿初次承袭，遗缺拣以长子乌勒德科二次承袭，遗缺袭次已完，给予恩骑尉，拣以乌勒德科之长子台喜初次承袭，遗缺拣以长子乌绷额，于光绪二十一年十二月十七日二次承袭，由部请领到敕书，已于光绪二十六年七月初五日，俄人反境失守城池被焚无存。

以上被焚袭职敕书十九份呈请补发。

珲春副都统为接收钦差大臣告示日期的咨文
光绪三十二年十月二十日

钦命头品顶戴镇守珲春地方副都统军功花翎恒，为咨复事。右司案呈：于十一月十二日，准钦命署将军达、副都统成　咨开，光绪三十二年十月初七日，准钦差大臣戴、徐　咨开，照得东三省为根本重地，近年迭遭事变，民务凋残，殊堪悯恻。朝廷轸念殷殷，特派本爵大臣、大臣前来宣播德音，附循疾苦，兼为三省图谋久远之计，用意至为深厚。惟是本爵大臣、大臣轺车所经地方有限，而三省幅员寥廓，闾阎闻见难周，亟宜设法布告，俾得穷乡僻壤，家喻户晓，咸知朝廷矜恤之深，暨本爵大臣、大臣属望之厚用，特发给告示，剀切晓谕。兹刊印一千五百张，相应咨送贵将军查照，即希颁发各属，妥速分贴，毋得视为具文，致任吏胥搁压，是为至要。等因咨送前来。除将告示于本月初八日，先行饬驿由四百里递发并分行外，相应将发去数目，备文咨行贵副都统，请烦查照，分处张贴勿延，并希将接收日期咨复备查。等因。准此，除将原发告示四十张，于十月十八日接收颁发各处张贴外，合将接收告示日期，理合备文咨复。为此合咨钦命署将军达　、副都统成　，请烦查照可也。须至咨者。

右咨 _{钦命署理吉林等处地方将军兼理打牲乌拉拣选官员等事世袭骑都尉达、}
_{吉林副都统赏戴花翎成}

吉林将军衙门为奉军营官定振东系属珲春旗仆仍更旗名定昌的咨文

光绪三十二年十二月十五日

为咨行事。兵司案呈：光绪三十二年十一月二十六日，准盛京军督部堂赵　咨开，案据总统奉军后副后路各营张镇勋呈称，据卑部后路瑞统领禄呈称，窃据职路右营定营官振东呈报，窃职姓纽瑚录氏，世驻珲春，原名定昌，当从军奉省，初著战功，叨蒙大宪奖予牌札，误填定振东字样，本应呈请更改时，值军书旁午不遑声请，相沿至今。因思旗仆向无以汉文三字命名之理，俱与本牛录册档不符，不敢始终错误，合无仰恳随案声明，仍名定昌，注销错写字样，以符旗档。为此呈请统领俯赐，据情转请核咨施行。等情据此，查该营官系属珲春驻防旗仆，原名定昌，在奉膺保误填定振东字样，现经据实声请，拟恳随案声明，仍名定昌，注销错写为定振东字样，可否之处，理合具文呈请，据情转请核咨施行。等情据此，理合具文呈请鉴核咨施行。等情据此，除批，如呈照准。仰候查核原案办理，等因。印发并饬巡防营务处暨财政总局知照外，相应咨行。为此合咨贵衙门，请烦查照施行。等因准此，相应呈请咨行珲春副都统衙门查照，即将该员从前曾得何项褒奖，现有何项官阶，一并查明见复，以凭稽核可也。须至咨者。

右咨珲春副都统衙门

吉林行省衙门为珲春副都统陈昭常携印赴延暂行驻防的咨文

光绪三十四年四月初二日

为咨行事。旗务处案呈：案照本大臣、部院于光绪三十四年三月二十二日，附片具奏，为据署理珲春副都统陈照常咨称，珲春旗民杂处，风气未开，一切事宜，均须及时整顿。现在次第布置，渐有头绪，延吉交涉紧要，未便久离，拟即带印赴延，暂行驻扎。珲延相距伊迩，近日电线已通，消息更为灵捷，遇有重要事件，仍可随时驰回珲春办理，不致贻误。惟事系创举，应请代为奏明。等因前来。臣等查珲春副都统本有兼理边务之责，近来沿边情势，与昔稍有不同，自延吉事起该副都统会同帮办吴禄贞预筹布置，相机因应，诸臻妥协，自应准其带印驰往延吉筹办一切，期无贻误。谨附片具陈，伏乞圣鉴。谨奏。除俟奉到朱批，再行恭录咨行外，合先照抄原片，呈请咨行。等情据此，除分行外，相应备文咨行。为此合咨贵副都统衙门，请烦查照可也。须至咨者。

右咨珲春副都统衙门

吉林行省衙门为巡抚朱家宝到任叩谢天恩事的咨文
光绪三十四年八月

为咨行事。旗务处案呈：于光绪三十四年八月二十四日，本部院恭折具奏：为恭报微臣到任接篆日期，叩谢天恩恭折仰祈圣鉴事。窃臣蒙恩升署吉林巡抚，当即在延吉厅防次专折谢恩，吁请陛见。谨将珲春副都统任内，及吉林边务经手事宜清理就绪，驰赴奉省。途次奉列朱批：毋庸来见。钦此。钦遵。随即行抵奉天，先将吉林应办事宜，与督臣徐世昌会商一切，兹已驰抵吉林省城。于光绪三十四年八月二十四日，准调任抚臣朱家宝，将吉林省印暨王命旗牌文卷等件，派委代理吉林府知府潘震声，赍送前来。因督臣徐世昌现驻奉省，印信循例由臣祗领。谨于是日，恭设香案，望阙叩头讫。遵即开用印信，履任视事。伏查吉省外界强邻，内多旷土，唐勤远略，疆索未及于海兰，汉纪方舆史乘仅详夫貊涉溯我朝肇基之迹，东郡实发嘉祥。及是时改省之初，黄图用资保卫，欲绝天骄之窥伺，首重国权，期输外徼以文明，尤求实际。又况民生凋敝，筹款维艰，匪类潜滋，保安不易。百年至计生聚贵于运筹。万里穷边控驭懔乎朽索。虽驽骀十驾，难语追风逐日之功，而鳌戴三山，敢负厚地高天之德，重叨宠遇祗益悚惶。唯有仰秉宸谟，奉宣德化，望山川而知险隘，因时地以为变通。所有吉省要政，随时商承。督臣徐世昌悉心经理，协寅僚而助治，勉师昔贤集思广益之衷，竭绵薄以效忠，冀副深宫共济时艰之训。再臣由延赴奉，经过宁古塔及东边一带地方，雨旸时若，俗尚敦良，堪以上慰宸厘。惟地广人稀，田荒未辟，实边设治，急宜次第筹办，合并声明。所有微臣到任接篆日期，并感激下忱，理合恭折具报，叩谢天恩。伏乞皇太后、皇上圣鉴。谨奏。等因。除俟奉到朱批，再行恭录咨报外，合先照抄原折，呈请咨报。等情据此，除分行外，相应备文咨报。为此合咨贵副都统衙门，请烦查核施行。须至咨者。

右咨珲春副都统衙门

吉林行省衙门为报珲春副都统到任视事日期的咨文
光绪三十四年十二月

为咨行事。旗务处案呈：光绪三十四年十一月二十八日，本大臣、部院附片具奏：再，臣昭　前在署理珲春副都统任内，奉命署理吉林巡抚，当于本年八月间，携带印信赴奉，与臣世　晤商一切。适新任署理珲春副都统郭宗熙，因差在奉，随将珲春副都统银印一颗，就近派员赍送该署副都统祗领，曾经奏报在案。兹据该署副都统郭宗熙咨称，于九月二十五日驰抵珲春，即于是日到任视事。合将任事日期，循例咨请代奏前来。理合附片代陈。伏乞圣鉴。谨奏。等因。除俟奉到朱批再行恭录咨行外，合先照抄原片，呈请咨行。等情据此，除分行外，相应备文咨行。为此合呈贵副都统请烦查核可也。须至咨者。

右咨珲春副都统衙门

吉林行省衙门为陆军统领余大鸿因兵变遗失关防事的咨文
宣统元年二月二十七日

为咨行事。军衡科案呈：本年二月十四日，奉督、抚宪札开，案准安徽抚部院朱　咨开，据陆军三十一混成协统领余大鸿申称，窃查本年十月二十六日晚间，炮马两营兵变，戕害营官。炮营关防，迄今调查，遗失属实。又恐匪党窃取，后患堪虞，应请咨会各直省，通饬所属，一体知照，以重名器，而杜奸谋。是否有当，理合备文申报。仰祈鉴核，备案查考。等情据此，除批：关防遗失最关紧要，仰仍设法查缉，并候分咨各省抚院暨行本省臬司，通饬所属一体知照。等因。印发并分别咨行外，相应备文咨会。为此咨请查照，转饬所属一体知照。等因准此，合亟通饬。为此札仰该处等，即便遵照，转饬所属署局堂旗，一体知照。切切。此札，等因奉此，除分行外，相应备文咨行。为此合咨贵副都统衙门，请烦知照施行。须至咨者。

右咨珲春副都统衙门

珲春副都统为奉上谕造送民政财政统计表的呈文

宣统元年五月初七日

钦命署理珲春地方副都统郭　为呈复事。右司案呈：本年五月初五日承准督、抚部堂、院咨开，宣统元年闰二月十九日，准宪政编查馆咨开，本年二月二十九日军机大臣钦奉谕旨：宪政编查馆奏遵办统计政要，拟从民政、财政入手，编订表式，酌举例要，开单呈览一折，着依议。钦此。合即抄录原奏，连同表式暨统计表总例解说举要，刊印成册，分别咨行，钦遵办理。所有此项表式，除部表省表已分式编订外，其中尚有事非一署，署非一式，应由各督抚分行各该主管衙门局所核实，填注大致办法，均经详叙总例暨各表示解说之中。或应添列分表，以致其详，或应别订一式，以尽其变，或类目尚示具备，或例案有所更张，均可逐一声明，随时损益，应各查照原奏，暨总例解说，融会贯通，依限办理，经期事实赅括，经纬分明，方为合式。所有统计年限，自光绪三十三年为始，而现在三十四年事项，亦经首尾完具，即可一并查核，陆续填报。所有应行各署局所表式繁多，应由各省调查局照式绘印，分发遵办，其有注防旗营，应填事项，并由各省转咨各将军、副都统、城子尉等查照，一体办理，汇齐咨送，以期迅速而重要政。除分行外，合即咨行贵抚查照办理可也。须至咨者。等因准此，除分咨暨通行外，相应检同表册备文咨送贵衙门，希即查照各表类目，先于光绪三十三年事项详细核实，填注二份，务于一个月内咨送来院，以凭分发民政司、调查局，会同汇核填造总表，先期咨送，免干部诘。至三十四年事项，现已届期，亦可接续填送，以期迅速而重要政，并希将接到表册日期，先行见复，望速施行。计咨送民政统计表式三十三种各三份，填注表格义例一册。等因承准此，合将接到日期先行备文呈覆。为此咨呈贵督、抚部堂、院，谨请鉴核施行。须至咨者。

右咨呈督、抚部堂、院

二、军　　事

（一）筹　布　边　防

吉林将军衙门为调右翼统领王宽率队赴和龙峪添扎的咨文

光绪二十一年三月初三日

为咨复事。准贵署帮办咨开，于本年二月二十四日，据左路右营张营官友云报称，带领兵勇变装，亲赴西水罗侦探倭船，驰抵该处询据居民金称，倭船停住数日，昨已开去，后至海口观望无影，是以回防禀报等情。又据前路右营胡营宫殿甲报称，昨据朝鲜庆兴金府使函告，接得探报，青津刻来轮船五只，俟探知为何国之船，再行达知等语。由该营官转报前来。据此，当将所报西水罗倭船开去，青津来泊轮船五只各情，电报贵署督办将军在案。查青津虽属韩境，距我和龙峪甚近，恐系倭贼兵轮由西水罗开至青津，倭贼诡谲，尤虑取此道北窜犯我边疆，以扑和龙峪。亟应飞伤通商局右路严防，密探得有军情飞报，以凭相机调遣。惟和龙峪驻扎队单，倭果来犯，右路马步两营飞速整顿，前往堵御，现已电请贵署督办将军，飞饬前调来珲。王统领所部两营先行驰赴和龙峪添扎接应，如警报传来，再行加派左路左营讷营官荫，前路左营锡营官成阿，各率所部马队，飞驰该处助剿，该各统领营官务当同心合力杀敌致果，以保边围。除由六百里飞调王统领所部两营，前往和龙峪添扎，并分饬通商局田，令右路穆统领严为戒备，及中、前、左三路遵照外，相应备文由六百里飞咨贵署督办将军，请烦查照，飞饬王统领率队驰赴和龙峪添扎，盼切施行。等因准此，除札饬外相应备文咨复。为此合咨贵署帮办，请烦查照施行。须至咨者。

右咨钦命帮办吉林边务事宜珲春副都统恩

珲春副都统为调左路左营马队赴西步江择要驻守的咨文

光绪二十一年二月二十七日

署理帮办吉林边务事宜珲春副都统军机处存记副都统衔花翎协领恩　为咨明事。案查前据前路右营胡营宫殿甲呈报，温贵东之西水罗海口，有倭贼兵轮停泊数日，往来该处非只一只，测水查形，恐有犯我边境之意，请添兵备防等情。当经咨请贵署督办将军拨队添扎，一面飞调左路左营马队讷营官荫，克即带队来珲，并分檄各路严为筹便各在案。兹据讷营官报称，窃奉谕飞调职营来珲，遵即于本月二十一日由冈带队启程，二十三日星夜驰抵珲防，听候调遣。等情禀报前来。除饬派该营官迅速带队驰赴西步江择要扼守，严为戒备外，相应备文咨明。为此合咨贵署督办将军，请烦查照施行。须至咨者。

右咨钦命头品顶戴署理吉林等处地方将军督办边务事宜兼理打牲乌拉拣选官员等事黑龙江将军恩

珲春副都统为派兵查道保护商民的晓谕
光绪二十三年

钦命帮办吉林边务事宜镇守珲春地方副都统军功花翎英　为出示晓谕事。

照得设兵备防，固属实边之善举，而派队查道，尤为便民之要图。查珲春西至吉林，东至俄卡，本系通衢大路，近阅各处文报，沿途盗案层见迭出，于是商民裹足不前，视为畏途。若不设法肃清，殊有失养兵卫民之道。应亟着中路酌派马队十名协同二道河驻扎官兵，自珲城起东至俄卡止，着前路拣派马队三十名，自珲城起西至南冈止，着右路拣派马队三十名，自南冈起至黄坨腰子止，均照所指界址，节节巡查，并护送往来行旅，毋稍懈忽。倘此次派队查道以后，沿途商民再有被劫情事，唯以该官兵等是问。除札饬中、前、右三路遵照外，合亟出示晓谕。为此，示仰商民各色人等知悉，自示之后，尔等仍应照常货贩，毋再畏缩，亦不得违禁贩私及捏报各情事，致干查究不贷。切切，特示。

珲春副都统为和龙峪留半哨驻扎等情的咨文
光绪二十四年四月初六日

钦命帮办吉林边务事宜镇守珲春地方副都统军功花翎英　为咨呈事。窃于本年四月初三日，据督理和龙峪越垦局事宜曲令作寅禀称：窃卑职前在珲城蒙谕，拟酌撤队事宜，或一哨，或半哨，必须尽心筹办，无负委任。仰见宪施逾格训示周详，祗聆之余，铭诸肺腑。卑职旋局后，遵即留心体察越垦情形，各举数端敬为宪台陈之。一、查越垦交界，西自崇化社起，东至怀恩社止，沿江一带六百余里具系崇山峻岭，幽僻穷谷，其中韩民越垦烟户四千余家，皆星罗旗布，道路分歧，弹压抚绥缉奸敚盗，甚为不易，全赖两哨步队分防驻扎，得以安静无虞。一、查韩民饥困外逃投华者固多，而投俄者更甚，平靖之时在华在俄无所区别，当兹多事之时，在俄之韩民即系中华之隐患，未然之防亦不可不虑。一、查去冬法国传教，垦民聚集六七百人，焚烧教民房屋，赖有队兵四处驻扎，各保一方，就近弹压，幸未滋出事端。一、查越垦实盗匪出没之区，寥寥一局孤悬极边，又兼征收租款，常闻贼匪探问局兵多少，垦民以兵多答之，军声远播贼匪，始未敢轻视也。是越垦局所驻步队两哨，除分防及寻常差事外，护局不过一哨之数，兵虽无多关系大局者甚重，一旦遽行撤调，军威顿减，难保不别生枝节，然当此裁兵节饷之时，无论如何为难，究不能不设一权变之计，以慰宪台筹边裕饷之至意。卑职昨与中路右营后哨哨官和顺面商，由该哨撤回半哨自带归营，留半哨交给哨长带领在局驻扎，如此筹办尚有半哨在局分布，或不致太单。和哨官答云，哨官前日到营，闻敝统领言及三道沟金厂现有调队护厂之举，将来哨官回营还得派赴三道沟驻扎等语。卑职筹思此举如果属实，似不必撤队回营，就近专派哨长带领赴三道沟弹压金厂，而和哨官仍带半哨留局驻扎，并可就近兼雇三道沟之队。如此不动声色暗撤队伍另调防所，地面不觉空虚，民心不致惶惑，而盗贼亦无从窥伺，庶于大局不无卑益。所有拟筹撤队调赴防所哨官仍可兼顾各情节，未识当否，谨将管见所及略为缕陈，是否可行之处，禀候核夺示遵。等情据此，查该督理所禀各节，自是实在情形，至调防就近兼顾，尤属从权之道，应即如所拟办理，以期妥善。除札复该督理并饬中路统领知照外，理合备文咨呈督办将军鉴核施行。须至咨呈者。

右咨呈钦命署理吉林等处地方将军督办吉林边务事宜兼理打牲乌拉拣选官员等事副都统衔延

吉林将军衙门为奉上谕就地筹饷妥为布置练兵事的咨文
光绪二十六年六月二十四日

为咨行事。兵司案呈：本年六月二十四日承准军机大臣字寄吉林将军长，光绪二十六年六月十八日奉上谕："长　奏俄人兴修铁路，陆续招致土夫甚多，如有战事，必致停工，设法安置等语。三省土夫既有一二十万人之多，皆系内地良民，即可设法收用。着长　会同团练大臣嵩、成　招集此项工人，陈说利害，仿照义和团民办法，先行拆毁俄人铁路，使其防不胜防，以遏来路。至所请拨部库银四十万两，现在部库支绌，需用浩繁，前已有旨令各直省筹款接济，京师断无余款可以拨给外省，所请着毋庸议。值此衅端已开，军情紧急，该将军受恩深重，务当殚竭心力，就地筹饷，就饷练兵，妥为布置，毋得稍有疏虞，并将俄兵现在情形，随时驰奏。将此由六百里加紧谕令知之。钦此。"遵旨寄信前来。相应呈请咨行盛京、黑龙江将军，宁古塔、伯都讷、三姓、阿勒楚喀、珲春副都统，照会乌拉总管等衙门查照，扎饬十旗、乌拉、五常堡、拉林、双城堡、伊通、额穆赫索罗协、参、佐领，水师营总管，官庄总理，四边门章京，吉林分巡道全营翼长，边防、营务、练军、边务、文案、粮饷等处，厘捐、宝吉、机器、垦务、交涉等局遵照，由兵司移付印务处，户、刑、工司、承办处银库查照可也。须至咨札者。

右咨珲春副都统衙门

（二）募　兵　练　兵

吉林将军衙门为黑龙江将军派员赴吉林一带募军事的咨文
光绪二十一年三月十七日

为咨行事。兵司案呈：本年三月十一日准前任黑龙江将军依　咨开，案照本前将军现奉旨招军万人，亟应派员分头招募，以期迅即成营。兹拣派佐领富保统领各营官，前往吉林一带地方迅速招募成军，赶即管带前来，俾资战守。除饬该员严加约束，不得滋事骚扰外，相应备文咨请贵将军烦为查照，转饬所属地方妥为照料，一体遵照可也。等因前来。相应呈请咨行宁古塔、伯都讷、三姓、阿勒楚喀、珲春副都统，照会乌拉总管等衙门查照，札饬十旗、乌拉、拉林、双城堡、伊通、额穆赫索罗协、参、佐领，西北两路驿站监督，吉林分巡道，全营翼长，四边门章京等遵照，一俟该佐领富保等抵省招募之际，一体妥为照料可也。须至咨者。

右咨珲春副都统衙门

珲春副都统为校阅军操并抄粘随带人员数目的咨文
光绪二十三年九月二十九日

钦命帮办吉林边务事宜镇守珲春地方副都统军功花翎英　为咨呈事。窃照靖边各军每于秋冬之际照章校阅一次，以讨军实。昨准贵督办将军体察现在情形，拟即分别办理，业经奏明咨行查照并札饬遵办在案。查中、前、右三路准由本帮办副都统就近往校，卑免日久生懈。兹定于十月初二日，先赴中、前两路次第校阅军操，再往右路查阅军操，事竣便道驰抵和龙峪、光济峪查看越垦情形，并阅护局官兵操防。所有随从官弁人等日需□物并麸料、柴草等项，均照市价随时发给，不准丝毫骚扰，以免滋累。至各军将弁训练勤惰，兵勇技艺优劣，随时分别赏罚，俟校阅后再行咨明。除分札外，相应将随带人员抄粘，咨呈贵督办将军，请烦查照施行。须至咨呈者。

计抄粘

右咨呈钦命署理吉林等处地方将军督办吉林边务事宜兼理打牲乌拉拣选官员等事副都统衔延

谨将阅军随带委员、哈芬、戈什、亲兵数目开列于后。

计开

文案署总理鄂英，差遣委员李汝讷，办事官杨肇祺，额外委员多纶，书识三名，发审委员曲鸣銮，巡捕毓廉、志和，督队官广纯，哈芬二名，戈什十二名，执事亲兵二十名，章京贵升。以上共四十六员。

吉林将军衙门为奏派帮办就近校阅中前右三路弁勇事的咨文
光绪二十三年十月初六日

为咨行事。窃照本署督办将军，于本年八月二十八日恭折具奏，为校阅边军，体察现在情形，势难出省逐处亲阅，谨拟分别办理，以期时事边防两无贻误等因一折。并奉到朱批：着照所请。钦此。钦遵。业经先后行知各在案。现在亟应分别举行，除亲军各营由本署督办将军调齐校阅，左后西路札饬翼长庆禄等分投代阅外，所有中、前、右三路马步各营，相应咨请贵帮办查照原奏事理，就近逐军校阅各营官弁兵勇演阵、打靶，是否娴熟，名额有无空缺，及或以老弱充数等弊。务宜认真比校点验，阅毕分别优劣造册咨送，以凭核夺，据实具奏。用副朝廷整肃戎行，绥边固圉之至意。为此合咨贵帮办，请烦查照，迅速施行。须至咨者。

右咨钦命帮办吉林边务事宜珲春副都统英

吉林将军衙门为依克唐阿奏请抽练工兵飞兵一折咨札各处遵照的咨文
光绪二十四年三月十二日

将军衙门　为咨行事。兵司案呈：本年三月初八日准军副宪札开，于本年三月初一日奉钦命督办军务和硕恭、庆亲王札开，本督办军务处具奏议复依克唐阿请抽练工兵、飞兵一折，于光绪二十四年二月十一日奉旨："依议。钦此。"相应抄录原奏，札行该将军钦遵办理可也。等因奉此，应即分别咨札边练各军，饬令认真演练，不准虚应故事，以致临时贻误事机。其办团一节，即札吉林道再行申明，通饬各府厅州县实力举办，勿得虚词搪塞。分别咨札外，合亟抄粘札饬，札到该司即便遵照转饬各该衙门遵办可也。特札。等因奉此，相应抄单呈请咨行珲春副都统衙门查照可也。须至咨者。

右咨珲春副都统衙门

粘单

奏为准旨核议具奏，仰祈圣鉴事。

光绪二十四年二月初三日准军机处交出，本日依克唐阿奏复筹饷练兵要策，拟于各营抽练工兵、飞兵一折，军机大臣面奉谕旨："督办军务王大臣核议具奏，钦此。"抄交前来。[臣]等阅原奏所称，抽练工兵、飞兵两事，工兵则拟于照章操练外，正兵内抽出数十名，演习挖壕筑垒，一遇两军交垒，先行分兵挖筑，进则步步为营，退亦处处可守，飞兵则于练枪外，令其囊沙疾走，以练步跳等法，去沙则走及奔马，登山则捷若飞猿。再练卧枪击刺以备临敌之用，以工兵护正兵，飞兵作奇兵。此刻水师船炮不齐。请先于沿海各口挖筑土垒地营，以避敌炮攻击等语。臣等查此时局艰危，练兵为第一要义。非竭力议求不足御外侮，非通力合作不能示奋兴。前此督办军务处议复东三省练兵折内，有将中国旧法扫除更张之奏，是中国操演旧法今日难期得力，不能练习洋队以御外侮。然于练习之中，亟应讲求所以制胜之策为要着。夫用兵之道，全贵以长击短，以力胜巧。外洋专以火器见长，枪炮较之中国所用诚为精巧，而洋队步伐整齐，进退变应亦极便捷。今中国枪炮则购自外洋，队伍则学习洋法，以之剿捕内地盗贼固有余，若与各国对垒则尚恐不足。即使练习如法，亦不过与之相等，决战时胜负尚不可知，而况不如者乎。是洋队不可不练，犹须讲求所以克制之法为第一紧要关键。上年聂士成、马玉昆、董福祥等来京，臣等屡次接见讲求讨论，已谆谆密嘱挑选精劲之卒，专练飞驰，或带沙囊，或系铅条，临阵去其铅沙，务使跳跃击刺，矫捷如飞鸟，摧撼冲突，迅烈如猛虎。多设奇伏，奋身猱进，兵及相接彼虽（时）[恃]火器之精，将有措手不及之势。昔宋臣岳飞，戒步卒以麻扎刀，入阵勿仰视，第斫马足，大破金人于郾城；韩世忠背嵬军各持长斧，上揕人胸下斫马足，破敌于大仪。此皆临阵矫捷，以力胜巧之明证也。今该将军请以抽选工兵，系为守御之策，练习飞跃，预为奇伏之选，饷不多增，兵愈精捷，所筹甚合机宜，应即照准。臣等仍当密饬各军，一律选拔精练，庶几克成劲旅，有裨军实。至开挖土垒地营，二十年十一月督办军务处已绘图通行各路举办，应再请旨饬下沿江沿海各疆臣，相度地势奏明办理。其办团之举，现经议定，由各省详议章程具奏。该将军既称奉天办理成团者已及过半，应即妥慎筹办，勿滋流弊，庶足以辅兵力之不足。所有遵议各缘由，谨恭折具陈，伏乞皇上圣鉴。谨奏。

吉林将军衙门为奉懿旨严饬各军实力整顿认真训练以备缓急的咨文

光绪二十四年十月初四日

为咨行事。于本年九月二十六日，接准电抄，奉慈禧端佑康颐昭豫庄诚寿恭钦献崇熙皇太后懿旨：国家筹饷养兵，原期御侮折冲得备缓急之用，无如积弊相沿，缺额扣饷，种种蒙弊，以致习气日深，营制日坏。朝廷慨念时艰，若此备兵不修明，积弱情形何时克振，各省统带兵勇大臣手握军符，干城昭寄，自应激发天良，以身报国，何得瞻徇情面，自便私图用特，谆谆训谕。嗣后各该大臣，务当督率将弁，汰弱留强，激励兵丁，认真训练。凡属血气之伦，谁无尊君亲上之心，但使信赏必罚，自可作其忠勇，一旦疆场有事，士卒用命。俾咸晓然，以国耻为耻，同仇敌忾，悉成节制之师，庶不负整军经武至意，尚其信之。钦此。钦遵前来。等因准此，查吉林边练各军，自经本将军前于到任后力加整顿，迭次申诫，各项积弊渐已剔除。惟操练宜如何益求精熟，有勇且必使知方，是在上下同心，共矢一片血诚，庶期敌忾同仇，备异日御侮折冲之用。未可以仅能无空额扣饷，巡防弗懈缉捕盗贼，遂自诩为能事。各该营旗于奉到此次谕旨，各应恭录一道，悬诸座前，以期触目警心，时加悚惕，并与士卒详为讲解，俾知激发。倘或视为具文，但以一阅置之，则深负深宫垂念边防、殷殷告诫之苦心矣。如有不肖将士胆敢仍前玩懈，甚至沾染恶习，舞弊营私，一经发觉，定予从严惩处，决不姑宽。除分札遵照外，相应备文咨行。为此合咨贵帮办查照施行。须至咨者。

右咨钦命帮办吉林边务事宜珲春副都统英

吉林将军衙门为奉懿旨严饬统领营官祛其营谋认真训练的咨文

光绪二十四年十月初六日

为咨行事。于本年九月二十九日，接准电抄，奉慈禧端佑康颐昭豫庄诚寿恭钦献崇熙皇太后懿旨：前因筹饷练兵之本，迭经谕令各省裁汰营勇，腾出饷项以备挑选精壮，认真训练，是以先练兵为今日第一要政。从前各省军营陋习，统领营哨各员往往专讲应酬营谋差缺，趋跄征逐，议论风生，其实于兵事毫无阅历，于是缺额扣饷种种弊端由此而起，尚安望营伍日有起色。各省将军、督抚身膺疆寄，不但论其操守，更当考其才猷，不但贵乎不循私，更当求其不偏执。目前于练兵一事，尤属责无旁贷，嗣后当各就地方情形宽筹的饷，选拣老成宿将威望素著者，派充统领、营官，勿以新进少年浮夸子弟滥厕。其间但使委任得人，令其督饬兵弁切实训练，务使一兵得一兵之用，庶几建威销萌有备无患。各统领、营官等皆当激发天良，力祛其营谋等弊，奋志功名，勉图上进，倘再有缺额扣饷情事，一经发觉，定以军法从事，决不姑宽也。将此通谕知之。钦此。等因准此，除分札遵照相应备文咨行。为此合咨贵帮办查照钦遵施行。须至咨者。

右咨钦命帮办吉林边务事宜镇守珲春副都统军功花翎英

吉林将军衙门为奉上谕着各省督抚严饬各营按期操演恭亲校阅事的咨文
光绪二十四年十二月二十五日

为咨行事。于本年十二月二十二日接准电抄，奉上谕：御史余诚格奏，练兵宜求实际，请饬将臣恭阅常操一折。现在时事方殷，各省防营练军必须认真整顿，方足以备缓急之用，若悉委诸营员循例操演，任听将弁敷衍具文，何以振兴武备。着各省督抚，严饬各营按期操演，恭亲校阅，并将省外各营不时抽调会演，力除老弱充数之弊，如有冒粮缺额，沾染军营恶习者，立予参惩，用副朝廷赏罚整顿戎行至意。钦此。钦遵前来。除分行咨札外，相应备文咨行。为此合咨贵帮办查照钦遵施行。须至咨者。

右咨钦命帮办吉林边务事宜珲春副都统英

吉林将军衙门为奉上谕着将练成各营听候调取来京阅看的咨文
光绪二十五年四月十五日

为咨行事。本年四月十五日，承准军机大臣字寄各将军、督抚，光绪二十五年四月初六日奉上谕：练兵为当今最急之务，迭经谕令各直省认真训练。现据各将军、督抚先后复奏，各省所练兵勇多寡不同，总以精强为主，庶几制胜可期。现在训练已经数月，当已确有成效，际此时艰孔亟，折冲御侮，必须预备不虞。着各将军督抚随时认真校阅，务使悉成劲旅，毋得稍涉懈怠。仍将练成各营确数暨阵法技勇如何，限三个月先行具奏，听候次第调取来京阅看。将此各谕令知之。钦此。遵旨寄信前来。等因承准此。除分行咨札外，相应备文咨行贵帮办查照，钦遵施行。须至咨者。

右咨钦命帮办吉林边务事宜珲春副都统英

吉林将军衙门为吉林势甚危急拟请由部拨饷添练二十营以资防剿事的咨文
光绪二十六年六月

为咨报事。兵司案呈：本年六月初十日，本将军恭折具奏，为吉林兵单饷绌，势甚危急，义和拳猝难练成，请由部拨饷，并就地凑拨公款，添练二十营，以资防剿一折。当经照抄原折咨报在案。兹于六月二十四日奉到朱批：另有旨。钦此。钦遵前来。相应恭录朱批，呈请咨报军机处，户、兵部查核，暨咨行盛京、黑龙江将军，山海关、宁古塔、伯都讷、三姓、阿勒楚喀、珲春副都统，照会乌拉总管等衙门查照、札饬十旗、乌拉、五常堡、拉林、双城堡、伊通、额穆赫索罗协、参、佐领、全营翼长，吉林分巡道，西北两路驿站监督，水师营总管，官庄总理，四边门章京等遵照，并由兵司移付户、工司，边防营务，练军文案等处查照可也。须至咨者。

右咨珲春副都统衙门

吉林将军衙门为吉林边练新旧各军统归明顺节制的咨文
光绪二十六年六月二十五日

为咨行事。兵司案呈：本年六月十八日，准军宪札开，照得金州副都统明都护顺，前因军事初起，奏请署理三姓副都统并留省办理军务在案。现在军事紧急，所有新募之队及旧有新军，并边练各军，统归明都护点验节制。除分行外，合亟札饬，札到该司即便遵照。特札。等谕奉此，相应呈请咨行宁古塔、伯都讷、三姓、阿勒楚喀、珲春副都统，照会乌拉总管等衙门查照，暨札饬十旗、乌拉、五常堡、拉林、双城堡、伊通、额穆赫索罗协、参、佐领，全营翼长，边防营务处，西北两路驿站监督，水师营总管，四边门章京，吉林分巡道遵照，由兵司移付户司查照可也。须至咨者。

右咨珲春副都统衙门

吉林将军为所有派出边练各军着归各该城副都统就近调遣的咨文
光绪二十六年七月初五日

为咨行事。照得现在军情紧急，所有派出边练各军分扎边疆要隘，以资防剿，往往因不相统辖，未能联络一气，设有贻误关系匪轻。嗣后凡由本军督大臣派出各军，及原在各城防守之营，无论何队即归本城副都统就近节制调遣，如有抗违不遵即请咨会参办，以肃军令而利戎行。除奏明并分别咨札外，相应备文咨行。为此合咨贵帮办请烦查照办理施行。须至咨者。

右咨钦命帮办吉林边务事宜珲春副都统英

吉林将军衙门为准骁骑校贵德禀请赴珲一带招募中路溃勇归伍事的咨文
光绪二十六年七月二十七日

为咨行事。据记名简放副都统记名协领花翎骁骑校贵德禀称：窃沐恩一介武夫，知识毫无，曩岁从戎西塞，历战疆场，荷金忠介，论功行赏，得保斯职。及至凯撒旋吉后，迭荷深恩拔擢，历委练军营总，边防营哨官各差，使戴高履厚莫报涓埃。兹值俄人肇衅，边疆多事之秋，正荷戈之士所宜奋兴而起，况沐恩年未六旬，世代旗仆，不已之雄心益壮，同仇之敌忾弥深。前闻月之初五日珲城失守，百姓遭其屠戮者不可胜计。昨有自珲逃归者，沐恩细询失城之由，实因中路官兵不力，以致前路统领贵升、管带陈得胜率两营七百余人、战敌数千之众。而统领贵升尤属勇敢直前，两次冲锋追敌于十余里之外，毙贼至数百名之多，卒以众寡不敌，俄兵由北山抄袭其后，径焚城市。而前路犹始终坚守炮台，苦战竟日，旋经帮办以城市既焚，令其撤队。该统带等深恐敌人追袭，支持至更静后，俟图管带由黑顶子带队赶到一同暗退。以故是役也，仅伤亡队兵三人。现由珲逃归之商民等络绎，道路众口同词，假令当时中路官兵不溃败于先，俄人断不能逞其志于珲。伏思沐恩昔沐宪恩，委充中路右营哨官在珲多年，该处之地势山川既略知险要，该路之队兵强弱尤深悉情形。查中路前经永庆两统领训练有年，夙称精锐，以二十载百练之师，一战而至于溃散，岂其兵果不及前路之兵乎？良由事急统将不得其势耳。现闻该路之逃兵四散，携带枪械沿道抢掠，若竟听其散去，不惟训成之劲旅可惜，而所失之利器尤关紧要。沐恩去岁自该路请假离营时仅年余，觉队兵中熟识者尚复不少，可否上邀鸿慈，赏派沐恩前往一路设法招募归伍，宽其既往之愆，许以自新之路，或仍添募成队，抑或另拨营哨交派沐恩带往南冈，会同前路统领贵升和衷商筹，为恢复珲城之计。沐恩纵不才，惟恃此区区之血诚，有进无退之心，定当奋勇破敌，效力前驱，断不敢徒托空言干犯军法也。所有沐恩恳请带队破敌各缘由，理合具禀历陈，伏候批示祗遵。等情到本军督大臣。据此，除批：据禀各节具见奋勇有为，殊堪嘉尚，准如所请。着即前往珲春一带将中路逃勇设法招募归队，并将枪械取回造册，呈请核夺，如有逃勇在外骚扰，亦须就近调队随时访拿，从严禀请法办，以昭炯戒。俟饬边防营务处照知。缴。挂发并札营务处知照外，相应备文咨行贵帮办查照施行。须至咨者。

右咨钦命帮办吉林边务事宜珲春副都统英

吉林将军衙门为中俄和议新募各营一律遣散作为土夫的咨文

光绪二十六年闰八月初二日

为咨会事。照得现在中俄和议已成，铁路公司急欲重修，路工嘱为代雇，土夫一时无从觅雇，拟将新募之勇遣散作夫，庶公家可节饷糈，而各勇可多得银钱，斯亦一举两得之道。查吉林新陈边练各军及团练壮勇，不下六十余营，除原有练军留为防捕，毋庸遣撤外，其余边军及近日新募勇丁，一律改为土夫。每百人设一工头，一工副，以五百人为一起，工长带之，以五起为一号，总工长带之。凡统领愿带土夫者，作为总工长；营官愿带土夫者，作为工长；哨官长愿带土夫者，作为工头；工副不愿者，自便。各兵勇愿充土夫者，即给恩饷半个月，作为路费；其不愿者，亦给恩饷半个月，作为遣费。所有铁路工程，管束土夫，收发工价，讲议工事，均由总工将新募之勇遣散作夫，庶公家可节饷糈，而各勇可多得银钱，斯亦一举两得之道。查吉林新陈边练各军及团练壮勇，不下六十余营，除原有练军留为防捕，毋庸遣撤外，其余边军及近日新募勇丁，一律改为土夫。每百人设一工头，一工副，以五百人为一起，工长带之，以五起为一号，总工长带之。凡统领愿带土夫者，作为总工长；营官愿带土夫者，作为工长；哨官长愿带土夫者，作为工头；工副不愿者，自便。各兵勇愿充土夫者，即给恩饷半个月，作为路费；其不愿者，亦给恩饷半个月，作为遣费。所有铁路工程，管束土夫，收发工价，讲议工事，均由总工长与公司承办，一切细事，总工长均听总副监工指使。每撤五营，即令总工长带往，所有枪械衣裙悉行收缴，由总工长另给腰牌，注明姓名、年貌、籍贯，以凭识认稽查。除分行外相应备文咨会。为此合咨贵帮办副都统，请烦查照办理施行。须至咨会者。

右咨钦命帮办吉林边务事宜珲春副都统英

珲春副都统为将中路中右两营遣散事的咨呈

光绪二十六年九月十八日

钦命帮办吉林边务事宜镇守珲春地方副都统军功花翎英　为咨呈事。兹于月之十七日，据靖边中路成统领春呈称，窃查职路（缺文）营马队一哨，前在六月间业经募足十成，嗣于珲春烟集冈等处与俄接仗后，除阵亡阵逃不计外，所剩队伍有七成。自开拔南山以来，（缺文）督、帮办宪札饬遣队在案。职当时即欲带队赴省领饷，以备遣散，无（缺文）勇众口一词，俱称各路晋省之队，均被俄人将器械投之大江，绝（缺文）有不缴军装，尚有谋生之路等语。是以缠延二十余日，尚无头绪。现（缺文）三开解兵勇等始肯允从，近数日因有遣队之举。该兵勇等凡系奉省（缺文）珲春等处之人，大半回家，刻下共计两营队伍，不过五六成。伏思既有端倪，不可耽延日久，以致别生事端。职当即谨遵宪谕，将军装等项悉缴唐营收用，所有队伍容职带进省城，再行缮造花名清册，伏候督办宪点名放饷，并将中、右两营木质关防钤记各一颗，当面缴销，以了此案。复查，职据前统领贵顺移交粮饷账目内载，该统领自欠吉平银六百五十（缺文）钱五分九厘八毫，已故庆统领欠银一百二十三两三钱五分九厘，已撤随（缺文）李绍祖欠银六百零二两七钱一分零三毫七丝外，有帮办宪存银（缺文）领春升存银七百零七两一钱六分三厘。以上所存所欠，概系该统领贵顺移（缺文）。现当队伍既遣，账目不可虚悬，应请转饬该员呈交，以完欠款而重军饷。谨将遣队催款各缘由，并所缴军装数目，理合缮具清单粘连文尾，以凭查核等情。呈报前来。敝帮办查该路遣队一节，既服约束，尚属深明大义，该统领报所欠之款，固宜札催该员呈交，其所存之款，亦应从饷项下扣留，勿令别生枝节，实为公便。合将该路遣队催款各情形，相应备文粘单咨报贵督办将军查核，饬催施行，再俟该统领回省，拟即往前路驻扎处详为（缺文）导，一并声明。须至咨者。

右咨呈钦命督办吉林将军长

吉林将军为靖边各军无饷可筹新添各营一律裁撤事的咨文及奏文
光绪二十七年二月初五日

为咨行事。兵司案呈：光绪二十六年十二月二十六日准军宪札开，照得本将军于光绪二十六年十二月二十一日，恭折具奏，为靖边防军新军无饷可筹、已与本年添练各营一律裁撤，仍留练队变通办理。等因一折。除俟奉到朱批再行恭录札饬并分行外，合亟照抄原折札饬。札到该司即便遵照。特札。等因奉此，相应抄单呈请咨行宁古塔、伯都讷、三姓、阿勒楚喀、珲春副都统，照会乌拉总管等衙门查照，札饬十旗、乌拉、五常堡、拉林、双城堡、伊通、额穆赫索罗协、参、佐领，吉林分巡道等遵照可也。须至咨者。

右咨珲春副都统衙门

跪奏：为靖边防军新军无饷可筹，已与本年添练各营一律裁撤，仍留练队变通办理，恭折仰祈圣鉴事。窃惟时至今日，言兵而兵无可用，防边而边无足守，此诚智勇俱困之秋，宜亟图变计也。吉林自设靖边防军以来，训练几二十年，虽屡经裁减，尚有马步十八营，除驻省三营外，余俱分布各边，此次边衅骤开，卒以单弱而致败衄，其有无不关轻重效已睹矣。靖边新军五营奏设未及三年，从前该军专以保护铁路零星分扎，未能按时调练，此次用以应敌，自难责其立功，且铁路由俄自行拨兵保护，在中国自不必设此冗兵，以糜饷项。至于军兴时添练之强军，并护城之练队，不下数十营，有事则挑募，无事则裁遣，亦固其所故。于本年闰八月初旬，俄兵来省后，遂将防军新军及本年添练各营，一概裁撤遣散，或给恩饷一个月，或给半个月，以作遣费，仅留原有练队以资缉捕。业于前次奏报吉林变计议和情形折内陈明在案。时事如此艰难，养兵数十年曾不得一日之用，自不如裁以节饷，犹为善策。独是吉林自停战后，俄人入境疑忌未祛，凡我已散未散各军枪械悉被收去，以致土匪四起，聚成大股。或数十名，或数百名，负隅啸聚时出掳掠，抚之无饷，剿之无兵，颇形棘手，往往俄人调兵出剿，终以路径纷歧亦未十分得手。又恐俄兵多出，玉石俱焚，不得不多方劝阻。第外侮既无可御，若不制伏内寇愈足为祸乱之阶，而安内又非厚集兵力不足以资镇慑。故前时照会俄伯力总督到吉，德克夫仍留吉林捕盗队四千数百名。近日伯力总督到吉，复与面商，始定通省练队及各民署捕盗营共四千三百名，与吉林原有练队额数不相上下。若将捕盗营合计在内，尚少数百名，在彼族终以大局未定，不愿中国多添兵力，而在吉省亦因饷项无出，不得不敷衍办理。现已将骁勇三营裁去归并吉胜营编伍，此变通原有练队之情形也。查吉林练饷向归内省协济，先由部库筹垫，现在时局变更不得不就地筹饷，此时征榷无多，催科难急，实属无从措手，唯有另行设法以济目前急需。至防军既撤，所有督帮办名目自应一并裁去，仍将营务、文案、粮饷各处酌留员书办理善后核销事宜，事竣再撤，合并陈明。所有吉林裁撤防军新军等营，仍留练队缘由，理合恭折具陈。伏乞皇太后，皇上圣鉴。谨奏。

吉林将军衙门为奉上谕各省制兵防勇改练新军更定饷章军械事的咨文

光绪二十七年十月二十五日

为咨行事。兵司案呈：本年十月十八日，兵司接据全省营务处总理、头品顶戴记名副都统花翎协领庆禄移称，案奉军、副宪发交，于九月二十一日准办理政务处咨开，光绪二十七年七月三十日，内阁奉上谕：前因各省制兵防勇积弊甚深，业经通谕各督抚认真裁节，另练有用之兵。因念练兵必须选将，而将才端由教育而成，自非广建武备学堂挑选练习，不足储腹心干城之选。但学堂成效既非旦夕可期，其各省之设有学堂者，学成之员现尚不敷分调，唯有先就原有将弁，择其朴实勤奋者，遴选擢用。着各省将军、督抚，将原有各营严行裁汰，精选若干营，分为常备、续备、巡警等军，一律操习新式枪炮，认真训练，以成劲旅。仍随时严切考校，如再沾染积习，窳惰废弛，即行严参惩办。朝廷振兴戎政在此一举，各该将军、督抚务当实力整顿，加意修明，期于日有起色，无负谆谆申儆之至意。所有改练章程，应如何更定饷章，着政务处咨行各省悉心核议，奏明办理。将此通谕知之。钦此。钦遵。抄录到本处。查绿营防勇，统计各行省兵数，不为不多，每年动支饷项为数亦复甚巨，而遇有战事兵勇多不得力者，实以营制操章不合时用。将愚兵惰器钝谋疏，种种积弊不可殚述。若非大加厘订，既不能使将士皆规实用，尤不能使饷项尽祛虚縻。按中外臣工条奏，无不以我中国疲弱至此，非极力讲求武备，万难立国。今钦奉明诏谆谆申儆，应举绿营防勇，通盘筹划，更定兵制，核实饷章，各省均规一律，练习新操。每省酌定兵勇额数，分为三等。一曰常备军，挑选年少、精壮、朴勇、敢战者，优给饷项，严加训练若干营，按省份大小，酌定一、二大支，于省会及厄要处所屯驻，不得零星散扎。一曰续备军，分扎训练饷数差减，亦使足以自给，亦按省份大小，酌定若干营，考中国历代兵家之理，采德日陆军兵学之法，延聘教习，实力训练，以成劲旅。一曰巡警军，应将旧有各营裁去老弱浮惰，饷或仍旧，或酌增，另定操章酌量归并若干营，分拨各处兼归州县钤束，专为巡防警察之用。各营军械不一，实为军中一大弊。现钦奉谕旨，一律操习新式枪炮，所有旧日兵器、藤牌、长矛、土枪等类一概停止，不得掺杂练用，徒耗兵力。近见各军领有新式枪炮，械弹潮锈、零件损失，全然不知，卤莽愚惰实为可恨。嗣后各营将领员弁皆当考究军械之学，教道兵士俾知新械之精，价值之贵，制造之难，修理爱护不可疏忽。陆军以步队为大宗，近各国尤以炮队为重，马队功用虽次于步炮，而亦相辅而行。除步、炮、马各队须精练外，辎重工程各队，随营医药为军中所必需，缺一不可，均应详慎筹备。此次更定兵制，各省所练新军，应与已练洋操省份一律精益求精，务当认真考校，勿得仅袭皮毛，如有不得力者，即当裁革更换，勿稍迁就。凡将弁必使粗通文字，略知测算相率，留必考究一切行军窍要，各国操章战法。钦奉谕旨：先就原有将弁择其朴实、勤奋者，遴选擢用。仍随时严切考校，如再沾染积习，窳惰废弛，即行严参惩办。应将旧日营哨各官严加甄别，择其可留者，均令入学堂，随时讲习。凡巧滑浮惰、固执己见及有嗜好者，一概革除，切勿瞻徇其中。如有立功凤将，准以原官回籍，酌予恩饷，以示体恤。此后武备学堂林立，将才日出，绿营逐渐裁汰，新军渐立规制，各省营汛武员如何选用，叙补升擢，应就各省情形详订章程，统归入兵制饷章，另行核定，不得仍以旧日操章规制敷衍陈奏，视为具文。所有更定兵制饷章，以及录用武员，训练规条各详细章程，并各该省原有兵数、饷数各若干，裁革归并一律改练新军实有兵数若干，腾出节省饷项若干，新军应支各项饷项若干，一并详细分别声明，请旨办理。各省驻防满营官兵，应如何革除旧习，改练新军，或就旗营添设武备学堂，或挑选精壮附入各省学堂练习之处，应一并遵旨认真办理，统希查照。务于三个月内复奏，恭候钦定，以便一律遵行。等因发交到处。相应备文移付兵司，请烦查照，转行各署可也。等因前来。相应呈请咨行宁古塔、伯都讷、三姓、阿勒楚喀、珲春副都统，照会乌拉总管等衙门查照，札饬十旗、乌拉、五常堡、拉林、双城堡、伊通、额穆赫索罗协、参、佐领，水师营总管，吉林分巡道，四边门章京等遵照，并由兵司移付户、工司，练军文案、粮饷等处查照可也。须至咨者。

右咨珲春副都统衙门

吉林将军衙门为俄兵未退断难改练新军挑选捕盗队备改练之用的咨文
光绪二十八年二月十五日

为咨行事。兵司案呈：本年二月初八日兵司接准军、副宪札开，于光绪二十八年正月二十六日，本将军、副都统附片具奏，再上年九月间，准政务处咨开，光绪二十七年七月三十日内阁奉上谕：前因各省制兵防营积弊甚深，业经通谕各省督抚认真裁节，另练有用之兵。因念练兵必先选将，而将才端由教育而成，自非广建武备学堂挑选教习，不足储腹心干城之选。但学堂成效既非旦夕可期，其各省之设有学堂者，学成之员现尚不敷分调，唯有先就原有将弁，择其朴实勤奋者，遴选擢用。着各省将军、督抚将原有各营严行裁汰，精选若干营，分为常备、续备、巡警等军，一律操习新式枪炮，认真训练，以成劲旅。仍随时严切考校，如有沾染积习，窳情废弛，即行严参惩办。朝廷振兴戎政在此一举，各该将军、督抚务当实力整顿，加意修明，期于日有起色，无负谆谆申儆之至意。所有改练章程应如何更定饷章，着政务处咨行各省细心核议，奏明办理。将此通谕知之。钦此。行令遵旨认真办理。等因行知前来。第伏查中国武备废弛已久，当此痛巨创深，自宜概事更张，凡属疆臣尤当激发天良，认真整顿。无如吉林自边境停战议和以后，俄兵入境，将所有枪炮悉行搜取，此时求一旧式快枪视为难得之物，何论新枪。当战事停后，第先将边防各军悉行裁撤，所有练军与俄将再三磋商，始改为捕盗队四千三百名。嗣因土匪逢起，兵力难制，复与俄员商妥添募五千余名，意在凑足万人。而至今招募时，犹为彼族处之掣肘，是俄兵未退，其势断难改练新军。第再四图维，别无良策，唯有俟和约定后，再行筹款重设武备学堂，挑选练习，以储将材。此时自当将捕盗队认真挑选，以备将来改练之用，仍随时严切考校，不准再有老弱浮惰虚糜饷需。谨附片陈明，伏乞圣鉴。谨奏。等因。除俟奉到朱批再行恭录札饬外，合亟札饬，札到该司，即便遵照。特札。等因奉此，相应呈请咨行宁古塔、伯都讷、三姓、阿勒楚喀、珲春副都统，照会乌拉总管等衙门查照，札饬十旗、乌拉、五常堡、拉林、双城堡、伊通、额穆赫索罗协、参、佐领，水师营总管，吉林分巡道，四边门章京等遵照，并由兵司移付户、工司，练军文案、粮饷等处查照可也。须至咨者。

右咨珲春副都统衙门

吉林将军衙门为通省拣挑额兵五千名编练常备军的咨文

光绪三十三年二月初五日

为咨调事。兵司案呈：案照吉林现拟由通省领催甲兵内，拣挑五千名编练常备军一协，统习新操，以作士气，而符新章。业于光绪三十二年正月二十四日恭折具奏，并分别咨札各处遵照在案。亟应赶紧挑练，以期速成劲旅。所有各城旗应挑额兵数目，原按额数多寡均匀挑送，务须各将身体强壮，年在十八岁以上、三十五岁以下者，合亟挑选齐楚，造册派员压带送省，以备挑选归营操练，倘以老弱伤残充数，定以该管各官是问。相应抄单呈请咨行宁古塔、伯都讷、三姓、阿勒楚喀、珲春副都统等衙门查照，札饬十旗、乌拉、拉林、双城堡、伊通、额穆赫索罗协、参、佐领等遵照，指调额兵数目务于三月十五日以前一律备文造册派员压带送省，毋稍迟延可也。须至咨者。

右咨珲春副都统衙门

谨将吉林通省拟挑精壮额兵数目列后

计开

镶黄旗拟挑额兵一百五十名。

正黄旗拟挑额兵一百五十名。

正白旗拟挑额兵一百五十名。

镶白旗拟挑额兵一百五十名。

镶红旗拟挑额兵一百五十名。

正蓝旗拟挑额兵一百五十名。

镶蓝旗拟挑额兵一百五十名。

蒙古旗拟挑额兵二百名。

鸟枪营拟挑额兵三百名。

宁古塔拟挑额兵六百三十名、浮备兵十数名。

伯都讷拟挑额兵四百八十名、浮备兵数名。

三姓拟挑额兵七百三十名、浮备兵十数名。

阿勒楚喀拟挑额兵三百名、浮备兵数名。

珲春拟挑额兵二百八十五名、浮备兵数名。

乌拉拟挑额兵三百二十五名、浮备兵数名。

拉林拟挑额兵二百二十名、浮备兵数名。

双城堡拟挑额兵一百五十名、浮备兵数名。

伊通拟挑额兵一百名、浮备兵数名。

额穆赫索罗额兵八十名、浮备兵数名。

以上共挑额兵五千名。

吉林将军衙门为常备军缺额由宁古塔等处挑选的咨文
光绪三十三年五月二十八日

为咨行事。兵司案呈：光绪三十三年五月二十五日，兵司接准兵备处移开，案准常备军协统穆　移开，查敝军各营，现在缺额以及不堪训练应亟撤换者，约计需兵四百名。兹当操法紧急之际，所需兵丹尤须赶紧派员挑选，方克以补足额而资训练。第此项所需兵丹四百名，抑由何城旗挑拣，应请行知该处传备，并请赐复，以便由营派员往挑，俾昭捷便。等因准此，查常备军自成军以来，所挑兵丹屡据各标营呈报，脱逃者已不下千余名，虽经照章行文缉拿，迄未据各旗署拿获到案，以致各营兵额旋补旋缺，挑不胜挑。此次应需合格壮兵四百名，究应在何处传挑，相应备文移会，酌定地方，转饬传备，以便派员往挑，并希迅速见复施行。等因准此，查此次应需合格壮兵四百名，本应由近处传挑，以归迅速，惟查临近各城旗曾有报明，屡经挑选，实乏精壮丁丹，若再强迫挑拣，难免老弱充数，徒费周折。是以拟由宁古塔、伯都讷、三姓、珲春四城，各先传备精壮兵丁一百名，候员往挑以资训练。除饬该处径派妥员往挑外，相应呈请咨行。等情据此，为此合咨贵副都统衙门查照，速即传备精壮丁丹，以备挑选，毋得违误可也。须至咨者。

右咨珲春副都统衙门

（三）兵 力 拨 移

吉林将军衙门为吉林副都统即回本任所部西丹遣散归旗的咨文
光绪二十一年五月初十日

为咨行事。兵司案呈：本年五月初三日，准盛京军督部堂裕咨开，光绪二十一年四月初一日，接总理衙门电开，奉旨：沙克都林扎布所带马队一千五百名，着交裕禄派员解赴察哈尔归伍，并传知沙克都林扎布即回吉林副都统本任。该副都统前挑吉林西丹，并另募团勇，均着由裕禄查明，妥为资遣。钦此。当经恭录，咨会吉林副都统沙　钦遵，将所部各营带省，以便分别送回遣散。嗣经吉林副都统沙　带所部察哈尔马队五百名、吉林西丹一千名、神虎营团勇一千名，陆续来省，业已饬令将军装、号衣呈缴，派员分送在案。除神虎营团勇派委佐领王殿甲、宝和、丛德裕、于广陆、骁骑校宝臣，分作五起，间一日行走，送至锦州遣散。并将吉林西丹一千名，另派奉军马队帮带张永和，哨官李平安、刘长春，送至吉林资遣外，所有应行资遣之吉林西丹一千名，派委奉军马队帮带张永和，哨官李平安、刘长春护送该西丹前赴吉林遣散。现定于本年四月二十八日起程，相应备文咨会。为此合咨贵将军，请烦查照。一俟该西丹回至吉林，即遣散归旗。望速施行。等因前来。相应呈请咨行宁古塔、伯都讷、三姓、阿勒楚喀、珲春副都统，照会乌拉总管衙门查照。札饬十旗、乌拉、双城堡、五常堡、拉林、伊通、额穆赫索罗协、参、佐领，吉林分巡道，全营翼长，西北两路驿站监督，水师营总管，四边门章京等遵照，由兵司移付边务文案处查照可也。须至咨者。

右咨珲春副都统衙门

吉林将军衙门为卫队三营汰弱留强照章遣散的咨文
光绪二十一年九月

为咨行事。案查接管卷内，光绪二十一年九月初六日，据统领靖边右路马步全军副都统衔花翎协领穆克登额禀称：去冬冒雪防边，曾受寒疾，医治尚未就瘁，现又触动旧伤，恳请开去统领差使，并休致协领员缺等情。业经署将军恩　批准在案。兹查有统领靖边左路马步全军协领桂全，堪以调充右路统领。其递遗左路统领一差，查有靖边新军卫队统领董阳春，堪以调充。惟左路地阔队单，现扎吉字军，又须遣撤，应将上年新添中路步队一营，由珲调赴宁古塔，归并左路，以厚兵力。至卫队三营，本在遣散之列，应由该统领选留精壮，及在前敌打仗奋勇之人，补入靖边后路并骁勇各营汰弱空额。如有余剩，即换补左路两营，暨新添中路一营疲弱之勇，所有应汰卫队弱勇，仍即照章遣散。除分札外，相应备文咨会。为此合咨贵帮办，请烦查照施行。须至咨者。

右咨署帮办珲春副都统恩

吉林将军衙门为辽地收复所有驻扎之吉字马步各营回吉的咨文
光绪二十一年十二月初五日

为咨行事。兵司案呈：本年十一月二十八日准军宪札开，案准盛京军督部堂依、裕咨开，案照现在辽地已经收复，日本军队均皆退出，军事大定，所有驻扎赛马集之吉字马步各营，驻扎兴京之齐字马步各营，应即各回原省。除照会各该总统，督同统领营哨等官迅即管带所部，由各防所开拔起程回吉，沿途务须安静行走，不准滋事外，相应备文咨行，请烦查照。等因准此，合亟札饬，札到该司即便遵照。特札。等因奉此，除咨行吉字马步练军帮统富　查照外，相应呈请咨行宁古塔、伯都讷、三姓、阿勒楚喀、珲春副都统，照会乌拉总管等衙门查照，札饬十旗、乌拉、五常堡、拉林、双城堡、伊通、额穆赫索罗协、参、佐领，吉林分巡道，西北两路驿站监督，水师营总管，官庄总理，四边门章京等遵照可也。须至咨者。

右咨珲春副都统衙门

吉林将军衙门为吉林捕务吃紧奏请将边练两军均免裁减事的咨文
光绪二十一年十二月初十日

为咨行事。兵司案呈：本年十二月初三日准军副、宪札开，照得本督办将军、副都统前于光绪二十一年十月十一日，恭折具奏，为吉林边备太虚，捕务吃紧，拟请将边、练两军所复原额均免裁减，并骁勇营仍留八成队伍以备缓急。等因一折。当经照抄原折札饬在案。兹于十一月二十六日递回原折，奉朱批：该部议奏。钦此。除恭录分行咨札外，合亟恭录朱批札饬，札到该司即便遵照。特札。等因奉此，相应咨行珲春副都统衙门遵照可也。须至咨者。

右咨珲春副都统衙门

珲春副都统为将投效吉林边防骁骑校祥奎留珲充差的咨文
光绪二十一年十二月二十四日

钦命署理帮办吉林边务一切事宜镇守珲春地方副都统恩　为咨行事。案于本年十二月二十四日，据五品顶戴补用防御骁骑校祥奎禀称：窃职系荆州驻防镶蓝旗满洲荣庆佐领下骁骑校，于本年十月初八日，在旗请假，赴杭治理胞叔葬务，竚岁事毕，本拟回旗销假当差，伏思职一介武夫，质同樗栎，前于十三年五月投效吉林边防，充当文案营务委员各差。嗣于去年春蒙督、帮宪派赴京领饷差使，借便给假回旗省亲，适遇镶蓝旗骁骑校出缺，当蒙荆州将军祥　补放斯职，原因效力边防，渥蒙各宪栽培，以致升历官阶，饮水思源，敢忘所自，是以仍欲投效珲春，力图报效。第以由本旗请假赴杭，相距千余里，未经回旗销假，遂即航海东来，趋叩铃辕，情愿执鞭节下。今蒙宪恩收录，自当竭力从公，及时奋勉，以期仰副栽培之至意。惟职系荆州实缺人员，效力边防必须报部注册，理合声明，合无仰恳宪恩行文荆州将军衙门，以便报部，俾职得遂边防充差之愿。区区微忱，用敢渎陈，是否有当，伏候批示祗遵。用肃丹禀，附呈履历。等情到本署帮办副都统。据此，查该员所禀投效情殷，自应准如所请，留珲差委。除分咨分札外，相应备文咨明。为此合咨贵督办将军，请烦查照施行。须至咨者。

右咨钦命头品顶戴督办吉林边务事宜镇守吉林等处地方将军兼理打牲乌拉拣选官员等事恩特赫恩巴图鲁长

珲春副都统为拨中路左营赴省的咨文
光绪二十二年三月初九日

钦命头品顶戴赏穿黄马褂署理帮办吉林边务事宜珲春副都统镇守宁古塔副都统世袭骑都尉兼云骑尉库楚特依巴图鲁沙　为咨复事。案于本年三月初七日准贵督办将军电开：敌忾已撤，省西空虚，请拨步队一营来省。等因准此，即于中、前两路六营步队中酌核，现唯有中路左营一营可暂拨往，该营驻扎和龙峪一哨调回该处亦觉空虚，着由前路前营酌拨一哨前往补扎，以重局务。除分檄饬遵外，相应备文咨复。为此合咨贵督办将军，请烦查照施行。须至咨者。

右咨钦命头品顶戴督办吉林边务事宜镇守吉林等处地方将军兼理打牲乌拉拣选官员等事恩特赫恩巴图鲁长

吉林将军衙门为吉林披甲在黑龙江充差事的咨文
光绪二十二年八月初一日

为咨行事。兵司案呈：本年七月十九日，准黑龙江将军恩　咨开，案照七月初三日，据营务处呈准，右路统领夏观泓咨，据右营营官富昌保呈称，窃查职营官兵有系奉天披甲者，有系吉林披甲者，共六名，均应转咨该衙门知照，而职营官兵充差方属合宜，以期慎重。合将其城池、旗佐、花名备文粘单呈报。为此呈请统宪鉴核，转咨施行。等情据此，相应照录该营官所呈各官城池、旗佐、花名粘单，咨请转呈查照。等因前来，理合抄粘呈报。为此呈请宪台鉴核，转咨施行。等情到本督帮办将军、副都统。据此，查所有来江投效之盛京、吉林官兵等既经录用，分别差委，自应准如所请，分行查照，相应抄粘花名备文咨行。为此合咨贵署督办将军，请烦转饬各该城旗查照施行。等因前来。相应抄单呈请咨行珲春副都统衙门查照，札饬乌拉协领遵照可也。须至咨者。

右咨珲春副都统衙门

粘单

计开

管带镇边军右路右营营官、吉林乌拉正黄旗德林佐领下尽先骁骑校披甲富昌保。

镇边军右路右营左哨哨长、吉林珲春镶黄旗庆云佐领下五品军功披甲喜成。

镇边军右路右营中哨三棚马队正兵、吉林珲春镶红旗瑞林佐领下七品军功披甲德祥。

镇边军右路右营中哨五棚正兵、吉林珲春镶白旗喜昌佐领下七品军功披甲连升。

镇边军右路右营左哨三棚正兵、吉林珲春镶蓝旗贵山佐领下披甲永林。

吉林将军衙门为将统领贵升带往前路兵丹旗佐花名抄单的咨文

光绪二十二年九月初十日

为咨行事。兵司案呈：本年九月初三日，兵司接准总理边防营务处副都统衔蓝翎协领凤翔等移开，案准靖边前路统领贵升回奉宪允，带往前路各旗兵丹造册，查核转饬前来。相应备文抄粘移付兵司，请烦查照转行各该旗知照可也。等因前来。相应抄单呈请咨行珲春副都统衙门查照，札饬镶白、镶红旗，鸟枪营，乌拉协、参领等遵照可也。须至咨者。

右咨珲春副都统衙门

粘单

乌拉镶黄旗连贵佐领下花翎尽先协领记名佐领多隆武巴图鲁领催荣华

鸟枪营镶白旗文焕佐领下五品顶戴监生户司委笔帖式委章京富常阿

鸟枪营镶黄旗胜安佐领下记名骁骑校五品顶戴英魁、尽先骁骑校五品顶戴金升

鸟枪营正白旗舒冲阿佐领下五品顶戴披甲恩和

珲春镶白旗全有佐领下五品顶戴披甲吉升

满洲镶红旗花哩雅逊佐领下五品顶戴披甲穆升额

满洲镶白旗全福佐领下五品顶戴披甲依成阿

满洲镶红旗广升佐领下五品顶戴披甲富祥阿

满洲镶白旗忠诚佐领下六品顶戴披甲果兴阿、六品顶戴披甲多兴阿、披甲穆克精额

鸟枪营正蓝旗贵升佐领下七品顶戴披甲魁春

镶红旗庆祥佐领下旗录德崇阿、披甲德兴阿、披甲英海、五品顶戴西丹德隆阿、西丹金铎、西丹双海

鸟枪营正红旗庆贵佐领下六品顶戴西丹保山

镶白旗文焕佐领下六品顶戴西丹保样、西丹保全，镶黄旗胜安佐领下六

品顶戴西丹祥云。

吉林将军衙门为吉林珲春弁兵在江省投效分别差委的咨文
光绪二十二年十一月初一日

为咨行事。兵司案呈：本年十月十四日准黑龙江将军衙门咨开，案据黑龙江镇边军马步各队统领等呈称，来江投效之吉林珲春各旗属云骑尉、补用骁骑校、领催、披甲等城池旗佐衔名查明开单，呈请转咨。等情到本督办将军、帮办副都统。据此，查所有来江投效之吉林珲春俸员弁兵等，既经录用分别差委，自应准如所请，照章抄粘花名清单，备文咨行。为此合咨贵署督办将军，请烦饬属查照施行。等因前来。相应抄单呈请咨行珲春副都统衙门查照。札饬正白、正蓝、蒙古旗协领等遵照可也。须至咨者。

右咨珲春副都统衙门

计开

吉林蒙古正白旗德亮佐领下云骑尉常林五品军功补用骁骑校领催保林，六品军功披甲文祥、领催根福，镶蓝旗全安佐领下五品军功披甲贵祥、荣祥，六品军功披甲胜魁，正黄旗连祥佐领下披甲常海，正蓝旗恩吉佐领下七品军功披甲富隆阿。

满洲正蓝旗石柱佐领下云骑尉巴扬阿，七品军功披甲常云，常福佐领下五品军功披甲依成额。

满洲正白旗德升阿佐领下五品军功补用骁骑校领催海顺，五品军功披甲凌顺，广成佐领下五品军功披甲常林。

珲春正红旗永贵佐领下五品军功领催德顺，正白旗巴图凌阿佐领下六品军功披甲永山，五品军功披甲富伸布，镶白旗贵山佐领下六品军功披甲双成，正红旗永贵佐领下五品军功披甲德春。

珲春副都统为将亲军马队两哨带赴前路训练的咨文
光绪二十二年十月十八日

钦命镇守珲春地方副都统恩　为咨复事。左司案呈：于十月十二日接准署督办将军延　咨开，照得边军护卫马队二哨向归帮办亲军，现将此二哨饬拨前路，勤加训练，以备调遣，务将军械饷乾归并齐楚，速即归队。除札饬前路及亲军统领遵照外，相应备文咨行贵副都统，请烦查照转饬施行。等因准此，除札饬护卫亲军马队左哨哨官海顺、右哨哨官贵庆等各将队伍军装一并带赴前路训练，并照会该路统领遵照外，相应备文咨复。为此合咨署督办将军查照施行。须至咨者。

右咨吉林将军延

吉林将军衙门为披甲全玉等各自转回本旗充差的咨文
光绪二十三年八月二十八日

为咨行事。兵司案呈：案查前准珲春副都统衙门咨，据门班章京等禀称，郭什哈吉林鸟枪营镶黄旗西丹玉祥，在门充差甚属得力，拟请援照办过成案，将珲春镶黄旗披甲巴图哩解退，遗缺禀准以西丹玉祥借补。续据边务文案总理协领海权等呈称，该处书识吉林满洲正白旗西丹全玉、鸟枪营镶黄旗西丹庆福等二名，当差得力，每遇本旗缺出不能列验，当将珲春正白旗披甲奎祥、镶白旗披甲祥春等二名解退，遗出甲缺二份，呈准以西丹全玉、庆福等依次借补，均请俟各该本旗出有甲缺即行转回。各等因咨行前来。当经转饬各该旗遵照在案。兹查吉林正白旗恩常佐领下现出有披甲凌祥升遗甲缺一份，鸟枪营镶白旗披甲连春解退甲缺一份，镶红旗披甲荣寿斥革甲缺一份，以上所遗甲缺三份，均系该披甲等本旗本营缺出，即应援案转回。是以拟将披甲凌祥遗缺以全玉转回本旗，披甲连春遗缺以庆福转回本营，披甲荣寿遗缺以玉祥转回本营，均归本城就近充差，而免往返徒劳，以示体恤。其玉祥等所遗珲春甲缺三份，自应送回珲春原旗另行挑放。相应呈请咨行珲春副都统衙门查照，希将披甲玉祥等转遗之缺，另行拣放以足兵额，并札饬正白旗、鸟枪营协、参、领等遵照可也。须至咨者。

右咨珲春副都统衙门

吉林将军衙门为靖边前路西丹常贵当差勤奋顶补甲缺的咨文
光绪二十三年九月十八日

为咨行事。兵司案呈：本年九月初三日准宁古塔副都统衙门咨开，左司案呈，于本年八月十五日准将军衙门咨开，兵司案呈，本年七月二十二日准珲春副都统衙门咨开，案查接管卷内前署帮办任内，据前路前营谢营官友胜禀称，窃职差弁前哨什长委带后哨勇兵驻札和尚窝棚，常贵系宁古塔镶红旗喜寿佐领下六品顶戴西丹，自前营成军时挑在本营补充正勇，当差勤奋，颇知向上，职接营以来派差从无贻误，今春派往和尚窝棚驻扎，每月津贴银柒两五钱。该弁抵防后巡查甚勤，职躬往查访，见其实力当差，访诸人言佥谓居民得其保护。初二日，访闻胡匪数人奔赴密江，该弁即带勇二名追踪赶来，至盘领口将匪一名，伙匪一名擒获，起得洋枪四杆，送营呈局法办，审实正法在案。此诚不可多得之弁。惟查常贵身系西丹，该旗并未食饷，虽有上进之心奈无阶级，未免阻其升路。伏时事多艰，正当激励人心之候，不便没其微劳，可否仰祈帮宪大人格外鸿恩，或借补本城披甲，或咨行宁古塔该旗补放披甲之处，职未敢冒请，恭候核夺示遵。等情到本帮办副都统。据此，复查无异，理合备文咨呈将军衙门，请烦查照，希即转行宁古塔副都统衙门咨送甲缺一份，以示鼓舞，望切施行。等因前来。相应呈请咨行宁古塔副都统衙门查照，遇有披甲缺出即行咨送一份，以凭转咨珲春副都统衙门，以该西丹拣补可也。等因咨示前来。遵即札据署右翼协领花翎佐领庆春呈，据镶红旗佐领喜寿呈称，查本旗披甲魁山现已病故，遗出甲缺一份，呈请送补。等情据此，合将镶红旗披甲魁山所遗甲缺一份，以靖边前路前营充差该旗西丹常贵顶补之处，理合备文呈请咨送。为此咨送将军衙门查核转补可也。等因前来。相应呈请咨行钦命帮办吉林边防事宜珲春副都统英　查照顶补可也。须至咨者。

右咨钦命帮办吉林边防事宜珲春副都统英

吉林将军衙门为准三道沟驻扎步队暂不更换的咨文
光绪二十三年十一月十三日

为咨复事。案准贵帮办咨开：窃于本年十月十五日奉督办将军咨开，案据边防营务处呈，准前路统领贵升咨报，案奉署帮办照准，营务处遵批筹办珲春三、五道沟金厂，拨队弹压，拟由前路拨队一哨驻守，每年按春秋两季换防一次等因。由中营后哨拨往，于四月初八日呈明在案。现届换防之期，理宜调换。查三道沟地方系与中路所辖之界毗连，又五道沟垦局原有中路队兵三十名，其三道沟似仍由中路拨派全哨，方能联络一气，请将前路之兵撤回择要布置，庶几责有专规，事无旁贷。等因咨请前来。查该统领咨请将拨驻三道沟之队撤回，请由中路另拨各归管辖，以期联络。惟该前路马步四营中路仅有二营，恐难分布，应如何调拨妥善，拟请咨行帮办酌核办理。等因奉此，查三道沟驻扎之队，业将过冬柴米一切备办齐全，若于此时更换诸多不便，自应仍令照常弹压而免徒劳兵力。刻下曾同中前两路统领面为妥商，意见相同，一俟明春天气和暖，彼时再行议换。是否有当，惟乞钧裁施行。谨将三道沟驻扎步队暂不更换各情，理合咨呈鉴核。等因到本署督办将军。准此，查三道沟驻扎步队暂免更换，所议尚属妥善，自应如咨办理。除札营务处遵照外，相应备文咨复贵帮办查照施行。须至咨者。

右咨钦命帮办吉林边务事宜珲春副都统英

珲春副都统为右路各营先后到防的咨文

光绪二十四年正月十九日

钦命帮办吉林边务事宜镇守珲春地方副都统军功花翎英　为咨呈事。窃前奉电开：因大方顶子会匪滋事，令敝帮办分派中前右三路各派队一百名，前往古洞河一带听调。当将各队起程日期咨呈在案。兹于本年正月初三日，据边务行营文案处呈，准右路岳统领林咨，据该路中营前哨哨官丰升额、额外队官德魁等禀称，由头道江奉保翼长、文统领札饬回营，该哨队官于去岁十二月二十六日带队到防。再中营办事官骏名前经留省画图，亦于是日到防。又于正月十四日准前路贵统领升咨，据该路左营马队署管带双清呈称，由蒙江准保翼长、文统领照会内开，令职带队回防，该管带于正月初四日带马步队齐抵珲防，各归各营，即日据护理管带程鹏将营务一切移交管带双清接管。又于正月十七日准护理中路讷统领荫移，据该路中营左哨哨官希拉杭阿、右哨哨长富德、右营左哨哨官英升阿等禀称，奉前路双管带谕，会匪逃散，令即带队回防。该哨哨官长于正月初四、十一等日，先后到营。各等情据该处转呈前来。理合据情一并备文咨呈督办将军鉴核施行。须至咨呈者。

右咨钦命署理吉林等处地方将军督办吉林边务事宜兼理打牲乌拉拣选官员等事副都统衔延

吉林将军衙门为从速拨送前锋缺事的咨文

光绪二十四年十一月十四日

将军衙门，为咨行事。兵司案呈：案查光绪六年珲春改设副都统，其应设各官均照各城体制一律添设。惟前锋一项漏未议及。嗣于十一年间奏奉部议，由双城堡等处酌拨。等因。当经本衙门拨由双城堡酌拨前锋缺十份，归珲春差遣。兹据双城堡协领玉昆报称，堡属镶白旗前锋吉庆斥革一缺，亟应拨送珲春拣放，俾资差遣。等因前来。查陆续咨送前锋缺四份外，该堡尚欠拨送珲春前锋缺六份。俟续有缺出，即行拨送，勿得再缓。兹将送到前锋缺一份，相应呈请咨行珲春副都统衙门查照拣放可也。须至咨者。

右咨珲春副都统衙门

吉林将军衙门为将新募各营遣散作为土夫的咨文

光绪二十六年闰八月初五日

为咨会事。照得现在中俄和议已成，铁路公司急欲重修，路工嘱为代雇土夫，一时无从觅雇。拟将新募之勇遣散作土夫，庶公家可节饷糈，而各勇可多得银钱，斯亦一举两得之道。查吉林新陈边练各军及团练壮勇，不下六十余营。除原有练军留为防补，毋庸遣撤外，其余边军及近日新募勇丁，一律改为土夫。每百人设一工头，一工副。以五百人为一起，工长带之。以五起为一号，总工长带之。凡统领愿带土夫者，作为总工长；营官愿带土夫者，作为工长；哨官长愿带土夫者，作为工头、工副；不愿者，自便。各兵勇愿充土夫者，即给恩饷半个月，作为路费。其不愿者，亦给恩饷半个月，作为遣费。所有铁路工程管束土夫、收发工价、讲议工事，均由总工长与公司承办。一切细事，总工长均听总副监工指使。每撤五营，即令总工长带往，所有枪械衣裙，悉行收缴，由总工长另给腰牌，注明姓名、年貌、籍贯，以凭识认稽查。除分行外，相应备文咨会。为此合咨贵副都统请烦查照，办理施行。须至咨会者。

右咨钦命帮办吉林边务事宜珲春副都统英

吉林将军衙门为查明珲春佐领胜福等在省充差的咨文
光绪二十八年七月初一日

为咨复事。兵司案呈：本年六月二十三日，兵司接准全省营务处总理花翎协领庆录移开，案奉将军衙门札开，准珲春副都统咨，据署理左右两翼协领事务之骁骑校廉荣、满成等呈，据署八旗佐领等呈称，职等查得署旗领催、前锋、甲兵等，自在兵燹以前，曾有奉调投效奉、吉、江省边防各军充差者若干员名。自以战事之后，军务裁撤，所有各省充差之领催、前锋、甲兵等，尚未咨送回旗。时下未悉存亡，亦不遗留何处，充差何地，职旗均未奉准各省明文。现当整顿营务之际，自应呈请转咨各省，查照军兴之时有无阵伤亡故，充差何处，有何差使，应即详细查明，以凭稽核。等情呈请前来。据此，合将奉调投赴各省之领催、前锋、甲兵等旗佐花名抄粘文尾，呈请备文咨查，见复施行。等因前来。抄单札饬全省营务处总理，查明呈报可也。等因札饬前来。相应抄单备文移付兵司，请烦查照施行。等因前来。相应抄单呈请咨复珲春副都统衙门查照可也。须至咨者。

右咨珲春副都统衙门

计开

珲春正蓝旗佐领胜福，在省委营总。

镶蓝旗德喜佐领下骁骑校常林，在省委哨官。

德喜佐领下西丹富庆，在省吉胜左营右哨勇差。

正蓝旗胜福佐领下西丹万和，在省吉胜后营左哨勇差。

正白蓝旗巴图凌阿佐领下披甲六十二，在省三起五扎兰兵差。

镶黄旗庆云佐领下西丹玉祥，在省洋枪营兵差，本年三月间在亮子河打仗阵亡。

庆云佐领下西丹郎德胜。

镶红旗瑞林佐领下西丹何长胜，以上二名在吉胜新军勇差。

镶蓝旗德喜佐领下披甲常山，在靖南营勇差。

正蓝旗胜福佐领下披甲陶德胜，在绥靖营委哨官。

正红旗德胜佐领下西丹葛振东，在绥靖营勇差。

（四）清 剿 盗 匪

吉林将军衙门为各军以后变装拿贼必须先行张号的咨文
光绪二十一年七月二十一日

为咨行事。照得吉省地面辽阔，林密山深，贼匪易于藏身，每至夏令树叶畅茂之时，强抢乡人勒赎之案，层见叠出。刻间兵队派出甚多，率皆变装剿捕，乃近日太冲营营官定禄，并其塔木地方驻扎委骁骑校金忠阿，各因带队变装四外追贼，与地面练会团勇并他队一时偶然猝遇，彼此暗中各疑为贼，逐致互相敌打，各有伤亡官兵，而真正贼匪反得乘间脱逃。各等情先后据报到案，殊堪诧异。查官兵变装拿贼，虽系常有之事，但既变装出队，号令不能不带，岂可毫无顾虑，使官军贼匪无所辨别耶？殊属非是。嗣后无论边练各队，捕盗营勇，乡团练会，联庄会勇，如若变装出队拿贼，必须各将号令密带，一见贼面或偶遇他处兵勇，均可先行张号，此响彼应，庶免彼此猜疑，自相打仗。除札营务处转饬各军一体遵办外，相应备文咨行贵帮办，请烦查照施行。须至咨者。

右咨署理帮办珲春副都统恩

吉林将军衙门为派骁勇营统领赴五常东山剿捕贼匪的咨文
光绪二十一年九月二十一日

为咨行事。照得本督办将军所带各队，现已均抵省垣。署后路统领凌维琪、骁勇营统领么培珍，着各率所部队伍驰赴五常东山，会同方统领将东山贼匪剿灭净尽，毋任窜扰为患。事平后路即回三姓巴彦通原扎处所，骁勇营即回山河屯驻扎，讷营官勒岱即回黑林子驻扎。除分饬外，相应备文咨行。为此合咨贵帮办，请烦查照可也。须至咨者。

右咨署帮办珲春副都统恩

吉林将军衙门为什长金海击毙贼匪准予注册的咨文

光绪二十一年十一月初三日

为咨复事。案准贵副都统咨开：左司案呈，本年十月初七日据靖边右路统领穆克登额呈，据该路左营官常福转据土门子马卡中哨什长金海报称，于九月二十四日，闻由朝阳河沟里窜来胡匪八九名，在五个顶子岭上抢劫来往行人，故遂带兵四名前往迎捕。至二十六日申刻行抵悬羊砬子北山，与此股贼匪相遇，什长带兵进击，乃该匪竟敢开枪拒敌，什长率队攻击一时之久，枪毙二匪，余贼见势不支始向东北窜逃，跟追十余里，天已昏黑，又兼风雪交加失贼所向，当即收队。查点枪毙之贼业已气绝，由该两匪身畔搜获枪械、碎银等物，割取耳级一并解经该统领等查验属实，具文转呈前来。据此除将解到毙匪耳级两页悬杆示儆外，其得获贼之洋炮一杆，火枪一杆，并药兜子均不甚堪用，饬库存照。赃银二两五钱，无主认领，悉数赏给该什勇等以资激劝。惟什长金海闻有股贼，即带兵进捕，卒能击毙二匪得获枪械，尚属勤奋可嘉，应请饬下注册以示鼓舞。合将击毙盗匪缘由，呈请备文咨报。为此合咨将军衙门鉴照施行。等因前来。准此，查什长金海带兵击毙贼匪得获枪械，自应照如所咨办理，以昭劝勉。除饬由练军文案处将该什长注册存记外，相应备文咨复。为此合咨贵副都统查照施行。须至咨者。

右咨珲春副都统

珲春副都统为饬派各路严击贼匪的咨文

光绪二十二年五月初十日

钦命帮办吉林边务一切事宜镇守珲春地方副统恩　为咨行事。案查本城附近之桦树底博河、英安河、水湾镇等处，十数日间，盗案层见叠出，甚至拒杀事主，捉人勒赎，致令居民惶恐，夜难安眠。珲防现驻有中、前两路马步数营，该匪等乃如此胆大，敢于近处强抢，兵以卫民之谓何耶？推原其故，皆由各军裁撤之勇太多，昼则散而闲游，夜则聚而为匪，当此树木封山尤易遁迹，若不严行剿捕，将来滋蔓难图，酿成巨患伊谁之咎。中前两路统领应各饬该路右营营官，各带本营什勇六十名，再由中营拣派哨官各一员，什勇四十名，归各该营官管领，分别驰往。署中路右营贵营官德　，督同官兵前往东路五道沟一带搜捕，前路右营胡营官殿甲，督同官兵前往西路嘎雅河一带搜捕，与右路会哨。必破获数案盗匪，方能敛迹，务尽绝根株，闾阎方得安处。该营哨官等果否认真缉捕，能否破案，应赏应罚，本帮办自一秉大公。除附近之处派护卫队及差官等不时巡缉，并分饬中、前、左、右四路统领严拿外，相应备文咨行。为此合咨贵督办将军，请烦查照施行。须至咨者。

右咨吉林将军长

珲春副都统为派队缉拿三岔口一带贼匪的咨文
光绪二十二年五月二十二日

钦命帮办吉林边务一切事宜镇守珲春地方副都统恩　为咨复事。本年五月二十日准贵督办将军咨开：五月十二日据三岔口垦务委员曲作寅五月初二日来报，奔楼头地方窜来胡匪一案，除原文有案不录外。据此，查近来胡匪结党成群，动至数百，往往据报枪械整齐，党羽固结，俨同节制之兵，大恣盘踞之地，明目张胆指劫地方，非复以前之零星啸聚、伺瑕寻隙、状如鼠窃狗偷者可比。仅只旬日，迭据额穆赫索罗、敦化县先后详报三四起，已各数百余名之多。兹据该局所报，匪众复至百余，业至距街百里之口界地方，若不派队痛予剿洗，尽力根诛，将何以绝匪类而奠民居。除札复该委员就现有练丁严督防堵，静抚居民，勿相惊扰，转启窃伺。并飞札左路丁统领春喜，迅派得力管带酌带马步队伍三百名，驰往该处实力剿办，不准仍前玩视沓泄，致匪党一名漏网。倘该匪四散逃逸并仰带兵之员分别派队跟从追剿，穷其所向，净绝株根，经过地方严束兵勇不得骚扰百姓，尤不得借词粉饰，至贻后患。仍仰将派队及剿办情形，分别陆续飞报查考，毋延毋忽外，相应咨明查照，就近专弁连环，确探贼踪，相机调队合围，聚歼痛予剿除，并希时覆望切施行。等因到本帮办副都统。准此，查三岔口距乜河较他路尚近，且旧有左路队兵驻扎，其界面有贼前经俄官照会请我队往缉，经本帮办当即电饬丁统领派队驰往，并咨达冰案矣。孰意迄尚未闻斩擒，而该匪等竟群集百有余名，已至距三岔口街之□界地方，其为害难图，将伊胡底。今贵督办将军既饬左路丁统领派有马步队兵三百之多，该统领虽未及防患于先要，必克收功于后，量此群丑无难荡平。加以各队连环确探，严为防堵，尤可无猝突之虞。除径行飞札前派赴五道沟一带搜山之中路署右营营官贵德，就近派哨官一员，带兵数名，先往密探贼踪，倘或该股匪分窜，该署营官即由老松岭进队迎头截击，左路官兵即由后兜剿。并饬中、左两路统领，垦务局遵照，既饬边防行营营务处转行各军一体严缉外，相应备文咨复。为此合咨贵督办将军，请烦查照施行。须至咨者。

右咨吉林将军长

珲春副都统为派前路哨长聂克胜带队前往高丽岭驻扎的咨文
光绪二十二年八月二十一日

钦命帮办吉林边务一切事宜镇守珲春地方副都统恩　为咨行事。案查珲春迤西高丽岭地方，向有胡匪结党盘踞，拦路劫抢绑票勒赎。缘该岭崎岖高大，树木丛杂，匪徒易于匿迹，每一访闻，行劫商旅。饬队搜捕，无如此拿彼窜，东击西逃，迨队回防而该匪又复出劫，肆行无忌。商旅视为畏途，实为地方之害，殊堪痛恨。与其派队徒劳，莫若分兵驻守。该岭系由珲赴省要道，亟应厚其兵力驻扎岭顶，保护来往商民，兼以护送粮饷。查有前路右营右哨哨长五品顶戴聂克胜，缉捕勤慎，能耐劳苦，堪以派令带领该哨步队五十名，前往高丽岭驻扎，认真梭巡以靖地方。除饬前路统领转行该营官饬遵外，相应备文咨行。为此合咨贵署督办将军，请烦查照施行。须至咨者。

右咨钦命署理吉林等处地方将军督办地方边务事宜兼理打牲乌拉拣选官员等事副都统衔延

吉林将军衙门为拟定每年九十月间分饬各军裹粮入山遍搜贼匪事的咨文
光绪二十三年三月初三日

为咨行事。照得本署督办将军，于光绪二十三年二月十八日附片具奏，为现拟严定章程，每年于九、十月间分饬各军裹粮入山，遍搜贼匪，等因一片。除俟奉到朱批，再行恭录外，相应抄片备文咨行贵衙门，请烦查照施行。须至咨者。

右咨署珲春副都统兼帮办边务事宜花翎协领凤

珲春副都统为饬队严缉前在哈尔巴岭抢劫之盗匪的咨文
光绪二十三年四月十四日

署珲春地方副都统帮办边务事宜副都统衔花翎协领凤翔，为呈报事。案查前据边务行营文案处呈，据右路报称：哈尔巴岭有盗匪五十余名盘踞，拦路抢劫，当派左营管带洪乾元等带兵会剿，该匪等闻官兵将至，先一日远扬，搜追无着等情。当经照会该统领拣员带队严缉在案。复查此股盗匪既已先期远扬，即不闻贼踪何向，殊难凭信，且该管带洪乾元知贼入山并不跟踪追捕，只以护饷回营饰词，塞责了事，尤为不合。而营务之废弛不问可知，试问统领管带各官坐食厚饷，并不能卫民缉贼，其不愧欤。亟应仍饬该路速拣干员带队入山搜捕，并饬中前两路酌派队伍协力堵拿，务将此股盗匪悉数弋获，毋任幸逃，勿得仍蹈故习，饰覆唐塞，致干未便。除照会中前右三路查照外，理合备文呈报督宪将军鉴核施行。须至呈者。

右呈钦命署理吉林等处地方督办边务事宜兼理打牲乌拉拣选官员等事副都统衔延

珲春副都统为前路前营进山至烟筒砬子击毙二贼及起获枪械等情的呈文
光绪二十三年六月十八日

署珲春副都统帮办边务事宜副都统衔花翎协领凤翔，为呈报事。窃于本年六月初九日，据左司笔帖式玉成呈称：本月初七日，职兄寿成负枪入山打猎，突遇步匪六人，各持枪械，当将寿成绑去勒赎，乞饬队严缉。等情据此，正在札饬前路前营谢营官友胜带队进剿间，旋据玉成呈据，寿成于是夜乘该匪等睡熟，赤足潜逃回家等情，而仍饬该营官谢友胜带同哨长金玉珍、什长李万全、王振邦等十余名，星夜入山跟踪追捕去后。旋据该营官呈称，遵饬带队裹粮进山堵拿贼匪，于初十日日落时分，行至烟筒砬子巡获该匪等五六名，该处树木丛密，意欲擒生恐不得手，职即饬队放枪攻击，贼亦开枪拒敌，约一时许贼匪败入深林，乘间逃逸，巡获毙贼二名，当即割取首级并获贼械等物。饬令事主寿成认明首级，内有匪首绰号树木郎之首，理合呈送查核。等情前来。当将送到首级二颗，传于犯事地方悬杆示众，以昭炯戒。查该营官等此次追捕盗匪，惜未得地势，未能悉数弋获，然击毙二贼内有首盗树木郎一名，亦足以稍挫凶锋。再起获来福枪四杆，背兜四个，腰别子一杆，业经饬司妥为存库，合并声明。理合具文呈请督宪将军鉴核施行。须至呈者。

右呈钦命署理吉林等处地方将军督办吉林边务事宜兼理打牲乌拉拣选官员等事副都统衔延

珲春副都统为饬中前右三路进山搜捕队伍撤回事的咨呈
光绪二十三年十二月十四日

钦命帮办吉林边务事宜镇守珲春地方副都统军功花翎英　为咨呈事。窃照敝帮办前于阅军事竣，曾分饬中、前、右三路队伍，各于本路境内派队进山搜捕胡匪，务期净尽，以安良善，并于交界三路会哨而保行商。各等因，札饬在案。兹先后据出队官长呈报，间有捕获零匪，业已送交各该统领严讯，定拟惩办。等因前来。查该官兵等出队两月之久，于冰天雪地之中眠卧食宿，实属异常苦累，且又临年在迩，自应概行撤回本营，以养士气。除俟明年另行换队进山往拿并分札外，理合备文咨呈督宪将军鉴核施行。须至咨呈者。

右咨呈钦命署理吉林等处地方将军督办吉林边务事宜兼理打牲乌拉拣选官员等事副都统衔延

珲春副都统为前路前营什长带勇回哨打落韩民当票并枪械各情事的咨呈

钦命帮办吉林边务事宜镇守珲春地方副都统军功花翎英 为咨呈事。窃于本年六月十五日，据前路贵统领升呈称：窃于月之十三日，据职路前营管带贵顺呈称，于六月十二日，据职营右哨哨官沙成珩呈报，于四月二十五日，据彰武德基驻扎什长杨福林声称，哨长赴珲解送贼匪，防所兵少，请添兵护守。职派头棚什长哈魁龄、四棚什长张景泰带正勇十名，于二十七日前赴护守，已经呈报在案。五月初九日哨长王守礼由珲旋防，初十日带什长哈魁龄、什长张景泰等二十五名进山搜贼，至葡萄山、小白山等处未见胡匪踪迹，于二十日带队回防。又有善化社垦民王任呈报，社下有十余名胡匪扰乱，哨长于二十一日带什勇二十五名，趋赴该社搜查数日，胡匪俱已远逃，于二十八日哨长带队回防。于六月初四日什长张景泰、哈魁龄带同正勇十名旋哨，初六日行至白金社，据该乡约纪万银声称，于五月三十日复来胡匪十余名，在本社窖堂子绑去韩民当票六名，不知去处。什长闻称带队搜拿，于初七日行至七道沟里，什长正行间，听得深山处有砍伐树木之声，看此山亦非砍伐树木之处，什长带队闻音搜寻，寻至沟掌半山处，树木严密，从树空露出一人，见队开枪便打，什长带队开枪亦打，蜂拥一阵众贼俱串树空而逃，打落韩民当票六名，打落枪械帐房等物。据韩民当票许道汝、许世番、尹玄之、尹官之、尹永仕、李彦甫等六名诉说，于五月三十日在白金社山里窖堂子被此贼所绑，当日杀吾等牛一条，众贼所食，次日放回一名，言说赎票，要洋银二千圆，后一千七百圆说允初八日至七道沟项至归赎。于初七日众匪将吾等带至七道沟上掌，正在各处伐树皮打帐房之间，被队打散，众贼从树空而逃，打落枪械、帐房等物，具文呈送。等因。据此，职讯问该什长打回被绑票韩民六名，带回防去，经越垦局讯明释放。所有得获枪械等物粘连文尾，具文呈报统宪鉴核施行。等情呈报前来。职查该什长等打回被绑韩民六名，实属勇往可嘉，已经越垦局释放，即将所得洋炮一杆、马冲枪一杆、夹把刀一把、小斧子一把、铅丸三十三粒、药条十出、带盒戥子一个、铜小锅一口、铜碗二个留营，其余蓝布帐房一架、狍皮十二张、新叫啦七双，背兜十一个、蓝黑瞎布小夹袄一件、蓝套布小夹袄一件、青洋褡连小夹袄一件、青洋褡连小棉袄二件、毛子毡子一条、红大布一匹、蓝布小口袋五条、口袋布钱褡二个、铜匙子二把等物，俱充赏原拿什勇等，以示体恤而昭观感。理合具文呈报鉴核施行。等情据此，理合据情咨呈督办将军鉴核施行。须至咨呈者。

右咨呈钦命镇守吉林等处地方将军督办吉林边务事宜兼理打牲乌拉拣选官员等事延

吉林将军衙门为收缴民间藏匿盗匪枪械交归联庄会公用事的咨文
光绪二十四年十一月三十日

为咨行事，十一月十九日，据署统领靖边亲军马步全军协理边防营务事宜三等子爵文福呈称：窃查清盗之法治窝而外，尤以查起枪械为第一要义。查吉林边练两军分地设防，布置最为周密，而窃发之盗，犹未尽绝根株。则以平原之盗，夜聚明散；山林之盗，夏来冬去而已。夫此夜聚明散，夏来冬去之徒，既不能徒手吓人，又乌敢携枪狂窜哉。职尝推究其故，窃以为该盗匪等所用枪械，其自匿山林道旁者，不过十之三四，而择人存之院宇场圃者，则居十之六七，缘盗械插于山林道旁，虽积惯滑匪，且不免久而迷失，况雨夜雪天携取尤难，自不如委人寄匿，扶同看守，取觅较易得手也，是以盗匪窜扰，各有专地，非独窝线易为党援，亦以器械所储，不得不就而取之故也。然代存盗械之家，窝主固多，而被逼强留者，实亦不少。不惟官兵起械不肯献出，往往同伙抄取，且不能得益。民劫于积威，唯恐原主出而追索，即有性命之忧，焉如东山之匿盗，其明验也。现将矿局降匪分别收缉，以职所闻，各匪头目剩亦无几，然漏网既不能免，盗械即难缴尽，倘非设法搜罗，势必仍留助寇。当此乡约民户请办联庄会之时，计莫如令民将其所匿盗械缴出，留归公会之用，并限以一个月为期，不准匿不举报，将来限满之后，如有降匪存械禀官搜起，或有另盗供出存械所在，一经起获到官，即将该存盗械商民治以通盗之罪。如此严定禁制，各会乐有枪械可使，自易互相劝谕，小民恐有发觉干罪，自不敢复匿留，庶几盗械可尽，盗源自清，或亦重典治乱之一道也。除移五常厅查照外，是否可行，理合备文呈报鉴核立案，饬办施行。等情据此，查该统领现将矿局降匪分别收缉，犹虑漏网盗匪藏匿枪械，难以缴尽，允宜设法查收，免留助寇。着准予限一月，民间如有匿存匪械，即行举报交归联庄会公用，并不追究从先匿械之匪，倘容心隐匿，逾限仍不举报，一经发觉，定必从严究惩。各该旗民地方官均着严饬所属弁兵书吏衙役人等，不准借端骚扰商民，致干查究。除通行咨札外，相应备文咨行。为此合咨贵副都统查照可也。须至咨者。

右咨珲春副都统

珲春副都统为遵奉上谕缉捕盗匪保护地方事的咨文
光绪二十五年二月十五日

钦命帮办吉林边务事宜镇守珲春地方副都统军功花翎英　为咨复事。左司案呈：接准将军衙门咨开，兵司案呈，本年十二月二十日，准军宪札开，光绪二十四年十二月十七日，准军机大臣字寄各直省将军督抚，光绪二十四年十二月初十日，奉上谕："缉捕盗匪，保护善良，本地方有司之责。至派拨营勇，分驻防堵，原属一时权宜之计，不特防营士卒人地两疏，难期得力，而且以大支之军，四散分布，相距过远，统领营哨各员，难于谋面。平时既不能合队操演，一有征调凑集需时，甚为非计。前因各省绿营防营不免老弱充数，是以饬令裁汰，不但为节省饷需，亦冀并饷练兵，化弱为强，在此一举。乃近来各处偶有饥民聚众，或土匪滋事，即归咎于兵勇裁汰过多，不敷分布。甚至封疆大吏亦竟以此借口，殊不知州县壮役本为捕盗而设，即使弹压地方，稍资兵力，亦可由各州县自行招雇勇丁，按照地方情形，酌定额数多寡，加之训练，足以与团练保甲相辅而行，倘瘠苦州县经费不敷，亦可禀明该管上司筹给津贴。如此办法，州县既不患空虚，而且腾出有用之兵驻扎一处，该统带各员亦得以认真训练，互相策励，声势自然联络，不至有事时凑集为难于地方营伍，两有裨益。着该将军督抚通饬所属认真办理，毋得视为具文，一奏塞责，致负朝廷慎重地方，讲求武备之至意。仍将遵办情形，随时具奏，将此由五百里各谕令知之。钦此。"遵旨寄信前来。等因准此，除分咨札外，合亟札饬，札到该司，即便遵照，并将办理情形限文到十日内禀复，以惩复奏，毋遵，切切，特札。等因奉此，相应呈请咨行珲春副都统衙门查照办理可也。等因前来，查此件已遵前文具情咨复矣。今准前因，理合呈请备文咨复。为此合咨将军衙门鉴核施行。须至咨者。

右咨将军衙门

珲春副都统为拣派哨官常霖等带队前往汪清一带搜捕的咨呈
光绪二十五年三月十一日

钦命帮办吉林边务事宜镇守珲春地方副都统军功花翎英　为咨呈事。窃照珲城西北汪清一带，近接山林，伏莽恐多，去岁曾由中前路按两月派队一次轮流梭巡。等因在案。刻值春暮夏初，树叶封合之际，宵小易于遁迹，若非赶紧派队严缉，将何以靖闾阎而弭盗患。兹由兼理前路庆统领祥，拣派中营后哨哨官常霖、哨长生锡川，带步队什勇六十名，前往该处山林内外遍加搜捕，如探有大股贼匪，准该哨官长等星夜飞速禀报。再由营添派管带一员，带队驰往助剿，一俟差出两月期满，仍行派员更替，以均劳逸。除札署前路统领转饬遵照，并札该各路统领饬知缉捕各员一体截缉堵剿外，理合备文咨呈督办将军鉴核施行。须至咨呈者。

右咨呈钦命总理各国事务大臣镇守吉林等处地方将军督办吉林边务事宜兼理打牲乌拉拣选官员等事延

珲春副都统为报派队侦探贼匪的咨呈
光绪二十五年十一月二十二日

钦命帮办吉林边务事宜镇守珲春地方副都统军功花翎英　为咨呈事。案查前奉督办将军电开：以咸镜道三水甲山地方有华匪入境，抢掠并焚烧房屋，蜂屯中国地界之两洛洞各等情。曾经分饬前、右两路派队严密侦探，极力搜寻缉捕。嗣据前路统领贵升呈报，派队至韩国外哎拉密地方，雪积有四五尺深之多，且贼匪毫无踪迹，业将该路探缉情形，据情转为咨报各在案。兹复据行营文案处呈，准右路统领富兴咨报，案查前奉帮办宪札饬，产缉三水甲山地方华匪一案，曾即饬派敝路中营前哨哨官富山带兵二十名，前往韩之沿途一带，实力侦探访捕在案。适据该哨官带队旋防禀称，沿江挨处搜寻并无此股贼匪踪影等情。正拟据报间，兹复接准前因，自应遵照再派官兵前往寻缉，而免蔓延为患。除饬敝路左营哨官庆顺带马队十名，于本月十二日由营起程，驰往朝鲜沿江一带实力查拿，容俟回日有无弋获，再行咨报并分报外，理合将先后派队缘由，备文咨报请烦查照施行。等情由文案处转详前来。据此，除仍行严饬该统领等确实探缉有无信息再行转咨外，理合将右路统领富兴两次派队侦探贼匪日期，备文咨呈督办将军鉴核施行。须至咨呈者。

右咨呈吉林将军长

吉林将军衙门为珲春逃勇抢掠居民分别拿办的咨文
光绪二十六年七月二十三日

为咨行事。案据敦化县知县陈作彦、白希李禀称：窃查珲春逃勇勾结土匪，抢劫卑属通沟镇街各铺财物，并请兵保护饷炮各节，业经会同额穆赫索罗佐领禀请宪鉴在案。卑职即于十三日由额启行，因江河难渡，十五日始抵敦化县，目击通沟街一带，商铺居民以及沿民难民所带牲畜财物，均被该逃勇等抢劫一空。又闻县属迤南黄驼腰子等处商铺亦被抢劫，各乡民纷纷逃避山林，现在该逃勇与解饷兵丁仍复占伏通沟岗店房，逞志抢掠，且敦化县民稀地僻，路居塔珲之要，纵右营留有兵丁十数人，仅能看守营盘，实不足以资擒缉，如果听任若辈雌伏，势必日聚日众，滋蔓难图。辗转恩维，唯有禀求将军，速派干员带兵一二千，昼夜兼程分卡黄驼腰子要险，以资防御，并可为英副帅、富统领接应，以图克复珲春。又有请者，敦化县本设有右路右营弹压匪类，现自珲春失利，探闻英副师并前、中路各统领均退驻烟集冈，右营营官业已带领四哨兵丁赴台界应援，敦城实有空虚之虞，该逃勇等亦难保不乘间窥伺，骚动民心，应禀请将军俯念地面紧要，另派一营克日赴敦，严拿逃勇各匪，尽法惩办以靖间阎，则卑职幸甚，地方幸甚。所有请兵防堵缘由，是否有当，理合由六百里禀请鉴核，迅示抵遵。等情到本军督大臣。据此，除批：禀悉。前据白令希李会同佐领文魁呈报，业经批示在案。据称，溃勇肆行抢掠，非特大干军律，且恐引敌为患，候饬新募选锋四营克日拔赴通沟镇、敦化县、张广才岭、老爷岭各处厄要防缉，一面咨会英帮办，将未溃之勇严加约束，其已溃者分别招集拿办，以肃戎行。仍由该县录批抄禀分报本道府备案，并候饬边防营务处知照。缴。挂发并分行咨札外，相应备文咨行贵帮办、总统查照办理施行。须至咨者。

右咨 _{钦命帮办吉林边务事宜珲春副都统英}

钦命帮办吉林边务事宜珲春副都统英
总统吉林新旧边练各军副都统明

吉林将军衙门为嗣后各兵勇携械捕盗夜间住宿将军械交驻防地方收存的咨文
光绪三十一年二月初一日

为咨行事。兵司案呈：本年正月十九日，兵司接准总理全省营务处花翎二品顶戴留吉差委道余俊处等移开，案照前据驻扎山河屯吉兴军统领金得凤呈称，窃职念盗贼之为害，伪诈百出，一戒不预，患可骤至，若则盗匪结党招群，腐集成股为数虽多，当不难随时扫灭。最难防备公然为患者，是盗匪近来常态每每假冒官军，鸣号摇旗入城入乡，希图鱼目混珠，使驻防多有误会，于中取事为害，诚非浅鲜，各处虽有驻防之兵，又安能御仓猝之患。即如今年八月间，拉林白昼犯关，双城蚤夜失事，顷刻莫保，须臾万端，何莫非假冒军官扰害之一验，追念及此，不寒而慄。职有不得不思患预防者，然预防之道，实非职不才乏识所可能为也。是遇我宪台转腕之间保全耳，莫若通饬驻防各军，及地方有司乡团，遇有越境缉捕公事、往来之中携带军械，路过城镇，文守武汛之地，于五里外先遣带队官、多团头目人，只身来营，或有司声明所向何往，带兵勇多寡，枪械若干，以俟盘诘查明无疑，准其入境。如天晚城镇住宿，无论队兵乡团，将携带军械送交驻防或地方有司收存，以待来日起行再发，以昭慎重，而免窃发。若此通行，使盗匪诈术不灵，而有司驻防知有备无不测之虞矣。职管见如此，不知是否有当，理合备文呈报鉴核。等情据此，查该统领所拟各节实为防患未萌，当务之急若非熟谙军情，曷克极中窍要，况今盗匪狡诈，百端鬼蜮难防，应请即照该统领所拟，饬下各府厅州县等转饬乡勇一体遵守，并由职处通饬各军遵照办理，倘有依势故违，即行从严惩办，以示警戒等情。奉批：如呈办理。仰即备文分行旗民各署，并由该处通饬各军一体遵照。等因奉此，除分行外，相应备文移付兵司，请烦查照转行各衙门一体遵照办理可也。等因准此，相应呈请咨行宁古塔、伯都讷、三姓、阿勒楚喀、珲春副都统，照会乌拉总管等衙门查照，札饬十旗、乌拉、五常堡、拉林、双城堡、伊通、额穆赫索罗协、参、佐领，水师营总管，西北两路驿站监督，四边门章京等遵照可也。须至咨者。

右咨珲春副都统衙门

吉林将军衙门为派春山驻扎莫勒红岗子专司缉捕事的咨文

光绪三十二年正月

为咨行事。兵司案呈：光绪三十二年正月十二日，准署黑龙江将军程咨开，案据敝省巡警中军统领吉祥禀称，窃职前准垦务总局移知，续添保护各局马步两营官兵，经该局禀请，统归职部，当蒙宪允，移行前来。自应竭力经营，惟新荒段落畸零，距省窵远，莫勒红岗子人民，五方杂聚，良莠不齐，盗贼出没无常，肆行劫掠。若不请添干员驻守，实有兼顾难周之虞。查前充东路左翼统领春山，现已赴引旋省，拟请赏派护局马队营官，加以帮办中军统领名目，驻扎莫勒红岗子，专司缉捕，弹压地方。职拟请委用春山，系因于公有济起见。是否可行，曷敢擅便。谨此具禀，仰垦宪鉴恩准示遵。等情据此，查该员前已咨回吉林，今既经该统领禀请派充营官，应再咨请贵将军，转饬该管旗署知照。除批示外，相应备文咨行。为此合咨贵将军，请烦查照施行。等因准此，除札饬蒙古旗协领遵照外，相应呈请咨行珲春副都统衙门查照可也。须至咨者。

右咨珲春副都统衙门

（五）军　火　军　需

吉林将军衙门为饬解马经过地方认真喂养免致疲瘦以重军需的咨文

光绪二十一年二月初一日

为咨行事。兵司案呈：本年二月二十三日准军副宪札开，本年二月初九日准察哈尔都统咨开，大马群太仆寺印房会呈，本衙门于本年正月初五日寅刻，承准军机大臣字寄，光绪二十一年正月初三日，奉上谕：定安等奏吉林、黑龙江练军改步为马，大凌河牧群马匹不敷挑选，请由察哈尔改拨一折。着德　于商都达布逊诺尔暨两翼太仆寺各牧群内，挑选战马二千五百匹，迅速派员解交定安等应用，务须一律膘壮，毋得以疲乏充数致误戎机。原折着抄给阅看，将此由四百里谕令知之。钦此，遵旨寄信前来。本衙门当即飞饬商都太仆寺两翼牧群总管等，迅速挑选马二千五百匹；分为五起，每起马五百匹，限于正月二十至二十四等日进口，以备查验起解。查前准兵部咨开，本部奏定整顿马政章程内开，查例载：武职官员解送军营马匹，每百匹准其倒毙三匹，如倒毙四、五匹至二十匹者，按数分别议处，二十匹以上者，分别治罪等语。业经行文遵照在案。惟查解送军营沿途行走，难保无疲乏马匹。该解马官如已寄存沿途州、县，由该州、县出具收存马匹印结送部。自应责成该州、县喂养，如有倒毙仍着落该州县赔补。此外，悉照新章，不得辄引旧章，以归划一而杜牵混等因。相应呈请札饬万全县知县，遵照兵部奏定章程，所有此次解送盛京军营马匹，应需棚厂草料酌加十分之二，认真妥为预备，以便委员照料，分槽认真喂养，严杜经手人役，不准舞弊，免致马匹稍有疲瘦，以重军需。并将出境、入境有无倒毙疲乏寄存，遵照部定章程出具印结二份，交解马官一份，以备到营呈递一份，随时呈送本衙门，以便汇总报部。仍由该县传知下站一体遵照，应付勿误。相应咨行吉林将军，请烦转饬所属各地方文武官，一体认真遵照谕旨部定章程办理可也。等因前来。准此，查现在军务未平，昨已由吉林派员前赴黑龙江呼伦贝尔城捐办战马，亦为分拨奉省前敌及本地留防各军应用，是解马差徭正未能已。兹准前因，除分行外，合亟札饬，札到该司即便转饬通省旗署遵照。特札。等因奉此，相应呈请咨行宁古塔、伯都讷、三姓、阿勒楚喀、珲春副都统等衙门查照，札饬十旗、乌拉、五常堡、拉林、双城堡、伊通、额穆赫索罗协、参、佐领，西北两路驿站监督，四边门章京等遵照可也。须至咨者。

右咨珲春副都统衙门

吉林将军衙门为珲春将多余抬枪解省核发脚价的札文

光绪二十一年二月十九日

为札饬事。据边防营务处呈称，窃准署靖边前路统领全荣咨称，光绪二十年十二月二十九日奉珲春副都统衙门札开，右司案呈，于光绪二十年十二月十九日准将军衙门咨开，工司案呈，遵奉军宪面谕：现值边备戒严，倭氛不靖，挑练兵勇器械不足。查吉林所属各外城库存，残坏不堪用抬枪尽数送省，饬令枪炉修理，以备急需。等谕奉此，详查各外城库存并剿贼得获各项抬枪，现有使用者，准其留备本处分发练队使用，其余堪用不堪用抬枪尽数查明，派员送省修理，以备军用。等因前来。准此，本衙门随即派员查明军火局现存抬枪七十八杆，核查本处新添练队二百名，尚须应用枪械，拟由此项抬枪内酌留四十杆，以便发给应用，尚剩抬枪三十八杆，现经拣派前路右营前哨哨官常林运解送省。至此项运枪脚价，应由该哨官核明斤数，呈由前路统领咨请边务粮饷处照章核给之处，相应呈请咨行查照，等情拟合咨行。为此合咨将军衙门查照点收，暨札该哨官常林遵照外，并札前路统领遵照可也。特札。等因奉此，当即转行遵照去后。兹据该哨官常林呈称，窃职奉文遵即驰赴珲春副宪衙门右司，将抬枪三十八杆如数领出，当即秤准每杆重二十二斤，计三十八杆共重八百三十六斤。伏查定章，每一百三十斤每百里给驮一头，给银三钱，由珲自省计程一千二百四十八里，按八百三十六斤核计，共应需驮脚银二十四两零七分四厘。呈请转咨，以便到省呈领发给驮户。等情呈请前来。据此，除咨工司照数接收枪械外，理合备文咨请。为此合咨营务处请烦查照转详，祈饬粮饷处核发运脚施行。等因前来。理合具文备由呈报，为此合呈督宪鉴核示遵施行。等情据此，除批：据呈已悉。候饬粮饷处核发。缴。挂发外，合亟札饬，札到该处即便遵照核发。特札。

珲春副都统为新招亲军马队左哨制作旗帜号衣等事的咨文

光绪二十一年十一月二十八日

钦命署理帮办吉林边务一切事宜镇守珲春地方副都统恩　为咨行事。照得本署帮办亲军马队左哨，业已委员补充，饬令开招，曾经分别咨札各在案。兹据新委亲军马队左哨哨官海顺、哨长曲义贵禀称，奉檄饬委开招，自应挑选精壮勇丁补充，所需枪械遵文俟解到省，再请派员提领。惟旗帜、号衣系属军容，不日募齐成军，应请制作，作正开销，以壮观瞻。理合开单呈报鉴核。等情到本署帮办副都统。据此，查该哨官长等所请制作旗帜、号衣，核计单开，系照营制，今既新募成军，自应援案照准，作正开销。兹派中路左营前哨哨官高训易，因公晋省就便照单采办，所需银两若干，由该哨官具报粮饷处核发，以归商款。除分檄饬遵外，相应抄粘备文咨行。为此合咨贵督办将军，请烦查照，转饬发领施行。须至咨者。

右咨钦命头品顶戴督办吉林边务事宜镇守吉林等处地方将军兼理打牲乌拉拣选官员等事恩特赫恩巴图鲁长

珲春副都统衙门左司为具实查验军器数目事的移文
光绪二十一年

为移付事。前准印务处移开，兹奉署帮办副都统钧谕，到任接署印务后，照例查验官兵向有各项军器，具实题奏。等谕奉此，遵查本处八旗官兵各项军器，有无增添亏短之处，事隶兵司，印务处无凭查办，自应移会该司，速将现存各项军器，按照例应存储数目详细查明，拟就清文题式移送到处，以凭遵式，敬谨先期缮办，俾免临时贻误等情，据此理合移会。为此，印务处总理佐领喜昌移付贵左司，请烦查照见复施行。等因前来，案查本处两翼八旗例应存储各项军器内，除乾隆四十五年被水冲去盔甲九副外，现有盔甲二百一十一副、弓七百零一张、撒袋六百四十九副、腰刀六百四十九把、梅针箭三万七千四百五十支、大纛十六杆、旗帜四十杆、长矛三百杆、帐房一百五十架、铜锅一百五十口，尚皆一律齐整，并无亏短情弊。理合照案备文移复，为此合移贵印务处查照施行。

珲春副都统为将格林炮二尊送省演用事的咨文
光绪二十二年正月初九日

钦命署理帮办吉林边务一切事宜镇守珲春地方副都统恩　为咨行事。案查帮办行辕格林炮二尊，应领光绪二十二年份油费、马乾等项银两，前委前路中营哨官德亮赴省提取，业经咨明在案。兹据该员回防禀称，窃职奉派提领格林炮费马乾，遵即晋省请领，当据粮饷处传奉督办宪谕，明年即将此项炮位提省演用，炮费、马乾毋庸发给。等谕传知。职当即遵照旋珲，理合具情陈明鉴核。等情到本署督办副都统。据此，查格林炮位既经粮饷处传奉贵督办将军之谕，提省操用，亟应派员解省。惟查格林炮所需马匹前准移交，均属多年未曾更换，瘦弱者不少，本年马乾未领，又无喂养，运省长途，实难拉运，自应另雇大车派员解送。其格林炮二尊，原有马匹，饬令仍照向章，折变价银，每匹马价银八两，计马八匹，共计折马价银六十四两，饬令呈缴粮饷处核收。并格林炮二尊，随带绳套八付，软鞍八盘，皮鞴四挂，嚼子八挂，套包八个，铁钥匙二把，共重一千六百二十斤，每百斤每百里需脚价叁钱，由珲至省计程一千二百四十八里，共核脚价银六十二零六钱五分二厘八毫。兹派前路前营哨长常万福一并解送省垣，即将炮位交付边防营务处查收，所有运炮脚价，应由粮饷处照章核发。除分檄饬遵外，相应备文咨行。为此合咨贵督办将军，请烦查照，见复施行。须至咨者。

右咨钦命头品顶戴督办吉林边务事宜镇守吉林等处地方将军兼理打牲乌拉拣选官员等事恩特赫恩巴图鲁长

水师炮船管带郭长胜为缴还前借来福枪十杆的呈文
光绪二十三年正月二十一日

管带珲春图们江水师炮船花翎游击衔尽先补用都司郭长胜，为呈报事。窃查沐恩自成军之时，因所领枪械不能敷用，于光绪十七年十一月间，禀明帮办宪，由珲春军火局借领无刺来福枪十杆。原领到时查验即有不能开火者二杆，后因屡次击贼，损坏法条一杆，炸坏枪筒一杆，历经报明在案。嗣于二十二年腊月间，由省请领恰乞开斯枪十七杆、毛瑟枪三十杆，现已均领到营。应将十七年借领军火局之来福枪十杆如数缴还，除咨送军火局查核验收外，理合具文呈报，为此合呈。

吉林将军衙门为机器局申饬各军署嗣后不准借领换领各项快枪事的咨文
光绪二十三年五月十四日

为咨行事。案据机器制造局申称：窃查职局开办以来，专为制造军火而设，向不能制造各项快枪。其设边防之初，所需枪械系经前督办宪奏明，另外请款，由外洋购置，分拨各军发交弁勇持使，以资操演捕盗之需。迨后抽调队伍更动纷如，或彼营枪多而勇少，或此营枪少而勇多，以及外厅县捕盗立团等事，遂有领枪、换枪、借枪、修枪之请。在曩时存有购置并撤吉字营之各项枪械，尚可随时照发，无如近来，年复一年，分发殆尽。至于新由奉省拨来各枪，虽有若干，但马梯泥、法得利、轧来斯等件，随带子母本自无多，似亦未便发放。再查各军，现经边防营务处核定分拨枪数，职局已查照单开各数，分别发领，是各该营新领之枪自能应手，必不至如前损坏，似可无须添领。乃复纷纷请换，数月以来，无月无之，职局现在存储寥寥，实难照发。拟请宪台咨行帮办宪，并饬边练两营务处，吉林道行知各军暨各府、厅、州、县，嗣后除前领之枪偶有损坏，禀明送局修理外，不准再行借领、换领各项快枪。职等为慎重军械起见，是否有当，理合具文申请，伏乞宪台鉴核，批示施行。等情到本署督办将军。据此，除批：仰候分别咨札转饬各军暨各府厅州县一体遵照。缴。挂发并分行外，相应备文咨行。为此合咨贵帮办查照。须至咨者。

右咨署珲春副都统帮办边务事宜凤

珲春副都统为派员领取修理军械应需什皿料件的咨呈
光绪二十三年七月初七日

钦命帮办吉林边务事宜镇守珲春地方副都统军功花翎英　为咨呈事。窃查接管卷内，现在珲春添设修理行营军械，应需什皿料件，曾派文案处书识杨嘉善赴省请领。兹查杨嘉善现已另有差派，即应饬派差遣委员魁山赴省领饷之差，就便请领，运解来珲，以资应用。除札机器局、营务处并该员遵照外，理合备文咨呈督办将军鉴核施行。须至咨呈者。

右咨呈钦命署理吉林等处地方将军督办吉林边务事宜兼理打牲乌拉拣选官员等事副都统衔延

珲春副都统为应需旗纛等物仿照向章制造事的咨呈
光绪二十三年八月初九日

钦命帮办吉林边务事宜镇守珲春地方副都统军功花翎英　为咨呈事。窃照敝帮办应需旗纛令旗，门旗，花旗，金、木、水、火、土五路方旗，蓝旗、望旗、蜈蚣旗，方坐旗计二十一杆，配带全份时辰令箭十二双，耳箭一份，箭套行坐二份，行印盒一份，现均无存。自应仿照历任向章制造，以备应用。以上各项工料一切，共需银四百两。除派妥员赶紧成做，并分札粮饷处、营务处遵照外，理合咨呈督办军帅鉴核，饬发施行，实为公便。须至咨呈者。

右咨呈钦命署理吉林等处地方将军督办吉林边务事宜兼理打牲乌拉拣选官员等事副都统衔延

珲春副都统为中前两路搜山请领轻便炮位二尊事的咨呈
光绪二十三年十月初八日

钦命帮办吉林边务事宜镇守珲春地方副都统军功花翎英　为咨呈事。窃于本年九月二十五日，据中路庆统领祥呈称：前奉督宪札饬，各军按年九、十月搜山一次。现届出队之时，必须先求利器，查各营原有之后膛车炮，炮身重大不能携带进山，呈恳转请督宪，将两磅噶尔萨后膛钢炮发给二尊，以便进山搜捕。又据前路贵统领升呈称，今夏带队进山搜捕，查勘珲西地势最险，贼匪往往负隅自恃，且持有抬枪。快炮最能拒敌于远，刻届搜山伊迩，拟请领二磅后膛钢炮二尊。各等情先后呈请前来。查珲春地方崇山周匝，路径崎岖，我兵深捣贼巢，必须携有利器。可否饬发各该路轻便炮位二尊，以便驼带进山，俾得实力搜捕，实于捕务有益。如蒙准行，请饬下机器局，无论何项炮位，只要利于进山便于马驼之炮，并子母、药弹速为核发，再饬该路承领。除饬各该路候示外，理合咨呈督办将军，鉴核示复施行。须至咨呈者。

右咨呈钦命署理吉林等处地方将军督办吉林边务事宜兼理打牲乌拉拣选官员等事副都统衔延

吉林将军衙门为拨给中前两路噶尔萨炮各一尊的咨文
光绪二十三年十一月初八日

为咨复事。案准贵帮办咨开，除原文减叙外，以中前两路统领请领两磅钢炮各二尊，并子母药弹，以便进山剿捕等因。当经札饬机器局查明，现有何项利用炮位，迅速呈报去后。兹据该局申称，查职局军械库存六磅、四磅各项炮位，皆系体质重大不便携带，两磅钢炮刻下无存，仅有噶尔萨钢炮三尊，尚可马驼进山使用。惟查中、前路共请炮位四尊，以职局现存之数不敷发给，究应分拨何路应用之处，理合申复鉴核，饬遵施行。等情到本署督办将军。据此，查该局所呈库存噶尔萨炮三尊，尚属轻便，应即拨给中前两路炮位各一尊，其一尊仍饬该局存库，以备省用。除札复机器局遵照外，相应咨复贵帮办查照，转饬该路派员赴省请领，以资利用施行。须至咨者。

右咨钦命帮办吉林边务事宜珲春副都统英

吉林将军衙门为速将各处枪械数目验明报省的咨文及工部原奏
光绪二十三年十二月初二日

为咨催事。练军文案处案呈：本年五月十一日，奉督办军宪札开，本年五月初二日，准工部咨开，虞衡司案呈，本部具奏，各省存储外洋枪炮等项数目，饬令造册报部，以备稽核一折。光绪二十三年四月十六日具奏，本日奉旨：依议。钦此。钦遵。相应刷录原奏，恭录谕旨，移咨吉林将军一体转饬遵照可也。等因准此，合亟抄粘札饬，札到该处，仰即转饬各队查照，遵照部咨并原奏内开各节，核实查明，造具册结迅速呈覆，以凭核转。切切，特札。等因札到奉此，当于五月十二日呈请分行咨札所属旗民各衙门、练军全营翼长等遵照部咨事理，即将该处库存暨各队所使洋枪、洋炮、快枪、快炮等械，详细查明，造具册结咨呈送来省，以凭汇总造册报部去后。迄今数月之久，仅据三姓副都统，乌拉总，双城堡、五常堡、富克锦协领，伊通、额穆赫索罗佐领，全营翼长，双城厅，伊通州知州，农安县知县，磨盘山州同等十二处，先后送到清册十六本，甘结十三纸。除另行汇核办理外，其余宁古塔、伯都讷、阿勒楚喀、珲春各副都统，拉林、乌拉协领、吉林长春府、五常、伯都讷各厅等十处未据声复，事关奉部咨查之件，碍难久悬。相应再行抄粘原奏，呈请咨催查办。等情据此，除分行咨札外，拟合备文咨行。为此合咨宁古塔、伯都讷、珲春、阿勒楚喀副都统衙门，查照部咨原奏内开各节，将该处练队所使并库存各色洋枪、洋炮、快枪、快炮等械，详细点验明确，造具册结，迅速送省，立待核转报部。须至咨者。

计抄原奏

右咨珲春副都统

谨奏：为总计各省存储外洋枪炮，请旨饬令造册报部，以备稽核，恭折仰祈圣鉴事。窃恭查钦定会典内载军火事例，稽核各省存储火器，事隶工部。所以慎重军储，乘为定制，是各省枪炮数目，均应报部备查。自中外交涉以来，京外各营添练洋枪、洋炮，或购自外洋，或设局制造，逐年推广，为数日增。嗣因筹办边防、海防以及东洋军务，各路添营、募勇无不购制洋枪、洋炮，名色不一，数目愈多。有随时奏明报部者，有始终未经报部者，其中拨解之辗转，存储之积压，行营之遗失，操练之损伤，头绪纷繁，莫可究诘。所存定数迄无稽考，臣部职司综核各省枪炮数目，若不核实造报，何由按册而稽。现时军务已平，海疆无事，招募勇营已皆遣撤，留防各军按年操练，则枪炮数目应有定章。相应请旨饬下各省督抚、将军一体遵照旧章，将所有洋枪、洋炮、快枪、快炮，或购买，或制造，现在共存若干件，常年操用若干件，各局收储若干件，各种名色逐件、斤重，并存储某处，造具清册送部备查。每年年终由该督抚派员会同点验，取具看守人员并无短少损坏印结，点验之员亦具数目相符甘结，报部存案。庶几枪炮皆有存储定数，臣部可以按籍稽考于简核军实之中，即寓修明武备之意。是否有当，理合恭折具陈，伏乞皇上圣鉴训示施行。谨奏。

吉林将军衙门为富克锦团练赫哲官兵岁需军火饷项事的咨文

光绪二十三年七月二十九日

为咨行事。案据边防营务粮饷处禀称：窃职处等遵奉发交，据富克锦协领明顺禀称，四月十九日遵奉宪札，片奏为富克锦团练赫哲五十名应需口粮，由裁并珲春营务处薪饷动用。并拟饬令富克锦协领明顺，拣派得力妥实哨官前往该处，团练赫哲五十名，就近驻巡，以资守御等因。札饬职遵奉之下，曷胜钦感。前曾札饬挠力沟卡官骁骑校委哨官永春遵照，兹又勒限于四月二十日以前，务将赫哲挑募齐楚，换回旗兵册报来署，以凭转呈。并由署出派兵十名，前赴挠力沟防所驻守，将前后招募赫哲五十名全调来锦操演一个月，俟有成效，另行拣换哨官带回防所，换回由署出派之兵。各等情。曾于四月十八日具文呈报在案。兹于四月二十四日，始据骁骑校永春报称，前后由挠力、呢满二处招募赫哲五十名，即将前驻旗兵如数撤回，缮粘招募赫哲花名呈报前来。职以该哨官呈报逾限，随复派领催富喜带兵持札前往挠力沟防所催调，仍将赫哲五十名交领催委官德明额带领来署操练。等因去后。旋于五月二十日，据德明额将新挑赫哲五十名带领到署，当拣花翎骁骑校全海委为哨官，饬其按名点验。并由赫哲队内拣挑苏勒丰额一名，堪以委为练长，即饬该二员名，每日操练准头、连环、排枪、步伐等式，稍有成效。于六月初九日，即饬该哨官全海、练长苏勒丰额带队赴挠力沟防所驻巡，于呢满、挠力及要隘各处常川梭巡，换回富喜带去旗兵十名，归旗充差。骁骑校委哨官全海兼戍守挠力卡伦，骁骑校永春撤委哨官仍戍守呢满卡伦。兹职前奉宪批：该协领勒限招募赫哲，亟应严催募齐，作速造报，并妥核发粮用项若干，以便咨部立案。等谕奉此，伏查该队官兵前自正月二十一日起饷，原拟每兵月给小米一斗，若由三姓办买运至挠力防所，每斗应需米价、脚价合银二两有奇，较与挠力沟觅买价值不相上下。职拟请每兵每月均按三两核发，练长给予双饷，哨官月给薪水银十八两，并拟给每月纸笔银一两。查该练队官兵前自正月二十一日成军起，至六月初一日骁骑校永春撤委哨官止，计四个月零十日，以上哨官一员，练长一名，队兵四十九名，每月共应发饷银一百七十二两，计四个月零十日共应发饷七百四十五两三钱三分三厘。据笔帖式凌喜已将练队饷银一千两解运到锦，除扣还三姓前借执银四百两外，应发放银三百四十五两三钱三分三厘，其剩银二百五十四两六钱六分七厘，如数札交哨官全海领讫，带赴防所按月核实发放。除呈报三姓副都统衙门外，谨造具该队官兵花名、年岁关防清册一本，恭呈宪阅。至练兵五十名，职拟每月操演二十日，每日每枪洋药三出，铜帽三颗内，十日打靶每枪每日铅丸三粒，计每年应需洋药三百七十五斤，铅丸一万五千粒，铜帽三万颗，请归职署关领俸饷差便一并承领。再查挠力沟地方系在边疆，弹压稽察均关重要，职拟请将卡官兼哨官换戴委参领顶衔练长，请赏给六品委衔顶戴，以资弹压而壮观瞻。所拟是否有当，理合禀请宪鉴核示祗遵。等因一件。奉宪批：据禀均悉。该哨官练长准其赏换顶衔，以资弹压。所拟月饷军火各数，候饬边防粮饷营务处会核禀复，再行饬遵。此缴。册存粮饷处。等谕奉此，除将批回钤印挂发外，职处等遵即会同核议。职粮饷处查前因赫哲人等出猎未归，故经该城前署协领顺福先其所急，暂由锦署各旗兵丹内挑齐五十名，于正月内饬交委哨官永春带赴挠力防所驻守，换回江省客队，一俟赫哲人等归回募齐时，再将各旗兵丹换回，各等情据报在案。兹据富克锦协领明顺禀称，遵已团练赫哲官兵五十一员名，四月二十四日以前陆续招募齐楚，旋已按名点验操练成军，在挠力一带驻巡，业将前挑各旗兵丹如数换回。查该队官兵等前自正月二十一日成军起饷，拟将哨官一员，月给薪水银十八两，心红纸张银一两，练长一名，月给饷银六两，队兵四十九名，原拟每兵每月各给小米一斗，复以由三姓购买小米运至挠力。连运脚勾稽与在挠力沟觅买价值不相上下，拟请每兵每月均按三两核发饷银各等语。详查由三姓购运米石，与在挠力沟觅买其价值既不相上下，应即准如所请，按每兵三两改发月饷。且核与防军营制饷章有减无增，尚属可行，请无扣建。所有拟定哨官、练长、队兵等月支薪饷心红一切银两数目，请即遵照该协领所拟办理，并请将所定饷章，每月计共需银一百七十二两之数，自本年正月二十一日成军起饷日期，一并咨报户、兵部立案，以便报销。职营务处查该协领所请，每年操需洋药三百七十五斤，铅丸一万五千粒，铜帽三万粒，按其操靶日期核计亦属有减无浮，应亦均请照准。惟挠力沟地方系属边疆，距省窎远，凡领解饷银、军火往返不易，拟将该官兵等应支月饷分为春秋二季，随同该城请领奉饷之便一并赴省关领。其岁需操演军火，请饬由机器局一年春秋发给二次，即随饷银领解，以归简易。所有遵批会议富克锦城团练赫哲官兵月饷，并岁需军火各缘由，是否有当，理合禀复鉴核施行。等情到本署督办将军。据此，所议尚属妥协，除分札外，相应备文咨行贵帮办查照施行。须至咨者。

右咨钦命帮办吉林边务事宜珲春副都统军功花翎英

珲春图们江水师管带郭长胜报旧设实存各项船只数目清册
光绪二十四年一月

管带珲春图们江水师炮船花翎都司衔补用都司郭长胜，谨将卑水师炮船旧设实存数目，及有无增改裁汰，逐一查明，造具四柱清册，恭呈鉴核。须至呈者。

呈开

旧设项下：

一、第一号舢板炮船一只，面长四丈五尺，头宽六尺一寸八分，中宽九尺，尾宽八尺四寸三分，底长三丈三尺七寸，底头宽二尺九寸，底腰宽六尺一寸，底尾宽四尺，深三尺三寸。

一、第二号舢板炮船一只，面长四丈，头宽五尺五寸，中宽八尺，尾宽七尺五寸，底长三丈，底头宽二尺六寸，底腰宽五尺六寸，底尾宽三尺六寸，深三尺一寸。

一、第三号舢板炮船一只，面长四丈，头宽五尺五寸，中宽八尺，尾宽七尺五寸，底长三丈，底头宽二尺六寸，底腰宽五尺六寸，底尾宽二尺六寸，深三尺一寸。

以上舢、舢板炮船共三只。

增改项下无。

裁汰项下无。

实存项下：

一、实存第一号舢板炮船一只。

一、实存第二号舢板炮船一只。

一、实存第三号舢板炮船一只。

以上实存舢、舢板炮船共三只。

吉林将军衙门为机器局申运各路光绪二十四年军火的咨文
光绪二十四年二月二十九日

为咨行事。据机器制造局申称：窃查靖边各军所需各项军火均系职局照章核明数目，派员分送历办在案。惟查前于去岁十一月间，职局因各军枪数增添甚多，所造之军火不敷需用，拟请按照各营人数核定枪数，每步队一营作定用枪四百五十杆，马队一营作定用枪二百二十五杆，拟照核定枪数核发军火等情，申请宪台核夺。曾奉札复，准如所请在案。所有本年靖边中、前、左、右、后五路应需军火，自应按照改定枪数，照章核明数目派员运送。复查各营报存军火为数亦巨，拟仍将各该营积存之军火照章划留半年之需，作为备存不计外，所剩积存军火尽数核扣停发，以节虚糜。兹将珲春中、前、右三路并帮办亲军一哨，图们江水师一哨，本年应需军火，及中、前两路照章减半备防军火，饬派五品顶戴记名骁骑校恒德前往运送。再查左路拨留前路洋药一千六百磅，业已遵札由前路应领洋药数内如数扣还，左路合并声明。宁古塔左路各营本年应需军火，饬派五品蓝翎记名骁骑校海吉前往运送，三姓后路暨夹板站水师各营本年应需军火，饬派五品蓝翎尽先千总吴凤山前往运送，应请宪台转饬营务处分路派兵护送，并请分别咨札各处一体照收。

除备具解批分交各该员运送，并将斤重数目移付边务粮饷处核发脚价外，理合将运送各路军火分别应扣应发，开具清折具文申报，伏乞鉴核施行。等情到本署督办将军。据此，除分行外，相应抄粘备文咨行。为此合咨贵帮办查照施行。须至咨者。

右咨钦命帮办吉林边务事宜珲春副都统英

镶黄旗防御吉勒图堪等为点验库存军火出具押结清册
光绪二十四年三月

尽先补用佐领镶黄旗蓝翎防御吉勒图堪
正蓝旗防御成玉，为出具押结事。窃职等奉派点验军火库，现将火门大炮二尊、抬枪四十杆、鸟枪九十七杆、火门抱炮二十五杆、大洋炮十三杆、带刺洋枪八杆、洋炮十七杆，逐一查点明确，并无亏短情弊，为此出具押结是实。

册式

珲春副都统衙门，为造送珲春地方库存鸟枪、洋枪、抬枪、火炮等械，除不堪使用之外，现将库存数目详细点验明确，造具清册咨送事。

计开

一、原存火门大炮二尊，每尊重四百余斤。

一、原存抬枪四十杆，每杆重二十斤。

一、原存鸟枪九十七杆，每杆重五斤四两。

一、原存火门抱炮二十五杆，每杆重八斤四两。

一、原存大洋炮十三杆，每杆重八斤。

一、原存带刺洋枪八杆，每杆重八斤。

一、原存洋炮十七杆，每杆重六斤。

以上火门大炮二尊、抬枪四十杆、鸟枪九十七杆、火门抱炮二十五杆、大洋炮十三杆、带刺洋枪八杆、洋炮十七杆，均尚堪用，理合登明，须至明者。

吉林将军衙门为机器局派员运送靖边五路暨亲军水师光绪二十五年军火的咨文
光绪二十四年十二月二十六日

为咨行事。据机器制造局申称：窃查靖边各军所需各项军火，向系职局照章核明数目，派员分送历办在案。兹届应送光绪二十五年份军火之期，所有靖边中、前、左、右、后五路应需军火，自应查照去岁改定枪数，每步队一营作定用枪四百五十杆，马队一营作定用枪二百二十五杆，照章核明军火数目，派员运送。惟查各营积存军火现尚未准报到，拟仍查照二十三年各该营报存数目办理，除送二十四年军火时划抵外，仍有余存军火即照数核扣停发，以节虚糜。兹将珲春中前两路并帮办亲军一哨，图们江水师一哨，暨烟集冈右路二十五年应需军火及中、前两路照章减半备防军火，饬派蓝翎记名骁骑校海吉前往运送。又宁古塔左路各营，暨驻扎三岔口之前路左营马队一哨，三岔口招垦局二十五年应需军火，饬派监生罗连城前往运送。再三岔口招垦局本年秋冬两季应需军火，现奉札饬发交左路代领，自应一并派员运送，交由左路转发该局，合并声明。又三姓后路暨夹板站水师各营二十五年应需军火，饬派五品蓝翎尽先千总吴凤珊前往运送，应请转饬营务处分路派兵护送，并请分别咨札各处一体照收。除备具解批分交各该员执持运往，并将斤重数目移付边务粮饷处核发脚价外，理合将运送各路军火分别应扣应发，开具清折具文申报，鉴核咨札施行。等情到本督办将军。据此，除分札遵照接收相应抄粘，备文咨行贵帮办查照施行。须至咨者。

钦命帮办吉林边务事宜珲春副都统英

吉林将军衙门为机器局发给珲春修理所修枪料件器具事的咨文
光绪二十五年六月初九日

为咨行事。案据机器制造局申称：本年五月十二日奉帮办宪札开，据行营文案处署总理郑令铎呈称，窃查前因中、前、右三路所使一切枪械每有伤损，送省修理往返耽延时日，多有不利，曾经奉准在珲防行辕设修理军械所一处，承修三路枪械。等因遵办在案。第查，前由省局领到修枪什皿、料件等项，已陆续需尽，现拟添领什皿八宗，料件十六宗，开单呈请鉴核。等情据此，查该总理请修枪应用什皿、料件，自应照章造发，着派领饷委员六品官沈德涵就便承领，以资备用。合亟抄粘札饬该局，遵照发给。等因奉此，旋据该领饷委员六品官沈德涵具领前来。查单开料件、器具，职局库存有敷发给者十宗，有存数无多不敷发者八宗，亦有现在无存者六宗。兹将敷发者照数发给，其不敷发者减半发给，俱点交该六品官领讫。至于无存之六宗，容俟职局由沪新购各料到齐，再行补发。除分报外，理合将发给各件开具清折，具文申报鉴核转咨施行。等情到本军督大臣。据此，相应抄粘备文咨行。须至咨者。

右咨钦命帮办边务事宜珲春地方副都统英

珲春副都统为边军各营裁汰老弱什勇缴回枪械等项造册的咨呈
光绪二十六年三月初七日

钦命帮办吉林边务事宜镇守珲春地方副都统军功花翎英　为咨呈事。于本年二月十二、二十一等日，据署中路统领春升、前路统领贵升等先后呈称：

前奉督办宪长　札开，所有边军各营应将老弱什勇裁汰二成，应余枪械就近呈缴副都统衙门存储。等谕奉此，当即转饬各营去后，兹据各营管带以及驻扎各哨等，将开斯、来福、洋、抬等枪，并马刀、药袋、皮盒等件，陆续呈缴前来。除分报督办宪　、阅兵大臣魁　鉴核，并咨报边防营务处查核外，理合将开斯、来福等枪，马刀等件，造册派员解送宪辕衙门验收施行。各等情先后呈送前来。当即派员点验数目，尚属相符。惟内有堪用与不堪用者，均随时分别存库，以备提拨。理合将验收中、前两路缴送枪械、马刀、药袋、皮盒各数目抄粘，备文咨呈督办将军鉴核施行。须至咨呈者。

右咨呈钦命头品顶戴总理各国事务大臣镇守吉林等处地方将军督办吉林边务事宜兼理打牲乌拉拣选官员等事恩特赫恩巴图鲁长

计开

中路缴送军装项下：

一、收开斯枪五十一杆，内有不堪用二杆，带刺子十九杆。

一、收洋抬枪六十杆。

一、收来福枪二百零七杆，带刺子一百三十六杆。

一、收马来福枪五杆。

一、收步刀三百四十八把，内有不堪用一百五十三把，木把小刀九把。

一、收矛头一百九十四把，内有不堪用并小匾矛头五十八个。

以上共收各项军装陆宗。

前路缴送军装项下：

一、收开斯枪三百一十四杆，内有带刺子一百八十五杆。

一、收来福枪一百四十八杆，内有带刺子九十五杆。

一、收洋抬枪三十杆。

一、收大小皮盒四百五十九套。

一、收步刀一千三百一十八把，内有不堪用四百一十八把。

一、收马林枪三十二杆。

一、收马来福枪一百杆。

一、收马刀二十把。

以上共收各项军装八宗。

珲春副都统为由奉赴珲救急拳勇等应用各项请就近由省备齐的咨呈

光绪二十六年七月二十一日

钦命帮办吉林边务事宜镇守珲春地方副都统军功花翎英　为飞行咨请

事。窃奉督办军宪长　义和团练大臣成　函示：顷接奉天来电，已拣派法师郭仲三带拳勇三百余名，于本月初七日由奉起程，日内即可到吉，赶救珲城之急，若能支持十数日，大局定可挽回。等因前来。查拳勇既来珲助剿，则刀布一切是所必需，而珲城已失，则烟集冈虽有铺商，然已被土匪乘隙掳掠一空，实无可购，是以请将该拳勇等应用之刀布食物一切等项，希即饬下就近由省城内如数备齐，而应急需，是为至幸。理合先行备文飞咨督办将军，请速赐购发，是为公便。须至咨呈者。

右咨呈钦命头品顶戴总理各国事务大臣镇守吉林等处地方将军督办吉林边务事宜兼理打牲乌拉拣选官员等事恩特赫恩巴图鲁长

吉林将军衙门为准兵部咨开酌改营制旧式枪炮一律停止操演的咨文
光绪三十二年六月二十日

为咨行事。光绪三十二年五月二十九日，准兵部咨开，武库司案呈，本部恭读光绪二十七年内阁奉上谕：前因各省制兵防勇积弊甚深，业经通行各督抚认真裁节，另练有用之兵，因念练兵必先选将，而将才端由教育而成，自非广建武备学堂挑选练习，不足储腹心干城之选。但学堂成效既非旦夕可期，其各省之设有学堂者，学成之员现尚不敷分调，唯有先就原有将弁，择其朴实勤奋者，遴选擢用。着各省将军、督抚将原有各营严行裁汰，精选若干营分为常备、续备、巡警等军，一律操习新式枪炮，认真训练，以成劲旅。仍随时严切考校，如再沾染积习，窳惰废弛，即行严参惩办。朝廷振兴戎政，在此一举，各该将军、督抚当实力整顿，加意修明，期于日有起色，无负谆谆申儆之至意。所有改练章程及应如何更定饷章，着政务处咨行各省，悉必核议，奏明办理。将此通谕知之。钦此。钦遵。当经政务处通行各省一体遵照在案。是朝廷讲求武备，力图自强之至意，不啻三令五申，值此时艰，该将军、督抚等宜如何振刷精神，痛除故习，操练枪炮，精益求精，以期一日收一日之功，一兵得一兵之用，乃于戎政有裨。兹据各省咨部军火销册悉心核计，除直隶、山东等省各军一律改用新式枪炮，尚未能一律革除，每年请销火药，火绳等项银两，尚不下十余万巨款虚糜，遇有缓急，又复毫无实用。在各省将军、督抚意谓新式枪炮，价值既昂，购办不易，若必一律更换，实恐力有未逮。惟查近年以来，各省购办枪炮或由本省制造，或由外洋采买，或由别省拨济，多者数万余支，少者亦数千支，巡防操演是否已敷应用。其旧有鸟枪，无论其并不操演，即使认真训练，加意讲求，试以今日时势而论，弹压土匪尚且不能，焉有折冲御侮之用。自此次通行之后，该督抚等破除情面，竭力整顿，无论防勇制兵，所有操演旧日鸟枪、抬枪、抬炮并需用火药火绳等项。该督抚等宜遵照光绪二十七年七月三十日上谕，暨政务处原咨，一律停止操演。其火绳、火药、铅丸等项，嗣后均不准列销，慎勿故习相仍，致干驳诘。仍由该督抚将停止情形咨报本部，其边远省份防练各军应用新式枪炮，如一时不能购办，尤应体察情形，斟酌办理。至于各省驻防旗兵，常年操演向系内地火药，并无新式枪支，按年操演已成具文，于营务毫无裨益。该将军都统等亦应遵照练兵处原咨，通饬各旗营酌改营制，认真办理，迅将旧式枪炮一律停止，统于文到三月内迅速声复，以凭汇奏。事关戎政，幸勿迟延可也，等因准此，除分行外，相应备文咨行。为此合咨贵副都统，请烦查照施行。须至咨者。

右咨珲春副都统

（六）军 费 俸 饷

珲春副都统为拟请筹拨银两以资接济兵饷的咨文

光绪二十一年二月十四日

署理帮办吉林边务事宜珲春副都统军机处存记副都统衔花翎协领恩　为咨行事。案据近日奉省电传，前敌各军进攻倭寇均不得手，退守辽阳，贼已占踞鞍山站、首山堡，闻倭新添兵系有亚非利加、缅甸、琉球之人等语。查倭奴西犯奉天，连陷南数城，南寇山东，突陷荣文二县，是倭奴之诡谲惯事窜扰，则我中之沿海各防皆难松劲，珲春江防久为吃重，现届开江，倘倭奴遣一旅由咸镜以窜扰珲春，亦难料之事。且珲春东逼俄夷，狡然思启久已垂涎，现今该酋增兵备饷，诈言堵御日本，又云帮打日本，其居心最为叵测，安知非视倭之猖狂，待机而动，冀旁收渔人之利。珲为吉林门户，若不预为防堵，筹备饷糈，诚恐临时有失机宜。惟是珲防兵饷向由省按季请领，千余里山路崎岖往返，至速亦需月余，户部议准提前一季关领，乃春饷至今未到，实属未能济急。设此间一旦有事，而粮饷不继，珲库既无款接济，市商亦无可通挪，势不能停军待饷，众兵等岂能枵腹荷戈，临事拮据，所关诚非浅鲜。再四筹思，惟宜作未雨绸缪，庶有备无患。兹派营务处会办海丞寿赴省，拟请贵署督办将军于按季应领饷银之外，无论何款，筹拨银三万两，交该员承领来珲，如数存储珲库。此项专为各营购办小米，及接济各营兵饷之需，非此则丝毫不得动用，以备缓急而免遗误，将来军务平静，仍由珲防各军防饷划拨，以清提款。至应须运费若干，希并饬粮饷处照章核发，以资运解。除札海寿持文请领外，相应备文咨行。为此合咨贵署督办将军，请烦查照，转饬发给施行。须至咨者。

右咨吉林将军恩

珲春副都统衙门右司为如数领到添练官兵盐粮银两事的移文
光绪二十一年三月初十日

右司　为移付事。于本年三月初六日准将军衙门咨开：户司案呈，除原文省繁简叙外，详查吉林通省挑练守城官兵应给盐粮银两，前已奏请由应征二十年份七厘贷捐、洋土药捐二项动支在案。现虽未奉部复，惟此官兵应需盐粮事关紧要，自应先行给领，以济饷需。兹查珲春副都统衙门添练步队委营总一员，按照奏定新章月给盐粮银十二两，银二两。委参领二员，每员月给盐粮银十两。委防御二员，每员月给盐粮银八两。委笔帖式一员，月给盐粮银六两。兵一百九十七名，每名月给盐粮银三两。均照奏定自二十年十一月初一日起练之日起至十二月底止，计两个月共应领盐粮、心红等银一千二百九十四两。即由本衙门库存厘捐正款银两项下如数出，发交该衙门派来前路右营前哨哨官常林承领之处，相应呈请咨行查照。等情据此，拟合咨行珲春副都统衙门查照，即将斯项银两接收到日，咨复备核，仍将所练官兵旗佐衔名及散放银两各数目选具细册咨报，以便汇总造报核销。同时又准咨开：珲春守城官兵应领光绪二十一年正月初一日起至三月底止，计三个月盐粮、心红等银一千九百四十一两，即由库存厘捐正款银两项下如数提出，发交该衙门派来前路右营前哨哨官常林承领。即将饷项银两接收到日，咨复备核。各等因前来。准此，核查本衙门添练守城官兵应领光绪二十年冬腊两月盐粮银一千二百九十四两，又光绪二十一年正、二、三，三个月盐粮银一千九百四十一两，共计银三千二百三十五两。现经前派前路右营前哨哨官常林如数关领到珲，照章散放该官兵等承领。除将添练官兵旗佐衔名、散放银两数目，札饬该营总赶紧造报另案咨报外，合将派员关领盐粮银，兹已如数领到咨复备核之处，相应咨复查照。等情据此，拟合咨复。为此，合咨将军衙门查照备核外，相应备文移付，合移贵左司查照可也。须至移者。

右移左司

吉林将军衙门为机器局申复解到硫磺收讫车价银两如数提还的咨文
光绪二十一年闰五月初七日

为咨行事。据机器制造局申称：光绪二十一年五月二十五日接奉宪台札开，准署帮办恩　咨开，案准贵署督办将军电开，硫磺缺少，务托商人在崴购买，越多越妙等因。曾托商人转购议定，每斤价钱八百文，电复各在案。兹据商人禀报，已由海参崴采办硫磺一千七百四十斤，运至罕奇，请派弁往接。等语前来。当即饬派差官前往雇车接运来珲，经本署帮办验看磺色颇佳，即令较准斤重。除皮实磺重一千七百四十斤，仍照前定之价每斤价钱八百文，共计钱一千三百九十二吊。按珲城市行，每两银合钱三吊，共计银四百六十四两，由本衙门库存提借银南如数发给该商承领讫。惟磺既购运到防，亟应解送省垣，现派中路哨长刘万才带兵解送，于本月初六日由珲启行晋省，以昭妥慎。查此磺由罕奇运至珲城需用车脚，每百斤脚价钱一吊五百文，连皮共重二千斤，计车脚钱三十吊。再由珲运送省城，雇车定价，每百斤脚价钱八吊，连皮共重二千斤，共需车脚钱一百六十吊，两次车脚共计钱一百九十吊。仍照珲市银行合钱，每两三吊，共计银六十三两三钱三分，并由库存之款先为借用分发各车户领讫。统计磺价、车价共由库借银五百二十七两三钱三分，即请转饬粮饷处照数发交中路领饷委员哨官魁升承领便解回防，以归库款而清界限。除分檄饬遵外，相应备文咨行，请烦查照接收硫磺并转饬粮饷处核发磺价、车价银两，即交哨官魁升承领便解，盼切施行。等因准此，查此磺原备机器局制造火药，其价值固由粮饷处核发，亦应同机器局合算，应如何归款之处，合亟札饬，札到该局即便遵照。等因奉此，兹于五月二十七日，据该哨长刘万才解到硫磺一千七百四十斤，职局当即如数验收，需磺价运费等项，共计银五百二十七两三钱三分，职局自应如数提还，以清款目。除将磺价、运费移交边务粮饷处转发外，理合备文申报，伏乞宪台鉴核转咨施行。等情据此，相应备文咨行。为此合咨贵帮办，请烦查照施行。须至咨者。

右咨署理帮办珲春副都统恩

珲春副都统为左路右营秋饷仍归前路代领的咨文
光绪二十一年七月十四日

署理帮办吉林边务事宜珲春副都统军机处存记副都统衔花翎协领恩　为咨明事。本年七月十一日，据左路右营张营官友云呈称：窃查职营应领本年夏季防饷，业于中营奉调回屯之际，电达前路领饷委员，由省代领代解到珲。兹届关领秋季防饷之期，伏思职与卑统领驻扎两地，相距甚远，仍应请由前路代领，以昭捷便。可否之处，理合具文呈请鉴核示遵。等情据此，除批：据呈已悉。该营按季应领防饷，已经本署帮办函商督办将军复准，归并前路领饷，按季代领代解。今该营官呈请秋季防饷，饬由前路代领，自应照准。嗣后该营之饷，仍按季呈请前路统领转饬饷员代领，以昭捷便。仰候咨明督办将军，并分饬粮饷处、前路统领遵照。缴。挂发并札粮饷处既前左两路统领遵照外，相应备文咨明。为此合咨贵署督办将军，请烦查照施行。须至咨者。

右咨钦命头品顶戴署理吉林等处地方将军督办吉林边务事宜兼理打牲乌拉拣选官员等事黑龙江将军恩

珲春副都统为提领帮办行辕二十二年春夏两季马乾夫价的咨文
光绪二十一年十月二十日

钦命署理帮办吉林边务一切事宜镇守珲春地方副都统恩　为咨明事。案查帮办行辕格林炮二尊，每月所需马乾夫价，历经提领在案。现届应领马乾夫价之际，查拉炮车马八匹，每匹日支草乾银一钱，马夫二名，每名日支口粮银一钱，自光绪二十二年正月初一日起，至六月底止，计六个月四大二小，除扣建外，共应支银一百七十八两。兹派前路中营前哨哨官德亮赴省提领。除札粮饷处并该员遵照外，相应备文咨明。为此合咨贵督办将军，请烦查照施行。须至咨者。

右咨吉林将军长

吉林将军衙门为珲春俸饷由中前两路搭伴护解的咨文
光绪二十二年二月十九日

为咨行事。据边防营务处呈称：窃于二月十二日奉督宪发交一件，据右路统领董阳春呈称，案查前奉帮办宪恩札饬，接替护解珲春俸饷历年遵办在案。伏思职路地阔兵单，步队除奉调敦化、光霁峪两处驻防，马队除分拨五处马卡驰递文报，并平时巡缉搜山等差之外，每年常常在营兵勇甚属寥寥。兹值奉宪台札饬派队修路，遵即派弁带队四出砍伐木料，以备届时需用。第查接送珲春俸饷一差，近年均由营轮派马步队直接至省护送至珲，不但兵勇往返维艰，而且在省等候俸饷起程甚或月余，是以兵勇住店尖宿亏累匪浅。职踌躇至再，若不呈请分段护解，何以纾兵力而备缓急。唯有恳请宪台俯念职路兵少差繁实难兼顾，嗣后凡遇珲春饷差，春夏季请由省派队按站递解至黄驼腰子地方，秋冬季由省派队直解敦化县境内，职路由此两处接解至凉水泉地方，交前路护送至珲，以均劳逸而专责成。职委因慎重差务起见，是否有当，未敢擅便，理合具文呈请，俯赐察核恩准饬遵施行等情。当经批示：呈悉。仰边防营务处核议复夺。等谕奉此，职处详查珲春衙门请领官兵俸饷，系分春秋两季派员赴省请领。兹据右路统领呈称，地阔兵单亦属实在情形，拟请接护珲春俸饷由省派队分别送至黄驼腰子、敦化县为界。而省中除沿途驻扎东路各站之队，亦无别队可以常川护送，况每处不过练队二三十名，若尽数护送饷差，则防所空虚，若半为守防半为护饷，则饷重兵单难免无虞。再四筹思，唯有借资中、前两路领解兵饷之便，似属妥协。查该两路赴省领饷，按年系分四季。珲春衙门请领春季俸饷，实与两路春饷时日不甚参差，关领秋季俸饷亦与两路秋饷适相附合，拟请咨行珲春副都统派员赴省关领俸饷，即随时与中、前两路分别搭伴在省领出饷银，务须会同押解，毋庸另派队兵接护。如此从权办理，庶可稍纾兵力，而两路护饷官兵亦不过一事之劳，至各该领饷委员等不得意存胶葛，故为拖延，彼此互相照顾，两有裨益。所有职处遵批核议情形是否有当，理合具文呈覆宪鉴核夺施行。等情到本署督办将军。据此，准如所禀办理，相应备文咨行。为此合咨贵副都统衙门，请烦查照施行。须至咨者。

右咨珲春副都统衙门

珲春八旗官兵随缺地租津贴银数目清册
光绪二十二年

右司案呈：为札饬遵照发给银两事。案准将军衙门来文内开，除原文省繁简叙外，详查珲春八旗官兵等应得光绪二十一年份随缺地租津贴银一千九百六十九两二钱，内除省司扣留核销册费银四十两外，尚剩银一千九百二十九两二钱。等因如数核发前来。即将此项随缺地租津贴银一千九百二十九两二钱，如数即由库存项下照数提出，饬交该两翼承领转发。各旗务须按名散放外，合将该官兵等应领地租津贴银两数目粘连札尾，相应呈请札饬遵照。等情据此，合亟备文，除札饬左翼遵照外，暨札饬，札到右翼即便遵照可也。特札。

右札仰左右两翼协领遵此。

粘单

今将左翼官兵等应领随缺地租津贴银两数目开列于后

计开

协领一员，应领银十两零五钱八分零三毫五丝九忽。佐领四员每员应领银七两零五分三厘七毫四丝八忽。共计银二十八两二钱一分四厘九毫九丝二忽。防御二员，每员应领银五两二钱九分零三毫一丝一忽，共计银十两零五钱八分零六毫二丝二忽。骁骑校四员，每员应领银五两二钱九分零三毫一丝一忽，共计银二十一两一钱六分一厘二毫四丝四忽。笔帖式三员，每员应领银五两二钱九分零三毫一丝一忽，共计银十五两八钱四分零九毫三丝三忽。领催前锋二十六名，每名应领银三两五钱二分六厘八毫七丝四忽，共计银九十一两六钱九分八厘七毫二丝四忽。披甲二百八十名，每名应领银二两八钱二分一厘五毫，共计银七百九十两零二分。

以上共计银九百六十八两一钱二分六厘八毫七丝四忽。扣正蓝旗佐领庆廉地租银七两二钱，共扣银七两二钱外，实剩银九百六十一两一钱二分六厘八毫七丝四忽。

今将右翼官兵等应领随缺地租津贴银两数目开列于后

计开

协领一员，应领银十两零五钱八分零三毫五丝九忽。

佐领四员，每员应领银七两零五分三厘七毫四丝八忽，共计银二十八两二钱一分四厘九毫九丝二忽。

防御二员，每员应领银五两二钱九分零二毫一丝一忽，共计银十两零五钱八分零六毫二丝二忽。

骁骑校四员，每员应领银五两二钱九分零三毫一丝一忽，共计银二十一两一钱六分一厘二毫四丝四忽。

笔帖式五员，每员应领银五两二钱九分零三毫一丝一忽，共计银二十六两四钱五分一厘五毫五丝五忽。

领催前锋二十一名，每名应领银三两五钱二分六厘八毫七丝四忽，共计银七十四两零六分四厘三毫五丝四忽。

披甲二百八十名，每名应领银二两八钱二分一厘五毫，共计银七百九十两零二分。

以上共计银九百六十一两零七分三厘一毫二丝六忽。

一、扣镶红旗佐领瑞林地租七两二钱。

一、扣站笔 [帖] 式祥玉地租银五两。

一、扣领催和喜地租银三两四钱。

一、扣正红旗佐领永贵地租银七两二钱。

一、扣镶蓝旗佐领桂山地租银七两二钱。

实剩银九百三十八两八钱七分三厘一毫二丝六忽。

珲春副都统为请领珲春修理所本年经费银两的咨呈
光绪二十三年七月初三日

钦命帮办吉林边务事宜镇守珲春地方副都统军功花翎英　为咨呈事。案查接管卷内，据行营文案处请设修理所，呈奉督办将军批示，准由粮饷处修理枪械运费项下，按月筹拨经费十六两，业经遵照办理在案。查珲防务局处薪饷，向按六个月请领一次，此项经费亦应援案办理，自本年五月初一开工之日起，至十二月底止，每月经费十六两，计八个月，共应领银一百二十八两。即饬差遣委员魁山赴省请领，以凭转发。除札粮饷处并札该员遵照外，理合备文咨呈贵督办将军鉴核施行。须至咨呈者。

右咨呈钦命署理吉林等处地方将军督办吉林边务事宜兼理打牲乌拉拣选官员等事副都统衔延

珲春副都统为添发制造旗纛等项银两的咨呈
光绪二十三年十月二十七日

钦命帮办吉林边务事宜镇守珲春地方副都统军功花翎英　为咨呈事。窃照敝帮办应需旗纛、令箭、耳箭、箭套、印盒等项，前已咨呈督办将军鉴核，并札粮饷处核发银四百两，以便派员成做在案。旋于九月二十六日据粮饷处呈报，遵前帮办制做旗纛等项，共需银四百八十四两一钱九分三厘，如数按湘平核发，交委员荣和承领讫。等情据此，除饬委员荣和将应需旗纛赶紧制造，并札复粮饷处外，理合将照章添发制造旗纛工料银八十四两一钱九分三厘，备文咨呈贵督办将军鉴核施行。须至咨呈者。

右咨呈吉林将军延

珲春副都统为派员请领随带阅军各员等车价银两的咨呈
光绪二十三年十一月二十二日

钦命帮办吉林边务事宜镇守珲春地方副都统军功花翎英　为咨呈事。案查敝帮办校阅边军，随带员弁暨文案文卷，以及戈什行李等项需用车辆，事竣之后，由粮饷处核发转领，历经查照办理在案。兹敝帮办本年赴黑顶子、烟集冈等处校阅防军，所有文案总理委员并随从戈什行李等项，共需大车十一辆，驮马四匹半，计一个月应需钱七百二十七吊五百文，按珲市行每两三吊，合银二百四十二两五钱。亟应派员请领，以资发放。兹派亲军马队哨官荣和赴省领饷就便领解。除札粮饷处照章核发外，理合抄粘咨呈督办将军鉴核，饬发施行。须至咨呈者。

右咨呈钦命署理吉林等处地方将军督办吉林边务事宜兼理打牲乌拉拣选官员等事副都统衔延

珲春副都统为派员请领亲军右哨二十四年春夏季饷乾夫价银两的咨呈
光绪二十三年十一月二十二日

钦命帮办吉林边务事宜镇守珲春地方副都统军功花翎英　为咨呈事。窃照敝帮办行辕亲军右哨马队饷乾夫价，向按三个月请领一次，历经办理在案。惟查行营文案处薪饷向按六个月领解一次，兹拟将亲军马队一哨饷乾亦随该处饷便，按六个月请领。计自光绪二十四年正月初一日起至六月底止，加闰七个月饷乾夫价，除扣三日小建不计外，共应领银二千六百四十九两一钱五分零零四丝。派亲军马队哨官尽先即补前锋校荣和赴省请领，以资核发。除抄粘札粮饷处核发外，理合备文咨呈督办将军鉴核施行。须至咨呈者。

右咨呈钦命署理吉林等处地方将军督办吉林边务事宜兼理打牲乌拉拣选官员等事副都统衔延

光绪二十三年十一月二十二日

珲春副都统为派员请领随带阅军务员津贴银两的咨呈
光绪二十三年十一月二十二日

钦命帮办吉林边务事宜镇守珲春地方副都统军功花翎英　为咨呈事。窃查敝帮办校阅三路边军，随带文案总理委员、书识暨巡捕章京等共十四员名，应需一个月津贴，计银一百五十一两，亟应派员请领以资发放。兹派亲军马队哨官荣和赴省领饷就便领解，除抄单札饬粮饷处外，相应抄粘备文咨呈督办将军，鉴核饬发施行。须至咨呈者。

计抄粘

右咨呈钦命署理吉林等处地方将军督办吉林边务事宜兼理打牲乌拉拣选官员等事副都统衔延

谨将校阅中前右三路军操差出员弁夫役应领一月津贴银两数目分析列后。

计开

署文案总理鄂英，准带跟役二名，每名月给银三两，月给心红银六两，共应领银十二两。

文案差遣委员李汝讷，原领饷银十八两，应领津贴银五两，准带跟役二名，每名月给银三两，共应领银十一两。

文案办事官杨肇祺，原领饷银十五两，应领津贴银八两，准带跟役二名，每名月给银三两，共应领银十四两。

发审委员曲鸣銮，原领饷银十二两，应领津贴银十一两，准带跟役一名，月给银三两，共应领银十四两。

监印官额外委员景昌，原领饷银七两，应领津贴银十一两，准带跟役一名，月给银三两，共应领银十四两。

文案额外委员多纶，原领饷银七两，应领津贴银十一两，准带跟役一名，月给银三两，共应领银十四两。

文案书识王祖培、刘永泽、何辑五三名，原饷各七两，拟照委笔帖式薪饷支领，每月应给津贴银五两，共应领银十五两。

巡捕毓廉，原领文案委笔帖式饷银十二两，应给津贴银六两，准带跟役一名，月给银三两，共应领银九两。

志和，无原饷，拟仿照委官应给津贴银十五两，准带跟役一名，月给银三两，共应领银十八两。

章京贵升，无原饷，应给津贴银十二两，准带跟役一名，月给银三两，共应领银十五两。

亲军马队哨官荣和，原领饷银十八两，应领津贴银三两，跟役一名，月给银三两，共应领银六两。

亲军马队哨长广纯，原领饷银十二两，应领津贴银六两，跟役一名，月给银三两，共应领银九两。

以上官弁员书共计十四员名，应领一个月津贴心红及跟役等项共银一百五十一两。

珲春副都统为派员请领阅军犒赏银两的咨呈
光绪二十三年十一月二十二日

钦命帮办吉林边务事宜镇守珲春地方副都统军功花翎英　为咨呈事。窃查帮办校阅边军所用犒赏银两事竣核清，由粮饷处核发，历经办理在案。兹敝帮办校阅附珲中前右三路，及亲军一哨、水师一哨，并差官戈什所有犒赏银两，均按本年阅军章程给发，共计大银圆五百五十三圆，中银圆二百八十九圆，银一百九十六两，亟应派员请领。兹派亲军马队哨官荣和赴省领饷，就近便解。除抄单札饬粮饷处核发外，相应抄单咨呈督办将军查核饬发施行。须至咨呈者。

计抄单

右咨钦命署理吉林等处地方将军督办吉林边务事宜兼理打牲乌拉拣选官员等事副都统衔延

谨将校阅前右三路所有中靶犒赏数目分析缮单列后。

计开

亲军马队右哨：

打步靶什勇二十八名，中五靶二十二名，每名赏大银圆一圆，共赏二十二圆。中四靶五名，每名赏中银圆一圆，共赏五圆。打马靶什勇二十二名，中三靶十四名，每名赏大银圆一圆，共赏十四圆。中二靶六名，每名赏中银圆一圆，共赏六圆。

中路中营：

打步靶什勇一百名，中五靶三十一名，每名赏大银圆一圆，共赏三十一圆。中四靶三十五名，每名赏中银圆一圆，共赏三十五圆。杂技除例赏外，另奖银四两。

马队一哨：

打马靶什勇二十一名，中三靶十一名，每名赏大银圆一圆，共赏十一圆。中二靶九名，每名赏中银圆一圆，共赏九圆。

右营步队：

打靶什勇一百名，中五靶四十八名，每名赏大银圆一圆，共赏四十八圆。中四靶二十五名，每名赏中银圆一圆，共赏二十五圆。杂技除例赏外，另奖银二两。

前路中营步队：

打靶什勇一百一十五名，中五靶九十四名，每名赏大银圆一圆，共赏九十四圆。中四靶十七名，每名赏中银银圆一圆，共赏十七元。杂技除例赏外，另奖银五两。

前营步队：

打靶什勇一百三十名，中五靶七十一名。每名赏大银圆一圆，共赏七十一圆。中四靶四十名，每名赏中银圆一圆，共赏四十圆。

左营马队：

打步靶什勇三十五名，中五靶二十四名，每名赏大银圆一圆，共赏二十四圆。中四靶十一名，每名赏中银圆一圆，共赏十一圆。杂技除例赏外，另奖银五两。打马靶什勇三十名，中三靶二十五名，每名赏大银圆一圆，共赏二十五圆。中二靶二名，每名赏中银圆一圆，共赏二圆。

水师一哨：

打靶什勇二十四名，中五靶四名，每名赏大银圆一圆，共赏四圆。中四靶十一名，每名赏中银圆一圆，共赏十一圆。

右营中营步队：

打靶什勇一百二十六名，中五靶五十二名，每名赏大银圆一圆，共赏五十二圆。中四靶四十二名，每名赏中银圆一圆，共赏四十二圆。

左营马队：

打步靶什勇六十五名，中五靶二十三名，每名赏大银圆一圆，共赏二十三圆。中四靶三十三名，每名赏中银圆一圆，共赏三十三圆。打马靶什勇二十名，中三靶十八名，每名赏大银圆一圆，共赏十八圆。中二靶二名，每名赏中银圆一圆，共赏二圆。

右营步队：

打靶什勇八十名，中五靶五十名，每名赏大银圆一圆，共赏五十圆。中四靶二十一名，每名赏中银圆一圆，共赏二十一圆。三路大操，每路赏银六十两，共一百八十两。

以上中前右三路步队、七营水师、一哨马队、两营两哨共打步靶什勇九百零三名，中五靶四百八十五名，共赏大银圆四百八十五圆。中四靶二百七十名，共赏中银圆二百七十圆。打马靶什勇九十二名，中三靶六十八名，共赏大银圆六十八圆。中二靶十九名，共赏中银圆十九圆。统共赏大银圆五百五十三圆，中银圆二百八十九圆，杂技除例赏外，另奖银十六两。

三路大操赏银一百八十两，共银一百九十六两。

吉林将军衙门为奉上谕裁兵节饷事的咨文

光绪二十四年三月十一日

为咨行事。兵司案呈：本年三月初四日准兵部咨开，武库司案呈，内阁抄出，奉上谕：裁兵节饷等事，为今日万不可缓之图，迭经谆谕各省将军、督抚认真筹办，不准借词搪塞。连日据魏光焘、张汝梅、王文韶先后奏到，朕详加披阅，无非沥陈该督抚办事艰难，吁稍宽时日，或竟称裁无可裁，减无可减，小有删除仍属寥寥无几，其于各营之废弛缺额未置一词，似此敷衍塞责，任意迁延，何日始能见诸实政。朕宵旰焦劳，临朝太息，苟非万不得已，岂肯裁及制兵，无如时势所迫，不先其所急，安能以有着之饷养无用之兵，徒使不肖营员窟穴其中，克扣侵吞，习成惯技。督抚瞻徇情面亦复代为支饰，置国家大局于不顾，实堪痛恨。疆臣受恩深重，手绾军符，于分内应办之事尤苦力不能举，亦可谓无术之甚矣。自此次申谕之后，该将军、督抚等其各激发天良，悉心筹划经制之兵何处以归并，何处以全裁，挑练之勇某营应行改章，某营应行遣撤，及一切糜费应如何节省，逐一确切查明，速速办理。但能省一分无着之饷，即可添一分有用之兵，勉竭悃忱。朕言不再，倘或意存迁就，于可裁之兵可节之饷，仍有不实不尽，一经查出朕必治以抗违之罪。勿谓尺籍伍符难于综核外间积弊，朕不能知也。将此通谕知之。钦此。钦遵。抄出到部。相应咨行各该处，遵照此次谕旨，实力奉行，迅速妥为筹办可也。等因前来。相应呈请咨行宁古塔、伯都讷、三姓、阿勒楚喀、珲春副都统，照会乌拉总管等衙门查照，札饬十旗、乌拉、五常堡、拉林、双城堡、伊通、额穆赫索罗协、参、佐领、吉林分巡道、全营翼长、水师营总管、西北两路驿站监督、四边门章京等遵照，并由兵司移付户、工司，边练两军文案、边防、营务等处查照可也。须至咨者。

右咨珲春副都统衙门

珲春副都统为请领二十四年秋冬两季中俄书院津贴银两的咨呈
光绪二十四年闰三月二十三日

钦命帮办吉林边务事宜镇守珲春地方副都统军功花翎英　为咨呈事。案查中俄书院教习兼边务交涉承办处事务，每月津贴银十五两。并中俄书院肄业各生，每年选拔十二名，赴俄卡学习俄语，每名月给津贴银二两，向按六个月请领，历经办理在案。现届应领光绪二十四年各津贴银，自七月初一日起至十二月底止，计六个月，其中俄书院教习兼边务交涉承办处事务，共应领津贴银九十两，其肄业生十二名，共应领津贴银一百四十两，以上二项统共应领津贴银二百三十四两整。派行辕巡捕蓝翎补用都司王承槐赴省请领，以资核发。除札粮饷处核发外，理台备文咨呈督办将军鉴核施行。须至咨呈者。

右咨呈钦命署理吉林等处地方将军督办吉林边务事宜兼理打牲乌拉拣选官员等事副都统衔延

珲春副都统为请领二十四年秋冬两季发审委员津贴并办公银两的咨呈
光绪二十四年闰三月二十三日

钦命帮办吉林边务事宜镇守珲春地方副都统军功花翎英　为咨呈事。案查珲春添设发审委员四员，每月应需津贴并办公银六十两，向由平余项下支发，历经办理在案。现届应领光绪二十四年自七月初一日起，至十二月底止，计六个月，共应领津贴银三百六十两整。派行辕巡捕蓝翎补用都司王承槐赴省请领，以资核发。除札粮饷处核发外，理合备文咨呈督办将军鉴核施行。须至咨呈者。

右咨呈吉林将军延

珲春副都统为请领二十四年秋冬两季行辕亲军马队饷乾夫价银两的咨呈
光绪二十四年闰三月二十三日

钦命帮办吉林边务事宜镇守珲春地方副都统军功花翎英　为咨呈事。窃照敝帮办行辕亲军右哨马队饷乾夫价，前按六个月请领一次，业经办理在案。现届应领光绪二十四年自七月初一日起至十二月底止，计六个月饷乾夫价。除扣三日小建不计外，共应领银二千二百六十五两六钱五分零四丝。派行辕巡捕蓝翎补用都司王承槐赴省请领，以资核发。除抄粘札粮饷处核发外，理合备文咨呈督办将军鉴核施行。须至咨呈者。

右咨呈钦命署理吉林等处地方将军督办吉林边务事宜兼理打牲乌拉拣选官员等事副都统衔延

珲春副都统为请领二十四年秋冬两季帮办及各局处应需银两的咨呈

光绪二十四年闰三月二十三日

钦命帮办吉林边务事宜镇守珲春地方副都统军功花翎英　为咨呈事。案查帮办应需公费夫价，以及行营文案处总理会办委员、书识心红夫价，并中俄书院教习，军火局员，朝俄语通事，每月薪水等项银两，向按六个月请领，历经办理在案。现届应领光绪二十四年自七月初一日起至十二月底止，计六个月，共应领银五千四百四十二两整。令派行辕巡捕蓝翎补用都司王承槐赴省请领，以资核发。除抄粘札粮饷处核发外，理合备文咨呈督办将军鉴核施行。须至咨者。

右咨呈吉林将军延

吉林将军为奏准拟就银圆赢余项下挑练旗兵一营事的咨文及原奏

光绪二十五年三月

为恭录咨行事。窃照本军督大臣，于光绪二十五年二月十八日，恭折具奏，为遵议挑练旗兵，拟就银圆赢余银两，先练步队一营。等因一折。当经抄折咨行在案。兹于本年三月十八日奉到朱批：着照所请。该部知道。钦此。相应恭录朱批备文咨行。为此合咨贵帮办，请烦查照，钦遵施行。须至咨者。

右咨钦命帮办吉林边务事宜镇守珲春副都统英

跪奏：为遵议挑练旗兵，拟就银圆赢余银两，先练步队一营，恭折复陈仰祈圣鉴事。窃准户部咨开，议复前奏挑练旗兵就地筹款不易一折，光绪二十五年正月二十一日，具奏奉旨：依议。钦此。恭录谕旨，并抄原奏咨行前来。查原奏内称，吉林若练五千人，应需饷银三十余万两，无论部库无款开支，即各处亦难于筹拨。惟吉林积存银圆赢余有四五万两，按吉林饷章，暂以挑选千人计之，一年约需银六万余两，似该省银圆赢余尚可勉敷开办。拟令先将该省八旗子弟挑选精壮一千人，每年饷需六万余两，即在银圆项下如数拨给等语。窃以练兵为当务之急，迭奉谕旨催办，吉林情形尤为紧要，果多一精实之兵，即增一备防之助。惟查练兵一事，要在宽筹的款，方免日后悬军待饷，支绌谨溃之虞。原奏练五千人，需银三十余万之数，系指常年应需正饷而言，若开练之初，以及常年尚有一切杂支必不可少之款，吉林进款目下别无可筹，亦唯有仰给于银圆赢余一项，与其兵多费巨，事后叹罗掘之难，似不如度款添兵，先事为量入之出。谨就五百人计之，按靖边营制饷章，所有官弁兵夫每年应需正饷三万一千六百余两，此外制造军火以及各项杂支，每年约需五千六百余两，约计常年共需三万七千三百余两，遇闰加增二千七百余两。且成营之始，修建营房制造旗帜，并小口粮等项，复另需银三千余两，方敷应用，以上应需各款通盘核计，现在积存银圆赢余尚可勉敷开办。辗转思维倘必以多为贵，转致开办无时，不若逐渐经营，尚可收得尺得寸之效。拟请先行挑练旗兵步队五百人，所有饷需由银圆赢余项下开支，一俟日后银圆赢余果能有增无减，或更另行筹有进款，再行随时奏请陆续添练，以足原议五千之数，慎始图终，似为稳着。如蒙俞允，谨候命下，即由吉林八旗精壮子弟内，挑选遴派官弁，先行起练。其营制章程、起饷日期，应俟成营后随时奏咨立案，以备稽核。所有先就银圆赢余挑练旗兵一营缘由，是否有当，谨恭折复陈。伏乞皇太后、皇上圣鉴，训示，遵行。谨奏。请旨。

光绪二十五年二月十八日

珲春副都统衙门为承领笔帖式各员饷米事的咨文
光绪二十五年

右司案呈：为咨领发给饷米事。案查本衙门向无公仓谷石，所有笔帖式各员应领俸米饷米，原拟照依市集粮价酌中定拟折钱，由省库发给，等因遵照办理在案。兹届应领本年春季饷米之际，案查由领催挑补无品级笔帖式恩特和布、萨炳阿、玉成、荣安，由领催挑补无品级站笔帖式祥玉、吉伦，由前锋挑补无品级站笔帖式春凌等七员，每员应领春一季饷米十五斛一斗。番役李连升、姜元奎、陈德胜、蒋玉禄、张成、董升、富保善、祖才、马常发、周青、杨金才、王有、仵作董占元、郭永清等十四名，每名应领春一季饷米六斛。已升站笔帖式吉伦奉文于光绪二十三年九月初十日补授，应找领二十四年春、秋两季饷米三十斛二斗。已升站笔帖式春凌，奉文于光绪二十四年三月初五日补授，应找领二十四年秋一季饷米十五斛一斗。共应领饷米折谷二百三十六石。每石照依原定章程折银五钱八分七厘，计折银一百三十八两五钱三分二厘，按三吊折核计钱四百一十五吊五百九十六文。祈将此项钱文如数饬交本衙门赴省关领俸饷去之防御吉勒图堪、笔帖式海全等，就便承领之处，拟合备文咨请，为此合咨将军衙门查核发给施行。须至咨者。

右咨将军衙门

珲春副都统衙门为请领随缺地租津帖银事的咨文
光绪二十五年

右司案呈：为咨领银两事。于十九年二月十五日准将军衙门咨开。户司案呈，案查前准户部咨开，山东司案呈，本部议复吉林将军长　等奏，查复通省官兵应需随缺地亩，恳请仍照原数准其拨给等因一折，光绪十八年九月十六日具奏，本日奉旨："依议，钦此。"相应抄录原奏，恭录谕旨，飞咨吉林将军遵照等因。当经抄录原奏，行知各处查照在案。兹查各处应领光绪二十四年份官兵随缺津帖地租银两之际，亟应行令各该处务须详细核明应领之数，具文派员赴省关领，以凭核放之处，相应呈请咨札遵照。等情据此，拟合咨行珲春副都统衙门查照可也。等因前来，准此核查本处额设协领二员，每员地六十垧。佐领八员，每员地四十垧。防御四员，笔帖式八员、骁骑校八员，每员地三十垧。领催三十九名、前锋九名，每名地二十垧。兵五百六十名，每名地十六垧。共计应领随缺地一万零九百六十垧，照依征租章程，每地一垧折核租银一钱八分，计折应领二十四年份随缺地租津帖银一千九百七十二两八钱，即饬本衙门派出关领本年春季俸饷委员防御吉勒图堪、笔帖式海全等就便承领之处，拟合备文咨请。为此，合咨将军衙门查核发给施行。须至咨者。

右咨将军衙门

珲春副都统衙门各员应领俸银数目册
光绪二十五年

（各员姓名略）

以上副都统一员，应领俸银一百五十五两。协领二员，每员应领俸银一百三十两。佐领六员，每员应领俸银一百零五两，防御二员，每员应领俸银八十两。防御兼云骑尉二员，每员应领俸银八十五两。云骑尉三十一员，每员应领俸银八十五两。食平俸之半云骑尉一员，应领俸银二十一两二钱五分。骁骑校八员，每员应领俸银六十两。恩骑尉二员，每员应领俸银四十五两。八品荫监一员，应领俸银四十两。共领俸银四千六百四十一两二钱五分。内除坐补佐领，防御兼云骑尉德春名下剩二十四年秋一季俸银四十二两五钱调转胜春名下，剩二十四年秋一季俸银四十两。革职骁骑校常喜名下剩二十四年春、秋二季俸银六十两。革职恩骑尉乌绷额名下剩二十三年秋、二十四年春秋三季俸银六十七两五钱。共计银二百十两已抵省库外，应领俸银四千四百三十一两二钱五分。内除一半搭票银二千二百一十五两六钱二分五厘内，每两二钱五分折核，计折银五百五十三两九钱零六厘二毫五忽。又一半俸银二千二百一十五两六钱二分五厘，内每两除扣二成核减外，实剩银一千七百七十二两五钱。每两减扣六分，平计减银一百零六两三钱五分外，实剩银一千六百六十六两一钱五分，连票折共银二千二百二十两零五分六厘二毫五丝。由领催挑补无品级笔帖式四员，每员连闰应领饷银三十九两。由披甲挑补无品级笔帖式一员，连闰应领饷银二十六两。由领催挑补无品级站笔帖式一员，边闰应领饷银三十九两，领催三十九名，每名连闰应领饷银三十九两。前锋九名，每名连闰应领饷银三十九两。披甲五百六十名，每名连闰应领饷银二十六两。食半饷闲散三十六名，每名连闰应领半饷银十三两。阵亡领催之妻孀妇一口，连闰应领半饷银十九两五钱。阵亡披甲之妻孀妇三口，每口连闰应领半饷银十三两。仵作二名，每名连闰应领饷银十三两。番役十二名，每名连闰应领饷银十三两。共计应领饷银一万七千三百六十一两五钱。内每两除扣二成核减外，实剩银一万三千八百八十九两二钱。统共官兵俸饷实领银一万六千一百零九两二钱五分六厘二毫五丝，内除官兵等因公支借四八季银一千九百八十六两，理合声明，须至册者。

珲春副都统衙门　为造送珲春地方由省领到戊戌年养廉银两数目，分析造具清册咨送核销事。

副都统英应领自光绪二十四年三月起至二十五年二月底止，养廉银五百二十两，内扣一成银五十二两外，剩银四百六十八两，并执使人等应得饷银一百八十两，共银六百四十八两。内除一半搭票银三百二十四两，每两按二钱五分折给银八十一两。又一半搭票银三百二十四两，每两按二成核减外，剩银二百五十九两二钱。每两减扣六分平银十五两五钱五分二厘外，实剩银二百四十三两六钱四分八厘。计连票折银三百二十四两六钱四分八厘。又遵奉部咨，按照新章每两降扣三成减核外，实剩银二百二十七两二钱五分三厘六毫。

共计银二百二十七两二钱五分三厘六毫，理合声明。须至册者。

珲春副都统衙门为册报文武官员等应领俸饷米折谷石数的咨文及清册
光绪二十五年

右司案呈：为造册咨报事。案查本处文武官员等应领己亥年俸饷米折谷石，合将各官员等衔名、谷石、分析造具印白册各一本，呈请咨报查核。等情据此，相应备文附封咨报，为此合咨将军衙门查核题销可也。须至咨者。

右咨将军衙门

镇守珲春副都统衙门，为造送珲春地方己亥年给过文武官员等俸饷米，折给谷石数目分析造册咨送查核事。

计开

由领催挑补无品级笔帖式恩特和布、萨炳阿、玉成、荣安，由领催挑补无品级站笔帖式吉伦、祥玉，由前锋挑补无品级站笔帖式春凌等七名，每员春、秋二季应支饷米三十斛二斗，计折给谷仓二百二十二石八斗。

番役李连升、姜元奎、陈德胜、蒋玉路、张成、董升、富保山、祖才、马常发、周青、杨金才、王有，仵作董占元、郭永青等十四名，每名春秋二季支饷米十二斛，计折给谷仓一百六十八石。

由领催挑补无品级站笔帖式吉伦，奉文于光绪二十三年九月初十日补授，应找领二十四年春、秋二季饷米三十斛二斗，计折给谷仓三十石四斗。由领前锋挑补无品级站笔帖式春凌，奉文于光绪二十四年三月初五日补授，应找领二十四年秋一季饷米十五斛一斗，计折给谷仓十五石二斗。

以上共给过米折谷四百二十六石四斗，理合登明。须至册者。

吉林将军衙门为妥为保护中前两路所领饷银的咨文
光绪二十六年七月十六日

为咨行事。照得中前两路所领饷银，现在中途因道路不靖，现派庆管带年，星夜前往探护在案。如果饷银未过通沟镇，毋庸前进，即将银两就近解交敦化县收存，如已过通沟镇，相离南冈不远，即解交英帮办兑收。总之，此项饷银无论解至何处，责成该管带妥为保护，交兑妥当，或进或止由该管带沿途探明随时酌办，以免疏虞。除分行咨札外，相应备文咨行贵帮办查照，接收见复施行。须至咨者。

右咨钦命帮办吉林边务事宜珲春副都统英

吉林将军衙门为所属各处应报戊申年官兵俸饷花名各册的咨文
光绪三十三年四月二十日

为咨行遵照造报事。户司案呈：案查本衙门历年汇办通省官兵应领次年俸饷花名及杂支一切文册，向由各该处详细核办妥协，依限饬派经手人员携带来省核对，历办在案。兹值汇总核办之际，所有各处应行造报请领戊申年官兵俸饷花名，养廉以及新放官员病故，官兵之妻孀妇等周年俸半饷，满汉印白各项细册，照造妥协，务于八月初十日以前饬令经手人员携带文册来省，详细核对，以便依期汇总报部核办之处，相应呈请咨札遵照。等情据此，拟合咨行各副都统衙门查照办理外，暨札双城堡、拉林、五常堡、乌拉协领、伊通、额穆赫索罗佐领等一体遵照，勿迟可也。须至咨者。

右咨珲春副都统

吉林行省衙门为珲春请留缺额并截旷银两分别准驳的咨文

宣统元年闰二月十四日

为咨复事。旗务处案呈：案准署理珲春副都统郭　咨开，以准本大臣、部院咨，查常备军潜逃目兵遣出领催、前锋、披甲各缺，并潜逃后应截底缺旷银数目，请速造报，以凭核办等因。当以珲署差务纷繁，不敷分遣，请将常备军逃兵所遗各缺，量为选补，以资需用。况值扩充乡巡变通甲兵，不惟节省经费，尤得保卫之实，于时局不无裨益，并拟将截旷银两留作设立学堂、试办工厂之费，以俟筹有的款，再行报解。等因咨请示复前来。查来咨所称各节，系为因时变通，举兴新政起见，本应均行照准，惟常备军自成营之日起，逃兵所遗领催、披甲各缺，前据兵备处一再呈请留营，拣其得力之人顶补，用示鼓励，已经批准通行各旗属知照在案。今请将逃兵遗缺仍由本城顶补，碍难照准。至底缺截旷银两，既称地方凋敝，款项拮据，拟请留作设立学堂、试办工厂经费，应即准行，以资培养人材之需，并祈仍照前咨，将缺额查明造报，以凭核办。理合呈请咨复。等情据此，为此合咨贵副都统衙门，请烦查照施行。须至咨者。

右咨珲春副都统衙门

珲春副都统为请领本处春季笔帖式等俸米钱文的咨呈

宣统元年三月初九日

为咨呈领事。右司案呈：案查本衙门向无公仓谷石，所有笔帖式各员应领俸饷米，原拟照依市集粮价，酌中拟定折钱，由省库发给。等因历经遵办在案。兹届应领宣统元年春季俸米之际，核查八品笔帖式祥成应领春一季俸米十四斛，由领催挑补无品级站笔帖式玉成、定存、惠谦、全山，由前锋挑补无品级站笔帖式春龄，由披甲挑补无品级笔帖式海全等六员，每员应领春一季饷米十五斛一斗，番役十二名，仵作二名，共十四名，每名应领春一季加闰月饷米七斛，统共应领俸饷米二百四十七石六斗。内抵省库开缺笔帖式春明、荣成、庆善等三员名下，剩三十四年秋一季共饷米折谷四十五石六斗外，应领谷二百零二石。每石照依原定向章，折银五钱八分七厘，计折银一百一十八两五钱七分四厘，每两按三吊折核，折钱三百五十五吊七百二十二文。合将应领钱文饬令本衙门领饷委员云骑尉富升额、委笔帖式凌顺等承领之处，拟合备文咨请。为此咨呈贵督、抚部堂、院查核发给施行。须至咨呈者。

右咨呈 督部堂
　　　 抚部院

吉林行省衙门为核发珲春宣统元年春季俸饷银两事的咨文

宣统元年三月二十九日

为咨行事。旗务处案呈：本年三月二十九日准珲春副都统衙门咨开，右司案呈，案查珲春地方应领宣统元年春季连闰月官兵俸饷，共银一万一千零十一两一钱二分五厘。又三十四年份新放官员等俸饷银九十两，饬派云骑尉富升额、委笔帖式凌顺等赴省关领，理合备文咨请查核，发领施行。等因准此，除将新放官员等俸饷银两另文核发外，核查珲春应领宣统元年春季连闰月官兵俸饷共银一万一千零十一两一钱二分五厘，内除光绪二十三年六月十五日以前，病故每月合饷银一两，闲散庆春名下剩三十三年秋三十四年春秋三季饷银十八两，三十三年十二月十五日以前开缺副都统恒春名下，剩三十四年春秋二季俸银一百五十五两，病故协领永德名下，剩三十四年春秋二季俸银一百三十两，坐补佐领防御兼云骑尉凤和、坐补防御云骑尉双祥等名下，剩三十四年春秋二季俸银一百七十两，三十四年六月十五日以前病故骁骑校连柱名下，剩三十四年秋一季俸银三十两，革职由领催挑补无品级笔帖式荣成病故，由领催挑补无品级笔帖式春明等名下，剩三十四年秋一季饷银三十六两，革职由披甲挑补无品级笔帖式庆山名下，剩三十四年秋一季饷银十二两，病故每月食饷银两，闲散景兴、德花、连布、永福、孟喜等名下，剩三十四年秋一季饷银二十四两，官员俸银照章搭给一半钞票，计扣银五百九十二两三钱一分二厘五毫。以上共扣银一千一百六十七两三钱一分二厘五毫外，应剩银九千八百四十三两八钱一分二厘五毫。遵照部咨，每两减扣二钱，计减银一千九百六十八两七钱六分二厘五毫外，应剩银七千八百七十五两零五分，内官俸八折实银四百七十三两八钱五分，遵照部咨，每两减扣六分，平计减银二十八两四钱三分一厘。又兵饷八折实银七千四百零一两二钱，遵照部定新章，每两减扣二分，计减银一百四十八两零二分四厘外，应领实银七千六百九十八两五钱九分五厘。又官员俸票银五百九十二两三钱一分二厘五毫，遵照部定章程，每两按二钱五分折核，计折给实银一百四十八两零七分八厘一毫二丝五忽，二共应领实银七千八百四十六两六钱七分三厘一毫二丝五忽，核与历支章程相符，应准照发。除札饬度支司照数给领外，相应备文咨复。为此合咨贵副都统衙门查照，俟将此项银两领解到日，速即径复度支司备核可也。须至咨者。

右咨珲春副都统衙门

吉林行省衙门为核发珲春宣统元年春秋二季致祭昭忠祠银两事的咨文

宣统元年三月二十九日

为咨行事。旗务处案呈：本年三月二十九日准珲春副都统衙门咨开，右司案呈：案查珲春应领宣统元年春秋二季致祭昭忠祠香资银四两，饬派云骑尉富升等赴省关领，理合备文咨请查核发给施行。等因前来。查珲春应领宣统元年春秋两季致祭昭忠祠香资银两，遵照部咨，每两减扣二钱，计减银八钱外，应领银三两二钱，照章每两减扣六分平，计减银一钱九厘外，应领实银三两零零八厘，与历支章程相符，应准照发。除札饬度支司照数给领外，相应备文咨复，为此合资贵副都统衙门查照，俟将此项银两领解到日，速即径复度支司备核可也。须至咨者。

右咨珲春副都统衙门

吉林行省衙门为核发署珲春副都统养廉等项银两的咨文

宣统元年四月初十日

为咨行事。旗务处案呈：本年三月二十九日准珲春副都统衙门咨开，右司案呈，案查署副都统郭，应得宣统元年份养廉、人役工食等银七百两，饬派云骑尉富升等赴省关领，理合备文咨请查核发领施行。等因前来。查珲春署副都统郭，应得宣统元年份养廉银五百二十两，内遵照部咨停扣一成银五十三两外，应给银四百六十八两。又人役工食银一百八十两，二共银六百四十八两。照章搭给一半官票，银三百二十四两，每两按一钱五分折核计，折给实银八十一两，其余一半银三百二十四两，遵照部咨，每两减扣二钱，计减银六十四两八钱外，应领银二百五十九两二钱，照章每两减扣六分平，计减银十五两五钱五分二厘外，实领银二百四十三两六钱四分八厘，连票二共应领实银三百二十四两六钱四分八厘，核与历支章程相符，应准照发。除札饬度支司照数给领外，相应备文咨复。为此合咨贵副都统衙门查照。俟将此项银两领解到日，速即径复度支司备核可也。须至咨者。

右咨珲春副都统衙门

吉林行省衙门为核发署珲春副都统应得光绪三十四年津贴银两的咨文

宣统元年四月初十日

为咨行事。旗务处案呈：本年三月二十七日准珲春副都统衙门咨开，右司案呈，接准将军衙门咨开，户司案呈，于光绪二十九年七月十三日本衙门恭折具奏，为珲春副都统缺分清苦，拟由将军应得办公津贴银内，每年拨给该副都统银一千两，以资办公。请自二十九年起，无论正署截日支领，并按季随同俸饷关领，俾归一律。等因一折。于是年八月初五日奉到朱批："户部知道。钦此。"钦遵。相应呈请咨行该副都统衙门查照可也。等因前来。兹查现届关领本年春季俸饷之际，请将奏拨副都统办公津贴银一千两，如数饬交本衙门关领俸饷去之云骑尉富升等就便承领，理合备文，咨请查核发给施行。等因前来。查珲春请领奏拨署副都统郭，应得三十四年份办公津贴银一千两，遵照部咨，每两减扣六分，平计减银六十两外，应领实银九百四十两。核与应支章程相符，应准照发。除札饬度支司照发给领外，相应备文咨复。为此合咨贵副都统衙门查照，俟将此项银两领解到日，速即径复度支司备核可也。须至咨者。

右咨珲春副都统衙门

吉林行省衙门为核发署珲春副都统新添办公津贴的咨文
宣统元年四月初十日

为咨行事。旗务处案呈：本年三月二十九日准珲春副都统衙门咨开，右司案呈，案查署副都统郭　应得宣统元年春季新添办公津贴钱一千二百吊，饬派云骑尉富升等赴省关领，理合备文咨请查核发给施行。等因前来。兹查署副都统郭　应得新添办公津贴，自本年正月初一日起，至六月底止，春一季津贴钱一千二百吊，核与历支章程相符，应准照发。除札饬度支司照发给领外，相应备文咨复。为此合咨贵副都统衙门查照，俟将此项钱文领解到日，速即径复度支司备核可也。须至咨者。

右咨珲春副都统衙门

吉林行省衙门为核发珲春光绪三十四年新放官员等俸饷银两事的咨文
宣统元年四月初十日

为咨行事。旗务处案呈：本年三月二十九日准珲春副都统衙门咨开，右司案呈，案查珲春地方应领宣统元年春季连闰月官兵俸饷，共银一万一千零十一两一钱二分五厘。又应领光绪三十四年份新放官员等俸饷，银九十两，饬派云骑尉富升等赴省关领。理合备文咨请查核发给施行。等因前来。除该城应领俸饷银两另案核发外，核查珲春应领光绪三十四年份新放官员册载，防御德云，应领三十四年秋一季俸银四十两。八品笔帖式祥成，应领三十四年秋一季俸银十四两，由领催挑补无品级笔帖式全山、惠廉等应领三十四年秋一季饷银各十八两，共应领新放官员等俸饷银九十两。内官俸照章搭给一半钞票银二十七两，遵照定章，每两按二钱五分折核，计折给实银六两七钱五分。其余银六十三两，遵照部咨，每两减扣二钱，计减银十二两六钱外，应剩银五十两零四钱，内官俸八折，实在银二十一两六钱。遵照部咨，每两减扣六分，平计减银一两二钱九分六厘。又笔帖式饷八折，实银二十八两八钱，遵照部定新章，每两减扣一分，计减银五钱七分六厘外，应领俸饷实银四十八两五钱二分八厘，连票二共应领实银五十五两二钱七分八厘，核与历支章程相符，应准照发。除札饬度支司照数给领外，相应备文咨复，为此合咨贵副都统衙门查照。俟将此项银两领解到日，速即径复度支司备核可也。须至咨者。

右咨珲春副都统衙门

吉林行省衙门为核发珲春宣统元年春季笔帖式等俸饷米折给钱文事的咨文
宣统元年四月二十七日

为咨行事。旗务处案呈：本年三月二十七日准珲春副都统衙门咨开，右司案呈，案查本衙门向无公仓谷石，所有笔帖式各员应领俸饷米，原拟照依市集粮价，酌中拟定折钱，由省库发给，等因历经遵办在案。兹届应领宣统元年春季饷米之际，核查八品笔帖式祥成，应领春一季俸米十四斛，由领催挑补无品级笔帖式玉成、定存、惠廉，全山，由前锋挑补无品级站笔帖式春凌，由披甲挑补无品级笔帖式海全等六员，每员应领春一季饷米十五斛一斗，番役十一名，仵作二名，共十四名，每名应领春一季连关月饷米七斛。又八品笔帖式祥成找领三十四年秋一季俸米十四斛。又由领催挑补无品级笔帖式全山、惠廉等二员，找领三十四年秋一季饷米十五斛一斗，共应领俸饷米折谷二百四十七石六斗，内除扣病故笔帖式春明、革职笔帖式荣成、庆善等三员名下剩三十四年秋一季饷米折谷四十五石六斗外，共应领俸饷米，折谷二百零二石，每石照依原定向章折银五钱八分七厘计，折银一百一十八两五钱七分四厘，每两按三吊文折核，计折钱三百五十五吊七百二十二文。祈将此项钱文饬令本衙门领饷委员云骑尉富升等承领。理合备文，咨请查核，发给施行。等因前来。查该衙门请领宣统元年春季连闰月笔帖式等俸饷米，番役仵作口米，又找领八品笔帖式三十四年秋季俸米，由领催挑补无品级笔帖式等找领三十四年秋季饷米，共折仓石谷二百四十七石六斗，内除病故革职笔帖式等三员，应剩三十四年秋一季饷米，折谷四十五石六斗，外剩应领仓石谷二百零二石，遵照部定章程，每仓石折给实银五钱八分七厘，计折银一百一十八两五钱七分四厘，每两按三吊文折核，计折给市钱三百五十五吊七百二十二文，核与历支章程相符，应准照发。除札饬度支司照数给领外，相庆备文咨复，为此合咨贵副都统衙门查照，俟将此项钱文领解到日，速即径复度支司备核可也。须至咨者。

右咨珲春副都统衙门

吉林行省衙门为核发珲春宣统元年秋季俸饷银两事的札文
宣统元年八月十八日

为札饬事。旗务处案呈：本年八月二十八日准珲春副都统衙门咨开，右司案呈，案查珲春地方应领宣统元年秋季官兵俸饷，共银九千六百七十六两六钱二分五厘，差派云骑尉定祥、委笔帖式双胜等赴省承领，理合备文咨请核发施行。等因准此，查通省番役件作，前经禀准，一律裁撤。此次珲春随俸饷领有番役件作饷银，自应停发不计外，应领宣统元年秋季官兵俸饷，共银九千五百九十二两六钱二分五厘，内除官员俸银照章搭给一半钞票，计扣银八百三十四两八钱一分二厘五毫外，应剩银八千七百五十七两八钱一分二厘五毫。遵照部咨，每两减扣二钱，计减银一千七百五十一两五钱六分二厘五毫外，应剩银七千零零六两二钱五分内官俸八折实银六百六十七两八钱五分，遵照部咨，每两减扣六分，平计减银四十两零零七分一厘。又兵饷八折，实银六千三百三十八两四钱，遵照部定新章，每两减扣二分，计减银一百二十六两七钱六分八厘外，应领俸饷实银六千八百三十九两四钱一分一厘。又官员俸票银八百三十四两八钱一分二厘五毫，遵照部定章程，每两按二钱五分析核计，折给实银二百零八两七钱零三厘一毫二五忽，共应领实银七千零四十八两一钱一分四厘一毫二五忽，核与历支章程相符，应准照发。除札饬度支司照数给领外，台虀札饬，札到该协领遵照，俟将此项银两领解到日，径复度支司备核可也。特札。

札珲春协领遵此

吉林行省衙门为核发珲春宣统元年官兵随缺地租银两事的札文
宣统元年八月二十八日

为札饬事。旗务处案呈：案查前准户部行知，议复吉林将军长　等奏，查复吉林通省官兵差繁苦累，仍照前奏原数，俯准拨给随缺地亩，由伊通等处续垦新荒项下，自光绪十八年为始，按年照收租章程放给官兵，以纾积累等因。前经户司分行各处，历经遵办在案。兹准珲春副都统衙门派员请领宣统元年份官兵随缺地租津贴银两。案查前经旗务处呈请筹划旗人生计，设立旗务工艺厂，因经费无出，拟将通省官兵随缺地租银两酌提一半，作为工艺厂常年经费之需。当奉批准，分行各处遵照亦在案。核查珲春地方额设协领二员，每员随缺地六十垧；佐领八员，每员随缺地四十垧；防御四员，笔帖式八员，骁骑校八员，每员随缺地三十垧；领催三十九名，前锋十三名，每名随缺地二十垧；兵五百六十名，每名随缺地十六垧。计应得宣统元年份随缺地一万一千零四十垧。照依征租章程，每垧折银一钱八分，共计应领银一千九百八十七两二钱，遵照部定新章，每两减扣六分，平计减银一百十九两二钱三分二厘外，应领实银一千八百六十七两九钱六分八厘，核与历办支发章程相符，应准照发。内除扣工艺厂一半经费银九百三十三两九钱八分四厘归旗务处承领外，其余一半银九百三十三两九钱八分四厘，内扣该城右翼协领贵庆借垫办公银四百两外，实应领银五百三十三两九钱八分四厘，亟应发交该城派来关领俸饷委员云骑尉定祥等承领。除札饬度支司分别给领后，合亟札饬，札到该协领遵照，俟将此项一半领解到日，径复度支司备存可也。特札。

札珲春协领遵此

吉林行省衙门为珲春副都统咨请养廉津贴银钱事的札文
宣统元年九月初七日

为札饬事。旗务处案呈：兹准珲春副都统衙门咨开，右司案呈，案查署副都统郭 应领宣统元年养廉人役工食等银七百两，业将春季领到。又应得办公津贴，自本年七月起至十二月底止，津贴钱一千二百吊，现在奉文议准裁缺，所有此项养廉津贴银钱，应如何给领，拟请核明，饬交本衙门领饷委员云骑尉定祥等承领。为此咨呈查核发给施行。等因准此，案查副都统应支津贴养廉向章，如遇升转交卸，均按交接之日照额按日核给，历办在案。今珲春副都统咨请养廉津贴银钱应如何截日给领，查来文并未叙有交代日期，无凭核办，自应咨行该副都统按照交代之日截止，核明应得数目，再行具文请领，以昭核实，理合呈请札饬。等情据此，合亟札饬，札到该协领，即便遵照，赶紧查复毋延，切切，特札。

札珲春协领遵此

（七）军 政 事 务

珲春副都统为行营文案等处委员出具考语的咨文

光绪二十一年二月初二日

署理帮办吉林边务事宜珲春副都统军机处存记副都统衔花翎协领恩　为咨复事。案查前准贵署帮办将军咨，准督办将军长　咨，奉上谕：军兴以来，呈请军营投效者，几于无日无之，诚恐到营各员，并无一长可考，只图哺啜安希保举。着将投效人员，逐一查看，倘才具平庸，无裨军务，即令遣回，以节虚糜，而杜冒滥。将此各谕令知之。钦此。钦遵行知。等因相应咨行，请将各局处膺差人员，出具切实考语送核。等因随即转行，查取各员衔名。惟本署帮办副都统到任未及三月，例不出考，当经抄粘咨请加考送核在案。嗣准咨复尾开，查行营文案、营务委员郑维周等十员，前已随辕来省，听候差委。所遗各差，应请另行拣员委补以资办公。咨行查照，出考送核。等因到本署帮办副都统。准此，查郑维周等遗差，业经拣员委补。该员均由各路调转，并无新来投效，已随时咨明在案。所有行营文案、营务总理，会办各委员，并招垦、矿务各局员，自应出具切实考语送核，以凭察看。相应抄粘衔名考语，备文咨复，为此合咨贵署督办将军，请烦查照施行。须至咨者。

右咨吉林将军恩

计开

行营文案处：

总理五品衔补用同知候选知县曲泳胜，老成稳练体用兼备。

会办五品顶戴不论双单月尽先即选府经历刘绍文，久隶边军办事勤能。

随同办事委员蓝翎补用防御骁骑校双顺，廉干有为。

随同办事委员五品顶戴补用骁骑校领催希泰，办事勤慎。

差遣委员五品顶戴候选未入流刘明亮，才识练达。

办事官六品顶戴增生秦荫春，品学兼优。

办事官六品顶戴廪童张覆谦，勤慎耐劳。

委笔帖式五品顶戴府经历衔李汝讷，留心公事。

委笔帖式六品顶戴廪生杨肇祺，明白公事。

行营营务处：

差遣委员五品顶戴候选未入流刘明亮，才识练达。

办事官六品顶戴增生秦荫春，品学兼优。

办事官六品顶戴文童张覆谦，勤慎耐劳。

委笔帖式五品顶戴府经历衔李汝讷，留心公事。

委笔帖式六品顶戴廪生杨肇祺，明白公事。

行营营务处：

总理副都统衔花翎协领春升，器识宏深，有为有守。

会办蓝翎知县用候选县丞方瑞祥，才识明干，营务练达。

会办随同办事委员蓝翎补用同知候选通海寿，明干有为，营务谙练。

差遣委员蓝翎补用知县即补笔帖式存良，品行端方。

差遣委员五品衔候选直隶州州判郑铎，才具稳练。

办事官六品顶戴委笔帖式披甲喜禄，留心公事。

办事官五品顶戴候选巡检曲振镛，办事勤能。

办事官五品顶戴即选府经历周寿棋，营务熟习。

委笔帖式五品顶戴乔作兴，明白公事。

委笔帖式补用骁骑校领催铭禄，小心办事。

珲春招垦局总理珲春招垦总局事宜花翎同知衔升用直隶州陕西补用知县金寿，才识超卓，为守兼优。

招垦总局文案委员蓝翎知县用分省补用县丞杨鉴清，明白公事。

南冈招垦分局委员五品顶戴候选府经历杨云辉，办事勤慎。

五道沟招垦分局委员六品顶戴县丞衔曲鸣銮，办事认真。

珲春矿务局试办吉林珲春矿务局补用知县候选县丞程光第廉明自矢，实心任事。

宁古塔副都统衙门为珲春协领等十二员来塔考验的札文

光绪二十一年五月二十五日

副都统衙门　为飞行札催事。左司案呈：案准来咨，吉林所属各城武职大小官员缓届本年举行军政，查照向章分别调省考验，其各外城应由各该副都统详加考验，照例出具考语，造具简明清册，随时咨报，以凭汇案。（性）[惟]珲春大小武职官员，一体调归宁古塔副都统举行军政亲加考验。所有该处协领及年至六十以（上）[下]应考各员，务于省限以前来塔，以备赶限送省外，其余官员当因本衙门拟定限期来塔考验。等情业于四月初一日札催。案惟本衙门拟定初限四月初一日、二限五月初十等日来塔应考各员，业已札调考验，其内仍有未到之宁古塔带队以及远差各官并珲春未到各官，均应拟于六月初十日与送省各员，一体调备本副都统亲加考验。事关军政大典，定限攸关，自未便任意耽延本政体，相应札催宁古塔未考验各员遵照外，及札珲春协领讷、佐领德玉、温冲阿，委佐领玉庆，防御讷谟音、春全，云骑尉永庆、富珠伦、玉凌，骁骑校法福、理富勒浑、额勒苏勒等十二员于六月初十日以前来塔城候验，勿得再行借词推诿，有干未便可也。须至札者。

吉林将军衙门为本署将军奏报接管吉字练军日期事的咨文及原奏

光绪二十一年六月

为咨行事。兵司案呈：本年闰五月二十七日，准军宪札开，照得本署督办将军，于光绪二十一年闰五月二十一日恭折奏报，为接管吉字练军日期一折。除俟奉到朱批再行恭录札饬并分行外，合亟照抄原奏札饬，札到该司即便遵照。特札。等因奉此，相应抄单呈请咨行宁古塔、伯都讷、三姓、阿勒楚喀、珲春副都统，照会乌拉总管等衙门查照，札饬十旗、乌拉、五常堡、拉林、双城堡、伊通、额穆赫索罗协、参、佐领等遵照，并由兵司移付户司、练军文案处查照可也。须至咨者。

右咨珲春副都统衙门

跪奏：为接管吉字练军日期，恭折叩谢天恩，仰祈圣鉴事。窃于光绪二十一年五月十二日，承准军机大臣字寄，光绪二十一年五月初三日奉上谕：定安奏病势增剧，请开去暂留差使，回旗调理一折。着照所请，准其开去差使。惟东三省马步练军，现在多半驻扎奉省，尚未撤防，应如何分别撤留之处，着定、会商裕、长、依，奏明办理。其撤回之兵，即责成盛京、吉林、黑龙江将军，破除积习，认真训练，俾成劲旅。所有练军饷项，即由三省将军各归本省划分成数，妥为经理，定安着俟将兵事饷项统行交代清楚，再行回旗。将此由四百里各谕令知之。钦此。钦遵。递寄前来。跪聆之下，感悚难名，当即恭设香案，望阙叩头谢恩讫。旋准定　将吉字营官弁兵丁饷械数目截至五月底止，咨送到吉。同日，又据留驻吉林操防之吉字营帮统、乾清门头等侍卫、副都统衔富林布呈报，除调赴奉天前敌官兵不计外，现有马步四营二哨，官兵一千一百余员名，饷银五万一千四百余两，以及现有器械等项，分析造册前来。复行派员查点，均属相符，即于本年闰五月初一日接管。伏思东省根本重地，素昔劲旅从出，值此海疆未靖，势更不能不精练兵队，期于自强，然必士教和所使皆能，庶事有可恃，饷不虚糜，以庸暗之资。仰沐圣恩简授黑龙江将军，仍署吉林将军篆务，每以责任益重，图报愈难，今复畀以练兵要务，倍深祗惧。查吉字一军统计马步三千，设有统领二员，复简派总帮统各一人，专事操练，今已七八年之久，其阵式、枪法固多熟谙，更须勤加策励，细心考察，果有积习，允当破除，认真训饬，务必咸成劲旅，以期仰报高厚鸿慈于万一。所有接管吉字练军日期，并感激下忱，理合恭折叩谢天恩，伏乞皇上圣鉴。谨奏。

吉林将军衙门为准中路统领永德因病开去统领差使的咨文

光绪二十一年十月初十日

为咨复事。案准贵都护咨开：于本年九月二十四日，据中路统领永、协领德　禀称，窃职于咸丰九年由披甲出征，转战江南、湖北、安徽、河南、山东等省，迨至同治四年吉奉马贼倡乱，奉调还顾桑梓，经盛京将军都　奏留驻扎东边护守陵寝，并统带常胜、捷胜等营。嗣至光绪十年六月间请假回籍，屈指从戎已二十六载矣。讵意抵家未及半月，适值边防吃紧，又蒙前任督办宪希、帮办宪依，檄调赴珲接统边军，迄今十有三年，自愧寸功未立，幸蒙列宪垂训防务，一切尚无陨越。现值帅节初临，励精图治，正宜勉策，驽骀稍供驱策，曷敢遽萌退志自外生成。无如职前在南省军营染受潮湿，手足麻木，时发时愈，又因九、十两年染患鼻衄之症，失血数斗，因之气体益衰，遇事健忘。客腊曾经禀恳辞差，未蒙允诺，现又复被马摔腰脊疼痛，迭蒙宪台赏假调治，迄今月余，仍未痊愈。职现年业已六十有三，身弱力衰，耳聋眼花，若再以病躯恋栈，不惟虚糜厚糈，五内难安，且恐营务稍有废弛，获戾滋甚，本应分呈两宪请假辞差，只缘督帅莅任伊始，未敢造次，是以仰恳宪台逾格鸿慈，代为咨请督帅将军开去职统领差使，并协领底缺，俾职归家静养，则职有生之日皆戴德之年。特此禀请宪台核夺，伏候批示祗遵施行。等情到本帮办副都统。据此，除批：据禀已悉。该协领统军中路十有余年，营务操防颇资整顿，前因病请假饬令就营调养，月余以来尚未痊可，兹复禀请转咨开除统领、协领各缺，词意恳切情属实在，应否照准，仰候转咨署督办将军核复再行饬遵。缴。挂发外，相应备文咨行。为此合咨贵署督办将军请烦查照，该统领请假开缺应否照准，希即见复施行。等因到本署督办将军。准此，查该统领既系年老久病，自应准如所请，开去统领差使，至协领底缺，应候奏明办理。除札兵司遵照外，相应备文咨复。为此合咨贵都护请烦查照饬遵施行。须至咨者。

右咨珲春副都统恩

吉林将军衙门为准珲春佐领桂山请留乌拉原籍充差的咨文
光绪二十二年三月二十五日

为咨行事。兵司案呈：本年三月初十日据协领衔补用协领花翎佐领桂山呈称，窃系乌拉正黄旗人，于咸丰八年出征江南、湖北、山东等省兵十余年，又出塔尔巴哈台、张家口、伊犁等省兵十一年，嗣因凯撤旋回，蒙恩补放珲春防御员缺，随即驰赴本任。于光绪十二年，因吉字营成军，职充该军帮带差使，复蒙拣放珲春镶蓝旗佐领，并保以协领补用，先换顶戴。今吉军遣散，理应归任，奈职亲老生前未能侍养，故后坟墓乏人修理，盖因职从征三十余年，家无盈尺之童，以致先茔颓荒已久，实属触目惊心。再四思维万出无奈，唯有邀恳宪恩，可否将职留于乌拉原籍当差，藉尽乌私，是以不揣冒昧具情呈恳兵司案下代为转呈将军、大人钧前，恩准施行。等因当奉宪批准：如所请。该司知照。等谕奉此，相应呈请咨行珲春副都统衙门查照，札饬乌拉协领遵照。须至咨者。

右咨珲春副都统衙门

吉林将军衙门为前营什长留珲军械差便带吉领回的咨文
光绪二十二年十一月十五日

为咨复事。兵司案呈：本年十一月初五日准盛京军督部堂依　咨开，案据督辕营务处呈称，窃据奉字中军前营马队营官吴朝祥呈称，本年五月间奉连翼长饬派该营什长于占鳌、张凤起二名，赴珲春及外国一带侦探。该什长等于六月十间行至珲春，经副都统恩　面谕，所带快枪、号衣不易侦探，即将该什长等所带快枪、号衣等件，均已留在副都统衙门存记，并发给护照一张。该什长等随由珲春赴毛口崴，由毛口崴搭轮到海参崴，由海参崴到日本长崎地方搭轮赴烟台，由烟台赴营口，于七月二十间抵省销差。曾赴宪辕叩见，并回明寄存快枪、号衣情形。当蒙宪谕，业经接到恩都护函称，该什长等寄存之快枪、号衣各情已悉。等因奉此，惟查此项快枪、号衣至今至并未奉到，事关军械，呈请查核转呈备案。职处据此，查此项军械系营用之件，未便久缺，可否转咨吉林将军咨行珲春副都统，遇有差便带至吉林，俟咨复到日再行派差领回之处。职处未敢擅便，呈请查核。等情到本军督部堂。据此，除批示外，相应备文咨会。为此合咨贵将军，请烦查照转咨办理，见复施行。等因前来。除呈请咨行珲春副都统衙门查照，遇有差便即将此项军械带至吉林，以待由奉派差领回外，相应呈请咨复盛京军督部堂查照可也。须至咨者。

右咨珲春副都统

珲春文案处为遵札整顿营务事的呈文

光绪二十三年三月二十九日

珲春边务行营文案处总理副都统衔花翎协领海权，为呈报事。窃查前奉宪台札委内开，饬职会同中、前、右三路统领委员等将积年弊混逐渐裁革，总期朝廷养一兵即得一兵之用，至军火应如何严稽，盗贼应如何搜缉，均应切实整顿方为不负委任。等因奉此，职于道经南冈时，即将右路两营就便查看，所有兵勇尚皆精壮，嗣于二月十二日到珲，遂即驰赴东沟一带查勘金矿，回城后即与各该统领等会商整顿营务一切事宜。查珲春地方毗连外国，盗匪易于潜迹，所有附近沿途高丽岭等处，行旅皆视为畏途，已于各要隘之处分札队伍，仍令不时加派妥弁带兵会哨，更番梭巡。盖戒备于平时，方可免追剿于临事。庶贼匪闻搜捕紧严稍知敛迹。复查各营军火一项，打靶合操均按数发给，各营均有专员经理其事。亦向有定章每月打靶几次，每次一枪几出，均系随时照章发领，惟出队捕贼必须多带子药以备不虞。至回防时该营官稍不稽核而弊即随之，务令于回防时逐细考查，或已接仗，或未接仗，或仅试枪，则所用若干应缴若干，自难虚冒，亦即无意外之虞。至各营军械必平日用油刷洗洁净，斯临事方能应手。查外洋所制后膛枪炮系用子母，若膛内稍不洁净，临用每将枪筒炸坏，其误事甚非浅鲜，拟令各将领定于十日查验一次，务期器械鲜明，若有枪支锈蚀不堪者，兵丁立予重惩，并将该管官严加申饬。其来福枪自成军以来，历有年所损坏过多，只可令其随时修理，以备操演之用。至各营勇丁须汰弱留强方成劲旅，如有开革必实以年力少壮，并有招保者顶补，不准再以老弱充数，俾兵归实用饷不虚糜，但恐日久怠生虚应故事。职唯有与各统领等时时劝勉，并密为考查，必使戎行整肃，盗匪潜踪，以冀仰副宪台整顿边防，实事求是之至意。如遇有应行举办事宜，务当随时面禀署帮办宪承商办理，断不敢随声附和致蹈因循，亦不敢妄议更张求功急切，所有会同各路整顿营务情形，理合具文呈报，伏乞宪台鉴核施行。须至呈者。

右呈钦命署理吉林等处地方将军督办吉林边务事宜兼理打牲乌拉拣选官员等事副都统衔延

吉林将军衙门为准部议复各处额设笔帖式仍照旧制办理不列入京察事的咨文

光绪二十三年五月初三日

为咨行事。兵司案呈：于本年四月二十一日准吏部咨开，本部具奏，前事等因相应抄单知照可也。计单开，吏部谨奏，内阁抄出，署吉林将军延　片奏，再，吉林省城将军衙门印务处，户、兵、刑、工等司，外城宁古塔副都统等衙门印务处，左、右等司，并管理仓库，驿站，边门等处额设笔帖式，共有一百四十余员。在昔年，皆由各本处食饷之领催、披甲人等挑补，作为无品级笔帖式，仍食原饷，祇准批升本处助教、总站仓官，递升主事等缺，不准与在京各部院笔帖式一体升转，此定章也。近年，吉林省各旗子弟读书者，多每有举贡附生入署膺差，一经拣补笔帖式，照例授为七、八等品，皆系食俸之员，现已四十人，又有助教、总站仓官十人，向届三年京察之期，均未列入考察，似与激扬大典，劝惩官方，尚属缺略。伏查盛京、吉林、黑龙江三省，均系驻防，事体一律，现届丁酉举行京察，合无吁恳天恩，可否准将吉林省文职食俸之助教、总站仓官，暨七、八、九品笔帖式现有五十员，仿照盛京将军衙门笔帖式章程，与吉林管档、管库主事二员，一体列入京察，仍由会同副都统遵照定例，认真考核。其有才堪造就者荐拔之，庸劣者摈黜之，俾人知自勉，相观益善，于用人之道不无小补。可否饬部核议施行等因。光绪二十二年十二月十七日，奉朱批：吏部议奏。钦此。钦遵。抄出到部。查吉林将军衙门所设笔帖式，共有四缺，其余七、八、九品以及无品级之笔帖式，均无额缺，即所设助教、仓官四年任满，或归京升，或改归武职，或仍回笔帖式之任。本属差缺人员，情形与有额缺者不同，是以京察保送定例，吉林将军衙门只保主事一员，该衙门京察册内亦止开列主事二员，所有助教等官均未列入，原以情形有别，自非缺略。今署吉林将军延　请将该省之助教、总站仓官，暨七、八、九品笔帖式管官，与管档、管库主事二员，一体列入京察考核。奏奉朱批：交臣部议奏。等因。查该省所设笔帖式多无额缺，其助教仓官均系差缺，情形亦与设有额缺者不同，自应照旧办理。该将军所请之处，应无庸议。所有臣等遵旨议奏缘由，理合恭折具奏。光绪二十三年三月初一日，具奏奉旨：依议。钦此。等因前来。相应呈请咨行宁古塔、伯都讷、三姓、阿勒楚喀、珲春副都统衙门查照，札饬十旗、乌拉、拉林、五常堡、双城堡协、参、领，西北两路驿站监督，水师营总管，四边门章京等遵照，由兵司移付印务处，户、刑、工司，银库，承办处查照可也。须至咨者。

右咨珲春副都统衙门

吉林将军衙门为营哨各官如有携眷随营据实禀讦的咨文
光绪二十三年五月二十二日

为咨行事。照得军营将士向禁携带女眷，而整躬率下尤自统领管带始，值此整饬营务之际，亟应申明例禁，以肃军律。嗣后营哨各官如有携眷随营情事，责成该管统领禀撤究惩，若统带携眷亦准委员营哨各官据实禀讦，倘或容心回护徇隐，如被查出，或别经发觉，定行一并究治。除分札外，相应备文咨行贵帮办查照施行。须至咨者。

右咨署珲春副都统帮办边务事宜花翎协领凤。

珲春副都统为将留珲充差防御荣升就近考验的咨文
光绪二十三年七月十三日

署珲春副都统衙门咨开：左司案呈，前准将军衙门咨开，兵司案呈，本年三月十六日兵司接据乌拉协领伊萨布移称，于二月初四日准将军衙门札开，兵司案呈：案查驻防处武职大小官员，五年一次举行军政，溯自光绪十八年起，计至光绪二十三年，又届五年军政之期，即应循例举行。所有吉林通省大小武职官员，即宜查照向章，先行分别到省，以备考验。其外城官员，应由各该处副都统详加考验，照例出具切实考语，造具花名清册，随时呈报，以凭汇案。其各处协领大员，年在六十岁以上各武职官，仍行一并送省，听候将军、副都统考验之处。相应札饬乌拉协领遵照文内事理，务将本年军政初限正直查办造册，依限带省听候考验之际。惟查本署武职大小各官，现在调赴外城边练各队差遣委用者，亦复不少，应即调省归班听候考验，而免临期贻误。即将留外省差遣及边练各队委衔各官花名抄粘文尾，祈为转催各该员刻即赴省，归班听候考验，或各该员因有何项事故，抑或就近归何班次，应即声明，以备本署造册书注，而免花名册内参差不一之处，理合备文移呈兵司，希为请烦转催施行。等因前来。查佐领德林、骁骑校庆年、云骑尉景荃等三员，现留军门充差，佐领庆禄现充靖边后路营官，云骑尉双魁、保祥等二员，现充靖边委哨官差使，其防御荣升既系留珲充差，自应令其就近归珲春副都统亲加考验。至佐领连春等八员，或在队留省膺差各员，由省就近咨调。相应抄单呈请咨行珲春副都统衙门查照，即将防御荣升亲加考验见复可也。等因前来。遵文将留本处充差花翎防御荣升，于五月二十七日本署副都统亲临教场，详加考验，其马步骑射尚属可观。理合备文咨复，为此合呈将军衙门查照施行。等因前来。

珲春副都统为中路统领庆祥晋省面陈事的咨呈
光绪二十三年十二月二十二日

钦命帮办吉林边务事宜镇守珲春地方副都统军功花翎英　为咨呈事。窃于本年十二月二十日，据中路庆统领祥禀称：窃职自蒙督宪檄委边军中路统领，今已二年之久，未能趋谒督宪面聆训诲，所幸近侍副宪诸有遵循，俾无陨越。惟现届龙躔肇岁，营务稍松，理应躬趋督辕，恭叩年禧，并面禀接统以来一切情形。可否之处，未敢擅便。是以叩恳俯准，实为公便。等情据此，查该统领禀请，因岁底营务稍松，拟于明正赴省，恭叩督宪，并面陈一切事件，似未便阻其趋谒之诚，自应准如所请。除札复该统领，须将营务妥为安置，并起程日期分报备查外，理合备文咨呈督宪将军，鉴核施行。须至咨呈者。

右咨呈钦命署理吉林等处地方将军督办吉林边务事宜兼理打牲乌拉拣选官员等事副都统衔延

吉林将军衙门为武场改试务当认真训练妥定章程报部事的咨文
光绪二十四年十一月初三日

为咨行事。兵司案呈：本年十月十七日准兵部咨开，武库司案呈，光绪二十四年九月十八日，内阁奉慈禧端佑康颐昭豫庄诚寿恭钦献崇熙皇太后懿旨：军机大臣会同总理各国事务王大臣兵部奏，武场改制事宜，遵旨分析条款详议具奏一折，武科改试枪炮，原为因时制宜起见，惟科举之设，无非为士子进身之阶，至于训练操防尤以营伍学堂为储才之根本。所有武场童试及乡会试，均着仍照旧制，用马步箭、弓、刀、石等项分别考试。前据兵部奏请各省营用武进士及投标武举，悉令练习枪炮，酌定劝惩章程，即着各督抚一律遵行，不准虚应故事，其在京侍卫，于录用后，着由该衙门咨送神机营，一体练习。至各省武备学堂，应由各督抚酌量建设，所有未经入伍之武举武生等，均就近挑入学堂，学习格致、舆地等学，及炮队、枪队、马队、工程队诸科，以备折冲御侮之用。朝廷作育群材，武备与文事并重，该督抚等务当鼓舞振兴，实事求是，毋负谆谆告诫至意。将此通谕知之。钦此。钦遵。抄出到部。相应恭录谕旨，通行各直省将军、督抚、学政遵照办理。查光绪二十二年十二月间，本部议复御史孙赋谦改试武场一折，请旨饬下各省，令营用武进士及落第武举之投标者，练习枪炮，该管官认真考验，分别等第，酌定劝惩章程，咨部核办，早经通行在案。应再知照各该处，懔遵此次谕旨，认真训练，妥定章程报部，毋得视为具文可也。等因前来。相应呈请咨行宁古塔、伯都讷、三姓、阿勒楚喀、珲春副都统，照会乌拉总管等衙门查照，札饬十旗、乌拉、拉林、五常堡、双城堡、伊通、额穆赫索罗协、参、佐领、全营翼长等遵照，并由兵司移付练军边务、文案、营务等处查照可也。须至移付者。

右咨珲春副都统衙门

吉林将军衙门为奉上谕各省将军督抚皆当整躬率属廉俭自持事的咨文

光绪二十五年五月二十二日

为咨行事。兵司案呈：本年五月十六日兵司接准户司移开，准兵部咨开，职方司案呈，内阁抄出，光绪二十五年二月十四日内阁奉上谕：前据署江宁将军毓贤奏，江宁八旗自置八卦洲地亩，每年收租万余两，原为办公正项，前任将军每将自己私用任意开支，以致兵丁苦累。现经毓贤极力整顿，将到任所有供给概行裁革。嗣后署内支销，不准在地租内动支。该署将军洁己奉公，洵堪嘉尚，各省八旗驻防该管将军，若皆能如此认真整顿，何至饷项虚糜，兵不宿饱。嗣后务当督饬协佐等员，力裁浮费，毋得因仍故习，借口于公费不敷，任意削。因念各省督抚恐亦不免有州县供给之处，州县借口办差苦累，非挪移公帑，即科派民间，甚或督抚受其挟持于州县陋规名目，不肯径予裁革，殊非核实办公之道。嗣后各省将军督抚皆当整躬率属，廉俭自持，不准丝毫累及所属，其各局所办公费，亦不得任意浮冒，影射支销。庶几大法小廉，吏治蒸蒸日上，朝廷有厚望焉。钦此。钦遵。抄出到部，相应恭录谕旨行文该将军钦遵可也。等因前来。相应备文移付，为此合移兵司，请烦查照行知各处，一体遵照可也。等因前来。相应呈请咨行宁古塔、伯都讷、三姓、阿勒楚喀、珲春副都统，照会乌拉总管等衙门查照，札饬十旗、乌拉、五常堡、拉林、双城堡、伊通、额穆赫索罗协、参、佐领，吉林分巡道等遵照，并由兵司移付练军文案、边防文案、营务练军粮饷等处查照可也。须至咨者。

右咨珲春副都统衙门

吉林将军衙门为奏请整顿税务盈余专购枪械事的咨文

光绪二十五年七月十一日

为咨行事，窃照本军督大臣，于本年七月十三日附片具奏，为拟请将整顿各属税务，盈余银两向湖北购买枪械，并请嗣后税务盈余，专备购买枪械、子母之需。等因一片。除俟奉到朱批再行恭录咨行外，相应抄片备文咨行。为此合咨贵帮办，请烦查照施行。须至咨者。

右咨钦命帮办吉林边务事宜珲春副都统英

珲春副都统为军火局委员多伦泰请假赴省商办家务事的咨文

光绪二十五年九月二十三日

钦命帮办吉林边务事宜镇守珲春地方副都统军功花翎英　为咨呈事。本年九月十五日，据行营军火局委员多伦泰禀称：伦泰自二十三年从役珲防，奉委管理军火局差使，迄今二载有余，家务一切未得预为安置。兹接家书云，九月中，有家人进省有事，若伦泰能就近赴省一行，得与家人相见，商定家务，倘遇有假，便庶可于公私两全等语。伦泰筹思至再，差务所羁，难言内顾之私，乃不待抵家，得见家人于省，家务即能有定论，为此不揣冒昧，仰恳给假三个月，并请赏借三个月薪水，以便抵省商办家务，实为德便之至。如蒙俯准，恳请派员接管局事，以便交卸清楚，起程晋省，俟抵省事竣，自当依限旋珲，销假归差，断不敢稍涉淹留，致误假期。可查有定，伏候示遵施行。等情据此，查该员禀请给假晋省，并借支薪水三个月，与家人商定家务，应即照准。遗差关系极重，未便虚悬，亟应派员前往接署，以昭妥慎。查有行营文案处效力委员、五品顶戴候选巡检广海，人极妥实，堪以派往经理局务。除分札该员等遵照外，理合备文咨呈督办将军，鉴核施行。须至咨呈者。

右咨呈吉林将军长

吉林将军衙门为奏派大臣魁福、果权察阅边练各军的咨文
光绪二十五年十一月十四日

为咨行事。照得本军督大臣，前经奏派头品顶戴前任科布多参赞臣讷恩登额巴图鲁魁　、伊犁锡伯营领队大臣世袭云骑尉志勇巴图鲁果　分往各处察阅边练各军，奉旨允准在案。兹该大臣等钦遵谕旨，于本月二十四日由省起程，分往各处察阅。除分行外，相应备文咨行贵帮办请烦查照施行。须至咨者。

右咨钦命帮办吉林边务事宜珲春副都统英

吉林将军衙门为魁福、果权分往各营查阅事的咨文
光绪二十五年十一月十五日

为恭录咨行事。窃照本军督大臣于本年十月十三日恭折具奏，为统筹吉林各边形势，布置防军，并请派知兵大员代行分往察查。等因一折。当经抄折咨行在案。兹于本年十一月十四日奉到朱批：览。奏已悉。即着督饬魁福、果权分往各营认真查阅，并将实边清界，择要设防切实办法通筹妥议，奏明请旨。钦此。除分行外，相应恭录朱批备文咨行。为此咨行贵帮办请烦查照，钦遵施行。须至咨者。

右咨钦命帮办吉林边务事宜珲春副都统英

珲春副都统为本处官兵军器被焚无存俟抄档旋城再行补报的咨文
光绪二十七年十月初四日

钦命镇守珲春地方副都统奖赏花翎春　为咨复事。左司案呈：兹准将军衙门咨开，兵司案呈，除简叙外，案查珲春副都统衙门各旗官兵额设军器，上年失城时有无损失，迄今尚未咨报，均应查明造具细册咨报，以凭汇案核办，相应呈请咨行珲春副都统衙门查照可也。等因前来。准此，遵查本处八旗官兵额设一切军器，曾于去岁失城时均被俄人损毁，无存情形，业于六月初五日咨明在案。今奉咨催，造具官兵额设军器件数细册。等谕理宜遵文造报，无如本衙门所有档案文卷等件，概被俄人焚烧罄尽，实系碍难查报。是以函饬赴省抄档去之笔帖式荣成，就便在省权且合办，以俟抄档旋城，再行补报，免致迟误之虞，相应呈请备文咨复。为此合咨将军衙门，请烦查核施行。须至咨复者。

右咨复将军衙门

吉林将军衙门为去岁珲城失陷档案无存毋庸循例题报的咨文
光绪二十七年十一月初五日

为咨复事。兵司案呈：本年十月二十日准珲春副都统春　咨开，左司案呈，窃照敝副都统升任，应行循例题报官兵额设军器数目题本揭贴。惟查去岁珲城失陷，所有八旗库存额设军器以及档案文卷等件，均被洋兵损坏焚烧无存，此次应报军器数目题本碍难查办。伏乞饬下兵司检查光绪二十五年秋季本衙门所报军器细数核办，恳请代奏报销，免致迟误之处。所请是否可行，未敢擅便，理合呈请备文咨请。为此合咨将军衙门请烦查照，希为转奏报销赐复施行。等因前来。当奉宪批：文悉。查上年兵燹各城，额设军器多被俄兵损坏，每年秋季循例题报本帖，日后自可毋庸查报，仰兵司汇案呈请具奏，仍先备文咨复可也。等谕奉此，除另案具奏外，相应呈请咨复珲春副都统衙门查照可也。须至咨者。

右咨珲春副都统衙门

吉林将军衙门为拟正防御讷奇新给咨赴京引见事的咨文
光绪二十八年十二月初十日

为咨复事。兵司案呈：本年十二月初三日准珲春副都统衙门咨开：左司案呈，接准将军衙门咨开，兵司案呈，宪照吉林通省所出协、佐、防、校各缺，遵照部章拣拟正陪各员，当因和局未定，道路梗塞，奏请暂缓送部赴引。旋准兵部咨开，查拟陪各员并未记名，应行文该省仍遵旧例给咨正陪各员送部，转行该旗带领引见，以符定制可也。等因前来。当经咨札各城旗遵照在案。兹查所拣正陪各该员等，计今迄无请咨赴引，事关部催，曷容久延。合将本年正月后所有拣放协、佐、防、校，拟定正陪应行送部引见各该员等，城池旗佐衔名抄单，呈请咨催。为此合咨珲春副都统衙门查照，务于文到之日速即饬催各该员等赶紧来省，以便给咨送部带引，毋得延缓可也。等因前来。遵查拟正伯都讷镶白旗蓝翎防御讷奇新，原系珲春镶黄旗庆云佐领下云骑尉，前于补缺之后曾经具咨请留珲城充差，派掌左司关防。今奉咨催理宜遵文给咨赴引，奈因本处事务繁剧，乏员办事，当此土匪猖乱，驿路梗塞，加以资斧告匮，唯有仰恳鸿慈逾格，俯准缓俟明年春融，道路平靖，事务稍松，再行送部引见，是为恩公两便。所请是否可行，未敢擅便，理合呈请备文咨请。为此合咨将军衙门，请烦鉴核，俯乞恩准，希望赐复施行。等因前来。当奉宪批：查拟正伯都讷镶白旗蓝翎防御讷奇新，近因来省领饷，已给咨赴都矣，仰兵司备文咨复可也。等谕奉此，相应呈请咨复珲春副都统衙门查照可也。须至咨者。

右咨珲春副都统衙门

兵司为验缺人员逾遇期不到即以左司是问的移文
光绪二十九年闰五月

将军衙门兵司为移知事。兹奉军宪面谕：各城验缺人员，不能依限送省，实属不成事体，以致先到人员旅店久候，徒靡盘费，而后到者，亦不查究，殊非公道。嗣后再有逾限不到，即以各城左司是问。等谕奉此，相应备文移知。为此合移贵司，请烦查照可也。须至移者。

右咨珲春副都统衙门左司

珲春副都统为捡获业普崇额失落公文火票等情的咨文
光绪三十三年二月二十日

钦命头品顶戴镇守珲春地方副都统军功花翎恒　为咨复事。左司案呈：接准将军衙门咨开，兵司案呈，光绪三十二年十二月二十九日，据署长春府知府宋春霖详称，光绪三十二年十二月初四日，准奉天怀德县知县荣令善函称，据县属公主岭巡警分局陈巡长禀，据该处附近屯民及乡约等报称，伊等于十月初四日早晨因事他往，路过火车道旁，在于沿路一带前后捡得衣物若干件，内并有公文两角。等情禀送前来。随经查验原文，均系吉省报满翻译教习业普崇额经军副、宪会衔，咨送该员回旗及火票要件，不知何时因何将衣什一切遗落路旁等处远近不等，致被乡民人等捡获，其中蹊跷情形殊难悬揣。因公牍有关，未便径送，除将衣物各件查点清楚存房候主认领外，特将原文火票并另缮衣物清折一扣，一并赍呈，函请转详。等因准此，理合捡同送到文票等件具文详送，查收核办施行。等情据此，查翻译教习业普崇额业已咨送回旗当差，既据该府详称，怀德县捡获文件衣物各情，显有别项事故，自应通行各属访查该员下落，以昭确实。除分行咨札，相应咨行珲春副都统衙门查照，迅速查明该员下落呈覆可也。等因前来。当即札饬吉实军右营管带德顺，并警务局各处查明呈报去后。旋据该管带等呈称，遵札派兵在于所属地方访查，并无翻译教习业普崇额之人。等情据此，理合呈请备文咨复。为此合咨将军衙门查照施行。须至咨者。

右咨将军衙门

三、交　涉

（一）中　俄　关　系

珲春副都统为迎护勘测修铁路之俄人并呈报出入境日期的札文
光绪二十一年

左司案呈，为札饬遵照事。于本月十六日接准钦差帮办副都统恩　札开，本年六月十四日准署督办将军延　电开，顷接总署来电，朝廷允俄开铁路，由黑龙江、吉林地方以达海参崴，俄即日派雅都里阿诺宁带监工十五人及工役等前来勘路，经李中堂发给护照，遵处驰即派员在交界接护，会商一切。至如何取道之处，总以不入城市，不碍庐墓，取直不取曲为主，详细地名护照，应详载，俄员到境，取阅便悉。铁路合同稿，俟画押后由驿寄去。先此电达，等因电寄来，兹特知照。再雅都里阿诺宁如果由珲入境，希即按照电寄各节，就近派员迎护，并希将入境日期先为电知。等因到本帮办副都统。准此，除分行外，合亟札饬，札到该司，即便转饬本属界官遵照。倘该洋员带工役等经过境界，务须一体保护，并将出入境界日期呈报备查。等因前来，相应呈请备文札饬。为此，札仰查界官及二道河卡官一体遵照。如该洋员抵境，迅速呈报，并一面妥为护送前来，幸勿违误可也。切切，特札。

右札仰 二道河卡官王世荣 查界官云骑尉凌春 骁骑校富森布 遵此。

珲春副都统对前往交界处迎护勘修铁路之俄人应谨慎保护的札文
光绪二十一年

左司案呈：为札饬遵照事。接准钦差帮办宪札开，本年八月二十六日准署督办将军延　电开，昨接总署来文内开，准出使大臣大学士李　咨称，本大臣现与俄国议允于黑龙江、吉林地方借造铁路以达海参崴，惟不得侵占中国土地，亦不得有碍中国权利。其事由中国国家交华俄银行承办。合同条款由驻俄使臣就近商订，奏奉电旨，准行在案。兹据华俄银行总办罗启泰拟派委员雅都里阿诺甫带同监工十五人并总图丁役等，由东海滨前往江、吉一带勘路测量，求发给护照并电总署转致江、吉将军副都统就近派员，在交界地方接获会商一切等情，除缮给护

1085

照交该委员雅都里等执持前往，查照合同章程随时随地会商江、吉地方官，委员妥慎筹办，勿稍借端滋扰违误外，咨请飞咨吉、江等省查照办理。等因前来，相应咨行到省，合亟电达。等因准此，查前准电知该俄员雅都里等带同工人于江、吉地方勘修铁路，当经札饬营务处会办蓝翎补用同知候选通判海寿，护卫马队左哨哨官副都统衔记名协领防御海顺，按照电寄各节，会同前往迎护在案。兹准前因，亟应仍饬该员等遵照先后文内事理，妥为会同前往，于交界处所迎接保护，兼以查看俄员采修铁路，商同办理而重交涉。除咨署督办将军查照并分札外，合亟札饬，札到该司，即便转饬本属界官遵照，一俟该俄员带工役等经过地方，务须一体保护，并将入境出境日期具报备查。切切，特札。等因前来，相应呈请备文札饬。为此，札仰查界官等一体遵照文内事理，俟该俄员等抵境时，务须谨慎保护，并将出入境界日期，先行呈报可也。特札。

右札仰查界官云骑尉^{凌春同喜}遵此

吉林将军衙门为贩运俄界牛只毋庸禁止出示晓谕的咨文
光绪二十一年五月初八日

为咨送事。照得昨因客商贩牛赴俄，沿途营站阻拦，曾经札饬弛禁在案。兹闻东路练军各队，阳奉阴违，仍前需索留难，以致驻京俄国公使转请总理各国事务衙门电饬查究。除出示晓谕照常贩卖外，合亟札饬，札到该翼长监督查照，札内事理迅即分饬各队、站一体弛禁，不准稍有阻滞，倘再罔利顽视，惟该翼长、监督是问，并将牟利拦阻之额赫穆、额穆索各处队官先行记过，以儆其余。除札饬外，相应将出示晓谕备文咨送贵副都统衙门查照，转饬所属经过沿途地方，一体妥为张贴施行。须至咨者。计咨送告示十五张。

右咨署帮办珲春副都统恩

珲春副都统为车户郎鸿年铺商福德成等在俄界被抢等情的咨呈文
光绪二十五年五月六日

钦命帮办吉林边务事宜镇守珲春地方副都统军功花翎英　为咨呈事。窃照于去岁冬月间，选据珲春车户郎鸿年等呈称，窃车户拉运客货行至珲境之东，入俄界数里，被贼匪抢去车马货物多件，恳请照会俄官严拿而安行商等情前来。当经知会俄官并出示晓谕开导去后，该匪等不惟置若罔闻，而且抢劫之钜案日增，竟断行人之路，揆其意恃在俄境，我兵不能越界追捕，故敢肆其猖獗。复于本年三月间，据珲街铺商福德成呈称，雇车由罕奇运货回珲，行至三道冈子，被贼匪抢去花旗布十八匹，等因先后札饬营官图瓦谦就近探拿在案。兹据该营官报称，奉札探铺贼匪，职遂面商俄官，已准我兵入境追捕，当即亲带勇丁变装前往俄界，于四月二十三日在沙脐子地方搜获盗首牛泳淋一名，遂带营审讯。据该匪供称，劫马抢布种种知情，郎车户之马系陈老八带人抢去，福德成之布匹系牛泳淋同伙伴王老屋、于麻子三人商议抢掠，牛泳淋分足布三匹，卖钱四吊。等情不讳，遂录取供招一纸。该匪有六节铁鞭器械。等情呈报前来。据此，除获盗牛泳淋，奉电由营正法各情业经该统领咨报边防营务处转详外，所有车户铺商在俄界被抢，及获盗牛泳淋供认在俄界强抢各情，理合备文咨呈督师将军鉴核施行。须至咨呈者。

右咨呈钦命总理各国事务大臣镇守吉林等处地方将军督办吉林边务事宜兼理打牲乌拉拣选官员等事延

吉林将军衙门为山海关副都统奉电旨防俄固围为务的咨文
光绪二十六年七月十二日

为咨行照会事。兵司案呈：本年七月初十日接准山海关副都统富　来电，七月初八日卯时六百里加紧承准军机大臣字寄本月初六日奉电旨一道，令即转电奉旨：寿山两电均悉，防俄以固围为务，不必越境图功，已迭次谆切谕知遵照矣。诚以兵端一开，则防不胜防，无论奉吉两省暨库伦应驻重兵，此岂仓猝可办之事，所以贵谋定后动也。着寿山仍懔遵前旨，固守疆土，敌来则击，毋得贪功轻进，后来致费收拾。并电谕增　、长　一体知之。钦此。等因电知前来，相应呈请咨行盛京、黑龙江将军、宁古塔、伯都讷、三姓、阿勒楚喀、珲春副都统。照会乌拉总管等衙门，并照会总统明　查照，札饬十旗、乌拉、五常堡、拉林、双城堡、伊通、额穆赫索罗协、参、佐领，西北两路驿站监督，吉林分巡道、全营翼长、水师营总管、四边门章京、边防营务、练军文案等处，团练总局等遵照可也。须至咨者。

吉林将军衙门为现与俄兵接仗兵衅已开对所有北来洋兵急应严禁的咨文
光绪二十六年七月十二日

为咨行事。兵司案呈：本年七月十一日准军副宪札开，兹准盛京将军增、副都统晋　咨开，案据署奉化县知县王令顺存禀称，窃卑职前将县属铁路各站俄总管均经俄兵送出境外，该俄兵等又于十六日折回，聚集八十余名，欲赴昌图沙河子援救困兵，行至太平沟山头杀人踞驻。卑职闻之密往探视，其势汹汹，先将卑县看守封狱之班差及捕盗营兵拨往防守，一面募兵一百名，旋探闻俄人围困黑咀子大会，势甚危急，先后飞禀在案。兹于十七日午后，又探闻四五站之俄兵及前途败兵亦皆集于县属四站，约有五百人，围困阎姓宅。卑职将团练传聚数百人驰往救援，俄人未肯开仗退居董宅。各团练因无利器亦未敢轻动，现时尚在相持。查卑县当奉吉之交，闻吉江两省尚未肯显然开仗，倘俄兵或有大队群集，势必难支，且有误大局，合亟驰禀查核。请先咨行吉江两省严禁俄兵来路，并请添练步兵炮队，饬发枪械子药，以便相机站守等情驰禀前来。查现在奉省迭与俄兵接仗，兵衅已开，所有北来洋兵，亟应严禁，以遏敌氛。除批示照办并札催咸统带拨队合力兜击，暨飞咨黑龙江将军查照外，相应备文咨行查照转饬严禁，望速施行。等因准此，除分行外，合亟札饬，札到该司即便转饬各旗署衙门一体遵照，严禁洋兵来路，以遏敌氛，切切特札。等因奉此，相应呈请咨行宁古塔、伯都讷、三姓、阿勒楚喀、珲春副都统。照会乌拉总管等衙门查照。札饬十旗、乌拉、五常堡、拉林、伊通、额穆赫索罗协、参、佐领，水师营总管，西北两路驿站监督、四边门章京等一体遵照文内事理，严禁洋兵来路，毋稍疏虞可也。须至咨者。

右咨珲春副都统衙门

吉林将军衙门为查明珲春副都统和边练各军移驻何处的咨文
光绪二十六年七月十六日

为飞咨行事。兵司案呈：适奉宪谕查珲春地处边圉，前经俄人窜扰，以致失守。其副都统等移驻凉水泉子，现以闻报不一，时下不知仍驻该处抑或移于他处，其所管之边练各军究于何处驻守，均未得其详细，着确查明速即报省，以凭拨队助剿等谕。奉此，相应呈请由五百里飞咨珲春副都统英　查照，即将现在移于何处，并所管各队究系驻守某处速即确实查明报省，毋稍延缓可也。须至咨者。

右咨珲春副都统英

吉林将军衙门为各城各营炮位被俄人搜去应向驻京俄使查问索还的咨文
光绪二十七年二月十五日

为咨行事。兵司案呈：本年二月初一日准军宪札开，照得本将军于本年正月二十四日附片具奏，为吉林各城、各营所有炮位均为俄人搜去，数日应请向驻京俄使查问索还，以资应用等因一片，除俟奉到朱批，再行恭录札饬外，合亟抄片札饬，札到该司即便遵照，特札。等因奉此，相应抄单呈请咨行宁古塔、伯都讷、三姓、阿勒楚喀、珲春副都统，照会乌拉总管等衙门查照，札饬十旗、乌拉、五常堡、拉林、双城堡、伊通、额穆赫索罗协、参、领，吉林分巡道等遵照可也。须至咨者。

右咨珲春副都统衙门

粘单

再吉林开战时，失守各城所有炮位，悉为俄用，是以停战后，凡省城附近各营领用炮位及发给武备学堂炮队操演者，悉饬缴归机器局，其在外各营亦令就近交旗署收存，今亦均为俄人搜去。查各营枪支每有临阵遗失，究竟俄兵收去若干，难查细数，若炮位则历历可稽者也。计吉林大小炮位购自外洋及机器局自造者不下百数十尊，其边境炮台及前敌各营所失之炮，固无论矣。今停战以后炮已收藏，亦复恃强夺取，未便置诸不辩。现查停战后所失炮位，计省城北山炮台十六生的克虏卜大炮一尊，其余各营及学堂炮队原拨炮位计六磅四、两磅，克虏卜炮共六十七尊，大小格林炮八尊，西林炮二尊，子母炮六尊，青铜炮二尊，马克逊炮二尊，今皆无一存者，相应请旨饬下全权王大臣，向驻京俄使查问索还，以资应用，谨附片具奏。伏乞圣鉴训示。谨奏。

吉林将军长顺为请饬议和王大臣与俄公使熟商吉林自添兵力以靖盗风的奏片
光绪二十七年三月初六日

再前因土匪杨毓林等盘踞南山不服收抚，商请俄提督高哩巴尔斯带队前往剿办，其余零星股匪亦由职等分路派兵捕拿，业将剿抚情形附片具陈在案。现高哩巴尔斯回省，据称磨盘山一带与贼接仗阵亡俄官一员，俄兵数十名，其匪党为俄兵击毙千余，余贼均由奉界围荒分窜。等语核与磨盘山州同长庚及营官富德各禀相同。近日探闻杨毓林尚带死党二千余名由围荒窜过怀德，径赴蒙荒藏匿。其刘泳和等尚在奉天之通化、怀仁等处负隅自固。首要在逃，余孽未尽，后患方深。伏查吉林自俄兵入境，各营军械大半为其收去，现在防军裁撤，仅留捕盗四千三百名，散布各区，饷械两绌，以之搜捕零贼尚嫌地阔兵单，一遇大股贼匪，其势必不能敌。前次洋枪营被贼围困其明证也。从前俄兵初至时，即欲搜尽民间火器，经职等告以民间所用枪械系属备御盗贼，自保身家，再三解说，始免往搜。故兵力不及之处即令各村屯自立练会守望相助。今则俄兵有时下乡搜枪如故，而练会已成，复散者不知凡几，兵力既不足卫民，而民又不能自卫，其不束手待毙者几何。目下省城及各外城虽有俄兵驻扎，然只可借以镇慑，若假手捕盗，言语既不相通，而风土人情全未体会，彼兵所至，每不能分别良莠。在贼踪飘忽无定，一经接仗，败固远扬，胜亦窜匿，而彼则以何处接仗？即欲剿洗何处百姓，其中通事，又排解者少，煽惑者多，鱼网鸿罹，比比皆是。况和事大定以后，俄兵亦当撤回，尔时地面空虚，土匪必乘间窃发。近日谣传均谓俄国不日撤兵，各处土匪群思蠢动，且有毁铁路以泄忿之意。此言果确，则吉省安而复危，大觉可虑。此等情形不独吉林，如是征诸所闻，黑龙江以地广多荒，匪类稍少，奉天及关内外一带，更有甚于此者。此岂一省之患抑亦全局之忧。职等尝谓今日三省犹病剧之人，正气已虚。官兵正气也，土匪内邪也。俄人允还东三省犹治病而期复元也。药不固正气而但祛内邪，势必正气愈亏，内邪愈盛，何得谓为良医？故俄不许中国添兵剿办土匪，将来匪类愈多，兵力愈弱，不特中国商民难安，即于铁路工程亦无裨益。相应请旨饬下议和全权王大臣，与俄国驻京公使据理熟商，俾吉林自添兵力，以靖盗风，并豫为该国撤兵后，保全地方及铁路地步大局幸甚。是否有当，谨附片具陈。伏乞圣鉴训示。谨奏。

吉林将军衙门为俄提督沙克罗甫进城和约并奉朱批的咨文
光绪二十七年三月

将军衙门为咨行事。兵司案呈：本年二月十七日准黑龙江将军衙门咨开，兵司案呈，本年正月二十日准呼兰副都统咨开，右司案呈，于去岁八月二十一日本副都统倭、翼长庆　联衔具奏准咨罢兵，于八月十九日俄提督沙克罗甫进城和约。等因一折，于十二月十九日由驿递到原折奉朱批："东三省被据地方，已与俄国商明，派增、长　次第接收，该大臣等认耐料理，静听款议消息。钦此。"钦遵，相应恭录谕旨备文咨报。为此合咨将军衙门鉴核施行。等因前来，合请咨行。等情据此，相应咨行。此合咨贵将军，请烦查照施行。等因前来，相应呈请咨行盛京将军，宁古塔、伯都讷、三姓、阿勒楚喀、珲春副都统，照会乌拉总管等衙门查照，札饬十旗协、参、领，吉林分巡道等遵照，并由兵司移付户司、练军文案营务等处查照可也。须至咨者。

右咨珲春副都统衙门

吉林将军衙门为俄兵进驻乌拉城的咨文
光绪二十七年四月初十日

为咨行事。兵司案呈：本年三月二十七日准乌拉总管云　咨开，印务处案呈，本年三月十二日本衙门恭折具奏，为俄兵迭次经过乌拉，尚无扰害大概情形恭折具陈仰祈圣鉴事。窃查去岁拳匪倡乱，猝起兵端，七月初五日三姓、珲春同日失守，吉林之军情日紧，而乌拉居吉林之北，相距仅七十里，当此警报频闻，战事将近，乌拉经将军长　奏添护城旗队一营，奈成军未久，兵力单薄，唯有日日训练，以资分布护守。忽于七月下旬警闻洋兵已抵通州，京师万分吃紧之信骇，彷徨罔知所措，此时阿勒楚喀已失，敌人离乌愈近，宁古塔相继亦陷，吉林之边尽失，寇深事迫，吉林乌拉危急。正值筹思无计，旋又闻奉天来电，七月二十一日洋人入京，乘舆西幸，惊魂震魄，涕泗交横，内府旗仆世受国恩，当此之际，既不能振族平贼，复不能扈跸前区，焦灼万状，愧愤时深。又兼俄兵分道进攻，吉林之处处受敌，我则兵单饷绌，实难兼顾，吉省全局岌岌可虑。幸将军长　恪遵谕旨，一面筹备战事，一面豫筹收束地步，以期保全疆土。随即翻然变计，决意议和，派员赴哈尔滨与俄开议，由乌经过。其时江省已失，几疑和局难恃，唯有亲督兵丁死守而已。旋于八月二十七日接到将军长　函知，俄兵已允停战，但仍须前进，以为保路而来，约定彼此相遇，各恃白旗，万不准轻开一枪，并东路俄将派来俄官沙别哩丫夫，带兵十五名，赴北递信，嘱令妥为保护等语。遵即传知前途各队一体知遵，以免重开兵衅，致误大局。迨八月三十日闻俄兵数百人由西路进省，突入将军署内，势甚凶横，彼时吉乌人民纷纷逃避，均谓和议之诈，莫可结局。迭派官兵变装入探，始知俄兵留驻署中，纷扰不已，并将机器局火药库抢掠焚毁，幸将军长　与该酋以礼争论，照约款待，该兵等不敢恣肆，亦未扰商民，闰八月初□日始行西去。初六日晚间，接到北路探信，有俄统领都罗福率官兵千余名，由哈尔滨赴省，明日到乌。当此之时，和局本难深恃，俄兵庙至，人各怀疑，群逃避，随将队兵调匿城内，复于城外街市妥觅宽敞客店一处，以备该俄兵栖止。初七日巳刻，俄队到店，首先往见款以礼，诘其所来之由，称系定约保路，别无俄 [他] 意。并传令该俄兵等不准在此搔扰，该酋即日赴省去讫。至十四日俄提督高哩巴而斯带兵约千余人在乌住宿，仍亲往晤面，照约款接，次日亦即赴省。嗣后俄兵由乌经过日益众多，盈千累百，几于无日无之。缘乌拉地居北路，凡自哈尔滨俄站来者，实为必经之区，每遇俄兵到乌，均已一一晤面，而俄兵等仅止在街游行，幸未入城纷扰。十二月十三日俄伯力总督葛罗德克夫自吉林北旋道经乌拉，以礼相见，款以酒食，坐谈许久，临行传令在乌驻扎俄官不准搔扰等语。后来往近俄 [兵] 均照约循理，于是人心为之稍定。查俄兵往来经过，迄今数月余矣，需索之繁，酒食之费，悉由公饷开支，实属力难支应，所幸城市粗安，衙署、仓库无恙，地方亦免兵燹，而前挑练队亦均裁撤，酌留一百五十名作为团练，以资缉捕。且彼族疑忌难释，每以搜枪为名，下乡搔扰，亦尝向该国带兵之员力劝阻，间或听从。值此扰攘，唯有竭尽遇诚，随时因应遇有紧要事件，禀商将军长　通筹办理，以期无误事机。本拟将俄兵过乌情形随时奏报，奈因去岁驿路梗阻，碍难具奏，现已数月之久，前途稍可疏通，理合恭折具陈，伏乞皇太后皇上圣鉴。事奏等因，具奏之处，除呈报行在内务府、户部并都京总管内务府、户部查核外，理合备文咨报。等情据此，拟合咨报将军衙门鉴核施行。等因前来，相应呈请咨行宁古塔、伯都讷、三姓、阿勒楚喀、珲春副都统等衙门查照，札饬十旗协、参、领，吉林分巡道，全省营务处总理等遵照，由兵司移付户司、练军文案处查照可也。须至咨者。

右咨珲春副都统衙门

吉林将军衙门为抄录俄员商办吉林矿务和索还俄占吉林各城炮位的咨文
光绪二十七年六月初十日

为咨行事。兵司案呈：本年六月初五日准军宪札开，照得本将军于本年正月二十四日附片具奏，为吉林各城各营所有炮位均为俄人搜去，数目应请向驻京俄使查问索还，以资应用，等因一片，当经照抄原片札饬在案。兹于本年五月三十日奉到朱批："另有旨。钦此。"同日奉到上谕："长　等奏俄员商请合办吉林矿务暂议约章开单呈览一折，已准如所请行矣。又奏吉林办理交涉艰难情形，机器局全被俄人据，各城炮位悉为俄用，均须向俄使索还各折片，着奕　劻、李鸿章一并归入东三省案内核办。原折二件、单一件、片二件均着抄给阅看，将此谕令知之。钦此。"钦遵前来，除分行外，合亟恭录朱批谕旨，札饬札到该司即便钦遵。特札。等因奉此，相应呈请咨行宁古塔、伯都讷、三姓、阿勒楚喀、珲春副都统。照会乌拉总管等衙门查照。札饬十旗、乌拉、五常堡、拉林、双城堡、伊通、额穆赫索罗协、参、佐领，吉林分巡道等遵照可也。须至咨者。

右咨珲春副都统衙门

吉林将军衙门为双城厅擅自办理俄哈尔滨铁路公司新拟钱法应照旧章的咨文
光绪二十八年五月

为咨行事。兵司案呈：本年五月初八日兵司接据吉林制造银圆局移开，光绪二十七年四月二十七日奉军宪札开，查前因银圆厂重铸银圆，本将军业于华俄道胜银行总办高培哩商定条约，俄国银圆每大圆按贰吊合钱，吉林银圆厂银圆每大圆按贰吊二百文合价。并议明二年内不更改定价，亦不增改银圆轻重、成色，均载在第一、第二、第五条约，各在合同在案。兹据双城厅通判柳大年禀称，近接哈尔滨铁路公司俄国王爵希尔廓甫来函，新拟钱法改章，凡铁路开付工价等项，概发俄国银圆，外国钱照贰吊二百文使用，代为出示等情，不特核与省城前定条约，彼此互异。拟且俄国大银圆每圆止市平银五钱六分，比较吉林大银圆每圆少市平银一钱七分零，前定每大圆按二吊合钱已属溢于银价，岂能再行加增。况事关通省钱法，该厅并不先请示遵，遽为出示办理，殊属率略，自应责成该倅即将所定条员与俄员切实辩论，总期与约无背，仍循照旧章办理为要。除禀批示并分札交涉总局遵照外，合亟札饬札到该厂立亟遵照，抄录前定条约，通行各属一体遵照办理。等因奉此，除分行外，相应抄粘条约，备文移行，为此合移兵司，请烦查照，出示晓谕，所属一体遵照施行。等因前来，相应抄粘，呈请咨行宁古塔、伯都讷、三姓、阿勒楚喀、珲春副都统，照会乌拉总管等衙门查照，札饬十旗、乌拉、五常堡、拉林、双城堡、伊通、额穆赫索洛协、参、佐领、全省营务处总理，西北两路驿站监督，四边门章京，吉林分巡道等一体遵照，条约出示晓谕，并由兵司移付户司查照可也。须至咨者。

右咨珲春副都统衙门

吉林将军衙门为通事于万有唆使俄兵搜拉牛只借端索许应即严拿惩办的咨文
光绪三十年二月二十日

为咨行严缉事。兵司案呈：本年二月十三日奉宪札开，交涉总局案呈，案奉宪交据署宾州厅同知陈乔年详称，案查前因俄人搜拉牛只，商民扰累不堪，业经据情禀报在案。兹于光绪三十年正月十六日，准署吉胜营管带补用把总苑春华移称，敝署管带邀同烧商杨润堂、德泰永执事孙瑞峰、张廷选并通事孙国梁、孙忱，于本月十三日至黄鱼圈沟屯谒见俄员，查明系属通事于万有、徐奎唆使俄兵借端索诈，每牛一只勒钱十余吊，并问新甸俄员以民间春耕伊迩再四婉言，业经该俄员转请哈尔滨俄提督电复，允将前定牛只八百条作为罢论，已拉之牛如数退回，未交之牛一概不要，以笃睦谊。移请转饬商民毋庸措备并请移知哈尔滨交涉局查照。等因准此，卑府查通事于万有等串唆俄兵借端索诈，殊堪痛恨，应即严拿惩办。除出示谕禁并移知哈局查照暨分详本道外，理合具文详请宪台查核，俯赐饬局，照会驻省俄员查照。再本月初十日，曾有三姓驻扎俄兵二百余名由滨路过赴哈，经卑府接待妥为照料，沿途并在城住宿，尚无骚扰。合并声明，等因当奉宪批，据详已悉。通事于万有等辄敢串唆俄兵强拉牛只，借端向乡民索诈，殊属不法，候通饬旗民各署及管务处一体严拿，于万有等务获惩办，并饬交涉总局照会驻省俄员禁止俄队。嗣后毋再轻信不肖通事唆使，出外滋扰，以安商民。仰吉林道转饬知照。缴。等因。发交到局。奉此，除回批呈请签发并照会驻吉俄员转饬查禁外，理合呈请通缉。等情到本署将军、副都统。据此，除分札外，合亟札饬，札到该司转行旗署各衙门一体严缉务获。特札。等因奉此，相应呈请咨行宁古塔、伯都讷、三姓、阿勒楚喀、珲春副都统。照会乌拉总管等衙门查照。札饬十旗、乌拉、五常堡、拉林、双城堡、伊通、额穆赫索罗协、参、佐领，水师营总管，西北两路驿站监督，全省营务处，四边门章京等遵照，一体严缉务获，解省究办可也。须至咨者。

右咨珲春副都统衙门

吉林将军衙门为东省铁路两旁相距六百步之内不得耕种高粮苞米的咨文
光绪三十年二月二十五日

为咨行事。兵司案呈：本年二月二十四日奉宪札开，交涉总局案呈，案奉宪交，据驻吉武廓米萨尔索阔甫宁照称，兹奉大俄国钦命远东留守大臣札谕，照会贵将军，诚恐夏令匪人暗中入窜铁路附近扰害，留守大臣拟示百姓在铁路两旁相距六百步之内，于本年仅可耕种矮秸粮田，知向遇夏令，匪人藏匿高粱、苞米各田，以借抢掠，是于本年在铁路附近一面六百步之内，不得耕种高粱、苞米，即应禁止。等因前来，备文照附，拟定告示底稿一份，并请贵署将军转饬晓谕后照复本署，以便详呈钦命远东留守大臣查核。即希将制成告示饬送本署二百张，俾资转寄铁路各处粘贴是为至要。等因饬交到局，现已将此项告示刊刷完竣，呈请钤印讫，理合呈请札发。等情到本署将军、副都统。据此，除照送并札吉林道转发外，合亟抄粘附封告示札发，札到该司即便遵照，转行张贴，特札。等因奉此，相应将分发各处告示数目，抄粘原稿并附封告示，呈请咨行宁古塔、伯都讷、三姓、阿勒楚喀、珲春副都统，照会乌拉总管等衙门查照，札饬十旗、乌拉、五常堡、拉林、双城堡、伊通、额穆赫索罗协、参、佐领，西北两路驿站监督，水师营总管，四边门章京等遵照，一体张贴可也。须至咨者。

右咨珲春副都统衙门

粘单

为出示晓谕事。照得前因护守铁路一节，业经本署将军预先晓谕，凡有与东省铁路有害之事即须赶急知照附近俄官及华官，以便防范。等因在案。查东省铁路附近所居百姓，无不耕种高粱、苞米，而土胡等匪向遇夏令，在其藏身骚扰，如在东省铁路附近耕种此项高秸粮田，岂不难防匪人暗窜铁路界内扰害，即东省铁路附近之百姓亦必遭其祸害。是以本署将军通饬东省铁路附近居往之百姓，距铁路两旁六百步之内。不得耕种高粱、苞米，以便保全东省铁路而减百姓之难。为此本署将军禁止居往东省铁路附近百姓，在铁路两旁六百步之内，勿得耕种高粱、苞米，只准耕种矮秸粮田，以免疏虞之处。特此晓谕一体严遵毋违可也，懔之慎之。切切，特示。

吉林将军衙门为拿获在俄官处充差之华人务须随时照知俄官以便会同办理的咨文

光绪三十年五月十五日

为咨行事。兵司案呈：本年五月十一日奉宪札开，交涉总局案呈，案查前准驻吉武廓米萨尔索阔宁照称，嗣后通事犯罪如不在俄官处当差，应由华署自行拿办，其在俄官处者务须先行照会俄官。等情当即呈请通行遵办在案。嗣奉宪交准该廓米萨尔照称，长春知府捉拿俄营通事并未照知本署。等情遵即呈请札饬长春府遵照核办，并照复亦在案。兹复奉发交准该廓米萨尔照称，前因捉拿与俄佣工华人一节，现经钦命留守大臣淳饬，如华官嗣后再有拿获该项华人之事，务须随时预先照知俄官，以便会同办理，相应备文照会贵署将军请烦查照施行可也。等因发交到局。理合再行呈请通行遵办。等情到本署将军、副都统。据此除分札外，合亟札饬，札到该司，转行副都统协、佐各衙门一体遵照办理，特札。等因奉此，相应呈请咨行宁古塔、伯都讷、三姓、阿勒楚喀、珲春副都统，照会乌拉总管等衙门查照，札饬十旗、乌拉、五常堡、拉林、双城堡、伊通、额穆赫索罗协、参、佐领，西北两路驿站监督，四边门章京等遵照可也。须至咨者。

右咨珲春副都统

吉林将军衙门为严缉自辽阳俄营逃跑之华人聂喜魁等人的咨文

光绪三十年九月二十五日

为咨行严缉事。兵司案呈：本年九月二十二日奉宪札开，交涉总局案呈，案查前奉宪交准俄驻吉武廓米萨尔索阔宁照称，前于俄历六月三十日有在辽阳俄营被押华人聂喜魁、刘舟银、崔雅堂、纪文太、王守祺、王贵、罗振铎、赵长银、苏凤祥、赵元长、马隆、刘万有、何恩福并杜林元等十四名均行逃跑，为此备文请贵署将军转饬巡查该各华人，倘如捕获即请照知本署可也。等因发交到局，当经卑局以此项华人年貌、籍贯暨所犯何案均未详细注明，并且事关隔省，尤难海漫缉捕，遂即呈请照复该廓米萨尔，将该犯等被案之实在情形另文照知后，再行转饬通缉。等情在案。现在复奉饬交该廓米萨尔照送聂喜魁等各花名单一纸到局。查来单内载仅有该犯等年岁、籍贯、居址，并未将所犯何案分析注明，仍属含混，若再确实照询亦属徒费周折，祗合权宜办理，准予通缉，俾昭睦谊，理合呈请通行。等情到本署将军、副都统。据此，除分札外，合亟抄粘名单札饬，札到该司转行副都统协、佐各衙门一体遵照严缉。特札。等因奉此，相应抄单呈请咨行宁古塔、伯都讷、三姓、阿勒楚喀、珲春副都统，照会乌拉总管等衙门查照，札饬十旗、乌拉、五常堡，拉林、双城堡、伊通、额穆赫索罗协、参、佐领，西北两路驿站监督，四边门章京等遵照一体饬属严缉可也。须至咨者。

右咨珲春副都统衙门

粘单

计开

一、华人聂喜魁，又名聂福亭，系营口居民，开有丰客栈者，年三十岁，不识文字。

二、华人刘舟银，系直省唐山居民，前在营口附近铁路站三黑子地方开设客栈，年三十九岁，不识文字。

三、华人崔雅堂，系官岭居民，距沟帮子五十里，在三合兴饭店当作跑堂十六年，又由本年俄历五月起在营口四个月之久，不识文字。

四、华人纪文太，系官岭居民，距沟帮子五十里之遥，年二十四岁，系匠人，不识文字，前在营口太古盛油房佣工，又于俄现年中旬在营口铁路北站三合兴饭店佣工。

五、华人王守祺，系山东省小猪留屯居民、苦工人、年五十一岁，系厨夫，又在营口铁路站刘姓饭店，于俄去岁十月上旬充当更夫半年。

六、华人王贵，系宁远州居民，在由锦州至山海关铁路中间住，年三十岁，亦在营口铁路北站华兵居处，充过厨夫，由俄历二月中旬起三月之久，又于本年五月上旬在刘姓家佣工。

七、华人李振铎，系山东刘家河子地方人氏，充当厨夫，年三十六岁，不识文字，由俄历现年正月中旬共四个月在营口铁路北站华兵处佣工，又于五月上旬移至刘姓饭店佣工。

八、华人赵常银，在营口有丰客栈充当内柜，由俄历四月初间共个半月，年二十二岁，不识文字。

九、华人苏凤翔，系奉天陈家屯人氏，前于俄历三月初间在营口有丰栈充为柜伙，年二十四岁，系识字者。

十、华人赵元长，系营口有丰客栈拿获，伊系管栈者。

十一、华人马隆，系奉省陈家屯居民，前在营口有丰栈充当厨夫，年三十四岁，不识文字。

十二、华人刘万有，系山东省高密地方人氏，前于俄历现年四月初旬在营口有丰客栈充当仆人个半月，年二十四岁，稍通文字。

十三、华人何恩福，系距营口俄二十里之遥高坑地方居民，前在营口有丰客栈充当马夫五个月，年二十四岁。

十四、华人杜林源，系山东省山后杜家屯居民，充当苦工，不识文字，年二十五岁，前在营口有丰客栈充当卸载工人。

吉林将军衙门为前在哈尔滨监房被押华人杨德山等逃跑迄今未获的咨文
光绪三十年十一月一日

为咨行严缉事。兵司案呈：本年十月二十五日奉宪札开，交涉总局案呈，案查前奉宪交准驻吉俄武廓米萨尔照称，前有在哈尔滨监房被押华人杨德山并富万有等两名，于俄现年七月十四日逃跑，迄今未获。兹奉我大宪札谕前来，照请贵署将军转饬寻获该各华人，以便送交哈尔滨监房可也。等因当经职局以来照未经叙明该犯等年貌、籍贯暨犯事案由，无凭巡缉，复经呈请照询该武廓米萨尔去讫，现奉宪交准该廓米萨尔复称，查由哈监内逃之华人富万有系年二十五岁，三发沟人氏，未曾娶亲，瘦面，以作苦工为生，别无他迹。等情发交到局，自应呈请札饬通缉。等情到本署将军、副都统。据此，除照复并分札外，合亟札饬，札到该司转行副都统协佐各衙门一体严缉可也。特札。等因奉此，相应呈请咨行宁古塔、伯都讷、三姓、阿勒楚喀、珲春副都统，照会乌拉总管等衙门查照，札饬十旗、乌拉、五常堡、拉林、双城堡、伊通、额穆赫索罗协、参、佐领，四边门章京等遵照一体严缉可也。须至咨者。

右咨珲春副都统

吉林将军衙门为通省各处居民严禁购买俄国枪械犯者以军法从事的咨文
光绪三十年十二月

为咨行事。兵司案呈：本年十一月二十五日奉宪札开，交涉总局案呈，奉宪台发交，据驻吉俄武廓米萨尔索阔宁照称，近有许多匪徒偷窃我国枪械、子母，转卖平民，前不日拿获华人一名，搜得俄国子母百颗。查按我例，军械仅着充当武差者携有，其余居民概不准有枪械子母，现在吉省亦应如此稽查等因，兹奉武廓米萨尔来谕，应请贵将军晓谕通省各处居民，严禁购买俄国枪械，犯者以军法从事。如有私卖者或指明此项枪械者，立应转知附近俄官，以免隐匿，如无俄员驻守，即禀知中国官府，以便作速拿获。并希转饬各属，将所缴此项枪械交付附近俄员，取其收付，并将此项告示缮送本署四张，即请见复施行。等因发交到局，理合缮办告示，呈请通行，等情到本署将军、副都统。据此，合亟抄粘告示底稿并附封告示五十张，札饬，札到该司即便转行副都统协佐各衙门一体查禁，并将发去告示分行张贴可也。特札。等因奉此，相应抄粘告示底稿并将告示数目分析附封，呈请咨行宁古塔、伯都讷、三姓、阿勒楚喀、珲春副都统，照会乌拉总管等衙门查照，札饬十旗、乌拉、五常堡、拉林、双城堡、伊通、额穆赫索罗协、参、佐领，西北两路驿站监督，水师营总管，四边门章京等遵照，一体查禁，并将发去告示分行张贴可也。须至咨者。

右咨珲春副都统衙门

吉林将军衙门为俄兵入境挖壕筑垒新开道路轧毁田苗应派员踏勘的咨文
光绪三十一年六月一日

为咨行事。兵司案呈：本年五月二十六日奉军、副宪札开，照得前因俄兵入境以来，所有过往处所挖壕筑垒，新开道路轧毁田苗随处皆有。现与驻吉俄武廓米萨尔索阔宁商酌，有允为发价之意，亟应由该管官将属界所有被毁田苗一体先行查报，以凭立案。惟被践毁各处田苗必须饬派妥差详细踏勘，核实具报，不得稍有虚妄。将来履勘，如果不实，即行撤出，不能照发价值。除分行外，合亟札饬，札到该司即便遵照，转行副都统、协、佐各衙门迅速查报，径送交涉总局，以凭核办。切切，特札。等因奉此，相应呈请咨行宁古塔、伯都讷、三姓、阿勒楚喀、珲春副都统，照会乌拉总管等衙门查照，札饬十旗、乌拉、五常堡、拉林、双城堡协参领，伊通、额穆赫索罗佐领，西北两路驿站监督，四边门章京等遵照一体迅速查报，径交交涉总局以凭核办可也。须至咨者。

右咨珲春副都统衙门

吉林将军衙门为华人不准贩卖俄兵烧洋各酒的咨文
光绪三十一年十月二十七日

为咨行事。兵司案呈：本年十月二十六日奉宪札开，交涉总局案呈，遵奉宪台发交准驻吉俄代理武廓米萨尔米尔然诺夫照称，昨经面告贵将军，双城堡等处有华人并有同俄人开设酒铺，贩卖俄兵烧、洋各酒醉祸一节，向经严禁，现因各处扎兵不能统驻营房，尤难稽查，是以已请禁卖烧、洋各酒，当经贵将军照所请办理，电饬各处去讫，实甚感谢。惟因以俄话转饬恐有误会，仍请迅速以华文通饬吉省各处禁止，勿卖俄兵烧、洋等酒，俾使商民遵照。并预言之，倘因华人卖酒饮醉出事，则必难为查办。等情发交到局，遵即拟就告示，刊刷妥协，钤用堂印讫，理合呈请分发旗民各属张贴。等情到本署将军、副都统。据此，除分行各民署一体遵办并照复外，合亟抄粘示稿附封告示四十张，札发，札到该司即便遵照，转发副都统协、佐各衙门，迅即饬差，妥为张贴，特札。等因奉此，合将告示底稿，并原发告示四十张，分发各处数目抄单附封呈请咨行宁古塔、伯都讷、三姓、阿勒楚喀、珲春副都统，照会乌拉总管等衙门查照，札饬乌拉、五常堡、拉林、双城堡、伊通、额穆赫索罗协、佐领，西北两路驿站监督，四边门章京等遵照一体张贴可也。须至咨者。

右咨珲春副都统衙门

粘单

为出示晓谕事。照得前因俄兵于过往屯扎之处，每以饮酒滋事，曾经屡次出示严禁商民铺户，不得私卖俄兵烧、洋各酒。奚啻三令五申，讵意近日各处私相买卖之事，仍或不免。兹据驻俄代理武廓米萨尔米尔然诺夫照称，双城堡等处有华人同俄人开设酒铺，贩卖俄兵烧、洋各酒情事应即严禁。现在各处屯扎俄兵不能统驻营房，尤难稽查，照请通饬吉省各属商民，勿卖俄兵烧、洋各酒。等情到本署将军、副都统。据此，查该俄员照请晓谕铺商，不得卖给俄兵酒品，系为预防俄兵酗酒滋事起见，诚与地方有益，自应如请办理，合行出示晓谕。为此，谕仰通省商民人等一体知悉，自示之后凡尔商民铺户，毋得再行卖给俄兵洋、烧等酒，倘敢阳奉阴违，一经查出或被告发，定必从重究办，决不姑宽，其各凛遵勿违。切切，特示。

谨将原发告示四十张分发各处数目列后：

宁古塔二张、伯都讷二张、三姓二张、阿勒楚喀二张、珲春二张、乌拉总管二张、乌拉二张、五常堡二张、拉林二张、双城堡五张、伊通二张、额穆赫索罗三张、西路驿站四张、北路驿站四张、四边门各一张。

吉林将军衙门为查松江之南铁路之东究在何牌管辖以内应转饬确查办理的咨文
光绪三十二年三月

为咨行事。兵司案呈：光绪三十二年三月初三日奉宪札开，交涉总局案呈，奉宪台发交，据驻吉武廓米萨尔索阔宁照称，前于俄历去岁间，经我人在松江之南筑修各路军用土道，现在除铁路两旁所有各路均已毋庸须着居民行走以及各路小桥亦在其内，相应备文照会，请烦查照施行。等因，正在呈请通饬间，续奉发交据该廓米萨尔照称，前照所称松江之南并铁路以东各土道已竟无用，均系在前第一军所扎各处之路，至于他处各路一节，现在尚奉到宪谕，各等因复交到局。查松江之南并铁路以东究在何牌何甲管辖以内，自应转饬，谕令乡约确查遵照办理，理合呈请札饬。等情到本署将军。据此，除分札外，合亟札饬，札到该司即便遵照，转行副都统协佐各衙门一体遵照。特札。等因奉此，相应呈请咨行宁古塔、伯都讷、三姓、阿勒楚喀、珲春副都统，照会乌拉总管等衙门查照。札饬十旗、乌拉、五常堡、拉林、双城堡、伊通、额穆赫索罗协、参、佐领，西北路驿站监督，水师营总管，四边门章京等遵照可也。须至咨者。

右咨珲春副都统衙门

吉林将军衙门为俄军前修土道所占田地待俄员收拾清楚即由原主收回事的咨文
光绪三十二年闰四月

为咨行事。兵司案呈：光绪三十二年闰四月初三日奉宪札开，交涉总局案呈，于本年四月二十三日奉宪台以驻吉俄武廓米萨尔索阔宁照称，现经大宪已竟转饬，速将木料收拾去讫，是以此事再约不能使百姓为难矣。相应照复查照，等因发交到局。查此案前准该廓米萨尔照称，俄军前修各处土道所占田地，仍令百姓照前耕种。惟所筑炮台汛地所存木料或移或售再行酌定。等情当经职局呈请通饬各属，并照复该廓米萨尔，将存木料仍应早行移售各在案。兹蒙发交前因据称，现已转饬收拾，自应再行通饬各属，晓谕居民，如该俄员已将木料收拾清楚之地即由原主收回，乘时耕种，倘有尚未移出者，仍应听其自便，一俟收拾完竣再由各户随时经理，俾免歧误。理合呈请札饬，等情到本署将军。据此，除分行外，合亟札饬，札到该司，转行副都统协佐各衙门一体遵照办理可也。此札。等因奉此，相应呈请咨行宁古塔、伯都讷、三姓、阿勒楚喀、珲春副都统，照会乌拉总管等衙门查照，札饬十旗、乌拉、五常堡、拉林、双城堡、伊通、额穆赫索罗协、参、佐领，西边门章京，四北两路驿站监督等遵照可也。须至咨者。

右咨珲春副都统衙门

吉林将军衙门为俄国在吉林各处开埠通商设立总副领事的咨文
光绪三十二年十二月

为咨行事。兵司案呈：光绪三十二年十二月二十七日奉宪札开，交涉总局案呈，光绪三十二年十一月十九日奉宪台发交准外务部咨开，接准俄璞使照称，案查本年十一月初二日及初四日两次照称，宽城子、吉林、哈尔滨、满洲里、齐齐哈尔各处定于本年十二月初一日开埠通商，本大臣当据情达知本国政府。兹据电复，俄政府自十二月初一日起在哈尔滨设立总领事府，宽城子设立副领事府，其哈总领事官派前任库伦总领事官刘巴，该员现已到哈尔滨，于十二月初一日到任。其宽城子副领事官派现任天津领事府参赞，王爵米什尔齐，未到以前，以哈尔滨总领事府翻译官柏百福署理。该员亦已到宽城子，请转知该地方官接洽。等因前来，除电达外，相应咨行查照转知照章接待，等因发交到局，理合呈请札饬，等情到本署将军、副都统。据此，除分行外，合亟札饬，札到该司转行副都统协佐各衙门一体知照可也。特札。等因奉此，相应呈请咨行宁古塔、伯都讷、三姓、阿勒楚喀、珲春副都统等衙门查照。札饬乌拉、五常堡、拉林、双城堡、伊通、额穆赫索罗协、佐领、乌拉四品翼领，四边门章京等遵照可也。须至咨者。

右咨珲春副都统衙门

珲春副都统为查明驻珲俄官交还韩人李范允原缴枪械数目的咨文

光绪三十三年四月二十五日

钦命头品顶戴镇守珲春地方副都统军功花翎恒　为咨报事。承办处案呈，于本年二月十八日准钦命吉林署将军达、副都统成　咨开，交涉总局案呈，光绪三十三年正月初九日奉宪台发交，准珲春副都统咨称，驻珲俄官交还韩人李范允所缴枪械等项与前收数目不符，等因当奉宪饬交涉局查核办理，等因发交到局。卷查前咨内报押毛斯枪一百五十六杆，此次仅收一百零七杆，尚缺四十九杆；林明敦枪前报八十四杆，此次仅收八十三杆，尚缺一杆；子母前报三万二千二百三十颗，此次仅收二万一千零六十五颗，尚缺一万一千一百六十五颗。又收小快枪一杆，前报无此名目。兹以先后两咨核计，所缺之数甚多，何以只称缺枪六杆、子母一万零一百六十五颗，是否前报未实，抑系现咨遗误，应请行查明确，据实声复，一面由珲春副都统衙门将缺少数目追缴齐全，妥为存储，理合呈请咨复。等情到本署将军、副都统。据此，相应备文咨复贵副都统，请烦查照办理见复施行。等因准此，当即札。据承办处前总理防御讷奇新呈称，窃查韩人李范允原缴各色枪械二百五十五杆，子母三万二千二百三十颗，押借给羌帖四百吊，散给外兵带衣履、枪械、子母等件，交本衙门收存在案。嗣经吉宁军管带德顺奉檄进山捕贼，因无利器，借给该营枪械十三杆，旋经俄官索还之时，该军尚未回城，又经职与管带德顺由洋官手内借出枪三十杆、子母一千颗，德顺遂押俄贴钱五十五吊，前后共计留营借使枪四十三杆，子母一千颗，内除俄官存放遗失之枪六杆、子母一万零一百六十五外，实存枪二百四十九杆、子母二万二千零六十五颗。至十三出之快枪一杆，前文并未分别明白，惟此案报省之时，职被案解省奉饬急迫。接管笔帖式玉成不知底细，故前咨内将留营借使之枪四十三杆、子母一千颗漏未叙入，以致遗误。等情呈报前来。据此，详查核与前案数目相符，随即将该管带德顺留营借使之枪四十三杆、子母一千颗派员照数查清，取具切结，附卷备案，合将遵文查明枪械数目缘由，并另文照会俄官追缴短少枪械子母等项外，相应呈请备文咨报，为此合咨将军衙门鉴核施行。须至咨者。

右咨将军衙门

吉林将军衙门为李范允等人押借羌帖究因何故提发应查明速复的咨文
光绪三十三年五月二十九日

为咨复事。交涉总局案呈：光绪三十三年五月二十三日奉宪台发交，准珲春副都统咨，据防御讷奇新呈报韩人李范允原缴各色枪械二百五十五杆、子母三万二千二百三十颗，押借给羌帖四百吊，散给外兵带衣履枪械、子母等件，交本衙门收存在案。嗣经吉宁军管带德顺奉檄进山捕贼，因无利器，借给该营枪械十三杆。旋经俄官索还之时，该军尚未回城，又经职与管带德顺由洋官手内、借出枪三十杆、子母一千颗，千顺遂押俄贴钱五十五吊，前后共计留营借使枪四十三杆，子母一千颗，内除俄官存放遗失之枪六杆，子母一万零一百六十五颗外，实存枪二百四十九杆，子母二万二千零六十五颗。至十三出之快枪一杆，前文并未分别明白。惟此案报省之时，职被案解省奉饬急迫，接管笔帖式玉成不知底细，故前咨内将留营借使之枪四十三杆，子母一千颗，漏未叙入，以致遗误。等情呈报前来。据此，详查核与前案数目相符，随即将该管带德顺留管借使之枪四十三杆、子母一千颗派员照数查清，取具切结，附卷备案，除另文照会俄官，追缴短少枪械、子母等项外，咨请鉴核，等情交局。查俄员送还前缴韩人李范允枪械，内少四十九杆、子母一万一千一百六十五颗，咨称吉宁军管带德顺剿贼因无利器，两次借用枪四十三杆、子母一千颗，前文漏未叙入，自系实情。又加俄官遗失枪械六杆、子母一万零一百六十五颗，核与原报各项数目尚属相符。惟管带德顺借用枪械、子母，押借羌帖五十五张，韩人李范允原缴枪械、子母，押借羌钱四百吊。检查旧卷文内并未报有此款，迄今一年有余，今忽列入，难免其中不无蒙混，应请咨查明确，此项押款究因何故提发，详细咨复，俾昭核实，理合呈请咨复，等情到本督部堂、署部院。据此，相应备文咨复贵副都统，请烦查照见复施行。须至咨复者。

右咨珲春副都统

珲春副都统为李范允原缴枪械子母押借钱文由闲款筹借事的咨文

光绪三十三年七月十五日

钦命头品顶戴镇守珲春地方副都统军功花翎恒　为咨复事。承办处案呈，兹准贵督部堂徐、抚部院朱　咨开，交涉总局案呈，光绪三十三年五月二十三日奉宪台发，交准珲春副都统咨，据防御讷奇新呈报，韩人李范允原缴各色枪械二百五十五杆，子母三万二千二百三十颗，押借给羌帖四百吊，散给外兵带衣履枪械子母等件交本衙门收存在案。嗣经吉宁军管带德顺奉檄进山捕贼，因无利器，借给该管枪械十三杆。旋经俄官索还之时，该军尚未回城，又经职与管带德顺由洋官手内借出枪三十杆，子母一千颗，德顺遂押俄贴钱五十五吊。前后共计留营借使枪四十三杆，子母一千颗，内除俄官存放遗失之枪六杆、子母一万零一百六十五颗外，实存枪二百四十九杆，子母二万二千零六十五颗。至十三出之快枪一杆，前文并未分别明白，惟此案报省之时，职被案解省奉饬急迫，接管笔帖式玉成不知底细，故前咨内将留营借使之枪四十三杆、子母一千颗漏未叙入，以致遗误，等情呈报前来。据此，详查核与前案数目相符，遂即将该管带德顺留营借使之枪四十三杆、子母一千颗，派员照数查清，取具切结，附卷备案。除另文照会俄官追缴短少枪械、子母等项外，咨请鉴核等情交局。查俄员送还前缴韩人李范允枪械内少四十九杆、子母一万一千一百六十五颗，咨称吉宁军管带德顺剿贼因无利器，两次借用枪四十三杆，子母一千颗，前文漏未叙入，自系实情。又加俄官遗失枪械六杆，子母一万零一百六十五颗，核与原报各项数目，尚属相符。惟管带德顺借用枪械、子母，押借羌帖五十五张，韩人李范允原缴枪械、子母，押借羌帖四百吊，检查旧卷文内并未报有此款，迄今一年有余，今忽列入，难免其中不无蒙混，应请咨查，明确此项押款究因何故提发，详细咨复，俾昭核实，理合呈请咨复。等情到本督部堂、抚部院。据此，相应备文咨复贵副都统，请烦查照见复施行。等因准此，查前收缴韩人李范允枪械时，该目以所部兵带悉着军衣散之，诚恐日人查拿，势必更换衣履方能遗散，因该兵带衣履不齐，遂与防御讷奇新恳说，暂行押借羌帖钱四百吊，以备遗散胁从衣履之费，俟归国有着，即行还款。等情当敝衙门以有此项军械为质，故由本衙门闲款筹办，依数提发，该目承领此款因系暂行挪借权宜办法，并不作正开销，所以于初报收缴枪械时未能叙入。至管带德顺借用枪械、子母，押借羌帖钱五十五吊，正在饬查问。于七月初六日准俄官廓米萨尔照据东海滨省第六队管官游击节立夫伦呈称，伊前在珲城时有借枪扣留押头羌钱五十五吊，彼时奉文调转回国急迫，未能将此项押款交还，现已送交我处，祈为派员前往承领。等因准此，现已照复俄官，暨饬令该管带持照前往承领。此项已据廓米萨尔照会如数交还，似勿庸置议，合将以有军械为质，由敝衙门闲款筹借，李范允款项因不作正开销，前文未能叙及各缘由，理合呈请备文咨复。为此合咨贵督部堂、抚部院查照施行。须至咨者。

右咨 东三省总督徐
吉林巡抚朱

吉林将军衙门为捕盗各队嗣后不得带枪擅越俄界击贼事的咨文
光绪三十三年十二月十九日

为咨行事。兵司案呈：光绪三十三年十二月十二日奉宪台札开，光绪三十三年十一月二十七日准宁古塔副都统庆　咨开，交涉局案呈，于本年十一月十七日案准珲春副都统衙门递到俄字照会一件，拆视译汉内开，俄国乌苏哩南界廓米萨尔照会内开，兹准我部立阿牧立斯及将军文开，凡有中国官兵过我境界者，不得携带军械，尤不得越界捕盗，如有持枪越界者，应照定约，将所带枪械收禁入官。越境之人，按照一千八百六十年北京所定条约内载十条、森比得堡一千八百八十一年所定条约十七条内载之例究治。等因前来，相应备文照会贵副都统查照，饬令所属官兵，嗣后无论有何项事件，均不得持枪越界，亦不得越界击贼可也。等因前来。详查该廓米萨尔照称，凡有中国官兵过我境界者，不得携带枪械，尤不得越界捕盗各情，拟即咨请转行所属捕盗各队，嗣后不得身带枪械越界击贼，以重邦交，除咨行东三省行营翼长张　查照外，理合备文呈请咨报，为此咨报查核可也。须至咨者。等因准此，除分行外，合亟札饬，札到该司，立即转行各旗属一体查照，毋得违误，以重邦交，切切特札。等因奉此，相应呈请咨行，等情据此除分行外，为此合咨贵副都统衙门查照可也。须至咨者。

右咨珲春副都统衙门

珲春副都统为俄兵于沙坨子盖房并越界持枪往来的咨文
宣统元年二月初六日

钦命署理珲春地方副都统郭　为咨呈事。本年二月初六日准驻陆军步队一标裴统带咨呈内开，窃敝标于正月初十日准贵副都统照会内开，案准俄边界官廓米萨尔照称，查华兵持械私越交界，有违约章，应请贵副都统切实查禁，并转饬华军各官，嗣后勿得擅越交界，各守边界，后如华军私越交界，恐怕俄军查拿务获法办，日后无论官兵持械私越，如果抗拒，军队恐有较比，亦非睦谊，将此等照会业已详明我国驻吉领事官并贵国抚院知会等事，以重邦交，为此，照会贵副都统查照办理，望切施行。等因前来，相应照会贵标统查照办理可也。等因准此，当即转饬各营，嗣后无论官兵概不准持械私越俄界，致生交涉在案。旋据敝标第三营驻防黑顶子一带督队官孟兆熊报称，黑顶子所属界内沙坨子地方，有俄房三处，约十余间，常有俄兵持械看守，并时有俄官往来。前奉边务督帮办札饬，无论何国军民不准携带枪械擅入我境，有违约章等因，当亲赴沙坨子宣谕数次，禁其在我境内手持军械任意游行，而俄兵居之坦然，置之不理，见此情形，若严行阻止，恐滋交涉。现俄官既已照会我国禁止华军，不准持械越界致违约章，而沙坨子地方俄兵仍复持械往来，若不设法禁阻，即系显违约章。等情据此，特派丁执事官驰赴该处，访查俄房情形，在黑顶子何方并俄兵举动详细具复去后，兹据该员复称，查得沙坨子俄房共计十八间，系光绪三十年修造。为囤粮之用，现虽已残毁十余间，犹常有马兵六名在此看守。自去年十一月更换步兵五名，持枪守卫。且时有俄官来此登高了望，该房所占地点在黑顶子正南东距俄界约十里，南约五十里，西约六里，北约十四五里，等情并绘图呈阅前来。查该房造在我国境内，四界距俄界由六里至五十里不等，实系侵越我国边地，且俄国官兵不时出入持枪游行，殊属有违约章，拟请转咨详请督、抚宪饬交涉司，就近照会俄领事，饬俄边界官速将沙坨子地方房屋拆去，彼此各守约章以重邦交，而敦睦谊，是否可行，合将查明俄人越界持枪往来并俄房略图一并咨呈贵副都统查核，并希见复。计呈略图一纸。等因准此，理合备文将原图咨呈，为此咨呈贵督、抚部堂、院，谨请察照，仍祈示复施行。须至咨呈者。

右咨 呈钦差大臣东三省总督部堂徐
钦命署理吉林巡抚部院陈

（二）中 朝 关 系

珲春属境中朝界牌

光绪十九年

谨将珲属分设吉朝界线牌博开列于后。

一、华字碑立于小白山顶。

一、夏字碑立于小白山东麓沟口，距华字碑十五里。

一、金字碑立于黄花松甸子头接沟处，距夏字碑二十二里。

一、汤字碑立于黄花松甸子尽处水沟口，距金字碑五里。

一、固字碑立于石乙水水源出处，距汤字碑十二里。

一、河字碑立于石乙、红土两水汇源处，距固字碑四十一里。

一、山字碑立于长坡浮桥南岸，距河字碑八十八里。

一、带字碑立于石乙、红丹两水汇流处，距山字碑二十三里。

一、砺字碑立于三江口之图们江、西豆水汇流处，距[带]字碑三十六里。

一、长字碑立于图们江、朴河汇流处，距砺字碑三十一里。

珲春副都统为旗民人等不准以地招佃韩人的谕示
光绪二十一年

为出示晓谕事。照得[窃查朝鲜现既改为]自主之国，而越境樵薪种田分粮，尤属违犯边禁，[自宜遵章查禁，况]当春令江水犹为成蹊，处处可通，若辈更易潜越采运柴木，队饬管界官等一体查拿严惩外，惟瞬届夏初，东作方兴，我之旗民只图坐享分粮小利，招佃韩人。不知所产之米谷，半多归于外界。即如上年收获，本属歉薄，又被韩人分去若许之多，以本处食粮现在颇形缺乏，其害岂非浅鲜哉。合亟出示晓谕。为此，示仰合属旗民人等，一体知悉，自示之后，概不准以地招佃韩人。如果无力自耕，本处亦不乏农人，何不租与佃种，俾资地利，终归地方所获。如敢抗违再蹈故辙，或被查出，抑或别经发觉，不特将该犯依例严惩不贷，并将其地亩及所获之粮食，一并入官充公，各宜安常守法，幸毋轻身尝试，自贻伊戚。凛之慎之，切切，特示。

珲春副都统为严禁朝鲜人越境樵采种田的札文
光绪二十一年

左司案呈：为札饬严禁事。窃查朝鲜，现即改为自主之国，而越境樵薪、种田分粮尤属违犯边禁，自宜遵章查禁。况当春令，江水成蹊，处处可通。若辈更易潜越采运。除晓谕所属各屯嘎山达、乡、地一体遵照外，合亟备文札饬。为此，札仰查界官遵照。嗣后，凡韩民越入我境采伐柴木，务须实力查禁。倘有抗违不遵者，即行拿解来辕，以凭究办。如该界官徇纵置之不理，定行严议不贷，切切，特札。

右札仰查界官云骑尉庆喜遵此

和龙峪越垦总局胡永恩为公出日期及局务安排的呈文
光绪二十三年正月十八日

署理吉朝通商和龙峪越垦总局事宜蓝翎监提举衔候补知县胡永恩，为呈报公出日期事。窃卑职现拟于正月十三日因公晋省面禀事件，在省尚需时日，未能即行回局。所有防守局务，即责成护局后哨哨官和顺防守局院、右哨哨官宋起得并后哨哨官长全禄巡查局外街道。其约束兵勇严禁赌博，盘查匪徒俾有专责。其局中日行公事并征收二十二年分大租银两均关紧要，查有五品顶戴尽先即选府经历司事唐书勋，熟悉局务，办事谨慎，堪以札饬该司事，暂行护理关防，以专责成。除分行札饬遵照外，理合具文呈报宪台鉴核，为此具呈，伏乞照验施行。须至呈者。

曲作寅为查获韩民私运小米及大麦的呈文
光绪二十四年三月初六日

署督理和龙峪越垦事务监提举衔吉林候补知县曲作寅，为呈报事。窃于二月二十五日驻扎稽查处中路后哨哨长全禄到局面称：适有江沿拦阻朝鲜车二十辆载运小米、大麦、高粱约三十余石，等情当谕该哨长将车辆及贩运韩商一并带局讯夺去讫。嗣于二十七日哨长全禄解送粮车二十辆、韩商二名到局。当经卑职讯问，据众车户金称，系朝鲜会宁城人雇车给罗秉瑚、罗秉益拉脚，每车韩钱十吊，共拉米粮三十七石三斗，并无自己买的米粮。各等情当令出具甘结存案。讯据韩商罗秉瑚供称系朝鲜会宁城人，与罗秉益二人借钱过江到六道沟裕和祥字号买小米十石、大麦十四石、高粱十三石三斗，共三十七石三斗，装口袋、蒲包一百二十二条，雇牛车二十辆，运送会宁城里。二十二日晚上宿在和龙峪金姓家，知有禁粮出境告示，恐怕到江沿留难，求金姓给找崔通事名福照料，当给韩钱十吊，狐狸皮二张，伊派一人送过江去。次早行到江沿，被稽查处官兵拦阻不准过江，那护送的人乘空远扬，今将商等及车辆解送来局，质之韩商罗秉益，供亦相符，各等情不讳。溯自宪台出示后，迄今半月之久，该韩商讵无闻问，竟敢越境贩运至三十余石之多，若不严行查禁，诚恐奸商图利愈运愈多，春夏之交不免有乏食之虞。现将小米、大麦、高粱三十七石三斗就原袋暂卸垦局存放，车户取保释回，该韩商二名留局看管。除饬传崔通事到案讯究外，所有违禁运米出境应如何俯赐批示旨遵。为此，具呈伏乞照验施行。须至呈者。

珲春副都统为珲春遭水灾严禁谷米出口的札文
光绪二十五年

右司案呈，为出示晓谕札饬一体严禁谷米出口事。照得珲春地处边隅，南通俄界，西连朝鲜头头口岸，最易私运。溯查前两年间大雨涝沱，河滨泛溢，田禾被灾，颗粒未获，以致米贵如珠，仰赖去岁风雨时若，五谷咸登，四境之内颇称大有。然而市井闾阎商农之家，食米原本存储无几，足敷一年之需者十无一二，加以两路防军八旗兵丁、金夫等，日用甚巨，故向赖有宁古塔、敦化县、南冈各处贩运前来，稍有积蓄余粮，若任令奸商购运出口贩卖，图贪渔利，则致地方米粮从此价值太昂，其害甚巨。虽历经谆谆晓谕禁止，尚恐竟有不肖奸商违禁潜贩外洋出售，翼谋盘剥之利。若不再行严禁，任其挽运，则民间必致积粟空乏。倘万一遇有尧水汤旱，年岁饥馑，有患无备，尔黎庶将何以充食耶。除分饬查拿晓谕商贾知悉外，为此示仰合属商贾人等知悉。此示之后，如有故违之徒若被查获送官，定将贩运之米悉数入官充赏，并将违犯奸民照例科惩不贷，毋谓言之不先也。合亟备文札饬街道厅、二道河边卡界官遵照一体查禁，倘经拿获随即禀送究办以儆将来，亦不得徇情故纵，卖放，等弊亦必从重惩治，致干查究不贷可也。特札。本副都统言出法随，决不宽宥，其各凛遵，切切，特札。

右札仰街道厅、二道河卡伦、两路界官遵此

珲春副都统为从严科惩将谷米贩运出境华韩人民的札文

光绪二十五年

左司案呈：为札饬一体严禁事。查珲属境内本年旗民所种田禾，夏秋之间雨水失调，且被虫灾，秋冬以来粮价日昂，足征收成欠薄。通盘详核，乃所出之粮竟不敷所需，若不事先预防，申明禁令，将恐民食不济，为患非轻，应将食米照章严禁出境。除张贴晓谕，并分饬查拿，有犯即获解究外，合亟札饬。为此，札仰水师营查街、查界，二道河卡、招、越两局等官遵照一体认真巡缉，毋论华、韩人民，敢将谷米希图渔利潜行运贩出境，立即查获，并其粮石及载运之车马一并解送本衙门，依例分别从严科惩不贷，幸毋视为具文，致干未便。切切，特札。

右札仰水师营管带、街道厅查界官、二道河卡官、招、越垦局等遵此。

珲春副都统为催交民欠租银解省的札文

光绪二十五年

右司案呈，为札饬遵照事。于本年六月二十七日准将军衙门咨开，户司案呈，据署和龙峪越垦局总理曲作寅呈称：窃查卑局经征租赋，分春冬两季报解，历经遵办在案。所在二十四年分应征陈地一万六千七百七十一垧八亩八分，每垧征银一钱八分，应征银三千零一十八两九钱三分八厘四毫。续丈新地三千七百零四垧六亩五分，每垧征银一钱八分，应征银六百六十六两八钱三分七厘。二共地二万零四百七十六垧五亩三分，共应征银三千六百八十五两七钱七分五厘四毫。现经卑职已收到局租银二千五百两，尚未收完实欠在民租银一千一百八十五两七钱七分五厘四毫。既已经收到局，即应急速解交，以重公款。兹特备文派差尽数解交珲春副都统衙门帮办宪鉴核饬交备拨宪台衙门户司知照外，理合备具正副呈文，呈请宪台鉴核，饬遵俯赐批示祗遵。为此具呈，伏乞照验施行。等因呈奉宪批："据呈已悉，候饬户司知照。缴。"等谕发交到司。奉此，查越垦局报解二十四年分大租银二千五百两，据称解交珲库收存，应由珲春衙门赶紧解交省库，以重正赋。其民欠租银，应令该局赶紧催齐，扫数解省，以济要需，相应呈请咨行。等情据此，拟合咨行珲春副都统衙门查照办理。等因准此，查该局前解银二千五百两，业经储库，除俟有差便即便解省外，惟实在民租银一千一百八十五两七钱七分五厘四毫，仍应饬令该局赶紧催收，解交前来，以凭解省之处，相应呈请札饬遵照。等情据此，合亟札饬，札到该局，即将民欠租银赶紧催齐解交可也。特札。

右札仰和龙峪越垦总局遵此

珲春副都统为华匪入韩界抢掠派队侦探匪踪的咨文

光绪二十五年十一月十六日

钦命帮办吉林边务事宜镇守珲春地方副都统军功花翎英　为咨呈事。案查前奉督办将军电开：以咸镜道三水甲山地方有华匪越界焚烧房屋，抢掠财物。蜂屯中国地方两洛洞，距韩界七十里，饬令迅速派队严密搜拿等因。当即分札前右两路饬队前往侦探，并转饬沿江驻扎各队一体缉捕，曾将派队缘由咨呈在案。旋于本年十一月初十日，据前路贵统领升呈称，案查韩境三水甲山地面有华匪滋扰等情一案，当即饬派光霁峪驻扎哨官沙成珩，章武德基驻扎哨长王守礼等，就近派妥实什勇前往侦探各情。去后，兹据哨官沙成珩呈称，卑哨官于十月初七日奉统宪札开，韩国三水甲山地面有华匪抢掠财物，饬令派兵前往密探贼踪。等因奉此，当即拣派什长冯玉带同正勇四名，于初八日连夜赴三水甲山侦探贼踪去讫，业已呈报在案。于本月十八日据什长冯玉带兵回称，于初十日行至章武德基，会同什长李忠带兵由华界前往密探，十一日抵六道沟，十二日抵马鹿沟，十三日抵张三冈，十四日抵新民屯，离小白山三十余里侦探胡匪并无踪迹。又兼大雪连绵深至五六尺，人实难前进。道路不通，什长等带兵由新民屯起身赴韩国地名外嘎拉密，遇见什长祁建勋，问及贼踪毫无影像。外嘎拉密亦天降大雪四五尺深，不能前进，什长等带兵旋防。于本月十八日，准分札章武德基哨长王守礼移称，于初十日接见冯什长送到统宪札谕一件，内开韩国三水甲山地面被华匪越境抢掠财物，烧坏民房，绑票等情，饬令派兵侦探贼踪。等因奉此，当即拣派什长李忠会同什长冯玉带兵四名由华界前往密探去讫。又派什长祁建勋带兵四名于十一日起身赴朝鲜国茂山府，由韩境前往三水甲山道路密探贼之踪影，于本月十五日据什长祁建勋等回称，于十一日带兵行至韩国茂山府，会同该城南乡约一同前往，十三日行至韩之地名外嘎拉密，天降大雪，四五尺深，实难前往。什长问询韩民三水甲山地面被抢之事，华匪窜越之处，该民面告，听说三水甲山闹事之处系爱州地面，与奉对岸，离此外嘎拉密七八百里之遥。再贼匪业于八月间越华界逃窜，尚不知贼匪流落何处。等语前来。准此，哨官查白山地面毗连韩境，俱系崇山峻岭，人烟稀少，历冬以来，雨雪不绝，况今雪又较大，实难探访贼踪。理合将派兵侦探贼踪各缘由除呈报本营外，具文呈报统宪鉴核施行。等情据此，理合据情呈报鉴核施行。等情据此，除俟右路呈报到日再行咨复外，理合将该统领所报各情，备文咨呈督办将军鉴核施行。须至咨呈者。

右咨呈吉林将军长

（三）中　日　关　系

珲春副都统为查明日人游历至石头河子地方被匪殒命派队搜捕各情的咨文
光绪三十三年五月二十五日

钦命头品顶戴镇守珲春地方副都统军功花翎恒　为咨复事。承办处案呈：于本年五月十七日准钦命吉林署将军达、副都统成　咨开，交涉总局案呈，光绪三十三年四月二十二日，准驻吉日本领事岛川照称，华四月初七日，贵国人于石头家子杀害本邦人五名，负伤者一名。等情于华四月十一日，曾经照会查照办理在案。据陆军工兵中佐木村平太郎于华四月初十日同华四月十三日来电，并函称，华四月初七日午后四钟，距韩国稳城之北十里许，于清国石头家子有本邦人数名，于此投宿，忽有马贼约十五名，进入宿舍，突然射击，致将小村重吉、铃木四男人、斋藤竹藏、森尾雷三郎、丸山贞治等五名，被其击死，其越贞治并股部贯通，均受枪伤，随即掠夺手枪四杆，金圆若干而逸，不料该地方一带尤为不靖，随于华初九日，复在铁佛寺附近，又将本邦人二次狙击，幸得无恙等语。查贵国守备队诚恐不足分遣，故以贼徒处处潜伏，以致本邦人如斯危险，且于地方游历之际，均得贵国之保护，请即转饬该地方文武官等，速为派兵镇压，即将该贼徒驱散，以保护本邦人，是所切要等因。查此案前准该领事照会，业已分别咨移珲春副都统，并吉强军、延吉厅查办在案。兹复准照前因，除照复外，理合呈请咨札。等情到本署将军、副都统。据此，除札饬外，相应备文咨行贵副都统，请烦查照，希速饬缉务获究办，以靖地面，而资保护，仍将此案情由查明见复施行，等因前来。查该日人等游历春芳社以北二十余里之石头河子地方，深入胡匪出没之区，致被盗贼劫抢，抵敌殒伤五命，及事后驻防吉强军随特派队搜捕，敝副都统闻警立即严饬属队，务将此股逸匪设法搜缉，务获解究。等情敝衙门已于本年四月二十八日咨报在案。今准来咨，理合呈请备文咨复。为此合咨将军衙门查照施行。须至咨者。

右咨将军衙门

珲春副都统为查取日人太田繁次游历抵境日期的咨文
光绪三十三年六月初十日

钦命头品顶戴镇守珲春地方副都统军功花翎恒　为咨复事。承办处案呈：于本年四月三十日准钦命吉林署将军达、副都统成咨开，交涉总局案呈，光绪三十三年四月初九日准驻吉日领事岛川毅三郎函称，本国人和田梅一等三十名赴珲春游历，请缮发护照。等因到局。除缮就吉字号护照三十张盖印转给外，理合呈请分行。等情到本署将军、副都统。据此，除分行外，相应备文咨行。为此，合咨贵副都统查照。俟该日人等持照到境时，照章妥为保护并将入境出境日期咨复可也。等因前来。当即札饬属队并各站卡等官一体遵照保护去后，兹于本年六月初五日，由南冈吉强军派队获护游历到珲日本人太田繁次抵珲，查验护照相符，当于本月初六日随时派队保护该日人等前赴珲属东五道沟一带游历去讫。合将日人游历抵境日期备文咨复。为此，合咨贵部院查照施行。须至咨者。

右咨钦命副都统衔署理吉林抚部院朱

珲春副都统为将游历日人到珲竖旗绘图派员拔去的咨文
光绪三十三年六月二十五日

钦命头品顶戴镇守珲春地方副都统军功花翎恒　为咨报事。承办处案呈：案查日人执行勤四郎、大增根诚二、古田矼吉等三名游历到珲日期咨报在案。兹于六月十七日，据警务局总理佐领英福报称，查得游历日人在珲春河南西炮台竖立红白方旗一面，杆高丈余，杆上书写"太用第十段"五字。在东炮台亦立红白方旗一面，杆高七尺，杆上亦书"严禁破坏"等字，无人看守。询据附近居民声称，于六月十四日有日本人数名前来，竖立完毕，不知何往。等情前来。正在核办间，适于十七日有日本游历满洲地方监督中川福雄到珲，当饬交涉承办处总理永、协领德　询据该监督面称，游历日人因测量地势、绘画地图、建立旗帜，俾后来游历日人一望而知等语。查游历日人竖立旗帜约章未载，驳令即日拔去，以符条约。该监督面允自行拔毁。奈该监督延搁未拔，复派总理永、协领德　于二十日前往东西炮台将所立旗帜拔来面晤。该监督自知理屈，允不再立，当将旗帜交该监督收回。正拟咨报间，又于二十日有游历日人儿玉为美等四十一名各持护照到珲，并据监督中川福雄递到名单内有真锅仓助等十三名，查无游历公文，于二十二日分为六起前赴珲属高力城、黑顶子、杨木林子、二道沟、四道沟、柳树河子、土门子并中俄、中韩接界各处游历，照章派兵保护去讫，现闻俄国边界武官因日人竖旗标志致起猜疑，恐有过问情事，合将游历日人到珲竖旗标记派员拔去，并游历日人名数抄单呈请备文咨报。为此，合咨贵抚部院、督部堂、副都统鉴核施行。须至咨者。

右咨　钦命副都统衔署理吉林巡抚部院朱
　　　钦差大臣陆军部尚书衔都察院都御史东三省总督兼管三省将军事务徐
　　　钦命吉林副都统赏戴花翎成

珲春副都统为查游历日人横山正三等七名抵境日期的咨文

光绪三十三年七月初一日

钦命头品顶戴镇守珲春地方副都统军功花翎恒　为咨复事。承办处案呈：于本年五月二十日准钦命吉林署将军达、副都统成　咨开，交涉总局案呈，光绪三十三年四月十三日准驻吉日领事岛川毅三郎函称，本国人冈村彦太郎等七十一名赴吉江两省游历，请缮发护照。等因到局。除缮就吉字号护照七十一张盖印转给外，理合呈请分行。等情到本署将军、副都统。据此，除分行外，相应备文咨行。为此，合咨贵副都统查照，俟该日人等持照到境时，照章妥为保护并将入境出境日期咨复可也。等因前来。当即札饬属队并各站卡等官一体遵照保护去后，兹于本年六月二十四日，据警务局报称，查有游历日人横山正三等七名游历抵珲，查验护照相符，当于六月二十五日随时派队保护该日人等前赴珲属阴阳河一带游历去讫。合将日人游历抵珲日期并游历日人名数抄单呈请备文咨复。为此，合咨贵抚部院、督部堂、副都统查照施行。须至咨者。

右咨　钦命副都统衔署理吉林巡抚部院朱
　　　钦差大臣陆军部尚书衔都察院都御史东三省总督兼管三省将军事务徐
　　　钦命吉林副都统赏戴花翎成

珲春副都统为日人冈田升一等赴三安洞一带游历的咨文

光绪三十三年七月初五日

钦命头品顶戴镇守珲春地方副都统军功花翎恒　为咨复事。承办处案呈：于本年六月三十日准贵抚部院朱、督部堂徐、副都统成　咨开，兵司案呈，光绪三十三年五月二十五日，兵司接准交涉总局移开，兹准日领事岛川毅三郎函称，本国人有住三雄等五十三名拟赴吉江两省游历，请缮发收照等情。除缮就吉字护照五十三张钤用关防转给并分行保护外，相应备文移行查照施行。等因准此，相应抄单呈请咨行。等情据此，为此合咨贵副都统衙门查照，俟该日人持照到境时，照章妥为保护并将出入境界日期随时声复可也。等因前来。当即札饬属队并站卡等官一体遵照保护去后，兹于本年六月二十七日据警务局总理佐领英福报称，查有游历日人冈田升一等五名游历抵珲，查验护照相符，遂于二十八日派队保护该日人等前赴珲属三安洞一带游历去讫，合将日人游历抵珲日期并日人名数抄单呈请备文咨复。为此，合咨贵抚部院、督部堂、副都统查照施行。须至咨者。

右咨　钦命副都统衔署理吉林巡抚部院朱
　　　钦差大臣陆军部尚书衔都察院都御史东三省总督兼管三省将军事务徐
　　　钦命吉林副都统赏戴花翎成

珲春副都统为查报日人太田延太郎游历抵境日期的咨文

光绪三十三年七月初九日

钦命头品顶戴镇守珲春地方副都统军功花翎恒　为咨复事。承办处案呈：于本年四月二十七日准钦命署将军达、副都统成　咨开，交涉总局案呈，光绪三十三年四月初五日，准驻吉日领事岛川毅三郎函称，本国人（缺文）等三十九名赴吉江两省游历，请缮发护照。等因到局。除缮就吉字号护照三十九张盖印转给外，理合呈请分行。等情到本署将军、副都统。据此，除分行外，相应备文咨行。为此，合咨贵副都统查照，俟该日人等持照到境时，照章妥为保护并将入境出境日期咨复可也。等因前来。当即札饬属队并各站卡等官一体遵照保护去后，兹于本年六月十四日，据警务局报称，日本人太田延太郎游历抵珲，查验护照相符，当于本月十五日随时派队保护该日人前赴珲属五道沟一带游历去讫，合将日人游历抵境日期呈请备文咨复。为此，合咨贵抚部院、督部堂、副都统查照施行。须至咨者。

右咨　钦命副都统衔署理吉林巡抚部院朱
　　　钦差大臣陆军部尚书衔都察院都御史东三省总督兼管三省将军事务徐
　　　钦命吉林副都统赏戴花翎成

珲春副都统为查报日人木村平太郎出入境日期的咨文

光绪三十三年七月十六日

钦命头品顶戴镇守珲春地方副都统军功花翎恒　为咨复事。承办处案呈：于本年四月二十日准将军衙门咨开，兵司案呈，光绪三十三年三月二十二日奉宪札开，交涉总局案呈，光绪三十三年三月十八日，准驻吉领事岛川毅三郎请发陆军工兵中佐木村平太郎等十二员，拟往吉林黑龙江省地方游历护照。等因前来。除缮就护照十二张编列字号，注明期缴销，钤盖职局关防，于二十日函送岛川领事转发外，理合呈请通饬。等情到本署将军、副都统。据此，除分行外，合亟抄粘札饬，札到该司即转副都统协、佐各衙门一体遵照。俟该日员持照到境时，照章妥为保护，并将出入境日期随时声复可也。特札。等因奉此，相应抄单呈请咨行珲春副都统衙门查照。俟该日员持照章妥为保护并将出入境界日期随时声复可也，等因前来。当即札饬属队并各站卡等官一体遵照保护去后，兹于本年六月十七日据警务局报称，查有游历日员木村平太郎一名游历抵珲，查验护照相符，当于本月二十日由珲赴韩国去讫，合将日员游历抵珲出入境界日期呈请备文咨复。为此，合咨贵抚部院、督部堂、副都统查照施行。须至咨者。

右咨　钦命副都统衔署理吉林巡抚部院朱
　　　　钦差大臣陆军部尚书衔都察院都御史东三省总督兼管三省将军事务徐
　　　　钦命吉林副都统赏戴花翎成

珲春副都统为呈报日人大增根诚二等出境日期的咨文

光绪三十三年七月二十日

钦命头品顶戴镇守珲春地方副都统军功花翎恒　为咨报事。承办处案呈，案查游历日人大增根诚二、鬼头为辅、荻野清造、村上宇吉、佐佐木定观等五名持照游历，抵珲日期业已咨报在案。兹于七月十四日，据吉宁军右营管带德顺呈，据右哨哨官依力明阿哨长全福德呈称，奉饬派兵保护该日人大增根诚二等五名赴白石砬子、河口、大肚川、黑顶子、伯力灯一带地方测画地图，该日人等于七月初八日返回至河口过江赴韩国去讫。等情呈报前来。据此，合将日人等游历出境日期理合备文咨报。为此，合咨贵抚部院、督部堂、副都统查照施行。须至咨者。

右咨　钦命副都统衔署理吉林巡抚部院朱
　　　　钦差大臣陆军部尚书衔都察院都御史东三省总督兼管三省将军事务徐
　　　　钦命吉林副都统赏戴花翎成

吉林将军衙门为不准游历日人擅竖旗帜的咨文

光绪三十三年七月二十日

为咨复事。交涉总局案呈：光绪三十三年七月十四日奉宪台发交、准珲春副都统咨称日人到珲绘图、竖旗、标记现已派员拨去，并有抵境之日人无游历公文。等因当奉宪批，来牍阅悉。查珲春虽已宣布开放，尚未划界，该游历日人自不能借绘图为名竖立旗帜，致起他人猜疑。仰交涉总局察核备文咨复。等因到局。查日人绘图，并无此项明文，乃又擅竖旗帜，殊属不合，现既派员拔去自可作为了事。惟无游历公文之日人，仍宜按照约章办理，以免漫无稽查，理合呈请咨复。等情到本大臣、部院。据此，相应备文咨复贵副都统，请烦查照办理施行。须至咨者。

右咨珲春副都统

吉林将军衙门为日人古田和三郎游历执照事的咨文
光绪三十三年七月二十七日

为咨复事。交涉总局案呈：光绪三十三年七月二十三日奉督、抚宪发交，准珲春副都统咨报，日本监督中川福雄递到名单，内有古田和三郎，查无游历公文。等因到局。查该日人古田和三郎游历执照业经驻吉日领事函送职局盖印转发，并于本年三月二十二日，呈请札饬兵司转行保护在案。今该日人前往珲属游历，何以查无公文，所咨未免失实究竟如何舛错，应请咨行切实查明，妥为保护。理合呈请咨查。等情到本大臣、部院。据此，相应备文咨复贵副都统，请烦查照办理施行。须至咨复者。

右咨复珲春副都统

珲春副都统为开埠通商及日方请求勘定租界事的咨文
光绪三十三年九月初八日

钦命头品顶戴镇守珲春地方副都统军功花翎恒　为咨报事。承办处案呈，案准贵抚部院、督部堂、副都统咨开，户司案呈，光绪三十三年六月初六日窃奉札开，交涉总局案呈，光绪三十三年五月二十九日接奉发交，准外务部咨开，案查中日会议《东三省条约》第一款载：中国应允俟日俄两国军队撤退后，将奉天、吉林、黑龙江省各地方，中国自行开埠通商。所有奉天省之新民屯、铁岭、通江子、法库门，吉林省之长春、吉林省城、哈尔滨，黑龙江省之齐齐哈尔、满洲里，均经本部先后宣布开放在案。兹查奉天省之凤凰城、辽阳，吉林省之宁古塔、珲春、三姓，黑龙江省之海拉尔、瑷珲，日俄两国军队各已撤退，自应由中国开埠通商。应即照案先行宣布开放。除照会各国使臣查照并声明洋商租地仍俟中国订有租建专章方可开办外，相应咨行查照可也。等情到本督部堂、署部院。据此，除分行外，拟合咨行，为此合咨贵副都统查照可也。等因前来，除分行咨会查照外，现于本年九月初六日准驻韩咸镜道日本宪兵队长奥村惠者来珲，遂即至署晤面，声称近准驻吉日领事官文称，珲春地方既由中国开埠通商，是以派彼来珲勘定租界，不日拨兵保护领事馆暨日商等语。案查洋商租地业经外务部照会各国使臣，应俟定有租建专章方可开办。等因当以尚未奉准如何外租明文，所有勘定租界并拨兵保护各节未便率行办理各情答复，伊即旋回韩国去讫。合亟呈请备文咨报，为此合咨贵抚部院、督部堂、副都统查照施行。须至咨者。

右咨　钦命副都统衔署理吉林巡抚部院朱
　　　钦差大臣陆军部尚书衔都察院都御史东三省总督兼管三者将军事务徐
　　　钦命吉林副都统赏戴花翎成

（四）其　他

吉林捐税总局为洋商运土货往海口的运照
光绪二十四年

　　吉林将军衙门山海洋土药捐税总局为给发运照事。查通商善后条约内载，凡洋商在内地置到第一子口开单注明货物若干，应在何口卸货，呈交该子口存留，发给执照准其前往路上各子口查验盖戳至最后子口。先赴出口海关报完内地税项方许过卡等语。兹据□国商人呈到报单，欲将后开土货运往海口，请换给运照。等情，据此，经本口眼同该洋商将买定货物，于单内一一注明换给运照，准其前往路上各子口呈验查核盖戳放行，俟将到出口海关设卡之外，由该卡带同运货之人持照赴海关请验完纳内地税项，领有半税票据，方准过卡。若有违此例及业经报明指赴何口后，沿途私卖者，查出按所运货数追价入关，仍令该商补完半税，如有匿单少报及隐漏影射各情弊，即将单内同类之货，全数入官。须至运照者。

　　右照给□国商人

吉林将军衙门为准外务部咨德国明思格办理营口领事及总管东三省交涉事的咨文
光绪三十二年六月二日

　　为咨行、照会、札饬事。兵司案呈：光绪三十二年五月十六日奉宪札开，交涉总局案呈，于光绪三十二年五月初七日奉宪台发交，准外务部咨准德葛署使照称，向来系班迪诺代办营口领事事宜，兹由本国政府在该改设正领事署，并饬在上海总领事署行走。副领事明思格办理营口领事事宜，所有东三省交涉事宜均归经管，于日内履任，请转行各省大吏及海关各官悉知等因。除照复外，相应咨行贵将军查照，转饬该处地方官照章接待。等因发交到局，理合呈请通行。等情到本署将军、副都统。据此，除分行外，合亟札饬，札到该司转行副都统协、佐各衙门一体遵照可也。此札。等因奉此，相应呈请咨行宁古塔、伯都讷、三姓、阿勒楚喀、珲春副都统，照会乌拉总管等衙门查照。札饬十旗、乌拉、五常堡、拉林、双城堡、伊通、额穆赫索罗协、参、佐领西北两路驿站监督、四边门章京等遵照可也，须至咨者。

右咨珲春副都统衙门

吉林将军衙门为美国恒达姑娘赴直隶等省游历应妥为保护的咨文
光绪三十二年七月初一日

为咨行事。兵司案呈，光绪三十二年六月二十六日奉宪札开：交涉总局案呈，于本月二十日奉宪台发交准外务部咨称，光绪三十二年六月初三日准美国柔使函称，本国恒达姑娘赴直隶、奉天、吉林、黑龙江等省游历，缮就汉洋文执照一张，送请盖印。等因除由本部札行顺天府盖印讫并函复柔使转给外，相应咨行查照，饬属于该恒达姑娘持照到境时照章妥为保护，并将入境出境日期声复本部。等因发交到局，理合呈札饬，等情到本署将军、副都统。据此，除分行外，合亟札饬札到该司转行副都统协、佐各衙门，一俟美国恒达姑娘持照到境时照章妥为保护，并将出入境界日期声复可也。特札。等因奉此，相应呈请咨行宁古塔、伯都讷、三姓、阿勒楚喀、珲春副都统。照会乌拉总管等衙门查照。札饬乌拉、五常堡、拉林、双城堡、伊通、额穆赫索罗协、佐领、西北两路驿站监督、四边门章京等遵照，俟该美国恒达姑娘持照到境时照章妥为保护，并将出入境界日期随时呈报可也。须至咨者。

右咨珲春副都统衙门

吉林将军衙门为外人入境游历务须确查姓名所做何事并随时详报的咨文
光绪三十三年六月十三日

为咨行事。兵司案呈：光绪三十三年六月初八日兵司接准交涉总局移开，案照各国条约内载，凡各国人民准听持照前往中国内地各处游历、通商，执照由各国领事发给，由中国地方官盖印，经过地方官，如饬交出执照，应随时呈验，无论放行，如查无执照，或有不法情事，就近送交领事官惩办，沿途只可拘禁不可凌辱等语。曾经敝局屡次呈请通行在案。无如近接各处文报，洋人入境多不注明名姓，亦不查验有无执照，以致该洋人等任意游行，迭生事故，若不设法预为防范，诚恐有碍，妨害治安，兹多交涉。应请转饬各站，嗣后遇有洋人入境，务须饬派各站屯达，随时查明姓名来历，有无执照，遵照约章分别保护拦阻，并宜于保护之中，寓限制之意。默将该洋人等在境居处，所作何事，调查明确，随时详报，以凭查核，庶于外交内治两有裨益。除分行外，相应备文移付查照，转饬遵办施行。等因准此，相应呈请咨行。等情据此，为此合咨贵副都统衙门查照办理可也。须至咨者。

右咨珲春副都统衙门

珲春副都统为遵查本年夏季英法设立教堂事的咨文

光绪三十三年七月初一日

钦命头品顶戴镇守珲春地方副都统军功花翎恒　为造册咨报事。承办处案呈：案照前准将军衙门咨开，案查前准总理各国事务衙门咨开，照得洋人建堂设教载在条约，岂能置之度外。而各省教堂共有几处，设在某县某乡，各该管上司衙门恐无案可稽，本署尚未准咨报有案，遇有滋闹教堂之事，茫然不辨，甚非思患预防之意。十七年四五月间，长江上下游一带，会匪聚众滋扰教堂，竟有一县焚烧数处者。大约各教士于啤经教堂外，又将育婴、施医各处一概名曰教堂，以致地方官无从稽查。一旦变起，仓卒防不胜防，而洋人已嫁词饶舌。若先经分别查明，当不致临时舛误卒难因应。相应咨行贵将军分饬该管地方官，将境内共有大教堂几处，小教堂几处，堂属某国、某教，各堂是否洋式，抑系华式，教士是何名姓，系属何国之人，是否俱系洋人，堂内有无育婴、施医各事，分别确查按季册报本衙门，以凭稽核。惟当芜湖等处滋事之后，则查办此事不可稍涉矜张。各处教堂有经领事官照会者，有经教士自报者，有在照会自报之外者，务须严饬地方官不时虚骄，随宜履勘，更不得假手胥役，致多骚扰。且不妨预告教士，以清查教堂处所，原备他日保护起见，且无另生疑虑。此系中国自理之事，各国教士设堂于此，自以得中国保护为乐，地方有司自行查理。所查仅堂外住址，并非堂内教规，无害公法也。等因准此，查此案前准总理各国事务衙门来咨，曾经通行一体查报。将境内有无教堂均按四季册报，以凭汇核咨报，等因在案。嗣经兵燹之后仅据阿勒楚喀副都统、乌拉协领二处照旧办理，其余各处均未查报，自应援照前案仍行查报，俾符定章。除饬吉林道遵照外，相应咨行贵副都统查照，仍遵前案咨报可也。等因前来，遵查本处现有英国耶稣小教堂两处，法国天主小教堂一处，均自四月初一日起至六月底止，堂内皆无育婴、施医各事。理合造具各该教堂住址，房式暨传道执事人姓名清册一本，合亟呈请一并备文附封咨报。为此，合咨贵抚部院、督部堂、副都统查照施行。须至咨者。

珲春副都统为遵查秋季英法设立教堂事的咨文

光绪三十三年十月初一日

钦命头品顶戴镇守珲春地方副都统军功花翎恒　为造册咨报事。承办处案呈：案照前准将军衙门咨开，案查前准总理各国事务衙门咨开，照得洋人建堂设教载在条约，岂能置之度外。而各省教堂共有几处，设在某县某乡，各该管上司衙门恐无案可稽，本署尚未准咨报有案，遇有滋闹教堂之事，茫然不辨，甚非思患预防之意。十七年四五月间，长江上下游一带，会匪聚众滋扰教堂，竟有一县焚烧数处者。大约各教士于唪经教堂外，又将育婴、施医各事一概名曰教堂，以致地方官无从稽查。一旦变起，仓卒防不胜防，而洋人已嫁词饶舌。若先经分别查明，当不致临时舛误卒难因应。相应咨行贵将军分饬该管地方官，将境内共有大教堂几处，小教堂几处，堂属某国、某教，各堂是否洋式抑系华式，教士是何名姓、系属何国之人、是否俱系洋人、堂内有无育婴、施医各事，分别确查，按季册报本衙门，以凭稽核。惟当芜湖等处滋事之后，则查办此事不可稍涉矜张。各处教堂有经领事官照会者，有经教士自报者，有在照会自报之外者，务须严饬地方官不时虚骄，随宜履勘，更不得假手胥役致多骚扰。且不防预告教士，以清查教堂处所，原备他日保护起见，且无另生疑虑。此系中国自理之事，各国教士设堂于此，以得中国保护为乐，地方有司自行查理。所查仅堂外住址，并非堂内教规，无害公法也。等因准此，查此案前准总理各国事务衙门来咨，曾经通行一体查报，将境内有无教堂均按四季册报，以凭汇核咨报。等因在案。嗣经兵燹之后，仅据阿勒楚喀副都统、乌拉协领二处照旧办理，其余各处均未查报，自应援照前案仍行查报，俾符定章。除饬吉林道遵照外，相应咨行贵副都统查照仍遵前案咨报可也。等因前来，遵查本处现有英国耶稣小教堂两处，法国天主小教堂一处，均自七月初一日起至九月底止，堂内皆无育婴、施医各事。理合造具各该教堂住址，房式暨传道执事人姓名清册一本，合亟呈请一并备文附封咨报。为此，合咨贵抚部院、督部堂、副都统查照施行。须至咨者。

右咨吉林将军衙门

珲春副都统造具调查英法教堂清册

光绪三十三年十月初一日

珲春副都统衙门　为造具珲春地方现有英法两国耶稣天主小教堂住址、

房式并传道人姓名清册事。

计开

一、在珲城西门里路南，有英国耶稣小教堂一处，买孙姓之房两间，系属华式。

一、在珲城东门外路南，有英国耶稣小教堂一处，买田姓之房八间，系属华式。

一、传道先生王嘉禄，执事人王成信，均系华民。

一、在珲城里有法国天主小教堂一处，买吴士科草房五间，租经纶草房四间，系属华式。

一、传道华人于甫占。

珲春副都统为遵查冬季英法设立教堂事的咨文
光绪三十三年十二月十九日

钦命头品顶戴镇守珲春地方副都统军功花翎恒　为造册咨报事。承办处案呈：案照前准将军衙门咨开，案照前准总理各国事务衙门咨开，照得洋人建堂设教载在条约，岂能置之度外。而各省教堂共有几处，设在某县某乡，各该管上司衙门恐无案可稽，本署尚未准咨报有案，遇有滋闹教堂之事，茫然不辨，甚非思患预防之意。十七年四五月间，长江上下游一带，会匪聚众滋扰教堂，竟有一县焚烧数处者。大约各教士于唪经教堂外，又将育婴、施医各处一概名曰教堂，以致地方官无从稽查。一旦变起，仓卒防不胜防，而洋人已嫁词饶舌。若先经分别查明，当不致临时舛误，卒难因应。相应咨行贵将军分饬该管地方官，将境内共有大教堂几处、小教堂几处，堂属某国某教，各堂是否洋式抑系华式，教士是何名姓、系属何国之人，是否俱系洋人，堂内有无育婴、施医各事分别确查，按季册报本衙门，以凭稽核。惟当芜湖等处滋事之后，则查办此事，不可稍涉矜张。各种教堂有经领事官照会者，有经教士自报者，有在照会自报之外者，务须严饬地方官不时虚骄，随宜履勘，更不得假手胥役，致多骚扰。且不防预告教士，以清查教堂处所，原备他日保护起见，且无另生疑虑。此系中国自理之事，各国教士设堂于此，自以得中国保护为乐，地方有司自行查理。所查仅堂外住址，并非堂内教规，无害公法也。等因准此，查此案前准总理各国事务衙门来咨，曾经通行一体查报，将境内有无教堂，均按四季册报，以凭汇核咨报等因在案。嗣经兵燹之后，仅据阿勒楚喀副都统、乌拉协领二处照旧办理，其余各处均未查报，自应援照前案仍行查报，俾符定章。除饬吉林道遵照外，相应咨行贵副都统查照，仍遵前案咨报可也。等因前来，遵查本处现有英国耶稣小教堂两处，法国天主小教堂一处，均自十月初一日起至十二月底止，堂内皆无育婴、施医各事。理合造具各该堂住址、房式暨传道执事人姓名清册一本，合亟呈请一并备文附封咨报。为此，合咨贵抚部院、督部堂、副都统查照施行。须至咨者。

右咨　钦命副都统衔署理吉林巡抚部院朱
　　　钦差大臣陆军部尚书衔都察院都御史东三省总督兼管三省将军事务徐
　　　钦命吉林副都统赏戴花翎成

四、司 法

（一）谕 令 章 程

吉林将军衙门为如有散勇及民人被掳剪发涂面一概不准妄杀的咨文

光绪二十一年二月二十四日

为咨行事。本月初九日，准钦差大臣刘 咨开：窃照本大臣访闻各军散勇各处游勇以及沿海民人，多被倭寇掳胁，勒令剪发涂面，驱之向前以撄锋刃。或令搬运资粮子药，捶楚横加。该勇丁民人计欲走回内地，径投官军，又以形貌不同，恐被诛戮，进退无路，深可伤嗟。亟应严饬各营，遇有前项逃出勇丁民人，与临阵释械乞命者，但系中国口音，无论是否剪发涂面，一概不准妄杀，派员护送行辕验问明白，即当挑选入伍效力，否则资遣回家，务令得所。并应出示晓谕被寇掳胁勇丁人等，须各猛省，自觅生机，毋得观望，甘为敌用，致被反叛之名，而罹噬脐之祸，有负本大臣救全苦心。除分别饬遵晓谕知悉外，所有告示相应咨送。为此合咨贵将军，请烦查收，一体转发各该地方官各军将领实贴晓谕，并饬各军将领遇有前项勇丁人等来营投降，务须派员护送来辕，听候查问明白，分别酌办，毋得妄行诛戮，是为至要，望切施行。等因准此，除将发来告示分行张贴外，相应将告示五张备文咨送。为此合咨贵帮办查照，饬属张贴施行。须至咨者。

右咨署理帮办珲春副都统恩

吉林将军衙门翰林院学士瑞洵奏大员子弟失教妄为请饬严加约束的咨文

光绪二十三年四月初三日

为咨行事。兵司案呈：于本年三月二十三日准兵部咨开，职方司案呈，内阁抄出，光绪二十二年十二月二十七日，内阁奉上谕："翰林院侍讲学士瑞洵奏，大员子弟失教妄为，请饬严加约束各折片，宗室及中外满汉大员子弟，叨承录荫，宜如何束身自爱，力图上进，以期无坠家声。若如所奏，近来大员子弟往往不循礼法，不务正业，种种妄为，实足败坏风气。嗣后中外满汉大员与各该子弟等，务须随时教诫，严加约束，毋染浮华积习。倘或逾闲汤检致蹈愆尤，该大臣等亦不能辞咎，定当一并严惩，毋谓告诫之不预也。将此通谕知之。钦此。"钦遵到部，相应恭录谕旨，行文该将军遵照可也。等因前来。相应呈请咨行宁古塔、伯都讷、三姓、阿勒楚喀、珲春，照会乌拉总管等衙门查照，札饬十旗、乌拉、五常堡、双城堡、拉林、伊通、额穆赫索罗协、参、佐领，吉林分巡道等遵照可也。须至咨者。

右咨珲春副都统衙门

吉林将军衙门为奉懿旨各省正法案多出示晓谕毋得徒逞强梁自罹法网的咨文
光绪二十四年十月十六日

为咨行事。兵司案呈：本年十月初十日，准军宪札开，照得本年九月初十日，钦奉懿旨："近来各省奏到就地正法之案，以盗犯为最多，饬令出示晓谕，各宜务习正业，毋得徒逞强梁，自罹法网等因。钦此。"钦遵。自应出示剀切晓谕，以期化莠为良，仰副朝廷爱育黎元尚德缓刑至意。兹经饬据边务文案处拟就告示，刊刷呈请钤印讫。除分发张贴外，合亟札发，札到该司，即便遵照，转饬所属一体张贴，特札。等因奉此，合将札发到司告示一百四十张，分析包封，抄单咨行宁古塔、伯都讷、三姓、阿勒楚喀、珲春副都统，照会乌拉总管等衙门查照，札饬十旗、乌拉、五常堡、拉林、双城堡、伊通、额穆赫索罗协、参、佐领，西北两路驿站监督，四边门章京等遵照，一体张贴可也。须至咨者。

右咨珲春副都都统衙门

粘单

宁古塔张贴告示十张，伯都讷张贴告示十张，三姓张贴告示十张，阿勒楚喀张贴告示十张，珲春张贴告示十张，乌拉总管张贴告示十张，十旗张贴告示十张，乌拉张贴告示八张，五常堡张贴告示八张，拉林张贴告示八张，双城堡张贴告示八张，伊通张贴告示五张，额穆赫索罗张贴告示五张，西路驿站张贴告示十张，北路驿站张贴告示十张，巴彦鄂佛罗边门张贴告示二张，布尔图库边门张贴告示二张，伊通边门张贴告示二张，赫尔苏边门张贴告示二张。

吉林将军衙门为各军拿获贼匪赃物仍照前章毋庸概行送省的咨文
光绪二十五年十二月初五日

为咨行事。兹据靖边右路统领前花翎协领富兴禀称：窃沐恩于十月初一日，准边防营务处咨开，准发审局移开，近来边练各军弋获盗贼并不将赃物随犯并解，仅将获贼送案，因无赃证，致贼多有狡展，敝局碍难揣拟定谳。呈奉宪批饬边练各军，仍将赃物并贼送案。等因准此，伏思局中所请，实为谨慎谳狱而重人命之见，而以各防汛论之，即使营兵拿贼冒险，争先奋不顾身者固不乏人，疲弱者亦复不少，且养兵原系卫民，起获赃物即不必充赏，亦属队兵分内之事。惟统查边中军历年拿贼之案，有被失主指拿者，有因勤能雇觅眼线访拿者，有时冲锋对敌捉拿者，有于深山密林之中跟踪踏迹耐劳搜拿者，盗案既多而地之远近亦不一矣。若将赃物一律随犯送案，其不便盖有五焉，譬如一家被抢受伤，或仅老幼妇女别无壮男在家，唯有乡邻可求，投防声报，本思依仗兵力拿住盗贼能得原物，其乡人亦不畏贼之利害，甘代声报指拿，实为义气所迫耳。倘令其赴省听候发领，不但所领原赃不敷盘川之用，是所得不偿所失，况又因人而受累，此情更属难堪，未便送赃一也。盗贼残暴，每有抢掠一家，伤毙人命，在事主象齿焚身，情堪悯恻，若再令赴案认赃，虽属作证，迹似候审，何以平其冤抑之情，其有害事主，未便送赃二也。贼匪群集，实繁有徒，必不能聚一股而尽殄之，城镇人稠力尚可以相卫，惟如山边孤村之民，无守望之助，其甘为眼线，暗中送信，因营弁得民心者，或有敢于指拿，非民之有所恃而不恐，亦或勇于出头，一为除害，再为贪得失去财物，若使到省领赃，实乃得物之心无，而惧贼挟恨报仇之心重矣。势必畏难缄口不敢言贼，如是贼巢近在密迩，营兵虽勤能者，亦恐被滑贼奸宄势要窝家所惑，致丑类由此滋蔓，其有碍缉捕，未便一概送赃三也。姑勿论解送赃物之难，倘赃中起获牲畜之类，常川押送在省住店，候犯定罪，所有一切草料喂养之资，若责归兵勇领饷几何而忍令赔出此款，其有困于兵，未便送赃四也。更无论草料需资为难，设押送如系马队，尚无他虞，如系步勇，平素既不知牲畜之性，一路奔驰，万一喂养不到，致有例毙，不能归案之处，责有攸归，咎无旁贷，其有误于兵，未便送赃五也。沐恩前曾备员翼长得知我恩宪督帅以前定章极严，仍请饬令边练各军起获赃物，距省远者仍照失主就地认领，无主赃物准充赏，原拿章程办理，距省较近者，再将赃物随犯送案。且著名盗匪及由伙内对敌击捉者，亦无容其狡展，间或有一二疑狱狡展者，再提原赃原证归案质讯核办。则居民乐为眼线，营兵多有擒获，可期盗贼因以敛迹，间阎亦赖以得安，庶于我恩宪爱兵卫民之至意，两有裨益。惟贼之枪炮仍应差便送省验收，随文声叙某犯枪炮，如堪用快枪，准声明留营暂用，于交代注册不准掩没，否则再饬查办。沐恩受知最深，图报益切，是以不揣冒昧，用以渎陈，是否有当，未敢擅拟，理合将赃物未便随犯送案各缘由，禀请鉴核施行。等情到本军督大臣、副都统。据此，查该统领所禀赃物不便一律随犯送案，虽系近情，究恐无赃难以定谳。嗣后各军拿获抢劫贼匪，起有赃物，着即仍照前章，距省近者随犯送局，距省远者随犯送交附近旗民各署，就近审办，于审明后，将所起赃物有失主认领，即传令就地承领，无主认领准即充赏，原拿弁兵随时详细具报，以凭查核。毋庸将贼匪赃物不分远近，概行送省，致滋苦累。除分行咨札外，相应备文咨行，为此合咨贵副都统查照施行。须至咨者。

右咨珲春副都统

珲春副都统为册报军流各犯减等各情的咨文
光绪二十六年六月十六日

钦命帮办吉林边务事宜镇守珲春地方副都统军功花翎英 为咨报事。左司案呈：于六月十一日准将军衙门咨开，兵司案呈，本年五月初二日兵司接准刑司移开，光绪二十六年四月二十日，准军宪札开，准刑部咨，为通行事。奉天司案呈，所有前事等因，相应抄单行文该将军查照可也。计单开，刑部谨奏，为钦奉恩诏，酌拟军流以下人犯分别减等章程，奏祈圣鉴事。光绪二十六年三月十二日，钦奉恩诏内开："一各省军流以下人犯，俱着减等发落。钦此。"臣等谨查办理军流以下减等，历届俱由臣部酌议章程，奏明遵办。此次自应循照办理。除一切邪教会匪并有关十恶及抢窃匪徒为害闾阎等犯，应照节次章程，均不准减等外，所有各省寻常军流徒罪，并军台效力官常各犯，无论已未到配及在道会赦，凡获犯羁禁到官，在本年三月十二日恭奉恩诏以前，均准查办。至外遣官常各犯向与军流一并分别核办，此次恭奉恩诏，亦应准其一体查办。其准减各犯遣军流罪，俱减为杖一百，徒三年。拟流加徒之犯，减为杖一百，总徒四年，其已到流配徒役已满者，减为徒三年，徒罪减为杖一百，准徒总徒准其递减一年其有到配曾经决杖及酌量加枷者，概免析责，即行释放。枷杖以下悉予宽免，因病疏枷者，均免补枷。应追赃者，仍行着追，应刺字者，核免刺字，其窃盗应免罪者，仍照例不准免刺。若事犯在恩诏以前，而到官在后者，概不准其查办。恭俟命下，臣部先将现审案内开拟军流徒未经起解各犯，分别核办。并一面飞咨内外问刑衙门，于文到日扣除往返程途，统限一月内将已未到配军流常犯及军流徒罪官犯，备录全案，遵照奏定章程，造册咨部。在道会赦者，由沿途截留，查案造报臣部查照，向例分别题奏办理，俟臣部办结后，在行发落军台效力各官犯，并咨行兵部，照例核办徒罪。常犯若概令造册报部羁候核复往返需时转，不得即邀宽减，应令各该督抚将军都统府尹查明，凡不在不准援减之列未发配者，立予责放。已到徒配及在军流配所遇赦减徒，例得累减，曾经决杖及枷号者，即由各配所地方速行释放，仍汇咨报部查核。其不准援减徒犯，应令赶紧查明造册咨部，听候核办。此外倘有条款不及赅载之案，由臣部随时酌量情节办理。至不准减各犯内，年途七十及到配已逾十年者，备录全案，另册报部，分别酌核定拟具题。除秋审朝审缓决三次以上及一二次各犯，容俟臣部查明，另行奏请遵办外，所有臣等核拟军流以下减等章程，先行恭折具奏，并缮具条款清单，恭呈御览。伏乞皇太后、皇上训示施行。谨奏。请旨。光绪二十六年三月二十一日，奉旨："依议。钦此。"等因准此，除飞咨宁古塔等处并移付户司一体遵照办理外，相应备文移付。为此合移兵司查照可也。等因前来。相应照抄原文条款粘单，呈请咨行珲春副都统衙门，查照文内事理，即将各该处安置旗犯逐一查明，已未满三年各犯，在配是否安静守法，造具原犯案由清册，务于六月十五日以前造报到省，以凭汇册报部，毋得迟延可也。等因前来。查本处监内并无军流以下安置旗犯，理合呈请备文咨报。为此合咨将军衙门鉴核施行。须至咨者。

右咨将军衙门

吉林将军衙门为晓谕阖省教民务宜改过自新倘执迷不悟惟严行剿办刊刷告示的咨文
光绪二十六年六月二十六日

为咨行事。照得本年六月二十日奉上谕："教民如果改过自新，自应网开一面，倘仍聚众抗拒，形同叛逆，即着激劝兵团，严行剿办等因。钦此。"合行出示晓谕阖省教民人等知悉，无论天主、耶稣教民，务宜幡然改过，或投义和坛中，自陈悔意，或在各庙焚疏忏悔，如是则身家可全，性命可保，倘仍执迷不悟，聚众抗拒，甘为叛逆，定惟遵旨激劝兵团严行剿办。除刊刷告示分发通省旗民各署于所属地面遍行张贴晓谕外，相应将钤印告示包封递发。为此合咨贵副都统查照，将发去告示转饬于所属地面，一体妥为张贴，是为切要。须至咨者。

计发去钤印告示　张

右咨珲春副都统

吉林将军衙门为再有冒充镇东营名色一体拿办的咨文
光绪二十七年九月初十日

为咨行事。照得前因杨玉麟真心悔过，来省投诚，业经本将军收服，其随从投降之散勇或给资回籍，或酌量安插，亦均一律设法招抚，并无散居在外兵勇。嗣后各处地方如再有冒充镇东营名色抢掠滋扰，应由附近旗民衙门暨驻防练队，一体严拿务获，讯明法办，以安商民。除通行外，相应备文咨行，为此合咨照会贵副都统，请烦查照施行。须至咨者。

右咨珲春副都统

珲春副都统为查本处并无安置旗犯及在配安静守法各犯的咨文

光绪三十年四月十五日

钦命镇守珲春地方副都统奖赏花翎春　为咨复事。左司案呈：于本月十一日接准将军衙门咨开，兵司案呈，本年二月初三日兵司接准刑司移开，光绪三十年二月十七日奉军宪札开，三十年二月十二日准刑部咨开，奉天司案呈，所有前事等因，相应抄单行文查照可也。计单开，刑部谨奏，钦奉恩诏，循照旧章，查办军流以下人犯酌拟章程，奏祈圣鉴事。光绪三十年正月十五日，钦奉恩诏内开：一、官吏兵民人等有犯，除谋反叛逆、子孙谋杀祖父母、父母、内乱妻妾杀夫、奴婢杀家长、杀一家，非死罪，三人采生、拆割人、谋杀、故杀真正人命、蛊毒魇魅、毒药杀、强盗、妖言、十恶等真正死罪不赦。又军务护罪、隐匿逃人及妇贪人已亦不赦外，除之叙自本年正月初一日以前已发觉已结未结者，咸赦除之。钦此。臣等遵将斩绞人犯查照旧章，酌拟章程另折具奏。至军流以下人犯，历次恭奉恩诏，均准其一体核其情节，轻分重别，查办在案。此次恩诏，自应遵照旧章办理，除寻常窃盗问拟军流，窃匪盗官物及官钱粮罪在总徒以上，强奸妇女未成、捉人勒赎犯该遣军以上，强窃盗窝主发掘坟冢各案内该军流以上等项，近年均系从严，不准宽免。暨各项军流以上人犯，内有情节较重者，随时酌量核办外，其余一应军流徒犯，并十恶情节尚轻，无论已未到配，概行释放。逃军逃流，应否免缉分别核办，逃徒并免缉拿枷杖以下，悉予宽免，因窃拟徒以下人犯，一律援免，并免刺字。臣等谨将不拟不准免罪条款开列清单，恭呈御览，伏候命下。臣部飞咨内外阁刑衙门，于文到日扣除往返程途，统限一月内，将一应军流徒犯，已结未结并已未到配，及外遣安置安插编发为民驻防人犯，并军流徒罪官犯事犯，在本年正月初一日以前，无论到配已未满三年，实系安静守法，别无过犯及寻常人命案内，问拟军流之余犯，均抄录犯事全案，到配月日期，造具清册，军流汇案具奏，徒犯咨部查案。臣部摘叙案由阁例清单，分别官常各犯，照例具奏核复。至臣部现审案内已经审结，尚未起解及监禁待质遣军流徒各犯，由臣等另行汇总具奏，枷杖人犯即予释放，所有应免各犯，内有例应追埋追赃者，仍行着追，应刺字者，免其刺字，已经者准其起除，如有在配年久不愿回籍者，听从其便。倘释免后，仍有滋事不法，应照所犯之罪，加一等治罪。军台效力官犯，仍咨行兵部照例办理。所有臣等循照旧章查办军流以下人犯缘由，谨恭折具奏，请旨等因。光绪三十年正月十七日奉旨："依议。钦此。"等因准此。除分札外，合亟抄单札饬，札到该司，立即转饬各属遵照，分别办理，勿违。特札。等因奉此，除飞咨宁古塔等处遵照外，理合抄录原文条款粘单，备文移付，为此合移兵司查照可也。等因准此，相应抄单，呈请咨行珲春副都统衙门查照文内事理，即将各该处安置旗犯，逐一查明已未满三年各犯，在配是否安静守法，造原犯案由清册，务于四月十五日以前造报到省，以凭汇册报部，勿得迟延可也。等因准此，遵查本处并无安置旗犯已未满三年在配安静守法各犯之处，相应呈请备文咨复。为此合咨将军衙门，请烦查照施行。须至咨者。

右咨将军衙门

吉林将军衙门为赌风甚炽急应出示晓谕严禁的咨文
光绪三十一年八月十二日

为咨送事。照得吉省赌风甚炽，屡经前将军出示严禁，随时拿办，终未尽绝根株，不知赌博最易坏人心术，亦最易于藏奸，良家子弟一经勾引坠入，小则废时失业，大则荡产倾家，其害人已非浅鲜，若因此流而为匪，或有奸宄溷迹其间，尤为地方隐患。昔人以赌为盗媒，诚非虚语。本署将军欲绝盗源，不得不严禁赌风。除出示晓谕并分行咨札旗民各署一体访拿外，相应将刷就告示二十张，备文咨送。为此合咨贵副都统请烦查照，迅于各镇一律张贴。须至咨者。

右咨珲春副都统

（二）查　拿　通　缉

吉林将军衙门为将什长修成福径行解珲归案的咨文
光绪二十一年正月二十三日

为咨行事。本年正月十六日，据敦化县知县白希李申称：光绪二十年十二月二十三日，蒙宪台札开，为札饬事，案准署帮办恩咨开，左司案呈，案查据靖边右路穆统领克登额呈称，据敝路黄驼腰子驻扎马队什长尔精额带兵搜捕盗匪，行至敦化县属界头道河子地方辛姓窝棚，拿获盗匪杨付、黄甸乙、穆长林等三犯，起出枪械，一并解营转究到案。正值屡加严鞫间，复据该统领呈称，兹奉军宪札开，据全营翼长文呈，据敦化县属界甩湾子居民炮手修成福呈控，什长尔精额带兵将该炮手所获盗匪杨付、黄甸乙、穆长林等三犯，硬行要去，冒为己功等语。饬提该路官兵及各犯送省交局审办等因。

查此案盗匪业已解珲，往返提取，长途恐有疏虞，呈恳当奉宪批，厅提官兵，即就近送珲归案可也。等谕。奉此，随查传炮手修成福只身浮居，行踪无定，现在不知去向，并未传获。当派左营督队官庆顺带兵，将什长尔精额解送至珲归案听审。等情前来。随即饬司委提讯什长尔精额，讯称什长奉派带兵驻扎黄驼腰子地方，不时搜捕盗匪，于本年八月二十二日，带兵四名，搜至敦化县属境头道河子辛姓窝棚门首，天亦二更多时，进屋适值县属甩湾子屯居民炮手修成福带猎夫七名，在彼拿获匪犯杨付、黄甸乙二犯，搜出鸟枪二杆，什长询问修成福，告称该犯已有抢劫草供，并供出伙匪穆长林、吴井林等。什长复讯，与该犯先供无异，随带兵一同修成福等搜至赵景振店房，拿获匪犯穆长林一人，起出洋枪一杆，大刀一把。尔精额当因兵单，遂商同修成福帮同押解送营，而修成福言及领带多人，私下围猎，不易解送，将此获犯让交尔精额。又称食粮不足，尔精额故赏给贴钱二十吊，随将该犯等解营转送到案。除此，并无勒买硬要，为己邀功情弊，所诉是实。等情据此，提质该犯杨付、黄甸乙等供称，小的们原经炮手修成福等闯屋绑缚，尔什长带兵到彼，复将穆长林拿获，一并经修成福交与尔什长解案，并无勒买情事等语不讳。查此案匪犯杨付、黄甸乙二犯，原拿本属炮手修成福绑获，当讯出抢劫草供，无处解交，适经尔精额带兵至彼探讯明确，复同拿获伙匪穆长林一犯。尔精额因兵单，央同一并解营，且修成福言及私自围猎，带领多人，不暇帮送，暂时食粮缺少，资斧不挤，将此获犯甘愿全交尔精额解营，该什长奉公接解，分所应为。至赏给贴钱二十吊，意在济欢，并非冀图邀功勒买，情节显然矣。而修成福竟无故至省捏控各节，均关紧要，此案获匪严加审讯，尚未承招，虽有解送抢劫草供，乃系炮手修成福私下所录，又无事主证佐，事关重辟，不便草率，应请檄饬敦化县查传炮手修成幅到案，以备质拿，不难水落石出，泾渭自辨。至讯尔精额奉公守分，该统领严加管束，听候修成福到案之日提调，再为质讯。据此，拟合备文咨请鉴照，希饬施行。等因准此，合亟札饬，札到该县，即便遵照，特札。等因蒙此，查炮手修成福已投靖边新军翼长文内充当什长，自应详请转饬，径行解珲质讯，理合具文申请宪台查核，请就近饬营将修成福径行解珲。为此备由具申伏乞照验施行。等情到本署督办将军。据此，除咨署帮办恩　查照外，相应咨行贵将军请烦查照，希即转饬文统领元，将现充什长之炮手修成福一名，作速派差径行解送珲春副都统衙门左司投交，以凭归案质讯，望切施行。须至咨者。

右咨署理帮办边务事宜珲春副都统恩

吉林将军衙门为卫队马勇鲁全胜潜逃分行严缉的咨文
光绪二十一年二月二十八日

为咨行事。准督办将军长　咨开：案据卫队中营官左世荣呈称，窃于本月初八日，据马队哨官袁进宝声称，前来该哨头棚正勇鲁全胜查点未到，是必因开拔之际乘便潜逃，并乘骑青白骟马一匹，携去开斯枪一杆，子母五十余颗，红哗叽号衣、战裙、羊皮衣，当经追寻至今，毫无下落。该马勇胆敢于军在前改敌私带军装枪械乘便逃逸，实属目无法纪。除派妥实马勇四处追寻查拿外，理合缮具鲁全胜年籍箕斗抄粘文尾，伏乞通饬一体严拿，务获究办，望速施行。等因。准此，除分行外，相应抄粘备文咨行贵帮办，请烦查照施行。须至咨者。

右咨署理帮办珲春副都统恩

吉林将军衙门为潜逃勇丁拐去抢械号衣等项的咨文
光绪二十一年二月

为咨行事。准前任黑龙江将军依咨开：为照本前将军于正月初六日，曾将临阵潜逃拐带枪械号衣兵勇等，谨遵上谕一体查拿法办，等因咨行在案。今据营务处呈称，据统领德英阿具报，逃勇二名。又据统领荣和呈称，营官保寿具报，逃勇三十四名，均拐去枪械号衣，抄粘呈请通缉前来。据此，除饬各军一体严拿外，相应抄粘咨请查拿。为此合咨贵将军，请烦查照转饬一体严拿施行。等因准此，除分行查拿外，相应抄粘备文咨行。为此合咨贵帮办，请烦查照施行。须至咨者。

右咨署理帮办珲春副都统恩

吉林将军衙门为正勇张德禄潜逃拐去枪械号衣一体严缉的咨文
光绪二十一年三月十九日

为咨行事。准督办吉林将军长　咨开：案据左翼统领文元呈，据左营营官顾佩兰呈，据前哨哨官祺绵报称，二月十六日，在首山守炮之七棚正勇张德禄、王登武二名，于是夜潜逃，并拐去毛瑟枪各一杆，号衣各一套，随即查拿无获。等情开单呈转，恳请通饬缉拿前来。据此，除咨行外，相应咨会，请烦查照转饬一体缉拿，务获法办施行。等因准此，相应抄粘备文咨行。为此合咨贵帮办，请烦查照施行。须至咨者。

右咨署帮办珲春副都统恩

吉林将军衙门为什勇赵海川等与贼匪众抢限令勒缉事的咨文

光绪二十一年六月初六日

为咨复事。准^{贵署帮办}咨开：案据署前路全统领荣转据该路前营孙营官义恒呈，据职营前哨哨长伊里亨、炮队教习余万福禀称，奉派拿获强抢南琴木事主旗丁六十三家于五月十八日夜，被匪冒充官兵抢劫，案内之盗匪海生一名，并起获赃物押解到营，呈请讯办等情。职当提讯该犯，海生供出中路左营左哨什长赵海川、正勇姚金凌、德顺四人，伙劫分赃等语不讳。当传事主来营认明，起获赃物白铜牙签一付，实系所失之物。职思赃物虽未全获，既经事主认明，尚有可凭，自应录取该犯草供，一并解送法办，理合具文呈请鉴核。等情由该统领转呈前来，到本署帮办副都统。据此，当即饬司会委严为研讯，据盗犯海生供认如前，饬司录供另文咨请法办外。但该犯海生所供同伙行抢有中路左营左哨什勇赵海川、姚金凌、德顺等三名，飞饬中路统领营官查拿送案法办。乃该营官暨该哨官长饰词告假，纵令赵海川等远扬。当即札饬该路统领勒限严缉在案。兹已逾限无获，由该统领禀报前来。查赵海川、姚金凌、德顺等身充该路左营左哨勇目，竟敢私行离营纠伙强抢，实属悍不畏法，该管营哨各官长毫无觉查，形同聋聩，既不能约束于先，又不能缉获于后，是其营务之废弛已极，若不严为惩办，实不足以慎重边防而图自强之计。该统领永、协领德贵、营官升各有统辖专管之责，咎无可辞，亟应咨请贵署督办将军核议，其该管哨官吴天福、哨长李儒卿，均着撤去差使，以肃营制。遗出该路左营左哨哨官一差，即以该营前哨哨长珲春镶黄旗庆云佐领下五品顶戴记名骁骑校前锋春明，管兵严肃，堪以委升；递遗前哨哨长一差，即以该哨什长珲春正红旗永贵佐领下五品顶戴披甲全福德，缉捕得力，堪以委补；其遗出该营左哨哨长一差，查有本衙门戈什哈番珲春镶黄旗庆云佐领下五品军功前锋海玉，差操勤慎，堪以委充。除檄饬该统领转行遵照外，相应备文咨明。为此合咨贵署督办将军，请烦查照施行。等因准此，查前路哨长伊里亨等拿获盗匪海生一名，解营讯问，供出中路左营左哨什长赵海川、正勇姚金凌、德顺四人，伙劫分赃等情。当经札提该勇等，乃该营官、哨官等饰词告假，纵令远扬，复经勒限严缉无获，将该哨官吴天福，哨长李儒卿，均着撤差，应即如咨办理，其统领永德、营官贵升各有统辖专管之责，咎无可辞，永德着记大过一次摘去顶戴仍勒限将赵海川等人赃并获。贵升即行撤委留营，缉捕届限不获，听候参办。除札营务处中路统领遵照外，相应咨复贵帮办，请烦查照施行。须至咨者。

右咨署帮办珲春副都统恩

珲春副都统为新任营官马斌接缉逃匪省事的咨文

光绪二十一年七月二十日

署理帮办吉林边务事宜珲春副都统军机处存记副都统衔花翎协领恩　咨请事。案据中路永统领德　呈称：窃于六月十九日，奉督宪札开，查前路哨长伊里亨等拿获盗匪海生一名，解营讯问。供出中路左营左哨什长赵海川，正勇姚金凌、德顺，四人伙劫分赃等情。当经札提该勇等，乃该营官哨官等饰词告假，纵令远扬。复经勒限严缉无获，将该哨官吴天福，哨长李儒卿，均着撤差，应即如咨办理。其统领永德，营官贵升，各有统辖专管之责，咎无可辞。永德着记大过一次，摘去顶戴，仍勒限将赵海川等人赃并获。贵升即行撤委，留营缉捕，届限不获，听候参办。等谕。职祗奉之下，惶悚莫名，遵即饬令前营官贵升，赶紧设法捕拿逸匪，勒限严缉。并由职加派妥员，带队四出，一体协缉，务期必获分饬在案。兹据贵升报称，奉文留营缉捕逸匪赵海川等，前已带队亲赴东南各沟一带，密查暗访，杳无该匪消息。旋因交卸回防，又复变装密捕，驰往俄之边界探访匪踪，亦无影响。当此山深林密，搜捕实不容易，满拟获匪，以赎前愆。今既访拿月余，该匪远扬，若不陈情于先，窃恐逾限题参。合无仰恳统宪，转求署督、帮宪恩施格外，宽以限期，准职赴省，于西北一带搜缉，或可冀其弋获等语。又据职路新任营官马斌呈称：前营官贵佐领升，奉文撤委留营，缉捕逃匪，带队四出，迄今多日无获。实因树林菁密，搜山不易。若令该佐领久羁珲防，资斧将有告匮。恳祈转求署督、帮宪恩施，准其该佐领回省，设法缉捕。职亦甘愿代为接缉，断不敢心存膜视。各等情先后呈请前来。职查贵佐领撤委留缉，深自愧悔，曾亲带队搜捕，访无该匪踪迹。所呈情属实在，马营官恳请接缉，义关同寅，不敢壅于上闻。合无仰恳宪恩俯察该佐领下情，转咨督宪，准其该佐领回省，并祈鸿慈宽予限期，邀恩督宪免其核参，出自逾格矜全。除职一面督同马营官斌派员协缉外，理合具文呈请鉴核，恩准施行。等情到本署帮办副都统。据此，查该统领呈，据佐领贵升自奉檄撤委留缉，深自愧悔，叠次带队亲缉，匪逃无踪，又值树木繁茂之际，搜捕为难，恳其宽限晋省，邀免核参。并呈据马营官甘愿接缉，亟应据情咨请贵署督办将军，俯念该佐领从军西域，得保今职，既已撤委，可儆将来，应请邀免核参，准其回省，罚令充当苦差，以赎前愆。此案逸匪赵海川等，既据该统领转据马营官，甘愿接缉，应饬督同严缉，务期必获，以免匪徒幸脱法网。除饬该佐领遵照晋省听候差遣外，相应备文咨请。为此合咨贵署督办将军，请烦查照施行。须至咨者。

右咨钦命头品顶戴署理吉林等处地方将军督办吉林边务事宜兼理打牲乌拉拣选官员等事黑龙江将军恩

吉林将军衙门为敦化县申报书识陈殿英因公被劫请予严缉匪首的咨文
光绪二十三年四月初五日

为咨行事。案据署敦化县知县胡令承恩申称，窃卑职于光绪二十二年九月十七日，案奉宪台委署和龙峪越垦局务，于本年正月因公晋省面禀事宜，未及回局，旋于二月初一日奉宪台委署理敦化县篆务，所遗和龙峪越垦局差，蒙派张经历维棣以委充，前往接办。等谕奉此，卑职即函饬越垦局司事唐书勋，书识陈殿英，将局中征收大小租赋银钱卷宗及一切公事，料理清楚，已于二月二十八日，移交新任张经历维棣接收在案。兹于三月十九日经张经历移复，卑职公文及接收大小租赋清册，并另奉札查勘南冈，应否设官情形，所绘图件，着派书识陈殿英赍送敦化县，并派护局之中路右营后哨步队勇兵三名，沿途护送来县。于本月二十三日，行至哈尔巴岭突遇盗匪五十余名，匪首刘弹子，双老五将该书识行李衣物抢劫一空，随带勇兵三名，亦被该匪枪伤，夺去号衣三套，洋炮三杆，内一勇受伤甚重，幸该书识所带公文清册图籍藏于身衣内，尚未遗失。该书识及勇兵等逃回哈尔巴岭下李家店养伤，旋即专人函报卑职，一面饬派捕盗营勇严缉，并移知中路右路尔统领派队严拿外，理合先将该书识陈殿英因公来县，行至哈尔巴岭被盗抢劫及兵勇受伤情形，为此备文申报，伏乞鉴核，转饬右路防营一体严拿，以靖地方，而安行旅，是为公便。等情到本署督办将军。据此，查敦化县报称此股盗匪五十余名，匪首刘弹子、双老五率领伙匪在哈尔巴岭一带盘踞，抢掠行旅，竟敢将越垦局派出因公赴县之书识陈殿英及护勇三名全行绑缚，抢去号衣、枪械等物，并枪伤什勇一名，实属凶恶已极，若不赶紧搜剿，必致分窜为患。除札中前右左四路统领派队严缉外，相应备文咨行贵副都统查照可也。须至咨者。

右咨署珲春副都统帮办边务事宜花翎协领凤

珲春副都统为前在哈尔巴岭拦路抢劫之盗匪饬队严缉的呈文
光绪二十三年四月初十日

署珲春副都统帮办边务事宜副都统衔花翎协领凤翔，为呈报事。案据边务行营文案处呈称：窃于本年四月初七日，准右路金统领咨开，查前月距防二百五十里哈尔巴岭，突来胡匪五十八名，盘踞拦路，抢劫行人。当派左营洪管带乾元、中营前哨哨官牛占元等带兵分道兜剿，业经备文咨报转详在案。旋据该哨官牛占元函称，昨奉派带兵会剿股匪，由大碴子、黄泥河等处行抵哈尔巴岭，拟与洪乾元会剿。该匪等闻官兵将至，先一日远扬，搜追无着。查此股贼匪逃窜，当树木畅茂之际，诚恐再聚，窜扰地面。业拣派中营前哨哨长佟福，带兵三十名驻扎哈尔巴岭，以备防堵，更换哨官牛占元回营。饬左哨哨长富山带兵二十名，至黄土腰子妥为接护领枪械之车回营。至左营洪管带乾元，已于二十九日保护饷差回防。除咨报总理边防营务处外，相应咨报查核。等因准此，理合具文呈报鉴核。等情据此，查哈尔巴岭前既有盗匪五十余名拦路抢劫，声闻必远，何以此时搜捕无着，至此股盗匪究竟现在盘踞何处，必须密查明确，实力堵拿，方足镇靖，岂可以远扬塞责，希图了事，应即仍饬该路统领拣员带队，设法严缉，务期尽绝根株，免贻后患。除照会该路统领查照外，理合具文呈报督宪将军鉴核施行。须至呈者。

右呈吉林将军延

珲春副都统为差遣委员田丰谷因亏公款撤差潜逃的咨呈
光绪二十四年二月十四日

钦命帮办吉林边务事宜镇守珲春地方副都统军功花翎英　为咨呈事。窃于本年正月二十六日，据护理中路统领右营管带讷荫呈称：兹准随同办事委员李绍祖声称，去冬十月间领饷进省，将饷项照章移交差遣委员田丰谷经理，比及年终回营清查饷账，该差遣委员多有浮支冒开之处，现已逐款查实。除抵销不计外，该员净亏公款银三百五十五两二钱五分一厘四毫二丝四忽，且风闻尚有私债四五百金，似此劣员，实难姑宥，商拟呈请先行撤去该员差遣差使，所亏公款由营从实追缴。等情职复核属实，可否先行撤去田丰谷差遣差使，未敢擅便，理合备文呈请鉴核饬遵施行。等情据此，当经批示，查该路署差遣田丰谷擅用官项至三百余两之多，实属任性，应如原请先行暂撤该员差委差使，并缓为催提官欠之款，倘能交清所支，尚可据情代恳督帅格外恩施，开复原惩留营效力。缴。挂发去后，旋于二月十一日，又据该护理统领呈报，原文同前尾开，仰见宪恩高厚，体恤至微，不料该员已撤署差遣，并不深自感愧设法筹补公款，竟于二月初七日夜间席卷行囊私行走去。当即派队四处跟寻踪迹，竟无音信去向，再四思及，唯有据实声明，备文呈报鉴核施行。等情先后呈报前来，理合一并据情咨呈督办将军鉴核施行，实为公便。须至咨呈者。

右咨呈钦命署理吉林等处地方将军督办吉林边务事宜兼理打牲乌拉拣选官员等事副都统衔延

吉林将军衙门为严定禁约以清盗源的咨文

光绪二十四年十二月二十一日

钦命镇守吉林等处地方将军督办吉林边防事宜兼理打牲乌拉拣选官员等事延、钦命吉林副都统赏戴花翎成 为咨行事。本年十一月十九日，据署理统领靖边亲军马步全军协理边防营务事宜三等子爵文福呈称，窃职此次收抚矿局降匪，有信义、崇礼二社各甲乡约，率领民户二百余名来营呈保。当经由职善言开谕，面订简明禁约，曾经声明另文呈报在案。缘东山薮盗积二十余年，虽由山深林密最易藏奸，而沿山内外无知民户附加养成与有咎焉。现与民居降匪日加询访，已于盗情略得梗概，请为宪台缕陈之。查吉林省东之盗贼中，自以东西南三大队为名，东大队则东至三岔口，西至老岭，南至敦化，北至北江沿，南至四合川，北至蚂蜒河，而以匪目李文秀为首。李文秀老惫无能，有先曾为首，后经退间[闲]之潘日新者代管其众，即矿局去冬收降，刻来投营之头目潘日新是也。若南大队则以头二道江、珲春、烟集冈等处为弄兵之潢池，匪目刘弹子主之。此三股者，私定分界，不容混窜，有犯者急击无恕，诚恐别盗招兵至贻伊戚，盖由军威慑之使然，而非敢漫然自相争雄也。独有匪首领之过境，寒则衣之，饥则食之，以抢以劫则借道与之，似有异枝同干之势，此省东三大股盗匪分界合交之情形也。匪中所谓西大队者，官目之为东山大盗，此盗股数繁多，较数倍于东南二股，然要皆听命于大二队。大队者，头队也。自三队屡立皆败，由是余匪各自以其姓名绰号标为队名，队各有正帮当家二人，以积资深者揸充，遇有逃亡由二队派其能者领之，即有自相授受亦禀命于大二队以行。有谋害其当家者，群起诛之，以是各队当家之权颇专。其有下不受命、上不守法者，白大二队处死，凡盗若受其节制，然得财丰者，且有纳进。有故齐伙虽数百人不难立集，以是大二队之权尤专。其于捐劫财货，悉当家收之，凡枪药食费所需，亦其筹运。及打分金除坐销外，则当家撂其半，余不过略沾润而已，有饱载去者，归不准复当家，以杜专利而笼后进。迹其创法大意，惟以从犯性命代为首犯敛资财，然人各有挨班序进之望，众心即因之以固。其啸聚以树叶关门为节，至霜落木凋则插旗越边，越边言散伙也，又旋里之别名。小匪自行走匪，大匪则于邃谷浓林中结树皮为屋。备冬夏应用油粮而坐食之，是名打冻。打冻之匪入内不复出，兵自外至亦无从踪迹，故其匪党假息山林，出则鱼肉山外，入则窟穴山中。其在山也，饮食必给值，赊贷务照偿，窃掠有重科，奸淫悬历禁，倘犯此例，惟大二队诛之。然而其市惠厚者而动制尤毒，定法：兵有至必报闻，否则死，盗所在必庇匿，否则死，匪信但以白羽黑炭系之，则无分雨夜递送探投，偶有误，杀无赦，若有以匪迹盗名告官，因被诛击者，则其全家性命休矣。此各匪之凶威，皆得自肆其毒。若其死散不能自报，则大二队得而仇复之，以是入山如归，出则择肥而噬焉。且余匪绑捐所及，大二队得复劫取之，若大二队已绑捐者，余匪不容过问，因得以留其余力而岁时恣为取求，军来货往如操券然，民间谓之打息钱。是以衣履、粮石、子药等项接济可一呼而坐至，所以大二队之力较厚，足以驱策众匪而称雄于山中，此东山盗匪互相维系禁制之情形也。自盗以惠结民，以威劫民，盗既恩威并用，民亦感畏交深，久之，盗以民为党羽，民遂护盗如腹心。其良民既被束而无敢异同。而不肖者，且与联乡结盟认亲，借婿盗以为护符。及至官军进剿或藏粮而不与食，或匿匪而不以闻，甚者诳兵迂道，报贼远杨，即痛加捶楚不恤也。故职谓山中盗匪附和养成，民户与有咎者，即此之谓也。究之阳不抢劫而肆行称贷，名不滋扰而任意驱役，少有违忤身家即殒，虚惠未沾而实害及之，此山民之愚可恕亦复可悯。查清盗之法莫如去窝，若遍山皆可窝盗，则群盗滋蔓难图自无怪。然从前受匪逼迫民户，随同藏护情非得已，应恳免其追究。现将矿局降匪分别编伍归农，若不急图清盗之方，窃恐前者既去后者复来，盗径未绝，盗种仍滋。现因民户等呈保来营，经职将其畏盗庇盗利细害巨情节反复开谕，该民户等尚知悔悟，急恳办联庄会自清地界。职当严定简明禁约，拟以嗣后沿山内外遇有盗匪到各民户，如有仍前供给饮食，代传书函，兵到送 [信] 匿贼不举等情，一经查出，即治以通盗、窝盗之罪。其进山官兵如有发递文信，仍饬各户传送，不准迟误，违者重究。若盗匪供有窝留赃械等情，非查得确实证据，即是挟嫌，概不准究。倘有官兵借端勒索诬办民户及任意扰虐，饮食给价措不如数，查出均照定章加重办罪，若该管失察并照章治以应得之咎。如此严兵以律不准扰民，教民知法不容交匪，行之数年东山或可略冀肃清。现与该乡约民户等订明，均似乐从。是否有当，理合将面与民户严定禁约缘由备文呈报鉴核，如蒙恩允应恳立案札饬该管民署分谕乡牌，转传民户一体知照，并札边、练两军，转饬各营凛遵。等情据此，查该统领收抚矿局降匪，分别编伍归农，并严定简明禁约，洵为清盗探源之谕，现与该乡约、民户等订明，均皆乐从，尚属妥善，自应准如所请办理。除通行旗民两署边练两军一体遵照外，相应备文咨行。为此合咨将军衙门查照可也。须至咨者。

右咨珲春副都统

吉林将军衙门为清缴藏匿盗匪枪械事的咨文

光绪二十四年十二月二十一日

钦命镇守吉林等处地方将军督办吉林边防事宜兼理打牲乌拉拣选官员等事延　、钦命吉林副都统赏戴花翎成　为咨行事。十一月十九日，据署统领靖边亲军马步全军协理边防营务事宜三等子爵文福呈称，窃查清盗之法，治窝而外尤以查起枪械为第一要义。查吉林边、练两军分地设防，布置最为周密，而窃发之盗犹未尽绝根株，则以平原之盗夜聚明散，山林之盗夏来冬去而已。夫此夜聚明散、夏来冬去之徒，既不能徒手吓人，又乌敢携枪狂窜哉。职尝推究其故，窃以为该盗匪等，枪械其自匿山林道旁者，不过十之三四，而择人存之院宇场圃者，则居十之六七。缘盗械插于山林道旁，虽积惯滑匪且不免久而迷失，况雨夜雪天携取尤难，自不如委人寄匿扶同看守，取觅较易得手也，是以盗匪窜扰各有专地，非独窝线易为党援，亦以器械所储不得不就而取故也。然代存盗械之家，窝主固多，而被逼强留者，实亦不少。不惟官兵起械不肯献出，往往同伙抄取且不能得，盖民劫于积威，唯恐原主出而追索，即有性命之忧焉，如东山之匪盗其明验也，现将矿局降匪分别收缉，以职所闻，各匪头目剩亦无几，然漏网既不能免，盗械即难缴尽。倘非设法搜罗，势必仍留助寇，当此乡约民户办联庄会之时，计莫如令民将其所匿盗械缴出，留归公会之用，并限以一月为期，不准匿不举报。将来限满之后，如有降匪存械禀官搜起，或有另盗供出存械所在，一经起获到官，即将该存盗械商民治以同盗之罪。如此严定禁制，各会乐有枪械可使自易，互相劝谕，小民恐有发觉干罪，自不敢复匿留，庶几盗械可尽，盗源自清，或亦重典治乱之一道也。除移五常厅查照外，是否可行，理合备文呈报鉴核立案，饬办施行。等情据此，查该统领现将矿局降匪分别收缉，犹虑漏网盗匪藏匿枪械难以缴尽，允宜设法查收，免留助寇。着准予限一月，民间如有匿存匪械即行举报，交归联庄会公用，并不追究从先匿械之非，倘容心隐匿，逾限仍不举报，一经发觉定必从严究惩。各该旗民地方官均着严饬所属弁兵、书使、衙役人等，不准借端骚扰商民，致干查究。除通行咨札外，相应备文咨行，为此合咨。

右咨珲春副都统衙门

吉林将军衙门为漠河金矿解金被劫分行一体严缉的咨文

光绪二十五年十月初八日

为咨行通缉事。本月初八日，准黑龙江将军恩　电开：顷据漠矿徐道电禀，该局于九月初解金五千余两，雇镳运送营口，转运上海，行至奉天奉化县郭家店地方，被贼劫去金七百两，并快枪十杆，镖夫亦有死伤。查该处虽系奉省地面，然距吉林较近，贼匪抢去金宝、金条、必在船厂等处变卖。金宝、金条之上镌有漠河公司字样，不难辨认，款关军饷，乞电咨吉省饬属一体查拿。等情除分电奉省外，应请通饬查拿，实为公便。等因准此，除分行严缉外，相应备文咨行贵副都统，请烦查照，饬属严缉务获解究施行。须至咨者。

右咨珲春副都统

吉林将军衙门为前帮带吴秉兴私自潜逃饬属严缉的咨文

光绪二十八年三月二十五日

为咨严缉事。兵司案呈：本年三月二十一日，准军宪札开，案据署宾州厅同知杜玉衡详称，光绪二十八年二月十二日，蒙道宪札开批，该厅禀报，原有武胜新军现经裁汰以后，仅留马步弁兵一百九十二员名，仍由商铺摊纳勇饷，并声明前帮带吴秉兴私自潜逃一案，请查核缘由。蒙批，据禀原有武胜新军二百五十名，现经汰弱留强，仅存马步一百九十二员名，分为六哨，改名捕盗新军，一切饷需仍由公议会自行摊捐发放，每月底造具收支清册送厅查核，既系出于各铺商甘愿乐从，事尚可行，候饬营务处备案。至前帮带吴秉兴借称清理经手营务事件，私自潜逃，其中显有弊窦，应即添差，比捕勒拘到案询明，另行详办，以肃营规。仰吉林道转饬知照。缴。等因蒙此，查此案前据该厅分禀到道，业经批示在案，兹奉前因合亟札饬，札到该厅，即便遵照差拿吴秉兴到案讯明详办，特札。等因蒙此，查该弁业经比差勒缉，迄未弋获，自应详请饬属通缉。除分详外，理合据情详请查核俯准，通饬旗民各属一体严缉，拿获解厅，以便询明详报。等情据此，除详批示并分札外，合亟札饬，札到该司，立即通饬各属一体严缉务获，解送该厅，以便讯详，特札。等因奉此，相应呈请咨行宁古塔、伯都讷、三姓、阿勒楚喀、珲春副都统，照会乌拉总管等衙门查照，札饬十旗、乌拉、五常堡、拉林、双城堡、伊通、额穆赫索罗协、参、佐领，全省营务处总理，四边门章京等遵照，一体严缉务获，解厅讯详可也。须至咨者。

右咨珲春副都统衙门

（三）案件审理

吉林将军衙门为云骑尉恩泽妄拿良民私自准保开释分别责惩的咨文
光绪二十一年六月二十五日

为咨复事。兵司案呈：本年六月十二日准珲春副都统衙门咨开，左司案呈，窃因车户刁燕陛前在长岭子俄界内被劫，赃贼逃逸，遂即分札各路严缉去后。旋据演练步队委防御云骑尉恩祥带兵由东山老隆重口地方护解是案首盗刘幅荣，即刘弹子一犯，询明拟结咨报在案。当以余党尚未就擒，复饬往捕。乃于闰五月初六日据该员旋称，遵即进搜，于五月二十八日申时行至瓦冈寨山下林外，见一树皮窝棚，料系匪人居处，恐内伏贼暗施火器，遂将兵丹分列，相距该棚三四十步，连声呼令屋内好人即俱出来，乃竟寂然。忽见一人已从棚后潜出仓慌奔逸，问之不答，追之不及，瞬息跑至林边，甲兵郎富有恐其入林遁匿，即开放一枪以冀吓止拿讯，不期相离尚有百步，竟击伤后肋透内致毙。当即看验，由其身中搜得夹把刀一柄，洋手枪子母十枚，旋在棚后草丛里搜获二人，一名王洪，一名孙梦元，并挖金锹镐各件。问系该民等系偷挖金砂者，将尸掩盖敬候核夺。押带二民于次日搜至三道沟山里窝棘，见一小房，令兵四面围住，唤出屋内之人四名，询系砍伐木料者，由其屋中草囤内搜得鸟枪四杆，子药俱全，问之答称系备防身。然恐饰避且枪属禁物，故将该民张吉昌、李玉秀、徐长龄、王永才四名，均绑带解究。迨旋至胡芦毕拉地方，据众垦户乡地等多人因张吉昌等委系砍木良民，并无不法情事，具结保留，将其枪支带案呈交。等情据此，查该员此次击毙一犯，擅释四民，犹恐内有诈扰，故杀贿纵情弊，饬司提犯会委集证研审。据王洪、孙梦元同供：小的们均系直隶民人，只身外出，于今年正月内先后到在珲属东路柳树河子地方，因无营生，跟随已死游民杨愇、即洛屋，在瓦冈塞傍山近林搭盖树皮窝棚一所，住着偷挖金砂糊口。杨愇于闲谈时常说他是山东义州府人，现年二十九岁，曾在内地当过勇差，后逃出闲游，于上年春天到俄界蒙武街并三岔口各处游荡，至年底来斯。并见他有一杆六响手枪，恐被外看见，藏放林内树窟窿中，其夹把刀随身佩携。于五月二十八日傍晚时，小的们正在棚内坐歇，忽闻人唤杨愇，看是官兵就潜从后窗跳出奔往林内跑去，小的二人亦跑出伏匿草丛里，杨愇因官兵唤令止步益发奔跑，甫入林内就被官兵一枪打倒身死，所有挖得金砂俱经杨愇随时买米面衣服等物花用罄净，其手枪亦不知他藏置何处，所供是实。随即派员带仵前诣验得已死杨犉，后面左肋，受枪子伤透内属实，继将该员差次保释之官张吉昌等四名，并其保人王忠、金有等亦皆饬传到案，并提严讯。据各供仍与该员所称情节吻合，诘无不法别情，其为良民无疑，即皆省释归业。至其枪支既属例禁民间私藏，应俱充公入库。惟查已死游民杨犉即杨洛屋，即据其伙王洪等佥称曾充营勇，于逃出后竟无正业恣肆游荡，甚至素携枪刀显非善类，兹复为首偷挖金砂，一见官兵自觉情虚畏拿逃遁，致被吓击误伤毙命，则其死由自取，应毋庸议。但甲兵郎富有辄自开枪，情近擅杀，委系出死者逃逸追捕不及，一时势迫吓击，不期误伤致毙，尚属可原，拟鞭责斥革示儆。该员恩祥既未主令鸣枪，自无不合。惟张吉昌等既有枪支，应即解案讯明核办，乃竟于差次准保开释，虽系良民亦属专擅，请将该员前获首盗刘幅荣随案附请奖励撤销，并从重先行摘去顶戴，记过三年，期内停升以观后效，而示劝惩。王洪、孙梦元随从挖金本干例拟，姑念赤贫愚氓，从宽杖责发落，以示矜恤。其挖金铁锹等件，当堂销毁□□□拟缘由是否有当，理合呈请备文咨报。为此合咨将军衙门查核赐复施行。等因前来。当奉宪批；本城兵丁竟与署副都统帮办同名，而不知暂为改避，实属不知道理，皆兵司协领之过。等谕奉此，除将云骑尉恩祥摘顶记过由兵司注册备查外，相应呈请咨复珲春副都统衙门查照可也。须至咨者。

右咨珲春副都统衙门

回族人马得胜为判断不公殃及无辜请提证讯究而伸诬枉事的呈文
光绪二十二年二月初六日

具恳呈：回族人马得胜年址注于白呈，为判断不公，殃及无辜，吁恳恩准赏提案证讯究，以免李代桃僵，而伸诬枉事。窃将自来白呈粘尾呈阅，叩乞将军大人钧座前恩准施行。

具恳呈：回族人马得胜，年四十九岁，系珲春二道营子开设牛店执事人。距省一千二百里。为判断不公，殃及无辜，吁恳恩准赏提案证讯究，以免李代桃僵而伸诬枉事。窃于光绪二十年春二月间，有贩牛商人张幅深赶牛六十七条入店存住，完税后，将牛赶赴俄界牛圈，便卖给源渠河永兴福执事人陈果保，共牛价计银一千五百零四两，言定四十五日为期。张幅深仍回小的店内存住等候交价，不意届期陈果保来珲交项，行至红旗河落水淹毙，将银票失落，适遇永兴福执事人王士修，暨陈果保之胞兄陈果斌亦在小的店内存住，张幅深闻陈果保物故，即向其胞兄陈果斌、王士修逼讨此欠，陈果斌等应允现交银六百两，下欠许俟是年七月十五日付清。惟无现银向小的告贷，小的当亦无项，随出本店六百两银票交张幅深收执。

嗣后陆续给银二百零五两。除伊店账暨与伊代垫税银外，下欠伊银二十两零八钱四分，当面算清，有账可查。迨至七月十五日，陈果斌等并未来店交项，张幅深即找向追讨去讫。至十月间突有素不识认之袁章，执小的店银票在珲都统衙门捏控小的抗债各情。蒙传到案，小的具情呈诉，恳传陈果斌等暨张幅深到案质讯，真伪立见。讵右司刘帮办仅将陈果斌添传到案质讯，陈某亦供称伊弟不止欠小的六百两银票，共计欠银七千余两，亦无承保张某此项牛价各等语。嗣后不知如何舞弄，将陈果斌释放，仍责押小的逼限交价，硬令小的先行垫还，嗣后再向陈果斌追讨。夫陈果斌欠张某牛价，并非小的承保，已给垫银六百两，不为不多，况已故陈果保亦非无项可抵，尚有产业置钱数万余吊。伊兄既承受产业，能不还债，且欠小的七千余两，尚未低还，呈恳追偿，不惟不给讯追，反逼代伊垫还牛价，冤抑曷极。是以仰恳天恩，赏提全案人证，澈底根究，勿致李代桃僵。刘举家老幼顶祝公候，倘有虚诬，甘领罪戾。为此遣胞弟投辕代呈。叩乞将军大人钧座前恩准赏提施行。

吉林将军衙门为珲春回族人马得胜呈控陈果斌抗债不偿等情烦即录案的咨文
光绪二十二年二月十一日

为咨行事。案据珲春回族人马得胜投辕呈控陈果斌抗债不偿，恳恩提究。等情据此，除呈批示外，相应抄粘呈批备文咨行。为此合咨贵衙门，请烦查照，希即录案见复施行。须至咨者。

计粘单乙纸

咨珲春副都统

具恳呈：马得胜，年址在卷。为不得已历陈确情，吁恳恩准赏提全案卷证，以分皂白而伸冤抑事。窃小的遣抱上控袁章贴赖牛价，捏控各情在案。蒙批仰珲春副都统录案到日，再夺等因。小的谨遵守候月余，据情呈恳提案蒙批，此案业经珲春副都统录覆并声明，而所出图书清单期条，均无姑承字样，是尔欠袁章银两，已有实据，无论陈果保有无欠尔银两，与此案毫无干涉，尔前在珲春衙门，业已遵断分限归偿具结在案。迄今逾限年余，尚未还清，复敢捏词上控，希图拖延，实属刁狡，着仍遵前断，从速措交，毋庸饰渎。等因理遵勿渎。缘小的与袁章素不识认，委因张幅深赶牛一百余双，在小的店存住，小的给垫牛税草料，共银二百余两，伊赶牛赴外国牛圈出售，开具图记清单，以为过卡验税凭据，具清单时，此牛尚未出售，岂有承保。讵张某在牛圈将牛只卖给陈果保，许俟缓期四十五日交价，届期陈果保落水淹毙，张幅深向陈果保胞兄陈果斌过付此项，在小的店内争吵，经刘瑞五与小的道达，张幅深不允，陈果斌挽托刘瑞五向小的商妥，给出六百两，期付给张某，许俟届期如数付清。不意届期陈果斌未到，张幅深亦不知去向，突有袁章执此期条，将小的控告蒙讯。小的遵断将六百两银期条，分限归偿具结在案。并未出具一千五百余两结押，有卷可查，缘何下欠，仍逼小的归还，冤抑曷极。况小的将陈果斌呈控在案，陈果斌现已到案，冤有头，债自有主，理应向陈果斌追讨此欠归还小的，不惟不追陈果斌还钱，仍逼小的垫还，冤莫大焉。为此复呈，叩乞将军大人钧座前恩准施行。

珲春副都统为将回族人马得胜省控陈果赋抗债不偿所递各呈并具甘结的咨文
光绪二十二年三月初七日

钦命头品顶戴赏穿黄马褂署理帮办吉林边务一切事宜宁古塔副都统署珲春副都统世袭骑都尉兼云骑尉库楚特依巴图鲁沙　为咨复事。右司案呈：案准钦命督办吉林将军长　咨开，案据回族人马得胜投辕呈控陈果斌抗债不偿，恳恩提究。等情据此，除呈批示外，相应抄粘呈批备文咨行。为此合咨贵衙门，请烦查照，希即录案见复施行，等因前来。准此，案查光绪二十年十二月初四日，据奉省义源合商人袁章呈控马得胜抗欠牛价不偿等情，当经差传，马得胜赴俄界营运未回。嗣于十一月初一日，传集两造质讯。据袁章供称，于本年三月卖给马得胜牛价共银一千五百余两，当时定期四月内交银，除前给过并草料店钱等项扣银外，净欠银一千三百余两，现有该店图书凭帖账目清单为证。自四月推延至今半年余，只收银二百六十两，尚欠银一千零四十余两，该店抗不归还，小的无奈呈控等语。又讯据被告马得胜供称，今春袁章在店卖牛属实，后小的将牛买妥，价银一千五百余两，又转卖陈果宝，迨伊落水身亡，袁章即向小的索银，是以出给日限图书，并开注账目清单。后至限，除小的给过银两外，净欠银一千零四十余两，小的无项还补，赴海讨债后，袁章呈控到官，小的闻信旋回投案，实系为陈国宝承保，并不欠银等语。当查袁章当堂呈递该店清单及限期银条，均有马家店图书，而清单内收取银两，各有细数，总尾除取净存银一千三百零五两并期限银条，并无为陈果宝承保字样，则马德胜所欠袁章银两属实，质之马得胜，无不可辩，当即断令归还袁章银一千两，马得胜求限分还，随经予限以十二月初一日起至二十六日止，分三限交银。马得胜当堂出具遵允结，俟届限交银再传袁章承领。嗣后到限，马得胜分毫未交，袁章迭次呈追，马得胜屡次求缓，嗣经觅保，伊赴岩杵河措项，迨延至二十一年四月二十五日，仅据马得胜措交银七计一两，饬令袁章承领，取有领呈存卷。至马得胜呈诉添讯张幅深等情。查张幅深早已离珲，无可传讯，是其意存拖延，至所控陈果斌伊弟在日拖欠银七千余两，讯据陈果斌供称短欠是实，惟伊弟故后，因欠俄商之债，产业被俄酋封禁，非有照会将产业由俄酋给还，无项归还等情。马得胜意在指此欠项讨出，方能归还袁章之项，极意顽抗，以致拖延至今，悬延未结。兹准咨查，合将袁章及马得胜先后所递各呈两造，所具遵允甘结并袁章收银领呈，一并抄粘文尾，呈请咨复查核。等情据此，拟合咨复。为此合咨贵将军，请烦查核施行，须至咨者。

右咨钦命头品顶戴督办吉林边务事宜镇守吉林等处地方将军兼理打牲乌拉拣选官员等事恩特赫恩巴图鲁长

粘单

具呈人：奉天省铺商义源合执事人袁章，年四十二岁，为抗债不还，就地欺商，叩恳追还，为商作主事。窃商民于今春二月来至珲城，带来牛条，自三月间卖与西门外马家店内，合计价银一千五百余两，当时应允四月之间将银交还。不料由春至今数月之久，该店东马将商民牛条均行卖出银两化用，商民由春至今被伊扣去店银草料，合计收伊现银四百六十两，净欠商民牛银一千余数，指日搪塞，看其情景，并无还债之心。现时商民身处异乡，举目无识，今被马姓倾骗，困店难归，商民面伊追问，不但银两无期，返招不逊。现时马姓各处生理皆有余资，并非无银交还，似此恶情，商民情实难甘，不得不叩恳钦宪大人麾下允准究办，为商作主感德上呈。

原告袁章、被告马得胜。

批：右司传齐两造候讯。

具呈人袁章，年籍在卷，为匿银抗传容意困商，叩恳拘传来案讯究，以免拖累事。窃商人于今春二月来珲，卖与马家店东人马得胜牛条，合计价银一千五百余两。嗣后该号扣去商人喂养店费，计收银四百六十余两，净欠实银一千余数，写给商人该号图记欠帖为凭，商人由春至今等候数月之久，不意马得胜心怀不良，欺凌异乡，反行支吾商人，牛条卖与陈姓，借死搪拖，容心抗骗，商人被欺无奈，于十一月十三日将伊呈控在案，业蒙传究。马得胜躲在俄夷抗案不回，商人困店等候，月已将尽，昨前商人亲到马家店往取旱伞，适逢马得胜由俄夷回家，业经多日并未赴案投审，容意困商恶情显露，商人目睹确实未敢妄捏，来珲至今眼足一年，被马得胜抗财困累不能回归。商人情实难忍，不提不叩恳钦宪大人麾下允准拘究，秉公判断，勿任奸狡匿身，困商受累，感德无极，叩恳上呈。

原告袁章、被告马得胜。

批：据呈已悉，仰右司迅传两造会审。

具诉呈人回族人马得胜，年四十六岁，系天津府清县唐古屯民，现住二道营子，为诓保讹赖食言刁控事。情因今春二月内有行商张幅深赶牛来珲住存小的店内，后至三月初间，无主销售前往牛圈地方，张幅深将牛卖与永兴福陈国宝名下，适遇小的赵连科二人，在此从中成全，只于牛价银两系张姓自行面讲，不与小的等人干涉。由此之后，陈国宾落水身亡，有伊同伙王士修、伊兄陈国宝来店存居，张幅深追要银两，争闹不休，因此陈国宾、王士修恳求小的为伊解说，张幅深因其信伊不真，将牛银过与小的账内，小的当时为伊两家成事，不得不应，恐其后有拖累。张幅深及同众待后陈姓交银，小的为伊代交，如若陈姓不交，本人自行讨要，决不能向小的逼累，反恐陈国宾逃走不回，又向其追要图书保贴。因此张幅深、陈国宾、王士修恳托刘瑞武，硬向小的恳求多日，为伊出给图书保贴，保银一半，六百两，小的恐有后事，刘瑞武同众言誓，倘后因此成事，有刘瑞武一人承保。及至张姓回省将保贴交付义源合，该号又交德发福转到保巡补名下。差人李荣执贴取银，小的此时找保俱不在珲，为伊凑银三百零五两，当时保贴未回，此间义源合心起不良，硬言小的买伊牛条，控告在案。现时陈国宝虽系亡故，现有伊兄承认张姓，此间赴省，牛圈有账可证，今被控告，只得叩诉钦宪大人麾下，允准作主究办施行。小的俱家仰戴上诉。

原诉人马得胜，干证刘瑞武、王士修、陈国宾。

批：所诉言语支离，岂有承保过账之理，至欠交义源合银两，仰右司传案，会委秉公讯断，尔即投司听审可也。

具甘结遵允人马得胜，今于与甘结遵允事。窃小的被袁章呈控抗欠牛价不偿等情，所欠袁章前卖牛价银一千三百两，除还过银二百六十两外，因手乏无措，呈控到官。今蒙讯明缓限措交银一千等谕，小的情愿遵断，当堂求限十二月初十日交银三百三十三两三钱三分三厘，二十日交银三百三十三两三钱三分三厘，二十六日交银三百三十三两三分三厘，按三限交齐，断不敢拖延，为此出具甘结是实。

具甘结人袁章，今于与甘结遵允事。窃小的呈控马得胜抗牛价不偿等情，原系小的卖给马得胜牛价银共欠一千三百余两，除还过银二百六十两，下欠一千零四十余两，支误至今，分文不给，小的无奈，呈控到官。今蒙讯明，令马得胜还小的银一千两，马得胜当时求限以十二月初一日起至是月二十六日止，分三限交齐，小的情愿遵断，依限收领。为此出具甘结是实。

具诉呈人回族人马得胜，年籍在卷，为被控负屈勒限还债事。情因小民之友人张幅深今年二月十六日赶来牛九十五条，住在小民店内，草料税务经小民垫办。嗣有候殿春来珲卖牛，而张幅深求小民将牛讲出二十八条，计银七百二十八两，系小民经手之期，与候某将银讨出，付给张幅深，尚欠伊银四十五两三钱八分九厘。其余六十七条，是张幅深三月间赶俄人牛圈，卖给岩杵河水兴福执事人陈国宝，小民与赵连科路过牛圈，伊二人留住小民等与他圆盘讲价，共银一千五百零四两，永兴福当收张福深之账，注明四个月内陆续交银，比此对要，小民并无作保，嗣张幅深回珲，令小民为他走在账上，俟永兴福交银之时，以便扣留草料店账并垫税务银两。不意四月底，陈国宝来珲还债至河落水，惟张幅深要银不得，至六月间急欲回省，向小民之说卖给永兴福之牛银至今未得，尚欠小民草料店银，异日在说，比即起身去讫。次日有义源合执事人袁姓来店询问张幅深，小民言说先日回省，袁某即遣刘姓赶至盘岭，将张幅深追回到店，争论牛银，小民始知张幅深给永兴福之牛六十七条，系他亲义源和袁姓之牛，时有陈国宝之兄陈国宾来店，袁姓与张福深、陈国宾等互相要银，致起争端。是以陈国宾托刘瑞武作保，伊复央求小的借图书，开八月初一期六百两银条，交到瑞武给张福深，转付袁姓收执，而陈国宾说至期取银，先付与小民，好收回银条。永兴福欠他牛银一千五百零四两，除小民银条六百两，其余九百零四两，张幅深当面兑给袁姓，向陈国宾追讨不与，小的干涉而张幅深始得回省。迨至八月底，袁姓执条取银，而陈国宾分文未付。小民伏思即出银条，只得先行开付，复行陈国宾追要此六百两银条，除给袁姓垫去税务草料店银，共欠一百九十八两三钱八分，一面去永兴福追银，一面陆续五次付给袁姓现银三百零五两三钱四分，应由小民再交袁姓银九十六两二钱八分，应将六百两银条收回缴销，小民与袁姓无事，小民不过先垫去再向陈某追讨，而陈某欠袁姓之银九百零四两，源有头，债有主，原姓应向陈姓去要，而袁姓何以捏词控告小民抗债不还，勒限小民还银一千两，实系屈情。现在陈国宾业已来珲，叩恳宪大人麾下秉公判断，再感大德，永世无极，叩诉上呈。

原诉人马得胜。

批：此案已经司委会审查明，尔开清单付交义源合执事袁章，当堂呈递并无陈国宝买牛过账之字，再三质讯尔无。又辨愿具甘结遵断，求限归还袁章之银一千两，今届初限，未交银两，复狡词以逞其奸，实属可恶。仰右司差传押厅，严为勒限，比催交银，以惩刁风。切切。

具恳呈追案人袁章，年籍在卷。为抗断不交，累案欠悬，商人困苦无聊，叩恳急究交还银两事。窃商人于去岁蒙及断令马得胜由冬月为始，讨作三限交付现银一千两整，商人蒙断之下，遵允在案。不期由此之后，商人累比恳追，马得胜不认交还。延至年终，商人实无出控渎两次分文未领。嗣后马得胜讨保在外，虚有凑银之言，实无还债之心，商人来珲年余，为此一事困累，别无生业养身，不意商人虽蒙堂断之令，仍复被困如前，候至今正商人实难度过，无处投依。虽蒙堂给银两，马得胜容心抗债，分文未见交还，商人来此异乡，举目无识，马得胜此间硬以死人之名顶抗，商人现债若无该号图记之凭，实必有冤难明。今蒙宪台鉴察如神，商人未致被冤，不料穷若难诉，万出无奈，不得不哀恳宪大人麾下允准作主，将银两追交，以免贫商困苦，感德上呈。

原告袁章、被告马得胜。

批：马得胜，年前求保释放在外措银，屡次逾限，未交分厘，实属胆大不遵堂断。仰右司飞速传案会委审讯，勒限严为此催，毋令逞奸，以长刁风，是为切要。

具诉呈人回族人马得胜，年籍在卷。为遣抱呈明冒罪实诉，再恳提讯电断事。窃原告人袁章以抗牛债不还等情捏控，身已在案。前蒙司讯至明，何敢繁渎，但事之情由，只得历历诉明。身在珲开设牛店有年，凡往来牛商从未有账目不清，于上岁二月间，有牛商张幅深来牛六十七条入店完税，至三月初旬，将牛赶往俄界牛圈，自行便卖与源杵河永兴福号陈国宝名下，牛银四十五日为期，伊又回至身店，专候牛银。不意陈国宝至期来珲付伊银两，过河落水身亡，将银票失落一空。有该号执事人王士修与陈国宝之胞兄陈国宾亦在身店浮居，彼时张幅深见陈国宝身故，苦向伊兄陈国宾与王士修讨闹，以致王士修等无奈，托身给伊借银六百两，其余所欠之银至七月十五日交清，并付身所借银两。身当时亦无现银，又为伊等和事情急，现出本店银票六百两给张幅深收执，向后继续付银三百零五两，除扣伊店银以及税款垫项下欠伊银二十两零八钱四分，业已当面算清，有账可查。至期王士修远扬，张幅深与身俱束手无策，外无他情。不意至十月内，忽有袁章执身本店银票，控告案下身抗伊牛债不还。伏思陈国宝虽故，伊兄国宾现在永兴福本柜存居，并有买牛账目。叩恳钦宪大人麾下允准体恤，将陈国宾、张福深添传到案，真伪自明，身感戴无极，叩恳上诉。

原诉人马得胜，被诉人陈国宾、张福深。

批：据呈已悉。查此案前经司委讯断，取尔甘结，缓限归还袁章银两在案。尔竟胆敢抗违逾限不交，实属藐法已极。兹复巧词牵连多人，意在逞刁，乃不知尔袁章之银当即自行归清，陈国宝欠尔之银尔即向陈国保是问，不得伊欠尔者为尔偿债，况而开付袁章之清单不无陈国宝过账字样，即可以证，尔何得饰词再查账目。仰右司迅即传案，会委勒限马得胜，严为比催，速交银两完案，毋任拖累是为切要。

具诉呈回族人马得胜，年籍在卷。为遣抱呈明冒罪实诉，再恳提讯电断事。窃袁章以抗牛债不还等情捏控，身已在案。前蒙司讯致明，何敢繁渎，但事之情由，只得历历诉明。身在珲开设牛店有年，凡往来牛商从未有账目不清。于上岁二月内有牛商张幅深来牛六十七条入店完税，至三月初旬，将牛赶往俄界牛圈，自行便卖与源杵河永兴福陈国宝名下，牛银四十五日为期。伊又回至身店，专候牛银，不意陈国宝至期来珲付银，过红旗河落水身亡，将银票失落一空。有永兴福执事人王士修、陈国宝胞兄陈国宾亦在身店付居，此时张福深见陈国宝身故，苦向伊兄国宾与执事人王士修讨闹，以致王姓等无奈，托身给伊借银六百两，暂付其余所欠之银。至七月十五日交清，并付身所借银两。身当时亦无现银，又为伊等和事情急，现出本店银票六百两，给张幅深收执，向后陆续付银三百零五两，除扣伊店银以及税银垫项下，欠伊银二十两零八钱四分，业已当面算清，有账可查。至期王士修远扬，张福深与身俱束手无策，外无他情，前已诉明在案。不意至十月间，忽有袁章执身店银票来辕，捏控身抗债不还。伏思陈国宝虽故，伊兄国宾现在本柜永兴福存住，并有买牛账目，伏乞添传陈国宾并牛商张幅深到案可问。为此叩恳钦宪大人麾下允准体恤，将陈国宾、张幅深添传到案，讯究自明，身感戴无极。上诉。

原诉人马得胜，被诉人陈国宾、张幅深。

批：仰该司即传陈国宾讯断，再为核夺。

具领结人袁章，今于与领呈事。情因小的呈控马得胜欠交牛价银两，前经讯明，应交银一千两，缓限措交。今据马得胜措银七十两，开具执条，当堂饬交小的收领执条，对明届期付银，为此出具领结是实。

具呈人马得胜，年籍在卷。为昧良抗拖，伏乞究偿，以儆奸恶而救鮒困事。缘故商陈国宝生前贩牛之富，积欠价债虽重，而遗案资财亦实，殷厚相抵，自有盈余。讵其胞兄陈国宾欣然承受，饱其溪壑乃犹起得陇望蜀，贪谋假托俄债，悉欲鲸吞其弟积欠之债，既拟不偿，即如所欠小的实银七千余两，强抗不还，以致老幼冻馁苦难言喻。尤有甚者，今为作质有所可贷，甘愿代其完缴，庶冀脱此罪罟。无如被彼累害赤贫如洗，展转反侧，力不从心，是出无奈，唯有仰恳仁天钦宪老大人麾下洞鉴，俯赐矜悯，垂念困苦，饬拘奸民陈国宾，追偿前欠，庶积案可结而蚁命可活，奸狡知儆，良儒得安，则小的老幼感戴大德于无涯矣。谨遣妻捧呈焚顶，涕泣衷恳。上呈。

原告马得胜、被告陈国宾。

批：仰司委传案讯夺。

具悬诉呈人马得胜，年籍在卷。为叩诉下情，恳提追究，以免刁狡事。窃小的于前月内蒙及鸿施垂怜贫厄，因此小的与陈国宾随照前往岩杵河，实望陈姓将小的欠债交付小的回归，免去案累。不料到此之后，陈国宾刁顽如前，吝财不舍。小的察其遗业，现有黑顶子民地六十垧，岩杵河每年房租银一千余两，再有俄国牛圈欠伊俄帖五百吊，人皆共见。外有私货亦足千数，按月较察，皆有进钱之方，并有伊管账工人王姓经手，俱知其情，并非一贫如洗。硬想刁抗，致小的案累，终年欠债虽多，亦系陈姓之事。伊再作视罔闻，心内何安，小的与伊交易俱是垫去实项，反被拖累，今受抗债之名，小的有钱不得，情实含冤。伏思陈国宾回去之时，有元合店讨保前往，限期二十天，至今月余之欠，并未前来，容心刁抗，其情显然。小的欠人之债，累经堂审，实难叩诉宪鉴，昨前小的回城之时，陈国宾扬言，事已在案，非控不可。在此有钱不能交还，为此万出无奈，不揣冒昧，据诉下情，叩恳钦宪大人麾下格外鸿施，恳将陈国宾与王姓并传来案，勒银归还，各免拖累，感德上诉。

恳诉人马得胜。

批：马得胜居心刁狡，借陈国宝以为搪塞，仰该司委传案，仍严追马得胜速归袁章欠款，是为切要。

珲春副都统　为遵文将回族人马得胜省控陈果斌抗债不偿先后所递各呈两造所具遵允甘结抄粘文尾咨复查核事。片字二百八十四号。

吉林将军衙门为据回族人马得胜呈控陈果斌抗债不偿烦即复讯的咨文
光绪二十二年六月二十五日

为咨交事。案据珲春回族人马得胜遣抱胞弟马善平迎舆呈控，陈果斌拖欠牛价，珲春右司不予追偿，恳请提究。等情据此，查此案前据该原告马得胜投辕呈控，当经前将军咨准贵副都统咨复，该原告业已遵断完结。嗣该原告先后呈控，均经前将军批驳在案。今据该原告复来渎控，自非另行复讯难期折服。除呈批示外，相应抄呈备文咨交。为此合咨贵副都统，请烦查照，以俟该原告马得胜投审到日，希即另派妥员讯结见复施行。须至咨者。

计咨抄原呈乙纸。

咨珲春副都统

珲春副都统为复查判定马得胜交牛价银给袁章各情的咨文
光绪二十三年九月十四日

钦命帮办吉林边务事宜镇守珲春地方副都统军功花翎英　为咨呈事。窃照前奉咨开：案据珲春回族马德胜遣抱张福升来辕复控陈国宾抗债不偿，致被袁章将伊捏控，并不差传他人，硬抄其产代还各等因一案。合咨另派妥员，秉公审讯结案见复。等因奉此，当即拣派文案总办海权严究持平详讯去后。兹据该总办回称，查原告袁章，系奉天商人，于光绪十年求其亲戚张姓代卖牛六十余条，来珲转卖，其随后来珲，将牛卖给马德胜，三面对清，净欠牛价银一千五百零四两。除垫办银一百九十余两，实欠小的银一千三百余两。其后陆续要得银三百零五两，其余屡讨不应，是以成讼。三年以来又收回银八十两，仍欠九百余两。又据马德胜供称，大略相同。当讯原呈请托等事，该犯到案声明，系属怀疑，恳恩免究等语。查此案缘马德胜在珲开设牛店，凡有牛客到店，或为客人代卖，或为他人代买，常居中讲价作钱，定期交银，客住其店，等候收银，在店家经营其间，不过希图多卖草料店钱，此项牛只实系卖与陈国宝，是马德胜经手一面代卖，一面代买，查其来往牛账出入价同，未尝取利分文，可见非马德胜自家贩卖。不料陈国宝来珲送银，行抵东门外被水冲身死，洋帖甚巨，亦顺流漂没，以致牛价无着，故袁章直向马德胜要银，抛去已死陈国宝。而马德胜诿为袁章自卖与陈国宝，巧欲脱身事外，此系两造构难实在情形也。查此案成讼三年之久，未经判结者，原因以前承审各员，断令马德胜照牛价一千五百零四两全数偿还，未免失当。是以马德胜迭次上控，哓哓不休，终未遵断。复查马德胜转卖无着，虽属经手卖买，究非有心诓骗，出于天灾不测，人力难防，且客死业竣，钱财细故，何致长年看守。又加责追查其家中所有物件，官为作价，是以私债直同国课追比，其中显有悄弊也。如照原价不少减，亦属未能持平，故海章京断令马德胜依限交银，前后凑成八百两，以结此案，袁章已当堂遵允。不意迨银交到袁章，又复呈求仍追原数，当即批示俟银交足断数再理。该袁章竟不到案，私自外出，除将马德胜补交银二百一十五两存库候领，自应先为拟结而免遗累。以前各有应义，从宽免究，无干省释。所有交察之案定拟各缘由，是否可行，惟乞军帅鉴核施行。须至咨呈者。

右咨呈钦命署理吉林等处地方将军督办吉林边务事宜兼理打牲乌拉拣选官员等事副都统衔延

吉林将军衙门为令袁章回珲完案的批文
光绪二十三年十月初七日

查此案业经珲春副都统衙门讯明，断令马得胜前后还银八百两结案，尔已当堂遵允。旋复呈追原数并经批示，俟银交足断数再理，是该衙门尚拟酌量覆断，并未即以前断勒令完案，乃而并不守候，辄敢潜逃来省上控，实属狡猾，有干罪戾。此案已缠讼三年之久，要证陈国宝已死，无可质证，尔只宜从权遵结，赶紧回籍安业。倘若提省讯办，试思程途一千余里，人证岂易齐集，若令马得胜尽数代还，伊亦定不甘心。两造互执，仍必拖累数年。人寿几何，恐尔将为讼案缠死也，后悔休及。既据珲春咨称马得胜已补交银二百一十五两，因尔潜逃存库候领。除咨行珲春外，仰尔即迅速回珲完案，倘再狡执刁控，定干解究。

珲春副都统为袁章之子提出牛价银马德胜领回提案各具押结完案的咨文
光绪二十三年十二月初十日

钦命帮办吉林边务事宜镇守珲春地方副都统军功花翎英　为咨呈事。窃查本年十月二十五日，奉督宪将军咨开：案据奉天民人袁章投辕呈控，回族马德胜昧良抗债，恳请追偿等情，一俟袁章回珲到日，希即照拟讯结，勿任刁控施行。计抄粘呈批，令袁章迅速回珲候领完案。等因奉此，当即录批悬挂，适于十一月二十三日，有袁章之子袁文阁具呈，伊父袁章在省染病，令伊投案承领前来。当饬袁文阁觅取妥保去后，于十二月初四日，据珲街福生堂执事人吴文林、赵焕二名，出具图书保结，嗣后如有冒领银两情事，伊等甘愿包赔等情。于初五日饬传袁文阁到案，将存库牛价银二百一十五两如数提出，饬令海总理当堂给领，并饬传回族马德胜将提案账目领回，以完斯案。除将各具押结一纸存查外，理合备文咨呈督宪将军鉴核施行。须至咨呈者。

右咨呈钦命署理吉林等处地方将军督办吉林边务事宜兼理打牲乌拉拣选官员等事副都统衔延

珲春副都统为将盗犯就地正法事的呈文
光绪二十三年四月初九日

署珲春副都统帮办边务事宜副都统衔花翎协领凤翔，为呈报事。窃于本月初三日，据中路统领庆祥呈：据该路右营前哨哨长刘福田拿获著名盗犯黄金胜、薛守幅二名，供认迭次强劫，拒捕官兵等情不讳。拟请先行斩枭，时因案关巨盗，恐有疏虞，当经电禀。旋奉宪台电示内开，盗匪黄金胜、薛守幅既据讯明，应即正法。等因奉此，遵即饬令中路统领庆祥，于本月初四日，将盗犯黄金胜、薛守幅二名，绑赴市曹，监视就地正法，传首犯事地方悬杆示众，以昭炯戒。仍饬队严缉案内之逸盗刘单子等获日另结外，所有遵饬斩枭盗犯黄金胜、薛守幅二名处决日期，并监刑职名各缘由，再此案原供，业经该路咨送营务处转详，合并声明。理合具文呈请督宪将军鉴核施行。须至呈者。

右呈钦命署理吉林等处地方将军督办吉林边务事宜兼理打牲乌拉拣选官员等事副都统衔延

珲春副都统为派差官押解郭庆丰来省归案讯办的咨文
光绪二十三年七月十九日

钦命帮办吉林边务事宜镇守珲春地方副都统军功花翎英　为咨呈事。案查接管卷内准贵督办将军咨：据吉林府知府详请行提刘景云呈控案内，讯出代捐奖札之珲春营务处额外委员郭庆丰，祈即札提送省归案讯办等因。前署任内未及查复，旋即卸事移交到本帮办副都统。准此，查珲春营务处现已裁并，无从提解，自应行查所属各局处员弁书识及中前两路弁兵，有无郭庆丰之名。饬查去后，兹据前路前营营官谢友胜呈，据前哨哨官成春呈，据查明该哨队兵内有名郭庆丰者，当即呈转送请查核。等情前来。查该勇郭庆丰，籍隶直隶昌黎县，来营投效前曾充当营勇，时在营务处听送公文差使，并非该处额外委员。至该勇郭庆丰有无代捐奖札情弊，自应送省质讯。现饬据前路贵统领升，拣派左营马队委差官云骑尉庆恩带勇五名，将郭庆丰押解到省，转饬归案讯办。除札该差官遵照外，理合备文咨呈贵督办将军鉴核施行。须至咨呈者。

右咨呈吉林将军延

珲春副都统为将出差诈财队勇姜洪海送县惩办的咨文
光绪二十四年三月十五日

钦命帮办吉林边务事宜镇守珲春地方副都统军功花翎英　为咨呈事。窃于本年三月初九日，据边务行营文案处呈：准护理右路统领戴鹏龄咨称，本年三月初二日，据敝路右营营官承顺呈称，窃案查前据职营分扎意气松站右哨哨长佟福呈称，于正月十七日，差派正勇姜洪海等五名跟随眼线唐吉祥出外访贼去讫。旋于二月初二日仅据正勇袁奎武同眼线唐吉祥等二人，带获盗匪张花一名，并声称由防起身前往，行至北江沿，姜洪海等四人分往大山咀子地方访贼去讫。迨至初六日，姜洪海等四人拿有萧文得一名，押带该哨。是日即有萧文得邻佑并良户等联名承保，实系良民，素所深知，当经该哨长将萧文得释回安业各情在案。除盗匪张花业已移县审办另文呈报外，职复查该哨长呈内各节支离，又兼该勇等出防多日，其中难免借端滋扰情事。职随派亲信妥实勇兵一名，变装前往，沿途挨次访查去后。旋据该勇回称，访得姜洪海等四人，于正月二十间，在塔界船房刘家店设赌多日。并称，后又到小河口地方，在该处诈索居民李奎义市钱一百吊，随将该民人李奎义带营请讯。等情前来。职随讯据民人李奎义供称，被姜洪海等绑去，用言恐吓有贼扳咬，经人说道，化钱一百吊，不敢隐瞒是实。职情讯属实，除将姜洪海分钱二十五吊照数追出，其田玉林等三名业已畏罪潜逃，由该逃勇饷内按数提出归补李奎义被诈市钱一百吊之数，随即饬伊出具押结，照数领回安业外。职伏思国家设兵原以除盗安良，而该勇恃符不法，情难宽贷，其姜洪海一名，前随该哨长护送盗匪张花来营，职立将姜洪海扣留职营看押，饬令该哨长回哨迅将正勇陈天明、田玉林、杨青云等三名，按名押解送营惩办去后。旋于二月二十七日，据该哨长禀称，至二十三日抵至防所，不意该勇陈天明等三名，职未及到防均行潜逃无踪。禀复。等情据此，职随据讯该犯姜洪海供称，种种属实。除将该犯姜洪海革除，移送敦化县羁押并严缉逃勇务获究办外，事关恐吓诈索民财，职拟将该犯禀请移县，从重照例惩办，抑或重责，插箭游街，以儆示众。可否之处，未敢擅拟，理合呈请宪示遵行。复查该哨长佟福派勇差出在外，逗遛扰累毫无觉察，既不能防犯于先，又不查察于后，并饬该哨长赶紧回防，将该勇陈天明等押解来营。该哨长未到防以前均行潜逃，似此漫无纪律之弁，未便迁就，自应拟请撤去哨长差使，以儆其余。所遗哨长一缺，未便久悬，现在分扎意气松站系属要厄之区，相距职营二百之遥，实有鞭长莫及之虞，非干练有为，精神振作之员不足整顿。查有职营亲军额外队官五品顶戴郭起发，于去岁九月间自委斯差之后，尚无朝勤夕惰，并且勤加搜捕，先后擒获阵毙首从盗匪五犯，均以法办，报明在案。实属捕务认真，管兵严肃，甚属可嘉，堪以请补，而期得力。职系为整顿营务得人起见，是否可行之处，理合具文呈请鉴核示遵施行。等情据此，是否可行，职未敢擅便，理合据情备文一并咨请贵处查照转详。等情该处转呈前来。除批：据文案处呈，准该护理统领咨称，将出差诈财队勇姜洪海移送敦化县惩办，内有陈天明等三名畏罪潜逃。因该管哨长佟福失于觉察，拟请撤差，以额外队官郭起发委补，已据情咨请督办将军鉴核矣。嗣后该路遇有应请事件，务须照章分报，以符营制。此缴。挂发外，理合据情备文咨呈督办将军鉴核赐复，以便转饬施行。须至咨呈者。

右咨呈钦命署理吉林等处地方将军督办吉林边务事宜兼理打牲乌拉拣选官员等事副都统衔延

右司查核监禁人犯出入日期的移文

光绪二十四年三月二十五日

右司 为移付查明见复以凭造报事。案查本司历年造报监禁狱犯口米、柴薪、木炭核销文册，所有各犯出入日期向由贵司查明移过，以凭造报，等因历办在案。现届应报丙申年衙署公用心红纸张，狱犯口米、柴薪、木炭一切核销文册之际，亟应移付贵司，祈将收禁人犯出入日期烦为查明见复，以便照造报省核销之处，相应备文移付。为此合移贵司，请烦查照见复[施]行。须至移者。

右移左司

吉林将军衙门为右路右营队勇姜洪海等借差诈财查明惩办事的咨文

光绪二十四年三月三十日

为咨复事。案准贵帮办咨开：除原文减叙外，以护理右路统领戴鹍龄称：据该路右营营官承顺呈称，队勇姜洪海借差诈财，移送敦化县惩办，内有陈天明等三名畏罪潜逃。该哨哨长佟福失于觉察，拟请撤差，以额外队官郭起发委补，咨请赐复，以便转饬施行。等因到本署督办将军。准此，查护理右路统领所呈，右营队勇姜洪海等借差诈财查明，由营送县惩办，该管哨长佟福并不将队勇陈天明等送究，辄敢呈报潜逃，殊属不成事体，本应调省重究，既经呈请撤差，姑从宽免，均如所咨办理。相应备文咨复贵帮办查照，转饬该路即将逃勇陈天明等严缉务获究办施行。须至咨者。

右咨钦命帮办吉林边务事宜珲春副都统英

珲春副都统为获盗桑百支等三犯决过日期的咨呈文

光绪二十四年四月初二日

钦命帮办吉林边务事宜镇守珲春地方副都统军功花翎英 为咨呈事。窃于本年闰三月二十三日，据中路庆统领祥呈称：案查前据职路右营驻扎五道沟左哨哨长秉英，带队在俄境蒙古街地方访拿盗匪桑百支等四犯，当经呈送宪台鉴核，饬司审办在案。兹于闰三月十八日，复经发营讯办。等因蒙此，遂即派员逐加研讯，旋据桑百支、刘甸三、李志刚等三犯直认强抢不讳。惟李贵幅供词闪烁，坚不吐实，职恐有不实不尽，复加亲提审讯，各供前情，历历如绘，是与正盗无疑，自应录取该三犯等押供各二纸。除留营一分备核，暨李贵幅一犯另行研讯呈报外，余悉前呈不复冗叙。其桑百支等三犯可否照响马例，由营就地正法，理合将该犯押供各一份附文呈请鉴核示遵施行。同日又据该统领呈称，于闰三月二十二日，奉宪台发交，准督办宪电复内称，获盗桑百支等三犯，暨据讯明，着即正法。此复发交遵办。等情奉此，职遵即拣派中营左哨哨官仭先补用防御云骑尉希拉杭阿带队监视，提出该犯桑百支、刘甸三、李志刚等三名，验系正身，即于是日绑赴营西空处斩决，悬杆示众。合将决过日期及监刑衔名，理合备文呈报鉴核施行。等情据此，除盗犯桑百支等所供各情已由该统领自行报省外，理合备文咨呈督办将军鉴核施行。须至咨呈者。

右咨呈吉林将军延

珲春副都统为将盗犯李池增就地正法的咨呈文
光绪二十五年六月十八日

钦命帮办吉林边务事宜镇守珲春地方副都统军功花翎英　为咨呈事。窃于本年六月初九日据行营文案处详称：准前路统领贵升咨开，于五月二十八日，据高丽岭驻扎右哨哨长金玉珍呈报，下嘎雅河居民贺方祥家，于五月十八日二更时分，有步贼四五名，持枪进屋，抢去七钱五洋元八块，现钱四吊，弯把枪一杆，并将贺方祥之子贺吉有绑去作票。等情由文案处转详前来。当经敝帮办饬派炮头栾鸿钧帮同亲兵步队什长卢兴顺带勇四名，前往失事老林山内访拿去后。旋据该什长等拿获盗匪李池增一名，起获大洋炮二杆，刀矛二件，讯据该匪供称，屡次结伙强抢绑票勒赎各情不讳。业奉电复，就地正法。于六月十六日派佐领庆云将该犯李池增由狱提出，验系正身，绑赴市曹，枭首示众。理合将派队拿获盗匪李池增缘由，及监刑职名并该匪供招一纸，备文咨呈督帅将军鉴核施行。须至咨呈者。

右咨呈钦命总理各国事务大臣镇守吉林等处地方将军督办吉林边务事宜兼理打牲乌拉拣选官员等事

珲春副都统衙门左司为查明拿获正法盗犯马成河等官弁衔名事的移文
光绪二十六年三月二十二日

珲春副都统衙门左司掌关防副都统衔花翎协领春　为移复事。于二月二十五日接准贵处移开：案准刑司移开，光绪二十六年正月十三日，准珲春副都统衙门咨开，左司案呈，本年十二月十六日，据靖边右路富统领兴呈，据驻扎榆树川之哨长阎义等，在于柳树河子地方，拿获盗匪李广帼、周青汕，并据驻守三道沟金矿之官盘获另案伙匪马成合等共三犯，由营讯据强抢得赃各供，具文解究前来。当即饬司会委提同事主复加研审。据李广帼、周青汕供认，先后结伙抢劫垦民王有之财物，并拒毙事主李才，兹复邀同周青汕持械抢掠王玉之烟土等物，分劈散匿。马成河供认，今年十月间因贫投入在逃首匪姜悦党内，执持枪刀拦劫道路，抢得行人之金砂、烟土表分，欲抢金缸出探被拿，各等供不讳。核与现在各事主言供报被劫时日、赃数，尚属相符，其为正盗无疑。即于讯明后，照响马强盗例先行电请，旋于十二月十八日未刻，遵奉复准，拣派世管佐领庆云，将该三犯由狱提出，验明正身，绑赴市曹，监视正法，枭首悬杆示众，以昭炯戒。起获小手枪尚未送案，赃已由营交与事主具领归业，除在逃首伙各匪分饬各路一体严缉获日另结外，合将获盗审明斩枭日期，监刑衔名并讯录事主、盗犯供招五纸，呈请备文一并附封，迅速咨报。为此合咨将军衙门查照施行。等因前来，相应备文移付。为此合移贵练军文案处查照，希将获匪名数及原拿官弁衔名注簿可也。等因准此，查正法贼匪名数并原拿官弁衔名，向由敝处注簿者，为久后核办褒奖，以凭稽核可也。今正法盗匪马成河一犯文内声叙，据驻守三道沟金矿之官盘获无衔名，无凭登注。又正法盗匪李广帱、周青汕二犯文内声叙，据驻扎榆树川之哨长阎义等拿获，既曰阎义等拿获，是该二犯之原拿官弁，非阎义一人可知，而等字内究系尚有何人，均未叙明姓名，自未例含糊注簿，应将该原拿衔名人数，一并移查明确，俟查复到案，再行登注，以免含混，相应备文移查。为此合移贵司，请烦查照文内事理，将该正法三犯之原拿官弁衔名，逐一查明，详细分析，作速见复，以凭分别登注，勿稍含混，是为切要。等因前来。查此案原拿之官弁衔名，该路并未指明，兹准前因随即飞行移查去后，乃旋据该统领复称，盗匪马成河系所部中营后哨哨长记名骁骑校披甲德常拿获，其李广帱，周青汕二犯，系右营前哨哨长五品军功补用外委阎义所获，前叙等字者，系属笔误。等情据此，合将查明原拿官弁衔名各缘由，备文迅速移付。为此合移贵处，请烦查照施行。须至移者。

右移练军文案处

吉林将军衙门为伯都讷防御定禄于各军逃散时被戏民马二等杀死的咨文
光绪二十八年六月初一日

为咨行事。兵司案呈：本年六月十五日，准署黑龙江将军萨　咨开，案照前准吉林将军衙门咨，查伯都讷防御定禄，现在是否在江或回原籍，请烦查明咨复，以凭核办。等因当即飞咨呼兰查明去后。旋据通肯副都统庆　咨报，准呼兰副都统果　咨开，查镇边军统领定禄向归翼长节制，及至乱后该统领撤驻林界，所有定禄死节各情形，本衙门无案可查，碍难声复。除咨报将军衙门外，相应咨请通肯副都统查明，径行报省。等因咨付前来。查统领定禄前虽归于本副都统节制，乃守兰击俄之时也。嗣至中外约成，故将全队撤驻林城，该统领定禄于光绪二十六年闰八月初四日酉刻，竟被戏民马二、邵占一等乘隙杀毙，后林城迭经俄酋搜翻枪械，以致各军逃散，该故统领尸棺辄经右路兵勇扶吉省归葬。等情查明咨报前来，应亟呈请咨复。等情据此，相应咨行，为此合咨贵将军，请烦查照施行。等因前来。相应呈请咨行伯都讷、珲春副都统等衙门查照，并由兵司移付户司查照可也。须至咨者。

右咨珲春副都统衙门

吉林将军衙门为吉胜营委哨官骁骑校常林因案脱逃的咨文

光绪二十八年十一月二十日

为咨行严缉事。兵司案呈：本年十一月十二日，兵司接准发审局移开，案奉军宪饬交，据全省营务处呈，据吉胜右营管带胜泰禀，送哨官汪秉玉疏脱，借端勒诈商民刁福山等钱文，正犯常林逃逸无获一案，令即提案讯办。等因到局。当即提案讯据汪秉玉供称，伊系盛京汉军镶白旗广凌佐领下披甲，向在奉省育字营充当哨官，在八面城驻扎后，因俄人入境，伊带队避至吉林南山，蒙帅恩将全队收入吉胜右营，跟随管带胜泰在农安县街驻防。今年六月二十日，伊访闻朱家城子分防前哨哨官常林，有骚扰讹诈商民刁福山等钱文情事，即回明胜泰，于二十七日带领伊与什勇前往密查属实。随传讯被诈刁福山、王子敬供明，因刁福山在小铺贩卖纸牌，王子敬系开伙房，因在礼，均被常林借此勒诈，得赃钱二千余吊，皆有过付，鞫讯常林狡展不认。胜泰当因往分防查点队伍，不能即时回营，派伊先将常林带回农安防所看管，听候查办。伊因常林系实缺骁骑校职，未给带上刑具，仅令同屋住宿，日夜看管，不意于三十日夜间，伊在炕睡息，常林赴外出恭，乘隙越墙潜逃，经伊查知带勇寻缉未获。至七月初三日胜泰回营，告明前情据报到省，蒙将伊提案伊实无贿纵等语。再三研鞫，据供前情不讳，委无贿纵情事，究诘至再，矢口不移，案无遁饰。饬缉逸犯常林，弋获无期，现犯未便久羁，应先拟结。查此案汪秉玉既因常林系骁骑校未上刑具，应如何谨慎看守，乃竟漫不经心，致常林贪夜乘隙脱逃，虽讯无贿纵情弊，疏忽之咎究属难辞，即已撤去哨官差使，亦未足蔽辜。应请将汪秉玉酌照主守不觉失囚者一名杖六十律，拟杖六十鞭责发落，以示惩儆。管带胜泰前蒙批饬，先记大过一次，勒限一月务将常林缉获送案，逾限不获，一并撤委归案讯究。现在时阅两月，常林有无弋获尚未据胜泰声复，究应如何办理之处，等情禀奉宪批：禀悉，此案已革哨官汪秉玉疏脱骁骑校常林一犯，查常林因充吉胜营哨官，在朱家城子分防营次有向商民勒诈钱文情事。经该营管带胜泰访闻，将常林获交汪秉玉带回看管，似此索诈案犯，宜如何谨慎看守，乃竟黄夜被其脱逃，虽讯无贿纵情弊，疏忽之咎究属难辞。已革哨官汪秉玉准如所拟，酌照主守不觉失囚者一名杖六十律，拟杖六十鞭责发落。其管带胜泰，于所属哨弁有贪婪不职，当时既经访获，应如何详加审问，究出实情，立即解省，率交汪秉玉带回防所，以致脱逃，亦属荒谬，本应参革，姑先记大过一次。现已撤去管带差使，从宽免再议处。仰即行知兵司查明在逃骁骑校常林旗翼，另禀奏革，仍通饬各属一体严拿务获究报。等因奉此，除将汪秉玉由局责释，并移全省营务处通饬各队一体严缉外，相应备文移缉。为此合移兵司，请烦查照，希即查明在逃常林旗翼，另禀参革，并饬各属一体严缉务获解究。等因前来。查在逃常林前准全省营务处移，查常林系收抚降勇，原册内载五品蓝翎，珲春镶蓝旗骁骑校，果否系属旗人，即由兵司查明。等因当经呈请咨查去后，旋准珲春副都统查明，珲春所属八旗骁骑校内并无常林名目，官阶亦非珲春旗人，等情除由兵司移复全省营劳处查照外，相应呈请咨行宁古塔、伯都讷、三姓、阿勒楚喀、珲春副都统，照会乌拉总管等衙门查照，札饬全省营务处，吉林分巡道，十旗、乌拉、拉林、双城堡、五常堡、伊通、额穆赫索罗协参佐领，西北两路驿站监督，四边门章京等一体遵照，务将在逃常林严缉务获解究，并查旗属各处，有无五品蓝翎骁骑校常林前在吉胜新军右营前哨哨官名目官阶，一并赶紧查明呈报，并由兵司移付发审局查照可也。须至咨者。

右咨珲春副都统衙门

吉林将军衙门为戕毙俄人凶手现已拿获事的咨文

光绪三十年十一月十五日

为咨行停缉事。兵司案呈：本年十一月初三日奉宪札开，交涉总局案呈，案查前奉宪交，准驻吉俄武廓米萨尔索阔宁照称，前在哈尔滨西郭尔罗斯公界内铁路附近地方，被胡匪将驻黑龙江武廓米萨尔博格达诺甫戕毙。等情当经呈请咨札各处通缉逸匪在案。现奉发交，据黑龙江交涉总局总理周道冤电称，戕毙俄国武廓米萨尔博格达诺甫之要犯凶手，已被敝局拿获提讯，业已供认矣。等情发交到局，理合呈请停缉。等情到本署将军、副都统。据此，合亟札饬，札到该司，转行副都统协、佐各衙门，即便遵道照停缉可也。特札。等因奉此，相应呈请咨行宁古塔、伯都讷、三姓、阿勒楚喀、珲春副都统，照会乌拉总管等衙门查照，札饬十旗、乌拉、五常堡、拉林、双城堡、伊通、额穆赫索罗协、参、佐领，西北两路驿站监督，四边门章京等遵照，即便停缉可也。须至咨者。

右咨珲春副都统衙门

吉林行省衙门为旗人词讼案件统归审判厅审理原设理刑各缺酌核裁撤的咨文
宣统元年二月三十日

为咨行事。旗务处案呈：案查前准修定法律大臣沈、俞 等咨开，本大臣于光绪三十三年十二月初七日具奏，遵议满汉通行刑律，缮单呈览一折。又片奏，嗣后旗人词讼案件，统归各级审判厅审理。等因均奉旨："依议。钦此。"相应咨行贵抚钦遵可也。等因前来。当经通行在案。各旗营自应遵守新章，遇有词讼案件，不得妄事干涉，方合体制。查旗营旧制，均设有理刑各员，并仵作番役等名目，现在既无审理词讼之责，应将凡有关于理刑仵作番役各缺额，并各项刑讯事宜，详细查明声复，以凭酌核裁撤，以清权限而专责成。理合备文呈请咨行札饬。等情据此，相应咨行。为此合咨贵副都统衙门，请烦查照迅即查明声复可也。须至咨者。

右咨珲春副都统衙门

（四）查 办 犯 官

珲春副都统衙门为造送承缉督缉各官所得降罚处分清册事
光绪二十二年三月初十日

珲春副都统衙门 为造送承缉督缉各官所得降罚处分案由清册事。

计开

一、专差承缉官云骑尉德安，系正白旗巴图凌阿佐领下，缘派其管界。于光绪十六年四月十一日，该员所管界内之黑顶子东沟里地方，居民王姓被流民刘德亮仇杀凶逃。即于失事日起至六个月，初参限满，尚未获犯，咨奉部复照例议以住俸公罪。续届二参一年限满，犯又未获，咨奉部复议以罚俸一年。嗣至三参一年限满，犯仍未获，咨奉部议罚俸二年。查该员自三参期满之日起，扣至十九年九月十一日，复届四参限满，逸犯终未弋获。遂于是年九月十五日造报在案。迄未奉到部复，合并陈明。

一、专差承缉官云骑尉托伦，系镶黄旗庆云佐领下人，缘派今管界。于光绪十六年十一月二十三日，其分管界内之枢榆沟垦民庞文昌被姜泳安仇杀凶逃。该员即于失事日起承缉，续届初参六个月限满，犯未弋获，咨奉部复议，住俸公罪。继届二参一年限满，犯尚未获，咨准部议罚俸一年。嗣至三参一年限满，犯仍未获，咨经部议罚俸二年。迨扣至二十年五月十一日，四参限满，犯终未获，于是年五月初十日造报在案。迄未奉到部复，合并陈明。

一、专差承缉官云骑尉成贵，系正黄旗海春佐领下人，缘派其管界。于光绪十七年正月初二日，其分管界内之烟集河口地方，居民王纪周被高姓杀害凶逃。该员即于失事日起承缉，因届初参六个月限满未获，咨奉部议住俸公罪。继届二参一年限满，犯仍未获，咨准部议罚俸一年。继届三参一年限满，犯又未获，咨经部议罚俸二年。嗣后扣至二十年六月十八日，四参限满，犯终未获，于是年六月二十日造报在案。迄未奉到部复，合并陈明。

一、专差承缉官云骑尉凌春，系正黄旗海春佐领下人，缘派管界。于光绪十七年十一月初一日，客民杨明先行至该员分管界内之黑滴塔地方，被贼劫害，即于失事日起承缉在逃无名凶盗，派同城之防御喜昌督缉，乃届初参四个月限满，逸贼未获，咨经部议凌春住俸，喜昌停升，罚俸六个月，均公罪。继届二参一年限满，犯仍未获，咨奉部议，凌春降一级留任，喜昌罚俸一年，应销去纪录二次抵免。续届三参限满，犯又未获，咨奉部议，今复自三参满日起扣至二十一年二月初一日，应四参限满，惟于限内恭逢二十年八月十六日恩诏，似得展参，是以截至恩诏之日具文造册，于本年二月初十日咨报在案，合并陈明。

一、专差承缉逃凶之云骑尉恒奏，系镶黄旗庆云佐领下人，缘于光绪十八年五月初六日据报，该员分管界内之黄山排地方，居民朱成元被害身死无名逃凶。于报官之日起，初参六个月限满，犯未弋获，咨奉部议住俸公罪。续届二参一年限满，犯仍未获，咨奉部议罚俸一年。因事在光绪二十年八月十六日，恭逢恩诏以前，所得罚俸处分宽免。其三参即自恭逢恩诏之日起等因。查该员连闰应扣至二十一年七月十六日，始届三参限满，能否获犯，再行咨报，合先陈明。

珲春副都统为哨官吴天福等撤委以肃营制的咨文
光绪二十一年闰五月十九日

署理帮办吉林边务事宜珲春副都统军机处存记副都统衔花翎协领恩　为咨行事。案据署前路全统领荣转，据该路前营孙营官义恒呈，据职营前哨哨长伊里亨、炮队教习余万福禀称：奉派拿获强抢南琴木事主旗丁六十三家，于五月十八日夜，被匪冒充官兵，抢劫案内之盗匪海生一名，并起获赃物，押解到营。呈请讯办。等情。职当提讯该犯海生，供出中路左营左哨什长赵海川、正勇姚金凌、德顺四人伙劫分赃等语不讳。当传事主来营认明，起获赃物白铜牙签一付，实系所失之物。职思赃物虽未全获，既经事主认明尚有可凭，自应录取该犯草供，一并解送法办。理合具文呈请鉴核。等情由该统领转呈前来，到本署帮办副都统。据此，当即饬司会委，严为研讯。据盗犯海生供认，如前饬司录供，另文咨请法办外。但该犯海生所供同伙行抢，有中路左营左哨什勇赵海川、姚金凌、德顺等三名。飞饬中路统领营官查拿送案法办。乃该营官暨该哨官长饰词告假，纵令赵海川等远扬。当即札饬该路统领，勒限严缉早案。兹已逾限无获，由该统领禀报前来。查赵海川、姚金凌、德顺等，身充该路左营左哨勇目，竟敢私行离营，纠伙强抢，实属悍不畏法。该管营哨各官长，毫无觉察，形同聋聩，既不能约束于先，又不能缉获于后，是其营务之废弛已极。若不严为惩办，实不足以慎重边防而图自强之计。该统领永、协领德、贵营官升，各有统辖专管之责，咎无可辞。亟应咨请贵署督办将军核议，其该管哨官吴天福、哨长李儒卿，均着撤去差使，以肃营制。遗出该路左营左哨哨官长一差，即以该营前哨哨长珲春镶黄旗庆云佐领下五品顶戴记名骁骑校前锋春明，管兵严肃，堪以委升。递遗前哨哨长一差，即以该哨什长珲春正红旗永贵佐领下五品顶戴披甲全福德，缉捕得力，堪以委补。其贵该营左哨哨长一差，查有本衙门戈什哈番珲春镶黄旗庆云佐领下五品军功前锋海玉，差操勤慎，堪以委充。除檄饬该统领转行遵照外，相应备文咨明。为此合咨贵署督办将军，请烦查照施行。须至咨者。

右咨钦命头品顶戴署理吉林等处地方将军督办吉林边务事宜兼理打牲乌拉拣选官员等事黑龙江将军恩

吉林将军衙门为珲春副都统恩祥交部议处的咨文
光绪二十三年正月二十九日

为咨行事。兵司案呈：于光绪二十二年十二月二十七日准兵部咨开，职方司案呈，内阁抄出，光绪二十二年十月十五日奉上谕："前据给事中文郁奏参，黑龙江将军恩泽贪劣废公各款，当经谕令延茂确查具奏。兹据奏称，查明恩泽被参各款均无确据，即着无庸置议。候补笔帖式培源、试用县承郑维周、试用知县程国钧，着交恩泽留心查看。主事凌云、候补知府王昌炽现在吉林，即着延茂随时察看。该部知道。另片奏，查明副都统所管各营有提差占额情事，珲春副都统恩祥着交部议处。钦此。"钦遵到部。除文职应由吏部办，其副都统恩祥议处之处，本部另行办理外，相应恭录谕旨，行文该将军可也。等因前来，相应呈请咨行珲春副都统衙门查照可也。须至咨者。

右咨珲春副都统衙门

吉林将军衙门为珲春副都统恩祥降三级调用事的咨文
光绪二十三年

为咨行事。兵司案呈：于光绪二十二年十二月二十七日准兵部咨开，职方司案呈，所有本部具奏前事，等因相应抄录，连单行文该将军可也。计单开，兵部谨奏，为遵旨议处具奏事。内阁抄署吉林将军延　片奏，查明珲春副都统恩祥提差占额一片内称，查恩祥前充靖边左路统领时，于营规尚能守膺。迨调委靖边前路领统，所部各军空额未免较多。至升任副都统，帮办边防本有亲军两哨，为数已觉太多，犹复于中前两路七营中每营提占十余名至二十余名不等。则原参所谓"任意将营勇空额"，诚非虚语。惟系二品大员应如何惩儆之处，出自圣裁等因。光绪二十二年十月十五日奉上谕："前据给事中文郁奏参黑龙江将军恩泽领劣废公各款，当经谕令延茂确查具奏。兹据奏称，查恩泽被参各款均无确据，即着毋庸置议。候补笔帖式培源、试用县丞郑维周、试用知府程国钧，着交恩泽留心察看。主事凌云、候补知府王昌炽现在吉林，着延随时察看，该部知道。另片奏，查明副都统所管各营有提差占额情事，珲春副都统恩祥着交部议处，钦此。"钦遵抄出到部。除候补笔帖式培源等交恩祥留心察看，主事凌云等着延随时察看之处，行文各该将军遵照外，此案该副都统所管各营有提差占额情事。钦奉谕旨，珲春副都统恩祥着交部议处。查（臣）[户]部则例并无恰合专条，自应此例核该应请将副都统恩祥比照官犯，不应重律杖八十，私罪降三级调用。例议以降三级调用，系属私罪，毋庸查级议抵等因。光绪二十二年十一月初五日具奏，本日奉上谕；"兵部奏遵议副都统处分一折，珲春副都统恩祥，着照部议降三级调用，不准抵销，钦此。"等因前来，相应呈请咨行珲春副都统衙门查照可也。须至咨者。

右咨珲春副都统衙门

珲春副都统为将已撤营官富隆阿剿贼出力赏还顶戴事的咨呈文
光绪二十三年七月十九日

钦命帮办吉林边务事宜镇守珲春地方副都统军功花翎英　为咨呈事。窃于本年七月十六日，据中路庆统领祥呈称：案查职路右营已撤管带富隆阿，奉派带队入山缉贼，在荒沟地方与股匪刘单子接仗，得获盗匪孙沂海一犯，割取耳级三页等情，当经呈送在案。查该管带此次剿贼，虽擒生捉死，获盗获赃，而什勇互有伤亡，似属未为全胜。然细核其前后情形，并讯据送差之什勇回称，彼此浓战之际，贼众潜迹密林，我军战于平地，由申时战至初更之后，非第山林错杂，抑且天色昏黑，既难乘地势，亦未得天时。并据获犯供称，其伙众受重伤者，亦不下十名，尽被股匪携逃。以此度之，该管带奋勇出力，不无微劳，可否请将该员前因春协领家被抢案内，经前署帮办宪凤

摘去顶戴，仰恳宪台恩施格外，将该员顶戴赏还，以资激劝。倘蒙俯允，则该员得荷鸿慈，定必倍知黾勉，冀图报效无极矣。职因奖励将士起见，所请是否有当，未敢擅便，理合具文详请鉴核，恩准示遵施行。等情据此，除批据呈已悉，查该路已撤右营营官富隆阿，前因春协领家被抢案内摘去顶戴，情节较重，本难优容，姑念该营官既已撤差，而此次剿贼尚能实心任事，拟从宽咨请督办赏还顶戴，仰候督办咨复，再行饬遵。缴。挂发外，理合备文咨呈贵督办将军鉴核，可否请将营官富隆阿顶戴赏还之处，仍祈赐复施行。须至咨呈者。

右咨呈钦命署理吉林等处地方将军督办吉林边务事宜兼理打牲乌拉拣选官员等事副都统衔延

吉林将军衙门为盗犯越狱行劫疏防管员革职审讯的咨文
光绪二十四年十一月初四日

为咨会事。刑司案呈：光绪二十四年九月二十五日准兵部咨开职方司案呈，内阁抄出，吉林将军延　奏，查前于光绪二十三年五月二十二日准署理珲春副都统凤翔咨称，据署左司关防防御荣升等禀称，访闻徒犯李有即一抹黑，越狱潜逃后复听纠强抢协领春升家银两。并据靖边营管带富隆阿等拿获盗匪王振东等解讯，供与李有伙抢得赃一案，当将管狱官恩骑尉乌绷额先行奏请革职，以便提同狱兵等严行审讯有无受贿松刑故纵情弊，再行核办。嗣准部咨开，光绪二十三年六月十二日奉上谕："延　等奏盗犯出狱行劫，请将疏防之管狱官革职审讯一折，珲春副都统衙门管狱官恩骑尉乌绷额，于监禁拟结人犯并不依法管禁，致令该犯李有私行出狱，结伙行劫协领春升家银两，非寻常疏忽可比，乌绷额着即行革职归案审办，余着照所议办理，钦此。"钦遵。转行知照去后，兹准珲春副都统英联咨转，遵即饬司讯办，随督饬司员提同狱兵等到案，详加研鞫。缘此案已革恩骑尉乌绷额管理监狱并不小心防范，以致徒犯李有越狱脱逃听纠行劫，虽讯无松刑贿弊，亦不知有抢劫重情，疏忽之咎已属难辞。乃于追获后，复图规避处分，隐匿不报，尤为荒谬，未便因其限内自行捕获，遂予照律免罪，以致无所儆畏，业已奏请革

职应毋庸议。狱兵台福、常春、富海业经交班轮转并非疏于防范，富成、德荣、何永福随同将犯捕获，照例亦得免罪，但其听从狱官扶同匿报，实属咎有难辞，均请酌照不应重律，各拟杖八十，系旗人鞭责发落仍行革役。李有即一抹黑，从重归入盗案另行议结。除将狱兵台福等，严押候示。等因。光绪二十四年八月十一日奉朱批："该部议奏，钦此。"钦遵到部，除议奏之处，应由刑部办理外，相应恭录谕旨，行文该将军可也。等因遵此，除移付户兵司知照外，理合呈请咨会。等情据此，相应咨行，为此合咨贵副都统衙门查照办理可也。须至咨者。

右咨珲春副都统衙门

吉林将军衙门为珲春委笔式凌升等误将俄照漏入封筒着一并斥革的咨文
光绪二十六年三月二十九日

为咨行事。兵司案呈：本年三月二十三日，兵司接准交涉总局移开，本年三月十一日蒙军宪发交，准珲春副都统咨开，承办处案呈，窃于本年二月十七日，接准俄官廓米萨尔赍到彼东海滨省固毕尔那托尔递行将军衙门之照会一件，正拟备文饬驿转递间，适值该俄官拿解持枪华人四名，而值班披甲委笔帖式凌升等录取众供，以致误将俄照于发行时漏入封筒，迨经笔帖式荣安查知，已越三日，追之不及，悚惶无地。查该委笔帖式凌升专司其事，乃于封发文件之际辄致疏漏，殊属玩懈，拟将其委差底缺一并斥革，鞭责发落，以示儆戒。值班贴写达连会咎有难辞，随即革退。笔帖式荣安失于督饬，亦有不合，惟能自行检举，情尚可原，拟由本衙门记大过一次，以观后效。除分别发落外，合将该俄原照呈请一并备文附封，迅速补递。为此合咨将军衙门，请烦鉴核施行等因。饬发到局。除将原文备案存查外，相应备文移行，为此合移兵司，请烦查照可也。等因前来。相应呈请咨行珲春副都统衙门查照，由兵司移付承办处查照可也。须至咨者。

右咨珲春副都统衙门

兵部为珲春承缉官四参限满犯未弋获分别降罚的咨文
光绪二十九年九月十三日

兵部　为咨行事。职方司案呈：准吉林将军咨，据珲春副都统春升咨报，承缉杀死民人矫士令之无名逃凶云骑尉同喜，自光绪二十六年三月十二日恩诏展参之日起，连闰扣至二十七年二月十二日止，四参一年限满，犯仍未获。并查明承缉扎死民人尚文魁及抢夺朱永春之凶盗云骑尉凌春，自二十六年三月十二日恩诏展参之日起，连闰扣至二十七年二月十二日止，四参一年限满，犯仍未获。查明该员等旗级职名造册咨部查核。等因前来。应将承缉逃凶四参限满，犯未弋获之珲春正黄旗云骑尉同喜，照例议以降一级，系属公罪例准抵销，该员任内有加一级，应销去加一级，抵免降一级，留任处分，凶犯照案缉拿。将承缉凶盗四参限满，犯未弋获之珲春正黄旗云骑尉凌春，照例议以降一级调用，系属公罪，例准抵销，该员任内现无加级纪录抵销，应照世职降级调用，例折罚世职半俸三年，免其降调世职，贼犯照案缉拿。除各注册外，相应咨复该将军可也。须至咨者。

右咨吉林将军

五、财　　税

（一）财　政　金　融

珲春副都统衙门造报库存荒价大租银两数目
光绪二十二年

谨将库内暂存荒价大租银两数目列后

计开

旧管　光绪二十一年年底库内暂存银二千一百两，内有大租银一千两。

新收　二月初一日。

一、收招垦局呈交二十年份大租吉平银一千两。三月十一日。

一、收招垦局呈交尾欠荒价银九百两。

一、收招垦局呈交二十年份大租吉平银三百一十九两二钱零八厘二毫。

一、除解交省库大租银二千三百一十九两二钱零八厘二毫。六月二十七日。

一、收招垦局呈交二十一年份大租银二千两。

一、除解交省库大租银二千两。

一、除中、前两路由防饷银内扣留荒价银二千两。

现存　无项。

珲春副都统衙门报送捐输银两数目的咨文
光绪二十四年

为造册咨报事。兹据经理征收税务总局呈称：窃查税局兼收洋药捐输，自光绪二十三年正月起至六月底止，计六个月份，共收土药二千八百两，每两捐银二分，共收捐银五十六两，内除一成公食银五两六钱外，实剩归公银五十两零四钱，为此咨报，理合造具清册一本，呈请鉴核施行。等因据此，复查无异。除将所收捐输银两饬库存储，俟有差便即行解省，合将征收捐输数目照造清册一本，附付咨报查核。等情据此，拟合咨报。为此，合咨将军衙门查核施行。须至咨者。

右咨将军衙门

珲春副都统衙门为省城设立官帖局开使官帖事的札文

光绪二十四年

为札饬遵照事。兹准将军衙门咨开：户司案呈，兹奉军宪札开，照得吉省制钱缺乏，行使未能流通，曾经本将军筹铸银圆以利行使，自开办以来于今二载，鼓铸者虽有日不暇给之势，需用者仍未均沾利益之休[体]，若不及早扩充元法，终难尽善。拟于吉林省城开设官帖局开使官帖，以辅银圆之不足。其帖有六吊六百文、四吊四百文、二吊二百文、一吊一百文、四百四十文，分为五等，按钱多者帖纸稍大，其钱少者帖纸递小，俾有区别。仿照银圆章程一律行使，所有边练两军饷银，内外各城官兵俸饷，均准以官帖搭放。及通省内外各城经征地丁钱粮租税厘捐等款，亦准以官帖收交解库，以资流通。惟是开使既多，流通益广，恐有不肖奸徒，私自假造以伪乱真，种种情弊，务饬各该衙门一体严密查拿，如被拿获或别经发觉，既照私毁银圆例从重惩办，以昭儆戒。仍将原拿之人，从优奖赏，以示鼓舞。所设名曰永衡官帖局，派委岳林、姚福兴、刘嘉善、英贤、富荫、瑞林等总理其事，拟就告示张贴晓谕，除省城饬由该局张贴外，合行札发告示五百张，札到该司即便遵照转发旗署各衙门，务于城镇通衢地方遍行张贴晓谕，俾得周知可也。特札。计告示五百张。等因札交到司，奉此，相应呈请咨札遵照。等情据此，拟合咨行珲春副都统衙门查照可也。等因前来，合将所发告示随文附封二十张遵照张贴，以便周知之处，理合呈请札饬遵照。等情据此，合亟札饬，札到该局即便遵照可也。特札。

右札仰南冈招垦局遵此

珲春副都统为催电报局措交前借修理房门银两事的札文

光绪二十四年

为札饬赶紧措交事，案查电报局前由本衙门库储项下借垫修理房间银七百两，嗣经该局于十八年间酌拟详请分为七年归齐，每年措交银一百两。等因拟请在案。详查斯项除十八年自该局酌定详请后，仅据两次交过银二百零五两三钱四分，其二十、二十一、二十二、二十三等四年，每年应交银一百两，按年屡经札催，迄未措交分毫。现值应交二十四年份之项，又未均能措交前来，事关库款，未便任意久悬。且酌拟分年归补，每次交银一百两，系经该局自行酌定详请。且按月有应领房租，并非无项可筹，岂得任意玩延。迄届封篆清理库款之际，亟应札催赶紧措交，以清款目而免久悬。相应呈请札饬遵照。等情据此，合亟札饬，札到该局，即便遵照赶紧措交勿延可也。特札。

右札仰电报局遵此

珲春副都统为发官帖局告示的札文

光绪二十五年

为札饬遵照事。于本月二十一日准将军衙门咨开：户司案呈：适奉军、副宪札开，照得前设水衡官帖局开使官帖，以辅银圆之不足，拟就本省筹拨经费，以期经久，曾经前将军延具奉奉旨允准，并咨札旗民各属及出示晓谕，所有地丁钱粮、租税、厘捐等项，凡系钱款皆准以官帖交纳收库等因各在案。本将军莅任，访闻商民人等，皆以官帖不准混号，碍难行使为憾。现饬官帖局将前刷印成帖不准混号字样，作为罢论，嗣后再印即将帖上不准混号图章撤去，仿照市商凭帖准其标号，以便行使。除饬缮办告示张贴晓谕外，合亟札发告示六百张，札到该司即便遵照分发该署各衙门张贴晓谕，并饬经征租税厘捐各局，一体遵照毋违可也。特札。等因奉此，遵将札发告示六百张，分发各旗署遍行张贴晓谕，以期周知之处，相应虽请咨札遵照。等情据此，拟合咨行珲春副都统衙门查照张贴可也。须至咨者，等因准此，相应呈请札饬遵照。等情据此，合将由省发来告示六十张分发各局张贴。合亟札饬南冈招垦局遵照外，并札越垦局遵照一体张贴晓谕可也。特札。

计札发告示三十张。

右札仰 ^{南冈招垦总局}_{越 垦 总 局} 遵此

珲春副都统衙门报送戊戌年动存各项银两数目的咨文及清册

光绪二十五年

为造册咨报事。案查本处戊戌年衙署公用狱犯银谷及各义仓银谷、各项差徭动存备用接济津贴银两数目，分析造具四柱满汉印白清册各一本，拟合备文咨报将军衙门查核题销可也。须至咨者。

右咨将军衙门

珲春副都统衙门为造送珲春地方给过衙署公用银两数目清册事：

旧管　银无。

新收　光绪二十四年由将军衙门库存税银内领来银一百六十两，内开除光绪二十四年份衙署一年缮写来行文件、火票封筒、糊窗需用单西纸一百五十匹，每匹价银三钱二分，计给银四十八两。缮写咨札事件需用杠连纸一百六十四匹，每匹价银三钱，计给银四十九两二钱。笔一百二十支，每支价银一分五厘，计给银一两八钱。墨九十块，每块价银二分，计给银一两八钱。刷印火票、封筒需用蓝靛四斤，每斤价银八钱，计给银三两二钱。包裹印色需用绢纱七寸，价银二钱二分，银朱三斤六两，每斤价银一两六钱，计给银五两四钱。配造印色需用香油二斤，每斤价银一钱二分五厘，计给银二钱五分。缮写文件需用白蜡四斤，每斤价银一钱，计给银四钱。糊窗粘连事件需用白面十一斤，每斤价银一分，计给银一钱一分。喷窗需用苏油六斤，每斤价银三分，计给银一钱八分。官房置买一丈长苇席四领，每领价银一钱五分，计给银六钱。置买一丈二尺毡子三条，每条价银一两三钱六分，计给银四两[零]八分。衙署两司印务处，自正月初一日起至二月底止，又自十月初一日起至十二月底止，共需木炭一万二千六百三十斤，每斤价银三厘，计给银三十七两八钱。衙署封开印信需用红纸等物，价钱六两八钱七分。以上共应给银一百六十两，理合声明。须至册者。

珲春副都统衙门为造送珲春地方义仓谷银动存数目清册事：

旧管　光绪二十三年底剩存银无，等因报销在案。

新收　光绪二十四年由将军衙门领来银二十四两八钱九分，内开除光绪二十四年种义仓地牛内倒毙牛一条，二十三年十一月二十日买犍牛一条，价银七两。内除倒毙牛皮变价银三钱扣抵外，剩银六两七钱。遵照部咨每两减扣三成，计减银二两一分外，剩银四两六钱九分内，搭给一半官票银二两三钱四分五厘，实银二两三钱四分五厘。种义仓地需用铧子三条，每条价银四钱，计给过一两二钱。汤头三个，每个价银四钱，计给过银一两二钱。犁碗子三个，每个价银五钱，计给过银一两五钱。千斤三付，每付价银五钱，计给过银一两五钱。锄头六张，每张价银五钱，计给过银三两。镰刀六把，每把价银三钱，计给过一两八钱。粘补苫抹义仓房间工价银十两。以上共应给银二十四两八钱九分外，实在现存银无。

查珲春地方应给买补倒毙牛条、犁、铧等项银内，减扣二四成银两，已由省库减扣之处，理合声明。须至册者。

珲春副都统衙门为造送珲春地方义仓谷石实存数目清册事。

旧管　光绪二十三年年底剩存谷三千八百八十八仓石，等因报销在案。

新收　光绪二十四年八旗兵丁应交义仓额谷一百四十四仓石。

实在现存谷四千零三十二仓石，理合声明。须至册者。

珲春副都统衙门为造送珲春地方接济无力兵丁，设立牛具，借给扣还银两动存数目清册事。

旧管　光绪二十三年秋季止珲春库存银三千[零]十九两五钱，等因报销在案。

新收　光绪二十四年春季借给银三百四十八两，作为八季，二十四年春末季扣还银四十三两五钱。二十年秋季借给银三百十二两，作为八季，二十四年春七季扣还银三十九两。二十一年春季借给银三百十二两，作为八季，二十四年春六季扣还银三十九两。二十一年秋季借给银三百四十八两，作为八季，二十四年春五季扣还银四十三两五钱。二十二年春季借给银三百四十八两，作为八季，二十四年春四季扣还银四十三两五钱。二十二年秋季借给银三百十二两，作为八季，二十四年春三季扣还银三十九两。二十三年春季借给银三百四十八两，作为八季，二十四年春二季扣还银四十三两五钱。二十三年秋季借给银三百十二两，作为八季，二十四年春初季扣还银三十九两。共银三千三百四十九两五钱。内开除光绪二十四年春季借给无力兵丁设立牛犋银三百四十八两外，实在现存银三千[零]一两五钱。

光绪二十四年春季

旧管　银三十一两五钱。

新收　光绪二十年秋季借给银三百十二两，作为八季，二十四年秋末季扣还银三十九两。二十一年春季借给银三百十二两，作为八季，二十四年秋七季扣还银三十九两。二十一年秋季借给银三百四十八两，作为八季，二十四年秋六季扣还银四十三两五钱。二十二年春季借给银三百四十八两，作为八季，二十四年秋五季扣还银四十三两五钱。二十二年秋季借给银三百十二两，作为八季，二十四年秋四季扣还银三十九两。二十三年春季借给银三百四十八两，作为八季，二十四年秋三季扣还银四十三两五钱。二十三年秋季借给银三百十二两，作为八季，二十四年秋二季扣还银三十九两。二十四年春季借给银三百四十八两，作为八季，二十四年秋初季扣还银四十三两五钱。共银三千三百三十一两五钱。内开除光绪二十四年秋季借给无力兵丁设立牛犋银三百十二两外，实在现存银三千十九两五钱，理合声明。须至册者。

珲春副都统衙门为造送珲春地方官兵官差事件，借给扣还动存数目清册事。

旧管　光绪二十三年秋季止，珲春库存银二千四百九十两，等因报销在案。

新收　光绪二十二年春季借给银三百两，分为四季，二十四年春末季扣还银七十五两。二十二年秋季借给银七百两，分为四季，二十四年春三季扣还银一百七十五两。二十三年春季借给银三百两，分为四季，二十四年春二季扣还银七十五两。二十三年秋季借给银七百两，分为四季，二十四年春初季扣还银一百七十五两。共银二千九百九十两，内开除光绪二十四年春季借给官兵官差事件银三百两外，实在现存银二千六百九十两。

光绪二十四年春季

旧管 银二千六百九十两。

新收 光绪二十二年秋季借给银七百两，分为四季，二十四年秋末季扣还银一百七十五两。二十三年春季借给银三百两，分为四季，二十四年秋三季扣还银七十五两。二十三年秋季借给银七百两，分为四季，二十四年秋二季扣还银一百七十五两。二十四年春季借给银三百两，分为四季，二十四年秋初季扣还银七十五两。共银三千一百九十两内，开除光绪二十四年秋季借给官兵官差事件银七百两外，实在现存银二千四百九十两，理合声明。须至册者。

珲春副都统衙门为越垦局呈交土地更名照费事的咨文
光绪二十五年

为咨报事。案查光绪二十四年十二月二十八日据署理和龙峪越垦事务曲令作寅呈称；窃查卑局历年佃民买卖地亩，未经更名换照。去岁经前任张委员维棣呈请军宪，由垦矿总局发给印照五千张承领以备换发拟由此筹款迁局。等因在案。现经前后共发四千八百八十张，计地八千一百二十三垧七亩五分，应照户司向章由内每垧提解省照费钱二百文，共合钱一千六百二十四吊七百五十文，照珲行三吊作银，共核银五百四十一两五钱八分三厘三毫。此项照费应如数解送宪台衙门储库，以备划拨。等因据此，核查此项照费银五百四十一两五钱八分三厘三毫，现经该局如数呈交前来，自应饬库暂行存储，俟由差便再行照数解交省库之处，相应呈请咨报。等情据此，拟合备文咨报。为此，合咨将军衙门查核施行。须至咨者。

右咨将军衙门

吉林将军衙门为东北边防吃重拟添拨经费银两的咨文
光绪二十五年二月二十七日

为咨行事。案准护理奉天军督部堂文 咨开：光绪二十五年二月初九日承准军机大臣字寄光绪二十五年二月初二日，奉上谕："户部奏边防经费不敷应用酌量添拨一折。据称，东三省边防经费每年二百万两，以入抵出，并无余存。现在东北边防日益吃重，亟须筹饷添兵，拟请每年添拨银五十万两，俾资周转。查通商各关征收洋税及洋药税厘项下，向有开支倾熔折耗一款，按每百两给银一两二钱，各关监督俸廉之外，另有办公经费，拟将此项减半开支，自本年起，准按百两留支六钱，余银六钱如数提出，积有成数解部交纳，计每年约可提银十余万两。此外不敷银四十万两，即照原拨边防经费二百万两之数，加拨五分之一，仍由原拨各省关，自本年起，分批解部兑收等语。东北边防紧要，原拨经费不敷应用，自应酌量添拨，以为添练兵勇，加增饷项之需，着各将军督抚监督，照单开指拨数目，将应解之款统限于年内扫数解清，毋稍延欠。倘解不足额，由该部照贻误京饷例，分别奏参，原单均着抄给阅看，将此由四百里谕知盛京、福州各将军，直隶、两江、湖广、四川、两广、闽浙、云贵各总督，山东、山西、浙江、江西、江苏、安徽、湖北、湖南、广东、广西、云南各巡抚，并传谕粤海关监督知之。钦此。"遵旨寄信前来。等因承准，此除钦遵分行外，相应恭录谕旨并单咨行，请烦钦遵查照施行。等因到本军督大臣。准此，除分行外，相应抄粘备文咨行。为此合咨贵帮办查照施行。须至咨者。

右咨钦命帮办吉林边务事宜珲春副都统英

吉林将军衙门为济澄奏各省外销款项滥支着即查核追出归公的咨文
光绪二十五年四月十一日

为咨行事。兵司案呈：本年四月初十日接准电抄奉上谕："翰林院侍读学士济澄奏，各省外销项，滥支多多，请饬核实充公一折，近因库储支繁，迭谕各督抚裁汰冗员，别除浮费，务期涓滴归公。兹据该侍读场士奏称，各有盐务、海关、厘局，多有绅士自谋津贴及代荐乾修等事，该管官瞻徇情面，辄于外销款内设法挪移，种种名目，岁倍于正款等语。各省监课、关税、厘金皆为帑项要需，容任意滥支滥销。应着各将军督抚即行查核，如有前项情事，悉令追出归公，专案报部，以裕正帑，而杜漏厘。现在时势多艰，部库支绌，该将军督抚等务当破除情面，认真厘剔，毋得任听经理之员弥缝掩饰，一奏塞责。钦此。"钦遵前来。相应呈请咨行宁古塔、伯都讷、三姓、阿勒楚喀、珲春副都统，照会乌拉总管等衙门查照，札饬十旗协参领，吉林分巡道边练两军文案营务等处，厘捐垦矿等局遵照，由兵司移付户司查照可也。须至咨者。

右咨珲春副都统衙门

吉林将军衙门为奉上谕江宁、吉林两省所设银圆局着仍旧铸造事的咨文
光绪二十五年六月十四日

为咨报事。本年六月十二日承准军机大臣字寄直隶总督裕、两江总督刘、吉林将军延，光绪二十五年六月初三日奉上谕："裕禄奏直隶试铸银圆，民间行使流通已著成效，未便遽议停办等语。前因各省铸造银圆设局太多，徒糜经费，是以谕令归并湖北、广东两省代铸，其余一律停办。既据该督奏称，津局所铸银圆

行使已久，民间称便。着准其照旧铸造，以利民用。此外江宁、吉林两处铸造银圆，闻亦一律通行，著有成效，该两省所设银圆局，亦着仍旧铸造。其余各省均仍遵前旨，毋庸另行设局，将此各谕令知之。钦此。"遵旨寄信前来，等因承准此，除分行咨札外，相应备文咨报。为此合咨贵帮办，请烦查照钦遵施行。须至咨者。

右咨钦命帮办吉林边务事宜珲春副都统英

吉林将军衙门为通省银圆一律定价事的咨文
光绪二十五年十月十四日

为咨行事。照得吉省自开铸银圆以来酌定官价，作为现钱行使，兵民商贾争称其便，钱法为之疏通，现银亦能周转，诚有裨地方之事也。近来市面银行暗涨，用银圆者多所吃亏，以致银圆壅滞，销路不畅，厂中每日铸元无多，若不亟事变通，将来日复一日，钱法必致大坏而后已。现在本_{副都统}将军博访周咨，银行之涨，其弊在于外来银圆太多，尤在于二成付钱之帖，每帖一纸二成，付钱余外付帖，往往一家出帖十万吊，以实钱一万吊应付，其余以连号或他号暗中商允，各出凭帖，互相对换飞帖，支搪愚弄军民，巧为得利。此弊不除，非特银圆不能畅行，即银价终难抑落。查外来银圆成色不一，本不能与本省银圆一律定价帖到二成付钱章程当时原因，禁止抹兑现钱短绌。不能不通融办理。现在既铸银圆辅钱行使，岂可再容此等空帖流毒街市，本将军_{副都统}现定本省所铸银圆价值，每元仍以中钱两吊两百文为率，毋庸增减。外来银圆系以现银购买，而来成色不等，即应按银行作价，悉听商便。其街市各铺所出凭帖，于二成付钱外，余则尽付银圆，不准以他帖套换。至银价一项，尤为银圆现钱通塞所关，今定银每两涨价不得过中钱三吊，价落不得过两吊七八百文，通省一律定价，不准有官行暗行之分。除出示晓谕并通饬各属遵照外，为此合咨贵副都统、总管查照文内事理，于所属地面一体出示晓谕，俾旗民商贾诸色人等咸使周知，是为切要。须至咨者。

右咨珲春副都统

珲春副都统衙门为银圆比价事的札文
光绪二十六年

为札饬遵照事。案准钦命_{督办军长副都统成}咨开，据机器制造局申称：案查卑局铸造银圆章程，大圆每重库平七钱二分，九成银、一成铜珠。中圆每重三钱六分，八六银、一四铜珠。五开元每重一钱四分四厘，十开圆每重七分二厘，二十开圆每重三分六厘。自五开、二十开，均按八二银、一八铜珠。每大圆作中钱二吊二百文，以次递折，并声明银价如有涨落，不妨随时变通，此原奏之情形也。而该厂初铸每百四十大圆按市平至重不得过一百零三两六钱，至轻以零三两为度，是每大圆合市平七钱四分之谱。按库平每百两较市平大三两二钱计之，每大圆亦仅库平银七钱一分六厘零，此吉厂初造之情形也。迨后商人利薄，银圆滞销，承办者议定每百四十大圆重不得过一百零二两五钱，轻以零二两为度，是每大圆合市平七钱三分零，合库平仅七钱有零，此现在相沿办理之情形也。查局中与商人兑换，按分两交易，银圆轻重，局中实无捐益，究与原章不符。今拟遵照定章，五种银圆均按库平铸造，但分量既重，价值亦应随增，每大圆拟作二吊二百八十文，以次仍按递折。如此既符原奏，市面亦必畅行。如蒙允准，即自庚子照章铸造，凡有庚子字样者，每大圆作中钱二吊二百八十文，以次递折。其以前吉厂所铸银圆，仍照旧价行使，以清界限而杜取巧。为照章核实铸造起见，是否有当，理合备文申请鉴核训示，祗遵施行。等情到本军督大臣，据此查该局请由庚子年按库平铸造银圆以符原奏，大圆作二吊二百八十文以次递折，所有前铸银圆仍照旧行使均属可行，准如所拟办理。候出示晓谕通饬所属一体遵照，缴。挂发并分行外，相应刊刷告示随文咨行，为此合咨贵副都统，请烦查照饬属妥为张贴，一体遵照施行。等因准此，除将原发告示饬属张贴外，相应呈请札饬遵照。等情据此，合亟札饬，札到税课司、招垦局、越垦局遵照毋违也。特札。

右札仰 ^{税　课　司}
南冈招垦局
和龙峪越垦局 遵此

吉林将军衙门为由庚子年铸造银圆按二吊二百八十文以次递折行使并刷印告示的咨文

光绪二十六年二月初七日

为咨行事。案据机器制造局申称：案查卑局铸造银圆章程，大圆每重库平七钱二分，九成银一成铜珠，中圆每重三钱六分，八六银一四铜珠，五开圆每重一钱四分四厘，十开圆每重七分二厘，二十开圆每重三分六厘。自五开至二十开均按八二银一八铜珠，每大圆作中钱二吊二百文，以次递折，并声明银价如有涨落，不妨随时变通，此原奏之情形也。而该厂初铸每百四十大圆，按市平至重亦不得过一百零三两六钱，至轻以零三两为度，是每大圆合市平七钱四分之谱。按库平每百两较市平大三两二钱计之，每大圆亦仅库平银七钱一分六厘零，此吉厂初造之情形也。迨后商人利薄，银圆滞销，承办者议定每百四十大圆重不得过一百零二两五钱，轻以零二两为度，是每大圆合市平七钱三分零，合库平仅七钱有零，此现在相沿办理之情形也。查局中与商人兑换按分两交易，银圆轻重局中实无损益，究与原章不符。今拟遵照定章，五种银圆均按库平铸造，但分量既重，价值亦应随增，每大圆拟作二吊二百八十文，以次仍按递折，如此既符原奏，市面亦必畅行，如蒙允准，既自庚子照章铸造，凡有庚子字样者，每大圆作中钱二吊二百八十文，以次递折。其以前吉厂所铸银圆，仍照旧价行使，以清界限，而杜取巧。为照章核实铸造起见，是否有当，理合备文申请鉴核，训示祇遵施行。等情到本军督大臣。据此，查该局请由庚子年按库平铸造银圆，以符原奏。大圆作二吊二百八十文，以次递折，所有前铸银圆仍照旧行使，均属可行，准如所拟办理，候出示晓谕，通饬所属，一体遵照，缴，挂发并分行外，相应刊刷告示，随文咨行。为此合咨贵总管副都统，请烦查照，饬属妥为张贴，一体遵照施行。须至咨者。

计咨送告示共四百七十五张。

右咨珲春副都统衙门

计开

宁古塔副都统告示三十张、伯都讷副都统告示三十张、三姓副都统告示三十张、阿勒楚喀副都统告示三十张、珲春副都统告示三十张、乌拉总管告示三十张、兵司告示九十张、吉林分巡道告示七十张、全营翼长告示六十张、边防营务处告示六十张、街道厅告示十五张、交涉总局告示二十张，又告示二十张。

吉林将军衙门为由俄款提拨银两交付官帖局出具官帖一律使用的咨文
光绪二十六年七月二十日

为咨行事。兵司案呈：本年七月初十日准军副宪札开，现在军务繁兴，人心摇动，钱法壅滞，关系非轻，所有省城市面商号，各自清厘账目，互相查兑，竟有岌岌不可终日之势，若不赶紧设法变通，以资接济，必致株连荒闭，实与公款有碍，抑亦军民之累，着由全营营务处所存俄款内提拨银十三万五千两，交付永衡官帖局作为资本，即由该局速即出具官帖二百万吊，如数取具铺商妥保，每月七厘生息，发往省城各行，周转使用，所得利银即作办团经费，以一成归官帖局，九成归团练局。帖中仍注明帖到付帖二成付钱，以免渗漏。现钱之弊，无论库款国课兵饷及铺商买卖，一律使用，如有官绅商民人等故意抗违，抑有心取巧勒换现银现钱者，准由该局送官严办。至各军发放饷项，亦以官帖银圆搭放，既资通融而免壅滞。除出示晓谕并分行各衙门司局处知照外，合亟札饬，札到该司，即便遵照转行可也。特札。等因奉此，相应呈请咨行宁古塔、伯都讷、三姓、阿勒楚喀、珲春副都统，照会乌拉总管衙门查照，札饬十旗、乌拉、五常堡、拉林、双城堡、伊通、额穆赫索罗协、参、佐领，四边门章京，西北两路驿站监督，水师营总管等遵照可也。须至咨者。

右咨珲春副都统衙门

吉林将军衙门为应由机器局铸存银圆款内按需银数拨给出具官帖事的咨文
光绪二十六年七月二十五日

为咨行事。兵司案呈：本年七月十八日准军副宪札开，案查前以省城钱法恐形壅滞，曾饬由全营营务处所存俄款内提借银十三万五千两，交付永衡官帖局作为资本，出具官帖二百万吊，俾资周转，等情业经通知在案。惟查俄款所存俱系块银，若使零星使用，必致诸多不便，应由机器局铸存银圆款内，按需银十三万五千两数目，陆续拨给该局，仍照前文事理，出具官帖，以资周转。除分别咨札外，合亟札饬，札到该司，即便遵照可也。特札。等因奉此，相应呈请咨行宁古塔、伯都讷、三姓、阿勒楚喀、珲春副都统，照会乌拉总管等衙门查照，札饬十旗乌拉、五常堡、拉林、双城堡、伊通、额穆赫索罗协、参、佐领，西北两路驿站监督，水师营总管，四边门章京等遵照可也。须至咨者。

右咨珲春副都统衙门

吉林将军衙门为出示严禁低潮宝银告示的咨文
光绪二十七年十二月二十三日

为咨行事。练军文案处案呈：奉宪发交，据制造银圆局呈称，近闻有不肖利徒暗将所铸大翅宝银，掺杂低潮，蒙混取巧，显违定章，有碍铸造，恳请出示严禁。等情当奉宪批。据称，近有不肖利徒，暗将所铸大翅宝，间为低潮，蒙混取巧，殊堪痛恨，应如所请，候饬练军文案处查明前案，叙稿呈请出示晓谕通省银号商民，务将所铸宝银，按照九九成色熔铸，不准稍有低潮，仍将银炉字号及匠人姓名，於于面注明，以便稽查，仰即知照。等因奉此，遵即查明前案，叙稿呈请出示晓谕。等情据此，除由本将军出示晓谕省城各银号并分行咨札外，相应备文咨行。为此合咨贵副都统，请照粘抄原底，出示晓谕，以示严禁。须至咨者。

右咨珲春副都统

吉林将军衙门为出示晓谕本省银圆随每日银价涨落事的咨文

光绪二十八年五月十三日

为咨送事。窃照吉省银圆行销阻滞，经本将军副都统设法变通，仿照内省章程，其价随银行涨落。当因告示刊印需时，曾经先行抄示，分别咨札各在案。兹已印就告示，相应备文咨送。为此合咨贵副都统，请烦查照，饬差分贴城乡集镇并大小村店，俾众周知。须至咨者。

计咨送宁古塔告示一百张、伯都讷告示一百张、三姓告示一百张、阿勒楚喀告示一百张、珲春告示一百张。

计照送乌拉总管告示十五张。

计札发吉林道告示一千张、单一纸。

右咨珲春副都统

谨将分发各民属告示数目列后：

吉林府告示二百张、长春府告示一百十张、双城厅告示一百张、五常厅告示一百张、宾州厅告示一百张、伯都讷厅告示一百张、伊通州告示一百张、敦化县告示五十张、农安县告示九十张、磨盘山州同告示五十张。

为札发事。照得吉省银圆行销阻滞，当经本将军、副都统设法变通，仿照内省章程，其价随银行涨落，以维圆法，而杜弊端。除通饬一体遵照外，合亟札饬，札到该协领、佐领、章京遵照，刻将发去告示分贴旗属各乡屯，俾众周知。切切，特札。

计札发双城堡告示五张、五常堡告示五张、乌拉告示五张、拉林告示五张、伊通佐领告示五张、额穆赫索罗告示五张、伊通边门告示五张、巴彦鄂佛罗告示五张、赫尔苏边门告示五张、布尔图库告示五张、街道厅告示十五张。以上统共告示一千五百八十张。

珲春副都统为奉文张贴银圆变章告示的咨文

光绪二十八年六月初十日

钦命镇守珲春地方副都统奖赏花翎春　为咨复事。右司案呈：接准钦命将军、副都统咨开：照得吉省铸造银圆，原为维持圆法，以辅现钱之不足。现因银价日涨，以致银圆行销阻滞，前饬府局筹议，设法变通，迄无妥善办法。兹本将军、副都统细加访察，因内省银价较贱，银圆悉随银价涨落，因而不肖奸商从中牟利，将外省银圆贩运来吉，以致本省银圆不能畅销，若不设法抵制，其弊曷可胜言。所有吉省银圆，亟应仿照内省章程，其价均随银行涨落。兹拟就告示，通饬旗民各属一体遵照，但恐告示刊刻印发尚需时日，兹先抄示通饬。除分别咨札外，相应备文咨行。为此合咨贵副都统，请烦查照，即将粘抄告示照录代印，于文到次日张贴。仍俟告示刊就印出再行补发，一面将奉文张贴日期咨复备查施行。等因前来。准此，由省抄来告示、于六月初七日接收，已经照录钤印张贴晓谕外，相应呈请。等情据此，理合备文咨行，为此合咨贵将军、副都统查照施行。须至咨者。

右咨　钦命头品顶戴镇守吉林等处地方将军兼理
　　　打牲乌拉拣选官员等事恩特赫恩巴图鲁长
　　　吉 林 副 都 统 赏 戴 花 翎 成

吉林将军衙门为奉上谕将实行新政收支各项报部的咨文

光绪三十二年六月初五日

为咨行事。兵司案呈：本年五月二十六日奉宪札开，光绪三十二年五月十八日，准户部咨开，山东司案呈，准北档房传付，光绪三十二年闰四月二十日内阁奉上谕："朕钦奉慈禧端佑康颐昭豫庄诚寿恭钦献崇熙皇太后懿旨：近来时局艰难，民生困苦，深宫宵旰忧劳，无时不以敬天勤民为念，比因赔款浩繁，加以举办要政，各省筹捐集款重累，吾民实皆万不得已之举，眷怀民瘼，早切疢心。本年湖南、江西等省被水成灾，饥黎嗷嗷待哺，近畿一带又复缺雨，麦收多歉，粮价骤贵，民食维艰。每念旸雨愆期偏灾屡告政事缺失，或有未知循省之余，益深恐惧我君臣上下惟当交相咨儆，痛戒因循，实事实心修明政治，即各省筹集各款，当思民膏民脂，来处不易，务宜撙节爱养，留其有余。地方所行新政，如练兵兴学巡警工艺诸要务，原为教养保卫而设，自不应视为缓图。但必以百姓之财皆为百姓之用，不得漫无稽核，滥费虚糜，至滨海沿江盐枭会匪，时有蠢动，扰害闾阎，尤为斯为之害，务当随时严查重惩，以安良善，并着责成该将军督抚，振厉官方，整饬吏治，体念时艰，共培元气，庶几感召天和，用副朝廷，不忘修省之至意。钦此。"由内阁抄出到部，相应恭录，飞咨各该将军督抚等钦遵办理，即将该省练兵、兴学、巡警、工艺诸新政，收支各项官款，造具清册专案，送部备核可也。等因准此，除分札外，台呕札伤，札到该司，即便转行五城副都统，及乌拉总管，暨各旗属一体遵照。特札。等因奉此，相应呈请咨行宁古塔、伯都讷、三姓、阿勒楚喀、珲春副都统，照会乌拉总管等衙门查照，札伤十旗、乌拉、五常堡、拉林、双城堡、伊通、额穆赫索罗协，参、佐领，水师营总管，西北两路驿站监督，四边门章京等遵照可也。须至咨者。

右咨珲春副都统衙门

珲春副都统为警务局员弁经费支销事的咨文

光绪三十三年五月二十五日

钦命头品顶戴镇守珲春地方副都统军功花翎恒　为咨请造报核销事。右司案呈：案照光绪三十三年二月二十日，准钦命署将军达　副都统成　咨开，巡警总局案查，光绪三十三年正月二十六日奉宪台发交，准珲春副都统衙门咨开，饬据永协领德与珲属商拟议允协，自本年正月初一日起停止出洋货捐。查照警务按月开销经费，均请改归公议会包纳，由大小铺户分别等次匀摊。并遵照新章，拣派警务局经理员弁及按月开支薪水数目，分析开具清单，呈请备文咨报查核示复。等情奉批：来牍开悉。所拟抽收出洋货物捐改归众商包纳，既经出于乐输，应准照办。仍将每月收数及支销数目按季册报，以昭核实。所请刊发关防，候饬文案处查照刊刻，呈请札发，仰巡警总局备文呈请咨复。等因奉此，相应咨复贵衙门请烦查照，希即转饬办理可也。等因前来。遵即札据委办警务局总理协领衔花翎佐领达勇巴图鲁英福呈称，遵依警务规章，自本年正月初一日起至三月底止，每月收数及支销数目分析造具清册各一本，具详俯赐核销前来。据此，复核无异，合将原造清册二本，相应呈请备文附封咨送。为此合咨钦命署将军达　副都统成　请烦核销施行。须至咨者。

右咨钦命 署理吉林等处地方将军兼理打牲乌拉拣选官员等事世袭骑都尉达
吉林副都统赏戴花翎成

吉林将军衙门为嗣后无论官商远行者不准携带现银银圆出境的咨文

光绪三十三年十月二十七日

为咨行事。兵司案呈：光绪三十三年十月十六日，奉宪札开，案据代理吉林分巡道谢汝钦详称，窃查吉林省城银根日紧，市贾居奇，潜运出境，实为商务之害。即经职道亲临商会，与各商董筹议妥法。兹准商务总会移称，商等公同筹议，嗣后现银银圆，均不准出境，如有远行者，无论官商士庶，携带旅费，每人现银以二百两为限，银圆以三百圆为限，如逾此数，抑或二者兼带、希图取巧，即系违禁私贩，仍照前章分半充公，分半充赏，以示惩戒，实于严禁之中，仍寓权便之计。各商均已认可，移请出示晓谕。等因准此，查吉林现银，向之来源，若任令奸商人等贩运出境，势必至市面日坏，周转为难，总商会所称明定限制之处，似属可行。惟因公事出境，或须多带现银，应先报明巡警局知照，一面随带公牍护照，以便照验放行。至于稽查之责，应令巡警总局行知巡兵在各城门，暨城外附近各处，实力侦探。如有逾限私贩，一律照章罚办。其由省赴宽车辆，可否由营务处转行大水河、放牛沟两处防营，就近稽查，不准苛扰勒索之处，应请示遵。除移巡警总局并出示晓谕外，理合详请查核通饬学、法两司，并旗署各局处知照。等情据此，查迩来银根日绌，银价益涨，禁止现银、银圆携带出境，诚为救弊补偏之策。应如所请办理，以维国法。除详批示并分行外，合行札饬，札到该司即分行各旗署一体知照。此札。等因奉此，相应呈请咨行。等情据此，为此合咨贵副都统衙门查照。须至咨者。

右咨珲春副都统衙门

珲春副都统为领三十四年衙署公用银两的咨呈文
宣统元年三月初九日

钦命署理珲春地方副都统郭　为咨呈领事。右司案呈：查本处光绪三十四年份衙署公用银一百六十两，前已造册请销在案。合将应领银两饬令本衙门领饷去之委员云骑尉富升额、委笔帖式凌顺等承领之处，拟合备文咨请。为此咨呈贵督部堂、抚部院查核发给施行。须至咨呈者。

右咨虽_{督部堂}_{抚部院}

吉林行省衙门为请领光绪三十四年衙署公用银两的咨文
宣统元年四月初十日

为咨行事。旗务处案呈：本年三月二十七日准珲春副都统衙门咨开，右司案呈，案查珲春应领光绪三十四年份衙署公用银一百六十两，前已造册请销在案。祈将此项银两饬交委员云骑尉富升额委笔帖式凌顺等承领，理合备文咨请查核发给施行。等因准此，查珲春地方应领光绪三十四年份衙署公用银一百六十两，遵照部咨，每两减扣二钱，计减银三十二两外，应银一百二十八两，遵章每两减扣六分，平计减银七两六钱八分外，应领实银一百二十两零三钱二分，核与历支章程相符，应准照发。除札饬度支司照数给领外，相应咨复。为此合咨贵副都统衙门查照，俟将此项银两领解到日，速即径复度支司备核可也。须至咨者。

右咨珲春副都统衙门

（二）房 租 地 租

房地产租用票照及应纳地基银数目的清单
光绪二十二年

为发给执照事。案查东西门外归公房间地亩，今经派员按户照票勘查，除前在票房间外新添房间应纳房租银两，遵照前章按年五月、八月节分为两季，依限交齐以资公用。如若该户生理兴隆添修房间者，随时至司准其更换票照，增添房基银两，合行给发执照。为此，照仰常振海等遵照即将应纳房间基租银两依限交纳，并将房间租银数目分析开列。倘该户如有违限拖欠租银，定必究惩，驱逐不贷，切切特禀。

右票仰常振海等户遵照

粘单

计开

常振海草房十一间，每间每年应纳地基银一两，共银十一两。刘景顺草房二间，每间每年应纳地基银二两，共银四两。郑连泰草房二间，每间每年应纳地基银二两，共银四两。臧成贵草房三间，每间每年应纳地基银二两，共银六两。王茂林草房五间，每间每年应纳地基银二两，共银十两。孙保兴草房一间半，每间每年应纳地基银二两，共银三两。冷国冈草房三间，每间每年应纳地基银二两，共银六两。

以上共草房二十七间半，共应纳地基银四十二两。

珲春副都统衙门为征收旗户置买房地产业契税的札文
光绪二十二年

为札饬遵照事。于本年十二月十九日准将军衙门咨开，户司案呈，查吉林所属各处旗户人等买卖田产，有随时请领印契者，亦有始终不请者。即请领印契，从未遵照例章交纳过割税银，故此向无禀交归公税契银两。其民署税契，向照例章收纳归公济饷。兹经酌拟将本省旗户置买房地产业，查照例载，每价银一两纳税银三分，如数归公。所有承办人等应用纸笔、饭食，拟按每价银一两酌加二分，内尚须拨给用印饭食，每张市钱一吊，以资公允。从此定章，拟请咨札各旗属遵照现章办理。无论早买现买，俱令照依原买实价请契纳税，除已请领印契之外，如有未请印契之白契，统自明年正月起予限二年，一体照章补请。倘逾限不请，即照例究惩。其各外城副都统衙门管下，即归各该衙门就近办理，仍请领将军衙门用印契尾。所收例税，按年报解省库，并将票根每届年终，送省备查，等因缮单呈奉宪允，发交到司。奉此，相应呈请咨札遵照。等情据此，拟合咨行珲春副都统衙门查照办理。等因前来。相应呈请札饬遵照。等情据此，合亟札饬，札到该左、右翼协领遵照转饬各旗即便遵照可也。特札。

珲春副都统衙门为催收旗户置买房地契税的札文、告示
光绪二十三年

为再行札饬遵照、出示晓谕遵照事。案查前准将军衙门咨开，户司案呈：查吉林所属各处旗户人等买卖田产，有随时请领印契者，亦有始终不请者。即请领印契，从未遵照例章交纳过割税银两。惟此应收正项向未经理，其民署税契，遵照例章收纳，归公济饷。兹经酌拟将本省旗户置买房地产业，查照例载，每价银一两纳税银三分，如数归公，所有承办人等应用纸笔、饭食，拟按每价银一两酌加二分，内尚须拨给用印饭食，每张市钱一吊，以资公允。从此定章，拟请咨札各旗属遵照现章办理。无论早买现买，俱令照依原买实价请契纳税，除已请领印契之外，如有未请印契之白契，统自明年正月起予限二年，一体照章补请。倘逾限不请，即照例究惩。其各外城副都统衙门管下，即归各该衙门就近办理，仍请领将军衙门用印契尾。所收例税，按年报解省库，并将票根每届年终，送省备查。等因咨行前来。当经札饬两翼遵照查明呈报在案。迄今数月未据呈覆，殊属玩延。合亟再行札饬两翼协领等遵照转催各旗赶紧查明造报。等情据此拟合札饬左右翼协领等遵照，严催各旗查报，勿延。切切，特札。出示晓谕。为此示仰所属各旗户等知悉，凡尔等置买房产自示之后，予限三个月内赶紧赴旗报明请领印契。如有任意玩延，故违偷漏者，别经查出定按十倍科罚。再查刻下因无印契致招争端之案不一而足，若仍不纳税，年份愈久，此等弊端伊于胡底，将来大为子孙之累，不可视以具文，勿谓言之不早也。其各凛遵勿违。特示。

珲春城官房承租执照
光绪二十三年九月二十五日

执照

珲春副都统衙门为发给印照事。案查东西门外归公房间，前经右司派员按户勘查所占地基及搭盖房间，应纳房租银两，自应照章办理。维因现据商民各户呈恳房租，稍为从轻征收。等情呈恳前来。查历年所征房租银两本属无多，惟所收租价多寡不一，今应事同一律纳租，无论何处房间，何项生

意，门市房一间作租银三两，后院厨房、货房每间作租银一两，仍照按年五月、八月两节由司催收，依限交齐，以资公用。令拟三年为期，以俟期满，再行更换票照。至该户将来生理兴隆，添修房间者，准其随时呈报更换票照。合行发给印照。为此照仰冷果刚遵照现更租价，各将应纳房间租银依限交齐，不准短欠。并将房间租银数目分析开列票尾，以便照数缴纳。倘该户若有违限拖欠租银，定必惩办不贷。切切，特票。

右票仰冷果刚遵照

光绪二十三年九月二十三日

计开

冷果刚，门市房三间，每间每年租银三两，厨房三间，每间租银一两，二共银十二两。南至大道，北至陶姓，东至陈大成房基，西至空地。

副都统："行。"

珲春副都统衙门为将招垦出放地亩租银如数解省的札文及清单
光绪二十四年

为札饬遵照事。于本月十七日准将军衙门咨开，户司案呈：案查珲春招垦局出放各项地亩应征各年租赋已解，未解各数目，按照报部地数，逐一分析挨年开具清单抄粘稿尾，札饬该局遵照，即将已征之款如数解省，民欠之款实力稽征解交省库，以济饷糈之处，相应呈请札饬遵照。等情据此，合亟札仰珲春招垦局总理遵照解交勿延外，暨咨行珲春副都统衙门查照转催可也。等因咨行前来，相应呈请札饬遵照。等情据此，合亟札饬，札到该局，即便遵照可也。特札。

左札仰南冈招垦局遵此

粘单

谨查珲春招垦局出放各项地亩已解、未解大租银两数目列后。

计开

一、光绪十二年由敦化县拨归珲春征租南冈原熟地三千九百四十一垧，自十二年起至十七年止，计六年共应征大租银四千二百五十六两二钱八分，内除征解蠲免者不计外，尚欠未解大租银一百四十七两二钱三分，据珲春副都统衙门咨称，由招、越两垦局征解，另案札催。

一、欠解由敦化县拨归珲春征和自十六年应升科地九千五百一十五垧七亩，应征大租银一千七百一十二两八钱二分六厘，内除解交省库大租银四两九钱三分二厘外，尚欠未解大租银一千七百零七两八钱九分四厘。未据该局解交。

一、欠解十七年份大租银一千七百一十二两八钱二分六厘。未据该局解交。

一、欠解招垦局所放熟地一万四千四百二十七坰七亩九分，应自十七年升科应征。是年大租银二千五百九十七两零零二厘二毫，内除解交省库大租银九百四十八两五钱八分三厘八毫外，尚欠未解大租银一千六百四十八两四钱一分八厘四毫。未据该局解交。

一、敦化原拨招垦所放统共熟地二万七千八百八十四坰四亩九分，应征十八年份大租银五千零一十九两二钱零八厘二毫。如数解省。

一、应征十九年份大租银五千零一十九两二钱零八厘二毫，内除解交省库大租银三千八百一十九两二钱零八厘二毫外，尚欠未解大租银一千二百两。据曲作寅声称，应由车殿铭交二百两，铭禄交一千两，另案札催。

一、应征二十年份大租银五千零一十九两二钱零八厘二毫。如数解清。

一、招垦局出放生荒地一万五千一百六十二坰七亩五分，扣至二十年一律升科，应征是年大租银二千七百二十九两二钱九分五厘，内除解交省库大租银一千七百零九两一钱七分九厘二毫。珲春解到该处在租银五百两外，尚欠未解大租银五百二十两零一钱一分五厘八毫。未据该局解交。

一、招垦新、陈共地额征二十一年份大租银七千七百四十八两五钱零三厘二毫，内除解交省库大租银二千两，珲春解到该处大租银二千两，右路解到该处大租银五百两外，尚欠未解大租银三千二百四十八两五钱零三厘二毫。应归该局解交一千五百九十三两零五分四厘二毫，未据解交。金令寿应交一千六百五十五两四钱四分九厘，另案札催。

一、招垦局额征二十二年份共地四万三千零四十七坰二亩四分，内除被水冲坍不堪耕种，销除额赋地二千一百二十六坰六亩一分外，实剩额征租地四万零九百二十坰零六亩三分，应征大租银七千三百六十五两七钱一分三厘四毫，内除解交省库大租银三千两，右路解到该处大租银一千两，现据该局呈报移交右路大租银六百六十九两八钱六分四厘二毫。又是年因灾蠲免大租银一千八百零五两二钱零二厘外，尚欠未解大租银八百九十两零六钱四分七厘二毫。应归该局解交二百二十两四钱三分五厘，未解交。金令寿应交六百六十六两二钱一分二厘二毫，另案札催。

一、招垦局额征二十三年份大租银七千三百六十五两七钱一分三厘四毫内，现据该局呈报移送珲春寄存大租银一千两，移交前路大租银一千两，中路一千二百两外，尚欠未解大租银四千一百六十五两七钱一分三厘四毫。未据该局解交。

珲春副都统衙门催交大租的札文

光绪二十四年

为札饬迅速解交事。于本年九月十七日准将军衙门咨开，户司案呈：案查前据珲春副都统衙门咨称，该处欠解经征南冈原熟地自光绪十二年起至十七年止大租银一百四十七两二钱三分，内有艾苇甸子地方佃民姜培忠等应纳十六年份租赋，前经和龙峪越垦局征收给票应归该局拨解。至十四、[十]五、[十]六、[十]七等四年实欠在民，大租银一百二十三两二钱一分，现由招垦局拣派专差按户比追等情，前已札催各该局按照欠数赶紧收齐解省，从未据解分毫。查此项欠解大租，原系专归珲春衙门催征之款，虽有越垦局经收者及招垦局派差比追者，亦均应由该衙门催解。本衙门前据咨报，业已分饬招、越两垦局遵照报解。究竟仍由珲春衙门扫数催解方合。案据查大租系抵饷正款，即经催征即应扫数征完解充饷糈，何得互相推诿经久悬欠。合亟行催该衙门，务将此项大租银两，迅即照数催齐解省以重正赋，相应呈请咨催等情。据此，拟合咨催珲春都统衙门查照，速即催解可也。等因准此。查光绪十四、[十]五、[十]六、[十]七年实欠在民大租银一百二十三两二钱一分，前由招垦局拣派专差按户比追，等情前已札催该局按照欠数征齐解交本衙门，以凭解省。今查局迄未解交，至艾苇甸子地方佃民姜培忠等应纳十六年份租赋银四十二两零三分，前经和龙峪越垦局征收给有租票前已咨明应由越垦局拨解，等情前亦札催该局解交，迄今未据解交分毫。今准咨催应令本衙门札催各该局照数解交，等情相应呈请札催。等因据此，合亟札饬，札到各该局迅将此项大租银两解交本衙门以凭解省。幸勿迟误可也。特札。

右札仰 招垦·越垦总 越垦 局遵此

珲春副都统衙门为请豁免部分尾欠大租的咨文

光绪二十五年

为咨报事。于光绪二十五年正月十一日准将军衙门咨开，户司案呈：除原文省繁简叙外，查珲春欠解经征南冈熟地大租银一百四十七两二钱三分。查此项欠解大租，虽由各该局比追拨解，仍应由珲春衙门扫数催解方合案据。等因准此，案查光绪十二年由敦化县拨归珲春征租原熟地三千九百四十一垧，自十二年起至十七年止，计六年共应征大租银四千二百五十六两二钱八分。内除征解蠲免者不计外，尚欠未解大租银一百四十七两二钱三分。内有艾苇甸子地方佃民姜培忠等应纳十六年份租赋，前经和龙峪越垦局征收给有租票，未便再向该佃民等重征，应归该局拨解。至实欠在民大租银一百二十三两二钱一分，前将此项欠租各户，分年造具花名、坐落清册，札交招垦局由催征新租之便，代为催收。其小租作为工食，所收大租专案解交本衙门，以凭解省面免牵混等因。于光绪二十二年三月间，札饬该局遵照并咨报各在案。嗣经本衙门迭次札催该局赶紧勒限严催解交，并札饬越垦局即将所征姜培忠等应纳十六年份租赋银两，即速拨解以凭解省，等因亦札在案。兹于去岁十二月二十一日据署理越垦局总理曲作寅呈称，查艾苇甸子佃民姜培忠等所欠十六年份大租银两，屡奉札催，卑职因无款可筹，拟将存局烟土变价抵交。今将姜培忠等十六年份大租银四十二两零三分，呕应如数解交储库，以备划拨。等情解交前来，据此正拟咨报，复据招垦局总理奎福呈称，案查卑局前奉札饬经收敦化县原拨熟地佃民蒂欠十四、[十]五、[十]六、[十]七年大租银两，现经卑局征租委员共收到地二百九十垧，每垧照章征租银一钱九分八厘，除小租一分八厘，开销人役工食外，共征到大租银五十二两二钱，自应如数解交，以重公款。惟查未经收到租赋，屡饬乡牌按名查找，非将地兑出而原户赤贫即人地全无，不论如何严追任催罔应，以致未能扫数征齐。卑职再四思维别无良策，唯有仰恳俯念民艰，可否将此项豁免，饬司另筹闲款拨补。等情呈请前来，核查本衙门尾欠大租银一百四十七两二钱三分，现经越垦局拨补大租银四十二两零三分，又经招垦局解到大租银五十二两二钱，共收到大租银九十四两二钱三分。应将此款存库，俟由饷便再行解交省库外，惟查尚欠大租银五十三两。据该局所称，欠户赤贫，非将地兑出即人地全无，不能催追各情，复查系属实在情形，自应筹款拨补，无如本衙门别无闲款筹垫，既系无户可追，自应咨请将此项尾欠可否豁免请即示复，以凭遵办之处，相应呈请咨报。等情据此，拟合备文咨报，为此合咨将军衙门查核赐复施行。须至咨者。

右咨将军衙门

珲春副都统衙门所发房地租用票照
光绪二十六年

为发给印照事。案查东西关外归公房间前经右司派员按户勘查明确，自应一律纳租，无论何处房间、何项生意，门市房一间作租银三两，后院厨房、货房每间作租银一两，仍照按年五、八月两节，由司催收，依限交齐，以资公用。拟限三年为期，以俟期满再行更换票照。至该户将来生理兴隆，如有添修房间者，准其随时呈报更换票照等因，历办在案。兹据勘查征租委员等呈报东关地户姚海病故，应将房间准其同伙关福林、关成发经营守业；西关地户冷果刚因以本小利薄，无力经营，情愿兑给市商福兴成经营守业。

并将旧照缴销，改换新照，发给该户承领，等因呈请前来，合行发给印照。为此照仰关福林、关成发、福兴成遵照，安分守业。应将所纳租赋银两自应依限交纳，不准拖欠。合将租银房间数目抄粘票尾，以便照数交纳。倘该户若有违限拖欠租银，定必惩办不贷。切切，特票。

右票仰关福林、关成发、福兴成遵照

今将东西关归公房间应纳租银数目分析列后：

关成发　门市房三间，每间每年租银三两，东至马彦山房基，西至关福林房基，北至土德山院墙，南至大道。

关福林　门市房一间，每年租银三两，东至关成发房基、西至空地，北至王德山院墙，南至大道。

福兴成　门市房三间，每间每年租银三两，厨房三间，每间租银一两，共银十二两。南至大道，北至陶姓，东至陈大成房基，西至空地。

吉林将军衙门为所属各处旗户买卖田房赶紧照章纳税事的咨文
光绪二十五年十二月初十日

为咨行查照事。户司案呈：案查前任吉林将军延　等奏，吉林所属旗户买卖房田，向不纳税，当即饬司按照户部则例纳税章程，凡旗户价卖房产，无论远年近日，饬令一律随时请领印契，纳税济饷。等因咨札各处遵办，并将所收田房税契银两，照数列抵官兵俸饷，等因咨报各在案。兹准户部咨开，本部奏，帑项奇绌，用度不敷，拟筹饷六条内开田房税契定例，每价银一两，收税三分，数目甚轻，最易举办，诚使地方州县核实征收，毫无遗漏隐匿，则积少成多，自可凑成钜款。乃查各省契税，至多无过四川，然从前每年只报收银八万余两，迭经言官陈奏及臣部验查，始于常年报收以外加增银十万两，此外各省契税过十万者，已属无几，大抵每年只二三万两，及四五万两，其最少者只千百余两。窃思买卖田房，民间恒有，且置买者，多属有力之家，何难照例完交，均令通饬所属，将田房税契设法整顿，毋任隐漏，总须劝谕百姓，俾乐用印契，不复沿用白契。又须责成州县照例征收税契，即尽数提解司库，奏准行知遵办前来。查吉省旗署田房税契，自光绪二十三年间奏准，自是年正月起征收，计今已及三年，而各旗署补请印契者，未甚踊跃。现在奉部咨催令将田房税契认真设法整顿，毋任隐漏等因。除另案札饬民署遵办外，合亟通行旗署各处，无论远年近日，凡白契未经请领印契者，务当严饬补请，照例收税，以济饷需，不准稍任隐匿，致干究惩之处，相应呈请咨札遵照。等情据此，拟合咨行各副都统，并照会乌拉总管等衙门查照办理外，暨札乌拉、拉林、双城堡、五常堡、左右翼协、参、领，水帅营总管，官庄总理，两路站监督，伊通、额穆赫索罗佐领，四边门章京等遵照办理可也。须至咨者。

右咨珲春

吉林将军衙门为各外城旗户买卖田房应征税银等事的咨文
光绪三十年二月十五日

为咨行遵照事。户司案呈：案查旗署买卖田房，向不纳课，当经前将军延　奏准吉林所属各处买卖房地，无论远年近日，统自光绪二十三年起，均请用印契尾照章纳税，等因咨札各处遵办在案。并前准部咨，本部具奏，饷项奇绌，用度不敷，拟筹饷六条，内开田房税契定例，每价银一两，收税三分。数目甚轻，最易举办，诚使地方州县核实征收，毫无遗漏隐匿，则积少成多，自可凑成巨款。乃查各省税契至多无过四川，然从前每年只报收银八万余两，迭经言官陈奏及臣部驳查，始于常年报收以外加增银十万两。此外各省税契过十万者已属无几，大抵每年只二三万两及四五万两，其最少者只千百余两。窃思买卖田房，民间恒有，且置买者多属有力之家，何难照例完交，均令通饬所属，将田房税契设法整顿，毋任隐漏，总须劝谕百姓，俾乐用印契，不须沿用白契。又须责成州县照例征收税契，尽数提解司库。等因行知亦在案。计自开办之年起至二十九年年底止，除宁古塔、三姓按年遵办外，其余各城有从未请领印契者，亦有请领印契此年报有而彼年全无者。详核部咨民间买卖田房事所恒有，而旗署按年买卖房地以及早年置买未经请领印契者，谅亦不少，何以各城并不催令各户照章办理，转致报部驳诘，应再抄单分催各该处查照，迅将未领印契并已领未报征收税契银两，以及此年征收而彼年未收各情形赶紧报省，以凭转咨之处，相应呈请咨札遵照。等情据此，拟合咨行珲春、伯都讷、阿勒楚喀，并照会乌拉总管等衙门查照办理外，暨札乌拉、拉林、双城堡、五常堡协领、伊通、额穆赫索罗佐领等遵办可也。须至咨者。

右咨珲春

粘单

一、珲春从未请领印契。

一、伯都讷除光绪二十三四五等三年旗户业已请领印契外，其二十六、[二十]七、[二十]八、[二十]九等四年，并未咨报征收税契银两。

一、阿勒楚喀前于光绪二十四年间请领用印契尾，并未将发出若干，征收税银若干，咨报来省。

一、乌拉总管除光绪二十四年旗户业已请领印契外，其二十五、[二十]六、[二十]七、[二十]八、[二十]九等五年，并未报收税契银两。

一、乌拉除光绪二十五年旗户业已请领印契外，其二十四、[二十]五、[二十]六、[二十]七、[二十]八、[二十]九等六年，并未呈报征收税契银两。

一、拉林除光绪二十五七等二年旗户业已请领印契外，其二十四、[二十]六、[二十]七、[二十]九等四年，并未呈报征收税契银两。

一、双城堡除光绪二十五、[二十]六、[二十]七、[二十]八等四年旗户业已请领印契外，其二十四、[二十]九等二年并未呈报征收税契银两。

一、五常堡从未请领印契。

一、伊通从未请领印契。

一、额穆赫索罗除光绪二十三、[二十]四、[二十]五等三年旗户业已请领印契外，其二十六、[二十]七、[二十]八、[二十]九等四年并未呈报征收税契银两。

吉林行省衙门为珲春陆军建修营房占用旗户升科地亩事的咨文
宣统元年八月初三日

为咨报事。旗务处案呈：案准珲春副都统咨呈内开，准驻珲陆军步队第一标统带官兼珲春工程局监督裴其勋咨开，该标建修营房占用地基，皆系闲散保凌阿等四姓之地，咨请派员按界勘明，妥定价值，并请自本年起，豁免征租，量予种资。等因准此，当经饬司拣派委笔帖式德联，会同工程局邓委员暨地主保凌阿等前往查勘。旋据报称，丈得该营房及操场面积共占地基二十二垧六亩，内占镶白旗保凌阿名下，升科地十四垧六亩，正红旗同喜名下升科地一垧。等情据此，查此项地亩均系按年升科纳租之地，今既归官占用该闲散等，自必无所生业。当经照会裴标统，酌中分别发给各户地价种资等项，并饬司取具该地主契约四纸，照送裴标统存考。惟所占镶白旗闲散保凌阿之地十四垧六亩，正红旗闲散同喜之地一垧，均已升科，按年收租，应请自本年起永远免纳租赋。除由本处删出兑租外，理合备文呈请咨部销赋。等因准此，查吉省旗户原无钱粮，已产地亩业经先后奏请升科，照章输租。今据该珲春副都统咨称，陆军驻珲一标修建营房占用地亩，即着裴标统酌定地价种资，分别发给各户承领。惟所占旗户保凌阿地十四垧六亩，同喜地一垧，二共地十五垧六亩，按年应纳大租钱九吊三百六十文。即请自宣统元年起，永远销除赋额，以免苦累。除咨部外相应呈请咨报复查核。等情据此，拟合咨报复，为此合咨大部请烦查核俯准除赋施行，贵副都统衙门查照可也。须至咨者。

右咨度支部、珲春副都统衙门

吉林行省衙门为珲春陆军建修营房占用旗户纳租地亩请销赋额事的奏片
宣统元年十二月初二日

跪奏：为驻珲陆军步队建修营房，占用旗户升科纳租地亩，吁恳天恩，永远豁除应纳赋额，以示体恤，恭折仰祈圣鉴事。窃据裁缺珲春副都统郭宗熙咨，准驻珲陆军步队第一标统带官兼珲春工程局监督裴其勋咨开，该标建修营房，占用地基请派员按界勘明，妥定价值，并请自本年起豁免征租，量予种资。当经饬司拣派委笔帖式德联，会同工程局委员暨地主保凌阿等前往查勘。旋据报称，丈得该营房及操场面积，共占地基二十二垧六亩，内占镶白旗保凌阿名下升科地十四垧六亩，正红旗同喜名下升科地一垧，按年应纳大租钱九千三百六十文，请自宣统元年起永远销除赋额，以免苦累等情。咨报度支部查核，旋准部咨，应行奏明办理。等因咨复到吉。臣查定例，直省筑塘浚河及建造衙署营堡一切公占，并给价买用各田地，应征钱粮，该督抚委员堪明造册，题豁免科等语。今陆军步队建修营房，占用珲春旗户纳租地亩，经该副都统饬司委员会同该工程局勘查明确。业由该营给价，核与定例相符，所有该旗户等承种升科纳租地亩，按年应纳租赋。合无仰恳天恩俯准饬部，即照所请除赋之年起，永远豁除赋额，以示体恤。除咨部查核外，谨会同东三省督臣锡良恭折具陈。伏乞皇上圣鉴训示。谨奏。

吉林行省衙门为珲春陆军建修营房占用旗地请销赋额一折奉到朱批的咨文
宣统元年十二月二十八日

为咨报事。旗务处案呈：案照本部院于宣统元年十二月初二日会同贵督部堂恭折具奏，为珲春陆军建修营房，占用旗地，请销赋额一折，当经照抄原折，咨报在案。兹于十二月二十日，差弁赍回原折，奉朱批："度支部知道。钦此。"钦遵。相应恭录呈请咨报。等情据此，为此合咨大部、贵部堂，请烦查照可也。须至咨者。

右咨 度支部
钦差大臣东三省总督兼管将军事务锡

（三）杂 土 税 收

珲春副都统衙门为派员催令各酒商按筒纳课的札文
光绪二十二年

为札委事。案准将军衙门咨开，除原文简叙外，尾开吉林所属大小烧锅，业经禀明酌量扣课。自本年起，将小烧锅改为按筒纳课，并请新荒地面始准报开。每筒纳课银四百两，自应遵照禀准议复章程催解。本年份增添课银分别领换新照交纳，以稽查而杜私烧。等因遵查南冈烧锅三家，内除祥发源一家执事人在省守候交纳毋庸雇解外，其德增源、贞源兴二号，应纳本年份增添课银及凉水泉子新开烧锅三合兴应纳本年份课银四百两，自应派委妥员前往催解。当即拣派云骑尉讷奇新前往，催令各该烧锅商速为赴省领换新票，自行交纳。合亟呈请札委，札到该员即便往催，勿得违误推延抗交，致干未便可也。特札。

右札云骑尉讷奇新遵此

吉林将军衙门为奏请变通土药收税章程的咨文
光绪二十三年

户司案呈：于本年七月初六日本衙门恭折具奏为吉林土药税捐，现准部咨改章以广利源，谨将筹办情形恭折复陈仰祈圣鉴事。窃于本年五月二十一、二十七等日先后按准户部咨开，因内地土药出产日盛，另筹征收之法，并议复御史张兆兰奏各省土药行销日盛请变通收税章程一片。同日具奏奉旨："依议，钦此。"钦遵飞咨遵照前来，查原奏内称，土药一项，种植日多而各省收税递减，若不亟图变计，将大利徒归于中饱。并据总税务司赫德察访开呈手折，按年出产，吉林六千担，其余各省多寡不一，拟选派干员设立总局略筹洋药税厘并征之法先行试办，每担百斤征银六十两，给票后任期销售，无论运往何处概不重征，一年征过土药数目，必与总税司手折所开大致不甚悬殊，方为核实，着各就地方情形，详定章程专案奏报等因。窃惟鸦片流毒中国无地蔑有，自弛内地种植之禁，既以抵制洋药入口销路，隐寓漏卮；因以推广土药捐输，接济饷糈，洵属有益于国，无损于民。当此时局艰难，司农仰屋，如果此项出产日繁，尽可设法变通，以广利源。况土药之于人，非若布帛菽粟之有关冻馁，诚如原奏所谓此等商贩，本非廉贾，多取之而不为虐也。奴才等身任疆圻，要宜先将本省实在情形详加体察，通盘筹计，确有把握，然后再以放手试行，以免跋前带后之虞。查东三省土药出产，向以黑龙江呼兰、巴彦苏苏等处为最盛，历年运往奉天销售，多由草地绕越，其经过吉林省，向仍照章收纳税捐。至吉林出严，仅系山崴地边零垦栽种，并无成牌大段。前于光绪十七年经前任将军长顺派员踩勘，统计通省旗民各属地面，共得地七千零四十余垧，以每垧出药八九斤计之，一年可产六万三千余斤。奴才等现以近年收数核计，上年收银二万五千八百两有奇，较前两年为稍优，亦仅得土药八万零八百余斤。且黑龙江过境之土药，亦即在内，证诸赫德所报六千担之数，尚不及六分之一。纵令难免偷漏绕越，当亦不应如此大相悬殊。查赫德手折所开，于江省独未载及，其或采访遗漏、抑或已隐括于吉林六千担之内，此则尚难臆度者也。至吉林征收章程，原定每土药十斤捐银二两。嗣于光绪十一年本部议饬华（尚）[商] 请领行坐部票，每岁纳票课银二十四两，当经前任将军希元因窒碍难行，酌拟变通每土药十斤加征银一两二钱，以抵票课勿庸发给部票。又于光绪十七年前任将军长顺任内，复于每卖价钱一吊抽税钱三十文与捐银一并尽征尽解，先后奏明各在案。以银钱并计每土药一担百斤。现已征银至三十三两有奇，按照此次部定新章，尚缺银二十七两零，此吉林土药出产及历年经征之实在情形也。奴才等自应遵照部咨，查明出产较多各处，添设局卡，即照每担百斤征银六十两之数先行试办。惟间栽种土药，现在正值收成之际，辗转销售所产数目，已属散漫难稽，且既经加收银数，自应守定概不重征之议则。凡系由江省运来已在该省纳税者，既一概不得过问。查向来所收往有江省过境之土，此次一经除去，或恐银数虽加，土数转减，得失赢缩，亦不得不预为筹度。且添设局卡，应需公费及员司工食，或恐无所取偿，殊非慎终于始之道。奴才等再四思维，与其速求集事，匆遽成急就之章，似不如彻底查明，从容谋万全之策。兹拟严饬现有各局卡，并不时派员前往各处密查，以杜绕越偷漏。所有本年经征办法，请仍暂照旧章抽收，但能多增一分税款，即可多裕一分饷源。一面妥定章程通行旗民各属，限自明年为始，饬令民间于栽种之初，先将亩数报官，由该管副都统暨地方官汇总造册转报。俟一律种齐之时，由省派员按册履勘，则就所种亩数酌照收成中稔，核计其应出产土药数目已可得其大凡。即使岁有丰歉亦不难于考查。如果视总税司所报六千担之谱不甚相远，即行扼要添设局卡，按照新章试办，如此审情图维，似觉稍有把握，不至如盲人瞎马，步步难凭矣。值此度支奇绌，亦知苟有利益可收，即当奋迅将事，未便稍缓须臾。然奴才等熟查地方情形，实恐有求益反损之虞，未敢孟浪一试者，不得不彻始彻终，沥陈于圣主之前，恭候命下祗遵。所有吉林土药改章，现在筹办情形，理合恭折具陈。伏乞皇上圣鉴训示遵行。谨奏。请旨等因具奏之处，除俟奉到谕旨再行恭录咨报外，理合照抄原折，相应呈请咨报查核。等因据此，拟合咨报。为此，合咨户部查核外，暨咨贵珲春副都统衙门查照可也。

珲春副都统衙门咨报土洋药税款钱文清册

光绪二十三年

为遵办咨报事。

同顺成　买周永福烟土膏一百两，又买王贵烟土膏五十两

三月初九日　同顺栈　买孙才烟土膏一百两

二十六日　周孟洪　买张海烟土膏一百两

二十九日　永成太　买李海烟土膏五十两

三十日　洪顺昌　买赵有才烟土膏一百两　王自祥　买朱得胜烟土膏五十两

四月初四日　庆升福　买王才烟土膏六百两

初九日　庆盛号　买孙有烟土膏五百两

十九日　大盛福　买王福山烟土膏五十两

五月十五日　大有号　买朱海烟土膏五十两

十六日　宋庆章　买庆海烟土膏五十两

十七日　于世云　买王海烟土膏一百两

二十三日　全兴永　买秦太烟土膏二百五十两

二十八日　同祥茂　买孔文烟土膏一百两

三十日　永成太　买曹海烟土膏五十两

六月二十四日　福盛长　买何才烟土膏四百两

以上自正月起至六月底止计六个月份共收土药二千八百两，每两价钱十八文，共收税钱五十吊零四百文，内除一成公食钱五吊零四十文外，实应解报归公钱四十五吊三百六十文，理合登明。须至册者。

珲春杂土税定额

光绪二十四年

为咨行事。户司案呈，案查珲春创收杂土税课，自光绪十年正月起至十二年年底止三年期满，当于光绪十三年十二月间，据报按照三年征收数目核实勾稽，分别酌中定额等因，附片奏奉朱批："览，钦此。"钦遵嗣准部咨，查附片内称，珲春创收杂土税课，自光绪十年正月初一日设局之日起，截至光绪十二年年底止已届三年期满，共收杂税银四百五十八两八钱九分六厘，按三年所收之数详加勾稽杂税，每年应该征银一百五十二两九钱六分五厘三毫，拟请每年以一百五十两作为定额，土税三年共收税钱九百八十五吊二百八十二文，每年应该征钱三百二十八吊四百二十六文，拟请每年以

三百二十吊作为定额，均自光绪十三年起，照额征解抵充俸饷等语。既据该将军详加核定，应即准如所奏杂税每年以一百五十两，土税每年以三百二十吊作为定额。按年照额征足不准短少，如征不足数即着落经征之员赔补，以重税额等因前来。查珲春副都统（下缺）

珲春副都统衙门解交光绪二十三年黄芪税款的咨文
光绪二十四年

为咨行解交事。兹据经理征收税务总局呈称，窃查税局所收光绪二十三年正月初一日起至十二月底止，计十二个月份共收黄芪二千四百八十斤，每百斤价钱九吊，共收税钱四吊四百六十四文。又收黄芪八千五百五十斤，每百斤价钱五吊五百文，共收税钱九吊四百零四文，共收黄芪一万一千零三十斤，二共收税钱十三吊八百六十八文，内扣除一成公食钱一吊三百八十六文外，实应归公钱十二吊四百八十二文，共合银四两一钱六分零六毫，合将此项归公款钱十二吊四百八十二文，饬交本衙门关领俸饷去之委员防御胜春、笔帖式玉成等就便解交之处，拟合备文咨报。为此，合咨将军衙门查核兑收可也。须至咨者。

右咨将军衙门

珲春副都统衙门造送光绪二十四年征收黄芪税清册
光绪二十五年

为造送珲春地方自光绪二十四年正月起至十二月底止，连闰计十三个月征收黄芪税款钱文，并开支一成人役公食数目清册事。

计开

光绪二十四年闰三月十二日　利增达　买永成太黄芪二千零三十六斤

九月十七日　杨召清　买李姓黄芪二百斤

二十日　张庆连　买李客黄芪四千斤

十月初三日　崔有　买刘客黄芪六百斤

初五日　谢万福　买刘客黄芪四千斤　王发　买李客黄芪二千五百斤

初七日　孙洪福　买李廷玉黄芪四千五百斤　张殿纯　买徐客黄芪二千七百斤

初八日　杜尚顺　买周客黄芪六百斤

初九日　古尚　买吕客黄芪七百斤

初十日　王德凤　买刘客黄芪二千八百斤

十六日　敦升庆　买刘客黄芪九百三十斤

以上自去岁正月起至十二月底止，连闰计十三个月份，共收黄芪三千七百八十六斤，每百斤价钱十吊零五百文，共收税钱七吊九百五十文。又收黄芪二万一千八百斤，每百斤价钱六吊四百五十文，共收税钱二十八吊一百一十八文。统共收黄芪二万五千五百八十六斤，二共收税钱三十六吊零六十八文，内除一成公食钱三吊六百零六文外，实应解报归公钱三十二吊四百六十二文，理合登明。须至册者。

珲春副都统衙门征收土药税清册
光绪二十五年

为造送珲春地方自光绪二十四年十月初一日起至十二月底止，计三个月征收土药税钱文，并开支一成公食各数目清册事。

计开

光绪二十四年十月初一日　信发隆　买陈庆烟土膏一百两

初六日　赵凯　买王贵烟土膏一百五十两

十五日　李作山　买周文烟土膏三百两

二十九日　成顺涌　买和贵烟土膏四百两

十一月十一日　福成永　买李有烟土膏二百五十两　刘客买孔献五烟土膏三十两

十四日　福全恒　买郎庆烟土膏七十两

二十六日　高振凤　买刘作山烟土膏一百五十两

十二月二十五日　利增达　买韩贵烟土膏六百五十两

以上自去岁十月起至十二月底止，计三个月份，共收土药二千一百两，每两价钱十八文，共收税钱三十七吊八百文。内除一成公食钱三吊七百八十文外，实应解报公钱三十四吊零二十文，理合登明。须至册者。

珲春副都统衙门光绪二十四年征收秧参税清册
光绪二十五年

为造送珲春地方自光绪二十四年正月起至十二月底止，连闰计十三个月，征收秧参税款钱文，并开支一成人役公食数目清册事。

计开

光绪二十四年八月初一日　刘惠远　买刘客秧参三百五十两

二十四日　潘力强　买刘客秧参二百五十两

二十八日　宋志　买客秧参一千四百两

九月初五日　相英　买王客秧参一千二百两

二十四日　池善良　买周客秧参一千二百两

十月十二日　穆云　买张客秧参六百两

以上自去岁正月起至十二月底止，连闰计十三个月份，共收秧参五千两，每两价钱二百文，共收税钱一百吊。内除一成公食钱十吊外，实应解报归公钱九十吊，理合登明。须至册者。

（四）厘捐征收

珲春副都统为将所征七四厘捐以银款解省的札文
光绪二十三年

为札饬遵照事。于本年七月二十四日准钦命署理吉林将军延吉林副都统者　咨开：厘捐总局案呈，案奉宪台批交，据署珲春副都统协领凤翔呈报，右司案呈，案查珲春经征七四厘捐项：按年均由关领春秋两季俸饷，就便解省交库等因，历办在案。第查珲春地处边隅，现钱缺少，街市商民贸贩，均属以银交易，每两按三吊文折算作为准行，并无涨落。所有经征七匹厘捐款，虽照商人置本货价核钱抽收，仍按三吊文核银征纳。迨解省时，则以银折钱交库。前此省市银价常在三吊上下，与珲春银行不甚参差。此项厘捐征银解钱，虽盈亏亦属无几。近来省城银价低微，常在二吊六七百文，较珲市银价，每两亏短三四百文。本处经征七四厘捐款以本年三、四月所收之数核计，一年约收银二千四五百两，若仍前将银折钱解交，约须亏钱八九百吊，既未便因系银价亏赔加抽于市商，而厘捐本属尽征尽解并无盈余，所亏之项实属无法弥补。再四思维，唯有据情声明，请将本处经征七四厘捐款，嗣后准以所收银款解省，俯免折交钱文，俾无亏累之处，相应呈请核准示复遵办。等情据此，拟合备文呈请。为此，合呈将军衙门查核俯准赐复遵行等因。呈奉宪批，"照准"等谕，批交到局，奉此相应呈请咨行。为此，合咨贵副都统衙门查照可也。等因前来，准此相应呈请札饬遵照，等情据此合亟札仰税课司遵照可也。特札。

右札仰税课司准此

珲春副都统为珲属地方向无当铺未征此项税银的咨文

光绪二十三年

为咨明事。于本月十四日准将军衙门咨开，户司案呈：兹准户部咨开山东司案呈，据北档房传付所有具奏当商额税太轻，请饬各省一律加收一折。光绪二十三年五月十二日具奏，奉旨："依议，钦此。"相应传付湖广等司，即赴本档房抄录原奏，恭录谕旨飞咨各该省将军、督抚，等因前来，相应抄录原奏，飞咨吉林将军遵照可也。计粘单内开户部谨奏，为当商额税太轻，请旨饬令各省一律加收并严汰陋规以重饷款恭折仰祈圣鉴事。窃查臣部则例内载：各省民间开设典当，呈明地方官转详布政使司请帖，按年纳税，于奏销时汇册报部。其有无力停止者，缴帖免税。直隶、江苏、安徽、江西、浙江、福建、湖北、湖南、河南、山东、山西、陕西、甘肃、四川、广东、广西等省，每年每座税银五两，云南省每年每座税银四两，贵州省每年每座税银三两，奉天省每年每座税银二两五钱各等语。历经各省照例征收，于奏销册内报部在案。光绪十四年因河工需款，臣部奏令各省每当商一座缴银一百两，作为预完二十年当税，奉准行知各省。旋据先后报部，共预缴税银七十余万两。光绪二十年复因海防筹饷，由臣部奏令中外典当各商于额税外，每座捐银二百两报部候拨。计各省已报部者，共捐缴银三十余万两，（缺文）商等两次报缴巨款，已足见急公好义之忱。当此时事艰难，臣部亦知体恤商情，未便强令再伸报效。无如度支万分奇绌，银行、铁路在在均须部筹，即归还洋债要需，实已挪无可挪、借难再借，虽核扣中外俸廉、裁汰各营兵勇、加抽土药厘税、提扣放款减平，究竟每年腾出的款若干，尚难预料。惟查中外典当，以光绪十四年座数计之，约共七千数百余座，开报既多，资本亦巨，获利较厚，税额独轻。臣等公同商酌，拟自本年起无论何省，每座按年纳税银五十两。岁可共征银三十余万两，应由各省州县查明现在座数，分析造册详司报部，税银照征足额缴解。藩司汇总专案，随册奏咨听候拨用，不许外省截留。其有光绪十四年已预缴二十年税银者，除已经歇业不（许）[计]外，凡现经开报者，均自本年起准其按照预缴之数，分年扣除。已缴五两者，补缴四十五两；已缴四两者，补缴四十六两，已缴三两及二两五钱者，准此类推，均俟预缴年限届满，仍照五十两之数征收。光绪十四年以后新开各当，拟自本年起每座征税银五十两，不得延及。此外则例未报各省，如吉林、黑龙江、新疆等处，无论新旧当商，均自本年起一律征银五十两，以昭平允。该商等食毛践土，具有天良，自当体念时局之艰，勉赴公家之急。惟既加税额，自应概裁陋规。闻从前各商呈充领帖换牌，藩司道府州县各衙门均有使费，地方官吏年节亦有陋规，商力几何，何堪脧削。拟请旨饬下各省将军督抚，严谕该管地方官概行禁革，不得再蹈从前恶习。如有假公济私加派逾额，或劣绅蠹役借端诈索，准该商人据实控告，按律严惩。该上司等不得袒庇姑容，以恤商艰而重税课。一俟命下即由臣部行知顺天府府尹暨各该省将军、督抚转饬所属州县等官，剀切晓谕各商一体钦遵办理。所有臣等议加当税，并严汰陋规各缘由，理合恭折具陈伏乞皇上圣鉴，谨奏。等因前来，核查此项当税银两，亟应遵照部咨另额报解，听候拨用之处，相应呈请咨行查照。等情据此，拟合咨行珲春副都统衙门查照可也。等因前来，准此详查珲属地方并无开设当铺生意之户，向无经征此项税银。兹准省咨，相应呈请咨复查照。等情据此，拟合咨复。为此，合咨将军衙门查核施行。须至咨者。

右咨将军衙门

为呈请减收油豆饼捐的移文

为移付事。于本年十一月十四日，兹据本街油行铺商等呈称：窃商民等现奉我钦宪大人传讯面谕，以省咨照章抽收油、豆饼捐一事，商等无不乐从。但是出产捐若照卖价抽收，似乎太重，情因商等皆系小本生意，恐难支持。恳请照各家每月所出之油二千一百斤上下、饼一千六百片上下，照置本合计每月约共捐本银在一百二十两上下，按七四厘章每月约合捐银一两三钱上下等因，已蒙宪台面谕，商等遵奉之下，业（竟）[经]议明甘愿照每月所共出油饼数目合捐按月造局报纳，并恳此后倘有加班多打（缺文）所出之油二千一百斤上下、饼一千六百片上下，合捐按月造局报纳，借以够歇班少打之数。似此捐归有定，以免将来格外累赘，更恳勿烦捐局差追而捐自然增收，是觉公私两有裨益。为此，众油行商等谨具图书，恳呈伏乞俯准并恳批示。当奉宪批："珲春各油行等公呈会议，每日按所出油饼数目合捐报纳，自应照准，仰右司存案备查。"等谕批交到司，奉此相应备文移付。为此，合移贵税课司查照办理可也。须至移者。

右移税课司

珲春副都统为凉水泉子三合兴烧商受水灾呈请免税的札文
光绪二十三年四月二十七日

为札饬遵照事。兹准将军衙门咨开，官参局案呈，除原文省繁简叙外，惟查凉水泉子、三合兴烧商应纳票课银两，前派云骑尉讷奇新赴该处严催，据该商人胡美云呈称，因被水灾，至将田地淹没，房间冲塌，粮石家俱等项漂没罄尽，一贫如洗，实系无力领票开设小糟，恳将票课免交等情，应令该云骑尉讷奇新出具确切实据甘结报省，以凭专案报部。等因前来。相应呈请札饬遵照。等情据此，合亟札仰该云骑尉遵照出具确实切结，迅即飞速呈覆，以凭送省，勿稍迟延可也。特札。

右札仰云骑尉讷奇新遵此

珲春副都统为报西关火灾所烧商贾详数的咨文

为查明咨报事。窃据街道厅呈称：准商贾铺达同顺成等报称，城内西关去岁十二月二十八日二更时分，由东兴玉铺内失慎，于该铺后院柴草堆中起火，连及货房洋灯窗纸，引至棚上。扑救未熄，遂即报官鸣锣，调取水桶。当即本副都统督同左右两司印官等，并传至中前两路带队往救。无如均系草房，风烈火狂，人力难施，以致延烧大小铺户五十一家。迨至丑刻，打开火道，始行扑灭。曾经将大约情形电报在案，当饬街道厅详察去后。兹据查明旗属房间铺商字号呈报前来，除将火头东兴玉执事人照例饬司惩办外，至被烧旗属房间、商人货物，困苦难堪，诚属可悯。理合将铺户失慎情形，被烧字号开单附呈缘由，查明咨报。为此，合咨将军衙门鉴核施行。须至咨者。

右咨将军衙门

粘单

谨将被烧商贾数目字号开列于后：

计开

西门里路北：洪盛德、德源昌、大盛福、和祥发、永庆长、福魁德、福聚成、永德盛、同升堂、东兴玉、福兴成、德庆和、德源斋、德源昌、税课司、万盛长、洪盛德、永庆和、德胜馆、同顺栈、恒昌和、同发福、福兴祥、复元堂、广峻兴、四海全、洪盛德、福祥和、魁盛隆、聚丰炉、福泰成、东兴居。

路南：怡美玉、福魁号、福合成、同增福、广聚隆、庆顺成、广太隆、会宝楼、同庆银局、双合锡铺、成顺涌、德庆涌、大有顺、罗圈铺。单人名小生理五家，共计五十一家。

珲春副都统为海口划归俄属后珲春商业衰退请免征税的咨文
光绪二十四年

为咨复事。于光绪二十四年三月二十三日准将军衙门咨开，户司案呈：于本年三月初九日适奉军宪札开，光绪二十四年三月初一日准户部咨开，贵州司案呈，准北档房传称，议复黑龙江副都统景祺奏请专设铺税药材一折，光绪二十四年二月初七日具奏，奉旨"依议，钦此"。相应传付贵州等司抄录原奏，飞咨各直省将军督抚及札行顺天府府尹，一体遵照，等因前来，相应抄录原奏，飞咨吉林将军遵照可也。等因准此，除分札外，合行抄单札饬札到该司，立即会同吉林道遵照办理，并转行五城副都统暨各旗属一体遵办毋违，特札等因，札饬到司。遵此，抄录原奏粘连文尾，相应呈请咨札遵照。等情据此，拟合咨行珲春副都统衙门查照可也。等因奉此，窃为洋债迫急，帑项支绌之际，凡属世仆臣子，应仰体时艰，敢不竭力输诚，尽心遵办，以期克副集腋成裘之举。无如重为国计，亦未便轻视民生也。查珲春地势褊狭，僻处极边，土瘠人稀，兵民贫苦异常，所有生计，概以山海渔猎为业。自中外续分界址，将海口划归俄属之后，而生计日蹙。原因诸物统自俄境海运而来，该国收捐纳税逐渐加增，甚至旗丁终岁血汗劳作，纵有微利，卒不敷彼族苛敛之需，更无以养家，是以人俱视为畏途，裹足不前，则地方之困苦由此日甚一日矣。至外来贸易于斯者，亦属寥寥，其股本大概微细，买卖无非粗货，并无钱当、丝绸、皮张、药材、盐店等铺户，岂有殷实之家。溯查珲春前十余年系协领带兵六百名护守边卡，并无民户。迨至设副都统后，开荒招垦，渐有居民。然此招徕之众，皆是腹地流民，良善者少，或被事离乡，或藏身避祸，均不能携财而至，故假得零星之本凑成一铺，稍有中外之货即可开张，确立红账，皆系本小铺微，是以头等户不过千金，二等户七八百金，三等户四五百金，以次旅店、伙房数金而已。至查旗户中，以协领为绅者，除当弁兵而外，全以渔猎为生。近来海口属俄，如欲渔于海则海参有税，欲采于崴则海菜有捐，竟至无利可往。且开垦日广，人烟渐稠，野兽自远猎者亦少，海上之生机不畅，城中之买卖萧然，此珲境兵民铺商之实在情形也。核计珲市铺户除手艺不计外，统共六十余家，一概华洋杂货。市房共四百间，全系土壁草苫，每间修本在十金左右，每年租资自二三两至几钱不等。诚因铺房多系住主自行添修，房主仅收取基银，故租价极轻。若按部章取捐，每年不过五六十金，计所征者恐不敷经理人役小费之需。以此些须捐款，似觉无补于公，且其间易滋弊窦，另生枝节，名为捐租，毫无实济，可否请暂免议，一俟地面稍兴，再行随时试办。至药材一宗，亦难举办。缘敝处孤悬一隅，非内地省会可比，即如上海、烟台等处富庶之区，设一土局烟馆动需千金万金，销售极宽。而珲城无通区可销，遂无局可没，诚以城东南逼近俄界，该国土禁与酒禁并重，不但不准我境所产之洋药、烧酒入彼之地，即如他国所产者亦不准运过其境，一经查出凡干俄禁者，连车带货概行入罚净尽，惟只此一线销售之路已梗塞不通，虽北有塔城，西有省垣，而栽种颇多，亦难往贩求售。即本地所产无几，税有定则，不过铺户零星带卖，并无人充当经纪更无经纪专行，此洋药无几，未成栈店之实在情形也。其卖熟药膏者，亦与他处不同，业此者非游手之民即被革之勇，无计聊生，借此糊口。或假荒铺以开灯，本钱能有几何。或无本资而赊土，利亦虽多，安能如原奏之繁盛、次盛、简僻之说分别此等烟铺耶。且朝熬熟而夕罄矣，今日开而明日闭矣，以蚩氓之间散作此无赖之生涯，万难与此乞丐琐琐征利焉。所有珲界铺房之税、土药之捐，未能按章筹办各缘由，再四思维，唯有先将地方困苦与他处不同据实声明，拟请免议，以示体恤边鄙而免吏役扰累之端，实为公德两便。是否有当，理合备文咨复。为此咨呈将军衙门查照，伏乞鉴核施行。

珲春副都统为请领经征七厘货捐人役工食的咨文
光绪二十五年

为咨领事。案查本衙门经征七厘货捐应支人役工食，前准省咨，勿庸由所收捐项扣留，俟将一年征收捐钱解省，再行具文请领。并准咨开各处应领七厘捐工食，由一成内扣留部费三厘，发给七厘等因。核查截至光绪二十四年底，应领工食前已承领在案。兹查自光绪二十四年正月初一日起至十二月底止，连闰十三个月，共收七厘货捐钱四千四百八十五吊三百六十文，四厘货捐钱二千五百六十三吊零六十二文，二共钱七千零四十八吊四百二十二文，业由本衙门关领春、秋两季俸饷差便解交在案。详查七厘货捐按照七厘核计，应领人役工食钱三百一十三吊九百七十五文。应即具文请领，祈将此项工食钱文饬交本衙门关领俸饷去之委员防御吉勒图堪、笔帖式海全等就便承领之处，理合备文咨请，为此合咨将军衙门请烦查核发给施行。须至咨者。

右咨将军衙门

珲春副都统为发泉升海烧锅执照以备纳课的札文
光绪二十五年

为札饬遵照事。于三月二十一日准将军衙门咨开：官参局案呈，于本年三月初五日据商民栾熙庸呈报，在珲春管界烟集冈、朝阳川地方开设一筒小烧锅，起立字号泉升海。现将房屋修盖完竣，于本年二月二十日开烧造酒，情愿仿照各小烧锅纳课章程，每筒每年输纳课银四百两，上裕国课下济民生，嗣后生意畅旺加添酒筒，随时呈报，增纳票课，具情呈请发给执照，以备纳课等情，呈奉宪允饬交到局。等因奉此，除由局缮照钤印，发给该商就近承领外，相应呈请咨行查照等情。为此，合咨贵副都统衙门查照可也。等因准此，核查该商民栾熙庸开设小烧泉升海字号，发给执照，就近承领，以备纳课，等情据此，合亟备文札饬，札到该局遵照可也。特札。

右札仰招垦总局遵此。

吉林将军衙门为各省征收税厘仍应竭力整顿事的咨文
光绪二十五年六月七日

为咨行事。于本年六月初四日准户部咨开：北档房案呈，光绪二十五年三月间据护理盛京将军文兴等奏，详查依克唐阿任内所筹饷项报明收支实在总数折内声称，前将军依克唐阿到任共三年零五十日，旧管亏库平银二千八十余两，新收银五百一十九万五千三百七十余两，开除银四百一十五万五千三百余两，实在净存银一百零四万余两。又另存军火各项经费银十数万两。查光绪二十一年冬间，依克唐阿到任，军务初平，库款支绌，今已阅三年，集此巨款，不知其几经擘画而后得等语。奉朱批："知道了。人人皆如依克唐阿，存心任劳任怨，何患不有起色。尔等仍应竭力仿照整顿，毋任日久弊生。钦此。"本部查将军依克唐阿前在奉天任内，兴利除弊之端，不一而足，其办理认真确著成效者，莫如于东边道税厘一事。光绪十八九等年，东边道税厘每年收银不过十七八万两，自前将军到任以后，另行派员征收，俾令全数归公。光绪二十二、[二十]三等年，每年遂收银五十余万两，为奉省入款第一大宗，其经营擘画之功。概可想见。现在钦奉谕旨：人人皆如依克唐阿，存心任劳任怨，何患不有起色。等因。恭请之下，窃念地方积弊亟宜剔除者，岂唯奉天东边道一处。各省将军督抚同膺艰巨，能任劳任怨者，岂唯依克唐阿一人。方今时局孔棘，财力日绌以外而洋债计之。除前借俄、法、英、德及续借英、德各款，已由各省摊派及厘金作抵外，尚有汇丰克萨及磅价不敷各款，一年约需银五百万两，均无另筹专款，可以指还，更以内而兵饷计之。除各省绿营防勇及改习洋操已由本省筹款外，近年京畿添练虎神营及武卫各军，专在部库领饷一年实支银三百余万两，亦无常年的款足供拨用，总计以上两项为款甚巨，为日方长，洋债偶有失期，则强邻之诘责不免，兵饷一有弗给，则士卒之哗噪堪虞。此时预为图维，必须内外臣工一志，并心协力，筹措设法凑集巨款，留备洋债兵饷不敷之用，庶可愍隐患而济时艰，断不可中外稍分轸域，彼此互相推诿，苟且因循聊顾。目前驰至大局，无从挽救，况度支之数虽户部司之，而财赋之区实疆吏管之，各省丁课税厘纵有征多报少之弊，户部无由周知，即知之亦无如何，而封疆大吏既有理财之责，复操用人之柄，果能破除情面，毋稍瞻徇，凡征收各项一如将军依克唐阿之于奉天东边道税厘一事，严提中饱，力杜侵渔，俾公家应有之财尽数还之公家，弊窦既清，利源渐拓。就一省而言，则收款骤增，就各省而言，则入款更巨。庶洋债不难于偿还，兵饷可恃以接济。斯本部之幸，而亦各省之幸也。相应咨行查照办理可也。等因到本军督大臣。准此，除分行咨札一体遵照外，相应备文咨行照会贵副都统查照，转饬经征税厘各员，务宜认真办理，毋任侵吞中饱，尽收尽解施行。须至咨者。

右咨珲春副都统

吉林将军衙门查报铺商漏厘捐银事的咨文
光绪二十六年

钦命头品顶戴总理各国事务大臣镇守吉林等处地方将军兼理打牲乌拉拣选官员等事恩特赫恩巴图鲁长　钦命吉林副都统赏戴花翎成　为咨催事。厘捐总局案呈：光绪二十六年四月初五日奉宪台衙门札开，户司案呈，兹据厘捐总局总理花翎协领富凌阿等禀称适奉宪台发交，据查捐委员恒守、谦德，佐领云　先后察报，稽查珲春、宁古塔、额穆赫索罗、五常堡、五常厅、山河屯等处厘捐，开具各商已纳捐款数目，并铺商图书条抄粘禀尾。又据该委员补行禀报，查有额穆赫索罗铺商漏捐钱八吊五百八十八文，珲春南冈等处铺商漏捐钱八吊九百六十四文，宁古塔暨所属村镇铺商漏捐钱十二吊二百六十四文，五常厅铺商漏捐钱一吊五百四十文，山河屯铺商漏捐钱八吊九百二十三文。以上各处零星铺商共漏捐钱四十吊零二百七十九文，均饬漏捐商人自赴各该处捐局照章纳捐，原带省发捐票未能即时发给各，等因发交到局。奉此，职局按照该守等禀报单条，各处铺商已纳捐钱与各该处原报收数底册逐年比对，现经核明，委员查报珲春副都统。（下缺）

六、农　业

（一）开　垦　荒　务

珲春副都统为支发局借拨招垦租赋之款划抵各情的咨文

光绪二十一年一月初四日

署理帮办吉林边务事宜珲春副都统军机处存记副都统衔花翎协领恩　为咨请就近划拨事。右司案呈：案据委署珲春招垦局事务留吉借补府经历曲作寅呈称，窃卑局接征十九年份大租银二千零二十二两四钱六分，于本年九月初三日，曾经呈请宪台饬司代收储库。兹复收到大租银一千三百五十四两七钱六分五厘二毫，并收到黑顶子十八、九两年大租银五十一两九钱六分六厘，二共银一千四百零六两七钱三分一厘二毫。以上均照吉市平核交，仍恳宪台饬司代收储库，以备将军衙门户司抵收租款，实为公便。等因据此，当即将该局呈交银一千四百零六两七钱三分一厘二毫，补足吉平，如数饬库收储讫。案查前于光绪二十年九月初三日，该局呈交代存银二千零二十二两四钱六分，内于光绪二十年十二月间，据支发处委员铭禄禀请，由此项存银内借给支发处银一千两，分发文案、营务发审各员，以及书识等十、冬、腊三个月薪饷。该员晋省催索各欠款，汇齐就近呈缴户司划拨，作为招垦局应解租赋之银，以归捷便，而清借款。等因咨明督办将军在案。除此提借银一千两外，尚存银一千零二十二两四钱六分，并现据交到银一千四百零六两七钱三分一厘二毫，计共存银二千四百二十九两一钱九分一厘二毫。查此项银两，招垦局系应解省之款，拟请即由前路应领本年春季防饷内划拨，抵收该局租款，一俟核准划扣本衙门，即将寄存招垦局租赋银二千四百二十九两一钱九分一厘二毫，如数发给前路，归补划抵之项，以清款目，而节运费之处，相应呈请咨行查核。等情据此，拟合咨行将军衙门查核划抵施行。须至咨者。

右咨将军衙门

吉林将军衙门为吉朝商务局以勘丈地亩出力弁兵请奖的咨文

光绪二十一年二月十五日

为咨行事。兵司案呈：于本年二月初八日准军　副宪札开，据吉朝商务局总理田正庸呈称，窃照卑局自设局以来，至光绪十八年岁底，经卑职呈请，赏发五六七八品军功顶戴，并有频年尤为出力之司事唐书勋、郭道清，书识邹经邦、周汝楫，请以内奖存记，均蒙督办将军长　批准，札发功牌到局，转发承领在案。遵查各营暨各局处，每逢岁暮，必将年终出力者请奖。卑局自十九年秋奉文勘丈四堡三十九社续垦新地，直至二十年三月始行告竣。又奉文赶造大册，于是十九年岁暮未遑办理请奖，刻下清丈事已早竣，大册亦经赶造，妥协呈送在案。惟该员弁兵勇等，分投前往各社，正值冰雪载道，严寒烈风，异常艰苦，均能不避艰苦，妥为竣事，至在局书识，两哨马步队差弁昼夜勤劳，始造草册，赶办大册，暨填写大照。去秋又值军事方殷，办团巡探并常年办理，催科租票，始终奋勉，不辞劳瘁，拟请恩准奖励，以昭激劝。除唐书勋等四员仍请以内奖存记外，其余出力各弁，拟请赏给五、六、七、八品顶戴功牌，另缮衔名清单，恭请宪览。如蒙允准，不独该员弁等感激思奋，及卑职亦收指臂之助。所有恳请给奖缘由，伏候批示祗遵。理合具文呈请宪台鉴核，俯允示遵施行。等情据此，当经批查该令办垦频年出力弁兵，不无微劳，足录所请奖励，准如所请，候饬文案处按品填发，以示鼓励。缴。挂发，并饬据文案处按品填注功牌十七张，呈请钤印讫。除将功牌札发外，合亟抄粘札饬，札到该司，即便转饬该旗遵照。特札。等因奉此。相应抄单呈请咨行盛京将军、珲春副都统等衙门查照，札饬西路驿站监督、黑龙江水师营、四品官赫尔苏边门章京等遵照可也。须至咨者。

右咨盛京将军、珲春副都统等衙门

计开

珲春镶黄旗度云佐领下六品顶戴披甲全禄、正红旗富勒吉扬阿佐领下六品顶戴西丹春有。以上二名均拟请换五品顶戴功牌。

镶黄旗庆云佐领下七品顶戴西丹常寿，此一名拟请赏换六品顶戴功牌。

吉林苏瓦延站站丁祥魁、搜登站站丁连奎、黑龙江水师营馀丁忠成、奉天户部镶黄旗贵顺佐领下西丹李士友、珲春镶黄旗德玉佐领下西丹丁小、盛京正白旗成顺佐领下西丹吴廷弼、吉林赫尔苏边门台丁李永春。以上七名均拟请赏给七品顶戴功牌。

珲春副都统为五道沟春仁等联名恳留招垦分局委员曲鸣銮的咨文

光绪二十二年四月二十八日

钦命帮办吉林边务一切事宜镇守珲春地方副都统恩　为咨行事。案查接管卷内前署帮办副都统沙　已批未及咨行之件，本年四月二十四日，据珲春招垦局总理金令寿呈称，窃于本年四月二十三日据五道沟春仁等五社乡约垦民联名呈称，为恳恩留任，以安蠢愚事。窃以东沟五牌，地僻民贫，居户零星。自请勘而后，小民等虽歌乐土，而争衅斗气者又复何鲜。幸至十九年秋，曲总理莅事分局，万民赖安，亲劝赋课，贫户无苦苛歛，践勘荒址，流民皆得业居，更兼案牍立清，一钱不索，土匪颇靖，五牌皆安，至今三四年来，欢声载道，小民等悉颂乐土。兹者陡闻小民总理调迁离事，民心惶惶，觉似无主，伏念甘棠之有，颂讵如孔，迩之载歌。小民等实蠢愚无知，冒昧不揣，五社垦户今敢竭诚具恳匍匐前来，叩乞俯怜小民诚悃，详请恩准留任，以安蠢愚。等情据此，案查，前于本年三月十九日奉督办军宪札饬，因该五道沟招垦分局委员曲鸣銮，带兵在三岔口放赌滋事，撤去差使听候查办，所遗之差即派候选巡检栾在丰接充，等因当经转饬遵照在案。查新委员栾在丰，尚未到珲，兹据该民等联名恳留，是否可行，卑职未敢擅便，理合据情呈请，俯准批示转咨。等情业经前署帮办副都统沙　批：据呈已悉，仰候转咨督办将军复，夺，缴。等因移交到本帮办副都统。准此，相应备文咨行。为此合咨贵督办将军，请烦查照见复施行。须至咨者。

右咨吉林将军长

珲春副都统为招垦局请差占靖边马步勇丁仍照旧差占各情的咨文
光绪二十二年六月初二日

钦命帮办吉林边务一切事宜镇守珲春地方副都统恩　为咨请事。本年六月初一日据招垦总局总理金令寿呈称：窃查卑局差占中路马勇二名，步勇十名，前路马勇二名，步勇二名，应领饷银向系由营送交，卑局按名放给，迄今将及五个月，仅准中路将正二两月饷银送到，其余均未送交，昨由卑局备文赴该两路领取。于本年五月二十四日准前路方统领移文内开，查贵局前占敝路左营马勇二名，前右营步勇各一名，敝统领未接统以前，既撤回各营，嗣贵局奉督帮办宪谕招垦总分三局，所用中前右各路马步差占，仍然照旧，三月二十一日函知到营，当即分行照办矣。兹准移提饷项，究竟此项兵饷，该营本年何以一月未送，贵局差占饷银向不归统领经手，无从查悉，札饬该官查明，应送饷银若干去后。据该护理营官阿勒金布呈称，窃查招垦局差占职营马勇二名，奉督办宪札饬营务、文案各局处，本按月支领夫价，何得复占营勇，至他处一切无名差占，皆属私用者，应悉行裁去，如再有私行占用者，查出定行惩处。等谕奉此，遵将招垦局差占马勇张得胜、周大富，于二月底裁撤，所有应找正、二两月饷银二十八两，现存职营，至于该局差占马勇系职奉文裁撤。三月二十三日曾奉统宪札准该局函称，马步差占仍然照旧等因。该局既不肯调取实勇听差，又不肯另行开名请补，今关领三四五月之饷，职将何名何额勇饷发交，实系彼此两难，等因移复到卑局。又准中路永统领移文内开，伏查本年二月二十日准督办营务处咨，奉督办宪谕，检查各营月报差占弁勇姓名仍属不少，殊觉不成事体。兹特将本军辖所占靖边亲军左营马队正勇七名，沙大人差占正勇三名，先行裁撤。所有各局处，除粮饷处所占各营一名，本为护饷起见，谢洋人所占系由前任派往，均无庸裁外，其余各处本按月支领夫价，何得复占营勇，至他处一切无名差占，皆属私用，自应悉行裁去。如再有私行占用者，查出定行惩处等谕。至招垦局差占并无一字提及，煌煌宪谕，曷敢不遵，是以敝统领当于二月二十二日据情移知贵局查照在案。嗣经委员文方来珲点队，即将贵局所占马勇二名，步勇十名，一并点撤。兹据贵局移复，前因敝统领不但饷项无所筹措，即此项占兵十二名，现未续奉两宪明文，亦不敢以防戍之兵，私作局委捍卫。除呈报两宪鉴核批示外，理合备文移复查照可也。各等因。准此，卑职复查，前于本年二月二十二日准中路永统领将奉到督办宪谕，裁去各处一切无名差占，等谕移复卑局，令查照将差占兵勇速饬归营充差。又准前路左营亦传令差占兵勇归营。各等因。卑职当即捡案详查，卑局前经差占靖边前路步勇十名，马勇六名，于二十年七月初四日奉前帮办宪恩　谕，现当中倭交兵，边备预宜筹振等因，将所占前路步勇十名，饬令归营，由中路左右两营各派步勇五名接换，由边防营务处移知卑局，当经遵谕调拨。嗣于二十一年三月三十日奉宪台札饬，将卑局差占前路马队六名，调送归营四名，由中路拨给卑局马勇二名，共占马勇四名，向因五道沟招垦分局不通驿站，即拨往该局分二名，卑局留驻二名，均备递送繁紧要文件。嗣因不敷分差，又蒙宪台由前路前右两营拨补步勇各一名，共占步勇十二名，遵照前奉，分派随各征租委员，在社催传佃户，弹压向城解送租款，并在局听候遣派等项差使，历经遵照办理，洵非私行占用所可比，当于本年二月二十八日具情禀蒙前署帮办宪沙　批：禀悉，业照原请各节，函商督办将军，应俟奉到回信，再行裁夺。此缴，等因。嗣蒙谕知，业经商准督办将军函复，招垦总分三局所用防军马步差占，仍然照旧，至所占中路左营正勇五名，该营奉调赴省，即由该路中营调拨，令行知各路遵照等因。卑职当即遵谕函知中前两路各在案。兹因移领饷银，准该两路移复前路，则云未准开名，请补中路，则云现未续奉两宪明文，不敢以防兵私作局委捍卫等语。卑职伏思，前经奉文补用差占，该两路奉谕撤去一切无名差占，将卑局因公所占之勇名一并革除，置明文于不问，继又奉谕仍然照旧，是卑局差占均是原补之勇，该两路均有原名可查。兹准前路移称，未曾另开请补，又不遵仍然照旧之谕，今该两路彼此借谕推诿搪塞，致卑局垫发差占兵勇三、四、五月之饷，无可归还，不但所垫饷银碍难久悬，即前奉文所拨归卑局差遣之马勇四名，步勇十二名，亦难以枵腹，荷戈充公。卑职筹思再四，殊乏良策，唯有仰恳宪台饬令中前两路查照前案，将卑局差占马步兵勇应领三、四、五月饷银照数核发，并令其仍行查照前补马步差占勇名照旧办理，俾前奉派在卑局听差随各员，在乡催传佃户弹压租银之兵勇口粮，有所给领，以资办公之处，所有奉文差占马步队兵勇额虚悬，饷无所出各缘由，理合备文呈请俯赐查核批示祗遵，并恳转咨。等情到本帮办副都统。据此，除批，呈悉。该局原占中前路之马步勇丁，以资催征解租及在局听候遣派等项差使，业已有年，固属因公占用与私占有别，惟所称禀蒙前署帮办沙　函商督办将军，嗣复谕知函复，准仍照旧差占各情，本帮办无从察悉，仰候转咨督办将军，俟咨复到日再为示遵。缴。挂发外，除札中前路统领遵照外，相应备文咨请。为此合咨贵督办将军，请烦查照见复施行。须至咨者。

右咨吉林将军长

珲春副都统为查招垦局占用中路马步队勇仍留局用等情的咨文
光绪二十二年七月初九日

钦命帮办吉林边务一切事宜镇守珲春地方副都统恩　为咨复事。本年七月初六日准贵署督办将军咨开：六月十三日案据靖边中路统领永德于五月二十九日来文呈称，准珲春招垦局总理金寿移称，案查敝局差占贵路马勇二名，步勇十各，向系按季送饷过局，按名给领，历经办理在案。前于本年二月二十二日准贵统领移文内开，奉督办宪谕，裁去各处一切无名差占等谕，移付查照，即将差占兵勇速饬归营充差。等因当经敝总理检案，详查招垦总分各局原用马步差占，曾奉明文由中前右各路酌拨归局节制，以便差遣，而资办公。是敝局差占非同无名者所可比，即行具情禀请署帮办宪沙。嗣蒙谕知，业经函商督办将军复准招垦总分三局所用中前右各路马步差占，仍然照旧其所占。中路左营正勇五名，该营奉调赴省，即由该路中营调拨，令行知各路遵照等因。敝总理当即函知亦在案。兹查自正月初一日起迄今，将及五个月，仅将正、二两个月应领饷银送到，其三、四、五月之饷未准送交敝局，昨差人赴贵路中右两营领取，讵云差占尚未给补，无凭发饷等语。敝总理闻之甚为诧异，何以原有差占并未奉文裁撤，旧补勇名竟化为未补，应领饷项尽归于乌有，殊属不解。相应备文移提，为此合移贵统领，请烦查照，即将原补差占马步正勇十二名，应领三、四、五月饷银，如数发交去差，承领回局，望速见复可也。等因前来。职接阅之余，亦甚骇异，伏查本年二月二十日准督办营务处咨，奉督办宪谕，检查各营月报差占弁勇姓名，每营仍属不少，殊觉不成事体。兹特将本军辖所占靖边亲军左营马队正勇七名，沙大人差占正勇三名，先行裁撤，所有各局处除粮饷处所占各营一名正勇本为护饷起见，谢洋人所占系由前任派往，均无庸裁外，其余各处本按月支领夫价，何得复占营勇，至他处一切无名差占，皆属私用，自应悉行裁去。如再有私行占用者，查出定行惩处等谕。至招垦局差占并无一字提及，煌煌宪谕，曷敢不遵，是以职当于二月二十二日据情移知该局查照在案。嗣经委员文方来珲点队，即将该局所占马勇二名，步勇十名，一并点撤。兹据该局移付，前因职不但饷项无所筹措，即此项占兵十二名现未续奉两宪明文亦不敢以防成之兵私作局委捍卫。除移复招垦局并呈报帮办宪鉴核批示外，谨将该局移提银两无法筹措，及该局所占兵勇应否拨给，理合备由呈请鉴核批示祗遵。等情据此，当经本署督办将军批据呈各情，均已阅悉。查边防各军自本年奏准裁减一成后，凡各局处向来差占勇丁均经前将军长严饬，一体裁禁，杜虚糜而收实用，诚为整军之要图。该局于事前既未奉有不裁局勇差占之明文，事后又未专禀请示，仅以当时奉署帮办沙　谕知函商，仍然照旧之说，辄尔率行派差，移提办理，殊属非是。兹据所呈，本应严饬不准，以示儆戒。第查该局向未专设护局勇丁，所有催提租课及遇紧要公事奔走不无需人之处，其从前差占应否酌定，留勇几名，发回原营，仰候咨由帮办副帅恩　就近体察情形，核实酌定，咨复前来。另文饬遵，固不得仍照原数悉索以应也。除批缴挂发外，相应咨明，为此咨请贵帮办，请烦查照批内事理，就近核夺。该局应否仍留差占，勇丁若干名，量减若干名，是否须由原营拨勇赴局应差，抑或划饷，俾自招募之处，总期事归核实，饷不虚糜，仍望咨复，以凭转饬遵办施行。等因到本帮办副都统。准此，查招垦局占用中路马步队勇十二名，溯自该局创立之初，并未设有护局勇丁，凡催征租赋遇有差派，无不借资营勇之力。兹准前因，自应体察情形，核实酌定，以量为裁减。惟该局公务纷繁多减，诚属不敷差遣，即饬于十二名之内裁减步勇二名，拨回原营，其留局之马步队勇十名，仍由中路划饷，该局自行招募，俾有专责，而归整齐。除饬中路统领并招垦局遵照办理外，相应备文咨复。为此合咨贵署督办将军，请烦查照施行。须至咨者。

右咨钦命署理吉林等处地方将军督办吉林边务事宜兼理打牲乌拉拣选官员等事副都统衔延

珲春副都统为派员请领珲春招垦总分三局本年经费银两的呈文

光绪二十三年三月初二日

署珲春副都统帮办边务事宜副都统衔花翎协领凤翔为呈请事。案查珲春招垦总分三局每年经费银二千二百三十二两，前经历任帮办派员提领转发，由该局自行造报核销在案。现届应领光绪二十三年经费银二千二百三十二两，亟应援案照章请领，以便转发。兹派效力委员云骑尉魁山赴省请领。除照会边务粮饷处核发外，理合具文呈请督宪将军鉴核，饬发施行。须至呈者。

右呈钦命署理吉林等处地方将军督办吉林边务事宜兼理打牲乌拉拣选官员等事副都统衔延

珲春副都统为请领珲春招垦总分各局二十四年经费银两的咨呈文

光绪二十三年十一月二十二日

钦命帮办吉林边务事宜镇守珲春地方副都统军功花翎英　为咨呈事。案查珲春招垦总分各局本年经费银两，前经行营文案处派员请领转发，由该局自行造报核销在案。现届应领光绪二十四年经费银二千零九十三两，派亲军马队哨官尽先即补前锋校荣和赴省请领，以便转发。除札粮饷处核发外，理合备文咨呈督办将军鉴核施行。须至咨者。

右咨呈钦命署理吉林等处地方将军督办吉林边务事宜兼理打牲乌拉拣选官员等事副都统衔延

珲春副都统衙门为招垦荒地升科纳租事的照会

光绪二十三年

为照会事。于本年四月十二日准将军衙门咨开，户司案呈，案查前于光绪二十年十二月初一日准户部咨开，山东司案呈，本部议复吉林将军奏敦化县拨归珲春哈尔巴岭一带，并珲春招垦生、熟荒地届限未能升科、拟请分别展限一折。光绪二十年十一月二十日具奏，本日奉旨："依议，钦此。"相应抄录原奏恭录谕旨，飞咨吉林将军遵照可也。计单开，户部谨奏，为遵旨议奏事，内阁抄出吉林将军长　奏敦化拨归珲春哈尔巴岭一带，并珲春招垦生、熟荒地届限未能升科，拟请分别展限等因一折。光绪二十年十一月十一日奉朱批："户部议奏，钦此。"钦遵到部，据原奏内称，光绪十一年前将军希　等片奏，请将哈尔巴岭迤东已放荒地升科纳租等事，拨归珲春招垦局经理等因，奏奉朱批："着照所请，该部知道，钦此。"当饬敦化县将所放荒、熟地亩划清界限，拨归珲春副都统转饬招垦局遵照接办在案。嗣准珲春副都统咨，据招垦局总理鄂龄禀称，敦化拨归珲春哈尔巴岭一带荒熟地共一万七千九百九十八坰五亩，内除拨留营基地十坰，被水冲毁地五十三坰外，应剩地一万七千九百三十五坰五亩。原拟定限五年后第六年升科，除在敦化已经升科地三千九百四十一坰外，剩生荒一万三千九百九十四坰五亩，计自光绪六年出放之年起扣至十一年限满未即升科者，委因土脉冷浆招垦迟滞，以致地未垦齐，届限未能起租。又兼此荒既归招垦局接办，是未升科之荒，既与该局原荒事同一律，应即照依招垦奏准十年升科定限一律核办，俾归划一。计自光绪六年出放之年起扣至十六年限满，是年秋间，报明新升科地九千五百十五坰七亩，旋因禾稼被灾奏准缓征，尚剩未升科荒地四千四百七十八坰八亩。又招垦局出放春和等十七社并黑顶子裁屯归招共地二万五千一百一十一坰七亩四分，内已垦成熟地一万四千四百二十七坰七亩九分外，尚剩未垦生荒一万零六百八十三坰九亩五分。计敦化原拨暨招垦所放荒、熟地亩于十七年委员清丈，共计四万三千零四十七坰二亩四分，内除由敦化拨归原熟地三千九百四十一坰按年照旧征租外，其十六年新升科地九千五百十五坰七亩应带征灾缓租银于十七年勘丈荒地时，目睹民佃收获无几，未能征租，应请将此项因灾缓征地亩并招垦局所放十七年应升科成熟地一万四千四百二十七坰七亩九分，均缓至十八年升科。未垦生荒拟自十八年起，展限五年一律升科。等情由局造册禀经该副都统咨报前来。奴才复加查核，珲春招垦拨放荒地，远处极边，土脉冷浆，节气最晚，秋霜又早，收获无几，自系实情。而招来民佃既鲜盖藏，垦辟荒地又已筋疲力尽。矧以荒地甫垦，遭逢灾歉，民气易伤，若令届限一律升科，其力实有未逮，恐有抛照逃弃之虞。奴才筹维至（册）[三]，殊乏良策，唯有据实历陈，合无仰恳天恩，俯念边氓极苦，准将珲春招垦届限升科地共二万三千九百四十三坰四亩九分，均请展至十八年升科，未垦生荒一万五千一百六十二坰七亩五分，请再展限五年后至二十三年一律升科。等因前来，臣等伏查吉林省荒地自咸丰年间经将军景　奏准招佃认垦，每坰先交荒价市钱二吊一百文，地捐市钱一吊二百文至一吊六百五十文不等，自呈领之日起予限三年起租，每坰交大、小租钱六百六十文。光绪七年前督办防务大臣吴大澂奏明于珲春、宁古塔之三岔口设立总局试办屯田，十一年据前任将军希　奏准裁撤敦化县所属南冈县丞员缺，将哈尔巴岭迤东、南冈地方已放荒地升科纳租等事拨归珲春招垦局总理，新设站驿牧场亦归该局就近酌拨。嗣于十四年复经将军希　奏准，将珲春招垦所招佃户开垦地亩自光绪七年起予限十年后一律升科，照本省定章征租。十九年□月又经现任将军长　奏准，将南冈新升科地九千五百十五垧七亩，应交地租缓至次年秋收后，分限二年带征。等因各在案。今据该将军以敦化拨归珲春哈尔巴岭一带，并珲春招垦生、熟地亩届限未能升科。拟交届限升科地二万三千九百四十三垧四亩九分，展至十八年升科。未垦生荒一万五千一百六十二垧七亩五分，再展限五年至二十三年一律升科。等因具奏。臣等查珲春招垦地亩按照奏定十年升科限期，扣至光绪十七年即应一律升科，何以该年并不启征；其南冈地亩原限五年升科，应扣至光绪十一年限满，何以一经划拨珲春，遂不遵照敦化县原限办理。即该将军此次所奏地未垦齐，未能届限起租，又谓其地既归招垦局接办，应照该局十年升科限期，扣至光绪十六年升科，何以当时并不奏明，是此项地亩亦不应迟至光绪十六年始行升科。乃该将军竟请由光绪十八年升科，并将十六年因该处被灾奏准缓征之案，亦置之不论，殊属不合。所有珲春招垦局已垦熟地一万四千四百二十七垧零，原限十年升科，为期亦属甚宽，应令即自光绪十七年起照章升科。其敦化县拨归珲春招垦局报明升科熟地九千五百十五垧七亩，分限五年升科，今该局竟以此项地亩与珲春招垦局地亩事同一律，应令即自光绪十六年起照章升科。查十六年分应征租银，业经因灾奏准缓征，应令按照原限分年带征，至招垦局未垦地亩一万五千一百六十二垧七亩五分，亦照原限十年升科，应扣至光绪十七年限满。今该将军以地方瘠苦奏请再展限五年，至光绪二十二年升科，殊属过缓，且扣算限则亦属不符，拟请光绪十七年起再行缓限三年至光绪二十年一律升科，不得再请推缓。至珲春、宁古塔荒地，自光绪七年奏准设立招垦局试办屯田，一切经费悉取给于防饷，迄今办理十有余年，糜费十万余两。本年四月仅据该将军奏报宁古塔三岔口升科地一万千余垧，此次奏报珲春升科地亦二万三千余垧，核计应征地租尚不敷员役薪水津贴之用，未免得不偿失，拟请饬下该将军转饬迅速招垦，不得徒事虚名，久无实效。如果该局不能得力，即行奏明裁撤，改归地方官办理，以期撙节而昭核实。所有臣等遵议缘由，理合恭折复陈，伏乞皇上圣鉴，谨奏。等因前来。遵查部咨内开，珲春招垦局已垦熟地一万四千四百二十七垧七亩九分，原限十年升科，为期亦属甚宽，应令即自光绪十七年起照章升科。敦化县拨归珲春招垦局原有升科熟地三千九百四十一垧，后经报明升科熟地九千五百十五垧七亩，原限五年升科，应令即自十六年起照章升科。查此两项熟地升科年限，既经奉部驳饬，所有应征十六、十七等年份租银白应札饬该局遵照部咨照章补行征收解交，以重租赋。其招垦局未垦地亩一万五千一百六十二垧七亩五分，原奏请再展限五年至二十三年升科，现准部咨，拟改予限三年扣至二十年一律升科。核计已届升科之年应征租银，自应照章赶紧征收报解，以抵饷需，均限予明年二月内照数征收清完，不准稍有蒂欠，致误饷需。再查招垦局前后出放荒、熟地数以及升科年限，均已经部奏明定准，应报地册亟应及时报部。惟查该局前造册籍，均有绳弓尺数，细加查核，多不符合，且无升科起租年限。册内仅据造报招垦统笼地数，并未分析，敦化拨归珲春荒、熟地亩若干，殊难据以报部，应即驳饬该局遵照此次部咨奏明酌定升科年限办理，另行造具妥册，总期分析明确，务将敦化拨归珲春荒、熟地亩若干，招垦出放荒、熟地亩若干，即于册尾填注明晰，毋得含混。至应征租银并佃户花名各若干，册内亦应填注明白，各归各处造报，毋庸造具绳弓尺丈之数，以期简明，免招部驳之虞。除将前报原册，暂留备核外，当于光绪二十年十二月十五日札饬珲春招垦局遵照解交在案。迄今二年之久，未据该局将各年租银扫数解交来省，实属稽迟已极。亟应再行飞催迅速解交以抵饷糈之处，相应呈请咨札遵照。等情据此，拟合咨行珲春副都统衙门转饬遵照遵办可也。等因前来。准此，相应呈请照会。等情据此，合亟照会贵招垦总局查照赶紧催征解交可也。须至照会者。

右照会招垦总局

吉林将军拟请将珲春宁古塔沿边各荒归各垦局经理的奏片
光绪二十三年十一月

再查前准户部议复，前署将军恩　奏请开办边荒一节，饬派妥员查勘各该处可垦之荒，并其地之方隅里到与夫升科纳税一切详细情形，绘图贴说妥议章程奏明办理等因。于光绪二十一年八月十二日具奏，本日奉旨："依议，钦此。"当经恩　札派调吉差委知府用山西候补直隶州丁忧和顺、知县曹廷杰照料游历俄士兼派查勘宁、姓、珲垦务，一面奏明在案。嗣曹廷杰款接俄士事竣，请假离省，未能前往勘办。奴才等查吉林荒地，自咸丰四年奏准开放而后，现在未放之荒，腹地则仅南荒之那尔轰、宾州之方正泡尚多膏腴可耕。沿边一带，如宁古塔属之蜂蜜山，上至珲春老岭下至三姓之红崖岩、富克锦等处约计千数百里，多系平原沃壤，约可垦地数十万垧历经派员勘明奏报有案。今既先从沿边办起，若派员前往招垦，将百里、数十里同时放出，不独揽头包领，流弊兹多，犹恐垦荒旗民任意结庐零星散处，不能守望相助。今日吉林内地贼盗之多弊正作此，况该处地处极边，人迹罕到，春冻晚解，秋霜早降，其田或多冷浆，将来佃户领后能否开垦，及垦后有无收获，均难逆料。如吉林之敦化县、珲春之烟集冈、宁古塔之三岔口、三姓之五站，放出荒地不少，而垦熟升科者尚属寥寥，可为前车之鉴。奴才等再四筹度，博访周谘，欲收实边之效，唯有因陋就简，逐渐扩充一法。查宁古塔、三岔口、穆棱河及珲春本城，烟集冈均设有招垦总、分各局，拟请将珲春、宁古塔沿边各荒即归各垦局经理，由近及远逐渐推广。仍令三里一屯，五里一堡，每屯、每堡房屋，务须栉比起造，不许星散，此屯放齐，再行挨放彼屯。凡图们江沿及老岭、蜂密山、红土崖等处，应饬各该局员先行分认界限，详细履勘究竟。每处可设屯堡若干、可垦垧数若干，绘具图说妥议章程。呈送奴才等酌定奏明办理，一面仍于局外附近地方先行开放，免稽时日。至富克锦地方相距较远，该处赫哲不谙耕种，素以渔猎为生，能否招民垦荒，拟咨三姓副都统就近派员往勘体察情形，再行分别办理。其内地那尔轰、方正泡各处，放荒有无窒碍，应由该地方各官（各官）勘明筹办，毋庸另行委员，以节縻费。奴才等为因地制、实事求是起见，是否有当，谨附片陈明，伏乞圣鉴训示，谨奏。

珲春副都统衙门饬催将续垦续开地亩查明报省的札文

光绪二十四年

为札饬遵照事。于本月十七日准将军衙门咨开，户司案呈，案查珲春招垦局前后共放荒、熟地四万三千零四十七垧二亩四分，除二十二年销除租额地亩外，实有征租额地四万零九百二十垧零六亩三分。和龙峪越垦局前后共放荒、熟连续垦地一万七千五百零四垧四亩七分，除二十二年销除租额地亩外，实有征租额地一万六千七百七十一垧八亩八分。三岔口招垦局前后共放荒熟地一万三千四百垧零零三亩，除二十二年销除租额地亩外，实有征租额地一万二千六百二十五垧四亩八分，均经造册报部各在案，迄逾四五年之久，各该局有无续开浮多地亩，当于去岁冬月间饬查在案，迄今未据造报来省，殊属迟缓，亟应再行分催，即将每年续垦、续放并丈出浮多地亩各若干，迅速查明，造具佃户花名、四址、垧数清册，赶紧报省，以凭核办之处，相应呈请分催查报等情。据此，合亟札仰珲春招垦、三岔口招垦、光霁峪越垦各局总理遵照外，暨咨行珲春副都统衙门查照转催可也，等因咨行前来，相应呈请札饬遵照，等情据此，除分行礼催迅速查明造报外，合亟札饬，札到该局即便遵照文内事理，赶紧查明造报可也。切切，特札。

右札仰招越垦局遵此

珲春副都统衙门为珲春招垦总分各局碍难裁撤事的札文

光绪二十四年

为札饬事。于本年三月初二日准将军衙门咨开，户司案呈，光绪二十年二月十五日本衙门恭折具奏，为珲春、三岔口招垦总、分各局碍难遵议裁并，谨将实在情形详晰具陈，恭折仰祈圣鉴事。窃准户部咨开，该部奏请将吉林招垦各局委员人等酌量裁留及生熟地亩速行招垦一片，光绪二十三年十一月初二日奉旨："依议，钦此。"钦遵，查原奏称：吉林三岔口、珲春等处招垦各总局，穆凌河、五道沟、南冈招垦各分局委员、司事、书役、猎户、听差等岁支银七千六百余两，用款多而成效少，请旨饬下该将军，赶紧切实整顿，酌量裁并，分别去留，一面速行勘丈招垦。其如何办理情形，专案奏咨，以凭查核，等因咨行遵照前来。伏查吉林招垦各局创设十有余年，原于实边之中兼寓筹饷之意。奴才于二十二年六月到任后，因其设局处所均在沿边一带，距省远，稽查难周，当于是年十月，因奏请开办蕨梨浆厂、方正泡等处荒场，于省城设立垦矿总局案内声明，体察情形，酌量归并去留在案。嗣将该局总理各员陆续撤回，另委妥实可靠之员分往接办，谕令清查已垦之地，续丈未放之荒，俟经理一年后，查其办理情形如何，再行核夺。兹于二十三年一年之中，迭据该员等禀报各情，详加查核办理，尚属认真。额设员司、书役仅敷驱策，并无冗闲。奴才仍恐有不实不尽，复于年终饬令该员等来省面加询问，详晰讨论，通盘筹划，并就现在情形兼权熟计，所有招垦各局实有毋庸裁撤及万难裁撤者，请为我皇上切陈之。珲春地方，在吉林东南一千二百里，地当边徼，距俄国分界处所仅数十里，原设总局一处，南冈、五道沟分局各一处，均相距或数十里或二三百里不等。盖地面既属辽阔，稽查私垦，催收租赋，专恃总局一处，精力实难周密。每岁心红各项共需银二千余两，例由边饷项下开支，所征租赋，自光绪十二年由敦化县拨归原熟地三千余垧，每岁征银七百余两，迨十六、七、八、九等年，计招垦地亩及由敦化县原拨已放荒地陆续升科，已征至二千及五千两不等，至二十、二十一两年即征至七千余两，均经列抵俸饷报部有案。该部谓二十年以后始报珲春南冈岁征七百余两，系专指敦化所拨地亩而言，似未汇总计算。查该局经征大租渐加增至七千余两，扣抵应支薪饷，尚余五千余两，已于公家大有裨益。且现在续放地亩将次完竣，一俟届年升科，租款当更有起色，未便责为毫无成效，若必强为裁撤，恐徒搏节费虚名，转受废弛实害，此珲春招垦各局毋庸裁撤之实在情形也。三岔口原设招垦总局一处，穆凌河分局一处，向来每年额征大租银二千余两，历经列抵俸饷报部有案。该处员司、屯总、猎户每岁应支薪饷银四千余两，实系入不敷出，似应酌量裁并。惟该处孤悬东边，距宁古塔城六百里，至省一千四百里，不但垦民租赋必须设有专局经征，即寻常词讼亦须由该局就近收理，转报塔城核办。且与俄界相逼甚近，出三岔口街市东里许即属俄境，现在铁路兴工，由俄之双城子经由该处入吉林东境，占用民地，雇用民夫等事，均须由该局会同料理。俄人往来络绎，照料保护亦兼资该处屯丁、猎户之力。倘将该局裁撤，势必另设交涉行局，派委专员，筹添兵勇，以资保护修工事项，未免所费更多，实不若仍归该局兼理较为妥协，并可将所有闲荒勘丈招垦，以期补经费之不足。此三岔口招垦各局，万难裁撤之实在情形也。奴才再四筹思，唯有仰恳天恩，准免裁撤，实于实边、筹饷两有俾益。至该两处续丈余荒，业由奴才饬令赶紧勘放完竣，即将招垦亩数、升科年限造册呈报，咨部立案，并饬随时体察，该各分局如有可以裁并之处，仍当禀请酌量裁并，以节虚糜。除咨复户部查照外，所有吉林招垦总、分各局碍难遵议裁撤情形，理合缮折奏陈，伏乞皇上圣鉴，谨奏。请旨等因具奏之处，除俟奉到朱批再行恭录咨报外，相应呈请咨报等情。据此，拟合咨报户部请烦查核外，暨咨行珲春副都统衙门查照可也。等因前来，相应抄录原文，备文札饬，札到招垦总局遵照可也。特札。

右札仰南冈招垦总局遵此

珲春副都统为请暂缓裁撤五道沟招垦分局事的札文
光绪二十四年四月初二日

钦命帮办吉林边务事宜镇守珲春地方副都统军功花翎英　为札饬事。本年闰三月二十六日，据招垦局总理魁令福呈称：窃查职前拟请裁撤五道沟招垦分局缘由，当于本年三月二十八日具禀呈请。于闰三月初十日奉到宪批："据禀已悉，仰候督办将军批示，缴。"等因在案。兹于闰三月十六日接奉督办将军延批："仰即照拟裁撤，仍候汇案奉咨并饬边防营务处分移文案、粮饷两处查照，缴。"等因奉此。职伏查该分局尚有应办催收荒价，经征租赋各项未完事件，一旦遽撤则尾次各款，似难刻期完竣。职拟请稍展限期，将该分局应支薪暂缓至本年六月底截止，作为裁撤之日。所有该处应征蒂欠款项，责成该署委员文生马世苹认真严催，务于六月底以前办理清楚，以免另行派人接征而昭妥便之处。现经呈请督办将军延，伏候示遵在案。详查五道沟地方上下长二百余里，兹将分局裁撤，该处百姓遇有词讼命盗案件，令其赴珲呈报。倘有应解紧要人犯，恐沿途宵小窥伺，唯有仰恳宪台札饬该处驻扎官长，并一面晓谕百姓遇有此等案件，一经事主乡牌投报即派兵妥为护送，毋得勒索刁难，以保群黎之处。所请是否有当，理合呈请鉴核，俯赐批示祗遵等情。据此，除分札外，合亟札饬札到该司即便遵照。嗣后五道沟一带倘有送到命盗案件，即须照章收审可也。特札。

札左司遵此

珲春副都统为派员代领珲春招垦局二十五年份费银两的咨呈文
光绪二十四年十月初二日

钦命帮办吉林边务事宜镇守珲春地方副都统军功花翎英　为咨呈事。案查珲春招垦局应需经费，向按一年派员请领转发，由该局自行造报核销在案。兹据该局呈请代领光绪二十五年经费之期，计总局一处每月核银一百三十一两，一年共核应领银一千五百七十二两等情。呈请前来。应即派行辖巡捕骁骑校毓廉照章代领，以资转发。除札粮饷处核发外，理合备文咨呈督办将军鉴核施行。须至咨呈者。

右咨呈钦命镇守吉林等处地方将军督办吉林边务事宜兼理打牲乌拉拣选官员等事延

吉林边务粮饷处为发给珲春招垦局明年春季经费银两的呈文
光绪二十四年十月二十七日

帮办边务粮饷处事务副都统衔蓝翎协领兼都尉刘嘉善
总理边务粮饷处事务总管衔补用总管补缺后加副都统衔花翎四品官戴梦龄
会办边务粮饷处事务副都统衔记名协领花翎佐领富荫

为呈报事。案奉帮办宪札开：案查珲春招垦局应需经费，向按一年派员关领转发，由该局自行造报核销在案。兹据该局呈请代领光绪二十五年经费之期，计总局一处，每月核银一百三十一两，一年共核应领银一千五百七十二两。等情呈请前来。应即派行辖巡捕骁骑校毓廉照章代领，以资转发。除咨呈督办将军鉴核并札领饷委员遵照外，合亟札饬，札到该处，即便遵照发交该员承领，等因奉此，遵查原设珲春招垦总局一处，分局二处，前于本年闰三月间，奏请裁减局员节省饷需案内，将南冈并五道沟分局二处，一并裁撤，其应支经费银两，均自本年四月初一日，一律停支，当经边防营务处转行该总局知照在案。今奉札提光绪二十五年分招垦总局经费银两，自应照案办理。除南冈分局一处，于上年四月间裁并时起，已将经费停支未发应即不计外，惟本年所裁之五道沟分局，计委员一员，月省银十三两，书识一名，月省银七两，夫役二名，每名月省银三两，月省心红纸张银四两，均自本年四月初一日裁节为始，裁至本年十二月底止，共计应节省湘平银二百七十两。第此项银两已于上年十二月间如数遵奉帮办宪札，提发在先，奏裁在后，以致应节银两现均存于该总局，事关应节防饷正款，自应由此次所提经费内如数找扣，以符奏案。所有该总局总理一员，月支薪水银四十两，委员一员，月支薪水银十八两，书识六名，每名月支银七两，听差夫役五名，每名月支银三两，月支心红纸张银十六两，均自光绪二十五年正月初一日起至十二月底止，计十二个月，共应领薪水心红夫价湘平银一千五百七十二两。内除找扣裁撤五道沟分局应节省湘平银二百七十两外，实剩应提湘平银一千三百零二两，合吉平银一千二百六十五两五钱四分四厘，即由防饷项下如数提出，于十月二十六日发交行辕巡捕骁骑校毓廉承领讫。除呈报帮办鉴核外，理合具文呈报。为此呈请宪台鉴核施行。须至呈者。

右呈钦命镇守吉林等处地方将军督办吉林边防事宜兼理打牲乌拉拣选官员等事延

珲春副都统衙门为续放荒地限年升科事的札文
光绪二十五年

为札饬遵照事。于本年正月初六日准将军衙门咨开，户司案呈，据珲春招垦局总理魁福呈称：窃查卑局于十九年清丈地亩报销后，历前总理任内各有佃民续报荒地，职去秋呈请派员查丈并按社随地丈放，以安无业流民而清界限。自去岁十月初一日起至本年五月底止，统共放出荒、熟地一万余垧，当经招募书役专催荒价，均经先后呈报在案。今于本年十一月十五日如数收齐，即将催荒价书役裁撤。兹按社核明，计历前任内及此次续放统共丈出地一万一千零三十四垧七亩，内已垦熟地二千零三十垧零一亩三分，未垦生荒九千零四垧五亩七分。熟地一项职拟遵照向章当年升科，即照册随应征本年租赋一律催收。惟查此次丈放荒地半系后来贫民承领，山陬水澨，开垦不易，如照前章三年后升科，恐届限未能开垦，有抛照弃地脱逃之虞，若不宽予期限，诚不足以纾民力而广招徕。职拟请自本年起予限五年后扣至二十九年秋后，无论能否开齐，一律升科。职为体恤民艰起见，所拟是否有当，伏候钧裁。如蒙允准，即缮造报销地册时注明册尾，所有丈明续放荒、熟地亩，拟（足）[定]升科年限，请示遵各缘由，除呈报帮办副宪外，理合呈请宪台鉴核，俯赐批示祗遵，实为公便。为此备由具呈，伏乞照验施行等因。呈奉宪批：据呈已悉。此次丈放荒地，准如所请，五年后扣至二十九年秋后无论能否开齐，一律升科，以示体恤，仰户司知照立案。缴，等谕发司。（中略）据此，合亟札饬，札到招垦总局即便遵照办理，幸勿迟误可也。特札。

右札仰南冈招垦总局遵此

珲春副都统衙门为解决土地纠纷给南冈招垦局的札文

光绪二十五年

为札饬遵办事。案据城隍庙住持僧沙顺呈称：本衙门会同垦局曾拨有庙院香火荒一段，坐落在城北关门咀子沟里，嗣经招佃民户开垦熟地数十垧，纳给粮租费用香资。至光绪十三年春间，招有水湾镇民户刘如林等开垦庙地数垧，交纳租粮三载，有粮账为据。（中略）查得城隍庙香资地与垦民刘如林等相连过多，曾经互相争控在案。职等亲踩各段，随时携绳勘丈，界址分清，各归各地主管业，挖立封堆为界，并其原领地照内坐落四至眼同该僧人垦民等指段分明，两相遵允，并无异说。唯有地段形势贴说绘图一纸。等情呈递前来。据此，详细查阅此案，互相侵占，因地相连所致。既经该委员会同履踩勘查，划分明确，挖立封堆，各归管业，所办诚属妥善。查该僧旧有执照，核与四址不符，追出附局注销，依照此次所拨界址，更换新照，永远为据，庶免久后反复侵争之弊，即令该僧沙顺径投垦局承领执照讫。合将委员会勘拨归香资荒、熟各地四至分析，抄粘札尾，相应备文呈请札饬，札到该垦局总理遵照，俟该僧到日办理可也。特札。

右札仰南冈招垦总局遵此

粘单

今将城隍庙香火地段坐落四址分明列后：

计开

头道关门咀子：荒地一段，东至大河，西至坎下，南至全永，北至河沟。

王八脖子山头：荒地一段，东至大道，西至大河，南至碰子头垦户地，北至山头。

平冈：荒地一段，东至垦户荒，西至大道，南至分水，北至庙地。

二道关门咀子：荒地一段，东至山坡，西至河沟，南至二道关门居，北至樊姓，内有煤窑三处。

二道关门咀子：荒地一段，东至山根，西至山根，南至二道关门咀子，北至陈学士地，立封堆为界。

珲春副都统衙门严禁偷垦私占官田的谕示

光绪二十六年

右司案呈。为出示晓谕一体遵行事。照得本处之生计原在山海，土著之旗丁向赖渔猎。迨至光绪初年防军云集，生齿日繁，而南阿拉及北甸子之荒皆抛弃无主，乃经前任帅宪依将北甸子拨给首站为牧场，南阿拉派令骁骑校永奎、多托里等先后踩勘，终无承认之人，遂议作官荒耕，立界址，以备樵牧之所。讵近来山海生计渐废，始知业农，各事耕耘，以致地亩日益昂贵，互相侵占争夺，讼狱繁兴，则昔之弃土，今竟视如宝地，甚至已划为官荒者，亦有奸狡之徒冒为已有，潜自出售。故前有阿福德、郎福等争控之案，而究其实均无占垦凭据，是各逞妄贪冒诈之伎俩，希图坐享厚利之侥幸，当即判作公田。兹复有福善、常喜等争地斗伤之案。尤可恶者，竟有藐法之徒，诱集韩民，指官地为已有，擅行开垦，以冀自肥。言念及此，殊堪痛恨，除饬下查拿严加惩办，并咨明军宪外，合亟出示晓谕。为此，示仰合属旗丁人等一体知悉，如有被人所愚，在于官荒之内或买或租，已经盖房垦地者，准其自投左司报明，以俟复勘明确发给执照，永为尔业。至招韩民所垦之地，准尔无地贫丁来司报领，照章勘给，统按向章由右司每年每垧征收租银二钱，俾充公用。自示之后，倘有豪恶棍徒，胆敢抗违霸恃，据为已有，定即严拿，依法科惩，决不宽贷。至珲城四壁山场，本属官物，乃近来亦被奸狯之徒偷垦霸占，情殊可恶。所有城北各山巅已未开之地，即作官田，一律领照纳赋，其示垦之荒，准众报领，各宜凛遵奉行。本帮办副都统言出法随，幸毋视寻常故事，轻身尝试，致贻噬脐之恨。切切特示。

东至阿拉坎尽处，西至火龙沟口，南至红线交界，北至阿拉坎尽处。

谨将放地发照章程开列于左：

一、各户领地以五十垧为限，以资地利均沾，而昭公允。

一、领地照费每垧纳银五分，俾免恣意需索而示限制。

一、所领之官地无论生熟，一律当年升科纳租。

一、所领之官地，不准私相买卖。

一、官荒内有如在光绪初年以前盖房垦熟者，报查明确，仍准其管业，以示体恤。如有狡黠梗顽之徒，敢生取巧之心，以近来所垦者冒称远年，希图便宜，查明立即重惩撤佃，以资儆戒。

吉林将军衙门为将候补知县赵敦诚派充珲春招垦局总理差使的咨文
光绪二十六年正月二十九日

为咨行事。照得珲春招垦局总理留吉补用同知魁丞福请咨赴引，所遗该局一差，查有候补知县赵令敦诚，堪以派委前往接办。除札委分札外，相应备文咨行。为此合咨贵帮办，请烦查照施行。须至咨者。

右咨钦命帮办吉林边务事宜珲春副都统英

珲春副都统为招垦局总理程光第送到功牌十八张如数验收的咨文

光绪二十八年十月二十六日

　　钦命镇守珲春地方副都统奖赏花翎春　为咨报事。左司案呈：兹据南冈招垦局总理程倅光第呈称，案查于光绪二十七年八月十九日，据南冈粮户徐玉川面称，蒙吉林军宪长　发给功牌二十张，当经该粮户以张万福赵化东办理会事出力，已填发五品功牌二张，下除五品五张、六品六张、七品七张，共功牌十八张，关交前来。卑职当以南冈举办乡团之练长甚多，碍难分发，即于十月间呈蒙宪台批准，咨请赏给功牌六十张，以便一同填发，而免向隅，等因在案。现在南冈团练局业已禀请裁撤，所有收抚各散勇，已编入捕盗、抚安、绥靖、镇南三营，共计七百八十九员名。除汰去老弱外，下存百余名，均已编成矿勇，分布各金厂驻护。而前蒙允准之功牌，尚未蒙发下所，以徐玉川面交之功牌十八张，卑职未便填发，理合具文呈送宪台鉴核，验收施行。等因具文呈送前来。据此，除将该倅送到未经填发五六七品功牌共十八张，照数验收存卷，以俟本处捕盗练军以及乡团练长，如有缉捕勤奋，差使出力者，遂时给奖填发后，再行咨报外，据此，理合相应呈请备文咨报。为此合咨将军衙门，请烦查照，饬下练军文案处备查施行。须至咨者。

　　右咨将军衙门

（二）赈　济　灾　民

珲春副都统衙门为查报各处被灾情形的札文

光绪二十二年

　　为札饬遵照事。案查前奉宪札内开：案于本月十一日本帮办副都统，曾将珲春大雨河涨，刷倒城垣多半。城内衙署两司、火药库、各局处以至于市廛墙屋倒塌不堪，城外商民搬移情形及近河两岸居民禾稼被灾处，俟派员查明，另文咨报，业已电达署督办将军，并咨行去讫。查红溪河水向系西流，归入土们江。昨因大雨滂沱，陡然涨发。江水一时容纳不开，壅遏河流，遂致汪洋遍野。所虑近河两岸民房倒塌。田禾被淹者大约不少。本帮办副都统廑念民艰，诚恐失所，日夜焦灼，兹幸天已开霁，河归故道。亟应派员查报水灾轻得，以凭核夺。应否咨商署督办将军，设法体恤，以纾民困。除饬左司并招垦局遵照外，合亟札饬该司遵照。迅即拣派妥员，驰赴近河两岸各处。以次认真详查被灾确情，据实禀报，毋得捏报轻重，致干未便等因。遵即拣派云骑尉舒麟、讷奇新、德凌等分赴南崴子、高丽城、密江、甩湾子、马圈子、哈达门等处。即将被淹地亩致灾轻重分数，浸没坍塌房屋间数，详细查勘明确，据实呈报外，惟查嘎雅河、凉水泉子、空洞山、甩湾子等处滨临土们江岸，招垦局出放地亩被水浸淹，坍塌房间亦复不少，已经札饬招垦局遵照查报。其南冈、五道沟等处佃民地亩，有无被淹，致灾轻重，该总局讯将转饬各分局，赶紧查明呈报。如被灾各佃应纳本年及陈欠各年租赋，有应请蠲免，或应缓征者，务将各年应征及请蠲、请缓各数目、年限分清，分(清)[别]详细呈报，以凭转咨核办之处，相应呈请札饬。等情据此，合亟札仰招垦总局遵照可也。特札。

右札仰招垦总局准此

珲春副都统衙门右司为呈报灾情及应征租赋的移文
光绪二十二年

为移付事。于本月初五日准贵局来文内开，光绪二十二年九月初一日奉宪台衙门札开，右司案呈，查本处所属旗民人等，本年所种五谷大田收成分数，本衙门殊难悬核，应即呈请札饬查明呈报。等情据此，合亟札饬，札到该局，即便遵照查明所属南冈等处佃民所种禾稼收成分数若干，务于九月初十日以前赶紧查明呈覆，以凭汇总转报可也。特札。等因奉此，遵查卑局所属春和、志仁等十七社并黑顶子地方共十八处佃民本年所种田禾，于七月十一日大水冲毁，春和等十一社禾稼地亩所剩田禾无几，仅有南冈、志仁等六社除沿河南岸被灾之户不计外，其未经成灾佃户，询据各乡佃民佥称，以南冈六社论之，约计收获可望七分之数。其春和等十一社被灾甚重既无收成可望，自应缓征。应将被灾各社成灾地亩若干，未灾者若干，并本年应征大、小租赋若干，即应加具印结移复前来，以待转报之处，相应备文移付。为此，合移贵招垦总局请烦查照施行。须至移者。

右移招垦总局

珲春副都统衙门为部分垦民遭受水旱蝗灾请免租银事的札文
光绪二十二年

右司案呈。为札饬遵照事。于三月二十九日准将军衙门咨开，户司案呈，兹经户司禀据南冈六社众佃民等，为灾黎困苦，无力交租，叩恳援案请免，以苏民力事。窃照南冈地方，安插流民招徕开垦，民等欲求生计，襁负来归，本系穷民，原非富庶，举凡耕田凿井，不异无米之炊，十三、[十]四、[十]

五等年秋收可称中稔，[十]六、七年水旱相兼，又值补交荒价，民已力尽筋疲，困苦情形不堪枚举。幸蒙军宪垂怜，准免当年租赋，凡我灾民同深感戴。不意去秋蒙示复又奉准部驳，令将免过租赋再行如数补交。维正之供所取几何，民等力苟能为，自应争先恐后，何忍陈情希冀邀免。惟去年蝗虫为害，地方禾稼被灾两次，蚕蚀情形太重，秋收核计不满三分。似此灾歉频仍，民将无以为命，若再新租陈欠同时一律并征，民心虽欲急公，民力实有未逮，再四思维，茫无筹措。唯有呈恳垂慈，设法拯救，譬如不肖子，恃有慈父母，遇难呼救，有苦必号。谅我大人必能上筹国计，下卫民生，断不致急国赋以求功，置民灾于不问。南冈流民甫集，频年灾歉迭经，所有十七年租赋，可否援照前案准免，以昭大信之处等情，呈奉宪批"仰户司核议，复夺"等谕，饬交到司。案查珲春南冈招垦所放敦化原拨各项地亩，前于光绪二十年十二月初一日奏奉部咨，当即檄饬珲春招垦局遵照部驳事理，补征各项租银在案。旋据该局呈称，所有此次丈清一切熟地，均由本八年一律升科，业经前总理禀请颁发会衔告示晓谕在前。今准部驳行令补征十七年份租银，若由卑局谕示催征，而各垦民自必以前示推诿不肯完纳。唯有请颁会衔告示晓谕众佃周知，催征可期迅速等情，当即拟就示稿，咨由珲春副都统衙门照缮会衔告示晓谕周知。今该佃民等请免十七年份租银，事关部驳之件，未便准与请免，致招驳诘之处等因，禀奉宪批"如禀办理"等谕。饬交到司，相应呈请咨札。等情据此，拟合咨行贵珲春副都统衙门查照可也。等因前来，准此，相应呈请札饬遵照，等情据此，合亟札仰珲春招垦总局遵照可也。特札。

右札仰招垦局准此

珲春副都统衙门为查报珲属被灾情形的札文

光绪二十二年

为札饬遵照事。于本年十月十四日准将军衙门咨开，户司案呈，兹据珲春副都统衙门咨开，右司案呈，案查珲属被水冲淹地亩房间、淹毙人命，曾将各数目查明，咨请具奏筹款赈抚各情，咨报在案。兹据各该员等查明旗民户口原种地亩、被冲房间、淹毙人命各数目造具清册，呈递前来。核查内有被灾稍轻者，除删减外，现将实系被灾旗民各户、冲淹地亩房间、淹毙人数逐一分析清楚，造具清册一本，呈请咨报查核。等情据此，拟合备文附封咨报。为此，合咨将军衙门查核施行，等因咨请核办，等因前来。案查例载盛京条例，灾至十分者旗丁官庄加赈五个月，站丁加赈九个月。被灾八分者加赈四个月，大口每月给仓米二斗五升，小口减半。被灾十分民户，极贫加赈四个月，次贫加赈三个月，大口日给仓米五合，小口减半，除扣小建，每米一石例折价银六钱。又例载被水会冲房每间给修费银三两，尚有木料者每间给银二两，有上盖者每间给银八钱。淹毙人口每口给仓米五石。又旗民禾稼颗粒无收，应纳银谷，全行豁免等语。吉林并无专条，向均援照办理。今据该副都统册报被灾八旗丁户共九百六十九户，男三千三百八十四口，女三千二百八十二口。又民户七百六十二户，男二千七百八十四口，女一千七百四十二口。被水冲塌房屋共二千七百二十八间，淹毙人三百二十五名。其被灾究有几分，灾户极贫、次贫大小口数，以及被冲房间有无木料上盖者，文内均未声叙。又称八旗丁户被水冲淹地九千七百七十余垧，垦民被水冲淹地七千余垧，究系何项地亩，应纳何项租赋，亦未详细声明，事关奏请蠲缓抚恤要件，未便据以含混发给赈银。应请飞咨该副都统，即将指查各节，逐一详细查明，另行造报，以凭分别核办。除将原册暂留存查外，相应呈请咨复查照，等情据此拟合咨行。为此，飞咨珲春副都统衙门，查照办理可也。等因前来。详查前派查灾委员册报被灾各户极贫、次贫大小口数及被冲房间有无木料上盖者，册内均未声叙明白，当即回奉宪谕饬令（中略）。等谕奉此，相应呈请札饬，为此，札仰招、越垦总局旗户被灾委员云骑尉讷奇新等遵复查照外，暨札文案、营务处查灾委员（中略）遵照可也。特札。

珲春副都统衙门为查勘珲春境内灾情的札文
光绪二十二年

　　右司案呈，为札饬遵照事。于本年十月十四日准将军衙门咨开，户司案呈，光绪二十二年九月十九日据委办珲春招垦局总理金寿呈称；窃卑局于本年七月十八日曾将珲春各社垦民田禾被水冲淹大概情形业经禀明，并照会所属五道沟、南冈两分局，暨札征租委员等，按社查勘，以凭转报各在案。兹据五道沟分局栾委员在丰，南冈分局杨委员云辉，征租曹委员锡龄，刘委员伯松先后报称，五道沟春仁、春义、春礼、春智、春信五社地亩均沿红溪河两岸，春信社地在上游，水势稍浅，佃户所种禾稼询据各乡佃民声称，除后山岭崩圮，水冲沙压之外，统计剩有三分。其仁义礼智四社地居下游，水势浩大，平川处所房间、地亩、禾稼淹没无存，所剩山根沟岔田禾亦不过十分之一。春和社水湾子、英安河、密江，春芳社凉水泉子、英豪甸、空沿山等处，两社地亩近依图们江滨，佃民居庐、田地、禾稼被水冲刷净尽。春明社东西汪清、五人班，春阳社蛤蟆塘、五台、上嘎雅河、大小荒沟、荒片、大汪沟，春融社白草沟、牡丹川、二滴塔、闹枝沟，春华社下嘎雅河、艾苇甸子等四社，河道沟渠之水，均归下嘎雅河，由艾苇甸子汇入图们江，春明社地在上游，水深数尺，加之山岭崩圮，水势紧急，冲毁佃民房间、禾稼、地亩，即有剩者约计十分之一。春阳、春融、春华三社地临大河两岸，兼在下游，水热汹涌，深与檐齐，佃民房间、田地、禾稼均被冲刷淹没殆尽。黑顶子撤屯归招，地亩禾稼亦被冲毁无存。南冈志仁、尚义、崇礼、勇智、守信、明新六社地势稍为平壤，沿河两岸被冲房间、禾稼、田地，以六社论之，其成灾者约有十分之三。委员奉派，理宜将被水淹毙人民，冲毁房间、田地、禾稼各数目，逐一查勘明确，再行呈报。惟因道路坎坷，河渠又多未设舟楫，水势尚深，人马难行，碍难详细查验，仅据各社乡约，将被冲佃户人口、房地、禾稼各数目开写草册各一本，合将派查佃民被灾轻重大概情形及草册一并呈覆。各等情据此，卑职伏查珲春招垦十七年，并黑顶子共十八处之中，春仁、春华等十一社及黑顶子十二处被灾极重，即有所剩高阜地方田禾亦不过十分之二，所幸南冈志仁等六社地势稍高被灾较轻，除沿河两岸灾重者不计外，将来秋收尚有七分之望。按灾重者而论，不但现年禾稼冲没，即前数年积蓄（下缺）。

吉林将军衙门为蠲缓租银遍贴誊黄的咨文

光绪二十三年

为咨行事。户司案呈：案查本衙门前于光绪二十二年十二月十五日恭折具奏，为吉林官庄所属镶红、正红二旗，马厂、三道、喀萨哩、宁古塔、珲春、三姓、阿勒楚喀、伯都讷厅属北下坎处禾稼被灾，收成欠薄，请将应征银谷租赋援案分别蠲缓，以纾民力一折。光绪二十二年十二月二十四日，内阁奉上谕："延　奏吉林各属被灾，请分别蠲缓银谷，开单呈览一折。吉林官庄等处，本年六七月间阴雨连绵，江河涨发，收成均形歉薄。若将应征银谷照常征收，民力实有未逮。加恩着照所请，所有吉林官庄所属镶红、正红二旗，马厂、三道、喀萨哩颗粒无收地亩，陈屯及陈屯界内雅通，蚂延被灾九分地亩，宁古塔所属官庄，宁古塔、珲春成灾十分地亩，阿勒楚喀、伯都讷厅属北下坎、双城厅属圈荒、拉林等处、双城堡颗粒无收地亩，应纳本年仓粮等项，着全行蠲免。三姓等处成灾十分地亩，应纳本年仓粮暨带征节年地丁米折等项，着全行蠲免。吉林官庄所属三道、喀萨哩官地被水不堪耕种地亩，着蠲除本年额赋。陈屯官地界内雅通官地、蚂延界内伊勒们官地、蚂延官地成灾七分地亩，宁古塔成灾八九分地亩，官庄壮丁民户承种地亩，阿勒楚喀所属拉林收成二分地亩，伯都讷厅属北下坎成灾九分地亩，隆科城、珠尔山、五常厅属智仁等社、蓝彩桥学田等地成灾八分地亩，双城堡收成将及三分地亩，三姓所属鄂勒国穆索等四站被灾八分地亩，应纳本年租银等项，着缓至光绪二十三年秋后起，分限三年带征。宁古塔官庄壮丁民户承种地亩成灾五六七分，阿勒楚喀所属官庄壮丁承种地亩收成二三分，省属八旗水师营兵丁应纳本年仓谷，着缓至光绪二十三年秋后起，分限二年带征。伯都讷厅带征二十年、二十一年，北下坎因灾递缓缓征生银，着行递缓一年。至光绪二十三年秋后起仍照原限，分限二年带征。阿拉楚喀、拉林、乌拉八旗兵丁应交本年义仓谷，着至光绪二十三年秋收后，照数还仓，以示体恤。余着照所议办理。该将军即按照单开数目，详晰刊刻，誊黄遍行，均务使实惠均沾，毋任吏胥舞弊，用副轸念灾区至意。该部知道，单并发，钦此。"前来。现经本衙门将应颁誊黄刊刻，协亟应分发各该处张贴晓谕，遵行之处，相应呈请咨札，分发遵照。等情据此，拟合咨行珲春誊黄十张，遵照各于被灾处所张贴宣示可也。须至咨者。

右咨珲春副都统衙门

珲春副都统衙门为奏请蠲免展缓租赋事的照会
光绪二十三年

为照会事。于光绪二十三年五月初一日，准将军衙门咨开，户司案呈，于本年四月十三日本衙门恭折具奏，为查明珲春三岔口招垦、和龙峪越垦等处地亩被灾轻重，分别援案呈恳天恩蠲缓租银，以恤穷黎恭折仰祈圣鉴事。窃查上年吉林所属珲春三岔口招垦、和龙峪越垦等处佃民承种纳租地亩，因六、七月间大雨连绵，江河暴涨平地水深数尺至丈余不等，致将田禾均被水冲，甚有冲壤淤积沙石不堪耕种地亩。当据各该属呈报，随即飞饬该总理等速诣灾区履亩确勘被灾分数，并交灾民妥为招恤，业于去岁八月二十七日附片分别具奏。十月初四日奉到朱批："知道了。即着确勘被灾分数妥为抚恤，钦此。"钦遵在案。嗣因各垦局查报被灾分数轻重不等，请将应征租银分别蠲缓等情。奴才深维此事上关国课，下系民生，稍有不实不尽之处，即难免畸轻畸重，于其间均非慎重荒政之道。复经咨由珲春副都统将珲春招垦、越垦被灾地亩另委妥员分往确查，其三岔口灾区距珲较远，由省委员往查。惟各处距省均在千里之外，往返查勘既责之以详慎，不能不稍宽其限期。前于去岁九月初八日奏报珲春等处水灾折内曾经声明，俟查明造册到日，再行分别照例详细具奏。十月初九日奉到朱批："着照所请，户部知道，钦此。"钦遵在案。兹据珲春招垦局总理委员呈报，查明该局所属各社及黑顶子地方被水冲淹颗粒无收，被灾十分地一万零二十八垧九亩，又被水冲坏永远不堪耕种地二千一百二十六垧六亩一分。据署和龙峪越垦局总理委员呈报，查明该局所属四堡三十九社中，计被水淹没颗粒无收被灾十分地一千四百八十五垧九亩二分，又被水冲坍入河不堪耕种地七百三十二垧五亩九分。据三岔口招垦局总理委员呈报，查明该局所属穆棱河、抬马沟等处被水淹没颗粒无收，被灾十分地二千九百三十五垧七亩六分。又被水冲坏不堪耕种地七百七十四垧八亩二分，又被灾稍轻之地二千五百八十六垧六亩四分各等情。先后经该委员等造册加结呈报，恳请蠲缓租赋。并据前珲春副都统思祥咨复，及各该处查灾委员分赴各处勘明被灾分数禀复各情前来，按之各该局员呈报情形均属相符。奴才复就各处公牌详细稽核，并于该委员等因公来省面加考究，兼复参之舆论，审之地势，现在业将各灾区实在情形，昭然于心目之间。查据报被灾十分地亩，缘上年七月间，霪雨连绵，河水涨发，平地水深数尺或丈余不等，直至冬间犹未消涸，以致田禾均被淹没颗粒无收。佃户均系外来流民，夙无盖藏，且室庐均多被冲没，罹此奇灾，嗷嗷待哺，赈济方且仰之公家，若将应征租银令照章交纳，实属万难之势，此查明被灾十分应请蠲免现年额租之实在情形也。据报永远不堪耕种地亩，缘各处开垦荒地不尽平原，多有山坡陡崖错出其间，其原领之户，皆系无业贫民勉强垦种，向来虽称丰收之年，所获已属无几。迨经此次水灾，将山面积土冲刷净尽，露出石块凹凸起伏，甚于石田，实难再施人力。其濒河地亩，自经大雨后，河流涨溢，致将地段均行滚入河身，且山中无名河汉尤难数计，似此地段随在多有，即至晴霁日久，河流顺轨而让出之地，已均成浮沙，积深数尺，虽有磁基，无能耕耨，以致佃户早皆逃亡，此查明永远不堪耕种地亩，赋额应永远蠲免之实在情形也。惟被灾稍轻之地，所欠租赋尚可随年带征，虽须费力追呼，尚不至毫无着落。奴才睹此民艰，再四踌躇，别无良策。合无仰恳天恩，俯准将珲春招垦局所属被灾十分地一万零零二十八垧九亩，应纳光绪二十二年份大、小租共银一千九百八十五两七钱二分二厘二毫；和龙峪越垦局所属被灾十分地一千四百八十五垧九亩二分，应纳二十二年份大、小租共银二百九十四两二钱一分二厘一毫六丝；三岔口招垦局所属被灾十分地二千九百三十五垧七亩六分，应纳二十二年份大、小租共银五百八十一两二钱八分零四毫八丝，拟请全行蠲免。又珲春招垦局所属被水冲坏不堪耕种地二千一百二十六垧六亩一分，应纳二十二年份大、小租共银四百二十一两零六分八厘七毫八丝；和龙峪越垦局所属被水冲坏不堪耕种地七百三十二垧五亩九分，应纳二十二年份大、小租共银一百四十五两零五分二厘八毫二丝；三岔口招垦局所属被水冲坏不堪耕种地七百七十四垧八亩二分，应纳二十二年份大、小租共银一百五十三两四钱一分四厘三毫六丝，拟请援照同治二年拉林官佃承种地亩被水冲塌，蠲除赋额成案，请予永远蠲除赋额，并请将二十二年应征租银一并蠲免。至三岔口招垦局被灾稍轻收成欠著，计地二千五百八十六垧六亩四分，应纳二十二年份大、小租共银五百一十一两一钱五分四厘七毫二丝，拟请缓至二十三年秋收后照数交纳，以示体恤之处，出自圣主逾格鸿慈，如蒙俞允，即由奴才札饬被灾各垦局遵照办理，以仰副皇上矜恤灾黎有加无已之至意。除造册咨报户部查核外，再查珲春地方自去秋雨水成灾，哀鸿遍野，经前副都统恩祥自捐廉俸，倡率地方官商捐银二千九百余两，随时拯救，得济眉急，未致流散，实属好义可嘉，应由奴才另案核奏。谨将所请蠲免展缓租银销除赋额各缘由，理合恭折具陈，并另缮清单进呈御览。再此案因有关系永远蠲免赋额情节，往返详勘，致稽时日，是以奏报稍迟，合并声明，伏乞皇上圣鉴训示遵行，谨奏，请旨，等因具奏之处，除俟奉到谕旨再行恭录咨报外，相应照抄原折并将珲春三岔口招垦、和龙峪越垦等处佃民承种纳租地亩被灾花名各数目造具细册六本，钤印附封呈请，先行咨报。等情据此，拟合咨报。为此，合咨户部请烦查核外，暨咨珲春副都统衙门查照可也。等因前来，准此，相应照会。等情据此，为此照会珲春招垦、和龙峪越垦总局查照可也。须至照会者。

右照会 招垦总局
越垦总局

款单　谨将吉林宁古塔所属三岔口招垦、珲春招垦、和龙峪越垦等处佃民承种纳租地亩，被水冲淹成灾分数，应纳租银，拟请分别蠲缓各数目，敬缮清单恭呈御览。

计开

一、珲春招垦局被水冲淹颗粒无收，被灾十分佃民一千三百五十二名，承租纳租地一万零二十八垧九亩，每垧应征大、小租银一钱九分八厘，共应纳二十二年份大、小租银一千九百八十五两七钱二分二厘二毫。

一、和龙峪越垦局被水淹没颗粒无收，被灾十分佃民七百一十四名，承种纳租地一千四百八十五垧九亩二分，每垧应征大、小租银一钱九分八厘，计应纳二十二年份大、小租二百九十四两二钱一分二厘一毫六丝。

一、三岔口招垦局被水淹没颗粒无收，被灾十分佃民三百二十一名，承种纳租地二千九百三十五垧七亩六分，每垧应征大、小租银一钱九分八厘，计应纳二十二年份大、小租银五百八十一两二钱八分零四毫八丝。

以上被灾十分地亩，拟请援照省属官庄被水成灾蠲免之案，全行蠲免。

一、珲春招垦局佃民六百零二名，承种纳租地被水冲坏沙压，不堪耕种地二千一百二十六垧六亩一分，每晌应征大、小租银一钱九分八厘，计应纳二十二年份大、小租银四百二十一两零六分八厘七毫八丝。

一、和龙峪越垦局佃民一千二百五十名，承种纳租地被水冲塌入河沙石漫压，不堪耕种地七百三十二垧五亩九分，每垧应征大、小租银一钱九分八厘，计应纳二十二年份大、小租银一百四十五两零五分二厘八毫二丝。

一、三岔口招垦局佃民一百三十七名，承种纳租地被水冲废，永远不堪耕种地七百七十四垧八亩二分，每垧应征大、小租银一钱九分八厘，计应纳二十二年份大、小租银一百五十三两四钱一分四厘三毫六丝。

以上被水冲塌入河地亩，拟请缓照同治二年拉林官佃被水冲塌地亩成案，永远蠲除赋额，并请将二十二年应征租赋一并豁免。

一、三岔口招垦局被灾稍轻，收成歉薄佃民承种纳租地二千五百八十六垧六亩四分，每垧应征大、小租银一钱九分八厘，计应纳二十二年份大、小租银五百一十二两一钱五分四厘七毫二丝。

以上被灾稍轻地亩，拟请缓至光绪二十三年秋收后，照数交纳。

珲春副都统衙门为驳回借词水灾报呈缓征事的札文
光绪二十三年

为札饬遵照事。案准将军衙门咨开：户司案呈，于光绪二十二年十二月十一日据珲春招垦局总理金寿呈称：案查前蒙前帮办恩　札委行营文案营务各员，会同卑局文案委员杨鉴清及五道沟分局委员栾在丰暨征租委员曹锡龄、刘伯松等分往查勘招垦所属各社及黑顶子佃民领种纳租地亩，于本年七月大雨被水冲淹致灾分数核实查明，造册加结呈覆。等因奉此，卑职当即转行各员，会同分社查丈去后。兹准各该员先后将被灾佃民极贫，次贫大小口数、淹毙人口、冲去房间有无木料上盖，暨被冲禾稼并水冲沙压不堪耕种地亩，按社逐一查丈明确，造册加结呈报前来。职复查珲春五道沟、南冈等处招来佃民认垦地亩编为春和等十一社，并黑顶子共十八处，内春和、春芳、春华、春明、春融、春阳、春仁、春义、春礼、春智、春信十一社及黑顶子地方被灾极重，所剩佃民未经冲淹田禾无属寥寥无几。加之初秋，正值秀穗之际，霪雨连绵，禾稼被涝，籽粒未成，实无收获。仅剩迄西之南冈志仁、尚义、崇礼、勇智、守信、明新六社，地势稍平，秋雨微少。以该六社论之，佃民被灾约有三分，沿河两岸被冲田禾、灾黎一并查明附入册尾。伏查卑局所属敦化原拨南冈等处六年出放荒地九千五百余垧，应至十一、十六年升科，当因佃民被水致灾奏准缓征，卑局所放各佃丈明开垦成熟地一万四千四百余垧，应扣至十七年升科。当于是年勘丈荒地时，目睹民佃收获无几，租赋、荒价同时并征，民力未逮。经卑局前经理鄂龄具情呈请，蒙前军宪长　批准从宽，自十八年一律升科，以纾民力，当蒙出示晓谕。嗣于二十一年正月奉到将军衙门札饬，准户部指驳，珲春招垦局敦化原拨六年出放地九千五百余垧，仍自十六年升科。招垦所放丈出熟地一万四千四百余垧，仍自十七年升科。其招垦局未垦地亩一万五千一百余垧，由二十年一律升科。饬令遵照此次部咨奏明酌定升科年限办理等因，卑局当即遵札备票造册开征，迄今已届二年之久，仅将二十年升科荒地租赋收到约有六成，其被征十六、[十]七两年租银，任催罔应。至二十一年份荒熟地亩租赋，由开征之日起，至今共收到租银二千余两。现在佃民被灾甚重，不但各年陈欠租银无力完纳，即朝夕糊口尤觉为难。卑职前经具情呈请，于本年十月初五日奉宪台批，"仰即禀请帮办就近派员察核办理"等因。兹已将佃民被灾地亩查丈完竣，应即造册呈报，其前奉文补征应征各年租赋银两，自应呈请宪台垂念灾黎穷困，俯准将十六、[十]七年暨本年租赋奏请豁免。其二十年升科荒地，二十一年荒熟地各租银暂准缓征。抑或将南冈志仁等六社内未经被灾各佃，应纳十六、[十]七年租银，从宽准予随各灾户奏请蠲免。仅征该六社未经被灾佃户应纳二十年、二十一、[二十]二等年租赋之处，是否有当，统候钧裁。所有珲春招垦各社佃民被灾极贫、次贫大小口数、冲坏地亩禾稼、冲去房间、淹毙人口各数目逐一查明各缘由，理合分析照造清册加具印结，由五百里呈请宪台查核，俯赐分别奏请缓免租赋、销出租额、发赈抚恤，实为德便等因。呈奉宪批"据呈已悉，仰候核办。缴。"等谕饬交到司，奉此详查珲春册报招垦所属各社及黑顶子被灾佃民承种纳租地一万一千九百四十二垧一亩七分，又被水冲坏不堪耕种地二千一百三垧二亩九分。（中缺）被灾佃民极贫大口三千九百九十七名，小口一千五百二十三名，次贫大口二千四百□十五名，小口八百二十五名。又被水全冲房一千三百二十三房，有木料房三间，有上盖房一百二十八间，淹毙人一百四十三名。虽经委员查明被水冲没成灾，究系被灾实分，文册均未声叙，碍难奏请赈恤蠲免租赋，亟应驳饬。另再详细查明，声复到日，再行核办。惟查该局请将敦化原拨六年出放自十六年升科地九千五百余垧，应征十六、[十]七两年租赋及招垦所放自十七年升科熟地一万四千四百余垧，补征十七年并二十一年升科荒地，应征二十一年暨本年租赋概请豁免缓征一节。查该局应行补征十六、[十]七年租银，原非因灾奏准带征之项，乃系前准部驳饬令补征之租，早应催征清完。其荒熟地亩应征二十一年份租银，该处是年并未因灾报请缓征，因何至今尚未征收清完，真催征不力之咎，难以辞卸。该总理不但不为照限实力催征，反以本年雨水为灾，借词报请缓[征]，实与历办成案不符。事关抵饷正款，尤难据以奏请蠲免，致招驳诘。应请札复该局，速将应行补征各年荒熟地亩租银，即照各数补征清完解省抵饷，不准借词拖欠，致干究参之处，除将原册存留备核外，事关灾歉，应饬据实详明，以凭核办之处。相应呈由五百里飞行札复，遵照火速查复。等情据此，合亟札仰珲春招垦局总理金寿遵照办理，迅即详复毋延外，并咨行珲春副都统衙门查照可也。等因前来，相应呈请札饬等情。据此，合亟札仰招垦局遵照可也。特札。

右札仰招垦局遵此

珲春副都统发放赈银抚恤灾民的札文

光绪二十三年四月二十七日

为札饬发给银两核实散放事。案查珲春地方去秋霪雨连绵，江河并涨，田禾被灾甚重。当经查明灾户大、小口数，造册咨报。由省领到赈款，发给各户承领在案。惟去岁原查系就滨近河岸地亩被冲之户，发给五个月赈恤，其余各户均未查报。现值青黄不接之际，未经赈者多有寒苦之家，糊口无资，困窘情形实难言状，亟应设法抚恤。因查去秋前任副都统恩　倡率边防行营各局处、中前两路及八旗官弁、街面铺商等筹捐赈款，除拨给招、越各垦局查灾委员等车价盘费外，尚存银二千四百余两。请将此项银两，作为抚恤各旗糊口无资，实系寒窘贫户之用，俾纾困累等因，具情呈请将军衙门核准咨复前来。当即饬据各旗查明寒苦之户，分析极贫、次贫大小口数，造册呈报详核。左翼四旗极贫五百四十三户，共大口二千三百四十三口、小口一千一百八十二口。次贫四十一户，共大口一百六十五口、小口一百零三口。右翼四旗极贫五百三十八户，共大口二千零五十一口、小口一千一百五十九口。次贫五户，共大口十八口、小口五口。按照该两翼册造极、次贫大小口数，就实存赈捐银数核算，极贫者每大口给银四钱二分，每小口给银二钱一分。次贫者每大口给银三钱，每小口给银二钱。核计左翼四旗共应发银一千三百零二两三钱八分，右翼四旗共应发银一千一百一十一两二钱一分，统共应发银二千四百一十三两五钱九分，即由库存捐集赈款银内照数提出分发。左右翼协领务即督同所属各旗佐领等酌定日期，传知赴旗承领，按照册报各户大小口数核实，按名散放。不准稍有含混、顶冒、侵蚀情弊，致干咎戾。一俟散放完竣，迅即呈覆，以凭报省查核之处，相应呈请札饬遵照。等情据此，合亟札仰左右翼协领等遵照，督同核实散放可也。特札。

右札左右两翼协领等遵此

吉林将军衙门为设立赈济局筹拨款项妥为赈抚难民事的咨文

光绪三十一年五月二十三日

为咨行事。全省行营文案处案呈：奉宪发交，准赈济总局咨呈，内开，于光绪三十一年五月十二日，准贵将军、副都统照会内开，照得日俄两国战事近时愈逼愈近，各处被难人民，纷纷逃避来省，络绎不绝，流离载道，深堪怜悯，亟应设立赈济局筹拨款项，妥为赈抚，以免失所。查花翎二品衔记名海关道宋道春鳌，本城旗绅花翎记名副都统峻都护昌　，办事公正，慈爱为怀，向于各项善举无不竭力赞襄，均堪派为赈济局总办，俾专责成。除另筹款项拨发外，相应照会贵道，烦为查照，赶紧设局筹办，所有应用员司人等，即希自由各局处有薪水人员调派，俾昭撙节，开单报核，其应刊关防及一切详细章程，亦望会同悉心筹议，随时具报核夺，每月并各筹送车马费银一百两，以资津贴，为此备文照会贵道，希即查照施行。等因准此，敝总办自维庸愚，无补时艰，惟当此难民载道，流离失所，深堪悯恻，既承见委，敢不竭力襄办，妥筹赈抚，以副贵将军、副都统惠爱，黎庶至意。现在敝总办等遵照，自刊木质关防一颗，文曰：吉林赈济局之关防。择于五月十七日开用，拟即于德胜门外长公祠内设立赈济总局，而于东西关分设粥厂三处，凡避难百姓来省，先赴总局，报明填给执照特往粥厂食粥，以资救济。一俟大局平定，即饬回籍，各安生业。惟应用柴米等项，亟须赶紧购备。除前经敝副都统请拨之十万吊，因购买米粮将已用罄外，应请再行拨发市钱五万吊，存交殷实铺商，以备取用，至赈济局系属善举，敝总办情愿自备资斧，报效所有车马等费，请免筹送，理合将开用关防日期，并酌拨赈济难民章程十条，备文咨呈贵将军副都统鉴核，请即拨发款项，并分饬地方官及各局处知照，望速施行。等因发交到文案处，相应呈请咨札前来。除分行外，相应抄粘条章，备文咨行照会。为此合咨照会贵大臣、副都统、总管，请烦查照施行。须至咨者。计抄粘。

右咨珲春副都统

粘单

计开

一、总局设立长公祠暂分三厂，以康乐茶园为中厂，以东关三江义园为东厂，以西关城皇行宫为西厂。

一、每厂应用委员二名，司事四名，夫役十人，巡役四人，弹压兵十名，其员司遵照由各局选调夫役另雇。

一、用款拨请先拨五万吊，存于殷实铺商，立折取用。

一、应用柴米预先购备，于三厂附近之处存储。

一、难民来省先赴总局报明，听候派人查明大小口数目，发给执照，持赴粥厂领粥。

一、放粥每日二次，早八钟，晚三钟，每人大勺一勺，如有不足，随时加增，以充饥为度。

一、放粥时，专为拯救难民起见，必实系贫苦毫无生计之人，方准给领，其有力之家，仍须自行谋食。

一、放粥时先男后女，以免乱杂。

一、难民来省必须安置存身之处，随时酌核情形办理。

一、难民遇有疾病，恐其传染，必须筹备医药，随时酌办。

（三）义仓存动

珲春副都统衙门为借义仓谷赈八旗兵丁的咨文
光绪二十三年四月二十七日

为借给八旗兵丁义仓谷石呈报查核事。案查珲春地方去秋霪雨连绵，江河并涨，冲淹地亩、房间，被灾甚重。当经查明各旗灾户、大小口数，造册咨报。由省请领赈款按户散放，并具呈奉咨复，准将珲库存寄去秋前任副都统恩，倡率边防行营各局处，并中前两路八旗官弁、街面铺商筹捐赈款银二千四百三十五两零，如数留作本处抚恤被灾旗户之用。遵即查明各旗闲散西丹内，实系无力耕种及贫苦无依者，按照大小口数均匀散放外，惟查八旗甲兵皆系寒苦之家，去岁灾祲较重，现值青黄不接之际，大半缺少口粮，亟应设法接济，以资口食等情。据署两翼协领喜昌、荣升等呈请前来，详查所称各旗兵丁等口粮不敷系属实情。拟请由本处义仓额存谷三千七百四十四石内，每旗借给陈谷一百五十石，计共出借谷一千二百仓石。俟本年秋收后，饬令照数交还收仓，俾兵丁等糊口有资，稍纾困累。相应备文呈报查核等情。为此呈报将军衙门查核。

右呈将军衙门

珲春副都统为催征八旗兵丁应纳年例谷石事的札文
光绪二十五年

为札饬遵照事。案查两翼八旗兵丁等应纳年例市石谷四十石，并于二十三年因年景歉薄，由义仓内接济官兵等谷石，除业经去岁征收不计外，尚剩未完市石谷二十一石，计市石谷六十一石，计折仓石二百四十四石。现届年景稍丰，自应派员一并催收以重仓储。兹派骁骑校廉荣、委笔帖式德春等照数催征，务于封篆以前一律完竣，勿稍缓延。合将各该旗所欠谷石抄粘，呈请札饬遵照。等情据此，除札饬左、右两翼协领遵照严催外，合亟札饬，札到该监收委员骁骑校谦荣、委笔帖式德春等即便遵照征收，勿稍延缓可也。特札。

右札仰左右两翼协领并监收委员骁骑校廉荣、委笔帖式德春等遵此

珲春副都统衙门为义仓变色谷粜给兵丁事的咨文
光绪二十六年

为照册加结咨报事。案查珲春设有义仓一所，每年应征谷一百四十四石，除同治八年以前积谷尽数赈济，并光绪二十二年田禾被灾咨奉豁免不计外，现查实存仓谷四千一百七十六石，乃因存仓年久，间有变色发霉者，殊属可虑。因于去岁年底咨报，请将年久变色不堪再储之谷照行减价，粜给兵丁，俾免霉及续收之谷。等因咨奉示复，内开：查向报粜案，均以四月份谷价报核，历办已久，亟应咨复该衙门遵照，届至四月将市集谷价并谷数目一并先行报省，以凭转报等因，奉准在案。详查本处义仓原存之谷自同治九年起至光绪二十五年底止，除因灾豁免不计外，现存仓谷四千一百七十六石，内先（仅）[尽]年久变色者出粜，其价按照本年四月珲市谷价，每石价银六钱二分五厘，照章减价一钱，共计粜给兵丁仓谷一千三百九十石。每石除减价外，作银五钱二分五厘，共得价银七百二十九两七钱五分，其剩存之谷二千七百八十六石照常存储，以备荒歉等因。兹据两翼协领具结请详前来，复查无异，并无以多报少情弊，除将所得谷价如数存库，听候拨用，俟于年底造入粜谷册内咨报，并将四月谷价另文咨报外，合将粜谷数目先行造册加结咨报之处，相应呈请咨报。等情据此，拟合加具印结咨报，为此合次将军衙门查核，转详施行。

吉林将军衙门为奏报珲春地方大田收成事的咨文
光绪二十六年一月

为咨行事。户司案呈，光绪二十五年十二月初一日，本衙门恭折具奏，为吉林所属各处大田收成分数循例恭折奏闻，仰祈圣鉴事。窃据吉林府知府报称，本年省属旗民所种大田，收成将有五分。伊通州大田，收成五分余。敦化县大田，收成仅有五分。并据各外城厅旗民等署报称，伯都讷厅大田，收成六分。双城厅大田，收成约有五分余。宾州厅大田，收成八分有奇。五常厅大田，收成六分余。珲春地方旗民所种大田，收成四分。阿勒楚喀地方

旗民所种大田，收成五分余。宁古塔地方官庄丁民承种纳粮、纳银地亩，于六月初八日起，霪雨连绵四十余日，河水涨发，靠河洼下地亩均被冲淹，以致禾稼被灾六分至十分不等，其余村屯大田收成四分余。又宾城官庄所属正红、镶红二旗马厂纳粮官地大田，正值秀穗之际，霪雨连绵，未得扬晒。秋后又遭霪雨，河口屡涨，洼下地亩浸淹较重。三姓地方旗民所种大田，委因小苗出土之时霪雨连绵，未得扬晒，迨拔节秀穗之际，又被暴雨狂风磨摔，以致穗颗受伤，籽粒泡秕，收成四分余。各等情先后呈报前来。第查宁古塔并省城官庄所属之正红、镶红二旗马厂等处丁民承种纳粮、纳银地亩被灾情形，业经先行奏明在案。三姓属界被灾地亩已经该副都统派员履勘属实。除将宁古塔等处被灾地亩应征、带征银谷，分别蠲免、展缓各情另行具奏外等，详核吉林通省大田收成统计五分余，谨循例恭折奏闻，伏乞皇太后、皇上圣鉴。谨奏。等因。于光绪二十五年十二月二十九日奉到朱批："知道了，钦此。"前来，相应呈请咨札遵照。等情据此，拟合咨行盛京、黑龙江将军衙门知照外，暨咨行珲春副都统遵照可也。须至咨者。

右咨珲春副都统衙门

七、工 矿

（一）开 办 矿 业

三道沟设矿务分局的移文
光绪二十一年

为移付事。兹准矿务局记名海关道宋　咨开：据田牧来禀，已于上月杪到珲东三道沟设立分局，筹办珲属一带开矿事宜。第思该牧赴珲，设局伊始，未便多招勇丁，倘一时不敷分布，拟照章就近备用防营，以资策应，庶于矿务地方两有裨益。除分咨各路防军外，相应备文咨会请烦转详。等因前来，当即呈奉宪批饬司移知营务处转行各军遵照。等谕奉此，相应备文移付，为此合移贵处查照，转饬各军遵行可也。

　　右移营务处

吉林将军衙门为查明天宝山矿务局收支各项的札文
光绪二十一年二月二十二日

为札饬事。案准户部咨开：山东司案呈，准吉林将军咨称，准部咨开，珲春天宝山银矿派员试办，迄今三年之久，并未将办理情形章程奏明办理，咨令迅将试办矿务章程先行报部，并提出归公银数及抵充何年俸饷，查明声复以凭核办。复准海军事务衙门咨开，珲春天宝山银矿现已派员试办，据称县丞程光第招集股本银一万两，前往该处开采，核计每月可出银万两，人夫月需工银及油钱等项连局用薪水，每月共需银二千数百两，尚可盈余银七千余两，经本衙门户部会议奏明试办在案。现在开办三年之久，月出银数谅较初年加增，乃未据将筹办情形及每月所炼银数咨复，事关开办利源，以裕富强之计，岂能久延，咨催将每月所出银数并开办之日起至现在止，共存若干及局用薪水人夫口粮各提用若干，详细开单咨履勿延。等因准此，当经札饬天宝山矿务委员程光第遵照指查各节，详细造报去后，兹据该委员遵将自光绪十五年九月采线之日起截至十九年十二月底止，所有收支经费银两及所出矿砂银质矿银各数目，按月分析呈报前来，相应造具清册咨部查核等因前来。查光绪十七年三月，据吉林将军奏称，珲春天宝山矿务派令候选县丞程光第细加踩勘，招集商本，试行开采。兹据禀称，招集商股银五千两，前往该处建造房屋、购运粮食、置备器械、雇募人夫力加开采，现在第三硐凿深十五丈，足供四十余人采取，月可出砂十五六万斤，初凿之砂每千斤炼银质二十余斤，提银十二两有奇，迨凿深九丈，每千斤炼银质七十余斤，提银三十一二两，以目下月出砂数，核计提银约可出银四千五六百两，现时存砂七十余万斤。拟趁此春融，广备灰炭，先设烧生砂大炉八十座，每座烧生砂三千斤，用木炭烧锻三次，每月出熟砂二十四万斤。又加炼银质大炉四十八座，每天轮流炼熟砂八千斤，可出银质五六百斤，提银三百余两，核计一个月可出银一万两。近时矿工、炉匠及集丁夫已用一百七十余名，若再设炉炼砂，尚须添用一百数十名，共三百余各，月需工食银一千七八百两，月需油铁等项五六百两，连局用薪水，每月共需经费银二千数百两。如每月炼提银一万两，尚可盈余银七千余两，祗期此后各硐一律开及正脉，足供多人采取，苗线日增，提银自巨，应如何酌提归公，以裕饷源，核给奖叙，以资激励之处，呈请核办等情。查程光第勘办银矿无虞亏赔，裕饷固边莫善于此，现已派员驰赴天津购办洋炉，并添派候选县丞禄崧前往会同办理，一面仍饬该员等作速拟妥详细章程等语，经本部议准试办。所有招集商股酌提归公购办洋炉开支薪工各节，迅即妥议详细章程奏明办理，绘图贴说，分咨备考等因，会同海军衙门复奏行知遵照在案。今据该将军造报册开，新收光绪十六年六月份招集商股一百分，每分股本银五十两，共五千两，十七年三月份，续集商股一百分共银五千两。自光绪十五年九月份采线之日起至十九年十二月底止，连闰计五十四个月，共出矿砂七百二十四万零六百四十八斤，炼出银质六十八万七千一百九十六斤，提矿银十六万一千四百两零四钱二分，统共新收银十七万一千四百两零四钱二分。开除员司薪水等项银十三万零五百五十三两七钱零五厘一毫，又散放红利银一万五千两，又修房屋工料等项银一万六千二百七十二两四钱一分七厘九毫，购办洋炉等项银二万九千六百九十五两八钱零二厘，统共开除银十九万一千五百二十一两九钱二分五厘，实在不敷银二万零一百二十一两五钱零五厘等语。仍未据详议章程报部，本部碍难稽核。查前项新收矿砂提银各数核与原奏所称，每天可炼熟砂八千斤，每月可提银一万两之数，大相悬殊，其开支矿丁杂夫工食油铁等项及局用薪水银两，亦核与原奏所称共月需银二千数百两之数浮多甚巨，至员司官弁勇夫每月应用人数及薪工各数，多寡不一，又为原奏所未及，其修庙造船等项，亦未据咨部有案。似此任意开报，不但此数年中于饷需分毫无补，且亏银至二万余两之多，尚复成何事体，该将军漫不加察，率行报部，则前奏所谓每月可盈余银七千余两者何在，所未酌提归公者又何在，难保该委员等无浮冒侵蚀情弊，应仍令该将军查照原奏，并本部及海军衙门咨催各案，迅即妥议详细章程奏明办理。并将此次送部清册所开收支各款，赶紧查明确实，另造妥册送部，再行核办，仍绘图贴说，分咨备核。相应咨复吉林将军查照可也。等因准此，合亟札饬札到该局即便遵照部咨事理，详细查明另造妥册，具文呈报，以凭转咨。切切特札。

札天宝山矿务局遵此

吉林将军衙门为矿务局前亏珲库荒价银拟由铜价缴还的咨文
光绪二十一年五月初二日

为咨行事。据珲春矿务局禀称：窃卑职案查，上年春间，禀蒙宪恩批由珲春库存荒价项下借银六千两，除解还银伍百两外，尚欠五千五百两，应由此次铜价银两提出缴还，俾清库款。无如卑局积亏甚巨，所欠商民各款，均须分数弥补，俾得周转。再四思维，唯有禀恳宪台垂念下情，暂由铜价内缴还珲库银三千两，其余二千五百两，请俟冬季解铜到省，如数提还，不敢再延，自取咎戾。如蒙俯允，请饬机器局扣缴银三千两，以资简便，并请咨明署帮办宪备案，实为公便。等情据此，除批，据禀已悉，该局所亏珲春库存荒价银五千五百两，拟由铜价内缴还珲库银三千两，余亏之银，俟冬季如数提还。准如所请，候饬机器局遵照并咨帮办查照可也。缴。挂发外，相应备文咨行。为此合咨贵帮办，请烦查照施行。须至咨者。

右咨署帮办珲春副都统恩

珲春副都统为查禁嘎雅河等处游民私挖金矿事咨文
光绪二十一年闰五月十三日

署理帮办吉林边务事宜珲春副都统军机处存记副都统衔花翎协领恩　为咨行事。照得本署帮办副都统近日访闻五人班，上嘎雅河以及烟集冈之南三道沟等处，聚有游民各数百名，潜在该各处私挖金沙，实属胆大，亟应严为查禁，以免纠匪聚集，滋生事端。现左路左营马队讷营官荫调回塔城原防，饬令便道搜山，并严查各处私挖金匪送案究办，一面责成前路右路及新军右翼通商局该各驻扎官兵，就近随时查禁，毋任匪徒逗留，以靖地方。除分檄饬遵外，相应备文咨行，为此合咨贵署督办将军，请烦查照施行。须至咨者。

右咨钦命头品顶戴署理吉林等处地方将军督办吉林边务事宜兼理打牲乌拉拣选官员等事黑龙江将军恩

珲春副都统为饬派哨官实力驱逐挖金匪徒的咨文

光绪二十一年闰五月二十三日

署理帮办吉林边务事宜珲春副都统军机处存记副都统衔花翎协领恩　为咨行事。案查前曾访闻五人班上嘎雅河各处，聚有游民数百名，在该处偷挖金沙等情。当即札饬左路马队讷营官荫借调归塔城，进山搜捕之便，前往该各处严行查禁究办，已咨明贵署督办将军查照，并行知署前路全统领，转饬该路驻扎官兵，就近搜寻驱逐各在案。旋于本月二十一日，据营官讷荫呈报，窃职奉札，由珲拔队回塔，便道搜山，于途次复接奉宪台札开，饬职驰赴五人班、上嘎雅河各处查禁金匪。等谕奉此，除已分拨哨官达泰、永常等先行进山，前往哈蟆塘、十三道沟、嘎雅河一带山里巡缉，职遵即带队先行驰赴五人班上嘎雅河各处查禁金匪。兹于十六日，已抵至五人班，探听私开金场地方在五人班迤西，相距二十余里，即沙金沟。职当即带队前诣该处，实力查拿，讵料金匪等业早闻风逃散无多，仅搜获尹克中等四名，俱系老弱无力之人。查勘搭盖居住草窝棚六座，均搬遗一空，当经斟讯尹克中等，自今春聚有百十余人开挖，迨至开铲时，仅剩不过四五十人，现因听闻左路官队回塔路过，多有散避，其余小的等因贫无力，执迷不肯逃遁，不意被获，只求恩典各等情。核与汛诸乡民告称，各情无异，并验新开之井洞，亦不过四五处，此近日人数不多，亦可概见。当将所遗窝棚，尽数焚毁，其现获尹克中等四名，理宜呈送究办。惟念俱系老弱残废之人，应请从宽宣示宪恩，立时重责驱逐，饬其改过自新。惟查沙金沟东去五人班不过二十余里之遥，北距官道哈顺站约在二三里之路。查勘所开井洞水道密荡沟中，谅非一日之事也。该匪等抑闻官军经过则远避，队去则复聚，虽现经职查拿驱逐，并出示张贴劝谕封禁，诚难免不无复聚之理，可否饬下附近驻扎官署，时常查禁，以免再炽。所办是否有当，恭候宪裁。职自出示封禁后，当即奔赴上嘎雅河一带查禁，现于十八日抵至上嘎雅河一带山里各沟，遍加查验，并无开挖金沙之处，往来询诸乡民，均无信息，是以职即于十九日，复由嘎雅河进山搜剿讫。除将查禁金匪张贴劝谕告示抄录一纸，附呈鉴阅外，谨将先后查禁金匪各情形，具文呈报鉴核。等情到本署帮办副都统。据此，查该营官所称，私开金场地方距五人班二十余里，应饬前路左营驻扎哨官根全随时实力驱逐查禁，以免匪徒滋生事端。除札署前路全统领严饬哨官根全查禁外，相应备文咨明。为此合咨贵署督办将军，请烦查照施行。须至咨者。

右咨钦命头品顶戴署理吉林等处地方将军督办吉林边务事宜兼理打牲乌拉拣选官员等事黑龙江将军恩

珲春副都统为派队查禁偷挖金沙游民并烧毁窝棚毋任复聚的咨文

光绪二十一年六月十四日

署理帮办吉林边务事宜珲春副都统军机处存记副都统衔花翎协领恩　为咨明事。案于本年六月十二日，据右路穆统领克登额呈称：窃于闰五月二十日，接奉宪台札开，除原文有案邀免繁禀外，缘三道沟聚有游民在彼偷挖金沙，饬职派队不时分巡驱逐，毋任匪徒聚集私挖，仍将所查情形随时具报查考。等谕奉此，查三道沟地方，距营百余里，与古洞河毗连，时有金匪窜越，聚集游民偷挖。去岁职曾一面派队驱逐，一面呈请前帮办晓示严禁，并饬该处乡牌，探有挖金游民，急报营知逐散，以免滋生事端在案。且职路每届夏令，即派两营分段巡防，所有冈南各沟，已责成左营马队查缉游匪。兹奉谕饬，当即札饬职路左营营官常福遵照谕饬事理，刻即拣派妥干官弁，带队驰往该处驱逐去后，旋于二十九日据营官常福报，据右哨哨官英喜呈称，窃职奉派前往三道沟驱逐金匪，遵于二十三日带队驰赴该处查拿，讵该金匪等业早闻风逃匿无踪，于是职即带队兵，将该金匪等所搭马架窝棚，约计三四十所以及遗下油盐米面等物，均经一概烧毁，并无留存。所有职遵札带队驰往三道沟驱逐偷挖金沙游匪，并烧毁窝棚各缘由，具文呈报，鉴核转报施行。等情据此，理合具文呈报鉴核转详施行。等情据报前来。查经此次焚逐游民，当为之敛迹，惟利之所在人尽趋之，匪徒嗜利藐法，如蚁趋膻，不无逐散复聚之虞，仍请宪台严定科条，出示禁饬，俾金匪观律怀刑，自然绝迹矣。理合将职遵札派队驱逐偷挖金沙游民，并烧毁窝棚各缘由，具文呈覆鉴核。等情据此，除饬该统领仍派队不时查禁毋任该金匪等复聚偷挖外，相应备文咨明。为此合咨贵署督办将军，请烦查照施行。须至咨者。

右咨钦命头品顶戴署理吉林等处地方将军督办吉林边务事宜兼理打牲乌拉拣选官员等事黑龙江将军恩

吉林将军衙门为派委曹廷杰等查勘宁姓珲荒务矿务等情的咨文

光绪二十一年九月初九日

为咨行事。照得本署督办将军于光绪二十一年七月遵旨复奏，并陈吉省情形，拟请开办边荒矿务一折，奉朱批："户部议奏。钦此。"光绪二十一年八月二十九日准户部咨开，本部议复一折，光绪二十一年八月十二日具奏，本日奉旨："依议。钦此。"相应抄录原奏，恭录谕旨，飞咨遵照前来。查原奏内称吉林垦荒开矿，在昔为创，在今为因，自应准由该将军推而行之，以广兴利实边之益，应请饬该将军速派妥员查勘一切详细情形，绘图贴说，妥议章程，奏明兴办各等语。自应钦遵委员分途勘办，除宁姓珲各处垦务派委补用知府曹廷杰，查办三姓所属地面矿务，派委候选同知董梦兰，查办宁珲所属地面矿务，派委补用知府李芹查办外，相应抄粘咨行。为此合咨贵副都统衙门查照可也。须至咨者。

右咨珲春副都统衙门

珲春副都统为将三道沟金厂厘金账簿等送省的札文
光绪二十一年

为飞行札饬事。于十月初五日接准署理吉林将军延　咨开：案查前将军长　派委佐领斌俊、候选巡检张国恩前赴天宝山查办矿务。兹据该员等查明禀称：该局于去岁收过三道沟金厂厘金，并令把总黄河清开挖水道，会同会总周希文捐资修路，弹压金夫。于本年二月初六日，三道沟会总周希文拿获胡匪陈广林，嗣因该匪乘隙脱逃，登时杀毙示众，当奉贵部护札饬将黄河清、周希文，并今春所收厘金、账簿一并解归珲春审办等语。查本大臣奉旨交查之件牵涉此事，相应咨行贵都护、请烦查照，将前札提黄河清、周希文并所收厘金账簿及委员程光第一干人卷，务希拣派妥员解送来省，以凭讯办可也。等因前来，除派员将黄河清、周希文二名由驿解赴省城外，相应呈请抄单备文札饬。为此札仰天宝山矿局委员程光第就近持携厘金，一切账簿驰赴省垣投质。札到该员即便遵照启行，毋得稍涉违误，致干咎戾，切切特札。

右札仰天宝山委员程光第遵此

珲春副都统为统筹开采珲春金矿及三姓矿的札文
光绪二十二年

为札饬遵照事。于本年十一月二十一日准署督办将军延　咨开：垦矿总局案呈，兹据总办三姓矿务宋道春鳌申称，于上年访查吉林南山一带及珲春、宁古塔等处，所在皆有金矿，旋经陆续派员分投勘办去后。兹据吉林南山分局委员孙经历淮清呈报，查勘省南之木齐河、夹皮沟、发咯河等处，多系历年私挖；老金厂到处碏眼，密如蜂房，河金采取殆尽，仅有线金数道，苗既不旺，洞亦深有数里，碍难再采。惟访闻与南山毗连头道江、汤河、二道江、娘娘库、五道阳岔各处亦出金矿，卑职不日前往履勘情形，相机筹办。又据珲属分局委员田革牧连昌呈报，亦于下旬行抵珲春，亲历各乡，详细履勘，在城东七十余里三道沟地方，并毗连之柳树河、瓦冈寨一带直达上游之六道沟，绵延一百余里，地势蜿蜒，矿苗断续相接，体察情形，尚属可采，遂于七月十九日在柳树河设局招丁开采。惟入伏后，连遭水患，沟内房屋荡然，人民四散，兼之粮食昂贵，招徕殊为不易，现虽稍有聚集，皆系小帮居多，只可先为试办，酌量抽取官金，俟人数稍众，粮价渐平，再行遵照姓城定章办理。其余如香房沟、大小旺清河、砂金沟各处，矿质矿苗旺衰不等，刻下经费不充，勇丁亦少，拟俟东路安置定妥，再行逐渐进挖。又据宁属分局委员方直牧朗禀称，七月初二日，由姓起程冒雨涉水于十七日驰抵宁城，当即亲往小绥芬河、万鹿沟、苇子沟、观音沟、二郎沟、长石砬等处周详履勘，均有矿苗，而推小绥芬河线金最旺，长石砬次之。小绥芬河地面甚宽，开有五六洞门，深者八九尺，浅三四尺即见砂线，豁然显露，现已招集把头、矿丁并备制锤、钻、石碾等物于八月二十五日开工取砂各存，俟石碾安成眼同过碾上溜，考核日出砂若干，得金若干，即可定章办理。长石砬在乜河之东北六十里，苗旺质佳，刻已招丁开采，并在该等处适中之地乜河地方设立分局，以便兼顾。各等情具报前来。职道详加考核，除省南一带多系已开旧矿，布置能否就绪，尚无把握。其宁、珲等处矿苗，尚属可采，业经方直牧、田革牧等分投设局，次第开办，除将该等处筹办情形随时禀报外，所有该员等禀复设局开采缘由，理合备文申报。等情据此，查吉林矿务情形，前经本署将军遵旨复奏。业经奉旨："三姓金矿业责成宋春鳌实力开采等。钦此。"当经札饬该道，钦遵在案。今据申称，宁、珲等处矿苗，尚属可采，业经委员分投设局，次第开办，等情似与前奉谕旨不符。合亟札饬该道恪遵本年十月十五日所奉谕旨，将三姓金矿实力开采，认真经理。其珲春、宁古塔等处以及吉林南山一带矿务，仍应由本署将军遵旨派员查勘奏明办理。该道未便务广而荒，反令三姓金矿不能实事求是，遂致百矿俱废，有负匡济时艰之意。嗣后该道将三姓矿务如果办有成效，诸称妥善，本署将军再行奏明，将前刊总办三姓矿务木质关防改刊督办吉林全省矿务字样。除分行外，相应备文咨行贵珲春副都统衙门查照，严禁界内不准道员宋春鳌招人开采各矿，有则阻止驱逐可也。等因准此，相应呈请札饬遵照遣散驱逐。等情据此，合亟札饬东西三道沟矿务分局，边防行营营务处遵照札内事理妥为遣散，慎勿滋生事端外，暨札西路界官等遵照，各屯如有遣散矿丁，勿令群聚滋事，认真查禁。勿违。切切特札。

右札 东西两路界官界岗云骑尉凌春、□喜、西三道沟矿务分局、东三道沟边防行营营务处 遵此

吉林将军衙门为天宝山委员黄河清在三道沟招勇抽收厘金派队驱逐事的咨文

光绪二十二年三月十五日

为咨行事。于本月十五日，据靖边右路统领董阳春禀称：访闻三道沟聚众偷挖金砂，旋据委员禀称，该处现有金匪约计四千余人，盖有窝棚一百余所。查询该处居民，合称此处有天宝山委员黄河清、会总周希文，招勇三二十名，设局收捐，弹压金场，每名按月收捐金二厘，把头每名收捐金五厘，共收捐者一千余名，未收捐者二千余名，并查有商贾贸易抽厘事情。该局勇丁于二月初三日，在土山子张家大院拿获盗匪陈广林等四名，至初六日经黄委员将该匪陈广林斩首示众，其余陪绑三名，经该处乡民结保释放。等情沐恩复查属实，应如何拟办禁逐之处。等情到本督办将军。据此，查矿务一事，前奉谕旨，各省开采系由官办，今三道沟聚众偷挖，又有天宝山委员黄河清、会总周希文等，竟敢在彼招勇设局，抽收金厘，实属胆大妄为。相应咨行贵帮办，请烦就近派队，赶紧前往驱逐，并将黄河清、周希文拿获惩办施行。须至咨者。

钦命署帮办边务事宜珲春副都统宁古塔副都统沙

珲春副都统为三道沟金矿分局委员孙淮清禀称胡匪抢绑居民请兵保护的咨文

光绪二十二年六月十四日

钦命帮办吉林边务一切事宜镇守珲春地方副都统恩　为咨明事。本年六月初十日，据三道沟金矿分局委员孙淮清禀称：窃于本年五月十六日将胡匪凶暴抢绑居民并请兵保护各缘由，缕细禀呈在案。当夜三更时候，胡匪十余人打进三道沟内抢劫居民邓明德、赵升及老客徐姓各家。十七夜半时，抢劫金帮温明德、安万全、赵成各家。十八夜天未明时，打至买卖街，抢夺金帮孙锡龄等三家，刀砍魏德左手腕，张谦头顶心，顾善平头顶肩膀伤数处。彼时幸逃出有人来局喊救，当即派人前往，而匪徒闻风远遁矣。随后按定脚踪追赶，越过数重高山至棒子沟地界，始见胡匪成群，共二十余人，盘踞山顶嗑酒吃饭，觑见我兵前去，胆敢率众来迎，开枪对敌，我兵奋勇直前，一齐开枪，当时击毙匪徒一名，击伤数名，贼自知其枪械不及我兵之利，始嚎叫一声，持枪乱窜，我兵亦分途追擒，又打死胡匪二名。其时天已昏暗，山深林密，不能前追，遂搜检乱草丛中，则见共打死胡匪三人，余皆藏匿不见，无处搜巡。草里林间遗下枪械、衣包、行李、背兜纷纷满地，当经割下首级，收拾什物，一并取回。嗣日传谕被盗之家，各来将失物认去，将首级高悬示众，人心为之大快，相聚欢呼。二十一日午前，右路中营依哨长带官兵十五名，前来奉札捕捉胡匪，向局中借兵引路。卑职见其来人太少，山林险恶，恐蹈危机，不得已派会勇十一名一同前往，行至二道沟深处，不料误中胡匪诡计，暗地下卡，觑定官兵来到，数枪齐鸣，将会勇张祥头脑打破，立时陨命，迟福左胁受伤，枪子由背后透出，幸未绝气，尚可保其余生。斯时官兵会勇奋不顾身，打进胡匪墙内，力将众贼击败，打伤胡匪五人，见其窃负而逃。因会勇迟福重伤在地，唯恐被其暗算，不敢穷追，打下沙枪、腰别、片刀各件，交依哨长回营呈验。据逃脱票人所言，共绑去九人，乘打仗时逃出四人，其五人尽遭毒手。胡子之狠恶以至如此，不知何日恶贯满盈也。查此处胡匪分新旧两帮，每帮皆二十余人，抢劫三道沟各家者为新帮，其胡头姓余，当经卑局打死三人，余党纷然逃散，不能成事矣。其绑票者为旧帮，久居二道沟内，任情劫掳，罪恶滔天，而卑职未奉明文，不敢轻举妄动。今官兵到此虽捣其巢穴，伤其丑类，究未能歼厥巨魁，依然蜂拥蚁聚，滋蔓难图，令人实堪痛恨也。卑局被伤被害之人，系前向韩边外处借来会勇，非同官兵阵亡可比，不敢请恩矜恤矣。所有胡匪首级，因天气炎热，道途遥远，卑局亲兵人少，沿途解送不便，只得割下左耳并枪刀各件，送呈到案，等情到本帮办副都统，据此，查右路官兵同会勇等屡次击败众匪，逃入山林击毙三名，割取耳级，固为奋勇可嘉。准开采金厂原属招盗之苗，开厂之初亦必有防患章程，何以未见明文作何办法，而该局员突如其来冒然开采，殊不可解，况厂内五方杂处人等甚多，难保无匪徒混迹，伺隙勾结抢掠，使不预为设法严防，以杜匪等垂涎，俾知敛迹，则盗贼之出没靡常，势必防不胜防，不但矿局被扰，将附近居民亦昼夜难安，其贻害地方，所关诚非浅鲜。除札金矿分局委员遵照迅即禀请该总局或自行招勇弹压或转请贵署督办将军如何设法办理外，相应备文咨明。为此合咨贵督办将军，请烦查照施行。须至咨者。

右咨吉林将军延

海权为珲春三道沟、柳树河一带金厂派驻队勇事的禀文

光绪二十三年二月二十四日

督宪将军钧座，敬禀者：窃职奉宪札内开，珲春一带金矿即交海权，认真查勘，俟查明禀复后，再行派员。等因奉此，职于二月十二日抵珲，当即任差，遂驰往珲属□边三道沟、柳树河一带，查勘各处金厂。惟该处上下有三四十里不等，淘挖金者有三五人算一支帮，或有一二人亦算一支帮。凿冰取砂者，名为挖河底金；凿山挖洞者，名为矿金。至十数八名合而为一者，

即未有一处。查矿丁每月每得金不过一二分之数，除交官金外，不过余剩钱三二十文，尚有仅可糊口之资。据闻老矿丁金称，在咸丰年间，初开之际，金苗甚旺，比时矿丁尚集聚有一二千人之数。近年以来，矿丁不敢入山淘挖，深山旷野之中，正人少而盗匪多，得金多者必至丧命，不得金者尚可出山，每年夏秋不过三五百人之数。上年矿丁闻开官金厂，未有不喜形于色，当此冬令水道难开，加以珲春东边年景歉收，米粮价值太昂，所以挖金者每日见减。兹届天气渐暖，河畔融开，前在南冈买的米粮不日即可运来珲城，尚可以接济矿丁，大约较比往年自必畅旺。所可虑者惟该处与俄界相近，盗匪出没无常，五道沟招垦佃户多系韩民，牛马时被盗匪抢劫。若以开官金厂，则闲杂人不能不乘机入山，滋生事端。职再四思维，非有一哨勇队弹压，不能安谧。以有勇队弹压，则佃户与金厂两有裨益。再查，柳树河迄东百余里之西，机密、土门子、香房子沟一带，原系产金之所，该处并无住户，以俟开采后，再派员试办。所有遵札查勘珲属柳树河一带金厂实在情形，并请添派勇队驻扎各缘由，是否有当，未敢擅便，理合绘图贴说，恭呈宪鉴查核俯赐批示，饬遵施行。肃此禀复，虔请钧安，伏乞垂鉴。职海权谨禀。

吉林将军衙门为三姓金厂逸匪搜剿净尽事的咨文
光绪二十三年三月初十日

为恭录咨报行事。本年三月十六日，承准军机大臣字寄署理吉林将军延，光绪二十三年三月初八日，奉上谕："延 奏三姓金厂逸匪分窜东山一带，现经边练两军搜剿已就肃清一折，览奏均悉。此次该统领等分队进剿，先后四月中焚毁木城一座，贼巢四处，擒斩首伙各匪百余名，剿办尚属得手。惟匪首唐殿荣及十四阎王尚未弋获，仍着延 严饬该统领等督率营哨各员，认真搜缉，务得实在下落，毋任越界纷窜。余着照所议办理，将此谕令知之。钦此。"遵旨寄信前来。本署督办将军承准此，除咨行外，相应备文咨行贵副都统请烦查照，钦遵施行。须至咨者。

右咨署珲春副都统凤

珲春副都统为派员查明五道沟金矿亏损事的札文
光绪二十三年三月十三日

为札饬遵照声复事。垦矿总局案呈：案查总局适据珲春柳树河金矿委员舒麟、栾在丰等呈称，窃查客岁十二月收到官金数目，以及局费银两，业已呈报在案。兹届正月杪，应将一月收到官金并局中费用再行呈报。详查现在矿丁六十三名，均于正月二十日前后陆续开工。共收官金一两零零六厘，局中共月费银三十九两五钱三分。将来天气渐暖，冰雪融消，矿丁自必日多一日。惟五道沟地面宽阔，山深林密，若不严行稽查，难免私行偷挖。是以于正月内，募用巡役二名，每日协同营勇不时严查，庶无偷挖之虞。谨将收到官金并局中费用缮具清单，呈报前来。据此，详查该委员等所报矿丁以及抽收官金数目，照依每名月收官金四分章程，按每枝帮正月开工之日起，至月底止，除扣小建，仍以单开之数，核与章程应收官金之数，委系参差不一，统盘勾稽核计仍少收官金六厘四毫零六忽二微。虽系亏收为数有限，然与试办定章不符办理，亦属非是。且查该委员等单称，自设局至今两月，于兹前后仅收得官金二两四钱四分三厘，按照荒金价值不过易银六十一两有奇。乃该委员等竟费用银数至八十一两之多，虽未折抵，约计除费用之外，尚亏银二十余两。而委员等诚能实力征收，撙节开支，谅不致入不抵出，如斯之甚焉。试思试采矿务之设，原为筹饷之举，似此得不偿失，不但无益于国课，且恐有损于公款。即如该员等所称，春融天暖，沙金极易，矿丁必多收，课亦必日增。此等悬揣之论，并无确实把握，不过望梅之想形，诸公燎有何取乎。查该局所收官金，既不日见起色，应请札饬该员等认真整顿，速将用需糜费核实酌减，以期有济于饷需，无损于公款，方为至善之道。至照章核计，该员等此月少收官金六厘四毫零六忽二微，合并请饬该员等详细查明，究系因何少收各情，据实声复，以凭稽核。等情禀奉宪允。等谕奉此，相应呈请札饬。札到该珲春柳树河金矿委员栾在丰即便遵照，逐一详细声明，以凭稽核可也。特札。

札珲春柳树河金矿委员栾在丰遵此

吉林将军衙门为派员接办五道沟金矿事务的札文
光绪二十三年三月二十一日

为札饬接办撤委事。垦矿总局案呈：案准边防营务处移称，奉督宪谕，五道沟金矿分局入不敷出，糜费太甚，即将委员栾在丰撤委，转请副帅饬派行营文案处总理海权，由文案处暨中前两路委员内拣派妥员，前往接办金矿事务，所有委员即支本差薪水，不准另开局费，以期撙节，而昭核实。如果将来办有成效，再当优予津贴。等谕奉此，除呈副帅转饬该总理派员前往接办。等情移付前来。除分札外，相应呈请札饬，札到该珲春行营文案处海总理权、办理五道沟矿务委员栾在丰即便遵照，拣委妥员前往接管认真经办，俟派去接办之员到彼即将办理矿务一切交代清楚可也。特札。

札珲春行营文案处海总理权、办理五道沟矿务委员栾在丰等遵此

柳树河金矿分局为呈送六、七月份收金数目的移文
光绪二十三年

为移付事。兹据文案处总理海权、会办鄂英呈送珲属柳树河子金矿分局前收六月份官金八两五钱二分二厘三毫，业经随时呈报在案。兹于八月十二日据委员李际清呈报，自七月初一日起至月底止，矿丁二百八十一名，按照珲平加一，计日抽厘，共收官金八两二钱六分八厘八毫，并前委员舒麟、栾在丰等交存官金四两二钱六分六厘一毫六丝六忽一微九纤，一并由该委员先后呈送前来。等情据此，职等合将以上三项官金共计珲市平金砂二十一两零五分七厘二毫六丝六忽一微九纤，理合具文呈送前来。据此，相应备文移付贵银库查照兑收存储施行。须至移者。

右咨珲春副都统衙门

珲春属境矿务公司为启用关防事的移文
光绪二十三年十月初六日

奉派总理珲春属境矿务公司事宜兼办招垦事务四品衔拣选县正堂魁 为移付开用关防日期事。光绪二十三年九月二十日敝总理在省接奉督办军宪延札饬。令于珲春一带设立矿务公司，蒙颁发木质关防一颗，其文曰"奏办珲春属境矿务公司关防"，敝总理遵即由省祗领，于九月三十日驰抵南冈局所，谨择于十月初二日卯时开用关防任事讫。所有设立公司、开用关防日期，除呈报督帮办宪并分行外，相应备文移付，为此合移贵司，请烦查照施行。须至移者。

右移珲春副都统衙门

珲春副都统为前金厂委员李际清现已撤差遗缺由文童董肇廉拔补的咨呈文
光绪二十三年十二月二十四日

钦命帮办吉林边务事宜镇守珲春副都统军功花翎英 为咨呈事。窃查前金厂委员李际清现已撤差，若再留文案当差，恐难得力，其所遗之委笔帖式一缺，自应顶补，而专责成，兹查有六品顶戴文童董肇廉随敝帮办当差有年，尚称得力，堪以拔补是缺。除饬遵照任差外，理合咨呈督帅鉴核施行，实为公便。须至咨呈者。

右咨呈钦命督办吉林边防一切事宜署理吉林等处地方将军兼理打牲乌拉拣选官员等事副都统衔延

为程光第奉批拟续开天宝山银矿的咨文

光绪二十四年

为咨会事。窃敝道于本月十一日具禀军宪，为程令光第奉批，遵拟续开天宝山银矿章程，呈请核示缘由。兹于本月十六日奉军宪批开："禀折均悉，所有天宝山银矿招股兴工一切事宜，准如所请，即由该道随时督饬程令筹办。其银钱出入，仍由该令自行经理，册报该道核转，以专责成而清界限，仰即知照。缴。折。存。"等因奉此，除饬知程令光第外，相应录批抄稿并该令所拟章程，一并备文咨会，为此合咨贵帮办，请烦查照备案施行。须至咨者。

计抄粘并清折一扣

所办矿务专指金矿而言，与银矿究属有别。今既蒙宪台饬归职道督理，职道自当遵照，力顾全局以保利权。惟银矿与金矿股友不同，收支款目若不各归各账，界限难以分清。职道现拟该银矿所有招股兴工一切事宜，即由职道随时督饬该令筹办。其银钱出入责有专归，应仍由该令自行经理册报，职道查核转详，以专责成而清界限。谨将该令所拟章程缮具清折恭呈宪鉴。是否有当，伏祈宪台察核训示祇遵，实为公便，肃此具禀，祇请钧安伏乞垂鉴。职道谨禀。

珲春副都统为柳树河子金矿衣朋南等联名呈控总理虐民事的札文

光绪二十五年

右司案呈：为札饬查明妥为办理呈复事。兹据柳树河子金矿人衣朋南等联名呈恳，现派之李总理经收官金，用加五秤苛派，暴虐金帮，与公私无益，众民情愿祈留先前之马总理宽猛公正等情一案。当奉宪批，交司行知招垦局，交魁总理查明妥为办理，以安众望。等谕奉此，除令原告等旋回听候外，相应呈请札饬遵照，赶紧查办，妥协声复。据此，合亟抄粘原状，札饬札到该局，即便遵照可也。切切特札。

右札仰南冈拍垦总局遵此。

计粘原呈一纸。

具垦呈人衣朋南、张振发、许长胜、白彦宝等俱系柳树河子金矿农民，为联名具禀，据实恳恩叩留局员以便公私事。窃因柳树河子金矿一带设立金局。本为公私两便，自前年冬期派来李总理，专以暴虐为事，视金夫概为胡匪，收官金用加五秤，如有短欠即非刑拷打，金场有五十人，枝帮亦连财东、厨夫按名注册，有当日来人报局不及者，被渠查出，遂作偷漏，即严拷重罚，逼逃金夫，将所住之处家俱器物一概扣留，吞入私囊，名为罚项。且局中贩来吃米一钱金一斗，以派金帮。若不受者，即视为寇仇，种种虐款不胜枚举。金夫受其苛逼，俱敢怒而不敢言，是以收工者太多，逃脱者复不少，金失日少一日，虽系严察苛收，实于官金毫无裨益，且恐金场亦作罢论。所共恳者，去岁冬期转派恩上马总理到局，即设宽猛相济之法，亦善为处置，金秤比前次轻之若干。金场有三十人，枝帮、财东、厨夫俱不注册，有当日来人报局不及者，亦即随时注名，虽系小惠而民感鸿恩。盖金夫俱系穷民，受前次之苛责，不啻涸辙之基。蒙今兹之宽恩，如解倒悬之危，至今春闻风向往，金夫日多一日。金夫多则官金自多，公私两有裨益，皆由马公之善为处置也。其实与金夫毫无私情，于官事实有公利，盖宽严处十分明处□虽宽，而小民实不敢欺也。不意前次之李总理，目下又到金局。见之者不胜战厉[栗]，闻之者尽为悚惶，作财东者俱要收工，作散金者亦皆歇手。想东沟之金夫，将来不下千有余人，倘有变换，则金帮不久自散。金帮一散，则穷民无以聊生，官金亦何所出也。是以金夫联名恳禀叩留马公原任以收公项而安民业。谨此叩乞钦宪大人麾下大施鸿慈，准如所请，虽公私两便，则小民等感激大德无极。上呈。

恳呈人衣朋南（下略，共五十三名）

吉林将军衙门为请将通省公司矿务归并办理的奏折

光绪二十五年

跪奏，为吉林开采金矿，三姓业著成效，拟请将通省公司矿务归并办理，以资扩充，恭折仰祈圣鉴事。窃查近年迭奉谕旨，责成各将军督抚广开矿产，认真办理，务臻成效，即内外臣工条奏，亦多以开矿为要图，诚以时艰愈绌，非多开矿产无以浚利源，亦非速收成效无以济急用，凡属疆吏所宜汲汲讲求也。吉林自光绪二十一年冬，经前北洋大臣王文韶奏派花翎二品衔、记名海关道宋春鳌[办]理三姓等处矿务，该员招齐商股于二十二年春间先就三姓开采，夏间派员分往珲春、宁古塔及吉林府属等处推广试办。是年冬，前将军延茂将吉、宁、珲各处金、煤等矿奏明，另行派员前往勘办，嗣复经延茂分设珲属、宁属、吉属各公司共三处。珲春、宁古塔两属，先由金矿办起。吉林一属先由煤矿办起。于光绪二十三年九月间具折奏明，一面派员集股试办在案。本年八月奴才接任后，调阅各处公司开矿案据，除煤矿赔款无多，业经归商承办外，其金矿一项有甫经采办而赔款甚巨者，有开采年余而所获无几者，如珲属公司开采二道沟等十余处，共缴到金沙二百数十两。吉属公司及阿勒楚喀十余处，共缴到金沙二百数十两。吉属公司及阿勒楚喀十余处，共交金沙五两零。塔属公司旋开旋闭。现在吉属、塔属各公司均已报停，仅止珲属暂留数处试办。惟三姓自开局以来，光绪二十二、[二十]三两年收数未见畅旺，二十四年稍获盈余，报充军饷银二万两，较之三公司所收，奚啻十倍其数，办理已著成效。奴才维开矿事难，而开矿于边陲尤难，必得守洁才优、实心任事之人，始克胜艰巨而收美利。该道员宋春鳌器识宏远，坚定有为，平日办事认真，力图报称，绝无自私自利之见。前在吉林创设机器局，不用洋师，独出机杼，制造各项军火，颇称精利。辽南一役，佥谓吉林所造军火为最适用。此次集股办理三姓金矿，始被水灾，继遭匪患，股本亏折几尽，局势艰危万状，该员持以定力，矢以血诚，卒能立定始基，克收成效。此时开办未久，限于地利，所获无多，若将吉林通省矿务悉归该员承办，断不致有悖初衷徒劳鲜获。且吉、珲、宁等处产金之区，衰旺虽有不同，而夙所著名，如三姓者亦有数处，若必日久封停，诚恐货弃于地，致启外人觊觎之心。奴才体察情形，统筹时局，相应请旨，将吉林通省矿务仍归宋春鳌一手经理，俾资扩充。惟是边才难得，以一道员而办通省矿务，掣肘亦多，倘蒙天恩予以破格奖励，假以事权，俾该员益图奋勉，实于兴利实边两有裨益。奴才为通省矿务经理得人起见，是否有当，理合恭折具奏，伏乞皇太后、皇上圣鉴训示。谨奏。

吉林将军衙门为三姓金矿业著成效拟将通省矿务归宋春鳌办理的咨文
光绪二十六年正月二十日

为咨行事。兵司案呈：于光绪二十五年十二月二十五日准军宪札开，照得本军督大臣于本年十一月十八日恭折具奏，为吉林开采金矿三姓业著成效，拟请将通省公司矿务归并办理，以资扩充等因一折，当经抄折札饬在案。兹于本年十二月十八日奉到朱批，着准其归并宋春鳌办理，如果办有实在成效，再行奏明请旨。钦此。合亟恭录朱批，札饬札到该司，即便转饬所属，钦遵。特札。等因奉此，相应呈请咨行宁古塔、伯都讷、三姓、阿勒楚喀、珲春副都统，照会乌拉总管等衙门查照，札饬十旗、乌拉、五常堡、拉林、双城堡、伊通、额穆赫索罗协、参、佐领、水师营总管、西北两路驿站监督、吉林分巡道官庄总理、四边门章京等遵照可也。须至咨者。

右咨珲春副都统衙门

吉林将军衙门为全省矿务统归宋道办理凡采金区处着该地方官并各营保护的咨文
光绪二十六年三月初三日

为咨行、照会事。照得本军督大臣前因吉林开采金矿，惟三姓业著成效，曾于上年十一月间，奏请将吉林通省矿务并归开办三姓金矿之宋道一手经理，奉朱批："着归并宋春鳌办理。等因。钦此。"当经饬令该员刊刻关防，于通省产金各地方设局，派员试采在案。查吉林开采金矿，除三姓外，向设有珲属、宁属、吉属三公司，每公司仅开采十余处，均以赔款甚巨或所获无几，先后报停。现在通省既归宋道经理，所有官中已经采过地方及官中未采而民间私自偷挖之区，均应由该道择地开采。其前充把头，矿丁之人，固须酌留听用，即私挖金匪亦当编为矿丁，予以自新之路。各该处旗民所辖境内，设有金厂，务须禁止棍徒阻挠，不得稍事掣肘。边练两军所扎地方，如与金厂相近，务须随时保护，勿任盗贼肆扰，俾该道一意办矿，告厥成功。除出示晓谕所属下体周知并分行外，相应备文咨行贵总副都统查照，转饬所属凡采金地方务将棍徒查禁，勿任阻挠施行。须至咨照会者。

计札发告示三十张

右咨珲春副都统

珲春副都统为将所属采金地方饬令三路统领保护的咨文
光绪二十六年三月二十二日

钦命帮办吉林边务事宜镇守珲春地方副都统军功花翎英　为咨呈事。本年三月十八日奉督办将军咨开：照得本军督大臣，前因吉林开采金矿，三姓业著成效，曾于上年十一月间奏请将吉林通省矿务并归开办，三姓金矿之宋道一手经理，奉朱批："着归并宋春鳌办理。等因。钦此。"当经饬令该员刊刻关防，于通省产金各地方设局派员试采在案。查吉林开采金矿，除三姓外，向设有珲属宁属吉属三公司，每公司仅开采十余处，均以赔款甚巨或所获无几，先后报停。现在通省既归宋道经理，所有官中已经采过地方及官中未采而民间私自偷挖之区，均应由该道择地开采。其前充把头、矿丁之人，固须酌留听用，即私挖金匪亦当编为矿丁，予以自新之路。各该处旗民所辖境内，设有金厂，务须禁止棍徒阻挠，不得稍事掣肘。边练两军所扎地方，如与金厂相近，务须随时保护，勿任盗贼肆扰，俾该道一意办矿，告厥成功。除出示晓谕所属一体周知并分行外，相应备文咨行查照转饬所属，凡采金地方，务将棍徒查禁，勿任阻挠施行。等因奉此，除札饬中前右三路统领一体遵照务将棍徒查禁勿任阻挠外，理合备文咨呈督办将军鉴核。须至咨呈者。

右咨呈吉林将军

（二）开　挖　煤　窑

吉林将军为奏请试开煤窑的咨文
光绪二十三年四月初一日

为咨行事。工司案呈：案奉军宪札开，垦矿总局案呈，光绪二十三年二月二十三日准户部咨开，山东司案呈，内阁抄出吉林将军延　奏续行试开煤窑，并旧有煤窑统归总局稽征等因，光绪二十二年十二月初一日奉朱批："该部知道，钦此。"钦遵到部，相应恭录朱批，咨行吉林将军遵照可也。等因前来，相应呈请札饬，札到该司即便遵照，转行各处知照可也。等因奉此，除咨札各处知照外，相应呈请咨行贵副都统衙门知照可也。须至咨者。

右咨珲春副都统衙门

珲春副都统为披甲委官成贵赴各山场查验官炭的札文
光绪二十五年

为札饬一体遵照事。案查本处所属一带山场炭窑按年查验这炭等情，历办在案。现届严冬在迩，本衙门拣派披甲委官成贵带同兵役，前往属界各山场查验去讫。俟到之时，示仰各炭窑执事人等一体遵照，即将各窑应纳之炭仍照历办每窑各纳木炭一双车，勿得违误等情，合亟札饬，札到该委官成贵，即便遵照转饬该炭窑执事人等一体遵照勿违可也。特札。

右札仰披甲委官成贵遵此

（三）建　筑　衙　署

吉林将军衙门为查补修五道沟、南冈招垦分局围墙报销银两事的咨文
光绪二十一年

为咨行事。户司案呈，据户司单呈，谨查案据珲春招垦局总理金寿呈称：遵奉宪台衙门札开，户司核议，前于光绪二十一年间据珲春招垦局呈请筹款修补五道沟、南冈两分局[围]墙等工，当因省库无款可筹，饬令该局自行设法兴修。今据请由所收街基银内动用，查该处街基仅□案声报收钱易银五百九十三两八钱六分六厘六毫六丝，内提补修补分局房墙共银五百三十一两九钱三分三厘，此项□不关报部之正款，然提用亦须核实。查该局原估数目三百二十一两，现报销银五百三十余两，似属歧异，第该处局应修补者，

势所令福祥查所修分局工程加果核实无浮，详覆再行饬知，由街基款内开销以昭核实，理合□清单呈请宪鉴核示施行。（下缺）

吉林将军衙门为珲春副都统请修建房间俟时局大定再行勘估兴修的咨文
光绪三十一年十月初五日

为咨行事。工司案呈：兹准珲春副都统衙门咨开，右司案呈　案查前准将军衙门咨复，工司案呈，兹准珲春副都统衙门咨开，右司案呈，窃查珲春地方自改设副都统，当经建修衙署及各办公处所，于庚子之乱，所有地内衙署及各项公所一切房间，悉被俄官占据。迨和后复行经理，均未退出，所以署内三司各项办公处所，均系租赁民房，迁就办理，以待讨还。无如相沿今已数年，属经追讨不遂，至本署副都统莅任亦迭经照会，并亲赴岩杵河与廓米萨尔觌面商讨，其以当系攻取之处造报有案，必须请命而后可。是以迄今尚未给还，惟租赁民房按月所需租款甚巨，地方毫无余项，筹款无方，是以复经追讨往返。至再始允将署东营务处官房一所还回，现准驻珲俄总管处照会交还在案。是以拟将此所房院，照依补修副都统官宅名目，先行请修，以便署内三司各公所居住办公，而免纳租之累。第此项房垣，仅腾有瓦正房五间，西厢房四间，皆被其改造不堪，应行修整外，酌拟暂为撙节办理。在此院内添盖东厢房四间，门房五间，东西配房各六间，计添盖房二十一间以备三司办公处所及听差人向等有所居址。其所应需木料砖瓦等物，以及泥木工价各等项，均请饬司按照估料章程酌拟筹拨专款，请领到日，以备抵充兴修款项之处。除俟俄官退还衙门再行办理外，所有以目前实无办公处所赁房租价甚巨，筹款无方，不得已不变通办理，酌拟援照修建副都统官宅章程，先行报请兴修，以资办公各缘由。理合备文先行咨请，为此咨呈将军衙门鉴照俯赐允准，示复施行等因。当奉宪批，现值日俄事逾逼愈近，时局艰危，各处捐税减收，应放兵饷正款，尚须筹画，何有闲款拨修署房，况西路与战地附近，民房多被俄队拆毁，其东路各额站佐领衙门及敦化县署，亦时有过境俄兵占住，是珲春现退之官房，更难保后来俄队不复占居。来文所请拨款各节，姑缓俟大局平定再行筹办。等因咨复前来。详查本衙门兴修此项署房工程，既系无款筹拨，自应缓俟大局平定，再行办理。奈因珲属公署为一郡之望，实未便无一定办公处所，不得不设法权宜办理，且现在日俄议和已成大局，平定有日，自应再行咨请饬司按照估料章程，核议办理之处，相应呈请备文咨请。为此合咨将军衙门查核施行。等因前来。当奉宪批，此项房屋仍应缓俟时局大定，俄兵撤退，交还衙署，款项充足，再行咨请勘估兴修。来文所请先修署东房院，仍难照准，仰工司备文咨复可也。等谕批交到司。遵此相应备文咨复，为此合咨贵副都统衙门查照可也。须至咨者。

右咨珲春副都统衙门

珲春副都统为创设工艺传习所修建房屋招齐艺徒抄送章程事的咨文
宣统元年二月二十五日

为咨送事。窃照本署副都统前经遵照抚部院原议，于珲城创设工艺传习所，分派委员修建房屋，赴沪采购织缝机件原料，并招募各项工师，所需经费动用就地荒价。当将创办情形于条陈筹议珲春事宜案内分呈督、抚部堂、院查核，均奉示复照准在案。嗣据拣运委员招集工师、购买织缝木工机件及应用原料，带运到珲，并据该所将一应房屋逐渐修整，当饬赶将工厂如式修竣，安设机件，一面招考艺徒，先行开课，以免旷时。仍将其余应添应改房屋及四围木栅添购机件，克日一律竣工运齐，并遴派员司，分饬遵照去后，旋即招齐艺徒，旗籍不足略收民籍，于二月初十日开所上课。据该所总理呈报前来，除抄录章程咨呈督、抚部营、院外，相应抄粘该所章程咨送。为此合咨贵道，请烦查照施行。须至咨者。

计抄粘章程清折

右咨劝业道

珲春工艺传习所暂定章程

第一章　定名

第一节　本所参照学部所定艺徒学堂章程并各省习艺所办法，定名曰：珲春工艺传习所。

第二章　宗旨

第二节　本所于粗浅工艺中就珲春所最需要者，先行试办，冀引起国民营业思想为宗旨。

第三章　设置

第三节　本年就原有两翼旧房拆修添造，略具规模，俟经济充盈再求完备。

第四章　学额及年限

第四节　艺徒额数暂定四十名。

第五节　珲春风气阻塞，人骛近利，故定一年毕业。毕业后在所尽义务一年。

第五章　编制

第六节　艺徒以习艺为主要，另备讲堂一处，每日教授书课二小时，自习一小时。

第七节　本所工艺斟酌当地情势，暂设三种：

一、染织，一、缝纫，一、攻术。

第八节　普通书课亦举最要数种，每日轮流讲授。

一、国文，一、修身，一、图画，一、算术，一、体操。

第九节　艺徒于第七节所列三科，每人专习一门。

第十节　珲春于染织一科需用最切，艺徒分配，故此科特居多数。

第六章　学费

第十一节　本所为造就贫民起见，故一律不收学费。

第十二节　艺徒由所给膳，无论冬夏均一日三餐。

第十三节　艺徒应用器具书籍纸笔等项，均由所备发，其余零用均归自备。

第七章　艺徒资格

第十四节　艺徒以十五岁以上二十五岁以下身体健全稍能识字者为合格，先尽旗籍，如有缺额兼收民籍。

第八章　入学及退学

第十五节　艺徒于考验合格后，须出具甘结保结，方得收录，保人须有职业之本地人。

第十六节　艺徒无论远近，均宿在所住宿。

第十七节　艺徒入所后有犯规被革或中途潜逃者，均须向家属或保人追回膳费及书器等费。

第九章　组织

第十八节　本所职员如左：

一、总理一员，一、科学教习一员，一、管理兼教习一员，一、书记一员，一、会计一员，一、庶务一员，一、攻木工师一人，一、缝颖纫工师一人，一、染织科正、副工师各一人，一、制综工师一人。

第十章　预算经费

第十九节　经费分开办、常年两种。

第二十节　开办各项如左：

一、上海采购华洋织布、缝衣、摇纱、经纱各机，木工器具，价值运费银二千两。内织布洋机三十架，经纱架三具，摇纱机十架，缝衣洋机五架，木工华洋器具五付。

一、添造房屋六间，修改三十五间，并建周围木栅九十余丈，银二千四五百两。

一、购买教科书籍、笔版及阁所、器皿物件、桌椅等，银五百余两。

第二十一节　常年经费如左：

一、额支常年六千两，一、购料常年二千两，一、活支若干两。

第十一章　假期

第二十二节　本所假期如左：

一、万寿节，一、孔子诞日，一、星期日，一、端午仲秋日，一、暑假期，一、年假期。

以上系遵照定章，审度地方情形办理，如有未尽事宜，当再随时酌定。

八、驿　路

穆克德和站为站务经费不足事的呈文
光绪二十一年二月初三日

穆克德和兼密占分站笔帖式托伦布、署领催田毓麟，为呈明原由恳请究办事。窃职于光绪十七年三月接理穆克德和兼密占正分两站事务，当即查明该站并无丁役，膺差俱系雇工、民夫。额设马匹不足，疲瘦老羸仅有十四匹，牛无一头。房间未修，料无备办，房价无着，草短豆无存。又欠库款、铺债、工价等项银五百余两，并欠二年草豆银两，以人无食粮、马无草豆，一切亏累情弊，逐一查明，已于是年四月十一日具文呈报都宪并左右两司核夺，追究在案。曾将职站领催委官周俊署与已故前往笔帖式之亲属当堂质询究办，迄今未奉示复。彼时站务无法措办，禀请由库接济银二百两以济急需，仍不敷筹画，余者皆由铺商赊欠垫办讫。至年经应领草豆银，已经前任预先借支无存，是年毫无领项。于十八年春间，职禀明赴省清算账月，据钱铺瑞聚号开出清单，将十八年份应领草豆及倒毙两项银内除摊扣公私各款外，应剩银八百余两尽数扣留，尚未还足，仍欠该号市钱八十余吊。无奈复与告贷，闻军宪饬派监督全查办东路驿站时，职站系左司委笔帖式荣成署理，就将亏累一切情弊呈明，乃监督核计亏欠数千金之重，实觉碍难出手。仅将所亏房、牛二价，着令各该经手人员照数赔补，勒限缴还，等因屡奉来咨在案。迄今未奉示遵，如何令其归补。查领催周俟因案数年未能进省，其应领饷项随季存计钱铺，不意该号去岁荒闭，该弁赴省找领饷项，往返多需时日，经电报局郑委员禀请撤回，另行拣补等因，当奉军宪批交西路监督调省斟询核办，并派外郎田毓麟前来署理。该弁于十月十六日接署任事后，将周俟催令随文进省听候斟询去讫。正在承领草豆银两之际，职伏思该弁尚未开缺，仅以调省斟询字样，即将草豆银两令其就便代领，在彼兑给铺商照取，以期捷便。不意于十二月初八日来札内开其缺另行带牌拣放等因，当即意欲赴省关领，且年期临迩赶办不及。无奈电托哈顺站领催王德纯就近代递领呈操办讫。窃职接理站务四载，仅领得二年款项，实系不敷分遣四年之花费。惟一切需费，历经铺商台发号垫办，数年积欠甚多，此次汇给该号银五百两，于今年正月来信仅得银三百两，屡被该号辱讨，无法可

筹。伏思领项不致如此太少，未悉如何。俟职查明再行禀呈外，惟周俊业已撤回另行拣补。该弁所亏公款之（下缺）

吉林将军衙门为穆克德和站请迁站房的咨文
光绪二十三年

为咨复事。兵司案呈：案查适奉宪交以准珲春副都统衙门咨开，兹据穆克德和兼密占分站笔帖式吉伦呈称，窃查光绪九年添设驿站，系按旧有台卡核计程途远近添拨额丁。迨至十四年间，因文报差繁又加添额丁，各站丁数均归划一。惟程途远近，尚未均分。查大坎子站至穆克德和站四十五里，大坎子至哈顺站三十五里，此两站途程共八十里之遥。哈顺至瑚珠岭站四十里，惟穆克德和站又多南冈诸营并各局处，一路文报日繁，奔驰不遑。而穆站系在德通沟里原就卡所，其处地势狭窄，陡山密林，间有山水溪流，尚无牧场。窃思职站所拨站地、牧场，皆在莫尔和甸子一带，离站不过十余里许。该处地面宽阔，请将穆克德和站房迁移莫尔和甸子地方择基兴修，以期永远，庶几差务捷便。等情据此，查该笔帖式所请迁移站房一切情形尚属实在，理合备文呈请查核示复遵行。等因发交到司，遵查来咨内称，请将穆克德和站适移在距该站十余里之莫尔和甸子一带择基兴修，惟前设驿站修盖官房事关奏明报部有案之件，今拟迁移，应将建盖驿站官房款项并新踏迁站之地势、相距上下站远近里数，均应绘图贴说声叙明晰，再为据情咨报。应请咨复该衙门，查复到日再行核办。所拟是否有当，理合缮单陈明，伏乞宪鉴核示遵行。等因。当于七月二十三日缮单呈奉宪允，相应呈请咨复珲春副都统衙门查照办理可也。须至咨者。

右咨珲春副都统衙门

吉林将军衙门为穆克德和迁移站房等项请发公款未便照准事的咨文
光绪三十三年十月二十八日

为咨复事。兵司案呈：案查前准珲春副都统衙门咨开，左司案呈，兹据所属穆克德和兼密占分站笔帖式吉伦呈称，窃查职站于光绪九年间添设，惟近日文报差繁，奔驰不遑，而站基系在德通沟里，原就卡所设立地势狭窄，陡山密林，站房被水冲淹坍塌不堪，尚无牧场，所拨牧场均在莫尔和甸子一带，该处地面宽阔，请将穆克德和站迁移在莫尔和甸子择基兴修，以期永远。其所需建修迁站官房房价，仍请照章核发官款兴修，并将新踩迁站地势相距上下站远近里数绘图贴说，据情转咨前来。查该站地处既属狭窄，拟请将站迁移莫尔和甸子宽阔处，其所需建修新迁之站官房房价等项，即应自行筹项建修，今准咨请核发官款一节。惟现在款项支绌，兼值停工之际，所请仍发公款之处，未便照准，所拟是否有当，职司未敢擅便，理合缮单陈明，伏乞宪鉴核夺施行等因。当于本年十月二十二日呈奉宪驳，相应呈请咨复珲春副都统衙门查照可也。须至咨者。

右咨珲春副都统衙门

珲春城站为查核遗失文件的呈文

光绪二十四年二月二十七日

珲春城站^{笔帖式春龄}为查明呈复事。兹于本月二十五日奉札内开：着饬各站查明系于去岁十月二十一日具稿昼行本衙门咨将军衙门公文乙角，即于酉刻点交首站赵文奎领讫转递。查此角公文究被某站沉滞遗失，务于札到之日即行据实呈覆，立待核办。等因遵此，职等随即检查公文号簿，系于去岁十月二十日酉刻差役赵文魁由左司领到本衙门咨将军衙门公文乙角，于是日又由右司领到本衙门咨将军衙门公文三角，又清文乙角，所接公文等件当即派役送至密站讫。再查于二十一日饬派赵文魁由承办处领到本衙门咨将军衙门公文乙角，随即派役王永贵送密站去讫。该站给回两次戳记收付，内注公文件数，核于职站公文号簿数目相符，并无迟误，亦无遗失，今奉饬查，谨将查明一切缘由，理合据实备文呈报钦宪大人鉴核施行。须至呈者。

右呈钦命帮办吉林边务事宜镇守珲春等处地方副都统军功花翎英

吉林将军衙门为据总站官喜昌阿禀称酌减牛马裁留房间均有窒碍请照旧章办理的咨文

光绪二十四年十一月初八日

为咨行事。兵司案呈：本年十月二十九日据管理乌拉、额赫穆等站监督副都统衔花翎协领恩庆等禀称，窃职等接管任事，卷查前于去岁冬月准兵司付文内开，本年十月初八日据乌拉、额赫穆等站总站官喜昌阿禀称，窃思从来立法无不善，久则弊窦渐生，推原其故，大抵皆误于因循也。职不揣梼昧，谨就管见所及，将该新站等稍加变通，缮就六条，等因一件，禀奉宪批："所拟尚妥，即饬行"等谕移知前来。当经前任监督札饬各新站遵照在案。职等检查该总站官禀称，缮拟六条内有四条尚可因时权宜变通办理，仍须毋庸置议。惟查禀以宁古塔之新官地站暨玛勒瑚哩直至珲春城等正分十站，酌减喂食牛马，归并房间二条，虽原禀内称稍复原气，仍须照依旧制，不得援以为例之语。但牛马房间系有额数，在在不可亏短者，惟牛条马匹例应请领倒毙银两买补，请领草豆银两喂养，每于按年派员烙补印记，加结呈报足额。惟各站官房原设由官领价兴修报部核销，随年茸补整固，不准任其塌倒。况现届年终，例应派员前往各站烙补印记，查报足额，若不禀请仍归旧制，则各新站难免不无借词呈报亏短。如此详核，该总站官喜昌阿禀，拟酌减喂养牛马裁留房间，查与例案均有窒碍，应请仍归旧章，照例办理，是以据实呈请宪鉴核夺，伏候批示札饬遵行。等因禀奉宪批："仍照旧章办理，以免纷歧。"等谕奉此，相应呈请咨行宁古塔、珲春副都统等衙门查照，札饬西路驿站监督遵照可也。须至咨者。

右咨珲春副都统等衙门

吉林将军衙门为驿站牛马房间仍袭旧章的咨文
光绪二十四年十一月二十七日

为咨行事。兵司案呈：本年十月二十九日据管理乌拉、额赫穆等站监督副都统衔花翎协领恩庆等禀称，窃职等接管任事，卷查前于去岁冬月，准兵司付文内开，本年十月初八日据乌拉、额赫穆等站总站官喜昌阿禀称，窃思从来立法无不善，久则弊窦渐生，推原其故，大抵皆误于因循也。职不揣梼昧，就管见所及，将该新站等稍加变通，缮就六条，等因一件，禀奉宪批："所拟尚妥，即饬行"等谕移知前来。当经前任监督札饬各新站遵照在案。职等检查该总官禀称缮拟六 [条]，除内有四条尚可因时权宜变通办理，仍须毋庸置议。惟查禀以宁古塔之新官地站暨玛勒瑚哩直至珲春城等正分十站，酌减喂养牛马，归并房间二条，虽原禀内称稍复元气，仍须照依旧制，不得援以为例之语。但牛马、房间，系有额数，在在不可亏短者。惟牛条马匹例应请领倒毙银两买补，请领草豆银两喂养，每于按年派员烙补印记，加结呈报足额。惟各站官房原设由官领价兴修，报部核销，随年茸补整固，不准任其塌（例）[倒]。况现届年终，例应派员前往各站烙补印记，查报足额。若不禀请仍归旧制，则各新站难免不无借词呈报亏短。如此详核，该总站官喜昌阿禀，拟酌减喂养牛马、裁留房间，查与（倒）[例]案均有窒碍，应请仍归旧章，照例办理。是以据实呈请宪鉴核夺，伏候批示，札饬遵行。等因禀奉宪批："仍照旧章办理，以免纷歧。"等谕奉此，相应呈请咨行珲春副都统衙门查照可也。须至咨者。

右咨珲春副都统衙门

珲春副都统为密占驿站被水冲毁事的札文

光绪二十四年

为札饬遵照事。兹据穆克德和兼密占分站笔帖式托伦布等呈称：兹于七月初四日起霢雨连绵，至初九日戌时倾盆大雨降至十一日寅时止，所有大小河沟，无不涨发。加以山水涌下相接，土门江俱以出槽。水势猛大无边，将密占分站东院旧有台卡房三间，曾前改为马号差役住所，又经续修马棚三间、草棚二间，共房八间，尽被水冲去。所有柴草食粮一无剩存，仅以人马得脱。官厅档房，幸在高冈之处，仅剩正房未淹。院内水深数尺，东西厢房水虽进屋，未致冲倒，其院墙坍倒。再穆克德和并站房屋墙壁，被山水涌下冲坏房架，木料未动，尚可补修。唯有两站地亩禾稼，俱被淤沙涌压，所靠江河边沿地亩冲去三十余垧，[悉]成河渠。其在平川之地亩，有冲成沟冈者，并有沙石涌淤者。容俟按段查明，再行呈报外，唯有被水冲去马号房间，时下人马无处栖身，更兼人无食粮，马无草料。附近所有积存粮草之家，无不被冲，实难措办。似此被灾甚苦，若不呈请接济，实□□公务有误。窃思驿务房间，系属例价兴修之件，职不敢不具实呈明。被冲房间地亩，事关站务，将来应如何拨地修造之处，呈请示复到日再行遵办。谨将被灾情形，先行备文呈报副都统衙门，鉴核施行。等因呈报前来，当奉宪批："呈悉。仰该站呈报监督请示遵行，此□□"。等谕奉此，相应呈请札饬遵照。等情据此，拟合札饬穆克德和兼密占分站笔帖式托伦布等遵照可也。特札。

右札穆克德和兼密占分站 _{笔帖式托伦布}_{委官张永隆} 等遵此。

珲春副都统为穆克德和站地被水冲刷拟另踩丈拨事的札文

光绪二十四年

为札饬遵照事。案准将军衙门咨开：户司案呈，兹据珲春招垦局总理魁福呈称，窃于光绪二十四年九月二十五日奉宪台衙门札开，户司案呈，据珲春副都统衙门咨开，右司案呈，据穆克德和站笔帖式吉伦等呈称，窃查原于设站之初，拟拨正、分站额丁二十六名，每丁应有额地十六垧，笔帖式、领催各一员，每员应拨随缺地各五十垧，共应拨给站地五百一十六垧，业经招垦局于沿江一带划拨在案。嗣于光绪二十二、[二十]三年大水为灾，江河暴涨，所拨沿江之地被水冲刷，查有不堪耕种者六十一垧，亦经呈报查明在案。迄今未蒙补拨，并于光绪十四年间因差次日繁，驰驱不遑，曾经添拨额丁九名，应领站地一百四十四垧，前后共计实亏站地二百零五垧，已经前笔帖式托伦布报请拨补在案。惟招垦局因无闲荒，未能补拨足数。窃职自任事以来已及年余之久，查站务之苦累较前尤甚，所收些须租粮已不能济于时艰，而人食、马料均待买办，若不及时整顿，将来废弛益无底止。是以职等采得毗连站地之英豪甸子、第三台子地方，系属闲荒，大约开垦成熟，亦有二百垧余，虽有民户吕万富、王姓等开占此荒，仅领小票，并未起领大照，可否请将此致余荒饬知招垦局量为拨给，以符原额而免疲累，理合具文呈报宪台鉴核施行等情。（中略）遵查此案前于本年七月二十五日奉帮办副宪英　札同前因，职当查该处因佃户李振增将站地捏以闲荒报领。今春据该站呈蒙帮办副宪英　札饬，经职派刘委员伯松会同该站吉站官伦查照原拨册报站地坐落四至垧数，划清界限，此外附近荒地并第三台子之地，均经佃民曹文仪、胡美云、王德富、吕万富等十余家承领，丈明发给执照，经刘委员同吉站官传集招垦佃户吕万富等，面谕该佃此次站地复丈清楚，界址立明，嗣后务须各守各业。该站亦照原拨四至垧数经理，等情于五月初二日呈复。今查该处地亩业经众佃民报领在先，并有搭盖房间、开垦成熟者，亦复不少，未便撤出转拨站地，致令失信于民，是第三台子之地难以拨归站地之实在情形也。（中略）据此拟合咨行珲春副都统衙门查照可也。等因准此，相应呈请札饬遵照。等情据此，合亟札饬，札到该穆克德和站遵照文内办理可也。特札。

　　右札仰穆克德和站遵此

吉林将军衙门为严拿重惩盗电线者出示晓谕
光绪二十六年

　　为出示晓谕事。案准钦命军督大臣长　咨准督办电报事宜、头品顶戴大理寺堂盛　咨开：案据齐齐哈尔电报局委员、江苏试用县主簿杨桂清禀称，窃查吉江两省电线时有烧毁电杆、偷窃电线等事。该省旗民屯铺居处参差，而该站巡丁以为彼系旗屯管辖不着，不敢前往询问，以致毫无顾忌。伏乞转咨通饬旗民各屯驿站一体帮同保护，嗣后遇有烧毁电杆、偷窃电线，即为各该屯站官长是问，庶几稍有畏惧，等情前来，查吉江两省电线，系转报要区华洋各报，络绎（各）[不]绝，关系甚重，如该委员所禀，该处电线时有烧毁偷窃情事，而该站巡丁不敢过问，实属不成事体，现值边防紧要，东三省往来电报非军国要政，即洋务交涉，倘因此延误厥咎匪轻，自应严切禁止以杜将来。除批饬认真巡护毋稍松懈并分咨外，相应备文咨呈贵将军，谨请查照迅赐通饬该管地方官照章保护，并切实晓谕俾知此项电线系奉旨设立，不论旗民人等，如有窃盗电杆、电线，应即严拿依律惩办，决不宽纵，以儆效尤而维电政。等因到本军督大臣，准此除分行咨札外，相应备文咨行贵副都统查照饬属严加保护，如有窃盗杆线，着即严拿，按律惩办。并就近出示。切实晓谕一体周知。等因准此，除饬下严加查拿外，合亟出示晓谕，为此示仰所属旗民人等一体懔遵，嗣后倘敢烧毁电杆、偷窃电线，一被查获定必按律从严惩办，各宜守法自爱，毋贻伊戚。切切特示。

吉林将军衙门兵司为转饬各站递送省来文件勿得迟延的移文
光绪二十七年十月

兵司为移付事。本年十月二十三日准珲春副都统衙门左司移开，照得珲春距省千二百里之遥，所有往来文件，均有驿路递送，沿途虽前梗塞，而今业已通顺，每接省来文件，竟至四五十日始行接到，殊属延缓异常，倘如紧要公务，甚属攸关，未悉何处阻滞某站迟误。是以呈请转详总站关防处通饬各站，勿得仍前迟阻延缓积误。相应呈请备文移呈，为此合移兵司，请烦查照，希为转知施行，等因前来。相应移付西路驿站监督查照转饬各站，嗣后递送文件勿得仍前，不得迟延可也。须至移复副都统衙门，查照可也。须至移付者。

右咨珲春副都统衙门左司

吉林将军衙门兵司为宁古台等三站因匪骚扰请设法由火路递送公文的移文
光绪二十八年十月

将军衙门兵司　为移付事。本年十月初八日据管理乌拉、额赫穆等站监督副都统衔花翎协领恩　等移称：于十月初三日据宁古台、玛勒瑚哩、萨奇库三站笔帖式喜云、托莫呼浑、苏清阿等联衔呈称，窃自本年七月初间起，因盗匪在萨奇库站老松岭一带上下窜扰，拦阻公文，屡经设法递送不出。兹覆奉严札，均令犹须设法赶紧绕路递送，勿得再延等因。遵饬之下，职等再四核议，非由火路雇觅山夫诚难递送。是以禀蒙宪台衙门准照所请，并由库借垫工价川资钱二百吊，仍由宁古台至珲春城正分十一站，每站摊扣钱十八吊二百文，以归原款，而权公便。遵即于九月初七日将先后得公文马封札文公函共计二百三十六件，大小票照告示共计八包，表匣一分，一并点交雇役旗丁双春、民丁徐成玉背负，由火路递送去讫。合将先后接得公文等件，现已设法拟由火路递送缘由，谨此会衔备文呈报鉴核示复施行，等情呈报前来。除札饬宁古塔至珲春城正分等站遵照外，理合备文移付。为此合移兵司，请烦查核可也。等因前来。相应移付珲春副都统衙门左司查照可也。须至移付者。

右移珲春副都统衙门左司

珲春副都统为请领二道河子卡伦官兵津贴银两的咨文

光绪三十年六月二十日

钦命镇守珲春地方副都统军功花翎春为咨请事。承办处案呈：案查珲春曾于中俄接界迤北二道河子地方，设有卡伦一所，拣派官兵驻守，稽察边境，并递送俄文照会，均关紧要。原添有津贴银，每年拨给银六十两，由省边务粮饷处余平项下，按年春秋两季随同俸饷关领在案。续经光绪二十四年间，因该卡伦暂饬防军派弁驻守，始将津贴银两止领在卷，现在中俄仍旧和好，该处卡伦仍属照常派员驻守。近来食米昂贵，无如本处筹项维艰，借无余款，又无津贴，诚属不易筹办，应请援照向章请领此项津贴银两，以备垫办该卡糜费之需，能否仍旧照准，以便承领之处，拟合备文咨请。为此合咨将军衙门鉴照，俯赐，允准施行。须至咨者。

右咨将军衙门

吉林将军衙门为日俄战事逼近吉疆驿路不通请将旗民两署暂官兵缓引见的咨文

光绪三十一年六月二十六日

为咨报事。兵司案呈：本年四月二十四日本衙门恭折具奏，为日俄战事逼近，吉疆驿路不通，行旅梗阻，拟请将吉省旗民两署应行引见验看官员暂缓送部，一俟大局平定，再行分别咨送等因一折，当经照抄原折咨报在案。兹于本年六月十七日差弁赍回原折，奉朱批：着照所请该部知道，单二件并发。钦此。钦遵。相应恭录朱批，呈请咨报吏、兵部，请烦查核暨咨行镶黄、正白、正红、镶红、正蓝旗满洲都统，正白旗蒙古都统等衙门查核，咨行宁古塔、伯都讷、三姓、阿勒楚喀、珲春副都统等衙门查照，札饬正白、镶白、镶红、正蓝旗、鸟枪营、拉林协参领等遵照，由兵司移付户司银库查照可也。须至咨者。

右咨珲春副都统衙门

吉林将军衙门为在五家站至农安县路上有偷割电线等事一体严禁的咨文

光绪三十一年九月

为咨行事。兵司案呈：本年九月十四日奉宪札开，交涉总局案呈，兹于本年九月初九日，奉宪发交，据驻吉俄武廓米萨尔索阔宁照称，照得前于俄八月二十六日，在距五家站俄四十里之遥，往农安县路上，有不知姓名匪人割去电线三十沙身，搬动电杆数根，毁坏一根，扎碎电壶一个，以至停止五天未能行电。并由五家站派电官一员勘查修理。等因前来。查容心毁坏电线之犯，按俄军章已极重之罪，犯者无论系兵，或系百姓，统归营务发审，按照军法治罪。相应备文照请贵将军，转饬各地方华官晓谕百姓，并将此次之案查获罪犯，并希见复可也。等因发交到局。查毁坏电线之事，前据该廓米萨尔屡次照请，均经随时呈请通行，严禁在案。兹复有偷割电线，搬动电杆，毁坏电壶情事，自应切实查禁，以免彼族饶舌。理合呈请通饬。等情到本署将军、副都统。据此，除照复并分行外，合亟札饬，札到该司，转行副都统协、佐各衙门，一体出示严禁。特札。等因奉此，相应呈请咨行宁古塔、伯都讷、三姓、阿勒楚喀、珲春副都统，照会乌拉总管等衙门查照，札饬乌拉、五常堡、拉林、双城堡、伊通、额穆赫索罗协、佐领，西北两路驿站监督，四边门章京等遵照，一体出示严禁可也。须至咨者。

右咨珲春副都统衙门

吉林将军衙门为日俄议和道路疏通未经赴引各员补行引见的咨文
光绪三十二年四月二十五日

为咨行事。兵司案呈：案查吉省上年所拣协佐领、防御拟正陪各员，均因日俄交哄，驿路梗阻，曾经奏请暂缓送引，并请将拟正各员依拟升补，拟陪人员即予记名，续有应补缺出，照例办理，统俟大局平定，再行咨送部旗，以符定章等因各折片，先后奉旨允准。当经钦遵，分别咨札各处，一体知照在案。现值日俄和议已成，道路疏通。除业已赴引人员不计外，所有未经赴引协佐领、防御、拟正陪各员，自应咨送部旗，补行带领引见，以符定章。相应呈请咨行宁古塔、伯都讷、三姓、阿勒楚喀、珲春副都统等衙门查照，札饬十旗、乌拉、五常堡、拉林、双城堡、伊通、额穆赫索罗协参佐领等遵照，务将应行补送赴引拟正陪各员，迅速领咨赴引可也。须至咨者。

右咨珲春副都统衙门

九、教　　育

珲春副都统为官员荫子入监读书事的咨文
光绪二十一年

　　左司案呈。为咨复事。前准将军衙门咨开：兵司案呈，光绪二十年十月二十三日准兵部咨开，武选司案呈，所有本部题前事一案，相应刷单行文该处遵照可也。计单开，兵部谨题，为钦奉恩诏事，光绪二十年八月十六日恭逢恩诏内开："文官在京四品以上、在外三品以上；武官在京、在外二品以上，照现在品级各荫一子入监读书，钦此。"查定例武官荫子必以嫡长子，如无嫡长子，或虽有而患病残废及有别委职事，则荫嫡长孙，如无嫡长孙则荫次子及次孙、如无次子、次孙，则荫亲兄弟及亲兄弟子孙，如无亲兄弟及亲兄弟子孙，则荫叔伯所生兄弟及子孙。俱以次承荫。兵部题明行文各旗，并直省督抚提镇，取具承荫之人年齿、姓名文册，供结送部查核，给与荫生执照。将年二十以上者，咨送吏部办理；年十五岁以上者，移咨国子监读书。又其有不能以次承荫者，将情由声（名）[明]报部，亦准承荫，但不得将例载不应承荫之人请荫。又送荫之人，有从前缘事永不叙用者，不准荫监；原品解任食全俸官员，准照原品荫监。又奏定章程请荫以三年为限，凡有军务省份，准其展限一年，逾限者毋庸直议。又经臣部题准年未及岁之公侯伯子男，停其给荫各等语。今恭奉恩诏，所有例准给荫之一、二品武职京外各官，应将承荫之人年齿、姓名文册，供结送部查核办理。俟命下之日，臣部行文各旗并各直省一体遵照。臣等未敢擅便，谨题请旨。等因于光绪二十年十月初三日题，本月初五日奉旨："依议，钦此。"等因前来，相应呈请咨行珲春副都统衙门，查照文内事理办理可也。等因前来，遵查本处八旗之内，现无一二品大员，合亟呈请备文咨复，为此合咨将军衙门查核施行。

珲春副都统为中俄书院教习陈魁麟请长假遗差由凌善委补的咨文
光绪二十一年八月三日

　　署理帮办吉林边务事宜珲春副都统军机处存记副都统衔花翎协领恩　为咨明事。本年七月三十日据珲春中俄书院汉教习翻译官陈奎麟禀称：窃念卑职投效来珲迄今已及十稔，离家四千余里，音问不通，忧心内顾。唯有仰恳格外体恤，赏给长假，以便回里摒挡家务，等情前来。查该教习请假情词甚为恳切，系属实在情形，自应准如所请，给予长假。惟所遗汉教习一差，事关学业，未便久悬，亟宜拣员委补，以专教习。查有珲春镶红旗瑞霖佐领下举人凌善，学优品端，堪以委补，其薪水仍照定章按月支领。除批示并分札外，相应备文咨明。为此合咨贵署督办将军，请烦查照施行。须至咨者。

右咨钦命头品顶戴署理吉林等处地方将军督办吉林边务事宜兼理打牲乌拉拣选官员等事黑龙江将军恩

珲春副都统为派员提领中俄书院教习明年上半年津贴银事的咨文
光绪二十一年十月二十日

钦命署理帮办吉林边务一切事宜镇守珲春地方副都统恩　为咨明事。案查中俄书院翻译教习委令兼办边务交涉承办处事务，前准贵督办将军咨复，每月津贴银十五两，送经派员提领核发在案。现届应领光绪二十二年自正月初一日起至六月底止，计六个月，共银九十两。兹派前路中营前哨哨官德亮赴省提领。除札边务粮饷处核发外，相应备文咨明。为此合咨贵督办将军，请烦查照施行。须至咨者。

右咨钦命头品顶戴督办吉林边务事宜镇守古林等处地方将军兼理打牲乌拉拣选官员等事恩特赫恩巴图鲁长

珲春副都统为中俄书院翻译教习应领本年秋冬二季津贴银两事的咨文
光绪二十二年五月初六日

钦命帮办吉林边务一切事宜镇守珲春地方副都统恩　为咨明事。案查中俄书院翻译教习委令兼办边务交涉承办处事务，前准贵督办将军咨复，每月津贴银十五两，送经派员提领核发在案。现届应领二十二年自七月初一日起至十二月底止，计六个月共银九十两。兹派边务行营文案处额外委员永升赴省提领，除札边务粮饷处核发外，相应备文咨明。为此合咨贵督办将军，请烦查照施行。须至咨者。

右咨钦命头品顶戴督办吉林边务事宜镇守吉林等处地方将军兼理打牲乌拉拣选官员等事恩特赫恩巴图鲁长

珲春副都统为中俄书院应领选派习学俄语各生秋冬二季银两事的咨文
光绪二十二年五月初六日

钦命帮办吉林边务一切事宜镇守珲春地方副都统恩　为咨明事。案查中俄书院肄业各生，前准贵督办将军每年选拔十二名赴俄卡习学俄语，每名月给津贴银二两，送经派员提领核发在案。现届应领光绪二十二年自七月初一日起于十二月底止，计六个月，每名津贴银二两，计十二名共银一百四十四两。兹派边务行营文案处额外委员永升赴省提领，除札边务粮饷处核发外，相应备文咨明。为此合咨贵督办将军，请烦查照施行。须至咨者。

右咨钦命头品顶戴督办吉林边务事宜镇守吉林等处地方将军兼理打牲乌拉拣选官员等事恩特赫恩巴图鲁长

珲春副都统为派员请领中俄书院肄业各生并教习六个月津贴银两的咨呈文
光绪二十三年七月初三日

钦命帮办吉林边务事宜镇守珲春地方副都统军功花翎英　为咨呈事。窃照中俄书院肄业各生，每年选拔十二名赴俄卡学习俄语，每名月给津贴银二两，并中俄书院教习兼边务交涉承办处事务，每月津贴十五两，向按六个月请领一次，应经办理在案。现届应领光绪二十三年自七月初一日起至十二月底止，其肄业生十二名，共应领津贴银一百四十四两整。其中俄书院教习兼边务交涉承办处事务，共应领津贴银玖拾两整。以上二项统共应领银二百三十四两整，饬派差遣委员魁山赴省请领，以资核发。除札边务粮饷处核发外，理合备文咨呈督宪将军鉴核饬发施行。须至咨呈者。

右咨呈钦命署理吉林等处地方将军督办吉林边务事宜兼理打牲乌拉拣选官员等事副都统衔延

珲春副都统为派员请领中俄书院教习并肄业各生明年春夏季津贴银两事的咨呈文
光绪二十三年十一月二十二日

钦命帮办吉林边务事宜镇守珲春地方副都统军功花翎英　为咨呈事。案查中俄书院教习兼边务交涉承办处事务每月津贴银十五两，并中俄书院肄业各生每年选拔十二名赴俄卡学习俄语，每名月给津贴银二两，向按六个月请领，应经办理在案。现届应领光绪二十四年各津贴银，自正月初一日起至六月底加减闰计七个月止，其中俄书院教习兼边务交涉承办处事务，共应领津贴银一百零五两，其肄业生十二名，共应领津贴银一百六十八两。以上二项统共应领津贴银二百七十三两整，派亲军马队哨官尽先即补，前锋校荣和赴省请领，以资核发。除札粮饷处核发外，理合备文咨呈督办将军鉴核施行。须至咨者。

右咨呈钦命署理吉林等处地方将军督办吉林边务事宜兼理打牲乌拉拣选官员等事副都统衔延

三姓副都统为借垫三姓学习俄文学生银两事的咨文

光绪二十四年四月初一日

署理三姓副都统头品顶戴卓异记名副都统开去协领底缺候旨简放副都统军功花翎富　为咨祈就近借垫银两事。右司案呈：兹据前调在珲春中俄书院津贴肄业生之三姓披甲荣升、双禄等禀称：惟因去岁书院津贴裁撤，生等现在珲春肄业，衣履之费实系维艰，告贷无门，又兼生等家道寒微，无力自办，是以禀恳指由生等各本名应得披甲饷下赏借八季银两，等情禀请前来。据此，查该学生荣升等所称现届书院津贴裁撤，无力置办衣履等语，尚系实在情形，是以本衙门防[仿]照前章，即由库存八季款内借给该学生荣升等二名，每名八季银十二两，计银二十四两，以咨办买衣履之需。现无顺便，难以捎往，理合备文咨会贵珲春副都统衙门查核，祈为就近垫给在中俄书院习学俄文之年甲荣升等二名，请借八季银二十四两。除本衙门札饬敝处赴省关领本年春饷差员花翎协领依英阿等，在省就便由应领俸饷银内如数提还归款外，并由司札饬该习学俄文之披甲荣升等遵照，径赴贵衙门承领银贰拾肆两，以资置买衣履之需可也。须至咨会者。

右咨会珲春副都统衙门

吉林将军衙门为扩充俄文学堂事的咨文

光绪二十五年

为咨行事。兵司案呈：本年四月十六日准军副宪札开，交涉总局案呈，案查吉林日繁翻译需材孔亟，拟请扩充俄文学堂以育人材而资任使等情，于光绪二十五年三月初八日经本军督大臣副都统恭折由驿驰奏在案。兹于三月二十六日递回原折，奉朱批："着照所请，该衙门知道，单并发，钦此。"钦遵等情前来，除分行外，相应粘抄原奉朱批札饬。札到该司，即便钦遵知照。特札。等情奉此，相应抄单呈请咨行珲春副都统衙[门]查照可也。须至咨者。

珲春副都统为转饬各旗拣选青年子弟入武备学堂的札文

光绪二十六年

为札饬事。于本月二十二日接准钦命督办将军长　咨开：边防营务处呈，奉宪谕：案查吉林省城前经奏准添武备学堂，曾由边防备军抽调队额一百分，另在省城十旗拣选聪明有造学生入堂肄业。嗣有添设十旗武备学堂，亦由省城各旗拣选学生二百名，一律入习。前后三四年间，该学生等实力讲求，颇著成效。考其枪炮准头、操练阵式皆能得法，洵属及时有用之资。现当整顿军务，需材孔亟，其武备之学应即再加扩充，以为广储人[材]之地。现在业将两处学堂归并办理，所有省城外署，无论旗民、绅官青年子弟力科上进者，务须择其身材魁梧、稍通文义、自十五岁至二十岁为限，认真拣选，随文送省，俾资学习。着内外五城副都统衙门各拣送旗生十名，省城十旗以及五常、双城、乌拉、拉林各协领衙门并乌拉总管、额穆赫索罗、伊通佐领、长(存)[春]府、五常、伯都讷、双城、宾州各厅，伊通州、敦化、农安等县，应各拣送学生五名，其吉林府拣送学生二十五名，共送土著学生二百名。应即照数速为送省，以便入堂肄业。俟入学甄别后，再行照章酌给口粮，俾资膏伙而期培养。等谕奉此，理合呈请，分别咨札拣送，等情到此，本军督大臣。据此除分别咨札外，相应备文咨行贵副都统请烦查照，务于文到一月内速即拣送来省可也。等因前来，相应备文札饬该翼转饬各该旗遵照，务于三月初五日分传齐集送署，以便转详。切切，特札。

右札仰左右两翼遵此

珲春副都统为送义学功课仿订本事的咨文
光绪二十六年

为附封咨送事。于光绪五年四月十三日，接准宁古塔副都统衙门右司移文内开，准将军衙门户司移开：窃查吉省并所属各城地方，均各该有满、汉两翼义学，原为教导八旗子弟清文、国语，以固根本等因。省城原设两翼助教督同各学文武教师并新设汉教习，各专责成，实力教导。其各外城地方，亦蒙前任将军富　奏明，均各添设满教习，由食饷米笔帖式等拣用。当曾通行各处转饬各教官逐日勤加教演功课、礼法，省则按月汇订功课送司，外城则分四季订送，以凭核阅功课优劣。优则三年期满照例举升，劣者再罚留教三年以示区别。循办后至今，省城各学仍照旧奉送阅，而各外城渐渐疏懈，竟不计送。揆其情势，该教习等殊属不以职任为重，显系有名无实，其为敷衍废弛无异，实于国语根本大有关系。亟应再行移付各都副统、双城堡总管衙门右司、五常堡协领等衙门遵照，严饬各该处现任教习等，务须专任督教，认真考课，不准借以别差遮饰，仍前敷衍，致误八旗子弟进艺。并令自此仍照从前分季订课，移送贵司以凭考校优劣。若再视为具文，定必呈堂通行究查不贷之处。相应备文移付。为此，合移宁古塔副都统衙门遵照可也。等因移付前来，遵即咨珲春协领遵照文内事理，务将该处义学功课仿籍，仍照从前分季订课呈送督定衙门以待送省，以凭考校之处，相应移付遵照。等情据此，拟合札饬可也。等因来咨在案。兹届秋季应报之期，随即转饬领催、无品级教习官、特恩特科，刻将该学生按各取功课仿籍订本呈递，以凭转送。等情札饬去后，旋据该教习官特思特科呈递学生功课仿 [籍] 本，复加按名校阅，备文附封咨送将军衙门查核可也。须至咨者。

右咨将军衙门

吉林将军衙门为将武备学堂奏请归并扩充奉到朱批的咨文
光绪二十六年六月十七日

为咨行事。案照吉林武备学堂成效最著，拟请将十旗学堂归并扩充等因一折。当经具奏并咨分行在案。现于六月十四日奉到朱批："着照所请。户部知道。钦此。"除咨报分别咨札外，相应合亟恭录朱批咨报贵副都统，请烦查照施行。须至咨行者。

右咨行珲春副都统衙门

吉林将军衙门为武备学堂经费无款可拨于裁防军时一并裁撤附片具奏的咨文
光绪二十七年二月初五日

为咨行事。兵司案呈：光绪二十六年十二月二十六日准军宪札开，照得本将军于光绪二十六年十二月二十一日附片具奏，为武备学堂经费实无余款可拨，已于裁撤防军时一并裁撤，以节糜费等因一片。除俟奉到朱批再行恭录札饬并分行外，合亟照抄原片札饬，札到该司，即便遵照。特札。等因奉此，相应抄单，呈请咨行宁古塔、伯都讷、三姓、阿勒楚喀、珲春副都统，照会乌拉总管等衙门查照，札饬十旗、乌拉、五常堡、拉林、双城堡、伊通、额穆赫索罗协参佐领，吉林分巡道等遵照可也。须至咨者。

右咨珲春副都统衙门

粘单

再，前因吉林武备学堂教练已有成效，请将十旗武备学堂归并扩充，另行添募满汉学生，共足五百名之数，由南北洋咨调武备优等学生各二人，作为教习，与旧有教习三员于本年三月初一日，一律开练，专派总会办经理其事。曾于本年五月十一日具折奏明，奉朱批："着照所请，户部知道。钦此。"钦遵在案。查武备学堂经费除边练两军额饷外，悉由厘捐赢余，银圆赢余各项下，按年指拨。此次俄兵入境，边军以无饷而裁，即厘捐银圆两项赢余，或已提充饷或被俄行劫，实无余款可拨充该堂经费，已于裁撤防军时将武备学堂一并裁撤，所有教习学生分别资遣，以节糜费。理合附片陈明，伏乞圣鉴。谨奏。

吉林将军衙门兵司为俄文翻译贵廉留珲借补甲缺的移文

光绪二十七年十月

兵司 为移付事。本年十月初三日准珲春副都统衙门咨开：左司案呈，窃查吉林汉军镶黄旗成顺佐领下读念俄文之学生西丹贵廉，投效敝副都统处，准留跟随来任，委以交涉局俄文翻译一差。而该弁自从委差以来，遇事尚能勤奋，俄文亦属通顺，是以委放委笔帖式差使，并由本处左翼镶黄旗借补甲缺一分，每月加给津贴饷六两，自由本处筹给，以资鼓励，而昭激劝。第查该弁系属吉林汉军镶黄旗人，嗣后该旗遇有缺出，再行转回本旗，俾期借此充差之处，相应呈请备文咨行。为此合咨将军衙门，请烦查照，希为转知施行。等因前来。相应移付镶黄旗协领查照，嗣后本旗遇有披甲缺出，即将借补珲春镶黄旗披甲贵廉转回，并将调转日期随时见复，以凭转咨可也。须至移付者。

吉林将军衙门为地方图志将径寄京师编书局以资参考的咨文

光绪三十一年十一月

为咨行事。兵司案呈：本年十一月初三日兵司接准，全省学务处移开，本年十月二十五日奉军副宪发，十月十六日准京师总理学务处咨开，准编书局监督咨开，查初等小学堂章程，历史、舆地、格致三科，均就乡土编课讲授，用意至为精善。学堂宗旨，以教人爱国为第一要义。欲人人爱国，必自爱其乡始。欲人人爱乡，必自知其山川人物始，各国中学以上课目，互有异同，惟小学乡土志，则东西一律，盖历经教育家研究培养爱国之心，法无善于此故也。中国地大物博，撰辑乡土志，欲使详实无遗，断非本局所能独任。兹谨遵照定章，编成例目，拟恳贵大臣具奏请旨，饬下各省督抚发交各府厅州县，择士绅中博学能文者，按目考查，依例采录，地近则易详，事分则易举。自奉文日始，限一年成书，由各地方官径将清本邮寄京师编书局，一面录副详报本省督抚，一免转折迟延，并令各地方官于奉文之日先将本省通志及府厅州县志邮寄编书局，以备参考。各处乡土志辑稿送到后，由局员随时删润划一，呈请贵大臣审定，发交各省小学堂授课，所教皆浅近易明，学者自亲切有味，爱国之心即基于此，以后学问逐渐扩充，凡一切知识技能，皆足资报效国家之用，似于学务裨益匪浅。又各省前次绘送会典馆地图，并需各备一份，邮寄编书局，以备编撰之用。如无印本，可照底稿摹绘寄京等因。当于四月初六日附片具奏，本日奉旨："知道了。钦此。"相应排印原奏并附乡土志例目，咨行贵将军钦遵查照，将例目重印多本，分饬各府厅州县依限成书，径寄京师编书局，并将本省通志及府厅州县志，本省地图先行邮寄，以资参考，望切施行。等因发交敝处。奉此，除分移外，相应抄粘原片并例目，一并备文移知。为此合移兵司，请烦查照，希即转饬所属各衙门，一体遵照文内事理，限六个月内一律送齐，以凭转寄，勿误可也。等因准此，合将原发例目三十本，分发数目备文附封，相应单呈请咨行。为此合咨宁古塔、伯都讷、三姓、阿勒楚喀、珲春副都统，照会乌拉总管等衙门查照，札饬十旗、乌拉、五常堡、拉林、双城堡协领、伊通、额穆赫索罗佐领、四边门章京，水师营总管，西北两路驿站监督等一体遵照办理可也。须至咨者。

右咨珲春副都统衙门

粘单

再，据编书局监督翰林院候补侍读学士黄绍箕咨称：查初等小学堂章程历史、舆地、格致三科，均就乡土编课，用意至为精善。谨遵照定章编成例目，拟恩奏请饬下各省督抚发交各府厅州县，择士绅中博学能文者，按目考查，依例采录。地近则易详，事分则易举。自奉文日始，限一年成书，由地方官径将清本邮寄京师编书局，一面录副详报本省督抚，庶免转迟延，并令各省地方官先将本省通志及府厅州县志邮寄编书局，以资参考。各处乡土志辑稿送到，由局员删润划一，呈请学务大臣审定，通行各省小学堂授课。又，各省前次绘送会典馆地图并需各寄一份以备编纂之用，如无印本可照底稿摹绘寄一份，以备编纂之用，如无印本，可照底稿摹绘寄京各等因。臣等察核各节，均为编辑课本力求翔实起见。除分咨外，谨附片具陈，伏乞圣鉴。谨奏。光绪三十一年四月初六日具奏，本日奉旨："知道了。钦此。"

兹将原发例目三十本分发各处数目列后

计开

宁古塔二本、伯都讷二本、三姓二本、阿勒楚喀二本、珲春二本、乌拉总管二本、十旗二本、乌拉二本、五常堡二本、拉林二本、双城堡一本、伊通一本、额穆赫索罗一本、伊通边门一本、赫尔苏边门一本、巴彦鄂佛罗边门一本、布尔图库边门一本、水师营一本、西路一本、北路一本。

吉林将军衙门为查明府属乡屯旧有家塾若干改作自行捐办蒙小学堂的咨文

光绪三十一年十二月二十四日

为咨行事。兵司案呈：本年十二月二十日奉宪札开，学务处案呈，奉军副宪发交，据学务处呈称，窃职处自今春开办以来，因道途梗塞，仪器图书无从购办，精通西学教员亦未聘请，仅在四关设立蒙学二十斋，初等小学八斋。诚以□待办甚殷，未敢以有数之款，多设蒙小各学，有顾此失彼之虞。兹叠奉京师学务处咨催，劝令各省绅商多设蒙小学堂，为取才务广之地。职思泰西各国，其正本清源，皆由于蒙小各学为自强之基础，所以造就宏深，储为国器，均由小学中拔植甚多。况近今科举一停，凡远在乡曲，实属无从取法，其上进之心恐亦因之而阻，莫若因其原有家塾者，改为蒙小学堂，颁发课程，因势利导。为简便易行之计，使之家喻户晓，人人知有向往，拟于明春开印后，由职处选派妥员，分投吉林府属乡屯村镇查明，共有家塾若干，作为自行捐办蒙小学堂，劝勉之而董成之，以期规模扩充成为讲舍。俟查有定数，再酌派校长司事等员，责成管理。如各塾有聪颖特达之才，即可随时拔入省中各学，以示鼓励而期上进。似此城乡各学斋塾既多，取才益广，款不筹而学立，事不费而功成，甚为简便易行之举。如蒙允准，再行通饬各属一体仿行，并由职处刊刻蒙小学课程，按斋发给，理合呈请鉴核批示施行等情。当奉宪批。查蒙小学堂为养正童蒙始基，各国由文明而进富强，莫不从此入手，必使山陬僻壤遍处设立，庶几人无不学，地无遗才。惟吉省现时财力不足，风气未开，欲如内省官立、公立、民立各学堂，同时并举，诚未易言。据呈来正开印后，先由该处派员分赴吉林府属查明乡屯村镇旧有家塾若干，一律改作自行捐办蒙小学堂，劝勉董成，洵属省费易行，事半功倍，应准如拟，通饬各属一体仿照办理。仍由该处将小学课程遵照奏定章程，赶紧刊刷，以备陆续颁发，俾有遵循，仰即知照。等因发交奉此，相应呈请札饬。等情到本署将军副都统。据此，除分行吉林道查照转饬办理外，合亟札饬，札到该司，即便遵照，转饬所属一体办理可也。特札。等因奉此，相应呈请咨行宁古塔、伯都讷、三姓、阿勒楚喀、珲春副都统，照会乌拉总管等衙门查照，札饬十旗、乌拉、五常堡、拉林、双城堡、伊通、额穆赫索罗协、参、佐领，西北两路驿站监督，水师营总管等遵照可也。须至咨者。

右咨珲春副都统衙门

吉林将军衙门为劝励绅商广设小学堂事的咨文及出使大臣孙宝琦原奏
光绪三十一年十二月

为咨行事。兵司案呈：本年十二月初七日奉宪札开，学务处案呈，十一月二十六日奉宪发交，准京师学务处咨开，八月二十九日本处奏议覆，出使法国孙大臣请劝励绅商广设小学堂一折，奉旨："依议。钦此。"相应恭录谕旨，排印原奏，咨行查照可也。等因奉此，相应抄录原奏，呈请札饬。等情到本署将军、副都统。据此，除分札吉林道遵照外，合亟札饬，札到该司，转饬所属一体遵照可也。特札。等因奉此，相应抄单，呈请咨行宁古塔、伯都讷、三姓、阿勒楚喀、珲春副都统，照会乌拉总管等衙门查照，札饬十旗、乌拉、五常堡、拉林、双城堡、伊通、额穆赫索罗协参佐领，西北两路驿站监督，水师营总管等遵照可也。须至咨者。

右咨珲春副都统衙门

粘单

奏，为遵旨议覆，仰祈圣鉴事。本年三月二十日，军机处抄交出使大臣孙宝琦奏请劝励绅商广设小学堂一折，奉朱批："学务大臣议奏。钦此。"原奏内称，自强根本，舍大兴教育更无他策。小学所以教通国之民，实为根本之图，应请明谕各督抚学政，切实督饬地方官，劝谕绅士，广设小学堂，裁节官中不急之费，捐募绅富有力之家，通力合作，同时并举。普通教育尤以普通课本为最要，应请饬下学务处延聘通儒，编辑小学中学课本各等语。察复原奏，多洞见本原，考求有得之言，与奏定小学堂章程及编书局现在办法大都相合。查筹办小学，经臣等行文各省，饬属遵照奏定章程切实倡导，并将兴学宗旨明白宣示，每半年将学堂所办事务，教科课程，教员名数，学生人数，及出入费用，择其要略照章汇报，仅准直隶总督咨送全省学堂清册，此外，各省迄未咨复。近奉明谕停止科举，责成各督抚严饬府厅州县，于城乡各处遍设蒙小学堂，各省遵旨办理，当可实力推广，仍由臣等咨行各省，严定州县功过，其玩视尤甚及有名无实者，分别情节轻重，随时撤参。所有各府厅州县已办各学堂，由本省学务处随时派员周历各学，细考其教授方法，科学等级，教员程度，管理事宜，仍查照定章，每半年由督抚汇咨学务大臣一次，以凭察核。编书局纂辑中小学课本，自监督黄绍箕接办后，重订章程，派员分纂，所有各种课本初稿，渐具加以删定，当可次第成书，其编纂大旨，在视学堂之程度，为课本之浅深，以学堂之年限，分课本之繁简，一再研求，务适于用。各省呈送编译教科书，亦经订有审定专章，酌量采用。除将该大臣所陈办法知照该局参酌外，臣等仍与黄绍箕随时晤商，期臻妥速。又据称，必入高等小学，方可授以四子书，必入中学方可授以五经、周礼、孝经，尤为切用。惟今日学生应知应学者，日虞不足，应如何归于简要之处，请饬下学务大臣拣派通儒，折衷至善，伏候钦定颁行各等语。查奏定章程在初等小学，则诵习孝经、四书、礼记；在高等小学，则诵习诗书、易仪礼；在中学，则诵习春秋、左传、周礼。皆算定字数，自初入学日读四十字起，至入中学日读二百字止，师生两不为劳，而十经皆可毕业。此系普通读经之法，中学以下必先讲读各经，系为培养根底起见，无可疑议。易、书、诗、春秋、左传、四书、孝经，分年诵习，皆读全文。仪礼自唐臣韩愈，即苦其难读。惟丧服经传并记一篇，乃周公作经，子夏作传，在仪礼中关繁实用最大，故必先读此一篇。周礼拟读黄叔琳周礼节训本，札记拟读江永礼记约编。江永、黄叔琳皆国朝名儒，其节本久已风行海内，定为读本，与该大臣所谓归于简要者，用意正同。应请均照定章办理，毋庸另议，所有遵旨议覆缘由，谨恭折具陈，伏乞皇太后、皇上圣鉴训示。谨奏。光绪三十一年八月二十九日具奏。本日奉旨："依议。钦此。"

吉林将军衙门为设立陆军小学堂派员经理一片奏奉朱批的咨文
光绪三十二年三月二十日

为咨行事。兵司案呈：光绪三十二年三月初八日奉宪札开，照得本署将军于光绪三十二年正月二十四日，会同前署将军达 附片具奏，为省城设立陆军小学堂，派吉强军统领胡殿甲经理等因一片。当经照抄原片，札饬在案。兹于本年二月二十八日赍回原片，奉到朱批："练兵处学部知道。钦此。"钦遵。合亟恭录札饬，札到该司，即便遵照，转饬各旗署一体钦遵。特札。等因奉此，相应呈请咨行宁古塔、伯都讷、三姓、阿勒楚喀、珲春副都统，照会乌拉总管等衙门查照，札饬十旗、乌拉、五常堡、拉林、双城堡、伊通、额穆赫索罗协参佐领，水师营总管，西北两路驿站监督，四边门章京等遵照可也。须至咨者。

右咨珲春副都统衙门

吉林将军衙门为前发各处乡土志例目迄今未据录送到省请即饬催等情的咨文
光绪三十二年六月初五日

为咨催事。兵司案呈：光绪三十二年五月二十八日兵司接准全省学务处移开，光绪三十一年十月二十五日奉军副宪发交，准京都总理学务处咨开，准编书局监督咨开，查初等小学堂章程历史、舆地、格致三科，均就乡土编课讲授，用意至为精善，学堂宗旨以教人爱国为第一要义。欲人人爱国，必自爱其乡始。欲人人爱乡，必自知其山川人物始。各国中学以上课目互有异同，惟小学乡土志，则东西一律。盖历经教育家研究，培养爱国之心法无善于此故也。中国地大物博，撰辑乡土志欲使详实无遗，断非本局所能独任。兹谨遵照定章编成例目，拟恳贵大臣具奏，请旨饬下各省督抚发交各府厅州县，择士绅中博学能文者，按目考查，依例采录。地近则易详，事分则易举。自奉文日始，限一年成书，由各地方官径将清本邮寄京师编书局，一面录副详报本省督抚，以免转折迟延，并令各地方官于奉文之日，先将本省通志及府厅州县志邮寄编书局，以备参考。各处乡土志辑稿送到后，由局员随时删润划一，呈请贵大臣审定，发交各省小学堂。授课所教皆浅近易明，学者自亲切有味，爱国之心即基于此。以后学问逐渐扩充，凡一切知识技能皆足资报效国家之用，似于学务裨益匪浅。又，各省前次绘送会典馆地图并需各备一份邮寄编书局，以备编撰之用。如无印本，可照底稿摹绘寄京等因。当于四月初六日附片具奏，本日奉旨："知道了。钦此。"相应排印原奏并附乡土志例目，咨行钦遵查照。将例目重印多本，分饬各府厅州县依限成书，径寄京师编书局，并将本省通志及府厅州县志、本省地图，先行邮寄，以资参考，望切施行。等因发交本处，当经抄粘原咨原片并例目，一并备文移知在案。迄今七月有余，未据各衙门录送清本，事关学务要件，提学使刻期到省，未便再事迟延。查吉林地处边省，博学能文之士未易多睹。如该处不能自行编辑成书，即按照原发例目，逐条采访，事取其多，言不必文，录交本处，由省垣编书局代为润色，以期迅速。为此合移兵司，请烦查照，希即转行饬催所属各衙门，一体遵照，勿再迟误等因前来。相应呈请咨行宁古塔、伯都讷、三姓、阿勒楚喀、珲春副都统，照会乌拉总管等衙门查照，务于文到之日，按照原发例目，逐条采访，迅速录本，径报全省学务处，勿稍迟延可也。须至咨者。

右咨珲春副都统衙门

吉林将军衙门为吉省教育乏人设法办理以期振兴的咨文
光绪三十二年七月二十日

为咨行事。兵司案呈：光绪三十二年七月十三日奉宪札开，学务处案呈，奉军副宪发交，准学部咨开，准电开，吉省教员乏人，省城仅设小学、蒙学四十五斋，师范亦因乏教员，尚未设立。现派学务处总理峻昌前赴京津，延聘监督教员，购办图书仪器，俟教员到吉，遵照电示设立各级专科，仍限年卒业，以宏造就。仍按经费盈绌定人数多寡，再行分别咨达体操各学。现已派人教练游学，预备科遵即缓办。等因前来。查本部效电意在通筹全局，广裕师资，为振兴教育之地。边省情形，虽略有不同，而兴学之急要不后于内地，务必设法办理，以期逐渐振兴本部。现定优级师范选科简章，除分咨外，相应咨行贵将军查照办理可也。等因准此，理合呈请札饬。等情到本署将军副都统。据此，除札吉林道外，合亟附封简章一份札饬，札到该司，抄录分行，一体遵照办理可也。特札。等因奉此，除分札外，合亟抄录优级师范选科简章，每处各一份，备文附封，呈请咨行宁古塔、伯都讷、三姓、阿勒楚喀、珲春副都统，照会乌拉总管等衙门查照，礼饬十旗、乌拉、五常堡、拉林、双城堡、伊通、额穆赫索罗协参佐领，水师营总管，西北两路驿站监督，四边门章京等遵照办理可也。须至咨者。

右咨珲春副都统衙门

珲春副都统为暂缓设置农工商各项实业学堂的咨文

光绪三十二年十一月初五日

钦命头品顶戴镇守珲春地方副都统军功花翎恒　为咨复事。左司案呈：案查本衙门前经遵文创设蒙小学堂，当以义学之款就在文庙改设初级小学堂一所，以教员难聘，着该义学教习暂行教读，将来省垣初级师范生毕业时，延聘来珲，俾资教海。等因业经具情咨报在案。兹准来咨内开，兵司案呈，光绪三十二年七月初四日奉宪札开，学务处案呈，六月二十六日蒙军副宪发交，准学部咨开，照得教育大旨，厥有三端，曰高等教育所以培养人材；曰普通教育所以陶铸国民；曰实业教育所以振兴农工商诸实政。教养相资，富强可致。中国地利未尽，工艺未精，商业未盛，推求其故，由于无学。本年三月钦奉上谕明示，教育崇旨以务讲求农工商务科实业诏告海内，本部以兴学为专责，自应及时筹划，以期逐渐振兴。查奏定章程学务纲要中有各省宜速设实业学堂之条，高等中等初等农工商实业学堂，实业补习学堂，艺徒学堂，皆经分别订有章程。又订有实业教员讲习所章程，并于初级师范学堂章程内订有农工商各科课程，果能实力推行，自足为振兴实业之基。为此通行各省，一律遵照奏章筹设各项实业学堂，按照地方情形，先设中等初等实业学堂及实业补习普通学堂。此外尤应多设艺徒学堂，收招贫民子弟，课以粗浅艺术，俾得有谋生之资。应转饬各府厅州县，无论城乡市镇，皆应酌量筹设，预教员尤关重要，应于各省城先立实业教员讲习所，渐次推行，饬各府厅州县设法分立，以广师资。至初级师范学堂农工商诸科，原系酌量加习，今拟改为必修科，令师范学生各自认习一科，亦可备将来初等实业学堂、实业补普通学堂、艺徒学堂。教员之选要注重实业，实为普及教育中切要之图，其教授之法重实习不重理论，由浅近而入精深，其教授所取材，宜就本地所有，随时采辑，遇事发明。务使全国人民知求学，即所以谋生，欲谋生，必先求学。庶国民不至视求学难能高远之事，而各能振振其业，以为致富图强之基。至经费所出，纯恃官款必有不敷。查奏定章程于实业学堂通则中特立专条，各省官员绅富，有能慨捐钜款报充实业学堂经费者，或筹集常年的款自行创设实业学堂者，量其捐资之多寡，分别奏请从优奖励，自应援照办理，以资激劝。除各省已立上开各项学堂及高等实业学堂即行查明咨部外，余均于文到之日为始，限六个月内统将筹办情形咨部立案，并请饬提学使司将办理详情，各学堂学生实习成绩，各府厅州县实习衰旺，比较缮具图说表册，按照学期详呈本部查核。除分咨外，相应咨行贵将军查照办理见复。等因准此，查吉林除蒙小学堂及高等小学陆续同办尚未一律办齐外，其业工商各项学堂均未开办，应请札饬兵司分饬各衙门一体照办。等情到本署将军副都统。据此，合亟札饬，札到该司，即便遵照，分饬各衙门按照文内所开，各学堂实力举行，限三个月内详报来辕，以凭汇核咨复，毋得观望逾延，致干未便，切速特札。等因奉此，相应呈请咨行珲春副都统衙门查照文内所开，各学堂实力举行，限三个月内详报来辕，以凭汇咨，毋得观望逾延，致干未便可也。等因准此，惟以珲属地处偏隅，幅员不广，地瘠民贫，商贾稀少，素鲜殷实绅富，亦无巨镇大乡。除民籍外，旗户更属无多，迨值庚子乱后，地面愈形凋敝，民气终未复苏，因之市井萧条，商民交困，此珲属较与他城艰苦加倍。若遵文一时并立，需费浩繁，力实弗逮，请将农工商各项学堂暂缓设置，容俟地面丰盛，风气稍开，并将学堂款项筹有确数，再行分析常年经费额支活支，以及学堂房间教员学生各数目，一面绘图具报，一面分别添修房院，延聘教员，次第兴办，逐渐推行。可否之处，理合呈请备文咨复。为此合咨将军衙门，请烦鉴核施行。须至咨者。

右咨将军衙门

珲春副都统为派员编辑乡土志书事的咨文
光绪三十三年三月初八日

钦命头品顶戴镇守珲春地方副都统军功花翎恒　为咨报事。右司案呈：案照光绪三十二年七月初三日，接准将军衙门咨开，兵司案呈，接准学务处开，本年十月二十五日，接准京都总理学务处咨准，编书局监督咨开等因，发交本处，当经抄粘原咨原片并例目，一并备文移知在案。迄今七月有余，未据各衙门录送清本，事关学务要件，提学使刻期到省，未便再事迟延。查吉林地处边省，博学能文之士未易多睹，如该处不能自行编辑成书，即按照原发例目，遂条采访，事取其多，言不必文，录交本处，由省垣编书局代为润色，以期迅速。为此合移兵司，请烦查照，希即转行饬催所属各衙门，一体遵照，勿再迟误，等因前来。相应呈请咨行珲春副都统衙门查照，务于文到之日，按照原发例目，逐条采访，迅速录本，径报全省学务处，勿稍迟延可也。等因前来。遵即札派署左翼协领五品顶戴蓝翎骁骑校廉荣、署正黄旗佐领五品顶戴右司笔帖式委章京春明、六品顶戴府经历衔监生承办处委章京祥成等，悉心撰辑，依限成书去后。旋据该员等禀称，奉派编辑乡土志一书，尤关编课讲授要义，职等珲郡末吏，学疏识浅，且兼庚子之变，册案无存。所有应行考查一切事宜，无凭稽核，讨论匪易，谘访尤难，欲使翔实无遗，断非所敢，自揣谨遵谕饬，按照原发例目，逐条采访，仅就闻见确实者，分别数条，依例采录，抄缮清折一扣，绘画全境地图一份，一并备由禀请俯赐，转送省垣编书局代为删润，以期妥慎而免耽延。等情据此，相应呈请备文谘送，为此合谘将军衙门鉴核施行。须至谘者。

右谘将军衙门

吉林将军衙门为创设外国语学堂以培译才而开风气一折抄单的谘文
光绪三十三年四月二十日

为谘行事。兵司案呈：光绪三十三年四月初十日奉宪札开，照得本署将军、副都统于光绪三十三年四月初四日恭折具奏，为吉林创设外国语学堂，以培译材而开风气等因一折。除俟奉到朱批再行恭录札饬外，合亟抄粘原折札饬，札到该司，即便遵照，特札。等因奉此，除谘札外，相应抄单呈请谘行宁古塔、伯都讷、三姓、阿勒楚喀、珲春副都统等衙门查照，札饬十旗、乌拉、五常堡、拉林、双城堡、伊通、额穆赫索罗协参领，水师营总管，西北两路驿站监督，四边门章京，乌拉四品翼领等遵照可也。须至谘者。

右谘珲春副都统衙门

粘单

奏为吉林创设外国语学堂，以培译才而开风气，恭折仰祈圣鉴事。窃吉林地居边徼，风气夙称锢塞。于欧亚方言素未讲究。每当因公交际仅凭舌人传述俾款通曲，惟若辈本无学识，凡外情之诚伪虚实懵焉无知，而词气轻重缓急往往顿失本旨。甚且逞其簧鼓颠倒是非，转启外人疑忌者或亦有之。稍一不慎大局误矣。况近年铁轨畅行，又复广开商埠，外人来此游历多通我国语言，彼此相形能无见绌。兹于省城设立外国语学堂，专习英法日俄德五国语言文字，饬派前翰林院编修贵铎为监督，遴选本省资禀颖悟畅通中学之旗民子弟由绅保送饬取志愿书考验入堂肄业。该堂分设五科，每科学生拟额三十名，并于正课之暇研究各国现行政要历来交涉成案，以及兵刑食货，张弛治忽之大端，探颐索隐恍然于中。待五年毕业后优予出身，必有奇尤异敏之士崛起其间，备充樽俎之选。庶几操纵进退悉就范围，实于绥边柔远之道多有裨助。所有一切章程及薪资工食各项零费当饬该监督切实妥拟，再行奏请作正开销。除咨外务部、度支部、学部查照外，是否有当，理合恭折具陈。伏乞皇太后、皇上圣鉴训示。谨奏。

十、其　　他

文案处为裁撤牛痘局司事津贴的移文
光绪二十三年

总理会办边务行营文案处兼办营务处柳树河金矿分局事务副都统衔花翎协领海、练军文案会办花翎四品衔吏部主政鄂　为移付事。本年八月二十二日奉帮办副宪发交一件，据牛痘局司事程德馨呈称：窃于本年八月十六日奉宪台札尾内开，查前设施牛痘局司事津贴每年均按四十金核发，向由兵饷摊扣，等因办理在案。惟查八旗兵丁素称苦累，节一分之虚糜，得一分之实用，况且各旗并无引种牛痘幼童，请将此项司事津贴，即行裁撤等因，当奉宪批札饬遵照。等谕奉此，合亟札到该司事遵照可也。特札。等因奉此，即经裁撤，司事应领津贴遵于奉札之日截止，恳请宪台饬左、右两司，中、前两路按日找给，俾作川资，得以早日回籍，免致流落他乡，则有生之日，皆戴德之年，所有奉文裁撤，恳请饬发津贴缘由，理合具文呈请鉴核示遵施行。等情据此，查该司事所请，自系实情，应交文案处知会前路发给本月帮项，其中路应将本帮办到任后帮款付给至右司应放秋季之饷照章发放可也。等因发交敝处，奉此除分移外，相应备文移付。为此，咨移贵司请烦查照办理施行。须至移者。

右移珲春副都统衙门左司

珲春副都统严禁私贩粮食出境的谕示
光绪二十三年

为出示晓谕严禁事。照得珲春界在偏隅，地属极边，土鲜膏腴，民无富饶，虽近来招垦开辟，人烟较前丛集，然力耕者甚少，而为商者最多。加以两路防军、本处八旗丁壮，若在平收之年，以本地所出之粮尚且不敷本地之需，尤赖塔城、敦化贩运接济，故粮食出境，历经示禁在案。去岁秋雨连绵，江河溢涨，田禾均被冲淹，收成毫无所望，以致本地粮价日昂，旗民多有菜色。虽有商贩往来，无不高抬市价，似此灾民，深堪悯恻。讵有不肖之徒惟利是趋，偷将米粮贩运出境售卖他方，则本处粮价无怪乎日见昂贵也。所关极重，亟应严查，以保闾阎，而重地方。除分札一体查禁、出示晓谕严禁外，合亟出示晓谕，为此示仰阖属商民一体遵照、嗣后如敢故违，将粮米偷运出境贩卖者，一经查获，即将粮米归公，仍照依违禁私贩例，从重惩办。本署帮办副都统言出法随，决不宽宥，其各凛遵毋违，特示。右谕通知。

右扎 东西路界官 二道河卡 街道厅 遵此

珲春副都统为大度川开市无益着即罢集的札文
光绪二十四年

为札饬遵照事。于本年闰三月二十二日准将军衙门咨开，户司案呈，据署和龙峪越垦局总理曲作寅呈称：于正月二十六日奉到宪台札开，案准帮办咨开，窃于本年十二月二十五日据前路统领贵升呈称：于十二月十九日据职路右营管带图瓦谦呈称，前据黑顶子大度川约甲等来营禀称：欲在大度川设立集市，以便行商等情。营官思患欲防，诚恐无业流民借以匿迹，五方杂处，良莠难分，故未准其开设。不意该约甲等复求，越垦局总理现已准其举办，每旬二、七即是集期，业已逢过两集矣。风闻有一、二奸商于逢集之日，多卖烟酒，并希图放局抽红。开设日久，难免不招集闲人，滋生事端。营官本无地方之责，碍难大声禁止。然营官即守此土地，卫此民生，凡于民间无益、地方有害之事，是不得不先为禀明，除取该约甲等呈结存案，并传饬以后逢集不能设赌外，所有韩民在大度川以南开设集市，终久无益各由，理合备文呈报转详示遵。等情据此，理合咨呈鉴核施行。等因到本署督办、将军准此。查韩民在大度川以南设立集市，如有地方民情实有窒碍，自应变通办理。着现在接理越垦事务之曲令作寅就近查明禀复核夺，除咨帮办外，合亟札饬，札到该令即便遵照查明，迅速禀复。等因奉此，卑职于二月十三日抵局接事，遵即驰传黑顶子归化社乡约徐福暨输诚、崇让、兴廉各社乡甲到局，详讯大度川设立集市于地方有无窒碍。据乡甲等供称：大度川地方距光霁峪一百七八十里，距黑顶子三十里，去岁立集，原欲通有无，业已禀请在案。讵设集以来，每集终寥寥无人，是不能通有无以求益，反恐惹祸于社内也，恳请从此罢集，庶免招集匪人，扰害地方等情，当即出具甘结，恳请罢集。卑职复传各社垦民，讯诘大度川设立集市于地方有无窒碍。该垦民供称：现下虽无窒碍，久则难保不有匪类流窜，扰害民间各等情。卑职查乡甲垦民供称各节，均属实在情形，无怪乎图营官有思患预防之请。除将众乡甲恳请罢集甘结存局备查。所有遵札查明大度川设立集市，于地方无益应否饬禁各缘由，除呈报帮办宪鉴查核外，理合备具正副呈文，呈请宪台核夺示遵，为此具呈，伏乞照验施行等因，呈奉宪批："呈悉，大度川地方即据查明开市无益，着即罢集，仍严密稽查，毋使匪徒潜匿，致扰居民。此缴。"等谕发交到司，奉此，相应呈请咨札遵照。等情据此，拟合咨行珲春副都统衙门查照也。等因前来，相应呈请札饬遵照。等情据此，合亟札饬，札到该统领即便遵照转饬该营官严密稽查，毋使匪徒潜匿，致扰居民可也。特札。

右札仰靖边前路统领遵此。

珲春副都统为筹劝铺商报领股票事的咨文
光绪二十四年

为咨复事。窃因前奉行知并递交招信股票、部章告示各等因。奉此，当即饬令协领春升前往筹劝商铺，多为报领股票，共成其事去后，兹据该协领报称，查珲春初设协领管辖嗣后，自光绪七年改设副都统，始修土城，东西仅一里零，南北尤短，城内铺户几家，始则以布作钱，往返交易。自有边军方见银钱买卖，而铺户渐多增加，竟成一条小街市焉。然均系贩运杂货，是以并无银钱当绸缎等铺。东与俄界相连，该国烟酒之禁甚严，故珲城亦无烧锅、土局之生理，共计杂货铺五十余家，直不如内地之一镇也。经该协领再四劝导两月之久，各商尚知踊跃输诚，竭力凑集库平银一千两整，领票十张。等情据此。查该商等所称，系属实情，自应照准，附入省城大股报部。惟原呈铺多股稀，难以注票，所有此次商捐，请发票拾张添注珲春公议会字样，将来得利还本，应饬该会自行分放，以期便捷，实为公便。除札饬遵照外，相应呈请咨复，等情据此，拟合备文咨复，为此合咨札到该公议会，即便遵照可也。特札贵将军衙门查核施行。须至咨复者。

右咨督办将军衙门

珲春副都统衙门为将怀庆街集场迁移的札文
光绪二十五年

为札饬遵照事。照得越垦局报称：案查怀庆街原设逢三、八日集场，惟离局过远，事端百出，虽不时派兵巡查，仍不免赌博凶斗之人昼伏而夜动。前任曲令作寅曾据各社乡约请挪移，已定期移往局街，嗣因奸民有为私计自便者，扬言吓众，以致商民观望未敢遽动。又值曲令病笃未便斟酌，以致迟延未果。兹于九月初九日又据宁远堡十社乡约联名呈称：小的等前经督理时，公会控告在案，而湖川浦集隔在局外，匪类之辈、贼盗之党，种种情弊莫能御之。故设集五年，商贾兴利，粮柴买卖，不如道里之均也。况又法外之地多财，商贾岂不畏怕。无论各区局底立集，自古常规也。伏请使民交市不偏不倚，无有利害，何民不悦，同合集市，局街通廛，快辨良莠，亦利柴粮，农家稍饶，人心迁善，不亦乐乎。湖川市人之心，不顾民情但为肥己。前督理办定时，伊等会同言明牢约，以待七月移集局底，造房设廛为计矣。当此前督理已仙，乘隙更不作论，为此呈请移集等情前来。查卑职任事以来，凡赌博殴斗诈骗之案接踵而至，皆由怀庆街起。兹据前呈复亲往该市踏看，山势险恶、居民鲜少，除伙房、小店三四家外，别无正项生理，且该乡约为便于商民起见，并无私便备请，随准于九月二十三日逢三、八日为局集期。念其时届冬汛，房屋不便拆移，仍留逢六日一集于怀庆街，一俟明春和暖，尽行移往局街，以便稽查而安商贾。为此理合将移集各缘由，备文呈报宪台鉴核。俯赐谕示二张，俾华韩商民知晓而恤众情遵感矣。等因请发告示前来，查迁移集场即系有便于商民，自应照准，合亟缮写告示二张，呈请札发遵照。等情据此合亟札饬，札仰越垦局遵照可也。特札。计告示二张。

右札仰和龙峪越垦总局遵此

为兴农殖民训农通商事晓谕

光绪二十五年

为出示晓谕一体遵行事。照得案准将军衙门咨开，户司案呈，据农田局总理候选教谕赵韫辉禀称：窃职本年七月二十二日蒙军宪札开，为札饬事，户司案呈，光绪二十四年七月十四日奉上谕："总理各国事务衙门代奏，工部主事康有为条陈兴农殖民以富国本一折，训农通商为立国大端，前经迭谕各省整顿农务、工务、商务，以冀开辟利源。各处办理如何，现尚未闻奏报。万物之源皆出于地，地利日辟则物产日阜，即商务亦可日见扩充，是训农又为通商、惠工之本。中国向本重农，未尚无专董其事者以为倡导，不足以鼓舞振兴。即于京师设立农工商总局，派直隶霸昌道端方，直隶候补道徐建寅、吴懋鼎为督理。端方着开去霸道缺，同徐建寅、吴懋鼎均着赏给三品卿衔，一切事件准其随时具奏。其各省府州县早立农务学，广开农会，刊农报，购农器，由商富之有田业者试办，并为之率。其工学、商学为名，亦宜着一体认真举办，统归督理农工商总局端方等随时考查。各直省即由该督抚设立分局，遴派通达时务公正廉明之绅士二三员总司其事。所有各局开办日期，及派出董理之员先行电奏。此事创办之始，必须官民一气，实力实心，方可渐收成效。端方等及各督抚等当即仰体朝廷率作兴事之意，考求新法，精益求精，庶几业兴而生殖日繁，商业兴盛流通益广，斯以殖富强之基，朕有厚望然。钦此。"（中略）等因奉此，职员窃为富国之道必先足民，足民之本首重力田，而田之下隰高原，要贵因地制宜，若沾沾焉拘于成规，宜于此者施之于彼，徒增纷扰无益也。吉林迤东三姓、宁古塔、敦化县等处，边地苦寒，冰雪开通约在谷雨以后，秋霜来之最早，该处所种黄烟、罂粟、苞米、粱、菽等物，偶遇偏灾，秋成缺望。吉林迤西长春、伊通等处，天气较暖，且系平畴沃野，五谷麻菽收成颇可。然因吉省粮石接济关里一带由来已久，农民图利，罄其所有，以连村比里素鲜盖藏，大抵拘守成规，未知因土物之宜早为变计也。职员博采舆论，证经乡中父老，就地之所宜兴办者，酌拟七条，管见所及，恭呈宪鉴。(中略)复批宪奏，折内原采五条，应即叙稿呈请咨札，转饬旗民地方出示晓谕一体试办。等谕奉此，相应将该总理所拟各条择其可行者五条，照抄稿尾，呈请再行咨札遵照，等因咨行前来，相应呈请晓谕并将教农兴利章程抄粘谕尾一体试办。(下略)

吉林将军衙门为查报在京在外文武大员老亲年逾八十者的咨文
光绪二十六年二月二十日

为咨行事。兵司案呈：本年二月初十日，准兵部咨开，武选司案呈，准军机处交出，所有在京在外满汉文武大员，老亲有年逾八十者，希即详细查明开单，咨送隆宗门外方略馆汉军机处，以凭办理。等因前来，相应由马递行文该处，查明有无老亲年逾八十者，自行咨报隆宗门外方略馆汉军机处外，并知照本部备案可也。等因前来。相应呈请咨行宁古塔、伯都讷、三姓、阿勒楚喀、珲春副都统，照会乌拉总管等衙门查照，札饬十旗协、参、领等一体遵照，查明造报，以凭咨部可也。须至咨者。

右咨珲春副都统衙门

吉林将军衙门为转饬各属按时埋葬死人的咨文
光绪二十六年四月初五日

为咨行查照事。户司案呈：适奉军宪札开，案据吉林分巡道联昄详称：窃查生养死葬乃人道之常经，掩胳埋胔亦王政之要务。定律职官、庶民三月而葬。若惑于风水及托故停枢，经年暴露不入葬者杖八十，所以劝孝思、惩薄俗也。况人死之有墓，犹生之有官；死者入土为安，即如生者卜居得所。幽冥虽隔，情事无殊。吉省停枢之风几成锢习，富者惑于风水，贫者苦乏葬资。或寄停古庙，或浮厝荒郊，积日累月，竟至数年、数十年而不葬，其在省城内外无主尸棺，历年由道派员掩埋，尚不致连年暴露。唯有主者窀穸久稽，任催罔应。若不剀切劝谕，照例惩（缺文）弊，窃恐日久相沿，积习更难知返。兹职道拟饬各府厅州县出示，晓谕旗民，定限三月。有力之家务令依限安葬。无力者即由亲属报明地方官与掩埋委员，由官出资，随时掩埋义地，其无主各棺，亦分别责令委员向地随时掩埋，毋得仍听暴露。倘再托故不葬，照例治罪，俾得崇封仿马，室中无惊扰之魂，邱首正孤，郊外乏抛残之骨。除通饬各地方官并札掩埋委员一体遵照外，理合详请查核，俯赐各旗属一体出示劝惩。等情据此，除详批示并分咨外，合行札饬，札到该司，立即转饬各旗属一体遵照劝惩，以祛锢习。毋违，特札。等因奉此，遵将拟就告示抄粘文尾，亟应咨札各处照录张贴晓谕之处，相应呈请咨札遵照。等情据此，拟合咨行珲春副都统衙门查照可也。须至咨者。

右咨珲春副都统衙门

吉林将军衙门为及时掩胳埋骴的告示
光绪二十六年四月二十一日

照得养生送死，人事之常；掩胳埋骴，王道最重。昔西伯溥枯骸之泽，阳明著瘗旅之文，是皆盛德彷徨，故能仁恩下究。本署将军虽不敢抗衡往哲，亦何忍漠视斯民。但隶胼㦮，岂死者遂已矣。若谋窀穸，微斯人谁与归。乃今近城附郭，西刹义田，棺多浮厝暂停，数竟成千累百。若者他乡阻隔，若者因事稽迟，始犹选地择时，诸多借门，卒乃经年累月，未妥咨催。等情据此，除分催外，合亟抄折咨行贵副都统衙门查照，速饬解交可也。须至咨者。

右咨珲春副都统衙门

吉林将军衙门为本地出产仅敷应用即时禁止贩运出境并发告示的咨文
光绪三十一年六月二十五日

为咨送事。照得吉省人烟稠密，本地出产仅敷应用，若再加以运出外省，必至当地居民致歉乏食，自非即时禁止兴贩出境，殊不足以期养瞻，诚恐通省旗民商贾人等未及周知。除出示谕禁并分行咨札旗民各署一体查禁外，相应将刷就告示四张，备文咨送。为此合咨贵副都统，请烦查照，迅于各镇一律张贴，俾免私贩。须至咨者。

右咨珲春副都统

吉林将军衙门为兴办商务务须实力整顿的咨文
光绪三十二年闰四月初十日

为咨行事。光绪三十二年闰四月初三日，准商部咨开，案查光绪三十一年六月初九日，本部刷印译本，共进会章程并节录驻比杨大臣咨开，各国赛会，未可恃官货为久计各等语。通行各省，先就大城巨镇，设立劝工厂，备列出产货物，工作器具，纵人游览。并随时调查本地工厂，有无增减，工匠有无新制，逐一考校切实兴办，呈报立案。等因在案。查劝工为当今之要政，商务之先驱，博览会一时举办不易，自应略师其意，量为变通。先在地方繁盛之区，责成商会联络各帮商人，各设一劝工厂，无论原料制造各品，由商会与原主订明各送货样，前往陈列。其货仍属原主工厂，不必出价购办，但预备宽敞房屋，派人管理，标明出产及制造人名姓，俾众周知，所费无多，举事自易。一俟陈列齐备，即行订期招集各商及本地官绅评奖优劣，列表报部。其续到货物，统归半年一报，并择其尤者，将货样送部考验，酌量给奖。其有技艺精巧、有裨实业者，并由本部考验，酌予优奖，以示鼓励。嗣后工厂日增，彼此通气，则其陈列之处愈多，而销路亦必愈广。业其事者既可增进名誉，又可招徕客商，当无不乐于从事。本部职司商政，不惮再三告诫，经此次通行之后，但能内外合力维持，多一实心提倡之人，必有成效可观之日。相应咨行贵将军查照，并入前案，饬属按照本部所指各节，广为晓谕，实力整顿，并将办理情形，声复本部可也。等因准此，除分行外，相应备文咨行。为此合咨贵副都统，请烦查照施行。须至咨者。

右咨珲春副都统

吉林将军衙门为准钦差大臣送朝廷轸念民艰悯恻疾苦告示并饬属张贴的咨文
光绪三十二年十月十六日

为咨明事。光绪三十二年十月初七日，准钦差大臣载、徐　咨开，照得东三省为根本重地，近年迭遭事变，民物凋残，殊堪悯恻，朝廷轸念殷殷，特派本爵大臣、大臣前来宣播德音，拊循疾苦，兼为三省图谋久远之计，用意至为深厚。惟是本爵大臣、大臣轺车所经地方有限，而三省幅员寥廓，间阎闻见难周，亟宜设法布告，俾得穷乡僻壤家喻户晓，咸知朝廷矜恤之深，暨本爵大臣、大臣属望之厚用，特发告示，剀切晓谕。兹刊印一千五百张，相应咨送贵将军查照，即希颁发各属，妥速分贴，毋得视为具文，致任吏胥搁压，是为至要。等因咨送前来。除将告示于本月二十八日先行饬驿由四百里递发并分行外，相应将发去数目备文咨行贵副都统，请烦查照，饬属张贴勿延，并希将接收日期咨复备查。须至咨者。

右咨珲春副都统

吉林行省衙门为奉旨设资政院咨议局事的咨文

光绪三十三年十二月十二日

为咨行事。兵司案呈：光绪三十三年十一月二十八日，奉到宪札一件，内开，光绪三十三年十一月十三日，准资政院咨开，为通行催设事，本年八月十三日奉上谕："朕钦奉慈禧端佑康颐昭豫庄诚寿恭钦献崇熙皇太后懿旨：中国上下议院未能成立，亟宜设资政院，以立议院基础。等因钦此。"又九月十三日，奉上谕："朕钦奉懿旨：前经降旨于京师设立资政院，各省亦应有采取舆论之所，俾其指陈通省利病，筹计地方治安，并为咨政院储材之阶，着各省督抚在省会速设咨议局，慎选公正明达官绅创办其事，即由各属合格绅民公举贤能，作为该局议员，断不可使品行悖谬、营私武断之人，滥厕其间。凡地方应兴应革事宜，议员公同集议，候本省大吏裁夺施行。遇有重大事件，由该省督抚奏明办理。将来资政院选举议员，可由该局公推递升。如资政院应需考查询问等事，一面行文该省督抚传饬，一面经行该局具覆该局。有条议事件，准其一面禀知该省督抚，一面径禀资政院查核。其各府州县（缺文）会一并预为筹划，务期取材日宏，进步较速，庶与庶政公诸舆论之实相符，以副朝廷勤求治理之意。钦此。"钦遵在案。十月二十六日复接据赣抚瑞电询咨议局章程，阅报有自由钧处颁发之语，应否静候颁发，抑由省会官绅公同拟订。等因前来，除电复该抚外，查咨议局事关重要，其详细章程若由外定，恐难划一。此时应先设局所，俟本院拟定草章，咨商各省议妥后再行奏闻颁布。相应咨行贵抚将已否设立局所及一切应办事宜，从速咨报本院，以凭核办可也。须至咨者。等因相应呈请咨行。等情据此，除分别咨行外，为此合咨贵副都统衙门查照可也。须至咨者。

右咨珲春副都统衙门

吉林将军衙门为北洋大臣奏整顿铁路限制免票片的咨文

光绪二十二年四月初五日

为咨行事。兵司案呈：本年三月二十八日准军宪札开，于本年三月十四日准北洋大臣咨开，为照本大臣于光绪二十二年二月二十八日在天津行馆由驿附奏，整顿铁路酌定免票限制一片，兹于三月初一日递回原片。二月三十日奉朱批：该衙门知道。钦此。相应恭录谕旨并抄稿咨会贵将军，请烦钦遵查照施行。等因准此，相应抄单札饬，札到该司，即便钦遵可也。特札。等因准此，相应抄单，呈请咨行宁古塔、伯都讷、三姓、阿勒楚喀、珲春副都统，照会乌拉总管等衙门查照，札饬十旗、乌拉、五常堡、双城堡、拉林、伊通、额穆赫索罗协参佐领，水师营总管，西北两路驿站监督等遵照可也。须至咨者。

右咨珲春副都统衙门

粘单

再，铁路创造之初，即费巨帑，常年薪工煤火亦属不赀，加以铁轨道木年久必当更换，非将车脚进项力求整顿，量入为出，则养路修路又将糜费帑金，殊失国家推广利源本意。臣查津榆铁路自古冶至山海关，官办工程每岁新入车脚时或不敷开销，而天津至古冶何所谓商路者，岁入之项除开销外，尚有赢余，推原其故，盖有免票不免票之别。查官路车脚从前虽有免票权，其公私缓急尚不过滥，自东征事起，军务纷繁，商路酌收半价，官路则概给免票，不取分文，兼之转运粮械，递送文报，络绎不绝。军事业已告藏，文武各员犹复相沿成例，动辄请领免票，其间包揽隐射，均所不免。现在商路归并官路并接修山海关以外之工，轨道加长，岁时需费更巨，若长此滥付免票，其将何以支持，亟应严申禁令。臣拟嗣后除调兵、运械、放账三大端免收车脚外，其余地方文武因公出差及各路防营采办粮米、料物、马匹，一切转运，概不得率请免票，即调兵、运械、放账应行免收者，亦须臣衙门札饬总局遵照办理，不得私相授受，如此明定章程，庶可以保此铁路为持久之计，总期岁有赢余，陆续归还工本，方为公家之益。除通行遵照外，合附片陈明，伏乞圣鉴，饬部立案。谨奏。

吉林将军衙门为全营翼长等会议添拨队伍分扎哈尔滨等处保护铁路土工的咨文
光绪二十四年七月二十四日

为咨行事。案据全营翼长边防营务处会议，该翼长会同边防营务处，该处会同全营翼长禀称，窃职等恭奉宪台发交一件，为交涉局禀筹请筹拨队伍分札哈尔滨等处，以资保护等因，当奉宪批候饬边、练两营务处会议禀夺。等因遵此，查哈尔滨一面坡乌吉密地方，皆近山林，原为马贼出入之所，现在铁路兴工，俄人于该处设立总分车站，自当筹拨队伍，以备不虞而资弹压。惟吉林边练两军，择要分防，兵力已形单薄，现在边防甚重，而护垦护矿差又甚繁，本无可再为抽调。第保护铁路实属要差，不得不酌为筹拨，职等公同商议，拟请饬调靖边后路右营管带依升阿带本营队勇，或两哨或两哨半驻扎哈尔滨地方，遇有俄员公出，即由该营拨队保护，其余之队即分扎江北三四五等站，以期联络一气，易于调遣。其一面坡乌吉密地方，拟请饬下骁勇营拨队一哨或一哨半分扎两处，作为接替护送往来巡捕之队，以专责成，倘有事故，仍须互相接应，毋得稍分轸域。如此筹拨，庶可防患未然，免致临时补查，如蒙允准，再呈请札饬各该营遵照办理，抑职等更有请者，后路右营暨骁勇营拟拨之队，均系于无可筹拨之中，而作此移缓就急之计，究之铁路工段甚长，土夫极众，实非此区区数哨即可保其弹压无事，况伯都讷、长春现又勘路兴工，均须拨兵弹压，兵实无可调拨。所有保护路工一节，实有有患无备之势，当非预筹布置，一旦保护弹压稍有不到，隐患曷堪设想。唯有呈请奏添队伍或五营或六营，藉护路工，实于大局有裨，仍俟将来铁路工竣，再行相势分别去留。职等愚昧之见，是否可行，等情到本督办将军。据此，准如所议办理。除分札外，相应咨行贵帮办查照施行。须至咨者。

右咨钦命帮办吉林边务事宜珲春副都统英

吉林将军衙门为电奏添募勇营分护路工一折奉旨事的咨文
光绪二十四年十一月初三日

为咨行事。窃照本督办将军于本年八月十二日电奏，为吉林铁路工程关系重要，现队不敷弹压，谨拟添募勇营分护路工，以遏患萌而全睦谊等因一折。旋于十九日接到户部来电，奉旨："延电悉，着准其添募五营，分驻铁路作工处所，以资弹压，其饷项着由户部筹拨。钦此。"钦遵。咨行前来。相应抄折备文咨行。为此合咨贵帮办查照施行。须至咨者。

右咨钦命帮办吉林边务事宜珲春副都统英

吉林将军衙门为遵旨添募五营分拨铁路工次事的咨文
光绪二十四年十一月二十六日

为咨行事。窃照本督办将军于本年十一月二十三日恭折具奏，为遵旨添募步队五营，现已陆续招齐，一律成营，分拨铁路工次等因一折。除俟奉到朱批再行恭录咨呈报行外，相应抄折备文咨行。为此合咨贵帮办查照施行。须至咨者。

右咨钦命帮办吉林边务事宜珲春副都统英

吉林将军衙门为黑龙江将军奏请创修铁路藉维商务一折奉旨依议的咨文
光绪三十三年

为咨行事。兵司案呈：光绪三十三年五月初四日奉前军宪札开，光绪三十三年四月二十一日准黑龙江将军程　咨开，光绪三十三年四月初一日准邮传部咨开，光绪三十三年三月十八日本部会奏，署黑龙江将军程　奏请创修铁路一折，奉旨：依议。钦此。相应恭录谕旨粘抄原奏，咨行贵帮将军查照办理可也。等因准此。除分行外，相应刷印原奏备文咨行查照施行。等因准此，除分札外，台函抄粘札饬，札到该司即便转行各旗署一体遵照，毋违。特札。等因奉此，相应抄单呈请咨行各副都统衙门查照，札饬该协参翼领监督边门章京等遵照可也。须至咨者。

右咨珲春副都统衙门

附片

奏为遵旨会议具奏仰祈圣鉴事。上年十一月二十二日准度支部片行，署黑龙江将军程德全奏，江省创修铁路藉维商务而固边防一折，光绪三十二年四月十四日奉朱批："该部议奏。钦此。"钦遵。由军机处抄交到部。等因前来。查原折内称江省自东清铁路开通以后，商货官运均仰给于人，拟自哈尔滨江省北马家船口北向呼兰，曲达绥化，直接黑龙江城，修一干路，计长一千余里。再由对青山至呼兰，由昂昂溪车站至省城修二支路，并由对青山支路，西逾东清铁路，过松花江与伯都讷铁路相接，省城支路东向以接干路，如此南北衔接一气，呼应自灵。即请指定购办铁轨地方，以便派员往购。嗣准该将军函称，前奏修路办法，尚须酌改二端，一则路线宜改勘也。查伯都讷至新民屯一段路线，距东清铁路太近，将来一滋交涉，即不能挽我利权，似宜由新民屯取道奉天之洮南府，经札赉特旗而达齐齐哈尔，再行接修爱珲一路。一则先由新民屯动工兴修也。修路之要，最宜旋修旋用，而借我已有之路运输材料，尤为便捷。目前细筹此路修法，似宜由内而外，由南而北，先从新民屯我国津榆铁路向北接筑，论形势则路轨早日联贯，论输送则转运借以灵通，并请邮传部派员估修，以资督饬各等语。臣部查，江省屏蔽东北，铁路最为要图，而洮南地处适中，北濒洮河，东通松嫩，水陆交错，实足扼三省之冲，视呼绥地形，自更较为重要。兹值东省商埠待开之际，尤应及时筹划，以杜觊觎。现京榆路轨已展至新民屯，该将军议改由新民屯首工接续兴修，直达爱珲，南北之势既易相联，而路成若干，即收若干养路之资，于办法亦为得势。所请指定购办铁轨地方一节，查近年汉阳铁政局所出之轨，尚属合用，由京汉京榆转运至江。往来殊觉灵便，若汉厂备办不及，可即查照京榆购轨旧章，派员至沪向各洋行开标定购。惟新民屯洮南地属奉天，又皆逼近吉林，应由三省将军等公同商酌，先行聘定工程司，预将路线勘明，庶几需轨若干，乃有成算在胸。不至茫无依据，俟筹议稍有头绪，再由臣部拣派专员前往估修，以资督饬畛又原折称，拟由荒价项下光提银一百万两，作为股本，以便开办而资提倡，并将变通通肯荒务所收官兵津贴地价银，应发商生息永作旗人津贴者，亦请移充修路之赞，俟铁路告成，仍将得余利，分别津贴，以期经久。又函称，路线太长，需款过巨，应由三省合力妥筹，前奏所提荒价银两，亦可拨出，先筑新屯一路。以明不分畛域之义等语。度支部查，筑路既属要图，集股自为急务，该将军拟提荒价银一百万两作为股本，并将变通通肯荒务所收官兵津贴发商生息银两一并移充。具见权衡缓急，极力经营，拟请准如所奏办理。惟借提荒价一款，路成以后是否永运入充股本，抑系陆续归还，所得余利归入何项造报，原奏未经声叙，其官兵津贴发商生息银两每年得息若干，将采应分余利，能否适如息额，及未得余利之先此项津贴于何取给，原奏亦未叙明。至拨款分筑新屯一节，据称路线太长，需款过巨，究竟分拨款项若干，全路告成后，界线应如何划清，余利应如何分派，事关全局，仍令该将军妥议章程，分析声复，以凭考核。至所请专招华商，借保路权，查与川汉皖浙等处办法无异，应即照准。至招商办法，农工商部查应照奏定商律办理，并俟命下之日，由农工商部札知各省商会筹集股款，迅速兴办，庶合省商人之财力规划一隅，俾路工早日告成，实于大局有益。如蒙俞允，即由臣部咨会赶速筹办。惟现在东三省已设总督，该将军从前筹划与现在情形是否相宜，应由臣部咨行该省督臣徐世昌，会商三省巡抚妥筹咨复，以凭核办。所有议覆江省创修铁路缘由，理合恭折会陈，伏乞皇太后、皇上圣鉴。再此折系邮传部主稿，会同度支部、农工商部办理，合并声明。谨奏。光绪三十三年三月十八日奉旨："依议。钦此。"

"长白文库"出版书目：